COURS DE PHILOSOPHIE

(Programme du baccalauréat Lettres-Philosophie)

N° 225

Tout exemplaire qui ne sera pas revêtu des deux signatures ci-dessous sera réputé contrefait.

Les Éditeurs,

MAISON A. MAME ET FILS
L'Administrateur délégué.

OUVRAGES DE PHILOSOPHIE
CONFORMES AUX DERNIERS PROGRAMMES

Cours de Philosophie, programme du baccalauréat Lettres-Philosophie. Ouvrage approuvé par LL. EE. les cardinaux de Bordeaux, de Rodez, de Reims, par Mgr l'archevêque de Lyon et par Mgr l'évêque de Tarentaise. In-8º de XXIV-921 pages.

Éléments de Philosophie, comprenant la philosophie scientifique et la philosophie morale. (Programme des baccalauréats Lettres-Mathématiques et Lettres-Sciences.) In-3º. Cet ouvrage est extrait du précédent et suivi de *Tableaux analytiques*.

Résumé de Leçons de Philosophie sous forme de tableaux analytiques. (Programme des divers baccalauréats.) Cet ouvrage est extrait du *Cours de Philosophie*. In-8º.

COURS DE PHILOSOPHIE

(Programmes des baccalauréats de philosophie et de mathématiques)

A L'USAGE

DE LA JEUNESSE CATHOLIQUE DES ÉCOLES

Par F. J.

> « Unir l'étude de la philosophie avec la soumission à la foi chrétienne, c'est se montrer réellement philosophe; car la splendeur des vérités divines, en pénétrant l'âme, vient en aide à l'intelligence elle-même, et, loin de lui rien ôter de sa dignité, accroît considérablement sa noblesse, sa pénétration, sa solidité. » (Léon XIII, Encycl. *Æterni Patris*, 4 août 1879.)

TROISIÈME ÉDITION
REVUE ET AUGMENTÉE D'UN APPENDICE SUR L'ALCOOLISME

TOURS	PARIS
MAISON A. MAME & FILS	VVE CH. POUSSIELGUE
IMPRIMEURS-ÉDITEURS	LIBRAIRE, RUE CASSETTE, 15

ET CHEZ LES PRINCIPAUX LIBRAIRES

1908

Tous droits réservés.

Imprimatur :

Turonibus, die 26 Martii 1908.

† RENATUS FRANCISCUS,
ARCHIEPISC. TURON.

APPROBATION

DE S. ÉM. LE CARDINAL LECOT, ARCHEVÊQUE DE BORDEAUX

Bordeaux, le 3 juin 1896.

Bien chers Frères[1],

J'ai lu en partie, et parcouru pour le reste, votre remarquable Cours de philosophie.

En me livrant à cette étude, — je dirais mieux, en me procurant cette douce distraction, — j'ai éprouvé une double joie : celle de voir exposés d'une façon si compétente, si claire et si pleine de charmes, les principes inattaqués de la philosophie, et celle de penser que ce travail si simple, si profond, si sûr, c'était l'œuvre d'humbles religieux, peu soupçonnés jusqu'ici de faire de la philosophie l'objet ordinaire de leurs méditations.

Votre saint Fondateur, en effet, mes chers Frères, n'avait pas visé si haut. Il ne songeait pas, quand il créait votre Institut, à d'autres besoins que ceux qui s'offraient alors à sa vue. Mais, comme tous les fondateurs d'Ordre, il posait, sous l'inspiration de la grâce et sans en avoir conscience peut-être, les conditions dans lesquelles l'Institut s'élèverait, selon les circonstances, à la hauteur de toutes les exigences de l'enseignement populaire.

Or voici que le peuple fait son avènement sur tous les terrains où s'agite la pensée humaine. Jusqu'ici vous aviez fait de l'enfant des classes moyennes un grammairien, un orthographiste impeccable, un compteur exercé, un mathématicien distingué, parfois même un artiste de vraie valeur. Aujourd'hui les programmes universitaires vous obligent à en faire un philosophe : vous ne deviez pas reculer devant cette mission nouvelle.

---

[1] Aux Frères des Écoles chrétiennes, auteurs du *Cours de philosophie*.

Encouragés, excités par la haute intelligence de vos chefs, vous avez franchi le seuil de cette science nouvelle, qu'il vous fallait apprendre avant de l'enseigner. Vous avez cherché des guides pour vous aventurer dans les mille problèmes si obscurs qui se dressaient à chaque pas devant vous.

Dans ce travail opiniâtre, vous avez su mettre à profit toute la philosophie des temps anciens et celle des temps nouveaux. Rien ne vous a échappé de ce que l'antiquité païenne nous a laissé de raisonnable, et parfois de merveilleux, dans la connaissance intime de l'homme; et tout ce qu'ont produit les recherches des théologiens et des philosophes, depuis l'avènement du catholicisme, a trouvé place dans votre Recueil.

La partie didactique, celle qui va plus directement au but pratique des examens, est traitée par vous avec une supériorité que je n'ai rencontrée nulle part. Les définitions sont claires, les exposés simples et lumineux, les preuves convaincantes; en aucun endroit vous n'avez abusé ni des énigmes de la terminologie, ni de ce qu'on pourrait appeler la pédanterie des mots. Le style de votre « Cours » est remarquable de simplicité, de naturel, de comme il faut; et les tableaux synoptiques, qui résument en quelques lignes chacune de vos leçons, seront, au point de vue didactique, le plus précieux des perfectionnements. L'élève intelligent y trouvera, en effet, tout un utile résumé et la constatation d'un ordre logique qui servira admirablement sa mémoire.

Ce qui m'a le plus séduit, je dois vous le dire, mes bien chers Frères, ce sont les citations nombreuses des auteurs les plus estimés et les plus accrédités à toutes les époques, dont vous avez émaillé les pages, sans cela toujours sèches et sévères, du pur enseignement officiel. Tous les noms de la philosophie et de la haute littérature se rencontrent dans votre manuel comme sur un champ de bataille, où chacun vient détruire un préjugé ou combattre victorieusement une erreur. C'est l'armée entière des savants de tous les temps venant cueillir les trophées de la vraie science sur le terrain où règne, sans opposition désormais, l'éternelle Vérité.

En publiant ce Manuel, mes chers Frères, l'Institut prend dans l'enseignement une place supérieure à celle que lui avaient faite déjà tant de manuels remarquables de pédagogie dans tous les genres. La philosophie est la reine des sciences humaines; l'Institut devient, par le fait de cette publication, le premier servant de cette majesté trop méconnue; c'est une gloire de plus pour vos Frères, qui cherchent mieux que la gloire; c'est une joie pour l'Église, qui a toujours fait de la science le fondement le plus sûr et le témoin le plus fidèle de sa doctrine surnaturelle.

J'apprends que, déférant à un vœu que j'avais émis à la première inspection de votre livre, vous avez extrait des neuf cents pages en petit texte de votre Manuel la matière d'un volume abrégé pour vos élèves. C'est, je crois, une satisfaction nécessaire donnée aux professeurs, qui pourront, de la sorte, exiger un texte rapporté de mémoire ou à peu près, par les jeunes gens qu'ils préparent aux diplômes universitaires.

Il y aura ainsi le Résumé du Manuel pour les élèves, et le Manuel complet, avec son large exposé, ses commentaires et ses citations, pour les maîtres. Il y aura surtout, pour les gens du monde qui voudront apprendre ou se rappeler leur philosophie, dans le Cours complet, un livre de lecture plein d'attraits, qu'on sera fier de comprendre et heureux d'avoir parcouru.

Recevez, mes bien chers Frères, avec mes meilleures bénédictions pour vos travaux, l'expression de mes sentiments de sincère estime et de paternelle affection.

† *V.-L., cardinal LECOT,*
Archevêque de Bordeaux.

APPROBATION

DE S. ÉM. LE CARDINAL BOURRET, ÉVÊQUE DE RODEZ ET DE VABRES

Mon bien cher Frère,

Je vous remercie du plaisir que m'a causé la lecture de votre ouvrage.

Vous savez combien les études philosophiques et théologiques me tiennent à cœur.

Jusqu'ici elles semblaient réservées exclusivement au clergé ou du domaine de l'enseignement secondaire et supérieur.

Cependant le dogme philosophique, comme le dogme théologique, doit être à la base de toute connaissance humaine, la pénétrer, la fortifier et l'élever. Il est le principe de toutes les énergies de la volonté et la garantie de ses relèvements.

Je ne veux pas dire que les hautes spéculations de la philosophie et de la théologie doivent être proposées sans discernement à toutes sortes d'esprits. La vérité qui demeure dans le vague ou qui dépasse la capacité de l'intelligence ressemble fort à l'erreur pour celui qui est incapable de la saisir et de la comprendre.

Mais il y a une philosophie qui s'impose et que tout le monde peut aborder, c'est celle du bon sens. Voilà la vraie philosophie qu'il convient de dégager de l'incertain comme de l'erreur, du sophisme comme de l'imbroglio des systèmes, et de montrer à l'esprit avec toutes les séductions de la vérité et tous les enchaînements de la logique. Votre ouvrage, étant ainsi conçu, vient donc à propos, mon bien cher Frère, combler une lacune et répondre à un besoin impérieux.

La doctrine est sûre et clairement exposée. Les définitions, les formules, les analyses, sont souvent empruntées aux penseurs les plus profonds et les plus autorisés; et ce n'est pas un des moindres charmes qu'on trouve à la lecture de votre ouvrage que d'y rencontrer, toujours associés dans une orthodoxie parfaite, les noms les plus opposés de la philosophie.

Vous donnerez à cette première édition les perfectionnements qu'elle comporte, et vous aurez ainsi doté votre Institut d'une œuvre éminemment utile aux maîtres et aux élèves.

Je bénis bien volontiers les auteurs et leur livre, et vous prie de me croire, mon bien cher Frère, votre dévoué en Notre-Seigneur.

† *Ernest, cardinal BOURRET,*
Évêque de Rodez et de Vabres.

APPROBATION

DE SA GRANDEUR Mgr COULLIÉ, ARCHEVÊQUE DE LYON

Lyon, le 1er juillet 1896.

Mon cher et honoré Frère,

Je vous félicite d'avoir composé à l'usage de la jeunesse catholique, et spécialement des jeunes gens qui se préparent au baccalauréat moderne Lettres-Philosophie, un Cours de philosophie clair, adapté à leur jeune intelligence et aux exigences des examens, et empreint de l'esprit chrétien.

Comme vous le dites, en empruntant les paroles de Mgr Dupanloup et du cardinal Vaughan, l'enseignement de la philosophie devrait occuper une large place dans l'éducation; il doit « opérer comme une transformation morale dans l'âme d'un jeune homme et faire prédominer la raison, la conscience, le devoir, la pensée de Dieu, là où les impressions, l'imagination, les sens peut-être et les passions naissantes, dominaient;... en un mot, le rendre plus homme. » Sans la philosophie, le catholique est « comme un homme sans cuirasse et sans armes dans le conflit intellectuel qui fait rage autour de lui »; il est exposé à être entraîné par les courants d'erreurs ou à paraître incapable de défendre la vérité.

Puisque aujourd'hui le désir des grades de l'enseignement moderne pousse un grand nombre de jeunes gens à des études plus prolongées, il ne faut pas négliger la philosophie, cette partie si justement appelée le couronnement de l'éducation.

Votre ouvrage sera pour les élèves un guide sûr; car vous avez eu soin, dans les différentes questions, de combattre les systèmes qui sont en opposition avec l'enseignement de l'Église. Les nombreuses citations d'auteurs contemporains rendront l'étude moins aride et les initieront à l'histoire de la philosophie. Les résumés par tableaux synoptiques, placés à la fin des chapitres, les aideront à coordonner et à mieux retenir chaque question. Que Dieu bénisse votre ouvrage et vous accorde la récompense que vous ambitionnez par-dessus tout : la consolation de former des hommes de caractère et de profondes convictions, tout dévoués à l'Église et à la Patrie.

Je suis, mon cher et honoré Frère, votre bien paternellement affectionné

† **PIERRE**,
Archevêque de Lyon et de Vienne.

APPROBATION

DE SON ÉMINENCE LE CARDINAL ARCHEVÊQUE DE REIMS

Reims, le 18 juin 1896.

Très honoré Frère,

Sur le rapport qui lui a été fait, après examen, du Cours de philosophie, que vous vous préparez à publier à l'usage des aspirants au baccalauréat de l'enseignement secondaire moderne, Son Éminence le cardinal archevêque de Reims a bien voulu me confier l'agréable mission de vous exprimer ses félicitations et sa haute satisfaction.

Ces leçons de philosophie sont un couronnement nécessaire de ce nouveau genre d'enseignement, et elles contribueront puissamment à fortifier l'intelligence de vos jeunes élèves, en leur donnant une bonne méthode pour se diriger dans la recherche de la vérité, en élevant leurs esprits de la simple connaissance des faits isolés à la connaissance des lois qui les régissent, et en les mettant en état de discerner l'erreur qui se cache souvent sous les apparences de la vérité.

Outre la multitude presque infinie de sages observations qu'ils contiennent, outre les emprunts faits avec discernement aux meilleurs maîtres de la philosophie de tous les temps, ces Éléments sont surtout remarquables par l'étroite union dans laquelle ils se tiennent avec les enseignements de la foi, qui les illumine de ses clartés. La jeunesse studieuse ne peut que profiter beaucoup à ce spectacle de l'accord intime de la raison et de la foi, qui, émanant de la même source de vérité, sont faites non pour se combattre, mais pour s'entr'aider.

Son Éminence souhaite donc vivement, très honoré Frère, que le succès couronne vos efforts, et Elle vous bénit affectueusement.

Veuillez agréer, très honoré Frère, l'assurance de mes sentiments les plus respectueux et les plus dévoués en Notre-Seigneur.

P.-L. PÉCHENARD,
Proton. apost., vicaire général.

APPROBATION

DE SA GRANDEUR MGR BOUVIER, ÉVÊQUE DE TARENTAISE

Moutiers, le 10 mai 1896.

Mon cher Frère,

J'ai lu avec un grand intérêt l'ouvrage sur lequel vous me demandez mon avis. Je le crois très utile aux jeunes gens pour qui surtout il a été écrit.

L'étude de la philosophie est le couronnement nécessaire de l'enseignement moderne comme de l'enseignement classique.

Aujourd'hui plus que jamais les sciences sont cultivées; mais il n'y a pas de vraie science, quand on ignore les principes généraux qui dominent toutes les sciences particulières.

Aujourd'hui, dans un état social où les erreurs de l'athéisme, du matérialisme, du socialisme, etc., circulent avec une liberté, ou plutôt avec une licence inouïe, les jeunes gens ont besoin d'être bien armés pour les repousser et les combattre.

Si la philosophie est nécessaire au clergé pour faire une bonne théologie, est-ce qu'elle ne l'est pas aux laïques?

Or c'est la philosophie qui donne à l'esprit et les principes généraux pour coordonner toutes les connaissances, et la logique pour savoir démasquer l'erreur. J'ajoute que si la philosophie est nécessaire au clergé pour faire une bonne théologie, elle l'est aussi aux laïques pour mieux raisonner les preuves de la religion et les défendre contre les attaques de l'incrédulité.

Oui, mais qu'il est difficile de faire un bon manuel de philosophie!

Celui que vous m'avez communiqué me paraît réunir bien des qualités précieuses. Dans le cadre ordinaire de la psychologie, de la logique, de la métaphysique, de la théodicée et de la morale, toutes les notions vraiment importantes sont exposées avec un air de nouveauté, grâce aux citations nombreuses empruntées aux auteurs modernes. Ces citations, qui ont l'avantage de présenter déjà comme une histoire sommaire de la philosophie, sont le vêtement moderne de la doctrine communément suivie dans les écoles catholiques.

J'espère donc le succès de cet ouvrage adapté aux besoins de notre temps.

Veuillez agréer, mon cher Frère, l'assurance de mes sentiments bien dévoués en Notre-Seigneur.

† *Pierre-Em.*
Évêque de Tarentaise.

LETTRE

DE M. GEORGE FONSEGRIVE, AGRÉGÉ DE L'UNIVERSITÉ

Paris, le 8 juin 1896.

Bien cher Frère,

J'ai lu en entier avec la plus grande attention le *Cours de philosophie* dont vous avez bien voulu me communiquer les bonnes feuilles. Au milieu de tant d'autres et des plus illustres, l'auteur a bien voulu rappeler trop souvent mon nom pour que je ne me sente pas un peu gêné pour dire tout le bien que je pense de son travail.

Ce que j'y ai remarqué avant toute chose, c'est la superposition des développements qui en fait un livre à part et tout à fait propre à remplir le but qu'il s'est proposé. La disposition typographique n'est pas moins ingénieuse. Après avoir, en effet, exposé en chaque leçon, à l'aide de gros caractères, la suite des considérations et des arguments essentiels, l'auteur se sert de caractères un peu plus petits pour ajouter quelques considérations supplémentaires ou donner quelques développements; il a recours enfin à des caractères plus petits encore pour donner ce qu'il appelle des « éclaircissements », qui sont le plus souvent des pensées, des maximes, des paroles empruntées aux plus grands des philosophes de tous les pays et de tous les temps.

De même qu'un être vivant, la leçon croît ainsi peu à peu du centre à la périphérie, jusqu'à ce que, par les citations comme par autant d'antennes, elle arrive à atteindre les pensées de l'extérieur, à les atteindre et en même temps à se les assimiler. Cela fait comme trois cercles concentriques de la pensée : l'un essentiel, qui constitue la substance de la leçon et forme le centre; l'autre, plus vaste déjà, où l'horizon s'élargit; le dernier enfin, où le lecteur voit se dérouler devant lui l'immense champ des lectures philosophiques.

Ce champ, l'auteur l'a vaillamment parcouru pour son propre compte; il y a glané bien des richesses; il a voulu que ses lecteurs en profitent, car il a pensé, sans doute, que peu parmi eux auraient le loisir ou peut-être la constance de feuilleter tant de livres, de pénétrer la pensée de tant d'auteurs. Ainsi, ceux-là mêmes qui ne le pourraient pas ou qui ne le voudraient pas entrent en communication ou, comme disait Descartes, en « conversation » avec tant de nobles et rares esprits.

Cependant je ne puis penser que l'auteur ait voulu ainsi, en dégageant devant le lecteur de si vastes horizons, le décourager de lire lui-même les grands auteurs ou même favoriser la paresse naturelle. Il sait bien mieux que personne, lui qui s'est fait une pensée si vivante, que la vie de l'esprit ne s'alimente qu'au contact direct des ouvrages qui ont leur plein et entier développement. Car ces citations et ces lectures ne sont que des fragments d'une pensée organique; on ne peut les bien comprendre qu'en les replaçant dans le milieu naturel auquel elles appartiennent. Un membre, séparé du corps dont il fait partie, perd de sa beauté et même de sa signification.

C'est donc un bon livre, un livre d'une pédagogie originale et ingénieuse, que votre Institut vient de publier. Après les lettres autorisées des plus hauts pasteurs de l'Église, il ne m'appartient plus de parler de la vérité et de la solidité du fond. Je n'ai pu cependant m'empêcher de remarquer avec un véritable bonheur que l'auteur n'a pas craint, toutes les fois qu'il l'a pu, de montrer les points de contact entre le christianisme et la philosophie. C'était la méthode de Bossuet, de Fénelon, de Malebranche. Je ne saurais penser qu'elle soit mauvaise.

Il ne me reste plus maintenant, mon bien cher Frère, qu'à souhaiter au nouveau volume qu'il ait beaucoup de lecteurs, par conséquent les éditions qu'il mérite, et surtout qu'il réponde aux intentions de votre vénéré Supérieur général, à celles de l'auteur comme aux vôtres propres, en formant beaucoup de généreuses et solides convictions.

Veuillez agréer, mon bien cher Frère, l'assurance de mes sentiments bien respectueux et dévoués.

G. FONSEGRIVE.

PRÉFACE

Ce livre répond au programme du baccalauréat moderne, *Lettres-Philosophie*, qui est identique, moins quelques notions d'histoire de la philosophie, à celui du baccalauréat classique. Par son caractère pratique, il sera très utile aux candidats dont l'examen comporte une dissertation, qu'on ne peut traiter d'une manière convenable sans avoir des connaissances philosophiques assez étendues.

L'enseignement *moderne* n'aura vraiment le caractère d'un enseignement *classique* que si les études y sont couronnées par un cours sérieux de philosophie. « Nous appelons, et nous pensons que l'on doit appeler enseignement classique, disait naguère un ministre de l'instruction publique, celui qui ne donne pas seulement à l'esprit une certaine quantité de savoir, mais qui lui donne surtout une *méthode* ; celui qui, prenant l'enfant, lui apprend à penser et, par voie de conséquence, à bien exprimer sa pensée ; celui qui n'a nullement une destination utilitaire, une application particulière et immédiate, et qui n'est pas une préparation spéciale à telle ou telle profession, mais qui donne l'éducation intellectuelle et morale dans sa généralité et dans son intégralité. »

L'enseignement philosophique ne doit pas se borner à étudier l'évolution historique des problèmes, mais s'efforcer de dégager les principes, les principes moraux surtout, qui gouvernent la vie, si l'on veut que cet enseignement soit vraiment éducatif et n'aboutisse pas « à brouiller les idées des jeunes gens et à leur donner le vertige », suivant l'aveu de M. Fouillée. C'est ainsi qu'a procédé Bossuet dans l'éducation du Dauphin. « Pour les choses qui regardent la philosophie, dit-il dans sa *Lettre à Innocent XI*, nous les avons distribuées de sorte que celles qui sont hors de doute et utiles à la vie lui puissent être montrées sérieusement et dans toute la certitude de leurs principes. Pour celles qui ne sont que d'opinion et dont on dispute, nous nous sommes contenté de les lui rapporter historiquement. » Et dans sa *Politique tirée de l'Écriture*, il dit encore : « Les vraies études sont celles qui apprennent les choses utiles à la vie humaine. » (Liv. V, art. 1er.)

Cette méthode est aussi celle qu'indique M. Ollé-Laprune : « En toute chose, étudier à fond ; de toute idée considérer le tout, autant que possible, et chercher à voir clair, à toucher le fond, à saisir les liens avec le reste, mais *en commençant toujours par mettre en relief le plus solide et le plus sûr*... Ainsi les esprits redeviendront capables de considérer les idées simples dans toute la certitude de leurs principes et d'en suivre les conséquences avec rigueur. » (*Les Sources de la paix intellectuelle*, p. 118.)

Mgr Dupanloup, dans son ouvrage sur la *Haute éducation intellectuelle*, s'élève avec force contre la philosophie où dominent les discussions purement théoriques. « Le but de la philosophie, dit-il, ce n'est pas seulement le *bien savoir*, c'est le *bien faire*. Étudier pour connaître, connaître pour aimer, aimer pour pratiquer, telle est la philosophie. On la mutile, on la scinde déplorablement, on la sépare de ce qu'elle a de plus essentiel et de plus grand, quand on veut la considérer comme une science purement spéculative et la restreindre à ce que Bossuet appelait avec dédain le *philosophique pur*, c'est-à-dire la pure spéculation, la pure abstraction. Tout dans la philosophie doit tendre à rendre meilleurs ceux qui s'y appliquent.

« Il faut enseigner aux jeunes gens une philosophie pratique et morale; et, par une philosophie pratique et morale, j'entends que le résultat des études philosophiques, bien conduites, devrait être d'opérer comme une transformation morale dans l'âme d'un jeune homme, et de faire prédominer la raison, la conscience, la loi, le devoir, la vertu, la pensée de Dieu, là où les impressions, l'imagination, les sens peut-être et les premiers mouvements des passions naissantes, dominaient. Et, si une éducation chrétienne avait préservé le jeune homme de ce dernier écueil et maintenu dans sa conscience l'empire du devoir, je m'appliquerais du moins à substituer des convictions réfléchies, et par conséquent plus fortes, à ce qui n'était encore que d'heureux instincts ou de simples habitudes; en un mot, je voudrais le rendre *plus homme*, c'est-à-dire *plus gouverné par la raison et la conscience*.

« Le but de la philosophie est de former ce que Platon appelait des *âmes philosophes*, c'est-à-dire des âmes comprenant que l'homme doit s'appliquer à faire prévaloir, dans sa vie, la raison, la conscience, la volonté de Dieu, et qu'on ne vit pas en homme quand on ne vit pas de cette façon.

« Et c'est pourquoi, en logique, par exemple, les professeurs de philosophie doivent s'appliquer à prémunir les jeunes gens, non seulement contre les causes d'erreur qui viennent de l'esprit, mais encore et surtout contre celles qui viennent du cœur; leur montrer que les ténèbres du cœur sont plus redoutables encore que celles de l'esprit, et leur inculquer fortement la nécessité d'une bonne discipline morale, même pour le bon gouvernement de l'intelligence; leur faire sentir, en un mot, que le cœur doit être pur pour que l'esprit soit lumineux. » (*Haute éducation*, II, liv. II, x.)

C'est en vue d'un tel résultat qu'a été rédigé ce *Cours de philosophie*. On s'y est efforcé de dégager, de mettre en relief les idées et les principes qui constituent la philosophie traditionnelle, telle que l'ont professée les docteurs de l'Église, en particulier saint Thomas. Cette philosophie, que Léon XIII a si vivement recommandée, n'est pas une perpétuelle discussion de systèmes, mais elle a pour but d'apprendre à diriger raisonnablement sa pensée et sa vie[1].

Des études philosophiques ainsi conçues s'imposent à tous ceux qui veulent être en état de résister au torrent des mauvaises doctrines et exercer autour d'eux l'influence du bien. C'est ce qu'ont proclamé, avec Léon XIII, nombre d'évêques, et en maintes circonstances. Le cardinal Vaughan, archevêque de Westminster, disait dans une réponse à l'allocution qui lui fut adressée à son retour de Rome, le 9 avril 1893 : « A moins d'avoir fait un cours sérieux de logique et de philosophie chrétienne théorique et morale, un catholique est comme un homme sans cuirasse et sans armes dans le conflit intellectuel qui fait rage autour de lui. La littérature et la science du jour, les activités intellectuelles et même la conversation courante des *leaders* de la pensée moderne, exigent d'un catholique une forte instruction basée sur la philosophie catholique. Si cette formation manque, si cette armure intellectuelle fait défaut, ou bien les catholiques jetteront leurs âmes dans le tourbillon créé par le conflit ou la réunion des innombrables courants rationalistes et y périront, ou bien ils se contenteront d'y porter une marque visible d'infériorité intellec-

---

[1] « Ne nous perdons pas en discussions infinies. Nous n'avons pas deux vies, l'une pour chercher la vérité, l'autre pour la pratiquer. » (OZANAM.)

tuelle. Rien ne peut remplacer cette formation de l'esprit, dont je parle : ni la littérature, ni les goûts élevés, ni les relations sociales, ni le faux brillant donné par les universités nationales.

« Quand je parle de la nécessité d'un Cours de philosophie catholique, ne supposez pas que j'aie en vue le clergé. Je pense, au contraire, aux laïques. Les laïques catholiques devraient être le sel de la société et comme une lumière brillant dans des lieux sombres. Ils devraient faire plus que de tenir tête aux fausses théories et à la critique destructive qui ont cours dans la société où ils vivent... La philosophie devrait former une part essentielle de toute éducation vraiment libérale et catholique. » (*Catholic Times.*)

***

Cet ouvrage est un essai de réalisation de ces hautes vues et de ces désirs, nés de la conscience des besoins de la société.

Il est divisé en quatre parties :

1º **Psychologie** ;

2º **Logique formelle et éléments de philosophie scientifique ou Méthodologie** ;

3º **Métaphysique et Théodicée** ;

4º **Morale, théorique et pratique**.

On commence par la *Psychologie,* parce que toutes les autres parties de la philosophie impliquent la connaissance de l'âme. La puissance de l'homme, dans la pensée comme dans l'action, est dans l'emploi ordonné de toutes ses forces. S'il ne connaît pas ces forces, comment pourra-t-il les appliquer aux fins supérieures que réclame sa nature ? « Il n'y a pas de bien, là où n'est pas la science de l'âme. » (*Prov.*, XIX, 2.)

Bien que les notions de *Métaphysique* soient exposées en une suite de leçons spéciales, on y a fait appel chaque fois qu'on les a crues utiles à l'intelligence d'une question, et l'on s'est efforcé de les rendre accessibles à tous. Ç'a été d'ailleurs l'idéal poursuivi dans l'ouvrage entier. Sans négliger les progrès récents des sciences philosophiques, on a visé bien moins à être *complet* qu'à former des esprits ouverts, observateurs et réfléchis. On s'est donc limité aux points nécessaires et suffisants; on a exclu les questions qui exigeraient un excès de *subtilité* ou une *érudition* que l'âge des élèves ne comporte pas, et, par la même raison, on a écarté certaines théories trop nouvelles pour être solidement fondées.

Dans la *Logique*, on insiste sur les principes et les applications de la méthode aux diverses sciences. « Ce n'est pas assez, comme l'a fort bien dit Descartes, d'avoir l'esprit bon, le principal est de l'appliquer bien. » — Avoir un esprit *méthodique*, trouver en chaque chose la méthode qui convient et la suivre avec constance, voilà le secret des vies bien remplies, qui étonnent par la quantité et la grandeur des œuvres réalisées et des œuvres entreprises.

En *Morale*, comme en Psychologie et en Logique, on s'est efforcé d'abord d'exposer clairement la vérité et de la faire resplendir dans tout son éclat, plutôt que de prendre à partie les erreurs; car « la force, comme le dit Bossuet, est dans la vérité tranquillement exposée ».

La nécessité de connaître les principes, d'éclairer la raison pour régler la volonté, a été bien mise en lumière par Léon XIII, dans l'Encyclique *Æterni Patris* (4 août 1879) : « La nature de l'homme est telle, que dans sa conduite il doit prendre la raison pour guide; par suite, si l'intelligence s'égare, la volonté s'égarera sur ses pas. De là vient que la dépravation des doctrines, qui sont l'objet de la raison, réagit sur la vie des hommes et la rend, elle aussi, dépravée. Au contraire, si la raison est saine, si elle reste attachée aux vrais et solides principes, elle aura, pour le bien de l'homme et de la société, l'influence la plus heureuse. »

Les différentes parties de ce *Cours de philosophie* sont divisées en une série de *leçons*.

Les leçons n'ont pas une longueur égale; chacune d'elles embrasse un sujet et le développe autant que l'exige la nature de la question et que le permet le cadre de l'ouvrage. La préoccupation de traiter avec la même étendue les diverses matières eût parfois amené des développements oiseux; d'autres fois, on eût été contraint de trop limiter les applications et les exemples, de soulever les questions sans les résoudre, faisant ainsi naître des doutes au lieu de donner des convictions.

Pour faciliter l'étude, on a multiplié les divisions et les titres, dégagé les définitions et varié les caractères typographiques. En général, ce qui est imprimé en gros caractères doit être étudié avec plus de soin.

Les citations et les notes, qui sont nombreuses, ont surtout pour but de faire connaître les auteurs classiques en philosophie et d'inspirer le désir de les lire. Il va sans dire toutefois que, en général, le fait de citer les auteurs implique seulement l'approbation du passage emprunté, et non celle de toutes les doctrines contenues dans leurs ouvrages.

Chaque leçon est suivie d'un *tableau analytique* ou plutôt d'un *résumé* substantiel, sous forme de tableau. L'étude de ce *résumé* suffit, une fois la leçon bien comprise, pour en faire voir nettement le plan et saisir tout ce qu'elle contient d'essentiel.

Ces *tableaux* seront appréciés des professeurs, qui connaissent par expérience la difficulté qu'éprouvent les élèves à embrasser d'un coup d'œil et à relier entre elles les diverses parties d'une question. Ces vues d'ensemble sont cependant nécessaires : seules elles peuvent établir dans l'esprit du jeune homme, au lieu de connaissances fragmentaires, un corps de doctrines qui demeure la règle de la pensée et de la conduite. Cet ouvrage n'a pas d'autre but, et on s'estimerait heureux de l'avoir atteint.

Outre la *table* qui contient les titres des *leçons*, on pourra consulter, pour les recherches, une *table alphabétique et analytique* renfermant les termes les plus usuels de la philosophie, et renvoyant aux divers endroits de l'ouvrage où sont traitées les notions qui y répondent.

PROGRAMMES
DE DIVERS EXAMENS

NOTA. — I. L'ordre adopté dans le programme n'enchaîne pas la liberté du professeur; il suffit que les questions soient toutes traitées.

II. Outre les pages indiquées ici, on pourra utilement consulter, pour les recherches, la table *alphabétique et analytique*, à la fin de l'ouvrage.

PROGRAMME DU BACCALAURÉAT

CLASSE DE PHILOSOPHIE (Décret et arrêté du 31 mai 1902)

Introduction

Objet et divisions de la philosophie, 22-26.

PSYCHOLOGIE

Caractères propres des faits psychologiques, 29-35. — La conscience, 36, 138, 144.

La vie intellectuelle. — Les données de la connaissance, 112, 113. — Sensations, 59-62, 114, 128-135. — Images, 115-116. — Mémoire, 192-203, et association, 204-213. — L'attention et la réflexion, 119-126. — La formation des idées abstraites et générales, 224-235. — Le jugement et le raisonnement, 237-246.

L'activité créatrice de l'esprit, 52-55, 112, 128-182.

Les signes, 294-303. — Rapports du langage et de la pensée, 303-308. — Les principes rationnels, 154-160. — Leur développement et leur rôle, 160-187.

Formation de l'idée de corps et perception du monde extérieur, 134, 522-524.

La vie affective et active. — Le plaisir et la douleur, 62-67. — Les émotions et les passions, 61, 74-82. — La sympathie et l'imitation, 96-102. — Les inclinations, 85-109. — Les instincts, 71-73, 248-252. — L'habitude, 252-263. — La volonté et le caractère, 266-272. — La liberté, 274-291.

Conclusion : le physique et le moral, 330-342. — L'automatisme psychologique, 258-261. — La personnalité : l'idée du moi, 142-144, 601-602.

NOTIONS SOMMAIRES D'ESTHÉTIQUE

Notions sommaires sur le beau et sur l'art, 311-328.

LOGIQUE

Logique formelle. — Les termes. — La proposition. — Les diverses formes du raisonnement, 352-384, 385-402.

La science. — Classification et hiérarchie des sciences, 1-12, 13-26.

Méthode des sciences mathématiques. — Définitions, 421, 425-430. — Axiomes et postulats, 422-425. — Démonstration, 430-432.

Méthode des sciences de la nature. — L'expérience. — Les méthodes d'observation et d'expérimentation, 408-458. — L'hypothèse, 446-449. — Les théories, 494-506. — Rôle de l'induction et de la déduction dans les sciences de la Nature, 461-462. — La classification, 458-461.

Méthode des sciences morales et sociales. — Les procédés de la psychologie, 35-40, 468-477. — Rapports de l'histoire et des sciences sociales, 479-491.

MORALE

Objet et caractère de la morale, 594-599.

Les données de la conscience morale, 602-603. — Obligation et sanction, 603-632, 703-711.

Les mobiles de la conduite et les fins de la vie humaine : le plaisir, le sentiment et la raison, 633-642, 714-716, 721-725. — L'intérêt personnel et l'intérêt général, 716-721. — Le devoir et le bonheur, 638, 725-727. — La perfection individuelle et le progrès de l'humanité, 502-506.

Morale personnelle. — Le sentiment de la responsabilité, 603-611. — La vertu et le vice, 644-664. — La dignité personnelle et l'autonomie morale, 734-764.

Morale domestique. — La constitution morale et le rôle social de la famille, 766-774. — L'autorité dans la famille, 772.

Morale sociale. — Le droit, 675-688. — Justice et charité, 691-701, 820-829. — La solidarité, 209-212, 256-261, 683, 693, 694-695, 780, 816.

Les droits : respect de la vie et de la liberté individuelle, 780-815. — La propriété et le travail, 799-810, 876-882. — La liberté de penser, 785-793.

Morale civique et politique. — La Nation et la Loi, 845-848, 852. — La Patrie, 831-836, 851. — L'État et ses fonctions, 836-858. — La démocratie, 838-840, 844. — L'égalité civile et politique, 850.

N. B. — Le professeur insistera, tant à propos de la morale personnelle que de la morale sociale, sur les dangers de l'alcoolisme et sur ses effets physiques, moraux et sociaux : dégradation morale, affaiblissement de la race, misère, suicide, criminalité, 887-904.

MÉTAPHYSIQUE

Valeur et limites de la connaissance, 512-527.

Les problèmes de la philosophie première, 527-542. — La matière, l'âme et Dieu, 542-586.

Rapports de la métaphysique avec la science et la morale, 2, 23-25, 639.

CLASSE DE MATHÉMATIQUES

I. — ÉLÉMENTS DE PHILOSOPHIE SCIENTIFIQUE

Introduction. — La connaissance vulgaire et la connaissance scientifique, 2, 5.

La science. — Classification et hiérarchie des sciences, 1-12, 13-21.

Méthode des sciences mathématiques. — Définition, 421, 425-430. — Axiomes et postulats, 422-425. — Démonstration, 430-432.

Méthode des sciences de la nature. — L'expérience : les méthodes d'observation et d'expérimentation, 438-458. — L'hypothèse, 446-449. — Les théories, 491-500. — Rôle de l'induction et de la déduction dans les sciences de la nature, 461-462. — La classification, 458-461.

Méthode des sciences morales et sociales. — Les procédés de la psychologie, 35-40, 468-477. — Rapports de l'histoire et des sciences sociales, 479-491.

II. — ÉLÉMENTS DE PHILOSOPHIE MORALE

Les conditions psychologiques de la vie morale, 252-263, 266-294.

Objet et caractère de la morale, 594-599.

Les données de la conscience morale : obligation et sanction, 602-632, 703-711.

Les mobiles de la conduite et les fins de la vie humaine : le plaisir, le sentiment, la raison, 633-642, 714-716, 721-725. — L'intérêt personnel et l'intérêt général, 716-721. — Le devoir et le bonheur, 638, 725-727. — La perfection individuelle et le progrès de l'humanité, 502-506.

Morale personnelle. — Le sentiment de la responsabilité, 603-611. — La vertu et le vice, 644-664. — La dignité personnelle et l'autonomie morale, 734-794.

Morale domestique. — La constitution morale et le rôle social de la famille, 766-774. — L'autorité dans la famille, 772.
Morale sociale. — Le droit, 675-688, 781. — La justice et la charité, 691-701, 820-829. — La solidarité, 209-212, 256-261, 689, 693, 694-695, 780, 816. — Les droits : respect de la vie et de la liberté individuelle, 780-815. — La propriété et le travail, 799-810, 870-882. — La liberté de penser, 785-793.
Morale civique et politique. — La Nation et la Loi, 845-848, 852. — La Patrie, 831-836, 851. — L'État et ses fonctions, 836-848. — La démocratie, 838-840, 844. — L'égalité civile et politique, 850.

N. B. — Le professeur insistera, tant à propos de la morale personnelle que de la morale sociale, sur les dangers de l'alcoolisme et sur ses effets physiques, moraux et sociaux : dégradation morale, affaiblissement de la race, misère, suicide, criminalité, 887-904.

PROGRAMMES DES ÉCOLES NORMALES PRIMAIRES
ET DU BREVET SUPÉRIEUR
PREMIÈRE ANNÉE
NOTIONS ÉLÉMENTAIRES DE PSYCHOLOGIE

La psychologie. — Son objet, sa place dans l'ordre des sciences, sa méthode, son utilité, 29-52.
La conscience spontanée et la conscience réfléchie. — Les idées que donne la conscience, 138-145.
Les faits de conscience : classification, 44-46. — Unité de la vie humaine, 46-49.
La sensibilité. — Le plaisir et la douleur, 46-59. — Les inclinations, leur classement, 71-74, 85.
Les inclinations personnelles : conservation, possession, bien-être, indépendance, 85-95. — L'amour-propre, 90-95.
Les inclinations sociales : affections domestiques, électives ; le patriotisme, les sentiments humanitaires, 95-107.
Les inclinations impersonnelles : amour du vrai, du beau, du bien, 107-108. — Sentiment religieux, 109.
La passion : comment elle naît et se développe. — Ses effets. — Valeur et danger des passions, 74-82.
Valeur et rôle de la sensibilité en général, 72.
L'éducation des sentiments, 58, 67-69.
L'intelligence. — Idée des principales facultés intellectuelles, 112-128.
La perception extérieure : les perceptions naturelles et les perceptions acquises. — L'éducation de la perception, 128-138.
La mémoire : conservation, rappel et reconnaissance des idées. — Diverses sortes de mémoires. — Éducation de la mémoire, 192-204.
L'association des idées, 204-214.
L'imagination : rôle de l'imagination dans les arts, dans les sciences et dans la vie. — Valeur et danger de l'imagination. — Moyens de la cultiver, 215-223.
Distinction de l'abstraction et de l'analyse, de la généralisation et de la synthèse. — Utilité de l'abstraction. — Rôle de la généralisation, 224-236.
Le jugement : son importance. — L'esprit juste et l'esprit faux, 237-242, 245. — Principales causes des faux jugements. — Éducation du jugement, 370-383.
Le raisonnement : idée du raisonnement déductif et du raisonnement inductif. — Applications aux principales sciences. — Valeur du raisonnement, 242-245, 385-404.
La raison : les axiomes de la raison ; leur rôle dans la distinction du vrai et du faux, 146-191.
Le langage : rapports du langage et de la pensée. — Le style et l'écrivain, 204-311.

L'activité. — Différentes formes de l'activité : spontanée, instinctive, habituelle, volontaire, 52-56, 248-266.

Le vouloir ; ses limites et sa puissance, 266-294. — Éducation personnelle de la volonté : les habitudes volontaires. La liberté de la volonté : solution pratique de ce problème, 254-263, 757-765.

Action réciproque du physique et du moral : la nature humaine, 330-345.

DEUXIÈME ANNÉE
MORALE

La morale. — Son objet, son utilité, 594, 600.

La conscience morale. — Notion du devoir, 600-626, 633-643.

La recherche du bien moral ; diversité et valeur relative des biens, 627-642, 713-733.

Pouvoir de l'homme sur lui-même ; valeur de la personne humaine ; sentiment d'un accord entre la conscience et l'ordre des choses ; possibilité du bonheur et du progrès, 600-603, 678, 638, 725-727, 502-506.

Rôle de l'idéal dans la conception et dans la pratique du bien moral, 322, 324-327, 627-629, 631, 640.

La vertu et le bonheur, 646, 703, 725.

La vie individuelle et ses devoirs ; dignité individuelle ; sentiment de l'honneur ; rectitude de l'esprit ; équilibre du tempérament ; droiture du caractère ; énergie morale, 734-766.

La vie de famille et ses devoirs ; fonction de la famille dans l'ordre social ; son fondement moral ; sa constitution ; ses membres ; solidarités et obligations qu'elle implique. — L'esprit et les vertus de famille, 766-779.

La vie sociale et ses devoirs ; idée de l'organisation des sociétés ; rapports des hommes entre eux ; solidarité, 780-793, 815-831.

Les devoirs professionnels ; leur importance, 816.

Effets sociaux des vertus privées et domestiques, 821, 833.

Idée du droit corrélative du devoir, 675-680. — Les divers droits des hommes dans la famille et dans la société, 780-784. — La justice, 691-693. — Respect de la personne humaine ; respect de l'honneur d'autrui ; respect des produits du travail. — Principe de la propriété, 780-830. — Le capital et le travail, 806, 880. — Respect des contrats et de la parole donnée, 815-818.

Respect des personnes dans leurs croyances et leurs opinions. — Liberté religieuse et philosophique. — La tolérance, 785-793.

Insuffisance morale et sociale de la stricte justice : les hasards de la naissance ; les inégalités physiques et intellectuelles ; les hasards de l'éducation ; les accidents de la vie. — La fraternité sociale inspiratrice du progrès de l'idée de justice. — La charité privée ; les œuvres sociales d'assistance, 693-701, 820-828.

La vie nationale et ses devoirs. — Comment notre société est en même temps une nation. — L'idée de nation et de patrie. — Son fondement moral, 831-842.

Solidarité des générations. — L'esprit national. — La défense de la patrie ; l'armée, le service militaire obligatoire ; la discipline militaire ; le courage, 842-853, 757, 762.

L'État : son origine, son rôle, fondement de l'autorité publique. — Formes diverses de cette autorité. — La forme républicaine, son principe, sa supériorité. — La souveraineté nationale. — La démocratie ; l'élite dans la démocratie, 836-853.

Les lois. — Leur fondement moral, social et national, 845, 846, 852. — Devoirs du citoyen : obéissance aux lois, impôt, vote, etc., 848-850.

Nécessité sociale de la pénalité, 708-711.

Les droits du citoyen : liberté individuelle, liberté de conscience, liberté des cultes, liberté du travail, liberté d'association, 274-278, 780, 850.

Les droits politiques, 846-850.

Dangers de l'arbitraire ; dangers de l'absence de gouvernement, 789, 842.

La notion d'humanité. — Devoirs et droits des nations, 832, 858-864.

PRÉLIMINAIRES

Ire LEÇON

LA SCIENCE, LES SCIENCES

Définition de la science. — La science peut être définie soit *en elle-même*, soit au point de vue de *l'esprit qui la possède.* Considérée *dans l'esprit*, la science est la *connaissance certaine de la vérité;* c'est un état de l'esprit qui est opposé à l'ignorance. Considérée *en soi*, elle est un *système de connaissances sur un objet donné;* un *système*, c'est-à-dire un ensemble de connaissances, d'idées générales, reliées entre elles par des rapports logiques. La géométrie, par exemple, est l'ensemble des connaissances générales et raisonnées que nous avons des grandeurs mesurables.

Dans son sens le plus général, la science est, comme la philosophie, l'explication des choses, la recherche des *raisons*. « On ne sait vraiment, a dit Aristote, et après lui Bacon, que si l'on connaît les causes, » c'est-à-dire les *raisons* des choses.

Deux sortes de raisons nous servent à *comprendre* les choses et à les *expliquer :* les *causes* et les *lois.* Les causes répondent plus particulièrement à la question *pourquoi*, et les lois à la question *comment.* Pourquoi, par exemple, une pierre abandonnée à elle-même tombe-t-elle? c'est-à-dire quelle *cause* agit pour produire ce phénomène? *Comment* tombe-t-elle? c'est-à-dire de quelle *manière*, suivant quelle *loi?*

La cause d'un phénomène est la *force* qui le produit; la loi est la *manière constante* dont il est produit : c'est le *rapport constant de coexistence* ou de *succession* entre deux phénomènes; quand il y a rapport de succession, l'un des deux phénomènes, l'antécédent, est appelé cause, et l'autre, le conséquent, est appelé effet. Un être, en tant qu'il agit, est cause, et en tant qu'il a un mode déterminé d'action, il est assujetti à une loi.

A proprement parler, la cause est raison par rapport à l'effet, la loi par rapport aux faits, la fin par rapport aux moyens, le principe par rapport aux conséquences.

Ce dernier point de vue est celui des sciences abstraites, où il n'y a pas de faits à expliquer, par conséquent pas de causes à découvrir; on y cherche les rapports nécessaires entre certaines vérités qui sont des *principes*, et d'autres qui sont des *conséquences*. Ces rapports sont bien, si l'on veut, des lois (*lois mathématiques, lois géométriques*), mais des lois de *coexistence*, non de *succession*, les conséquences étant renfermées dans les principes. — Les lois de coexistence ne sont pas seulement en mathématiques, on les trouve également dans les sciences naturelles : les *corrélations organiques*, chez les êtres vivants, les *types*, ou ensembles des caractères constitutifs de ces êtres, sont des lois de coexistence.

En distinguant la cause de la loi, il importe de remarquer que la cause est quelque chose de *réel :* elle appartient à l'ordre des réalités, non à celui des idées pures; elle est un *agent* producteur de faits. La loi est la *raison explicative* des faits; elle est une *idée générale* exprimant le lien qui les unit, et, comme telle, elle n'existe que dans l'intelligence qui la conçoit ou la connaît.

Loin d'être, comme la cause, le principe de la réalisation des faits qu'elle exprime, elle ne se réalise elle-même que dans les êtres et par les êtres dont elle exprime les rapports et le mode d'action. C'est surtout par ce caractère de *réalité concrète* que la cause se distingue de la loi, qui est essentiellement *abstraite*.

Connaissance empirique, connaissance scientifique. — Il y a une grande différence entre la connaissance empirique des choses, la seule que possède le vulgaire, et la connaissance scientifique. Le vulgaire se borne à constater les phénomènes les plus apparents et à en tirer des conséquences pratiques : il sait, par exemple, que les corps tombent, si rien ne les retient. Le savant sait *pourquoi* ils tombent : il connaît la cause de leur chute, la pesanteur; et *comment* ils tombent : par exemple, suivant la loi du mouvement uniformément accéléré.

L'ignorant peut, comme le savant, savoir que l'eau de telle source a guéri tel homme de telle maladie; mais le savant seul, qui sait pourquoi, comment et dans quelles conditions elle guérit, peut faire un emploi utile de cette eau. En deux mots, l'ignorant *constate*, le savant *explique*. La connaissance n'est *scientifique* que quand elle est raisonnée, quand elle rattache l'effet à la cause, la conséquence au principe, le fait à la loi. Le caractère spécial de cette connaissance, c'est de ramener une *multiplicité* réelle à une *unité* logique ou intellectuelle : par exemple, la multiplicité des phénomènes particuliers à l'unité de la loi générale, la multiplicité des êtres individuels à l'unité du type, la multiplicité des théorèmes à l'unité de l'axiome ou du théorème-base. Réduire un maximum d'êtres à un minimum de types, un maximum de faits à un minimum de lois, voilà l'idéal de la science.

Science et métaphysique. — Quand la connaissance se limite aux *faits* ou *phénomènes* par lesquels se manifeste l'existence des êtres, et à la détermination des *lois* qui en marquent les relations constantes de coexistence ou de succession, elle est dite plus spécialement *scientifique;* si elle cherche à pénétrer la nature intime des êtres et la raison dernière des phénomènes et des lois, elle fait partie de la *philosophie de la science*, elle est dite *métaphysique*. Ainsi il y a une *science de l'âme*, une *psychologie scientifique*, qui étudie les faits par lesquels se manifeste l'activité de l'âme et les lois qui expriment les relations constantes de ces faits; puis, au-dessus, une *psychologie métaphysique*, dont l'objet est la nature ou l'essence spirituelle de l'âme et les propriétés qui en découlent. De même, il y a une physique *scientifique* et une physique *métaphysique*, qui cherchent à connaître, l'une les lois des corps, l'autre leur essence.

Ces deux connaissances ne sont pas exclusives l'une de l'autre. Les sciences positives, sans rejeter la seconde, se préoccupent avant tout de la première. Ce qu'elles cherchent d'abord à dégager, ce sont les *conditions déterminantes* des faits. Dans leur travail de recherche et de systématisation, elles ne s'occupent, au moins directement, ni de la nature intime ou de la cause métaphysique des êtres et des faits, ni de la cause première et de la finalité; ce qu'elles veulent, c'est saisir la *cause naturelle immédiate*, l'*antécédent direct*, c'est-à-dire, au fond, le fait qui précède et qui détermine un autre fait ; elles cherchent à établir la *liaison* des faits et des groupes de faits, et leur rôle dans cette vaste trame, dans ce *déterminisme* universel, où ils sont tour à tour conditionnés et conditionnants.

Ainsi, donner l'explication *scientifique* (on dit encore *positive*) d'un fait, de la chaleur ou du froid, par exemple, c'est dire *ce* qui produit ce fait et *comment* il se produit ; c'est le rattacher à ses causes directes, à ses lois. Cette explication laisse ouverte et appelle même la poursuite des *raisons premières* de la chaleur, la recherche de la *nature métaphysique* de la cause qui la produit. C'est ce qui fait qu'il y a, à côté ou plutôt au-dessus de chaque science, une *philosophie* ou *une métaphysique* de cette science.

L'explication scientifique, qui remonte de cause seconde en cause seconde, satisfait-elle l'esprit humain, est-elle suffisante pour rendre compte de l'origine et du développement du monde ? Non, les causes secondes sont finies, contingentes, relatives : elles ne contiennent en elles-mêmes ni la raison de leur existence, ni celle de leur activité et des lois selon lesquelles elles l'exercent, ni enfin celle des rapports d'ordre et de finalité qui existent entre elles et d'où résulte l'harmonie de l'univers. L'organisation et l'ensemble des êtres prouvent les causes finales, et les causes finales prouvent Dieu.

Ce qui constitue une science. — Toute science est constituée par un *objet* propre, dont elle étudie la nature et les lois, et par une *méthode* particulière adaptée à cet objet. L'objet est proprement la *matière*, le fond de la science, et la méthode la *forme*, c'est-à-dire le mode d'enchaînement des vérités particulières, les principes et les règles qui servent à les grouper en un système. Ainsi la géométrie a pour objet l'étude des grandeurs, et sa méthode est la démonstration ; la biologie a pour objet les phénomènes de la vie, et sa méthode est l'observation et l'expérimentation.

Origine psychologique de la science. — La science répond au plus impérieux de nos penchants, à l'*instinct de curiosité*, au besoin de savoir, de comprendre, de se rendre compte.

Ce besoin se manifeste d'abord par les questions que l'enfant pose à propos de tout. En face des choses, l'homme est naturellement porté à en chercher le secret ; en vertu même de la faculté qu'il a d'aller au delà du phénomène perçu, le problème s'impose à lui. « L'enfant commence à peine à bégayer, dit la Romiguière, qu'il demande la raison des choses. *Pourquoi* est un des mots qui sortent les premiers de sa bouche, un de ceux qu'il répète le plus souvent, et la philosophie n'a été créée que pour répondre à cette question. » — Heureux, dit Virgile, qui peut connaître les raisons des choses [1].

---

[1] La pensée *philosophique*, c'est-à-dire la pensée réfléchie, qui cherche la raison explicative des choses, s'impose à l'homme. Il ne peut sans déchoir y renoncer. L'exercice en est inséparable de la dignité de sa nature. Avec la pratique du bien, il fait toute la grandeur de son âme. — Alfred de Musset le constate en ces termes :

> Qu'est-ce donc que ce monde et qu'y venons-nous faire,
> Si, pour qu'on vive en paix, il faut voiler les cieux ?
> Passer comme un troupeau, les yeux fixés à terre,
> Et renier le reste, est-ce donc être heureux ?
> Non, c'est cesser d'être homme et dégrader son âme. (*Espoir en Dieu.*)

Puis le poète avoue qu'il aurait désiré vivre dans l'insouciance des principaux problèmes philosophiques « et regarder le ciel sans s'en inquiéter » ; mais il ne peut, « malgré lui l'infini le tourmente ; » en vain il a recours aux philosophies de tous les temps et passe en revue les doctrines de toutes les écoles ; dans l'impuissance où il est de les concilier et de choisir entre elles, il s'adresse à Dieu et le supplie, dans des vers qui trahissent l'angoisse de son âme, d'éclairer enfin et de dissiper ses doutes.

La curiosité prend souvent la forme de l'*étonnement*, qui est le sentiment de notre ignorance uni au désir de la vérité. L'étonnement est le privilège exclusif de la nature humaine : il suppose la faculté et le désir de se rendre compte; l'animal *a peur*, il ne s'étonne pas. Pour Platon, « il est un sentiment propre au philosophe; il est le commencement de la philosophie. » En présence d'un fait nouveau, inattendu, extraordinaire, il n'y a que l'*ignorant* et l'*indifférent* qui ne s'étonnent pas.

La science est l'œuvre de la raison, non des sens. — Voir un phénomène, ce n'est pas le comprendre. La connaissance sensitive, commune à l'homme et à l'animal, n'est que l'occasion, la matière de la connaissance intellectuelle et de la connaissance scientifique; celle-ci implique la faculté d'abstraire, de généraliser, de comparer, de raisonner.

Genèse des différentes sciences. — Il n'y a eu d'abord qu'une seule science, la philosophie, qui avait pour objet l'universalité des choses; mais, à mesure que l'homme a mieux étudié et connu davantage, il a éprouvé le besoin de diviser, de subdiviser ses connaissances pour les préciser.

Toutes les sciences particulières qui existent aujourd'hui sont sorties, par un travail lent de transformation et d'accroissement, d'une double source : la philosophie et l'art.

Les *mathématiques* sont la première science qui s'est constitué un domaine indépendant. Platon déclarait qu'on ne peut être philosophe, si l'on n'est géomètre. Il faut traverser ensuite toute l'antiquité et le moyen âge pour trouver une nouvelle science, la *physique*, qui se détache de la philosophie. Les grands physiciens du dix-septième siècle, Galilée, Descartes, Pascal, Newton, sont d'abord de grands philosophes; ils pensent, avec Descartes, que « la philosophie est un arbre dont la métaphysique est la racine et la physique le tronc ». Ce n'est que vers la fin du dix-huitième siècle, que la physique aura sa méthode et ses lois propres. Puis c'est la *linguistique* qui apparaît et se constitue, après la découverte du sanscrit; c'est la *chimie* et la *physiologie*, qui naissent de l'alchimie et de la médecine, considérées par les anciens et par le moyen âge comme des arts; c'est la *morale*, c'est la *psychologie*, qui tendent à se séparer, à se constituer un domaine propre. L'ancienne *cosmologie* a donné l'*astronomie, la physique, la chimie, l'histoire naturelle*. Aujourd'hui chacune de ces sciences se subdivise en plusieurs autres, parfaitement distinctes. A mesure que l'esprit humain poussera plus loin la délicatesse et la précision de ses analyses, cette division ira toujours croissant, sans qu'on puisse prévoir de limite assignable [1].

Science absolue ou universelle et sciences particulières. — L'idéal de la science est de tout connaître et de tout expliquer. La science *absolue*, synthèse de toutes les sciences particulières, serait la connaissance universelle et parfaite de l'ensemble et des parties de l'univers. Elle n'appartient qu'à Dieu. L'homme ne peut y atteindre. Il y tend cependant par *les sciences*, dont le nombre s'accroît sans cesse, qui coexistent dans *la science*, comme les

---

[1] Faire l'histoire de la science, c'est faire l'histoire des travaux et de l'évolution de l'esprit humain à la recherche du vrai. C'est un magnifique spectacle que celui des plus beaux génies, se tenant d'ordinaire au-dessus ou en dehors des passions politiques et ne se passionnant que pour la vérité. Cette histoire est pour le moins aussi intéressante et fait plus d'honneur à l'humanité que l'histoire politique.

parties dans le tout, distinctes, non isolées. Par cette expression assez vague *la science*, on entend l'ensemble, à un moment donné, des connaissances contrôlées et systématisées. A proprement parler, comme on le voit, la science n'existe pas, il n'y a que des sciences.

Nécessairement *partielle*, la science humaine est par conséquent *divisible*. La division du travail est la condition de ses progrès, comme de ceux de l'industrie. A mesure qu'elle se perfectionne, ses diverses parties deviennent à la fois plus distinctes et plus étroitement liées entre elles. Les sciences n'ont pas de limites absolues; tout en restant distinctes, elles se compénètrent et se prêtent un mutuel secours. Il est des questions, par exemple, où la physique relève de la mécanique (*thermo-dynamique*), de la chimie (*thermo-chimie, photographie*), de la physiologie (*optique*). Les actions *réflexes* intéressent à la fois la philosophie et la physiologie. L'histoire et la géographie restent distinctes, tout en se faisant constamment des emprunts. Aussi les études spéciales ne doivent-elles pas être *spéciales* dans le sens strict du mot. Un homme éclairé ne peut pas aujourd'hui véritablement diriger son esprit, s'il est renfermé dans une connaissance unique. A tous moments, il a besoin d'une connaissance, non pas approfondie, mais suffisante des résultats obtenus dans les sciences voisines de la sienne.

Caractères de la science. — Au point de vue objectif, les principaux caractères de la science sont : l'*universalité*, la *liaison*, l'*immutabilité* et l'*impersonnalité* dans ses principes, la *perfectibilité*, le *désintéressement*.

1º L'universalité : *La science s'occupe de ce qu'il y a de général et de permanent dans les êtres ou les faits.* — C'est surtout par ce caractère, d'être composée d'*idées générales* portant sur toute une classe d'êtres ou de faits, que la connaissance scientifique se distingue de la connaissance empirique. « Il n'y a pas de science du particulier, de ce qui passe, a dit Aristote; il n'y a de science que du général, de ce qui dure. » Ce qui passe, ce qui est fugitif, c'est l'être individuel, c'est le *phénomène* [1]; ce qui dure, ce qui ne change pas, c'est l'*idée* ou le *type* de l'être, la *loi* du phénomène. A propos du *particulier* et du *passager*, qui sont seuls immédiatement accessibles à nos sens, la science dégage le *général* et le *permanent*. En étudiant un fait particulier, la chute de tel corps, par exemple, elle dégage les rapports fixes de ce fait, c'est-à-dire la loi de la chute des corps. De l'organisation d'un individu, soit celle d'un cheval, elle tire les caractères constants, c'est-à-dire l'idée du *genre* ou du *type*, l'idée de l'organisation du cheval en général. La psychologie dégage les lois des facultés et de leurs opérations; l'anatomie, les formes des organes. L'objet de la démonstration, en mathématiques, n'est pas la figure tracée sur le tableau, mais toutes les figures semblables. La figure tracée, triangle ou cercle, est un exemple ou un cas, et la conclusion à laquelle on aboutit vaut pour tous les triangles ou tous les cercles. — Les *individus* et les *phénomènes* sont limités par l'espace et par le temps; ils naissent et meurent, commencent et finissent. Il n'en est pas de même des *espèces* ou *types* et des *lois*, objet de la science; ils ont pour caractères d'être *universels* et *invariables*. La pensée d'un type ou *loi de coexistence* (type vertébré, type arthropode) équivaut à la pensée de tous les individus qui sont la réalisation de ce type; la pensée d'une *loi de succession* (chute des corps, équilibre des liquides) équivaut à la pensée de tous les faits qui sont la réalisation de cette loi. Ainsi la nature est considérée comme partout uniforme, partout semblable à elle-même.

2º La liaison : *La science est un enchaînement de propositions, d'êtres*

---

[1] Étymologiquement : ce qui apparaît.

ou de faits, un ensemble de notions liées entre elles. Accumuler des matériaux, ce n'est pas construire un édifice : des propositions ou des faits isolés et sans lien logique sont des éléments de la science, non la science elle-même. Pour qu'ils deviennent la *science*, il faut les coordonner et les lier d'après une ou plusieurs idées directrices. Ce lien des propositions, ce sont les principes ; celui des êtres, les types ; celui des faits, une loi ou une cause commune. Les propositions se déduisent les unes des autres et s'enchaînent par le raisonnement. La connaissance des êtres ou des faits particuliers devient scientifique, quand elle est systématisée, quand on connaît leurs éléments, leurs caractères, leurs rapports constants, c'est-à-dire leurs lois. C'est grâce à cet enchaînement rationnel que les vérités particulières forment un tout cohérent, une trame ou un édifice, dont toutes les parties se soutiennent et s'expliquent les unes les autres. La loi d'un phénomène étant connue, on peut, par déduction rigoureuse, prévoir son apparition. C'est surtout par ces caractères d'universalité, d'unité et de liaison, que la connaissance scientifique diffère de la connaissance sensible, à laquelle trop souvent se réduit la connaissance empirique. « La connaissance sensible manque d'*étendue* : elle s'exerce dans un champ très étroitement limité de l'espace et du temps ; elle manque d'*unité* : le monde lui apparaît comme une diversité infinie dans l'espace et dans le temps ; enfin elle manque de *lien*, elle est incohérente, elle prend les choses comme elles viennent, une chose se présente avec ou après une autre dans l'espace, un événement avec ou après un autre dans le temps : la connaissance sensible ne saisit pas le lien qui les unit, c'est-à-dire le pourquoi de cette juxtaposition ou de cette succession.

« La connaissance intellectuelle, que couronne la connaissance scientifique, c'est l'*assimilation* du monde par la pensée, c'est la transformation du sensible en intelligible. Comment s'accomplit cette œuvre, qui est proprement celle de la science ? Par la découverte des lois, c'est-à-dire des rapports universels et nécessaires de coexistence ou de succession. » (D'après Rabier, *Psych.*, ch. XXVI.)

3° **La science est immuable et impersonnelle dans ses principes.** — Les principes d'où elle part, si elle est déductive, les rapports qu'elle dégage, si elle est inductive, sont *nécessaires* : on ne conçoit pas, par exemple, qu'une proposition-principe étant donnée, la proposition-conséquence n'en découle pas, ou qu'étant posé un phénomène-cause, le phénomène-effet n'ait pas lieu. La géométrie n'a pas changé depuis Euclide ; elle a découvert de nouveaux théorèmes, elle n'a rejeté aucun des anciens. En tout temps et pour tout homme, il est et sera toujours vrai que deux et deux font quatre ; que la ligne droite est le plus court chemin d'un point à un autre ; que ce qui est, est ; que ce qui est, ne peut pas être et n'être pas en même temps ; qu'il n'y a pas de fait sans cause ; que les corps s'attirent en raison directe de la masse et en raison inverse du carré de la distance ; que, dans des vases communicants, le liquide s'élève au même niveau, etc. — La vérité scientifique ne dépend ni de nos intérêts ni de nos passions, elle est le bien de tous. Il n'y a pas une physique française, une chimie allemande, mais la physique et la chimie tout court. Quand un savant découvre une vérité, son œuvre est sans doute aussi personnelle que celle d'un artiste, peintre ou sculpteur, poète ou musicien ; mais, une fois mise au jour, la vérité cesse d'être sienne ; elle a sa valeur propre, sa valeur objective ; elle tombe dans le domaine public et fait partie du fonds commun de l'humanité. Il y a pourtant dans la science un certain nombre de lois auxquelles on donne le nom du savant qui les a formulées : lois de Képler, de Berthollet, de Gay-Lussac, d'Ampère, de Faraday, etc.

4° **Quoique immuable dans ses principes, la science est indéfiniment perfectible.** — Elle est l'œuvre collective des générations successives et s'accroît à l'infini par leurs travaux ; chaque génération reçoit le patrimoine commun et le transmet augmenté de ce qu'elle a appris elle-même. En face de la science, l'humanité est comme un homme qui apprend toujours. C'est la pensée de

Pascal : « Non seulement chacun des hommes s'avance de jour en jour dans les sciences, mais tous les hommes ensemble y font un continuel progrès, à mesure que l'univers vieillit, parce que la même chose arrive dans la succession des hommes que dans les âges différents d'un particulier. De sorte que toute la suite des hommes, pendant le cours de tant de siècles, doit être considérée comme un seul homme qui subsiste toujours et apprend continuellement. » (*Traité du vide*.)

Flourens, parlant de Buffon et de Cuvier, a écrit : « Les grands travaux de ces deux grands hommes lient deux siècles ; les prévisions de l'un deviennent les découvertes de l'autre. Et quelles découvertes ! Les âges du monde marqués, la succession des êtres prouvée, les temps antiques restitués, les populations éteintes du globe rendues à notre imagination étonnée. Les travaux de Buffon et de Cuvier sont, pour l'esprit humain, la date d'une grandeur nouvelle. »

5° **La science est la recherche désintéressée du vrai.** — Son but immédiat est la spéculation pure, la recherche de la vérité. Le culte de la science pour elle-même honore l'homme. « La science, dit Aristote, est indépendante de l'utilité ; elle est même d'autant plus haute qu'elle est moins utile ; » ce qui veut dire qu'elle tend moins directement à l'utilité. Elle vaut par elle-même, indépendamment de ses applications pratiques ; elle est un *but* avant d'être un *moyen*. Elle répond d'abord au besoin qu'éprouve l'homme de *comprendre* et d'*expliquer* les phénomènes, c'est-à-dire, suivant les cas, d'en dégager ou les causes et les principes ou les lois.

En fait cependant, elle ne trouve sa véritable vitalité que dans les applications ; sans la pratique, elle est exposée à n'être que curiosité et vanité.

REMARQUE. — Tous ces caractères se rapportent à la science considérée dans son objet ; considérée en elle-même, comme connaissance, elle a pour caractère la *certitude*, et c'est par là qu'elle diffère de l'*opinion* qui implique le doute, et de l'*hypothèse* qui n'est qu'une explication provisoire. Elle est *certaine*, parce que, soit qu'elle induise, soit qu'elle déduise, elle peut être vérifiée et démontrée.

NOTES COMPLÉMENTAIRES

Science et industrie, théorie et pratique. — L'homme ne voit pas, dès l'abord, le côté pratique des idées qu'il agite ; on peut assurer cependant qu'il acquiert la science « pour en vivre », et que le résultat plus ou moins lointain, mais assuré, qu'il en attend, c'est une application utile. Il n'est pas une seule vérité d'ordre métaphysique, scientifique ou esthétique, dont on puisse dire qu'elle sera stérile.

Si l'homme aime à connaître pour satisfaire sa curiosité, ce qui a donné naissance à la théorie, il veut aussi connaître pour agir, car il a des besoins à satisfaire ; de là les industries, applications de la science.

Avant d'être homme d'action (*artiste, avocat, médecin, commerçant*), il faut être homme de savoir. Toute pratique sans l'instruction appropriée, et toute instruction dont on n'attendrait rien de pratique, sont indignes de l'homme. On n'apprend que pour agir, et l'on ne peut bien agir qu'après avoir appris.

Savoir, pour prévoir, afin de pouvoir, telle est la devise de la science. Prévoir les phénomènes, les maîtriser, s'en servir, implique la connaissance de leurs lois. Pour commander aux choses en fait ou annoncer à coup sûr leur production, il faut d'abord leur commander par la pensée, c'est-à-dire les expliquer, les déduire les unes des autres. Cette faculté de sortir du présent et d'annoncer l'avenir, avec une précision souvent mathématique, est un des effets les plus précieux de la science et une garantie irrécusable de sa valeur. La connaissance scientifique rend l'homme vraiment maître et dominateur de la nature. Bacon a insisté sur cette idée que la puissance de l'homme est en raison directe de sa science « La science et la puissance humaine, dit-il, se correspondent dans tous les points et vont au même but... Plus on sait, plus on peut... C'est l'ignorance où nous sommes de la cause qui nous prive de l'effet ; car on ne commande à la nature qu'en lui obéissant. » Il est évident que qui connaît la cause prévoit l'effet; et qui tient la cause en son pouvoir peut à son gré obtenir, modifier ou supprimer l'effet. C'est là le fondement de toute l'industrie humaine.

« Connaissant, par exemple, les variations de la force élastique de la vapeur, selon la température à laquelle elle est soumise, on peut l'utiliser pour mettre en mouvement une machine et se prémunir contre les accidents qu'entraîne une pression trop forte. La science, en découvrant les causes de certaines maladies et les propriétés des substances capables de détruire ces causes, a par là même donné le remède. Ainsi, on a pu diminuer et presque supprimer la mortalité dans les hôpitaux, à la suite des opérations chirurgicales, par l'usage de substances (antiseptiques), telles que l'acide phénique ou l'acide borique, destinées à détruire les microbes qui produisent la gangrène. » (DE LA HAUTIÈRE, *Phil. scientifique.*)

« L'acte opératoire ne tue plus maintenant : nous sommes à peu près les maîtres de la plaie que nous avons faite... L'antisepsie a fait ce miracle... Mais l'antisepsie ne poursuivrait point cette marche triomphale, si elle n'eût été précédée et préparée par des découvertes de premier ordre, dont la plus grande est l'anesthésie. » (P. RECLUS, *Revue scient.*, janvier 1890.)

Le dicton populaire : « *La pratique vaut mieux que la théorie,* » doit s'entendre en ce sens que le *savoir-faire,* dans les arts ou les métiers, est préférable au savoir purement *spéculatif.* C'est aussi dans ce sens qu'il faut entendre le proverbe : « Expérience passe science. » L'homme vaut par ce qu'il fait et par ce qu'il sait faire. A quoi aboutissent les politiques forts en théorie, mais qui ignorent ce qu'il y a de complexe dans l'organisation et le fonctionnement des sociétés? Ils veulent bon gré mal gré traiter les hommes et les choses d'après leurs systèmes imaginés *à priori,* sans tenir assez compte des traditions, de l'histoire, des mœurs, des conditions réelles et des besoins de la société.

Il faut cependant se garder de déprécier la science au profit de l'expérience; s'il est vrai que, pratiquement, celle-ci vaut mieux, il est tout aussi vrai que celui qui possède la science acquiert plus vite et mieux l'expérience, et va plus vite et plus loin dans la voie du progrès.

Ainsi il faut distinguer, et non séparer, la science et l'industrie, la théorie et la pratique. Sans la théorie, la pratique n'est qu'une habitude aveugle, une routine qui rend tout progrès et toute découverte impossible; sans la pratique, la théorie est incomplète : elle traite les choses plutôt comme elle les imagine que comme elles sont ; elle se heurte, dans le détail, à mille difficultés imprévues et manque d'habileté pour les résoudre.

La théorie et la pratique, la science pure et la science appliquée, sont indissolublement unies : isolées, elles sont insuffisantes; réunies, elles se complètent, l'une guidant les pas de l'autre, et la pratique peut dire à la théorie, comme l'aveugle de la fable au paralytique :

Je marcherai pour vous, vous y verrez pour moi.

La théorie est l'œil qui dirige, la pratique est la main qui exécute.

« *Dans les arts soumis au calcul,* dit Marmontel, *la théorie devance et conduit la pratique; dans les arts où président le génie et le goût, c'est au contraire la pratique qui précède la théorie :* l'exemple donne la leçon. » C'est ainsi que l'éloquence précède la rhétorique; la poésie, les poétiques, et les chefs-d'œuvre des arts, l'esthétique : voilà pour le second cas ; et, pour le premier, il suffit de constater qu'à chaque science principale se rattache une application dans l'industrie ou dans l'art : à l'arithmétique, le calcul ; à la géométrie, l'arpentage ; à la mécanique pure, la mécanique appliquée ; à l'astronomie, la navigation. Sans l'astronomie, pas de navigation lointaine, par conséquent pas de colonies ni de commerce au delà des mers. La pédagogie et la politique appliquent à l'éducation et à la conduite des hommes les lois découvertes par la psychologie. Les hautes mathématiques, en apparence si éloignées de la réalité, sont nécessaires aux progrès de la physique, indispensables à l'ingénieur.

Souvent un même art se rattache à diverses sciences : l'agriculture, par exemple, applique les données de la zoologie, de la botanique, de la géologie, de la chimie, de la météorologie; la médecine met à contribution la plupart des sciences physiques et naturelles.

La solidarité de la théorie et de la pratique ressort encore des applications de beaucoup de découvertes qui semblaient ne viser que la spéculation pure. C'est en disséquant des grenouilles pour étudier le système nerveux que Galvani a trouvé la pile. La découverte des lois de l'électricité et de la chaleur a été suivie de celle du télégraphe et de la machine à vapeur. C'est en cherchant à résoudre le problème de la génération spontanée que Pasteur a trouvé, dans des corpuscules organisés (microbes), les agents d'une multitude de phénomènes biologiques, qu'il a expliqué les fermentations, les maladies de la bière et des vins, certaines maladies des vers à soie, des bœufs, des poules; qu'il a réussi à enrayer les terribles effets de la rage.

Les liens unissant la science et l'industrie deviennent de jour en jour plus étroits. Chaque usine importante a son laboratoire. Il y a une tendance universelle à faire usage d'appareils perfectionnés qui économisent le travail manuel de l'homme Grâce à la science, l'homme est de plus en plus le maître de la matière; il sait l'utiliser de mieux en mieux pour ses besoins. Il y a là un admirable progrès économique caractéristique de notre siècle, dont l'origine et la portée inspiraient au P. Gratry les belles paroles suivantes : « Les peuples de l'ère nouvelle, parce qu'ils ont su obéir en un point à la parole de l'éternelle justice, ont d'abord aboli l'esclavage parmi eux Tout aussitôt le travail libre a conquis la nature et s'est créé, au sein des éléments, autant d'esclaves absolument dociles, absolument infatigables, autant d'esclaves de vapeur et de feu que les hommes en voudront employer... C'est ainsi que l'homme se délivre en faisant travailler pour lui la nature, qui ne s'épuise pas, et ses forces qui ne se fatiguent pas. Il se délivre des fardeaux matériels, et il en charge la matière, pour s'élever lui-même au travail humain. La science, ici, l'a conduit à la liberté. »

Science, industrie, art ou poésie : principe, moyen, fin. — La *fin* de la science est le vrai, celle de l'art le beau, celle de l'industrie l'utile. La science se propose l'explication du monde, de l'âme et de Dieu, par là connaissance des causes et des lois des êtres et des phénomènes. L'art poursuit le beau idéal, supérieur au beau réel, réalisation du type parfait des choses; l'industrie crée de la richesse, elle rend utile ce qui ne l'était pas, plus utile ce qui l'était déjà, pour augmenter le bien-être de l'homme.

Les *moyens* de la science sont l'expérience et le raisonnement, tous les procédés de la méthode, soit expérimentale, soit rationnelle; ceux de l'art sont l'imitation et l'interprétation de la nature, l'expression des sentiments humains, la création fictive de l'idéal; ceux de l'industrie sont l'application des lois de la nature à la satisfaction des besoins de l'humanité, de sorte qu'il y a, entre la science et l'industrie, les mêmes rapports qu'entre la théorie et la pratique; leurs progrès sont parallèles, mais l'une et l'autre n'existent qu'à la condition de se conformer aux lois qu'elles étudient ou qu'elles appliquent; l'art et la poésie, sans être indépendants, sont plus libres dans leurs conceptions et leurs créations.

La science et l'industrie sont surtout l'œuvre de l'intelligence; l'art et la poésie, l'œuvre de l'imagination créatrice et du goût. La science étudie le concret et le particulier, pour en dégager l'abstrait et le général; l'art cherche à manifester, dans des formes concrètes et particulières, un idéal plus ou moins général et abstrait; l'industrie applique les lois de la science et vulgarise les créations de l'art, pour donner à l'utile le caractère de l'agréable. L'art est surtout créateur, la science est spéculative, l'industrie est pratique. Ils répondent à *trois besoins* de notre nature : la science au besoin de vérité, l'industrie au besoin de bien-être et de bonheur, l'art au besoin d'idéal. C'est là leur *principe*, leur *origine psychologique*. Le besoin d'idéal est plus élevé, mais non moins réel que les autres : sans idéal, la vie de l'homme n'est guère qu'une vie animalisée.

La science et l'industrie ne sont donc pas, en principe, en opposition avec la poésie, et leur développement ne doit pas nécessairement tuer la poésie, comme on l'a dit. Nous disons : en principe, car si la science se préoccupe avant tout de rendre service, si elle étudie les choses au point de vue surtout des applications utiles qu'on en peut faire, elle est l'opposé de la poésie, qui n'en considère que l'aspect esthétique, et elle lui nuit. Mais si la science est vraiment intellectuelle, élevée, transcendante; si elle a pour but principal de chercher l'ordre, de dégager la loi, elle ne saurait faire tort à la poésie.

La poésie est elle-même une sorte de science spontanée. Les pensées des poètes sont généralement vraies et donnent des ouvertures à l'esprit. Le savant écrit l'histoire précise et détaillée du monde; le poète en fait pour ainsi dire la légende, souvent plus vraie, plus philosophique que l'histoire. L'hypothèse est une sorte de roman sublime, c'est le poème du savant.

La poésie d'ailleurs est immortelle, comme les aspirations essentielles de l'âme humaine; elle naît de trois sources inépuisables : la nature, l'homme et Dieu; il y aura toujours, même dans les sociétés les plus préoccupées de l'utile, quelques hommes tourmentés d'idéal : l'homme ne saurait étouffer ce besoin d'émotion et de poésie qui est au fond de son âme. On peut même dire que, loin d'être tuée par le progrès scientifique et industriel, la poésie sera transformée et renouvelée; elle aura quitté le domaine de la fable pour entrer dans celui de la vérité idéalisée[1]. Le vrai est la condition du beau. Une œuvre fausse, conçue en désaccord avec les lois de la nature, soit physique, soit morale, est une œuvre laide. Idéaliser la nature implique le respect de ses lois. L'idéal vrai d'un être est, au fond, le plus haut degré de réalité où il puisse arriver.

Cette poésie nouvelle brille déjà d'un vif éclat dans les œuvres des plus grands génies scientifiques. Il suffit de citer les *Époques de la nature*, de Buffon, et le *Discours sur les révolutions du globe*, de Cuvier.

« Parmi tant d'exemples qui abondent dans l'histoire et qui montrent à quel degré était développé, chez les maîtres de la science, le sentiment de l'idéal et le don de la grande et noble poésie, il suffira d'en rappeler un admirable entre tous : celui de Képler. Ses ouvrages, en effet, sont remplis de passages où l'enthousiasme déborde et où, parfois, le style devient vraiment lyrique. Ces pages sont trop connues pour être citées de nouveau ; celle-ci, par exemple, où le savant, après vingt-deux ans de travaux opiniâtres, célèbre la principale de ses découvertes, et qui commence par ces fiers accents : « Apprenez, mortels, que j'ai ravi les vases d'or des Égyptiens ; je veux, loin des confins de l'Égypte, les offrir comme un tabernacle à mon Dieu. »

« L'exemple d'Ampère n'est pas moins frappant. Cet illustre savant, si net et si précis dans ses expériences, si rigoureux dans ses calculs et ses déductions mathématiques, était en même temps, et essentiellement, un homme d'idéal et de poésie; partout, dans sa vie, dans ses ouvrages, dans sa correspondance, on retrouve le philosophe, le poète et l'artiste. » (VALSON, *Vie et travaux d'Ampère*, Discours préliminaire. — Tout le chapitre II, qui traite *Du sentiment de l'idéal et de la poésie dans la science*, est à lire.)

La science, l'art et l'industrie, tout en poursuivant leurs fins propres, ne doivent pas se séparer de la morale, qui, ayant pour objet le bien moral et la fin dernière, doit régler l'activité libre dans toutes ses manifestations. La mora-

---

[1] C'est un étrange préjugé de supposer qu'un savant sent moins qu'un autre les beautés des choses. « N'est-ce pas une idée absurde, sacrilège, de croire que plus on étudie la nature, moins on la révère? Pensez-vous que ce qui paraît au spectateur non initié un simple flocon de neige n'éveille pas des idées plus hautes chez celui qui a examiné à travers le microscope les formes merveilleusement variées et si élégantes des flocons de neige? Pensez-vous que ce roc arrondi, strié de déchirures parallèles, évoque autant de poésie dans l'esprit de l'ignorant que dans celui du géologue, qui sait qu'un glacier a glissé sur lui, il y a un million d'années? La vérité est que ceux qui n'ont jamais pénétré dans le domaine de la science sont aveugles à la plus grande partie de la poésie qui nous entoure. » (H. SPENCER, *l'Éducation*).

La science donne sans cesse de nouveaux aliments à la faculté d'admirer.

Il n'y a pas, d'ailleurs, d'art sans science. « L'art est soumis, non seulement à des règles grammaticales, à des principes de correction, hors desquels il y a faute, mais encore à des principes de beauté, à des lois esthétiques qui, pour n'être pas, comme les premières, consignées dans les livres et rédigées en codes, n'en sont pas moins très réelles, très certaines ; qui constituent la tradition du grand beau, qui sont la chaîne par laquelle tous les grands maîtres se rattachent entre eux, quelle que soit leur personnalité ; grandes lois en vertu desquelles Dante, Shakespeare, Michel-Ange, Bach, Palestrina sont de la même famille, et hors desquelles il n'y a que productions creuses et œuvres éphémères. Il n'y a pas d'*art* sans *science* ; la race tout entière des maîtres est là pour en faire foi. » (Ch. GOUNOD, Préface du *Choix de Chorals de S. Bach*.)

lité est une loi universelle; admettre qu'elle ne s'impose pas à la science, à l'art et à l'industrie, c'est nier la morale, et avec elle l'idée d'une fin dernière et unique où tout doit concourir.

Sans un progrès moral proportionnel et même supérieur, tous les autres progrès doivent ou périr ou retourner contre l'humanité même qui les accomplit; ils deviennent des instruments de démoralisation. Une nation est d'autant plus glorieuse et prospère, que chez elle la moralité est plus grande, la science plus cultivée, l'art plus élevé, l'industrie plus féconde.

Science et moralité. — La culture scientifique est un élément de perfectionnement moral : elle implique la réflexion, le travail, la justesse d'esprit. Mais il faut se garder de confondre la science avec la vertu. La faiblesse du cœur et la perversion de la volonté peuvent s'allier à une grande instruction. Ce n'est pas la science pure qui fait l'homme; c'est avant tout la science de la vérité morale, règle obligatoire de la volonté; on est homme dans la mesure où l'on connaît et où l'on pratique cette vérité. (Voir plus loin pp. 270, 367, 623, 749.)

Science et Église. — « L'Église ne défend pas que les sciences humaines se servent, chacune dans sa sphère, des principes et des méthodes qui leur sont propres; mais, tout en reconnaissant cette juste liberté, elle veille avec soin à ce qu'elles ne se mettent pas en opposition avec la doctrine divine en tombant dans l'erreur ou en dépassant leurs propres limites.

« Quoique la foi soit au-dessus de la raison, il ne peut cependant jamais exister de véritable désaccord entre la foi et la raison, puisque c'est le même Dieu qui révèle les mystères et communique la foi, et qui donne à l'âme humaine la lumière de la raison; or Dieu ne peut pas se nier lui-même, et le vrai ne peut pas être en contradiction avec le vrai. La vaine apparence d'une contradiction de ce genre vient principalement de ce que les dogmes de la foi ne sont pas compris et exposés selon le sentiment de l'Église, ou de ce que des écarts d'opinion sont pris pour des enseignements certains de la raison. » (Concile du Vatican.)

« L'Évangile n'aurait pas changé le monde s'il ne se fût adressé qu'aux lettrés et aux savants. La philosophie fit cette faute. Platon écrivit sur la porte de son école : « Que nul n'entre ici s'il n'est géomètre; » et, sept cents ans plus tard, Porphyre avouait qu'entre tant de sectes il n'en connaissait aucune qui eût enseigné la voie de délivrance pour toutes les âmes. Mais le christianisme avait trouvé la voie universelle de la délivrance. C'était sa nouveauté d'évangéliser les pauvres, et longtemps les persécuteurs lui reprochèrent de recruter ses disciples dans les ateliers, chez les tisserands et les foulons. » (OZANAM, *Civil. au* V^e *siècle,* 5e *leçon.*)

TABLEAU ANALYTIQUE

LA SCIENCE ET LES SCIENCES

Définition.
- Considérée dans l'esprit (subjectivement), la *science* est la connaissance certaine de la vérité; considérée en soi (objectivement), elle est un système de connaissances sur une matière donnée.
- On peut encore la définir, dans son sens le plus général : la connaissance des *raisons des choses,* c'est-à-dire des *causes* et des *lois.*

Causes, lois, rapports.
- La *cause* d'un phénomène est la force qui le produit; elle répond à la question *pourquoi.*
- La *loi,* c'est la manière constante dont il est produit; elle répond à la question *comment.*
- Dans les *sciences abstraites,* où il n'y a pas de causes à découvrir, on cherche les *rapports* nécessaires entre les *principes* et les *conséquences* qui en découlent. Ces rapports sont aussi appelés *lois.*

LA SCIENCE ET LES SCIENCES

Connaissance empirique, scientifique, métaphysique.

Il y a une grande différence entre la *connaissance empirique* des choses et leur connaissance *scientifique :*
L'une se borne à constater les phénomènes, l'autre les explique par leurs causes et leurs lois ; la première voit la multiplicité des faits particuliers, la deuxième les ramène à l'unité des types, des lois. — Souvent l'explication scientifique elle-même ne suffit pas ; la science n'atteint que les causes secondes : il faut avoir recours à la *métaphysique* pour saisir les premiers principes et la cause première.

Ce qui constitue une science.

Toute science est constituée : 1° par un *objet*, dont elle étudie la nature et les lois ; 2° par une *méthode* particulière adaptée à l'étude de cet objet. Ainsi la géométrie a pour objet l'étude des grandeurs, et sa méthode est la démonstration.

Origine psychologique de la science.

La science répond au plus impérieux de nos penchants : l'*instinct de curiosité*, le *besoin de savoir*.
Ce besoin se manifeste d'abord par les *questions que l'enfant pose à propos de tout* ; ensuite par l'*étonnement*, qui, d'après Platon, « est un sentiment propre au philosophe, et le commencement de la philosophie. »
La science est l'œuvre de la raison et non des sens : voir, ce n'est pas comprendre ; la *connaissance sensitive* n'est que l'occasion de la *connaissance scientifique*.

Genèse des diverses sciences.

A l'origine, on a appelé *philosophie* l'ensemble des connaissances humaines ; la *philosophie* était la science universelle, la science du tout. Mais une tendance naturelle vers le progrès a fait sortir de la philosophie toutes les autres sciences : la mathématique, ou science des grandeurs, fut la première à se détacher du tronc commun ; puis la physique (XVIIe siècle), la linguistique (XIXe siècle), la physiologie, la chimie, etc. — La morale et la psychologie elles-mêmes tendent aujourd'hui à se constituer sciences indépendantes, c'est-à-dire ayant leur objet et leur méthode propres.

Science absolue et sciences particulières.

La *science absolue* ou universelle, synthèse de toutes les sciences particulières, serait la connaissance universelle et parfaite de l'ensemble et des parties de l'univers. — Cette science absolue n'appartient qu'à Dieu. — L'homme y tend par les *sciences particulières*, qui coexistent dans la science totale et la constituent par leur ensemble.

Caractères de la science.

1° *L'universalité.* — La science s'occupe de ce qu'il y a de *général* et de *permanent* dans les êtres et dans les faits. — « Il n'y a pas de science du particulier, de ce qui passe. » (Aristote.) A propos du particulier, du passager, la science dégage le général et le permanent.
2° *La liaison.* — La science est un enchaînement de propositions, d'êtres ou de faits. — Des propositions ou des faits isolés et sans lien logique ne sont pas la science : la connaissance des êtres ou des faits particuliers devient scientifique, quand elle est *systématisée*, quand on en connaît les éléments, les caractères et les lois.
3° *La science est immuable et impersonnelle dans ses principes.* — La géométrie n'a pas changé depuis Euclide : elle a découvert de nouveaux théorèmes, elle n'a rejeté aucun des anciens. Toute vérité découverte, d'abord personnelle, cesse bientôt de l'être pour tomber dans le fonds commun de l'humanité. La vérité n'est à personne, elle est à tous.
4° *La science est indéfiniment perfectible, quoique immuable dans ses principes.* — Elle est l'œuvre collective des générations successives et s'accroît indéfiniment par leurs travaux. En face de la science, l'humanité est comme un homme qui apprend toujours.
5° *La science est la recherche désintéressée du vrai.* — « En soi, la science, dit Aristote, est indépendante de l'utilité. » Elle vaut par elle-même ; elle est un *but* avant d'être un *moyen* ; elle répond à un besoin impérieux de l'homme : le *besoin du vrai*. — En fait, elle trouve sa véritable valeur dans les applications ; sans la pratique, elle est exposée à n'être que curiosité et vanité.

2º LEÇON

CLASSIFICATION ET HIÉRARCHIE DES SCIENCES

Classification des sciences. — Classer les sciences, c'est déterminer les rapports qui les unissent, de manière à montrer leur place naturelle dans l'ensemble des connaissances humaines; c'est les ranger en groupes distincts et subordonnés.

Une classification naturelle des sciences doit se faire : 1º D'après la nature des *objets* pensés, non d'après les facultés du sujet pensant : « La science, dit Aristote, se divise comme la chose, c'est-à-dire comme son objet. » A. Comte pose le même principe : « La classification doit ressortir de l'étude même des objets à classer et être déterminée par les affinités réelles et l'enchaînement naturel qu'ils présentent. » (*Cours de philosophie positive.*)

2º En suivant l'ordre naturel d'évolution, c'est-à-dire de généralité décroissante et de complexité croissante, car les phénomènes complexes ont leurs conditions nécessaires, sinon suffisantes, dans les phénomènes simples.

Si, dans la classification des sciences, on se place au point de vue du sujet qui connaît, comme l'ont fait Bacon et d'Alembert, on a une classification *subjective*; si c'est au point de vue de l'objet connu, on obtient une classification *objective*, comme celle d'Ampère; enfin si on considère, non plus seulement le sujet connaissant et l'objet connu, mais la connaissance ou la science en elle-même, dans son caractère propre, on a la classification *positiviste* d'A. Comte.

Ce dernier s'est proposé, dans sa classification, d'énumérer les sciences d'après les dépendances mutuelles des phénomènes étudiés et d'en montrer la hiérarchie; mais ces dépendances étant exactement inconnaissables, « une telle classification (il l'avoue lui-même) enfermera toujours quelque chose, sinon d'arbitraire, du moins d'artificiel. »

Avantages d'une classification naturelle des sciences. — Montrer à la fois l'unité et la diversité des connaissances humaines, le domaine propre et les dépendances logiques des sciences particulières, voilà, en quelques mots, les avantages d'une classification naturelle des sciences.

Ampère en a donné le détail : une telle classification servirait de type pour l'organisation et la division en classes et en sections d'une société de savants qui voudraient comprendre, dans leurs études, l'universalité des connaissances humaines ; elle indiquerait l'ordre le plus logique pour l'installation d'une grande bibliothèque ou la rédaction d'un catalogue de bibliographie générale; elle aiderait à composer une encyclopédie vraiment méthodique et universelle; elle indiquerait nettement l'objet et l'importance relative de chaque science et les liens qui la rattachent aux autres; elle permettrait d'apprécier à leur juste valeur les travaux des savants dans chaque science particulière; enfin elle fournirait un plan pour la distribution des objets d'enseignement et la répartition des cours dans les établissements d'instruction des divers ordres. (Voir VALSON, *Vie et travaux d'Ampère*, ch. XI.)

Divisions principales des sciences. — L'objet de la science, c'est l'être ou le vrai sous tous ses aspects. Or le vrai nous est connu ou par le moyen des principes *révélés* ou par le moyen des principes *rationnels*. De là, d'abord, deux principales divisions : les sciences *théologiques*, qui reposent à la fois sur les principes rationnels et les principes révélés, et les sciences purement rationnelles ou *philosophiques*. Dans les classifications suivantes, il n'est question que de ces dernières.

Classification d'Aristote. — Aristote distinguait, d'après les formes de l'activité humaine :

1º Les sciences *spéculatives*, dont le but est la connaissance pure, divisées en physique, mathématiques et philosophie première ;

2º Les sciences *pratiques*, ou philosophie des choses humaines, dont le but est de diriger nos actions, comprenant la morale, l'économique et la politique, qui ont pour objet l'individu, la famille ou l'État ;

3º Les sciences *poétiques*, ou l'art, dont le but est la réalisation d'œuvres en dehors de l'agent, renfermant la poétique, la rhétorique et la dialectique.

Critique. — Savoir, agir et faire ; la science, la pratique et l'art sont bien les trois modes possibles du développement d'un être intelligent ; mais, outre qu'elle est aujourd'hui insuffisante pour les sciences spéculatives, cette classification parle de *sciences poétiques :* la poésie et l'art, on l'a déjà vu, diffèrent profondément de la science, soit dans leur but, soit dans leurs moyens et leur méthode, soit dans leurs manifestations. De plus, il n'est pas de science purement pratique, de science qui ne suppose une théorie correspondante ; la morale, par exemple, ne se sépare pas de la métaphysique ou du dogme.

Classification des scolastiques. — Les scolastiques divisaient la philosophie en deux sections :

Le *trivium* ou section des *lettres*, comprenant grammaire, dialectique et rhétorique ; le *quadrivium* ou section des *sciences*, comprenant musique, arithmétique, géométrie, astronomie. C'est ce qu'on appelait les *sept arts libéraux*. — Au-dessus se plaçaient le droit canon et le droit civil, la médecine et surtout la théologie. — Cette répartition des sciences n'a rien de philosophique et n'offre plus d'intérêt qu'au point de vue de l'histoire.

Classification de Bacon et de d'Alembert (cl. subjective). — Bacon, dans le *De augmentis*, fragment du grand ouvrage qu'il projetait et qu'il avait appelé *Restauration des sciences*, divise les sciences en trois ordres, correspondant, dit-il, « aux trois facultés de l'âme raisonnable, où se trouve le siège de la science : » sciences de *mémoire* ou histoire, sciences d'*imagination* ou poésie et beaux-arts, sciences de *raison* ou philosophie.

Il subdivise ensuite chacune de ces sciences en trois branches : l'histoire, en histoire naturelle, histoire civile et histoire littéraire, dont il est le premier à donner l'idée ; la poésie, en poésie narrative, dramatique et parabolique ; la philosophie, en science de la nature, de l'homme, de Dieu. Chacune de ces subdivisions est, à son tour, partagée en branches particulières.

« Ainsi s'étagent les sciences. A leur base la mémoire, conservatrice des faits et des expériences antérieures, qui emmagasine dans ses histoires les matériaux de toutes sortes que mettront en œuvre les deux autres facultés. Au-dessus, l'imagination emprunte à l'histoire de quoi construire ses épopées, ses drames ou ses paraboles. Plus haut enfin la raison, se tenant rigoureusement à l'écart de la théologie sacrée, tire de l'histoire les expériences de toutes sortes qui lui permettront de s'élever à la connaissance de Dieu, de découvrir les lois de la nature et d'approfondir la science de l'homme. Cette classification est le premier effort sérieux qu'on ait tenté pour ranger dans un ordre encyclopédique les connaissances humaines. » (FONSEGRIVE, *François Bacon*, p. 159.)

D'Alembert, chargé par Diderot d'écrire le *Discours préliminaire* de l'*Encyclopédie*, a reproduit cette classification, mais en plaçant la raison et la philosophie, qui en sort, avant l'imagination, et en faisant judicieusement remarquer qu'il y aura toujours beaucoup d'arbitraire dans de semblables divisions.

Critique. — Cette classification subjective des sciences, subordonnée à la classification encore plus complexe des facultés de l'âme, complique la question au lieu de la résoudre : elle suppose admis qu'on se connaît bien soi-même. Elle est factice, superficielle, incomplète, comme la division des facultés sur laquelle elle repose. Il n'y a pas, en effet, de science qui se fasse uniquement par la mémoire, faculté secondaire. Dans quelque direction qu'il s'exerce, l'esprit humain applique à la fois toutes ses facultés. L'histoire ne mérite le nom de science que si le raisonnement intervient pour relier les faits entre eux et à leurs causes. De plus, quelle analogie y a-t-il entre l'histoire *naturelle*, science de la nature, et l'histoire *civile*, science des faits de la vie de l'homme et des sociétés humaines? Enfin, la séparation absolue de la théologie et de la philosophie, de la métaphysique et de la physique, de la physiologie et de la psychologie, que Bacon recommande sans cesse, est illogique ; toutes les sciences sont liées entre elles par des besoins et des services mutuels, et il n'en est pas une qui puisse se proclamer indépendante de toutes les autres. — On peut remarquer encore que la poésie n'est pas une science et que l'imagination poétique est une faculté qui relève de l'esthétique. — Enfin Bacon, particulièrement dans la division des sciences philosophiques, fondée sur la distinction de leurs objets, ne reste pas fidèle à son principe de classification subjective.

Classification d'Ampère (cl. objective). — Ampère se propose de « faire à l'égard des sciences ce que M. de Jussieu (dans sa classification naturelle et dichotomique) a fait à l'égard des végétaux, en en commençant l'ordre naturel par ceux dont l'organisation est la plus simple et en l'élevant graduellement à ceux dont l'organisation devient de plus en plus compliquée [1] ». Il divise les sciences en deux grands groupes ou règnes : les sciences *cosmologiques* ou de la matière, les sciences *noologiques* ou de l'esprit.

Les sciences cosmologiques se partagent ensuite en deux *sous-règnes* et quatre embranchements.

Le premier sous-règne comprend toutes les connaissances humaines relatives à l'ensemble du monde inorganique; ce sont : les sciences *cosmologiques* proprement dites; elles renferment deux embranchements :

1° Les sciences cosmologiques, qui n'empruntent à l'observation que les notions de grandeurs et de mesures : *Sciences mathématiques* : arithmétique, algèbre, géométrie, mécanique et astronomie rationnelle;

2° Les sciences cosmologiques, qui ont pour objet les propriétés inorganiques des corps dans le globe terrestre : *Sciences physiques* : physique, chimie, géologie, astronomie descriptive, mécanique expérimentale, science de l'industrie, des mines.

Le deuxième sous-règne se compose des sciences qui comprennent toutes les vérités relatives à la nature, d'où le nom générique de sciences *physiologiques*.

Le premier embranchement considère les êtres organisés dans leur état ordinaire ou naturel : *Sciences naturelles* : botanique, zoologie, agriculture, science de l'élevage des animaux et du perfectionnement des races.

Le deuxième est relatif aux agents ou à toutes les circonstances tant internes qu'externes qui conservent, altèrent, rétablissent ou détruisent, dans les ani-

---

[1] *Essai sur la philosophie des sciences*, t. I, p. 12.

maux, l'ordre normal des phénomènes vitaux, soit aux altérations dont ils sont susceptibles : *Sciences médicales* : nosologie [1], médecine pratique, hygiène, physique médicale.

Les sciences noologiques se partagent aussi en deux *sous-règnes* et quatre embranchements :

1er sous-règne : *sciences noologiques proprement dites*, comprenant tout ce qui concerne la pensée en elle-même et les moyens dont les hommes se servent pour la manifester.

1er embranchement : sciences qui ont pour objet l'étude des facultés intellectuelles et morales de l'homme : *Sciences philosophiques* : psychologie, logique, morale, théodicée, métaphysique;

2e embranchement : sciences relatives aux moyens par lesquels l'homme agit sur l'intelligence ou la volonté des autres hommes : *Sciences dialegmatiques* [2] : grammaire, littérature, esthétique, pédagogie.

Le 2e sous-règne comprend les sciences ethnologiques et politiques, d'où le nom de *sciences sociales*.

Le 1er embranchement traite des sciences qui ont pour objet l'étude des sociétés humaines et toutes les circonstances de leur existence passée ou présente : *Sciences historiques* : archéologie, histoire proprement dite, science des religions, géographie politique;

Le second, des sciences relatives aux moyens par lesquels les nations pourvoient à leurs besoins, à leur défense, à tout ce qui peut contribuer à leur conservation et à leur prospérité : *Sciences politiques* : législation, jurisprudence, économie politique, science militaire, science du gouvernement.

L'ensemble des sciences se trouve donc partagé en *deux règnes*, et ceux-ci en *quatre sous-règnes*. Chacun des sous-règnes se subdivise en *deux embranchements*, formant *seize sous-embranchements*, auxquels correspondent *trente-deux sciences du premier ordre*. Ces trente-deux sciences du premier ordre se décomposent en *soixante-quatre* sciences du *second ordre*, et celles-ci enfin conduisent à *cent vingt-huit* sciences du *troisième ordre*. (Voir AMPÈRE, *Essai sur la philosophie des sciences*, t. I.)

Critique. — On a reproché à cette classification l'abus du néologisme et des divisions systématiques. Ampère part de ce principe que l'esprit, dans l'acquisition de ses connaissances, va de l'observation des faits *apparents* et des faits *cachés* à la détermination des *causes* et des *lois* de ces faits. Il distingue quatre points de vue dans une science et a le tort d'en faire quatre sciences distinctes. D'après lui, il y a d'abord deux choses à considérer dans toute science : 1º les objets (*êtres ou faits*); 2º les lois. Puis chacune de ces divisions en donne deux autres, suivant que l'on considère le point de vue *apparent* ou le point de vue *caché*. « Observer ce qui est *patent*, découvrir ce qui est *caché*; établir des *lois* qui résultent de la comparaison des faits observés et de toutes les modifications qu'ils éprouvent suivant les lieux et les temps; enfin procéder à la recherche d'une inconnue plus cachée encore que celle dont nous venons de parler, c'est-à-dire remonter aux *causes* des effets connus ou prévoir les effets à venir d'après la connaissance des causes : voilà ce que nous faisons successivement dans l'étude d'un objet quelconque, d'après la nature de notre intelligence. » (AMPÈRE, *Essai sur la philosophie des sciences*.)

La distinction des sciences en *abstraites* et *concrètes* est arbitraire. Toute science étant le résultat de quelque généralisation est, par là même, plus ou moins abstraite. On ne constitue la science qu'en établissant des principes et des lois, en ramenant à des types ou à des classes (*genres*, *espèces*) les êtres

---

[1] Nosologie (du *nosos*, maladie; *logos*, traité), branche de la médecine qui s'occupe d'imposer des noms aux maladies, de les définir et de les étudier dans toutes leurs circonstances.
[2] Terme assez étrange dont se sert Ampère pour désigner l'ensemble des signes par lesquels les hommes se communiquent leurs pensées et leurs sentiments.

où les faits étudiés. Si élémentaire que soit la physique, par exemple, elle comporte toujours l'énoncé de quelque loi. — De plus, comment séparer ce qui est apparent de ce qui est caché? Toute science part de l'apparent, c'est-à-dire du connu, et passe immédiatement au caché, c'est-à-dire à l'inconnu. Toute science est *une;* ici elle apparaît multiple. — Enfin la philosophie, placée parmi les sciences noologiques, semble limiter son domaine à l'étude de l'âme et de Dieu, tandis qu'elle étudie aussi la matière envisagée dans ses principes constitutifs : c'est une science universelle.

Cette classification, œuvre d'un puissant esprit, est demeurée célèbre, malgré ses défauts. Elle est d'ailleurs juste dans son ensemble, si on se place au point de vue de l'origine psychologique des sciences particulières; elle répond à deux sources de connaissance irréductibles l'une à l'autre, les sens et la conscience. Tout ce que l'homme peut connaître se ramène en effet à la matière et à l'esprit, et il le connaît, en dernière analyse, ou par les sens ou par la conscience : la matière, par les sens (observation externe); l'esprit, c'est-à-dire l'âme, par la conscience (observation interne), et Dieu, par la conscience unie à la raison.

Classification d'Auguste Comte (cl. positiviste). — Auguste Comte distingue les sciences et les arts, la spéculation et la pratique. Il ne s'occupe de classer que les sciences. Comme Aristote, il combat l'idée que les sciences doivent avoir une utilité immédiate.

Il les divise :

1° En sciences abstraites et générales, qui ont pour objet la découverte des lois. Elles comprennent *six* sciences fondamentales : les mathématiques, l'astronomie, la physique, la chimie, la biologie et la sociologie [1], classées par ordre croissant de complexité et décroissant de généralité. Les phénomènes observés par la sociologie sont les plus complexes : ils impliquent les phénomènes physiologiques, et ceux-ci impliquent les phénomènes physiques et chimiques [2].

2° En sciences concrètes et particulières, qui font l'application des lois aux êtres et aux faits. Ce sont les premières à naître et les dernières à se former. Aug. Comte ne croit pas qu'elles soient constituées; leur complexité et leur indétermination rendent leur classification impossible.

La *biologie* ou *physiologie proprement dite*, par exemple, est la science abstraite de la vie; l'*histoire naturelle* et la *pathologie* (science qui traite de tous les désordres survenus, soit dans la disposition matérielle des organes, soit dans les actes qu'ils remplissent) en sont les sciences concrètes.

S'il s'agit de l'âme, la psychologie proprement dite est une science abstraite, correspondant à la physiologie; et les sciences concrètes sont une pathologie mentale et une histoire naturelle de l'âme, c'est-à-dire l'histoire de ses différents états aux différents âges, aux différents siècles, suivant les tempéraments, les sexes, les professions.

Critique. — Cette classification, plus simple et plus claire que celle d'Am-

---

[1] *Sociologie* : « *Socio...* dit pour *société*, et *logos*, doctrine; mot hybride, dû à A. Comte dans son système de philosophie positive; il est pleinement entré dans l'usage. » LITTRÉ.
La sociologie est la biologie des sociétés. On s'accorde aujourd'hui à contester à A. Comte le titre de fondateur de la sociologie : il a créé le mot plutôt que la chose. Aristote, Platon, Machiavel, Montesquieu, pour ne nommer que ceux-là, n'ignoraient pas la science sociale. Il faut reconnaître que ses théories ont été fort utiles pour en préciser le but, en resserrer les éléments un peu épars, y introduire le goût de l'observation précise... « C'est à Auguste Comte, dit H. Spencer, que revient l'honneur d'avoir mis en lumière, avec une précision relative, la connexion entre la science de la vie et la science de la société. (Cité par BLUM, *Lectures de Philosophie scientifique*.)

[2] « Cet ordre n'est pas seulement philosophique : il indique encore la date relative de chaque science dans l'évolution historique. Ainsi les mathématiques se sont constituées les premières, puis sont venues l'astronomie, la physique et la chimie, et enfin la biologie et la sociologie. Cette dernière, terme de toutes les autres, sera aussi organisée la dernière. » (FONSEGRIVE, *Él. de philosophie*, II.)

père, renferme de graves erreurs, comme la précédente, elle a le tort d'établir une distinction trop tranchée entre les sciences concrètes et les sciences abstraites; elle ne renferme pas toutes les sciences, la philosophie, par exemple, que Littré y ajoute, en la définissant « lien général du savoir »; l'ordre proposé n'est pas rigoureux: l'inférieur n'est pas la condition totale et suffisante du supérieur; on ne tire pas le concret de l'abstrait; la physique et la chimie ne se tirent pas des mathématiques, et leurs progrès ne dépendent pas de l'astronomie; de plus, l'astronomie ne peut pas être considérée comme plus générale que la physique; enfin, cette classification est matérialiste : elle part de ce principe faux, qu'elle prend pour admis, qu'il n'y a pas de différence entre les phénomènes physiques et les phénomènes moraux, entre les phénomènes physiologiques et les phénomènes psychologiques, et que l'homme doit s'occuper uniquement de l'univers, sans remonter au delà. Auguste Comte n'était pas fondé à supprimer ainsi la psychologie, la théodicée et la métaphysique et à réduire la philosophie à une espèce de mathématique universelle, ayant pour objet les propriétés mécaniques et géométriques de l'atome. Au-dessus des résultats *positifs* de la science, au-dessus des lois, l'esprit cherche à atteindre les causes, à connaître l'explication dernière et métaphysique des choses, la cause première. Les classifications de Bacon, de d'Alembert, d'Ampère, qui n'excluent ni les faits de l'esprit, les plus réels et les plus importants de tous, ni les sciences qui en traitent, sont bien autrement positives que celles d'Auguste Comte.

Le principe d'ordre et de hiérarchisation des sciences, posé par A. Comte, se résume dans les trois remarques suivantes : 1° dans la nature, les faits les plus simples sont les plus généraux; en d'autres termes, la généralité des faits est en raison inverse de leur complexité; ainsi les mouvements de translation sont plus simples et plus généraux que les mouvements chimiques; 2° tout ordre d'existence supérieur suppose, comme condition, les ordres d'existence plus simples et plus généraux [1]; ainsi les phénomènes biologiques de la plante, de l'animal, de l'homme, combinent diversement les phénomènes plus simples de chaleur, d'électricité, de magnétisme; 3° la difficulté de connaître croît à mesure qu'augmente la complexité de l'objet.

Classification d'Herbert Spencer. — Spencer a distingué les sciences *abstraites* (logique, mathématiques), qui ont pour objet des rapports; les sciences *abstraites-concrètes* (mécanique, physique, chimie, etc.), qui étudient des phénomènes; les sciences *concrètes* (astronomie, géologie, biologie, psychologie, sociologie), qui traitent des êtres eux-mêmes. Comme A. Comte, H. Spencer ne parle pas de la métaphysique, ce couronnement nécessaire des sciences et de la philosophie elle-même, et sa classification mérite au fond les mêmes reproches que la précédente.

Hiérarchie des sciences. — Par hiérarchie des sciences, on peut entendre soit l'ordre de dignité de chacune d'elles, soit l'ordre dans lequel elles doivent être étudiées.

Au point de vue de la *dignité*, les sciences philosophiques et morales doivent occuper le premier rang : elles dominent et éclairent toutes les autres de leurs principes.

Au point de vue de leur *dépendance logique*, qui indique l'ordre d'étude, on part de ce principe, que la *hiérarchie des*

---

[1] Comme condition, oui ; comme raison suffisante, non. Ainsi, les faits psychologiques sont irréductibles aux faits vitaux, et ceux-ci ont pour condition, mais aussi pour cause, le nombre, l'étendue et le mouvement.

sciences doit aller du général ou du simple au composé. Les phénomènes complexes dépendent des phénomènes plus simples; par conséquent, l'étude des sciences supérieures suppose logiquement celle des inférieures. La biologie, par exemple, suppose la connaissance de l'histoire naturelle (botanique, zoologie) et de la chimie; la sociologie, celle de la morale, du droit, de l'histoire, de l'économie politique.

On peut encore dire, avec Littré, qu'une *science est subordonnée à une autre, quand elle n'a pu prendre naissance et se constituer sans les notions et les secours que cette autre lui fournit, quand son objet fait partie de l'objet de celle autre et que les conclusions de celle-ci servent de principes à celle-là.* Ainsi, l'astronomie et la physique ne peuvent naître et se constituer sans les mathématiques; la chimie, sans la physique; la biologie, sans la chimie. Ainsi encore, les lettres sont subordonnées à la logique, les beaux-arts à l'esthétique, et, en général, tous les arts aux sciences.

La hiérarchie usuelle des sciences donnée par les programmes est celle-ci : Sciences mathématiques, sciences physiques et sciences naturelles, sciences morales, sciences historiques. Elle est tirée de la considération des objets et des méthodes de ces sciences.

NOTES COMPLÉMENTAIRES

La science n'est pas positiviste. — « Dans l'état positif [1], dit Aug. Comte, l'esprit humain, reconnaissant l'impossibilité d'obtenir des notions absolues, renonce à chercher l'origine et la destination de l'univers, et à connaître les causes intimes des phénomènes, pour s'attacher uniquement à découvrir, par l'usage combiné du raisonnement et de l'observation, leurs lois effectives, c'est-à-dire leurs relations invariables de succession et de similitude. »

« Telle est l'étroite et inintelligible conception que le positivisme se fait de la science : en la réduisant à énoncer des rapports de succession entre des faits, il détruit toute connaissance scientifique. On parle alors de liaison, mais on ne constate pas de liaisons; c'est l'esprit qui lie les phénomènes entre eux pour les comprendre et formuler le principe des lois. Donc, ou vous vous contentez de simples rapports de succession, et votre positivisme n'est qu'un grossier empirisme, impuissant à trouver une seule loi, ou vous établissez entre les êtres des connexions nécessaires, rapports résultant de leur nature; alors le monde est intelligible et la science possible, — mais vous n'êtes plus positiviste.

« Fût-elle inaccessible à l'esprit humain [2], la recherche des causes s'imposera toujours à la raison. Et pourquoi soutenir qu'elles sont inconnaissables et qu'il faut en abandonner la recherche? Est-ce parce qu'elle est stérile? Alors, jusqu'à la venue d'A. Comte, on n'avait rien découvert? Le véritable positivisme consisterait plutôt à ne rien exclure, à tout chercher, la liaison des faits et leurs causes, au risque de ne pas tout trouver. On aurait du moins l'avantage de ne pas faire reposer la philosophie de la science sur l'intimidation de la pensée et l'amoindrissement de la science par l'exclusion des plus grands penseurs. Selon le mot de Stuart Mill, c'est une grande méprise d'A. Comte de ne jamais laisser les questions ouvertes. Néanmoins l'exclusion des conceptions théologiques et métaphysiques, prononcée sur un ton de suffisance infaillible, renou-

---

[1] D'après l'auteur, la science, comme l'humanité, passe dans son évolution par trois états successifs : l'état *théologique*, où l'on explique tout par l'action directe et continue d'agents surnaturels, où l'on va d'emblée aux causes premières et aux causes finales; l'état *métaphysique*, où l'on fait intervenir des forces abstraites, des vertus cachées (vertu dormitive et autres), des entités chimériques; enfin l'état *positif*, caractérisé dans le passage cité. L'histoire dément cette hypothèse, d'ailleurs invérifiable, en montrant l'existence *simultanée* de ces trois états.

[2] Si elle l'était, il n'y aurait pas de science complète, car un phénomène n'est vraiment expliqué que quand on en connaît le *comment* et le *pourquoi*, c'est-à-dire et la loi et la cause.

velée fréquemment, bien faite aussi pour flatter des préjugés toujours vivaces, est le seul dogme de cette école qui reste debout au terme de cette longue élaboration d'un demi-siècle, en même temps qu'elle est la raison la plus claire et la plus décisive de sa popularité auprès du gros public, qui n'a pas le temps de regarder aux détails et aux nuances. » (CARO, *M. Littré et le positivisme*, p. 104.) Notes prises dans les *Lectures de philosophie scientifique*, par E. Blum.

TABLEAU ANALYTIQUE

Classer les sciences, c'est déterminer les rapports qui les unissent, de manière à montrer leur place naturelle dans l'ensemble des connaissances humaines; c'est les ranger en groupes distincts et subordonnés.

CLASSIFICATION DES SCIENCES

Qualités d'une bonne classification naturelle.
1° Elle doit se faire d'après la nature des objets connus et non d'après les facultés du sujet connaissant.
2° Elle doit suivre l'ordre naturel d'évolution, c'est-à-dire aller de la généralité décroissante à la complexité croissante.

Une classification peut être :
1° *Objective*, si l'on se place au point de vue de l'objet connu (cl. d'AMPÈRE).
2° *Subjective*, si l'on se place au point de vue du sujet connaissant (cl. de BACON).
3° Elle est dite *positive*, si elle considère seulement la connaissance elle-même, avec ses caractères propres, en dehors du sujet connaissant et de l'objet connu (cl. d'A. COMTE).

Avantages d'une bonne classification.
1° Elle sert à montrer l'unité et la diversité des connaissances humaines ;
2° Le domaine propre de chaque science ;
3° Les rapports logiques qui les unissent les unes aux autres ;
4° L'ordre dans lequel elles doivent être étudiées.

Deux grandes divisions des sciences.
Les sciences sont dites *théologiques*, si elles se fondent à la fois sur les principes rationnels et les principes révélés ;
Et *philosophiques*, si elles se fondent exclusivement sur les principes rationnels. On ne parlera que de ces dernières.

PRINCIPALES CLASSIFICATIONS

Classification d'Aristote. (*Subjective.*)
Aristote distinguait, d'après les formes de l'activité humaine :
1° Les sciences *spéculatives*, dont le but est la connaissance pure : physique, mathématiques et philosophie première.
2° — *pratiques*, dont le but est de diriger nos actions : morale, économique et politique.
3° — *poétiques* ou l'art : poétique, rhétorique et dialectique.
CRITIQUE. — Classification artificielle, inexacte, incomplète.

Classification des Scolastiques. (*Objective.*)
Les scolastiques divisaient la philosophie en deux sections :
1° Le *trivium*, ou section des *lettres*, comprenant la grammaire, la rhétorique et la dialectique ;
2° Le *quadrivium*, ou section des *sciences*, comprenant la musique, l'arithmétique, la géométrie et l'astronomie.
— Au-dessus et en dehors de ces sciences, qui formaient les *sept arts libéraux*, il y avait : le droit canon, le droit civil et la théologie.
CRITIQUE. — Cette classification n'avait rien de philosophique.

Classification de Bacon et de d'Alembert. (*Subjective.*)
Bacon (*De Augmentis*) divise les sciences en trois ordres, correspondant aux trois facultés de l'âme :
1° *Sciences de mémoire* ou *histoire*, se subdivisant en histoire proprement dite, histoire littéraire et histoire naturelle;
2° — *d'imagination* ou *poésie*, se subdivisant en poésie narrative, dramatique et parabolique ;
3° — *de raison* ou *philosophie*, se subdivisant en science de la nature, de l'homme et de Dieu.
D'Alembert, dans le *Discours préliminaire* de l'*Encyclopédie*, a reproduit la classification de Bacon, mais en modifiant l'ordre des facultés et en faisant remarquer ce qu'il y a d'arbitraire.
CRITIQUE. — Cette classification est factice, superficielle, incomplète, mais commode pour l'étude.

CLASSIFICATION DES SCIENCES (suite)

PRINCIPALES CLASSIFICATIONS (suite)

Classification d'Ampère. (*Objective.*)

Ampère divise les sciences en deux grands groupes ou *règnes*, 4 *sous-règnes*, 8 *embranchements*, 16 *sous-embranchements*, 32 sciences du 1er ordre, 64 sciences du 2e ordre et 128 sciences du 3e ordre : en tout 224 sciences.

Sciences cosmologiques ou de la matière, divisées en 2 sous-règnes, 4 embranchements et 16 sciences du 1er ordre.	1er sous-règne. Sciences cosmologiques proprement dites.	1er embranchement. Sciences mathématiques.	Arithmétique ou *arithmologie*, géométrie, mécanique.
		2e embranchement. Sciences physiques.	Physique générale, chimie, géologie, astronomie descriptive, sciences de l'industrie, des mines.
	2e sous-règne. Sciences *physiologiques*.	1er embranchement. Sciences naturelles.	Zoologie, botanique, agriculture, zootechnie.
		2e embranchement. Sciences médicales.	Nosologie, hygiène, médecine pratique.
Sciences noologiques ou de l'esprit, formant 2 sous-règnes, 4 embranchements et 16 sciences du 1er ordre.	1er sous-règne. Sciences noologiques proprement dites.	1er embranchement. Sciences philosophiques.	Psychologie, logique, morale, métaphysique.
		2e embranchement. Sciences dialegmatiques.	Grammaire, littérature, pédagogie.
	2e sous-règne. Sciences *sociales*.	1er embranchement. Sciences ethnologiques.	Ethnologie, archéologie, histoire, science des religions, géographie politique.
		2e embranchement. Sciences politiques.	Législation, économie politique, science militaire, science du gouvernement.

CRITIQUE. — On reproche à cette classification l'abus du néologisme, des divisions trop multipliées et parfois arbitraires. Elle est juste, si on se place au point de vue de l'origine des idées : toutes nos connaissances nous viennent, en effet, de l'esprit (sciences noologiques), ou des sens (sciences cosmologiques).

Classification d'A. Comte. (*Positiviste.*)

Auguste Comte distingue les sciences et les arts, la spéculation et la pratique; mais il ne s'occupe que de classer les sciences. Il divise :
1º En sciences *abstraites* ou *générales*, qui ont pour objet la découverte des lois. Il y a six sciences fondamentales : les mathématiques, l'astronomie, la physique, la chimie, la biologie et la sociologie. — Elles sont classées par ordre croissant de complexité et décroissant de généralité.
2º En sciences *concrètes* ou *particulières*, qui font l'application des lois aux êtres et aux faits. — Aug. Comte croit que ces sciences ne sont point encore formées, et que, par conséquent, toute classification est impossible.

CRITIQUE. — On reconnaît à cette classification plus de clarté et de simplicité qu'à celle d'Ampère; mais elle renferme de graves erreurs; on lui reproche d'établir une distinction trop tranchée entre les sciences abstraites et les sciences concrètes, d'oublier la philosophie, de supprimer la métaphysique, enfin d'exagérer l'importance de l'ordre adopté.

Classification de H. Spencer. (*Positiviste.*)

Herbert Spencer a distingué :
1º Les sciences *abstraites* (logique, mathématiques), qui ont pour objet des rapports;
2º — *abstraites-concrètes* (mécanique, physique, chimie, etc.), qui étudient les phénomènes;
3º — *concrètes* (astronomie, biologie, psychologie, etc.), qui traitent des êtres en eux-mêmes.

CRITIQUE. — Comme A. Comte, H. Spencer oublie la métaphysique, couronnement nécessaire des sciences et la philosophie elle-même.

Hiérarchie des sciences.

Par *hiérarchie des sciences* on peut entendre :
1º L'ordre de *dignité* de chacune d'elles : à ce point de vue les sciences philosophiques tiennent le premier rang;
2º Ou bien leur *dépendance logique*, qui indique l'ordre d'étude. — Alors on doit partir de ce principe *que la hiérarchie des sciences doit aller du général au particulier, ou du simple au composé*. — On a alors l'ordre suivant :
Sciences *mathématiques*; — Sciences *physiques et naturelles*; — Sciences *morales ou philosophiques*; — Sciences *historiques*.
Cette hiérarchie conduit à une classification qui est *objective*, comme celle d'Ampère, et *progressive*, comme celle de Comte.

3ᵉ LEÇON

PHILOSOPHIE. — OBJET ET DIVISION DE LA PHILOSOPHIE

Définition de la philosophie. — Le mot *philosophie* signifie *amour de la sagesse* ou de la science, c'est-à-dire désir et recherche du vrai, du bien, du beau.

Pour les anciens, la sagesse était à la fois *science* et *vertu;* c'était la recherche pratique des lois de l'ordre : la connaissance de la vérité, croyaient-ils, engendre naturellement la vertu. Les mots sagesse, science, philosophie, étaient pour eux à peu près synonymes. Aussi les premiers Grecs qui étudièrent la philosophie prirent-ils le nom, un peu trop ambitieux, de *sages;* c'est Pythagore qui y substitua celui plus modeste d'*amis de la sagesse*.

Socrate résumait toute la philosophie dans la maxime *Connais-toi toi-même*, écrite sur le fronton du temple de Delphes. Ce qui revient à dire qu'il lui donnait pour base la psychologie [1]. Kant le fait aussi, quand il dit que toute la philosophie peut se réduire à trois questions : « Qui suis-je ? que dois-je faire ? que puis-je espérer ? » Les deux dernières questions posent le problème de notre destinée, dont la première, sur notre nature, doit préparer la solution.

Pour Bossuet[2], la sagesse ou la philosophie *consiste à connaître Dieu et à se connaître soi-même. La connaissance de nous-mêmes nous doit élever à la connaissance de Dieu.* La connaissance, dans la pensée de Bossuet, est pratique et non pas purement spéculative : on connaît pour agir.

Platon a défini la philosophie : *Science de la raison des choses;* Aristote et tout le moyen âge avec lui : *Science des principes et des causes.* C'est ainsi qu'on la définit encore aujourd'hui, en tenant compte du triple objet qu'elle étudie : *Science rationnelle de l'homme, de la nature et de Dieu;* science, non en général des faits (si l'on excepte surtout la psychologie) réservés aux sciences positives et particulières, mais spécialement des principes, des causes, des lois, des idées générales.

<small>La diversité apparente de ces définitions ne prouve pas que l'idée de cette science soit mal fixée. Comme toute science, elle est la recherche des *raisons des choses*, c'est-à-dire des *principes* qui les dominent, des *types* qu'elles réalisent, des *causes* qui les produisent, des *lois* qui les régissent et les expliquent; mais elle s'en distingue par ce caractère qu'elle ne s'attache qu'aux plus hautes généralités des sciences; qu'elle coordonne et réunit en système les vérités géné-</small>

<small>[1] Cette manière d'envisager la philosophie est confirmée par ces paroles de l'Écriture sainte : « Là où n'est pas la science de l'âme, il n'y a pas de bien. » *Prov.*, xix, 2.</small>
<small>[2] *Connaissance de Dieu et de soi-même*, l. I, ch. 1.</small>

rales que chaque science a recueillies ; qu'elle recherche les principes premiers et les raisons dernières des choses. Ainsi les sciences physiques et naturelles, par exemple, étudient les propriétés et les lois de la matière brute ou de la matière animée ; la philosophie discute l'essence de la matière et de la vie, l'origine et la destinée de l'univers. De même, l'histoire rattache les actions humaines aux causes qui les produisent, inclinations, passions, liberté, et la philosophie analyse les inclinations, les passions, explique et démontre la liberté, recherche ce qu'est l'homme en lui-même, d'où il vient et où il va, ce qu'il peut et ce qu'il doit faire.

Rapports de la philosophie avec les autres sciences. — « Toutes les sciences, dit Descartes[1], empruntent leurs principes de la philosophie ; » et Bossuet : « Toutes les sciences sont comprises dans la philosophie. Ce mot signifie l'amour de la sagesse, à laquelle on parvient en cultivant son esprit par les sciences. » Les sciences sont comprises dans la philosophie en ce sens que la philosophie est le lien commun des notions générales et des principes que toutes impliquent.

La philosophie domine, éclaire et complète toutes les sciences. Elle établit la légitimité de la connaissance (*problème de la certitude*) ; elle étudie les principes directeurs de l'entendement, principes essentiels à toute connaissance (*notions et vérités premières*) ; elle donne la théorie générale de la méthode et détermine celle qui convient à chaque science particulière ; enfin, elle ramène la science à l'unité en faisant la synthèse des diverses sciences.

Elle montre que tout se lient et s'enchaîne dans le monde de la pensée comme dans celui des réalités, que « toutes choses sont causées et causantes », suivant le mot de Pascal. Toutes les questions qu'elle soulève sont plus ou moins connexes, et il est impossible de les isoler sans les rendre inintelligibles. A propos de tout, par exemple, peut se poser le problème de l'existence d'un principe premier nécessaire, qui en explique l'origine et la destinée.

Ainsi, les sciences reçoivent de la philosophie les *principes* et la *méthode* qui président à leur formation, et les *liens de synthèse*, qui ne sont autres que la *philosophie des sciences* ; à leur tour, les sciences fournissent à la philosophie son *point d'appui*, par les données expérimentales et les idées générales qui s'en dégagent, et son *contrôle*, par les faits qui les confirment ou démentent ses théories.

« De plus, comme les conclusions générales des sciences convergent vers quelques théories essentielles, la philosophie se réserve de rapprocher, de discuter, de contrôler ces conclusions générales. Pour donner à la définition (de la philosophie), écrit Spencer, sa forme la plus simple et la plus claire, nous dirions : La connaissance de l'espèce la plus humble est le savoir *non unifié* ; la science, le savoir *partiellement unifié* ; la philosophie, le savoir *complètement unifié.* » (Cité par A. Bertrand, *Principes de philosophie scientifique*.)

Philosophie d'une science ou d'un art. — D'après ces rapports de la philosophie avec les autres sciences, on voit qu'il faut entendre par philosophie d'une science ou d'un art le *système des idées générales* ou des *principes* qui servent de fondement à cette science, à cet art. Chaque science a sa philosophie parti-

---
[1] *Discours de la Méthode*, 1ʳᵉ partie.

culière, une théorie qui systématise ses principes, sa méthode et ses résultats; ce que nous appelons proprement philosophie n'est que la synthèse de toutes ces philosophies particulières.

Il y a une philosophie des *mathématiques*, qui établit la légitimité et la valeur des axiomes, des définitions et des procédés du calcul supérieur; qui recherche ce que peuvent être en eux-mêmes le nombre, l'espace, le temps; une philosophie des *sciences de la nature*, qui discute les problèmes relatifs à l'essence de la matière, au principe de la vie, à la nature des lois physiques; une philosophie de la *grammaire*, qui rend raison des lois générales auxquelles sont soumises les langues; une philosophie de l'*histoire*, qui a pour but d'expliquer les événements de la vie des hommes et de celle des sociétés par les causes qui les produisent et par les lois qui les régissent; une philosophie du *droit*, qui cherche et juge les motifs des lois. — Saint Augustin, dans la *Cité de Dieu*; Bossuet, dans le *Discours sur l'Histoire universelle*; Montesquieu, dans les *Considérations sur les causes de la grandeur et de la décadence des Romains*, ont donné une philosophie de l'histoire; l'*Esprit des lois*, de Montesquieu, est une philosophie du droit; Dumas a écrit une *Philosophie chimique*; Geoffroy-Saint-Hilaire, une *Philosophie anatomique*, des *Principes de philosophie zoologique*; Taine, et avant lui Platon, dans le *Phèdre* et le *Banquet*, et Longin, dans le *Traité du sublime*, une *Philosophie de l'art*. Pour la philosophie des sciences en général, on peut encore citer : les ouvrages de Bacon; l'*Esprit géométrique*, de Pascal; le *Discours sur la méthode*, de Descartes; l'*Essai sur la philosophie des sciences*, d'Ampère; le *Cours de philosophie positive*, d'A. Comte; l'*Introduction à l'étude de la médecine expérimentale*, de Claude Bernard, etc.

Esprit philosophique. — On entend par esprit philosophique un esprit d'observation et de réflexion, qui cherche les *raisons* des choses, qui veut *se rendre compte* de tout par les faits ou par le raisonnement. C'est un esprit qui aime avant tout la vérité, qui pense par lui-même, qui est exempt de *préjugés*, de *préventions*, de *passions*; c'est le bon sens réfléchi [1]. En toutes choses, il analyse et contrôle les données de la raison, des sens et de la conscience, les faits et les témoignages; puis il en fait la synthèse, il les réduit en *systèmes*, c'est-à-dire, en prenant ce mot dans le sens favorable, qu'il les enchaîne d'une manière rationnelle, qu'il en fait un ensemble dont toutes les parties sont liées et solidaires.

Il ne faut pas confondre l'esprit philosophique avec le *philosophisme*, qui est l'esprit philosophique perverti : esprit *sophistique*, superficiel, sceptique, intéressé; esprit de système, étroit et exclusif. Le philosophisme est l'affectation, l'abus de la philosophie : il en a les termes, il les prodigue avec excès; mais il n'en a pas l'esprit, il a un esprit tout opposé à l'esprit philosophique.

Esprit philosophique et esprit scientifique. — L'un et l'autre sont un esprit de *curiosité critique*. Le premier est général, curieux de tous les objets; le second est particulier, curieux de tels ou tels objets.

Les questions que pose la curiosité de l'homme se ramènent à quatre : elles sont relatives à ce qu'on appelle les quatre genres de causes : *la matière, la forme, la cause efficiente et la cause finale*. Quelle est la matière de cette chose?

---

[1] Les *préjugés* sont des jugements portés ou admis sans examen; ils peuvent être vrais ou faux. On appelle *préventions* tout ce qui dispose l'esprit à juger ou à vouloir à se déterminer, indépendamment des motifs de vérité et de justice. En général, les préjugés nous viennent des autres, les préventions de nous-mêmes. Celui qui juge des gens seulement sur la mine juge par prévention; il obéit à un préjugé, quand il leur accorde sa confiance, comme si un extérieur séduisant et une mise élégante étaient des indices toujours sûrs d'aisance et d'honnêteté. — Les *passions* aveuglent; elles font envisager les personnes et les choses à un point de vue exclusif et faux.

Quelle forme a prise cette matière pour devenir cette chose? Quelle est sa cause efficiente, c'est-à-dire quelle est la force qui la produit? Quelle est sa cause finale, son but? Exemple : De quoi est fait le pain (matière)? De farine de froment, d'eau et de sel. — Comment (forme)? Par les procédés de panification connus. — Par qui (cause efficiente)? Par le boulanger. — Pour quelle fin (cause finale)? Pour la nourriture de l'homme.

L'esprit scientifique cherche surtout des réponses aux questions de matière et de forme. En effet, les sciences, par exemple la géométrie, la physique, la chimie, se bornent d'ordinaire à dire *comment* une chose est faite : elles énoncent ses formes ou ses lois, et *de quoi* elle est faite : elles en déterminent les éléments ; mais elles ne disent, *en général*, ni par qui ou par quoi, ni pour quelle fin cette chose est faite. L'esprit philosophique, au contraire, cherche surtout des réponses aux questions de *cause efficiente* et de *cause finale*.

Remarquons que cette distinction n'a rien d'absolu, et Mgr d'Hulst fait observer avec raison que la science, quoi qu'on dise, est *cause finalière*. De même qu'elle ne se croit pas achevée, tant qu'elle ignore ce qui produit l'effet, elle n'est pas davantage satisfaite qu'elle n'ait découvert à quoi sert, dans un ordre donné, la production de l'effet. Exemple : L'eau monte dans les pompes jusqu'à la hauteur de trente-deux pieds. Voilà une loi connue de temps immémorial. Pourquoi l'eau monte-t-elle? La physique moderne a cherché et trouvé la réponse : la pesanteur de l'air. Voilà la cause. — Leibniz attribue à la considération de la cause finale ses découvertes en physique, en optique surtout. Les progrès de la science biologique sont dus à l'expérimentation, et l'expérimentation procède par *supposition* et *vérification* des causes finales.

L'esprit philosophique et l'esprit scientifique ne sont pas exclusifs l'un de l'autre. Au contraire, ils s'allient heureusement, au profit de la science comme de la philosophie. L'idéal, c'est le philosophe savant et le savant philosophe.

Le savant qui est privé de l'éducation philosophique et qui ne croit plus à la causalité, renonce d'avance à trouver les causes. De là, chez lui, une tendance à se noyer dans la multitude des faits. La fatigue qui en résulte devient une cause d'affaiblissement intellectuel. De fait, la valeur scientifique ne paraît pas en progrès, et l'on peut dire que toutes les conquêtes faites depuis quarante ans sont de pures applications, ce ne sont pas des *découvertes*. Là où l'*esprit scientifique* éclate, comme dans les travaux de Dumas et de M. Pasteur, on retrouve aussitôt la tendance, la culture et le langage philosophiques.

A quoi sert la philosophie. — La philosophie exerce une grande influence sur l'homme, soit au point de vue intellectuel, soit au point de vue moral et social. Elle l'élève au-dessus des sens et du monde visible ; le met en rapport avec le triple but de son activité : le vrai, le bien, le beau ; lui apprend à se connaître, à développer harmoniquement toutes ses facultés ; lui dit sa nature, son origine, sa destinée et les moyens de la remplir ; lui enseigne ses devoirs et ses droits ; assoit toutes ses connaissances sur les principes ; l'habitue à penser par lui-même, à juger et raisonner juste, à s'affranchir des préjugés et des passions, à être précis dans le langage, positif, ne se payant pas de mots ; lui fait acquérir, par l'analyse, la perspicacité d'esprit, la finesse d'observation, qui voit et voit vite les choses sous toutes leurs faces, qualités et défauts, avantages et inconvénients ; et par la synthèse, l'ampleur de vues, qui saisit les grandes lignes et permet de dominer une question ou une situation complexe.

Toutes les parties de la philosophie ont leur utilité pratique, intellectuelle et morale. La logique, par exemple, « nous donne des armes aussi bien contre les mauvaises actions que contre les mauvaises raisons, et c'est toujours au profit de la volonté qu'elle éclaire notre entendement. » (NISARD.)

Quant à l'influence de la philosophie au point de vue social, elle résulte naturellement de celle qu'elle exerce sur les individus. Ce sont les idées qui mènent les peuples comme les individus : les lettres, les arts, la morale d'un peuple, ne sont pas autre chose que la manifestation, la traduction en faits de ses idées philosophiques.

Division de la philosophie. — La philosophie est *une*, en tant qu'elle a pour objet unique la pensée ; mais elle se subdivise en autant de parties qu'il y a d'objets principaux de la pensée. Elle étudie d'abord trois êtres distincts : la *matière* ou le monde, saisi par les *sens*, objet de la *cosmologie*[1] ou des sciences physiques et naturelles ; l'*âme*, connue par la conscience, objet de la *psychologie* ; *Dieu*, connu par la *raison*, objet de la *théodicée* ; puis elle considère l'*être* en tant qu'*être*, c'est l'objet de la *métaphysique*.

De plus, l'*être* se présente à nous sous trois aspects, qui sont le triple but de notre activité : comme *vrai*, à l'intelligence ; comme *bien*, à la volonté ; comme *beau*, à l'intelligence, à l'imagination et au sentiment. De là, la *logique*, qui nous apprend à chercher le vrai ; la *morale*, à faire le bien ; l'*esthétique*, à concevoir et à exprimer le beau.

Dans les philosophies élémentaires, on étudie successivement la *psychologie*, la *logique*, quelques notions de *métaphysique* et d'*esthétique*, la *théodicée* et la *morale* ; on ajoute l'*histoire de la philosophie*, qui analyse et discute les principaux systèmes anciens et modernes.

Ordre dans lequel on doit étudier les diverses parties de la philosophie. — La psychologie doit être étudiée la première, et non la théodicée, comme le voulait Spinoza. L'esprit humain se connaissant directement lui-même, toute la philosophie repose sur la connaissance de soi-même. L'étude de Dieu n'est possible que par celle de l'âme : c'est à la nature même de l'âme que nous empruntons l'idée des attributs divins d'intelligence, de liberté, de puissance, etc. La logique, la morale, l'esthétique, qui donnent des règles à nos facultés, impliquent la connaissance de ces facultés : il est dans l'ordre de savoir ce qu'elles sont en elles-mêmes, avant de s'occuper de diriger leur action. — On n'est pas d'accord sur la place à donner à la théodicée. Il est d'usage, depuis Kant, de la mettre après la morale, sous prétexte que celle-ci ne se comprend pas sans la sanction, et que la sanction, pour être parfaite, exige l'existence d'un être infiniment juste et infiniment puissant. Au lieu de suivre la voie traditionnelle, la seule logique, qui est de mettre la théodicée avant la morale, dont elle est le fondement, on a fait reposer l'idée de Dieu, comme la morale elle-même, sur l'idée du bien.

« L'ordre inverse est mieux justifié. D'abord, la science de Dieu peut précéder celle du devoir, car elle peut se constituer sans elle. La théodicée, en effet, a un double objet : la démonstration de l'existence de Dieu, la détermination de ses attributs. Or les preuves de l'existence de Dieu, dont la légitimité résiste à tous les efforts du scepticisme, sont tirées de la contingence, soit du monde matériel, soit de l'âme humaine. L'étude des attributs divins a pour base la psychologie. Ce qui est faculté dans l'homme, épuré et ennobli jusqu'à l'infini, est attribut en Dieu...

« En outre, la science de Dieu est une introduction à la morale soit spéculative, soit appliquée. Dans la morale spéculative, les deux questions capitales,

---

[1] Science du monde qui étudie les grandes lois et les phénomènes généraux de la nature.

celles du principe du bien et de sa conséquence, la sanction, ont en Dieu seul leur solution. Sans un législateur éternel, une loi éternelle est une fiction; sans un être infaillible et tout-puissant, la sanction est livrée au hasard des causes aveugles, elle n'existe pas. — Dans la morale appliquée, les devoirs religieux occupent la première place. On ne peut la leur refuser sans donner un démenti au principe même de la moralité. Or nos devoirs envers Dieu sont déterminés par ses attributs, c'est-à-dire par les titres qu'il possède à notre respect et à notre amour. Ces titres, la théodicée seule peut nous en instruire. » (ALIBERT, *Manuel de philosophie*, t. I, p. 25.)

TABLEAU ANALYTIQUE

LA PHILOSOPHIE. — OBJET ET DIVISION DE LA PHILOSOPHIE

Définitions de la philosophie.
- Le mot philosophie signifie *amour de la sagesse* ou *de la science*.
- Platon définissait la philosophie : science de la raison des choses.
- Aristote et tout le moyen âge : science des principes et des causes.
- Pour Bossuet, la philosophie « consiste à connaître Dieu et à se connaître soi-même ».
- Aujourd'hui on la définit : science rationnelle de l'homme, de la nature et de Dieu.

Rapports de la philosophie avec les autres sciences.
- « Toutes les sciences empruntent leurs principes de la philosophie. » (DESCARTES.)
- Elle est le lien commun des notions générales et des principes que toutes impliquent ;
- Elle établit la légitimité de la connaissance (problème de la certitude) ;
- Elle étudie les principes directeurs de l'entendement (notions et vérités premières) ;
- Elle donne la théorie générale de la méthode, et détermine celle qui convient à chaque science ;
- Enfin, elle ramène la science à l'unité par une synthèse générale.
- En un mot, la philosophie domine, éclaire et complète toutes les sciences.

Philosophie d'une science ou d'un art.
- C'est le système des idées générales et des principes qui servent de fondement à cette science ou à cet art.
- Chaque science a sa philosophie ; la philosophie proprement dite n'est que la synthèse de toutes ces philosophies particulières.
- La philosophie des *mathématiques* établit la légitimité et la valeur des axiomes et des définitions.
- — des *sciences naturelles* discute les problèmes relatifs à l'essence de la matière, à l'origine de la vie, etc.;
- — de la *grammaire* rend raison des lois générales du langage ;
- — de l'*histoire* explique les événements de la vie des peuples par les causes qui les produisent et les lois qui les régissent ;
- — du *droit* cherche et juge les motifs des lois., etc.

Esprit philosophique et philosophisme.
- L'esprit philosophique est cet esprit d'*observation* et de *réflexion* qui cherche les *raisons* des choses, qui se rend compte, qui s'attache avant tout à la vérité, qui est exempt de *préjugés*, de *préventions*, de *passions*.
- — A l'esprit *philosophique* on oppose le *philosophisme*, esprit sophistique, superficiel, sceptique, intéressé, se cherchant lui-même et non la vérité. — C'est l'esprit philosophique perverti, retourné.

LA PHILOSOPHIE. — OBJET ET DIVISION DE LA PHILOSOPHIE (Suite)

Esprit philosophique et esprit scientifique.

L'un et l'autre sont un esprit de curiosité critique.
Le premier est *général*, curieux de tous les objets ; le second est *particulier*, curieux de tel ou tel objet.
L'esprit philosophique cherche à résoudre toutes les questions de *comment* et de *pourquoi*.
L'esprit scientifique ne se pose généralement que la première de ces deux questions.
— Cette distinction n'a cependant rien d'absolu, et ces deux esprits, loin de s'exclure, s'allient heureusement au profit de la science et de la philosophie.
L'idéal, c'est l'union de la philosophie et de la science, c'est le savant philosophe et le philosophe savant.

A quoi sert la philosophie.

La philosophie nous élève au-dessus des sens et du monde visible ;
— nous met en rapport avec le triple but de notre activité : le vrai, le bien, le beau ;
— nous apprend à nous connaître et à développer nos facultés ;
— nous dit notre nature, notre origine, notre destinée et les moyens de la remplir ;
— nous fait connaître nos droits et nos devoirs ;
Enfin, elle nous enseigne l'art de juger, de raisonner, d'être bons et heureux.

Division de la philosophie.

La philosophie se divise d'abord en autant de parties qu'il y a d'objets de la pensée : la *matière* ou le *monde*, saisi par les sens, objet de la *cosmologie* ou des *sciences physiques et naturelles* ; l'*âme*, connue par la conscience, objet de la *psychologie* ; Dieu, connu par la raison, objet de la *théodicée*.
Puis elle étudie l'*Être* en tant qu'*être* : c'est l'objet de la *métaphysique*.
Mais l'être se présente à nous sous trois aspects : comme vrai, comme bien, comme beau ;
De là, la *logique*, science du vrai, objet de l'intelligence ;
— la *morale*, science du bien, objet de la volonté ;
— l'*esthétique*, science du beau, objet de l'imagination créatrice et du goût.

PSYCHOLOGIE

1re LEÇON

OBJET DE LA PSYCHOLOGIE. — PSYCHOLOGIE ET PHYSIOLOGIE MÉTHODE DE LA PSYCHOLOGIE

I. — OBJET DE LA PSYCHOLOGIE : L'HOMME

Avant de définir et de distinguer la psychologie et la physiologie, il importe d'avoir une idée générale de l'homme, que ces deux sciences étudient, l'une dans son âme, l'autre dans son corps; une idée aussi des diverses vies qui sont en lui et qui se compénètrent sans se confondre. Ces notions rendent plus facile l'intelligence de la psychologie, surtout celle de la morale.

L'homme. — L'homme est un composé de deux substances : l'une spirituelle, l'âme; l'autre matérielle, le corps.

Ces deux substances, intimement unies, constituent ensemble la personne humaine; elles « forment un *tout naturel* ». (BOSSUET.) Ni le corps seul, ni l'âme seule n'est l'homme. Considérés isolément, l'âme et le corps sont deux substances incomplètes; unies substantiellement[1], elles forment une seule substance complète, la nature humaine, la personne humaine. Le corps reçoit de l'âme l'être, le mouvement et la vie, et il individualise l'âme, la fait distinguer d'une autre âme de même espèce. « Tous deux ne forment qu'un seul être, qu'une seule vie... L'âme est tout entière dans tout le corps et tout entière dans chacune de ses parties... Ici elle respire, là elle palpite; ici elle voit, là elle entend; ici elle meut, là elle pense. Mais elle est partout dans la totalité de sa perfection et de son essence. » (P. MONSABRÉ[2].)

L'unité de la personne humaine s'exprime par le mot *moi*. Le *moi*, c'est l'âme et le corps substantiellement unis pour former l'homme; c'est la personne humaine ayant conscience d'elle-même et étant à la fois le sujet et l'objet de la pensée.

---

[1] Le concert de deux substances incomplètes concourant ensemble à former une nature, une substance unique, voilà ce qu'il faut entendre par l'union substantielle.
[2] Le P. Monsabré développe la doctrine de saint Thomas, qui a dit : « Comme Dieu est tout entier dans le monde et tout entier dans chaque partie du monde, ainsi l'âme est tout entière dans le corps et tout entière dans chaque partie du corps. » (Partie I, question 93.)

L'unité du moi sous la complexité des actes et des états, et sa *permanence* sous leur succession, est un fait attesté par la conscience. C'est moi qui pense, qui suis, qui veux, qui vois, qui entends, qui marche, qui étais malade, qui suis bien portant. Quand je dis : *J'ai faim*, je n'attribue cette sensation ni au corps seul, ni à l'âme seule, mais au composé, au *moi*, et j'affirme l'union substantielle de l'âme et du corps. Voilà pour l'unité. — J'ai conscience que le moi qui pense en ce moment est le même qui pensait hier, qui pensait il y a dix ans; que le moi qui se repent est le même qui a fait une faute; que le moi qui promet est le même qui devra tenir sa parole. Quand je dis : je *fus*, je *suis*, ma conscience affirme que mon *moi* est demeuré stable et identique à lui-même pendant toute mon existence. Voilà pour la permanence [1].

Autres définitions de l'homme. — Platon a défini l'homme : *une âme qui se sert d'un corps*, et de Bonald : *une intelligence servie par des organes*.

Ces deux définitions ne tiennent pas assez compte de l'union substantielle de l'âme et du corps : elles établissent entre le corps et l'âme un rapport de pur accident et non un rapport naturel. L'homme est un composé d'âme et de corps, et non une âme qui se sert d'un corps, comme le cavalier se sert de son cheval, l'ouvrier de son outil. « L'âme et le corps font ensemble un tout naturel, dit Bossuet, et il y a, entre les parties, parfaite et nécessaire communication [2]. »

Les anciens, et après eux les scolastiques, ont défini l'homme : *animal raisonnable* [3]. C'est la vraie définition de l'homme.

Plusieurs savants se refusent avec raison de laisser l'homme à la tête du règne animal; ils en font un règne à part, le règne *hominal* ou humain, dont le caractère propre est la vie morale.

Platon et Descartes, et avec eux toute l'*école idéaliste*, n'ont vu dans l'homme qu'un esprit enchaîné à un corps; l'*école sensualiste* et *matérialiste* l'a regardé comme un animal plus parfait, mais de la même espèce que les autres.

La vérité est que « l'âme raisonnable est une substance intelligente née pour vivre dans un corps et lui être intimement unie » (Bossuet); « que l'homme est la *résultante* de l'âme et du corps, comme un composé de deux éléments, et qui n'est ni l'un ni l'autre. » (Saint Thomas.)

Ame. — On distingue dans l'univers des êtres vivants ou animés (*plantes, animaux, hommes*) et des êtres non vivants ou inanimés (*corps bruts ou minéraux*). Les premiers ont en eux un principe de vie ou une *âme*, les autres en sont privés. Un corps vivant ne peut être tel en tant que corps; il faut qu'il le soit en vertu d'un autre principe qui, n'étant pas de même nature que lui, c'est-à-dire étant immatériel [5], lui manque.

---

[1] Voir P. Monsabré, 1875, 16ᵉ conf.

[2] Notons encore ces définitions : « L'homme, dans toutes ses opérations, n'est ni un corps ni un esprit; il est l'*homme*, c'est-à-dire cette merveilleuse unité résultant de deux substances intimement entrelacées, la substance matérielle et la substance immatérielle. » (Lacordaire.)

« L'homme n'est pour lui-même ni une âme, à part le corps vivant, ni un certain corps vivant, à part l'âme qui s'y unit sans s'y confondre. Il est le produit des deux; et le sentiment qu'il a de son existence n'est autre que celui de l'union ineffable des deux termes qui le constituent. En croyant se saisir lui-même dans l'un de ces éléments, l'esprit de l'homme ne peut embrasser qu'une illusion, un pur abstrait, une ombre sans consistance ni réalité. » (Maine de Biran, *Œuvres phil.*)

[3] « Il est important de remarquer que le mot grec que l'on traduit par *animal* a un sens plus étendu et signifie *un être vivant* en général, un être doué de vie. L'expression est donc beaucoup moins étrange en grec qu'elle ne le paraît en français. » (P. Janet.)

[4] Les deux Geoffroy Saint-Hilaire et M. de Quatrefages, à notre époque; Aristote, dans l'antiquité.

[5] Immatériel n'a pas, chez les modernes, le sens rigoureux qu'il avait chez les anciens; il indique simplement un principe supérieur aux propriétés physico-chimiques.

Avoir une âme est donc le propre des êtres vivants, et l'âme, dans son sens le plus large, se définit : *le principe interne de toutes les opérations des corps vivants;* ou encore : *le principe de vie*. Elle est simplement *végétative* dans les plantes; dans les bêtes, elle est *sensitive;* dans l'homme elle est *raisonnable* et *libre, spirituelle* et *immortelle*.

Saint Augustin définit l'âme de l'homme : « une substance qui participe à la raison, créée pour être unie au corps et le régir, » et Bossuet : « une substance intelligente née pour vivre dans un corps et lui être intimement unie. » Bossuet paraît avoir traduit saint Augustin, moins l'idée de régir.

Vie. — La vie est un fait qui se décrit plutôt qu'il ne se définit. On l'a cependant définie, mais de bien des manières différentes. La plus satisfaisante paraît être celle-ci : *La vie est l'activité intérieure par laquelle un être se meut lui-même*. On s'accorde en général à regarder la vie comme une sorte de *mouvement*. La fameuse formule : La vie est dans le mouvement (*vita in motu*), est passée en axiome. Mais le mouvement appliqué à la vie doit s'entendre dans un sens large et métaphorique; car on ne parle guère moins des mouvements de l'âme, des mouvements de l'esprit et du cœur, que des mouvements du corps. La raison, en allant d'une vérité à une autre, se meut d'une certaine façon, et la volonté, qui tend vers le bien, se meut d'une autre façon.

La marque distinctive de la vie est la *spontanéité*, qui se définit : « une force intime en vertu de laquelle un être est capable de se mouvoir lui-même, de diriger, dans une certaine mesure, son activité propre vers une fin déterminée. » L'idée de *spontanéité* n'implique ni la liberté ni la réflexion, et elle n'exclut absolument ni l'une ni l'autre; voilà pourquoi, à des degrés divers, elle existe à la fois dans l'homme, dans l'animal et dans la plante, dans tout ce qui possède au moins une parcelle de vie. On ne la trouve nulle part ailleurs.

Les trois vies de l'homme. — On distingue dans l'homme trois vies : 1° La vie purement *organique* ou *végétative*, caractérisée par la nutrition;

2° La vie *animale* ou *sensitive*, caractérisée par la sensation;

3° La vie *morale*[1] ou vie *humaine* proprement dite, caractérisée par l'entendement, le sentiment et la volonté.

La plante se nourrit, croit et se reproduit elle-même.

L'animal a, de plus que la plante, la sensibilité physique et le mouvement local ou de relation, automatique et instinctif.

Supérieur à l'animal, l'homme pense, il veut, il est libre. La vie morale est sa vie propre.

Il n'y a pas en l'homme trois âmes réellement distinctes : une âme *végéta-*

---

[1] Moral est employé ici dans son sens large; il signifie intellectuel, spirituel, et s'oppose à physique : monde moral ou spirituel, monde physique ou corporel.
Dans le sens restreint, il signifie : ce qui a rapport à la loi morale, règle des volontés libres : sentiment moral, conduite morale.

tive, qui le fait être vivant comme la plante ; une âme *sensitive*, qui le fait être sensible comme l'animal ; une âme *raisonnable*, qui le fait homme ; mais *une seule et même âme*, l'âme raisonnable, est le principe de ces trois vies et des phénomènes qui leur sont propres. La raison en est, dit saint Thomas, que le parfait contient tout ce qu'il y a de puissance dans l'imparfait, et que les *formes* (âmes) supérieures font, par un seul principe, tout ce que les formes inférieures peuvent faire à l'aide de plusieurs principes ; en d'autres termes, qu'un principe plus parfait recueille en son unité des propriétés multiples qui, dans les sphères inférieures, se disséminent et se partagent entre plusieurs sujets.

REMARQUE. — Outre ces trois vies, il y a de plus la vie *surnaturelle*, caractérisée par la *foi* et la *grâce*. L'homme a été créé dès le commencement pour une fin surnaturelle et organisé pour atteindre cette fin. Le chrétien sait que les privilèges et la vie de l'ordre surnaturel, qui ont été perdus par la chute du premier homme, nous sont rendus par les mérites infinis de Jésus-Christ, et que l'homme vrai, l'homme complet, l'homme tel que Dieu l'a créé et qu'il le veut, c'est l'homme surnaturalisé.

Parlant de la vie sensitive, de la vie intellectuelle, de la vie surnaturelle, l'abbé Farges dit : « Laisser de côté une de ces trois vies, c'est mutiler la psychologie ; car ces trois vies sont ou doivent être en mutuelle pénétration, de sorte que la vie de l'âme en Dieu, ou la vie surnaturelle, vivifie la vie propre de l'âme en l'âme, et même la vie de l'âme dans le corps. »

II. — PHYSIOLOGIE ET PSYCHOLOGIE

Le corps et l'âme peuvent être étudiés séparément. Ils sont l'objet de deux sciences, la *physiologie* et la *psychologie*.

La physiologie est la science qui a pour objet l'étude du corps vivant et des fonctions qu'exécutent les organes dont il est formé. La psychologie est la science qui étudie l'âme et ses facultés.

Plusieurs philosophes dédoublent la psychologie en psychologie *expérimentale*, science des faits de l'âme et de leurs lois, qui est proprement la science psychologique, et en psychologie *rationnelle* ou *métaphysique*, philosophie de la psychologie, qui étudie l'essence de l'âme et sa destinée, comme la philosophie des sciences de la nature étudie l'essence des corps. Il est important de ne pas les confondre, mais il ne semble pas qu'il soit possible de les séparer absolument, car par la conscience l'âme se perçoit non seulement dans ses phénomènes, mais encore dans son être, comme cause de ces phénomènes et comme substance modifiée par eux. Il n'y a, au fond, qu'une psychologie, qui est la science de l'âme tout entière, être et phénomènes ; mais elle comporte deux aspects différents, la psychologie expérimentale et la psychologie rationnelle.

Distinction et rapports de la physiologie et de la psychologie. — Ce qui distingue la psychologie de la physiologie, c'est qu'elles ont un *objet* différent : l'une étudie les faits de la vie de l'âme ; l'autre, les faits de la vie du corps, — et des *moyens* d'observation distincts : la première emploie l'observation interne ou proprement la *réflexion* ; l'autre, l'observation externe ou des sens.

Quoique différentes, ces deux sciences sont comme sœurs et doivent se prêter un mutuel concours. La raison en est que leurs objets, le corps et l'âme étant intimement unis, leurs opérations se mêlent, se compénètrent et se conditionnent réciproquement. Nombre d'états de conscience, — sensations, images, souvenirs, — sont liés à l'état de l'organisme, soit à titre d'effets, soit à titre de causes. Comme il n'y a pas d'acte intellectuel pur, dénué de toute attache corporelle, il n'est pas possible de bien connaître les faits psychologiques, si l'on ne connaît aussi les faits physiologiques qui en sont les conditions matérielles immédiates. Ce sont des questions complexes, que l'on ne peut résoudre sans allier les données des deux sciences.

Dans les faits de perception externe, la psychologie doit s'éclairer de la médecine et de la physiologie pour apprécier la valeur des données des sens. Le rêve, le somnambulisme, l'hallucination, la folie, ont généralement leur cause principale dans l'organisme, et la psychologie ne peut les expliquer sans avoir recours à la physiologie.

Les rapports de la psychologie et de la physiologie ont donné naissance a deux sciences nouvelles : la *psycho-physiologie* et la *psycho-physique*, qu'on appelle encore *psychométrie*, *esthésimétrie*. Elles ont pour objet, comme leur nom l'indique, d'étudier et de mesurer les phénomènes psychiques liés à un antécédent physique ou physiologique, en les provoquant par la production de cet antécédent dont ils dépendent. Les travaux de ces sciences sont utiles, si elles ne prétendent que déterminer la part de l'organisme corporel dans les phénomènes d'ordre sensitif, et ne s'étendent pas aux opérations intellectuelles (jugement, raisonnement), qui ne sont pas liées directement aux impressions des organes. Il ne faudrait voir en elles qu'un « accouplement forcé de termes contradictoires », si elles entendaient confondre la pensée et la sensation, l'esprit et le corps, et ramener tous les actes psychiques à un mécanisme purement physique ou physiologique.

D'une façon générale, beaucoup de faits de l'ordre sensitif restent inexpliqués, tant que leur raison n'est pas cherchée, au moins en partie, dans les antécédents physiques et organiques qui les conditionnent. On sait, par exemple, que les illusions de la vue, dont on a tant tiré parti en faveur du scepticisme, sont ramenées par la physique à des applications de quelques lois de l'optique. De même, dans les questions de mémoire et d'association des idées, la cause et la loi de la renaissance des images appartiennent très probablement à l'ordre physiologique. On croit que l'aptitude des états de conscience à renaître, non dans un ordre quelconque, mais dans celui de leur apparition primitive, est une suite de la même aptitude que possèdent les états cérébraux correspondants.

Phénomènes physiologiques et psychologiques. — Les fonctions et les phénomènes physiologiques, — digestion, circulation du sang, respiration, — appartiennent à la vie végétative.

Les phénomènes psychologiques se partagent en deux classes : ceux qui se rapportent à la vie sensitive et qui sont communs à l'homme et à l'animal ; ceux qui se rapportent à la vie morale et qui sont propres à l'homme. Le propre des faits psychologiques, c'est de ne pouvoir être saisis que par la seule conscience de l'être qui les éprouve ou qui les produit.

Distinction des faits psychologiques et des faits physiologiques. — On peut ranger tous les faits qui tombent sous notre expérience dans l'une des trois classes suivantes :

1° Les faits *physiques*, c'est-à-dire les faits de la *nature corporelle* considérée en dehors des lois de la vie : forme, couleur, attraction et mouvement des astres; pesanteur, lumière, chaleur, électricité, combinaisons chimiques;

2° Les faits *physiologiques*, c'est-à-dire les faits de la *vie végétative* ou *organique* : germination, floraison, fructification, chez les végétaux; innervation, mouvements musculaires, chez les animaux; respiration, nutrition, circulation, sécrétions, chez les végétaux et les animaux;

3° Les faits *psychologiques*, c'est-à-dire les faits de la *vie de l'âme* : sensations, sentiments, pensées, volitions, résolutions.

Les faits physiques et physiologiques diffèrent des faits psychologiques par leur *nature*, leur *fin*, la cause qui les produit et la *faculté* qui les connaît.

Nature. — Les faits *physiologiques* et les faits *physiques* appartiennent à la matière, soit brute, soit organisée; ils s'accomplissent dans l'*espace* : ils ont une situation, une étendue, une forme plus ou moins définies[1].
La respiration, la circulation du sang, sont des phénomènes étendus qui se prêtent à la mesure : on sait, par exemple, quelle est la force d'impulsion du sang dans les artères et les veines, quelle est la rapidité de la circulation.
Les faits *psychologiques* n'éveillent point en nous les idées de situation, de forme d'étendue; on ne peut ni les mesurer ni en dessiner la figure; ils s'accomplissent dans le *temps*, mais non dans l'espace; ce sont des états ou des changements qu'il est impossible de ramener à des mouvements physiques. Ce n'est que par métaphore qu'on parle du mouvement d'une pensée; la force d'une volition n'est pas une force mécanique; on ne mesure pas l'intensité d'un désir, comme celle d'un courant électrique.

Fin. — Les faits *physiques* se produisent dans les corps inorganiques, et ne paraissent pas avoir une fin déterminée, limitée à ces corps.
Les faits *physiologiques* ont une fin déterminée : la conservation de l'individu et la conservation de l'espèce.
Les faits *psychologiques*, si on les considère chez l'animal, où ils ne sortent pas du domaine de la sensation, n'ont pas d'autre fin que les faits physiologiques; si on les considère chez l'homme, doué de raison et de liberté, ils ont pour but le développement de la vie morale, le suprasensible : le vrai, le bien, le beau, le bonheur.

Cause. — Nous n'apercevons pas la cause des phénomènes physiques et physiologiques : elle n'est connue que par ses effets; la cause des phénomènes

---

[1] Les faits physiologiques, d'après les théories actuelles de la science, lesquelles ne sont encore qu'une hypothèse, ne seraient que des combinaisons spéciales de faits physiques et chimiques, qui, en dernière analyse, se résoudraient en faits *mécaniques*, c'est-à-dire en mouvements de l'organe et de la matière sur laquelle il agit. Cette hypothèse rend compte de la forme, du *comment* des faits vitaux, non du *pourquoi*, de la cause efficiente; elle ne doit pas faire oublier que la vie est un principe supérieur aux forces physico-chimiques, et que le mouvement lui-même a besoin de quelque chose qui l'explique.

psychologiques est saisie, en même temps que les phénomènes, par le *moi* immédiatement; car cette cause, c'est le moi lui-même.

Je n'ai pas conscience d'intervenir dans la digestion, dans la circulation du sang, dans les diverses sécrétions; mais j'ai conscience que c'est moi qui produis mes pensées, mes sentiments, mes volitions, mes actes.

Les faits physiologiques ne peuvent s'expliquer que par un sujet *composé*, tel que le corps, dont les parties changent et se renouvellent sans cesse; les faits psychologiques impliquent un sujet *unique*, toujours identique à lui-même.

Faculté qui connaît. — Les faits physiques et les faits physiologiques sont *sensibles*; on les connaît au moyen des sens, dont la puissance peut être multipliée par des appareils : loupe, microscope, thermomètre, etc. Les faits psychologiques sont perçus directement par la conscience, sans l'intervention d'aucun de nos sens; la conscience saisit d'intuition toutes les modifications de l'âme. Le *moi* est à la fois le principe qui les éprouve et le principe qui les connaît; il est sujet connaissant et objet connu. Certains phénomènes, tels que voir, entendre, jouir, souffrir, sont à la fois physiologiques et psychologiques; ils sont physiologiques en ce qu'ils impliquent certains ébranlements nerveux, certaines modifications de telles parties de l'organisme; ils sont psychologiques en ce que nous les sentons en nous-mêmes, sans les rapporter nécessairement à aucun organe.

III. — MÉTHODE DE LA PSYCHOLOGIE

La psychologie, ayant pour objet les faits de la vie de l'âme, est une *science d'observation*, et, comme telle, emploie la méthode *inductive* ou *expérimentale*, avec ses divers procédés. La *déduction* n'intervient que lorsqu'il s'agit de vérifier des hypothèses, ou lorsque, la science étant déjà constituée, c'est-à-dire les lois des phénomènes psychologiques étant découvertes et formulées, il s'agit d'en faire l'application pratique à l'une des sciences morales, par exemple à la pédagogie, à l'histoire, au droit, à la sociologie[1].

---

[1] Pour qu'on ait le sens précis de certains termes fréquemment employés dans ce cours, voici une courte définition des procédés dont se servent les méthodes inductive et déductive.

L'étymologie des mots *induction* et *déduction* indique leur sens général. Induire signifie : conduire dans, introduire; l'induction cherche le lien rationnel des faits : les lois qu'elle formule sont des *raisons* explicatives dans lesquelles elle fait rentrer des catégories de faits. — Déduire signifie : tirer de, extraire; la déduction cherche le lien des idées; elle tire les conséquences d'un principe, fait les applications d'une loi.

La méthode inductive emploie les six procédés suivants : l'*observation*, l'*expérimentation*, la *classification*, l'*analogie*, l'*hypothèse* et l'*induction*. — La méthode déductive a pour point de départ les *axiomes* et les *définitions*; elle en tire les *conséquences* par le *raisonnement*, et c'est en cela proprement que consiste la *démonstration*, dont la forme rigoureuse est le *syllogisme*.

MÉTHODE EXPÉRIMENTALE. — L'*observation* étudie les faits tels qu'ils se présentent.

L'*expérimentation* les provoque pour les étudier dans des conditions particulières, déterminées par l'observateur.

La *classification* range les êtres ou les faits par groupes subordonnés les uns aux autres.

L'*analogie* conclut de ressemblances visibles à des ressemblances cachées.

L'*hypothèse* suppose des causes ou des lois pour expliquer les faits observés.

L'*induction*, proprement dite, élève au rang de loi une vérité générale découverte par l'expérience.

L'*expérience*, au sens ordinaire, c'est la connaissance des hommes et des choses acquise par un long usage; au sens philosophique, c'est l'étude des faits, soit externes par les sens, soit internes par la conscience psychologique.

La *loi*, ainsi qu'on l'a dit plus haut, p. 1, est le rapport constant et invariable qui unit deux ou plusieurs phénomènes. La loi de la chute des corps, par exemple, indique les relations constantes qui existent entre les éléments de la chute : l'espace, le temps, la vitesse.

MÉTHODE DÉDUCTIVE. — Un *axiome* est une proposition évidente par elle-même.

Une *définition* est une proposition dont l'attribut développe toute la compréhension du

Mais les faits de la vie de l'âme diffèrent essentiellement des faits qu'étudient les autres sciences d'observation, telles que les sciences physiques et naturelles; la psychologie doit donc avoir ses moyens propres de les étudier, sa méthode à part. Cette méthode, ce procédé qui lui est propre et la caractérise, c'est l'*observation intérieure* ou *introspection*[1], comme l'ont très bien nommée les Anglais. Quand on parle de la *méthode psychologique*, c'est proprement l'*observation interne* que l'on entend. Elle ne suffit pas pour constituer la psychologie; il faut qu'elle soit complétée, comme on le verra, par l'*observation externe*, par l'*expérimentation*, par la *psychologie comparée;* mais elle reste le fond de la méthode, et tous les autres procédés qu'elle emploie pour vérifier ou étendre ses acquisitions, l'impliquent et n'ont de valeur que par elle. « Il n'y a que l'esprit qui connaisse l'esprit : on ne voit pas la pensée du dehors, on y assiste du dedans. On ne sait bien que ce qu'on fait soi-même, disait Aristote; ce mot est vrai, surtout de la science de l'âme. » (JANET et SÉAILLES, *Hist. de la philos.*, p. 40.)

Observation interne ou réflexion. — L'observation psychologique, ou acte de l'âme se repliant sur elle-même pour s'étudier, s'appelle proprement *réflexion*, c'est-à-dire retour sur soi, observation en dedans. Elle se fait par la *conscience psychologique*, faculté ou opération par laquelle l'âme se connaît elle-même et connaît ses actes et ses états.

Cette méthode, toute subjective, d'observation des faits et des états conscients par la conscience, est le seul moyen que nous ayons de les connaître et de les rapporter à leur vraie cause. La physique et la physiologie peuvent en décomposer et étudier les antécédents ou concomitants[2] physiologiques; mais ni l'une ni l'autre, en tant que telle, n'atteint les faits proprement psychologiques. Aucun de ces faits n'existe, aucun ne peut être rapporté à l'esprit, qui ne soit actuellement, qui n'ait été ou qui ne doive être un fait de conscience. Ainsi, en dernière analyse, la caractéristique des faits ou des états psychiques, c'est de n'être saisissables que par la conscience de celui qui les produit ou qui les éprouve; ce qui revient à dire qu'en dehors de la conscience, ils

---

sujet, c'est-à-dire fait connaître le sujet par l'énumération des éléments qui composent son essence; ou encore : c'est l'explication du sens d'un mot ou de la nature d'une chose.
Le *raisonnement* est une opération de l'esprit qui induit ou déduit une vérité d'une autre.
La *démonstration* est un raisonnement qui aboutit à une conclusion certaine en s'appuyant sur des principes certains.
Le *syllogisme* est un argument formé de trois propositions tellement enchaînées, que la troisième résulte nécessairement des deux premières.
L'*argument* est l'expression d'un raisonnement, comme la proposition l'est d'un jugement, et le terme, d'une idée.
On appelle *jugement* une opération de l'esprit qui conçoit et affirme que deux idées se conviennent ou ne se conviennent pas. Juger, c'est affirmer une chose d'une autre.
[1] *Intro aspicere*, regarder en dedans.
[2] Concomitant : qui se produit en même temps, qui accompagne.

n'existent pas pour lui. La conscience est le seul moyen de les percevoir, comme l'œil de percevoir la lumière, et l'ouïe le son.

Objections. 1° Quelques auteurs ont nié la possibilité de l'*introspection* ou observation interne. Toutes nos connaissances, disent-ils, résultant de l'application de notre esprit connaissant à une chose connue, il y a toujours deux termes, le *sujet* et l'*objet*, et ces deux termes sont distincts et indépendants l'un de l'autre. Comment supposer que l'esprit puisse se dédoubler lui-même pour s'étudier et être à la fois *sujet* connaissant et *objet* connu ? Si l'on veut s'observer au moment où l'on agit, où l'on est en colère, par exemple, on cesse par le fait même d'agir, la colère tombe. Si l'on ne s'observe qu'après, l'observation ne porte que sur le souvenir du fait ou de l'état. L'œil, qui voit, ne se voit pas lui-même, dit-on encore; l'acteur ne peut en même temps être en scène pour jouer et au parterre pour se voir jouer; l'esprit ne peut se mettre à la fenêtre pour se voir passer lui-même dans la rue.

— L'observation interne est difficile, elle n'est pas impossible. Si l'on ne peut être à la fois acteur et spectateur, on peut être l'un après l'autre; si la réflexion suspend ou altère les phénomènes auxquels elle s'applique, elle peut leur succéder immédiatement. Que l'œil ne se voie pas lui-même, soit; mais on ne voit pas sans avoir conscience qu'on voit : un objet peut nous frapper la rétine et y tracer son image; si nous sommes distraits, nous ne le voyons pas. Il faut se rappeler que des comparaisons ne sont pas des raisons. Si l'acteur ne se voyait pas jouer en quelque manière, si l'orateur ne s'écoutait pas parler, ni l'un ni l'autre ne se jugerait lui-même et ne serait en état de corriger de lui-même, et sans s'arrêter, son jeu ou sa parole. — Si, d'ailleurs, l'observation interne n'était pas possible, nulle connaissance ne le serait; car, dans toute perception sensible, il y a une double connaissance, celle de l'état de conscience résultant de l'impression reçue, et celle de l'objet extérieur qui l'a produite; or la première est la condition de la seconde.

2° On reproche encore à la méthode d'observation interne ou subjective de n'étudier que des faits individuels, relatifs à une seule âme, et on lui refuse, par là, tout caractère scientifique, en vertu de l'axiome d'Aristote : « Il n'y a pas de science du particulier. » Par cette méthode, chacun peut connaître *ses* plaisirs, *ses* douleurs, *ses* jugements; mais on ne sait pas ce que sont en eux-mêmes *le* plaisir, *la* douleur, *le* jugement, et quelle loi les régit; il pourra faire une *monographie*, il ne fera pas une *science*. — On répond d'abord que si cette objection vaut contre l'observation interne, elle vaut aussi, comme la précédente, contre toute observation, car l'observation ne porte jamais que sur des faits concrets et individuels; c'est seulement par la généralisation que l'on peut dégager les types et les lois. « Comme chacun porte en soi, suivant le mot de Montaigne, la forme entière de l'humaine condition, » on peut découvrir, dans sa propre conscience, les lois de *la* conscience en général, comme les lois de la chute des corps se découvrent dans la chute d'un seul corps. Cependant, de même que l'expérience, en physique, ajoute de la clarté et de l'objectivité aux premières observations, de même l'observation interne doit être complétée par l'observation externe et par l'expérimentation. A la méthode *subjective*, il faut joindre la méthode *objective*.

Observation externe. — L'observation externe ou *méthode objective* consiste « à étudier les états psychologiques au dehors, non au dedans, c'est-à-dire dans les faits matériels qui les traduisent, non dans la conscience qui leur donne naissance ».

Elle est *directe*, si on observe les états de conscience de ses semblables à l'aide des signes extérieurs qui en sont la manifestation ou la preuve : les gestes, la physionomie, le langage, les actes. Elle est *indirecte*, si on les étudie dans les langues, dans l'histoire, dans les arts, dans les religions, dans tout ce qui constitue la vie et la civilisation des races et des peuples.

Le langage, étant la forme sensible que prend la pensée pour se communiquer, obéit aux mêmes lois que la pensée elle-même. Une langue exprime la manière de penser, de sentir, de vivre de tout un peuple; elle est à ce peuple ce que le style est à l'homme : « C'est, a dit Villemain, la forme apparente et visible de l'esprit d'un peuple. » Tout changement dans une langue vivante est la marque d'un changement dans les idées et les mœurs du peuple qui la parle. « Toute dégradation individuelle ou nationale est sur-le-champ annoncée par une dégradation rigoureusement proportionnelle dans le langage. Comment l'homme pourrait-il perdre une idée, ou seulement la rectitude d'une idée, sans perdre la parole ou la justesse de la parole qui l'exprime? Et comment, au contraire, pourrait-il penser ou plus ou mieux, sans le manifester sur-le-champ par le langage? » (J. DE MAISTRE.) Plus la philologie pousse loin ses investigations, plus apparaît la vérité de ce mot (de M. Ribot) que les langues sont de la « psychologie pétrifiée ». On peut en dire autant, dans une certaine mesure, des monuments et des œuvres d'art. La psychologie comparée des peuples trouve une matière féconde dans l'étude qui rapproche entre eux les procédés artistiques, et ceux de formation des mots de langue à langue.

Les littératures, étudiées à la lumière de l'idée d'évolution et de progrès, fournissent à la psychologie de précieux renseignements sur les causes de leur développement ou de leur décadence.

L'histoire nous présente, comme on l'a dit, de la psychologie *en gros caractères*; c'est l'âme humaine se révélant par la parole et par l'action. Les grands hommes, et les grands événements où ils sont mêlés, nous montrent les facultés humaines déployant toutes leurs ressources dans la guerre, la politique, le droit, la religion, les lettres et les arts. Aussi a-t-on essayé de dégager une *psychologie des grands hommes*. La psychologie peut encore compléter ses observations personnelles par les portraits des moralistes, les analyses des philosophes, les peintures des poètes, des romanciers, des écrivains.

Enfin, une autre source féconde de précieuses informations se trouve dans la psychologie *comparée*, qui étudie les mêmes phénomènes chez les animaux et chez l'homme, ou chez l'homme seulement, mais à différents âges; et dans ce qu'on a appelé la psychologie *morbide* ou *tératologique*, science des faits ou des états anormaux, exception ou déviation du type régulier, comme le somnambulisme, l'hystérie, l'aphasie et l'amnésie, l'aliénation dans toutes ses formes.

Dans l'aliénation, par exemple, il y a toujours quelque manque d'équilibre mental : quelques facultés sont comme atrophiées, d'autres comme hypertrophiées; celles qui exerçaient un contrôle le perdent, celles qui le subissaient se donnent libre carrière et montrent ainsi tout ce qu'elles peuvent faire, livrées à elles-mêmes. Pour avoir une idée de la puissance étonnante de l'imagination, il a fallu l'observer dans les cas morbides. Ces cas sont souvent d'un grand secours; ils présentent des analyses toutes faites, des dissociations réelles de facultés qui ne paraissent pas distinctes à l'observation seule. C'est ainsi qu'on a pu discerner, par exemple (on le verra plus loin), les différentes sortes de mémoires. Mais il faut se rappeler que l'étude des faits réguliers et normaux doit toujours précéder celle des faits morbides ou tératologiques.

L'expérimentation en psychologie. — Réduite à l'observation seule, la psychologie n'aurait pas tous les caractères de la science. Elle doit faire appel à l'expérimentation.

Une question préalable se pose : L'expérimentation est-elle possible en psychologie? Pendant longtemps on a répondu non, en se fondant sur le caractère spontané des faits psychologiques et sur la difficulté de les faire varier sans en altérer la nature. Mais une étude plus scientifique des rapports du physique et du moral a permis, sinon de mesurer les phénomènes psychologiques eux-mêmes, du moins leurs conditionnants physiques et physiologiques. C'est ce que constate ce principe de la psychologie nouvelle : « Tout fait psychologique est lié à un concomitant nerveux. » On peut agir sur le corps, y provoquer des phénomènes physiologiques déterminés, et, par contre-coup, tels phénomènes psychologiques.

L'expérimentation est donc possible, dans une certaine mesure, pour tous les phénomènes mixtes, pour les sensations, par exemple, dont la cause excitatrice est un agent extérieur (lumière, chaleur, son), sur lequel nous avons prise; mais elle ne l'est pas et ne semble pas pouvoir l'être, dans l'état actuel de la science, pour les opérations intellectuelles et les émotions un peu complexes, dont on ne voit pas la liaison à des antécédents ou à des concomitants physiques.

Les psycho-physiciens, Weber, Wundt, Fechner, Helmoltz, ont essayé, par une série d'expériences très délicates, de mesurer les actes psychiques, les sensations surtout, quant à leur vitesse et à leur durée. Les résultats variant d'ordinaire avec les expérimentateurs, les chiffres donnés n'ont pas encore la valeur et l'autorité scientifiques. Ces mêmes savants ont cherché à obtenir une mesure quantitative ou d'intensité de la sensation; mais ici la question se complique, car dans toute sensation il y a un élément subjectif essentiellement variable, qui n'est pas saisissable par les sens, ce qui fait qu'on n'en peut adopter aucun pour commune mesure. Ne pouvant mesurer directement l'intensité de la sensation, on a essayé de le faire au moyen de sa cause physique : l'excitation extérieure. Weber a établi cette loi, que *le rapport des accroissements de sensation aux accroissements de l'excitation qui en est la cause est constant;* Fechner l'a formulée d'une manière plus complète en disant que *l'intensité d'une sensation est égale au logarithme de son excitation, multiplié par une quantité constante que l'on détermine pour chaque genre de sensation.*

Que faut-il penser des expériences et des prétentions de la psycho-physique? « Non seulement, dit M. l'abbé Farges, la mesure de nos sensations nous semble une étude raisonnable et utile, mais encore la pensée générale qui domine la psycho-physique et qui consiste à rattacher la psychologie aux sciences naturelles nous paraît une idée juste et pleinement conforme à la doctrine d'Aristote et de saint Thomas. D'après ces maîtres, la psychologie appartient aussi par un certain côté aux sciences physiques, parce que, si l'âme humaine est spirituelle et transcendante par sa partie supérieure, elle anime cependant et meut par ses puissances inférieures le corps physique et organique de l'homme... Les conséquences matérialistes qu'on voudrait en déduire ne sont, à aucun degré, contenues dans les principes de l'esthésimétrie sagement entendue. » (*Le Cerveau, l'Ame et les Facultés.*)

Ajoutons cependant qu'il ne faudrait pas exagérer les résultats que peut atteindre la psycho-physique; d'abord, parce que le champ de son expérimentation est limité aux sensations externes, qui sont les seuls faits psychiques directement liés à des causes physiques saisissables par l'expérience; puis, parce que la sensation n'est pas simplement un mouvement extérieur reçu, transformé et communiqué par l'organisme, et que sa cause totale renferme en outre des éléments dont on fait plus ou moins abstraction, l'un d'ordre physiologique : l'excitabilité de l'organe sensitif, c'est-à-dire son aptitude à réagir; l'autre d'ordre psychique : la force sensitive de l'âme. On sait qu'il n'y a pas uniformité entre l'excitation et la sensation; que deux sensations d'égale intensité proviennent parfois de deux excitations inégales, tandis que deux excitations égales peuvent déterminer des sensations inégales, suivant l'état actuel de l'organe animé, état qui varie avec les individus, les tempéraments, les âges, les habitudes, l'attention présente. Enfin, ce que la psycho-physique détermine, ce sont des lois de mesure plutôt que des lois de causalité, et ces lois de mesure n'atteignent que le seul élément susceptible de mesure, l'excitation externe, et non la sensation elle-même.

Les expériences des psycho-physiologistes diffèrent peu de celles des psycho-physiciens, et on les confond souvent. On peut dire, pour les distinguer, qu'ils s'attachent plutôt aux antécédents ou aux conséquents physiologiques et qu'ils cherchent à formuler des lois de causalité et non des lois de simple mesure. On peut citer comme exemples les études du docteur Broca sur les localisations cérébrales, celles de Flourens sur le cerveau et la moelle épinière pour déterminer les fonctions des diverses parties.

Outre ces essais d'expérimentation scientifique, il est d'expérience journalière qu'on peut exciter en soi des sentiments de colère, de joie ou de tristesse, qu'on peut entretenir ou modifier une passion, qu'on peut l'exciter chez les autres, etc. En pédagogie, on expérimente l'effet d'un système de récompenses ou de punitions, d'un procédé d'enseignement; en politique, on expérimente des lois; dans l'art oratoire et dans l'art dramatique, des moyens de convaincre ou de persuader, d'exciter les passions. Mais il manque à toutes ces expériences la précision et la mesure, qui seules peuvent les rendre scientifiques, au sens absolu du mot.

En résumé, la vraie méthode psychologique est à la fois introspective et expérimentale, subjective et objective. Ce qu'il faut bien retenir, c'est que l'observation externe et l'expérimentation n'ont de valeur qu'en s'appuyant sur l'observation interne. « Point d'étude psychologique, partant point de *psycho-physique* ni de *psycho-physiologie* qui ne relève de la *conscience* et qui, par là, ne se subordonne à la science des faits psychiques étudiés en eux-mêmes et de leurs lois originales, c'est-à-dire à la psychologie introspective, la seule qui mérite ce nom. Tout le reste est l'accessoire, l'auxiliaire ou la partie; elle seule est le tout et l'essentiel... La psychologie pure reste le centre de toutes les psychologies particulières (psychologie animale, infantile, morbide...) : en elle seulement trouvent leur terme naturel la psycho-physique et la psycho-physiologie; tout autour d'elles se groupent, pour la fortifier et non pour la détruire, la psychologie comparée et toutes les psychologies spéciales, dont elle est l'âme et dont elle est le lien. » (HANNEQUIN, *Introduction à l'étude de la psychologie*, chap. III.)

IV. — IMPORTANCE DE LA PSYCHOLOGIE

On comprend l'importance de l'étude de l'âme. Nous devons nous connaître nous-mêmes, et nous-mêmes, c'est avant tout notre âme.

La psychologie occupe un rang à part dans l'ordre des études philosophiques; elle fournit des données indispensables à la logique, à la morale, à la pédagogie, à la littérature, à la théodicée, en un mot, à toutes les sciences morales.

Ainsi la logique, science du vrai ou des lois de la pensée, suppose la connaissance des facultés et des opérations intellectuelles;

La morale, science du bien ou des lois de la volonté, implique la connaissance de la volonté et de ses actes, de la liberté, de la responsabilité;

La pédagogie, art de l'éducation, repose sur une psychologie bien faite : on ne saurait évidemment diriger et développer suivant leurs lois des facultés que l'on ne connaît pas;

La littérature, « qui est l'art d'agir sur l'homme par la parole, l'art d'exercer sur lui une action puissante et ordonnée, de le faire arriver par le vrai au bien, terme obligé de toute activité libre, jaillit comme de source de la psychologie exacte et de la saine morale » (LONGHAYE, *Théorie des belles-lettres*, passim);

La théodicée, science rationnelle de Dieu, achève la psychologie : de l'imperfection même de ses facultés essentielles, qui supposent et réclament l'infini, le parfait, l'absolu, l'âme conclut à l'existence d'un être parfait, dont elle est l'image et en qui toutes ces facultés existent infinies, incapables d'aucune altération ni déviation. (Lire BOSSUET : *Connaissance de Dieu et de soi-même*, IV, 6.)

TABLEAU ANALYTIQUE

I. — L'HOMME

Définition. — L'homme est un composé de deux éléments, l'un spirituel et l'autre matériel : l'âme et le corps, qui, substantiellement unis, forment la *personne humaine*.

Le moi. — L'unité de la personne humaine s'exprime par le mot *moi*.

Le *moi*, c'est l'âme et le corps substantiellement unis; c'est la personne humaine en tant qu'elle a conscience d'elle-même, en tant qu'elle est à la fois sujet et objet de la pensée.

La permanence et l'identité du moi sont attestées par la conscience.

Autres définitions de l'homme.

Platon a défini l'homme : « une âme qui se sert d'un corps, » et de Bonald : « une intelligence servie par des organes. » — Ces deux définitions ne tiennent pas assez compte de l'union substantielle de l'âme et du corps; elles établissent de l'un à l'autre un rapport d'accident et non un rapport naturel. « L'âme et le corps, dit Bossuet, forment un tout naturel. » Aristote, et avec lui la plupart des anciens et des scolastiques, ont défini l'homme : « animal raisonnable. » C'est la définition généralement adoptée.

Les *idéalistes* : Platon, Descartes..., n'ont vu dans l'homme qu'un esprit enchaîné à un corps;

Les *sensualistes* et *matérialistes* : Locke, Condillac..., qu'un animal plus parfait, mais de même espèce que les autres.

La doctrine vraie, celle des *spiritualistes*, enseigne que l'homme est la résultante de l'union de l'âme et du corps.

L'âme. — Dans le sens le plus général, l'âme est le *principe interne* de toutes les opérations des corps vivants. — Elle est simplement *végétative* dans les plantes et *sensitive* dans les bêtes : dans l'homme, elle est *raisonnable* et *libre*, *spirituelle* et *immortelle*.

Bossuet définit l'âme de l'homme : « une substance intelligente, née pour vivre dans un corps et lui être intimement unie. »

La vie. — La vie est *l'activité intérieure* par laquelle un être se meut lui-même. — Sa marque distinctive est la *spontanéité*.

Les trois vies de l'homme.

On distingue dans l'homme trois vies :

1° La vie purement *physique* ou *végétative*, caractérisée par la nutrition;

2° La vie *animale* ou *sensitive*, caractérisée par la sensation;

3° La vie *morale* ou *humaine proprement dite*, caractérisée par l'entendement, le sentiment, la volonté.

Une seule et même âme, l'âme raisonnable, est le principe de ces trois vies et des phénomènes qui leur sont propres.

Dans le chrétien, il y a, de plus, la vie *surnaturelle*, caractérisée par la foi et la grâce.

II. — PHYSIOLOGIE ET PSYCHOLOGIE

Le corps et l'âme peuvent être étudiés séparément. Ils sont l'objet de deux sciences : la *physiologie* et la *psychologie*.

Distinction et rapports de la physiologie et de la psychologie.

La *physiologie* est la science qui a pour objet l'étude du corps vivant et de ses fonctions.

La *psychologie* est la science de l'âme et de ses facultés. — On distingue quelquefois la *psychologie expérimentale*, qui étudie les faits et les facultés par la conscience, et la *psychologie rationnelle*, qui étudie la nature de l'âme et ses facultés par le raisonnement.

La psychologie et la physiologie diffèrent :
1° Par *leur objet* : l'une étudie les faits de la vie de l'âme, l'autre ceux de la vie du corps ;
2° Par *les moyens d'observation* : la psychologie emploie l'observation interne ou réflexion ; la physiologie, l'observation externe ou des sens.

Quelque différentes, ces deux sciences doivent être considérées comme sœurs et se prêter un mutuel secours. — Nombre de faits de conscience sont des faits complexes qui relèvent à la fois de la psychologie et de la physiologie.

Distinction des faits physiologiques et des faits psychologiques.

Les phénomènes *physiologiques* appartiennent à la vie végétative ;
Les phénomènes *psychologiques* appartiennent à la vie sensitive ou à la vie morale.

Ces faits diffèrent :
1° Par *leur nature*. — Les faits *physiologiques* appartiennent à la matière organisée, se localisent dans le temps et dans l'espace, ont une forme, une étendue, peuvent se mesurer, et, en définitive, se ramener à des mouvements. — Les faits *psychologiques* appartiennent à l'âme ; ils se localisent dans le temps, non dans l'espace ; ils échappent à toute idée de forme, d'étendue, de mesure, et ne sauraient se résoudre en mouvements.
2° Par *leur fin*. — Les faits *physiologiques* ont pour but la conservation de l'individu ou de l'espèce. — Les faits *psychologiques*, chez l'homme, ont pour but le développement de la vie morale : le vrai, le bien, le beau. — Chez l'animal, ils se confondent avec les faits physiologiques.
3° Par *leur cause*. — La cause des faits *physiologiques* n'est pas perçue directement ; elle n'est connue que par ses effets. — La cause des faits *psychologiques* est perçue en même temps que le phénomène lui-même.
4° Par *la faculté qui connaît*. — Les faits *physiologiques* sont perçus par les sens ; — les faits *psychologiques* par la conscience.

III. — MÉTHODE DE LA PSYCHOLOGIE

La psychologie est une science d'observation et comme telle emploie surtout la *méthode inductive*.

Mais la méthode *proprement psychologique*, c'est l'*observation interne* ou *introspection*. Cependant ce procédé ne suffit pas ; il doit être complété par l'*observation externe*, la *psychologie comparée* et l'*expérimentation*.

1° Observation interne ou introspection. (Méthode subjective.)

L'observation interne se fait par la *conscience psychologique*, faculté ou opération par laquelle l'âme se connaît elle-même, et connaît ses actes ou ses états. C'est le propre des faits psychiques de n'être directement saisissables que par la conscience de celui qui les éprouve.

Quelques auteurs ont nié la possibilité de l'observation interne : on ne peut pas, disent-ils, être à la fois *sujet connaissant* et *objet connu*, acteur et spectateur, etc.

On répond que l'observation interne est *difficile* mais *possible*, et qu'elle est la condition de toute connaissance.

On reproche encore à cette méthode de n'étudier que des faits individuels, et on lui refuse tout caractère scientifique. — Il est vrai que la méthode *subjective* ne saurait suffire, et qu'il faut y joindre l'*observation externe* ; mais l'objection porte aussi bien contre toute connaissance, qui est d'abord particulière, concrète, et ne devient générale que par l'abstraction, l'analogie et la généralisation.

III. — MÉTHODE DE LA PSYCHOLOGIE (suite).

2° Observation externe. (*Méthode objective.*)
Ce procédé consiste à étudier les états psychologiques au dehors, dans les faits matériels qui les traduisent.
L'observation externe est *directe*, si on étudie les états de conscience à l'aide des signes extérieurs qui les manifestent : *gestes, langage, physionomie, actes*, etc.; *indirecte*, si on les étudie dans les *langues*, les *littératures*, l'*histoire*, les *arts*, les *religions* et les *civilisations* en général.

3° Psychologie comparée.
A l'observation externe se rattache la *psychologie comparée*, qui est aussi une source de précieuses informations. Elle consiste à étudier et à comparer les mêmes phénomènes chez l'homme et chez l'animal, ou chez l'homme seulement, mais à ses différents *âges*, et dans ce qu'on a appelé les *états morbides* ou *tératologiques*, tels que le *somnambulisme*, l'*hystérie*, l'*aphasie*, l'*amnésie*, l'*aliénation mentale*, etc.

4° De l'expérimentation en psychologie.
— Psycho-physiologie et psycho-physique.

Réduite à l'observation seule, soit *interne*, soit *externe*, la psychologie manquerait d'un des principaux caractères de la science, l'*expérimentation*, la *mesure*.
L'expérimentation est-elle possible en psychologie? — Non, avait-on dit longtemps. — Oui, répondent aujourd'hui les *psycho-physiologistes* (École anglaise : Bain, Stuart Mill, Spencer, Ribot); en agissant sur les *concomitants physiologiques*, on peut produire à volonté le fait *psychique* correspondant. — Oui, disent encore les *psycho-physiciens* (École allemande : Weber, Wundt, Fechner, Helmholtz...), on peut mesurer, jusqu'à un certain point, le phénomène *psychique* en mesurant son *antécédent physiologique*.
Il y a une part de vérité dans ces assertions. On peut, de plus, expérimenter, sur soi ou sur les autres, l'influence d'un motif, d'une idée, de la vue d'une image, d'une personne; en politique, on expérimente l'effet d'une loi; en pédagogie, d'un système d'émulation ou de répression, etc.; mais toutes ces expériences ne donnent que des résultats très vagues et qui n'ont pas le caractère rigoureux des sciences physiques et mathématiques.

En résumé, la vraie méthode psychologique est à la fois *introspective* et *expérimentale*, *subjective* et *objective*. — Ce qu'il faut bien remarquer et retenir, c'est que le fond de la méthode, c'est l'*observation interne*; l'observation externe, la psychologie comparée, l'expérimentation, n'ont de valeur qu'en s'appuyant sur elle.

IV. — Importance de la psychologie.
La psychologie occupe un rang à part dans l'étude de la philosophie :
Elle fournit des données à la *logique*, qui suppose la connaissance des facultés intellectuelles;
A la *morale*, qui implique la connaissance de la volonté, de la liberté;
A la *pédagogie*, qui ne saurait cultiver des facultés qu'elle ne connaît pas;
A la *littérature*, à la *théodicée*, à l'*histoire*, à la *politique*, à la *sociologie*, etc.

2ᵉ LEÇON

DIVERSES SORTES DE PHÉNOMÈNES PSYCHOLOGIQUES. — LES FACULTÉS DÉTERMINATION ET DIVISION DES FACULTÉS

Diverses sortes de phénomènes psychologiques. — Les phénomènes psychologiques se partagent en deux classes :

1° Les *phénomènes ou opérations de la vie sensitive*, qui dépendent immédiatement du corps, ou plutôt qui sont un acte commun à l'âme et au corps, agissant dans l'unité substantielle d'un même être : telles sont les opérations des cinq sens externes : la vue, l'ouïe, l'odorat, le goût et le toucher; des quatre sens internes : le sens central ou sens intime (conscience sensitive), l'imagination, l'estimative ou instinct, la mémoire sensitive; telles sont encore : l'association des images, les appétits, les passions. Toutes ces opérations sont plus ou moins communes à l'homme et à l'animal.

2° Les *phénomènes ou opérations de la vie intellectuelle*, qui sont élevés au-dessus des sens, c'est-à-dire ont pour caractère d'être inorganiques et spirituels, et qui sont propres à l'homme. Ces phénomènes ou opérations se résument dans trois facultés : l'entendement, le sentiment et la volonté. Comme on le verra plus loin, ces facultés ont besoin (au moins dans la vie présente), pour exercer leur acte propre, des données des facultés sensitives; mais, en elles-mêmes, elles sont incorporelles et immatérielles, elles dépassent la matière et la dominent.

Facultés et opérations. — *Faculté* veut dire puissance, pouvoir de produire certains phénomènes ou d'éprouver certaines modifications.

Opération veut dire : action d'une puissance, d'une faculté qui produit un effet.

L'âme a des puissances par lesquelles elle opère; elle est une *cause qui produit des effets* : de là l'emploi du mot opération.

L'âme a la puissance de penser, de sentir et de vouloir : de là les trois facultés.

Les empiristes regardent les facultés non comme les principes mêmes ou les forces productives des faits, mais comme de simples *catégories* de faits, comme « des noms commodes au moyen desquels nous mettons ensemble dans un compartiment distinct tous les faits d'une espèce distincte ». (TAINE.)

La philosophie traditionnelle condamne cette théorie. « Les facultés, dit saint Thomas, sont les causes immédiates des faits psychologiques. » Il y a un double principe des opérations de l'âme : un principe prochain, immédiat, les facultés; un principe médiat, éloigné, l'âme. « C'est par l'intermédiaire des facultés que l'âme exerce ses opérations, à peu près comme le tronc de l'arbre produit les fleurs et les fruits par l'intermédiaire des branches et des rameaux. » Les facultés sont distinctes de l'essence de l'âme, comme nos opérations sont distinctes de notre être.

La division des trois facultés ne doit cependant pas faire oublier l'*unité* de l'âme. « Toutes nos facultés ne sont, au fond, que la même âme qui reçoit divers noms à cause de ses différentes opérations. » (BOSSUET.) — L'homme est *un* dans son être, *double* dans sa nature, *triple* dans ses facultés essentielles.

Toute puissance n'est pas une faculté. On entend spécialement par faculté une puissance connue par la conscience et dont on dispose, une puissance *personnelle*, c'est-à-dire propre au *moi*, à l'être intelligent et libre. Dans ce sens restreint, l'homme seul a des facultés, parce que seul il possède des aptitudes dont il a conscience et qu'il peut diriger.

Le minéral a des *propriétés*, le végétal a des *qualités* ou des *vertus* qui le rendent propre à produire certains effets; l'animal a des *capacités*, des *aptitudes*: tous ces êtres peuvent être actifs en vertu d'énergies propres, mais ils s'ignorent eux-mêmes [1].

L'âme agit par ses facultés. C'est l'âme qui sent, qui pense, qui aime et qui veut.

L'étude des facultés est nécessaire pour que la psychologie soit une science. La vraie science consiste à connaître par les causes; or étudier les facultés, c'est étudier les causes immédiates des faits psychologiques.

Détermination des facultés : trois ordres de faits moraux.

— Une faculté se révèle à nous par les effets qu'elle produit, par les phénomènes dont elle est la cause. Un ordre de faits distincts implique et détermine une faculté distincte. Or, en observant les phénomènes psychologiques, en les classant d'après leurs ressemblances et leurs différences, en les interprétant, c'est-à-dire en attribuant à une faculté spéciale un ordre de phénomènes, on arrive à distinguer trois grandes classes de faits moraux, correspondant à trois facultés : des faits d'*intelligence*, de *sensibilité*, de *volonté*.

1° *Des faits d'intelligence* : perceptions, idées, souvenirs, jugements, raisonnements, dont le caractère essentiel est d'être *représentatifs*, de nous donner l'idée ou représentation intellectuelle d'un *objet*, et qui sont par là même *objectifs*; car avoir l'idée d'un être, c'est reproduire dans son esprit un objet distinct de l'esprit lui-même, ce qui fait qu'il y a dualité entre l'objet connu et le sujet connaissant. Ils sont de plus *fatals*, en ce sens que la vérité évidente s'impose nécessairement à l'intelligence par l'impossibilité de concevoir le contraire, comme cela arrive, par exemple, pour la vérité qui se dégage d'un raisonnement clair et concluant. Enfin ils sont, dans une certaine mesure, à la fois *actifs* et *passifs* : actifs, parce que, par l'attention, on exerce quelque influence sur toutes les opérations intellectuelles et qu'on se sent agir quand on fait une observation, un jugement ou un raisonnement; passifs, parce que la connaissance ne produit pas son objet, mais le suppose et le représente. L'intelligence

---

[1] Dans un sens plus large, le mot faculté signifie : 1° Moyen, pouvoir, droit de faire quelque chose : avoir la faculté de sortir, de se promener; le mineur n'a pas la faculté de tester; 2° Puissance physique ou morale, fonction du corps ou de l'esprit, et, par extension, vertu, propriété d'une substance : la faculté de se mouvoir; l'aimant a la faculté d'attirer le fer; 3° Facilité, talent : la faculté de bien dire, personne douée de brillantes facultés.

est passive, parce qu'elle reçoit les images des objets ; elle est active, parce que, par son acte propre, elle les rend intelligibles, elle saisit l'idée qu'ils réalisent.

2° *Des faits de sensibilité :* estime, mépris, respect, admiration, satisfaction de conscience, remords, inclinations, émotions ou affections morales diverses, qui ont pour caractère d'être *affectifs,* agréables ou pénibles, et par là même *subjectifs :* une émotion ou un sentiment ne sont pas la représentation d'un objet, mais une modification du moi ; ils sont tout entiers dans le sujet, et ne font rien connaître en dehors d'eux-mêmes : un mal de tête, un malaise, ne révèlent directement rien sur les organes qui souffrent. Ces faits sont, de plus, *passifs* et *fatals :* on les subit, on ne peut ni les faire naître ni les faire cesser à volonté. Le plaisir et la douleur, soit physiques, soit moraux, se produisent en nous malgré nous, toutes les fois que certains antécédents sont posés : si je m'approche du feu, je ne puis pas ne pas ressentir la sensation de chaleur ; si je pense à un malheur qui vient de frapper ma famille, je ne puis m'empêcher d'éprouver de la peine.

3° *Des faits de volonté :* desseins, intentions, déterminations, résolutions, qui consistent dans un *effort,* dans une *action* dont nous nous attribuons l'initiative. Leur caractère est donc d'être *actifs* et *libres.* Quand on se décide à faire une promenade, par exemple, on sent bien que la décision dépend de soi, et, quand on la fait, on est bien convaincu qu'on aurait pu ne pas la faire.

De ce rapprochement de faits ayant des attributs contradictoires, il ressort qu'on a eu raison de les considérer comme des effets de pouvoirs différents. Les faits de sensibilité diffèrent de ceux d'intelligence par la *subjectivité ;* et de ceux de volonté par la *passivité ;* ceux d'intelligence supposent leur *objet,* ceux de volonté, au contraire, tendent à réaliser un effet.

Ces trois classes de faits correspondent, c'est du moins l'opinion commune, à des divisions réelles, et il n'est pas utile d'en ajouter d'autres. Si, comme Condillac, on veut tout rattacher à la sensibilité, soit représentative, soit affective, on dénature les faits. Comment la pensée, qui est représentative du suprasensible et de l'universel, peut-elle n'être qu'une forme de la sensation, qui n'est représentative que du sensible et du particulier ? Comment la volition, qui est libre, peut-elle se réduire à la sensation affective, qui est fatale ? Condillac a péché par défaut, Jouffroy par excès. Celui-ci, outre les trois facultés fondamentales, en reconnaît trois autres : les penchants primitifs, la faculté locomotrice et la faculté expressive. Cette multiplication exagérée des facultés de l'âme résulte d'une analyse incomplète qui regarde comme simple et irréductible ce qui est complexe, et l'attribue à une faculté spéciale. — Les penchants primitifs se rapportent au plaisir et à la douleur et rentrent dans la sensibilité ; la locomotion tient de la physiologie par l'action des muscles et des nerfs ; de la psychologie, en tant qu'elle dépend de la volonté. Enfin, la faculté expressive tient aussi de la physiologie par les sons articulés ou les mouvements qui traduisent nos pensées, et de la psychologie par nos facultés, dont le langage exprime les actes : le langage dépend de la sensibilité, s'il est simplement émotionnel ; de l'intelligence, de la sensibilité et de la volonté, s'il est intentionnel.

Il faut donc s'en tenir à la division généralement adoptée aujourd'hui, qui admet trois facultés : l'intelligence, la sensibilité, la volonté, ou, si l'on veut, à la division traditionnelle, qui n'en admet que deux : l'intelligence et la volonté, et à laquelle il est facile de ramener la division nouvelle.

Solidarité des facultés. — Comme les facultés ne sont que les modes variés de l'existence et de l'activité d'un sujet unique, le *moi,* il faut bien entendre qu'au fond c'est ce sujet qui accomplit toutes les opérations attribuées aux facultés ; les facultés ne sont que les propriétés en vertu desquelles il exécute ses différentes actions. Aussi les facultés s'appuient l'une sur l'autre et se complètent l'une l'autre, comme concourant à manifester le même être.

Ainsi l'amour et la liberté impliquent l'intelligence : on n'aime pas, on ne veut pas qu'on ne connaisse auparavant ; l'intelligence ne se conçoit pas sans l'amour et la liberté : l'ordre ou le vrai n'est conçu par l'intelligence que pour être aimé et réalisé, comme bien, par le cœur et la volonté.

Si l'on analyse les faits de résolution, d'attention, de passion, on verra que ce sont des phénomènes complexes, attribués spécialement à une faculté, — la résolution, à la volonté ; l'attention, à l'intelligence ; la passion, à la sensibilité, — mais émanant en réalité du concours plus ou moins accusé de toutes les énergies de l'âme.

Une résolution est un acte de *volonté ;* mais cet acte implique, comme conditions préalables, des idées fournies par l'*intelligence*, et des mobiles d'action dont le *cœur* est la source. — L'attention est surtout un acte d'*intelligence ;* mais l'intelligence n'est rendue attentive que par l'action de la *volonté* et l'influence d'un *sentiment*, d'un *désir*. — Dans la passion, la part principale revient à la *sensibilité ;* mais « la passion a souvent beaucoup de *réflexion* et de *raisonnement* mêlé » (BOSSUET), et elle ne se développe qu'avec la complicité et le concours actif de la *volonté*.

On peut multiplier ces exemples pour s'habituer à démêler la part des facultés dans les actes ordinaires, ce qui n'est pas toujours aisé. « Il faut une grande puissance d'esprit pour assister au spectacle de soi-même et pour discerner avec exactitude la part de l'intelligence, du cœur et de la volonté, dans l'œuvre commune d'une même action. » — L'*espérance*, par exemple, renferme l'idée et l'image d'un bien futur (intelligence) ; le désir de ce bien et la joie anticipée que causera sa possession (sensibilité) ; les efforts à faire, les moyens à mettre en œuvre pour le posséder (volonté). — Une *délibération* implique l'idée d'un acte à faire, d'un but à atteindre, des motifs pour ou contre tirés du devoir ou de l'intérêt (intelligence) ; des mobiles, des sentiments d'amour, de haine, de désir, de crainte (sensibilité) ; décision finale (volonté). — On peut encore analyser ainsi une lecture, celle d'une tragédie, par exemple.

De ces analyses, il résulte que les facultés sont solidaires dans leur développement ; que les mêmes actes nous les montrent se compénétrant dans leur action et dépendant les unes des autres ; qu'elles concourent à une même fin, qui est la vie intellectuelle et morale. « Par l'intelligence, nous concevons le but à atteindre et les moyens d'y parvenir ; par la sensibilité, nous sommes excités à le poursuivre ; par la volonté, nous pouvons céder ou résister aux impulsions de la sensibilité, et, dans le conflit de la raison avec les passions, prêter à celle-là le concours qui assure sa victoire. Otez l'intelligence, l'homme est aveugle ; ôtez la sensibilité, il est inerte ; ôtez la volonté, il est esclave et impuissant. » (RABIER, *Leçons de philosophie*, t. I, chap. VIII.)

Analogie entre les opérations de la vie sensitive et celles de la vie intellectuelle. — On peut distinguer, dans les opérations de la vie sensitive, trois sortes de phénomènes, qui sont les analogues des facultés intellectuelles :

1° Des phénomènes *sensitifs*, ou sensations proprement dites, impressions produites, sur le corps animé, par l'action des objets matériels, et qui donnent à l'être sensitif une certaine *connaissance* ou représentation de ces objets ;

2° Des phénomènes *affectifs* ou appétits, caractérisés par le plaisir ou la douleur ;

3° Des phénomènes *actifs*, ou instincts, qui se manifestent par le mouvement.

Ainsi trois fonctions, ou plutôt trois opérations, paraissent appartenir à toute vie psychique : une fonction ou opération *représentative*, une *affective*, une *appétitive* ou *volitive*.

REMARQUE. — *Sensation* est un terme générique dont on se sert souvent pour désigner les opérations et les phénomènes de la vie sensitive : sensations, soit représentatives, soit affectives, appétits, passions, instincts.

Bien qu'en fait il n'y ait guère de sensations représentatives qui n'entraînent quelque émotion, ni de sensations affectives qui n'impliquent quelque représentation, on distingue cependant des sensations *affectives* ou émotions, qui nous causent du plaisir ou de la douleur : le chaud, le froid, la faim, la soif; et des sensations *représentatives* ou sensations proprement dites, qui nous apprennent quelque chose sur les objets sensibles : sensations des sens, soit externes, soit internes.

On verra plus loin le rôle nécessaire de la sensation dans l'origine des idées. Pour Condillac et pour les sensualistes qui ont admis son système, non seulement nos idées, mais nos facultés mêmes ont leur principe dans la sensation, elles ne sont toutes que des sensations *transformées*. Les facultés cognitives (intelligence, mémoire, imagination) dérivent de la sensation considérée comme *représentative*, et les facultés appétitives (désir, passion, volonté), de la sensation envisagée comme *affective*. — C'est là une analyse très ingénieuse, mais artificielle et sans vérité.

Division ancienne ou traditionnelle et division nouvelle des facultés morales. — La division traditionnelle reconnaît deux facultés morales : *l'intelligence*, dont l'objet est le vrai, et la *volonté*, dont l'objet est le bien, et qui a pour prérogative le libre arbitre, que Bossuet définit : la puissance que nous avons de faire ou de ne pas faire une chose.

Elle oppose les *sens* à *l'intelligence ;* la connaissance *sensible*, propre à la vie animale, à la connaissance *intellectuelle*, propre à la vie morale; elle oppose également *l'appétit sensitif*, tendance vers le bien *sensible*, vers le bien connu par les sens, à la *volonté* ou *appétit rationnel*, inclination vers le bien connu par la raison.

Outre la vie végétative, qui lui est commune avec la plante et l'animal, elle remarque dans l'homme une double vie, et dans chaque vie un double principe : le principe de *vision*, les sens et l'intelligence; le principe d'*impulsion*, l'appétit sensitif et la volonté. Ces deux principes se développent dans l'ordre suivant : l'appétit sensitif suit la connaissance *sensible*, et la volonté, la connaissance *intellectuelle*. C'est l'ordre rationnel : on aime et on veut comme on connaît[1].

La division nouvelle reconnaît trois facultés morales : *l'intelligence*, entendement, ou raison, qui est la faculté de penser, de juger, de raisonner; le *sentiment*, sensibilité morale, ou cœur, faculté à laquelle elle rapporte les inclinations et les émotions propres à la vie morale; la *volonté* ou *liberté*, qui est la faculté de se déterminer.

Dans la division traditionnelle, la volonté renferme à la fois ce que les modernes appellent *sensibilité morale* ou sentiment, et le

---

[1] Il ne s'agit ici que de l'ordre naturel. Dans la vie *surnaturelle*, vie divine ou vie *chrétienne*, le principe de vision est la *foi*, et le principe d'impulsion la grâce. La foi et la grâce, disent plusieurs théologiens, sont la raison et la volonté divines, greffées sur la raison et la volonté humaines. Ces expressions ne doivent cependant pas faire oublier que la foi et la grâce ne sont qu'une similitude plus grande, une plus grande participation de la raison et de la volonté divines; qu'elles sont toujours quelque chose de créé et distinct de Dieu.

libre arbitre, auxquels ils donnent le nom de volonté. Dans cette division le sentiment n'a pas d'objet propre; c'est quelque chose d'*affectif*, qui se rapporte à l'appétit rationnel ou volonté.

On le voit, toutes les facultés sensitives, les seules que possède l'animal outre celles de la vie végétative, résident dans le composé et peuvent au fond se ramener à deux : la faculté de connaître par les sens (externes et internes) et la faculté de tendre vers le bien sensible. — Les facultés morales, qui s'ajoutent chez l'homme aux précédentes, et qui résident dans l'âme seule, peuvent également se ramener à deux : la faculté de connaître le suprasensible et la faculté de tendre vers le bien suprasensible; l'entendement, principe de vision ou de connaissance, et la volonté, principe d'impulsion, de mouvement, d'action. Toute la psychologie se trouve simplifiée par ce double principe bien compris.

C'est la division traditionnelle qui est la vraie, et il faut y ramener la nouvelle. Une faculté, en effet, se détermine par son objet. Or l'être se présente à nous sous deux aspects fondamentaux : le vrai et le bien; comme vrai à l'intelligence, comme bien à la volonté. Le beau, qui est la splendeur du vrai ou du bien, est tout d'abord objet de connaissance : « Il est, disent Aristote et saint Thomas, ce qui plaît étant connu, » et ne saurait, comme il l'a été par les modernes, être rapporté au cœur seulement : il est l'objet de l'intelligence, de l'imagination et du sentiment. Le goût, faculté d'apprécier le beau, est une faculté mixte : il a, comme son objet, le beau, un élément de l'ordre intellectuel et un élément de l'ordre du sentiment.

La cause principale du malentendu qu'il y a entre la philosophie traditionnelle et les philosophes modernes, c'est que ceux-ci se placent à un point de vue différent. « Au lieu de faire, dit l'abbé Farges, dans leurs traités de psychologie, la classification des *facultés* de l'âme, ils donnent presque toujours la classification des *phénomènes* psychiques, ce qui est bien différent, plusieurs phénomènes pouvant appartenir au processus d'une seule et même faculté. » Pour la philosophie traditionnelle, les plaisirs et les peines les plus nobles, attachés à l'exercice des facultés les plus élevées de notre âme, comme les plaisirs et les souffrances vulgaires et animales, liés aux facultés inférieures et organiques, sont insuffisants par eux-mêmes à constituer une faculté spéciale et distincte.

Ordre à suivre dans l'étude des facultés. — Il convient d'étudier l'âme dans l'ordre de son développement : 1° opérations sensitives : sens externes, sens internes, appétits, passions; 2° facultés morales : intelligence, sentiment, volonté. Cet ordre est à la fois logique et chronologique. En effet, l'intelligence suppose les sensations, les images des sens, qui lui fournissent la matière de ses opérations; le sentiment suppose l'intelligence, puisqu'il a pour cause une idée; la volonté suppose l'intelligence et le sentiment : on ne veut pas sans la connaissance du but et le désir d'y atteindre. Toutefois, comme les opérations sensitives et les facultés morales sont solidaires et inséparables, elles apparaissent toutes dès l'origine; mais les opérations sensitives, que l'on désigne aussi sous le nom de sensibilité physique, dominent d'abord; puis viennent l'intelligence et le sentiment; la volonté se forme la dernière.

Il ne faut donc pas, comme le veut Rousseau dans son *Émile*, cultiver successivement le corps, l'intelligence, la sensibilité, la volonté. Dans la mesure où l'âge le comporte, l'éducation des facultés doit être simultanée : elle doit suivre et aider l'ordre naturel et ne pas y substituer un ordre factice. Il faut se rappeler que l'homme, comme dit Malebranche, est un être « qu'on ne peut toucher en quelque endroit sans le remuer tout entier ».

NOTES COMPLÉMENTAIRES

Classification des scolastiques. — Les scolastiques distinguent les facultés *sensitives*, propres à la vie animale, et les facultés *intellectuelles*, propres à la vie morale. Les unes et les autres se divisent en *cognitives* et *appétitives*.

Cognitif signifie : qui est relatif à la connaissance, qui est capable de connaître ; *appétitif* (de *appetere*, tendre vers) : qui est relatif à l'appétit, à l'inclination, qui tend vers quelque chose.

Dans la vie animale, les *facultés cognitives* sont les sens, soit *externes* : la vue, l'ouïe, l'odorat, le goût et le toucher ; soit *internes* : le *sensorium* (ou conscience sensible, ou sens intime, ou sens central, ou sens commun), qui réunit et distingue les données des autres sens, les *sensations* ; l'*imagination*, qui les conserve et peut les reproduire ; l'*estimative*, sorte de jugement instinctif, qui perçoit l'utile et le nuisible dans les objets sensibles ; la *mémoire* (sensible), qui conserve et reproduit la connaissance sensible en la rapportant au passé.

Les facultés *appétitives* ou les *appétits* sont désignés sous le nom d'*appétit sensitif*, appétit par lequel l'être sensitif se porte vers un bien sensible, vers un bien connu par les sens. L'*appétit sensitif* prend le nom de *concupiscible*[1] s'il s'agit d'un bien ou d'un mal sensible, facile à obtenir ou à éviter ; il prend le nom d'*irascible*[2], dans le cas où il y a des difficultés à surmonter, des efforts à faire.

Les passions naissent de l'appétit sensitif, soit concupiscible, soit irascible. Celles qui naissent de l'appétit concupiscible sont au nombre de six : trois relatives au bien : *amour, désir* et *joie* ; trois relatives au mal : *haine, aversion* et *tristesse*. Celles qui naissent de l'appétit irascible sont au nombre de cinq : deux relatives au bien : *espérance* et *désespoir* ; trois relatives au mal : *crainte, audace* et *colère*.

A ces facultés de la vie animale, il faut ajouter la faculté *motrice*, pouvoir par lequel l'âme met en mouvement le corps qui lui est uni.

Dans la vie morale, *la faculté cognitive est l'entendement ou raison*, faculté de connaître ce qui est immatériel ou suprasensible, dont le caractère est de percevoir les idées, d'abstraire, de comparer, de juger, de raisonner et de conserver les connaissances intellectuelles par la mémoire intellective ; la *faculté appétitive* est l'appétit rationnel ou *volonté*, qui tend à un bien connu par la raison, et qui a pour prérogative le *libre arbitre* ou liberté.

TABLEAU ANALYTIQUE

LES FACULTÉS DE L'AME { **Diverses sortes de phénomènes psychologiques** { Les phénomènes psychologiques se partagent en deux classes :
1° Les *opérations de la vie sensitive*, qui dépendent immédiatement du corps et qui sont communes à l'homme et à l'animal : telles sont les opérations des sens externes et internes, les appétits, les passions, etc.
2° Les *opérations de la vie intellectuelle*, qui sont élevées au-dessus des sens et sont propres à l'homme ; elles se résument dans les opérations des trois *facultés* : l'entendement, le sentiment, la volonté.

---

[1] Concupiscible (de *cum* et *cupere*, désirer). « Fond d'inclination naturelle qui nous fait désirer la jouissance des biens sensibles. » (LITTRÉ.)

[2] Irascible (de *ira*, colère). « Les philosophes appellent appétit irascible celui où domine la colère. » (BOSSUET, *Connn.*, VI.)

DIVERSES SORTES DE PHÉNOMÈNES PSYCHOLOGIQUES 51

LES FACULTÉS DE L'AME (suite)

Détermination des facultés : trois ordres de faits moraux.
Solidarité des facultés.

Faculté veut dire puissance, pouvoir de produire certains phénomènes ou d'éprouver certaines modifications. L'âme agit par ses facultés, qui sont, non de *simples catégories de faits*, comme le prétendent les empiristes, mais de véritables forces, distinctes des faits qu'elles produisent.
Une faculté se révèle à nous par les effets qu'elle produit. — Tout ordre de faits distincts implique une faculté distincte. — Or, en observant les phénomènes moraux, en les classant, on arrive à en distinguer trois groupes :
1° Des *faits d'intelligence :* perceptions, idées, souvenirs, dont le caractère essentiel est d'être *représentatifs*, c'est-à-dire de nous donner l'idée ou représentation intellectuelle des choses ;
2° Des *faits de sensibilité :* estime, mépris, inclinations, qui ont pour caractère d'être *affectifs*, c'est-à-dire agréables ou pénibles ;
3° Des *faits de volonté :* desseins, intentions, résolutions, qui consistent en un *effort* dont nous nous attribuons l'initiative.
Ces trois classes de faits répondent à des divisions réelles ; il est nécessaire de les admettre, mais inutile d'en ajouter d'autres, comme l'ont fait Garnier, Jouffroy et quelques autres psychologues.
— Il est indispensable de remarquer que les facultés ne sont que les modes variés de l'activité d'un sujet unique, le *moi*, et que tout fait d'intelligence, de sensibilité, de volonté, n'émane pas seulement de la faculté dont il porte le nom, mais du concours plus ou moins accusé de toutes les énergies de l'âme.

Analogie entre les opérations de la vie sensitive et celles de la vie intellectuelle. — Dans les opérations sensitives, on peut distinguer trois sortes de phénomènes, analogues aux trois facultés intellectuelles :
1° Des phénomènes *sensitifs* ou sensations proprement dites, impressions produites par l'action des objets matériels ;
2°   —   *affectifs* ou appétits, caractérisés par le plaisir et la douleur ;
3°   —   *actifs* ou instincts, qui se manifestent par le mouvement.

Division des facultés.

La philosophie traditionnelle ne reconnaissait que deux facultés morales :
1° L'*intelligence*, qui a pour objet le vrai ;
2° La *volonté*, qui a pour objet le bien, et qui a pour prérogative le libre arbitre. — Si l'on détermine les facultés d'après leur objet, on voit que cette division est la seule vraie et qu'il faut y ramener la nouvelle.
Dans cette classification on oppose les *sens* à l'*intelligence*, l'*appétit sensitif* à la *volonté*. L'appétit sensitif suit la connaissance sensible ; la volonté, la connaissance intellectuelle.
La philosophie moderne reconnaît trois facultés :
1° L'*intelligence*, faculté de penser, de juger, de raisonner ;
2° Le *sentiment*, faculté à laquelle elle rapporte les inclinations et les émotions morales ;
3° La *volonté* ou *liberté*, faculté de se déterminer.
Observons que, dans la division traditionnelle, la volonté *renferme* à la fois la *sensibilité morale* et le *libre arbitre* ou *volonté*.

Ordre à suivre dans l'étude des facultés. — Il faut suivre l'ordre de leur développement naturel :
1° Les opérations sensitives : sens, appétits, passions ;
2° Les opérations intellectuelles : intelligence, sentiment, volonté.
Cet ordre est à la fois logique et chronologique ; mais il faut bien se garder de cultiver à part chaque faculté, comme le veut Rousseau ; c'est l'homme tout entier qu'il faut former.

3ᵉ LEÇON

DE L'ACTIVITÉ. — SES MODES

L'activité ne se comprend bien que par la notion de la *puissance* et de *l'acte*, qu'on trouvera en métaphysique (2ᵉ leçon). On se bornera ici à constater son existence et ses modes, particulièrement chez l'animal et chez l'homme.

Définition. — L'activité est le pouvoir de produire des actes, d'être cause d'effets.

Tout être est actif à quelque degré. — « L'activité, dit saint Thomas, est une conséquence naturelle de l'existence. » Le minéral lui-même n'est pas entièrement passif. Les forces de cohésion, de résistance, d'attraction ou d'affinité, etc., sont des forces réelles, parfaitement constatées par la science. Il y a dans la molécule, dans l'atome, un principe d'activité capable de modifier l'impulsion reçue du dehors.

L'*inertie*, qui s'oppose à l'activité, *n'est pas l'absence totale de l'activité*, mais simplement l'impuissance des corps à se donner à eux-mêmes le mouvement et à modifier d'eux-mêmes le mouvement qu'ils ont reçu. Dire que le minéral est inerte, ce n'est donc pas dire qu'il ne possède aucune activité, mais seulement qu'il demeure dans l'état où il se trouve, tant qu'une force étrangère ne vient pas agir sur lui.

Tout être est actif à quelque degré, mais non de la même manière, ni au même degré. Autre est l'activité purement *mécanique* du minéral, autre l'activité *spontanée* de la plante, autres l'activité *automatique* de l'animal et l'activité *volontaire* de l'homme [1].

Activité du minéral. — L'activité du minéral s'exerce surtout au dehors : c'est une activité *transitive* [2] ; cela se voit dans les phénomènes d'attraction, d'impulsion, dans les réactions physico-chimiques. Cependant elle est *immanente* à quelque degré, puisqu'elle vient du dedans et qu'elle s'exerce au dedans, comme dans la *cohésion*, la *cristallisation*, l'*élasticité*. Mais toujours l'activité du minéral est purement mécanique, privée de toute spontanéité ; chez lui, la *réaction* est toujours égale à l'*action* ou *impression* reçue. Ainsi, quand un corps meut un autre corps, la quantité du mouvement actuel ou potentiel acquis d'une part est toujours équivalente à la quantité du mouvement disparu de l'autre. De même, les corps s'échauffent entre eux, s'éclairent et se colorent, s'électrisent, se magnétisent, et la communication de ces qualités est, comme le mouvement, soumise à la loi de l'équivalence entre ce qui disparaît et ce qui

---

[1] SPONTANÉ, AUTOMATIQUE, VOLONTAIRE. — Il importe de préciser le sens de ces mots, avant de parler des différentes sortes d'activité psychologique. Il y a *spontanéité* où il y a vie ; il y a *automatisme* où la connaissance intellectuelle fait défaut ; il y a *volonté* où il y a intelligence. Chez la plante, le mouvement est spontané ; chez l'animal, spontané et automatique ; chez l'homme, spontané, automatique, volontaire.

[2] Transitif, de *trans*, au delà, et *ire*, aller, s'oppose à *immanent*, de *in*, dans, et *manere*, résider.

apparaît. On a mesuré avec précision la quantité de chaleur que produit une quantité de mouvement mécanique prise pour unité, et inversement la quantité de mouvement ou de travail mécanique qu'engendre une unité de chaleur.

Activité de l'être vivant. — L'activité de l'être vivant est d'un ordre différent et plus élevé ; ce qui la caractérise, c'est la *spontanéité*. Chez le vivant, la réaction est pour l'ordinaire bien supérieure à l'impression reçue. Dans le phénomène de la germination, par exemple, l'action des forces physico-chimiques (oxygène de l'air, humidité, chaleur) sur le germe est matériellement et extérieurement la même que sur un minéral quelconque de même grosseur. Il n'y a aucune proportion entre cette action et l'effet produit, qui est le développement d'un être vivant, d'après un type déterminé.

Dans la plante, la spontanéité est à son plus bas degré ; elle se manifeste par la nutrition, la croissance et la reproduction, qui sont les fonctions essentielles de la vie végétative.

Chez l'animal, outre les trois facultés de nutrition, de croissance et de reproduction, qui lui sont communes avec la plante, la *spontanéité* ou l'activité est d'un ordre plus noble, plus étendu, plus varié. — L'animal a trois grands moyens de communication avec le monde inorganique et les autres êtres animés : la sensation, les appétits et le mouvement. C'est ce qui le distingue essentiellement de la plante. On peut même dire que ce qui le caractérise, c'est la sensation entendue au sens de connaissance sensitive des objets matériels, car « le mouvement a sa raison d'être dans l'appétit, et celui-ci, à son tour, prend sa source dans la sensation. Par suite, l'appétit et le mouvement doivent être considérés comme des propriétés dérivées, et la sensibilité demeure l'attribut primordial, la note distinctive de l'animal ». (P. VALLET.)

Enfin, au sommet de l'échelle apparaît *l'homme*, qui, aux formes inférieures de l'activité, ajoute des facultés que n'ont pas les autres êtres vivants, la *raison* et la *volonté*, ce qui fait de lui un être absolument à part dans la nature. Il connaît le vrai, le bien, le beau ; sa volonté se détermine librement vers une fin dont son intelligence aperçoit la raison d'être et y tend par des moyens choisis et appropriés. « Ainsi l'homme a, dans son âme, un triple fonds de puissances, puisque les objets de son activité d'être vivant se divisent en trois groupes caractérisés par des perfections diverses. Pour se nourrir, croître et se reproduire, en tant que corps animé, il a les puissances végétatives. Pour sentir, se mouvoir et agir passionnément, comme l'animal, il a les puissances sensitives, les sens et les appétits de la vie animale. Enfin, pour penser et vouloir, pour connaître et aimer le vrai et le bien dans leur universalité essentiellement supérieure à la sphère sensible, il a les facultés intellectuelles : l'entendement avec ses lumières rationnelles et la volonté avec sa libre énergie. » (J. GARDAIR, *Corps et âme*, p. 73.)

L'âme humaine est essentiellement active ; l'activité est le fond commun de toutes ses facultés : vivre, sentir, penser, aimer, vouloir, souffrir, jouir, c'est agir et réagir de différentes manières. Cette expression : *l'activité est l'essence de l'âme*, signifie que l'activité de l'âme est continuelle et permanente et que ses facultés et leurs opérations ne sont que les formes multiples de cette activité essentielle.

Ces notions générales sur l'activité étaient donc nécessaires, avant d'aborder l'étude des diverses facultés.

REMARQUE. — **Automatisme dans les mouvements purement organiques et dans les mouvements réflexes.** — Les mouvements purement organiques, comme le battement du cœur et certains actes de la *vie végétative*, ainsi que les mouvements réflexes, que l'on rencontre chez l'animal et chez l'homme, sont automatiques.

On appelle mouvements réflexes des *réponses motrices* à des impressions nerveuses non *perçues* ou inconscientes. L'impression subie par les nerfs sen-

sitifs ou *afférents* est transmise aux nerfs *moteurs* ou *efférents* par l'intermédiaire des centres nerveux (moelle, cervelet) sans passer par le cerveau, par conséquent à l'insu de celui qui les éprouve ; le muscle où aboutit le nerf moteur se contracte et détermine l'acte approprié. Exemple : le retrait de la jambe, quand on est chatouillé à la plante du pied pendant le sommeil ; la sécrétion de la salive sous l'influence d'une substance sapide placée sur la langue ; celle du suc gastrique provoquée par la seule présence des aliments dans l'estomac. On peut citer encore la toux, l'éternuement, les cris, le clignement de l'œil menacé, la plupart des actes de la digestion et tous les phénomènes ou actes de la vie végétative. Leur caractère commun, c'est qu'ils sont parfaitement appropriés à leur but, quoique soustraits, en général, à la conscience. L'acte réflexe exclut la réflexion et la délibération.

Outre ces actes aveugles, purement physiologiques, liés à la constitution même de l'organisme, il en est un grand nombre d'autres, d'abord volontaires, que l'habitude et l'exercice ont lentement transformés, et qui sont finalement devenus automatiques, inconscients. Quelle étonnante complexité d'actions très précises supposent la lecture, le jeu du piano, la marche? Une fois l'éducation organique achevée, la volonté, l'appétit n'interviennent qu'au point de départ ; tout le reste est mécanisme et se continue quelquefois avec une parfaite exactitude, malgré la distraction et même le sommeil.

Comme on le voit par la définition et les exemples donnés, le phénomène réflexe comprend trois phases ou moments : 1° l'*afférence*, c'est-à-dire une excitation reçue à la périphérie et qui se propage jusqu'à la moelle épinière, siège principal des actions réflexes ; 2° la *transformation* de l'excitation dans la cellule nerveuse et sa réflexion sous forme de *réaction motrice*, par un phénomène analogue à l'ébranlement sonore dans l'écho ou au rayon lumineux frappant un miroir ; 3° l'*efférence*, c'est-à-dire le mouvement provoqué par le retour à la périphérie de l'excitation devenue motrice. On appelle *arc réflexe* l'ensemble constitué par les nerfs afférents, la cellule nerveuse et le nerf efférent.

Différentes sortes d'activité psychologique. — L'activité psychologique est *spontanée* (*spontanéité sensible*) ou *instinctive*, *réfléchie* ou *consciente* : celle-ci est propre à l'homme, celle-là est caractéristique de l'animal ; mais on la trouve aussi chez l'homme, mêlée à l'activité volontaire.

Remarquons que *spontané* n'est pas toujours synonyme d'instinctif ; il a souvent le même sens que volontaire, que libre. Exemple : offrir spontanément de l'argent (lat. *sponte sua, de son propre mouvement*), c'est l'offrir de soi-même, librement, sans contrainte, sans même que personne ait suggéré de le faire.

Dans ce sens, on peut dire que l'activité réfléchie, l'activité raisonnable et libre, est le suprême degré de l'activité spontanée. Exemple : le « Qu'il mourût » du vieil Horace ; le « A moi, Auvergne ! » de d'Assas.

Divers modes de l'activité. — L'activité spontanée se présente sous deux modes : l'*instinct* et l'*habitude*. Ces deux modes diffèrent par leur origine : l'instinct est une force, une impulsion *naturelle* ; l'habitude est une disposition *acquise* ou développée par des actes répétés ; c'est une spontanéité acquise[1]. L'activité réfléchie ou consciente ne se présente que comme *volonté libre*.

---

[1] On verra plus loin (18ᵉ leçon) d'autres différences entre l'instinct et l'habitude.

L'activité, considérée dans son *origine*, affecte donc trois formes chez l'homme : l'*instinct*, la *volonté*, l'*habitude*. Considérée dans les *objets* auxquels elle s'applique, le corps, l'esprit, le caractère, elle se divise en activité *physique*, *intellectuelle* et *morale* : l'activité *physique* est celle du corps et des membres ; l'activité *intellectuelle* est celle de l'intelligence et de ses diverses opérations ; l'activité *morale* est l'exercice de la volonté dans la recherche et la réalisation du bien.

TABLEAU ANALYTIQUE

DE L'ACTIVITÉ. — SES MODES

De l'activité.

- **Définition.** — L'activité est le pouvoir de produire des actes, d'être cause d'effets.
- Tout être est actif à quelque degré : « L'activité est une conséquence de l'existence. » (SAINT THOMAS.)
- L'*inertie* n'est pas l'absence totale d'activité, mais simplement l'impuissance des corps à se donner à eux-mêmes le mouvement ou à modifier le mouvement qu'ils ont reçu.
- *Activité du minéral.* — L'activité du minéral s'exerce surtout au dehors ; elle est transitive plus qu'immanente ; elle se manifeste par la cohésion, l'attraction, la cristallisation, l'élasticité, etc.
- Cette activité est purement mécanique, privée de toute spontanéité ; la *réaction* est toujours *égale à l'action* ou impression reçue.
- *Activité de l'être vivant.* — L'activité de l'être vivant est caractérisée par la *spontanéité*. Chez lui, la *réaction* est ordinairement *supérieure à l'action*.
- — *Dans la plante*, la spontanéité est à son plus bas degré : elle se manifeste par la nutrition, la croissance et la reproduction.
- — *Dans l'animal*, la spontanéité est plus variée et plus noble : aux trois facultés de nutrition, de croissance, de reproduction, l'animal joint la sensation, l'appétit et le mouvement.
- — *L'homme* résume en lui toutes les puissances du monde inférieur : il se nourrit, croît, se reproduit, comme la plante ; il sent, a des appétits, se meut, comme l'animal ; de plus, il connaît le vrai, le bien, le beau par sa raison, et sa volonté peut se déterminer librement.
- *L'âme humaine* est essentiellement active : vivre, sentir, penser, aimer, vouloir, souffrir, jouir, c'est agir et réagir de différentes manières.

Différentes sortes d'activité psychologique : ses modes.

- L'activité psychologique est *spontanée* ou *réfléchie* ; la première est une des caractéristiques de l'animal, mais on la trouve aussi chez l'homme ; la deuxième est propre à l'homme.
- L'activité *spontanée* se présente sous deux modes :
  1° L'*instinct*, force ou impulsion naturelle ;
  2° L'*habitude*, disposition acquise ou développée par des actes réitérés.
- L'activité *réfléchie* ne se présente que sous le mode de la *volonté libre*.
- Considérée dans son *origine*, l'activité, chez l'homme, revêt donc trois formes : l'*instinct*, l'*habitude* et la *volonté libre* ;
- Considérée dans les *objets* auxquels elle s'applique, elle se divise en activité *physique*, *intellectuelle* et *morale*.

4º LEÇON

DE LA SENSIBILITÉ. — DU PLAISIR ET DE LA DOULEUR

I. — SENSIBILITÉ

Définition. — *La sensibilité est la faculté de sentir.* Sentir, c'est connaître par les sens, c'est avoir des perceptions sensibles; c'est aussi jouir, souffrir, désirer, aimer, haïr, admirer, espérer, craindre, etc.; c'est avoir des sensations et des sentiments. Exemple: voir, entendre, percevoir des odeurs, des saveurs; sentir une douleur dans la tête, sentir la faim, la soif, le froid, le chaud, le plaisir, la douleur; sentir de l'amitié, de l'admiration, de la tristesse, de la joie, de la satisfaction de conscience, du remords [1].

Espèces de sensibilité : sensation, sentiment. — On distingue la sensibilité physique et la sensibilité intellectuelle ou morale.

La sensibilité physique est la faculté d'éprouver des sensations. Elle implique le corps et se localise ou dans le corps entier : malaise, fatigue, bien-être physique; ou dans quelqu'une de ses parties : son, odeur, saveur, brûlure, fracture. Elle résulte de l'impression produite sur l'âme par les phénomènes corporels et appartient exclusivement à la vie sensitive ou animale, ou plutôt la constitue : pas de corps, pas de sensibilité physique; pas d'organes, pas de sensation.

Au fond, l'animal n'a que la faculté de sentir, et, sous ce terme de sensibilité physique, il faut entendre toutes les opérations et tous les phénomènes de la vie animale, opérations et phénomènes que l'on désigne par le mot *sens* ou *sensation*. Exemple : la vie des sens, être dominé par ses sens ou sensations. La connaissance animale elle-même n'est qu'une sensation. L'animal ne connaît que par ses sens.

---

[1] D'après les scolastiques, la sensibilité est la faculté d'éprouver des sensations et des émotions. De là deux sortes de sensibilité : la sensibilité *perceptive*, et la sensibilité *appétitive*. Dans leur pensée, c'est la première qui mérite surtout le nom de sensibilité, parce que la seconde n'est qu'une conséquence de la première.
Dans la sensibilité perceptive, les scolastiques font entrer les sens externes et les sens internes; dans la sensibilité appétitive, ils font entrer les appétits de la vie physique, dont l'objet est l'*utile*, le *délectable*, et les appétits de la vie morale, que les modernes nomment sensibilité morale, l'amour du vrai, du bien, du beau, le sentiment religieux.
Les scolastiques n'admettent pas la sensibilité de l'intelligence, l'intelligence étant, à leur avis, une faculté dont l'unique rôle est de concevoir et de se représenter les choses. L'émotion qui pourra résulter de cette conception appartiendra à une faculté différente, à l'appétit rationnel ou volonté.

La sensation dépend tellement de nos organes, qu'elle paraît se confondre avec eux. Elle n'est, à proprement dire, ni spirituelle ni matérielle ; elle est un fait animal, et, comme l'a observé un grand naturaliste (Linné), elle marque le point précis qui sépare l'animal de la plante : « Les végétaux vivent, les animaux vivent et sentent. »

La sensibilité intellectuelle ou morale est la faculté d'éprouver des sentiments. Elle se rapporte à l'intelligence et à la volonté, implique ces deux facultés, ne se localise pas dans le corps et est excitée par les idées, sans l'intervention directe des sens. Les sens peuvent en être la cause occasionnelle ; mais il n'en sont pas la cause efficiente. Elle appartient à la vie morale ou vie humaine proprement dite.

Voir, entendre, goûter, sentir la faim, la soif, la douleur d'une blessure, le besoin de sommeil, de repos : voilà des faits de sensibilité physique ; la joie du savant qui fait une découverte, celle de l'homme de bien qui a fait une bonne action, sont des faits de sensibilité intellectuelle ou morale.

La sensibilité *physique* se manifeste à l'occasion et au moyen du corps, du jeu des organes, des fonctions de la vie animale ; la sensibilité *intellectuelle ou morale* est provoquée par la vérité ou l'erreur, par le bien ou le mal, la vertu ou le vice. Les sensations sont des modifications du corps animé qui ont pour cause une impression nerveuse, soit externe, soit interne, aboutissant au cerveau. Les sentiments sont des émotions qui ont pour cause une idée, un phénomène intellectuel ou moral. De cette différence en découle une autre très importante : tandis que la sensation est sujette à s'affaiblir en se répétant ou en se prolongeant, en vertu des lois de l'habitude (comme on le verra plus loin, 18e leçon), le sentiment, au contraire, qui est d'ordre suprasensible, acquiert par l'exercice une puissance toujours croissante. Ainsi la fleur ou le parfum qui m'ont fortement affecté l'odorat, à mon entrée dans une chambre, ne me causent plus, quelques heures après, qu'une faible impression, une sensation émoussée ; mais l'amour que j'ai pour un bienfaiteur, l'admiration que m'inspire un chef-d'œuvre, ne feront que s'accroître à mesure que je m'y abandonnerai.

Les sensations sont communes à l'homme et à l'animal ; les sentiments sont propres à l'homme, ils impliquent l'exercice de la raison. La sensation est un fait animal ; le sentiment est intellectuel.

L'âme a des sensations en tant qu'elle est le principe de la vie sensitive ou animale ; elle a des sentiments en tant qu'elle est le principe de la vie morale. On dit : les sensations de la vue, de l'ouïe, de la faim, de la soif ; le sentiment du vrai, du bien, du beau ; le sentiment de l'infini.

Il y a des rapports étroits entre les sentiments et les sensations : la tristesse rend malade, une mauvaise digestion rend triste, empêche le travail de l'esprit.

Une impression sensorielle peut être l'occasion d'un sentiment, mais elle n'en est pas la cause. L'animal peut, comme nous, voir un tableau de Raphaël ; mais il n'éprouve pas le sentiment de l'admiration. Pourquoi ? Parce qu'il ne pense pas et qu'il ne saurait saisir, dans ce tableau, l'ordre, l'harmonie, l'expression, la beauté. « Il appartient à l'esprit, c'est-à-dire à l'entendement, de juger de la beauté ; parce que juger de la beauté, c'est juger de l'ordre, de la proportion et de la justesse, choses que l'esprit seul peut apercevoir. » (BOSSUET.)

La sensibilité semble quelquefois mixte, c'est-à-dire physique et morale ; mais, en y regardant de près, on distingue la sensation du sentiment, alors même qu'ils se rencontrent ensemble. Exemple : l'homme qui reçoit un soufflet ne confond point la sensation ou douleur physique avec le sentiment de l'affront qui lui est fait. Dans un dîner d'amis, sensations et sentiments se font valoir réciproquement[1].

Origine des sentiments : le cœur. — Les sentiments viennent du cœur. Dans toutes les langues, le cœur est pris pour synonyme de sentiment et s'oppose à l'esprit qui juge et raisonne. La culture du cœur s'appelle *éducation;* celle de l'esprit, *instruction.* Le caractère doit se former en faisant dominer l'esprit sur le cœur et en réduisant celui-ci à n'être qu'un ressort puissant au service de la raison.

Le cœur, au sens moral, au sens plein et fort que lui donne la langue, sens que l'on retrouve dans une foule d'expressions familières, ainsi que dans nos auteurs classiques, c'est la nature humaine dans ce qu'elle a de plus intime et de plus profond. La dignité personnelle, l'émulation, la fierté, l'indépendance morale, l'amour de la famille, l'amitié, le patriotisme, le dévouement, le courage, l'héroïsme, en un mot les phénomènes de sensibilité morale, inclinations, émotions, passions, tout cela nous le rapportons au cœur.

Le plus souvent, avoir du cœur, c'est compatir, se dévouer, être ému à la pensée de ses amis, de sa famille, de sa patrie, du vrai, du bien, du beau, de Dieu; en un mot, c'est aimer. Mais comme, au lieu d'aimer ce qui est noble et grand, on peut se laisser séduire par de viles passions, le cœur a des acceptions moins élevées. S'il est vrai que « les grandes pensées viennent du cœur » (VAUVENARGUES), il est vrai aussi que « l'esprit est souvent la dupe du cœur ». (LA ROCHEFOUCAULD.)

Dans ce vers de Corneille : « Le trouble de mon cœur ne peut rien sur mon âme, » le cœur, c'est la passion, et l'âme, c'est la volonté raisonnable. S'il y a des cœurs nobles, il y en a de bas, et « l'esprit se sent toujours des bassesses du cœur ». (BOILEAU.) Le cœur est le moteur de la vie morale; il n'en est pas le régulateur. L'amour est un puissant ressort; mais il doit rester raisonnable.

« L'esprit n'y voit pas clair avec les yeux du cœur. » Ce vers exprime une pensée vraie : l'amour et la haine aveuglent; et pourtant saint Paul demande « les yeux du cœur ». Le sens est différent : là, le cœur, c'est le sentiment seul; ici, c'est le sentiment uni à la raison; c'est la chaleur et la lumière.

Avoir du cœur, dans le sens le plus élevé du mot, c'est être capable d'émotions généreuses. Alors le cœur échauffe l'esprit, anime la parole et l'action, vivifie le courage, étouffe l'égoïsme et charme les hommes.

Les moralistes entendent par l'analyse du cœur humain l'étude approfondie de l'homme sensible, de sa faiblesse et de ses petitesses comme de son courage et de sa grandeur, de l'égoïsme comme du dévouement. Les pièces de Racine sont une remarquable analyse du cœur humain. (V. p. 723.)

Classification des sentiments.

— On peut diviser les sentiments en quatre grandes classes : 1° les sentiments *intellectuels,*

---

[1] DIVERS SENS DU MOT SENTIMENT. — *Sentiment signifie :* 1° en général, *faculté de sentir.* Exemple : avoir le sentiment exquis, prompt, délicat; perdre le sentiment. 2° *Souvent la conscience que l'on a de la réalité d'une chose.* Ex. : « J'ai un sentiment clair de ma liberté. » (BOSSUET.) « Je distingue entre connaître par idée claire et connaître par sentiment. » (MALEBRANCHE.) 3° *Faculté de comprendre, d'apprécier certaines choses.* Ex. : sentiment du bien, du mal, du beau, du laid. Choses de sentiment, choses qui appartiennent à l'appréciation du sentiment et non à celle de la raison. Juger par sentiment, juger par l'impression qu'on reçoit. 4° *Sentiment se dit des affections et des mouvements de l'âme en général, et particulièrement des affections bonnes, bienveillantes.* Ex. : « Ceux à qui Dieu a donné la religion par sentiment du cœur sont bien heureux et bien légitimement persuadés. » (PASCAL.) L'éducation fortifie les sentiments. — Dans le langage ordinaire, le mot sentiment s'emploie encore : *pour le résultat général de l'action de sentir :* sentiment douloureux; — *pour sensibilité physique, pour sensation :* il n'y a plus de sentiment dans son bras; le sentiment de la faim, de la fatigue; — *pour avis, opinion, jugement :* Dites-moi votre sentiment sur cet ouvrage.

qui se ramènent à deux : le *sentiment du vrai*, joie que procure la connaissance de la vérité, et le *sentiment du faux*, émotion plus ou moins pénible qui résulte de l'ignorance ou du doute; 2° les sentiments *esthétiques* : sentiment du beau, sentiment du laid (voir 22° leçon); 3° les sentiments *moraux*, qui naissent de notre conduite ou de celle d'autrui, de nos rapports avec la nature (voir 3° leçon de morale); 4° les sentiments *religieux*, que l'homme éprouve à la pensée de Dieu et du respect qui lui est dû.

II. — SENSATION

Éléments de la sensation. — Tout fait de sensibilité physique implique :

1° Des *conditions antécédentes* qui sont : l'*impression* organique, c'est-à-dire le contact immédiat ou médial de l'organe avec un objet physique, et la *transmission* de l'impression par les nerfs sensitifs au centre nerveux, qui est lui-même impressionné, si l'action de l'objet est assez intense et que le sujet sentant soit dans les conditions requises pour la recevoir;

2° La *sensation même*, ou *perception sensible*, qui est une image sensible représentant plus ou moins l'objet perçu, et qu'il ne faut pas confondre avec la *perception intellectuelle* ou *idéale*, propre à l'homme, et qui suppose l'application de l'entendement;

3° Des *phénomènes concomitants* ou *subséquents*, qui se produisent d'ordinaire : attraction ou répulsion, désir ou aversion, répondant à l'émotion de plaisir ou de douleur.

Ainsi, dans toute sensation, il y a trois choses bien distinctes : 1° un *organe récepteur*, impressionné par une cause physique, soit externe : couleur, son, par exemple; soit interne : modification des organes internes ou de leurs tissus, qui affecte le système nerveux; 2° un *nerf*, qui transporte l'impression; 3° le *cerveau*, qui la reçoit et qui est la condition *sine qua non* de toute sensation. D'après plusieurs savants, cette impression organique aboutissant au cerveau se produirait sous forme de vibration.

Le mécanisme physiologique de la perception sensible rappelle exactement les procédés de la transmission télégraphique, qui exige un appareil de départ où la dépêche est reçue, un fil qui la transmet et un appareil d'arrivée où la dépêche aboutit.

Impression et sensation. — Il faut distinguer l'*impression proprement dite*, qui n'atteint que le corps, qui est physique et physiologique, et la *sensation*, qui est psychologique. L'impression organique est une condition essentielle de la sensation : pas d'organisme, pas d'impression, par conséquent pas de sensation. Voilà pourquoi « la sensation, dit saint Thomas, n'est propre ni à l'âme ni au corps, mais au composé, c'est-à-dire au moi humain, au *cerveau animé* ». Pour saint Thomas et son école, « l'organe et le sens (faculté de sentir) ne forment qu'un seul tout substantiel; tout ébranlement normal de l'organe ébranle l'être tout entier, y produisant une impression qui n'est ni purement psychique ni purement physiologique, mais physico-psychique et mixte, comme le sujet qui l'éprouve. » (Abbé FARGES, *le Cerveau, l'Âme et les Facultés*.)

Nature du sujet sentant. — Les cartésiens, dans leur spiritualisme outré, ont dit : C'est l'âme seule qui sent, puisque la sensation exige un principe simple. Les matérialistes ont dit : C'est la matière nerveuse qui sent, car la sensation est extensive et suppose un principe étendu. Aristote et saint Thomas répondent : C'est l'organe animé, le composé humain, car la sensation exige à la fois un principe simple pour unifier le sujet sentant, et un principe étendu pour sentir l'étendu d'une matière étendue. Le tort des cartésiens est d'affirmer que le sujet ne doit être que simple, celui des matérialistes d'affirmer qu'il ne doit être qu'étendu. La sensation a un côté intérieur et conscient, qui répond à l'élément simple, et un côté extérieur et extensif, qui répond à l'organe ou élément étendu.

C'est un fait très évident, pour tout homme qui veut descendre au fond de sa conscience, que, malgré la multiplicité de ses puissances, de ses organes et de leurs opérations, le moi est toujours un et indivisible : je vois, j'entends, je goûte, je souffre, je jouis, et toutes ces manières d'être ne me divisent point ; c'est toujours le même moi qui les opère ou les subit. De même, c'est un fait d'expérience incontestable que le toucher actuel de telle pièce de monnaie est une sensation nettement localisée et étendue ; que, lorsqu'on éprouve quelque douleur à un organe, on y porte instinctivement la main, ce qui prouve non seulement que l'étendue est sentie d'une manière étendue, mais que le sujet sentant se sent lui-même formellement étendu.

Une preuve manifeste que les deux éléments de la sensation, matériel et psychique, ne sont pas identiques, se tire de leurs variations indépendantes. « Il est scientifiquement certain que la même masse ou le même poids de substance nerveuse ou cérébrale ne correspond pas exactement au même degré d'intelligence ou de sensibilité. L'intensité d'une sensation n'est pas davantage ci proportion directe des mouvements reçus dans l'organe sensible. D'après la loi de Weber, elle serait tout au plus proportionnelle au logarithme de ce mouvement, et encore faudrait-il restreindre cette règle à certains sens et aux cas d'intensité moyenne ; car, en deçà ou au delà d'une limite moyenne, les écarts de proportion déjouent tous les calculs. » (Abbé FARGES, *op. cit.*)

Espèces de sensations. — On distingue :

1° Les *sensations internes*, qui proviennent des fonctions de la vie, et parmi lesquelles on peut désigner la faim, la soif, le besoin de respirer, le froid, le chaud, la fatigue, les douleurs nerveuses, le besoin de repos, de mouvement, etc. ; elles excitent l'homme à faire ce qui est utile pour la conservation de sa santé ;

2° Les *sensations externes*, qui résultent de l'exercice des cinq sens : la vue, l'ouïe, l'odorat, le goût et le toucher.

Celles-ci se rapportent au monde extérieur ; elles ont lieu au moyen de certains appareils spéciaux (les yeux, les oreilles, le nez, etc.) liés au système nerveux, mais qui s'en distinguent ; celles-là ne se rapportent qu'à l'état de notre propre corps et n'ont pas d'organes propres, autres que le système nerveux en général[1]. Sans les premières, nous ne saurions rien de l'état de notre corps, et nous ne pourrions en prendre soin ; sans les secondes, nous n'aurions pas de relations avec le monde extérieur.

Deux points de vue dans toute sensation. — « Il y a deux choses à remarquer dans toute sensation : 1° elle est agréable ou désagréable, c'est-à-dire caractérisée par le plaisir ou la douleur ; 2° elle est une impression distincte et spéciale qui nous apprend

---

[1] Quelques auteurs rapportent cette sensibilité générale à un sixième sens, qu'ils appellent *sens vital* ou *sens musculaire*.

quelque chose sur les objets sensibles. » (P. JANET.) Considérée au premier point de vue, elle est *affective*, émotive; considérée au second point de vue, elle est *représentative*, instructive, perceptive.

On a déjà vu que le mot sensation s'applique à tout l'ensemble des phénomènes psychologiques, représentatifs ou affectifs, qui résultent immédiatement d'une impression organique.

Émotion. — *On appelle émotion une sensation considérée au point de vue affectif*, c'est-à-dire comme plaisir ou douleur. Si on veut la définir à la fois par la nature et par la cause, on peut dire : *L'émotion est le plaisir ou la douleur résultant immédiatement d'une inclination physique ou morale, satisfaite ou contrariée.*

L'émotion et l'inclination s'impliquent. L'inclination explique l'émotion ; l'émotion suppose et révèle l'inclination : pas d'émotions dans un être qui n'a pas d'inclinations ou de tendances; pas d'inclinations ou de tendances connues sans émotion. L'activité consciente est une activité physiquement ou moralement sentie. La sensibilité, soit physique, soit morale, est une forme de l'activité; c'est l'activité dans son développement et sa manifestation.

Sortes d'émotions. — Les émotions sont de deux sortes, comme les inclinations : ou bien elles appartiennent à la sensibilité physique, et elles conservent le nom générique de *sensations ;* ou bien elles sont un fait de sensibilité morale, et s'appellent *sentiments*.

Les premières ont leur siège dans le corps et leur cause dans une impression faite sur des nerfs spéciaux et communiquée au centre nerveux; les secondes n'ont pas de siège corporel, et elles ont pour cause une idée, une pensée.

« Par exemple, un plaisir des sens, une douleur physique, sont toujours localisés quelque part : j'ai froid aux pieds, j'ai mal à la tête. Au contraire, quand je suis fâché ou joyeux, je ne le suis ni dans le pied, ni dans la tête, ni dans la poitrine. Mais un malaise général peut exister à la fois dans toutes les parties du corps, tandis que la joie et la tristesse ne résident en réalité dans aucune. De même pour la cause : une fracture, une déchirure vient de l'action d'un corps sur un organisme; au contraire, la joie et la tristesse viennent de la pensée (d'une bonne ou d'une mauvaise nouvelle, par exemple). Je ne suis pas joyeux d'avoir mangé un bon fruit, ni triste pour m'être brûlé : je puis avoir de la joie pendant que mon corps souffre et de la tristesse pendant qu'il jouit. A la vérité, le plaisir peut rendre joyeux, la douleur rend triste; mais ici, on distinguera encore le plaisir de la joie, la douleur de la tristesse. » (P. JANET.) Le plaisir et la douleur peuvent être des sensations ou des sentiments; la joie ou la tristesse sont toujours des sentiments. La joie et la tristesse sont propres à l'homme : ce sont des faits moraux. « Un homme, pour exprimer le mal que lui fait la goutte, ne dira pas qu'elle lui cause de la tristesse, mais de la douleur; et aussi ne dira-t-il pas qu'il ressent une grande joie dans la bouche en buvant une liqueur délicieuse, mais qu'il y ressent un grand plaisir. » (BOSSUET.) Ce qui ressemble, chez l'animal, à de la joie ou à de la tristesse, n'est qu'une sensation d'imagination ou de mémoire. Ce sont des analogues des sentiments de joie et de tristesse, comme les passions que l'on reconnaît chez l'animal sont analogues, mais non semblables, aux passions de l'homme, lesquelles sont mêlées d'intelligence et de liberté.

III. — PLAISIR ET DOULEUR

Les philosophes ont donné bien des définitions du plaisir et de la douleur ; toutes sont des tautologies et reviennent à dire que le plaisir est plaisir et la douleur douleur. M. Bouillier pense qu'il n'y a pas, à vrai dire, de définition possible autrement que par les causes de ces phénomènes.

Leur nature. — Bossuet définit le plaisir : *une émotion agréable qui convient à la nature ;* et la douleur : *une émotion pénible qui lui est contraire.* Ces expressions assez vagues : *convenir à la nature, lui être contraire,* signifient sans doute, la première, que l'émotion agréable accompagne la satisfaction d'un appétit ou d'une inclination naturelle, et la seconde, que l'émotion pénible se produit dans le cas contraire. Cela revient à dire qu'il y a plaisir toutes les fois que l'activité se développe librement dans le sens de notre nature ou bien qu'elle triomphe des obstacles ; et douleur, toutes les fois que notre effort est arrêté, comprimé, dévié.

Le plaisir et la douleur sont essentiellement des phénomènes *affectifs*, des phénomènes de sensibilité, qui se distinguent des phénomènes intellectuels et volontaires par les caractères déjà indiqués (page 45). — Le plaisir et la douleur sont *passifs* et même *fatals*, dans une certaine mesure : l'âme les subit et ne les crée pas ; ils se produisent en elle, dès que les causes en sont posées. — Ils sont *subjectifs :* ils impliquent un sujet sentant, mais n'ont par eux-mêmes aucune objectivité et ne nous apprennent rien d'extérieur à nous. — Ils sont *instables :* ils sont divers, suivant les personnes, les temps, les lieux, l'âge, les tempéraments, et même, dans la même personne, ils changent d'un moment à l'autre. — *L'habitude les émousse*, tandis qu'elle avive les faits intellectuels et volontaires. — *Ils se repoussent :* l'un ne peut exister avec l'autre, ce qui n'a pas lieu pour les idées contraires, lesquelles peuvent parfaitement subsister ensemble. — Enfin, ils sont *relatifs l'un à l'autre :* ils se font valoir réciproquement par le contraste.

Leur origine. — *Le plaisir est le fruit naturel de l'activité qui se déploie normalement.* « Le plaisir, dit Aristote, n'est pas l'acte lui-même ; mais c'est un surcroît qui n'y manque jamais, c'est une perfection qui s'y ajoute, comme à la jeunesse sa fleur. » *La douleur naît de l'activité empêchée, exagérée ou faussée :*

Empêchée : l'inaction forcée est un supplice ; l'intelligence souffre de ne pas comprendre ; la sensibilité privée d'objet éprouve un malaise analogue à celui qui accompagne l'inaction de l'estomac. Les obstacles et les limites de l'activité viennent tantôt des choses, tantôt des facultés, dont les forces sont bornées ; tantôt des unes et des autres.

Exagérée : une marche ou une étude trop longue fatigue.
Faussée : détournée de sa fin, laquelle est indiquée par les appétits et les penchants naturels.

Il n'est pas un seul mode d'activité que le plaisir n'accompagne à quelque degré, et il n'est pas un seul plaisir qui ne soit l'effet de quelque mode d'activité : tous naissent de l'action normalement déployée, et croissent ou diminuent selon que croit ou diminue l'activité, tandis que, par une correspondance nécessaire, la douleur naît, augmente ou s'affaiblit suivant la durée et le degré de l'empêchement.

Le plaisir est lié à l'activité, à la vie. Physiologiquement et même mentalement, qu'est-ce que la vie ? Un ensemble de puissances en train de passer à l'acte. Vivre, c'est agir; par conséquent, vivre est un plaisir. Il est doux de voir la lumière du jour, disaient les héros grecs avant de mourir. Nous aimons à nous sentir vivre, parce que, dit Aristote, l'activité est l'essence même de notre vie. Les objets qui agréent le plus à nos sens sont ceux qui excitent au plus haut degré l'activité de l'organe ou de l'esprit : les couleurs les plus éclatantes sont les plus agréables tant qu'elles ne fatiguent pas la vue; par la raison contraire, les couleurs sombres (le gris, le noir) sont tristes. Les ténèbres, le silence, nous affectent désagréablement, parce qu'ils laissent nos yeux et nos oreilles dans l'inaction. Tout travail de l'esprit, toute recherche, toute découverte, tout rapport aperçu, sont accompagnés d'un plaisir d'autant plus grand que l'activité elle-même a été plus grande, toujours sous la réserve de l'excès, de l'épuisement.

C'est ce qui explique encore le *plaisir du jeu*, *l'attrait de la nouveauté*, le *besoin de changement*, la *douceur du far-niente*, les *souffrances de l'ennui*, qu'engendre l'oisiveté.

Le jeu. — Le jeu est agréable, parce qu'il est le libre exercice de nos énergies. Il en est de même de la promenade, de la course, de la danse, de la gymnastique; ces choses nous plaisent à cause du libre déploiement d'activité motrice qu'elles exigent.

Le travail et l'effort sont agréables au même titre. Il ne faut que les varier et en éviter l'excès : tout exercice exclusif ou abusif de nos facultés aboutit à l'épuisement, c'est-à-dire à la douleur.

« L'activité sérieuse, orientée vers le bien, trouve le bien qu'elle cherche et, par surcroît, le bien qu'elle ne cherchait pas. L'activité du jeu ne trouve le plaisir qu'elle cherche qu'en simulant l'action sérieuse, c'est-à-dire en fixant comme elle sa vue sur l'objet, non sur le plaisir. — L'action intéressée, incapable de perdre de vue le moi et le plaisir, incapable par suite de se dépenser sans compter, toujours retenue par la crainte que la peine ne dépasse le profit, tarit, par sa prudence même, les sources du plaisir. Activité toujours médiocre, elle ne recueille qu'une satisfaction médiocre; elle manque tout à la fois et le bien et le plaisir. » (RABIER, *Psychologie*.)

Attrait de la nouveauté, besoin de changement. — Ce fait, que tout exercice exclusif ou abusif des facultés est douloureux, explique l'attrait de la nouveauté, le besoin de changement. Varier le travail, c'est le rendre attrayant[1], et l'on se repose d'un travail par un autre. D'Aguesseau professe que l'esprit se

---

[1] *Attrayant ne veut pas dire amusant.* — Il y a le plaisir de l'effort, c'est-à-dire de l'activité en lutte contre l'obstacle. Il faut aimer l'effort, si l'on veut apprendre à aguerrir sa volonté contre les difficultés. Défiez-vous des méthodes faciles, a-t-on dit : elles font les cerveaux paresseux. Il faut se rappeler la leçon que contiennent les proverbes suivants : Tout ce qui a du prix s'achète. — Ce qui ne coûte rien ne vaut rien. — Ce monde appartient à l'énergie. (DE TOCQUEVILLE.) — C'est par le travail qu'on règne. (LOUIS XIV.) — Vouloir, c'est pouvoir. — On peut, parce qu'on croit pouvoir. (VIRGILE.) — Il faut semer pour recueillir. — Aide-toi, le Ciel t'aidera. — Chacun est le fils de ses œuvres, l'artisan de sa fortune. — Il faut casser le noyau pour avoir l'amande. — Pas de roses sans épines. — La patience, c'est-à-dire l'effort constant, soutenu, vient à bout de tout.

« C'est toujours, a dit Joubert, par l'oubli ou l'inobservation de quelque maxime triviale que tout périclite ou périt. »

délasse suffisamment par le changement seul d'occupations. « Comme toute créature se satisfait en usant de ses forces, l'âme se plaît au jeu de ses facultés; *elle jouit de ce qu'elle peut*, en sorte qu'elle trouve son repos véritable dans le travail même. La philosophie antique l'avait compris, quand elle faisait consister la perfection et le souverain bien de l'homme dans le mouvement harmonieux de ses facultés, et qu'elle le représentait comme une image de Dieu éternellement heureux dans une action éternelle. » (OZANAM, *Discours sur la puissance du travail.*)

Le far-niente[1]. — Le far-niente n'est agréable que parce qu'il est une détente générale et comme la mise en liberté de toutes nos forces. Il en est de même de la *rêverie*. Le plaisir qu'on y trouve est dû à l'activité de l'imagination, qui, libre de toute contrainte, se déploie tout entière en une inépuisable abondance d'images, de souvenirs, de drames fantastiques, de châteaux en Espagne, bien plus qu'au repos des organes, de l'attention et du raisonnement.

L'oisiveté, l'ennui. — L'oisiveté engendre l'*ennui*, sorte de vide qui se fait sentir à l'âme privée d'action et d'intérêt aux choses. Il est souvent comme une sorte de remords, signe et châtiment d'un désordre. « L'ennui est entré dans le monde par la paresse. Le paresseux prolonge sans nécessité le repos pour se procurer le plaisir, et il ne trouve que l'ennui, disposition incompatible avec le plaisir; car elle énerve à la fois le corps et l'âme. » (LA BRUYÈRE.)

La vie inoccupée retombe de tout son poids sur elle-même. « Sans le devoir, a dit Joubert, la vie est molle et désossée; elle ne peut plus se tenir. » Le dégoût de la vie vient de l'impuissance où l'on s'est mis de faire quelque chose d'utile et d'aimer le devoir. Le fardeau de la paresse est plus lourd à porter que celui du travail. L'ennui qui ronge les inutiles, les désœuvrés, n'est qu'une juste punition de leur lâcheté; celui qui ronge les blasés, la punition de l'abus qu'ils ont fait du plaisir.

On le voit, *les facultés sont des puissances actives, qui demandent le travail;* laissées sans objet, elles se retournent contre elles-mêmes et s'épuisent.

Agir est un besoin si pressant pour l'homme, que l'inaction forcée est un des supplices les plus durs à supporter. « Quand un soldat se plaint de la peine qu'il a, où un laboureur, qu'on les mette à (ne) rien faire, » dit Pascal; ils seront vite désabusés des prétendues douceurs de l'oisiveté. Le même Pascal, exagérant la vérité pour lui donner du relief et la faire cadrer à ses idées, va jusqu'à dire que « nous ne cherchons jamais les choses, mais la recherche des choses; que le combat nous plaît, et non pas la victoire »; et il ajoute que si l'on offrait à un chasseur le lièvre pour lequel il se fatigue toute la journée, il le refuserait. La contradiction que signale Pascal n'est qu'apparente. Ce fait est même une preuve de l'instinct d'activité. Le plaisir de la chasse et celui de posséder un lièvre sont deux plaisirs différents, et celui de la chasse, qui consiste à déployer toute son activité, à tenir en éveil toutes ses facultés, est certainement supérieur à l'autre.

La servitude, qui diminue l'activité par la contrainte, ne devient douce qu'en abaissant l'homme, qu'en le rendant moins homme. C'est ce que dit Vauvenargues : « La servitude abaisse l'homme jusqu'à s'en faire aimer, » c'est-à-dire jusqu'à atrophier ses énergies morales et à le déshabituer de l'exercice de la raison et de la liberté, de la vie d'homme.

Rapports du plaisir et de la douleur avec l'inclination. — Condillac, regardant le plaisir et la douleur comme faits primitifs, cherche en eux l'origine de l'inclination. Il en est de même de Stuart Mill et des associationnistes pour qui les inclinations se forment sous l'influence du plaisir et de la douleur, dont elles sont les effets, non les causes.

---

[1] Italien : *il far niente*, le « ne rien faire ».

Sans doute le plaisir, en provoquant la répétition des actes, fortifie l'inclination naturelle; mais il ne saurait la créer. Le plaisir, s'il ne vient pas de l'inclination, est purement passif; comment l'actif peut-il naître du passif? L'âme n'est pas une simple capacité de recevoir des impressions, c'est un foyer d'activité spontanée, activité qui, en vertu même de sa nature, tend à agir. « Si, à la naissance, il n'existe qu'une réceptivité[1] passive d'impression, dit H. Spencer, un cheval pourra recevoir la même éducation qu'un homme. » D'où pourrait venir la satisfaction que nous procurent certains objets, et comment aurait-elle pu être ressentie, si, à l'origine, nous n'avions eu aucune inclination pour quoi que ce soit? « Si, par impossible, le plaisir ou la douleur avaient pu exister avant nos inclinations, ces états purement passifs auraient été incapables de produire les tendances actives dont se composent nos inclinations; à moins de croire que le mouvement puisse sortir du repos et de l'inertie. En sorte qu'en posant, avec Condillac, le plaisir comme fait primitif, on rendrait également inexplicables l'inclination et le plaisir lui-même. » (Abbé FARGES.)

Il faut donc admettre avec Aristote, avec Bouillier et nombre de philosophes, la priorité de l'inclination sur le plaisir et la douleur; ceux-ci sont des effets naturels du bon ou du mauvais fonctionnement des facultés.

Opinions sur la nature du plaisir et de la douleur, et sur leurs rapports. — La question du plaisir et de la douleur et de leurs rapports a donné lieu à deux principales opinions.

La première a été soutenue, chez les anciens, par Épicure et ses disciples; à la Renaissance, par Cardan et Montaigne; au XIXe siècle, par Kant, Schopenhauer et les pessimistes. Elle consiste à regarder la douleur comme le fait primitif de la sensibilité, et le plaisir comme un phénomène négatif. — Pour Épicure, l'amour du plaisir est le penchant qui donne l'impulsion à l'activité et lui marque sa fin. Le plaisir consiste dans la cessation de la douleur. L'absence de toute douleur est la limite extrême du plaisir. Le philosophe italien Cardan réédite cette théorie. Il est si persuadé que le plaisir naît de la souffrance, qu'il donne pour règle de conduite de rechercher, le plus possible, les causes de souffrance, afin d'obtenir, par leur cessation, une plus grande somme de plaisir. — Pour Kant, le plaisir est la conscience de l'effort vital, effort qui implique nécessairement une peine, car l'effort suppose l'obstacle, et l'obstacle, par sa résistance, produit la douleur. Se sentir vivre, c'est se sentir lutter, par conséquent souffrir; on ne peut jouir que dans le triomphe qui suit la lutte. La douleur précède donc tout plaisir; elle est l'état continu de notre nature, le mobile qui nous pousse au changement. Schopenhauer et les pessimistes ont tiré leur système de cette théorie du plaisir.

La seconde opinion est celle des philosophes qui voient dans le plaisir un fait positif, le résultat du déploiement de notre activité physique, intellectuelle et morale. Elle a été soutenue, dans ses grandes lignes, par Platon, Aristote, Descartes, Leibniz, Spinoza, Hamilton, Francisque Bouillier. — Platon a réfuté, à plusieurs reprises, la théorie qui ne voit dans le plaisir que l'absence de la douleur; il professe que le plaisir accompagne tout progrès de l'être vers l'harmo-

---

[1] Du latin *recipere*, capacité de recevoir.

nie, qui achève sa nature. Chez Aristote, la théorie du plaisir se relie à celle de l'inclination : l'être a des tendances, parce qu'il n'est pas complètement en acte ce qu'il est en puissance; le plaisir est l'achèvement de l'acte normal. Plus l'activité est parfaite, plus le plaisir est élevé. Si le plaisir s'oppose à la vertu, ce ne peut être que par une corruption dont l'homme est responsable. Descartes, Leibniz, Spinoza, placent le plaisir dans le sentiment de quelque perfection, et la douleur dans le sentiment de quelque imperfection. La perfection consistant, comme l'existence, dans l'activité, ces définitions reviennent à celle d'Aristote. « Des deux grands modes de sensibilité, dit M. Fr. Bouillier (dans son livre *Du plaisir et de la douleur*, qu'il faut lire sur cette question), le mode positif, pour parler le langage des physiciens, est le plaisir, tandis que le mode négatif est la douleur, ce qui malheureusement ne lui ôte rien, par rapport à nous, de sa triste réalité. »

Cette seconde opinion paraît seule admissible. Le plaisir n'est pas la cessation de la douleur. Il y a des douleurs qui ne sont provoquées que par la suppression d'un plaisir, ce qui n'aurait pas lieu, si la douleur était le fait primitif de la sensibilité : les pleurs d'un enfant à qui on enlève ses jouets. Il y a des plaisirs qui ne sont pas précédés de douleurs : après un sommeil paisible, je jouis du spectacle d'un beau lever de soleil, j'entends une belle harmonie, je reçois une agréable visite. Ces plaisirs consécutifs ne pourraient avoir lieu dans l'hypothèse combattue. Cependant, si la douleur ne produit pas le plaisir, elle le fait valoir et contribue à son intensité, soit en excitant le désir de la délivrance, soit par le contraste des deux phénomènes : on devient à la longue insensible au plaisir, en vertu de cette loi de la conscience que la continuité d'un phénomène en affaiblit le sentiment.

Rôle du plaisir et de la douleur dans la vie humaine. — A un point de vue très général et abstrait, le plaisir est le signe du bien (physique, intellectuel, moral), mais il n'est pas le bien; souvent il lui est opposé, et l'homme vertueux sacrifie le plaisir au bien. La douleur est également le signe du mal, mais elle n'est pas le mal; souvent même elle est un bien. C'est ainsi qu'il faut entendre cette parole de Malebranche : « Le plaisir est toujours un bien, et la douleur toujours un mal; mais il n'est pas toujours avantageux de jouir du plaisir, et il est quelquefois avantageux de souffrir la douleur. »

Le plaisir et la douleur réagissent sur l'activité, dont ils sont nés : ils l'excitent en général, tant qu'ils sont modérés; ils l'affaiblissent et la paralysent, dès qu'ils deviennent excessifs. Né de l'activité, le plaisir l'augmente et la perfectionne. C'est un stimulant et une récompense. On ne prend goût à un travail qu'en le faisant, et, en y prenant goût, on le fait mieux. Le danger du plaisir est d'être recherché pour lui-même, considéré comme but, et non comme moyen ou comme effet de l'activité ordonnée. On est alors puni par la loi même du plaisir : l'action s'égare ou se ralentit, et le plaisir fait défaut, précisément parce qu'on n'a songé qu'au plaisir. Absent, il sollicite et stimule l'activité; présent, il l'engourdit et il détend tous les ressorts de l'énergie. C'est sous la forme du plaisir et de la douleur, non moins que sous celle de la sensation, que la sensibilité nous apparaît comme la condition du développement de l'intelligence.

Le désir du bien et surtout la crainte du mal futur nous poussent à trouver les moyens de nous procurer l'un et de détourner l'autre. La souffrance est l'aiguillon du progrès : « nécessité l'ingénieuse. » Si l'on considère seulement trois grands besoins de l'homme : le besoin de nourriture, de vêtement, de logement, on est étonné de la somme de connaissances qui ont là leur point de départ. La douleur est un grand maître. « Celui qui n'a pas souffert, que sait-il ? » (Eccl. xxxiv, 9.) C'est au prix de la lutte, c'est-à-dire de la douleur, que se forme et se perfectionne en nous l'être intelligent et libre, que se développent l'énergie morale, la patience, le courage, toutes les vertus de force, comme aussi les vertus de douceur, de sympathie, de pitié, qui attendrissent l'âme. On a dit que les liens les plus forts sont ceux qui sont formés dans la douleur. — Que vaut une vertu qui ne coûte rien ? Personne ne s'élève à l'héroïsme du bien qu'à travers la souffrance. Voilà pourquoi l'Évangile dit : « Bienheureux ceux qui souffrent ! » La souffrance a d'ailleurs une vertu reconnue par toutes les religions et par toutes les nations : c'est d'expier le mal moral, de redresser la volonté : Ah ! si j'avais su ! dit le coupable qui subit la conséquence de ses fautes.

Au lieu donc de céder aveuglément à l'attrait du plaisir ou à la répulsion de la douleur, il faut se rappeler la fin à laquelle tendent ces deux phénomènes : jouir avec modération du plaisir raisonnable, accepter la douleur nécessaire ou utile au progrès moral. L'histoire est pleine de conversions de cœur préparées par l'adversité.

« Le bonheur trop facile est une funeste condition pour la vitalité de l'âme. Le sens moral s'émousse, lorsque les difficultés de la vie ne viennent pas l'aiguiser. » (Ch. LAMBERT.) Les poètes ont parlé des voluptés de la douleur ; c'est que, dans la douleur intense, quand on y résiste, on sent son énergie et sa vitalité, et on en jouit. Il est d'expérience que le plaisir émousse les sens et que la douleur les affine. La plupart des hommes confondent le plaisir avec le bonheur ; ils comptent sur l'un pour leur donner l'autre ; ils se trompent. Le bonheur, c'est le bien senti, aimé, possédé. Le plaisir peut dépendre presque entièrement des circonstances extérieures ; le bonheur dépend des sentiments. C'est un état de l'âme. Le bonheur vient du bien, comme le malheur vient du mal. Tout ce qui nous rend meilleurs nous rend plus heureux. La perfection et le bonheur sont même chose et se définissent de la même manière : être parfait, être heureux, c'est ne manquer de rien.

IV. — SENSIBILITÉ ET ÉDUCATION

La sensibilité de l'homme n'est pas dominée et réglée par l'instinct, comme celle de l'animal ; il faut qu'elle le soit par la raison, qui est son principe d'activité.

Éducation de la sensibilité physique. — L'éducation doit former l'homme tout entier, âme et corps. « Une âme saine dans un corps sain, » tel est son but.

Il faut entourer l'enfant de tous les soins que réclament le développement et l'état normal des organes : nourriture, air, lumière, mouvement, jeu, exercices de gymnastique ; mais ces soins physiques doivent n'avoir rien d'excessif, et être donnés de façon à tourner au profit de la vie morale, qui est la raison d'être de la vie physique. (V. p. 736.)

Il faut apprendre à l'enfant à dominer ses sens, ses appétits, ses impressions ; à les réprimer, à les vaincre ; à supporter non seulement sans trop s'en affecter, mais avec joie, la gêne, la fatigue, la douleur physique; en un mot, l'habituer à se suffire, à se rendre et à rendre les autres heureux.

« Endurcissez-le à la sueur et au froid, dit Montaigne, au vent, au soleil et aux hasards qu'il lui faut mépriser; ôtez-lui toute mollesse et délicatesse au vêtir et au coucher, au manger et au boire; accoutumez-le à tout; que ce ne soit pas un beau garçon et dameret, mais un garçon vert et vigoureux. »

On voit dans l'*Histoire de la campagne de Russie,* par le comte de Ségur, que ce ne sont pas les hommes les plus robustes qui ont résisté, mais ceux qui ont eu le plus de force d'âme, ceux qui, par l'énergie de leurs sentiments, ont su dominer les sensations du corps aux prises avec la douleur physique.

La prédominance de la vie sensitive ou animale sur la vie intellectuelle et morale engendre inévitablement la paresse, la lâcheté, le vice.

L'enfant douillet, trop sensible aux petites privations, aux impressions désagréables des sens, est incapable de progrès, de dévouement, parce qu'il est incapable d'effort, de sacrifice. Tout effort, tout sacrifice est plus ou moins pénible aux sens, qui sont l'égoïsme même.

Faire l'éducation d'un enfant, l'élever, c'est précisément l'arracher à l'empire des sens et l'établir dans la dignité de la vie morale. Tout ce que l'on ôte aux sens, aux sensations, on le donne aux sentiments, à la volonté, à la force du caractère. L'excès de sensibilité physique étouffe la sensibilité morale; le sensuel n'a point de cœur; il n'a pas de sentiments, il n'a que des sensations. « Le devoir à l'égard de nous-mêmes, c'est l'indépendance des sens. » (JOUBERT.)

Education de la sensibilité morale. — Le cœur ou la sensibilité morale inspire, soutient, alimente la raison et la volonté. Ce que l'on fait le mieux, c'est ce que l'on aime. Se dévouer, c'est mettre son cœur dans son devoir. L'émotion et l'intérêt sont favorables au travail de l'esprit. Pour comprendre vite et bien les choses, il faut les aimer.

Voilà pourquoi le secret d'enseigner est d'intéresser; voilà pourquoi un élève qui n'aime pas son maître ne fait pas de progrès. Il ne s'intéresse pas aux leçons que le maître lui donne; il ne les écoute pas. « Que voulez-vous que j'apprenne à ce jeune homme? disait Socrate. Il ne m'aime pas. »

Le sentiment moral est généralement en avance sur la morale. Que d'hommes qui n'ont pas des idées très nettes de l'honnête et du juste, qui ne sauraient pas les définir, mais qui en ont le sentiment profond et y conforment religieusement leur conduite! Quelle influence ont les plus belles maximes, si elles ne sont pas acceptées par le cœur en même temps que par l'intelligence?

Il en est de même des sentiments du vrai et du beau : ils sont, eux aussi, généralement en avance sur la raison. On aime le vrai et le beau, on en a le sentiment avant d'en avoir une connaissance précise. Le goût, comme la conscience, est une faculté mixte où le cœur ne fait qu'un avec l'intelligence. « Il faut avoir de l'âme pour avoir du goût, » dit Vauvenargues, et Lacordaire définit la conscience : « la raison inspirée par l'amour. »

Formation du cœur et du caractère. — C'est par les actes et par les exemples que se forment surtout le cœur et le caractère, que se développent et se fortifient les affections pures et généreuses, la force d'âme, le sentiment moral, le sentiment religieux, la piété.

Il faut de bonne heure mettre sous les yeux de l'enfant des exemples de courage, de justice, de bonté, de reconnaissance, de dévouement; lui apprendre à se vaincre, à être juste, bon, reconnaissant, dévoué, à ne s'inspirer que de nobles motifs à se tenir en garde contre tout mobile bas, égoïste, malveillant; le former à pratiquer assidûment le bien sous toutes ses formes afin que le bien s'empare non seulement de ses habitudes, mais de son cœur.

On finit par aimer ce que l'on fait. Que l'on se livre avec ardeur au travail, et le travail deviendra agréable; que l'on se conduise avec ses semblables comme si on les aimait, et on les aimera; que l'on pratique assidûment ses devoirs religieux, et l'on aura la vraie piété, « qui est le tout de l'homme » (BOSSUET), et qui, selon Joubert, « exerce toute l'étendue de notre sensibilité. »

TABLEAU ANALYTIQUE

I-II. — DE LA SENSIBILITÉ

Définition. — La sensibilité est la faculté de *sentir*.
Sentir, c'est avoir des *sensations* ou des *sentiments*; par exemple, jouir, souffrir, espérer, craindre.

Espèces de sensibilité.
On distingue la sensibilité physique et la sensibilité intellectuelle ou morale.
La *sensibilité physique* est la faculté d'éprouver des *sensations*.
Elle implique le corps et se localise dans le corps entier ou dans quelqu'une de ses parties;
Elle résulte de l'impression faite sur l'âme par les phénomènes corporels et appartient exclusivement à la vie sensitive ou animale;
Elle est attachée aux organes : pas d'organes, pas de sensation;
Elle est sujette à se perdre en se répétant ou en se prolongeant.
La *sensibilité intellectuelle* ou *morale* est la faculté d'éprouver des *sentiments*.
Elle se rapporte à l'intelligence et à la volonté;
Ne se localise pas dans le corps;
Est excitée par les idées, sans l'intervention des sens.
Les sens peuvent en être la cause occasionnelle, mais non la cause efficiente.
L'exercice lui donne une puissance toujours croissante.
Il y a entre ces deux sortes de sensibilité des rapports étroits :
La tristesse rend malade (action du sentiment sur la sensation).
Une mauvaise digestion rend triste (action de la sensation sur le sentiment).
La sensibilité semble quelquefois mixte : dans un dîner d'amis, sensations et sentiments se font valoir réciproquement.

Origine des sentiments. — Les sentiments viennent du *cœur*.
Le mot *cœur*, dans toutes les langues, est synonyme de sentiment et s'oppose à l'*esprit*.
L'esprit juge, raisonne; le cœur sent.
Au sens plein et fort que lui donne la langue, le cœur exprime ce qu'il y a en nous de plus intime et de plus profond : dignité personnelle, courage, héroïsme, etc.

Classification des sentiments.
On peut diviser les sentiments en quatre classes :
1° *Sentiments intellectuels*, qui se ramènent à deux : le sentiment du vrai et le sentiment du faux;
2° *Sentiments esthétiques*, sentiment du beau et du laid;
3° *Sentiments moraux*, estime, mépris, satisfaction de conscience, remords;
4° *Sentiments religieux*, adoration, respect.

Éléments de la sensation.
Tout fait de sensibilité physique implique :
1° *Des conditions antécédentes :* une impression organique et sa transmission au cerveau;
2° *La sensation proprement dite* ou *perception sensible*, qu'il ne faut pas confondre avec la perception intellectuelle;
3° *Des phénomènes concomitants ou subséquents :* attraction ou répulsion, plaisir ou douleur.
Il faut distinguer l'*impression* organique, phénomène physiologique, de la *sensation*, phénomène psychologique. La première est la condition de la deuxième.

DE LA SENSIBILITÉ (suite)

Nature du sujet sentant. — Les *cartésiens* ont prétendu que c'est l'âme seule qui sent, la sensation exigeant un principe simple. Les *matérialistes*, que c'est le *corps* seul, la sensation demandant un principe étendu. Aristote et saint Thomas répondent que c'est à la fois le *corps* et l'*âme*, c'est-à-dire l'organe animé qui sent, parce que la sensation exige un principe simple et un principe étendu.

Espèces de sensations et d'émotions. — On distingue : 1° les *sensations internes*, qui proviennent des fonctions de la vie et excitent l'homme à faire ce qui est utile pour la conservation de sa santé : faim, soif, froid, chaud, etc.; 2° les *sensations externes*, qui résultent de l'exercice des cinq sens : vue, ouïe, etc. — Il y a deux choses à considérer dans toute sensation : 1° elle est agréable ou désagréable (affective); 2° elle nous apprend quelque chose de distinct sur les objets sensibles (représentative).

Dans le premier cas, elle s'appelle *émotion*.

L'émotion résulte d'une inclination physique ou morale satisfaite ou contrariée. Il y en a de deux sortes; ce sont 1° des *émotions physiques* ou *sensations affectives*, si elles appartiennent à la sensibilité physique; 2° des *sentiments*, si elles se rapportent à la sensibilité morale : joie, tristesse, etc.

III. — PLAISIR ET DOULEUR

Définition et caractères du plaisir et de la douleur. — Il n'y a pas, à proprement parler, de définition du plaisir et de la douleur. On dit ordinairement que le plaisir est une émotion agréable qui convient à la nature, et la douleur, une émotion désagréable contraire à la nature.

Ce sont deux phénomènes essentiellement *affectifs*, qui se distinguent des phénomènes intellectuels et volontaires; ils sont *passifs*, *fatals* dans une certaine mesure, *subjectifs*, *instables* et *variables*; l'habitude les émousse, ils sont *relatifs* l'un à l'autre; l'un ne peut exister avec l'autre, mais ils se font valoir réciproquement par le contraste.

Origine. — Le *plaisir* naît de l'activité qui se déploie normalement; la *douleur*, de l'activité empêchée, exagérée ou faussée.

Il n'est pas un seul mode de l'activité que le plaisir n'accompagne à quelque degré; de là, le plaisir d'un *travail modéré*, du *jeu*, du *rire*, l'*attrait de la nouveauté*, le *besoin de changement*. De là aussi la douleur qui suit l'oisiveté, l'ennui.

Nos facultés sont des puissances essentiellement actives : agir est un besoin; l'inaction forcée, un supplice; le *far-niente*, la *rêverie*, ne sont pas l'inactivité absolue, mais le libre déploiement de l'imagination, la détente, la mise en liberté de toutes nos forces.

Rapports du plaisir et de la douleur avec l'inclination. — Condillac, Stuart Mill et les *associationistes* prétendent que le plaisir et la douleur précèdent l'inclination. — Cette opinion est insoutenable : cela résulte de la définition même du plaisir et de la douleur. Le plaisir et la douleur révèlent l'inclination et la fortifient, mais ne la créent pas.

Il faut admettre avec Aristote, F. Bouillier et la plupart des spiritualistes, la priorité de l'inclination sur le plaisir et la douleur.

Rapports du plaisir et de la douleur. — La douleur est-elle le fait primitif de la vie, et le plaisir n'est-il que la cessation de la douleur? — Épicure, Cardan, Montaigne, Kant, Schopenhauer et les pessimistes l'affirment. Mais Platon, Aristote, Descartes, Leibnitz, Spinoza, Hamilton, F. Bouillier, soutiennent le contraire. Pour eux, c'est le plaisir qui est le fait positif. La vie est bonne.

Y a-t-il un état indifférent entre le plaisir et la douleur? Quelques auteurs l'ont prétendu, mais le plus grand nombre pense le contraire.

Rôle du plaisir et de la douleur dans la vie humaine. — A un point de vue très général, le plaisir est le signe du bien, mais il n'est pas le bien; la douleur, le signe du mal, mais n'est pas le mal. Tant qu'ils sont modérés, le plaisir et la douleur excitent l'activité; dès qu'ils deviennent excessifs, ils la paralysent.

En général, le plaisir est *stimulant*, la douleur *déprimante*; mais tant qu'elle ne dépasse pas une certaine limite, elle est, elle aussi, essentiellement *stimulante*, c'est la source de tout progrès.

IV. Sensibilité et éducation. — L'éducation doit régler tous les modes de l'activité chez l'enfant : le but est de former « une âme saine dans un corps sain ». Il faut apprendre à l'enfant à dominer ses inclinations, à ne pas se laisser abattre par la douleur et à faire prédominer le moral sur le physique.

5º LEÇON

APPÉTITS, INCLINATIONS, PENCHANTS, PASSIONS, DÉSIRS

I. — APPÉTITS, INCLINATIONS, PENCHANTS

Définition. — Les *appétits* sont des *tendances naturelles par lesquelles l'être sensitif* (animal, homme) *se sent porté vers quelque chose pour la satisfaction des sens :* appétit de nourriture, de sommeil, de mouvement. C'est le retentissement, dans la conscience ou dans le sens intime, des besoins organiques.

Les *inclinations* et les *penchants* sont des *mouvements naturels de l'âme vers des objets conformes à sa nature morale :* amour du vrai, du bien, du beau.

Les uns et les autres sont les ressorts ou les mobiles de l'activité, soit spontanée, soit réfléchie ; ils sont l'activité à son point de départ, à sa source. Ainsi, les besoins physiques troublent le système nerveux et excitent spontanément le désir ou l'appétit de ce qui peut les satisfaire. De même, la volonté libre est généralement sollicitée à agir par une inclination ou un penchant.

Remarquons que l'appétit d'une part, de l'autre l'inclination ou le penchant, supposent une certaine connaissance préalable de l'objet à atteindre ; l'appétit, une connaissance sensible ; l'inclination et la volonté, une connaissance intellectuelle. Aux deux ordres de faits s'applique l'axiome connu : *Ignoti nulla cupido,* Sans connaissance pas de désir.

Différence de nature. — 1º Les appétits sont la conséquence immédiate de la constitution de l'organisme ; ils appartiennent à la vie physique et ont pour but sa conservation et son développement ; ils se rapportent aux *sensations.* Les inclinations et les penchants ont rapport à la vie morale ; ce sont des *sentiments.*

La différence est si profonde, que, loin d'agir toujours de concert, les inclinations des sens ou appétits sont très souvent en lutte contre les inclinations de la raison. C'est ce que constate saint Paul, quand il dit : *La chair a des désirs qui sont contre l'esprit, et l'esprit a des désirs qui sont contre la chair.* (Galat. v, 17.)

2º Les appétits ne sont susceptibles que d'un développement limité et sont en général périodiques : le besoin de manger, de dormir. Les inclinations morales ou penchants peuvent se développer indéfiniment et n'ont pas de période assignable : l'amour du bien, la piété filiale.

Outre la *périodicité*, qui fait qu'on les sent à des intervalles à peu près réguliers, ce qui caractérise encore les appétits, c'est la *souffrance* qu'on éprouve toutes les fois qu'ils ne sont pas satisfaits. La souffrance est comme le cri de détresse de l'organisme, réclamant ce qu'il lui faut et secouant l'homme distrait ou préoccupé, qui oublie de le lui donner.

REMARQUE. — « L'inclination appartient à la sensibilité par ses effets, à l'activité par sa nature : c'est *l'activité même de l'âme tendant spontanément à certaines fins*. Elle est dans l'homme ce que l'instinct est dans l'animal : c'est, à vrai dire, un instinct humain moins précis et moins impérieux que l'instinct animal. Comme l'instinct, elle nous sollicite à nos fins naturelles ; mais elle ne nous impose pas, comme lui, l'emploi des moyens qui doivent nous y conduire, et ainsi elle ne permet pas seulement, mais elle exige, pour sa satisfaction, le concours de l'intelligence et de la volonté. « (BOIRAC, *Cours élémentaire de philosophie*.)

Similitude de rôle. — Les *inclinations* et les *penchants* jouent dans la vie intellectuelle et morale le même rôle que les *appétits* dans la vie animale ou physiologique ; ce sont des principes d'impulsion, de mouvement. L'animal n'agit que parce qu'il éprouve des sensations : le plaisir ou la douleur sensibles sont ses mobiles essentiels. L'homme n'agit que parce qu'il éprouve des sensations ou des sentiments.

Sens des mots inclination et penchant appliqués à la vie physique. — Besoins. — Si l'on applique les mots inclination et penchant à la vie physique, il faut les entendre dans le sens d'appétit. Exemple : des penchants sensuels, des inclinations corporelles.

Il ne faut pas confondre les *appétits* avec les *besoins*, qui peuvent être factices, comme tous les besoins résultant d'habitudes contractées : les besoins de priser, de fumer, de boire des liqueurs fortes. On dit : besoin de mouvement, besoin de sommeil, et non *appétit*, qui serait le terme propre ; la langue courante confond deux phénomènes intimement unis, que la psychologie distingue.

L'appétit non satisfait devient un besoin : la faim, la soif, le besoin de mouvement, de repos, sont des appétits ou besoins physiques et périodiques.

Les appétits sont naturels, instinctifs, périodiques, constants, universels ; les besoins factices ne sont ni instinctifs, ni constants, ni universels, ils sont personnels, et ont pour point de départ un plaisir éprouvé. — On est responsable des appétits ou besoins factices.

REMARQUE. — Entendu dans un sens précis et restreint, le mot besoin désigne les tendances qui ont exclusivement pour objet la conservation et le développement de l'organisme. On peut en compter autant que de fonctions essentielles à la vie (locomotion, digestion, nutrition, etc.). Chaque organe a, pour ainsi dire, un besoin qui lui est propre : l'œil a besoin de voir, l'oreille d'entendre, les jambes de marcher, les poumons de respirer, le cœur de battre.

Moralité de ces mobiles d'activité. — Les appétits, les instincts, les inclinations, les penchants sont bons, s'ils restent dans l'ordre, c'est-à-dire dirigés vers leur fin légitime ; ils ne le sont pas, s'ils s'en écartent. Ils deviennent mauvais par abus, déviation, empiètement. Si, par exemple, les appétits empêchent l'homme d'oublier les exigences de son corps, s'ils le portent à surveiller, à soigner, à développer ses organes, instruments au service de la volonté raisonnable, ils sont bons ; s'ils échappent à son empire, s'ils portent l'homme à rechercher uniquement le plaisir et le ravalent au niveau de la bête, ils sont mauvais.

L'éducation doit les régler, les perfectionner, les diriger, les contenir, les réprimer, les soumettre à la raison, c'est-à-dire les moraliser.

Il est des inclinations qu'il ne faut pas contenir, mais, au contraire, sans cesse développer; telles sont l'amour du vrai, celui du bien, celui du beau. Ici, le champ, c'est l'infini. Il ne saurait y avoir d'excès, et les égarements sont seuls à craindre.

Tous ces mobiles ou ressorts naturels d'activité n'ont été donnés à l'homme que pour accomplir les plus grands devoirs, pour atteindre la fin supérieure que la raison lui assigne et vers laquelle tous ses actes doivent être dirigés. Le plaisir peut être un attrait accompagnant l'accomplissement d'un devoir ou d'une fonction; il n'est jamais un but, pas même chez l'animal, guidé par un instinct infaillible vers des fins qu'il ignore, mais que connaît l'auteur de la nature. — Le bien, la perfection, voilà le but assigné par la raison.

L'animal cède aux exigences de ses appétits et les satisfait en suivant les lois de l'instinct. Chez l'homme, la réflexion intervient et conduit, suivant le point de vue, à les modérer, à les supprimer ou à les exagérer. « Si l'appétit est conçu comme un moyen par rapport à une fin, il peut être modéré ou même supprimé pour s'accorder avec cette fin; si, au contraire, l'appétit est posé comme une fin, toutes les autres forces de l'être convergent vers lui, et, comme il n'est pas la fin dernière de l'être, il se trouve ainsi exagéré et perverti. Par exemple, l'appétit de faim, considéré comme un moyen pour la santé, est retenu dans les bornes mêmes que la santé exige; si on regarde sa satisfaction comme un obstacle à une fin supérieure, il est plus ou moins complètement réprimé; de là la diète physique et le jeûne moral ou religieux. Si on le considère comme une fin, on vit alors pour manger, et la gourmandise s'ensuit. » (FONSEGRIVE, *Psychologie*, XXXII⁰ leçon.)

Sens du mot instinct appliqué à l'homme. — Remarquons qu'en parlant de l'homme, le mot instinct est généralement employé dans le sens d'appétit, d'inclination, de penchant. Exemple : instinct ou appétit grossier, instinct ou penchant de sociabilité, de véracité, d'imitation.

Chez l'animal, l'instinct est le *substitut* de la raison : c'est tout à la fois un *besoin naturel d'agir* et un *savoir-faire* naturel; chez l'homme, il est le simple *précurseur* de l'intelligence et de la volonté.

L'instinct, avec ses caractères et ses phénomènes merveilleux, est propre à l'animal; la raison est propre à l'homme. « Instinct et raison, a dit Pascal, marques de deux natures[1]. » Chez l'animal, la loi ou le principe naturel d'activité, c'est l'instinct; chez l'homme, c'est la raison. De là, pour l'homme, le devoir de supprimer, autant que cela se peut, dans ses actes, la part de l'instinct : plus cette part est petite, plus il est homme.

Classification des appétits. — Les appétits se subdivisent comme les fonctions essentielles à la vie, qui ont pour but la *conservation de l'individu* ou *celle de l'espèce*. Il n'est question ici que des premiers : besoin de nourriture, de respiration, de mouvement, de repos, de sommeil.

Classification des inclinations ou penchants. — Il doit y en avoir autant que notre être comporte de *fins* ou de *rapports naturels*; on peut les ranger en trois classes : *personnelles*, *sociales*, *supérieures* ou *idéales*. (Voir, pour le développement, la 6ᵉ leçon, p 85.)

---

[1] « Quand on entend dire à Montaigne qu'il y a plus de différence de tel homme à tel homme que de tel homme à telle bête, on a pitié d'un si bel esprit, soit qu'il dise sérieusement une chose si ridicule, soit qu'il raille sur une chose qui d'elle-même est si sérieuse. » (BOSSUET.)

II. — PASSIONS

Définition. — Le mot passion a deux sens : l'un purement *psychologique* et l'autre *moral*, qui est celui du langage ordinaire.

Dans le premier sens, le plus large, souvent employé dans la langue philosophique, le mot passion désigne *tout mouvement de l'âme qui poursuit un certain bien ou s'éloigne d'un certain mal, surtout de l'ordre sensible.* C'est la définition qu'en donne Bossuet : « mouvement de l'âme qui, touchée du plaisir ou de la douleur ressentis ou imaginés dans un objet, le poursuit ou s'en éloigne. »

Entendues ainsi, les passions ne sont pas mauvaises de leur nature ; elles sont indifférentes entre le vice et la vertu. Ce qui fait leur valeur, c'est la valeur des objets qu'elles poursuivent. Ce sont des mobiles, des stimulants de l'activité, qui agissent d'abord en nous sans nous, et qu'il faut moraliser et gouverner sans chercher à les détruire. Exemple : l'ambition, l'amour de la gloire. — C'est dans le sens psychologique qu'il faut entendre cette pensée de Lacordaire : « Si vous étiez libres sans être *passionnés*, vous accompliriez sans doute le bien, mais vous ne l'aimeriez pas assez ; » et celle-ci de Vauvenargues : « Si vous avez quelque *passion* qui élève vos sentiments, qui vous rende plus généreux, plus compatissant, plus humain, qu'elle vous soit chère. »

Dans le second sens, les passions sont des *mouvements violents et excessifs de l'âme, qui troublent notre jugement, paralysent notre liberté et nous entraînent loin du but que la raison nous propose ; ce sont des inclinations, des penchants, des besoins, des désirs déréglés.* Le langage confirme cette définition : on ne dit d'un homme qui aime le jeu ou l'argent qu'il en a la passion, que lorsque cet amour est devenu prépondérant et tyrannique.

Entendues dans ce second sens, — d'abus, de déviation, de désordre, — les passions sont notre œuvre : elles ne sont pas primitives et ne répondent pas à des lois de la nature, comme les inclinations et les penchants ; c'est nous qui, au lieu de mettre nos besoins en harmonie avec nos devoirs, au lieu de maintenir nos inclinations et nos désirs sous l'empire de la raison, de les régler, en un mot, et de les discipliner, prenons à tâche de les exalter et de les pervertir par l'imagination et la réflexion. Voilà pourquoi nous sommes responsables des actes que nos passions nous font commettre, responsables de nos passions elles-mêmes, pour ne les avoir pas combattues, pour les avoir laissées se former.

Sous le joug des passions, l'âme devient *passive* et se laisse dominer par la sensibilité, au lieu d'obéir à la raison et à la volonté. C'est un abaissement de l'homme au niveau de la nature animale, une abdication de la personne morale et de la dignité humaine.

Il y a, dans toute passion, un mélange de deux éléments : l'un *passif*, c'est-à-dire une impression reçue, une action exercée sur l'être sensible ; l'autre *actif*, qui est la réaction contre cette impression ou action reçue, semblable à celle du ressort qui se détend après avoir été foulé. On peut remarquer que, dans la langue philosophique moderne, c'est l'élément passif qui a été choisi pour désigner le phénomène tout entier (Aristote et saint Thomas employaient le mot plus juste d'*appétit*), ce qui a été cause d'une certaine confusion. Par son étymologie, en effet, le mot passion semble peu propre à désigner un principe d'action. On ne s'y méprend pas cependant; dans la pratique, ce mot éveille chez tous l'idée d'une commotion violente qui entraîne des actions impétueuses.

La passion chez l'animal. — En parlant de l'animal, le mot passion ne saurait avoir le même sens qu'en parlant de l'homme, c'est-à-dire exprimer un excès, un désordre, une déviation : le désordre, la déviation, ne peuvent provenir que de l'abus de la liberté. Ce qu'on appelle passion, chez l'animal, n'est qu'une augmentation de force qui lui arrive dans les besoins pressants. « L'opération des passions dans le corps des animaux, dit Bossuet, loin de les embarrasser, les aide à ce que leur état demande. » De là vient la régularité de conduite des animaux, enchaînés par leur nature à des lois fatales. La variété et les défaillances mêmes des actions humaines prouvent invinciblement que l'homme peut abuser et déchoir, c'est-à-dire qu'il est libre et par conséquent intelligent.

Différence entre l'inclination et la passion. — L'inclination est innée et permanente; elle a pour fin un bien nécessaire au corps ou à l'âme. La passion n'est pas primitive, ni permanente; elle est violente, jalouse, égoïste; elle a pour fin le plaisir.

« Si l'on entend par passion ce qui dans les inclinations est violent et excessif, on peut dire que la passion naît d'une image qui déforme celles qui lui sont associées, d'une tendance qui forme centre et attire à elle les autres tendances. Elle est obsédante, exclusive, déformatrice. *Obsédante* : elle reparaît à tout propos, se montre partout : la bouche parle de l'abondance du cœur; on trouve toujours à parler de ce que l'on aime; — *exclusive* : elle absorbe les autres tendances et détruit toutes celles qui lui sont contraires; par exemple, l'avarice exclut les sentiments de famille et même d'honneur; — *déformatrice* : elle attire à elle et fait servir à ses fins les représentations et les tendances qui devraient normalement recevoir une autre destination; par exemple, le joueur s'excuse de jouer sur la nécessité d'entretenir sa famille. » (FONSEGRIVE.)

Causes des passions. — Les causes qui peuvent pervertir les inclinations et les transformer en passions sont extérieures ou intérieures.

Causes extérieures : 1° Les circonstances habituelles ou accidentelles. — *Habituelles* : milieu où l'on vit, âge, position de fortune, position sociale, etc. — Tel homme, par son rang, par sa fortune, est sollicité à l'ambition, dont la voie lui est ouverte; comment, au contraire, un pauvre paysan serait-il tourmenté par le désir du pouvoir? — *Accidentelles* : la simple rencontre d'un objet ou d'une personne suffit quelquefois pour déterminer la naissance d'une passion et décider d'une existence.

2° **L'organisme** : notre organisme nous rend particulièrement sensibles à tel ou tel plaisir, par suite nous prédispose à telle ou telle passion : il est plus facile d'y succomber, plus difficile de s'en défendre. Les maladies peuvent être la source de passions violentes ou tristes. Trop de nourriture excite les appétits grossiers, la mortification les réprime.

3° **Les influences morales** : l'éducation, les exemples, les lectures, les leçons de tout genre qui nous sont données par nos semblables. « Rien n'émeut plus les passions que les discours et les actions des hommes passionnés. Au contraire, une âme tranquille nous communique le repos. » (BOSSUET.) Dis-moi qui tu hantes, dit le proverbe, je te dirai qui tu es.

Causes intérieures : 1° *L'imagination.* — Il y a un rapport très étroit entre l'imagination et les passions. L'imagination agit sur les passions en nous remettant sous les yeux, soit spontanément, soit sous l'influence de la volonté, l'image de l'objet aimé ou haï, amplifié à leur point de vue exclusif.

Tantôt elle embellit, tantôt elle déforme et enlaidit cet objet; elle le revêt de couleurs brillantes ou de couleurs sombres, elle exagère le plaisir espéré ou la peine redoutée dans sa possession, et par là elle augmente l'attrait ou la répulsion qu'il nous inspire. Dans la colère, l'imagination grossit outre mesure les raisons qui l'ont fait naître, éloigne les images qui pourraient la calmer et ne présente que celles qui l'alimentent et l'excitent. C'est en partie grâce à l'imagination que,

Dans un objet aimé, tout nous devient aimable :
Jamais la passion n'y voit rien de blâmable[1].

L'ambitieux élargit ses projets à mesure que ses désirs sont satisfaits : son imagination réduit à rien ce qu'il a et donne à ce qu'il n'a pas des proportions gigantesques. C'est ainsi qu'Aman, parvenu au faîte des honneurs, condamne tout un peuple à périr pour se venger du crime imaginaire d'un seul homme qui a refusé de plier le genou devant lui.

2° La volonté, qui concourt au développement de la passion, soit par *consentement,* c'est-à-dire en s'abstenant, en laissant faire, alors qu'elle devrait intervenir et empêcher; soit par *complicité,* c'est-à-dire en se faisant l'auxiliaire de la passion et en travaillant à la satisfaire.

La volonté est maîtresse de l'attention et de l'action; elle peut donc les refuser ou les accorder à la passion, et par là l'enrayer et la réprimer ou la porter aux derniers excès. Par exemple, « je puis m'éloigner d'un objet odieux qui m'irrite, en détourner mon attention, et lorsque ma colère est excitée, je lui puis refuser mon bras, dont elle a besoin pour se satisfaire. » (BOSSUET.)

Moyens de se préserver des passions et de les combattre. — Voir *Morale générale,* 7° leçon.

Lois des passions. — 1° *Lois relatives à leurs causes :* l'habitude les émousse, mais les transforme en besoins; le changement et le contraste les stimulent et les excitent; elles se communiquent, deviennent contagieuses par l'exemple; alimentées et surexcitées par l'imagination, elles subsistent en dehors de leurs objets; — 2° *Lois relatives à leurs effets dans l'organisme :* elles sont accompagnées ou suivies d'efforts musculaires et organiques. — La médecine, l'histoire, l'économie politique, aussi bien que la morale, constatent les désastreux effets des passions mauvaises, au point de vue physique comme au point de vue moral.

---

[1] Molière a développé cette idée dans le *Misanthrope* (act. II, sc. IV).

Classification des passions. — Toute passion mauvaise étant l'exagération, l'abus, la déviation d'une tendance ou inclination naturelle, la classification des passions est donnée par celle des inclinations. On distingue donc :

1º Des passions *personnelles*, les unes *physiques*, naissant des appétits et se rapportant surtout au corps, les autres *morales*, venant des penchants et se rapportant surtout à l'âme ou à l'âme et au corps à la fois. Ainsi, la *gourmandise*, l'*ivrognerie*, naissent du besoin exagéré de manger et de boire; la *paresse*, du besoin de repos ; l'*égoïsme*, de l'amour de soi ; l'*esprit d'indépendance*, de l'amour de la liberté ; l'*orgueil*, la *vanité*, la *passion de la gloire*, du besoin d'estime, du sentiment de l'honneur ; l'*ambition*, du besoin d'agir ; l'*avarice*, la *cupidité*, de l'instinct de propriété ; la *peur*, la *lâcheté*, de l'instinct de conservation.

2º Des passions *sociales*, qui sont, ou malveillantes, comme l'*envie*, la *jalousie*, la *misanthropie*, la *haine*, la *colère*, la *vengeance*; ou bienveillantes, comme le *chauvinisme*, exagération de l'amour de la patrie; la *nostalgie*, qu'engendre l'amour du sol natal ; l'*esprit de parti*, déviation de l'esprit de corps ; la *fausse amitié*, les *passions politiques*, l'*amour* sous toutes ses formes (maternel, conjugal, proprement dit), quand il devient excessif.

3º Des passions *supérieures*, qui sont *intellectuelles*, *morales*, *esthétiques*, *religieuses*, suivant qu'elles viennent de l'amour du vrai, du bien, du beau ou du sentiment religieux ; telles sont la passion de la science, celle de la lecture, de l'étude, des beaux-arts ; l'engouement ou fausse admiration ; l'intolérance, le fanatisme, le faux zèle, le prosélytisme.

Il faut remarquer qu'une même inclination peut passer, dans la recherche de son objet, par toutes les passions, qui sont alors comme autant de phases que traverse l'inclination ; comme aussi, une même passion peut être commune à toutes les inclinations. Ainsi l'ambition ou amour du pouvoir peut prendre tour à tour les états transitoires et violents de *crainte*, d'*espérance*, de *haine*, de *colère*, qui sont des passions; d'autre part, telle de ces passions, la crainte ou la colère, par exemple, peut être la forme tantôt de l'amour du pouvoir, tantôt de l'amour de soi, de l'amour des richesses, ou de toute autre inclination.

La classification la plus simple des passions est celle que donne le catéchisme : les sept *péchés* ou *vices capitaux* sont des inclinations perverties, des passions capitales, qui deviennent des vices par l'habitude, et dont dérivent toutes les autres passions.

Source et classification des passions d'après la philosophie traditionnelle. — D'après Aristote, saint Thomas, Bossuet, les passions naissent de l'appétit sensitif, soit concupiscible, soit irascible. L'appétit sensitif est dit *concupiscible*, s'il s'agit d'un bien ou d'un mal sensibles faciles à obtenir ou à éviter ; il est dit *irascible* dans le cas contraire, c'est-à-dire quand il y a des difficultés à surmonter, des efforts à faire. Six passions naissent de l'appétit concupiscible ; trois relatives au bien (*attractives*) : l'amour, le désir, la joie ; trois relatives au mal (*repulsives*[1]) : la haine, l'aversion, la tristesse ; cinq naissent

---

[1] Le bien attire et dilate ; le mal repousse et déprime.

de l'appétit irascible : deux *impulsives :* l'espérance et le courage ; deux *dépressives :* le désespoir et la crainte, et enfin la colère.

L'objet étant bon ou mauvais, toutes les passions s'opposent deux à deux, excepté la onzième, qui est la passion propre de l'appétit irascible. Elles énoncent les éléments passionnels qui se retrouvent dans les passions particulières, telles que l'envie, l'émulation, etc. « Outre ces onze principales passions, dit Bossuet, il y a encore la honte, l'envie, l'émulation, et quelques autres semblables; mais elles se rapportent toutes à celles-ci. La honte est une *tristesse* ou une *crainte* d'être exposé à la haine et au mépris pour quelque faute ou pour quelque défaut naturel, mêlée avec le *désir* de la couvrir ou de nous justifier. L'envie est une *tristesse* que nous avons du bien d'autrui et une *crainte* qu'en le possédant il ne nous en prive, ou un *espoir* d'acquérir le bien que nous voyons déjà occupé par un autre avec une forte pente à *haïr* celui qui semble nous le détenir. L'émulation, qui naît en l'homme de cœur quand il voit faire aux autres de grandes actions, enferme l'*espérance* de les pouvoir faire, parce que les autres les font, et un sentiment d'*ardeur* qui nous porte à les entreprendre avec confiance... L'inquiétude, les soucis, la peur, l'effroi, la terreur et l'épouvante ne sont autre chose que les degrés différents et les différents effets de la crainte. » (*Conn.,* ch. I.)

Toutes les passions se ramènent au seul amour. — Après avoir montré comment les passions secondaires se rapportent à une ou plusieurs des passions principales, Bossuet ramène celles-ci à l'amour et à la haine, et même, d'après saint Augustin, au seul amour. « La haine qu'on a pour quelque objet, dit-il, ne vient que de l'amour qu'on a pour un autre. Je ne *hais* la maladie que parce que j'aime la santé. Je n'ai d'*aversion* pour quelqu'un que parce qu'il m'est un obstacle à posséder ce que *j'aime*. Le *désir* n'est qu'un *amour* qui s'étend au bien qu'il n'a pas, comme la *joie* n'est qu'un *amour* qui s'attache au bien qu'il a... La colère n'est qu'un *amour* irrité de ce qu'on veut lui ôter son bien et qui s'efforce de le défendre... Otez l'amour, il n'y a plus de passions; posez l'amour, et vous les faites naître toutes. Ainsi l'amour est la première des passions et la source de toutes les autres. »

Autres classifications. — Descartes, et avec lui Malebranche, reconnaît six passions primitives : *l'admiration, l'amour, la haine, le désir, la joie et la tristesse.* — Spinoza pense que l'on peut faire dériver toutes les passions du *désir*, — tendance primordiale de tout être à persévérer dans l'être et à accroître son être, — auquel s'ajoutent, comme passions primitives, la *joie*, qui est le passage à une perfection plus grande, et la *tristesse*, qui est le passage à une perfection moindre. — Pour la Rochefoucauld, l'*amour-propre*, « l'amour de soi et de toutes choses pour soi, » est le principe de toutes les affections humaines; c'est l'unique penchant, dont les métamorphoses expliquent toutes les passions : la générosité, la pitié, la reconnaissance, l'héroïsme... ne sont que d'habiles et subtils calculs de notre égoïsme. (Voir, pour la réfutation de cette doctrine, les faux systèmes de morale : *Morale générale*, 13ᵉ leçon.)

Auguste Comte place dans le cœur, par opposition à la tête ou à l'esprit, la source des *moteurs affectifs* ou *impulsions*. Il rapporte toutes les inclinations à deux tendances fondamentales : l'*égoïsme* ou amour de soi (sans acception défavorable), et l'*altruisme* ou amour d'autrui. L'égoïsme renferme sept inclinations personnelles, qui se rapportent les unes à l'*intérêt :* instincts de conservation de l'individu et de l'espèce, instincts de perfectionnement (par destruction : instinct militaire; par construction : instinct industriel); les autres à l'*ambition :* orgueil ou besoin de domination, variété ou besoin d'approbation. L'altruisme comprend trois inclinations sociales : l'*attachement* (amitié, amour), la *vénération* (respect, admiration), la *bonté* ou amour universel (sympathie, humanité).

Spencer admet trois sortes de sentiments : les sentiments *égoïstes* et les sentiments *altruistes*, qui se trouvent même chez l'animal, les seconds limitant ou suspendant la lutte pour l'existence et rendant possibles les sociétés animales; et les sentiments *égo-altruistes* (égoïstes par la satisfaction qu'ils causent, altruistes par leur caractère désintéressé), qui appartiennent en propre à l'homme, surtout à l'homme cultivé et civilisé, comme l'amour des honneurs, de l'estime, etc. — Il serait trop long de montrer ici par où tous ces divers systèmes sont incomplets ou faux.

Nécessité des passions. — « Toute existence humaine est rapetissée, du moment que la passion n'y est pas frémissante. C'est un malheur sans doute, quand les passions sont des vices; mais aussi quelles œuvres merveilleuses elles accomplissent, quand elles sont des vertus!

« On a remarqué de tout temps que les hommes puissants dans leurs œuvres, que les artistes habiles, que les penseurs profonds, les écrivains les meilleurs et, en général, ceux qui brillent d'une supériorité quelconque, sont affligés trop souvent de défauts et même de vices déplorables; et on a tiré cette conclusion qui serait triste, si elle était vraie, que le vice donne de l'esprit. On n'a pas vu que chez tous ces êtres supérieurs c'est la passion qui tressaille et les transporte et qui accuse leurs défauts comme elle accentue leurs qualités brillantes; que ce qui serait médiocre chez tout autre ne devient brillant en eux que parce que chez eux tout jaillit avec passion. « Ah! comme me disait un sage, j'aime bien mieux ces vicieux, qui ont en même temps de grandes vertus, que ces sages à petits défauts, qui n'ont que de petites qualités! » (Dr FRÉDAULT, *Revue du monde cath.*, nov. 1869.) La passion est la source de l'énergie, des viriles résolutions. Ce sont les grandes passions qui font les grandes œuvres. Tous les grands hommes, les héros, les saints, ont été des hommes noblement et fortement passionnés.

III. — DÉSIR

Définition. — On entend, en général, par désir *la tendance ou l'inclination qui nous porte vers les objets.*

Ce mot a plusieurs sens; il s'emploie :

1° Souvent pour *appétit, inclination, penchant;* il est alors spontané, non imputable : désir de nourriture, désir de liberté, désir de gloire.

2° Plus souvent pour *appétit, inclination, penchant, exaltés par l'imagination et la réflexion;* il est alors volontaire et imputable. Exemple : désir de vengeance.

3° Quelquefois pour *passion* : la passion n'est que le plus haut degré d'excitation ou de persistance où puisse arriver le désir; c'est le désir changé en habitude. Exemple : désir ou passion de la richesse chez l'avare, des honneurs chez l'ambitieux.

Si l'on veut distinguer les appétits et les désirs, il faut remarquer qu'ils se ressemblent en ce que, à l'origine, ils sont des mouvements involontaires vers certains objets pour la satisfaction d'un besoin, et qu'ils diffèrent en ce que les appétits sont tous accompagnés d'une sensation périodique et désagréable, particulière à chacun d'eux, et qui ne cesse qu'avec la satisfaction du besoin révélé par eux, tandis que les désirs sont, non pas périodiques, mais constants, la possession ne les apaisant pas momentanément, comme les appétits.

Distinction : **1º Du désir et du désirable.** — « Toutes les passions, tous les penchants, tous les appétits ont une forme commune; tous ils tendent au bien. Le désir est comme le ressort psychologique de tout mouvement [1]. Il suppose : 1º le sentiment pénible d'une privation présente; 2º l'appréhension d'un bien futur. Si on possédait ce qu'on désire, on ne désirerait pas; si on ne se représentait rien de bon, on serait inquiet, agité; mais il n'y aurait aucune direction stable des mouvements, et par conséquent point de désir... En fait, le désir a pour cause *efficiente* une *peine*, et pour cause *finale* un *bien*. Ces deux causes agissent à la fois, et si, d'un point de vue métaphysique (*point de vue de l'essence des choses*), c'est la cause finale du bien qui explique tout, la psychologie doit admettre la coïncidence des deux causes. » (FONSEGRIVE.) — Ainsi, le désir ou tendance à la possession réelle d'un bien va, dans son évolution, de la possession imaginée à la privation sentie, et de la privation sentie ou effective à la possession aussi effective.

2º Du désirable et du préférable. — Tout ce qui est désirable ne l'est pas au même degré. De là le *préférable*, qui est le désiré le plus important et le plus universel. C'est l'expérience et la raison qui nous le font connaître. Le préférable absolu, c'est le désirable absolu, c'est la fin dernière, qui règle et légitime tout désirable et tout préférable relatifs.

Rapports du désir : 1º Avec la connaissance. — Connaître et désirer sont deux opérations essentiellement différentes. La connaissance est la condition du désir : pas de connaissance, pas de désir. La connaissance précède toujours, le désir suit. La connaissance a pour objet ce qui est; le désir, l'objet connu en tant que bon. Plus est grande la connaissance, plus aussi est grand le désir. Le désir est de l'ordre sensible ou de l'ordre intellectuel, suivant que la connaissance est elle-même de l'ordre sensible ou de l'ordre intellectuel.

2º Avec la volonté. — (*Voir plus loin*, 19ᵉ leçon, p. 269.)

NOTES COMPLÉMENTAIRES

A quelle vie appartiennent les passions. — D'après saint Thomas, l'homme étant un composé d'âme et de corps, les passions sont du domaine de la vie sensitive et appartiennent au composé. « La passion, dit-il, qui a son siège dans le corps, va jusqu'à l'âme qui lui est unie, et l'âme pâtit de tout ce qui peut diminuer l'intensité de cette union; c'est ainsi que les souffrances corporelles rejaillissent jusqu'à l'âme. A leur tour, les passions qui partent de l'âme considérée comme moteur, affectent le corps en lui communiquant des mouvements ou altérations en rapport avec les sentiments de l'âme : la crainte répand la pâleur sur le front, la colère se trahit par des paroles violentes et des gestes désordonnés, tandis qu'une passion plus douce donne à la voix les accents de la tendresse. »

Bossuet suit cette doctrine : « Bien que parmi les fruits de la chair, dit-il, saint Paul range beaucoup de vices qui ne semblent appartenir qu'à l'esprit, tels que l'orgueil et la jalousie, il faut remarquer que ces sentiments vicieux s'excitent principalement par les marques sensibles de préférence que nous désirons pour nous-mêmes et que nous envions aux autres : ce qui donne lieu de les ranger parmi les vices qui tirent leur origine des objets matériels. »

Comme toutes les passions « ont une liaison manifeste avec le corps, dit M. P. Janet, et qu'elles s'expriment énergiquement au dehors par le moyen du corps », on les rapporte à la vie sensitive.

Cette liaison est surtout manifeste pour les passions relatives au corps, qui ne

---

[1] « Dans ce que l'on appelle travail d'esprit, c'est proprement le désir et la volonté qui tendent et font effort. L'intelligence est de sa nature simplement perceptive et contemplative. Un être qui ne serait qu'intelligent ne chercherait jamais la vérité; il se bornerait à l'apercevoir, si elle se présentait à lui. » (RABIER.)

sont que des appétits exagérés et pervertis, telles que l'ivrognerie, la gourmandise, la luxure; et pour les passions relatives à la fois à l'âme et au corps, telles que la paresse, le luxe, l'orgueil, l'égoïsme, la passion du jeu, de la chasse, de la pêche.

Usage des passions : 1° Selon le stoïcisme. — On sait que le stoïcisme est un système de philosophie fondé par Zénon de Cittium (Chypre), au commencement du III° siècle avant l'ère chrétienne; il doit son nom à un célèbre portique (*stoa*) d'Athènes, lieu de réunion du maître et de ses disciples.

Les passions, pour les stoïciens, n'étaient que des maladies de l'âme, des mouvements contraires à la nature, à la raison. De là, leur maxime : *Sustine, abstine*. Abstiens-toi de tout désir, de toute passion, de toute pitié; *supporte* les douleurs et les maux que la fortune t'enverra. — Maxime fort belle, mais qui ne renferme pas toute la morale, et qui, poussée à l'excès, aboutit à une complète apathie. L'honneur du sage stoïcien est de demeurer impassible; sa devise, de ne s'étonner de rien. « Un indiscret stoïcien, dit la Fontaine dans le *Philosophe scythe*, retranche de l'âme désirs et passions, le bon et le mauvais... » (Lire toute cette fable, XII, XVII.)

2° Selon l'épicurisme et le fouriérisme. — L'erreur opposée à celle des stoïciens a été professée, dans l'antiquité, par les épicuriens qui faisaient du plaisir le but de la vie, et, dans les temps modernes, par Fourier, Saint-Simon, Leroux, Raynaud.

Prétendant que le christianisme a frappé la chair d'un injuste anathème, Fourier s'était proposé de la réhabiliter. Le monde physique, dit-il, s'explique depuis Newton par l'*attraction mutuelle* de toutes les parties de la matière; le monde moral doit s'expliquer par ce qu'on peut appeler l'*attraction passionnelle*, laquelle rapproche et associe les individus doués d'inclinations analogues et harmoniques. Toutes les misères, toutes les fautes, sont le résultat de passions contrariées. Tout le bonheur de l'homme est dans la satisfaction de ses passions ou attractions diverses [1]. Cette erreur, qui ne tient aucun compte des inclinations supérieures de l'homme et place ici-bas tout le bonheur, a été popularisée par le roman et par le théâtre.

Fourier oublie que, s'il y a des analogies entre les lois physiques et les lois morales, il n'y a pas des identités. Les lois physiques sont fatales; les lois morales sont des lois de liberté. Les unes sont *nécessitantes* : elles *contraignent*; les autres doivent être *consenties* : elles s'imposent à la volonté sans la contraindre.

La vérité n'est ni dans la doctrine des stoïciens, ni dans celle des épicuriens. Les passions, considérées en elles-mêmes, ne sont ni bonnes ni mauvaises; elles peuvent devenir l'un et l'autre, suivant qu'elles s'harmonisent avec la raison ou qu'elles entrent en conflit avec elle. En elles-mêmes, les passions sont des tendances irrationnelles, mais non déraisonnables. Elles sont utiles pour exciter à l'action, mais elles ont besoin d'être surveillées et maintenues sous l'empire de la volonté raisonnable. Elles nous sont données, non pour déterminer la direction de nos actes, mais pour en fournir la puissance.

Mouvements passionnels au service de la volonté raisonnable. — Les mouvements passionnels, s'ils sont au service de la volonté raisonnable, s'ils la

---

[1] Fourier reconnaît dans l'homme *douze passions radicales* : cinq *sensitives*, qui répondent aux cinq sens et nous excitent à rechercher ce qui contribue à notre bien-être; quatre *affectives*, l'amour, l'amitié, l'ambition et les affections de famille, qui nous portent à former des *groupes*, suivant les affinités de caractère et de goût, les rapports d'intérêt et de parenté; trois *distributives* et *nécessitantes*, qui dominent toutes les autres et développent des sympathies et des rivalités entre les divers groupes formés par les passions affectives. Ces dernières sont : la *cabaliste*, passion de l'intrigue; la *papillonne* ou *alternante*, passion du changement; la *composite*, passion de l'accord et de l'enthousiasme. — Dans la pensée de l'auteur, de même que toutes ces passions sortent d'un même principe, l'attraction universelle, et sont bonnes en elles-mêmes, de même elles vont aboutir à un même résultat : l'amour universel, ou passion de l'harmonie, de l'unité (unitéisme).

suivent et sont dirigés par elle, au lieu de la prévenir et de l'entraîner elle-même, ajoutent à la perfection de l'acte moral. Il est plus parfait, dit saint Thomas, de se porter au bien par le choix de la volonté avec les ardeurs de la passion que de l'embrasser seulement avec une partie de l'âme, fût-ce la plus noble. « Acceptées de la volonté, ou même excitées par elle, les passions s'élèvent par cette alliance et revêtent, pour ainsi dire, un caractère spirituel. De là, l'immense différence qui existe entre les passions raisonnables de l'homme et les passions sensuelles de l'animal. » (Élie BLANC, *Dict. logique*.)

« La passion semble être à la volonté ce que l'imagination est à la raison, malgré des nuances appréciables. Otez l'image fournie par les sens, et la raison humaine ne comprend plus rien, ne peut plus rien comprendre; ôtez la passion, et la volonté tombe dans une sorte de langueur. L'image sensible tient de ses couleurs l'objet de la raison et le rend visible à l'œil interne; la passion colore de même l'objet de la volonté et le présente sous un aspect plus humain, plus convenable à notre nature. Aidée de la passion, la volonté s'enflamme, s'élève à des hauteurs sublimes inaccessibles aux âmes froides et insensibles. » (P. VALLET.)

« Le principal devoir de la vertu, dit Bossuet, doit être de réprimer les passions, c'est-à-dire de les réduire aux termes (bornes, lois) de la raison. » — « Le sage en use, l'insensé en abuse. » (CICÉRON.)

TABLEAU ANALYTIQUE

I. — APPÉTITS, INCLINATIONS, PENCHANTS

Définitions. — Les *appétits* sont des tendances naturelles par lesquelles l'être sensitif se sent porté vers quelque chose pour la satisfaction de ses sens.

Les *inclinations* et les *penchants* sont des mouvements naturels de l'âme vers des objets conformes à sa nature morale.

Les uns et les autres sont les ressorts, les mobiles de l'activité, soit spontanée, soit réfléchie.

Différence de nature. — Les *appétits* appartiennent à la vie physique et ont pour but sa conservation et son développement; ils se manifestent par des *sensations*.

Les *inclinations* et les *penchants* se rapportent à la vie morale : ce sont des *sentiments*.

Les *appétits* sont limités dans leur développement et se manifestent d'une manière périodique.

Les *inclinations* et les *penchants* ont un développement illimité, ne sont pas périodiques.

Similitude de rôle. — Les *inclinations* et les *penchants* jouent dans la vie intellectuelle et morale le même rôle que les *appétits* dans la vie animale ou physiologique : ce sont des principes d'impulsion.

Appliqués à la vie physique, les mots *penchant* et *inclination* sont synonymes d'*appétit*.

L'*appétit* non satisfait devient un *besoin*.

Il est important de remarquer qu'il y a des *besoins naturels* et d'autres purement *factices*; ces derniers, c'est nous qui nous les donnons, et, par conséquent, nous en sommes responsables.

Moralité de ces mobiles d'activité. — Les *inclinations*, les *penchants*, les *appétits* sont bons, s'ils restent dans l'ordre; ils sont mauvais, s'ils s'en écartent.

L'éducation doit les régler, les perfectionner, les diriger, les contenir, les soumettre à la raison.

Il y a des inclinations qu'il ne faut pas contenir, mais qu'il faut au contraire sans cesse développer : l'amour du bien, du vrai, du beau.

Sens du mot instinct appliqué à l'homme. — Appliqué à l'homme, le mot instinct est synonyme d'appétit, d'inclination, de penchant, instinct ou penchant d'imitation.

Classification des inclinations ou penchants. — On les range en trois classes : *personnelles*, *sociales*, *supérieures* ou *idéales*.

APPÉTITS, INCLINATIONS, PENCHANTS, PASSIONS, DÉSIRS

II. — PASSIONS

Définition. — Le mot passion a deux sens, l'un purement *psychologique* et l'autre *moral*.

Au sens *psychologique*, la passion est un mouvement de l'âme qui poursuit un certain bien ou s'éloigne d'un certain mal. — Dans ce sens, la passion est un mobile, un stimulant de l'activité, qui est bon ou mauvais selon l'usage que l'on en fait.

Au sens *moral*, les passions sont des mouvements violents et excessifs de l'âme qui troublent le jugement, paralysent la liberté et nous entraînent loin du but que la raison nous propose. Ainsi entendues, elles sont notre œuvre : ce sont des inclinations, des penchants, des besoins, des désirs déréglés, et nous sommes responsables des actes qu'elles nous font commettre.

Différence entre l'inclination et la passion. — L'*inclination* est innée, permanente ; elle a pour fin un bien nécessaire au corps ou à l'âme ;

La *passion* n'est ni primitive ni permanente ; elle est violente, jalouse, égoïste, exclusive, obsédante, déformatrice, et n'a pour fin que le plaisir.

Causes des passions. Ces causes sont *extérieures* ou *intérieures* :

1º extérieures.
- 1º Les *circonstances habituelles* : âge, position de fortune, milieu ; ou *accidentelles* : rencontre d'un objet, d'une personne... ;
- 2º L'*organisme* : état de santé ou de maladie, complexion lymphatique ou sanguine... ;
- 3º Les *influences morales* : éducation, exemples, livres, fréquentations.

2º intérieures.
- 1º L'*imagination*, qui joue le rôle de « maîtresse d'erreur et de fausseté » ;
- 2º La *volonté*, qui *consent* en s'abstenant, en laissant faire, ou qui se rend *complice* en se faisant l'auxiliaire de la passion.

Lois des passions. —
1º L'habitude les émousse, mais les transforme en besoins ;
2º Le changement les stimule et les excite ;
3º Elles sont contagieuses et se communiquent par l'exemple ;
4º Elles subsistent en dehors de leur objet, grâce à l'imagination ;
5º Elles sont accompagnées d'efforts musculaires et organiques.

A quelle vie appartiennent les passions. — D'après saint Thomas et Bossuet, les passions appartiennent au composé humain, corps et âme réunis ; M. Paul Janet les attribue surtout au corps.

Chez l'animal, on ne doit pas entendre le mot passion dans le sens d'abus, comme chez l'homme ; il ne peut y avoir, chez l'être privé de raison, ni désordre ni déviation. De là vient la régularité de conduite des animaux.

Classification des passions. La classification des passions est donnée par celle des inclinations. Elles sont :

1º Personnelles.
- *Physiques*, naissant des appétits, se rapportant au corps : gourmandise, ivrognerie ;
- *Morales*, venant des penchants et se rapportant surtout à l'âme : égoïsme, avarice.

2º Sociales.
- *Malveillantes* : envie, jalousie, haine, etc. ;
- *Bienveillantes* : amour, sous toutes ses formes ; chauvinisme, esprit de parti, nostalgie, etc.

3º Supérieures.
- *Intellectuelles* : passion de la science, de la lecture, etc. ;
- *Morales* : fausse admiration ;
- *Esthétiques* : passion des beaux-arts ;
- *Religieuses* : intolérance, fanatisme, etc.

La classification la plus simple est celle que donne le catéchisme : les sept péchés capitaux.

II. — PASSIONS (Suite)

Source et classification des passions d'après la philosophie traditionnelle. — Aristote, saint Thomas, Bossuet, distinguent les passions suivant qu'elles naissent de l'appétit *concupiscible* ou de l'appétit *irascible*.

Six naissent de l'appétit concupiscible : l'amour, le désir, la joie, qui se rapportent au bien ; la haine, l'aversion, la tristesse, qui se rapportent au mal.

Cinq naissent de l'appétit irascible : deux *impulsives*, espérance et courage ; deux *répulsives* ou *dépressives*, désespoir et crainte ; enfin la colère.

Toutes ces passions peuvent se ramener au seul *amour*, qui est la première des passions et la source de toutes les autres.

Autres classifications des passions. — Descartes et Malebranche reconnaissent *six passions primitives* : l'*admiration*, l'*amour*, la *haine*, le *désir*, la *joie* et la *tristesse* ;

Spinoza ne reconnaît comme passion primitive que le *désir*, duquel découlent la *joie* et la *tristesse* ;

La Rochefoucauld les confond toutes dans l'*amour de soi* ou *amour-propre* ;

Aug. Comte reconnaît deux passions fondamentales : l'*égoïsme*, qui renferme sept inclinations personnelles, et l'*altruisme*, qui comprend trois passions sociales ;

H. Spencer admet trois sortes de sentiments : *égoïstes, altruistes et égo-altruistes* ;

Fourier trouve dans l'homme douze passions : *cinq sensitives, quatre affectives, trois distributives*.

Il serait trop long de montrer tout ce que ces classifications ont d'artificiel et d'incomplet.

Usage des passions. — *Stoïcisme et fouriérisme*. — Les stoïciens repoussent les passions comme des maladies de l'âme ; les *fouriéristes*, après les *épicuriens*, veulent les réhabiliter et fonder toute la morale sur l'*attraction passionnelle*. La vérité n'est ni dans la doctrine des stoïciens ni dans celle de Fourier : les passions, en elles-mêmes, ne sont ni bonnes ni mauvaises ; elles deviennent l'un ou l'autre par l'usage que nous en faisons.

III. — DÉSIR

Définition. — On entend, en général, par désir la tendance ou l'inclination qui nous porte vers les objets.

Ce mot a plusieurs sens. Il signifie :

1° *Appétit, inclination, penchant* ; alors il est spontané, non imputable : désir de nourriture ;

2° *Appétit, inclination, penchant, exaltés par l'imagination* ; dans ce cas, il est imputable : désir de vengeance ;

3° Quelquefois *passion* : désir ou passion de la richesse... C'est le désir changé en habitude.

Désir, désirable, préférable. — Le désir suppose :

1° Le sentiment pénible d'une privation présente ;

2° L'appréhension (action de saisir par l'idée ou l'image) d'un bien futur.

Le désir a pour *cause efficiente* une peine, et pour *cause finale* un bien. Tout bien étant connu est désirable ; mais tout ce qui est désirable ne l'est pas au même degré ; c'est pourquoi on distingue le *préférable*, qui est le désiré le plus important et le plus universel.

Désir et connaissance. — Il ne faut pas confondre le *désir* et la *connaissance* : ce sont deux opérations différentes. La connaissance est la condition du désir, mais non la cause. La cause du désir, c'est l'objet en tant que bon ou désirable.

Désir et volonté (voir 19ᵉ leçon, page 269).

6ᵉ LEÇON

SENSIBILITÉ MORALE. — INCLINATIONS PERSONNELLES, INCLINATIONS SOCIALES, INCLINATIONS SUPÉRIEURES

On a déjà vu, dans la leçon précédente, la définition des inclinations, leur différence d'avec les appétits, leur rôle dans la vie intellectuelle et morale, et leur division. Il faut se rappeler qu'elles sont les ressorts ou mobiles naturels de l'activité intellectuelle et morale, ou plutôt cette activité même tendant vers des fins conformes à la nature de l'âme. Si la raison les règle et les dirige vers ces fins, elles sont la source des vertus; dans le cas contraire, elles deviennent des vices. L'excès, l'abus, la déviation, la perversion d'un penchant est toujours un défaut ou un vice.

On voit l'intérêt qui s'attache à une étude spéciale des inclinations : toute la morale pratique est là en germe; elle n'a pas d'autre but, en effet, que de régler et de moraliser l'exercice des différents pouvoirs de notre être, auxquels répondent les inclinations.

Il importe que l'homme discerne ses penchants naturels, qu'il connaisse les mobiles qui lui ont été donnés pour atteindre sa fin. S'il ne les connaît pas, s'il ne les a pas dégagés par l'observation et l'analyse, il lui est difficile, sinon impossible, de les épurer, de les perfectionner, de les empêcher de dévier ou de se combattre, d'empiéter l'un sur l'autre; il ne peut établir entre eux l'équilibre et l'harmonie; dès lors sa vie reste sans unité et sans force, par conséquent sans grandeur.

L'âme de l'homme est un gouvernement où il ne faut pas diviser pour régner, où il faut, au contraire, déterminer nettement tous les pouvoirs, en établir la hiérarchie, les combiner, les unifier, en un mot les employer sous l'autorité de la volonté raisonnable.

Division. — Il doit y avoir autant d'inclinations ou de penchants que notre être comporte de fins ou de rapports naturels. On peut les ranger en trois groupes : inclinations *personnelles*, inclinations *sociales*, inclinations *supérieures*.

I. — INCLINATIONS PERSONNELLES

On distingue, en général, les inclinations personnelles relatives au *corps*, ce sont les *appétits*, improprement appelés inclinations (voir ce qui en a été dit p. 71 et suivantes), et les inclinations relatives à la *personne humaine;* celles-ci se rapportent : a) à l'intelligence : *curiosité* ou *besoin de connaître;* b) à la sensibilité : *besoin d'émotion;* c) à la volonté : *besoin d'action,* avec ses différentes formes : *amour de la liberté, de la propriété, du pouvoir, sentiment de la responsabilité;* d) à la personne humaine tout entière : *amour de soi,* inclination qui apparaît comme la plus fondamentale, comme la synthèse de toutes les autres. A l'amour de soi se rattachent l'*estime de soi,* et les sentiments qui en naissent : *confiance en soi-même, sentiment de l'honneur, sentiment de la dignité humaine, amour de la gloire.*

a) **Inclination relative à l'intelligence : la curiosité.** — « La curiosité est un penchant de la nature qui va au-devant de l'instruction. » (FÉNELON.) L'intelligence, comme l'estomac, désire sa nourriture, qui est la vérité.

L'homme est tourmenté du besoin de comprendre, de savoir le pourquoi et le comment des choses. Une connaissance quelconque ne saurait le satisfaire; il lui faut la connaissance raisonnée ou scientifique. La curiosité est à l'origine de l'instruction, mais l'instruction acquise avive la curiosité; on est curieux à proportion qu'on est plus instruit; plus on sait, plus on veut savoir. Le penchant de curiosité donne donc naissance aux sciences et à la philosophie. Mais à côté de cette curiosité, qui est le désir de s'instruire, il y en a une mauvaise, qui porte sur les choses petites, futiles, insignifiantes (c'est celle des sots et des badauds), ou sur les choses qu'il est dangereux de voir, de lire, d'entendre, curiosité malsaine, qui prétend se justifier par cette fausse maxime « qu'il est nécessaire de tout connaître », comme si connaître le mal ne conduisait pas à le faire; il y a encore l'*indiscrétion*, qui fait qu'on se mêle sans raison des affaires d'autrui ou qu'on lui dérobe ses secrets[1].

b) **Inclination relative à la sensibilité : le besoin d'émotion.** — L'intelligence cherche la vérité; la sensibilité, les émotions. « Nous aimons à aimer, » dit saint Augustin.

Le goût universel pour les représentations théâtrales, pour les romans à sensation, pour les histoires qui font peur[2], pour les voyages, est une manifestation de ce penchant. La Fontaine dit qu'il aime tout « jusqu'au sombre plaisir d'un cœur mélancolique ». Le *charme de sentir* est si fort, comme s'exprime Bossuet, que l'on préfère les émotions douloureuses à l'absence de toute émotion. Le blasé, indifférent à tout, se traîne dans l'ennui; tout est vide pour lui, et la vie lui est à dégoût. Il faut éviter le goût malsain de la mélancolie, répandu surtout par Gœthe, Byron, Chateaubriand, dans la littérature, et qui a déteint plus ou moins sur les romantiques. Elle est surtout mauvaise pour l'enfant, qui doit l'éviter par l'application aux études et par des jeux mouvementés, où l'expansion spontanée de sa nature lui fasse goûter la joie de vivre et de se détendre.

c) **Inclination relative à la volonté : le besoin d'action.** — C'est un des plus impérieux de nos besoins : on le constate chez l'homme aussi bien que chez l'enfant, dans le corps (besoin d'activité musculaire) comme dans l'esprit. Il se manifeste par la tendance à étendre notre action sur tout ce qui nous entoure, personnes et choses; souvent même par le mouvement qu'on se donne, sans autre but que le mouvement lui-même[3]. De là

---

[1] C'est de la curiosité devenue un défaut que parle la Bruyère, quand il dit : « La curiosité n'est pas un goût pour ce qui est bon ou ce qui est beau, mais pour ce qui est rare, unique, pour ce qu'on a et que les autres n'ont point. Ce n'est pas un attachement à ce qui est parfait, mais à ce qui est couru, à ce qui est à la mode. »
Et Pascal : « Curiosité n'est que vanité. Le plus souvent on ne veut savoir que pour en parler. Autrement, on ne voyagerait pas sur la mer pour ne jamais en rien dire, et pour le seul plaisir de voir sans espérance d'en jamais rien communiquer. »
Et Bossuet : « Toute âme curieuse est faible et vaine : par là même elle est discoureuse : elle n'a rien de solide, et veut seulement étaler un vain savoir, qui ne cherche point à instruire, mais à éblouir les ignorants. » (*Traité de la Concupiscence*, VIII.)
[2] Victor Hugo dit que les enfants aiment à l'entendre, parce
   Qu'il leur raconte, à l'heure où la lampe s'allume,
   Oh ! des contes charmants qui vous font peur la nuit !
[3] Voir ce qui a été dit du besoin d'agir. (Leçon 4e, Plaisir et douleur, p. 63, 64.)

l'amour de la liberté, de *l'indépendance*, de *la propriété*, *du pouvoir*, *le sentiment de la responsabilité*, qui sont les différentes formes de ce penchant.

Le penchant à l'action est bon, s'il produit des actes utiles, s'il a pour but notre bien ou celui d'autrui; il est mauvais, s'il n'est que l'agitation, c'est-à-dire un déploiement fiévreux de force, sans but, ou s'il entraîne à des actions malfaisantes. L'amour de la vie active renferme le besoin de développer toutes nos facultés. — Au besoin et au plaisir de l'action, correspondent le besoin et le plaisir du repos : quand on demande aux organes et aux facultés un effort trop intense et trop prolongé, il y a fatigue et douleur; de là, la nécessité du repos. Mais le plaisir du repos n'est que relatif. Si, d'une part, les obstacles qui s'opposent au libre déploiement de l'activité irritent l'âme, d'autre part l'absence d'obstacle, la privant du plaisir et du stimulant de l'effort, la dégoûte et l'affaisse. La fatigue de la lutte contre les difficultés est salutaire; c'est par cette lutte que l'âme prend conscience de ses forces et les augmente.

Amour de la liberté. — C'est le désir d'aller et de venir sans contrainte, comme le veut le loup de la Fontaine (liv. I, v), qui préfère la vie pauvre et souffrante avec la liberté à une vie de délices avec des chaînes d'or; c'est le désir de se posséder pleinement soi-même, d'être affranchi de tout ce qui est un obstacle à l'exercice de ses droits ou à l'accomplissement de ses devoirs.

La volonté étant la manifestation la plus élevée de l'activité, tout ce qui limite la volonté, limite et contrarie la nature même de l'homme et amoindrit la personnalité; l'esclavage va même jusqu'à la supprimer en fait, aussi la manifestation la plus fréquente de ce penchant est-elle d'aimer à faire sa volonté et non celle d'autrui, d'être maître de soi.

Cet amour de la liberté conduit à l'indépendance légitime, qui consiste à ne dépendre que de soi, en dépendant volontairement de sa conscience et de la loi; à être affranchi, soit du côté des hommes, soit du côté des choses, de tout ce qui empêche d'aller au but poursuivi.

Pour être un homme de caractère, pour être fidèle au devoir et faire du bien à ses semblables, il faut être disposé à tout sacrifier plutôt que d'amoindrir sa personnalité ou de blesser sa conscience; il faut avoir cet esprit d'indépendance intellectuelle et morale qui n'abdique point sa pensée devant l'opinion, parce que c'est l'opinion, ou sa volonté devant la force, parce qu'elle triomphe. L'homme qui n'a pas cet esprit est prêt pour toutes les lâchetés, pour toutes les servitudes. (Voir, p. 762, *Esprit de légitime indépendance*.)

Esprit de révolte. — Mais à côté de ce légitime esprit d'indépendance, qui n'est au fond que la fierté dans la liberté, il en est un autre qui vient de l'orgueil et qui est l'attachement déraisonnable à sa volonté propre : il y a l'esprit de révolte, qui soulève les hommes contre l'autorité et contre les lois, qui allume les guerres civiles et fait les révolutions. C'est l'exagération et l'abus de l'amour de la liberté.

Amour de la propriété. — La propriété étant la condition de la liberté, de l'indépendance, et, jusqu'à un certain point, de la vie, l'amour de la propriété se rattache aux penchants relatifs à ces biens. Il excite au travail et à l'épargne, maintient l'homme dans l'ordre, au point de vue individuel par la pratique des vertus économiques, au point de vue social en favorisant la fraternité humaine, au nom de l'intérêt bien entendu.

Le pauvre est bien, dans une certaine mesure, maître de sa personne; mais son domaine ne va pas au delà. L'homme qui possède agrandit en quelque sorte sa personnalité; il n'est pas à la merci d'autrui pour les besoins de la vie, il s'appartient davantage et augmente ses moyens d'action. Aussi les plus sûres garanties de liberté, d'indépendance et de pouvoir sont-elles, après la vertu, dans le travail, qui crée le capital, et dans l'épargne, qui le conserve. « La propriété et la liberté sont si étroitement liées entre elles, qu'elles ont toujours été reconnues et sacrifiées ensemble et dans les mêmes proportions. » (BAUDRILLART.)

La première propriété de l'homme, c'est lui-même, âme et corps; il n'est libre que s'il jouit de cette propriété. Le premier effet du désir de propriété doit donc être de se posséder pleinement soi-même, de n'être pas comme un instrument à l'usage d'autrui. L'homme ne peut, sans se dégrader et sans manquer à sa nature, être possédé ainsi qu'une chose; il ne peut se faire l'esclave d'autrui en renonçant à sa liberté, pas plus qu'il ne peut moralement se faire l'esclave des passions en renonçant à la raison qui est sa loi.

Si ce penchant n'est pas contenu dans de justes bornes, il étouffe la sympathie et produit l'*amour du lucre*, la *cupidité*, l'*avarice*, amour immodéré des richesses, non pour en user, mais pour les entasser et jouir de leur contemplation.

Amour du pouvoir. — Il naît du désir de nous rendre indépendants de la volonté des autres et de leur imposer la nôtre; d'étendre notre action sur nos semblables, d'agir sur eux et d'en faire, par l'autorité, par la force, par la persuasion, les instruments de nos desseins.

C'est un mobile noble et puissant, quand il est maintenu dans les bornes de la raison, si l'on désire le pouvoir seulement afin d'avoir une action plus étendue et plus efficace pour le bien. Or la position seule ne donne pas de l'ascendant sur les hommes; on n'agit vraiment sur eux que par le savoir, par l'expérience, par le dévouement. Aussi la raison exige-t-elle que celui qui commande obéisse tout le premier à la loi dont il est le représentant, et le poëte dit avec raison : « Qui sait mal obéir ne commande pas bien. » (CORNEILLE.) — Celui, en effet, qui ne respecte pas la loi [1] dans l'obéissance, ne la respecte pas non plus dans le commandement. Il n'y a d'autorité que dans la loi : l'autorité et la loi sont même chose. Celui qui commande et celui qui est commandé doivent obéir tous deux : l'un et l'autre sont tenus de se soumettre à l'autorité de la loi, de commander et d'obéir par respect pour la loi.

L'abus de ce penchant produit l'*ambition*, qui est l'amour du pouvoir pour lui-même, non pour le bien; qui fait sacrifier la justice à la gloire, à la fortune, aux honneurs, et conduit l'homme à l'arbitraire, au despotisme, à la tyrannie. — « C'est souvent de la même source, remarque M. P. Janet (*Philosophie du bonheur*), que naissent et l'amour de la liberté et l'amour du pouvoir. L'homme qui ne veut pas obéir trouve que le meilleur moyen d'échapper au commandement des autres, c'est de commander soi-même; et comme il arrive toujours, quelque haut placé qu'on soit, d'avoir quelqu'un au-dessus de soi, l'amour de la souveraine indépendance conduit souvent à l'amour du suprême pouvoir. Mais ce n'est qu'un faux amour de la liberté que celui qui se transforme ainsi en amour de la domination; et l'on peut voir par là combien l'esprit de révolte est près de l'esprit de tyrannie et combien, au contraire, la liberté a besoin de l'esprit d'obéissance. »

Sentiment de la responsabilité. — C'est un sentiment qui fait que

---

[1] « Un homme sage ni ne se laisse gouverner, ni ne cherche à gouverner les autres : il veut que la raison gouverne seule et toujours. » (LA BRUYÈRE.)

l'homme agit d'autant plus et d'autant mieux qu'on lui laisse davantage le choix de la fin et des moyens. « L'homme qui travaille pour un maître, a dit Bacon, n'invente ni ne perfectionne. » Outre qu'il n'a pas intérêt à inventer et à perfectionner, il n'a pas d'action personnelle et suit aveuglément la routine qui lui est imposée ; il est réduit au rôle de machine ; l'activité physique seule est en jeu, la raison et la volonté sommeillent.

C'est un fait d'expérience que plus on se confie aux hommes, en leur laissant l'initiative et le mérite de leurs entreprises, plus on obtient d'eux. « La responsabilité personnelle est l'instrument le plus énergique du succès. Ce qui le prouve sans réplique, c'est la supériorité démontrée du travail libre sur le travail servile. » (P. JANET.) Il n'est pas rare de voir des hommes, dépouillés tout à coup d'une fortune dont ils n'avaient su que jouir, et réduits à se créer seuls une position, déployer une activité et des ressources dont on ne les aurait pas crus capables et qu'eux-mêmes ne soupçonnaient pas en eux.

d) Inclination relative à la personne humaine tout entière : amour de soi. — C'est moins une inclination que l'ensemble des inclinations personnelles, la tendance consciente à être, à persévérer dans l'être, à réaliser la perfection de son être. La première manifestation de l'amour de soi, c'est une horreur instinctive du néant et l'amour de l'être. « Être ou ne pas être, dit Hamlet dans Shakespeare, voilà la question. » Aimer quelqu'un, c'est lui souhaiter et lui faire du bien. S'aimer soi-même, c'est se souhaiter et se faire le bien que réclame, en soi, la personne humaine. L'amour de soi est essentiel à la personne : on ne conçoit pas que l'être intelligent et libre développe sa personnalité sans ce stimulant incessant ; il est, par conséquent, légitime, tant qu'il demeure raisonnable [1].

« L'amour de soi revêt, chez l'homme, un caractère supérieur de réflexion, de moralité, d'obligation même, que la religion a consacré en condamnant le découragement, le suicide, et en faisant de l'espérance une des trois grandes vertus qu'elle recommande. Sans l'amour de soi, point de ressort moral, point de prévoyance, point de travail, point d'épargne, point d'invention : la civilisation s'arrête, et la vie même s'éteint. » (BAUDRILLART, *Manuel d'éc. pol.*)

Ce qu'il faut aimer en soi, c'est ce qui fait la dignité et la grandeur de l'homme, c'est le sujet de la loi morale. Ainsi entendu, l'amour de soi n'exclut pas l'amour des autres et préserve de l'égoïsme.

L'amour de la liberté, celui de l'honneur, de l'indépendance, de la gloire, ne sont au fond que des formes ou manifestations de l'amour de soi. Ainsi la liberté, c'est la possession de soi dans l'ordre ou dans la loi ; l'honneur, c'est le respect ou l'amour de soi dans la dignité, dans l'intégrité de la vie ; l'amour de l'indépendance, c'est le désir de ne dépendre que de soi en dépendant volontairement

---

[1] Notre-Seigneur fait de l'amour de soi la mesure de l'amour du prochain : « Aimez votre prochain *comme vous-même*. » — « Aucune distinction entre ces deux termes (amour de soi et amour-propre) n'existait au XVIIe siècle, qui confondait dans une commune réprobation l'amour de soi et l'amour-propre. Mais depuis on a distingué entre ces deux expressions ; l'une n'implique aucun blâme et indique simplement l'intérêt légitime qu'on prend à soi-même ; l'autre indique que l'amour de soi tend à passer les bornes et à s'approcher de l'égoïsme. » (LITTRÉ.)

de la loi; l'amour de la réputation ou de la gloire, c'est le désir de vivre dans l'estime d'un grand nombre.

Sentiments qui en naissent. — De l'amour de soi naissent *l'amour de la vie, l'amour du bien-être*, le *désir de l'excellence*.

Ces sentiments se manifestent: *l'amour de la vie*, par l'instinct de conservation d'abord, comme chez l'animal; mais il comprend, chez l'homme, le désir de l'immortalité[1]; *l'amour du bien-être*, par le soin que l'on prend de pourvoir à tous ses besoins physiques et moraux; le *désir de l'excellence*, par la tendance au progrès, qui est un besoin et partant une loi de la nature humaine : il ne suffit pas à l'homme d'être, ni même d'être agréablement; il veut être avec toute la perfection que son être comporte.

C'est un fait que la vue de ses défauts l'attriste, que celle de ses qualités lui est un sujet de complaisance; il aime à se rappeler et à rappeler ce qui l'élève à ses propres yeux et à ceux des autres. Le désir de l'excellence, comme tous les penchants, a besoin d'être réglé par la raison; autrement il se porte sur n'importe quel genre d'excellence, même sur le vice, suivant les idées que l'on se fait de la vie et de la perfection. Ne va-t-on pas jusqu'à se vanter de ce qui abaisse et dégrade?

Exagération de l'amour de soi : égoïsme. — L'amour déréglé de soi s'appelle *égoïsme*.

La définition est dans le mot lui-même : c'est le *moi* qui se fait centre de tout, qui s'aime sans règle et sans mesure, aux dépens d'autrui, contre la justice. On n'est pas égoïste parce qu'on songe à soi, mais parce qu'on ne songe qu'à soi, parce qu'on sacrifie tout à l'intérêt personnel[2].

« On pourrait dire qu'il y a deux égoïsmes : celui de l'esprit et celui du corps. L'égoïsme de l'esprit, c'est l'orgueil; l'égoïsme du corps, c'est la sensualité. Il est bien entendu toutefois que les deux égoïsmes sont dans l'âme : le corps n'a ni mérite ni démérite, ni égoïsme ni amour. Les deux égoïsmes sont donc dans l'âme ; mais l'un est celui de l'âme s'abaissant dans le corps pour en jouir, l'autre est celui de l'âme voulant s'élever au-dessus d'elle-même. Je les vois l'un et l'autre dans ces mots de Pascal : « Qui veut faire l'ange, fait la bête. » L'orgueil, c'est l'âme voulant faire l'ange; la sensualité, c'est l'âme faisant la bête. » (P. GRATRY.)

---

[1] « L'immortalité est si bien le fond de notre nature, qu'elle se traduit spontanément dans nos désirs et nos aspirations. Nous voulons obstinément vivre : vivre dans l'estime et l'admiration des hommes, vivre dans le cœur de ceux que nous aimons, vivre par l'éclat de nos œuvres, vivre par le souvenir de nos bienfaits. » (P. MONSABRÉ, 17ᵉ Conf., 1875.)

[2] « L'égoïste brûlerait la maison de son voisin pour se faire cuire un œuf. » (CHAMFORT.)
« Il ne vit que pour soi, et tous les hommes ensemble sont à son égard comme s'ils n'étaient point... Il embarrasse tout le monde, ne se contraint pour personne, ne plaint personne, ne connaît d'autres maux que les siens, que sa réplétion et sa bile; ne pleure point la mort des autres, n'appréhende que la sienne, qu'il rachèterait volontiers de l'extinction du genre humain. » (LA BRUYÈRE, *Gnathon*.)
Il essaye de se justifier par quelques maximes dont il fausse le sens : « Charité bien ordonnée commence par soi-même ; chacun pour soi, et Dieu pour tous. » Il ne connaît que soi, ne jure que par son droit et ignore les autres. Les autres pourtant ne sont pas une quantité négligeable : c'est tout le monde, *sauf un*.
Saint-Simon dit en parlant d'un homme fort vaniteux : « Son moi était comme une machine pneumatique qui attirait l'air autour de lui et n'en laissait plus pour personne de ceux qui l'approchaient. »

Origine de l'égoïsme. — Saint Thomas, dans ses *Questions sur le péché originel*, montre que l'égoïsme est la racine de tout mal, se confond avec ce qu'on appelle en théologie la concupiscence, et a sa source dans la déchéance primitive; il prouve que cet amour déréglé de soi, qui transgresse la loi de la raison, est « contre la nature de l'homme ».

La nature humaine, telle que Dieu l'avait faite, était bonne en soi; ce qui est mauvais en elle est l'œuvre de l'homme et non de Dieu : « Dieu fait tout dans l'homme, dit Bossuet, excepté le seul péché, où son action ne se mêle point. » C'est donc mal s'exprimer et abuser du mot *nature* que de dire, comme on fait souvent, que la *nature* nous porte à l'égoïsme. Si cela était, la responsabilité n'en serait pas à nous, mais à Dieu, auteur de la nature[1]. « Dieu a fait l'homme droit » (Écriture); il ne l'a pas créé dans l'injustice et le désordre, qui sont le fond même de l'égoïsme. « Cette rectitude de l'homme consistait à aimer Dieu de tout son cœur… d'un amour pur et parfait, et pour l'amour de lui-même, et de s'aimer soi-même en lui et pour lui. Voilà la rectitude de l'âme : voilà l'ordre, voilà la justice. » (Bossuet, *Traité de la concupiscence*, XI.)

Caractères de l'égoïsme : 1° *L'égoïsme est une injustice :* « Le moi a deux qualités : il est injuste en soi, en ce qu'il se fait centre de tout; il est incommode aux autres, en ce qu'il les voudrait asservir : chaque moi est l'ennemi et voudrait être le tyran de tous les autres. » (Pascal.)

2° *Il est un désordre :* « Chacun tend à soi; cela est contre tout ordre. Il faut tendre au général : la pente vers soi est le commencement de tout désordre en guerre, en politique, en économie, et Dieu a voulu faire des êtres qui composassent un corps de membres pensants. Être membre, c'est n'avoir de vie, d'être, de mouvement que par l'esprit du corps et par le corps. » (Id.) C'est pourquoi l'égoïste, qui ne vit que pour soi, est dans l'injustice et le désordre.

3° *Il rend malheureux :* dans le plan divin, c'est en s'occupant du bonheur de tous que chacun doit faire son propre bonheur. L'égoïste renverse ce plan; il cherche à être heureux aux dépens des autres; il veut faire son bonheur du malheur de tous. Mais le bonheur et l'injustice ne sauraient s'allier. Tout ce qui détruit en nous l'homme moral, y détruit le bonheur : c'est une nécessité que l'égoïste soit malheureux.

4° *Il est la négation du devoir :* Faire son devoir, c'est obéir à la loi morale, c'est-à-dire sacrifier le particulier et le relatif à l'universel et à l'absolu. L'égoïsme fait le contraire : il sacrifie l'universel et l'absolu au particulier et au relatif. On pourrait résumer en deux mots toute la morale : Le bien, voilà le

---

[1] Pour réfuter cette erreur, le marquis de Ségur a écrit un intéressant ouvrage : *la Bonté et les affections naturelles chez les Saints*. « On croit voir, dit-il, dans l'anéantissement de la nature ce qui en est le perfectionnement et la couronne. Tandis que la sainteté chrétienne a pour effet d'élever et d'agrandir l'âme…, d'y rétablir, dans une juste harmonie, l'ordre des sentiments et des amours détruit par le péché originel, on s'imagine qu'elle anéantit et dévore tout ce qui est naturel, pour ne laisser subsister qu'un sentiment unique, l'amour d'un Dieu jaloux, ennemi de la nature. Ainsi, on en arrive à défigurer l'œuvre de Jésus-Christ. »

Mgr Gay dit, dans une lettre à l'auteur : « Confondant la nature, qui est l'œuvre de Dieu, avec le mal, qui depuis le péché l'altère et la dégrade, on en fait l'adversaire de la grâce, et l'on croit que le premier et le principal emploi de celle-ci est de faire à celle-là une guerre sans trêve et sans merci, une vraie guerre à mort. Saint Thomas d'Aquin pensait tout autrement.

« La grâce, écrit-il dans sa *Somme*, ne détruit pas, ne supprime pas la nature; elle la suppose, au contraire, et la perfectionne. » … Saint Augustin, parlant de la douleur qu'une fausse et orgueilleuse philosophie (stoïcisme) prétendait être une pure faiblesse, a écrit : « Il vaut mieux au cœur humain s'attrister et se consoler, que de cesser, en ne s'attristant pas, d'être un vrai cœur humain. » — « Je suis tant homme que rien plus, » disait naïvement le bon saint François de Sales; il écrivait à une personne qu'il dirigeait : « Nous nous amusons quelquefois tant à être de bons anges, que nous en oublions d'être de bons hommes et de bonnes femmes. »

Toutes les fois qu'on oppose la nature à la grâce ou à la raison, on entend la nature viciée par le péché originel, la nature avec l'ensemble des penchants qui composent l'égoïsme ou la concupiscence.

but de la vie, le seul ; l'égoïsme, voilà l'obstacle, le seul. — Comme il naît à la fois de l'étroitesse du cœur et de celle de l'esprit, on le combat en faisant appel au sentiment et à la raison, en se substituant en pensée à la place des autres, en s'efforçant de saisir toutes les occasions de faire plaisir, de rendre service, en se rendant compte de la solidarité sociale, du rôle de l'individu dans la société, rôle que l'égoïsme ou la poursuite exclusive des fins personnelles et intéressées empêche de remplir. (Voir, dans la *Morale générale*, la réfutation de la Rochefoucauld, qui prétend que l'amour-propre, ou amour de soi et de toutes choses pour soi, sous sa double forme d'intérêt et de vanité, est le principe des actions qui paraissent les plus désintéressées.)

Ses manifestations. — On le trouve au fond de toute passion, de toute inclination pervertie. Ce qu'on nomme les sept péchés capitaux n'est pas autre chose que l'égoïsme sous ses diverses formes. On est avare, parce qu'on n'amasse que pour *soi*; gourmand, parce qu'on mange, on boit uniquement pour *son* plaisir ; jaloux, envieux, parce qu'on *se* regarde comme privé par les autres des biens ou des avantages dont ils jouissent; paresseux, parce qu'on ne veut s'imposer ni effort ni gêne; dur, cruel, parce qu'on est sensible à *ses* propres souffrances et nullement à celle des autres; lâche, parce qu'on préfère à tout la conservation de *sa* santé ou de *sa* vie[1].

REMARQUE. — Les anciens n'ont pas eu une idée nette de l'égoïsme; ils n'ont pas compris que ce vice initial engendre et résume tous les autres. C'est au christianisme que nous devons de savoir que le « moi est haïssable »; que la vie individuelle n'a de prix que par ce qui la dépasse; que le sacrifice, le renoncement à soi-même est la loi du progrès; que la vie, la grandeur, la perfection de l'homme, se trouvent dans l'abnégation.

Estime de soi. — L'estime de soi, qui se rattache à l'amour de soi, est le sentiment par lequel l'homme a conscience de sa valeur et de son mérite. Pour savoir ce que l'on peut, il faut avoir conscience de ce que l'on vaut; pour jouir de sa propre excellence, il faut la connaître.

Ce sentiment est, en général, très développé chez les hommes de caractère, où il s'allie à la simplicité, à la modestie. On aime à entendre le grand Corneille affirmer sa valeur méconnue :

« Je sais ce que je vaux, et crois ce qu'on m'en dit. »

Ce mot d'Auguste est d'un homme qui se connaît et qui se possède :

« Je suis maître de moi comme de l'univers;
Je le suis, je veux l'être. »

La véritable estime de soi, c'est la juste opinion de soi; le bon témoignage que donne une bonne conscience. « La conscience dit à l'homme de bien qu'il est grand devant Dieu, parce qu'il est pur devant lui, et cette grandeur le soutient sans l'enorgueillir, parce qu'étant fondée sur la vérité, elle retourne à Dieu bien plus qu'elle ne descend à l'homme. L'âme sent sa dignité et en jouit. » (LACORDAIRE.) L'estime de soi est nécessaire au bonheur. L'injustice, la calom-

---

[1] Égoïsme et intérêt : point de vue économique. — « Il faut remarquer que l'intérêt ne saurait être confondu avec l'égoïsme. Renfermé dans ses justes limites, l'intérêt est d'une admirable fécondité pour le bien, non seulement privé, mais général. Il en est autrement de l'égoïsme, qui le plus souvent engendre de déplorables conséquences économiques. On peut dire qu'en général l'intérêt bien entendu tend à rapprocher les hommes, et que l'égoïsme tend à les diviser. C'est l'intérêt qui a fait naître l'échange; c'est l'égoïsme qui produit toutes les usurpations. » (BAUDRILLART, *Manuel d'éc. pol.*)

nie, la persécution ne peuvent rendre malheureux, dans toute la force du terme, celui qui garde sa propre estime, qui a conscience de n'avoir point failli, d'être resté digne de lui-même et digne de la vie. On est heureux de se replier sur soi-même, de vivre avec soi-même, quand on s'estime; on se fuit, au contraire, quand on se méprise. « Comme on revient avec peine dans une maison pauvre et mal tenue, ainsi on revient difficilement à soi-même, lorsque le foyer est vide et la flamme éteinte. » (LACORDAIRE.)

De l'estime de soi, quand elle n'est pas exagérée et ne fait pas l'ombre sur les défauts pour mettre seulement en relief les qualités, naissent la *confiance en soi-même*, le *sentiment de l'honneur*, le *sentiment de la dignité humaine*, *l'amour de la gloire*.

Confiance en soi. — La confiance en soi est un sentiment par lequel on a conscience de sa force et de ses ressources. Le mot confiance, par son étymologie même (*fiducia, fides, foi*), signifie une conviction mêlée d'espérance. C'est souvent la confiance en soi qui fait réussir. Celui qui ne compte pas sur soi, qui doute, qui n'ose pas, paralyse ses forces, ne se fait jamais valoir ce qu'il vaut.

Il faut se garder à la fois de la présomption et d'une défiance excessive. Si « le trop de confiance attire le danger », le trop de défiance rend impuissant à le surmonter; « qui n'appréhende rien présume trop de soi, » et qui appréhende trop faillit, parce qu'il craint.

Donner ce qu'on peut et faire la mesure de ce qu'on peut la plus grande possible, voilà la règle. L'imagination est souvent pour beaucoup dans les difficultés prévues; elle les grossit et les multiplie. Si elles sont réelles, le moyen de les vaincre n'est pas d'en avoir peur. Les attaquer timidement, c'est être à moitié vaincu; on en triomphe avec moins de peine, quand on va devant soi avec confiance et résolution : « Qui veut mourir ou vaincre est vaincu rarement[1]. » (CORNEILLE.)

Sentiment de l'honneur. — Le sentiment de l'honneur est le souci de rester digne, de mériter et de garder l'estime, celle de soi-même d'abord, puis celle de ceux qu'on estime soi-même; c'est la force d'âme animée ou réveillée par la préoccupation de ne pas déchoir. C'est un sentiment complexe, qui tient à la fois de l'amour de soi, de la sympathie pour autrui et du besoin d'idéal; ce dernier élément, qui n'est au fond que le désir d'excellence et de noblesse, en est l'âme et le caractérise. « Le mot honnêteté désigne un état d'honneur permanent, et l'honneur, c'est le témoignage de notre propre excellence, qui se confond avec la vertu. » (S. THOMAS.)

Le P. Lacordaire l'a défini : un sentiment chaste de soi-même, une crainte infinie de toute honte méritée, la plus haute délicatesse dans la plus sainte pudeur.

Le sentiment de l'honneur a fleuri surtout au moyen âge; la chevalerie en avait fait le symbole de la perfection morale : il embrassait toutes les vertus publiques et privées. « Le premier ressort, le ressort secret, profond, de la société moderne, c'est ce sentiment excellent qu'on appelle l'honneur, qui n'est autre chose que l'indépendance et l'inviolabilité de la conscience humaine, supérieure à tous les pouvoirs, à toutes les tyrannies, à toutes les forces du

---

[1] De Tocqueville dit, dans ses *Souvenirs* : « Si l'on me demande ce que j'ai gagné dans ce ministère si troublé, si traversé et si court que je n'ai pu qu'y commencer les affaires sans en finir aucune, je répondrai que j'ai gagné un grand bien, le plus grand peut-être des biens de ce monde, la confiance en moi-même. »

dehors; c'est, en un mot, le sentiment de la dignité de l'homme, et nous ne devons pas méconnaître combien l'antiquité, avec toutes ses vertus civiques, avait opprimé cet instinct légitime de la dignité personnelle. En présence de la patrie, le citoyen n'est rien; en présence de la loi, la conscience se tait; en présence de l'État, l'homme ne connaît pas de droits. Voilà la loi générale; et en même temps que l'antiquité écrasait la dignité humaine par la majesté de l'État, elle flétrissait la personne dans trois sortes d'hommes qui composaient la grande majorité du genre humain : les esclaves, les ouvriers et les pauvres. » (OZANAM, *Civilisation au Ve siècle*, XIIIe leçon.)

L'écueil du sentiment de l'honneur, c'est de dégénérer en orgueil et en vanité, ou encore de s'attacher à des choses que l'opinion approuve et que la conscience condamne. Celui qui recherche avant tout l'estime d'autrui, qui fait bien pour être applaudi, n'est pas éloigné de mal faire, si l'applaudissement est à ce prix. L'homme a besoin de règles plus sûres que l'opinion, et l'honneur n'a guère d'autres règles. On distingue cependant le faux honneur du véritable. Le véritable est celui qui repose sur les traditions morales des siècles de foi, et qui résiste aux courants contraires de l'opinion. Le faux honneur est celui qui n'a pour mobile que la vanité, qui tient plus à obtenir la considération qu'à la mériter, qui se contente même des marques extérieures du respect public, brigue les emplois, les croix, les rubans, les livrées, flatte les puissants, marche sur les faibles. Il faut tenir à l'honneur, c'est-à-dire à l'estime publique. La vertu méconnue ou calomniée n'est utile qu'à l'homme vertueux. La vertu reconnue sert d'exemple. Il faut donc être jaloux de sa réputation. C'est un moyen d'être utile. Un homme déshonoré devient un scandale.

Au sentiment de l'honneur est opposé celui de la *honte*, trouble intérieur qui nous porte à fuir les regards, quand nous avons fait quelque chose qui nous abaisse, soit à nos yeux, soit à ceux de nos semblables; il accompagne toujours plus ou moins le remords, surtout pour les actions qui ont un caractère particulier de bassesse. Avant que le mal soit commis, la honte est comme le premier cri de la conscience alarmée; quand le mal est fait, elle devient un châtiment qui survit même à l'expiation et se perpétue en nous par le souvenir. Ce qui fait le fond de la honte, ce qui nous trouble, c'est l'idée que nous avons de nous-même. Ce n'est pas le regard d'autrui qui nous révèle notre humiliation, c'est le sentiment de notre humiliation qui nous fait craindre le regard d'autrui. On braverait la colère d'un maître irrité; on ne soutient le mépris de personne. Dès qu'on se sent avili, on tressaille, on rougit, on voudrait disparaître. La honte est un des phénomènes moraux les plus dignes d'étude, une révélation naturelle de la dignité humaine, un souvenir de notre grandeur au sein de notre abaissement, et comme un pressentiment de la justice divine.

L'éducation, la coutume, les préjugés émoussent ce sentiment ou le rendent plus délicat. — Dans notre vieille langue on trouve cette expression : *avoir ses hontes bues, toutes ses hontes bues*, pour signifier : avoir perdu tout respect de soi-même.

Sentiment de la dignité humaine. — C'est l'estime de soi-même considéré comme homme en général, comme sujet d'une loi qui impose des devoirs, confère des droits et rend inviolable dans l'accomplissement des uns et l'exercice des autres.

On se sait l'égal des autres hommes par nature, et on repousse toute idée de servilité et de servitude, de bassesse et d'esclavage; on sert, on ne s'asservit pas; on obéit, on ne s'abdique pas; on respecte en soi-même et on fait respecter par les autres la personne humaine, ses droits naturels, inviolables toujours et pour tous. On se sait supérieur aux autres êtres de la création par la raison, par la liberté et la moralité, et on ne s'abaisse pas à leur niveau. « L'homme n'a pas seulement besoin de pain, il a besoin de dignité. Il est, par sa nature même, une dignité. » (LACORDAIRE.)

Amour de la gloire. — C'est l'amour des grandes choses, l'attrait pour ce qui a de l'éclat, pour ce qui mérite la considération et l'estime. Il nous semble que notre personnalité s'étend et s'agrandit à mesure que nous sommes plus connus et plus estimés.

« Nous avons une si grande idée de l'âme de l'homme, dit Pascal, que nous ne pouvons souffrir d'en être méprisés et de n'être pas dans l'estime d'une âme... C'est la plus belle place au monde. »

L'homme qui aime la gloire recherche ce qui excite l'admiration ; les vertus ordinaires ne le satisfont pas, il lui faut des vertus éclatantes, héroïques. Si les enfants sont sensibles à la louange et au blâme bien avant le temps où ils en peuvent éprouver les avantages et les inconvénients, c'est en partie un effet de l'amour de la gloire qui est au fond du cœur humain ; cela prouve la fausseté de la doctrine qui veut ramener le désir d'estime à une inclination intéressée et à un calcul réfléchi. Ce sentiment peut s'allier à celui de l'humilité : se porter vers les grandes choses et se rendre capable de les accomplir n'empêche pas de reconnaître par où l'on est faible et impuissant [1].

Gloire, célébrité. — Il ne faut pas confondre la *gloire*, qui suppose toujours le bien et le beau, avec la *célébrité*, qui peut s'obtenir par le crime, aussi bien que par la vertu. La gloire doit être regardée comme le rayonnement de la vertu, être voulue comme une conséquence et non comme un but : « Dans les grandes actions, il faut uniquement songer à bien faire, et laisser venir la gloire après la vertu. C'est la maxime qui fait les grands hommes. » (BOSSUET.)

II. — INCLINATIONS SOCIALES

Outre les inclinations qui rattachent l'homme à lui-même et ne sont, au fond, que les diverses manifestations de l'amour de soi, il y a les inclinations qui le portent vers les autres hommes. Il est nécessaire de tenir compte de ces deux éléments de la nature humaine. La tendance à voir le côté individuel plus que le côté sociable, à faire de l'homme un être isolé, indépendant, tenant ses droits de la nature et ses devoirs de conventions consenties, tendance qui a été celle de Rousseau et du XVIIIᵉ siècle, est une source d'erreurs en morale et en législation.

Division. — On peut distinguer les inclinations *sociales*, qui nous portent vers les hommes en général : *sociabilité, sympathie, amour de l'humanité* ; les inclinations qui s'adressent à certains groupes : *familiales et corporatives : affections de famille, amour*

---

[1] Saint Thomas, dans sa *Somme*, se pose cette question : « Le désir de la gloire est-il un péché ? » Il répond : « Connaître son propre bien et l'approuver comme digne de louange, ce n'est pas un péché. » Saint Paul écrivait : « Nous avons reçu, non l'esprit de ce monde, mais l'esprit de Dieu, afin que nous connaissions les dons que nous tenons de Dieu même. » (1 Cor. II, 12.) Il ne nous est pas défendu non plus de vouloir qu'on approuve nos bonnes œuvres. Il est écrit : « Que votre lumière luise devant les hommes. » (S. MATTH., V, 16.) Ce qui est illicite, c'est l'amour de la vaine gloire ; et la gloire est vaine, quand on veut se glorifier de ce qui n'est pas digne ou de ce qui est indigne, quand on la demande à des hommes qui n'ont pas un jugement droit, quand on ne rapporte pas le désir de la gloire à une fin légitime, comme l'honneur de Dieu ou le bien du prochain.

de la *patrie*, *esprit de corps*; enfin celles qui reposent sur le choix, ou *électives : amitié, amour*.

1. — Inclinations qui nous portent vers l'homme en général.

Sociabilité. — L'instinct de société est l'attrait de l'homme pour l'homme. « Il paraît manifestement que le plaisir de l'homme, c'est l'homme, » dit Bossuet. On se sent porté à partager les joies et les douleurs de ses semblables [1].

L'homme n'est pas un ennemi pour l'homme, comme l'a dit Hobbes (*homo homini lupus*). Le mot de Térence est plus vrai : « Je suis homme, rien de ce qui est humain ne m'est étranger. » La société n'est pas l'effet d'une convention, comme l'a pensé Rousseau : elle est naturelle à l'homme. On dit qu'une chose est naturelle à un être, quand elle tient à son essence, à sa constitution. Or tout en l'homme est disposé pour la société et la réclame : il ne peut vivre et atteindre sa fin que dans la société; réduit à lui-même, il est physiquement et moralement impuissant. Que de sentiments et de faits seraient inexplicables, si la sociabilité n'était pas un attribut essentiel de la nature humaine : l'horreur de l'isolement, l'impossibilité de ne rapporter qu'à soi sa manière d'être et d'agir; le besoin de s'épancher, de sympathiser avec ses semblables, de leur communiquer ses pensées et ses sentiments, d'en être connu et estimé; le penchant à la bienfaisance, le langage, les instincts de crédulité et de véracité !

Le premier cri de Robinson Crusoé, après avoir fouillé les débris d'un navire échoué, est un appel à la société : « Ah! si un seul homme eût été sauvé » — Silvio Pellico raconte, dans ses *Prisons*, combien la vue d'un homme lui était agréable; il cherchait à voir la sentinelle. « Lorsque le soldat levait la tête, qu'il avait un visage exprimant l'honnêteté et que je croyais y découvrir quelque trace de compassion, je me sentais saisi d'une douce palpitation, comme si ce soldat inconnu eût été pour moi un ami. » — En mer, quand on est resté longtemps isolé, la rencontre d'un vaisseau est pour les passagers une véritable fête. — L'isolement est peut-être la peine la plus forte qu'on puisse infliger à un homme qui est devenu un danger pour la société. « L'hypothèse de l'isolement comme état primitif de l'humanité, si commune au dernier siècle, n'est qu'un rêve de la philosophie en délire. Un tel rêve n'a pu naître que dans une société pleine d'abus et de corruption, qui semblait, à des esprits extrêmes violemment ramenés en arrière vers un âge d'or chimérique, condamner l'existence de la société même. Pourtant cette hypothèse, toute fausse qu'elle est, a exercé une funeste influence sur les diverses branches des sciences sociales. » (Baudrillart, *Manuel d'éc. pol.*)

Sympathie. — La sympathie paraît être la plus générale des inclinations sociales [2]. Elle est le penchant à éprouver les mêmes sentiments qu'autrui, quand on aperçoit les *signes extérieurs qui les révèlent*. C'est l'âme d'autrui devenant notre âme, de sorte qu'il se produit comme une substitution des *moi* : l'idée d'un moi étranger remplace celle de notre moi dans notre conscience.

La sensibilité est communicative; de même que, lorsque deux instruments sont d'accord, une note donnée par l'un vibre à l'unisson dans l'autre, de même,

---

[1] La parabole du Samaritain, dans l'Évangile, met en évidence cette vérité « que nul homme n'est étranger à un autre homme, fût-il d'une nation autant haïe dans la nôtre que les Samaritains l'étaient des Juifs ». (Bossuet.)

[2] On dit aujourd'hui inclinations *altruistes*. C'est un néologisme qui n'est pas encore entré dans la langue courante.

mais avec les différences qu'entraîne la liberté, on jouit ou l'on souffre par sympathie de la joie ou de la douleur qui se manifeste en autrui. C'est une espèce de répercussion des sentiments, des passions, qui conduit à sentir et à vivre en autrui[1]. Ce qui nous émeut chez les autres, c'est une image de nous-mêmes, c'est le spectacle de l'âme humaine déployant son activité dans les luttes de la vie, dans des luttes semblables à celles où nous sommes engagés nous-mêmes. La sensibilité personnelle est la racine de la sensibilité sympathique. On connaît la contagion du bâillement, phénomène physique : c'est un cas de sympathie. On sait combien, chez les hommes assemblés, chez les masses, les sentiments sont plus vifs et plus prompts[2]; la raison en est qu'ils sont excités et multipliés, en quelque sorte, par la sympathie. Elle n'existe pas au même degré chez tous les hommes. Celui qui a souffert et qui a beaucoup d'imagination compatit d'ordinaire très fortement aux souffrances d'autrui. La sympathie est le ressort naturel de la pitié, de la bienfaisance, de la charité, du dévouement.

A l'état spontané, le penchant de sympathie, et celui d'antipathie qui lui est opposé, sont des mouvements de préférence ou de répugnance pour ce qui est conforme ou contraire à notre caractère, à nos goûts. Jusqu'à un certain point, ils sont dans le monde moral ce que l'attraction et la répulsion sont dans le monde physique. La raison doit, suivant leur valeur, favoriser leur développement ou s'y opposer. (On verra, en morale, la réfutation de la doctrine de Smith fondant toute la morale sur la sympathie.)

La *bienveillance*, qui est une des formes de la sympathie, est la disposition à vouloir du bien à autrui, disposition qui conduit à la *bienfaisance*[3].

Instincts de crédulité et de véracité.

Ce sont deux penchants de l'esprit, le premier à admettre sans examen, comme vrai, tout ce qui est affirmé par autrui; le second, à dire vrai, à conformer nos discours à nos pensées. Ils sont corrélatifs : le penchant à croire au témoignage de nos semblables implique la croyance à la véracité de ce témoignage; ils sont la première loi et la première garantie des relations sociales; ils tiennent à la constitution de la société, comme à celle de notre nature. Sans ces dispositions naturelles, le but du langage est manqué, l'éducation n'est pas possible, et l'homme est réduit à ses lumières personnelles, renfermé dans les limites de sa propre expérience.

La véracité n'est pas seulement pour l'homme un besoin, elle est aussi un devoir. Il se dégrade et corrompt sa nature en se livrant au mensonge. — La crédulité est très grande chez l'enfant et chez l'ignorant; on en tire parti pour l'instruction. Si elle se prolonge et devient comme un état habituel de l'esprit, elle est un manque de jugement ordinairement exploité au profit de l'erreur, des préjugés, de la superstition. — La crédulité des âmes supérieures, des âmes droites, dont on parle quelquefois, est d'une autre sorte; si elles sont faciles à tromper, c'est

---

[1] « La bise de Grignan, disait M⁻ᵉ de Sévigné à sa fille, me fait mal à votre poitrine. »
[2] « Assistez dans une salle de spectacle à peu près déserte à la représentation d'une pièce, vous éprouverez infiniment moins de plaisir que lorsque la salle sera pleine, et qu'à côté de vous et de tous côtés vous sentirez des natures semblables à la vôtre partager ces dispositions. » (JOUFFROY, *Cours de droit naturel*.) — On sait comment se font d'ordinaire les émeutes. Quelques orateurs passionnés communiquent leur mécontentement à la foule, qui les acclame, qui s'exalte, qui s'emporte, qui va jusqu'au délire et à la fureur. Parmi les émeutiers, beaucoup eussent été inoffensifs, pris isolément.
[3] « Tout indique à la vue le cœur bienveillant : son silence même a une éloquence qui attire; il touche sans parler, il plaît sans le savoir, il règne par un empire qui ne lui coûte rien et qu'aucun autre ne saurait égaler. » (LACORDAIRE). — Ce sentiment dilate le cœur. « Tout ce qui multiplie les nœuds qui attachent l'homme à l'homme, le rend meilleur et plus heureux. — Quiconque éteint dans l'homme un sentiment de bienveillance le tue partiellement. » (JOUBERT.)

que les choses les plus extraordinaires leur paraissent plus probables qu'une méchante action.

Instinct d'imitation. — C'est le penchant qui porte l'homme à reproduire les choses qui l'ont vivement frappé : idées, sentiments, actes, œuvres.

D'après plusieurs philosophes contemporains, l'explication de ce penchant se trouverait dans ce fait, qu'il suffit de recevoir ou de concevoir une image ou une idée pour qu'elle ait déjà une tendance à se réaliser dans les actes ; les émotions se propageraient de la même façon d'une conscience à l'autre.

L'instinct d'imitation se rattache à la sympathie : la disposition à éprouver les mêmes sentiments que les autres hommes amène la disposition à accomplir les mêmes actes. Il est à sa plus haute puissance chez l'enfant : ni habitudes d'esprit, ni habitudes de corps n'y font opposition ; la personnalité consciente et la volonté s'éveillent à peine en lui. Chez l'homme, il est limité par les habitudes prises, par la personnalité constituée, par le penchant à l'*originalité*, qui est le désir d'être et de rester soi-même.

Il y a une imitation *instinctive, spontanée*, à laquelle nous nous prêtons sans le savoir et le vouloir. On la trouve chez les animaux, plus ou moins développée suivant les espèces. Il y a une imitation *libre, réfléchie*, dirigée par la raison, dont le but est de nous approprier ce que nous avons trouvé de bon ou d'utile chez les autres ; cette imitation, propre à l'homme, est le principe des arts et des œuvres d'imagination ; elle implique la perfectibilité. Comme être sociable, l'homme éprouve le besoin de se mettre en quelque sorte à l'unisson de ses semblables ; comme être perfectible, il se sent porté à égaler ou à surpasser ce qui est au-dessus de lui.

L'instinct d'imitation est une grande force en éducation. C'est par l'imitation que l'œuvre commence, c'est par l'habitude qu'elle s'achève. L'enfant fait comme il voit faire, parle comme il entend parler ; sa faculté d'imitation s'exerce dans le domaine intellectuel et moral, comme dans le domaine physique : il imite tout, le bien comme le mal, plus facilement même le mal que le bien.

C'est ce qui explique la *puissance de l'exemple*, surtout dans les premières années de la vie, du bon pour moraliser, du mauvais pour corrompre. De là le devoir de prendre garde à ce qu'on dit, à ce qu'on fait devant l'enfant ; ce qu'on dit, il a une tendance naturelle, non seulement à le répéter, mais à l'ériger en maxime, à en faire la règle de sa conduite ; ce qu'on fait, on peut être sûr qu'il le fera, surtout si l'exemple lui vient de personnes qu'il respecte et qu'il aime, comme ses parents et ses maîtres.

A l'exemple, se rattache l'influence des fréquentations et des milieux. On devient en général tel que ceux que l'on fréquente : « Dis-moi qui tu hantes, et je te dirai qui tu es. » Il est même à remarquer que l'instinct d'imitation, comme la sympathie, est d'autant plus énergique qu'on est plus nombreux. De là ce qu'on a appelé la *contagion morale*. Ce qui explique les paniques, les déroutes, c'est que la peur est contagieuse ; — les prodiges de valeur faits par des poltrons, encadrés dans une troupe de braves, c'est que l'enthousiasme se communique ; — les entraînements des foules, soit pour le bien, soit pour le mal, c'est que la passion de chacun semble se multiplier par la passion de tous. Dans une classe où règnent l'amour du travail et l'émulation, les paresseux et les dissipés sont entraînés ; au contraire, là où dominent la paresse et le désordre, les enfants bons, mais sans caractère, deviennent vite paresseux et indisciplinés.

Chacun étant tenu de se mettre dans les meilleures conditions possibles de moralité, il faut se placer dans un milieu favorable à la vertu, et si ce milieu n'existe pas, s'efforcer de le créer en rendant meilleurs ceux avec qui l'on vit. La vertu naît spontanément dans le cœur de l'enfant, quand il est entouré d'une atmosphère pure, saine et fortifiante, où ses bons instincts trouvent seuls à se développer.

Instinct d'originalité. — On l'a déjà vu, l'instinct d'originalité fait contrepoids à l'instinct d'imitation. Le premier est caractéristique de l'individu et mesure sa valeur; le second contribue à mettre l'harmonie dans la société et fait que l'expérience de chacun profite à tous.

L'imitation ne doit jamais aller jusqu'à l'abdication de la personnalité : pas plus dans la conduite que dans les arts, elle ne doit être un esclavage; il faut viser à autre chose qu'à être une unité perdue dans la foule vulgaire; c'est n'avoir ni caractère ni moralité que de suivre la maxime : « Faire comme tout le monde, » qui signifie ordinairement mal faire.

L'imitation féconde consiste à savoir accepter et à savoir réagir. L'imitateur qui fait admirablement tout ce qu'il a vu faire, mais n'a en lui aucune spontanéité dans sa réaction, est un homme né pour la voie tracée, pour l'ornière accoutumée; il est prêt à toute action, propre à toute servitude, fait pour entrer dans le commun du troupeau.

La mode. — Une des manifestations les plus communes de l'instinct d'imitation s'opposant à l'esprit d'originalité ou se combinant avec lui, c'est la *mode*. La mode n'est pas autre chose que le règne de l'imitation, mais de l'imitation ordinairement vaniteuse, inintelligente, stérile, excitée par le besoin de changement, par l'attrait de la nouveauté.

On trouve la mode partout ; elle envahit la littérature et les arts, comme l'habillement et les manières; et partout elle se montre ce qu'elle est, faite de caprice, de fantaisie, d'imagination, synonyme de changement, d'inconstance, de versatilité. C'est ainsi que, pendant la période romantique, le sentiment ou plutôt l'état d'âme à la mode était la mélancolie, les aspirations vagues, les tristesses sans cause, la désespérance, telles qu'on les trouvait dans le René de Chateaubriand, dans le Werther de Gœthe, dans le Childe-Harold de Byron. Maxime du Camp en parle ainsi dans ses *Souvenirs littéraires* : « La génération artiste et littéraire qui m'a précédé, celle à laquelle j'ai appartenu, ont eu une jeunesse d'une tristesse lamentable, tristesse sans cause comme sans objet, tristesse abstraite, inhérente à l'être ou à l'époque. Il a fallu les bons vivants de l'école du bon sens pour remettre tout en ordre, rendre l'équilibre aux esprits et ramener les désespérés à l'intelligence de la vie. »

« Une chose folle, dit la Bruyère, et qui découvre bien notre petitesse, c'est l'assujettissement aux modes, quand on l'étend à ce qui concerne le goût, le vivre, la santé et la conscience. » Montaigne dit, de son côté, qu'elle « nous tourneboule l'entendement et qu'il n'y a si fin parmi nous qui ne se laisse éblouir et embabouiner par elle ». Il faut suivre la mode dans ce qu'elle a de raisonnable, ne pas aller systématiquement contre les usages reçus; mais s'en faire l'esclave jusqu'à n'oser plus penser et agir par soi-même, c'est petitesse d'esprit et faiblesse de caractère.

Dans la conduite comme dans les arts, l'imitation doit être féconde et créatrice. Elle le devient en se limitant, en procédant par élimination et par choix. Son principal ressort est l'émulation.

Émulation. — L'émulation est le désir d'imiter, d'égaler ou de surpasser ses semblables en vertu, en mérite, en gloire. « C'est encore l'imitation, mais stimulée par la volonté, éclairée par le jugement, soutenue par l'attention, calculant ses efforts et trouvant sa récompense dans son succès même. » C'est le sentiment de l'honneur exalté par la lutte, par le désir d'exceller, de mériter non l'estime seulement ou une place quelconque dans l'estime, mais la plus haute estime, mais la première place.

Comme on le voit, l'émulation est un sentiment complexe, qui tient à la fois des instincts de sociabilité, d'imitation et de certaines inclinations personnelles, telles que l'estime de soi, le sentiment de l'honneur, le désir de l'excellence, le besoin d'approbation ou d'estime. Ce n'est pas l'amour du succès mis à la place de l'amour du bien, c'est la conscience soutenue et stimulée à la fois par l'amour du bien, par l'amour du succès et de l'estime qui en découle. Elle est la conclusion d'un syllogisme dont la majeure est : « Il est beau et bon de travailler ; celui qui travaille est digne d'éloge. »

Elle est la marque d'une âme noble et forte. « L'émulation qui naît en l'homme de cœur, quand il voit faire aux autres de grandes actions, enferme l'espérance de les pouvoir faire, parce que les autres les font, et un sentiment d'audace qui nous porte à les entreprendre avec confiance. » (BOSSUET.)

Elle délivre des préoccupations égoïstes, excite au travail, ne permet pas de se reposer sur les résultats obtenus, donne le tourment du mieux, lutte avec avantage contre la paresse, contre l'abandon de soi-même, contre toutes les inclinations perverties qui font obstacle au développement de nos facultés.

Bien dirigé, ce sentiment est un des éléments essentiels du perfectionnement des sociétés et des individus. L'histoire des progrès du commerce et de l'industrie, comme des sciences et des lettres, n'est le plus souvent que l'histoire de l'émulation. C'est à l'aide de ce sentiment que les grands capitaines ont obtenu de leurs troupes des prodiges de bravoure et de dévouement, qu'un patron stimule ses ouvriers, qu'un père de famille combat les inclinations mauvaises de ses enfants, qu'un maître excite ses élèves à l'amour du travail. Dans l'éducation publique, l'émulation exerce un rôle prépondérant. Mais il faut remarquer qu'elle ne peut exister qu'avec l'emploi des moyens moraux d'éducation ; elle demande la libre expansion des facultés, la libre adhésion de la volonté. Le sacrifice, l'effort personnel, le courage contre les difficultés doivent être demandés aux sentiments généreux, si vifs dans l'enfance et la jeunesse, plutôt qu'ils ne doivent être imposés. Tout ce qui aigrit ou comprime sans raison, tue l'émulation, est un obstacle à la formation morale.

Pour que l'émulation porte tous ses fruits, il faut l'empêcher de dévier, de dégénérer en vanité ; il faut la distinguer soigneusement de la *rivalité*, de *l'envie*, de la *jalousie*.

Émulation, rivalité, envie, jalousie. — L'émulation s'appuie sur les penchants bienveillants, suppose l'estime, ne s'attriste pas des progrès d'autrui, mais s'en réjouit et s'excite à les dépasser, fait souvent naître et entretient les bonnes amitiés. La rivalité, l'envie, la jalousie sont, au contraire, des passions malveillantes ; elles souffrent du bien des autres et sont l'opposé de l'émulation. A l'élan, à la loyauté, qui sont le fond même de l'émulation, elles substituent plus ou moins le désir de nuire et l'emploi de moyens injustes. Il suffit de les définir pour s'en convaincre. La *rivalité*, c'est l'amour égoïste de l'excellence personnelle, luttant pour obtenir la supériorité aux dépens d'autrui. C'est la fausse émulation ; mauvais stimulant du travail, elle dévie les penchants, les dénature, empêche tout progrès moral. L'*envie* est un chagrin et une haine que l'on ressent du bonheur, des succès, des avantages d'autrui. La *jalousie* est ce mauvais sentiment que l'on éprouve quand on n'obtient pas ou qu'on ne possède pas les avantages obtenus ou possédés par autrui.

« La jalousie (ou l'envie), dit la Bruyère, est un mouvement violent et comme un aveu contraint du mérite qui est hors d'elle; elle va jusqu'à nier la vertu dans les sujets où elle existe; » ou, forcée à la reconnaître, elle lui refuse l'éloge et lui envie les récompenses : « passion stérile, elle laisse l'homme dans l'état où elle le trouve, » ou plutôt elle l'abaisse, le rend plus mauvais; « vice honteux par son excès, elle rentre toujours dans la vanité et la présomption. — L'émulation, au contraire, rend l'âme féconde, la fait profiter des grands exemples, et la porte souvent au-dessus de ce qu'elle admire. »

Moyens d'exciter l'émulation : éloge, louange. — Pour exciter et entretenir l'émulation, il faut développer les sentiments qui en sont le principe : le sentiment de l'honneur, l'amour de la gloire, le désir de l'excellence. L'éloge, la louange, les distinctions honorifiques, l'avancement, les récompenses, tels sont les moyens le plus souvent employés, dans la société comme dans l'éducation.

Dans la pratique, les mots éloge et louange sont souvent employés l'un pour l'autre; il convient cependant de les distinguer, si l'on veut parler avec propriété.

L'éloge, c'est le mérite constaté. — Quand on a bien fait, on reçoit d'abord l'éloge de sa conscience, qui dit : « Cela est bien. » Quand on nous dit : « Vous avez bien fait, » on répète et confirme cet éloge intérieur, on rend à la vérité ou à la vertu l'hommage qui s'impose à toute conscience humaine.

L'éloge est le droit du mérite: on ne peut vouloir le bien sans vouloir l'estime qui en est une conséquence nécessaire et qui se traduit par l'éloge. Il n'est donc pas plus permis de mépriser l'éloge qu'il n'est permis de travailler uniquement pour le mériter. Le mépriser ou le refuser à qui il est dû, c'est tout à la fois orgueil et égoïsme.

L'éloge est un stimulant : donné avec tact et mesure, il anime au bien, car c'est l'amour du bien qui en est le motif. Le danger de l'éloge, c'est qu'en louant l'acte bon ou le bien en soi, il loue aussi la personne; c'est contre ce danger que nous prémunissent la modestie et l'humilité. (Voir la *Morale pratique*, 2º leçon.)

La louange est le mérite publié. — Le mot *publié* opposé à *constaté* indique la nuance qui sépare la louange de l'éloge. La louange s'adresse plus directement à la personne. De là, dans celui qui la donne, le danger de tomber dans la flatterie, de louer l'homme de bien plus que le bien; et, dans celui qui la reçoit, de rapporter la louange à soi et non au bien.

La vérité et le respect sont la règle de la louange. La vérité : « Ce sont les faits qui louent, dit la Bruyère; amas d'épithètes, mauvaises louanges; » le respect : à la vérité, qui est déjà du respect, il faut ajouter une certaine réserve, ce qu'on pourrait appeler la pudeur de la louange. Le respect de soi-même doit être dans celui qui la reçoit, comme dans celui qui la donne. Se complaire dans la louange, c'est s'en montrer indigne : on la craint, quand on la mérite; on la mérite, quand on la craint. L'enivrement est d'une âme vulgaire, sans idéal, infatuée d'elle-même[1].

On s'honore par la louange de ce qui est beau, de ce qui est bien. Admirer, c'est égaler, a-t-on dit. Vauvenargues fait remarquer que le signe d'une grande médiocrité d'esprit, c'est de louer toujours modérément.

Une dernière observation fera sentir, mieux encore que ce qui précède, la différence entre l'éloge et la louange. Il est des cas où l'homme le plus modeste

---

[1] Être infatué de soi et s'être fortement persuadé qu'on a beaucoup d'esprit, est un accident qui n'arrive guère qu'à celui qui n'en a point ou qui en a peu. » (LA BRUYÈRE.)

est forcé de faire son propre éloge[1]; le simple récit, la justification de sa conduite suffisent. Il n'en est point où l'on soit obligé de se donner des louanges, de parler de soi-même avec une certaine ostentation.

Il faut distinguer la flatterie de l'éloge et de la louange. — La flatterie est une louange fausse, exagérée, injuste. Louer avec excès, c'est être vain et supposer vain celui qu'on loue. La flatterie entretient le vice et corrompt la vertu; elle trahit les droits de la conscience et de la vérité : le mal, elle l'atténue ou même le fait regarder comme un bien; le bien, elle l'invente ou l'exagère. Elle est une bassesse d'âme et une injure : on ne flatte pas, quand on se respecte, et celui que l'on respecte, on ne le flatte pas. « Le flatteur, dit la Bruyère, n'a pas assez bonne opinion de soi, ni des autres : » de soi, puisqu'il se dégrade en se mettant au-dessous des passions qu'il flatte; des autres, puisqu'il les croit dupes de ses mensonges.

2. — INCLINATIONS FAMILIALES ET CORPORATIVES

Affections domestiques. — La famille est le groupe le plus naturel qui réunisse les hommes. Elle est la première condition et la première forme de la société. Aussi les affections de famille sont-elles le principe et le modèle des affections sociales. L'autorité paternelle est regardée comme le type de l'autorité sociale, et le respect que l'on a pour la première, comme l'école du respect dû à la seconde; on dit qu'il faut aimer la patrie comme une mère, et les hommes comme des frères.

L'union des membres, la solidarité d'honneur, la communauté d'intérêts et le zèle à les défendre, la communauté de devoirs et l'émulation à les bien remplir; en un mot, toutes les vertus qui font la dignité et la force de la société, on les apprend dans la famille. Celui qui a, comme fils, pris l'habitude de l'obéissance et du respect de l'autorité; comme frère, de l'égalité, de la tolérance, du support mutuel, du dévouement; comme père, du sentiment de sa responsabilité, celui-là ne peut manquer d'être un bon citoyen.

Division. — Les affections ou penchants domestiques résultent des relations des membres de la famille entre eux; on en distingue autant que de rapports. Il y a le sentiment qui unit le père et la mère : l'amour *conjugal*; l'affection des parents pour les enfants : l'amour *paternel* ou *maternel*; l'affection des enfants pour les parents : l'amour *filial*; l'affection des enfants les uns pour les autres : l'amour *fraternel*. Ces sentiments sont dans la nature; ils s'imposent plutôt qu'ils ne se démontrent. « Ni en métaphysique, ni en logique, ni en morale, il ne faut placer dans la tête ce qui doit être dans le cœur. Faites de l'amour des parents un sentiment et un précepte, mais n'en faites jamais une thèse, une simple démonstration. » (JOUBERT.)

Amour conjugal. — C'est un sentiment réfléchi, servant de lien à deux âmes qui se sont comprises, estimées, données libre-

---

[1] On peut citer l'exemple de saint Paul, de Notre-Seigneur lui-même.

ment l'une à l'autre. Le mariage ne peut raisonnablement être fondé sur l'intérêt ou sur les passions égoïstes. Voilà pourquoi, par nature, il est essentiellement indissoluble, bien que la loi civile, dans certains pays, admette des cas où l'union conjugale peut être dissoute. Ce qui en fait le caractère distinctif et la dignité, en effet, c'est précisément la donation entière et irrévocable des époux et la communauté d'existence.

L'affection conjugale se manifeste par la fidélité, par le support mutuel, par le dévouement. Deux mots résument le mariage, tel que le conçoit la raison : l'amour et le devoir tellement confondus, qu'on ne distingue plus si c'est au devoir ou à l'amour qu'on obéit.

Amour paternel ou maternel. — De quelque nature qu'il soit, l'amour doit être réglé par la raison. L'amour paternel doit être fort pour être bon : ne jamais contrarier les caprices d'un enfant, lui complaire en tout, ce n'est pas l'aimer, c'est le *gâter*; l'indulgence pour les fautes de l'enfant prépare les mauvaises habitudes du jeune homme; on croit le rendre heureux, on le rend ingouvernable, incapable de souffrir aucune résistance. La faiblesse des parents est une erreur et une faute. Être sévère à propos, ce n'est pas être méchant, c'est être bon, c'est juger qu'il vaut mieux faire souffrir une fois que mille. « La sévérité rend les parents plus tendres; on aime ceux dont on est craint d'une crainte respectueuse. » (JOUBERT.)

L'amour paternel doit être un sentiment, non une sensation; c'est le rabaisser et le dénaturer que de suivre l'attrait des sens et de l'imagination, de s'arrêter à la beauté physique. Il y a dans l'enfant une beauté morale à créer; il y a une âme à élever, à faire passer de la vie des instincts à celle de la raison; il y a une destinée à préparer. On ne réalise pas ces grandes choses, quand on rabaisse l'amour paternel au niveau d'une passion sensuelle. L'amour paternel est un devoir, une mission : la paternité associe l'homme à Dieu, en fait le coopérateur de Dieu dans la formation de l'homme; cet amour doit tempérer l'autorité, non la faire dévier : l'autorité doit s'efforcer de garder une rectitude telle que, pour l'enfant, elle soit comme la révélation vivante de la loi morale. Le père qui aime son fils sent le besoin de devenir meilleur, d'être un modèle; l'éducation qu'il donne à son fils, il se la donne tout d'abord à lui-même. A chaque déviation de l'autorité paternelle répond, dans l'enfant, une déviation du sens moral[1]. Si l'autorité abdique et cède la place à une fausse tendresse, toute éducation morale est compromise. Si elle exerce une surveillance étroite, tracassière, elle empêche chez l'enfant le développement du sentiment de la responsabilité. La meilleure éducation est celle qui forme le mieux à se conduire soi-même. Plus l'enfant, à mesure qu'il grandit, se sent libre sous la direction donnée, plus se développe en lui la moralité. Son éducation n'est faite que du jour où il sait se conduire et se garder lui-même, éviter le mal non par ignorance ou par peur, non par l'impossibilité matérielle où il est mis de le faire, mais par raison, par conscience, par respect de lui-même et des autres, par crainte de Dieu.

« On peut appliquer à l'enfance ce que M. de Bonald dit qu'il faut faire pour

---

[1] « Les enfants n'obéissent aux parents que lorsqu'ils voient les parents obéir à la règle. L'ordre et la règle, une fois établis et reconnus, sont la plus forte des puissances. » (JOUBERT.)

le peuple ; peu pour ses plaisirs, assez pour ses besoins, et tout pour ses vertus. »
(JOUBERT.) — Voilà, en résumé, le caractère de l'amour paternel.

Amour filial. — L'amour de l'enfant pour ses parents n'est d'abord qu'un instinct ; il aime en eux les protecteurs de son existence ; il se confie tout entier à leur raison, à leur prévoyance. Peu à peu l'éducation éveille en lui, avec la raison, le penchant à la reconnaissance, le sentiment du devoir, le respect. Ce qu'on appelle *piété filiale*, c'est l'obéissance, le respect et l'amour réunis en un même sentiment qui résume les obligations des enfants envers les parents. L'autorité paternelle étant une participation à l'autorité divine, la piété filiale revêt un caractère presque religieux : elle ressemble au culte que nous rendons à Dieu comme père commun de tous les hommes. C'est pour cela que le sens commun a donné le même nom à deux sentiments si différents par leur objet. A mesure que le sentiment du juste et de l'injuste se développe chez l'enfant, la piété filiale, tout en restant un besoin du cœur, lui apparaît comme un devoir.

Amour fraternel. — L'amour fraternel est un sentiment qui ressemble beaucoup à l'amitié : « Un frère est un ami donné par la nature ; » c'est la tendresse, la confiance, le dévouement réciproque, que la communauté d'origine et d'éducation développe dans les enfants d'une même famille. On se retrouve soi-même dans celui à qui on est attaché par tous ces liens, d'autant plus forts et plus durables qu'ils sont nés et ont grandi avec soi.

L'amour fraternel doit être accompagné du respect ; le vrai amour est moral : on ne s'aime pas dans le mal. Il se développe, il se fortifie par l'émulation du bien ; les rivalités, les haines, les jalousies ne divisent que les enfants qui se cherchent eux-mêmes dans leurs frères et dans leurs sœurs, au lieu de chercher à leur faire plaisir et à les rendre meilleurs. L'égoïsme est toujours un germe de division.

Ce qu'on appelle *humanité*, *fraternité humaine*, n'est qu'une imitation et une extension de l'amour fraternel. Dieu, père commun de tous les hommes ; la terre, leur commun patrimoine : voilà le fondement de la fraternité universelle. « Dieu a établi la fraternité des hommes en les faisant tous naître d'un seul qui, pour cela, est leur père commun et porte en lui-même l'image de la paternité de Dieu. » (BOSSUET.)

Amour de la patrie. — Entre l'amour de l'humanité et l'amour de la famille se place l'amour de la patrie. « Tout l'amour qu'on a pour soi-même, pour sa famille, pour un ami, se réunit dans l'amour qu'on a pour sa patrie. » (BOSSUET.)

Il y a une grande relation entre les idées de famille et de patrie, comme aussi entre les sentiments qui se rapportent à ces deux groupes naturels. La patrie, c'est la famille agrandie : c'est le sol natal, c'est la société dont on fait partie par la naissance et par l'éducation, c'est la chose publique. La corrélation des termes est visible : le sol natal, c'est la *maison paternelle* de la famille sociale ;

la société dont on fait partie est comme une personne morale qui nous a élevés, nourris, protégés, et que l'on aime comme *une mère;* la chose publique, c'est le *patrimoine* de la famille sociale.

Les sentiments patriotiques sont donc une extension des affections de famille : c'est la piété filiale appliquée à la famille sociale. Et l'on peut dire que l'amour de la patrie n'est pas autre chose que l'amour de soi et des siens; car, comme on vient de le voir, la patrie, c'est notre personne même et toutes les personnes qui en sont le prolongement et le complément. De là cette définition du patriotisme : l'amour qu'une nation a pour elle-même et qu'éprouve pour elle chacun de ses membres.

Il y a un patriotisme qui se rapporte au *sol natal*, à la patrie matérielle ; c'est un instinct plutôt qu'une vertu, mais un instinct accompagné de sentiments qui n'appartiennent qu'à l'homme. Le vrai patriotisme se rapporte à la fois au sol natal et à la patrie morale, cercle d'affections et de devoirs, unité vivante résultant d'une âme commune, d'un héritage commun de gloire et de revers, d'une idée commune à réaliser dans l'avenir.

La patrie morale va s'étendant avec la civilisation jusqu'à certaines limites au delà desquelles la patrie n'est plus possible. Elle commence avec la famille sous la tente, grandit avec la tribu, devient république, principauté, empire.

Il est important de remarquer que le patriotisme suppose la liberté : c'est la loi commune qui rend commune la patrie morale. L'esclave n'a point de patrie. Exclu de la loi commune, traité comme une chose, il ne tient pas à la société qui l'environne. Il est moralement étranger dans son pays, il n'est pas de la famille. Il peut avoir l'instinct du patriotisme, il n'en a pas le sentiment. (Voir *Patriotisme : Morale pratique*, 9ᵉ leçon.) — L'amour du sol où l'on est né ne doit pas dégénérer en *amour du clocher*, amour étroit, souvent opposé au patriotisme.

Esprit de corps. — On appelle esprit de corps l'attachement des membres d'une société, d'une compagnie, à leurs principes, droits, privilèges et intérêts communs. Il répond à la tendance à s'associer pour être plus fort, tendance qui est un besoin de notre nature.

L'esprit de corps peut devenir esprit de *coterie*, esprit de *caste*, faire naître des rivalités qu'entretiennent l'amour-propre et la vanité ; mais il a aussi d'excellents résultats. Il s'oppose à l'*individualisme*, qui réduit la société à une poussière d'individualités sans cohésion. Il est surtout vif dans l'armée, dans le barreau : un militaire, par esprit de corps et par amour du drapeau, se fera garant de la bravoure d'un autre militaire ; un avocat refusera de plaider devant un juge qui aura manqué d'égards envers un autre avocat.

3. — INCLINATIONS ÉLECTIVES

Amitié. — C'est la première des affections électives. Elle éveille l'idée d'un amour délicat, intime, d'un ordre à part, dont la bienveillance et la réciprocité forment l'essence, où la convoitise n'a aucune part. « L'amitié, dit Buffon, n'émane que de la raison ; l'impression des sens n'y fait rien. C'est l'âme de son ami qu'on aime, et pour aimer une âme, il faut en avoir une, il faut en avoir fait usage, l'avoir comparée et trouvée de niveau à ce que l'on peut connaître de celle d'un autre... L'amitié n'appartient qu'à l'homme; l'*attachement* seul peut appartenir aux animaux. »

L'amitié fond, en quelque sorte, deux cœurs en un seul cœur, deux vies en une seule vie. L'ami est un autre soi-même, que l'on aime pour lui faire du bien, ou, comme on dit souvent, pour le seul bonheur de l'aimer, c'est-à-dire de se dévouer pour lui. On n'est pas ami, on est égoïste, quand, dans l'affection, on ne cherche que son plaisir ou son intérêt. L'amitié se révèle par le dévouement; elle est fondée sur l'estime réciproque et ne peut exister qu'entre des cœurs vertueux. On l'a fort bien dit : les méchants n'ont que des complices, les libertins ont des compagnons de débauche, les intéressés ont des associés, les oisifs et les gens du monde ont des liaisons, les grands ont des courtisans, les hommes vertueux seuls ont des amis. — (Pour plus de détails, voir *Morale pratique*, 5e leçon, p. 774.)

Amour. — Au-dessus et, à certains égards, au-dessous de l'amitié, se place l'amour. Il peut être une inclination, et alors il est désintéressé, ou une passion mauvaise, et alors il est toujours égoïste. Il y a dans l'amour trois éléments ou trois actes principaux : la *préférence* ou *choix*, le *dévouement* ou *don de soi-même*, l'*union*.

Ce qui détermine le choix, c'est d'ordinaire la beauté ou la bonté de la personne, la sympathie qu'elle inspire, mais surtout de secrètes ressemblances ou même des contrastes entre soi et elle. Le choix n'est que le premier pas dans l'amour, il y faut le dévouement; choisir, c'est préférer un être à tous les autres; se dévouer, c'est le préférer à soi-même, c'est se donner à lui, se donner pour lui. Quiconque ne va pas ou n'est pas disposé à aller jusqu'à l'immolation, jusqu'au sacrifice de soi, n'aime pas.

Enfin il doit y avoir réciprocité de choix et de dévouement : de sa nature, l'amour appelle l'amour. Il résulte de cette réciprocité la fusion des deux êtres dans les mêmes pensées, les mêmes désirs, les mêmes vouloirs, c'est-à-dire l'*union*, qui est le terme de l'amour.

L'amour qui suit la loi, l'amour véritable est une grande passion, une grande force, une vertu; il suppose une âme forte et constante qui, dominant les sens et pénétrant jusqu'à la région élevée du beau, s'attache à ce qui est immortel dans l'homme, à ce qui ne change ni ne meurt jamais[1]. Tout amour où manque la vertu, qui s'arrête à la préférence, qui est incapable de sacrifice, n'est qu'un égoïsme déguisé; ce n'est pas l'acte d'un homme maître de lui et portant l'énergie du devoir jusque dans les jouissances intimes du cœur, c'est une faiblesse et un désordre, un penchant dépravé, une passion tyrannique et brutale.

On croit communément que c'est la *passion* qui aime, parce que l'amour commence volontiers par une sympathie où la liberté n'a point de part; mais ce premier mouvement de l'amour n'est pas l'amour. Le véritable amour est pur; il est dans le cœur, et non dans les sens; c'est un sentiment, non un appétit sensuel ou un instinct grossier. La passion n'aime pas, les sens n'aiment pas. La

---

[1] Lire le chap. v du liv. III de l'*Imitation*.

passion est égoïste et aveugle; elle poursuit un objet, non pour le rendre heureux, mais pour en jouir, pour en faire sa victime. Il n'y a rien de si loin de l'amour qu'un débauché [1].

III. — INCLINATIONS SUPÉRIEURES

Ces inclinations sont les plus nobles et les plus consolantes, celles dont la satisfaction fait la dignité et le bonheur de la vie. Elles comprennent : l'*amour* ou le *sentiment du vrai*, principe de la science ; l'*amour du bien* ou le *sentiment moral*, principe de la vertu ; l'*amour de Dieu* ou le *sentiment religieux*, principe de la religion ; l'*amour du beau* ou le *sentiment esthétique*, — dans lequel on fait rentrer le *sentiment de la nature*, — principe de l'art. Toutes ces inclinations ont pour caractère spécial d'être impersonnelles, c'est-à-dire de tendre vers l'idéal, vers l'infini, ce qui les rend plus désintéressées que les inclinations sociales ; c'est à ce caractère qu'elles doivent d'être appelées aussi inclinations *idéales* [2].

Elles se distinguent donc de l'amour de l'*utile* et de l'amour de l'*agréable*, double forme de l'égoïsme : — de l'*amour de l'utile* : celui-ci peut s'y joindre, mais il en diffère ; le plus souvent on n'arrive au vrai, au bien, au beau que par le sacrifice de l'utile ou de ce qui paraît tel, en se plaçant à un point de vue autre que celui qu'on attend de leur poursuite ; — de l'*amour de l'agréable* : si elles lui étaient identiques, l'amour du vrai, du bien, du beau et le plaisir seraient dans un rapport constant, c'est-à-dire que ces sentiments seraient d'autant plus ardents que la recherche du plaisir serait plus active. L'expérience prouve que c'est le contraire qui a lieu ; la recherche directe du plaisir tue l'enthousiasme. Plus on s'oublie soi-même dans la poursuite du vrai, du bien, du beau, plus s'exaltent dans l'âme les sentiments qui y répondent.

Amour du vrai. — Il en a été question déjà sous le nom de *curiosité*. L'intelligence est faite pour la vérité, et c'est dans l'acquisition et la possession de la vérité qu'elle trouve son bonheur, non pas pour s'y reposer dans une jouissance égoïste, mais pour la répandre et la communiquer. Le petit enfant veut tout connaître, il cherche à se rendre compte de tout ou par lui-même ou par les questions qu'il pose. Dès qu'il a trouvé du nouveau, ce qui lui arrive à tout moment, dès que l'inconnu devient pour lui le connu, il manifeste une joie naïve qu'il veut faire partager à toutes les personnes qui l'entourent. Il en est de même de l'homme adulte, quand se présente à ses yeux un spectacle, un fait, qui excite son étonnement. Enfin il en est de même du savant : on connaît l'enthousiasme de Pythagore sacrifiant cent génisses aux Muses pour avoir découvert les propriétés d'une figure de géométrie ; d'Archimède découvrant une loi physique dans son bain et ne voyant pas les ennemis, absorbé par ses recherches sur les rapports immuables des nombres ; de Platon décrivant la félicité de ceux

---

[1] Plusieurs de ces pensées sont prises dans le P. Lacordaire.
[2] Cette tendance vers l'idéal, vers l'infini, se constate expérimentalement. La nature humaine réclame l'infini en tout : l'infini dans la science, l'infini dans la vertu, l'infini dans la beauté. Toujours ses vœux et ses espérances vont au delà de ce qu'elle a, parce que ce qu'elle a est fini et ne peut la satisfaire. Cette insatiabilité de nos aspirations et de nos besoins a sa raison : sans ce stimulant toujours actif du travail, l'homme qui jouirait d'un bien-être matériel convenable s'abandonnerait à l'oisiveté et, par là, à tous les vices.

qui contemplent le beau et le bon dans les arts, dans la nature, et en Dieu, leur source première; d'Aristote célébrant ces heureux moments « où l'âme n'est possédée que de l'intelligence de la vérité », et jugeant cette occupation seule digne d'être éternelle; d'Augustin Thierry, devenu aveugle dans ses recherches historiques, et écrivant : « Voilà ce que j'ai fait et ce que je ferais encore si j'avais à recommencer ma route. Aveugle et souffrant sans espoir et presque sans relâche, je puis me rendre ce témoignage, qui, de ma part, ne sera pas suspect : il y a quelque chose qui vaut mieux que les jouissances matérielles, mieux que la fortune, mieux que la santé elle-même : c'est le dévouement à la science. » (*Dix ans d'études.*) C'est cet amour du vrai qui soutient les savants dans leurs laborieuses recherches, et fait de quelques-uns, dont la devise est le mot de Virgile : *Vitam impendere vero* (sacrifier la vie pour la vérité), les héros de la pensée, les martyrs de la science, véritables bienfaiteurs de l'humanité, plus dignes d'être honorés que les grands conquérants et les grands capitaines.

Amour du bien. — L'amour du bien ou le sentiment moral est l'ensemble des sentiments qui nous portent vers le bien moral, objet de la volonté, et nous détournent du mal. Ce sentiment seul ne suffit pas pour nous faire remplir le devoir, mais il est un auxiliaire et non un obstacle à la moralité; il est dans la nature, et l'on ne peut l'éteindre en soi sans s'affaiblir. Il ne suffit pas de connaître le bien pour le faire, il faut l'aimer. Un acte de vertu accompli par autrui excite notre admiration, souvent malgré nos préjugés et nos passions; accompli par nous-même, il nous donne la joie d'avoir bien fait. On souffre quand le devoir est violé, on est content quand il est rempli ou par soi-même ou par autrui. (Voir ce qui est dit de ce sentiment en *Morale générale : Conscience.*)

Amour du beau. — Le beau est plus difficile à saisir que le vrai et le bien. Une intelligence médiocre et peu cultivée peut s'allier à un sentiment moral très vif et très délicat, et une intelligence très puissante peut n'être pas accompagnée d'un sentiment moral bien développé. L'amour du beau renferme des sentiments moins précis, plus mobiles, plus expansifs et qui demandent une plus grande culture. Cependant, comme le beau est le rayonnement et la splendeur du vrai et du bien, l'amour du vrai et l'amour du bien s'unissent dans l'amour du beau sous une forme plus attrayante, et l'on peut affirmer que nul ne reste insensible aux beaux spectacles de la nature, aux belles œuvres artistiques, aux belles actions morales. Son caractère propre, à mesure qu'il s'affine et se fortifie, c'est de s'élever au-dessus des vues personnelles; rien n'est plus désintéressé que le sentiment de l'admiration, qui s'augmente en se communiquant et qui rapproche les hommes dans une jouissance d'autant plus vive qu'elle est plus partagée. (Voir 22e leçon : *Esthétique.*)

Sentiment de la nature. — Il y a harmonie entre la nature et l'âme, c'est-à-dire à la fois ressemblance et sympathie. Dans la nature animée, où nous imaginons des tendances, des désirs, des joies, des souffrances, il y a la vie avec tous les phénomènes qu'elle implique, il y a la mort; la nature inanimée nous offre des analogies, des images de toutes ces choses.

« La nature nous ressemble, puisqu'elle reflète avec nous le même type, qui est Dieu; puisque, placés au premier rang des êtres sensibles, nous abrégeons et résumons en nous tous les règnes inférieurs. Par ailleurs, la nature nous est sympathique, Dieu l'ayant faite et ordonnée à notre usage pour être notre demeure, notre cadre, le fonds d'où nous subsistons, que nos mains exploitent pour vivre et nos esprits pour connaître. » (P. LONGHAYE, *Théorie des belles-lettres*, Voir le ch. IV du liv. II.) « Elle parle à la fois à nos sens, à notre imagination, à notre intelligence, à nos sentiments religieux. Le bruit monotone des flots sur la grève rend triste et rêveur; la vue d'une belle campagne, fertile et accidentée, réjouit; celle d'un flanc de montagne dénudé, aux lignes anguleuses et irrégulières, serre le cœur. Tout, dans le monde visible, dans le monde que l'on touche et que l'on entend, vient exprimer notre cœur ou lui répondre... Ses scènes, ses effets ont une mystérieuse analogie avec les dispositions qui sont en nous, avec celles que nous voulons combattre ou que nous voulons faire triompher. » (Mme Swetchine.)

Le vrai et bienfaisant sentiment de la nature est spiritualiste et chrétien; il ne se stérilise pas dans la mélancolie, ne s'emprisonne pas dans la rêverie, quelque douceur qu'il y trouve, mais s'élève par un vigoureux élan vers l'infini, vers Dieu. Tout est plein de la divinité, disait un ancien; tout en parle, dans la nature, à l'esprit et au cœur qui savent contempler et aimer. — Ce sentiment est rare au XVIe et au XVIIe siècles dans notre littérature; il apparaît au XVIIIe, avec Rousseau et Bernardin de Saint-Pierre; au XIXe, avec Chateaubriand et les romantiques.

Sentiment religieux. — Ce sentiment, que l'on trouve chez tous les peuples, porte l'homme à attribuer à un seul être l'intelligence qui a conçu les lois de l'univers, la puissance qui les a réalisées, à s'incliner devant cet être, à le respecter, à le craindre, à l'aimer. Toutes les inclinations supérieures ayant pour objet et pour terme l'infini conduisent l'homme à Dieu, car Dieu est l'infini réel et substantiel. En étudiant les facultés qui le font homme et qui sont les perfections relatives de sa nature, l'homme s'élève à la conception d'un être en qui ces facultés sont infinies et ces perfections absolues, qui en est le principe et la cause exemplaire, digne entre tous de respect et d'amour.

« L'aspiration religieuse résulte du sentiment que le monde expérimental est incomplet, joint à la conviction de l'existence d'un monde supérieur, qui seul contient ce que l'homme peut désirer; c'est-à-dire la pleine satisfaction de l'intelligence par la vérité, de la conscience par la sainteté, du cœur par la béatitude. » (De Broglie, *Résultats de l'Histoire des religions*.) — La satisfaction que nous causent les créatures est toujours mêlée d'inquiétude; le vide que nous sentons en elles nous stimule à monter plus haut qu'elles.

L'aspiration à un monde différent de celui que nous habitons, à un monde où règne l'idéal, est un des plus indestructibles sentiments du cœur humain. « Le sentiment religieux réunit en lui-même les caractères des affections personnelles, et ceux de l'amour des idées immatérielles. Dans les dogmes et dans la morale religieuse se trouvent les idées du beau, du vrai et du bien; mais ces idées se rapportent à de véritables personnes, à un monde de réalités invisibles. » (Id.) — Le sentiment religieux peut dégénérer en superstition; il revêt une infinité de formes, depuis le fétichisme jusqu'aux religions monothéistes.

TABLEAU ANALYTIQUE

Définition de la sensibilité morale. — La *sensibilité morale* est l'ensemble des inclinations, des affections, des désirs.

Les *inclinations* sont des mouvements naturels de l'âme vers des objets conformes à sa nature.

Division. — Il doit y avoir autant d'inclinations que notre être comporte de fins ou de rapports naturels ; on peut les ranger en trois groupes : inclinations *personnelles*, inclinations *sociales*, inclinations *supérieures*.

I. — INCLINATIONS PERSONNELLES

1° relatives au corps.
Elles forment la sensibilité physique.
On les appelle proprement *appétits*. (Voir 5ᵉ leçon, pages 71 et 72.)

2° relatives à l'âme et à la personne humaine tout entière.
Ce sont les inclinations proprement dites. Elles se rapportent :

a) à l'*intelligence* : *Curiosité* ou besoin de vérité. — Penchant de la nature qui va au-devant de l'instruction. Il y a une curiosité malsaine.

b) à la *sensibilité* : Besoin d'émotion. — « Nous aimons à aimer, » dit saint Augustin ; — goût pour le théâtre, les jeux violents, les cirques, les romans.

c) à la *volonté* : Besoin d'action. — Tendance à étendre notre action sur tout ce qui nous entoure, personnes et choses.
Amour de la liberté. — Désir d'aller et de venir sans contrainte, de se posséder pleinement soi-même. — Ne pas confondre l'esprit d'*indépendance* avec l'esprit *de révolte*.
Amour de la propriété, laquelle est le complément et la condition de la liberté, de l'indépendance, de la vie. L'excès produit l'*avarice*, la *cupidité*.
Amour du pouvoir. — Désir d'étendre notre action sur nos semblables. — A l'amour du pouvoir se rattache le sentiment *de la responsabilité*.

d) à la *personne humaine tout entière* : amour de soi, inclination fondamentale, à laquelle se rattachent directement :
L'estime de soi. — Sentiment par lequel l'homme a conscience de son mérite.
La confiance en soi. — Sentiment par lequel on a conscience de sa force et de ses ressources.
Le sentiment de l'honneur. — Souci de mériter et de garder sa propre estime et celle des autres. — Ce sentiment ne doit pas dégénérer en *orgueil*, en *vanité*.
Le sentiment de la dignité humaine. — Estime de soi-même, comme sujet de la loi morale, laquelle rend inviolable dans l'usage légitime de ses facultés.
L'amour de la gloire. — Amour des grandes choses, attrait pour ce qui mérite de la considération et de l'estime.

Toutes les inclinations personnelles peuvent se ramener à l'*amour de soi*, qui n'est que la tendance consciente à être et à persévérer dans l'être. — Ne pas confondre l'amour de soi avec l'*égoïsme*, qui en est le dérèglement.

II. — INCLINATIONS SOCIALES

Outre les inclinations qui attachent en quelque sorte l'homme à lui-même, il y a aussi les inclinations qui le portent vers les autres hommes et font de lui un être sociable. On peut en distinguer trois groupes :

1° Celles qui nous portent vers les hommes en général.
Sociabilité. — Attrait de l'homme pour l'homme. L'homme étant fait pour la société, il trouve son plus grand plaisir dans la fréquentation de ses semblables.
Sympathie. — Penchant à éprouver les mêmes sentiments qu'autrui, quand ils nous sont connus ; c'est la plus générale des inclinations sociales. La sympathie produit la *bienveillance* et conduit à la *bienfaisance*.
Instincts de véracité et de crédulité. — Penchants qui nous portent, le premier à dire la vérité, et le second à croire que nos semblables la disent. Ces deux instincts sont la base et la condition de toutes les relations sociales.
Instinct d'imitation. — Penchant qui nous porte à reproduire ce que nous voyons faire. La puissance de l'exemple est fondée sur cet instinct.

SENSIBILITÉ MORALE

II. INCLINATIONS SOCIALES (suite)

1° Celles qui nous portent vers les hommes en général. (Suite.)

Instinct d'originalité. — Penchant qui nous porte à être nous-mêmes. Il sert de contrepoids à l'instinct d'imitation, qui tend à annihiler la personnalité de chacun. — La mode est la résultante de l'instinct d'imitation, mêlé à l'instinct d'originalité.

Sentiment de l'émulation. — Sentiment qui nous fait vouloir égaler et surpasser nos semblables en vertu, en mérite, en gloire. Ne pas confondre l'émulation, qui est un sentiment noble et désintéressé, avec la *rivalité*, l'*envie*, la *jalousie*, qui sont des passions malveillantes, déprimantes et basses. La première a pour principes le sentiment de l'honneur, l'estime de soi, le désir d'excellence ; les autres sont fondées sur l'égoïsme.

2° Celles qui s'adressent à certains groupes : on les appelle familiales ou corporatives.

Affections de famille ou domestiques. — La famille est le groupe le plus naturel qui unisse les hommes ; c'est la condition et la première forme de la société ; aussi les affections de famille sont-elles le modèle et le principe des affections sociales. On distingue :

L'amour conjugal. — Sentiment qui unit deux âmes qui se sont données librement l'une à l'autre pour fonder une famille. Il se manifeste par la fidélité, le support mutuel et le dévouement.

L'amour paternel. — Affection des parents pour les enfants. Il doit toujours être réglé par la raison, être un sentiment, non une sensation.

L'amour filial. — Affection des enfants pour leurs parents. Cette affection, qu'on appelle piété filiale, se prouve par l'obéissance, le respect, l'amour et l'aide dans le besoin.

L'amour fraternel. — Affection des enfants les uns pour les autres. Il se manifeste par la tendresse, la confiance, le dévouement réciproques.

L'amour de la patrie. — C'est une extension de l'amour de la famille. Ce sentiment tient le milieu entre l'amour de la famille et l'amour de l'humanité. Il se manifeste par la soumission aux lois, le respect de l'autorité, le dévouement à la chose publique.

Esprit de corps. — Attachement des membres d'une même société, d'une même compagnie, à des principes, à des intérêts communs. Ne doit pas dégénérer en esprit de coterie.

3° Celles qui reposent sur le choix : elles sont dites électives.

Amitié. — Union de deux âmes qui se veulent et se font du bien. L'amitié est fondée sur l'estime réciproque et ne peut exister qu'entre des cœurs vertueux ; elle se révèle par la confiance et le dévouement. Les liaisons des méchants sont des complicités, non des amitiés.

Amour. — Au-dessus de l'amitié se place l'amour. C'est une inclination naturelle, et alors il est bon, noble, désintéressé ; ou bien c'est une passion mauvaise, et alors il est égoïste, intéressé, brutal. L'amour naturel produit l'union et le don de soi. C'est le lien le plus étroit qui se puisse former entre deux êtres.

III. INCLINATIONS SUPÉRIEURES

Ce sont les plus nobles et les plus consolantes ; celles dont la satisfaction fait la dignité et le bonheur de la vie. Elles comprennent :

1° *L'amour ou le sentiment du vrai*, principe de la science. L'intelligence est faite pour la vérité, et c'est dans l'acquisition et la possession de la vérité que se trouve son bonheur. De là le dévouement à la science.

2° *L'amour du bien ou le sentiment moral*, principe de la vertu. Ensemble des sentiments qui nous portent vers le bien moral, objet de la volonté, et nous détournent du mal. Il ne suffit pas de connaître le bien pour le faire, il faut l'aimer.

3° *L'amour du beau ou le sentiment esthétique*, principe de l'art, dans lequel on fait rentrer le sentiment de la nature. L'amour du beau est l'ensemble des sentiments qui s'élèvent dans l'âme humaine en présence des grands spectacles de la nature, des chefs-d'œuvre de l'art, des belles actions morales.

4° *L'amour de Dieu ou sentiment religieux*, principe de la religion. Sentiment qui porte l'homme à s'incliner devant le Créateur de l'univers, à le respecter, à le craindre, à l'aimer.

Toutes ces inclinations supérieures ont pour caractères spéciaux d'être impersonnelles et désintéressées. Elles tendent vers l'infini et conduisent l'homme à Dieu, qui est l'infini réel et substantiel. — On les appelle inclinations *idéales*.

7ᵉ LEÇON

DE L'INTELLIGENCE

Définition. — Dans son sens le plus général, l'intelligence est la *faculté de connaître;* dans son sens précis et restreint, elle est la *faculté de penser*, de *connaître l'universel et l'immatériel.* On l'appelle encore *entendement* ou *raison*, suivant qu'elle *comprend*, c'est-à-dire se rend compte des choses, que, par le *raisonnement*, elle tire l'inconnu du connu.

Entendue au sens précis et restreint, l'animal ne la possède à aucun degré. Quand on parle de l'intelligence de l'animal, on entend qu'il a la *faculté de connaître* les objets matériels à l'aide des sens.

Il serait sans doute inexact d'attribuer à la raison le monopole de la *connaissance*. Mais la vraie connaissance, c'est la connaissance par les *idées* ou *représentations intellectuelles* des choses. *Se représenter* a deux sens : appliqué à la connaissance sensible, il signifie se former une représentation *imaginative*, avec figure et couleur; appliqué à la connaissance intellectuelle, il signifie *concevoir*, *penser*, c'est-à-dire avoir l'idée de l'immatériel pur, ou même, ajoute saint Thomas, du matériel, pourvu que ce soit d'une façon immatérielle. On se représente un triangle, un homme, dans les deux sens; un esprit, la vérité, la vertu, dans le second, pas dans le premier. Représentée de la première manière, une pièce de monnaie a une droite et une gauche, un endroit et un envers, des parties placées les unes à côté des autres; représentée de la seconde manière, elle ne revêt aucune forme extensive, elle ne peut être représentée sous aucune forme sensible. (Les caractères par lesquels les faits d'intelligence se distinguent de ceux de sensibilité et de volonté ont été exposés dans la 2ᵉ leçon, p. 45.)

Classification des diverses facultés de connaissance. — Bien que les diverses fonctions ou opérations de la connaissance s'accomplissent simultanément ou se compénètrent, on en distingue, par l'analyse, trois principales : l'intelligence acquiert la connaissance, soit par l'exercice de certaines facultés sensitives, soit par la raison; elle la conserve, la reproduit et la combine par la mémoire et l'imagination, également facultés sensitives; enfin elle l'élabore et la transforme : de là, les facultés d'*acquisition*, celles de *conservation* et de *combinaison* et celles d'*élaboration* et de *transformation*. Ces facultés correspondent aux divers degrés ou plutôt aux diverses phases de la connaissance.

1° Facultés d'acquisition ou de perception. — Il y en a trois, qui répondent aux trois objets de la connaissance : la *perception externe* ou *des sens*, par laquelle nous connaissons le monde physique ou extérieur, les réalités matérielles; la *perception interne* ou *conscience psychologique*, qui comprend la conscience sensitive (sens intime) et la conscience intellectuelle, par laquelle nous connaissons le monde intérieur ou de l'âme, les réalités psychologiques; la *raison*, par laquelle nous connaissons ou percevons le monde suprasensible, ce qui persiste sous les phénomènes, les réalités nécessaires et absolues, les notions premières (idées du vrai, du bien, du beau, de cause, de substance, par exemple), représentatives des lois ou des concepts universels.

La perception externe et la perception interne sont nommées facultés *expérimentales*, à cause de leur objet, qui est du domaine de l'observation et de l'expérience ; et l'on appelle *données de l'expérience*, par opposition à *données de la raison*, les connaissances acquises par leur moyen, ou simplement les matériaux de connaissance que les sens et la conscience fournissent à l'intelligence. Ainsi, les *données des sens*, c'est tout ce qui nous vient du dehors, tout ce qui nous est connu comme appartenant à des objets extérieurs ou matériels ; — les *données de la conscience*, c'est tout ce qui nous est connu comme étant de notre vie psychologique, tout ce que l'on sent en soi comme constituant le moi dans son état présent ; — les *données de la raison*, c'est tout ce qui est en nous sans être ni nous ni les corps, c'est ce qui est affirmé comme universel et nécessaire, ce sont les rapports et les principes généraux, c'est l'infini ou l'absolu sous ses différents aspects.

REMARQUE. — Quand on parle du rôle de l'expérience dans les connaissances humaines, il ne faut pas l'entendre dans le sens que lui donnent les sciences d'observation, la physique et la chimie, par exemple. En philosophie, le mot expérience a un sens beaucoup plus étendu et doit se prendre pour toute opération où la sensation entre comme élément ou comme cause partielle. Dans ce sens, toutes nos connaissances ont quelque chose d'empirique, même les plus abstraites ; toutes ont l'expérience pour point de départ. La théodicée, par exemple, est basée sur un fait : l'existence de Dieu ; or l'existence de Dieu nous est révélée d'une façon rationnelle par un fait : l'existence des créatures. La métaphysique est une science abstraite qui étudie, non les êtres concrets et particuliers, mais l'être en général et tout ce qui se rapporte à cette notion fondamentale ; or l'idée d'être lui est fournie par l'expérience.

2° Facultés de conservation et de combinaison. — Les facultés par lesquelles se reproduisent et se combinent les connaissances sont la *mémoire* et l'*imagination* : la mémoire, faculté par laquelle l'âme conserve, rappelle et reconnaît les connaissances acquises, et qui comprend l'*association des idées*, loi générale en vertu de laquelle la mémoire enchaîne les faits psychologiques selon certaines relations ou rapports ; l'*imagination*, faculté par laquelle l'âme garde, reproduit et combine les images ou copies de sensations, et qui, unie à l'entendement, devient par lui créatrice.

Il faut faire, à propos de la mémoire, la même remarque qu'à propos de la connaissance : il y a la mémoire sensible et la mémoire intellectuelle. Celle-ci n'est qu'une forme de l'entendement ; c'est le pouvoir qu'a l'entendement de rappeler ses idées.

3° Facultés d'élaboration et de transformation. — Sur les données des sens et de la conscience acquises et conservées, l'esprit travaille par les *opérations intellectuelles* (abstraction, généralisation, jugement, raisonnement qui impliquent l'attention, condition fondamentale de toute connaissance intellectuelle), et il en fait des *pensées* en les rattachant aux principes directeurs de la connaissance (principes d'identité et de contradiction, de causalité, de substance, de finalité). Il en fait des *pensées*, c'est-à-dire que de concrètes et particulières qu'étaient ces données, il les rend abstraites et générales.

Après s'être rendu *attentif* à l'objet à connaître, c'est-à-dire après y avoir volontairement concentré toutes ses forces et ses lumières, l'esprit procède d'abord par *abstraction*, opération analytique qui consiste à considérer isolément ce qui n'existe pas isolé dans la nature; dans une boule d'ivoire, par exemple, à ne considérer qu'une qualité, la *rondeur*, comme isolée de toutes les autres : dimension, poids, couleur; ou encore comme isolée de la boule elle-même. Les points, les lignes, les surfaces, les volumes, que le mathématicien étudie isolément, sont toujours unis dans les objets concrets et particuliers. Après ce travail d'abstraction et d'analyse, qui met en relief les éléments composants, l'esprit *compare* les objets, c'est-à-dire les rapproche pour en saisir les rapports, les caractères communs; puis il *généralise*, il étend une même idée à tous les objets de même nature, il dégage les idées générales. Ces *idées générales*, qui conviennent à tout un groupe d'objets semblables, sont le fond même de la science, car il n'y a pas de science des individus et du particulier. C'est en s'appuyant sur les idées générales et sur les principes directeurs de la connaissance que l'esprit *juge* et *raisonne*, qu'il fait des *synthèses* de connaissances et établit ces *systèmes* ou ensembles coordonnés d'idées, qui sont les sciences particulières; qu'il découvre les lois qui régissent le monde physique et le monde moral; qu'il crée les arts, l'industrie et le commerce, et se rend vraiment maître et dominateur de la nature.

Sens et entendement. — Avant de caractériser les facultés et les opérations intellectuelles, qui s'élèvent au-dessus des sens, c'est-à-dire au-dessus des opérations sensitives, et qui appartiennent à la vie intellectuelle et morale, remarquons les différences signalées par les philosophes entre les sens et l'entendement.

Les sens, dit Platon, *ne perçoivent que ce qui passe; l'entendement, ce qui demeure.* Ce qui passe, ce sont les phénomènes; ce qui demeure, c'est ce qui, sous les phénomènes, est stable et général : la substance, la loi ou la cause.

« *Les sens perçoivent le particulier, l'entendement aperçoit le général.* Les sens ne nous font connaître que des faits matériels; l'entendement seul connaît le vrai et le faux et leurs différences. C'est l'entendement seul qui remarque la nature des choses. Par la vue, nous sommes touchés de ce qui est étendu et de ce qui est en mouvement; le seul entendement recherche et conçoit ce que c'est que d'être étendu et ce que c'est que d'être en mouvement. — Entendre, c'est connaître le vrai et le faux et discerner l'un d'avec l'autre. Par cette définition, je connais la nature de l'entendement et sa différence d'avec les sens. Les sens donnent lieu à la connaissance de la vérité; mais ce n'est pas par eux précisément que je la connais. » (BOSSUET.) C'est une faculté plus élevée que les sens et d'une autre nature, qui dégage la vérité des données sensibles : « C'est à la raison à juger des illusions des sens, et c'est à elle par conséquent à connaître la vérité. »

Les sens n'atteignent que le concret, l'entendement dégage l'abstrait : les sens perçoivent une chose ronde ou carrée, l'entendement perçoit la rondeur, la sphéricité, l'extension, toutes choses abstraites, inaccessibles aux sens. — Les sens nous révèlent l'existence des objets contingents, l'entendement en pénètre l'essence, il atteint les *types* des êtres (genres, espèces), c'est-à-dire leur nature intime dépouillée de toutes les circonstances de temps, de lieu et autres conditions qui les concrétisent et les individualisent. — Enfin l'entendement conçoit des objets supérieurs au monde corporel : le vrai, le bien, le beau, la justice, types absolus de perfection, absolument invisibles et immatériels, qui ne sont jamais pleinement réalisés dans les créatures.

Les sens sont privés de toute réflexion; l'intelligence, au contraire, *se replie sur elle-même*, prend conscience d'elle-même et contrôle ses actes.

« Les sens nous donnent des *sensations*, l'entendement nous donne des *idées*: Les sens sont *passifs*, l'entendement est *actif*. » (P. JANET.) — Les sens sont passifs, c'est-à-dire qu'ils subissent aveuglément une action ; que, si l'organe est sain, une sensation est toujours produite à la suite d'une impression organique. Il ne faudrait pas croire cependant qu'il n'y a rien d'actif dans les sens ; la sensation n'est pas purement passive, car elle est un acte de connaissance. L'entendement est actif, c'est-à-dire qu'il a une action dont le principe est en lui-même, dont il a conscience et qu'il dirige : la connaissance intellectuelle n'est pas la résultante du seul enregistrement des impressions dans le cerveau. Saint Thomas dit que l'intelligence est une puissance passive et active tout à la fois ; elle est passive, parce qu'elle est excitée par les choses extérieures ; elle est active, parce qu'elle s'empare de la sensation ou de l'image pour former l'idée, et que du particulier elle tire l'universel, qui y est contenu virtuellement[1].

« *Les sens ne supportent pas les extrêmes; l'entendement n'en est jamais blessé.* Ainsi, plus le chaud et le froid sont sensibles, plus ils incommodent nos sens ; tout ce qui nous touche trop violemment nous blesse ; les yeux trop fixement arrêtés sur le soleil, c'est-à-dire sur le plus visible de tous les objets et par qui tous les autres se voient, y souffrent beaucoup, et à la fin s'y aveugleraient. Au contraire, plus un objet est clair et intelligible, plus il est certain, plus il est connu comme vrai, plus aussi il contente l'entendement et plus il le fortifie. La recherche en peut être laborieuse ; mais la contemplation en est toujours douce. C'est ce qui a fait dire à Aristote que le sensible le plus fort offense les sens, mais que le parfait intelligible récrée l'entendement et le fortifie ; d'où ce philosophe conclut que l'entendement, de soi, n'est point attaché à un organe corporel, et qu'il est par sa nature séparable du corps. » (BOSSUET, *Conn.*, I, XVII.)

Idée et image. — La connaissance des sens se résout en *images*, celle de l'entendement en *idées*. L'idée, c'est la représentation intelligible des choses ; l'image, c'est la représentation sensible, c'est la copie des sensations, copie reçue et conservée par l'imagination et la mémoire sensitive. L'objet de l'image est toujours individuel ; l'objet de l'idée est universel ou individuel : l'homme, tel homme. Même quand l'idée et l'image représentent l'individuel, elles ne le représentent pas de la même manière. L'idée répond à l'essence de l'objet, c'est-à-dire à l'ensemble des propriétés qui le constituent et sans lesquelles on ne peut le concevoir ; l'image, à sa forme extérieure. L'idée d'homme ou d'humanité, par exemple, dit ce qui fait que l'homme est un homme, et non une brute ou toute autre chose ; elle est une conception générale ou universelle, s'appliquant à un nombre indéfini d'individus. On se représente les choses à la fois par l'image et par l'idée ; mais on ne les *comprend*, on n'en pénètre la nature intime, pour la *prendre en soi*, suivant l'étymologie du mot[2], que par l'idée. (BOSSUET, *Conn.*, I, IX.)

Il y a donc, pour tout ce qui est matériel, pour les corps, par exemple, deux sortes de connaissance : la connaissance *sensible* et la connaissance *intellec-*

---

[1] Cette manière d'exposer en langue moderne l'opinion de saint Thomas sur l'intelligence laisse peut-être entendre à tort que saint Thomas n'admet qu'une faculté intellectuelle, qui serait à la fois passive et active par rapport à son objet ; tandis qu'il en reconnaît deux, dont l'une, *l'intellect actif*, est purement active, et l'autre, *l'intellect passif*, est passive relativement à son objet ou à *l'espèce* (représentation) intelligible qu'elle reçoit.

[2] *Cum*, avec ; *prehendere*, saisir.

tuelle; celle-ci est dans l'entendement, celle-là dans les sens; l'une est constituée par les sensations, l'autre par les idées; l'une est étrangère à la pensée, l'autre est la pensée même; l'une est commune à l'homme et à l'animal, l'autre est propre à l'homme; l'une est immatérielle (spirituelle), non liée aux organes; l'autre tient en quelque sorte le milieu entre la matière et l'esprit, et est attachée aux organes; l'une est souvent accompagnée de la réflexion, l'autre est toute passive, non réfléchie.

La pensée et l'organisme. — Il importe d'avoir le sens précis de cette expression, que *la pensée n'est pas liée aux organes*. « De même, dit Rabier, qu'on peut dire tout ensemble que « l'on ne pense pas sans images » (ARISTOTE), car dans l'état présent de l'union de l'âme et du corps les images sont la matière indispensable de la pensée, et que « l'on pense sans images » (ID.), car la pensée proprement dite n'a rien de commun avec les images : l'image n'est pas la pensée; — de même on pourra dire, d'une part, qu'on ne pense pas sans organes, car les organes fournissent les images nécessaires à la pensée; mais, d'autre part, puisque la pensée diffère absolument de l'image à laquelle elle est surajoutée, on pourra dire aussi que la pensée, en elle-même, n'est pas attachée aux organes; et l'on pourra acquiescer à la grande parole de Bossuet au sujet de la grande parole d'Aristote : « Lorsque Aristote a dit : C'est sans organe qu'on pense, il a parlé divinement. » (*Psychologie*, ch. XXI.)

Ces principes sur la liaison de la pensée et des organes sont intelligibles, si l'on se rend bien compte de la nature de la pensée et si, à la suite des cartésiens et de beaucoup de modernes, on ne confond pas deux ordres de phénomènes très différents : la sensation et l'idée pure ou abstraite. Si, avec saint Thomas, on oppose à la pensée la sensation ou perception sensible, caractérisée par ce fait qu'elle a pour objet un corps et pour principe subjectif un organe animé, il suit de là que la pensée est une perception ou connaissance qui a pour objet une chose *immatérielle* et pour principe subjectif une faculté immatérielle. Par choses immatérielles, il faut entendre ou celles qui sont *spirituelles*, comme l'âme et les phénomènes intellectuels et moraux : pensées, sentiments, volitions, ou celles qui sont *abstraites* et *générales*, comme les idées d'essence et d'existence, de substance et de mode, de cause et d'effet, de vrai et de faux, de bien et de mal, etc. L'objet de la sensation, ou, ce qui revient au même, de l'image, qui n'en est qu'une copie persistante, est visible, tangible, matériel et extensif; celui de l'idée pure, de la vérité abstraite, est invisible, immatériel et inétendu. Il est impossible, par exemple, de dessiner une personne abstraite ou un triangle en général, ce qui est l'objet de l'idée; à plus forte raison de dessiner ou d'imaginer les formes de la justice, de la vérité, de la vertu, et autres idées transcendantales.

Dans le fait de la sensation, d'où naît l'image, la localisation est possible, parce que ce fait a pour sujet l'organe animé; elle ne l'est pas dans le cas de l'idée. Ce que, dans ce dernier cas, on peut localiser, dans la tête et même dans les lobes frontaux, c'est l'*effort* du travail intellectuel, qui est un phénomène d'ordre sensible et mixte. Cet effort s'exerce, en effet, sur les données des sens et principalement sur les représentations sensibles de l'imagination, lesquelles peuvent être localisées dans l'écorce cérébrale, et probablement dans les lobes frontaux. Quant à la pensée pure, qui ne représente que des objets simples et inétendus et ne revêt aucune forme extensive, elle ne saurait, par elle-même, être localisée dans un organe.

Cependant, comme la pensée pure se forme par abstraction des images sensibles qui sont, pour ainsi dire, les matériaux de nos conceptions intellectuelles, le travail intellectuel se trouve étroitement associé au travail des sens et des organes sensibles. Tout en maintenant la distinction entre l'idée et l'image, il faut dire, avec Bossuet, que ces deux phénomènes « se mêlent toujours ensemble. L'entendement ne définit point le triangle ou le cercle, que l'imagination ne s'en figure un. Il se mêle des images sensibles dans la considération des choses spirituelles, par exemple, de Dieu et des âmes ». En fait, l'idée la plus abstraite s'incarne dans un mot, qui est déjà une forme sensible par laquelle nous nous la disons à nous-même ou nous la disons aux autres. (Voir abbé Fanges, le Cerveau, l'Âme et les Facultés.)

Remarque. — M. Flourens, dans ses deux livres : *De la vie et de l'intelligence, De l'instinct et de l'intelligence des animaux*, affirme que « la réflexion, cette faculté suprême qu'a l'esprit de l'homme de se replier sur lui-même, est la limite qui sépare l'intelligence de l'homme de celle des animaux. Les animaux sentent, connaissent, *pensent*; mais l'homme est le seul de tous les êtres créés à qui ce pouvoir ait été donné... de penser qu'il pense ».

L'illustre savant est dans le vrai, quand il affirme que la réflexion, c'est-à-dire le retour complet d'une faculté sur elle-même, est la propriété exclusive de la raison humaine, en tant qu'elle est de nature spirituelle; mais il se contredit quand, d'une part, il accorde que l'animal « pense », et, d'autre part, nie qu'il réfléchisse sur sa pensée; car la pensée entraîne la réflexion. « Quand donc les savants seront-ils des philosophes et les philosophes des savants? Quand donc savants et philosophes consentiront-ils à s'asseoir au pied des chaires les uns des autres? » (P. Coconnier.)

Les sensualistes confondent l'idée avec l'image; les cartésiens méconnaissent l'importance du signe et de l'image sensible dans la formation de nos idées; les positivistes ne distinguent pas le signe de la chose signifiée, le mot de l'idée, l'idée de la réalité objective qu'elle représente.

La philosophie traditionnelle s'est tenue en garde contre ces écueils. Avec saint Thomas, elle enseigne que la pensée humaine, durant la vie présente, ne peut jamais aller sans une image sensible; mais elle se garde de confondre l'image sensible, produite par les sens ou l'imagination et qui tend uniquement à représenter une réalité concrète et matérielle, avec l'idée ou image intellectuelle produite par l'esprit, et dont l'objet est de représenter la vérité, le fond intime et la nature des choses.

Elle distingue, avec un soin égal, l'idée elle-même de l'objet qu'elle représente; c'est l'objet qui est directement perçu par l'intelligence; l'idée n'est que le verbe mental au moyen duquel l'intelligence fait pour son usage personnel la traduction de l'objet, et ce verbe mental, nous ne le connaissons qu'indirectement, en revenant par la réflexion sur l'acte intellectuel. (Voir *la Vie et l'Hérédité*, par P. Vallet.)

TABLEAU ANALYTIQUE

Définition. — L'intelligence est la faculté de penser, de connaître l'universel et l'immatériel. Elle s'appelle encore *entendement* ou *raison*.

Entendue ainsi, l'animal ne la possède à aucun degré. L'animal peut connaître les objets matériels à l'aide des sens; mais il ne peut s'élever à l'idée ou représentation intellectuelle des choses.

L'intelligence *acquiert* la connaissance, la *conserve*, la *reproduit* et la *combine*, l'élabore et la *transforme*; d'où divers groupes de facultés.

CLASSIFICATION DES FACULTÉS DE CONNAISSANCE

1ᵉ Facultés d'acquisition.
1º La *perception externe ou des sens*, qui appartient à l'ordre sensible, par laquelle nous connaissons le monde extérieur;
2º La *perception interne ou conscience psychologique*, faculté mixte par laquelle nous nous connaissons nous-mêmes;
3º La *raison*, par laquelle nous connaissons le monde suprasensible.
Les deux premières sont nommées *facultés expérimentales*, et l'on appelle *données de l'expérience* les connaissances acquises par leur moyen.
Les *données de la raison*, c'est tout ce qui est affirmé comme universel et nécessaire.

2º Facultés de conservation et de combinaison.
1º La *mémoire*, par laquelle l'âme conserve, rappelle et reconnaît les connaissances acquises;
2º L'*association des idées*, acte par lequel la mémoire enchaîne les idées selon certaines lois;
3º L'*imagination*, par laquelle l'âme combine et reproduit les images ou copies de sensations; unies à l'entendement, elle devient créatrice.

3º Facultés d'élaboration et de transformation.
L'esprit travaille sur les données des sens et de la conscience, acquises et conservées, et il en fait des pensées au moyen des facultés ou opérations dites d'élaboration, dont la condition commune est l'*attention*, qui concentre toutes les forces de l'intelligence sur un objet. Ces opérations sont :
L'*abstraction*, qui considère comme isolé ce qui n'existe pas isolément dans la nature;
L'*analyse*, qui décompose un objet en ses éléments;
La *comparaison*, qui rapproche les objets pour en saisir les rapports et les différences;
La *généralisation*, qui étend une même idée aux objets de même nature;
La *synthèse*, qui recompose un tout après qu'on en a étudié les éléments;
Le *jugement*, qui affirme la convenance ou la disconvenance entre les idées;
Le *raisonnement*, qui tire l'inconnu du connu.

SENS ET ENTENDEMENT

Différences. — Les sens ne perçoivent que ce qui passe, l'entendement ce qui demeure. (PLATON).
Les sens sont privés de toute réflexion, l'intelligence se replie sur elle-même, connaît et contrôle ses actes;
Les sens perçoivent le particulier, l'entendement aperçoit le général;
Les sens n'atteignent que le concret, l'entendement dégage l'abstrait;
Les sens nous révèlent l'existence des objets contingents, l'entendement conçoit le nécessaire;
Les sens nous donnent des sensations, l'entendement nous donne des idées;
Les sens sont passifs, l'entendement est actif;
Les sens ne supportent pas les extrêmes, l'entendement n'en est jamais blessé.

IDÉE ET IMAGE

La connaissance des sens se résout en *images*, celle de l'entendement en *idées*.
L'*image*, c'est la représentation sensible des choses; l'*idée*, la représentation intellectuelle;
L'objet de l'*image* est toujours individuel, celui de l'*idée* est universel ou individuel;
L'*image* répond à la forme extérieure de l'objet, l'*idée* à l'essence;
On se représente les choses à la fois par l'*image* et par l'*idée*; mais on ne les comprend que par l'*idée*.
D'où, pour tous les objets matériels, deux sortes de connaissance : connaissance sensible (image), connaissance intellectuelle (idée).

La pensée et l'organisme. — On peut dire à la fois « qu'on ne pense pas sans organes », puisque ce sont les organes qui fournissent les images nécessaires à la pensée, et, d'autre part, que « c'est sans organes que l'on pense », puisque la pensée diffère absolument de l'image, à laquelle elle est surajoutée. Ces deux phénomènes sont toujours liés ensemble.

8ᵉ LEÇON

CONDITION FONDAMENTALE DE TOUTE CONNAISSANCE INTELLECTUELLE : L'ATTENTION

Définition. — « L'usage *actif* de nos sens, dit P. Janet, et, en général, de toutes nos opérations, non seulement sensitives, mais intellectuelles, s'appelle *attention*. »

L'opposition des mots suivants, opposition qu'on trouve dans toutes les langues, fait saisir la différence entre l'usage passif des sens, qui ne donne qu'une perception fugitive, et l'usage actif, qui implique l'attention, c'est-à-dire l'application de l'esprit : voir et *regarder*, entendre et *écouter*, toucher et *palper*, sentir et *flairer*, goûter et *savourer* ou *déguster*. Les premiers désignent des états passifs ou sensitifs; les seconds, des états actifs ou attentifs. Souvent on regarde sans voir, on écoute sans entendre, on flaire sans rien sentir. Le sens commun, dont le langage est l'expression, distingue nettement, comme on le voit, l'attention, ou l'usage actif des sens, de la sensation, qui n'en est que l'usage passif.

Condillac, dans son *Traité des sensations* et dans sa *Logique*, fait de l'attention une sensation transformée, « une sensation prédominante, que nous éprouvons comme si elle était seule; » en d'autres termes, devenue exclusive, parce qu'elle est plus intense. Il est vrai qu'une sensation plus intense provoque l'attention; mais ce n'est pas une raison pour conclure à l'identité de la sensation et de l'attention. Les faits démentent cette identité et montrent la nécessité de la distinction. Il peut y avoir attention sans sensation, et sensation sans attention, ainsi que le montrent les états actifs et les états passifs distingués plus haut. Je cherche du regard une maison dans le lointain d'un paysage, et je ne la vois pas : il y a attention et non sensation; pendant ma promenade, une forte détonation se produit non loin de moi : elle me surprend; il y a sensation, il n'y avait pas attention. La raison de la distinction est dans la nature même des faits : dans la sensation, l'âme est passive, elle subit l'action des objets extérieurs; dans l'attention, elle est active, elle concentre ses forces sur un objet pour le mieux saisir.

L'attention est donc l'usage actif de l'esprit, ou la force d'esprit, comme dit Malebranche, et il n'y a pas lieu de la ranger parmi les opérations intellectuelles; elle n'a pas d'objet propre, et toute opération intellectuelle, tout exercice actif de nos facultés la suppose. La perception, par exemple, n'est distincte que si l'on est attentif, et elle est d'autant plus distincte qu'on a été plus attentif; de même de la mémoire : on retient, en général, dans la mesure où l'on est attentif. D'où l'on voit que l'attention est une condition de l'acquisition et de la conservation de nos connaissances.

On définit encore l'attention (définition usuelle) : *l'acte par* lequel *l'esprit concentre volontairement ses forces sur un objet, à l'exclusion de tous les autres, et s'y arrête pour le mieux étudier.* Cette définition est conforme au sens étymologique : *ad tendere*, tendre vers : action par laquelle l'esprit tend vers un objet pour s'en mieux pénétrer. « Être attentif, a-t-on dit, c'est regarder à la loupe. »

M. Ribot, dans sa *Psychologie de l'attention*, donne la définition suivante : L'attention consiste en un état intellectuel, exclusif ou prédominant, avec adaptation spontanée ou artificielle (volontaire) de l'individu; ou encore : l'acte par lequel le moi isole un de ses états de la complexité passive où il se trouvait engagé. Ce qui la caractérise essentiellement, c'est donc la substitution d'une unité relative d'états de conscience à la pluralité des états.

L'adaptation est à la fois physique et psychique. Dans les cas d'attention spontanée, le corps entier converge vers son objet : les yeux, les oreilles, quelquefois les bras. Tous les mouvements s'arrêtent. La personnalité *est prise*, c'est-à-dire que toutes les tendances de l'individu, toutes ses énergies disponibles visent un même point. Cette adaptation extérieure est le signe de l'adaptation psychique et intérieure. Elle est souvent une indication pédagogique précieuse.

« On sait, en effet, que l'attention se reconnaît, chez l'enfant, aux yeux qui deviennent plus brillants, à l'attitude plus droite, à l'expression du visage qui reflète l'activité de l'esprit. Aussi le maître doit-il veiller à ces signes extérieurs ; une tenue penchée, des yeux vagues, un visage morne annonçant l'indifférence, ne doivent pas être tolérés. Un autre défaut, c'est la *dissipation*, c'est-à-dire la dispersion de l'esprit en plusieurs objets. » (*Dict. de Pédagogie.*)

(Pour plus de détails sur les concomitants physiques de l'attention, voir RIBOT, ouvrage cité, p. 20 à 29.)

Notons cette définition mystique de Malebranche : « L'attention est une prière naturelle que nous faisons à la vérité pour qu'elle se découvre à nous : elle a pour récompense la lumière. »

Diverses formes et divers noms de l'attention. — Outre cette attention *libre* et *volontaire* que l'on vient de définir, la seule vraie, la seule féconde, on distingue une attention *spontanée*, qui se produit sans que la volonté en ait l'initiative et qui est une réaction immédiate de l'esprit à la suite d'une sensation vive et soudaine. Elle a pour causes principales l'intérêt que présente un objet, la nouveauté, le changement, le contraste, l'étonnement. Elle peut s'évanouir aussitôt, comme chez les enfants et les esprits légers ou superficiels, ou bien être l'occasion d'une attention très énergique et très prolongée, comme on le voit par l'exemple de Newton et de Galilée. Quelquefois elle est *involontaire*, et se produit malgré les efforts de la volonté pour l'empêcher. C'est ce qui a lieu, par exemple, pour la *préoccupation*, cette attention qui se fixe malgré qu'on en ait.

L'attention prend le nom d'*observation*, si l'esprit s'applique à des objets matériels, et celui de *réflexion*, si l'esprit se replie sur lui-même et ses propres actes. Exemple : le physicien, le chimiste *observent* la nature ; le géomètre, le philosophe *réfléchissent* sur un problème mathématique, sur une question métaphysique ou morale. La *réflexion*, comme le mot l'indique, est le retour de l'âme sur elle-même et sur sa pensée, c'est l'attention en dedans, et l'*observation*, l'attention en dehors. L'attention garde son nom toutes les fois qu'il s'agit de notions qui nous sont communiquées par nos semblables. A un enfant qui n'écoute pas, le maître dit : *Faites attention*. A un enfant même attentif, mais qui répond légèrement et trop vite, le maître dit : *Réfléchissez*.

Nous avons vu que la réflexion psychologique, qui porte sur les faits internes, est caractéristique de l'intelligence : l'animal est incapable de réfléchir. La réflexion est la condition essentielle de la philosophie, dont un des principaux objets est l'âme humaine et ses idées fondamentales. Aussi Cousin a-t-il appelé la philosophie : « la réflexion en grand. » L'esprit philosophique, c'est le bon sens réfléchi. Le vulgaire applique sans cesse les idées rationnelles, mais sans en bien connaître le contenu, parce qu'il ne les a jamais analysées.

L'*application* est un mode d'attention suivie et continue. — « Avec l'attention, on se corrige de ses mauvaises habitudes, dit Condillac; avec l'application, on en acquiert de bonnes. » Dans l'observation, on est témoin, on constate; dans l'application, on agit, on se propose un but à atteindre.

L'attention concentrée et condensée avec effort et fatigue se nomme *contention*. — « Il faut qu'on vous puisse lire sans ennui, aussi bien que sans contention. » (BUFFON.)

La *méditation* est une réflexion approfondie et prolongée. — Il faut de l'attention et de l'application pour comprendre, de la réflexion et de la méditation pour inventer ou composer. Un orateur médite son discours, un avocat sa plaidoirie, un général son plan de bataille.

La *contemplation* est une sorte de méditation dans laquelle l'âme se sent attirée et charmée par un objet qu'elle admire et qui lui semble sublime et beau.

Au-dessus de la contemplation, il y a l'*extase*, qui est la forme la plus élevée de l'attention. Le mot extase signifie : transport, ravissement, exaltation mystique.

Attention, distraction. — « L'*attention* est opposée à la *distraction*. La première est le pouvoir de fixer l'esprit; la seconde, l'impuissance à le fixer. La distraction est un mouvement vague et incertain de l'esprit qui passe d'un objet à l'autre sans en considérer aucun. L'attention est donc un état de consistance dans l'esprit qui s'attache à considérer quelque chose. Ce qui la rend nécessaire, c'est que notre esprit a besoin de temps pour bien faire ses opérations. » (BOSSUET.)

Il y a une sorte de distraction[1] qui n'est pas, comme l'entend Bossuet, l'état d'un esprit qui est instable, dissipé, évaporé, à la merci des impressions, incapable de s'appliquer à quoi que ce soit; mais plutôt une suite de la *préoccupation*, ou état d'un esprit trop occupé d'un objet pour faire attention à un autre. Le travail intense de la pensée, qui absorbe toutes les forces de l'esprit, produit la distraction à l'égard des événements extérieurs, des convenances mondaines, des conditions matérielles de la vie. Beaucoup de grands hommes nous fournissent des exemples de cette sorte de distraction. C'est en général celle des hommes passionnés, des savants, des esprits méditatifs : ils ne voient d'intérêt que dans l'objet qui les captive. La vie de la Fontaine, par exemple, ne fût, pour ainsi dire, qu'une distraction continuelle : au milieu de la société, il en était absent. On connaît les distractions d'Ampère.

Principaux états morbides ou maladies de l'attention. — Il ne faut pas confondre l'attention avec certains états ou phénomènes morbides, où l'intelligence s'immobilise, et qui n'ont qu'une fausse ressemblance avec l'attention. C'est d'abord l'*idée fixe*, qui est comme un excès ou une *hypertrophie* de l'attention. Elle résulte de la prédominance d'un état ou d'un groupe d'états qui ne peut être délogé de la conscience. C'est un symptôme de dégénérescence. Elle a plusieurs degrés, depuis la simple *préoccupation*, qui n'est pas toujours morbide[2], jusqu'à la *monomanie*, en passant par la *fascination* et l'*obsession*. Être attentif, ce n'est pas être obsédé, poursuivi par ses idées; c'est, au contraire, les dominer, les posséder, s'en faire obéir. L'*idée fixe* est le caractère propre de la folie, et l'attention celui de la raison.

---

[1] Le latin *distrahere* indique ces deux sens du mot distraction : 1° tirer çà et là, de divers côtés; 2° tirer dans un autre sens, retirer de, attirer ailleurs.

[2] A vrai dire, chez tout homme sain, il doit y avoir une *idée* dominante, une sorte de *préoccupation* qui règle la conduite et donne à la vie son unité : « Qu'est-ce qu'une grande vie? se demande A. de Vigny. — Une pensée de jeunesse réalisée dans l'âge mûr. » (Cité par Ribot.) — Comme exemple de préoccupation anormale, on peut citer la pensée d'une personne malade, d'un examen à préparer, d'un voyage à entreprendre, qui vous poursuit partout.

En second lieu, c'est un manque ou une *atrophie* de l'attention, l'impossibilité de rendre fixe ou permanent aucun état de conscience, soit parce que ces états se succèdent avec trop de rapidité, soit parce qu'ils sont trop faibles pour être perçus. Tout le monde est sujet à éprouver une certaine atrophie de l'attention après une grande fatigue mentale, ou quand le besoin de sommeil se fait fortement sentir.

Selon les médecins et les physiologistes (entre autres Esquirol, fondateur, avec Pinel, de la médecine aliéniste), l'*idiotie* et la *folie* n'ont d'autre cause que l'impossibilité où est une intelligence de faire attention, par suite de l'impuissance de l'organisme.

Source de l'attention. — L'attention a sa source dans la *curiosité naturelle*, qui n'est autre chose que le besoin, l'amour du vrai, et dans la *volonté*, qui concentre les forces de l'esprit sur un objet pour mieux le saisir. Elle est excitée par la vivacité et la soudaineté des impressions.

Nulle attention qui ne provienne d'une émotion, c'est-à-dire d'un état affectif de plaisir ou de douleur, d'une tendance suivie ou contrariée. — Le cœur est un auxiliaire de l'esprit : l'attention se porte naturellement sur ce que l'on aime ; mais elle ne se fixe, elle ne devient forte et constante qu'associée à une volonté énergique. Ce n'est pas du premier coup que l'on devient maître de son attention : il y faut une longue habitude. Le pouvoir de la volonté sur l'attention s'accroît graduellement avec l'exercice. Au contraire, elle devient d'une difficulté croissante, et à la fin presque impossible, à un esprit qui s'abandonne au torrent des sensations et des images.

C'est par la force de l'émotion morale, par la puissance de la volonté, que Pascal se rendait indépendant des impressions de douleur les plus violentes, qu'il en détournait son attention et se livrait tout entier à la recherche des vérités abstraites.

Il faut appliquer à l'attention ce qui a été dit, dans la leçon précédente, de l'attrait de la nouveauté, du besoin de changement, de la nécessité de varier le travail. L'intelligence d'un élève succomberait, s'il lui fallait écouter toute une journée la leçon d'un seul maître. Le changement suffit pour réparer les forces de l'esprit, comme la diversité des mets réveille l'appétit et chasse le dégoût.

Effets de l'attention. — L'attention agit sur la *sensibilité* et sur l'*intelligence*.

1° *Sur la sensibilité.* — Tantôt l'attention active la sensibilité et tantôt elle l'affaiblit.

Le plaisir du gourmet, par exemple, est augmenté par l'attention qu'il porte aux mets qu'il déguste ; celui du musicien croît avec l'attention qu'il donne à l'audition d'un beau morceau de musique. Si on y pense toujours, une petite douleur s'amplifie et s'aiguise ; les peines morales s'aggravent jusqu'au point de devenir intolérables, de conduire à la folie et au suicide. — Indirectement, l'attention peut diminuer la sensibilité. Un travail absorbant nous fait oublier de petites douleurs physiques ou morales. On a souvent vu, dans le feu du combat, des soldats ne pas s'apercevoir de leurs blessures. Archimède, occupé à la résolution d'un problème, ne vit pas que Syracuse était prise. Le jour de la bataille du lac Trasimène, les Romains ne sentirent point un tremblement de terre qui dévasta l'Italie.

Remarquons encore que l'attention a une influence très grande sur nos passions. Rien ne les exalte comme la considération de ce qui les a fait naître, et l'un des meilleurs moyens de s'en guérir, c'est de se détourner de leur objet, par le travail, la distraction, les voyages.

2° *Sur l'intelligence.* — L'attention peut augmenter ou diminuer la perception sensible, selon qu'elle excite ou qu'elle suspend l'activité des organes, ainsi qu'on l'a vu plus haut (usage actif et passif des sens, p. 119); elle vient en aide à tous nos moyens de connaître et les rend efficaces; elle est une des sources du génie et la condition des découvertes scientifiques. « L'esprit peut trouver jusqu'à l'infini, dit Bossuet, et la seule paresse peut donner des bornes à ses connaissances et à ses inventions. » (Voir à la page suiv.)

L'attention n'est pas la connaissance; mais elle en est la préparation, la condition; elle a un rôle considérable dans l'acquisition, la conservation et l'élaboration de la connaissance. Toutes nos facultés sont solidaires : sans la volonté de connaître, la faculté de connaître n'est rien. L'attention rend aux facultés le même service que l'exercice répété rend aux muscles : elle les rend plus robustes, elle les fortifie.

Elle produit les idées claires, distinctes, durables, ou du moins contribue à les rendre telles : *distinctes*, bien définies, n'offrant rien de confus à l'esprit, car il faut les préciser, les considérer à l'exclusion des autres pour faire attention; *claires*, car l'attention y concentre toutes les lumières de l'intelligence, comme fait un verre convexe qui, rassemblant en faisceau les rayons d'un foyer de lumière ou de chaleur, rend cette chaleur plus forte ou cette lumière plus brillante; *durables*, car elle les fixe dans le souvenir; plus nous agissons, plus la volonté tend à se maintenir, en vertu des lois de l'habitude.

La *connaissance intellectuelle* ou la *science* ne s'acquiert que par *l'attention*, par l'activité volontaire de l'esprit. C'est un monde qu'il faut construire nous-mêmes en nous. Si nous ne sommes que passifs, nous ne construisons rien : pour bâtir, il faut agir. Nous n'avons la science qu'à la condition de faire pénétrer les objets dans notre esprit, de les y réfléchir et de nous les approprier à l'état d'idées ou de rapports; or c'est l'attention qui donne naissance aux représentations scientifiques des objets. Nous ne faisons pas la vérité, mais nous faisons notre science. On ne sait que ce que l'on fait, a dit Aristote.

La *légèreté* ou l'*inattention* s'arrête aux apparences, n'habite que les surfaces; l'attention s'enfonce dans les choses comme un coin, les partage, les pénètre et permet d'en saisir les éléments et les plus intimes rapports. « C'est l'attention, dit Bossuet, qui rend les hommes graves, sérieux, prudents, capables des grandes affaires et des hautes spéculations; » et P. Janet : « On pourrait presque affirmer que la différence capitale des esprits résulte des divers degrés d'attention dont les hommes sont capables. » Si on y regarde de près, on verra que « la plupart des hommes ne sont point les victimes de la faiblesse de leur esprit, mais de l'impuissance de leur attention. Il leur suffit presque toujours de se faire quelque violence, pour tirer de leurs facultés un parti dont ils sont eux-mêmes stupéfaits ». (RONDELET.)

On demandait à Newton comment il avait découvert les lois de la gravitation : « En y pensant toujours, répondit-il. Je tiens le sujet de ma recherche constamment devant moi, et j'attends que les premières lueurs se développent peu à peu, jusqu'à se changer en une clarté pleine et entière. » Cet exemple, et beaucoup d'autres qu'on pourrait citer, montrent que *l'attention est une des sources du génie.* Les dons naturels ne sont rien, en effet, sans l'attention, sans ce long travail de l'esprit, soutenu par l'effort énergique de la volonté, que Newton appelait la *pensée patiente.*

Buffon a donné du génie cette définition plus encourageante que juste, mais très propre à nous montrer ce que peut l'attention : « Le génie est une longue patience. » « Non pas cette patience stérile et passive qui consiste à attendre sans faire d'efforts; mais cette puissance d'attention, cette persistance qui vient à bout des plus grandes difficultés. Ce que Buffon a raison d'écarter du génie, c'est l'impatience, c'est-à-dire le désir déréglé d'obtenir sur-le-champ, sans travail, de grandes idées, de grandes découvertes, un grand style. » (P. Janet.) Ce mot de Buffon est vrai surtout du génie scientifique : Buffon s'est souvenu de lui-même, et a défini son propre génie ; mais il s'applique aussi au génie en général ; car, si le génie est avant tout créateur, il ne peut se passer de l'attention pour concevoir et organiser ses créations.

Rôle de l'attention dans les découvertes scientifiques. — L'aptitude à saisir les ressemblances et à faire des assimilations, des identifications, est le caractère du génie scientifique et la condition de toute découverte. Faire des assimilations et des identifications, c'est-à-dire expliquer les phénomènes en les assimilant, en les identifiant les uns aux autres, en les faisant rentrer sous des lois communes, tel est, en effet, le but poursuivi par la science[1].

Cette aptitude à saisir des ressemblances et à faire des identifications ne s'acquiert et ne se développe que par l'habitude de l'*attention* et de l'*observation* scientifiques et électives : *scientifiques*, qui ne s'arrêtent pas aux ressemblances et aux caractères superficiels des choses, mais pénètrent jusqu'aux ressemblances profondes, jusqu'aux caractères essentiels[2]; *électives*, qui s'attachent à un point de vue spécial, abstraction faite de tous les autres.

Les découvertes scientifiques, au moment où elles se font, sont, comme on l'a dit, une sorte d'inspiration subite par où la nature elle-même semble révéler son secret. Mais l'histoire de ces découvertes nous montre que ce secret n'est révélé qu'aux hommes *attentifs*, aux *observateurs* assidus, à ceux qui le ravissent, en quelque sorte, par la persévérance de leurs investigations.

C'est ce qui ressort des découvertes d'Archimède, de Galilée, de Newton, de Watt, de Franklin, de Lavoisier, de Claude Bernard, de M. Pasteur et de bien d'autres encore qu'on pourrait citer.

Ainsi, dans tout ordre de choses, dans toutes les voies où peut s'exercer l'activité intellectuelle, dans les sciences morales comme dans les sciences physiques et naturelles, c'est par l'attention soutenue, patiente, méthodique, que s'acquiert et se développe l'aptitude à saisir les ressemblances, à trouver les assimilations, les identifications possibles ; c'est par l'attention que se font les découvertes, que se marquent les progrès.

Indication de quelques exemples. — Celui-là fit une découverte importante en histoire naturelle, qui retira de la classe des oiseaux la chauve-souris, qui vole dans l'air, et de la classe des poissons la baleine, qui vit dans l'eau, pour les ranger dans la classe des mammifères. Mais de quoi s'agissait-il ? De dégager, par l'attention, par l'observation scientifique, une différence intime des différences superficielles.

C'est aussi l'attention qui a fait remarquer une analogie entre le soulèvement du couvercle d'une bouilloire par la vapeur, et le soulèvement d'un poids quelconque par une force motrice quelconque. J. Watt, habitué à l'observation et à l'étude des propriétés mécaniques des corps, partit de ce fait pour identifier la force expansive de la vapeur avec les sources de force mécanique déjà connues, telles que la force d'un animal, celle du vent, celle d'un courant.

---

[1] Expliquer, c'est identifier l'inconnu à ce qui était déjà connu, et transporter par suite à l'inconnu tout ce qu'on savait déjà du connu ; en d'autres termes, c'est supprimer l'inconnu en montrant qu'il se ramène à ce que l'on connaissait déjà. Ainsi, expliquer l'ascension d'une plume légère ou d'un ballon dans l'air, ou d'une colonne de mercure dans un tube où l'on a fait le vide, c'est faire rentrer ces divers phénomènes sous l'unique loi de la pesanteur ; c'est identifier les cas, si différents en apparence, de la pierre qui tombe vers la terre et de la plume ou du ballon qui s'en éloignent.

[2] Toute la différence entre les classifications *artificielles*, que tout le monde peut faire, et les classifications *naturelles*, dont l'observation scientifique seule est capable, n'est que la *différence* entre les identifications faciles, fondées sur des ressemblances superficielles, et les identifications difficiles, fondées sur des ressemblances profondes.

Jamais identification demanda-t-elle plus le génie de l'observation que celle de la force qui fait tomber les corps les plus pesants sur la terre et de la force qui tend à faire tomber les planètes sur le soleil? Il est clair qu'une longue analyse des phénomènes de la pesanteur et de la gravitation dut préparer cette identification. L'incident de la chute d'une pomme fut, pour *Newton*, comme la goutte d'eau qui fait déborder le vase.

Une des inspirations les plus lumineuses, en botanique, fut l'analogie découverte, par *Gœthe*, entre la fleur et la plante tout entière. Pour remarquer dans l'arrangement des feuilles autour de la tige une analogie avec l'arrangement circulaire des pétales de la fleur, en dépit de la grande différence de l'apparence générale, il fallait évidemment connaître à fond la structure du végétal et être habitué à observer les rapports intimes qui relient les unes aux autres ses diverses parties.

Les mêmes remarques seraient à faire à propos de tous les grands inventeurs et de toutes les grandes découvertes :

d'Archimède s'apercevant un jour, au bain, que ses membres plongés dans l'eau perdaient considérablement de leur poids, et découvrant, à l'occasion de ce fait, l'un des plus féconds principes de l'hydrostatique, que tout corps plongé dans un liquide perd de son poids le poids du liquide qu'il déplace; *de Franklin*, identifiant le tonnerre et l'éclair à l'électricité telle qu'elle se produit dans la machine électrique; *de Cl. Bernard*, observant par hasard que l'urine des lapins apportée dans son laboratoire était claire et acide comme l'urine des carnivores, au lieu d'être alcaline et trouble comme celle des herbivores, et démontrant, à la suite de cette observation, que tout herbivore à jeun est transformé en véritable animal carnivore, vivant de son propre sang et se nourrissant de viande; *de Harvey*, découvrant la circulation du sang, en prenant pour point de départ une identification entre les veines munies de leurs valvules et un corps de pompe muni de sa soupape; *de Lavoisier*, assimilant d'abord la rouille des métaux, puis la respiration animale au phénomène de la combustion ; *des chimistes*, assimilant aujourd'hui l'hydrogène et les métaux ; *de M. Pasteur*, que ses recherches sur le rôle des organismes microscopiques dans les fermentations ont amené à découvrir les causes des maladies contagieuses et l'antidote de plusieurs d'entre elles, dans les vaccins convenables. C'est ainsi qu'il est arrivé à préserver les bestiaux du charbon, les poules du choléra, les hommes de la rage, etc.

Attention et éducation : *Dangers de l'attention exclusive*. — L'éducation doit rendre l'enfant habituellement et volontiers attentif, attentif non à une chose, mais à toutes sortes de choses, selon les besoins. L'attention *exclusive*, c'est-à-dire toujours portée vers le même objet, vers la même étude à l'exclusion des autres, fait les esprits étroits et bornés. Rien n'est plus propre que les études littéraires et philosophiques à ouvrir et à élargir les esprits : elles demandent le concours de toutes les facultés et les portent sur un grand nombre d'objets.

Importance de l'attention dès le début des études. — Les paroles suivantes, adressées par Bossuet au Dauphin, font bien sentir l'importance de l'attention dès le début des études :

« Ne croyez pas, Monseigneur, qu'on vous reprenne si sévèrement, pendant vos études, pour avoir simplement violé les règles de la grammaire en composant. Il est sans doute honteux à un prince, qui doit avoir de l'ordre en tout, de tomber en de telles fautes; mais nous regardons plus haut, quand nous en sommes si fâchés : car nous ne blâmons pas tant la faute en elle-même, que le défaut d'attention qui en est la cause. Ce défaut d'attention vous fait maintenant confondre l'ordre des paroles; mais, si nous laissons vieillir et fortifier cette mauvaise habitude, quand vous viendrez à manier non plus les paroles, mais les choses mêmes, vous en troublerez tout l'ordre. Vous parlez maintenant contre les lois de la grammaire : alors vous mépriserez les préceptes de la raison. Maintenant vous placez mal les paroles; alors vous placerez mal les choses; vous récompenserez au lieu de punir, vous punirez quand il faudra récompenser; enfin vous ferez tout sans ordre, si vous ne vous accoutumez, dès votre enfance, à tenir votre esprit attentif, à régler ses mouvements vagues et incertains, et à penser sérieusement en vous-même à ce que vous avez à faire. »

On est responsable de la conduite de la pensée autant que de la conduite de la vie : celle-ci dépend de celle-là. Que d'oublis, de bévues, de fautes, commet un homme qui ne sait pas écouter un conseil, une recommandation, un ordre!

Règles pour le bon usage de l'attention. — 1° Ne pas considérer trop de choses en même temps, surtout si elles ne sont pas familières à l'esprit ;

2° Envisager successivement les diverses faces d'un objet ;

3° Aller du facile au difficile ;

4° Varier le travail : ne pas excéder les forces de l'intelligence ; pour cela, ne pas l'appliquer au même objet jusqu'à en éprouver une grande fatigue ;

5° Se tenir en garde contre la rêverie, qui rend incapable d'attention volontaire.

TABLEAU ANALYTIQUE

DE L'ATTENTION

Définitions. Attention et sensation.
« L'usage actif de nos sens, et, en général, de toutes nos opérations sensitives et intellectuelles, s'appelle attention. » (P. JANET.)
Voir et *regarder*, entendre et *écouter*, toucher et *palper*, sentir et *flairer*, goûter et *savourer*, désignent deux opérations d'un même sens ; mais la première est *passive*, la deuxième est *active*, c'est-à-dire qu'il y a attention. Il ne faut donc pas confondre, comme l'a fait Condillac, l'attention et la sensation.
On définit encore l'attention : l'acte par lequel l'esprit concentre volontairement ses forces sur un objet, à l'exclusion de tous les autres, pour le mieux étudier (adaptation de l'individu).
Ce qui caractérise essentiellement l'attention, c'est la substitution d'une unité relative d'états de conscience à la pluralité des états.

Diverses formes de l'attention. Distraction.
On distingue : l'*attention volontaire*, celle qu'on vient de définir ; c'est la seule vraie ;
l'*attention spontanée*, réaction immédiate de l'esprit à la suite d'une sensation vive et soudaine ;
l'*attention involontaire* ou *préoccupation*, qui se produit malgré les efforts de la volonté pour l'empêcher.
L'attention volontaire prend différents noms. Elle s'appelle :
observation, si l'esprit s'applique à des objets matériels ;
réflexion, si l'esprit se replie sur lui-même et ses propres actes ;
application, attention suivie et continue. L'application peut produire la fatigue, la *contention* ;
méditation, réflexion approfondie et prolongée ;
contemplation, sorte de méditation dans laquelle l'âme se sent attirée vers un objet qu'elle admire ;
extase, degré le plus élevé de l'attention.
A l'attention s'oppose la *distraction*, impuissance de fixer son esprit sur un objet, ou bien encore de le détacher d'un objet : distractions des savants, des hommes absorbés.

Maladies de l'attention.
Les principaux états morbides de l'attention sont : l'*idée fixe*, qui est comme un excès d'attention. Elle résulte d'un état ou d'un groupe d'états qui ne peuvent être délogés de la conscience. L'idée fixe a des degrés, depuis la simple *préoccupation* jusqu'à la *fascination*, l'*obsession* et la *monomanie*.
Ces maladies sont des *hypertrophies* de l'attention ; il y a aussi des cas d'*atrophie*, par exemple l'impossibilité de rendre fixe un état de conscience, soit parce qu'il est trop faible, soit parce qu'il est trop rapide. — Chez l'enfant, le vieillard, l'homme fatigué, l'attention s'affaiblit.

DE L'ATTENTION (Suite)

Source de l'attention.
L'attention a sa source dans la curiosité naturelle de l'esprit.
Elle est excitée par la vivacité et la soudaineté des impressions : nulle attention qui ne vienne d'une émotion, c'est-à-dire d'un état affectif, plaisir ou douleur.
L'attention s'acquiert par l'habitude, par des actes répétés de volonté, et elle se soutient par la volonté, l'émotion et la variété.

Lois de l'attention.
1° Tout acte d'attention est conditionné par un effort musculaire; (RIBOT)
2° Pas d'attention sans émotion, c'est-à-dire sans un état affectif antérieur; (Id.)
3° L'attention volontaire suppose quelque idée, au moins vague, de l'objet auquel elle s'applique;
4° L'attention procède par analyse.

Règles pour le bon usage de l'attention.
1° Ne pas considérer trop de choses en même temps, surtout si elles ne sont pas familières à l'esprit;
2° Envisager successivement les diverses faces d'un objet;
3° Aller du facile au difficile;
4° Varier le travail : ne pas excéder les forces de l'intelligence; pour cela, ne pas l'appliquer au même objet jusqu'à en éprouver une grande fatigue;
5° Se tenir en garde contre la rêverie, qui rend incapable d'attention volontaire.

Rôle et effets de l'attention.
L'attention agit 1° sur la *sensibilité* : tantôt elle l'active et tantôt elle l'affaiblit; elle développe et exalte les passions; 2° sur l'*intelligence* : elle vient en aide à nos moyens de connaître; elle seule les rend efficaces.
Elle a un rôle important dans l'acquisition, la conservation et l'élaboration de la connaissance. Elle rend nos facultés plus *fortes*; elle produit les idées *claires*, *distinctes*, *durables*.
Dans les *découvertes scientifiques*, c'est l'attention qui rend capable de saisir les ressemblances, de faire des assimilations, des identifications, d'expliquer les phénomènes les uns par les autres, de tirer l'inconnu du connu.
Buffon a dit que le génie était une longue patience, c'est-à-dire une longue *attention*. — C'est l'attention qui rend les hommes graves, sérieux, prudents, capables des grandes affaires et des hautes spéculations. (BOSSUET.)
En *éducation*, l'attention joue un rôle immense; toute l'éducation de l'esprit consiste à rendre l'enfant attentif, non à une chose, mais à toutes sortes de choses, selon les besoins. — L'*attention exclusive* est un danger; elle fait les esprits étroits et bornés.

9º LEÇON

ACQUISITION DE LA CONNAISSANCE : PERCEPTION EXTERNE

Définition. — Nous connaissons les corps particuliers et contingents, le monde extérieur, au moyen des sens. La faculté par laquelle nous les connaissons se nomme *perception externe* ou simplement *perception*.

<small>Perception se dit de la faculté elle-même et de ses actes. Dans cette phrase : « Cet homme est doué d'une faculté de perception et d'intelligence qui démêle promptement les choses les plus compliquées, » c'est la faculté qu'on entend ; et dans celle-ci : « Nos jugements ont plus d'étendue que nos perceptions, » ce sont ses actes.</small>

La perception est une représentation des sensations, assez compliquée si on veut l'analyser, mais en pratique très rapide et équivalant à une intuition ou connaissance immédiate.

Perception s'emploie souvent pour sensation, ce qui a lieu toutes les fois que l'on reste dans le domaine de la vie purement sensitive. Exemples : les perceptions chez les animaux, les perceptions ou sensations de la vue et de l'ouïe.

Les sens et leurs organes. — Il ne faut pas confondre les sens : la vue, l'ouïe, l'odorat, le goût et le toucher, avec les organes des sens : les yeux, les oreilles, le nez, la langue et le palais, le corps tout entier et particulièrement les mains. *Les sens sont des facultés sensitives de l'âme, s'exerçant par certains organes déterminés.* Les organes des sens sont des instruments matériels, que l'on peut voir et toucher, au moyen desquels l'âme est mise en rapport avec le monde extérieur.

Quelques psychologues ont admis, outre les cinq sens, les uns un *sens vital*, chargé de nous renseigner sur les phénomènes de la vie végétative, les autres un *sens musculaire* spécialement affecté aux mouvements des muscles, et qui jouerait un rôle considérable dans la perception extérieure. Ces deux sens ne sont autre chose qu'un *toucher intérieur*, dont l'exercice est déterminé par les impressions que les phénomènes physiologiques font sur les organes internes.

Perceptions naturelles, perceptions acquises ; perceptions propres, perceptions communes. — Les *perceptions naturelles*, ou *données primitives des sens*, sont celles qui dérivent immédiatement de la nature de chaque sens, celles que chaque sens isolé donne sans le secours des autres, et antérieurement à toute éducation : la lumière, pour la vue ; les résistances, pour le tact.

Les *perceptions acquises* sont celles qui sont dues à l'expérience et à l'habitude ; elles résultent ordinairement de l'association et de l'éducation mutuelle de plusieurs sens. Ainsi, en entendant un instrument de musique, je puis, si mon oreille est exercée, dire quelle est sa nature, où il est, quelquefois même désigner l'artiste qui le joue; un gourmet juge du goût d'un vin par sa couleur; un chimiste, de la nature d'un gaz par son odeur; ce sont là autant d'associations ou de perceptions acquises. Elles sont fort nombreuses, surtout pour la vue et l'ouïe.

On appelle perceptions propres, celles qui sont spéciales à chaque sens, et perceptions communes, celles où interviennent plusieurs sens. — Toutes nos perceptions primitives sont des perceptions propres, tandis que la plupart des perceptions acquises sont des perceptions communes.

La perception propre et primitive de la *vue* est la perception de la *lumière*, d'où dérive la perception de *couleur*, laquelle implique longueur et largeur, c'est-à-dire *l'étendue sous deux dimensions*.

La perception propre de l'*ouïe* est le *son*, avec ses propriétés fondamentales d'*intensité*, de *hauteur* et de *timbre*, qui dépendent, la première de l'amplitude, la seconde du nombre des vibrations, et la troisième de la combinaison du son fondamental avec ses harmoniques.

Parmi les sensations propres et primitives du *tact*, on peut distinguer les sensations de *température*, de *contact*, de *poli*, de *rude*, de *résistance*[1].

Quelques philosophes ont contesté le caractère primitif de la notion d'étendue dans les données de la vue et du toucher. Ils prétendent qu'elle est acquise et dérivée, qu'elle est le résultat de l'association et de l'expérience, et que nous apprenons peu à peu à situer les objets extérieurs dans l'espace. C'est la *théorie empiriste*, à laquelle s'oppose la *théorie nativiste*, qui soutient, ce semble avec raison, que la sensation d'étendue est primitive et irréductible, et que nous situons naturellement dans l'espace les causes externes de nos sensations.

Enfin les sensations propres du *goût* sont les *saveurs*, et celles de l'*odorat* les *odeurs*, dans lesquelles l'élément représentatif est très faible.

En résumé, il y a cinq objets *propres* et *immédiats* de perception sensible : l'étendue solide, immédiatement perçue par le toucher; la surface colorée, par l'œil; le son, par l'oreille; l'odeur, par l'odorat, et les saveurs, par la langue ou le palais. Aristote, saint Thomas, Bossuet, regardent comme essentiellement vraie et objective toute perception normale d'une faculté sur son objet propre.

Le toucher est, avec la vue, le sens représentatif par excellence; puis l'ouïe, avec le son, dont les propriétés correspondent à des propriétés de l'objet sonore, comme le montre la science; enfin l'odorat et le goût, par lesquels nous ne percevons pas seulement l'état des organes, mais la saveur et l'odeur qui appartiennent aux objets.

Hiérarchie des sens. — Au point de vue de l'*influence générale sur toute la sensibilité*, c'est le tact qui a le premier rang. Tous les autres reposent sur lui, dit saint Thomas. Il dit encore : « L'homme a le sens du toucher plus parfait que tous les autres animaux; et parmi les hommes eux-mêmes, ceux qui ont un tact (*toucher*) plus délicat ont aussi une intelligence plus parfaite. » Autant l'homme est inférieur aux animaux par l'odorat, autant il est supérieur à tous par le toucher; et cette supériorité, si favorable à la connaissance sensible, ne peut manquer d'exercer une influence notable sur la connaissance intellectuelle.

Au point de vue de l'*utilité matérielle* et de la *vie organique*, c'est le tact et le

---

[1] « La résistance des corps prend différents noms suivant les différents modes de résistance. La résistance à la compression s'appelle *dureté*, le contraire est la *mollesse*; la résistance à la séparation des parties s'appelle *ténacité*, le contraire est la *fluidité*; la résistance dans le sens de la hauteur s'appelle *pression*; dans le sens de la profondeur, s'appelle *poids*; dans le sens latéral, *traction.* » (P. JANET, *Phil.*, p. 122.)

goût qui tiennent le premier rang : on peut vivre sans odorat, aveugle et sourd ; on ne le pourrait guère sans le tact et le goût. Au point de vue de la *vie intellectuelle*, de la somme des notions fournies, c'est encore le tact qui vient en premier lieu, parce qu'il nous donne les connaissances les plus nombreuses, les plus importantes et les plus sûres ; il est le régulateur et le correcteur des autres sens. Viennent ensuite la vue, l'ouïe, l'odorat, le goût.

Au point de vue de la *dignité*, la vue vient en premier lieu, l'ouïe ensuite : la vue et l'ouïe sont les sens esthétiques et sociaux. C'est par l'ouïe que nous entendons la voix de nos semblables, que nous pouvons connaître leurs pensées ; c'est par l'ouïe qu'est rendue possible la musique, le plus populaire, le plus insinuant de tous les arts. Sans la vue, nous ne pourrions communiquer avec nos semblables par l'écriture, par les signes visibles ; sans elle, nous ne jouirions ni des beautés de la nature, ni de celles de la peinture, ni de la sculpture, ni de l'architecture. Il y a de belles couleurs, de belles formes, comme il y a de beaux sons ; mais il n'y a pas de belles odeurs ni de belles saveurs. La beauté semble ne relever que du sens de la vue et du sens de l'ouïe. Le toucher, comme la vue, est un sens scientifique ; il peut même s'élever à quelque obscure perception de la beauté. (LAURA BRIDGEMANN.) Les aveugles, par le toucher seul, apprécient les formes et se montrent susceptibles d'émotions artistiques. Les personnes privées de l'ouïe éprouvent aussi l'impression du rythme. Les sourds-muets aiment la danse, dont la cadence leur est indiquée par l'ébranlement du plancher. De même pour la musique. « Quand on fait de la musique, je sens quelque chose là, » disait, en se mettant la main sur l'estomac, un sourd-muet qui fréquentait l'opéra et les concerts.

Il ne faut pas oublier que l'utilité morale et la dignité des sens viennent de la raison, qui interprète et utilise leurs données. « L'homme n'est pas supérieur aux animaux parce qu'il a une main, mais il a une main parce qu'il est supérieur aux animaux, » a dit Aristote, faisant allusion à ce mot d'Anaxagore, comme lui philosophe grec : « L'homme pense, parce qu'il a une main. » Avant lui, Socrate avait dit : « L'animal qui aurait les pieds du bœuf et l'intelligence de l'homme aurait les mêmes volontés que l'homme sans pouvoir les remplir. Accordez-lui les mains de l'homme et privez-le de l'intelligence, il n'en sera pas moins un animal. »

Erreurs des sens. — On appelle *erreurs des sens* les *fausses inductions que nous tirons de leurs données*.

A proprement parler, les sens sont infaillibles ; l'erreur n'est pas en eux, mais dans le jugement : les sens ne jugent pas ; leur rôle est de recevoir des sensations, et non de les interpéter. Un homme, par exemple, a pris une fausse pièce de monnaie pour une vraie, il ne peut pas dire que ce sont ses sens qui l'ont trompé : les sens ne sont pas chargés de distinguer une vraie monnaie d'une fausse. « Quand nous découvrons par raisonnement les tromperies de la perspective, dit Bossuet, nous disons que le jugement redresse les sens, au lieu qu'il faudrait dire, pour parler avec une entière exactitude, que le jugement se redresse lui-même, c'est-à-dire qu'un jugement qui suit l'apparence est redressé par un jugement qui se fonde en vérité connue, et un jugement d'habitude par un jugement de réflexion expresse. » (*Conn.*, I, VIII.)

Pour que l'esprit puisse tirer des notions exactes des perceptions sensibles, il faut :

1° Que l'objet soit à la portée des sens : trop éloigné, il n'est point perçu sous sa forme réelle ; vue de loin, une tour carrée semble ronde ;

2° Que les sens et leurs organes soient exercés dans la sphère qui leur est propre : par exemple, l'objet propre de la vue, ce sont les couleurs, celui de l'ouïe les sons, et non l'éloignement, ni la forme, ni le mouvement, qui sont l'objet de plusieurs sens; si on demande à la vue ou à l'ouïe de nous renseigner sur ces dernières qualités, on s'expose à l'erreur;

3° Que les organes soient dans un état normal; malades, ils nous trompent : dans la jaunisse, par exemple, on voit tout en jaune;

4° Qu'entre l'objet et les sens, il ne s'interpose aucun corps qui puisse altérer la perception : vu dans l'eau, un bâton semble brisé : « Quand l'eau courbe un bâton, ma raison le redresse, » dit la Fontaine. Celui qui voyage en bateau voit le rivage se mouvoir en sens contraire.

Les *causes* des erreurs des sens peuvent donc être ramenées aux suivantes :

1° Leur portée limitée et leur imperfection naturelle;

2° Les fausses interprétations et les jugements précipités à l'occasion de leurs données immédiates. — C'est à cette cause que l'on peut rapporter la confusion entre le mouvement apparent et le mouvement réel (en bateau, en chemin de fer);

3° Leurs maladies;

4° L'ignorance des lois physiques.

Éducation des sens. — Les *sens se perfectionnent par l'exercice, par l'expérience et le raisonnement* : c'est ce qu'on appelle *éducation des sens*. On apprend à voir, à entendre, à toucher, à flairer, à goûter. La peinture, la musique, l'architecture, la sculpture, tous les arts impliquent une éducation particulière des sens.

« Le petit enfant se sert de ses mains continuellement, d'abord avec maladresse et effort; mais peu à peu, à force de tâter et de manier, il finit par avoir la perception nette et rapide de la forme des objets. De même, il apprend à voir. Dans les premiers jours de la vie, l'œil est vague, ne se fixe sur aucun objet, ne paraît pas même distinguer la lumière de la nuit; mais peu à peu l'œil s'affermit, apprend à se fixer, à se mouvoir et à reconnaître les différents objets. Ainsi des autres sens.

« Cette première éducation des sens se prolonge plus tard, selon le besoin que l'on en a. Quand on apprend à dessiner, il faut apprendre à voir. Le peintre a appris à distinguer par la vue et sans instruments les hauteurs, les distances, les proportions. » (P. JANET.)

L'éducation des sens peut avoir un double effet : augmenter la portée et aussi la perfection des sens dans l'ordre de leurs perceptions propres, augmenter leur portée en associant leurs données naturelles à celle des autres sens.

Les données de la vue, par exemple, ne sont, à l'origine, que des perceptions de couleur, de forme, de lumière et d'ombre sur un plan, c'est-à-dire selon deux dimensions; tout le reste est acquis. Si l'on juge par la vue du relief des objets, de leur véritable position, de leur éloignement, de leur nature, c'est affaire d'éducation et d'expérience.

Il ne faut pas, avec certains auteurs, attribuer à l'éducation l'extériorisation des perceptions sensibles; elle est un fait primitif, qui ne doit à l'éducation des sens que son développement et sa précision. Chez les aveugles-nés que l'on vient d'opérer de la cataracte, les objets de la sensation visuelle sont perçus comme extérieurs dès le premier instant de leur guérison. C'est ce qu'a montré l'expérience de Cheselden.

Conditions de l'éducation des sens. — Il y a des conditions *psychologiques* et une condition *physiologique*.

Les conditions psychologiques sont : 1° l'*attention* : il la faut pour que l'association se forme entre deux représentations dont l'une est du domaine des sens et l'autre lui est étrangère; il la faut aussi pour qu'elle dure et revive par le souvenir. Si, faute d'attention, les deux termes de l'association n'ont pas vécu ensemble dans la conscience, comment pourraient-ils y revivre ?

2° La *mémoire imaginative :* il faut plusieurs expériences successivement comparées pour arriver à établir entre les deux termes un rapport constant, et l'on ne peut comparer les expériences passées à l'expérience actuelle que si la mémoire imaginative en a gardé et en reproduit les résultats ;

3° L'*habitude :* les associations ne deviennent semblables aux perceptions naturelles, n'en acquièrent la facilité et la précision, que par l'habitude.

La condition physiologique est la *mobilité des organes*, qui permet leur adaptation aux objets, et favorise ainsi l'attention dans l'observation extérieure. Les organes de la vue (muscles de l'œil, cristallin, pupille, mouvements de la tête) et du toucher, du toucher surtout, sont de merveilleux instruments d'analyse, parce qu'ils s'adaptent facilement aux diverses parties des objets et facilitent la perception des rapports.

Substitution des sens. — Non seulement les sens se perfectionnent par l'exercice, mais ils peuvent se suppléer les uns les autres. C'est un fait d'expérience que, lorsqu'un sens vient à manquer, les autres se perfectionnent et atteignent quelquefois une puissance extraordinaire de perception ; par exemple, l'ouïe et le tact chez les aveugles, la vue chez les sourds. Le tact est le plus apte de tous les sens à se substituer aux autres. Il devient, par l'exercice, une sorte de vue pour les aveugles de naissance. « Une jeune fille américaine, Laura Bridgemann, à la fois sourde-muette et aveugle, est arrivée à une certaine culture intellectuelle par le toucher seul. Même chez les voyants, la nécessité a pu faire donner aux pieds la même mobilité et la même sensibilité que nous avons dans les mains ; le peintre Ducornet peignait avec les pieds, et arrivait ainsi à exécuter des ouvrages qui ne se distinguaient pas des autres du même genre. » (Cité par P. JANET, *Traité de philosophie.* — Voir aussi l'exemple de Marthe Obrecht, cité par Duilhé de Saint-Projet, *Apologie scientifique de la foi,* ch. XVIII, partie III.)

Conditions de la perception. — La perception est conditionnée par les mêmes antécédents physiologiques que la sensation : l'*impression* d'un corps sur un organe, suivi d'un *ébranlement* du nerf sensitif et du cerveau. Pour que cette impression purement matérielle devienne sensible, il faut que l'action de l'objet ait une certaine intensité et que le sujet (l'organe) soit normalement disposé à la recevoir. C'est là une phase purement passive. Elle est suivie de la réaction du sujet sentant, de la perception proprement dite, qui est ou une *représentation imaginative* de l'objet capable de revivre par le souvenir, ou une *représentation intellectuelle, idéale.* La représentation imaginative n'est pas autre chose que la sensation représentative à laquelle s'ajoute la distinction du non-moi : l'objet est connu comme extérieur au moi-sujet.

Différence entre la perception et la sensation. — Il n'est pas inutile de remarquer que le mot sensation s'applique souvent à des phénomènes fort différents et prête ainsi à nombre de confusions. On appelle également sensation la vue d'un objet et la douleur d'une brûlure. Ces deux faits psychiques, amenés par la même série d'antécédents physiologiques, sont cependant profondément distincts : la perception est *représentative* et *objective*, elle contient la connaissance d'un objet extérieur au sujet conscient; la sensation est *affective* et *subjective*, c'est-à-dire qu'en *elle-même* elle est purement émotionnelle, qu'elle n'est qu'une manière d'être du sujet conscient et n'apprend rien par elle-même de la cause qui l'a produite. Cette distinction entre la sensation représentative ou perceptive et la sensation affective est parfois difficile à faire, parce que les deux éléments sont associés; elle s'impose toutes les fois que l'élément affectif et l'élément représentatif sont en raison inverse l'un de l'autre et que l'intensité du premier fait obstacle à la netteté du second : un choc violent enlève au toucher sa délicatesse, et ne lui permet pas de discerner la forme de l'objet qui a frappé; un son trop fort *assourdit* : on n'entend qu'un bruit confus; une lumière trop vive *éblouit* : on ne voit rien distinctement.

Remarquons, en outre, que l'habitude émousse la sensation et fortifie la perception, et que l'on peut avoir simultanément des perceptions opposées, mais non des sensations.

Passage du sujet à l'objet. — Cette distinction nous conduit à examiner plus à fond la nature de la perception extérieure, c'est-à-dire le passage du *sujet* à *l'objet*. — Comment la perception est-elle objectivée, c'est-à-dire rejetée hors de nous et attribuée à un objet, puisque ni l'âme ne sort du corps pour aller à l'objet, ni l'objet ne vient à l'âme à travers le corps?

Remarquons d'abord que parmi les objets corporels qui peuvent tomber sous nos sens, les uns nous sont extérieurs et étrangers : ils ne peuvent être saisis que par un acte de *perception externe*; les autres nous sont personnels : ce sont nos organes avec leurs opérations intérieures et leurs états affectifs, agréables ou pénibles; nous les atteignons par un acte de *perception interne* ou du sens intime, que l'on appelle aussi conscience sensible pour la distinguer de la conscience intellectuelle, par laquelle l'âme se replie sur elle-même en vertu d'un procédé inorganique très différent de celui de la conscience sensible.

Les faits de conscience nous attestent une différence radicale entre la perception du *moi* et celle du *non-moi*. Lorsque, par le sens intime, nous percevons nos affections propres, telles que le plaisir et la douleur, nous les percevons comme *nôtres*, et il nous est impossible (hors le cas d'hallucination et de folie) de les projeter à l'extérieur, et de les attribuer aux causes extérieures qui les ont provoquées. Au contraire, lorsque nous percevons la figure, l'étendue, les mouvements, etc., des objets extérieurs, il nous est impossible de les croire nôtres et de ne pas les projeter à l'extérieur. Par exemple, qu'une aiguille vienne à piquer mon doigt, je perçois clairement que la pointe aiguë appartient l'aiguille et que la douleur est à moi. Lorsque je touche du bout du doigt un relief, je distingue très bien la perception du relief, de l'impression de mon doigt, qui est en creux; si c'est un creux, je distingue le creux que je perçois, de l'impression cutanée, qui est en bosse. Ainsi, dans toutes nos perceptions externes, surtout dans celles de contact et de résistance, nous avons conscience à la fois du *moi* et du *non-moi* par un acte indivisible de connaissance qui les enveloppe tous les deux, tout en les distinguant comme différents et exclusifs l'un de l'autre.

De même que nous, « l'animal connaît les objets qui l'entourent; mais les connaît-il comme distincts de lui? Oui, car cette distinction n'implique rien de rationnel, et l'animal, réduit à des données tout empiriques, y parvient. Le sens intime, en effet, lui révèle les phénomènes qui s'accomplissent au dedans; par les sens externes, il en perçoit qui diffèrent des premiers, et l'opposition lui rend sensible la dualité. Il voit un autre animal se mouvoir autour de lui, tandis qu'il est lui-même en repos; il entend ses cris et a conscience de ne pas en proférer. La distinction aurait un caractère rationnel si, ayant l'idée générale d'animal ou d'être vivant, il voyait dans l'objet extérieur et en lui-même deux individus d'une même espèce ou d'un même genre. Mais il n'en est pas ainsi; il saisit seulement des phénomènes externes opposés à ceux dont il a le sentiment au dedans. Ainsi se forment deux séries étrangères l'une à l'autre, celle dont il a conscience et celle dont il n'a pas conscience. » (ALIBERT, *Psychologie*.)

Diverses théories sur la perception extérieure. — L'explication de ce phénomène a donné lieu à bien des théories. Voici les principales :

1. *Théorie de l'illusion.* — A cette théorie se rattachent Leibniz, pour qui, en vertu de l'harmonie préétablie, en même temps que le corps subit certaines modifications, l'âme a des perceptions externes, qui ne sont que « des rêves bien liés, des songes bien réglés », — et Taine, qui, dans son livre *De l'intelligence*, définit la perception extérieure « un simulacre hallucinatoire, une hallucination vraie ». La perception ne serait, d'après lui, qu'un acte d'imagination hallucinée qui prend son rêve pour une réalité[1]. — « La doctrine de l'*hallucination vraie* n'est défendable ni dans son adjectif, ni dans son substantif : dans son adjectif, parce qu'elle échoue absolument à montrer que la classe d'hallucination à laquelle elle réserve le nom de perception extérieure est *vraie*, c'est-à-dire conforme aux choses, et parce qu'elle ne nous donne pas plus de raison pour penser qu'il y a des choses que pour penser qu'il n'y en a pas; — dans son substantif, parce que l'hallucination, qu'elle pose comme le fait primitif, comme le genre dans lequel la perception rentre à titre d'espèce, est au contraire un fait dérivé, un fait dont la production ne serait ni possible ni concevable, si on ne plaçait avant lui une perception qui lui fournît ses matériaux. » (A. DE MARGERIE, *H. Taine*, p. 99.)

2. *Théorie de la perception ou objectivité médiate.* — Elle comprend : 1° La théorie des *idées-images* de Démocrite, Épicure et Lucrèce : des émanations matérielles se dégageant des objets s'impriment dans le cerveau et y produisent la perception des objets extérieurs qu'elles représentent. — Cette théorie grossière conduit au matérialisme. 2° La théorie des idées *représentatives* de Locke, l'*idéalisme* de Berkeley, de Hume, de Kant, de Hegel : « L'esprit ne connaît pas les choses directement, mais par l'*intermédiaire des idées* qu'il en a, » il ne perçoit que ses propres sensations, et la certitude n'existe que comme état subjectif. (Ces doctrines seront réfutées en *Métaphysique*, 1re leçon.)

3. *Théorie de l'inférence.* — D'après Descartes et Cousin, notre connaissance du monde extérieur s'appuie sur le principe de causalité; elle est l'œuvre de la raison. « Comme évidemment nous ne sommes pas la cause de certaines sensations, dit Cousin, et qu'il faut bien que ces sensations en aient une, nous sommes conduits naturellement à reconnaître à ces sensations des causes différentes, et voilà la première notion du monde extérieur. » — Si cet élément rationnel faisait nécessairement partie de la perception externe, ni les animaux ni les petits enfants, qui sont incapables de raisonnement, ne connaîtraient le monde extérieur. L'animal se distingue des objets extérieurs et passe, à sa façon qui est tout empirique, du sujet à l'objet. La brebis reconnaît ses petits et ne les confond pas avec le loup; le petit enfant sait bien retrouver au dehors de lui-même le sein de sa mère. On ne peut cependant pas soutenir qu'ils se conduisent ainsi par l'usage du principe de causalité.

4. *Théorie empirique de l'associationisme.* — Stuart Mill, Spencer, Bain et tous les associationistes soutiennent que notre connaissance du monde extérieur est une pure construction de notre esprit, qui résulte de certaines associations acquises par l'expérience. — Sans doute la perception des sens externes se complique de nombreuses associations d'images, que l'habitude finit par rendre tout à fait inconscientes; mais comment la perception externe elle-même peut-elle

---

[1] C'est à cette théorie que semble se rallier M. Rabier.

n'être qu'une association de deux sensations internes? Comment le toucher, par exemple, s'il ne perçoit que ses modifications internes, peut-il fournir l'idée d'extériorité?

5. *Théorie de la perception immédiate.* — Cette théorie regarde la perception comme l'acte commun du *sensible* et du *sentant*, de l'objet et de l'organe animé ou informé par l'âme. Elle comprend :

1). La théorie de Reid et de l'école écossaise, théorie de la *conception immédiate et innée*, qui prétend qu'à l'occasion de la sensation nous concevons un objet extérieur et que nous croyons irrésistiblement à son existence. Cette croyance serait un jugement instinctif, dont le procédé nous échappe. Reid constate un fait, mais ne l'explique pas.

2). *La théorie d'Aristote, de saint Thomas, des scolastiques, de Bossuet*, d'après laquelle les sens perçoivent directement les corps dans leurs actions sur nos organes et ne se trompent que lorsqu'on les applique à saisir autre chose que leur objet propre. « Aucune puissance, dit saint Thomas, ne se trompe dans la perception de son objet, à moins qu'il ne lui manque quelque chose ou qu'elle ne soit pas dans un état sain et normal. »

A cette théorie se rattache celle du sens commun, qui consiste à croire que le monde extérieur est une réalité objective et que nous le connaissons *immédiatement* et tel qu'il est. Les auteurs qui l'admettent allèguent qu'elle a pour elle les affirmations de la conscience : c'est tangible, disons-nous en parlant des objets qu'atteignent directement nos sens; — qu'elle est confirmée par la réflexion, qui distingue la perception et la sensation, l'objectif et le subjectif; l'aveugle de Cheselden ne prit pas les couleurs pour des modifications subjectives de son âme, mais pour quelque chose d'extérieur; quand j'écris, je distingue la résistance du papier sous ma plume de la sensation d'effort ou de fatigue dans mes doigts : celle-ci est perçue comme personnelle, celle-là comme étrangère au moi; — qu'elle paraît le mieux résoudre le double problème de l'action du corps sur l'âme et du passage du sujet à l'objet; — qu'elle répond aux conditions essentielles de la perception; un sujet capable de percevoir, un objet matériel susceptible d'être perçu, enfin une certaine présence de l'objet dans le sujet.

Nota. — On s'est servi, pour cet article et le précédent, des ouvrages de M. Farges, prêtre de Saint-Sulpice : *le Cerveau, l'Ame et les Facultés*, et *l'Objectivité des sens externes*. — On comprend qu'on ne puisse qu'indiquer ici ces théories.

TABLEAU ANALYTIQUE

PERCEPTION EXTERNE

- **Définition.** — La *perception externe* est la faculté par laquelle nous connaissons le monde extérieur; elle se fait au moyen des sens.
  Perception se dit de la faculté elle-même et de ses actes.
  Perception s'emploie aussi souvent pour sensation.

- **Sens et organes des sens.**
  - Il ne faut pas confondre les sens et leurs organes :
  - Les organes des sens sont des instruments matériels : yeux, oreilles, nez, etc.
  - Les sens sont des facultés sensitives s'exerçant par des organes déterminés : la vue, l'ouïe, l'odorat, etc.
  - Il y a cinq sens externes. Inutile d'en admettre un plus grand nombre, tels que le *sens vital*, le *sens musculaire*.

- **Perceptions naturelles ou données primitives des sens.**
  - Les perceptions naturelles sont celles qui dérivent immédiatement de la nature de chaque sens, avant toute éducation.
  - La sensation propre de la vue, c'est la lumière; celle de l'ouïe, le son; celle de l'odorat, l'odeur; celle du goût, la saveur.
  - Le toucher nous donne plusieurs sensations : résistance, étendue, température, poli, rudesse, etc.
  - Les *empiristes* prétendent que la notion d'étendue est acquise et dérivée de l'association de la vue et du toucher;
  - Les *nativistes* soutiennent, ce semble avec raison, que naturellement nous situons les corps dans l'espace, hors de nous.

- **Hiérarchie des sens.**
  - Au point de vue de l'*influence générale sur la sensibilité*, c'est le tact qui tient le premier rang. On rapporte même tous les autres sens à celui-là.
  - Au point de vue de l'*utilité matérielle* et de la *vie organique*, le tact et le goût sont au premier rang;
  - Au point de vue de la *vie intellectuelle* et des *notions fournies* : le tact, la vue et l'ouïe. Au point de vue de la *dignité*, la vue et l'ouïe, qui sont les sens esthétiques et sociaux par excellence.
  - Le tact peut aussi arriver à une certaine distinction de la beauté.

- **Erreurs des sens.**
  - Fausses inductions que nous tirons de leurs données.
  - A proprement parler, les sens, pourvu qu'ils soient dans un état normal et exercés dans la sphère qui leur est propre, ne nous trompent jamais; l'erreur vient du jugement qui interprète mal la perception des sens.

- **Éducation des sens. — Perceptions acquises.**
  - Les sens se perfectionnent par l'exercice, l'expérience et le raisonnement; c'est ce qu'on appelle l'éducation des sens.
  - On apprend à voir, à entendre, à goûter, etc.
  - L'éducation peut avoir un double effet : 1° augmenter la portée et la perfection des sens dans le domaine de leurs perceptions propres, ou 2° augmenter leur portée en les associant les uns aux autres. On a alors ce qu'on appelle des *perceptions acquises*.
  - Les *perceptions acquises* sont donc celles qui sont dues à l'expérience, à l'habitude, à l'éducation et à l'association de plusieurs sens. Les perceptions acquises sont innombrables.

- **Conditions de l'éducation des sens.**
  - Il faut : 1° *l'attention*; sans elle, pas d'association possible entre des représentations du domaine de différents sens;
  - 2° La *mémoire imaginative*; pas d'association possible entre une expérience actuelle et une expérience passée, si la mémoire imaginative n'en a gardé aucun résultat;
  - 3° L'*habitude*, qui donne aux perceptions acquises la facilité et la précision des perceptions naturelles;
  - 4° Enfin, une condition physiologique, la *mobilité des organes*, qui permet leur adaptation aux objets.

- **Substitution des sens.**
  - Non seulement les sens se perfectionnent par l'exercice et l'éducation, mais ils peuvent se suppléer les uns aux autres. Lorsque l'un manque, quelque autre se perfectionne; par exemple, le tact, chez les aveugles (ex. de Laura Bridgemann).

PERCEPTION EXTERNE

PERCEPTION EXTERNE (Suite.)

Conditions de la perception.

La perception est conditionnée par les mêmes antécédents physiologiques que la sensation ;

Il faut : 1° une *impression* d'un corps sur un organe, suivie d'un ébranlement cérébral ;
2° que l'intensité de l'impression soit *suffisante* ;
3° que l'organe soit disposé à la recevoir.

Dans ces conditions, la perception sensible est suivie de la réaction du sujet ou perception proprement dite.

Différence entre la sensation et la perception.

Le mot sensation s'applique souvent à des phénomènes fort différents et prête ainsi à nombre de confusions.

La sensation est *perceptive* ou *émotive*. En tant que perceptive, elle se rapporte aux sens, soit externes, soit internes ; en tant qu'émotive, elle se rapporte aux appétits.

Dans le premier cas, elle est *représentative* et *objective* : c'est la perception sensible ; dans le second, elle est *affective* et *subjective*. Les deux éléments étant d'ordinaire associés, cette distinction est difficile à faire.

Passage du sujet à l'objet.

Parmi les objets qui affectent notre sensibilité, les uns nous sont extérieurs et étrangers, les autres nous sont personnels.

Les premiers sont saisis par la *perception externe*, les autres par la *perception interne* ou *sens intime*.

Il nous est impossible de confondre ces deux ordres de faits :

Lorsque nous percevons, par le sens intime, nos affections propres, plaisir et douleur, nous les appelons nôtres et nous ne pouvons pas les projeter à l'extérieur (hors le cas d'hallucination) ;

Distinction du moi et du non-moi.

Lorsque nous percevons la figure, l'étendue, le mouvement, etc., des objets extérieurs, il nous est impossible de les croire nôtres et de ne pas nous distinguer des objets perçus.

De là, dans toute perception externe, chez l'homme, la distinction du moi et du *non-moi*, du sujet et de l'objet.

Il y a, entre le sujet et l'objet, une distinction tout empirique, dont l'animal est capable, puisqu'il a le sens intime, qui lui révèle les phénomènes qui s'accomplissent au dedans, et les sens externes, par lesquels il en perçoit qui diffèrent des premiers.

Diverses théories sur la perception externe.

On a imaginé bien des théories pour expliquer le phénomène de la perception externe. Voici les principales :

1° *Théorie de l'illusion* (Leibniz, Taine), d'après laquelle nos perceptions ne seraient que des « rêves bien liés », des « hallucinations vraies ».

2° *Théorie de la perception médiate*, qui comprend la théorie des *idées-images* (Démocrite, Épicure), celle des *idées-représentatives* (Locke), et l'*idéalisme* (Berkeley, Hume).

3° *Théorie de l'inférence* ou du *raisonnement*, application du principe de causalité (Descartes, Cousin).

4° *Théorie empirique des associationistes* (Stuart Mill, Spencer, Bain, etc.), d'après laquelle toutes nos perceptions sont des constructions de notre esprit résultant d'associations expérimentales.

5° *Théorie de la perception immédiate*, comprenant la *théorie de Reid et des Écossais*, fondée sur l'induction ; la *théorie d'Aristote, de saint Thomas, de Bossuet*, d'après laquelle la perception est l'acte commun du *sensible* et du *sentant*, de l'objet et de l'organe animé ; les sens perçoivent réellement et directement les corps dans leur action sur les organes ; et la *théorie du vulgaire* ou *du sens commun*, qui se confond avec la précédente ; elle consiste à croire que le monde est une réalité objective et que nous le connaissons immédiatement et tel qu'il est.

10ᵉ LEÇON

ACQUISITION DE LA CONNAISSANCE (suite) : CONSCIENCE OU PERCEPTION INTERNE

Définition. — On appelle *conscience psychologique* (du latin *secum scire*, se savoir soi-même) *la faculté par laquelle notre âme se connaît elle-même, connaît ses facultés et leurs opérations au moment où elles ont lieu* : sensations, pensées, sentiments, déterminations. C'est comme une espèce de tact intérieur par lequel le moi se saisit lui-même dans tous ses actes et ses états. L'exercice de la conscience est la *perception interne*.

Il ne faut pas confondre la *conscience de soi* ou conscience *intellectuelle*, *psychologique*, avec la conscience *morale*, ou raison en tant qu'elle discerne le bien du mal, ni avec le *sens intime*.

Conscience et sens intime. — Dans la pratique, on désigne souvent la *conscience psychologique* sous le nom de *sens intime* : il importe cependant de les distinguer. A proprement parler, le *sens intime* ou connaissance sensible est *l'accompagnement de tout phénomène interne en tant qu'il est senti*. C'est une puissance tout empirique, qui saisit d'une manière concrète les phénomènes internes. *La conscience intellectuelle*, au contraire, est *l'acte par lequel le sujet sentant, pensant et voulant, se perçoit lui-même en tant que sujet, et se distingue de tout ce qui n'est pas lui*. C'est un acte essentiellement intellectuel, qui n'est au fond autre chose que l'entendement en tant qu'il s'applique à la connaissance du moi.

L'animal a le sens intime, le sensorium ou conscience sensitive, qui lui donne une connaissance empirique de ses phénomènes internes, et lui permet de faire une distinction, purement empirique aussi, entre ce qui est lui et ce qui n'est pas lui. En ce sens, mais en ce sens seulement, on peut dire qu'*il a conscience* de ses phénomènes. Il n'a pas la conscience intellectuelle, la conscience de soi. N'ayant pas les idées rationnelles de sujet et de cause, il ne peut séparer rationnellement en lui le sujet des modifications, la cause des actes, l'être des phénomènes, l'un du multiple et du divers, et par conséquent ne peut pas dire *moi*.

Chez l'homme, qui ajoute à la vie animale la vie rationnelle, qui lui est propre, les deux consciences, sensible et intellectuelle, existent et se mêlent dans leur action. « La conscience sensitive, dit M. Gardair, qui vient d'une puissance organique, est unie, dans l'homme, à la conscience supérieure, par laquelle il connaît ses actes intellectuels. Or les actes intellectuels, dans notre vie normale, accompagnent de si près les actes sensitifs, que les deux facultés de conscience paraissent n'en être qu'une seule, d'autant plus que l'une et l'autre nous font connaître les opérations d'un seul et même être, qui est nous-même. Il convient cependant de les distinguer aussi nettement que se distinguent entre elles la perception intellectuelle et la perception sensible. » (*Corps et âme*, p. 103.)

La conscience est-elle une faculté spéciale de l'intelligence ou bien est-elle co-extensive de toutes nos facultés ? — C'est là une question controversée. D'après certains philosophes (Cousin, Hamilton, Stuart Mill, Damiron, Bouillier, Janet, Rabier), la conscience ne serait pas une faculté spéciale ; elle serait co-extensive de toutes nos facultés, leur forme commune et l'essence même de l'âme humaine ; d'après d'autres (Reid, Dugald-Stewart, Royer-Collard, Jouffroy, Garnier, les néo-scolastiques), la conscience proprement dite ou conscience intellectuelle serait, sinon une faculté, du moins une fonction particulière par laquelle l'esprit, se repliant sur lui-même, perçoit ses actes et ses états; ce qui revient à en faire un *épiphénomène* qui s'ajoute aux précédentes opérations de l'esprit. Ad. Garnier, dans son *Traité des facultés de l'âme*, allègue en faveur de cette théorie un argument de fait de grande valeur. Si la conscience était la condition de toutes nos facultés ou l'essence de l'âme, plus ces facultés s'exerceraient puissamment, plus nous en aurions conscience; la vivacité de la conscience serait toujours en raison directe de la vivacité et de l'intensité des phénomènes. Cela est vrai pour les sensations affectives, pour la douleur, par exemple, qui implique nécessairement la perception du moi: plus on pense à sa douleur, plus on l'augmente. Dans la perception externe et dans l'exercice des autres facultés, la conscience semble être en proportion inverse de l'intensité des actes. Plus une passion est forte, moins la conscience est claire; ainsi dans la colère, on échappe si bien à soi-même, qu'on ne sait plus ce que l'on fait, comme le dit l'expression vulgaire; les philosophes méditent, les orateurs parlent et les poètes écrivent d'autant mieux qu'ils pensent moins à eux-mêmes.

Peut-être pourrait-on, avec M. Charles, faire concorder les deux opinions, en distinguant la conscience spontanée et la conscience réfléchie : cette dernière seule constituerait alors une faculté spéciale de l'intelligence.

Divers états et lois de la conscience. — Il est des états de conscience *clairs* et *distincts*: ce sont ceux que nous faisons naître en nous ou que, tout au moins, nous cherchons à diriger, comme nos réflexions, nos raisonnements, nos délibérations, nos calculs, nos hésitations, nos désirs, nos efforts. Il en est d'autres *vagues* et *fugitifs*: une idée qu'on adopte ou un penchant auquel on cède sans réflexion, les châteaux en Espagne que l'on bâtit pendant une rêverie.

La conscience n'est donc pas toujours égale à elle-même; elle comporte des degrés nombreux, que l'on a essayé de répartir en classes. Leibniz admettait des états de conscience *clairs* et *distincts*, des états *clairs* et *confus*, des états *sourds* et des états *plus que sourds*. Plusieurs philosophes distinguent aujourd'hui trois états : la *conscience*, la *subconscience* ou demi-conscience et l'*inconscience*.

En général, la conscience est en raison directe de l'attention et de l'effort. Ainsi l'on n'a qu'une conscience obscure de ce que l'on entend sans écouter, de ce que l'on voit sans regarder, de ce que l'on fait machinalement, par routine. Le meunier n'entend le bruit du moulin que s'il y fait attention. Archimède, préoccupé d'un problème dont il cherchait la solution, ne vit pas que Syracuse était prise.

De là les *lois* ou *conditions* principales de la conscience :

Loi d'*intensité* : un phénomène trop faible échappe à la conscience;

Loi d'*attention* : l'attention, sans augmenter l'intensité intrinsèque du phénomène, est comme un microscope qui lui donne plus de relief et en rend la conscience plus précise et plus complète;

Loi de *succession* ou d'*habitude* : par la continuité ou par l'habitude, un phénomène tend à s'émousser dans sa partie émotive (plaisir et douleur) et à se dérober à la conscience. Le contraste ou au moins la variété des faits semble une des conditions qui les rend perceptibles.

Objet et limites de la conscience. — L'âme pensant, sentant et voulant, l'âme dans ses divers états et ses divers actes, dans ses manifestations conscientes; l'âme perçue immédiatement comme être un et identique, comme substance, comme activité, comme force, comme cause intelligente, libre et responsable : voilà l'objet de la conscience. — Les limites de la conscience sont donc les limites mêmes du moi.

La conscience étant la faculté de connaître le moi et ses phénomènes, elle ne peut atteindre les états d'âme des autres hommes, ni les objets extérieurs, ni Dieu. Je ne peux connaître qu'indirectement les pensées et les sentiments d'autrui, je ne peux en avoir conscience; pour cela, il faudrait m'identifier à autrui. De même, je n'ai pas conscience du monde extérieur, mais seulement de son existence objective en dehors de moi. Enfin, je n'ai pas conscience de Dieu, c'est-à-dire de l'être absolu et parfait : autre chose est s'apercevoir soi-même comme contingent et imparfait par comparaison avec l'être nécessaire et parfait, autre chose avoir conscience de l'être nécessaire et parfait lui-même.

Ce que la conscience nous fait surtout connaître, dans les phénomènes qui se passent en nous, c'est la part du *moi*, soit pour les produire, soit pour les diriger ou les empêcher. Les fonctions de la vie physiologique nous échappent d'ordinaire; nous ne pouvons en avoir conscience que par les effets psychologiques qu'elles produisent, suivant qu'elles sont ou ne sont pas normales.

Inconscience. — Si les conditions ou les lois de la perception ne sont pas réalisées, les phénomènes ne sont pas perçus par l'âme, ils sont totalement soustraits au regard de la conscience : c'est ce qu'on appelle *inconscience*. L'inconscience se produit soit parce que *l'attention n'est pas éveillée, ou qu'elle est trop forte ou exclusive*, soit parce que *les organes subissent une action ou insuffisante ou trop forte*, soit parce que *l'impression dure trop longtemps et finit par n'être plus perçue*, soit enfin parce que *les phénomènes devenant habituels, on ne s'en rend plus compte.*

a) **Absence d'attention ou attention exclusive.** — Quand on agit sous l'impression d'une passion violente, on n'a pas conscience de ce que l'on fait. Dans l'ardeur de la lutte, le soldat ne sent pas les blessures qu'il reçoit. Pascal calmait ses douleurs aiguës en en détournant son attention par la recherche d'une solution aux problèmes qu'il se posait. Quand une forte pensée nous absorbe, elle nous rend étrangers au milieu où nous sommes; on nous parle, et nous n'entendons pas. Dans les états de ravissement et d'extase, fasciné par la beauté idéale que l'on contemple, on perd complètement conscience de soi-même; on pense, sans savoir actuellement que l'on pense.

b) **Faiblesse d'impression ou impression trop forte.** — Le système nerveux est impuissant à recevoir et à transmettre les impressions trop violentes ou trop faibles. L'excitation sensible doit avoir une certaine intensité pour que la perception consciente se produise : un son n'est pas perçu, s'il y a moins de douze vibrations par seconde; on n'en a qu'une conscience confuse, s'il devient un bruit assourdissant.

Faut-il admettre, avec M. Taine, qu'une sensation quelconque peut se décomposer en un nombre infini de sensations élémentaires inconscientes? En face de la mer, par exemple, on entend un grand bruit. Il y a des milliers de sons produits par chaque vague et chaque partie de vague, qui, isolés, sont trop faibles pour être perçus. Le phénomène psychologique qu'on appelle bruit perçu ne serait donc que le composé d'un certain nombre de bruits non perçus; le fait conscient serait une somme ou un produit d'éléments inconscients. — Le raisonnement de Taine suppose admis ce principe, que tout fragment d'une cause doit produire un fragment de l'effet de cette cause, et qu'une vibration infinitésimale doit produire une sensation réelle quoique infinitésimale et trop faible pour être perçue par la conscience. L'expérience prouve, au contraire, que toute cause doit avoir un *quantum*, un *minimum d'intensité* pour produire son effet; au-dessous de ce quantum, elle ne le produit pas. Ainsi, un choc trop léger sur une matière explosible ne détermine ni un commencement ni une fraction d'explosion. Les nerfs, de même qu'une corde, ne vibrent par influence que si le son a une certaine intensité. La sensation est nulle, si les vibrations descendent au-dessous du quantum exigé; mais il ne s'ensuit pas que la sensation totale ne soit qu'une collection de zéros. Deux quantités qui, isolées, seraient insuffisantes pour produire une sensation, peuvent s'agglutiner de manière à former un total suffisant. Le fait ou conséquent psychologique se produit seulement quand l'antécédent physiologique a acquis un certain minimum d'intensité.

c) **Continuité du phénomène.** — Toute sensation uniforme et prolongée cesse d'être consciente, mais non d'être sentie. Une lecture ou un bruit monotone, celui du chemin de fer, par exemple, endort; que la lecture ou le bruit s'interrompe brusquement, on s'éveille! Il y avait donc une sensation que l'on ne distinguait plus. « Mon sachet (de parfums), dit Montaigne, sert d'abord à mon nez, puis il ne sert qu'au nez des autres. » Quand plusieurs personnes sont restées longtemps dans un appartement fermé, l'air y est irrespirable, et elles n'en ont pas conscience.

d) **Habitude.** — Les cas d'inconscience abondent dans les *faits instinctifs*, qui devancent pour ainsi dire la conscience : l'action de porter les mains en avant pour parer un coup; l'accommodation de nos yeux à la distance plus ou moins grande des objets à percevoir; leur mise au point, d'après des données perçues dont nous n'avons nulle conscience; leur mouvement d'ensemble pour préciser les contours ou le relief des objets; — dans les *faits d'habitude* : un organiste exercé, qui lit un morceau, n'a pas conscience des mouvements de ses mains et de ses pieds. Quand nous parlons, nos organes vocaux prennent inconsciemment la position qu'il faut pour rendre les nuances les plus délicates de son et de sens; tous ces mouvements sont devenus automatiques; — dans les *faits de réminiscence et de souvenir* : j'ai le mot sur la langue, dit-on, pour exprimer qu'on est sur le point de saisir un souvenir qui fuit, qui s'obstine à se dérober et finit par se présenter de lui-même, quand on a abandonné toute recherche et qu'on pense à autre chose. Il se fait donc un travail inconscient, semblable à celui qui se fait parfois pendant le sommeil, quand on s'est endormi en poursuivant une idée.

L'immense majorité de nos richesses mentales, de notre science, de notre érudition, de notre habileté pratique, demeure habituellement en dehors de la sphère de notre conscience, cachée dans les replis les plus obscurs du souvenir.

Ajoutez à cela les phénomènes du rêve et de la rêverie, dans lesquels si la conscience n'est pas absente, manifestement elle n'est pas entière. Il y a là une sorte de demi-conscience, assez difficile à caractériser.

Rôle de l'inconscient dans la vie humaine. — L'inconscient a une grande part dans la vie sensitive et dans la vie intellectuelle. « C'est souvent, dit Leibniz, dans des perceptions insensibles que se trouve la raison de ce qui se passe en nous. » Il explique par elles les goûts, les préférences instinctives, les tristesses sans cause, le caractère personnel.

Parfois, c'est dans des dispositions intimes profondément ignorées, dans des sentiments inconscients de sympathie ou d'antipathie, que se trouve l'origine de mouvements spontanés qui nous étonnent nous-mêmes.

« L'inconscience est nécessaire à la vie animale, et surtout à la vie psychique ; sans elle, la vie serait intolérable et impossible... La vie des tubes et des cellules est inconsciente, comme celle des fibres musculaires, comme celle de tous les éléments organiques. La sensation s'élabore mystérieusement. Les opérations compliquées des sens internes et externes échappent nécessairement à l'œil de l'âme...

« L'inconscience est le *substratum*, la condition nécessaire de la conscience, et non son dérivé, comme l'affirment à plaisir les matérialistes. C'est elle qui assure l'élaboration des sensations et des images, base du travail psychique. La mémoire, par exemple, garde dans l'inconscience toutes les images, pour les offrir suivant les besoins à l'intelligence : la volonté a la vertu de réveiller le souvenir et d'en poursuivre les éléments les plus divers et les plus lointains dans le terrain cérébral. » (Dr SURBLED, *Éléments de psychologie physiologique et rationnelle*.)

Comment s'explique l'inconscience. — Remarquons d'abord qu'un certain nombre de philosophes n'admettent pas l'existence de l'inconscience, parce qu'à leurs yeux elle est contradictoire : la conscience étant, pour eux, le caractère commun des phénomènes psychologiques, et par conséquent la différence spécifique en dehors de laquelle on ne trouve plus rien qui les distingue des faits physiques ou purement organiques, il s'ensuit que phénomènes psychologiques et phénomènes de conscience, c'est tout un. Parmi les adversaires de l'inconscient se placent Cousin, Stuart Mill, Bouillier, Rabier.

Historiquement, la thèse des modifications mentales inconscientes remonte à Leibniz ; le premier, il a parlé de ces « petites perceptions ou perceptions insensibles », qui sont « de plus grande efficace qu'on ne pense ». Les philosophes qui ont adopté cette thèse sont nombreux : Reid, Dugald-Stewart, Royer-Collard, Garnier, Jouffroy, Hamilton, Taine, Lotze, Wundt, les néo-scolastiques et la plupart des physiologistes. Schopenhauer fait de la *volonté inconsciente* le principe de toutes choses, et Hartmann dit que l'*inconscient* est la substance universelle ; mais tous ne donnent pas au mot *inconscience* le même sens, surtout ils diffèrent par l'explication qu'ils donnent du phénomène.

« Un mystère insondable enveloppe l'inconscience, dit encore le docteur Surbled, précisément parce que l'esprit ne la pénètre ni directement par l'introspection, ni indirectement par la physiologie. » Certains auteurs admettent une *basse conscience* ou conscience confuse plutôt que l'inconscience absolue.

Notions dues à la conscience ou objets de la conscience. — Le champ de la conscience proprement dite n'embrasse *directement* que notre *moi intellectuel* et ne s'étend qu'*indirectement*, et par l'intermédiaire obligé des sens et du sens intime, à notre *moi sensible et corporel*, au monde extérieur, à Dieu.

Le premier objet de la conscience, ce que saisit immédiatement l'esprit en se repliant sur lui-même, ce sont ses *opérations* et ses *affections immatérielles*. « C'est à la conscience que nous devons les idées de tous les phénomènes qui se passent en nous; c'est par elle que nous apprenons ce que c'est que plaisir et douleur, joie et tristesse, désir et espérance, ambition, amitié, etc.; ou encore : souvenir, prévision, réflexion, raisonnement, pensées, idées, etc.; et enfin : volition, résolution, intention, etc. Il n'est aucun homme qui ne connaisse le sens de ces mots, et qui ne sache à quel ordre de faits ils se rapportent. C'est la conscience qui est la source de ces différentes notions. » (P. JANET.)

Mais nous ne pouvons percevoir nos propres opérations sans percevoir qu'elles sont *à nous* et que nous sommes *nous-mêmes le sujet* qui les produit ou les *supporte*; c'est ce que chacun constate en disant : C'est moi qui pense, qui souffre, qui veux. La conscience du moi, la conscience humaine, n'étant pas purement empirique comme celle de l'animal, ayant un caractère rationnel, elle ne saisit pas seulement le moi comme un fait psychologique, mais encore comme une *substance pensante*, comme la *cause* de nos propres opérations. Le moi lui apparaît d'abord comme une activité causale. S'il ne répondait qu'à une somme ou à un résidu de sensations, comme on l'a prétendu, on ne dirait pas : Je lis, je m'assieds, je me couche; il se distinguerait par une passivité absolue.

En nous donnant la notion du moi, la conscience nous le révèle donc comme *être* et comme *substance*, car sous les *phénomènes* qui *deviennent* et *passent* elle saisit ce *qui est*, ce *qui ne passe pas*. Elle nous le révèle comme *force* et comme *cause*; car, de même que l'âme se saisit comme *sujet* dans chacune de ses modifications, elle se saisit comme *cause*, comme *force* dans chacun de ses actes. Elle nous le révèle avec ses caractères d'*unité*, d'*identité* et de *durée*; — d'*unité* : c'est au même *je* ou *moi* qu'on rapporte tous ses actes; ce qui est multiple et divers, la conscience le rattache à un sujet unique qu'on ne multiplie pas en multipliant et variant les faits; — d'*identité* : cette unité du moi (qui est la condition métaphysique de la conscience) se reconnaît elle-même dans sa *continuité* à travers la succession des phénomènes; — de *durée* : nos opérations se succèdent en restant *nôtres*; la conscience de notre identité substantielle est en même temps celle de notre durée.

Certitude de la conscience. — Elle est *immédiate* ou *intuitive* : entre les faits observés et la conscience qui les observe, il n'y a nul intermédiaire; il y a identité entre le sujet et l'objet; le sujet connaissant et l'objet connu ne font qu'un. Aussi la certitude de la conscience est-elle absolue. Toute autre certitude la suppose.

Conscience de soi et personnalité. — Certains philosophes ont donné de la personnalité une définition qui consiste à identifier la personnalité avec la conscience de soi. Cette définition est évidemment fausse : il en résulterait, en effet, que l'homme qui dort, l'homme qui s'évanouit, cesse d'être une personne; que l'homme qui devient fou, cesse d'être la même personne; que l'homme qui n'a plus le souvenir de son crime, n'est pas punissable, n'étant pas la même personne.

« Être une personne, c'est un fait objectif, indépendant de la manifestation de ce fait dans la conscience; c'est être un individu concret et doué de raison, une réalité permanente qui demeure identique à elle-même, qui possède certains attributs et subit certains phénomènes.

« La conscience, aidée de la mémoire, nous manifeste d'une manière directe : 1° notre personnalité actuelle, notre moi actuel, avec ses phénomènes actuels ; 2° notre personnalité passée, à certaines époques, avec les phénomènes qu'elle possédait alors. » (Abbé DE BROGLIE, *le Positivisme et la Sc. exp.*)

On verra plus loin, p. 199 et 601, que les faits de *double conscience*, que l'on allègue pour prouver le dédoublement de la personnalité, tiennent à une altération de la mémoire sensible.

TABLEAU ANALYTIQUE

PERCEPTION INTERNE. — CONSCIENCE DE SOI

Définition. — La *conscience psychologique* (qu'il ne faut confondre ni avec la conscience morale ni avec le sens intime ou conscience sensible) est la faculté par laquelle notre âme se connaît elle-même, connaît ses facultés et leurs opérations : sensations, pensées, volitions. — L'exercice de la conscience constitue la *perception interne*.

Conscience et sens intime.
On désigne souvent la *conscience psychologique* sous le nom de *sens intime*. Il est important de les distinguer.
Le *sens intime* est l'accompagnement de tout phénomène interne en tant qu'il est senti ;
La *conscience psychologique* est l'acte par lequel le sujet sentant, pensant et voulant, se perçoit lui-même en tant que sujet et se distingue de tout ce qui n'est pas lui ;
L'animal a le sens intime, qui lui donne une connaissance *tout empirique* de ses phénomènes internes ;
L'homme joint au sens intime la conscience intellectuelle, la conscience de soi, qui n'est au f ?) que l'entendement en tant qu'il s'applique à la connaissance du moi. L'animal ne peut pas dire *moi*.

La conscience est-elle une faculté spéciale, ou bien est-elle co-extensive à toutes nos facultés ? C'est une question très controversée. — Certains philosophes tels que Cousin, Hamilton, St. Mill, Bouillier, Janet, Rabier, enseignent que la conscience n'est pas une faculté particulière de l'intelligence ; qu'elle est la forme commune, le mode fondamental de toutes nos facultés ;
D'autres, Th. Reid, Dugald-Stewart, Royer-Collard, Jouffroy, Garnier, les néo-scolastiques, sont d'un avis contraire ; pour eux, la conscience serait, sinon une faculté particulière, du moins un *épiphénomène*, qui s'ajoute à toutes les opérations de l'esprit.

Divers états de conscience.
Il y a des états de conscience *clairs* et *distincts* que nous dirigeons : réflexions, raisonnements, efforts ;
Il en est d'autres *confus*, *vagues* et *fugitifs*, qui échappent presque à la perception : rêveries, notions habituelles.
Ces phénomènes sont soumis à diverses lois :

Lois.
1° *Loi d'intensité* : un phénomène trop faible échappe à la conscience ;
2° *Loi de l'attention* : l'attention augmente le relief des objets et en rend la conscience plus nette et plus précise ;
3° *Loi de succession ou d'habitude* : tout phénomène tend à s'émousser dans ses parties émotives par la continuité ou la répétition.

Limites de la conscience.
Ce sont les limites mêmes du moi : l'âme et ses phénomènes.
Elle ne peut atteindre ni les objets extérieurs, ni les états d'âme des autres hommes, ni Dieu.
On ne connaît tous ces êtres, de même que son propre corps, qu'indirectement, par les efforts psychologiques qu'ils produisent sur le moi.

PERCEPTION INTERNE (Suite.)

Phénomènes de l'inconscience.

Il peut arriver que les conditions ou les lois de la perception ne soient pas réalisées, que les phénomènes ne soient pas perçus par l'âme ; il y a alors *inconscience*.

L'*inconscience* se produit : 1° Quand l'attention n'est pas éveillée ou qu'elle est *exclusive* : passion, idée fixe, extase ;

2° *Quand l'impression est trop faible ou trop forte* : un son n'est perçu que si les vibrations sont assez rapides ; il devient confus, assourdissant, si elles le deviennent trop ;

3° *Quand le phénomène se continue trop longtemps* : lecture monotone, bruit d'un moulin, d'une chute d'eau ;

4° Enfin l'*habitude* rend inconscients une foule d'actes, soit instinctifs : accommodation des organes, yeux, bras, jambes ; soit volontaires : écriture, jeu du piano, etc.

L'immense majorité de nos richesses mentales demeure habituellement hors de la sphère de la conscience, dans ce domaine de l'inconscient, où le souvenir va les chercher.

Rôle de l'inconscient dans la vie humaine. L'inconscient a une grande part, soit dans la vie sensitive, soit dans la vie intellectuelle. C'est par lui que Leibniz explique les goûts, les préférences instinctives, les tristesses et les joies sans causes apparentes, le caractère personnel.

Comment s'explique l'inconscience. Différentes théories ont été proposées pour expliquer ce phénomène. Certains philosophes : Cousin, St. Mill, Bouillier, Rabier, le nient comme contradictoire. D'autres, Leibniz, Reid, Steward, Royer-Collard, Garnier, Taine, Hamilton, Schopenhauer, Hartmann, les néo-scolastiques et la plupart des physiologistes l'admettent, mais l'expliquent diversement : pour les uns, c'est un phénomène véritablement psychique ; pour les autres, purement physiologique.

Notions dues à la conscience.

Nous devons à la conscience : 1° La *notion du moi* et de tous les phénomènes qui l'affectent et le modifient : plaisir et douleur, joie et tristesse, désir et espérance, ambition, souvenir, idée, pensée, réflexion, etc.

2° La conscience nous révèle è nous-mêmes comme *substance* indépendante des phénomènes, comme *cause* de nos actes et comme *sujet* de nos opérations.

3° Enfin, c'est à elle que nous devons les notions de l'*unité*, de l'*identité* et de la *permanence* du moi.

Indirectement, la conscience nous révèle l'existence de notre corps, du monde extérieur, de Dieu.

Certitude de la conscience. — La certitude de la conscience est *absolue*, et toute autre certitude repose sur elle ; elle est *immédiate* ou *intuitive* : entre les faits observés et la conscience qui les observe, il n'y a pas d'intermédiaire ; il y a *identité* entre le sujet connaissant et l'objet connu.

Conscience de soi et personnalité. — Il ne faut pas confondre la conscience de soi avec la personnalité, ainsi que l'ont fait certains philosophes ; autrement, l'homme endormi, l'homme évanoui, le fou, ne seraient pas des personnes... Le criminel qui n'aurait plus conscience de ses crimes, ne serait pas punissable.

11ᵉ LEÇON

ACQUISITION DE LA CONNAISSANCE (SUITE) — RAISON

La faculté au moyen de laquelle notre activité intellectuelle pénètre au delà du sensible s'appelle la *raison*, ou encore: *l'entendement*, *l'intellect*. Pour que l'objet de cette faculté se révèle à nous, il est nécessaire qu'aux données de l'expérience s'ajoute un mouvement propre de notre activité intellectuelle. Si, par exemple, je veux connaître l'essence d'un objet physique, j'étudierai sans doute ses propriétés sensibles; mais l'acte personnel par lequel j'arriverai à cette connaissance purement intellectuelle et scientifique du corps est l'effet de mon activité intelligente, c'est un acte de raison.

I. — DÉFINITION DE QUELQUES TERMES IMPORTANTS

Comme il importe d'avoir une notion exacte de tous les termes par lesquels on définit la raison, on en donne ici une courte analyse. Les préciser, c'est se faire une juste idée de la raison elle-même.

Individuel, particulier, général. — Le *particulier* s'oppose au *général* et se distingue de *l'individuel*; il tient le milieu entre l'un et l'autre. Il importe de ne pas confondre le particulier et l'individuel; car, comme on le verra en logique, il y a passage logique du général au particulier, mais non du général à l'individuel ou au singulier.

L'*individuel* désigne un individu déterminé; c'est l'*isolé*, le *singulier* : tel homme, cet arbre.

Le *particulier* renferme l'idée de *quelques, une partie de*; il désigne un ou plusieurs individus indéterminés d'une classe : un homme, quelques hommes.

Le *général* ou *l'universel*, c'est ce qui convient au genre, ce qui est un ou le même, en un groupe d'êtres ou de faits : l'homme, l'arbre, la volonté, la verdure. Les idées d'homme, d'arbre, de bonté, de verdure, sont en tout homme, en tout arbre, en toute bonté, en toute verdure : ce sont des idées générales.

Le général ou l'universel est l'objet direct de l'intelligence; les sens ne perçoivent que le particulier. Dans une pierre, par exemple, notre esprit voit l'être, la *substance*, l'essence de toutes les pierres; les sens voient *une* pierre.

Contingent, nécessaire. — Le *contingent*, c'est ce qui pourrait ne pas être ou être autrement, ce qu'on peut supprimer par la pensée sans qu'il en résulte contradiction, c'est-à-dire sans affirmer et nier en même temps.

Le *nécessaire*, c'est ce qui ne peut pas ne pas être ou être autrement, ce dont on ne peut concevoir la non-existence.

Tout ce qui est créé, tout ce qui est par un autre et n'a pas en soi sa raison d'être, tout l'univers enfin est contingent; Dieu seul, connu comme cause première, infinie, parfaite, ne peut pas ne pas être; non seulement il est, mais il est le seul être qui ait en soi sa raison d'être : il est nécessairement. — L'univers peut ne pas être, et notre pensée peut se le représenter comme n'étant pas ; sa non-existence n'implique pas contradiction; il est possible, il est, mais il n'est pas nécessairement. Le même raisonnement s'applique à toutes les parties de l'univers. Il n'y a pas, par exemple, d'absurdité à supposer que Socrate ou tel homme n'ait jamais existé.

Prise à son point de vue le plus général, la nécessité se divise en *absolue* et en *relative*. La nécessité *absolue* convient d'abord à Dieu et ensuite à tout ce qui découle de l'essence des choses. La nécessité *relative* se dit de tout ce qui ressort nécessairement de telle condition, de telle loi, de tel principe donnés. On dit encore qu'elle est *hypothétique*, *conditionnelle*. C'est le caractère des *lois* de la nature, c'est-à-dire des rapports invariables que manifestent les êtres ou les phénomènes. Ces lois sont immuables, mais non absolument nécessaires. Leur nécessité est hypothétique : les antécédents étant donnés, les conséquents suivent infailliblement.

A l'égard des êtres libres, la nécessité prend le nom de *morale* : elle s'impose à leur volonté sans la contraindre. C'est en ce sens qu'il faut entendre la définition du devoir donnée par Kant : *nécessité d'obéir à la loi par respect pour la loi*.

REMARQUE. — Le contingent et le nécessaire sont les deux points de vue sous lesquels notre intelligence est forcée de concevoir, en général, l'existence de l'être ; car il n'y a, en dernière analyse, que deux manières d'exister : l'une contingente, l'autre nécessaire.

Absolu, relatif.

— Absolu (*ab-solutus*, dégagé de tout lien) signifie : qui ne dépend d'aucun être, d'aucune condition, qui n'a besoin que de soi pour être et a en soi-même sa raison d'être. — *Absolu* a le même sens, à peu près, que nécessaire : ne dépendre de rien, être par soi-même ou être absolument, c'est tout un [1]. Il en est de même d'*infini*, de *parfait*. Ces trois notions sont, en quelque sorte, trois aspects de la notion d'absolu.

Relatif ou conditionnel signifie : qui dépend d'autre chose, qui n'existe pas par soi, qui n'a pas en soi sa raison d'être.

EXEMPLES. — Dieu est l'être absolu : il est la cause première sans aucune relation nécessaire hors d'elle. Appliquée à une substance, cette qualification d'absolu convient seulement à Dieu, considéré soit dans son essence, soit dans les attributs dont son essence se compose. Appliqué à une qualité, l'absolu ne peut être pensé par l'esprit ; car l'esprit ne peut se représenter une qualité en l'air ; il doit nécessairement la concevoir en relation avec l'être où elle se trouve ; l'idée d'une qualité *absolue* est absurde. — On accorde le caractère d'absolu à un certain nombre de notions et de vérités premières, qui ne dépendent d'aucune condition et sont nécessaires et éternelles : les principes d'identité et de causalité sont absolus. Le vrai, le bien, le beau, envisagés dans leur essence et en Dieu, sont absolus : si les choses créées, si les idées, les sentiments, les œuvres de l'homme représentent le vrai, le bien, le beau, d'une manière imparfaite, la pensée les conçoit purs de toute imperfection, nécessaires, invariables et absolus dans leur essence. — La loi morale est absolue ; le plaisir et l'intérêt sont relatifs : ils dépendent de conditions diverses. — La logique et la grammaire ont conservé à l'absolu la signification que la métaphysique lui donne. Une preuve absolue, une proposition, un jugement, un terme, sont absolus, lorsqu'ils ne dépendent d'aucune condition, d'aucune circonstance, d'aucun accident ; lorsque rien ne saurait modifier leur valeur et leur sens, et que ce sens est positif et complet.

---

[1] Ne pas confondre *être par soi* avec *être en soi*. — Ce sont deux notions tout à fait différentes. L'être *par soi* est celui dont l'essence implique nécessairement l'existence, qui ne tient son être que de lui-même, qui ne peut pas ne pas exister, qui est par conséquent éternel, absolu, infini : c'est Dieu. Être *en soi* signifie, comme le mot l'indique, n'être pas dans un autre, avoir une existence indépendante et séparée : c'est là le propre de la substance. La substance, dit saint Thomas, est ce qui fait qu'un être est *en lui-même* et non *en un autre* ; elle est ce qui supporte les manifestations de l'être (*sub-stare*).

Fini, infini. — L'*infini*, c'est ce qui n'a point de bornes, soit dans l'être, soit dans la manière d'être, soit dans l'espace (immense), soit dans le temps (éternel). Le *fini*, c'est ce qui est borné dans l'être, dans la manière d'être, dans l'espace, dans le temps; c'est l'être limité, imparfait, mélangé en quelque sorte d'être et de non-être.

Infini, indéfini. — Il ne faut pas confondre l'*infini* avec l'*indéfini*. L'infini n'a pas de bornes : on ne peut rien y ajouter, parce qu'il est parfait; l'indéfini est borné : on peut toujours y ajouter, parce qu'il est toujours incomplet et susceptible d'augmentation.

II. — LA RAISON

Définition de la raison. — La *raison* est la *faculté de penser ou de comprendre* : c'est l'esprit lui-même en tant qu'il est principe de vision intellectuelle. On définit de même l'*entendement*, ou l'*intellect*, ou l'*intelligence proprement dite*. — On a déjà vu (7º leçon, p. 114) la différence entre l'entendement ou la raison et les sens.

Dans un sens plus particulier, on définit la raison : la *faculté de connaître le général ou l'universel, le nécessaire, le parfait, l'absolu, l'infini;* — la *faculté de connaître le suprasensible*, c'est-à-dire ce qui, de sa nature, est intellectuel, comme Dieu et l'âme humaine, et ce qui, dans les objets physiques, ne peut être atteint par les sens, comme l'être, la substance, l'essence, la nature, la contingence, l'unité, la vérité, la bonté, la beauté.

Autres définitions de la raison. — La raison est la faculté de discerner le vrai du faux; — de rechercher les causes et les effets, les liaisons et les progrès des choses; — de saisir la raison dans les choses, c'est-à-dire le pourquoi et le comment; c'est la faculté de l'absolu, la faculté de l'ordre [1].

Toutes les définitions qu'on peut donner de la raison se ramènent à celle-ci : la *faculté de comprendre*. L'intelligence, en général, est la faculté de connaître l'universel, l'immatériel; la raison est la faculté de comprendre. *Comprendre*, c'est distinguer le vrai du faux, saisir les causes et les effets, le pourquoi et le comment; prévoir les conséquences et l'enchaînement des choses, percevoir l'ordre, se rendre compte, en un mot, à l'aide des principes, qui ne se conçoivent pas sans les notions absolues, — notions qui sont le reflet de cette lumière divine dont parle saint Thomas, quand il dit que « la raison naturelle de l'homme n'est autre chose que le reflet de la clarté divine dans l'âme ».

« L'entendement, dit Bossuet, est la lumière que Dieu nous a donnée pour nous conduire. Le vrai caractère de l'homme, qui le distingue des autres animaux, c'est d'être capable de raison. Il est porté naturellement à rendre raison de ce qu'il fait. Ainsi le vrai homme sera celui qui pourra rendre bonne raison de sa conduite. La raison nous est donnée pour nous élever au-dessus des sens et de l'imagination. La raison qui les suit et s'y asservit est une raison corrompue, qui ne mérite plus le nom de raison. Il n'y a rien que l'homme doive plus cultiver que son entendement, qui le rend semblable à son auteur.

---

[1] L'ordre est la coordination des moyens par rapport à une fin. Deux choses constituent l'essence de l'ordre : une *fin* vers laquelle il y ait direction, des *moyens* propres à atteindre cette fin. « Le rapport de la raison et de l'ordre est extrême, dit Bossuet. L'ordre ne peut être mis dans les choses que par la raison, ni être entendu que par elle. Il est ainsi de la raison et son propre objet. »

Il le cultive en le remplissant de jugements droits et de connaissances utiles. » (*Conn.*, I, vii.)

« On entend dire parfois que *l'objet propre* de notre esprit, c'est l'universel et l'abstrait; mais cette assertion n'est pas complètement exacte. Il s'ensuivrait, en effet, si elle était rigoureuse, qu'il ne pourrait se percevoir lui-même et prendre conscience de ses opérations, puisque ce ne sont pas là des choses abstraites, mais très concrètes et individuelles. Il est beaucoup plus juste de dire que c'est *l'immatériel* qui est l'objet propre de notre esprit, et que, s'il perçoit les idées et les rapports abstraits, c'est précisément parce que ces idées et ces rapports sont des objets immatériels. » (FARGES, *le Cerveau, l'Ame et les Facultés*, 2e partie, V.)

Divers noms de la raison. — La raison prend des noms divers, selon le point de vue où on la considère : elle s'appelle *conscience morale, goût, sens commun, bon sens*.

La *conscience morale*, c'est la raison, en tant qu'elle s'applique à l'ordre moral. « La raison, en tant qu'elle nous détourne du vrai mal de l'homme, qui est le péché, s'appelle la conscience. » (BOSSUET.) Dans ce sens, on l'appelle aussi raison *pratique*, par opposition à la raison *théorique*, qui s'applique à la connaissance des vérités spéculatives.

Au lieu de voir dans la raison pratique et la raison spéculative une seule et même raison qui, sous deux noms différents, nous impose avec une égale autorité les principes de nos connaissances (science) et ceux qui règlent notre activité (morale), Kant accorde la valeur objective et la force de démonstration aux idées et aux lois de la raison pratique, et les refuse aux idées et aux lois de la raison spéculative. — Kant se contredit lui-même. Si la raison théorique n'a aucune portée objective, comment pouvons-nous *savoir* que nous sommes soumis à la loi du devoir?

A un autre point de vue, on distingue la raison *intuitive* et la raison *discursive*; la première perçoit les principes ou vérités immédiates, la seconde les vérités dérivées. Il y a, entre la raison intuitive et la raison discursive, la même différence qu'entre la raison et le raisonnement[1].

Le *goût*, c'est la raison s'appliquant à l'étude de l'art et du beau. Le *sens commun*, nom populaire de la raison, c'est la raison en tant qu'elle nous révèle les vérités premières, les notions communes à tous les hommes.

Il ne faut pas confondre cette acception du sens commun avec celle de la philosophie d'Aristote, qui en fait un *sens général* (*sensorium commune* des scolastiques) dans lequel se trouvent compris tous les sens particuliers de l'homme et de l'animal[2].

---

[1] On appelle *intuition* la simple vue ou la connaissance immédiate, claire et distincte, d'une vérité qui n'a pas besoin de preuves; connaissance que l'esprit accepte et qui s'impose à lui avec la certitude de ne pas se tromper, dès qu'elle lui est présentée. Il y a intuition dans l'esprit, quand il y a évidence dans l'objet ou dans la vérité qu'il considère. Ouvrir les yeux et recevoir l'impression de la lumière, est le type de l'acte intuitif. C'est par intuition que l'esprit connaît les vérités premières. — On appelle *discursif* l'acte de l'esprit qui tire une idée d'une autre idée ou un jugement d'un autre jugement, par exemple, lorsqu'il passe des prémisses à la conclusion, dans le syllogisme, ou lorsqu'il affirme une chose, connue seulement par le témoignage des hommes. Une vérité discursive est une vérité obtenue par voie de raisonnement.

[2] L'école écossaise fait du sens commun, qu'elle confond avec le *consentement général*, l'unique critérium de la vérité.

Dans l'enseignement de la philosophie, il importe de tenir compte du *sens commun*, trop dédaigné par les philosophes, qui ne réfléchissent pas que le sens commun d'aujourd'hui est le résultat du travail philosophique des siècles. Il faut partir de ce qui est généralement accepté et, comme dit Descartes, communément reçu parmi les mieux sensés. « J'aime les paysans, dit Montesquieu; ils ne sont pas assez savants pour raisonner de travers. » C'est par des idées simples qu'on gouverne les hommes. Bossuet a été appelé « le sublime orateur des idées communes ». (DE RÉMUSAT.)

Le *bon sens*, c'est la raison en tant qu'elle applique et applique bien les premiers principes[1]. Autre chose est avoir la raison, et autre chose en faire un bon usage.

Notons ces belles paroles de Bossuet : « Le bon sens doit être le maître de la vie humaine, » ce qui signifie que la droite raison, la raison avec ses éléments premiers de justesse et de droiture doit gouverner la vie ; — de Fénelon : « Rien n'est estimable que le bon sens et la vertu, » ce qui veut dire que rien n'a de prix que la raison bien appliquée et la droiture de la volonté; — de Joubert : « On n'est jamais médiocre, quand on a beaucoup de bon sens et beaucoup de bons sentiments, » c'est-à-dire une droite et ferme raison et un cœur noble et généreux.

« Entre le bon sens et le bon goût, dit la Bruyère, il y a la différence de la cause à son effet. » Il ne suffit pas cependant d'avoir du bon sens pour avoir du bon goût; il faut encore une certaine finesse et de l'instruction.

Descartes a dit : « Le bon sens est la chose du monde la mieux partagée. » Il a raison, s'il entend par le bon sens la raison même ou le sens commun; il a tort, s'il entend par là l'habitude d'appliquer à toutes choses et d'appliquer bien les principes.

REMARQUE. — Dans la pratique, on confond souvent ces deux termes. C'est ce que fait l'abbé de Broglie dans le passage suivant : « Qu'est-ce que le bon sens ? Est-ce, comme le veulent certains philosophes, l'ensemble des opinions et des préjugés du vulgaire, l'opposé de la logique et de la science raisonnée ?

« Nullement. — Le bon sens ou le sens commun, c'est l'ensemble d'idées ou de croyances qui existent d'une manière réelle et pratique dans l'esprit de tous les hommes, dans l'esprit du vulgaire comme dans celui des hommes éclairés et spéciaux. Le bon sens, c'est la philosophie que nous faisons tous sans nous en douter, comme M. Jourdain faisait de la prose. Le bon sens, c'est l'ensemble des expériences les plus vulgaires et les plus simples, de celles que nous faisons à chaque instant. C'est aussi l'ensemble des principes évidents qui, par la spontanéité de notre raison, se dégagent à tout moment des faits vulgaires. » (*Le Positivisme et la Sc. exp.*)

A quoi on oppose la raison. — Dans l'usage ordinaire de la langue, on oppose la raison de l'homme à *l'instinct* de l'animal, et l'homme se définit : *animal raisonnable*. On oppose également la raison de l'homme mûr à *l'ignorance*, à *l'étourderie*, à *l'irré-*

---

[1] « Le caractère propre et distinctif de Bossuet, c'est le bon sens,... qui n'est que l'habitude de voir juste et de se conduire en conséquence. » (NISARD).
Lire D. Nisard, *Histoire de la littérature*, t. III, chap. XIII, paragr. 2 : Bossuet comparé, pour le bon sens, à Montaigne, Descartes et Pascal.
Lire aussi t. II du même ouvrage : 1° Ch. VI, le paragr. 7, où Nisard montre ce que Boileau entend par la raison. « Par tout ce que Boileau défend au nom de la raison, on reconnaît, dit-il, qu'il s'agit toujours de ce sens de l'humain, par lequel non seulement rien de ce qui est de l'homme ne nous est étranger, mais tout ce qui n'est pas de l'homme nous est antipathique. »
2° Ch. II, le paragr. 6, où est développée cette idée que le naturel, c'est ce qui est conforme à la nature; que la nature, dans l'ordre intellectuel, c'est la raison; que les idées sont naturelles lorsqu'elles sont conformes à la raison; et que, comme il n'y a rien de plus conforme à la raison que la vérité, plus les idées sont vraies, plus elles sont naturelles.

flexion de l'enfant. On l'oppose à l'*imbécillité*, à la *démence*, à la *folie*, à la *passion*, à l'*esprit*.

Le sens de ces oppositions est facile à saisir. L'*instinct* est le guide naturel de l'animal, la *raison* est le guide naturel de l'homme. L'absence de raison, chez l'enfant, n'est qu'une raison imparfaite, une moindre raison, une raison en germe.

L'*imbécillité*[1] consiste dans l'impuissance d'acquérir et d'unir les idées. Les représentations viennent si lentement, qu'il est impossible de les assembler. Dans la *démence*[2], les représentations se succèdent avec une telle rapidité et une telle incohérence, que l'ordre ne peut s'y introduire.

La *folie* n'est pas simplement l'absence de la raison, elle en est la perversion. Ce qui la caractérise surtout, c'est le manque d'équilibre intellectuel : une représentation unique, vraie ou fausse, devient indûment le centre de toutes les autres représentations. L'animal n'est pas fou, il est *non raisonnable* : le fou est *déraisonnable*. L'instinct guide toujours l'animal d'une manière *rationnelle*, c'est-à-dire conforme à la nature, tandis que le fou est entraîné, par une raison pervertie et viciée, à des actions absurdes.

Si l'on oppose la *raison* à l'*esprit*, celle-là est la faculté des principes, celui-ci l'art de saisir les nuances des choses. Quand on a la raison et qu'on manque d'esprit, on est capable de se proposer un but, mais souvent on le manque. Quand on a de l'esprit et qu'on manque de raison, on est fécond en moyens, mais on ne se propose rien de grand. La raison fait les hommes de principes, de caractère, de valeur ; l'esprit fait les hommes de talent, de ressources, de conversation. « L'esprit est le premier des moyens : il sert à tout et ne suffit à rien. » (DUCLOS.)

L'*esprit*, dans le mauvais sens du mot, suppose l'intention de briller, de surprendre, de se faire valoir et admirer, de montrer sa supériorité sur les autres ; c'est la vanité qui le travaille : il n'attend pas l'occasion de paraître, il la devance, il la recherche, il la prépare. Aussi ne peut-il être naturel.

Les *passions* rendent l'homme semblable à l'animal, à l'enfant, au fou. Opposer la raison à la passion, c'est opposer une force éclairée à une force aveugle. « Les passions, dit le docteur Descuret, peuvent être considérées comme le prélude de la folie : outre qu'elles présentent les mêmes symptômes, elles ont avec elle une analogie bien remarquable. C'est que, en général, si elles viennent à produire un dérangement complet de la raison, ce dérangement conserve tellement le cachet de son origine, qu'il semble n'être qu'une suite d'accès de la passion primitive. »

NOTES COMPLÉMENTAIRES

Raison et éducation. — « C'est la vérité qui fait la raison, comme c'est la raison qui fait l'homme. » (LACORDAIRE.) — « La raison est le principe naturel d'activité de l'homme. » (SAINT THOMAS.) — « La vertu est l'habitude de vivre selon la raison. » (BOSSUET.) — D'après ces principes, former l'homme, l'élever, c'est donc avant tout dégager, cultiver, développer, former sa raison. Le cœur et la volonté doivent suivre la raison : c'est l'ordre. L'amour et la pratique du bien en supposent la connaissance. Le cœur doit aimer, la volonté doit poursuivre le bien connu par la raison. Plus on connaît le bien, plus on peut, plus on doit l'aimer et l'accomplir.

La connaissance, dans une âme ordonnée, dans une âme conséquente avec elle-même, se traduit toujours en acte. On sait pour pouvoir, pour agir. Dans l'ordre moral, la vérité connue et non pratiquée devient ténèbres ; elle aveugle au lieu d'éclairer ; c'est ce que Bossuet exprime en ces termes : « Malheur à la

---

[1] Sens étymologique : faiblesse d'esprit et de corps. (LITTRÉ.) C'est dans ce sens que l'emploie Pascal, quand il dit de l'homme : « Imbécile ver de terre. »
[2] Lat. *dementia*, du préfixe privatif *de* et de *mens*, esprit : dépourvu de raison.

connaissance stérile qui ne se tourne pas à aimer et se trahit elle-même! » — « Il faut, nous dit l'Évangile, faire la vérité pour arriver à la lumière. »

En disant que le « bon sens doit être le maître de la vie humaine », Bossuet entend bien nous enseigner que l'honnêteté des sentiments et des actes ne se sépare pas de la justesse des idées.

Dégager la raison, la cultiver, c'est la distinguer de la masse des instincts, des sensations et des besoins, en faire une force libre, indépendante de tout ce qui est au-dessous d'elle et qu'elle doit dominer; c'est lui donner conscience d'elle-même par l'application des principes qui la constituent et la dirigent; c'est y faire appel, la tenir en éveil, l'exercer à propos de tout, c'est-à-dire l'habituer à se rendre compte des choses, à en chercher le pourquoi et le comment, la nature, l'origine, la fin, les causes et les effets, les conditions, les lois, les ressemblances, les différences, les oppositions, en un mot les rapports; c'est enfin la respecter en soi et dans les autres, y conformer ses sentiments, ses jugements, ses actes. Dans la vie pratique, on reconnaît une raison mûre, pleinement et sainement développée, au rôle prépondérant donné à l'idée du devoir dans notre conduite propre et dans nos jugements sur la conduite des autres; à l'habitude de dominer les événements, d'y introduire l'ordre et la règle, s'ils dépendent de soi, et, s'ils n'en dépendent pas, de les juger du moins à la lumière des principes.

« Apprendre à raisonner et à vouloir, c'est l'instruction et l'éducation la plus haute. Donner à la raison la perception très nette des grands principes qui dominent et éclairent toutes les sciences; proposer à la volonté une idée élevée qui la préserve des défaillances et illumine la vie tout entière, est infiniment meilleur qu'entasser des connaissances et des pratiques; car c'est créer une individualité distincte, originale; c'est apprendre à un esprit à chercher, à trouver la vérité par lui-même, c'est former une volonté capable de se frayer un chemin et de résister au torrent. » (P. VALLET, prêtre de Saint-Sulpice, *la Vie et l'Hérédité*.)

Pensées. — Dieu seul est la vérité, parce que seul il est l'être; il n'a pas la vérité, comme si elle était quelque chose d'étranger à lui; mais il est substantiellement et personnellement la vérité, parce qu'il est l'être se possédant lui-même, parce qu'il est à la fois et par un seul acte l'œil qui voit, l'objet qui est vu et la vision. Dieu est le nom propre de la vérité, comme la vérité est le nom abstrait de Dieu. (LACORDAIRE.)

Il faut étudier les sciences dans la vérité, c'est-à-dire en regardant Dieu; car elles doivent montrer la vérité, c'est-à-dire Dieu partout. (JOUBERT.)

La raison naturelle est un bon arbre que Dieu a planté en nous; les fruits qui en proviennent ne peuvent être que bons. La raison n'est pas trompeuse, mais bien le raisonnement. (SAINT FRANÇOIS DE SALES.)

La raison est une force qui cherche son principe et sa fin. Or la vérité est que le principe et la fin de la raison, c'est Dieu. Ruiner la raison, c'est défoncer le sol pour empêcher l'édifice religieux d'y tenir. Il n'y a pas de progrès de la raison sans un progrès correspondant de force morale et de liberté. (GRATRY.)

Une vie bonne vaut mieux que l'intelligence prompte et amène à comprendre davantage. (SAINT AUGUSTIN.)

C'est une doctrine aussi pernicieuse qu'elle paraît religieuse dans son principe, de croire que, depuis le péché de notre premier père, tout est corrompu dans notre raison; et c'est rendre l'homme mauvais sous prétexte de l'humilier, de dire qu'à défaut de la foi il n'a d'autre règle de sa conduite que la passion et l'erreur. Indépendamment de la foi, nous avons une raison qui nous gouverne, et qui subsiste même après le péché; une raison qui nous fait connaître Dieu, qui nous prescrit des devoirs, qui nous impose des lois, qui nous assujettit à l'ordre. Je sais que cette raison seule, sans la grâce et sans la foi, ne suffit pas pour nous sauver. Mais, quoi qu'elle n'ait pas la vertu de nous sauver, elle est plus que suffisante pour nous condamner. (BOURDALOUE.)

La raison éteint souvent sa propre lumière pour échapper à celle de la foi. (SÉGUR.)

Les hommes n'ont point assez de force pour suivre toute leur raison. Je ne compte que sur la grâce pour diriger la raison, même dans les bornes étroites de la raison. Nous manquons encore plus sur la terre de raison que de religion. (FÉNELON.)

La sagesse humaine est toujours courte par quelque endroit. (BOSSUET.)

TABLEAU ANALYTIQUE

DE LA RAISON

Définition de quelques termes importants.

Le *particulier*, c'est l'objet isolé, individuel, la qualité concrète : un homme, tel homme, un homme bon ;

Le *général* ou l'*universel*, c'est ce qui est le même dans un genre, dans un groupe d'êtres ou de faits : homme, bonté ;

Le *contingent*, c'est ce qui pourrait ne pas être ou être autrement : tout ce qui est créé est contingent ;

Le *nécessaire*, c'est ce qui ne peut pas ne pas être : Dieu est nécessaire ;

L'*absolu*, c'est ce qui ne dépend de rien : l'être absolu est par soi-même ; il a en lui sa raison d'être ;

Le *relatif* ou *conditionnel*, c'est ce qui dépend d'un autre, qui n'est pas par soi, qui n'a pas en soi sa raison d'être ;

L'*infini*, c'est ce qui n'a de bornes ni dans l'être, ni dans la manière d'être, ni dans l'espace (immense), ni dans le temps (éternel) ;

Le *fini*, c'est ce qui a des bornes dans l'être, dans la manière d'être, dans l'espace et dans le temps ;

L'*indéfini* n'est pas l'*infini* : l'infini n'a pas de limites ; l'indéfini a des limites, et on peut toujours y ajouter quelque chose.

Définition de la raison. — La raison est la faculté de penser ou de comprendre ;

C'est l'esprit lui-même en tant que principe de vision intellectuelle. (Voir 7e leçon, différence entre l'entendement ou raison et les sens.)

On la définit encore : la faculté de connaître le général ou l'universel, le nécessaire, le parfait, l'absolu, l'infini ; — ou encore : la faculté de connaître le suprasensible, la faculté de discerner le vrai du faux ;

De rechercher les causes et les effets ;

De saisir la raison dans les choses, le pourquoi et le comment ; la faculté de l'absolu, la faculté de l'ordre, etc.

Toutes ces définitions, et d'autres encore, se ramènent à celle-ci : la *faculté de comprendre*.

Divers noms de la raison.

La raison prend des noms divers, suivant le point de vue où on la considère. Elle s'appelle :

1° *Conscience morale* ou *raison pratique*, si elle est appliquée à l'ordre moral ;

2° *Goût*, si elle s'applique à l'étude de l'art et du beau ;

3° *Sens commun*, en tant qu'elle nous révèle les vérités premières ;

4° *Bon sens*, en tant qu'elle applique et applique bien les premiers principes ;

A quoi s'oppose la raison.

Dans le langage ordinaire, on oppose la *raison* de l'homme à l'*instinct* de l'animal.

La raison de l'homme mûr s'oppose à l'ignorance, à l'étourderie, à l'irréflexion de l'enfant ;

Elle s'oppose encore à l'imbécillité, à la démence, à la folie, à la passion ;

On l'oppose enfin à l'esprit : la raison est la faculté des principes ; l'esprit, l'art de saisir les nuances des choses.

Le mot esprit a un sens défavorable, qui implique l'intention de briller, de surprendre, de se faire admirer.

Raison et éducation. — « La raison étant le principe naturel d'activité chez l'homme, » « la vertu n'étant que l'habitude de vivre selon la raison, » il s'ensuit que former l'homme, l'élever, c'est avant tout cultiver, développer, former sa raison, c'est-à-dire la dégager de la masse des instincts, des sensations, des appétits, pour en faire une force libre et indépendante de tout ce qu'elle doit dominer.

7*

12ᵉ LEÇON

NOTIONS ET VÉRITÉS PREMIERES

I. — DÉFINITION, CARACTÈRES, DIVISION

Définition. — Les notions sont des *idées*, de simples conceptions de l'esprit; un mot suffit pour les exprimer : *être, cause*. Les vérités sont des *jugements*, des affirmations exprimées par une proposition : *tout phénomène a une cause.* Les *notions premières* sont les idées fondamentales et intuitives que toute connaissance implique, et les *vérités premières*, les jugements primitifs de la raison.

Les notions premières sont les éléments des vérités premières. Ainsi, l'idée de cause est une notion première, et ce jugement : *tout ce qui commence d'être a une cause,* est une vérité première. Les idées d'*espace* et de *temps* sont des notions premières, et les principes d'espace : *Tout corps occupe un lieu dans l'espace,* et de durée : *tout événement a lieu dans le temps,* sont des vérités premières.

<small>La raison ne se conçoit pas sans certaines *notions* ou *idées premières*, telles que les idées d'être, d'espace, de temps, de nombre, de substance, de cause, d'infini, de perfection, d'éternité, d'unité, les idées du *vrai*, du *bien*, du *beau*.
Il en est de même des *jugements* ou principes absolus appelés *vérités premières*, qui impliquent ces notions, qui en affirment l'accord ou le désaccord et nous servent à penser, « comme nos muscles et nos nerfs nous servent à nous mouvoir, sans même que nous nous en doutions. » (LEIBNIZ et BOSSUET.)</small>

Ces notions et ces vérités sont dites *premières* : 1° parce qu'elles apparaissent dans l'esprit dès qu'il fait un usage normal de ses facultés, sans même qu'on en ait conscience ; 2° à cause de leur importance : impossible sans elles de tirer profit de l'expérience, de penser, de raisonner, de faire la science ; 3° à cause de leur liaison logique avec les vérités particulières qui en dérivent.

Comment nous découvrons les principes ou vérités premières. — « Les principes sont découverts par une analyse mentale. Prenons une proposition : *Ce papier a été fait avec des chiffons.* Il est clair que, pour que cette proposition offre un sens, il faut que le sens d'aucun des mots ne change pendant qu'on les a dans l'esprit (*principe d'identité*); il faut en outre que l'esprit reconnaisse la liaison du papier avec le chiffon (*principe de substance*). Si on ajoute *pour servir à imprimer,* on a la *causalité finale*; et si on dit *par un papetier,* on a la *cause efficiente.* » (FONSEGRIVE.)

En résumé, c'est par l'analyse de la pensée qu'on découvre les lois de la pensée, comme c'est par l'analyse des phénomènes physiques qu'on découvre les lois physiques.

Les principes premiers de la raison sont à l'activité mentale ou intellectuelle ce que les instincts sont à l'activité proprement dite. Lorsque l'esprit les applique, il ne lui semble pas qu'il les apprenne, il sent qu'il les reconnaît. Quand on veut les enseigner à un enfant, on le fait *réfléchir*, c'est-à-dire se replier sur lui-même pour constater qu'il les a. Tous les *pourquoi* qu'il pose avant d'avoir la formule du principe de cause impliquent ce principe, puisqu'ils demandent la cause[1]. Ils sont les lois mêmes de la raison, comme la loi de la gravitation est la loi des corps. Ils sont implicitement contenus dans toute opération, dans toute connaissance intellectuelle. On ne peut pas concevoir une raison humaine ne les acceptant pas. Ceux qui les nient en théorie, comme Hégel, et qui croient à l'identité des contraires, s'y soumettent toujours dans la pratique.

Caractères des notions et vérités premières. — Les notions et les vérités premières sont :

Nécessaires : nous ne pouvons pas penser sans elles, et elles ne peuvent pas ne pas être vraies : le contraire ne peut être conçu ; par exemple, un fait étant donné, nous ne pouvons pas concevoir qu'il n'ait pas de cause.

Éternelles : en ce sens qu'elles ont leur réalité vivante dans l'intelligence divine, à laquelle seule appartient l'éternité. Quand j'accepte le principe d'identité, je ne le crée pas ; il était vrai avant moi, il était et il sera toujours, je ne puis pas le modifier ; au moment où j'en prends conscience et où je le formule, il commence *pour moi;* ce n'est donc pas dans mon intelligence qu'il est éternel, et je dois, si je veux remonter jusqu'à sa véritable source, m'élever jusqu'à l'intelligence divine, car c'est là seulement que la vérité est éternelle. (D'après saint Thomas.)

Il importe de remarquer que l'esprit humain ne débute pas dans la connaissance, comme on serait tenté de le croire, par des idées isolées, premières ou non, qu'il rapprocherait ensuite en les comparant ; il débute par des affirmations spontanées, par des jugements concrets, qu'il analyse ensuite et dont il distingue les éléments. Alors seulement il est en possession de l'idée proprement dite, qui est, non pas la forme primitive, mais la forme la plus simple de la pensée.

Absolues : indépendantes des conditions de temps, de lieu, de quantité, de personnes ; elles subsisteraient alors même qu'il n'y

---

[1] Qu'on dise à un enfant : Savez-vous bien qu'il est impossible qu'une même chose soit et ne soit pas en même temps ? Il regardera sans répondre ; mais que ce principe, au lieu d'être présenté sous cette forme abstraite, soit impliqué dans un jugement concret ; qu'on lui soutienne, par exemple, qu'une étrangère est sa mère, il répondra non, et appliquera le principe, bien qu'il en ignore la formule. De même, qu'on dise à un sauvage que le tout est plus grand que la partie ; sans doute, il ne saisira pas ; mais qu'on lui dise que son bras est plus grand que son corps, ou qu'un arbre est aussi grand que la forêt, et l'on verra qu'il a aussi irrésistiblement conscience de cette vérité qu'un philosophe, bien qu'il ne l'ait pas dégagée sous forme de maxime.

Cependant, de ce qu'on reconnaît les premiers principes dès qu'on les a entendus, on ne peut en conclure qu'ils sont innés. De même que lorsque nous ouvrons les yeux, nous voyons nécessairement, de même lorsque la lumière intelligible frappe directement notre intelligence, il est impossible que le phénomène de la vision intellectuelle ne s'opère pas. Or, de ce fait que nous voyons nécessairement en ouvrant les yeux on conclut, non que la lumière est innée dans nos yeux, mais que nous avons la faculté naturelle de voir.

aurait aucune intelligence humaine pour les concevoir. Toute la chaîne de nos raisonnements flotterait en l'air et ne tiendrait à rien, s'il n'y avait pas originairement, dans la raison humaine, quelque chose de primitif, de réel, d'inconditionnel et d'absolu, à quoi tous ces raisonnements se réfèrent et qui leur sert à tous de base.

Descartes a prétendu que les vérités nécessaires et éternelles dépendent absolument de Dieu; que, si Dieu l'eût voulu, elles eussent été tout autrement qu'elles ne sont; que, par exemple, le bien aurait pu être le mal, et le tout être plus petit que la partie; ou encore, que 2 et 3 n'égaleraient pas 5, si Dieu eût décrété que ces deux nombres égaleraient 8.

Les vérités éternelles et les principes dépendent de la volonté de Dieu, mais non au sens de la thèse cartésienne. Dieu, dit saint Thomas, ne pouvait pas vouloir que l'homme fût un être privé de raison, puisque la raison est essentielle à l'homme; de même, il ne peut pas vouloir une chose qui répugne à la notion d'être, par exemple qu'une chose, en même temps et sous le même rapport, soit et ne soit pas, que l'affirmation et la négation soient l'une et l'autre vraies sur la même question, et, en général, tout ce qui implique contradiction, répugnance, impossibilité : ce serait vouloir l'absurde.

Universelles : communes à toutes les intelligences ; tout le monde n'en a pas la formule, mais tout le monde les applique ; vraies de toutes choses sans exception, elles sont appliquées nécessairement par *tous les esprits* et à *tous les faits*, existants ou possibles, connus ou à connaître.

Claires par elles-mêmes : on ne les définit pas rigoureusement, on ne les démontre pas ; elles servent à définir et à démontrer toutes les autres. Elles sont d'une évidence immédiate; on les comprend dès qu'on les entend énoncer. Elles brillent à tous les yeux et s'imposent à tous les esprits.

A priori : c'est-à-dire non dérivées de l'expérience comme les lois des sciences physiques et naturelles : l'expérience enseigne ce *qui est*, non ce qui est *universellement* et *nécessairement* [1]. Les idées de nécessité et d'universalité dépassent l'expérience : ce n'est pas de l'expérience, qui ne nous présente rien que de variable, mais de l'esprit, que nous peut venir l'idée que quelque chose existe nécessairement.

Mais comment faut-il entendre précisément ces caractères de nécessité et d'universalité qu'implique l'apriorisme des jugements ou principes premiers ? Si l'on entendait seulement par là que nous les concevons nécessairement et que tous les hommes les conçoivent, cela n'assurerait qu'une nécessité *subjective*. Or des jugements ne sont *à priori* que si, par eux, nous affirmons que telle ou telle chose existe nécessairement et universellement. Ces caractères portent donc surtout sur la manière dont nous concevons que les choses existent en dehors de nous; ils répondent à la tendance qu'a notre esprit à objectiver ses concepts généraux, à en faire les lois des choses, ou plutôt à les voir clairement lois des choses.

De plus, *à priori* ne doit pas s'entendre en ce sens que nous formulions ces

---

[1] Voir, pour le développement de cette idée, la 5ᵉ leçon de Logique.

principes avant toute expérience; car on ne les formule qu'en les appliquant, ou plutôt on ne les applique que si une expérience en fournit l'occasion, et une seule expérience suffit pour que l'intelligence s'empare du principe et l'applique à tous les faits de même nature. L'esprit les saisit par *intuition*, à l'occasion d'un fait [1].

Sans doute, les principes rationnels ne sont pas inclus dans l'expérience : on ne tire pas le plus du moins, le nécessaire du contingent, l'universel du particulier, l'absolu du relatif; mais l'expérience donne à notre intelligence l'occasion de les former : l'intelligence, excitée par les données des sens et de la conscience, saisit le nécessaire sous le contingent, l'universel sous le particulier, l'absolu sous le relatif. L'expérience est la condition, elle n'est pas le pouvoir producteur.

« Dans l'ordre d'acquisition de nos idées, c'est la connaissance du *fini* qui précède la connaissance de *l'infini* : nous débutons par le fini, et, à l'occasion du fini, notre raison aperçoit immédiatement l'infini.

« Ceci est une loi générale, qui se démontre en particulier pour chacune des notions de la raison; c'est toujours à propos de quelque chose de contingent et de fini que notre raison découvre l'absolu, l'infini; mais, si nous nous plaçions à un autre point de vue, dans l'ordre de *l'être* et non dans celui de la *connaissance*, ce serait au contraire l'infini qui précéderait le fini : on ne peut pas, en effet, ne pas concevoir l'infini comme le principe et le fondement du fini, c'est-à-dire la cause avant l'effet. « C'est de lui que le fini, en dehors de la connaissance, tient tout ce qu'il possède de substantialité et de causalité [2]. L'idée du fini est l'antécédent chronologique de l'idée de l'infini; mais l'idée de l'infini est à son tour l'antécédent logique de l'idée du fini [3]. » (FRANCK, *Dict. phil.*)

Rapports exprimés par les principes ou vérités premières. — Ces principes sont l'expression des rapports nécessaires des choses. Ces rapports sont : 1° ceux de principe à conséquence, ou de contenant à contenu, et réciproquement; 2° ceux de cause à effet, de moyen à fin, et *vice versa*, avec tous ceux qui s'en déduisent.

En d'autres termes : 1° *Rapports d'une chose à tout ce qui lui est identique :* rapports de convenance, d'équivalence et de contenance [4]; 2° *Rapports d'une chose à tout ce qui fait qu'elle est*, c'est-à-dire rapports d'une chose à une autre par laquelle (cause) ou pour laquelle (fin) elle est.

Trois principes expriment tous ces rapports : le principe d'*identité*, le principe de *causalité*, le principe de *finalité* ou des *causes finales*. On les appelle *principes régulateurs de la raison* ou encore principes *directeurs de l'entendement*, principes *directeurs de la connaissance*.

Saisir les rapports entre les êtres ou les faits est le propre de la raison. Ampère faisait consister le génie, qui n'est qu'une raison supérieure, dans la faculté

---

[1] Par exemple, quand je parle ou que je marche, je me connais *moi-même* comme la cause de mon acte, et en même temps, à propos de ce jugement concret, mon entendement, s'il est suffisamment développé, conçoit comme existant en soi, antérieurement à mon expérience sensible et indépendamment d'elle, le rapport de cause à effet qui y est impliqué.
[2] « Comment l'imparfait serait-il, si le parfait n'était pas? » (BOSSUET.)
[3] « Le parfait, dit Bossuet, est premier en soi et dans nos idées. » Premier en soi, cela est certain. Premier dans les idées, la chose est contestable, s'il s'agit d'une antériorité chronologique. » (RABIER.)
[4] Les choses unies par des rapports de cette nature se répètent en général sous des formes différentes et ne sont pas identiques dans toute la force du mot; autrement elles se confondraient complètement, et on ne pourrait pas les distinguer.

d'apercevoir les rapports. Comprendre une chose et en saisir les rapports, en donner la raison, c'est même chose. Ainsi, comprendre un phénomène, un événement, c'est en voir les causes et les effets, c'est découvrir les liens qui unissent ce phénomène, cet événement à tous ceux qui l'ont préparé et conditionné, et à tous ceux qu'il prépare et conditionne lui-même ou sur lesquels il influe. Comprendre un acte, c'est démêler les motifs qu'a eus l'agent, le but qu'il s'est proposé et celui qu'il a atteint. Une conduite dont on ne peut pas donner la raison, parce qu'elle contredit les principes, est une conduite *déraisonnable*; par exemple, celle d'un homme qui a un but et qui ne fait rien ou fait le contraire de ce qui peut l'y conduire; celle d'un homme qui suit ses caprices et se trouve sans cesse en contradiction avec lui-même. Agir ainsi, ce n'est pas agir en homme : « Le vrai homme, a dit justement Bossuet, est celui qui peut rendre bonne raison de sa conduite. » Quand la raison se trouve en face d'une chose déraisonnable, par exemple, d'un discours où rien ne se suit, on dit qu'elle est *déroutée*, pour exprimer qu'elle ne comprend plus rien, trouvant l'incohérence là où elle pensait trouver l'ordre, c'est-à-dire des rapports.

Principes propres, principes communs. — Il y a, dit Aristote, des principes propres que doit posséder celui qui veut apprendre *une science*, ou un groupe de sciences, comme sont les définitions; et des principes *communs*, qui sont la règle générale de toute pensée, la condition de toutes les sciences, et que doit posséder quiconque veut apprendre *n'importe quoi*. Ces principes *communs* ne sont autre chose que les *vérités premières*.

Principes pratiques, spéculatifs, analytiques, synthétiques. — Les principes, soit propres, soit communs, sont dits *pratiques*, s'ils règlent la conduite; exemple : Il faut faire le bien et éviter le mal; et *spéculatifs*, s'ils règlent la pensée; exemple : Une chose ne peut pas être et n'être pas en même temps.

Ils sont dits *analytiques*, lorsque l'attribut est d'avance contenu dans l'idée du sujet et peut s'en tirer par une simple analyse, lorsqu'il ne fait que répéter le sujet ou en développer la compréhension, sans y rien ajouter. Les diverses formules du principe d'identité, les axiomes, les définitions mathématiques sont analytiques; par exemple : Le tout est plus grand que la partie ; il est impliqué dans l'idée du tout qu'il est plus grand que la partie.

Ils sont dits *synthétiques*, lorsqu'ils unissent des termes extérieurs l'un à l'autre, lorsque l'attribut ne répète pas purement et simplement le sujet, qu'il lui est ajouté *à posteriori* et n'en dérive pas par analyse. Ainsi, dans ce principe : *Tous les corps sont étendus*, on n'a qu'à *expliquer* le concept de corps, c'est-à-dire à le développer, pour y trouver le concept d'étendue : c'est un principe analytique. Mais si l'on dit : *Tous les corps sont pesants*, il n'en va plus de même; la pesanteur n'est pas, pour un newtonien, comme elle l'était dans l'école, une qualité inhérente au corps comme tel; elle n'est qu'une relation d'un corps avec un autre, elle est extérieure à l'essence des corps.

Les principes *analytiques* expriment la nécessité de l'accord de la pensée avec elle-même, la nécessité pour le terme de ne pas changer au moment où il est pensé. Ils sont la condition de tout travail de l'esprit sur un objet. Une pensée qui n'appliquerait ou qui ne vérifierait pas le principe d'identité ou celui de contradiction, ne serait pas une pensée. Ce principe répond au besoin de l'esprit d'être conséquent avec lui-même. Ce besoin est énergiquement exprimé dans ces locutions familières du bon sens : Un fait est un fait! un homme est un homme! une parole donnée est une parole donnée! un voleur est un voleur! un ami est un ami! — Les principes *synthétiques* servent de fondement aux sciences de faits, dans lesquelles l'esprit cherche les raisons.

Sans les premiers, on ne peut se représenter les choses : ce qui est contradictoire est impossible, dans la pensée aussi bien que dans la nature ; sans les seconds, on ne peut les comprendre, on n'en cherche pas les raisons. « Pour faire la science, a dit Cl. Bernard, il faut d'abord croire à la science; et croire à la science, c'est croire que rien ne se produit sans raisons déterminées. »

Les principes analytiques se résument dans cette formule : *Le même est le même ;* les principes synthétiques dans celle-ci : *Pourquoi et comment une chose est ou peut être.*

Classification des notions et des vérités premières. — 1° *Des notions premières : classifications d'Aristote et de Kant.* — Aristote ramène à dix classes, ou *catégories,* toutes les idées universelles, tous les points de vue sous lesquels nous pouvons envisager les objets de nos jugements ou de nos pensées. La première renferme les idées qui désignent des *substances,* les neuf autres expriment les *qualités* ou les *accidents.* Ce sont :

1° *La substance :* le fond de l'être, ce qui subsiste sous le phénomène ;

2° *La quantité :* grande ou petite, nombre ;

3° *La qualité :* habitudes, puissances, disposition bonne ou mauvaise ;

4° *Les relations :* d'où vient la chose, de qui elle est, à qui elle est, rapports d'un être avec un autre : supérieur, égal, semblable, père et fils, patron et ouvrier ;

5° *L'action :* ce qu'elle fait, quels changements elle produit en elle ou en autre chose ;

6° *La passion :* dans le sens étymologique : qui reçoit ou qui souffre ;

7° *Le temps :* commencement, durée, quand ;

8° *Le lieu :* où est la chose, son lieu ;

9° *La situation :* comment disposée dans le lieu où elle est : debout, couchée ;

10° *L'avoir :* ce qu'elle *a,* — être revêtu du manteau, couronné de lauriers.

Port-Royal a jeté le discrédit sur ces catégories, prétendant qu'elles sont purement arbitraires, et que l'étude en est dangereuse, parce qu'elle « accoutume les hommes à se payer de mots, à s'imaginer qu'ils savent toutes choses quand ils ne connaissent que des noms arbitraires ». Bossuet, au contraire, reconnaît leur utilité : « Elles accoutument l'esprit à ranger les choses et à les réduire à certains genres, pour de là descendre au détail des effets de la nature et aux autres enseignements plus précis de la philosophie. » (*Logique.*) Il ne faut pas y attacher plus de valeur qu'Aristote lui-même, qui a voulu réunir en un tableau tout ce qu'on peut chercher sur un objet, offrir un moyen de s'en rendre compte en l'examinant sous toutes ses faces. Quelle que soit la valeur qu'on leur attribue, il n'en est pas moins vrai que le seul projet de classer toutes les conceptions de l'esprit humain est une pensée hardie et une intuition de génie.

Kant range les concepts purs ou idées *à priori* en trois classes : 1° les formes de la sensibilité : temps, espace ; 2° les catégories de l'entendement (ci-après) ; 3° les idées de la raison pure : moi, non-moi, absolu.

Aux catégories d'Aristote, il en substitue *douze,* rangées en quatre groupes :

1° *Quantité :* unité, pluralité, totalité ;

2° *Qualité :* affirmation ou réalité, négation, limitation (indéfini) ;

3° *Relation :* substance et inhérence (substance et mode), causalité et dépendance (cause et effet), communauté (action et réaction) ;

4° *Modalité :* possibilité, impossibilité ; existence, non-existence ; nécessité, contingence.

Kant accuse Aristote de n'avoir suivi aucun ordre ; il avait été du moins plus logique en plaçant dans la première catégorie la *substance,* qui ne vient qu'au septième rang dans les catégories de Kant. La question fondamentale, sur laquelle toutes les autres reposent, c'est en effet de savoir ce qu'est l'objet en soi, quelle est sa nature.

2° *Classification des vérités premières.* — On peut les ramener à deux groupes :

a) Les vérités premières *analytiques, internes* ou *logiques :* le principe d'identité, le principe de *contradiction,* le principe d'*alternative* ou d'*exclusion du milieu,* auxquels se rattachent les axiomes logiques et mathématiques ;

b) Les vérités premières *synthétiques, externes* ou *objectives :* le principe de *raison suffisante*, ou simplement principe de *raison*, auquel se rattachent les principes de *causalité*, de *substance*, de *finalité*, des *lois*, de *moindre action*; puis le principe d'*espace* : tout corps occupe un lieu dans l'espace, et le principe de *durée* : tout événement a lieu dans le temps[1]. Quelques auteurs ajoutent le principe d'*absolu* : tout relatif suppose un absolu.

Autre classification des premiers principes. — On peut encore les diviser en trois classes. Il y a :

1° Les principes de l'*ordre logique et métaphysique* : principes d'identité et de contradiction, de raison suffisante, de causalité, de substance, de finalité ;

2° Les principes de l'*ordre physique* : principe d'espace et principe de *durée*; principe de la *stabilité* et de la *généralité* des lois de la nature ou principe d'induction : une cause placée dans les mêmes circonstances produit les mêmes effets ;

3° Les principes de l'*ordre moral* : principe de la *distinction du bien et du mal* : le bien est distinct du mal; principe du *devoir ou de l'obligation* : il faut faire le bien et éviter le mal; principe de la *responsabilité et du mérite* : le bien a droit à une récompense, le mal mérite un châtiment. (Voir 1re leçon de *Morale*.)

II. — PRINCIPE D'IDENTITÉ

Ce principe se rattache à la notion d'être. Nous ne saurions concevoir qu'une chose puisse être et n'être pas en même temps, et nous disons : *Ce qui est, est;* — *une chose est ce qu'elle est ;* — *toute chose est elle-même ;* — *A est A ou A = A ; — le même est le même.*

Voilà précisément la formule du principe d'identité, principe en vertu duquel nous croyons que l'intelligence ne peut affirmer en même temps deux choses contradictoires, deux choses dont l'une est la négation de l'autre ; dire, par exemple, qu'un *cercle peut avoir des rayons inégaux;* car ce serait poser une affirmation et une négation qui se détruisent l'une l'autre, l'idée de cercle excluant l'inégalité des rayons, et réciproquement.

Aristote fait de ce principe, auquel il ramène tous les autres, la base de la logique et de la métaphysique. Il le formule ainsi : *Une chose ne peut à la fois être et n'être pas dans le même sujet et sous le même rapport;* — *une chose est tout ce qu'elle est.*

Voici d'autres formules de ce principe :

L'intelligence ne peut affirmer une chose sans affirmer ce qui lui est identique ; — ce qui contient une chose contient aussi ce que cette chose contient ; — deux idées qui équivalent à une troisième équivalent entre elles. Quand une chose est vraie, ce qui est identique à cette chose est vrai aussi; par exemple : si un vice est méprisable, un autre vice l'est aussi. — Le principe sur lequel repose le *raisonnement déductif* est l'axiome de l'*égalité* : deux quantités égales à une même troisième sont égales entre elles.

Le principe d'identité s'appelle *principe de contradiction*,

---
[1] Il sera parlé de l'espace et du temps en *Métaphysique*, 2e leçon.

lorsqu'il est exprimé négativement. Ex.: *Une chose ne peut pas être et n'être pas en même temps.* — Une chose n'est pas autre que ce qu'elle est. — Ce qui est ne peut point n'être pas.

« Cela n'est pas seulement vrai de l'être absolument pris, mais encore d'être tel ou tel : ce qui est homme ne peut pas ne pas être homme; ce qui est rond ne peut pas tout ensemble n'être pas rond. » (Bossuet.) — « Le même attribut ne peut pas en même temps convenir et ne pas convenir au même sujet, considéré au même point de vue. » (Aristote.) — Je ne puis pas dire sans contradiction qu'une chose est bonne et qu'elle est mauvaise, à moins que je ne la considère sous deux rapports différents, comme fait Esope, quand il prouve que la langue est la pire et la meilleure chose qui soit au monde. « Celui qui soutient, dit encore Aristote, que la même chose peut être et n'être pas, et qu'on peut concevoir simultanément les contraires, est un homme qui détruit la possibilité de la parole et qui persiste néanmoins à parler. »

La contradiction apparente que contiennent ces proverbes : Qui paye ses dettes s'enrichit; qui se contient s'accroît; le bon marché est cher; qui dort dîne, est un moyen de provoquer la réflexion et de donner du relief à la vérité.

Remarquons : 1° Que l'absence de contradiction ne prouve pas que l'on soit dans le vrai : on peut partir d'un principe faux et en déduire rigoureusement des conséquences fausses; la pensée sera d'accord avec elle-même, mais rien n'assure qu'elle sera d'accord avec les choses ;

2° Que de ce qu'une chose n'est pas en contradiction avec les vérités *premières*, on ne peut pas en conclure qu'elle est, mais simplement qu'elle est possible.

Principe d'exclusion du milieu. — Du principe de contradiction dérive le principe d'*alternative ou d'exclusion du milieu : une chose est ou n'est pas;* il faut qu'une porte soit ouverte ou fermée, dit le proverbe. — De deux affirmations contradictoires, si l'une est vraie, l'autre est fausse, il n'y a pas de milieu. S'il est vrai que *tous les hommes sont raisonnables,* il ne peut l'être que *quelques hommes ne soient pas raisonnables.*

Ce principe s'applique à la vérité, à l'évidence, à la certitude : une idée ou une chose est vraie ou fausse, évidente ou non évidente, certaine ou douteuse, et il n'y a pas de milieu. — On l'appelle encore : principe du *milieu exclu*, principe du *tiers exclu.*

Rapports du principe d'identité avec la pensée. — Le principe d'identité conditionne la possibilité de la pensée. Il sert à mettre l'unité dans l'idée ou représentation de chaque chose individuellement considérée. Il exprime la nécessité pour la pensée de rester d'accord avec elle-même ou de ne pas se contredire. Une chose étant ce qu'elle est et ne pouvant pas être autre chose que ce qu'elle est, lui reconnaître à la fois des caractères contradictoires, c'est poser et détruire en même temps l'idée qu'on en a. C'est A — A, dont le résultat est évidemment 0. Pourquoi peut-on affirmer que le blanc n'est pas le bleu ? C'est parce qu'il est impossible que ce qui est bleu ne soit pas bleu, que ce qui est blanc ne soit pas blanc, c'est-à-dire qu'une même chose soit et ne soit pas en même temps.

Le principe d'*identité* est la règle du raisonnement appelé en logique *conversion;* — celui de *contradiction* prouve *à priori* la fausseté de toute idée, de tout jugement contradictoire : il n'y a pas de cercle carré ; — celui d'*alternative* ou d'*exclusion du milieu* est le fondement de la méthode de démonstration et de réfutation par réduction à l'absurde. (On trouvera ces questions en *Logique*.)

« La vraie méthode expérimentale nous apprend que la contradiction expérimentale n'existe pas. Quand on la rencontre, on peut toujours affirmer qu'elle est le résultat ou de notre ignorance, ou d'un vice de méthode, ou de l'imperfection de nos moyens d'investigation. Les phénomènes de la nature, par eux-mêmes, ne sauraient jamais être en contradiction : ce sont les opinions erronées des hommes qui seules les contredisent, et, à ce sujet, on confond presque toujours l'interprétation des faits avec les faits eux-mêmes. » (Cl. BERNARD.)

Emploi du principe d'identité. — Les sciences mathématiques ne sont pas autre chose qu'une application et un développement du principe d'identité. L'algèbre établit des *équations*, c'est-à-dire des *identités*.

Toute définition est l'expression d'une *identité*. La définition est, en effet, l'explication de la nature propre d'une chose, ou mieux : une proposition dont l'attribut développe toute la compréhension, c'est-à-dire les propriétés essentielles du sujet. Il y a donc identité entre la nature de la chose et la chose même, entre l'attribut et le sujet; en d'autres termes, entre l'idée ou la chose définie et l'explication ou définition qu'on en donne. Si la définition est exacte, le verbe peut être remplacé par le signe mathématique de l'égalité ou identité ($=$). Exemple : La ligne droite est ($=$) le plus court chemin d'un point à un autre. L'homme est ($=$) un animal raisonnable. Les termes peuvent être renversés ; le sujet peut prendre la place de l'attribut, et l'attribut la place du sujet.

Les identités les plus immédiatement claires sont des *axiomes*, comme les propositions suivantes : *Le tout est égal*[1] *à l'ensemble des parties; — deux quantités égales à une troisième quantité sont égales entre elles; — les quantités égales augmentées ou diminuées de quantités égales restent égales; — le tout est plus grand que sa partie.*

Ces espèces de propositions se nomment *tautologies* (*tauto*, le même; *logos*, discours), parce qu'elles répètent pour ainsi dire deux fois la même chose[2].

Voici d'autres exemples : *Tout être libre est responsable; — tout être libre et intelligent est tenu de faire ce qu'il croit être bien; — la vertu mérite une récompense, le vice un châtiment.* — Qui dit libre, dit responsable, et qui dit responsable, dit libre, etc.

C'est sur des axiomes que la raison appuie toutes les sciences et tous les raisonnements. « Ce n'est point, a-t-on dit, en recourant à ces maximes générales : *Ce qui est, est; le tout est plus grand que sa partie*, que Newton a fait ses belles découvertes. » Il est clair que ces maximes ne nous aident pas directement à mesurer la distance du soleil ou de la lune ; mais elles se trouvent au fond de nos connaissances. Elles ne sont pas la lumière *immédiate* qui éclaire les conclusions particulières; mais nous sommes assurés que celles-ci sont fausses, dès qu'elles les contredisent. Les principes, fussent-ils tous réductibles au principe d'identité, comme le voulait Locke, ne sont pas stériles; appliqués aux idées et aux faits, ils sont nécessaires à tous les degrés de la connaissance : la déduction est impossible, si on supprime le principe d'identité, et l'induction, si on supprime celui des lois ; plus de raisonnement, partant plus de science.

---

[1] L'égalité, c'est l'identité sous le rapport de la grandeur.
[2] Il y a de vaines tautologies, qu'on appelle familièrement vérités de la Palisse ; il y en a de nécessaires à l'exercice de la raison.

III. — PRINCIPE DE RAISON SUFFISANTE

Le plus général des principes synthétiques est le principe de *raison*, dit aussi principe de *raison suffisante*, et que l'on formule ainsi : *Nous ne pouvons concevoir que rien vienne de rien et soit sans but*. Ce qui signifie : aucune chose n'existe sans une raison qui explique *comment* et *pourquoi* elle existe, c'est-à-dire par quelle cause efficiente et pour quelle cause finale.

Exemple : L'être *nécessaire*, l'être qui ne peut pas ne pas être, possède en lui-même la raison suffisante de son existence ; il est par lui-même et pour lui-même ; il est à lui-même son principe et sa fin. L'être *contingent* ne possède pas en lui-même la raison suffisante de son existence. Puisqu'il pourrait ne pas être, il faut que la raison suffisante de son existence, que son principe et sa fin soient hors de lui. Et comme éternellement rien ne serait, si rien n'était nécessairement, la raison suffisante de l'existence de l'être contingent est l'être nécessaire, Dieu, par qui et pour qui tout existe.

L'axiome *rien ne vient de rien* est vrai, si on lui donne un sens *physique*, si on lui fait signifier que, la nature étant donnée, rien ne s'y crée, rien ne s'y perd, sauf par miracle ; il est encore vrai, si l'on entend par là qu'il n'existe pas d'effet, c'est-à-dire de réalité contingente (substance ou phénomène), sans une cause qui le produise ; mais il est faux, si l'on entend l'impossibilité, pour la cause première, de produire aucune chose en dehors d'elle-même, autrement qu'à l'aide d'une matière préexistante. La puissance de Dieu étant infinie, elle n'a besoin d'aucune matière pour agir : ne pouvoir agir sans le secours d'une matière est le propre d'une cause imparfaite et bornée. La création *ex nihilo* est un mystère ; mais elle ne renferme ni une impossibilité ni un non-sens. Elle est, au contraire, la seule explication satisfaisante de l'origine des choses [1].

Voici d'autres formules de ce principe :

Toute chose a sa raison ; — rien n'arrive sans qu'il y ait une raison pourquoi cela est ainsi plutôt qu'autrement ; — tout ce qui est a une raison d'être.

Principe d'universelle intelligibilité. — Pour qu'une chose existe, il faut non seulement qu'elle soit possible, qu'elle n'implique pas contradiction, mais encore qu'elle ait une raison suffisante d'exister [2]. La *raison d'être*, c'est ce qui rend une chose possible en soi, et ce qui pour nous la rend intelligible, c'est-à-dire explique pourquoi et comment elle est. Voilà pourquoi ce principe de *raison suffisante* se nomme aussi principe d'*universelle intelligibilité*.

---

[1] Sur la création *ex nihilo*, voir Métaphysique, 3e leçon.
[2] Les déterministes nient « l'existence de l'acte libre, parce que ce serait un acte sans raison suffisante, et par conséquent impossible. — L'erreur des déterministes consiste à appliquer aux faits moraux la raison suffisante qui convient aux faits physiques. La raison suffisante des faits qui arrivent suivant les lois uniformes de la nature physique se trouve dans les circonstances antérieures. La raison suffisante des actes libres est la personne intelligente elle-même qui, en vertu d'une puissance naturelle qu'elle possède, se détermine à son gré ». (Abbé DE BROGLIE.) — Elle est en dernière analyse dans le *bien*, le bien seul étant la raison suffisante d'une volition légitime.

Nous croyons à l'universelle intelligibilité; nous croyons que tout ce qui est, est *intelligible*, a une raison d'être, une raison explicative; que tout ce qui est existe conformément aux lois de l'intelligence, par une cause qui est en même temps une pensée.

En dehors des lois de l'intelligence, rien n'est possible. Voilà l'affirmation que nous faisons en face de toutes choses et sur laquelle repose la science. La science, en effet, est la recherche des raisons. Or, quand on les recherche, c'est qu'on croit à leur existence.

L'esprit est *intelligent*, c'est-à-dire capable de comprendre; le monde est *intelligible*, c'est-à-dire rationnel, exempt de contradiction, capable d'être ordonné et réglé de telle sorte que les principes de la raison s'y appliquent et s'y vérifient toujours. Cela revient à dire que notre raison est l'image de la raison éternelle, qui est la règle et la mesure de tout.

Pourquoi les principes d'identité et de raison suffisante, et en général les principes premiers, sont appelés directeurs de la connaissance. — Toute connaissance, que ce soit simplement une sensation ou que ce soit une pensée ou un raisonnement, est à la fois *multiple* et *une*. — *Multiple*, elle renferme plusieurs éléments : dans la sensation d'un paysage, par exemple, il y a les sensations particulières des diverses parties du paysage; dans un raisonnement, il y a plusieurs idées et plusieurs jugements. — *Une*, la représentation du paysage (image ou idée) ou le résultat du raisonnement est une synthèse. La multiplicité vient des choses, l'unité vient de l'esprit, qui la met dans les choses, grâce aux principes premiers, principes essentiellement unificateurs. Une chose qui contredit le *principe d'identité* ou de contradiction est absurde et inconcevable, et sans le *principe de raison*, toute chose est inexplicable. Le principe d'identité élimine de la représentation ou idée d'une chose tout ce qui en détruirait l'unité et l'empêcherait d'être; le principe de raison permet de relier entre eux tous les êtres et les phénomènes de l'univers; c'est un besoin essentiel de la raison de ne rien laisser d'isolé ou d'indéterminé soit dans la nature, soit dans la pensée. Aucun fait ne peut être conçu comme indépendant : la nature est un vaste réseau de *conditionnants* et de *conditionnés*.

La connaissance scientifique se distingue de la connaissance empirique et vulgaire par ce double caractère d'être à la fois plus multiple et plus une : plus multiple, car elle connaît beaucoup plus de choses; plus une, car les choses connues, au lieu d'apparaître comme isolées, sont reliées entre elles par les lois qui les régissent ou par les causes qui les produisent. La connaissance scientifique forme des ensembles, des séries, des groupes d'êtres ou de faits, dans lesquels elle fait rentrer les êtres ou les faits isolés : vertébrés, articulés, vers; pesanteur, chaleur, électricité. — Souvent elle donne une explication unique de faits en apparence très différents : la chute des corps, l'ascension d'un ballon, l'équilibre des liquides, ne sont que des cas particuliers de la pesanteur.

IV. — PRINCIPES DE CAUSALITÉ ET DE SUBSTANCE

Les causes. — On entend en général par *cause* l'agent producteur d'un être ou d'un phénomène. — Aristote et tout le moyen âge avec lui réunissent les conditions générales de l'être sous le nom générique de *causes*, la cause signifiant ici, dans un sens très étendu, tous les principes auxquels on peut rattacher les propriétés de l'être et ses relations. Ils distinguent quatre causes :

La cause *matérielle*, qui répond à la question de composition : *De quoi est fait un être?* — La cause *formelle*, qui répond à la question de type et d'essence (de loi) : *Comment est fait un être?* — La cause *efficiente*, qui répond à la question d'origine : *Par qui est fait un être ?* C'est la cause proprement dite. — La cause *finale*, qui répond à la question de destination : *Pourquoi est fait un être ?* (Mᵍʳ D'HULST.)

Pour qu'un être physique soit produit et existe, il faut quatre choses qui répondent à ces quatre genres de causes : la *matière*, car avec rien on ne fait rien ; la *forme*, car un être est constitué dans une espèce déterminée ; l'*agent*, car rien ne se crée de soi-même ; la *fin*, car tout ce qui est fait a un but.

Exemple. — « Un bloc de marbre était si beau,
    Qu'un statuaire en fit l'emplette ;
    Qu'en fera, dit-il, mon ciseau ?
    Sera-t-il dieu, table ou cuvette ? »

Ces vers de la Fontaine énoncent : 1° la cause *efficiente* (statuaire) ; 2° la cause *matérielle* (bloc de marbre) ; 3° la cause *formelle*, qui se confond avec la cause *finale* (dieu, table ou cuvette), et 4° même ce que quelques dialecticiens ont appelé cause *instrumentale* (ciseau). La vraie cause, c'est la cause efficiente. Les autres concourent à la causation ; celle-ci l'opère. Les autres sont des conditions de la production de l'effet ; celle-ci en est l'auteur.

Bossuet explique et distingue très simplement ces quatre genres de causes.

« Les questions qu'on peut faire par la particule *pourquoi*, dit-il, se réduisent à quatre principales, qui marquent quatre genres de causes.

« On peut demander, premièrement, pourquoi une chose est, avec intention de savoir qu'est-ce proprement qui agit pour faire qu'elle existe. Exemple : Qu'est-ce qui fait ce grand chaud ou ce grand froid que nous sentons ? On répond que c'est le soleil ou le vent de bise. C'est ce qui s'appelle *causes efficientes*.

« Secondement, on peut demander pourquoi une chose est, avec intention de savoir quel dessein se propose celui qui agit. Par exemple : Pourquoi allez-vous dans ce jardin ? On répond : Pour me promener, ou bien : Pour cueillir des fleurs. C'est ce qui s'appelle *fin*, ou *cause finale*.

« Il y a deux autres *pourquoi*, auxquels il faut satisfaire par deux autres genres de causes. Par exemple, si l'on a deux boules, l'une de cire, l'autre de marbre, on demande pourquoi l'une est molle, l'autre dure, la réponse est que l'une est de cire, matière molle et maniable, et l'autre de marbre, matière dure et qui résiste.

« Si l'on fait une autre question et que l'on vous demande pourquoi ces deux boules roulent si facilement sur un plan ; c'est à cause de leur rondeur, répondez-vous. Les deux réponses que vous faites à ces deux questions sont tirées, l'une de la matière, l'autre de la forme de ces boules, et ainsi vous avez trouvé deux autres sortes de causes qu'il faut ajouter aux précédentes, dont l'une s'appelle *matière* ou *cause matérielle*, et l'autre *forme*[1], ou *cause formelle*.

« Voici donc les quatre sortes de causes :

« La cause *efficiente*, qui peut se définir : *ce qui produit quelque chose par son action* ; la cause *finale*, qui montre pour quel dessein est une chose, et peut être définie : *pour quoi est une chose* ; la cause *matérielle*, qui explique de quoi une chose est composée, et peut être définie : *ce dont une chose est faite*, par exemple, cette statue est de bronze ou de marbre ; la cause *formelle*, qui dit de

---

[1] Aristote et saint Thomas entendent par *matière première* le premier élément indéterminé des êtres, et par *forme* le principe de leur détermination, de leurs modifications, de leur vie. C'est en ce sens que l'on dit : L'âme est la forme substantielle du corps de l'homme.
Il ne faut pas confondre la forme *substantielle* avec les formes *accidentelles*, comme la longueur, la figure, la couleur, etc., bien que celles-ci soient quelquefois un effet et un signe distinctif de la cause substantielle. — Il y a encore lieu de distinguer la cause *exemplaire*, qui est l'idée, le type, le modèle, l'exemplaire, la forme intelligible d'après laquelle l'agent réalise son œuvre.

quelle manière la chose est, quelles en sont les propriétés, et qu'on peut définir : *ce qui fait qu'une chose est appelée telle ou telle*. Par exemple, une chose est dite ronde, parce qu'elle a de la rondeur.

« ...On divise la cause *efficiente* en cause *première* et cause *seconde*. La cause *première*, c'est-à-dire Dieu, est celle qui donne proprement le fond de l'être. La cause *seconde*, au contraire, façonne seulement la chose, et ne fait pas absolument qu'elle soit. Le sculpteur ne fait pas le marbre, ni l'orfèvre l'or; mais, les trouvant déjà faits, ils les façonnent.

«... Dieu donc, qui crée de rien chaque chose, est le seul qui donne l'être proprement et absolument, parce qu'il est l'être même, et par conséquent la seule première cause efficiente de toutes choses.

« La subdivision que nous avons faite des causes *efficientes* peut se faire des causes *finales*. Il y en a de *prochaines* et d'*éloignées*; il y en a de principales et de moins principales. Il y a la *fin dernière*, que l'esprit se propose comme le but de tous ses desseins, et les *fins subordonnées*, qui ont rapport à celle-là. Par exemple, la fin générale de la vie humaine, c'est que Dieu soit servi. Toutes les vertus ont leurs fins particulières, qui sont subordonnées à cette fin générale. La tempérance a pour fin de modérer les plaisirs des sens. La force a pour fin de surmonter les douleurs et les périls, quand la raison le demande; et tout cela doit avoir pour fin de faire la volonté de Dieu, en suivant la droite raison, qu'il nous a donnée pour guide et qu'il a encore éclairée par sa sainte loi. » (*Traité des causes.*)

Principe de causalité. — On appelle *causalité l'acte de la cause en tant que cause*, ou encore le *rapport, le lien réel qui unit une cause à son effet*. Le principe en vertu duquel on rattache un effet ou un fait à sa cause s'appelle principe de *causalité*. On le formule ainsi :

Il n'y a pas d'effet ou de fait sans cause ; tout effet suppose une cause et une cause proportionnée; — rien ne commence à exister qui n'ait été précédé et déterminé par une cause; — tout changement suppose une cause qui l'a produit; — le phénomène, c'est-à-dire tout ce qui est changement ou mouvement, ne peut avoir sa raison que dans quelque chose qui soit stable et qui possède une énergie durable, à savoir dans ce qu'on appelle *cause* ou *substance*.

Le principe de causalité est une loi invincible de l'esprit humain. Toutes les fois que nous sommes témoins d'un phénomène, nous sommes irrésistiblement poussés à conclure à l'existence d'une cause ; si la cause est fortuite et l'effet imprévu, nous attribuons le phénomène au *hasard*, c'est-à-dire à une cause imaginaire.

Remarque sur l'emploi des mots « fait » ou « phénomène » et « effet ».— Tout fait ou phénomène est un effet. Effet signifiant ce qui est produit par une cause, *pas d'effet sans cause* revient à dire : *pas de phénomène produit par une cause qui ne soit produit par une cause*, formule qui ramène le principe de causalité au principe de contradiction. L'effet n'est pas effet, s'il n'est pas produit; la cause n'est pas cause, si elle ne produit pas. L'effet implique la cause, la cause l'effet. Voilà pourquoi il vaut mieux dire : pas de fait sans cause. Remarquons toutefois que ces formules s'équivalent et que l'expression : *Il n'y a pas d'effet sans cause*, est passée dans la langue avec la signification donnée à la formule qu'on y substitue : *Il n'y a pas de fait sans cause*, ou encore : Tout ce qui commence d'exister a une cause.

Tout ce qui fait passer quelque chose du non-être à l'être est cause, et tout ce qui passe du non-être à l'être, effet. L'effet est à la fois dépendant et distinct de la cause, — *dépendant* ; c'est la cause qui l'a produit, qui l'a fait être ; — *distinct* : il est impossible qu'une chose qui passe du non-être à l'être soit identique à la chose ou au principe qui l'a fait sortir du non-être pour la faire arriver à l'être.

La même observation s'applique au principe de substance, dont nous parlerons plus loin. Point de qualité, dit-on, ou de mode sans substance. Mode ou qualité signifiant *manière dont une chose est*, dire qu'il n'y a pas de mode sans substance, c'est dire qu'il n'y a pas d'objet modifié sans objet modifié, ce qui ramène le principe de substance au principe d'identité ou de contradiction.

C'est pourquoi Bossuet, après Aristote, croit pouvoir affirmer que le principe d'identité ou de contradiction est tellement le premier, que tous les autres s'y réduisent ; en sorte qu'on peut tenir pour premiers principes tous ceux où, en les niant, il paraît d'abord à tout le monde qu'une même chose serait et ne serait pas en même temps.

Différence entre les principes de raison suffisante et de causalité. — Le principe de causalité dérive du principe de raison suffisante. On confond parfois, mais à tort, ces deux principes ; le principe de raison suffisante est bien plus général que celui de causalité. Toute *cause* est une *raison*, mais toute *raison* n'est pas *cause efficiente*, et le principe de causalité se rapporte à la cause efficiente, et non à la notion de cause prise dans son sens général.

L'essence du triangle, par exemple, *explique* les diverses propriétés de cette figure sans les *produire*. Elle en est la *raison*, non la *cause efficiente*. — Dieu n'a pas de *cause*, mais il a sa *raison d'être*.

De même, le *principe* est la raison qui fonde et explique la *conséquence*, la *substance* est la raison de ses *modes*, la *loi* est la raison des *phénomènes*, la *fin* d'une chose est une espèce de raison de cette chose ; mais ni le principe n'est la cause efficiente de la conséquence ; ni la substance, des modes ; ni la loi, des phénomènes ; ni la fin d'une chose, la cause efficiente de cette chose.

De même encore, l'occasion, la condition, le moyen, le motif, sont des raisons, non des causes. L'occasion et la condition permettent à la cause efficiente d'agir[1]. Le moyen est une fin intermédiaire ou l'instrument de la cause efficiente. Le motif est la manière dont la cause efficiente est sollicitée par la fin.

---

[1] Se garder d'abuser de l'adage : Ce qui est différé n'est pas perdu. « Combien de choses sont perdues à jamais pour n'avoir pas été faites à l'heure nécessaire ! L'occasion est une des faveurs que le temps nous accorde, et voici un des mots terribles de la langue humaine : trop tard! » (HELLO.) « Il n'est pas un de nous qui, regardant en arrière dans sa destinée, n'y découvre des accidents dont la rencontre a été souveraine : c'est l'occasion. » (LACORDAIRE.)

L'homme sage sait prévoir les événements et saisir les occasions.

« Tous les grands événements ne tiennent qu'à un cheveu. L'homme habile profite de tout, ne néglige rien de ce qui peut lui donner quelques chances de plus. L'homme moins habile, quelquefois, en méprisant une seule, fait tout manquer. » (NAPOLÉON Ier.)

« Les occasions nous font connaître aux autres et encore plus à nous-mêmes. » (LA ROCHEFOUCAULD.)

« L'occasion est une chose puissante: sans elle, tout avorte; avec elle, tout réussit. » (LACORDAIRE.)

« Le fameux axiome : « Ce qui est différé n'est pas perdu, » ne saurait s'appliquer à l'éducation. » (RONDELET.)

C'est une erreur de supposer que de vastes résultats puissent être produits par de très petites causes (ne pas confondre l'occasion ou le prétexte avec la cause); et s'il est vrai que les grandes choses ont parfois leur commencement dans les petites, il est également constant que le point de départ n'est pas la cause, et que *donner le commencement* ou *être la cause* sont des expressions d'un sens très différent. On confond alors la cause *efficiente*, qui doit toujours avoir une puissance proportionnée à l'effet, avec la cause simplement *déterminante*, qui n'a qu'une action indirecte sur l'effet et ne lui est pas nécessairement proportionnée : par exemple, le petit choc qui fait partir un canon et produit une forte détonation. Une étincelle produit un effroyable incendie, mais parce qu'elle tombe sur un amas de matières inflammables. Ce qui est général doit avoir des causes générales ; ce qui est durable et enraciné doit en avoir de durables et de profondes.

Cette loi est constante, dans l'ordre moral aussi bien que dans l'ordre physique ; mais les applications n'en peuvent être aperçues sans une extrême difficulté, particulièrement dans l'ordre moral. (Voir BALMÈS, *le Protestantisme comparé au Catholicisme*, t. I, chap. II.)

Cause et substance. — Tout être est *cause* et *substance*. Il est *cause*, en tant qu'il possède une force capable de produire certains effets ; il est *substance*, en tant qu'il est un être permanent, existant en lui-même, spécifié par certains caractères et support de divers attributs ou manières d'être. « La substance, c'est l'être réel, la personne ou la chose. Or les êtres réels ont deux attributs fondamentaux : ils existent et ils agissent. L'activité est le complément de l'existence. » (Abbé DE BROGLIE.)

L'âme se perçoit comme cause dans chacun de ses actes, comme sujet (substance) dans chacune de ses modifications. On peut dire que naturellement tout phénomène suppose une *substance*, c'est-à-dire un sujet qui subsiste, comme on dit que tout phénomène suppose une *cause*, c'est-à-dire une force qui produit. Cela dépend du point de vue.

Principe de substance. — A côté du principe de causalité, il y a donc le principe de substance, qui en dérive et que l'on formule ainsi :

Tout attribut est attaché à une substance; tout mode suppose une substance[1]. La forme des êtres change, leur manière d'être varie, mais leur substance demeure.

Les deux axiomes que contient la phrase suivante de Bossuet se rattachent au principe de causalité et de substance : « Il est aussi certain, dit-il, que ce qui agit est, qu'il est certain que ce qui a quelque qualité ou propriété réelle est ; de là se conclut très bien l'existence de toutes les choses qui affectent nos sens, et de là saint Augustin et les autres ont très bien conclu en disant : Je pense, donc je suis. »

Notons cet autre axiome : *La manière d'exister ou d'agir est en rapport avec la nature de l'être*. Nature veut dire ici principe intérieur des actes produits (cause) et des modifications reçues (substance).

---

[1] En grammaire, ce principe se traduit ainsi : tout *adjectif* suppose un *substantif* exprimé ou sous-entendu. — Les lois du langage répondent aux lois de la pensée.

Principe de cause première. — « Ce qui fait le fond du principe de causalité, a dit Hamilton, c'est l'impossibilité où nous sommes de comprendre un commencement absolu; d'où il suit que quand quelque chose commence en apparence d'exister, nous lui cherchons aussitôt une sorte d'existence antérieure dans ce que nous appelons sa cause. » L'esprit humain rencontre la question de Dieu ou de la cause première en cherchant la raison suprême des choses. De l'insuffisance des causes qui existent dans le monde, dont aucune ne peut se suffire à elle-même, n'existe de soi, et que l'on nomme pour cette raison causes *secondes*, nous concluons la nécessité d'une cause *première*, absolue, infinie, parfaite, souverainement intelligente, et maîtresse des effets qu'elle produit, des moyens ou causes secondes qu'elle emploie. Cette cause, nous l'appelons *cause première*. Le principe de cause première n'est donc qu'une application du principe de causalité.

Au principe de cause première se rapportent les axiomes suivants : « Nulle chose ne peut se donner l'être à elle-même; autrement elle serait avant que d'être. » (BOSSUET.) — Aucun être n'est sa propre cause efficiente; — toute cause est antérieure à son effet; — ce qui n'est pas ne peut avoir l'être que par quelque chose qui l'ait; — on ne donne que ce que l'on a; — nul ne peut donner ce qu'il n'a pas; — puisque quelque chose existe, éternellement quelque chose a existé.

V. — PRINCIPES DE FINALITÉ, DES LOIS, DE MOINDRE ACTION

Principe de finalité ou des causes finales. — La *fin* ou *cause finale* est *ce pour quoi une chose se fait;* c'est le *but* que se propose la cause efficiente en agissant. La cause *efficiente* est une *force* ou un antécédent qui est la raison d'être d'un conséquent; la cause *finale* est une *idée*, c'est un effet pensé à titre de fin, ou, d'une manière générale, conçu dans son rapport avec la cause prévoyante qui se le propose.

« La fin est toujours la première dans l'intention et la dernière dans l'exécution. Par exemple, si l'on veut aller à la chasse, c'est ce qu'on pense le premier et qu'on exécute le dernier, parce qu'il faut auparavant commander les équipages, monter à cheval, aller au lieu destiné, et ainsi du reste. Il n'y a donc rien de plus véritable que cet axiome qui dit que *la première chose dans l'intention est la dernière dans l'exécution*, parce que la première chose à quoi l'on pense et la dernière où l'on arrive, c'est la fin. » (BOSSUET, *Traité des causes*.)

On nomme principe de *finalité* ou des *causes finales* le principe en vertu duquel nous jugeons que tout dans l'univers a une fin, que rien n'est en vain. On le formule d'ordinaire ainsi : *Tout être, tout phénomène a une fin; tout dans la nature a un but.* — Bien qu'il exprime une vérité solidement établie et incontestable, beaucoup d'auteurs se refusent à le regarder, sous cette forme, comme une vérité première, évidente par elle-même; on le démontre, en effet, soit *à priori* par la notion de Dieu, qui n'a pu créer sans but, soit *à posteriori*, par l'observation de la nature. Aussi à cette formule : *Tout être a une fin*, a-t-on substitué celle-ci : *Tout ce qui est ordonné suppose une intelligence et un but*.

C'est ainsi que l'a formulé Bossuet : « Tout ce qui montre de l'ordre, dit-il, des proportions bien prises et des moyens propres à produire de certains effets, montre aussi une fin expresse ; par conséquent un dessein formé, une intelligence réglée et un art parfait. C'est ce qui se remarque dans toute la nature. Nous voyons tant de justesse dans ses mouvements et tant de convenance entre ses parties, que nous ne pouvons nier qu'il n'y ait de l'art. Car s'il en faut pour remarquer cet art et cette justesse, à plus forte raison pour l'établir. C'est pourquoi nous ne voyons rien dans l'univers que nous ne soyons portés à nous demander pourquoi il se fait, tant nous sentons naturellement que tout a sa convenance et sa fin. » (*Conn.*, IV, 1.)

L'ordre, les proportions, les moyens ne s'expliquent que par la fin; s'il n'y a pas une fin, ils sont inutiles, n'ont aucune raison d'être. L'idée d'ordre et l'idée de finalité ne sont pas adéquates, elles sont corrélatives, comme celles de cause et d'effet : partout où nous voyons un effet, nous concluons à la cause ; de même, partout où nous voyons l'ordre, nous concluons à la finalité. La fin ordonne les moyens, mais *c'est par la connaissance des moyens que nous parvenons à la connaissance de la fin*.

Comme on le voit, outre qu'elle a le mérite de la clarté, cette nouvelle formule du principe de finalité montre qu'on ne se sert légitimement des causes finales que si on les détermine par la méthode expérimentale ; en d'autres termes, que si on va des faits aux causes finales, et non des causes finales aux faits.

Voici d'autres formules de ce principe : Les aptitudes ou facultés des êtres créés sont naturellement coordonnées pour une fin proportionnée et n'agissent pas au hasard ; — tous les phénomènes simples concourent à former des phénomènes complexes, dont la production finale est leur raison d'être : sans l'arbre total, nous ne comprendrions ni les feuilles, ni les racines, ni la sève. — *Rien n'est en vain :* point d'organes sans fonction, point de faculté sans objet, point de tendance sans but.

« Rien, dit saint Thomas, ne se meut pour se mouvoir, mais pour arriver, » et Ravaisson, après Plotin : « Tout ce qui arrive ne vient pas seulement de quelque part, mais va aussi quelque part. » Si tout être a une fin, tout être a reçu une organisation qui le rend apte à l'atteindre ; — la diversité des fins correspond à la diversité des natures ; — les tendances d'un être lui indiquent sa fin, d'où cet argument : les facultés supérieures de l'homme tendent vers l'infini ; donc l'homme a pour destinée l'infini, le parfait, Dieu.

Si chaque être a sa fin, la création tout entière en a une. David nous l'indique magnifiquement : « Les cieux racontent la gloire de Dieu, et le firmament annonce l'œuvre de ses mains. » (*Ps.* 18e.)

Les fins, fin suprême, fondement de l'ordre moral et social. — Une fin peut être *immédiate* ou *prochaine*, *intermédiaire*, *dernière* ou *suprême*. — La fin *immédiate* ou *prochaine* est celle qu'on veut atteindre tout d'abord ; la fin *intermédiaire*, celle que l'on se propose comme moyen pour arriver à une autre ; la fin *dernière*, celle qu'on veut pour elle-même et pour laquelle toutes les autres ne sont que des moyens. La fin dernière prend le nom de fin *suprême*, quand elle s'applique à la destinée de l'homme. — La valeur des fins prochaines et intermédiaires ne doit être appréciée que par rapport à la fin dernière ou suprême.

Tout le fondement de l'ordre moral et social, par conséquent de l'éducation, est dans le principe que saint Thomas pose en tête de sa *Somme*: *Il y a une fin suprême, qui est Dieu; une vie future vers laquelle tout homme doit tendre; toute la moralité, toute la véritable utilité des actions humaines doit être appréciée d'après cette fin.* Ce principe d'une fin suprême à atteindre librement, implique les *premières données de la conscience* ou premiers principes de l'ordre moral. (On les trouvera au commencement de la *Morale générale*.)

Fin est synonyme de bien; car nul être ne peut agir que pour chercher un bien réel ou apparent. Il y a le bien *absolu* et le bien *relatif*. Dieu est le bien absolu et la source de tout bien relatif. Le bien relatif (*fortune, science, santé, réputation, honneurs*), comme l'indique son nom, n'est un bien que par rapport au bien absolu. Si, par l'abus que l'on en fait, il cesse d'être un moyen et devient un obstacle, c'est un mal. « Si votre œil droit (quelque chose qui vous soit aussi nécessaire que l'œil) vous est une occasion de chute, arrachez-le et jetez-le loin de vous, etc. » (S. Matth., v, 29.)

« Le vrai bien, a dit saint Augustin, est celui qui nous rend meilleurs, » c'est-à-dire plus justes, plus parfaits, plus semblables à Dieu. L'homme, en effet, étant un être moral et devant moraliser[1] tous ses actes libres, il n'y a de bien pour lui qu'au point de vue moral. Donc tout ce qui, soit par soi-même, soit par l'usage qu'il en fait, répond à sa nature et à sa destinée morales, en un mot, tout ce qui le mène à la perfection, à Dieu, est un bien; et tout ce qui, soit par soi-même, soit par l'abus qu'il en fait, est contraire à sa nature et à sa destinée morales, en un mot, tout ce qui le détourne de la perfection, tout ce qui l'éloigne de Dieu, est un mal.

La pauvreté, la maladie, la persécution, que nous appelons généralement des maux, peuvent et doivent être des biens, c'est-à-dire des moyens de devenir meilleurs, de tendre à notre fin. C'est cette vérité pratique que nous rappellent les *Béatitudes*, de l'Évangile, et tout le *Sermon sur la montagne*. (S. Matth., v, vi, vii.) — Au fond, il n'y a qu'un seul mal pour l'homme, c'est celui qui lui ôte ou amoindrit sa valeur morale, qui le détourne de sa fin. « Il n'y a pour l'homme qu'un vrai malheur, qui est de se trouver en faute et d'avoir quelque chose à se reprocher. » (La Bruyère.)

Lire, dans la *Théorie des belles-lettres*, du P. Longhaye, le chap. iv du liv. Ier (p. 72 de la 2e éd.), où sont étudiés et discutés les rapports de l'art et de la littérature avec la fin dernière.

Principe des lois, d'ordre, d'induction. — Le principe de finalité se rattache à celui de cause première : cette cause, conçue comme absolument libre et parfaitement intelligente, n'agit pas sans but; tout ce qu'elle crée a une fin (principe des causes finales), et pour atteindre cette fin, *tout dans l'univers est soumis à des lois stables et générales* (principe des lois). Ce dernier principe est le fondement des sciences physiques et naturelles; on le nomme aussi principe d'*induction*, principe d'ordre. Il implique le principe des causes finales et celui de cause première.

Ces trois premiers principes peuvent se résumer dans cette formule : *Tout est l'œuvre d'une cause législatrice, et cette cause gouverne tout.*

Formules qui se rattachent au principe des lois :

---

[1] Moraliser veut dire se proposer une fin raisonnable.

La nature procède uniformément des mêmes antécédents aux mêmes conséquents; — *les mêmes causes produisent les mêmes effets, et, réciproquement, les mêmes effets révèlent les mêmes causes,* on entend dans les mêmes circonstances ; l'eau, par exemple, ne bout pas dans une plaine à la même température que sur une haute montagne : la pression atmosphérique n'est pas la même ; — toute la perfection qui se trouve dans un effet doit se trouver dans la cause d'une manière égale ou supérieure; par conséquent, un effet ne peut être plus parfait que sa cause totale ; — il doit y avoir dans la cause tout ce qu'il faut pour expliquer l'effet [1] : par exemple, pour expliquer des marques d'intelligence, il faut une intelligence; en d'autres termes, on ne peut pas trouver dans l'effet ce qui manque à la cause; ainsi, le mouvement fatal ne saurait produire la liberté; la matière aveugle, l'intelligence; l'impersonnel, la personnalité ; — nulle cause ne pouvant donner que ce qu'elle a, il s'ensuit que de telle cause déterminée résulte invariablement tel effet ; — les phénomènes sont liés par des rapports constants.

Il y a une chaîne ininterrompue de fins et de causes, une sorte de loi de *continuité*, que rappelle cet axiome : *La nature ne fait pas de saut...*, et que l'on formule de la sorte : *Tout dans l'univers est disposé sans interruption sur un plan régulier;* — *la nature procède d'une manière continue et par transitions douces.*

Tout le travail des *sciences de la nature* se réduit à faire rentrer les phénomènes dans cette chaîne ininterrompue de fins et de causes qui ne se termine qu'à Dieu.

(L'induction sera étudiée en *Logique*, 6ᵉ leçon.)

Principe de moindre action. — Au principe de finalité se rattache le principe de moindre action, principe en vertu duquel nous croyons que *la nature suit toujours les voies les plus simples et les plus droites, et qu'elle produit avec le minimum de cause le maximum d'effet* [2].

Ce principe se déduit de l'existence d'un Dieu créateur et ordonnateur de l'univers. C'est le propre de la sagesse de ne faire rien sans raison et sans but, rien par conséquent d'inutile et de superflu.

C'est à ce principe que se rapporte la loi logique dite *loi* ou *méthode d'économie*, qui prescrit de ne jamais multiplier sans nécessité, dans les explications, les lois, les causes, les facultés, les êtres, les principes.

Conformément à cette loi, il faudra, par exemple, toujours expliquer les actions de l'animal par la cause psychologique minimum qui pourra suffire à les expliquer et éviter « l'interprétation *anthropomorphique* » (du grec *anthropos*, homme, et *morphê*, forme), ou tendance à concevoir les autres êtres à l'image de l'homme. Si les facultés sensitives suffisent à rendre compte des actes de l'animal, et c'est toujours le cas [3], on n'a pas le droit d'alléguer la raison et le raisonnement. Mais il ne faudrait pas tomber dans l'excès contraire, et dire, par exemple, avec Schopenhauer, que « l'instinct ne suppose pas une vue même imaginative du but ». Il faut, au contraire, que l'animal ait une compré-

---

[1] « Ceux qui ont dit qu'une fatalité aveugle a produit tous les effets que nous voyons dans le monde ont dit une grande absurdité; car quelle plus grande absurdité qu'une fatalité aveugle qui aurait produit les êtres intelligents ? » (MONTESQUIEU.)

[2] D'après plusieurs philologues, le principe de moindre action est un de ceux sur lesquels reposent les lois de la formation des langues. En parlant, disent-ils, l'homme tend instinctivement à diminuer l'effort. Les transformations successives du même mot ont pour but inconscient d'en rendre la prononciation plus facile.

[3] Voir la *Science catholique*, nᵒ du 15 janvier 1887 : *l'Ame des bêtes*, par le P. COCONNIER. — Cette question est traitée dans la 24ᵉ leçon de *Psychologie*.

hension imaginative de la fin qu'il poursuit; autrement il n'agirait pas. Si, lorsqu'un cheval a soif, il n'a aucune connaissance qu'à peu de distance de son écurie il y a de l'eau, s'il n'en a aucune représentation, il est évident qu'il n'ira jamais à l'abreuvoir.

Bossuet parle ainsi de cette loi : « C'est encore, dit-il, un principe très véritable : *En vain emploie-t-on le plus où le moins suffit ;* — par où l'on prouve que les machines les plus simples, tout le reste étant égal, sont les meilleures; et parce qu'on a une idée que dans la nature tout se fait le mieux qu'il se peut, tous ceux qui raisonnent bien sont portés à expliquer les choses naturelles par les *moyens les plus simples;* aussi les physiciens nous ont-ils donné pour constant que la nature ne fait rien en vain.

« A ce principe convient celui-ci, qui est un des fondements du bon raisonnement : *On ne doit point expliquer par plus de choses ce qui se peut également expliquer par moins de choses.* Par là sont condamnés ceux qui mettent dans la nature tant de choses inutiles; et, dans la politique, ceux qui, ayant un moyen sûr, en cherchent plusieurs [1]; et, dans la rhétorique, ceux qui chargent leurs discours de paroles vaines [2]. » (*Logique,* II, XII.)

Le principe suivant de pédagogie se rapporte aussi à la loi d'économie : *Corriger de façon à obtenir avec le minimum de peine le maximum d'amélioration.*

Il est utile de remarquer qu'il faut bien entendre cette expression : « La nature suit les voies les plus simples. » — « Sans doute, dit M. Rabier, les voies de la nature sont les plus simples possible, mais elles n'en sont pas moins très souvent et ne peuvent pas ne pas être extrêmement compliquées. La nature elle-même nous montre qu'elle réalise parfois une fin par divers moyens. Ainsi une même fonction physiologique, par exemple, la respiration, s'accomplit chez les différents êtres, tantôt au moyen d'organes très simples, tantôt au moyen d'appareils très complexes. Descartes parle quelque part de ces politiques de rencontre, qui, faute de savoir les difficultés des choses, ne se lassent pas d'inventer des moyens, tous plus simples les uns que les autres, d'assurer la prospérité des États. L'idée de la simplicité des voies de la nature, sans son correctif indispensable, à savoir l'idée des nécessités et des difficultés inévitables des choses, fait les esprits *simplistes,* qui sont des esprits faux. »

VI. — IDÉE DE DIEU ET PREMIERS PRINCIPES
USAGE DES PRINCIPES

L'idée de Dieu et les premiers principes. — L'idée de Dieu résume en elle tous les principes directeurs de l'entendement : 1° le principe d'*identité* et de *contradiction :* Dieu est l'être, il est et ne peut pas ne pas être; 2° le *principe de causalité :* Dieu est la cause première, la cause absolue, nécessaire, sans laquelle on ne

---

[1] Le trop d'expédients peut gâter une affaire :
On perd du temps au choix, on tente, on veut tout faire;
N'en ayons qu'un, mais qu'il soit bon. (LA FONTAINE, IX, XIV.)

[2] Fuyez de ces auteurs l'abondance stérile,
Et ne vous chargez point d'un détail inutile.
Qui ne sait se borner ne sut jamais écrire. (BOILEAU.)
« La véritable éloquence consiste à dire tout ce qu'il faut et à ne dire que ce qu'il faut. » (LA ROCHEFOUCAULD.) — « Concision ornée, beauté unique de style. » (JOUBERT.)

conçoit pas les causes relatives, contingentes, ou causes secondes; 3° le *principe de raison suffisante* : Dieu seul est la raison suffisante de tout ce qui existe et peut exister; 4° le *principe de finalité* : Dieu est le principe premier et la raison dernière de l'harmonie du monde; 5° le *principe des lois, soit dans l'ordre physique, soit dans l'ordre moral* : il n'y a pas de loi sans législateur, Dieu est le législateur suprême.

La cause première infinie ne pouvant avoir pour but que la perfection, c'est-à-dire elle-même, elle est à la fois la cause efficiente et la cause finale de l'univers; la source d'où tout découle et le terme où tout se dirige. « La Providence, dit Flourens, est le dernier mot de toutes les études sérieuses. » Bossuet s'appuie sur les principes premiers ou vérités éternelles, qui « subsistent indépendamment de tous les temps », pour conclure logiquement à l'existence d'une intelligence où ces vérités soient éternellement subsistantes. (Voir *Conn.*, IV, v.)

Usage des principes. — Les scolastiques disaient : « Avec ceux qui contestent les principes, on ne discute pas. » Excellent adage, qui signifie que les principes sont au-dessus de la discussion ; que, pour discuter, c'est à eux qu'il faut faire appel; que nier les principes, c'est se mettre, pour ainsi dire, en dehors de l'humanité et en dehors des conditions qui rendent toute discussion possible. Les principes, en effet, sont le lien naturel qui unit les hommes de tous les pays et de tous les temps. Les principes sont le fondement, la règle, la condition de toutes les sciences. Comment s'entendre avec quelqu'un qui se croirait en droit de se *contredire* lui-même à tout instant (principe d'identité), ou qui penserait que les faits peuvent se produire sans aucune *raison* (principe de raison suffisante)[1]?

Un principe, c'est du savoir en puissance, de la connaissance en germe. La science est dans le principe, comme le mouvement est dans le ressort et dans la vapeur, comme la flamme est dans le caillou. Et quand le principe est tout à fait universel et absolu, il sert pour tout raisonnement, il éclaire toute connaissance. Il ne faut parler ou écrire, penser ou agir, qu'à la lumière des principes : il faut vérifier les principes par les faits, expliquer les faits par les principes.

« Quoique tout homme appelé à y penser ne puisse manquer d'avouer que tout fait a une cause et que la liaison des causes et des effets est constante, néanmoins que de gens pensent, en réalité, comme si le hasard, le caprice ou des volontés arbitraires menaient les phénomènes du monde !

Il est des esprits sans nombre à qui on ne causerait aucun étonnement en leur racontant les choses les plus absurdes, les plus impossibles. Pourquoi? N'ont-ils pas dans l'esprit les principes qui leur permettent de comprendre que l'absurde est impossible? Ils les ont, mais ils les laissent dans l'oubli, ils les laissent

---

[1] Lire dans Bossuet (*Logique*, II, XII) la réfutation d'un certain nombre d'erreurs ou de principes imaginaires. « En considérant les vrais axiomes ou premiers principes de connaissance, dit-il, il faut prendre garde à certaines propositions que la précipitation ou les préjugés veulent faire passer pour principes. » — Lire aussi, dans les *Conseils* du P. Olivaint, la dissertation qui a pour titre : « Ayons le courage de notre opinion, » et la réfutation des fausses maximes suivantes : Il faut tout connaître. — Il faut faire comme tout le monde. — Il faut que jeunesse se passe. — Où il y a de la gêne, point de plaisir. — La vertu est affaire de tempérament. — Je ne peux pas. — Je n'ai pas le temps. — J'ai bien le temps.

dormir, pour ainsi dire. De fausses associations d'idées, des souvenirs incohérents, désordonnés, provenant de récits fantastiques, ont littéralement faussé leur esprit. » (MARION.)

Toute contradiction apparaît immédiatement comme telle, c'est-à-dire comme absurde, à un esprit habitué à juger des hommes et des choses à la lumière des principes. S'il y a beaucoup d'esprits à qui la contradiction ne fait pas peur c'est qu'ils ne sont pas attentifs et qu'ils oublient pratiquement les principes.

VII. — ORIGINE DES IDÉES ET DES PRINCIPES PREMIERS

Peut-on expliquer les principes directeurs de la connaissance par l'expérience, l'association ou l'hérédité? — Cette question pose ce qu'on appelle, dans la philosophie moderne, le *problème de l'origine des idées*. Chercher l'origine des idées, c'est chercher, non la date de leur apparition dans l'esprit (*origine chronologique*), mais la source d'où elles dérivent, c'est-à-dire la faculté qui les produit et les conditions qui sont nécessaires pour qu'elle les produise (*origine psychologique*). Le problème de l'origine des idées, qui avait déjà beaucoup préoccupé les philosophes de l'antiquité et du moyen âge, est devenu, à partir de Locke, la question capitale de la philosophie. On peut ramener à trois groupes toutes les théories proposées : 1° les théories *empiriques* et *sensualistes*, qui font dériver toutes nos idées des sens ou de l'expérience; 2° les théories *idéalistes*, qui font appel à la raison plus qu'à l'expérience ou à l'exclusion de l'expérience; 3° la solution *spiritualiste* ou *empirico-rationnelle*, qui explique les principes par le concours de l'intelligence et de l'expérience.

Théories empiriques et sensualistes. — Elles se résument dans cette formule des stoïciens, entendue absolument à la lettre : « *Nihil est in intellectu, quod non fuerit prius in sensu.* — Il n'y a rien dans l'esprit qui n'ait été auparavant dans les sens.* » Toutes nos connaissances viendraient de l'expérience; la sensation en serait la principale, sinon l'unique source. — Les principaux représentants de ce système sont : Démocrite et Épicure dans l'antiquité, et, dans les temps modernes, Locke, Condillac et les chefs du positivisme et de l'évolutionnisme.

1° *Théorie des idées-images.* — Mentionnons, uniquement pour l'intérêt historique, la théorie grossière des idées-images, de Démocrite, Épicure, Lucrèce. Nos idées seraient des *représentations matérielles*, des émanations ou effluves d'atomes, se détachant des objets et pénétrant par les organes jusqu'au cerveau, où elles s'imprimeraient, comme le cachet sur la cire. Ces émanations ou effluves seraient des figures semblables au corps dont elles se détachent. — Cette théorie se confond avec le matérialisme et se réfute comme lui.

2° *La table rase de Locke.* — Après Aristote et saint Thomas, Locke suppose qu'au commencement l'âme est une *table rase*, vide de tout caractère, c'est-à-dire sans aucune idée, quelle qu'elle soit; mais il entend autrement qu'eux cette comparaison. Il en conclut que notre entendement est une simple *capacité passive*, recevant tout du dehors, sans y mettre du sien. Il regarde la *sensation* et la *réflexion* comme la cause *efficiente* ou *totale* de nos idées. La sensation nous fait connaître les phénomènes externes; la réflexion, les phénomènes internes. Les notions premières sont des constructions de l'esprit uniquement faites de matériaux empruntés à l'expérience : ainsi, l'idée d'infini se forme par l'addition répétée du fini au fini. Les principes premiers peuvent être ramenés au principe d'identité, qui nous est aussi fourni par l'expérience.

— La vérité est que la sensation est la cause *partielle* et *matérielle* de nos idées, et que la réflexion, cette faculté qu'a l'âme de se replier sur elle-même pour observer et analyser ses opérations, n'a pas pour rôle de former l'idée, mais de l'étudier, quand elle est déjà formée par l'*abstraction*. De plus, il est contestable que tous les principes puissent être ramenés au principe d'identité, qui est analytique; on admet généralement que le principe de raison suffisante et ses dérivés, aussi bien que ceux de l'ordre moral, sont synthétiques, par conséquent irréductibles au principe d'identité. Enfin il est faux que le principe d'identité, qui énonce l'impossibilité absolue de la contradiction, nous soit fourni par l'expérience, qui ne constate que des faits particuliers et nous permet seulement d'affirmer que telle chose qui est, est. Ce qu'il y a de nécessaire et d'universel dans cette affirmation d'impossibilité ne peut venir de l'expérience. Il en est de même des notions d'infini et d'absolu, qu'on ne saurait tirer des seules données de la conscience et des sens, dont le caractère est le fini et le relatif.

3º Les sensations transformées ou l'homme-statue, de Condillac. — Condillac suppose une statue organisée intérieurement comme nous, mais encore vide d'idées et de sentiments, et n'ayant rien autre que des organes; la nature extérieure lui donne, par degrés, avec le seul secours de la *sensation*, qui se transforme, l'*attention*, la *mémoire*, l'*imagination*, le *jugement*, le *raisonnement*, le *désir* et la *volonté*. En tant que *représentative*, la sensation engendre les facultés intellectuelles, par l'intermédiaire de l'attention, qui n'est qu'une sensation dominante : le souvenir est une sensation conservée; la comparaison, une double attention; le jugement, une perception qui résulte de la comparaison, etc. En tant qu'*affective*, la sensation engendre les facultés morales, par l'intermédiaire du désir qui en naît : la volonté n'est qu'un désir dominant.

— Cette hypothèse de l'*homme-statue* aboutit à la négation de l'activité personnelle de l'âme, de l'énergie propre de la raison. On a beau, comme Condillac, faire intervenir l'attention pour opérer sur les données de l'expérience, jamais on n'en fera sortir les notions premières, ni les principes qui expriment les rapports nécessaires des idées. Les sens nous donnent la sensation de lumière, de chaleur, de son, par exemple, sensation qui s'arrête nécessairement au concret et au particulier, c'est-à-dire qui représente telle chaleur, telle lumière, tel son; mais ils sont impuissants à en former l'*idée*, c'est-à-dire la représentation générale et universelle, qui diffère de la sensation en nature et non en degré seulement, et qui suppose un sujet capable de s'élever au-dessus de la sensation et d'en abstraire les caractères communs aux êtres ou aux phénomènes semblables. A tous ses degrés et sous toutes ses formes, la connaissance est l'œuvre de l'activité de l'esprit, qui élabore les données de l'expérience.

La statue de Condillac n'ayant pas de facultés à l'origine, l'impression des objets extérieurs ne pourra pas lui en donner. Eût-elle d'ailleurs la vertu d'éprouver des sensations, elle n'aurait pas celle de les transformer en attention, comparaison, jugement, raisonnement, etc.; car toutes ces opérations sont actives, et Condillac regarde la sensation comme purement passive. — La genèse des facultés morales n'est pas plus soutenable que celle des facultés intellectuelles. Outre que cette théorie méconnaît l'innéité des inclinations, sans lesquelles le plaisir et la douleur sont inexplicables, la volonté, qui est libre, ne peut être une transformation du désir, qui de sa nature est fatal. — Cette doctrine enlève à l'âme toute spontanéité et toute liberté.

4º Le positivisme, professé par Comte, par Littré. — Les positivistes prétendent que l'absolu est inaccessible à l'esprit humain et que la science n'a d'autre objet que les faits et les lois, c'est-à-dire la coordination des phénomènes qui tombent sous notre expérience. Ils rejettent, comme non démontrée, l'existence des substances et des causes et en même temps tous les principes de la métaphysique. — Il faut répondre aux positivistes, comme aux sensualistes, que l'expérience ne peut rendre compte du caractère absolu et nécessaire des principes premiers. Quant aux notions de substance, de cause et d'essence, sur la négation desquelles repose le positivisme, il suffit de constater qu'une méthode éminemment scientifique, faite d'expérience et de raison, nous conduit à connaître l'essence des choses, aussi bien que les causes et les substances. (Voir sur cette question l'*Hist. de la phil.* par P. VALLET, p. 525 et suivantes.)

5° *L'associationisme.* — On appelle ainsi la doctrine d'une école philosophique contemporaine composée surtout de psychologues anglais, Stuart Mill, Bain, qui ont continué et complété Hume, et qui prétendent expliquer les principes par des *associations d'idées inséparables.* En vertu de la loi de l'association, qui est comme une loi d'attraction intellectuelle, quand deux sensations ont coexisté dans la conscience, l'apparition de l'une détermine le retour de l'autre, elles ont tout au moins une tendance à se reproduire simultanément ou successivement. Si les circonstances ramènent plusieurs fois une même association, la tendance devient une habitude, laquelle, se fortifiant par la répétition, finit par être irrésistible. Toute connaissance, quelle qu'elle soit, les notions comme les principes premiers, s'explique par le concours de trois éléments : l'*expérience*, qui fournit les sensations; l'*association*, qui les groupe; l'*habitude*, qui conserve les groupes formés. Il n'y a, dans ces notions comme dans ces principes, rien d'absolument nécessaire et universel : l'habitude nous fait regarder comme nécessaires, c'est-à-dire indissolubles, des couples de phénomènes se succédant régulièrement et les jugements qui en naissent; elle nous les fait regarder comme universels, parce que tous les hommes forment des associations semblables. Une nécessité d'habitude, purement *subjective*, nous la transformons en une nécessité logique, *objective*. La notion de cause, par exemple, résulte de la constatation que nous faisons à chaque instant qu'il y a dans la nature des successions régulières de phénomènes; nous ne voyons jamais un phénomène sans qu'il y ait un phénomène antécédent et un autre phénomène conséquent, et nous énonçons le résultat général de l'expérience, devenu pour notre esprit une habitude irrésistible, quand nous disons : « Tout ce qui commence d'exister a une cause. »

— L'association joue un rôle très important dans l'acquisition des idées et dans l'éducation de l'esprit, mais elle s'explique par la nature même de l'esprit, loin de l'expliquer; pour que des associations régulières se produisent, il faut des principes directeurs aux associations. De plus, de quelque manière que les sensations ou les images sensibles s'associent, elles demeurent ce qu'elles sont en elles-mêmes, c'est-à-dire des éléments contingents, comme les faits qu'elles représentent. L'habitude peut bien assurer la constance de l'association, mais non en changer la nature : elle ne saurait rendre nécessaire ce qui est contingent, universel ce qui est individuel. Pour former des concepts et des principes nécessaires et universels, il ne suffit pas d'associer ensemble des sensations et des éléments de sensations, de dire *ce qui est*, il faut dire *ce qui doit être, ce qui ne peut pas ne pas être*. Le principe de causalité, pour les associationistes, n'est qu'un rapport de succession entre l'antécédent et le conséquent; mais la succession n'est pas la causalité; l'expérience nous montre des successions invariables de phénomènes où l'antécédent n'est pas la cause du conséquent, par exemple la nuit et le jour, la vie et la mort. Les sens nous révèlent des coexistences, des contiguïtés, des successions, ils ne nous disent rien de la solidarité métaphysique des deux termes du rapport, du lien nécessaire qui les unit en vertu de leur essence, de l'énergie productrice de l'antécédent qui seule est la raison suffisante du conséquent. — Ajoutons encore que les habitudes ne se formant que

8*

progressivement, ce n'est aussi que progressivement que les principes doivent, d'après cette hypothèse, acquérir leur certitude ; mais la conscience nous révèle que l'intelligence les affirme avec certitude au premier coup. Les enfants, qui n'ont pu prendre de telles habitudes, manifestent qu'ils possèdent les premiers principes : à propos de tout ils demandent la cause. Enfin on peut dire que les observations, qui nous fournissent les matériaux de nos connaissances, sont en nombre extrêmement restreint et incomplet. Les cas où la causalité nous échappe, par exemple, sont bien plus nombreux que ceux où nous la connaissons ; par conséquent, si le principe de causalité doit naître de l'habitude d'associer l'idée de cause à toutes les successions de phénomènes, il ne naîtra jamais. Ce principe (et on peut en dire autant de tous les autres) dépasse le cadre étroit de l'explication phénoménale. L'expérience, l'association et l'habitude sont donc insuffisantes pour rendre raison de la nécessité et de l'universalité des notions et des vérités premières.

6° *L'évolutionnisme.* — L'empirisme et l'associationisme se bornaient à l'individu pour expliquer les principes ; l'évolutionnisme ou héréditarisme d'H. Spencer, ajoute l'*hérédité* et complète l'expérience individuelle par l'expérience de la race. Les principes acquis par la race seraient innés, dans l'individu, tout comme les instincts ; ils constitueraient la mémoire de l'espèce.

— L'empirisme ainsi transformé garde son caractère. La loi de l'hérédité, loi de conservation et de transmission dans l'espèce, laisse subsister les mêmes difficultés pour la formation des principes chez le premier ancêtre de la race. Si, dans l'état actuel, l'homme ne peut penser sans les principes, comment l'aurait-il pu à une époque antérieure ? Il faudrait admettre qu'il y a eu un moment où les principes n'étaient pas nécessaires et qu'il pourra y en avoir un où ils ne le seront plus ; car, ce que l'expérience a fait, elle peut le défaire ; une habitude peut toujours être détruite par une habitude contraire. Or il est impossible de se représenter un état de cette nature, où l'esprit puisse penser sans principes. L'affirmation de la nécessité qui lie l'effet à la cause, la chose qui reçoit ou qui devient à la chose qui donne ou qui fait devenir, est immédiate, contemporaine du premier acte intellectuel, du premier jugement concret où elle était impliquée.

L'influence de l'association, de l'habitude et de l'hérédité est incontestable et considérable ; mais l'expérience prouve qu'elle a des bornes, et la raison démontre qu'on ne saurait tirer le plus du moins, celui-là n'étant pas contenu dans celui-ci. Il ne peut y avoir dans le tout que ce qu'il y a dans les parties ; l'expérience de l'espèce n'est que la somme des expériences individuelles ; si l'expérience d'un seul homme ne peut trouver la nécessité dans les faits contingents, celle des ancêtres, quelque prolongée qu'elle soit, ne le pourra pas davantage. Si, d'ailleurs, l'explication associationiste et évolutionniste était bonne, nous devrions en conclure que toute association habituelle d'idées, surtout lorsqu'elle est l'œuvre des siècles et qu'elle s'est fixée par l'hérédité, doit nous apparaître avec un caractère d'absolue nécessité. Or la conscience nous atteste qu'il y a en nous des associations habituelles d'idées qui n'ont aucune analogie avec les idées nécessaires. Lorsque je dis : Le soleil se lève toujours à l'Orient, tout corps est impénétrable, — j'énonce des faits constants, invariables, qui ont à mes yeux la valeur d'une loi empirique et contingente, et nullement le caractère d'une absolue nécessité. Mais quand je dis : Deux et deux font quatre, tout ce qui commence a une cause, il faut faire le bien et éviter le mal, — j'énonce une nécessité intrinsèque, que j'ai découverte dans ces notions ; ces jugements m'apparaissent comme tellement absolus, que l'hypothèse contraire implique une impossibilité. On sait, d'ailleurs, que l'hérédité devient de moins en moins efficace, à mesure que l'on s'éloigne de l'ordre physiologique pour s'élever à l'ordre intellectuel et moral. L'hérédité intellectuelle est une exception.

On le voit, l'empirisme, si ingénieuses que soient les formes sous lesquelles on le présente, est impuissant à rendre compte d'aucun des caractères essentiels qui appartiennent aux notions et aux vérités premières. Il faut avoir recours à une faculté supérieure aux sens, à un pouvoir *sui generis* de l'intelligence qui, suivant l'étymologie du mot, *intùs legere*, « lit au dedans » de l'objet sensible le concept qui s'y trouve réalisé et les rapports nécessaires qui relient les concepts entre eux.

REMARQUE. — Il y a entre l'évolutionnisme proprement dit et l'héréditarisme cette différence que l'évolutionnisme, au lieu de considérer la transmission héréditaire et le progrès seulement dans le cadre d'une espèce, l'envisage dans la série entière des êtres, considérés comme descendant tous d'une origine commune, la cellule, et se transformant les uns dans les autres par évolution. La connaissance irait se perfectionnant, depuis les plus humbles sensations chez les animaux, jusqu'aux généralisations les plus élevées chez l'homme.

Théories idéalistes. — Les principales sont :

1º *La préexistence des âmes et la réminiscence d'une vie antérieure*, de Platon. — Cette hypothèse est *contradictoire et inacceptable*. — *Contradictoire;* car, d'après Platon, le corps serait à la fois la cause de la perte et de l'acquisition de la science. Avant son union avec le corps, l'âme était en communication avec les formes intelligibles, que Platon appelle les idées, et elle puisait là toute la science, dont elle pouvait user sans entrave; mais son union avec le corps l'a enchaînée et comme absorbée, au point qu'elle a oublié la science acquise dans un état antérieur. Les sens la réveillent, la font rentrer en elle-même, et l'excitent à se souvenir de la science oubliée. — *Inacceptable*, d'abord parce qu'une vie et une science totalement oubliées ne sauraient être affirmées; ensuite, parce que l'union de l'âme au corps serait une déchéance, et non une union naturelle, ce qui est naturel à un être n'étant pas un obstacle à l'exécution de ses actes.

2º *La vision en Dieu ou ontologisme*, de Malebranche. — D'après Malebranche, qui accepte, en la modifiant, l'idée de Platon, l'entendement est la faculté de *recevoir* les idées; il n'a qu'un rôle purement passif. C'est par leurs idées ou leurs types, qui sont en Dieu, que nous connaissons les êtres. Dieu seul contient l'essence des êtres, c'est-à-dire les types de tout ce qui est créé ou possible, et c'est en lui que notre âme, qui lui est intimement unie, les contemple par une intuition immédiate. — Cette doctrine est très élevée; mais elle méconnaît la nature de l'entendement, les conditions de la science humaine, qui part du contingent pour s'élever au nécessaire, enfin les relations de la créature avec le Créateur, qui ne sont pas, dans l'ordre naturel, ce que suppose Malebranche. Nos idées générales, disent les ontologistes, sont absolues, nécessaires, éternelles; elles ne peuvent donc être aperçues qu'en Dieu seul.

L'objection confond deux choses distinctes, c'est-à-dire l'idée avec son objet. L'ontologisme prend toujours l'idée dans le sens objectif, en tant que désignant l'objet conçu par l'intelligence. Cette manière de raisonner n'est pas légitime. Ce qui constitue l'essence de l'idée, ce n'est point un objet, soit contingent, soit nécessaire, mais une conception de l'entendement, une représentation intellectuelle d'une chose quelconque, ou, pour parler avec Bossuet, ce qui représente à l'entendement la vérité de l'objet entendu. Elle s'acquiert par l'abstraction et la généralisation, sans qu'il soit besoin de recourir à la vision en Dieu.

« Cette vision répugne aux faits de la conscience les plus avérés : c'est un fait que nous n'avons aucune idée qui ne soit accompagnée d'une image sensible et comme enveloppée en elle. Or il n'en serait pas ainsi pour nos idées générales spirituelles, si nous les apercevions soit en Dieu, soit en elles-mêmes, puisqu'il n'y a en Dieu rien de semblable et que, par leur nature, elles sont tout à fait dégagées de la matière... La conscience ne rend aucun témoignage de cette prétendue vision et elle ne peut pas en rendre, parce que la vision ou l'intuition de Dieu est impossible à l'intelligence humaine et dépasse ses forces naturelles. » (Voir P. VALLET, *Histoire de la phil.*)

3° *Les idées innées*, de Descartes. — Descartes avait d'abord admis l'innéité absolue des idées dans l'intelligence : Dieu les y aurait déposées en même temps qu'il créait notre âme. Pressé par les objections de ses adversaires, qui lui demandaient comment ces idées ne nous sont pas toujours présentes, il répondit que le pouvoir seul de les concevoir était inné, ce qui est la vérité. — Les philosophes qui admettent l'innéité absolue des idées et des principes premiers méconnaissent la nature humaine. Si leur système était vrai, l'homme devrait émettre l'acte intellectuel à la manière de l'ange, c'est-à-dire d'une façon absolument immatérielle ou à peu près. Or cela est faux. D'après ce principe incontestable que l'opération suit l'être et lui est proportionnée, ou, en d'autres termes, que la nature de l'acte suit la nature de l'être, nous devons retrouver, dans l'acte intellectuel, les deux éléments spirituel et corporel qui composent la nature de l'homme. Pour l'âme humaine, substance spirituelle unie à un corps, les sensations sont la condition *sine qua non* de l'acquisition des idées.

4° *Les virtualités*, de Leibniz. — Les principes premiers seraient gravés dans l'âme, non à l'état de perceptions conçues actuellement, mais à l'état de *virtualités*, de prédispositions, et l'expérience serait simplement l'*occasion* du développement de notre raison. — C'est l'innéité sous une forme particulière. Les idées nécessaires n'étant plus, d'après ce système, que le produit de notre raison, leur certitude objective est compromise; rien ne nous garantit qu'elles ont une valeur en dehors de nous. Leibniz corrigeait heureusement le principe des sensualistes : « Rien n'est dans l'intelligence qui n'ait été auparavant dans les sens, » en ajoutant : « si ce n'est l'intelligence elle-même. » Il fût resté dans le vrai, s'il eût seulement admis l'innéité de la faculté, comme l'indique cette maxime.

5° *Les formes de la raison pure, criticisme ou idéalisme transcendantal*, de Kant. — Dans ses trois *Critiques* (de la *Raison pure*, de la *Raison pratique* et du *Jugement*), Kant se propose de déterminer la nature et les limites de la faculté de connaître. D'après ce philosophe, les lois nécessaires et universelles de l'intelligence, que nous prenons pour les lois du monde réel, sont seulement les *formes*, c'est-à-dire le cadre ou le moule imposé aux choses par notre pensée; ce sont de simples manières de concevoir les choses; elles n'ont qu'une valeur purement subjective. Les relations affirmées des êtres, n'étant pas dégagées de l'expérience et fondées sur la nature des choses, sont purement arbitraires, imposées par l'esprit; c'est nous qui tirons de nous, pour la donner aux choses, leur existence phénoménale. Les choses n'existent qu'autant que nous nous en faisons l'idée. Nos concepts ne se règlent pas sur les objets, ce sont les objets qui se règlent sur nos concepts. Ainsi, d'après Kant (*Critique de la raison pure*), les concepts et les principes premiers ne sont que des *formes* de la sensibilité, de l'entendement et de la raison pure, et n'ont qu'une valeur purement *subjective*; la raison ne peut pénétrer dans le monde des *noumènes* ou êtres véritables, et elle tombe nécessairement dans les contradictions (antinomies) toutes les fois qu'elle veut spéculer sur l'absolu; la connaissance de ce qui est par delà le phénomène ou l'apparence (le transcendantal) est purement illusoire et chimérique.

— D'après cette théorie, que le sens commun suffit à réfuter, quand elle est clairement formulée, ce n'est plus la raison qui est subordonnée à la vérité, mais la vérité à la raison; la connaissance ne se règle pas sur les objets, mais les objets sur la connaissance. On a beau avoir l'idée d'arbre, par exemple, cette idée est fausse, et on est dans l'erreur, si l'objet ne correspond pas à l'idée. Cette doctrine attribue à l'intelligence humaine un rôle qui n'appartient qu'à l'intelligence divine, laquelle, dit Bossuet, « rend les choses conformes à sa pensée éternelle. » Le sens commun et l'expérience protestent, autant que la raison philosophique, contre cette doctrine, et nous montrent qu'il y a harmonie entre les conceptions de l'entendement et la réalité. Les notions et vérités premières sont, sans doute, nécessaires d'une nécessité *subjective*, puisqu'elles s'imposent à l'esprit d'une manière invincible; mais elles sont aussi nécessaires d'une nécessité *objective,* qui tient à l'essence des choses ; elles existent hors de notre esprit et indépendamment de notre esprit, immuables et absolues.

6° *Traditionnalisme et raison impersonnelle.* — A ces systèmes idéalistes on peut encore ajouter le *traditionnalisme,* de de Bonald, qui soutient que les idées et principes premiers ont été révélés par Dieu au premier homme et se sont transmis de génération en génération, avec le langage ; — et la théorie de la *raison impersonnelle,* professée par Cousin et Fr. Bouillier, d'après laquelle le principe de nos connaissances, dans ce qu'elles ont de plus élevé, n'est pas propre et personnel à l'individu, mais que c'est la raison divine qui, éclairant les esprits d'une commune lumière, pense en eux et par eux.

— On réfutera la théorie traditionaliste en parlant de l'origine du langage (21e leçon). Quant à celle de la *raison impersonnelle,* elle contredit notre conscience, dont le témoignage atteste que notre raison a un caractère personnel, individuel; que ce qui pense en nous n'est autre que nous-même et non pas Dieu, bien que ce soit lui qui nous fait penser, c'est-à-dire qui donne à notre esprit la vertu nécessaire pour penser.

Solution spiritualiste ou empirico-rationnelle. — Ni l'expérience seule ni la raison seule ne suffisent à expliquer l'origine des idées et des principes premiers. Le spiritualisme fait la part de *l'expérience* et de la *raison;* il enseigne que *la raison, par sa vertu propre, mais avec le concours et à l'occasion des données expérimentales, acquiert les notions et vérités premières.* La part principale appartient à la raison ; mais l'expérience a un rôle nécessaire, celui de fournir les matériaux de la connaissance. Il va de soi qu'il s'agit, non de la connaissance sensible, commune à l'homme et à l'animal, et qui consiste en images et associations d'images, mais de la connaissance intellectuelle, qui diffère essentiellement de la connaissance sensible. L'homme étant une âme spirituelle unie substantiellement à un corps, on doit retrouver dans ses actes la trace de ces parties composantes. C'est d'ailleurs un fait d'expérience que nous puisons la science dans les choses sensibles; car, là où un sens fait défaut, là aussi manque la science correspondante; un aveugle, par exemple, ne connaît rien des couleurs.

Saint Thomas (et les scolastiques avec lui) explique l'origine des idées par un double principe : les *sensations* et les *opérations de l'intelligence.* Il admet, comme les sensualistes, la formule : « Rien n'est dans l'esprit qui n'ait passé par les sens; » mais il l'entend et il l'explique d'une manière toute différente. Pour les sensualistes, la sensation est la *cause totale* des idées; pour saint Thomas, elle est le point de départ de toutes les idées, mais elle n'en est que la *cause partielle;* car aucune idée ne se forme sans *abstraction.* — C'est l'activité de l'entendement qui produit l'idée ou perception intellectuelle, à propos de la sensation ou perception sensible. Entre la sensation et l'idée, entre la perception sensible et la perception intellectuelle, il y a, non une différence de degré, mais une différence de nature. La sensation n'est pas la cause efficiente de l'idée, elle n'en est que l'occasion, la condition, la matière. « L'intelligence est supérieure aux sens, mais elle a besoin de leur concours; il ne faut pas chercher l'origine des idées dans le corps ou l'âme seulement, mais dans le corps et l'âme réunis. » (S. Thomas.)

Origine des idées d'infini, d'absolu, de nécessaire. — Comment l'esprit humain peut-il tirer l'infini du fini, l'absolu du relatif, le nécessaire du contingent, l'universel du particulier? C'est par la puissance d'abstraire et de généraliser. L'idée de l'infini, par exemple, se compose de deux éléments, l'un positif : une qualité constatée dans un être quelconque; l'autre négatif, fourni par l'abstraction, qui supprime la limite. La bonté, la beauté, la force infinies sont ces mêmes qualités positives, moins les limites qu'elles ont dans les êtres contingents. L'idée de l'infini, telle que nous l'avons, est donc une idée abstraite, qui ne constitue pas une intuition de l'infini réel, mais simplement la vision d'une perfection particulière et la négation de sa limite.

Ainsi notre raison s'élève, par l'abstraction, du fini à l'infini, du relatif à l'absolu, de l'imparfait au parfait; elle conçoit l'immuable à propos du changeant, la cause première à propos des causes secondes, et, à propos de tout, l'être par soi, Dieu.

La raison ne nous rend pas seulement capables de comprendre le monde, mais de le dépasser. Elle entend naturellement que le relatif, le fini, l'imparfait, le contingent supposent l'absolu, l'infini, le parfait, le nécessaire.

(Lire les deux premières élévations de Bossuet sur les mystères : *L'être de Dieu. — La perfection et l'éternité de Dieu.*)

Part de l'expérience et de la raison dans la formation des idées et des principes. — Tout ce qui est *contingent* dans nos idées et nos principes vient de l'expérience, c'est-à-dire des *sens*, de la *conscience psychologique* et du travail fait par l'intelligence sur les données des sens et de la conscience.

Tout ce qui est *nécessaire* et *universel* dans nos idées vient de la raison. Il en vient par l'abstraction. Étant le résultat de l'abstraction, toute idée universelle est par là même éternelle et nécessaire, quant à son objet. L'universel, en effet, est ce qui fait abstraction du temps et de l'espace, et que l'on conçoit comme affranchi de ces deux caractères. — Le caractère de nécessité découle de même de celui d'universalité : si l'universel n'implique pas ce qui convient à tel ou tel individu, mais seulement ce qui convient à tous les individus de l'espèce, et ce que l'esprit remarque en eux avant tout le reste, il exprime dès lors ce qui constitue leur essence ou nature, ce qui ne peut pas ne pas leur convenir. Soit, par exemple, le principe : *Tout effet suppose une cause*. Ce principe ne veut pas dire qu'en fait il y a dans le monde des effets et des causes, mais simplement que, s'il y a des effets, il est nécessaire qu'il y ait des causes; en un mot, que l'idée de fait est tellement liée à l'idée de cause, que le contraire ne se peut concevoir.

Les objets matériels ont à la fois une essence propre et un caractère individuel et concret. L'intelligence dégage l'essence, c'est-à-dire l'idée, à propos de l'individuel et du concret. Il faut donc admettre, non que les idées et les vérités premières sont *innées*, mais que notre âme possède la *faculté naturelle*, ou *innée*, de les produire. « Il n'y a d'inné, dit saint Thomas, que la lumière rationnelle, au moyen de laquelle les principes sont connus immédiatement. »

Il est donc exact de dire avec saint Augustin : « L'homme n'enseigne pas l'homme; » ce qui signifie que les vérités premières ne s'enseignent pas, qu'elles sont la base et la condition essentielle de toute science.

NOTES COMPLÉMENTAIRES

Proverbes se rapportant à l'idée de fin. — *Qui veut la fin veut les moyens*, c'est-à-dire la fin implique les moyens. Ce n'est pas vouloir la fin que de ne pas vouloir les moyens nécessaires pour l'atteindre; vouloir la fin et ne pas vouloir les moyens, c'est se contredire; c'est à la fois vouloir et ne pas vouloir. C'est le cas du paresseux : il veut et ne veut pas (Prov.). Il voudrait toujours et ne veut jamais (BOSSUET). Le sens de ce proverbe se retrouve, à quelque différence près, dans les suivants : *Aide-toi, le ciel t'aidera; — qui veut l'effet veut la cause; —* qui ne veut point l'effet ne doit point vouloir la cause. Les proverbes : *On récolte ce que l'on a semé ; — on est puni par où l'on pèche*, reviennent à ceci : on a posé la cause, on subit l'effet; on n'a pas pris les moyens, on n'a pas atteint la fin. — Rien n'arrive au hasard; tout dans l'univers est un enchaînement de causes et d'effets, de moyens et de fins. Le sort, le hasard, la fortune, le destin, une bonne ou une mauvaise étoile, sont de vains mots. On est ce que l'on se fait; chacun est fils de ses œuvres, arbitre de sa destinée[1].

La fin justifie les moyens se dit pour excuser des moyens coupables en considérant la bonté de la fin. Fausse maxime : ce qui est contraire à l'honnêteté, à la justice ne peut être excusé ou justifié par le but que l'on se propose. L'intention, quelque bonne qu'on la suppose, ne saurait changer la nature des actes, et du mal faire le bien.

Le salut du peuple est la suprême loi. — Sans doute; mais, pour un peuple comme pour un individu, il n'y a de salut que dans la justice; la justice est elle-même le salut. *Tout ce qui est nécessaire est légitime*,... Sans doute encore; mais il n'y a de nécessaire que l'ordre, la justice. Il n'est pas nécessaire, par exemple, que tel homme vive; ce qui l'est, c'est qu'il soit juste, honnête, bon, et il n'a pas le droit de conserver sa vie au prix d'une lâcheté, d'un crime, d'une injustice[2]; il n'est pas nécessaire que tel peuple vive; mais il l'est qu'il conforme ses mœurs, ses lois politiques et civiles à la loi morale universelle, et mieux vaut, pour lui, périr plutôt que de vivre dans l'injustice et le dérèglement.

La fin couronne l'œuvre, c'est-à-dire que dans les entreprises, dans les affaires, on regarde le succès, et s'il est bon, on oublie le reste[3] (LITTRÉ). Ce proverbe se dit encore pour exprimer que l'on doit persévérer jusqu'à la fin, que la vertu ne doit pas se décourager (ID.); que, si le but est atteint, tout est gagné; que, s'il ne l'est pas, tout est manqué.

C'est le sens de ces paroles de l'Évangile : *Celui-là seul sera sauvé, qui persévérera jusqu'à la fin*; — *Quiconque, après avoir mis la main à la charrue, regarde derrière soi, est impropre au royaume des cieux*; — de ces paroles de Napoléon : *Rien n'est fait tant qu'il reste à faire*; c'est-à-dire rien n'est fait tant que le but n'est pas atteint; — de ce vers de Corneille : *Qui commence le mieux ne fait rien s'il n'achève*. On commence pour finir, on se met en route pour arriver, on sème pour moissonner, on tend au but pour l'atteindre. Tout est moyen relativement au but. Les moyens ne sont rien, s'ils ne mènent pas au but; ils cessent même d'être des moyens, car ils ne sont moyens qu'en vue du but.

En toute chose il faut considérer la fin. (LA FONTAINE, III, v.) Il ne faut pas s'engager dans une affaire sans en prévoir l'issue (LITTRÉ); il ne faut pas aller à l'aventure, agir à l'aveugle; il faut savoir ce que l'on fait, où l'on va, prévoir les conséquences des actes que l'on pose, des maximes que l'on suit, des moyens que l'on emploie. Au fond, il n'y a qu'un but qu'il faut considérer en toutes choses, une fin dans laquelle rentrent toutes les fins secondaires et relatives, et pour laquelle celles-ci doivent être des moyens. C'est ce que nous rappellent ces devises de la chevalerie chrétienne : *Fais ce que dois, advienne que pourra*[4]; — *Mourir, mais non faillir*. Et ces paroles de l'Évangile : *Que sert à l'homme de gagner l'univers, s'il vient à perdre son âme?* — *Cherchez le royaume de Dieu et sa justice, et vous aurez le reste par surcroît.*

Un homme sans but est, par cela même, sans énergie. (DE TOCQUEVILLE.) Le but est la raison d'être de l'énergie. On ne conçoit pas plus l'énergie sans

---

[1] Voir BALMÈS, *Art d'arriver au vrai*, XXII, 35. Voir dans le même ouvrage l'examen du proverbe : Chacun est le fils de ses œuvres; ainsi que : — l'homme haï; — l'homme ruiné; — l'homme d'esprit insolvable et le rustre opulent. (Chap. XXII.)

[2] Il vaut mieux n'être pas que de vivre avili. (THOMAS.)
Et qui peut vivre infâme est indigne du jour. (CORNEILLE.)
L'honneur aux nobles cœurs est plus cher que la vie. (*Id.*)
Pas de tête, plutôt qu'une souillure au front. (V. HUGO.)
La gloire des grands hommes doit toujours se mesurer aux moyens dont ils se sont servis pour l'obtenir. (LA ROCHEFOUCAULD.)

[3] Le crime que couronne le succès n'en est pas moins un crime, et rien ne peut justifier l'homme qui, pour réussir, a failli à son devoir. « Tu domines le monde, ange ou démon, qu'importe? » (V. HUGO.) Il importe de tout, il y va de tout, puisqu'il y va de la justice.

[4] « Faites votre devoir et laissez faire aux dieux, » dit le vieil Horace à ses enfants, en les envoyant au combat. Et Polyeucte, allant détruire les idoles : « Faisons triompher Dieu, qu'il dispose du reste. » Tous les chefs-d'œuvre de Corneille sont un commentaire vivant de cette devise.

« Le prince de Condé, dit Bossuet, avait pour maxime (écoutez, c'est la maxime qui fait les grands hommes) que, dans les grandes actions, il faut uniquement songer à bien faire, et laisser venir la gloire après la vertu. »

Rappelons encore la belle devise des Canadiens : « Aime Dieu, et va ton chemin, » et

le but que les moyens sans la fin. Il faut proportionner le but aux moyens, c'est-à-dire aux forces intellectuelles, morales et matérielles dont on dispose. Viser à une fin hors de sa portée, c'est dépenser inutilement ses forces. « Il faut, en se proposant une fin, se garder à la fois de la présomption et d'une défiance excessive. Dans toutes les carrières, dans toutes les positions, et quels que soient ses talents, ses goûts, son caractère, l'homme doit s'aider de la raison, soit pour découvrir et se poser d'avance un but réalisable, en rapport avec les facultés qu'il a reçues, soit pour chercher les moyens d'atteindre ce but. (BALMÈS, *Art d'arriver au vrai*, XXII.)

Il ne faut pas vouloir faire plus qu'on ne peut; mais il faut faire la mesure de ce qu'on peut, la plus grande possible : on peut beaucoup, quand on veut fortement et longuement.

L'Évangile et les premiers principes. — Il n'y a pas de passage, dans l'Évangile, où les premiers principes ne soient rappelés ou formulés. Les maximes et les paraboles qu'il contient sont, pour la plupart, un appel au bon sens, à la rectitude de la raison naturelle[1]. On comprend qu'il en soit ainsi, Jésus-Christ étant la raison éternelle, dont la nôtre est un reflet, « une participation, » comme parle saint Thomas.

Les notes suivantes, ajoutées aux passages déjà cités dans cette leçon, montreront la vérité de cette observation[2].

Principe d'identité. — *Exprimez-vous ainsi : Oui, cela est; non, cela n'est pas.* (S. MATTH., V, 37.) En d'autres termes : Soyez sincères; dites que ce qui est, est; que ce qui n'est pas, n'est pas. — *Où est votre trésor, là est aussi votre cœur.* (ID. VI, 21.) Le trésor, c'est ce que l'on aime. — *Lorsque vous jeûnez, ne vous montrez point tristes, comme les hypocrites; ils affectent un visage exténué, afin que leurs jeûnes paraissent devant les hommes.* (Id. VI, 16.) Il faut vouloir être et non paraître; excellent précepte de morale et de littérature, fondé sur le principe d'identité[3].

Principe de contradiction, d'exclusion du milieu. — *Tout royaume divisé et opposé à lui-même sera détruit; et toute maison divisée et opposée à elle-même sera détruite. Si Satan chasse Satan, il est divisé et opposé à lui-même; comment donc son royaume subsistera-t-il?* (ID. XII, 25, 26.) Les forces qui se combattent se détruisent. On conçoit que tout royaume divisé, c'est-à-dire dont les forces, au lieu de s'unir et de s'accroître par leur union, luttent les unes contre les autres, tombe en ruine : sa perte est inévitable.

Notre âme est un royaume qui ne peut subsister que par l'harmonie des forces, par l'union coordonnée des facultés. « La volonté est faite pour suivre la raison » (BOSSUET); si elle ne la suit pas, elle se détruit elle-même. La raison qui ne domine pas les sens et l'imagination, mais s'y asservit, est une raison corrompue, qui ne mérite plus le nom de raison. L'accord de la raison et de la volonté maintient tout dans l'ordre, dans la vie; leur antagonisme détruit tout ordre, toute vie, les détruit elles-mêmes.

---

cette parole des Athéniens après Chéronée : « Le succès, les dieux en décident : la résolution est l'honneur de l'homme, » ainsi que cette pensée de Jouffroy : « Ce n'est pas le succès qui importe, c'est l'effort. »

Soyez digne de vaincre, ô jeunesse aguerrie !
Faites votre devoir... Dieu fera le succès.   (LAPRADE.)

Le mot de guerre de Jeanne d'Arc était : « Nous batillerons, Dieu donnera la victoire. »

[1] « Jésus voyant que cet homme (un scribe qui lui avait demandé quel était le premier de tous les commandements) avait répondu *de bon sens*, lui dit : Vous n'êtes pas éloigné du royaume de Dieu. » (S. MARC, XII, 34.)

[2] On a dit justement que l'Évangile est proposé à l'homme comme sa seconde raison, comme le supplément de sa conscience. — « L'Évangile est le cri de la conscience de Dieu dans la conscience de l'homme. — L'Évangile affirme la raison; la raison ne peut nier l'Évangile qu'en se trahissant elle-même » (LACORDAIRE), qu'en se condamnant à l'absurde. « La foi est la raison des chrétiens. » (BOSSUET.)

[3] Sans cesse on prend le masque, et, quittant la nature,
On craint de se montrer sous sa propre figure.
Rarement un esprit ose être ce qu'il est.   (BOILEAU.)
L'esprit qu'on veut avoir gâte celui qu'on a.   (GRESSET.)

« Rien n'empêche tant d'être naturel que l'envie de le paraître. »
            (LA ROCHEFOUCAULD.)

Les principes d'action, c'est-à-dire les forces qui déterminent à agir, doivent s'unir; le plaisir, la passion, l'intérêt doivent, non se séparer du devoir, mais s'y subordonner. Il faut trouver son bonheur et son intérêt dans son devoir. C'est encore la vie; le contraire est la ruine et la mort.

Nul ne peut servir deux maîtres. (S. MATTHIEU, VI, 24.) On ne peut servir à la fois Dieu et Satan, faire à la fois le bien et le mal. *Qui n'est point avec moi est contre moi, et qui n'amasse point avec moi dissipe.* (ID. XII, 30.) Être avec Jésus-Christ, c'est être dans l'ordre, dans la paix, dans la vie; n'être pas avec Jésus-Christ, c'est être dans le désordre, dans le trouble, dans la mort. Amasser avec Jésus-Christ, c'est acquérir les vrais biens; c'est accroître son degré d'être, de vie, de perfection; c'est s'approcher, c'est entrer de plus en plus en possession de Dieu, principe et source de tout bien. Ne pas amasser avec Jésus-Christ, c'est perdre les seuls vrais biens, c'est dissiper tous les dons de Dieu; c'est s'éloigner de l'être, de la vie, de la perfection; c'est s'enfoncer de plus en plus dans le néant, dans la mort, dans le mal.

Jésus-Christ est *la voie, la vérité et la vie;* qui n'est pas avec lui est hors de la voie, hors de la vérité, hors de la vie; et là on ne peut que perdre de plus en plus, que dissiper indéfiniment.

Principe de causalité. — *Vous les connaîtrez à leurs fruits. Cueille-t-on des raisins aux épines, et des figues aux chardons? Tout bon arbre porte de bons fruits, et tout méchant arbre porte de méchants fruits. Un bon arbre ne peut porter de méchants fruits, ni un méchant arbre en porter de bons.* (ID. VII, 17, 19.)

Ou dites que l'arbre est bon, et son fruit aussi; ou dites que l'arbre ne vaut rien, ni son fruit non plus, puisque c'est au fruit que l'on connaît l'arbre. (ID. XII, 33.) — La nature de la cause détermine celle de l'effet.

Principe de raison suffisante. — Accusé de faire des guérisons le jour du sabbat, Jésus-Christ répondit : *Y a-t-il quelqu'un parmi vous qui, ayant une brebis, ne la prît et ne la retirât d'une fosse où elle serait tombée un jour de sabbat? De combien l'homme est-il au-dessus de la brebis? Il est donc permis de faire du bien le jour du sabbat.* (ID. XII, 11, 12.) Une chose doit d'autant plus être qu'il y a plus de raison pour qu'elle soit.

Il en vint un autre (serviteur) qui dit: Seigneur, voilà votre argent que j'ai gardé dans un mouchoir; car je vous craignais, parce que vous êtes un homme rigide : vous retirez ce que vous n'avez point avancé, et vous moissonnez ce que vous n'avez point semé. — Méchant serviteur, lui dit-il, je vous juge par vos propres paroles. Vous saviez que je suis un homme rigide, qui retire ce que je n'ai point avancé, et qui moissonne ce que je n'ai point semé; et d'où vient que vous n'avez point mis mon argent à la banque, en sorte qu'à mon retour je puisse le retirer avec intérêt?. (S. LUC, XIX, 20.)

Même principe rappelé pour recommander la confiance en la Providence : *Ne vous inquiétez point, ni au sujet de votre vie,* etc. (S. MATT., VI, 25, 33); pour prouver l'efficacité de la prière : *Qui de vous, si son fils lui demande du pain, lui donnera une pierre?* etc. (ID. VII, 9, 12.)

Voir encore saint Matth. (V, 13) : *Si le sel devient insipide, avec quoi le salera-t-on? Il n'est plus bon qu'à être jeté dehors;* et saint Luc (XIII, 6, 7), la parabole du figuier stérile : *Coupez-le; pourquoi occupe-t-il là encore de la terre?* — Ce qui est inutile n'a pas de raison d'être.

Si un aveugle conduit un autre aveugle, ils tombent tous deux dans la fosse. (S. MATT., XV, 14.) Il n'y a pas de raison pour qu'ils n'y tombent pas.

Principe de finalité ou des lois. — *Demandez, et il vous sera donné; cherchez, et vous trouverez; frappez, et il vous sera ouvert. Car quiconque demande, reçoit; et qui cherche, trouve; et à qui frappe, il sera ouvert.* (ID. VII, 7.) — Les moyens mènent à la fin; on arrive où l'on tend. Il faut proportionner la fin aux moyens[1].

Qui d'entre vous, dit Jésus-Christ, ayant dessein de bâtir une tour, ne se met pas auparavant à examiner la dépense qu'il faudra faire, et s'il a de quoi achever; de peur qu'après avoir jeté les fondements et ne pouvant achever, tous ceux qui en seront témoins ne viennent à se moquer de lui en di-

---

[1] « Selon le vent la voile, il faut déployer plus ou moins de voile suivant que le vent est plus ou moins fort; et au figuré : il faut proportionner ses entreprises à ses moyens. »
(LITTRÉ.)

sant : Voilà un homme qui a commencé à bâtir, et qui n'a pu achever. Ou bien quel est le roi, etc. (S. Luc, xiv, 28-34.)

Soyez parfaits, comme votre Père céleste est parfait. (S. Matt., v, 48.) Les aspirations, les tendances d'un être indiquent sa fin ; or l'homme aspire à l'infini, à la perfection absolue[1].

Qui sauve sa vie, la perdra, et qui la perdra pour l'amour de moi, la sauvera. (Id. x, 39.) Il faut subordonner les fins relatives à la fin absolue. Poursuivre les fins relatives, comme si elles étaient la fin absolue, c'est se perdre.

Quiconque s'élève sera humilié, et quiconque s'humilie sera élevé. (S. Luc, xiv, 11.) On est puni par où l'on pèche ; l'ordre troublé par la faute est rétabli par le châtiment. « La peine est dans l'ordre, parce qu'elle ramène à l'ordre ceux qui s'en étaient dévoyés. » (Bossuet.)

On n'allume pas une lampe pour la mettre sous le boisseau, mais sur un chandelier, afin qu'elle éclaire tous ceux qui sont dans la maison. (S. Matt., vi, 15.) Les moyens sont pour la fin. Tout doit être dans sa voie, dans sa destination ; c'est l'ordre.

A chaque jour suffit sa peine. (Id. vi, 34.) C'est l'ordre encore. L'avenir est en germe dans le présent ; c'est le présent qui prépare l'avenir ; demain sera ce qu'aujourd'hui le fera. « Il faut régler sa vie et l'accomplir comme si chaque jour nous devait tenir lieu de toute la vie. » (Parole de Sénèque, citée par Bossuet.)

Rien n'arrive au hasard ; tout est cause et effet, moyen et fin. *Un passereau ne tombe pas sur la terre sans la volonté de votre Père. Les cheveux mêmes de votre tête sont comptés.* (S. Matt., x, 29-30.) « Où préside une sagesse infinie, le hasard ne peut avoir lieu. « Dieu a tout fait avec mesure, avec nombre, avec poids. » (Job, xiv, 5.) Rien n'excède, rien ne manque. A regarder le total, rien n'est plus grand ni plus petit qu'il ne faut ; ce qui semblait défectueux d'un côté sert à un autre ordre supérieur et plus caché, que Dieu sait. Ce qui emporterait d'un côté a son contrepoids de l'autre : la balance est juste et l'équilibre parfait. » (Bossuet, *Politique tirée de l'Écriture.*)

« Accoutumons-nous à rapporter tout ce qui arrive à sa source. Tout est ordonné de Dieu, tout est vie, tout est sagesse de ce côté-là. Dans tous les biens et dans tous les maux qui nous arrivent, disons : Tout est animé par la sagesse de Dieu ; rien ne vient au hasard. Le péché même, qui en soi est incapable de règle, puisqu'il est le dérèglement essentiel, et qui par cette raison ne peut venir de l'ordre de Dieu ni de sa sagesse, par sa sagesse est réduit à l'ordre, quand il est joint avec le supplice, et quand Dieu, malgré le péché et son énorme et infinie laideur, en tire le bien qu'il veut. » (Bossuet, *Élév.*, XIIe sem., 10.)

Premiers principes de l'ordre moral. — *Vous aimerez le Seigneur votre Dieu de tout votre cœur, de toute votre âme, et de tout votre esprit. C'est là le plus grand commandement et le premier.* (S. Matt., xxii, 37, 39.) Dieu est le bien absolu et la source de tout bien relatif, la cause première efficiente et la cause finale de toute créature[2]. *Mais il y en a un second semblable au premier : Vous aimerez votre prochain comme vous-même. — Tout ce que vous voulez que les hommes fassent pour vous, faites-le de même pour eux.* (Id. vii, 12.) L'humanité est un corps dont chaque homme est membre. « Les hommes doivent s'aimer les uns les autres comme les parties d'un même tout, et comme feraient les membres de notre corps, si chacun avait sa vie particulière. « L'ordre est parfait, si l'on aime Dieu plus que soi-même, soi-même pour Dieu ; le prochain, non pour soi-même, mais comme soi-même pour l'amour de Dieu. » (Bossuet, *Méd. sur l'Év.*, dernière semaine du Sauveur, XI, 7e jour.)

Au fond, tout devoir est un devoir envers Dieu ; et l'on comprend cette autre parole de l'Évangile : *Toutes les fois que vous aurez fait ces choses à l'un des*

---

[1] « Prédestinés que nous sommes à la jouissance de l'infini, l'infini est notre besoin, et nous le poursuivons partout. » (Lacordaire.)

« L'infini est le seul bien qui corresponde à la prédestination de notre cœur, et qui soit capable, en y comblant tout vide, d'y éteindre l'abus possible de la liberté. » (*Id.*)

[2] « Pourquoi m'appelez-vous bon ? Il n'y a que Dieu seul qui soit bon. » (S. Luc, xviii, 9.) — « Ne souffrez pas que l'on vous traite de maîtres ; car vous n'avez qu'un maître, et vous êtes tous frères. » (S. Matthieu, xxiii, 8.)

plus petits de mes frères, vous me les aurez faites à moi-même. (S. Matt., xxv, 50.)

La dissertation et les premiers principes. — Il s'agit généralement, dans une dissertation, de bien appliquer les premiers principes, d'y ramener et d'y rattacher toute affirmation, toute négation, tout raisonnement; de constater et d'établir des identités, des oppositions; de chercher la raison suffisante des jugements et des faits; de rapporter un effet à sa cause, un moyen à sa fin, une conséquence à son principe, un fait à sa loi, une maxime au principe rationnel qu'elle rappelle et qui la légitime ou la condamne.

1° *Si deux idées sont identiques, ou opposées seulement en apparence, on les fait rentrer l'une dans l'autre ou on les concilie;* par exemple : vivre, c'est agir; — obéir, c'est vaincre; — il faut avoir de l'âme pour avoir du goût; — l'honneur aux nobles cœurs est plus cher que la vie; — concilier l'épargne avec la générosité et la charité; la modération et la force; le sacrifice et l'amour de soi; 2° *si elles sont inconciliables, on dit pourquoi et comment elles le sont;* par exemple : la liberté est incompatible avec la faiblesse; — jamais on n'a vu marcher ensemble la gloire et le repos (Bacon); — un esprit corrompu ne fut jamais sublime (Voltaire); 3° *dans certains cas, il faut faire des distinctions et les motiver, donner le pour et le contre;* par exemple : il faut être de son temps; 4° *dans d'autres, réfuter une assertion erronée et rétablir la vérité*[1]; par exemple : la vertu est affaire de tempérament[1].

« Peu de maximes, a dit Vauvenargues, sont vraies à tous égards, » c'est-à-dire d'une manière absolue. Si une maxime n'est pas absolument vraie, il faut marquer le point où elle cesse de l'être et montrer que, si on l'entend mal ou si on l'exagère, elle devient fausse et dangereuse. Ainsi, la maxime stoïcienne : *Il faut suivre la nature*, est vraie, si l'on entend par nature la volonté raisonnable dirigeant vers le bien toutes les forces de l'homme; elle est fausse si, comme les stoïciens, on retranche de la nature le cœur ou le sentiment, ou si l'on entend par nature les instincts ou les passions non soumis à l'empire de la raison, forces aveugles et désordonnées.

C'est par l'usage des principes que l'on apprend à développer un sujet par lui-même, à en tirer tout ce qu'il renferme; à puiser dans le fond même des choses les preuves, les moyens de conviction; à élever ce sujet en donnant à une question particulière l'intérêt et la lumière d'une question plus générale et plus haute.

TABLEAU ANALYTIQUE

I. NOTIONS ET VÉRITÉS PREMIÈRES

Définitions.	Les *notions* sont des *idées* : un mot suffit pour les exprimer : être, cause. Les *vérités* sont des *jugements* exprimés par une proposition : tout phénomène a une cause. Les *notions premières* sont les idées sans lesquelles la raison ne se conçoit pas : idées d'être, d'espace, de temps. Les *vérités premières* sont des jugements qui impliquent ces notions et qui nous servent à penser, « comme nos muscles et nos nerfs nous servent à nous mouvoir. » (Bossuet et Leibniz.)
Pourquoi on les appelle premières.	1° Parce qu'elles apparaissent dans l'esprit dès qu'il fait un usage normal de ses facultés; 2° A cause de leur importance; 3° A cause de leur liaison logique avec les vérités particulières qui en dérivent.

---

[1] Remarquons que souvent ces différents points de vue et d'autres encore se rencontrent dans le même sujet.

I. NOTIONS ET VÉRITÉS PREMIÈRES (Suite.)

Caractères des notions et vérités premières.

Elles sont : 1° *Nécessaires* : nous ne pouvons pas penser sans elles, et elles ne peuvent pas ne pas être vraies ;
2° *Éternelles* : elles existent avant l'esprit qui les conçoit : elles ont leur réalité vivante dans l'intelligence divine ;
3° *Absolues* : indépendantes des conditions de temps, de lieu, de quantité, de personnes ;
4° *Universelles* : communes à toutes les intelligences ; vraies de toutes choses ;
5° *Claires par elles-mêmes* : on ne les démontre pas : elles servent à démontrer toutes les autres ;
6° *A priori* : c'est-à-dire non dérivées de l'expérience.
— A priori ne doit pas s'entendre que nous les formulions avant toute expérience ; mais seulement que l'esprit, par son activité propre, les saisit intuitivement, à l'occasion d'un fait.

Rapports exprimés par les vérités premières.

Ce sont les rapports nécessaires des choses. Ils se ramènent à deux groupes :
1° *Rapports d'une chose à tout ce qui lui est identique* : principe à conséquence, contenant à contenu, convenance ;
2° *Rapports d'une chose à tout ce qui fait qu'elle est* : rapport de cause et rapport de fin.
Trois principes, qu'on appelle *principes régulateurs de la raison* ou *directeurs de la connaissance*, expriment et résument tous ces rapports : 1° principe d'*identité*, 2° de *causalité*, 3° de *finalité* ou des *causes finales*.

Principes propres, communs, pratiques, spéculatifs, analytiques, synthétiques.

Les *principes propres* sont particuliers à une science ou à un groupe de sciences ;
Les *principes communs* sont la condition de toute science ; ces principes ne sont autres que les vérités premières. Qu'ils soient *propres* ou *communs*, les principes sont dits *pratiques*, s'ils règlent la conduite ; *spéculatifs*, s'ils règlent la pensée.
Ils sont dits *analytiques*, lorsque l'attribut est contenu dans l'idée du sujet ; et *synthétiques*, lorsque l'attribut ne répète pas purement et simplement le sujet.

Classification des notions et des vérités premières { Les étudier dans le texte de la leçon, page 159.

II. PRINCIPE D'IDENTITÉ

Ce principe se rattache à la notion d'être :
Nous ne pouvons concevoir qu'une chose puisse être et n'être pas en même temps, et nous disons : *Ce qui est, est;* — *A est A;* — *le même est le même.*
Aristote fait de ce principe la base de la logique et de la métaphysique.
Principe de contradiction. — C'est le principe d'identité exprimé négativement : *Une chose ne peut pas être et n'être pas en même temps.*
Principe d'exclusion du milieu. — Il dérive du principe de contradiction : *Une chose est ou n'est pas;* il faut qu'une porte soit ouverte ou fermée.
Ce principe s'appelle encore *principe d'alternative, du milieu exclu, du tiers exclu.*
Rapports du principe d'identité avec la pensée. — Le principe d'identité conditionne la possibilité de la pensée. Il exprime la nécessité pour la pensée de rester d'accord avec elle-même et de ne pas se contredire.
Emploi du principe d'identité. — Les mathématiques ne sont qu'une application du principe d'identité ;
L'algèbre établit des équations : $A = A$, c'est-à-dire des *identités* ;
La définition est l'expression d'une identité ;
Les axiomes sont des identités qui n'ont pas besoin d'être démontrées.

III. PRINCIPES DE RAISON SUFFISANTE

Les principes de causalité et de finalité se résument en un seul principe, dit de *raison suffisante*, qui est le plus général des principes synthétiques.
Il se formule ainsi : *Nous ne pouvons concevoir que rien vienne de rien et soit sans but;* c'est-à-dire : aucune chose n'existe sans une raison qui explique comment et pourquoi elle existe.
Comment se rapporte à la cause efficiente ; *pourquoi*, à la cause finale.
Principe d'universelle intelligibilité. — C'est le nom donné au principe de raison suffisante, en tant que par lui nous croyons que tout ce qui existe est *intelligible*, c'est-à-dire a une raison d'être, une raison explicative.
L'esprit est *intelligent*, c'est-à-dire capable de comprendre ;
Le monde est *intelligible*, c'est-à-dire rationnel, capable d'être ordonné de telle sorte que les principes de la raison s'y vérifient toujours.

IV. PRINCIPES DE CAUSALITÉ ET DE SUBSTANCE

Les causes.
On distingue quatre causes :
1° La *cause matérielle*, qui répond à la question de composition : De *quoi* est fait un être?
2° La *cause formelle*, qui répond à la question de type : *Comment* est fait cet être?
3° La *cause efficiente*, qui répond à la question d'origine : *Par qui* est fait cet être ?
4° La *cause finale*, qui répond à la question de but : *Pourquoi* est fait cet être ?

La cause proprement dite, c'est la cause efficiente.

Principe de causalité.
La causalité est le lien réel qui unit une cause à un effet.
Le principe de causalité se formule ainsi : *Il n'y a pas d'effet ou de fait sans cause.*
C'est une loi invincible de l'esprit humain.

Cause et substance.
Tout être est *cause et substance :*
Cause, en tant qu'il est capable de produire certains effets ;
Substance, en tant qu'il est un être permanent, spécifié par divers caractères, support de divers attributs.

Principe de substance.
Le principe de substance se formule ainsi : *Tout attribut, tout mode suppose une substance.*
La forme des êtres change, leur manière d'être varie, mais leur substance demeure.

V. PRINCIPES DE FINALITÉ, DES LOIS, DE MOINDRE ACTION

Principe de finalité.
La fin ou cause finale, c'est ce pour quoi un être est fait ; c'est le but que se propose la cause efficiente en agissant.
Le principe de finalité se formule ainsi : *Tout ce qui est ordonné suppose une intelligence et un but.*

Fin suprême : fondement de l'ordre moral et social : « Il y a une fin suprême qui est Dieu ; une vie future, vers laquelle tout homme doit tendre : toute la moralité, toute la véritable utilité des actions humaines doit être appréciée d'après cette fin. » (Saint Thomas.)

Principe des lois, d'induction, d'ordre.
Le principe des lois se formule ainsi : *Tout dans l'univers est soumis à des lois stables et générales.*
Ce principe est le fondement des sciences physiques et naturelles ; on le nomme *principe d'induction* ou *principe d'ordre.*
Les principes de causalité, de finalité et des lois peuvent se résumer ainsi : Tout est l'œuvre d'une cause législatrice, et cette cause gouverne tout.

Principe de moindre action.
Au principe de finalité se rattache le principe de moindre action qu'on peut formuler ainsi : La nature suit toujours les voies les plus simples et produit le maximum d'effet avec le minimum de cause.
C'est sur ce principe que repose la *loi d'économie,* qui veut qu'en toutes choses on n'explique pas par le plus ce qui peut s'expliquer par le moins.

VI. IDÉE DE DIEU ET PREMIERS PRINCIPES, USAGE DES PRINCIPES

L'idée de Dieu et les premiers principes. — L'idée de Dieu résume en elle tous les principes directeurs de la raison :

1° *Principes d'identité et de contradiction :* Dieu est l'être nécessaire; il ne peut pas ne pas être ;
2° — *de causalité :* Dieu est la cause première sans laquelle les causes secondes ne peuvent être conçues ;
3° — *de raison suffisante :* Dieu seul est la raison suffisante de tout ce qui existe et peut exister ;
4° — *de finalité :* Dieu est le premier principe et la raison dernière de l'harmonie du monde ;
5° — *des lois :* il n'y a pas de loi sans législateur; Dieu est le législateur suprême.

VI. USAGE DES PRINCIPES

Usage des principes. — Les principes sont le fondement, la règle, la source de toutes les sciences.

Il ne faut parler, écrire, penser, agir, qu'à la lumière des principes. Toute contradiction apparaît immédiatement, mise en présence des principes.

« Avec ceux qui contestent les principes, on ne discute pas. »

VII. ORIGINE DES IDÉES ET DES PRINCIPES PREMIERS.

Peut-on expliquer les principes directeurs de la connaissance par l'expérience, l'association ou l'hérédité ? — Cette question pose l'important problème de *l'origine des idées.*
On peut ramener à trois groupes toutes les théories proposées :
1° *Empiristes* ou *sensualistes*, qui font dériver toutes nos idées des sens ou de l'expérience ;
2° *Idéalistes*, qui font appel à la raison plus qu'à l'expérience, ou à l'exclusion de l'expérience.
3° *Spiritualiste* ou *empirico-rationnelle*, qui explique les principes par le concours de l'intelligence et de l'expérience.

1° Théories sensualistes.

Elles se résument toutes dans la formule : « Il n'y a rien dans l'esprit qui n'ait passé par les sens. »
Voici les principales : 1° *Théorie des idées-images* (Démocrite, Épicure, Lucrèce) ; c'est une théorie entièrement matérialiste ;
2° *Système de la table rase, de Locke.* — Au commencement notre âme serait une *table rase*, vide de tout caractère, c'est-à-dire de toute idée ; la sensation et la réflexion sont la cause efficiente et totale de nos idées.
3° *Théorie de l'homme-statue, de Condillac.* — Toutes nos idées ne sont que des sensations transformées.
4° *Théorie positiviste.* — Comte, Littré et leurs disciples prétendent que l'absolu est inaccessible à l'esprit humain, que la science n'a d'autre objet que les faits et les lois, et ils rejettent ainsi tous les principes de métaphysique.
— On répond aux *positivistes*, comme à Condillac et à Locke, que l'expérience ne peut rendre compte du caractère absolu et nécessaire des principes premiers.
5° *Théorie associationiste.* — St. Mill, Bain, Spencer, etc., prétendent expliquer les principes par des *associations dites inséparables.* — L'association joue un rôle important dans l'acquisition des idées et dans l'éducation de l'esprit ; mais elle s'explique par la nature même de l'esprit, loin de l'expliquer.
6° *Théorie évolutionniste.* — H. Spencer ajoute *l'hérédité* à l'empirisme et à l'associationisme. Les principes acquis par la race seraient innés dans l'individu, tout comme les instincts. — L'évolutionnisme, pas plus que l'associationisme et l'empirisme, ne peuvent rendre compte des idées premières. Si les premiers principes sont innés par le fait de l'hérédité, il y a eu un moment où ils n'étaient pas. — La question est reculée, non résolue.
Tous ces systèmes peuvent contenir une part de vérité, mais ils sont dangereux et conduisent infailliblement au matérialisme et au scepticisme.

2° Théories idéalistes.

Les principales sont : 1° *La théorie de la préexistence des âmes et de la réminiscence*, de Platon. Le corps est une caverne dans laquelle l'âme est enfermée ; les idées sont des *réminiscences* de connaissances antérieures que les sens réveillent à propos des objets extérieurs. — Théorie contradictoire dans laquelle le corps est à la fois cause de la perte et de l'acquisition de la connaissance.
2° *Théorie de la vision en Dieu*, de Malebranche. — L'entendement est la faculté de recevoir des idées, mais son rôle est passif. Les idées ou les types des êtres sont en Dieu, et c'est en Dieu que nous les voyons intuitivement.
3° *Théorie des idées innées*, de Descartes. — Ce philosophe avait d'abord soutenu que Dieu avait déposé les idées dans l'intelligence, c'est-à-dire l'innéité absolue ; puis il ne soutint que l'innéité de la faculté de recevoir les idées de l'intelligence, ce qui est la vérité.
4° *Théorie des virtualités*, de Leibniz. — Les principes seraient gra-

vés dans notre âme à l'état de *prédispositions*, de *virtualités*; l'expérience serait seulement l'occasion de leur développement. Cependant il corrigea heureusement ainsi le principe des sensualistes : « Rien n'est dans l'esprit qui n'ait passé par les sens, excepté *l'esprit lui-même.* »

2° Théories idéalistes. (*Suite.*)

5° *Les formes de la raison pure*, de Kant. — Les lois nécessaires et universelles de l'Intelligence, que nous prenons pour les lois du monde réel, ne sont que les formes de notre pensée. Les choses n'existent qu'autant que nous nous en faisons l'idée.
— C'est un *subjectivisme* que le sens commun suffit à réfuter.
6° Le *traditionalisme*, qui prétend que les idées et les principes premiers ont été révélés par Dieu et se sont transmis de génération en génération avec le langage.
La théorie de la *raison impersonnelle*, qui n'admet qu'une seule et même raison, commune à tous les hommes.

Solution spiritualiste ou empirico-rationnelle. — Ni l'expérience seule ni la raison seule ne suffisent à expliquer l'origine des idées et des principes premiers. — Le spiritualisme fait la part de l'expérience et de la raison. La raison acquiert les notions et les vérités premières par sa vertu propre, avec le concours et à l'occasion des données expérimentales.

Dans cette solution, qui est celle de saint Thomas, de Bossuet, des scolastiques et des spiritualistes en général, et qui doit être tenue pour vraie, *les sens sont indispensables à la connaissance intellectuelle, parce qu'ils en fournissent la matière; mais c'est la raison qui, par l'abstraction, forme l'idée.* « L'intelligence est supérieure aux sens; mais elle a besoin de leur concours : il ne faut pas chercher l'origine des idées dans le corps ou l'âme seulement, mais dans le corps et l'âme réunis. » (SAINT THOMAS.)

13e LEÇON

CONSERVATION DE LA CONNAISSANCE : MÉMOIRE

Définition et objet de la mémoire. — La mémoire est la *faculté de conserver, de retrouver et de reconnaître, en les localisant dans le passé, nos perceptions antérieures, avec la conscience que nous les avons déjà eues.*

L'objet direct de la mémoire, ce sont les phénomènes psychologiques du passé, envisagé comme tel; c'est tout ce qu'on a connu, fait ou éprouvé. On se souvient directement d'avoir connu telle ou telle chose, et indirectement de la chose connue. Comme la conscience, la mémoire n'atteint immédiatement que le sujet, mais elle l'atteint dans le passé; c'est pour cela qu'on l'a appelée une *conscience continuée*. Le même fait psychologique qui, au moment de sa production, a été connu par la conscience *comme étant*, est reconnu par la mémoire *comme ayant été*.

Ces expressions du langage usuel : *Je me souviens de telle personne, de tel objet*, signifient : Je me souviens *d'avoir vu* telle personne, tel objet. « On ne se souvient pas des choses, on ne se souvient que de soi-même, » a dit Royer-Collard. Les choses qui sont l'objet du souvenir sont, en effet, absentes de l'esprit sous le rapport de l'espace et sous le rapport du temps. On se souvient de l'état où de l'action de l'esprit en leur présence, de la connaissance qu'on en a eue, non des choses elles-mêmes. Ce qui renaît des états antérieurs de conscience, c'est la partie subjective, non la partie objective. C'est ce qui explique la variété des souvenirs laissés par les mêmes êtres et les mêmes faits à différentes personnes : chacun les revoit à travers ses propres sensations ou ses propres sentiments.

Quant aux notions et aux vérités premières, qui sont le fond même de la raison, elles sont tellement présentes à l'esprit qu'on ne peut pas dire, à proprement parler, qu'elles sont l'objet de la mémoire. Elles sont toujours aperçues, quoique d'une manière irréfléchie, et leur souvenir n'en est que la connaissance réflexe.

Diverses sortes de mémoires. — Outre une mémoire *organique*, qui n'est que l'aptitude à reproduire spontanément certains mouvements, on distingue d'ordinaire : une mémoire *sensible* ou *imaginative* et une mémoire *intellectuelle*, qui peuvent, l'une et l'autre, être *spontanées* ou *réfléchies*. Il y a aussi la mémoire des *mots* et la mémoire des *choses*, la mémoire des *sons*, des *couleurs*, du *goût*, etc.

Il est d'expérience journalière que les muscles *apprennent* à faire certains mouvements; après chaque exercice, ils sont plus aptes à la reproduction du *processus* organique. A l'origine, il y a attention, conscience; mais peu à peu il se forme dans les éléments nerveux des *associations dynamiques* plus ou moins stables, et la conscience, tout au moins la conscience claire et distincte, disparaît insensiblement. Une foule d'actes que nous exécutons automatiquement : monter, descendre, marcher, jouer du piano, reposent sur une mémoire organique, qui *conserve* et *reproduit* ses connaissances à l'instar de la mémoire intellectuelle et de la mémoire sensible, toutefois avec le phénomène de la *reconnaissance* en moins. On est plus ou moins adroit ou maladroit, suivant que la mémoire organique est plus ou moins développée.

Il faut, de plus, distinguer, avec Bossuet, « la mémoire qui s'appelle *imaginative* (sensible), où se retiennent les choses sensibles et les sensations, et la mémoire *intellectuelle*, par laquelle se retiennent les choses de raisonnement et d'intelligence. » Celle-ci appartient à la vie morale, elle est propre à l'homme; celle-là appartient à la vie sensitive, elle est commune à l'homme et à l'animal. La première reproduit les images; la seconde, les idées. De là la différence des lois qui les régissent : dans la mémoire sensible, les souvenirs ne sont liés entre eux que par des rapports tout empiriques de ressemblance et de contiguïté; dans la mémoire intellectuelle, ils s'unissent surtout par des rapports logiques. « La mémoire intellectuelle ne fait nullement double emploi avec la mémoire sensible, dit l'abbé Farges, quoiqu'il en puisse sembler autrement à première vue. Celle-ci est une faculté organique et physico-psychique; elle conserve une habitude des images de même nature. Celle-là est d'un ordre purement psychique et immatériel, comme les idées pures et les faits psychiques dont elle conserve le souvenir. » Ces deux mémoires se superposent et se complètent comme les étages d'un même édifice; elles sont intimement mêlées l'une à l'autre, comme l'image et l'idée : tantôt le retour de l'image provoque le retour de l'idée, tantôt l'idée éveille l'image de l'objet qu'elle représente. « Cette union, quelque intime qu'elle soit, n'est pas une raison pour les confondre et pour ne pas reconnaître les différences essentielles que l'analyse la plus élémentaire nous y fait découvrir; si les modernes les identifient, ce n'est là qu'une conséquence naturelle de la confusion encore plus grave qu'ils ont déjà commise entre les deux ordres de connaissance sensible et intellectuelle. » (ID.) D'une manière générale, la première domine chez l'enfant, chez l'homme d'imagination : elle est facile et fugitive; la seconde, propre aux hommes faits, domine chez le penseur, le savant : elle est difficile, mais tenace. C'est de la seconde qu'Ozanam a dit : « La mémoire, qui est *elle-même une forme particulière de la raison*, ne retient les choses que par leur élément rationnel, par l'évidence des principes, par la rigueur des conclusions. »

L'intelligence concevant les idées à l'occasion des faits sensibles, la mémoire sensitive devance, chez l'enfant, la mémoire intellectuelle; l'enseignement intuitif, c'est-à-dire par les sens, doit donc préparer l'enseignement par le raisonnement. Voir et entendre aident à comprendre et à retenir. De là la nécessité des leçons de choses, au début des études.

A un point de vue plus particulier, on distingue la *mémoire des mots* et la *mémoire des choses*. La première consiste à réciter fidèlement et à rendre mot pour mot ce qu'on a appris par cœur; elle est indépendante de l'intelligence : que de personnes récitent des morceaux dans des langues qu'elles ne connaissent pas! La seconde consiste à retenir, non les mots, mais le fond, le sens, la suite des choses. L'une sans l'autre est peu utile et presque impossible.

De même que l'on distingue une sensibilité spéciale à chaque sens, on distingue une *mémoire des sons*, *des couleurs*, une *mémoire tactile*, une *mémoire du goût* et *de l'odorat*. Les maladies qui enlèvent une de ces mémoires sans toucher aux autres prouvent que cette distinction est fondée, et que ces mémoires sont nettement localisées dans le cerveau : ainsi l'*aphémisme* est la perte de la mémoire verbale ou des mouvements vocaux; l'*agraphie*, la perte de la mémoire de l'écriture ou des mouvements graphiques; la *surdité verbale*, la perte de la mémoire auditive : la parole est entendue comme un bruit ou un son musical, non comme signe de langage.

La mémoire peut être *spontanée*, involontaire, ou *réfléchie*, volontaire. Les expressions suivantes du langage ordinaire indiquent bien cette distinction; on dit : *il me souvient*, et *je me rappelle*. *Se souvenir* s'applique aux choses qui se présentent d'elles-mêmes à la pensée, sans qu'on les ait cherchées; *se rappeler*, à celles qui ne reviennent qu'à la suite de la réflexion, de l'association volontaire.

Unité de la mémoire. — Malgré cette diversité apparente et les distinctions nécessaires, il est permis d'affirmer *l'unité de la mémoire*, laquelle est constituée par *l'identité de la conscience* à travers la succession des phénomènes. Pour se souvenir, il faut être resté le même, avoir *duré* identique à soi-même; il faut que l'être qui *reconnaît* soit le même que celui qui a *connu*. L'empirisme, qui fait de la substance, et par conséquent du moi, une collection de phénomènes, ne saurait expliquer cette unité des différentes mémoires qu'atteste la conscience : il met le *successif* et le *divers* là où la conscience nous dit qu'il y a le *permanent*. Si le moi qui se souvient d'avoir vu tel objet n'est pas le même que celui qui l'a vu, il y a connaissance, et non *reconnaissance*; il n'y a pas de souvenir.

La *diversité des mémoires*, ou plutôt la *diversité des fonctions de la mémoire*, s'explique par le plus ou moins grand développement des sens et de leurs organes, par l'intérêt et l'attention que les hommes n'accordent pas aux mêmes choses et au même degré, par l'éducation, les aptitudes de l'esprit, l'exercice, l'habitude.

Fonctions ou moments de la mémoire. — Les fonctions ou, si l'on veut, les *divers moments* (phases ou stades) de la mémoire sont : de *conserver*, de *reproduire* et de *reconnaître, en les localisant dans le passé,* les états antérieurs de conscience. La reconnaissance et la localisation dans le passé, qui sont le caractère distinctif de la mémoire, impliquent la conservation et la reproduction.

Conservation. — La mémoire continue la conscience; mais comment le fait-elle? On s'accorde généralement à dire que ce qu'elle garde des actes accomplis ou des états antérieurs de conscience, c'est l'aptitude à les reproduire, c'est une disposition permanente à refaire, si les circonstances s'y prêtent, ce qu'elle a déjà fait, à penser de nouveau ce qu'elle a déjà pensé. L'aptitude à renaître est une loi générale des images et des idées. La loi de conservation peut donc se formuler ainsi : *Tout phénomène qui a été présenté à la conscience est susceptible de lui être représenté;* en d'autres termes : *Rien de ce qui est donné à la conscience n'est perdu pour elle.* Cette loi s'explique : *psychologiquement*, par la loi d'association en vertu de laquelle, lorsque deux images ou deux idées ont été présentes à la conscience simultanément ou en succession contiguë, le retour de la première provoque le retour de la seconde; ou encore, lorsqu'il y a entre elles similitude ou analogie, contraste ou opposition, elles se groupent et se suscitent les unes les autres ; — *physiologiquement*, elle s'explique par la loi en vertu de laquelle l'état organique qui accompagne l'état primitif de conscience laisse dans le cerveau une aptitude naissante à sa reproduction, aptitude que la fréquente répétition consolide et fait passer à l'état d'habitude.

Reproduction. — C'est le retour, la réapparition, la réviviscence d'un fait de conscience passé. Ce retour des idées ou des images dans la conscience se fait *spontanément* ou *volontairement* et en vertu de la loi d'association : — *spontanément:* c'est un air musical qui a plu et que l'on entend par intervalles résonner à son oreille ; c'est un passage, une scène, dont on a pour ainsi dire les yeux emplis ; c'est le remords, c'est-à-dire le souvenir douloureux de son crime que le coupable ne peut éloigner ; — *volontairement*, lorsque la volonté intervient par l'attention et met elle-même en jeu la loi d'association, corollaire de la loi de conservation et que l'on peut formuler ainsi : *Les groupes anciens d'idées, d'images, d'états de conscience tendent à se reconstituer.*

On reconnaît cette loi, quand on dit qu'il faut éviter les insinuations, les allusions qui pourraient réveiller, dans la pensée de ceux à qui l'on parle, des souvenirs qu'on a intérêt à laisser dormir. On dit encore : « Mettez-moi sur la voie, » pour être aidé à retrouver un souvenir qui fuit ; ce qui veut dire : Suggérez-moi une idée associée à celle que je cherche et qui me serve de point de repère pour la retrouver.

Reconnaissance. — Reconnaître une idée ou un fait de conscience, c'est en compléter le souvenir en les associant à d'autres idées ou à d'autres faits qui les localisent dans le passé. La reconnaissance (quand il s'agit de souvenir) est un jugement par lequel on affirme que ce que l'on pense, on l'a déjà pensé, que le fait en question a déjà paru dans la conscience, jugement qui implique la croyance à l'existence passée, dans la conscience, de la pensée ou du fait, la notion de la durée successive et de l'identité du moi.

La mémoire de l'animal ne conserve et ne reconnaît que des souvenirs d'objets sensibles et matériels, souvenirs qui ne sont jamais unis qu'en vertu d'associations empiriques innées ou acquises, par lesquelles il contrefait nos liaisons d'idées et nos jugements. Il importe de remarquer que la reconnaissance, chez l'animal, n'est pas un acte de vraie reconnaissance, puisque l'animal n'a ni le sentiment de l'identité personnelle, ni les idées rationnelles de présent et de passé, de temps et d'espace. Elle suffit d'ailleurs aux nécessités de la vie animale de relation.

Mécanisme de la localisation dans le passé. — Localiser un fait, c'est déterminer avec précision dans quelle partie du passé il s'est produit ; c'est substituer à l'affirmation du *déjà vu* ou *déjà éprouvé*, je ne sais quand et je ne sais où, l'affirmation du *déjà vu* ou *déjà éprouvé* à telle date et dans tel lieu. Tant qu'une image ou un état de conscience reste isolé, sans rapport avec d'autres états qui ont pu pour nous une place fixe dans le temps, nous n'y voyons qu'un état qui n'a pas sa place dans le présent ; pour déterminer sa position, il faut le faire entrer dans une série plus ou moins longue qui aboutisse au présent. Les états de conscience ont une certaine durée, par conséquent deux bouts, un bout initial et un bout terminal. Ils sont comme soudés bout à bout, par le bout initial à l'état antérieur, par le bout terminal à l'état postérieur. Quand on lit, par exemple, le cinquième mot d'une phrase, il reste encore quelque chose du quatrième. Chaque état de conscience ne s'efface que progressivement : il laisse un prolongement analogue à ce que l'optique appelle une *image consécutive*. Les états de conscience sont donc en connexion très précise (dans l'exemple cité, le quatrième et le cinquième mot), puisque la fin de l'un touche le commencement de l'autre. Le fait à localiser « voyage avec divers glissements en avant ou en arrière sur la ligne du passé », jusqu'à ce qu'il s'ordonne avec d'autres, se plaçant avant ou après suivant l'ajustement des bouts. On détermine les positions dans le temps, comme les positions dans l'espace, par rapport à un point fixe, qui, pour le temps, est notre état présent. Le passage régressif peut se faire aussi bien du dixième au neuvième état de conscience d'une série, qu'il se fait du troisième au second et de celui-ci au premier. Chaque état de conscience ayant sa durée, le nombre des états ainsi parcourus régressivement et leur durée donnent la position d'un état quelconque par rapport au présent.

Pratiquement, on a recours à des procédés plus simples et plus expéditifs. Au lieu de suivre cette marche régressive à travers tous les intermédiaires, on prend des *points de repère*, c'est-à-dire des faits plus importants, plus connus, qui font saillie dans la mémoire et autour desquels se groupent les faits secondaires. On fait osciller entre plusieurs faits passés le souvenir à localiser, jusqu'à ce qu'on puisse le situer avant ou après l'un d'eux dont la date est exactement connue. (D'après Th. Ribot, *Maladies de la mémoire*.)

Qualités et défauts de la mémoire. — On rapporte, en général, aux trois fonctions de la mémoire les qualités d'une mémoire parfaite, qui sont : la *facilité* et la *ténacité* à conserver, la *promp-*

titude à rappeler et la *sûreté* à reconnaître et à localiser. La mémoire est dite *lente* et *fugitive*, si elle ne retient pas aisément, si elle perd très vite ses souvenirs; *rebelle*, si elle ne rend pas à propos ce qu'on lui a confié; *infidèle*, si elle confond les temps ou les faits.

Souvenir, réminiscence. — Le souvenir est l'acte complet de la mémoire : il implique la reconnaissance de l'idée ou de l'image et sa localisation dans le passé. La réminiscence est un demi-souvenir, un souvenir incomplet, non accompagné de reconnaissance. « La réminiscence est comme l'ombre du souvenir. » (JOUBERT.) C'est un réveil fortuit de traces anciennes dont l'esprit n'a pas la connaissance nette et distincte. « La mémoire imaginative ne fournit que des réminiscences, où le passé reparaît sans être jugé comme tel; la mémoire intellectuelle y ajoute un jugement exprès de reconnaissance et transforme les réminiscences en souvenirs. Qui dit réminiscences, dit souvenirs confus, vagues, flottants, incertains, involontaires. » (SAINTE-BEUVE.)

Un vers qui revient à l'esprit sans qu'on se rappelle quel en est l'auteur; un motif musical que l'on fredonne sans savoir où on l'a entendu; une personne que l'on rencontre, dont les traits sont connus et dont on ne peut dire le nom, ni rien de précis qui la concerne : voilà des réminiscences. Fontenelle, écoutant un poète lire des vers de sa façon, ôtait de temps en temps son chapeau. « Que faites-vous? lui dit l'autre. — Je salue au passage de vieilles connaissances, » répondit Fontenelle. Celui-ci avait des souvenirs, et l'autre avait eu des réminiscences.

Oubli. — Le contraire du souvenir est l'*oubli*, qui désigne tantôt l'inconscience momentanée, tantôt la perte des notions acquises. Ce phénomène est aussi difficile à expliquer que la mémoire.

L'oubli implique la mémoire et en est en quelque sorte la condition. Il semble que l'idéal de la mémoire consisterait à ne rien oublier. Mais, si on y réfléchit, on voit qu'en effet l'oubli est une des conditions de la mémoire, comme l'a fait ressortir M. Ribot, dans son livre des *Maladies de la mémoire*. Sans l'oubli total d'un nombre prodigieux d'états de conscience et l'oubli momentané d'un grand nombre, il y aurait un tel encombrement dans l'esprit que nous ne pourrions nous souvenir. On peut dire que se souvenir, comme penser, c'est choisir, et choisir, c'est éliminer.

Conditions du travail de la mémoire. — 1° *Conditions physiques et physiologiques.* — Ce sont la *santé* et *l'état de veille*. Pour qu'une impression se grave dans l'esprit et y reste, il faut qu'elle soit vive et nette; or elle ne le sera pas si l'esprit est languissant ou endormi, ou si le système nerveux est affaibli [1]. Le cerveau ne garde l'impression du passé et ne peut la renouveler que s'il est dans un état sain et normal.

Les meilleures conditions hygiéniques sont les plus favorables à la mémoire; tous les abus qui nuisent à la santé et diminuent la vitalité générale sont mortels à l'intelligence, et tout d'abord à la mémoire.

Abstraction faite de ce qu'elle gagne ou perd par l'exercice ou l'inaction, la mémoire est à son maximum de docilité dans la jeunesse et surtout dans l'enfance; la raison en est que les organes ayant alors l'activité fonctionnelle la plus intense, les impressions ont aussi le plus de fraîcheur, de vitalité et de relief.

---

[1] « On peut admettre qu'aux premières heures de la journée l'énergie totale de l'organisme est à son maximum, tandis qu'elle baisse vers le soir; ainsi la matinée est le moment des acquisitions intellectuelles. » (BAIN.)

2° *Conditions psychologiques.* — Ce sont : *a)* L'*attention* ou *effort volontaire de l'esprit.* — Voir clair dans ses idées est une des conditions du travail d'apprendre : rien n'est ennemi de la mémoire comme la confusion; or l'attention, qui distingue les perceptions et les idées, est le moyen par excellence de dissiper la confusion ; on l'a appelé le *besoin du souvenir.*

Voir sans regarder, entendre sans écouter, ne produit que des perceptions vagues, confuses, qui s'effacent rapidement. Il ne reste rien dans l'esprit d'une lecture faite en pensant à autre chose. Distrait, on relit cent fois, sans la retenir, une pièce de vers, qu'on apprendra en quelques minutes d'application intense. C'est parce que les idiots sont incapables d'attention que leur mémoire est d'une extrême débilité. La valeur et la durée du souvenir sont d'ordinaire proportionnées au travail qu'a coûté l'acquisition.

b) La *répétition.* — Pour apprendre une leçon, il faut se la répéter à soi-même un certain nombre de fois; la mémoire, de même que l'habitude, ne s'acquiert que par la répétition. Tout acte de l'esprit, comme tout mouvement des organes, laisse en nous, après lui, une tendance et une aptitude à le reproduire, tendance et aptitude dont l'énergie varie avec l'effort ou avec sa répétition. Il faut se rappeler qu'une science jeune trahit : « On ne sait bien quoi que ce soit, a dit Joubert, que longtemps après l'avoir appris, » c'est-à-dire après qu'on en a fait une habitude de l'esprit.

c) L'*émotion* ou *vivacité de l'impression première* et l'*attrait.* — Les souvenirs auxquels s'attache une émotion forte, plaisir ou peine, se gravent d'une façon plus rapide et plus durable que ceux qui laissent la sensibilité indifférente. L'union intime de l'intelligence et de la sensibilité fait que toute vive excitation de l'une profite à l'autre. Le sentiment est bon et fidèle gardien du souvenir : l'on n'oublie ni ce que l'on aime, ni ce que l'on hait. La docilité de la mémoire est en raison directe de l'intérêt et de l'effort. Un élève qui ne s'intéresse pas aux leçons qu'il doit étudier, en est puni par la difficulté de les retenir.

d) L'*ordre*, la *liaison*, le *classement des faits et des idées.* — Il y a deux sortes d'ordre, comme il y a deux genres d'associations des idées : un ordre tout *accidentel* et très peu logique, naissant d'associations arbitraires (rapprochement dans le temps, dans l'espace, ressemblance des sons); un ordre vrai, *logique*, fondé sur les rapports tirés de la nature des choses.

Le premier soulage parfois la mémoire et rend quelques services; voilà pourquoi la mnémotechnie artificielle et de convention n'est pas à rejeter radicalement; mais il faut en user avec modération. La mnémotechnie véritable, c'est l'ordre naturel et logique. L'ordre naturel et logique dans la liaison des idées fait qu'elles forment comme une chaîne que l'on tire à soi tout entière dès qu'on en tient le premier anneau. Parfois un ordre moitié rationnel et moitié factice est utile; les synchronismes, par exemple, soulagent la mémoire et n'offrent pas d'inconvénients sérieux.

Un excellent moyen de mettre de l'ordre dans ses idées et d'aider le travail de la mémoire, c'est de prendre des notes. « La liberté ou la négligence de la mémoire, disait d'Aguesseau à son fils, ont besoin d'être dominées par quelque chose de plus fort, et il n'y a que la plume qui puisse vous en rendre le maître. Se contenter de lire les choses, c'est écrire sur le sable; les arranger soi-même, et les digérer par écrit, selon son goût et sa méthode particulière, c'est graver sur l'airain. »

3° *Conditions métaphysiques.* — Ce sont : la *notion du passé*, l'idée du point précis du temps où se place le souvenir, et la *croyance à l'identité personnelle*, c'est-à-dire à la continuité de notre existence, depuis l'époque où s'est produit l'état de conscience qui fait l'objet du souvenir.

Il n'y a *souvenir*, en effet, que si le moi qui se souvient *aujourd'hui* est *identique* au moi qui a *précédemment* connu. C'est donc à la mémoire que nous devons les notions d'*identité* et de *durée*, éléments essentiels du souvenir, ou plutôt c'est la raison qui les dégage, à propos du fait de mémoire qui les implique.

Maladies de la mémoire. — Aux conditions physiologiques de la mémoire se rapporte la question des maladies qui l'altèrent plus ou moins profondément. On en distingue deux formes principales : l'*amnésie* et l'*hypermnésie*. On appelle *amnésie* (de *a* priv., *mnésis*, mémoire) une diminution notable ou la perte complète de la mémoire. Elle peut être *totale* ou *partielle*, *subite* ou *progressive*, *temporaire* ou *définitive*.

L'amnésie *totale* et *temporaire* se présente dans les cas d'*épilepsie*. L'amnésie *partielle* et *temporaire*, ou simplement *partielle*, est la plus fréquente. On perd toute une classe de souvenirs. M. Ribot (*Des maladies de la mémoire*) cite un enfant qui, après s'être heurté violemment la tête, resta trois jours inconscient. En revenant à lui, il avait oublié tout ce qu'il savait de musique. Rien d'autre n'avait été perdu. — On a vu des musiciens perdre tel ou tel ton, et être obligés de renoncer à la musique; des peintres n'avoir plus la notion d'une certaine couleur. Un médecin anglais, Holland, visitant les mines du Harz, se trouva tout à coup avoir oublié tout son allemand, et il ne put le retrouver qu'après avoir pris un peu de nourriture et s'être reposé quelque temps. — Il y a encore bien des formes de l'amnésie partielle : l'amnésie des signes vocaux ou *aphasie*; l'amnésie des signes graphiques ou *agraphia*, etc.

Dans l'amnésie *progressive*, on perd successivement les souvenirs de l'heure, du jour, du mois écoulé, de l'année, des années précédentes; c'est-à-dire dans l'ordre inverse de l'ordre d'acquisition [1] ; puis, quand on revient à la santé, ils se retrouvent dans l'ordre d'acquisition : les derniers perdus, qui étaient les plus profonds, sont restaurés les premiers. Dans l'amnésie de la vieillesse, ce sont les souvenirs récents qui ont le moins de consistance.

On appelle *hypermnésie* la maladie contraire à l'amnésie; c'est une surexcitation de la mémoire, produite par la maladie ou par certains narcotiques, tels que l'opium ou simplement l'alcool. L'épuisement et l'affaiblissement des facultés succèdent à cette excitation factice et anormale.

Dans son livre *De l'intelligence*, Taine cite le cas suivant : Le valet de chambre d'un ambassadeur espagnol, garçon de moyens ordinaires, que ses fonctions faisaient assister à des conversations importantes, paraissait n'en avoir jamais

---

[1] « La destruction de la mémoire va du moins stable au plus stable, du plus récent au plus ancien, du plus complexe au plus simple. » C'est ce que M. Ribot appelle *loi de régression* (régression, mouvement en arrière, s'oppose à progression).

rien retenu. Il fut attaqué d'une fièvre cérébrale, et, pendant son délire, il répétait avec beaucoup d'ordre plusieurs discussions..., au point que l'ambassadeur venait l'écouter et projetait d'en faire un secrétaire; mais l'affection du cerveau se dissipa, et le malade, en guérissant, perdit toute mémoire.

Remarquons que les maladies qui altèrent la mémoire, et avec elle l'idée de l'identité personnelle, condition essentielle de la mémoire, ne font pas cesser d'être identique. L'identité, en elle-même, est indépendante de la mémoire et de ses vicissitudes. Les maladies de la personnalité sont plutôt des maladies de la mémoire, ou des altérations de l'*idée du moi* qu'une atteinte portée à son identité.

Diverses théories pour expliquer la mémoire. — On a imaginé plusieurs hypothèses pour expliquer comment les notions acquises se conservent, sans que nous en ayons conscience, et reparaissent à un moment donné. Ces hypothèses sont presque toutes *mécanistes* ou d'ordre *physiologique*; par exemple, celle des *esprits animaux* et des *empreintes* cérébrales, ou de la persistance des impressions faites sur le cerveau, exposée par les spiritualistes du xviie siècle : Descartes, Bossuet, Malebranche, aussi bien que par Gassendi; celle des *associationistes*, qui ramène à deux les conditions physiologiques de la mémoire : une modification particulière imprimée aux éléments nerveux (cellules), et une association ou connexion particulière entre un certain nombre de ces éléments.

On admet généralement le concours simultané des états nerveux et des efforts volontaires de l'intelligence. Le travail de l'esprit ne va pas sans un certain travail cérébral; aux modifications et aux habitudes de l'esprit correspondent des modifications et des habitudes organiques. Ce qui reste en nous, entre la perception primitive et le souvenir, c'est une *aptitude acquise*, une disposition permanente, une habitude. Aussi a-t-on essayé de ramener la mémoire à l'habitude, et réciproquement. « La vérité est, dit P. Janet, qu'il y a une part commune entre les deux faits, et que nulle autre de nos facultés ne doit autant que la mémoire à la répétition des actes. L'habitude étant un fait plus général que la mémoire, c'est la mémoire qui s'explique, en partie du moins, par l'habitude, et non l'habitude par la mémoire. »

La mémoire enveloppant l'idée du temps et de l'identité personnelle conduit par là, comme la plupart des problèmes psychologiques, à une métaphysique de l'esprit. *Le mécanisme explique tout de la mémoire, excepté la mémoire elle-même.* Comment expliquer l'*oubli*, la *persistance* et la *réapparition*, la *reconnaissance* du phénomène reproduit par la conscience?

Les philosophes sont à peu près d'accord pour dire qu'on se fait, jusqu'à un certain point, soi-même sa mémoire, qu'on a la mémoire que l'on s'est faite. Il y a cependant des souvenirs dont nous ne pouvons ni nous affranchir ni disposer à notre gré : les remords, par exemple; ce qui établit encore une différence entre la mémoire et l'habitude.

Rôle et nécessité de la mémoire. — Toutes nos opérations intellectuelles impliquent l'emploi de la mémoire. La plus simple de ces opérations, la comparaison, ou encore le jugement, qui affirme la convenance ou la disconvenance de deux idées, ne peut s'effectuer que dans une série d'instants successifs. Pour qu'il y ait unité, il faut que l'esprit ait encore présente la première idée quand il passe à la seconde, et qu'il les voie toutes deux quand il prononce le jugement.

Nécessaire à toutes nos opérations intellectuelles, la mémoire est la condition de toute instruction, de tout progrès. L'homme ne sort de l'ignorance et ne parvient à l'usage de la raison que parce qu'il a le pouvoir de conserver le souvenir de ses perceptions, de ses idées, de ses actes, et de les rappeler pour servir de base à ses jugements, à ses raisonnements, à ses réflexions. Sans cette faculté, tous ses efforts pour s'instruire demeureraient stériles; il serait obligé de recommencer sans cesse et de revenir toujours au même point de départ. L'oubli, c'est la mort de la science et de l'expérience ; car la science n'est qu'un souvenir conservé et ordonné, l'expérience un souvenir réfléchi.

NOTES COMPLÉMENTAIRES

Dangers du développement exclusif de la mémoire. — Autant la mémoire est utile quand elle est au service de l'intelligence, autant elle est nuisible quand elle est mise à la place et cultivée au détriment de l'intelligence. Les méthodes accélérées, fondées sur le développement exclusif de la mémoire, sont toutes plus ou moins funestes. Le temps et la peine qu'on met à graver dans son esprit, sans les bien comprendre, des mots, des dates ou des formules, sont souvent perdus pour le vrai travail et le vrai progrès de la pensée.

« Il ne faut pas attacher le savoir à l'âme, dit Montaigne, il faut l'y incorporer. Celui-là a mieux profité aux leçons qui les fait, que qui les sait; » et Saint-Marc Girardin : « L'esprit ne s'approprie ce qu'il apprend que par la réflexion, comme le corps ce qu'il reçoit que par la digestion. »

Rapports de la mémoire et du jugement. — Il n'est pas rare d'entendre déprécier les *bonnes mémoires*. Comme le remarque la Rochefoucauld : « Tout le monde se plaint de sa mémoire, et personne ne se plaint de son jugement. » La mauvaise réputation des *bonnes mémoires*, c'est-à-dire des mémoires cultivées trop exclusivement, n'est pas tout à fait imméritée : le grand nombre de souvenirs mal assimilés surcharge et alourdit l'esprit, et lui enlève toute originalité. « Ils font de leur tête, dit Malebranche, une espèce de garde-meuble, dans lequel ils entassent, sans discernement et sans ordre, tout ce qui porte un certain caractère d'érudition. » — « Un homme qui n'a que de la mémoire est comme celui qui possède une palette et des couleurs ; mais pour cela il n'est pas peintre. » (MALESHERBES.) Il mérite l'épitaphe à double sens, faite pour le P. Hardouin : « Homme d'heureuse mémoire, qui attend le jugement. » Montaigne s'est élevé avec force contre cette culture de la mémoire, faite au détriment des autres facultés et opérations intellectuelles : « Nous ne travaillons qu'à remplir la mémoire, et laissons la conscience et l'entendement vides. — Nous prenons en garde les opinions et le savoir d'autrui, et puis c'est tout : il les faut faire nôtres. — On ne cesse de criailler à nos oreilles comme qui verserait dans un entonnoir. — Nous avons l'âme non pas pleine, mais bouffie. — On nous plaque d'ordinaire les maximes des anciens en la mémoire, toutes empennées comme des oracles, où les lettres et les syllabes sont de la substance de la chose. — Que le jugement conserve ses allures franches, nous le rendons servile et couard, pour ne lui laisser la liberté de rien faire de soi. »

Il y a quelque chose de fondé dans ces critiques de la mémoire; mais elles sont en général exagérées. Tous les grands hommes ont eu une mémoire heureuse. C'est qu'il n'est pas possible d'exceller dans les sciences, dans les lettres, dans les arts, dans la politique, sans un grand nombre de connaissances. On peut généraliser ce que Bossuet dit du style : « Ce qui est le plus nécessaire pour former le style, c'est de bien comprendre la chose, de pénétrer le fond et la fin de tout, et d'*en savoir beaucoup*, parce que c'est ce qui enrichit et qui forme le style qu'on nomme *savant*, qui consiste principalement dans des allusions et des rapports cachés, qui montre que l'orateur sait beaucoup plus de choses qu'il n'en traite, et divertit l'auditoire par les diverses vues qu'on lui donne. » (*Note pour le cardinal de Bouillon.*)

Il faut éviter d'encombrer la mémoire. — Parfois l'excès de mémoire, le grand nombre des souvenirs ne fait que surcharger, alourdir et encombrer l'esprit. Quand on sait si bien tout ce que les autres ont dit et pensé, on a trop souvent une manière toute faite de juger ; on perd toute originalité, et parfois toute finesse, faute de voir les nuances des choses, les différences de temps, de lieu, de milieu ; souvent aussi on se rend intolérable par l'ostentation d'érudition, par des citations indiscrètes et fatigantes. La mémoire sert à tout et ne suffit à rien. Elle est un moyen d'éducation ; il ne faut pas en faire un but. « Mieux vaut une tête bien faite que bien pleine, » a dit Montaigne ; et encore : « Il faut s'enquérir qui est mieux savant, non qui est plus savant. » Le moyen d'enrichir la mémoire sans l'encombrer, c'est de procéder avec ordre et choix dans l'enseignement ou dans l'étude, et de dégager des menus faits les idées générales qui les résument. Les idées générales soulagent parfois la mémoire, parce que, sous une représentation unique, un seul mot, une seule formule, elles embrassent une multitude d'individus ou de faits particuliers.

S'il est vrai que « qui trop embrasse mal étreint », il l'est aussi que qui n'embrasse pas assez n'étreint pas; car les sciences s'appuient et se complètent les unes les autres, et les associations entre les diverses connaissances ne se produisent que lorsqu'on possède une culture générale. Une « tête bien faite » ne peut pas être une tête vide. Apprendre beaucoup de choses, à la condition d'en connaître les rapports et de les lier fortement, est aussi favorable à la culture de la mémoire qu'au développement de l'intelligence.

Dans le travail de formation des souvenirs, il ne faut jamais se contenter de l'à peu près. — On ne doit abandonner une idée, un raisonnement, un ensemble que lorsqu'on en est vraiment maître et qu'il est définitivement fixé dans l'esprit.

Lorsque, dans l'étude des sciences, on rencontre un principe ou un raisonnement qu'on a de la difficulté à saisir, il faut apprendre mot à mot. Il est rare que cet effort de mémoire ne soit pas récompensé sur-le-champ par l'intelligence complète du principe ou du raisonnement. Les morceaux choisis des classiques doivent être appris de la même façon; ce sont des modèles que l'on grave dans l'esprit, il ne faut pas les dénaturer.

« Il est très important, non seulement pour la formation du goût, mais aussi pour la connaissance de la langue, de mettre dans sa mémoire quelques pages choisies des meilleurs écrivains. Peut-être n'y a-t-il pas de moyen plus sûr pour apprendre à penser, à parler et à écrire avec correction et avec nuance. La logique instinctive de l'esprit acquiert de la sorte pénètre en lui plus profondément que toutes les règles. Celles-ci d'ailleurs, dans la mesure où elles sont indispensables (et elles le sont), ne rendent à leur tour tout le service pratique qu'on en attend, qu'à condition d'être aussi vivement présentes à la mémoire que bien comprises de la raison. » (MARION.)

Pensées. — Les anciens avaient divinisé la mémoire et en avaient fait la mère des Muses, c'est-à-dire la mère de tous les arts. Ils entendaient par là que toute création ou toute production artistique ou scientifique est subordonnée au nombre et à la valeur des souvenirs que la mémoire fournit.

« Il y a plus de sens qu'on ne pense dans le peuple, lorsque, pour exprimer son dédain ou son admiration, il se borne à dire : *Il n'a pas de mémoire;* ou bien : *C'est un homme qui a une grande mémoire.* C'est qu'en effet la mémoire est la force, la richesse des autres facultés intellectuelles. » (DUPANLOUP.)

Apprendre par cœur, c'est faire passer sous le regard de l'esprit, c'est unir dans la conscience des séries de mots et d'idées, de propositions et de jugements, de phrases et de pensées, en un mot, de signes et de choses signifiées. *Réciter,* c'est montrer le résultat de l'association faite en apprenant par cœur. On ne récite que les mots, si on n'a été attentif qu'aux mots; on rend les idées, si ce sont les idées qu'on a surtout remarquées; on a les idées et les mots, si on s'est appliqué à les associer. L'écolier qui n'a pas réfléchi en étudiant, et qu'on force à réfléchir en récitant, est dérouté : il ne retrouve plus ni les mots ni les idées.

« On ne sait bien, très bien dans le reste de sa vie que ce que l'on a bien appris de bonne heure; il est donc nécessaire de ne rien négliger pour bien apprendre dans la jeunesse, et la jeunesse, à raison de sa légèreté, n'apprend bien qu'en étudiant beaucoup et longtemps. » (LAHARPE, *Cours de litt.*)

On a dit que le meilleur moyen d'apprendre, c'est d'enseigner. Toutes les conditions favorables à l'acquisition des connaissances et à leur conservation sont, en effet, celles qu'il faut réunir pour enseigner. Pour bien enseigner, il faut être attentif, s'intéresser à ce qu'on dit, y prendre goût, répéter souvent et procéder avec ordre et méthode.

Voir dans Mgr Dupanloup (*Haute éducation intellectuelle*), comment il faut cultiver la mémoire. « Il est bon, dit-il, de rompre la mémoire et de la dompter par ce qu'il y a de plus difficile, afin que dans l'occasion on la trouve préparée à tout. La mémoire doit être exercée avec vigueur; c'est en peu de temps qu'une leçon doit être apprise et comme emportée d'assaut. C'est une chose singulièrement utile que de décider les enfants, dès les classes moyennes, à faire généreusement, en dehors des leçons obligées de la classe, quelque grand effort de mémoire.

« On peut engager les enfants à préparer, dès l'étude du soir, leurs leçons pour le lendemain. Plusieurs personnes ont éprouvé qu'une lecture de ce qu'on veut apprendre par cœur, réitérée deux ou trois fois le soir avant le sommeil, est d'une grande utilité. » (Voir GRATRY, *les Sources*, ch. III, *le Soir et le Repos*.)

« Jamais il ne faut permettre que les enfants apprennent rien par cœur qui ne soit excellent; car les choses qu'ils ont apprises sont comme des moules ou des formes que prennent leurs pensées, lorsqu'ils les veulent exprimer. » (NICOLE.) — « La mémoire n'aime que ce qui est excellent. » (JOUBERT.) — « En littérature, ce sont les premières saveurs qui forment ou déforment le goût. » (ID.). — « Dans un vase si précieux, on ne doit verser que des choses exquises. » (FÉNELON.)

« Beaucoup d'hommes confondent le moment de savoir avec celui d'apprendre. » (RONDELET.) — « Savoir par cœur n'est pas savoir; savoir, c'est tenir (s'être approprié) ce qu'on a donné en garde à la mémoire. » (MONTAIGNE.) — La marque qu'on se l'est approprié, c'est de pouvoir en disposer : « L'usage seulement fait la possession. » (LA FONTAINE.)

« Le danger pour l'esprit, dit M. Gréard, n'est pas de ne savoir que la moitié des choses qu'il aurait à apprendre; c'est de ne savoir qu'à moitié ce que l'on a appris. » — « Savoir parfaitement ce qu'on sait, donne à l'esprit un repos qui ressemble à la satisfaction de conscience. » (Mme DE STAËL.) — Tout le développement intelligent de la mémoire est dans ces trois mots : associer, classer, répéter.

TABLEAU ANALYTIQUE

CONSERVATION DE LA CONNAISSANCE — LA MÉMOIRE

La *mémoire* est la faculté de conserver, de retrouver et de localiser dans le passé nos perceptions antérieures.

L'*objet* direct de la mémoire, ce sont les phénomènes psychologiques du passé, envisagé comme tel.

Comme la conscience, la mémoire n'atteint immédiatement que le sujet : « On ne se souvient que de soi-même. » (ROYER-COLLARD.)

Diverses sortes de mémoires.

On distingue : 1° Une *mémoire organique*, qui n'est que l'aptitude des muscles à reproduire spontanément certains mouvements : marcher, lire, jouer du piano, etc.;

2° La *mémoire sensible* ou *imaginative*, où se retiennent les choses sensibles et les sensations ;

3° La *mémoire intellectuelle*, par laquelle se retiennent les choses de raisonnement et d'intelligence.

La mémoire sensible reproduit les images, elle est commune à l'homme et à l'animal. La mémoire intellectuelle reproduit les idées ; elle est propre à l'homme ; c'est une forme de l'entendement. L'une et l'autre peuvent être *spontanées* ou *réfléchies*.

Unité de la mémoire.

A un point de vue plus particulier on distingue encore : la *mémoire des mots* et la *mémoire des choses*; la mémoire des sons, des couleurs, du goût, des lieux, des noms, etc.

Toutes ces mémoires particulières s'expliquent par le développement plus ou moins grand de tel organe, de telle aptitude de l'esprit ; mais, malgré cette apparente multiplicité, on peut dire, en tenant compte des distinctions nécessaires entre la vie sensible et la vie intellectuelle, qu'il n'y a en réalité qu'*une mémoire*; l'unité est constituée par l'identité de la conscience.

Fonctions ou moments de la mémoire.

1° La *conservation* : la mémoire est comme une conscience continuée.

2° La *reproduction* : retour, réapparition, réviviscence d'un fait de conscience passé. — Les lois qui expliquent le phénomène de la conservation et de la reproduction sont encore très obscures. Les théories physiologiques, pas plus que les théories psychologiques, ne peuvent rendre compte de tous les faits.

3° La *reconnaissance*, est un jugement par lequel on affirme que ce que l'on voit ou l'on pense, on l'a déjà vu ou pensé.

Cette reconnaissance implique trois notions importantes : la *notion de durée*, la croyance à l'*existence passée* de la pensée ou du fait, enfin l'*identité du moi*.

CONSERVATION DE LA CONNAISSANCE — LA MÉMOIRE (Suite.)

Fonctions ou moments de la mémoire. (Suite.) — La *reconnaissance* est complétée par la *localisation dans le passé*, c'est-à-dire par l'affirmation que le *déjà vu* ou le *déjà pensé* se rapporte à telle date et à tel lieu. — Pour localiser, on a recours à des points de repère.

Qualités d'une bonne mémoire. — 1° *Facilité* à acquérir ; 2° *ténacité* à conserver ; 3° *promptitude* à rappeler et à reconnaître. La mémoire peut être *lente*, *fugitive*, *rebelle*, *infidèle*.

Souvenir et réminiscence. — Le souvenir est l'acte complet de la mémoire : il implique la reconnaissance et la localisation dans le passé.
La réminiscence n'est qu'un demi-souvenir, non accompagné de reconnaissance ou de localisation précise.

L'oubli. — C'est le contraire du souvenir ; c'est l'inconscience momentanée ou la perte totale des notions acquises.
L'oubli, phénomène très difficile à expliquer, est une des conditions de la mémoire.

Conditions du travail de la mémoire.
1° *Physiques et physiologiques* : La santé et l'état de veille. — Le cerveau ne garde l'impression du passé et ne peut la renouveler que s'il est dans un état sain et normal.
2° *Psychologiques.* — a) L'*attention* ou l'*effort volontaire de l'esprit* ;
b) La *répétition* : la mémoire, de même que l'habitude, ne s'acquiert que par la répétition ;
c) L'*émotion* ou l'*attrait* : on apprend vite et l'on fait souvent ce que l'on aime ;
d) L'*ordre*, la *liaison*, le *classement des faits et des idées*, sont de puissants moyens d'aider la mémoire.
3° *Métaphysiques.* — 1° *Notion du passé*, c'est-à-dire l'idée du point précis du temps où se place le souvenir ;
2° La *croyance à l'identité personnelle*, c'est-à-dire que la personne qui reconnaît est la même que celle qui a connu.

Maladies de la mémoire. — L'*amnésie*, partielle ou totale, subite ou progressive, temporaire ou définitive : épilepsie (amnésie totale), agraphie, etc.
L'*hypermnésie* consiste dans une surexcitation de la mémoire, produite par la maladie ou par certains narcotiques.
Dans la vieillesse, la destruction de la mémoire suit une loi de régression allant du moins stable au plus stable.

Théories pour expliquer la mémoire. — On a imaginé plusieurs hypothèses pour expliquer la mémoire ; presque toutes sont d'ordre mécaniste et physiologique.
Au XVIIᵉ siècle, Descartes, Bossuet, Malebranche, l'attribuaient à des empreintes cérébrales persistantes dans le cerveau.
Les associationistes l'expliquent par une modification imprimée aux éléments nerveux et une association entre un certain nombre de ces éléments.
On admet généralement le concours simultané des états nerveux et de l'intelligence. Ce qui reste en nous, entre la perception primitive et le souvenir, c'est une aptitude acquise, une disposition permanente à refaire ce qui a été fait. — C'est en vertu de ce fait qu'on a voulu ramener la mémoire à l'habitude, et réciproquement. — L'habitude est un fait plus général que la mémoire.

Rôle et nécessité de la mémoire. — La mémoire est nécessaire à toutes nos opérations intellectuelles : Je ne puis ni juger ni comparer, par exemple, si je n'ai présents à la fois deux termes au moins.
Elle est la condition de toute instruction et de tout progrès.
L'oubli, c'est la mort de la science et de l'expérience.
Il importe de remarquer cependant que le développement de la mémoire, s'il était exclusif, offrirait de graves dangers. La mémoire doit être un auxiliaire de l'intelligence, mais non la remplacer. « Mieux vaut, dit Montaigne, une tête bien faite qu'une tête bien pleine. » Souvent on rencontre des hommes très érudits qui sont de grands sots.

14ᵉ LEÇON

CONSERVATION DE LA CONNAISSANCE (SUITE)
DE L'ASSOCIATION DES IDÉES

Définition. — Ce fait que *tous les états de l'âme se suggèrent et s'appellent mutuellement,* se nomme *liaison* ou *association des idées.*

L'*association* est non une faculté spéciale, mais une loi de la mémoire, en vertu de laquelle chacune de nos idées en éveille spontanément une ou plusieurs autres qui lui ont été *contiguës.*

On appelle *idées contiguës* des idées qui touchent l'une à l'autre, qui se sont trouvées réunies simultanément dans la conscience ou qui se sont immédiatement succédé. On distingue la contiguïté *objective* et la contiguïté *subjective;* la première a lieu entre les événements eux-mêmes en dehors de nous ; la seconde, entre nos pensées et en nous-mêmes. A la première se rapportent les synchronismes, les éphémérides, les chronologies, les généalogies, l'utilité des dates en histoire, etc. La contiguïté *subjective* est la liaison ou adhérence qui s'établit entre deux idées, par cela seul qu'elles se sont produites ensemble ou l'une après l'autre.

C'est cette *contiguïté subjective* qui est la *condition fondamentale de l'association des idées*, et non les rapports accidentels de contiguïté dans l'espace et dans le temps, de ressemblance ou de contraste, ni ceux de dépendance logique, qui n'en sont que des conditions secondaires.

Tout phénomène qui s'est trouvé dans l'âme en présence d'un autre phénomène contracte donc avec lui une certaine affinité. C'est un cas particulier de cette loi générale que rien n'est isolé dans la nature : loi de continuité et de solidarité réciproque des phénomènes dans l'espace et dans le temps. Tout se tient dans l'ordre de la pensée, comme dans le monde des corps; il n'y a nulle part de solution de continuité ; la formule si souvent reproduite de Leibniz : « La nature ne fait pas de saut, » se vérifie toujours, en psychologie comme dans les sciences de la nature.

On a comparé le rôle de l'association des idées, dans le domaine de la pensée, à celui de l'attraction universelle dans le monde matériel, et l'on a dit que l'association est soumise à une sorte de *déterminisme* intellectuel, analogue, mais non semblable, au déterminisme physique.

Le terme d'*association des idées*, que l'usage a consacré, est un peu vague et impropre; ce ne sont pas seulement les idées qui se suggèrent et s'appellent mutuellement, ce sont toutes les espèces de phénomènes qui peuvent se passer dans l'âme. Une image, par exemple, réveille un jugement, qui suscite un sentiment, d'où naît une résolution, laquelle, à son tour, évoque de nouvelles images, et ainsi de suite[1].

---

[1] Delille parle ainsi de ce fait psychologique :

Nulle pensée en nous ne languit solitaire ;
L'une rappelle l'autre, et grâce aux nœuds secrets
Par qui sont alliés les différents objets,
En images sans fin une image est féconde. (*Imag.*, ch. I.)

Formule générale de la loi d'association. — La loi d'association, dite loi de *rédintégration*[1] ou de *contiguïté dans la conscience*, peut se formuler ainsi : *Les groupes anciens d'états de conscience ou d'idées tendent à se reconstituer.*

« Soit un groupe A B C disparu de la conscience, ou, pour prendre un exemple concret, une chute de cheval (A) dans une fête de village (B), où un orgue de barbarie jouait la *Marseillaise* (C). Non seulement chaque élément est susceptible de se représenter, mais le groupement même, parce que ce groupement est en soi quelque chose de distinct des éléments qui le forment. Aussi A, quand il réapparaîtra, ne réapparaîtra-t-il pas seul ; il tendra toujours à ramener B et C. L'air de la *Marseillaise* me fera donc penser à une fête foraine et à une chute de cheval. Une chute de cheval me fera penser à la *Marseillaise.* » (FONSEGRIVE.)

Formes particulières de la loi de l'association. — L'association des images ou des idées repose sur des rapports qui relient ces images ou ces idées. Or on peut distinguer des rapports *objectifs* et des rapports *subjectifs* ou individuels. Les rapports objectifs sont de trois sortes :

1° *Rapports naturels ou de dépendance logique.* — Ces rapports comprennent : a) *Les rapports de cause à effet, et réciproquement* : le *Cid*, *Polyeucte* me rappellent Corneille ; Raphaël, la *Transfiguration* ; le *Jugement dernier*, Michel-Ange ; la poudre me fait penser à l'explosion, l'œuvre à l'ouvrier, le monde à Dieu qui l'a créé.

b) *Les rapports de principe à conséquence ou de contenant à contenu, et réciproquement :* l'idée de liberté entraîne celle de responsabilité, et l'idée de responsabilité, celle de mérite et de démérite ; une théorie philosophique ou religieuse, le fatalisme ou le panthéisme, par exemple, nous suggère l'idée de ses conséquences : suppression de la liberté humaine, négation de la personnalité divine. — Bossuet écrivait à un disciple de Malebranche : « Je vois un grand combat se préparer contre l'Église sous le nom de philosophie cartésienne... Je vois naître de son sein et de ses principes, à mon avis mal entendus, plus d'une hérésie. » — Voltaire a écrit : « Tout ce que je vois jette les semences d'une révolution qui arrivera immanquablement et dont je n'aurai pas le plaisir d'être témoin. »

c) *Les rapports de moyen à fin, et réciproquement :* l'aile fait penser au vol, la conformation d'un organe à son usage, la charrue au labourage, la semence à la moisson, le canon à la guerre, une découverte scientifique aux travaux qui l'ont préparée. En examinant des débris paléontologiques, Cuvier reconstituait un animal entier et indiquait jusqu'à son genre de vie.

2° *Rapports accidentels ou empiriques.* — a) *Rapports de ressemblance et de contraste :* la renaissance littéraire et artistique du xixe siècle rappelle celle du xvie siècle, et le Cénacle la Pléiade ; un port de mer que l'on visite remet en mémoire ceux qu'on a déjà vus ou dont on a lu la description. — L'esclavage fait songer à la liberté, la guerre à la paix, la tristesse présente aux joies passées, une montagne dont on gravit les pentes à la plaine traversée pour y arriver.

b) *Rapports de contiguïté dans l'espace et dans le temps :* le mont Cenis fait songer au tunnel, l'isthme de Suez au canal qui le traverse ; une petite plante de mon herbier, une petite pierre de ma collection minéralogique me font revoir la montagne d'où je les ai rapportées, le ravin où je les ai cueillies. — Condé fait penser à Turenne, à Bossuet, à Louis XIV ; Ronsard à la Pléiade ; Jeanne d'Arc à Charles VII, à Talbot.

3° *Rapports arbitraires ou conventionnels :* drapeau et patrie, laurier et vic-

---

[1] Terme de philosophie évolutionniste : action de recomposer et de reconstituer un tout.

toire, etc. — Tous ces rapports sont des causes d'associations d'idées; on les appelle pour ce motif les *lois de l'association des idées*. — Impossible de faire l'énumération des rapports *subjectifs* ou *individuels* : cela d'ailleurs est sans intérêt pour la science.

Rapports de l'association. — 1° *Avec l'attention*. — L'attention sert beaucoup à l'association des idées, parce que c'est l'attention surtout qui donne à nos idées plus de relief, à nos états de conscience plus d'intensité. Entre des idées ou des faits dont on n'a qu'une perception obscure et confuse, il n'y a guère de suggestion possible.

Que de choses passent inaperçues pour un esprit léger, distrait, évaporé ! Au contraire, presque rien ne se perd dans la vie intellectuelle d'un homme habituellement attentif; tout se classe et s'organise dans son esprit.

2° *Avec la mémoire*. — L'association est une des conditions ou des lois de la mémoire (voir p. 197, d).

3° *Avec l'habitude*. — Si la contiguïté passée est l'antécédent invariable de la contiguïté présente ou suggestion, c'est qu'elle a laissé après elle une disposition à la reproduire, une *habitude*, en un mot. Aussi l'association suit-elle les lois de l'habitude.

Cette loi, par exemple, que ce qu'on a déjà fait on tend à le refaire, dans les mêmes circonstances et suivant le même ordre, s'applique à l'association comme à l'habitude. Ainsi un vers ou un chant qu'on a entendu ou répété un certain nombre de fois, on est porté à l'achever dès qu'on en entend le premier mot ou les premières notes. La *répétition* a sur l'association le même effet que sur l'habitude ; la tendance à penser ensemble deux ou plusieurs idées est d'autant plus forte et plus sûre, que ces idées ont été plus souvent unies dans la conscience et qu'elles l'ont été sous le coup d'une attention plus grande et d'une émotion plus vive [1]. Enfin, il est vrai de l'association comme de l'habitude qu'une action unique, mais intense, peut l'engendrer. Celui qui a bonne mémoire retiendra une leçon, un discours, un morceau de musique, après une seule audition ou une seule lecture faite avec beaucoup d'attention.

4° Pour ce qui concerne les rapports de l'association des idées avec l'*imagination* et le *caractère*, voir page 208 et suivantes.

Comment s'explique la loi fondamentale d'association. — De tout ce qui précède, il résulte que l'association des idées semble pouvoir s'expliquer, comme la mémoire, dont elle est inséparable, par une habitude à la fois *mentale* et *cérébrale*, *psychologique* et *physiologique*.

L'esprit tend à repenser ce qu'il a déjà pensé, et comme il est essentiellement un, il suffit que deux idées ou deux groupes d'idées se soient rencontrés dans la conscience pour qu'ils ne forment plus qu'un seul tout, et tendent à renaître ensemble : voilà pour l'habitude psychologique.

Au point de vue physiologique, on a essayé d'expliquer l'asso-

---

[1] C'est la règle posée par Stuart Mill : « Quand deux idées ont été pensées une ou plusieurs fois en connexion étroite, l'esprit acquiert une tendance à les repenser ensemble, tendance d'autant plus forte qu'elles ont été plus souvent unies dans l'expérience. »

ciation par l'union dans le cerveau de deux cellules voisines. A la suite de la contiguïté primitive des *impressions*, une disposition persistante serait laissée par elle dans le cerveau. La condition immédiate d'un état de conscience réviviscent est, croit-on, dans une impression analogue à l'impression première. Cette explication n'a qu'une valeur relative : ce n'est encore qu'une hypothèse.

Cette réduction à l'habitude n'exclut ni la volonté, ni les lois naturelles de l'esprit. Ces lois agissent toujours, puisqu'on ne peut vouloir ce dont on n'a pas l'idée ; mais, dans la méditation et le travail, on s'applique à créer des courants d'idées et à les régler, tandis que dans le *rêve*, par exemple, où la nature agit seule, la raison de l'association est purement mécanique ; et dans la *rêverie*, la volonté n'intervenant que faiblement, l'esprit s'abandonne au cours de ses idées sans les diriger, au moins d'une façon consciente. La volonté étant maîtresse de l'attention peut repousser les idées qui ne conviennent pas, éveiller et mettre en pleine lumière celles qui conviennent.

Dans un accès de passion, de colère, par exemple, tout ce qui la favorise est accueilli et tout ce qui la contrarie est impitoyablement écarté. Burrhus dit à Agrippine (act. I, sc. IV) :

> La douleur est injuste, et toutes les raisons
> Qui ne la flattent point aigrissent ses soupçons. (*Britannicus*.)

« L'amour, a dit énergiquement Pascal, est une précipitation de pensées qui se porte d'un côté... »

La loi de l'association suffit-elle à expliquer tous les phénomènes psychologiques, comme le prétendent les associationistes ? — S'il fallait en croire Stuart Mill, H. Spencer, Bain et les associationistes, tous les phénomènes sans exception ne seraient que des cas particuliers, des combinaisons diverses de l'association, depuis les inclinations jusqu'aux opérations intellectuelles, jusqu'à la volonté et au sentiment du moi. — Une loi de liaison constante des phénomènes psychologiques peut bien constater leur groupement, mais non expliquer leur apparition. D'où sortent-ils, et comment sont-ils produits, s'ils ne sont pas la manifestation d'une activité propre? L'association ne produit pas les choses qu'elle associe, elle les implique.

On a vu (12e leçon) que l'associationisme est impuissant à rendre raison des principes premiers : la nécessité qu'il leur attribue est toute subjective et personnelle ; rien ne nous garantit qu'elle s'applique au monde extérieur, qu'elle est universelle et absolue ; on verra plus loin (17e leçon) qu'il est également impuissant à rendre raison du jugement et du raisonnement.

La volonté nous est montrée par la conscience comme une cause active, non comme une association de phénomènes qui se déterminent les uns les autres ; le moi, comme un et identique, non comme une série et un écoulement de phénomènes associés. Si le moi qui associe les idées, — ou plutôt les sensations, car dans le système tout se réduit à la sensation, — s'écoule avec elles, comment peut-il les rattacher l'une à l'autre? Nous avons conscience de notre moi pensant, sentant, voulant, non d'*une trame continue d'événements successifs*, non d'une collection de sensations, de pensées, d'actes sans support et flottant dans le vide.

L'association joue un grand rôle dans la vie psychique; elle rend les plus grands services à la perception (perceptions acquises), à la mémoire, à l'imagination; mais elle ne saurait les expliquer, pas plus qu'elle n'explique la conscience ni la raison. Ni le moi n'est une collection d'états de conscience, simultanés ou successifs, ni les principes de raison ne peuvent se ramener à des associations habituelles inséparables.

L'association et la liaison des idées. — P. Janet distingue deux sortes d'associations ou de liaisons d'idées : les unes purement extérieures, mécaniques, qui ne sont que le résultat de la contiguïté des sensations ; les autres, logiques, rationnelles, et qui sont ce que nous appelons des pensées (jugements, raisonnements, inductions). Aux premières seules, communes à l'homme et à l'animal, convient le nom d'*association des idées;* il faut réserver aux autres, propres à l'homme, le terme de *liaison des idées.* Mais il faut se rappeler que la liaison logique des idées présuppose leur association mécanique.

Remarquons que l'expression *association des idées* est générique et s'emploie, en général, pour désigner soit les associations d'idées proprement dites, soit les liaisons d'idées.

L'association des sensations est surtout un fait d'imagination et de mémoire ; la liaison des idées est un fait d'entendement. On *associe* principalement des sensations, des perceptions sensibles, des images ; on *lie* des idées, des jugements, des raisonnements.

Pour lier vraiment les idées, comme l'exige la raison, il faut lutter contre le joug de l'association extérieure. Dans les mauvais écrivains, la liaison mécanique se substitue à la liaison logique. Les hommes attentifs aux rapports logiques, mettant dans leurs idées un ordre semblable à celui qui est dans les choses, ont d'ordinaire une mémoire plus *lente,* mais plus *sûre :* plus *lente,* parce que ces rapports sont difficiles à découvrir ; plus *sûre,* parce que la raison leur fournit des points de repère ineffaçables.

Il y a deux familles d'esprits selon que la liaison ou l'association des idées domine. Les hommes de jugement lient leurs idées ; les hommes d'imagination les associent. Les premiers ont l'habitude des principes, partant, la fermeté dans le caractère, la tenue et la suite dans la vie ; les autres, manquant de principes, manquent aussi de consistance ; ils flottent au gré d'associations capricieuses ; ils jugent et se déterminent d'après l'impression, l'imagination, non d'après la raison. Les uns sont pondérés, raisonnables, justes ; les autres sont quelquefois brillants, mais superficiels et souvent faux. La manière dont un homme associe ses idées révèle la portée de son esprit, et jusqu'à un certain point son caractère intime.

Association des idées, littérature et beaux-arts. — La rhétorique sans la philosophie n'est qu'une vaine discoureuse : « La littérature jaillit comme de source de la psychologie exacte et de la saine morale. » C'est dans les lois de l'esprit qu'il faut chercher les règles de l'art de parler et d'écrire. Il y aurait un beau et long chapitre à écrire sur les applications littéraires et esthétiques de l'association des idées ; nous nous contenterons de quelques indications.

« Une idée ne va pas seule, dit Jouffroy : voilà ce que savent bien les artistes. Le peintre, quand il nous représente un arbre, n'ignore pas qu'il éveille en nous plus que cette idée de l'arbre qu'il représente. Je veux affecter tristement mon auditoire, et je me sers d'une image triste pour le toucher. Si je m'aperçois que cette image triste lui rappelle des idées gaies ou comiques, mon auditoire me rit au nez, quand je veux qu'il pleure. Telle est la différence entre avoir du tact et n'en avoir pas. On nomme dans les arts imagination féconde celle en qui s'éveillent promptement et complètement toutes les idées associées à l'idée principale dont il s'agit. On nomme aussi sensibilité délicate celle en qui naît promptement, quand on lui présente la circonstance première, le sentiment des circonstances environnantes qu'on ne lui présente pas. »

C'est sur des associations d'idées par ressemblance et analogie, par contraste ou opposition, que reposent la métaphore, l'allégorie, la comparaison, l'antithèse, l'ironie, la plupart des figures, des jeux de mots, des traits d'esprit qui font le charme de la conversation. Le talent de saisir entre les idées des rapports inattendus devient l'*esprit de saillie*, quand la surprise causée par ces rapports amène le rire. — Si la rime n'est qu'une suite de sons qui se ressemblent, on a affaire à un versificateur; si elle évoque des idées et fait corps avec elles, on est en présence d'un poète. — Il faut se tenir en garde contre les *clichés*, les phrases toutes faites, contre tant de substantifs qui ont de la peine à se séparer de tant d'adjectifs [1]. — Il faut donner aux personnages que l'on fait parler les associations d'idées que comporte leur caractère, leur condition : les métaphores qu'on mettra dans la bouche d'un marin ne devront pas être les mêmes que pour un jurisconsulte ou un paysan. — Le meilleur style est celui qui est *suggestif*, comme on dit, qui fait penser, qui donne le branle à l'association des idées chez le lecteur ou l'auditeur. — « Dans notre siècle, la poésie et tous les arts se sont surtout alimentés du *sentiment de la nature*. Or la poésie de la nature est faite d'associations par similarité entre certains aspects du monde physique et certains côtés du monde moral. Ce qui poétise la nature, c'est l'âme et la vie que nous lui prêtons; et nous ne voyons en elle l'âme et la vie qu'en l'assimilant à nous-mêmes. » (RABIER.) — (Voir sur cette question : P. Longhaye, *Théorie des belles-lettres;* G. Lanson, *Principes de composition et de style.*)

Association des idées et éducation. — Les associations d'idées sont des habitudes psychologiques. Il y en a de vraies et de bonnes, de logiques, conformes à la nature des choses; il y en a de fausses et de mauvaises, de superficielles, fondées sur les apparences. L'éducation doit inspirer ou fortifier les premières, prévenir les secondes ou les corriger, si elles sont formées. Ce point est capital. Dès la première éducation, il faut écarter de l'enfant tout ce qui peut donner lieu à des associations nuisibles, ne lui faire voir ou ne lui dire que des choses justes, vraies, bonnes[2]. Son esprit est alors tout neuf, sa sensibilité très vive; tout laisse en lui des impressions profondes et durables, le faux comme le vrai, le mal comme le bien. La vie tout entière est souvent compromise par une première éducation négligée ou faussée à ce point de vue.

Les diverses associations d'idées sont, en effet, étroitement liées à la vie intellectuelle et morale; elles déterminent, en général, ou suivent nos goûts, nos humeurs, nos manières de penser, de sentir, d'agir, la tournure de notre esprit et de notre caractère; elles nous apparaissent tantôt comme causes, tantôt comme effets dans notre conduite.

La direction habituelle de l'esprit, le genre de travail ou d'études auquel on se livre, produisent ordinairement les associations d'idées. Mettez, a-t-on dit, dans une même campagne un peintre, un géologue, un ingénieur, un laboureur, un économiste, un général : l'un pensera au parti qu'il pourrait tirer, dans un tableau, du paysage qu'il a sous les yeux; l'autre étudiera l'origine des terrains sur lesquels il marche; celui-ci y verra une route à percer; celui-là observera le mode de culture qu'il aperçoit, etc.

L'habitude des associations vraies et bonnes, logiques ou naturelles, constitue la justesse de l'esprit, la noblesse du cœur et assure la rectitude de la volonté; l'habitude des associations fausses et mauvaises, superficielles, sans fondement dans la nature des choses, constitue les esprits faux ou légers, les cœurs vul-

---

[1] Boileau, dans sa 2ᵉ satire, a exprimé avec ironie cette attraction des mots entre eux par l'habitude qu'ils ont d'être réunis :
Si je louais Phllis, *en miracles féconde*,
Je trouverais bientôt *à nulle autre seconde;*
Si je voulais vanter un *objet non pareil*,
Je mettrais à l'instant *plus beau que le soleil.*

[2] Bossuet disait en parlant du Dauphin : « A force de le répéter, nous fîmes que ces trois mots, piété, bonté, justice, demeurèrent dans sa mémoire avec toutes les liaisons qui les unissent entre eux. »
Ailleurs, il dit encore : « Accoutumons-nous à joindre ces deux idées : gloire et plaisir de la terre, éternelle confusion ; et encore ces deux-ci : croix et mortification, gloire et félicité éternelle. C'est à force d'y penser souvent qu'on joint ensemble des idées qui paraissent si éloignées l'une de l'autre ; mais plutôt c'est à force d'entrer dans cette pratique. » (*Méditations sur l'Évangile.* — Dernière semaine du Sauveur, 12ᵉ jour.)

gaires ou bas, et entraîne les inégalités et les écarts de la conduite : la conduite, à son tour, réagit sur la pensée, et il est aussi exact de dire que bien agir conduit à bien penser, qu'il l'est de dire que bien penser conduit à bien agir.

La vertu a ses associations, le vice a les siennes; elles diffèrent comme les actions bonnes ou mauvaises qui les suivent ou les provoquent.

Les préjugés, les superstitions, les erreurs privées ou publiques ne sont pas autre chose que de fausses associations d'idées.

Source : 1° des fausses associations d'idées. — Les fausses associations d'idées viennent surtout du désordre de l'âme, de la prédominance des facultés secondaires, imagination et sensibilité, sur les facultés principales, raison et volonté. Pour bien penser, comme pour bien agir, il faut qu'il y ait équilibre, harmonie, hiérarchie entre les forces de l'âme. C'est cet équilibre, cette harmonie, cette hiérarchie des facultés qui distinguent, dans tous les arts, les classiques de ceux qui ne le sont pas.

Le peuple romain avait associé l'idée de déshonneur à l'idée de travail manuel; aussi, quand la petite propriété eut disparu, les Romains pauvres demandèrent des moyens de subsistance à toute espèce de métiers malhonnêtes : ils se firent faux témoins, parasites, captateurs de testaments, partisans de Catilina, de Clodius, de César, et la liberté périt ainsi.

Le jugement téméraire fait apprécier les gens sur la mine, prêter à quelqu'un les pires intentions, sur les soupçons les plus gratuits. Il est pourtant vrai de dire, contrairement au proverbe, qu'on a souvent raison de juger les gens sur la mine; car il y a un rapport étroit entre la physionomie d'un homme et son caractère.

2° Des bonnes associations d'idées. — La lecture des livres bien pensés et bien écrits, la fréquentation des gens judicieux, une conscience droite, délicate, une piété vraie, donnent le goût et l'habitude des associations saines. Le *Journal* d'Eugénie de Guérin en est un exemple frappant.

Trois ordres d'idées ou de sentiments se succèdent en général dans l'âme d'Eugénie de Guérin; elle s'élève du monde sensible au monde *suprasensible* ou rationnel, et de celui-ci au monde surnaturel. Partout, dans le *Journal*, on remarque le jeu harmonique de ces trois vies, qui, maintenues dans une juste subordination, constituent la nature humaine la plus parfaite : la vie d'*impression*, vie des sens et de l'imagination; la vie *intellectuelle et morale*, vie de la raison, vie du cœur et de la volonté; la vie *surnaturelle*, vie chrétienne, vie de foi.

C'est d'abord la vive impression d'un spectacle de la nature, d'un accident de la journée, d'une nouvelle ou d'une lecture; puis, à l'occasion de tout cela, des réflexions morales et enfin des considérations religieuses. (Voir une *Étude sur Eugénie de Guérin*, par A. Nicolas.)

Comment on corrige les fausses associations d'idées. — Les associations d'idées étant des habitudes, elles se corrigent par des habitudes contraires. Or les habitudes se contractent par la répétition des actes. Il faut donc répéter les associations vraies et bonnes jusqu'à ce qu'elles se substituent aux associations fausses et mauvaises.

Il est, en général, moins difficile de corriger les fausses associations d'idées chez les enfants, où elles ne sont pas encore profondément enracinées, que chez les hommes qui ont passé un certain âge. Cela est vrai aussi bien pour les vérités de l'ordre physique que pour les vérités de l'ordre moral.

On sait que tous les médecins âgés de plus de quarante ans refusèrent de croire à la circulation du sang, quand elle fut découverte par Harvey. « Lorsqu'on est accoutumé, dit Pascal, à se servir de mauvaises raisons pour prouver des effets de la nature, on ne peut plus recevoir les bonnes, lorsqu'elles sont découvertes. » On pourrait facilement multiplier les exemples. Combien de temps a régné cette mauvaise raison de l'ancienne physique : « La nature a horreur du vide, » même après les expériences de Torricelli, de Descartes, de Pascal! Plus récemment, que de préjugés n'a-t-il pas fallu vaincre pour faire adopter les divers emplois de la vapeur, sur terre et sur mer!

Le meilleur moyen de combattre efficacement et de corriger les fausses associations d'idées, c'est d'appliquer le principe de raison suffisante; d'en appeler à l'expérience, s'il s'agit d'un fait réel; au raisonnement, s'il s'agit d'erreurs reposant sur de prétendues raisons.

NOTES COMPLÉMENTAIRES

Exemples de fausses associations d'idées. — Il faut se garder, par exemple, de prendre pour cause ce qui n'est pas cause. Un fait peut succéder à un autre ou l'accompagner, sans avoir dans cet autre sa raison. Une guerre peut coïncider avec l'apparition d'une comète, d'une aurore boréale; la comète ou l'aurore boréale n'en est pas la raison. — Les jours néfastes, les présages, les augures, l'influence des astres (astrologie), n'existent que dans l'imagination; y croire, c'est imaginer des rapports qui n'ont aucun fondement dans les choses. Une araignée aperçue au plafond, ou le soir ou le matin, est sans rapport avec les événements heureux ou malheureux qui nous arrivent. On peut impunément dîner treize à table; le nombre treize n'est ni plus favorable ni plus funeste que tout autre nombre.

Est-ce parce que l'or est le plus précieux des métaux que, rendu potable par une transformation merveilleuse, il pourrait procurer le plus précieux des biens, la santé? Nombre de gens se le sont figuré au moyen âge; quelle raison en avaient-ils?

De même, si le courage est l'énergie de la volonté raisonnable, quelle raison y a-t-il d'associer l'idée de suicide à celle de courage?

Si l'honneur est la rectitude de la conduite morale, quelle raison y a-t-il d'associer l'idée de l'honneur à celle de duel?

Si l'homme est tenu d'obéir à Dieu et à sa conscience, quelle raison a-t-il de prendre pour règle de conduite cette fausse maxime : *Il faut faire comme tout le monde*?

Si le bonheur ou le malheur, qui résident surtout dans l'âme, sont l'un la conséquence nécessaire du bien, l'autre la conséquence nécessaire du mal, quelle raison y a-t-il d'associer l'idée de bonheur à toute idée qui n'est pas ou qui ne rentre pas dans l'idée du bien, celle de malheur à toute idée qui n'est pas ou qui ne rentre pas dans l'idée du mal?

Si la liberté ne peut s'entendre sans la soumission à la loi, quelle raison y a-t-il d'associer l'idée de liberté à celle d'indépendance, de l'opposer à celle d'autorité, d'obéissance?

Si le droit a pour corrélatif le devoir, s'ils ne sont l'un et l'autre que la loi morale sous deux aspects différents, quelle raison y a-t-il de ne pas les associer dans tous nos jugements moraux?

Si le bonheur est inséparable de l'activité, quelle raison y a-t-il de l'associer à l'idée de paresse et d'inertie?

Si la vertu est l'effort libre et constant de la volonté vers le bien, quelle raison y a-t-il de l'associer à l'idée de contrainte? Si elle est dans l'âme, dans la volonté, et non dans le corps, quelle raison y a-t-il de l'associer à l'idée de tempérament et de dire : *La vertu est affaire de tempérament*?

Si « rien n'est estimable que le bon sens et la vertu » (FÉNELON), quelle raison y a-t-il d'estimer la richesse, les honneurs, le succès, le talent, séparés du bon sens et de la vertu?

Si « l'homme est dans la main de son conseil » (ÉCRITURE), s'il est responsable de lui-même, s'il est tenu de faire usage de sa raison et de diriger lui-même sa vie, quelle raison a-t-il de penser, comme beaucoup le font, qu'il peut s'en remettre entièrement à la sagesse d'autrui, en dépendre absolument? « Il ne faut jamais dépendre de la sagesse d'autrui. » (THIERS).

Si l'homme est un être social, si l'humanité est un corps dont il est membre, si une solidarité étroite et profonde relie tous les hommes entre eux, de telle sorte que le bien ou le mal, l'amélioration ou la dégradation de chacun tourne au profit ou au préjudice de tous ; que toute bonne ou toute mauvaise action a des conséquences non seulement individuelles, mais sociales, quelle raison a-t-on de s'excuser d'une faute en disant : *Je ne fais de mal qu'à moi-même?*

Si l'habitude devient en quelque sorte une seconde nature, s'il est très difficile de se défaire d'une habitude prise, si les défauts dans l'enfant deviennent des vices dans l'homme, quelle raison a-t-on de considérer comme sans importance les déviations de l'activité soit physique, soit morale chez les enfants?

Si le véritable progrès est le progrès moral, quelle raison y a-t-il de croire que tout est fait, quand on a réalisé un progrès matériel et scientifique ? « Les enseignements de l'histoire et l'observation des sociétés contemporaines, dit Le Play, réfutent la doctrine qui considère le perfectionnement des mœurs comme intimement uni à celui de la science et de l'art. Le développement de l'art et du travail a pour conséquence immédiate un accroissement de richesse, qui lui-même engendre bientôt la corruption, s'il n'a pour contrepoids une pratique plus assidue de la loi morale. » (*La Réforme sociale en France* [1].)

« Il y a dans le monde, dit Hello (*l'Homme*. — Voir ce livre) des mensonges inconscients qui se glissent par la conversation, par la lecture, par l'habitude de ce qu'on appelle la vie et qui est réellement la mort. Ces mensonges-là sont ceux qui dominent le monde ; ils consistent dans une fausse association d'idées... Quand un jeune homme a fait sur sa route beaucoup de bêtises, qu'il a perdu beaucoup de temps, qu'il a des dettes, qu'il est sot, médiocre, inutile et ennuyé, on dit : *Il a beaucoup vécu*. Il faudrait dire qu'il est beaucoup mort. Ce qu'il a fait, c'est le rien : il n'a rien fait. D'où donc est née cette parole : *Il a beaucoup vécu?* D'une fausse association d'idées, d'un mensonge latent. Elle est née, non pas de la raison, mais de l'imagination, qui a pris l'habitude d'associer l'image de la vie à l'image du désordre... Le XVIIIe siècle, quand il est mort, nous a légué par testament l'habitude d'associer l'idée de rêveur à l'idée d'un homme qui croit à l'invisible et qui compte sur lui. Il n'a pas remarqué que l'idée de rêve devrait s'associer à l'idée d'illusion, et que l'illusion est le partage de l'homme qui nie l'invisible. L'illusion consiste à prendre les fantômes pour des réalités et les réalités pour des fantômes... De toutes les folies que le diable inspire, voici la plus digne de lui : *La vérité est ennuyeuse! La vertu est ennuyeuse!* Personne ne sait jusqu'où va l'immoralité et le danger de cette erreur... Il y a quelques pensées qui ont empoisonné dans l'humanité les sources de la vie, et l'une de ces pensées, c'est que le mal est un remède contre l'ennui. Voilà pourquoi certaines gens ne le désertent pas à tous les points de vue. Ils ne savent pas combien il est fade, combien il est ennuyeux. Ils n'ont pas horreur de lui... L'homme qui a lu avec complaisance un certain nombre de malheurs arrivés à des héros (à propos de la lecture des romans) peut concevoir le projet d'être malheureux pour paraître héroïque [2]. Il croit que le malheur lui donnera l'héroïsme ; l'héroïsme n'arrive pas même en apparence, et le malheur est venu souvent même en réalité. Il faudrait se moquer de René, de Werther... Le XVIIIe siècle laissa l'Europe parfaitement convaincue que les sciences et la religion étaient contradictoires, qu'il fallait choisir, que les hommes d'esprit choisissent les sciences, que les autres choisissent, par bassesse et par peur, la religion. »

---

[1] Lire dans l'*Introduction* de cet ouvrage : *Les idées préconçues et les faits touchant la distinction du bien ou du mal*; une foule de fausses associations d'idées y sont réfutées. Lire particulièrement les chapitres II, III, IV et V, dont voici les titres : Le mal actuel est surtout dans les désordres moraux qui sévissent malgré le progrès matériel. — La réforme des mœurs n'est point subordonnée à l'invention de nouvelles doctrines ; car l'esprit d'innovation est aussi stérile dans l'ordre moral qu'il est fécond dans l'ordre matériel. — Les nations ne sont fatalement vouées ni au progrès ni à la décadence ; elles jouissent de leur libre arbitre. — La destinée des peuples n'est pas subordonnée à l'organisation physique des races ; les vices de la race peuvent être réformés par la loi et les mœurs. Le progrès ou la décadence ont leur source dans la pratique ou l'oubli des principes, et non dans la race elle-même.

[2] Souvent on a vu la contagion des exemples porter certains individus à des actes qu'ils redoutaient : bien des meurtres et des suicides ont été commis sous l'empire d'un pareil vertige. On connaît cette histoire, qui est loin d'être un fait isolé : un soldat se pend à une guérite ; le lendemain, le surlendemain, nouveaux suicides à la même guérite. Enfin, on supprime la guérite, et les suicides cessent dans le régiment. Aussi rien n'est-il plus dangereux pour une personne faible ou ignorante que le récit et surtout le spectacle d'un crime dramatique, dont son imagination demeure obsédée.

TABLEAU ANALYTIQUE

DE L'ASSOCIATION DES IDÉES

Définition. — L'*association* ou *liaison des idées* est le phénomène par lequel tous les états de conscience se suggèrent ou s'appellent mutuellement.

Ce n'est point une faculté à part, mais une *loi de la mémoire*, en vertu de laquelle chacune de nos idées tend à éveiller celles qui lui ont été contiguës, soit *objectivement*, soit *subjectivement*. — Ce ne sont pas seulement les idées qui tendent ainsi à se réveiller, mais aussi les images, les jugements, etc.

Loi de l'association. — Rapports sur lesquels elle repose.

Les groupes anciens d'états de conscience tendent à se reconstituer. Cette loi générale repose sur les rapports qui lient les idées ou les états de conscience. Ces rapports peuvent être :

Objectifs :
1° *Rapports naturels*. Ce sont :
  a) *Rapports de cause à effet, et réciproquement* : le Cid me rappelle Corneille ;
  b) *Rapports de principe à conséquence ou de contenant à contenu* : liberté et responsabilité... ;
  c) *Rapports de moyen à fin, et réciproquement* : l'aile fait penser au vol.
2° *Rapports accidentels* : a) *De ressemblance et de contraste* : l'esclavage fait songer à la liberté.
  b) *De contiguïté dans l'espace et dans le temps* : mont Cenis et tunnel, Condé et Turenne.
3° *Rapports arbitraires ou conventionnels*.

Ou *subjectifs* : ces derniers, tout individuels, sont impossibles à classer et même à énumérer.

Relations de l'association.

1° Avec l'*attention*. — L'attention sert beaucoup à l'association des idées, parce qu'elle donne plus de relief et d'intensité aux états de conscience. Que de choses échappent à l'esprit distrait, qui frappent l'esprit attentif !

2° Avec l'*habitude*. — L'association suit les mêmes lois que l'habitude (lois de répétition, de continuité, d'intensité).

Comment s'explique la loi fondamentale de l'association ?

Elle s'explique, comme la mémoire, dont elle n'est qu'une forme, par une habitude à la fois *mentale* (psychologique) et *cérébrale* (physiologique) : L'esprit tend à repenser ce qu'il a déjà pensé.

Tout état de conscience laisse dans le cerveau une impression qui tend à renaître en même temps que l'état qui l'a produite.

La loi d'association joue un grand rôle dans la vie psychique ; mais elle ne suffit pas à expliquer tous les phénomènes psychologiques, comme l'ont prétendu Stuart Mill, Spencer, Bain et les associationistes. Elle n'explique ni les principes premiers, ni la conscience, ni la notion du moi, ni la raison, ni le jugement.

Association et liaison des idées.

Association des idées est un terme générique qui désigne à la fois et l'*association proprement dite* : purement extérieure, mécanique, commune à l'homme et à l'animal ; et la *liaison des idées* : liaison logique, rationnelle, qui est propre à l'homme.

La *première* se rapporte surtout à l'*imagination* et à la *mémoire* et caractérise les hommes sans principes, sans consistance :

La *seconde* est un fait de l'entendement et donne l'habitude de la justesse des vues, de la fermeté du caractère.

La manière dont un homme associe habituellement ses idées révèle la portée de son esprit et son caractère intime.

Association des idées dans la littérature et les beaux-arts.

L'association joue un grand rôle dans la littérature et les beaux-arts.

« Aucune idée ne va seule, » dit Jouffroy : elles sont toutes plus ou moins suggestives, mais il y en a qui le sont plus que d'autres. Ce sont celles-là que l'écrivain et l'artiste doivent chercher à réveiller.

DE L'ASSOCIATION DES IDÉES (Suite.)
{
  Association des idées et éducation.
  {
    Les associations d'idées sont des habitudes psychologiques.
    Il y en a de vraies et de bonnes, de logiques, conformes à la nature des choses ;
    Il y en a d'autres qui sont fausses et mauvaises, superficielles et fondées sur les apparences.
    L'éducation doit inspirer et fortifier les premières, prévenir les secondes ou les corriger.
    L'habitude des associations vraies et bonnes constitue la justesse d'esprit, la noblesse du cœur, la rectitude de la volonté ;
    L'habitude des associations fausses, mauvaises, constitue les esprits faux et légers, les cœurs vulgaires, les volontés sans consistance.
  }
  Les *associations fausses* viennent surtout du désordre de l'âme, de la prédominance des facultés secondaires, imagination et sensibilité, sur la raison et la volonté ;
  Les *bonnes associations* viennent d'une conscience droite, d'une bonne conduite, de bonnes lectures, de bonnes fréquentations.
  Le meilleur moyen de corriger les associations fausses ou mauvaises, c'est de veiller sur soi pour n'en former volontairement que de bonnes et de les répéter souvent, afin d'en contracter l'habitude.
}

15ᵉ LEÇON

CONSERVATION DE LA CONNAISSANCE (SUITE)
DE L'IMAGINATION

Définition. — L'imagination est la *faculté de se représenter et de combiner les images des objets absents, réels ou possibles*. C'est un sens intérieur qui répercute les sens extérieurs. « La vue et les autres sens extérieurs nous font apercevoir certains objets hors de nous ; mais, outre cela, nous pouvons les apercevoir au dedans de nous, lorsque les sens ont cessé d'agir. Par exemple, je fais un triangle et je le vois de mes yeux. Que je les ferme, je vois encore ce même triangle intérieurement, tel que ma vue me l'a fait sentir, de même couleur, de même grandeur, de même situation : c'est ce qui s'appelle imaginer un triangle. » (BOSSUET.)

Le terme d'imagination est emprunté au sens de la vue (*image*), parce que ce sont les sensations de la vue qui se reproduisent le plus facilement ; mais il *y a l'imagination des différents sens*. On imagine des sons, on se rappelle des airs que l'on a entendus, même on en est quelquefois obsédé : on les a, comme on dit, dans l'oreille. Les musiciens composent quelquefois de tête (Beethoven, devenu sourd, ne cessa pas de composer), et goûtent intérieurement la beauté de la mélodie ou de l'harmonie qu'ils écrivent. Le gourmet jouit par anticipation d'un bon dîner ; le sensuel, des parfums du jardin où il s'abandonne à la rêverie. Il faut de l'imagination au dégustateur pour apprécier et classer les vins, pour en indiquer l'âge et le cru. Les images qui répondent au sens du toucher sont moins vives ; elles existent cependant d'une certaine façon. On se figure une douleur : le blessé souffre d'avance de l'amputation qu'il doit subir [1] ; on se figure le poids d'un fardeau, autrement on ne pourrait mesurer l'effort à la résistance supposée ; quand on a chaud, on se figure aisément la fraîcheur d'une source où l'on pourra se désaltérer. « Sans l'aide de la vue, les aveugles-nés se représentent les choses aussi bien que nous, puisqu'ils savent se diriger, et qu'ils peuvent lire des reliefs. Ils ont une géométrie tangible, comme nous une géométrie visible. Leur imagination se représente donc des figures tangibles, comme nous des figures visibles. » (P. JANET.)

Diverses sortes d'imagination. — L'imagination est simplement *reproductrice*, ou bien elle est *créatrice*. On appelle encore la première imagination *passive*, et la seconde imagination *active*. L'imagination reproductrice, — improprement, ce semble, appelée *passive*, car elle a une *action propre*, — reproduit et combine les images en dehors de la raison [2]. L'animal la possède, comme l'homme.

Unie à l'entendement, elle devient *créatrice* (voir à la fin de la leçon).

---

[1] Plusieurs philosophes, entre autres Maine de Biran, F. Bouillier, nient qu'on puisse se représenter par l'imagination le plaisir et la douleur. On peut du moins s'en faire l'idée, en avoir la connaissance intellectuelle, sans les ressentir aucunement.
[2] On l'appelle encore *mémoire imaginative*.

Rapports de l'imagination et de l'entendement. — On a déjà vu (page 115) les différences qui distinguent l'idée et l'image ; il n'y a qu'à les rappeler pour distinguer l'entendement de l'imagination.

Mais différence n'est pas antagonisme. Saint Thomas et les philosophes spiritualistes enseignent que l'opération propre de l'intelligence est de comprendre l'immatériel dans une image. Non seulement il n'y a pas antagonisme entre l'imagination et l'intelligence, mais celle-là est le nécessaire appui de celle-ci : les idées ou représentations universelles de l'intelligence n'arrivent à la conscience que soutenues par des images ou représentations singulières. Comme on l'a vu déjà, c'est une conséquence de l'union substantielle de l'âme et du corps que la partie sensitive va presque toujours avec la partie intellectuelle et que celle-ci ne se sépare pas de celle-là. « Nous ne pensons jamais ou presque jamais, dit Bossuet, à quelque objet que ce soit, que le nom dont nous l'appelons ne nous revienne, ce qui marque la liaison des choses qui frappent nos sens, tels que sont les noms, avec les opérations intellectuelles. »

Les opérations intellectuelles impliquant les opérations sensitives, et celles-ci ayant leurs organes dans le corps, tout ce qui trouble l'organisme (surtout l'organisme cérébral, le système nerveux), atteint ces dernières directement, et du même coup atteint indirectement les opérations intellectuelles. Une mauvaise digestion, un mal de tête, qui affectent l'organisme, affectent en même temps l'imagination et la mémoire sensitive, et empêchent plus ou moins le travail de la pensée, travail auquel le concours de ces facultés est nécessaire. « Vous ne penserez pas bien, disait Mme de Maintenon, tant que vous vous porterez mal : dès que le corps est dans l'abattement, l'âme est sans vigueur. » — « Le cerveau n'est pas l'instrument de la pensée, mais il l'est de la sensation, de l'imagination, du langage, sans lesquels nous ne pouvons penser. » (P. Janet.)

« L'imagination, selon qu'on en use, peut servir ou nuire à l'intelligence, dit Bossuet. Le bon usage de l'imagination est de s'en servir seulement pour rendre l'esprit attentif ; par exemple, quand en discourant de la nature du cercle et du carré, et des proportions de l'un avec l'autre, je m'en figure un dans l'esprit ; cette image me sert beaucoup à empêcher les distractions et à fixer l'attention à ce sujet. Le mauvais usage de l'imagination est de la laisser décider, ce qui arrive principalement à ceux qui ne croient rien de véritable que ce qui est imaginable et sensible : erreur grossière, qui confond l'imagination et le sens avec l'entendement.

La différence des gens d'imagination et des gens d'esprit est évidente. Ceux-là sont propres à retenir et à se représenter vivement les choses qui frappent les sens. Ceux-ci savent démêler le vrai et le faux, et juger de l'un et de l'autre. » Pour être bien doué, il faut avoir à la fois de l'esprit et de l'imagination.

Rapports de la mémoire et de l'imagination. — Malgré de grandes analogies, l'imagination et la mémoire sensitive diffèrent réellement. Ce qui les distingue, c'est que l'imagination garde et reproduit les images des objets des sensations, et que la mémoire distingue et reconnaît les objets en les rapportant au passé. Ainsi la mémoire, non l'imagination, implique nécessairement la représentation du passé.

Ajoutons que l'imagination combine les images ou copies des sensations, ce que ne fait pas la mémoire, et que la mémoire intellectuelle rappelle les idées, ce que ne fait pas l'imagination. Ces deux facultés, quoique distinctes, sont étroitement unies ; les idées suscitent les images, les images réveillent les idées, et les unes ou les autres se lient ou s'associent. C'est la mémoire, par exemple, qui me rappelle, tel qu'il est et sans rien y changer, le Louvre, que j'ai visité ; c'est l'imagination qui construit de toutes pièces un palais fictif avec des images diverses.

Imagination et organisme. — On cite des faits très curieux de l'influence de l'imagination sur l'organisme. Un malade croit qu'une purgation peut le guérir, et le médecin, qu'elle pourrait le tuer. Celui-ci, fatigué des instances du malade, feint de lui administrer la purgation et lui fait donner des pilules de mie de pain : elles opèrent plus fortement que des pilules purgatives. — Un romancier, décrivant un empoisonnement, a eu l'imagination si vivement frappée, qu'il a ressenti dans sa bouche le goût de l'arsenic, et en a eu une véritable indigestion. — Tout cela explique comment un malade imaginaire devient un malade réel. En temps d'épidémie, que de victimes de la peur, c'est-à-dire de l'image du mal qui les poursuit ! On a vu un individu mourir du choléra, pour s'être figuré qu'il couchait dans un lit où un cholérique était mort ; un autre, présenter tous les symptômes de la rage après avoir lu le récit d'une mort horrible causée par la morsure d'un chien enragé. « On cite depuis longtemps l'histoire de ce condamné à mort auquel on avait bandé les yeux, en lui disant qu'on allait lui ouvrir les quatre veines. On lui fit sentir à la peau le contact du fer, et l'on ouvrit un robinet d'eau qui simulait à ses oreilles la chute du sang qu'il croyait perdre. Il ne tarda pas à tomber en syncope et à mourir (mort par persuasion). En revanche, il n'est pas sans exemple que l'imagination guérisse ou préserve, et tous les médecins s'accordent à dire que la confiance et la foi sont de puissants moyens de salut pour les malades. » (Voir JOLY, *l'Imagination*, ch. VII.) On voit combien il importe, au seul point de vue physique, de s'habituer de bonne heure à dominer son imagination.

Les images tendent à se traduire en actes : loi dynamique des images. — Il résulte d'observations et d'expériences nombreuses que la représentation d'un mouvement détermine dans les organes une tendance à exécuter ce mouvement, et le fait au moins ébaucher spontanément. En parlant d'un combat, on est porté à figurer par ses gestes les coups que se portent les adversaires. Quand on récite quelque chose mentalement, on est porté à le réciter à haute voix. On ne peut goûter, flairer, écouter, en imagination, sans ébaucher les mouvements accoutumés de la dégustation, du flair, de l'audition.

On peut poser cette loi : *Toute image d'un mouvement est liée à une tendance à réaliser ce mouvement ;* ou encore celle-ci, qui est plus générale : *Toute image, toute idée tend à sa réalisation.* — Deux cas peuvent se présenter : « Quand l'image est *isolée*, elle se réalise infailliblement ; quand *plusieurs images* occupent le champ de la conscience (par exemple : vouloir aller à la chasse, à une fête, ou rester chez soi), elles s'organisent en un ou plusieurs groupes : c'est le groupe unique, ou le plus fort qui se réalise. » (FONSEGRIVE.) — C'est par cette force qui pousse l'image à sa réalisation que l'on explique l'instinct d'imitation : la vue d'un acte crée une disposition à l'accomplir. Les manières des personnes que l'on fréquente habituellement donnent peu à peu le pli à l'imagination, et celle-ci les fait passer dans l'organisme, quand on n'a pas assez de caractère pour rester soi (instinct d'originalité), ce qui arrive surtout chez les enfants[1]. Dans le vertige, l'imagination de la chute possible devient si forte,

---

[1] Dans son traité *De la recherche de la vérité*, Malebranche consacre le livre II à l'ima-

qu'elle ne laisse plus la liberté de résister aux mouvements qu'elle provoque. Dans les fortes tentations, où l'imagination domine, il se passe quelque chose de semblable : on éprouve une sorte de vertige moral.

De son côté, l'organisme agit sur l'imagination. Tout ce qui excite le système nerveux augmente la vivacité des images. Sous l'influence de certaines substances, telles que opium, hachish, café, liqueurs alcooliques, l'imagination devient plus active. Les images se combinent spontanément d'une façon imprévue et souvent désordonnée.

Imagination créatrice. — Outre l'imagination proprement dite, commune à l'homme et à l'animal, l'homme possède une forme supérieure de cette faculté, l'imagination *créatrice*. On l'appelle ainsi quand, unie à l'entendement, elle ne se borne pas à reproduire et à combiner des images, mais qu'elle les modifie profondément, qu'elle découvre, pour rendre sensibles les conceptions de l'entendement, des formes sans modèle dans la réalité, qu'elle enfante des conceptions originales, dont le type n'existe nulle part.

C'est cette seconde forme ou fonction de l'imagination que définit Joubert, quand il dit : « J'appelle imagination la faculté de rendre sensible ce qui est intellectuel, d'incorporer ce qui est esprit ; en un mot, de mettre au jour, sans le dénaturer, ce qui est invisible ; » et Vacherot : « Imaginer, dans le sens élevé et vrai du mot, c'est réaliser l'idéal, faire descendre la vérité intelligible dans la nature sensible, représenter l'invisible par le visible, l'infini par le fini. »

On la définit d'ordinaire : *la faculté de transformer la réalité, d'inventer, de créer.*

Il va de soi que *créer* ne doit pas être pris ici dans le sens de faire quelque chose de rien : Dieu seul a le pouvoir de faire tout ce qu'il veut sans matière préexistante. L'imagination ne peut rien faire sans les données sensibles ; mais, avec ces données (formes, couleurs, sons), qu'elle arrange à son gré, elle crée un monde *idéal* qui répond mieux que le monde réel aux types conçus par la raison. « Elle imite en créant, et crée en imitant. » Ce qui lui appartient en propre, ce qu'elle crée, c'est en quelque sorte la *forme*, c'est l'ordre dans lequel se combinent les éléments empruntés à la réalité : elle fait des augmentations et des diminutions, des associations et des dissociations, des constructions, des substitutions, etc. — On peut donc dire, en tenant compte des deux sens du mot créer, que les œuvres de la nature sont de création divine, et les œuvres de l'art, de création humaine.

Tout cela, l'imagination le fait, non par elle-même, en tant qu'imagination, mais par la portion d'entendement qu'elle contient[1]. « Jamais nous n'inven-

---

gination. La troisième partie de ce livre II traite de *la communication contagieuse des imaginations fortes*, c'est-à-dire « de la force que certains esprits ont sur les autres pour les engager dans leur erreur ». Les personnes à imagination forte l'emportent sur celles qui l'ont faible et qui se laissent dominer par l'air et par l'impression sensible plutôt que par la force des raisons.

On demandait à Léonora Galigaï comment elle avait su maîtriser l'esprit de la reine Marie de Médicis : « Par l'ascendant d'une âme forte sur un esprit faible, » répondit-elle.

Certains écrivains présentent des exemples particuliers de cette influence des imaginations fortes : Tertullien, Sénèque, Montaigne. Enfin, Malebranche montre comment, chez les âmes crédules et craintives, l'imagination engendre les superstitions, la croyance aux revenants, à l'apparition des esprits *frappeurs*.

[1] « C'est donc bien à tort que certains auteurs lui donnent accès dans la région des idées et lui permettent de faire des poèmes, comme la raison fait des philosophies. L'imagination, son nom seul le dit assez haut, s'arrête aux images sensibles ; l'idéal, tout l'idéal appartient en propre à la seule raison. L'imagination peut prêter à l'idéal ses belles couleurs, le représenter sous ses plus ravissantes figures ; mais trouver une idée, une seule idée, elle ne le peut. » (P. VALLET, *l'Idée du beau dans la philosophie de saint Thomas*, première partie, 2ᵉ section, ch. 1, 4.)

rions rien par les sensations, qui vont toujours à la suite des mouvements corporels, et ne sortent jamais de cette ligne. Et ce qu'on a dit des sensations se doit dire des imaginations, qui ne sont que des sensations continuées. Ainsi, quand on attribue les inventions à l'imagination, c'est en tant qu'il s'y mêle des réflexions et du raisonnement. Mais, de soi, l'imagination ne produirait rien, puisqu'elle n'ajoute rien aux sensations que la durée.

« ... L'homme, attentif à la vérité, a connu ce qui était propre ou mal propre à ses desseins, et s'est trouvé l'imagination remplie par les sensations d'une infinité d'images. Par cette force qu'il a de réfléchir, il les a assemblées, il les a disjointes, il s'est en cette manière formé des desseins; il a cherché des matières propres à l'exécution. Il a vu qu'en fondant le bas, il pouvait élever le haut : il a bâti, il a occupé de grands espaces dans l'air, et a étendu sa demeure naturelle. En étudiant la nature, il a trouvé des moyens de lui donner de nouvelles formes. » (BOSSUET, *Conn.*, V, VIII.)

Rôle de l'imagination. — 1° *Dans l'exercice de l'activité humaine :* Loin de lui être contraire, comme on le croit d'ordinaire, elle en est un ressort essentiel ; ceux-là seuls travaillent ardemment à atteindre le but de leurs efforts, qui l'imaginent avec vivacité.

Voilà pourquoi il faut chercher, non à éteindre l'imagination, mais à la régler. Tant qu'on la tient sous le gouvernement de la raison, elle donne des forces pour la pratique, accroît l'esprit d'entreprise, rend inventif et ingénieux dans le bien, vient en aide à l'attention et au jugement, contribue à faire la vigueur du caractère.

2° *Dans les rapports sociaux :* Elle les anime; elle nous met en sympathie beaucoup plus vive avec les personnes et les choses éloignées. Pour aimer véritablement nos semblables, il est bon que notre imagination se mêle à notre sensibilité et l'excite.

C'est au moyen de l'imagination que nous nous mettons en pensée à la place de nos semblables, que nous nous représentons leurs besoins et leurs maux pour y porter remède, leurs plaisirs pour les partager, leurs vertus et leurs exemples pour les admirer et les imiter. L'imagination vient ainsi en aide à la morale, et facilite l'émulation et la pratique de la charité.

3° *Dans la littérature :* Elle est la source des images et des tours ingénieux ; elle revêt nos idées de formes sensibles ; elle représente vivement les objets, les groupe en tableaux, avec leurs circonstances intéressantes ; elle donne à tout la couleur et la vie.

L'écrivain qui manque d'imagination est nécessairement sec et décoloré. Un grand écrivain, a-t-on dit, est un grand peintre, et c'est l'imagination qui peint. Joubert a dit : « L'imagination est tellement nécessaire dans la littérature et dans la vie, que ceux mêmes qui n'en ont pas et la décrient sont obligés de s'en faire une. — Celui qui a de l'imagination sans érudition a des ailes et n'a pas de pieds. » L'inverse est vrai aussi.

4° *Dans les sciences :* Elle entrevoit entre les êtres ou les phénomènes des corrélations, des rapports que la simple perception ne donne pas ; elle inspire les *hypothèses* et prélude aux découvertes.

Ce qui a été dit (page 122 et suivantes) du rôle de l'attention dans les découvertes scientifiques, s'applique en grande partie à l'imagination. On ne conçoit pas sans elle le génie scientifique : c'est elle qui lui suggère ces assimilations et ces identifications d'où naît la connaissance de nouvelles séries de rapports ou de faits. « Contenue dans de justes limites et modérée par la raison, dit Tyndall, l'imagination devient le plus puissant instrument de découverte. Si Newton a franchi l'espace qui sépare la chute d'une pomme de la marche d'une planète, ce n'est que par un bond prodigieux d'imagination... Au delà des avant-postes actuels de la science, s'étend un champ immense où l'imagination peut se donner une libre carrière. » Mais il faut se tenir en garde contre l'abus. L'imagination, si on ne la contient, a bien de la peine à se renfermer dans le cercle de l'expérience; elle s'élance au delà, et égare l'esprit dans des hypothèses ingénieuses, mais fausses; dans des systèmes brillants, mais contredits par les faits.

Devançant l'expérience, elle a comme le pressentiment et la divination des grandes lois du monde. Les exemples ne manquent pas dans l'histoire des sciences. Quelle imagination n'a-t-il pas fallu à Newton, à Képler, à Laplace, pour découvrir et décrire les lois et les systèmes du monde; à Buffon et à Cuvier, pour se représenter les *Époques de la nature* et les *Révolutions du globe*; à Ampère, pour fonder la science de l'électro-dynamique; à Cuvier, pour reconstituer des espèces perdues depuis des siècles, et créer la paléontologie ; à tous les inventeurs et constructeurs de machines, pour trouver et agencer les organismes puissants et délicats qui multiplient nos forces presque à l'infini!

Dans les mathématiques elles-mêmes, sciences abstraites par excellence, l'imagination a son rôle : les nombres en arithmétique, les figures en géométrie, les quantités en algèbre, les mouvements et les forces en mécanique, ne sont pas donnés tels quels par la nature, ils sont l'œuvre de l'imagination unie à l'intelligence. Quand on cherche la démonstration d'un théorème, la solution d'un problème ou l'équation d'une courbe, on imagine tout d'abord la construction.

5° *Dans les arts* : Elle fournit les *fictions* et les *chimères*, où les éléments empruntés à la réalité se combinent capricieusement pour former des êtres qui ne répondent à rien de réel ; toutes les mythologies en sont peuplées (*Pégase*, le *Centaure*).

Les monstres et les divinités de la fable, les contes de fées, les aventures de Don Quichotte et de Gil Blas, les voyages de Gulliver, les faits et gestes de Gargantua et de Pantagruel, les romans, tous les chefs-d'œuvre artistiques et littéraires sont des productions de l'imagination créatrice.

Elle fournit les *symboles*, combinaison de deux réalités, dont l'une, qui se voit (*le matériel*), représente l'autre, qui ne se voit pas (*l'immatériel*). Les sons, les couleurs, les formes deviennent signes de l'idée. Quelquefois les symboles sont des êtres moraux : Thémis et sa balance, le Temps avec la faux et le sablier. Dans les religions, le symbolisme occupe une grande place.

Dangers de l'imagination. — Quels que soient les avantages de l'imagination, il faut s'en défier. « Elle est maîtresse d'erreur aussi bien que de vérité [1], a dit Pascal; sans elle, il est vrai, le jugement languit; mais elle s'égare sans le jugement et devient la folle du logis. »

Si l'imagination n'est pas dirigée par le bon sens, elle est en perpétuel désaccord avec la réalité des choses et la vérité idéale; elle exagère et fausse tout, fait souffrir d'événements fictifs, et même impossibles, autant que s'ils étaient

---

[1] La pensée complète de Pascal est celle-ci : « L'imagination, c'est cette partie décevante dans l'homme, cette maîtresse d'erreur et de fausseté, et d'autant plus fourbe qu'elle ne l'est pas toujours; car elle serait règle infaillible de vérité, si elle l'était infailliblement du mensonge. »

présents; fait envisager un avenir très noir comme imminent, alors qu'il n'est pas même probable; fait ces hommes sans caractère, inquiets, ombrageux, sombres, rêveurs, inconstants, qui s'agitent au lieu d'agir, qui ne sont jamais bien que là où ils ne sont pas, qui gâtent le bonheur qu'ils pourraient avoir par celui qu'ils imaginent; ces hommes romanesques, qui se repaissent d'illusions et de chimères au lieu de se mettre en face des devoirs et des réalités de la vie; ces malades imaginaires, au moral comme au physique, qui sont certainement les plus difficiles à consoler et à guérir; enfin elle trouble le cœur, surexcite les passions, présente souvent le mal sous les dehors les plus attrayants, et peut conduire l'homme à sa perte.

On étudiera plus loin (23ᵉ leçon) l'*hallucination*, le *rêve*, le *somnambulisme*, la *folie*, phénomènes dans lesquels l'imagination joue un rôle prépondérant. Ces phénomènes anormaux ne doivent pas nous faire oublier que toutes nos facultés nous sont données pour atteindre la vérité et le bien; si quelques-unes nous en détournent, ce n'est qu'accidentellement, parce que nous ne savons pas leur assigner leur rôle et le leur faire remplir, ou que la maladie les soustrait à l'empire de la volonté raisonnable. Lorsque la raison domine les puissances inférieures et les tient à leur place, elles concourent toutes, chacune dans sa sphère, à augmenter notre capacité intellectuelle et morale.

Rapports de l'imagination avec la moralité et le bonheur. — Si l'on compare les avantages et les dangers de l'imagination, on voit que, pour elle comme pour la passion, on peut alternativement soutenir ces deux opinions, qu'elle est favorable ou qu'elle est funeste à la moralité; qu'elle fait le bonheur ou qu'elle fait le malheur de l'homme, suivant qu'elle reste à sa place et dans l'ordre, ou qu'elle en sort, c'est-à-dire suivant que la raison s'en sert ou s'y asservit. « Si l'on ne voulait qu'être heureux, dit Montesquieu, cela serait bientôt fait; mais on veut être plus heureux que les autres, et cela est presque toujours difficile, parce que nous croyons les autres plus heureux qu'ils ne sont. »

Une imagination riante, bien dirigée, est un élément de bonheur; elle renouvelle et augmente les joies passées, nous dérobe les tristesses de l'heure présente, ou nous en console par la perspective d'un avenir meilleur; grâce à elle, l'espérance nous apparaît comme une réalité, nous anime et nous réjouit; ses illusions, quand on n'en est pas dupe, enchantent et reposent au lieu de se résoudre en amère déception [1]; elle embellit les plus humbles détails de la vie, nous dérobe ou atténue les défauts de ceux que nous aimons, et met en relief leurs qualités; nous dispose à l'indulgence, à l'optimisme, et contribue ainsi à entretenir la paix dans la société.

Une imagination sombre et triste, au contraire, voyant tout en noir, produit le dégoût, l'ennui, le désespoir et quelquefois le suicide, la folie; rend pessimiste, injuste envers ceux avec qui l'on vit, en voilant leurs qualités et exagérant leurs défauts; entraîne les individus et les peuples dans des crises sociales et politiques, en leur faisant dédaigner le présent pour un avenir chimérique.

On a vu plus haut (page 76) le rôle actif de l'imagination dans la genèse des passions. De leur côté, les passions agissent ou réagissent fortement sur elle. Les gens d'un naturel peureux, par exemple, voient partout des sujets de craindre : « Un souffle, une ombre, un rien, tout leur donne la fièvre, » dit le fabuliste. Dans le remords, l'imagination remet sans cesse sous les yeux la faute qui en est l'objet. On connaît la belle scène où Ganelon (*Fille de Roland*, acte I)

---

[1] « Lorsque, dans la représentation de l'avenir, l'imagination se donne entière liberté, et que, sans tenir compte du réel ni du possible, elle n'ouvre devant nous que les perspectives les plus séduisantes, elle fait, comme on dit, des *châteaux en Espagne*. Qu'on n'en dise pas trop de mal : il y a tant de gens qui n'en ont pas d'autres ! Unie au désir, elle se nomme l'*espérance*; or c'est toujours quelque espérance qui mène les hommes; l'espérance est une des forces vives du monde moral. » (RABIER, *Psych.*, ch. XVIII.)

raconte qu'ayant voulu revoir le théâtre de sa trahison, son âme, bourrelée de remords, était hantée par les plus sombres tableaux :

> Je restai là trois jours; au fond de ma pensée,
> Je revoyais mon crime et ma honte passée...
> Il me semblait entendre au milieu des rochers
> Nos preux tomber, surpris par les coups des archers.

Éducation de l'imagination, moyens de l'enrichir. — L'éducation de l'imagination, comme celle de la sensibilité, doit se faire par la morale et la religion; il faut repousser de son imagination, comme de son cœur, tout ce qui n'est pas noble et pur.

« La meule d'un moulin va toujours, dit Bossuet; mais elle ne moudra que le grain qu'on aura mis dessous. Si c'est de l'orge, on aura de l'orge moulu; si c'est du blé et du pur froment, on aura de la farine. Mettons donc dans notre mémoire tout ce qu'il y a de saintes et pures images, et, quelle que soit l'agitation de notre imagination, il ne nous reviendra, du moins ordinairement, dans l'esprit, que la fine et pure substance des objets dont nous nous serons remplis. » (*Élév.*, IV, 8.) — « L'ennui, l'humiliation, la misère et les mauvais traitements éteignent et décolorent l'imagination. L'exagération, les espérances ambitieuses et téméraires, le désordre, la lecture des romans, le théâtre et toutes les fréquentations mauvaises la dépravent et la corrompent. » (P. GIRARD.)

L'imagination tient à la perception sensible et à la mémoire; ces facultés peuvent être considérées comme ses conditions premières : pour imaginer, il faut percevoir et retenir. De là cette conclusion : l'imagination est d'autant plus riche que la perception externe et la mémoire lui fournissent plus d'éléments. Beaucoup percevoir et beaucoup retenir, voilà donc les moyens d'enrichir l'imagination.

Il faut se garder, dans la culture littéraire, des exercices de pure imagination. Les compositions littéraires doivent être autre chose qu'une vaine phraséologie. L'enfant doit être de bonne heure habitué à exercer son jugement, à chercher la vérité, à se rendre compte des choses en appliquant les principes de la raison, à ne pas se payer de mots et d'images, à ne se servir des images et des mots que pour exprimer des idées justes, des sentiments vrais, des faits exacts, ou tout au moins vraisemblables[1]. « Il ne faut pas, dit la Bruyère, qu'il y ait trop d'imagination dans nos conversations ni dans nos écrits; elle ne produit souvent que des idées vaines et puériles, qui ne servent point à perfectionner le goût et à nous rendre meilleurs : nos pensées doivent être prises dans le bon sens et la droite raison, et doivent être un effet de notre jugement. »

C'est parce qu'on fait en général une trop large part à l'imagination dans l'éducation littéraire qu'il y a tant d'hommes superficiels ou mal équilibrés, tout en dehors, vivant plutôt par les sens et l'imagination que par la raison et le cœur; cherchant la phrase plutôt que la pensée; voulant juger de tout sans rien savoir; capables de parler sans fin de n'importe quoi, incapables de traiter une question, d'approfondir une idée; se faisant illusion à tel point, qu'ils finissent par croire dire quelque chose quand ils ne disent rien, quand ils alignent des mots sonores et vides de sens; prenant au sérieux les choses les plus extravagantes, les moins réalisables; se passionnant pour des utopies, pour des rêves chimériques; ne voyant pas les vraies conditions des choses, et substituant aux rapports naturels et nécessaires des rapports purement artificiels et imaginaires.

---

[1] « Dans la pédagogie presque toute littéraire à laquelle a été voué l'enseignement secondaire en France depuis environ trois siècles, les exercices d'imagination tenaient une grande place. On enrichissait la mémoire des enfants avec les passages des plus grands écrivains, puis on leur demandait de faire, à l'aide de ce fonds de connaissances, des compositions latines ou françaises dont ils devaient imaginer la forme et les détails, trop souvent aux dépens de la vérité et de la vraisemblance. Aujourd'hui, la tendance évidente des maîtres de l'éducation est de faire surtout appel aux facultés d'observation exacte. »
(*Dictionnaire de pédagogie*, Imagination.)

L'IMAGINATION

Définition. — L'imagination est la faculté de se représenter et de combiner les images des objets absents, réels ou possibles. — C'est un sens intérieur qui nous fait voir les objets au dedans de nous, lorsque les sens ont cessé d'agir.

Diverses sortes.
On distingue :
1° *L'imagination reproductrice*, qui ne fait que reproduire et combiner des images en dehors de l'entendement. Elle est commune à l'homme et à l'animal.
2° *L'imagination créatrice*, faculté de transformer la réalité, d'inventer, de créer des types. Elle ne crée pas de rien, mais elle arrange à son gré les données sensibles : « Elle imite en créant, et crée en imitant. »
La raison intervient pour mettre de l'ordre dans les constructions de l'imagination ; c'est ce qui les distingue du rêve.

Rapports de l'imagination et de l'entendement.
L'opération de l'intelligence étant de comprendre l'immatériel dans une image, il s'ensuit que non seulement il n'y a pas antagonisme entre l'intelligence et l'imagination, mais que celle-ci est nécessaire aux opérations de celle-là. Il faut une image pour soutenir une idée : nous ne pensons qu'avec le secours d'images ou au moins de noms.
Il s'ensuit encore que le mauvais fonctionnement de l'imagination (faculté organique) nuit aux opérations intellectuelles.

Rapports de la mémoire et de l'imagination.
L'imagination et la mémoire sensitive ont de grandes analogies ; il ne faut pas cependant les confondre.
L'imagination garde, reproduit, combine les images des objets et des sensations ;
La mémoire distingue et reconnaît ces objets et les rapporte au passé ; de plus, la mémoire intellectuelle rappelle les idées.
Ces deux facultés sont étroitement unies et se prêtent un mutuel secours.

Imagination et organisme.
Toute image d'un mouvement est liée à une tendance à réaliser ce mouvement. Cela explique l'influence considérable de l'imagination sur l'organisme (gestes imitatifs dans un récit, malades imaginaires, etc.).
Quand l'image est isolée, elle se réalise infailliblement ; s'il y a plusieurs images, la plus forte l'emporte (instinct d'imitation opposé à instinct d'originalité, vertige, tentation, etc.).
De son côté, l'organisme agit sur l'imagination (ivresse, opium, tristesse, joie).

Rôle de l'imagination.
1° *Dans l'exercice de l'activité humaine :* réglée par la raison, elle est un ressort qui augmente notre puissance ;
2° *Dans nos rapports sociaux :* elle excite la sensibilité, est la source de la sympathie, de la pitié pour les souffrances des autres ; elle nous fait jouir de leurs plaisirs et souffrir de leurs douleurs ;
3° *Dans la littérature :* elle est la source des images, des tours ingénieux, donne au style la couleur et la vie ;
4° *Dans les sciences :* elle est la source des hypothèses, c'est un des éléments du génie scientifique ; dans les *mathématiques*, elle soutient l'intelligence par des constructions idéales ;
5° *Dans les arts :* elle fournit les *fictions*, les *chimères*, les *symboles*, qui sont surtout l'œuvre de l'imagination créatrice.

Dangers de l'imagination.
Quels que soient ses avantages, il faut se méfier de l'imagination : « Elle est maîtresse d'erreur et de fausseté. »
Si elle échappe au contrôle du jugement, elle s'égare et devient la « folle du logis », elle exagère et fausse tout, fait des hommes inquiets, ombrageux, sombres, rêveurs, inconstants ; des hommes romanesques, qui se repaissent d'illusions et de chimères et vivent toujours en dehors de la réalité. Enfin elle trouble le cœur et l'intelligence, et surexcite les passions.

Rapports de l'imagination avec le bonheur et la moralité. — L'imagination est-elle un bien ou un mal pour l'homme ? — On a soutenu l'un et l'autre. Elle peut être un bien ou un mal selon l'usage que l'on en fait et l'importance qu'on lui laisse prendre. Tenue dans son rôle, elle est un bien.

Éducation de l'imagination. — Elle doit se faire par la morale et la religion. Il faut repousser d'elle tout ce qui n'est pas noble et pur. Elle ne nous rend que ce que nous lui avons confié ; seulement elle l'amplifie.

16° LEÇON

ÉLABORATION DE LA CONNAISSANCE :
ABSTRACTION. — COMPARAISON. — GÉNÉRALISATION

I. — ABSTRACTION

Définition. — *Abstraire, c'est considérer isolément dans un objet un de ses caractères, dans un tout un de ses éléments, dans un groupe d'états de conscience un de ces états.* C'est un cas particulier de l'opération psychologique appelée *dissociation.*

On fait une abstraction, quand on envisage la *substance sans les qualités :* le fer sans son poids ou sa forme, l'âme indépendamment de ses facultés ; — ou *les qualités sans la substance :* le poids du fer ou sa forme, les facultés de l'âme en elles-mêmes ; — ou encore *une qualité à part des autres :* une dimension d'un objet sans les autres dimensions, une faculté à part ; — ou enfin *l'universel en dehors de ce qui l'individualise :* concevoir l'homme sans lui donner telles qualités physiques et morales qui font de lui tel homme.

L'abstraction est une séparation purement *mentale* et *intellectuelle* et non *réelle* des choses : ni la substance n'existe sans les qualités, ni les qualités sans la substance, ni les qualités les unes isolées des autres, ni l'universel en soi et en dehors de l'individuel. L'abstraction ne change pas la nature des objets ; elle ne modifie que la notion que nous en avons.

Mécanisme et effets de l'abstraction. — La connaissance sensible fournit des analogues de l'abstraction et peut servir à en expliquer le mécanisme. Les sens, comme l'a fort bien dit Laromiguière, « sont des machines à abstraire. » Chaque sens, en effet, ne nous fait percevoir qu'une qualité ou quelques qualités indépendamment des autres ; regarder, c'est abstraire des formes, des mouvements ; écouter, c'est abstraire des sons. — A son tour l'imagination, en gardant l'image des objets ou des qualités perçues, se dégage de la réalité plus que les sens externes, mais s'arrête aux dimensions et aux formes, par conséquent à *l'individuel.* L'intelligence seule, par sa faculté d'abstraire, peut éliminer toutes les conditions individuantes et s'élever jusqu'à *l'universel*, qui exprime les caractères généraux d'un être. Elle remarque, par exemple, les hommes de taille et de couleur différentes, avec des penchants, des habitudes et un langage divers, ayant des sens et des facultés qui varient, non en nature, mais en degré ; elle voit dans tous la sensibilité, le mouvement, une intelligence plus ou moins développée, une volonté : elle dégage les qualités communes, les dépouille de tout ce qu'elles ont d'accessoire et de variable, et avec ce qu'elles ont d'essentiel et d'invariable, elle forme l'idée abstraite et générale d'humanité.

« Lorsque l'abstraction a exercé sur une notion sa singulière puissance, cette notion se trouve absolument transformée. D'une part, elle est devenue *abstraite*, c'est-à-dire privée de réalité actuelle et de vie; d'autre part, elle est devenue *universelle* et applicable à un grand nombre d'objets semblables. Elle a perdu sa réalité vivante, et a gagné en échange une extension qu'elle n'avait pas.

... Considérons, par exemple, la forme ronde d'une orange. Qu'est-elle avant l'abstraction? un des points de vue de cette orange, un élément indissolublement uni à l'orange elle-même et n'existant qu'en elle. Après l'abstraction qu'est-ce? l'idée d'une forme ronde, c'est-à-dire une idée générale, applicable non seulement à une infinité d'autres oranges, mais à une infinité d'autres objets de toute espèce de matière.

Avant l'abstraction, la forme de l'orange était sujette à toutes les modifications que l'orange elle-même pouvait subir. Elle pouvait être détruite comme l'orange et avec l'orange; elle existait en un certain temps et en un certain lieu. Après l'abstraction l'idée de la forme ronde est devenue quelque chose d'immuable, qui n'a plus de rapport avec aucune époque ni aucun lieu déterminé...

Si, après avoir considéré la forme ronde de cette orange, je chasse de mon esprit la pensée de l'orange, pour ne garder que la notion de la forme ronde, j'ai formé une idée générale applicable à tout objet sphérique. (DE BROGLIE, *le Positivisme...*, liv. II, ch. II.)

Idée abstraite et idée concrète. — La notion obtenue par cette opération s'appelle *idée abstraite* [1]. Nos moyens naturels de connaître, — sens, conscience, raison, — ne nous présentent d'abord l'idée ou la connaissance que sous sa forme *concrète*, qui est essentiellement complexe : un être ou un phénomène individuel avec ses divers attributs; une sensation, un sentiment, une volition, avec les circonstances et les causes mises en jeu; la fin de tel être, révélée par sa nature et ses tendances. — L'idée abstraite exprime le *genre* ou l'*espèce* à laquelle appartient cet être ou ce phénomène individuel : l'orange, sa maturation. Elle considère à part ou met en relief ce qui constitue une sensation, un sentiment, une volition; elle dégage la notion première de fin ou le principe de finalité.

REMARQUES. — Il ne faut pas confondre : 1° *l'idée abstraite et l'idée générale*. La première est le genre, la seconde est l'espèce; toute idée générale est abstraite, mais toute idée abstraite n'est pas générale. Ainsi l'idée de la *couleur de telle orange*, de la *forme de telle poire*, sont des idées simplement abstraites; mais les idées de *couleur*, de *forme*, et même de *couleur d'orange* ou de *forme de poire*, sont générales.

2° *Les idées abstraites avec les idées des choses suprasensibles*. La forme, la couleur, le poids sont des choses sensibles, et les idées de poids, de couleur, de forme, qui considèrent des attributs séparés par la pensée de l'objet qui les possède, sont des idées abstraites.

L'idée de telle âme, l'idée de Dieu, qui désignent des êtres suprasensibles, sont des idées concrètes.

---

[1] Il faut remarquer que le même mot *abstraction* désigne tantôt l'opération intellectuelle et tantôt le résultat de cette opération, c'est-à-dire l'idée abstraite. Il en est de même des mots comparaison, jugement, raisonnement.

3° Il ne faut pas confondre non plus les deux expressions *abstraire* et *faire abstraction de*. Ce que l'on *abstrait*, c'est ce que l'on isole pour l'examiner; ce dont on *fait abstraction*, c'est ce que l'on exclut, ce que l'on ne veut pas observer. L'un implique l'autre; car toute dissociation, tout choix est une exclusion. Pour bien juger les opinions d'une personne, il ne suffit pas de les dégager, de les *abstraire*, il faut encore *faire abstraction* des sentiments que l'on a pour elle.

Abstrait est souvent pris dans un sens défavorable, pour *difficile à saisir, à pénétrer*: un discours, un livre où les généralités dominent, sans lien avec la réalité, sont dits abstraits.

Emploi de l'abstraction. — Rien n'est plus commun que l'emploi de l'abstraction. C'est par abstraction que le juge considère dans le même individu le citoyen, le fils, l'époux, le père, le propriétaire, et les droits ou les devoirs se rapportant à chacune de ces qualités. Un médecin peut être un très bon époux et un très bon père et un fort médiocre médecin.

Les mathématiques sont appelées sciences *abstraites*, parce qu'elles poussent l'abstraction plus loin que les autres sciences : elles étudient l'étendue (géométrie), ou le nombre (arithmétique), ou le mouvement (mécanique), indépendamment de tout objet déterminé. Cependant, comme il n'y a pas de science du particulier, comme toute science se compose d'idées générales auxquelles on n'arrive que par l'abstraction, toute science est abstraite à quelque degré. La physique, la chimie, l'histoire naturelle, qui s'occupent spécialement de telles propriétés des corps, — chaleur, force, pesanteur, ou affinité, ou structure et organisation, — reposent sur des abstractions.

Maître Jacques, dans Molière, fait de l'abstraction, probablement comme M. Jourdain faisait de la prose, sans le savoir, quand il dit à Harpagon : « Est-ce à votre cocher, Monsieur, ou à votre cuisinier que vous parlez? car je suis l'un et l'autre. — C'est à tous les deux. — Mais à qui des deux le premier? — Au cuisinier. — Attendez donc, s'il vous plaît. » Et maître Jacques ôte sa casaque de cocher et paraît vêtu en cuisinier. Plus loin, Harpagon lui commande de nettoyer son carrosse : « Attendez, dit maître Jacques, ceci s'adresse au cocher. » Et il remet sa casaque. (*L'Avare*, III, v.)

Le monologue d'Auguste (*Cinna*, IV, II) offre un bel exemple d'abstraction :
Rentre en toi-même, Octave, et cesse de te plaindre.
Quoi ! tu veux qu'on t'épargne et n'as rien épargné !

Plus loin (V, II), Livie dit à Émilie pour excuser Auguste :
Il t'a trop bien payé les bienfaits de ton père.
Sa mort, dont la mémoire allume ta fureur,
Fut un crime d'Octave et non de l'empereur.

Le mot de Louis XII mérite aussi d'être cité : « Le roi de France ne venge pas les injures du duc d'Orléans. »

Degrés de l'abstraction. — Toutes les idées ne sont pas également abstraites. Avoir l'idée d'une chose ronde ou carrée, c'est un premier degré d'abstraction. Si l'on conçoit l'idée de rondeur ou de forme carrée, on a une abstraction plus élevée. Enfin si l'on a l'idée générale de forme, on atteint, dans cet ordre d'idées, l'abstraction la plus parfaite. Il y a les idées abstraites de *substance* : or, argent, âme; — de *qualité* : rond, rondeur, blanc, blancheur; de *rapports* : aller, travailler; — de *quantité* : deux, cinq.

Nécessité et rôle de l'abstraction. — Abstraire est une nécessité pour l'homme[1]; son esprit ne peut embrasser à la fois et con-

---

[1] L'intelligence divine, qui embrasse et distingue tout d'une seule vue, n'a pas besoin d'abstraire pour voir plus nettement.

naître distinctement plusieurs objets ou plusieurs phénomènes. Aussi l'abstraction nous est-elle naturelle et familière comme l'attention, dont elle est une conséquence.

1º **Elle est la condition du langage et des idées claires et précises.** Nous ne pouvons ni penser ni parler sans abstraction : à part les noms propres, les pronoms personnels et les adjectifs qui les qualifient, tous les autres mots désignent des idées abstraites. Les enfants, dès qu'ils commencent à parler, commencent à abstraire, et les mots dont ils se servent d'abord désignent déjà des notions générales. L'abstraction a pour premier résultat de mettre la connaissance claire et distincte à la place de la connaissance complexe et confuse.

2º **Elle est la condition de la généralisation**, qui n'est autre chose que l'extension ou l'application d'une idée abstraite à toute une classe d'êtres ou de faits; — de la *définition*, qui part du *genre prochain*, c'est-à-dire d'une idée abstraite et générale, pour en marquer ensuite la *différence spécifique*; — de la *classification*, qui, sous des noms généraux, constitue des groupes d'êtres ou de faits subordonnés les uns aux autres; — du *raisonnement*, qu'il procède par déduction, par induction ou par analogie.

3º **Elle est la condition de la science** : toute méthode scientifique aboutissant à des idées générales est une méthode d'abstraction. Le point de départ d'une science est, en effet, de démêler l'ordre de faits spécifiques qui la constituent; par conséquent, de dégager un ou plusieurs faits simples dans la série des faits complexes au milieu desquels ils sont engagés. Dans la réalité, les faits physiques, par exemple, sont profondément intercalés et se compénètrent avec les faits chimiques. On les distingue cependant, et il y a des chimistes et des physiciens.

En *pédagogie*, il faut, autant que possible, faire de l'abstraction un point d'arrivée, et non un point de départ. L'abstraction, étant une synthèse, est vide de sens pour celui qui n'a pas fait l'analyse qu'elle implique. L'enfant qui abstrait prématurément abstrait passivement, fausse son intelligence et s'habitue à se payer de mots qu'il ne comprend pas. Il faut donc, toutes les fois qu'on le peut, partir du concret et du particulier, dont l'enfant reçoit d'abord l'image avant de s'en faire l'idée, puis arriver progressivement à l'abstrait et au général. C'est à faire cela que consiste surtout la méthode dite *intuitive*, qui veut qu'au lieu de formuler d'abord la définition, la règle ou la loi, on y arrive par la vue des choses, par les exemples, par les faits. Ce procédé est plus long, mais c'est celui qui développe le plus chez les enfants l'esprit d'initiative, d'invention et de généralisation. — Il ne faut pas cependant outrer cette théorie. Le professeur qui voudrait condamner ses élèves à refaire eux-mêmes tout le travail que certaines généralisations ont coûté à plusieurs générations de savants, serait absurde.

Abus de l'abstraction. — L'abstraction tend à nous faire perdre de vue les rapports et à donner au côté des objets qu'elle met en relief une importance qu'il n'a pas. De là la partialité, *l'esprit de système*, qui consiste précisément à juger des hommes et des choses à un point de vue exclusif.

Un second danger, c'est de conduire aux *abstractions réalisées*, c'est-à-dire d'attribuer une existence réelle et même personnelle à de pures conceptions de l'esprit.

Il faut se rappeler que l'abstraction ne donne pas aux propriétés, aux rapports, aux éléments qu'elle dégage, une existence réelle et indépendante; que les idées abstraites n'ont point de forme ou de type en dehors de l'esprit qui les conçoit ou de la substance qui les manifeste; enfin que la nature ne donnant que des êtres particuliers, les mots abstraits ne sauraient exprimer des réalités distinctes des individus. Le polythéisme est tombé dans des abstractions réalisées, quand il a personnifié, sous le nom de divinités, les différentes forces de la nature, les vertus et les vices. A l'époque de sa décadence, la philosophie scolastique multiplia les *vertus occultes*.

Plusieurs physiciens, avant Lavoisier, avaient expliqué la combustion par la présence du *phlogistique* (principe inflammable) dans le corps combustible. — Longtemps ce principe que *la nature a horreur du vide* a été admis absolument par les uns, par les autres avec cette restriction que cette horreur a des limites. « Quand la faiblesse des hommes n'a pu trouver les véritables causes, a dit Pascal dans son récit de l'expérience du Puy-de-Dôme, leur subtilité en a substitué d'imaginaires qu'ils ont exprimées par des noms spécieux qui remplissent les oreilles et non pas l'esprit. » Biot, dans ses *Mélanges scientifiques et littéraires* (II, p. 109), indique comment il faut entendre les principes et les fluides imaginés par les physiciens. « Lorsqu'on explique, dit-il, les mouvements des corps célestes par le principe de la *pesanteur*, on ne considère point ce principe *comme une qualité occulte* naturellement inhérente à la matière, mais *comme une loi générale* suivant laquelle les phénomènes ont lieu réellement... Pour expliquer l'électricité, le magnétisme, la chaleur, les physiciens ont imaginé certains *fluides élastiques* doués de propriétés attractives ou répulsives, et capables de pénétrer tous les corps ou seulement quelques-uns d'entre eux. C'est ce que l'on nomme le fluide électrique, le fluide magnétique et le principe de chaleur ou calorique... Les véritables physiciens admettent la considération de ces fluides uniquement comme une *hypothèse* commode à laquelle ils se gardent bien d'attacher des idées de réalité, et qu'ils sont prêts à modifier et à abandonner entièrement dès que les faits s'y montreront contraires. »

Enfin, c'est par l'abus des mots abstraits que les utopies communistes et révolutionnaires passionnent les foules. La *Déclaration des droits de l'homme*, qui sert de préface à la constitution de 1791, en est un exemple des plus remarquables; elle est, dit Taine, « le chef-d'œuvre de la raison spéculative (c'est trop accorder) et de la déraison pratique. » Nul ne semble se rappeler, parmi les constituants, que les législateurs font des lois, non des abstractions philosophiques; que c'est une grande faute de soulever les imaginations par des maximes générales inflexibles, sans mettre à côté leur application; de déclarer, par exemple, sans restriction ni commentaire, à un peuple toujours si ardent à traduire en faits les théories, que la résistance à l'oppression est de droit naturel. — Les mots *despotisme, liberté, égalité, fraternité, tolérance, fanatisme*, et quelques autres, aussi indéfinis et aussi élastiques, échauffent alors toutes les têtes et déchaînent toutes les passions. « La parole gigantesque et vague, dit encore Taine, s'interpose entre l'esprit et les objets; tous les contours sont brouillés, et le vertige commence... La magie souveraine des mots va créer des fantômes, les uns hideux, *l'aristocrate* et le *tyran;* les autres adorables, *l'ami du peuple*, le *patriote incorruptible;* figures démesurées et forgées par le rêve, mais qui prendront la place des figures réelles. » (*Ancien Régime*, liv. IV, ch. III, 5.)

En proclamant les droits de l'homme, les utopistes philosophes n'ont eu devant les yeux que l'individu abstrait et séparé de toute qualité ou relation secondaire: père, fils, roi, citoyen, paysan, autant de choses dont ils n'ont pas tenu compte dans leur exposé de principes. La Révolution a visé le nivellement plutôt que l'émancipation des classes. En face de l'État, entité abstraite, il n'y a plus ces groupes naturels, si nombreux au moyen âge, cette foule d'associations libres, conformes aux besoins de la nature humaine; il n'y a plus que des individus isolés. La société n'est plus, comme l'homme, qu'un agrégat de cellules vivantes.

Remarquons que la plupart de ces abus, attribués à l'abstraction, sont plutôt imputables à l'imagination et à la passion, dont elle n'est que l'instrument.

II. — COMPARAISON

Définition et conditions. — La *comparaison* est préparée par l'abstraction et elle prépare la généralisation. On la définit : *une opération par laquelle l'esprit rapproche deux ou plusieurs objets pour en saisir les rapports.* C'est l'attention se fixant alternativement sur les objets considérés au même point de vue, et les faisant, pour ainsi dire, coïncider dans l'esprit. Le résultat est un jugement *affirmatif* qui unit les objets par leurs éléments communs, et un jugement *négatif*, qui les sépare par leurs éléments propres. Ainsi le carré et le losange sont des quadrilatères; mais dans le carré, non dans le losange, les côtés sont perpendiculaires et les angles droits.

De cette analyse de la comparaison, il résulte qu'elle implique : 1° *l'attention*, double ou successive; 2° la *mémoire*, qui garde présents à l'esprit les objets ou les idées à comparer, et qui implique *l'identité du moi*.

Importance. — La généralisation, qui exprime les caractères communs à plusieurs objets, implique leur comparaison. Un jugement comprend une comparaison[1]; un raisonnement est une suite de comparaisons.

C'est à la comparaison que nous devons toutes les idées *relatives*, les idées *de rapports*, qui sont très nombreuses : comparatifs et superlatifs; meilleur, moindre, pire; supériorité, égalité, progrès; rapports de quantité ou de grandeur, de qualité ou de perfection.

Elle éclaire les objets les uns par les autres en nous montrant leur identité et leur distinction, en dégageant l'unité de la diversité. Identifier et distinguer, c'est le premier besoin de l'intelligence; quand elle définit, elle ne fait pas autre chose qu'identifier et distinguer. — Dans le style, la comparaison donne naissance à la métaphore, à l'allégorie, à l'antithèse. C'est sur elle que repose le raisonnement par analogie.

Joubert a dit : « Les images et les comparaisons sont nécessaires, afin de rendre double l'impression des idées sur l'esprit, en leur donnant à la fois une force physique et une force intellectuelle. » Et encore : « J'aime à voir deux vérités à la fois : toute bonne comparaison donne à l'esprit cet avantage. » Se rappeler cependant que si l'esprit est grandement redevable à l'analogie, elle est rarement absolue. Toute comparaison cloche, dit-on; ne clochât-elle pas, d'ailleurs, elle n'aurait pas force de preuve : comparaison n'est pas raison.

Le point de vue, ou plutôt le *procédé comparatif*, a transformé les sciences qui l'ont employé : anatomie, psychologie, philologie comparées. C'est surtout par ce procédé que la critique littéraire et artistique a élargi ses cadres étroits et systématiques.

III. — GÉNÉRALISATION

Définition. — La généralisation, *opération de l'esprit qui étend une idée à un nombre indéterminé d'êtres ou de faits de même nature,* achève le travail d'élaboration de l'idée, commencé par la perception, l'abstraction et la comparaison.

Comment se forme l'idée générale. — Pour former l'idée générale, c'est-à-dire pour aller de la *sensation* ou connaissance sensible, qui ne représente qu'un seul être, à l'*idée* ou connais-

---

[1] Voir, p. 237, si tout jugement est comparatif.

sance intellectuelle, qui représente toute une classe d'êtres, l'intelligence procède par *abstraction*. La sensation ne saisissant que le particulier, l'individuel, le concret, la connaissance sensible consiste en une image du particulier, du concret. L'intelligence part de cette image, élimine tous les principes ou caractères qui distinguent l'individu et dégage ainsi la nature commune à tous les individus d'un genre ou d'une espèce. Soit l'idée de triangle. Dans telle salle, sur tel tableau noir, je vois un triangle, de telles dimensions : voilà la sensation. Si je mets de côté la salle, le tableau noir, les dimensions, même le triangle qui est là sous mes yeux, je n'envisagerai plus que le triangle en général, c'est-à-dire une figure à trois côtés : voilà l'idée. L'image ne représentait que *ce* triangle, tracé sur *ce* tableau ; l'idée représente *le* triangle.

L'idée générale est donc le résultat d'un travail préparatoire d'*analyse*, d'une *abstraction* et d'une *synthèse*. L'analyse distingue les caractères des êtres ou des faits ; l'abstraction élimine ceux qui ne sont pas communs ; la synthèse groupe un certain nombre d'êtres ou de faits sous un même *type* ou sous une même *loi* (la loi est une idée générale de rapports).

« Une idée générale se forme, non pas en additionnant tous les caractères des espèces inférieures, mais en éliminant tous ceux de ces caractères qui varient d'une espèce à l'autre. Toute idée générale est, non pas le total d'une addition, mais le reste d'une soustraction. » (RABIER, *Logique*.)

A proprement parler, l'intelligence ne tire pas l'idée abstraite ou purement spirituelle de l'image sensible ; elle se sert de l'image pour produire l'idée, qui est son opération propre.

L'idée générale ou universelle est toujours une idée abstraite. L'universel, en tant qu'universel, n'existe pas dans la nature, où tout est concret et particulier, mais seulement dans l'intelligence qui le conçoit.

Nature de l'idée générale : *extension et compréhension*. — Le résultat de la généralisation est une *idée générale* ou un *concept*; l'idée générale a une *extension* et une *compréhension*. On appelle *extension* le plus ou moins grand nombre d'individus dont l'idée exprime l'essence ; on appelle *compréhension* le plus ou moins grand nombre d'éléments représentatifs (qualités ou propriétés) que contient l'idée. Ainsi *animal, vertébré, mammifère, doué de raison*, constituent la compréhension de l'idée d'homme, et l'extension de cette idée est formée par tous les individus humains.

La compréhension est en raison inverse de l'extension, c'est-à-dire que plus il y a d'êtres représentés par l'idée, moins ils ont de qualités communes. Par exemple, en ajoutant à la compréhension de l'homme, exprimée plus haut, la qualité de blanc, on élimine tous les hommes noirs, jaunes et rouges de l'extension de l'idée.

« On reconnaît une idée générale à ce que cette idée n'est pas susceptible d'être adéquatement représentée par une image. Ainsi, nous avons l'idée de couleur ; cette idée est essentiellement distincte de toute image colorée, bleue, verte, rouge. L'idée de son est essentiellement distincte de toute image sonore particulière. On peut en dire autant des idées d'odeur, de saveur et de tact. » (FONSEGRIVE.)

Il ne faut pas confondre l'idée générale avec l'*image générale* ou *image commune*. Celle-ci se forme lorsque les images de même espèce, se groupant suivant la loi de similitude, concordent dans leurs caractères communs; pour le cheval, par exemple, l'image de l'avoine ne représente pas tel ou tel grain d'avoine, mais l'image *composée* des grains d'avoine qu'il a vus et qui l'ont nourri. L'idée générale exprimant la nature des choses est illimitée; c'est une notion universelle qui embrasse tous les êtres de même nature, connus et inconnus. L'image, même commune, est toujours bornée, comme l'expérience sensible sur laquelle elle s'appuie; elle exprime non la nature des choses, mais leurs caractères ou leurs résultats sensibles.

Expression de l'idée générale. — Le *nom commun* est l'expression de l'idée générale. La grande majorité des mots qui composent une langue sont des noms communs, des termes généraux, ou universels. Les idées générales sont donc la forme la plus ordinaire de nos pensées.

Ce qu'implique l'idée générale et ce qui en résulte. — La présence d'une seule idée générale dans l'âme humaine y révèle l'existence d'une faculté qui, partant de la sensation, s'élève à un point où la sensation ne saurait atteindre [1].

La sensation ne peut donner ce qu'elle n'a pas. On a beau la transformer, l'associer, la tourner dans tous les sens, elle ne saurait franchir les limites du particulier. Jamais, avec la sensation seule, celle de triangle ou d'animal, par exemple, on ne s'élèvera à la conception générale de triangle ou d'animal, si on n'a pas, outre la sensation, une faculté qui permet d'abstraire de la sensation les caractères communs à plusieurs individus, et d'en former une idée générale.

C'est parce que l'homme conçoit et affirme le général, l'universel, qu'il est capable de se développer dans toutes les directions, et de progresser par sa propre initiative. L'animal, qui ne connaît que le particulier sensible, est incapable de rien inventer; son progrès, quand il en réalise un, est *unilinéaire*, c'est-à-dire dans un genre déterminé, à l'exclusion de tous les autres genres : l'araignée, par exemple, peut mieux tendre sa toile, mais n'arrive pas à tendre une toile quelconque.

Divers degrés de généralisation. — La généralisation présente bien des degrés. Elle s'étend depuis l'idée individuelle et concrète jusqu'à l'idée d'*être*, qui est la plus abstraite et la plus générale : *race, espèce, genre, ordre, classe, embranchement* ou *type, règne, être.*

Les deux degrés principaux sont le *genre* et l'*espèce*. Le genre renferme plus d'individus et moins de qualités : l'idée est plus *extensive*; l'espèce, plus de qualités et moins d'individus : l'idée est plus *compréhensive*.

On donne souvent le nom de *genre* à toute classe d'êtres qui renferme des espèces différentes; ce qui conduit à faire de l'espèce un genre par rapport aux espèces particulières qu'elle contient. Ainsi le mot *chien* désigne une espèce par rapport au genre *animal*, et un genre par rapport aux différentes espèces de chiens.

Comme on le voit, à mesure qu'on généralise, l'extension de l'idée augmente, et sa compréhension diminue. Si, au contraire, on va du général au particulier, l'extension diminue et la compréhension augmente. Voici deux séries :

---

[1] Il est bon de remarquer que, même après le travail d'abstraction qui donne la notion générale, celle d'arbre, par ex., les deux éléments qui constituent notre nature, l'élément sensible et l'élément intellectuel, se retrouvent avec leurs caractères distinctifs : l'élément intellectuel par l'idée d'arbre en général, l'élément sensible par la nécessité où nous sommes de concevoir cette idée sous la forme d'un objet ayant des racines, un tronc et des feuilles.

l'extension va croissant dans la première, et dans la seconde la compréhension : mon pommier, un pommier; un arbre fruitier, un arbre; une plante, une substance; — une substance, un être vivant, un animal, un vertébré, un mammifère, un pachyderme, un solipède, un cheval, mon cheval.

Idées générales et idées universelles. — L'*universel* désigne ce qui convient à tous les êtres, le *général* ce qui convient à toute une classe d'êtres : il ne faut donc pas confondre l'*idée générale* avec l'*idée universelle*. Elles diffèrent :

1° Par *leur origine* : l'*idée générale* nous vient de l'expérience : par un travail de comparaison et d'analyse, d'abstraction et de synthèse, l'esprit ramène à un concept unique des qualités convenant à plusieurs objets; — l'*idée universelle* vient de la raison : elle est objet d'évidence immédiate ou d'intuition de la raison, à l'occasion d'un fait;

2° Par *leur nature* : l'*idée générale* exprime des vérités contingentes ou des vérités hypothétiquement nécessaires; par exemple, les lois de la nature; — l'*idée universelle* exprime des vérités absolues, nécessaires, immuables; exemple, les vérités premières, les notions essentielles des êtres;

3° Les vérités universelles sont possédées par tous les hommes, même à leur insu, car elles dirigent toute pensée; il n'en est pas de même des vérités générales.

C'est l'erreur des sensualistes, qui font de l'expérience la source unique de nos idées, de réduire l'idée universelle à l'idée générale, de lui enlever ainsi son caractère d'absolue nécessité, et de ruiner le fondement de la logique formelle et du raisonnement déductif.

Emploi et importance de la généralisation. — Elle est une des différences essentielles qui distinguent l'âme de l'homme de l'âme de l'animal. Toutes les connaissances de l'animal ne dépassent pas le champ restreint de ses expériences sensibles; incapable d'abstraire et de généraliser, ses connaissances sont toutes particulières et empiriques. Le domaine de l'intelligence humaine, au contraire, est illimité : de la vue des choses sensibles elle s'élève à des conceptions générales, de l'étude des phénomènes elle tire leurs lois, c'est-à-dire des jugements universels qui indiquent la manière constante de production des phénomènes.

La philosophie donne l'esprit généralisateur : elle se plaît aux vues d'ensemble, elle aime à s'élever pour tout embrasser d'un coup d'œil. Tous les génies qui ont fait progresser les sciences ont été des esprits généralisateurs.

Dans toutes les sciences, on tend à dégager et à coordonner le général, l'universel, l'invariable. Les sciences physiques et naturelles dégagent les idées générales qui sont des rapports constants de faits, ou *les lois;* et les idées générales qui sont des rapports constants de caractères, ou les *types*, vraies copies de la réalité par les traits communs et essentiels. Les mathématiques partent d'*idées générales qui sont des modèles*[1], idées que notre esprit, avec les éléments les plus simples de l'expérience, construit en lui-même sans s'inquiéter de la réalité, et qui cadrent pourtant avec les choses, ce qui prouve qu'il y a un accord fondamental entre les choses et les lois de la pensée; ce sont : les idées abstraites et générales de nombres, avec lesquelles nous faisons l'arithmétique; les idées abstraites et générales de points, de lignes, de surfaces, de solides, avec lesquelles nous faisons la géométrie; les idées abstraites et générales de repos, de mouvement, de vitesse, de masse, avec lesquelles nous faisons la mécanique.

Sans les idées générales, la science ne serait qu'une nomenclature sans fin

---

[1] L'expression est de Taine.

d'êtres ou de faits individuels, ce qui revient à dire qu'il n'y aurait pas de science. Il n'y aurait pas non plus de classification : toute classification suppose une généralisation ordonnée, qui a préalablement dégagé les caractères spécifiques, c'est-à-dire les propriétés stables et constantes des êtres et des faits.

Le langage se compose en grande partie de mots exprimant des idées générales. L'homme parle, parce qu'il est capable de généraliser. L'animal a des signes naturels, des cris, des gestes, des mouvements divers; rien n'indique qu'il ait le mot, signe de l'idée abstraite et générale.

Valeur des idées générales. — Toute science, comme on vient de le voir, repose sur des idées générales. La valeur de ces idées, sous le nom de *querelle des universaux*[1], a passionné tout le moyen âge. Cette querelle, oubliée sous ce nom, a été reprise sous d'autres; car les questions agitées n'étaient ni factices ni imaginaires. Il n'y a pas, dans toute l'histoire de la philosophie, de théorie qui tienne une aussi grande place que celle de l'idée générale et du concept. Elle est le pivot sur lequel tourne la philosophie, depuis Socrate, Platon et Aristote, jusqu'à l'évolutionisme et au transformisme moderne.

Le problème est celui-ci : *Les idées générales correspondent-elles à quelque chose de réel?*

Avec Guillaume de Champeaux[2] et après Platon, les *réalistes* prétendent que les genres sont les seules réalités qui existent; que l'idée générale, celle d'humanité, par exemple, existe réellement, indépendamment des individus qui la composent et de l'esprit qui la conçoit, et que les individus n'ont de réalité que par participation à cette idée générale. — Avec Roscelin[3], les *nominalistes* ne voient dans les idées générales que de simples abstractions de l'esprit, des mots; toute la réalité est dans les individus. Ainsi blancheur, humanité, vérité, ne sont que des noms qui ne répondent à rien de réel. — Avec P. Abélard[4], les *conceptualistes* prétendent concilier les deux systèmes : l'idée générale est à la fois moins que la réalité et plus qu'un mot : elle est une conception de l'esprit, mais n'a pas de réalité extérieure[5].

Ainsi, pour le *réaliste*, les êtres individuels, les animaux, par exemple, n'ont en propre que des qualités accidentelles; la réalité substantielle et vraie s'absorbe dans le genre et l'espèce. — Pour le *nominaliste*, l'animalité n'est qu'un son sans signification; il n'existe que des animaux individuels, des chiens, des chevaux individuels. — Pour le *conceptualiste*, les animaux individuels existent seuls; mais nous nous faisons l'idée de l'animalité, qui résume et condense leurs qualités générales.

Pris absolument, ces trois systèmes sont faux. Le *conceptualisme* a raison de voir dans les idées générales des conceptions de l'esprit; mais il a tort d'en faire des conceptions arbitraires, sans valeur en dehors de la pensée. Le *réalisme* a raison d'affirmer le rapport des idées générales aux choses réelles; mais il a tort de prétendre que l'idée générale est une espèce d'entité existant en soi, indépendamment des individus. Le *nominalisme* a tort de penser que toute

---

[1] Les scolastiques, après Aristote, les réduisaient à cinq : le *genre*, l'*espèce*, la *différence* (ce qui distingue une chose d'une autre), le *propre* (ou la propriété, caractère commun, mais exclusif à tous les individus de l'espèce, et qui suit de l'essence : la parole, pour l'homme) et l'*accident* (caractère contingent, qui peut n'être qu'individuel et sans lequel l'être peut exister).
[2] Évêque de Châlons, 1120.
[3] Chanoine de Compiègne, 1089.
[4] Disciple, puis adversaire de G. de Champeaux, il enseigna à Paris, 1079-1142.
[5] Le *subjectivisme* de Kant n'est, au fond, que le *conceptualisme* rajeuni et poussé jusqu'à ses dernières conséquences.

idée est nécessairement particulière, et que le nom seul est général; mais il a mis en lumière le rôle des mots dans la pensée, le danger de réaliser l'abstraction, de croire à l'existence d'une chose, parce qu'il y a un mot pour la désigner (certaines idées générales désignent des *êtres de raison*, enfantés par l'imagination).

La vérité est dans le *réalisme modéré*, ou *conceptualisme réaliste*, professé par Aristote, saint Thomas et Leibniz. Les idées générales ne sont ni des entités existant en soi, ni de simples mots, ni de pures conceptions de l'esprit. Elles ont une réalité, non en elles-mêmes, mais tout à la fois dans les individus existants qui en participent, et dans l'esprit qui les conçoit, surtout dans l'intelligence divine, où tous les possibles sont entendus et ont leur type de toute éternité. Ainsi la *rondeur* existe, non en elle-même, mais dans tous les objets ronds, dans tous les esprits qui en ont l'idée, et en Dieu.

De nos jours, M. Taine a renouvelé l'erreur *nominaliste*, déjà reprise, au dix-huitième siècle, par Berkeley, Condillac, Hume. D'après lui, ce que nous appelons nos *idées générales* n'est autre chose que des sensations et des groupes de sensations, auquel *un mot* sert d'étiquette et de substitut mental. Ainsi le mot d'*animalité* ne désigne pas une essence, un type réalisable dans un nombre indéfini d'animaux existants ou possibles; il désigne seulement un certain groupe de sensations que nous avons éprouvées, la totalité des animaux particuliers que nous avons observés (c'est l'image *commune*). « Ce que nous avons en nous lorsque nous pensons, ce sont des signes, et rien que des signes... Le mot est toute la substance de notre opération. »

Ces assertions sont contredites par le témoignage de toutes les consciences humaines, qui ne peuvent confondre le mot avec l'idée qu'il exprime, le signe avec la chose signifiée, et qui attestent à la fois l'existence des mots et celle des idées. Si nous croyons avoir par delà nos mots des idées générales, c'est que, nous dit Taine, nous avons traité le mot en accessoire, nous avons *oublié* qu'il est toute la substance de l'opération intellectuelle. — *L'oubli du mot*, pour mieux s'appliquer à l'idée, ne saurait expliquer *l'illusion* qui nous fait croire à la présence de l'idée dans l'esprit; mais il prouve fort bien la distinction essentielle entre le mot et l'idée, puisqu'on peut avoir conscience de l'idée sans avoir conscience du mot, ou réciproquement, et que l'idée paraît d'autant plus brillante que le mot est plus effacé. Que de fois nous avons le mot sans pouvoir retrouver l'idée qu'il exprime! Que de fois, au contraire, nous avons l'idée nette et précise de la chose, sans pouvoir nous rappeler le mot scientifique qui lui sert d'étiquette! Que de fois l'artiste ou le poète ne trouve pas de parole humaine pour rendre l'idéal qu'il conçoit! Les *néologismes* qu'il se voit contraint de créer pour exprimer l'idée qu'il possède prouvent qu'il a l'idée avant d'avoir le mot. La science ne peut nier l'idée sans se nier elle-même. Il n'y a pas de science sans principes, ni de principes sans idées. (Voir FARGES, *le Cerveau, l'Ame et les Facultés*, 2º partie, IV.)

TABLEAU ANALYTIQUE

I. ABSTRACTION

Définition. — Abstraire, c'est considérer isolément dans un objet un de ses caractères ; dans un tout, un de ses éléments ; dans un groupe d'états de conscience, un de ces états.

On fait une abstraction quand on envisage la *substance* sans ses *qualités* (le fer sans son poids), les *qualités* sans la *substance* (le poids du fer ou sa forme), une *faculté à part des autres* (l'intelligence sans la volonté et la sensibilité), *l'universel en dehors de ce qui l'individualise* (l'homme en général et non tel homme).

L'abstraction est une séparation purement *mentale*, *intellectuelle* des choses ; elle n'a rien de *réel*.

Rien de plus commun que cette opération de l'esprit : nous faisons des abstractions à chaque instant quand nous parlons ou que nous raisonnons (le juge voit dans le même homme, le père, l'époux, le citoyen, le propriétaire, le criminel, etc.).

Mécanisme et effets de l'abstraction.
« Les sens, a dit Laromiguière, sont des machines à abstraire ; » chacun d'eux, en effet, nous fournit quelques notions indépendantes des autres sens ; mais ce n'est là qu'une analogie de l'abstraction. Les sens ne s'élèvent pas au-dessus de l'individuel ; or le caractère propre de l'idée *abstraite*, c'est l'*universel*, notion qui ne peut être donnée que par l'intelligence.

Cette opération de l'esprit transforme les notions réelles *concrètes* en notions *abstraites*, sans réalité ; d'*individuelles*, elle les rend *universelles*, applicables à un grand nombre d'individus semblables.

Idée abstraite et idée concrète. — Nos moyens de connaître, sens, conscience, raison, ne nous présentent l'idée que sous sa forme *concrète* : un être ou un phénomène individuel avec ses divers attributs ;

L'idée *abstraite* exprime le genre ou l'espèce à laquelle appartient ce fait ou ce phénomène individuel.

Il ne faut pas confondre l'*idée abstraite* : 1° avec l'*idée générale* : la première est le genre, la deuxième l'espèce ; toute idée générale est abstraite (couleur d'orange), mais toute idée abstraite n'est pas générale (couleur de telle orange) ; 2° avec les idées des *choses suprasensibles* : les idées de forme, de couleur, sont des idées abstraites sensibles ; les idées d'âme, de Dieu, sont des idées concrètes suprasensibles.

Degrés de l'abstraction.
Avoir l'idée d'une chose ronde ou carrée, c'est un premier degré de l'abstraction ; concevoir l'idée de rondeur ou de carré en dehors de tout objet, c'est un deuxième degré ; enfin, si l'on s'élève à l'idée générale de forme, on obtient l'abstraction la plus élevée dans ce genre.

On distingue des idées abstraites de *substance* (or, âme) ; de *qualité* (rond, blanc) ; de *quantité* (deux, cinq) ; de *rapports* (aller, travailler).

Nécessité et rôle de l'abstraction.
Abstraire est une nécessité pour l'esprit de l'homme, qui ne peut connaître distinctement plusieurs phénomènes à la fois.

1° L'abstraction a pour premier effet de rendre la connaissance claire et distincte ;

2° Elle est la condition de la *généralisation*, de la *définition*, de la *classification*, du *raisonnement* ;

3° Elle est la condition de la *science*, qui a pour but de dégager les idées générales des faits complexes dans lesquels elles sont mêlées.

Abus de l'abstraction.
1° L'abstraction tend à nous faire perdre de vue les rapports des parties qui composent un tout ;

2° Elle est l'origine de la *partialité*, de *l'esprit de système*, qui juge les hommes et les choses à un point de vue exclusif ;

3° Elle conduit aux abstractions *réalisées*, c'est-à-dire à attribuer une existence réelle et même personnelle à de pures conceptions de l'esprit (vertus occultes des anciens physiciens).

II. COMPARAISON.

Définition. — La comparaison est une opération par laquelle l'esprit rapproche deux ou plusieurs objets pour en saisir les rapports.

Le résultat de la comparaison est un *jugement affirmatif*, qui unit les objets par leurs éléments communs, et un *jugement négatif*, qui les sépare par leurs éléments propres.

Importance. — C'est à cette opération que nous devons les *idées de rapports* : comparatif, meilleur, égal, etc. Elle est la condition de la généralisation, du jugement, du raisonnement.

III. GÉNÉRALISATION

Définition. — Opération par laquelle l'esprit étend une idée à un nombre indéterminé d'êtres ou de faits de même nature. Le résultat est l'*idée générale* ou *concept*.

Comment se forme l'idée générale.
Pour passer de la *sensation*, qui ne représente qu'un seul être, à l'*idée*, qui représente toute une classe d'êtres, l'intelligence procède par abstraction.
L'intelligence part d'une image (triangle, par exemple); elle élimine tous les caractères particuliers (isocèle, rectangle, scalène), et dégage ainsi la nature commune à tous les êtres d'un genre ou d'une espèce (le triangle).
Dans toute généralisation il y a donc : 1° une *analyse*; 2° une *abstraction* ; 3° une *synthèse*.

Nature de l'idée générale. — L'idée générale est une idée *abstraite*, qui s'applique à un nombre indéterminé d'êtres ou de faits de même nature.
Dans l'idée générale il faut distinguer : 1° l'*extension*, plus ou moins grand nombre d'individus dont elle exprime l'essence; 2° la *compréhension*, plus ou moins grand nombre de qualités que contient l'idée.

Expression de l'idée générale. — L'idée générale s'exprime par le nom commun.

Ce qu'implique l'idée générale. — Les sens ne pouvant saisir que le particulier ou l'individuel, la présence d'une seule idée générale dans l'âme humaine révèle une faculté supérieure aux sens.

Divers degrés de la généralisation. — La généralisation s'étend depuis l'idée individuelle jusqu'à l'idée d'être. Les deux principaux degrés sont le *genre* et l'*espèce*.
Dans le genre, l'idée est plus *extensive* (renferme plus d'individus et moins de qualités communes). Dans l'espèce, elle est plus *compréhensive* (renferme plus de qualités et moins d'individus).

Avantages de la généralisation. — Elle substitue à la multitude des idées individuelles un petit nombre d'idées générales : idées de *lois*, de *types*, d'*espèces*, de *genres*, etc. Elle est la condition de toute classification de toute science.

Valeur des idées générales.
(C'est le problème des universaux, qui a passionné le moyen âge.) Les idées générales correspondent-elles à quelque chose de réel ? — Tel est le problème.
Oui, répondent les *réalistes*, avec Guillaume de Champeaux ; les genres sont les seules réalités qui existent ;
Non, répondent les *nominalistes*, avec Roscelin; toute réalité est dans les individus ; les idées générales sont des *flatus vocis*.
Abélard, et après lui les *conceptualistes*, ont voulu concilier les deux systèmes : l'idée générale existe dans l'esprit, mais n'a pas de réalité extérieure.
Pris absolument, ces trois systèmes sont faux. La vérité est dans un *réalisme modéré* (Aristote, saint Thomas, Leibniz), qui enseigne que les idées générales ne sont ni des *entités* existant en soi, ni de *simples mots*, ni de *pures conceptions* de l'esprit : elles ont une réalité dans les individus existants et dans l'esprit qui les conçoit, surtout dans l'intelligence divine, où tous les êtres ont leur type de toute éternité.

17e LEÇON

ÉLABORATION DE LA CONNAISSANCE (SUITE)
JUGEMENT ET RAISONNEMENT

I. — DU JUGEMENT

Définition. — Le *jugement* est une *opération par laquelle l'esprit affirme qu'une chose est ou n'est pas*, qu'elle est *telle* ou n'est pas *telle*, c'est-à-dire qu'elle a ou n'a pas telle qualité, telle manière d'être.

Le jugement implique *deux idées entre lesquelles on affirme un rapport de convenance ou de disconvenance*. C'est à la fois un acte d'*analyse*, par lequel on examine séparément deux idées, un sujet et un attribut, et un acte de *synthèse*, qui les réunit dans une même affirmation ou les exclut l'une de l'autre par une négation. On peut encore dire que *juger, c'est énoncer un caractère et assigner une classe*. Considérer l'attribut comme un des caractères du sujet, c'est se placer au point de vue de la compréhension du sujet; le considérer comme un genre dans lequel le sujet est contenu à titre d'espèce, c'est se placer au point de vue de l'extension.

Ainsi, j'ai l'idée de *Dieu* et l'idée de *bonté*, et, comparant ces deux idées, j'affirme qu'elles se conviennent : *Dieu est bon;* ou bien je compare l'idée de *Dieu* à l'idée d'*injustice*, et j'affirme que ces deux idées ne se conviennent pas : *Dieu n'est pas injuste*. Ces deux termes, *bon*, *injuste*, ne désignent pas seulement une qualité que Dieu a, ou un défaut qui n'est pas en lui, ils expriment une classe d'êtres dans laquelle je mets ou je ne mets pas Dieu.

De ces définitions et de ces exemples, il résulte que tous les jugements sont, en dernière analyse, *affirmatifs* (voir page suivante); sont-ils de même *comparatifs*?

Il y a des auteurs, entre autres Reid, Hamilton, Damiron, Cousin, qui n'admettent pas que le jugement soit essentiellement *comparatif* de deux idées; ils pensent que ce serait une erreur de croire que nous avons toujours besoin de prendre deux idées l'une après l'autre et de les comparer pour en trouver la convenance, et ils admettent des jugements *intuitifs* ou *expérimentaux*. Nos premiers jugements, disent-ils, les jugements d'existence, comme *je pense, je suis, le soleil est lumineux, les corps sont étendus*, sont des jugements *intuitifs* et *spontanés*, affirmant immédiatement le lien de deux idées qui nous sont simultanément connues. Ceux qui croient que le jugement est essentiellement *comparatif* leur reprochent de confondre plus ou moins le jugement avec la perception intellectuelle. Ainsi, d'après eux, le sentiment de notre propre existence est un fait perçu avant d'être un fait analysé et jugé par la raison, qui prononce ce jugement : *je suis existant*. Toutefois la comparaison des termes peut être si rapide, à cause de l'habitude acquise ou de l'évidence même des rapports, qu'elle finit par échapper à l'attention. — Dans l'exemple donné, le jugement porte sur le moi concret, existant et perçu comme tel. Mais, entre le moi *perçu existant* et le moi *jugé existant*, il y a une différence essentielle. En voici la raison. Le sentiment de mon existence est une connaissance synthétique et indivise, antérieure à l'abstraction; il est une intuition consciente sans attribution de propriétés spéciales; je n'y distingue pas, comme dans le jugement, le sujet auquel j'attribue et le caractère attribué. Ce sentiment n'est donc pas un jugement. Il en est tout autrement du moi jugé existant. Ce jugement *j'existe* exprime une réflexion de mon esprit sur lui-même pour distinguer sa propre existence, telle qu'il la sent, de celle des objets extérieurs qui existent comme moi; me juger existant, c'est me mettre dans la classe des êtres existants, ce que je ne puis faire sans une comparaison. La comparaison est donc nécessaire pour le jugement.

Eléments du jugement et de la proposition. — Tout jugement comprend : 1° une idée (*d'être ou de substance*) de laquelle on affirme ou nie quelque chose ; 2° une seconde idée (*de mode ou de qualité*) qui est affirmée ou niée de la première ; 3° le lien rationnel de ces deux idées (*affirmation et rapport*).

A ces trois éléments du jugement, correspondent les trois parties de la proposition : 1° le *sujet*, qui est l'objet dont on affirme ou nie quelque chose ; 2° l'*attribut*, qui est ce qu'on affirme ou nie de l'objet ; 3° le *verbe*, par lequel se fait l'affirmation du rapport.

Les deux premiers (sujet et attribut) expriment ce qu'on appelle la *matière* du jugement; le troisième (rapport), ce qu'on appelle la *forme*.

Le verbe est le mot par excellence (*verbum, parole*); il exprime spécialement l'acte de juger et constitue l'essence même du jugement. Le jugement n'est pas seulement l'affirmation d'un rapport entre le sujet et l'attribut, mais de la croyance à l'existence réelle de ce rapport, ce qui a fait dire à Leibniz : « Il y a de l'être dans toute proposition. »

Le jugement énoncé se nomme *proposition*. Il faut distinguer la *phrase* de la proposition. La phrase est considérée surtout au point de vue de la *grammaire*, la proposition au point de vue de la *logique*. La proposition est l'expression d'un jugement. La phrase est un assemblage de mots formant un sens complet ; elle consiste en une ou plusieurs propositions.

Les mots ou les *termes* sont les signes des idées. Les idées, en se liant ou s'associant, forment des *pensées*. La phrase est à la pensée ce que le mot est à l'idée, ce que la proposition est au jugement.

Division des jugements et des propositions : 1° relativement à la qualité (expression consacrée en logique), on distingue : les jugements *affirmatifs*, qui unissent les idées, et les jugements *négatifs*, qui les séparent : Pierre est savant, Paul n'est pas savant.

Les premiers affirment que tel attribut fait partie de la *compréhension* de tel sujet ou que tel sujet fait partie de l'*extension* de l'attribut. Par exemple, ce jugement : *L'homme est raisonnable*, affirme que la raison est un des caractères compris dans l'idée d'homme, ou encore que l'homme est compris dans la classe des êtres raisonnables. — Les seconds affirment le contraire, c'est-à-dire qu'un attribut ne rentre pas dans la compréhension d'un sujet ou qu'un sujet est exclu de l'extension d'un attribut. Exemple : *L'âme de l'homme n'est pas matérielle*.

2° **Relativement à la quantité**, les jugements sont *individuels* ou *singuliers*, *particuliers*, *généraux* ou *universels;* — *individuels* ou *singuliers*, quand le sujet ne représente qu'un seul être : *Cet homme est bon, Bossuet est un grand orateur;* — *particuliers*, quand le sujet n'est pas pris dans toute son extension et désigne quelques êtres de la même espèce; en d'autres termes, quand l'attribut n'est affirmé que d'une partie du sujet : *Quelques hommes sont menteurs et intéressés, il y a des végétaux qui paraissent sensibles;* — *généraux* ou *universels*, quand le sujet est pris dans toute son extension et représente toute une classe d'êtres, ce qui revient à dire : quand l'attribut est affirmé de toute une classe d'êtres : *Tout homme est mortel, tous les corps sont pesants*. — Dans la pratique, on emploie souvent l'un pour l'autre *général* et *universel*, bien qu'il y ait une différence : général désigne proprement ce qui appartient au genre; universel exclut même la possibilité d'une exception : les lois des sciences physiques sont des jugements *généraux;* les jugements ou principes premiers de la raison sont *universels*.

3° **Relativement à leur modalité** (manière d'être), les jugements sont *contingents* ou *nécessaires;* — *contingents*, s'ils se rapportent à des êtres ou à des faits qui pourraient ne pas être : *Charlemagne a restauré les écoles au VIII° siècle;* — *nécessaires*, s'ils expriment une vérité dont le contraire est impossible : *Le tout est plus grand que chacune de ses parties, les trois angles d'un triangle sont égaux à deux droits*. — Tout jugement contingent est fondé sur l'expérience soit interne, soit externe; tout jugement nécessaire est fondé sur la raison, et le contraire est absurde.

4° **D'après la relation de l'attribut au sujet**, les jugements sont *analytiques* ou *synthétiques;* — *analytiques*, si l'attribut est contenu dans l'idée du sujet et n'y ajoute rien : *Tout corps est étendu, les rayons d'un cercle sont égaux;* toutes les définitions géométriques sont des jugements analytiques; — *synthétiques*, si l'attribut ajoute au sujet quelque chose qui n'était pas contenu dans sa compréhension essentielle : *Tout corps est pesant, ces enfants sont studieux, cet édifice a cent mètres de hauteur*. (*Voir ce qui a été dit de ces principes, page* 158.) Tout jugement analytique est *explicatif*, c'est-à-dire exprime en totalité ou en partie la compréhension essentielle du sujet; tout jugement synthétique est *extensif :* il signale dans le sujet une propriété qui ne lui est pas essentielle.

5° **Relativement à la manière dont nous les formons**, les jugements sont *à priori* ou *à posteriori;* — *à priori*, si l'esprit les tient pour vrais dès qu'il en comprend les termes, et avant d'avoir recours à l'expérience : les principes premiers sont *à priori*. (*Voir, page* 156, *en quel sens et jusqu'à quel point ils sont* à priori [1].) — *à posteriori*, si l'esprit n'affirme la liaison des termes qu'après en avoir vu la liaison dans une ou plusieurs expériences : *Les liquides ont un même niveau dans des vases communiquants*. — Les jugements *à priori* sont toujours *nécessaires :* l'esprit ne peut se contredire lui-même. Tous les jugements analytiques sont *à priori*. — Les jugements *à posteriori* sont toujours *contingents :* l'expérience nous dit ce qui est, sans garantir ce qui sera. Il faut se rappeler que ces mots : avant l'expérience, après l'expérience, doivent être entendus d'une antériorité et d'une postériorité logiques, bien plus que chronologiques. On a vu qu'il n'y a pas de vérité *à priori* connue en dehors de toute expérience. Mais l'expérience la suggère, elle est l'occasion de l'intuition de l'esprit; elle ne la produit ni ne la justifie.

Les jugements *à priori* sont dits aussi *primitifs*, parce qu'ils tiennent à la constitution de notre nature, qu'ils servent de règle à la pensée, sans que nous

---

[1] A *priori* signifie proprement antérieur à l'expérience, et *à posteriori*, postérieur à l'expérience. Le sens dérivé de ces mots est : *indépendant de l'expérience* (relativement) et *résultant de l'expérience*.

ayons besoin d'y réfléchir expressément, et qu'ils sont le point de départ de toutes les opérations intellectuelles.

6° **Au point de vue de la justesse**, les jugements sont *vrais, faux* ou *probables;* — *vrais*, s'ils affirment ce qui est; *faux*, s'ils montrent dans un objet des qualités qui s'excluent ou qui ne lui conviennent pas; *probables*, s'ils sont plus ou moins vraisemblables.

Le jugement faux constitue l'*erreur;* s'il est volontairement faux et revêt les apparences de la vérité, c'est un *sophisme*. Un jugement admis sans preuve, qu'il soit d'ailleurs vrai ou faux, est un *préjugé*.

Une opinion particulière contraire à l'opinion commune, un jugement qui affirme ce qui est vrai, mais a l'air d'être une erreur, est un *paradoxe*[1]. Les béatitudes de l'Évangile ont d'abord été regardées comme des paradoxes. Cicéron a développé sous le nom de *paradoxes* certaines opinions des stoïciens : La douleur n'est pas un mal, le sage seul est libre, etc. [2].

7° **Considérés relativement à leurs termes**, les jugements et les propositions sont *simples* ou *composés;* — *simples*, s'il n'y a qu'un sujet et qu'un attribut; *composés*, s'il y a plusieurs sujets ou plusieurs attributs.

Les *propositions composées* sont :

Conjonctives, quand les sujets ou les attributs sont joints par les conjonctions *et, ni : Ni l'or ni la grandeur ne nous rendent heureux; l'un et l'autre ont brillé, mais bien diversement;*

Disjonctives, quand les sujets ou les attributs sont joints par la conjonction *ou : Selon que vous serez puissant ou misérable, les jugements de cour vous rendront blanc ou noir;*

Conditionnelles, quand elles sont composées de deux propositions jointes par la conjonction *si*, et telles que l'une dépend de l'autre : *Je le ferais encore, si j'avais à le faire; vous réussirez, si vous êtes constant.*

REMARQUE. — La vérité d'une proposition conditionnelle dépend uniquement de la liaison qu'il y a entre la *condition* ou *antécédent* et la *conditionnelle* ou *conséquent;* peu importe que les deux propositions soient vraies ou fausses en elles-mêmes. Exemple : *Si Denys de Syracuse fut roi, il fut tyran; si Judas fut apôtre, il fut traître.* — Les propositions sont vraies prises séparément, et la conditionnelle est fausse dans les deux exemples, parce qu'il n'y a pas de connexion nécessaire entre la royauté et la tyrannie, entre la condition d'apôtre et la trahison.

S'il est permis de mentir pour sauvegarder ses intérêts, il est permis de le faire pour sauver sa vie; si la matière pense, une pierre peut penser. — Dans ces deux exemples les propositions prises à part sont fausses, et les conditionnelles sont vraies, parce qu'il y a connexion entre l'antécédent et le conséquent.

Principales erreurs relatives au jugement. — *a)* Le jugement attribué à la volonté. — Descartes et les cartésiens ont attri-

---

[1] C'est le sens étymologique : *para doxa*, contre l'opinion.
[2] Il y a des vérités qui ont paru longtemps des paradoxes; par exemple, que la terre est sphérique et qu'elle tourne, que l'esclavage est illégitime. — Dans les temps modernes surtout, le mot paradoxe s'est éloigné de son sens étymologique et signifie une *idée qui doit être tenue pour suspecte;* car, si elle n'est pas complètement fausse, elle renferme généralement plus de faux que de vrai. L'esprit paradoxal s'attache au côté spécieux des choses, dédaigne le bon sens et l'expérience, cherche à frapper par le nouveau et l'extraordinaire. « Un homme à paradoxes ressemble à un charlatan qui, pour mieux s'attirer l'attention des sots, prend un accoutrement singulier, avec lequel il débite effrontément ses sottises et ses drogues. » (SAINTE-FOY.) — Rousseau est un type d'esprit paradoxal. Tout son *Discours sur l'influence des lettres et des arts* tient dans ce paradoxe : Les lettres et les arts sont nuisibles. Le discours de Joad (*Athalie*, acte IV, scène III) met le jeune Joas en garde contre les maximes paradoxales des courtisans du pouvoir :
Bientôt ils vous diront que les plus saintes lois,
Maîtresses du vil peuple, obéissent aux rois, etc.

bué le jugement à la volonté et confondu, par conséquent, les actes de deux facultés fondamentales de l'âme, l'intelligence et la volonté. Remarquant, sans doute, que le jugement ne peut avoir lieu sans le concours de la volonté, ils le lui ont attribué, ce qui n'est pas plus légitime que si on attribuait la volition à l'intelligence, parce que, pour la former, la volonté a besoin de connaitre.

Il ne faut pas confondre l'acquiescement de l'intelligence à la vérité, manifesté par le jugement ou l'affirmation, et que l'on appelle *assentiment*, et l'acquiescement de la volonté, qui est le *consentement*. Nous jugeons par l'intelligence, nous donnons notre consentement par la volonté. On peut être *convaincu*, c'est-à-dire adhérer à la vérité par l'intelligence, sans être *persuadé*, c'est-à-dire sans lui donner l'adhésion de la volonté.

Le jugement, *en soi*, est produit par l'intelligence et non par la volonté. La comparaison des idées et la perception de leur rapport est, en effet, l'œuvre de l'intelligence. On sait que le jugement est souvent prononcé contrairement aux désirs et aux tendances de la volonté; ce qui n'arriverait pas, s'il était produit directement par elle; de plus, que l'intelligence adhère spontanément aux premiers principes en vertu de son énergie propre, et que la volonté n'a rien à voir dans cette adhésion.

A part ce cas toutefois, l'intelligence et la volonté n'agissent pas l'une sans l'autre; la volonté a aussi sa part dans le jugement : l'intelligence ne peut le former, si elle n'y est poussée par la volonté, et la volonté ne peut rien vouloir, si elle n'est éclairée par l'intelligence. C'est cette action simultanée et cette compénétration des deux facultés qui rend difficile d'attribuer à chacune son rôle.

La *croyance*, qui répond au jugement, *est faite*, comme lui, *d'intelligence et de volonté*. On a beau être *convaincu* de la vérité d'une proposition ou d'un fait, on n'y *croit* vraiment que par l'adhésion de la volonté; d'autre part, on a beau vouloir croire, on ne le peut pas, si l'intelligence n'est pas convaincue.

L'*acte de foi*, qui est toujours libre et semble plus particulièrement dépendre de la volonté, saint Thomas l'attribue à l'intelligence, tout en affirmant pourtant l'action de la volonté : « L'acte de foi, dit-il, vient de l'intelligence, en ce sens que la volonté la détermine à le produire. »

La volonté peut déterminer l'intelligence à examiner un objet sous tous ses rapports, ou la forcer à se prononcer en regardant exclusivement un côté de l'objet conforme à tel intérêt ou à telle passion; ce qui a fait dire au même saint Thomas « qu'un jugement erroné n'est pas exempt de quelque faute ou imperfection ».

C'est surtout dans les jugements relatifs aux vérités de l'ordre moral que le concours du cœur et de la volonté est nécessaire. Il faut en dire autant des *opinions*, qui tiennent une si grande place dans nos connaissances.

b) **Le jugement sensation transformée** — D'après Condillac, toutes nos opérations intellectuelles ne sont que des sensations transformées : la sensation engendre l'attention, l'attention la comparaison, la comparaison le jugement, et le jugement le raisonnement. — On a vu (p. 119) que l'attention ne peut dériver de la sensation, ce qui renverse tout le système de Condillac. La sensation est une condition d'exercice de nos facultés, elle n'est et ne peut être le principe d'aucune.

c) Le jugement confondu avec l'association. — Les associationistes ont confondu le jugement intellectuel avec l'association des images. On peut associer deux images ou même deux idées, sans qu'il y ait entre elles le rapport logique de convenance qui est le fond du jugement ou de l'affirmation. L'association n'est, chez l'animal, comme d'ailleurs chez l'homme, quand elle agit seule, qu'une contrefaçon du jugement, une ébauche qui suffit à l'animal. Elle se borne à unir ensemble plusieurs représentations semblables ou contiguës, et à passer automatiquement de la première à la dernière. Le jugement distingue la nature de ces représentations, les rapproche en comparant les sujets avec leurs attributs, et parvient à saisir entre eux un rapport logique, qu'il affirme ou qu'il nie.

Le chat qui s'approche du foyer pour se chauffer, parce qu'à la sensation visuelle de la flamme il associe le souvenir de la chaleur qu'elle lui a causée, n'a pas fait un jugement. Pour qu'il l'eût fait, il faudrait qu'il eût apprécié le rapport logique existant entre la chaleur et la flamme, et qu'il eût dit : *La chaleur convient à la flamme*, ce qui revient à affirmer que tel attribut est contenu dans tel sujet; ou : *La flamme est dans la catégorie des objets chauds*, ce qui revient à dire que tel sujet doit être mis dans telle classe d'êtres. L'association pure et simple de la sensation visuelle de la flamme avec la sensation tactile de la chaleur, ne prouve nullement que la cause de ces deux sensations est substantiellement la même.

II. — DU RAISONNEMENT

L'intelligence, qui lie des idées pour en former des jugements, lie aussi des jugements pour en former des raisonnements. Le raisonnement est au jugement ce que le jugement est à l'idée.

On peut considérer le raisonnement au point de vue psychologique et au point de vue logique. La psychologie détermine la *nature* des opérations qu'il exige ou qu'il implique; la logique détermine les conditions de sa validité, et les règles qu'il doit suivre pour aboutir au vrai. Il n'est question ici que du premier point de vue.

Définition. — Le *raisonnement* consiste à *tirer un jugement d'un ou de plusieurs jugements*. Exemple : *Cet homme est juste, donc il ne me nuira pas.* Le second jugement : *il ne me nuira pas*, est tiré du premier : *cet homme est juste.* On dit encore que le raisonnement *consiste à aller du connu à l'inconnu, à induire ou déduire une vérité d'une autre.*

« Le raisonnement, dit Bossuet, va du certain au douteux et du plus clair au moins clair ; c'est-à-dire que le certain sert de fondement pour rechercher le douteux, et ce qui est plus clair sert de moyen pour examiner ce qui est obscur. Par exemple, je suis en doute si je suivrai la vertu ou le plaisir. Ce qui se trouve de certain en moi, c'est que je veux être heureux, et trouvant que je ne puis l'être sans vertu, je me détermine à la suivre. » (*Log.*, liv. III, 1.)

Eléments du raisonnement. — Deux idées suffisent pour former un jugement; le raisonnement le plus simple, le syllogisme, en implique au moins trois, puisqu'il affirme la convenance ou l'opposition de deux idées par leur comparaison avec une même troisième. On peut donc dire encore que *raisonner* ou *démontrer* c'est *mettre en évidence, au moyen d'un troisième terme, la vérité d'une proposition composée de deux termes dont le rapport n'est pas évident par lui-même*. Ce troisième terme, que toutes les logiques, après Aristote, appellent le moyen, est un *intermédiaire explicatif*, suivant l'expression de Taine.

Ainsi, trois idées sont les éléments premiers du raisonnement; ses éléments immédiats sont les jugements formés par les comparaisons successives avec « l'intermédiaire explicatif » des deux idées entre lesquelles on cherche un rapport, et ensuite par leur rapprochement, ce qui fait au minimum trois jugements.

Mais, en vertu de quel principe les jugements sont-ils liés, de telle sorte que les deux premiers étant posés, le troisième s'impose? En vertu de cet axiome, qui n'est qu'une application du principe d'identité : *Deux choses en convenance avec une même troisième conviennent entre elles*. Si A = B et si B = C, on doit nécessairement conclure que A = C. La première partie de l'axiome : *Deux choses en convenance avec une même troisième*, vise les deux propositions, où les termes à rapprocher sont successivement comparés au *moyen* : ce sont les affirmations génératrices de la conclusion, qu'on appelle *prémisses*. La seconde partie : *conviennent entre elles*, est l'affirmation du rapport ou la *conclusion*. Pour la formuler, l'esprit doit voir clairement le lien logique qui la rattache aux prémisses, par conséquent embrasser d'un même regard les trois jugements.

Raisonnement et association. — C'est parce que l'esprit doit embrasser d'une vue simultanée les trois jugements qui composent le plus simple des raisonnements et en saisir le lien logique, que la loi d'association ne saurait rendre compte du raisonnement et en être la raison suffisante. La loi d'association peut juxtaposer les éléments d'un raisonnement, elle est impuissante à le former.

On sait que, chez les animaux, elle peut produire des effets singuliers, qui imitent non seulement le jugement, mais encore les raisonnements les plus complexes. Aussi importe-t-il de la distinguer du raisonnement.

L'animal qui voit soudain briller un éclair va se cacher, parce qu'il a peur; l'image de l'éclair est associée en lui à celle du bruit du tonnerre, et celle-ci à la frayeur qu'il a éprouvée quand il l'a entendu gronder. Cette association est purement automatique, et ne révèle aucun des rapports qui unissent entre eux ces trois phénomènes ou ces trois idées : elle ne dit pas si la foudre est l'effet de l'éclair, et si la fuite est le moyen de l'éviter. En présence des mêmes faits, l'homme pourra agir extérieurement comme l'animal; s'il le fait, il saura pourquoi : sa raison aura saisi le lien logique de cause à effet entre l'éclair et la foudre, entre la foudre et ses désastreuses suites; le lien logique de moyen à fin entre la fuite et la sauvegarde qu'il en attend; mais, comme la science démontre que ce dernier lien n'est qu'apparent, et qu'il peut être funeste de fuir, l'homme pourra rester immobile ou agir d'une toute autre manière.

« Ainsi, la loi d'association découle uniformément et aveuglément de la même série de phénomènes, sans en comprendre la suite. Au contraire, la raison se laisse guider par le lien logique qu'elle y découvre, et comme elle peut en découvrir plusieurs, elle peut aboutir aux conclusions les plus variées et aux solutions les plus inattendues. De là les progrès que la raison enfante, tandis que l'association ne peut produire que la routine automatique et l'immobilité de l'instinct. » (FARGES, *ouvrage cité*.)

Les formes du raisonnement. — On distingue deux espèces de raisonnement : le raisonnement *déductif* ou *déduction*, et le raisonnement *inductif* ou *induction*.

Déduction. — Le raisonnement *déductif conclut du général au particulier, des causes aux effets, des lois aux faits, des principes aux conséquences.*

Exemples : La vertu est aimable, donc la justice est aimable (du général au particulier). Dieu est juste, donc il récompense le bien et punit le mal (cause à effet). On devient tel que ceux que l'on fréquente, donc ce jeune homme qui fréquente de mauvais sujets deviendra mauvais comme eux (loi aux faits). Une bonne éducation est la source d'une vie vertueuse, donc il faut donner aux enfants une bonne éducation (principe à conséquence).

Principe de la déduction. — La déduction repose sur ce principe. *Tout ce qui est vrai d'une proposition générale est vrai des propositions particulières qu'elle contient.* Par exemple, tout ce qui est vrai d'un genre est vrai de toute espèce contenue dans ce genre.

On formule encore ainsi ce principe : *Ce qui est affirmé ou nié d'un tout, est affirmé ou nié de chaque partie de ce tout.* Cela revient à dire que le raisonnement déductif repose sur le principe d'identité ou de contradiction, en vertu duquel chaque terme est conçu comme identique à lui-même, et ne change pas lorsqu'on le pense. (Voir p. 161 : Rapports du principe d'identité avec la pensée.)

Induction. — Le raisonnement inductif suit un ordre inverse ; *il va du particulier au général* [1], *des effets aux causes, des faits aux lois, des conséquences aux principes.*

Entendue dans ce sens général, l'induction est une sorte d'analyse qui conclut par une *synthèse*. On dit plus rigoureusement que l'induction va des faits particuliers aux lois générales ; que, dans la déduction, on cherche la *liaison des idées*, et dans l'induction, la *liaison des faits*. — Les sciences physiques et naturelles emploient surtout ce mode de raisonnement.

EXEMPLES. — Tous ceux qui ont touché le feu se sont brûlés (faits particuliers), donc le feu brûle partout et toujours (loi générale). On a observé, en divers temps et en divers lieux, qu'un liquide gagne la même hauteur dans les différentes cavités en communication libre l'une avec l'autre, et l'on a formulé

---

[1] Il faut remarquer que les mots *particulier* et *général* n'ont pas tout à fait le même sens dans les deux raisonnements. Dans l'induction, le mot particulier désigne des *faits* qui sont réellement, absolument particuliers (singuliers), et le général désigne une loi ou une vérité générale. Dans la déduction, le particulier n'est pas nécessairement un fait ou un système de faits particuliers ; c'est le plus souvent, surtout en mathématiques, ou une loi ou une vérité générale, mais moins générale que le principe d'où on la tire, et, par conséquent, *relativement* particulière.

cette loi, applicable à tous les temps et à tous les lieux : *Dans des cavités communiquant entre elles, un liquide se met au même niveau.*

Principe de l'induction. — L'induction a pour fondement ce principe : *Dans les mêmes circonstances, les mêmes causes produisent les mêmes effets*, principe qui n'est autre chose que la *croyance à la stabilité et à la généralité des lois de la nature.*

« Comment notre intelligence peut-elle marcher du connu à l'inconnu? Comment peut-elle conclure, en partant d'un fait, à une loi plus générale que ce fait, ou à un fait différent du premier? C'est au moyen de deux principes, qui sont gravés dans la raison de tout homme de bon sens.

Le premier est le principe de causalité, qui s'énonce ordinairement ainsi : *Tout phénomène qui commence d'exister provient d'une cause.* Le second principe est celui-ci : *Dans les mêmes circonstances, les mêmes phénomènes surviennent.*

Du moment qu'il est certain que tout phénomène est produit par une cause efficiente, il est permis, dès que le fait est observé, de conclure à l'existence de cette cause efficiente, bien qu'elle soit invisible. Du moment qu'il est certain que tous les phénomènes physiques sont déterminés par des causes constantes, et surviennent conformément à des lois générales, il est permis, dès qu'un fait a été constaté, d'affirmer l'existence d'une loi qui en règle l'apparition, et d'affirmer d'avance que dans des circonstances semblables le même fait se produira.

C'est donc à ces deux principes qu'est due l'extension de la connaissance humaine au delà de la pure observation. » (DE BROGLIE, *ouvrage cité*.)

NOTES COMPLÉMENTAIRES

Divers sens du mot jugement. — Le mot jugement est souvent employé comme synonyme de raison, de goût, de conscience, de bon sens ; alors il signifie la *faculté de discerner les choses*, de distinguer le vrai du faux, le beau du laid, le bien du mal, le juste de l'injuste. Quand on dit, par ex. : Tel homme a du jugement, on entend qu'il a l'esprit juste, qu'il sait comparer, apprécier, décider, conclure d'après les vrais principes.

On comprend que le jugement ainsi entendu est le premier objet de l'éducation morale, comme de l'éducation littéraire et scientifique. Il faut rendre l'enfant capable de juger par lui-même, et de bien juger dans toutes les voies où peut s'exercer l'intelligence. Pour cela, étudier les vrais rapports qui existent entre les choses, se tenir près des principes et près des faits, ne porter des affirmations que sur des idées connues ; autant que possible éviter les jugements tout faits, être soi, et ne pas se réduire au rôle d'écho ; même en s'en rapportant au jugement d'autrui, faire acte de jugement ; ne pas tomber pourtant dans la témérité en cherchant à se garder de la servilité. Il ne faut pas, comme Descartes, prétendre refaire par soi-même toute la science.

Il est difficile, sinon impossible, de corriger les hommes à jugement faux, qui ne voient rien sous un jour véritable, et il est dangereux d'avoir affaire à eux dans la pratique. Un moraliste (LA ROCHEFOUCAULD) a dit : *Tout le monde se plaint de sa mémoire, et personne de son jugement*. C'est qu'il est plus facile d'apercevoir, et moins humiliant d'avouer les défaillances de sa mémoire que celles de son jugement. Se plaindre de son jugement, ce serait déjà avoir du jugement. Un esprit qui s'apercevrait qu'il est faux ne le serait plus ; celui qui est capable de soutenir une absurdité n'est pas en état de saisir les arguments dirigés contre cette absurdité. Le plus souvent, le défaut de jugement naît d'une cause morale. Non seulement la sottise s'ignore elle-même, mais d'ordinaire elle est prétentieuse : la sottise et la vanité sont deux sœurs qui se donnent la main, a-t-on dit. Aussi le dernier à se plaindre de son jugement est-il celui qui en manque le plus.

On lit dans la *Logique de Port-Royal* : « On ne rencontre partout que des esprits faux, qui n'ont presque aucun discernement de la vérité. » Descartes a dit très justement : « Ce n'est pas assez d'avoir l'esprit bon, le principal est de l'appliquer bien. » Et Kant : « Le manque de bon sens est un défaut qu'aucune école ne saurait réparer… Un médecin, un juge, un publiciste, peuvent avoir dans la tête beaucoup de règles pathologiques, juridiques ou politiques, et pourtant faiblir dans l'application, soit qu'ils manquent de jugement naturel, soit parce qu'ils n'ont pas été exercés à cette sorte de jugement par des exemples et des affaires réelles. Aussi la grande utilité des exemples est-elle d'exercer le jugement. »

— Lire dans Bossuet (*Conn.*, I, XVI) le passage suivant : *Ce que c'est que bien juger, quels en sont les moyens, et quels en sont les empêchements.* Ce sera, au point de vue pratique surtout, un excellent complément à ce qui a été dit du jugement dans cette leçon.

TABLEAU ANALYTIQUE

I. JUGEMENT

Définition et nature du jugement. — Le jugement est une opération de l'esprit par laquelle il affirme qu'une chose est ou n'est pas, qu'elle est *telle* ou qu'elle n'est pas *telle*.

On le définit encore : l'opération par laquelle l'esprit affirme la convenance ou la disconvenance de deux idées.

Cette définition ne conviendrait qu'aux jugements dits *comparatifs*.

Or certains auteurs : Reid, Hamilton, Cousin, admettent des jugements *intuitifs* ou *expérimentaux*, comme *je pense*, *j'existe*, etc.

Il semble que ces psychologues confondent la simple *perception intellectuelle* (idée du moi existant) avec le *jugement* (idée du moi jugé existant), qui ne peut se former sans une comparaison.

Éléments et expression du jugement.

Les jugements s'expriment par des *propositions*.

Toute *proposition* ou *jugement* comprend :

1º Une idée (d'être ou de substance), de laquelle on nie ou affirme quelque chose : c'est le sujet ;

2º Une deuxième idée (de modalité ou qualité), qui est affirmée ou niée de la première : c'est l'attribut ;

3º Le lien rationnel de ces deux idées (affirmation et rapport) : c'est le verbe ou copule.

Division des jugements et des propositions.

1º *Relativement à la qualité*, ils sont *affirmatifs* ou *négatifs* ;

2º *Relativement à la quantité*, ils sont *individuels* ou *singuliers*, *particuliers*, *généraux* ou *universels* ;

3º *Relativement à leur modalité*, ils sont *contingents* ou *nécessaires* ;

4º *D'après la relation de l'attribut au sujet*, ils sont *analytiques* ou *synthétiques* ;

5º *Relativement à la matière dont nous les formons*, ils sont à *priori* ou à *posteriori* ;

6º *Au point de vue de la justesse*, ils sont *vrais, faux* ou *probables* ;

7º *Relativement à leurs termes*, *simples* ou *composés*, *conjonctifs*, *disjonctifs* ou *conditionnels*.

Le jugement est-il un acte de volonté ? — Oui, répondent Descartes et ses disciples : on ne juge que par un acte de volonté.

C'est là une grave erreur, qui consiste à confondre l'acquiescement ou assentiment de l'intelligence à la vérité, ce qui constitue le jugement, avec l'acquiescement de la volonté, qui s'appelle consentement.

L'intelligence apporte la *conviction* ; la volonté, la *persuasion*, ce qui n'est pas du tout la même chose.

La *croyance*, qui répond au jugement, est, comme lui, faite d'intelligence et de volonté.

Jugement et association. — Les associationistes ont confondu le jugement intellectuel avec l'association des images. Il importe de les distinguer :

le jugement établit un *rapport logique* de convenance ou de disconvenance entre deux objets ;

L'association des idées ou des images passe *automatiquement* d'une idée à une autre *d'après les lois de ressemblance ou de contiguïté*.

Le jugement est propre à l'homme ; l'association est commune à l'homme et à l'animal.

ÉLABORATION DE LA CONNAISSANCE

II. RAISONNEMENT

- **Définition.** — Le raisonnement consiste à tirer un jugement d'un ou plusieurs jugements.
  Ou encore, à aller du connu à l'inconnu, à induire ou à déduire une vérité d'une autre vérité.

- **Éléments du raisonnement.**
  - Le plus simple des raisonnements, le syllogisme, se compose de trois jugements.
  - Les deux premiers sont les *prémisses* ; le troisième, la *conclusion* du raisonnement.
  - On compare successivement deux idées à une troisième, et, en vertu du principe d'identité, on affirme que ces deux idées se conviennent ou ne se conviennent pas.

- **Raisonnement et association.** — L'association ne saurait rendre compte du raisonnement, parce qu'elle ne peut saisir le lien logique qui unit les trois propositions dont il se compose.
  Elle peut juxtaposer les éléments d'un raisonnement, produire des effets analogues; mais elle est impuissante à le former.
  Dans l'association, tout est automatique et se fait toujours de même ; dans le raisonnement, l'intelligence opère, et, dans les mêmes circonstances, différentes solutions peuvent intervenir.

- **Formes du raisonnement.** On distingue le raisonnement *déductif* ou *déduction*, et le raisonnement *inductif* ou *induction*.
  - *Déduction.*
    - La déduction conclut du général au particulier, des causes aux effets, des lois aux faits, des principes aux conséquences.
    - Elle est fondée sur ce principe : Tout ce qui est vrai d'une proposition générale est vrai des propositions particulières qu'elle contient ; tout ce qui est vrai du genre, par exemple, est vrai de toutes les espèces contenues dans ce genre.
    - Ce principe se formule encore ainsi : Ce qui est affirmé ou nié d'un tout est affirmé ou nié de chaque partie de ce tout.
  - *Induction.*
    - L'induction va du particulier au général, des effets aux causes, des faits aux lois, des conséquences aux principes.
    - Elle est fondée sur ce principe : Dans les mêmes circonstances, les mêmes causes produisent les mêmes effets ; ou encore : Les lois de la nature sont stables et générales.

18e LEÇON

INSTINCT ET HABITUDE

Nous avons déjà vu (*IIIe leçon*, pages 52 et 56) que l'activité peut se produire sous trois formes principales : l'une est spontanée, l'*instinct*; l'autre réfléchie, la *volonté*; et la troisième, l'*habitude*, qui part de la volonté et aboutit à l'instinct, est une sorte de spontanéité acquise.

I. — INSTINCT

Sa nature. — *L'instinct est une force naturelle qui fait agir l'animal et même l'homme sans réflexion et sans conscience du but ni de la cause.* — Agir par instinct, c'est céder à une impulsion intérieure, sans réfléchir et sans raisonner. C'est par instinct que l'enfant, comme le petit mammifère, tette en venant au monde, que l'oiseau construit son nid, que l'araignée tisse sa toile.

Considérés en eux-mêmes, les mouvements instinctifs sont coordonnés, étroitement solidaires les uns des autres : ils forment *un système*; chacun d'eux continue ceux qui précèdent et prépare ceux qui suivent. Il est d'expérience, en effet, que si un seul de ces mouvements fait défaut, ou bien l'animal est complètement dérouté, ou bien il continue à dérouler la série, bien que ce qu'il fait soit parfaitement inutile.

Ses caractères chez l'animal. — Chez l'animal, l'instinct a les caractères suivants : il est *spontané*, *irréfléchi* : c'est une impulsion inconsciente du but et des moyens; — *inné* : antérieur à toute éducation, à toute habitude : l'oiseau n'a pas besoin d'étudier pour faire son nid, ni le carnassier pour reconnaître et saisir sa proie; le jeune canard n'hésite pas pour se jeter à l'eau; — *universel* : le même chez tous les animaux de la même espèce; par exemple : l'instinct de construction chez les abeilles et chez les castors; — *spécial* : ne s'applique qu'à un ordre déterminé d'actions; tel oiseau n'est pas fait pour construire un nid, mais tel nid; chaque espèce d'araignée fait sa toile et ne fait que celle-là; — *infaillible à certains égards* : adapte parfaitement et de prime abord les moyens au but : pas un nid n'est insuffisant pour les besoins de l'oiseau; le castor bâtit ses digues selon toutes les règles de l'art; l'abeille construit ses alvéoles comme si elle savait le calcul infinitésimal [1]; — *immuable ou imper-*

---

[1] On ne peut cependant pas affirmer qu'il soit absolument infaillible, car il est servi par la sensation, et la sensation est sujette à l'erreur. On a observé un assez bon nombre de cas où l'instinct des animaux est mis en défaut dans des circonstances de première importance. Ainsi la mouche à viande, qui d'ordinaire dépose ses œufs sur des chairs corrompues pour que ses larves y trouvent une nourriture à leur convenance, le fait parfois sur certaines plantes dont l'odeur fétide rappelle celle de la viande en décomposition, de sorte que les larves périssent bientôt.

fectible : il n'est guère susceptible de progrès dans l'individu ou dans l'espèce : les abeilles d'il y a trois mille ans avaient les mêmes mœurs, la même industrie que celles d'aujourd'hui ; l'araignée fait sa toile, le castor ses digues, l'abeille sa ruche, à la fin comme au début de sa vie.

Les actions instinctives peuvent cependant se modifier, quoique dans de très faibles limites, et en général par l'intervention de l'homme, avec le milieu, les circonstances, les points d'application ; mais l'instinct en lui-même reste invariable. On a vu des abeilles bâtir leurs ruches de bas en haut, parce qu'on les avait empêchées de le faire de haut en bas, suivant leur instinct. Un animal manquant d'un genre de proie peut modifier ses actes et ses habitudes de chasse pour les adapter à la capture d'une autre proie. « Ces actions constituent des *adaptations* et non des *progrès*. Progresser, c'est aller du mal au bien, du bien au mieux ; s'adapter, c'est changer de manière d'agir pour conserver le même bien-être ; changer de vêtements selon les saisons, ce n'est pas progresser, c'est s'adapter. Ceci ne veut pas dire que l'animal ne peut progresser en rien, mais seulement qu'il ne le peut en ce qui dépend directement de l'instinct. » (FONSEGRIVE [1].)

On peut encore remarquer que l'instinct est dans une relation constante avec l'organisme ; en dépend-il ? C'est une question controversée. « Certains auteurs, dit le docteur Surbled, peu au courant des lois biologiques, affirment qu'il dépend de la disposition et de la structure des organes : par exemple, ce serait la forme de l'appareil digestif qui déterminerait les instincts de nutrition. C'est une monstrueuse erreur que condamne l'animisme et que la logique aurait pu faire éviter. L'instinct est une fonction vitale, l'une des plus importantes, et ne saurait être subordonnée aux organes : il leur est antécédent et supérieur. Les organes dépendent des fonctions et sont appropriés aux instincts qu'ils servent. » (*Psych. physiologique et rationnelle*, V.) — D'où il suit que l'instinct, malgré sa dépendance de la vie physiologique, appartient spécialement à la vie psychologique.

Division des instincts. — Tous les actes de l'animal ayant pour but l'évolution et la conservation de l'individu et celle de l'espèce, on peut ramener tous les instincts à deux classes principales :

1° *Instincts relatifs à la conservation de l'individu :* moyens employés par les carnassiers pour s'assurer leur proie, comme la toile de l'araignée, l'entonnoir du fourmi-lion ; instinct d'accumulation chez les fourmis, les écureuils ; instinct de construction chez les castors, les vers à soie, les abeilles.

2° *Instincts relatifs à la conservation de l'espèce :* construction des nids, ponte des œufs (nécrophores), protection des petits.

Les *instincts de société* peuvent se ramener à la conservation soit de l'individu, soit de l'espèce : il y a des sociétés *accidentelles*

---

[1] AUTRES EXEMPLES DE MODIFICATION D'INSTINCTS : « Le moineau ordinaire construit un nid assez bien fait et couvert, quand il est obligé de le placer sur un arbre ; il se contente d'un nid grossier, lorsqu'il peut trouver un trou ou quelque autre abri naturel pour l'établir ; quelquefois il s'empare tout bonnement d'un nid d'hirondelle... Les castors construisaient autrefois des digues et des cabanes, en Europe comme au Canada ; les castors du Rhône, gênés par la présence constante de l'homme, se bornent aujourd'hui à se creuser des terriers sur les bords du fleuve. » (PERRIER, *Anatomie et physiologie animales*.)

chez les oiseaux voyageurs (migrations des hirondelles, des rossignols, des cailles); des sociétés *permanentes* chez les castors, les fourmis, les abeilles.

L'activité de l'animal est purement instinctive et n'a rien de réfléchi ; l'instinct seul, limité en lui à la conservation, soit de son espèce, soit de son individu, le guide dans ses mouvements; la raison et l'activité volontaire n'y ont aucune part.

Principales théories pour l'explication de l'instinct. — 1° *L'instinct ramené à l'intelligence.* — Montaigne, dans ses *Essais*, peut-être par jeu d'esprit plutôt que sérieusement, cherche à montrer la supériorité de l'animal sur l'homme, de l'instinct sur l'intelligence.

— Il y a entre l'instinct et l'intelligence ou la raison une différence de *nature* et non une différence de *degré*, comme ont semblé le dire Montaigne, et après lui les évolutionnistes. L'instinct est *spécial, exclusif* : il ne sait faire qu'une seule chose, il est inapte dans tout le reste ; au contraire, la raison, dit Descartes, est un instrument *universel*, qui peut servir en toutes sortes de rencontres. Si l'industrie parfois merveilleuse des animaux, et même supérieure à la nôtre, était l'œuvre de la raison, elle serait, comme la nôtre, universelle. « Les bêtes, a dit Leibniz (*Nouveaux Essais*), sont purement *empiriques*, » c'est-à-dire n'ont que la connaissance sensible de faits particuliers. La raison ou l'intelligence est la faculté d'*abstraire* et de *généraliser*, c'est-à-dire de tirer l'abstrait du concret, et l'universel du particulier ; — de *réfléchir*, c'est-à-dire de revenir ou de se replier sur elle-même ou sur son objet pour comprendre, pour se rendre compte ; — de *raisonner*, c'est-à-dire d'aller du connu à l'inconnu au moyen de l'induction et de la déduction.

L'instinct est *uniforme* dans l'espèce : l'intelligence *varie* à l'infini avec les individus ; l'instinct est *parfait* du premier coup et ne fait presque aucun progrès : l'intelligence, capable de tout comprendre, commence par ne rien savoir ; elle se forme peu à peu, elle conquiert la vérité et la fait servir à améliorer la vie. « L'homme, dit Pascal, est dans l'ignorance au premier âge de la vie ; mais il s'instruit sans cesse dans son progrès : il tire avantage non seulement de sa propre expérience, mais encore de celle de ses prédécesseurs, parce qu'il garde toujours dans sa mémoire les connaissances qu'il s'est une fois acquises et que celles des anciens lui sont toujours présentes dans les livres qu'ils nous ont laissés. »

« L'animal, doué d'instinct, dit M. Perrier (*Anatomie et physiologie animales*), agit sans se rendre compte de la fin de ses actes ; il ne perfectionne pas les procédés employés pour atteindre cette fin ; il n'en persiste pas moins à agir comme si le but existait ; il ne généralise pas et ne combine pas ses actions dans un cas particulier autrement que dans un autre. » Si on enlève une chenille du cocon soyeux qu'elle vient d'ébaucher, et qu'on la transporte dans un autre bien plus avancé, au lieu de profiter du travail tout fait et de se contenter de le continuer, la chenille se remet à filer, comme si elle reprenait son propre cocon au point où il en était quand on l'en a séparée. Le singe, qui sait si bien copier les actions humaines, imitera sans doute le serrurier limant un morceau de fer ; mais il n'en viendra pas à raisonner sur les relations de causes à effets et à songer, par exemple, que cet instrument peut lui servir à rompre sa chaîne et à reconquérir sa liberté.

« Si un animal faisait par esprit ce qu'il fait par instinct, dit encore Pascal, et s'il parlait par esprit ce qu'il parle par instinct, pour la chasse ou pour avertir ses camarades que la proie est trouvée ou perdue, il parlerait bien aussi pour des choses où il a plus d'affection, comme pour dire : Rongez cette corde qui me blesse et où je ne puis atteindre. »

2° *L'instinct, mouvement automatique.* — C'est l'hypothèse des *animaux machines*, de Descartes. Les animaux sont de purs automates, des machines merveilleuses, dont les ressorts produisent tout ce que nous admirons dans leur industrie : l'araignée est une machine à tisser, la taupe une pelle à fouir.

— Cette théorie eut une grande vogue au XVIe siècle. La protestation de la Fontaine est bien connue. Il rétablit, avec une précision de langage toute philosophique, l'âme sensitive de l'animal, caractérisée par ce fait qu'elle est incapable de réflexion :

> J'attribuerais à l'animal
> Non point une raison selon notre manière,
> Mais beaucoup plus aussi qu'un aveugle ressort.
>
> ... Nous savons, de certaine science,
> Que quand la bête penserait,
> La bête ne réfléchirait
> Sur l'objet ni sur la pensée. (X, I.)

La protestation de Bossuet est moins catégorique. Examinant, dans le chapitre V de la *Connaissance de Dieu et de soi-même*, par quel principe les bêtes agissent, il reconnaît qu'il y a sur ce point deux opinions : la première, qui est celle de saint Thomas, veut qu'il y ait dans les animaux tout ce qui en nous ne raisonne pas, c'est-à-dire une *âme sensitive*, distincte du corps ; la seconde, qui est celle de Descartes, ne reconnaît dans les animaux qu'un mouvement semblable à celui des horloges. Bossuet, sans se prononcer, laisse bien entendre qu'il est de l'opinion de saint Thomas et non de celle de Descartes. Cette dernière opinion, dit-il, entre peu dans l'esprit des hommes. Il faut aller plus loin que Bossuet, et rejeter l'hypothèse de Descartes, comme contraire au sens commun. Comment admettre qu'un chien qui se plaint sous les coups ne souffre pas plus qu'une cloche qui résonne quand on la frappe, qu'une montre dont on brise les pièces avec un marteau ? L'activité de l'animal suppose des perceptions et des instincts : une machine ne peut ni connaître ni sentir. « La raison principale, remarque M. Vallet, d'une méprise si regrettable, c'est que Descartes n'a pas su faire la distinction entre une substance simple et une substance spirituelle, entre la sensation et la pensée. Comme il attribue la sensation à l'âme seule, et qu'il en fait une espèce de pensée, il n'a pas osé l'accorder aux bêtes, de peur d'avoir à leur accorder aussi une âme pensante et spirituelle [1]. » (*La Vie et l'Hérédité*.)

3° *L'instinct, habitude individuelle.* — C'est la théorie de Condillac. L'animal apprend tout ce qu'il sait : l'instinct est le fruit de l'expérience individuelle, c'est une habitude engendrée par l'effort et l'exercice. — Malgré les ressemblances qu'il y a entre ces deux phénomènes, il est tout aussi impossible de résoudre l'instinct dans l'habitude que l'habitude dans l'instinct. Ils diffèrent :

a) *Par leur origine* : l'instinct est naturel, spontané ; l'habitude est acquise.

b) *Par leur nature* : l'instinct est complet du premier coup, l'habitude se forme par degrés. L'instinct est *irrésistible, indéracinable* ; on peut se défaire d'une habitude, quelque invétérée qu'elle soit. L'instinct est, jusqu'à un certain point, *infaillible* ; l'habitude ne donne qu'une plus grande précision et facilité. L'instinct est *commun* à l'espèce, l'habitude est *propre* à l'individu.

c) *Par leur fin et leurs résultats* : l'instinct est un principe de *développement* ; il est une tendance innée à réaliser certains actes utiles à la conservation soit de l'individu, soit de l'espèce ; il contient en germe tout l'avenir d'un être ; il atteint sûrement son but, mais ne saurait le dépasser. L'habitude est un principe de *stabilité* et de *progrès* ; c'est la tendance à persévérer dans le même état et la condition de tout perfectionnement dans l'homme et dans l'humanité.

---

[1] L'âme de l'animal, purement sensitive et dont toutes les opérations sont absorbées par le corps et par la matière, tient le milieu entre ce qui n'est que spirituel et ce qui n'est que matériel. On en peut dire autant de la sensation, par laquelle on désigne toutes les opérations de la vie animale. L'animal est l'analogue de l'homme, il n'est pas son semblable.

d) Par l'imputabilité : l'instinct, étant indépendant de l'intelligence et de la liberté, n'entraîne pas de responsabilité ; l'habitude présuppose d'ordinaire l'intelligence et la liberté ; elle est imputable dans la mesure où elle est volontaire.

L'instinct, invariable, dépourvu de conscience, est précisément le contraire de la liberté. Il la précède chez l'homme et semble, quand elle arrive, se retirer devant elle comme devant un pouvoir supérieur. Il retient l'animal dans un cercle inflexible, l'empêchant également de se perfectionner et de se corrompre, en l'absence de toute intervention humaine. L'habitude, au contraire, vient à la suite de la liberté même, dont elle est le plus puissant auxiliaire. Voilà pourquoi elle n'agit directement et à proprement parler que sur l'homme. C'est l'opinion de saint Thomas : « Les puissances sensitives, dit-il, ne sont pas capables de prendre des habitudes, si elles agissent entraînées par un instinct naturel ; car l'instinct suppose la nécessité. Les animaux n'ont pas d'habitudes proprement dites. »

4° *L'instinct, habitude héréditaire.* — C'est la théorie de Lamarck, Darwin, Spencer. Sous l'influence du milieu, l'animal se crée des habitudes et les transmet par hérédité à ses descendants. Ces habitudes, se fortifiant de génération en génération, acquièrent à la longue les caractères de l'instinct. Tous les attributs des espèces vivantes, structure et fonctions des organes, instincts et facultés, n'auraient été, à l'origine, que des accidents individuels, perpétués et fixés par l'hérédité.

— On peut accorder aux évolutionnistes que l'hérédité réussit à expliquer quelques instincts secondaires, modification d'un instinct primitif, corrélation à une modification organique : tels sont les instincts des animaux domestiques. Mais tous les instincts ne sauraient s'expliquer de cette manière. Outre qu'il n'y a pas de trace historique de cette origine de l'instinct, on se demande comment a pu vivre le premier animal ; car, étant sans habitudes héréditaires, il devait être sans instincts. L'habitude d'ailleurs implique un fonds d'activité, elle se greffe sur des tendances primitives. Les instincts qui ne se composent que d'un seul acte, et ne sont pas par conséquent susceptibles d'accumulation et de degré, sont inexplicables par cette théorie, aussi bien que ceux si différents entre les parents et les descendants, chez les animaux à métamorphoses.

Spencer, développant la théorie de Lamarck, fait de l'instinct une *action réflexe composée*, un ordre supérieur d'ajustements nerveux automatiques. — « L'explication physiologique de l'instinct n'est pas encore trouvée, en dépit des nombreux efforts qu'elle suscite. Nous ne pouvons considérer comme telle la théorie qui voit dans l'instinct une *coordination de réflexes ;* qu'est-ce que ces réflexes ? où naissent-ils et comment se produisent-ils ? D'où vient surtout leur coordination, ou plutôt *quel est le coordinateur ?...* Voilà les questions qui se posent et qu'on laisse sans réponse. » (Dr SURBLED.)

5° *L'instinct, faculté innée.* — C'est la théorie de saint Thomas et des scolastiques. L'instinct n'est l'acquisition ni de l'individu ni de l'espèce : il est inné et non acquis, primitif et non dérivé. Si la brebis qui voit le loup pour la première fois s'enfuit, c'est qu'il y a en elle un sens *appréciatif,* une *estimative,* comme l'appellent les scolastiques, qui lui fait voir là un être nuisible. L'origine de cette connaissance instinctive reste cependant une difficulté.

II. — HABITUDE

Définition. — Les modernes définissent généralement l'habitude : *une disposition acquise par un acte répété ou prolongé, ou par la continuation d'un même état*[1].

---

[1] Les scolastiques définissent l'habitude, entendue dans un sens général : *une disposition ou une inclination bonne ou mauvaise qui porte à agir d'une manière spéciale.* Il y a

L'habitude commence dès le premier acte. Si rien ne restait après le premier, rien ne resterait après cent, après mille. « Une hirondelle ne fait pas le printemps, » dit Aristote; sans doute, mais elle l'annonce.

Dans l'acquisition d'une habitude, deux forces sont en présence : une *puissance* et une *résistance*. La puissance s'accroît de tous les actes accomplis pour réagir contre l'obstacle. Chaque victoire lui donne une nouvelle force; la deuxième, la troisième fois, il y a surcroît de puissance, et ainsi de suite. Il arrive un moment où la résistance n'est plus rien devant la puissance et où l'obstacle est facilement surmonté : l'acte, pénible à l'origine, ne l'est plus. Ainsi nous acquérons toutes nos habitudes. — Cette théorie est une application de cette loi des physiologistes, que *l'activité tend à se manifester selon la ligne de moindre résistance.*

Pour apprendre à écrire, par exemple, il faut que l'enfant fasse attention, ce qui exige un certain effort; qu'il déploie de l'intelligence, ce qui demande un second effort; qu'il produise et combine des mouvements de doigts en rapport avec le type qu'il a dans son esprit ou le modèle qu'il a sous les yeux. Tout cela constitue une difficulté fort grande au début. Heureusement la résistance demeure la même, tandis que la puissance se multiplie, s'accroît par tous les actes qu'elle accomplit. Alors l'attention devient plus aisée et les mouvements aussi : en même temps que l'habitude se produit dans la volonté et dans l'imagination, en même temps elle se produit dans les organes, qui se disposent en vue de cet acte habituel.

REMARQUE. — Dans un sens très général, *l'habitude est une aptitude à reproduire aisément les modifications antérieurement acquises.* Ainsi entendue, l'habitude est commune à tous les êtres : un morceau de papier, une fois plié, se remet toujours aisément dans les plis anciens; les habits s'ajustent au corps, les souliers aux pieds.

L'aptitude commence dès la première modification. Cette aptitude n'est limitée que par les lois essentielles de l'être. On n'habituera pas, par exemple, un animal à ne pas manger, à ne pas respirer; un homme à recommencer constamment la même série de mouvements. Les doigts se crispent, après avoir répété un certain nombre de fois un doigté au piano, et continuer serait plutôt nuisible qu'utile. Après un repos, l'habitude se contractera mieux. Cette observation s'applique à la mémoire.

Nature et principe de l'habitude. — L'habitude est à la fois un *penchant* et une *aptitude :* — un *penchant acquis*, une tendance croissante à agir, en vertu de cette loi générale de l'activité *que l'être tend à persévérer dans l'être*, c'est-à-dire à maintenir et à continuer toute action dont il est le principe et à réagir contre ce qui y fait obstacle ; — une *aptitude*, un savoir-faire et une facilité qui deviennent comme naturels.

On a dit que l'habitude tient le milieu entre la volonté et l'instinct, qu'elle part de l'une et aboutit à l'autre, sans cependant jamais devenir totalement inconsciente. C'est une sorte d'instinct qui succède à la volonté, comme l'autre

---

des inclinations, et par suite des habitudes innées, antérieures à tout acte. De plus, les vertus *infuses* (foi, espérance, charité...), mises en nous par Dieu, sont, d'après la théologie, de véritables habitudes. Mais on ne peut leur appliquer la définition des modernes.

instinct la précède, l'instinct de recommencer ce qu'on a fait, l'instinct de se répéter, de s'imiter soi-même.

Il faut distinguer l'habitude : 1° *De la routine*. — La routine (*diminutif de route : proprement, petite route qu'on prend, toujours la même*), c'est l'habitude dégénérée, l'habitude sans jugement, l'habitude aveugle et toute machinale, qui échappe absolument à la direction de la raison et à l'action de la volonté. « La routine est, en quelque sorte, le retour de l'être vivant à l'inertie de la matière morte : c'est la mort de tout progrès, de toute activité consciente et vraiment humaine. » (P. JANET.) C'est le retranchement ordinaire, le refuge de l'ignorance et des préjugés. « J'ai toujours fait ainsi. » Voilà la seule raison qu'allègue la routine pour rester dans son ornière[1].

2° *De la coutume*. — « Coutume est objectif, dit Littré, c'est-à-dire indique une manière d'être générale, à laquelle nous nous conformons. Au contraire, habitude est subjectif, c'est-à-dire indique une manière d'être qui nous est personnelle et qui détermine nos actions. » Exemple : « Les mœurs se composent de coutumes et d'habitudes. Les coutumes font les mœurs publiques, et les habitudes les mœurs individuelles. » (JOUBERT.)

« L'habitude devient un besoin, mais la coutume ne le devient jamais. Cependant on dira également : J'ai la coutume ou j'ai l'habitude de prendre du café, avec cette nuance toutefois que *avoir la coutume* exprime seulement le fait que je *prends* ordinairement du café, tandis que *avoir habitude* exprime un certain besoin. » (LITTRÉ.)

Remarquons qu'entre la *coutume*, ensemble des usages reçus, et l'*opinion*, ensemble des idées ou des maximes courantes qui expliquent ces usages, il y a nécessairement action et réaction. Toute théorie engendre une pratique, et toute pratique une théorie correspondante. De là cette double conclusion : qu'on améliore la coutume en améliorant l'opinion, et que l'opinion se conforme à la coutume qui prévaut. Une bonne coutume redresse l'opinion ; une mauvaise applique l'intelligence à trouver des sophismes de justification, c'est-à-dire des raisons plus ou moins spécieuses et immorales, tendant à faire paraître bon ce qui ne l'est pas. Quand la raison n'est pas à l'origine des actes et des coutumes pour les régler, elle est bientôt corrompue elle-même par les mauvaises habitudes qui naissent de ces actes et par les opinions erronées qui découlent de ces coutumes.

Division des habitudes. — De la définition de l'habitude, il ressort qu'on en peut considérer deux sortes : 1° des habitudes *actives*, et 2° des habitudes *passives*.

Les habitudes actives naissent de la répétition des mêmes actes ; les habitudes passives, des sensations continuées et répétées.

Dans l'étude d'un instrument de musique, du piano, par exemple, le mouvement des doigts, pénible et lent à l'origine, acquiert à la longue une agilité, une sûreté parfois merveilleuse et s'exécute sans effort et presque sans réflexion : voilà l'habitude active. Si l'on demeure quelque temps dans le voisinage d'une

---

[1] Dans un sens moins défavorable, le mot routine signifie :
1° Procédé en quelque sorte mécanique pour faire ou apprendre quelque chose. Ex. : La routine que je propose épargnera bien des fatigues aux uns (professeurs) et bien des larmes aux autres (écoliers).
2° Capacité : faculté acquise par une longue expérience plutôt que par le secours de l'étude et des règles. Ex. : « Les arts libéraux et mécaniques sont distingués en ce que les premiers travaillent de l'esprit plutôt que de la main ; et les autres, dont le succès dépend de la routine et de l'usage plutôt que de la science, travaillent plus de la main que de l'esprit. » (BOSSUET.)

chute d'eau, on arrive à ne plus en percevoir le bruit : voilà l'habitude passive.

Il n'y a pas sans doute d'habitudes *absolument passives* ; mais on convient d'appeler passive la disposition à ressentir de moins en moins les mêmes états de sensibilité.

Le même sens est susceptible d'habitudes actives et passives, selon que l'activité volontaire intervient ou n'intervient pas au début. Exemple : l'oreille s'habitue au bruit de la rue jusqu'à n'en être plus incommodée (*hab. passive*); l'oreille attentive du musicien s'habitue à percevoir les nuances les plus délicates des sons (*hab. active*[1]).

En général, *l'effet produit est en raison du développement de l'activité*. L'enfant, par exemple, ne retiendra pas une leçon qu'on lira devant lui, parce que, dans ce cas, il est passif plutôt qu'actif; qu'il la lise lui-même des yeux, son attention est déjà plus excitée : les mots, puis les phrases se fixeront mieux dans sa mémoire; mieux encore s'il lit à haute voix et transcrit le morceau qu'il s'agit d'apprendre.

Cette division des habitudes en actives et en passives se fait *par rapport à la cause qui les produit*; si on les considère au point de vue des *facultés auxquelles on les rapporte*, on les divise en habitudes *organiques, intellectuelles* et *morales*.

Les habitudes *organiques* sont des dispositions acquises, par un organisme vivant, à se plier à telle ou telle manière d'être (*hab. passive*), à se prêter à telle ou telle action (*hab. active*) : l'estomac se fait à tel régime, le corps à tel climat, la main à tel travail. On s'habitue à marcher, à dormir, à veiller; la gymnastique, l'escrime, la natation, sont des habitudes organiques. Les leçons de maintien sont très utiles pour donner l'habitude des bonnes manières, des attitudes par lesquelles s'expriment les sentiments délicats. — C'est sur des habitudes organiques que sont fondées, dans la grande industrie, la division du travail, dont le résultat est l'économie du temps et la supériorité de la main-d'œuvre; dans l'agriculture, l'acclimatation des plantes et des animaux.

Les habitudes *intellectuelles* sont les diverses manières dont chacun dirige ordinairement son esprit et ses pensées, ses facultés et ses opérations : habitude du calcul, de l'observation, de l'abstraction; — les préjugés et les superstitions sont de mauvaises habitudes de l'esprit. Apprendre un état, c'est contracter un ensemble d'habitudes physiques et intellectuelles.

Les habitudes *morales* ne sont autre chose que le pli que nous imprimons à notre volonté, à notre caractère, à notre conduite : les bonnes habitudes morales sont des vertus, les mauvaises sont des vices.

Quand une plante s'acclimate dans un pays qui n'est pas le sien, quand un animal apprend à faire ce à quoi on le dresse, quand un acrobate s'exerce à danser sur la corde : cette plante, cet animal, cet acrobate, contractent des habitudes *organiques*. La rapidité et la sûreté avec laquelle un mathématicien fait des calculs difficiles; un philosophe, des raisonnements abstraits; un moraliste, des observations fines et judicieuses, sont le fruit des habitudes *intellectuelles* qu'ils ont acquises. La vivacité et la douceur, la bonté et la méchanceté, la sobriété et la gourmandise, toutes nos qualités et tous nos défauts, toutes nos vertus et tous nos vices sont des habitudes *morales*.

Toutes les facultés de l'âme se développent par l'habitude, qui se trouve être par là l'instrument le plus puissant de l'éducation, d'autant plus que les habitudes contractées dans l'enfance sont à la fois *les plus fortes et les plus durables*.

---

[1] Au milieu d'une grande ville, l'oreille du musicien peut n'entendre qu'à peine le roulement des voitures (*hab. pas.*); dans un orchestre, elle saura distinguer les parties de chaque instrument et saisir, entre les sons, des nuances dont la délicatesse échapperait à tout autre (*hab. act.*).

La bonne ou la mauvaise conduite de l'homme, par suite, son bonheur ou son malheur, dépendent à peu près exclusivement de l'habitude.

Lois de l'habitude. — Il faut distinguer les *lois relatives aux causes* ou conditions de l'habitude et les *lois relatives aux effets*.

1° **Lois relatives aux causes.** — L'habitude a pour cause un ou plusieurs phénomènes qui ont modifié l'activité et ont laissé après eux une tendance à les reproduire. La *répétition* est plutôt la condition que la cause de l'habitude ; elle la développe plutôt qu'elle ne l'engendre. Aussi l'habitude est-elle proportionnée au nombre, à la fréquence, à la force et à la durée des phénomènes. L'*intensité* de l'acte peut suppléer au nombre : un seul acte énergique et prolongé peut produire une habitude déjà forte. De là le vers du poète : « Un pas hors du devoir nous peut mener bien loin. » (CORNEILLE.) Un grand sacrifice généreusement accompli peut également être le point de départ d'une grande sainteté. On connaît l'exemple de saint François Xavier.

L'effet de cette répétition des actes est d'ailleurs très variable suivant les personnes et les causes qui les produisent : pour telle personne, un seul acte peut suffire à engendrer une habitude bonne ou mauvaise ; d'autres ne contractent une habitude que par un plus ou moins grand nombre d'actes.

2° **Lois relatives aux effets.** — *L'habitude diminue la sensibilité physique et développe l'activité ;* en d'autres termes, tout ce qui est *passion* (au sens de passivité), comme le plaisir et la douleur, s'*émousse*, et tout ce qui est *action*, comme les mouvements musculaires, les opérations de l'intelligence, les efforts de la volonté, les tendances, les désirs, les besoins, se *fortifie* en se répétant.

a) *Tout ce qui est passion s'émousse par l'habitude.* Exemples : les climats les plus rudes, les privations les plus dures s'adoucissent avec le temps ; on sent faiblement le contact de ses habits, parce qu'il est permanent. On peut rapporter à cette loi un grand nombre de faits d'inconscience.

Les jouissances sensibles trop répétées s'évanouissent peu à peu, emportant avec elles la faculté même de les sentir. C'est ce qui a lieu pour les gens que l'on appelle blasés : ils sont insensibles aux plaisirs dont ils ont fait abus. Ce que l'habitude émousse dans la sensibilité physique n'en est que la partie *passive et émotive*, et non la partie *active et impulsive ;* celle-ci, au contraire, comme toute activité, doit être sollicitée, augmentée, exaltée par l'habitude. Si donc les jouissances sensibles trop répétées emportent avec elles, en disparaissant, la faculté de les sentir (*partie passive et émotive*), elles n'en emportent pas le désir (*partie active et impulsive*) ; le désir, au contraire, augmente à mesure que s'affaiblit la sensation ; il devient plus constant et plus énergique, jusqu'à ce qu'il se transforme en un besoin impérieux et insatiable. De là vient que si l'homme n'emploie pas sa volonté à dompter ses sens, il se voit contraint de consacrer ses forces à les servir ou plutôt à les irriter par des désirs impuissants, dont l'objet ne cesse de reculer devant lui : les excitants nouveaux, toujours plus violents, qu'il emploie, finissent par n'avoir aucune action sur lui. C'est ainsi que ceux qui aiment les liqueurs fortes sont forcés d'augmenter sans cesse les doses jusqu'à épuisement.

Les sensations que nous *spiritualisons*, en quelque sorte, par l'intervention de l'intelligence et de la volonté, celles qui deviennent l'occasion, l'origine, la matière de nos idées et de nos sentiments, ne subissent pas cette loi; l'habitude les rend plus vives, plus délicates, plus distinctes. Ainsi en est-il de la sensation de l'ouïe chez le musicien, de celle de la vue chez le dessinateur; — tandis que le goût de l'ivrogne s'émousse en même temps que s'accroît le besoin de boire, celui du dégustateur s'affine par l'exercice.

L'habitude n'émousse pas toujours le sentiment; souvent elle le fortifie et le perfectionne. Nos sentiments dépendent en grande partie de notre volonté, sinon dans leur origine, du moins dans leur épanouissement; ils ne peuvent se développer que si notre âme s'y associe librement; ils doivent donc être d'autant plus vifs et avoir sur nous d'autant plus d'empire, que nous nous y sommes livrés plus souvent et plus longtemps. Ainsi, le sentiment moral, c'est-à-dire l'amour du bien et la haine du mal, s'éteint chez ceux qui vivent au milieu du vice et du crime; il acquiert, au contraire, une très grande force dans une âme où il s'allie à tous les actes de la volonté et à tous les jugements de l'intelligence. De même le goût ou sentiment du beau est presque nul chez les gens sans culture; il s'éveille en nous et s'épure par l'exercice et l'éducation, par l'étude et la contemplation des œuvres belles.

b) *Tout ce qui est action se fortifie par l'habitude.* L'expérience nous apprend que l'influence de l'habitude sur l'activité soit motrice, soit intellectuelle, va toujours croissant. Tout acte répété devient plus facile, plus rapide et plus parfait. *En forgeant, on devient forgeron,* dit le proverbe; ce qui revient à dire que c'est en pensant, en parlant, en écrivant qu'on apprend à penser, à parler, à écrire; qu'on se fait fort, libre, vertueux, en faisant des actes de force, de vertu, de liberté.

La répétition des actes d'intelligence et de volonté fait un besoin et une jouissance du travail de la pensée et de l'exercice de la volonté.

Il faut remarquer deux caractères nouveaux que revêt l'activité en devenant plus forte et plus aisée par l'habitude : elle tend vers l'inconscience et l'automatisme; elle se soustrait progressivement à la connaissance du sens intime et à l'empire de la volonté. Cette remarque ne s'applique pas aux modes supérieurs de l'activité, à celle qui est propre à l'homme, à la réflexion et à l'effort volontaire, à la vertu.

Les bonnes habitudes amoindrissent ou suppriment l'effort; mais elles n'amoindrissent ni ne suppriment la liberté. « Il n'y a que de mauvaises habitudes qui fassent perdre à l'homme une partie de sa liberté; mais l'habitude du bien, de tout ce que la morale approuve, est la liberté même. » (HEGEL.) *L'habitude du bien*, devenue comme une seconde nature, *c'est véritablement la possession de soi-même* (habitude, de *habere*, posséder). C'est le triomphe qui tend à mettre fin à l'effort, au doute, au combat, et à établir l'empire de la volonté raisonnable; c'est l'immutabilité de la loi, qui se communique à notre liberté et la rapproche de la liberté divine. Ainsi, il y a pleine et entière liberté dans la sainteté, qui n'est au fond qu'une liberté tellement habituée au bien qu'elle paraît le faire sans lutte, et tellement détournée du mal que, pour l'accomplir, il semble qu'elle serait obligée de faire effort.

Voilà pourquoi une bonne habitude, loin de diminuer la moralité et le mérite, les accroît. « On en parle bien à tort, dit M. Marion, comme si elle faisait succéder à l'effort moral, seul méritoire, une vertu automatique sans prix, une sorte d'utile et heureuse routine. C'est le contraire qui a lieu. Cette infaillibilité acquise, ou plutôt conquise est le plus haut degré de mérite, et c'est la plus haute liberté. ». (*De la Solidarité morale.*) « Une bonne action faite volontairement suppose plus d'effort et plus de mérite qu'une bonne action qui est le fruit de l'habitude; mais pour avoir contracté l'habitude du bien, il faut avoir longtemps et persévéramment accompli de bonnes actions volontaires, et c'est évidemment la plus grande gloire à laquelle nous puissions atteindre, devant Dieu et devant les hommes. » (J. Simon.)

L'habitude est une seconde nature. — Les lois de l'habitude étant connues, on comprend ce mot d'Aristote : « L'habitude est une seconde nature. » La *tendance* à reproduire les actes habituels s'accroît en même temps que la *facilité*, et devient un *besoin*, une *nécessité*. A l'origine, il fallait faire effort pour les reproduire; une fois l'habitude prise, il faut faire effort pour ne pas les répéter. C'est une véritable inclination acquise, une *seconde nature* que l'on se donne et dont on est, par conséquent, responsable. De là l'importance de n'en contracter que de bonnes, de s'exercer, dès la jeunesse, à l'amour et à la pratique du bien.

Avant de poser un acte, il faut se rappeler qu'il peut devenir le premier anneau d'une chaîne; se rappeler également ces maximes connues : *On recueille ce que l'on sème; — on est puni par où l'on pèche; — le bien porte avec lui sa récompense, et le mal son châtiment.* « *Le péché, passé en habitude, est comme identifié à l'homme; le pécheur d'habitude est devenu péché.* » Le premier châtiment d'une faute, c'est de disposer à une autre faute.

Rapports de l'habitude : 1° Avec le progrès. — L'habitude est non pas la *cause*, mais la *condition* du progrès, si elle ne dégénère pas en routine; elle rend plus facile chaque effort nouveau : l'effort amoindrit l'effort; mais le principe du progrès, ce n'est pas l'habitude, c'est l'effort : l'effort crée, l'habitude capitalise. Elle est une force conservatrice et accumulatrice sans laquelle on ne conçoit ni l'art, ni l'industrie, ni la parole, ni l'éducation, ni même la moralité humaine; car aucune de ces choses ne serait possible, s'il fallait chaque jour recommencer les mêmes sacrifices et les mêmes luttes sans se trouver le lendemain plus fort que la veille. A mesure que l'acte habituel se répète, il demande moins de réflexion et moins d'effort : l'habitude diminue la dépense et augmente le rendement. C'est par elle que l'homme se met en pleine possession de ses facultés et qu'il peut suivre une marche en avant toujours progressive.

L'habitude donne de la cohésion et de l'unité à la vie : par elle, suivant le mot de Leibniz, le présent est chargé du passé et gros de l'avenir. Elle joue, dans le domaine de la vie humaine, le même rôle que le travail et la propriété dans le domaine de l'économie politique : elle crée une facilité, une aptitude, une propriété, une sorte de capital qui va se fécondant. Dans l'ordre intellectuel, la science et la mémoire forment un capital acquis par l'habitude; dans l'ordre moral, la vertu est une habitude : c'est un capital moral, c'est de la force d'âme accumulée.

Tous ces avantages sont le résultat des bonnes habitudes; les mauvaises sont un obstacle au progrès. Rien ne s'oppose, par exemple, à la diffusion de la science comme la routine et les préjugés; à la civilisation des peuples barbares, comme leurs coutumes et leurs superstitions.

2º Avec la volonté. — La volonté n'est jamais étrangère à l'acquisition de l'habitude; c'est elle qui l'a créée ou l'a laissée se former; elle peut toujours la modifier et même la détruire. Il reste toujours place pour la liberté : ce qu'un acte a fait, un autre peut le défaire. S'il est vrai que la volonté est la mère de l'habitude, il est vrai aussi que l'habitude développe et fortifie la volonté. « Les actes, dit Malebranche, produisent les habitudes, et les habitudes, les actes. »

S'exercer à vouloir ce qu'on doit, à bien vouloir, c'est au fond toute la moralité. La plupart du temps, c'est par manque de volonté, par faiblesse et par entraînement que l'homme fait le mal. « Vous n'êtes pas méchants, Messieurs, vous êtes faibles, » dit le Père Lacordaire au début d'une conférence de Notre-Dame. « On fait le mal, parce qu'on n'a pas le courage d'être bon; on est méchant, parce que l'on est lâche. » (FRAYSSINOUS.)

De là, la nécessité de se créer par l'habitude une volonté énergique. On y parvient en exerçant sur soi une constante surveillance, en réprimant dès leur première apparition les instincts mauvais, en prenant résolument et constamment pour motif de ses actions, non le plaisir, la passion, l'intérêt, mais le devoir.

Notons cette parole de Bourdaloue : « Accoutumons-nous à faire les actions chrétiennes chrétiennement, » c'est-à-dire habituons-nous à faire les bonnes actions pour de bons motifs, des motifs purs, des motifs chrétiens; — et ces proverbes: *L'habitude lutte contre l'habitude; chassez le naturel, il revient au galop.* Les habitudes établies résistent à l'introduction d'habitudes nouvelles. On ne triomphe d'une mauvaise habitude que par une bonne, c'est-à-dire en cessant de faire des actes conformes et en faisant des actes opposés à l'habitude mauvaise.

3º Avec l'hérédité. — Les habitudes et les instincts peuvent se transmettre et se transmettent souvent par voie d'hérédité.

Quand un animal a réalisé un type d'action, il reste dans son organisme une tendance, une aptitude à le reproduire, et, par l'hérédité, cette habitude organique se transmet. C'est ainsi, par exemple, que les animaux sauvages ont acquis l'instinct de la domesticité.

L'élevage, le dressage, l'acclimatation, la domestication consistent essentiellement à fixer des habitudes ou *instincts acquis* dans les individus et dans les races. A l'origine, les chevaux ne trottaient point naturellement. Le trot est une allure acquise; aujourd'hui les poulains trottent dès leur naissance. Ni le cheval de labour ni le cheval de course, qui nous offrent l'un le maximum de puissance musculaire, l'autre le maximum de vitesse et de légèreté, n'ont été formés par la nature seule. L'aboiement n'est pas chez les chiens chose naturelle, mais acquise. Des chiens abandonnés dans une île déserte désapprennent à aboyer après plusieurs générations. Naturellement, le chien sauvage ne serait pas tombé en arrêt devant le gibier et ne l'aurait pas rapporté à son maître. Et pourtant cette habitude, une fois formée par le dressage, s'est perpétuée dans l'espèce, s'est fixée comme un instinct, puisqu'on voit aujourd'hui les petits chiens de race, avant tout apprentissage, chasser et apporter.

Pour qu'une habitude devienne héréditaire, il faut et il suffit qu'elle produise dans l'organisme, par son action sur les centres nerveux et sur les muscles, des modifications susceptibles de se reproduire. On peut accorder à l'école évolutionniste que certains instincts des animaux sont des habitudes héréditaires; mais il est impossible que tous le soient, car, pour acquérir des habitudes, il faut vivre, et, pour vivre, il faut des instincts. Le premier vivant n'a rien pu recevoir par hérédité. (Voir plus haut, p. 178 et 252.)

Tout organisme, en transmettant la vie, la transmet sous la forme d'un autre organisme semblable à lui et fonctionnant pareillement. Si les qualités de l'âme subissent l'influence de l'hérédité, ce ne peut être que par l'intermédiaire du corps. Les organes et les images qu'ils reçoivent étant la condition des opérations intellectuelles, bien que celles-ci en soient essentiellement distinctes, une faculté, selon toute apparence, sera héréditaire à un degré d'autant plus élevé, que plus grande sera la part de l'organisme dans cette faculté. Ainsi les passions sont les facultés psychiques les plus proportionnellement transmissibles; mais, à mesure que l'on s'élève dans la hiérarchie desdites facultés, le rôle de l'hérédité va diminuant.

L'hérédité, surtout chez les êtres supérieurs, *n'est pas la source unique d'où découlent toutes les perfections*. Elle ne donne ni l'être, ni l'âme, ni la conscience, ni la réflexion, ni la liberté, ni rien, en un mot, de ce qui fait la meilleure partie de notre personnalité, de ce qui nous permet de disposer de nous-mêmes et de nos actes. Tout cela vient d'ailleurs et nous appartient en propre.

C'est cette loi de l'hérédité appliquée à l'homme que rappellent les proverbes populaires suivants : *Bon chien chasse de race :* les enfants tiennent des mœurs et des inclinations de leurs pères [1]; — cette locution vient de ce qu'il y a des chiens qui, comme on l'a remarqué plus haut, par le fait même de leur race, savent chasser sans avoir appris. — *Il est fils de son père :* il ressemble à son père, tant pour le visage que pour les inclinations. — *Bon sang ne peut mentir :* les personnes nées d'honnêtes parents ne dégénèrent point. On connaît le mot du vieil Horace, qui ne veut pas croire à la fuite du jeune Horace; le courage qu'il sent dans son âme, il le sent en quelque sorte dans l'âme de son fils :

Je connais mieux mon sang, il sait mieux son devoir.

Don Diègue dit dans le même sens, en parlant à Rodrigue :

Je reconnais mon sang à ce noble courroux.

Il faut cependant se garder de croire que ces proverbes expriment des principes absolus. Ils sont vrais souvent, ils ne le sont pas toujours. — *A père avare, fils prodigue*, dit un autre proverbe; *A père pilleur, fils gaspilleur :* voilà la loi de l'hérédité en défaut. On sait que des parents vertueux ont gémi plus d'une fois des dérèglements d'enfants indignes d'eux. C'est qu'alors la force des inclinations vicieuses non combattues a prévalu, en dépit de la bonne éducation et de l'exemple, sur l'influence du sang.

Quoi qu'il en soit de cette loi, qui nous fait bénéficiaires des vertus ou victimes des fautes et des vices de nos ancêtres, il ne faut pas oublier qu'elle n'a rien de fatal, et que « l'homme demeure dans la main de son conseil », c'est-à-dire maître de sa voie, comme dit l'Écriture. Dieu seul connaît et juge les responsabilités; mais il n'est permis à personne, personne n'a le droit de rejeter sur le compte d'autrui des défaillances et des chutes que sa raison condamne et que sa volonté a le devoir et le pouvoir de prévenir et d'empêcher. Nul n'est tenté au-dessus de ses forces et au-dessus des secours que Dieu lui offre. C'est la parole de saint Paul : « Dieu, qui est miséricordieux, ne souffrira pas que vous soyez tentés au-dessus de vos forces; mais jusque dans la tentation il vous fournira des moyens en abondance pour pouvoir la soutenir. » (Cor., x, 13.)

---

[1] L'hérédité est immédiate ou médiate : immédiate si l'enfant ressemble à ses parents immédiats; médiate, ou en retour, si l'enfant ressemble à ses grands-parents ou à quelque ancêtre encore plus reculé. C'est celle-ci qu'on nomme *atavisme*.

« Il dépend de l'hérédité, dit M. Ribot, de faire naître plus ou moins entraîné vers le bien ou le mal et partant plus ou moins capable de faillir; mais on ne lui doit ni le vice ni la vertu : le vice et la vertu n'existent point d'eux-mêmes; ils ne consistent pas dans la nature des impulsions internes ou externes qui agissent sur nous, mais dans le *concours mental et exécutif de la volonté.* » —
« Je ne crois ni aux fatalités héréditaires, ni aux destinées inévitables, s'écriait Me Rousse dans un discours aux cinq académies (1890). Chacun répond de soi dans ce monde, et la loi des origines n'est trop souvent que la superstition commode des âmes dégoûtées de la liberté. »

« *L'instruction et l'éducation sont essentiellement distinctes de l'hérédité*, et, combinées ensemble, ces deux forces donnent une composante assez puissante pour neutraliser les tendances natives et même, en plus d'un cas, pour susciter des tendances contraires qui éloignent l'individu de ses origines, et lui ouvrent une voie nouvelle.

« *La transmission du péché originel* du premier homme à toute la descendance humaine est un dogme fondamental dans la doctrine de l'Église. Voilà, certes, un cas d'influence héréditaire aussi universel qu'inéluctable. Cependant l'Église maintient comme un point également fondamental de son enseignement que chacun de nous est pleinement responsable de ses actes.

« Certains catholiques bien intentionnés, mais mal inspirés, ont révoqué en doute la puissance de la raison, dans l'état de notre nature déchue; des hérétiques ont supposé aussi que, depuis le péché d'origine, la volonté n'est capable d'aucun bien et se trouve fatalement enchaînée dans le parti de la concupiscence. L'Église a condamné les premiers aussi bien que les seconds; et, tout en flétrissant le rationalisme, qui exalte outre mesure les forces de la nature humaine, elle a toujours pris la défense de la raison et de la liberté individuelle.

« Ce qui est vrai de tous les hommes en général est également vrai de chacun en particulier : l'hérédité transmet à tous d'assez fortes influences, et à quelques-uns des tendances très accentuées; mais, en aucun cas, elle ne donne des tendances irrésistibles qui suppriment l'individu et décident de son avenir. » (Voir *la Vie et l'Hérédité*, par P. Vallet.)

Théories explicatives de l'habitude. — On peut rapporter à deux principales toutes les théories explicatives de l'habitude : 1° celle qui admet que l'habitude est la modification d'une activité spirituelle; 2° celle qui fait de l'habitude un phénomène physiologique et mécanique, et qui la ramène à un pur automatisme. La première a été celle d'Aristote, de saint Thomas, de Leibniz et de la plupart des philosophes spiritualistes; la seconde, entrevue par Épicure, a été professée par l'école cartésienne, par les associationistes et les évolutionnistes; elle l'est par l'école physiologique contemporaine.

1° Aristote peut être considéré comme l'auteur de la grande théorie dans laquelle l'habitude s'explique par le développement d'une spontanéité qui transforme l'acte en une activité permanente. La nature du vivant n'est pas emprisonnée dans une forme immuable. L'être vivant peut, par l'exercice, ajouter aux formes arrêtées des formes plus souples, et se donner ainsi une nature nouvelle qui dépend de lui et de ce qu'il fait.

Leibniz a formulé la théorie métaphysique de l'habitude; il en cherche le principe dans les lois et le développement de la spontanéité spirituelle, en s'appuyant sur la *loi de continuité*. Rien de ce qui a été ne cesse absolument d'être : quelque chose en survit dans les phénomènes actuels.

2° A partir de Locke et de Condillac, l'empirisme moderne a étudié l'habitude, non plus comme un mode de l'activité, mais comme un principe général d'explication. La *nature*, chez les animaux et dans l'homme, ne serait qu'une première coutume. La théorie des *associations inséparables*, de Stuart Mill, complétée par celle de l'habitude devenue *héréditaire*, de Spencer, suffirait à rendre compte de tous les phénomènes psychiques.

— Il faut répondre à l'empirisme que les transformations qui sont le fait de l'habitude, de l'hérédité et de la sélection [1], supposent et laissent subsister un fond premier immuable d'organisation et d'instinct, une première nature, antérieure à l'habitude, à l'hérédité et à la sélection; elles expliquent la formation des *variétés* et des *races*, mais non celle de l'*espèce*, qui est tenue pour primitive et immuable. Nous recevons tous de la nature un certain nombre de penchants qui méritent réellement le nom d'habitudes, puisqu'ils impliquent des propensions précises et caractérisées, comme celles résultant de la répétition des actes.

Pouvons-nous nous en tenir aux solutions de l'empirisme? « En accordant que l'habitude ramène à l'unité un grand nombre de phénomènes, elle ne s'explique pas elle-même; elle recule le problème, elle ne le résout pas. Dirons-nous que la théorie mécanique est une solution véritable? Mais le mécanisme implique des idées élémentaires, telles que celles de l'espace, du temps, du mouvement même et de sa communication... Enfin, tout ramener à l'habitude est une contradiction. Habitude, c'est acquisition; qui dit habitude suppose une première nature, un quelque chose, un absolu.. — Dans tous les problèmes de la psychologie, nous avons vu l'empirisme apporter un mode d'explication utile et suffisant pour ce qui concerne l'enchaînement des phénomènes et les conditions de leur production; mais partout aussi l'empirisme vient échouer devant l'explication finale. Partout le passif suppose l'actif, l'extérieur suppose l'intérieur, le mécanique suppose le spontané, et l'acquis suppose l'inné. Si tout s'expliquait par le dehors, ce dehors lui-même supposerait un autre dehors, c'est-à-dire autre chose que lui-même : or, d'autre chose en autre chose, on n'arriverait jamais à un être véritable. — Nous pouvons donc dire pour toute la psychologie ce que nous venons de dire pour la théorie de l'habitude : expliquer l'intérieur par l'extérieur, l'actif par le passif, le spontané par le mécanique, le primitif par l'acquis, c'est expliquer tout par rien. » (Conclusion du chapitre sur l'habitude, dans l'*Histoire de la philosophie*, de MM. Janet et Séailles.)

Conclusion pratique sur l'habitude. — « La loi de l'habitude est celle de notre perfectionnement, en même temps que celle de notre chute; tout dépend de ce que la volonté lui livre. Elle conserve, amplifie, accumule, reproduit avec une facilité croissante le bien comme le mal. Elle mène indifféremment à la parfaite sagesse quasi infaillible et à l'extrême abjection à peu près irrémédiable.

« Si, d'une part, les associations d'idées étroites et aveugles, les passions animales, les fautes répétées engendrent la fatalité du vice; en revanche, l'habitude de réfléchir et de raisonner, d'obéir aux sentiments généreux, de faire ce qu'on doit, loin d'enchaîner la liberté, la fortifie; loin de diminuer la personne, l'affermit dans sa dignité.

« Former de bonnes habitudes d'esprit, de cœur et de conduite, et empêcher les mauvaises habitudes de naître et de durer, c'est en somme tout l'objet de l'éducation. Nul chapitre de psychologie

---

[1] Voir 9e leçon de Logique.

ne peut être plus important que celui des habitudes et des lois selon lesquelles elles se forment, se fixent et se perdent. » (MARION.)

TABLEAU ANALYTIQUE

I. DE L'INSTINCT

Définition. — L'instinct est une force naturelle qui fait agir sans réflexion et sans conscience du but ni de la cause. — C'est par instinct que l'enfant, comme le petit mammifère, tette en venant au monde, que l'oiseau fait son nid, etc.
Considérés en eux-mêmes, les phénomènes instinctifs sont coordonnés de manière à former des systèmes dans lesquels chacun d'eux continue le précédent et prépare le suivant.

Caractères de l'instinct chez l'animal.
Il est 1° *Inné* : antérieur à toute éducation et à toute habitude. — L'oiseau n'apprend pas à faire son nid.
2° *Universel* : le même chez tous les animaux de la même espèce.
3° *Spécial* : ne s'applique qu'à un nombre déterminé d'actions. — Tel oiseau ne fait pas un nid, mais tel nid.
4° *Infaillible* : adapte parfaitement et de prime abord les moyens au but. — On cite cependant des cas où l'instinct a été en défaut ; par exemple, celui des mouches à viande.
5° *Immuable* ou *imperfectible* : n'est pas susceptible de progrès dans l'individu ou dans l'espèce. — Ce caractère non plus n'est pas absolu ; sous l'action des circonstances extérieures, l'instinct peut se transformer.
6° Enfin, *dépendant de l'organisme* : ce sixième caractère est aujourd'hui fort controversé.

Division des instincts.
On ramène tous les instincts à deux classes principales :
1° *Instincts relatifs à la conservation de l'individu* : instinct d'accumulation chez les fourmis, les écureuils, etc.
2° *Instincts relatifs à la conservation de l'espèce* : construction des nids, protection des petits, etc.
On fait quelquefois une troisième classe des *instincts de société*, soit *accidentelle*, soit *permanente* ; mais ces instincts peuvent se ramener aux instincts de conservation de l'individu ou de l'espèce.

Théories sur l'origine de l'instinct.
1° *Instinct ramené à l'intelligence* (Montaigne, évolutionnistes). Il y a entre l'instinct et l'intelligence une différence de *nature* et non pas seulement de *degré*. — L'instinct est *spécial, exclusif, empirique, uniforme, parfait du premier coup*. — L'intelligence est une faculté *universelle*, capable de *réfléchir, d'abstraire, de généraliser*, de raisonner ; elle varie avec les individus et est toujours capable de nouveaux progrès.
2° *L'instinct, mouvement automatique* (animaux-machines de Descartes). — Les animaux sont des automates.
La Fontaine se fit l'interprète du sens commun pour protester contre une pareille théorie. — On connaît ses fables : *le Renard, les deux rats et l'œuf ; la Perdrix, les souris et le chathuant*.

I. L'INSTINCT. (Suite.)

Théories sur l'origine de l'instinct. (Suite.)

3° *L'instinct, habitude individuelle* (Condillac). — L'instinct est engendré par l'effort et l'exercice ; c'est une habitude.
— Malgré les ressemblances de ces deux phénomènes, il est impossible de les confondre. Ils diffèrent en effet :
  a) Par leur *origine* : l'instinct est naturel, l'habitude est acquise ;
  b) Par leur *nature* : l'instinct est parfait du premier coup, l'habitude se forme par degrés ;
  c) Par leur *fin* et leurs *résultats* : l'instinct est une tendance à réaliser certains actes ; l'habitude, à persévérer dans le même état ;
  d) L'instinct *inconscient* est le contraire de la liberté : l'habitude vient à la suite de la liberté.
4° *L'instinct, habitude héréditaire* (Lamarck, Darwin, Spencer). — Les instincts des animaux n'ont été à l'origine que des accidents individuels, qui se sont perpétués et fixés par l'hérédité.
— On peut accorder aux évolutionnistes que quelques instincts secondaires, correspondant à des modifications organiques, sont le résultat de l'hérédité (tels, par exemple, les instincts du chien domestique). Mais comment expliquer les instincts primitifs, ceux qui ont précédé toute habitude, ceux du premier animal ?
— C'est toujours la même réponse : l'évolutionnisme recule le problème, il ne le résout pas.
5° *L'instinct, faculté innée* (saint Thomas, scolastiques, spiritualistes). — La brebis fuit la première fois qu'elle voit le loup, en vertu d'un sens *appréciatif* (*estimative*) qui est en elle, qui lui fait voir dans le loup un être nuisible. — Quelle est l'origine de cette connaissance instinctive ? Là est la difficulté.

II. L'HABITUDE

Définition. — C'est une disposition acquise par un acte *répété* ou *prolongé*.
Les scolastiques la définissaient : une disposition ou une inclination bonne ou mauvaise qui nous porte à agir d'une manière spéciale.
— Cette dernière définition convient aux vertus infuses : foi, espérance et charité.
Autre définition encore plus générale : aptitude à reproduire aisément les modifications antérieures.
Observons que l'habitude commence dès le premier acte. — Cela est évident ; car s'il ne restait rien du premier, le second ne serait pas plus facile.

Nature de l'habitude. — L'habitude est à la fois un *penchant acquis*, répondant à cette loi générale : « L'être tend à persévérer dans l'être, » et une *aptitude*, un savoir-faire, une facilité, qui deviennent comme naturels.
L'habitude tient le milieu entre la volonté et l'instinct : elle part de l'une et aboutit à l'autre.

Il faut distinguer l'habitude :
1° De la *routine*, habitude dégénérée, aveugle, toute machinale, qui échappe à la direction de la raison ;
2° De la *coutume*, manière d'être générale à laquelle nous nous conformons.

Diverses sortes d'habitudes.

1° Par rapport à la cause qui les produit, elles sont :
  Actives, si elles naissent de la répétition des mêmes actes ;
  Passives, si elles viennent des sensations prolongées et répétées.
  Remarquons qu'il n'y a pas d'habitudes absolument *passives* et que le même sens est susceptible à la fois d'habitudes actives et passives. Ex. : oreille du musicien.

2° Au point de vue des facultés auxquelles elles se rapportent, elles sont :
  Organiques, dispositions acquises par un organisme vivant à telle manière d'être ;
  Intellectuelles, manière ordinaire de diriger son esprit, ses pensées. — Les superstitions sont de mauvaises habitudes intellectuelles ;
  Morales, pli que nous imprimons à notre volonté et à notre conduite. — Les vertus et les vices sont des habitudes morales.

II. L'HABITUDE (Suite.)

Lois de l'habitude.

- **1° Lois relatives aux causes.**
  - La cause efficiente de l'habitude est un ou plusieurs phénomènes qui ont modifié l'activité et laissé après eux une tendance à les reproduire.
  - Les causes accessoires sont la *répétition*, le *nombre*, la *fréquence*, la *durée* et l'*intensité* des phénomènes.

- **2° Lois relatives aux effets.**
  - 1° L'habitude diminue la *sensibilité physique*; 2° elle développe l'*activité*.
  - En d'autres termes, tout ce qui est *passion* (plaisir et douleur) s'émousse, et tout ce qui est *action* (opérations de l'intelligence, efforts de la volonté, mouvements musculaires) se fortifie en se répétant.
  - Observons que l'habitude n'émousse pas en général nos sentiments, ni les sensations que nous spiritualisons en quelque sorte; l'habitude les rend, au contraire, plus vives et plus délicates.
  - Observons encore que l'habitude tend en général vers l'automatisme et l'inconscience, qu'elle devient en quelque sorte une seconde nature, suivant le mot d'Aristote, mais que cela ne s'applique pas à l'*habitude du bien*, qui est la véritable possession de soi-même.

Rapports de l'habitude :

- 1° *Avec le progrès.* — L'habitude est, non pas la *cause*, mais la *condition* du progrès.
  L'habitude donne de la cohésion et de l'unité à la vie; par elle, « le présent est chargé du passé et gros de l'avenir. » (LEIBNIZ.)
  Elle joue dans la vie humaine le même rôle que le travail et le capital en économie politique.
- 2° *Avec la volonté.* — La volonté est mère de l'habitude; mais à son tour l'habitude développe et fortifie la volonté.
- 3° *Avec l'hérédité.* — Les habitudes peuvent se transmettre et se transmettent souvent par voie d'hérédité. — (Application de ce principe au dressage des animaux, à l'acclimatation.)
  La loi de l'hérédité est aussi applicable à l'homme : Bon chien chasse de race; tel père, tel fils, sont des proverbes connus. — Les conséquences de cette loi sont considérables au point de vue physique et au point de vue moral.

Théories explicatives de l'habitude.

Ces théories peuvent se ramener à deux principales :
- 1° *Théorie qui admet une modification de l'activité spirituelle.* — C'est celle d'Aristote, qui peut en être regardé comme l'auteur, de saint Thomas, de Leibniz et de la plupart des spiritualistes.
- 2° *Théorie physiologique et mécaniste* (Épicure, cartésiens, associationistes, évolutionnistes, physiologistes). Ils ont confondu l'habitude avec la coutume, avec l'association inséparable, avec l'héréditarisme. Comme pour l'instinct, cette théorie ne fait que reculer le problème sans le résoudre; loin d'expliquer tout, l'évolution ne s'explique pas elle-même; il faut un élément au point de départ.

Conclusion pratique sur l'habitude. — La loi de l'habitude est celle de notre perfectionnement comme celle de notre chute; tout dépend de ce que la volonté lui livre. Elle conserve, amplifie, accumule, reproduit avec une facilité croissante le bien comme le mal, et mène ou à la parfaite sagesse ou à l'extrême abjection.

19ᵉ LEÇON

LA VOLONTÉ

Définition. — La volonté est la *faculté d'agir d'après les lumières de la raison, d'agir avec réflexion et liberté, de se décider en connaissance de cause*. Elle est le pouvoir qu'a notre âme de se rendre *cause* de ses diverses modifications, de s'affirmer comme force spirituelle, maîtresse d'elle-même.

Nous avons vu que l'activité ou puissance d'agir se manifeste à des degrés différents dans les appétits et les instincts, dans les inclinations et les penchants, dans les sensations, dans les sentiments, dans la pensée; mais c'est dans la volonté qu'on en trouve le type complet. Condillac a justement dit : « Un être est *actif* ou *passif* suivant que la cause de l'effet produit est *en lui* ou *hors de lui*. »

Analyse de l'acte volontaire. — L'acte de la volonté se nomme *volition*, détermination, résolution[1].

L'acte volontaire implique la *possession de soi* et comprend quatre éléments ou, si l'on veut, quatre moments : la *conception* de l'acte à produire, la *délibération*, la *détermination* et l'*exécution*. Il est constitué essentiellement par la détermination, laquelle est précédée de la conception de l'acte et de la délibération, et suivie de l'exécution, qui n'en fait pas nécessairement partie.

La possession de soi-même est la condition préalable de l'acte volontaire. On se possède soi-même, quand on a le plein usage de ses facultés et qu'on réfléchit dans la conscience de sa force, quand on ne subit pas une force extérieure ou intérieure irrésistible. On n'est pas maître de soi dans une grande crainte, dans une forte passion, encore moins dans le sommeil, l'ivresse, la folie.

La conception de l'acte à produire, d'un but à atteindre, de sa valeur, de sa portée, des moyens propres à le réaliser, est le premier moment de l'acte volontaire.

La délibération est l'examen des *motifs* et des *mobiles* qui sollicitent à faire ou à ne pas faire un acte : des *motifs*, c'est-à-dire des raisons d'agir ou de ne pas agir, des idées que fournit l'intelligence ; des *mobiles*, c'est-à-dire des désirs, des sentiments, des passions, des impulsions qui viennent de la sensibilité. Les motifs éclairent l'âme, les mobiles l'excitent et trop souvent la troublent : ils ont pour fin le plaisir. Pour agir efficacement sur la volonté, les *motifs* doivent se faire *sentiments*. Délibérer signifie étymologiquement *peser* (*libra*, balance). L'intelligence ne pèse pas seulement les motifs et les mobiles : le plaisir, la passion, l'intérêt, le devoir, mais aussi les conséquences d'un acte et les moyens de l'accomplir. On peut même dire qu'en réalité ce sont souvent les conséquences prévues qui deviennent les motifs. Quoique la volonté n'intervienne pas directement dans la délibération, elle y a un rôle par l'attention qu'elle applique où elle veut; c'est pour cela que Pascal l'appelle un des

---

[1] On emploie aussi le mot *volonté* pour désigner cet acte : « Il s'en faut bien que nous connaissions toutes nos *volontés*. » (La Rochefoucauld.) — « Deux obstacles presque invincibles nous empêchent d'être les maîtres de nos *volontés*, l'inclination et l'habitude. » (Bossuet.)

principaux organes de la *créance*, les choses étant vraies ou fausses selon la face par où on les regarde.

Quand on le peut, on proportionne le temps donné à la délibération, à l'importance de l'acte; mais on est souvent obligé de prendre un parti soudainement, comme le marin que la tempête surprend, le soldat que l'ennemi attaque à l'improviste. L'habitude de se vaincre, la lucidité d'esprit, la force de caractère, la générosité du cœur, épargnent à l'homme, dans les circonstances difficiles, les lenteurs déshonorantes d'une délibération, ou plutôt d'une hésitation. C'est souvent la récompense et l'honneur d'une vie modeste, mais forte, de s'exprimer ainsi elle-même spontanément dans un acte sublime.

« La manière dont le commun des hommes jugent les actions spontanées, lorsqu'il s'agit du juste ou de l'injuste, est très remarquable ; car ils regardent l'absence de réflexion comme une atténuation de la faute, quand l'action est mauvaise, et comme une augmentation du mérite, quand l'action est bonne. C'est qu'ils supposent, dans le premier cas, qu'on aurait reculé devant le mal, si on avait eu le temps d'en envisager l'horreur, et, dans le second, qu'il faut avoir l'âme naturellement disposée au bien pour se porter ainsi à le faire, sans même réfléchir à l'étendue du sacrifice. Aussi voyons-nous que rien n'aggrave autant le crime que la préméditation, tandis qu'on réserve le nom d'héroïsme pour les grandes actions où le cœur a plus de part que la tête, et qu'on pourrait appeler à bon droit de grandes actions improvisées. Ces impressions de la foule sont justes, en général ; mais la première paraît l'être beaucoup plus que la seconde ; car la vertu réfléchie, calme, froide, persévérante, suppose plus de courage et pour ainsi dire un meilleur fond que ces entraînements qu'on est accoutumé à tant applaudir. » (J. Simon.)

La détermination est l'acte propre de la volonté libre : elle consiste à faire un choix entre deux ou plusieurs actes possibles, à se résoudre à agir ou à ne pas agir de telle façon : c'est un *fiat* ou un *veto* de la volonté. Tant que la volonté n'a pas posé son consentement, l'acte humain n'est qu'en formation : dès qu'elle a dit : oui, il est accompli en principe. Le moment de la détermination est celui où l'homme s'affirme vraiment maître de lui-même, celui où il peut défier toutes les forces soit extérieures, soit intérieures. « L'entendement, dit Bossuet, se promène sur diverses propositions pour en former un raisonnement et tirer une conséquence. Mais le *coup du consentement*, pour ainsi parler, se donne en un instant et ne se connaît que par ses effets. » Les motifs et les mobiles sollicitent la volonté, mais ne la contraignent pas ; le caractère de la détermination est de procéder uniquement de la volonté libre et d'engager la responsabilité. — Il faut distinguer la détermination ou la *volition* de la *velléité* ; celle-ci n'est qu'une volition *indécise*, une volonté faible et qui reste sans effets ; elle pourrait se traduire par le conditionnel : Je voudrais.

L'exécution ou l'action, qui est la conséquence et le complément de la détermination, ne doit pas être confondue avec elle. Il faut même y distinguer l'*effort*, qui est toujours en notre pouvoir, et la *réalisation*, qui ne dépend pas toujours de nous. La valeur intrinsèque de l'acte volontaire est dans la détermination : la réalisation n'en est pas un élément essentiel ; mais, si elle s'y ajoute, elle aggrave le mal et augmente le bien. C'est l'importance exagérée donnée au *résultat* au détriment de l'*intention* qui a donné lieu à ces préjugés que la fin justifie les moyens ; que le succès légitime tout ; que réussir, c'est avoir raison [1].

---

[1] « La vie humaine est remplie d'occasions où nous jugeons les actions de nos semblables et les nôtres non par l'intention, mais par le résultat... Un homme assène un coup de bâton sur la tête de son ennemi : l'ennemi, qui a la tête dure, met une compresse et continue de vaquer à ses affaires. Que disons-nous du donneur de coups de bâton ? Que c'est un homme emporté, un brutal. Huit jours après, il recommence ; mais cette fois les coups tombent sur un crâne moins dur, et le coup est mortel, quoiqu'il ne soit pas donné avec plus de force. Que disons-nous alors ? Que la victime a été assassinée, que le coupable est

Comme exemple d'analyse d'acte volontaire, on peut prendre le vote d'un citoyen ou d'un député, le verdict d'un jury, une déclaration de guerre ; on peut étudier, à ce point de vue, dans le *Cid*, les stances de Rodrigue, qui nous révèlent le combat qui se livre dans l'âme du héros au moment d'aller provoquer le comte ; ou encore le monologue d'Auguste, aboutissant au

Je suis maître de moi comme de l'univers,

et au pardon de Cinna :

Soyons amis, Cinna, c'est moi qui t'en convie.

Caractères de la volonté. — De tout ce qui précède, il résulte que les caractères essentiels de la volonté, sont d'être : 1° réfléchie : c'est ce que montre la délibération ; on agit avec connaissance de cause, la volonté se replie sur elle-même pour se rendre compte des motifs et des mobiles qui la sollicitent ; 2° libre : on le voit dans le choix fait par la volonté, dans la détermination ; 3° efficace : il y a une bonne part de vérité dans ce proverbe que *vouloir, c'est pouvoir* ; la volonté peut beaucoup soit pour faire, soit pour empêcher, et les impossibilités viennent d'ordinaire bien moins des choses que de sa faiblesse et de ses lâchetés ; 4° responsable : elle l'est dans la mesure de la connaissance et de la liberté.

Il faut distinguer la volonté : de l'instinct, de l'amour, du désir, de la raison. — 1° De l'instinct. — L'instinct est le mode exclusif d'activité de l'animal ; chez l'homme il peut intervenir, mais seulement pour suggérer des motifs ou des mobiles *primitifs*, entre lesquels la volonté fait choix pour produire son acte réfléchi et libre. L'instinct est une force inconsciente : il s'ignore lui-même, il ne connaît pas la loi qui le régit, ni le but vers lequel il tend[1]. La volonté libre se connaît : elle reçoit de la sensibilité des mobiles, et de l'intelligence des motifs, d'après lesquels elle se détermine. Elle est à la fois réfléchie et libre : on *sait* que l'on veut et que l'on veut *librement*.

2° De l'amour. — Aimer et vouloir sont deux actes différents : l'amour est la tendance à s'unir, la volonté est la réalisation de cette tendance. On est souvent obligé de vouloir ce qu'on n'aime pas et souvent aussi d'aimer par devoir ce qu'on ne voudrait pas. Aussi a-t-on dit « qu'on apprend à aimer en voulant aimer ». Il faut cependant ajouter que la volonté parfaite se confond avec l'amour ; les hommes vertueux, les saints mettent leur cœur, c'est-à-dire leur amour, dans leur devoir : ils désirent, ils aiment, ils veulent ce qu'ils doivent. — Les moralistes emploient souvent l'un pour l'autre les mots *cœur, amour, volonté*.

---

un assassin, un criminel. Un juste juge ne regarderait pas le résultat, mais l'intention... Mon crime ou mon innocence ne peuvent pas dépendre de circonstances étrangères à ma volonté. Qui oserait soutenir cette pensée que je serai moins criminel, si celui que j'ai blessé a un tempérament plus robuste, ou s'il est assez riche pour payer un médecin ? »
(J. SIMON.)

[1] Il s'agit ici d'une connaissance intellectuelle ou raisonnée. Si l'animal n'avait pas une certaine représentation du but, une vue imaginative, il n'y tendrait pas.

3° **Du désir.** — Hobbes, Malebranche, Spinoza, Condillac et presque tous les sensualistes ont confondu la volonté avec le désir : la volonté ne serait qu'un désir *prédominant, absolu*, et tel qu'on pense que la chose désirée est réalisable.

Que l'inclination et le désir soient regardés comme identiques, soit : toute inclination se manifeste sous la forme d'un désir ; mais que la volonté, qui tantôt triomphe du désir et tantôt le rend plus intense, soit même chose que lui, on ne saurait l'admettre. Si le désir et la volonté étaient identiques, ils auraient les mêmes caractères, les mêmes causes, et varieraient dans les mêmes proportions.

Pour montrer que cela n'est pas, il suffit de voir en quoi ils se *ressemblent* et en quoi ils *diffèrent*.

Dans la langue courante, on dit souvent : « Je voudrais, » pour signifier non une volonté formelle, mais un simple désir ; le désir, comme la volonté, tend à une fin et appelle l'action ; il n'y a pas de désir qui n'exerce d'influence sur la volonté, pas de volonté qui n'implique quelque désir : on ne conçoit pas qu'on veuille une chose qui n'apparaîtrait pas comme désirable sous quelque rapport. Le désir est donc, comme l'idée, une condition de l'exercice de la volonté. Voilà les ressemblances et les points de contact ; les différences sont plus marquées.

De sa nature, le désir est fatal ; il naît en nous sans nous, on le subit d'abord ; c'est une impulsion, un élan aveugle et non *délibéré ;* il n'a de moralité que par l'intervention de la réflexion et de la volonté pour l'exciter, ou l'étouffer, ou le suivre [1]. *La volonté, au contraire, est libre ;* elle vient de nous, elle est le produit de notre activité *réfléchie*. Si elle va dans le même sens que le désir, la cause de l'action est le consentement qu'elle donne au désir et qu'elle pourrait ne pas donner. Quand on parle de désirs coupables, il faut entendre, ou qu'on s'y est arrêté avec complaisance, et ce qui est coupable alors, ce n'est pas le désir en soi, mais le consentement de la volonté ; ou bien encore qu'on a posé les causes qui ont fait naître le désir. On se reproche, non les désirs, mais le consentement de la volonté. Il y a plus, la volonté et le désir sont souvent en raison inverse l'une de l'autre : plus le désir est fort, violent, moins on est libre ; la fièvre du désir peut aller jusqu'à paralyser la volonté [2]. La volonté implique l'effort, mais non le désir, tel quel ; aussi a-t-on pu dire que l'enfer est pavé de bons désirs.

Comme on le voit, *la volonté et le désir n'ont pas même compréhension, ils n'ont pas non plus même extension.* Le désir s'étend plus loin que le vouloir ; il n'a pas de bornes : on désire souvent l'impossible. On ne veut, au contraire, que ce que l'on croit pouvoir réaliser, ce qui dépend de soi [3]. On peut *désirer* le beau temps, on ne saurait le vouloir. Il y a des choses que l'on fait *volontairement*, sans les faire *volontiers*, quelquefois même tout en désirant qu'elles ne réussissent pas.

---

[1] Voir, p. 79, les divers sens du mot désir. « Observez bien ce qui se passe en vous dans le désir : vous y reconnaîtrez un élan aveugle... On ne désire pas et on ne cesse pas de désirer à volonté. La volonté combat souvent le désir, comme aussi souvent elle y cède ; elle n'est donc pas le désir. » (V. COUSIN.)

[2] « L'enveloppement et l'absorption la plus complète de la personne ou du moi correspondent au plus haut point d'exaltation du désir. Comment donc serait-il possible que la personnalité prît sa source dans le même mode de l'âme où elle s'absorbe et s'évanouit à un tel degré ? » (M. DE BIRAN.)

[3] « Un père désire la bonne conduite de ses enfants, mais il ne peut avoir la volonté de leur bonne conduite. — Un homme pourrait désirer de s'élever dans les airs, mais il ne lui arrivera jamais d'en avoir la volonté, parce qu'il sait que sa volonté n'a de prise que sur les actions qui lui sont possibles. » (AD. GARNIER.)

Une même cause, l'habitude, produit sur la volonté et le désir des effets différents : elle émousse le désir et fortifie la volonté.

Si la volonté et le désir se confondent, il n'y a ni liberté ni responsabilité; la personnalité s'évanouit, et l'on tombe dans le déterminisme. On voit l'importance de cette distinction.

4° *De la raison.* — La confusion de ces deux facultés est une source de graves erreurs. — D'après Socrate et Platon, la vertu consiste dans la science : l'homme ne pèche, l'homme n'est méchant que parce qu'il est ignorant; le vice vient uniquement d'une mauvaise disposition des organes ou d'une éducation défectueuse [1]. Descartes a repris cette théorie de l'identité de la science et de la vertu, qui, pour l'honneur du genre humain, devrait être une vérité. Il confond les actes de l'intelligence avec ceux de la volonté. Pour lui, « assurer, nier, douter sont des façons différentes de vouloir. » On a déjà vu, p. 244, que le jugement, qui exprime *l'assentiment* de l'intelligence à la vérité, est autre chose que le *consentement* ou acquiescement de la volonté : l'assentiment se rapporte au vrai, le consentement au bien. En attribuant le jugement à la volonté, Descartes et, avec lui, Malebranche, admettent que toute erreur a pour cause unique la volonté et aussi toute faute : *Il suffit de bien juger pour bien faire.*

Si l'on voulait simplement opposer autorité à autorité, on trouverait chez Aristote (*Morale à Nicomaque*, liv. II, ch. IV; liv. VI, ch. X), Sénèque, et même Montaigne, une réfutation suffisante. Mais, si l'on considère cette théorie en elle-même, on verra qu'elle part d'un principe faux et qu'elle est en contradiction avec l'expérience.

Sans doute, *la raison et la volonté sont étroitement unies.* On ne veut rien qu'on ne le connaisse auparavant, qu'on ne puisse dire pour quelle raison on le veut. La pratique du bien en suppose la connaissance. La raison *éclaire* la volonté, qui, par elle-même, est aveugle, lui fournit des motifs d'agir, lui fait apprécier la valeur morale des actes. La volonté, recevant son objet de la raison, en dépend essentiellement, y trouve sa règle et sa mesure, s'abaisse ou s'élève comme elle. Perfectionner la raison, au point de vue de la vérité morale, c'est donc du même coup perfectionner la volonté, ou tout au moins enlever des obstacles (erreur, ignorance) à son perfectionnement.

Ainsi la science ou la connaissance est la condition *nécessaire* de la vertu, mais elle n'en est pas la condition *suffisante*; on peut

---

[1] Les passages abondent dans le *Protagoras* de Platon, dans le *Timée*, au VI° livre de la *République*, au X° livre des *Lois*. — Pour Socrate, la liberté semble n'être qu'une tendance naturelle à faire le bien. Personne, pensait-il, n'est assez insensé pour agir contre son propre intérêt, car tout homme veut son plus grand bien ou son vrai bonheur; il est donc impossible qu'après avoir démontré aux hommes que la vertu est pour eux ce qu'il y a de plus profitable, ils ne la pratiquent pas. La science du bien est donc le principe de la vertu, et, la volonté humaine étant naturellement dirigée vers le bien, il lui suffit de le connaître pour le vouloir. (Voir Merklen, *Philosophes illustres*, première partie; P. Vallet, *la Tête et le cœur*, troisième partie, ch. II).

Il faut accorder aux partisans de cette théorie qu'il y a, en effet, bien des vices où l'ignorance entre pour beaucoup; par exemple, chez les peuples barbares, les sacrifices humains, les mœurs grossières. « Sans cette part faite à l'ignorance, comment comprendre cette profonde maxime de l'Évangile que l'on voit bien la paille qui est dans l'œil de son voisin et qu'on ne voit pas la poutre qui est dans le sien? Enfin, c'est en grande partie sur le même principe qu'est fondé le mépris des injures : « Mon Dieu, pardonnez-leur, dit le Christ en mourant, car ils ne savent ce qu'ils font. » (P. JANET, *Morale*.)

voir très clairement le bien et n'avoir pas l'énergie de l'accomplir. « Je vois le meilleur, je l'approuve, et je fais le pire, » dit le poète [1] et, après lui, saint Paul à peu près dans les mêmes termes. C'est un fait d'expérience que beaucoup d'hommes valent les uns plus, les autres moins que leurs doctrines; rarement on va jusqu'au bout de ses principes. A côté de l'ignorance et de l'erreur, qui peuvent fausser la volonté, il y a les passions, les mauvais exemples, les mauvaises habitudes; il y a surtout le manque de courage, l'indécision et la lâcheté en présence des efforts que demande la pratique du bien; ce sont là autant de causes dont ne tient pas compte la doctrine qui identifie la science et la vertu.

Quelles que soient les lumières et la justesse de l'intelligence, la volonté peut toujours refuser de la suivre et faire ce qu'elle sait être mauvais, en préférant une passion, un plaisir, un intérêt, une vanité au seul bien véritable. Bossuet a résumé, avec sa lumineuse précision, les rapports de la volonté avec la raison et ses devoirs dans la vie : « La volonté, qui *choisit*, est toujours *précédée* par la *connaissance* ; et étant née pour *écouter la raison*, elle *doit* se rendre plus forte que les *passions*, qui ne l'écoutent pas [2]. »

Il est vrai qu'à la longue, par l'habitude de lutter et de vaincre, l'effort diminue, et il arrive un moment, pour l'âme toujours conséquente avec elle-même, où la vue seule du bien suffit presque à le faire pratiquer; mais c'est là un terme et non un point de départ; c'est l'idéal et non la réalité; c'est le prix et la récompense de la vertu et non la vertu elle-même... Il n'y a donc pas identité entre la raison et la volonté, entre le jugement et l'acte volontaire; il n'y a pas non plus opposition, comme l'a prétendu le déterminisme. C'est la raison qui crée la liberté; plus on raisonne ses actes, plus on a conscience de sa liberté : l'homme sage est le plus raisonnable et le plus libre des hommes.

Importance de la volonté. — *La volonté agit sur le corps* ; elle se fait, par l'exercice, par l'hygiène, par la sobriété, « un corps plus souple et plus propre aux opérations intellectuelles; » elle devient « maîtresse du corps qu'elle anime », et y détermine des aptitudes croissantes aux fins auxquelles elle veut l'employer. « Le grand pouvoir de la volonté sur le corps consiste dans ce prodigieux effet que l'homme est tellement maître de son corps, qu'il peut même le sacrifier à un plus grand bien qu'il se propose. » (BOSSUET).

Par l'attention, la volonté a prise sur toutes les opérations intellectuelles; son action ne va pas jusqu'à supprimer les sensations, les imaginations, les désirs; mais, outre qu'elle peut en empêcher les manifestations, elle peut aussi les affaiblir ou même les annuler en s'attaquant à leurs causes.

Elle est la principale source du mérite et du démérite. — « Par ce principe du libre arbitre, je suis capable de vertu, de mérite : on m'impute à moi-même le bien que je fais, et la gloire m'en appartient. » (BOSSUET.) — « Par l'intelligence, je ne mérite rien, dit le P. Monsabré; par la liberté, je puis tout mériter, et en définitive, si l'on rend quelques hommages à mes lumières, c'est à ma liberté qu'ils reviennent; car mon intelligence n'aurait rien fait, si je n'eusse voulu librement qu'elle se mît à l'œuvre. » (*Carême de* 1874.)

---

[1] Ovide, *Métamorphoses*.
[2] Dans la *Connaissance de Dieu et de soi-même*, Bossuet réunit l'entendement et la volonté sous le nom d'*opérations intellectuelles* ; il les distingue nettement : « L'homme qui a fait réflexion sur lui-même, dit-il, a connu qu'il y avait dans son âme deux puissances ou facultés principales, dont l'une s'appelle *entendement* et l'autre *volonté*, et deux opérations principales, dont l'une est entendre et l'autre vouloir. Entendre se rapporte au vrai, et vouloir au bien. Toute la conduite de l'homme dépend de ces deux puissances. L'homme est parfait quand d'un côté il entend le vrai, et que de l'autre il veut le bien véritable, c'est-à-dire la vertu. »

Unie à la raison, elle forme *l'homme de caractère*, qui a des principes et les suit, qui n'agit pas au hasard de ses impressions ou de ses humeurs, qui n'est pas à la merci des préjugés, des événements, des opinions, des modes[1]. Saint Augustin dit quelque part que « les hommes sont des volontés »; il n'y a, en effet, que les hommes qui savent vouloir qui soient des personnalités et qui comptent dans le monde. (*Voir plus loin*, p. 757.)

Descartes fondait toute la philosophie sur la raison, Maine de Biran sur la volonté. Ces deux principes produisent l'un et l'autre le spiritualisme; mais « de la philosophie de l'entendement sort le spiritualisme rationaliste, et de la philosophie de la volonté le spiritualisme chrétien ». La philosophie qui, dans le concours nécessaire de l'entendement et de la volonté, donne le premier rôle à la volonté, est plus vraie, plus féconde, plus morale que celle qui fait prévaloir l'entendement[2]. Ce qui constitue avant tout le moi, c'est la volonté, c'est-à-dire une force libre, une cause : l'âme est une volonté pensante. C'est dans la volonté que la faculté de penser puise sa force, sa liberté, sa moralité; « aussi n'est-ce pas par l'entendement, mais par la volonté que l'homme s'estime. L'homme ne vaut pas en raison de ce qu'il *pense*, mais en raison de ce qu'il *veut*. On peut être un éminent esprit et un fort pauvre homme. » (A. Nicolas, *Étude sur Maine de Biran*, d'après le *Journal intime de ses pensées*.) — Voir, p. 750, la condamnation du *dilettantisme* intellectuel.

TABLEAU ANALYTIQUE

DE LA VOLONTÉ

Définition. — La volonté est la faculté d'agir avec réflexion et liberté, d'après les lumières de la raison.

Analyse de l'acte volontaire.

L'acte volontaire implique la *possession de soi* et comprend quatre éléments ou quatre *moments* :

1° La *conception* de l'acte à produire : but à atteindre, valeur de cet acte, sa portée, moyens, etc.;

2° La *délibération* : examen des motifs ou des mobiles qui sollicitent la volonté à faire ou à ne pas faire tel acte;

3° La *détermination* : c'est l'acte propre de la volonté; elle consiste à se résoudre à agir ou à ne pas agir de telle façon. C'est par la détermination que s'affirme la liberté, et c'est elle qui est la source de la responsabilité.

4° L'*exécution* ou *action* : c'est la conséquence, le complément de la détermination, mais ne doit pas être confondue avec elle : nous sommes toujours les maîtres de la détermination, nous ne le sommes pas de l'action.

Exemples d'analyse de l'acte volontaire : le vote, le verdict d'un jury, les stances du *Cid*, le monologue d'Auguste, etc.

Caractères de la volonté.

Comme on vient de le voir, par l'analyse de l'acte volontaire, la volonté est :

1° *Réfléchie* : la volonté se replie sur elle-même pour se rendre compte des motifs et des mobiles qui la sollicitent (délibération).

2° *Libre* : c'est ce que prouve le choix de tel motif plutôt que de tel autre (détermination).

3° *Efficace* : la volonté peut beaucoup pour faire ou pour empêcher : *vouloir*, bien souvent, c'est *pouvoir* (action).

4° *Responsable* dans la mesure de la connaissance (conception), et de la liberté (mérite et démérite).

---

[1] Dans ce voyage au long cours qu'on appelle la vie, « la volonté n'est pas le pilote, elle est le gouvernail. Le pilote, c'est la raison. N'accusez que le pilote des oscillations du navire et de sa marche déréglée. Le secret des caractères énergiques, c'est l'énergie des convictions. Là où les principes ne commandent plus, la volonté tourne au gré de l'intérêt. » (Cano, *Études morales sur le temps présent*.)

[2] « Le libérateur du genre humain, Jésus-Christ, est venu restaurer et accroître l'ancienne dignité de notre nature; mais c'est à la volonté même de l'homme qu'il a fait sentir surtout son influence. » (Encycl. de Léon XIII, sur la *Liberté humaine*, 1888.)

LA VOLONTÉ

DE LA VOLONTÉ (Suite).

Il faut distinguer la volonté :

1° De l'instinct.
L'instinct est aveugle, fatal : c'est une force inconsciente, qui s'ignore elle-même et ne connaît ni la loi qui la régit, ni le but vers lequel elle tend. C'est le mode d'activité propre à l'animal ; il n'intervient chez l'homme que pour suggérer des motifs ou des mobiles entre lesquels la volonté doit choisir.
La volonté est réfléchie, libre : c'est une force consciente, qui se connaît elle-même et connaît les lois d'après lesquelles elle se détermine. C'est le mode d'activité propre à l'homme.

2° De l'amour.
Aimer et vouloir sont deux actes différents. L'amour est la tendance à s'unir ; la volonté, la réalisation de cette tendance. — On est souvent obligé de vouloir ce qu'on n'aime pas. — A l'état parfait, *aimer* et *vouloir* se confondent.

3° Du désir.
D'après Hobbes, Spinoza, Condillac et presque tous les sensualistes, la volonté ne serait qu'un désir prédominant, un désir absolu qui entraîne l'action. — La volonté et le désir diffèrent :
1° *Par leur nature :* le désir est fatal : il naît en nous sans nous ; la volonté est libre : il dépend de nous de vouloir ou de ne vouloir pas.
2° *Par leur objet :* on peut *désirer l'impossible ;* on ne peut *vouloir* que ce que l'on croit *réalisable.*
3° *Par leurs effets,* qui sont souvent contraires : plus le désir est fort, moins on est libre ; plus la volonté est énergique, plus s'affirme la personnalité.
Observons cependant que dans la langue ordinaire on emploie souvent « je voudrais » pour « je désire ».

4° De l'intelligence.
La confusion de la *volonté* et de la *raison* est la source de graves erreurs.
Socrate, Platon, Descartes, Malebranche, se trompent en attribuant toute erreur à la volonté, et en identifiant la science et la vertu. Il ne suffit pas de bien juger pour bien faire.
La science est affaire d'intelligence : c'est l'assentiment de l'intelligence à la vérité ;
La vertu est affaire de volonté : c'est l'acquiescement de la volonté au bien.
Remarquons cependant que ces deux opérations intellectuelles, comme les appelle Bossuet, ne sauraient aller l'une sans l'autre : *La volonté est faite pour suivre la raison ;* la responsabilité croît ou décroît avec la connaissance de l'acte. D'autre part, la connaissance est stérile, si elle ne passe pas en acte.

Importance de la volonté.
La volonté *agit sur le corps :* une âme forte est maîtresse du corps qu'elle anime ; par la volonté l'âme se fait son corps ;
Sur la sensibilité : elle affaiblit ou augmente les sensations, les imaginations, les désirs ;
Sur la raison : ni la raison seule, ni la volonté seule ne font l'homme ; l'homme véritable, l'homme de caractère, qui a des principes et qui s'y tient, c'est celui chez lequel une volonté ferme est guidée par une raison éclairée.
Enfin elle est la principale source du mérite et du démérite.

20° LEÇON

LA LIBERTÉ

« La liberté, à en examiner la nature, n'est pas autre chose que la faculté de choisir entre les moyens qui conduisent à un but déterminé; en ce sens, que celui qui a la faculté de choisir une chose entre plusieurs autres, celui-là est maître de ses actes... Le libre arbitre est le propre de la volonté, ou plutôt c'est la volonté même en tant que, dans ses actes, elle a la faculté de choisir. » (*Encyclique sur la liberté humaine.*) On est libre quand on possède, à l'abri de toute contrainte et de toute nécessité, l'empire de soi-même; quand on est l'arbitre de ses actes, de telle sorte qu'on puisse, de son plein gré, vouloir ou ne pas vouloir, agir ou ne pas agir. « L'homme libre est celui qui n'est ni gêné, ni contraint dans ce qu'il doit à Dieu, aux hommes, à lui-même. » (LACORDAIRE.) — Pour que la liberté s'affirme, il suffit qu'il y ait *choix*; que les objets entre lesquels se fait le choix soient opposés, comme le bien et le mal; ou simplement différents, comme des biens d'inégale valeur, ou même de valeur égale, cela importe peu.

I. — DIVERS SENS DU MOT LIBERTÉ

Le mot liberté peut revêtir tant de significations différentes, et par là donner lieu à tant d'ambiguïtés et de sophismes, qu'il importe de le bien définir. On distingue la liberté *naturelle*, la liberté *physique*, la liberté *morale*, la liberté *civile* et *politique*. Il y a, de plus, au point de vue de la liberté morale, la *vraie* et la *fausse* liberté.

1° Liberté naturelle. — On appelle liberté *naturelle*, ou droit naturel, celle qui résulte de la nature de l'homme, c'est-à-dire de ce que l'homme est une *personne*, non une *chose*; c'est le droit qu'a tout homme d'user de ses *facultés physiques et morales en vue de son bien*, pour remplir sa destinée.

2° Liberté physique. — La liberté *physique ou corporelle*, appelée aussi liberté d'action, est le *pouvoir d'agir sans obstacle et sans contrainte;* c'est la pleine et entière disposition de son corps et de ses organes. Elle est commune à l'homme et à l'animal.

Le prisonnier, le paralytique, l'épileptique dans ses accès, l'animal en cage, n'ont pas cette liberté. La Fontaine, dans sa fable *le Loup et le Chien*, nous présente l'opposition entre la liberté et l'esclavage, considérés à ce point de vue. — A cette liberté, que les Anglais appellent *Habeas corpus*, est opposée la détention arbitraire. Elle a été violée, sous la monarchie, par les lettres de cachet; pendant la révolution, par la loi des suspects.

3° Liberté morale. — La liberté *morale ou psychologique* consiste dans le *pouvoir de vouloir* ou de se *déterminer d'après un motif;* elle réside essentiellement dans la volonté, dans le sanctuaire intime de la personnalité, et subsiste, inviolable et entière, alors même que toute autre liberté nous est enlevée. On peut contraindre le corps, on ne peut jamais contraindre la volonté. Dieu lui-même la respecte : il aide l'homme, il ne le contraint pas; il fait notre salut avec nous, il ne le fait pas sans nous. « Nulle puissance ne peut franchir le retranchement impénétrable de la liberté d'un cœur. » (FÉNELON.)

Par liberté morale, on entend aussi l'empire de la volonté raisonnable sur les passions. En ce sens, le sage seul est libre; le sage, c'est-à-dire celui qui fait ce qu'il doit, qui se détermine toujours conformément à sa nature d'être raisonnable. Satisfaire des passions coupables, des désirs que la raison désapprouve, c'est faire abus de la liberté, c'est être esclave. L'homme qui refuse d'obéir à sa loi subit la tyrannie du vice[1]. Plus l'homme est vertueux, plus il est libre moralement, plus il se possède lui-même ; le vice est l'esclavage moral. — La liberté morale apparaît à un haut degré dans l'homme de caractère, dans l'honnête homme qui sacrifie tout plutôt que de commettre une injustice ou d'y participer; dans le saint, dans le martyr qui meurt au milieu des supplices pour confesser sa foi.

La liberté morale est la condition et la raison d'être de toutes les autres libertés; c'est parce que l'homme est une cause intelligente et libre qu'il a droit à la liberté naturelle, à la liberté civile et politique. Aussi prive-t-on, en totalité ou en partie, de l'usage de ces libertés ceux qui ne sont pas ou ne semblent pas être suffisamment en possession de la liberté morale : les enfants, les fous, les incapables, les hommes livrés à leurs passions.

4° **Liberté civile.** — La liberté civile et la liberté politique sont les formes extérieures et sociales de la liberté.

La liberté *civile est le droit pour chacun d'administrer ses affaires et sa vie, d'exercer tous ses droits d'homme, en se conformant aux lois de son pays, sans être entravé par les autres citoyens ou par le pouvoir.*

Elle comprend : la liberté corporelle, le droit de faire le bien ou de pratiquer la vertu, de tendre à sa fin en perfectionnant toutes ses facultés; le droit de se servir de son travail pour assurer sa subsistance, de se constituer un capital, une propriété (liberté et inviolabilité de la propriété); le droit de se marier, d'avoir une famille et des enfants, de tester; le droit de s'instruire, d'adorer et de servir Dieu selon sa conscience (liberté de conscience). Toutes ces libertés sont dites libertés *naturelles* ou droits naturels. La raison de ces droits ou libertés, c'est que la personne est inviolable, « non seulement dans le sanctuaire intime de la conscience, mais dans toutes ses manifestations légitimes, dans ses actes, dans les produits de ses actes, même dans les instruments qu'elle fait siens en s'en servant. »

La liberté civile pourrait être définie : *l'exercice des libertés ou droits naturels, réglé par la loi positive.* Ces libertés, la loi positive ne les crée pas, elle en règle seulement l'exercice extérieur, de manière à empêcher que les libertés

---

[1] « Il ne faut pas confondre en psychologie, pour ne pas les confondre ailleurs, l'*anarchie* et la *liberté*. Les passions s'abandonnant à leurs caprices, c'est l'anarchie... Le devoir d'obéir à la raison est la loi propre de la volonté, et la volonté n'est jamais plus elle-même que quand elle se soumet à la loi. Nous ne nous possédons pas nous-mêmes, tant qu'à la domination du désir, de la passion, de l'intérêt, la raison n'a pas opposé le contrepoids de la justice. La raison et la justice nous affranchissent du joug des passions, sans nous en imposer un autre. Car leur obéir, ce n'est pas abdiquer sa liberté, c'est la sauver, c'est l'appliquer à son légitime usage. » (V. COUSIN.)

de l'un empiètent sur les libertés de l'autre. La loi écrite ou positive implique la loi non écrite ou naturelle, à laquelle elle emprunte toute son autorité, dont elle doit être l'expression et l'application. L'oppression, le despotisme, la tyrannie, sont contraires à son essence; son but est moins de limiter les droits que de les protéger; elle est l'ordre dans la liberté, c'est-à-dire dans le libre et complet développement des facultés humaines. Ce que la loi limite et contient, ce n'est pas la volonté raisonnable, mais la volonté arbitraire, le caprice, la passion, en un mot, la fausse liberté ou l'abus de la liberté[1]. « Dans un État, c'est-à-dire dans une société où il y a des lois, la liberté ne doit consister qu'à pouvoir faire ce que l'on doit vouloir et à n'être pas contraint de faire ce que l'on ne doit point vouloir. » (MONTESQUIEU.)

A la liberté civile est opposé l'esclavage, qui est plus ou moins complet, suivant qu'il est la privation de tous les droits naturels ou d'une partie seulement. Le caractère essentiel de l'esclavage, c'est que l'homme est transformé en *chose*, traité comme un *moyen*, acheté ou vendu comme une bête de somme, n'ayant et ne pouvant avoir ni famille civile ni aucun droit de famille, n'ayant pas de propriété et étant lui-même une propriété. — Les lois somptuaires à Rome et en France, l'interdiction à Rome des mariages entre patriciens et plébéiens, sont des exemples de violation de la liberté civile.

5° Liberté politique. — La liberté *politique* est la *faculté d'intervenir dans le gouvernement de l'État*. Elle est constituée par l'ensemble des droits et des pouvoirs conférés aux citoyens par la Constitution (ensemble des lois fondamentales de l'État) pour garantir leur liberté civile.

Comme celle-ci, elle a sa raison d'être et sa condition dans la liberté morale. Elle comprend le droit de vote, la liberté de la presse, le droit de réunion et de pétition. Elle est moins étendue que la liberté civile et a été plus souvent suspendue.

Tandis que la liberté morale demeure égale à elle-même, les libertés civile et politique varient avec les formes de gouvernement.

La vraie et la fausse liberté. — La liberté ne se conçoit pas sans la raison : c'est la raison qui crée la liberté et qui en est la loi. Suivre la raison, obéir à la loi, rester dans l'ordre, voilà la *vraie* liberté; s'écarter de la raison, violer la loi, sortir de l'ordre, voilà l'abus de la liberté, la *fausse* liberté, contraire à la vraie, comme l'erreur à la vérité, comme le mal au bien.

La vraie liberté est dans le droit, dans l'affranchissement de tous les obstacles qui empêchent l'homme de faire son devoir et d'atteindre sa fin. Les passions, qui sont des obstacles au bien et poussent l'homme au mal, sont ennemies de la vraie liberté. « Nous exerçons, dit Bossuet, une espèce de basse liberté en nous promenant d'une passion à l'autre, et ne sortant jamais de cette basse sphère, pour ainsi parler, ni de cet élément grossier. »

---

[1] « La vraie liberté n'est pas de faire ce qu'on veut, mais ce que l'on a le droit de faire. La liberté de la passion et du caprice aurait pour conséquence l'asservissement des plus faibles aux plus forts, et l'asservissement des plus forts eux-mêmes à leurs désirs effrénés. L'homme n'est vraiment libre dans l'intérieur de sa conscience qu'en résistant à la passion et en obéissant à la justice : là aussi est le type de la vraie liberté sociale. Rien n'est plus faux que cette opinion que la société diminue notre liberté naturelle; loin de là, elle l'assure, elle la développe : ce qu'elle réprime, ce n'est pas la liberté, c'est son contraire, la passion. » (COUSIN, *le Vrai, le Beau, le Bien*, 15ᵉ leçon.)

La fausse liberté, c'est le prétendu droit de faire le mal. La possibilité de choisir le mal et de le faire ne constitue pas le *droit* de le faire et n'est pas de l'essence de la liberté. — Elle ne constitue pas le droit de le faire : la puissance n'est pas le droit ; elle s'y ajoute ou s'y oppose, elle en diffère. On *peut*, en fait, choisir l'erreur et faire le mal ; *en droit*, on *ne le peut pas*, c'est-à-dire on *ne le doit pas*, on n'en a pas le droit ; on a, relativement au mal, un pouvoir *matériel*, ou *physique*, ou *psychologique* d'action, et non un pouvoir *moral* de permission, de droit, de liberté. Il n'y a de droits que dans l'ordre moral. L'erreur et le mal, qui sont la négation même de l'ordre moral, n'ont donc pas de droits. On n'a jamais le droit d'agir contre sa raison et sa conscience, contre la vérité et la justice. Il y a plus : si l'on va à la racine des choses, on voit que le mal ne soutient pas l'idée de choix véritable et de liberté. Il est de sa nature *privatif ;* les termes qui l'expriment sont des *négations :* in-justice, in-iquité, im-pudicité, dés-ordre, in-gratitude. A proprement parler donc, on ne choisit pas le mal, on y succombe, on tombe du bien ; on commet une *faute*, un *manquement ;* on fait acte d'*impuissance*, on ne se possède pas : c'est une déchéance, une servitude.

De plus, la possibilité de choisir et de faire le mal n'est pas de l'essence de la liberté, pas plus que raisonner faux n'est de l'essence de l'entendement ; c'est une imperfection, un défaut, non une qualité. « Vouloir le mal n'est pas la liberté, dit saint Thomas, ni une partie de la liberté, quoique cela puisse en être une preuve extérieure... Être libre, dit-il encore, c'est pouvoir choisir des moyens divers ordonnés à la fin dernière ; d'où il suit que le choix de moyens opposés à cette fin ne constitue pas la perfection de la liberté, mais suppose, au contraire, une défaillance de l'être libre. La possibilité de faire le mal n'est donc pas essentielle à la notion de la liberté, pas plus que la possibilité de tomber dans l'erreur n'est essentielle à la notion de l'intelligence. Mais, par cela seul que nous sommes des créatures, nous sommes faillibles ; donc, pour nous, la liberté est le pouvoir de faire tel ou tel bien, ou son contraire, c'est-à-dire le mal. »

La liberté n'est pas le pouvoir de tout faire, mais de disposer de ses facultés dans les limites de la raison. Connaître et suivre parfaitement la loi, voilà l'idéal de la liberté. La liberté parfaite ne saurait donc être dans un certain équilibre de la volonté entre le bien et le mal. « Si la liberté parfaite consistait dans l'égale faculté de choisir le mal et le bien, il en résulterait des conséquences que la raison et la foi repoussent ensemble. Il faudrait accepter cette conséquence contradictoire à la nature de l'homme et de la liberté : que plus l'homme serait parfait, moins il serait libre... Car plus il se perfectionne par la victoire sur ses vices, plus il diminue en lui la faculté de choisir le mal, en agrandissant proportionnellement la faculté de choisir le bien. » (P. Félix, *Conf. sur la liberté*.) Dieu lui-même, que son infinie perfection met dans l'impuissance absolue de choisir le mal, ne serait pas libre, mais infiniment esclave. « La liberté parfaite est le mouvement sans entrave de la volonté dans le bien[1]. » (Id.) Raison, devoir, loi, vertu, liberté, s'impliquent. La vertu et la vraie liberté peuvent l'une et l'autre se définir : l'habitude de vivre selon la raison. « Le bon usage de la liberté, quand il se tourne en habitude, s'appelle la *vertu*, et le mauvais usage de la liberté, quand il se tourne en habitude, s'appelle le *vice*. » (Bossuet.)

Au point de vue moral ou pratique, un homme raisonnable est un homme vertueux, et *vice versa*. Devenir plus vertueux, c'est devenir plus raisonnable,

---

[1] On peut aussi voir sur cette question le P. Monsabré, *Conf. sur la volonté divine* (1874). Vous prétendez me prouver, dit-il, par vos combats et vos victoires, « que la liberté consiste essentiellement à ne pouvoir choisir qu'entre ces deux contraires, le bien et le mal ? Mais vous savez bien que cela n'est pas. Si je me décide à agir ou à ne pas agir, à faire tel bien plutôt que tel autre, cela suffit pleinement à ma liberté ; il n'est pas nécessaire que vous me placiez dans l'alternative du bien et du mal. »

c'est devenir plus libre. La volonté raisonnable est *autonome*, disaient les stoïciens. Si la volonté, cessant d'être raisonnable, cède à la passion ou au plaisir, ou poursuit uniquement l'intérêt, elle se laisse déterminer par une force étrangère, elle abdique et devient esclave. Tout acte qui n'est pas moral n'est pas un acte de vraie liberté.

Principes ou causes de la liberté. — Ce qui précède a mis en relief les deux causes que saint Thomas assigne à la liberté : 1° une cause *intérieure* et *psychologique* : l'homme est libre, parce qu'il est doué de raison ; 2° une cause *extérieure* et *métaphysique* : l'homme est libre parce que les biens qui sollicitent sa volonté n'ont rien de nécessitant. (Voir *notes complémentaires*, p. 290 : *Part de la nécessité et de la liberté dans la vie de l'homme*.)

Loi de la liberté. — La créature n'a rien qui ne soit relatif à Dieu et emprunté à Dieu. « Nous sommes libres par participation, dit Bossuet, comme nous sommes raisonnables par participation. » La raison et la liberté de Dieu sont la source de la raison et de la liberté de l'homme, elles en sont donc la loi. *La loi de la liberté, c'est la loi de l'obéissance à Dieu : se conformer à la raison en obéissant à Dieu*, voilà toute la morale, voilà la vraie liberté.

« L'homme va par l'obéissance à la liberté, ou par l'indépendance à la servitude. » (BOSSUET.) C'est en obéissant qu'il se fait libre. On perfectionne sa liberté en la rapprochant de la liberté divine, qui est son principe, en la réglant sur la volonté divine. « L'obéissance identifie la volonté de l'homme à celle de Dieu ; en nous rendant tout-puissants sur nous-mêmes, elle nous fait participants de la puissance même de Dieu pour vaincre le mal. Obéir, c'est vaincre. » (LACORDAIRE.)

II. — PREUVES DE LA LIBERTÉ

1° Preuve tirée de la conscience psychologique. — Nous sommes aussi sûrs de notre liberté que de notre existence : l'une et l'autre nous sont attestées par le témoignage de la conscience psychologique. Nous y croyons d'une manière invincible, comme nous croyons à notre existence ; et quand nous nous déterminons à faire une chose, nous avons conscience que nous pourrions ne pas la faire ou choisir le contraire. « Un homme qui n'a pas l'esprit gâté, dit Bossuet, n'a pas besoin qu'on lui prouve son franc arbitre, car il le sent ; et il ne sent pas plus clairement qu'il voit, ou qu'il vit, ou qu'il raisonne, qu'il se sent capable de délibérer ou de choisir. »

La liberté humaine est *un fait*. Un fait se constate et ne se démontre pas : ce n'est pas la même chose, en effet, de prouver qu'une chose *est* et de démontrer *ce qu'elle est* et *pourquoi elle est*. Si nous ne pouvions affirmer que ce que nous démontrons pleinement, il faudrait renoncer à toute affirmation.

Démontrer consistant à rattacher par un lien logique de *nécessité* une conséquence à son principe, pour démontrer la liberté, il faudrait qu'elle fût *nécessairement* dépendante de prémisses posées, ce qui est absurde. L'ignorance du mode selon lequel un fait se produit, ou de la cause qui le produit, n'en détruit pas la certitude. De même que la meilleure preuve du mouvement est dans le mouvement lui-même, la meilleure preuve de la liberté est dans l'exercice de la liberté; on les saisit l'un et l'autre directement par une intuition. Quand j'examine si je dois faire une action ou ne pas la faire, il faut que je croie que cette action est en mon pouvoir. « Qui délibère, dit Bossuet, sent que c'est à lui de choisir; on ne se consulte pas sur les choses nécessaires; par exemple, si l'on doit mourir un jour. » Tout homme qui ne rêve pas, ne peut pratiquement douter de sa liberté. Il suffit de voir comment les hommes agissent ou d'analyser l'acte volontaire, pour s'assurer qu'on est libre, et qu'on se croit tel avant, pendant et après la détermination. « Le philosophe même qui nie la liberté en théorie, l'admet dans la pratique. Dites-lui que son domestique le vole, que sa femme le trahit, il s'emportera comme un autre; essayez de le calmer en lui rappelant que ces malheureux ne sont pas libres et n'ont pu faire autrement, vous verrez comment vos consolations seront accueillies : il vous prendra sans doute pour un mauvais plaisant qui insulte à son infortune. »
(FERRAZ, *Phil. du devoir*, liv. II, ch. II.)

Objections. — 1° *Hobbes, Stuart Mill et les déterministes contestent la valeur du témoignage de la conscience.* Pour affirmer qu'une volition est libre, il faut savoir que d'autres volitions étaient possibles; comment peut-on l'affirmer, si le moi n'est qu'une collection de phénomènes, et si la conscience ne saisit que des phénomènes ? C'est l'objection de Stuart Mill : « Avoir conscience de son libre arbitre, dit-il, signifie avoir conscience avant d'avoir choisi, avant d'avoir pu choisir autrement. Or la conscience me dit simplement ce que je fais ou ce que je sens, non ce que je suis capable de faire : elle n'est pas prophétique. Nous avons conscience de ce qui est, non de ce qui sera ou de ce qui peut être. »

— Il est vrai qu'on n'a conscience que de ce qui est actuellement, et qu'on ne saurait l'avoir du possible, qui n'est pas encore; mais autre chose est le *pouvoir*, qui est l'essence du libre arbitre; et autre chose le *possible*, objet de ce pouvoir. Avoir conscience de mon libre arbitre, c'est avoir conscience, non de toutes les déterminations que je pourrais prendre, mais du pouvoir réel et actuel que j'ai de me déterminer, et c'est ce qui me fait croire à la possibilité d'une détermination contraire à celle que je prends.

2° *D'après Hobbes, Spinoza, Bayle, la croyance à la liberté est une illusion causée par « l'ignorance des motifs qui nous font agir ».* Nous ressemblons à une girouette douée de conscience, qui s'attribue le mouvement qu'elle reçoit du vent, ou à une aiguille aimantée qui croit avoir l'initiative de sa direction vers le pôle.

— On répond à la première objection que si l'ignorance des motifs produit l'illusion de la liberté, plus l'ignorance sera grande, plus nous nous croirons libres; or il est d'expérience que c'est le contraire qui a lieu : plus le choix est réfléchi et les motifs connus, plus nous nous croyons libres; si bien qu'on s'excuse de n'avoir voulu qu'à demi, quand on n'a connu qu'à demi, et que la responsabilité est regardée comme croissant avec la préméditation. D'où nous viendrait d'ailleurs l'illusion de la liberté, si tout dans la nature obéit à un déterminisme fatal? On ne peut se croire libre, si on ne l'a jamais été, pas plus qu'on ne peut avoir d'illusion ou d'hallucination d'un sens dont l'organe a été paralysé dès la naissance. — Quant à l'assimilation à une girouette, on peut répondre qu'elle est inexacte. Pour que la girouette *consciente* pût se croire libre, il faudrait qu'au moment où elle tourne du côté où le vent la pousse, elle ait se déterminer à tourner du côté opposé. Ce que ne peut la girouette, la volonté le peut. Au moment où elle exécute une détermination, elle a conscience qu'elle pouvait en choisir une autre.

2° Preuve tirée de la conscience morale ou de l'idée du devoir. — Un être qui n'est pas libre n'est pas l'auteur de ses actions; il n'en est pas responsable; il n'a pas de devoirs. C'est la preuve de Kant. Il la voit dans ce fait que le plus noble motif de nos actions, le devoir, s'offre à nous comme *obligatoire*, c'est-à-dire comme devant être accompli librement. « L'homme juge qu'il *peut* faire quelque chose, puisqu'il a conscience de le *devoir*, et il reconnait ainsi en lui-même la liberté. » (*Critique de la raison pratique.*)

La même preuve se tire de la *loi morale* et se formule ainsi : Sans la liberté, la loi morale est inutile ou absurde : inutile, si l'action est nécessaire; absurde, si elle est impossible. Le devoir implique le pouvoir : à l'impossible nul n'est tenu.

Elle se tire aussi de la *morale* et se formule ainsi : Sans la liberté, il n'y a pas de morale. Sans la liberté, en effet, le bien et le mal, la justice et l'iniquité, la vertu et le crime, ne sont que des mots vides de sens. On n'est ni bon ni mauvais, ni juste ni injuste, ni criminel ni vertueux; on ne ressent ni satisfaction de conscience, ni remords, ni repentir; on n'a plus ni mérite ni démérite; on n'est digne ni d'estime ni de mépris, ni de récompense ni de châtiment, si l'on ne fait que ce que l'on ne peut pas ne pas faire, si l'on obéit à une loi ou à une force irrésistible. Toutes ces notions sont inconcevables sans la liberté.

« On ne se repent pas d'être mal fait, dit Bossuet; on se repent d'avoir mal fait... Non seulement nous entendons ce que c'est que choisir librement, mais nous entendons encore que celui qui peut choisir, s'il ne voit pas tout d'abord, doit délibérer; et qu'il fait mal s'il ne délibère; et qu'il fait encore plus mal si, après avoir consulté, il prend un mauvais parti; et que par là il mérite et le blâme et le châtiment, comme au contraire il mérite, s'il use bien de sa liberté, et la louange et la récompense de son bon choix. Par conséquent, nous avons des idées très claires de plusieurs choses qui ne peuvent convenir qu'à un être libre. »

3° Preuve tirée du témoignage des hommes.

« Non seulement, dit M. Jules Simon, tous les hommes, depuis que le monde est monde, croient à la liberté, mais cette croyance est naturelle et invincible. Je n'ai pas besoin qu'on m'apprenne que je suis libre; il suffit, pour que je le sache, d'avoir agi. Le sauvage croit à sa liberté comme le citoyen d'une cité civilisée, l'enfant comme le vieillard. Cette croyance nous suit dans tous les actes de notre vie. Il n'en est pas de plus difficile à déraciner. Celui qui, à force de méditer, s'est créé un système où la liberté ne trouve pas sa place, parle, sent et vit comme s'il croyait à la liberté. Il ne doute pas, il s'efforce de douter, et c'est tout le résultat de sa science. Trouvez un fataliste qui n'ait ni orgueil ni remords! Ou il faut dire que l'homme est libre, ou il faut dire qu'il a été créé pour croire invinciblement l'erreur. » (*Le Devoir*, ch. 1.)

Les hommes ont toujours cru à la liberté, puisqu'ils ont fait les distinctions indiquées ci-dessus du bien et du mal, du juste et de l'injuste, etc., comme le prouvent leur langage et leurs institutions.

Dans toutes les langues, en effet, on trouve des mots pour exprimer les idées suivantes : prière, menace, châtiment, récompense, résolution, repentir, remords ; et, chez tous les peuples, il y a des tribunaux, des conventions, des traités, des usages qui ne peuvent se comprendre sans la croyance à la liberté. Il est vrai que certains peuples inconséquents ont professé le fatalisme dans leur poésie et leur religion ; mais ils ne lui ont jamais abandonné leur législation et leur morale.

Leibniz et les déterministes attaquent la preuve de la liberté, tirée de l'existence des tribunaux et des peines judiciaires qu'ils infligent aux coupables. La peine, disent-ils, est un moyen de défense pour la société, un moyen de correction et d'intimidation par l'exemple. « Puisqu'il est sûr et expérimenté, dit Leibniz, que la crainte des châtiments et l'espérance des récompenses sert à faire s'abstenir les hommes du mal, et les oblige à tâcher de bien faire, on aurait raison et droit de s'en servir, alors même que les hommes agiraient nécessairement. »

— On peut accorder à Leibniz et aux déterministes que la peine serait utile, même dans l'hypothèse où l'homme ne serait pas libre ; mais il n'est pas exact de dire que l'intérêt général suffit à légitimer la paix. Il faut qu'elle soit juste en elle-même, c'est-à-dire méritée ; autrement elle n'est que l'exercice du droit du plus fort ; en d'autres termes, la violation même du droit. Ce qui montre la valeur de la preuve du libre arbitre tirée de la peine sociale, ce sont les principes qui guident les juges dans presque toutes les sociétés. La première question qu'ils se posent est de savoir si le prévenu a été libre, s'il est la cause volontaire du fait délictueux. Le défaut de liberté supprime la possibilité de la peine, et les degrés de liberté, qui sont ceux de culpabilité, servent à la graduer. Toute peine n'aurait pas un maximum et un minimum, si la faute n'avait pas des circonstances aggravantes ou atténuantes, qui viennent en partie du degré de liberté.

4º Preuve indirecte tirée des conséquences de la négation de la liberté. — C'est la réduction à l'absurde, qui, sans avoir la force de la preuve directe, a une valeur réelle. « Si l'on nie la liberté, il faut supprimer la plupart des institutions de la société. Une fausse philosophie croit nier seulement un principe métaphysique, et elle nie du même coup des établissements anciens et universels, qui frappent tous les yeux et sans lesquels les États ne sauraient subsister. » (Ad. Garnier.)

C'est la confirmation de la preuve précédente. — Comment s'expliquer, par exemple, les tribunaux, les peines prononcées contre les prévenus, les pénalités graduées, la proportionnalité cherchée entre le châtiment et la culpabilité, la considération de circonstances atténuantes et de circonstances aggravantes, les débats contradictoires ? « Vouloir qu'un homme soit coupable d'une faute, parce qu'il n'a pas fait ce qu'il ne pouvait pas faire, c'est le comble de l'injustice et de la déraison. » (Saint Augustin.) — « On remarque aussi facilement, dit Bossuet, qu'il y a de la différence entre frapper un cheval qui a fait un faux pas, parce que l'expérience fait voir que cela sert à le redresser, et châtier un homme qui a failli, parce qu'on veut lui faire connaître sa faute pour le corriger, ou se servir de lui pour donner exemple aux autres ; et, quoique les hommes grossiers frappent quelquefois un cheval avec un sentiment à peu près semblable à celui qu'ils ont en frappant leur valet, il n'y a personne qui, pensant sérieusement à ce qu'il fait, puisse attribuer une faute ou un crime à un autre qu'à celui à qui il attribue une liberté. » (*Traité du libre arbitre*, ch. II.) Quel intérêt s'attacherait à l'histoire sans la liberté? Ce ne serait plus qu'une nomenclature de faits sans valeur morale, un chapitre d'histoire naturelle qui ne nous ferait éprouver aucun sentiment de sympathie, d'estime, d'enthousiasme, de respect ou de mépris.

III. — SYSTÈMES QUI NIENT LA LIBERTÉ

Les systèmes qui nient la liberté se ramènent à deux principaux : le *fatalisme* et le *déterminisme*. — Beaucoup d'autres conduisent aussi à la négation de la liberté; on peut nommer : le *sensualisme*, qui ne reconnaît en nous d'autre principe que la sensibilité fatale; le *matérialisme*, qui n'admet que la matière et les lois nécessitantes; le *positivisme*, qui prétend que l'âme, la divinité, la substance, la cause, la liberté, sont des questions au-dessus de notre portée, et qu'il faut éviter toute recherche métaphysique; le *panthéisme*, qui nie à la fois la personnalité divine et la personnalité humaine, confondant tous les êtres dans une substance ou force unique; le *scepticisme*, qui doute de tout; le *faux mysticisme*, qui absorbe notre personnalité en Dieu.

1° Le fatalisme. — Fatal signifie : ce qui est soumis à l'*irrésistible* loi du destin (lat. *fatum*, destin), c'est-à-dire à l'aveugle *nécessité*. — Le fatalisme prétend que *la volonté de l'homme est dominée par le destin, que ses actions sont régies par une nécessité extérieure et supérieure au monde.*

On distingue le fatalisme *oriental* ou mahométan, que les Grecs appelaient *sophisme paresseux*, et Leibniz *destin à la turque*; le fatalisme *théologique*, tiré de la prescience divine, et le fatalisme *géométrique*, de Spinoza.

A. — Le fatalisme oriental se formule ainsi : *Ce qui doit arriver arrivera.* — *Ce qui est écrit ne peut manquer d'arriver.*

Réfutation. — Si les partisans de ce système étaient logiques, ils tomberaient dans l'inertie complète. Si tous les événements sont le produit d'une nécessité inévitable, à laquelle les efforts de l'homme ne peuvent rien changer, la conclusion, c'est qu'il n'y a rien à faire. C'est ainsi que par paresse on n'obtient rien de ce que l'on souhaite, et on tombe dans les maux qu'on aurait évités en agissant avec soin. Nos actes, dans les conditions de leur réalisation, dépendent en grande partie, sinon en totalité, de nous, et par conséquent de la volonté, qui en dépend totalement. La croyance à une Providence bienfaisante ne doit pas nous conduire, comme les partisans de cette doctrine, à nous abandonner nous-mêmes au cours des choses; il faut s'*aider* pour mériter l'*aide du Ciel*. On ne conçoit pas une Providence qui nous dispenserait de faire usage de nos facultés fondamentales, la raison et la volonté. Sans doute, ce qui doit être sera; mais il sera ce que nous l'aurons fait, sinon toujours par une volonté immédiate, du moins par une volonté antérieure. L'enfance influe sur la jeunesse, la jeunesse sur l'âge mûr et sur la vieillesse. « L'homme est dans la main de son conseil; » il est l'arbitre de sa destinée. Ce n'est pas en général la malchance, la fatalité, une mauvaise étoile qu'il faut accuser de ses échecs, c'est le manque d'énergie[1].

B. — Le fatalisme tiré de la prescience divine se formule ainsi : « Dieu, qui est omniscient, connaît l'avenir, et cette connaissance exclut la liberté de l'homme. Ce que Dieu a prévu doit nécessairement arriver ; donc tout est déterminé d'avance, même les actes de la volonté humaine. »

Réfutation. — « Dieu ne prévoit pas l'avenir, dit Leibniz ; il le voit actuellement, distinctement, comme nous voyons le présent. Dieu voit tout ce que nous ferons ; mais il voit libre ce qui sera libre, et notre liberté n'est pas limitée par la vue qu'il a de nos actions. » La science divine, appelée prescience, n'est en réalité qu'une science intemporelle, supérieure au temps ; elle embrasse dans une seule vue le passé, le présent et l'avenir. « Il est évident, dit saint Thomas, que les contingents sont connus de Dieu infailliblement, parce qu'ils sont sous le regard divin comme présents ; et cependant ce sont bien des *futurs contingents* par rapport à leurs causes les plus prochaines. » — « Il n'est donc pas exact de dire, ajoute M. Gardair, que les actes de la volonté humaine sont déterminés d'avance, parce qu'ils sont prévus de Dieu infailliblement. L'infaillibilité de la vision divine à leur égard vient de ce qu'ils sont toujours présents à l'éternité divine ; ils restent futurs par rapport à la volonté humaine qui les produit, et par là restent libres en eux-mêmes, bien que connus éternellement de l'intelligence éternelle. » L'objection confond connaissance et causalité, prévision et contrainte. Il est à la fois vrai de dire que Dieu a prévu tout ce qui doit arriver, et que l'homme a réellement le choix de ses actes. « Car Dieu ne voit pas seulement les choses dans leur *substance*, il les voit encore dans toutes leurs *modalités*. Il prévoit ce que je ferai, mais il prévoit en même temps la manière dont je le ferai ; et parce que je suis un agent doué de liberté, il prévoit que j'agirai librement. »

Nous sommes certains de ces deux vérités, savoir : notre liberté morale, attestée par notre conscience, et l'omniscience de Dieu, affirmée par notre raison. Ces deux vérités sont certaines séparément ; qu'importe que nous ne sachions pas comment elles se concilient[2] ? Nous ne pouvons pas le savoir. Il s'agit d'un rapport entre le fini et l'infini ; il n'y a pas ici de commune mesure. Nous ne sommes pas en face d'une contradiction ; nous sommes en présence seulement de vérités simultanées, qui se concilient non dans l'esprit de l'homme, qui est borné, mais dans l'intelligence de Dieu, aux yeux de qui toutes choses ont nécessairement des rapports intelligibles. C'est la réponse de Bossuet : « Quiconque connaît Dieu, dit-il, ne peut douter que sa providence, aussi bien que sa science, ne s'étende à tout ; et quiconque fera un peu de réflexion sur lui-même connaîtra sa liberté avec une telle évidence, que rien ne pourra obscurcir l'idée et le sentiment qu'il en a ; et l'on verra clairement que deux choses qui sont établies sur des idées si nécessaires ne peuvent se détruire l'une l'autre ; car la vérité ne détruit point la vérité, et quoiqu'il se pût bien faire que nous ne sussions pas trouver les moyens d'accorder ces choses, ce que nous ne connaîtrions pas dans une matière si haute ne devrait point affaiblir en nous ce que nous en connaissons très certainement. Quand donc nous nous mettrons à raisonner, nous devrons d'abord poser comme indubitable que nous pouvons connaître très certainement beaucoup de choses, dont toutefois nous n'entendons pas toutes les dépendances ni toutes les suites. *C'est pourquoi la première règle de notre logique, c'est qu'il ne faut jamais abandonner les vérités une fois connues, quelque difficulté qui survienne, quand on veut les concilier ; mais qu'il faut, au contraire, pour ainsi parler, tenir fortement*

---

[1] « Les passions des jeunes gens sont des vices dans la vieillesse. » (JOUBERT.)
« L'homme sera dans son âge mûr et dans sa vieillesse ce qu'il aura été dans son adolescence. » (ÉCRITURE.)
[2] « Quand deux vérités semblent se contredire, il faut les admettre toutes les deux et croire qu'il y en a une troisième qui nous échappe. » (Mme SWETCHINE.)

comme les deux bouts de la chaîne, quoiqu'on ne voie pas toujours le milieu par où l'enchaînement se continue[1]. » (*Traité du libre arbitre*, ch. IV.)

C. — **Fatalisme géométrique et panthéiste de Spinoza.** — « Toutes choses, dit ce philosophe, sont déterminées, par la nécessité de la nature divine, à exister et à agir d'une manière donnée. » Il fait de la pensée, comme de l'étendue, les attributs d'une substance unique, dont tous les modes de l'être peuvent être déduits mathématiquement. L'âme de l'homme fait partie de la pensée divine, et son corps de l'étendue divine. Il n'y a donc pas dans l'âme de volonté libre, cela porterait atteinte à la régularité mathématique du monde; l'homme serait un empire dans un empire. C'est par une illusion subjective qu'il se croit libre; il a conscience de ses déterminations et de ses actes, et il ignore les motifs qui les déterminent.

Réfutation. — Spinoza oublie que les lois géométriques, avec leur caractère de nécessité, ne sont pas les seules que l'homme constate. Le plaisir, la douleur, la conscience morale, sont des faits reconnus irréductibles aux lois et aux déductions mathématiques. Quant à la prétention de Spinoza de faire consister la liberté dans l'ignorance des motifs qui nous font agir, elle est démentie par les faits. On l'a vu déjà (p. 279), c'est le contraire qui est la vérité. L'ignorance des motifs est le propre de nos actions instinctives, non une condition de la liberté; nous reconnaissons qu'un acte a d'autant plus le caractère de la liberté qu'il est plus *réfléchi*, et la justice humaine excuse de faute celui chez qui l'ignorance a supprimé ou amoindri la liberté.

2° Le déterminisme. — Le déterminisme prétend que *tout, dans l'homme, y compris ses résolutions et ses actes, est déterminé, nécessité par les lois de la nature physique en général, et par celles de sa nature morale en particulier.*

Le déterminisme revêt deux formes : il est *physique* ou *matérialiste*, s'il tire ses arguments de la nature physique ou corporelle, du corps, du milieu physique; *spiritualiste*, s'il les prend dans la nature morale ou spirituelle, dans l'âme, dans les motifs, dans le milieu moral.

A. — **Le déterminisme physique** allègue l'influence *nécessitante* de causes extérieures : le climat, le milieu physique; et de causes intérieures : la complexion individuelle, les prédispositions héréditaires, l'état de santé ou de maladie, les occupations habituelles, etc. Toutes ces causes, agissant selon les lois immuables de la nature, tiennent la volonté dans une complète sujétion. L'âme étant dans une dépendance rigoureuse à l'égard des phénomènes nerveux, lesquels, à leur tour, sont conditionnés par les agents physiques extérieurs, il s'ensuit que la vie psychologique et morale dépend des influences du dehors. En d'autres termes, des rapports nécessaires qu'il y a entre le physique et le moral, les déterministes concluent que l'état physique est l'antécédent invariable de l'état moral; et comme le premier échappe à toute influence libre, il en est de même du second. Les plus grands excès ou les plus grands crimes se trouvent ainsi rejetés sur le compte du déterminisme des appétits, de la fatalité de la passion, de forces irrésistibles.

Réfutation. — Il faut reconnaître que les dispositions de l'organisme ont une influence prépondérante sur la sensation, l'imagination et les appétits; il faut reconnaître aussi que la sensibilité influe sur la raison, et les passions sur la volonté, mais en présentant à ces facultés des *sollicitations* et non des *ordres*. Chez les animaux privés de raison, remarque saint Thomas, le mouvement suit

---

[1] « La vérité ne pouvant être contradictoire à elle-même, dès lors que deux vérités sont prouvées, leur harmonie est certaine, quelque cachée et non démontrée. » (DUPANLOUP.)

aussitôt l'inclination de l'appétit, comme la brebis fuit aussitôt qu'elle aperçoit le loup; chez ces animaux, en effet, ne se trouve aucun appétit supérieur qui puisse résister aux sensations et aux penchants. Chez l'homme, il n'en va pas ainsi. Bien loin de subir le joug de la sensibilité et de l'organisme, la raison oppose son contrôle et dicte des ordres. L'homme soumet son corps à des exercices pénibles pour le rendre plus souple, plus apte à seconder les opérations intellectuelles et morales; son imagination, si capricieuse de sa nature, il en détourne le cours et l'applique aux objets qui lui plaisent; si la passion devance quelquefois sa volonté, il lui donne ou lui refuse son consentement selon son bon plaisir; et même il est en son pouvoir de l'empêcher de naître en s'éloignant des objets qui l'allument, en se livrant à quelque occupation absorbante, toutes choses qui lui donnent beaucoup d'empire sur lui-même. La passion ne se développe pas en nous sans nous. Si elle devient, non absolument nécessitante ou irrésistible, mais très puissante, ce n'est que progressivement et avec le concours de la volonté.

Il ne faut pas mêler et confondre le monde physique, où tout est passif et fatal, avec le monde moral, où trouve place la spontanéité intelligente, c'est-à-dire l'activité libre. Ces causes soi-disant déterminantes peuvent plus ou moins influer sur la volonté, mais non la contraindre. Elles sont *prédisposantes*, et non déterminantes. *La volonté est elle-même une cause d'un ordre supérieur* dont le déterminisme ne tient pas compte. La vertu est affaire de volonté, non de tempérament, de climat, de prédispositions héréditaires[1]. A côté des faits qui prouvent l'influence du physique sur le moral, on peut en citer d'aussi nombreux qui montrent l'influence du moral sur le physique.

Si, d'ailleurs, les déterministes étaient conséquents avec eux-mêmes, ils ne continueraient pas à approuver ou blâmer les hommes, à les appeler vertueux ou criminels. Il y a une contradiction manifeste à les juger comme des êtres libres et responsables, après avoir déclaré qu'ils ne le sont pas.

B — **Le déterminisme psychologique** tire ses arguments de l'influence déterminante des motifs, du principe de causalité, des statistiques, du principe de la conservation de l'énergie.

1° *Il objecte la fatalité des sentiments, des idées, des motifs.* On agit conformément à son caractère, à son éducation, aux idées reçues dans le milieu où l'on vit. L'âme est un automate spirituel. En elle, comme dans la nature, tout phénomène est déterminé *nécessairement* par un antécédent, et il détermine lui-même un phénomène subséquent, et ainsi de suite pour toute la série dont se compose la vie. La raison sur laquelle Leibniz appuie ce déterminisme est le principe de raison suffisante. *Il n'y a pas de volonté sans motif, et c'est toujours le motif le plus fort qui entraîne la volonté.* Une volonté sans motif ou une volonté qui ne suivrait pas le motif le plus fort, serait une volonté sans raison suffisante : dans le premier cas, elle est impossible; dans le second, elle est nécessitée. Les motifs sont comme les poids d'une balance : de même que la balance incline toujours du côté des poids les plus lourds, de même la volonté suit toujours les motifs les plus forts.

Réfutation. — Il faut accorder aux déterministes que la volonté ne se détermine pas sans motif, mais non que la volonté est comme une balance dont les plateaux cèdent aux poids les plus forts. Cette assimilation de la volonté, qui est active, à la balance, qui est inerte et rigide, est fausse. Les

---

[1] « Si des tendances disparates sont, dans l'individu, le résultat des mélanges du sang, elles ne créent pas pour cela un être contradictoire : elles se fondent dans un *tempérament* physique et moral qui sert de matière aux exercices de la liberté. C'est l'excuse trop facile de ceux qui ont déserté la lutte contre eux-mêmes, de se représenter comme la résultante fatale de leurs antécédents physiologiques. Ils disent volontiers : Je devais être ce que je suis; ils diraient avec plus de vérité : Je n'ai pas su vouloir autrement. » (M⁹ʳ D'HULST, *Correspondant* du 25 octobre 1892.)

poids ont une valeur déterminée, toujours la même; la valeur des motifs varie suivant le point de vue où l'on se place. A quel moment, d'ailleurs, prend-on le motif pour le déclarer le plus fort? Si c'est après la détermination, on en juge après coup; si c'est avant, il faudrait décider s'il est le plus fort, parce qu'il est jugé meilleur, soit au point de vue moral, soit au point de vue utilitaire; mais il est d'expérience que le bien et l'utile, supérieurs en soi au plaisir, ne lui sont pas toujours préférés. « Je vois le meilleur, je l'approuve, et c'est le pire que je fais, » disons-nous tous trop souvent avec le poète. De plus, entre les motifs sensibles ou mobiles et les motifs idéaux, il ne saurait y avoir de commune mesure. « Considérez, d'une part, le motif du *devoir* et, d'autre part, celui de la *passion*. Faire telle chose est honnête, obligatoire; la conscience l'affirme. S'abstenir de cet acte ou faire l'acte contraire est agréable et procure une jouissance. Entre ces deux motifs, que fera la volonté? Suivra-t-elle le plus fort? *mais aucun n'est plus fort que l'autre.* L'un a une force d'un certain genre, celle de l'obligation et du devoir; l'autre, une force d'un autre genre, l'attrait du plaisir. Les deux forces ne sont pas dans le même plan; elles ne se détruisent pas, elles ne se comparent pas l'une à l'autre. Tout en accomplissant l'acte obligatoire, nous reconnaissons que cet acte est pénible, et que l'acte contraire serait plus agréable. Tout en cédant à la passion, nous reconnaissons que nous avons tort et que nous manquons à une obligation. *Ce sont des motifs irréductibles.* La volonté choisit entre eux. Elle s'attache à l'un ou à l'autre, selon qu'elle le veut. » (De Broglie, *le Positivisme*, IIe partie, ch. VIII.)

C'est donc la volonté qui donne aux motifs leur force déterminante. Les motifs ne sont pas des forces venues du dehors pour exercer leur action sur la volonté; ils naissent de notre propre fonds; ils n'existent que pour l'esprit, qui les conçoit, les compare et les adopte ou les repousse. La volonté se détermine *d'après* des motifs, elle n'est pas déterminée *par* des motifs. Le motif est la *condition de l'acte libre*, il n'en est pas la *cause*. Il en est la condition; car le rôle du motif étant de faire apparaître l'objet comme bon à un certain point de vue, et, par suite, comme susceptible d'être voulu, l'absence de motif équivaudrait à l'absence de bonté dans l'objet et le rendrait étranger à la volonté, comme l'absence de lumière rend un corps étranger à la vue. Mais le motif n'est pas la cause du choix de la volonté; la raison de ce choix est dans la volonté libre elle-même. C'est elle qui confère à chaque motif, par son appréciation du moment, la valeur relative qui détermine sa préférence.

« L'homme délibère, parce que des motifs hétérogènes le sollicitent. Sans doute, ils ont tous cela de commun qu'ils sont des biens, et, s'ils étaient tous également présents, également immédiats, perçus de la même manière, représentant une même nature de jouissance, différents de quantité seulement et non de qualité, ils se rangeraient nécessairement sur une échelle unique, le plus fort au-dessus, le plus faible au-dessous, et le plus fort l'emporterait fatalement. C'est ce qui arrive chez la brute.

« Mais chez l'homme il n'en va pas ainsi. La hiérarchie de valeur entre les motifs est absolue en soi, et c'est ce qui fonde le devoir; à l'égard des diverses puissances dont est composée notre nature, cette hiérarchie est relative; et c'est ce qui fonde la liberté. Oui, il est mieux en soi de préférer le bien suprême, et c'est pour cela que c'est obligatoire. Mais il peut me sembler meilleur pour moi de jouir tout de suite et de livrer l'avenir au hasard; et c'est pour cela que si je préfère le bien suprême, je le ferai librement. — On insiste et l'on dit: D'après vous-même, c'est une appréciation qui détermine la volonté; donc elle n'est pas libre.

« Je réponds : Cela prouve seulement qu'elle n'est pas aveugle. Si la volonté suit toujours le dernier jugement pratique, ce jugement pratique est tel que je le tire de moi-même; il ne m'est point donné d'avance. Ni mon état physique ni mon état mental ne me l'imposent. Il sort de moi à l'instant décisif, conférant au plaisir, à l'intérêt ou au devoir, telle priorité qu'il lui plaît. Cela est possible, parce que je suis à la fois sensible et raisonnable. Cela est réel, puisque je l'expérimente. » (Mgr d'Hulst, *III⁰ Conférence*, 1891[1].)

2⁰ *Il s'appuie sur le principe de causalité.* — « Un acte libre, dit Kant, serait une violation du principe de causalité et du déterminisme de la nature. En effet, un acte libre, c'est, par définition, un acte qui ne résulterait pas, suivant la loi nécessaire de causalité, des phénomènes antérieurs; donc tout acte libre constituerait une solution de continuité, un commencement absolu, un vrai miracle dans la nature. » — Le principe de causalité affirme que rien ne se produit qui n'ait une cause, et non que toute cause produit *nécessairement* son effet. En affirmant que tout acte libre a sa cause proportionnée dans la volonté libre, et que la volonté libre n'est pas nécessitée à produire ses actes, on donne la raison d'actes qui seraient inexplicables sans cela, et on ne contredit pas le principe de causalité. Pour maintenir le principe qu'il n'y a pas d'effet sans cause, il n'est pas nécessaire de soutenir que toutes les causes sont déterminées à produire leur effet.

3⁰ *Il allègue le principe de la conservation de l'énergie.* — C'est l'argument principal du *monisme* (*monos*, seul), système qui ramène tout à l'unité. « Une seule loi, une seule force, la nécessité. De la matière chaotique à l'organisation la plus parfaite..., tout se tient dans l'immense chaîne, tout se développe selon l'exigence d'un principe unique... La mécanique détermine les formes élémentaires de ces groupements; la physique et la chimie minérale ajoutent des conditions nouvelles; la chimie organique prépare une complexité plus grande et introduit la matière dans le domaine de la vie. La vie, une fois née, se perfectionne de plus en plus dans sa lutte avec le monde inorganique. La sensation se greffe sur la nutrition, le désir sur la sensation; la pensée et le vouloir représentent aujourd'hui les formes les plus hautes de la vie; ce ne seront sans doute pas les dernières. Voilà le système dans son inexorable unité[2]. »

Il est d'expérience, disent les savants, que la quantité de force est constante dans le monde, qu'il ne s'y crée point de force nouvelle, que tout se borne à des échanges, à des transformations. Admettre la volonté libre, qui prend en elle-même son point de départ, c'est admettre des phénomènes qui commencent sans antécédent mathématiquement calculable.

— La conservation de l'énergie est une hypothèse qui rend compte des phénomènes mécaniques et physiques; dans le domaine des êtres inorganiques, il est vrai de dire que rien ne se crée et rien ne se perd, que la quantité de force reste constante sous les mille transformations des forces les unes dans les autres. La loi est-elle applicable dans le domaine de la biologie? Ici les forces physico-chimiques entrent en activité d'après les lois qui leur sont propres; mais une cause douée de spontanéité, la vie, s'en empare et les fait servir aux fins qu'elle poursuit. Quelque chose de semblable se passe en l'homme au point de vue psychologique, si on admet avec les physiologistes qu'il y a corrélation constante entre les états de l'esprit et la substance cérébrale. Quelle contradiction y a-t-il à penser que la volonté, force d'essence supérieure, puisse emprunter les forces de la matière et produire par elles des effets qu'elle dirige? Là, comme dans la vie végétative, il semble qu'il y ait plutôt direction de force que véritable création d'énergie. Quand un homme prend une décision, il fait une dépense de forces physiques qui se transforment en s'appliquant; mais elle n'est pas elle-même une force physique qui ajoute rien à la quantité de force du monde matériel.

Si la volonté, disent encore les déterministes, intervient ainsi dans la série

---

[1] On peut lire aussi sur cette question la XX⁰ Conférence du P. Monsabré, année 1876 ; le *Dictionnaire apologétique*, art. *Libre arbitre*, *Déterminisme*; abbé de Broglie, *le Positivisme et la science expérimentale*, II⁰ partie, livre II, ch. viii, *la Cause libre*.
[2] Voir la note 23 à la fin du vol. des Conf. de 1891 de Mgr d'Hulst, où le système est exposé d'une façon plus explicite.

des forces physiques, elle détruit la science « en rendant la prévision impossible. — Erreur : la prévision scientifique n'exige pas que nous connaissions toutes les actions qui s'échangent dans l'univers; car de fait nous ne les connaissons pas toutes, loin de là; Dieu seul peut supputer toutes les énergies dont le monde est la résultante; et Dieu, qui voit les actes libres comme les actions ...les, fait entrer les unes et les autres dans la formule dont il a le secret ». (Mgr D'HULST, *IIIe Conférence*, 1891 et note 27.)

Les lois scientifiques, au reste, ne sont *nécessaires* qu'en ce qui concerne les rapports invariables entre certains antécédents et certains conséquents; elles sont *hypothétiques* relativement aux antécédents : ceux-ci sont *supposés* existants. La prévision des phénomènes est toujours accompagnée d'une condition limitative : tel phénomène sera donné, si aucune cause ne vient supprimer ou modifier l'antécédent. Si la volonté humaine intervient et supprime ou change l'effet par la suppression ou le changement de la cause, la science n'en saurait souffrir.

4° *Enfin, il y a l'argument tiré des statistiques.* — Les *sciences sociales* enseignent que les actes humains obéissent, comme les phénomènes de la nature, à des lois constantes et générales. « La *statistique* démontre que les actes les plus importants, tels que les mariages, les assassinats, les suicides, les vols, comme les plus indifférents, tels que l'omission de l'adresse sur les lettres jetées à la poste, sont toujours en quantité constante, » se reproduisent annuellement avec une régularité quasi mathématique. — Les lois de la statistique déterminent le *collectif* et non le *particulier*, les *moyennes* et non les actes *individuels*. La fixité de l'ensemble peut être due aux causes générales constantes ou équivalentes, et les effets de la liberté, cause particulière variable, peuvent se compenser ou s'annuler les unes les autres. « La statistique ne détermine absolument ni l'acte, ni le moment où l'acte sera accompli, ni l'agent qui l'accomplira, et dès lors le champ reste ouvert à l'action du libre arbitre. » (FONSEGRIVE, *Psychologie*.)

Ces lois ne seront jamais qu'approximatives et variables; on verra les moyennes augmenter ou baisser avec les progrès et les crises de la moralité, de l'instruction, de l'industrie, du commerce, des courants d'idées. Elles sont l'expression empirique des résultats que l'action combinée des causes générales et des volontés individuelles a produits durant une période donnée, et il est au pouvoir de ces dernières de les changer.

« Quand on oppose triomphalement, dit M. Bertrand (*Eléments de philosophie scientifique*), les prévisions de la statistique aux partisans du libre arbitre, on prouve qu'on n'a pas compris le premier mot de la question. L'objection vaudrait à peine contre ceux qui définiraient le libre arbitre en disant que l'acte libre est celui qu'on ne saurait prévoir, même quand on en connaît d'avance toutes les conditions; ou bien encore celui qui n'est pas nécessairement déterminé par sa cause. Mais ce n'est pas là l'idée que nous nous faisons de l'acte libre : plus il est libre, mieux on peut le prévoir. Le caprice et l'arbitraire ne sont point pour nous la liberté. L'acte libre n'est pas sans cause, quoique aucune cause extérieure n'en puisse rendre compte d'une manière adéquate. »

REMARQUE. — C'est souvent sur des cas anormaux, sur des *libertés atrophiées*, que se fondent les raisonnements des déterministes. — « La volonté peut se fatiguer de la lutte et accepter la défaite. Alors, si les chutes se multiplient, les passions gagnent en arrogance ce que la volonté perd en vigueur; bientôt le mal passe en habitude, la défaillance devient vice, l'esprit abdique, la chair triomphe, elle se fait un tempérament de péché. Qu'est devenue la liberté de cet homme esclave? Elle n'est pas *détruite*, elle est *atrophiée*.

« Ah! j'ai bien peur que plus d'un déterministe n'ait été chercher là l'échantillon humain sur lequel il devait étudier le problème du libre arbitre! On prend un alcoolique, un débauché, un névropathe ; on les regarde agir, et l'on dit : Ces gens-là ne sont pas libres. C'est vrai, ils ont cessé de l'être; non pas parce que la liberté leur a manqué, mais parce qu'ils l'ont trahie!

En regard de ces types dégradés, placez l'homme de bien, placez le saint. Et pour rendre le contraste plus saisissant, ne prenez pas un de ces miracles d'innocence qui semblent étrangers aux faiblesses de la nature. Prenez de préférence un converti. Voilà un homme qui a connu tous les entraînements du plaisir coupable : il est donc bien de la race de ceux qui tombent; mais il est aussi de la race de ceux qui se relèvent. Comme il avait roulé de vices en vices, le voici qui s'élève de vertus en vertus. Chaque degré qu'il monte est un progrès de sa liberté. Au sommet il trouve l'affranchissement total; s'il ressent encore les sollicitations de la volupté, les éblouissements de l'orgueil, les frémissements de la colère, ce n'est plus, dans sa chair soumise, dans son esprit discipliné, qu'un frisson fugitif; dès que la conscience a senti la passion tressaillir, la volonté a resserré son étreinte; il n'y a pas eu de combat, et la victoire est acquise. C'est la perfection du libre arbitre. Entre ces deux extrêmes, voici l'armée humaine qui s'échelonne; chacun est libre dans la mesure où il s'est volontairement affranchi, et dans cette même mesure il est homme. » (Mgr D'HULST, *IIIe Conférence*, 1891.)

Liberté d'indifférence. — Quelques philosophes ont voulu réfuter le déterminisme psychologique par la *liberté d'indifférence ou d'équilibre*, pouvoir qu'aurait la volonté de se déterminer sans aucun motif. Ce pouvoir est illusoire. Même dans les actions insignifiantes, on se détermine toujours d'après un motif, inconscient peut-être quelquefois et ne laissant pas de souvenir, mais réel, et ce motif tire sa force, non de sa valeur intrinsèque, mais de la prépondérance que lui donne le choix de la volonté. Cette liberté était symbolisée dans l'École par l'âne de Buridan[1], qui, également pressé de la faim et de la soif, et placé entre une mesure d'avoine et un seau d'eau, reste immobile et se laisse mourir, parce qu'il n'a pas de motif pour choisir l'un plutôt que l'autre. On présentait encore l'argument sous la forme du dilemme suivant : De deux choses l'une : ou il restera immobile et se laissera mourir, ou il se décidera par un pur caprice, par une volonté indépendante de toute raison. Reid, partisan de la liberté d'indifférence, disait : J'ai une dette d'une guinée à payer; dans ce monceau de guinées qui sont devant moi, aucun motif ne me porte à prendre l'une plutôt que l'autre pour payer ma dette; si j'en prends une, c'est que je puis vouloir sans motif. — Il y a deux parties dans cet acte : l'une est motivée et volontaire, — *la volonté de payer la dette;* — l'autre est indifférente et s'accomplit sans motif conscient, au hasard[2].

La liberté d'indifférence, étant démentie par l'analyse psychologique, est sans valeur pour réfuter le déterminisme.

---

[1] Philosophe scolastique du XIVe siècle, né à Béthune. — L'argument auquel il a donné son nom ne se trouve pas dans ses écrits.

[2] Autre exemple d'action en présence de motifs équivalents :

« Un homme poursuit un voleur, pour reprendre sa bourse qui lui a été enlevée. Il arrive au bord d'un étang, il aperçoit de l'autre côté le voleur qui s'enfuit. Que faire ? Il ne sait pas nager, il ne peut traverser l'étang directement. Il faut qu'il se dirige vers la droite ou vers la gauche pour en faire le tour. Mais l'étang est circulaire, le voleur est en face; il n'y a aucune raison pour prendre d'un côté plutôt que de l'autre. L'homme délibère. Pour aller à droite, il a un motif : son désir d'atteindre le voleur par le plus court chemin. Pour aller à gauche, il a identiquement le même motif. Rien dans sa pensée ne lie la route de gauche ou but à atteindre avec plus de force que la route de droite. Que fera-t-il ? Restera-t-il en place, comme l'âne de Buridan entre deux bottes de foin, ou comme l'aiguille aimantée entre les deux pôles d'un aimant ?

— Nullement : rester en place, ce serait renoncer à atteindre le voleur : il ne veut pas y renoncer, parce qu'il a un motif plus puissant pour l'atteindre, celui de reprendre sa bourse. Il ne veut pas plus l'un des moyens que l'autre, la route de droite que la route de gauche; mais comme il veut la fin, il veut l'un des moyens, l'une des routes. Que fera-t-il ? Il choisira, il choisira librement, il prendra l'un des deux chemins, sans être déterminé dans ce choix par des motifs qui sont équivalents de part et d'autre, mais se déterminant lui-même... Combien de fois une résolution très grave n'est-elle pas prise dans une incertitude presque complète, *par cette raison qu'il faut se décider, qu'il faut choisir, fût-ce au hasard ?* » (DE BROGLIE, *le Positivisme*, 2e partie, ch. VIII.)

M.

NOTES COMPLÉMENTAIRES

Part de la nécessité et de la liberté dans la vie de l'homme. — Saint Thomas montre que la nécessité, bien loin de rien enlever à la liberté, lui sert, au contraire, de point de départ et d'appui. Si l'on remonte l'échelle des êtres, on voit la nécessité se relâcher progressivement, mais sans disparaître tout à fait, même quand se montre la liberté.

Les lois les plus assujetties à la nécessité sont des lois mécaniques, qui appartiennent à l'ordre mathématique. Il y a plus de complexité et moins de rigidité dans les lois physiques. La chimie nous offre ses *affinités électives*, qui impliquent une espèce de choix fait par les substances dans leurs combinaisons. Dans les lois biologiques apparaît un élément nouveau, la *spontanéité*, qui se manifeste à son plus bas degré chez la plante par la nutrition, l'accroissement et la reproduction : on y voit un simple germe, par une évolution successive, développer sûrement vers un idéal à atteindre le canevas vital déposé en lui et devenir un individu complet, appartenant à une classe spéciale d'êtres vivants ; tout en subissant les conditions générales de la matière, la spontanéité s'assujettit et emploie les diverses forces physiques de la matière.

L'animal ajoute à cette vie et à ces fonctions une vie et des opérations plus élevées; il déploie une spontanéité plus visible et plus puissante; les mouvements de la plante étaient purement *automatiques*, ceux de l'animal impliquent la connaissance sensible et une ébauche de la volonté : l'*appétit sensitif*. L'animal a des *inclinations*, des désirs, des aversions, des jugements pratiques instinctifs, par lesquels son appétit poursuit l'objet utile ou évite l'objet nuisible. Cependant ce n'est pas encore le vrai vouloir, ce n'est pas la liberté. « Pourquoi ? Parce que dans ces perceptions passives et ces réactions actives (de l'animal) tout est de l'ordre sensible; or le sens n'atteint que le fait singulier, transitoire, localisé dans l'espace et le temps : provoqué par l'image d'un phénomène qui passe, l'animal répond par l'élan de l'appétit. Pourrait-il varier sa réponse ? Non; dans les mêmes circonstances, l'instinct le déterminera toujours dans le même sens. Car, s'il peut comparer plusieurs faits, il ne peut les comparer que sous un rapport toujours le même : celui du plaisir sensible. Or, dans une situation donnée, il y aura toujours un plaisir qui l'attirera plus fort et qui entraînera son choix. » Ainsi, « ... l'animal sollicité par plusieurs plaisirs n'a qu'un seul critère pour se décider, celui du plus grand plaisir. Et comme il désire fatalement les jouissances, fatalement aussi il préfère la plus grande. » (Mgr d'HULST, *IIIe Conf.*, 1891.)

L'homme réunissant en lui les vies inférieures, les fonctions et les opérations de ces vies s'accomplissent en lui d'après leurs lois, ordinairement sans qu'il en ait conscience, au moins pour ce qui concerne la vie végétative, ou, s'il en a conscience, sans que la volonté les puisse diriger à son gré. Mais à ces vies, l'homme en ajoute une qui lui est propre, celle de l'intelligence et de la liberté. La volonté n'est plus ici, comme chez l'animal, un appétit sensitif soumis au déterminisme, se décidant fatalement d'après le plus grand plaisir sensible entrevu dans l'objet : elle est un appétit *rationnel*, qui se décide librement en présence des biens concrets et particuliers, parce que la raison, au-dessus de ces biens, perçoit le bien abstrait et universel, et qu'elle trouve dans cette idée un critère supérieur, une commune mesure qui lui permet d'apprécier tous les biens particuliers et de se porter vers eux sans y être nécessitée. Raisonner et choisir, c'est tout un, a dit Aristote; penser, c'est être libre, non par rapport au bien ni au bonheur général, comme on va le voir, mais dans le choix des biens particuliers et des moyens qui peuvent conduire au bien absolu et au bonheur parfait.

« Nul être pensant, mis en présence de n'importe quel bien particulier fini, ne peut être nécessité à le vouloir et à le poursuivre. Tout bien fini, en effet, par cela seul qu'il est fini, ne réalisant pas tout l'idéal de la bonté, présente de ce chef une imperfection qui peut être à la volonté un motif d'aversion et de dégoût, et aura toujours une action trop faible pour vaincre, par lui-même, la résistance que peut lui opposer une faculté dont la nature a pour objet *adéquat* le bien universel et parfait[1]. » (SAINT THOMAS.)

---

[1] « La raison, à l'égard des biens de ce monde, nous dit de tous et de chacun qu'ils peuvent indifféremment être ou ne pas être, d'où il suit qu'aucun d'eux ne lui apparaissant comme absolument nécessaire, elle donne à la volonté le pouvoir d'option pour choisir ce qui lui plaît. » (*Encyclique sur la liberté humaine*.)

Si le bien universel était à notre portée et que nous en eussions la claire vue, si le bien infini s'offrait à nous d'une manière concrète, pour être possédé à l'*instant même*, la volonté se tournerait vers lui par un élan naturel et fatal; il exercerait sur notre amour une attraction irrésistible. Nous l'aimerions d'un amour pleinement volontaire, quoique pas libre. C'est ainsi que les bienheureux aiment Dieu nécessairement. Mais à côté de la liberté se retrouve encore, à la base même des opérations intellectuelles, la part de la nécessité. « La raison adhère naturellement et nécessairement aux premiers principes, dit saint Thomas, et la volonté fait de même à l'égard du bonheur ou de la fin dernière. » L'intelligence, ayant pour objet le vrai, ne peut pas ne pas adhérer au vrai évident, et la volonté, étant ordonnée au bien, tout en restant libre à l'égard des biens incomplets et mêlés de quelque défaut, ne peut pas ne pas vouloir le bien total et absolu. « *La nature*, dit encore saint Thomas, *occupe la première place en chaque chose*; elle est le fondement immuable et le principe fécond de toutes les propriétés de l'être. Nous en avons une preuve manifeste dans la raison et la volonté. *Ce qui rend le mouvement possible, c'est un point d'appui immobile.* Or le raisonnement et les résolutions délibérées sont des mouvements de l'âme qui doivent pareillement s'appuyer sur un point fixe. Toute discussion devient impossible, si l'on n'admet l'évidence, si l'on ne part des premiers principes comme d'un point lumineux par lui-même, et qui projette sa lumière de loin en loin sur la série entière des déductions. De même, on ne songera pas à délibérer, on ne se mettra pas en quête des moyens les mieux adaptés en vue de la fin dernière ou du bonheur, si le bonheur n'est pas aimé, et aimé d'un amour nécessaire. *Car la fin joue dans l'action le même rôle que les principes dans la spéculation.* C'est elle qui met la volonté en mouvement et qui dirige le mouvement vers le terme auquel il doit naturellement aboutir. » (Cité par P. VALLET, *la Vie et l'Hérédité*.)

TABLEAU ANALYTIQUE

I. DIVERS SENS DU MOT LIBERTÉ

Le mot liberté se prend dans des acceptions très différentes qu'il importe de bien définir. On distingue :

1° La *liberté naturelle* ou *droit naturel*, qui résulte de la nature même de l'homme. — C'est le droit qu'a tout homme d'user de ses facultés physiques et morales, pour son bien et en vue de remplir sa destinée.

2° La *liberté physique* ou *corporelle*, c'est le pouvoir d'agir librement, sans obstacle et sans contrainte. A cette liberté sont opposés la maladie, l'esclavage, la détention, etc.

3° La *liberté morale* ou *psychologique*, qui est le pouvoir de *vouloir* ou de se déterminer d'après un motif. Elle réside dans la volonté. — C'est aussi l'empire de la volonté raisonnable sur les passions, les instincts...

4° *Liberté civile*. C'est le droit pour chacun d'exercer ses *droits naturels d'homme*, en se conformant aux lois de son pays. Elle comprend :
a) La *liberté corporelle* ou *physique*;
b) Le *droit de propriété*, résultant de la *liberté du travail*;
c) Le *droit de fonder une famille*, d'élever ses enfants, de tester;
d) La *liberté de conscience*, celle de s'instruire, de professer la vraie religion.

Toutes ces libertés sont dites *naturelles* et résultent de l'inviolabilité de la personne humaine.

L'*esclavage*, sous quelque forme qu'il se présente, est la négation de la liberté civile.

Ce qui caractérise l'*esclave*, c'est qu'il est considéré non comme une *personne*, mais comme une *chose*.

5° La *liberté politique*, faculté d'intervenir dans le gouvernement de l'État. Elle comprend : le *droit de vote* et *d'éligibilité*, la *liberté de la presse*, le *droit de réunion* et le *droit de pétition*.

Il faut distinguer la vraie *liberté*, qui consiste à suivre la raison, à obéir à la loi, à rester dans l'ordre, de la *fausse liberté*, qui n'est que l'abus, et qui consiste à violer la loi, à sortir de l'ordre, à agir contre la raison. — La liberté n'est pas le droit de tout faire ; *en fait*, on peut faire le mal ; *en droit*, on ne le peut pas ou l'on n'a pas le droit.

Principes ou causes de la liberté. — Saint Thomas assigne à la liberté humaine une cause *intérieure* et *psychologique* : l'homme est libre, parce qu'il est doué de raison ; et une cause *extérieure* et *métaphysique* : l'homme est libre, parce que les biens relatifs qui sollicitent sa volonté n'ont rien de nécessitant.

Loi de la liberté. — C'est la loi de l'obéissance à Dieu ; se conformer à la raison en obéissant à Dieu, c'est la vraie liberté et c'est aussi toute la morale.

II. PREUVES DE LA LIBERTÉ

1° *Preuve du sens intime ou de la conscience psychologique.* — Nous avons l'idée de la liberté ; nous y croyons d'une manière invincible, et quand nous nous déterminons à faire une chose, nous sentons que nous pourrions ne pas la faire et choisir le contraire : donc, nous sommes libres.

— *Objections :* — a) La liberté ne saurait être un objet de conscience (STUART MILL). — b) La croyance à la liberté peut s'expliquer sans supposer la conscience de la liberté réelle ; elle vient de l'ignorance des motifs qui nous font vouloir (exemple : *girouette* de Hobbes, Spinoza et Bayle).

— *Réponse :* On répond à la première objection : La conscience de la liberté n'est autre chose que la conscience que nous avons, quand nous avons fait une chose, que nous aurions pu faire le contraire.

— A la deuxième, que si l'objection était vraie, plus l'ignorance serait grande, plus la liberté augmenterait ; l'expérience prouve le contraire.

2° *Preuve tirée de l'idée du devoir ou de la conscience morale* (KANT). — Un être qui n'est pas libre n'est pas l'auteur de ses actions ; il n'a pas de devoirs. — La même preuve se tire de *l'existence de la loi morale* : Sans la liberté, la loi morale est inutile ou absurde : inutile, si l'action est nécessaire ; absurde, si l'action est impossible. Dans un cas comme dans l'autre, il n'y a pas de *responsabilité*. Elle se tire encore de la *morale* ou de *l'ordre moral* et se formule ainsi : Sans liberté, il n'y a pas de morale : le bien et le mal, le juste et l'injuste, la vertu et le vice, sont des mots vides de sens ; il n'y a ni mérite ni démérite.

3° *Preuve tirée du témoignage du genre humain.* — Les hommes ont toujours cru à la liberté : leur langage et leurs institutions le prouvent.

— *Objections.* — a) Il y a des peuples qui ont professé le fatalisme dans leur religion et dans leur poésie. — C'est vrai, mais jamais ils ne lui ont abandonné leur législation et leur morale.

b) Les promesses, les contrats, les prières, les menaces, les ordres, les lois, la justice sociale même, n'impliquent pas la liberté. — Sans doute, on peut expliquer sans elle leur *utilité*, mais non leur *moralité*.

4° *Preuve indirecte tirée des conséquences de la négation de la liberté.* — Nier la liberté, c'est détruire du même coup ce qui fait le fondement de toute société humaine. — Ni le *devoir*, ni la *responsabilité*, ni la *justice*, ne peuvent se comprendre sans la liberté.

SYSTÈMES QUI NIENT LA LIBERTÉ

Les systèmes qui nient la liberté se ramènent à deux principaux : le *fatalisme* et le *déterminisme*. Le premier est une doctrine essentiellement métaphysique ou religieuse ; le second, une doctrine psychologique.

De plus, le *sensualisme*, le *matérialisme*, le *positivisme*, le *panthéisme*, le *scepticisme*, le *faux mysticisme*, sans nier formellement la liberté, aboutissent au même résultat.

I. Fatalisme.

Le fatalisme prétend que toutes les actions humaines sont réglées par une nécessité *extérieure* et supérieure au monde, le *destin* (*fatum*). On distingue : le fatalisme païen et mahométan, le fatalisme théologique et le fatalisme philosophique ou géométrique.

a) Fatalisme mahométan.
Ce qui doit arriver arrivera. — Sophisme paresseux. — *Réf.* Si les partisans de ce système étaient logiques, ils tomberaient dans l'inertie absolue ; ce qui doit arriver arrivera, mais il arrivera comme nous l'aurons préparé.
« L'homme est dans la main de son conseil, il est l'arbitre de sa destinée. » (*Écriture.*)

b) Fatalisme théologique.
Dieu, qui est omniscient, connaît l'avenir, et cette connaissance exclut la liberté de l'homme. — La liberté est contraire à la sagesse et à la puissance de Dieu.
— *Réf.* 1° « Dieu ne prévoit pas l'avenir, il le voit distinctement. » (LEIBNIZ.)
2° Dieu voit libres nos actes libres.

LA LIBERTÉ

I. Fatalisme. *(Suite.)*

- **b) Fatalisme théologique.** *(Suite.)*
  - 3° Nos actes ne seront pas, parce que Dieu les prévoit ; mais il les prévoit, parce qu'ils seront.
  - — Reste à comprendre comment nos actes futurs peuvent être présents pour Dieu, avant qu'ils soient ; notre intelligence bornée n'arrive pas jusque-là ; nous devons suivre le sage conseil de Bossuet : « Tenir fortement les deux bouts de la chaîne, quoiqu'on ne voie pas le milieu par où l'enchaînement se continue. »

- **c) Fatalisme géométrique de Spinoza.**
  - a) Ce qui nous fait croire à la liberté, c'est l'ignorance des motifs.
  - b) La liberté porterait atteinte aux lois géométriques du monde.
  - — *Réf.* On répond à la première objection, que c'est le contraire qui est la vérité ; et à la deuxième, qu'en dehors des lois géométriques il y a les lois de l'ordre moral.

SYSTÈMES QUI NIENT LA LIBERTÉ *(Suite.)*

II. Déterminisme.

Le déterminisme prétend que tout, dans l'homme, y comprises résolutions et ses actes, est déterminé, nécessité par les lois de la nature physique en général, et par celles de sa nature morale en particulier. On distingue le *déterminisme physique* ou *matérialiste*, qui tire ses arguments de la nature corporelle, et le *déterminisme psychologique* ou *spiritualiste*, qui tire ses arguments de l'âme.

- **a) Déterminisme physique.**
  - La volonté est tenue dans une complète dépendance par le milieu extérieur.
  - — *Réf.* Les causes dites déterminantes ne sont que *prédisposantes* ; elles peuvent influer sur la volonté, elles ne la contraignent pas. — La volonté est elle-même une cause dont il faut tenir compte. — Cette doctrine se réfute par l'absurdité de ses conséquences.

- **b) Déterminisme psychologique.**
  Il tire ses arguments de l'influence déterminante des motifs, du principe de causalité, des statistiques, de la conservation de l'énergie. Il dit :
  - a) *L'âme est un automate spirituel.* — On répond : L'âme a une activité propre.
  - b) *On agit conformément à son caractère, à son éducation.* — Le caractère peut se réformer, l'éducation se corriger.
  - c) *On n'agit pas sans motif, mais c'est toujours le motif le plus fort qui l'emporte.* — C'est le choix de la volonté qui fait que tel motif est le plus fort.
  - d) *L'âme est une balance.* — Comparaison illégitime.
  - e) *Avec la liberté, la prévision de l'avenir est impossible.* — Cette prévision ne peut être absolue, quand il s'agit d'êtres moraux.
  - f) *Les statistiques prouvent que l'homme n'est pas libre.* — Elles ne donnent que des moyennes et n'atteignent que les faits collectifs.
  - g) *La liberté ne peut se concilier avec l'unité des forces, qui est un principe de la science.* — Outre que ce principe n'est pas démontré, il ne faut pas confondre l'ordre physique et l'ordre moral.
  - h) *La liberté ou l'acte volontaire serait un phénomène sans cause* (KANT). — La volonté est elle-même une cause.

Conclusion. — De tout ce qui précède il faut conclure que la liberté est possible (réfutation du déterminisme), qu'elle existe (preuves directes), qu'elle est nécessaire (réfutation du fatalisme).

21º LEÇON

EXPRESSION DES FAITS PSYCHOLOGIQUES
LES SIGNES ET LE LANGAGE

L'homme n'étant pas un pur esprit, mais une âme unie à un corps, ne peut faire passer directement sa pensée dans la conscience de ses semblables, ni saisir directement leur pensée ou leur état d'âme. Pour manifester au dehors les faits psychologiques : idées, jugements, raisonnements, émotions, volitions, il a besoin des signes et du langage.

I. — DES SIGNES, DU LANGAGE

Définition du signe. — Dans un sens très étendu, *un signe est une chose ou un phénomène perceptible aux sens, qui éveille l'idée d'une autre chose ou d'un autre phénomène non actuellement perçu.* Ainsi la fumée, qu'on voit, est le signe du feu, qu'on ne voit pas ; le cri, le signe de la douleur, qui par sa nature échappe aux sens.

Ses éléments. — Le signe renferme trois éléments ou trois idées :
1º Le signe lui-même ou la chose qui amène avec elle la pensée d'une autre ;
2º La chose signifiée ;
3º Le rapport perçu par l'esprit entre le signe et la chose signifiée.

Ce troisième élément est essentiel au signe. Sans lui, il y a un objet ou un fait perçu, mais pas de signe. Tout fait sensible étant antécédent ou conséquent d'un autre fait, qu'il annonce ou qu'il rappelle, peut servir de signe ; mais il n'est réellement *signe* que s'il s'adresse à une intelligence capable de l'interpréter.

Tout signe produit intentionnellement implique donc une double association :
1º De la chose signifiée au signe, dans celui qui le fait ;
2º Du signe à la chose signifiée, dans celui qui le comprend.

Principaux rapports du signe à la chose signifiée. — Ce sont des rapports *naturels*, tirés de l'essence des choses, ou *conventionnels*, dépendant de la libre volonté de l'homme.

Les principaux de ces rapports sont ceux :

1º *D'effet à cause* : la fumée est le signe du feu, l'éclair de l'orage ; on montre une blessure pour dénoncer un agresseur ;

2º *De moyen à fin* : tels sont ceux qu'il y a entre le canon et la guerre, entre la charrue et l'agriculture, entre l'épée et l'état militaire ;

3º *De contiguïté habituelle* : la verdure est le signe du printemps, la chute des feuilles le signe de l'automne ; le mot signifie l'idée, les galons représentent les grades.

4° *De ressemblance :* la photographie et l'objet représenté, le portrait et l'original, sont des cas du rapport de ressemblance ; imiter l'action de manger pour indiquer qu'on a faim implique ce même rapport saisi ;

5° *D'analogie :* la couleur noire est le signe du deuil, de la tristesse ; — c'est à ce genre de rapports qu'appartiennent les symboles, si nombreux dans les mythologies, les arts, les religions : ainsi le cercle est le symbole de l'éternité, la balance de la justice, la faux de la mort ;

6° *De la partie au tout :* un phénomène est le signe d'un autre phénomène, quand il en est ou le commencement, ou la fin (conclusion), ou le symptôme, ou une suite nécessaire : le dégoût, soit physique, soit moral, s'exprime par une grimace des lèvres ; c'est l'ébauche de l'acte par lequel on rejette ce qui répugne.

Diverses sortes de signes. — D'après ces rapports, on distingue : 1° *Des signes naturels*, qui sont produits et interprétés spontanément : avant d'avoir rien appris, l'enfant pleure instinctivement, parce qu'il souffre ; puis, s'apercevant que ses pleurs font qu'on s'occupe de lui, il les produit avec intention ; enfin, si quelqu'un pleure auprès de lui, il comprend ce que cela signifie et devient triste. Par tout pays, un regard enflammé, des gestes menaçants, des paroles saccadées, sont le signe de la colère ; les larmes, le signe de la douleur ; le rire, celui de la joie.

Il y a des modifications de l'organisme, des faits physiologiques qui expriment directement les faits psychologiques auxquels ils sont liés comme effets, — émotions, besoins, désirs, — et indirectement des sentiments moraux. Ceux-ci, — joie et douleur, amour et haine, admiration et mépris, — s'ils ont une certaine énergie, se manifestent par la physionomie. Ainsi, une douleur subite, la crainte, l'épouvante, se manifestent par un cri, par un soupir, par la pâleur du visage ; une humiliation reçue fait monter la rougeur au front. Quelques-uns des signes ou effets des émotions ne peuvent pas être reproduits à volonté, comme la rougeur, la pâleur, les larmes ; d'autres le peuvent être, comme les cris, les sanglots, les mouvements des bras. Ce sont ces derniers surtout qui composent le langage naturel.

2° *Des signes conventionnels,* qui sont liés aux choses d'une façon arbitraire et impliquent, par conséquent, une entente préalable pour être interprétés. C'est ainsi que le laurier est l'emblème de la victoire ; l'olivier, de la paix ; le drapeau, de l'honneur d'un peuple ; l'écriture, de la pensée.

Il y a des signes naturels qui deviennent conventionnels : par exemple, des gestes, des sons. Dans une certaine mesure, le sablier est un signe naturel de la fuite du temps ; et il devient plus expressif, quand on le représente avec des ailes.

Les usages sont tellement conventionnels, que leur signification change avec les peuples et avec les pays. En Chine et au Siam, le blanc est la couleur du deuil ; en Turquie, c'est le bleu et le violet ; en France et chez beaucoup d'autres peuples, c'est le noir. Un Français qui rencontre un ami le salue et lui donne la main ; un Chinois serre les poings, les rapproche, les élève jusqu'au front et s'incline profondément [1].

Y a-t-il vraiment des signes naturels ? — Il faut remarquer que le signe qu'on appelle *naturel* l'est comme *fait*, c'est-à-dire qu'il est produit sans notre volonté ; mais sa *signification* provient de l'expérience préalable de la chose

---

[1] Quoiqu'il y ait du convenu dans les deux usages, il faut avouer que l'usage français exprime mieux et plus naturellement la sympathie que le cérémonial chinois.

signifiée et s'apprend; en d'autres termes, ce fait ne devient *signe* qu'au moment où son rapport avec un autre fait non perceptible est saisi. « L'enfant crie d'abord, *parce qu'il* souffre et non pour exprimer sa souffrance. Le cri ne deviendra le *signe* de la souffrance que lorsque le rapport qui lie ces deux phénomènes aura été aperçu, et quand le cri sera *volontairement* reproduit dans le but d'*exprimer* la souffrance. » (Boirac, *Cours de phil.* — Voir E. Charles, *Lectures de phil.*, 2º vol.)

Importance du signe. — Comme on le voit par tous les rapports rappelés ci-dessus, l'interprétation du signe est un cas particulier de l'association des idées et du raisonnement. Le signe peut nous révéler ce qui est, ce qui a été, ce qui sera, car tous ces rapports peuvent exister dans le *présent*, ou se relier soit au *passé*, soit à l'*avenir*.

Au *passé* : ce qu'on appelle, par exemple, âges préhistoriques de l'homme n'est reconstitué par les savants que grâce à l'interprétation des vestiges, des signes qui sont retrouvés ; il en est de même des civilisations disparues, des époques terrestres qui ont précédé la nôtre et que les géologues nous restituent par les rochers et les fossiles de plantes ou d'animaux qu'ils trouvent dans les couches du sol. — A l'*avenir* : la tempête, l'orage, le beau temps, ont des signes précurseurs qui les annoncent; il en est de même des troubles politiques et sociaux, des révolutions. On sait qu'une partie de la médecine, le *diagnostic*, a pour objet de reconnaître les maladies d'après leurs symptômes : un médecin exercé dira quelles phases a traversé la maladie et celles par lesquelles elle doit encore passer.

Toutes les œuvres humaines ont un sens, un langage; à plus forte raison les œuvres de Dieu :

> ...Tout parle dans l'univers,
> Il n'est rien qui n'ait son langage.   (La Fontaine, XI, *Épilogue*.)

La poésie et la science, chacune à sa manière, interprètent ce langage. Toute chose est écrite quelque part, a-t-on dit, dans l'immense livre de la nature : il s'agit seulement de la trouver et de la savoir lire.

Les sens et les signes. — Tous les sens peuvent servir à former des signes, mais c'est surtout à la vue et à l'ouïe qu'ils sont empruntés. Signes *visuels* : gestes, dessin, écriture, télégraphie ; signes *oraux* ou *auditifs* : cris, langage, sonneries, batteries. Les signes oraux, la parole surtout, sont plus rapides et plus distincts que les signes visibles. Les signes *tactiles* peuvent remplacer, pour les aveugles sourds-muets, les signes visuels et auditifs; on cite à ce sujet l'exemple de Laura Bridgemann.

Du langage. — Le langage humain est un *système de signes par lesquels l'homme exprime ses pensées et ses sentiments*. D'une manière générale, dit Whitney, on peut définir le langage : l'expression de la pensée humaine; mais on doit observer qu'au point de vue scientifique il faut restreindre cette définition ainsi qu'il suit : « Le langage proprement dit est un assemblage de signes par lesquels l'homme exprime sciemment et intentionnellement sa pensée à l'homme. » (*La Vie du langage*.)

Diverses sortes de langage. — Si on divise le langage d'après le sens qui saisit le signe, il faut distinguer :

1° Un langage *tactile* : les aveugles lisent avec les doigts, grâce à un système de signes formant saillie sur le papier;

2° Un langage *visuel* : les signaux, la mimique des sourds-muets;

3° Un langage *auriculaire* : les sons, articulés ou non, éminemment propres à exprimer notre âme par l'infinie variété de leurs inflexions et de leurs combinaisons.

Si on divise le langage d'après le rapport entre le signe et la chose signifiée ou la pensée, on distingue le langage *naturel* et le langage *artificiel* ou *conventionnel*. Ces dénominations ne doivent pas être prises dans un sens *absolu* : l'opposition qui existe entre le naturel et l'artificiel est plutôt dans nos définitions que dans la réalité : le langage artificiel n'est que le langage naturel plus ou moins transformé; le langage naturel peut devenir et devient en effet, pour l'orateur et pour l'acteur, par exemple, l'objet d'un art particulier.

Langage naturel. — Le langage *naturel* est l'*expression instinctive* et *universelle des principales modifications de l'âme* (besoins, affections, volontés) *au moyen des modifications corporelles*.

Il renferme : des *sons inarticulés* : soupirs, cris, sanglots; le jeu si varié et si expressif de la *physionomie* : larmes, rire, regard, mouvement des lèvres et des sourcils, coloration du visage; les *attitudes* et les *gestes*, surtout ceux de la main et des doigts. — Ces divers éléments sont appelés *signes naturels*, parce qu'ils représentent les effets nécessaires ou habituels des états de l'âme sur les mouvements et les états du corps, et que, fondés sur les lois de l'union de l'âme et du corps, ils se produisent également chez tous les hommes. Tels phénomènes internes sont liés ou associés à tels phénomènes externes dans le rapport d'antécédent à conséquent; ce rapport étant invariable, la signification est constante.

Instinctif et *universel*, le langage naturel a encore pour caractères d'être *synthétique* : une attitude, un geste, un simple jeu de physionomie suffit à exprimer un état d'âme, c'est-à-dire un ensemble de pensées, de sentiments, de désirs ou de volontés; *communicatif* : la joie excite la joie, les larmes provoquent les larmes, les cris d'un homme en détresse nous remuent le cœur; *pathétique* : il agit puissamment sur les passions et constitue ce que Cicéron appelait « l'éloquence du corps »; mais c'est un langage *incomplet*, incapable d'exprimer toutes nos pensées.

Langage artificiel. — Le langage *artificiel*, ainsi appelé parce qu'il est, jusqu'à un certain point, le résultat d'une convention, est un *système de signes destinés à exprimer la pensée*.

Il est *intentionnel* : fait avant tout pour exprimer l'intelligence et s'adresser à l'intelligence, mais il exprime aussi la sensibilité et la volonté; *analytique* : il décompose la pensée et en exprime les divers éléments par des signes séparés; *particulier* : il n'est *employé* et *compris* que par ceux qui l'ont appris; chaque peuple ou chaque famille de peuples a sa langue; *variable* et *progressif* : basé sur des rapports particuliers et changeants, par exemple, l'association de tel son à telle idée, la pensée humaine le transforme comme elle se transforme elle-même, insensiblement et sans fin, sous l'action inconsciente de causes multiples. « Les langues sont des organismes vivants dont la vie, pour être d'ordre purement intellectuel, n'en est pas moins réelle et peut se comparer à celle des organismes du règne végétal ou du règne animal [1], » parcourant, comme ceux-ci, toute l'évolution biologique, depuis la naissance jusqu'à la décrépitude et la mort.

---

[1] A. Darmesteter, *la Vie des mots*. — Lire l'*Introduction* de cet ouvrage.

Le langage artificiel comprend : la *parole*, l'*écriture* et le *système de gestes* qui constituent le langage des sourds-muets.

Parole. — Il faut distinguer le *cri* de la *parole* ou voix articulée. Le cri, qui constitue le langage *émotionnel*, nous est commun avec les animaux ; mais chez eux, comme chez le petit enfant, il n'exprime que la sensation, ne révèle que des instincts et des besoins inférieurs.

La parole, langage *rationnel*, est une combinaison de sons articulés par lesquels l'homme exprime ses pensées et les diverses modifications de son âme. La faculté naturelle d'articuler est propre à l'homme [1]. « Quelques animaux sont capables d'articuler des sons, mais ils ne s'en servent pas comme d'un langage, c'est-à-dire pour exprimer leurs besoins. Lorsque le perroquet a faim, il crie, il ne parle pas. La parole est pour lui un amusement, non un instrument de communication avec ses semblables. » (P. JANET.)

Écriture. — L'écriture est le signe de la parole ; c'est le signe d'un signe : la lettre ou la syllabe rappelle le son, le son rappelle l'idée. La parole est fugitive ; l'écriture lui donne un corps, la fixe dans des caractères permanents, la conserve pour les siècles, et contribue ainsi au perfectionnement de l'humanité. Le langage écrit, encore plus que le langage parlé, est pour les hommes comme une mémoire où peuvent se conserver et s'accumuler indéfiniment leurs acquisitions intellectuelles.

On distingue l'écriture *idéographique* et l'écriture *phonétique* ; la première représente les idées, la seconde les sons.

L'écriture *idéographique* est la première en date et se divise en *figurative*, qui peint ou dessine l'objet ou l'idée à représenter, et en *symbolique*, qui l'exprime par un emblème, en vertu d'une analogie : c'est ainsi que la vigilance est représentée par un coq, la ruse par un renard. L'arithmétique et la musique sont de véritables écritures idéographiques : le chiffre est l'expression immédiate de l'idée du nombre, la note de l'idée du son.

L'écriture *phonétique* est *alphabétique*, si chaque consonne ou voyelle a un signe spécial, et *syllabique*, si le même signe représente toute une syllabe, comme dans l'écriture japonaise, dans la sténographie.

L'écriture *hiéroglyphique* (du grec *hiéros*, sacré ; *glyphô*, je grave : les prêtres surtout en faisaient usage), que l'on trouve encore sur les ruines des temples et des palais égyptiens, était un mélange de ces diverses sortes d'écritures : elle comprenait des signes figuratifs, des signes symboliques et des signes phonétiques.

Langage des sourds-muets. — Dans l'instruction des sourds-muets, on appelle langage des *signes* ou langage *mimique* celui qui représente les idées au moyen de mouvements, d'attitudes, de jeux de physionomie, indépendamment de toute expression phonétique donnée à ces idées dans une langue parlée. Partant de ce principe, admis par beaucoup de philosophes, que les mots de nos langues sont liés aux idées qu'ils représentent par un lien arbitraire et conventionnel, on a conclu que l'idée se liera tout aussi bien à un autre signe quelconque, à un signe mimique, par exemple, lequel pourra dès lors, comme le mot, en être l'expression et le véhicule. C'est ainsi qu'on a créé une langue de signes mimiques, comme il y a une langue de signes sonores et de signes écrits.

II. — ORIGINE DU LANGAGE

La question de l'origine du langage, ou plutôt de la parole articulée, a donné lieu à un grand nombre de théories chez les philosophes anciens et modernes.

---

[1] Articuler, c'est proprement modifier les voyelles ou sons vocaux au moyen des consonnes. Cette étymologie vient sans doute de ce que les consonnes jouent, par rapport aux voyelles, le même rôle que les articulations dans le corps. — La parole est le langage par excellence : non seulement elle exprime la pensée, ce « dialogue intérieur et silencieux de l'âme avec elle-même », comme l'appelle Platon, mais encore contribue à sa formation et à son développement. Parole et pensée sont deux termes inséparables.

C'est qu'à cette question s'en trouvent liées d'autres d'une importance capitale en psychologie et en sociologie, telles sont les suivantes : *Quelle est la nature du langage? — Les mots, à l'origine, désignent-ils des idées particulières ou des idées générales* (problème des idées générales) ? — *La société peut-elle exister sans la parole articulée? Le mot est-il un signe arbitraire et purement conventionnel, ou exprime-t-il l'essence même des choses? — Quels sont les rapports des mots et des idées, du langage et de la pensée?* — Toutes ces questions sont impliquées dans celle de l'origine de la parole.

« Cette question si captivante, et qui sollicite invinciblement notre curiosité, dit Darmesteter, n'a pu encore quitter le domaine de la pure hypothèse. La science n'est pas mûre sur ce point. Même dans les langues dont on a les monuments les plus anciens (familles égyptienne, sémitique, indo-européenne), on ne saisit que des formes relativement récentes, et qui ont par derrière elles un long passé de transformations. La recherche, si haut qu'elle s'élève et fasse remonter ses inductions, n'atteint que des racines dérivées des racines primitives à jamais perdues. » (*La Vie des mots*.)

Diverses théories sur l'origine du langage. — On peut ramener à quatre groupes toutes les théories ou hypothèses faites par les philosophes pour résoudre la question de l'origine du langage :

1° Dès l'origine, Dieu a révélé le langage à l'homme ;

2° La parole est le résultat d'un instinct spécial et primitif, aujourd'hui disparu ;

3° Elle est une création artificielle et conventionnelle de l'homme ;

4° Enfin elle est le produit d'une élaboration lente et progressive du langage naturel.

Il convient d'examiner, en peu de mots, les arguments qu'on a fait valoir en faveur de ces théories et les critiques auxquelles elles donnent lieu.

1° Révélation divine de la parole. — Cette théorie, qui a surtout été soutenue par de Bonald et les traditionnalistes, avait déjà été formulée, chez les Grecs, par Héraclite et acceptée par les stoïciens[1] ; puis, durant le moyen âge, professée par un grand nombre de théologiens. Au XVIIᵉ siècle, elle fut exposée par le P. Lami, qui soutint que « l'homme n'aurait jamais formé que des cris inarticulés, si Dieu ne lui avait appris à parler ». A peu près à la même époque, l'Anglais Warburthon enseigna aussi la révélation divine du langage avec perfectionnement humain.

De Bonald et les partisans de cette théorie, de Maistre, Lamennais, etc., prétendent que le langage est absolument au-dessus des forces de l'homme et qu'il nous a été donné par une révélation surnaturelle. « Pour parler sa pensée, il faut auparavant penser sa parole, » dit de Bonald : la pensée doit être produite au dedans par une première parole, avant d'être exprimée au dehors. « Il ne peut y avoir de concept intelligible ou de pensée dans l'esprit humain sans qu'il y ait auparavant une parole, et par conséquent un parlant. Donc l'enfant ne peut penser qu'après que ses parents lui ont parlé. Donc l'humanité n'a pu penser avant que Dieu lui eût parlé. Donc le premier développement de l'intelligence dans les premiers hommes suppose une parole divine adressée par Dieu lui-même à l'homme, ce que de Bonald appelle une *révélation primitive*.

---

[1] « Il y a pour chaque chose un nom juste qui lui convient par nature. » — « Les mots nous révèlent la nature et l'essence des choses... Celui qui a établi les noms connaissait les choses, et c'est à une puissance plus qu'humaine qu'il faut rapporter cette imposition des premiers noms aux choses. » (PLATON, *Cratyle*.)

« En d'autres termes, l'homme ne peut connaître les *intelligibles* sans le secours du *langage*. Or il n'a pu inventer le langage, puisque le développement du langage suppose le développement de la raison, et par suite l'existence du langage. Donc le langage a été primitivement *révélé* par Dieu. »

Réfutation. — Ce système nous semble de tout point insoutenable, dit l'abbé Vallet dans son *Histoire de la Philosophie* (p. 565). Il repose uniquement sur cette supposition que l'homme ne peut ni connaître sa pensée, ni même penser sans la parole, et que la parole suffit à faire naître la pensée. Ensuite il dépouille l'intelligence de toute causalité propre, donne à toutes nos connaissances une origine purement sensible, un son, la parole. Or, ici comme ailleurs, l'École (la philosophie traditionnelle) résout admirablement le problème : elle établit qu'en soi l'homme peut penser sans parler, bien qu'en fait la parole représentée par le nom de la chose accompagne toujours ou presque toujours la pensée. Mais elle pose aussi qu'il est *nécessaire* et *suffisant* que tout acte intellectuel soit accompagné d'une image fournie par les sens et d'un *verbe mental* dans lequel l'âme se parle à elle-même sa pensée. Mais le verbe mental n'est pas une parole proprement dite : il n'est que la conception ou l'expression intellectuelle de la chose. Le langage intérieur est la condition de la parole, comme l'image est l'élément nécessaire, le *schème* (suivant le mot qu'on emploie aujourd'hui) de la pensée.

La révélation divine est d'ailleurs inutile : l'homme, être sensible et intelligent, possède tout ce qu'il faut pour inventer la parole : l'intelligence pour concevoir les idées, les sens pour percevoir les objets matériels, la faculté d'abstraire et de généraliser pour établir des rapports, enfin l'organe pour exprimer des sons auxquels l'intelligence attache une signification.

De plus, comme le fait observer Maine de Biran réfutant les traditionnalistes : « Que Dieu ait révélé le langage ou que l'homme l'ait inventé, la difficulté reste la même, c'est-à-dire qu'il faut savoir quelles facultés ont dû concourir à l'institution du premier langage. Le son articulé ne devient signe que lorsqu'il est devenu un acte volontaire. Si Dieu apprenait à l'homme que tel son signifie telle idée, il faudrait que l'homme comprît ce rapport ; or comprendre ce rapport d'un son à une idée, c'est instituer soi-même le son à titre de signe.

« L'animal ne parle pas, parce qu'il ne pense pas, parce qu'il ne sait pas former le premier de tous les jugements, qui est la base de tous les autres, en attachant un sens direct au mot *je* et au verbe *être*. » L'enfant ne se distingue de l'animal que lorsqu'il transforme les premiers cris, signes de la douleur, en signes d'appel dont il se sert volontairement.

Maine de Biran réfute les traditionnalistes en établissant que l'intelligence et la volonté précèdent le langage proprement dit ; mais il s'en rapproche, quand il soutient qu'il n'y a point d'idée sans signe volontaire.

Concluons contre de Bonald que l'intelligence peut, sans le secours du mot, et par conséquent en dehors de toute révélation primitive, connaître sous forme intelligible les réalités qui tombent sous nos sens.

2° La parole est le résultat d'un instinct spécial et primitif. — Cette théorie, d'après laquelle « l'homme est naturellement parlant, comme il est naturellement pensant » (RENAN), se rapproche beaucoup de la précédente. Que le Créateur, en effet, ait révélé directement la parole à l'homme ou qu'il lui ait donné un instinct spécial qui le fait parler, c'est à peu près la même chose : l'invention du langage est toujours, en effet, indépendante de l'intelligence et de la volonté humaine.

Cette hypothèse est celle de Renan et de Max Müller, qui, se fondant sur des recherches philologiques, ont cru reconnaître dans toutes les langues un certain nombre d'éléments communs et irréductibles. Ces éléments primitifs ou racines seraient le produit d'un instinct aujourd'hui disparu, faute d'usage. C'est à cet instinct de nommer les objets par certains monosyllabes, qu'il faudrait rapporter les quatre ou cinq cents racines que la philologie a dégagées comme éléments primordiaux du langage.

Réfutation. — De nouvelles découvertes philologiques semblent contraires aux conclusions de Max Müller. Dans un récent ouvrage, M. Bréal a montré que les *racines* ne peuvent être considérées comme des éléments primitifs, mais plutôt comme le résidu de mots antérieurs et comme l'expression d'idées, non pas individuelles, mais générales.

On fait encore à ce système d'autres objections : qu'est devenu cet instinct primitif ? Chez des hommes complètement séparés de toute société, revivrait-il ? Comment agit cet instinct ? Pourquoi tel son exprime-t-il telle idée ? Comment expliquer qu'à l'origine chaque idée ait suggéré par elle-même un mot et le même à tous les hommes ? Si cela est, comment rendre compte de la diversité des langues, dans le temps et dans l'espace ? — Cette hypothèse d'un instinct spécial et primitif est une pétition de principe : c'est la question résolue par la question même.

3º La parole est une invention artificielle de l'homme. — Condillac a soutenu l'hypothèse d'une invention artificielle et conventionnelle du langage. Démocrite chez les anciens, Voltaire, Rousseau et la plupart des philosophes du XVIIIᵉ siècle prétendent que l'homme, parti de l'état de nature, primitif ou sauvage, n'est arrivé à l'état civilisé que par étapes successives et qu'il a peu à peu inventé le langage.

Pour ne pas contredire la révélation, Condillac admet qu'Adam et Ève, au sortir des mains de Dieu, pouvaient communiquer leurs pensées. Mais il suppose, pour expliquer sa théorie, que deux enfants de l'un et l'autre sexe aient été égarés et dans l'impossibilité de communiquer avec les autres hommes. Comment inventeront-ils un langage ? Il répond qu'ils le feront nécessairement, « l'homme ne pouvant penser sans signes, » et que ce langage sera fondé sur une entente réciproque. Il n'admet pas cependant que les mots soient absolument arbitraires. Ils tirent, pense-t-il, leur origine d'objets sensibles ; les premiers mots furent des onomatopées, des imitations de cris d'animaux, etc.

Locke, Rousseau, Smith et la plupart des philosophes sensualistes sont allés plus loin encore que Condillac ; ils ont soutenu la théorie absolue de la création artificielle des mots : théorie imaginée, chez les Grecs, par Démocrite, qui professait que les mots ne dépendent en rien de la nature des choses. — Aristote et même Bossuet ont partagé cette hypothèse, en faisant des réserves.

Réfutation. — Cette hypothèse paraît aujourd'hui insoutenable. L'invention de la parole et sa substitution aux signes supposent un accord ; cet accord unanime dut être motivé, et il « semble que la parole ait été fort nécessaire pour établir l'usage de la parole ». (ROUSSEAU.)

« Quel génie il eût fallu, dit de Bonald, pour s'élever à la conception du discours et des éléments qui le composent ! Et si ce génie s'était rencontré, comment enseigner une langue à des êtres qui n'en comprendraient aucune, et par suite n'entendraient pas celle dans laquelle on leur parlerait ? L'idée d'inventer le langage suppose déjà la possession du langage. De plus, comment admettre que Dieu ait créé l'homme sociable sans lui donner l'instrument par excellence de la société, la parole ? »

L'état de nature tel que le conçoit Rousseau n'a jamais existé : les peuplades sauvages sont des peuplades dégénérées. « C'est un rêve, dit Renan, d'imaginer un premier état où l'homme ne parle pas, suivi d'un autre état où il conquiert l'usage de la parole. L'homme est naturellement parlant, comme il est naturellement pensant, et il est aussi peu philosophique d'assigner un commencement voulu au langage qu'à la pensée... Inventer le langage eût été aussi impossible que d'inventer une faculté. » — « Inventer le langage, ce serait inventer la raison, » dit de son côté Lamennais.

Enfin la philologie, reconnaissant dans toutes les langues des éléments communs et primordiaux, contredit l'hypothèse d'une invention arbitraire.

Darwin, H. Spencer et toute l'école évolutionniste, qui cherchent l'origine du langage, comme celle de la nature humaine, dans une évolution des facultés animales, sont tombés dans la même erreur que les sensualistes. Quelques auteurs ont reconnu aux animaux la capacité de produire des sons semblables à nos interjections; s'ils ont cette capacité, pourquoi n'en ont-ils pas profité pour créer un système de signes? C'est que « un signe ne peut être inventé ni compris que par un être doué de conscience et de volonté, capable de *concevoir* en percevant. Le prétendu langage qu'on attribue parfois aux animaux n'a rien de commun avec le nôtre : les cris des oiseaux, les attouchements des fourmis sont produits par des sensations, et leur effet sur les êtres semblables à eux est encore une sensation ». (E. CHARLES.) — « Si la faculté d'avoir des idées générales est ce qui établit une parfaite distinction entre l'homme et la brute, dit M. Müller, un langage qui serait formé d'interjections, ou par l'imitation des cris des animaux, ne pourrait prétendre en aucune façon à être le signe extérieur de cette prérogative distinctive de l'homme. »

4º La parole est le produit d'une élaboration lente et progressive du langage naturel. — Cette théorie est exposée la dernière, parce qu'elle paraît la plus philosophique, et qu'elle est aujourd'hui la plus généralement admise.

Dire que la parole est le produit d'une élaboration du langage naturel de l'homme, c'est reconnaître qu'il ne faut pas en chercher l'origine au delà des origines même de l'humanité; c'est dire que l'homme lui-même se crée la parole, non d'après une *convention*, mais par un développement naturel de ses facultés.

Comme on l'a vu plus haut (réfutation de la théorie de la révélation divine), on trouve chez l'homme, ajoutons qu'on ne trouve que chez lui [1], tout ce qui est nécessaire pour parler : un organe vocal très étendu, qui permet d'émettre à volonté une infinité de sons articulés pour manifester ses états de conscience; un instinct supérieur de sociabilité qui ne peut être satisfait que par un moyen de communication intime et permanente avec ses semblables; enfin la faculté de former des concepts, c'est-à-dire des idées abstraites et générales, et de juger, c'est-à-dire d'en apercevoir les rapports. Or c'est un principe philosophique (principe de moindre action) qu'il faut toujours expliquer les effets par les causes les plus simples, et n'avoir recours au surnaturel que lorsque le naturel ne fournit plus aucune explication.

On peut donc admettre, avec le philologue américain Whitney et la plupart des philosophes contemporains (Ravaisson, Rabier), que l'homme possédant les facultés nécessaires au langage a pu se le créer; que le langage n'est donc pas une œuvre artificielle, produit d'une convention ou d'un contrat, comme l'ont prétendu les sensualistes; qu'il n'est pas non plus nécessaire de recourir à un instinct spécial, comme l'ont fait Renan et Max Müller, ni à une faculté particulière dite *faculté expressive*, comme l'avaient soutenu Th. Reid, Jouffroy et Garnier. Le langage est le produit de la nature, l'œuvre de la spontanéité humaine. Comme toutes les choses humaines, il a commencé par des rudiments, par des signes intentionnels, et grâce au travail accumulé « de milliers de générations et de milliards d'individus » (WHITNEY), il est devenu ce que nous le voyons.

Conclusion. — Voilà tout ce qu'a pu découvrir la science. Elle ne nie pas la révélation; mais elle se place à un autre point de vue : Supposé que la révélation n'ait pas eu lieu, l'homme serait-il arrivé à se faire un langage? Elle répond affirmativement.

La solution la plus rationnelle consiste donc à admettre avec la Bible que, *en fait*, l'homme n'a pas eu à inventer le langage, mais l'a reçu de Dieu, en ce

---

[1] L'animal, outre l'organe qui lui manque à peu près généralement, n'a pas d'idées générales. Or, pour parler, il faut avoir des idées générales, c'est-à-dire qu'il faut avoir d'abord perçu, puis comparé, dégagé les ressemblances et enfin ramené la multiplicité réelle à l'unité de représentation. L'animal eût-il l'organisme de l'articulation, il ne parlerait pas; le langage qu'on donne aux perroquets n'est qu'une série de sons qu'ils répètent par simple jeu : ce ne sont pas des *signes*, ce n'est pas la parole.

sens qu'il a été créé dans le plein exercice de ses facultés, pensant et parlant ; à admettre avec la science que, *en droit*, l'homme aurait pu inventer le langage : la faculté et l'organe d'expression et d'articulation lui étant naturels, comme la faculté de penser, il aurait parlé sans enseignement, par le fait même de sa nature; enfin que si l'homme avait découvert le langage, c'eût été lentement et progressivement.

III. — RAPPORTS DU LANGAGE ET DE LA PENSÉE. — LANGUES

Rapports du langage et de la pensée. — Il y a action et réaction de la pensée sur le langage et du langage sur la pensée.

1º *Action de la pensée sur le langage.* — Le langage étant un système de signes pour exprimer la pensée, et le signe étant, au moins logiquement, postérieur à la chose qu'il exprime, il faut affirmer que la pensée précède le langage. Elle en est l'âme; elle le crée, en quelque sorte, à sa ressemblance, par une action analogue à celle d'une cause sur son effet. Aussi est-ce une vérité d'expérience qu'autant vaut la pensée, autant vaut l'expression qu'elle se donne. C'est ce qu'expriment d'une manière un peu trop absolue ces vers de Boileau :

> Ce que l'on conçoit bien s'énonce clairement,
> Et les mots pour le dire arrivent aisément.

Le mot n'existe que pour et par l'idée ou la pensée; séparé d'elle, il n'est plus qu'un son vide et inerte. Ce qu'on appelle *vie du langage* n'est pas autre chose qu'une manifestation de la vie de la pensée. Les variations du *vocabulaire* suivent celles des idées; celles de la *syntaxe* suivent celles de la pensée. Avec les idées nouvelles apparaissent ou des mots nouveaux, ou des changements de sens et de forme dans les mots déjà en usage.

Le langage, comme la pensée, implique l'emploi de toutes les facultés, de toutes les opérations intellectuelles; mais la plupart des mots étant abstraits et généraux, il est plus spécialement produit par l'abstraction et la généralisation, et par l'analyse et la synthèse qu'elles-mêmes impliquent.

D'autre part, les *mots* se lient comme les *idées* qu'ils expriment; les diverses formes de *propositions* répondent aux diverses formes de *jugements;* les propositions s'enchaînent en *arguments*, ou syllogismes, de la même façon que les jugements s'enchaînent en *raisonnements*. La *syntaxe*, qui règle l'arrangement des mots, la construction des propositions, les rapports logiques des phrases, suit l'ordre dans lequel l'esprit présente les éléments de la pensée. La logique du langage n'est pas autre que la logique de la pensée. Les lois de la pensée et celles du langage sont les mêmes au fond. De même que chaque homme se révèle par sa parole et par ses écrits, de même le génie d'un peuple se traduit par sa langue : une langue est la forme visible de l'esprit d'un peuple. « Formes immédiates de la pensée, instruments créés par elles pour la traduire, les langues sont autant de miroirs où viennent se réfléchir les habitudes d'esprit et la psychologie des peuples. » (DARMESTETER, *la Vie des mots*, Introd.)

2º *Action du langage sur la pensée.* — A son tour, le langage influe sur la pensée.

Il favorise l'*attention :* la pensée isolée de son expression est mobile et fugitive, elle ne peut être facilement maintenue sous le regard de l'esprit; le langage, en lui donnant un corps, la fixe et permet à l'attention de la dégager, de la rendre *claire* et *distincte*.

Tant qu'elle ne prend pas corps dans le mot ou dans la phrase, l'idée, ou la pensée, demeure obscure et vague : on ne sait vraiment ce qu'on veut dire que quand on l'a dit.

Il est nécessaire à l'*analyse*, en général, et surtout à l'*abstraction*. L'esprit ne saurait considérer séparément les propriétés d'un objet ou les éléments d'une idée rationnelle, qui forment un tout indivisible en soi, sans recourir au langage pour rendre saisissable et permanent chacun des éléments considérés.

« Sans le langage, a dit Hamilton, les idées abstraites sont des étincelles qui ne brillent que pour mourir. » Elles ne peuvent survivre aux opérations qui les tirent des sensations et des images, ou de l'idée analysée.

Il est nécessaire à la *généralisation* ou à la formation de l'idée générale, qui est un cas de *synthèse*.

Sans doute l'esprit peut, sans le langage, avoir le concept d'une chose commune à plusieurs individus; mais il lui sera difficile de le retenir en cet état indéterminé. Il faut que le concept, ou idée générale, qui ramène à l'unité logique la multiplicité réelle, devienne sensible et l'objective, en quelque sorte, dans un terme appliqué à la classe tout entière. Ainsi, là où l'abstraction dégage plusieurs idées, le langage met plusieurs mots, et il met un mot unique là où la généralisation montre une seule idée, qui est la même en plusieurs êtres ou faits.

Il est nécessaire à la *science*. Si les idées générales, idées de genres et d'espèces, sont individuellement difficiles à former et plus difficiles encore à garder sans le langage, il en est de même, à plus forte raison, de l'*induction*, qui est la dernière étape de l'esprit dans la formation des idées générales appelées lois, et de la *science*, qui est un ensemble systématique de ces mêmes idées.

La *déduction*, qui a pour point de départ l'idée générale, ou universelle, n'est pas davantage possible sans le langage. Le *jugement* lui-même ne peut se former que si les idées dont il se compose sont présentes à la fois à l'esprit qui les compare, et elles ne peuvent lui être présentes que si elles sont incorporées à des mots qui les déterminent. Il en est de même (*à fortiori*) du raisonnement qui, opérant sur des jugements, est beaucoup plus complexe.

Le langage, surtout le langage écrit, sert à fixer et à rendre permanentes les idées abstraites et générales, et par là évocables à volonté; il en favorise la *mémoire*, en les associant aux mots, et par les mots à des faits de conscience qui sont des moyens de rappel; il les rend *communicables*, susceptibles de circuler d'une intelligence à l'autre : il en fait le patrimoine de l'humanité.

C'est grâce au langage écrit qu'une génération hérite de tout le travail des générations qui l'ont précédée, et que, avec Pascal, on peut considérer l'humanité comme un seul homme qui apprend toujours. « La lecture de tous les bons livres, dit Descartes, est comme une conversation avec les plus honnêtes gens des siècles passés. »

Problèmes que soulèvent les rapports du langage et de la pensée. — Plusieurs questions se posent, à propos de l'influence réciproque du langage et de la pensée : *L'homme pourrait-il penser sans le secours des mots? — Une science n'est-elle qu'une langue bien faite? — Que faut-il penser de l'invention d'une langue universelle?*

L'homme pourrait-il penser sans le secours des mots? — Oui, car pour penser, c'est-à-dire pour lier des concepts, pour faire des synthèses d'idées, les mots ne sont pas, à proprement parler, *nécessaires*. Avec les seules images des choses, l'esprit peut abstraire, juger, raisonner; mais ces opérations, sans le secours des signes et du langage, n'auraient pas de durée, et seraient plus ou moins imparfaites. « Réduites à leur propre essence, nos idées abstraites et générales s'évanouiraient, se disperseraient aussitôt que l'esprit les perdrait de vue, et il nous faudrait sans cesse les refaire. La langue, en les incarnant, les fixe et les solidifie; grâce à elle, l'abstraction, la généralisation, pures conceptions, prennent un corps, se substantifient, et vivent par là d'une existence indépendante, qui, toute factice qu'elle est, ne nous permet pas moins de les tenir en réserve et de les retrouver au besoin. » (CHARMA.) Ainsi, sans le langage, la pensée ne pourrait ni se conserver ni se communiquer, et la science serait impossible; l'homme privé du langage n'atteindrait pas son complet développement. Les mots présupposent la pensée; ils n'existent que par elle et pour elle; ils ne la créent pas. « L'homme ne pense pas, parce qu'il parle; mais il parle, parce qu'il pense, et il pense en vertu des facultés par lesquelles il est homme. » (M. DE BIRAN.) En droit, l'homme peut penser sans le secours des mots; mais sa pensée reste très imparfaite; en fait, il ne pense guère sans les mots. C'est là une conséquence de la faiblesse de son intelligence. Un être qui posséderait, comme Dieu, la perfection de la pensée, n'aurait pas besoin de cet auxiliaire.

Une science n'est-elle qu'une langue bien faite? — Condillac a tort d'affirmer qu' « une science n'est qu'une langue bien faite ». Sans doute, le degré de perfection d'une science peut se mesurer au degré de perfection de la langue qui sert à l'exprimer; mais la précision de la langue est tout d'abord l'effet et non la cause des progrès de la science, et ceux-ci viennent originairement de la pensée. Il y a action et réaction entre la langue scientifique et la science; les perfectionnements de la première sont la condition des perfectionnements de la seconde, mais la première impulsion naît de la pensée. La langue enregistre, en quelque sorte, les résultats acquis. Si l'aphorisme de Condillac était vrai, l'unique règle pour découvrir la nature et les propriétés des choses serait de les bien nommer; mais c'est le contraire qui est vrai : il n'est possible de nommer les choses avec propriété que si l'on connaît déjà leur nature et leurs qualités. On serait donc plutôt dans le vrai en retournant la pensée de Condillac, en disant : « Une langue bien faite vient d'une science bien faite. »

Dans sa *Logique*, Bossuet résume en quelques traits cette grande question des relations du langage et de la pensée : « L'idée précède le terme qui est inventé pour la signifier: nous parlons pour exprimer nos pensées. L'idée est ce par quoi nous nous disons la chose à nous-mêmes; le terme est ce par quoi nous l'exprimons aux autres. L'idée est naturelle et la même dans tous les hommes; les termes sont artificiels... Ainsi l'idée représente naturellement son objet, et le terme par institution... Soit que nous parlions aux autres, soit que nous nous parlions à nous-mêmes, nous nous servons toujours de nos mots et de notre langue ordinaires. Absolument parlant, l'idée peut être séparée du terme, et le terme de l'idée. Car il faut avoir entendu les choses avant que de les nommer; et le terme aussi, s'il n'est entendu, ne nous rappelle aucune idée. Quelquefois nous n'avons pas le terme présent, que la chose nous est présente; et quelquefois nous avons le terme présent, sans nous souvenir de sa signification. Les enfants conçoivent beaucoup de choses qu'ils ne savent pas nommer, et ils retiennent beaucoup de mots dont ils n'apprennent le sens que par l'usage. Mais depuis que, par l'habitude, ces deux choses se sont réunies, on ne les considère plus que comme un seul tout dans le discours. L'idée est considérée comme l'âme, et le terme comme le corps. Le terme, considéré en cette sorte, c'est-à-dire comme faisant un seul tout avec l'idée et la contenant, est supposé dans le discours pour les choses mêmes, c'est-à-dire mis à leur place; et ce qu'on dit des termes, on le dit des choses. Nous tirons un grand secours de l'union des idées avec les termes, parce qu'une idée, attachée à un terme fixe, n'échappe pas si aisément à notre esprit. »

Que faut-il penser de l'invention d'une langue universelle? — S'il s'agit d'établir une langue universelle parlée par tous les peuples, c'est un projet aussi chimérique que celui de la paix universelle. A supposer qu'on parvînt à la faire adopter, comment empêcher les modifications qui suivraient nécessairement des différences entre les organes vocaux, des habitudes d'esprit et de prononciation des divers peuples? M. Renouvier oublie cette difficulté, quand, dans ses *Essais de critique*, il prédit l'universalité à la langue anglaise. Il en adviendrait de l'anglais comme du latin, que les peuples conquis ont transformé en l'adoptant, ce qui a donné naissance aux langues néo-latines.

Les analogies sur lesquelles on s'appuie, de l'adoption universelle possible d'un système de poids et mesures, de numération, de nomenclature chimique, valent seulement s'il s'agit d'une langue universelle spéciale à la diplomatie, au commerce ou à la science. Le latin a joué pendant longtemps ce rôle pour la science; le français, pour la diplomatie, depuis le traité de Nimègue (1678).

Les plus grands esprits se sont occupés de cette question : au XVIIe siècle, Bacon, Descartes, Pascal, Leibniz; au XVIIIe, l'abbé de Saint-Pierre; au XIXe, Ampère. Il existe de quarante à cinquante tentatives. La dernière est le volapük, où dominent l'élément allemand et l'élément anglais.

Les langues. — Une langue est *l'ensemble des usages propres à une nation pour exprimer la pensée par la parole ou par l'écriture.*

Division des langues. — 1° Au point de vue de leur formation, on les ramène à trois types principaux, qui marquent un acheminement progressif vers une perfection toujours plus grande : les langues *isolantes* ou *monosyllabiques*, *agglutinantes* ou *polysynthétiques*, *flexionnelles* ou *déclinables*.

a) Les langues *isolantes* ou *monosyllabiques* : les racines d'une seule syllabe y sont employées comme des mots indépendants, exprimant chacun une idée abstraite et générale; tels sont le chinois, qui a quarante mille caractères, le siamois, le thibétain.

b) Les langues *agglutinantes* ou *polysynthétiques* : deux ou plusieurs racines s'agglutinent, c'est-à-dire s'ajoutent, sans subir de changement dans leur terminaison, pour former les mots; l'une de ces racines reste radicale, les autres deviennent affixes. A ce groupe appartiennent le japonais, le coréen, le lapon, le finnois, le finlandais, le géorgien (Caucase) et le basque, le mexicain, les langues californiennes.

c) Les langues *flexionnelles* ou *déclinables* : les racines se fondent de telle sorte qu'aucune ne conserve son indépendance; les mots changent de terminaison pour indiquer leur rôle dans la phrase, leur genre, leur nombre et autres rapports.

On en distingue deux grandes familles : la famille des langues *sémitiques* : arabe, éthiopien, hébreu classique, phénicien, syriaque, assyrien, chaldéen oriental (inscriptions cunéiformes de Babylone et de Ninive); — et la famille des langues *indo-européennes* : sanscrit, zend, bas breton, irlandais, langues scandinaves, langues slaves, langues germaniques, grec, latin et langues néolatines : français, italien, espagnol, portugais, roumain, provençal. — Quelques auteurs distinguent encore la famille des langues *touraniennes*.

2° Au point de vue de la manière dont elles expriment la pensée, on divise les langues en *langues analytiques* et en *langues synthétiques*.

Langues analytiques et langues synthétiques. — La pensée, comme tous les objets de la nature, forme d'abord une unité concrète et indivisible, un tout complexe, une synthèse dont les éléments ne sont pas distincts; pour l'exprimer, le langage doit forcément l'analyser, la rendre morcelée et successive. En principe donc, toute langue est nécessairement *analytique*, car toute langue doit plus ou moins décomposer la pensée. On appelle *synthétiques* celles qui poussent moins loin ce travail d'analyse. Comme on le voit, ces termes: langue *analytique* et langue *synthétique*, n'ont qu'une valeur relative.

Les langues synthétiques expriment plusieurs idées et plusieurs indications grammaticales par un seul mot à terminaison variable; les langues analytiques tendent à avoir autant de mots distincts qu'il y a d'idées et de rapports. Ainsi, le mot latin *amabor* renferme l'idée d'aimer, la notion de la 1re personne du singulier, celle du futur et celle du passif. L'allemand et le français, en disant, l'un: *Ich werde geliebt worden sein*, l'autre: *j'aurai été aimé*, représentent ces quatre notions par quatre mots séparés. L'anglais en met cinq: *I shall have been loved*. Il en est de même de *amavi*, rendu en allemand par: *Ich habe geliebt*; en anglais par: *I have loved*; en français par: *j'ai aimé*; en italien par: *io ho amato*; en espagnol par: *yo he amado*.

De plus, les langues analytiques, et parmi elles surtout le français, tendent à suivre l'ordre logique de la pensée, lequel consiste à énoncer d'abord le sujet avec les mots qui en dépendent, puis le verbe, enfin l'attribut ou les compléments. Cet ordre est logique, parce qu'il est fondé sur les premiers principes de la raison. Toute phrase, en effet, contient ou le verbe *être*, et alors exprime l'existence et la modalité, par exemple: *l'homme est doué de raison*, ou un verbe *actif*, par exemple: *le savant fait des découvertes*. Dans le premier cas, il y a application du principe de substance; dans le second, du principe de causalité; or, ici, l'expression est calquée sur la réalité, car la substance précède logiquement le mode et la cause l'effet.

Ce caractère des langues analytiques, d'avoir des constructions régulières, les rend plus faciles à entendre. « Dans une phrase latine ou grecque, que de cas, de régimes, de terminaisons à combiner! On n'entend presque rien qu'on ne soit à la fin. (L'auteur aurait pu ajouter ici l'allemand.) Le français ne donne point cette fatigue: on le comprend à mesure qu'il est parlé. » (DIDEROT, *Lettre sur les sourds et muets*.)

Les langues anciennes, langues à flexions, telles que le sanscrit, le grec et le latin, sont synthétiques; les langues modernes: italien, espagnol, français, anglais, sont analytiques. L'allemand, langue flexionnelle, tient à la fois de la nature des langues synthétiques et de celle des langues analytiques.

L'histoire et l'expérience nous apprennent que les langues ont toutes commencé par être synthétiques. Elles ont suivi la même loi que la pensée, qui, soit dans l'individu, soit dans l'humanité, tend de plus en plus à se préciser, et par conséquent à devenir analytique. La philologie constate que les langues des peuples sauvages sont ou des langues monosyllabiques ou des langues d'agglutination, c'est-à-dire des langues synthétiques, tandis que celles des peuples civilisés, sous l'influence de l'esprit scientifique, accusent de plus en plus leur caractère analytique.

Philologie. — La philologie est la science qui étudie les langues dans leur formation, leur évolution, leurs métamorphoses; elle compare les divers vocabulaires, les diverses syntaxes pour en dégager des lois générales. C'est la philosophie des langues. Le champ de la philologie est immense, comme celui de la philosophie. « Tout ce qui sert à la restauration ou à l'illustration du passé a droit d'y trouver place. Entendue dans son sens étymologique, elle ne comprendrait que la grammaire, l'exégèse et la critique des textes; les travaux d'érudition, d'archéologie, de critique esthétique, en seraient distraits. Une telle exclusion serait pourtant peu naturelle, car ces travaux ont entre eux les rapports les plus étroits... Le vrai philologue doit être à la fois linguiste, historien, archéologue, artiste, philosophe... La philologie n'a pas son but en elle-même: elle a sa valeur comme condition nécessaire de l'histoire de l'esprit humain et de l'étude du passé. » (RENAN, *l'Avenir de la science*.)

TABLEAU ANALYTIQUE

DU SIGNE

Définition du signe. — Tout fait perçu qui en révèle un autre non perçu directement.

Éléments.
1° Le signe lui-même;
2° La chose signifiée;
3° Le rapport perçu par l'esprit entre le signe et la chose signifiée.

Diverses sortes.
Signes naturels. — Produits et interprétés spontanément : regards, gestes, cris, etc. Ils sont partout les mêmes et compris de tout le monde : partout les larmes sont un signe de douleur, et le rire est un signe de joie.
Signes artificiels ou conventionnels. — Liés aux choses d'une manière arbitraire : laurier, emblème de la victoire; olivier, de la paix, etc. — Ils sont ou peuvent être différents d'un peuple à l'autre, d'un groupe de personnes à un autre.

Importance des signes. — L'interprétation des signes est un cas particulier de l'association des idées et du raisonnement ; elle a une grande importance pour l'acquisition de la connaissance : c'est par les signes que nous reconstituons le passé, que nous prévoyons l'avenir et que nous jugeons du présent.

Sens auxquels ils se rapportent.
Ils peuvent se rapporter à tous les sens, particulièrement :
A la vue : gestes, dessin, écriture, télégraphie;
A l'ouïe : cris, langage, sonneries, batteries ;
Au tact : écriture des aveugles-nés, reliefs, etc.

DU LANGAGE

Définition. — Système de signes par lesquels l'homme exprime ses pensées, ses sentiments. — Il est *naturel* ou *artificiel*.

Langage naturel.
Expression des diverses modifications de l'âme par des modifications du corps. Il est *instinctif, universel, synthétique, pathétique* et essentiellement *communicatif*.
Il comprend :
1° des sons inarticulés : soupirs, cris, sanglots;
2° des jeux de physionomie : larmes, rire, mouvements des lèvres, du regard ;
3° des gestes, des attitudes.

Langage artificiel.
Expression de la pensée à l'aide de signes conventionnels. Il est *particulier, variable, intentionnel, analytique, doit être appris.*
Il comprend :
1° *La parole :* combinaison de sons articulés par lesquels l'homme exprime sa pensée ;
2° *L'écriture,* signe de la parole ; à l'aide de caractères permanents, elle la fixe pour des siècles ; L'écriture peut être *idéographique :* figurative ou symbolique ; ou *phonétique :* alphabétique ou syllabique.
3° *Les systèmes de signes* qui constituent le langage des sourds-muets.

La question de l'origine du langage a donné lieu à un grand nombre d'hypothèses. On peut toutes les ramener à quatre groupes :

PROBLÈME DE L'ORIGINE DU LANGAGE

1re Hypothèse. — *Dès l'origine, Dieu a révélé le langage à l'homme.* — D'après cette théorie, « il y a pour chaque chose un nom juste qui lui convient par nature. » (PLATON.) — « Les noms nous révèlent la nature des choses ;... » « celui qui a établi les noms connaissait parfaitement l'essence des choses. » — D'où l'on conclut que le langage est au-dessus des forces humaines, que « dire qu'il a été inventé artificiellement est absurde » ; pour inventer la parole, il aurait fallu la parole. Donc le langage a été révélé directement par Dieu.
Cette théorie a été soutenue dans l'antiquité par Héraclite et les stoïciens ; au moyen âge et aux temps modernes, par nombre de théologiens, et de nos jours par de Bonald, de Maistre, Lamennais et les traditionnalistes.

Réfutation. — Au point de vue philosophique, ce système prête à beaucoup de critiques : 1° Il suppose que les noms expriment l'essence des choses, c'est-à-dire qu'ils sont nécessaires, ce que nient un grand nombre de philosophes ; 2° qu'on ne peut pas penser sans mots, ce qui est contraire à la réalité ; 3° que l'invention du langage est au-dessus des forces humaines, ce qui n'est pas démontré. Il pèche contre un principe de philosophie : principe de moindre action. Enfin il n'explique pas les rapports de la pensée et de la parole, c'est-à-dire l'interprétation du signe, en sorte que la difficulté reste la même.

2e Hypothèse. — *La parole est le résultat d'un instinct spécial et primitif aujourd'hui disparu.* — Cette hypothèse, d'après laquelle « l'homme est naturellement parlant, comme il est naturellement pensant », se rapproche de la précédente. En effet, un instinct naturel est un don du Créateur, et la parole est indépendante de l'intelligence et de la volonté.
Max Müller, Renan et autres philologues ont soutenu cette théorie en se basant sur cette découverte faite par la comparaison des langues, que dans tous les vocabulaires il y a un certain nombre de termes communs et irréductibles : les racines.

Réfutation. — Cette hypothèse paraît insoutenable. D'abord, il n'est pas démontré que les quatre ou cinq cents racines communes soient primitives ; ensuite, que serait devenu cet instinct auquel on attribue l'invention du langage ? — Comment expliquer la diversité des langues ? etc.

3e Hypothèse. — *La parole est une création artificielle et conventionnelle de l'homme.* — Démocrite, chez les anciens, Locke, Condillac, Rousseau, A. Smith et la plupart des philosophes sensualistes du XVIIIe siècle, ont attribué l'invention de la parole à une convention. — Les hommes ne pouvant penser sans signes, ils se sont formé un langage par une entente réciproque ; par conséquent, les mots sont arbitraires, ils n'expriment pas l'essence des choses, on peut les changer à volonté.

Réfutation. — On répond : D'après cette théorie, « la parole eût été fort nécessaire pour inventer la parole. » — L'idée d'inventer le langage suppose déjà un langage ; de plus, comment soutenir que Dieu ait créé l'homme sociable sans lui donner la parole, instrument par excellence de toute société ?

4e Hypothèse. — *La parole est le produit de l'élaboration lente et progressive du langage naturel.* — Au point de vue philosophique, cette hypothèse seule rend compte des faits : l'homme a tout ce qu'il faut pour inventer la parole : 1° l'intelligence, pour concevoir l'idée ; 2° les sens, pour percevoir les objets extérieurs ; 3° le jugement, pour établir des rapports ; 4° un organe vocal merveilleusement conformé pour produire des sons. — On peut donc admettre, avec le philologue Whitney et la plupart des philosophes contemporains (Ravaisson, Rabier), que l'homme a pu se créer un langage. Il est inutile de recourir à la révélation divine, comme l'a fait de Bonald ; à un instinct spécial, comme M. Müller et Renan, ou à une faculté particulière, dite faculté *expressive*, comme l'ont fait Th. Reid, Jouffroy, A. Garnier.

Conclusion. — La science ne nie pas la révélation ; elle se place à un autre point de vue. — Supposé que la révélation n'ait pas eu lieu, l'homme serait-il arrivé à se faire un langage ? — Oui, peut-on répondre. — *En fait*, l'homme a reçu la parole de Dieu ; *en droit*, il aurait pu la créer.

Il y a action et réaction de la pensée sur le langage et du langage sur la pensée.

RAPPORTS DE LA PENSÉE ET DU LANGAGE

1° Action de la pensée sur le langage.
- La pensée précède la parole, le signe n'existe que pour la chose signifiée ;
- La pensée crée le langage à sa ressemblance et lui communique sa vie ;
- Si la pensée est vraie, claire, le mot l'est aussi : « Ce que l'on conçoit bien, etc. »
- Le mot existe pour l'idée. « Les mots, dit Aristote, sont l'étiquette des choses. »
- Les lois de la pensée deviennent celles de la syntaxe ;
- Enfin, la langue est la forme visible de l'esprit, du caractère d'un peuple.

2° du langage sur la pensée.
- Le langage favorise l'attention, rend la pensée plus claire, plus distincte ;
- La langue est un instrument d'analyse, d'abstraction, de généralisation, de raisonnement ; c'est-à-dire qu'elle participe à toutes nos opérations intellectuelles ;
- Elle seule rend la science possible ;
- La langue fixe la pensée, sert à la communiquer et à la rendre permanente.

3° Problèmes que soulèvent les rapports de la pensée et du langage.

1° *L'homme pourrait-il penser sans le secours des mots?* — Oui, en droit ; mais les opérations intellectuelles seraient plus ou moins imparfaites et n'auraient aucune durée ; toute science serait impossible. — Cependant « l'homme ne pense pas parce qu'il parle, mais il parle parce qu'il pense. » (M. DE BIRAN.) — Donc, en droit, l'homme peut penser sans le secours des mots ; en fait, cela n'arrive guère.

2° *La science n'est-elle qu'une langue bien faite*, comme l'a prétendu Condillac? — Non, mais il y a une relation très étroite entre la perfection de la langue et la perfection de la science. Une langue bien faite aiderait à rendre la science parfaite, et réciproquement.

3° *Une langue universelle est-elle possible?* — Oui, s'il s'agit d'une langue restreinte à un objet déterminé : science, commerce, diplomatie ; — non, s'il s'agit de l'imposer comme langue maternelle à tous les peuples.

LES LANGUES

Définition. — Une langue est l'ensemble des usages propres à une nation pour exprimer sa pensée par la parole ou par l'écriture.

Division des langues.

1° — *Au point de vue de leur formation*, elles sont :
  a) *Isolantes* ou *monosyllabiques* : chaque racine d'une seule syllabe est employée comme mot indépendant et exprime une idée abstraite. — Chinois, siamois, thibétain.
  b) *Agglutinantes* ou *polysynthétiques* : deux ou plusieurs racines s'ajoutent pour former des mots, l'une restant radicale, l'autre devenant affixe. — Japonais, coréen, finnois.
  c) *Flexionnelles* ou *déclinables* : les mots changent de terminaison pour indiquer leur rôle dans la phrase : genre, nombre, cas. — Langues sémitiques et indo-européennes.

2° — *Au point de vue de la manière dont elles expriment la pensée*, elles sont :
  a) *Analytiques* : si elles ont autant de mots séparés qu'il y a d'idées à exprimer : français, anglais, italien.
  b) *Synthétiques* : si un même mot exprime plusieurs idées ou plusieurs indications grammaticales au moyen d'une terminaison ou d'une juxtaposition : latin, grec, allemand.

On peut dire que toutes les langues sont plus ou moins analytiques et tendent à le devenir de plus en plus.

Philologie. — C'est la science qui étudie les langues dans leur formation, leur évolution, leurs métamorphoses ; elle compare les divers vocabulaires, les diverses syntaxes, pour en dégager des lois générales. C'est la philosophie des langues.

22ᵉ LEÇON

ESTHÉTIQUE

Définition et division. — L'esthétique est la *science du beau*, ou encore la *philosophie des beaux-arts*[1].

Elle définit et analyse l'*idée du beau* et celles qui s'y rattachent; les *jugements* et les *sentiments* que font naître en nous les beautés de la nature et celles de l'art; les *facultés de l'artiste* et du poète et les principes qui les dirigent; enfin l'*art* en lui-même et sous ses différentes formes, qui sont les *beaux-arts*.

I. — IDÉE DU BEAU

Définition. — Le beau, c'est la *splendeur de la perfection* ou *de l'idéal*. C'est l'expression brillante et harmonieuse d'une idée, d'un type d'être; par conséquent, une notion mixte, qui implique l'accord de l'idéal et du réel, de l'intelligible et du sensible : du *sensible idéalisé*, c'est-à-dire conçu sans défaut, ou de l'*idéal réalisé* sous des formes agréables. Il intéresse à la fois l'intelligence et la sensibilité; le sentiment qu'il produit (sentiment *esthétique*) est l'harmonie de deux émotions, l'admiration et l'amour, qui naissent de la connaissance.

Autres définitions. — Aristote, dans sa *Poétique*, a défini le beau : *ce qui réunit la grandeur et l'ordre*, c'est-à-dire la puissance agissant sans obstacle, conformément à la nature des êtres, et sans blesser dans son développement aucune loi ou convenance physique, intellectuelle ou morale. M. Ch. Lévêque dit que cette définition est la plus large et la plus exacte que l'on ait donnée. Aussi définit-il lui-même la *beauté physique* : une vie puissante et ordonnée; la *beauté intellectuelle* : une faculté de connaître grande et ordonnée; la *beauté morale* : une puissance d'agir grande et ordonnée.

C'est à tort qu'on a attribué à Platon cette définition : *Le beau est la splendeur du vrai*. On ne la trouve dans aucun de ses ouvrages. Il dit, dans sa *République* (liv. VI), que « la beauté du bien doit être au-dessus de toute expression, puisqu'il produit la science et la vérité et qu'il est encore plus beau qu'elles ». Si donc, pour lui, le beau est la splendeur de quelque chose, c'est du bien plutôt que du vrai qu'il est la splendeur. — Cela ne veut pas dire que cette définition doive être rejetée absolument, à moins qu'on ne fasse le mot splendeur synonyme d'évidence, auquel cas elle serait inexacte et incomplète.

---

[1] L'auteur allemand Baumgarten (1714-1762), qui a le premier entrepris de constituer un corps de doctrine avec les éléments épars de la science du beau, lui a donné le nom d'*esthétique* (du grec *aisthanomai*, je sens), parce qu'il supposait qu'elle nous est donnée par la connaissance sensible; il semble, en effet, plus facile de sentir le beau que d'en pénétrer l'essence. Mais une science se fait avec des principes, non avec des sentiments. Le mot, quoique mal fait, est resté avec cette signification de *science du beau*, qui ne répond pas à son étymologie.

Saint Augustin a dit : *L'essence du beau, c'est l'unité*. Sous une forme exagérée, cette parole renferme une des vérités les plus importantes en esthétique. — *Le beau est la splendeur de l'ordre.* Cette définition contient en résumé tous les éléments qui passent pour être les caractères essentiels du beau. — Enfin : *Le beau, c'est l'unité dans la variété.* M. Ch. Lévêque critique ainsi cette définition : « Ces mots n'apprennent rien à qui les entend, car ils ne signifieraient quelque chose que si l'on expliquait quelle est l'unité et quelle est la variété qui caractérisent le beau. Dans le vague où on les laisse, ils s'appliquent aussi bien à un objet quelconque et même à un objet laid. Une caisse d'emballage en bois de sapin n'est pas belle; et pourtant elle a l'unité, puisque c'est une seule caisse; et elle a la variété, puisqu'elle a six parois, dont quatre sont d'une grandeur et deux d'une autre. Une personne très laide a l'unité, puisqu'elle est un individu distinct; elle a aussi la variété, car elle a quatre membres et une tête. Une définition n'est bonne que quand elle convient à un seul objet défini; or celle-ci convient non seulement à autre chose qu'à l'objet défini, qui est le beau, mais même à son contraire, qui est le laid. »

Saint Thomas, voulant faire comprendre qu'avant tout le beau s'adresse à l'intelligence, à la contemplation, approuve et fait sien le mot d'Aristote que *le beau, c'est ce qui plaît étant connu*.

Bossuet définit le beau l'*ordre visible*. L'ordre étant un besoin primordial de la raison, toute œuvre où manque la proportion, la convenance, ne saurait être belle. Cependant l'ordre tout seul ne fait pas la beauté, et Bossuet semble trop la restreindre, quand il dit : « La beauté ne consiste que dans l'ordre, c'est-à-dire dans l'arrangement et dans la proportion. »

Pour Kant, le beau est purement *subjectif;* il est dans la pensée, et non dans les objets : « C'est ce qui satisfait le libre jeu de l'imagination (créatrice) sans être en désaccord avec les lois de l'entendement; *c'est une finalité sans fin,* » c'est-à-dire un ensemble harmonieux, qui est sa propre loi, sa propre fin, indépendamment de toute relation ou fin quelconque, par exemple, de l'influence qu'il peut exercer sur la direction morale de l'homme. La finalité qui constitue le beau n'est pas une finalité *externe,* comme celle de l'utile, mais une finalité *interne,* consistant dans l'accord des parties avec le tout. — Remarquons que cette théorie du beau « finalité sans fin » est corrélative de celle de « l'homme fin en soi », et ne vaut pas davantage : tout ce qui existe, excepté Dieu, existe pour une fin supérieure à lui-même.

On ne saurait admettre, avec la philosophie allemande, que le beau ne soit rien en soi, indépendamment du sujet, qu'il n'y ait dans les choses que la beauté que nous y avons mise par notre imagination créatrice. Il faut reconnaître, avec le sens commun, que le beau, comme le vrai et le bien, a une valeur objective, qu'il possède tous les caractères reconnus aux notions premières, quoique plus difficiles à mettre en lumière, à cause de la part plus grande faite à l'élément subjectif; qu'il existe en soi, dans les choses, indépendamment de tout sujet connaissant.

Rapports du beau avec le vrai et le bien. — Le vrai, le bien, le beau, sont les trois aspects essentiels de l'être. Ils ont chacun leur domaine propre : la science, la morale, l'art. Réunis, ils forment tout le domaine de l'esprit humain.

Le vrai est l'*identité de l'idée avec son objet ;* le bien, la *conformité d'un être à son type ou à sa fin, d'un acte avec sa loi;* le beau, *un idéal qui resplendit à travers des formes sensibles.*

Le vrai répond à l'intelligence; le bien (en tant qu'il signifie la perfection morale), à la volonté; le beau, à l'intelligence et à la sensibilité tout ensemble.

Le vrai, en soi, est indépendant de la volonté : l'intelligence le constate et en fait la science, mais ne le crée pas ; le bien moral résulte de l'ordre réalisé par la volonté ; l'art peut créer le beau.

Le vrai et le bien sont les conditions du beau : « Rien n'est beau que le vrai, » rien n'est beau que le bien. C'est toujours par quelque chose de vrai que la *fiction* elle-même nous plaît et nous instruit, par quelque chose de vrai ou de bien que le faux ou le mal nous donnent le change et trompent notre admiration. Il ne saurait y avoir contradiction entre le beau, le vrai et le bien ; cependant ni le vrai ni le bien, chacun pris en soi, ne constituent le beau et n'excitent en nous le sentiment esthétique. Les principes premiers, par exemple, les axiomes mathématiques, sont vrais, ils ne sont pas beaux : ils ne s'adressent qu'à la raison pure, ils ne nous émeuvent pas. Un débiteur acquitte ses dettes, un patron paye à ses ouvriers le salaire convenu, un riche donne une partie de son superflu : ils font une bonne action, non une belle action ; ils m'inspirent de l'estime, non de l'admiration. Ce qu'ils font est juste, conforme à l'ordre, mais n'a pas de grandeur. « Une belle action, dit Montesquieu, est celle qui a de la bonté et qui demande de la force pour l'accomplir. »

Il y a, entre l'idéal moral et l'idéal esthétique et scientifique, cette différence qu'en présence du premier l'homme se sent obligé sinon de le réaliser absolument, du moins d'y tendre par l'accomplissement de tous ses devoirs, tandis qu'il reste libre de désirer ou non atteindre le second. Il ne faut donc pas, avec Platon, identifier le beau et le bien.

Quand le vrai et le bien ont un certain éclat et s'élèvent à un certain degré de grandeur, ils nous remplissent, eux aussi, d'admiration. L'unité du vrai, du bien, du beau, cette trilogie de l'être, dans l'éclat et la grandeur, ressort de l'identité du sentiment qu'ils inspirent. C'est dans ce sentiment et à cette hauteur que s'unissent et se fondent la science, la morale et l'art. De là cette conclusion que ces trois manifestations de l'activité libre de l'homme et les sciences qui en traitent sont solidaires dans leur développement, comme nos facultés : toute déviation, tout amoindrissement de l'une d'elles, a son contre-coup dans les deux autres. Entre les négations du positivisme, par exemple, et les dégradations de l'art, la relation est intime.

Rapports du beau avec l'agréable et l'utile. — L'école sensualiste ramène le sentiment du beau soit au plaisir que cause l'*agréable*, soit au bien-être que procure l'*utile*[1].

1° **Le beau est distinct de l'agréable.** — *Il n'est pas tel parce qu'il plaît, mais il plaît parce qu'il est beau.* Le sentiment du beau est une *espèce* de l'agréable : tout ce qui est beau est agréable, mais tout ce qui est agréable n'est pas beau.

Ainsi, il y a des saveurs agréables, des odeurs agréables ; il n'y a ni belles saveurs, ni belles odeurs. Si l'agréable et le beau sont réunis dans un même sujet, on ne les confond point. Ainsi, le lis fait éprouver à la fois une sensation agréable par son parfum et le plaisir esthétique par la beauté de sa forme. D'autres fleurs, les cactées, charment par leur élégance et leur beauté ; mais plusieurs n'ont point de parfum.

Le beau et l'agréable ont cela de commun qu'ils agissent l'un et l'autre sur la sensibilité ; mais celui-ci s'adresse surtout à la sensibilité physique : c'est une sensation ; celui-là, directement et premièrement à la sensibilité morale : c'est un sentiment. Ce sentiment, il est vrai, est lié à la sensation qui le précède, l'éveille, en est la condition ; mais, encore une fois, le plaisir qu'il procure ne

---

[1] Les épicuriens confondaient le beau avec l'agréable ou l'utile ; les stoïciens le subordonnaient et le sacrifiaient au bien.

se confond avec l'agrément d'aucune sensation. De plus, il y a des plaisirs grossiers, impurs, qui peuvent flatter agréablement les sens, tout en donnant l'idée et le sentiment de la laideur morale.

2° **Le beau est distinct de l'utile.** — L'utile, c'est *ce qui sert à quelque chose, ce qui satisfait un besoin;* le beau est inutile comme tel : « L'idée de finalité disparaît en lui avec l'idée d'utile. » (KANT.)

L'idée de l'utile est relative; elle exprime le rapport entre un moyen et un but; le but atteint, l'utilité cesse. L'utile et le beau sont souvent séparés : des choses très utiles peuvent être très laides ou ne procurer aucune émotion esthétique, par exemple; un ustensile, une table, une chaise; les choses belles ne sont pas toujours utiles, au moins d'une utilité matérielle : elles peuvent être un luxe. Quand un objet est à la fois utile et beau, c'est sous un point de vue différent : on ne dit jamais qu'il est beau en tant qu'utile. Une colonne, une cariatide, ne sont pas belles en tant qu'elles servent de support, mais par des formes élégantes qui s'harmonisent avec leur rôle. En face d'un champ de blé mûrissant, l'artiste jouit d'un charmant tableau, le cultivateur besogneux compte déjà les provisions qu'il mettra dans son grenier. Il en est de même d'un peintre et d'un bûcheron en présence d'un beau chêne, d'un marinier et d'un touriste contemplant l'océan.

L'agréable et l'utile excitent l'appétit : on les convoite; le plaisir du beau est lié à la seule *contemplation* des choses : on admire une belle prairie, un beau paysage, sans songer à les posséder. En d'autres termes, la jouissance de l'utile et de l'agréable est toujours plus ou moins intéressée; celle du beau est désintéressée et en quelque sorte sociale; elle élève l'homme au-dessus de lui-même, et il la sent d'autant plus qu'il peut la faire partager à d'autres. On est porté à se servir de l'objet utile, au risque de le détruire; on veut, au contraire, conserver ce qui est beau.

Conditions du beau. — « Trois choses, dit saint Thomas, sont requises pour constituer le beau : *l'intégrité,* la *proportion* et la *lumière* ou la *clarté*. » On ajoute la *variété* et l'*unité*.

« En premier lieu, l'*intégrité* ou la perfection, car un être diminué et mutilé nous semble laid et difforme. » Un être est *entier*, lorsque rien ne lui manque de ce qu'il doit avoir, lorsqu'il est parfait en son genre, lorsqu'il exprime tout son idéal.

La *proportion* consiste dans l'ordre et l'harmonie des parties, des forces, des actes; c'est la symétrie, la mesure, la convenance, c'est-à-dire la parfaite appropriation des organes ou attributs à leurs fonctions ou à leurs fins. Un être dont toutes les parties ont la proportion voulue, où tout concourt harmonieusement à former un tout, où rien ne choque, parce qu'il n'y a « rien de trop ni rien de manque », nous donne le sentiment de la beauté. Un bel exemple de la proportion des parties avec l'ensemble, c'est l'Apollon du Belvédère[1].

La *clarté* ou la *lumière*, c'est le rayonnement, la splendeur qui vient de l'objet et qui nous enchante. La lumière proprement dite est une condition pour voir l'objet beau, mais elle n'en constitue pas la beauté. Il s'agit ici de la clarté qui résulte de la perfection de l'objet et qui se répand sur toutes ses parties. « L'éclat est au beau ce que l'évidence est à la vérité : il le fait voir. »

La *variété* ou le contraste est un des caractères les plus sensibles de la beauté; elle existe dans un objet, quand ses parties ou ses formes ne sont pas toutes les

---

[1] Belvédère, pavillon du Vatican, élevé par Bramante, et enrichi par Pie VI des chefs-d'œuvre de l'art.

mêmes; elle représente le mouvement, la vie. On la trouve dans tout être complet : le minéral possède des propriétés physiques et chimiques; la plante ajoute à ces propriétés celles de la vie végétative; l'animal possède en outre celles de la vie sensitive, et l'homme celles de la vie intellectuelle et morale.

L'*unité* est cette qualité qui fait que toutes les parties d'un tout sont ordonnées d'après une même pensée. Un être est d'autant plus un qu'il est plus parfait; « le même principe qui lui donne d'être, dit saint Thomas, lui donne en même temps l'unité. » Aussi l'unité est-elle plus forte et plus éclatante dans l'homme que dans l'animal, dans l'animal que dans la plante, et dans la plante plus que dans le minéral. L'artiste, qu'il soit poète, peintre ou architecte, doit ramener à l'unité toutes les parties de son œuvre; toutes doivent tendre au même but, réaliser les divers aspects d'une même idée[1].

Diverses sortes de beau. — On distingue : 1° Le beau *physique*. Il est partout dans la nature, soit que l'on considère les détails, soit que l'on s'applique aux vues d'ensemble.

2° Le beau *moral*. Il existe dans les actions humaines, dans l'empire de l'âme sur le corps, dans la suprématie assurée à la volonté raisonnable sur les appétits et les passions.

3° Le beau *idéal*. Le beau réel, tel qu'il nous apparaît dans la nature et dans l'homme, est mêlé de beaucoup d'imperfections et ne peut satisfaire les aspirations supérieures de l'âme. De là la conception du beau idéal, dont le beau réel n'est en quelque sorte qu'une ébauche à travers laquelle on le voit resplendir.

4° Le beau *absolu*. Comme le vrai, comme le bien, il existe indépendamment de toute conception, en Dieu, qui est sa raison d'être et son principe premier. « L'idéal, dit Cousin, recule sans cesse à mesure qu'on en approche. Son dernier terme est dans l'infini, c'est-à-dire en Dieu, ou, pour mieux parler, le vrai et absolu idéal n'est autre que Dieu même. »

Dieu possède à la fois la plénitude de la beauté réelle et idéale; il est plus effectif, plus actuel que toute réalité, plus parfait, plus accompli que tout idéal. Il ne faut pas dire que Dieu est beau, il faut dire qu'il est la beauté. Seulement cette beauté manque de la forme sensible, à laquelle elle ne saurait être réduite. Nous ne pouvons la voir qu'à travers la création. « Ce qu'on ne peut voir de lui, dit saint Paul, se fait concevoir par la connaissance qu'en donnent ses ouvrages depuis la création du monde. » Plotin a dit avec raison : « Le beau est le côté divin du monde. » — Le type visible du beau absolu sur la terre a été Notre-Seigneur Jésus-Christ, Dieu homme et homme Dieu.

Le sublime. — 1° En quoi il consiste. — Le mot *sublime*, au sens étymologique, c'est ce qui est élevé. En esthétique, on appelle sublime *le beau ou le grand élevé à un degré tel, qu'il semble hors de proportion avec notre nature*. C'est une apparition soudaine de l'infini au sein du fini, c'est-à-dire la manifestation sous une forme sensible d'une grandeur ou d'une force vraiment extra-

---

[1] Pour plus de détails sur les conditions du beau, voir le bel ouvrage de M. Vallet, prêtre de Saint-Sulpice, sur l'*Idée du beau dans la philosophie de saint Thomas d'Aquin*, auquel nous avons fait plusieurs emprunts.

ordinaire. Une grande étendue, celle de l'Océan, par exemple, nous paraît sublime, parce qu'elle nous donne l'idée de l'immensité.

Il ne faut pas, comme l'ont fait trop souvent les romantiques, confondre le sublime avec le monstrueux, le gigantesque, le colossal, qui sortent de la loi, qui heurtent et déforment la nature. Il n'y a pas de sublime, pas plus qu'il n'y a de beau, en dehors de l'ordre et de la loi. Ce qui est laid en soi, ce qui est mal, comme l'assassinat, ne saurait devenir beau ou sublime en prenant des proportions grandioses ou excessives [1].

2° **Il faut le distinguer du gracieux, du joli et du beau.** — On considère, en général, le gracieux, le joli, le beau et le sublime comme des espèces comprises dans le genre commun de la beauté. Ils diffèrent par les sentiments qu'ils nous inspirent. Le *gracieux*, c'est un beau libre, où se fait voir l'aisance, le jeu facile. Le *joli* enferme, avec l'idée du beau, celle de petitesse. L'un et l'autre s'adressent plutôt à notre sensibilité qu'à notre raison ; ils nous récréent, sans faire sur nous une impression profonde. Le *beau* élève l'âme, la grandit ; quoiqu'il parle à notre raison bien plus qu'à notre sensibilité, il nous pénètre, nous remue, nous cause une jouissance sereine, gagne à la fois notre estime et notre amour. « Le *sublime* imprime une violente secousse à notre âme ; il porte à la mélancolie, détache de la terre et des petites passions, et, généralement du moins, fait naître un sentiment religieux. Ce n'est pas tant l'amour qu'il provoque, c'est plutôt l'admiration, la vénération et je ne sais quel enthousiasme surhumain. »

« Des effets différents ne peuvent manquer d'avoir une cause différente. L'expérience, en effet, nous montre dans les objets que nous appelons jolis, beaux et sublimes, des qualités spéciales, *sui generis*. D'abord, l'élément sensible et l'élément idéal n'y sont pas dans les mêmes proportions. » Dans le joli, ce qui nous frappe le plus, c'est ce qu'il y a de délicat et de charmant dans le signe ; dans le beau, l'imagination et la raison se trouvent également satisfaites ; dans le sublime, le signe s'efface devant la grandeur de l'idée.

Si grande cependant que puisse paraître, de prime abord, la différence qui sépare le beau du joli et du sublime, elle ne repose au fond que sur les combinaisons diverses des deux éléments essentiels à la beauté : l'ordre et la puissance. Dans le sublime, la puissance est au premier plan ; dans le joli, elle est au second et l'ordre est au premier ; dans le beau, la puissance et l'ordre se font équilibre. Mais, dans les trois cas, les deux éléments subsistent ; il semble donc qu'il y a une différence de degré, et non une différence de nature [2].

Un ruisseau, une fleur, un enfant, sont des exemples du joli, du gracieux. Le langage même nous révèle la différence entre le joli et le beau. On dit : un joli petit enfant, un joli petit jardin. On ne dit pas : un joli grand enfant, un joli grand jardin. Ainsi le joli est l'attribut de ce qui est petit ; le beau, le propre de ce qui est grand. « Mais, autant le beau l'emporte sur le joli, autant il le cède au sublime. Celui-là est toujours humain, toujours à notre portée ; il se compose

---

[1] Voir un traité de rhétorique pour l'explication des expressions : sublime de *pensée*, de *sentiment*, d'*expression*.
[2] Beaucoup d'auteurs cependant, depuis Kant, admettent que le *sublime* n'est pas une espèce du genre *beau* au même titre que le *gracieux* ; pour eux, c'est une émotion esthétique *sui generis*.

principalement d'ordre, de proportion et d'harmonie. Le sublime ne se trouve que chez les êtres supérieurs; sans être infini, il nous dépasse, il touche à l'infini. »

Dans la nature, un lac de Suisse, une vallée fertile, sont des types du beau ; l'Océan soulevé par la tempête, l'aspect des hautes montagnes, la cataracte d'un grand fleuve, sont sublimes. Dans les beaux-arts, l'Apollon du Belvédère, une Vierge de Raphaël ou le tableau de la sainte Famille, l'Arc de triomphe de l'Étoile, nous donnent le sentiment du beau. Dans l'ordre moral, le vieil Horace prononçant le « Qu'il mourût », Polyeucte allant « à la gloire », Auguste pardonnant à Cinna, saint Louis dans les fers, Lamartine arrachant à l'émeute le drapeau rouge, Mgr Affre sur les barricades, sont sublimes.

3° Ce qui caractérise surtout le sublime, c'est le sentiment de l'admiration. — « L'apparition du sublime, dit Lacordaire, nous fait éprouver une sorte de violence abrupte et courte, » mais délicieuse aussi, et vers laquelle nous nous sentons attirés par un attrait supérieur. C'est qu'elle nous enlève à notre médiocrité ordinaire, et nous place tout à coup devant un idéal qui nous effraye d'abord, mais que nous voudrions être capables de réaliser.

« Toute œuvre vraiment belle ou sublime, dit Cousin, élève l'âme vers l'infini. L'infini est le terme commun où l'âme aspire par le chemin du beau, comme par celui du vrai et du bien. » On a dit qu'admirer, c'est égaler. Le propre de l'admiration est d'élever à la hauteur de ce qui la produit, d'exciter à se faire soi-même à l'image de la beauté qu'on admire. L'admiration est le signe des âmes nobles, grandes, désintéressées. « C'est un grand signe de médiocrité, dit Vauvenargues, de louer toujours modérément, » et la Rochefoucauld : « Les esprits médiocres condamnent d'ordinaire tout ce qui passe leur portée [1]. »

« Comprendre et démontrer qu'une chose n'est point belle, plaisir médiocre, tâche ingrate ! Mais discerner une belle chose, s'en pénétrer, la mettre en évidence et faire partager à d'autres son sentiment, jouissance exquise, tâche généreuse ! L'admiration est à la fois pour celui qui l'éprouve un bonheur et un honneur. C'est un bonheur de sentir profondément ce qui est beau ; c'est un honneur de savoir le reconnaître. L'admiration est le signe d'une raison élevée servie par un noble cœur. Elle est au-dessus de la petite critique sceptique et impuissante ; mais elle est l'âme de la grande critique, de la critique féconde : elle est, pour ainsi dire, la partie divine du goût. » (COUSIN, *Du Vrai, du Beau, du Bien*, 6° leçon.)

Il ne faut pas confondre, comme on le fait souvent, l'*admiration*, sentiment esthétique qui se rapporte au beau, avec l'*étonnement*, fait intellectuel qui a pour objet le *nouveau*, l'*inattendu*. On s'étonne de choses qui ne causent aucune admiration (exemple : une pluie de soufre), on admire toujours les chefs-d'œuvre de la littérature et de l'art anciens. Quand les deux sentiments se mêlent, comme lorsque l'on admire des choses très difficiles, on les distingue aisément l'un de l'autre : on admire dans ces choses ce qu'elles ont de beau, et l'on s'étonne de ce qu'elles ont d'insolite.

Le laid, le ridicule, le risible. — On définit le laid : le contraire du beau. Cette définition par une négation est vague et n'apprend rien à l'esprit sur la nature du défini. Le *laid*, au physique et au moral, se manifeste surtout par une prédominance du désordre sur l'ordre, par le défaut d'harmonie ou de

---

[1] Descartes, dans son *Traité des passions*, remarque que « les plus imparfaits ont coutume d'être les plus moqueurs ; car, désirant voir tous les autres aussi disgraciés qu'eux, ils sont bien aises des maux qui leur arrivent, et ils les en estiment dignes ».

« Les peuples, comme les individus, sont admirateurs à mesure qu'ils sont supérieurs. La médiocrité refuse toujours d'admirer, et souvent d'approuver. (J. DE MAISTRE.)

proportion des parties entre elles; il implique l'idée d'un être qui manque d'une beauté convenable à sa nature, d'une beauté qu'il devrait avoir.

La laideur physique réside dans les formes sensibles; la laideur morale, dans les actions libres : elle implique une faute, une déviation, une déchéance de la volonté; non seulement elle nous affecte péniblement, comme la laideur physique, mais elle provoque le mépris et l'indignation de la conscience droite. C'est ce qui arrive dans le *Britannicus* de Racine, par exemple, pour Néron et Narcisse, qui personnifient la laideur morale.

Il y a une certaine corrélation entre la laideur morale et la physionomie. Les expressions populaires de *mauvaise mine*, de *figure patibulaire*, de *mauvais regard*, d'*œil louche*, traduisent ce fait, observé de tout temps, que le criminel porte en lui-même, dans sa physionomie, dans son regard, dans son extérieur, des marques révélatrices des passions et des vices qui agitent son âme. Les artistes ont partout et toujours réalisé, dans leurs tableaux ou leurs statues, cette idée que la laideur du corps doit correspondre à la laideur de l'âme. Léonard de Vinci allait au bagne pour trouver une figure de Judas.

Le *risible* provient d'ordinaire d'une disconvenance physique; le *ridicule*, d'une disconvenance morale. Le premier est involontaire, le second est volontaire. Un nez trop long, un menton proéminent, une voix nasillarde, sont risibles; un niais qui se croit spirituel et tient à le prouver, une dupe qui se vante de duper les autres, un homme ruiné par ses mauvaises affaires et qui s'offre à conduire les affaires d'autrui, sont ridicules. Le ridicule ne peut exister chez l'animal, privé de réflexion et de liberté. Quand on lui prête le ridicule, comme à la *grenouille qui veut égaler le bœuf en grosseur*, c'est qu'il représente l'homme. Loin de nous repousser ou de nous irriter comme le laid, le ridicule nous attire plutôt et nous fait rire. Toute une partie de l'art dramatique, la comédie, repose sur la peinture du ridicule.

II. — FACULTÉS ESTHÉTIQUES

Toute œuvre artistique ou littéraire implique plus ou moins l'action de la sensibilité, de l'imagination, de l'intelligence, du goût. — On a parlé plus haut de l'*imagination créatrice*; il ne sera question ici que de l'intelligence et du goût. — L'intelligence, dans les œuvres d'art, se présente sous la forme de l'*esprit*, du *talent*, du *génie*.

Esprit, talent, génie. — L'esprit, c'est le *bon sens vif et alerte, découvrant dans les objets familiers des rapports qui échappent au vulgaire*. C'est le premier degré de l'originalité de bon aloi dont le talent et le génie sont les degrés supérieurs.

Entre le *talent* et le *génie*, y a-t-il une différence de nature ou une différence du plus au moins? Depuis un siècle beaucoup penchent pour la première opinion; les définitions de Littré sont plutôt dans le sens de la seconde : *talent* : aptitude distinguée, capacité, habileté donnée par la nature ou acquise par le travail; *génie* : aptitude spéciale dépassant la mesure commune, soit dans les lettres et les beaux-arts (concevoir et exprimer), soit dans les sciences et la philosophie (inventer, induire, déduire, systématiser), soit dans l'action, telle que celle de l'homme d'État, du militaire.

On définit d'ordinaire le *génie* : le *don de créer, d'inventer* ; la *faculté de produire le beau, le sublime*. Le talent est la même chose, mais dans de moindres proportions ; il fait les mêmes choses, mais les fait sinon moins bien, du moins plus en petit.

Le génie semble être moins une faculté spéciale que la plus grande puissance et la plus haute harmonie de plusieurs facultés essentielles à l'esprit humain : raison, imagination, sensibilité. Les proportions variables de ces divers éléments et la diversité des objets font les différents génies. Il y a le génie de la politique et le génie de la guerre, le génie des sciences et le génie des lettres, le génie philosophique et le génie artistique.

Le génie se reconnaît à sa puissance. Le caractère essentiel de ses œuvres, c'est la grandeur dans l'originalité, c'est l'*inspiration*. Il a le sentiment profond de l'idéal, de la perfection, et c'est parce qu'il poursuit la perfection sans pouvoir l'atteindre, qu'il n'est jamais pleinement content de ses œuvres. « Nous n'égalons aucune de nos idées, » dit Bossuet ; l'homme de génie l'expérimente tous les jours. Il a le tourment de l'infini ; et c'est pour cela qu' « il plaît à tout le monde, et ne saurait se plaire ». (BOILEAU.)

Du goût. — Comme l'imagination créatrice, le *goût* est une faculté mixte. La faculté doit être égale à son objet ; or le beau, qui est l'objet du goût, est multiple et divers par ses éléments : il renferme un élément sensible, fourni ou du moins représenté par l'imagination, et un élément immatériel, idéal, fourni et représenté par l'intelligence.

Pour un grand nombre d'auteurs, le goût se compose de raison, d'imagination et de sentiment. Le rôle principal appartient évidemment à la raison ; elle seule est capable de concevoir l'idéal, de comparer, d'apprécier, de juger ; elle seule, agissant en concours avec l'imagination et le sentiment, peut constituer le *goût*, c'est-à-dire le *sens délicat et précis du vrai, du juste, du beau, du touchant*, qui porte des jugements motivés et sûrs, et ne vacille pas au gré de l'impression, de la fantaisie, de l'humeur.

Éducation du goût. — Le goût se développe, comme toutes les facultés, par l'exercice et l'éducation. Il y a un goût *naturel* qui « n'est pas une connaissance de théorie, mais une application prompte et exquise des règles mêmes qu'on ne connaît pas ». (MONTESQUIEU.) Ce goût, qui prévient la réflexion, tient à notre tempérament physique et moral, à nos idées préconçues, à nos tendances, à nos habitudes, et n'est pas, par conséquent, un guide sûr. Il faut le perfectionner par l'exercice fréquent de la critique sérieuse, par la connaissance des lois de notre nature, qui sont aussi celles de la littérature et des arts, par l'étude des meilleurs modèles, par le commerce habituel avec des hommes d'un goût distingué et délicat.

On peut appliquer au goût esthétique ce qu'on a dit du sens du goût : « Les meilleures règles de pédagogie qu'on puisse formuler à propos du goût sont des règles de morale, telles qu'en ont données les écrivains anciens et modernes, en recommandant la tempérance, l'usage des mets simples, hygiéniques, et non de ces nourritures extraordinaires et épicées, qui blasent le palais et altèrent la santé. » (*Dict. de pédagogie.*)

III. — L'ART ET LES BEAUX-ARTS

L'art, sa fin. — *L'art est l'expression de la beauté idéale sous une forme sensible*. Il repose sur ce principe que toute forme matérielle est le symbole plus ou moins expressif d'une force, d'une idée, d'une vie; mais il ne prend pas les formes au hasard; il choisit, pour rendre la beauté invisible qu'il conçoit, les formes sensibles les plus idéales, les mieux adaptées à l'idée.

« Tel est l'objet ou, si l'on veut, la fin *prochaine* de l'art. A vrai dire, assigner la fin de l'art, c'est assigner la fin du beau lui-même, puisque la fin de l'art n'est autre chose que le beau. Ainsi l'art devra se proposer de produire sur nous, par la représentation du beau, les effets que le beau produit lui-même. Le beau nous plaît, nous ravit, enlève notre admiration, parce qu'il est une révélation de la perfection, de l'harmonie, de l'ordre; exciter en nous ce délicieux sentiment, nous faire aimer et admirer ces grandes choses, voilà la tâche, voilà l'idéal de l'art. » (P. VALLET.)

Principales théories sur l'art : idéalisme et réalisme. — Il existe relativement à l'art deux systèmes principaux : l'*idéalisme* ou *spiritualisme*, qui le définit « la représentation de l'idéal » et lui donne pour fin de transfigurer la réalité et d'idéaliser la nature[1]; le *réalisme* ou *naturalisme*, qui définit l'art « l'imitation de la nature », et ne lui donne d'autre but que de reproduire la réalité perçue par les sens.

Deux choses sont nécessaires à toute œuvre d'art : l'idée et la forme, l'*idéal* et le *réel*. L'idée, dans le *Moïse* de Michel-Ange, par exemple, c'est la puissance, l'autorité souveraine du législateur des Hébreux; la forme, c'est la taille, l'attitude, l'expression de Moïse : solidement assis, il semble inébranlable. L'art est l'union harmonieuse de l'idéal et du réel, de l'idéal réalisé dans un type de la nature, du réel transfiguré par l'idéal. Comme l'homme lui-même, il se compose d'un élément rationnel et d'un élément sensible; il est esprit et corps. On ne peut pas plus le concevoir tout idéal ou tout réel qu'on ne peut concevoir l'homme tout âme ou tout corps. L'homme borné aux impressions sensibles est un homme imaginaire, aussi bien que l'homme concentré dans l'intuition spirituelle : l'idéalisme pur est contre nature, aussi bien que le réalisme pur. Si l'art ne s'inspire pas constamment de la nature, il tombe dans l'abstraction ou dans la fantaisie; s'il ne s'inspire que du sensible, la meilleure partie de la nature, la partie idéale lui échappe complètement.

Subordonner le corps à l'âme, les sens à l'esprit, mais non les séparer, telle est la loi de l'homme; subordonner la forme à l'idée, le réel à l'idéal, telle est la loi de l'art. Le difficile, c'est la proportion qu'il convient de donner à ces

---

[1] Nous avons indiqué un autre sens de ces mots, à propos du problème de l'origine des idées. — Le mot *réalisme* s'emploie encore en pédagogie, par opposition à *humanisme*, pour désigner l'éducation où dominent les procédés et les études scientifiques, par opposition à celle où dominent les lettres.

deux éléments. Si l'élément spirituel s'affaiblit, on tombe dans le culte excessif de la forme, et on altère l'art, on le dégrade, en croyant le perfectionner : le grand, le puissant, devient l'extraordinaire, le colossal, le gigantesque ; l'ornement se change en luxe, la variété en prodigalité, la dignité en emphase, l'élégance en affectation ; la noble simplicité, la sobriété, deviennent la recherche ou le maniéré, le risible n'est plus que le grotesque ou le trivial, la grâce dégénère en mollesse et en afféterie. — Pour se rendre compte de cette évolution ou plutôt de cette dégradation de l'art, il n'y a qu'à considérer la transformation de l'art grec par les Romains, ou, mieux encore, celle de notre art classique du XVIIe siècle par le XVIIIe et par les romantiques du XIXe.

En bornant l'art à n'être que l'imitation de la nature, c'est-à-dire une copie du réel, le naturalisme supprime l'un des termes de l'art ; il supprime l'art lui-même, puisqu'il lui ôte sa raison d'être. L'imitation est un moyen, non un but. Le vrai but de l'art, c'est l'idée. Expression sensible de l'idéal, du beau immatériel, l'art est, par essence, idéaliste. L'idée ôtée, on n'a plus que le culte de la forme pour elle-même, du réel pour lui-même ; ce n'est plus une interprétation de la nature, c'est une photographie. Pour le peintre réaliste, par exemple, toute la perfection de l'art consiste à produire l'illusion par la ressemblance. S'il peint un ulcère, ce ne sera pas pour donner le spectacle d'un homme de caractère dominant la douleur, mais pour montrer une plaie, avec tous ses détails repoussants. Cela peut produire de l'effet, ce n'est pas beau. « Tout peintre et tout statuaire qui ne sait pas montrer, dans toutes ses figures, l'immatérialité et l'immortalité de l'âme ne produit rien qui soit vraiment beau. » (JOUBERT.)

Le spiritualisme assigne à l'art une fin supérieure, sinon directe, du moins impliquée dans la recherche du beau et de l'idéal : l'élévation des âmes. Pour élever les âmes, l'art doit reproduire la nature de manière à manifester ce qui élève ; or ce qui élève, c'est, non la réalité, toute la réalité prise en bloc et sans choix, mais le beau, qui partage, avec le vrai et le bien, la vertu de transformer en soi l'esprit qui le contemple ; c'est le beau moral surtout, qui nous émeut et nous enlève à nous-mêmes pour nous porter à sa propre hauteur.

Ces principes sont la condamnation de la théorie de *l'art pour l'art*. Si cette théorie signifiait que l'art a un objet propre, distinct de tout autre, une sphère où il peut librement se mouvoir, personne ne la contesterait. Mais les partisans de *l'art pour l'art* l'entendent tout autrement. Pour eux l'art est libre, indépendant, séparé de la morale ; il est pour lui-même et ne relève que de lui-même. Ce qui revient à dire que l'art occupe, dans la création, une place exceptionnelle ; car rien n'y est par soi ni pour soi, tout y est pour une fin supérieure à lui-même.

La loi morale, étant l'expression de l'ordre essentiel voulu de Dieu, domine tout. L'activité de l'homme ne peut sur aucun point être affranchie de l'obligation de réaliser sa loi, de tendre à sa fin dernière. En mainte circonstance, la conquête du beau est au même prix que la fidélité au bien.

Entre la morale et l'art, comme entre le bien et le beau, il y a différence, non séparation, encore moins antagonisme. Ni l'art ne peut décliner l'autorité de la morale, ni la morale s'arrêter à la frontière de l'art. Autre n'est pas la conscience de l'artiste, autre celle de l'homme : l'*homme* doit répondre des œuvres de l'*artiste*[1].

---

[1] *L'artiste, l'homme.* — L'artiste est une personne humaine qui applique ses facultés à la création du beau. Impossible de séparer l'homme de l'artiste ; la valeur de celui-ci est dans une dépendance nécessaire de la valeur de celui-là. Les défaillances et les chutes de l'artiste sont les conséquences des abaissements de l'homme. « Le vers se sent toujours des bassesses du cœur, » a dit Boileau. L'artiste se met lui-même dans ses œuvres : une œuvre d'art, c'est une âme qui se montre, c'est une force qui se déploie et qui, en se montrant au dehors telle qu'elle est au dedans, donne une secousse aux autres âmes et leur communique, par le charme de la beauté vraie ou par la fascination de la beauté fausse, la passion du bien ou la contagion du mal. « L'artiste véritable ne voit pas la réalité telle *qu'elle*

Sources d'inspiration : imitation, fiction, idéal. — Pour produire le beau, l'art peut suivre trois voies différentes : l'*imitation*, qui copie la nature ; la *fiction*, qui crée des œuvres purement imaginaires, souvent étrangères ou contraires aux lois de la raison ; l'*idéal*, qui interprète, transforme, élève la nature et crée des types conformes à la raison, mais à une raison supérieure. — Les contes de fées, les romans d'aventures, les comédies d'intrigue, les œuvres où dominent le caprice, la fantaisie, la caricature, le merveilleux, sont des formes de la fiction. — Harpagon, Alceste, M. Jourdain, sont un avare, un misanthrope, un bourgeois vaniteux, *idéalisés*. Le Cid, Polyeucte, Andromaque, sont la personnification ou l'idéal du chevalier, du martyr, de l'épouse et de la mère.

Dans le langage usuel, on confond quelquefois l'adjectif *idéal*, au sens de qui n'a d'existence que dans l'idée ou l'esprit, avec *imaginaire*, signifiant : qui n'existe que dans l'imagination, qui n'est point réel. Exemple : des êtres idéaux, imaginaires. Ainsi entendu, l'idéal est, comme l'imaginaire, l'opposé du réel. Un voyage dans la lune, par exemple, malgré les allusions à la vie réelle, est purement idéal, imaginaire.

Au sens philosophique, l'*idéal, c'est le réel conçu sans les imperfections qu'il a dans la nature*. Un homme *idéalisé*, c'est un homme plus vraiment homme que ceux que nous voyons dans la vie ; c'est la conception de ce qu'il serait, si rien ne venait mettre obstacle au libre et harmonieux épanouissement de toutes ses facultés.

Une chose peut être idéale, et cependant exister aussi réellement que la matière palpable. Le triangle, par exemple, sur lequel opère le géomètre, est un triangle idéal. Il est possible que le géomètre ne se doute pas qu'il y ait un Dieu, comme dit Leibniz ; mais, qu'il le sache ou non, son triangle idéal est réel en Dieu. Il en est de même de toutes les formes de l'existence, de toutes les qualités positives insuffisantes et imparfaites, que nous apercevons dans les créatures : elles ont leur idéal en Dieu.

Tous les êtres ont en Dieu une existence idéale bien supérieure à leur existence réelle. Avant la création, ils existaient dans l'intelligence divine à l'état d'idées ou d'archétypes. Cette existence idéale des êtres était et est toujours plus parfaite que l'existence objective, celle-ci étant nécessairement finie et imparfaite, comme tout ce qui a été créé. C'est donc en Dieu que les êtres ont leur existence la plus vraie et la plus élevée. C'est ce qu'enseigne saint Thomas : Les créatures ont en Dieu une existence plus vraie qu'en elles-mêmes. Dieu connaît jusqu'à quel point son essence est imitable par telle créature. Il la connaît comme exemplaire ou idée de cette créature ; par conséquent, la beauté de la créature n'est pas autre chose qu'une participation de la divine beauté, et les différents êtres sont beaux dans la mesure où ils nous manifestent la beauté qui est en Dieu. « Les choses invisibles de Dieu, dit saint Paul, sont entrevues intellectuellement dans les choses créées. » Dieu ne pouvait prendre qu'en lui les

---

est, mais telle *qu'il est*. Il y met de soi, et en la regardant, il la transfigure. » (TONNELLÉ.)

« L'obligation de travailler à élever l'humanité est en raison directe de la puissance ; ici, comme en toutes choses, les responsabilités sont proportionnelles aux puissances. Ce qui rend les artistes responsables devant l'humanité d'une grande part de ses décadences, c'est la puissance inhérente à l'art lui-même. » (P. FÉLIX.)

types des choses. Poursuivre l'idéal, c'est donc s'élever vers Dieu, cause exemplaire, en même temps que cause efficiente et finale des choses.

La fiction et l'idéal ont pour caractère commun d'être autre chose que le réel; mais la fiction est simplement le contraire de la réalité, et souvent elle lui est inférieure; l'idéal complète la nature, la rend plus parfaite, plus conforme à la vérité en la débarrassant des accidents et des laideurs qui la voilent et l'obscurcissent. La fiction ou l'utopie est indépendante de l'essence des êtres, tandis que l'idéal est réalisable; il est à la fois vrai et possible; ce n'est pas une simple possibilité logique, mais un modèle qui se propose à notre activité et l'élève à lui par le charme de sa beauté.

En tout, l'idéal dirige l'effort, suscite les dévouements, transfigure la vie et en multiplie la valeur en faisant d'elle, dans tous les sens, ce « qui doit être ».

Classification des beaux-arts. — On peut classer les beaux-arts, par rapport aux sens esthétiques, en deux groupes : les uns s'adressent à la vue : l'*architecture*, la *sculpture* et la *peinture*; les autres à l'ouïe : la *poésie* et la *musique*. Mais cette division toute subjective ne nous apprend rien de leur perfection relative et de leur degré d'expression. Voici l'ordre dans lequel on les classe généralement, à ce dernier point de vue : la *poésie*, la *musique*, la *peinture*, la *sculpture*, l'*architecture*.

L'*architecture* représente le beau par des lignes et des formes géométriques. Plusieurs auteurs lui donnent le pas sur la sculpture, parce que, plus que celle-ci, elle donne le sentiment de la grandeur et de l'infini.

La *sculpture* a pour objet les formes du monde organique dans ses deux règnes, végétal et animal, surtout le corps humain, la plus noble de toutes les formes.

La *peinture* réunit les avantages de la couleur à ceux de la perspective et du dessin : elle est plus pathétique, plus immatérielle que la sculpture [1].

La *musique* est, par excellence, l'organe du sentiment; elle rend des pensées et des émotions qui échappent à la poésie et aux autres arts par l'indéfini; mais elle émeut plutôt qu'elle n'éclaire; elle manque de précision dans son expression.

La *poésie* est le plus beau, le plus clair, le plus précis de tous les arts; l'instrument dont elle se sert, la parole, est le plus immatériel, le plus étendu, le plus rapproché de la pensée.

Aussi la poésie est-elle prise comme la mesure de la beauté de toutes les œuvres artistiques. On admire la poésie d'un beau tableau, d'une statue expressive, d'un édifice majestueux.

NOTES COMPLÉMENTAIRES

1. — **Des goûts et des couleurs, on ne dispute pas.** — La Bruyère répond à ce proverbe populaire, quand il dit : « Il y a dans l'art un point de perfection comme de bonté ou de maturité dans la nature; celui qui le sent et qui l'aime a le goût parfait; celui qui ne le sent pas, et qui aime en deçà ou au delà, a le goût défectueux. Il y a donc un bon et un mauvais goût, et l'on dispute des goûts avec fondement. »

La maxime populaire est vraie, s'il s'agit uniquement du goût physique, qui, relevant de la sensibilité, est tout personnel et ne saurait être discuté; elle est fausse, si on l'applique aux œuvres de la nature et de l'art; car il s'agit ici de

---

[1] Le dessin, qui est « la probité de l'art », suivant le mot d'Ingres, est le point de contact de la sculpture et de la peinture. — On pourrait peut-être appliquer à ceux qui ont essayé de réunir les avantages de ces deux arts en peignant des statues, le mot de César à un maître de déclamation : « Tu parles trop pour un homme qui chante, tu chantes trop pour un homme qui parle. » On appelle arts *plastiques* ceux qui s'occupent de reproduire la forme : la sculpture, la statuaire, l'art de faire des figures avec des matières molles. On dit de la poésie qu'elle est *plastique*, quand elle s'efforce, par le vers, de peindre et de sculpter.

porter un jugement, et un jugement implique, comme point de départ, des éléments rationnels, c'est-à-dire des notions communes à tous les hommes raisonnables.

On en peut donc disputer. On peut montrer comment un objet satisfait aux lois de la raison ou les contredit. Cependant, comme le beau ne nous plaît que par l'intermédiaire des sens, la sensibilité influe nécessairement sur nos jugements esthétiques; de là les divergences qui se manifestent, surtout dans les appréciations de détail.

Il ne faut ni entendre le goût d'une façon étroite, comme les classiques, et admettre qu'il n'y a qu'une beauté absolue, une perfection unique en chaque genre dans l'art; ni adopter la doctrine de la relativité des goûts et du beau, que l'étude comparée des littératures et des arts, non seulement de l'Europe, mais du monde entier, a conduit quelques auteurs à formuler. Les variations du goût ne prouvent pas plus contre l'existence de l'absolu en esthétique que le scepticisme ou les contradictions de la raison ne prouvent contre l'existence de la certitude. Mille causes physiques ou morales expliquent ces variations. C'est le climat, qui agit sur l'imagination, sur le tempérament, sur la sensibilité; c'est l'éducation, qui perfectionne ou pervertit les facultés; c'est l'opinion, que tant d'hommes acceptent par paresse ou par impuissance à penser par eux-mêmes; ce sont les préjugés de race, de secte, de parti, d'école; c'est la corruption humaine, orgueil, sensualisme, passions. Mais il doit y avoir en esthétique, comme en morale et en logique, des règles fondées immédiatement sur la nature de l'homme et des choses, et ces règles ne peuvent changer avec les hommes, les climats ou les siècles [1].

M. E. Manuel dit, dans le rapport sur le concours d'agrégation de 1890 (*Ens. sec. des jeunes filles*), où la pensée de la Bruyère avait été donnée à apprécier : « Le goût sensuel, où les préférences personnelles ont leur place, ne saurait se comparer au goût intellectuel, produit d'une culture spéciale de l'esprit et même de la sensibilité, en rapport intime avec le sens moral, fondé sur un ensemble d'observations et de règles assez larges pour s'appliquer à la diversité des temps et des lieux et ne pas entraver l'essor des génies les plus originaux, assez précises pourtant et assez incontestées pour constituer le code de la raison éclairée, et permettre d'admirer, au même titre, et pour des motifs pareils, un monument, une statue, un tableau, une œuvre de poésie ou de musique, quelque diverses qu'elles puissent être pour des juges prévenus ou des esprits incultes et bornés. »

2. — Rapports entre la culture esthétique et le perfectionnement moral. — « La conscience qui crie vers le bien, le cœur qui soupire après le désirable, le sens esthétique qui appelle le beau, tendent au même but que la raison, qui invoque le vrai. » Toutes ces aspirations de nos facultés convergent vers un idéal triple et un : la perfection, qui est à la fois vérité, bonté, beauté. L'idéal esthétique, le beau, ne nous apparaît pas, il est vrai, comme l'idéal moral, avec le caractère obligatoire; mais il nous porte en haut, en nous inspirant le désir de ne pas être vulgaire, d'être digne, d'avoir des sentiments généreux. Celui qui connaît l'ordre par la science, qui en admire les splendeurs dans les œuvres de la nature, de la littérature ou de l'art, est plus porté à le mettre dans sa conduite. Le vice, qui est le désordre moral, lui répugne : il le fuit, et parce qu'il est mauvais, et parce qu'il est laid. La vertu, qui est l'ordre moral, l'attire et le charme : il la recherche, et parce qu'elle est bonne, et parce qu'elle est belle. Aimer les belles choses, c'est déjà le signe d'une certaine noblesse d'âme. Le goût, qui est la conscience esthétique, touche de près à la conscience morale. La pureté du goût, sans entraîner nécessairement celle des mœurs et du caractère, y prédispose et y achemine. Celui qui est capable de jouir des plaisirs élevés de l'intelligence, du cœur et de l'imagination, que donnent la littérature et l'art, est moins exposé à céder aux passions grossières et dégradantes. Ces plaisirs, essentiellement désintéressés, purs de toute considération égoïste et utilitaire, préparent au désintéressement supérieur de la vertu, aux sacrifices qu'elle exige. Le caractère de la véritable éducation, c'est-à-dire de la formation morale, est précisément d'habituer à se préoccuper et à s'éprendre de quelque chose de meilleur que soi et à s'y dévouer.

Il ne faut cependant pas exagérer le rôle moral du goût. Variable et changeant, comme la sensibilité à laquelle il fait une grande part, il ne saurait

---

[1] Voir, sur cette question, le P. Longhaye, *Théorie des belles-lettres*, liv. I, ch. V, 3.

remplacer, en tant que règle de conduite, la conscience morale, invariable comme la raison. L'enthousiasme qu'excite le beau n'est pas de toutes les heures. C'est un ressort intermittent, et qui fléchit, s'il est seul, devant les nécessités de l'effort et de l'héroïsme. Il est bon de s'enflammer au récit des belles actions ; mais aimer mieux les appeler belles que bonnes, parce que l'idée d'obligation pèse et que l'idée de sublimité exalte, est imprudent et dangereux ; c'est prendre un sentiment pour guide. La conscience doit toujours dominer la région sensible, et, quelles que soient les émotions du cœur, ne jamais perdre de vue la règle du devoir, y demeurer invariablement attachée.

Il ne faut admettre ni avec Rousseau qu'il y a antagonisme entre le bien et le beau, et que les lettres et les arts sont un instrument de corruption ; ni avec Platon que le bien et le beau sont identiques, car ils ne le sont pas ; ils sont seulement unis par des liens étroits, condition suffisante pour que la culture esthétique de l'homme par les arts contribue à son perfectionnement moral.

C'est avec raison que la Bruyère a donné la règle suivante pour apprécier la beauté d'une œuvre littéraire : « Quand une lecture vous élève l'esprit et vous inspire des sentiments nobles et courageux, ne cherchez pas d'autre règle pour juger de l'ouvrage : il est bon et fait de main d'ouvrier. » Un littérateur, un artiste qui nous porte à préférer l'âme au corps, la raison aux sens, qui cherche le beau dans l'expression de la vérité et du sentiment, qui nous distrait et nous détourne de l'âpre poursuite de la jouissance et de l'utilité, nous enseigne la vertu, sinon directement comme le moraliste, du moins indirectement. Ainsi fait Corneille, dont les pièces classiques sont une école d'honneur et d'héroïsme.

Peut-on mieux enseigner le devoir qu'en montrant *des exemples vivants* d'hommes de caractère qui ne font jamais fléchir la règle du devoir, qui triomphent toujours de la passion, qui sortent vainqueurs de la lutte contre eux-mêmes [1] ?

3. — **Rapports entre l'art et la société.** — « Le réalisme dans l'ordre artistique ressemble au règne du fait et à la souveraineté de la force dans le monde social. Le fait accepté comme légitime, le fait brut proclamé comme le droit, est-ce donc autre chose que le réalisme dans la société ? Dans l'ordre social, il y a aussi le réel et l'idéal : le réel, c'est le fait ; l'idéal, c'est le droit ; le réel, c'est ce qui est ; l'idéal, c'est ce qui doit être ; le réel seul, c'est le règne exclusif de la force ; l'idéal, c'est le règne supérieur de la justice ; et l'harmonie de l'un et de l'autre, de la justice dirigeant la force et de la force mise au service de la justice, c'est la beauté sociale à la plus haute puissance.

« Quelque chose de pareil se produit dans l'ordre artistique. Supprimez l'idéal, il ne restera que le fait, le fait qui s'impose d'une manière inflexible. Le fait et la force régnant seuls dans la société, c'est le *despotisme*; le réel et la nature, c'est-à-dire, là aussi, la force et le fait régnant dans l'art, c'est le *réalisme*...

« Si le sauvage ou le barbare était susceptible de cultiver l'art, son art ressemblerait à celui qu'on travaille à nous faire aujourd'hui, il serait réaliste. Le sauvage demeure sauvage, parce qu'enseveli dans la réalité, il manque d'idéal : s'il imite quelque chose, il fait nécessairement de l'imitation réaliste ; il ne connaît et ne suit que deux choses, l'instinct et la réalité. Faites-lui dominer la réalité visible par l'intuition de l'invisible, le fait par l'idée, la force par le droit ; il va cesser d'être sauvage. Au contraire, développez dans le civilisé, au détriment de l'idéal, la passion du réel ; faites régner en lui le fait sur l'idée, l'instinct sur les principes, le tempérament sur la raison, la chair sur l'esprit, l'homme va redevenir sauvage, de civilisé qu'il était. Rien ne démontre mieux combien le réalisme est sympathique à la barbarie et antipathique à la civilisation : c'est qu'il est de son essence d'accroître dans les artistes d'abord, dans les multitudes ensuite, le règne de la réalité et la domination de l'instinct, tandis qu'il diminue dans la même proportion la domination de l'idéal, et avec la suprématie de l'idée, le règne de la raison. » (P. FÉLIX, *Conf. de N.-D.*, 1867, 5ᵉ conf.)

---

[1] La question de l'influence des lettres sur le perfectionnement moral de l'homme a de tout temps attiré l'attention des grands esprits, tels que Platon (*Gorgias, République*), Quintilien (*Institution oratoire*), saint Basile (*Homélie sur la lecture des auteurs païens*), Fénelon (*Dialogue sur l'éloquence*, I; *Lettre à l'Académie*, IV-VII), Rollin (*Traité des études*, II, 1, §§ 1-3), Saint-Marc Girardin, dont le *Traité de littérature* montre comment **l'honnête et le beau s'associent** naturellement, etc.

4. — PENSÉES. — Sur le beau. — Il n'y a de beau que Dieu ; et après Dieu, ce qu'il y a de plus beau, c'est l'âme ; et après l'âme, la pensée, la parole. Or donc, plus une âme est semblable à Dieu, plus une pensée est semblable à une âme, et plus une parole est semblable à une pensée, plus tout cela est beau. (JOUBERT.)

La nature bien ordonnée, contemplée par l'homme bien ordonné, est le fondement, la base, l'essence du beau poétique. (ID.)

On ne peut trouver de poésie nulle part, quand on n'en porte pas en soi. (ID.)

Le plus humble style donne le goût du beau, s'il exprime la situation d'une âme grande et belle. (ID.)

Le goût est la conscience littéraire de l'âme. (ID.)

En littérature, ce sont les premières saveurs qui forment ou déforment le goût. Le sublime est la cime du grand. (ID.)

Le génie commence les beaux ouvrages, mais le travail les achève. (ID.)

Ce qui est singulier étonne une fois, mais ce qui est admirable est de plus en plus admiré. (ID.)

Dans l'âme, le beau et le bien ne font qu'un : il n'y a pas d'âme vraiment belle qui ne soit bonne, ni d'âme vraiment bonne qui ne soit belle. Comme l'ont dit très bien les sages, l'honnête et le beau spirituel ne font qu'un. (SAINT THOMAS.)

Tout ce qui est véritablement sublime a cela de propre, qu'il élève l'âme et lui fait concevoir une plus haute opinion d'elle-même, la remplissant de joie et de je ne sais quel noble orgueil. (LONGIN.)

Sur le goût. — Quand notre mérite baisse, notre goût baisse aussi. (LA ROCHEFOUCAULD.)

L'homme ne peut lire que ce qu'il goûte, et ce qu'il goûte est la mesure de sa raison. (LACORDAIRE.)

Sur l'idéal. — Celui qui voit l'idéal qu'il exprime n'est jamais satisfait de son œuvre : c'est qu'il y trouve son modèle toujours tronqué par quelque endroit. Celui qui parle sans idéal est heureux de tout ce qu'il dit : c'est qu'il ne peut le comparer à ce modèle qu'il ne voit point. L'orgueilleux est un homme qui n'a pas d'idéal. (GRATRY.)

« Les esprits qui s'élèvent et deviennent vraiment grands sont ceux qui ne sont jamais satisfaits d'eux-mêmes dans leurs œuvres accomplies, mais qui tendent toujours à mieux dans leurs œuvres nouvelles. » (CL. BERNARD.)

Sur l'admiration. — *Une disposition trop commune à notre temps, c'est qu'on blâme plus volontiers que l'on n'approuve.* Pour ne parler que des auteurs, on s'évertue à découvrir leurs défauts avant de mettre en lumière leur mérite. Un esprit de scepticisme littéraire, contre lequel il importe de protéger nos études, tend à dépraver le goût, ou, tout au moins, à émousser le sens du beau et à paralyser la faculté d'admirer. En même temps que les pires écrits trouvent des lecteurs plus nombreux, les chefs-d'œuvre consacrés excitent moins de transports. Dès qu'il faut employer des formules admiratives, on hésite, on entre en défiance, on a peur de passer pour un naïf en s'abandonnant aux plus naturelles émotions... On en arrive à se défendre de l'enthousiasme comme d'un ridicule, et il semble que l'intelligence, le savoir et le goût se mesurent à l'art même de critiquer avec plus de malice. *Pour donner aux études une durable assise, c'est par le respect et l'admiration qu'il faut commencer...* L'admiration est, dans l'éducation des enfants, un élément de premier ordre ; la morale y trouve son compte, comme la littérature. » (E. MANUEL, *Rapport sur le concours de 1885, agrégation de l'enseignement secondaire des jeunes filles.*)

Dans ses *Souvenirs d'enfance et de jeunesse*, Renan rend à Mgr Dupanloup le témoignage suivant : « C'était un éveilleur incomparable ; pour tirer de chacun de ses élèves la somme de ce qu'il pouvait donner, personne ne l'égalait... Il répétait souvent que l'homme vaut en proportion de sa faculté d'admirer. »

« Il est bon d'admirer. En tenant continuellement les regards élevés, nos esprits eux-mêmes s'élèvent ; et tout ainsi qu'un homme, en s'abandonnant aux habitudes de dédain et de mépris pour les autres, est sûr de descendre au niveau de ce qu'il méprise, ainsi les habitudes opposées d'admiration et de respect enthousiaste pour le beau nous communiquent à nous-mêmes une partie des qualités que nous admirons. » (Dr ARNOLD.)

Bacon a dit : « L'admiration est le principe du savoir. » **Axiome sublime,** ajoute Ozanam. L'harmonie de la nature, qui est l'objet de la science, est en même temps un foyer de poésie : elle est vérité et beauté.

Nisard dit, en parlant du théâtre de Corneille, où l'admiration est le principal ressort : « L'admiration, dont ce grand homme a trouvé le secret, est bienfaisante et féconde ; elle nous attache aux vertus dont l'héroïsme n'est que le suprême degré ; elle remue notre nature engourdie ; elle nous rend, du moins pour un moment, plus dignes de nous-mêmes. » (*Hist. de la litt. française*, II.)

Sur le talent, le génie. — Le talent a-t-il besoin de passions ? Oui, de beaucoup de passions réprimées. (JOUBERT.)

Le génie commence les beaux ouvrages, mais le talent seul les achève. (ID.)

La volonté est la plus grande moitié du génie. (OZANAM.)

Qu'est-ce que le génie ? C'est une âme en qui l'imagination, l'intelligence et le sentiment sont dans une proportion élevée... C'est une âme qui a une vue pénétrante des idées, qui les incarne puissamment dans le marbre, dans l'airain, dans la parole et dans cette poussière que nous appelons l'écriture ; qui aussi leur communique un mouvement du cœur pour les jeter vivantes dans le cœur des autres. (LACORDAIRE.)

Le génie est, avec la conscience, la plus belle dotation de l'humanité ; on peut dépouiller l'homme de sa puissance, de sa fortune ; mais le génie, comme la conscience, est invulnérable. (ID.)

Abus du génie. — « L'esprit prodigieux que Voltaire a dépensé en impiétés et en bouffonneries, l'ardente imagination et la prestigieuse éloquence de Rousseau, employées à mêler continuellement le sophisme et la vérité, tout ce qui fausse le jugement, flétrit l'âme ou étourdit la conscience, mérite-t-il le nom de génie [1] ? Le mot seul semble exclure l'idée du mal et de l'immoralité. Il ne faudrait pas accorder plus que le talent à des écarts déplorables, et quoique la langue ait conservé les termes de *génie malfaisant* et de *génie de destruction*, elle devrait réserver la désignation glorieuse d'écrivains de génie aux maîtres irréprochables qui ne se sont jamais servis de la parole et des arts que pour le beau et le bien. » (DEZOBRY, *Dict. général des lettres*, etc.)

Selon Joubert, « on doit refuser la science à ceux qui n'ont pas la vertu. » N'est-ce pas trop dire ? Avouez les mérites de l'auteur ; mais refusez-lui le meilleur honneur où il puisse prétendre, l'admiration cordiale, la sympathie confiante qui se livre à un grand artiste, comme à un maître et à un ami. » (P. LONGHAYE.)

Dans la première édition de ses *Nouvelles Méditations poétiques*, Lamartine avait terminé l'ode sur Bonaparte par ces deux vers :

Et vous, fléaux de Dieu, qui sait si le génie
N'est pas une de vos vertus ?

qu'il a remplacé ensuite par ceux-ci :

Et vous, peuples, sachez le vain prix du génie
Qui ne fonde pas des vertus !...

Il explique ainsi ce changement : « La dernière strophe était un sacrifice immoral à ce qu'on appelle la gloire. Le génie par lui-même n'est rien moins qu'une vertu ; ce n'est qu'un don, une faculté, un instrument ; il n'expie rien, il aggrave tout. Le génie mal employé est un crime plus illustre : voilà la vérité en prose. J'ai corrigé ici ces deux vers qui pesaient comme un remords sur ma conscience. »

TABLEAU ANALYTIQUE

ESTHÉTIQUE

Définition et division. — L'esthétique est la science du beau. — C'est la philosophie des beaux-arts.

Elle s'occupe : 1° De l'idée du *beau* et de celles qui s'y rattachent ;

2° Des *jugements* et des *sentiments* que fait naître en nous le beau (dans la nature ou dans les arts) ;

3° Des *facultés* de l'artiste et du poète et des principes qui les dirigent ;

4° De l'*art* en lui-même et sous ses différentes formes, qui sont les *beaux-arts*.

---

[1] S'il faut refuser le génie à Voltaire et à J.-J. Rousseau, ce n'est pas parce qu'ils en ont abusé, — l'abus n'enlève pas la chose, — c'est parce qu'ils ne l'ont pas eu : ils ont manqué de grandeur, d'élévation et de puissance, Voltaire surtout.

ESTHÉTIQUE (Suite).

I. Idée du beau.

Définitions. — Le beau est la splendeur de la perfection ou de l'idéal.
On le définit encore : « ce qui réunit la grandeur et l'ordre. » (ARISTOTE.)
« Le beau est la splendeur du vrai ; » définition attribuée faussement à Platon.
« L'essence du beau, c'est l'unité ; — le beau est la splendeur de l'ordre ; — c'est l'unité dans la variété. » (S. AUGUSTIN.)
« Le beau, c'est ce qui plaît étant connu. » (S. THOMAS, après ARISTOTE.)
« Le beau, c'est l'ordre visible. » (BOSSUET.)
Enfin, Kant a défini le beau : « une finalité sans fin, » voulant indiquer son caractère essentiellement désintéressé et subjectif. — Cette opinion de Kant est fausse : il y a le beau en soi (objectif), comme il y a le vrai et le bien en soi.

Rapports du beau avec le vrai et le bien. — Le vrai, le bien, le beau, sont les trois aspects essentiels de l'être ;
Le vrai est l'objet de la science ; c'est l'identité de l'idée avec son objet ; il se rapporte à l'intelligence ;
Le bien est l'objet de la morale ; c'est la conformité d'un être avec sa fin ; il se rapporte à la volonté ;
Le beau est l'objet de l'art ; c'est l'idéal resplendissant à travers les corps ; il se rapporte au goût (intelligence et sensibilité).

Rapports du beau avec l'agréable et l'utile. — Il ne faut pas confondre le beau avec l'utile et l'agréable, comme l'ont fait les *sensualistes*.
Le beau est distinct de l'agréable : il n'est pas beau, parce qu'il plaît ; mais il plaît, parce qu'il est beau. Tout ce qui est beau est agréable, mais tout ce qui est agréable n'est pas beau ; par ex. : odeurs, saveurs.
Le beau est distinct de l'utile : le beau est inutile comme tel ; « l'idée de finalité disparaît en lui avec l'idée d'utile. » (KANT.)
Il y a des choses utiles qui ne sont pas belles : un ustensile.

Conditions du beau.
Trois choses, dit saint Thomas, sont requises pour constituer le beau :
1° L'*intégrité* ou *perfection de l'être* : un être mutilé nous semble laid et difforme ;
2° La *proportion* : c'est-à-dire l'ordre, l'harmonie des parties, des forces, des actes ; la symétrie, la mesure.
3° La *clarté* ou *lumière* : rayonnement qui vient de l'objet et qui nous enchante.
A ces trois conditions requises par saint Thomas, ajoutons :
4° La *variété* ou le *contraste*, qui représente le mouvement et la vie ;
5° L'*unité*, qui fait que toutes les parties d'un tout sont ordonnées d'après une pensée.

Diverses sortes de beau.
On distingue : 1° Le *beau physique* : il existe partout dans la nature ;
2° Le *beau moral* : c'est celui qui est dans les actions humaines ;
3° Le *beau idéal* : c'est la beauté conçue par l'intelligence, dépouillée de toute imperfection ;
4° Le *beau absolu*, qui, comme le bien et le vrai absolus, existe en Dieu seul.

Le sublime, le joli, le beau.
C'est le beau ou le grand élevé à un degré tel qu'il semble hors de proportion avec la nature. — Ne pas confondre, comme l'ont fait parfois les romantiques, le sublime avec le *monstrueux*, le *gigantesque*, le *colossal*, qui sont des déformations de la nature.
Ne pas le confondre non plus avec le *joli* et le *beau*. Ce sont trois espèces d'un même genre ; ils diffèrent par les sentiments qu'ils inspirent :
Le *joli*, le gracieux, nous récrée ; il s'adresse plutôt à la sensibilité qu'à la raison ;
Le *beau* élève l'âme, la grandit ; il s'adresse plus à l'intelligence qu'à la sensibilité ; il inspire l'estime, l'amour ;

L'ESTHÉTIQUE

ESTHÉTIQUE (Suite.)

I. Idée du beau. (Suite.)

Le sublime, le joli, le beau. (Suite.) — Le *sublime* imprime une violente secousse à l'âme, il détache des choses vulgaires et inspire *l'admiration*. L'admiration, qu'il ne faut pas confondre avec l'*étonnement*, est la marque propre du sublime.

Le laid, le ridicule, le risible. — Le *laid*, contraire du beau, est caractérisé par le manque d'harmonie, de proportion ; le *risible* provient d'une disconvenance physique, et le *ridicule*, d'une disconvenance morale.

II. Facultés esthétiques.

Toute œuvre artistique ou littéraire implique plus ou moins l'action de l'*intelligence*, de l'*imagination*, de la *sensibilité*, du *goût*. — Ce sont les *facultés esthétiques*.

(On a déjà parlé de la sensibilité et de l'imagination créatrice ; on ne parlera donc que de l'intelligence et du goût.)

1° L'intelligence.
Elle se présente sous la forme de l'*esprit*, du *talent*, du *génie*.
L'*esprit*, c'est le bon sens découvrant dans les choses des rapports qui échappent au vulgaire.
Le *talent* et le *génie* sont des degrés supérieurs de l'esprit.
Entre le talent et le génie y a-t-il une différence de nature ou seulement de degré ? — Plusieurs auteurs penchent vers la première opinion. — Ordinairement, on ne fait du génie qu'un talent supérieur, et on les définit l'un et l'autre : le don de créer le beau ou le sublime.

2° Le goût.
On a défini le goût : la raison en tant qu'elle discerne le beau du laid ; mais c'est une faculté complexe qui se compose de *raison*, d'*imagination* et de *sentiment*.
Le goût se développe par l'exercice et l'éducation, et la meilleure règle que l'on puisse donner pour sa formation, c'est de ne lui présenter jamais que des objets simples et d'un caractère irréprochable.

III. Des beaux-arts.

Définition. — L'art est l'expression de la beauté idéale sous une forme sensible. L'art repose sur ce principe, que toute forme matérielle est le symbole d'une idée, d'une vie.

Sa fin. — La fin de l'art est la même que celle du beau : plaire, élever, exciter l'admiration.

Principales théories sur l'art.
1° L'*idéalisme* ou *spiritualisme*, qui définit l'art : « la représentation de l'idéal, » et lui donne pour fin de transfigurer la nature en l'idéalisant ;
2° Le *réalisme* ou *naturalisme*, qui le définit : « l'imitation de la nature, » et ne lui donne pas d'autre but que de reproduire la réalité sensible.
Comme le bien et le vrai seuls peuvent nous élever et exciter l'admiration, il s'ensuit que la théorie de *l'art pour l'art*, ou de l'art indépendant, séparé de toute morale, est fausse. L'art n'est pas une fin, mais un moyen.

Sources d'inspiration artistique.
Pour produire le beau, l'art peut suivre trois voies différentes :
1° Copier la nature : c'est l'*imitation* ;
2° Créer des œuvres purement imaginaires : c'est la *fiction* ;
3° Interpréter la nature en créant des types conformes à la raison : c'est l'*idéal*.
Ne pas confondre *idéal*, dans le sens philosophique : réel conçu sans les imperfections naturelles, avec *idéal*, dans le sens d'*imaginaire*.

Classification des beaux-arts.
1° L'*architecture* : expression du beau par des lignes et des formes géométriques ;
2° La *sculpture* : expression du beau par la représentation des formes vivantes ;
3° La *peinture* : expression du beau par le dessin et les couleurs ;
4° La *musique* : expression du beau par des sons ;
5° La *poésie*, qui a pour moyen d'expression la parole ; c'est l'art le plus immatériel, le plus étendu, le plus rapproché de la pensée.

23ᵉ LEÇON

RAPPORTS DU PHYSIQUE ET DU MORAL. — ÉTATS ANORMAUX

Il faut se rappeler que l'âme et le corps, étant *substantiellement unis*, et formant, suivant l'expression de Bossuet, *un tout naturel*, il existe entre eux une dépendance mutuelle, et ils exercent l'un sur l'autre une influence réciproque. (Voir *Psychologie*, 1re leçon, p. 29.)

Pour que l'homme se développe normalement, il faut qu'il y ait harmonie entre le physique et le moral. Cette étude exige donc la combinaison des données de la psychologie avec celles de la physiologie, comme l'a exigée l'étude des opérations mixtes de la sensation, de la perception sensible, de l'imagination.

I. — INFLUENCES DU PHYSIQUE SUR LE MORAL ET DU MORAL SUR LE PHYSIQUE

1° **Influence du physique sur le moral.** — *Il faut d'abord signaler les rapports constants des facultés avec les organes, surtout avec le cerveau;* affirmer, contre l'école idéaliste, que le cerveau exerce une influence considérable sur la raison et la volonté, et contre l'école sensualiste, que cette influence n'est qu'indirecte et non pas *déterminante*, comme elle l'est pour la sensation et les passions. La sensation est au point de départ de la connaissance humaine; notre raison, imparfaite et substantiellement unie à un corps, ne pense pas sans le secours de quelque image sensible. (Voir *Origine des idées*.)

Il ne s'ensuit pas pourtant qu'on puisse regarder le cerveau comme l'*organe* de l'intelligence. Il y a une correspondance, mais nullement une *équation*, entre le *cerveau* et la *pensée*. La science montre que le cerveau est le siège de l'imagination et de la mémoire, sans le secours desquelles l'intelligence ne s'exerce jamais dans son état présent; mais elle ne montre pas, ce qui est fort différent, qu'il soit le siège de l'intelligence et de la volonté. Si le cerveau ne remplit pas certaines conditions de structure et de développement, tout développement intellectuel est impossible, comme on le voit par l'*idiotisme* et le *crétinisme*, qui ont pour cause l'hydrocéphalie ou arrêt dans la croissance du cerveau. Mais toutes les expériences faites pour établir une équation rigoureuse entre le cerveau et la pensée (mensuration du crâne et volume du cerveau, poids, composition chimique, circonvolutions) n'ont pas abouti. Quant aux faits de *transfusion* pratiquée sur la tête de certains animaux et dans lesquels on voit disparaître et reparaître les phénomènes vitaux et psychologiques, « ils ne nous semblent extraordinaires, dit Claude Bernard, que parce que nous confondons les *causes* des phénomènes avec leurs *conditions*. »

L'influence du physique sur le moral atteint donc les facultés de connaissance qui fournissent à l'entendement les matériaux sur lesquels il travaille : la *sensation*, la *mémoire*, l'*association des idées*, l'*imagination*, qui toutes dépendent des conditions organiques étudiées plus haut. Elle atteint la *sensibilité*, par les appétits et les passions, qui jouent un grand rôle dans la vie de l'homme ; elle atteint l'*activité* sous ses trois formes : l'*instinct*, qui est dans une corrélation étroite avec l'organisme ; l'*habitude*, qui dépend de conditions physiologiques ; la *volonté*, qui subit plus ou moins l'influence des *mobiles*, liés à l'organisme. Comme l'intelligence, la volonté n'est atteinte qu'indirectement.

Outre ces influences qui atteignent plus ou moins nos facultés, il en est de plus générales, *qui modifient les phénomènes moraux*. Ce sont : l'*influence des âges et des sexes* : « Chaque âge a ses plaisirs, son esprit et ses mœurs, » chaque sexe se distingue par des qualités qui lui sont propres ; l'*influence du tempérament* : les anciens en distinguaient quatre types fondamentaux : le sanguin, le lymphatique, le mélancolique et le nerveux ; les modernes n'admettent plus guère cette distinction, qui ne répond à rien de précis ; l'*influence des maladies* : elles produisent des troubles profonds dans notre état intellectuel et moral, et souvent mettent en péril l'intégrité de la raison ; l'*influence des climats* : elle explique en partie les différences d'idées, d'habitudes, de besoins des divers peuples ; l'*influence du régime* : la quantité et la qualité de la nourriture, les divers états de l'estomac, les narcotiques justement appelés *poisons de l'intelligence*[1] ; l'*influence de la race* ou *hérédité* : « Force essentiellement conservatrice, l'hérédité *tend* à transmettre aux descendants la nature de leurs parents tout entière, aussi bien toute détérioration physique, intellectuelle, morale, que toute amélioration physique, intellectuelle, morale. La fatalité aveugle de ses lois régularise aussi bien la décadence que le progrès. » (Ribot, l'*Hérédité psych.*)

2° Influence du moral sur le physique. — Elle se manifeste par l'expression de la physionomie, par l'action des différentes facultés sur les organes ou sur les sens : l'attention et la réflexion affinent la sensibilité ; l'imagination engendre les maladies imaginaires ou nous guérit en partie de nos maladies réelles, tend à nous faire réaliser tout mouvement qu'elle nous représente assez vivement, trouble tout l'organisme par l'action qu'elle exerce sur les passions : tantôt on sent le feu monter à la tête, tantôt un frisson glacial parcourir les membres[2] ; des émotions brusques arrêtent la respiration, coupent la digestion ; la passion bouleverse le visage, la colère s'exprime par des gestes désordonnés ; les troubles de l'âme provoquent les maladies, tandis que l'équilibre des facultés, maintenu par une volonté énergique, est une source de santé et de bien-être.

Un malaise disparaît vite, quand on réagit ; il s'aggrave, si on s'affaisse, si on a peur. Un malade qui désespère est perdu, un malade qui veut et qui espère

---

[1] Narcotiqua, médicament de nature à provoquer un certain degré d'engourdissement, de stupeur et de somnolence avec ou sans vertiges et hallucinations. Il y a les narcotiques *opiacés* : opium et ses divers principes actifs : morphine, codéine, narcotine ; les narcotiques *non opiacés* : acide cyanhydrique, jusquiame, aconit, belladone, tabac, haschich (préparation enivrante faite avec les feuilles du chanvre indien).
[2] Au troisième acte du *Cid*, Chimène dit à don Fernand :
    Sire, on pâme de joie, ainsi que de tristesse :
    Un excès de plaisir nous rend tout languissants,
    Et quand il surprend l'âme, il accable les sens.
Et dans *Phèdre*, Hippolyte accusé :
    Tant de coups imprévus m'accablent à la fois,
    Qu'ils m'ôtent la parole et m'étouffent la voix.

guérir a beaucoup de chances pour recouvrer la santé. « Combien de fois, dit Maine de Biran, n'ai-je pas observé sur moi-même qu'un travail intellectuel entrepris en faisant violence à l'inertie la plus marquée des organes ou à un état affecté de troubles, de malaise, de souffrances, amenait, après des efforts opiniâtres et prolongés, un état d'activité, de sérénité, de calme et de bien-être extérieur ! »

« Il y a, entre la passion et la maladie, dit le docteur Frédault, des rapports certains qui peuvent se formuler par cette loi : *La passion fait naître et aggrave les maladies, soit en exagérant le jeu des organes, soit en l'amoindrissant, soit en communiquant à la maladie le caractère de son mouvement.* Mais il y a aussi l'action salubre que les passions peuvent exercer sur la maladie. C'est un fait constant pour les médecins qu'un état tranquille de l'âme, selon l'expression reçue, c'est-à-dire un état moral où il y a du calme, de la sérénité et même de la joie, est un signe excellent de l'issue heureuse des maladies. »

« En général, dit un autre médecin, les passions modifient l'organisme de trois manières différentes, selon qu'elles l'affectent agréablement, péniblement, ou bien qu'après lui avoir fait éprouver de la douleur, elles le laissent réagir contre la cause de sa souffrance. Dans le premier cas, elles poussent à l'extérieur du corps toutes les forces vitales; dans le second cas, elles les refoulent vers les viscères; dans le troisième, elles les ramènent violemment de l'intérieur à la périphérie. Du reste, plus les passions sont mises en jeu, plus elles abrègent la vie des individus... Il est démontré jusqu'à la dernière évidence que chacun des viscères peut devenir malade sous l'influence des différentes passions; qu'il peut, à son tour, déterminer des passions diverses, et qu'enfin, dans les mêmes circonstances, les mêmes passions produisent constamment les mêmes maladies. Les maladies produites par les passions sont incomparablement plus fréquentes que celles qui dépendent des autres modificateurs de l'économie. La moitié des phtisies reconnaissent pour cause le libertinage... Les maladies chroniques de l'estomac, des intestins, du foie, du pancréas, de la rate, sont plutôt dues à l'ambition, à la jalousie, à l'envie ou à de longs et profonds chagrins. Sur cent tumeurs cancéreuses, quatre-vingt-dix au moins doivent leur principe à des affections morales et tristes...»(Descuret, *Médecine des passions*, VII.) — (Voir, à la fin de la leçon : *Notes complémentaires*.)

II. — HYPOTHÈSES IMAGINÉES POUR EXPLIQUER LES RAPPORTS DU PHYSIQUE ET DU MORAL

Les principales hypothèses ou théories imaginées pour expliquer les rapports du physique et du moral sont les suivantes : les *esprits animaux*, de Descartes; les *causes occasionnelles*, de Malebranche; l'*influx physique*, d'Euler ; l'*harmonie préétablie*, de Leibniz; le *médiateur plastique*, de Cudworth. Les spiritualistes, avec S. Thomas et Bossuet, regardent l'âme et le corps comme des substances incomplètes l'une sans l'autre et formant ensemble *un tout naturel*, qui est à la fois esprit et matière.

Esprits animaux de Descartes. — L'école cartésienne faisait consister uniquement l'essence du corps dans l'étendue et celle de l'âme dans la pensée, de sorte que l'âme n'avait aucune action directe sur le corps, ni le corps sur l'âme, ce qui est étendu ne pouvant, disaient-ils, agir sur ce qui est immatériel. Descartes cependant, malgré sa définition de l'âme et de la matière, admettait que l'âme peut agir directement sur le corps : « Que l'esprit, qui est incorporel, dit-il, puisse faire mouvoir le corps, nous n'en pouvons douter; » et encore : « Je ne suis pas seulement logé en mon corps ainsi qu'un pilote en son navire, mais je lui suis conjoint très étroitement et tellement mêlé et confondu, que je compose comme un seul tout avec lui. » D'après lui, l'âme résidait surtout dans la glande *pinéale*, au centre du cerveau, et recevait les impressions du corps ou lui transmettait le mouvement par les *esprits animaux*, qui étaient les parties les plus subtiles du sang. Les passions n'étaient autre chose que les mouvements des esprits animaux, se faisant facilement ou difficilement dans le corps et ayant leur retentissement dans l'âme.

Refusant à l'âme et à toute substance créée le pouvoir de produire un mouvement, dont la quantité, mise par Dieu dans le monde dès l'origine des choses, demeure invariable, *Descartes tend à convertir l'union de l'âme et du corps en une simple correspondance*. Malgré lui, et par son dualisme même, il est poussé vers la théorie des *causes occasionnelles* et de l'*harmonie préétablie*.

En dernière analyse, en effet, pour Descartes, le seul médiateur possible entre deux substances aussi opposées que l'âme et le corps, c'était Dieu. « C'est Dieu, écrivait-il à la princesse Élisabeth, qui a disposé toutes les autres choses qui sont hors de nous, pour faire que tels ou tels objets se présentassent à nos sens, à tel ou tel temps, à l'*occasion* desquels il a su que notre libre arbitre nous déterminerait à telle ou telle chose. »

Causes occasionnelles de Malebranche. — Comme Descartes, Malebranche fait de l'étendue l'essence du corps et de la pensée l'essence de l'âme; mais il nie l'action directe et réciproque des deux substances. Ni le corps ni l'âme ne sont actifs; *ils ne sont que l'occasion des actions de Dieu en nous;* c'est Dieu lui-même qui modifie l'âme ou le corps, en produisant à propos dans chacune de ces deux substances les changements correspondants à ceux de l'autre. « Nous sentons les qualités des corps, parce que Dieu fait naître des pensées dans l'âme à l'occasion de la matière, et meut nos organes à l'occasion de nos actes de volonté. » — Cette hypothèse rabaisse Dieu, compromet la liberté et supprime un fait de conscience, l'action directe et réciproque du corps sur l'âme et de l'âme sur le corps. D'après ce système l'âme et le corps, dépourvus d'activité propre, ne pourraient rien l'un sur l'autre. Ce seraient deux êtres rapprochés ne faisant point ensemble un seul être.

Influx physique d'Euler. — Cet écrivain se borne à constater que l'âme exerce sur le corps une action effective et directe, et non pas seulement une action idéale et indirecte. L'âme serait au centre des nerfs et, par eux, recevrait et communiquerait le mouvement. — La difficulté n'est pas résolue. Admettre que deux substances agissent naturellement l'une sur l'autre, c'est constater un fait, ce n'est pas l'expliquer.

Harmonie préétablie de Leibniz. — Pour montrer comment les modifications du corps et de l'âme, fixées d'avance, se correspondent exactement, Leibniz emploie la comparaison de deux horloges. « Figurez-vous deux horloges ou deux montres qui s'accordent parfaitement. » Cet accord parfait peut être obtenu de trois façons : ou bien ces deux horloges exerceront l'une sur l'autre une influence réciproque : c'est l'hypothèse de l'*influx physique* d'Euler, c'est-à-dire l'action directe du corps sur l'âme; ou bien ces deux horloges, bien que mauvaises, seront constamment réglées et mises d'accord par un habile ouvrier : c'est l'hypothèse de l'*assistance divine* et des *causes occasionnelles*; ou bien enfin elles seront fabriquées avec tant d'art et de justesse, qu'elles continueront, par la suite, à correspondre exactement, sans nulle influence réciproque et sans nulle intervention : c'est l'hypothèse de « l'*harmonie préétablie* par un artifice divin prévenant (la seule vraie, suivant Leibniz), lequel, dès le commencement, a formé chacune de ces substances d'une manière si parfaite et réglée avec tant d'exactitude, qu'en ne suivant que ses propres lois, qu'elle a reçues avec son être, elle s'accorde pourtant avec l'autre ». Ainsi « le corps n'agit point sur l'âme, l'âme n'agit point sur le corps; mais il y a de toute éternité une correspondance établie par Dieu entre la série tout entière des états de l'âme et la série tout entière des états du corps. Tous les états du corps sont des conséquences immédiates de ses états précédents et sont régis par les lois de la mécanique; tous les états de l'âme sont de même des conséquences immédiates de ses états précédents. Mais ces deux séries d'états sont disposées par Dieu de telle façon, qu'il y a toujours entre elles parfaite correspondance ». (Voir MERKLEN, *Philosophes illustres*.) — Ce système, malgré les efforts de son auteur pour sauver la liberté, *aboutit au déterminisme*.

Médiateur plastique de Cudworth. — Dans son *Histoire de la philosophie*, M. P. Janet dit dans une note que cette prétendue théorie du *médiateur plastique* est faussement attribuée à Cudworth (philosophe anglais) d'après l'autorité de Laromiguière. Dans son système, « la nature plastique, qu'il n'appelle jamais médiateur, n'a pas pour fonction d'expliquer l'union de l'âme et du corps, mais la production de l'organisation et de la vie. Elle est une sorte d'instinct, de vie plastique dans la nature, analogue à ce qu'on appelle aujourd'hui l'*inconscient;* et Cudworth s'en sert encore comme d'une âme du monde, qui, sous les ordres de Dieu, est chargée de l'organisation des choses et est responsable des désordres et des erreurs de la nature. Ce n'est donc pas ce principe mi-spirituel, mi-matériel, qui aurait été chargé, comme on le supposait, d'expliquer l'union du matériel et du spirituel : hypothèse aussi puérile que contradictoire. »

Solution de saint Thomas et de Bossuet. — Le corps et l'âme forment un *tout naturel*, dit Bossuet. « Si l'âme n'était simplement qu'intellectuelle, elle serait tellement au-dessus du corps, qu'on ne saurait par où elle y pourrait tenir; mais, parce qu'elle est sensitive, on la voit manifestement unie au corps par cet endroit-là, ou, pour mieux dire, par toute sa substance, puisqu'elle est indivisible, et qu'on peut bien en distinguer les opérations, mais non pas la partager dans son fond. »

Saint Thomas dit, dans sa *Somme contre les Gentils* : « Le corps et l'âme ne sont pas, dans l'homme vivant, deux substances existantes en acte; mais de ces deux se fait une seule substance existante en acte. » Pour entendre cette doctrine de saint Thomas, dit M. Gardair, il ne faut pas oublier que, d'après lui, l'âme pensante non seulement relie et groupe les molécules matérielles du corps, mais est elle-même le seul *principe actif formateur* de ces molécules, avec l'élément premier commun à tous les corps, même aux corps bruts, à savoir, la matière dite première, qui n'est dans ce système qu'un *principe de devenir*, et ne peut exister seule à cause de son indétermination radicale. « Il n'y a pas, dit saint Thomas, d'autre *forme substantielle* dans l'homme, » c'est-à-dire d'autre principe déterminant et formateur, « que la seule âme pensante; et cette âme, de même qu'elle a la vertu d'une âme sensitive et d'une âme nutritive, de même elle a aussi la vertu de toutes les formes inférieures, et à elle seule elle fait tout ce que les formes imparfaites font dans les autres êtres. »

Dans ses *Leçons de philosophie*, M. Rabier met bien en lumière le fait de la *conscience naturelle* que nous avons tous de notre être à la fois corporel et animé. « Pour l'animal, pour l'enfant, pour tout homme qui n'a pas fait de métaphysique, dit-il, et pour le métaphysicien lui-même, quand il cesse de faire de la métaphysique, son être propre, son moi, n'est point quelque chose de spirituel et d'inétendu, mais bien « ce tout naturel », comme dit Bossuet, ce « tout substantiel », comme dit Descartes, qui est à la fois âme et corps, esprit et matière, étendue vivante, animée, sentante et pensante. Inutile d'insister sur ce point : tout le monde avouera que l'idée d'un moi distinct du corps est une idée philosophique due à une réflexion très savante, et nullement une idée naturelle et primitive. » Plus loin il ajoute : « Le langage témoigne de cette vérité, car le mot *je* ou *moi* nous sert indifféremment pour désigner la partie spirituelle ou la partie matérielle de notre être. Comme on dit : Je pense, je sens, je veux ; on dit aussi : Je grandis, je marche, je respire. On dit même indifféremment : Je suis souffrant, ou : Mon corps est souffrant. » (P. 421, 441.)

III. — ÉTATS ANORMAUX

Parmi les états psychologiques anormaux qui manifestent l'influence du physique sur le moral, il en est qui accompagnent le *sommeil*, tels que le *rêve* et le *somnambulisme*; d'autres qui se produisent à l'état de veille, tels que l'*hallucination*, la *folie*, et ce qu'on a appelé *maladies de la volonté et de la personnalité* [1].

Le sommeil. — Il ne semble pas qu'on puisse, avec certains auteurs, définir le sommeil : le *repos de l'organisme*, puisque la physiologie reconnaît qu'il correspond plutôt à une activité plus grande des organes de la vie végétative. C'est un *ralentissement normal et temporaire de l'activité nerveuse, des fonctions de la vie de relation* (mouvement et sensibilité) *et des actes de la vie morale*. Il est l'application de cette loi générale des êtres animés, qu'à chaque période d'activité succède une période de repos.

Le sommeil peut être considéré au point de vue *physiologique* et au point de vue *psychologique*.

La *physiologie* du sommeil est peu connue. Ce que nous savons de certain, c'est que le sommeil est une des conditions de la vie organique. Les organes se fatiguent par l'exercice, et la fatigue nécessite le repos.

Le sommeil *psychologique*, c'est-à-dire l'état d'âme qui accompagne le sommeil physiologique, peut nous être plus ou moins connu par la mémoire, qui garde l'impression des rêves. On sait que, pour se livrer au sommeil, il faut cesser tout travail attrayant, écarter tout ce qui peut exciter l'activité de l'esprit. La suspension de l'exercice conscient des facultés actives de l'âme paraît donc être le trait caractéristique du sommeil psychologique. La raison et la volonté semblent laisser flotter les rênes, et les facultés sensitives, l'imagination surtout, se donnent libre carrière dans le rêve.

Parmi les nombreuses hypothèses par lesquelles on a essayé d'expliquer le phénomène du sommeil, on peut citer les suivantes :

1º Dans le sommeil, il y aurait *anémie* du cerveau, et dans la veille, *hypérémie ou congestion*. Mais l'anémie n'a été constatée qu'à la surface de l'organe, et la seule congestion, ou afflux de sang au cerveau, qui se fait dans des circonstances si diverses, ne saurait expliquer la différence entre l'état de sommeil et l'état de veille. D'ailleurs la congestion cérébrale, qui empêche la circulation du sang par sa surabondance, aboutit, comme l'anémie, à la paralysie de la sensibilité, quoique par une voie tout opposée.

2º Il y aurait, dans l'état de veille, *oxydation* du cerveau ; l'activité nerveuse serait arrêtée peu à peu par l'accumulation, au sein de la substance grise corticale, des résidus d'oxydation, lesquels seraient entraînés au dehors pendant le sommeil. — L'expérience prouve que la composition du sang veineux cérébral ne diffère pas dans l'état de sommeil et dans l'état de veille.

3º Il y a la théorie *asphyxique*, d'après laquelle l'oxygène intramoléculaire se transformerait par l'activité vitale en acide carbonique, et la substance grise perdant plus d'oxygène qu'elle n'en gagne, le sommeil surviendrait.

---

[1] La question des maladies de la volonté et de la personnalité est renvoyée en *Morale générale*, 1ʳᵉ leçon.

4° M. le docteur Surbled croit qu'il faut chercher la cause du sommeil, non dans le cerveau, mais dans le *cervelet*. D'après lui, le cervelet serait l'organe de la vie *affective*, qui elle-même sert de support à la *volonté*. S'il vient à suspendre son action, s'il subit une *inhibition*[1] transitoire, l'harmonieux accord de la vie nerveuse se trouble, ou plutôt cesse : la *sensibilité* se suspend, l'*attention*, une des formes les plus simples de la volonté, n'a plus de base, et le sommeil survient. On a déjà vu que les conditions essentielles du sommeil sont l'*apathie*, c'est-à-dire la disparition de l'activité sensible, l'absence totale d'émotion, et la *disparition de l'attention* : l'homme qui dort n'a ni volonté ni conscience.

Le rêve et la rêverie. — Le rêve est une *série d'associations plus ou moins incohérentes et fugitives d'idées ou d'images, qui nous donnent dans le sommeil comme l'illusion de la réalité.*

Ce qui constitue particulièrement le rêve et lui donne son caractère essentiel, ce sont, relativement aux sens externes, des sensations fausses, œuvre de l'imagination : on touche, on est touché, on frappe, on est frappé, on marche, on court, on nage, on se précipite, on entend des mélodies, on voit distinctement des objets, on perçoit des paroles auxquelles on répond quelquefois en réalité, mais auxquelles le plus souvent on ne répond que mentalement, en se figurant y avoir répondu à haute voix.

Ces fausses sensations se produisent ordinairement sous l'influence, soit des dispositions corporelles : fatigue, fièvre, digestion ; soit des dispositions morales : chagrins, craintes, espérances, passions. Un malade qui avait un vésicatoire au front rêvait qu'il était pris par des sauvages et scalpé. Ce vésicatoire avait été pour lui l'occasion de concevoir tout un roman très bien lié, dont le point de départ était une impression réelle et actuelle, un état du corps.

La cause directe du rêve paraît être dans les impressions que le cerveau peut continuer à recevoir sous l'influence de quelque cause interne ou subjective, impressions en suite desquelles il se produit des images et des représentations sans la présence d'objets extérieurs correspondants. L'esprit est dupe de ces représentations, parce que, la perception externe étant plus ou moins suspendue, il ne peut comparer l'*imaginaire* avec le *réel* et corriger l'un par l'autre.

Ce sont surtout les facultés de conservation et, parmi elles, principalement l'imagination, qui agissent dans le rêve. L'imagination n'étant plus, comme à l'état de veille, maîtrisée par les sens et par la raison, se donne libre carrière. Le silence des sens produit l'*illusion*, et l'absence ou l'affaiblissement de la raison l'*incohérence*, qui sont les caractères distinctifs du rêve. A l'état de veille, un regard jeté sur les objets dont on est entouré et la présence d'une idée directrice dans l'esprit permettent d'apercevoir et d'éliminer l'illusoire et l'hétérogène. Dans le rêve, les représentations forment des combinaisons plus ou moins capricieuses et bizarres, d'après les lois de l'association par contiguïté, ou sous l'influence de causes physiologiques, ou encore sous l'influence des impressions actuelles de l'organisme, soit externes, soit internes. C'est ainsi qu'une douleur rhumatismale ou névralgique nous fait rêver que des bêtes féroces nous dévorent ; les draps et les couvertures qui tombent et nous découvrent, en nous donnant la sensation du froid, nous font rêver que nous sommes étendus sur la neige, par un mauvais jour d'hiver.

On distingue bien des sortes de rêves : il y en a d'*origine sensorielle*, comme lorsqu'un bruit fait rêver au tonnerre, ou une

---

[1] Inhibition, lat. *inhibere*, retenir. Action d'arrêter ou de suspendre un mouvement. Ce mot s'applique, soit à l'action des centres cérébraux supérieurs sur les centres moteurs inférieurs, soit à l'action de la volonté pour arrêter une impulsion.

grande sueur à une inondation ; — d'*origine physiologique*, provenant des fonctions auxquelles préside le grand sympathique : circulation, digestion, mouvements du cœur ; — d'*origine psychique*, résultant des préoccupations, des affaires, des problèmes qui agitent l'esprit durant la veille ; — il y a des *rêves pathologiques* résultant du travail sourd que fait sur l'organisme une maladie à son début ; ces rêves, qui diffèrent d'une maladie à l'autre, peuvent être utiles aux médecins pour leurs diagnostics.

Remarquons que la volonté, comme la raison, est absente des rêves. Comme l'organisme du mouvement est inerte, la volonté est sans action sur les membres ; c'est ce qui explique pourquoi dans les *cauchemars*, ou rêves tragiques et effrayants, on veut fuir ou se défendre, et l'on ne peut faire aucun mouvement. — On n'est pas responsable de ses rêves ; cependant ils peuvent quelquefois révéler des tendances.

Il faut distinguer le rêve de la *rêverie*, *association d'idées qui emportent, durant la veille, dans le monde de la fiction, de la fantaisie.*

Faire, comme l'on dit vulgairement, des *châteaux en Espagne*, c'est-à-dire des projets en l'air, se repaître d'imaginations ou de chimères, c'est se livrer à la rêverie. On connaît l'intéressante rêverie de Perrette, dans la Fontaine. Dans la rêverie, on a conscience que la vision n'est qu'imaginaire ; dans le rêve, on croit à la réalité de la vision imaginaire. Quand le sommeil surprend dans cet état de conscience un peu confuse de la rêverie, celle-ci devient un rêve.

M. Taine dépeint la rêverie dans un charmant petit tableau : « Représentez-vous tel endroit que vous connaissez bien, par exemple, telle petite rivière entre des peupliers et des saules. Si vous avez l'imagination nette et si, tranquille au coin du feu, vous vous laissez absorber par cette rêverie, vous verrez bientôt les moires luisantes de la surface, les feuilles jaunâtres ou cendrées qui descendent le courant, les faibles remous qui font trembler les cressons, la grande ombre froide des deux files d'arbres ; vous entendrez presque le chuchotement éternel des hautes cimes et le vague bruissement de l'eau froissée contre ses bords. »

Enfin, il faut distinguer le rêve du *songe*, qui est une *série d'idées en apparence plus suivies que celles du rêve*. Le songe est surtout employé dans les œuvres des poètes : songes d'Énée, d'Athalie, de Pauline, de Macbeth.

Somnambulisme. — Le somnambulisme est une *sorte de sommeil caractérisé par la conservation d'une activité motrice inconsciente*. On l'a qualifié de *rêve en action*, sans voir que c'est un état morbide, assez rare, qui n'invente rien et ne laisse pas le moindre souvenir. Il se distingue du rêve par l'absence ou le peu d'incohérence des mouvements, par la liberté d'action ou liberté physique qui subsiste, et par l'action d'une catégorie de sensations externes, que d'ordinaire le sujet subit exclusivement.

Le somnambulisme a lieu lorsque la vivacité des images et des fausses sensations est assez grande pour dominer l'appareil locomoteur, s'en emparer et le conduire, comme le ferait la volonté, la volonté dormant, d'ailleurs, et restant absente. Le somnambule se lève, s'habille, va, vient, marche, par une sorte d'automatisme cérébral.

On le voit, cet état tient à la fois de la veille et du sommeil ; de la veille, car dans le champ restreint où s'exerce l'activité les mouvements sont ordonnés et suivis, et ils impliquent le plein exercice des facultés ; du sommeil, car les mouvements du somnambule sont combinés en vue d'un seul objet, celui du rêve, et il est inaccessible à toute impression étrangère.

Il y a à la fois *hyperesthésie* et *anesthésie* des sens externes ; hyperesthésie ou exaltation des sens, pour tout ce qui se rapporte au rêve, anesthésie ou abolition de la faculté de sentir, pour tout ce qui est étranger au rêve. Le somnambulisme n'est pas en dehors des faits naturels ; il s'explique par le mécanisme des actions réflexes, qui nous déterminent à exécuter dans l'état de veille, sans même que nous nous en apercevions, des actions fort compliquées. La conscience fait si bien défaut, que le danger n'est plus perçu et qu'on voit des somnambules exécuter les mouvements les plus périlleux. Le cerveau est comme endormi, mais les centres réflexes agissent, et c'est à eux qu'il faut attribuer les curieux phénomènes accomplis dans le sommeil somnambulique. Dans un semblable état, le mécanisme organique seul existe, et la volonté et l'intelligence sont complètement absentes ; c'est d'ailleurs à raison même de cette circonstance que les mouvements s'accomplissent alors avec une remarquable précision, rien n'étant capable de distraire l'individu, ni de lui causer de l'hésitation.

On distingue le somnambulisme *naturel* et le somnambulisme *artificiel*. On appelle somnambulisme *naturel* l'état de certaines personnes qui, sans sortir du plus profond sommeil, marchent et agissent à peu près comme si elles étaient éveillées. Le somnambulisme *artificiel* est celui qu'on amène volontairement en provoquant, par exemple, au moyen de mouvements appelés *passes*, le sommeil improprement nommé magnétique. C'est une espèce de *catalepsie*, analogue à l'état morbide qui porte ce nom.

Hypnotisme. — L'*hypnotisme* est une sorte d'état somnambulique que l'on peut provoquer à volonté chez certaines personnes [1], soit en les engageant à regarder pendant quelques minutes un objet brillant, soit en leur faisant entendre un son prolongé, comme celui d'un fort diapason qui vibre sur une caisse sonore, ou en les regardant avec fixité, ou bien en leur posant simplement la main sur la tête ou sur les yeux. Dans l'état d'hypnotisation, le patient n'a plus de volonté ; ce n'est plus en quelque sorte qu'une machine, qui est tout entière dans la main de l'opérateur et soumise à son caprice.

Les effets obtenus par ces moyens sont réellement extraordinaires. L'un d'eux, et non pas le moins curieux, est l'état cataleptique, dans lequel on met facilement les hypnotisés, car il suffit pour l'obtenir de leur soulever les paupières. Cet état se caractérise par ce fait que les membres conservent, pendant un temps fort long, la situation dans laquelle on les place, quelque pénible et fatigante qu'elle soit, et sans que l'hypnotisé ait la possibilité de la modifier. Ainsi le bras restera étendu droit, ou bien le corps restera soutenu sur la pointe d'un seul pied, etc., jusqu'à ce que la crise hypnotique cesse, soit par la volonté de l'expérimentateur, soit par l'emploi d'excitations diverses, ou enfin d'elle-même, au bout d'un temps variable.

Dans ces dernières années, les physiologistes ont poussé fort loin l'étude des phénomènes hypnotiques, jusqu'alors mis à profit seulement par le charlata-

---

[1] Les premières fois au moins, le sujet n'est pas hypnotisé, à moins qu'il ne le veuille ou soit d'une très grande faiblesse nerveuse.
L'hypnotisation ne peut être permise qu'à un médecin, dans certaines circonstances et en vue d'obtenir un plus grand bien, sans inconvénient notable.

nisme, et ils sont arrivés à produire des résultats tout à fait inattendus. Ce ne sont plus seulement des contractions musculaires, de l'insensibilité, qui se produisent au gré de l'expérimentateur : l'action de celui-ci continue à s'exercer sur le sujet alors qu'il n'est plus sous l'influence du sommeil hypnotique, au point qu'il se sent contraint d'exécuter ponctuellement, et malgré tous les obstacles, même longtemps après que les ordres lui ont été donnés, les actions que l'expérimentateur lui a suggérées.

Ces étranges phénomènes de suggestion dont la gravité ne saurait échapper à personne, et dont la réalité n'est plus contestable, restent encore inexpliqués. (MAISONNEUVE, *Zoologie*; voir aussi *Dict. apologétique*, et une série d'articles publiés par le P. Coconnier, dans la 1re année de la *Revue thomiste*.)

« Ces deux somnambulismes, l'un tout à fait spontané, l'autre provoqué, présentent certains caractères communs sur lesquels tout le monde est d'accord. Dans le second, comme dans le premier, il y a non seulement aptitude à parler ou à marcher tout endormi, mais suractivité de l'image, obtusion complète de quelques sens, hyperesthésie de quelques autres, sensations toutes spéciales, suivant la prédominance d'un système d'images ou d'un autre, » suivant les suggestions mentales de l'expérimentateur. (JOLY, *de l'Imagination*.)

Hallucination. — Il ne faut pas confondre avec le rêve ni avec les *erreurs des sens* le phénomène appelé *hallucination*, qui est très voisin de la folie, s'il n'en est pas une forme, et que l'on peut classer parmi les erreurs de l'imagination.

L'*hallucination* est la *perception de sensations sans aucun objet extérieur qui les fasse naître* : c'est une perception extérieure fausse, un état morbide de l'âme, qui donne une réalité objective à des perceptions purement subjectives. Les erreurs des sens sont des *illusions* causées par quelque objet extérieur.

L'homme qui a une *hallucination de l'ouïe* entend des sons sans qu'aucun son soit produit. L'homme qui a une *illusion de l'ouïe* entend un son qui, en effet, est produit au dehors; mais son oreille le trompe sur la nature de ce son. Ainsi, j'entends du bruit au dehors, je crois que c'est le tonnerre qui gronde, et c'est une voiture qui roule sur le pavé : voilà une erreur des sens.

Les erreurs des sens peuvent toujours être corrigées par l'attention, quand on est averti de la cause qui les produit ; il n'en est pas de même de l'hallucination. L'esprit n'en est pas toujours dupe, et c'est le cas de l'hallucination simple, mais il ne peut la faire disparaître.

On a donné diverses explications de l'hallucination. On connaît le phénomène de l'*extériorisation* des sensations, c'est-à-dire l'habitude que nous avons de reporter à l'extérieur, à l'extrémité périphérique de nos nerfs, les excitations dont ils sont le siège. « Si les parties du cerveau auxquelles est dévolue la faculté de percevoir la sensation viennent à être excitées, de telle sorte que, sans qu'aucune impression émanée des organes sensitifs leur soit transmise, elles se trouvent néanmoins dans un état d'activité semblable à celui que déterminerait une transmission réelle, l'activité cérébrale est en pareil cas le point de départ de perceptions qui ne répondent à aucune réalité existant dans le monde extérieur, bien que le sujet soit persuadé du contraire. » (MAISONNEUVE.)

« L'hallucination, dit P. Janet, n'est autre chose qu'une réminiscence ou une combinaison de réminiscences dont les éléments sont empruntés à la perception extérieure. Ce qui le prouve, c'est qu'il n'y a pas d'exemple d'hallucination qui n'ait pas été précédé par l'expérience de la sensation correspondante. Pas d'hallucination de la vue chez l'aveugle-né ; pas d'hallucination de l'ouïe chez les sourds-muets de naissance. » Il y a donc une différence irréductible entre l'hallucination et la perception, ce qui suffit à renverser la théorie qui fait de l'idée une *hallucination vraie*. L'hallucination, ne pouvant venir qu'après la perception, ne construit ses édifices illusoires qu'avec des matériaux fournis par la perception.

Folie. — La folie ou aliénation est un *désordre partiel ou total des facultés sensitives et intellectuelles et des actes qui en dépendent*. Le fou s'identifie avec ses sensations, avec les images qu'enfante son imagination désordonnée et qui ne correspondent à rien de réel ; il ne peut les chasser, les écarter de son esprit ; il est maîtrisé et comme absorbé par elles. Telle sensation amère, par exemple, lui suggère l'idée du poison, et il en est obsédé ; tel bruit de ses membres lui suggère l'idée de leur fragilité, et il se croit de verre.

On a dit que « la folie est le rêve de l'homme éveillé ». C'est que, comme dans le rêve, dans la folie, l'homme est dupe de son hallucination, quoiqu'il soit éveillé et qu'il puisse établir une comparaison avec les données normales des autres sens. Son erreur tient à deux causes parallèles :

1° Par suite de l'excitation morbide des organes sensibles, les représentations hallucinatoires ont pris une telle intensité d'éclat ou de coloris, qu'on a peine à les distinguer des visions réelles de la perception externe ;

2° Tandis que les facultés sensibles s'exaltent, la puissance de la raison diminue parallèlement, et il arrive un moment où, perdant l'équilibre, elle lâche les rênes du gouvernement et n'est plus maîtresse chez elle.

Aussi le fou est-il comme hors de lui-même, comme étranger à lui-même ; c'est ce que signifie *aliéné* (*alienus a se*; de *alienare*, rendre autre, étranger à soi-même). Il a conscience de vivre, d'agir ; mais il a perdu la conscience morale et la responsabilité, en perdant l'usage de la raison. Et cette faculté spirituelle s'est affaiblie, parce que les facultés organiques ont acquis un développement ou un degré d'exaltation tout à fait anormal. Voilà pourquoi on ne rencontre jamais de folie purement intellectuelle, sans aucun trouble dans les sens [1].

D'autres fois, l'affaiblissement ou le non développement des facultés spirituelles tiennent à l'impuissance congénitale ou accidentelle des facultés organiques. Telle est la démence sénile, chez les vieillards en décrépitude ; ou bien le crétinisme ou l'idiotisme. C'est toujours une perversion des facultés sensibles, tantôt par excès, tantôt par défaut, qui amène la perversion de la raison. La folie n'est pas seulement une maladie du corps, elle est aussi et surtout une impuissance de l'esprit occasionnée par un désordre des sens. (Voir FARGES, *Le Cerveau, l'Âme et les Facultés*, 1re partie.)

On a comparé le fou au musicien qui n'aurait à son service qu'un instrument faux.

On distingue différentes formes ou espèces de folie :

1° **L'idiotie** (lat. *idiotes*, ignorant, sans instruction), absence originelle de l'intelligence, accompagnant presque toujours un défaut de développement du cerveau.

2° **La monomanie** ou idée fixe, folie ou délire sur un seul objet. Le monomaniaque interprète tous les faits dans le sens de son idée. « Il continue à raisonner juste, mais en partant d'un principe faux, comme celui qui, se croyant

---

[1] « L'entendement humain reçoit des puissances sensitives l'origine de sa connaissance ; c'est pourquoi, quand il y a perturbation, dans les facultés de l'âme relatives à l'imagination et à la mémoire, il y a désordre aussi dans la cognition de l'entendement : quand, au contraire, ces facultés sont dans leur état normal, la perception de l'intellect se fait plus convenablement. » (SAINT THOMAS, op. II, ch. 128.)

en verre, ne veut pas s'asseoir de peur de se briser, ou qui refuse de manger, parce qu'il croit qu'on veut l'empoisonner. » (P. Janet.)

3° La manie [1], folie dans laquelle l'imagination est absolument désordonnée. « Les idées naissent au hasard et se lient par des liens purement matériels, qui nous échappent. C'est une suite de non-sens : c'est l'imagination absolument déréglée, n'étant plus contenue ni par la perception ni par aucune faculté rationnelle. On peut se la représenter comme un piano en désaccord dont on frapperait les touches absolument au hasard. » (Id.)

4° Démence, idiotie. — Dans le langage médical, la démence diffère de l'*idiotie* en ce qu'elle est toujours *accidentelle*, au lieu que l'idiotie est *originelle*. L'individu en démence (lat. *dementia*, du préfixe privatif *de*, et *mens*, esprit) a perdu ses facultés intellectuelles, l'idiot n'en a jamais joui.

5° Fou, aliéné, insensé. — *Fou* est l'expression générale et vulgaire ; *aliéné d'esprit*, et par abréviation *aliéné*, est une expression médicale. « Le *fou* est celui qui a perdu la raison ; *l'insensé* est celui qui n'a pas de sens. Aussi peut-on être insensé sans être fou, l'absence du sens commun n'étant pas la même chose que la perte de la raison. » (Littré.)

NOTES COMPLÉMENTAIRES

On lira avec intérêt et profit les pages suivantes, extraites d'une étude sur la *passion*, publiée par le Dr Frédault dans la *Revue du monde catholique*.

Il y a de curieux exemples de la puissance étonnante qu'ont sur l'organisme le sentiment et la volonté dans une *âme forte*. L'histoire des guerres en relate un grand nombre. Le bègue (Démosthène) dompte ses organes vicieux et devient orateur par l'énergie du sentiment : il conçoit un idéal, il l'a constamment devant les yeux, il s'en enthousiasme, il s'en passionne, et l'organe rebelle cède à la puissance du sentiment qui le meut et le transforme.

Cet homme colère conçoit un idéal de douceur où il doit trouver l'irrésistible puissance de la vertu chrétienne ; et ce sentiment dont il se pénètre, dompte et transforme sa nature emportée, et des enveloppes du rude chevalier savoisien émerge l'admirable saint François de Sales.

Ce délicat et efféminé garçon rêve l'idéal du chevalier fort et robuste ; et sous l'énergie de l'impression qui l'exalte, sa poitrine s'enfle, le cœur grandit et bat avec force, les membres s'allongent, s'emplissent et se durcissent : et le chevalier Bayard est formé.

J'ai connu un jeune homme maigre et délicat, aux membres grêles et à la poitrine étroite, toussant presque constamment, présentant tous les symptômes d'une phtisie commençante. A la lecture d'un livre, il conçut l'idéal d'un homme fort par l'amplitude de la poitrine ; l'impression fut profonde, énergique, durable. Plusieurs mois après, il était singulièrement changé ; et depuis, au grand étonnement de tous ceux qui l'ont connu, il est devenu ce qu'il avait conçu vouloir être. Que de transformations l'homme accomplirait sur lui-même, s'il se rendait maître de l'énergie et de la profondeur de ses émotions possibles !

L'homme qui a une grande force morale, qui est maître de ses impressions et suit sa vie avec un certain entrain, est bien moins exposé que tout autre à prendre les maladies contagieuses. On a remarqué qu'au milieu des épidémies pestilentielles, ceux qui en étaient le mieux préservés étaient les hommes et les femmes qui présentaient la plus grande énergie morale ; ceux qui, insouciants du danger et comptant leur vie pour peu, bravaient avec entrain la contagion, vivaient dans la joie, comme les cœurs dévoués qui, tout entiers à la passion charitable qui les dominait, oubliaient toute crainte et ne se souciaient que du bien à faire : des sœurs de Charité, des médecins, des infirmiers, des personnes dévouées de tout sexe et de tout rang ; et parmi eux, la maladie et la mort prenaient les trop délicats ou trop faibles épuisés de fatigue, ou ceux dont le moral se laissait entamer.

---

[1] Dans le langage ordinaire, on emploie souvent *manie* pour *monomanie*. Ex. : Sa manie est de se croire le Grand Turc.

... Dans un temps où une certaine littérature sentimentale énervait tous les caractères, où la poésie de Millevoye avait du succès, où les malheurs imaginaires de René faisaient battre tous les cœurs, les passions de sentiment avaient pris le dessus. Aussi les maladies de poitrine triomphaient. Les passions tristes portent à l'abattement, nourrissent la phtisie et la font prospérer. Il est tel livre dont les résultats ont pu équivaloir à ceux d'une épidémie. Qui calculera le nombre de jeunes gens ou de jeunes femmes victimes de cette pernicieuse influence? L'Angleterre, où les tristesses vagues de l'ennui, que propage un romantisme absurde, sont florissantes, est le sol le mieux alimenté par la phtisie pulmonaire. Seule la tristesse religieuse, qui ne va pas sans amour et sans espérance, n'a pas ces dangers.

Le chagrin avec concentration et abattement irrite la digestion, supprime l'action de l'estomac et prédispose aux affections de cet organe, ou rend apte à des hémorragies et à des maladies organiques. Le nombre des personnes qui, après des revers, des insuccès, une perte de situation, une grande humiliation, sont prises de chagrin taciturne et meurent d'un cancer à l'estomac, est considérable. La tristesse qui s'exhale, le chagrin qui se fait jour au dehors, ont bien moins de danger; l'expression qui les traduit les amoindrit et les abrège en les complétant. Les préoccupations, les inquiétudes, les soucis, quand ils sont concentrés, produisent les mêmes effets.

... *On a dit que la vertu ne préservait pas des maladies.* — Cela est vrai pour tous les cas, et ce sont les plus nombreux, où l'homme lutte avec faiblesse contre des inclinations vicieuses. Mais, pour tous les hommes qu'un heureux naturel ou une vertu triomphante préserve des mauvais entraînements, qui sont arrivés à se dominer, qui sont maîtres d'eux-mêmes dans toute circonstance sérieuse, ils peuvent avoir des misères, mais ils prolongent leur vie plus loin que tout autre et la tiennent sauvegardée d'accidents graves, à moins que l'hérédité n'ait mis en eux des influences morbides trop prononcées.

On a dit également que beaucoup de gens vicieux semblaient invulnérables et prolongeaient leur existence à peu près saine et sauve jusqu'au grand âge. On peut répondre d'abord que si les vertueux maladifs menaient la vie des vicieux, ils pourraient y trouver la mort, ce qui est souvent vrai; mais aussi qu'une bonne conduite n'est pas suffisante et qu'il faut encore à la vie des conditions d'entrain, de gaîté, de mouvement, d'expansion vitale. C'est à ces conditions que les vicieux doivent d'être souvent préservés des résultats de leurs débauches. La vertu triste est une vertu imparfaite et ne répond point à ce que devrait être la joie de l'âme chrétienne. La crainte oppressive du mal est seulement le commencement de la sagesse, tandis que l'ardent et exaltant amour du bien en est la vie. Tant que nous sommes passifs dans la vertu, nous restons pénétrables à toute autre chose : nous n'y sommes forts qu'à la condition d'y être actifs. C'est notre énergie dans l'activité qui nous rend invulnérables. Ce qu'on ne voit pas d'ailleurs et qui a bien son importance, c'est que, dans bien des cas, ces vicieux deviennent des blasés, qui acquièrent une sagesse relative à force d'être blasés. Chez eux, les passions ont tellement accaparé le moi, que ce moi ne lutte plus et est identifié avec la passion, et la vie animale se passe comme pour de purs animaux, tout entière livrée aux instincts physiques. Arrivés là, il faut bien qu'ils aient les avantages de leur dégradation, les privilèges de leurs instincts, qui les mènent...

... *Ce n'est pas la lutte qui rend vulnérable, c'est la faiblesse et l'abaissement dans la lutte;* c'est dans le moment où l'être s'abandonne qu'il est pris; c'est quand le moral faiblit que le moment est dangereux. Tant qu'il lutte, au contraire, il est en acte, en puissance de triompher, et alors il est bien plus invulnérable encore par les agents morbides que le vicieux déterminé; c'est le sentiment de confusion, de tristesse, de peine, d'abattement dans sa faiblesse qui le perd. Qui donc, ayant encore un peu de sens moral, ne préférerait, je ne dis pas le désavantage, mais seulement le danger dans la faiblesse, dans la lutte, aux privilèges animaux de la dégradation brutale? »

TABLEAU ANALYTIQUE 343

L'âme et le corps étant substantiellement unis, formant *un tout naturel*, il existe entre eux des rapports de dépendance mutuelle.

Nous verrons : 1° Les rapports du physique et du moral ;
2° Les hypothèses imaginées pour expliquer ces rapports ;
3° Les états anormaux.

RAPPORTS DU PHYSIQUE ET DU MORAL

a) Influence du physique sur le moral.

Les organes exercent une influence sur les facultés, le cerveau sur la pensée.

L'*école idéaliste* a tort de nier cette influence ; mais, d'autre part, l'*école sensualiste* se trompe en affirmant que cette influence est *déterminante*.

Il y a une proportionnalité *approximative*, mais nullement une *équation* entre le cerveau et la pensée. — Toutes les expériences faites pour établir la proportionnalité rigoureuse ont échoué.

L'*influence du physique sur le moral* porte sur les facultés de connaissance : *sensation*, *mémoire*, *association*, *imagination* ; sur la *sensibilité*, l'*instinct*, l'*habitude*, la *volonté*, qui dépendent directement ou indirectement de l'organisme.

En outre de ces influences, il en est encore d'autres qui modifient les phénomènes moraux ; ce sont : l'*âge*, le *sexe*, le *tempérament*, l'état de santé ou de maladie, le *climat*, le *régime alimentaire*, la *race* ou *hérédité*.

b) Influence du moral sur le physique.

L'*influence du moral sur le physique* se manifeste par l'expression de la physionomie, par l'action des facultés sur les organes. L'attention affine la sensibilité ; l'imagination peut rendre malade ; les émotions brusques arrêtent la respiration et la digestion ; la passion bouleverse le visage et tout le corps : colère, envie, gourmandise, etc. — Un malade qui désespère est perdu ; un autre qui veut guérir a des chances de recouvrer la santé. « Une âme forte est maîtresse du corps qu'elle anime. »

Hypothèses imaginées pour expliquer les rapports du physique et du moral.

1° *Esprits animaux de Descartes*. — L'essence du corps, c'est l'étendue ; celle de l'âme, la pensée. Il n'y a entre ces deux éléments aucune action directe, l'immatériel ne pouvant agir sur l'étendue.

Mais l'âme réside dans le corps au centre du cerveau (*glande pinéale*), où les impressions lui sont transmises par les *esprits animaux*, qui ne sont que les parties les plus subtiles du sang (explication des *passions*, de l'*habitude*, de la *mémoire*, de l'*association*). — C'est une théorie physiologiste.

2° *Causes occasionnelles de Malebranche*. — Malebranche fut un disciple de Descartes, et admit, comme lui, la théorie des esprits animaux ; mais il nia l'activité du corps et de l'âme. Le corps et l'âme ne sont que l'*occasion des actions de Dieu en nous*. D'où le nom de la théorie.

3° *Influx physique d'Euler*. — Euler admet l'action réciproque directe de l'âme sur le corps et du corps sur l'âme. Il suppose l'âme au centre des nerfs, recevant et communiquant par eux le mouvement. — C'est une affirmation, non une solution.

4° *Harmonie préétablie de Leibniz*. — D'après ce philosophe, l'âme n'agit pas sur le corps ni le corps sur l'âme ; mais il y a de toute éternité une correspondance établie par Dieu entre la série entière des états de l'âme et la série entière des états du corps (comparaison des deux horloges). — Ce système, tout mécaniste, aboutit au déterminisme.

5° *Médiateur plastique de Cudworth*. — Théorie d'après laquelle une *nature plastique*, mi-spirituelle, mi-matérielle, servirait à expliquer l'union de l'âme et du corps. — On l'a faussement attribué à Cudworth.

6° *Solution spiritualiste* (Bossuet, saint Thomas). — Le corps et l'âme, incomplets l'un sans l'autre, forment ensemble un *tout naturel* (BOSSUET).

Dans le langage ordinaire, le mot *moi* désigne à la fois l'âme et le corps. On dit : Je pense, je suis, je sens, je veux..., et de même : Je marche, je mange, je suis souffrant.

— Cette solution affirme l'union intime de l'âme et du corps, mais laisse subsister le mystère de leur action réciproque.

344 ÉLÉMENTS DE PHILOSOPHIE

Parmi les états psychologiques anormaux, les uns se manifestent pendant le *sommeil* : tels sont le *rêve*, le *somnambulisme* ; d'autres, à l'état de veille : *hallucination, folie, maladies de la volonté*, de la *personnalité*. Tous sont intéressants à connaître au point de vue des rapports du physique et du moral.

ÉTATS ANORMAUX

1° Sommeil.

Phénomène difficile à définir. — C'est un ralentissement normal et temporaire de l'*activité nerveuse* (fonctions de relation et actes de la vie intellectuelle et morale).

Au point de vue *physiologique*, le sommeil est un repos nécessaire aux organes ;

Au point de vue *psychologique*, c'est un état dans lequel l'exercice conscient de toutes les facultés actives est suspendu. — L'imagination seule semble agir sans le contrepoids de la volonté et de la raison : c'est le *rêve*.

On a émis de nombreuses hypothèses pour expliquer le sommeil : 1° *anémie du cerveau*; 2° *oxydation des cellules*; 3° *asphyxie par acide carbonique*; 4° *arrêt du fonctionnement du cervelet*, etc. — Aucune ne paraît entièrement satisfaisante.

2° Rêve.
Rêverie, songe.

Le rêve est une série d'associations plus ou moins incohérentes d'idées ou d'images qui nous donnent, pendant le sommeil, l'illusion de la réalité.

La cause du rêve n'est pas connue. — On l'attribue à la faculté qu'a le cerveau de percevoir des impressions sans la présence d'un objet extérieur correspondant. L'esprit est dupe de ses représentations et prend l'imaginaire pour le réel.

La *caractéristique du rêve est l'incohérence et la bizarrerie des images*, provenant d'une multitude d'associations occasionnées par les objets extérieurs ou par nos propres pensées, et non réglées par la raison.

On distingue des rêves d'origine *sensorielle* : bruit, lumière, chaleur, etc. ; *physiologique* : fonction des organes, digestion, respiration, etc. ; *psychique* : préoccupations, affaires, problèmes, etc.

Enfin, il y a des rêves *pathologiques* qui peuvent être d'excellents indices pour les diagnostics des diverses maladies. Chaque fièvre, par exemple, a son rêve caractéristique ; de même pour l'intoxication.

La *rêverie* est un rêve à l'état de veille : on bâtit des châteaux en Espagne.

Le *songe* est un rêve bien lié.

3° Somnambulisme.
Hypnotisme.

Le somnambulisme est une sorte de sommeil dans lequel on conserve une activité motrice inconsciente.

Il diffère du rêve par l'absence d'incohérence et la conservation de l'activité motrice.

Le somnambulisme est causé par de fausses sensations qui ont assez de force pour mettre en mouvement l'appareil moteur.

On distingue le *somnambulisme naturel* et le *somnambulisme artificiel*. — Ce dernier est produit par l'*hypnotisme* ou *suggestion*.

Dans l'un comme dans l'autre, il y a suractivité pour une image unique, anesthésie complète de quelque sens et hyperesthésie d'un ou de plusieurs autres.

4° Hallucination.

L'hallucination est la perception de sensations sans aucun objet extérieur qui les fasse naître.

Ne pas confondre ce phénomène morbide avec les *erreurs des sens*, qui sont des *illusions* causées par des objets extérieurs réellement existants (exemple : prendre le bruit d'une voiture pour le tonnerre, illusion ; entendre le tonnerre sans aucun bruit produit, hallucination).

L'attention peut toujours corriger l'erreur des sens, mais non l'hallucination, alors même que l'esprit n'en est pas dupe.

On a donné diverses théories pour expliquer ce phénomène (extériorisation, réminiscence, etc.) ; aucune ne satisfait complètement.

5° Aliénation mentale.

La folie ou aliénation est un désordre partiel ou total des facultés sensitives et intellectuelles et des actes qui en dépendent.

Le fou s'identifie avec ses sensations ; il est comme dominé et maîtrisé par ses sens.

La folie a plusieurs causes : affaiblissement ou non-développement des facultés intellectuelles (sénilité, crétinisme) ; hérédité (idiotisme) ; perversion des sens par excès de toute sorte : jeux, boissons, plaisirs, travail excessif.

On distingue plusieurs sortes ou degrés de folie : l'*idiotie*, la *manie*, la *monomanie*, la *démence*.

24ᵉ LEÇON

PSYCHOLOGIE COMPARÉE

Définition. — Dans le sens le plus général, la *psychologie comparée* est la *science des variations que présentent les phénomènes de conscience dans les êtres conscients*. Comparer la psychologie de l'adulte sain et civilisé à celle de l'enfant, du fou, de l'idiot, du sauvage, c'est faire de la psychologie comparée.

D'ordinaire, on appelle plus spécialement *psychologie comparée : l'étude des analogies et des différences que présentent l'homme et l'animal*.

Méthode. — C'est par la méthode d'*analogie* que nous connaissons l'animal. En vertu de ces principes que les mêmes moyens supposent les mêmes fins ; les mêmes effets, les mêmes causes ; les mêmes signes, les mêmes choses signifiées, nous concluons, par analogie, que l'animal partage avec l'homme les opérations de la vie sensitive.

Les organes impliquent les facultés : *rien n'est en vain dans la nature*. L'animal est pourvu d'organes sensitifs semblables à ceux de l'homme ; il doit donc posséder les facultés sensitives de l'homme. Les mêmes moyens font supposer les mêmes fins : l'animal aurait-il des yeux pour ne point voir, des oreilles pour ne point entendre ? Les mêmes effets font également supposer les mêmes causes ; les mêmes signes, les mêmes choses signifiées. Si l'enfant qui se brûle la main et le chat qui se brûle la patte manifestent leur douleur de la même façon, c'est que l'un et l'autre souffrent réellement.

Cette méthode d'analogie, employée pour cette étude, n'a de valeur que si l'on part, comme le veut Bossuet, de l'étude de soi-même, que si l'on prend pour pierre de touche les phénomènes analogues que l'on a observés en soi directement. On ne peut légitimement aller de la connaissance de l'animal à celle de l'homme : dans aucun ordre de questions, on n'explique le supérieur par l'inférieur.

Connaissant, par l'observation, les effets naturels de nos facultés, nous concluons légitimement à la présence des mêmes facultés chez tous les êtres qui manifestent les mêmes effets, quand ces effets ne peuvent être attribués à d'autres causes ; et nous concluons à l'absence de ces mêmes facultés, lorsqu'elles ne se manifestent jamais dans les cas où elles pourraient et devraient le faire, si elles existaient.

C'est cette méthode qu'a employée et que recommande Bossuet dans le chapitre v de la *Connaissance de Dieu et de soi-même*, où il a supérieurement parlé de la différence entre l'homme et la bête.

L'animal nous ressemble si bien dans la partie inférieure de nous-mêmes, qu' « il n'y a rien de meilleur, dit-il, pour bien juger l'animal, que de s'étudier soi-même auparavant. Encore que nous ayons quelque chose au-dessus de l'animal, nous sommes animaux, et nous avons l'expérience, tant de ce que fait en nous l'animal, que de ce qu'y fait le raisonnement et la réflexion. C'est donc en nous étudiant nous-mêmes, et en observant ce que nous sentons, que nous devenons juges compétents de ce qui est hors de nous et dont nous n'avons pas l'expérience ». Ces principes posés, Bossuet remarque les difficultés et le danger de cette étude : « Mais, quand nous aurons trouvé dans les animaux ce qui est en nous d'animal, ce ne sera pas une conséquence que nous devions leur attribuer ce qu'il y a en nous de supérieur. » Et encore : « Cette ressemblance des actions des bêtes aux actions humaines trompe les hommes; ils veulent, à quelque prix que ce soit, que les animaux raisonnent; et tout ce qu'ils peuvent accorder à la nature humaine, c'est d'avoir un peu plus de raisonnement.

« Les hommes mettent ordinairement leur félicité dans les choses qui flattent les sens;... ils voudraient se persuader qu'ils ne sont que corps; ils envient la condition des bêtes qui n'ont que le corps à soigner. Enfin, ils semblent vouloir élever les animaux jusqu'à eux-mêmes, afin d'avoir droit de s'abaisser jusqu'aux animaux et de pouvoir vivre comme eux...

« L'homme qui se compare aux animaux, ou les animaux à lui, s'est tout à fait oublié, et ne peut tomber dans cette erreur que par le peu de soin qu'il prend de cultiver en lui-même ce qui raisonne et qui entend. » (*Conn.*, chap. v.)

Pascal dit de son côté : « Il est dangereux de trop faire voir à l'homme combien il est égal aux bêtes, sans lui montrer sa grandeur. Il est encore dangereux de lui faire trop voir sa grandeur sans sa bassesse. Il est encore plus dangereux de lui laisser ignorer l'une et l'autre; mais il est très avantageux de lui représenter l'une et l'autre. »

Remarque sur les conclusions tirées des vivisections. — « Quand même tous ces animaux vivants mis à la torture donneraient des réponses identiques, parfaitement nettes et précises, comment conclure avec exactitude de ce qu'on a expérimenté sur le cerveau d'un poulet à ce qui se passe sur le cerveau vivant de l'homme, sur lequel, grâce à Dieu, il n'est pas permis d'expérimenter? Que nous apprendront, sur la volonté de l'homme, des expériences faites sur le cerveau d'un coq ou d'un lapin? Y a-t-il donc, dans ce coq ou ce lapin, une volonté semblable à celle de l'homme? Malgré les plus subtiles expériences et les plus spécieuses analogies, la conscience demeure la voie la plus directe et la plus sûre, sinon la seule, pour la connaissance de nous-mêmes et pour la distinction de nos facultés. » (Fr. BOUILLIER, *le Principe vital et l'âme pensante.*)

Facultés et opérations de l'animal. — « On entend communément par opérations animales la *sensibilité* et le *mouvement*. La sensibilité, au sens philosophique, ne désigne pas seulement la faculté de réagir contre une excitation, mais une vraie connaissance sensible : un acte de sensibilité est un acte de connaissance. La connaissance est dite *sensible*, quand elle se limite au particulier, au matériel, quand elle s'exerce au moyen d'un organe situé dans un centre nerveux; elle se distingue ainsi de la connaissance *intellectuelle*, qui n'a point d'organes dans le corps, et s'exerce sur l'immatériel et le général. » (P. VALLET.)

Il y a dans la vie animale, comme dans la vie intellectuelle, un principe de *vision* et un principe d'*impulsion*. Il faut donc reconnaître chez les animaux : 1° des facultés de *perception* ou de connaissance, qui répondent au principe de vision; 2° des facultés de *tendance* ou appétits, qui répondent au principe d'impulsion.

1° Facultés de perception. — L'animal a des *sens*, soit *externes* :

la vue, l'ouïe, l'odorat, etc.; soit *internes* : le *sensorium* ou *sens intime*, sorte de conscience sensitive, non réfléchie; l'*imagination*, la *mémoire sensitive* et une sorte de jugement instinctif, que l'on appelle spécialement l'*instinct*, et que les scolastiques nomment l'*estimative*[1].

Par ses sens, l'animal perçoit les objets sensibles et en garde les impressions, les sensations, les images.

Percevoir, appliqué à la vie animale, veut dire : 1° recevoir l'impression des objets; 2° éprouver une sensation; 3° en concevoir l'image.

L'imagination et la mémoire sensible diffèrent réellement malgré de grandes analogies. L'imagination garde, reproduit ou combine entre elles les images des objets des sensations; la mémoire distingue et reconnaît les objets en les rapportant au passé.

2°. **Facultés de tendance.** — Les facultés de perception appellent des facultés de tendance. L'animal a des *appétits*, c'est-à-dire des tendances naturelles vers tout ce qui peut satisfaire ses sens; en d'autres termes, vers tout ce qui se réfère à l'instinct de conservation et peut être atteint par les sens qui servent cet instinct.

De là, des émotions ou passions variées : l'amour, la fidélité, et d'autre part, la haine, la colère, la vengeance, la ruse, passions toutes sensitives, qui se manifestent chez les animaux et auxquelles on donne ces noms par analogie avec les passions de l'homme.

Le bien sensible exerce une vive attraction sur l'animal, et le mal sensible, une vive répulsion. La passion n'est pas autre chose que la réponse de l'appétit sollicité; c'est le mouvement naturel, spontané, pour atteindre le bien ou pour fuir le mal.

Nature de ces facultés et des faits qui les révèlent; leur différence avec les facultés de l'homme. — Tous ces faits, soit de perception, soit de tendance, qui existent aussi chez l'homme, où ils sont mêlés à la vie intellectuelle et morale, ne sortent pas du domaine de la sensation. Toute vie porte en elle le principe de ses mouvements. Dans la vie sensitive, précisément parce qu'elle est sensitive, les mouvements sont déterminés par la sensation. L'animal, ne connaissant rien au delà du bien sensible, borne forcément là son aspiration ou son désir.

Ce qui décide les tendances ou les répulsions de l'animal n'est jamais une idée ou qualité abstraite : la beauté, la bonté, la convenance, par exemple; c'est toujours l'objet sensible et particulier, en tant que bon ou mauvais, nuisible ou utile. L'animal perçoit la chose qui est bonne, non le bien; la chose qui lui convient, non la convenance. Sa connaissance est purement empirique; elle ne s'applique qu'aux faits et aux objets individuels et concrets et va des uns aux autres par une consécution naturelle d'impressions et d'images; mais l'animal n'a pas une idée, en tant que l'idée est la perception de l'entité[2] ou de la nature d'un être, ce qui en fait un phénomène intellectuel.

Si l'animal hésite quelquefois et semble faire un choix, c'est toujours sous l'influence d'une sensation présente ou à venir; c'est parce qu'une lutte se fait en lui entre des impressions ou des images opposées.

---

[1] Estimative, faculté par laquelle les animaux connaissent ce qui leur est utile et ce qui leur est nuisible.

[2] Entité (du lat. *ens*, *entis*, ce qui est), terme de philosophie, qui signifie l'essence d'une chose.

Il ne s'élève pas au-dessus de la perception et de la comparaison des faits sensibles ; ses connaissances sont des sensations et des images de sensations, et ne dépassent pas la limite des sens. Il connaît *cet arbre ;* mais il ne sait pas ce que c'est qu'*un arbre.* En d'autres termes, sa connaissance est toute sensitive ; il ne connaît que par ses sens, et les sens sont incapables de réflexion.

Réfléchir, dit Bossuet, c'est recevoir au-dessus des mouvements corporels, et au-dessus même des sensations, *une lumière* qui nous rend capables de chercher la vérité jusque dans sa source [1]. Ce qui veut dire que la réflexion implique la faculté de comprendre, de concevoir les rapports et les principes généraux, de saisir le pourquoi et le comment des choses.

Si les animaux étaient capables de réflexion, ils le seraient d'invention et de progrès. Mais rien ne prouve « que depuis l'origine du monde ils aient ajouté quelque chose à ce que la nature leur avait donné. Que s'ils vont toujours un même train, c'est folie, dit encore Bossuet, de vouloir leur donner un principe dont on ne voit parmi eux aucun effet.

« Il y a dans l'instruction quelque chose qui ne dépend que de la conformation des organes, et de cela les animaux sont capables comme nous ; et il y a ce qui dépend de la réflexion et de l'art, dont nous ne voyons en eux aucune marque. » Flourens ne parle pas ici autrement que Bossuet : « L'homme seul fait des progrès comme espèce, dit-il, parce que seul il a la réflexion, cette faculté suprême qui se définit : l'action de l'esprit sur l'esprit. Cette action produit la méthode, et, par la méthode, l'esprit de tous les hommes devient un seul esprit qui se continue de génération en génération et qui ne finit point. Une génération commence une découverte, et c'est une autre qui la finit. »

A la réflexion, s'ajoute une seconde cause des inventions et de la variété de la vie humaine, *la liberté.* « L'âme, élevée par la réflexion au-dessus du corps et au-dessus des objets, n'est point entraînée par leurs impressions et demeure libre et maîtresse des objets et d'elle-même. »

Tout en reconnaissant que les animaux sont privés de réflexion et de liberté, on parle cependant de l'intelligence des animaux. D'après ce qui précède, on voit qu'il faut entendre une intelligence toute sensitive, constituée par l'ensemble des facultés d'expérience et d'association, c'est-à-dire par les opérations sensitives dont l'objet est la connaissance sensible ou empirique. Ces opérations ne s'exercent jamais qu'en vertu de l'organe matériel qui leur est indissolublement uni. De là cette conclusion : l'âme de l'animal, incapable d'agir sans le corps, n'existe pas non plus sans lui. Le principe de sa vie toute physique appartient à l'ordre physique et ne saurait en sortir.

REMARQUE. — Le mot intelligence peut être pris dans un sens large et dans un sens étroit. Au sens large, il signifie aussi bien les opérations sensitives qui ont pour objet la connaissance sensible, que l'entendement ou l'intelligence proprement dite, qui est la faculté de percevoir les idées et les rapports, de distinguer le vrai du faux.

Au sens étroit, il signifie : ou bien l'entendement ou l'intelligence proprement dite seule, et alors il ne s'applique qu'à l'homme ; ou bien l'ensemble des opérations sensitives mentionnées ci-dessus. Ce n'est que dans ce dernier sens qu'on peut parler de l'intelligence de l'animal.

Le passage suivant du *Cours de philosophie* de M. Joly renferme sur cette question d'utiles remarques.

« Il y a chez l'homme, comme chez l'animal, des impulsions non raisonnées, des ajustements immédiats à des buts dont l'intelligence ne se rend pas compte ; mais voici la différence fondamentale. Les instincts que l'on remarque chez l'homme sont tous plus ou moins arrêtés dans leur développement ; aucun d'eux n'est longtemps conduit à ses fins par un ensemble d'impulsions organiques

---

[1] C'est recevoir la raison, qui, dit saint Thomas, est le reflet dans l'âme de la lumière divine, cette « lumière qui éclaire tout homme venant en ce monde ». (S. JEAN.)

liées et coordonnées par la vie... L'animal et l'homme ont une égale tendance à exécuter le mouvement qu'ils imaginent. Mais le renard n'imaginera pas, et pour cause, les mouvements du singe, ni l'aigle ceux de la taupe. Chaque animal ne fait, n'imagine, ne retient, ne tend à recommencer, ne recommence avec plaisir que les mouvements dont son organisation lui impose le besoin et lui donne la facilité. L'homme fait et imagine tous les mouvements que l'observation, la comparaison et le raisonnement lui ont fait trouver utiles pour une industrie et un art quelconques, aussi bien que pour l'expression de sa pensée. A ce fait, que toutes les sensations, les imaginations, les souvenirs, les passions, les associations et les habitudes d'un animal sont commandés par le caractère dominateur de son organisation, se rattachent aisément les autres caractères que nous avons reconnus à l'instinct. De même, la nécessité où est l'homme de trouver, par une suite de pénibles efforts, la loi directe de sa conduite, entraîne avec elle tous les caractères que nous avons reconnus à la volonté. Nul ne peut nier ces vérités, et l'auteur d'un livre où l'on essaye d'établir une morale des animaux devra dire : « La réflexion est absente des déterminations des ani-
« maux... Un principe d'action est un motif distinctement conçu et érigé en loi
« ou règle universelle; l'animal ne nous offre rien de tel, et il est probable que
« chacune de ses déterminations a pour cause une impulsion particulière. Les
« conflits mêmes qui ont lieu dans sa conscience entre des impulsions diverses
« ne semblent pas mériter le nom de délibération, parce que, n'ayant point con-
« verti ses impulsions diverses en idées, il est plutôt le théâtre de leurs luttes
« qu'il n'en est l'instigateur et l'arbitre[1]. » Cela est fort bien dit; mais attribuer aux animaux une vertu qui n'a point d'idée, une raison qui ne raisonne pas, une volonté qui ne délibère pas, une intelligence enfin qui ne réfléchit pas, c'est là dire à peu près, sur le fond de la question, ce que nous disons ici même; et c'est là généralement à quoi se réduisent les tentatives de ceux qui veulent établir un insensible passage entre l'homme et l'animal. »

Peut-on dire que l'activité de l'animal est volontaire? — C'est à tort et improprement que les physiologistes et les naturalistes appellent *volontaire* l'activité de l'animal. La volonté est une faculté intellectuelle qui implique la raison. « La volonté est une suite de l'intelligence. Il y a volonté dans tout être qui a une intelligence, comme il y a appétit animal (*sensitif*) dans tout être qui a des sens. » (SAINT THOMAS.)

Des facultés de perception ou de connaissance appellent des facultés correspondantes de *tendance*. A la perception ou connaissance *sensible* répond l'appétit *sensible*; à la perception ou connaissance *intellectuelle* répond l'appétit *rationnel* ou volonté. Quand donc on emploie le mot volonté, en parlant de l'animal, on ne peut entendre qu'un *analogue* de la volonté, c'est-à-dire l'appétit sensitif qui suit la connaissance *sensible*, comme quand on applique le mot *conscience* à l'animal, il faut entendre une conscience *sensible*, analogue à la conscience *intellectuelle*, mais d'une tout autre nature.

Sociétés animales. — Les philosophes et les naturalistes ont remarqué qu'un grand nombre d'espèces animales vivent en groupes et constituent des sociétés qui ont des analogies curieuses avec les sociétés humaines. Chez les insectes, les fourmis, les abeilles, les termites, offrent des exemples bien connus d'une sorte de vie familiale : on y prend un soin remarquable des œufs, on élève les petits, on les suit pendant un certain temps. La famille se montre plus parfaite chez les oiseaux et chez les mammifères. Pour ce qui est des sociétés proprement dites, on en rencontre de *passagères*, comme celles, par exemple, des poissons

---

[1] A. Espinas, *les Sociétés animales*. — Nous n'avons pas besoin d'ajouter qu'avec la réflexion disparaissent, non seulement la moralité et la vertu, mais le véritable amour, le véritable repentir et la véritable éducation. L'animal a de l'attachement et de la crainte, parce qu'il a une certaine imagination. Enfin on le dresse, parce qu'il est capable d'habitude. (De l'auteur.)

qui voyagent par bandes pour se rendre vers des régions où la température leur est plus convenable, où la nourriture est plus abondante; il y en a de *plus durables*, comme celles des oiseaux marins sur les côtes, au moment de la fabrication des nids, ou celles des vanneaux et des grues, toujours gardées par quelques individus en sentinelle; enfin il y en a de *permanentes*, par exemple, chez les hirondelles, particulièrement les salanganes, qui se prêtent un mutuel concours pour la fabrication de leurs nids; chez les castors, qui bâtissent de vrais villages de huttes, où chaque famille a la sienne; chez les éléphants, qui vivent par troupes de trois à quatre cents, conduites par les plus âgés, et ne se reposant que sous la garde de l'un d'eux qui veille; chez les singes, où l'instinct social, purement animal, atteint son apogée. Cette tendance à la sociabilité, que manifestent certaines espèces animales, pourrait s'expliquer par une sorte d'attrait, de sympathie instinctive que les individus de même espèce éprouvent les uns pour les autres : les uns, plus faibles, plus jeunes, ont l'instinct de se mettre sous la garde et la protection des plus forts, des plus habiles et des plus expérimentés; ceux-ci, de leur côté, ont la tendance à dominer les faibles, en même temps qu'à les protéger et à les défendre.

Analogies et différences entre les industries des animaux et celles de l'homme. — Elles sont *analogues* en ce qu'elles ont pour fin la satisfaction d'un besoin et qu'elles y tendent par des moyens appropriés.

Elles sont *différentes* en ce qu'elles sont l'œuvre, les unes de l'instinct, qui n'est pas conscient de la finalité; et les autres de l'intelligence, qui connaît et poursuit librement la finalité, de sorte que toutes les différences qu'il y a entre elles peuvent être ramenées à celles de l'intelligence et de l'instinct. (Voir page 250; voir aussi BOSSUET, *Conn. de Dieu*, ch. V, VII, VIII.)

Définition. — Dans le sens le plus général, la *psychologie comparée* est l'étude des variations que présentent les phénomènes de conscience dans les êtres conscients. — Comparer l'adulte à l'enfant, l'homme civilisé au sauvage, l'homme sensé au fou, etc.— Dans un sens restreint, ce mot signifie : l'étude des analogies et des différences que présentent l'homme et l'animal.

PSYCHOLOGIE COMPARÉE. — L'HOMME ET L'ANIMAL

Méthode.
La méthode de la psychologie comparée est l'*analogie*.
En vertu de ces principes que *les mêmes moyens supposent les mêmes fins, les mêmes effets les mêmes causes, les mêmes signes les mêmes choses signifiées*, nous concluons que si l'animal est pourvu d'organes sensitifs semblables à ceux de l'homme, il doit posséder les facultés sensitives de l'homme ; il a des yeux pour voir, des oreilles pour entendre, etc.
Il est très important d'observer que cette méthode n'a de valeur que si on conclut de l'homme à l'animal, c'est-à-dire du plus au moins, et non de l'inférieur au supérieur ; le contraire serait illogique, et les expériences faites sur les animaux (vivisections) n'ont pas de force probante pour l'homme.

Facultés et opérations de l'animal.

Il y a dans la vie animale, comme dans la vie intellectuelle, un *principe de vision* et un *principe d'impulsion* ; d'où des *facultés de perception ou de connaissance*, et des *facultés de tendance*.

1° Facultés de perception.
a) *Sens externes* : vue, odorat, etc.
b) *Sens internes* : *sensorium* ou *sens intime, imagination, mémoire sensitive estimative.*
Par ses sens, l'animal perçoit les objets sensibles et en garde les impressions, les images.

2° Facultés de tendance.
L'animal a des *appétits*, c'est-à-dire des tendances naturelles vers tout ce qui peut satisfaire ses sens pour la conservation de l'individu et celle de l'espèce ; de là des émotions et des passions : plaisir, douleur, amour, haine, etc.
Le bien sensible attire l'animal ; le mal sensible le repousse.

Tous ces faits, soit de perception, soit de tendance, ne sortent point du domaine de la sensation.
Ce qui décide les tendances ou les répulsions de l'animal, ce n'est jamais une *idée* ou *qualité abstraite* : la beauté, la bonté, etc. ; c'est toujours l'objet sensible et particulier en tant que bon ou mauvais.
Ses connaissances sont des sensations et des images de sensations ; il connaît cet arbre, mais ne sait pas ce qu'est un arbre.
L'animal ne réfléchit pas, la réflexion étant une opération intellectuelle, et c'est pour cela, dit Bossuet, que les animaux sont incapables d'invention et de progrès.
Si l'on parle de l'*intelligence des animaux*, il faut entendre une *intelligence toute sensitive*, constituée par les facultés d'expérience et d'association.

Peut-on dire que l'activité de l'animal est volontaire ? — Non, si l'on entend le mot volonté dans le sens ordinaire de *faculté intellectuelle* ou *appétit rationnel*.
Quand on parle de la *volonté de l'animal*, il ne faut entendre qu'un *analogue* de la volonté de l'homme, c'est-à-dire l'*appétit sensitif*, qui suit la connaissance sensible.
De même pour le mot *conscience* appliqué à l'animal.

Analogies entre les industries de l'homme et celles des animaux. — Elles sont *analogues*, les unes et les autres ayant pour fin la satisfaction des besoins ; mais elles diffèrent en ce que les premières sont l'œuvre de l'intelligence et par conséquent peuvent progresser, se perfectionner, tandis que les secondes, étant directement soumises à l'instinct, sont immuables.

LOGIQUE

PRÉLIMINAIRES

Définition de la logique. — La logique peut être définie : la *science de la méthode, la science du raisonnement ;* ou encore : la *science des procédés et des opérations par lesquels est constituée la science.* Cicéron, et après lui Condillac, ont défini la logique : *l'art de raisonner ;* Port-Royal l'a définie : *l'art de penser,* entendant par ce mot les trois opérations de l'esprit : concevoir, juger, raisonner ; Balmès : *l'art d'arriver au vrai,* et sous ce titre il a laissé un excellent petit traité de philosophie pratique.

La logique est une science et un art. — Elle est une *science,* puisqu'elle a pour objet les lois qui régissent la pensée ; un *art,* puisqu'elle est un ensemble de moyens ou de règles pratiques pour diriger l'esprit dans la recherche du vrai. Dans le premier cas, les lois régulatrices de la pensée sont considérées dans leurs rapports avec les *principes* d'où elles dérivent ; dans le second cas, elles sont considérées dans leurs rapports avec les *faits* où elles sont appliquées.

La connaissance des lois du raisonnement ne fait pas nécessairement raisonner juste, pas plus que la connaissance de la rhétorique ne donne l'éloquence. « On peut très bien savoir les règles du syllogisme et fort mal raisonner pour son propre compte, de même qu'un géomètre peut fort mal décrire un cercle ou tirer une ligne droite. Néanmoins, de même que la géométrie enseignera au géomètre à reconnaître les défauts du cercle ou de la ligne qu'il aura tracée, de même les règles logiques feront connaître au logicien les mauvais raisonnements qu'il aura pu faire. Ainsi la logique enseigne moins à raisonner qu'à critiquer nos propres raisonnements et ceux des autres. Elle nous apprend à discerner, quand il y a preuve et quand il n'y a pas preuve. Étant d'abord la science de la preuve, elle devient, par voie de conséquence, l'art de la critique, et ainsi sa valeur théorique comme science est la caution de son usage pratique comme art. » (FONSEGRIVE, *Logique,* I.)

Division de la logique. — La logique se divise :

1° En logique *formelle, pure* ou théorique, qui traite des notions et des termes, des propositions et des jugements, des lois formelles de la pensée, du raisonnement et de ses diverses formes [1] ; de l'évidence, de la certitude, de l'opinion, du scepticisme, et en général des lois de la pensée [2].

---

[1] Cette première partie de la logique formelle est l'objet de la *dialectique.*
[2] Cette seconde partie est appelée par quelques auteurs *critériologie.*

2° En logique *pratique* ou *appliquée*, qui étudie la méthode à suivre dans chaque science particulière. On l'appelle quelquefois *méthodologie*.

NOTES COMPLÉMENTAIRES

Convaincre et persuader : rapports et différences entre la logique et la rhétorique. — La logique donne les règles pour convaincre, la rhétorique pour persuader. La conviction tient à l'esprit : c'est l'adhésion de l'intelligence à la vérité. La persuasion tient au cœur : c'est l'adhésion de la volonté.

Convaincre, faire admettre le vrai des choses, forcer à le reconnaître, est l'effet de la démonstration. Persuader, incliner à vouloir, faire vouloir pour faire agir, est le fruit de l'éloquence, c'est-à-dire de la parole vivante qui va à l'âme et la saisit tout entière.

La conviction et la persuasion ne s'impliquent pas ; l'une peut exister sans l'autre. On peut être *convaincu*, c'est-à-dire que l'esprit peut acquiescer à la vérité, sans être *persuadé*, c'est-à-dire sans que la volonté soit déterminée à agir. D'un autre côté, on peut être persuadé sans être convaincu : la persuasion ne suppose pas toujours des preuves, comme la conviction.

Remarquons cependant qu'entendue dans un sens large, la persuasion comprend la conviction, l'agrément, l'émotion, c'est-à-dire l'œuvre totale de la parole. La persuasion sans les preuves est pernicieuse, comme l'a démontré Platon dans le *Gorgias*. Elle doit être précédée de preuves : c'est l'ordre. Il ne faut aimer, il ne faut vouloir qu'avec raison. C'est avec toute son âme qu'il faut philosopher, a dit encore Platon, c'est-à-dire que c'est avec le cœur uni à la raison et dirigé par elle qu'il faut chercher la vérité et y adhérer. Séparée de la conviction, la persuasion est changeante, variable, comme le sentiment, comme la passion qui l'a fait naître ; unie à la conviction, elle est inébranlable, immuable, comme la vérité elle-même sur laquelle elle s'appuie.

Avantages de l'étude de la logique. — Ils ont été clairement mis en relief par M. Rabier dans ses *Éléments de logique* : « Il faut reconnaître à la logique, dit-il, une double utilité : l'une résulte de l'étude de la logique, l'autre résulte de la connaissance de la logique. L'étude de la logique est un exercice d'esprit éminemment propre à donner à l'esprit de la clarté, de la précision, de la vigueur. Fondée sur les rapports d'extension et de compréhension des idées, elle force l'esprit à définir les mots avec précision ; à voir sous le mot l'*idée*, dans l'idée les caractères contenus et la sphère d'application ; à remarquer les rapports exacts des idées entre elles, comme aussi à s'enquérir de la portée exacte d'un jugement et des relations de plusieurs jugements entre eux. Tout cela peut se faire sans doute naturellement, sans le secours de la logique ; mais, à force de le faire naturellement, on finit par le faire instinctivement, c'est-à-dire sommairement et sans conscience expresse, sans vérification attentive. C'est le grand mérite de la logique de nous forcer à faire difficilement, c'est-à-dire soigneusement, toutes ces choses naturelles. Le profit intellectuel est ici du même genre que celui qui résulte pour un enfant de l'étude d'une langue étrangère...

« La connaissance de la logique est utile à l'exécution des opérations logiques, car la logique n'est qu'un ensemble de règles, et, bien qu'on puisse se conformer naturellement à ces règles, on a bien plus de chance de le faire quand on les connaît que lorsqu'on ne les connaît pas. On voit des gens qui savent compter sans avoir appris l'arithmétique ; cela prouve-t-il l'inutilité de l'arithmétique ?

« Ajoutons enfin que la connaissance de la logique, n'eût-elle aucun de ces résultats, n'en serait pas moins bonne et utile en elle-même, en ce sens qu'il sera toujours bon et utile de savoir. A quoi sert de connaître les lois du mouvement des planètes ? Mais il semble que l'ignorance de ces lois diminuerait tout ensemble et l'univers et l'esprit de l'homme. L'ignorance des lois idéales qui règlent la marche de la pensée ne serait pas moins dommageable. C'est pourquoi l'œuvre de Képler qui nous a révélé les unes, et l'œuvre d'Aristote qui nous a enseigné les autres, sont de même ordre et dignes au même titre de respect et d'admiration. »

Raison et raisonnement. — Molière a opposé la *raison* et le *raisonnement* dans ces vers de Chrysale :

> Raisonner est l'emploi de toute ma maison,
> Et le raisonnement en bannit la raison.

Ce qui veut dire que les esprits *raisonneurs* ne sont pas d'ordinaire les plus *raisonnables ;* qu'on peut employer à tout propos les formes logiques du raisonnement et avec cela être fort peu sensé ou même très illogique, en contradiction avec soi-même ou avec les faits.

Raisonner, c'est aller d'une vérité à une autre en appliquant les principes de la *raison*. Ainsi le raisonnement présuppose la raison et reçoit d'elle ses principes. L'acte propre de la raison est l'*intuition* ou la vue immédiate de la vérité ; le raisonnement est médiat et *discursif :* il compare les idées pour en apercevoir le rapport. La raison est universelle : elle s'applique à toutes les vérités et dirige toutes nos facultés ; le raisonnement n'est affecté qu'aux vérités inductives et déductives, et il est sous la dépendance complète de la raison, qui le contrôle après lui avoir fourni ses principes.

Ces différences n'enlèvent rien à l'importance du raisonnement dans la vie intellectuelle. Sans le raisonnement, les connaissances humaines seraient bornées aux intuitions immédiates de la raison, aux données de la conscience et des sens. Mais il faut l'employer sensément, c'est-à-dire appliquer ses diverses formes aux choses seulement qui les comportent et quand il y a lieu. Un mathématicien qui s'aviserait de raisonner sur les choses concrètes, comme il le fait sur les nombres et sur les figures, serait l'esprit le plus faux du monde et pourrait être le plus dangereux. Dans les questions politiques et sociales, partir d'affirmations à priori et en déduire géométriquement des solutions aux problèmes qui se posent, c'est raisonner d'une façon très logique, mais à coup sûr aboutir à des conclusions inacceptables. Celui qui sait raisonner, s'il n'a pas assez de raison pour juger de la vérité des prémisses d'où il part, arrive à des conséquences d'autant plus fausses qu'il les a tirées plus rigoureusement de prémisses fausses. Il ne faut donc pas confondre la *raison* et le *raisonnement* et croire qu'il suffit d'employer les formes du raisonnement pour être logique ou raisonnable.

TABLEAU ANALYTIQUE

PRÉLIMINAIRES

Définition. — La logique est la science de la méthode.
On la définit encore : « l'art de raisonner » (CICÉRON, CONDILLAC) ; — « l'art de penser » (Pᵗ-ROYAL) ; — « l'art d'arriver au vrai. » (BALMÈS.)
La logique est une *science* et un *art*. — C'est la *science* des lois qui régissent la pensée.
Comme *art*, elle est l'ensemble des règles qui dirigent l'esprit dans la recherche de la vérité.

Divisions de la logique.
La logique se divise en *logique formelle*, pure ou *théorique*, qui comprend la *dialectique :* notions, termes, propositions, etc., et la *critériologie :* évidence, certitude, opinions, etc. ; et en *logique appliquée* ou *pratique*, ou *méthodologie*, qui étudie les méthodes propres à chaque science.

1re LEÇON

DIVERS ÉTATS DE L'ESPRIT PAR RAPPORT AU VRAI ET AU FAUX

Les divers états où l'esprit peut se trouver par rapport au vrai et au faux, ou, comme dit Bossuet, les dispositions de l'entendement, sont : la *certitude*, l'*ignorance*, l'*erreur*, le *doute*, l'*opinion* et la *foi*.

I. — VÉRITÉ ET ERREUR

Considérée en soi ou *objectivement*, la vérité, *c'est ce qui est*; *subjectivement*, *c'est la conformité de notre jugement avec ce qui est*, ou l'accord de la pensée avec son objet.

L'erreur, *subjectivement*, est *la non-conformité de notre jugement avec ce qui est*, ou le désaccord de la pensée avec son objet; c'est une fausse certitude, un jugement faux que l'esprit tient pour vrai; — *objectivement*, l'erreur, *c'est ce qui n'est pas*. « Le vrai, c'est ce qui est (*la réalité*); le faux, ce qui n'est pas. » (Bossuet.)

Nous sommes dans la vérité, quand nous pensons les choses comme elles sont; dans l'erreur, quand nous les pensons autrement qu'elles ne sont. Se représenter, par exemple, l'âme humaine comme une substance matérielle, le cercle fait comme un carré, c'est être dans le faux. « Dire que l'être n'est pas, ou que ce qui n'est pas est, voilà le faux; dire que ce qui est est, et que le non-être n'est pas, voilà le vrai. » (Aristote.)

D'une manière générale, on commet : ou une *erreur de fait* : on se représente les choses autrement qu'elles ne sont, et l'on croit qu'elles sont comme on se les représente; ou une *erreur de raisonnement* : on tire des principes ou des faits des conclusions qui n'y sont pas contenues. (*Voir la leçon suivante*.)

On tombe dans l'erreur de fait, soit par *excès* : on met dans l'objet des caractères qu'il n'a pas; soit par *défaut* : on ôte à l'objet des caractères qu'il a; soit par *substitution* : les caractères imaginaires qu'on lui prête et les caractères réels qu'on lui retranche le métamorphosent tellement, qu'il n'est plus lui-même, mais plutôt un autre objet.

II. — CERTITUDE ET ÉVIDENCE

Définition. — *L'évidence est la clarté d'une proposition qui exclut tout doute*; c'est la vérité se manifestant directement et s'imposant à l'intelligence.

Les jugements dont la vérité est évidente n'ont besoin d'aucune preuve; on les accepte dès qu'ils sont formulés, sans crainte de se tromper : tels sont les principes premiers. La preuve, ils la portent en eux-mêmes : la vérité y est tellement lumineuse, qu'il est inutile de recourir à d'autres jugements pour les éclairer.

L'évidence produit dans l'esprit la *certitude*, qui est *l'assurance raisonnée de l'esprit de posséder la vérité.*

« La certitude est la possession tranquille de la vérité, comme la santé est la possession tranquille de la vie. » (LACORDAIRE.) — *Acquiescer* à la vérité, comme l'indique l'étymologie du mot (de *ad*, à, et *quiescere*, être en repos), c'est se reposer dans sa possession certaine.

Leurs rapports. — **L'évidence et la certitude sont corrélatives l'une à l'autre.** — Dire : Je suis certain de telle chose, ou : Telle chose est évidente pour moi, c'est tout un. Elles diffèrent cependant : la certitude naît de l'évidence et dépend soit des motifs de crédibilité, soit, dans certains cas, des dispositions morales : c'est un état de l'esprit, elle est surtout *subjective*. L'évidence est la clarté de la chose même, aperçue par l'esprit : elle est surtout *objective*. Saint Thomas place l'évidence, non dans l'*objet* seul, mais dans la *lumière de l'esprit* où l'objet apparaît clair et distinct. Malebranche a donné de la certitude la définition suivante, conforme à cette manière de voir : « On est certain d'une chose, quand on ne peut la nier sans une peine intérieure ou des reproches secrets de la raison. » Cette marque intérieure à laquelle nous reconnaissons ceux de nos jugements qui méritent notre acquiescement définitif, ne peut être autre chose que l'évidence [1].

Sources de la certitude. — *La certitude repose ou sur l'évidence, ou sur une démonstration exacte, ou sur un témoignage digne de foi.* Mais la démonstration s'appuyant en dernière analyse sur des principes évidents, et le témoignage étant digne de foi quand il est évident que le témoin n'a pu ni tromper ni se tromper, on peut tout ramener à l'évidence et dire que l'évidence est le *criterium*, la marque distinctive de la vérité.

« La vraie règle de bien juger est de ne juger que quand on voit clair. » (BOSSUET.) — Non seulement « la raison ne peut céder qu'à l'autorité de l'évidence ou à l'évidence de l'autorité » (DE BONALD), mais elle ne peut, d'elle-même, se refuser à l'évidence. La vérité évidente s'impose par l'impossibilité de concevoir le contraire. « L'absurde, » ce qui implique contradiction, « est l'évidence du faux, » dit Lacordaire.

Certitude dans les sciences morales. — Ces principes s'appliquent surtout aux sciences mathématiques et positives, dans lesquelles l'homme n'ayant, en général, d'autre intérêt que la vérité, la raison accepte tout ce qu'on lui montre avoir le caractère de l'évidence : *elle est convaincue*. Il n'en est pas de même des sciences morales : la volonté et les passions y étant intéressées, elles peuvent détourner la raison de la vérité, et l'empêcher de la voir ou d'y adhérer. Pour *persuader*, c'est-à-dire faire croire et agir en conséquence, quand il s'agit de philosophie, de religion, de droit, il ne suffit pas de montrer la vérité ; il faut la faire vouloir, la faire aimer. Les vérités morales ont leur point d'appui dans la conscience : pour les accepter, il faut en être les sujets volontaires. Elles n'obtiennent pas l'adhésion de ceux qui ne sont pas disposés moralement à les admettre. C'est ici surtout qu'il faut se rappeler que la certitude est à la fois dans l'objet connu (évidence) et dans le sujet connaissant (adhésion ferme).

L'Église reconnaît cette part de la volonté et de nos dispositions morales dans notre assentiment aux vérités morales. Le concile du Vatican a défini que l'acte de foi est libre : « L'assentiment donné à la vérité est libre, dit-il, en ce qu'il

---

[1] L'usage permet d'employer le mot *certitudo* dans un sens objectif. Il désigne alors plutôt un caractère des choses et des vérités qu'un état de l'esprit. Ainsi on dit d'une proposition qu'elle est *certaine* (évidente).

ne résulte pas *nécessairement* de l'évidence des preuves. » — « *L'acte de foi est un acte d'intelligence, mais la volonté y a sa part*, et c'est pour cela qu'il est commandé, c'est pour cela qu'il est méritoire ; c'est pour cela que l'habitude de cet acte est une vertu, la première de toutes, le fondement de toutes les autres. Même dans l'ordre des connaissances naturelles, la volonté trouve à s'exercer. Toutes les vérités ne sont pas évidentes à première vue ; beaucoup demandent, à qui veut les découvrir, des dispositions morales. L'ignorance et l'erreur sont souvent imputables. — Cela est plus vrai encore de la foi divine. En effet, dans cet ordre, l'objet de la connaissance n'est jamais évident par lui-même ; le croyant embrasse la vérité révélée, non parce qu'il la voit, mais parce que Dieu la lui enseigne. Or, pour reconnaître que Dieu a parlé, pour s'assurer que le témoignage est divin, l'application de l'esprit, la droiture de l'intention, la pureté du cœur sont des conditions préalables qui relèvent du libre vouloir. » (Mgr d'Hulst, *IIIe Conf.*, 1892.)

« Il peut arriver que, sous l'influence de la volonté, l'entendement juge vrai ce qui est faux, bon ce qui est mauvais. Cependant, même sous l'influence de la volonté, il ne cesse pas d'être infaillible par rapport aux premiers principes. Tout l'artifice de la volonté consiste à l'empêcher de ramener l'objet de son jugement à la clarté qui vient des premiers principes et qui ne s'éteint jamais dans l'homme. On pourrait peut-être trouver certains esprits qui résistent à l'évidence, et persistent dans leurs convictions. La raison de cet état doit être cherchée, soit dans le trouble persistant de la passion égoïste, soit dans la tyrannie de l'orgueil, soit dans une certaine aversion pour le vrai et le bien. Saint Thomas dit de cet état d'esprit : « Il en est qui pourraient être tirés du mal par la connaissance de la vérité ; mais ils *combattent la vérité connue* afin de pécher plus librement... Il en est de même de ceux qui forment la résolution de ne jamais se repentir. » La cause en est donc la volonté mauvaise. » (Jaugey, *Dict. apolog.*, art. *Certitude*.)

M. Ollé-Laprune dit dans son livre *De la certitude morale* : « La vérité est une ou elle n'est pas. Elle est donc la même pour tous les esprits. Que faisons-nous dépendre des dispositions de chacun ? Ce n'est pas l'existence de la vérité même, c'est la connaissance qu'on en peut avoir. Nous ne disons pas : elle sera, nous disons : elle sera connue selon les dispositions de chacun. C'est fort différent. » Et encore : « Si les vérités demandent le consentement de la volonté en même temps que l'assentiment de la raison, ce n'est pas qu'elles attendent d'une complaisance aveugle ce qu'elles ne pourraient obtenir d'un jugement éclairé ; s'adressant à tout l'homme, elles exigent l'adhésion de tout l'homme. »

L'action bonne éclaircit les doutes de l'esprit. « Celui qui fait la vérité, arrive à la lumière. » (S. Jean, iii, 21.) — En bien des cas, c'est le cœur qui fait mal à la tête. Les passions forment comme un nuage qui empêche de voir la lumière. A ceux qui venaient lui soumettre des doutes sur la religion, le P. de Ravignan répondait, en leur montrant un prie-Dieu : « Mettez-vous là, nous causerons après. » La tête n'a plus guère d'objections, quand le cœur n'a plus de péchés. « Ce n'est pas par l'augmentation des preuves qu'il faut travailler à se convaincre, a écrit Pascal, mais par la diminution des passions. »

La certitude et l'évidence ont-elles des degrés ? — On peut envisager la certitude et l'évidence à deux points de vue : à un point de vue *négatif*, en tant qu'elles impliquent la possession ou l'existence de la vérité, à l'exclusion de toute hypothèse contraire, sous ce rapport elles n'ont point de degrés ; et à un point de vue *positif*, soit que l'on considère l'éclat plus ou moins vif de la vérité, soit que l'on envisage l'adhésion plus ou moins intense de l'esprit : sous ce rapport la certitude et l'évidence ont des degrés aussi bien que la lumière. Il y a plus de lumière à midi qu'aux premiers rayons du soleil levant. Et si j'ai de bons yeux ou une intelligence plus pénétrante, je saisirai plus fortement la vérité et j'y adhérerai plus fermement qu'un homme dont la vue serait moins bonne ou moins parfaite.

Différentes espèces de certitude. — Comme il y a différents ordres de vérité, il y a aussi différentes espèces de certitude et d'évidence. Un rapport étroit existe entre ces trois choses, et les distinctions et divisions que l'on fait de l'une d'elles s'appliquent aux autres.

On distingue, d'après l'objet :

1° La certitude *physique*, croyance de l'esprit au témoignage des sens : *il y a des corps, le monde existe, le soleil éclaire*. Cette certitude repose sur l'universalité des lois qui régissent le monde sensible. Comme ces lois n'ont pas un caractère d'absolue nécessité, on ne peut prédire un phénomène avec une certitude absolue ; il faut toujours sous-entendre cette condition, qu'aucune cause n'empêchera la marche normale des lois.

2° La certitude *psychologique*, croyance de l'esprit au témoignage du sens intime ou de la conscience psychologique : *je crois, je doute, je désire*.

3° La certitude *métaphysique*, croyance de l'esprit aux axiomes ou premières vérités de la raison, dont le contraire implique contradiction : *ce qui est, est ; une chose ne peut pas être et n'être pas en même temps ; il n'y a pas de fait sans cause ; tout être intelligent et libre est responsable*, etc. Cette certitude repose sur la connexion des idées premières de la raison et ne convient qu'aux axiomes et aux vérités premières.

4° La certitude *logique*, croyance de l'esprit aux résultats du raisonnement ou de la démonstration. Une conséquence déduite d'un axiome, tirée d'un principe, a la même valeur pour l'esprit que cet axiome, que ce principe. Après avoir été démontrée, cette proposition : *Le côté de l'hexagone régulier inscrit est égal au rayon*, a la même valeur que cet axiome : *Tous les rayons d'un cercle sont égaux*.

5° La certitude *morale*, croyance de l'esprit au témoignage des hommes : *César conquit la Gaule, Pékin est une ville grande et populeuse*.

Les vérités de la religion, comme les vérités de la science, nous sont transmises par l'enseignement et par la tradition, c'est-à-dire par le témoignage des hommes.

Ces cinq espèces de certitude reposent sur nos moyens naturels de connaître : les sens (monde matériel) ; le sens intime (âme et ses opérations) ; la raison (notions et vérités premières, soit de l'ordre intellectuel, soit de l'ordre moral) ; le raisonnement (vérités déduites des principes ou induites de l'expérience) ; le témoignage des hommes (vérités qui nous viennent des autres hommes : vérités historiques, géographiques).

Par *certitude morale* on entend quelquefois une très grande probabilité : on a la certitude morale, c'est-à-dire on croit que tel événement arrivera, eu égard à ce qui arrive ordinairement.

REMARQUE. — La *certitude* et l'*évidence*, d'après la façon dont elles se produisent dans notre esprit, sont *immédiates* ou *médiates* : *immédiates* ou *intuitives*, si elles sont produites spontanément, sans aucun travail antérieur et préparatoire ; *médiates* ou *discursives*, si elles sont produites par le raisonnement. La certitude immédiate, qui est le fruit direct de l'intuition, se produit sous trois formes : l'observation, soit extérieure (certitude physique), soit intérieure (certitude psychologique) et la conception des vérités premières (certitude métaphysique ou rationnelle). Les certitudes logique et morale sont médiates.

Valeurs de ces diverses sortes de certitude. — Ces diverses sortes de certitude et d'évidence sont d'égale valeur. L'évidence mathématique est d'une autre nature que l'évidence morale, mais ne lui est pas supérieure.

Il ne faut demander dans chaque ordre de vérités que la certitude que cet ordre de vérités comporte. « Il serait ridicule de vouloir exiger une démonstration géométrique des vérités d'expérience ou historiques. » (EULER.) Le matérialiste, qui nie l'âme sous prétexte qu'en fouillant le cerveau il ne l'a pas rencontrée sous son scalpel ou sous sa loupe, est absurde : l'âme ne se voit ni ne se touche, mais elle se manifeste par les faits ou phénomènes spirituels qu'elle produit.

L'âme est objet de certitude morale et métaphysique, non de certitude physique : l'humanité atteste son existence ; ses effets nous la font connaître comme cause.

Les divers criteriums de la vérité. — On appelle *criterium* ou *critère* le signe, la marque distinctive de la vérité.

Comme il y a différents ordres de vérité et de certitude, il y a aussi divers critères. Le critère spécial de la perception extérieure, ce sont les conditions requises pour l'exercice normal des sens ; celui de la vérité en matière de faits est dans les règles de la critique historique ; celui de la conscience psychologique et celui de la raison dans la conception des vérités premières, sont l'application pure et simple de l'évidence.

Pour les *sceptiques* il n'y a pas de criterium, puisque, ou ils nient la vérité, ou ils refusent à l'homme tout moyen de la connaître. Les *sensualistes* et les *matérialistes* ne reconnaissent d'autre criterium de la vérité que les *sens* ; les *idéalistes* ne s'en rapportent qu'à la *raison*. *Descartes* et ses disciples mettent d'abord tout en question, même ce qui est évident, même l'existence du monde extérieur et des corps, et ne s'arrêtent que devant le témoignage de la *conscience*, qui, en dernière analyse, repose selon eux sur la *véracité divine*. Lamennais et les *traditionalistes* placent le fondement de la certitude dans le *consentement universel* ou le témoignage des hommes. *Pascal*, *Huet*, l'abbé *Bautain* et toute l'école dite à tort *théologique*, n'admettent d'autre *autorité que celle de la révélation*. *Reid* donne pour base à la certitude le *sens commun* ; les *positivistes* ne recourent qu'à l'*observation* et au *calcul*.

Toutes ces théories méconnaissent l'unité de l'entendement : tous les criteriums sont solidaires ; ils reposent tous sur l'évidence et se servent d'appui mutuel. En rejeter un seul, c'est supprimer l'évidence et nier toute certitude. « On ne fait pas au scepticisme sa part, a dit Royer-Collard ; quand il a pénétré dans l'entendement, il l'envahit tout entier. » Ce qui veut dire qu'on ne peut s'arrêter au scepticisme partiel.

Critique des principaux de ces criteriums, quand ils sont regardés comme le critérium suprême. — Deux se ramènent au *principe d'autorité :* celui de Lamennais, qui, reconnaissant l'homme incapable de découvrir seul la vérité, a recours à la *raison collective,* et celui de Pascal, Huet et l'abbé Bautain, qui fait intervenir la raison divine par la *révélation.*

Le *consentement universel* et la *foi divine,* outre qu'ils ne m'apprennent rien sur une foule de vérités qui ne sont pas de leur domaine, ont besoin l'un et l'autre des sens et de la raison pour se légitimer. Le consentement universel présuppose dans chaque homme une règle sûre de jugement. Quelle autorité peut avoir l'humanité tout entière, si chaque individu est frappé d'une impuissance radicale à trouver la vérité ? — La foi à la révélation résulte de preuves, et les preuves sont une application du principe de raison suffisante : on ne croit que parce qu'on voit qu'il faut croire.

Reid et Hamilton ont vu le criterium de la certitude dans le *sens commun,* cette forme simple et universelle de la raison, qui nous porte à croire invinciblement à un certain nombre de vérités fondamentales. Mais qui nous garantit que nous ne prenons pas des *préjugés* pour des vérités de sens commun ? L'éducation, l'habitude des associations fixes et précises, toujours favorisées, jamais contredites, peuvent engendrer la tendance invincible à croire. D'ailleurs un grand nombre de vérités démontrées sont au-dessus du sens commun : la science et la philosophie ne doivent pas faire fi du sens commun, mais il ne suffit pas à les constituer.

Descartes a tort de faire reposer toute vérité sur le *témoignage de la conscience.* Sans doute, « si nous voulons suivre la méthode expérimentale, si nous voulons partir des faits et nous appuyer sur les faits, c'est le *fait de conscience,* c'est-à-dire la perception directe de notre personne, de notre substance vivante, qui doit être le point de départ de notre science. Mais ce point de départ ne doit pas être unique et isolé. Appuyer la science sur le fait de conscience tout seul, comme l'a fait Descartes, ce serait lui donner une base trop étroite. Il est une autre expérience primitive, celle qui nous fait connaître les corps. Il est un autre fait, parallèle et équivalent au fait de conscience, c'est le contact et la *vue distincte des objets matériels.* » (DE BROGLIE, *le Positivisme.*) — Descartes a tort aussi de recourir à la *véracité divine,* parce que, pour croire à cette véracité, il a fallu se la prouver à soi-même, et, par conséquent, admettre d'abord les vérités sur lesquelles on s'est appuyé.

Le criterium suprême, auquel tous les autres se ramènent, c'est l'*évidence.* En tout ordre de vérités, c'est sur elle, en dernière analyse, qu'on s'appuie. C'est elle qui fait que je ne puis douter de ma pensée et de mon existence ; c'est elle que j'oppose à l'idéaliste qui nie l'existence des corps ; c'est en son nom que je crois aux axiomes géométriques et que j'exige que les autres y croient ; c'est par l'évidence de chaque prémisse et du lien de la conclusion aux prémisses, que je crois aux résultats du raisonnement ; enfin, c'est sur l'évidence de la véracité dûment discutée du témoignage que j'y ajoute foi. — Toutes les formes de la connaissance se valident donc, en fin de compte, par le criterium de l'*évidence.*

III. — SCIENCE ET IGNORANCE

La *science* n'est pas un état distinct de l'âme, à l'égard de la vérité. Au point de vue psychologique ou subjectif, elle se confond avec la certitude. *Savoir,* dit S. Thomas, *c'est connaître avec certitude.*

L'ignorance est le *manque de science,* la privation de connaissance. Quand elle est *absolue,* l'esprit n'a pas même l'idée des choses qu'il ignore; c'est ce qui a lieu, par exemple, pour les mondes situés au delà de la portée de nos télescopes.

Différence entre errer et ignorer. — *Errer, se tromper*, c'est affirmer ce qui n'est pas ou nier ce qui est; c'est ne pas savoir et croire qu'on sait. *Ignorer*, c'est simplement ne pas savoir. L'*ignorance* est un état de l'esprit purement négatif : c'est la privation (ignorance absolue) ou la limitation (ignorance partielle) de la connaissance. L'*erreur* est en quelque sorte une *double ignorance* : non seulement on ne sait pas, mais on ne sait pas qu'on ne sait pas, et l'on croit savoir.

L'ignorance est fâcheuse : rien de plus facile à duper qu'un ignorant; qui ne sait rien est prêt à tout croire, témoin la naïveté de l'enfant. Toutefois l'ignorance absolue est moins dangereuse, éloigne moins de la vérité que les préjugés ou idées fausses, qui lui sont directement opposés [1]. L'ignorant peut se laisser éclairer : pressé par le besoin de savoir, il va de lui-même au-devant de l'instruction et la reçoit docilement; l'homme qui est dans l'erreur résiste; son amour-propre, ses passions, ses préjugés, peut-être la paresse d'esprit, le mettent en garde contre la vérité. — Avoir conscience de son ignorance est un des plus sûrs préservatifs de l'erreur et la condition préalable de la science. C'est pour cela que Socrate commençait toujours par dépouiller ses disciples de leur suffisance, et par leur faire avouer qu'ils ne savaient rien. Il disait lui-même : « Je ne sais qu'une chose, c'est que je ne sais rien. »

IV. — DOUTE ET OPINION

Entre la science et l'ignorance, il y a deux intermédiaires : le doute et l'opinion.

Doute. — Le *doute* est l'*hésitation de l'esprit entre l'affirmation et la négation* : on ne se sent pas assez éclairé pour porter un jugement, pour se prononcer entre deux choses contraires et d'égale valeur.

La *cause naturelle* du doute est la faiblesse de l'esprit humain : l'homme doute, parce que son intelligence est bornée, parce que, pour arriver à la claire vue de la vérité, il lui faut enlever les obstacles qui la cachent, dissiper les ténèbres dont elle est d'ordinaire enveloppée.

La *cause morale* la plus commune est dans les passions : on doute, parce qu'admettre la vérité, dans l'ordre métaphysique ou dans l'ordre moral, c'est croire au devoir. Dans cet ordre d'idées, la conclusion d'un raisonnement n'est pas une *fin*, c'est un point de *départ*; c'est une *règle* qui gouverne la conduite.

Différentes sortes de doute. — Il y a un doute *naturel*, doute pur et simple, qui tient à la faiblesse, à l'imperfection de l'esprit humain.

---

[1] « Les sciences, dit Pascal, ont deux extrémités qui se touchent. La première est la pure ignorance naturelle où se trouvent tous les hommes en naissant. L'autre extrémité est celle où arrivent les grandes âmes qui, ayant parcouru tout ce que les hommes peuvent savoir, trouvent qu'ils ne savent rien et se rencontrent en cette même ignorance d'où ils étaient partis. Mais c'est une ignorance savante qui se connaît. Ceux d'entre eux (les demi-savants) qui sont sortis de l'ignorance naturelle et n'ont pu arriver à l'autre, ont quelque teinture de cette science suffisante et font les entendus. Ceux-là troublent le monde et jugent mal de tout. »

— « Peu de science éloigne de Dieu, beaucoup y ramène. » (BACON.) Les demi-savants sont plus exposés à l'erreur que les ignorants : ces derniers trouvent souvent dans la bonne foi les solutions dont ils ont besoin.

Il y a un doute *rationnel, scientifique,* suspension provisoire du jugement entre une affirmation et une négation qui présentent des raisons d'égale valeur, suspension inspirée par la prudence et par un désir sincère du vrai. C'est de ce doute que Bossuet dit : « C'est une partie de bien juger que de douter quand il faut. Celui qui juge certain ce qui est certain, et douteux ce qui est douteux, est un bon juge. » Ce qui est visiblement faux, il faut le repousser; ce qui est douteux, il faut l'étudier, car pouvant être vrai ou faux, on doit, après examen, l'accepter dans le premier cas, le rejeter dans le second.

Ce doute, qu'on nomme aussi doute *méthodique* ou *fictif,* est un des moyens d'arriver à la vérité, une des conditions de la science réfléchie, un commencement de science. Il est le point de départ et le fond de la méthode cartésienne. Saint Thomas en a usé bien avant Descartes, mais sans en outrer comme lui l'application, sans l'ériger en système, sans faire table rase de la science acquise et des croyances établies légitimement.

Le doute de Descartes a le défaut d'être *universel,* de porter sur les premiers principes, au moins en ce qui touche à la spéculation. Il n'y a jamais lieu d'appliquer ce doute aux vérités premières, soit empiriques, soit rationnelles, précisément parce qu'elles sont évidentes et que ni les préjugés ni les passions ne peuvent les atteindre : le doute, même hypothétique et provisoire, est impossible par rapport à ces vérités : on ne peut les mettre sérieusement en question. De plus, le doute cartésien est *invincible* et conduit au scepticisme : il est impossible d'arriver à un principe ferme, si l'on doute des vérités premières et du principe connaissant lui-même. Comment cette intuition de conscience, devant laquelle il s'arrête : « Je pense, donc je suis, » quoique très évidente en elle-même, peut-elle être légitimement acceptable pour un philosophe qui doute de toute science humaine et a cessé de croire à la véracité de ses facultés ?

Descartes va plus loin; il déplace la base de la certitude en la mettant tout entière dans la preuve de l'existence de Dieu, sans laquelle, d'après lui, on ne peut jamais être certain d'aucune chose, pas même de cette vérité que 2 et 3 font 5. Ainsi toute science repose sur l'évidence, et l'évidence elle-même a pour point d'appui la véracité de Dieu. Mais comment l'esprit humain peut-il prouver l'existence et la véracité de Dieu, sinon à l'aide de ses propres idées, auxquelles, par hypothèse, il n'a pas le droit d'avoir confiance ? — Descartes commet ici, comme nous le verrons plus loin, le sophisme appelé cercle vicieux.

Enfin, il y a un doute *irrationnel,* contre nature, le doute *systématique,* qui n'est pas autre chose que le scepticisme, et qui consiste à douter pour douter, à s'arrêter dans le doute comme dans une fin, comme dans un état définitif de la raison. Le doute méthodique implique la foi à la vérité et à la possibilité d'y parvenir; le doute du sceptique consiste à croire que la vérité n'est pas ou que nous ne pouvons pas la connaître.

Ce doute-là n'est pas, comme l'a dit Montaigne, « un mol oreiller pour une tête bien faite, » à moins qu'il ne soit le fruit de l'apathie intellectuelle et de l'indifférence, auquel cas ce n'est pas à « une tête bien faite » qu'on a affaire, mais à une tête déséquilibrée et déformée. Les angoisses, les souffrances morales, les aveux des victimes du doute sont une réfutation, hélas! trop éloquente de la parole de Montaigne[1]. Le repos de l'esprit est dans la certitude, dans la science et dans la foi.

L'homme est fait pour croire et pour savoir, non pour ignorer ou pour douter. On ne vit pas de négation. Tout homme a naturellement le désir de savoir ; or savoir, c'est connaître avec certitude. Un désir naturel ne saurait être vain. Le désir naturel de savoir que tout homme éprouve a donc un objet et un terme, et il suppose, dans le sujet, des facultés pour saisir et atteindre cet objet. L'entendement est fait pour connaître le vrai : c'est une faculté active, dont l'état normal ne saurait être l'inertie qu'implique le doute, mais plutôt le travail d'investigation, de recherche, de discussion, pour la conquête de la vérité. Le doute n'est pas plus l'état normal de l'intelligence que la maladie n'est l'état normal du corps.

« La nature, comme l'affirme Pascal, est invinciblement dogmatique, » et c'est vainement que l'homme accuse et décrie la raison ; jamais il ne parvient à triompher de sa propre raison. De même que ceux qui nient le témoignage des sens montrent par leurs actes qu'ils y croient absolument, de même ceux qui accusent la raison d'impuissance et d'incertitude parlent, raisonnent et concluent sans cesse en vertu de sa puissance et de sa certitude.

« La négation de toute vérité ne peut se poser sans contradiction ; car cette proposition : « Il n'y a point de vérité, » nie par hypothèse son contenu. Celui qui l'affirme abuse de la parole humaine et ne s'attribue pas même la réalité d'une ombre pensante ; car il y a de la vérité dans une ombre. « Ne rien accepter de vrai, c'est s'établir au niveau de la plante, dit saint Thomas, attendu que les animaux ont dans leur principe animateur des conceptions déterminées. » Il faut donc conclure qu'il y a une vérité intellectuelle, reposant sur une vérité essentielle, laquelle a sa source en Dieu, qui est l'absolue vérité. » (*Dict. apolog.*, art. *Certitude*.)

« Il n'y a rien à répondre au scepticisme absolu, parce qu'il n'y a rien à répondre à qui fait de ses idées, de sa parole, de son doute même, un objet de doute. » (LACORDAIRE.) Saint Augustin montre le sceptique se réfutant ainsi lui-même : « Tout homme qui comprend qu'il doute comprend quelque chose de vrai et possède la certitude de cette vérité qu'il comprend ; il a donc une certitude de la vérité, et, par conséquent, cet homme qui doute de la vérité a en lui-même une vérité dont il ne peut douter ; et par cela même il confesse la vérité. » (*De la vraie religion*.)

L'esprit ne doute qu'en théorie ; en pratique, il affirme toujours. — « Le doute est un état théorique de l'esprit, qui, pesant les raisons pour et les raisons contre, les trouve équivalentes et se déclare fixé dans l'incertitude, c'est-à-dire qu'il renonce à se décider. En réalité, cet acte de renonciation est une affirmation certaine d'impuissance, donc une certitude ; d'ailleurs, à chaque fois que l'esprit se posait le problème de la vérité du jugement en question, il voyait

---

[1] Voir l'ouvrage de M⁽ʳ⁾ Baunard : *les Victimes du doute*. On connaît les accents que le doute inquiet, qui cherche, bien qu'il se croie impuissant à trouver, a inspirés à l'une de ses victimes :

   ... Malgré moi, l'infini me tourmente ;
   Je n'y saurais songer sans trouble et sans espoir,
   Et, quoi qu'on en ait dit, ma raison s'épouvante
   De ne pas le comprendre, et pourtant de le voir...
   Qu'est-ce donc que ce monde et qu'y venons-nous faire,
   Si, pour qu'on vive en paix, il faut voiler les cieux ?
   Passer comme un troupeau, les yeux fixés à terre,
   Et renier le reste, est-ce donc être heureux ?
   Non, c'est cesser d'être homme et dégrader son âme.   (A. DE MUSSET.)

L'histoire de la négation est depuis longtemps écrite dans la vie humaine ; on la reconnaît presque toujours à l'un de ces deux signes : faiblesse de l'intelligence, lâcheté du cœur. Nier est la chose la plus facile du monde ; il n'y a rien à faire pour soutenir une négation, et c'est ce qui explique pourquoi elle va si bien à l'orgueil du cœur et à la médiocrité de l'esprit.

une raison pour ou une raison contre, conséquemment il affirmait l'existence de ces raisons. L'esprit donc ne doute qu'en théorie, en pratique il affirme toujours. » (Fonsegrive, t. II, *Métaphysique*.)

Opinion. — *L'opinion est une croyance mêlée de doute et variable;* elle n'est pas sans fondement; elle repose sur des motifs plus ou moins vraisemblables, mais n'a pas de certitude; elle implique toujours une certaine crainte de se tromper.

Exemples. — Croire qu'Aristote est le plus grand philosophe de l'antiquité, que Napoléon est supérieur à Alexandre et à César; — Les anciens regardaient l'esclavage comme une nécessité sociale; avant Copernic et Galilée, on croyait la terre immobile; c'était un principe de l'ancienne physique que la nature a horreur du vide; tout le XVII° siècle ajoutait foi aux tourbillons de Descartes. — Lorsque Pascal dit que *l'opinion est la reine du monde*, c'est dans un autre sens qu'il prend ce mot; il entend l'opinion publique : l'ensemble des idées reçues, des maximes courantes.

« Regardez les hommes agir, vous les verrez s'imposer de grands sacrifices pour conquérir le suffrage de leurs semblables. L'empire de l'opinion est immense, la vanité seule ne l'explique pas; il tient sans doute à la vanité, mais il a des raisons plus profondes et meilleures. Nous jugeons que les autres hommes sont, comme nous, sensibles au bien et au mal, qu'ils distinguent la vertu et le vice, qu'ils sont capables de s'indigner et d'admirer, d'estimer et de respecter, comme de mépriser. Cette puissance est en nous, nous en avons la conscience, nous savons que les autres hommes la possèdent comme nous, et c'est cette puissance qui nous épouvante. L'opinion est notre propre conscience transportée dans le public, et là, dégagée de toute complaisance et armée d'une sévérité inflexible. Au remords dans notre propre cœur répond la honte dans cette seconde âme que nous nous sommes faite et qui s'appelle l'opinion publique. Il ne faut pas s'étonner des douceurs de la popularité. Nous sommes plus sûrs d'avoir bien fait, quand, au témoignage de notre conscience, nous pouvons joindre celui de la conscience de nos semblables. Il n'y a qu'une seule chose qui puisse nous soutenir contre l'opinion et même nous mettre au-dessus d'elle : c'est le témoignage ferme et assuré de notre conscience, parce qu'enfin le public et le genre humain tout entier en sont réduits à nous juger sur l'apparence, tandis que nous, nous nous jugeons infailliblement et par la plus certaine de toutes les sciences. » (Cousin, *du Vrai, du Bien, du Beau*, XI° leçon.)

Opinion, science. — Entre le mot *science* pris au sens large de *connaissance raisonnée*, et le mot *opinion*, il y a la même différence qu'entre *savoir* et *croire*, si on entend ce mot au sens de *avoir foi à autrui* ou *affirmer d'après une expérience vague.*

La science implique la certitude, et l'opinion, le doute : l'opinion est plus ou moins probable et peut avoir une infinité de degrés. La science est toujours vraie, autrement elle ne serait pas la science, elle est comme la vérité impersonnelle, stable et permanente; l'opinion peut être vraie ou fausse, elle est individuelle et changeante. Le langage, qui renferme une profonde philosophie, indique ces différences; on dit : *mon* opinion, on ne dit pas : *ma* vérité; on parle d'hommes qui *changent* d'opinion, qui *s'entêtent* dans leur opinion, qui reçoivent leurs opinions *toutes faites*, toutes choses qui indiquent que l'imagination, le milieu, l'intérêt, l'amour-propre, sont d'ordinaire pour beaucoup dans les opinions, tandis que la science est l'œuvre de la raison et de l'expérience; elle forme un tout cohérent et solidaire de vérités enchaînées systématiquement.

Origine de l'opinion : probabilité. — L'opinion est produite par la *probabilité*. La probabilité est à l'opinion ce que l'évidence est à la certitude.

La *probabilité*, c'est l'*apparence de vérité* ou *vraisemblance*. Un jugement est *probable*, quand les raisons d'y croire l'emportent sur les raisons de n'y pas croire ; en d'autres termes, quand les raisons *pour* l'emportent sur les raisons *contre*.

On distingue deux sortes de probabilité : la probabilité *mathématique*, qui peut être calculée, et la probabilité *morale*, dans laquelle on *pèse*, on *évalue* les raisons plutôt qu'on ne les *compte*.

« L'expression mathématique de la probabilité, dit Laplace, est une fraction dont le numérateur est le nombre de cas favorables, et le dénominateur le nombre de cas possibles. » Si, à une loterie qui compte mille billets, on en a pris vingt, la probabilité de gain est de 20/1000 ou 1/50. Outre les loteries, on peut citer, comme applications du calcul des probabilités, les combinaisons de jeux de hasard, les tables de mortalité, les assurances.

La probabilité *morale* a surtout son application en histoire et dans l'administration de la justice, pour l'appréciation des témoignages. Elle est le caractère de toutes les hypothèses scientifiques : une hypothèse est d'autant plus probable qu'elle s'accorde avec un plus grand nombre de faits connus, et que le nombre des faits constatés ou présumés qui la contredisent est plus restreint.

Dans la vie pratique, ne vouloir se décider que d'après les certitudes serait se condamner à n'agir pour ainsi dire jamais. « Suivre les vraisemblances, a dit J. de Maistre, telle doit être la devise de l'homme sage pour régler sa conduite ; car la vie entière n'est qu'un calcul continuel de probabilités... ; quant à n'agir qu'à coup sûr, il faudrait alors renoncer à vivre. » Napoléon Iᵉʳ disait : « Dans tout ce qu'on entreprend, il faut donner les deux tiers à la raison et l'autre tiers au hasard ; augmentez la première fraction, vous serez pusillanime ; augmentez la seconde, vous serez téméraire. »

Il ne faut pas oublier cependant que la probabilité ne remplace pas la certitude, et que, surtout dans les questions qui importent à notre destinée, nous n'en sommes pas réduits à des conjectures, comme le prétend le probabilisme.

Différence entre la certitude, l'évidence et la probabilité. — Il ne faut pas confondre l'évidence et la certitude avec la probabilité. Dans la probabilité, il y a des raisons pour et des raisons contre, des chances favorables et des chances défavorables. La certitude et l'évidence, de même que la vérité, n'ont pas ce caractère.

D'une urne qui ne contient que des boules blanches, il est évident, je suis certain que je tirerai une boule blanche ; mais d'une urne qui contient cent boules blanches et une noire, il n'est pas évident, je ne suis pas certain que je tirerai une boule blanche : je n'en ai qu'une très forte probabilité[1].

La probabilité augmente proportionnellement aux chances et aux raisons favorables, diminue proportionnellement aux chances et aux raisons contraires. L'expression de *chance* convient surtout quand il s'agit d'un événement qu'on attend ; s'il s'agit d'une opinion, ce ne sont pas des chances, mais des raisons qu'on oppose.

---

[1] *Certain*, *sûr*. — *Certain*, ce dont on ne peut douter. *Sûr*, ce sur quoi on peut se fier. La nouvelle est *certaine*, elle vient par une voie *sûre* (des choses). Une personne *certaine* sait d'une façon indubitable ; à une personne *sûre* on peut se fier (des personnes).

  Quiconque est loup agisse en loup ;
  C'est le plus certain de beaucoup.   (La Fontaine.)

Ici, *certain* est mis pour *sûr*. — *J'ai la persuasion*, *je suis persuadé*, dit moins que *j'ai la certitude*, *je suis certain*. S'il s'agit d'événements futurs dépendant de la liberté de l'homme, *je suis sûr* vaut mieux que *je suis certain*. — *Je suis sûr et certain* est une expression fautive.

V. — LA FOI

La foi, c'est la *croyance au témoignage*. « Lorsqu'on croit quelque chose sur le témoignage d'autrui, ou c'est Dieu que l'on croit, et alors c'est la foi *divine;* ou c'est l'homme, et alors c'est la foi *humaine*. » (Bossuet.)

La foi *divine*, ou plutôt la foi *religieuse*, est la *croyance au témoignage de Dieu, qui ne saurait ni se tromper ni nous tromper*. Ce témoignage est rendu évident par les miracles et les prophéties.

Dieu seul, en effet, peut faire de vrais miracles et de vraies prophéties; or il en a fait pour distinguer et confirmer son témoignage. Ce témoignage, qu'on nomme la *révélation*, est un criterium certain pour les vérités surnaturelles, mais il a besoin d'être démontré ; il ne peut pas se passer de l'évidence ; il suppose la certitude préalable de la raison, de la conscience, du témoignage des hommes. « Avant de croire il faut voir, dit saint Augustin; et c'est parce que vous voyez quelque chose que vous croyez ce que vous ne voyez pas. »

La foi *humaine*, qui sert de base à l'histoire, est la *croyance au témoignage des hommes*. « En certains cas, elle peut aussi être indubitable, quand ce que les hommes rapportent passe pour constant dans tout le genre humain, sans que personne le contredise » (Bossuet), et quand, la possibilité de mensonge ou d'erreur étant écartée, on est certain de la valeur du témoignage. (Sur cette question, voir plus loin, 8° leçon : *Méthode des sciences historiques*.)

La foi est un *besoin*, une loi de notre nature intellectuelle et morale. Toute science implique un acte de foi à l'intelligibilité des choses qui en sont l'objet et à l'efficacité de nos moyens de les connaître. La science, en effet, est la recherche des raisons, c'est-à-dire des causes, des lois, des fins; or on ne les recherche que parce qu'on croit à leur existence et à la possibilité de les découvrir. « Pour faire la science, dit Claude Bernard, il faut d'abord croire à la science, et croire à la science, c'est croire que rien ne se produit sans raisons déterminées. » C'est un fait général que, appuyés sur la certitude des principes premiers, nous exerçons nos facultés de connaissance et nous les appliquons à leur objet avec sécurité et sans hésitation. Notre conduite montre que nous croyons à une correspondance, à une adaption naturelle, entre nos facultés et la vérité qui est dans les choses.

Remarquons toutefois que si j'admets la légitimité de mes facultés, ce n'est nullement par une simple croyance, par un acte de foi naturelle, comme disait Jouffroy, mais par une *claire vue;* car je perçois que mes facultés, appliquées à leur objet propre et exercées dans des conditions normales, sont des organes de vérité. Le point de départ de la connaissance n'est pas la foi, même naturelle, mais l'*intuition*, et il y a beaucoup d'inconvénients dans l'opinion contraire de Jouffroy et de Gratry.

Cette foi *instinctive* n'est, en quelque sorte, que notre premier mouvement en présence de la vérité; c'est la manifestation de notre penchant pour la vérité. La foi *raisonnée* se greffe sur celle-là. Qu'il s'agisse de science et de vérités positives, ou de religion et de vérités révélées, l'homme ne croit que parce qu'il voit qu'il doit croire : « L'usage de la raison se trouve nécessairement à la base de l'acte de foi. » (Cardinal Pie.) — La raison discute et pèse les motifs de crédibilité; elle ne donne son adhésion qu'à la vérité évidente ou démontrée, qu'au témoignage soit humain, soit divin, dont l'authenticité et la véracité sont bien prouvées. Bien que surnaturelle dans son principe et dans son sujet, la foi chrétienne non seulement n'exclut pas, mais implique notre coopération intellectuelle. Lorsque la raison a examiné les titres de la révélation à notre croyance, quand elle a librement porté son jugement sur la crédibilité des vérités proposées par l'Église, « elle peut librement y adhérer, sous l'influence de la grâce, par un acte propre, indépendant, nullement contraint, qu'elle pourrait tout aussi bien ne pas produire. » (*Dict. apolog.* [1].)

Foi, science. — Croire, en général, c'est adhérer à une vérité, non à cause de l'évidence intérieure d'une proposition, mais à cause de l'autorité d'un témoignage. Si l'on croit et que l'on comprenne, il y a *science*; si, sans comprendre, on adhère au témoignage, il y a *foi*.

Les principes scientifiques ne sauraient tenir lieu des principes moraux, comme le prétendent ceux qui imaginent que la science pourrait être la religion de l'avenir. Quand il faut agir, savoir ne suffit pas, il faut croire. « On n'est fort que de ce que l'*on croit*, et non pas de ce que l'*on sait*, » a dit Maine de Biran. Les grandes inspirations, les grands héroïsmes, les grandes œuvres naissent des fortes croyances. « Qui que vous soyez, voulez-vous avoir de grandes idées et faire de grandes choses? Croyez, ayez une foi! Ayez une foi religieuse, une foi patriotique, une foi littéraire... Sachez d'où vous venez, pour savoir où vous allez... Il ne suffit pas de penser, il faut croire. C'est de foi et de conviction que sont faites, en morale, les actions saintes, et en poésie les idées sublimes. » (Victor Hugo.)

« On semble fonder de grandes espérances sur la science pour l'amélioration morale de l'humanité; on se trompe : les progrès de la science tournent à l'accroissement du bien-être, mais non de la moralité; la richesse rend les hommes plus exigeants, plus délicats, plus difficiles à satisfaire; elle ne les rend pas meilleurs; en créant des plaisirs, des désirs et des besoins nouveaux, elle soumet la volonté à des épreuves nouvelles sans lui donner plus de force pour en triompher. » (Vessiot, *Chemin faisant*. — Lire, sur ce sujet, *Ozanam:* conclusion de la 10e leçon, tome I.) « Le principe logique de tout ce que le moyen âge fera de grand, dit-il, sera la foi, le besoin de croire, cette puissance que l'homme trouve en lui-même, quand il croit; car, prenez-y garde, ce n'est qu'à la condition de croire que l'homme peut arriver à aimer; la théologie n'est si puissante que parce qu'elle est, en même temps, principe de foi et d'amour. »

TABLEAU ANALYTIQUE

DIVERS ÉTATS DE L'ESPRIT		
		Les divers états de l'esprit par rapport au vrai et au faux sont : la *certitude*, l'*ignorance*, l'*erreur*, le *doute*, l'*opinion* et la *foi*.
	I. Vérité et erreur.	*Objectivement*, la *vérité*, c'est ce qui est; l'*erreur*, ce qui n'est pas; *Subjectivement*, la vérité est l'accord de la pensée avec son objet; l'erreur, le désaccord de la pensée et de son objet.
		Nous sommes dans la vérité, quand nous pensons les choses comme elles sont; dans l'erreur, quand nous les pensons autrement qu'elles ne sont.
		Il faut distinguer l'*erreur de fait* (voir les choses autrement qu'elles ne sont) de l'*erreur de raisonnement*, qui tire des conclusions de principes où elles ne sont pas contenues.

---

[1] Notons ici cette parole de J. de Maistre contre les traditionalistes : « C'est toujours le même sophisme qui égare : dès que vous séparez la raison de la foi, la révélation, ne pouvant plus être prouvée, ne prouve plus rien. »

DIVERS ÉTATS DE L'ESPRIT PAR RAPPORT AU VRAI ET AU FAUX

II. Certitude et évidence. — Les criteriums de la certitude.

1. L'évidence est la clarté d'une proposition qui exclut tout doute : par exemple, les principes premiers ;
La certitude est l'assurance raisonnée de l'esprit de posséder la vérité : elle naît de l'évidence.
Il y a corrélation entre l'évidence et la *certitude* : la première est surtout *objective*, la seconde est plutôt *subjective*.
La certitude repose ou sur l'évidence, ou sur une *démonstration exacte*, ou sur un *témoignage digne de foi*. — Mais comme la démonstration et le témoignage n'ont de valeur que s'ils s'appuient sur des principes évidents, il en résulte que *la certitude naît toujours de l'évidence*.

Différentes espèces de certitude.
On distingue : 1° La *certitude physique*, croyance de l'esprit au témoignage des sens ;
2° La *certitude psychologique*, croyance de l'esprit au témoignage de la conscience ou sens intime ;
3° La *certitude métaphysique*, croyance de l'esprit aux vérités premières de la raison ou aux axiomes ;
4° La *certitude logique*, croyance de l'esprit aux résultats du raisonnement et de la démonstration ;
5° La *certitude morale*, croyance de l'esprit au témoignage des hommes, à la tradition.
Toutes ces sortes de certitude reposent sur nos moyens naturels de connaître : sens, conscience, raison.

Valeur de ces diverses sortes de certitude. — Ces diverses sortes de certitude et d'évidence sont d'égale valeur.
L'évidence mathématique, par exemple, est d'une autre sorte que l'évidence morale, mais ne lui est pas supérieure.
Une règle très importante, c'est de ne demander en chaque ordre de vérités que le genre de certitude qu'il comporte.

On appelle *criterium* ou *critère le signe, la marque distinctive de la vérité* ;
Chaque ordre de vérité ou de certitude a son critère spécial : les *sens*, pour la perception extérieure ; la *raison*, pour les vérités premières, etc. — Tous doivent se ramener à l'évidence.
Les *sceptiques* ne reconnaissent aucun criterium, niant l'existence de la vérité ;
Les *sensualistes* et les *matérialistes* ne reconnaissent pas d'autre criterium que les sens ;
Les *idéalistes* ne s'en rapportent qu'à la *raison* ;
Les *cartésiens* ne s'en rapportent qu'à la *conscience*, qui, en dernière analyse, repose sur l'autorité et la véracité divines ;
Les *traditionalistes* placent le fondement de la certitude dans le *consentement universel* et l'*autorité* ;
L'école *théologique* (Pascal, abbé Bautain) n'admet d'*autorité* que la révélation ;
Reid et les Écossais s'en rapportent au *sens commun*, et les positivistes au *calcul* et à l'*observation*.

III. Science et ignorance.

« Savoir, c'est connaître avec certitude. » (SAINT THOMAS.)
L'ignorance est le manque de science. Elle est partielle ou totale.

Différence entre errer et ignorer.
Errer, c'est se *tromper*, c'est affirmer ce qui n'est pas ou nier ce qui est ;
Ignorer, c'est simplement ne pas savoir : c'est un état de l'esprit purement négatif.
L'erreur est plus fâcheuse que l'ignorance ; c'est en quelque sorte une *double ignorance*.
Avoir conscience de son ignorance est un des plus sûrs moyens de se préserver de l'erreur.

DIVERS ÉTATS DE L'ESPRIT

DIVERS ÉTATS DE L'ESPRIT PAR RAPPORT AU VRAI ET AU FAUX

IV. Le doute. — L'opinion.

Entre la science et l'ignorance, il y a deux intermédiaires : le doute et l'opinion.

Le doute.
Diverses sortes.

Le *doute* est l'hésitation de l'esprit entre l'affirmation et la négation.

Sa *cause naturelle* est la faiblesse de l'esprit humain ; sa *cause morale* est dans les passions.

Il faut distinguer le doute *naturel*, résultat de l'imperfection de l'esprit humain, du doute *rationnel, scientifique* ou *philosophique*, qui est une suspension provisoire du jugement, inspirée par la prudence et le désir de la vérité. — « C'est une partie de bien juger que de douter quand il faut. » (BOSSUET.) Mais il faut bien se garder du doute *universel*, tel que l'enseigne Descartes ; il conduit au *scepticisme*, qui est un doute *irrationnel et contre nature*. Le sceptique doute pour douter ; il nie la vérité ou tout au moins la possibilité d'y atteindre.

L'opinion.
Probabilité.
Science.

L'opinion est une croyance mêlée de doute ; elle repose sur des motifs plus ou moins vraisemblables, mais non certains.

Opinion et science. — La *science* implique la certitude ; l'*opinion*, le doute ;

La science n'admet pas de degré dans la vérité ; l'opinion est plus ou moins probable ;

La science est stable, impersonnelle, permanente ; l'opinion est variable, individuelle, changeante.

Origine de l'opinion. — L'opinion est produite par l'apparence de la vérité ou la vraisemblance, c'est-à-dire par la *probabilité*.

On distingue la *probabilité mathématique*, qui peut être calculée, et la *probabilité morale*, qui ne peut pas l'être.

V. Foi et science.

La foi, c'est la croyance au témoignage.

On distingue la foi *divine* ou *religieuse*, croyance au témoignage divin, et la foi *humaine*, croyance au témoignage des hommes.

La première, qui a pour base la *révélation*, est un critérium certain pour les vérités surnaturelles ;

La seconde sert de fondement à l'histoire et à tout enseignement.

La foi est un *besoin*, une loi de notre nature : toute science implique un acte de foi à l'intelligibilité des choses et à l'efficacité des moyens de connaître.

Il y a une foi *instinctive* qui n'est que l'instinct de *crédibilité*, et qui peut nous tromper, et une *foi raisonnée*, en vertu de laquelle l'homme ne croit que parce qu'il voit qu'il doit croire.

La raison discute les motifs de crédibilité et ne donne son adhésion qu'à la vérité évidente ou démontrée. « *Elle* ne peut, dit de Bonald, céder qu'à l'autorité de l'évidence ou à l'évidence de l'autorité de celui qui enseigne. »

Foi et science. — Croire, en général, c'est adhérer à la vérité.

Si l'on comprend tout ce que l'on croit, il y a *science* ; dans le cas contraire, il y a *foi*.

La science seule ne suffit pas à l'homme. « On n'est fort que de ce que l'on croit, et non pas de ce que l'on sait. » (M. DE BIRAN.)

Les grandes inspirations, les grands dévouements viennent des fortes croyances. L'idéal, en ceci, c'est la foi éclairée par la science, « la foi raisonnable, » comme dit saint Paul.

2º LEÇON

CAUSES, REMÈDES ET CLASSIFICATION DE L'ERREUR — SOPHISMES

I. — CAUSES DE L'ERREUR

La cause *générale* de l'erreur est l'imperfection de l'esprit humain. On connait le vieil adage : « *Errare humanum est ;* Il est dans la nature de l'homme de se tromper ; » ce qui ne veut pas dire que l'homme est voué fatalement à l'erreur, mais que « la raison humaine est toujours courte par quelque endroit », comme s'exprime Bossuet.

Les causes *particulières* se divisent en causes *logiques* et causes *morales*.

1º Causes logiques. — Ce sont : 1º Le mauvais emploi de nos moyens de connaître : erreurs des sens (p. 130), défaillances de la mémoire, fausses associations d'idées (p. 209), illusions de l'imagination (p. 220), ignorance des vraies méthodes (Log., 4º Leçon), jugements précipités, mauvais raisonnements (Log., 3º leçon), sophismes (p. 373), témoignage des hommes, quand il est trompeur, erroné, mal contrôlé (Log., 8º Leçon) ;

2º Les imperfections du langage, l'abus des termes généraux, les apparences trompeuses, les difficultés qui accompagnent souvent la vérité et empêchent de la distinguer de ce qui ne l'est pas.

2º Causes morales. — Elles sont *internes* ou *externes*.

Causes internes. — 1º L'ignorance : souvent on tombe dans l'erreur, parce que l'on ignore une partie des éléments nécessaires pour bien juger ; c'est, par exemple, pour un juge, telle circonstance du fait ou tel article de la loi ; pour un médecin, la nature ou le remède de la maladie ; pour un commerçant, les conditions du marché ; pour un général, les positions ou les forces de l'ennemi.

2º La paresse, qui engendre le *défaut d'attention*, l'*inconsidération*, la *précipitation :* on craint la peine que nécessite la découverte de la vérité, et l'on se prononce avant d'avoir suffisamment examiné. C'est souvent à l'inattention qu'il faut rapporter l'*oubli*, dont on croit s'excuser en disant : Je le savais, mais je n'y ai pas pensé.

« La paresse, qui craint la peine de considérer, est le plus grand obstacle à bien juger. Ce défaut se rapporte à l'impatience ; car la paresse, toujours impatiente quand il faut penser tant soit peu, fait qu'on aime mieux croire qu'examiner, parce que le premier est bientôt fait et que le second demande une recherche plus longue. Les conseils (délibérations) semblent toujours trop longs au paresseux; c'est pourquoi il abandonne tout et s'accoutume à croire quelqu'un qui le mène comme un enfant et comme un aveugle. » (BOSSUET, *Conn.*, I, XVI.)

3° L'amour-propre, qui « nous fait présumer que nous connaissons aisément les choses les plus difficiles,... et nous nous attachons à notre sens, sans vouloir jamais revenir, de peur d'être forcés de reconnaître que nous nous sommes trompés ».

A l'amour-propre se rattache « l'esprit de *contradiction*, si ordinaire parmi les hommes et qui les porte, quand ils entendent ou lisent quelque chose d'autrui, à considérer peu les raisons qui pourraient les persuader et à ne songer qu'à celles qu'ils croient pouvoir opposer ». (*Logique de Port-Royal.*)

4° Notre propre intérêt, « merveilleux instrument pour nous crever les yeux agréablement, » comme dit Pascal; nous appelons vrai ce qui est ou ce que nous croyons être utile, et faux ce qui ne l'est pas ou ce que nous croyons ne l'être pas.

Dans un passage remarquable de ses *Sophismes économiques*, Bastiat met bien en lumière, au point de vue économique, les jugements erronés et les injustices qu'inspire l'intérêt personnel : « En tant que producteurs, il faut bien en convenir, chacun de nous fait des vœux antisociaux. Sommes-nous vignerons? nous serions peu fâchés qu'il gelât sur toutes les vignes du monde, excepté sur la nôtre... Sommes-nous propriétaires de forges? nous désirons qu'il n'y ait au marché d'autre fer que celui que nous apportons, quel que soit le besoin que le public en ait, et précisément pour que ce besoin, vivement senti et imparfaitement satisfait, détermine à nous en donner un haut prix... Fabriquons-nous des étoffes de coton? nous désirons les vendre au prix le plus avantageux *pour nous*. Nous consentirions volontiers à ce que toutes les manufactures rivales fussent interdites... Nous passerions ainsi toutes les industries en revue et nous trouverions toujours que les producteurs, en tant que tels, ont des vues antisociales. — « Le marchand, dit Montaigne, ne fait bien ses affaires qu'à la débauche de la jeunesse, le laboureur à la cherté des blés, l'architecte à la ruine des maisons, les officiers de justice aux procès et aux querelles des hommes. Nul médecin ne prend plaisir à la santé de ses amis mêmes, ni soldats à la paix de la ville; ainsi du reste. »

5° La passion, qui nous fait envisager les personnes et les choses à un point de vue exclusif et faux, qui nous porte à ne considérer que les côtés favorables ou les côtés contraires.

Tout changement dans la passion en amène un dans la manière de voir : tant qu'on aime quelqu'un, il n'a que de bonnes qualités, c'est le meilleur et le plus habile homme du monde; le hait-on, il n'a plus que des défauts, c'est un homme de néant. Dès qu'il est sous l'empire de l'amour et de la haine, l'homme ne peut plus bien appliquer les facultés qui lui servent à juger objectivement des choses.

Molière, décrivant les illusions de l'amour dans le *Misanthrope* (acte II, scène IV), montre qu' « on aime jusqu'aux défauts des personnes qu'on aime » :

    Jamais leur passion n'y voit rien de blâmable,
    Et dans l'objet aimé tout leur devient aimable ;
    Ils comptent les défauts pour des perfections,
    Et savent y donner de favorables noms.

On peut se rappeler aussi le Hibou de la Fontaine :

    Mes petits sont mignons,
    Beaux, bien faits et jolis sur tous leurs compagnons.
    Vous les reconnaîtrez sans peine à cette marque.

Les moralistes ont tous insisté sur cette funeste influence de la passion pour induire l'esprit en erreur. « Chacun appelle raison la passion qui l'anime. » (FÉNELON.) « Le plus grand dérèglement de l'esprit, c'est de croire les choses parce qu'on veut qu'elles soient et non parce qu'on a vu qu'elles sont en effet. Nous sommes portés à croire ce que nous désirons et ce que nous espérons, soit qu'il soit vrai, soit qu'il ne le soit pas[1]. Celui qui est en colère en croit toutes les causes justes, sans même vouloir les examiner, et par là il est hors d'état de porter un jugement droit. Cette séduction des passions s'étend bien loin dans la vie... C'est autre chose d'être attaché à un objet, autre chose d'y être attentif. Y être attaché, c'est vouloir, à quelque prix que ce soit, lui donner ses pensées et ses désirs, ce qui fait qu'on ne le regarde que du côté agréable; mais y être attentif, c'est vouloir le considérer pour en bien juger et pour cela connaître le pour et le contre. » (BOSSUET.)

Pascal dit de son côté : « Le cœur monte à la tête et lui en montre, » parole qui a même sens que celle-ci de la Rochefoucauld : « L'esprit est souvent la dupe du cœur. »

Il faut cependant se rappeler que si les mauvais sentiments sont une cause d'erreur, les sentiments généreux aident l'esprit dans le discernement du vrai : « Les grandes pensées viennent du cœur, » a dit Vauvenargues. Le cœur tire sa nourriture de l'esprit; si l'esprit est vide ou vulgaire, le cœur ne saurait être fécond ni distingué. De plus, *si l'esprit est souvent la dupe du cœur*, souvent aussi *le cœur est la dupe de l'esprit*. On aime comme on connaît ; là où les idées sont fausses, les affections ne sauraient être réglées. « Le cœur suit aisément l'esprit, » dit la Fontaine (IX, VI) :

> Chacun tourne en réalités
> Autant qu'il peut ses propres songes.
> L'homme est de glace aux vérités,
> Il est de feu pour les mensonges.

On connaît l'influence de l'imagination sur les passions. Pour émouvoir la passion, les auteurs dramatiques, les romanciers, s'adressent à l'imagination. Comme « l'esprit n'est point ému de ce qu'il ne croit pas », ils tâchent de produire l'illusion par la vraisemblance.

L'influence de la passion sur l'intelligence s'exerce surtout dans le domaine des vérités qui appartiennent à l'ordre moral ou qui s'y rattachent. La passion est trop intéressée à empêcher l'intelligence de voir clair, pour ne pas s'y employer. Stuart Mill a fort bien décrit comment elle s'y prend : « Les causes morales des opinions, quoique les plus puissantes de toutes, chez la plupart des hommes, ne sont que des causes *éloignées*. Elles n'agissent pas directement, mais par l'intermédiaire des causes intellectuelles, avec lesquelles elles sont dans le même rapport qu'en médecine les causes *prédisposantes* avec les causes *existantes*. L'indifférence pour la vérité ne peut pas, par elle-même, produire une fausse croyance; elle agit en empêchant l'esprit de rassembler les preuves appropriées ou de les soumettre au critère d'une induction rigoureuse; ce qui le laisse sans défiance contre l'influence des raisons apparentes qui se présentent spontanément ou que peut suggérer le moindre effort intellectuel. — L'inclination la plus violente à trouver vraie une chose ne rendrait pas l'esprit le plus faible capable de la croire, en l'absence de toute raison et sans une preuve quelconque, au moins apparente. Elle influe indirectement, en lui présentant les motifs de croire sous un aspect incomplet ou difforme; elle le détourne de l'ennuyeux travail d'une induction rigoureuse, lorsqu'il soupçonne que le résultat pourra être désagréable, et dans la recherche telle quelle qu'elle entreprend, elle lui fait appliquer son attention d'une manière partielle,

---

[1] « Tant que le cœur conserve des désirs, l'esprit garde des illusions. » (CHATEAUBRIAND.)
« Il n'y a point d'homme plus aisé à mener qu'un homme qui espère : il aide à la tromperie. » (BOSSUET.)

la tournant de préférence du côté des faits qui semblent favorables à la conclusion désirée et l'éloignent des faits contraires¹. » (*Système de Logique*, l. V, § 3.)

6° **La volonté.** — Nous avons vu (p. 240 et suiv.) qu'il ne faut pas, avec Descartes et son école, attribuer toute erreur à la volonté; mais on peut affirmer, avec saint Thomas et Bossuet, que mal juger vient très souvent d'un vice de volonté. La volonté est toujours maîtresse de détourner l'intelligence de toute vérité qui lui déplaît. Pour que l'homme croie et accepte la vérité, surtout la vérité morale, il ne suffit pas qu'il la connaisse clairement, il faut encore qu'il la souhaite, qu'il la veuille, qu'il l'aime. « Faites la vérité, dit Notre-Seigneur, et vous arriverez à la lumière. »

C'est là un principe connu et enseigné de tout temps par les philosophes. « Bien vivre, c'est comprendre, » dit Platon. — « Vouloir voir la vérité pour purifier l'âme, tandis qu'il faut purifier l'âme pour voir la vérité, c'est le renversement de l'ordre. » (S. Augustin.) — « Le premier précepte de la logique, c'est de vivre en homme de bien. » (Malebranche.) — « Un cœur pur est le premier organe de la vérité. » (Rousseau.) — Bossuet a dit de la connaissance de Dieu : « Autant que nous sommes purs, autant pouvons-nous imaginer Dieu; autant que nous nous le représentons, autant devons-nous l'aimer; autant que nous l'aimons, autant ensuite nous l'entendons. » (*Pensées morales et chrétiennes.*)

Tout ce qui vient d'être dit se rapporte surtout à l'influence de la volonté au point de vue moral; son rôle psychologique, relativement à la recherche de la vérité, a été bien mis en lumière par M. Rabier dans sa *Logique* (ch. XVIII) : « La volonté est maîtresse de l'attention. Or, d'une part, l'attention permet de voir et de remarquer bien des choses qu'on n'eût pas vues et remarquées sans elle. Elle remédie, en partie, à la faiblesse de l'intelligence; elle en double les forces. — D'autre part, l'attention suspend le jugement; par là, elle donne le temps aux souvenirs utiles d'entrer en scène, aux objections et aux motifs de doute de se produire. Elle nous empêche ainsi d'être dupes des premières apparences. Prudence, méthode, esprit de doute et d'examen, exigence en fait de preuves, etc., tels sont les grands remèdes contre l'erreur. Tous sont au pouvoir de la volonté. Théoriquement, on peut dire que toute erreur suppose une précipitation du jugement. Or la volonté peut suspendre le jugement. Donc on peut, en ce sens, dire que la cause universelle et l'universel remède de l'erreur, c'est la volonté.

« Mais hâtons-nous d'ajouter qu'on imposerait à la volonté une tâche surhumaine, si on lui demandait en tout sujet de suspendre le jugement jusqu'à ce qu'on ait épuisé l'examen des raisons de croire ou de douter. D'abord, nul ne peut dire à quel moment cet examen peut être déclaré suffisant. De plus, les nécessités de la vie nous défendent le plus souvent de prolonger l'examen autant que nous le voudrions. »

Causes morales externes. — Outre les influences du dedans,

---

¹ « Il n'y a plus d'aînés, disait Mirabeau, dans la discussion des lois relatives aux successions et à la liberté testamentaire, plus de privilégiés dans la grande famille nationale; il n'en faut plus dans les petites familles qui la composent. Moins les lois accorderont au *despotisme paternel*, plus il restera de force au sentiment et à la raison. » — « Quand on entend Mirabeau parler du despotisme paternel et apporter, dans la discussion des lois touchant aux plus graves intérêts du pays, le souvenir de ses ressentiments personnels et la violence de ses passions, on voit bien que de tout temps l'oubli du devoir a produit la haine de la loi qui l'impose, et que c'est dans le vice du cœur qu'il a toujours fallu chercher les causes des erreurs de l'intelligence et des révoltes de l'esprit contre les autorités sociales. » (Lucien Brun, *Introduction à l'étude du droit*.)

qui viennent surtout de la sensibilité et de la volonté, l'intelligence subit aussi les influences du dehors : le *milieu où l'on vit*, qui déteint plus ou moins, selon les caractères, sur la manière de penser, comme sur la manière d'agir [1]; la *coutume*, qui, si elle est mauvaise, applique l'intelligence à trouver des sophismes de justification; la *mode*, qui est faite de goûts passagers, de caprices, d'imitation irréfléchie, et « nous tourneboule l'entendement », comme dit Montaigne; l'*opinion*, cette « reine du monde », qui, aujourd'hui surtout, s'impose par le journal et par le livre; les *préjugés* d'éducation, de secte, d'école; l'*esprit de coterie*, que la maxime de Philaminte caractérise fort bien :

Nul n'aura de l'esprit, hors nous et nos amis.

On lit dans la *Logique* de Port-Royal : « De quelque ordre et de quelque pays que vous soyez, vous ne devez croire que ce qui est vrai et ce que vous seriez disposés à croire, si vous étiez d'un autre pays, d'un autre ordre, d'une autre profession. » — Lorsque Fénelon pose ce principe exagéré : « L'historien ne doit être d'aucun temps et d'aucun pays, » il veut simplement que l'historien se tienne en garde contre la partialité qu'inspire un patriotisme étroit et aveugle.

II. — REMÈDES DE L'ERREUR

« L'esprit humain étant borné, dit Malebranche, il faut tendre, mais non prétendre à l'infaillibilité. » Pour se prémunir contre l'erreur, il faut écarter les causes qui la produisent. *Le remède général*, c'est de vouloir sincèrement et uniquement la vérité,

« On ne peut surmonter tant de difficultés qui nous empêchent de bien juger, c'est-à-dire de reconnaître la vérité, que par un amour extrême qu'on aura pour elle et un grand désir de l'entendre. » (BOSSUET.) — Celui qui ne bannit pas ou ne met pas au second rang toute recherche d'ordre moins élevé, comme celle de la richesse, des honneurs, de la popularité, ne peut que donner une fausse direction à son esprit : il voit tout à travers le prisme de sa passion.

Pour remédier aux causes *logiques*, il faut :

1° Ne demander à chaque faculté que ce qu'elle peut nous donner; éviter, par exemple, l'exagération des idéalistes, qui ne croient qu'à la raison ; des sensualistes et des positivistes, qui n'admettent que le témoignage des sens ; des traditionalistes, qui n'admettent d'autre moyen de connaissance que le témoignage des hommes.

2° Se défier de l'imagination, trop souvent « maîtresse d'erreur et de fausseté »; reconnaître qu'elle a un rôle utile dans la science pour l'invention des hypothèses, mais ne pas suivre l'exemple des anciens, qui *imaginaient* avant d'avoir *observé*.

---

[1] « Il y a toujours de grands désordres là où il y a de grandes erreurs, et de grandes erreurs là où il y a de grands désordres. » (DE BONALD.)

3° **Faire un bon emploi de la méthode**; appliquer à chaque science celle qui lui convient; ne pas regarder, par exemple, le raisonnement déductif ou le syllogisme, dont l'emploi est nécessaire et fécond dans une foule de cas, comme le seul moyen d'arriver à la vérité.

Pour remédier aux causes *morales*, il faut s'efforcer de les éliminer par leurs contraires : assujettir la sensibilité ou la passion à la raison, à la volonté droite; avoir une juste défiance de soi-même, une attention patiente, se former des habitudes de réflexion, surtout se dominer soi-même et aimer la vérité d'un amour désintéressé[1]. L'homme vertueux a de sérieuses garanties contre l'erreur : outre que l'on tend toujours à penser comme l'on vit, l'amour du bien rend la vue de l'esprit plus sereine et son regard plus pénétrant.

« L'entendement vraiment attentif à son objet, dit Bossuet, ne se trompera jamais, parce que, ou il verra clair, et ce qu'il verra sera certain, ou il ne verra pas clair, et il tiendra pour certain qu'il doit douter jusqu'à ce que la lumière apparaisse. » Cette dernière règle, de suspendre provisoirement son jugement si l'on n'a qu'une simple probabilité, est excellente en théorie et applicable surtout dans les recherches scientifiques; mais il n'est pas toujours possible de l'observer dans la pratique : le plus souvent, comme on l'a déjà dit, p. 365, il faut se décider et agir sur de simples probabilités.

Malebranche, dans son *Traité de la recherche de la vérité*, a analysé, en détail, les causes de nos erreurs et les moyens d'y remédier.

III. — CLASSIFICATIONS DE L'ERREUR

Les principales classifications proposées sont celles de Bacon, de Malebranche, de Port-Royal, de Stuart Mill.

Bacon considère les erreurs comme « des fantômes ou de vains simulacres de la vérité, qui viennent sans cesse faire illusion à l'esprit »; de là le mot *idola*, c'est-à-dire fantôme, fausse apparence, dont il se sert pour en nommer les *causes* générales. Il les distribue assez arbitrairement en quatre groupes, qu'il désigne par des mots étranges :

1° *Fantômes de tribu* : erreurs *universelles*, communes à toute l'espèce humaine, résultant de la faiblesse de la raison, de l'imperfection des sens, des préjugés, des passions.

2° *Fantômes de caverne* : erreurs *individuelles*. Le caractère, le tempérament, les habitudes sont comme une caverne (réminiscence de Platon), où nous sommes enfermés et qui nous empêche de recevoir directement la lumière; de là tant de préventions que l'orgueil enfante, que la paresse entretient, que l'ignorance accompagne.

3° *Fantômes de forum* ou de place publique : erreurs *du langage*. Elles naissent des relations sociales, où trop souvent on prend « la paille (des mots) pour le bon grain (des idées) »; de l'incohérence ou de l'inexacte interprétation des mots et des figures, de l'insuffisance du langage, des mauvaises définitions.

4° *Fantômes de théâtre* : erreurs *d'école*. Les divers systèmes de philosophie sont comme autant de pièces que leurs inventeurs viennent successivement jouer

---

[1] On connaît l'aphorisme scolastique : *Amicus Plato, sed magis amica veritas* : « Platon m'est cher, mais la vérité me l'est encore davantage. »

sur le théâtre de l'école. Ces divers systèmes sont incomplets et pèchent ou par leur fondement et leur méthode, ou par leur doctrine sur la certitude. — On les accepte sans les contrôler ; on regarde comme vrai, non ce qu'on a reconnu être tel, mais ce que le maître enseigne : « Le maître l'a dit. »

Malebranche classe les erreurs d'après les facultés, ou plutôt il voit, dans le mauvais usage de notre liberté, la cause *principale* de nos erreurs, et dans les facultés ou forces naturelles, les causes *occasionnelles*. L'erreur consiste dans un consentement de la volonté qui dépasse la perception de l'entendement. L'intelligence humaine a pour éléments les sens, l'imagination et l'entendement pur ; elle subit l'influence de nos inclinations et de nos passions ; de là cinq espèces d'erreurs principales :

1° Erreurs des sens ; 2° erreurs de l'imagination ; 3° erreurs de l'entendement pur ; 4° erreurs de nos inclinations ou des mouvements naturels de l'esprit ; 5° erreurs produites par nos passions. — Ces cinq espèces d'erreurs font l'objet des cinq premiers livres de l'ouvrage de Malebranche (*Recherche de la vérité*) ; le sixième est consacré à l'étude de la *méthode générale*.

Port-Royal distingue : 1° Des sophismes de l'esprit et du cœur : d'intérêt, d'amour-propre, de passion ;

2° Des sophismes naissant des objets mêmes.

Stuart Mill : 1° Des sophismes de *simple inspection*, ou *à priori*, jugements faux qu'on admet *à priori* comme évidents (préjugés) ;

2° Des sophismes de *confusion*, ou de preuve non distinctement perçue : ambiguïté des termes, pétition de principe, ignorance du sujet ;

3° et 4° Des sophismes inductifs : d'observation et de généralisation ;

5° Des sophismes de raisonnement (déductifs).

IV. — DES SOPHISMES

Dans la pratique, on appelle sophisme *tout faux raisonnement qui a quelque apparence de vérité*.

En logique, on distingue les *paralogismes*, raisonnements faux faits par ignorance et de bonne foi, et les *sophismes proprement dits*, raisonnements faux faits avec l'intention de tromper. Le paralogisme tient à la faiblesse de l'esprit, le sophisme à la mauvaise foi [1].

Il y a une différence *morale*, il n'y a pas de différence *logique* entre le sophisme et le paralogisme.

C'est un paralogisme que ce mot d'Émilie, s'animant à la haine et à la vengeance :

Pour qui venge son père, il n'est point de forfaits,
Et c'est vendre son sang que se rendre aux bienfaits. (*Cinna*, 1, II.)

Il en est de même de ces vers où Livie plaide la cause d'Auguste devant Émilie :

Tous ces crimes d'État qu'on fait pour la couronne,
Le Ciel nous en absout, alors qu'il nous la donne. (*Cinna*, V, II.)

---

[1] *Historiquement*, le sophisme est le mode de raisonnement de ces célèbres argumentateurs du temps de Socrate, tels que Gorgias et Protagoras ; mode subtil et captieux, qui avait moins pour but de trouver la vérité que d'embarrasser et d'éblouir. De là le sens défavorable qu'a ce mot. » (LITTRÉ.) On a appelé *sophistique* l'art enseigné par cette école de rhéteurs et de sceptiques, de soutenir le pour et le contre, de donner à l'erreur un faux air de vérité, de rendre une thèse vraisemblable ou absurde selon l'intérêt ou la passion du moment.

Non, la fin ne justifie pas les moyens, et il est faux de prétendre que « une injustice de fait couronnée de succès ne porte aucune atteinte à la sainteté du droit ». (61e *Prop. condamnée par le Syllabus*). — Ce sont, au contraire, des sophismes que les arguments par lesquels Narcisse essaye de persuader à Néron, dans *Britannicus*, que les Romains applaudissent à ses crimes, et que Burrhus n'est qu'un ambitieux vulgaire ne visant qu'à conserver son crédit et sa puissance.

Division des sophismes. — On distingue les sophismes de *mots* ou sophismes de grammaire, et les sophismes de *pensée* ou logiques.

Sophismes de grammaire. — Les principaux sont : l'*équivoque*, l'*amphibologie*, et le *passage du sens divisé au sens composé* ou *du sens composé au sens divisé*.

1º *L'équivoque*, illusion qui naît de l'ambiguïté des mots. L'équivoque est amenée par l'association des idées : « Un mot est associé à deux ou plusieurs idées différentes. Par suite, chaque fois que le mot revient dans le cours du raisonnement, il nous sollicite à dérailler en passant d'une idée à l'autre. Que d'équivoques possibles avec les mots *loi, bien, liberté*! » (RABIER.) A la question : Les lois sont-elles conformes au *droit* ? on répond oui, entendant par droit le droit *positif*. Puis, après une accumulation de preuves, ou plutôt de sophismes, on conclut : Donc les lois sont conformes au *droit*, et l'on entend alors par droit le droit *naturel*.

C'est ce sophisme, naïvement employé par Martine, qui fait le désespoir comique de Philaminte et de Bélise dans les *Femmes savantes* de Molière (II, vi). Alceste l'emploie, quand Philinte lui dit qu'il trouve admirable la chute du sonnet d'Oronte :

La peste de ta chute, empoisonneur au diable!
En eusses-tu fait une à te casser le nez!

De même, dans le *Mariage forcé*, le docteur Pancrace à Sganarelle : « De quelle *langue* voulez-vous vous servir avec moi ? — De quelle *langue*? Parbleu, répond Sganarelle, de celle que j'ai dans la bouche; je crois que je n'irai pas emprunter celle de mon voisin. »

Il faut se rappeler que « la fidélité au sens des mots est la première condition d'une pensée logique ».

2º *L'amphibologie*, proposition à double sens. — C'est par des amphibologies que les anciens oracles, ou plutôt ceux qui les faisaient parler, abusaient les hommes. On connaît celle qui prédisait à Crésus que, s'il passait le fleuve Halys, il détruirait un grand empire; Crésus fut vaincu, et l'oracle se trouva aussi bien accompli que s'il eût été vainqueur[1].

3º *Le passage du sens divisé au sens composé ou du sens composé au sens divisé.* — Le *sens composé*, ou sophisme de composition, réunit simultanément des propriétés ou des actes contradictoires, qui ne peuvent exister que successivement. Jésus-Christ répond aux envoyés de Jean : « Dites à celui qui vous a envoyés : Les aveugles voient, les boiteux marchent. » Cela est contradictoire, si on prend le sens composé : les aveugles ne voient pas, les boiteux ne marchent pas; cela est vrai dans le sens divisé : ceux qui étaient aveugles voient... — Le *sens divisé*, ou sophisme de division, sépare des choses qui ne sont vraies que réunies et considérées ensemble. « Les impudiques, les voleurs, les avares n'entreront pas dans le royaume des cieux, » dit l'Évangile; donc le salut

---

[1] L'habitude des inversions dans les langues anciennes rendait l'amphibologie plus fréquente chez les écrivains grecs ou romains qu'elle ne l'est chez les bons écrivains français.

leur est impossible, conclut Voltaire. La proposition est vraie dans le sens composé, fausse dans le sens divisé : ces pécheurs peuvent se convertir et mériter d'entrer dans le royaume des cieux[1].

Sophismes de pensée. — On les divise en six groupes ; les trois premiers : la *pétition de principe*, l'*ignorance du sujet* et le *cercle vicieux*, sont appelés sophismes de *déduction*; les trois autres : le sophisme du *dénombrement imparfait*, celui de la *cause* et celui de l'*accident*, sont des sophismes d'*induction*.

1° La pétition de principe : sophisme qui consiste à *considérer comme certain ce qui est en question*. Exemple : L'âme est immortelle, car elle ne saurait périr. — Pourquoi l'opium fait-il dormir ? Parce qu'il a une *vertu dormitive*. On prouve A par A.

Un exemple piquant de pétition de principe, c'est la consultation du *Médecin malgré lui*, de Molière (Sganarelle et Géronte) : « Je vous apprends que votre fille est muette. — Oui, mais je voudrais bien que vous me puissiez dire d'où cela vient. — Il n'est rien de plus aisé. Cela vient de ce qu'elle a perdu l'usage de la parole. — Fort bien ; mais la cause, s'il vous plaît, qui fait que ma fille a perdu l'usage de la parole ? — Tous nos meilleurs auteurs vous diront que c'est l'empêchement de l'action de la langue. »

Dans le *Misanthrope*, Oronte prouve que son sonnet est bon, parce qu'il lui plaît ; resterait à prouver que ce qui plaît à Oronte est bon.

Nicole fait raisonner ainsi l'homme porté à abonder dans son propre sens : « Si cela n'était point, je ne serais point un habile homme ; or je suis un habile homme ! »

Le Lion, de la Fontaine, fait une suite de pétitions de principe (quatre) dans son petit discours à ses compagnons de chasse :

Il dit : « Nous sommes quatre à partager la proie. »
Puis en autant de parts le cerf il dépeça,
Prit pour lui la première en *qualité de Sire*.
« Elle doit être à moi, dit-il ; et la raison,
« *C'est que je m'appelle Lion :*
« A cela l'on n'a rien à dire.
« La seconde, *par droit*, me doit échoir encor :
« Ce droit, vous le savez, *c'est le droit du plus fort*, etc. (Liv. I, vi.)

Ce sophisme se présente souvent sous forme d'enthymème. Tu réussis, donc tu as raison. — C'est nouveau, donc c'est mauvais, ça ne réussira pas[2].

« Lorsque J.-J. Rousseau assigne pour origine aux sociétés humaines un prétendu contrat social, et qu'il fait dériver de là les devoirs auxquels les hommes sont astreints dans la société, il commet une double pétition de principe ; d'une part, en effet, comment les hommes qui ne seraient pas encore en société pourraient-ils se lier par un contrat, et d'autre part, comment ce contrat pourrait-il engendrer des obligations, si antérieurement n'existait pas l'obligation de respecter les contrats ? » (LIARD, *Logique*, p. 200.)

---

[1] Les sophismes suivants, célèbres dans l'École, sont de ce genre.
Sophisme du tas de blé. — Un grain de blé ajouté à un grain de blé ne fait pas un tas ; un autre grain de blé ne le fait pas non plus, ainsi de suite ; donc on ne fera jamais un tas avec des grains de blé.
Sophisme du chauve. — En ôtant un cheveu à un homme, on ne le rend pas chauve ; en en ôtant deux, trois..., pas davantage ; donc on peut lui ôter tous les cheveux de la tête sans le rendre chauve.

[2] Cela rappelle un mot de M. Thiers, à la Chambre des députés, en 1834 : « En supposant beaucoup de succès aux chemins de fer, le développement ne sera pas ce que l'on se figure. Si on venait m'assurer qu'en France on fera cinq lieues de voie ferrée par année, je me tiendrais pour fort heureux. »

2° **L'ignorance du sujet**: sophisme qui consiste à *déplacer la question, à prouver autre chose que ce qui est en question.* Exemple : Pour prouver que la liberté politique est un mal, s'étendre sur les excès de l'extrême licence. Attribuer à son adversaire, pour la réfuter, une opinion qu'il n'a pas : c'est ce qu'ont fait les protestants, quand ils ont imputé aux catholiques l'adoration des images.

L'argumentation de Rousseau contre Molière, dans sa *Lettre sur les spectacles*, en est un exemple. Il trouve que le *Misanthrope* est une pièce immorale, parce qu'on y rit d'Alceste, qui personnifie la vertu. Or : 1° Alceste est, non la personnification de la vertu, mais le type de l'exagération de la franchise; 2° on ne rit pas de ce qu'il a de vertu, mais de ses travers, de ses boutades, de ses exagérations; ce qu'il a de vertu lui mérite l'estime, ses travers le rendent ridicule.

Au barreau, à la tribune, dans la presse, c'est souvent une habileté de s'écarter insensiblement de la question posée, jusqu'à la faire perdre de vue à l'auditeur ou au lecteur, ou bien, par une tactique audacieuse, d'y substituer brusquement une autre question. « Un homme est accusé de faux monnayage : on a saisi en sa possession les pièces à conviction les plus démonstratives. Que fera l'avocat? Il ne peut nier le crime; mais il dira : Cet homme a été un bon fils; il a été un bon soldat; il s'est vaillamment battu contre les ennemis de la patrie; il a été un époux exemplaire, un père dévoué, et derrière ces vertus la faute disparaîtra, et le jury, touché, déclarera ce coupable non coupable : *Ignorance de la question*. Un conseiller municipal reproche à un maire d'avoir engagé des dépenses sans l'autorisation du Conseil. Le maire répond en faisant voir l'urgence et les avantages des mesures qu'il a prises : *Ignorance de la question.* » (LIARD, *Logique*, p. 206.)

Que de fois, dans les parlements, il est nécessaire de rappeler un orateur à la question : « Au fait! » lui crie-t-on, comme à l'Intimé, dans les *Plaideurs* de Racine.

3° **Le cercle vicieux** : sophisme qui consiste à *prendre pour prémisses d'une conclusion une proposition qui dépend de cette conclusion elle-même.* — C'est une forme de la *pétition de principe* dans laquelle on prouve A par B et B par A. — Descartes a commis ce sophisme, lorsqu'il a prouvé l'existence de Dieu par le témoignage de la conscience, et puis la véracité du témoignage de la conscience par les perfections mêmes de Dieu.

Rousseau a fondé ses utopies sociales sur ce cercle vicieux, que l'homme n'est pas né pour l'état de société, parce qu'il a vécu à l'état sauvage, et qu'il a dû vivre à l'état sauvage parce qu'il n'est pas né pour la société.

Bentham fait dériver les droits individuels d'une concession de l'État. Le cercle vicieux de son système est évident. Le peuple crée le gouvernement, et le gouvernement, émané du peuple, crée des droits et les confère aux individus qui l'ont créé lui-même. — Ce qui est vrai, c'est que les droits préexistent dans les individus, et tout ce que peut l'État, c'est de les définir, de les sanctionner, d'employer la force publique à les faire respecter.

Lamennais et les traditionalistes basent toute certitude sur le consentement général, qui s'appuie lui-même sur la certitude des sens, du sens intime et de la raison.

Les déterministes disent que nous nous déterminons toujours d'après le motif le plus fort, et si on leur demande quel est le motif le plus fort, ils répondent que c'est celui qui détermine la volonté.

Oronte dit que son sonnet est bon, parce qu'il lui plaît, et il croit que c'est avec raison qu'il lui plaît, parce qu'il est bon.

4° **Le dénombrement imparfait** : sophisme qui consiste à *appliquer au tout ce qui n'est vrai que de quelques parties*. Pour qu'une induction soit légitime, il faut que l'énumération des parties soit complète. De ce que tels et tels savants sont matérialistes, conclure que tous le sont, c'est commettre ce sophisme.

La confiance que les ignorants, malgré les démentis de l'expérience, ont dans les remèdes des charlatans, repose sur ce sophisme : ils remarquent les cas où ces remèdes paraissent avoir été efficaces, et ils ne tiennent pas compte des autres.

Ce sophisme a pour complices toutes les mauvaises passions ; il est l'arme favorite des partis, qui attribuent à un corps tout entier les fautes de quelqu'un de ses membres. Il se résume dans ce mot de Virgile : *Ab uno disce omnes*, c'est-à-dire : « D'après un seul, jugez de tous les autres. »

Voltaire dit des *Provinciales :* « Tout le livre portait sur un fondement faux : on attribuait adroitement à toute la Société des opinions extravagantes de plusieurs jésuites espagnols et flamands. » — « Un trait d'histoire ne prouve pas, un petit conte ne démontre pas, deux vers d'Horace ou un apophthegme de Cléomène ou de César ne doivent pas persuader des gens raisonnables. » (MALEBRANCHE.)

La plupart des erreurs, en économie politique, consistent à ne voir qu'une partie des phénomènes et à se figurer que cette partie est le tout. Bastiat, dans un opuscule intitulé : *Ce qu'on voit et ce qu'on ne voit pas*, réfute un certain nombre de sophismes et de préjugés économiques, tels que ceux-ci : « Les prodigues se ruinent, mais ils enrichissent l'État. — Les accidents font aller l'industrie. — Que deviendraient les vitriers, si l'on ne cassait jamais de vitres ? » *Ce qu'on voit* semble légitimer le sophisme ; *ce qu'on ne voit pas* le réfute et montre que destruction n'est pas profit, que la société perd la valeur des objets inutilement détruits. — L'invention des machines voue au paupérisme des milliers d'ouvriers. Et, ne voyant que cela, on dit : Voilà comment la misère suit la civilisation ; voilà comment la liberté est fatale à l'égalité. L'esprit humain a fait une conquête, et aussitôt un ouvrier (dans l'exemple choisi) est tombé à jamais dans le gouffre du paupérisme. » La discussion des exemples choisis par Bastiat est fort instructive [1].

C'est l'erreur et le danger de l'anthropologie criminelle, systématisée à la façon du docteur Lombroso, de faire de ce qui est l'exception, relativement rare, la règle universelle, et d'enlever ainsi aux criminels conscients et responsables, qui sont la forte majorité, le frein de toute répression efficace.

Dans les sciences, que d'hypothèses hasardées, que d'inductions prématurées naissent du dénombrement imparfait ! On généralise, on formule une loi avant de s'être bien assuré qu'il n'existe pas de cas contraire aux cas observés.

5° **Prendre pour cause ce qui n'est pas cause** : ce sophisme se résume dans ces mots : « *Post hoc* ou *cum hoc, ergo propter hoc* : Après cela, ou avec cela, donc à cause de cela. » On voit un rapport causal là où il n'y a qu'une rencontre fortuite ou une simple occasion ; de la simultanéité ou de la succession des faits, qui sont des rapports purement accidentels, on conclut à l'identité de cause. Deux phénomènes, deux événements peuvent s'accom-

---

[1] On en trouve quelques exemples cités dans les *Extraits des économistes*, par Trency, lib. Picard et Kaan.

pagner ou se succéder sans que l'un soit déterminant de l'autre, sans être unis par le rapport de cause à effet.

C'est à ce sophisme que se rapportent les superstitions et les préjugés populaires : une comète, par exemple, est regardée comme la cause du fléau qui accompagne ou suit son apparition. — Il pleut après la nouvelle lune, donc il pleut à cause de la nouvelle lune. — Jusqu'au XVIIe siècle, les empiriques soutenaient que les noix devaient être bonnes pour le cerveau, parce qu'elles avaient la forme de la tête.

Rousseau, ayant remarqué que les époques les plus brillantes par l'éclat des arts et des lettres avaient été immédiatement suivies de la corruption des mœurs, en a conclu que les arts et les lettres étaient une cause de dépravation morale [1]. — Cette corruption est le résultat, non des lettres, qui peuvent cependant être un facteur, mais de causes complexes, surtout des richesses, qui, en même temps qu'elles sont la condition du développement artistique et littéraire, font naître et entretiennent, chez beaucoup d'hommes, le goût des jouissances malsaines.

Le docteur Lombroso, après avoir étudié les anomalies physiques du criminel, n'a pas le droit d'en induire les anomalies morales, d'après la formule : *Post hoc, ergo propter hoc.* — Rien n'est moins prouvé que ces relations de cause à effet. « Les coïncidences remarquées entre les manières d'être de l'organisme et certains actes qui les accompagnent, s'expliquent en supposant, au contraire, que les modifications de l'organe ont leur origine dans un fonctionnement excessif. La fonction sans doute ne crée pas l'organe, mais elle exerce sur lui une réaction capable de le modifier par sa constance et son intensité. On connaît les relations intimes qui s'établissent entre les passions et le système nerveux. C'est par lui qu'elles ont une expression extérieure susceptible de passer à l'état permanent. La physionomie se frappera, en quelque sorte, à l'image de cette passion qui agite l'individu, et l'on distinguera parfaitement le port habituel de l'orgueilleux, du violent et de l'emporté. L'habitude produira même une sorte de type répondant par des caractères anatomiques particuliers au genre d'actes qu'il répète plus souvent. Si ces actes sont des crimes, nous aurons bien la création d'un type criminel, mais sa genèse sera absolument distincte de la création lombrosienne. » (*Études religieuses*, avril 1893.)

6°. **Sophisme de l'accident** : sophisme qui consiste à *juger d'une chose par ce qui ne lui convient qu'accidentellement*, à passer de ce qui est vrai à quelques égards à ce qui est vrai d'une manière absolue. On érige en loi universelle ce qui tient à des circonstances accidentelles. Exemple : Pierre est ivre, donc il est ivrogne. Un acte ne fait pas une habitude.

Attribuer à l'éloquence ou à la poésie tous les mauvais effets que produisent certains orateurs, plus ambitieux qu'honnêtes, certains poètes réalistes et licencieux ; attribuer à la médecine les fautes de quelques médecins ignorants, à la religion l'intolérance de quelques hommes religieux, c'est commettre le sophisme d'accident.

Alceste le commet également, quand il étend à tous les hommes la sotte présomption d'Oronte, devenu son ennemi à propos d'un sonnet :

> Et les hommes, morbleu, sont faits de telle sorte !
> Voilà la bonne foi, le zèle vertueux,
> La justice et l'honneur que l'on trouve chez eux !

---

[1] L'Académie de Dijon avait proposé, en 1749, cette question : « Le progrès des sciences et des arts a-t-il contribué à corrompre ou à épurer les mœurs ? » Rousseau concourut, fit le procès aux lettres, aux sciences et aux arts, et son discours fut couronné.

« Grand nombre de mauvais arguments en vogue, dit Stuart Mill, sont de ce genre. La prémisse est une vérité reçue, une maxime usuelle dont la raison et la preuve ont été oubliées ou sont négligées dans le moment ; mais si l'on y avait pensé, on aurait reconnu la nécessité de restreindre tellement la prémisse, qu'elle n'aurait plus pu porter la conclusion.

« Il y a un sophisme de cette nature dans ce qu'Adam Smith et autres appellent, en économie politique, la théorie mercantile. Cette théorie part de la maxime vulgairement admise que tout ce qui rapporte de l'argent enrichit, et qu'on est riche en proportion de la quantité d'argent qu'on possède ; de là, on conclut que la valeur d'un trafic quelconque et celle du commerce d'une nation consiste dans la balance de l'argent qu'il rapporte ; qu'un commerce qui fait sortir du pays plus d'argent qu'il n'y en a fait entrer est en perte, par conséquent, qu'il faut attirer l'argent dans le pays et l'y retenir par des prohibitions, des franchises, et autres corollaires semblables. Et tout cela faute de réfléchir que si les richesses d'un individu sont en proportion de la quantité d'argent dont il peut disposer, c'est parce qu'elle est la mesure du pouvoir qu'il a d'acheter ce qui vaut de l'argent, et, par conséquent, avec la réserve que rien ne l'empêche d'employer son argent à ces acquisitions.

« La prémisse n'est donc vraie que *secundum quid*, tandis que la théorie la suppose vraie absolument, et en conclut que l'augmentation d'argent est une augmentation de richesse, même quand il est obtenu par des moyens subversifs de la condition sans laquelle seule l'argent peut être la richesse. »

REMARQUE. — M. Rabier fait observer que « ce sophisme est visiblement de même nature que le précédent : dans le sophisme *prendre pour cause ce qui n'est pas cause*, on confond une coexistence accidentelle avec une loi de coexistence (la religion et l'intolérance se trouvant coexister accidentellement dans un même sujet, on s'imagine qu'elles y coexistent en vertu d'une loi). (*Logique*, ch. XVIII.)

Réfutation des sophismes. — Pour réfuter les sophismes, il faut consulter avant tout le bon sens et la bonne foi ; ne pas se payer d'analogies verbales, ne pas prendre des comparaisons pour des raisons ; puis exiger qu'on définisse rigoureusement les termes, qu'on respecte la valeur qu'il est convenu de leur donner, et que, dans la conclusion d'un argument, aucun terme ne soit pris dans un sens plus étendu que dans les prémisses.

TABLEAU ANALYTIQUE

I. CAUSES DE L'ERREUR

Il y a une *cause générale* : l'*imperfection* de l'esprit humain. « La raison humaine est toujours courte par quelque endroit. » (BOSSUET.)
Et des *causes particulières*. — Celles-ci sont *logiques* ou *morales*.

Causes logiques.
1° *Mauvais emploi de nos moyens de connaître* : erreurs des sens, défaillances de la mémoire, fausses associations d'idées, illusions de l'imagination, ignorance des vraies méthodes, jugements précipités, mauvais raisonnements, sophismes, témoignage des hommes erroné ou mal contrôlé ;
2° *Imperfections du langage* : abus des termes généraux, apparences trompeuses, difficultés qui accompagnent souvent la vérité.

CAUSES, REMÈDES, CLASSIFICATION DE L'ERREUR 383

I. CAUSES DE L'ERREUR

Causes morales.

Elles sont *internes* ou *externes*.

Internes :
1° L'*ignorance* : on tombe dans l'erreur, parce qu'on ignore une partie des éléments nécessaires pour bien juger ; l'ignorance rend crédule.
2° La *paresse*, qui engendre le défaut d'attention, l'inconsidération, la précipitation ;
3° L'*amour-propre*, qui nous fait présumer que nous connaissons aisément les choses les plus difficiles. À l'amour-propre se rattache l'*esprit de contradiction* ;
4° Notre *propre intérêt*, « merveilleux instrument pour nous crever les yeux agréablement. » (PASCAL.) Nous appelons vrai ce qui est utile, et faux ce qui ne l'est pas ;
5° La *passion*, qui nous fait envisager les personnes et les choses à un point de vue exclusif et faux ;
6° La *volonté*, qui est toujours maîtresse de détourner l'intelligence de ce qui lui déplaît. « Bien vivre, c'est comprendre. » (PLATON.)

Externes :
1° Le *milieu où l'on vit*, qui déteint plus ou moins selon les caractères, sur la manière de penser, comme sur la manière d'agir ;
2° La *coutume*, qui, si elle est mauvaise, applique l'intelligence à trouver des sophismes de justification ;
3° La *mode*, qui est faite de goûts passagers, de caprice, d'imitation irréfléchie, et « nous tournebourle l'entendement », comme dit Montaigne ;
4° L'*opinion*, « cette reine du monde, » comme l'appelle Pascal ;
5° Les *préjugés* d'éducation, de secte, de partis, d'école ;
6° L'*esprit de coterie* : « Nul n'aura de l'esprit, hors nous et nos amis. » (MOLIÈRE.)

II. REMÈDES DE L'ERREUR

« L'esprit humain étant borné, il faut tendre, non prétendre, à l'infaillibilité. » (MALEBRANCHE.)

Remède général. — Vouloir sincèrement et uniquement la vérité.

Remèdes particuliers.

Contre les causes logiques.
1° Ne demander à chaque faculté que ce qu'elle peut nous donner ;
2° Se défier de l'imagination, trop souvent « maîtresse d'erreur et de fausseté » ;
3° Faire un bon emploi de la méthode en appliquant à chaque science celle qui lui convient.

Contre les causes morales.
1° Assujettir la passion ou la sensibilité à la raison ;
2° Avoir une juste défiance de soi-même, une attention patiente, se former des habitudes de réflexion, etc.;
3° Enfin aimer la vérité d'un amour désintéressé. — L'homme vertueux a de sérieuses garanties contre l'erreur : on tend toujours à penser comme l'on vit.

L'erreur est-elle imputable ? — Oui, si elle est *volontaire* et dans la mesure même où elle est *volontaire*. — Non, si elle est involontaire et qu'on ait pris, pour s'éclairer, toutes les mesures que comportent la situation et le milieu où l'on est.

III. CLASSIFICATIONS DES ERREURS

D'après Bacon.

Bacon considère les erreurs comme « des fantômes ou de vains simulacres de la vérité qui viennent sans cesse faire illusion à l'esprit ». Il les distribue en quatre groupes :
1° Fantômes de *tribu* : erreurs *universelles*, résultant de la faiblesse de la raison, des préjugés, etc.;
2°   —   de *caverne* : erreurs *individuelles*, dépendant du caractère, du tempérament, etc.;

III. CLASSIFICATIONS DES ERREURS (Suite).

D'après Bacon. (Suite.)
- 3° — de *forum* : erreurs du *langage*, naissant des relations sociales : mauvaises définitions, termes ambigus, etc.;
- 4° — de *théâtre* : erreurs d'*école*. Systèmes philosophiques acceptés sans contrôle.

Malebranche voit la *cause principale* de nos erreurs dans le mauvais usage de notre liberté, et la *cause occasionnelle* dans les facultés naturelles. — C'est d'après les facultés qu'il classe les erreurs :

Malebranche.
- 1° Erreurs des sens ;
- 2° — de l'imagination ;
- 3° — de l'entendement pur ;
- 4° — des mouvements naturels de l'esprit ou inclinations ;
- 5° — produites par nos passions.

Port-Royal distingue : 1° Des sophismes de l'esprit et du cœur, d'intérêt, d'amour-propre, de passion ;
2° Des sophismes naissant des objets mêmes.

Stuart-Mill.
- 1° Des sophismes de simple inspection ou à priori ; préjugés... ;
- 2° — de confusion ou de preuve non distinctement perçue ;
- 3° — inductifs, d'observation ;
- 4° — — de généralisation ;
- 5° — déductifs ou de raisonnement.

IV. — DES SOPHISMES.

Définition. — Tout raisonnement faux qui a quelque apparence de vérité. — Le distinguer du *paralogisme*, raisonnement faux fait de bonne foi, sans intention de tromper. — Il n'y a pas entre ces deux termes de différence *logique*, mais il y a une différence *morale*.

Division. — On distingue des sophismes de *mots* ou de grammaire, et des sophismes de *pensée* ou logiques.

Sophismes de mots.
- 1° Les *équivoques* : erreurs qui naissent de l'ambiguïté des mots à double sens ;
- 2° L'*amphibologie* : proposition à double sens ;
- 3° Le *passage du sens divisé au sens composé*, ou vice versa. Deux propositions peuvent être vraies, prises ensemble, et fausses séparément et réciproquement.

Sophismes de pensées.

a) Sophismes de déduction.
- 1° La *pétition de principe* ; consiste à considérer comme certain ce qui est en question : l'opium fait dormir, parce qu'il a une vertu dormitive.
- 2° L'*ignorance du sujet* ; consiste à prouver autre chose que ce qui est en question. — Sophisme très fréquent dans les discussions.
- 3° Le *cercle vicieux* ; consiste à prendre pour prémisses d'une conclusion une proposition qui dépend de cette conclusion elle-même.

b) Sophismes d'induction.
- 1° Le *dénombrement imparfait* ; consiste à appliquer au tout ce qui n'est vrai que d'une partie. — *Ab uno disce omnes*. (VIRGILE.)
- 2° *Prendre pour cause ce qui n'est pas cause* ; consiste à voir un rapport causal là où il n'y a que rencontre fortuite. — Superstitions.
- 3° *Sophisme de l'accident* ; consiste à juger d'une chose par ce qui ne lui convient qu'accidentellement. — Pierre est ivre, donc il est ivrogne.

Réfutation des sophismes. — Consulter le bon sens ; ne pas se payer de mots, d'analogies, de comparaisons ; mettre les arguments en forme.

LOGIQUE FORMELLE

3ᵉ LEÇON

LES TROIS OPÉRATIONS DE L'ESPRIT. — LE RAISONNEMENT ET LE SYLLOGISME. — ARGUMENTS DÉRIVÉS DU SYLLOGISME.

I. — LES TROIS OPÉRATIONS DE L'ESPRIT

Il y a trois opérations fondamentales de l'esprit : *concevoir, juger, raisonner.*

« Autre chose, dit Bossuet, est d'entendre les termes dont une proposition est formée, autre chose de les assembler ou de les disjoindre. Par exemple, dans ces deux propositions : *Dieu est éternel, l'homme n'est pas éternel,* c'est autre chose d'entendre ces mots : *Dieu, homme, éternel,* autre chose de les assembler ou de les disjoindre, en disant : *Dieu est éternel,* ou : *L'homme n'est pas éternel.* »

Concevoir. — « Entendre les termes, par exemple, entendre que *Dieu* veut dire la *première cause,* qu'*homme* veut dire *animal raisonnable,* qu'*éternel* veut dire *qui n'a ni commencement ni fin,* c'est ce qui s'appelle *conception,* simple appréhension, et c'est la première opération de l'esprit... Entendre les termes précède naturellement les assembler, autrement on ne sait ce qu'on assemble. »

On appelle donc *conception* l'opération de l'esprit qui se représente les choses, qui s'en forme une idée. On l'oppose à l'imagination, qui ne donne que des images ou représentations sensibles et individuelles des choses; on l'oppose aussi quelquefois à la perception : les principes premiers sont *conçus* par la raison, les objets extérieurs sont *perçus* par les sens.

Juger. — « Assembler ou disjoindre les termes, c'est en assurer un de l'autre ou en nier un de l'autre, en disant : *Dieu est éternel, l'homme n'est pas éternel.* C'est ce qui s'appelle *proposition* ou *jugement,* qui consiste à affirmer ou nier, et c'est la seconde opération de l'esprit. — A cette opération appartient encore celle de suspendre son jugement quand la chose ne paraît pas claire; et c'est ce qui s'appelle *douter.* »

Raisonner. — « Que si nous nous servons d'une chose claire pour en rechercher une obscure, cela s'appelle *raisonner* ; et c'est la troisième opération de l'esprit. Raisonner, c'est prouver une chose par une autre : par exemple, prouver une proposition d'Euclide par une autre, prouver que Dieu hait le péché, parce qu'il est saint, ou qu'il ne change jamais ses résolutions, parce qu'il est éternel et immuable dans tout ce qu'il est.

« Toutes les fois que nous trouvons dans le discours ces particules *parce que, car, puisque, donc,* et les autres qu'on nomme causales, c'est la marque indubitable du raisonnement. » (*Conn.*, I, XIII.)

Les anciennes logiques ajoutent une quatrième opération de l'esprit : *ordonner*, désignant par ce mot la *méthode*, qui groupe et enchaîne les *idées*, les *jugements* et les *raisonnements* de manière à constituer des *systèmes* d'idées et de vérités, c'est-à-dire des *sciences*.

Les *idées* sont rendues par des *termes*, les *jugements* par des *propositions*, les *raisonnements* par des *arguments*. Ce sont ces derniers qui sont plus particulièrement l'objet de cette leçon.

On sait qu'il y a deux sortes de raisonnement : l'*induction*, dont il sera parlé à la leçon sur les sciences de la nature, et la *déduction*, dans laquelle l'esprit conclut du général au particulier ou des principes aux conséquences, des lois aux faits. La déduction peut être *immédiate* ou *médiate*.

La déduction est *immédiate*, lorsque la conséquence est tirée d'un seul jugement ; *médiate*, lorsque la conséquence est tirée d'un jugement par le moyen d'un autre jugement intermédiaire.

Les principales formes de la déduction immédiate sont l'*opposition* et la *conversion* ; de la déduction médiate, le *syllogisme* et ses dérivés. On va les étudier successivement [1].

II. — DÉDUCTION IMMÉDIATE : OPPOSITION, CONVERSION

Opposition [2]. — La *quantité* des propositions (*universelle* ou *particulière*) et leur *qualité* (*affirmative* ou *négative*) donnent lieu, en se combinant, à quatre sortes de propositions : universelle affirmative, désignée par A ; universelle négative, par E ; particulière affirmative, par I ; particulière négative, par O [3].

Il peut exister entre ces propositions quatre sortes d'oppositions : elles sont *contradictoires, contraires, subalternes* ou *subcontraires*. La figure suivante aide à comprendre ces oppositions.

---

[1] On emploie souvent aujourd'hui, en logique, le mot *inférence*, pour conclusion ou raisonnement, surtout quand il s'agit du raisonnement inductif.

[2] Nous allons traiter cette question d'une manière à peu près complète pour donner une idée des détails d'une utilité pratique réelle, — la terminologie mise à part, — dans lesquels entre la logique.

[3] Les voyelles A et I entrent dans le mot *Affirmo*, et les voyelles E et O, dans le mot *nEgO*. De là ces vers mnémoniques :

 Asserit A, negat E, verum generaliter ambo ;
 Asserit I, negat O, sed particulariter ambo.

```
       Toute liberté est légitime        Nulle liberté n'est légitime
              A         contraires         E


        subalternes    contradictoires    subalternes
                       contradictoires


              I         subcontraires       O
       Quelque liberté est légitime    Quelque liberté n'est pas légitime
```

L'*opposition* consiste à conclure de la vérité ou de la fausseté d'une proposition, la fausseté ou la vérité d'une proposition opposée.

Les *contradictoires* diffèrent de quantité et de qualité : toute liberté est légitime, quelque liberté n'est pas légitime; nulle liberté n'est légitime, quelque liberté est légitime. — Deux contradictoires ne peuvent être toutes deux vraies ni toutes deux fausses; si l'une est vraie, l'autre est fausse, et *vice versa*. C'est une application du principe d'alternative ou d'exclusion du milieu. S'il est vrai que toute liberté est légitime, il est faux que quelque liberté ne soit pas légitime. — Il semble qu'il y ait des contradictoires qui ne diffèrent qu'en qualité; par exemple : le monde est infini, le monde n'est pas infini; César est mort, César n'est pas mort. — La raison de cette apparente contradiction, c'est que, quand le sujet est individuel, les contradictoires et les contraires se confondent.

Les *contraires* sont deux universelles qui diffèrent en qualité : toute liberté est légitime, nulle liberté n'est légitime. — Les contraires ne peuvent pas être toutes deux vraies, mais elles peuvent être toutes deux fausses. Elles ne peuvent être toutes deux vraies, parce que chacune d'elles contient la particulière qui est contradictoire de l'universelle opposée; elles peuvent être toutes deux fausses, — et c'est le cas pour l'exemple donné; — car entre les deux universelles il y a un milieu, la *particulière*, qui souvent est seule vraie. Il suffit, en effet, qu'une liberté soit légitime, pour qu'il soit faux de dire : nulle liberté n'est légitime; et il suffit qu'une liberté ne soit pas légitime, pour qu'il soit faux de dire : toute liberté est légitime.

Souvent, dans la discussion, quand un adversaire nie une proposition, par mauvaise foi ou inadvertance, on lui attribue l'affirmation de la proposition *contraire*. Mais ce n'est ni rationnel ni loyal; car de ce qu'on nie, par exemple, cette proposition : toute liberté est légitime, il ne s'ensuit nullement qu'on admet la contraire : nulle liberté n'est légitime; mais il s'ensuit plutôt qu'on admet la contradictoire : quelques libertés ne sont pas légitimes.

AUTRE EXEMPLE. — De ce que je ne crois pas que *tout élève intelligent est paresseux*, il ne s'ensuit pas que je crois le *contraire*, qu'*aucun élève intelligent n'est paresseux*; — les deux contraires sont fausses, — il s'ensuit plutôt que j'admets la *particulière* : *quelques élèves intelligents ne sont pas paresseux*. La confusion des contraires et des contradictoires est un des sophismes les plus fréquents.

REMARQUE. — Il y a cependant deux cas où les deux contraires ne peuvent pas être toutes deux fausses : 1° si l'une des deux nie une chose essentielle : nul homme n'est raisonnable (doué de raison), ou aucun cercle n'est rond, — la contraire : tout homme est raisonnable, ou tout cercle est rond, — est nécessairement vraie; 2° si l'une des deux affirme une chose impossible, l'autre est nécessairement vraie : tout cercle est carré (proposition absurde); la contraire est vraie : nul cercle n'est carré.

Les *subcontraires* sont des particulières opposées en qualité. Leur règle est l'opposé de celle des contraires : elles peuvent être toutes deux vraies, mais non toutes deux fausses. — Ainsi, il est vrai que quelque homme est médecin et que quelque homme ne l'est pas ; il est vrai que quelque liberté est légitime, vrai aussi que quelque liberté n'est pas légitime. — Mais il est à la fois faux que quelque homme est parfait, et vrai que quelque homme ne l'est pas ; vrai que quelque homme est mortel, et faux que quelque homme n'est pas mortel.

Les *subalternes* sont des propositions qui diffèrent seulement par la quantité. — Elles donnent lieu à quatre règles : 1° si l'universelle est vraie, la particulière l'est aussi ; s'il est vrai que tout homme est libre, est sujet à l'erreur, il l'est aussi que quelque homme est libre, est sujet à l'erreur ; 2° si l'universelle est fausse, il ne s'ensuit rien, la particulière peut être vraie ou fausse : il est faux que toute liberté soit légitime et vrai que quelque liberté est légitime ; faux que tout homme soit immortel, faux également que quelque homme le soit ; 3° si la particulière est vraie, il ne s'ensuit rien, non plus, relativement à l'universelle, qui peut être vraie ou fausse : il est vrai que quelque enfant doué de bonne mémoire manque de jugement, et faux que tout enfant doué de bonne mémoire en manque ; il est vrai que quelques hommes sont sujets à l'erreur, vrai aussi que tous les hommes le sont ; 4° enfin, si la particulière est fausse, l'universelle l'est aussi nécessairement : s'il est faux que quelques hommes soient parfaits ou soient immortels, à plus forte raison l'est-il que tous le soient.

Conversion. — La *conversion* consiste à tirer une proposition d'une autre proposition en transposant le sujet et l'attribut sans en changer la valeur. Ainsi : tout homme est animal raisonnable, devient : tout animal raisonnable est homme. Ce cas ne présente pas de difficulté, parce que l'attribut a exactement la même extension que le sujet. Mais de ce que tout homme est mortel, je ne pourrais pas conclure que tout ce qui est mortel est homme, parce qu'ici l'attribut n'est pas pris dans toute son extension, la proposition : tout homme est mortel, signifiant : tout homme est quelqu'un des êtres mortels. La conversion est donc : quelqu'un des mortels est homme. — Dans le premier cas, on a une conversion *simple*; dans le second, une conversion par *limitation*. La définition, quand elle est exacte, se convertit *simplement*, car elle doit être *réciproque*.

AUTRES EXEMPLES. — De cette proposition : tous les enfants sont distraits, on tire par conversion : tous les distraits sont enfants. La conversion légitime serait : quelques distraits sont enfants, car les enfants ne sont qu'une partie des distraits. — C'est une erreur fréquente de passer ainsi d'une universelle : tout A est X, à une autre universelle : tout X est A, tandis qu'il faudrait conclure à la proposition particulière : quelque X est A. On commet cette erreur, quand on dit : un tel baisse les yeux, donc il est hypocrite ; car, à supposer vrai que tout hypocrite baisse les yeux, on n'en peut conclure que quiconque baisse les yeux est hypocrite. — On donne, relativement à la conversion, nombre de règles dans le détail desquelles il serait trop long d'entrer ici. Il suffit que l'attention ait été appelée sur ce genre de raisonnement. (Voir, pour plus de détails, la *Logique de Port-Royal*, de BOSSUET, de RABIER.)

III. — DÉDUCTION MÉDIATE : LE SYLLOGISME

Définition. — Syllogisme signifie *liaison*. Le syllogisme établit le rapport de deux idées par l'intermédiaire d'une troisième qui contient l'une des deux à comparer et est contenue dans l'autre. *C'est un argument formé de trois propositions tellement enchaînées, que la troisième suit nécessairement des deux premières.*

Exemple : Si je veux prouver qu'il faut aimer Dieu, je commence par affirmer cette proposition incontestable : il faut aimer ce qui est aimable ; j'ajoute que Dieu est aimable, et je le prouve au besoin ; la conclusion s'impose : donc il faut aimer Dieu.

Soit encore ce syllogisme : La vertu est aimable ; or la justice est une vertu ; donc la justice est aimable. La proposition universelle : « La vertu est aimable, » étant admise, étant admis également ou prouvé que « la justice est une vertu », il s'ensuit nécessairement que la « justice est aimable ».

Autre exemple donné par Bossuet : « Tout témoin désintéressé est digne de foi ; or les apôtres sont des témoins désintéressés, — donc les apôtres sont dignes de foi. La conclusion doit être la même que la question. On demande si les apôtres sont dignes de foi ; on conclut que les apôtres sont dignes de foi, et si la conclusion est bien tirée, la question est finie. »

Le syllogisme est l'argument-type, que tous les autres arguments ne font que modifier, abréger ou étendre, et auquel ils peuvent tous être ramenés. Mettre un argument *en forme*, c'est le mettre en syllogisme ; argumenter *en forme*, c'est argumenter par syllogismes.

Eléments du syllogisme. — Tout syllogisme doit renfermer :
1º Trois *idées* exprimées par trois *termes*, qu'on appelle *grand terme*, *moyen terme* et *petit terme*.

Le *grand terme* est celui qui a le plus d'extension ; le *moyen terme* est contenu dans le grand et contient le *petit*, et sert de commune mesure entre l'un et l'autre [1] : il joue le même rôle entre les deux idées à comparer qu'une *unité commune* pour apprécier deux longueurs que l'on ne peut apprécier directement ; c'est un *intermédiaire explicatif*. Dans le second syllogisme donné ci-dessus, *aimable* (g. t.) a plus d'extension que *vertu* (m. t.), et *vertu* en a plus que *justice* (p. t.).

2º Trois *jugements*, exprimés par trois *propositions*. Les deux premières propositions, appelées *majeure* et *mineure*, forment les prémisses (*præ missæ*, mises devant) ; la troisième est la *conclusion*.

La première s'appelle *majeure*, parce que le grand terme y est comparé au moyen ; la seconde s'appelle *mineure*, parce que le petit terme y est comparé au moyen ; la conclusion rapproche le grand terme et le petit terme et les affirme ou les nie l'un de l'autre, suivant que leur convenance avec le moyen terme est affirmée ou niée dans les prémisses.

En définitive, le syllogisme déduit une convenance de deux autres convenances. Mais comme toute convenance entre des concepts est basée sur la compréhension et l'extension, le rôle du moyen terme peut être envisagé à ces deux points de vue.

L'attribut d'une proposition peut être considéré comme un des *caractères* du sujet : c'est le point de vue de la *compréhension*. Quand je dis : *Pierre est bon*, mon intention principale est d'énoncer de la qualité de bon qu'elle appartient à Pierre.

---

[1] « Le terme moyen est toujours un moyen en ce sens qu'il joue toujours le rôle d'*intermédiaire* pour unir (ou séparer) les deux extrêmes. Mais il n'est pas toujours d'une *extension moyenne* entre les deux extrêmes. Ceci n'est vrai que dans les syllogismes de la *première figure*, qui est à la vérité la principale, la seule parfaite, d'après Aristote, et à laquelle il ramène les deux autres. » (RABIER, *Logique*, ch. v.)

L'attribut peut être considéré comme un *genre* dans lequel le sujet est contenu comme une *espèce* : c'est le point de vue de l'*extension*. Quand je dis : *Les nègres sont des hommes*, mon intention est de ranger les nègres dans le genre humain.

Les deux points de vue sont distincts, mais ils s'impliquent mutuellement et sont, en quelque sorte, complémentaires l'un de l'autre. Quand je dis : *Pierre est bon*, sans doute j'entends surtout énoncer une qualité qui appartient à Pierre; mon jugement *veut* être un jugement de *compréhension*. Mais, du même coup, je fais implicitement deux parts des êtres, ceux qui sont bons et ceux qui ne le sont pas, et je range Pierre dans la première catégorie; le jugement d'extension n'est pas absent de mon jugement de compréhension. Inversement, quand je dis : *Les nègres sont des hommes*, mon intention principale et directe est d'affirmer, contre certains esclavagistes, que les nègres, malgré la différence de couleur et de culture, font, eux aussi, partie du genre humain; mon jugement *veut* être un jugement d'*extension*. Mais, du même coup, j'attribue aux nègres les qualités ou caractères essentiels de l'humanité : la raison, la liberté; le jugement de compréhension n'est pas absent de mon jugement d'extension. La prédominance de l'un ou de l'autre point de vue dépend principalement de l'intention libre de l'esprit. (Ces exemples sont tirés du livre de M. de Margerie sur Taine, ch. VI.)

Principe du syllogisme. — Le syllogisme repose sur ce principe : *Deux idées qui conviennent à une même troisième conviennent entre elles*, principe qui n'est qu'une légère transformation de cet axiome : *Deux quantités égales à une même troisième sont égales entre elles*.

C'est une application du principe d'identité et de contradiction : le but du syllogisme est de montrer l'identité d'une proposition incertaine avec une vérité évidente ou déjà démontrée. « Qui nie la conséquence tirée en bonne forme des prémisses accordées, dit que ce qui est n'est pas, et que ce qui n'est pas est; en un mot, il ne sait ce qu'il dit. » (BOSSUET, *Logique*.)

Ce qui rend tout mouvement possible, c'est un point d'appui immobile. Le raisonnement est un mouvement de l'esprit qui va d'une ou de plusieurs vérités connues à une vérité non connue. « Le syllogisme part de l'évidence des premiers principes, comme le mouvement part d'un point immobile et, comme lui, il se termine au repos, après avoir rattaché les conclusions à quelque principe évident et immuable. »

La conclusion du syllogisme est nécessaire, alors même que la majeure et la mineure expriment des vérités contingentes, comme dans l'exemple suivant : *Les hommes sont mortels; Socrate est un homme; Socrate est mortel*. Considérées en elles-mêmes, les prémisses énoncent des vérités contingentes, et cependant on en tire une conclusion nécessaire de nécessité hypothétique; car il est nécessaire que Socrate meure, s'il est un homme et que tous les hommes soient mortels. C'est que, suivant une belle pensée d'Aristote, rappelée par saint Thomas, les principes soutiennent à l'égard de la conclusion des rapports de cause à effet; ils la contiennent et la produisent; mais ils ne la produisent que dans l'esprit qui les comprend, qui saisit le lien des choses et qui sait ramener la variété à l'unité.

Le raisonnement suppose donc la connaissance de l'universel, la connaissance de l'absolu, la connaissance du principe de raison suffisante et de causalité.

L'homme a besoin de raisonner pour découvrir la vérité inconnue; tout son savoir repose sur la démonstration; il ne pénètre dans le domaine de l'inconnu qu'à la lumière de principes connus. C'est à la fois une marque de sa faiblesse et de sa force : de sa faiblesse, car c'est une imperfection de ne pouvoir saisir intuitivement toute vérité dans la pleine lumière de l'évidence ; de sa force, car en s'appuyant sur les données de la raison, de la conscience et des sens, le raisonnement devient pour l'homme l'instrument d'un progrès indéfini dans le champ de la pensée et de l'action. (Voir P. Vallet, *la Vie et l'hérédité*, 1re partie.)

Règles du syllogisme. — On peut les ramener à deux : 1° *Le grand terme et le petit terme ne doivent pas avoir plus d'extension dans la conclusion que dans les prémisses;* — la conclusion ne doit jamais dépasser les prémisses : il ne faut pas qu'elle soit générale, quand l'une des prémisses est particulière ; affirmative, quand l'une des prémisses est négative. Il suit de là que la conclusion est affirmative, quand les deux prémisses sont affirmatives ; qu'elle est négative ou particulière, quand l'une des prémisses est négative ou particulière.

2° *Le moyen terme doit garder une signification identique;* il faut pour cela que, dans l'une au moins des deux prémisses, il soit pris une fois dans toute son extension.

Si l'on viole la première règle, la conclusion ne saurait être renfermée dans les prémisses, le moins ne pouvant contenir le plus ; si l'on viole la seconde, il n'y a plus de syllogisme ; car le syllogisme, établissant le rapport de deux termes par l'intermédiaire d'un troisième, si ce troisième ne reste pas le même, il n'y a plus trois termes ou trois idées, mais quatre, et nulle conclusion n'est possible.

Exemples de violation de ces règles : 1re règle : Tout honnête homme s'occupe de ses affaires ; or Pierre s'occupe de ses affaires, donc Pierre est un honnête homme. — Pour avoir le droit de conclure ainsi, il faudrait qu'il suffît de s'occuper de ses affaires pour être honnête homme, et qu'il n'y eût d'autres personnes s'occupant de leurs affaires que les honnêtes gens.

Les indigents sont à plaindre, or cet homme n'est pas indigent, donc il n'est pas à plaindre. — Si les indigents sont les seuls à plaindre, la conclusion est légitime ; mais on peut ne pas être indigent et être à plaindre pour bien d'autres raisons.

Les faiseurs de projets ne méritent pas confiance ; or cet homme a fait un projet, donc il ne mérite pas confiance. — Le sophisme ici consiste à confondre l'homme qui forme un projet et qui peut être très sensé, avec l'esprit chimérique appelé « faiseur de projets ».

2° règle. — Si dans chaque prémisse on prend seulement une partie du moyen terme, il pourra se faire que les deux parties ne soient pas les mêmes, et alors il aura un sens dans la majeure et un autre sens dans la mineure, c'est-à-dire qu'il y aura deux moyens différents ; par suite, pas de conclusion.

Les Piémontais sont des Italiens, or les Napolitains sont des Italiens. Que suit-il de là touchant les Piémontais et les Napolitains ? Rien assurément. Dans les deux cas, le mot Italien est pris particulièrement et désigne quelques-uns des Italiens, et pas les mêmes : de deux particulières il ne se conclut rien — Les planètes sont rondes, or les roues sont rondes. — Pas de conclusion possible : les choses rondes qui sont les planètes ne sont pas nécessairement les mêmes que les choses rondes qui sont les roues.

Tout être libre a des droits, or le loup dans les forêts est libre, donc le loup a des droits. — Le mot libre, pris dans deux sens différents, fait équivoque dans la *majeure*, il désigne la liberté du *vouloir* ou liberté morale ; dans la *mineure*, la liberté d'*action* ou liberté physique.

« Dès que la forme du syllogisme est bonne, il n'y a plus de doute sur la conclusion, et toute la difficulté est dans les prémisses.

« Si les prémisses sont vraies, manifestement et par elles-mêmes, toute la question est finie; que si elles sont douteuses, il les faut prouver. Par exemple, si on niait cette majeure : *tout témoin désintéressé est croyable*, on la prouverait en disant que tout témoin désintéressé dit la vérité; ce qu'on prouverait encore en disant qu'il n'y a que l'intérêt qui porte les hommes à trahir leur conscience, et il serait aisé de mettre tout ceci en forme.

« Que si l'on niait la mineure, que *les apôtres sont témoins désintéressés*, on la prouverait aisément en montrant que ni les opprobres, ni les tourments, ni la mort, ne les ont pu empêcher de persister dans leur témoignage.

« Quelquefois, au lieu de nier, on *distingue* la proposition; par exemple, au lieu de nier cette majeure : *tout témoin désintéressé est croyable*, on peut distinguer en disant : s'il sait le fait, je l'accorde; s'il l'ignore et qu'il soit trompé, je le nie. Alors la preuve est réduite à montrer que les apôtres ne pouvaient pas ignorer ce qu'ils disaient avoir vu de leurs yeux et touché de leurs mains. » (BOSSUET, *Logique*.)

Règle de contenance. — On donne encore cette règle, dite de contenance (règle d'Euler), un peu trop générale pour être facilement appliquée : l'*une des prémisses doit contenir la conclusion, et l'autre faire voir qu'elle la contient*. — Le contenu du contenu est contenu dans le contenant : tout ce qui est vrai de la fraude est vrai de la contrebande, qui est une fraude.

Dans le syllogisme suivant : *nul homme n'est parfaitement heureux, or Pierre est un homme, donc Pierre n'est pas parfaitement heureux;* — la conclusion *Pierre n'est pas parfaitement heureux* est contenue dans la majeure *nul homme n'est parfaitement heureux*, et la mineure *Pierre est un homme* le fait voir.

On raisonnerait de même pour le syllogisme suivant : Paul n'est pas bon citoyen, parce qu'il n'est pas honnête homme, et que l'honnête homme seul est bon citoyen.

La conclusion du syllogisme suivant n'est contenue ni dans la majeure ni dans la mineure : Les élèves de cette classe sont laborieux; or Pierre n'est pas un élève de cette classe, donc Pierre n'est pas laborieux.

La plupart des fautes de raisonnement viennent de ce que la majeure ne contient pas réellement ce qu'on en prétend tirer et que la mineure fait illusion à cet égard. On conclut subrepticement de *quelques* à *tous*, ce qui revient à dire qu'on tire le plus du moins.

Syllogisme à conclusion négative. — « Le syllogisme négatif ne diffère de l'affirmatif qu'en ce que dans l'affirmatif, où il s'agit d'unir, il faut chercher un moyen qui lie, au lieu que dans le négatif il faut chercher un moyen qui sépare. » (BOSSUET.)

EXEMPLES. — Nul homme n'est parfaitement heureux (maj. nég.); or Pierre est un homme, donc Pierre n'est pas parfaitement heureux. — Les hommes de bien sont seuls agréables à Dieu; or Pierre n'est pas un homme de bien, donc Pierre n'est pas agréable à Dieu.

Quand l'une des prémisses est négative, la conclusion l'est nécessairement. On ne peut pas affirmer dans la conclusion la convenance du grand terme et du petit terme, si elle a été niée dans la majeure ou la mineure avec le moyen terme.

Diverses sortes de syllogisme. — On distingue des syllogismes *simples* et des syllogismes *composés*. Le syllogisme est *simple*, quand il est formé de propositions simples. Exemples : tous les syllogismes donnés ci-dessus.

Le suivant, qui montre comment on peut passer, par voie syllogistique, des découvertes de la science à des applications utiles, est également simple : Grâce à l'électricité, les mouvements se communiquent avec une rapidité presque incroyable ; or les mouvements peuvent être signes de la pensée ; donc l'électricité peut servir à transmettre rapidement la pensée.

Le syllogisme est composé, quand la majeure est une proposition composée. Le syllogisme composé est *disjonctif* (construit avec conj. *ou*), *conjonctif* (conj. *et, ni*), *conditionnel* ou *hypothétique* (conj. *si*).

EXEMPLES : *disjonctif*. — Il est nécessaire que les méchants soient punis ou dans ce monde ou dans l'autre ; or beaucoup ne sont pas punis en ce monde, donc il est nécessaire qu'ils le soient dans l'autre. — S'il n'y a que deux alternatives et que l'une soit vraie, l'autre est fausse, et *vice versa*.

Conjonctif. — On ne peut à la fois être dévoué au bien public et ne rien sacrifier de ses intérêts ; or vous ne voulez rien sacrifier de vos intérêts, donc vous n'êtes pas dévoué au bien public.

Conditionnel ou *hypothétique*. — Si ce jeune homme avait fait une bonne éducation, il aurait de l'empire sur lui-même et saurait se conduire ; or il ne sait pas se commander et se laisse mener où l'on veut, donc il n'a pas fait une bonne éducation. — Autre : Si Jésus-Christ est ressuscité, sa doctrine est divine ; or il est ressuscité, donc sa doctrine est divine. — Sous la forme conditionnelle, le syllogisme « a ordinairement plus de force, parce qu'en disant *si*, et en faisant semblant de douter, on paraît plus chercher la vérité et on prépare l'esprit à s'y affermir ». (BOSSUET.)

REMARQUE. — Tout raisonnement peut se ramener à un syllogisme. Ainsi ces beaux vers de Racine :

> Celui qui met un frein à la fureur des flots
> Sait aussi des méchants arrêter les complots.
> Soumis avec respect à sa volonté sainte,
> Je crains Dieu, cher Abner, et n'ai point d'autre crainte,

développent poétiquement ce syllogisme : L'homme qui met sa confiance en Dieu n'a rien à craindre des méchants ; or je mets ma confiance en Dieu, donc je n'ai rien à craindre des méchants.

La satire sur l'homme, de Boileau, développe ce syllogisme : Toute créature vivante qui ne possède pas l'égalité d'âme n'est pas sage ; or l'homme ne possède pas l'égalité d'âme, donc il n'est pas sage. — C'est par la conclusion que le poète débute :

> De tous les animaux qui s'élèvent dans l'air,
> Qui rampent sur la terre ou nagent dans la mer,
> De Paris au Pérou, du Japon jusqu'à Rome,
> Le plus sot animal, à mon avis, c'est l'homme.

Figures et modes du syllogisme. — On appelle *figures* du syllogisme les différentes formes que prend cet argument selon la place que le moyen terme occupe dans les prémisses. On en distingue quatre :

1º Le moyen est sujet dans la majeure, attribut dans la mineure ;
2º Le moyen est attribut dans les deux prémisses ;
3º Le moyen est sujet dans les deux prémisses ;
4º Le moyen est attribut dans la majeure, sujet dans la mineure.

Les figures, en combinant la *qualité* et la *quantité* des propositions, donnent naissance aux *modes*. Les *modes* du syllogisme sont donc les différentes formes du syllogisme d'après la quantité et la qualité des propositions. On en compte soixante-quatre, dont douze seulement sont concluants.

C'est pour les distinguer que les scolastiques avaient créé les mots techniques : *Barbara, Celarent, Darii, Ferio*, etc. Un syllogisme en *Barbara* est formé de trois propositions affirmatives et universelles : A A A ; un syllogisme en *Ferio* se compose d'une universelle négative, d'une particulière affirmative et d'une particulière négative : E I O.

Les *figures* et les *modes* signifient, au fond, les genres et les espèces du syllogisme.

IV. — SYLLOGISMES INCOMPLETS ET COMPOSÉS

La forme rigoureuse du syllogisme ne convient d'ordinaire qu'au logicien et au géomètre. Dans le langage usuel et dans les œuvres de littérature, on donne au raisonnement une forme plus variée et des tours plus vifs. On dispose autrement les propositions : on énonce tout de suite ce qu'il s'agit de prouver, c'est-à-dire la conclusion du syllogisme, et on la fait suivre de ses preuves, en supprimant tout ce qui n'est pas nécessaire à l'intelligence du raisonnement. « Tous les hommes sont faillibles, » dit-on à quelqu'un qui s'est trompé, en lui laissant le soin d'achever le syllogisme dont on ne lui donne que la majeure. « Le premier mérite du discours est d'être plein de sens et de donner à l'esprit l'occasion de former une pensée plus étendue que n'est l'expression. » (PORT-ROYAL.)

Les principaux arguments dérivés du syllogisme (*syllogismes incomplets et composés*) sont : l'*enthymème*, l'*épichérème*, le *prosyllogisme*, le *dilemme*, le *sorite*. On peut y joindre l'*exemple* et l'*argument personnel*.

Enthymème. — C'est un *syllogisme dont on sous-entend l'une des prémisses*. « C'est l'argument de l'orateur, » a dit Aristote ; la forme classique ferait languir le style. En général, un discours n'est qu'une suite d'enthymèmes. La prémisse exprimée s'appelle *antécédent*, et la conclusion prend le nom de *conséquent*.

Exemples : Vous êtes juge, il faut que vous écoutiez. La majeure est sous-entendue : tout juge doit écouter. — Je pense, donc je suis. — L'homme est libre, donc il est responsable. — Tu te fâches, donc tu as tort.

Souvent l'enthymème se déguise sous une forme plus littéraire : « Mortel, ne garde pas une haine immortelle. » (HOMÈRE.) — « Il n'est pas condamné, puisqu'on veut le confondre. » (RACINE.) — « Les destins sont contents : Oronte est malheureux. » (LA FONTAINE.)

Souvent aussi on le renverse, c'est-à-dire qu'on énonce le conséquent avant l'antécédent : Dieu punira le méchant, car il est juste.

Il y a un enthymème dans ce vers de Racine : « Je crains Dieu, cher Abner, et n'ai point d'autre crainte. » Le syllogisme complet serait : Celui qui craint Dieu ne doit pas avoir d'autre crainte ; or je crains Dieu, donc...

Autres exemples :

Le Dieu que nous servons est le Dieu des combats :
Non, non, il ne souffrira pas
Qu'on égorge ainsi l'innocence.   (RACINE.)

Pour grands que soient les rois, ils sont ce que nous sommes,
Et peuvent se tromper comme les autres hommes.   (CORNEILLE.)

Ce qui revient à dire : Les rois sont hommes, donc faillibles.

L'argument peut être réduit à une seule proposition. Ce vers de Don Diègue : « Qui l'a gagné sur vous, l'avait mieux mérité, » sous-entend la mineure « or je l'ai gagné sur vous », et la conclusion « donc je l'avais mieux mérité ». Il en est de même de la réponse du comte : « Qui peut mieux l'exercer en est bien le plus digne, » et de cet autre vers de don Diègue : « Qui n'a pu l'obtenir ne le méritait pas. »

Voici des enthymèmes plus ou moins déguisés : Voulez-vous être heureux ? Occupez-vous du bonheur des autres. — Vous voulez être heureux, et vous ne vous occupez pas du bonheur des autres ! — Comment seriez-vous heureux, vous qui ne vous occupez pas du bonheur des autres ? — La majeure de cet enthymème, présenté sous trois tours différents, c'est cette belle pensée de Bernardin de Saint-Pierre : « On ne fait son bonheur qu'en s'occupant de celui des autres. »

Épichérème. — C'est un *syllogisme dans lequel l'une ou l'autre des prémisses ou toutes les deux sont accompagnées de leur preuve.* — Il équivaut à un syllogisme multiple, car la preuve de chaque prémisse donne lieu à un ou plusieurs syllogismes. On a comparé le syllogisme à la main fermée, et l'épichérème à la main ouverte.

Exemple : L'ordre est l'œuvre d'un ordonnateur ; or l'ordre existe dans le monde : tout y est soumis à des lois stables et générales ; donc le monde est l'œuvre d'un ordonnateur. La majeure, qui n'est qu'une transformation de cet axiome : « Tout fait a une cause, » n'a pas besoin de preuve.

Si Jésus-Christ est ressuscité, sa doctrine est divine ; Dieu, qui est la vérité et la bonté par essence, ne peut faire un miracle pour soutenir le mensonge et induire en erreur le genre humain ; or Jésus-Christ est ressuscité : ce fait est attesté par des témoins nombreux et évidemment véridiques, c'est-à-dire tels qu'ils n'ont pu être trompés, qu'ils n'ont pu tromper ni voulu tromper, et qu'ils n'auraient pu tromper, lors même qu'ils l'auraient voulu ; — donc sa doctrine est divine.

Tout discours, toute œuvre où le raisonnement domine, tout plaidoyer surtout, peut, le plus souvent, se résumer dans un épichérème. Voici le résumé classique, sous forme d'épichérème, du discours de Cicéron pour Milon : *Il est permis de tuer quiconque nous tend des embûches pour nous ôter la vie :* la loi naturelle, le droit positif, les exemples le prouvent ; *or Clodius a tendu des embûches à Milon pour lui ôter la vie :* l'escorte dont il était accompagné, le bruit qui s'était répandu dans la ville que Milon ne reviendrait pas de ce voyage, et d'autres circonstances en sont la preuve ; *donc il a été licite à Milon de tuer Clodius.*

Prosyllogisme. — C'est un *argument formé de deux syllogismes tellement liés, que la conclusion du premier sert de majeure au second.* — Il peut y en avoir plus de deux. On l'appelle aussi *polysyllogisme.*

Toute l'argumentation de Pascal, dans les *Provinciales*, se ramène à un prosyllogisme : La Compagnie de Jésus approuve les livres de ses membres, donc elle est responsable de leurs opinions ; or ces opinions sont souvent immorales, donc cette immoralité doit retomber sur la Compagnie entière. À quoi on répond que l'approbation donnée par la Compagnie n'a pas la portée que lui attribue Pascal, et que les opinions immorales n'étaient imputables qu'à leurs auteurs.

Le fait de la résurrection de Jésus-Christ est indubitable, s'il est attesté par des témoins nombreux et évidemment véridiques; or la résurrection de Jésus-Christ est attestée par de semblables témoins, donc c'est un fait incontestable (conclusion du premier syllogisme et majeure du second); or la résurrection de Jésus-Christ est le cachet divin imprimé à sa doctrine, donc sa doctrine est divine.

Dilemme. — Dilemme signifie *double proposition*. *C'est un syllogisme disjonctif par lequel on propose à un adversaire deux ou plusieurs alternatives qui tournent également contre lui.*

On l'appelle *glaive à deux tranchants*, argument cornu : les deux conclusions sont comme deux cornes qui frappent à droite et à gauche. Il se construit avec la conjonction *ou*. Toutes les fois que l'on commence un raisonnement par ces mots : *de deux choses l'une*, on fait un dilemme, qu'on le sache ou non. — Exemple : Ou vous savez ce que vous dites, ou vous ne le savez pas, dit-on aux Pyrrhoniens, qui prétendent qu'on ne peut rien savoir sûrement. Si vous savez ce que vous dites, on peut donc savoir quelque chose; si vous ne le savez pas, vous avez tort d'assurer que l'on ne peut rien savoir; car on ne doit pas assurer ce que l'on ne sait pas.

On connaît le dilemme, cité dans tous les traités, du général à la sentinelle qui a laissé surprendre son camp : Ou tu étais à ton poste, ou tu n'y étais pas; si tu y étais, tu as trahi; si tu n'y étais pas, tu as manqué à la consigne : dans les deux cas, tu mérites la mort.

La preuve de la liberté tirée de la loi morale peut être ramenée à un dilemme. Sans la liberté, la loi morale est inutile ou absurde : inutile, si l'action est nécessaire; absurde, si l'action est impossible. Il est en effet inutile de dire : « Fais cela, » à qui ne peut s'empêcher de le faire; et il est absurde de le dire à celui qui est dans l'impossibilité de le faire.

« Je vous chasse, » dit un personnage de comédie à son intendant qui le ruine : « ou vous êtes dupe, ou vous êtes fripon; si vous êtes dupe, je n'entends pas faire les frais de votre bêtise; si vous êtes fripon, allez vous faire pendre ailleurs. »

Ou la diffusion du christianisme a eu lieu à l'aide de miracles ou sans miracles; si à l'aide de miracles, le christianisme est vrai; si sans miracles, il est vrai encore, car la diffusion du christianisme sans miracles est le plus grand des miracles.

Tertullien condamnait par le dilemme suivant la conduite de Trajan, qui d'une part défendait de rechercher les chrétiens; et de l'autre ordonnait de les punir, quand on les dénonçait : Les chrétiens sont criminels, ou ils ne le sont pas; s'ils sont criminels, pourquoi défendre de les rechercher? s'ils ne le sont pas, pourquoi les condamner?

— Dans sa forme rigoureuse, le dilemme s'exprime par une disjonctive suivie de deux propositions conditionnelles; l'écrivain emploie d'ordinaire une forme moins scolastique. Dans le dilemme suivant contre la médisance, cette forme a complètement disparu : Médire sans dessein, c'est bêtise; médire avec réflexion, c'est noirceur; que le médisant choisisse : il est insensé ou méchant.

Il en est de même du dilemme par lequel Mathan prétend justifier le meurtre d'Éliacin, dans *Athalie*; le poète a supprimé la disjonctive :

> A d'illustres parents s'il doit son origine,
> La splendeur de son rang doit hâter sa ruine;
> Dans le vulgaire obscur si le sort l'a placé,
> Qu'importe qu'au hasard un sang vil soit versé?

Le dilemme est souvent un argument sophistique. Pour qu'il soit concluant, il faut : 1º que la disjonctive épuise toutes les hypothèses possibles et ne laisse pas d'échappatoire; 2º que les propositions soient certaines, qu'on ne puisse pas leur trouver un double sens, qu'on n'en infère rien qui n'en dérive logiquement; 3º qu'on ne puisse pas le rétorquer, c'est-à-dire en retourner les conséquences contre celui qui l'a employé.

Dans le second dilemme cité plus haut, la sentinelle aurait peut-être pu répondre au général qu'elle n'avait ni trahi ni quitté son poste, mais que l'obscurité l'avait empêchée d'apercevoir l'ennemi.

Ce vieux sophisme sur l'impossibilité du mouvement est un exemple de disjonction incomplète : Si un corps se meut, il doit se mouvoir ou dans le lieu où il est, ou dans le lieu où il n'est pas; mais un corps ne peut se mouvoir ni dans le lieu où il est, ni dans le lieu où il n'est pas; donc un corps ne se meut pas. — Il y a une alternative dont on ne tient pas compte : le corps peut se mouvoir du lieu où il est dans le lieu où il n'est pas.

Il en est de même du dilemme suivant : Si le prisonnier s'est échappé, il n'a pu le faire que par la porte ou par la fenêtre ; mais il n'a pu passer ni par la porte ni par la fenêtre; donc il ne s'est pas échappé. — Le prisonnier a pu percer le mur ou le plafond et s'échapper par là.

Pour dissuader quelqu'un d'accepter un emploi public, on lui dit : Où vous remplirez bien votre emploi, ou vous le remplirez mal : dans le premier cas, vous offenserez les hommes; dans le second, vous offenserez Dieu. — Il répond : Dans le premier cas, je plairai à Dieu; dans le second, je plairai aux hommes.

On cite encore celui du sophiste Protagoras, qui était convenu avec son disciple Evalthus que celui-ci payerait telle somme après le gain de sa première cause. Evalthus tardant à plaider, Protagoras le cite en justice et lui pose le dilemme suivant : Si tu persuades aux juges que tu ne me dois rien, tu auras gagné ta première cause, et d'après nos conventions tu devras me payer; si tu ne peux les persuader, tu seras condamné, et, d'après la sentence, tu devras me payer. — Evalthus répondit : Quelle que soit la décision des juges, je ne vous dois rien : s'ils me condamnent, je ne vous dois rien en vertu de nos conventions; s'ils me donnent raison, je ne dois rien d'après leur sentence.

Sorite. — Le sorite (étymologiquement : *tas, monceau, gradation*) est un *argument formé d'un nombre indéterminé de propositions tellement liées entre elles, que l'attribut de la première devient le sujet de la seconde, l'attribut de la seconde le sujet de la troisième, et ainsi de suite jusqu'à ce que le sujet de la première s'unisse à l'attribut de la dernière pour former une conclusion, qui est la proposition à démontrer.* — C'est un prosyllogisme dans lequel on efface toutes les conclusions intermédiaires.

Exemple : Le sorite que Plutarque, cité par Montaigne, prête au renard est devenu classique. Avant de passer une rivière gelée, le renard met son oreille sur la glace et dit : Ce qui fait du bruit remue; ce qui remue n'est pas gelé; ce qui n'est pas gelé est liquide; ce qui est liquide ne peut porter; donc cette rivière, qui fait du bruit (sujet de la première proposition) ne peut porter (attribut de la dernière).

Dire que les corps sont compressibles, c'est dire que les parties des corps peuvent se rapprocher; des parties qui peuvent se rapprocher sont distantes les unes des autres; des parties distantes les unes des autres ne se touchent pas; donc dire que tous les corps sont compressibles, c'est dire que les parties des corps ne se touchent pas.

« Qui autorise les violentes entreprises ruine la justice; qui ruine la justice rompt le lien qui unit les citoyens; qui rompt le lien des sociétés fait naître des divisions dans un État; qui fait naître des divisions dans un État l'expose à un péril évident : donc qui autorise les entreprises violentes expose l'État à un péril évident. » (BOSSUET.)

Les avares sont pleins de désirs; ceux qui sont pleins de désirs manquent de beaucoup de choses; ceux qui manquent de beaucoup de choses sont misérables : donc les avares sont misérables.

La fable *la Souris et le Chat-huant* contient un bel exemple de sorite.

Le sorite renferme la matière d'autant de syllogismes qu'il contient de propositions moins deux, et la connexion de ces syllogismes est marquée par la conclusion qui rejoint les deux bouts de la chaîne.

Il faut que la connexion indiquée par la conclusion soit réelle dans les idées, et que les mots répétés gardent le même sens. Le sorite suivant pèche contre cette règle : Athènes gouverne la Grèce; je gouverne Athènes, disait Thémistocle; ma femme me gouverne; mon fils, enfant de dix ans, gouverne sa mère; donc cet enfant gouverne la Grèce. — Le mot gouverne étant pris dans divers sens, il y a une chaîne de mots, non d'idées.

Comme on le voit dans ce dernier exemple, la forme scolastique peut aussi être modifiée : la disposition symétrique du sujet et de l'attribut de chaque proposition n'est pas de rigueur, et il suffit qu'il y ait enchaînement dans les idées.

Le sorite n'est même pas toujours la réduction de plusieurs syllogismes à un seul argument; ce n'est quelquefois qu'une simple série d'idées naissant les unes des autres et dont on se sert pour montrer le rapport des deux termes d'une conclusion, lorsqu'une seule idée ne suffit pas pour faire voir ce rapport. Exemple : La propriété est le droit acquis sur la matière par le travail; le travail est la dépense faite par l'homme de son activité libre, c'est-à-dire de son intelligence, de sa force; son activité libre, son intelligence, sa force, c'est sa vie; dire qu'on peut attenter à la propriété, c'est dire qu'on peut attenter à la vie même de l'homme.

Dans les sciences exactes, presque toutes les démonstrations se font par des syllogismes enchaînés en sorites.

De l'exemple. — L'exemple est un *enthymème dans lequel le conséquent se déduit de l'antécédent* en vertu d'un rapport de *parité*, d'*opposition* ou de *supériorité*.

L'antécédent est souvent un fait historique. La fable et l'apologue ne sont, dans le fond, que le développement d'un exemple pour appuyer un principe moral. Le fait imaginé est l'antécédent de l'enthymème, le principe moral en est le conséquent.

L'exemple conclut *a pari :* d'égal à égal, pour la même raison ; *a fortiori :* à plus forte raison, du plus au moins ou du moins au plus ; *a contrario :* pour la raison contraire.

Exemples *a pari :*

    Celui qui met un frein à la fureur des flots
    Sait aussi des méchants arrêter les complots.

Dans l'oraison funèbre d'Henriette de France, Bossuet raisonne *a pari*, quand il montre l'influence de la reine s'exerçant sur Charles Ier, comme celle d'Esther sur Assuérus.

« Ne jugez pas, vous ne serez pas jugés ; ne condamnez pas, vous ne serez pas condamnés ; pardonnez, et on vous pardonnera. » (SAINT LUC, VI, 37.)

A fortiori. — Si l'on se doit à ses amis, *a fortiori* se doit-on à sa famille.

« Si nous n'hésitons pas à rendre des services à ceux qui nous peuvent être utiles, que ne devons-nous pas (devoir de reconnaissance) à ceux qui nous ont prévenus ? » (CICÉRON.)

    Je dois ma vie au peuple, au prince, à sa couronne ;
    Mais je la dois bien plus au Dieu qui me la donne :
    Si mourir pour son prince est un illustre sort,
    Quand on meurt pour son Dieu, quelle sera la mort ?
                                    (CORNEILLE, *Polyeucte*.)

« Je l'aimais inconstant, qu'eussé-je fait fidèle ? » (RACINE, *Andromaque*.)

« Que si Dieu accorde aux prières les prospérités temporelles, combien plus leur accorde-t-il les vrais biens, c'est-à-dire les vertus ? » (BOSSUET.)

A contrario. — Vous parlez en sujet, je dois agir en roi.

Si l'oisiveté est la mère de tous les vices, le travail doit en être le préservatif et le remède. — « Si le luxe, si la mollesse, si la nonchalance ruinent les princes et les États, il est clair que la retenue, la discipline, la modération, l'activité, doivent opérer leur conservation. » (BOSSUET.)

L'exemple, comme argument, tire sa valeur d'une induction provisoire appliquée par déduction à un cas particulier. On sous-entend ces principes, que des causes semblables produisent des effets semblables et des causes contraires des effets contraires ; qu'une chose a d'autant plus lieu d'être ou de ne pas être, qu'il y a plus de raisons pour qu'elle soit ou ne soit pas. — Mais il arrive souvent que l'on conclut mal, parce que l'on ne tient pas compte des circonstances ; tel remède qui a guéri une personne en tue une autre ayant la même maladie, mais un tempérament différent. — L'argument *a fortiori*, d'ordinaire si parfaitement valable, peut induire en erreur : il ne faut pas toujours se fier à cette raison que qui peut le plus peut le moins : un membre de l'Institut pourrait fort bien n'être qu'un médiocre instituteur ; un ingénieur, un mauvais tailleur de pierres ; un ébéniste, un mauvais menuisier.

De l'argument personnel. — L'argument personnel ou *ad hominem* (à l'homme) est une sorte d'*enthymème par lequel on confond un adversaire au moyen de ses actes, de ses paroles ou de ses principes. On le met en contradiction avec lui-même.*

Cet argument n'a d'ordinaire qu'une valeur relative à la personne contre laquelle on l'emploie. L'art oratoire s'en sert, mais la logique apprend à en user avec réserve : on réfuterait mal un moraliste en faisant voir que sa conduite n'est pas d'accord avec sa doctrine.

Exemple : Bossuet dit aux impies : « Où a-t-on pris que la peine et la récompense ne soient que pour les jugements humains, et qu'il n'y ait pas en Dieu une justice dont celle qui reluit en nous ne soit qu'une étincelle? » — L'argument complet serait : Les impies reconnaissent qu'il y a une justice humaine ; donc ils doivent reconnaître qu'il y a une justice divine, ou nier que la justice humaine ait sa raison d'être (ce qui implique contradiction).

Après s'être fait le panégyriste du pouvoir impérial, Cinna veut assassiner Auguste sous prétexte de rendre à Rome la liberté; Auguste le confond par ces paroles :

> Quel était ton dessein et que prétendais-tu,
> Après m'avoir au temple à tes pieds abattu?
> Affranchir ton pays d'un pouvoir monarchique?
> Si j'ai bien entendu tantôt ta politique,
> Son salut désormais dépend d'un souverain
> Qui, pour tout conserver, tienne tout en sa main.
> Et si la liberté te faisait entreprendre,
> Tu ne m'aurais jamais empêché de la rendre,
> Tu l'aurais acceptée au nom de tout l'État,
> Sans vouloir l'acquérir par un assassinat.

Cicéron, plaidant pour Ligarius accusé par Tubéron d'avoir fait la guerre à César, détruit toute l'argumentation de l'accusateur en rappelant que celui-ci a lui-même, en Afrique, porté les armes contre César.

Usage et abus du syllogisme. — Le syllogisme forme la plus sûre des démonstrations, et il est le meilleur des procédés pour découvrir et réfuter l'erreur. Il va droit au but, écartant tout détail inutile, tout artifice de style, toute phraséologie. Le sophisme et le paradoxe ne peuvent résister à une analyse qui les dépouille de leurs formes trompeuses et les réduit aux trois propositions d'un syllogisme.

Mais il faut se rappeler que le syllogisme peut être irréprochable comme argument et aboutir à une conclusion fausse, ce qui arrive toutes les fois que l'on part de prémisses fausses. C'est là une des causes les plus fréquentes d'erreur.

Toutes les fois qu'on s'appuie sur une proposition générale, il faut bien examiner si elle ne souffre pas quelques exceptions, et si le cas particulier que l'on veut y faire rentrer n'est pas au nombre de ces exceptions [1].

Souvent le principe ou le jugement sur lequel porte un raisonnement dont la conclusion est fausse est sous-entendu ; le meilleur moyen de reconnaître la fausseté de ce principe ou de ce jugement, c'est de le formuler.

---

[1] « Le sentiment de la responsabilité augmente chez le raisonneur, lorsqu'il sait que l'inférence qu'il applique à un individu peut s'appliquer également à un grand nombre d'individus. — En généralisant l'inférence, on s'aperçoit des cas qui la contredisent. Toute personne qui tente de justifier le despotisme d'un monarque sera arrêtée sans doute, s'il lui faut avouer que dans toutes les circonstances semblables le despotisme est désirable. » (BAIN, *Logique*.)

Proscrire le syllogisme, comme le voulait Bacon, serait proscrire la déduction, sans laquelle on ne peut descendre du principe à la conséquence, de la loi à son application, de la théorie à la pratique, c'est-à-dire de la science à l'art; ce serait mutiler la raison.

Sans doute, on serait ridicule de vouloir toujours mettre ses arguments en forme, et ne discuter qu'à coups de syllogisme; sans doute aussi, « ce n'est pas *barbara* et *baralipton* qui forment le raisonnement, » comme le dit fort bien Pascal; sans le bon sens, qui interprète et applique les règles, leur connaissance remplit l'esprit « d'une sotte présomption par une élévation étrangère et par une enflure vaine et ridicule »; il n'est pas nécessaire de les avoir étudiées pour bien raisonner: d'ordinaire un esprit doit s'y conformer naturellement; il n'en reste pas moins vrai que, lorsqu'on n'a pas été soumis à cette discipline sévère du syllogisme, on laisse volontiers flotter ses idées dans le vague, on ne les enchaîne pas, on ne voit ni d'où elles viennent ni où elles conduisent. — « L'art syllogistique, a dit Cousin, est une escrime puissante, qui donne à l'esprit l'habitude de la précision et de la rigueur. C'est à cette mâle école que se sont formés nos pères, et il n'y a que de l'avantage à y retenir la jeunesse actuelle. »

Seulement il ne faut employer le syllogisme que dans les choses qui le comportent. C'est un abus de vouloir démontrer par le syllogisme ce qui ne peut pas l'être, par exemple, dans les sciences mathématiques, les axiomes, et, dans les sciences expérimentales, les faits qui ne peuvent être connus que par l'observation et le témoignage des hommes.

Le plus grand tort de la scolastique en décadence fut d'accepter trop souvent et sur l'autorité d'Aristote, quelquefois sans aucune raison, des principes incertains, dont elle tirait mille conséquences fausses. On en était venu à prendre les mots pour les choses elles-mêmes, et à chercher dans l'agencement ingénieux des termes tout le secret des idées de la science. Mais l'abus ne prouve rien contre la chose.

Quelques témoignages en faveur du syllogisme. — « Le caractère de ces siècles *barbares* du moyen âge, le caractère le plus saillant et celui cependant dont on se doute le moins, c'est d'être souverainement logique; c'est pour cela que le moyen âge fut si épris de syllogismes, de raisonnements; c'est une époque où un principe n'est jamais posé sans que l'on cherche à en déduire les conséquences; un grand événement ne se réalise pas sans que tous les esprits ne s'agitent pour trouver le principe. De là tous les grands efforts, toutes les grandes actions du moyen âge. » (OZANAM, *la Civilisation au V° siècle*, 10° leçon.)

« La scolastique a amplement payé sa dette à la France, qui l'avait produite; et nous ne craignons pas d'affirmer que c'est à elle que la langue française doit cette précision, cette clarté, qui en font le plus actif et le plus précieux instrument des idées dans les temps modernes. Sans les travaux si subtils de la scolastique, sans ses dissections logiques, notre langue n'aurait jamais atteint cette prodigieuse netteté qu'aucune autre n'égale. » (BARTHÉLEMY SAINT-HILAIRE.)

« Je tiens que l'invention de la forme des syllogismes est une des plus belles de l'esprit humain, et même des plus considérables. C'est une espèce de mathématique universelle dont l'importance n'est pas assez connue, et l'on peut dire qu'un art d'infaillibilité y est contenu, pourvu qu'on sache et qu'on puisse s'en bien servir... Les lois de la logique ne sont autres que celles du bon sens mises en ordre et par écrit. » (LEIBNIZ.)

« Toute personne qui voudra s'exercer dans ce genre s'apercevra bientôt de la prodigieuse difficulté qu'on doit vaincre pour suivre la même idée sans la moindre déviation, et cette difficulté excessive prouve l'utilité de la méthode, qui n'a certainement rien d'égal pour former l'esprit en le rendant à la fois sage et pénétrant. Je ne dis pas que les sciences qui reposent entièrement sur l'expérience se prêtent aussi aisément que les sciences purement rationnelles à la forme syllogistique; mais je dis qu'il n'y a pas de raison d'exclure cette forme en général, et je crois que les physiciens mêmes et les chimistes, s'ils l'employaient, pourraient être conduits à découvrir des côtés faibles dans leurs théories, ou des moyens d'être plus clairs et plus convaincants. — On ne l'aura jamais assez répété, le syllogisme est l'homme. Abolir, altérer l'un ou l'autre, c'est la même idée. » (J. DE MAISTRE, *Examen de la philosophie de Bacon*, ch. I.)

TABLEAU ANALYTIQUE

LES TROIS OPÉRATIONS DE L'ESPRIT. — SYLLOGISME ET ARGUMENTS DÉRIVÉS

I. Les trois opérations de l'esprit.

Il y a trois opérations fondamentales de l'esprit : *concevoir, juger, raisonner*.

Concevoir, c'est se représenter les choses, en avoir une idée. — La conception s'oppose à l'imagination.

Juger, c'est joindre ou séparer deux termes et *affirmer* ou *nier* l'un de l'autre.

Raisonner, c'est aller du connu à l'inconnu, prouver une chose par une autre.

Les anciennes logiques ajoutaient une quatrième opération : *ordonner*, c'est-à-dire grouper et enchaîner les *idées*, les *jugements*, les *raisonnements*, pour en former des *systèmes*. — C'est la *méthode*.

II. Déduction immédiate.

Opposition. Conversion.

Les principales formes de la *déduction immédiate* sont l'*opposition* et la *conversion*.

L'*opposition* consiste à conclure, de la vérité ou de la fausseté d'une proposition, la fausseté ou la vérité d'une proposition opposée. Tous les hommes sont mortels, donc aucun n'est immortel.

La *conversion* consiste à tirer une proposition d'une autre proposition en transposant le sujet et l'attribut, *sans en changer la valeur* : Tout homme est animal raisonnable; tout animal raisonnable est homme. — Mais on ne peut pas dire : Tout homme est mortel, donc tout mortel est homme, l'attribut *mortel* ne gardant pas la même extension.

Déduction médiate.

III. Syllogisme.

La *déduction médiate* se fait par le *syllogisme* et les arguments qui en dérivent.

Définition. — Le syllogisme est un argument formé de trois propositions tellement enchaînées, que la troisième suit nécessairement des deux premières.

Le *syllogisme* est l'argument-type. Mettre un argument en forme, c'est faire un syllogisme.

Éléments. — Tout syllogisme doit renfermer trois *idées* ou *termes* et trois *jugements* ou *propositions*.

On distingue le *grand terme*, le *moyen terme* et le *petit terme*.

Les deux premières propositions s'appellent *majeure* (grand terme comparé au moyen), et *mineure* (petit terme comparé au moyen) ; elles forment les prémisses ; la troisième s'appelle *conclusion* (elle contient le grand et le petit terme).

Principe. — Deux idées qui conviennent à une même troisième conviennent entre elles.

C'est une application du principe d'identité et de contradiction.

Règles. — 1° Le *grand terme* et le *petit terme* ne doivent pas avoir plus d'extension dans la conclusion que dans les prémisses ;

2° Le *moyen terme* doit garder une *signification identique*, et être pris au moins une fois dans *toute son extension* ;

3° L'une des prémisses doit contenir la conclusion, et l'autre faire voir qu'elle la contient. (Le contenu du contenu est contenu dans le contenant.) *Règle de contenance*.

— *Remarque*. Si l'on viole la première règle, la conclusion ne saurait être renfermée dans les prémisses ; si l'on viole la deuxième, l'on n'a plus *trois termes*, mais quatre, partant plus de syllogisme ; si l'on viole la troisième, on conclut de *quelqu'un* à *tous*, c'est-à-dire du moins au plus (c'est encore la première).

Différentes sortes. — 1° Syllogisme *affirmatif* ou *négatif*, suivant que les deux prémisses ou l'une d'elles seulement est affirmative ou négative.

III. Syllogisme. (Suite.)

2° Syllogisme *simple* ou *composé*, suivant que la majeure est une proposition simple ou composée. — Les syllogismes composés sont *conjonctifs*, *disjonctifs* ou *hypothétiques*, suivant que les majeures sont construites avec les conjonctions *et* ou *ni*, *ou*, *si*.

Figures et modes. — On appelle *figures* du syllogisme les différentes formes que prend cet argument selon la place qu'occupe le moyen terme. — Il n'y a que quatre figures. — Les *modes* sont les différentes formes du syllogisme d'après la *quantité* et la *qualité* des propositions. — Il y a 64 modes ; 19 seulement sont concluants.

Les principaux arguments dérivés du syllogisme sont : 1° l'*enthymème*, 2° l'*épichérème*, 3° le *prosyllogisme*, 4° le *dilemme* et 5° le *sorite*. On y joint 6° l'*exemple* et 7° l'*argument personnel*.

1° *L'enthymème*. — C'est un syllogisme dont on sous-entend l'une des prémisses.

La prémisse exprimée s'appelle *antécédent*, et la conclusion *conséquent*.

L'enthymème est l'argument de l'orateur.

2° *L'épichérème*. — Syllogisme dans lequel l'une des prémisses ou toutes les deux sont accompagnées de leurs preuves. — C'est comme une suite de syllogismes.

L'épichérème est l'argument de l'avocat : tout discours est une suite d'*enthymèmes* ou d'*épichérèmes*.

3° *Le prosyllogisme* ou *polysyllogisme*. — Argument formé d'une série de syllogismes tellement liés, que la conclusion du premier sert de majeure au second, la conclusion du second sert de majeure au troisième, etc.

Déduction médiate. (Suite.)
IV. Syllogismes incomplets et composés.

4° *Le dilemme*. — Syllogisme *disjonctif* par lequel on propose à un adversaire deux ou plusieurs alternatives qui toutes tournent contre lui. On l'appelle *argument cornu*, *glaive à deux tranchants*.

Pour que le dilemme soit concluant, il faut :

a) Que la proposition disjonctive épuise toutes les hypothèses possibles ;
b) Que les propositions soient certaines et non équivoques ;
c) Qu'on ne puisse pas le *rétorquer*, c'est-à-dire en retourner les conclusions contre celui qui l'emploie.

5° *Le sorite*. — Argument formé d'un nombre indéterminé de propositions tellement liées, que *l'attribut* de la première devient le *sujet* de la deuxième, *l'attribut* de la deuxième le *sujet* de la troisième, et ainsi de suite, jusqu'à ce que le *sujet* de la première s'unisse à *l'attribut* de la dernière pour former la conclusion.

Le sorite renferme la matière d'autant de syllogismes qu'il contient de propositions moins *deux*.

6° *L'exemple*. — C'est une sorte d'*enthymème* dans lequel le *conséquent* se déduit de l'*antécédent*, en vertu d'un rapport de parité (conclusion *a pari*), d'opposition (*a contrario*), ou de supériorité (*a fortiori*).

7° *L'argument personnel* ou *ad hominem*. — C'est une sorte d'enthymème par lequel on confond son adversaire au moyen de ses *principes*, de ses *paroles*, de ses *actes*. — Cet argument n'est pas probant.

Usage et abus du syllogisme. — Le syllogisme forme la plus sûre des démonstrations, et il est le meilleur des procédés pour découvrir et réfuter l'erreur. Mais il faut se rappeler que le syllogisme peut être irréprochable dans sa forme et aboutir à des conclusions fausses ; c'est ce qui arrive toutes les fois que les prémisses ne sont pas rigoureusement exactes. Le moyen âge, à son déclin, avait abusé du syllogisme ; mais Bacon, dans sa réaction exagérée contre la méthode scolastique, eut le grave tort de vouloir le proscrire absolument.

LOGIQUE PRATIQUE

4ᵉ LEÇON

MÉTHODE. — ANALYSE ET SYNTHÈSE

I. — MÉTHODE

Définition. — La méthode (étymologiquement : *meta odos*, chemin vers, voie pour arriver au but que l'on poursuit) désigne, en général, un système de moyens employés pour accomplir une œuvre quelconque. Au point de vue *scientifique* ou *philosophique*, *elle est un ensemble de procédés rationnels pour la recherche et la démonstration de la vérité*. Découvrir la vérité, quand on l'ignore; se la démontrer à soi-même ou la démontrer aux autres, quand on la connaît, telle est, en effet, la double fonction générale de la méthode.

D'après l'étymologie même du mot, la première condition de la méthode est de déterminer rigoureusement le point d'où l'on part et le but où l'on tend, puis de suivre l'ordre naturel des idées : car les idées tiennent les unes aux autres et sont enchaînées par des rapports résultant soit de la nature des choses, soit des lois de la pensée. Toutes les fois que l'homme va à l'aventure, sans avoir précisé une fin et les moyens de l'atteindre, il n'agit pas en homme : agir avec méthode est la caractéristique de l'être raisonnable. « Le besoin des méthodes naît également pour notre esprit, et du besoin qu'il a de *distinguer* pour connaître, et du besoin qu'il a de *généraliser* ce qu'il connaît, pour pouvoir embrasser et se représenter nettement le plus grand nombre possible de faits et d'idées. Toute méthode a donc un double but : la distinction et la généralisation des faits. — La clarté résulte partout de l'ordre des pensées et de la chaîne continue de leurs dépendances. » (FLOURENS, *Éloge de Cuvier*.)

Méthode générale et méthodes particulières. — On distingue une méthode *générale*, dont se sert tout esprit pour toute science, et des méthodes *particulières*, qui sont l'application de la méthode générale aux diverses sciences. Une dans son essence, comme le vrai lui-même et comme l'intelligence humaine, qui obéit partout et toujours aux mêmes lois fondamentales, la méthode revêt, ainsi que le fait le vrai, des caractères spéciaux dans chaque science différente, et varie ses procédés, comme le fait l'intelligence, suivant les buts qu'elle poursuit.

Cette manière de considérer la méthode ne paraît pas admise par tous aujourd'hui. « Y a-t-il, demande M. Fonsegrive, un procédé infaillible et applicable en toute occasion pour découvrir la vérité dans les sciences ? Descartes, Bacon et les logiciens modernes l'ont cru. A peine commence-t-on, de nos jours, à revenir de cette erreur. Les savants ont, en effet, montré que les méthodes et les procédés d'invention diffèrent d'un objet à l'autre, en sorte que les procédés ne servent de rien qu'aux mains du génie. Il n'y a pas une méthode, il y a des méthodes et autant de méthodes que d'objets divers. » (*Éléments de philosophie*.)

On peut cependant admettre la méthode générale, si par là on entend « des procédés généraux de la pensée, des cadres communs dans lesquels peuvent se ranger les procédés scientifiques[1] ».

Méthodes déductive et inductive. — Le raisonnement étant le fond essentiel de la méthode, elle se divise, comme lui, en *déductive* et *inductive*. (Ces deux sortes de raisonnement ont été caractérisées en Psychologie, leçon 17°, II, p. 244.)

La méthode *déductive* ou *rationnelle* est encore appelée méthode *démonstrative* ou *d'enseignement*, méthode *à priori*. — *Déductive* : elle va des principes et des causes aux conséquences et aux effets ; *rationnelle* : les principes qui lui servent de point de départ sont empruntés à la raison ; *démonstrative* ou *d'enseignement* : elle est la marche naturelle de l'esprit pour l'exposition des vérités déjà connues ; *à priori* : elle ne fait pas suite à l'observation, mais la devance ou s'en passe absolument.

La méthode *inductive* ou *expérimentale* est nommée aussi d'*observation*, d'*invention*, ou de *découverte*, méthode *baconienne*, méthode *à posteriori*. — *Inductive* : elle s'élève des conséquences et des effets aux principes et aux causes ; *expérimentale*, *d'observation* : elle part de l'étude des faits ; *d'invention* ou de *découverte* : propre à l'investigation des vérités encore ignorées ; *baconienne* : Bacon en a dégagé les règles ; *à posteriori* : elle suit l'observation.

L'induction est appelée *baconienne*, parce qu'elle a été préconisée par Bacon, et non parce qu'il en est l'auteur. Bien avant lui, les philosophes du XIIIe siècle l'ont connue, particulièrement Albert le Grand et le moine franciscain Roger Bacon. Celui-ci, dans son *Opus majus*, signale, comme première cause de l'ignorance humaine, le *préjugé de l'autorité*, qui fait croire à tout ce qu'ont dit les anciens. Il détermine nettement les trois sources des connaissances humaines. « Nous avons, dit-il, trois moyens de connaître : l'*autorité*, qui s'impose à l'esprit et inspire la croyance ; le *raisonnement*, où l'on ne peut distinguer souvent le sophisme de la démonstration qu'en vérifiant la conclusion par l'expérience ; l'*expérience*, qui est le terme de toute spéculation et la reine des sciences, puisqu'elle seule certifie et couronne les résultats. »

Claude Bernard réduit à sa juste valeur la réputation du philosophe anglais : « S'il est vrai que Bacon a pressenti l'importance de l'expérience pour l'avenir des sciences, il faut ajouter qu'il n'a pas compris le mécanisme de la méthode expérimentale : il suffirait de citer, pour le prouver, les essais malheureux qu'il en a faits. Bacon recommande de fuir les *hypothèses* et les *théo-*

---

[1] « On dit parfois : la meilleure méthode pour chacun est celle qu'il se fait à lui-même. Oui, comme le meilleur outil est celui qu'on choisit à sa main, ou celui auquel la main est faite. Mais il n'y a pas moins des conditions certaines et générales auxquelles l'outil doit satisfaire pour être bon, et aussi la méthode. Il faut que l'outil soit conforme aux lois de la mécanique et nous mette à même de produire le *maximum* d'effet utile avec le *minimum* d'effort. Il faut que la méthode soit conforme aux lois de la biologie, de la psychologie et de la morale, c'est-à-dire tout ensemble à la nature humaine telle qu'elle est et à l'idéal vers lequel la conscience nous commande de tendre. — Qui dit méthode, en un mot, dit avant tout un système de principes rationnels et de règles générales ; c'est tout le contraire des menus procédés et des recettes purement empiriques. » (MARION, *Dict. pédag.*)

ries, tandis qu'elles sont les auxiliaires de la méthode, auxiliaires aussi indispensables que les échafaudages pour construire une maison. Il ne me paraît donc pas permis de dire que Bacon soit l'inventeur de la méthode expérimentale, méthode que Galilée et Torricelli ont si admirablement pratiquée longtemps avant qu'il en eût donné la formule. » (Cité par la *Revue du monde catholique*, 10 avril 1876.)

On consultera avec profit, sur cette question, le *François Bacon* de M. Fonsegrive, aux chapitres intitulés : Influence scientifique, Influence philosophique, Influence morale de Bacon.

Règles de la méthode générale. — Descartes, dans son *Discours sur la méthode*, a donné les règles de la méthode générale :

1° Règle de l'*évidence rationnelle* : Ne recevoir jamais une chose pour vraie que je ne l'aie reconnue évidemment être telle (évidemment ; avec le caractère de l'évidence), c'est-à-dire éviter soigneusement la précipitation et la prévention, et ne comprendre rien de plus en mes jugements que ce qui se présenterait si clairement et si distinctement à mon esprit, que je n'eusse aucune occasion de le mettre en doute.

2° Règle de l'*analyse* : Diviser chacune des difficultés que j'examinerais en autant de parcelles qu'il se pourrait et qu'il serait requis pour les mieux résoudre.

3° Règle de la *synthèse* : Conduire par ordre mes pensées, en commençant par les objets les plus simples et les plus aisés à connaître, pour monter peu à peu à la connaissance des plus composés, en supposant même de l'ordre entre ceux qui ne se précèdent point naturellement les uns les autres.

4° Règle de l'*énumération :* Faire partout des dénombrements si entiers et des revues si générales, que je fusse assuré de ne rien omettre.

Bossuet ajoute une cinquième règle : *Ne jamais abandonner les vérités déjà connues*, quelques difficultés qu'il y ait à les concilier avec d'autres vérités. — Cette règle vise particulièrement l'accord de la liberté humaine avec l'omniscience de Dieu. (Voir 20ᵉ leçon de Psychologie, p. 283.) L'esprit humain a des limites, il ne faut pas vouloir tout expliquer.

Il importe aussi de ne pas oublier cet important axiome des scolastiques : *L'ignorance du mode selon lequel un fait se passe ne détruit pas la certitude du fait*. C'est surtout quand il est question des causes qu'il est nécessaire d'appliquer cet axiome.

Appréciation des règles de Descartes. — La première est le principe qui préside au développement de toutes les sciences ; c'est, comme dit Bossuet, *la vraie règle de bien juger*. Elle établit l'évidence comme criterium de la certitude, ainsi que l'usage du doute méthodique. Le doute méthodique est la partie *critique* et *négative* de la méthode ; il a pour but d'affranchir l'esprit des opinions erronées qu'il peut avoir ; le criterium de l'évidence représente la partie *dogmatique* et *positive*, qui enseigne à trouver la vérité. En substituant le principe de l'évidence au principe d'autorité, Descartes proclame l'indépendance de la raison en matière de philosophie. Mais l'évidence, telle qu'il l'entend, c'est la connaissance *claire* et *distincte*, résultat d'une intuition de l'esprit, et l'intuition, c'est l'acte de la raison percevant directement la vérité, la raison affranchie « du témoignage variable des sens ou des jugements trompeurs de l'imagination ». Il faut faire à Descartes, on le voit, le reproche d'oublier qu'il y a plusieurs sortes d'évidence : outre l'évidence de *conscience* et *mathématique*, perception claire de la convenance entre nos idées, il y a l'évidence *physique* et l'évidence *morale*. Ne vouloir accepter comme scientifique aucune proposition fondée sur l'autorité ou même sur l'expérience, c'est rejeter du même coup les sciences historiques et les sciences physiques, tant qu'elles demeurent expérimentales [1]. Plusieurs auteurs donnent cette règle, qui est une correction à celle de Descartes : Consulter l'histoire de toutes les sciences que l'on étudie.

Après avoir affranchi l'esprit de l'autorité extérieure, Descartes veut encore, par cette première règle, le mettre en garde contre deux causes internes d'erreur : la *précipitation*, qui fait que nous portons « notre pensée au delà de ce que nous connaissons clairement et distinctement » ; et la *prévention*, qui naît des préjugés, des passions, de l'amour-propre surtout. Enfin Descartes, rappelant les caractères de l'évidence (si clairement et si distinctement), demande qu'il y ait proportion entre la connaissance et l'affirmation de l'esprit, que la volonté (car c'est à cette faculté qu'il attribue le jugement) ne dépasse pas, dans le jugement qu'elle prononce, les données de l'intelligence.

La seconde règle recommande l'analyse. — L'esprit humain, trop faible pour saisir les choses d'une seule vue, divise le travail afin de le rendre plus facile et plus complet. S'il s'agit d'un objet à étudier, diviser la difficulté, c'est considérer séparément chaque partie de l'objet ; s'il s'agit d'une question à résoudre, c'est examiner à part chacune des conditions auxquelles la solution cherchée doit satisfaire. — Descartes indique les deux moments de l'analyse : la *division*, qui est le moyen ; la *résolution*, qui est le but. Analyser, c'est atteindre par la division les parties irréductibles d'un tout ; pour le chimiste, par exemple, les corps simples ; pour le géomètre, les vérités évidentes ; et c'est les résoudre, c'est-à-dire les *qualifier* et les *quantifier* [2].

La troisième règle recommande la synthèse, qui doit succéder à l'analyse,

---

[1] « *La méthode cartésienne s'applique exclusivement aux sciences d'abstraction*, et, dans les sciences naturelles, le savant ne doit en faire usage que pour le développement théorique des principes empruntés à l'observation, et déjà solidement établis par la méthode expérimentale. C'est donc à tort que Descartes et ses successeurs ont voulu en faire un instrument universel de recherche pour tous les ordres de vérité. De là tant d'utopies, tant de systèmes chimériques et souvent absurdes. De nos jours on admet trop facilement que, pour qu'une doctrine philosophique prenne rang dans la science, il suffit qu'elle soit habilement conçue et logiquement déduite, sans s'inquiéter de savoir si elle peut supporter l'épreuve de la morale et le contrôle des faits. La logique, voilà la seule chose dont on se préoccupe ; la philosophie est ainsi devenue, pour une foule de penseurs, un pur syllogisme dont ils posent arbitrairement les prémisses : le raisonnement achève ensuite l'œuvre, aveuglément et en ligne droite, avec toute la conscience d'une locomotive lancée sur son rail ou d'un boulet de canon brutalement projeté dans l'espace.

« Une autre endroit faible de la méthode cartésienne, c'est encore ce principe du doute universel qui, appliqué à la rigueur, a pour effet d'ébranler toutes nos connaissances et de tarir, dès le début, la source même des vérités. » (VALSON, *les Savants illustres*, t. II.)

(Sur le doute cartésien, voir 1ʳᵉ leçon de Logique.)

[2] « Il faut prendre garde, dit M. Brochard, que Descartes entend l'analyse d'une façon qui lui est toute particulière. Il ne considère que les rapports des idées *à priori* entre elles. — Quand on veut résoudre une question, il faut aller, comme dit Descartes, du connu à l'inconnu. Ce passage est possible, parce que l'inconnu, dans une question, n'est jamais complètement inconnu ; s'il l'était, on ne saurait ce qu'on cherche. Il a toujours certaines relations déterminées avec des choses connues ; il doit satisfaire à certaines conditions, répondre à certaines exigences. S'attacher à ces caractères, voir à quoi tient cet inconnu, par quels intermédiaires il s'y relie et de quels éléments il se compose, quelles conséquences doivent en résulter, voilà en quoi consiste l'analyse. » (Édition annotée du *Discours sur la méthode*.)

et nous enseigne dans quel ordre les questions doivent être étudiées; et comme l'ordre est essentiel à la méthode, cette règle est la plus importante. Il faut aller du simple au plus composé en enchaînant les principes et les conséquences par une série de déductions. Descartes veut même que l'on suppose de l'ordre entre les objets qui ne procèdent point naturellement les uns des autres ; non pas un ordre quelconque, sans doute, mais un ordre *provisoire*, ce qui est reconnaître l'importance de l'*hypothèse*, méconnue par Bacon.

La quatrième règle est l'énoncé des conditions requises pour une bonne analyse et une bonne synthèse. — C'est aussi un moyen de vérification, analogue à ce que l'on appelle la *preuve* en arithmétique. Les dénombrements entiers et les revues générales font éviter la précipitation et la prévention ; ils permettent à l'esprit de saisir l'enchaînement rigoureux des phénomènes et de n'omettre aucun des intermédiaires qui forment cet enchaînement. Quant à « être assuré de ne rien omettre », c'est un point difficile ; car nous n'avons la science totale de rien.

REMARQUE. — Appliquées à la pédagogie, ces règles, largement interprétées, constituent une excellente méthode d'enseignement de la philosophie.

Importance et avantages de la méthode. — Rien n'est plus important, dans la science, que le choix d'une bonne méthode : Bacon, dans le *Novum organum ;* Descartes, dans le *Discours sur la méthode ;* Malebranche, dans la *Recherche de la vérité ;* Leibniz, dans les *Règles pour la direction de l'esprit ;* Kant, dans sa *Critique de la raison pure,* ont regardé ce point comme essentiel à l'étude de la philosophie.

C'est d'ailleurs un fait historique que les progrès des sciences ont toujours accompagné les progrès des méthodes[1] ; il suffit de rappeler les noms d'Aristote, de Bacon, de Descartes, de Cuvier, de Lavoisier, de Claude Bernard. Il ne faudrait pas croire cependant que la logique, si ce n'est par exception, devance le travail de la science ; d'ordinaire elle en est la systématisation, la synthèse. Les principes que Descartes recommande, dans son *Discours sur la méthode*, il les avait déjà appliqués lui-même ; les *Règles philosophiques* de Newton ne sont que le résumé de ce qu'il avait fait pour découvrir et établir la loi de la gravitation universelle ; de même Herschell, dans son *Discours sur l'étude de la philosophie naturelle*, expose les règles qui ont dirigé ses propres études [2] ; la logique inductive, telle qu'elle a été établie de nos jours par Claude Bernard, Stuart Mill, Bain et quelques autres philosophes, a été préparée par les grandes découvertes inductives des derniers siècles. Le logicien n'invente pas la méthode propre à chaque science, il l'observe *en acte* dans les recherches des savants et il l'en dégage.

On peut résumer ainsi les avantages de la méthode : 1° *La méthode nous fait tirer de nos facultés le meilleur parti possible.* Sans elle, les esprits les plus distingués, le génie lui-même reste stérile ; avec elle, les esprits ordinaires peuvent faire de grandes choses :

---

[1] « Dans ses éloquentes leçons (de Cuvier), l'histoire des sciences est devenue l'histoire même de l'esprit humain ; car, remontant aux causes de leurs progrès et de leurs erreurs, c'est toujours dans les bonnes ou mauvaises routes suivies par l'esprit humain qu'il trouve ces causes. C'est là qu'il met, pour me servir d'une de ses expressions les plus heureuses, c'est là qu'il *met l'esprit humain en expérience :* démontrant, par le témoignage de l'histoire entière des sciences, que les systèmes les plus brillants ne font que passer et disparaître, et que les faits seuls restent; opposant partout aux méthodes de spéculation, qui n'ont jamais produit aucun résultat durable, les méthodes d'observation et d'expérience, auxquelles les hommes doivent tout ce qu'ils possèdent aujourd'hui de découvertes et de connaissances. » (FLOURENS, *Éloge de Cuvier.*)

[2] En général, un auteur systématise sa manière.

« Un enfant avec un levier est plus fort qu'Hercule avec sa massue. Ce que les instruments mécaniques ajoutent à la puissance de la main, le raisonnement l'ajoute à la force de l'esprit. »

— « Il vaut mieux, dit Descartes, ne jamais songer à chercher la vérité, que de le tenter sans méthode, car il est certain que les études sans ordre obscurcissent les lumières naturelles. » Il va même, ce qui est exagéré, jusqu'à attribuer principalement à la différence de méthode et de travail la différence de valeur intellectuelle : « Ce n'est pas assez d'avoir l'esprit bon, dit-il, le principal est de l'appliquer bien, » c'est-à-dire d'avoir une bonne méthode. Oui, sans doute; mais les bons esprits seuls savent tirer parti d'une bonne méthode, comme les bons ouvriers, d'un bon instrument. Vauvenargues a dit dans le même sens : « Ce n'est pas un grand avantage d'avoir l'esprit vif, si on ne l'a juste; la perfection d'une pendule n'est pas d'aller vite, mais d'être réglée. »

La méthode discipline les facultés et en féconde les efforts. Dans la poursuite du vrai, comme dans celle du bien, « qui se contient s'accroît. » Si, à vrai dire, la méthode n'apprend pas à penser juste, elle empêche du moins de penser faux ; elle met à l'abri de l'erreur en forçant à contrôler avec soin les résultats obtenus, à vérifier les lois formulées ou les principes posés.

2° *Elle économise le temps, la peine et préserve de l'erreur.* Que de lenteurs, de tâtonnements, de faux pas, pour qui s'abandonne au hasard ou au simple bon sens! « Le boiteux qui est dans le bon chemin devance le coureur qui s'en écarte. » C'est la pensée de Bacon et celle de Descartes.

Il faut se garder cependant de mépriser le bon sens. Leibniz fait remarquer qu'au fond « les lois de la logique ne sont autre chose que les prescriptions du bon sens mises en ordre et par écrit ». « *Le bon sens est le véritable point de départ de la philosophie comme de la science* [1]. Il l'est *objectivement*, en ce sens que ce sont les faits et les principes admis par le bon sens qui sont la source des notions ultérieures. Il l'est *subjectivement*, en ce sens que c'est la raison de l'homme qui a du bon sens, qui seule peut observer exactement et raisonner juste... Le bon sens n'est pas la science universelle; il est simplement la première *approximation* de la connaissance de la vérité. Cette première approximation, soumise au contrôle de la logique et de l'expérience, conduit à une série successive de corrections qui transforment la notion plus ou moins vague ou plus ou moins juste du bon sens en données philosophiques claires et précises. » (DE BROGLIE, *le Positivisme*, liv. préliminaire.)

3° *Elle est la condition essentielle du progrès des sciences.* Sans méthode, pas de science ; avec une méthode défectueuse, science très imparfaite; l'histoire des sciences et celle de la philosophie en sont la preuve expérimentale. Si les sciences naturelles, par exemple, ont végété ou du moins sont restées à peu près stationnaires pendant toute l'antiquité et au moyen âge, c'est moins à l'absence des hommes de génie qu'au défaut de méthode qu'il faut l'attribuer. On sait que Socrate, Aristote, Descartes, ont opéré par leur méthode toute une rénovation ou une révolution en philosophie.

---

[1] « Il avait du bon sens : le reste vint ensuite. » (LA FONTAINE.)

Même dans les opérations pratiques, toutes choses égales d'ailleurs, celui qui procède rationnellement a de grands avantages sur celui qui vit d'expédients. Comme il a d'abord bien fixé son *but*, il risque moins de le perdre de vue et de faire fausse route ; comme il a discuté les *moyens* qu'il peut employer, il a plus de chances de n'en omettre aucun d'important et de prendre les meilleurs ; enfin, comme il s'est assuré à la fois du but et des moyens, il ne tient qu'à lui d'aller aussi vite que possible.

« L'art de la méthode, une fois qu'on le possède bien, a dit Cuvier, s'applique avec un avantage infini aux études les plus étrangères à l'histoire naturelle. Toute discussion qui suppose un classement de faits, toute recherche qui exige un classement de matières, se fait suivant les mêmes lois ; et tel jeune homme qui n'avait cru faire de cette science qu'un objet d'amusement est surpris lui-même, à l'occasion, de la facilité qu'elle lui a procurée de débrouiller tous les genres d'affaires. »

Qualités d'une bonne méthode. — Une bonne méthode doit être *simple, abréviative, sûre, non exclusive*. Il faut appliquer à chaque ordre de connaissances la méthode qui lui convient. Le danger des *études spéciales* est de conduire à *l'emploi exclusif* d'une méthode : le mathématicien veut tout traiter par le *raisonnement* ; le physicien, par *l'observation externe* ; l'érudit, par *l'autorité* ; le psychologue, par *l'expérience personnelle*. Celui-ci ne voit que les procédés littéraires ; celui-là, tout entier à la méthode historique, rejette également toute espèce de dogmatisme ; Descartes prétendait tout ramener à la méthode algébrique.

Un esprit juste est souple, ouvert, hospitalier. Vouloir partout les mêmes moyens, les mêmes preuves, la même certitude, est à la fois *ridicule* et *funeste*.

« Les fausses méthodes consistent donc dans *l'exclusion* de quelque *source* ou de quelque *moyen* de connaître ; la vraie méthode consiste dans la réunion de toutes les sources et de tous les moyens. Il est trop clair que le principal caractère de la méthode philosophique véritable est d'être entière et non pas mutilée, et d'embrasser toutes nos facultés et tous nos moyens de connaître. » (GRATRY, *Logique*.)

« *L'exclusivisme* suppose d'abord un esprit incomplet, étroit ; il engendre les conséquences les plus regrettables pour l'âme dans laquelle il annihile toutes les précieuses qualités de *proportion* et d'*équilibre*, en exposant à faire prendre la partie pour le tout, l'accessoire pour le principal. Or, selon une remarque du P. Gratry, *nul doute que la vraie cause des méthodes exclusives ne soit la manière même dont vivent les hommes*. Presque tous vivent d'une vie partielle. C'est pourquoi leur intelligence n'embrasse que des fractions. Les uns n'ont qu'une vie sensuelle et ne croient qu'à la sensation. D'autres se font une existence factice de réflexion et d'abstraction ; ils s'isolent artificiellement de la totalité de la vie humaine ; ils travaillent à rendre leur esprit *vide* et *froid*, croyant le rendre *exact* et *rigoureux*... Enfin, la plupart des hommes oublient Dieu et ne tiennent aucun compte de sa présence réelle et de son action permanente sur notre intelligence et notre volonté.

« Il en est, d'un autre côté, mais bien rarement, qu'un faux enthousiasme religieux rend exclusifs, et qui condamnent ou tout au moins négligent, comme sources de science, les sens et l'observation extérieure pour se réfugier dans la foi et dans ce qu'ils nomment l'inspiration. » (*Logique*. — Cité par P. Vallet, dans *la Tête et le Cœur*.)

II. — ANALYSE ET SYNTHÈSE
PROCÉDÉS ESSENTIELS DE LA MÉTHODE GÉNÉRALE

Pour arriver à la science, c'est-à-dire pour saisir le rapport ou la liaison de la cause à l'effet, du principe à la conséquence, de la loi au fait, deux voies sont ouvertes à l'esprit humain. Dans tout ordre de connaissances, en effet, il va du connu à l'inconnu, soit en partant de faits et de conséquences qu'il constate, pour remonter aux lois et aux principes qu'il ignore, et c'est l'œuvre de l'*analyse*; soit en partant des principes et des lois qui lui sont connus, pour découvrir les conséquences et les faits qu'il ignore, et cette marche s'appelle *synthèse*. Tous les procédés employés pour la découverte et la démonstration de la vérité ne sont que des applications particulières de ces deux procédés fondamentaux de la méthode. L'observation et l'expérimentation sont des procédés d'analyse; l'analogie et la classification, l'hypothèse et l'induction, sont des procédés de synthèse.

Le premier regard jeté sur les choses, leur perception, est toujours une vue d'ensemble; puis on discerne successivement les parties et leurs rapports entre elles et au tout, enfin on reconstitue l'ensemble, on s'en fait une idée exacte et distincte, on en a une connaissance scientifique. Dans toute science, on part donc d'une *synthèse confuse* et non réfléchie, puis on fait une *analyse* complète par l'attention et l'abstraction, et l'on arrive à une *synthèse réfléchie*. La première synthèse est le point de départ, la seconde est le terme, l'analyse est le chemin. La connaissance scientifique commence par l'analyse et s'achève par la synthèse.

Remarquons que cette marche de l'esprit humain est générale. Dans une description, avant d'entrer dans le détail, on donne d'abord une idée générale de l'ensemble, et l'on conclut en rendant cette idée générale claire et précise. Dans un discours, la proposition est la synthèse initiale, le corps du discours est l'analyse des idées renfermées dans la proposition, la péroraison est la synthèse finale.

Définition de l'analyse et de la synthèse. — Les philosophes ayant souvent employé ces mots l'un pour l'autre, il y a confusion dans les définitions qu'ils en ont données.

Le plus ordinairement, on entend les mots analyse et synthèse dans leur sens étymologique de *décomposition* et de *composition*. L'analyse se définit alors : une *méthode de décomposition d'un tout en ses éléments composants ou en ses parties intégrantes*, et la synthèse : une *méthode inverse de composition d'un tout en ses parties ou en ses éléments*. L'analyse divise le *composé* pour aller au simple, le *tout* pour aller aux parties; mais elle est autre chose que la *division* : toute analyse est une division, toute division n'est pas une analyse. La division sépare les *parties*, elle n'atteint pas les *éléments composants* et leurs rapports [1].

---

[1] L'école de Condillac, qui supprime la synthèse et fait de l'analyse la méthode unique et universelle, entend celle-ci dans le sens étymologique.

Ces deux définitions conviennent surtout à l'analyse et à la synthèse chimiques. On donne d'ordinaire à ces mots un sens plus général. On appelle *analyse* la marche *régressive* de l'esprit qui rattache les choses à leur raison; qui va d'un objet donné aux éléments antérieurs d'où cet objet résulte à titre d'effet ou de composant; qui va du conditionné à sa condition : ce qui est *remonter* de la conséquence au principe ou de l'effet à la cause. C'est ainsi que l'analyse physique ramène les phénomènes aux lois qui en sont les conditions; l'analyse chimique, le corps composé aux corps simples, et l'analyse anatomique, les organes aux éléments qui en sont les conditions.

On appelle *synthèse* la marche *progressive* de l'esprit qui va des éléments composants à l'objet, de la condition au conditionné : ce qui est *descendre* du principe à la conséquence ou de la cause à l'effet. C'est la marche de la nature : elle engendre les choses par leur raison.

Analyse et synthèse dans les différents ordres de sciences. — L'analyse et la synthèse, de même que les sciences, se divisent en *expérimentales* et *rationnelles*; elles sont dites *expérimentales*, dans les sciences concrètes, quand elles s'appliquent aux êtres, aux faits; *rationnelles*, dans les sciences abstraites, quand elles s'appliquent aux idées, aux raisonnements.

Les deux premières définitions données ci-dessus conviennent surtout à l'analyse et à la synthèse expérimentales, les deux autres à l'analyse et à la synthèse rationnelles.

Le chimiste qui décompose l'eau par la pile ou l'ammoniaque par la chaleur, et le physicien qui cherche les éléments de la lumière à l'aide du prisme, ou qui dégage la loi de la pesanteur des circonstances multiples où elle est engagée, font de l'analyse. Il en est de même de l'anatomiste qui décrit successivement et divise les appareils d'un être vivant en ses organes, et ses organes en tissus et en cellules; du botaniste qui étudie à part et dans leurs proportions les parties d'une fleur, d'un grain; du psychologue qui établit la division des facultés de l'âme et cherche la part de chacune d'elles dans les divers phénomènes psychologiques. — Reconstituer l'eau ou l'ammoniaque par l'étincelle électrique, la lumière blanche en ramenant au même point tous les rayons du spectre; appliquer à des cas particuliers la loi de la pesanteur; la forme d'un organe étant donnée, établir ses rapports avec les autres organes d'un même être, ou encore reconstruire, non réellement, car la vie ne vient que de la vie, mais *idéalement* les êtres vivants à l'aide des éléments découverts par l'analyse; montrer l'unité de l'âme après l'avoir étudiée dans ses facultés principales : faire tout cela, c'est faire de la synthèse.

Ainsi, dans les sciences concrètes, procéder analytiquement, c'est partir d'une chose multiple et complexe, être ou phénomène, et chercher à l'expliquer, c'est-à-dire à savoir, s'il s'agit d'un être, de quels éléments il est fait et comment ils se combinent pour le composer, et s'il s'agit d'un phénomène, quelle en est, parmi les circonstances multiples qui l'accompagnent, la véritable cause.

Dans l'*analyse* rationnelle ou mathématique, on part de l'énoncé de la question, on distingue les idées renfermées dans les termes qui l'expriment, et l'on remonte, par une série de propositions plus simples, à quelque principe évident ou déjà démontré, qui en établisse la vérité ou la fausseté. Exemple : la réduction à l'absurde, en mathématiques. C'est ce procédé qu'il faut employer dans une dissertation dont le sujet est une maxime ou un proverbe à commenter ou à discuter. Dans la *synthèse* rationnelle, on pose un principe général et on fait voir que telle proposition particulière y est renfermée ou en est une conséquence. Procéder par synthèse, dit Duhamel, c'est « partir de propositions reconnues vraies, en déduire d'autres comme conséquences nécessaires, de celles-ci de nouvelles, et ainsi de suite, jusqu'à ce qu'on parvienne à la proposée qui se trouve alors reconnue elle-même comme vraie ».

On voit que l'*analyse* mathématique est une sorte de solution au rebours, une *régression* du conditionné à ses conditions, puisqu'elle explique la chose demandée, que l'on accorde pour le moment, en la ramenant à des vérités évidentes par elles-mêmes, ou précédemment établies; et que la *synthèse* mathématique est une *progression* des conditions au conditionné, une sorte de marche en avant, qui consiste à aller de vérités connues à d'autres qui ne le sont pas. On peut citer, comme exemple de démonstration analytique, la solution du problème qui consiste à inscrire un hexagone régulier dans un cercle, ou encore à découvrir le centre d'une circonférence passant par trois points non en ligne droite; comme exemple de démonstration synthétique, celle qui prouve que le carré de l'hypoténuse est égal à la somme des carrés construits sur les deux autres côtés du triangle rectangle. (Voir p. 431.)

Rapports de l'analyse et de la synthèse avec les méthodes inductive et déductive. — La méthode inductive, qui a pour principale opération l'analyse (observation et expérimentation), est appelée pour ce motif méthode *analytique*, et la méthode déductive se nomme *synthétique*, parce qu'elle part d'une synthèse (axiome, définition, principe, cause, loi). — « L'astronomie offre le plus bel exemple d'analyse ou d'induction, quand Newton trouva la gravitation, cause d'effets particuliers, et de synthèse ou déduction, quand de la gravitation ou loi générale on tira les faits particuliers du système solaire. » (LITTRÉ.)

Règles de l'analyse et de la synthèse. — 1° Pousser l'analyse jusqu'à la détermination des vrais principes, des vraies conditions, des éléments irréductibles; ne rien supposer, ne rien omettre; 2° vérifier par la synthèse ou par des analyses nouvelles.

Pour que la synthèse conduise à des résultats certains, il faut : 1° ne combiner que des éléments connus par une analyse exacte et complète et conserver les rapports; 2° vérifier par l'analyse les résultats obtenus.

Union de l'analyse et de la synthèse. — A part les mathématiques, où la synthèse peut se passer de l'analyse et constitue une méthode complète, toutes les sciences réclament le concours des deux procédés. Ce sont les deux moyens de la méthode, se précédant, se suivant, se conditionnant mutuellement, de telle sorte que le recours à un seul de ces moyens pris isolément donne des résultats non seulement incomplets, mais inexacts. On peut les comparer aux deux côtés d'une route unique, qu'il faut avoir suivis pour que l'exploration soit complète.

L'analyse *seule* ne donne que des connaissances isolées : des êtres, des idées ou des faits sans lien ; en un mot, des matériaux de la science, non la science elle-même : il n'y a pas de science du particulier ; le particulier n'est *organisé* scientifiquement que s'il est rattaché à un ensemble (principe, cause ou loi, espèce ou genre). — La synthèse *seule* ne donne qu'un ensemble vague, souvent arbitraire, toujours hypothétique. « Ce sont deux opérations vitales de la méthode ; elles se succèdent et sont nécessaires l'une à l'autre. Elles sont la condition réciproque de la connaissance totale... La légitimité de toute synthèse est en raison directe de l'analyse ; toute synthèse qui n'a pas été précédée de l'analyse est une pure imagination ; toute analyse qui n'aspire pas à une synthèse qui lui soit égale est une analyse qui reste en route. D'une part, *synthèse sans analyse*, science fausse ; d'autre part, *analyse sans synthèse*, science incomplète. Mieux vaut cent fois une science incomplète qu'une science fausse ; mais ni l'une ni l'autre ne sont encore l'idéal de la science. » (Cousin.)

L'emploi exclusif de l'analyse et le mépris de la synthèse serait fatal à la science ; l'esprit, surchargé de détails sans nombre et sans ordre, serait comme atteint d'une espèce de myopie intellectuelle.

La synthèse est généralement regardée comme la méthode la plus propre à l'*enseignement*, à l'exposition des vérités déjà connues ; l'analyse, comme la méthode de *recherche*, d'investigation de vérités encore ignorées.

Depuis Condillac et Rousseau, on a beaucoup combattu la première assertion et prétendu qu'il faut exposer la vérité dans l'ordre où elle a été naturellement découverte, c'est-à-dire par la méthode analytique. C'est là être trop absolu. Outre que le professeur qui instruit n'est pas le savant qui découvre, on ne peut raisonnablement obliger chaque enfant à refaire à lui seul le travail sur lequel ont blanchi plusieurs générations de savants. Il faut donc employer concurremment les deux procédés, dans une mesure que donneront les intelligences à instruire et le temps dont on dispose.

Esprit analytique, esprit synthétique. — L'analyse et la synthèse supposent chacune des aptitudes spéciales, mais non exclusives. L'esprit analytique découvre plus aisément les éléments et le détail des choses, mais emploie la synthèse ; l'esprit synthétique saisit mieux les rapports, mais ne le peut sans analyse. Tel homme, tel siècle même ont l'esprit analytique, s'appliquent de préférence à l'observation des faits : c'est en général le caractère du physicien, du naturaliste, du chimiste ; au contraire, le philosophe, l'homme d'État procèdent par synthèse. Le XVIII° siècle avait l'esprit analytique, le moyen âge l'avait synthétique. Si le génie de Cuvier, analytique par rapport à celui de G. Saint-Hilaire, n'avait été aussi largement synthétique, il n'aurait pas renouvelé la classification et créé la paléontologie ; et G. Saint-Hilaire, à son tour, n'eût pu justifier ses théories (ses synthèses), s'il n'eût recouru à l'analyse.

III. — Principales méthodes qui ont été en usage

On en peut distinguer quatre, qui sont : la méthode d'*autorité*, la méthode du *doute primitif universel* inventée par Descartes, la méthode qui va *du connu à l'inconnu* en prenant l'évidence pour point de départ, et la méthode *éclectique*.

1° **Méthode d'autorité.** — Elle consiste à prendre, comme principe *unique* de la science, l'*enseignement* d'un maître, ou celui qui est conservé par une tradition déjà existante. La formule de cette méthode est exprimée par ce dicton : *Ipse dixit*, le maître l'a dit.

Que faut-il penser de cette méthode? — Évidemment il est nécessaire et raisonnable d'en user en certains cas. L'enfant qui fait des études, qui apprend l'histoire, par exemple, étant incapable de vérifier les témoignages historiques, doit croire à la parole de son maître. La plupart des hommes sont obligés d'accepter et de croire, sur la foi des savants et de ceux qui en ont fait une étude spéciale, certaines vérités qu'il leur est impossible, par eux-mêmes, de vérifier.

Mais, s'il est des cas où il est utile et même nécessaire d'employer la méthode d'autorité, il est évident qu'on ne saurait l'employer pour tout. Si, en effet, les enfants ont raison de se fier à leurs maîtres, et les hommes qui n'ont pas le temps d'étudier aux savants, les maîtres et les savants doivent être certains de ce qu'ils enseignent. Or ils ne peuvent recevoir leur enseignement, ni d'une autorité humaine, car nul n'est infaillible et ne possède la science universelle; ni d'une autorité divine, car, selon la doctrine chrétienne elle-même, Dieu a enseigné aux hommes, non les *vérités scientifiques et historiques*, mais seulement les *vérités nécessaires à leur salut*. Sans doute, s'il est démontré qu'il y a sur la terre une autorité qui parle au nom de Dieu et dont Dieu lui-même garantisse la véracité, il est raisonnable de croire à son enseignement sans le discuter; car Dieu en sait plus que l'homme et est souverainement véridique. Mais, avant d'admettre ces raisonnements comme venant de Dieu, il faut être certain que Dieu les a réellement communiqués aux hommes; et cette preuve se fait par la *raison*, au moyen de la *critique du témoignage*, et non par l'*autorité*.

La méthode d'autorité a un rôle nécessaire dans l'évolution de la science, qui est une œuvre sociale et non exclusivement individuelle[1]; mais, employée d'une manière universelle, elle est contraire à la marche de l'esprit humain et aux progrès de la science. C'est l'erreur reprochée aux philosophes de l'école d'Aristote, qui semblaient croire que leur maître avait la science universelle. C'est contre cet abus que Descartes a protesté dans son *Discours sur la méthode*, et Pascal dans sa *Préface* du *Traité du vide*.

2° **Méthode cartésienne.** — Elle est absolument opposée à la méthode d'autorité. Elle consiste à mettre en question toutes les croyances, toutes les opinions reçues, toutes les traditions et les enseignements du passé, et à chercher, au milieu de ce doute universel, un point d'appui dans une ou plusieurs vérités tout à fait incontestables. (Voir 1re leçon de Logique, page 362.)

La méthode de Descartes est une réaction exagérée contre la méthode d'autorité : celle-ci admettait tout ce qui était enseigné; Descartes met d'abord tout en question, même ce qui est évident, même l'existence du monde extérieur et des corps, et par là il ouvre la porte au scepticisme. Du moment que l'on conteste une vérité évidente, il n'y a plus de bonne raison pour en admettre une autre.

Descartes, il est vrai, après avoir tout détruit, hormis la vérité fondamentale : *je pense, donc j'existe*, dont il ne peut douter, a étendu sa base en admettant toutes les vérités clairement perçues, c'est-à-dire évidentes. Mais cette extension est la con-

---

[1] « La prétention de Descartes et de la plupart des logiciens modernes d'imposer au savant l'obligation de n'admettre que ce qu'il aurait lui-même constaté et vérifié, de ne s'en fier à aucune autorité, ne ruinerait pas seulement l'histoire qu'elle rendrait impossible, elle rendrait aussi impossibles toutes les sciences de la nature. Que deviendrait l'astronomie, s'il fallait que chaque astronome relevât lui-même toutes les positions des étoiles? que deviendrait la chimie, si chaque chimiste était obligé de recommencer toutes les analyses et toutes les synthèses?... Il faut que les logiciens abandonnent le point de vue de Descartes et de la plupart des modernes, qu'ils ne regardent plus les sciences comme une œuvre exclusivement individuelle, mais comme une œuvre collective et sociale. Ils ne feront d'ailleurs que conformer leur théorie à la pratique scientifique. Le savant fait appel à l'autorité, même dans l'ordre spécial de recherches où il est compétent; mais il fait appel à l'autorité compétente et par conséquent légitime, d'après les règles et en vertu des raisons exposées dans la critique historique. » (FONSEGRIVE, *Logique*, Leçon X.)

damnation même de sa méthode. Pourquoi avoir mis ces vérités en question, malgré leur évidence, s'il faut les admettre de nouveau à cause de leur évidence?

3° **Méthode qui va du connu à l'inconnu.** — La pratique des sciences et de l'histoire emploie une méthode moyenne, qui n'ébranle pas, comme celle de Descartes, les fondements de la certitude et n'asservit pas l'esprit, comme la méthode d'autorité. Elle peut être nommée méthode de la marche progressive du connu à l'inconnu, en prenant pour point de départ l'évidence.

On fait subir aux opinions reçues et aux enseignements traditionnels un contrôle en leur appliquant le critérium de l'évidence. On conserve comme vrais les croyances et les jugements que ce contrôle justifie, c'est-à-dire doués d'évidence, soit médiate, soit immédiate. On rejette celles qui sont évidemment fausses. On laisse à l'état de question à résoudre les opinions et les jugements douteux. Puis, pour acquérir des connaissances nouvelles, on emploie les divers procédés de la méthode scientifique.

4° **Méthode éclectique.** — Elle consiste à faire un choix entre les opinions des divers philosophes et des diverses écoles. Bien entendue, elle est identique à la précédente. Ce choix, en effet, ne doit pas être fait arbitrairement. Pour discerner le vrai du faux, il faut un principe qui ne saurait être que l'application du critérium de l'évidence.

Le nom, « méthode de choix, » n'est pas tout à fait convenable, parce qu'il semble indiquer une combinaison arbitraire de divers systèmes, et non la distinction entre la vérité et l'erreur que produit nécessairement l'application du critérium de l'évidence.

L'éclectisme n'est pas à proprement parler un système; c'est un procédé naturel à l'esprit humain, que l'homme qui cherche à s'éclairer emploie dans les affaires, aussi bien que dans la science et la philosophie. Considéré au point de vue spécial qui nous occupe, on peut dire qu'il est la philosophie de tous les bons esprits dans tous les temps. Platon, Aristote, Cicéron, les Pères de l'Église, ont été des éclectiques. « Je n'envisage pas comme la philosophie, dit Clément d'Alexandrie, le système de Zénon ou celui de Platon, ou ceux d'Épicure et d'Aristote, mais tout ce qui, dans l'enseignement de ces écoles diverses, est conforme à la justice et à la science du salut; tous ces principes choisis, tout cet éclectisme, voilà ce que j'appelle la philosophie. »

L'éclectisme ne pourrait constituer un système proprement dit qu'à la condition d'offrir un moyen spécial de reconnaître la vérité au milieu de la complication des systèmes ou des opinions entre lesquelles il s'agit de faire un choix. En réalité, faute de critérium pour discerner la vérité de l'erreur, le prétendu éclectisme de Cousin a été un véritable *syncrétisme*, c'est-à-dire un mélange de tous les systèmes[1], une confusion de doctrines vagues, indécises, incohérentes, où le panthéisme se montre plus ou moins enveloppé. L'éclectisme suppose que la vérité n'existe tout entière dans aucun système et qu'il y a dans chacun une part de vérité. Il repose sur une contradiction : pour établir que dans tous les systèmes il y a du vrai et du faux, il faut pouvoir discerner ce qui est vrai dans chacun, et, par conséquent, posséder déjà un système complet où la vérité se trouve sans altération ni mélange; que si l'on possède déjà la vérité, il n'y a plus à la chercher, à en recueillir les parcelles dans les différents systèmes[2].

---

[1] Un système, au sens défavorable du mot, enchaîne les êtres et les faits sans tenir compte de la réalité.
[2] Article en partie d'après l'abbé de Broglie.

Nous ne disons rien ici de la méthode du *consentement universel*, suivie par les traditionalistes, et de celle du *sens commun*, suivie par Reid et l'école écossaise. Il en a été parlé plus haut, page 360.

NOTES COMPLÉMENTAIRES

Principes de la méthode scolastique, d'après saint Thomas.

1° *L'objet est la mesure de l'intelligence.* — La première condition de l'idée, c'est d'être conforme à son objet. Pour connaître un objet, il faut l'examiner en lui-même et non le concevoir *à priori*, comme le fait l'école *idéaliste* (Kant), qui le conçoit comme elle imagine qu'il doit être, sans se préoccuper de ce qu'il est en réalité (voir Psychologie, p. 180). L'école *empirique* (positivistes), qui ne voit que l'objet et élimine la connaissance des causes, tombe dans l'excès opposé et ne peut donner qu'une science incomplète. La méthode de saint Thomas tient le milieu entre la méthode idéaliste et la méthode empirique.

2° *Il est naturel d'aller du connu à l'inconnu ou du plus connu au moins connu.* — Mais qu'est-ce qui est le plus connu? S'agit-il de ce qui est le plus connu *en soi* ou de ce qui est le plus connu *pour nous*? Certains philosophes, Descartes, par exemple, et les ontologistes [1], n'ont pas fait cette distinction et ils ont dit : « Le plus connu, c'est Dieu. » Saint Thomas entend qu'il faut commencer, non par ce qui est *en soi* le plus intelligible, c'est-à-dire Dieu, mais par ce qui est le plus connu *pour nous* [2].

3° *La certitude ne peut être atteinte de la même manière en toutes choses.* — Chaque science a son genre de preuves, son mode particulier de démonstration ; il ne faut pas vouloir des preuves mathématiques dans des questions qui s'appuient sur l'autorité du témoignage ou sur l'expérimentation. Ç'a été l'erreur de Descartes, qui n'admettait en tout qu'un genre de preuves [3].

Saint Thomas a constamment suivi et appliqué cette méthode. « Veut-il, par exemple, prouver l'existence de Dieu? Il part d'un fait connu, l'existence des créatures, et il observe leur manifestation la plus apparente, le mouvement. Il l'analyse et il y trouve la preuve de l'existence d'un moteur immobile, cause du mouvement des créatures. S'agit-il de problèmes psychologiques? Comme pour le mouvement, il constate le fait de la vie, il en décrit les phénomènes, et il conclut à l'existence d'un principe d'où ils découlent. Il remarque que, dans l'homme, ce principe a des opérations qui dépassent les forces de la matière ; donc il est immatériel, spirituel... Son procédé est le même dans l'idéologie. Il remarque dans une idée un élément sensible et la trace d'un agent intellectuel ; donc, dit-il, nos idées ont une double cause : la sensation et l'intelligence. » (Voir P. Maumus, *Saint Thomas et la philosophie cartésienne*.)

---

[1] Ontologisme signifie ici le système qui fait de Dieu le principe et le principal moyen de connaissance.

[2] Dans l'ordre *ontologique* (ordre de l'être), l'entendement divin est la *première* vérité ; mais il n'en est pas ainsi dans l'ordre *logique*, selon lequel la connaissance est engendrée dans notre esprit. Dans cet ordre, c'est la nature des choses matérielles qui obtient la priorité, c'est par cette connaissance que l'entendement débute. (*Dict. apolog.*, art. *Certitude*.)

[3] « Dans les ouvrages qui se font avec la main, il n'y a pas qu'une manière de faire pour tous les ouvrages : mais chaque artisan travaille de la manière la plus adaptée à la matière qu'il emploie ; c'est ainsi qu'il procède différemment selon qu'il fait servir à son art de la terre, de l'argile ou du fer. De même en doit-il être pour les choses de l'esprit ; car la différence de leur nature ne permet pas d'exiger de toutes le même genre de certitude. Un esprit bien fait et éclairé ne demande à chaque chose que l'espèce de certitude qui lui est propre. » (S. THOMAS.)

TABLEAU ANALYTIQUE

DE LA MÉTHODE

- **Définition.** — La méthode est un ensemble de procédés rationnels pour la recherche et la démonstration de la vérité.
  On distingue une *méthode générale* : ensemble de procédés de l'esprit pour arriver à la vérité, et des *méthodes particulières* : applications de la méthode générale aux diverses sciences.

I. Méthode déductive et inductive

Il y a deux méthodes principales : la méthode *déductive* et la méthode *inductive*.

Méthode déductive.
- *Définition.* — La méthode *déductive* ou *rationnelle* ou *à priori* va des principes, des causes, des lois aux conséquences, aux effets et aux faits. On l'appelle encore méthode d'*enseignement*.
- *Principe.* — La déduction repose sur ce principe : Tout ce qui est vrai d'une proposition générale est vrai des propositions particulières qu'elle contient.
- *Procédés.* — La méthode déductive part des axiomes et des *définitions*; elle en tire des conséquences par le *raisonnement*, ce qui est l'œuvre de la *démonstration*, dont la forme rigoureuse est le *syllogisme*.

Méthode inductive.
- *Définition.* — La méthode *inductive* ou *expérimentale* ou *à posteriori* s'élève des faits, des conséquences, aux principes, aux causes, aux lois. — On l'appelle encore méthode *baconienne*.
- *Principe.* — Dans les mêmes circonstances les mêmes causes produisent les mêmes effets : les lois de la nature sont stables et générales.
- *Procédés.* — Au nombre de six : observation, expérimentation, classification, analogie, hypothèse et induction.

Nécessité des deux méthodes. — Il importe de remarquer que chacune de ces deux méthodes prise séparément est insuffisante ; elles doivent se compléter l'une l'autre.

Règles de Descartes.
(Méth. générale.)

1° *Règle de l'évidence rationnelle* : Ne recevoir jamais une chose pour vraie, qu'on ne l'ait reconnue évidemment comme telle ; éviter la précipitation et la prévention.
2° *Règle de l'analyse* : Diviser chacune des difficultés à examiner en autant de parcelles qu'il se peut et qu'il est requis pour les mieux résoudre.
3° *Règle de la synthèse* : Conduire par ordre ses pensées, en commençant par les objets les plus simples..., pour monter peu à peu à la connaissance des plus composés ; — ordonner les objets.
4° *Règle de l'énumération.* — Faire partout des dénombrements si entiers et des revues si générales, qu'on soit assuré de ne rien omettre.

Bossuet ajoute une cinquième règle : Ne jamais abandonner les vérités déjà connues, quelque difficulté qu'il y ait à les concilier avec d'autres vérités. — Cette cinquième règle vise l'accord de la liberté avec l'omniscience de Dieu.

Examen des règles de Descartes.

La 1ʳᵉ règle préside au développement de toutes les sciences : « C'est, dit Bossuet, la vraie règle de bien juger. » Elle établit l'évidence comme critérium de la certitude, ainsi que l'usage du doute méthodique. — Ne pas oublier qu'il y a d'autres critères que l'évidence psychologique et mathématique.

La 2ᵉ recommande l'analyse, indispensable à cause de la faiblesse de notre esprit.

La 3ᵉ nous enseigne dans quel ordre les questions doivent être étudiées. — Cette règle est la plus importante. Elle reconnaît la nécessité de l'hypothèse, méconnue par Bacon.

La 4ᵉ est l'énoncé des conditions d'une bonne analyse et d'une bonne synthèse.

MÉTHODE. — ANALYSE ET SYNTHÈSE 419

DE LA MÉTHODE (Suite.)

Importance et avantages de la méthode.

Rien n'est plus important que le choix d'une bonne méthode ; Bacon, Descartes, Malebranche, Leibniz, Kant, ont regardé ce point comme essentiel à l'étude de la philosophie.
L'histoire prouve que toujours les progrès des sciences sont dus aux progrès des méthodes.
1° La méthode nous fait tirer de nos facultés le meilleur parti possible. « Ce n'est pas assez d'avoir l'esprit bon, le principal est de l'appliquer bien. » (DESCARTES.)
2° Elle économise le temps, la peine et préserve de l'erreur.
3° Elle est la condition essentielle du progrès des sciences : sans méthode, pas de science ; avec une méthode défectueuse, science imparfaite.

Qualités d'une bonne méthode.

1° Une bonne méthode doit être *simple, abréviative, sûre, non exclusive*.
2° Il faut appliquer à chaque étude la méthode qui lui convient. — Danger des études spéciales exclusives.

II. Analyse et synthèse.

Définition. — L'analyse est l'opération ou procédé par lequel on divise le composé pour aller au simple.
La synthèse est l'opération ou procédé par lequel on recompose le tout en remettant en place les éléments.
On dit aussi que l'analyse est une marche *régressive* de l'esprit, et la synthèse une marche *progressive*.
Différentes sortes. — Elles sont *expérimentales*, si elles s'appliquent aux êtres et aux faits (sciences concrètes) ; *rationnelles*, si elles s'appliquent aux idées, aux raisonnements (sciences abstraites).

Règles de l'analyse.
1° Pousser l'analyse jusqu'à la détermination des vrais principes, des éléments irréductibles ; ne rien supposer, ne rien omettre.
2° Vérifier par la synthèse ou par des analyses partielles.

Règles de la synthèse.
1° Ne combiner que des éléments connus par une analyse complète, et conserver les rapports.
2° Vérifier par l'analyse les résultats obtenus.

Nécessité des deux procédés. — L'analyse seule ne donne que des connaissances isolées, des matériaux de la science, non la science. — La synthèse seule ne donne qu'un ensemble vague, arbitraire, hypothétique. — « Synthèse sans analyse, science fausse ; analyse sans synthèse, science incomplète. » D'où nécessité des deux procédés.

III. Principales méthodes.

1° *Méthode d'autorité*. — *Principe* : Prend comme critère unique de la vérité et fondement de la science l'enseignement d'un maître, ou bien la tradition.
Formule : *Magister dixit* ou *Ipse dixit* (le maître l'a dit).
Valeur : Cette méthode est raisonnable, nécessaire, indispensable dans beaucoup de cas et pour la plupart des hommes ; mais l'employer toujours serait la négation du progrès.

2° *Méthode cartésienne*. — *Principe* : Doute méthodique ; mettre en question toute croyance, toute opinion, toute tradition, tout enseignement, jusqu'à ce qu'on trouve un point d'appui incontestable.
Valeur : Réaction exagérée contre la méthode d'autorité ; excellente pour débrouiller l'erreur mêlée de vérité ; ne doit être employée qu'avec prudence et réserve.

3° *Méthode de l'évidence*. — *Principe* : Marche progressive du connu à l'inconnu, en partant d'une vérité évidente.
Formule : N'accepter pour vrai que ce qui est évident.
Valeur : C'est la méthode ordinaire, vulgaire, la meilleure de toutes, et à laquelle toutes les autres se ramènent.

4° *Méthode éclectique*. — Ce n'est pas à proprement parler une méthode particulière ; c'est un procédé qui consiste à choisir ce qu'il y a de bon dans tous les systèmes et à l'ordonner en corps de doctrine. — Cette méthode se ramène à la précé-

DE LA MÉTHODE (Suite.)

III. Principales méthodes.

dente, puisqu'on n'admet comme vrai dans chaque système que ce qui est évident.

Tout esprit droit et bien fait est plus ou moins éclectique.

5° *Méthode des traditionalistes ou du consentement universel.* — Est vrai, tout ce que l'humanité, dans tous les temps et dans tous les lieux, s'est accordée à regarder comme tel.

Valeur (voir ce qui en a été dit, page 360, à propos des critères de la vérité). Méthode insuffisante et d'une application difficile. Comment constater le consentement universel ?

6° *Méthode du sens commun* (Th. Reid). — Est vrai, tout ce qui est conforme au sens commun ; faux, tout ce qui lui est contraire.

Valeur : Que faut-il entendre par *sens commun?* — Si c'est la croyance naturelle de l'humanité, cette méthode se ramène à la précédente. — Le sens commun n'est pas infaillible.

5º LEÇON
MÉTHODE DES SCIENCES MATHÉMATIQUES

I. — DÉFINITION, DIVISION, MÉTHODE

Définition de ces sciences. — Les sciences *mathématiques* sont celles qui *ont pour objet les nombres, les figures et les mouvements.* (LITTRÉ.) A. Comte les définit : *sciences ayant pour objet la mesure des grandeurs.* « On s'y propose, dit-il, de déterminer les grandeurs les unes par les autres, d'après les relations constamment précises qui existent entre elles. » Si les réalités ou grandeurs sensibles (sensibles soit directement, soit par leurs effets) sont représentées par des nombres, sans introduire ni l'idée d'étendue ni l'idée de cause, elles sont l'objet de l'*arithmétique*, qui est la science du nombre; si l'on ajoute à l'idée de nombre celle d'étendue, toujours sans l'idée de cause, elles sont l'objet de la *géométrie*, qui est la science de l'étendue; enfin, si à ces deux idées de nombre et d'étendue on ajoute l'idée de cause, cause qu'on appelle force, elles sont l'objet de la *mécanique*, qui est la science du mouvement et des forces.

On appelle les sciences mathématiques *abstraites*, parce qu'elles considèrent les rapports, abstraction faite de la réalité. Ainsi le point, la ligne qu'il engendre, la surface qu'engendre la ligne, sont de pures abstractions. C'est avec des idées abstraites de nombres que se fait l'arithmétique; avec les idées abstraites de points, de lignes, de surfaces, de solides, que se fait la géométrie; avec les idées abstraites de mouvement, de repos, de vitesse, de masse, que se fait la mécanique. Ces sciences ne sont pas cependant les plus abstraites; bien au-dessus d'elles, il y a la métaphysique, qui étudie l'être en tant qu'être, c'est-à-dire l'être en soi, indépendant de tout être concret et particulier.

On les a appelées sciences *exactes*, non parce que les autres sciences sont moins certaines, mais parce que, partant de principes admis et de conventions faites, on en tire, par une méthode sûre, des conclusions rigoureuses; on arrive à la certitude dite *mathématique*.

Division. — Les sciences mathématiques comprennent :

1º Les mathématiques *pures*, qui sont théoriques et indépendantes de l'expérience : l'*arithmétique*, l'*algèbre* et la *géométrie*;

2º Les mathématiques *appliquées*, qui sont, comme l'indique le mot, une application des mathématiques pures à certaines données de l'expérience : la *mécanique*, l'*astronomie* et la *physique dite mathématique*.

Leur méthode. — Les mathématiques emploient la méthode *déductive* et spécialement la *démonstration*; mais elles font aussi appel, dans leurs recherches, à la méthode d'*invention*, méthode qui se rapproche beaucoup de celle qu'emploient les sciences de la nature.

La déduction, on l'a vu, consiste à tirer des axiomes et des définitions, ou des principes acquis soit par la généralisation ordinaire, soit par les sciences expérimentales, les conséquences qui y sont contenues.

Ce mode de raisonnement suppose un type parfaitement connu et une inconnue sur laquelle on a quelques données.

« Toute *déduction* se compose, réduite à sa plus grande simplicité, *d'au moins trois propositions.* La première pose le *principe général*, c'est-à-dire le type connu, le genre ou la loi où doit rentrer l'inconnue. La deuxième fournit les *données* de la question, c'est-à-dire les caractères qui peuvent faire rentrer l'inconnue, la chose en litige, dans la catégorie, dans le genre posé par le principe général. La troisième tire la *conséquence*, c'est-à-dire affirme que l'objet en question a tous les caractères essentiels du genre dans lequel il rentre, toutes les propriétés de la loi sous laquelle il tombe. » (H. JOLY, *Cours de philosophie*, p. 291.)

Ce qui revient à dire que la forme-type de la déduction est le *syllogisme*, et que ses règles sont celles du syllogisme et des raisonnements qui en dérivent. (*Voir ci-dessus*, 8ᵉ leçon.)

Dans les mathématiques, où l'on part de principes admis comme nécessaires et où l'on aboutit à des conséquences nécessaires, la forme de la déduction est la démonstration. (*On en parlera plus loin*.)

La démonstration s'appuie sur deux sortes de principes : les principes communs ou *axiomes*, et les principes propres ou *définitions*.

II. — AXIOMES

Définition des axiomes. — Un axiome est une *vérité nécessaire, évidente par elle-même, et qui sert à démontrer d'autres vérités*. Il s'impose à l'esprit dès qu'il est énoncé, si l'on en comprend les termes. « Un axiome doit frapper notre esprit et entraîner notre adhésion, comme les rayons du soleil frappent nos yeux et nous font croire à la lumière. » (BALMÈS.)

Certains philosophes distinguent les axiomes et les vérités premières. Celles-ci sont les lois formelles de la pensée en tant que pensée, c'est-à-dire de la pensée considérée en elle-même, abstraction faite des objets ; l'axiome n'est qu'une vérité première énoncée dans une de ses conséquences immédiates, et par conséquent indémontrable.

« Les mathématiciens ne s'entendent pas toujours sur la nature des axiomes. Ainsi Legendre met au nombre des axiomes de géométrie (*Élém. de géom.*, 14ᵉ édit., p. 6) ces deux propositions : « Le tout est égal à la somme des parties dans lesquelles il a été divisé. — Deux grandeurs sont égales lorsque, étant placées l'une sur l'autre, elles coïncident dans toute leur étendue. » Ces deux propositions ne sont évidemment que des *définitions*; la première est la définition du tout, la seconde est la définition ou la marque de l'égalité. — Les axiomes proprement dits ne sont pas de la nature des définitions, mais de la nature des théorèmes. Les définitions font connaître l'essence ; les axiomes et les théorèmes, une propriété particulière qui résulte de l'essence… Pour qu'un théorème mérite le nom d'axiome, il faut qu'il énonce une vérité qui non seulement paraisse, à raison de son évidence immédiate, n'avoir pas besoin de démonstration, mais qui ne soit pas susceptible de recevoir de démonstration. Les *axiomes* sont donc des *théorèmes fondamentaux* d'où dérivent les autres théorèmes, et qui ne peuvent dériver d'aucun. Conditions suprêmes de la démonstration, ils en sont aussi les limites extrêmes. » (RABIER, *Logique*, p. 280.)

Les axiomes sont à la base de toutes les sciences. Il y en a de *grammaticaux* : Tout *adjectif* se rapporte à un *substantif* exprimé ou sous-entendu (application du principe de substance). Point de phrase sans un verbe exprimé ou sous-entendu. — Il y en a de *logiques* : Deux idées qui conviennent à une même troisième conviennent entre elles (*identité*). Toute proposition est vraie ou fausse (*exclusion du milieu*). — Il y en a de *moraux* : Il faut faire le bien et éviter le mal (pr. d'*obligation*). Tout être libre est responsable. Le bien mérite une récompense et le mal un châtiment proportionnés (pr. du *mérite* et du *démérite*). — Il y en a de *physiques* : Les lois de la nature sont stables et générales. Tout fait a une cause. — Il y en a de *mathématiques* : Deux quantités égales à une même troisième sont égales entre elles. Si à des quantités égales on ajoute ou l'on retranche des quantités égales, les sommes ou les différences sont égales. (Les axiomes mathématiques se ramènent tous au principe d'identité ou de contradiction.) — Il y en a de *métaphysiques*, et ceux-ci sont les vérités vraiment premières : principe d'*identité* : Ce qui est, est ; ou de *contradiction* : Une même chose ne peut pas être et n'être pas en même temps ; de *causalité* : Tout fait a une cause ; de *finalité* : Rien n'est en vain dans l'univers, tout a une fin ; de *substance* : Tout attribut est inhérent à une substance.

Différence : 1° **entre les axiomes et les vérités générales.** — Un *axiome* est une proposition dont la vérité s'impose à l'esprit dès qu'elle est énoncée. Ainsi : Une chose ne peut pas, sous le même rapport, être et n'être pas en même temps, voilà un axiome. — Une *vérité générale* est une proposition dont la vérité est démontrée par des observations ou des expériences multipliées, amenant toujours le même résultat. Ainsi : La lumière se meut en ligne droite, la chaleur dilate les corps : voilà des vérités générales.

Outre cette différence qui tient à leur *nature*, il y en a une autre qui vient de leur *rôle* dans les sciences. Les axiomes sont le *point de départ de toutes les sciences*, non qu'on en tire directement celles-ci : par eux-mêmes, les axiomes sont stériles, mais en ce sens que toute science qui contredit un axiome est nécessairement fausse. Les vérités générales sont *particulières à chaque science*, et comme elles sont une synthèse de l'observation ou de l'expérience, on les trouve plutôt au point d'arrivée qu'au point de départ. Tous les axiomes sont des vérités générales, mais toutes les vérités générales ne sont pas des axiomes.

2° **Entre les axiomes, les postulats et les théorèmes.** — Un *théorème* est l'énoncé d'une proposition qui a besoin d'une démonstration pour devenir évidente.

Un *postulat* (littéralement : *ce qui est postulé ou demandé*) est une proposition qu'on est prié d'accorder pour les besoins de la démonstration, soit au début, soit au milieu d'une série de raisonnements. « On appelle ainsi, d'après Aristote, une proposition qui n'a pas encore été démontrée et qui peut-être ne le sera jamais, mais qu'on est cependant prié d'accorder pour le besoin de la discussion, ou qui se présente comme un complément nécessaire d'un certain ordre d'idées, quoique nous ne puissions pas en donner une preuve directe. » (*Dictionnaire des sciences philosophiques*[1].)

Le postulat n'est pas un *axiome*, c'est-à-dire un principe commun, bien qu'il

---

[1] Kant a regardé comme *postulats de la pensée empirique* les lois de la possibilité, de la réalité et de la nécessité des choses, et comme *postulats de la loi morale*, l'existence de Dieu, de la liberté, de la vie future.

soit admis sans preuve et qu'on ne puisse le démontrer ; ce n'est pas une *hypothèse*, bien qu'il conserve, au moins dans la forme, un caractère hypothétique ; ce n'est pas un *théorème*, bien qu'il soit l'énoncé d'une proposition non évidente par elle-même ; c'est un *principe*, mais dans le sens où un théorème démontré devient le principe des théorèmes qui en dépendent ; c'est un théorème sans démonstration. On peut citer comme exemple cette proposition : *Par un point pris sur un plan, on ne peut mener qu'une parallèle à une droite de ce plan*, qu'il faut admettre sous peine d'être arrêté dans les développements qui suivent. Le postulat fait fonction de *principe*, puisque tous les raisonnements subséquents reposent sur lui ; mais il repose lui-même sur une définition initiale. Ainsi, il serait inutile d'admettre le postulat précédent, si on n'avait préalablement défini deux droites parallèles.

Rôle des axiomes. — « Il ne sert de rien, dit Leibniz, de ruminer les axiomes, si on n'a de quoi les appliquer. » Stériles en eux-mêmes à cause de leur indétermination, ils servent au développement de la définition, qui les applique à des objets précis. Le raisonnement ne peut s'en passer, ils en sont l'âme même.

L'axiome sur lequel s'appuie le syllogisme, *deux choses qui conviennent à une même troisième conviennent entre elles*, n'est ni l'une ni l'autre des prémisses ; mais c'est par lui que l'esprit relie entre eux les termes et rattache la conclusion aux prémisses.

Règles de Pascal pour les axiomes. — Dans son petit traité de *l'Esprit géométrique*, Pascal donne les règles suivantes :

1° *N'admettre aucun principe nécessaire sans avoir demandé si on l'accorde en axiome, quelque clair et évident qu'il puisse être.*

S'il n'est pas accordé en axiome, sa négation renverse tout l'échafaudage de raisonnements qu'on a élevé dessus. De plus, comme les axiomes sont le fondement de la démonstration, s'ils sont douteux, les conclusions le sont aussi, et il n'y a pas de démonstration.

2° *Ne demander en axiomes que les choses parfaitement évidentes.*

Ainsi, quand on énonce cet axiome, que *deux quantités égales à une même troisième sont égales entre elles,* on suppose qu'on a défini, pour chaque espèce de grandeur, la notion d'égalité, laquelle est souvent délicate à définir : l'égalité des nombres ne se définit pas de la même manière que l'égalité en géométrie, qui est la superposition, que l'égalité des surfaces, qu'on appelle en géométrie l'équivalence, que l'égalité des forces en mécanique, etc. Rousseau a manqué à cette seconde règle, dans son *Émile*, en partant de ce prétendu axiome que « l'homme naît bon et que c'est la société qui le corrompt ». On y manquerait également, si on voulait prendre ou imposer comme axiomes les maximes, sentences, proverbes, aphorismes, qui n'expriment souvent que des vérités incomplètes, mais en imposent par leur tour concis et affirmatif. Ainsi on ne pourrait, en jurisprudence, ériger en axiome ce mot de Médée à Jason, que *celui à qui sert le crime en est le coupable;* cela est souvent vrai, mais pas toujours.

III. — DÉFINITION

La *définition* est une *proposition qui détermine d'une manière précise le sens d'un mot ou la nature d'une chose*. On précise une idée ou un être par l'énumération des éléments ou des caractères essentiels de cette idée ou de cet être. De là le mot très juste des scolastiques : *La définition est une proposition dont l'attribut développe toute la compréhension du sujet;* la compréhension, c'est-à-dire l'ensemble des éléments ou des caractères essentiels. La définition est l'*expression de l'essence*, a dit Aristote; l'attribut, en effet, exprime l'essence du sujet, s'il en égale la compréhension.

Au sens étymologique, définir (*finis, limite*), c'est délimiter, tracer la ligne de démarcation entre une idée, une chose, et celles qui l'entourent et avec lesquelles on pourrait la confondre; c'est marquer sa place dans la hiérarchie des idées, des choses. Une chose est définie, quand ce qu'on en énonce la distingue de toute autre.

Au sens scientifique, la définition consiste à marquer le genre et l'espèce auxquels appartient l'objet à définir; on définit par le *genre prochain* et par la *différence spécifique*. Le genre indique en quoi une idée ou un être ressemble à d'autres, et l'espèce en quoi il en diffère.

Le *genre prochain* est celui qui se rapproche le plus de l'objet à définir ou qui le contient immédiatement. Ainsi, il faut définir le *cuivre*, non par le mot général *être* ou *corps*, mais par le mot *métal*.

La *différence spécifique* est ce qui distingue l'objet à définir des autres objets renfermés dans le même genre prochain. Ainsi, le cuivre, l'or, l'argent, qui appartiennent au même genre prochain *métal*, diffèrent par leurs propriétés.

EXEMPLES. — L'homme est un animal (*genre*) raisonnable (*espèce*). Une étoile est un astre (*genre*) qui brille de sa propre lumière (*espèce*). Le carré est un quadrilatère (*genre*) qui a les côtés égaux et les angles droits (*espèce*). Le misanthrope est un homme (*genre*) qui hait les hommes (*espèce*). Un labeur est un travail (*genre*) pénible (*espèce*).

Trois sens du mot définition. — « Il y a parfois quelque confusion dans les théories de la définition qu'on rencontre dans les livres de logique. C'est qu'on ne distingue pas suffisamment les trois acceptions possibles et même usuelles du mot définition.

1° Par définition on entend l'opération ou l'ensemble d'opérations qui consistent à déterminer l'essence des choses. La définition comprise de la sorte, c'est la science même. Ainsi l'entendait Socrate, qui le premier, dit Aristote, appliqua sa pensée aux définitions. Définir, c'était pour lui : « chercher rationnellement l'essence des choses. »

2° Par définition on entend aussi la connaissance qui est le but de cette recherche, la notion, le concept où l'on en consigne le résultat : c'est dans ce sens qu'on dit qu'on possède, qu'on sait la définition d'un certain ordre de choses. De même façon, le mot science signifie tantôt la recherche scientifique, tantôt le savoir, terme de cette recherche. De même encore les mots induction, classification, s'emploient pour désigner, tantôt l'opération qui consiste à induire ou à classer, tantôt la loi ou le système qui résulte de cette opération.

3° Par définition enfin, on entend l'opération qui consiste, étant donnée une notion, à en développer le contenu dans une proposition.

Au premier sens du mot, la définition, c'est le moyen de la science; au second, c'est la fin de la science; au troisième, c'est l'expression, la formule à la fois explicite et aussi brève que possible, de la science. » (RABIER, *Logique*, ch. XI.)

Deux sortes de définitions. — Quoique d'ordinaire la définition de mots soit en même temps une définition de choses, on distingue cependant : la définition de *mots*, qui consiste à déterminer le sens des mots; la définition de *choses*, qui est l'explication de la nature et des propriétés des choses.

1° Définitions de mots. — La définition de mots est arbitraire et variable, et, par conséquent, de nulle valeur pour la démonstration; mais elle est utile et même nécessaire pour la discussion. S'il est loisible à chacun de donner à tel mot tel sens qu'il voudra, encore faut-il, sous peine de ne jamais s'entendre, qu'il définisse ce sens et ne le change pas pendant la discussion.

Rien de plus commun, dans l'histoire d'une langue, que les changements de sens des mots; tout mot *vivant* suit une évolution dans le sens, comme dans la forme. C'est ainsi que les mots *sens commun* et *volonté*, par exemple, n'avaient pas en philosophie au XVIIe siècle, particulièrement dans Bossuet, le sens qui leur est attribué aujourd'hui. On peut en dire autant des mots *libertin*, *honnête homme*, *suffisance*. Le *sens commun*, chez l'animal, était la conscience sensitive, où toutes les impressions se centralisent et s'ordonnent suivant les circonstances. Nous l'appelons aujourd'hui *sens intime*, et le mot sens commun, au moins dans la langue courante, n'est plus employé que pour désigner l'ensemble des notions premières accessibles à tous les hommes. La définition que Bossuet donnait de la *volonté* ou *appétit* rationnel, nous l'appliquons plutôt au *sentiment*. Au XVIIe siècle, le *libertin*, c'était le *libre penseur*, l'incrédule, celui qui ne s'assujettit ni aux croyances ni aux pratiques de la religion; aujourd'hui, c'est celui qui vit dans la dissipation, dans le désordre des mœurs. L'*honnête homme*, c'était l'homme *comme il faut*, l'homme distingué, éclairé, et poli, mais fuyant toute affectation de science; aujourd'hui l'honnête homme est celui qui ne nuit pas à autrui, qui remplit exactement tous les devoirs de justice. *Suffisance* signifiait : capacité intellectuelle; aujourd'hui : vanité, présomption ridicule.

Les problèmes soulevés par la philosophie sont depuis longtemps les mêmes; les termes dont on se sert pour les poser varient d'ordinaire. Quelquefois on les conserve; mais ils prennent alors, à quelques années de distance, une signification tout autre. L'histoire de la philosophie nous en offre plus d'un exemple. Ainsi l'*idéalisme* de Platon n'est pas l'idéalisme moderne. Le *rationalisme* de quelques scolastiques diffère essentiellement du rationalisme contemporain. Les mots *réaliste* et *idéaliste*, *objectif* et *subjectif*, ont, au moyen âge et jusque chez Descartes et Spinoza, une signification contraire à leur signification présente. Descartes et Stuart Mill n'entendent pas la même chose par *innéité*. Il en est qui tendent aujourd'hui à identifier la *justice* et la *charité*, dont les concepts ont été jusqu'ici distincts. Nous avons eu, dans notre siècle, à nous familiariser successivement avec les *phénomènes* et les *noumènes*, la raison *pure* et la raison *pratique*, l'*impératif conditionnel* et l'*impératif catégorique*, le *moi* et le *non-moi*, le *transcendantal*, la *thèse*, l'*antithèse* et la *synthèse*, les *états* de conscience, l'*évolution*, l'*association*, l'*hérédité*, le *conditionné*, le *déterminé*, le *monisme*, etc. Aussi ne suffit-il pas, pour saisir le sens des problèmes qui se posent et en suivre la discussion, d'avoir été initié à la terminologie philosophique; il faut encore se tenir au courant de ses modifications incessantes.

2° **Définitions de choses.** — La définition de choses n'est point arbitraire, et elle sert de base à la démonstration. Elle suppose la possibilité de son objet : ce qui est impossible, c'est-à-dire contradictoire, ne peut être ni connu ni défini.

Définitions empiriques et définitions rationnelles. — Les définitions *empiriques* ou *inductives*, propres aux sciences d'observation, ont pour objet de faire connaître la nature des êtres réels; elles n'ont qu'une valeur relative et se perfectionnent avec les sciences; elles sont *progressives*, et partant *provisoires*.

Souvent un fait nouveau, inconnu jusque-là, vient modifier l'idée qu'on s'était formée d'un genre, ou d'une espèce, ou même d'un phénomène. L'idée de la poésie, comme l'idée de la science, comme celle du droit, comme toutes les idées générales, se précisent, se complètent, s'éclairent, s'enrichissent, avec l'éducation, avec l'étude, avec la comparaison des civilisations.

Les définitions *rationnelles* ou *déductives* ou *à priori*, propres aux sciences exactes, se rapportent à des idées abstraites. Elles sont *parfaites* du premier coup, *définitives* et *immuables* : l'esprit les produit sciemment; il sait ce qu'il y met et pourquoi il l'y met. Exemple : la définition du carré, du cercle. Elles sont *nécessaires*, en ce sens que les rapports qu'elles expriment ne peuvent être changés. Elles sont *universelles* : ainsi le lieu des points à égale distance d'un point fixe est et sera toujours et partout un cercle.

Une définition *à priori* part d'un premier attribut pour en déduire les autres, elle est *explicative*. Il n'en saurait être ainsi des notions concrètes qui représentent la réalité dans sa complexité : les définitions des êtres réels ne font guère que constater l'existence de leurs caractères essentiels. Ce qui fait que les notions abstraites, les figures de géométrie, les fonctions algébriques, ou encore certains phénomènes séparés de la substance, tels que le mouvement, peuvent être clairement définis, c'est précisément leur caractère abstrait qui diminue ou détruit la complexité qu'ils ont toujours, quand ils sont mêlés à la réalité.

Cependant cette différence entre les définitions géométriques et les définitions naturelles « n'est qu'accessoire et accidentelle; les définitions naturelles tendent, comme les définitions géométriques, à devenir explicatives, et il n'y a pas entre ces deux sortes de définitions l'espèce d'opposition symétrique qu'on y a cru voir. Les unes et les autres expriment des lois essentielles et dépendantes de la pensée; les objets des unes et des autres sont hiérarchisés en genres et en espèces, et si ces notions jouent en géométrie un rôle moindre qu'en histoire naturelle, c'est à cause de la plus grande simplicité des objets géométriques, plus faciles à connaître et dès lors à expliquer. De toutes façons, la définition exprime l'essence, ou, comme dit Aristote, la forme de l'être ». (FONSEGRIVE, *Logique*, XV° leçon.)

Pour ce qui est *de la part de l'expérience dans les définitions mathématiques*, on peut dire, avec M. Fonsegrive, qu'elles « sont suggérées à l'esprit par l'expérience, puis rectifiées par l'esprit, et enfin énoncées de manière à exprimer la loi d'après laquelle l'objet de la définition est construit. Ainsi, l'expérience montre à l'œil des figures à peu près circulaires : l'horizon, l'arc-en-ciel, les ronds que fait une pierre en tombant dans l'eau; à l'occasion de ces cercles, l'esprit conçoit la vraie figure circulaire, celle dont tous les points extérieurs sont à égale distance d'un point intérieur; et enfin, se demandant par quel procédé il pourrait construire le cercle ainsi conçu, l'esprit voit que ce cercle est engendré par la révolution d'une droite autour d'un point. Exprimant alors cette loi de construction, on a la définition du cercle, non pas seulement descriptive, mais explicative, ou, comme disent les géomètres, par *génération* : le cercle est une figure courbe plane, engendré par la révolution d'une droite autour d'un point. » (*Loc. cit.*, XII° leçon.)

Rôle et place des définitions. — De tous ces caractères des définitions mathématiques, on peut facilement déduire *leur rôle*. Elles sont le point de départ et le point d'appui de la démonstration [1]. Puisqu'elles disent l'essence et la loi génératrice de leur objet, les poser, c'est poser du même coup les propriétés secondaires qui sont l'objet des théorèmes. De la définition du triangle découle la science de toutes ses propriétés et, en particulier, la trigonométrie rectiligne. C'est parce que les définitions sont le *point de départ* des sciences *déductives* et qu'elles servent de prémisses à la démonstration qu'on les place au commencement des traités; au contraire, dans les sciences *inductives*, elles sont le *but*, et leur place est à la fin. « Les définitions géométriques sont des *principes de connaissance;* les définitions empiriques ne sont que des *résumés*. Les unes et les autres contiennent la science à l'état virtuel, mais avec cette différence que les premières en précèdent le développement et que les secondes les suivent. » (LIARD.)

Règles de Pascal pour les définitions. — Définitions de mots : 1° définir tout mot obscur ou équivoque; 2° n'employer dans les définitions que des mots bien connus et déjà définis.

Ainsi, on emploie souvent et à tort, en mathématiques, les mots *petit, grand*, qui ne sont pas nettement définis. A quel moment une quantité commence-t-elle à devenir petite ou grande? — De même la locution *l'infini* est souvent employée en mathématiques sans répondre d'une manière adéquate à l'idée d'infini. Le nombre infini serait un nombre arrivé au moment où il ne pourrait plus croître; or un tel nombre ne peut être conçu; l'esprit se refuse à l'admettre. En mathématiques on ne doit jamais entendre, par quantité *infinie*, qu'une *quantité variable qui croît de manière à surpasser toute limite*.

On peut ajouter : ne pas changer sans raison le sens des mots reçus; et si l'on est obligé de créer un mot nouveau pour exprimer une idée nouvelle, il faut qu'il soit clair et conforme aux règles de l'analogie.

Actuellement, pour lire certaines publications scientifiques, il faudrait un glossaire particulier à chaque auteur. — Il importe de ne pas prendre des mots nouveaux pour des idées nouvelles. Les philosophes allemands surtout ont abusé de la création de mots nouveaux. Schopenhauer a dit de Kant : « L'obscurité qu'il mit parfois en son exposition fut surtout fâcheuse par le mauvais exemple qu'elle donna. » Aussi Taine a-t-il pu dire avec esprit : « Un Français peut conclure qu'un philosophe commence à se tromper, lorsqu'il introduit dans le français des mots allemands. »

Définitions de choses : n'entreprendre de définir aucune des choses tellement connues d'elles-mêmes, qu'on n'ait pas de terme plus clair pour les expliquer.

---

[1] Dans la démonstration d'un théorème, il faut, à tout moment, s'en référer à la définition.

Limites de la définition. — L'*individuel* et l'*universel absolu* ne peuvent être définis, parce que, dans le premier cas, la compréhension, et dans le second l'extension, sont sans limites. L'idée d'*être*, par exemple, ne peut rentrer dans un genre plus étendu, et l'*individu*, par le nombre infini de ses attributs, échappe à toute compréhension qui puisse l'embrasser.

La définition doit donc évoluer entre la réalité individuelle et l'idée d'être la plus générale de toutes.

Caractères d'une bonne définition. — Elle doit être :

1° *Complète* ou *universelle*, c'est-à-dire convenir à *tout le défini*, l'embrasser tout entier ;

2° Être *propre*, convenir au *seul défini*[1] ; — quand une définition est à la fois universelle et propre, on dit qu'elle est *adéquate*, c'est-à-dire qu'elle égale l'objet ;

3° *Réciproque* ou *convertible* : rester vraie, si l'ordre des termes est renversé. C'est un moyen de vérification.

4° *Positive* : on ne définit pas par une négation.

Voilà pour le fond ; quant à la forme, elle doit être *claire*, sinon elle manquerait son but ; *concise* et *portative*, sans quoi l'esprit ne peut facilement l'embrasser d'un regard, et elle fatigue la mémoire.

Ces caractères étant connus, il est facile de *critiquer* les *définitions défectueuses*, qui peuvent être : trop *larges* (convenir plus qu'au seul défini) ; trop *étroites* (ne pas embrasser tout le défini) ; *surabondantes* (disant plus qu'il n'est nécessaire) ; *tautologiques* (répétant le terme à définir) ; *métaphoriques* ou *poétiques* (faites au moyen de comparaisons) ; *négatives* (disant ce que n'est pas la chose, non ce qu'elle est).

On a déjà vu (*Psychol.*, p. 30) la critique de quelques définitions de l'homme. — On a défini la reconnaissance : *mémoire du cœur*. Cette définition manque des deux caractères essentiels de toute bonne définition : elle n'est pas *universelle* : il y a autre chose dans la reconnaissance que la mémoire du cœur ; elle n'est pas *propre* : la mémoire du cœur, c'est aussi bien la haine, l'amitié, l'amour du pays, que la reconnaissance. Enfin elle n'est pas *convertible*.

Lamartine a dit :

> Borné dans sa nature, infini dans ses vœux,
> L'homme est un dieu tombé qui se souvient des cieux.

La Fontaine :

> Je définis la cour un pays où les gens,
> Tristes, gais, prêts à tout, à tout indifférents,
> Sont ce qu'il plaît au prince, ou s'ils ne peuvent l'être,
> Tâchent au moins de le paraître.

La Bruyère :

« Un homme qui sait la cour (le *courtisan*) est maître de son geste, de ses yeux, de son visage ; il est profond, impénétrable ; il sourit à ses ennemis, contraint son humeur, déguise ses passions, dément son cœur, parle et agit contre ses sentiments. »

Ce sont là des définitions oratoires, ou poétiques, ou descriptives ; ce ne sont pas des définitions logiques.

---

[1] Ces deux caractères répondent au *genre prochain* et à la *différence spécifique*.

Avantages de la définition. — L'usage de la définition fait contracter à l'esprit l'habitude de l'ordre et de la méthode, donne le goût de l'exactitude, de la clarté, de la propriété dans les termes. On est moins exposé à se payer de mots ou de sophismes, quand on s'est fait une nécessité de voir clair dans le sens de tous les termes employés dans le raisonnement.

« La définition éclaire et seconde l'exercice de la volonté. L'homme qui voit clair dans sa pensée est, par là même, en état de mieux apprécier les motifs et les mobiles qui le sollicitent ; il se détermine avec plus de promptitude ; il fait de meilleurs choix ; il agit résolument, et, comme on dit, en pleine connaissance de cause. Il perçoit vite les vrais rapports des idées entre elles, et, par suite, il juge bien ; il saisit vite les vrais rapports des jugements entre eux, et, par suite, il raisonne juste. Or, bien juger, bien raisonner, ne sont-ce pas là les qualités essentielles et toujours et partout nécessaires ? Les autres qualités de l'esprit, l'imagination, le goût, la mémoire, sont belles sans doute et précieuses ; elles font les poètes, les inventeurs, les artistes, les savants ; mais le jugement, le raisonnement, sont les qualités indispensables, les qualités régulatrices de la conduite et de la vie ; ce sont donc celles qu'il faut avant tout développer... Elles doivent être comme le fondement et la charpente de l'esprit, que les autres servent à meubler et à embellir. On peut, à la rigueur et sans trop de préjudice, manquer de goût, de mémoire ou d'imagination, mais non de sens et de raison ; tandis que sans le jugement, sans le raisonnement, le goût fait des délicats, la mémoire des sots, et l'imagination des fous. » (VESSIOT, *l'Instituteur*, 20 janvier 1885.)

— Au point de vue de la classification, voir leçon suivante, p. 438.

IV. — DÉMONSTRATION

Définition. — On appelle *démonstration*, en général, *tout raisonnement qui prouve avec évidence*.

La démonstration, au sens propre du mot, consiste à *montrer qu'une vérité particulière est renfermée, à titre de conséquence, dans un principe nécessaire, évident ou déjà démontré*. C'est le syllogisme du nécessaire.

« Le syllogisme, dit saint Thomas, part de l'évidence des premiers principes, comme le mouvement part d'un point immobile, et, comme lui, il se termine au repos, après avoir rattaché les conclusions à quelque principe évident et immuable. » Il n'y a pas de démonstration sans arrêt, sans principes assez évidents pour se suffire à eux-mêmes et pour affermir les conséquences auxquelles ils servent d'appui. Le démontrable suppose l'indémontrable. On ne peut admettre, avec Pascal, que « le véritable ordre consiste à tout définir et à tout prouver ». L'obligation de tout démontrer ferait de chaque raisonnement une série toujours ouverte, dans laquelle toutes les affirmations seraient sans appui définitif. Dans cette régression de vérité démontrée à vérité démontrée, il faut nécessairement s'arrêter quelque part, et admettre, comme le fait Pascal lui-même dans un autre endroit, « qu'il y a des principes qui n'ont pas besoin d'être démontrés. » Est-il, par exemple, nécessaire de définir la ligne droite ? Est-il nécessaire de démontrer que la partie est plus petite que le tout ? Faut-il démontrer qu'un corps ne peut se mettre en mouvement sans cause ?

La démonstration se fait par le raisonnement déductif, mais il ne faut pas la confondre avec lui. On *déduit* toutes les fois qu'on tire les conséquences d'une vérité générale; mais il n'y a proprement *démonstration* que quand on part d'une vérité nécessaire ou regardée comme telle, et qu'on aboutit à une vérité nécessaire.

La démonstration s'appuie sur deux sortes de principes : les principes communs ou *axiomes*, et les principes propres ou *définitions*. (Voir ce qui en a été dit en Psychologie, page 158.)

Diverses sortes de démonstration. — On distingue la démonstration *directe* et la démonstration *indirecte* ou réduction à l'*absurde*.

a) Démonstration directe. — La démonstration *directe* est celle qui fait voir la raison pour laquelle une proposition est vraie. C'est la seule vraiment philosophique. « Notre esprit n'est point satisfait s'il ne sait, non seulement que la chose est, mais pourquoi elle est. » (PORT-ROYAL.)

La démonstration directe comprend :

1° La démonstration *à posteriori, ascendante* ou *analytique*, qui se tire des conséquences ou des effets. Elle consiste à remonter d'une proposition ou d'une vérité particulière à ses antécédents, c'est-à-dire à des vérités plus simples et plus générales, déjà démontrées, ou aux principes sur lesquels elle repose directement. On remonte d'une proposition douteuse à celle qui doit la rendre évidente.

Prenons un exemple simple : *Inscrire un hexagone régulier dans une circonférence donnée*. On suppose le problème résolu et l'on tire une corde qui est, par hypothèse, le côté de l'hexagone demandé. On joint au centre les extrémités de cette corde par des rayons, et l'on a un triangle équiangle, et par conséquent équilatéral, et l'on voit que le côté de l'hexagone est égal au rayon. Pour inscrire un hexagone dans une circonférence donnée, il suffit donc de porter six fois le rayon sur la circonférence. Voilà une démonstration analytique.

Autre exemple, pris en dehors des mathématiques : La création du monde, où l'on ne voit que des êtres contingents, ne peut s'expliquer que par une cause nécessaire; donc cette cause nécessaire existe. — Le remords punit le coupable, et le témoignage de la conscience récompense le juste; donc il existe une loi morale ou obligation pour l'homme de faire ce qui est bien et d'éviter ce qui est mal.

2° La démonstration *à priori, descendante* ou *synthétique*, qui se tire des principes, des causes ou de la nature même de la chose à prouver. On va d'une proposition incontestée à une proposition douteuse qu'on veut établir. De la proposition reconnue vraie on déduit une conséquence, puis d'autres, jusqu'à ce qu'on arrive au théorème ou à la proposition à démontrer.

Soit à recommencer synthétiquement le problème ci-dessus, qui sera transformé en théorème comme suit : *Le côté de l'hexagone régulier inscrit est égal au rayon.* Le dernier mot de la démonstration analytique devient le premier mot de la démonstration synthétique. On prend une corde égale, par construction, au rayon; cette corde sera le côté cherché de l'hexagone régulier inscrit. On joint les extrémités au centre, et l'on a un triangle équilatéral, par conséquent équiangle; chaque angle vaut donc 60°, sixième partie de quatre droits, et l'arc que sous-tend la corde est la sixième partie de la circonférence. Cette corde est donc le côté de l'hexagone régulier inscrit. — Quand on dit : Il n'y a pas de fait sans cause; donc, tout ce qui n'a pas en soi la cause de son existence, c'est-à-dire sa raison d'être, vient d'un autre, — on fait aussi une démonstration *à priori*.

b) **Démonstration indirecte.** — La démonstration *indirecte* ou *réduction à l'absurde*, ou encore *démonstration par l'impossible*, prouve une vérité en faisant voir l'absurdité de l'hypothèse contraire, en énumérant les conséquences fausses ou inadmissibles qu'entraînerait la négation de la proposition affirmée. — Ainsi on démontre par l'absurde que par un point pris hors d'une droite on ne peut mener qu'une seule perpendiculaire à cette droite. De même on démontre la liberté en disant que si l'homme n'est pas libre, il n'y a plus ni bien ni mal, ni vice ni vertu, et l'on ne comprend rien au langage et aux institutions des hommes, qui impliquent la liberté.

La démonstration indirecte peut convaincre l'esprit, elle ne l'éclaire pas, ne le développe pas; elle n'atteint pas le but de la démonstration, qui est de donner les raisons, de faire connaître le pourquoi et le comment des choses. Il ne faut donc l'employer en mathématiques que lorsque toute autre démonstration est impossible. On s'en sert utilement en philosophie pour réfuter les systèmes qui ont des conséquences opposées au sens commun.

REMARQUE. — Tirer les conséquences d'un principe est un moyen expéditif de s'assurer de sa vérité ou de sa fausseté. Le faux ne peut naître que du faux, le vrai du vrai. Bossuet fait remarquer que « les raisonnements par l'absurde sont fondés sur cette proposition : *tout ce d'où il résulte quelque chose de faux est faux*, parce qu'en effet la vérité se soutient elle-même dans toutes ses conséquences. »

Règles pour la démonstration. — La Logique de Port-Royal les résume ainsi, d'après Pascal : « 1° N'entreprendre de démontrer aucune des choses qui sont tellement évidentes par elles-mêmes, qu'on n'ait rien de plus clair pour les prouver; 2° Prouver toutes les propositions un peu obscures, et n'employer à leur preuve que des axiomes très évidents ou des propositions déjà accordées ou démontrées; 3° Substituer toujours mentalement les définitions à la place des définis, pour ne pas se tromper par l'équivoque des termes que les définitions ont restreints, » c'est-à-dire avoir toujours devant les yeux la définition.

Il faut se rappeler que le syllogisme ne garantit pas la vérité des prémisses d'où sort la conclusion, et qu'il faut, avant tout, s'assurer de l'exactitude de ces prémisses; — ne pas mettre dans la conclusion plus que dans les prémisses; pour cela, conserver aux termes, dans tout le cours des raisonnements, une signification identique et nettement définie.

V. — CARACTÈRES DES LOIS ET RÔLE DES SCIENCES MATHÉMATIQUES

Caractères des lois mathématiques ; comment elles diffèrent des lois physiques et naturelles. — Les théorèmes démontrés sont des lois mathématiques. Ces lois expriment les rapports *nécessaires* qui dérivent ou de la nature des nombres (*arithmétique*), ou de celle de l'étendue (*géométrie*), ou de celle des mouvements (*mécanique*). Ainsi, c'est une loi, que tout nombre qui en divise plusieurs autres divise leur somme ; que le carré fait sur l'hypoténuse d'un triangle rectangle égale la somme des carrés faits sur les deux autres côtés du triangle ; que le mouvement d'un corps soumis à l'action d'une force constante est un mouvement uniformément varié.

Les lois mathématiques sont les lois de l'idéal, de l'abstrait ; elles sont établies par le raisonnement déductif et non découvertes par l'expérience, comme les lois des sciences physiques et naturelles. « Quoique, historiquement, beaucoup de vérités mathématiques aient été suggérées par l'expérience, c'est en dehors de l'expérience et d'une autre preuve que l'expérience qu'elles ont reçu cette consécration immuable et définitive, qui leur a conféré l'*exactitude*, l'*universalité*, la *nécessité* absolues. » (RABIER, *Logique*, ch. XV.)

Les vérités mathématiques sont *nécessaires* d'une nécessité absolue : le contraire est impossible ; les lois physiques sont *contingentes* : elles n'impliquent pas l'impossibilité du contraire. Les premières n'admettent ni exceptions ni conditions restrictives possibles : c'est ce qui résulte de leur caractère *analytique* ; on ne saurait empêcher le même d'être le même, pendant qu'il est le même ; les secondes, au contraire, sont toujours *conditionnelles* : un même antécédent détermine un même conséquent, pourvu que rien n'intervienne entre l'antécédent et le conséquent, qui sont deux faits distincts et successifs.

Les vérités mathématiques, tout au moins des mathématiques *pures*, sont *analytiques* ; elles sont fondées sur la comparaison des idées, et il y a entre le sujet et l'attribut un lien d'identité. Les lois physiques sont *synthétiques* ; elles sont fondées sur la comparaison, non des idées, mais des faits ; le lien entre le sujet et l'attribut résulte de l'observation ou de l'expérience.

Les premières sont obtenues par un travail purement intellectuel ou idéal, où les figures sensibles, nécessairement imparfaites, bien qu'on ne puisse s'en passer, ne sont qu'accessoires et ne servent pas à découvrir la vérité ; elles ne dépendent donc nullement, quant à leur certitude, de l'exactitude des figures qui servent à représenter leurs hypothèses ou leurs conclusions[1]. Les secondes sont découvertes par une observation rigoureusement exacte des faits sensibles et dépendent absolument de l'exactitude des expériences. Toute erreur d'observation sur le fait particulier réagit sur la loi générale.

Les vérités mathématiques, étant *absolues*, sont supérieures aux faits et ne peuvent jamais être démontrées par eux, ce qui permet de déclarer fausse *à priori* toute expérience contraire ; les lois physiques, étant *conditionnelles*, sont toujours soumises à la vérification des faits ; leur *certitude* est contrôlée, et au besoin limitée, par les nouvelles observations.

Ce qui fait que les mathématiques sont des sciences exactes et certaines par excellence, c'est que, construisant leurs objets de toutes pièces, elles savent toutes les propriétés qu'elles y ont mises ; au contraire, les sciences de la nature, trouvant leurs objets dans la réalité, ne sont jamais assurées de les connaître à fond et définitivement. Dans les mathématiques ou sciences de démonstration, ce qui est acquis, étant déduit rigoureusement de principes nécessaires ou regardés comme tels, est parfait et définitif ; dans les sciences d'observation, au contraire, il est indéfiniment perfectible.

---

[1] On a souvent dit que la géométrie est l'art de bien raisonner sur des figures mal faites.

Est-ce à dire que la certitude des mathématiques soit, en elle-même, supérieure à la certitude des sciences naturelles? Non, sans doute; car la certitude complète est absolue et, partant, égale à elle-même. Si cependant nous considérons une vérité scientifique, telle que la circulation du sang, et une vérité mathématique, telle que le rapport de l'hypoténuse aux autres côtés d'un triangle rectangle, nous trouverons cette différence : que la première peut nous être mieux connue, tandis que la seconde est marquée d'un tel caractère de nécessité, qu'une fois connue, elle ne saurait l'être mieux.

Rôle des sciences mathématiques dans les autres sciences. — Les mathématiques ont des applications dans toutes les sciences; elles servent à leur donner le caractère de précision qu'elles réclament pour être de vraies sciences. Ainsi la chimie emploie les formules chimiques, les équivalents; elle a fait un grand pas, quand Lavoisier y a introduit la balance. Pour l'électricité, on a longtemps cherché une unité de mesure; en 1881, le Congrès des électriciens, tenu à Paris, a adopté l'*unité de résistance* sous le nom d'*ohm*; celle de *force électromotrice*, sous le nom de *volt*; celle d'*intensité de courants*, sous le nom d'*ampère*, etc.

Pour la quantité de chaleur développée ou absorbée par les corps dans les phénomènes calorifiques, l'unité de mesure est la *calorie*. La météorologie a des *baromètres* pour mesurer la pression de l'atmosphère, des *hygromètres* et des *thermomètres* pour en mesurer l'humidité et la chaleur, des *anémomètres* pour noter la direction et l'intensité des vents, des *pluviomètres* pour savoir la quantité de pluie tombée dans telle région donnée.

En *physiologie*, on peut noter l'application de l'optique mathématique à la théorie de l'œil, de l'acoustique mathématique à l'étude de l'audition, etc. — L'*éducation physique* elle-même emprunte aux mathématiques leurs méthodes. Un éminent physiologiste de Turin, M. Mosso, a inauguré, il y a peu de temps, des recherches sur les effets des différents exercices physiques. Il existe des instruments pour mesurer les résultats. Le *dynamomètre* permet d'évaluer l'augmentation de force des muscles; le *spiromètre*, l'augmentation de l'ampleur des mouvements respiratoires; le *thoracomètre*, l'augmentation du thorax; la *balance* même peut donner des renseignements utiles.

En *sociologie*, ce sont les *statistiques* ou tableau comparatifs des faits sociaux qui marquent l'intervention des mathématiques. En *criminologie*, c'est par des statistiques et par des moyennes qu'on essaye de dégager des indications générales, des lois [1]. De même dans le *commerce* et l'*industrie*. En *botanique*, pour les maladies de la vigne, par exemple, on a de nombreux champs d'expérience, et c'est par des statistiques qu'on en synthétise les résultats.

En *biologie*, on mesure les phénomènes physico-chimiques par lesquels se manifeste la vie; en *psychologie*, ceux qui accompagnent les états de conscience ou en sont les conditions; mais on ne saurait mesurer ni ces états eux-mêmes, ni la vie, ni la pensée, qui ne sont pas réductibles à la quantité.

Avantages et abus de la méthode géométrique. — Après avoir fait le procès des sciences mathématiques au point de vue éducatif, Hamilton se pose les questions suivantes : « Les mathématiques n'ont-elles donc aucune valeur comme instrument de culture intellectuelle? Bien plus, ne sont-elles bonnes qu'à fausser l'esprit? A cela nous répondrons (ajoute-t-il) que cette étude, poursuivie

---

[1] L'anthropologie criminelle, dont la tendance générale est de ne voir, dans la pensée, les sentiments, les aptitudes, l'honnêteté morale, le talent ou le génie, qu'une résultante de l'organisme, s'est constituée, en quelques années, tout un système d'instruments perfectionnés de mensuration humaine. On peut citer notamment l'*anthropomètre* d'Anfosso, qui fournit, en une seule opération, la taille d'un individu, le diamètre maximum occipito-frontal et le diamètre transversal de la tête, l'angle frontal, la longueur du nez, la grande envergure (distance d'un doigt médius à l'autre dans le plus grand écartement des bras étendus en croix), la longueur du médius droit de la main, les longueurs extérieure et intérieure du pied, etc.

avec modération et efficacement contrebalancée, peut être utile pour corriger un défaut et développer la qualité correspondante. Ce défaut est l'habitude de la distraction; la qualité, l'habitude de l'attention soutenue. »

Cette phrase d'Hamilton n'indique pas tous les avantages de l'étude des mathématiques; on peut ajouter les suivants : 1° la démonstration des théorèmes exerce l'esprit à ranger ses pensées en ordre et à faire des raisonnements rigoureux; 2° la recherche des problèmes donne l'habitude de l'analyse et apprend à distinguer clairement, dans une question posée, toutes les données et toutes les inconnues.

Nombre de savants ont protesté contre l'abus de la méthode des mathématiques, entre autres Pascal et d'Alembert : « Quelques philosophes, dit celui-ci, trouvant cet appareil propre à en imposer, sans doute parce qu'il les avait séduits eux-mêmes, l'ont appliqué indifféremment à toutes sortes de sujets; ils ont cru que raisonner en forme, c'était raisonner juste; mais ils ont montré par leurs erreurs qu'entre les mains d'un esprit faux ou de mauvaise foi, cet extérieur mathématique n'est qu'un moyen de se tromper plus aisément soi-même et les autres. » Cuvier dit que « les premiers éléments des sciences n'exercent pas assez la logique, précisément parce qu'ils sont trop évidents, et c'est en s'occupant des matières délicates de la morale et du goût qu'on acquiert cette finesse de tact qui conduit seule aux hautes découvertes. » Et Biot, qui a joint l'exemple au précepte, comme Cuvier et Pascal, du reste : « Appliquez-vous d'abord à exercer, assouplir, perfectionner les ressorts de votre esprit par l'étude des lettres. N'écoutez pas ceux qui les dédaignent; on n'a jamais eu lieu de s'apercevoir qu'ils fussent plus savants pour être moins lettrés. »

L'esprit géométrique est une espèce particulière de l'esprit scientifique, mais il n'est que cela; vouloir l'appliquer dans tous les ordres de vérités, c'est s'exposer aux plus graves erreurs, ou, tout au moins, se borner à une seule branche de vérités et laisser de côté les vérités morales, ce qui conduit fatalement au positivisme. Dans les sciences de l'abstrait ou de l'idéal, comme les mathématiques, il suffit, pour être dans le vrai, que l'esprit reste d'accord avec lui-même et qu'il tire logiquement les conséquences des principes posés. Dans les sciences du réel et du concret, il faut de plus qu'il s'accorde avec la nature, et c'est ce que ne fait pas facilement l'esprit géométrique, habitué à rester indépendant des faits d'expérience et à fonder uniquement la science sur des données rationnelles. « Toutes les utopies antisociales, dit Aug. Comte, ont trouvé de nombreux et actifs partisans chez les élèves les mieux dominés par une éducation mathématique. »

TABLEAU ANALYTIQUE

MÉTHODE DES SCIENCES MATHÉMATIQUES

Définition. — Les sciences mathématiques sont celles qui ont pour objet les nombres, les figures et les mouvements.

A. Comte les définit : « sciences ayant pour objet la mesure des grandeurs. »

On les appelle sciences *abstraites*, parce qu'elles considèrent les rapports, abstraction faite de la réalité, et *exactes*, parce que, partant de principes admis et de conventions faites, on en tire, par une méthode sûre, des conclusions rigoureuses.

Division.
Elles comprennent : 1° Les *mathématiques pures*, arithmétique, algèbre, géométrie;
2° Les *mathématiques appliquées*, mécanique, astronomie, physique dite mathématique.

Méthode.
Les mathématiques emploient la méthode *déductive*, le raisonnement déductif, dont la forme-type est le syllogisme.
Dans les mathématiques, on part de *principes nécessaires* ou regardés comme tels, et l'on aboutit à des conséquences également nécessaires, au moyen de la *démonstration*.

MÉTHODE DES SCIENCES MATHÉMATIQUES

De la démonstration.

Méthode. (Suite.)

La démonstration se fait par le raisonnement déductif, mais il ne faut pas le confondre avec lui : *déduire*, c'est simplement tirer les conséquences d'une vérité générale ; *démontrer*, c'est prouver avec évidence.

La démonstration, au sens propre du mot, consiste à montrer qu'une vérité particulière est renfermée, à titre de conséquence, dans un principe *nécessaire, évident*, ou déjà *démontré*.

Elle s'appuie sur deux sortes de principes : les principes communs ou *axiomes*, et les principes propres ou *définitions*.

Axiomes.

Définition. — Un axiome est une vérité nécessaire, évidente par elle-même, et qui sert à démontrer d'autres vérités. Les axiomes servent de base à toutes les sciences.

Ne pas confondre l'axiome : 1° Avec la *vérité générale*, qui est une vérité démontrée ;

2° Avec le *théorème*, qui est l'énoncé d'une proposition à démontrer ;

3° Avec le *postulat*, qui est une proposition non évidente, mais que l'on regarde comme vraie pour les besoins du raisonnement.

Règles de Pascal. — 1° N'admettre aucun principe nécessaire sans avoir demandé si on l'accorde en axiome, quelque clair et évident qu'il puisse être.

2° Ne demander en axiomes que les choses parfaitement évidentes.

Définition.

Définition. — La définition est une proposition qui détermine d'une manière précise le sens d'un mot ou la nature d'une chose.

— C'est une proposition dont l'attribut développe toute la compréhension du sujet.

— On *définit* par le *genre prochain* et la *différence spécifique*.

Deux sortes de définitions : 1° Définition de *mots*, qui consiste à déterminer le sens des mots ;

2° Définition de *choses*, qui est l'explication de la nature et des propriétés des choses.

La première est *arbitraire* et *variable*, et par conséquent de nulle valeur pour la démonstration ; la seconde n'est point *arbitraire*, et elle sert de base à la démonstration.

Définitions empiriques et définitions rationnelles. — Les premières sont *inductives*, propres aux sciences *d'observation*, n'ont qu'une valeur *relative*, sont *progressives et provisoires ;* les deuxièmes sont *déductives* ou *à priori*, propres aux sciences *exactes*, parfaites du premier coup, *immuables*. Elles sont de plus *nécessaires* et *universelles*.

Les unes sont le point d'arrivée de la science (inductives); les autres, le point de départ (déductives).

Règles de Pascal. — a) *Définition de mots.* 1° Définir tout mot obscur ou équivoque ;

2° N'employer dans les définitions que des mots bien connus et déjà définis. — Ajoutons : ne pas changer sans raison le sens des mots.

b) *Définition de choses.* — N'entreprendre de définir aucune des choses tellement connues d'elles-mêmes, qu'on n'ait pas de terme plus clair pour les expliquer.

Limites de la définition. — L'*universel* et l'*individuel* ne peuvent être définis ; dans le premier cas, l'*extension*, dans le second, la *compréhension*, sont sans limites.

Caractères d'une bonne définition. — 1° Elle doit être *complète* ou *universelle*, c'est-à-dire convenir à tout le défini ;

2° *Propre*, convenir au seul défini ;

3° *Réciproque* ou *convertible*, c'est-à-dire rester vraie, si l'ordre des termes est renversé.

Voilà pour le fond ; pour la forme, elle doit être *claire, concise* et, autant que possible, *portative*.

Avantages des définitions. — Elles font contracter à l'esprit l'habitude de l'ordre, de la méthode ; donnent le goût de l'exactitude, de la clarté, de la propriété des termes ; elles éclairent et secondent l'exercice de la volonté.

Démonstration. *(Suite de la démonstration.)*

Diverses sortes de démonstration. — On distingue la démonstration directe et la démonstration indirecte.

Démonstration directe. — C'est celle qui fait voir pourquoi une proposition est vraie.

Elle comprend : 1° La démonstration *à posteriori*, *ascendante* ou *analytique*, qui se tire des conséquences ou des faits. — On remonte d'une proposition douteuse à celle qui la rend évidente.

2° La démonstration *à priori*, *descendante* ou *synthétique*, qui se tire des principes, des causes ou de la nature même de la chose à prouver.

Démonstration indirecte. — La démonstration indirecte ou *réduction à l'absurde* prouve une vérité en faisant voir l'impossibilité, l'absurdité de l'hypothèse contraire. — Elle est fondée sur ce principe : « Tout ce d'où il résulte quelque chose de faux est faux. » (BOSSUET).

La démonstration indirecte peut convaincre l'esprit, elle ne l'éclaire pas; elle n'est pas *probante*, suivant le langage de l'École.

Règles de la démonstration, d'après Pascal. — 1° N'entreprendre de démontrer aucune des choses qui sont tellement évidentes par elles-mêmes, qu'on n'ait rien de plus clair pour les prouver;

2° Prouver toutes les propositions un peu obscures, et n'employer à leur preuve que des axiomes très évidents ou des propositions déjà accordées ou démontrées;

3° Substituer toujours mentalement les définitions à la place des définis.

Caractères des lois mathématiques; différence avec les lois physiques. — 1° Les lois mathématiques expriment des rapports *nécessaires*, qui dérivent de la nature des nombres, de l'étendue ou du mouvement;

2° Elles sont établies par le *raisonnement déductif* et non par l'expérience, comme les lois des sciences de la nature;

3° Elles sont *nécessaires*, d'une nécessité absolue, *universelles* et *certaines*, tandis que les lois physiques sont *contingentes*, *conditionnelles* et sujettes à l'erreur;

4° Les vérités mathématiques sont *analytiques*; les lois physiques sont *synthétiques*.

Est-ce à dire que la certitude mathématique soit supérieure à la certitude physique? Non, seulement elle ne se démontre pas de la même manière.

Rôle des sciences mathématiques dans les autres sciences. — Les mathématiques ont des applications dans toutes les sciences : elles leur communiquent le caractère de précision par le calcul et la mesure. Voilà pourquoi la physique, la chimie, l'histoire naturelle, la sociologie, la biologie, font appel à la mathématique pour établir des moyennes par les statistiques et les mensurations.

Avantages et abus de la méthode géométrique. — Poursuivie avec modération, l'étude des mathématiques fait acquérir à l'esprit l'habitude de l'attention, de l'ordre; la recherche et la solution des problèmes sont d'excellents exercices d'analyse qui obligent à suivre ses pensées et à observer une question sous toutes ses formes.

Il faut bien se garder cependant de vouloir appliquer la méthode rigoureuse des mathématiques et du raisonnement déductif à tous les sujets; cela exposerait aux plus graves erreurs. La plupart des vérités concrètes échappent au calcul, et les faits moraux y échappent complètement.

6ᵉ LEÇON
MÉTHODE DES SCIENCES DE LA NATURE.

I. — OBJET, DIVISION, MÉTHODE DES SCIENCES DE LA NATURE.

Leur objet. — Les *sciences physiques* ont pour objet d'expliquer les phénomènes de la nature, c'est-à-dire de découvrir les causes qui les produisent et les lois qui les régissent; les *sciences naturelles* ont pour but la connaissance de la nature elle-même, tant dans sa constitution propre que dans ses manifestations (phénomènes géologiques et phénomènes vitaux).

Les unes et les autres ont à résoudre successivement deux problèmes : avoir une connaissance exacte des *êtres* et des *faits* en eux-mêmes, ce qui est l'objet de l'observation et de l'expérimentation; puis, de la connaissance des êtres et des faits, passer à celle des *lois* et des *causes*, ce qu'on fait par l'induction.

Négliger le premier problème, c'est rendre la science hypothétique et incertaine : on ne devine pas, les yeux fermés, les lois des choses réelles, on les dégage de l'analyse des choses mêmes. Négliger le second, c'est transformer la science en une érudition indigeste et stérile. Ce n'est qu'au moment où les lois et les causes se dégagent que la science prend naissance.

La science est *du savoir coordonné*. Observer suffit pour connaître les faits; pour les coordonner, c'est-à-dire pour constituer la science, il faut comparer, abstraire, généraliser : une collection de faits incohérents n'est pas la science. La comparaison amène d'abord à constater des analogies et des différences, puis à définir et à classer. Les idées générales ne sont, au fond, que des analogies générales, dans lesquelles on fait rentrer, on classe plusieurs séries d'êtres ou de faits. Quand on a formé une *série de séries*, on a une *science*. La science proprement dite serait la série universelle des faits et des lois; ne pouvant l'avoir, on entend par là le savoir humain tel qu'il est actuellement coordonné.

Quand il s'agit d'êtres constitués, tels que minéraux, plantes, animaux, la science se propose de trouver l'ordre ou *loi de coexistence* des caractères, c'est-à-dire *des types*; quand il s'agit de faits ou phénomènes, comme la chute d'un corps, la liquéfaction d'un métal, la solidification d'un gaz ou d'un liquide, la science cherche l'ordre ou *loi de succession*. Dans un cas comme dans l'autre, il s'agit de trouver un *rapport général et constant* de simultanéité ou de succession entre un phénomène ou un groupe de phénomènes *conditionnant*, et un phénomène ou un groupe de phénomènes *conditionné*.

Il importe d'avoir le sens précis de ces termes : *cause, loi, type*. On a déjà vu (*Préliminaires*, 1ʳᵉ leçon) la différence entre la *cause* et la *loi*. Voyons celle qu'il y a entre la *loi* et le *type*. — La loi implique l'idée de phénomènes *successifs*; le type, celle de phénomènes ou de caractères *simultanés*. La *loi* est le *lien, la consécution constante des phénomènes*. Exemple : la loi de la dilatation des gaz. Le *type* est le *rapport de coexistence des caractères*, le rapport constant et immuable des formes. Exemple : le type vertébré, le type mollusque.

A côté de cette différence entre la *loi* et le *type*, se place naturellement celle qu'il y a entre le *type* et le *genre*, qu'il convient de dégager. Le *type* est la *notion générale* considérée au point de vue de la *compréhension*, c'est-à-dire de la somme des caractères qu'elle renferme ; le *genre*, la *notion générale* considérée au point de vue de l'*extension*, c'est-à-dire du nombre d'êtres qui, possédant en commun ces caractères, sont groupés sous cette notion. Ainsi la notion de *vertébré* est à la fois un *type* (une nature, une essence, un mode d'organisation) et un *genre* (un certain groupé d'animaux).

Quand on dégage le type ou l'essence des êtres, on les *définit* ; quand on les groupe d'après leurs ressemblances ou leurs caractères communs, on les *classe*. « La généralisation, en tant qu'elle dégage les types ou les rapports de coexistence des caractères, se nomme *définition* ; en tant qu'elle dégage les genres ou les rapports de ressemblance des êtres, elle se nomme *classification*. » (RABIER, *Logique*.)

Dans les classifications de zoologie, on a multiplié le nombre des *embranchements* ; et on leur a donné le nom de *types* : vertébré, articulé ou arthropode, ver, mollusque, tunicier, échinoderme, cœlentéré, protozoaire.

Division et méthode. — Les sciences de la nature comprennent deux groupes principaux : les sciences *physiques* étudient les propriétés générales de la matière et les phénomènes généraux qui se produisent dans tous les corps : mouvements, changements d'état, de forme ; et les sciences *naturelles* décrivent les caractères des corps inorganiques dont le globe est composé et des êtres organisés qui vivent à sa surface.

Les premières renferment l'*astronomie*, la *physique* et la *chimie* ; les secondes comprennent les sciences qui s'occupent spécialement de corps bruts, la *minéralogie* et la *géologie*, et celles qui ont pour objet l'étude des corps vivants.

Cette étude se fait de deux manières différentes : 1° si elle traite de la vie dans toutes ses manifestations individuelles, tant dans les animaux que dans les végétaux, elle est appelée du nom général de *science biologique* ; 2° si elle traite des rapports que leur organisation permet d'établir entre les êtres, elle reçoit le nom de *classification* (zoologie et botanique *descriptives*).

Les sciences biologiques s'appuient sur la *physiologie* et sur la *pathologie*, qui n'est que la physiologie des cas morbides ; les sciences de classification s'appuient sur l'*anatomie* et l'*embryogénie*. L'anatomie s'aide de l'*histologie*, qui n'en est qu'une forme spéciale.

Ces sciences sont solidaires. Les sciences naturelles ne peuvent rien expliquer sans la physique et la chimie. La chimie emprunte à la physique ses théories de la chaleur, de l'électricité, de la pesanteur ; la physique se réclame de la chimie pour les piles électriques, etc.

Pour se constituer, ces sciences emploient l'*observation*, l'*expérimentation*, l'*hypothèse*, l'*analogie*, la *classification* et l'*induction*. On sait que ce sont là les procédés de la méthode inductive ou expérimentale. (Voir p. 35.)

« L'homme, dit Cl. Bernard, ne se borne pas à voir, il pense et veut connaître la signification du phénomène dont l'observation lui a révélé l'existence. Pour cela il raisonne, compare les faits, les interroge et, par les réponses qu'il en tire, les contrôle les uns par les autres. C'est ce genre de contrôle, au moyen

du raisonnement et des faits, qui constitue à proprement parler l'expérience...
Le savant complet embrasse à la fois la théorie et la pratique expérimentale :
1° il *constate* un fait (*observation* ou expérience passive); 2° à propos de ce fait une *idée* naît dans son esprit (*supposition* ou *hypothèse* que la raison lui suggère et qui donne un but à ses expériences) ; 3° en vue de cette idée, il raisonne, institue une expérience, imagine et en réalise les conditions matérielles (*expérimentation* ou expérience active) ; 4° de cette expérience résultent de nouveaux phénomènes qu'il faut observer, et ainsi de suite. » Ainsi, *constater*, *supposer*, *expérimenter*, voilà les trois moments principaux du raisonnement expérimental qui précèdent le raisonnement inductif proprement dit et y conduisent, et c'est celui-ci qui passe du particulier au général, c'est-à-dire que, de la relation observée et vérifiée entre deux phénomènes, il fait sortir une loi.

II. — OBSERVATION

Définition. — Observer, c'est *considérer attentivement un être ou un phénomène pour en découvrir la nature ou la loi, les causes et les effets;* c'est voir un être tel qu'il est, un phénomène tel qu'il se produit, sans rien omettre, sans rien ajouter.

L'observation n'est pas chose aisée. « On peut voir mille fois le même phénomène sans l'observer. Observer, c'est choisir ; car celui qui regarde tout à la fois n'observe pas. Observer, c'est idéaliser le phénomène qui est devant nous, c'est le changer en pensée. Un enfant voit osciller une lampe ou tomber une pomme, c'est un jeu pour ses sens et pour son imagination ; pour un Galilée, pour un Newton, ces deux phénomènes ne sont que les signes des lois générales et universelles. » (P. JANET.)

L'esprit d'observation est le caractère propre du génie scientifique et la condition de toute découverte. Il se manifeste par une curiosité scientifique toujours en éveil, par ce qu'on pourrait appeler le *flair* des faits *significatifs*, par l'aptitude à saisir les ressemblances et à faire des assimilations, des identifications entre les êtres ou les faits. (Voir *Psychologie*, p. 124, le rôle de l'attention dans les découvertes scientifiques.) « Le fait brut, dit Cl. Bernard, n'est pas scientifique ; » il le devient lorsque l'esprit, perçant les apparences, saisit l'idée ou le système d'idées qu'il recèle. « Le cours de la nature n'offre à chaque instant, au premier coup d'œil, qu'un chaos suivi d'un autre chaos de faits isolés. Il faut que nous apprenions à voir dans un antécédent chaotique une multitude d'antécédents distincts, et dans le conséquent chaotique une multitude de conséquents distincts. » (S. MILL.)

Moyens d'observation. — L'observation se fait, dans les sciences physiques et naturelles, par les *sens* et par des instruments qui en augmentent, soit la portée naturelle (télescope, microscope, microphone), soit la précision (balance, thermomètre, électroscope, galvanomètre, etc.), qui les suppléent même, en bien des cas, et font automatiquement l'observation.

La mobilité et l'inégalité des impressions, les imperfections multiples des organes, l'interprétation des données des sens (Voir *Psychologie*, p. 130), étant autant de causes d'erreur, on cherche à faire l'observation en supprimant le plus possible l'action directe de l'observateur. On y arrive au moyen des *appareils enregistreurs*, tels que le *météorographe* du P. Secchi, où s'enregistrent, sur un même tableau, la direction et la vitesse du vent, la pression barométrique, le degré d'humidité de l'air, l'heure de la pluie et la quantité de pluie tombée ;

le *cardiographe* de Marey, qui inscrit directement, sous forme graphique, les pulsations du cœur; le *kymographe*, qui note les variations que subit la pression du sang dans les artères; le *sphygmographe*, qui sert à apprécier la fréquence et les irrégularités du pouls, les variations du diamètre du vaisseau au passage de l'ondée sanguine. La *photographie* elle-même est un précieux instrument d'observation pour les menus détails, pour les faits fugitifs. La plaque photographique est comme un œil nouveau que s'est donné le savant, en bien des cas mieux doué que l'œil véritable.

Il faut que les sens soient exercés, pour donner des observations scientifiques, que les instruments soient précis, vérifiés, et qu'on sache calculer et corriger les erreurs dont ils sont susceptibles.

J.-B. Dumas fait ressortir l'importance capitale de l'observation des petits phénomènes. « Ce qui fait marcher les sciences, dit-il, c'est le plus souvent un détail presque insensible, observé avec des instruments délicats, mesuré avec précision, contrôlé et poursuivi dans ses conséquences avec une logique patiente. Ceux qui croient que, dans l'étude de la nature, les grandes choses naissent des grandes occasions se trompent. Le germe d'une idée, comme celui des êtres vivants, reste invisible jusqu'à ce qu'il trouve son terrain, et débute, comme eux, faible, débile et caché. » (*Éloges académiques*.)

Règles de l'observation. — Elle doit être *détaillée, complète, méthodique*.

Il faut chercher, par l'analyse, les faits élémentaires; noter avec méthode, c'est-à-dire en les coordonnant, les caractères du fait observé et les circonstances de toute nature dans lesquelles il s'est produit; arriver, autant que possible, à les *mesurer*; tenir compte de l'état physique et de l'état moral de l'observateur; enfin vérifier les résultats, soit en répétant les observations, soit en recourant à l'expérimentation (ces règles sont complétées plus loin par les *qualités* de l'observateur).

Insuffisance de l'observation. — En général, l'observation pure ne peut distinguer, entre deux phénomènes simultanés dans l'ordre du temps, celui qui doit être appelé *cause* et celui qui doit être appelé *effet*. Elle ne saisit que des rapports de succession, de coexistence, de rapprochement ou d'éloignement dans l'espace, de similitude ou de dissemblance de nature. Le véritable rapport de dépendance causale lui échappe.

La météorologie, par exemple, qui est une science d'observation, n'a commencé à faire quelques progrès et à donner des résultats certains qu'à partir du moment où l'électricité artificielle a produit en petit les phénomènes de la foudre.

L'astronomie mathématique semble, au premier abord, en dehors de cette loi. Elle paraît appuyée sur l'observation pure. Mais ce n'est qu'une apparence; en réalité, l'expérimentation a son rôle en astronomie, non pas que nous puissions reproduire les mouvements des astres, mais parce que nous appliquons aux astres des données recueillies par de véritables expériences faites sur des objets à notre portée[1].

---

[1] *Esprit d'observation*. — L'esprit d'observation n'a pas moins d'importance dans les sciences morales et dans la vie pratique que dans les sciences de la nature. Remarquer les faits dont on est témoin, se rendre compte de la conduite des hommes et de la suite des

III. — EXPÉRIMENTATION

Expérimentation. — *Expérimenter, c'est provoquer artificiellement les phénomènes dans des conditions déterminées, pour les mieux observer.* « L'observateur écoute la nature, l'expérimentateur l'interroge et la force à se dévoiler. » (CUVIER.)

L'expérimentation, c'est l'observation *provoquée* et perfectionnée ; c'est le moyen qui constitue en grande partie *l'art de l'investigation scientifique*.

Les laboratoires sont remplis d'instruments destinés à constater, à produire artificiellement, à mesurer des phénomènes. En produisant ou en supprimant à volonté telle circonstance, l'expérimentateur produit, supprime ou modifie tel effet ; ou, si aucune conséquence ne se produit sur l'effet, il en conclut qu'elle lui est étrangère.

Claude Bernard définit l'expérimentation : « l'art de provoquer les phénomènes par des moyens appropriés, dans des conditions choisies et déterminées par le *but* que l'on se propose. » L'expérimentation implique donc une *idée préconçue* et a pour but de la vérifier. Sans une idée directrice, l'expérimentation n'est « qu'un pur tâtonnement, capable d'étonner plutôt que d'instruire ». (BACON.) Lorsque Pascal, par ex., imagina l'expérience du puy de Dôme, il avait cette idée préconçue, que si l'air est pesant, la pression doit être moindre en haut qu'en bas, et que par conséquent, en transportant le baromètre sur le haut de la montagne, la colonne barométrique devra baisser d'autant plus qu'on s'élève davantage. C'est ce que l'expérience a démontré. — Cette idée préconçue a cependant son danger, comme on le verra plus loin ; elle fausse l'observation au lieu de la *diriger*, si le savant s'y asservit et ne voit qu'elle.

Quelquefois l'idée directrice fait défaut, et on la cherche, comme il arrive dans les choses nouvelles. On fait alors des expériences de *tâtonnement*, des expériences *pour voir*.

Règles de l'expérimentation. — Il faut *varier, étendre, renverser* l'expérimentation.

Varier et étendre. — *La variation de l'expérience peut porter sur les sujets de l'expérience ou sur la cause qui agit.*

Pour vérifier la loi de Mariotte que, la température restant la même, le volume des gaz est en raison inverse de la pression qu'ils supportent, on expérimente successivement sur les différents gaz, en augmentant peu à peu les pressions. — On constate les effets d'un poison soit en variant les doses sur le même animal, soit en prenant des animaux différents. — On peut essayer si des causes en apparence différentes, comme les anesthésiques (chloroforme, éther, cocaïne), produisent les mêmes effets, et dans quelle mesure.

événements, en découvrir les causes, en suivre les effets, c'est le moyen d'acquérir de *l'expérience*, de prévoir avec probabilité ce qui arrivera. Il ne suffit pas d'avoir beaucoup vu pour avoir beaucoup appris et retenu.

Que d'hommes qui voient et n'*observent* pas ! Ils ont beau vivre longtemps, ils n'apprennent rien ; le spectacle de la vie est un livre fermé pour eux : ils ne savent pas y lire.

Quand la variation porte sur la quantité, elle se confond avec l'*extension*, soit qu'on prolonge plus longtemps l'expérience, soit qu'on augmente la quantité de matière ou l'énergie des causes. C'est en étendant l'expérience au plus grand nombre de faits que l'on arrive à bien constater et à rendre évidents les caractères ou les rapports généraux.

Renverser. — *Renverser l'expérimentation, c'est faire la contre-épreuve, c'est contrôler l'emploi d'un procédé par l'emploi du procédé inverse;* faire succéder, par exemple, la synthèse à l'analyse, ou faire agir sur un même sujet des causes contraires.

Pour montrer que la génération spontanée est une chimère et que toute génération est le résultat de germes ou corpuscules organiques disséminés dans l'atmosphère, Pasteur introduit et supprime tour à tour les germes et obtient ainsi ou supprime à volonté les productions d'organismes. — L'eau ou le mercure soumis au froid se solidifient; soumis à la chaleur, ils se réduisent en vapeur.

Puissance de l'expérimentation. — L'expérimentateur met en présence les substances dont il veut étudier la nature et voit les phénomènes se produire en conséquence de leurs relations; c'est ainsi qu'il atteint le lien causal entre les substances et les phénomènes.

Puis l'expérimentateur isole les causes. Il interrompt la série générale des phénomènes; il dispose un certain nombre de substances déterminées dans un certain rapport; il écarte l'action des autres substances ou des phénomènes antérieurs, ou tout au moins il en élimine l'effet, en modifiant à son gré les conditions du phénomène. Par là, il détermine exactement un certain antécédent nettement délimité, et peut observer utilement le rapport de cet antécédent avec son conséquent.

Enfin il atteint, pour ainsi dire, d'une manière directe, le lien de dépendance causale entre un certain groupe de substances et certains phénomènes. Produisant et modifiant à son gré le groupe de substances, il voit paraître, disparaître ou varier l'effet; il ne saurait douter alors de la dépendance réelle dans laquelle l'effet se trouve par rapport à la cause. Ce n'est pas la simple succession ou la coexistence, c'est la dépendance indirecte dans laquelle l'effet se trouve par rapport à sa propre volonté qui prouve le lien causal. Chaque fois qu'il le veut, l'effet se produit; mais il ne se produit que lorsqu'il a posé la cause. La cause est donc l'intermédiaire entre sa volonté et l'effet, il faut donc qu'elle soit liée à cet effet. Ainsi, avec l'expérimentation, point de doute sur la vraie cause déterminante d'un fait donné; point de confusion, quand il s'agit de faits simultanés, entre la cause et l'effet.

Cette puissance de l'expérimentation vient principalement de ce qu'elle est un acte de liberté. Expérimenter, en effet, c'est produire *à son gré*, c'est-à-dire librement, les phénomènes; c'est rompre la chaîne des causes secondes, modifier le cours de la nature, introduire un élément étranger dans la série des causes.

Pourquoi, quand nous observons simplement une série de phénomènes, ne pouvons-nous pas attribuer à chacun la cause qui lui convient et qui le détermine? C'est parce que les causes naturelles sont mêlées et enchevêtrées, de telle sorte que nous ne pouvons pas savoir si un fait est déterminé par les causes qui l'accompagnent actuellement ou par d'autres causes.

L'expérimentation isole certaines causes, en établissant un rapport constant entre l'effet d'une part, et d'autre part la volonté arbitraire de l'expérimentateur, par l'intermédiaire d'autres causes. Il en résulte que l'effet, lié indirectement à la volonté de l'expérimentateur, est lié directement au groupe de causes dont l'expérimentateur dispose.

C'est parce que notre activité n'est pas engagée dans la série nécessaire des causes, déterminées et déterminantes à la fois, qu'elle est capable de s'isoler elle-même et d'isoler un groupe spécial de causes et d'effets [1].

Qualités de l'observateur et de l'expérimentateur. — La première qualité de l'observateur, c'est d'être *curieux*, de cette *curiosité scientifique* qui est le besoin de tout comprendre et de tout expliquer. Puis il doit être :

Patient : ne pas craindre la peine, ne pas épargner son temps. Chaque phénomène comprend une infinité de détails, chaque loi est engagée dans un réseau complexe de faits : la nature chemine d'ordinaire lentement. Il faut se défier de l'imagination, qui est impatiente. M. Pasteur a observé plus de cinquante mille vers à soie pour découvrir leur maladie [2].

Attentif : considérer l'objet ou le phénomène sous tous ses aspects, dans tous ses rapports. L'attention *élective* est essentielle à l'observation. (Voir *Psychologie*, page 124.) L'attention ne doit pas seulement être patiente, elle doit être *pénétrante* : démêler ce qui est essentiel de ce qui est accessoire.

Adroit et méthodique : se plier aux circonstances et trouver des ressources en face des obstacles ; procéder avec ordre : c'est la méthode qui donne de la cohésion aux efforts, de l'unité aux observations.

Exact : signaler tout ce qu'il voit et rien que ce qu'il voit ; obtenir et donner des *mesures précises* pour le nombre et le degré. En chimie, par exemple, la détermination des proportions définies dans lesquelles les corps se combinent est d'une importance capitale. « Ce n'est pas seulement à préserver d'évaluations inexactes que sert la précision numérique ; elle est véritablement l'âme de la science, la pierre de touche à laquelle on reconnaît la vérité des théories, l'exactitude des expériences. » (HERSCHELL.)

Impartial et indépendant d'esprit : n'avoir qu'un désir, la vérité ; garder, comme le dit Cl. Bernard, « une entière liberté d'esprit assise sur le *doute philosophique*,... écouter la nature et écrire sous sa dictée. »

---

[1] Cet article résume quelques pages de l'abbé de Broglie, dans *le Positivisme et la science expérimentale*.
[2] « Croire que l'on a trouvé un fait scientifique important, avoir la fièvre de l'annoncer, et se contraindre des journées, des semaines, parfois des années à se combattre soi-même, à s'efforcer de ruiner ses propres expériences, et ne proclamer sa découverte que lorsqu'on a épuisé toutes les hypothèses contraires, c'est une tâche ardue. » (PASTEUR, *Inauguration de l'Institut Pasteur*.)
Cl. Bernard ayant prouvé à Magendie que celui-ci s'était trompé en reconnaissant de l'albumine dans le suc pancréatique, Magendie lui écrivit : « Cette dissidence entre nous vient de ce que j'ai conclu plus que je n'ai vu. Si j'avais dit simplement : Le suc pancréatique est un liquide coagulable par la chaleur, je serais resté dans le fait, et j'aurais été inattaquable. »

« Dès que la nature parle, il doit se taire; il doit constater ce qu'elle répond, écouter jusqu'au bout et, dans tous les cas, se soumettre à ses décisions... L'expérimentateur qui continue à garder son idée préconçue, et qui ne constate les résultats de l'expérience qu'à ce point de vue, tombe nécessairement dans l'erreur, parce qu'il néglige de constater ce qu'il n'avait pas prévu et fait alors une observation incomplète. L'expérimentateur ne doit pas tenir à son idée autrement que comme à un moyen de solliciter une réponse de la nature. » (*Introduction à la médecine expérimentale.*) Le même grand physiologiste ajoute qu'il « importe de bien déterminer sur quel point doit porter le doute, afin de le distinguer du scepticisme et de montrer comment le doute scientifique devient un élément de plus grande certitude. Le sceptique est celui qui ne croit pas à la science et qui croit à lui-même; il croit assez en lui pour oser nier la science et affirmer qu'elle n'est pas soumise à des lois fixes et déterminées. Le douteur est le vrai savant; il ne doute que de lui-même et de son interprétation, mais il croit à la science, il admet, dans les sciences expérimentales, un criterium ou un principe scientifique absolu. Ce principe est le déterminisme des phénomènes ».

Sciences expérimentales, sciences d'observation. — *Toute science est expérimentale à quelque degré;* car elle a pour but de connaître son objet tel qu'il est et non tel qu'on imagine qu'il peut ou qu'il doit être. Les sciences les plus abstraites ont l'expérience pour point de départ, en ce sens que toute spéculation repose, à l'origine, sur des données expérimentales. La théodicée, par exemple, repose sur le fait de l'existence de Dieu, qui nous est attestée elle-même par un fait d'expérience : l'existence des créatures, êtres contingents, n'ayant pas en eux-mêmes leur raison d'être. La métaphysique, science de l'être en général, tient de l'expérience l'idée d'être elle-même.

La classification des sciences en *abstraites* et *expérimentales* ne serait pas exacte, si on entendait nier par là le rôle de l'expérience dans les sciences abstraites.

On appelle proprement sciences d'observation celles qui ont recours à l'observation plus qu'à l'expérience; par exemple, l'astronomie, la météorologie : on ne provoque pas à son gré une éclipse ou un orage. On a cependant essayé de produire des pluies artificielles, et le spectroscope a permis de déterminer la nature chimique des corps qui constituent l'atmosphère lumineuse des astres. La géologie elle-même, qui semble ne devoir être qu'une science d'observation, a essayé de refaire artificiellement, dans les laboratoires, les couches de terrain, et a imité la formation des cristaux et des roches. En psychologie, l'expérimentation est difficile, elle n'est pas impossible; le sujet peut se mettre lui-même dans les conditions où il sait que les phénomènes se produisent. En pédagogie, on expérimente un système de punitions, un système de récompenses, un système d'études; en politique[1], un système de vote, de perception des impôts. En physique, en chimie, en physiologie, on observe et on expérimente; et ces sciences sont dites *expérimentales* dans le sens plein du mot.

« Le but d'une science d'*observation*, dit Claude Bernard, est de découvrir les lois des phénomènes naturels, *afin de prévoir;* mais elle ne saurait ni les modifier, ni les maîtriser à son gré. Le type de ces sciences est l'astronomie : nous pouvons prévoir les phénomènes astronomiques, mais nous ne saurions rien y changer. Le but d'une science *expérimentale* est de découvrir les lois des

---

[1] En politique et en pédagogie, il est bien des cas où il serait immoral de pratiquer l'expérience sous sa forme ordinaire. — En biologie, la pratique des vivisections est ainsi jugée par Cl. Bernard : « La science de la vie ne peut se constituer que par des expériences. L'on ne peut sauver de la mort des êtres vivants qu'après en avoir sacrifié d'autres; il faut faire des expériences sur des hommes ou sur des animaux... Donc, s'il est immoral de faire sur un homme une expérience, dès qu'elle est dangereuse pour lui, quoique le résultat puisse être utile aux autres, il est essentiellement moral de faire sur un animal des expériences, quoique douloureuses et dangereuses pour lui, dès qu'elles peuvent être utiles pour l'homme. »

phénomènes naturels, non seulement pour les prévoir, mais dans le but *de les régler à son gré* et de s'en rendre maître ; telles sont la physique et la chimie. »
— Ainsi, dans les premières, savoir, c'est *prévoir*; dans les secondes, savoir, c'est *pouvoir*.

On a cru longtemps que les sciences de la vie n'admettaient pas l'expérimentation ; Magendie et Claude Bernard ont prouvé le contraire par de mémorables travaux.

IV. — HYPOTHÈSE

Définition, diverses sortes. — Dans son sens le plus général, le mot hypothèse signifie *supposition*; au sens scientifique, c'est une *explication provisoire* des faits, une *induction anticipée*. Quand on a observé un phénomène, on lui suppose une cause ou une loi. Cette supposition est le point de départ de toutes les expériences faites pour dégager la vraie cause ou la vraie loi.

On a donné de l'hypothèse la définition suivante, qui en indique la valeur relative : *expression d'une opinion ou d'une intuition personnelle sur un phénomène dont on cherche la cause ou la loi.*

Toutes les sciences ont leurs hypothèses. (On ne parle ici que de celles des sciences de la nature.) Expliquer les choses, c'est en dire les raisons, c'est-à-dire en déterminer les causes et les lois ; de là deux principales sortes d'hypothèses : les hypothèses de *cause* et les hypothèses de *loi*.

Hypothèses *de cause* : en physique, les fluides impondérables ; en physiologie, le fluide vital ; en géologie, l'action des glaciers, l'action des volcans.

Hypothèses *de loi* : en histoire naturelle, celle de la sélection naturelle, de Darwin, pour rendre compte de la formation des espèces ; en physique, pour la théorie de la lumière, on a abandonné l'hypothèse de l'*émission*, imaginée par Newton, et adopté celle des *ondulations* de l'éther, imaginée par Huyghens et plus tard par Fresnel.

On peut encore distinguer les hypothèses *particulières*, qui sont l'explication d'un seul fait : hypothèse de Torricelli, de Pascal, et les hypothèses *générales*, qui sont l'explication d'un groupe ou de plusieurs groupes de faits, réunis par une théorie : hypothèse de la *nébuleuse* (Laplace), hypothèse de l'*unité* des forces physiques (Descartes), hypothèse du *transformisme* (Darwin) pour expliquer les espèces vivantes, hypothèse de l'*évolution* (Spencer) pour expliquer l'univers entier (physique, moral, social).

Rôle de l'hypothèse dans la science. — « Le savant complet est celui qui embrasse à la fois la théorie et la pratique expérimentale : il constate un fait ; à propos de ce fait, une idée naît dans son esprit ; en vue de cette idée, il raisonne, il institue une expérience, en imagine et en réalise les conditions matérielles ; de cette expérience résultent de nouveaux phénomènes qu'il faut observer, et ainsi de suite...

« Une idée anticipée ou une hypothèse est le point de départ nécessaire de tout raisonnement expérimental. Sans cela, on ne saurait faire aucune investigation, ni s'instruire ; on ne pourrait qu'entasser des observations stériles. Si l'on expérimentait sans idée préconçue, on irait à l'aventure. » (CL. BERNARD.)

Toute découverte est donc la conception d'une idée autour de laquelle on groupe les faits. — Si l'idée est vérifiée par les faits, elle est acquise à la science, elle devient une loi ; si elle n'est pas vérifiée, elle a du moins rendu des services : elle a permis de coordonner et de lier des faits qui restaient épars, et en a expliqué un certain nombre ; elle a mis sur la voie des véritables causes ou des véritables lois des phénomènes, et conduit à des recherches nouvelles. Que de découvertes utiles, par exemple, ont été faites par les défenseurs ou les adversaires de l'hypothèse de Darwin et de la génération spontanée[1] !

On donne généralement le nom de découverte à la connaissance d'un fait nouveau ; mais c'est plutôt l'idée qui se rattache à ce fait qui constitue la découverte[2].

Les hypothèses ne sont pas la science, mais elles aident à la faire. Ce sont des *essais*, des *ébauches*, auxquels l'expérimentation laisse leur caractère provisoire, mais qui constituent un précieux instrument de recherche. « La théorie est l'hypothèse vérifiée, après qu'elle a été soumise au contrôle du raisonnement et de la critique expérimentale. » (Cl. Bernard.)

L'histoire des sciences physiques et naturelles montre qu'il n'y a guère de grandes découvertes qui n'aient été préparées par des hypothèses. Les tourbillons de Descartes, en substituant une théorie mécanique aux causes occultes, ont mis Newton sur la voie du système de la gravitation. Les lois de Kepler sur les révolutions des planètes, le système de Huyghens sur l'anneau de Saturne, les conceptions de Cuvier sur les animaux fossiles, de Harvey sur la circulation du sang, l'idée émise par Buffon que l'état actuel du globe était le résultat de révolutions successives, l'interprétation des hiéroglyphes par Champollion, n'ont été d'abord que des hypothèses, que le temps et l'expérience ont vérifiées et transformées en incontestables vérités.

Caractères d'une bonne hypothèse. — Dumas, dans sa *Philosophie chimique*, a résumé ainsi les caractères d'une bonne hypothèse : « Elle sera suscitée par l'observation de *dix* faits ; elle en expliquera *dix* autres déjà connus, mais qui n'étaient pas liés

---

[1] « D'une manière générale, une hypothèse fausse peut profiter à la science, parce qu'elle suscite elle-même les recherches qui doivent l'éliminer. Or toute élimination d'une hypothèse fausse est un pas vers le vrai. Comme le marin pour entrer au port, c'est en louvoyant que l'esprit bien souvent arrive à la vérité. » (Rabier, *Logique*.)

[2] « La découverte gît dans l'idée. Les *faits*, sans l'idée, ne sont rien ; car ils ne valent qu'en tant qu'ils expriment, manifestent, réalisent l'idée. L'idée ne vient donc pas à la suite des faits et à titre de simple corollaire ; loin de là, les faits ne sont des faits que par la signification que leur donne l'idée. Il est pourtant d'usage, parmi nos savants, de dire que la théorie doit suivre les faits, et non les faits suivre la théorie… Ce qui trompe en ceci, c'est que l'on confond la *démonstration* de l'idée avec sa *conception*. Il faut sans doute des faits pour démontrer l'idée, ou, en d'autres termes, il faut que l'idée soit vraie, qu'elle soit *vérifiable*. Mais vérifier n'est pas découvrir. La découverte est la conception du principe idéal, régulateur des faits. C'est là l'œuvre créatrice et architectonique de l'esprit. » (L. Peisse, *la Médecine et les Médecins*.) — Dans l'introduction de son *Dictionnaire*, Wurtz constate que « toutes les découvertes qui ont illustré les plus grands noms de la chimie dans ce siècle (Davy, Gay-Lussac, Thénard, Sainte-Claire Deville) découlent d'une idée, l'idée de la constitution des sels, émise par Lavoisier ».

M. E. Naville (*Logique de l'hypothèse*) a bien mis en relief le rôle nécessaire de l'hypothèse dans la science : « L'hypothèse est le facteur essentiel des sciences. Toute vérité est, sous sa forme première, une hypothèse qui n'a de valeur que lorsqu'elle est vérifiée, et qui, lorsqu'elle est vérifiée, devient, soit un théorème, soit une loi, soit enfin la détermination d'une classe, d'une cause ou d'un but. »

ensemble ni aux précédents; elle en fera découvrir *dix* nouveaux. Mais, la plupart du temps, elle finira par succomber devant *dix* derniers faits qui ne se lient pas aux précédents. »

On peut citer, comme exemple, une hypothèse de Dumas lui-même. La théorie que les végétaux sont appelés à produire des composés chimiques et les animaux à les détruire, fondée par Dumas et Boussingault, était suscitée par des faits connus, en expliquait un grand nombre, en a fait découvrir un grand nombre d'autres; mais elle est venue échouer devant la grande découverte de la fonction glycogénique du foie, par Cl. Bernard, d'où il résulte que le foie produisant du sucre sans en recevoir, les animaux, aussi bien que les végétaux, sont capables de créer des composés organiques.

Invention de l'hypothèse. — Il n'y a pas de règle pour concevoir ou *inventer* une hypothèse; il ne peut y en avoir que pour la *vérifier*. L'invention d'une idée, qui est l'âme d'une découverte, est affaire de génie, et le génie est un don.

« Il n'y a pas de règles à donner, dit Claude Bernard, pour faire naître dans le cerveau, à propos d'une observation donnée, une idée juste et féconde, qui soit pour l'expérimentateur une sorte d'anticipation intuitive de l'esprit vers une recherche heureuse. L'idée une fois émise, on peut seulement dire comment il faut la soumettre à des préceptes définis et à des règles logiques précises dont aucun expérimentateur ne saurait s'écarter; mais son apparition a été toute spontanée, car sa nature est tout individuelle. C'est un sentiment particulier, un *quid proprium*, qui constitue l'originalité, l'invention, le génie de chacun. Une idée neuve apparaît comme une relation nouvelle ou inattendue, que l'esprit aperçoit entre les choses. Toutes les intelligences se ressemblent sans doute, et des idées semblables peuvent naître chez tous les hommes, à l'occasion de certains rapports simples des objets que tout le monde peut saisir; mais, comme les sens, les intelligences n'ont pas toutes la même puissance ni la même acuité, et il est des rapports subtils et délicats qui ne peuvent être sentis que par des esprits plus perspicaces, mieux doués et placés dans un milieu intellectuel qui les prédispose d'une manière favorable. »

Vérification de l'hypothèse. — Pour vérifier une hypothèse, il faut chercher :

1º Si elle est d'accord avec tous les faits et les principes connus, ou, tout au moins, si elle n'est formellement contredite par aucun;

2º Si elle rend compte de toutes les circonstances du fait et de tous les faits de même nature qui peuvent ou qui pourront rentrer dans l'hypothèse;

3º Si les conséquences qui en découlent sont confirmées par l'expérience et le calcul, ce qui est proprement le caractère scientifique.

Ainsi cette hypothèse, que *la nature a horreur du vide*, n'a pas pu tenir contre ce fait que le mercure ne monte pas au-dessus de 0,76 c/m, dans un tube où l'on fait le vide; celle des *tourbillons*, de Descartes, a été condamnée du jour où d'Alembert en a déduit des conséquences contraires aux faits.

Une hypothèse qui permet de prédire des phénomènes, se réalisant à point nommé, offre de sérieux motifs de crédibilité.

Quelques hypothèses conçues sur la formation des minéraux que renferme la terre, ont pu trouver un commencement de vérification dans les essais tentés par quelques chimistes en vue de former ces minéraux, et si un jour les chimistes réalisaient toutes les espèces de minéraux, l'hypothèse serait pleinement vérifiée. L'hypothèse de l'incandescence primitive du globe terrestre, imaginée et avancée par Descartes, Leibniz et Buffon, est devenue une vérité scientifique, par l'étude des volcans, des sources d'eaux thermales, qui attestent l'existence d'un feu intérieur.

Comme beaux exemples d'hypothèses vérifiées, on peut citer encore : la circulation du sang; la loi de la gravitation universelle; la découverte de Neptune, suggérée à Leverrier par les perturbations d'Uranus.

Exemple plus détaillé d'une découverte expérimentale. — Un jour, on apporta dans le laboratoire de Claude Bernard des lapins venus du marché. On les plaça sur une table, où ils urinèrent. Le savant observa par hasard que leur urine était claire et acide ; ce fait le frappa, parce que les lapins ont ordinairement l'urine trouble et alcaline, en leur qualité d'herbivores, tandis que les carnivores ont au contraire les urines claires et acides. — Voilà le fait à expliquer; il est fourni par une observation accidentelle. Cette observation d'acidité de l'urine chez le lapin fit venir à Claude Bernard la pensée que ces animaux devaient être dans la condition alimentaire des carnivores. Il supposa qu'ils n'avaient probablement pas mangé depuis longtemps et qu'ils se trouvaient ainsi transformés, par l'abstinence, en véritables animaux carnivores vivant de leur propre sang. — Voilà l'explication anticipée, l'hypothèse. — Il faut la vérifier. Alors intervient dans l'esprit de l'expérimentateur le raisonnement suivant, qui aboutit aux expériences propres à faire apparaître la vérité ou la fausseté de l'explication supposée : les urines des carnivores sont acides; or les lapins que voici ont des urines acides, donc ils sont carnivores. Il s'agissait donc d'établir que les lapins en question étaient devenus carnivores. « Rien n'était plus facile, dit Claude Bernard. Je donnai à manger de l'herbe aux lapins, et, quelques heures après, leurs urines étaient devenues troubles et alcalines. On soumit ensuite les mêmes lapins à l'abstinence, et, après vingt-quatre et trente-six heures au plus, leurs urines étaient devenues claires et fortement acides; puis elles devenaient de nouveau alcalines en leur donnant de l'herbe, etc. Je répétai cette expérience si simple un grand nombre de fois sur les lapins, et toujours avec le même résultat. Je la répétai ensuite chez le cheval, animal herbivore, qui a également l'urine trouble et alcaline. Je trouvai que l'abstinence produit, comme chez le lapin, une prompte acidité de l'urine. J'arrivai ainsi, à la suite de mes expériences, à cette proposition générale qui alors n'était pas connue, à savoir, qu'à jeun tous les animaux se nourrissent de viande. — Mais, pour prouver que mes lapins, à jeun, étaient bien des carnivores, il y avait une autre épreuve à faire. Il fallait réaliser expérimentalement un lapin carnivore, en le nourrissant avec de la viande, afin de savoir si les urines seraient alors claires et acides comme pendant l'abstinence. C'est pourquoi je fis nourrir des lapins avec du bœuf bouilli. Ma prévision fut encore vérifiée, et, pendant toute la durée de cette alimentation animale, les lapins gardèrent des urines claires et acides. » (*Introduction à la médecine expérimentale.*) — (Voir un autre exemple aux *Notes complémentaires*.)

V. — INDUCTION

Il ne faut pas confondre l'induction *scientifique*, dont il est question ici, qui est fondée sur des observations ou des expérimentations conduites scientifiquement et s'occupe des phénomènes soumis à des lois fatales, avec l'induction *littéraire* ou *oratoire*, dont on traite dans les rhétoriques, et qui a pour fondement des faits du monde moral, dans lesquels la volonté intervient. Cette dernière sorte d'argument conclut au *vraisemblable*. « Ce genre d'argument, dit Bossuet, est le plus fréquent dans la vie ; car les pures démonstrations ne regardent que les sciences. L'argument *vraisemblable* ou *conjectural* est celui qui décide les affaires, qui préside, pour ainsi parler, à toutes les délibérations. » (*Logique*.)

Il ne faut pas le confondre non plus avec l'induction improprement appelée *aristotélique* par les modernes, argument qui se fait par *l'énumération complète des parties*, comme quand on dit : Les mammifères, les oiseaux, les reptiles, les batraciens, les poissons ont le sang rouge, donc tous les vertébrés ont le sang rouge. L'induction scientifique conclut à la loi d'après *quelques faits* ou même d'après un seul fait, complet en l'espèce, parfaitement étudié.

Définition. — Les observations, les expérimentations, les hypothèses concourent à un but commun : *dégager la loi* du phénomène étudié, c'est-à-dire sa liaison constante et générale avec un autre phénomène ou un groupe de phénomènes. C'est ce que fait *l'induction* en se fondant sur les travaux préparatoires des autres procédés de la méthode.

L'induction est donc le procédé par lequel l'esprit passe de la connaissance des faits à celle des lois qui les régissent. Elle étend à tous les êtres et à tous les faits de la même espèce, à tous les points de l'espace et de la durée, ce qui n'a été préalablement connu que de quelques cas particuliers, à tels moments et à tels lieux déterminés.

Stuart Mill, qui pense que notre croyance au principe de la *causalité universelle* est le résultat d'expériences accumulées, définit l'induction « une *généralisation de l'expérience* ». L'induction est bien cela, sans doute ; mais cette généralisation n'est pas possible sans principes rationnels, sans idées *à priori*.

Principe ou fondement de l'induction. — L'induction est un procédé à la fois *expérimental* et *rationnel* : l'expérience donne les faits, quelquefois même avec le caractère de l'uniformité constante; la raison seule peut donner la loi, c'est-à-dire affirmer une nécessité hypothétique en vertu de laquelle ces faits se reproduiront toujours les mêmes ; nécessité hypothétique, car les lois de la nature ne sont pas nécessaires d'une nécessité absolue ; les rapports qu'elles formulent sont subordonnés d'abord à l'existence des termes unis, et aussi à Dieu, qui peut déroger aux lois qu'il a librement établies. — Sans l'expérience, l'induction ne serait qu'une hypothèse vide ; sans un principe rationnel, on n'aurait pas le droit de formuler des lois universelles.

Pour que l'induction soit légitime et féconde, il faut : 1° *coordonner* et *interpréter* les faits recueillis, de manière à dégager les idées générales de rapports : c'est à quoi l'on arrive par les *tables* de Bacon et par les *méthodes* de Stuart Mill ; — 2° il faut *étendre* à tous les temps et à tous les lieux l'idée générale, ou plutôt la loi formulée, et c'est pour légitimer cette extension que l'on doit recourir à un principe rationnel, car la loi n'est pas la collection de tous les cas (on n'en peut observer qu'un petit nombre), mais l'expression d'un rapport constant de causalité.

Ce principe rationnel a été diversement formulé. On l'a appelé : principe des *lois*, principe de l'*ordre*, principe de l'*uniformité d'action des forces naturelles*, principe du *déterminisme universel*. « Le principe de *causalité*, dit M. Ravaisson, de quelque phénomène qu'il s'agisse, est le nerf caché de tout raisonnement inductif. » L'esprit affirme l'uniformité d'action comme une conséquence nécessaire de l'uniformité de nature; la cause, en se multipliant dans des faits concrets, répète en chacun ses caractères, et c'est parce que l'esprit croit irrésistiblement que tout phénomène a sa cause et que la même cause, placée dans les mêmes circonstances, produit le même effet, qu'il peut dépasser l'expérience, dépasser le point de l'espace et du temps où elle s'est faite, pour porter des jugements universels et formuler des lois. L'esprit ne reçoit pas les principes du dehors, il les tire de son activité propre. L'expérience ne les crée pas, elle est l'occasion, la condition de leur genèse dans l'esprit.

Cependant « il importe de remarquer que ce principe rationnel n'est pas une majeure proprement dite d'où on puisse faire sortir des vérités particulières; c'est une *condition* de la légitimité de l'induction ou de l'extension illimitée des résultats de l'expérience, comme le principe de contradiction est une condition de légitimité pour la déduction. De plus, si le principe d'induction est nécessaire et absolu, ses applications, c'est-à-dire les lois spéciales, demeurent contingentes, car il est évident que Dieu aurait pu établir un ordre différent ». (P. Regnault, *Cours de philos.*)

On voit, par ces principes, qu'il ne faut pas, avec M. Ravaisson, faire de l'induction « une déduction provisoire et conditionnelle qui se change, par la vérification de l'expérience, en une déduction définitive et inconditionnelle ». L'expérience, alors même qu'on la supposerait universelle, ne renfermerait que la totalité des faits passés, et, par elle-même, ne permettrait pas de conclure, comme on le fait, en étendant la loi à tous les temps et à tous les lieux.

Il faut réfuter de la même manière la théorie de Royer-Collard et des philosophes écossais, qui ramènent le raisonnement inductif à un syllogisme dont la majeure serait que les lois de la nature sont stables et générales; la mineure, les faits observés, et la conclusion, la loi de ces faits. Il n'y a pas de conclusion proprement dite des faits aux lois, puisque l'étendue de la conclusion excéderait, et dans la plupart des cas excéderait infiniment celle des prémisses. Il n'est jamais permis de conclure de *quelques* à *tous*, ni de déduire d'un principe abstrait l'existence d'une loi réelle. Ce qui permet, dans l'induction, de passer du rapport individuel et particulier d'un antécédent à son conséquent, au rapport universel de tout antécédent du même genre à tout conséquent du même genre, c'est la certitude rationnelle qu'un rapport causal et déterminant est universel et immuable. Ce n'est ni des faits seulement ni du principe de la stabilité et de l'universalité des lois de la nature que l'induction tire ses conclusions, mais des faits interprétés à la lumière du principe. Voilà pourquoi il faut affirmer, contrairement à Bacon, qu'une seule expérience peut donner la certitude de la loi. Il s'agit, dans l'induction, de découvrir par quoi un antécédent s'enchaîne à son conséquent, c'est-à-dire ce qui en lui est producteur de l'effet; or cette relation ou cette loi se trouve incarnée tout entière dans un seul phénomène, et un esprit exercé peut, par une expérience bien conduite, l'en tirer à coup sûr.

Enfin, ces principes montrent l'insuffisance de la théorie empirique de Stuart Mill, qui fait dériver le principe d'induction, comme celui de causalité, de l'association des idées et de l'habitude. (On a vu la réfutation de cette théorie en Psychologie, 12° leçon, page 177.)

Distinction entre la condition, la cause déterminante et la cause efficiente. — Puisqu'il s'agit, dans l'induction, d'exprimer un rapport universel de causalité, avant de formuler ce rapport, c'est-à-dire la loi, il faut d'abord découvrir la cause. Cette cause, qui est l'objet direct de la science, c'est toujours un fait ou un groupe de faits, condition nécessaire et suffisante d'autres faits.

Pour qu'un phénomène soit la *condition* d'un autre phénomène, il faut : 1° que, en dehors de la présence de l'un, l'autre ne se produise jamais; 2° que, le premier variant, il fasse varier le second dans des proportions correspondantes. En d'autres termes, tout rapport de deux phénomènes tel que la présence du premier, son absence, ses variations, suffisent à entraîner la présence, l'absence, les variations du second, est un rapport de causalité.

Ces règles généralisées sont celles de l'induction : 1° si la cause est posée, l'effet est produit; 2° si la cause est enlevée, l'effet est supprimé; 3° si la cause varie, l'effet varie proportionnellement.

Mais « il ne faut pas confondre les *causes* et les *conditions*; tout est là », dit Cl. Bernard. On appelle *condition* ou *cause déterminante* d'un phénomène une circonstance qui, sans le produire, est indispensable à sa production ; par exemple, l'oxygène de l'air, l'eau, la chaleur, sont les conditions externes, les causes *déterminantes*, si l'on veut, de la germination; ils n'en sont pas la cause *efficiente*, la seule vraie cause. De même, à cause de l'union intime de l'âme avec le corps, l'intelligence ne s'exerce jamais, pendant la vie actuelle, sans le concours de la mémoire et de l'imagination ; et, comme le cerveau est la condition de ces deux facultés, il l'est aussi indirectement de la pensée. — Le rapprochement des deux extrémités des fils rattachés aux armatures d'une batterie électrique peut, à juste titre, être considéré comme la *cause déterminante* immédiate, mais non comme la cause efficiente d'une explosion qui peut produire des effets considérables. — Un fait peut donc être la *condition* ou la cause déterminante d'un autre fait sans en être la cause efficiente. Ainsi, dans l'état actuel des choses, le cerveau est nécessaire, mais ne suffit pas pour qu'il y ait pensée; il est cause *instrumentale* médiate, il n'est pas cause *efficiente* de la pensée : cette cause est l'âme spirituelle.

De là la *différence* entre la *cause efficiente* et la *cause déterminante*. — Il y a nécessairement proportion entre la cause efficiente et l'effet : il est absurde de supposer un effet produit par une cause qui n'a pas une puissance proportionnée. Aucune proportion, au contraire, n'existe nécessairement entre une cause déterminante et son effet.

Considérons une locomotive au départ. Tout étant prêt, le mécanicien tourne la roue de mise en train, et la locomotive s'ébranle. Le mouvement de la mise en train est la cause déterminante du départ. Analysons ce fait au point de vue de la cause efficiente. Le mécanicien est cause efficiente du mouvement de la mise en train : celle-ci une fois mue est cause efficiente du déplacement du tiroir ; le tiroir étant ouvert, la vapeur, autre cause efficiente, se précipite dans le cylindre et pousse le piston : le piston agit à titre de cause efficiente sur la manivelle, celle-ci sur les roues, etc.

Il y a donc une chaîne de causes efficientes dont l'ensemble relie la cause déterminante à l'effet. Dès lors il est facile de comprendre pourquoi la proportion entre la cause et l'effet, essentielle quand il s'agit de causes efficientes, n'existe pas quand on considère les causes déterminantes. C'est que la cause déterminante n'étant qu'indirecte, il existe des causes intermédiaires qui peuvent être plus puissantes qu'elle, et ce sont elles, et non la cause déterminante, qui sont proportionnées avec l'effet.

On comprend, du reste, qu'il doit exister deux sortes de causes déterminantes, les unes n'ayant pour effet que de provoquer l'action de la véritable cause efficiente : tel est le mouvement de la mise en train de la locomotive ; les autres, qui sont à la fois déterminantes et efficientes, telle serait l'eau de la chaudière, dont la présence est une condition, mais qui doit également entrer dans la formation du moteur. » (DE BROGLIE, *le Positivisme*, 2º partie, liv. I, ch. XI.)

Tables de Bacon. — Bacon veut qu'en observant et en expérimentant on fasse trois catégories des faits observés ; c'est ce qu'il appelle *dresser trois tables* ;

1º Une table de *présence*, où l'on note les cas qui s'accordent en ce qu'ils présentent tous le même phénomène ; en d'autres termes, on note les circonstances dans lesquelles apparaît, quoique dans des matières différentes, le phénomène à expliquer ;

2º Une table de *déviation* ou *d'absence*, où l'on note les cas où le phénomène manque, quoiqu'on y trouve toutes les circonstances qui, en général, l'accompagnent ;

3º Une table de *comparaison* ou de *degrés*, où l'on note les circonstances qui croissent et décroissent en même temps que le phénomène et de la même manière que lui, soit dans un même sujet, soit dans des sujets différents.

On constate, par exemple, qu'un métal se dilate, s'il est soumis à l'action d'une source de chaleur, et que la dilatation augmente ou diminue ou cesse, suivant que croît ou décroît ou devient nulle l'action de la chaleur ; on en conclut qu'il y a rapport nécessaire entre la chaleur et la dilatation du métal.

Il est des cas où l'une des trois *tables* est seule possible et suffit ; pour établir, par exemple, que les phénomènes des marées dépendent de l'attraction de la lune, on n'a pu évidemment que marquer les variations correspondantes des deux phénomènes.

« Après avoir rejeté, par des conclusions légitimes, tout ce qui n'est pas une condition du fait qu'on étudie, on doit espérer que les lois fausses et chimériques s'étant dissipées en fumée, la vérité restera seule au fond du creuset. » (BACON.)

Les quatre méthodes de Stuart Mill. — Avec plus de précision que Bacon, le philosophe anglais contemporain Stuart Mill a formulé quatre règles ou méthodes de recherche expérimentale, qu'il appelle méthode d'*accord* ou de *concordance*, méthode de *différence*, méthode des *variations concomitantes*, méthode des *résidus*.

On considère, en général, les *tables* de Bacon comme correspondant aux trois premières méthodes. M. Rabier n'admet pas cette assimilation ; pour lui, les tables sont plutôt « des collections de faits où l'on puise pour mettre en œuvre ces diverses méthodes ».

Méthode de concordance. — Elle repose sur cet axiome : *Une circonstance qui peut être exclue sans préjudicier au phénomène, ou qui peut être absente quand le phénomène est présent, n'y est pas liée par causation.* De là cette règle : « Si deux ou plusieurs exemples du phénomène à expliquer présentent une seule circonstance commune, il y a un lien causal entre cette circonstance et le phénomène. » Bain donne cet exemple, reproduit par M. Janet : Quand la cristallisation se produit, il y a une circonstance antécédente qui est toujours la même, malgré la variété des cas, et qui est seule commune à tous, c'est le dépôt à l'état solide d'une matière à l'état de fusion ou de dissolution, et cette circonstance est regardée à bon droit comme une condition essentielle de la cristallisation. De même, dans la transformation des corps solides en liquides et des liquides en gaz, à quelque variété qu'ils appartiennent, il n'y a qu'une circonstance qui soit commune dans tous les cas et que l'on peut considérer comme la condition essentielle du phénomène ; c'est l'intervention de la chaleur.

M. Pasteur s'est servi de cette méthode pour établir que la fermentation est l'œuvre des germes vivants. Il y a toujours eu génération là où les germes ont pu pénétrer et vivre, quelles que soient toutes les autres circonstances de milieu, de temps, de récipient.

Méthode de différence. — La méthode d'accord n'est pas toujours décisive ; on en fait la contre-épreuve par la *méthode de différence*, qui consiste à *supprimer la circonstance présentée par la méthode concordante comme la cause ou du moins l'une des causes du phénomène.* On veut savoir, par exemple, si c'est la résistance de l'air qui produit la différence de vitesse dans la chute des corps ; j'élimine l'air en faisant le vide, et je trouve que la vitesse est sensiblement égale. — M. Pasteur a montré qu'en supprimant les germes, en les empêchant de pénétrer dans des liqueurs préalablement stérilisées, on supprime toute fermentation. — Pour vérifier la fonction d'un nerf, le physiologiste en opère la section.

La méthode de différence est le ressort le plus puissant de la méthode expérimentale. Cl. Bernard insiste sur sa nécessité. « Pour conclure avec certitude qu'une condition donnée est la cause prochaine d'un phénomène (ou l'un des éléments de sa cause), il ne suffit pas d'avoir prouvé que cette condition précède ou accompagne toujours ce phénomène ; mais il faut encore établir que, cette condition étant supprimée, le phénomène ne se montrera plus... Les coïncidences constituent un des écueils les plus graves de la méthode expérimentale. C'est le sophisme : *post hoc, ergo propter hoc ; après cela, donc à cause de cela.* La contre-épreuve supprime la cause supposée, pour voir si l'effet persiste, suivant cet adage : *Supprimée la cause, l'effet est supprimé*; c'est ce qu'on appelle *expériences cruciales*. »

Méthode des variations concomitantes. — *Elle consiste à faire varier la circonstance présentée comme cause par les deux méthodes précédentes, pour voir si le phénomène variera dans les mêmes proportions.* — M. Pasteur l'a pratiquée dans ses expériences, en montrant qu'il y a proportionnalité entre l'abondance ou la rareté des germes et l'abondance ou la rareté des productions organiques. — La célèbre expérience de Pascal, sur le puy de Dôme, était une preuve par variations concomitantes du rapport qui existe entre la pression de l'air et la hauteur de la colonne barométrique. C'est par la même méthode que le physiologiste obtient une des preuves des relations qui lient le cerveau aux facultés sensitives. La formule peut être énoncée ainsi : *Lorsque le phénomène à expliquer varie, si parmi toutes les circonstances une seule croit ou décroît en même temps que lui, c'est celle-là qui en est la cause.*

Exemple d'emploi de ces trois méthodes. — M. P. Janet résume ainsi l'emploi de ces trois méthodes par M. Pasteur, dans ses recherches sur la génération spontanée :

Supposons que l'on parte de cette hypothèse, que la production spontanée d'organismes vivants ait pour cause la présence de germes en suspension dans l'air qui viennent à rencontrer dans un liquide fermentescible un milieu favorable à leur éclosion. Que fera-t-on pour vérifier l'hypothèse?

1º On exposera à l'air libre des vases remplis de liquides fermentescibles, et on prouvera que partout où les germes supposés auront pu tomber sur ces liquides, les productions dites spontanées auront lieu : *méthode de concordance;*

2º On pratiquera la contre-épreuve en soustrayant, au contraire, ces liquides à l'action de l'air extérieur et en prouvant que des vases fermés, où l'air ne peut pénétrer, restent indéfiniment exempts de tout organisme : *méthode de différence;*

3º On montrera que le nombre des organismes produits est proportionnel au nombre des germes que l'on peut supposer dans l'air. Par exemple, dans les caves où l'air est immobile, et où les germes doivent être depuis longtemps tombés sur le sol, on pourra exposer des vases ouverts à l'air libre, sans que les organismes se produisent; et, si l'on gravit les montagnes, où les germes doivent devenir de moins en moins fréquents à proportion de la hauteur, le nombre des organismes doit décroître proportionnellement; or tous ces faits se sont vérifiés. *C'est la méthode des variations concomitantes.* (Pour plus de détails sur cette question, on peut voir : Rabier, *Logique,* ch. VIII, appendice; — ou encore : *Histoire d'un savant par un ignorant.*)

Méthode des résidus[1]. — Signalée par Herschell dans son discours sur la Philosophie naturelle, elle est ainsi formulée par Stuart Mill : *Si l'on retranche d'un phénomène donné tout ce qui, en vertu d'inductions antérieures, peut être attribué à des causes connues, ce qui reste sera l'effet des antécédents qui ont été négligés, et dont l'effet était encore une quantité inconnue.*

Herschell fait remarquer que « toutes les grandes découvertes en astronomie ont été le fruit de l'examen des phénomènes résidus quantitatifs ou numériques. C'est ainsi que l'insigne découverte de la précession[2] des équinoxes résulte, a titre de résidu, de l'explication incomplète du retour des saisons, par le retour du soleil aux mêmes lieux apparents par rapport aux étoiles fixes ». Ainsi encore le mouvement de la planète Uranus s'expliquant dans son ensemble par des causes connues, les irrégularités de ce mouvement étaient un résidu qui, déterminé avec précision, conduisit Leverrier à la découverte de Neptune.

On peut appliquer cette méthode au problème de la *finalité*. Quand on en a écarté toutes les causes qui sont dans la nature, l'homme, le mécanisme, le

---

[1] Expression empruntée à la chimie.
[2] Mouvement rétrograde des points équinoxiaux.

hasard, la fatalité, etc., il ne reste qu'à affirmer une cause au-dessus et en dehors de la nature. Cette cause, qui ne peut être que très intelligente, très sage, très puissante, est ce que les hommes appellent Dieu.

VI. — ANALOGIE

Les sciences naturelles emploient, comme les sciences physiques, l'observation, l'expérimentation et les autres procédés de la méthode expérimentale dont il a été parlé; mais c'est surtout en elles que trouvent leur emploi l'*analogie*, la *classification* et les *définitions empiriques*.

Définition. — Le mot *analogie* signifie à la fois une propriété des choses et un procédé de raisonnement.

Comme *propriété des choses*, l'analogie est une *ressemblance mêlée de différence entre deux ou plusieurs objets*, une similitude qui n'implique pas identité. Il faut donc distinguer l'*analogie* et la *ressemblance* ou *similitude*: les ailes d'un oiseau sont *semblables* entre elles, ainsi que les nageoires d'un poisson; la nageoire du poisson est *analogue* à l'aile de l'oiseau.

L'analogie, procédé de raisonnement, conclut de ressemblances observées à des ressemblances non observées, ou d'une ressemblance partielle à une ressemblance totale. Exemple : Franklin remarque des caractères semblables entre les phénomènes de la foudre et ceux de l'électricité; il en conclut que ces phénomènes sont les effets d'une même cause.

Les rapports analogiques sont de trois sortes : 1° d'effet à cause; 2° de moyens à fin ou de fin à moyens; 3° de pure ressemblance. De l'analogie des effets on conclut à celle des causes et de l'analogie des moyens à celle des fins, et *vice versa ;* de la ressemblance sur certains points, on infère la ressemblance sur d'autres points.

EXEMPLE. — « Les hommes qui nous entourent, qui sont faits comme nous (analogie de pure ressemblance), qui agissent comme nous (analogie de cause), qui ont les mêmes organes que nous (analogie de moyens), doivent être en tout point nos semblables et posséder les mêmes facultés que nous, quoique nous ne puissions pas observer directement en eux ces facultés. » (CONDILLAC).

Nous avons conscience d'être des êtres intelligents; mais sur quoi repose notre croyance à l'intelligence des autres? Quand nous passons de la conscience de notre intelligence personnelle à la croyance à l'intelligence des autres, ce n'est et ce ne peut être que par une induction analogique.

L'analogie repose, comme l'induction, sur la généralité des lois de la nature, sur ce principe que dans toutes les circonstances analogues la nature procède de la même manière, tend aux mêmes fins par les mêmes moyens.

AUTRES EXEMPLES. — Voir ceux qui ont été cités pages 124 et 125. C'est en vertu des analogies existant entre la potasse et la soude que Davy, après avoir isolé un métal de la potasse, conclut que la soude devait, elle aussi, renfermer un métal.

L'analogie remarquée par Cuvier entre certains organes fossiles et les mêmes organes de certaines espèces vivantes, lui fit supposer une analogie générale de l'organisme et créer la paléontologie.

Un certain nombre d'analogies entre les lois de la chaleur *rayonnante* et de la lumière amènent les physiciens à conclure que ces deux fluides sont de même nature et que tout ce que l'expérience ou le calcul constate de l'un peut être affirmé de l'autre.

L'analogie des *aimants* et des *solénoïdes* a été une source féconde de progrès, en physique.

Huyghens et Young ont posé les bases de l'optique moderne en raisonnant par analogie, pour conclure les propriétés de la lumière de celles du son. Cette analogie cependant a des bornes, que Fresnel a marquées.

L'analogie peut quelquefois s'exprimer sous forme de proportion; la nageoire du poisson est à l'eau ce que l'aile de l'oiseau est à l'air. — Le mot *aéronaute* (navigateur de l'air) suppose cette proportion : Le ballon est à l'air ce que le vaisseau est à l'eau.

Analogie et induction. — L'analogie tient à la fois de l'induction et de la déduction. En apparence, elle conclut du particulier au particulier, du fait au fait; en réalité, du général au particulier. « C'est une déduction fondée sur une induction préalable... Le raisonnement analogique peut s'exprimer sous cette forme : la rencontre des caractères *a*, *b*, *c* et *f* dans A est une loi ou peut se présumer telle; donc *a*, *b*, *c*, étant donnés dans B, *f*, doit y être aussi donné. » (RABIER, *Logique*.)

Kant caractérise en deux mots la différence entre l'analogie et l'induction : « Une seule chose dans un grand nombre de sujets; donc, dans tous : *induction*. — Plusieurs choses dans un sujet (qui sont aussi dans un autre); donc aussi le reste dans le même sujet : *analogie*. »

On a fait remarquer aussi que le principe de l'induction est la permanence des forces, et celui de l'analogie, l'unité du plan ou la loi de continuité. Ces deux principes ont une valeur très inégale; le premier est une affirmation rationnelle se rattachant de près à celle de l'immutabilité de la force suprême; le second est une généralisation que l'expérience même ne confirme pas toujours. Ainsi, on arrive par induction à une vraie certitude, toujours contingente; on ne dépasse pas, avec l'analogie, la sphère des conjectures. (Note de M. Charles dans ses *Lectures philosophiques*.)

Valeur de l'analogie. — La probabilité des conclusions auxquelles on arrive par l'analogie dépend du *nombre*, mais surtout de l'*importance* des ressemblances observées. Il faut demander à l'analogie, non des théories, mais des conjectures; non des lois, mais des hypothèses. — Il faut se rappeler que *comparaison n'est pas raison*.

Ainsi, une fausse analogie a conduit les déterministes à affirmer que les motifs sont à la volonté ce que les poids sont à une balance, et que, dans nos déterminations, c'est toujours le motif le plus fort qui entraîne fatalement la volonté.

« Le sentiment juste de l'analogie distingue le vrai savant de celui qui ne l'est pas : celui-ci remplace par l'imagination la comparaison précise et légitime. C'est, par exemple, une fausse analogie qui a conduit un utopiste moderne, Fourier, à supposer que le monde moral est gouverné par l'*attraction*, comme le monde physique, et à imaginer une attraction *passionnelle* semblable à l'attraction des corps célestes. C'est prendre une métaphore pour une cause : rien ne se ressemble moins que l'impulsion des passions et la chute des corps. » (P. JANET.)

Dans sa *Théorie de l'organisme social*, M. Fouillée déclare qu'il y a lieu de reconnaître aujourd'hui, à côté des règnes minéral, végétal et animal, le règne *social*; car les sociétés sont des êtres vivants; mais elles ont des caractères assez tranchés pour qu'il soit impossible de les appeler des végétaux et difficile de les appeler des animaux : c'est un règne à part, qui comprend les sociétés animales et les sociétés humaines. — Si on va au bout de cette analogie, la science sociale n'est plus qu'un chapitre d'histoire naturelle. « Pour M. Fouillée, dit le comte de Vareilles, doyen de la Faculté libre de droit de Lille, tous les cerveaux des citoyens d'une nation forment la masse nerveuse de cette nation; les familles sont les ganglions; les cités, les vertèbres; la capitale, le cerveau, qui n'est qu'une vertèbre grossie et devenue dominante; les penseurs, les savants, sont les cellules perfectionnées du cerveau, à la condition apparemment d'habiter la capitale. »

Dans son livre de la *Science sociale et contemporaine*, M. Fouillée conclut que l'organisme social offre un système nerveux pour les fonctions de relation, comme aussi un système alimentaire et un système circulatoire, qui en font un *individu psychologique*. Il réunit les deux idées d'organisme social et de contrat social en faisant de la société un *organisme contractuel*. Avant lui, M. le docteur Bordier, dans la *Vie des sociétés*, avait divisé l'évolution de l'organisme social en quatre périodes : 1° période de *nutrition*, aujourd'hui représentée par les Fuégiens, les Boschimans; 2° période *sensitive*, aujourd'hui Taïtiens, Peaux-Rouges; 3° période *psychique*, aujourd'hui Inde, autrefois antiquité classique; 4° période *intellectuelle* ou scientifique, dans laquelle on vient d'entrer.

Plus récemment, une thèse de doctorat, *la Cité moderne*, par M. Izoulet, a essayé de renouveler cette assimilation de la société à un organisme, assimilation qui n'est qu'une métaphore fondée sur des analogies. Si quelques rapports apparents amènent à concevoir la société comme un être vivant, cette figure de rhétorique autorise-t-elle à établir entre les *cellules* sociales le déterminisme qui enchaîne les cellules biologiques? Rien de moins scientifique que cette prétendue identité de deux choses si différentes : une société et un organisme.

VII. — CLASSIFICATION ET DÉFINITIONS EMPIRIQUES

Après avoir observé et dégagé les propriétés des êtres ou des faits, on cherche à les grouper en les assimilant, et à les distinguer en les définissant, en les ramenant à des types de plus en plus généraux. La définition empirique et la classification sont deux procédés inséparables, qui correspondent, le premier à la compréhension de l'idée générale, le second à son extension. Pour classer, il faut connaître les caractères essentiels; ces caractères sont le fond même de la définition; d'autre part, on ne peut définir sans classer par le fait même, car définir, c'est placer les êtres définis dans le groupe de ceux qui possèdent les caractères essentiels énumérés.

Classification. — Classer, c'est *ramener l'infinie multiplicité des êtres ou des faits à un petit nombre de types indiquant leurs caractères communs et les rapports généraux qui les unissent les uns aux autres.*

On distingue les classifications *naturelles* ou méthodes, qui sont fondées sur l'appréciation des caractères essentiels des êtres et sur leur valeur relative, et les classifications *artificielles* ou systèmes, qui reposent sur la simple énumération de ces mêmes caractères. Dans le premier cas, on *pèse* les caractères; dans le second, on les *compte*. On a dit, en parlant des caractères pris pour base des classifications : *numerantur et non ponderantur*, s'il s'agit des *systèmes; ponderantur et non numerantur*, s'il s'agit des *méthodes*[1].

La base de la classification naturelle est le principe de la *subordination des caractères*. Ce principe formulé par Jussieu, généralisé par Cuvier et appliqué à la zoologie et à la paléontologie, a changé la face des sciences naturelles. (Voir p. 494.)

Il y a des caractères *dominateurs* et des caractères *subordonnés* entre lesquels l'expérience montre qu'il existe un rapport constant, invariable et universel, une *loi de coexistence;* si bien que l'un des premiers étant donné, par exemple, la présence des vertèbres chez l'animal, il entraîne nécessairement un grand nombre de caractères subordonnés, qui rapprochent les animaux comparés. Pour découvrir les caractères essentiels et dominateurs, seul fondement d'une classification naturelle, il faut observer les individus; puis, à l'aide de l'abstraction, de la comparaison, de la généralisation, dégager les traits communs qui les rapprochent, des différences qui les séparent, et créer ainsi une *espèce;* opérer ensuite sur les espèces comme sur les individus, et s'élever au *genre*. Ainsi de suite. — On sait que plusieurs genres semblables forment une *famille*, plusieurs familles un *ordre*, plusieurs ordres une *classe*, plusieurs classes un *embranchement*.

Une classification parfaite serait la reproduction exacte de l'ordre naturel; mais, comme nous ne pouvons pas avoir une connaissance complète des choses, il n'y a pas de classification parfaite et définitive. « La méthode naturelle, a dit Cuvier, serait toute la science, et chaque pas qu'on lui fait faire approche la science de son but. »

La classification de Jussieu, dans la botanique, et celle de Cuvier, dans la zoologie, sont des classifications naturelles, fondées sur la subordination des caractères. Celles de Tournefort et de Linnée, qui s'appuient, la première sur la structure de la corolle et de la tige, la seconde sur la considération exclusive des étamines et du pistil; celle de Buffon, si on peut dire qu'il en a une, qui range les animaux d'après leurs rapports d'utilité avec l'homme, sont des classifications artificielles.

On distingue aussi les classifications *empiriques*, indépendantes de la nature des objets. Exemples : les classifications *alphabétiques*, les classifications *pratiques*, qui tiennent compte surtout de l'usage et du but que l'on se propose : animaux domestiques, plantes médicinales ; les classifications *pharmaceutiques, industrielles*.

---

[1] Ils sont comptés et non pesés ; — ils sont pesés et non comptés.

Avantage et valeur scientifique des classifications. — Les classifications rendent les plus grands services : par elles, nos connaissances sont plus faciles et plus exactes ; elles établissent, dans les idées particulières que nous avons des êtres, l'ordre que réclame la raison et une subordination telle, que, du nom d'un être, on peut conclure ses caractères généraux et scientifiques ; elles soulagent la mémoire en substituant un petit nombre d'idées générales à la quantité innombrable des idées particulières, c'est-à-dire la clarté à la confusion. Toute classification, même imparfaite, produit un certain ordre, et a, par conséquent, son utilité. Aussi toutes les sciences ont-elles des classifications : la chimie en a de métaux, de métalloïdes, de sels ; la géologie, de terrains ; l'économie politique, d'industries ; la logique, d'idées, de sciences. Bacon, Malebranche, Port-Royal, ont laissé une classification des erreurs.

> Napoléon, ayant appris avec quelle rapidité Lacépède expédiait des affaires multiples, lui demanda un jour son secret. Lacépède répondit : « C'est que j'emploie la *méthode des naturalistes*. » « Ce mot, dit Cuvier (*Éloge* de Lacépède), sous l'apparence d'une plaisanterie, a plus de vérité qu'on ne croirait. Des matières bien classées sont bien près d'être approfondies, et la méthode des naturalistes n'est autre chose que l'habitude de distribuer, dès le premier coup d'œil, toutes les parties d'un sujet, jusqu'aux plus petits détails, selon leurs rapports essentiels, » et non pas seulement d'après leurs ressemblances accidentelles ou extérieures. On peut citer l'exemple de Cuvier lui-même. (Voir *Morale pratique*, 2ᵉ leçon, dernier alinéa, p. 749.)

Quant à la valeur scientifique des classifications, elle est d'autant plus grande que l'ordre de la nature y est mieux reproduit. L'impossibilité où nous sommes de connaître tous les rapports des choses, entraîne l'imperfection de nos classifications les plus parfaites et le caractère provisoire qu'il faut leur reconnaître.

> « Atteindre sûrement, dit Chevreul, le double but de la méthode naturelle, à savoir d'*assimiler* et de *distinguer*, est excessivement difficile, par les deux raisons que je vais donner ; la *première* est que le botaniste[1] n'a pas toujours étudié les *attributs* auxquels il a accordé une grande importance, comme les propriétés des espèces chimiques l'ont été, au point de vue abstrait, par le physicien ou le chimiste.
>
> « La *seconde* est que, faute d'une appréciation certaine de la valeur des attributs employés comme caractères de divers ordres, des erreurs que le temps a révélées ont été commises, soit que le botaniste ait méconnu l'importance de certains attributs, soit que le temps en ait fait connaître de nouveaux. »
>
> Ainsi, en zoologie, Cuvier n'admettait que quatre embranchements ou quatre formes distinctes et irréductibles les unes aux autres, parce que, pour lui, il n'y avait que quatre types de disposition du système nerveux. Cette division ne peut plus être admise, depuis la découverte des êtres microscopiques. La distinction qui sépare l'animal du végétal semble, à certains auteurs, se tirer de la différence dans le mode de nutrition, et non de la présence d'un système nerveux. A toutes les classifications proposées on peut, de plus, faire cette remarque générale, tirée de Chevreul : « On ne tient compte que des organes visibles, sans s'expliquer sur les facultés *intellectuelles* ou *instinctives* des espèces ; de là

---

[1] Chevreul ne parle ici que du botaniste, mais on peut généraliser.

l'impossibilité, à mon sens, de ranger les espèces animales en une série unique, et même en des séries parallèles (*méthode à posteriori*). Toute classification des plantes ou des animaux est essentiellement provisoire. » (Voir les *Lectures de philosophie scientifique*, par E. Blum.)

Définitions empiriques. — On a déjà vu (page 427) que les définitions empiriques diffèrent des définitions géométriques. Celles-ci sont de pures créations de l'esprit, qui les fait *à priori* et n'a pas besoin de les retoucher, parce qu'elles portent sur des notions définitives; les autres, devant exprimer les caractères essentiels des êtres, se forment graduellement et se perfectionnent par les découvertes successives de l'observation et de l'expérience.

Il en résulte, comme l'indique M. Liard (dans son livre *Des définitions empiriques et des définitions géométriques*), que les définitions géométriques sont des principes de connaissance, tandis que les définitions empiriques ne sont que des résumés. En géométrie, nous posons des définitions grosses de conséquences; dans les sciences de la nature, nous aboutissons à des définitions riches de science concentrée : dans les deux cas, les définitions contiennent la science à l'état virtuel, mais les définitions géométriques en précèdent le développement, tandis que les définitions empiriques en concentrent les résultats; les premières se posent au début, les secondes ne sont possibles qu'à la fin. C'est surtout dans les sciences naturelles qu'on peut dire des classifications qu'elles ne sont que des définitions hiérarchisées par une loi de subordination.

VIII. — RÔLE DE LA DÉDUCTION DANS LES SCIENCES DE LA NATURE

Bien que les sciences de la nature soient surtout expérimentales et inductives, *la déduction y est employée* : 1° *comme moyen de vérification des hypothèses*. Une loi hypothétique qui n'est pas vérifiable directement, l'est déductivement : *a*) si tous les faits connus peuvent se déduire directement de cette loi; *b*) si les conséquences que l'on en tire sont réalisées comme faits dans la nature.

Ainsi, relativement à la théorie de la lumière, des deux hypothèses des ondulations et de l'émission, la première a remplacé la seconde, parce que celle-ci ne remplissait pas les deux conditions indiquées ci-dessus.

2° *Elle est utile et même nécessaire pour expliquer ou démontrer ou appliquer les découvertes faites et les lois établies.* Tant qu'une loi n'a pas reçu le contrôle de la déduction y rattachant les faits observés à titre de conséquences nécessaires, et la rattachant elle-même à une loi supérieure, ce n'est qu'une loi *empirique*, une simple généralisation de l'expérience, dont on n'a pas le pourquoi.

Cette loi empirique : Le choléra est contagieux, peut se déduire de la loi plus générale de Pasteur sur l'action des microbes. — Newton a expliqué les lois de Képler sur le mouvement des planètes, en les déduisant de deux lois plus générales combinées : la force tangentielle et la force centripète. — La loi d'ascension d'un ballon se déduit des lois combinées de la pesanteur et de l'élasticité.

— C'est par déduction que le médecin applique tel traitement à telle maladie; l'agriculteur, tel engrais à tel terrain.

3° *Elle permet, par l'extension d'une loi, de découvrir des lois et des faits nouveaux.* Elle est impliquée dans le raisonnement par analogie, raisonnement très souvent employé dans les sciences de la nature.

Ainsi cette loi que les gaz traversent les membranes animales, explique l'empoisonnement de l'homme ou de l'animal respirant un air vicié. De même, par les lois connues de la propagation du mouvement dans un milieu élastique, on a pu, par le calcul des effets combinés de ces lois, expliquer déductivement certains phénomènes d'acoustique. — C'est par déduction que le physicien fait servir l'électricité à la transmission de la pensée, ou, étant donnée la loi de la gravitation, conclut que les moindres molécules de matière sont douées de la force d'attraction.

Toute science inductive tend à devenir déductive. L'idéal de la science serait de découvrir toutes les lois essentielles de la nature et de n'avoir plus besoin que d'en calculer les effets. Cette transformation des sciences expérimentales en sciences déductives se fait surtout par l'application des mathématiques.

« L'induction et la déduction sont inséparables dans les sciences physiques et naturelles. » (CL. BERNARD.) Ce n'est qu'après avoir *décomposé l'expérience passée* qu'on peut *composer l'expérience future.*

La déduction joue un rôle important dans l'enseignement des sciences. — « Le professeur énonce la loi qui forme la majeure, puis les conditions de l'expérience, qui constituent la mineure, et il annonce ce qui va se produire, c'est-à-dire la conclusion du syllogisme. Il réalise les conditions de l'expérience (mineure), la conclusion annoncée se produit d'elle-même, et la majeure est par là même affirmée par les auditeurs. Le professeur n'initie que très rarement les élèves aux tâtonnements de la découverte. Cet enseignement, tant qu'il demeure élémentaire, est éminemment propre à favoriser la tendance dogmatique de l'esprit, et rien en lui ne permet d'éveiller le sens critique. Si l'expérience ne réussit pas, on habitue l'élève à la regarder comme mal faite, à lui donner tort pour donner raison au professeur. Il n'y a pas de discipline intellectuelle moins éducative et qui favorise davantage la confiance aveugle à l'autorité. » (FONSEGRIVE, *Logique*).

L'emploi de la méthode *historique*, indiqué par Dumas, dans l'*Instruction* de 1854 sur le plan d'études, permet d'éviter en partie ces inconvénients. « Dans le cours de physique, l'exposition des phénomènes et des théories sera précédée fort utilement d'un aperçu de la marche de la science. Les jeunes gens verront, dans ces indications, par quel genre de raisonnements ont été faites ou perfectionnées la plupart de ces découvertes. Des inductions plus ou moins heureuses conduisent à rapprocher certains phénomènes; en expérimentant pour étudier plus attentivement leurs ressemblances et leurs différences, on trouve des faits nouveaux; puis on cherche à tout expliquer par des faits ou par des hypothèses, dont il est possible de déduire les nouvelles conséquences. Si elles se vérifient dans un grand nombre de circonstances, l'observateur prend confiance et se donne carrière; dans le cas contraire, quand l'expérience a prononcé sans appel, il ne peut, sans s'égarer, continuer à suivre sa première voie; il est forcé de reconnaître que ses raisonnements, si rigoureux en apparence, pêchent par leur base. Sans doute, il ne connaît pas toutes les causes qui interviennent dans la production des phénomènes examinés, ou bien encore les principes sur lesquels il se fondait sont moins sûrs ou moins étendus qu'il ne l'avait pensé. Il revient sur ses pas, et ses efforts se dirigent vers de nouveaux problèmes.

« Les élèves verront ainsi qu'en physique, comme dans presque toutes les sciences, la géométrie exceptée, il faut se garder de pousser trop loin les conséquences d'un principe, même certain, lorsqu'on n'a pu les vérifier, les contrôler par l'expérience. De toutes les leçons qu'ils recevront, celle-ci n'est pas la moins importante. »

NOTES COMPLÉMENTAIRES

Autre exemple d'expérimentation. — *L'air vicié par la respiration de plusieurs personnes, à proprement parler, est de l'air empoisonné.* On était, depuis longtemps déjà, fondé à le croire, en présence des accidents graves, parfois même des cas de mort observés à la suite d'un séjour relativement court dans un milieu trop encombré ; mais des travaux récents ont mis en lumière, d'une façon aussi originale que démonstrative, la puissance toxique de ce miasme humain, dont on avait observé accidentellement les redoutables effets. Pour montrer le danger de respirer un air qui a déjà passé par les poumons d'un être vivant, deux savants français, MM. Brown-Séquard et d'Arsonval, ont imaginé la curieuse expérience que voici :

Une série de cages de verre, dans chacune desquelles on a enfermé un lapin vivant, sont disposées à la file, et l'air nécessaire à la respiration des animaux s'y renouvelle par une disposition particulière, qui est le point essentiel de l'installation et qui explique les résultats de l'expérience. Chaque cage est munie de deux tubes, l'un pour l'entrée de l'air, l'autre pour la sortie, et les cages étant rangées côte à côte, le tube d'entrée prend l'air dans la cage qui précède, tandis que le tube de sortie le conduit dans la cage qui suit, ainsi de suite jusqu'à la fin de la série, qui se compose d'une douzaine de cages.

Par cette disposition, le dernier animal de la série respire les miasmes exhalés par tous les autres, et c'est toujours sur celui-là que se manifestent les effets de ces produits toxiques. Au bout de deux ou trois jours déjà, il présente des symptômes de malaise ; puis bientôt la respiration s'embarrasse, la tête se renverse en arrière, les oreilles deviennent pendantes, l'œil terne, et l'animal meurt vers le douzième ou quinzième jour de l'expérience. Si on continue à observer les autres, on les voit présenter tour à tour les mêmes symptômes et mourir aussi, mais au bout d'un temps qui varie avec le rang qu'ils occupent dans la série, c'est-à-dire avec le nombre des lapins par les poumons desquels a déjà passé l'air qui arrive dans leur cage. Les accidents auxquels succombent les animaux dans cette expérience sont bien réellement dus à l'air vicié par la respiration des autres. Ce qui le prouve, c'est la survie du seul d'entre eux qui ait respiré de l'air pur. Pendant que ses congénères périssent ainsi à tour de rôle, le lapin de la première cage, où l'air arrive directement du dehors, continue à grignoter sa provende, sans présenter le moindre trouble de la santé. Toutefois, pour se mettre à l'abri de toute cause d'erreur et prouver que les accidents observés n'étaient pas dus aux émanations des matières fécales, des urines, mais seulement au produit de la respiration, les expérimentateurs varient l'expérience de la manière suivante : Toutes les cages, sauf la dernière sont débarrassées chaque jour, par un nettoyage minutieux, des déjections solides et liquides ; mais on y laisse arriver librement le produit de respiration des cages voisines. La dernière cage, au contraire, n'est jamais nettoyée, et on y laisse accumuler indéfiniment les déjections de l'animal ; mais, par une disposition particulière, on filtre l'air qui y vient des cages voisines, en lui faisant traverser un tube rempli de certaines substances chimiques, qui fixent et arrêtent au passage la matière organique toxique exhalée par les poumons. Le résultat de cette sorte de contre-épreuve est tout à fait concluant. On voit survivre le seul animal qui soit resté exposé aux émanations fécales et urinaires pendant toute la durée de l'expérience, mais le seul aussi qu'on ait préservé de l'absorption des miasmes pulmonaires exhalés par ses voisins. On voit mourir, au contraire, tous les autres dont la cage a été soigneusement nettoyée de toute impureté solide ou liquide, mais où pénètre l'air déjà respiré par les animaux voisins, sans le débarrasser des produits de désassimilation organique qu'il contenait. Ce sont bien ces excrétions du poumon, ces *ptomaïnes* pulmonaires, comme les ont appelées les expérimentateurs dont nous citons le travail, qui ont le redoutable pouvoir d'occasionner les accidents observés. Quant à ces accidents, sans entrer dans le détail des faits, encore à l'étude, nous pouvons dire, d'après MM. d'Arsonval et Brown-Séquard, que beaucoup d'animaux, parmi ceux qui succombent à l'expérience, présentent à l'autopsie des symptômes de phtisie aiguë. (*Extrait de la Revue des Deux-Mondes.*)

MÉTHODE DES SCIENCES DE LA NATURE

1. Objet, division, méthode des sciences de la nature.

Objet des sciences de la nature. — Ces sciences ont pour objet : 1° D'expliquer les phénomènes de la nature, c'est-à-dire de découvrir les causes qui les produisent et les lois qui les régissent (sciences physiques);
2° La connaissance de la nature elle-même, tant dans sa constitution propre que dans ses manifestations : phénomènes géologiques, phénomènes vitaux, etc. (sciences naturelles).

Cause et loi. (Voir *Préliminaires*, 1re leçon, p. 1.)

Loi et type. — La loi est un rapport constant de succession de phénomènes.
Le *type* est un rapport de coexistence de caractères.

Type et genre. — Le type est la *notion générale* considérée au point de vue de la compréhension;
Le genre, la notion générale au point de vue de l'extension.
— Le genre comprend tous les individus qui ont les mêmes caractères, qui répondent au même type.

Division des sciences de la nature.

Les sciences de la nature se divisent en deux groupes :
1° Les sciences *physiques*, qui étudient les propriétés générales de la matière et les phénomènes généraux qui se produisent dans tous les corps. Elles comprennent l'*astronomie*, la *physique*, la *chimie*.
2° Les sciences *naturelles*, qui décrivent les êtres organisés ou inorganiques, qui vivent sur la terre ou qui la constituent. Elles comprennent la *minéralogie* et la *géologie*, qui s'occupent des corps bruts; la *zoologie* et la *botanique* descriptives, et enfin tout le groupe des sciences *biologiques* : *physiologie*, *pathologie*, etc.
— Observons que toutes ces sciences sont solidaires, que l'histoire naturelle a besoin de la physique, la physique de la chimie, etc.

Méthode.

La méthode propre aux sciences de la nature est la méthode *inductive* avec ses procédés : l'*observation*, l'*expérimentation*, l'*hypothèse*, l'*analogie*, la *classification*, l'*induction* et les *définitions empiriques*.

PROCÉDÉS DE LA MÉTHODE EXPÉRIMENTALE

II. Observation.

Observer, c'est considérer attentivement un être ou un phénomène pour en découvrir la nature, les lois, les causes ou les effets.

Esprit d'observation : esprit qui se manifeste par une curiosité toujours en éveil, par l'aptitude à saisir les ressemblances, à faire des rapprochements, etc. C'est le caractère propre du génie scientifique et la condition de toute découverte.

Moyens d'observation : les sens et les instruments qui en augmentent la portée naturelle : balance, microscope, télescope...; surtout les appareils enregistreurs : thermomètres maxima et minima, etc.

Règles de l'observation. — L'observation doit être complète, détaillée, méthodique.
Il faut : 1° Chercher par l'analyse les faits élémentaires;
2° Noter avec méthode les caractères du fait et les circonstances dans lesquelles il se produit;
3° Arriver, s'il se peut, à les mesurer;
4° Tenir compte de l'état physique et mental de l'observateur;
5° Enfin vérifier les résultats par l'expérimentation ou par de nouvelles observations.

Insuffisance de l'observation. — L'observation est presque toujours insuffisante pour nous révéler la vraie nature des choses ou la cause des phénomènes; il faut la compléter par l'expérimentation.

III. Expérimentation.

Expérimenter, c'est provoquer artificiellement les phénomènes dans des conditions déterminées pour les mieux étudier.
L'expérimentation implique une idée préconçue, un but à atteindre. — « Sans une idée directrice, l'expérimentation

MÉTHODE DES SCIENCES DE LA NATURE *(Suite.)*
PROCÉDÉS DE LA MÉTHODE EXPÉRIMENTALE *(Suite.)*

III. Expérimentation. *(Suite.)*

n'est qu'un pur tâtonnement capable d'étonner plutôt que d'instruire. » (BACON.)

Règles de l'expérimentation. — Il faut : 1° Varier l'expérience : cette variation peut porter sur les sujets ou sur la cause qui agit ;

2° *L'étendre*, soit pour le temps, soit pour la quantité, soit pour le nombre de faits, afin de rendre évidents les caractères ou les rapports ;

3° *La renverser*, c'est-à-dire faire la contre-épreuve ; contrôler l'emploi d'un procédé par le procédé inverse.

Qualités de l'observateur et de l'expérimentateur. — Ils doivent : 1° Avoir cette curiosité scientifique qui veut tout expliquer et tout comprendre ;

2° Être *patients*; ne plaindre ni le temps ni la peine ;

3° *Attentifs*; considérer l'objet ou le phénomène sous tous ses aspects, dans tous ses rapports ;

4° *Adroits*; se plier aux circonstances et trouver des ressources devant les obstacles ;

5° *Exacts*; signaler tout ce qu'ils voient et rien que ce qu'ils voient; obtenir et donner des mesures précises, pour le nombre et le degré ;

6° *Sincères, impartiaux, indépendants d'esprit*; n'avoir qu'un désir, la connaissance de la vérité.

Puissance de l'expérimentation. — L'expérimentation nous permet d'atteindre et de déterminer exactement le rapport de cause à effet, d'isoler les causes et de reproduire à l'infini les phénomènes qui vérifient les lois de la nature.

IV. Hypothèse.

Définition. — L'hypothèse est une explication provisoire des faits, une induction anticipée.

Diverses sortes. — 1° *Hypothèses de cause* ; par exemple, le fluide nerveux, en physiologie ;

2° *Hypothèses de loi* ; théorie des ondulations, des vibrations, en optique et en acoustique.

Toutes les sciences ont leurs hypothèses. (On trouvera plus loin l'énoncé des principales.)

Rôle des hypothèses dans la science. — L'hypothèse est le facteur essentiel des sciences. « Une idée anticipée, dit Cl. Bernard, c'est-à-dire une hypothèse, est le point de départ nécessaire de tout raisonnement expérimental. » L'histoire des sciences naturelles nous montre qu'il n'y a guère eu de grande découverte qui n'ait été précédée et préparée par une ou plusieurs hypothèses.

Caractères d'une bonne hypothèse. — 1° Elle doit être suscitée par plusieurs faits observés ;

2° Elle doit expliquer des faits déjà connus, mais non liés à un système ;

3° Elle doit faire connaître de nouveaux faits, qu'elle explique.

Vérification de l'hypothèse. — Pour vérifier une hypothèse, il faut chercher :

1° Si elle est d'accord avec tous les faits et principes connus ;

2° Si elle rend compte de toutes les circonstances des faits qui entrent dans l'hypothèse ;

3° Si l'expérience et le calcul peuvent en confirmer le résultat.

Exemples d'hypothèses vérifiées. — Hypothèses de l'incandescence primitive du globe (Descartes, Leibniz, Buffon) ; — nature de la chaleur ; — circulation du sang (Harvey) ; — découverte de Neptune (Leverrier) ; — animaux antédiluviens (Cuvier).

V. Induction.

Les observations, les expérimentations, les hypothèses, concourent à un but commun : dégager la loi du phénomène étudié. C'est le travail propre de l'induction de formuler cette loi.

Définition. — L'induction est le procédé par lequel l'esprit passe de la connaissance des faits à celle des lois qui les régissent. Elle étend à tous les êtres ou à tous les faits de

MÉTHODE DES SCIENCES NATURELLES (Suite.)
PROCÉDÉS DE LA MÉTHODE EXPÉRIMENTALE (Suite.)

{ V. Induction. (Suite.)

la même espèce, ce qui a été préalablement connu d'un ou de plusieurs.

Principe ou fondement de l'induction. — L'induction est un procédé à la fois expérimental et rationnel : l'expérience donne les faits, la raison seule peut donner la loi, c'est-à-dire affirmer la nécessité (nécessité hypothétique) que les faits se produisent toujours les mêmes.

Pour que l'induction soit légitime, il faut : 1° Coordonner et interpréter les faits recueillis, de manière à en dégager l'idée générale ou rapport (tables de Bacon, méthodes de Stuart Mill) ;

2° Étendre à tous les faits, à tous les temps et à tous les lieux, le rapport dégagé.

— Cette sorte de *généralisation* ne peut se faire qu'en vertu d'un principe rationnel, qu'on appelle principe de *lois*, d'*ordre*, d'*uniformité des lois de la nature.* Au fond, c'est le principe de *causalité* que l'on affirme toujours : la même cause produit les mêmes effets.

— Observons qu'on ne conclut pas de *quelques* à *tous*, mais d'une *cause* à son *effet*. Voilà pourquoi il suffit d'une expérience bien faite pour établir une loi avec certitude.

— Stuart Mill et les associationistes ont voulu faire dériver le principe d'induction, comme celui de causalité, de l'association inséparable et de l'habitude. — Ce que nous venons de dire et ce qui a été dit, à la 12e leçon de psychologie, suffit pour réfuter cette théorie.

Tables de Bacon. — Bacon veut qu'en observant et en expérimentant on fasse trois catégories des faits observés : cela s'appelle dresser des tables :

1° *Table de présence*, dans laquelle on note toutes les circonstances où le fait à expliquer se produit ;

2° *Table d'absence*, dans laquelle on marque toutes les circonstances où il ne se produit pas ;

3° *Table de variation ou de degré*, dans laquelle on note les circonstances où il varie.

Les méthodes de Stuart Mill. — Les tables de Bacon ne s'appliquaient pas à tous les cas observables ; Stuart Mill les a remplacées par quatre règles ou *méthodes*, qu'on peut regarder comme générales.

1° *Méthode de concordance.* — On peut la formuler ainsi : Si deux ou plusieurs exemples du phénomène à expliquer présentent une seule circonstance commune, cette circonstance peut être regardée comme la cause du phénomène. — (Exemple de Pasteur sur la génération spontanée.)

2° *Méthode de différence.* — Sert de contre-épreuve à la précédente. — Elle consiste à supprimer la circonstance que l'on regardait comme cause et à voir si l'effet persiste. — (Ex. : contre-expérience de M. Pasteur.)

3° *Méthode des variations concomitantes.* — Lorsque le phénomène varie, si parmi toutes les circonstances une seule croît ou décroît en même temps que lui, c'est celle-là qui est la cause. — (Exemple de Pascal sur le vide.)

4° *Méthode des résidus.* — Si l'on retranche d'un phénomène tout ce qui peut être attribué à des causes connues, ce qui reste sera l'effet des antécédents qui ont été négligés et dont l'effet était inconnu. — (Ex. : découverte de Neptune.)

{ VI. Analogie.

Définition. — L'analogie est un procédé de raisonnement par lequel on conclut de ressemblances observées à des ressemblances non observées, ou d'une ressemblance partielle à une ressemblance totale.

Diverses sortes de rapports analogiques. — 1° D'effet à cause : mêmes effets supposent mêmes causes ;

2° De moyens à fin ou *vice versa* ;

3° De pure ressemblance.

MÉTHODE DES SCIENCES DE LA NATURE   467

MÉTHODE DES SCIENCES NATURELLES (Suite). — PROCÉDÉS DE LA MÉTHODE EXPÉRIMENTALE (Suite).

VI. Analogie. (Suite.)
- *Principe de l'analogie.* — Les lois de la nature sont stables et générales : les mêmes moyens supposent les mêmes fins ; les mêmes effets, les mêmes causes.
- *Analogie et induction.* — L'analogie est une déduction fondée sur une induction préalable : on a observé que $a\,b\,c\,d$ se trouvent dans A ; or, dans B, on trouve $a\,b\,c$, et on conclut, par analogie, que d doit s'y trouver aussi.
- *Valeur de l'analogie.* — On ne peut demander à l'analogie ni des théories ni des lois, mais de simples *conjectures*, des *hypothèses*.

VII. Classification.
- Classer, c'est ramener l'infinie multiplicité des êtres ou des faits à un petit nombre de types indiquant leurs caractères communs et les rapports qui les unissent les uns aux autres.
- *Différentes sortes de classifications.* — 1° *Classifications naturelles*, fondées sur l'ensemble des caractères essentiels des êtres (subordination des caractères ; caractères dominateurs, etc.).
  2° *Classifications artificielles*, basées sur la considération d'un seul caractère, d'un seul organe, de quelque caractère extérieur.
  3° *Classifications empiriques ;* celles-ci sont indépendantes de la nature des objets : par exemple, classifications alphabétiques.
- *Avantages des classifications.* — 1° Elles rendent nos connaissances plus faciles, plus exactes ;
  2° Elles établissent dans les idées l'ordre et la subordination des caractères, de telle sorte que du nom d'un être on peut conclure ses caractères généraux (genre, etc.) ;
  3° Elles soulagent la mémoire.
- *Valeur des classifications.* — La valeur d'une classification est d'autant plus grande, que l'ordre de la nature y est mieux reproduit. Mais l'impossibilité où nous sommes de connaître tous les rapports des choses entraîne l'imperfection de toutes nos classifications et leur caractère provisoire.

Définitions empiriques. — (Voir ce qui a été dit, page 427, sur la différence des définitions empiriques et des définitions géométriques.)
Les premières se forment graduellement et se perfectionnent par les découvertes nouvelles, tandis que les secondes sont parfaites du premier coup.
Les définitions géométriques sont les principes de la connaissance. Les définitions empiriques en sont les résumés.

VIII. Rôle de la déduction dans les sciences de la nature.
1° Elle sert comme moyen de vérification des hypothèses ;
2° Elle est utile et même nécessaire pour expliquer ou démontrer ou appliquer les découvertes faites et les lois établies ;
3° Elle permet, par l'extension d'une loi, de découvrir des lois et des faits nouveaux.

7º LEÇON

MÉTHODE DES SCIENCES MORALES

Leur objet. — Les *sciences morales* sont *l'étude des faits et la recherche des lois du monde spirituel ou moral*, des faits caractérisés par la conscience, la raison, la liberté. A part la théodicée et la métaphysique, elles étudient toutes l'homme en tant qu'être pensant et être social.

Leurs caractères propres. — *Les sciences morales sont des sciences d'observation et de raison tout à la fois ;* elles étudient non seulement ce que la nature humaine est *en fait*, mais aussi et surtout ce qu'elle *doit être*. Il faut entendre *ce doit être* non dans le sens d'une simple *futurition*, mais dans le sens d'une *obligation*. Les lois, dans les sciences morales, ne sont pas simplement *indicatives*, comme dans les sciences physiques et naturelles, où elles traduisent en formules ce qui *est* et ce qui *sera fatalement*, si telles causes sont posées [1] ; elles sont *impératives*, elles posent comme règle un idéal obligatoire; elles disent ce que la nature humaine *doit être*, c'est-à-dire ce qu'elle est *tenue* d'être.

Nous ne nous sentons pas obligés, autrement que comme moyen relativement à nos besoins ou à nos intérêts, de réaliser les lois géométriques ou naturelles; « au contraire, les formes d'action, de vie, de conduite, conçues par le moraliste et le politique, sont présentées par celui qui les conçoit comme des *modèles* que l'on doit imiter, comme des *buts* que l'on doit poursuivre. C'est à titre de *fins* qu'il les propose, parce qu'il les conçoit comme des *biens*. » (RABIER, *Logique*.)

La loi morale mise à part, nous n'avons l'idée d'aucune loi qui soit autre chose que la manière d'être constante des êtres ou des faits, et qui ait une existence réelle en dehors des êtres ou des faits qu'elle régit; la loi morale a, dans la volonté divine dont elle est l'expression, une existence réelle indépendante des agents, c'est-à-dire des volontés libres dont elle est la loi.

De ce que les faits de l'activité humaine sont plus ou moins pénétrés de liberté, il en résulte encore cette conséquence qu'on ne saurait les prévoir et les déterminer avec précision, la liberté étant un facteur qui peut « s'insérer sans antécédent dans la trame des phénomènes, rompre l'ordre de nos prévisions et déjouer nos calculs ». Le problème pratique qui se pose le plus souvent pour nous, comme pour autrui, est celui-ci :

Le caractère d'un homme, c'est-à-dire l'ensemble de ses inclinations et de ses habitudes étant connu, que se produira-t-il, si on meut ce caractère, par tel but ou objectif, dans telle circonstance donnée? — C'est le problème

---

[1] Quand on dit que la science, après avoir trouvé la formule d'un fait, c'est-à-dire sa loi, peut s'étendre à l'avenir et prévoir ce qui *doit être*, on ne met dans ces termes aucune idée d'obligation ou de prescription impérative, ou, s'il y en a une, elle est purement *hypothétique* ou *conditionnelle*, et toute en vue de la pratique ou de l'art : il faut employer tel procédé, si l'on veut obtenir tel résultat; prendre tel moyen, *si* l'on veut telle fin. — Ce qui explique cette forme, plus ou moins impérative, que prennent les prescriptions de l'art ou de la pratique, c'est que la volonté d'obtenir le résultat ou d'atteindre la fin est toujours supposée quelque part.

qu'il faut résoudre à chaque instant de sa vie, soit pour donner conseil, soit pour se conduire selon la raison et rester maître de soi. La complexité des faits de la vie morale et de la vie sociale rend ces applications déductives fort difficiles. Stuart Mill le reconnaît lui-même : « Les phénomènes dont s'occupe la psychologie étant les pensées, les sentiments et les actions des êtres humains, elle aurait atteint la perfection idéale, si elle nous mettait à même de prédire comment un individu penserait, sentirait ou agirait dans le cours de sa vie, avec une certitude pareille à celle de l'astronomie, quand elle prédit les positions des corps célestes. Il est à peine besoin de dire qu'on ne peut rien faire d'approchant. Les actions des individus ne peuvent être prédites avec une exactitude scientifique, ne fût-ce que parce que nous ne pouvons prévoir toutes les circonstances dans lesquelles ces individus seront placés. Mais, en outre, même dans une combinaison donnée de circonstances présentes, on ne peut rien affirmer de précis et d'universellement vrai sur la manière dont les êtres humains penseront, sentiront ou agiront. » (*Logique*, liv. VI [1].)

Principales divisions. — Les sciences morales comprennent :
La psychologie, science de l'âme et de ses facultés ;
La logique, science des lois de la pensée, science des méthodes ;
La morale, science du *bien*, science qui nous enseigne notre fin et les moyens de la remplir ;
L'esthétique, science de l'art et des beaux-arts ;
La jurisprudence, science des droits de l'homme vivant en société ;
Le droit des gens, science des lois qui régissent les rapports des nations entre elles ;
L'économie politique, science des lois de la production, de la répartition et de la consommation de la richesse ;
La pédagogie, science de l'éducation ;
La politique, science du gouvernement des sociétés ;
L'histoire, science des faits de la vie des peuples ;
L'ethnologie, science des races humaines ;
L'hiérographie, étude comparée des religions ;
La linguistique ou philologie comparée, science des lois générales des diverses langues et familles de langues ;
La sociologie, nom donné par A. Comte à la science qui étudie les développements et la constitution des sociétés humaines ;
La théodicée, science rationnelle de la nature et des attributs de Dieu [2].

Méthode des sciences morales, considérées dans leur ensemble. — Ces sciences étant à la fois les sciences du *réel* et de *l'idéal*, s'occupant à la fois de ce *qui est* et de ce qui *doit être*, emploient tour à tour la méthode rationnelle et la méthode expérimentale ; elles déterminent par l'observation et l'induction les lois des phénomènes qu'elles étudient, et, par le raisonnement et la déduction, les conséquences pratiques de leurs principes premiers ou des lois découvertes et formulées.

Ainsi, c'est par l'observation et l'induction que se découvrent les lois qui président à la formation de la richesse, par le concours des agents physiques, du travail, de l'épargne et du capital ; c'est par la déduction qu'un juge prononce une sentence : l'article de la loi qui vise l'accusation donne le principe général

---

[1] Ailleurs, Stuart Mill prétend : 1° que les actions de l'homme individuel sont, comme tous les autres événements, soumises à des lois invariables et qu'on y trouve « cette constance de causation qui est le fondement de toute théorie scientifique des phénomènes successifs ; 2° que les actions des masses collectives du genre humain et les divers phénomènes qui constituent la vie sociale sont également régis par des lois fixes et peuvent être, par conséquent, l'objet d'une science au même sens que les phénomènes du monde extérieur ». Nous avons vu ce qu'il faut penser de cette assertion.

d'où est tiré l'acquittement ou la condamnation; c'est par la déduction qu'un homme politique, un gouvernement sage, peuvent conjurer les effets sociaux de la misère et de la disette, tout comme un agriculteur instruit peut prévenir, dans une certaine mesure, les effets de la sécheresse, de la gelée, de l'orage.

Méthode de la psychologie. — (Voir première leçon de Psychologie, pages 35 et suivantes.) On a souvent assimilé, depuis quelque temps, la méthode psychologique à celle des sciences physiques et naturelles : elles se ressemblent en ce qu'elles sont toutes des sciences de faits et qu'elles poursuivent toutes le même but : connaître les lois et les causes des faits observés; mais elles diffèrent par toutes les différences qui distinguent les faits psychologiques des faits physiques et physiologiques, surtout par leur cause, qui, pour les premiers, se saisit directement elle-même en même temps que les phénomènes, et, pour les seconds, n'est connue que par ses effets.

A. Comte propose de substituer à l'observation interne de Jouffroy une méthode psychologique qui consiste *à étudier les facultés, non en elles-mêmes, mais dans leurs organes et dans leurs résultats*, ce qui revient à faire rentrer la psychologie dans la physiologie et dans l'histoire naturelle. Il subordonne absolument la fonction à l'organe, et pose en principe que, l'organe étant donné, on en peut déduire la fonction. Claude Bernard a plusieurs fois critiqué cette méthode qui subordonne la physiologie à l'anatomie. Il affirme qu' « il n'est pas vrai du tout que de l'organe on puisse déduire la fonction. On aurait pu observer le foie pendant des siècles, on n'aurait jamais pu en déduire sa fonction glycogénique; il a fallu l'apprendre d'ailleurs. Cl. Bernard cite encore ce fait que, dans les animaux supérieurs, les cellules sensitives sont triangulaires et les cellules motrices quadrangulaires. Outre que cette différence ne nous apprend absolument rien sur la différence de la sensibilité et du mouvement et sur l'attribution de ces fonctions à l'une plutôt qu'à l'autre de ces deux formes, on aurait tort d'associer chacune de ces fonctions à chacun de ces deux genres de cellules, puisqu'il arrive précisément que, chez les oiseaux, c'est la disposition inverse qui a lieu, c'est-à-dire que ce sont les cellules motrices qui sont triangulaires et les sensitives quadrangulaires ». (P. Janet.)

La méthode psychologique a été transformée de nos jours par la psychophysique et la psycho-physiologie. La philosophie scolastique, si on l'entend bien, possédait des cadres assez larges pour accueillir et synthétiser les résultats croissants des sciences d'observation. Tandis que l'école cartésienne séparait l'homme en deux parties juxtaposées plutôt qu'unies, d'un côté le corps étendu, et de l'autre l'âme pensante, la psychologie scolastique prenait l'homme *tout entier*, c'est-à-dire considérait l'élément corporel ou physiologique jusque dans les formes les plus élevées de l'activité de l'âme. C'était donc une vraie psycho-physiologie.

Méthode de la morale. — La morale est surtout une science d'application et de déduction. Elle s'appuie, d'une part, sur les *premières données* de la conscience ou principes premiers de la raison dans l'ordre moral, qui font connaître à l'homme ce qu'il *doit* être, ce qu'il doit faire ou ne pas faire; et, d'autre part, sur les *faits* de conscience, tels que liberté, responsabilité, inclination, passion, constatés par l'observation, et qui font connaître à l'homme ce qu'il *est*, ce qu'il *peut être* en développant les forces et les tendances qui sont en lui.

L'observation seule est impuissante à constituer la morale : elle dit bien comment les hommes agissent ou peuvent agir, elle ne dit pas comment ils doivent agir. On ne peut donner la *raison* de l'obligation, dire *pourquoi* tel acte est reconnu par tous obligatoire, sans s'appuyer sur les premières données de la conscience.

Les premières données de la conscience jouent dans l'ordre pratique le même rôle que les premiers principes dans l'ordre spéculatif; elles ne sont pas tirées de l'expérience, pas plus que les premiers principes ; mais c'est à l'occasion de l'expérience que nous prenons connaissance et des uns et des autres. « D'après saint Thomas, le premier principe de la morale : *Il faut faire le bien et éviter le mal*, nous est manifesté immédiatement par notre intelligence, comme les premiers principes de l'ordre spéculatif. Seulement notre intelligence ne nous manifeste ce premier principe qu'en face, et, si l'on peut ainsi dire, à la suggestion de cas particuliers auxquels il s'applique. C'est ainsi que la connaissance de Dieu nous donne sujet de comprendre que nous sommes sous sa dépendance. C'est ainsi que nos rapports avec notre père, notre mère et les autres hommes, nous manifestent nos obligations envers nos semblables. » (*Dictionnaire apologétique.* — *Morale.*)

Voici un certain nombre *d'axiomes ou principes de morale, que l'expérience seule ne saurait nous donner et que nous appliquons par déduction aux cas particuliers :* — Il faut faire le bien et éviter le mal; il faut être juste, être bon, être reconnaissant; il ne faut pas faire à autrui ce que nous ne voudrions pas qu'on nous fît; il faut faire pour autrui ce que nous voudrions qu'on fît pour nous; il faut respecter la liberté d'autrui tant qu'elle n'attente pas à la nôtre; tout acte bon mérite une récompense, et tout acte mauvais un châtiment, proportionnés à leur degré de moralité ou de perversité.

Méthode de la pédagogie. — La pédagogie, c'est la psychologie et la morale appliquées à l'éducation. Elle tire ses principes généraux de ces deux sciences par la méthode déductive; mais, pour discerner le mode d'application de ces principes, elle exige aussi l'observation des mœurs générales de la société au milieu de laquelle doivent vivre ceux qu'il s'agit d'élever; la connaissance de leurs dispositions individuelles, de leurs facultés, du but qu'ils se proposent d'atteindre.

Méthode de l'esthétique. — L'esthétique a pour objet l'*idéal;* elle recherche ce que doit être une œuvre d'art pour répondre aux conditions de la beauté; elle pose et applique les principes qui régissent toute expression artistique de la pensée, principes d'ordre, de proportion, de convenance, d'unité : voilà la part *déductive* de la méthode ; — elle examine les œuvres, les compare, les replace dans leur milieu, recherche les circonstances qui ont influé sur leur composition, se rend compte des sentiments ou jugements qu'elles inspirent : voilà la partie *inductive*.

Méthode du droit. — Deux principales méthodes sont suivies : l'une, *spéculative*, a formé l'école *philosophique* ou du droit *absolu*, qui, par la contemplation abstraite des principes, pousse à établir le droit dans toute sa plénitude, conformément au type idéal que s'en est formé la raison; l'autre, *expérimentale*, a formé l'école *historique* ou du droit *relatif*, qui, de la connaissance réfléchie de ce *qui est* et de ce *qui a été*, conduit à l'établissement opportun de ce qui *doit être*, conseille de mesurer les perfectionnements des lois aux progrès des États, et d'adapter, pour ainsi dire, les éléments du passé aux besoins du présent.

Le danger de la première méthode, ce sont les précipitations et les rigidités de la théorie, les généreuses inadvertances que la vue du juste peut inspirer; — celui de la seconde, les timidités de la pratique, une prudence extrême à continuer le passé, à restreindre les limites du possible.

Méthode du droit des gens. — Comme pour le droit, il y a deux méthodes de détermination des lois internationales : la méthode *dogmatique* ou déductive, et la méthode *historique* ou inductive.

« Les principes supérieurs de la justice, contenus dans la loi divine, forment le cadre obligé de toutes les dispositions qui règlent pratiquement les rapports des États; mais ces dispositions dépendent des circonstances extérieures, des conditions morales et matérielles propres à chaque époque et à chaque civilisation. Cet élément particulier, local, personnel en quelque sorte, détermine le mode d'application des principes universels de la justice. Le droit des gens, dans sa vérité concrète, se compose de faits aussi bien que de principes; les uns ne peuvent aller sans les autres. Sans les principes, les faits n'auraient point de légitimité; sans les faits, les principes manqueraient de réalité pratique.

« L'induction, qui tire des faits la règle habituellement suivie, acceptée par les peuples, a donc sa part dans les procédés du droit des gens, aussi bien que la déduction [1]. Prises chacune séparément, l'école dogmatique et l'école historique ne donnent du droit des gens qu'une notion incomplète, et par cela même erronée. Lorsqu'on les fait marcher ensemble, et que l'on combine leurs procédés, le droit des gens prend son véritable caractère : il répond à la vérité des relations de la société internationale. » (Ch. Périn, *l'Ordre international*.)

Méthode de la politique. — La *politique*, dans le sens le plus large du mot, signifie la même chose que la *science sociale* ou la *sociologie*. Cependant on peut, avec quelques auteurs, établir cette différence, que la sociologie étudie plus spécialement ce *qu'est* la société, et la politique ce qu'elle *doit être*.

On peut considérer la politique au point de vue *théorique* ou au point de vue *pratique*, suivant qu'elle recherche quel est l'idéal d'organisation et de gouvernement des sociétés ou qu'elle donne des règles pour cette organisation ou ce gouvernement.

La politique s'appuie à la fois sur l'expérience et sur la raison; elle implique la connaissance rationnelle et expérimentale de l'homme et des sociétés telles qu'elles ont été et telles qu'elles

---

[1] Le droit des gens est une coutume. C'est par le double procédé de l'induction et de la déduction que cette coutume peut être reconnue, rectifiée, définie et fixée.

sont; elle ne doit pas contredire la morale dont l'objet est le bien et le devoir, dans l'ordre social aussi bien qu'au point de vue individuel; enfin elle a besoin d'être soutenue par l'économie politique, qui est surtout une science d'observation.

« La science sociale apparaît comme la synthèse de trois sciences essentielles : la morale, le droit, l'économie politique. L'homme reçoit de la morale le principe du bien; du droit, le principe du juste; de l'économie politique, les lois de la richesse. Il trouve dans sa conscience la sanction du bien; dans la coercition publique, la sanction du juste; dans l'acquisition ou la perte de la richesse, la sanction des lois économiques. » (BÉCHAUX, cité par la *Revue du monde catholique*.)

Méthode suivie par les principaux auteurs. — Platon, dans sa *République*, détermine les conditions d'existence d'un État, en prenant pour principe la communauté de toutes choses entre des citoyens égaux, et en divisant la société en trois classes correspondant aux facultés de l'âme : à la sensibilité, les laboureurs et les artisans, qui travaillent à la satisfaction des besoins matériels; à la volonté, les guerriers, qui défendent l'État; à l'intelligence, les magistrats, qui le gouvernent et font les lois; — Rousseau, dans le *Contrat social*, s'appuie sur l'idée de la souveraineté du peuple et de l'existence contractuelle de la société; — Machiavel, dans le *Prince*, demande à l'histoire et à l'observation morale quels sont les mobiles et les motifs habituels de l'activité humaine, et juge d'après le *succès* quels sont les meilleurs moyens de gouverner.

Ces méthodes exclusives conduisent à de mauvais résultats : la politique de Platon n'a rien de pratique : elle supprime la famille et la propriété individuelle et absorbe l'individu dans l'État; celle de Machiavel manque de moralité : la fin justifie les moyens; celle de Rousseau légitime la tyrannie populaire : c'est la volonté du plus grand nombre qui décide du juste et de l'injuste.

Les meilleurs traités de politique sont le résultat de l'emploi des deux méthodes (*déductive*, *expérimentale* et *historique*) : la *Politique*, d'Aristote; la *République*, de Bodin (savant du XVIe siècle); l'*Esprit des lois*, de Montesquieu; la *Démocratie en Amérique*, de Tocqueville.

Méthode de la sociologie. — La *sociologie* étudie l'ensemble des conditions matérielles et morales de la vie et de la prospérité des sociétés. Cette science, placée par A. Comte au sommet de la hiérarchie des sciences positives, a pris de nos jours une importance considérable. Quoique les efforts faits pour la constituer scientifiquement ne paraissent pas avoir pleinement abouti, on peut dire néanmoins qu'elle est une science qui a ses principes, son objet, ses méthodes d'investigation.

Les théoriciens des sciences sociales comparent volontiers la société à un corps, à un organisme dont ils analysent les éléments et cherchent les rapports. De là l'appellation de *physique social* donnée à la science sociale, qui se propose d'établir deux sortes de lois (Stuart Mill) : les unes de *coexistence*, qui lient les unes aux autres les divers organes et les diverses fonctions du corps social, et c'est l'objet de ce que A. Comte nomme la *statique sociale*; les autres de *succession*, qui déterminent l'évolution du corps social, et c'est l'objet de la *dynamique sociale*.

L'explication scientifique d'un fait social consiste à établir des rapports de causalité avec les faits dont il dépend et avec ceux qui dépendent de lui. Pour démontrer qu'un phénomène est cause d'un autre phénomène, il faut comparer les cas où ils sont simultanément présents ou absents et chercher si les variations qu'ils présentent dans ces diverses combinaisons de circonstances témoignent qu'ils dépendent l'un de l'autre. En un mot, il faut appliquer à la sociologie les *méthodes* de Stuart Mill pour la physique.

Ces méthodes ne sont pas toutes également utilisables. La méthode des *résidus*, par exemple : les phénomènes sociaux sont si complexes, qu'il est bien difficile, dans un cas donné, de retrancher exactement l'effet de toutes les causes moins une. Il en est de même de la méthode de *différence*, d'abord pour la raison donnée, et ensuite par l'impossibilité de l'expérimentation directe, qui consiste à supprimer la chose regardée comme cause des phénomènes étudiés; comment, en effet, éliminer cette cause, quand il s'agit par exemple d'instruction, de religion, de richesse? La méthode de *concordance* peut fournir quelques résultats précis. C'est surtout par la méthode de *variations concomitantes* que l'on peut suppléer aux autres méthodes dans la constitution de la science sociologique. On peut étudier les variations d'un phénomène, de la famille, par exemple, dans une seule société ou dans plusieurs sociétés de même espèce, ou enfin dans plusieurs espèces distinctes de sociétés. Les comparaisons et les innovations sont les *expériences* de la méthode sociologique, d'où l'on peut inférer ce qu'il convient de faire ou de ne pas faire. Quand on a pu établir, par un nombre suffisant de cas suffisamment variés, le parallélisme de deux phénomènes, on est amené à conclure qu'il existe entre eux une relation causale. (Voir Durkheim, *les Règles de la méthode sociologique*.)

Mais la concomitance des phénomènes doit être interprétée et discutée. Elle peut être due non à ce qu'un des phénomènes est la cause de l'autre, mais à ce qu'ils sont tous deux des effets d'une même cause, ou bien encore à ce qu'il existe entre eux, intercalé mais inaperçu, un troisième phénomène, qui est l'effet du premier et la cause du second. Ainsi, les statistiques établissent que la tendance au suicide varie comme la tendance à l'instruction. Mais comment comprendre que l'instruction conduise au suicide? Faut-il, avec certains auteurs, regarder ces deux tendances parallèles comme le résultat d'une cause commune, l'affaiblissement des croyances religieuses, lequel renforcerait à la fois le besoin de savoir et le penchant au suicide? La raison se refuse à admettre une telle explication. Les croyances religieuses, telles du moins que les entend le catholicisme, aiguisent plutôt qu'elles n'affaiblissent le besoin de savoir. Le treizième siècle a été à la fois un siècle de fortes croyances et de fortes études philosophiques; il en est de même du dix-septième. Ce que l'affaiblissement des croyances religieuses renforce, c'est la curiosité sans frein qui se porte sur la littérature malsaine, et y puise, avec le dégoût de la vie, le penchant au suicide. (Id.)

Remarquons que les faits ne se présentent pas d'ordinaire avec la simplicité de parallélisme que l'on trouve dans les traités. « Les phénomènes de la société, dit Stuart Mill, ne dépendent pas, dans les points essentiels, d'un agent unique, d'une seule loi de la nature plus ou moins modifiée, mais sans conséquences importantes, par d'autres agents; ils sont soumis à l'influence de toutes les qualités de la nature humaine, et pas une de ces qualités n'exerce son influence à un faible degré; il n'y en a pas une dont la suppression ou une altération un peu forte ne soit capable de modifier tout l'aspect de la société et de changer plus ou moins la succession des phénomènes sociaux. »

C'est cette *extrême complication des faits* qui empêche d'apercevoir les relations de cause à effet et conduit à prendre pour cause ce qui n'est pas cause, comme l'a fait Rousseau, quand il a conclu d'un rapport de simultanéité à un rapport de causalité entre les progrès des sciences et des arts et l'affaiblissement de la moralité; comme l'ont fait, d'après Stuart Mill, les politiques qui ont attribué uniquement au système protecteur la prospérité dont a joui l'Angleterre dans la première partie de ce siècle, prospérité qui tient aussi à d'autres causes.

Méthode historique dans les sciences sociales. — « Il faut toujours rappeler les hommes à l'histoire, qui est le premier maître en politique, ou, pour mieux dire, le seul... L'histoire est la politique expérimentale, c'est-à-dire la seule bonne; et, comme dans la physique, cent volumes de théories spéculatives disparaissent devant une seule expérience; de même, dans la science politique, nul système ne peut être admis s'il n'est pas le corollaire plus ou moins probable de faits bien attestés. » (J. DE MAISTRE.)

Il appartient seulement à l'histoire de nous apprendre comment et par quels moyens l'esprit humain, en se modifiant, imprime aux faits extérieurs une direction plus analogue aux instincts, aux tendances, aux besoins du temps; il en est des peuples comme des individus : de même que, pour chacun de nous, l'expérience modifie et développe notre intelligence en éclairant notre jugement, et nous permet de fortifier notre raison sans altérer notre constitution morale et notre constitution physique; de même, pour les peuples, la connaissance des événements passés développe et hâte leur adolescence sans les épuiser. Agir autrement, c'est méconnaître la nature réelle des choses, ce simple bon sens qui a toujours dicté à l'humanité ce qu'elle a fait de durable et d'utile.

Méthode de l'économie politique. — L'économie politique est une science à la fois *déductive* et *inductive*, *rationnelle* et *expérimentale*. Tantôt partant des lois générales de la production, du travail, de l'épargne, elle tire, par le raisonnement, des conclusions rigoureuses; tantôt elle observe les faits, les analyse, les compare, et, à l'aide de ces faits particuliers, elle formule des lois générales.

Le plus souvent, on la range parmi les sciences d'obervation, parce que c'est surtout la pratique et les applications que l'on considère. Mais il ne faut pas oublier que toujours les lois de l'économie politique doivent être conformes aux lois de la morale : le juste est la règle de l'utile.

L'art de recueillir les faits, de les grouper et de les présenter en tableaux méthodiques, s'appelle la *statistique :* c'est une branche importante de l'économie politique.

Méthode de la philologie. — Les causes des transformations auxquelles les mots d'une langue ont été et sont soumis, doivent être cherchées dans les lois mêmes de la pensée et de l'expression, lois psychologiques et lois physiologiques. Les mots sont des choses pleines d'intérêt, des témoins riches de renseignements, pour qui sait les voir et les interroger. Ils sont au philologue ce qu'est le composé pour un chimiste, ce que sont les débris d'un vieil ustensile ou d'un vieux château pour un archéologue.

Deux méthodes sont employées : 1° *La méthode historique :* on prend un mot et on fait son histoire, en remontant au passé. On se demande d'où vient ce mot, quelle était sa forme au moyen âge; puis, quand on a retrouvé le mot latin d'où dérive le mot français, on procède de la même façon pour le mot latin. On fait en quelque sorte la biologie du langage, car il y a une *vie des mots*.

2° *Quand l'histoire ne fournit plus de documents, on prend la méthode comparée :* on cherche le mot de même racine en allemand, en celte, en slave, en grec, en sanscrit, et l'on parvient ainsi à reconstituer le mot primitif, sinon dans sa forme exacte, du moins dans ses contours généraux.

Chemin faisant, on apprend que l'idée cachée sous le mot a eu cours dans toute une série de siècles chez tel ou tel peuple; puis, en multipliant les recherches, on découvre les rapports d'origine reliant entre eux les divers peuples dont on suit les idées à travers les âges. « Le résultat le plus important de la science moderne, dit M. Brachet, a été de découvrir cette loi : *que les éléments des langues correspondent ordinairement aux éléments des races.* » Voici une autre loi générale dégagée par M. Darmesteter (*la Vie des mots*) : « *Toute langue est dans une perpétuelle évolution.* A quelque moment que ce soit de son existence, toute langue est dans un état d'équilibre plus ou moins durable entre *deux forces opposées* qui tendent : l'une, la force *conservatrice*, à la maintenir dans son état actuel; l'autre, la force *révolutionnaire*, à la pousser dans de nouvelles directions. »

NOTES COMPLÉMENTAIRES

Il faut éviter les exagérations de quelques Allemands dans l'application de la méthode philologique aux ouvrages dont il s'agit de découvrir et de fixer la date. — Ils prennent comme point de départ tel terme, telle conjonction, telle locution adverbiale, qu'il leur plaît de choisir ; ils notent avec soin leur emploi et leur exclusion, et de ces données un peu maigres ils font ressortir, par des raisonnements ingénieux, les conséquences les plus inattendues. Il y a là un emploi abusif d'une méthode d'ailleurs excellente. C'est un emploi judicieux de cette méthode qui a permis à M. l'abbé Lebarq de déterminer la date de certains sermons de Bossuet, par l'écriture et par l'orthographe. Il est parti de l'orthographe de quelques sermons datés d'une façon incontestable, et a constaté que l'orthographe de Bossuet a suivi, dans sa jeunesse, des phases régulières. L'orthographe, apprise à Dijon chez les Jésuites, orthographe commune du temps, surtout étymologique, est conservée vraisemblablement durant les premières années de séjour à Paris. Vers 1648, époque à laquelle remontent les premiers autographes incontestés, on voit apparaître quelques formes d'orthographe phonétique; ces formes deviennent de plus en plus nombreuses pendant les quatre dernières années de séjour à Navarre. La première année de Metz, 1653, marque l'apogée de ce système d'écriture ; puis le phonétisme diminue; il est à peu près nul en 1656; à partir de 1658 ou 1660, il n'apparaît plus que çà et là, par distraction : Bossuet est revenu à l'orthographe d'usage.

Remarque sur la méthode dans l'étude comparée des religions. — « Certains auteurs modernes, préoccupés évidemment de la pensée de relever le paganisme et d'abaisser le christianisme, ont adopté, pour comparer les principes moraux des religions, une méthode très défectueuse et dont il est utile de signaler l'erreur. Ils choisissent, dans l'ensemble de la littérature des différents peuples païens, tous les traits relatifs à la morale qui tombent sous leurs yeux. Ils rassemblent tous ces passages, et comme ils y trouvent reproduits le plus grand nombre des maximes chrétiennes, ils en concluent que la morale de l'antiquité et la morale chrétienne sont équivalentes.

« Le vice de cette méthode est facile à découvrir. Autre chose, en effet, est un passage isolé, exprimant la pensée d'un philosophe, autre chose une doctrine morale enseignée d'une manière fixe et durable, et capable de devenir, pour les membres d'une société, un principe permanent d'action. Autre chose est que Cicéron ait pu se servir une seule fois de ces mots : amour du genre humain, *caritas generis humani*, autre chose est l'amour pratique de l'humanité qui a causé la fondation des hospices des Petites Sœurs des Pauvres. Autre chose est la peinture faite par Euripide de la chasteté sauvage d'Hippolyte, autre chose est la grande loi de la continence chrétienne, qui est un des principes caractéristiques des sociétés fondées sur l'Évangile.

« Pour que cette méthode fût valable, il faudrait admettre que la supériorité de la loi nouvelle ne peut consister qu'en ce qu'elle enseignerait aux hommes des préceptes de morale absolument inconnus jusque-là. Mais telle n'est pas la pensée contenue dans les livres saints et dans la doctrine de l'Église.

« Si l'on excepte les vertus proprement théologales, la loi chrétienne n'est pas autre chose que la perfection même de la loi naturelle, c'est-à-dire d'une loi dont les principes sont gravés dans le cœur de l'homme et ne demandent qu'à être développés par un enseignement suffisamment efficace et suffisamment clair. » (Abbé DE BROGLIE, *la Morale sans Dieu*, 1re partie, ch. II.)

Méthode suivie par Le Play en Économie politique. — « S'il est, disait-il, des lois qui règlent les phénomènes sociaux, — et l'on n'en peut douter, — elles doivent être inscrites dans les faits, tout aussi bien que les lois physiques et naturelles; il faut donc, non point les inventer, — on n'invente pas plus la chimie que la physiologie, — mais les découvrir par l'observation et l'expérience. Et, s'inspirant de l'exemple de nos sciences, qui ont réalisé de prodigieux progrès dès qu'elles se sont soumises à cette méthode rigoureuse en abandonnant les conceptions *à priori*, Le Play s'est proposé d'étudier les sociétés, les ateliers, les familles qui présentent les caractères de ce bonheur convoité, c'est-à-dire le bien-être, le contentement, la paix sociale. En les analysant dans les circonstances les plus différentes de temps, de race, de lieu..., on met forcément en évidence les traits qui leur sont communs, c'est-à-dire les conditions qu'on est en droit de considérer comme essentielles au bien-être et à la paix. On peut, en outre, faire l'opération inverse, la preuve, en examinant les sociétés souffrantes et en vérifiant que là les principes reconnus essentiels sont, au contraire, abandonnés ou méprisés. Dès lors la démonstration est complète, et elle est d'autant plus irréfutable qu'elle ne laisse aucune place à l'*à priori* : tout homme de bonne foi, quelles que soient par ailleurs ses croyances ou ses opinions, lorsqu'il constate ainsi les résultats de l'observation, ne peut moins faire que de s'y rallier définitivement. Voilà, dans son cadre et son emploi, la méthode de Le Play; elle est éminemment propre à mettre en lumière les conditions essentielles à la paix sociale, et par conséquent à unir par des convictions communes les esprits jusque-là divisés.

« La preuve expérimentale peut même être invoquée pour la solution des problèmes moraux. La croyance au vice originel, la nécessité de la religion, le respect de la loi morale, la responsabilité de la conscience, peuvent être considérés comme expérimentalement démontrés, puisque ces notions sont universellement respectées chez les nations, les sociétés, les familles prospères, tandis qu'on a été jusqu'à présent dans l'impossibilité de citer en exemple, non pas un empire, mais un simple hameau, qui ait joui continûment de la paix sociale en professant le mépris de Dieu, l'oubli de la loi morale et la méconnaissance du devoir. » (*La Réforme sociale*, n° du 16 septembre 1893. Observations présentées par M. Delaire au rapport de M. Gardair, sur *la Philosophie morale et la Réforme sociale*. — Tout ce rapport est à lire.)

TABLEAU ANALYTIQUE

LES SCIENCES MORALES

- **Objet des sciences morales.** — Étude des faits et recherche des lois du monde spirituel ou moral.

- **Leurs caractères propres.** — Tout à la fois sciences d'*observation* et de *raison*, elles étudient ce qui *est en fait* et ce qui *doit être*. Les lois morales ne sont pas seulement *indicatives*, elles sont *impératives*; elles ne sont pas *fatales*, mais *libres*; c'est à titre de *modèle*, de *fin*, de *but*, qu'elles nous sont proposées.

- **Divisions.**
  Les sciences morales comprennent :
  1° La *psychologie*, science de l'âme et de ses facultés;
  2° La *logique*, science des lois de la pensée et des méthodes;
  3° La *morale*, science du bien et des moyens de l'accomplir;
  4° L'*esthétique*, science de l'art et des beaux-arts;
  5° La *jurisprudence*, science des droits de l'homme vivant en société;
  6° L'*économie politique*, science de la richesse;

Divisions.
(Suite.)

7° La *pédagogie*, science de l'éducation ;
8° La *politique*, science du gouvernement des sociétés ;
9° L'*histoire*, science des faits de la vie des peuples ;
10° L'*ethnologie*, science des races humaines ;
11° L'*hiérographie*, étude comparée des religions ;
12° La *linguistique* ou *philologie*, science des lois générales du langage ;
13° La *sociologie*, science des développements et de la constitution des sociétés humaines ;
14° La *théodicée*, science rationnelle de la nature et des attributs de Dieu.

Méthode générale.

Les sciences morales emploient tour à tour la méthode rationnelle et la méthode expérimentale ; par l'observation et l'induction, elles déterminent les lois des phénomènes qu'elles étudient, et par le raisonnement et la déduction, elles tirent des conséquences pratiques de leurs principes ou de leurs découvertes.

LES SCIENCES MORALES *(Suite.)*

Méthodes particulières.

(On se bornera à indiquer la méthode particulière des plus pratiques parmi ces sciences.)

1° *Psychologie*. (Voir 1re leçon de Psychologie.)
2° *Morale*. (Voir *Préliminaires de la morale*.)
3° *Droit* ou *jurisprudence*. — L'*observation* attentive des faits, aidée de l'étude des textes et de l'histoire, donne la connaissance de ce qui a été.
— Le *raisonnement*, guidé par l'expérience, fait la meilleure application possible des lois, en tenant compte de l'état présent de la société.
4° *Pédagogie*. — La pédagogie n'étant que la psychologie et la morale appliquées à l'éducation, elle tire, par *déduction*, ses principes généraux de ces deux sciences ; mais il faut que l'*expérience* en règle les applications, suivant l'âge et le caractère de l'enfant, le milieu où il vit, le but qu'il veut atteindre, etc.
5° *Esthétique*. — Par l'*induction*, elle examine les œuvres dans leur milieu et recherche les circonstances qui ont influé sur leur composition ; par la *déduction*, elle applique les principes d'ordre, de proportion, d'harmonie, qui régissent toute œuvre artistique.
6° *Économie politique*. — (Voir 12e leçon de Morale pratique.)
7° *Politique*. — Comme le *droit*, la *politique* s'appuie à la fois sur l'*expérience*, par la connaissance des hommes et des choses, et sur les *principes absolus de la morale*, qu'elle ne doit jamais contredire. Une politique exclusivement fondée sur la raison n'aurait rien de pratique ; celle qui serait entièrement basée sur l'expérience manquerait de moralité.
8° *Histoire*. — (Voir la leçon suivante.)
9° *Linguistique*. — La linguistique emploie deux méthodes : la méthode dite *historique*, qui consiste à suivre un mot jusqu'à ses origines, et la méthode *comparée*, qui cherche la racine du mot dans les langues sœurs.
10° *Sociologie*. — La sociologie, étudiant l'ensemble des conditions matérielles et morales de la vie des sociétés, doit être essentiellement une science d'observation. Comme dans les sciences physiques, ce que l'on cherche, c'est la *cause* des faits que l'on constate, et le rapport qui relie ces faits à leur cause.
On a proposé d'appliquer à la sociologie les méthodes de Stuart Mill. Il est possible que la méthode des *variations concomitantes*, de même que celle de *concordance*, donne des résultats satisfaisants ; mais, en général, les faits sociaux sont si complexes, ils se pénètrent tellement les uns les autres, qu'il est bien difficile de les séparer et de les analyser, comme on analyse les faits matériels.
N'oublions pas que le caractère propre des individus composant la société, c'est la *liberté*, qui défie tout calcul, toute prévision mathématique, et, par conséquent, toute *déduction* certaine.

8ᵉ LEÇON

MÉTHODE DE L'HISTOIRE — CRITIQUE HISTORIQUE

Définition et objet de l'histoire. — L'histoire est la *science de la vie des peuples;* elle étudie le passé des sociétés humaines et s'efforce de remonter des faits particuliers aux lois qui les régissent et aux causes qui les produisent.

Il y a deux manières d'envisager le but de l'histoire. — Dans l'antiquité et jusqu'au siècle dernier, on a considéré l'histoire comme une morale en exemples, comme « la conscience du genre humain », suivant le mot de Tacite.

Cette conception de l'histoire à la façon de Plutarque, où les faits sont arrangés en vue d'une leçon morale, a été abandonnée, surtout au XIXᵉ siècle, et l'histoire s'est efforcée de devenir une *science*, d'arriver à la certitude par l'adaptation à son objet des procédés des sciences de faits, par la détermination des causes et des lois des phénomènes politiques et sociaux. L'histoire *scientifique* fait comme un réseau de causes et d'effets, où l'on voit la liaison des événements; elle formule les relations entre tels antécédents et tels conséquents, et donne ainsi à la sociologie des éléments pour résoudre les problèmes de l'avenir : si telles causes sont posées, quels effets seront produits ; étant donné tel état de société, c'est-à-dire tel ensemble de faits antérieurs, quel état de société lui succédera [1].

On doit pourtant se garder d'assimiler complètement l'histoire aux sciences physiques et naturelles, suivant cette formule de Taine : *Les questions historiques ne sont que des problèmes de mécanique.*
Les questions historiques se rapportent aux lois de la vie morale, qui ne sont point fatales comme les lois de la mécanique, dont plusieurs ont un caractère impératif, régissent des faits où la liberté a toujours une large place et ne peuvent, par conséquent, que donner des résultats conditionnels, impossibles à prévoir avec certitude. Tous les phénomènes sensibles, se réduisant de proche en proche à l'étendue et au mouvement, sont susceptibles d'être calculés et mesurés ; il n'en est pas ainsi des faits moraux : le sentiment, la pensée, la volonté, ne sont pas des faits géométriques et mécaniques, et ne peuvent être

---

[1] Stuart Mill a bien caractérisé cet ensemble de phénomènes complexes qu'on appelle un état de société. « Ce qu'on appelle un état de société, dit-il, c'est l'existence simultanée de tous les faits et phénomènes sociaux les plus importants. Tels sont le degré d'instruction et de culture intellectuelle et morale dans la communauté et dans chacune de ses classes ; l'état de l'industrie, celui de la richesse et sa distribution, les occupations habituelles de la nation, sa division en classes et les relations de ses classes entre elles, les croyances communes sur des sujets de première importance pour le genre humain, et le degré de force et d'autorité de ces croyances, le goût général, ainsi que le caractère et le degré du développement esthétique, la forme du gouvernement, les lois et coutumes les plus importantes, etc. La condition de toutes ces choses, et de bien d'autres qui s'offriront d'elles-mêmes à l'esprit, constitue l'état des sociétés ou l'état de civilisation à une époque donnée. » (*Système de logique*, liv. VI, ch. IX).

soumis à la mesure et au calcul. Les lois du monde physique et celles du monde moral peuvent être contrebalancées par des causes contraires ; mais, si ces causes sont absentes, les lois du monde physique ont nécessairement leur plein effet, tandis que, dans l'ordre moral, une cause contraire peut toujours être présente et contrebalancer toutes les lois ; cette cause, qui échappe absolument au déterminisme universel, qui a le privilège de pouvoir, dans les mêmes circonstances, se produire en divers sens et engendrer des effets divers, c'est la liberté.

Les positivistes n'en tiennent pas compte, ou bien ils l'assimilent aux causes fatales, telles que le sol, le climat, la race, le milieu social, ne laissant aucune place à l'énergie native et individuelle. L'homme n'est pas seulement ce que l'ont fait la nature, les circonstances et tous ces facteurs inconscients, il est ce qu'il s'est fait lui-même sous l'influence de l'idéal, des actes posés, des habitudes prises.

L'histoire, étudiée au point de vue scientifique et philosophique, ne conduit pas à conclure, encore avec Taine, que l'homme n'est *qu'un théorème qui marche* ou une simple pièce du mécanisme universel, mais qu'une Providence dirige et ordonne les choses humaines, et que le *hasard*, parmi l'infinie variété des lieux, des temps, des circonstances, ne saurait amener partout et toujours ce résultat : que les peuples grandissent dans la pauvreté, se développent par la lutte, s'enrichissent par la conquête et trouvent, dans cette richesse même, la corruption, qui est le commencement de la décadence. Elle conduit à affirmer, comme l'a fait, paraît-il, A. Comte lui-même dans un vers connu après sa mort, que *pour expliquer des lois il faut des volontés*, ce qui implique à la fois la Providence et le libre arbitre.

Principales sciences historiques. — Les sciences historiques comprennent : l'*histoire proprement dite*, qui étudie le passé de la vie des peuples ; l'histoire des *sciences,* des *arts*, des *lettres*, des *religions*, qui en sont comme des points de vue spéciaux ; la *préhistoire* ou l'*archéologie*, science des monuments anciens ; la *numismatique*, science des médailles ; l'*épigraphie*, science des inscriptions ; la *paléographie*, science des écritures anciennes ; la *diplomatique*, science des chartes et diplômes.

Il sera question ici seulement de la méthode de l'histoire proprement dite. Celle que suivent les archéologues, les épigraphistes, les paléographes, etc., se trouve dans les ouvrages spéciaux.

Rôle de l'histoire dans les sciences morales. — L'histoire est, en quelque sorte, l'école d'application de la philosophie, des sciences morales en particulier. Elle nous montre l'âme humaine se révélant, à travers les siècles et les pays, par la parole et par l'action. Elle *agrandit* le cercle d'observation psychologique, morale, politique, sociale. La *psychologie* trouve, en effet, dans l'histoire, le contrôle et le complément des observations ou réflexions personnelles. La *morale* y voit les sanctions naturelles des actes, appliquées soit aux individus, soit aux nations, par le libre jeu des volontés humaines et des institutions sociales ; l'*histoire* met en relief le rôle prépondérant de la volonté comme cause dans les faits historiques, et, par là, montre la puissance de la personne soit pour le bien, soit pour le mal[1] ; elle dégage cette idée, que les lois du monde moral restent identiques, bien qu'elles se vérifient dans des circons-

---

[1] « Pour qui veut connaître à fond la nature humaine, l'observation de l'homme, pris en masse et mêlé à la vie publique, n'est pas moins nécessaire que celle de l'homme individuel considéré dans la vie privée. Qui n'a pas vu l'homme dans la foule, ne connaît pas tout l'homme. » (LAVOLLÉE, *la Morale dans l'histoire*.)

tances et dans des milieux différents; que, par exemple, les mêmes erreurs et les mêmes défaillances produisent toujours approximativement la même décadence; les mêmes efforts et les mêmes vertus, une prospérité à peu près semblable.

La connaissance de l'histoire est nécessaire au *politique*, au *sociologue*, au *jurisconsulte*. Comment gouverner sagement une nation sans connaître son histoire, c'est-à-dire son tempérament, son caractère, ses idées, l'ensemble très complexe des causes et des faits, qui font qu'elle est ce qu'elle est, et qui permettent de conjecturer ce qu'elle sera, ce qu'elle pourra être?

L'histoire nous fait contemporains de tous les âges, concitoyens de tous les peuples, et nous donne en peu de temps beaucoup d'expérience; car le fond de la nature humaine ne change pas. L'histoire est aux peuples ce que la conscience est à l'individu; c'est par elle qu'ils prennent vraiment conscience d'eux-mêmes, de l'unité et de la continuité de leur existence; par elle, qu'ils connaissent leurs titres de propriété, leur patrimoine de gloires et de revers, leurs qualités et leurs défauts, l'orientation de leur vie de peuple, les lois de leur développement régulier; par elle enfin, en grande partie, qu'ils peuvent agir sur l'avenir avec toute la somme de prévoyance ou de probabilités compatible avec la liberté humaine.

Méthode. — Pour être vraiment une science, l'histoire doit recueillir et discuter les témoignages : c'est le rôle de la *critique historique;* elle doit ensuite raconter les faits passés, en les rattachant autant que possible entre eux et à leurs causes particulières ou générales : c'est ce que fait l'*histoire* proprement dite; enfin, elle doit dégager ce qu'il y a de général et de permanent dans l'infinie variété des faits passagers et contingents, et formuler les causes et les lois qui président à la vie des peuples : c'est en cela que consiste la *philosophie* de l'histoire.

On distingue quelquefois la philosophie de l'histoire et l'histoire philosophique. « La philosophie de l'histoire, prise dans son acception véritable, est une science à part, où les principes et les lois sont la partie principale, tandis que les faits n'y sont que pour prouver les lois; au contraire, dans l'histoire philosophique, les faits restent l'élément essentiel, et les lois y servent seulement d'explication et de lien. On peut écrire l'histoire philosophique d'un seul pays ou même d'une seule période de son existence; la philosophie de l'histoire ne peut exister qu'à la condition de s'appuyer sur un grand nombre de faits pris dans tous les temps et chez tous les peuples. » (URBAIN, *Précis d'un cours de littérature.*)

Des deux méthodes qu'emploient les sciences, l'histoire suivra donc principalement celle de l'*induction*.

Elle doit observer, recueillir, contrôler, analyser les faits particuliers, les grouper, les comparer, et en tirer les idées générales. Mais les faits dont elle s'occupe, étant passés, ne peuvent être observés directement; on n'arrive à les connaître que par le témoignage ou par le raisonnement inductif : de l'existence de faits certains on conclut à celle d'autres faits sans lesquels les premiers n'auraient pu exister, de la même façon qu'en géologie, par exemple, de la présence de coquillages marins dans une couche de terre, on conclut qu'elle a été autrefois recouverte par la mer[1].

---

[1] « Les effets seuls tombent sous sa prise (de l'histoire); ces effets sont des faits qu'elle recueille, faits de toute nature et de toute espèce, d'où elle induit les idées, concluant du signe à la chose signifiée ou de l'effet à sa cause. » (JOUFFROY.)

Du témoignage. — Toute la valeur de l'histoire repose sur la sincérité et la compétence du *témoignage*. Témoigner, c'est se porter garant d'une chose qu'on sait ou qu'on croit savoir. Le témoignage est le *récit verbal ou écrit d'un fait par un témoin*, c'est-à-dire par quelqu'un qui a vu ou entendu le fait. On appelle *autorité* du témoignage le degré de foi que mérite la parole du témoin.

Il faut distinguer le témoignage *historique*, qui a pour objet les faits, du témoignage *dogmatique*, scientifique ou moral, qui a pour objet les doctrines et que l'on appelle *autorité*.

Importance du témoignage. — Le témoignage n'est pas seulement la condition de l'histoire, il a une importance immense dans tout ordre de connaissance et dans la pratique de la vie. L'éducation, la société, la justice humaine, l'expérience et la science trouvent dans le témoignage une base nécessaire ou un auxiliaire puissant. L'homme n'occupe qu'un point du temps et de l'espace; s'il en était réduit à ce qu'il peut connaître par lui-même; si, pour faire son éducation ou sa science, il était contraint à recommencer lui-même toutes les expériences, ses connaissances seraient extrêmement bornées : L'art est long, et la vie est courte, dit un vieil adage.

« Grâce au témoignage, notre expérience personnelle s'étend et se multiplie ; chacun collabore avec tous, et tous avec chacun. Pour remédier à l'imperfection de leurs organes sensibles, les savants imaginent des appareils enregistreurs de tout genre, témoins scrupuleux, qui font pour eux les observations. Les témoins sont pour nous tous comme des appareils enregistreurs qui notent les faits et nous les rapportent. Grâce au témoignage, nous avons tous, pour ainsi dire, des milliers d'yeux, d'oreilles et de mains, et des yeux, des oreilles, des mains qui peuvent voir, entendre ou toucher à la fois dans les temps et les lieux les plus divers. » (RABIER, *Logique*.)

Principe de la foi au témoignage. — On a expliqué diversement la foi au témoignage. Reid, chef de l'école écossaise, a ramené à deux principes le fondement de l'autorité du témoignage humain : l'instinct de *véracité*, inclination naturelle de l'homme à dire la vérité, quand il n'est pas poussé au mensonge par l'intérêt ou la vanité ; l'instinct de *crédulité*, inclination naturelle à croire que les hommes sont disposés à dire la vérité et la disent, en effet. — Ces deux principes sont incomplets : des deux causes de défiance envers le témoignage, ils n'en excluent qu'une : le *mens mge*; ils laissent subsister l'autre : l'*erreur*. La véracité nous assure que *l'homme ne trompe pas*, et la crédulité nous fait croire qu'il *ne nous trompe pas;* mais ni l'une ni l'autre ne nous garantissent qu'il *ne se trompe pas*.

D'autres ont dit que nous croyons au témoignage, parce que l'objet naturel du langage est d'exprimer la pensée ; qu'en fait, l'homme parle pour exprimer ce qu'il pense, que nous parlons nous-mêmes à cette fin, et que, par une *induction toute naturelle* à chaque instant vérifiée, nous jugeons que c'est à cette même fin que parlent les autres.

D'après un maître de la science historique, le P. de Smedt, le principe de la foi au témoignage n'est ni un instinct ni une induction, mais une déduction parfaitement rigoureuse, basée sur le principe de causalité. Tout témoignage est un fait, et, comme tel, il doit avoir une cause.

Or le témoignage ne peut être fondé que sur l'une des trois causes suivantes : le *mensonge* ou la mauvaise foi, une *erreur* ou une illusion, la *vérité* ou réalité du fait attesté. Dans la mesure où la critique rend les deux premières hypothèses improbables, le principe de raison fonde la probabilité de la troisième ; si elle les démontre fausses et, *à fortiori*, impossibles, la certitude du fait attesté par le témoignage est rigoureusement établie.

Règles du témoignage historique. — Les unes sont relatives aux *faits*, les autres aux *témoins*.

a) **Relatives aux faits.** — Les faits doivent être *vraisemblables, possibles, non contradictoires*.

1° **Vraisemblables.** — Offrir des apparences de la vérité. Il faut tenir compte de la nature du fait attesté [1]. Tantôt notre *crédulité* nous porte à croire tout ce qui est conforme à nos idées, à nos préjugés, à nos désirs, à ce que nous savons ou croyons savoir. Pour admettre un fait, il ne suffit pas qu'il soit ou nous semble vraisemblable, il faut s'assurer qu'il est vrai. On croit facilement ce que l'on craint et ce que l'on espère ; facilement on accueille la calomnie ou le soupçon qui s'attaque à un ennemi.

Tantôt aussi notre *scepticisme* rejette *à priori* tout ce que nous croyons pouvoir déclarer invraisemblable, extraordinaire, inexplicable ; tout ce qui n'est pas conforme à nos idées, à nos préjugés, à ce que nous savons ou croyons savoir. Il faut se rappeler que tout progrès de la science consiste précisément à faire qu'un être ou un phénomène qui était ou paraissait inexplicable, ne le soit plus ou ne le paraisse plus. Que de faits de ce genre ont été acquis à la science par les procédés ingénieux de Claude Bernard, Chevreul, Flourens, Pasteur ! Toutes les merveilleuses découvertes de notre siècle nous convainquent de plus en plus que notre science est encore bien limitée et imparfaite, et que les choses les plus extraordinaires ne sont pas pour cela nécessairement impossibles. C'est en se fondant sur la prétendue règle qu'un fait inouï ne saurait être admis sur la foi d'un témoignage quelconque, que l'Académie des sciences a refusé pendant longtemps d'examiner les phénomènes, aujourd'hui bien constatés et reconnus, de l'hypnotisme.

2° **Possibles.** — Les faits doivent être conformes aux lois générales de l'univers, ne pas répugner au cours ordinaire des choses ; c'est ce qui constitue la possibilité physique. Lorsqu'un fait est en opposition avec ce que l'on sait de positif

---

[1] « On peut dire que, avant tout témoignage, chaque fait porte en soi un certain *coefficient de probabilité* ou d'improbabilité, résultant de sa nature même. Dans certains cas, la probabilité du fait et la probabilité du témoignage *s'additionnent*; mais, dans d'autres cas, l'improbabilité du fait et la probabilité du témoignage *se détruisent*, et il peut se faire que celle-là soit assez forte pour annuler entièrement celle-ci. D'où cette remarque de Cournot (*Exposition de la théorie des chances*, p. 413) : « Il faut admettre, pour le témoignage d'un « même témoin, des probabilités variables pour chaque catégorie de faits. » (RABIER, *Logique*.)

sur la nature, il y a là de quoi présumer que le témoin a mal vu et s'est trompé. On récuse naturellement un témoignage portant sur des faits considérés comme absolument impossibles, c'est-à-dire absurdes, contradictoires en eux-mêmes ou contredits par les principes de la raison. S'il s'agit d'un miracle, fait sensible non seulement supérieur, mais contraire aux lois et aux forces physiques, le témoignage peut valoir pour m'assurer qu'en fait, dans un cas particulier, une dérogation a eu lieu à la stabilité et à la permanence des lois de la nature; il reste à montrer que ce fait, ne pouvant être expliqué par les forces naturelles, doit l'être par une puissance supérieure à la nature.

3° **Non contradictoires.** — Deux faits sont contradictoires quand la réalité de l'un est une cause nécessaire d'impossibilité pour l'autre. Ainsi, au tribunal, un accusé peut se disculper par un *alibi*, c'est-à-dire en prouvant sa présence dans un lieu autre que celui où a été commis le fait délictueux, au moment où il a été commis. Voltaire est mal venu à indiquer comme source du *Cid* une pièce de Diamante qui ne parut qu'en 1656, c'est-à-dire vingt-deux ans après le chef-d'œuvre de Corneille.

b) **Relatives aux témoins.** — Il faut examiner si les témoins peuvent s'être trompés (*erreur*), et s'ils veulent ou peuvent tromper (*mensonge*); en d'autres termes, s'ils ont vu la vérité et s'ils la disent.

Deux cas se présentent : le témoin est *unique*, ou il y a *plusieurs* témoins.

Premier cas. — Dans le cas d'*un seul témoin*, pour éliminer les deux causes qui peuvent vicier le témoignage, il faut, autant que possible, connaître le témoin, sa capacité, sa compétence dans la question discutée, son caractère, ses passions, ses intérêts, son honnêteté habituelle, quels moyens il a eus de connaître la vérité : tant vaut l'homme, tant vaut son témoignage[1]. Le témoin est-il assez éclairé pour ne pas se tromper, assez loyal pour ne pas tromper? n'a-t-il pas, dans la circonstance donnée, un intérêt particulier à tromper?

Il ne faut pas confondre l'*impartialité* du témoin avec l'*indifférence* ou la *neutralité*, qui consiste à ne pas chercher à distinguer le vrai du faux, le bien du mal, le beau du laid, à traiter de la même manière l'honnête homme et le coquin, le savant et l'ignorant. Rien n'est plus opposé à l'impartialité que d'avoir un parti pris d'avance et d'interpréter les faits d'après une idée préconçue. C'est ainsi que, dans l'histoire des religions, par exemple, l'école naturaliste moderne n'est pas ce qu'elle prétend être, une école impartiale, puisqu'elle traite l'histoire des religions avec l'idée préconçue d'en exclure le surnaturel, c'est-à-dire l'élément essentiel des croyances religieuses; d'attribuer à toutes les religions une égale autorité et une origine purement humaine.

Voici les principes que doit suivre celui qui veut avoir l'impartialité, c'est-à-dire l'honnêteté et la probité de l'histoire : *Il faut distinguer d'abord la constatation des faits de leur interprétation.* — La *constatation* des faits doit être accom-

---

[1] « Avant de lire une histoire, étudiez la vie de l'historien. J'ose affirmer que cette règle est de la plus haute importance. — Comment apprécier la véracité d'un historien ou les moyens dont il dispose pour arriver au vrai, si l'on ne connaît sa vie? Voulez-vous avoir la clef de ses déclamations ou de ses réticences?... Cherchez dans ses vertus ou dans ses vices, dans sa position particulière, dans l'esprit de son temps, dans la forme politique de sa patrie; le plus souvent tout est là. » (BALMÈS, *Art d'arriver au vrai*.) — Lire sur cette question les ch. VIII, IX, X et XI, où l'on trouve d'excellentes remarques pratiques.

plie avec une parfaite loyauté, sans s'inquiéter des conséquences de ces faits par rapport à telle ou telle théorie. Lorsque les faits sont certains, ils sont acquis à l'histoire, et il n'est plus permis de les contester. Lorsque les faits, après examen, restent probables ou douteux, il est possible de prévoir qu'ils seront confirmés ou ébranlés par quelques inductions postérieures. On doit alors se garder de les affirmer comme certains.

C'est la méthode *objective* et non la méthode *subjective* qu'il faut employer dans l'*interprétation des faits :* « Mettre ses idées personnelles dans l'étude des textes, — ou des documents quels qu'ils soient, — dit Fustel de Coulanges, c'est la méthode subjective. On croit regarder un objet, et c'est sa propre idée que l'on regarde ; on croit observer un fait, et ce fait prend tout de suite la couleur et le sens que l'esprit veut qu'il ait ; on croit lire un texte, et les phrases de ce texte prennent une signification particulière suivant l'opinion antérieure qu'on s'en était faite. L'histoire ne consiste pas à raconter avec agrément ou à disserter avec profondeur ; elle consiste, comme toute science, à constater des faits, à les analyser, à les rapprocher, à en marquer le lien... Son unique habileté (de l'historien) consiste à tirer des documents tout ce qu'ils contiennent et à n'y rien ajouter de ce qu'ils ne contiennent pas. Le meilleur des historiens est celui qui se tient le plus près des textes, qui les interprète avec le plus de justesse et ne pense que d'après eux. » (*Institutions politiques de l'ancienne France*.)

« L'*interprétation des faits* se fait de deux manières : par des *principes à priori* et par des *hypothèses*. On ne peut pas éviter de se servir de principes *à priori*. Ceux que l'on doit employer en histoire sont les axiomes de la raison et les jugements primitifs du bon sens. Parmi ces principes, l'un des principaux est celui de la proportion des causes avec leurs effets ; il ne sera pas permis, en vertu de ce principe, d'assigner à certains phénomènes une cause notoirement insuffisante et trop faible. C'est parmi ces principes *à priori* que l'école naturaliste range l'exclusion de tout surnaturel. Je n'ai point adopté cet axiome, qui ne me semble nullement fondé. On le dit appuyé sur la science, mais de quelle science s'agit-il ? Les sciences mathématiques, qui n'opèrent que sur l'abstrait, n'ont rien à voir dans ce qui regarde les faits réels. Les sciences physiques et physiologiques ont pour mission de constater les lois, par des expériences réitérées. Dans les conditions spéciales où elles opèrent, le retour des mêmes faits, dans les mêmes circonstances, est régulier. Mais ces sciences ne peuvent rien dire de ce qui se passe en dehors des laboratoires ni aux époques et dans les lieux où elles n'ont pas fait leurs observations. L'astronomie seule pourrait prétendre avoir constaté la série continue des phénomènes célestes ; néanmoins, combien d'exceptions ont réellement pu lui échapper depuis qu'elle existe, surtout si ces exceptions avaient pour auteur un Dieu capable de détruire lui-même, par un acte contraire, les conséquences d'un acte libre ? L'histoire enfin se prononce-t-elle contre le surnaturel ? Sans doute elle constate chez les hommes une grande tendance à admettre des miracles imaginaires ; elle anéantit beaucoup de légendes ; elle rend compte de la formation graduelle de bien des récits où le surnaturel joue un grand rôle. Mais qu'elle est loin d'embrasser tous les faits et de pouvoir rendre compte de tout ce qui s'est passé dans les régions du monde habitées par l'homme ! D'ailleurs, à côté des faits surnaturels douteux et légendaires, il en est d'autres si solidement prouvés, qu'on ne peut les rejeter qu'en admettant les hypothèses les plus invraisemblables.

« Se fonder sur l'histoire pour rejeter le surnaturel en général, ce serait une pétition de principe. On pourrait soutenir que la négation du surnaturel est la conclusion dernière de l'étude de l'histoire. Cette thèse serait inexacte en fait, elle ne serait pas illogique. Mais poser cette négation *à priori* comme une règle fondamentale de la critique, c'est procéder arbitrairement, c'est trancher d'avance la question que les faits doivent résoudre et imposer ou subir le joug d'une opinion préconçue. » (A. DE BROGLIE, *Problèmes et conclusions de l'histoire des religions*, Préface.)

Deuxième cas. — Dans le cas où plusieurs témoins affirment le même fait, on procède d'abord pour chacun d'eux comme s'il était unique. Puis, si les témoins sont d'accord, on cherche à expliquer pourquoi ils le sont ; on peut admettre leur témoignage, si leur unanimité ne vient pas d'une entente préalable, d'un intérêt commun ou d'une même passion qui les porte à affirmer ou à nier le fait ; s'ils sont en désaccord, on les partage en groupes, puis on *pèse*, plutôt qu'on ne *compte*, les témoignages contradictoires.

Il va de soi qu'*un nombre même très petit de témoignages de haute valeur, éclairés et désintéressés, doit l'emporter sur un nombre même très grand de témoignages suspects*. On sait que le peuple se laisse facilement égarer et aveugler par les préjugés, par les passions et par l'intérêt, et qu'il est des faits où son opinion, où son témoignage ne compte pas. En astronomie, par exemple, l'opinion individuelle de Képler et d'Arago vaut plus que celle de la foule, fût-elle unanime. En histoire, pour les relations relatives à la Fronde, le témoignage de Mme de Motteville, quoique bonne royaliste, a un très grand poids, parce qu'elle est généralement d'une grande impartialité. Celui de Saint-Simon, pour la fin du règne de Louis XIV et la Régence, est suspect, parce que le duc s'est souvent inspiré de ses jalousies et de ses rancunes.

A toutes ces règles relatives au témoignage, il faut ajouter celles de l'observation scientifique, qui sont de n'avoir en vue, en interrogeant les faits, ni son intérêt, ni ses préjugés, ni ses passions, mais uniquement la découverte de la vérité.

Règles de la critique appliquées aux sources de l'histoire. Les sources de l'histoire sont les *traditions orales*, les *monuments*, les *écrits*.

Critique des traditions. — Les *traditions sont des récits qui se transmettent de bouche en bouche*. C'est la source la moins sûre de l'histoire. En général, la valeur de la tradition orale diminue à mesure que le nombre des intermédiaires augmente et que l'on s'éloigne des témoins oculaires [1]. En se perpétuant à travers les générations et les siècles, les récits s'entremêlent de fables et de légendes, et il est difficile de remonter au fait primitif [2].

La *tradition* peut avoir une réelle valeur, quand elle se rapporte à de grands événements, qui ont laissé dans la mémoire des peuples des traces ineffaçables et qu'on y retrouve un même fonds persistant à des époques différentes ; quand, depuis l'origine du fait, une suite non interrompue de témoignages affirme toujours et partout le même fait ; en un mot, quand, relative à des faits importants, elle est dans le pays ou le peuple qu'elle intéresse : *universelle, constante, uniforme*.

C'est aux traditions qu'Augustin Thierry a emprunté les traits et les couleurs dont il a peint si vivement la race anglo-saxonne, dans son *Histoire de la conquête de l'Angleterre par les Normands*. Les légendes relatives à la guerre de Troie nous apprennent beaucoup de choses sur la civilisation de la Grèce et de l'Asie, mais rien de précis sur aucun fait historique.

---

[1] La Fontaine a mis en action le côté comique du grossissement successif de l'erreur, dans les *Femmes et le secret* (liv. VIII, vi).
[2] On admet généralement qu'un fait écrit seulement cent cinquante ans après qu'il est arrivé, doit être tenu pour légendaire.

Ozanam faisait grand cas de la légende, et l'un de ses biographes met bien en relief le parti qu'il en a su tirer et les raisons qu'il avait de l'estimer : « La légende, c'est l'histoire idéalisée par l'imagination des foules; c'est la poésie du souvenir ; ce sont les récits traditionnels transmis d'âge en âge, de génération en génération, et enrichis de ce merveilleux dans lequel nous apparaissent les époques lointaines. Partout on la retrouve; elle plane sur le tombeau des ancêtres, sur les vieilles basiliques, sur les ruines des châteaux, sur les débris du passé. La reconnaissance populaire, frappée des prodiges opérés par les grands hommes, par les saints, remanie l'histoire afin de lui donner un tour plus pathétique et plus merveilleux. Ce n'est qu'aux grands qu'on prête des traits aussi extraordinaires et de pareilles aventures.

« La légende n'est pas la *poésie*, puisqu'elle n'est pas chantée ; elle n'est pas le *roman*, parce qu'elle est sincère et croit à ce qu'elle raconte; elle n'est pas davantage l'*histoire*, car elle exclut toute critique : tandis que l'une mesure l'influence exercée par un homme de génie sur les événements et les institutions de son temps, l'autre suit et décrit le mouvement imprimé par cet homme aux idées et à l'imagination des peuples. Quand il y a de la poésie dans les faits, n'est-ce pas un trait de fidélité de plus d'en mettre dans le récit ? Non seulement, selon une heureuse expression d'Ozanam, le silence de l'histoire est la liberté de la poésie, mais on peut affirmer sans exagération que la légende est parfois plus instructive ou même plus exacte que l'histoire elle-même; car elle est l'expression fidèle et spontanée du sentiment populaire d'où elle jaillit. Ce sont les fragments authentiques de ce qu'on pourrait appeler la chronique idéale de l'humanité ; souvent même la terre ne lui suffit pas; lasse de ce que nos yeux peuvent voir, elle pénètre hardiment jusque dans le monde invisible. C'est donc un dédain fort injuste que celui qu'affectent nos modernes critiques pour les « inventions ridicules » qui eurent si longtemps le don de charmer et de consoler nos pères. Loin de partager ce mépris, Ozanam, pour raconter quelques-unes de ces gracieuses légendes, se fit, selon l'expression d'un contemporain, tout peuple et tout cœur, et les applaudissements réitérés de son auditoire montrèrent combien ses éloquentes paroles avaient trouvé d'écho. » (Huit. — *Vie d'Ozanam*.)

Critique des monuments. — Il faut appliquer aux monuments les mêmes règles qu'aux témoins eux-mêmes. Devant les tribunaux, on s'assure de l'*identité* et de la *véracité* des témoins ; en histoire, il faut demander aux monuments : 1° s'ils sont *authentiques*, c'est-à-dire s'ils sont bien eux-mêmes, s'ils sont ce qu'ils prétendent être ou ce qu'on prétend qu'ils sont, s'ils appartiennent bien à tel peuple, à telle époque, à tel personnage; 2° s'ils sont *sincères*, c'est-à-dire s'ils ne sont pas l'œuvre de la flatterie, du mensonge. Par exemple, sur l'arc de triomphe élevé à Titus, on lit qu'il a le premier pris Jérusalem; c'est un mensonge notoire : Pompée s'était déjà emparé de cette ville.

On distingue deux sortes de monuments : les uns sont historiques par *destination* : arcs de triomphe, colonnes, trophées, temples, tombeaux ; les autres le deviennent par *circonstance* : édifices particuliers, armes, meubles, monnaies, bijoux, ustensiles.

L'archéologie, la numismatique, l'épigraphie, la paléographie, la diplomatique, vérifient l'authenticité, interprètent et expliquent le sens des édifices, des tombeaux, des arcs de triomphe, des statues, des médailles, des armes, que les siècles précédents nous ont légués.

« L'archéologie est l'âme de l'histoire, » dit A. Thierry. Notre histoire, par exemple, est écrite en traits parlants sur nos monuments. L'esprit qui animait ceux qui les ont élevés se lit clairement sur ces pierres assemblées, sur ces murs brodés comme la dentelle, sur ces figures de saints, sur ces statues de chevaliers et de dames, sur ces grotesques enserrant le tout. L'art ogival, qui est proprement l'art français, exprime toute une civilisation, est le produit rationnel et nécessaire de causes historiques profondes, le résultat d'une évolution naturelle provoquée par des influences religieuses, morales et matérielles.

C'est grâce au déchiffrement des vieilles écritures hiéroglyphique, hiératique (réservée aux prêtres) et démotique (populaire) de l'Égypte, des divers genres d'écritures *cunéiformes* d'Assyrie, qu'on est parvenu à reconstituer, pièce à pièce, l'histoire de ces vieilles civilisations orientales et à les faire revivre sous nos yeux par une sorte de « résurrection ».

Critique des écrits. — Les écrits sont la source la plus féconde de l'histoire. On distingue les *procès-verbaux, rapports, traités, bulletins*, qui ont un caractère officiel ; les *journaux privés*, le journal de Dangeau, par exemple, sur la cour de Louis XIV ; les *journaux publics* ou *périodiques* ; les *mémoires*, où l'auteur raconte les événements auxquels il s'est trouvé mêlé ; les *correspondances*, les *relations de voyages*, les *récits contemporains*.

La critique doit d'abord porter sur *l'ouvrage*, dont il faut vérifier *l'authenticité* et *l'intégrité* ; puis sur *l'auteur* lui-même : s'il raconte ce dont il a été le témoin, on le traite comme un témoin ordinaire ; on apprécie sa capacité, sa compétence, sa bonne foi ; s'il écrit d'après d'autres témoignages, il faut chercher quelles sont les sources où il a puisé et ce qu'elles valent.

Il faut se défier des faux écrits. « Les faussaires ont été nombreux en Grèce ; et la critique moderne a dû se prémunir contre leurs supercheries, notamment dans l'histoire littéraire. Les *vers dorés*, attribués à Pythagore, ne sont pas de lui ; et sur trente-six dialogues qui portent le nom de Platon, des critiques, qui ne sont pas les plus sévères, n'en rejettent pas moins de quatorze. Dans les temps modernes, les imposteurs n'ont pas manqué non plus. A la fin du XVIIe siècle, on a publié de faux mémoires secrets et jusqu'à un prétendu testament politique de Colbert. Après la Révolution, pour satisfaire la soif de curiosité du public sur la période extraordinaire qu'on venait de traverser, les écrits originaux ne suffisant pas, on en fabriqua, pour ainsi dire, sur commande. » (DE LA HAUTIÈRE, *Logique*.)

On sait que les poésies d'Ossian (barde écossais du IIIe siècle), publiées en 1763, avaient été dénaturées et modifiées dans leur forme primitive, sinon inventées de toutes pièces, par Macpherson. Il en est de même, en France, des poésies publiées en 1803 sous le nom de Clotilde de Surville.

Enfin, même en mettant à part tout intérêt personnel, il faut tenir pour suspect tout écrivain qui raconte l'histoire au profit d'une coterie, d'une secte, d'un parti. Beaucoup d'Histoires de la Révolution, par exemple, pèchent par ce défaut : les unes célèbrent avec enthousiasme, les autres dénigrent systématiquement les hommes et les choses.

Règles du témoignage en matière de doctrines. — Quand le témoignage a pour objet, non des faits, mais des vérités ou des doctrines, il se présente, s'il s'agit d'une vérité morale et pratique, sous la forme du *consentement universel*, et, s'il s'agit d'une vérité scientifique et théorique, sous la forme de l'*autorité*.

L'accord unanime, ou quasi tel, des hommes de tous les temps et de tous les pays, portant sur des vérités pratiques, importantes, contraires aux passions, aux préjugés, aux intérêts particuliers, ne peut être que le résultat d'un penchant naturel ou d'une révélation primitive. Les plus grands philosophes ont adopté la preuve indirecte du consentement moralement unanime et universel, comme un argument décisif en faveur de l'existence de Dieu, de la spiritualité et de l'immortalité de l'âme, de la liberté, de la distinction du bien et du mal; mais ils se sont bien gardés de l'invoquer en matière de vérités scientifiques, où il est très sujet à l'erreur, comme le prouve l'histoire des sciences. Citons seulement le fait tout récent de la composition de l'air. Pendant longtemps on a cru que l'air était formé d'oxygène et d'azote; une analyse plus exacte y a fait découvrir un troisième gaz, l'*argon*, dans la proportion de un centième.

Il ne faut ni avec quelques philosophes refuser toute valeur au consentement universel, sous prétexte que « les sots, depuis Adam, sont en majorité »; ni avec les traditionalistes regarder le consentement universel comme la seule source ou la seule garantie de la vérité. Il est signe de vérité toutes les fois que, portant sur des vérités sans lesquelles on ne comprend pas la vie morale, il est moralement unanime.

Quant au témoignage qui a pour objet des vérités scientifiques et constitue ce qu'on appelle l'*autorité*, il atteint une haute probabilité et a droit à notre assentiment au moins provisoire, quand il vient d'hommes compétents qui parlent de choses qu'ils ont parfaitement étudiées. (Voir, p. 414, ce qui a été dit de la méthode d'autorité.)

NOTES COMPLÉMENTAIRES

Le déterminisme historique. — Méthode suivie par Taine, dans l'étude de l'Ancien régime et de la Révolution. — « On permettra à un historien d'agir en naturaliste; j'étais devant mon sujet comme devant la métamorphose d'un insecte... Dégagée de tout parti pris, la curiosité devient scientifique et se porte tout entière vers les forces intimes qui conduisent l'étonnante opération. Ces forces sont la situation, les passions, les idées, les volontés de chaque groupe, et nous pouvons les démêler, presque les mesurer. Elles sont sous nos yeux; nous n'en sommes pas réduits aux conjectures, aux divinations douteuses, aux indications vagues. Par un bonheur singulier, nous apercevons les hommes eux-mêmes, leurs dehors et leurs dedans. Les Français de l'ancien régime sont encore tout près de nos regards... Plusieurs de leurs hôtels subsistent encore, avec leurs appartements et leurs meubles intacts. Au moyen de leurs tableaux et de leurs estampes, nous les suivons dans leur vie domestique, nous voyons leurs habillements, leurs attitudes et leurs gestes. Avec leur littérature, leur philosophie, leurs sciences, leurs gazettes et leurs correspondances, nous pouvons reconstituer toute leur pensée et jusqu'à leur conversation familière. Une multitude de mémoires, sortis depuis trente ans des archives publiques ou privées, nous conduisent de salon en salon, comme si nous y étions présents. Des lettres et des journaux de voyageurs étrangers contrôlent et complètent, par des peintures indépendantes, les portraits que cette société a tracés d'elle-même. » — Pour ce qui concerne la province, la bourgeoisie, le paysan, l'ouvrier, l'administration et le ménage, « j'ai pu, ajoute-t-il, dépouiller une multitude de documents manuscrits, la correspondance d'un grand nombre d'intendants, directeurs des écoles, fermiers généraux, magistrats, employés et particuliers de toute espèce et de tout degré, pendant les trente dernières années de l'ancien régime ; les rapports et mémoires sur les diverses parties de la maison du roi ; les procès-verbaux et cahiers des états généraux en cent soixante-seize volumes ; la correspondance des commandants militaires en 1789 et 1790 ; les lettres, mémoires et statistiques détaillés, contenus dans les cent cartons du comité ecclésiastique ; la correspondance en quatre-vingt-quatorze liasses des administrations de département et de municipalité avec les ministres, de 1789 à 1799 ; les rapports des conseillers d'État en mission à la fin de 1801 ; la correspondance des préfets sous le Consulat, sous l'Empire et sous la Restauration jusqu'en 1823 ; quantité d'autres pièces si instructives et si inconnues, qu'en vérité l'histoire de la Révolution semble encore inédite. Du moins, il n'y a que ces documents pour nous montrer des figures vivantes, petits nobles, curés, moines et religieuses de province, avocats, échevins et bourgeois des villes, procureurs de campagne et syndics de village, laboureurs et artisans, officiers et soldats. » (*L'Ancien régime*, Préface, 1875.)

Cette méthode de Taine, excellente par certains côtés, a le tort d'être exclusive et de poser en principe le déterminisme. — On sait que pour lui tout est également nécessaire dans le monde ; l'homme est un théorème qui marche ; tous ses actes sont l'effet nécessaire de sa faculté maîtresse.

M. l'abbé de Broglie, réfutant une série d'articles sur le catholicisme, publiés par Taine dans la *Revue des Deux-Mondes* (n°s de juin 1892), combat ainsi qu'il suit cette méthode [1] :

« Le déterminisme posé d'avance est irrationnel et antiscientifique. M. Taine nous dit que Bossuet, Pascal, la Bruyère, ont leur siège fait d'avance, qu'ils jugent l'homme d'après une conception dogmatique, donnée par la religion et reçue aveuglément. Il fait tort à ces grands hommes. Ce n'est pas seulement au nom de la foi qu'ils ont dit que l'homme a une âme simple, libre, immortelle. C'est par l'usage viril de leur raison, c'est par l'observation impartiale et loyale des faits que la conscience révèle qu'ils ont constaté ces vérités. Ils en ont sans doute trouvé la confirmation dans l'Évangile, parce que l'Évangile contient une profonde connaissance de la nature humaine. Mais ils ont uni leur foi à leur raison ; chez eux, ces deux principes se sont mutuellement appuyés ; il est injuste de dire qu'ils aient asservi leur raison à leur foi et tiré leur philosophie de la théologie...

« En revanche, celui qui pose d'avance, sans en donner l'ombre d'une preuve, comme un principe absolu, le déterminisme et le matérialisme ; celui qui s'interdit d'écouter le témoignage de notre conscience, affirmant notre liberté, parce que ce témoignage contredit son principe ; celui qui ne voit dans le cerveau de l'homme qu'une masse nerveuse semblable à celle de l'animal et ne s'aperçoit pas qu'il oublie l'âme pensante et raisonnable par laquelle ce cerveau est animé et dont il est l'organe ; celui qui ne veut regarder que les ressemblances entre l'homme et l'animal et ferme les yeux sur les différences : celui-là a vraiment son siège fait d'avance. Celui-là, au lieu d'observer, ne fait que tirer des conséquences d'un principe arbitraire, d'un dogme indémontré ; celui-là procède par la déduction chimérique de Spinosa et de Hegel : il a abandonné la prudente méthode de Bacon.

« La vraie science ne parle pas ainsi ; elle étudie chaque être selon sa nature ; elle diversifie ses méthodes suivant leur objet. Elle applique au corps de l'homme les lois de la matière inorganique, de la géométrie, de la mécanique, de la chaleur et de l'électricité. Elle applique à sa vie végétative les lois du monde organique. Elle applique à la vie intellectuelle et morale les lois spéciales de cette vie supérieure, les lois qui régissent le libre arbitre, et dont les prévisions, vraies dans la moyenne, savent fléchir, en ce qui concerne les actes individuels, devant la souveraine volonté. Faire rentrer l'homme dans l'anima-

---

[1] Dans le même ouvrage, M. l'abbé de Broglie rend justice à Taine et en parle comme d'un homme « dont le fond de la pensée est étranger à nos croyances, mais dont l'impartialité et la loyauté sont complètes, qui ne craint pas de constater le bien partout où il le rencontre, et ne se croit jamais permis d'altérer les faits, quelles que soient les conséquences qui puissent en être tirées » (page 5).

lité et les lois morales dans les lois physiques, c'est aller grossièrement contre les premiers principes de la science expérimentale...

« Cette erreur de méthode a d'ailleurs, dans le domaine de l'histoire et de la critique, des conséquences funestes auxquelles, malgré sa perspicacité, son talent et sa patience à accumuler les faits, M. Taine n'a pas échappé. Plus d'une fois, en prétendant démonter l'homme comme un mécanisme, il n'a fait que substituer à l'être vivant un automate mû par le ressort de sa faculté maîtresse. Et si l'on doit juger d'une méthode par ses résultats, les analyses psychologiques de certains sermons de Bossuet ou des *Caractères* de la Bruyère peuvent soutenir victorieusement la comparaison avec les dissections d'une psychologie réduite à n'être qu'une branche de l'histoire naturelle. (*Le Présent et l'Avenir du catholicisme en France*, p. 161 et suivantes.)

TABLEAU ANALYTIQUE

MÉTHODE DE L'HISTOIRE

Définition et objet de l'histoire.
L'histoire est la science de la vie des peuples.
Son objet, c'est le passé des sociétés humaines; elle s'efforce de remonter des faits particuliers aux lois qui les régissent et aux causes qui les produisent.

But de l'histoire.
Il y a deux manières d'envisager le but de l'histoire :
La première (antiquité jusqu'au XIXᵉ siècle) considère l'histoire comme une partie de la morale; c'est la morale en exemples. — Les faits y sont arrangés en vue d'une leçon pratique.
La seconde (XIXᵉ siècle) assimile l'histoire aux autres sciences, et cherche uniquement à déterminer les causes et les lois des événements.
La première méthode n'est pas scientifique;
La seconde, employée seule, conduit au fatalisme et au déterminisme. — On ne peut assimiler l'histoire des peuples à la physique et à l'histoire naturelle : L'homme n'est pas un théorème qui marche; les questions historiques ne sont pas de simples problèmes de mécanique, comme l'a prétendu Taine. Il faut faire dans les événements la part de la liberté humaine, et se souvenir de ce vers d'A. Comte :
  Pour expliquer les lois, il faut des volontés.

Principales sciences historiques.
Les sciences historiques comprennent :
1° L'*histoire proprement dite*, qui étudie le passé de la vie des peuples;
2° L'*histoire des sciences, des lettres, des arts, des religions*;
3° La *préhistoire ou archéologie*, science des monuments anciens;
4° La *numismatique*, science des médailles;
5° L'*épigraphie*, science des inscriptions;
6° La *paléographie*, science des écritures anciennes;
7° La *diplomatique*, science des chartes et des diplômes.

Rôle de l'histoire dans les sciences morales.
L'histoire est en quelque sorte l'école d'application des sciences morales :
La *psychologie* trouve en elle son contrôle et le complément nécessaire à la réflexion;
La *morale* y voit les sanctions naturelles appliquées aux individus et aux sociétés;
La *politique*, la *sociologie*, la *jurisprudence*, doivent s'en inspirer dans leurs déductions pratiques, sous peine de faire des lois inapplicables.

Méthode.
La méthode de l'histoire est à la fois *inductive* et *déductive*.
Par l'induction, elle observe, recueille, contrôle, analyse les faits, groupe les témoignages, les compare, les discute : c'est le rôle de la *critique*.
Par la déduction, se fondant sur les principes absolus du bien, du juste, de l'honnête, elle juge les faits, ou, de circonstances données, tire des conséquences au moins probables : c'est la philosophie de l'histoire.

MÉTHODE DE L'HISTOIRE (Suite)

Du témoignage.

Principe de la foi au témoignage.

Importance du témoignage. — Toute la valeur de l'histoire repose sur la sincérité et la compétence du témoignage.

Ce n'est pas seulement en histoire que le témoignage est important ; sans lui, l'éducation, la société, la justice humaine, l'expérience et la science, seraient impossibles.

Le témoignage étend et multiplie l'expérience : il nous donne des milliers d'yeux, de mains, d'oreilles.

Reid a ramené le fondement du témoignage à un double instinct :
1° Instinct de *véracité :* inclination naturelle de l'homme à dire la vérité ;
2° Instinct de *crédulité :* inclination naturelle à croire que les hommes disent la vérité.

Ces deux principes n'excluent pas toutes les causes d'erreur ; ils ne garantissent pas que le témoin ne se trompe pas.

D'autres veulent que nous croyions au témoignage en vertu de cette induction naturelle que l'homme parle pour exprimer ce qu'il pense, comme nous parlons nous-mêmes à cette fin.

Le P. de Smedt n'accepte pas ces deux explications, et il donne pour fondement au témoignage une déduction basée sur le principe de causalité.

Il suffit, par une critique sévère, d'écarter le *mensonge* ou l'*erreur*, pour établir d'une manière rigoureuse la certitude du témoignage.

Règles du témoignage.

Les unes sont relatives aux faits, les autres aux témoins.

a) Règles relatives aux faits.

Les faits doivent être :

1° Vraisemblables.
C'est-à-dire offrir des apparences de vérité ;
Il faut se défier à la fois d'une *crédulité* aveugle et d'un *scepticisme* qui rejette à *priori* tout ce qu'il ne comprend pas.

2° Possibles.
C'est-à-dire conformes aux lois générales de l'univers.
Le miracle ne saurait être repoussé à titre d'impossibilité, attendu qu'il y a des miracles scientifiquement établis.
Ici le témoignage constate, il n'explique pas.

3° Non contradictoires.
C'est-à-dire non opposés à un fait parfaitement constaté.
Un alibi, par exemple.

b) Règles relatives aux témoins.

Deux cas peuvent se présenter : le témoin est unique, ou il y a plusieurs témoins.

1° Témoin unique.
Il faut : 1° Connaître le témoin, sa capacité, sa compétence, son caractère, ses intérêts, son honnêteté.
2° Les moyens qu'il a eus de connaître la vérité. — Si le témoin est assez éclairé pour ne pas se tromper, assez loyal pour ne pas nous tromper, on peut ajouter foi au témoignage.

2° S'il y a plusieurs témoins.
Il faut : 1° Procéder pour chacun comme s'il était l'unique témoin ;
2° Voir si les témoins sont d'accord ;
3° Les grouper suivant leurs opinions, s'ils sont en désaccord ;
4° *Peser* plutôt que compter les témoignages contradictoires.
L'accord, dans certains cas où les intérêts sont contrariés et les passions froissées, est une garantie de vérité.

MÉTHODE DE L'HISTOIRE (Suite.)

- **Règles du témoignage.** (Suite.)
  - b) Règles relatives aux témoins. (Suite.)
    - 2° S'il y a plusieurs témoins. (Suite.) — Un nombre même très petit de témoignages de haute valeur doit l'emporter sur un nombre même très grand de témoignages suspects.
  - Ajoutons à toutes ces règles celles de l'observation scientifique, qui sont de n'avoir en vue, en interrogeant les faits, ni son intérêt, ni ses préjugés, ni ses passions, mais uniquement la découverte de la vérité.

- **Les sources de l'histoire.**
  - Les sources de l'histoire sont : les traditions orales, les monuments, les écrits.
  - **1° Traditions.**
    - Récits qui se transmettent de bouche en bouche.
    - C'est la source la moins pure de l'histoire.
    - La valeur d'une tradition diminue à mesure qu'on s'éloigne de son origine.
    - Ordinairement, c'est le fond de la tradition qui est vrai, non le détail.
  - **2° Monuments.**
    - Deux sortes de monuments : les uns, historiques par destination ; les autres, par occasion.
    - Il faut s'assurer : 1° de leur *authenticité* : sont-ils ce qu'ils prétendent être ?
    - 2° de leur *sincérité* : ne sont-ils pas l'œuvre de la flatterie, du mensonge ?
    - L'*archéologie*, la *numismatique*, l'*épigraphie*, la *paléographie*, la *diplomatique*, servent à vérifier l'authenticité et la sincérité des monuments.
  - **3° Les écrits.**
    - Les écrits sont la source la plus pure et la plus féconde de l'histoire.
    - Comme pour les monuments, il faut s'assurer : 1° de l'*authenticité* ;
    - 2° de l'*intégrité*, c'est-à-dire si on n'a fait ni coupures ni interpolations ;
    - Puis on traite l'écrivain comme un témoin ordinaire, s'il raconte ce qu'il a vu et entendu ; on vérifie ses *sources*, s'il raconte d'après d'autres.

Règles du témoignage en matière de doctrines. — Quand le témoignage a pour objet non des faits, mais des doctrines, il se présente ou sous la forme du *consentement universel*, s'il s'agit d'une vérité morale et pratique, ou sous la forme de l'*autorité*, s'il s'agit d'une vérité scientifique.

1° *Consentement universel.* — L'accord unanime ou quasi tel de tous les hommes, portant sur une *vérité pratique importante*, contraire aux passions et aux intérêts particuliers (croyance à l'existence de Dieu, immortalité de l'âme, liberté, etc.), mérite toute créance, parce qu'elle ne peut venir que d'une révélation primitive ou d'un penchant naturel. La règle est de se tenir également éloigné du *traditionalisme* (témoignage, seul critérium de certitude) et du scepticisme.

2° *L'autorité*, ou témoignage en matière scientifique, peut atteindre une *très haute probabilité, mais pas la certitude.* — Il mérite notre assentiment, au moins provisoire, quand il vient d'hommes compétents qui parlent de ce qu'ils ont parfaitement étudié.

9º LEÇON

EXPOSÉ SOMMAIRE DES PRINCIPALES HYPOTHÈSES GÉNÉRALES DANS LES DIFFÉRENTS ORDRES DE SCIENCES

Hypothèse des tourbillons de Descartes.

M. Valson, dans ses *Savants illustres*, la résume ainsi :

« Il faut d'abord imaginer que Dieu, en créant l'univers, l'ait rempli de particules matérielles animées de mouvements extrêmement rapides autour de divers centres. Il s'est formé ainsi autant de systèmes ou de tourbillons qu'il y avait de centres distincts. Mais, par suite de leurs mouvements, les molécules, d'abord anguleuses, se sont arrondies et se sont groupées de manière à former la substance des corps lumineux, du soleil et des étoiles. Les parties détachées, ou la raclure des angles, comme l'appelle Descartes, se sont répandues dans l'espace environnant et y constituent ce milieu transparent qu'on appelle l'éther. Enfin, il y a une troisième sorte de particules matérielles qui, en raison de leur grosseur et de leur figure, ont échappé à ce travail de déformation; ce sont elles qui composent les corps opaques, la terre, les autres planètes et leurs satellites. Dans cette manière de voir, la terre n'a pas de mouvement propre; celui qu'elle possède lui est communiqué par le tourbillon au sein duquel elle nage. « La terre ne se meut pas, dit Descartes; seulement elle voyage en bateau, elle est entraînée par un tourbillon. » Et maintenant, comment vont se comporter ces divers tourbillons? Ils étaient d'abord distincts; mais, en réagissant les uns sur les autres, ils se sont peu à peu déformés, et les plus considérables ont fini par absorber les moindres, dont la matière s'échappe successivement par des intervalles cannelés en forme de spirales, pour pénétrer dans un plus grand système. C'est ainsi que les planètes ont absorbé à la longue les tourbillons de leurs satellites et que le soleil a accaparé, en définitive, les uns et les autres.

« Les diverses régions d'un même tourbillon n'ont pas la même vitesse; le mouvement, très rapide vers le centre, va en diminuant jusqu'aux extrémités, et c'est ce qui explique l'inégale vitesse des planètes. Le soleil, en tournant sur son essieu avec rapidité, communique la plus grande accélération à la planète la plus voisine, qui est Mercure. La terre, à cause de son éloignement, aura une révolution plus lente, et ainsi de suite, à mesure qu'on s'éloignera du centre du système. »

Enfin, après avoir considéré l'univers dans son ensemble, Descartes essayait encore d'expliquer les faits particuliers, tels que l'inclinaison de l'écliptique sur l'équateur, les perturbations planétaires et le phénomène des marées. Le même auteur juge ainsi l'hypothèse de Descartes : « Le système des tourbillons est une pure fantaisie. Considéré en lui-même, il fait peu d'honneur à la philosophie de Descartes, et doit être rangé parmi les essais les plus malheureux dont l'histoire de la science fasse mention. »

Corrélations organiques de Cuvier.

La classification naturelle de Cuvier, distribuée en quatre plans ou types qu'il appelle *embranchements*, est fondée sur les principes suivants :

1º *Lois des corrélations organiques.* — « Tout être organisé forme un ensemble, un système clos dont les parties se correspondent mutuellement et concourent à une même action définitive par une réaction réciproque. Une dent tranchante et propre à découper la chair ne coexistera jamais dans la même espèce avec un pied enveloppé de corne, qui ne peut que soutenir l'animal et avec lequel il ne peut saisir sa proie. Tout animal à sabot est herbivore; des sabots aux pieds indiquent des dents à couronnes plates; un canal alimentaire très long, un estomac ample ou multiplié; les intestins sont en rapport avec les mâchoires, les mâchoires avec les griffes, celles-ci avec les dents... » (Cuvier, *Leçons d'anatomie comparée*.) — Il y a solidarité entre la respiration et la circulation du sang : tel organe respiratoire exige telle circulation; il faut ou que le sang aille chercher l'air (poumons, branchies) ou que l'air aille chercher le sang (trachées des insectes). Tous les animaux qui n'ont pas de cœur n'ont que des trachées; partout où le cœur et les branchies existent, le foie existe; partout où ils manquent, le foie manque.

2° *Loi de la subordination des organes et des fonctions*. — Un organe dont la fonction exige la présence et l'action d'un autre organe est subordonné à celui-ci. Ainsi les organes de la voix et de la circulation sont subordonnés à ceux de la respiration. « Pour que la mâchoire puisse saisir, dit encore Cuvier, il lui faut une certaine forme de condyles, un certain rapport entre la position de la résistance et celle de la puissance avec le point d'appui, un certain volume dans le muscle crotaphite, qui exige une certaine étendue dans la fosse qui le reçoit, et une certaine convexité de l'arcade zygomatique sous laquelle il passe. De même aussi, pour que les griffes puissent saisir, il faudra une certaine mobilité dans les doigts, une certaine force dans les ongles, d'où résulteront des formes déterminées dans toutes les phalanges et des distributions nécessaires de muscles et de tendons; il faudra que l'avant-bras ait une certaine facilité à se tourner, ce qui exige des formes déterminées dans les os qui le composent, certaines proportions dans les muscles qui le font mouvoir. » (*Idem*.)

3° *Loi de la subordination des caractères*, conséquence naturelle de la loi de subordination des organes et des fonctions. — L'importance d'un caractère est en raison de sa généralité et de sa constance. C'est moins à la *quantité* qu'à la *qualité* et à l'*importance* des caractères qu'il faut regarder. « Il faut moins les *compter* que les *peser*, » a dit Jussieu.

Le caractère *dominateur*, celui d'où dépend tout le plan d'organisation, suffit à fixer les divisions principales de la classification. Ainsi le caractère dominateur chez l'animal, ce qui le caractérise essentiellement et le sépare de la plante, ce sont les fonctions de relation dont l'organe est le *système nerveux*. Les quatre *embranchements*, de Cuvier, ne sont pas autre chose que les quatre formes générales du système nerveux chez les animaux. — Les caractères du *genre* sont dominateurs par rapport à ceux de l'*espèce*; ainsi les caractères communs à tous les vertébrés sont dominateurs par rapport à ceux qui distinguent les mammifères : avant d'être mammifère, il faut être vertébré.

Ces principes sont le fondement de l'anatomie comparée et de la paléontologie. M. Flourens parle ainsi de leur application dans son *Éloge de Cuvier* :

« *Le principe qui a présidé à la reconstruction des espèces perdues est celui de la corrélation des formes*, principe au moyen duquel chaque partie d'un animal peut être donnée par chaque autre, et toutes par une seule.

« Dans une machine aussi compliquée, et néanmoins aussi essentiellement une que celle qui constitue le corps animal, il est évident que toutes les parties doivent nécessairement être disposées les unes pour les autres, de manière à se correspondre, à s'ajuster entre elles, à former enfin, par leur ensemble, un être, un système unique. Une seule de ces parties ne pourra donc changer de forme sans que toutes les autres en changent nécessairement aussi. De la forme de l'une d'elles on pourra donc conclure la forme de toutes les autres.

« Supposez un animal carnivore : il aura nécessairement des organes des sens, des organes du mouvement, des doigts, des dents, un estomac, des intestins, disposés pour apercevoir, pour atteindre, pour saisir, pour déchirer, pour digérer une proie; et toutes ces conditions sont rigoureusement enchaînées entre elles; car, une seule manquant, toutes les autres seraient sans effet, sans résultat : l'animal ne pourrait subsister.

« Supposez un animal herbivore, et tout cet ensemble de conditions aura changé. Les dents, les doig s, l'estomac, les intestins, les organes du mouvement, les organes des sens, toutes ces parties auront pris de nouvelles formes, et ces formes nouvelles seront toujours proportionnées entre elles et relatives les unes aux autres.

« De la forme d'une seule de ces parties, de la forme des dents seules, par exemple, on pourra donc conclure, et conclure avec certitude, la forme des pieds, celle des mâchoires, celle de l'estomac, celle des intestins.

« Toutes les parties, tous les organes se déduisent donc les uns des autres; et telle est la rigueur, telle est l'infaillibilité de cette déduction, qu'on a vu souvent Cuvier reconnaître un animal par un seul os, par une seule facette d'os; qu'on l'a vu déterminer des genres, des espèces inconnues, d'après quelques os prisés et d'après tels ou tels os indifféremment : reconstruisant ainsi l'animal entier, d'après une seule de ses parties, et le faisant renaître comme à volonté de chacune d'elles [1]; résultats faits pour étonner, et qu'on ne peut rappeler sans rappeler, en effet, toute cette première admiration, mêlée de surprise, qu'ils inspirèrent d'abord, et qui ne s'est point encore affaiblie. »

Appréciation de la méthode de Cuvier. — « M. Cuvier est le premier qui ait entrepris de faire de la méthode l'instrument même de la généralisation des faits.

« Prise en elle-même, la méthode n'est pour lui que la subordination des propositions, des vérités, des faits les uns aux autres, d'après leur ordre de généralité.

« Appliquée au règne animal, c'est la subordination des groupes entre eux, d'après l'importance relative des organes qui forment les caractères distinctifs de ces groupes.

« Or les organes les plus importants sont aussi ceux qui entraînent les ressemblances les plus générales.

« D'où il suit qu'en fondant les groupes inférieurs sur les *organes subordonnés*, et les groupes supérieurs sur les *organes dominateurs*, les groupes supérieurs comprendront toujours nécessairement les inférieurs, ou, en d'autres termes, que l'on pourra toujours passer des uns aux autres par des proportions graduées et de plus en plus générales, à mesure qu'on remontera des groupes inférieurs vers les supérieurs.

« La méthode bien vue n'est donc que l'expression généralisée de la science; c'est la science elle-même, mais réduite à ses expressions les plus simples; c'est plus encore : cet enchaînement des faits d'après leurs analogies, cet enchaînement des analogies d'après leur degré d'étendue, ne se borne pas à représenter les rapports connus; il met au jour une foule de rapports nouveaux, contenus les uns dans les autres; il donne ainsi de nouvelles forces à l'esprit pour apercevoir et pour découvrir; il lui crée de nouveaux procédés logiques. » (FLOURENS, *Éloge de Cuvier.*)

Principe des connexions organiques de Geoffroy.

Geoffroy Saint-Hilaire, de son côté, propose, sous le nom de *loi des connexions organiques*, une autre explication des rapports de coexistence.

D'après lui, un type est, dans la nature, une donnée absolument fixe sous le rapport du *nombre* et de la *position* des parties [2]. Donc, quelles que soient

---

[1] « La forme de la dent entraîne la forme du condyle; celle de l'omoplate, celle des ongles, tout comme l'équation d'une courbe entraîne toutes ses propriétés; et de même qu'en prenant chaque propriété séparément pour base d'une équation particulière on retrouverait l'équation ordinaire et toutes les autres propriétés quelconques, de même l'ongle, l'omoplate, le condyle, le fémur et tous les autres os pris séparément, donnent la dent ou se donnent réciproquement. » (CUVIER, *Discours sur les révolutions du globe.*)

[2] Geoffroy Saint-Hilaire, qui connaissait mal les animaux inférieurs, n'admettait qu'un seul et unique type pour tout le règne animal. Tous les animaux sont, au fond, composés,

leurs variations de volume et leurs fonctions diverses, ces parties doivent se retrouver en égal nombre et semblablement placées, reconnaissables, par conséquent, non à leur forme, non à leur fonction, mais à leurs connexions, dans tous les animaux construits sur ce type.

Ainsi, demande-t-on à Cuvier, pourquoi tel organe déterminé se rencontre nécessairement chez un animal avec d'autres organes déterminés? C'est, répond-il, que cet organe exerce une fonction *utile* à la vie; par conséquent, il doit *s'accorder* avec tous les autres organes, comme tous les autres organes avec lui, de manière à permettre un certain genre de vie, carnivore, frugivore, etc. — A la même question, Geoffroy répond à son tour : C'est que cet organe *tient sa place dans un certain type* ou plan de composition. Comme tel, s'il peut être déformé, atrophié, employé à des fonctions diverses ou même devenir inactif et inutile, il ne peut jamais être ni supprimé ni transposé.

Ainsi, pour Cuvier, les lois de coexistence sont des conditions d'existence, des *lois de finalité;* et les types organiques sont conçus par lui, conformément à l'idée d'Aristote, comme des *systèmes de moyens* concourant à une fin totale : la vie.

Pour Geoffroy Saint-Hilaire, les lois de coexistence sont *l'expression de l'immutabilité du type;* et le type lui-même est conçu par lui, conformément à l'idée de Platon, comme un *ensemble de rapports géométriques et numériques*. L'un envisage l'être vivant au point de vue *dynamique* : l'idée directrice est pour lui l'idée de *fonction*. L'autre envisage l'être vivant au point de vue *statique* : l'idée directrice est pour lui l'idée d'*ordre*.

Les savants reconnaissent aujourd'hui que ces deux explications, loin de s'exclure, peuvent être, doivent être concurremment adoptées. (RABIER, *Logique*.)

Transformisme et évolutionnisme.

Le transformisme est la doctrine qui fait dériver toutes les formes animales et végétales actuelles de formes plus anciennes, et prétend que tous les êtres descendent de quelques types originels, sinon d'un seul. On le confond quelquefois avec l'*évolutionnisme;* celui-ci est proprement la doctrine suivant laquelle les êtres, sous l'action naturelle des milieux où ils sont placés, développent peu à peu leurs facultés et transforment leur nature.

Les fondateurs du transformisme en France sont : Lamark, les deux Geoffroy Saint-Hilaire, Bory de Saint-Vincent, M. Naudin, M. Mortillet (*anthropomorphisme*); en Allemagne, Gœthe, Haeckel. Ceux de l'évolutionnisme, l'Anglais Spencer, Renan, Taine. Ils cherchent à expliquer sans intervention surnaturelle, sinon l'origine de la vie, du moins l'apparition des espèces.

L'évolution (du latin *evolvere*, dérouler) est une loi de la nature : tout commence, se développe, grandit et atteint peu à peu l'état d'adulte. Le *transformisme*, que l'on appelle aussi le *darwinisme*, parce que Darwin l'a mis en vogue, et dont le vrai fondateur est Lamark, n'est au fond qu'une modification de l'évolutionnisme.

Lamark invoque trois principes ou conditions pour expliquer l'appropriation des organes et le développement de l'animal : le *milieu*, l'*habitude*, le *besoin*. — Le *milieu* est la condition du développement et n'en est pas la cause. Ce n'est pas l'air qui a disposé les poumons des mammifères, ni l'eau qui a arrangé

---

d'après lui, *sur un même plan*, c'est-à-dire de parties en égal nombre et semblablement placées, et que l'anatomiste doit pouvoir reconnaître sous les altérations et déformations diverses qu'elles ont subies ; c'est la théorie de l'*unité de plan de composition*. Mais le principe des connexions est indépendant de celui de l'unité de plan de composition. Qu'il existe plusieurs plans de composition, comme on ne saurait le nier aujourd'hui, et non pas un seul, comme le pensait Geoffroy, le principe des connexions ne s'applique pas moins à chacun de ces types dans toute son étendue.

les branchies des poissons. Lamark prétend que le *besoin* produit les organes et que l'*habitude* les fortifie. — Il est étonnant que les oiseaux seuls aient éprouvé le besoin de voler et se soient donné des ailes pour échapper à leurs ennemis.

D'après Darwin, deux lois président à la formation des espèces : la *sélection naturelle* et la *lutte pour la vie*. — Sélection (lat. *selectus*, choisi, pris à part) signifie choix, triage. Dans l'hypothèse de Darwin, la *sélection naturelle* est la prédominance assurée aux êtres les mieux doués et aux espèces les mieux armées dans la *lutte pour l'existence*. C'est sur l'analogie entre la sélection naturelle et la sélection artificielle que repose cette hypothèse. On sait qu'en matière d'élevage, on appelle *sélection artificielle* la direction imprimée d'une manière continue à la reproduction de l'espèce, en vue de former des variétés utiles; en d'autres termes, le choix, répété de génération en génération, des individus qui possèdent au plus haut point les caractères avantageux que l'on veut fixer. C'est par la sélection artificielle que l'on obtient, par exemple, les chevaux de course et de trait, les bœufs de boucherie et les bœufs de charrue. Puisque l'homme, par ses moyens de sélection, peut produire de si grands résultats, dit Darwin, que ne peut faire la sélection naturelle?

I. — *Que faut-il penser de l'évolutionnisme?* En considérant l'échelle des êtres existants, on voit clairement que chacun d'eux se développe naturellement dans une certaine mesure; mais il est des degrés qu'ils sont impuissants à franchir.

Voici ces degrés :

1° La matière brute ne devient vivante que par l'action d'un principe vivant; 2° une espèce vivante ne semble pas pouvoir se transformer en une autre espèce vivante; 3° les animaux sans raison ne peuvent conquérir l'intelligence, et l'âme humaine est créée par Dieu; 4° les hommes raisonnables ne sauraient arriver naturellement à la connaissance des mystères surnaturels de la religion, et il a fallu qu'ils leur fussent révélés surnaturellement. (*Dict. apolog.*, art. *Évolutionnisme*.)

L'hypothèse transformiste a contre elle :

1° *Des faits positifs* : l'absence, entre les êtres actuels et leurs prétendus ancêtres, d'êtres intermédiaires ou de transition, vivants ou fossiles, qu'il faudrait admettre en nombre véritablement prodigieux, la sélection naturelle n'agissant qu'avec une lenteur extrême.

Les hypogées (*tombeaux*) égyptiens nous montrent des débris de plantes ou des représentations d'animaux absolument semblables aux espèces vivantes.

2° *Les lois générales de la nature* : la fixité des espèces est une de ces lois naturelles qui n'admettent pas d'exception.

Deux éléments constituent l'espèce : la *ressemblance* et la *filiation*. Ce dernier caractère est fondamental. La fécondité dans la même espèce est indéfinie; elle n'existe pas entre individus d'espèces différentes, ou, si elle existe par un fait anormal, cette fécondité s'éteint et ne dure pas.

3° *L'autorité de la science* : « La nature, dit Buffon, a imprimé à l'espèce des caractères inaltérables; la transformation des espèces est impossible. »

« Croire à la transformation des espèces, dit Cuvier, c'est montrer une profonde ignorance de l'anatomie. »

Linné, Blainville, Geoffroy Saint-Hilaire, Agassiz, sont du même avis, et M. de Quatrefages, un des savants qui ont le plus étudié cette question, conclut :

« L'espèce est quelque chose de primitif et de fondamental. Des actions, des milieux ont modifié et modifient les types primitifs. Ainsi prennent naissance les variétés et les races; toutefois il ne se forme pas des espèces nouvelles. »

La paléontologie [1] constate que certaines espèces animales ou végétales ont

---

[1] Paléontologie (du grec *palaios*, ancien; *onta*, êtres, et *logos*, traité), science des végétaux et des animaux qu'on trouve dans les couches du globe et dont l'espèce est éteinte.

disparu et que d'autres espèces existent aujourd'hui; mais elle ne trouve pas de traces des prétendues transformations darwiniennes ou évolutionnistes.

Applications de cette hypothèse. — *Cette hypothèse de l'évolutionnisme ou du transformisme a suscité une multitude de recherches et de travaux.* Elle a été féconde en applications ; on a essayé de décrire l'évolution de l'idée religieuse ¹ chez les divers peuples et à travers les âges, l'évolution du droit, l'évolution de l'idée économique. M. Darmesteter termine ainsi l'introduction de son opuscule sur *la Vie des mots*: « Des recherches poursuivies pendant de longues années sur l'histoire des langues romanes et en particulier du français l'ont conduit (l'auteur) à cette conclusion (à laquelle d'autres linguistes étaient, pour leur compte, déjà arrivés) que le transformisme est la loi de l'évolution du langage.

« Ses connaissances en histoire naturelle ne lui permettent pas d'affirmer que les théories de Darwin soient la vérité. Mais, dussent-elles céder la place à des théories nouvelles, le transformisme dans le langage reste un fait;

« Le langage est une matière sonore que la pensée humaine transforme, insensiblement et sans fin, sous l'action inconsciente de la concurrence vitale et de la sélection naturelle. »

L'idée évolutionniste a eu l'avantage de mettre en relief l'influence du milieu sur tous les êtres; de montrer que cette influence arrive à produire, tant dans l'ordre moral que dans l'ordre physique (milieu physique, esthétique, social, politique, religieux), des effets étonnants de perfectionnement ou de dégénérescence accidentelle. Aussi toutes les sciences s'en inspirent-elles, surtout la poésie et l'histoire, quelquefois même trop systématiquement. Il n'est pas un historien aujourd'hui, pas un poète, pas un romancier, qui ne commence par reconstituer le milieu où vécut son héros, afin de donner à tous ses traits quelque chose de plus vivant et de plus vrai. C'est le seul procédé scientifique, le seul tolérable en histoire; il est même le seul qui agrée dans les travaux d'imagination.

Les études historiques ont fait sous ce rapport des progrès immenses. On ne met plus seulement à contribution les documents écrits, mais tout ce qui a survécu du passé, derniers débris de langues à jamais disparues, œuvres d'art, monnaies, médailles, restes de constructions, jusqu'aux moindres ustensiles de ménage, tout est examiné, interrogé pour donner au passé sa physionomie réelle.

II. — *Le transformisme est-il opposé à l'idée d'un Dieu créateur?* En principe, non. La doctrine transformiste serait absolument inadmissible, si elle prétendait expliquer l'apparition de la vie sur le globe en se passant d'un créateur, d'un premier être, infini, nécessaire, sans lequel nous ne pouvons concevoir l'existence d'aucun être fini et contingent. L'hypothèse de la génération spontanée étant formellement contredite par l'observation et l'expérience, les transformistes doivent forcément recourir à un créateur pour expliquer l'apparition de la première ou des premières espèces d'où dérivent toutes les autres.

La doctrine de l'évolution, outrée par l'école de Darwin, Alf. Wallace, Weismann, Huxley, Hœckel, Vogt, etc., a été jusqu'à supprimer toute cause initiale, faisant naître la première monère organique de la matière inanimée, et englobant dans une même évolution, éternelle et continue, tous les êtres, depuis le minéral amorphe jusqu'à l'homme intelligent et libre. Ces auteurs se fondent sur de nombreuses transformations successives, signalées par Darwin et ses disciples; mais toutes ces transformations ne portent que sur des modifications de *races* ou de *variétés*. On ne voit nulle part depuis les temps géologiques les plus re-

---

¹ Cette théorie ne saurait s'appliquer à la religion chrétienne ; elle n'est pas le résultat de l'évolution naturelle de l'esprit humain et du sentiment religieux, mais elle a été communiquée par Dieu au moyen de révélations surnaturelles. — Voir *Dict. apologétique*, par JAUGEY.

culés, qu'une espèce se soit changée en une autre espèce. Quand on remonte aux époques géologiques qui ont précédé l'humanité, on ne peut plus nier avec la même assurance. Plusieurs savants, qui abandonnent le transformisme comme s'appliquant à l'époque géologique actuelle, le soutiennent comme s'étant exercé antérieurement à la venue de l'homme. Sous l'empire d'agents physiques d'une puissance d'action différente de ce qu'elle est devenue dans les temps historiques, les organismes étaient doués d'une plasticité que ne provoquent plus aujourd'hui des influences extérieures moins actives. Mais ce sont là des affirmations dénuées de toute preuve.

Le transformisme, qui admet Dieu comme créateur et auteur de l'évolution et ne s'étend pas à l'homme, est une doctrine qui n'a rien d'absolument contraire à la foi. S'il s'étend à l'homme, considéré au point de vue moral, c'est une véritable hérésie : il est de foi que l'homme a une âme distincte de celle des animaux.

La loi des espèces. — Il est des philosophes qui n'admettent pas la possibilité, même métaphysique, du transformisme. — « Les espèces, en histoire naturelle, ne sont pas des types ontologiques qui nous aient été montrés dans le miroir de l'essence divine; c'est par la méthode expérimentale, par des inductions toujours sujettes à erreur, que nous arrivons à déterminer les caractères dits *spécifiques*, à les distinguer de ceux qui sont communs à plusieurs espèces dans un même genre, et de ceux qui permettent de reconnaître plusieurs variétés dans une même espèce. Rien donc n'est moins irréformable que ces classifications; et si aujourd'hui on propose un moyen qui semble satisfaisant de faire cesser l'incertitude en adoptant tel ou tel critère réputé infaillible, comme, par exemple, la fécondité indéfinie, demain on nous apportera des observations nouvelles qui rendront douteuse la valeur absolue de ce critère.

« Si donc on tient à poser en principe métaphysique l'immutabilité de l'espèce, nous demandons comme correctif qu'on donne au mot espèce un sens large et toujours susceptible d'être amendé; qu'on dise, par exemple : le passage d'une espèce à l'autre est impossible; mais rien n'empêche de considérer comme n'atteignant pas l'espèce proprement dite les transformations dont il semble à plusieurs découvrir des traces dans la nature, et qui, si l'on n'avait pas ses raisons d'en douter, auraient passé pour être proprement spécifiques. C'est ainsi que plusieurs paléontologistes, dont les convictions spiritualistes sont très fermes et qui sont les premiers à déclarer qu'aucun passage d'espèce à espèce connue n'a jamais été constaté depuis que l'homme consigne ses observations, hésitent beaucoup à se montrer aussi affirmatifs en présence des monuments incertains que le passé du globe nous a laissés dans les couches géologiques. » (Mgr d'Hulst, *Conf.*, 1891, note 30.)

Hypothèse de Laplace sur la formation des planètes et des satellites.

Dans son *Exposition du système du monde*, Laplace part de cette idée, que la suprême intelligence que Newton fait intervenir pour expliquer l'admirable arrangement du soleil, des planètes et des comètes, peut avoir fait dépendre cet arrangement d'un phénomène plus général que les lois du mouvement; et il imagine « une matière *nébuleuse* éparse en amas divers dans l'immensité des cieux ». Or toute masse fluide tournant autour d'un axe qui donne naissance à un noyau central prend la forme d'une sphère s'aplatissant d'autant plus aux pôles que la rotation est plus rapide. On peut admettre qu'à l'origine le soleil a été une nébuleuse qui s'est transformée peu à peu, par le refroidissement et un lent mouvement de rotation, en une sphère aplatie aux pôles. Puis, la force centrifuge triomphant de l'attraction, les zones périphériques gazeuses abandonnent la masse centrale dans le plan de l'équateur et constituent un anneau indépendant, qui conserve son mouvement primitif de rotation. La masse fluide centrale continuant à se condenser, son volume diminue de plus en plus, et la rapidité de sa rotation augmente en proportion. Bientôt donc un second anneau se sépare, puis un troisième, et ainsi de suite. Pour peu qu'un anneau ne soit pas complètement homogène, la force d'attraction tend à le briser et à en faire une masse sphérique, animée d'un mouvement de rotation sur son axe et d'un mouvement de révolution autour de la masse dont elle provient. Ce sont là les planètes naissantes, soumises aux mêmes lois que la masse primitive d'où elles sortent. A leur tour, elles peuvent abandonner des anneaux pareils qui se condensent de la même façon : ce sont les satellites qui apparaissent.

Toutes ces hypothèses ont été vérifiées par le calcul : elles sont conformes aux principes de la mécanique; confirmées par l'observation : le télescope nous a montré une planète, Saturne, avec un anneau en formation; confirmées aussi par l'expérimentation : M. Plateau, physicien belge, a réussi, par une ingénieuse expérience, à réaliser en petit, dans son laboratoire, ce qui se fait en grand dans la nature [1]. Enfin, l'analyse spectrale de la lumière de tous les astres et l'analyse chimique et minéralogique des aérolithes, en prouvant qu'il n'y a qu'*une matière* dans l'univers, douée des mêmes propriétés et soumise aux mêmes lois, a été une nouvelle confirmation de l'hypothèse de Laplace.

Cette idée de l'*unité de la matière* dans l'univers est devenue, à son tour, le point de départ de théories nouvelles dominées par la conception ou hypothèse de l'unité de toutes les forces physiques.

Unité des forces physiques.

La science tend aujourd'hui à ramener au mouvement (vibrations moléculaires) les phénomènes physiques. D'après cette hypothèse, les mouvements moléculaires, transmis par l'éther, nous font éprouver, suivant leur amplitude ou leur vitesse, la sensation du son, de la chaleur, de la lumière. Ce sont eux aussi, vraisemblablement, mais sous une forme encore inconnue, qui produisent les phénomènes de l'électricité et du magnétisme. C'est à eux enfin qu'il faut rapporter les attractions qui paraissent s'exercer entre tous les corps, soit aux distances infiniment grandes des astres, soit aux distances infiniment petites des molécules, sous les noms de *gravitation universelle* et de *pesanteur*.

Loi de la conservation de l'énergie.

« L'expérience constate que toute action mécanique provoque une réaction égale à elle-même. Je ne puis pousser en avant une masse résistante qu'à la condition de presser le sol en arrière avec une force égale. Et pour cela, il faut que j'aie reçu moi-même de quoi dépenser cette force. La matière étant supposée inerte, c'est-à-dire indifféremment réceptive de repos ou de mouvement, on est amené par l'étude de la mécanique à supposer dans l'univers une somme constante d'énergie qui s'échange sans cesse entre les différentes masses, ajoutant à l'une ce qu'elle prend à l'autre, sans que le total soit changé.

« Les progrès qu'ont faits, dans ces dernières années, la physique et la chimie, ont conduit les savants à étendre cette loi des actions mécaniques aux phénomènes qui relèvent des agents physiques, chaleur, électricité, lumière, et des

---

[1] « On met dans un vase un mélange d'eau et d'alcool, au centre duquel on place une goutte d'huile. Dans cette goutte, on introduit une aiguille à laquelle on donne un mouvement de rotation. La sphère huileuse tourne avec son axe et s'aplatit aux pôles. Bientôt, du renflement de son équateur s'échappe, si l'expérience est habilement conduite, une sorte d'anneau qui se rompt en globules dont chacun commence à tourner autour de la masse centrale. » (SALGEY, *Physique moderne*.)

affinités chimiques. La thermochimie a permis de ramener les lois des combinaisons à des échanges de chaleur et, par conséquent, de mouvement. L'hypothèse de la conservation de l'énergie a pris ainsi un caractère universel dans le monde inorganique Et comme les phénomènes vitaux, quelle qu'en soit la cause propre et *sui generis*, peuvent aussi être ramenés, si on les considère dans leurs effets, à des échanges de gaz, c'est-à-dire à des actions thermiques, la tendance, chaque jour plus accentuée, de la science est d'appliquer à tous les règnes de la nature l'hypothèse dont il s'agit. Par la porte de la biologie, le déterminisme mécanique, que cette conception favorise, pénètre même dans le domaine de l'action humaine, les idées étant tributaires des sens et l'union de l'âme et du corps faisant qu'à chaque impression psychique correspond une modification cérébrale qui se traduit, elle aussi, par une combustion de matière...

« ... Ce qu'on appelle la loi de conservation de l'énergie, est-ce une loi véritable, vérifiée d'une manière absolue par l'expérience et le calcul? Nous répondons hardiment : non; c'est une hypothèse, plausible sans doute, appuyée sur un grand nombre de faits et qui a fait faire de réels progrès aux sciences physiques. C'en est assez pour que nous la traitions avec égard et permettions aux savants d'en pousser l'application partout où elle est réellement possible. Mais si, en l'appliquant aux actes de la volonté humaine, on aboutit à nier ce que la conscience atteste clairement, l'hypothèse en question ne mérite pas qu'on lui sacrifie un témoignage si clair et si imposant. Le plus sage, dans ce cas, serait peut-être d'avouer notre ignorance, et, comme dit Bossuet, de tenir ferme les deux bouts de la chaîne : d'une part, l'universelle détermination des phénomènes physiques; d'autre part, l'indétermination de certains phénomènes moraux, ne dussions-nous jamais voir par où ces anneaux se tiennent. » (Mgr D'HULST, *Conf.* 1891, note 27.)

Perfectibilité humaine et progrès.

La question du progrès de la civilisation dans l'humanité a donné lieu à deux opinions ou hypothèses principales. La première, celle des peuples de l'antiquité, est formulée par Hésiode, qui place à l'origine un *âge d'or*, souvenir plus ou moins altéré du Paradis terrestre de la Bible, ère de justice et de bonheur par laquelle l'homme a débuté; après quoi vient une décadence constante : âge *d'argent*, âge *de bronze* ou d'airain, âge *de fer*. La seconde, celle des modernes, accuse, au contraire, une marche continuellement ascendante dans la voie du progrès. Aux quatre âges des anciens, l'archéologie préhistorique a substitué les âges de la *pierre taillée* ou *paléolithique;* de la *pierre polie* ou *néolithique*, du *bronze* et du *fer*.

La première de ces opinions est confirmée par la Bible, c'est-à-dire par la révélation, en ce point seulement que l'homme fut créé dans un état de félicité et qu'il le perdit par le péché; mais il n'est pas exact de dire que la décadence est allée en s'accentuant à tous les âges, ni surtout chez tous les peuples. Déjà, du temps d'Hésiode, la Chaldée, l'Égypte, la Phénicie étaient là pour protester que plusieurs groupes humains s'étaient relevés, au moins matériellement, de leur déchéance primitive. « Les annales de l'Égypte et de la Chaldée nous montrent des civilisations déjà pleinement constituées avant l'époque où les plus larges systèmes de la chronologie biblique placent le déluge, et la géologie oblige de remonter plus haut encore. » (Abbé DE BROGLIE, *la Morale sans Dieu*.)

La science moderne, à son tour, a le tort d'oublier la chute originelle et d'appliquer son système au monde entier; mais elle est dans le vrai, quand elle enseigne qu'un progrès social, réel sinon continu, s'est accompli dans nos contrées occidentales, depuis leur prise de possession par l'homme jusqu'à nos jours. L'histoire et l'archéologie sont d'accord pour l'attester. Notre civilisation est greffée sur un état de barbarie indéniable. L'archéologie préhistorique nous montre, superposées en plus d'un endroit, diverses industries, dont les plus avancées sont à la surface et les plus grossières à la base, dans l'ordre des quatre âges. Si l'on examine les autres parties du monde, on ne peut les faire concorder. Tout prouve que l'Asie et l'Afrique n'ont point passé par les mêmes phases industrielles. L'usage du fer y remonte à une très haute antiquité et semble y avoir précédé tout autre métal.

De plus, cette hypothèse du progrès continu ne tient pas compte d'un fait qui s'est souvent réalisé : la dégénérescence des races humaines, la décroissance des civilisations. « Des peuples civilisés peuvent retourner à la barbarie; des peuples barbares peuvent retourner à l'état sauvage. L'histoire nous en présente de nombreux exemples. Les Kabyles de l'Algérie sont les descendants des habitants civilisés de l'Afrique romaine. La Mésopotamie, l'une des plus anciennes patries de la civilisation, est maintenant à l'état barbare. Plus récemment, nous trouvons, dans les contrées méridionales de l'Afrique, les Boërs, qui sont des colons hollandais retournés à un état demi-sauvage. Les traditions recueillies par les premiers conquérants de l'Amérique indiquent que les sauvages des Antilles avaient jadis été civilisés et étaient retombés dans l'état d'ignorance grossière où ils ont été trouvés. » (ID.)

Il faut reconnaître que l'humanité avance en *spirale*, comme on l'a dit, plutôt qu'en ligne droite, et qu'à de certaines heures, sous de funestes influences, non seulement le progrès peut être retardé, mais il peut y avoir décadence. La civilisation matérielle, les sciences et les arts pratiques ont fait, surtout dans ces derniers temps, des progrès merveilleux; en est-il de même de la moralité, qui est le vrai progrès humain? Les passions sont à tous les temps et partout identiques, parce que la nature humaine ne change pas, et qu'à travers tous les âges on la retrouve, à peu de chose près, semblable à elle-même, voyant le bien et l'accomplissant imparfaitement, condamnant le mal et le commettant.

L'idée de considérer l'histoire comme le tableau d'une progression n'apparaît qu'avec le christianisme. La conception des anciens sur la marche des sociétés humaines était, en principe, entièrement opposée à celle du progrès. Ils considéraient les faits sociaux comme tournant dans un cercle toujours le même : les sociétés, après avoir parcouru des âges semblables à ceux de l'individu, mouraient et étaient remplacées par d'autres qui parcouraient le même cercle. On trouve cette idée dans Florus et dans Polybe; elle fait la base des systèmes de Machiavel et de Vico[1].

Dans cette théorie, on suppose que toute société politique est destinée à périr, par une nécessité inhérente à sa constitution, et qu'elle ne laisse rien à la société qui lui succède. Dans la doctrine du progrès, on établit, au contraire, qu'une société politique ne périt qu'après avoir épuisé son but d'activité, ou après l'avoir déserté, ou pour n'en avoir pas voulu adopter un autre; et l'on ajoute qu'en se dissolvant elle lègue toujours, à la société qui vient après elle, l'héritage de ce qu'elle possédait de plus important ou du fruit le plus parfait de la civilisation qui lui était propre; en sorte que rien d'utile ne se perd, et tout ce qui mérite d'entrer dans le domaine de la science, de la tradition ou des institutions, est immanquablement conservé. On admet ainsi que l'espèce humaine tout entière, considérée au point de vue de sa fonction dans l'ordre universel, travaille en réalité à une même fin générale, marche vers un même but définitif, est soumise à un même devoir, à une même responsabilité, et, par suite, forme une même société, à laquelle on donne le nom d'*humanité*. Cette idée que tous les hommes nés ou à naître sont en société sous un certain rapport est antérieure, dans l'ordre logique, à celle du progrès. Il n'y a donc pas lieu de s'étonner que celle-ci ait été inconnue aux anciens;

---

[1] Dans ses *Principes d'une science nouvelle*, le Napolitain Vico (1725) fait parcourir à chaque peuple trois phases : l'âge *divin* ou du prêtre (monarchique), l'âge *héroïque* ou du guerrier (aristocratique), l'âge *humain* ou de la civilisation (démocratique). Chaque peuple est maître de lui-même et n'est l'élève de personne, et l'humanité tourne dans son cercle fatal.

car ils n'avaient aucune notion de la première. Il n'en existe aucune trace dans les écrivains de l'antiquité païenne antérieure à notre ère.

Dans ses *Leçons sur la civilisation au v⁰ siècle*, Ozanam en parle ainsi : « La pensée du progrès n'est pas une pensée païenne. Au contraire, l'antiquité païenne se croyait sous une loi de décadence irréparable. Hésiode berçait les Grecs au récit des quatre âges, dont le dernier avait vu fuir la pudeur et la justice... Les Romains mettaient l'idéal de toute sagesse dans les ancêtres... C'est avec l'Évangile qu'on voit commencer la doctrine du progrès. L'Évangile n'enseigne pas seulement la perfectibilité humaine, il en fait une loi : « Soyez « parfaits, » et cette parole condamne l'homme à un progrès sans fin, puisqu'elle en met le terme dans l'infini : « Soyez parfaits comme le Père céleste est parfait. » — Et qu'on ne dise point, dit encore Ozanam, que le précepte est au-dessus des forces de celui qui doit le mettre en pratique. S'il est vrai que l'homme va s'élevant sans cesse sur l'échelle des progrès, le but que la religion lui propose ne devait-il pas être placé si haut, qu'on pût s'en approcher sans cesse sans jamais le dépasser? »

Les Pères de l'Église établissent en même temps l'immutabilité du dogme catholique et la loi du progrès. Au v⁰ siècle, Vincent de Lérins définit très heureusement la nature du progrès, en proclame la légitimité, en démontre la possibilité, la nécessité même au sein de la religion de Jésus-Christ, que plusieurs se représentent comme enchaînée et figée dans une immobilité systématique. — Saint Augustin avait clairement formulé cette conception du progrès dans la *Cité de Dieu*. — Bossuet continue la tradition, et ce grand homme, si ennemi des nouveautés, croit au progrès dans la foi : « Pour être constante et perpétuelle, la vérité catholique ne laisse pas d'avoir ses progrès; elle est connue en un lieu plus qu'en un autre, en un temps plus qu'en un autre; plus clairement, plus distinctement, plus universellement [1]. »

Au moyen âge, la doctrine du progrès est professée par saint Thomas, Guillaume d'Auvergne, Albert le Grand, Vincent de Beauvais, Roger Bacon.

Au xvii⁰ siècle, elle est dans Bacon, Bossuet, Pascal; celui-ci, dans un passage célèbre, considère l'humanité comme « un seul homme qui subsiste toujours et qui apprend continuellement », et « la vieillesse de cet homme universel ne doit pas être cherchée dans les temps proches de sa naissance, mais dans ceux qui en sont les plus éloignés ».

Au xviii⁰ siècle, elle est propagée, d'abord par Fontenelle, puis par Turgot, dans son deuxième *Discours sur les progrès successifs de l'esprit humain*, et dans son *Histoire des progrès de l'esprit humain*, dont Aug. Comte n'a presque fait que développer l'idée. Turgot fait une application particulière de cette idée aux questions sociales : « Tous les âges, dit-il, sont enchaînés par une suite de causes et d'effets qui lient l'état du monde à tous ceux qui l'ont précédé. »

D'Alembert et Condorcet donnent à cette idée un caractère ouvertement irré-

---

[1] « Je ne m'étonne pas de cette différence de sentiments entre l'antiquité et les temps chrétiens. Le progrès est un effort par lequel l'homme s'arrache à son imperfection présente pour chercher la perfection, au réel pour s'approcher de l'idéal, à lui-même pour s'élever à ce qui vaut mieux que lui. Il n'y a pas de progrès si l'homme s'aime lui-même, s'il est content de son ignorance et de sa corruption... Afin que l'homme sortît de lui-même, qu'il en sortît, non pour un moment, mais pour toujours, il fallait que la perfection pure lui apparût et que Dieu se révélât. — Le Dieu du christianisme se révèle comme vérité, comme bonté, comme beauté. Comme vérité, il attire l'homme par la foi; comme bonté, par l'amour; comme beauté, par l'espérance... Il faut maintenant se demander si la loi du progrès est une loi morale ou nécessaire; une loi qui souffre résistance ou qui se fasse invinciblement obéir. L'histoire semble répondre qu'elle est nécessaire et obéie. Elle l'est moins visiblement dans les temps païens, avec plus d'éclat depuis le christianisme... Mais, tandis que l'humanité accomplit une marche inévitable, l'homme reste libre. Il peut résister à la loi du progrès, toujours obligatoire, mais non plus nécessaire pour lui. Il peut se refuser à l'attrait intérieur qui le sollicite, à l'entraînement de la société qui le pousse vers le mieux. D'ailleurs, deux choses sont personnelles et ne se ressentent pas du cours du temps : je veux dire l'inspiration et la vertu. » (OZANAM.)

ligieux et révolutionnaire. Dans son *Esquisse d'un tableau historique de l'esprit humain*, ce dernier partage l'histoire en dix époques :

La première est celle des peuplades isolées, vivant de la pêche et de la chasse ; la deuxième est celle des peuples pasteurs ; la troisième, celle des peuples agriculteurs ; la quatrième et la cinquième embrassent la civilisation grecque et romaine ; les deux suivantes comprennent tout le moyen âge ; la huitième commence à l'invention de l'imprimerie et se termine à Descartes ; la neuvième est un tableau animé du mouvement des esprits au XVII° siècle ; la dixième renferme les prédictions des destinées de l'humanité. Tous les progrès qui restent à faire doivent aboutir à trois résultats : 1° destruction de l'inégalité entre citoyens d'un même peuple ; 2° destruction de l'inégalité entre nations ; 3° perfectionnement de la nature même de l'homme.

Pour obtenir le premier résultat, il faut détruire les monopoles, abolir les entraves à l'industrie et au commerce, étendre le crédit, établir des caisses d'épargne et d'assurance, surtout assurer la diffusion de l'instruction : donner à chacun les connaissances nécessaires pour n'être pas dans la dépendance d'un autre, pour faire par lui-même ses affaires, pour mieux connaître ses droits et ses devoirs, savoir défendre les uns et pratiquer les autres.

Pour obtenir le deuxième résultat, il faut la liberté du commerce ; la conséquence de l'identité des idées et des intérêts sera l'établissement d'une langue universelle, et tous les peuples ne formeront qu'une famille.

Le troisième résultat, encore plus mêlé de chimères que les autres, sera obtenu par les progrès de la médecine et de l'hygiène.

La science était pour Condorcet comme une espèce de religion, ou plutôt de fanatisme, qui lui donna une grande foi dans les destinées et l'avenir de l'humanité. Tout en ne reconnaissant au monde que la matière, il la concevait douée d'une force de progrès éternel, destinée à s'épurer et à s'agrandir d'elle-même.

Au XIX° siècle, la théorie du progrès reparaît dans les travaux de Fourier, de Saint-Simon, de Pierre Leroux, comme moyen de remédier aux misères sociales.

Aug. Comte, le fondateur du positivisme, considère trois époques dans le développement de l'esprit humain : règne de la *théologie* ou des croyances religieuses, règne de la *métaphysique* ou des systèmes, règne de la *science* ou âge mûr de l'humanité. Ce système est contredit par l'histoire : il n'y a pas eu substitution, mais en général développement parallèle, perfectionnement simultané et parfois aussi décadence des religions, des systèmes philosophiques et de la science.

L'école évolutionniste (Littré, Taine, Renan, Herbert Spencer) place à l'origine des choses l'*imparfait primitif*, matière ou atome, qui se développe suivant une loi fatale : « L'atome aspire à la vie et l'engendre, et celle-ci, attirée par l'idéal et transformée par le temps, donne naissance à la sensibilité et enfin à la pensée. Voilà, en peu de mots, toute la genèse de l'univers et de l'homme. La biologie est une simple dépendance de la physique, et la sociologie, une dépendance de la biologie. » (P. VALLET.) Mais, si le progrès est nécessaire, il n'est point l'œuvre de l'homme ; il s'accomplit sans lui et malgré lui ; l'histoire, n'étant plus « le jeu des spontanéités libres », n'offre plus le même intérêt. La science, loin de constater que la vie vient de la matière, la sensation de la vie, et la pensée de la sensation, proclame, au contraire, que ces quatre choses sont absolument *irréductibles*.

« Pour quiconque voit les faits sans prévention, la loi du progrès universel, continu et fatal, telle que les positivistes l'ont imaginée, ne se trouve vérifiée nulle part. Tout au contraire, elle reçoit un démenti formel de l'histoire et de la nature humaine. » (*Idem.*)

Y a-t-il incompatibilité entre le progrès et les vérités absolues ou le dogme immuable ? — Non, et il faut vouloir l'un et l'autre. « Il est de l'essence de la vérité d'être immuable. Ainsi on peut formuler, avec une exactitude seulement approximative et, par conséquent, susceptible de progrès, les lois mathématiques très complexes. Le progrès n'est pas alors dans la vérité, mais dans la formule... Dans les termes où Euclide a posé sa géométrie, elle reste irréformable, et c'est en s'appuyant sur cette base immuable que Descartes et Leibniz ont fait faire aux mathématiques de si admirables progrès; preuve évidente que le caractère définitif d'un enseignement n'est pas un obstacle au progrès. L'histoire, qui est certes une science variable, perfectible, a subi depuis quatre-vingts ans de mystérieuses transformations. Mais qu'est-ce qui a changé? Les méthodes et les instruments d'investigation, les procédés de vérification et de critique; ce n'est pas la vérité historique. Je veux bien qu'il soit assez rare de posséder cette vérité avec certitude; mais, quand on la possède, c'est pour toujours[1]. » (Mgr d'Hulst, *Conf.*, 1891, note 87.)

À cette question : Si le progrès des idées morales peut se concilier avec la doctrine d'une loi morale immuable et absolue, M. Paul Janet répond : « Cette apparente difficulté est levée par une distinction bien simple, celle de la vérité en elle-même et de la connaissance que nous en avons. La géométrie atteint certainement des vérités immuables et absolues, et cependant la science géométrique est progressive. Chacune des vérités dont se compose la vérité géométrique se développe successivement à nos yeux; des principes nous tirons les conséquences, et chaque conséquence nouvelle est une acquisition, un progrès. Ainsi, de théorème en théorème, la science se développe sans que la vérité subisse le moindre changement. Il en est de même de toutes les sciences, même des sciences expérimentales. La physique et la chimie n'ont pas pour objet de ces vérités que l'on appelle, en logique, absolues, c'est-à-dire nécessaires et évidentes *à priori*; mais ces vérités n'en sont pas moins immuables. Elles sont toujours les mêmes depuis l'origine des choses, quoique nous n'apprenions à les connaître que peu à peu... Pourquoi n'en serait-il pas de même en morale?... En elles-mêmes, ces vérités et ces lois (morales) sont absolues, immuables, universelles; mais elles ne nous apparaissent pas d'abord tout entières, ni toujours avec leurs vrais caractères[2]... Le progrès moral n'a donc rien d'incompatible avec l'immutabilité intrinsèque des vérités morales. On peut dire, au contraire, que, sans *la théorie* d'une morale absolue résidant au fond de notre conscience, c'est le progrès qui est inexplicable; car le changement n'est pas le progrès. S'il n'y a pas quelque chose d'essentiellement bon et vrai, on ne voit pas comment tel état social vaudrait mieux que tel autre, pourquoi le respect de la vie humaine vaudrait mieux que la cruauté sauvage, pourquoi l'égalité humaine vaudrait mieux que l'esclavage... » (*Morale*.)

---

[1] « On s'étonne de voir des esprits cultivés et exigeants se payer de mots aussi vagues que ceux d'*évolution* et de *progrès*. Le mouvement, qui transforme toutes les choses humaines, est un fait dont on peut étudier les lois, ce n'est pas un but. On ne marche pas pour marcher, mais pour arriver. Dire à l'homme qu'il est en ce monde pour promouvoir le perfectionnement de la race, pour contribuer dans une proportion infinitésimale à ce qui doit être la condition de ses semblables cent ans après lui, c'est assigner à ses efforts une fin qui n'en est pas une et qui ne saurait l'intéresser au point d'obtenir de lui le moindre sacrifice. Bien plus logique, en même temps que plus consolante, est la doctrine qui assigne à chaque vie humaine une destinée précise, personnelle et définitive. Si les individus sont fidèles à remplir, en passant, cette tâche qui retentit pour chacun d'eux dans l'éternité, la condition de l'espèce humaine ne peut manquer de s'améliorer ici-bas. Le progrès, dans la mesure où il est possible, — et l'on aurait bien tort de le croire indéfini, — apparaît alors à sa vraie place comme une conséquence, et il importe peu qu'il soit incertain, puisque la vraie fin ne l'est pas. » (Mgr d'Hulst, *Conf.*, 1891, note 37.)

[2] En soi, la justice est absolue, bien que les applications puissent varier suivant le degré moral et social des peuples et des individus.

MÉTAPHYSIQUE

PRÉLIMINAIRES

Définition de la métaphysique. — La métaphysique, appelée par Aristote *philosophie première*, est la *science de l'être en tant qu'être*, de l'être considéré en soi, indépendamment des êtres concrets dans lesquels il s'individualise; c'est dire qu'elle a pour objet l'essence même des choses, qu'elle les étudie dans leur concept le plus abstrait et le plus élevé, en tant qu'elles sont et non en tant qu'elles ont telles qualités et agissent de telle manière.

On la définit encore : *Science des premiers principes et des premières causes*, par opposition aux autres sciences qui étudient surtout les principes *dérivés* et les causes *secondes*.

<small>**Origine du mot.** — Suivant Littré, c'est une « locution tirée de ce qu'Aristote, venant à son traité de *métaphysique*, qui est placé après les traités de physique, le commence par ces mots : *meta ta phusica*, après les choses naturelles »; d'autres auteurs traduisent *meta* par au-dessus, ce qui explique le sens de suprasensible donné au mot métaphysique. La transition du premier au second sens est d'ailleurs assez naturelle.</small>

Légitimité de la métaphysique. — Plusieurs doctrines, entre autres, l'*empirisme* de Locke et le *sensualisme* de Condillac, le *criticisme* de Kant[1], le *positivisme* de Comte, de Littré, l'*agnosticisme* de Spencer, Stuart Mill, Bain contestent la légitimité de la métaphysique.

La métaphysique possède tous les caractères essentiels à une science : elle a un objet propre, qui est l'*être considéré en soi*, et une méthode : elle s'appuie sur des axiomes ou sur des propositions liées nécessairement par l'expérience et le raisonnement. La connaissance philosophique ne se borne pas aux phénomènes, ni même aux lois des phénomènes; elle cherche à dégager les causes.

Sans la métaphysique, la science et la philosophie sont incomplètes. « Kant,

---

<small>[1] On appelle *criticisme* la philosophie de Kant, renfermée dans ses *trois critiques* : de la *Raison pure*, de la *Raison pratique* et du *Jugement* ou du *Goût*. L'objet de cette philosophie, qui aboutit à l'idéalisme, est de chercher la nature et les limites de nos facultés de connaître. On y rattache le *néocriticisme* de M. Renouvier.</small>

qui appelle la métaphysique « l'arène des disputes sans fin [1] », ne la nie pas définitivement, mais il la subordonne à la morale ; Aug. Comte se fait métaphysicien pour fonder la religion de l'humanité ; H. Spencer, pour affirmer l'existence de l'inconnaissable : ceux donc qui raillent ou qui nient la métaphysique font encore de la métaphysique, et dire que l'homme est un animal raisonnable, c'est dire que l'homme est un animal métaphysicien. » (BERTRAND, *Lexique de philosophie.*)

Son importance. — Toute science étant basée sur des principes premiers et toute existence réclamant une cause première, la métaphysique est mêlée à toute la philosophie et à toute la science [2]. En psychologie, elle étudie l'origine des idées, les principes premiers, la liberté et la spiritualité de l'âme, le problème de la matière et de la vie ; en logique, le fondement de la certitude ; en morale, le souverain bien ; en théodicée, Dieu et ses attributs, le problème du mal.

Méthode. — Au lieu de partir, comme on l'a fait longtemps, d'un certain nombre de notions *à priori* sur l'être en général, ses modes, ses propriétés, la substance, l'essence, etc., et d'en appliquer les conséquences aux trois réalités accessibles à la pensée humaine, la matière, l'âme et Dieu, la métaphysique asseoit aujourd'hui la solution des grands problèmes qu'elle se pose sur l'analyse et la critique des faits et des facultés, c'est-à-dire qu'elle commence par l'étude de l'âme, qui fait partie de notre être propre, pour parvenir ensuite à la connaissance du monde physique et de Dieu, n'affirmant qu'avec réserve et se résignant à attendre parfois longtemps la découverte des vérités entrevues.

Méthode expérimentale et méthode métaphysique. — Ce sont deux applications d'une même faculté de connaître, qu'on ne peut ni confondre ni séparer.

On ne peut expérimenter sans métaphysique, c'est-à-dire sans principes rationnels ; on ne peut faire de la métaphysique sans expérience, c'est-à-dire sans sortir de l'abstraction et sans s'appuyer sur des faits.

Pour expérimenter, il faut distinguer le *réel* de l'*apparent*, ce qui suppose l'idée rationnelle de *réalité*, identique au fond à celle de *substance*. Pour expérimenter, il faut employer l'*induction*, qui ne peut s'appuyer que sur l'idée métaphysique de l'*ordre* de la nature, idée qui repose sur celle de *cause*.

Pour expérimenter, il faut *classer* les faits, les mettre dans leur ordre naturel, les *interpréter*, ce qui ne peut se faire sans certains *principes*, sans certaines *idées directrices*. Claude Bernard reconnaît la nécessité de telles idées ; c'est à lui que nous en empruntons le nom.

---

[1] Kant répète à maintes reprises qu'il ne fait pas la guerre à la *métaphysique*, mais à la *fausse métaphysique.* « Il serait aussi absurde, dit-il, de vouloir renoncer à la métaphysique, parce qu'il y a de mauvais métaphysiciens, que de s'interdire de respirer, parce que l'air qu'on respire n'a pas toujours la pureté désirable. »

[2] « La métaphysique n'est pas faite pour vivre à des hauteurs isolées et presque inaccessibles, tandis que les méthodes expérimentales, d'un accès plus facile, obtiendraient seules l'adhésion générale. Tout au contraire, la philosophie rationnelle veut créer dans le grand public un état d'esprit favorable à ses doctrines, et cela par un enseignement qui soit à la portée des intelligences qui ont reçu une instruction moyenne. » (A. GARDAIR, *la Philosophie morale et la Réforme sociale.*)

D'autre part, quelle métaphysique espère-t-on créer sans l'appui des *faits expérimentaux?* Ce sera évidemment une métaphysique idéale, creuse et abstraite; la métaphysique du panthéisme. Mais la vraie métaphysique spiritualiste, celle qui n'est que l'expression précise du bon sens, doit évidemment s'appuyer sur les faits.

Ainsi la science expérimentale et la métaphysique doivent nécessairement s'appuyer l'une sur l'autre, ou plutôt elles doivent s'appuyer sur une base commune, les faits primitifs, qui sont les premiers résultats de l'expérience, et au sein desquels sont cachés les premiers principes. Kant, dans sa critique de la raison pure, a dit, au milieu de beaucoup d'erreurs, une parole très vraie : *Les intuitions expérimentales séparées des concepts de la raison sont aveugles; les concepts rationnels séparés des données expérimentales sont vides.*

Nous n'admettons donc pas cette séparation radicale entre la science expérimentale et la métaphysique; nous admettons que, de même qu'elles ont un objet commun : les causes et les substances, elles ont aussi des principes communs : le principe de contradiction, le principe de raison suffisante, le principe de substance, etc.

... Ces deux formes de notre connaissance, nécessairement unies à leur origine, sont cependant distinctes dans leur méthode et divergentes dans leur marche. La science expérimentale cherche avant tout les faits, et se sert des principes pour les classer et les interpréter. La métaphysique s'occupe principalement des principes qu'elle cherche à étudier, et se sert des faits pour vérifier et appliquer les principes. (DE BROGLIE, *le Positivisme et la Science expérimentale,* Introduction VI.) — On peut lire aussi, sur ce sujet, Mgr d'Hulst, Conférences sur la valeur scientifique de la philosophie scolastique, dans ses *Mélanges philosophiques.*

Division. — Un cours complet de métaphysique comprend : l'étude du problème de la *certitude;* l'*ontologie,* qui est proprement la science de l'être en tant qu'être; la *cosmologie* ou philosophie de la matière, philosophie des sciences physiques et naturelles, qui traite de l'essence des corps, de l'origine du monde, de sa substance ou cause matérielle, de son plan ou cause formelle, de sa raison d'être ou de sa cause efficiente (créatrice) et de sa cause finale; l'*anthropologie* ou science de l'être raisonnable, comprenant la *psychologie rationnelle,* qui traite de l'union de l'âme et du corps et de la personne humaine : origine, destinée, immortalité, liberté; enfin, la *théologie naturelle* ou théodicée, science rationnelle de Dieu.

TABLEAU ANALYTIQUE

PRÉLIMINAIRES

Définition. — Le mot *métaphysique* signifie ce qui est *après la physique* ou *au-dessus*.
On la définit : la science de l'être en tant qu'être ;
La science des premiers principes et des premières causes.

Légitimité de la métaphysique. — L'*empirisme*, le *sensualisme*, le *positivisme*, le *criticisme*, refusent à la métaphysique le caractère scientifique.
C'est là une grave erreur : la métaphysique a un objet propre : le suprasensible ; elle a une méthode à la fois expérimentale et rationnelle, qui prouve avec certitude.

Son Importance.
Sans la métaphysique, la science et la philosophie sont incomplètes, et ceux-là même qui en nient la légitimité sont obligés d'y avoir recours.
Elle sert de base et de couronnement à toutes les sciences :
En *psychologie*, par exemple, elle étudie l'origine des idées, les principes premiers, la liberté, etc. ;
En *logique*, le fondement de la certitude ;
En *morale*, le bien en soi et le souverain bien ;
En *théodicée*, Dieu et ses attributs, le problème du mal ;
Dans les *sciences naturelles*, le problème de la matière, de la forme, du mouvement, de la vie ;
Dans les *mathématiques*, les axiomes, l'espace, le temps, la mesure, la quantité, etc.

Méthode. — Longtemps la métaphysique a été toute *déductive* : elle partait de principes *à priori* sur l'être, ses modes, ses propriétés, et on tirait, par le raisonnement, des conséquences rigoureuses. Elle construisait ainsi des systèmes abstraits et souvent vides.
— Aujourd'hui elle emploie la méthode *expérimentale* ou *inductive* ; elle part de la connaissance des faits de l'âme et monte à la connaissance du monde et de Dieu.

Division.
La métaphysique comprend : 1° Le problème de la *certitude* ou la *critériologie* ;
2° L'*ontologie* : science de l'être en tant qu'être ;
3° La *cosmologie* : science de la matière et du monde ; c'est la philosophie de la physique et de l'histoire naturelle ;
4° L'*anthropologie* : science de l'homme en tant qu'être raisonnable ; — l'anthropologie comprend la *psychologie rationnelle*, qui traite de l'union de l'âme et du corps, de la personnalité ;
5° La *théodicée* ou *théologie naturelle* : science rationnelle de Dieu.

1ʳᵉ LEÇON

VALEUR OBJECTIVE DE LA CONNAISSANCE

On a vu, dans la première leçon de Logique, une analyse des différents états de l'esprit relativement au vrai et au faux. On ne fera ici que compléter ces notions.

Dans la philosophie ancienne, le problème de la valeur de la connaissance humaine se posait surtout au point de vue de la *certitude* et du *doute*, et donnait naissance au *dogmatisme*, au *scepticisme*, au *probabilisme*. Chez les modernes, le problème se pose autrement. Ils se demandent si la connaissance, en la supposant certaine, est *absolue*, c'est-à-dire représente les choses telles qu'elles sont en elles-mêmes, ou *relative*, c'est-à-dire représente les choses seulement comme elles apparaissent à l'esprit; si la connaissance n'a qu'un caractère *subjectif* et si la valeur *objective* que nous lui attribuons n'est autre chose que nos idées ou nos états intellectuels transformés en choses. De là, la théorie de la *relativité de la connaissance* ou *relativisme* et l'*idéalisme*.

I. — DOGMATISME

Le *dogmatisme affirme que la vérité existe et que nous pouvons la connaître*; il consiste à avoir foi dans nos facultés intellectuelles, à croire à la réalité objective de nos connaissances, à être convaincu que nos facultés nous découvrent la vérité sur nous, sur le monde et sur Dieu, quand nous nous en servons bien, que nous en suivons les lois et n'en dépassons pas la portée. C'est moins un système que la consécration philosophique du bon sens.

Il y a un dogmatisme *vrai*, qui repose sur les divers critériums de la vérité, et un dogmatisme *faux*, qui n'en emploie qu'un à l'exclusion des autres (voir *Logique*, 1ʳᵉ leçon, p. 359). Il faut ranger dans le faux dogmatisme le *fidéisme* de Pascal, de Huet, qui donne la foi pour unique base à la certitude; le *traditionalisme* de Lamennais, de Bautain, qui la fait reposer seulement sur le témoignage universel des peuples; le *sentimentalisme* de Pascal, Rousseau, Jacobi, qui la fait provenir d'un instinct, d'un sentiment, d'une propension naturelle; enfin, le *mysticisme*, qui prétend trouver la vérité en faisant cesser toute activité intellectuelle pour s'abîmer dans la contemplation de Dieu et entrer en extase.

La certitude et la vérité s'obtiennent par l'emploi simultané et non exclusif de nos moyens de connaître, dans la mesure que le comporte l'objet étudié. Le dogmatisme vrai est raisonné. Comme on ne peut être sûr de la science que si les principes sur lesquels elle repose sont légitimes et si la méthode suivie est appropriée à l'objet, le dogmatisme vrai commence par contrôler les principes et justifier la méthode.

II. — SCEPTICISME

Définition, diverses sortes. — Le *scepticisme* (d'un mot grec qui signifie *recherche, examen*) consiste dans la *négation de l'autorité de la raison* ; il soutient que rien n'est certain, que tout est douteux, examine sans conclure et laisse l'esprit en suspens.

On distingue, relativement à son *extension*, le scepticisme *absolu*, qui est le doute universel, et le scepticisme *partiel*, qui est *traditionaliste*, s'il n'admet que les vérités de la foi ; *historique*, s'il nie la valeur du témoignage ; *sensualiste* ou empirique, s'il ne croit qu'au témoignage des sens ; *positiviste*, s'il rejette la métaphysique, s'il admet que toute recherche des causes est stérile et que la science doit se borner aux faits et aux lois. — Relativement à son *objet*, on distingue : le scepticisme *métaphysique*, qui doute de l'existence du vrai et pense que nous n'avons pas raison de croire à la raison ; *moral*, qui n'admet pas la distinction du bien et du mal ; *religieux*, qui est relatif aux vérités de la foi.

Réfutation générale du scepticisme. — Affirmer qu'on ne peut rien affirmer, c'est se contredire, c'est dire qu'une chose est et n'est pas en même temps. Ainsi, le scepticisme absolu est tellement impossible, qu'il ne peut se définir ni seulement dire qu'il est sans se nier.

Il est, de plus, inconséquent avec lui-même ; car il se conduit, dans la pratique, comme s'il connaissait la vérité. Les pensées, les paroles, les raisonnements, les actions des sceptiques sont un perpétuel démenti à leur doctrine ; ils devraient se condamner au silence, cesser d'agir et de vivre, pour être logiques ; car penser, parler, vouloir, impliquent une affirmation.

Réfutation des arguments des sceptiques. — On les ramène à quatre principaux : l'*ignorance*, l'*erreur*, les *contradictions*, l'*impossibilité pour la raison de se démontrer sans tomber dans un cercle vicieux*. Ce dernier argument est connu sous le nom de *diallèle*.

Ignorance. — « *Nous ne savons le tout de rien*, » dit Pascal ; et Huet : « *L'entendement humain n'étant pas capable, de sa nature, de savoir tout, et ne pouvant rien savoir sans savoir tout, il s'ensuit qu'il ne peut rien savoir.* » — Il est vrai que nous n'avons pas la connaissance adéquate, que nous ne savons le tout de rien ; mais on n'a pas le droit d'en conclure que nous ne savons rien du tout. Dire que notre connaissance est limitée, c'est reconnaître qu'elle existe, et non la nier absolument. Quant à l'assertion de Huet, qu'on ne connaît rien, parce qu'on ne connaît pas tout, à cause de la liaison qui existe entre les diverses parties de l'univers, elle se réfute comme le mot de Pascal. Il n'est pas du tout nécessaire de parcourir toute la série des causes et des êtres pour avoir une connaissance certaine d'un objet déterminé. Huet confond la connaissance parfaite, qui ne peut se trouver qu'en Dieu, avec la connaissance partielle et imparfaite, la seule que puisse avoir l'esprit humain, et qui suffit aux fins qu'il se propose.

De ce que l'homme, en connaissant un objet, ne voit pas, comme Dieu, la série des causes et des rapports qui le rattachent à l'ensemble, conclure qu'aucune connaissance humaine n'est certaine, c'est faire un raisonnement semblable à celui qui dirait que l'être humain n'est pas réel, parce qu'il n'est pas parfait et absolu. Descartes répond ainsi à cette objection : « Si vous considérez que, n'ayant qu'une vérité de chaque chose, quiconque la trouve en sait autant qu'on en peut savoir, un enfant instruit dans les mathématiques, ayant fait une addition suivant les règles, peut assurer avoir trouvé, touchant la somme qu'il examinait, tout ce que l'esprit humain saurait trouver. »

S'il est vrai, d'ailleurs, que les phénomènes et les êtres, dans l'ordre *concret*, dépendent les uns des autres à l'infini, il est faux que, en soi, il n'y ait pas de vérités indépendantes les unes des autres : il y a, par exemple, des vérités morales et des vérités mathématiques indépendantes des vérités physiques. Le progrès des sciences, que l'esprit humain, appuyé sur l'observation et sur les principes de la raison, réalise par des additions successives aux connaissances des générations précédentes, est une réfutation péremptoire de cet argument des sceptiques. L'existence d'une science appelée la psychologie nous prouve que nous ne nous ignorons pas absolument.

On peut encore réfuter le scepticisme par l'analyse du doute naturel et de l'examen qu'il provoque. L'examen suppose une connaissance réelle et une ignorance réelle ; si l'on supprime cette connaissance ou cette ignorance, on supprime du même coup, dans le premier cas, la source et la base de l'examen ; dans le second cas, le motif et le but. Ainsi, quand on *examine*, on connaît et on ignore tout ensemble. Connaissance bornée, ignorance bornée ; connaissance qui ne détruit point l'ignorance, ignorance qui n'anéantit point la connaissance : voilà ce qui constitue cet état psychologique particulier qu'on appelle le doute. (Il s'agit ici du doute *naturel*, non de celui qui met tout en question.) C'est un mélange de ces deux choses, mélange dans lequel elles subsistent l'une et l'autre, sans s'altérer mutuellement, sans se confondre ; car, si cette confusion avait lieu, il n'y aurait plus d'examen possible, partant plus de doute : l'examen n'est que l'acte par lequel le doute se manifeste. Comment douter, en effet, et pourquoi examiner, si l'on sait tout ? De quoi douter et que peut-on examiner, si l'on ne sait rien ? La pleine connaissance, si elle précède le doute, l'empêche de naître ; si elle le suit, elle le tue. Il en est de même de la pleine ignorance. Donc le doute, à moins qu'on n'en fasse un vain mot, n'est ni une entière et pleine connaissance, ni une ignorance pleine et entière. C'est une *connaissance limitée*, mais *réelle*, jointe à une *ignorance réelle*, mais *limitée*, connaissance et ignorance réunies dans un même objet, mais réunies de telle sorte que l'on connaît véritablement de l'objet ce qu'on en discerne, et qu'on ignore véritablement de l'objet tout ce qu'on n'en discerne pas. (Voir, 1re leçon de Logique, la Critique du doute universel.)

Erreur. — *L'homme se trompe quelquefois ; sait-il s'il ne se trompe pas toujours ?* — De ce que l'homme se trompe quelquefois, conclure qu'il se trompe toujours, c'est tirer une conclusion qui contredit les prémisses et n'y est pas contenue. L'erreur suppose la vérité, et n'est compréhensible que par elle, comme la nuit suppose le jour, et la déviation, la ligne droite. Reconnaître que l'esprit humain se trompe, c'est admettre des cas où il ne se trompe pas ; s'il ne pouvait se ressaisir lui-même après ses erreurs, il ne saurait même pas qu'il y est sujet. L'erreur vient surtout du mauvais usage que nous faisons de nos facultés : les facultés premières ou d'intuition nous trompent rarement, c'est de nos facultés de combinaison, du raisonnement, de l'interprétation que nous faisons des premières données que provient l'erreur. L'erreur est toujours *possible*, par suite des causes multiples qui la produisent (erreurs et lacunes des sens, de la mémoire, absence de délimitation entre la veille et le sommeil, la raison et la folie, influence des passions, etc.) : c'est ce que constate le proverbe : *errare humanum est ;* mais elle n'est pas *nécessaire,* en ce sens qu'elle dérive fatalement de la nature même de l'intelligence humaine.

Contradictions. — Il y a *contradiction* entre les hommes, *dans le temps :* « En peu d'années de possession, les lois fondamentales changent; le droit a ses époques. L'entrée de Saturne au Lion nous marque l'origine d'un tel crime ; » — *contradictions dans l'espace :* « On ne voit presque rien de juste ni d'injuste qui ne change de qualité en changeant de climat. Trois degrés d'élévation du pôle renversent toute la jurisprudence ; un méridien décide de la vérité... Plaisante justice qu'une rivière borne ! Vérité en deçà des Pyrénées, erreur au delà ; » (PASCAL) — *contradiction sur la matière :* « L'un dit que l'essence de la justice est l'autorité du législateur; l'autre, la commodité du souverain; l'autre, la coutume présente ; » — enfin *contradiction en chacun* entre les diverses facultés ou d'un moment à l'autre de l'existence : la raison contredit les sens et, *vice versa,* les sens se contredisent entre eux, la raison se contredit elle-même : « Je n'ai jamais jugé d'une chose exactement de même. » (Id.)

C'est l'argument le plus cher aux sceptiques, depuis Pyrrhon jusqu'à Montaigne et Pascal. Les sophistes grecs, avec Protagoras, en avaient adopté la formule fameuse : « *L'homme est la mesure de toutes choses,* » ce qui revient à dire que rien n'est en soi vrai ou faux, que les choses sont ce qu'elles paraissent à chacun, ce que chacun les fait par son jugement.

— On répond que les facultés ne se contredisent que quand elles sortent de leur rôle ou quand leurs données sont mal interprétées ; que, si les hommes changent d'avis et se contredisent sur bien des questions, il est faux que le désaccord porte sur tout ; car alors le langage, la discussion, la vie de société, l'éducation, seraient impossibles ; tous sont d'accord, au moins pratiquement, sur les données des sens et de la conscience et sur les premiers principes de la raison. La diversité vient des mœurs, de l'hérédité, des climats, des temps ; les contradictions individuelles tiennent à l'âge, aux passions, aux intérêts, au développement intellectuel ; très souvent la diversité marque un développement et constitue un progrès.

La raison ne se conçoit pas sans certains principes universels, absolus, immuables, soit dans l'ordre spéculatif, soit dans l'ordre moral ou pratique ; principes indépendants des raisons individuelles, qui sont d'une évidence intuitive et produisent une certitude nécessaire, immédiate. Ils sont vrais et reconnus vrais en deçà et au delà des Pyrénées, à quelque degré d'élévation du pôle, dans quelque climat et sous quelque méridien que l'on se place. Sous l'influence de la passion, de l'intérêt, de la tradition, de la coutume, de l'ignorance, des préjugés, de l'exemple, on peut, au delà et en deçà des Pyrénées, oublier ces principes ou les appliquer mal, et l'histoire nous apprend qu'on les a, en effet, souvent oubliés ou mal appliqués. Pour les bien entendre et les mettre en pratique, il faut de l'étude, de la réflexion. Aussi voit-on les hommes devenir plus justes, plus respectueux des droits, à mesure qu'ils cultivent leur raison et apprennent, par la philosophie et la religion, à en faire usage. L'esclavage, par exemple, que les anciens regardaient comme nécessaire et légitime, comme favorable à la production de la richesse, est regardé par les modernes comme injuste, comme nuisible et funeste au point de vue économique.

Les contradictions des hommes en morale ne prouvent pas plus contre la morale que leurs contradictions, en toute autre matière, ne prouvent contre la vérité. En fait, ces contradictions ne résident pas dans les puissances mêmes de l'intelligence, mais dans les faits auxquels les principes s'appliquent. Les modernes, dit Pascal, dans la préface du *Traité du vide,* ne contredisent pas les anciens en disant autrement qu'eux. Les anciens raisonnaient d'après leur expérience ; nous raisonnons d'après la nôtre, qui est différente et plus complète. S'ils avaient connu les faits comme nous les connaissons aujourd'hui, ils en auraient tiré les mêmes conclusions que nous. Leur raison était au fond d'accord avec la nôtre.

La raison est infaillible dans la vue des premiers principes et dans leur application immédiate ; elle ne l'est pas dans les déductions et applications éloignées. Les préjugés, les coutumes, les illusions qui viennent des sens et de l'imagination, ne sont pas la raison, mais le contraire de la raison, qu'ils obscurcissent et qu'elle a le devoir de combattre.

C'est à ces causes d'erreur que Pascal fait allusion, et il faut conclure de ses paroles, non que la vérité et la justice n'existent pas ou que la raison est incapable de les connaître, mais qu'il y a à se tenir en garde, qu'il faut cultiver la raison, la rendre de plus en plus indépendante des préjugés, des coutumes, de l'intérêt, des passions.

Diallèle ou impossibilité pour la raison de se démontrer sans tourner dans un cercle vicieux. — Cet argument a été ainsi formulé par Montaigne : « Pour juger les apparences que nous recevons des sujets (objets), il nous faudrait un instrument judicatoire ; pour vérifier cet instrument, il nous y faut de la démonstration ; pour vérifier la démonstration, un instrument : nous voilà au rouet[1]... Aucune raison ne s'établira sans une autre raison ; nous voilà à reculons jusqu'à l'infini. » — Il fait le fond de la critique de Kant, qui a soumis l'esprit humain à une analyse complète afin de discuter la véracité de ses facultés, c'est-à-dire leur conformité aux objets.

En deux mots, le diallèle consiste à dire : La raison étant l'instrument de la science, il faut au préalable démontrer qu'elle voit les choses telles qu'elles sont ; or la raison n'a qu'elle-même pour faire cette démonstration : elle ne peut prouver sa valeur qu'en s'appuyant sur un principe qui la suppose ; elle est donc dans l'impossibilité d'établir sa propre légitimité.

— Il faut d'abord reconnaître qu'en effet la raison ne peut se démontrer sans paralogisme, sans tourner dans un cercle vicieux ou commettre une pétition de principe. Mais on peut répondre, d'abord, que la conclusion qu'on tire du diallèle n'y est pas contenue ; car, de ce qu'une proposition est soutenue à l'aide d'un paralogisme, il ne suit pas qu'elle est fausse, mais simplement qu'elle n'est pas démontrée ; ensuite, que si les dogmatiques n'ont pas le droit de défendre la raison par la raison, les sceptiques n'ont pas davantage le droit d'attaquer la raison par la raison, puisque, dans les deux cas, il faut des arguments dont la raison seule est la garantie.

« L'entreprise de Kant ne pouvait aboutir qu'au cercle vicieux où le scepticisme s'enferme éternellement : se servir de sa raison pour la mettre en doute. Et ce cercle vicieux vient se briser lui-même devant ce dilemme : ou bien la raison ne peut douter de sa propre véracité, et alors elle ne peut pas se demander si les jugements qu'elle porte sont conformes à la nature des choses ou seulement à la nature de l'esprit ; ou bien elle doute d'elle-même, et alors elle ne peut se poser aucun problème, pas même celui-là. Le criticisme, au lieu de se servir des principes de la raison pour contrôler la valeur de ses raisonnements, a cru devoir se servir du raisonnement pour contrôler la valeur des principes de la raison. Or ces principes sont indémontrables, puisque toute démonstration les suppose. Avec quel instrument juger l'instrument même du jugement ? Ces principes ne sauraient être soumis à la critique ; car celle-ci ne peut se faire qu'à leur aide. Mais aussi bien il est impossible de diriger contre la raison une attaque sérieuse : toute négation de sa légitimité est un acte de foi en elle. L'intelligence humaine ne doute pas d'elle-même : elle croit, au con-

---

[1] *Être mis au rouet* signifie : être déconcerté, ne savoir plus que dire ni que faire.

traire, avec une invincible confiance à la réalité objective des vérités dont l'évidence la frappe. » (MERKLEN, *les Philosophes illustres*.)

Le scepticisme, comme le fait remarquer M. Fonsegrive, « ne peut échapper à l'obligation de fournir une preuve directe en sa faveur, tandis que le dogmatisme le peut et même le doit. En effet, tout l'effort du scepticisme consiste à réclamer du dogmatisme une preuve de lui-même, qui suppose l'admission de ce principe : *Toute proposition non démontrée est incertaine.* Le scepticisme est donc obligé, en vertu de ce principe, de fournir en sa faveur une démonstration dès qu'on s'avise de la lui réclamer. Le dogmatisme, au contraire, n'admet pas ce principe ; il soutient qu'il y a des vérités, telles que les premiers principes et les données immédiates de la conscience et des sens, qui sont intuitivement saisies et n'ont pas besoin de démonstration. Le dogmatisme est donc conséquent avec lui-même en se refusant à fournir une démonstration directe en sa faveur et à donner ainsi dans le piège du diallèle. Le scepticisme, au contraire, ne pourrait échapper à l'obligation de se démontrer que par une contradiction. Ainsi donc, et en résumé, le scepticisme se contredit, s'il refuse de fournir en sa faveur une démonstration, et, s'il la fournit, il ne peut que se contredire encore. Le dogmatisme, au contraire, ne se contredit pas et reste d'accord avec lui-même, quand il refuse de fournir en sa faveur une démonstration inutile et impossible. » (*Élém. de phil.*, II, 3ᵉ leçon de Métaph.)

Le scepticisme est inacceptable théoriquement et impossible pratiquement. « Le rôle du véritable sceptique est de rester muet. » (SPINOZA.) Il engendre le découragement et l'inaction ; il s'oppose à tout progrès.

Mgr d'Hulst établit, ainsi qu'il suit, la légitimité de la raison. — « Il n'y a pas de sophisme plus difficile à réfuter que celui qui s'attaque à la puissance de la raison, puisque c'est à cette puissance contestée qu'il faut s'en rapporter pour trancher le litige. On peut, toutefois, montrer qu'il est raisonnable de se fier à la raison. Il n'est pas vrai, comme le disent les subjectivistes, que la raison ne soit qu'une loi régissant la pensée, et sans contact avec la réalité. L'acte par lequel nous découvrons la loi est un acte concret qui nous fait toucher une réalité, le moi pensant. Si l'on nie cela, il faut aller jusqu'à ce délire philosophique d'après lequel le moi lui-même ne serait qu'une illusion. Il n'y aurait pas alors un *dedans* et un *dehors* du fait intellectuel. Ce que nous appelons le dedans, la conscience, ne serait qu'une résultante ou reflet. Mais alors la distinction même que nous faisons invinciblement entre le dedans et le dehors ne se ferait plus, ne serait même plus possible. Supposez des atomes inconscients qui se choquent, il n'y aura nulle part une conscience de leur choc, le phénomène n'aura pas de dedans, et nul ne pourra lui en attribuer un. Or, cependant, en nous la distinction existe. Donc, il y a un dedans réel, donc un sujet concret et substantiel de la pensée ; et la réalité de ce sujet est immédiatement perçue avec le fait de la pensée : donc la loi de la pensée ne l'isole pas essentiellement de toute réalité. Et si la réalité est perçue immédiatement dans l'acte élémentaire de la pensée, la voilà qui pénètre dans tout le domaine de la raison, et c'en est fait du divorce qu'on annonçait entre la vérité logique et la réalité ontologique des choses.

« Une autre façon de rassurer l'esprit sur sa propre véracité, c'est de comparer ses notions *à priori* avec les faits qu'il atteint par l'expérience sensible. Quand l'homme a conçu une loi possible dans l'ordre physique, il ne lui suffit pas, pour l'admettre, qu'elle soit cohérente avec elle-même, il veut encore la soumettre au contrôle de l'expérience. Or, tantôt l'expérience lui donne raison, tantôt elle lui donne tort ; d'autres fois, elle l'oblige à reprendre avec plus de soins ses conceptions et ses calculs, et, quand il en a découvert et corrigé l'inexactitude, il aborde de nouveau le contact des faits qui, cette fois, se trouvent d'accord avec la pensée. Il n'est donc pas vrai que notre pensée emprunte tout à la forme de notre esprit ; car alors il nous serait impossible de jamais **vérifier une erreur. La nature n'est pas l'alliée complaisante de nos illusions :**

elle contrôle sévèrement nos conceptions, les condamne ou les approuve, selon les cas. Nous ne sommes donc pas sans contact avec la réalité. » (*Conf.*, 1892, note 7.)

III. — PROBABILISME

Entre le *dogmatisme* et le *scepticisme* se place le *probabilisme*, qui s'efforce de tenir le milieu entre ces deux extrêmes. Le probabilisme substitue la vraisemblance à la vérité, la probabilité à la certitude. Il prétend que nous arrivons à la vraisemblance, jamais à la vérité; que nos jugements sont plus ou moins probables, sans jamais être certains.

Le probabilisme n'est qu'un scepticisme relatif, un scepticisme qui n'ose pas s'affirmer. Il se contredit lui-même en s'affirmant ; dire que « tout est simplement probable », c'est affirmer et nier du même coup une certitude. « Rien de plus absurde, dit saint Augustin, de vouloir suivre la vraisemblance, en ignorant ce que c'est que le vrai; » que de croire à la probabilité, s'il n'y a pas de certitude. Le vraisemblable a pour terme de comparaison le vrai; le probable, pour terme de comparaison le certain ; l'un implique le vrai et l'autre le certain, dont ils ne sont qu'une approximation plus ou moins grande. Le vraisemblable et le probable ne peuvent donc exister, on ne peut les concevoir sans le vrai et le certain.

Contradictoire en théorie, le probabilisme est dangereux dans la pratique. Ce n'est pas pour une apparence de vérité qu'un savant expose sa fortune, sa santé, sa vie; ce n'est pas sur des motifs probables qu'un homme pratique la vertu, se dévoue à sa famille, meurt pour sa patrie. La vertu, le dévouement, l'héroïsme, s'appuient sur des certitudes, et non sur des *peut-être*. Tout mouvement, dans l'ordre intellectuel et moral, comme dans l'ordre matériel, implique un point d'appui fixe. Où est le point d'appui pour celui qui ne croit à rien ?

IV. — IDÉALISME

L'*idéalisme* est le système qui nie l'objectivité des données des sens et la possibilité de s'assurer qu'elles répondent réellement à la connaissance que nous en avons ; qui prétend que le monde n'est rien en dehors de l'idée qui est dans notre esprit et ramène, par conséquent, l'*objet* à la pensée, c'est-à-dire au *sujet ;* en un mot, c'est le *système qui nie la certitude objective.*

On distingue plusieurs systèmes idéalistes : celui de Platon et des réalistes du moyen âge n'accorde d'existence réelle qu'aux idées ; celui de Malebranche et de Berkeley attribue à l'action divine la production en nous des représentations sensibles des corps ; le phénoménisme de Hume et de Taine nie la réalité objective de toute substance et réduit le moi à une collection de perceptions ou d'événements successifs ; le relativisme de Stuart Mill fait de toute connaissance une représentation purement subjective ; l'idéalisme transcendantal réduit même les faits internes à n'être que des phénomènes qu'on cherche à expliquer *à priori*. Les formes de l'idéalisme transcendantal sont : l'idéalisme *critique* de Kant, l'idéalisme *subjectif* de Fichte, l'idéalisme *objectif* de Schelling, l'idéalisme *absolu* de Hégel.

1° **Idéalisme objectif de Platon.** — D'après Platon, les idées sont les seules réalités ; en elles est renfermé le principe de toute existence. Par idées, il n'entend pas seulement les types ou causes exemplaires, qui sont en Dieu et qu'il fait subsistants par eux-mêmes, mais aussi de simples notions abstraites ou générales, qui n'ont aucune existence réelle en dehors de l'esprit qui les conçoit ; il regarde celles-ci, de même que les premières, comme des entités, comme des êtres en soi.

— Il faut se rappeler ce qui a été dit (*Psych.*, 12° leçon) de l'origine des idées et comment les *essences sont* éternelles : « Il y en a, dit Bossuet, qui se sont figuré, hors de Dieu, des essences éternelles ; pure illusion, qui vient de n'entendre pas qu'en Dieu, comme dans la source de l'être, et dans son entendement, où est l'art de faire et d'ordonner tous les êtres, se trouvent les idées primitives, ou, comme parle saint Augustin, les raisons des choses éternellement subsistantes. » Admettre des idées éternelles, subsistant en elles-mêmes en dehors de Dieu, c'est admettre plusieurs êtres éternels et infinis.

2° **Idéalisme des réalistes, au moyen âge.** — Pour eux, il n'y avait de réalités que les *genres* (les universaux) ; les individus n'étaient, en eux-mêmes, que des noms et des apparences. — Il faut affirmer le rapport des idées générales aux choses réelles, et ne pas en faire des êtres existant en eux-mêmes, indépendamment des individus. Il n'y a pas un homme universel, un animal universel, mais des hommes, des animaux individuels ; l'humanité ou l'animalité est une conception de l'esprit, réalisée dans tout homme, dans tout animal.

3° **Immatérialisme de Berkeley**[1] (idéalisme *subjectif*). — Les objets de notre connaissance sont nos idées et nos idées seulement ; tous les corps dont l'assemblage compose ce vaste univers n'existent pas en dehors de notre esprit et de Dieu, qui en produit les idées. Les idées *représentatives* des objets ne répondent pas à des objets dans le sens ordinaire du mot, mais à des apparences extérieures, *immatérielles* ; et ces représentations sensibles des corps n'ont pas pour cause notre âme, qui est passive en les éprouvant, mais Dieu qui les produit en nous.

— On répond, avec le sens commun, que l'homme ne connaît pas seulement ses idées, mais aussi l'objet qu'elles représentent ; que même l'objet des idées est connu avant que l'idée le soit par la réflexion ; que, pour être logique, Berkeley doit rester isolé avec ses idées dans son esprit ; car il ne peut admettre l'existence d'autres esprits semblables à lui-même que s'il les reconnaît causes de phénomènes matériels par lesquels ils se manifestent.

4° **Idéalisme phénoméniste de Hume** (phénoménisme *subjectif*). — Nous ne pouvons connaître aucune réalité ; il n'y a ni substances ni causes, mais seulement des *phénomènes* (des pensées, des sensations), des assemblages d'impressions et d'idées groupées d'après les lois de l'association. La *substance* peut se ramener à une collection : le *moi* n'est qu'une collection d'événements psychiques ; la *cause* peut se ramener à la succession de sensations : elle est

---

[1] Évêque anglican de Cloyne, Irlande, 1684-1755.

l'idée de succession invariable entre des phénomènes, et elle n'a aucune valeur en dehors de ces phénomènes; ce qu'on appelle *matière* n'est que la possibilité permanente de nos sensations.

— Nier la valeur objective des idées de cause et de substance, c'est nier toute certitude et toute science; sans les causes, on ne connaît la raison ni la nature d'aucun être; sans les substances, on n'a que des phénomènes fugitifs, sans rien qui les soutienne et les relie. Des phénomènes ne pouvant se produire d'eux-mêmes, nos sensations ont une cause; une collection de sensations ou d'idées ne pouvant se faire d'elle-même, il faut admettre un esprit, un principe dont l'activité les produise et les réunisse comme cause commune. Ainsi le moi est nécessairement réel et distinct de ses phénomènes. La sensation de résistance, par exemple, ne peut avoir sa cause que hors de nous, et c'est par elle que nous avons la notion de l'existence réelle du non-moi. Si le moi et le monde extérieur se font obstacle l'un à l'autre, c'est qu'ils sont réels tous deux.

5° **Relativisme de Stuart Mill.** — « L'expérience ne nous montrant que des faits les uns auprès des autres, et rien n'étant connu que par la seule expérience, il n'y a aucune raison, partant aucune nécessité, de quelque genre que ce soit, ni absolue ni relative, ni logique ni morale. » L'expérience a la même sphère que la conscience, il n'y a rien au delà des phénomènes de conscience; on ne peut admettre la permanence constante d'aucune loi; toute loi est aussi provisoire que les associations qui ont servi à la former; il n'y a pas un principe qui ne puisse être démenti par une expérience contraire, pas une science qui soit assurée d'exister demain.

— Il est vrai que toute connaissance, que toute vérité est *une relation* de l'esprit connaissant à l'objet connu; il ne l'est pas qu'elle soit purement *relative*, c'est-à-dire qu'elle ne soit qu'une forme de notre pensée, une représentation subjective. Si, en effet, elle n'était qu'une forme de notre pensée, nous n'aurions pas le droit de l'appliquer au delà des phénomènes internes qui la révèlent et de supposer qu'il existe des choses en soi; et si elle a une valeur en dehors de ces phénomènes, les rapports qu'elle exprime (de substance, de causalité) sont à la fois dans la pensée et dans les choses; les lois de la pensée sont en même temps les lois des choses, d'où il résulte qu'on peut avoir une connaissance *absolue*, sinon toujours des choses en elles-mêmes, du moins des rapports existant entre elles, par le moyen des rapports existant entre les phénomènes qui nous les révèlent. Si les lois selon lesquelles l'esprit pense toutes choses ne sont pas en même temps les lois absolues de la réalité, la connaissance relative elle-même est impossible. Il y a un fond de vérités métaphysiques, logiques, mathématiques, que l'esprit humain découvre et ne fait pas, qui ne relèvent de lui en aucune façon, qui s'imposent à lui à tel point que c'est encore sur elles qu'il s'appuie pour les combattre.

6° **Idéalisme transcendantal**, ou idéalisme critique de Kant. — La conclusion qui se dégage de la *Critique de la raison pure*, c'est que nous ne connaissons rien en soi, mais seulement relativement aux *lois* de la pensée, lesquelles n'ont aucune valeur objective. La raison est la faculté de la connaissance *subjective*; elle ne peut légitimement rien affirmer sur l'essence de l'âme, de l'univers, de Dieu; dès qu'elle affirme la réalité de ses idées, elle tombe dans des *antinomies*. Nous percevons les choses telles qu'elles nous apparaissent : nous connaissons des *phénomènes*, mais leur nature véritable échappe à toute perception; elle n'est qu'un objet de pensée, un *noumène* (gr. *noumenon*, objet de pensée, connu par le *nous*, la raison pure). Toute connaissance a deux éléments : l'un, la *matière*, est fourni par l'expérience, et ne sort pas de l'ordre phénoménal; l'autre, la *forme*, est une loi purement subjective de notre esprit, qui, en s'appliquant à la *matière*, donne aux phénomènes la réalité objective que nous leur attribuons. (Voir, p. 159, *Catégories* de Kant.)

— Il n'est pas vrai que les idées d'espace et de temps, que Kant appelle *formes* de la sensibilité, et les *catégories* de l'entendement, soient les lois *à priori*, d'après lesquelles nous concevons les *phénomènes*. Les choses ne sont pas ce que les fait notre idée [1], et notre idée, pour être vraiment *idée*, c'est-à-dire *représentative des choses*, doit s'y conformer et non les concevoir à priori. L'espace, le temps et les idées de la raison, qui sont les principes régulateurs de l'expérience, ne sont pas cependant complétement indépendants de l'expérience, même quant à leur genèse (voir *Psych.*, 12ᵉ leçon, p. 156), et il y a en eux quelque chose de subjectif et quelque chose d'objectif [2].

Selon Kant, les *noumènes* (il les ramène à trois : l'âme humaine, le monde, Dieu) sont inaccessibles en eux-mêmes, parce que, pour être connus, ils devraient nous apparaître, et qu'ils ne peuvent nous apparaître sans devenir des *phénomènes*. Tous nos jugements sur les objets de l'expérience impliquent la notion de *force*, d'un *substratum* des phénomènes.

Prétendre avec Kant que notre connaissance est bornée aux seuls phénomènes et que la *chose en soi*, le *noumène*, échappe toujours à nos investigations, c'est méconnaître que nous percevons une propriété du noumène, à savoir qu'il est une force, un principe d'action; c'est affirmer que nous ne percevons que de pures apparences, comme si toute apparence ne supposait pas une réalité qui apparaît [3]; c'est aller contre l'évidence des faits qui nous révèlent dans la perception, non une simple modification du moi, mais l'*extériorité* d'un objet qui s'oppose au moi. Contester la conformité des objets à l'idée que s'en fait notre esprit, c'est affirmer comme *objectivement* vrai qu'il n'y a pour nous qu'une vérité *subjective*, c'est s'acheminer vers le scepticisme absolu. Enseigner avec Kant que les noumènes sont des *réalités* ou des substances inconnues, les regarder comme les *causes* des phénomènes, et puis contester la possibilité d'appliquer les catégories (idées) de substance et de cause à tout ce qui n'est pas pur phénomène, n'est-ce pas se contredire? Enfin, il est faux de dire que les formes de notre esprit ne sauraient, à cause de leur nécessité, s'accorder avec la nature contingente des choses; car l'accord des lois du sujet pensant avec la nature de l'objet pensé s'explique par l'unité de la vérité en Celui qui a créé l'homme intelligent et le monde intelligible, qui préside aux lois de l'univers en même temps que, par sa raison, il illumine la nôtre. (Voir MERKLEN, *Philosophes illustres*.) — Nos principes, et en particulier le principe de causalité, ne sont pas exclusivement idéaux et subjectifs, ils ont une existence réelle. « Le principe de causalité étant une loi de nos représentations, et nos représentations étant liées à notre réalité, il s'ensuit que le principe de causalité est une loi non seulement de l'esprit en tant qu'il pense, mais de l'esprit en tant qu'il est. C'est donc une loi de l'être avant d'être une loi de la pensée, une loi ontologique avant d'être une loi logique. Le principe de causalité n'est donc pas seulement idéal, il est aussi une loi du réel; il régit le réel qui est

---

[1] Kant avait dit dans la première édition de la *Critique de la raison pure* : « Si je fais abstraction du sujet pensant, tout le monde des corps s'évanouit, puisqu'il n'est rien autre chose que le phénomène de cette faculté subjective qu'on appelle sensibilité, un des modes de représentation du sujet qui connaît. » — Sans doute que la disparition du sujet pensant entraîne celle de l'objet *en tant que connu et pensé*; car l'objet n'est pas connu, s'il n'y a pas de sujet connaissant; mais faire dépendre la *réalité* de l'objet de l'existence du sujet, de telle sorte que le sujet crée l'objet dans sa réalité totale, et non plus seulement en tant que connu, c'est pousser trop loin l'aberration. Kant supprima cette proposition dans la seconde édition; peut-être prévoyait-il l'abus que l'on pourrait en faire.

[2] La subjectivité de l'étendue a été rigoureusement réfutée par M. l'abbé de Broglie, dans *le Positivisme et la science expérimentale* (liv. IV, ch. v) : « Dire que c'est nous qui produisons par notre activité interne, non pas l'éclat de la couleur apparente, mais la solidité et la résistance, le sol qui nous porte, la maison que nous habitons, le pain qui nous nourrit, le projectile qui nous pénètre et nous tue, c'est, on le comprend, dépasser la limite des paradoxes permis; c'est imposer à la croyance humaine des choses incroyables, c'est renverser la raison de fond en comble. C'est là cependant ce qu'on dit, lorsqu'on affirme que l'étendue est subjective. »

[3] Dans l'acte réflexif, nous n'atteignons pas seulement un phénomène, mais un être, une réalité; nous connaissons que nous sommes, et nous sommes l'être que nous connaissons.

nôtre, mais il a, comme toutes les lois, une portée universelle; par conséquent nous voyons bien qu'il ne régit pas le réel puisqu'il est nôtre, mais ce qui est nôtre, parce que c'est réel; le domaine de ce principe doit donc s'étendre à la réalité tout entière, à la réalité extérieure aussi bien qu'à la réalité intérieure. » (FONSEGRIVE, *Él. de philosophie.*)

7° Idéalisme subjectif de Fichte. — Ce système revient au panthéisme de Spinoza. Ce philosophe part de cette idée que la science est impossible si l'on n'admet pas un principe unique, tant dans l'ordre de la réalité que dans l'ordre de la connaissance. « Ce principe, c'est le moi, qui doit tout produire et tout expliquer. Le monde n'est qu'un développement du moi, qui est tout et existe seul, et prend ainsi une valeur absolue. L'objet est ainsi absorbé dans le sujet; il n'y a plus de distinction entre l'un et l'autre : le moi produit et objective le non-moi. » — Mais, pour que le moi ait conscience du non-moi, il faut que celui-ci soit aussi réel que le moi lui-même.

8° Idéalisme objectif de Schelling. — « Au commencement, Schelling met *l'absolu*, principe supérieur et antérieur au moi et au non-moi, « et qui n'est ni « l'un ni l'autre, bien qu'il soit la cause de l'un et de l'autre : principe neutre, « indifférence ou identité des contraires. » Comme tel, l'absolu comprend en soi l'identité de l'objet et du sujet, du moi et du non-moi, de l'ordre réel et de l'ordre idéal, de l'un et du multiple, de la matière et de la forme. » (P. VALLET, *Hist. de la phil.*) — Si le moi est le non-moi, chacun est tout à la fois lui et ce qui n'est pas lui; il est lui, le monde et Dieu.

9° Idéalisme absolu de Hégel. — Selon Hégel, tout vient de *l'absolu*, qui est *l'idée* ou la *pensée*. L'idée produit le monde corporel, qui, en lui-même et en dehors de notre esprit, n'est rien, qui n'existe que dans notre idée; puis, l'idée revenant sur elle-même, se reconnaît comme l'être unique. « Entre le *moi* de Fichte et *l'absolu* de Schelling, Hégel découvre un intermédiaire, quelque chose de plus indéterminé et de plus flexible, et qui semble précisément placé au point de jonction du subjectif et de l'objectif. Ce merveilleux principe n'est autre que l'idée, l'idée d'être en général, dans laquelle viennent se résoudre toutes les autres idées. L'idée porte en soi la nécessité de son existence; d'où ce principe fondamental : *Tout ce qui est rationnel est réel;* d'autre part, la réalité ne peut exister que si elle a en soi sa raison d'être; d'où cet autre principe : *Tout ce qui est réel est rationnel.* Voilà, prouvée en peu de mots, l'identité de l'ordre idéal et de l'ordre réel.

« L'être, tel qu'il se montre à nous dans la nature, se manifeste sous des formes à la fois relatives et opposées; par exemple, le fini et l'infini, l'immatériel et le matériel, l'un et le multiple, se supposent et s'excluent en même temps. Il s'ensuit qu'en soi l'être n'est ni ceci ni cela, ni substance ni accident, ni un ni multiple; il est l'être absolu, indéterminé. Un être, si pauvre en réalité et dépourvu de tout caractère assignable, ressemble fort au néant. Néanmoins il n'est pas le néant absolu; il est en puissance de devenir toutes choses et de produire toutes choses : son nom est le *devenir*... L'évolution de l'être et de la pensée s'accomplit en trois temps et suivant un rythme parfait : d'abord c'est la *thèse*, par exemple, la lumière pure; mais aussitôt à la thèse s'oppose *l'antithèse*, à la lumière pure s'oppose la pure obscurité; ensuite la thèse et l'antithèse viennent se concilier dans la *synthèse*, la lumière pure et la pure obscurité dans la couleur, la seule qui soit réelle et visible. En fait, la thèse et l'antithèse ne sont que des abstractions; la synthèse seule existe, contenant dans son large sein la vérité et la vie, le réel et le rationnel, l'être et le néant; et la synthèse, c'est le perpétuel *devenir*. » (P. VALLET, *loc. cit.*)

Réfutation générale résumée. — Nier l'objectivité des concepts ou des données de la raison, c'est nier les substances, les modes, le possible lui-même; c'est nier l'objectivité et, partant, la valeur des sciences de la nature, ce qui revient à s'inscrire en faux contre le sens commun, à n'admettre ni le témoignage des sens, ni celui de la raison. Les idéalistes se contredisent eux-mêmes; ils sont réduits à n'être pas logiques dans leurs affirmations; enfin ils enlèvent tout fondement à la morale; car si les principes spéculatifs de cause, de substance, de finalité, sont sans objet, les principes moraux ou pratiques qui les impliquent n'ont plus de base, et il n'y a plus de morale.

Il faut reconnaître que par les *sens* nous connaissons les êtres du monde extérieur physique; que par la *conscience* nous connaissons le moi avec ses phénomènes; que par la raison nous concevons une autre *réalité objective*, un non-moi immatériel, dont le caractère est absolu et nécessaire; en un mot, Dieu se révèle à nous et nous apparaît comme la condition du monde et du moi.

On trouvera dans P. Vallet, *Kantisme et positivisme*, ch. III, IV, V, une réfutation plus complète et plus détaillée des erreurs contenues dans ces différents systèmes.
Pour les saisir il faut, autant que possible, les dégager de la terminologie assez barbare dans laquelle les philosophes allemands les ont renfermées, et les exprimer dans la langue usuelle. « Tous ces grands mots, dit Taine, relativité, subjectivité, réflexivité, spontanéité, font un cliquetis qui berce *agréablement* l'oreille, étourdit la pensée, et fait supposer au lecteur qu'il écoute un concert chinois. » (*Les Philosophes classiques du XIX⁰ siècle.*) Il dit encore : « Un Français peut conclure qu'un philosophe commence à se tromper lorsqu'il introduit en français des mots allemands. » — Au reste, les Allemands conviennent eux-mêmes de leur obscurité. Schopenhauer a écrit (*le Monde comme volonté et comme représentation*) : « L'obscurité que Kant mit parfois dans son exposition fut surtout fâcheuse par le mauvais exemple qu'elle donna; les imitateurs imitèrent le défaut du modèle, et ils firent un usage déplorable de ce dangereux précédent. Kant avait forcé le public à se dire que les choses obscures ne sont pas toujours dépourvues de sens. Aussitôt les philosophes dissimulèrent le non-sens sous l'obscurité de leur exposition. Fichte, le premier, s'empara de ce privilège et l'exploita en grand; Schelling en fit au moins autant, puis une armée de scribes affamés, dépourvus d'esprit et d'honnêteté, se hâta de surpasser Fichte et Schelling. Pourtant on n'était pas encore au comble de l'impudence; il restait des non-sens plus indignes à nous servir, du papier à barbouiller avec des bavardages plus vides et plus extravagants encore, réservés jusqu'alors aux seules maisons de fous : Hégel parut enfin, auteur de la plus grossière, de la plus gigantesque mystification qui fut jamais; il obtint un succès que la postérité tiendra pour fabuleux et qui restera comme un monument de la niaiserie allemande. » (Tome II, p. 19.) Il n'y a rien à ajouter à ces jugements, si ce n'est le nom de Schopenhauer lui-même, pour clore la liste en continuant la gradation.

Existence du monde extérieur. — La discussion de l'idéalisme a mis en relief l'existence du monde extérieur; elle a démontré la valeur objective du principe de causalité et de ses conséquences; elle a montré que le sens commun refuse absolument d'admettre la théorie idéaliste, et qu'il faut avoir confiance dans la véracité de nos perceptions, parce qu'elles répondent à des réalités objectives.

En partant de ce point acquis (*Logique*, p. 855 et suivantes) que l'évidence est le signe propre, le signe certain de la vérité, il est facile de constater que la perception des corps, c'est-à-dire l'interprétation naturelle et inconsciente de nos sensations, est marquée au sceau de la plus incontestable de toutes les évidences.

Quand un objet accessible est vu et touché à la fois ou successivement ou simultanément, son existence, sa forme, sa distance, par rapport à nos organes, ne sont-elles pas pleinement évidentes? N'est-ce pas l'évidence-type de toutes les autres? Jean-Baptiste Rousseau fait dire à un incrédule :

> Oui, je voudrais connaître,
> Toucher du doigt la vérité.

Ne dit-on pas tous les jours : une vérité tangible, une vérité palpable, pour exprimer celle dont l'évidence est la plus grande possible? Est-il quelque chose de plus certain que ce dont on peut dire : *Je l'ai vu, de mes propres yeux vu, ce qu'on appelle vu?*

Sans doute, toutes les perceptions n'ont pas cette évidence. Il y en a qui sont douteuses; il y a des illusions naturelles possibles. Mais il suffit que dans certains cas l'évidence de la perception soit complète, pour que, dans ces cas, nous devions croire à l'existence de l'espace objectif et des corps réels. Or, du moment qu'un seul corps existe dans l'espace et qu'il est perçu, l'idéalisme et le système de l'étendue subjective disparaissent. Il ne reste plus qu'une question de limite, à savoir jusqu'à quel degré et dans quelle mesure nous pouvons connaître les corps.

Dans les systèmes qui nient l'autorité de la perception, les notions des corps sont de véritables illusions, des hallucinations... D'où il suit que les sciences physiques et naturelles, la chimie, l'astronomie, la botanique, la zoologie, etc., traitent uniquement d'objets chimériques, de croyances illusoires.

M. Taine rentre dans le monde objectif par un petit mot : La perception, dit-il, est une hallucination *vraie*. Pourquoi vraie? On le comprend : c'est involontairement sans doute, pour retrouver l'espace, les corps et l'objet réel des sciences physiques.

Sans cela, il n'y aurait pas la moindre raison pour supposer que l'hallucination fût vraie. Du moment que c'est une hallucination, une croyance produite à l'occasion de la sensation uniquement, et qu'il n'y a aucun motif pour croire qu'elle corresponde à un corps, la sensation pouvant être produite autrement, pourquoi dire que cette hallucination est vraie? Parce que, dit l'auteur, en fait, il se rencontre que la cause de la sensation se trouve à l'endroit où la sensation elle-même est transportée par hallucination.

Mais comment l'auteur peut-il affirmer cette coïncidence? Comment connaît-il cette cause? Est-ce par une autre hallucination? Mais pourquoi celle-ci serait-elle plus vraie que l'autre? Est-ce sur le témoignage de son intelligence? Mais, selon lui, l'intelligence est une faculté hallucinatoire, et, par conséquent, indigne d'être crue ! — La correction de *vraie*, ajoutée au mot hallucination, est donc absolument arbitraire, contraire au système sensualiste que professe l'auteur. Elle est mise uniquement pour rétablir l'accord entre le sensualisme et les sciences naturelles, pour permettre de considérer l'objet de ces sciences comme réel. Mais pourquoi alors ne pas rentrer dans le système du bon sens? Pourquoi ne pas dire *interprétation vraie* des sensations? Pourquoi maintenir l'hallucination à côté de la vérité? C'est qu'en admettant la véracité de nos facultés, on s'engagerait à admettre tout ce qu'elles affirment ; en prenant l'évidence pour critérium, on s'engagerait à admettre tout ce qui est évident. (Voir, dans l'abbé DE BROGLIE, *le Positivisme et la science expérimentale*, liv. V, ch. II, la suite des absurdités résultant de la négation des corps.)

TABLEAU ANALYTIQUE

(Voir ce qui a été dit des divers états de l'esprit par rapport au vrai et au faux, *Logique*, p. 367.)

VALEUR OBJECTIVE DE LA CONNAISSANCE

Chez les anciens, le problème de la valeur de la connaissance se posait au point de vue de la *certitude* et du *doute*, et donnait naissance au *dogmatisme*, au *scepticisme* et au *probabilisme*.

Les modernes ont soulevé d'autres problèmes : la connaissance est-elle *absolue* ou *relative?* a-t-elle un caractère purement *subjectif* ou bien une valeur *objective* propre? — De là, deux nouvelles théories : le *relativisme* et l'*idéalisme*.

1° Dogmatisme.
- Le *dogmatisme* affirme : 1° que la vérité *existe*; 2° que nous pouvons la connaître par l'emploi convenable de nos facultés naturelles.
- Il y a un *dogmatisme vrai*, qui repose sur tous les critériums de la certitude ; et un *dogmatisme faux*, qui n'emploie qu'un ou plusieurs critériums à l'exclusion des autres : tels sont le *fidéisme* de Pascal, le *positivisme* d'A. Comte, etc.

2° Scepticisme.
- Au dogmatisme est opposé le *scepticisme*, qui prétend : 1° ou que la vérité *n'existe pas*; 2° ou que nous n'avons pas les moyens de l'atteindre avec certitude.
- Le scepticisme est *absolu* ou *partiel*; il aboutit à l'une des trois formules suivantes : *je ne sais rien; je ne sais si je sais ou pas plus ceci que cela; que sais-je?...*
- *Réfutation.* — *Affirmer* qu'on ne peut rien *affirmer*, c'est tout d'abord une contradiction, et ainsi les sceptiques se réfutent eux-mêmes par leurs paroles et aussi par leurs actes.
- Tous leurs arguments peuvent se ramener à quatre :
- 1° *L'Ignorance*. — « Nous ne savons le tout de rien » (PASCAL); et par conséquent, ajoute HUET, « nous ne pouvons rien savoir. » — De ce que nous ne savons *le tout de rien*, on ne peut pas conclure que nous ne sachions *rien du tout*. On confond l'intelligence bornée, finie, de l'homme, avec l'intelligence infinie de Dieu.

VALEUR OBJECTIVE DE LA CONNAISSANCE (*Suite.*)

2° Scepticisme. (*Suite.*)

2° *L'erreur.* — L'homme se trompe quelquefois ; sait-il s'il ne se trompe pas toujours ? — Conclure de ce que l'homme se trompe quelquefois qu'il se trompe toujours, c'est faire un sophisme. De plus, affirmer que l'homme se trompe, c'est affirmer qu'il peut ne pas se tromper. L'erreur est *possible*, elle n'est pas *nécessaire*.

3° Les *contradictions.* — Contradiction entre les hommes ; contradiction dans l'espace : « Vérité en deçà des Pyrénées, erreur au delà » (PASCAL) ; contradiction sur la matière ; contradiction en nous-mêmes ; contradiction en tout et toujours. — Nos facultés ne se contredisent que quand elles sortent de leur rôle ou quand leurs données sont mal interprétées. Il y a des choses sur lesquelles l'ensemble du genre humain est d'accord, et l'erreur, la diversité, la contradiction, s'expliquent par les usages, les mœurs et surtout les passions.

4° Le *diallèle.* — On appelle ainsi l'argument par lequel les sceptiques, poussés dans leurs derniers retranchements, essayent de résister en disant que pour démontrer la vérité il faut un instrument, qui est la raison, mais qu'il faut d'abord vérifier l'instrument ; or pour cela on n'a d'autre moyen que la raison elle-même ; c'est tourner dans un cercle, c'est faire une pétition de principe. (Argument de Montaigne, Kant, *Critique de la raison pure*.)

— Sans doute, pour démontrer la raison, nous n'avons que la raison ; mais cela prouve-t-il que ses conclusions soient nécessairement fausses ? Les sceptiques eux-mêmes, de quel instrument se servent-ils pour attaquer la raison ? Le dogmatisme affirme la légitimité de la connaissance ; le scepticisme la nie : le premier jouit du droit de possession, au second à établir qu'elle est illégitime, c'est-à-dire à faire la preuve.

3° Probabilisme.

Le *probabilisme* est une doctrine inventée par Carnéade, qui ne nie pas l'existence de la vérité, mais qui nie que nous puissions jamais l'affirmer avec certitude. Une chose peut être plus ou moins *probable*, elle n'est jamais certaine.

— Les arguments du probabilisme sont les mêmes que ceux du scepticisme, dont il n'est qu'une forme et auquel il aboutit fatalement. La réfutation est la même. (Voir *Logique*, 1ʳᵉ leçon, p. 365, ce qui a été dit des divers états de l'esprit par rapport au vrai et au faux.)

Idéalisme et relativisme. — Existence du monde extérieur.

L'*idéalisme* est un système philosophique qui prétend que le monde n'est rien en dehors de l'idée qui est dans notre esprit ; il est *subjectiviste* s'il nie absolument l'objectivité des données de la connaissance, l'existence du monde extérieur ; il est *relativiste* s'il nie seulement la possibilité de voir les objets extérieurs tels qu'ils sont.

Dans l'un et l'autre cas, l'idéalisme ramène l'*objet pensé au sujet pensant*.

Voici les principaux systèmes idéalistes qui ont été soutenus :

1° *Idéalisme objectif de Platon.* — Il n'y a rien de réel que les idées, elles subsistent en elles-mêmes et en dehors de tout esprit qui peut les concevoir.

2° *Idéalisme réaliste du moyen âge.* — Il n'y a de réalités que les genres (universaux). Les individus ne sont que des apparences.

3° *Idéalisme de Berkeley ou idéalisme subjectif.* — Le monde matériel et toutes les choses qu'il contient ne sont que des apparences, des fictions ; il n'y a de réel que les esprits.

4° *Idéalisme phénoméniste de Hume ou phénoménisme subjectif.* — Il n'y a aucune *réalité subsistante*, il n'y a que des apparences de phénomènes. Le moi lui-même est une collection de phénomènes psychiques.

5° *Relativisme de Stuart Mill.* — Il n'y a rien en dehors des phénomènes de la conscience. On ne peut admettre ni principes,

VALEUR OBJECTIVE DE LA CONNAISSANCE *(Suite).*

Idéalisme et relativisme. — **Existence du monde extérieur.** *(Suite.)*

ni lois générales, il n'y a de vrai que l'expérience personnelle, qui change pour chacun à chaque instant.

6° *Relativisme transcendantal de Kant* (critique de la raison pure). — Nous ne connaissons les choses que telles qu'elles nous apparaissent ; leur nature véritable nous échappe (noumènes et phénomènes). Nous ne pouvons affirmer la réalité de Dieu, de l'âme, de l'univers, sans tomber dans des *antinomies*.

7° Fichte, Schelling, Hégel, disciples de Kant, poussèrent plus loin encore la doctrine du maître.

Pour le premier, il n'y a qu'un principe, le *moi*, qui produit tout et explique tout (panthéisme).

Pour le second, au-dessus du moi, il y a l'*absolu*, qui comprend en lui l'identité du moi et du non-moi, du sujet et de l'objet.

Pour Hégel, l'*absolu* c'est l'*idée* ou la *pensée* dont tout dérive ; Dieu et le monde n'existent qu'autant que nous les pensons. Ce sont des êtres en puissance. Dieu, c'est l'*éternel devenir*.

Réfutation de l'idéalisme et du relativisme subjectiviste. — Nier l'objectivité des concepts de la raison et l'existence du monde extérieur, c'est aller contre le sens commun et n'admettre ni le témoignage de l'intelligence ni celui des sens. C'est nier la possibilité de la science.

Il faut reconnaître : 1° Que les *sens* nous font connaître le *monde extérieur*, non pas peut-être absolument tel qu'il est, mais avec des qualités que nous pouvons déterminer ;

2° Que la *conscience* nous fait connaître le moi et ses phénomènes ;

3° Et enfin que, par la *raison*, nous connaissons une réalité objective en dehors de nous, Dieu, avec ses caractères d'être absolu et parfait.

La théorie spiritualiste, qui a pour elle l'autorité de la science et surtout celle du bon sens, sera donc un *dogmatisme mitigé de relativisme*.

La réfutation de l'idéalisme suffit à prouver la *possibilité* et la *réalité* du monde extérieur.

2º LEÇON

ONTOLOGIE : ÊTRE ET MODES GÉNÉRAUX DE L'ÊTRE
ACTIVITÉ, ESSENCE, PROPRIÉTÉ, NATURE, SUBSTANCE

I. — ÊTRE

L'être est *tout ce qui existe* ou *peut exister*.

Aucune chose ne peut être conçue autrement que comme une chose qui est ou qui peut être; ce qui n'est pas et ne peut pas être, aucune intelligence ne saurait le concevoir. La notion d'être est celle qui réunit le minimum de la compréhension et le maximum de l'extension.

Il y a l'être *existant* et l'être *possible*.

L'être *possible* en soi est celui dont l'existence ne répugne pas, n'implique pas contradiction. Il ne répugne pas, il n'implique pas contradiction, parce qu'il est susceptible de vérité, c'est-à-dire qu'il peut se concevoir, qu'il est intelligible, qu'il a son idée, son type, son essence dans l'intelligence divine. Un être peut être possible en soi (possibilité *intrinsèque*), et cependant ne pouvoir être réalisé, si les conditions qu'exige sa réalisation font défaut.

Un être *impossible* serait celui dont l'existence entraînerait cette absurdité : être et ne pas être en même temps. C'est ce qu'on appelle impossibilité métaphysique ou absolue. Exemple : un cercle triangulaire est une impossibilité absolue, parce qu'il serait à la fois et ne serait pas un cercle, un triangle.

Nulle cause ne peut produire ce qui, de soi, est absolument impossible, et il faut dire, non que Dieu ne le peut faire, *mais que cela ne peut se faire*, observe saint Thomas.

Une idée ou un concept qui se contredit n'est pas une idée, puisqu'elle pose et supprime à la fois la représentation de la chose dont elle est l'idée.

C'est ce qui a lieu pour l'idée de cercle triangulaire. C'est ainsi que l'idée d'une sphère infinie ne peut pas exister, même comme idée, parce qu'une sphère est un volume qui a des limites et que l'infini n'a point de limites, de sorte qu'une sphère infinie serait une sphère qui, à la fois, aurait des limites puisque ce serait une sphère, et n'en aurait pas puisqu'elle serait infinie.

(Voir Balmès, *Art d'arriver au vrai*, chap. IV, les différentes sortes de possibilités.)

Principes qui dérivent de la notion d'être. — De la notion d'être découlent immédiatement les trois grands principes premiers qui conditionnent toute pensée, toute existence : les principes d'*identité*, de *contradiction*, et d'*exclusion du milieu* ou du tiers exclu (on les a étudiés à la 12° leçon de *Psychologie*). Ils sont la loi essentielle de la pensée, parce qu'ils expriment la nécessité où elle est, pour exister, de ne pas se contredire elle-même, d'être d'accord avec elle-même.

Non-être. — A l'être est opposé le *néant*, le *non-être*, qui n'est que la négation ou l'absence de l'être, comme l'ombre est la négation ou l'absence de la lumière. On ne peut le concevoir par lui-même, car il n'est pas; mais on le conçoit par l'être qu'il supprime ou restreint. « Dis-moi, mon âme, comment entends-tu le néant, sinon par l'être? » (BOSSUET.)

II. — MODES GÉNÉRAUX DE L'ÊTRE : UNITÉ, VÉRITÉ, BONTÉ

Les propriétés métaphysiques de l'être, que les scolastiques nomment transcendantaux (lat. *transcendere*, de *trans*, au delà, et de *scandere*, monter), sont : *l'unité*, la *vérité*, la *bonté*. Ce sont les divers aspects ou modes généraux de l'être.

Tout être est un, vrai, bon. « L'être, l'unité, la vérité et la bonté, sont la même chose. » (FÉNELON.)

L'unité. — L'*unité*, c'est l'*absence de division*, c'est ce qui fait qu'un être est indivisible en lui-même et distinct de tout autre.

Tout être est un, sinon il ne serait plus un être, mais plusieurs êtres. Ce qui est un n'est jamais plusieurs, comme tel. « Ce qui est multiple par les parties, remarque saint Thomas, est un par le tout; ce qui est multiple par les accidents est un par le sujet; ce qui est multiple par le nombre est un par l'espèce; ce qui est multiple par l'espèce est un par le genre; ce qui est multiple par les actes est un par le principe. » Il n'y a pas de multitude sans unité. Le nombre procède de l'unité; c'est une collection d'unités. La notion d'unité précède donc celle de multiplicité, bien qu'on ne puisse la définir qu'en l'opposant à la multiplicité.

L'unité est plus ou moins parfaite, suivant la perfection même de l'être. Il y a l'unité de l'indivisible : par exemple, celle de la nature spirituelle, et l'unité du composé : par exemple, celle de l'homme, de l'animal, de la plante, et, en général, de toutes les choses indivises, mais susceptibles de division.

« L'homme est le plus *un* des êtres qui tombent sous nos sens : il a l'unité de cohésion du minéral, l'unité d'organisation de la plante, l'unité de mouvement et de développement de l'animal; il a la personnalité, qui est une unité plus haute, et qui, en se déroulant dans les heures successives de la vie, aboutit en définitive à une unité dernière de mérite et de démérite, résultante suprême de tous nos actes. » (A. RAVELET.)

La vérité. — La vérité, considérée *objectivement*, c'est-à-dire en elle-même, se confond avec l'être : elle est *ce qui est*; considérée *subjectivement*, c'est-à-dire dans ses rapports avec l'intelligence, elle est la *réalité intelligible*; l'être, objet de l'intelligence.

Saint Thomas la définit : l'équation de l'intelligence avec son objet. Il ne faut pas entendre le mot *équation* dans son sens rigoureux, mais dans le sens de conformité de l'idée avec la réalité ; car la connaissance adéquate des choses n'est pas possible à l'homme.

Dieu connaît toutes ses œuvres, comme il se connaît lui-même, parfaitement. L'équation de la créature avec la pensée divine qui l'a conçue, la conformité de l'être avec la science de Dieu, c'est la vérité la plus haute, la vérité *métaphysique* : c'est l'idéal à atteindre.

On appelle vérité *logique* l'équation de l'intelligence finie avec l'objet qu'elle connaît.

L'intelligence divine est la règle et la mesure des choses, et les choses, à leur tour, sont la règle et la mesure de l'intelligence humaine. C'est en cela que consiste la différence entre la vérité métaphysique et la vérité logique. Toutes les deux sont la conformité des choses et de la pensée ; mais, dans la première, les choses se conforment à la pensée, tandis que, dans la seconde, c'est la pensée qui se conforme aux choses.

« Pour bien penser, je dois rendre ma pensée conforme aux choses qui sont hors de moi. Dieu ne rend pas sa pensée conforme aux choses qui sont hors de lui ; au contraire, il rend les choses qui sont hors de lui conformes à sa pensée éternelle. » (BOSSUET, *Libre Conn. de Dieu et de soi-même*, IV, VIII.)

Prétendre que c'est la raison qui doit régler son objet et lui donner des lois au lieu d'en recevoir, c'est dire que c'est elle qui fait la vérité, et qu'une chose n'est vraie qu'autant qu'elle la juge telle. Ce n'est pas le concept qui fait la vérité de l'objet : c'est la conformité avec l'objet qui fait la vérité du concept. Nos connaissances se rapportent à des objets qu'elles supposent et qui n'en dépendent point. La vérité a sa réalité antérieure à nos conceptions, indépendante de nos jugements, et ceux-ci ne sont vrais ou faux que parce qu'ils y sont conformes ou qu'ils s'en écartent.

La vérité est-elle incréée ? Si on parle de la vérité en tant qu'elle est en Dieu, oui ; si on parle de la vérité en tant qu'elle est dans les choses, non.

Le vrai et le faux. — « Le vrai, c'est ce qui est ; le faux, c'est ce qui n'est pas.

« On connaît la fausseté d'une chose dans la vérité qui lui est contraire ; le faux, qui n'est rien de soi, n'est ni entendu ni intelligible.

« On peut bien entendre ce qui est ; mais jamais on ne peut entendre ce qui n'est pas. On croit quelquefois l'entendre, et c'est ce qui fait l'erreur ; mais en effet on ne l'entend pas, puisqu'il n'est pas.

« *Le néant n'est point entendu et n'a point d'idée*[1] ; car l'idée étant l'idée de quelque chose, si le rien avait une idée, le rien serait quelque chose. Il n'y a nulle vérité[2] dans ce qui n'est pas : il n'y a donc aussi rien d'intelligible ; mais où l'idée de l'être manque, là nous entendons le non-être.

« De là vient que pour exprimer qu'une chose est fausse, souvent on se contente de dire : Cela ne s'entend pas, cela ne signifie rien ; c'est-à-dire qu'à ces paroles il ne répond dans l'esprit aucune idée.

---

[1] On sait que l'idée est la représentation intellectuelle des choses. Le néant, qui n'a point d'idée, signifie que l'intelligence ne saurait concevoir ou se représenter le néant, pris en soi.
[2] C'est-à-dire nul être, nulle réalité, rien d'effectif.

« L'idée étant ce qui représente à l'esprit la vérité de l'objet entendu[1], le faux et le mal, comme faux et comme mal, sont un non-être qui n'a pas d'idée, ou, pour parler plus correctement, ne sont pas un être qui ait son idée. » (BOSSUET, *Logique*, I, XIV.) Le mal n'a point de nature ni de subsistance ; car qui ne sait qu'il n'est autre chose qu'une simple privation, un éloignement de la loi, une perte de raison et de droiture ? Ce n'est donc pas une nature, mais plutôt la maladie, la corruption, la ruine de la nature. (Id., *Sermon sur l'honneur*.)

« L'idée du faux n'est que l'éloignement de l'idée du vrai, de même que l'idée du mal n'est que l'éloignement de l'idée du bien. Ce qui, dans notre esprit, répond à ces termes faux et mal, c'est le vrai qui exclut le faux et le bien qui exclut le mal.

« Ce qui pourrait nous tromper, c'est que nous donnons au vrai et au faux, et même au néant, un nom positif ; mais de là ne s'ensuit pas que l'idée qui y répond soit positive : autrement le néant serait quelque chose, ce qui est contradictoire.

« Le terme négatif présuppose toujours quelque chose de positif dans l'idée, car toute idée est positive. Le mot *ingrat* présuppose qu'on n'a point de reconnaissance et qu'il y a un bienfait oublié ou méconnu. Le mot d'*incurable* présuppose un empêchement invincible à la santé. Pour bien entendre un terme négatif, il faut donc « considérer ce qui lui répond de réel et de positif dans l'esprit ». Ainsi ce qui répond à l'idée d'*invincible*, c'est une force supérieure à celle des autres. Quand on parle d'un être *immortel*, on y suppose tant d'être et tant de vie, que le non-être n'y a point de place. Quand on dit : *Dieu est immuable*, on pourrait croire que ce terme n'enferme rien autre chose qu'une simple exclusion de changement. Mais, au contraire, cette exclusion du changement est fondée sur la plénitude de l'être de Dieu. Parce qu'il est de lui-même, il est toujours, et il est toujours ce qu'il est ; et il ne cesse jamais de l'être.

« De sorte que le changement, qui est signifié par un terme positif, est plutôt une privation que l'immutabilité : parce qu'être changeant n'est autre chose qu'une déchéance, pour ainsi parler, de la plénitude de l'être, qui fait que celui qui est proprement, c'est-à-dire qui est de soi, est toujours le même. » (BOSSUET, *Logique*, I, passim.)

La bonté. — *La bonté, le bien, c'est toute chose désirable, c'est l'être lui-même en tant qu'objet de la volonté.*

Il est dans la nature de tout être de tendre à sa perfection, à son complément ; plus il en approche, plus il possède de bien. On peut donc définir le *bien* : *la perfection de l'être*, ou la tendance à cette perfection, et dire avec saint Thomas : *Le bien, c'est ce que tout être désire*, ce pourquoi tout être existe, par conséquent la cause finale suprême de tout être.

On appelle *bonté métaphysique* d'un être son degré d'être, sa perfection. Tout ce qui existe, par cela seul qu'il existe, a une perfection. Il y a la même proportion entre les degrés de perfection qu'entre les degrés d'être.

Tout être est bon, en tant qu'il est, bon en soi absolument[2]. « Pour juger de la bonté d'un être, dit saint Thomas, il ne faut pas l'envisager sous quelque rapport particulier, mais en lui-même et par rapport à l'univers, dans lequel il

---

[1] La vérité de l'objet entendu, c'est-à-dire ce qu'il y a d'être au fond de l'objet, ce qui le constitue, son essence.
[2] C'est la parole de saint Paul : « Toute créature de Dieu est bonne, et Dieu est souverainement bon. » (TIM., IV, 14.)

tient très bien sa place, comme tout autre. » La perfection de l'univers, qui est le bien général de tous les êtres, requiert l'inégalité des choses, afin que tous les degrés du bien et de la bonté soient remplis, et que l'univers et les êtres qu'il renferme puissent exister.

Le mal n'est que la privation d'un bien qu'on devrait avoir. — Le mal n'existe que dans le bien, parce que le manque, la privation ne peut exister en soi. « Le mal n'étant autre chose que la corruption du bien et de l'être, son fond est dans le bien et dans l'être même. Tout le mal qui est dans les créatures a son fond dans quelque bien. Le mal ne vient donc pas de ce qui est, mais de ce que ce qui est n'est ni ordonné comme il faut, ni rapporté où il faut, ni aimé, ni estimé où il doit être. » (BOSSUET, *Traité du Libre arbitre*, XI.)

Le mal ne peut exister en Dieu, qui est le souverain bien ; il ne peut exister que dans les choses créées. Si l'on entendait par mal la privation d'un bien quelconque, le mal existerait dans tout ce qui est créé, parce que ce qui est créé ne possède, par sa nature, qu'une certaine somme de bien ; mais ce n'est pas là la vraie notion du mal. Ainsi ce n'est pas un mal qu'un être ne possède pas les qualités qui ne sont pas dues à sa nature : ce n'est pas un mal que le minéral n'ait pas les qualités du végétal ; le végétal, celles de l'animal ; l'animal, celles de l'homme.

Ce mal, qui consiste dans les imperfections ou défauts des créatures, est ce qu'on appelle *mal métaphysique*. Les idées de bien et de mal, dans les créatures, étant relatives, le bien lui-même peut paraître un mal, quand on le compare à ce qui est mieux, parce qu'il renferme l'absence d'une perfection. A ce point de vue, demander pourquoi il y a du mal dans le monde, c'est comme si on demandait pourquoi les créatures ne sont pas infinies, ce qui implique contradiction dans les termes ; car Dieu ne saurait créer des êtres infiniment parfaits. Ce n'est pas toute absence de bien qui est un mal pour un être, mais l'absence du bien dû à sa nature.

Le mal n'est donc pas un être, une substance, une créature ; il est une certaine absence du bien dans les êtres, une privation du bien que les êtres doivent avoir ; *il consiste en ce qu'un être est privé de quelques-uns des attributs de sa nature, en ce qu'il manque de ce qui est nécessaire à l'intégrité de son être ou de son acte :* — *à l'intégrité de son être :* l'absence de vision, par exemple, n'est pas un mal dans la pierre, parce qu'il est contre la raison que la pierre jouisse de la vue ; mais elle le serait dans l'animal, naturellement doué de vision ; — *à la perfection de l'acte :* le mal existe quand l'être n'accomplit pas ce qu'il doit : les actes de sa nature, ou quand il ne les accomplit pas suivant la loi ou le mode voulu.

Ainsi un être est mauvais, parce qu'il manque de quelque degré d'être et de bien dû à sa nature : l'homme est mauvais, parce qu'il manque de vertu ; l'œil, parce qu'il est malade.

Le mal moral existe dans un certain bien qui, privé d'un autre bien, à savoir de sa fin légitime, est uni à une fin illégitime. La jouissance des sens, par exemple, est un bien en soi ; mais l'intempérant, qui la veut hors de l'ordre exigé par la raison, la prive de sa fin légitime. Il ne se propose pas cette privation, sans doute, car le mal n'a par lui-même rien qui sollicite les désirs de la volonté ; mais il recherche une satisfaction désordonnée.

Considéré dans les choses volontaires, le mal est de deux sortes : le mal qui punit et le mal qui souille, la peine et la faute. Le mal qui souille est plus grand que le mal qui punit ; il est le seul mal véritable : il diminue tout bien créé et s'attaque au souverain bien ; — mais Dieu infiniment bon ne perd rien de sa perfection infinie, et la créature coupable, quoique viciée dans son être et dans son but, demeure toujours bonne en ce qu'elle est, puisque tout être est bon en soi. La faute entraîne toujours quelque mal après elle ; la punition, au contraire, arrête le cours du mal qui souille et ses conséquences mauvaises. Dieu est auteur du mal qui punit, non du mal qui souille. La punition prive la créature de son bien, tandis que le mal qui provient de la faute est directement opposé au bien incréé, dont il viole les lois. La faute est donc un plus grand mal que le châtiment ; le châtiment empêche et réprime la faute, et en cela il a quelque chose de bien : il rétablit l'ordre, qui est le bien.

Le bien seul est cause, puisqu'il faut être pour être cause ; or tout être est bon autant qu'il est ; le bien, étant seul cause, est en ce sens la cause du mal : sans bien il n'y aurait pas de mal, puisque le mal n'est que la privation du bien. Dieu, en cherchant le bien universel, est la cause du mal accidentel qui en est la conséquence, mais qui n'est pas un mal réel, puisqu'au contraire c'est l'obtention d'un plus grand bien. Dieu ne veut pas la mort pour elle-même, mais pour le bien général ; il ne veut pas le châtiment pour le châtiment, mais pour le bien qui en résulte. « Quoique Dieu soit la cause universelle du bien, dit saint Thomas, il n'est pas la cause des maux en tant que maux, mais tout le bien qui leur est adjoint a Dieu pour cause. » Saint Augustin tient le même langage : « Comment celui qui est la cause de l'être pour tout ce qui existe pourrait-il être la cause du non-être, c'est-à-dire que ce qu'il a produit perde son essence, tende vers le néant ? » (*Mœurs des manichéens.*)

« *Le mal n'a pas de cause efficiente, mais seulement une cause déficiente,* » maxime scolastique, reproduite par Leibniz dans ses *Essais de théodicée.*

Une cause *efficiente* est une cause positive ; une cause *déficiente*, une cause négative. « On entend assez, dit Bossuet, que le *positif*, c'est ce qui pose et qui met ; et que le *négatif* est ce qui ôte. » Le mal est une négation, un défaut, une privation ; il n'a donc pas de cause positive, efficiente. Chercher au mal une cause, c'est en chercher une au néant, au non-être. « Comme le néant n'a point de cause, dit encore Bossuet, le péché (le mal moral), qui est un défaut, une espèce de néant, n'en a point. » Cause étant un terme positif, c'est improprement qu'on dit *cause négative*, les deux termes s'excluent ; ce qu'on appelle cause *négative*, cause *déficiente*, n'est pas à proprement parler une cause, c'est l'absence de la cause positive. Exemple : *Le soleil produit le jour* (cause efficiente) ; *l'absence du soleil, la nuit* (cause déficiente). La volonté agissant suivant sa loi, tendant à sa fin, c'est le bien, c'est la perfection de l'être moral (cause efficiente) ; la volonté entraînée par les passions, abdiquant, sortant de sa voie, cessant de tendre à sa fin, c'est le mal, c'est une perte, une déchéance de l'être moral (cause déficiente). *Faire le mal*, c'est défaillir, tomber du bien, succomber. Les termes qui expriment le mal sont des négations : in-justice, in-iquité, in-gratitude, dés-ordre, faute, manquement, déchéance, faiblesse.

III. — ACTIVITÉ : PUISSANCE ET ACTE

« L'activité est une conséquence de l'existence, » dit saint Thomas. Pour bien comprendre la notion de l'activité, il faut avoir celle de la *puissance* et de l'*acte*.

Au sens métaphysique, la puissance est la faculté de *recevoir* ou d'*agir*; d'où la puissance *passive* et la puissance *active*. L'acte est l'exercice de cette dernière puissance; par exemple, la pensée est l'exercice de la raison; la statue est en acte dans l'esprit du sculpteur, qui la tire du marbre. La puissance *passive* n'est qu'une pure capacité naturelle, une *réceptivité*, une possibilité d'existence ; tel est l'état du minerai de fer relativement à la chaleur qu'il recevra dans les hauts-fourneaux.

Il y a, entre l'acte et la puissance, la même différence qu'entre l'actuel et le potentiel : l'énergie latente qui est dans les corps au repos, la science chez l'enfant qui s'instruit, la statue dans le bloc de marbre, sont à l'état potentiel ou en puissance.

L'acte est proportionné à la puissance, et celle-ci est proportionnée à l'être. Il suit de là que le degré d'activité d'un être marque la place qu'il occupe dans l'échelle des êtres. Dieu est au sommet de l'activité, parce qu'il est au sommet de l'être.

Dieu, acte pur. — Dieu est *acte pur*, suivant la belle définition d'Aristote et de saint Thomas ; c'est-à-dire qu'il est tout en acte et que rien en lui n'est en puissance. Rien en lui ne peut être, tout est. Il s'est défini lui-même à Moïse : « Je suis Celui qui suis. » Le degré initial de la *puissance*, c'est l'être abstrait, dont le concept est le plus vide, le moins compréhensif de tous, car il se vérifie même dans la simple possibilité; l'expression suprême de l'*acte* ou de l'*actualité*, c'est-à-dire de la perfection, de la possession de tous les degrés d'être, c'est l'infini absolu, c'est Dieu.

Mélange d'acte et de puissance dans la créature. — Dans la créature, au contraire, il y a mélange de puissance et d'acte et passage de la puissance à l'acte. J'ai souvent la faculté ou puissance de connaître ou de vouloir une chose, sans pour cela la connaître et la vouloir actuellement.

« Le monde est un perpétuel passage de la puissance à l'acte, un perpétuel retour de l'acte à la puissance. Certaines choses commencent, et d'autres finissent ; les unes deviennent, les autres cessent. Le devenir, c'est le passage de la puissance à l'acte; la cessation, c'est le retour de l'acte à la puissance.

Comment s'opère le devenir? — « Est-ce la puissance qui, d'elle-même, produit l'acte, qui le tire de son fond ? Si vous supposez une puissance active qui n'ait en elle-même aucune passivité, aucune réceptivité, oui, vous devrez dire qu'elle seule suffit à produire l'acte ; mais vous devrez ajouter, en même temps, qu'elle le pose tout entier hors d'elle-même; car, si elle le posait en elle-même, il y aurait eu auparavant une puissance de recevoir encore non satisfaite ce qui est contre l'hypothèse. Cette puissance purement, pleinement active, qui en elle-même est tout acte, qui ne peut produire du nouveau que hors d'elle-même, qui le produit sans qu'il survienne rien en elle, c'est la cause première, c'est l'acte pur, c'est Dieu.

Mais toute autre cause, toute cause créée est une puissance active mêlée de passivité. Pour produire son acte, il faut qu'elle *développe une force qui dormait;* pour faire cela, elle a besoin d'une excitation. L'acte est avant la puissance, dit saint Thomas. Effectivement, tout fait est déterminé par un fait; non par une possibilité de fait, mais par un fait en acte. Le choc produit le mouvement, le mouvement produit la chaleur, ou la chaleur dissocie les éléments. Dans l'ordre même de la vie, cette loi se retrouve : la lumière excite le nerf optique; le nerf excité fait vibrer le cerveau; la cellule cérébrale mise en vibration provoque la sensation visuelle. Cet apport du dehors est également nécessaire pour perpétuer la vie dans l'espèce. Pas de génération spontanée, M. Pasteur l'a démontré. Et, s'il n'y a pas de naissance sans germes, il n'y en a pas davantage sans fécondation du germe. Et la vie intellectuelle, la vie morale? Est-ce qu'elle se développe autrement que par l'éducation, c'est-à-dire par un savant, un vertueux en acte, sur un savant, un vertueux en puissance ? (Mgr d'Hulst, *passim*.)

L'aptitude à recevoir ne suffit pas pour rendre raison de l'acquisition; il faut y joindre l'influence d'un principe déjà en possession. Les choses s'expliquent généralement par le concours de deux éléments : l'un imparfait et perfectible, l'autre plus parfait, déjà pourvu de la propriété à communiquer.

IV. — ESSENCE, ACCIDENT, PROPRIÉTÉ, NATURE

L'être, dans son concept le plus large, est indéterminé. L'*essence*, la *substance*, les *propriétés*, les *modes*, sont les déterminations progressives qu'il reçoit, avant d'arriver aux réalités concrètes.

Essence. — L'essence, c'est ce qui fait qu'un être est ce qu'il est, c'est l'*ensemble des propriétés sans lesquelles il ne saurait exister ni être conçu.* Exemple : Avoir ses trois angles égaux et ses côtés égaux est l'essence du triangle équilatéral; — la raison et l'animalité sont l'essence de l'homme.

Essentiel signifie : qui appartient à l'essence. Ex. : La raison est essentielle à l'homme; — la sensibilité est essentielle à l'animal; — le développement spontané est essentiel à la plante. Quand on parle de *différence essentielle*, on entend ce qui fait qu'une chose diffère d'une autre en essence. Ex.: L'homme diffère essentiellement de l'animal par la raison; l'animal diffère essentiellement de la plante par la sensibilité et l'instinct.

On définit encore l'*essence* : *ce qui est signifié par la définition.* Pour que la définition d'un être soit réelle, il faut qu'elle exprime tout ce que renferme l'essence. « La définition, dit Aristote, est l'expression de l'essence. » Ainsi les mots *animal raisonnable* expriment l'essence de l'homme.

L'essence comprend les propriétés constantes et permanentes de l'être, et principalement celles dont dérivent toutes les autres.

Accident. — L'accident est *ce qui ne tient pas à l'essence;* les propriétés ou qualités fondamentales, celles qui tiennent à l'essence, et qui ne peuvent changer sans que l'être cesse d'être lui-même et disparaisse pour faire place à un autre, gardent le nom de *propriétés;* celles qui peuvent varier sans que l'être change en lui-même sont appelées *accidents*.

On nomme accident « ce qui peut être présent ou absent, dit Bossuet, sans que le sujet périsse : tel qu'est dans la main le chaud et le froid, le blanc et le noir ». Les accidents n'ajoutent ou n'ôtent rien au fond même de l'être. Avoir ou n'avoir pas tel âge, telle taille, telle fortune, tel degré de science ou de vertu, n'ajoute ou n'ôte rien à l'essence de l'homme.

Ce qui est accidentel ne diversifie pas l'espèce : ainsi la couleur chez l'animal, chez l'homme. Un nègre est homme aussi bien qu'un blanc. La différence est *spécifique*, si elle porte sur ce qui est essentiel, c'est-à-dire sur ce qui modifie la nature de l'objet. Ainsi être raisonnable ou ne l'être pas établit une ligne de démarcation infranchissable entre l'homme et l'animal : c'est une différence *spécifique*. C'est par la différence spécifique des objets qu'on les définit; par elle que l'on classe, par exemple, les actes et, par conséquent, les puissances de l'âme; et c'est pour cela que la division traditionnelle ramène à deux les puissances morales : l'intelligence, qui a pour objet le vrai, et la volonté, qui a pour objet le bien.

Propriété. — « On appelle *propriété ce qui suit de l'essence*. Ainsi être raisonnable, c'est ce qui constitue l'homme; expliquer ses pensées par la parole ou par quelque autre signe, c'est une propriété qui suit de là; être éloquent ou ne l'être pas, c'est un accident qui lui arrive.

« La propriété tient le milieu entre l'essence et l'accident. Elle n'est pas l'essence même de la chose, parce qu'elle la suppose déjà constituée. Ainsi, la faculté de parler n'est qu'une propriété de l'homme, qu'elle suppose déjà constitué par la qualité de raisonnable. Elle n'est pas non plus un simple accident, parce que la chose ne peut pas être ni être parfaitement entendue sans sa propriété : ainsi, l'homme ne peut pas être, ni être parfaitement compris, sans la faculté de parler. » (Bossuet, *Log.*, I, XLIV et XLVI.)

Nature. — On appelle *nature ce qui constitue tout être en général, soit incréé, soit créé*. Exemple : la nature divine, la nature humaine, la nature animale.

La nature d'un être est la somme des puissances sans lesquelles un être ne peut être lui-même. Elle est complète dès qu'aucune des puissances ne fait défaut. Quelles sont, par ex., les puissances naturelles de l'homme? L'intelligence, la volonté libre, l'imagination, la mémoire et les sens, qui mettent son âme en rapport avec le monde extérieur. Moyennant ces facultés, l'homme est complet.

Nature, essence. — Nature a plus de compréhension que l'essence.

L'essence d'une chose ne comprend que les propriétés fondamentales, que la chose doit nécessairement posséder pour pouvoir être, pour ne point cesser d'être; la nature comprend toutes les propriétés remarquées dans la chose.

L'essence est invariable, puisque, tout en elle étant nécessaire, la moindre altération ferait que l'être ne serait plus ce qu'il est; la nature peut être modifiée : on se fait une bonne ou une mauvaise nature; l'habitude est une seconde nature.

L'essence exprime ce qui est impliqué dans la notion abstraite de toute une classe d'êtres; la nature, ce qui est effectivement dans un être.

Remarquons que l'essence d'un être est dite *métaphysique*, si elle est considérée d'une manière abstraite; elle est dite *physique*, si elle est envisagée dans un être existant et concret. Ex. : L'âme et le corps réunis forment l'essence physique d'un homme; la raison et l'animalité forment l'essence métaphysique de l'homme.

V. — SUBSTANCE, MODE, PHÉNOMÈNE

On a vu, dans la 11ᵉ leçon de *Psychologie*, que, outre l'être *existant* et l'être *possible*, les deux espèces les plus générales de l'être sont l'être *nécessaire* et l'être *contingent*; on y a vu aussi la définition des idées corrélatives d'absolu et de relatif, d'infini et de fini, de parfait et d'imparfait. Tout être contingent actuel se présentant comme *substance* ou comme *mode*, il faut définir ces termes.

Substance, mode. — La *substance est ce qui a l'être en soi et non dans un autre*; c'est ce qui est le sujet, l'être; et le *mode* est *ce qui est dans le sujet*, c'est la manière d'être; en d'autres termes, la substance est ce qui est et en quoi quelque chose est, et le mode, ce qui n'est qu'en un autre, ce qui est inhérent à un autre. Exemple : Nos pensées sont mobiles, nos affections ne sont pas constantes, nos sentiments changent plus encore; mais ce qui pense en nous, ce qui veut, ce qui sent, en un mot, le sujet, la substance demeure. Voilà de la cire; elle peut être blanche, jaune, carrée, ronde, liquide; mais elle est toujours cire : ce qui change, c'est le mode, l'accident, le phénomène; ce qui demeure, c'est la substance.

« La substance, dit Caro, est une unité réelle, l'être lui-même subsistant sous la mobilité de ses modes, dans l'intermittence de ses phénomènes, les reliant entre eux, non par une vague et vaine succession, mais par la continuité agissante de la *forme* qui s'exprime par eux, sans se confondre avec eux. »

Substance et phénomène. — La substance est le sujet, le support nécessaire du phénomène. — Tout mouvement est le mouvement d'un corps; toute pensée est la pensée d'un esprit. Séparé de la substance, le phénomène n'est plus qu'une abstraction. Ainsi la réalité du phénomène dépend de celle de la substance. La réciproque n'est pas vraie. La substance, c'est-à-dire la personne ou la chose, ne dépend pas de ses phénomènes. Elle existe avant eux; ils peuvent changer ou cesser d'exister sans qu'elle périsse. L'existence d'un corps ne dépend pas de ses mouvements; celle d'un organisme, de ses fonctions. Il faut exister avant d'agir ou d'éprouver des modifications. La substance est antérieure en nature au phénomène. De là cette définition de la substance : « La substance existe en elle-même; le phénomène existe dans la substance. La substance est l'être en soi; le phénomène est l'être dans un autre. » (Abbé DE BROGLIE, *passim*.)

« L'esprit, étant le sujet des phénomènes, ne peut être lui-même phénomène. Le miroir d'une image, s'il était une image, ne pourrait être un miroir. Un écho ne saurait se passer d'un bruit. La conscience, c'est quelqu'un qui éprouve quelque chose. Tous les quelque chose réunis ne peuvent se substituer au quelqu'un. Le phénomène n'existe que pour un point qui n'est pas lui et pour lequel il est un objet. » (AMIEL.)

Distinction entre les substances et les qualités. — La substance se distingue des phénomènes par l'opposition entre la permanence et la succession; elle se distingue des qualités comme l'unité de la diversité. En réfléchissant sur moi-même, par exemple, je reconnais que je suis intelligent, sensible, actif. De là les idées d'intelligence, de sensibilité, d'activité. Mais je conserve néanmoins l'idée de ma personne, qui est unique. Je reconnais que ces facultés sont *à moi*, qu'elles sont *mes* facultés, et je les nomme *mes* qualités. A ces qualités diverses j'oppose ma personne. Je reconnais ainsi que je suis une substance dont l'intelligence, l'activité, la sensibilité, sont les qualités.

Substance, essence et existence. — Les deux termes essence et substance n'ont pas même sens. Un être possible a nécessairement une essence; mais il n'a pas une substance. En cet état, il est une simple pensée dans l'esprit qui le conçoit; mais, si de possible il devient réel, il faut nécessairement qu'il ait une substance propre, dans laquelle l'essence est individualisée.

Tous les possibles, tous les contingents, ont une essence, et Dieu les connaît de toute éternité; sinon ils ne seraient pas possibles. Ils ne sont possibles que parce que Dieu les connaît. C'est en ce sens que leur essence est éternelle : elle est une pensée de Dieu. Elle est immuable : supposer que Dieu pût changer l'essence des choses, ce serait supposer qu'il pût penser et vouloir l'absurde; par exemple, penser et vouloir un cercle carré.

L'essence est distincte de l'existence dans tous les êtres contingents. Avant qu'ils existent en réalité, il faut que leur essence soit conçue et représentée comme possible. L'existence est quelque chose de surajouté à leur essence.

L'essence et l'existence sont entre elles comme la puissance et l'acte. L'existence, c'est l'être en acte. L'être en puissance, l'être potentiel, c'est plus que l'être possible, c'est l'être qui contient déjà, mais non développé, ce qu'il doit être : c'est l'enfant par rapport à l'homme, c'est la graine par rapport à la plante.

En Dieu seul l'existence et l'essence se confondent, parce que l'existence entre nécessairement dans l'essence divine, dans l'essence de l'être nécessaire : Dieu est acte pur. Dans les créatures, l'acte s'allie plus ou moins à la puissance. L'homme est toujours en voie de se faire; « il n'est pas tout à fait sorti du néant, » dit Bossuet.

« Il n'y a qu'un seul objet en qui ces deux idées sont inséparables; c'est cet objet éternel qui est conçu comme étant de soi, parce que, dès là qu'il est de soi, il est conçu comme étant toujours, comme étant immuablement et nécessairement, comme étant incompatible avec le non-être, comme étant la plénitude de l'être, comme ne manquant de rien, comme étant parfait, et comme étant tout cela par sa propre essence, c'est-à-dire comme étant Dieu éternellement heureux. » (BOSSUET.)

Ce que c'est que les essences et comment elles sont éternelles. — « Voici ce qui s'appelle l'essence des choses : c'est ce qui répond premièrement et précisément à l'idée que nous en avons; ce qui convient tellement à la chose, qu'on ne peut jamais la concevoir sans la concevoir comme telle, ni supposer qu'elle soit sans supposer tout ensemble qu'elle soit telle.

« Ainsi l'éternité et l'immutabilité conviennent aux essences, et par conséquent l'indépendance absolue.

« Et cependant, comme en effet il n'y a rien d'éternel, ni d'immuable, ni d'indépendant que Dieu seul, il faut conclure que ces vérités ne subsistent pas en elles-mêmes, mais en Dieu seul, et dans ces idées éternelles, qui ne sont autre chose que lui-même.

« Il y en a qui, pour vérifier ces vérités éternelles que nous avons proposées, et les autres de même nature, se sont figuré, hors de Dieu, des essences éternelles; pure illusion, qui vient de n'entendre pas qu'en Dieu, comme dans la source de l'être, et dans son entendement, où est l'art de faire et d'ordonner tous les êtres, se trouvent les idées primitives, ou, comme parle saint Augustin, les raisons des choses éternellement subsistantes.

« Ainsi, dans la pensée de l'architecte, est l'idée primitive d'une maison qu'il aperçoit en lui-même ; cette maison intellectuelle ne se détruit par aucune ruine des maisons bâties sur ce modèle intérieur ; et si l'architecte était éternel, l'idée et la raison de maison le seraient aussi.

« Mais, sans recourir à l'architecte mortel, il y a un architecte immortel ou plutôt un art primitif éternellement subsistant dans la pensée immuable de Dieu, où tout ordre, toute mesure, toute règle, toute proportion, toute raison, en un mot, toute vérité se trouve dans son origine.

« Ces vérités éternelles que nos idées représentent sont le vrai objet des sciences ; et c'est pourquoi, pour nous rendre véritablement savants, Platon nous rappelle sans cesse à ces idées où se voit, non ce qui se forme, mais ce qui est ; non ce qui s'engendre et se corrompt, ce qui se montre et passe aussitôt, ce qui se fait et se défait, mais ce qui subsiste éternellement.

« C'est là ce monde intellectuel que ce divin philosophe a mis dans l'esprit de Dieu avant que le monde fût construit, et qui est le modèle immuable de ce grand ouvrage.

« Ce sont là ces idées simples, éternelles, immuables, ingénérables, incorruptibles, auxquelles il nous renvoie pour entendre la vérité. » (BOSSUET, *Logique*, I, XXXVII.)

VI. — DIVERSES RELATIONS DES ÊTRES

Les diverses relations ou rapports des êtres sont exprimés par les principes premiers, dont il a été parlé dans la 12º leçon de *Psychologie*. On peut faire rentrer dans cette question les rapports d'*espace* et de *temps*, par lesquels tous les êtres sont reliés entre eux.

Les idées d'espace et de temps sont impliquées dans toute sensation ; car l'objet de la sensation ou de la perception extérieure se présente à nous comme étendu, situé dans un lieu, soumis au mouvement et par conséquent mesuré par le temps. Tout mouvement suppose l'espace : il ne peut avoir lieu que s'il existe au moins deux lieux, celui que quitte le mobile et celui où il tend ; il suppose aussi le temps : il se produit successivement.

De l'espace. — L'idée ordinaire qu'on se fait de l'espace, c'est qu'il est la *somme des lieux occupés ou susceptibles d'être occupés par les corps*. On confond souvent l'espace et l'étendue. « Si l'on voulait préciser des distinctions qui ne sont pas toujours marquées chez les philosophes, on dirait que l'*étendue* se dit plutôt aujourd'hui de l'espace concret, de la portion de l'espace occupée par tel ou tel corps ; que l'*espace* désigne l'ensemble de toutes les étendues considérées en faisant abstraction des objets étendus, l'étendue abstraite et indéfinie ; et que l'*immensité*, dans la langue des métaphysiciens, est l'attribut de Dieu en vertu duquel il est présent à tout l'espace, sans être lui-même étendu. » (BERTRAND, *Lexique de philosophie*.)

L'espace est le contenant des corps, il leur sert en quelque sorte de récipient ; on ne peut nier la réalité ou l'objectivité de l'espace que si on nie la réalité et l'objectivité des corps. « Une preuve manifeste de l'existence de l'espace, dit Aristote, c'est la succession des corps qui se remplacent mutuellement dans un même lieu. Là où il y a de l'eau maintenant, arrive de l'air quand l'eau sort de ce lieu, et c'est un autre corps qui vient occuper ce même lieu que le premier corps abandonne. L'espace se distingue donc de toutes les choses qui sont en lui et qui y changent; car, là où actuellement il y a de l'air, l'eau se trouvait antérieurement. Par conséquent, l'espace ou le réceptacle qui contient successivement l'air et l'eau est différent de ces deux corps. »

Si l'on considère la capacité de contenir les corps, abstraction faite des corps, on a l'espace *abstrait* ; si on réunit par la pensée tous les espaces particuliers, toujours abstraction faite des corps qu'ils contiennent, on a l'espace *général*, dont l'étendue égale celle de l'univers. On peut se représenter l'espace *possible* comme une réceptivité indéfinie, capable de renfermer tous les mondes possibles. L'espace *réel* commence avec les corps, et ne finit que là où finit l'univers.

Il ne faut pas, avec Kant, faire de l'espace une pure conception de l'esprit, une catégorie subjective de la sensibilité, n'ayant d'existence que dans le sujet sentant et étant la condition préalable de toute perception sensible. Pas plus que les autres notions premières de la raison, la notion d'espace n'est *à priori*, en ce sens qu'elle ne relève aucunement de l'expérience. Il ne faut pas, avec Épicure et Gassendi, faire de l'espace une réalité indépendante, incréée et immense; ni, avec Clarke et Newton, le confondre avec l'immensité divine; car l'espace est divisible, ne fût-ce que par la pensée, et Dieu ne l'est pas; ni avec Descartes, qui confond l'espace et l'étendue, faire de l'étendue l'essence des corps. Quoiqu'elle ne constitue pas l'essence des corps, l'étendue réelle apparaît cependant comme la plus importante de leurs propriétés, comme le fondement de toutes les propriétés physiques : divisibilité, figure, solidité, impénétrabilité.

Le temps. — L'idée de temps se trouve associée, dans la pensée humaine, à celle d'espace, et présente, chez les philosophes, des conceptions analogues. Pour Kant, le temps est une forme *à priori* du sens intime; pour Gassendi, une réalité indépendante de Dieu et du monde; pour Clarke et Newton, il se confond avec l'éternité divine. Pour Leibniz, « le temps est l'ordre de succession qui existe entre les êtres contingents. » Aristote et saint Thomas en font la mesure du mouvement, une durée successive; il n'existe donc que dans les créatures; car ce n'est qu'en elles qu'il y a changement, succession, durée successive. Trois éléments essentiels composent la notion de temps : le premier (passé) a été et n'est plus; le second (avenir) sera, mais n'est pas encore; le troisième (présent) est actuellement, mais échappe dès qu'on croit le saisir.

Origine des idées d'espace et de temps. — De ce que nous ne percevons aucun objet matériel sans le percevoir dans tel temps et dans tel lieu, Kant conclut à tort que la notion d'espace et de temps doit être conçue avant la sensation, et que, par suite, elle est une forme *à priori* du sujet sentant. Il n'est pas nécessaire de la supposer innée, il suffit qu'elle soit simultanée à la sensation et acquise, comme toutes les autres, à l'occasion de l'expérience. De même que c'est la vue des choses blanches qui nous donne l'idée du blanc, celle des choses étendues qui nous donne l'idée d'étendue, de même la vue du mouvement, dont le temps mesure la durée, nous donne l'idée de temps. Il y a dans ces notions, comme dans toutes les notions premières, un élément matériel et objectif fourni par la nature (pour le temps, c'est le mouvement des choses), et un élément subjectif fourni par l'intelligence, qui, par son activité propre, en tire les concepts universels (l'idée de temps relie entre elles les *parties successives* dont se compose le mouvement).

ONTOLOGIE OU DE L'ÊTRE

I. L'être.

L'*être* est tout ce qui *existe* ou *peut exister*.
Il y a l'être *existant* et l'être *possible*.
L'être *possible en soi* est celui dont l'existence n'implique pas contradiction.
Un être *impossible en soi*, c'est celui qui serait et ne serait pas en même temps : par exemple, un *cercle carré*, une *sphère infinie*, etc.
La notion d'être est très importante : c'est d'elle que dérivent les *principes d'identité*, *de contradiction* et *d'exclusion du milieu*, qui sont la loi essentielle de la pensée.
A l'*être* s'oppose le *néant* ou *non-être*, qui ne peut être conçu par lui-même, mais seulement comme absence de l'être.

II. Modes généraux de l'être.

Les modes généraux de l'être ou propriétés métaphysiques (transcendantaux) sont : l'*unité*, la *vérité*, la *bonté*. — Tout être est *un*, *vrai*, *bon*.

1° Unité.

L'*unité*, c'est l'absence de division, ce qui fait qu'un être est distinct de tout autre.
Tout être est *un*; autrement il ne serait plus *un être*, mais plusieurs.
L'unité est plus ou moins parfaite, suivant la perfection même de l'être : l'unité de Dieu et des êtres spirituels est *indivisible*; celle des corps est *indivise*, mais *divisible*.

2° Vérité.

La *vérité*, considérée *objectivement*, se confond avec l'être : c'est ce qui est ; *subjectivement*, elle est la réalité intelligible, l'*équation* de l'intelligence avec son objet.
Cette *équation* ne saurait être complète qu'en Dieu ; c'est l'idéal de la science.
Le *faux*, c'est ce qui n'est pas ; il n'est pas intelligible.
Le *néant* ou *non-être* n'a point d'idée, il ne peut être entendu.

3° Bonté.

La *bonté*, le *bien*, c'est l'être lui-même en tant qu'objet de la volonté, en tant que *désirable*.
Tout être *est bon* dans la mesure où il *est* (bonté métaphysique).
Le *mal en tant que mal* n'existe pas ; ce n'est que la *privation* d'un bien qu'on devrait avoir (mal physique); c'est un manque d'être, une imperfection (mal métaphysique).
Le *mal moral* existe dans un certain bien privé d'un autre bien, qui est sa fin légitime. Tout plaisir en soi *est un bien*; détourné de sa fin, il *devient un mal*.
Le *mal* n'a pas de *cause efficiente*, mais seulement une *cause déficiente*, c'est-à-dire négative : faire le mal, c'est faillir, tomber, succomber. — Les termes qui l'expriment sont des négations : in-justice, in-iquité, in-gratitude, dés-ordre, dé-chéance, etc.

III. L'activité.

Puissance et acte.

« L'*activité* est une conséquence de l'existence. » (SAINT THOMAS.)
Dans tout être créé on distingue la *puissance* et l'*acte*; l'enfant est l'homme en *puissance*, la pensée est l'acte de la raison.
La *puissance* est la faculté de *recevoir* ou d'*agir* ; d'où une puissance *passive* et une puissance *active*. La puissance passive est une simple réceptivité, une possibilité de devenir.
L'*acte* est l'exercice de la puissance *active*; il est proportionné à cette puissance.
Dieu est acte pur (ARISTOTE, SAINT THOMAS), c'est-à-dire que rien en lui n'est en *puissance*, tout est en *acte*.
Dans toute créature, il y a mélange de *puissance* et d'*acte*. Le monde est un perpétuel passage de la puissance à l'acte (devenir) et un perpétuel retour de l'acte à la puissance (cessation).
Pour qu'une chose *devienne*, c'est-à-dire passe de la puissance à l'acte, il faut : 1° la puissance passive ou *aptitude à recevoir* ; 2° l'influence d'un principe ou cause qui possède déjà.

ONTOLOGIE OU DE L'ÊTRE

IV. Essence, accident, nature, propriétés.

L'*essence*, c'est ce qui fait qu'un être est ce qu'il est, ce sans quoi il ne saurait ni être ni être conçu.

Une *propriété* est essentielle, quand elle appartient à l'essence ; la raison est essentielle à l'homme.

L'essence comprend les qualités *constantes* et *permanentes* de l'être.

L'*accident*, c'est ce qui ne tient pas à l'essence ; ce qui dans le sujet peut varier : taille, couleur, etc., sans que le sujet cesse d'être lui-même et devienne un autre.

La *nature*, c'est ce qui constitue tout être en général : nature divine, nature humaine ;

C'est l'ensemble des puissances sans lesquelles un être ne peut être ce qu'il est nécessaire qu'il soit.

Nature a plus de compréhension que *essence* ; l'essence ne comprend que les propriétés sans lesquelles un être ne peut être conçu ; la nature embrasse toutes les qualités qui conviennent à un être.

V. Substance, mode, phénomène.

La *substance* est ce qui a l'être en soi et non dans un autre ; c'est le *sujet*.

Le *mode*, c'est ce qui est dans le sujet ; c'est la manière d'être.

Le *phénomène*, c'est ce qui paraît.

Dans un être, ce qui demeure sous les *changements*, sous les *phénomènes*, sous les *accidents*, sous les divers *modes*, c'est la *substance* (exemple de la cire, qui peut être solide, liquide, blanche, jaune, etc., sans cesser d'être cire).

La substance est le support du *phénomène*, de l'*accident*, du *mode* ; elle est nécessairement avant eux.

Nota. — Ne pas confondre *essence* et *substance*. Un être possible a nécessairement une *essence*, il n'a pas de *substance*. Tous les possibles ont leur essence en Dieu, parce que Dieu les connaît ; c'est en ce sens que les essences sont éternelles et immuables. — Ils n'ont de substance qu'autant qu'ils sont réalisés, que de la puissance ils passent à l'acte.

VI. L'espace et le temps.

Origine de ces notions.

Les idées d'*espace* et de *temps* sont impliquées dans toutes nos sensations. — L'objet de la sensation, en effet, se présente à nous comme situé dans un lieu et mesuré par le temps.

L'*espace* est la somme des lieux occupés ou susceptibles d'être occupés par les corps.

Ne pas confondre l'espace avec l'*étendue*, qui est la notion d'espace concret occupé par tel ou tel corps.

L'espace est le contenant des corps ; on ne peut nier la réalité et l'objectivité de l'espace, que si on nie la réalité et l'objectivité des corps.

Il ne faut pas, avec Kant, faire de l'espace une pure conception de l'esprit, n'ayant d'existence que dans le sujet sentant ; l'espace existe en dehors des objets ; la preuve, c'est qu'ils s'y meuvent.

Ni, avec Épicure et Gassendi, en faire une réalité indépendante, incréée, immense ;

Ni, avec Clarke et Newton, le confondre avec l'immensité divine : l'espace est divisible, Dieu ne l'est pas ;

Ni, avec Descartes, le confondre avec l'étendue et en faire l'essence des corps. Nous avons indiqué la différence plus haut.

Le *temps*, d'après Aristote et saint Thomas, est la mesure du mouvement ; c'est une durée successive.

Pour Kant, c'est une forme *a priori* du sens intime ;

Pour Gassendi, une réalité indépendante de Dieu et du monde ;

Pour Clarke et Newton, il se confond avec l'éternité de Dieu ;

Pour Leibniz, c'est l'ordre de succession entre les êtres contingents.

Trois éléments essentiels composent la notion du temps : le passé, le présent et l'avenir.

Le temps n'existe que pour la créature, c'est-à-dire pour ce qui change.

De ce que nous ne percevons aucun objet matériel sans le percevoir dans l'espace et dans le temps, Kant a conclu à tort que ces deux notions sont *à priori*.

Il n'est pas nécessaire de les supposer innées, il suffit qu'elles soient simultanées à la sensation et acquises, comme toutes les autres vérités premières, à l'occasion de l'expérience.

3e LEÇON

DE LA NATURE EN GÉNÉRAL : DIVERSES CONCEPTIONS SUR LA MATIÈRE ET SUR LA VIE, ORIGINE DU MONDE (COSMOLOGIE)

L'ensemble des êtres soumis à des lois nécessitantes forme la nature ou le monde visible. De là le nom de *cosmologie* donné à la science de la *nature* ou de l'ensemble des êtres qui composent le monde en dehors de l'homme.

Comme on l'a déjà vu, les êtres de la nature se divisent en deux groupes : les êtres *inorganiques*, dont le fond substantiel est la *matière*, et les êtres *organisés*, qui ont pour caractère propre la *vie*. La *cosmologie* est donc proprement la *philosophie de la nature*, c'est-à-dire la *science du principe constitutif de la matière et de la vie*.

On sait que le mot *nature*, dans le langage scientifique, est la personnification verbale du système des lois qui régissent le monde. C'est le sens qu'il faut lui donner dans ces vieux aphorismes : « La nature ne fait rien en vain; la nature ne fait pas de saut. » Le premier est une application du principe de moindre action et signifie que la nature agit par les voies les plus simples obtenant en général le maximum d'effets avec le minimum d'efforts; le second revient à dire que les êtres forment comme une immense chaîne ou hiérarchie dans laquelle il n'y a jamais d'intervalle ou d'*hiatus*, la nature procédant dans leur production par des gradations insensibles.

Le mélange d'activité et d'inertie que la science constate dans la matière est exprimé dans la philosophie traditionnelle par la théorie de la *matière* et de la *forme*.

I. — MATIÈRE ET FORME

Dans son sens le plus général, le mot *matière* désigne ce dont une chose est faite; au sens philosophique, il désigne la substance dont les corps sont composés. Ce n'est ni l'un ni l'autre que l'on entend ici.

D'après la théorie scolastique de la *matière et de la forme*, « tout corps est composé de deux principes essentiels : la *matière première* et la *forme substantielle*. La matière première ou matière pure est une réalité indéterminée, incapable d'exister par elle seule, mais apte à devenir un corps quelconque. La forme substantielle est un principe simple qui forme l'être du composé, en *complétant* et en *actuant* la matière pure. » (LIBERATORE.)

Le premier élément de la masse, conçu en général comme étendu et insécable, est l'atome. On peut considérer l'atome comme constitué de deux principes irréductibles : un principe de réceptivité, d'inertie, de passivité, d'étendue, de masse, c'est la *matière*; un principe d'activité, d'unité, de simplicité, c'est la *forme*. Ces deux principes ne peuvent exister l'un sans l'autre et doivent être considérés comme fondus en un seul être.

« Que sont les atomes? des particules étendues à trois dimensions, douées de masse, mais physiquement insécables? ce qu'on pourrait appeler l'unité naturelle de l'étendue concrète? ou de simples points matériels inétendus comme des points géométriques, mais centres de forces et produisant l'étendue par le croisement de leurs actions réciproques? Atomistes et dynamistes se battront longtemps, peut-être toujours, autour de cet abîme où se perd depuis trois mille ans l'investigation métaphysique. Il n'est donc pas si simple qu'on le croit de dire ce que c'est que la matière.

« Aristote et, après lui, les scolastiques partent d'un fait d'observation : les changements qui ont lieu dans les choses. Il y a des changements *accidentels*, qui ne modifient pas les propriétés spécifiques d'un être, comme, par exemple, le changement de température. Le même être, sans changer de nature, passe d'un état à un autre. C'est ce que les philosophes péripatéticiens expriment en disant que les formes accidentelles se succèdent, la forme substantielle demeurant la même. Mais il arrive aussi qu'un être déterminé dans sa nature par ses propriétés caractéristiques fait place, sous l'influence de certains agents naturels, à un être caractérisé tout autrement; ainsi, quand vous brûlez du bois, le bois est remplacé par la fumée et par les cendres. Les scolastiques disent alors qu'il y a eu changement *substantiel*. Il y a cependant quelque chose qui demeure. Ce qui demeure, c'est la *matière*; ce qui change, c'est la forme *substantielle*. La matière est le fond commun des êtres composés, la *forme* est l'élément spécificateur; la matière est le principe de réceptivité, d'inertie, de potentialité; la forme est le principe d'activité et d'actualité. La matière fournit au continu l'étendue, la divisibilité; la forme lui confère l'unité.

« La matière et la forme concourent donc à constituer l'être tel que l'expérience nous le révèle. Mais, comme il y a dans l'être une infinité de degrés, les rapports de la matière et de la forme varient à mesure qu'on passe d'un degré à l'autre. C'est ici que trouve place dans la philosophie péripatéticienne la grandiose conception de l'échelle des créatures, divisées en quatre classes et caractérisées par l'existence *inorganique*, la vie *végétative*, la vie *sensitive* et la vie *intellectuelle*. A mesure qu'on s'élève dans cette hiérarchie des êtres, la forme apparaît moins engagée dans la matière. Dans l'être inorganique, la forme n'est qu'un principe spécificateur; dans l'être vivant, elle préside à la nutrition de l'individu et à la conservation de l'espèce; dans l'être sentant, elle devient le centre réceptif des *représentations* qui font entrer en lui comme un raccourci du monde extérieur; dans l'être pensant, la forme achève de s'affranchir; en même temps qu'elle donne la vie au corps, elle a sa vie à elle, distincte, sinon indépendante, du fonctionnement des organes.

« Le regard du philosophe s'arrête à ce sommet, qui marque la limite de l'expérience. Mais le théologien, instruit par la révélation de l'existence des anges, les conçoit comme des formes sans matière, qui marquent un cinquième et suprême degré de l'être créé.

« Par delà tous les échelons de la création, le métaphysicien, guidé par l'induction rationnelle, s'élève jusqu'à l'être absolu et le conçoit comme une forme transcendante, exempte non seulement de toute matérialité, mais de toute imperfection, n'ayant rien en puissance que son acte essentiel ne réalise; c'est le moteur immobile, c'est la cause non créée, c'est l'acte pur, c'est Dieu. »
(Mgr D'HULST, *Mélanges philosophiques, métaph. de l'école et sciences.*)

II. — PRINCIPALES THÉORIES SUR L'ESSENCE DE LA MATIÈRE

Les diverses théories proposées pour expliquer l'essence de la matière se ramènent à deux principales : le *mécanisme* et le *dynamisme*.

Mécanisme. — C'est la théorie qui ramène toutes les qualités des corps aux lois de la mécanique. Tout se fait mathématiquement, disait Descartes. Pour construire le monde, il ne demandait que de la matière (c'est-à-dire, pour lui, de l'étendue) et du mouvement. Or les lois du mouvement relèvent des mathématiques.

Le mécanisme a deux formes : l'*atomisme* ou mécanisme *matérialiste*, et le mécanisme *géométrique*.

Atomisme. — C'est la théorie de Leucippe, Démocrite et Épicure, qui expliquent la formation des êtres par le groupement des atomes ou corps simples primitifs. Les atomes, corpuscules infiniment petits et en nombre infini, tomberaient éternellement dans le vide infini, et seraient doués de la faculté de *décliner*, c'est-à-dire de dévier de la ligne verticale pour pouvoir se rencontrer et former des agrégats. C'est par le *clinamen* ou faculté de *déclinaison* que se sont formés les corps, les mondes, et que s'explique même la liberté dans l'homme. — Ce système conduit au fatalisme avec toutes ses conséquences. Comment se rendre compte de ce mouvement déclinatoire? La ligne droite est essentielle aux atomes, s'il n'y a pas de première cause qui leur ait imprimé la direction et qui puisse la changer. Et puis, comment concevoir que des atomes inanimés, incapables de connaissance et de liberté, s'ils se meuvent en ligne droite, deviennent tout à coup, par une ligne de déclinaison, animés, pensants et raisonnables? Enfin, la chimie montre que les corps ne se combinent les uns avec les autres qu'en proportions définies; le jeu seul des lois mécaniques ne peut donc pas expliquer tous les corps, c'est-à-dire toutes les combinaisons d'atomes que nous connaissons; car ces combinaisons sont précises et définies, et le jeu seul des lois mécaniques aurait amené n'importe quelles combinaisons.

L'atomisme fut remis en faveur au XVII° siècle par Gassendi, adversaire de Descartes. Ce philosophe imaginait des atomes à la fois simples et étendus, indivisibles absolument, et que Dieu même ne pouvait modifier; mais il rejetait de la philosophie d'Épicure l'éternité des atomes et le hasard.

Mécanisme géométrique. — C'est la théorie de Descartes. Il fait consister l'essence des corps dans la seule étendue. D'où il suit que partout où il y a de l'étendue, c'est-à-dire de la longueur, de la largeur et de la profondeur, il y a de la matière, et le monde matériel, identique à l'espace, « est infini. » — Descartes confond l'espace avec l'étendue matérielle. De plus, ayant placé « l'essence des corps dans la seule étendue, inerte par sa nature, il les prive de toute activité et en fait quelque chose de purement passif, qui n'a en soi aucun principe de mouvement, la force qui meut n'étant point du ressort des corps et ne pouvant venir que de Dieu. — Ce qui est plus grave encore, principalement au point de vue théologique, c'est que l'étendue actuelle étant donnée comme l'essence des corps, il répugne qu'elle puisse en être séparée, même par un miracle. Or ceci ne s'accorde nullement avec la théologie, qui nous montre dans l'Eucharistie les accidents du pain et du vin subsistant séparés de leur substance après la transsubstantiation ». (P. VALLET, *Hist. de la philos.*)

Boscovich (Jésuite, prof. de math. et de phil. au Collège romain, 1711-1787) a professé une doctrine intermédiaire entre l'atomisme et le mécanisme géométrique : c'est l'*atomisme géométrique*, système de points matériels doués de force. « Suivant Boscovich, les derniers éléments de la matière et des corps seraient des points indivisibles et inétendus, placés à distance les uns des autres et doués d'une double force d'attraction et de répulsion. L'intervalle qui les sépare peut augmenter ou diminuer à l'infini, mais sans disparaître entièrement. A mesure qu'il disparaît, la répulsion s'accroît ; à mesure qu'il augmente, elle s'affaiblit, et l'attraction tend à rapprocher les molécules. Cette double loi suffit à expliquer tous les phénomènes de la nature et toutes les qualités des corps, soit les qualités secondaires, soit les qualités primaires. L'étendue et l'impénétrabilité qu'on a rangées à tort parmi celles-ci, non seulement n'ont rien d'absolu, mais ne sont pas même des propriétés de la substance corporelle, que nous devons considérer uniquement comme une force de résistance capable de contrarier la force de compression déployée par notre puissance physique.

Il est aisé de voir le vice de cette théorie ingénieuse, mais hypothétique, qui altère la nature de la matière, puisqu'elle nie les propriétés fondamentales des corps, et qui ne mène pas à moins qu'à en révoquer en doute l'existence. » (*Dict. des sciences phil.*, art. *Boscovish*.)

Dynamisme. — Tandis que dans le système mécaniste les choses sont naturellement inertes et ne peuvent être modifiées que par une force extérieure, dans le système dynamiste (*dunamis*, force) il y a dans les choses un principe interne de développement, une force immanente qui en est comme le ressort intérieur.

Le dynamisme a aussi deux formes : l'*hylozoïsme* et le *monadisme*.

Hylozoïsme. — Ce système (du grec *ulè*, matière ; *zoon*, être vivant) considère la matière comme douée d'une activité propre, et la vie comme une de ses propriétés. Ainsi la matière et la vie seraient inséparables l'une de l'autre ; la nature serait un tout animé ayant Dieu pour âme et le monde comme corps. On verra un peu plus loin que la vie ne peut exister qu'avec un organisme, et comme on est forcé de reconnaître une matière inorganique, il s'ensuit que la vie n'est pas essentielle à la matière et qu'elle n'est pas partout, comme le voulaient les stoïciens, qui regardaient le monde comme animé.

Monadisme. — D'après Leibniz, le monde serait composé de *monades*, substances simples, douées d'activité : c'est la monadologie ou monadisme. *Monas*, dit Leibniz, signifie l'*unité* : unité métaphysique, unité d'une force simple, non composée de parties. Ces *unités de substance* ne sont pas des atomes *matériels*, toujours étendus et divisibles, mais des atomes *formels*, des forces simples et irréductibles. « La monade est douée d'une *activité interne*, source de ses perceptions et de ses appétitions, et son activité est d'autant plus grande qu'elle exprime plus distinctement l'infini, d'autant plus grande que ses perceptions se rapprochent davantage de celles de la pensée divine. Mais comme, hormis en Dieu, en qui la puissance et l'acte sont identiques, tout ce qui agit doit pâtir quelque réaction, toute monade est douée aussi d'une *force passive* par laquelle elle s'oppose aux objets extérieurs qui la limitent. Cette action et cette passion dans les monades suppose l'intervention de Dieu ; de là, dans la philosophie leibnizienne, l'hypothèse de l'*harmonie préétablie*. » (MERKLEN, *Philosophes illustres*.)

III. — LA VIE

On a déjà vu (1re leçon de *Psychologie*) qu'on n'a pas de définition satisfaisante de la vie. Un des premiers caractères qui la distinguent, c'est de n'avoir son origine que dans la vie. Tout être vivant présuppose un germe *vivant*, et, par conséquent, est irréductible aux seules forces et aux seuls éléments physico-chimiques. Le développement de l'être vivant implique une énergie spéciale, qui adapte ces éléments et ces forces à la réalisation progressive d'un plan.

Lorsqu'un arbre cesse de pousser, lorsqu'un animal cesse de se mouvoir et qu'ils se décomposent, nous disons qu'ils sont morts. Ce qui caractérise l'être vivant, c'est donc aussi le *mouvement spontané*. Vivre, c'est se mouvoir soi-même, c'est être le principe de son propre développement, c'est être à la fois son moteur et son mobile. La vie est un mouvement que l'être prend de lui-même, en lui-même, pour se perfectionner.

Les mouvements soit mécaniques, soit chimiques, qui se manifestent dans la matière brute, ne se produisent jamais qu'à la suite d'une action reçue, et toujours la réaction est égale à l'action. Ceux qui se produisent dans la plante ou dans l'animal ont aussi, il est vrai, besoin de détermination, et il ne serait pas tout à fait exact de dire que l'être vivant donne sans recevoir; ces mouvements ont besoin des stimulants physiques et chimiques, de lumière, de chaleur, d'attraction, d'affinité; mais combien ici la réaction est supérieure à l'action reçue! La cellule germinative du chêne, placée dans les conditions favorables, devient un arbre géant; un rayon de lumière tombant sur la rétine d'un animal est suivi d'une sensation et de certains mouvements, phénomènes d'un ordre supérieur à la simple excitation matérielle de l'organe.

De la spontanéité dérive un second caractère de la vie, à savoir qu'elle est capable d'*immanence*. Si l'acte vital consiste à se modifier soi-même, c'est donc un acte immanent. « L'immanence signifie que l'agent est à la fois moteur et mobile, qu'il trouve en lui *seul* le terme de son action, qu'il en recueille *seul* tous les avantages, qu'il tend ainsi à se perfectionner ou à se conserver lui-même. »

On ne nie pas que l'être vivant ne puisse aussi produire des opérations extérieures, qui sont comme un rayonnement de sa vie intérieure; mais parce qu'il a seul le privilège de se mouvoir lui-même, il est seul capable d'action complètement immanente. Sans doute l'être inanimé est vraiment actif, « mais son activité intérieure ne se renferme jamais au dedans de lui-même : ses molécules agissent toujours les unes sur les autres par attraction, par répulsion, etc.; et c'est par ces actions mutuelles que s'expliquent tous les phénomènes physico-chimiques. Voilà pourquoi l'opération de la molécule minérale est toujours une dépense de force, jamais une recette; tandis que l'acte vital proprement dit, l'acte essentiel à la vie, est toujours un acte de conservation ou de développement. » (A. FARGES, *la Vie et l'Évolution des espèces*, I.)

La vie n'est pas un pur mécanisme, elle n'est pas uniquement sous la dépendance de la matière inorganique. Les forces inorganiques y agissent, mais comme instruments d'un principe qui les élève à une action supérieure. Partout où, dans l'être vivant, nous saisissons un ensemble de procédés ou d'actes mécaniques, ces procédés et ces actes ne sont, au fond, que le mode d'action extérieur, plus ou moins favorisé ou contrarié, d'une force vitale; là où nous voyons, toujours dans l'être vivant, une matière semblant ne relever que de la chimie, cette matière est le produit d'une existence vivante; elle en provient, elle ne la fait pas. La vie est donc autre chose qu'une production de mouvement; elle ne rentre pas dans l'ensemble des énergies mensurables, elle n'est pas une force comme les autres.

Ce qui le prouve, c'est que la loi des transformations, qui régit ces forces, n'a pas en elle son application. Les phénomènes provoqués dans les corps vivants par les énergies physico-chimiques qui s'y déroulent sont indifférents, par eux-mêmes, à toute forme et à tout plan; et cependant ils sont soumis, dans ces corps, à deux conditions, que nulle transformation d'énergie ne saurait expliquer, à un *ordre* et à un *but*. Il est bien évident, dit Claude Bernard, que les actions qu'on étudie l'une après l'autre, dans les cellules, sont des actions chimiques, « mais il est non moins clair que ces actions chimiques, en vertu desquelles l'organisme s'accroît et s'édifie, s'enchaînent et se succèdent en vue de ce résultat, qui est l'organisation et l'accroissement de l'individu, animal ou végétal. Il y a comme un dessin vital qui trace le plan de chaque être et de chaque organe, en sorte que si, considéré isolément, chaque phénomène de l'organisme est tributaire des forces générales de la nature, pris dans leur succession et leur ensemble, ils paraissent révéler un lien spécial: ils semblent dirigés par quelque condition invisible dans la route qu'ils suivent, dans l'ordre qui les enchaîne. » D'où peut venir, si ce n'est de la vie, la puissance d'évolution immanente à l'ovule ? « Il est clair que cette propriété évolutive de l'œuf, qui produira un mammifère, un oiseau ou un poisson, n'est ni de la physique ni de la chimie. » (*La Science expérimentale*.) « L'explication mécanique prétendue des phénomènes vitaux n'est point une explication de la vie même, dit M. Renouvier. L'aphorisme célèbre de Leibniz: *Nisi intellectus ipse* (l'entendement lui-même excepté), prononcé à propos de la réduction des idées aux sensations, est également vrai, comme un *Nisi ipsa vita* (excepté la vie elle-même), appliqué à la réduction de la physiologie au mécanisme. »

En aucune circonstance, le mouvement vital n'est un mouvement purement mécanique. C'est un mouvement actif et spontané, parti des profondeurs de l'être, et qui se dirige, par une évolution inconsciente, vers un but préétabli.

IV. — PRINCIPALES HYPOTHÈSES POUR EXPLIQUER LE PROBLÈME DE LA VIE

Parmi les solutions si nombreuses proposées pour expliquer le problème de la vie, on en peut signaler quatre principales : le *mécanisme*, dont on vient de parler; l'*organicisme*, le *vitalisme* et l'*animisme*.

Organicisme[1]. — Ce système regarde la vie comme le résultat de l'organisation de la matière dans les corps vivants. Il ressemble au *physico-chimisme*, qui explique les phénomènes de la vie organique par le seul jeu des forces mécaniques, physiques et chimiques de la matière brute; mais il en diffère en ce qu'il attribue à la matière vivante des propriétés propres.

Sans doute, la matière organisée n'est pas dépourvue des forces de la matière brute, qui lui est inférieure; les lois de la mécanique, de la physique et de la chimie s'accomplissent dans les corps vivants aussi bien que dans les autres corps. « Mais il se produit, dans les êtres vivants, des fonctions d'un ordre absolument

---

[1] Soutenu par Bichat et par l'École de médecine de Paris.

différent et auxquelles les forces physiques et chimiques ne font que servir d'instrument. Ces fonctions, qui n'ont jamais pu être réalisées que par les êtres vivants et organisés, sont : la nutrition, la croissance et le développement,... enfin la génération, qui est seule capable de produire des êtres vivants. Ce dernier point, en particulier, a été victorieusement démontré par les expériences à l'aide desquelles M. Pasteur a établi qu'il faut être vivant pour produire la vie et qu'elle ne se produit jamais par génération spontanée. *Ces fonctions... exigent qu'il y ait dans l'être vivant un principe qui dirige et mette en jeu toutes les forces physiques et chimiques dont il dispose.* Ce principe est supérieur à la matière brute et à ses lois. Il ne pourra jamais être expliqué ni reproduit par les seules ressources de la mécanique, de la physique ou de la chimie. » (*Dict. apol.*, art. *Principe vital.*) — L'insuffisance des théories mécaniques et chimiques de la vie est donc manifeste. Quant aux organicistes, il faut leur accorder que les propriétés spéciales de la matière organisée expliquent en partie les phénomènes vitaux. « Il faut reconnaître que chaque cellule, et quelquefois chaque organe, obéit dans ses fonctions aux lois qui découlent de ses propriétés organiques, aussi bien qu'aux lois de la physique et de la chimie : un groupe d'éléments anatomiques, arraché du groupe où il vivait et transplanté dans un milieu semblable, même sur un autre individu que celui qui l'a fourni, continue à vivre et à se développer. » (Id.) — Ex. : la greffe végétale et animale, le bouturage.

Quand on considère les animaux supérieurs, on trouve en eux plus particulièrement une unité inexplicable, « si l'on regarde le développement des divers éléments anatomiques qui les composent comme indépendants de toute direction centrale. » Claude Bernard a écrit à ce sujet : « S'il fallait définir d'un seul mot qui mît en relief le caractère qui, selon moi, distingue nettement la science biologique, je dirais : *La vie, c'est la création.* De sorte que ce qui caractérise la machine vivante, ce n'est pas *la nature de ses propriétés physico-chimiques,* si complexes qu'elles soient, mais bien la *création* de cette machine qui se développe sous nos yeux dans des conditions qui lui sont propres, et *d'après une idée définie* qui exprime la nature de l'être vivant et l'essence même de la vie..., c'est *l'idée directrice* de cette évolution vitale. *Dans tout germe vivant, il y a une idée créatrice qui se développe et se manifeste par l'organisation...* Quoi de plus extraordinaire que cette création organique à laquelle nous assistons, et comment pouvons-nous la rattacher à des propriétés inhérentes à la matière ?... La matière *n'engendre pas* les phénomènes qu'elle *manifeste.* Elle n'en est que le *substratum,* et elle ne fait absolument que donner aux phénomènes leurs conditions de manifestation. »

Le vitalisme[1]. — Le vitalisme, appelé aussi *double dynamisme,* attribue la vie à un *principe vital immatériel,* à la fois distinct du corps et de l'âme.

Si l'on considère seulement les plantes et les animaux, les faits invoqués semblent établir que « *le principe vital* n'est pas une cause extérieure et étrangère à la matière organisée, mais qu'il en est un *principe constitutif.* Ce principe est unique et, par conséquent, simple en lui-même; mais il n'existe pas en dehors de la matière organisée à laquelle il donne l'organisation, en la vivifiant et la différenciant de la matière inerte. Ce principe ne réside point, par conséquent, en un seul organe du corps ; mais il agit dans tous les organes aussi longtemps qu'ils vivent. Ce principe cesse d'exister par le fait de la désorganisation. Telle est la doctrine de saint Thomas d'Aquin, et c'est ce qu'il veut dire, lorsqu'il désigne le principe vital sous le nom de *forme substantielle* des corps vivants. » (*Dict. apol.*) — Si l'on considère l'homme, qui ajoute la vie intellectuelle à celle des

---

[1] Soutenu par Barthez et l'école de médecine de Montpellier, par Maine de Biran et Jouffroy.

végétaux et à celle des animaux, on ne s'explique pas la présence de ces deux âmes, l'une principe de la vie, l'autre des opérations intellectuelles, vivant côte à côte et s'ignorant l'une l'autre.

Animisme (ou *monodynamisme*). — Les animistes admettent qu'il n'y a dans l'homme qu'un seul principe de la vie organique et de la vie intellectuelle et qu'une seule et même âme préside aux phénomènes des deux vies, ayant conscience des uns et non des autres, ou plutôt ayant une conscience plus ou moins réfléchie des uns et conscience obscure des autres.

L'unité de la nature humaine est un fait de conscience admis par tous les hommes. S'il y avait entre l'âme et le corps un principe de vie distinct de tous deux, on ne dirait pas : Je marche, je mange, je suis malade; mais : Mon corps marche, mon corps mange, mon corps est malade. (Voir p. 29 et 30.) L'animisme, c'est la doctrine de saint Thomas exposée par le P. Monsabré dans la chaire de Notre-Dame : « L'âme est active au suprême degré. Non seulement elle anime le corps, mais elle le crée et le forme en quelque sorte ; c'est sa force *plastique* qui le nourrit ;... c'est sa force sensitive qui localise et distribue les sens ; c'est sa force intelligente et libre qui moule les lignes et les contours harmonieux de sa physionomie. » (Voir *Dict. apologétique*, art. *Principe vital*; Mgr d'HULST, *Mélanges phil.* : *Animisme des scolastiques*; A. FARGES, *la Vie et l'évolution des espèces*, II, *Nature du principe de vie*.)

V. — ORIGINE DU MONDE : CRÉATION

On est obligé d'admettre que tout ce qui existe dans l'univers, étant contingent, tient, en dernière analyse, son être de Dieu ; car tout être qui n'a pas en soi la raison suffisante de son existence doit évidemment la puiser ailleurs, c'est-à-dire dans un être qui est par soi. On objecte l'axiome : *Ex nihilo nihil fit*, rien ne se fait de rien (voir ce qui en a été dit à la 12° leçon de *Psychologie*, p. 163), et on prétend qu'il y a contradiction à admettre la création *ex nihilo*. Il y aurait vraiment contradiction dans les termes, si on entendait par créer *ex nihilo* prendre le néant pour en faire un être : ce serait absurde; mais on entend par création l'acte d'un être tout-puissant faisant exister des êtres qui n'existaient pas. On ne peut pas admettre que l'action de Dieu, dans la création, a consisté seulement en certaines modifications appliquées à une matière déjà existante : il s'ensuivrait que cette matière, sujet des opérations divines, n'aurait pas Dieu pour principe et pour cause, puisqu'elle préexisterait à l'acte créateur. Or on montre que tout ce qui est, excepté Dieu, est contingent et tient son être de Dieu; donc Dieu n'a pu la tirer que du néant, et avant l'acte créateur rien n'était que Dieu.

D'après la création *ex nihilo*, « Dieu, par un acte de toute-puissance, aurait donné à certains des modes de sa pensée une existence extérieure à lui. Le monde serait ainsi une pensée de Dieu aliénée de lui par lui-même. L'acte créateur consisterait dans cette aliénation de la pensée divine. Cet acte, en lui-même, est certainement incompréhensible ; mais nous en voyons l'analogue dans les actes les plus élevés de l'art, par lesquels l'artiste projette et réalise hors de lui des pensées de son esprit. A mesure que l'art s'élève, il a besoin d'une moins grande quantité de matière, et il revêt ce peu de matière d'une valeur de plus en plus haute, ce qui nous conduit à concevoir un art suprême où la puissance artistique serait telle, qu'elle se réaliserait sans matière, ou qu'elle pourrait se donner à elle-même la matière. » (Fonsegrive, *Métaph.*, 20e leçon.)

On trouvera cette question de la création *ex nihilo* discutée et développée dans *l'Idée de Dieu d'après la raison et la science*, par A. Farges (3e partie, § II).

Le *dualisme religieux* (professé par les manichéens), qui reconnaît deux principes coéternels et également puissants se disputant le monde, l'un bon, l'autre mauvais, répugne, par son essence même, aux principes constitutifs de la raison. Deux forces égales et coéternelles se contredisent et s'annulent. Qui dit éternel et tout-puissant dit infini ; la notion de deux infinis se résout en une absurdité. « S'il y avait plus d'un seul Dieu, dit Bossuet, il y en aurait une infinité ; s'il y en avait une infinité, il n'y en aurait point ; car chaque Dieu, n'étant que ce qu'il est, serait fini, et il n'y en aurait point à qui l'infini ne manquât : ou il en faudrait entendre un qui contînt tout, et qui dès là serait seul. »

TABLEAU ANALYTIQUE

COSMOLOGIE. — LA NATURE, LA MATIÈRE, LA VIE

La *cosmologie* est la science du monde, la philosophie de la *nature*.
La *nature* est l'ensemble des êtres soumis à des lois nécessitantes. — Elle comprend tous les êtres du monde, moins l'homme.
On emploie aussi le mot *nature* pour désigner le système des lois qui régissent le monde.
Les êtres de la nature se divisent en deux groupes : les êtres *inorganiques* et les êtres *organisés*.

I. Matière et forme.
D'après les scolastiques, tout corps est formé de deux éléments : la *matière* et la *forme substantielle*.
La *matière*, c'est ce dont un corps est fait ; c'est une substance indéterminée.
La *forme substantielle* est un principe simple qui forme l'être en actuant la matière.
L'*atome*, élément premier de la masse, est constitué de *matière* et de *forme*.
Il ne faut pas confondre la *forme substantielle*, qui est permanente dans le même être, avec les *formes accidentelles*, qui varient.
La *matière* est le fond commun des êtres composés, la *forme* est l'élément spécificateur.
Les rapports de la matière et de la forme varient dans l'échelle des êtres, depuis la matière brute, où la forme est simplement individuante, jusqu'à l'ange et à Dieu, qui sont des formes pures.

II. Théories pour expliquer l'essence de la matière.
Les principales théories proposées pour expliquer l'essence de la matière se ramènent à deux principales : le *mécanisme* et le *dynamisme*.

Mécanisme.
Le *mécanisme* ramène toutes les qualités des corps aux lois de la mécanique ; il revêt deux formes : l'*atomisme* et le *mécanisme géométrique*.
L'*atomisme*, qui a été professé par Leucippe, Démocrite, Épicure, Lucrèce, Gassendi, soutient que tout provient d'agrégats d'atomes primitifs doués de la faculté de décliner (*clinamen* de Lucrèce).

COSMOLOGIE. — LA NATURE, LA MATIÈRE, LA VIE

{

II. Théories pour expliquer l'essence de la matière. (*Suite*.)

{

Mécanisme. (*Suite*.)

{ Ce système grossier, contredit par la raison et la science, aboutit au fatalisme absolu.
Descartes fait consister l'essence des corps dans l'étendue (mécanisme géométrique).
Le P. Boscovich professa une théorie intermédiaire, l'*atomisme géométrique*, théorie des points matériels doués de force. Il nie l'étendue et l'impénétrabilité et aboutit à révoquer en doute l'existence du monde extérieur.

Dynamisme.

{ Le *dynamisme* soutient que la qualité essentielle de la matière est la force.
Il est dit *hylozoïque*, s'il considère la matière comme douée d'une activité propre dont la vie n'est qu'un mode (doctrine des stoïciens);
Et *monadiste* si, avec Leibniz, il regarde le monde comme composé de *monades*, substances *simples*, non *étendues*, douées d'une *activité interne*, source de *perceptions* et de *conscience*.
Le système de Leibniz aboutit à l'hypothèse de l'*harmonie préétablie*.

III. La vie.
Hypothèses pour expliquer le problème de la vie.

{ (Voir *Psychologie*, 1re leçon, p. 41, ce qui a été dit de la vie et des diverses sortes de vie.)
La *vie*, qu'on ne saurait encore définir, est caractérisée :
1° Par ce qu'elle ne peut venir que d'un *vivant*;
2° Par le *mouvement spontané* : vivre, c'est se mouvoir soi-même;
3° Par le *mouvement immanent*, qui consiste à être à la fois moteur et mobile;
4° Enfin ce mouvement n'est pas *mensurable*, et il échappe à la loi de la *transformation des forces*.
Ce sont ces caractères qui distinguent le mouvement vital du mouvement mécanique qui, suivant le mot de M. Renouvier, « peut tout expliquer, *excepté la vie elle-même*. »
On a proposé de nombreuses théories pour expliquer le phénomène de la vie ; voici les principales :
1° Le *physico-chimisme*, qui regarde la vie comme produite par les combinaisons physiques et chimiques de la matière brute;
2° L'*organicisme* (Bichat, école de médecine de Paris), qui attribue la vie à la matière organisée, douée de propriétés propres;
3° Le *vitalisme* (école de Montpellier, Maine de Biran, Jouffroy), qui suppose un principe immatériel *distinct de l'âme et du corps*;
4° L'*animisme*, qui soutient que l'âme est le principe de la vie, aussi bien organique qu'intellectuelle. — C'est la doctrine catholique.

IV. Origine du monde.

{ On ne peut assigner au monde que trois origines :
1° Ou il est éternel tel qu'il est;
2° Ou la matière seule est éternelle, et Dieu l'a organisée (explication du problème du mal);
3° Ou enfin Dieu a créé le monde de rien, *ex nihilo*. C'est l'enseignement spiritualiste et catholique.

4º LEÇON

DE L'AME. — SPIRITUALISME ET MATÉRIALISME

I. — DE L'AME

La question de l'âme, de sa nature et de sa destinée, est une des plus importantes de la philosophie. Dans beaucoup de systèmes, les erreurs commises, en morale, sur la responsabilité et l'immortalité, sont la conséquence de celles qui ont été posées en psychologie sur la liberté et sur la spiritualité de l'âme.

Il serait trop long de signaler toutes les définitions données, trop long surtout de les réfuter. Nous en donnerons seulement quelques-unes.

Définition. — Si on prend le mot âme dans son sens le plus large, celui de *principe de vie*, on peut, avec Aristote, distinguer trois sortes d'âmes, qui répondent aux trois formes de la vie dans la nature : l'âme *végétative*, l'âme *animale*, l'âme *humaine*. (Elles ont été caractérisées dans la 1re leçon de *Psychologie*, p. 31.) L'âme végétative vit d'une existence propre dans la plante ; dans l'animal, elle se fond avec l'âme sensitive ; l'âme de l'homme, âme raisonnable et libre, comprend et concentre, dans son unité, les propriétés et les fonctions des deux âmes inférieures.

Si on considère l'âme au point de vue ordinaire de *principe de la vie dans l'homme*, on peut la définir :

Avec saint Augustin : *une substance qui participe à la raison, créée pour être unie à un corps et le régir ;*

Avec saint Thomas : *une substance spirituelle, unique, personnelle et libre, immortelle, unie à un corps comme forme substantielle et principe de toute activité, soit nutritive, soit sensitive, soit intellectuelle ;*

Avec Bossuet : *une substance intelligente née pour vivre dans un corps et lui être intimement unie ;*

Avec Reid et l'école écossaise : *un principe immatériel et immortel d'action, auquel doivent être rapportées les pensées et toutes les opérations de la personne ;*

Avec le catéchisme : *une substance spirituelle, libre et immortelle, créée pour être unie à un corps.*

Descartes, qui ramenait la matière à l'étendue et l'âme à la pensée, définissait l'âme : une substance spirituelle, simple, dont l'essence est la pensée actuelle.

De là ces conclusions, qu'on ne saurait admettre : que l'âme pense toujours, et que pour elle cesser de penser, c'est cesser d'être ; et encore : que tout ce qui ne pense pas n'a pas d'âme, ce qui conduit à l'automatisme des bêtes.

Spinoza, qui n'admet qu'une seule substance, la substance divine, laquelle se développe par une infinité d'attributs, fait de l'âme un groupe d'idées, et des idées, des modes de la pensée divine. C'est la théorie panthéistique. Ce n'est pas nous qui pensons, c'est Dieu qui pense en nous; l'âme n'a ni liberté ni immortalité personnelles.

Pour le sensualiste Condillac, l'âme n'est que la sensibilité prenant connaissance des sensations ; elle n'est pas une réalité vivante, mais la collection d'états de conscience transformés. Il n'y a pas loin de cette définition à celle du phénoménisme matérialiste qui, avec Taine, ne voit dans l'âme qu'un faisceau de sensations, et dans les sensations que des phénomènes nerveux vus du dedans. « Il n'y a rien de réel dans le moi, dit Taine, sauf la file de ses événements ; ces événements, divers d'aspect, se ramènent tous à la sensation. »

Il faut affirmer que l'âme est un principe doué d'une activité propre et qu'elle se distingue de la série des phénomènes qu'elle produit; que l'unité et l'identité du moi, conditions métaphysiques de la conscience et de la mémoire, sont inexplicables, si l'âme n'est qu'un groupe ou qu'une série de phénomènes ; enfin que la liberté l'est également : le phénoménisme et le panthéisme contredisent le témoignage de la conscience, qui nous atteste que la volonté est cause libre dans l'effort soit moteur, soit intellectuel, soit moral.

II. — SIMPLICITÉ ET SPIRITUALITÉ DE L'AME

Il faut distinguer la *simplicité*, ou l'*immatérialité* de l'âme, de sa *spiritualité*. De ce que l'âme est un principe actif, un et identique, il suit qu'elle est immatérielle, mais non qu'elle est spirituelle. Toute force est inétendue par elle-même, tout principe d'activité est simple et indivisible. « Où il y a l'activité essentielle avec l'unité, dit Fr. Bouillier (*Du principe vital*), il y a l'immatérialité; toutes les âmes sans exception, celles des animaux et celles des plantes, toutes les forces de la nature sont immatérielles. Mais cette immatérialité n'est que la base de la spiritualité, et non la spiritualité elle-même. La spiritualité, c'est l'immatérialité accompagnée de certains attributs, de la liberté et de l'intelligence. »

C'est aussi l'enseignement de saint Thomas. Suivant sa philosophie, comme la matière inorganique est incapable d'exercer les fonctions de la vie végétative ou sensitive, il faut que les végétaux et les animaux soient constitués autrement que la matière brute. Il y a donc en eux un principe constitutif, en vertu duquel la matière qui les compose est organisée et vivante. Ce principe est *simple*, c'est-à-dire indivisible et unique, de même que l'âme humaine; mais comme il ne possède ni l'entendement, ni la liberté, ni aucune puissance supérieure à celles qui s'exercent dans la matière et par la matière, il disparaît (c'est du moins l'opinion commune) au moment où la plante et l'animal cessent d'exister; car il n'est autre chose que le principe qui les fait vivre, végéter et sentir.

On ne peut donc pas conclure de la *simplicité* de l'âme à sa *spiritualité*, ou bien il faudrait accorder la spiritualité à l'âme sensitive et à l'âme végétative, car elles sont simples. Descartes, dans sa VIe méditation, a cru pouvoir prouver la spiritualité de l'âme par sa simplicité, et, pour se débarrasser de l'objection tirée de l'âme des animaux, il a supprimé celle-ci.

Si nous insistons sur ces notions, c'est que, dans nombre d'ouvrages, elles sont présentées avec une confusion regrettable.

« *L'idée de simplicité exclut essentiellement l'idée de nombre*, donc le simple est proprement un ; et il y a véritablement simplicité dans une substance, lorsqu'elle n'est pas un ensemble de substances. Ainsi lorsque nous disons : La substance de l'âme est simple, nous entendons qu'elle n'est point une réunion de substances, mais *une* substance. » (BALMÈS, *Phil. fondamentale*, t. III, liv. IX, ch. XI.)

« *L'idée de simplicité exclut essentiellement l'idée de composition ou de réunion de choses formant un tout :* c'est dans ce sens que nous entendons ici l'idée de simplicité qui implique l'indivisibilité. Mais il faut distinguer l'indivisibilité du point mathématique, dernier terme d'une quantité, et qui à ce titre occupe une place dans le continu, et l'indivisibilité des substances spirituelles, qui est totalement en dehors de la quantité. » (P. MAUMUS, *Saint Thomas et la philosophie cartésienne.*)

« Saint Thomas et les autres docteurs de l'École, dit Bossuet, ne croient pas que l'âme soit spirituelle, précisément pour être distincte du corps ou pour être indivisible... L'être spirituel est celui qui non seulement n'est pas matière, mais qui est *indépendant* de la matière. » — « Quand nous recherchons si l'âme est spirituelle, nous n'entendons nullement qu'il puisse y avoir du plus ou du moins dans cette négation ou absence de parties qui fait l'être simple. La spiritualité n'est pas le moins du monde un degré de simplicité. C'est une propriété d'un genre tout divers. Simplicité dit : *absence de parties* ; spiritualité : *manière d'exister indépendante d'une substance conjointe*. Pour que l'âme soit *simple*, il suffit qu'elle n'ait point de parties ; pour qu'elle soit *spirituelle*, il faut que l'existence ne lui vienne ni du corps, ni du composé qu'elle forme avec le corps, mais d'elle-même, mais d'elle seule, — parlant bien entendu du principe prochain de l'existence, qui n'exclut nullement la cause première.

« Descartes et les cartésiens n'ont pourtant jamais voulu le reconnaître, et, en conséquence, ont toujours négligé de prouver à part la spiritualité de l'âme humaine. Il leur semblait que savoir de l'âme qu'elle est simple, immatérielle, c'est en connaître tout ce qu'il faut, et que sa dignité au-dessus du corps est établie aussi complètement qu'elle peut l'être, par ce seul fait qu'elle n'est pas une substance à trois dimensions.

« ... Nous concevons des forces qui, tout en étant simples, inétendues, ne subsistent que par les corps où elles sont, en vertu de l'union qu'elles ont avec la matière. *En est-il de même de l'âme humaine ? N'est-elle que simple, ou bien est-elle encore spirituelle, c'est-à-dire portant en elle-même la raison de sa subsistance ?*

« Pour le prouver, on peut partir de ce principe de l'École : *L'opération suit l'être et lui est proportionnée*. Donc si un être a une opération qu'il accomplissé comme agent isolé, libre, transcendant, cet être doit avoir une existence transcendante, libre et qui appartienne en propre à sa nature. Or on trouve dans l'âme humaine une opération transcendante, libre, dégagée de la matière : c'est *la pensée.*

« Une opération, ayant pour objet une réalité tout immatérielle, est par nécessité tout immatérielle. C'est la conséquence du principe que tout effet a sa cause proportionnée. Or quels sont les objets où s'adresse et se porte de préférence la pensée ? N'est-ce pas la justice, l'honneur, la vertu, le droit, le devoir, le nécessaire, le contingent, l'absolu ? Ces objets sont tout à fait immatériels. L'acte qui les atteint, la pensée qui les conçoit, sont donc tout à fait immatériels. — La force d'où la pensée provient n'est donc pas engagée tout entière dans le corps, mais le dépasse : elle est dans le corps une force libre et transcendante, dans son mode d'être comme dans son mode d'agir. — Comme elle a une opération que le corps ne peut point lui donner, puisqu'il n'y peut pas même atteindre, ainsi elle a une existence qu'elle ne tient point de lui, mais d'elle-même et d'elle seule. » (*Dict. apolog.*, art. *Âme.*)

Dans la *Connaissance de Dieu et de soi-même*, Bossuet, tout en distinguant nettement l'entendement et la volonté, les réunit sous le nom d'*opérations intellectuelles,* c'est-à-dire d'opérations *inorganiques, spirituelles,* non attachées aux organes ou aux mouvements corporels. Les opérations végétatives et sensitives sont *organiques :* elles ne peuvent s'exercer que par les organes corporels. La sensation et la perception sensible ont pour sujet le composé tout entier, âme et corps. Les premières données sur lesquelles s'exercent nos facultés intellectuelles leur étant fournies par les sens, la fonction organique est une *condition d'exercice* de l'acte intellectuel ou de l'acte volontaire ; mais elle n'est que cela.

Il n'y a rien de corporel dans notre faculté de concevoir l'universel, l'immatériel, ou dans celle de vouloir le bien immatériel, le bien universel : elle s'exerce en dehors de toute matière ; elle a le pouvoir de se replier sur elle-même par une réflexion si intime, qu'elle ne fait plus qu'une seule et même chose du connu et du connaissant, du voulu et du voulant ; les facultés sensitives, assujetties à des organes composés de parties distinctes et impénétrables, sont incapables d'un retour qui va jusqu'à la pénétration. Cette distinction sert à résoudre la question de l'immortalité de l'âme. L'âme des bêtes, n'ayant que des opérations sensitives entièrement dépendantes des organes, est incapable d'aucune vie aussitôt que le corps meurt. L'âme humaine, au contraire, outre les opérations sensitives qui lui sont communes avec l'animal, possède une vie et des opérations indépendantes des organes corporels et qu'elle ne doit point perdre en perdant son corps : « Autant que Dieu restera à l'âme, autant vivra notre intelligence ; et quoi qu'il arrive de nos sens et de notre corps, la vie de notre raison est en sûreté. » (Voir *Conn. de Dieu et de soi-même*, III, I-XI, XII-XV ; V, XIII-XIV).

III. — SPIRITUALISME ET MATÉRIALISME

Le spiritualisme professe que l'âme humaine est un principe spirituel, distinct du corps ; le matérialisme prétend qu'elle n'est qu'une des fonctions du corps et de la matière. Les arguments du spiritualisme relatifs à l'âme seront exposés et discutés avec les preuves de l'immortalité de l'âme ; ces arguments renferment, au fond, des réponses à toutes les objections du matérialisme, dont voici les principales.

1re **Objection.** — Elle se tire de la concomitance constatée entre les faits physiologiques et les faits psychiques. Les matérialistes allèguent d'abord l'action du corps sur l'âme, les rapports du cerveau et de la pensée. Il y a, disent-ils, corrélation entre les états de l'âme et ceux du corps : celui-ci ne peut être malade sans que celle-là souffre aussi ; l'altération de tel organe entraîne l'altération de telle faculté ; l'ablation d'un lobe du cerveau supprime une fonction de l'activité ; pas de cerveau, pas de pensée ; accroissement ou affaiblissement simultané du cerveau et de la pensée. Or des phénomènes si étroitement unis ne peuvent appartenir qu'au même sujet ; il n'y a donc pas en nous deux substances distinctes, mais une seule, qui est le corps.

Réfutation. — L'objection revient à dire : Le physique influe sur le moral, donc l'âme n'existe pas. — De la corrélation de deux choses et de leur influence réciproque, on doit conclure à leur union intime, mais non à leur identité substantielle et à la négation de l'une d'elles.

Dans l'état actuel de notre existence, le cerveau est la *condition* de l'exercice de la pensée, non la *cause* de la pensée. Le cerveau est à l'âme, pour la pensée, ce qu'est l'instrument au musicien. Que son instrument lui manque ou qu'il soit en mauvais état, le musicien paraîtra impuissant ou malhabile. En conclura-t-on que l'instrument est la cause de la mélodie ?

Les matérialistes peuvent-ils d'ailleurs déterminer, sans se contredire, les conditions du cerveau, — poids, forme, volume, constitution chimique, mouvements de molécules, — desquelles dépend la pensée ? La pensée n'a aucun de ces caractères.

De la corrélation dynamique du corps et de l'âme, on ne peut induire leur identité substantielle. — Que l'âme soit intimement unie au corps et ne fonctionne qu'avec son concours, rien n'est plus certain ; on a vu que même dans l'acte le plus pur d'intelligence, il y a un concours nécessaire et important des organes [1] ; mais qu'il suive de là que l'âme et le corps ne soient qu'une seule et même substance, rien n'est plus faux.

Il est aussi illogique, a-t-on dit avec raison, d'induire de leur corrélation dynamique leur identité substantielle, qu'il le serait, en mécanique, de conclure que deux forces sont une force unique à cause des variations que subit leur résultante, à mesure que varie l'une ou l'autre des composantes, ou, en chimie, d'identifier l'oxygène et l'hydrogène, parce que ces deux gaz paraissent perdre, en se combinant, toutes leurs propriétés respectives.

Le concert du dynamisme psychologique, c'est-à-dire de *l'ensemble des forces ou puissances de l'âme*, et du dynamisme physiologique, de *l'ensemble des forces ou fonctions du corps*, et la coïncidence des phénomènes qui émanent de l'un et de l'autre, ne détruisent ni n'infirment, en aucune façon, le témoignage de ma conscience et de ma raison : l'une m'atteste qu'il y a en moi un être pensant, simple et identique ; l'autre, que cet être ne peut avoir rien de commun avec la matière, dont les caractères sont opposés. L'objection tirée de l'action du corps sur l'âme, du cerveau sur la pensée, passe donc à côté de la question. C'est la vieille confusion sophistique, déjà signalée en logique, de la condition et du principe, de la cause instrumentale et de la cause efficiente.

Mais, dira-t-on, de ce que les phénomènes de la digestion ne peuvent pas s'accomplir sans l'estomac, j'induis légitimement que c'est l'estomac qui

---

[1] « Le cerveau travaille dans le crâne du penseur. Il y a des vibrations de cellules dans la couche corticale du cerveau ; il y a, pour les rendre possibles, un *afflux* sanguin d'autant plus abondant que l'effort intellectuel est plus intense ; il y a une élévation de température qui en résulte ; il y a enfin une combustion de matière organique. Plus l'âme pense, plus le cerveau brûle de sa propre substance. Et c'est ainsi que le travail de tête engendre, autant que le travail des muscles, la sensation de la faim.

« Enfin, si ce travail est excessif, il y a fatigue, douleur dans l'encéphale ; et la prolongation de cet excès entraîne un état morbide, quelquefois même des lésions matérielles que l'autopsie pourra reconnaître après la mort et qui seront comme la signature terrible de l'animalité, laquelle ne permet pas qu'on l'oublie, quand on veut faire la part de l'esprit. »

(Mgr D'HULST.)

digère; or les faits de pensée ne peuvent pas s'accomplir sans le cerveau; donc c'est le cerveau qui pense. On répond : Dans le phénomène *digestion*, l'observation ne découvre rien que d'extérieur; le fonctionnement de l'estomac suffit à l'expliquer. Dans le phénomène *pensée*, l'observation externe découvre des modifications du cerveau; l'observation psychologique révèle des faits d'un autre ordre, irréductibles aux premiers. Donc ces deux ordres de faits sont à la fois liés et distincts, ils n'ont pas la même cause ni le même sujet.

La pensée a pour cause une force immatérielle et n'est point une fonction de cellule cérébrale. — « La pensée dépend du cerveau, dites-vous; mais elle en peut dépendre en deux manières : ou comme de son principe direct, de sa cause efficiente prochaine, immédiate, ou comme d'un principe indirect, éloigné, médiat, qui serait ou poserait une simple condition, et ne serait point la cause même de la pensée. Il ne vous sert donc de rien de dire et de montrer que tout état ou opération psychique est invariablement associé à un état nerveux, que toute pensée est liée à un concomitant physique, cérébral, déterminé. Tout cela est accordé. Ce qui ne l'est pas, c'est que la cellule nerveuse, c'est que le cerveau ne pose point, ne réalise pas seulement une condition préalable de la pensée, mais vibre la pensée elle-même. Voilà le point précis à démontrer et que le matérialisme ne saurait démontrer, car sa thèse est fausse.

« On le prouve ainsi : — Tout effet a une cause, et une cause proportionnée; d'où cette conséquence nécessaire : une opération immatérielle a pour cause un agent prochain immatériel, et ne peut pas avoir un agent prochain immédiat, matériel, puisque, dans ce cas, il aurait une cause qui ne lui serait pas proportionnée. — Or, en nous la pensée, c'est-à-dire l'acte de concevoir, de saisir par l'esprit un objet de nature immatérielle, comme l'honneur, le droit, le devoir, la vérité, l'amour, la liberté, la contingence, la nécessité, etc., est un acte tout immatériel : s'il était matériel, en effet, s'il était d'un ordre inférieur à son objet, il ne pourrait évidemment l'atteindre ni le saisir. — Donc, la pensée a pour cause, pour principe prochain, une force immatérielle, et n'est point une fonction de cellule cérébrale. »   (P. Coconnier.)

2ᵉ Objection. — Les matérialistes allèguent, en second lieu, la corrélation des forces. La chaleur se transforme en lumière et en mouvement; le mouvement produit la lumière, la chaleur, le son, etc. De même, les mouvements du cerveau se transforment en pensées. La pensée est un ébranlement des fibres et des molécules cérébrales, une transformation du mouvement.

Réfutation. — Lumière, chaleur, mouvement, phénomènes physiques, sont autre chose que la sensation de lumière, de chaleur, de mouvement, phénomène psychologique; et la sensation elle-même, occasion, matière, condition de la pensée, n'est pas la pensée. La pensée est *simple et indivisible*, *connue seulement par la conscience*; le mouvement est *un mode d'une chose étendue et divisible*, quelque chose *d'accessible aux sens*. L'un n'est pas l'autre; il répugne à la raison que l'un devienne l'autre. Ce que les matérialistes devraient expliquer et n'expliquent pas, c'est la transformation d'une force en une force d'une autre nature; c'est comment un mouvement extérieur peut devenir pensée ou phénomène intellectuel. La seule explication admissible est celle des spiritualistes : l'existence d'un principe pensant coexistant avec le cerveau, mais indépendant de lui dans son essence.

« Entre les modes de l'âme (*sensations, pensées, sentiments, volitions*) et le mouvement, dit M. P. Janet, il n'y a aucune espèce de rapport; leurs caractères s'excluent réciproquement. Un mouvement peut être rectiligne, circulaire, en spirale; qu'est-ce qu'une volition en spirale, un sentiment circulaire, une pensée rectiligne? Mes idées sont vraies ou fausses; mes volitions, bonnes ou mauvaises; mes affections, morales ou immorales : qu'est-ce qu'un mouvement vrai ou faux, bon ou mauvais, moral ou immoral? Bref, il m'est impossible de me représenter un mouvement pensant; cela implique contradiction. »

De plus, alors même que la pensée ne serait qu'un mouvement, la matière seule, essentiellement inerte, ne le saurait produire [1].

La matière ne change jamais spontanément d'état; elle ne se meut que sous l'impulsion d'une force quelconque, qui, dans le fait de la pensée, ne peut être qu'une force consciente d'elle-même, une âme intelligente.

Mais nous ne connaissons pas suffisamment la matière et ses propriétés, dit-on; une science plus complète constatera que la pensée est une propriété de la matière, comme l'électricité et le magnétisme. — La matière ne peut pas avoir des propriétés contradictoires; or les propriétés que nous connaissons sont absolument incompatibles avec la pensée, le sentiment, la volition, avec l'unité et l'identité du moi. L'intelligence et la volonté libre supposent une unité et une spontanéité qui manquent à la matière divisible et inerte.

NOTES COMPLÉMENTAIRES

Le *matérialisme complet* est un système philosophique qui ne nie pas seulement l'âme, mais qui n'admet d'autre substance que la matière. Il ne veut pas reconnaître Dieu, cause du monde, ni l'âme dans l'homme; ne nier que l'un ou l'autre seulement, c'est être inconséquent. Le matérialisme attaque donc les deux points les plus essentiels à l'homme : la croyance en Dieu et à une âme spirituelle et immortelle.

Mais, en refusant de reconnaître dans l'univers un être supérieur à la matière, une cause infiniment puissante et intelligente, il est forcé d'attribuer au hasard l'ordre admirable qui règne dans la nature, la coordination harmonique des êtres organisés.

Dans l'homme, il doit rapporter au corps, à la matière, toutes les opérations de l'intelligence, les vérités premières données par la raison, et la foi morale qui, dans certains cas, nous ordonne le sacrifice des intérêts matériels, et qui donne naissance à une lutte entre la passion et le devoir. De là, des objections auxquelles le matérialisme n'a jamais répondu, tandis que les démentis qu'il donne au sens commun, à la conscience et à la raison, suffiraient pour le réfuter.

Les matérialistes les plus célèbres n'ont produit que des doctrines jugées depuis longtemps : chez les anciens, Leucippe, Démocrite, Épicure, Straton et Diagoras; chez les modernes, Hobbes, le baron d'Holbach, Helvétius, Lamettrie, Cabanis, Broussais. *Le panthéisme*, qui absorbe Dieu dans le monde, peut être regardé comme un système matérialiste.

Tous les adeptes de cette triste doctrine se fondent sur l'impossibilité d'expliquer comment deux substances absolument différentes agissent l'une sur l'autre. Ils oublient qu'on n'explique pas mieux comment les corps agissent sur les corps, comment deux molécules de matière s'attirent ou se repoussent. Où en serait l'homme, s'il devait nier tout ce qu'il ne peut expliquer? Le sens commun dit avec La Fontaine :

> Je sens en moi certain agent,
> Tout obéit dans ma machine
> A ce principe intelligent.
> Il est distinct du corps, se conçoit nettement,
> Se conçoit mieux que le corps même :
> De tous nos mouvements, c'est l'arbitre suprême.

Le P. Monsabré résume ainsi les arguments par lesquels se réfute le matérialisme complet : « 1° Nous avons l'idée précise d'être tout à fait différents, par nature, de la matière; l'idée de forces (Dieu, l'âme) qui lui sont

---

[1] « L'état stationnaire est essentiel à la matière. Les meilleurs physiciens sont d'accord, sur ce point, avec la naturelle propension de notre esprit, à croire au mouvement acquis. Selon eux, l'inertie est le résultat principal de l'expérience et le fondement de la mécanique; la physique doit toujours faire entrer la matière dans ses calculs comme coefficient d'inertie. » (P. MONSABRÉ.)

supérieures. Comment cette idée nous est-elle venue, s'il n'y a jamais eu et s'il n'y a encore que la matière ? Il est impossible que nous puissions imaginer des choses dont les éléments n'ont pas existé, n'existent pas et n'existeront jamais.

« 2° Dieu représente pour nous le nécessaire, l'infini, le parfait, le suprême. La matière est incapable de porter le poids de ces idées, c'est-à-dire d'en donner la raison.

« 3° Mise en présence du mouvement universel, de l'immense variété des êtres et de l'ordre du monde, la matière (*système matérialiste*) nous force d'accepter trois mystères parfaitement inintelligibles, à savoir : *l'inertie* devenant essentielle à l'origine de tout mouvement ; *l'indifférence* et *l'uniformité* produisant l'immense variété des êtres ; *l'inintelligence* engendrant l'harmonie[1].

« 4° Considérée dans le cerveau humain, dont elle se glorifie comme de son plus bel ouvrage, la matière est convaincue, encore une fois, de complète impuissance. Si nous lui attribuons la conscience de notre moi, il faut faire dériver, contre toute raison, l'immuable du changeant ; si nous lui attribuons nos idées, nos jugements, nos raisonnements, il faut faire dériver l'un du divisible ; si nous lui attribuons nos volontés, il faut faire dériver le libre du fatal ; si nous lui attribuons notre notion et notre sentiment du devoir, il faut faire dériver le méritoire de l'irresponsable. » (Voir, pour le développement, *Carême 1873*, 6ᵉ conférence, 2ᵉ partie.)

TABLEAU ANALYTIQUE

DE L'ÂME. — SPIRITUALISME ET MATÉRIALISME

I. L'âme. — Quelques définitions.

La question de l'âme, de sa nature, de sa destinée, est une de celles dont l'étude doit le plus nous intéresser. Très souvent, en effet, les erreurs commises en morale, sur la responsabilité et l'immortalité, sont la conséquence de celles qui ont été posées en psychologie sur la liberté et la spiritualité.

On a donné un grand nombre de définitions de l'âme :

Aristote la considère comme le *principe de vie des êtres animés*, et distingue trois sortes d'âmes : l'âme *végétative*, l'âme *sensitive*, et l'âme *humaine*. (Voir 1ʳᵉ leçon de Psychologie.)

Saint Augustin la définit : une substance qui participe à la raison, créée pour être unie à un corps et le régir ;

Saint Thomas : une substance spirituelle, libre, immortelle, unie à un corps comme forme substantielle, et principe de son activité, soit nutritive, soit sensitive, soit intellectuelle ;

Bossuet : une substance intelligente, née pour vivre dans un corps et lui être intimement unie ;

Reid et les Écossais : un principe immatériel et immortel d'action, cause de toutes nos opérations.

Toutes ces définitions sont à peu près équivalentes et peuvent se ramener à celle du catéchisme : L'âme est une substance spirituelle, libre et immortelle, créée pour être unie à un corps. — Voici maintenant quelques définitions erronées :

---

[1] On trouve dans l'effet ce qui manque à la cause :
Du mouvement fatal jaillit la liberté ;
L'amour est le reflet d'une insensible essence ;
De l'aveugle matière éclôt l'intelligence,
Et de l'impersonnel, la personnalité.

C'est la négation, ou plutôt le renversement de tous les principes de la raison.

« Singulière cause, dit justement un critique moderne, qui brise toutes les lois de la logique ; qui, en tout, agit en opposition avec elle-même ; qui, inintelligente, fait une œuvre intelligente ; qui, aveugle, engendre l'harmonie ; qui, imprévoyante, pourvoit à tout ; qui, fortuite, crée l'ordre ; qui, inconsciente, établit la solidarité ; qui, fatale, se conduit comme si elle avait une volonté ; qui, inanimée, enfante l'âme et la vie ; qui, privée de raison, d'entrailles et de sentiments, fait des miracles de génie et d'amour. »
(Cité par le P. Monsabré.)

DE L'ÂME. — SPIRITUALISME ET MATÉRIALISME (Suite.)

I. L'Âme.
Quelques définitions.
(Suite.)

- Pour Descartes, l'âme est un principe spirituel dont l'essence est la pensée : l'âme pense toujours ; tout ce qui ne pense pas n'a pas d'âme ; de là l'automatisme des bêtes.
- Pour Spinoza, l'âme n'est qu'un groupe d'idées, et les idées sont les formes de la pensée divine (panthéisme); l'âme n'a ni liberté ni immortalité personnelles.
- Pour Condillac et les sensualistes, l'âme, c'est la sensibilité prenant connaissance des sensations.
- Pour Taine et les phénoménistes, ce n'est qu'un faisceau de sensations, un phénomène purement nerveux.

II. Simplicité et spiritualité de l'âme.

- Il faut distinguer la *simplicité* ou l'*immatérialité* de l'âme de sa *spiritualité*.
- Toutes les âmes (végétative, sensitive, raisonnable) sont *immatérielles* ; l'âme raisonnable seule est *spirituelle*.
- Ce qui caractérise l'*immatérialité*, c'est la *simplicité* et l'*indivisibilité*.
- Ce qui caractérise la *spiritualité*, c'est d'abord les attributs de l'immatérialité, plus la *liberté* et l'*intelligence*.
- Le principe immatériel ne peut exister que dans un corps ; le principe spirituel peut exister indépendant du corps.
- C'est là la solution du problème de l'âme des bêtes.
- On ne peut pas prouver l'immortalité de l'âme par sa simplicité toute seule, comme l'a fait Descartes.

III. Matérialisme et spiritualisme.

- Le *spiritualisme* professe que l'âme humaine est un principe spirituel distinct du corps.
- Le *matérialisme* prétend qu'elle n'est qu'une des fonctions du corps et de la matière.
- Les matérialistes opposent deux principales objections à la doctrine spiritualiste.

1re Objection.
- Ils tirent la première de la concomitance constatée entre les faits *physiologiques* et les faits *psychiques*.
- Il y a, disent-ils, corrélation entre les états de l'âme et ceux du corps : l'altération de tel organe entraîne l'altération de telle faculté ; l'ablation d'un lobe du cerveau supprime une fonction de l'activité ; pas de cerveau, pas de pensée.
- Or des phénomènes si étroitement unis ne peuvent appartenir qu'au même sujet.
- Il n'y a donc pas en nous deux substances distinctes, mais une seule, qui est le corps.
- *Réfutation.* — L'objection revient à dire ceci : Le physique influe sur le moral, donc l'âme n'existe pas.
- De la corrélation de deux choses et de leur influence réciproque on doit conclure à leur union intime, mais non à leur identité substantielle et à la négation de l'une d'elles.
- Le cerveau est la *condition* de la pensée (dans l'état actuel), non la cause de la pensée.

2e Objection.
- La deuxième objection est tirée de la *corrélation des forces*.
- La chaleur se transforme en lumière et en mouvement ; le mouvement produit la lumière, la chaleur, le son, etc.;
- De même les mouvements du cerveau se transforment en pensée.
- La pensée n'est qu'un ébranlement des fibres cérébrales ; c'est la fonction la plus élevée du cerveau.
- *Réfutation.* — Lumière, chaleur, mouvement, phénomènes physiques sont autre chose que la sensation de lumière, de chaleur, de mouvement,

DE L'ÂME. — SPIRITUALISME ET MATÉRIALISME *(Suite.)*	III. Matérialisme et spiritualisme. *(Suite.)*	2ᵉ Objection. *(Suite.)*	phénomènes psychologiques ; et la sensation elle-même, occasion, matière, condition de la pensée, n'est pas la pensée. Entre les modes de l'âme (sensations, pensées, sentiments, volitions) et le mouvement, il n'y a aucune espèce de rapport ; leurs caractères s'excluent réciproquement : qu'est-ce qu'une pensée rectiligne, en spirale, circulaire ? ou qu'est-ce encore qu'un mouvement bon ou mauvais, moral ou immoral ? Les matérialistes, ne se tenant pas pour battus, objectent encore notre connaissance insuffisante de la matière dans l'état actuel de la science. On leur répond que la matière ne saurait avoir des propriétés contradictoires ; or celles que nous connaissons sont incompatibles avec la pensée.
		Outre la spiritualité de l'âme, le matérialisme nie encore Dieu. (Voir *Preuves de l'existence de Dieu*.) La doctrine matérialiste fut soutenue dans l'antiquité par Leucippe, Démocrite, Épicure ; Chez les modernes, par Hobbes, d'Holbach, Helvétius, Lamettrie, Cabanis, Broussais. Le *panthéisme*, qui absorbe Dieu dans le monde ; Le *sensualisme*, qui enseigne que toutes nos connaissances nous viennent par les sens ; Le *positivisme*, qui n'affirme que ce qui tombe sous les sens et le calcul, — aboutissent au matérialisme.		

5° LEÇON

IMMORTALITÉ DE L'AME

I. — IMPORTANCE DE CETTE QUESTION

Comme l'existence de Dieu, l'immortalité de l'âme est prouvée depuis longtemps. Ces deux vérités vont ensemble. La foi du genre humain ne les a jamais séparées, parce que l'on ne peut accepter l'une sans admettre l'autre, et que le matérialisme, aussi bien que l'athéisme, avec lequel il se confond en définitive, sont condamnés par tous les instincts et toutes les idées de l'âme humaine.

Elles sont si profondément enracinées dans notre nature, qu'il faut plutôt montrer que l'homme y croit, que de démontrer qu'il doit y croire. Il y croit, mais il n'y pense pas assez, ce qui a inspiré à Pascal ces fortes expressions : « L'immortalité de l'âme est une chose qui nous importe si fort et qui nous touche si profondément, qu'il faut avoir perdu tout sentiment pour être dans l'indifférence de ce qui en est. Toutes nos actions et toutes nos pensées doivent prendre des routes si différentes, selon qu'il y a ou non des biens éternels à espérer, qu'il est impossible de faire une démarche avec sens et jugement, tant que cette question n'est pas résolue... L'indifférence en une affaire où il s'agit de nous-mêmes, de notre éternité, de notre tout, m'étonne, m'irrite, m'épouvante. »

« Comment voulez-vous, dit de son côté Jouffroy, que l'homme vive en paix, quand sa raison, chargée de la conduite de la vie, tombe dans l'incertitude sur la vie elle-même et ne sait rien de ce qu'il faut qu'elle sache pour remplir sa mission? Comment vivre en paix, quand on ne sait ni d'où l'on vient, ni où l'on va, ni ce qu'on a à faire ici-bas? quand on ignore ce que signifie et l'homme et l'esprit et la création? quand tout est énigme, mystère, sujet de doute ou d'alarmes? Vivre en paix dans cette ignorance est une chose contradictoire et impossible! »

« Il faut, a dit Joubert, éviter, dans nos opérations intellectuelles, tout ce qui sépare l'esprit de l'âme. L'habitude du raisonnement abstrait a ce terrible inconvénient. » L'inconvénient signalé est terrible en ce qu'il détourne l'esprit du vrai, du bien, du beau. L'immortalité de l'âme est une de ces vérités à propos desquelles il est bon de se rappeler cette pensée de Joubert, une de ces vérités qui doivent être comprises avec l'âme non moins qu'avec l'intelligence; car, quelque certitude qu'on leur donne, il reste toujours une place pour le mystère et pour la foi. La révélation nous donne sur cette vérité la certitude, nécessaire à l'action, et nous commande la foi, nécessaire au mérite.

L'homme croit naturellement à l'immortalité de l'âme. — « Notre immortalité nous est révélée d'une révélation innée et infuse dans notre esprit. Dieu lui-même, en le créant, y dépose cette parole, y grave cette vérité, dont les traits et le sens demeurent indestructibles. Mais, en ceci, Dieu nous parle tout bas et nous illumine en secret. Il faut, pour l'entendre, du silence intérieur; il faut, pour apercevoir sa lumière, fermer nos sens et ne regarder que dans nous. » (JOUBERT.)

« Spontanée ou réfléchie, l'idée de l'immortalité se rencontre dans tous les esprits; aucun homme qui ne sente, ou ne pense, ou ne fasse des choses dont la portée dépasse le tombeau, des choses qu'il ne ferait, ne penserait et ne sentirait point, si l'idée de l'immortalité n'était en lui. D'où vient à l'homme cette idée?... L'homme ne la reçoit ni de l'expérience, ni de la science. Le monde extérieur ne la lui fournit point; son esprit ne l'a point inventée. C'est du fond de son âme qu'elle surgit en lui; il se sent, il se voit, il se sait immortel. » (GUIZOT.) « Une grande pureté du cœur, une vive sensibilité morale, l'habitude de se surveiller soi-même et de cultiver en soi les idées, les sentiments qui élèvent l'homme au-dessus de la terre, sont les conditions les plus favorables pour saisir le fait même de l'immortalité au fond de la conscience et en prendre fermement possession. » (ID.)

« Il existe dans tous les cœurs, chez tous les peuples, dans tous les temps, un sentiment de respect pour les morts qui est un signe éclatant de la croyance invincible et universelle à la vie future... Ce sentiment découle évidemment d'un double principe, d'une double cause, le respect pour le corps de l'homme, qui a été comme une demeure consacrée par la présence de l'âme, et la conviction que les morts seraient affligés de notre mépris, de notre négligence ou de notre oubli. « Ainsi, dans le respect des morts, dit Guizot, est évidemment « contenue la croyance à l'immortalité de l'être humain, à l'individualité de l'être « immortel, à la persistance d'un certain lien, d'une certaine société entre ceux « qui sortent du monde actuel et ceux qui y demeurent. » (Mgr TURINAZ, l'Ame.)

II. — PREUVES DE L'IMMORTALITÉ DE L'AME

On donne généralement quatre preuves de l'immortalité de l'âme; elles forment une démonstration si rigoureuse, qu'il est aussi impossible de douter de la vie future que de la vie présente.

Première preuve (pr. *morale*). — La première se tire de l'*insuffisance des sanctions terrestres*. Elle se formule ainsi :

Nous sommes les sujets d'une loi éternelle et parfaite; cette loi, c'est l'ordre absolu, et dans l'ordre absolu rentre nécessairement l'idée de la justice absolue, d'une sanction infaillible et complète. Cette sanction n'existe pas en ce monde et ne saurait y exister, dans les conditions où il est; nous la trouverons donc dans un autre : « Tout commence en ce monde, et tout finit ailleurs[1]. » La loi d'après laquelle nous devons régler notre vie nous ordonne d'en attendre une autre.

En un mot, la loi morale est absolue ou elle n'est pas; si elle est absolue, elle est l'ordre parfait, qui comprend la justice parfaite; d'où il suit que l'idée du bien implique l'idée d'immortalité, et que croire au devoir, c'est croire à l'immortalité de l'âme.

---

[1] « Rien dans le monde moral n'est perdu, comme, dans le monde matériel, rien n'est anéanti. Toutes nos pensées et tous nos sentiments ne sont, ici-bas, que le commencement de sentiments et de pensées qui seront achevés ailleurs. » (JOUBERT.)

« Deux sentiments plongent leurs racines plus avant que tous les autres dans les profondeurs de notre nature : le désir du bonheur et le besoin de justice, c'est-à-dire le besoin de rattacher le bonheur à la vertu. Je veux être heureux, c'est le cri de tout mon être. Je me sens obligé au bien, non seulement parce que c'est le moyen d'être heureux, mais parce que c'est le devoir, parce que c'est l'ordre. Ce sont là deux faits primitifs, et souvent le second semble en conflit avec le premier. Je ne puis poursuivre ce qui me semble conduire au bonheur sans trahir le devoir; je ne puis embrasser le devoir tout entier sans sacrifier quelque chose du bonheur. Eh bien! voici une évidence qui se fait jour au fond de moi-même : c'est que ce désaccord n'est qu'apparent, passager; qu'en elles-mêmes ces deux choses, vertu et bonheur, sont faites l'une pour l'autre; que le bonheur sans la vertu est une iniquité commise; que la vertu sans le bonheur est une iniquité subie. J'ai pour devoir d'être juste et pour droit d'être heureux. Or, ici-bas, le juste est souvent malheureux, l'homme heureux est souvent injuste. Donc le dernier mot de ma destinée ne se prononce pas ici-bas. Il y a, au delà de cette vie fugitive, un domaine ouvert aux réparations nécessaires, un royaume absolu de la justice. Eh quoi! s'écriait Jouffroy, je vois la convenance, la nécessité, la grandeur de l'ordre dans l'hypothèse d'une autre vie, et cette hypothèse ne serait qu'une chimère impossible, absurde? La plus grande absurdité serait, au contraire, que cette vie fût tout; donc il y en a une autre. » (Mgr D'HULST.)

« N'y eût-il, au centre du monde désolé, qu'un seul pécheur heureux, il prouverait la nécessité d'une peine future, de toute la force de son impunité présente. N'y eût-il, au milieu des méchants en liesse, qu'un seul juste malheureux, il prouverait la nécessité d'une récompense future, de toute la force de son infortune imméritée. » (P. MONSABRÉ.) « Sous le soleil, dit l'Ecclésiaste, j'ai vu l'iniquité à la place de la justice, et j'ai dit dans mon cœur : Dieu jugera le juste et l'impie, et alors sera le temps de toutes choses. »

Que l'animal périsse tout entier par la mort, cela se conçoit : il n'a pas la raison ni la liberté, il n'est pas un être moral, une personne; il n'est pas responsable, il n'a pas de devoirs; il appartient à l'ordre physique : on ne voit rien en lui qui puisse, qui doive survivre à la dissolution du corps; mais à l'homme dépouillé de ce qu'il a de commun avec l'animal il reste la raison, la liberté, l'amour; il reste un être conscient, personnel, qui pense et qui veut, et qui traduit en action cette double puissance de sa nature; il reste tout ce qui, en lui, constitue la personne, tout ce qui appartient à l'ordre moral, pour lequel et par lequel l'ordre physique existe.

Que si, dans les conditions présentes, l'âme se sert d'organes et particulièrement du cerveau pour ses opérations, qui ne sait que ce n'est pas à l'aide du corps que l'âme comprend? Et qui ne voit que la pensée, étant une chose spirituelle, n'est point essentiellement liée à l'organisme?

Seconde preuve (pr. *métaphysique*). — La seconde preuve se tire de la *spiritualité de l'âme humaine*.

L'âme de l'homme n'est pas seulement active, une et identique, comme celle de l'animal, elle est encore intelligente et libre. Or l'intelligence et la volonté sont des facultés immatérielles et indépendantes de l'organisme. D'où il suit que la mort les laisse subsister dans leur intégrité.

C'est parce que l'âme humaine a une vie supérieure qui lui est propre, une vie autonome et séparable du corps, qu'elle est dite *subsistante*; dans l'animal, où la fonction organique fait partie de l'acte de sentir et de percevoir, rien ne révèle une âme subsistante.

On comprend que le corps composé d'éléments se renouvelant sans cesse, et ne subsistant que par le principe qui l'anime, doive, séparé de ce principe, cesser d'être un tout, se dissoudre et périr sous l'action des forces naturelles qui désagrègent ses éléments : — on comprend que l'âme de l'animal, qui n'est pas un esprit, qui n'a qu'une unité et une simplicité imparfaites, qui ne se suffit pas à elle-même, n'a pas une vie propre, mais une vie mixte, inhérente au composé, âme et corps; qui est absolument dépendante des sens et ne s'élève pas au-dessus de leur cercle borné, qui est uniquement apte aux sensations, s'évanouisse avec l'organisme auquel elle est asservie; mais on ne comprend pas que l'âme humaine, substance spirituelle, dépassant la sphère des sens et s'élevant au-dessus d'eux dans ses opérations les plus élevées[1], dans la connaissance des vérités éternelles, objet naturel de son entendement, dans l'amour du bien et du beau absolus[2], ayant une vie propre, une vie qui n'appartient qu'à sa pure et simple nature, subsistant en elle-même, agissant en elle-même et par elle-même, puisse périr avec le corps qu'elle cesse d'animer.

« Aucun travail des forces physiques, chimiques et mécaniques, ne peut avoir d'action sur l'être simple qui subsiste en lui-même, qui se meut de lui-même, qui est le moi lui-même, et Cicéron a eu raison de dire : L'esprit de l'homme sent qu'il est mû par sa propre force et non par une force étrangère, et que jamais il ne s'abandonnera; c'est ce qui fait son immortalité. » (P. Monsabré.) Reste cette supposition que Dieu pourrait anéantir l'âme. Sans doute, il le pourrait; mais Dieu ne se dédit pas et n'agit que par raison parfaite. Il n'a pas de raison parfaite de détruire l'âme; il en a une de la conserver : la sanction parfaite de la loi morale.

« *C'est pour l'être que Dieu a créé les choses*, a dit saint Thomas. Ces quelques mots semblent naïfs; ils ont une profondeur immense. « Les dons de Dieu, dit « l'Écriture, sont sans repentance. » Entre tous et par-dessus tous, le don de l'être. L'existence peut changer de lieu et de forme, l'être reste. Rien ne se perd dans la somme des éléments que Dieu a faits pour entrer dans la composition de la matière[3]. Quand ils cessent de faire partie d'un ouvrage, la nature, selon la pensée de Bossuet, les reprend pour un autre ouvrage. Puisque la toute-puissance de Dieu respecte ainsi les myriades d'atomes dont se composent les corps, comment croirais-je qu'il veut détruire mon âme..., qui, dans son indivisible substance, a plus d'être que n'en contiennent tous les êtres de la matière répandus dans les espaces? » (P. Monsabré.)

Mais, dira-t-on, comment l'âme peut-elle exister séparée du corps? — La difficulté n'est pas de comprendre comment l'âme subsiste malgré cette division; il serait bien plus difficile de comprendre qu'elle ne subsistât pas. « Les hommes qui ne comprennent pas, dit Cicéron, qu'une âme séparée du corps puisse exister, comprennent-ils mieux comment l'âme peut habiter un corps et l'animer? N'est-il pas plus facile de concevoir l'âme dégagée du corps et s'élevant aux demeures supérieures, que d'expliquer sa présence dans un corps qui lui ressemble si peu? Est-ce que la raison, la mémoire et les autres facultés de l'âme, si riches, si étendues par leur puissance, sont composées et ressemblent au corps? »

---

[1] Plus l'âme se soustrait aux impressions des sens, plus elle se livre avec fruit aux opérations intellectuelles : « Notre âme, dit saint Thomas, est d'autant plus capable de concevoir les vérités intellectuelles et abstraites, qu'elle se tient plus à l'écart des choses corporelles. »

[2] « Si les vérités éternelles sont l'objet naturel de l'entendement humain, par la convenance qui se trouve entre les objets et les puissances, on voit quelle est sa nature, et qu'étant né conforme à des choses qui ne changent point, il a en lui un principe de vie immortelle. » (Bossuet.)

[3] « Il ne faut pas confondre l'indestructibilité avec l'immortalité. L'indestructibilité n'est que la permanence de la substance comme être; l'immortalité est la permanence de l'individu et de la personne, avec la conscience et la mémoire. L'atome est indestructible, l'âme est immortelle. » (Leibniz.)

L'âme, substance incomplète, mais subsistante. — « L'anthropologie chrétienne nous montre le corps humain comme une substance incomplète, c'est-à-dire n'ayant pas en elle-même la raison de sa spécification et recevant de l'âme les propriétés qui la font corps humain. Elle nous montre l'âme raisonnable, substance incomplète aussi, mais *subsistante* : incomplète, en ce sens qu'elle a besoin d'un corps pour opérer, même intellectuellement; *subsistante pourtant*, puisqu'elle a sa vie propre et pénètre, par son opération supérieure, dans le domaine de l'universel et du permanent, où rien de physique ne trouve sa place; à cause de cela, pouvant être accidentellement séparée du corps auquel elle est naturellement unie.

« Par-dessus la vie végétative et la vie sensitive qu'elle supporte, l'âme est encore le sujet d'une troisième vie qui lui appartient en propre, dont l'autonomie est pour elle objet de conscience, et qui, pour dépendante qu'elle soit des fonctions organiques, dans les conditions actuelles de son exercice, se conçoit au moins hypothétiquement comme séparable de l'organisme. Cette forme, c'est l'âme raisonnable, spirituelle et *subsistante* : *subsistante*, c'est-à-dire se suffisant à elle-même, ayant sa raison d'être indépendamment du rôle qui lui est dévolu comme principe des deux vies inférieures, par conséquent capable, au moins radicalement, de survivre à ces deux vies, que dis-je? naturellement désignée pour leur survivre; car si l'objet qui lui est propre est impérissable, si son activité est proportionnée à cet objet, pourquoi lui serait-il naturel de périr? Et n'est-ce pas à cette capacité de se passer un jour de l'organisme qu'il faut rattacher, même ici-bas, ces circonstances exceptionnelles, qui nous la montrent affranchie par instants de sa dépendance envers le corps, soit sous l'action d'une cause surnaturelle et transcendante, comme dans l'extase, soit sous l'empire d'une cause naturelle encore mal connue, mais expérimentalement constatée, comme dans certains états qui relèvent du magnétisme, et qui donnent lieu, par exemple, aux phénomènes de vue à distance? » (Mgr d'Hulst.)

Troisième preuve (pr. *psychologique*). — La troisième preuve *résulte de l'objet assigné à nos facultés essentielles*, de l'ensemble des besoins de notre nature morale, qui ne peuvent être satisfaits en cette vie. Le vrai, le bien et le beau absolus, la perfection, voilà ce que poursuivent et doivent poursuivre les facultés de l'homme; son intelligence, sa volonté, son cœur : voilà l'idéal qui leur est proposé, voilà le but qui leur est assigné et qui ne peut se concevoir qu'avec une durée immortelle [1].

Le P. Gratry résume ainsi cet argument : « L'homme cherche, il cherche la vie; la vie, telle que l'homme la cherche, est la vie éternelle; donc la vie éternelle l'attend. » Cela revient à dire que Dieu est la fin de l'homme, et que tout manque à l'homme, tant qu'il n'a pas Dieu.

Le désir est toujours proportionné à la connaissance. — C'est une profonde remarque de saint Thomas : « Dans les êtres capables de quelque connaissance, le désir est en proportion de cette connaissance. Le vivant, qui n'a que des sens et une âme sensitive, ne va pas plus loin que l'impression reçue *hic et nunc* (ici et maintenant), et là se borne son désir. Mais le vivant doué d'une âme intelligente connaît l'être d'une manière absolue et selon toute l'étendue de la

---

[1] « Nous n'égalons jamais nos idées, tant Dieu a pris soin d'y marquer son infinité. » (Bossuet.) « L'éternité est dans la nature de l'amour. » (Id.) — Gardons dans nos cœurs avec respect cette simple démonstration de l'immortalité : Je veux aimer toujours ceux que j'aime. Donc ils vivront, et je vivrai. Cette démonstration-là ne s'oublie pas. » (Gratry.)

durée. Son désir ne peut être moins vaste que sa connaissance. Voilà pourquoi toute nature intelligente désire naturellement être toujours. Or un désir naturel comme celui-là ne peut être vain. » (P. MONSABRÉ.) Toute substance intellectuelle est donc impérissable.

Saint Thomas dit ailleurs (dans le *Traité des Anges*) : « L'intelligence est le propre de l'esprit, c'est son opération naturelle; mais l'opération est ce qui fait connaître la nature; si donc l'intelligence est de soi immortelle, l'immortalité appartient à la nature de l'esprit. Or l'intelligence est, en effet, immortelle de soi; car ce qui caractérise une opération, c'est son objet; on ne saisit pas la différence de deux actes spécifiquement distincts (*concevoir et sentir*, par exemple), si l'on ne connaît pas leurs objets respectifs (*vérité et plaisir*); l'opération se mesure donc sur l'objet. Mais l'objet de l'intelligence est impérissable, parce qu'il est la vérité absolue et universelle; donc, l'acte de l'entendement est par soi-même affranchi des conditions du temps; donc aussi la substance intelligente, une fois mise en fonction de connaître, ne s'arrêtera pas naturellement; il faudrait que Dieu l'anéantît. L'immortalité appartient à sa nature. »

Il y a en nous des besoins que les biens de ce monde ne peuvent satisfaire. — « L'homme veut être satisfait en toutes les facultés et puissances de sa nature. L'intensité du bonheur auquel il aspire doit être pénétrée d'éternité[1]. Aucun des biens extérieurs que nous rencontrons autour de nous : richesses, plaisirs, honneurs, ne peut répondre à de pareils désirs. La richesse, c'est le partage du petit nombre. Le meilleur moyen d'y trouver quelque bonheur est de s'en débarrasser pour en faire jouir les autres. Le plaisir, c'est la félicité de la brute. En faisant tressaillir l'âme dans une chair troublée, il développe en nous l'animal aux dépens des plus nobles facultés de notre être. Et s'il n'engendre pas la satiété, après la satiété le dégoût, il nous prépare de honteuses douleurs et hâte en nos organes l'incessant travail de la mort. Les honneurs, la gloire, la renommée, vaine récompense, dont la perfection tient d'autant moins de compte qu'elle la mérite davantage.

« L'amour si précaire et la science si incomplète de ce monde ne suffisent pas non plus au bonheur de l'âme. Quelle étrange chose que l'homme soit si avide et qu'il soit si peu satisfait! Il ressemble à ces gouffres immenses dans lesquels une pierre qui tombe, un cri que l'on pousse, éveillent mille échos endormis et révèlent d'insondables profondeurs. Les biens de la vie présente, à mesure qu'il les engloutit, vont frapper les parois de cet abîme et lui font dire : Encore, encore! « Il y a là comme des besoins infinis, dit le vieil Aristote; c'est donc « à l'infini que les hommes désirent. » L'homme qui réfléchit et raisonne est obligé de reconnaître une disproportion entre les tendances de notre nature et les biens de toute sorte actuellement mis à sa portée par la Providence. Nous voulons savoir, aimer et jouir, et, de l'heure de notre naissance à l'heure de notre mort, nous ne le pouvons pas autant qu'il faudrait pour n'avoir plus aucun bonheur à désirer. Il y a en nous une capacité immense qui n'est pas remplie; nous sommes emportés par un mouvement qui n'aboutit pas. D'où il suit que notre nature, victime d'un mensonge, est un désordre dans l'ordre universel où tous les êtres sont satisfaits. L'atome reçoit tout son bien du centre autour duquel il gravite; la plante, tout son bien de la terre qui la nourrit, de l'air qu'elle respire, de la rosée et des pluies qui l'abreuvent, du soleil qui l'éclaire et la réchauffe; l'animal, tout son bien des sensations qui se succèdent dans son organisme, et auxquelles se bornent les exigences de son instinct. L'homme seul est condamné à désirer toujours et à mourir déçu[2]. On est en

---

[1] « Le bonheur qui peut être perdu n'est plus le bonheur. » (CICÉRON.)
« La vie ne peut pas être appelée heureuse, si elle n'est pénétrée d'éternité. »
(S. AUGUSTIN.)

[2] « Nous traînons jusqu'au tombeau la longue chaîne de nos espérances trompées. — Puisque nous espérons toujours, c'est un signe manifeste que nous ne sommes pas dans le lieu où nous puissions posséder les choses que nous souhaitons. » (BOSSUET.)

droit de se demander si la vie vaut bien la peine de vivre, à moins qu'on ne prolonge son existence au delà de la catastrophe qui semble la supprimer, et qu'on ne donne, en réponse à ses aspirations, l'immortalité, la vie future. » (P. Monsabré.)

Quatrième preuve (pr. *métaphysique*). — La quatrième preuve se tire *des perfections de Dieu : de sa sagesse, de sa bonté et de sa justice*. Ses facultés, qui ne peuvent atteindre leur but ici-bas, l'homme les tient de Dieu, et Dieu, infiniment sage, infiniment bon, infiniment juste, n'a pu tromper l'homme en lui proposant une fin qu'il lui serait impossible d'atteindre.

L'harmonie qui existe dans l'ordre physique, où tout être est organisé en vue de sa fin, ne saurait être absente de l'ordre moral. Ce que poursuivent les facultés de l'homme : la connaissance parfaite, la liberté absolue, la justice infaillible, tout cela est en Dieu, qui autrement n'aurait pu lui en donner l'idée, et si tout cela est en Dieu, et si l'homme y tend et doit y tendre en vertu de sa loi, c'est que Dieu est la fin de l'homme et que l'homme est organisé en vue de cette fin, qui seule explique l'ordre moral et donne un sens à la nature humaine.

Preuve de l'immortalité de l'âme tirée de la connaissance et de l'amour de Dieu. — « S'il y a, dit Bossuet, quelque chose parmi les créatures qui mérite de durer éternellement, c'est sans doute la connaissance et l'amour de Dieu, et ce qui est né pour exercer ces divines opérations. Quiconque les exerce les voit si justes et si parfaites, qu'il voudrait les exercer à jamais; et nous avons, dans cet exercice, l'idée d'une vie éternelle et bienheureuse... Le désir d'une telle vie s'élève et se fortifie d'autant plus en nous, que nous méprisons davantage la vie sensuelle, et que nous cultivons avec plus de soin la vie de l'intelligence. L'âme qui entend cette vie (*vie éternelle et bienheureuse*) et qui la désire ne peut comprendre que Dieu, qui lui a donné cette idée et lui a inspiré ce désir, l'ait faite pour une autre fin... »

Preuve tirée de la révélation. — « Ces raisons sont solides et inébranlables à qui sait les pénétrer; mais le chrétien a d'autres raisons qui sont le vrai fondement de son espérance : c'est la parole de Dieu et ses promesses immuables. Il promet la vie éternelle à ceux qui le servent, et condamne les rebelles à un supplice éternel. Il est fidèle à sa parole et ne change point; et comme il a accompli aux yeux de toute la terre ce qu'il a promis de son Fils et de son Église, l'accomplissement de ces promesses nous assure la vérité de celles de la vie future. » (Bossuet. — Voir la conclusion du *Traité de la Connaissance de Dieu et de soi-même*.)

Jésus-Christ a appris à l'homme à ne pas douter de son être spirituel, en lui apprenant à sacrifier la vie de son corps à la dignité de son âme : *Ne craignez pas*, dit-il aux siens, *ceux qui peuvent tuer le corps, mais qui après cela n'ont pas de mal à vous faire; craignez seulement Celui qui, le corps une fois mort, peut précipiter l'âme et le corps dans l'éternel malheur.*

« Voilà un fier enseignement spiritualiste! Voilà une forte manière de faire passer une doctrine dans le tempérament intellectuel de l'humanité. La vérité sur la nature humaine tient à l'essence du dogme chrétien. Nierez-vous l'âme? Vous n'êtes pas chrétien, puisque vous niez toute la morale chrétienne et le salut éternel. Nierez-vous le corps? Vous n'êtes pas chrétien, puisque vous niez les sacrements, la résurrection de la chair. Nierez-vous l'union ou la distinction de l'âme et du corps? Vous n'êtes pas chrétien, puisque la doctrine chrétienne garantit, dans la personne du Christ, l'intégrité de la nature humaine avec son corps et son âme, unis substantiellement et soumis hypostatiquement à la personnalité du Verbe. » (Mgr d'Hulst.)

NOTES COMPLÉMENTAIRES

Ames vivantes, âmes mortes. — « Il y a des âmes qui sentent la mort en elles et non pas l'immortalité. Cicéron s'était déjà demandé pourquoi tous les hommes ne sentent pas la noblesse et l'immortelle destinée de leurs âmes... Le christianisme a un mot qui est une révélation : il parle de l'âme vivante et de l'âme morte. Il serait utile à la philosophie de comprendre la valeur de ces mots. Bien des difficultés tomberaient, et de grandes lumières surviendraient.

« Essayons de les expliquer. Les âmes des égoïstes, des insensés et des méchants ont-elles le même rapport moral et intellectuel avec Dieu que les âmes droites, généreuses, bonnes et sages ? Il est clair que les unes sont détournées et repoussées de Dieu par l'intelligence et le cœur ; les autres lui sont unies. Or nous appelons âme morte l'âme séparée de Dieu, et âme vivante celle qui lui est unie. Le Christ a dit aux âmes mortes : « Vous n'avez pas la vie en vous. » Et à celles qui consentent à vivre par la foi et l'amour, il dit : « Vous aurez en vous une source d'eau vive qui jaillira jusque dans la vie éternelle. »

« Quand l'âme est morte, nous ne sentons et découvrons en nous que vide, misère, tristesse, inanité, regret et désespoir, si nous rentrons en nous. Comment veut-on qu'une âme, en cet état, ait le sens de l'immortalité ? Elle a plutôt le sens de la mort éternelle et du néant, vers lequel elle descend, quoiqu'elle ne puisse l'atteindre.

« L'âme monte ou descend. Elle va vers Dieu ou s'en éloigne. En montant, elle rencontre toutes les vérités ; en descendant, toutes les erreurs. Quand l'âme descend, elle perd successivement le sens de sa réalité, de sa force, de sa substantialité, de sa simplicité, de son unité, de sa liberté et de son immortalité. Elle regagne tout cela en montant. Et c'est pourquoi la vertu donne le sens de l'immortalité, le vice l'étouffe. » (GRATRY, *Connaissance de l'âme*, liv. V, I.)

TABLEAU ANALYTIQUE

IMMORTALITÉ DE L'AME.

I. Importance de la question.
- Le problème de l'immortalité de l'âme a une telle importance, que toutes nos pensées et toutes nos actions doivent prendre une route différente, suivant que nous croyons à l'immortalité ou que nous n'y croyons pas.
- Depuis longtemps cette immortalité est prouvée ; on peut même dire que l'homme y croit naturellement. « Aucun homme, en effet, qui ne sente ou ne pense ou ne fasse des choses dont la portée dépasse le tombeau ; des choses qu'il ne sentirait pas, qu'il ne penserait pas, qu'il ne ferait pas, si l'idée de l'immortalité n'était pas en lui. » (Guizot.)
- Le respect universel pour les morts est aussi une preuve de la croyance générale à l'immortalité.
- Mais le bruit du monde extérieur, la dissipation, l'habitude de vivre hors de soi, sans réfléchir, font que beaucoup de personnes ne pensent pas à cette importante vérité. — D'autres se prennent à en douter, parce qu'elle contrarie leurs passions ; c'est pour cela qu'il importe d'en présenter une démonstration rigoureuse.

II. Preuves de l'immortalité de l'âme.

Il y a quatre preuves de l'immortalité de l'âme ; elles forment une démonstration si rigoureuse, qu'il est aussi difficile de douter de la vie future que de la vie présente.

1re Preuve. Preuve morale.
- Elle se tire de l'insuffisance des sanctions terrestres et se formule ainsi :
- La loi éternelle dont l'homme est le sujet exige une sanction complète et infaillible ;
- Or cette sanction n'existe pas dans ce monde (le bien n'est pas toujours récompensé, le mal, etc.) ;
- Donc nous la trouverons dans un autre ; donc l'âme ne meurt pas avec le corps.

IMMORTALITÉ DE L'AME (Suite.)

II. Preuves de l'immortalité de l'âme. (Suite.)

2º Preuve. — Preuve métaphysique
- Elle se tire de la spiritualité de l'âme humaine et se formule ainsi :
- La mort c'est la dissolution, la séparation des éléments d'un composé ;
- Or l'âme humaine est *une et simple*, par conséquent indivisible ;
- Donc elle ne peut pas périr par la mort.

Objection. — Mais si l'âme ne peut mourir par la dissolution des parties, Dieu peut bien l'anéantir ?
Sans doute il le pourrait ; mais Dieu ne se dédit pas : ce qu'il a créé, il n'a pas de raison de le détruire.

3º Preuve. — Preuve psychologique
- La troisième preuve se tire de l'objet assigné à nos facultés essentielles et de l'ensemble de nos aspirations, qui ne peuvent être satisfaites en cette vie. — On la formule ainsi :
- Les aspirations naturelles communes à tous les hommes ne sauraient être trompeuses ;
- Or tous les hommes aspirent au *vrai*, au *bien*, au *bonheur* absolus ;
- Donc, si ces aspirations ne peuvent être satisfaites en ce monde, elles le seront dans l'autre.

4º Preuve. — Preuve métaphysique
- La quatrième preuve se tire des perfections de Dieu, de sa sagesse, de sa bonté, de sa justice :
- Nos facultés, intelligence, volonté, sensibilité, ne peuvent atteindre leur fin ici-bas ;
- Or Dieu, qui est infiniment sage, juste et bon, n'a pu tromper l'homme en lui faisant entrevoir une fin qu'il ne pourrait atteindre ;
- Donc cette fin, que nous ne pouvons atteindre en cette vie, nous l'atteindrons dans une autre.

Ajoutons à ces quatre preuves philosophiques la preuve de la révélation. « Dieu est fidèle en ses promesses ; » or il nous a promis la vie éternelle ; donc la vie éternelle nous attend.

6º LEÇON

THÉODICÉE. — EXISTENCE ET ATTRIBUTS DE DIEU

I. — THÉODICÉE

Définition. — La science de *l'Être absolu ou de Dieu*, d'après les lumières de la raison, s'appelle *théodicée*[1].

Il ne faut pas confondre la *théodicée* avec la *théologie* : celle-ci repose sur la révélation et traite, non seulement de Dieu, mais de toutes les vérités révélées; celle-là, tout en tenant compte de la révélation, n'emploie que nos moyens naturels de connaître, et ne s'occupe que de Dieu considéré en lui-même et dans ses rapports avec les autres êtres.

La théodicée est nécessaire à la *théologie* et à la *morale*. La théologie repose sur *l'autorité divine*, et l'autorité divine suppose la *véracité divine*, double question qui appartient à la théodicée. La morale peut se ramener à deux principes absolus : la loi du devoir et le principe du mérite et du démérite; le premier suppose un être *doué d'une autorité absolue*, et le second, celle d'un *rémunérateur* parfait.

Objet. — La théodicée traite : 1º de l'existence de Dieu; 2º de sa nature et de ses attributs; 3º de sa providence.

Méthode. — Pour résoudre ces diverses questions, on emploie tour à tour *l'observation* et le *raisonnement;* on tire, tantôt par voie d'*induction*, tantôt par voie de *déduction*, de la connaissance de l'âme et de celle du monde extérieur, la notion de l'existence de l'infini, celle de sa nature et celle de ses rapports avec le fini.

« La connaissance de nous-même, dit Bossuet, doit nous élever à la connaissance de Dieu. » — « Les perfections de Dieu, dit le P. Gratry, sont celles des créatures, moins la limite. » Mais il est des attributs de Dieu, tels que son *éternité*, son *immensité*, son *immutabilité*, que nous n'arrivons à connaître qu'en les déduisant de l'idée d'être infini, d'être nécessaire, d'être parfait.

II. — PREUVES DE L'EXISTENCE DE DIEU

On divise les preuves de l'existence de Dieu en preuves *physiques*, preuves *morales* et preuves *métaphysiques*.

---

[1] Littéralement : justification de Dieu. Terme créé par Leibniz, qui en fit le titre d'un traité de la Providence divine.

Les premières sont fondées sur l'observation du monde matériel ; les secondes reposent sur la nature morale de l'homme, étudiée, soit dans la conscience individuelle, soit dans ses manifestations historiques ; les troisièmes se déduisent des idées et des vérités nécessaires de la raison.

1. — PREUVES PHYSIQUES

On distingue communément quatre preuves physiques, qui se tirent, la première, de l'existence du monde ; la deuxième, de l'existence du mouvement ; la troisième, de l'existence de la vie sur le globe terrestre ; la quatrième, de l'ordre de l'univers.

Preuve tirée de l'existence du monde. — C'est la preuve dite de la *contingence*. *Le monde existe. Or le monde*, — qui est contingent, qui n'existe pas par lui-même, qui n'a pas en lui-même la raison suffisante de son existence, dont la non-existence n'implique pas contradiction, qui dépend d'un autre, qui doit son existence à un autre, qui ne saurait venir ni du néant, le rien ne pouvant rien produire ; ni du hasard, mot vide de sens, — *ne peut exister que par un Créateur incréé, éternel, nécessaire, qui est Dieu. Donc l'existence du monde prouve l'existence de Dieu.*

On peut tirer de l'âme humaine une preuve semblable. Pas plus que les objets matériels, le *moi* n'est un être nécessaire, et l'on ne peut rendre raison de son existence qu'en remontant à un être dont l'essence est d'exister.

Preuve tirée du mouvement, ou preuve du premier moteur. — *Le mouvement existe dans le monde. Or, le mouvement n'étant pas essentiel, mais accidentel à la matière*, — car on peut le concevoir en repos, et il n'y a pas d'absurdité à le supposer dans une immobilité perpétuelle ; le mouvement n'ayant pas sa raison suffisante dans la loi, car la loi règle le mouvement et ne le produit pas, suppose un législateur, n'est qu'une abstraction, n'a pas d'existence réelle en dehors de l'intelligence qui la conçoit et de la volonté qui l'exécute, n'est pas dans les choses, mais dans la volonté du législateur, — *l'existence du mouvement nécessite un premier moteur immobile, principe nécessaire et immuable de tout mouvement*; c'est ce premier moteur auquel sont suspendus, selon le mot d'Aristote, le ciel et toute la nature ; c'est cette force puissante, éternelle, immuable en elle-même et dont tout ce qui se meut a reçu une impulsion initiale, que nous appelons Dieu. *Donc l'existence du mouvement prouve l'existence de Dieu.*

Preuve tirée de l'existence de la vie. — *La vie existe sur le globe terrestre. Or la terre, n'ayant pas toujours été couverte d'êtres vivants*, comme le prouvent les géologues ; *la vie ne venant que de la vie*, comme il résulte des expériences décisives de M. Pasteur, contre l'hypothèse de la génération spontanée ; un être vivant ne pouvant, par la reproduction, donner naissance qu'à des êtres semblables à lui, — *comment expliquer l'existence de la vie, à tous ses degrés, sans l'intervention d'une puissance supérieure aux forces de la matière, d'une puissance créatrice, c'est-à-dire divine? Donc l'existence de la vie sur le globe terrestre prouve l'existence de Dieu.*

Preuve des causes finales, tirée de l'ordre de l'univers. — *Tout effet où se voit un choix de moyens appropriés à une fin, suppose une cause intelligente;* car un rapport nécessaire existe, non seulement entre l'effet et la cause en général, mais entre la nature de l'effet et celle de la cause : la cause ne peut donner que ce qu'elle a ; il ne peut y avoir dans l'effet ce qui manque à la cause, et un choix de moyens appropriés à une fin, c'est-à-dire une œuvre d'intelligence, implique une cause intelligente, qui conçoit et veut la fin et choisit les moyens de l'atteindre.

Or partout dans l'univers, soit que l'on considère les détails, soit qu'on envisage l'ensemble, et à quelque point de vue que l'on se place (physique, intellectuel, moral, social, politique), *on voit une harmonieuse, une parfaite coordination de moyens et de fins, de fins particulières et de fins générales*, et cela d'autant mieux, que l'on possède une science plus complète.

Donc l'existence de l'ordre dans l'univers prouve l'existence d'un ordonnateur parfait, d'une cause souverainement sage, qui est Dieu.

La majeure de l'argument est une vérité de bon sens, qu'on ne peut contredire sans nier la raison ; la mineure se prouve par l'expérience : les découvertes de la science la rendent de plus en plus évidente. Pour se rendre à cet argument, il suffit d'ouvrir les yeux sans préjugé et sans parti pris. « Quoi ! disait Diderot, le *monde* formé prouverait moins une intelligence que le monde expliqué ! Quelle assertion ! S'il a fallu le génie d'un Newton pour découvrir une des lois qui régissent les mouvements célestes, il a fallu une intelligence supérieure pour créer cette loi et toutes les autres. » (Voir, p. 169, principe de finalité.)

2. — PREUVES MORALES

On peut en distinguer cinq, tirées : 1° de la loi morale, 2° du principe du mérite et du démérite, 3° du sentiment religieux, 4° des conséquences de l'athéisme ; 5° de la croyance universelle des hommes.

Preuve tirée de la loi morale. — *La loi morale ou le principe du devoir : — tout être libre est tenu de réaliser, dans la mesure du possible, sa fin particulière, qui est le bien moral, et sa fin universelle, qui est le souverain bien, — existe et s'impose à notre raison et à notre volonté :* l'homme a la notion absolue du devoir, et il se sent obligé à faire ce qui est bien et à éviter ce qui est mal.

Or cette loi, — qui ne saurait venir du monde physique, où tout est aveugle et fatal ; que nous n'avons pas faite, que nous trouvons toute formée dans notre conscience, qui est un des éléments constitutifs de notre nature ; qui s'impose à notre raison comme lumière et à notre volonté comme règle, comme autorité toute-puissante lui intimant des ordres absolus, — *suppose une cause et une autorité morales qui aient les mêmes caractères qu'elle, c'est-à-dire qui soient universelles, immuables, absolues, éternelles.* (On verra, pages 628, 630 et 636, que l'obligation est inexplicable sans Dieu.)

Donc, puisqu'il n'y a pas de loi sans législateur, pas d'obligation sans autorité et pas d'autorité sans un être réel qui l'exerce, *Dieu existe, et comme cause de la notion absolue du devoir, et comme autorité qui confère au principe du devoir son caractère impératif absolu.*

Preuve tirée du principe du mérite et du démérite. — *Le principe du mérite et du démérite : — tout acte conforme ou contraire à la loi morale mérite une récompense ou une peine proportionnée à son degré de moralité ou de perversité, — existe :* notre esprit le conçoit comme le complément nécessaire du principe du devoir.

Or ce principe, — qui n'a son origine ni en nous-mêmes ni dans le monde physique ; qui est universel, immuable, absolu, éternel, comme le principe du devoir ; qui n'est pas seulement un fait intellectuel, mais une garantie absolue d'une sanction parfaite, adéquate de la loi morale, — *implique à la fois une cause et un garant réels et absolus, c'est-à-dire Dieu. Donc le principe du mérite et du démérite prouve l'existence de Dieu.*

Preuve tirée du sentiment religieux ou des aspirations de l'âme humaine.
— *Le sentiment religieux*, c'est-à-dire l'ensemble des aspirations qui portent l'homme à chercher, au delà des êtres finis, un être infini et parfait où il trouve pleine satisfaction de ses facultés, *existe plus ou moins chez tous les hommes* *pparaît surtout avec un relief remarquable dans les âmes les plus vraiment saines, les plus intelligentes et les plus libres.*

Or ce sentiment, qui est un des éléments constitutifs de la nature humaine, *ne saurait être chimérique*, pas plus que ne le sont nos inclinations physiques, intellectuelles, sociales; il doit avoir une cause et un objet réels : une cause souverainement bonne, intelligente, morale, sainte, parfaite, et un objet ayant ces mêmes caractères; car ce sont là les caractères du type vers lequel le sentiment religieux attire irrésistiblement notre âme.

Donc Dieu existe, comme cause et comme objet du sentiment religieux.

« Rien ne sert tant à l'âme pour s'élever à son auteur, dit Bossuet, que la connaissance qu'elle a d'elle-même et de ses sublimes opérations. » Et la Bruyère : « Je sens qu'il y a un Dieu et je ne sens pas qu'il n'y en ait point, cela me suffit; tout le raisonnement du monde m'est inutile; je conclus que Dieu existe; cette conclusion est dans ma nature; j'en ai reçu les principes trop aisément dans mon enfance et je les ai conservés depuis trop naturellement dans un âge avancé pour les soupçonner de fausseté... Mais il y a des esprits qui se défont de ces principes? C'est une grande question s'il s'en trouve de tels, et, quand il en serait ainsi, cela prouve seulement qu'il y a des monstres. » — « L'instinct religieux est un caractère propre qui, aussi bien que la raison, fait de l'homme un être à part, de l'humanité un règne dans la création. Donc, comme le remarque judicieusement un auteur moderne (A. de Margerie), l'athée se met hors la loi; « l'athéisme constitue une anomalie, et cette anomalie « est la plus profonde qui puisse exister, puisqu'elle efface, en l'atrophiant et en « l'oblitérant, un caractère du règne. Il faut dire que l'athéisme est, au sens des « naturalistes, comme au sens des moralistes, une monstruosité. » Je ne sais pas s'il y a de quoi être fier d'un état intellectuel que la science classe définitivement parmi les phénomènes tératologiques. » (P. Monsabré, 3ᵉ *Conf.*, 1873.)

Preuve tirée des conséquences de l'athéisme. — *Il faut rejeter comme fausse une doctrine dont les conséquences sont funestes; car la vérité ne saurait être nuisible à l'homme; il doit y avoir, entre elle et nos intérêts, harmonie nécessaire, comme entre nos intérêts et nos devoirs.*

Or Dieu explique tout : le vrai, le bien, le beau[1], la raison, la liberté, le devoir, la responsabilité, l'homme, la famille, la société, tout ordre, l'ordre physique, l'ordre moral, l'ordre social, l'ordre surnaturel.

Les conséquences de l'athéisme ne sauraient donc être que le scepticisme absolu dans l'ordre intellectuel, la négation de l'ordre moral, la ruine de la société humaine. Donc les conséquences de l'athéisme prouvent l'existence de Dieu.

« L'étude de la nature et de chaque règne de la nature ramène Dieu par l'infiniment petit et par l'infiniment grand. La sublimité de nos amours, infinis dans leurs objets, les conceptions de notre intelligence, la nature et la fonction de notre liberté, en un mot la psychologie, l'esthétique, la logique, la morale, ramènent partout la pensée de l'infini. On peut presque définir la philosophie dans toutes ses branches : *une méthode pour aller à l'infini par l'étude du fini.*

« Toute la philosophie est pleine de Dieu, et toutes les sciences, pleines de philosophie. Dieu est comme cause au début de tout et comme fondement de l'universelle harmonie à la fin de tout. La vie elle-même, avec ses joies et ses douleurs, est une longue démonstration de son existence; nous le retrouvons à

---

[1] On peut tirer de chacune de ces idées une preuve de l'existence de Dieu. Exemple : Preuve tirée de l'idée du beau, ci-après.

chaque instant dans nos pensées et dans nos sentiments ; ce que nous comprenons de nous-mêmes et du monde nous enseigne Dieu ; ce que nous ne comprenons pas nous l'enseigne encore. » (Jules Simon.)

Preuve tirée de l'idée du beau. — Il ne faut pas, avec quelques philosophes (Vacherot, Renan), placer Dieu en dehors de la réalité, dans la « catégorie de l'idéal », prétendre qu'il n'est parfait, infini, immuable, qu'en « passant à l'état idéal ». L'idéal n'est qu'une idée, une conception de l'esprit. Comment expliquer les beautés *réelles*, si Dieu n'est que *l'idéale* beauté ! « L'univers est beau, notre âme est belle, mais d'une beauté imparfaite et empruntée. Notre âme, non plus que l'univers, n'est donc pas la beauté subsistante... »

L'idéal n'est pas Dieu, mais il conduit à Dieu. Il a sa raison, son fondement en Dieu, seul capable de le recevoir en soi de toute éternité, et de le concevoir aussi parfaitement qu'il est concevable. « L'idéal, dit Cousin, recule sans cesse à mesure qu'on en approche. Son dernier terme est dans l'infini, c'est-à-dire en Dieu, ou, pour mieux parler, le vrai et absolu idéal n'est autre que Dieu même. » (Voir P. Vallet, *l'Idée du beau*, 2e partie, ch. III, 1.)

Preuve tirée du consentement unanime des hommes. — *Tous les peuples, dans tous les temps, ont cru à l'existence de la divinité ; or un accord aussi universel sur une question qui importe si fort à l'homme, et qui est en contradiction avec les passions, ne peut s'expliquer par des causes particulières et variables*, telles que l'ignorance, la crainte, la politique, l'éducation, l'hérédité ; il est donc revêtu des conditions voulues pour donner la certitude. *Donc, Dieu existe*. (Voir la valeur du consentement universel au point de vue doctrinal, page 489.)

Cet accord est non pas *absolument*, mais *moralement* unanime, c'est-à-dire admet très peu d'exceptions. Que beaucoup de peuples se soient plus ou moins trompés sur les caractères de la divinité, cela importe peu pour la thèse ; il suffit qu'il y ait unanimité dans l'affirmation de l'existence. L'histoire, l'ethnographie, la philologie, s'accordent à voir dans l'idée de Dieu et le sentiment religieux un caractère spécifique et distinct de la race humaine ; elles constatent que, chez tous les peuples, *l'affirmation* de l'existence de Dieu en précède la *preuve*. Un fait aussi universel ou perpétuel doit avoir sa raison d'être dans une loi de la nature, comme toute série de phénomènes se produisant partout et toujours dans les mêmes conditions. Il y a ici ce que le P. Monsabré appelle une *loi de gravitation intellectuelle et morale*. « S'il est un Dieu qui nous a faits, dit-il, il n'a pas dû nous faire *excentriques*, mais bien *concentriques*, c'est-à-dire pour lui. S'il nous a faits pour lui, il a dû nous donner, avec une *impulsion originelle*, le moyen de le connaître ; la première connaissance que nous devons avoir de lui, c'est qu'il existe, et cette connaissance doit s'exprimer par une affirmation universelle et perpétuelle. » (3e *Conf.*, 1873.) Dans les questions de ce genre, le consentement de tous les hommes doit être considéré comme une loi de la nature, la nature ne pouvant universellement et naturellement mentir.

Cette preuve est une sorte de vérification des preuves précédentes, par l'adhésion de tous les hommes à la conclusion où elles ont abouti.

3. — Preuves métaphysiques

Les principales sont : 1° la preuve cartésienne, tirée de l'idée de l'infini ; 2° la preuve platonicienne, tirée de l'existence des vérités nécessaires ; 3° celle qui se déduit de la nécessité d'une cause parfaite des êtres imparfaits ; 4° la preuve ontologique ou argument de saint Anselme.

1° Preuve cartésienne. — L'argument tiré de l'idée d'infini, appelé aussi preuve cartésienne, parce que Descartes l'a développée dans sa 3ᵉ *Méditation*, procède d'effet à cause. Il se résume dans le syllogisme suivant : J'ai l'idée d'infini ; — or cette idée ne peut m'être donnée que par l'infini lui-même, puisque je ne puis la voir ni en moi ni en aucune chose ; — donc l'infini existe.

La majeure de cet argument est fausse : nous n'avons pas l'idée *innée* d'infini ; la mineure l'est également : l'idée d'infini est le résultat de l'activité de l'intelligence s'exerçant sur les données des sens.

« Nous pouvons acquérir, quoi qu'en disent les cartésiens, l'idée de l'infini, et cela par le moyen du fini ; car, si l'infini est l'affirmation suprême, le fini n'est pas une pure négation ; c'est un composé d'affirmations limitées. En comparant ces affirmations les unes aux autres, les inférieures aux supérieures, nous arrivons à la connaissance de l'affirmation suprême en comparaison de laquelle tout est *moins*, rien n'est *plus*[1]. En somme, c'est par voie d'induction sur les choses finies, qui ne sont que des participations limitées de l'être et des perfections de Dieu, que nous arrivons à connaître tout ce qu'il y a de positif, de réel, de premier, de suprême, de parfait dans l'infini. La mineure de l'argument cité plus haut n'a donc point une valeur certaine ; elle ne peut, par conséquent, concourir à une preuve rigoureuse de l'existence de Dieu. — Si l'on veut prendre l'idée de Dieu comme point de départ d'une démonstration de son existence, il faut remonter par la méthode expérimentale du phénomène à la loi, comme l'a fait saint Thomas. » (P. MONSABRÉ, note, 4ᵉ *Conf.*, 1873.)

Insuffisant et inexact, si on lui laisse la forme *à priori* qu'il a dans Descartes, cet argument acquiert toute sa force si on le présente, avec saint Thomas, comme la résultante de tous les arguments par lesquels nous arrivons à la connaissance de l'être premier.

La démonstration thomiste, dans laquelle concourent l'*expérience* et la *raison*, se ramène à ceci :

Dieu, cause première, est connu par ses effets. L'expérience saisit les faits, le raisonnement soumet les faits à des principes certains et monte, au moyen des conclusions, de l'affirmation de l'existence de Dieu à l'affirmation de ses propriétés infinies, par l'emploi des trois principes de *causalité*, d'*élimination* et d'*éminence*.

a) De causalité. — Nous voyons dans la nature des mouvements, des substances, un ordre, des règles ; nous-mêmes, nous sommes des êtres en mouvement, des substances, des natures ordonnées. Or toutes ces choses subsistent-elles par elles-mêmes ? Ont-elles en elles-mêmes la raison d'être de tout ce qu'elles sont ? — Ce ne sont que des effets, ou que des causes secondes ; il y a donc une cause suprême, un moteur d'où partent tous les mouvements, une force d'où émanent toutes les forces, une nécessaire cause de toute nécessité.

b) D'élimination. — Il faut nier de l'être premier tout ce qui l'empêcherait d'être premier. Donc, pas de contingence qui nous permette de supposer la non-existence et de considérer l'être à l'état de pure possibilité ; pas de composition dont les éléments se limitent ou se perfectionnent ; pas de mutabilité, de limite, d'imperfection.

c) D'éminence. — Il faut affirmer de l'être premier et à l'état premier toutes les perfections qui se rencontrent en ses plus nobles effets. Il est l'intelligence sans rivages, voyant tout dans un seul principe qui est lui-même ; il est la vérité subsistante qui fait être tout ce qui est vrai ; il est la vie, principe de toute vie. (D'après le P. Monsabré.)

2° Preuve tirée de l'existence des vérités premières. — On la trouve, sous

---

[1] Voir Psychologie, 12ᵉ leçon, page 181 : origine des idées d'absolu, d'infini, de nécessaire.

des formes diverses, dans Platon, saint Augustin, saint Anselme, Bossuet, Leibniz, Fénelon, Malebranche.

L'homme reconnaît qu'il y a des vérités éternelles (mathématiques, morales, principes de raison), indépendantes des êtres où elles se réalisent et de notre esprit qui les conçoit, et qui impliquent, par conséquent, une intelligence éternelle où elles soient éternellement entendues.

Bossuet développe cette preuve au ch. IV de la *Connaissance de Dieu et de soi-même*, § 5 et 6.

« L'entendement, dit-il, a pour objet des vérités éternelles... Toutes ces vérités et toutes celles que j'en déduis subsistent indépendamment de tous les temps ; en quelque temps que je mette un entendement humain, il les connaîtra ; mais, les connaissant, il les trouvera vérités, il ne les fera pas telles, car ce ne sont pas nos connaissances qui font leurs objets, elles les supposent. Ainsi ces vérités subsistent devant tous les siècles, et devant qu'il y ait un entendement humain ; et quand tout ce qui se fait par les règles des proportions, c'est-à-dire tout ce que je vois dans la nature serait détruit, excepté moi, ces règles se conserveraient dans ma pensée, et je verrais clairement qu'elles seraient toujours bonnes et toujours véritables, quand moi-même je serais détruit avec le reste.

« Si je cherche maintenant où et en quel sujet elles subsistent éternelles et immuables comme elles sont, je suis obligé d'avouer un être où la vérité est éternellement subsistante et où elle est toujours entendue, et cet être doit être la vérité même et doit être toute vérité, et c'est de lui que la vérité dérive dans tout ce qui est et ce qui entend hors de lui.

« ... Cet objet éternel, c'est Dieu, éternellement subsistant, éternellement véritable, éternellement la vérité même. »

3º **Preuve tirée de la nécessité d'une cause parfaite des êtres imparfaits.** — La preuve que Bossuet tire de ce fait, que l'âme connaît, par l'imperfection de son intelligence, qu'il y a ailleurs une intelligence parfaite, on peut la généraliser et la résumer dans le syllogisme suivant : Tous les êtres de l'univers sont imparfaits ; or des êtres imparfaits, n'ayant pas en eux-mêmes leur raison d'être, ne la peuvent trouver que dans un être qui l'ait en lui-même et, par conséquent, soit parfait ; donc l'être parfait, Dieu, existe.

Nous ne trouvons rien dans le monde qui n'ait besoin de la cause première. Toutes les fois que nous voyons une qualité positive, mais incomplète, insuffisante et imparfaite, nous jugeons que cette qualité se trouve quelque part pleine et entière, infinie ; nous nous en formons l'idéal, et nous croyons que cet idéal existe dans la cause première, dans l'être parfait, absolu. « Je conçois l'absolu d'une façon abstraite ; mais je conçois qu'il doit exister d'une autre ; que l'idéal, le réel, partout séparés à mes yeux dans l'univers, doivent *en lui* se rejoindre et se fondre ; qu'il existe un parfait en qui l'essence et la réalité s'identifient dans l'unité, dans la plénitude de l'être ; qu'en lui se trouvent les types des choses ; que par lui se reproduisent au dehors les imitations de ces types que nous appelons les créatures ; son entendement, comme dit excellemment Leibniz, est la source des essences, et sa volonté l'origine des existences. » (Mgr D'HULST.)

4º **Preuve ontologique.** — La preuve ontologique, ou preuve de saint Anselme, est fondée ou du moins prétend se fonder sur ce que l'idée de l'être parfait en implique l'existence ; elle consiste à conclure de l'essence à l'existence, c'est-à-dire de l'idée que nous avons de Dieu à sa réalité actuelle. — Tout homme, dit en substance saint Anselme, même l'athée, quand il prononce le nom de Dieu, a l'idée d'un être parfait, d'un être tel qu'on n'en peut concevoir de meilleur ou de plus grand. Mais, si cet être n'existait pas réellement, on en pourrait concevoir un meilleur et plus grand, à savoir, le même être avec l'existence en plus ; car un Dieu réel est plus grand qu'un Dieu idéal. Donc cet être, au-dessus duquel on ne peut concevoir rien de plus grand, doit exister à la fois idéalement et réellement ; en d'autres termes, par le fait même que Dieu est pensé, il existe nécessairement.

Critique de cette preuve. — Le défaut de cette preuve est de conclure le réel d'un idéal qui ne le contient pas : d'une notion purement idéale, on ne saurait, en effet, déduire, par voie d'analyse, que des perfections et une existence purement idéales (application du principe d'identité ou de contradiction). Kant, rééditant la critique des scolastiques, particulièrement de saint Thomas et, avant lui, du savant moine Gaunilon, a montré que cette preuve (et aussi celle de Descartes, qui en dérive) enferme un paralogisme. « On montre le paralogisme en faisant voir que la conclusion est plus vaste que les prémisses. Le grand terme *existence* prend, en effet, dans la conclusion le sens d'*existence réelle*, tandis qu'il n'a et ne peut avoir dans la majeure que le sens d'*existence pensée* ou *idéale*. Il est clair, en effet, que la majeure : L'*existence est une perfection*, est une expression de notre pensée ; le grand terme existence n'y a qu'un sens tout idéal. Quand donc, dans la conclusion, on dit : *Dieu possède l'existence*, et qu'on veut dire : l'existence *réelle*, on change le sens du grand terme, on sort des conditions logiques du syllogisme ; par conséquent, le raisonnement est paralogique et la preuve n'existe pas. » (FONSEGRIVE, *Éléments de philosophie*, II, p. 314.) — Voir, p. 537, Essence et existence.

— Pour plus de développements sur les preuves de l'existence de Dieu voir : *Dictionn. apolog.*, article *Dieu* ; *Conf.* du P. Monsabré, 1873 ; *Conf* de M⁹ʳ d'Hulst, 1892, 1ʳᵉ et 2ᵉ, ainsi que les *notes* ajoutées à la fin du volume.

III. — ATTRIBUTS DE DIEU

Nous connaissons les êtres par leurs propriétés et Dieu par ses attributs, c'est-à-dire par les différentes perfections qu'on peut affirmer de lui et qui sont le fond de sa nature, ou plutôt les différents aspects sous lesquels Dieu, *un* et *indivisible* en soi, se montre successivement à notre intelligence, et que l'abstraction seule sépare.

Cette connaissance que nous avons de Dieu est loin d'égaler son objet : Dieu est incompréhensible pour nous dans son essence ; il est tellement élevé au-dessus de nous et de tous les êtres connus, qu'il ne peut être ni classé ni complètement défini. « Dieu n'est pas contraire à la raison, il lui est supérieur ; il est incompréhensible à la raison, il ne lui est pas entièrement inaccessible. Comprendre qu'une chose est contraire à la raison et cependant l'admettre, c'est renoncer à la raison et à la philosophie ; comprendre qu'une chose est au-dessus de la raison, c'est seulement reconnaître qu'il y a des bornes à la raison et à la philosophie... Dans la science, chaque fois que nous avançons un peu loin, nous trouvons des abîmes ; il n'y a que les esprits faibles qui croient tout expliquer et tout comprendre. » (J. SIMON.)

Méthode pour déterminer les attributs divins. — On peut procéder par voie de *négation* ou d'*élimination* : Tout ce qu'il y a d'imparfait, dans l'homme ou dans les créatures, n'est pas en Dieu ; par voie d'*affirmation* : Tout ce qu'il y a de perfection, dans l'homme ou dans les créatures, convient à Dieu ; par voie de *perfection* ou de *transcendance* : Toute limite dans la perfection doit être supprimée, quand il s'agit de Dieu. « Dieu, c'est chose si bonne, disait saint Louis, que meilleure ne peut être. »

Pour saisir quelle est cette cause première, dit le P. Monsabré, « procédons par l'induction, puisque l'intuition nous fait défaut, et partons de ce principe : Tout ce qu'il y a dans les effets doit être contenu d'une manière supérieure dans la cause, surtout lorsque cette cause est première, universelle et totale ; ce qui veut dire : allons à Dieu par les créatures. Affirmons de Dieu jusqu'à l'éminence tout ce qu'il y a d'être dans les créatures ; nions de Dieu toute imperfection et toute limite de l'être. » (1re *Conf.*, 1874.)

Cette méthode repose à la fois sur l'idée de Dieu (idée d'*infini* et idée de cause *parfaite*) et sur la connaissance des êtres contingents : c'est une induction unie à une déduction.

Division. — On distingue deux sortes d'attributs divins : ceux qui conviennent à Dieu en tant qu'être absolu et infini : ce sont les attributs *métaphysiques* ou absolus ; ceux qui conviennent à Dieu en tant que cause parfaite des êtres imparfaits : ce sont les attributs *moraux* et *relatifs*.

1. — ATTRIBUTS MÉTAPHYSIQUES

Les attributs *métaphysiques* se déduisent de l'idée d'*infini*; ce sont : l'*unité*, la *simplicité*, l'*immutabilité*, l'*éternité* et l'*immensité*.

Dieu est infini. L'infinité de Dieu ne consiste pas, comme l'ont pensé quelques philosophes (Vacherot entre autres), dans son union *substantielle* avec l'universalité des créatures, mais dans la possession, en un acte d'une simplicité absolue, de toutes les perfections illimitées. Dieu étant la perfection absolue a la totalité de l'être, et il est impossible de découvrir en lui un principe qui puisse le limiter. La limite ne peut venir que de l'agent qui l'impose ou du sujet qui la reçoit ; or Dieu ne dépendant de personne, aucun agent ne peut avoir action sur lui, et le sujet, c'est-à-dire l'être divin, peut encore moins, si c'est possible, recevoir une limite ; car elle irait se heurter partout à une perfection qui la repousse.

Dieu est un, c'est-à-dire seul : deux infinis se limiteraient ou se confondraient en un seul ; il y a un Dieu, car il en faut un pour expliquer l'existence des êtres contingents ; il n'y en a qu'un, car un seul est nécessaire, un seul suffit. — « Je conçois qu'il ne peut y avoir deux êtres infiniment parfaits ; toutes les raisons qui me convainquent qu'il y en a un ne me mènent point à croire qu'il y en ait deux. Il faut qu'il y ait un être par lui-même, qui ait tiré du néant tout ce qui en a été tiré ; à cet égard, deux ne me feraient pas plus qu'un ; par conséquent, rien n'est plus inutile et plus téméraire que d'en croire plusieurs. Deux êtres également parfaits seraient semblables en tout, et l'un ne serait qu'une répétition inutile de l'autre ; il n'y a pas plus de raison de croire qu'il y en a deux, que de croire qu'il y en a cinq cent mille. De plus, je crois qu'une infinité d'êtres infiniment parfaits ne mettraient dans la matière rien de réel au delà d'un seul être infiniment parfait... Quand on s'imagine que plusieurs infinis font plus qu'un infini tout seul, c'est qu'on perd de vue ce que c'est qu'infini. » (Fénelon.) Par là se trouvent réfutés le *polythéisme*, qui admet la pluralité des dieux, et le *dualisme*, qui admet deux principes des choses, l'un bon et l'autre mauvais.

Dieu est simple : il n'est pas composé de plusieurs éléments ou parties comme les êtres corporels; il ne passe pas de la puissance à l'acte, de la possibilité d'être ou d'agir à l'existence ou à l'action. Si Dieu était composé de parties, ou bien elles seraient *infinies*, ce qui est contradictoire; ou bien elles seraient *finies*, et elles n'arriveraient jamais à former l'infini. S'il pouvait passer de la puissance à l'acte, il ne serait pas infini; car l'acte donne à la faculté qui le produit un degré de perfection qu'elle n'avait pas auparavant. — Le matérialisme ne reconnaît pas la simplicité de Dieu.

« Ne vous imaginez pas (que Dieu soit) une vaste composition de toutes les existences; l'être premier est simple, précisément parce qu'il est premier. Rien ne le précède, il est cause de tout, il ne peut pas ne pas être, puisque tout dépend de lui, tandis que le composé est fatalement postérieur aux parties qui le composent et dépendant de leur nature et de leur arrangement; le composé ne devient une seule chose que parce que les éléments divers qui le constituent sont amenés à l'unité par une force supérieure et antécédente, maîtresse du mouvement et de l'ordre. Enfin, le composé peut ne pas être. » (P. Monsabré, 1re *Conférence*, 1874.)

L'esprit est premier par rapport au corps; par conséquent, l'être premier est esprit, pur esprit. « Un esprit est pur, quand il est entièrement dégagé, dans ses opérations, du contact de la matière; mais c'est le *minimum* de sa pureté. Il peut y avoir encore en lui certaines compositions qui, sans l'altérer, le maintiennent à un rang inférieur dans l'échelle des êtres. Par exemple, un esprit pense, et vous distinguez en lui la puissance de penser et l'acte de penser. La puissance précède l'acte. Cela est manifeste dans l'intelligence humaine, qui attend des sens les images et les formes sur lesquelles s'exerce son activité... Dieu est tellement pur esprit, qu'il faut écarter de lui toute composition de puissance et d'acte. (*Id.*)

Dieu est immuable : pourquoi changerait-il? Changer, c'est gagner, ou perdre, ou rester équivalent, un être infini et parfait ne peut rien acquérir, ne peut rien perdre, ne peut avoir d'équivalent; de plus, l'être qui existe par soi et pour soi a toujours la même raison d'exister. Par là se trouvent réfutés : le panthéisme, qui introduit dans la notion de Dieu la succession et le changement, et surtout le système d'Hégel, qui fait de Dieu un *éternel devenir*.

Dieu est éternel : il existe sans commencement, ni fin, ni succession dans le temps; il a été, il est, il sera toujours tout ce qu'il peut être. L'éternité de Dieu est simultanée, et non successive; c'est la possession totale et parfaite d'une vie interminable. On ne peut, avec Clarke et Newton, regarder le temps, qui est successif, comme un attribut de Dieu[1]. Platon a eu raison de dire : « Le présent, le passé et l'avenir sont des parcelles du temps. Nous avons tort de les attribuer à une nature éternelle. Le présent seul lui convient. Le passé et l'avenir appartiennent aux choses caduques. »

Dieu est immense : par son éternité, Dieu est en dehors et au-dessus du temps; par son immensité, il est en dehors et au-dessus de l'espace. Étymologiquement, immense signifie : qui échappe à toute mesure. L'immensité de Dieu ne consiste pas seulement en ce qu'il n'est limité par aucun espace, mais en ce qu'il est présent à tout être qui existe ou peut exister; présent « par *l'extension de sa puissance*, non par *l'expansion de sa substance* », dit saint Thomas. Dieu est partout, mais il ne se divise pas avec le lieu; il n'y a pas, ici une partie de la perfection divine, là une autre partie; comme notre âme est tout entière là où elle meut et vivifie, Dieu est tout entier là où il agit en toutes les plus intimes divisions de l'espace[2].

---

[1] Comme l'a dit le poète, c'est « l'image mobile de l'immobile éternité ».
[2] Ces définitions suffisent pour réfuter ces vers de Lamartine :
    Il est, tout est en lui; l'immensité, le temps,
    De son être infini sont les purs éléments.

2. — ATTRIBUTS MORAUX ET RELATIFS

Ils se rapportent à l'action de Dieu sur les créatures et aux relations qui en découlent. On distingue d'abord les attributs qui constituent la personne : l'*intelligence* et la *volonté*.

Ces facultés ne se perfectionnent pas en Dieu en passant de la puissance à l'acte, comme chez l'homme, où l'on distingue l'intelligence de la connaissance et la volonté de la volition, où peut exister la faculté de connaître ou de vouloir une chose sans qu'il la connaisse ou la veuille actuellement. Dieu connaît tout et il se connaît lui-même, par un seul acte d'intelligence. Il se détermine par lui-même, il se veut lui-même nécessairement et tout le reste librement, et cela par un seul et même acte simple, éternel, sans hésitation et sans retour.

Leibniz ramène tous les attributs moraux à trois principaux :
1º La *puissance*, qui est la perfection absolue de l'activité ;
2º La *sagesse*, qui est la perfection absolue de l'intelligence ;
3º La *bonté*, qui est la perfection absolue de l'amour.

Toutes ces qualités qui sont en l'homme doivent être à un degré infini en Dieu, l'être premier.

Dans son livre, la *Métaphysique et la science*, M. Vacherot dit que le Dieu de la théologie est un *être de raison* : c'est le Dieu de la pensée pure, en dehors de toutes les conditions de la réalité ; le Dieu de Descartes, Malebranche, Fénelon, dont l'activité est sans mouvement, la pensée sans développement, la volonté sans choix, l'éternité sans durée, l'immensité sans étendue. — « La volonté est en Dieu, sans le choix de faire le mal ; car un Dieu pouvant faire le mal implique une contradiction ; mais elle n'y est pas sans le choix de faire ce qui lui plaît, ce monde ou un autre, par exemple. L'éternité est en Dieu, sans la durée successive que nous appelons le temps, mais non sans cette durée sans commencement ni fin, qui peut seule mesurer l'existence de Dieu. L'immensité est en Dieu, sans cette étendue qui consiste dans la réunion des parties juxtaposées, mais non sans cette ubiquité (présence partout) qu'il atteste par sa puissance sur toutes choses, par son omniscience, et enfin par son essence, en tant qu'il est la cause de l'être en chaque créature.

« Quand les théologiens disent que l'activité est en Dieu sans le mouvement, et la pensée sans le développement, ils ne font que déduire les conclusions nécessaires de ce principe évident : Dieu est l'être parfait ; or le mouvement et le développement de la pensée supposent des imperfections ; donc on ne doit pas les admettre en Dieu. Le mouvement, en effet, est l'acte d'un être qui tend vers son but, il lui manque donc quelque chose ; une pensée qui se développe n'est pas formée ; l'un et l'autre sont donc incompatibles avec la notion de Dieu. » (P. MAUMUS, *les Philosophes contemporains*.)

IV. — PANTHÉISME, DIEU PERSONNEL

Panthéisme. — La difficulté d'expliquer la coexistence distincte et les rapports du fini et de l'infini, a donné naissance au *panthéisme*. Le panthéisme est le *système philosophique qui prétend que Dieu est la substance unique et universelle, dont tous les êtres ne sont que des modes ; qui conçoit le fini et l'infini, le contingent et le nécessaire, les êtres qui passent et le Dieu éternel, comme les deux faces d'une même existence.*

Diverses formes. — Si, avec les *stoïciens*, on regarde Dieu comme la collection ⸱⸱s êtres dont se compose l'univers visible[1], on a le panthéisme *naturaliste* ou *naturalisme*, qui est un athéisme.

Si on admet que le monde n'a pas d'existence substantielle et réelle, que l'infini seul existe avec deux attributs parallèles, l'étendue et la pensée, et que les êtres (corps et âme) ne sont que les modes variés de ces attributs divins, on a le panthéisme *spinoziste* ou *idéaliste*.

Si, avec *Hégel*, on regarde l'idée comme un principe éternel et nécessaire qui va se transformant et se développant sans cesse dans nos pensées et dans l'univers, si on fait de Dieu un *éternel devenir*, on a une autre forme du panthéisme idéaliste, l'*hégélianisme*.

Avec *Schopenhauer*, le panthéisme devient *pessimiste* ; avec *Saint-Simon, Fourier, Pierre Leroux*, le panthéisme devient *mystique* et *révolutionnaire*.

RÉFUTATION. — Le panthéisme se réfute :

1° Par le *sens intime*, qui nous montre, suivant l'expression de Leibniz, « que nous existons chacun en particulier, » que nous sommes non un simple attribut ou un pur phénomène, mais une réalité vivante, distincte, intelligente et libre, et qu'il y a *pluralité* de consciences et par conséquent de substances.

2° Par ses *conséquences* : la liberté et la moralité humaines sont incompatibles avec la nécessité universelle qui dérive de son principe. Dieu ne serait plus qu'une abstraction. Toutes les formes du mal pourraient et devraient lui être attribuées ; elles seraient non seulement justifiées, mais divinisées.

3° Par ses *contradictions* : il est en effet contradictoire de poser Dieu comme absolu et infini et de l'identifier cependant avec les êtres essentiellement relatifs et bornés qui composent l'univers. « Le panthéisme faisant de toutes les choses du monde des expressions d'un même fond substantiel est amené à renverser le principe de contradiction, c'est-à-dire à l'absurde. En effet, il y a dans le monde des pensées qui se contredisent, ne seraient-ce que les pensées des panthéistes et des déistes ; ces pensées contradictoires devraient, d'après le panthéisme, être attribuées à Dieu, à la même substance pensante. Le même être aurait alors à la fois deux attributs contradictoires, ce que ne peut admettre le principe de contradiction. » (FONSEGRIVE, *Éléments de ph.*, t. II.)

4° Par la *réponse aux objections* que le panthéisme fait contre la création, dont les principales s'appuient sur ce principe que *rien ne vient de rien* ou sur la difficulté de concilier l'existence du mal dans le monde avec un Dieu bon, tout-puissant et libre. (Voir, p. 549, Création.)

Le concile du Vatican a condamné et rangé le panthéisme parmi les doctrines hérétiques. Il prononce l'anathème contre ceux qui disent « qu'il n'y a qu'une seule et même substance ou essence de Dieu et de toutes choses ; que les choses finies, soit corporelles, soit spirituelles, sont émanées de la substance divine ; ou que la divine essence, par la manifestation ou l'évolution d'elle-même, devient toutes choses ; ou enfin que Dieu est l'être universel et indéfini qui, en se déterminant lui-même, constitue l'universalité des choses en genres, espèces et individus ».

Personnalité en Dieu. — « Le mot *personne* exprime, dit saint Thomas, ce qu'il y a de plus parfait dans toute la nature, *l'être subsistant et raisonnable*. Or on doit attribuer à Dieu tout ce qu'il y a de parfait, puisque toutes les perfections sont renfermées dans son essence : il faut donc lui donner le nom de *personne*, non comme aux créatures, mais dans une signification

---

[1] Le monde serait la matière, et Dieu, la force qui lui imprime le mouvement et produit l'ordre.

plus élevée, de même que tous les noms qu'on prend aux êtres limités pour les prêter à l'être infini. » (1°, q. 29, a. 3.)

Les principaux auteurs scolastiques définissent la personne : *une substance complète, incommunicable et douée de raison.* Toutes ces conditions de la personnalité sont pleinement réalisées en Dieu [1].

Dieu est une *substance*, non un simple *mode* ou un *accident* d'un autre être, on ne conçoit pas une cause première n'existant pas en elle-même.

Il est une substance *complète* : étant la cause première, il est par conséquent l'être complet, et par conséquent aussi souverainement indépendant de tout autre être. Une substance complète est celle qui est capable d'agir par elle-même, de manière à être responsable de ses actions. Le corps humain est une substance, mais incomplète, parce qu'elle est incapable d'agir sans l'âme. Il en est de même de l'âme, dans son état présent.

Il est une substance *incommunicable*, c'est-à-dire qui reste toujours elle-même et ne peut se perdre dans d'autres substances. Dieu possède l'incommunicabilité : 1° parce qu'il est l'infini, et que l'infini est incommunicable, soit totalement : il ne peut y avoir plusieurs infinis; soit partiellement : l'infini ne peut se diviser sans cesser d'être l'infini; 2° parce qu'étant l'être nécessaire, il ne peut éprouver le moindre changement.

Enfin Dieu est une substance *douée de raison* : seule une substance intelligente et consciente est capable de la responsabilité morale qui convient à la personnalité. Il est l'intelligence suprême sans laquelle on ne peut s'expliquer l'ordre de l'univers, ni les possibles [2] et les vérités éternelles.

Concevoir Dieu sans personnalité serait le concevoir ou sans substance, et alors incapable de soutenir le rôle de cause souveraine; ou sans intelligence et sans volonté, c'est-à-dire bien inférieur à ses œuvres.

« Mais, dit-on, nous voulons un Dieu parfait. Or la personnalité détermine un être; un être déterminé est enveloppé de *négations qui le limitent*, car *toute détermination est négation...* — Sans doute la détermination est négation, si c'est l'acte par lequel vous *fixez les limites naturelles* d'un être fini; mais si elle a pour but de *préciser les caractères constitutifs* par lesquels une nature subsiste, bien loin qu'elle nie, elle affirme. Toute personnalité finie peut être déterminée dans le premier sens; dans le second sens, nous pouvons déterminer la personnalité infinie sans préjudice de sa perfection... Le propre de la personnalité n'est point de circonscrire un être, mais bien de faire son unité, comme l'indique le mot lui-même, *persona*, c'est-à-dire *chose une par soi*, — *res per se una*. — D'où il résulte, en définitive, que c'est précisément parce qu'un être est plus *un*, plus indépendant, et par conséquent plus parfait, que nous l'appelons une personne... Si l'on nous dit qu'un Dieu personnel n'est pas l'infini, parce qu'il n'est pas tout, nous répondrons que par être infini nous n'entendons pas être tout, mais posséder, sans limite aucune, toutes les perfections concevables. Si l'on nous dit qu'un Dieu personnel ne peut pas être l'universel, parce que sa subsistance propre l'isole de toute subsistance, nous répondrons que l'universel n'a pas besoin d'être *formellement* toute subsistance, ce qui briserait son unité; mais qu'il suffit qu'il contienne tout éminemment et que rien ne subsiste que par lui. Si l'on dit qu'un Dieu personnel ne peut pas être absolu, parce qu'il n'est pas indépendant de toute relation, nous répondrons qu'être absolu signifie proprement être indépendant de tout, quant à son essence, et quant à son action, tenir tout sous sa dépendance... » (P. MONSABRÉ, *Conf.*, 1873 : *La personnalité en Dieu.*)

---

[1] *Complète* et *incommunicable* équivalent à *individuelle*.
[2] Les possibles, c'est-à-dire tout ce qui peut être, arriver ou se faire.

TABLEAU ANALYTIQUE

THÉODICÉE

Définition. — La *théodicée* est la science de l'être absolu ou de Dieu, d'après les seules lumières de la raison.
La science de Dieu d'après la raison et la révélation s'appelle *théologie*.

Objet. — La théodicée traite : 1° de l'existence de Dieu ; 2° de sa nature et de ses attributs ; 3° de sa Providence.

Méthode. — Elle emploie tour à tour l'observation et le raisonnement, l'induction et la déduction.

II. Existence de Dieu.

1° Preuves physiques.
Elles sont fondées sur l'observation du monde matériel. On en distingue ordinairement quatre :
La première se tire de l'existence contingente du monde : le monde existe ; or le monde, être contingent, n'existe pas de soi ; donc il ne peut tenir l'existence que d'un être qui existe nécessairement, et cet être, c'est Dieu.
La deuxième se tire du mouvement qui existe dans le monde, mouvement qui n'est point essentiel à la matière ;
La troisième se tire de l'existence de la vie sur la terre ;
La quatrième se tire de l'ordre qui existe dans le monde ; c'est la preuve des causes finales.
(Toutes ces preuves se formulent rigoureusement en syllogismes.)

2° Preuves morales.
Elles se tirent : 1° De la loi morale ou principe du devoir ;
2° Du principe du mérite et du démérite ;
3° Du sentiment religieux et du sens intime ;
4° Des conséquences de l'athéisme ;
5° De la croyance universelle des hommes (consentement universel).

3° Preuves métaphysiques.
Elles se tirent : 1° De l'idée de l'Infini (preuve de Descartes) ;
2° De l'existence des vérités nécessaires (Platon, saint Augustin, Bossuet, Leibniz, Fénelon, etc.) ;
3° De la nécessité d'une cause parfaite des êtres imparfaits ;
4° De ce que l'idée même de Dieu ou de l'être parfait en implique l'existence (pr. ontologique).

Nota. — Toutes ces preuves n'ont pas une égale valeur et ont besoin de s'appuyer les unes sur les autres.

III. Attributs de Dieu.

Nous connaissons Dieu par ses attributs, c'est-à-dire par les différents aspects sous lesquels il se manifeste à notre intelligence. Dieu est *un, simple, indivisible*, et ce n'est que par l'abstraction que nous distinguons en lui des perfections diverses.
Pour déterminer les perfections, on peut procéder par *élimination* : tout ce qu'il y a d'imparfait dans la créature n'appartient pas à Dieu ; ou par *affirmation* : tout ce qu'il y a de perfection dans la créature convient à Dieu, mais sans limite aucune (transcendance).
Les attributs divins se divisent en trois groupes : *métaphysiques, opératifs* et *moraux*.

THÉODICÉE (Suite.)

III. Attributs de Dieu. (Suite.)

1° Attributs métaphysiques.

Attributs qui constituent l'essence divine et n'appartiennent qu'à lui (*attributs essentiels*). Ce sont :
1° *L'unité.* — Supposer deux ou plusieurs Dieux également parfaits est absurde ;
2° *La simplicité.* — En Dieu, pas d'éléments multiples ; pas de puissance et d'acte ; Dieu est acte pur ;
3° *L'immutabilité.* — Dieu est toujours le même ; le changement marque l'imperfection ;
4° *L'éternité.* — En Dieu, point de succession ; il est avant tout commencement et il n'aura pas de fin ;
5° *L'immensité.* — Il est partout, il est toujours, il est tout entier partout ;
6° *L'infinité.* — Cette perfection réunit toutes les autres ; elle exclut toute limite dans l'être.

2° Attributs opératifs.

Attributs qui sont le principe des actes de Dieu et auxquels l'homme participe. Ce sont :
1° *L'intelligence* ou *omniscience*, par laquelle Dieu voit tout présentement ;
2° *La volonté*, par laquelle Dieu se décide librement à créer, à agir ;
3° *La puissance* ou *toute-puissance*, par laquelle Dieu peut réaliser tout ce qui est possible.

3° Attributs moraux.

Ce sont comme les qualités de Dieu, que les créatures raisonnables doivent s'efforcer d'imiter.
1° *La sagesse*, par laquelle Dieu règle tout avec nombre, poids et mesure ;
2° *La bonté*, par laquelle il prend soin de ses créatures ;
3° *La sainteté*, par laquelle Dieu repousse absolument le mal ;
4° *La justice*, qui fait qu'il punit le mal ;
5° *La Providence*, qui résume la *sagesse*, la *bonté*, la *justice*. (Voir la leçon suivante.)

IV. Systèmes qui nient Dieu ou quelqu'une de ses perfections.

Panthéisme.

Plusieurs systèmes philosophiques nient Dieu ou quelqu'une de ses perfections.
L'athéisme, c'est la négation absolue de Dieu.
Le *matérialisme* ne reconnaît l'existence d'aucun principe spirituel, Dieu, âme.
Le *positivisme*, sans nier les principes spirituels, les regarde comme *inconnaissables*, et refuse de s'en occuper.
Le *sensualisme*, qui conduit pratiquement au matérialisme.
Le *panthéisme* nie l'existence d'un Dieu personnel. — Il prétend que Dieu est la substance unique et universelle, dont tous les êtres ne sont que des modes, des émanations.
On distingue : le *panthéisme naturaliste* (stoïciens), qui regarde Dieu comme la collection de tous les êtres ; il conduit à l'*athéisme* ;
Le *panthéisme idéaliste*, de Spinoza, qui fait de l'étendue et de la pensée les deux attributs essentiels de Dieu ;
Le *panthéisme hégélien*, qui fait de Dieu l'*éternel devenir* ; c'est l'idée se transformant éternellement.
Avec Schopenhauer, le panthéisme est *pessimiste* ;
Avec les socialistes, Saint-Simon, P. Leroux, etc., il est mystique et humanitaire.
Le panthéisme se réfute : 1° Par le *sens intime*, qui nous démontre notre existence particulière ;
2° Par ses *conséquences* : il amène la confusion et l'identité du bien et du mal, du oui et du non ;
3° Par ses *contradictions* : Dieu ne peut être à la fois infini et fini, parfait et imparfait ;
4° Par les *objections* mêmes des panthéistes à la création : *Ex nihilo nihil fit* (rien ne vient de rien).

7º LEÇON

THÉODICÉE (suite). — LA PROVIDENCE. — LE PROBLEME DU MAL OPTIMISME ET PESSIMISME

I. — LA PROVIDENCE

La *Providence* est *l'action par laquelle Dieu conserve et gouverne le monde conformément à ses attributs, conduisant chaque être à sa fin particulière et tous à une fin générale et commune.* On a dit que la conservation était une *création continuée.* Le mot est juste, si on l'entend, non pas en ce sens qu'à chaque instant les êtres passent du néant à l'être, ce qui supposerait qu'à chaque instant Dieu les anéantit pour les créer de nouveau, mais en ce sens que sa volonté créatrice, après les avoir tirés du néant, persévère à les maintenir dans l'être.

« Dieu nous traite avec respect, » dit l'Écriture; mais ce respect ne consiste pas à s'écarter de nous et à nous laisser faire. Nous possédons le domaine de nos actions sans cesser d'être dépendants du domaine universel et absolu de Dieu sur ses créatures. Notre liberté, par cela même qu'elle est une force créée, ne peut être une cause première; elle doit être soumise, comme toute cause seconde, à l'universel gouvernement de Dieu. Dieu opère en tout ce qui opère. Une nature créée, si parfaite qu'elle soit, ne peut procéder à son action, si elle n'est mue par Dieu. La cause première meut les êtres chacun suivant sa nature, et l'homme, ayant été créé libre, est mû librement; mais il est mû et il n'agit qu'avec le concours de la cause première. « Dieu est la cause première de tout ce qu'il y a d'être dans nos actes; » d'où il ne suit pas qu'il soit l'auteur du mal; le mal n'est pas un être, c'est une privation d'être. Cette privation d'être s'arrête à nous qui sommes des causes défectibles et ne remonte pas jusqu'à la cause première, qui ne peut défaillir. Si je pèche, ce n'est pas à Dieu, cause primitive et indéfectible de mes actes, mais à mon libre arbitre défaillant qu'il faut attribuer mon péché.

Le concile du Vatican a résumé en ces termes la doctrine de l'Église catholique sur la Providence : « Dieu garde et gouverne par sa Providence tout ce qu'il a fait, atteignant avec force d'une fin à l'autre et disposant toutes choses avec suavité; car tout est à nu et à découvert sous son regard, même ce qui doit arriver par l'action libre des créatures. » (Const. *Dei Filius*, ch. I.)

« Voir l'essence d'un être et vouloir qu'il soit, c'est créer. Vouloir que l'être dure, c'est conserver. L'acte conservateur est le nécessaire prolongement de l'acte créateur. On comprend difficilement, en effet, qu'un être ou un monde apparaisse ou disparaisse comme un éclair, ce qui arriverait pourtant si la force créatrice se retirait de l'être créé; car, de même qu'il n'a point en lui la raison de son existence, il n'a point non plus la raison de sa durée. Le monde, œuvre de Dieu, ne subsiste donc en toutes ses parties qu'en vertu de l'action prolongée de la force qui l'a créé. Mais le monde ne subsisterait qu'à l'état de chaos, fatalement condamné à une prompte destruction, si l'acte conservateur n'était le premier effet du gouvernement divin. Un monde n'est pas un amas incohérent de substances sans relations les unes avec les autres, sans direction vers une fin déterminée; c'est un ensemble où chaque chose a sa place et concourt, en gravitant vers sa perfection propre, à la perfection du tout. Voir la place de chaque chose, lui assigner ses fins particulières, ordonner toutes les fins particulières vers une fin générale, disposer, décréter, appliquer les moyens par lesquels toutes les fins sont atteintes, c'est faire acte de Providence, c'est gouverner. » (P. MONSABRÉ, 1re *Conf.*, 1876.)

L'*athéisme* et le *panthéisme* suppriment toute action providentielle, tout gouvernement du monde par une intelligence séparée du monde; il en est de même du *déisme*, bien qu'il admette la création. L'athéisme remplace la Providence par le hasard ou les lois innées, qu'il ne définit pas; le panthéisme, par l'évolution progressive de l'infini dans le fini; le déisme regarde Dieu comme la cause originelle du monde, mais celui-ci, une fois existant, se conserve par sa propre force et se gouverne par ses propres lois.

Contre la possibilité d'une action de la Providence, on objecte l'immutabilité des lois de la nature. Mais Dieu peut agir sans porter atteinte à ces lois, « comme nous expérimentons chaque jour que l'activité libre de l'homme se mêle à leur action fatale sans la détruire ni la suspendre un seul instant. Si l'homme a le singulier privilège de modifier la série des faits physiques en y intercalant son acte libre, et de changer par là non la quantité, mais la direction du mouvement, n'est-ce pas là pour nous comme un grossier symbole de ce que peut être le mode d'action d'une cause transcendante, touchant d'une manière infiniment subtile les grands ressorts de la machine cosmique et imprimant au mouvement, sans en violer les lois, et même en conformité parfaite avec elles, des changements de direction insensibles, dont sortent les plus grands effets?.. » (CARO, *Matérialisme et Science*, VIII.)

Démonstration de la Providence. — On distingue une preuve *à priori* et une preuve *à posteriori*. La *preuve à priori* se tire des attributs de Dieu : nier la Providence, c'est nier la *sagesse*, la *justice* et la *bonté* de Dieu. Dieu n'est pas *sage*, s'il ne met pas de l'ordre dans ses œuvres, s'il ne donne pas aux êtres qu'il a créés une fin conforme à leur nature et les moyens de parvenir à cette fin; il n'est pas *juste*, s'il ne rend pas à chacun suivant ses œuvres; il n'est pas *bon*, s'il peut se désintéresser de sa créature.

La *preuve à posteriori* se tire du consentement des peuples et de l'ordre du monde. Les prières, le culte, les sacrifices offerts à la divinité, dans toutes les religions, montrent la croyance universelle des hommes à l'action de la Providence. Le bon sens dit avec Cicéron : « Si les dieux ne peuvent nous aider, s'ils ne s'occupent pas de nous, pourquoi leur rendre un culte, pourquoi les honorer, pourquoi surtout les prier ? »

L'ordre du monde, soit physique, soit moral, prouve aussi l'action de Dieu. Les sciences formulent les lois de cet ordre universel et permanent; elles constatent qu'il y a un progrès dans la nature et dans l'histoire : dans la nature, par le degré toujours croissant de perfection des êtres qui ont paru et se sont succédé sur la terre jusqu'à l'apparition de l'homme; dans l'histoire, par les découvertes de la science, par les sciences nouvelles qui se constituent, par leurs applications à l'industrie, au bien-être de l'homme; par la marche en avant de la civilisation, mais dans l'humanité considérée comme un seul tout et non dans telle de ses parties. « Le progrès est essentiellement œuvre collective, extérieure et supérieure aux individus. Ce qui est proprement individuel en

chaque homme, le bonheur, le génie, la moralité, ne paraît pas progresser. »
(Fonsegrive.)

D'après un grand nombre d'historiens (Bossuet, Herder, Quinet, entre autres), l'histoire de l'humanité témoigne de la *direction imprimée aux choses humaines par une sagesse divine*. « Le triomphe définitif et suprême de la philosophie de l'histoire, dit l'Anglais Flint, ne sera, en réalité, que la démonstration complète de la Providence, la découverte, par les procédés de la méthode scientifique, du plan divin qui introduit l'unité et l'harmonie dans le chaos apparent des choses humaines. » On connaît le mot de Fénelon : « L'homme s'agite, et Dieu le mène[1]. » Auguste Comte lui-même aurait formulé sa pensée dernière dans ce vers, connu seulement après sa mort : « Pour expliquer des lois, il faut des volontés, » ce qui implique à la fois la Providence et le libre arbitre.

Les déistes du XVIIIe siècle trouvaient indigne de la majesté divine de s'occuper des plus infimes comme des plus nobles créatures. Dieu ne s'est pas montré moins grand dans la création des premières que dans celle des secondes. Le poète a bien dit :

> Aux regards de celui qui fit l'immensité,
> L'insecte vaut un monde : ils ont autant coûté.

L'atome comme l'astre, la matière comme l'esprit, ne se peuvent mesurer, quant au fait de leur existence, qu'avec l'infini : il faut être infiniment puissant pour créer les uns et les autres.

II. — LE PROBLÈME DU MAL

Les principales objections contre la Providence se tirent de l'existence du mal : comment peut-on concilier le mal dont souffrent les créatures avec l'action d'une Providence souverainement bonne ?

On distingue le mal *métaphysique*, qui est l'imperfection naturelle des êtres; le mal *physique*, ou la douleur; le mal *moral*, ou le péché.

Relire ce qui a été dit du mal (*Métaphysique*, 2e leçon); se rappeler que le mal, en soi, n'est pas un *être*, mais un *accident* de l'être; qu'il n'a d'autre réalité que d'être un *défaut* de l'être; que le bien, pour un être, consiste à être dans l'ordre, et le mal à n'y être pas, soit dans l'ordre qui rattache les moyens à la fin, soit dans l'ordre qui unit les parties dans le tout.

Le mal métaphysique n'est pas, à proprement parler, un mal; c'est une limitation nécessaire pour tout être, excepté pour Dieu. Il est contradictoire de demander à Dieu que les êtres qu'il crée soient parfaits, dans le sens absolu du mot : l'imperfection fait nécessairement partie de l'essence de toute créature, de tout être

---

[1] Il en est qui n'ont vu dans cette belle formule de Fénelon qu'une absorption complète de la liberté humaine par la toute-puissance divine. Donoso Cortès y trouvait la vraie formule de la philosophie de l'histoire. Tous les événements n'ont-ils pas leur explication et leur origine dans la volonté de Dieu et dans celle des hommes? « Le triomphe naturel du bien sur le mal, dit le grand penseur espagnol, et le triomphe surnaturel de Dieu sur le mal, par le moyen d'une action directe, personnelle et souveraine : telle est pour moi la philosophie, toute la philosophie de l'histoire. »

contingent. « La créature serait le Créateur même, s'il ne lui manquait rien ; car elle aurait la plénitude de la perfection, qui est la divinité même. » (FÉNELON.)

Le mal physique consiste dans les désordres apparents de la nature et dans la souffrance des êtres sensibles. — Il dérive soit de notre propre constitution et de la nature des choses, soit de l'abus que nous faisons des choses et de nos facultés. Le corps humain, comme celui de l'animal, est naturellement corruptible et sujet à la douleur et à la mort. Pour ne pas être sujet à la douleur, il eût fallu qu'il fût insensible, c'est-à-dire aussi incapable de plaisir que de douleur.

Dans toute vie sensible, les mouvements sont déterminés par des sensations, lesquelles sont agréables, si elle est secondée ; désagréables, si elle est contrariée. Le plaisir et la douleur sont les mobiles essentiels de la vie sensible ou animale; ils entrent dans sa constitution, comme la liberté entre dans la constitution de la vie morale.

Voir ce qui a été dit du rôle du plaisir et de la douleur dans la vie humaine : *Psychol.*, 4e leçon, page 66.

Pour tirer des désordres physiques un argument contre la sagesse de Dieu, il faudrait connaître le plan universel de la création et pouvoir affirmer que le mal physique n'est pas un moyen relativement à un bien d'un ordre supérieur. Saint Thomas se pose cette question : *Dieu, qui est le souverain bien, est-il la cause du mal?* Il répond : Il est évident que le mal, si on le considère comme résultant des défauts d'un agent ou des imperfections d'une action, n'a pas sa cause en Dieu, qui est la perfection même. Mais il n'en est pas ainsi du mal qui consiste dans la punition ou la destruction des êtres : celui-ci peut venir de Dieu, non seulement dans le monde physique, mais encore dans les choses humaines. Dieu, en effet, se propose avant tout l'ordre universel, qui exige que certains êtres puissent perdre et perdent quelquefois leur bonté. En assurant le bien de l'ordre universel, il produit accidentellement la destruction des choses. De plus, l'ordre universel renferme celui de la justice, qui demande la punition des pécheurs, et, sous ce nouveau rapport, Dieu est l'auteur des maux qui punissent le péché, mais non du péché même; il est l'auteur de la peine, non de la faute.

Il n'existe pas de premier principe du mal comme il existe un premier principe du bien; le premier principe de tous les biens est bon par essence, et rien ne saurait être mauvais de cette manière. Nous savons que tout être est bon en tant qu'être, et que le mal provient d'une cause bonne en elle-même, qui le produit d'une manière indirecte. (1, q. 48 et 49.)

Le mal moral, c'est-à-dire le péché, ne résulte pas nécessairement, comme la douleur, des lois de notre nature ; mais sa possibilité est la condition du plus grand des biens de la nature humaine, puisque la puissance de pécher est la conséquence de notre libre arbitre, et que c'est grâce à son libre arbitre que l'homme est maître de ses actes, capable de vertu et de mérite. Demander que Dieu empêche le mal en rendant l'homme naturellement impeccable, c'est vouloir que l'homme ne soit plus l'homme. Le mal moral est le fait non de Dieu, qui se borne à laisser l'homme libre, mais de l'homme qui abuse de sa liberté. Sans doute, Dieu agit dans tout ce qui agit; mais, dans une mauvaise action, tout ce qu'il y a d'être et d'actualité vient de Dieu, et ce qu'il y a de défectueux, de la créature. C'est ainsi que le mouvement qui est dans le boiteux vient de la *force motrice*, et la claudication, du défaut de la jambe.

On tire encore un argument, contre la justice de Dieu, du malheur du juste opposé au bonheur du méchant. — Tout ce que l'homme a reçu, tout ce qu'il a, doit être moyen par rapport à la fin ; lorsqu'il devient méchant et qu'il en abuse, tout cela n'a plus sa raison d'être ; il ne peut continuer à en jouir sans désordre. Dieu cependant ne prive pas les méchants de tous les biens secondaires ; il leur en conserve une bonne part. Or Dieu ne peut manquer à l'ordre ; s'il permet que le méchant ait quelque bonheur, c'est que tout malheur ne lui est pas dû.

« L'objection confond le fait avec le droit. Tout homme qui se met en dehors de sa fin mérite de perdre tout ce qu'il a reçu en vue de cette fin ; voilà le droit. Le fait, c'est l'application du droit, la soustraction effective des moyens devenus inutiles. Si cette soustraction a lieu, l'ordre est satisfait. Mais il n'est pas violé si, pour des raisons dignes de la sagesse divine, l'effet de la justice est momentanément suspendu. Le méchant n'a pas de raison de se plaindre de ce qui lui est ôté ; mais il n'est pas mieux fondé à se prévaloir de ce qui lui est conservé.

« Dieu, en effet, par une disposition de sa miséricorde, veut que le coupable puisse rentrer dans le droit chemin tant que dure la vie présente. Il faut donc que Dieu ne le frappe pas comme il le mérite, et lui permette de jouir au moins d'une part des biens secondaires qui reprennent ainsi leur qualité de moyens.

« De plus, outre sa fin personnelle, l'homme a une fin sociale, qu'il remplit même lorsqu'il cesse d'être honnête... Les travaux de l'individu ont presque toujours, à son insu, un caractère et des résultats sociaux. Chacun se propose son plaisir ou son intérêt personnel, ou tout au plus le plaisir et l'intérêt de ses proches et de ses amis ; mais il n'en est pas moins indubitable que la société recueille plus ou moins directement les fruits du travail de tous... Si les coupables étaient livrés aux suites de leurs fautes, dès qu'ils les ont commises, la société serait profondément troublée et l'avenir de l'humanité serait compromis... » (J. DE BONNIOT, *Revue du monde catholique*, mai 1886.)

Enfin on accuse Dieu d'injustice à cause de l'inégalité des conditions. — Nous savons qu'il y a entre tous les hommes une égalité fondamentale de droits et de devoirs ; sur les égalités fondamentales se posent les inégalités sociales. Elles sont de tous les temps et de tous les lieux. « Toujours et partout, il y a eu dans les sociétés humaines des variétés de fortunes, des classements de personnes et de familles, une hiérarchie dans les membres du corps social : tout ce qu'il faut pour constituer un ordre ; car un ordre ne se conçoit pas sans qu'il y ait entre ses divers éléments des inégalités. Pour ce qui nous regarde, les inégalités sont dues à des causes qui persistent comme le monde et se renouvellent comme les générations. » Ce sont : *l'action des agents naturels extérieurs à l'homme :* par le jeu de ses forces, la nature seconde ici les efforts du travailleur, là elle les trahit ; — *les différences de talent, le caractère, les passions ; enfin l'usage de la liberté.*

« La liberté combinée avec les autres forces de l'âme humaine et mise en présence des influences extérieures, voilà ce qui détermine les inégalités sociales, inégalités qui, par l'éclat ou l'ombre qu'elles projettent, passent nécessairement de l'individu à tout ce qui se rattache à son sang et à sa vie; on ne peut pas faire qu'il n'y ait des familles glorifiées, comme il y en a de déshonorées. » Toutes ces inégalités, loin de nuire à l'ordre, contribuent à sa splendeur. « L'ordre n'a cette splendeur qu'on appelle la beauté que parce qu'il contient une immense variété dans une immense unité. » On ne pourrait les supprimer sans les voir renaître aussitôt sous l'action des mêmes causes. — Voir, pour le développement de ces idées, la sixième *Conférence de 1892*, à *Notre-Dame*, par le P. MONSABRÉ.

III. — OPTIMISME ET PESSIMISME

Au sens vulgaire, l'*optimisme* est la disposition à prendre les choses par leur meilleur côté, à voir tout en beau, et le *pessimisme*, la disposition contraire [1]. Alceste et Philinte, de Molière, sont des types assez réussis du pessimisme et de l'optimisme ainsi entendus. Au sens philosophique, l'*optimisme* est la *doctrine de ceux qui professent que le monde est bon, que la vie a un sens et un but, et qu'il vaut la peine de vivre*; le pessimisme, la *doctrine de ceux qui croient que le monde est essentiellement mauvais, que la vie n'a pas de prix et ne vaut pas la peine d'être vécue*.

L'optimisme absolu, qui prétend que le monde est le meilleur des mondes possibles, a été professé par Leibniz et Malebranche. Si l'optimisme absolu était la vérité, le mal n'existerait pas, et la conclusion pratique serait identique à celle du pessimisme, qui déclare le mal indestructible; ce serait l'inaction. Le vrai optimisme conclut à l'action et peut prendre pour devise le vieil adage : Fais ce que dois, advienne que pourra.

La vérité est dans l'optimisme relatif de saint Thomas, de Bossuet et de la plupart des théologiens. « Le monde actuel n'épuise ni la sagesse, ni la bonté, ni la puissance de son auteur; Dieu aurait pu en créer un autre d'une plus haute excellence; il aurait pu donner plus de perfection à chaque partie prise séparément, faire, par exemple, que l'intelligence de l'homme fût plus prompte ou plus sûre, que le soleil fût plus chaud ou plus radieux. Mais, dans un tout vaste et complexe comme l'univers, il ne faut pas considérer une partie à l'exclusion des autres, il faut penser à toutes; car toutes doivent s'accorder et s'harmoniser ensemble, et la beauté est moins le résultat des différentes individualités, prises séparément, que de l'équilibre et de l'ordre général. » (P. VALLET, *Idée du beau* [2].)

Le *pessimisme* fait le fond de la religion du Bouddha Çakia-Mouni. La vie est comme un cauchemar auquel on ne peut échapper qu'en éteignant en soi le désir de vivre, ce qu'on obtient par le renoncement à tout, par le *nirvâna*, c'est-

---

[1] On peut rapporter à ce pessimisme individuel, qui voit tout en noir, celui des poètes tels que lord Byron, Léopardi, Mᵐᵉ Ackermann. Voltaire est pessimiste dans son poème sur le tremblement de terre de Lisbonne, mais on y trouve deux vers qui marquent la limite du vrai et du faux optimisme :
   Un jour tout *sera* bien, voilà notre espérance.
   Tout *est* bien aujourd'hui, voilà l'illusion.

[2] La fable *le Gland et la Citrouille*, de la Fontaine, est un petit traité d'optimisme en action :
   « Dieu fait bien ce qu'il fait. » Sans en chercher la preuve
   En tout cet univers, et l'aller parcourant,
   Dans la citrouille je la trouve…
   Dieu ne l'a pas voulu : sans doute il eut raison.

à-dire l'anéantissement[1]. De nos jours, le *pessimisme* a été professé en Allemagne par *Schopenhauer* et *Hartmann*.

D'après le premier, le monde est le pire des mondes possibles; il est produit par une force ou volonté aveugle sans raison et sans but. Le mal est dans la déraison de vouloir vivre, et le remède dans le suicide par inanition. « Le comble du malheur, dit Caro, ce n'est pas d'être homme; c'est, étant homme, de se mépriser assez pour n'être pas un animal. »

Hartmann a exposé son système dans la philosophie de l'*inconscient*. Il admet comme cause du monde un *inconscient*, une sorte d'idée qui s'ignore. Le jour où l'homme aura compris la radicale absurdité de la vie, la libération du monde se fera par la volonté de s'anéantir; le néant est le dernier terme du progrès.

Parmi les moralistes français, la Rochefoucauld est pessimiste.

Le pessimisme a été réfuté par Bouillier et Caro.

Il n'est pas vrai que la nature ait mis en nous la soif du bonheur et qu'elle n'ait placé nulle part la source où nous pouvons l'étancher. Seulement cette source, ceux-là seuls la trouvent et s'y désaltèrent qui ne veulent pas le bonheur uniquement pour lui-même, mais comme le surcroît promis à ceux qui cherchent premièrement la vérité et la justice, comme le demande l'Évangile. Il n'est pas vrai que l'homme qui se dévoue à la cause du bien soit une dupe : il trouve dans son dévouement, et sans le chercher, le bonheur que d'autres cherchent, sans le trouver, dans les jouissances égoïstes. Le pessimisme a beau crier à l'humanité le mot de Shakespeare dans *Richard III* : « Désespère et meurs ! » elle écoute plutôt la voix de l'optimisme qui lui crie : « Espère et vis ! » Le monde est pour nous ce que nous le faisons être. Si l'on veut le rendre bon, il faut commencer par croire au bien.

« *La valeur du monde n'est pas arrêtée, finie une fois pour toutes; elle dépend de nous.* — Nous pouvons, à notre gré, travailler à conserver ou à diminuer l'ordre éternel et par là travailler à donner raison à l'optimisme ou, au contraire, à fournir des arguments au pessimisme. Les vicieux corrompent le monde, le rendent mauvais; les sages et les saints le conservent et sont vraiment le sel de la terre. Notre vie vaut donc la peine d'être vécue, puisqu'il dépend de nous de lui donner la valeur que nous voulons. Nous pouvons la rendre plate, mesquine, monotone, étroite; nous pouvons, au contraire, la rendre riche, utile, harmonieuse et belle, en faire une œuvre d'art d'un prix infini. » (FONSEGRIVE, *Éléments de philosophie.* — *Métaphysique*.)

---

[1] « Il ne faut pas confondre la mortification et la contemplation chrétiennes avec les pratiques bouddhistes. La pensée constante du bouddhiste est l'horreur de la vie et l'ardent désir du nirvâna, c'est-à-dire du néant. Le sentiment du chrétien est diamétralement opposé. Le chrétien veut vivre d'une vie encore plus intense que celle dont il jouit en tant qu'homme; il aspire à une vie supérieure, et l'immortelle gloire du christianisme, c'est d'avoir appelé l'homme à une vie plus haute en respectant cependant tout ce qu'il y a de grand et de noble dans la nature humaine. C'est ce qu'exprime la formule si connue : *La grâce ne détruit pas la nature*. Mais il y a, dans la nature déchue, des éléments qui, s'ils ne sont pas réduits à de justes proportions, menacent de tout envahir et empêchent l'épanouissement de la vie supérieure : il y a lutte entre les deux vies, et c'est pour faire triompher la vie supérieure que le chrétien s'efforce d'opposer une digue aux envahissements de la vie inférieure. Voilà tout le secret de la mortification chrétienne. Le chrétien ne veut pas la mort, il aspire à la vie.

« Il en est de même dans la contemplation. Elle n'est pas l'extase du bouddhiste perdu dans la pensée du nirvâna et enivré de la passion du néant; elle est, au contraire, l'acte de la puissance la plus vivante, l'intelligence, éclairée et soutenue par une lumière dont les rayons allument dans le cœur du chrétien l'immense désir de cette vie qui ne finira jamais. » (P. MAUMUS, *les Philosophes contemporains*. SCHOPENHAUER.)

THÉODICÉE

TABLEAU ANALYTIQUE

THÉODICÉE (Suite). — PROVIDENCE.

Définition. — La Providence est l'action par laquelle Dieu conserve et gouverne le monde.

I. Preuves de l'existence de la Providence.
- Nier la Providence, c'est nier la *sagesse*, la *bonté*, la *justice* de Dieu (preuve *à priori*).
- L'ordre du monde prouve l'action d'une puissance directrice et conservatrice (preuve *à posteriori*).
- Le consentement et les usages de tous les peuples : prières, sacrifices, etc., prouvent aussi l'existence de la Providence (*id.*).
- Enfin la révélation nous l'affirme (*id.*).

II. Objections contre la Providence. — Problème du mal.
On a fait plusieurs objections à l'existence de la Providence :
Les *déistes* soutiennent qu'il est indigne de Dieu de s'occuper de tant de créatures. — On répond qu'il n'est pas plus indigne de Dieu de conserver les créatures qu'il n'a été indigne de lui de les créer.
L'existence du mal donne lieu à *des objections plus graves* :
Comment, en effet, peut-on concilier l'existence du mal avec l'action d'une Providence souverainement bonne ?
On répond :
1° S'il s'agit du *mal métaphysique*, qui n'est que l'imperfection naturelle des êtres, qu'il serait contradictoire de vouloir que la créature fût parfaite d'une perfection absolue comme Dieu ; dans ce cas, elle serait Dieu.
2° S'il s'agit du *mal physique*, qui est la douleur ou le désordre, que ce mal résulte de la nature même des choses qui sont imparfaites. La douleur, la mort, ne sont que des choses relatives ; d'autre part, on ne conçoit pas des natures sensibles non assujetties à la douleur.
3° S'il s'agit du *moral*, qui est le péché, on répond encore qu'il résulte non de Dieu, mais de notre nature d'êtres libres. — Ce n'est pas Dieu qui est l'auteur du mal ; mais il est l'auteur de la liberté, qui est le plus grand don qu'il ait pu faire à l'homme.
En résumé, tout ce qu'il y a de bien dans les êtres, Dieu en est l'auteur ; tout ce qu'il y a de mal physique, moral ou métaphysique, tient à l'imperfection nécessaire des créatures ou à la liberté de l'homme.
On tire encore des objections contre la Providence et la justice de Dieu : 1° Du bonheur des méchants et du malheur des justes en ce monde. — (Voir la réponse au chapitre des sanctions.) — Tout commence ici-bas, pour finir ailleurs.
2° *De l'inégalité des conditions.* — L'inégalité est plus apparente que réelle ; et puis elle est dans la nature même des choses ; elle résulte de l'action des divers agents extérieurs sur l'homme : des différences de talent, de caractère, des passions, de l'usage de la liberté.

III. Pessimisme et optimisme.
Le *pessimisme*, comme le déisme, nie la Providence.
Les *pessimistes* (Schopenhauer, Léopardi, Hartmann) prétendent que le monde est mauvais, qu'il est l'œuvre d'une volonté aveugle et sans but et qu'il faut en souhaiter la destruction.
Ils soutiennent aussi que la vie est mauvaise, qu'elle ne vaut pas la peine d'être vécue, et ils aspirent au néant ou *nirvanâ*.
Au pessimisme est opposé l'*optimisme*, qui soutient que le monde est l'œuvre d'une volonté intelligente et que la vie est un bien.
L'optimisme est *absolu* si, avec Leibniz, il enseigne que le monde, tel qu'il est, est le meilleur possible ; il est *relatif* avec saint Thomas, Bossuet et la plupart des théologiens, qui admettent que le monde, tel qu'il est, est bon, mais que Dieu aurait pu en créer un meilleur.

MORALE GÉNÉRALE

PRELIMINAIRES

DÉFINITION DE LA MORALE. — SA MÉTHODE
SES RAPPORTS AVEC LES AUTRES PARTIES DE LA PHILOSOPHIE
DIVISION

Définition de la morale. — La morale se définit : *science des mœurs*.

Nos mœurs sont nos habitudes de vivre. Il va sans dire que les mœurs que la morale nous enseigne, sont les mœurs telles qu'elles doivent être, c'est-à-dire des habitudes de vivre conformes à la règle du devoir, des habitudes qui sont des devoirs.

Elle se définit encore : science du *devoir*, — science qui nous enseigne notre *fin* et les *moyens* de la remplir[1], — science qui nous instruit à faire le *bien* et à éviter le *mal* ; — science de la *loi* et du *but* des actions humaines.

La morale est une science pratique : elle n'enseigne pas seulement ce qui est, elle dit ce qu'il faut faire, elle donne des règles à la volonté ; elle apprend à l'homme à bien user de sa liberté pour atteindre sa fin dernière. C'est à cette fin qu'elle rapporte tout ; c'est vers cette fin qu'elle oriente toutes les bonnes volontés. « Si le moraliste refuse de s'élever jusque-là, il n'est plus qu'un peintre de mœurs, ou, moins encore, un sophiste et un habile qui enseigne peut-être l'art de parvenir, mais non pas celui d'être homme. » (E. BLANC.)

REMARQUE. — Il ne faut pas confondre un *écrivain moraliste* avec un *philosophe moraliste*. Celui-ci se propose de déterminer les règles auxquelles doivent se conformer les mœurs pour être bonnes ; celui-là observe seulement la conduite des hommes pour en noter les traits généraux, les travers et les ridicules. Saint Thomas est un philosophe moraliste ; la Bruyère n'est qu'un moraliste.

C'est une science nécessaire : la pratique du bien en suppose la connaissance. Il ne suffit pas, pour vivre en honnête homme,

---

[1] La fin d'un être étant réalisée, les aspirations et les besoins de sa nature sont satisfaits. Cette parole de Pascal est donc juste : « La morale est l'art de bien vivre et d'être heureux. » — Pascal dit encore : « La science des choses extérieures ne me consolera pas de l'ignorance de la morale au temps d'affliction ; mais la science des mœurs me consolera toujours de l'ignorance des sciences extérieures. »

en homme de bien, d'avoir vaguement le sens du devoir, de savoir, d'instinct, que quelque chose est bien et doit être fait, que quelque chose est mal et doit être évité ; il faut avoir des règles précises de conduite et savoir les appliquer dans toutes les circonstances de la vie. La loi naturelle est quelquefois obscure dans sa généralité. « Il est souvent plus difficile de connaître son devoir que de le faire. » (GUIZOT.)

La morale est le complément nécessaire de toutes les études philosophiques. A quoi bon apprendre la psychologie, la logique, la théodicée, si ces sciences ne doivent pas aboutir à la morale, c'est-à-dire à la connaissance pratique et au gouvernement de soi-même ?

— On s'est posé cette question : *La vertu peut-elle s'enseigner ?* « Non, » répond Platon. « Oui, dit Sénèque, *la vertu s'enseigne ; il y a un art de devenir bon.* » Tous deux ont raison au point de vue où ils se placent. La vertu est affaire de *volonté*, et dans ce sens elle ne s'enseigne pas ; mais elle est aussi affaire d'*intelligence ;* car elle est l'observation constante d'une loi qui s'adresse à la raison comme elle s'impose à la volonté. Avant d'être un ordre, le précepte est d'abord une vérité, par conséquent il est objet de science. On ne peut connaître le bien sans l'aimer, et étudier le bien ou la morale, c'est se disposer à devenir meilleur. L'homme qui a des idées claires et justes est mieux en état d'apprécier les motifs et les mobiles qui le sollicitent, de se soustraire aux préjugés, de résister aux mauvais exemples, aux sophismes, aux faux systèmes. (Voir sur cette question : *Psychologie*, 19ᵉ leçon, page 270.)

Méthode. — La morale étudiant ce *qu'est* l'homme, *en fait*, et ce qu'il *doit* être, en *droit*, est une *science* à la fois *expérimentale* et *rationnelle*. Elle observe les faits moraux, les coordonne et en détermine les lois, c'est-à-dire qu'à l'occasion de ces faits elle s'élève à la conception des principes absolus qu'ils supposent : voilà le côté expérimental. Elle part de principes certains, de vérités nécessaires, et en déduit des conclusions rigoureuses, qui règlent la conduite : voilà le côté rationnel. Elle constate, par exemple, par l'analyse de la conscience morale, que l'homme discerne le bien du mal, qu'il est intelligent et libre, qu'il conçoit un bien obligatoire, et elle en conclut qu'il est lié par cette idée du bien obligatoire, qu'il est responsable.

Sous peine de faire une morale impraticable, comme les stoïciens et comme Kant, il faut partir de l'observation de la nature humaine : on ne peut savoir ce qu'elle doit être que si on connaît ce qu'elle est ; mais, comme on l'a vu en *Logique*, p. 471, la méthode expérimentale est impuissante à constituer une morale. Chercher à tirer la loi morale des faits par l'expérience, comme les lois physiques et naturelles, c'est se tromper sur sa vraie nature. La loi morale n'est pas créée par les rapports des hommes entre eux, comme le sont les lois physiques et naturelles par les rapports des faits et des êtres ; elle est antérieure à ces rapports et elle les règle.

« Les lois qu'on peut tirer des faits ne sont elles-mêmes que des faits généralisés et ne sauraient par suite avoir un caractère obligatoire. Lorsqu'on aura réussi à établir qu'ici ou là, ou même partout, les hommes agissent de telle ou telle manière, s'ensuivra-t-il qu'on soit moralement tenu d'imiter leur exemple, et prétendra-t-on convertir en devoir une manière d'agir, parce qu'elle est plus ou moins générale? A ce compte, il suffirait de prendre telle ou telle société, au moment où la corruption y est répandue, pour se croire autorisé à ériger le vice en loi. Tous les faits du monde ne peuvent nous apprendre que ce qui est et non ce qui doit être; autrement dit, les lois qu'on dégage de l'expérience ne sont que de pures constatations, dépourvues de toute valeur et de toute autorité morale. Le malheur, c'est qu'il y a une tendance de plus en plus marquée à s'appuyer sur ces prétendues lois, pour rejeter ou ébranler la loi morale véritable et conclure de la généralité des actes à leur légitimité. » (VESSIOT, *Chemin faisant*.)

Si la morale n'était pas avant tout une œuvre de raison et non d'expérience, opposerait-on constamment le droit au fait? On a remarqué qu'en politique les partis comprennent si bien de quel côté se dirigent les plus vives préoccupations des esprits, qu'ils se renvoient sans cesse le reproche d'*immoralité*, c'est-à-dire d'être en opposition avec le droit et la justice, comme la seule qui puisse toucher les hommes de bon sens et de bonne foi.

Rapports de la morale avec les autres parties de la philosophie. — La morale, comme la logique, est un complément de la *psychologie* ; elle dirige la volonté dans la réalisation du *bien*, de même que la logique dirige l'*intelligence* dans la recherche du *vrai*. Un système erroné de morale a généralement pour point de départ une psychologie fausse ; ainsi le sensualisme en morale est le simple corollaire de l'empirisme psychologique.

C'est la psychologie qui constate l'existence de la moralité (*notion du bien obligatoire*) dans la nature humaine et fournit à la morale son point de départ; c'est elle qui donne la connaissance de l'homme, connaissance indispensable, soit pour déterminer l'idéal moral, qui n'est pas autre chose que l'homme lui-même idéalisé ; soit pour déterminer les devoirs particuliers, soit pour indiquer les moyens de les remplir, moyens nécessairement appropriés à la nature de l'homme.

La morale repose sur la théodicée : l'idée de Dieu est le fondement, la règle et la sanction de la morale. Une morale sans Dieu est une morale sans fondement, sans règle et sans sanction : c'est un non-sens. Croire au devoir, c'est croire à Dieu. Le devoir n'est rien, s'il n'est le *devoir* de faire la volonté de Dieu.

Toutes les sciences morales, comme leur nom l'indique, ont évidemment des rapports étroits avec la morale.

L'*esthétique* ou science du beau ne peut pas se séparer de la morale, parce que la morale est la science du bien, et que le bien, comme le vrai, est la condition du beau : « Rien n'est beau que le vrai ; » dans l'ordre de la volonté ou ordre moral proprement dit, ce qui est vrai, c'est ce qui est bien. De là, la liaison et presque la synonymie de ces termes : *raison, conscience, goût;* la raison ou l'entendement a pour objet le vrai ; la conscience, le bien ; le goût, le beau.

L'*histoire* ne peut porter sur la vie des individus et sur celle des peuples des jugements justes qu'à la lumière des principes moraux. L'histoire bien faite, tout en révélant le caractère scientifique et montrant comment les faits sociaux se conditionnent les uns les autres, est comme une vérification des sanctions naturelles ; même sans être faite en vue d'une idée morale préconçue, comme on le veut aujourd'hui, elle reste une morale en exemples : « c'est la conscience du genre humain. » (TACITE.)

L'*économie politique*, qui a pour objet l'*utile*, doit, pour ne pas faire fausse route, se rappeler les règles de l'*honnête ;* car, en se plaçant au point de vue des principes, qui est le seul vrai, l'honnête est la mesure de l'utile. Le *travail*, qui crée la richesse, et l'*économie*, qui la conserve, sont des devoirs, et par là rentrent dans la sphère de la morale. Tout ce que la morale *ordonne* ou condamne au nom du devoir, l'économie politique le *conseille* ou le condamne au nom de l'intérêt. L'une et l'autre, par exemple, demandent la liberté du travail et condamnent l'esclavage ; la première, au nom de la dignité humaine : tout homme est inviolable dans l'exercice légitime de son activité ; la seconde, au nom de l'intérêt : le travail libre est plus productif que le travail esclave.

La *jurisprudence*, ou science du droit, a des rapports très étroits avec la morale : le droit et la morale ont un sujet commun, l'homme intelligent et libre, vivant à l'état social ; mais la morale embrasse toutes les lois qui s'imposent à la conscience humaine, et le droit, entendu dans son sens restreint de droit positif, ne contient que les règles sanctionnées par une contrainte matérielle du pouvoir social. Toute règle légitime de droit positif est une règle de morale ; car c'est la morale qui nous ordonne d'obéir aux lois civiles ; mais toute règle de morale n'est pas une règle de droit : la société civile n'a sanctionné qu'un certain nombre de règles de morale, de façon à les ériger en règles de droit positif. Nous avons dit *légitime*, car tout ce qui est *légal* ou de droit positif n'est pas par le fait même *équitable* ou de droit naturel. Il est des actes *légalement* licites et que la conscience réprouve comme *illégitimes*, parce qu'ils sont *malhonnêtes* ; telle est, par exemple, la *prescription*, en certain cas, comme moyen d'acquérir la propriété.

En un mot, la *morale*, qui a pour objet le bien, c'est-à-dire la fin même de l'homme, doit régler l'activité libre dans toutes ses manifestations. La fin de l'économie politique, par exemple, est de nous conduire au bien par l'utile, comme celle de l'art ou de l'esthétique de nous y conduire par le beau, et celle de la logique par le vrai. « La morale n'est pas tout ; mais, ou elle n'est rien, ou elle s'étend à tout et surveille tout. » (RABIER.)

Division de la morale. — La morale se divise en deux parties : la morale *théorique* ou *générale* et la morale *pratique* ou *particulière* ; celle-là est surtout une science : elle pose les principes, elle les explique ; celle-ci est surtout un art : elle déduit les conséquences des principes, elle applique les principes aux faits c'est-à-dire aux diverses formes de l'activité humaine. La première est la science *du devoir*, la seconde est la science *des devoirs* ; l'une nous fait connaître la *loi morale* et les idées qui s'y rapportent : *ordre, désordre, bien, mal, liberté, devoir, droit, responsabilité, vertu, vice, mérite, démérite, satisfaction de conscience, remords*, etc.[1] ; l'autre nous enseigne quels sont les préceptes et les défenses auxquels nous avons à conformer notre vie pour rester fidèles à la loi et atteindre notre fin.

Il ne faut pas oublier que la morale surtout, plus encore que la philosophie en général, se fait « avec l'âme tout entière », suivant le mot de Platon, et que c'est la mutiler que de poser, avec Kant, la primauté de la raison pratique sur la raison spéculative, ou, avec A. Comte, la primauté du cœur sur l'esprit. Les principes auxquels se rattachent les préceptes valent plus que les préceptes

---

[1] On donne ici de ces mots quelques courtes définitions qui suffisent dans la pratique : *Loi morale* : règle obligatoire à laquelle l'homme doit conformer sa conduite pour être dans l'ordre ; — *ordre* : ce qui est conforme à la loi ; — *désordre* : ce qui est contraire à la loi ; — *bien* : ce qui est conforme à la loi morale ; — *mal* : ce qui est contraire à la loi morale ; — *liberté* : pouvoir de se déterminer, possession de soi-même ; — *devoir* : nécessité morale ; — *droit* : pouvoir moral ; — *responsabilité* : caractère d'un être qui doit rendre compte de ses actes et en recevoir le prix ; — *vertu* : habitude du bien ; *vice* : habitude du mal ; — *mérite* : accroissement de valeur morale ; — *démérite* : perte de valeur morale ; — *satisfaction de conscience* : bon témoignage que rend la conscience après une bonne action ; — *remords* : reproche de la conscience après une mauvaise action.

eux-mêmes. Séparés des idées rationnelles qui les fondent et les expliquent, les préceptes manquent d'autorité et sont sans action sur la volonté. Voilà pourquoi c'est une illusion de croire qu'un *catéchisme moral* renfermant les préceptes qui ont eu force de loi partout et toujours chez les peuples civilisés, serait suffisant pour assurer la pratique du bien; car il ne suffit pas, comme on l'a vu, de bien juger pour bien faire, de connaître le devoir et sa raison pour le pratiquer. C'en est cependant la condition première et essentielle.

NOTES COMPLÉMENTAIRES

Quelques pensées sur l'idée de Dieu et la morale. — « Fontanes, disait Napoléon au grand maître de l'Université, il faut me faire des hommes... Et vous croyez que l'homme peut être homme, s'il n'a pas Dieu? Sur quel point d'appui posera-t-il son levier pour soulever le monde, le monde de ses passion et de ses fureurs? L'homme sans Dieu, je l'ai vu à l'œuvre depuis 1793. Cet homme-là, on ne le gouverne pas, on le mitraille. De cet homme-là, j'en ai assez... Et c'est cet homme-là que vous voudriez faire sortir de mes lycées! Non, non, pour former l'homme je me mettrai avec Dieu; car il s'agit de créer et vous n'avez pas encore trouvé le pouvoir créateur apparemment. »

Diderot (*Pensées philosophiques*) a dit : « Si j'avais un enfant à dresser, moi, je lui ferais de la Divinité une compagnie si réelle... Je lui dirais : « Dieu t'entend, et tu mens ! » Je multiplierais autour de lui les signes indicatifs de la présence divine. S'il se faisait, par exemple, un cercle chez moi, j'y marquerais une place à Dieu, et j'accoutumerais mon élève à dire : « Nous étions quatre, Dieu, mon ami, mon gouverneur et moi. »

« Un peuple qui perdrait l'idée de Dieu, perdrait par là même tout idéal. Je ne m'explique pas sur quoi il pourrait continuer à orienter sa marche. » (Ed. QUINET.)

« Pour donner un principe à la vertu, il faut, de très bonne heure, imprimer dans l'esprit de l'enfant une notion vraie de Dieu. » (LOCKE.)

« Dieu, et de là toutes les vertus, tous les devoirs. » (JOUBERT.)

« Nous sommes forcés de convenir que la religion seule peut établir une morale qui repose sur une base inébranlable. » (DIDEROT.)

« Je ne voudrais pas être gouverné par des athées, car je sais bien que, s'ils avaient intérêt à ce que je fusse égorgé, je serais bientôt égorgé. » (VOLTAIRE.)

« La pratique des devoirs ne se réalise pas sans Dieu, pas plus que sans Dieu leur conception ne se justifie. » (RONDELET.)

Montaigne, parlant de la croyance en Dieu, dit que si l'homme « la reçoit bien en bon escient, s'il la plante bien vivement en soy,... son intelligence se rend plus noble et plus digne, laissant le non estre pour se joindre à l'estre, et, logeant en soy l'infinité du bien, elle prend une merveilleuse accroissance de perfection, elle reçoit de cette saincte créance une influence de bonté, et participe à la grandeur et excellence de la chose qu'elle croit ».

TABLEAU ANALYTIQUE

PRÉLIMINAIRES

Définitions de la morale.
- La morale se définit : Science des mœurs;
- Science du devoir;
- Science qui nous enseigne notre fin et les moyens de la remplir;
- Science qui nous instruit à faire le bien et à éviter le mal;
- Science de la loi et du but des actions humaines.

La morale est une science *pratique* : elle n'enseigne pas seulement ce qui est, elle dit encore ce qu'il faut faire; elle donne des règles à la volonté et apprend à l'homme à bien user de la liberté pour atteindre sa fin.

C'est une science *nécessaire* : la pratique du bien en suppose la connaissance. « Il est souvent plus difficile de connaître son devoir que de le faire. » (Guizot.)

Méthode.
- La morale est une science à la fois expérimentale et rationnelle.
- Par l'*induction*, elle observe les faits moraux, les coordonne et en détermine les lois;
- Par la *déduction*, elle part de principes certains et en tire des conclusions rigoureuses.
- Elle constate, par exemple, que l'homme est libre (expérience), et elle conclut qu'il est responsable (raisonnement).

Rapports de la morale avec les autres sciences.
1° Comme la *logique*, elle est un complément de la *psychologie* : — Un système erroné de morale a pour point de départ une psychologie fausse.
2° La morale repose sur la *théodicée* : une morale sans Dieu est un non-sens : — L'idée de Dieu est le fondement, la règle, la sanction de la morale.
3° L'*esthétique*, science du beau, ne peut se séparer de la morale, science du bien. — Le beau, le bien, le vrai, sont trois aspects d'une même perfection.
4° L'*histoire* ne peut juger les hommes et les faits qu'en s'appuyant sur les principes immuables de la morale. « L'histoire est une morale en exemples, c'est la conscience du genre humain. » (Tacite.)
5° L'*économie politique*, qui a pour objet l'*utile*, ne peut se séparer de la morale, qui a pour objet l'*honnête*. — L'honnête est la mesure de l'utile.
6° La *jurisprudence*, science du droit, repose sur la morale. — Toute loi positive tire son autorité de la loi morale;
En un mot, la morale doit régler l'activité libre de l'homme dans toutes ses manifestations. « La morale n'est pas tout; mais, ou elle n'est rien, ou elle s'étend à tout et surveille tout. » (Radieu.)

Divisions.
- La morale se divise en deux parties :
  1° La morale *théorique* ou *générale*, qui pose les principes;
  2° La morale *pratique* ou *particulière*, qui en déduit les applications.
- La première nous fait connaître la *loi* et les idées qui s'y rapportent;
- La seconde nous enseigne quels sont les *préceptes* et les *défenses* auxquels nous devons nous conformer.
- L'une est la science du *devoir*;
- L'autre, la science des *devoirs*.

1ʳᵉ LEÇON

SUJET DE LA LOI MORALE : LA PERSONNE
PREMIERES DONNÉES DE LA CONSCIENCE. — LA RESPONSABILITE

I. — SUJET DE LA LOI MORALE : LA PERSONNE

Le sujet de la loi morale est la *personne*. L'homme est une *personne*, c'est-à-dire une *substance individuelle douée de raison*, ce qui revient à dire : un être intelligent et libre, ou encore : un être moral, responsable de ses actes.

La personnalité se distingue à trois caractères principaux : 1° la conscience de soi, du moi, du sujet pensant ; 2° l'intelligence, faculté de discerner le vrai du faux, le bien du mal, le beau du laid ; 3° la volonté libre, ou pouvoir de se déterminer soi-même.

L'être qui n'a pas conscience de soi, qui ne pense pas, qui ne veut pas, n'est pas une personne.

Chez l'enfant au berceau, l'activité paraît d'abord n'être que spontanée ou instinctive ; mais, à mesure qu'il grandit, sa raison se dégage, se développe, et il accomplit des actes que jamais l'instinct n'a produits dans les animaux les mieux doués. Il a des idées, il les compare et les unit ; il réfléchit, il délibère, il choisit. Quand il se décide à faire une chose, il a conscience qu'il pourrait ne pas la faire, qu'il est libre ; s'il l'a fait, il a un motif, il sait pourquoi, et il sent qu'il est responsable. Tels sont les caractères de l'activité volontaire et réfléchie qui distingue l'homme de l'animal et qui est un signe de sa personnalité.

La personne est sacrée : elle est inviolable comme la loi morale à laquelle elle est soumise : elle a des devoirs qu'elle doit remplir, des droits qu'on est tenu de respecter. Dans aucun cas, on ne peut la traiter comme une chose, comme un minéral, une plante, un animal ; elle a un but à atteindre librement ; personne n'a le droit de l'empêcher d'y tendre, de mettre obstacle à l'usage légitime de ses facultés. Ç'a été l'iniquité du paganisme de méconnaître la dignité et l'inviolabilité de la personne chez les esclaves. L'esclave n'était pas considéré comme une personne, mais comme une chose qu'on faisait servir à une fin quelconque, dont on disposait comme d'un moyen.

En quoi les personnes diffèrent des choses. — Les choses : minéral, plante, animal, diffèrent des personnes par leur nature, par leur fin, par la loi qui les régit.

Par leur nature : elles n'ont aucune des facultés propres à la personne : conscience de soi, raison, liberté ; elles appartiennent à l'ordre matériel, physique ; les personnes à l'ordre moral, spirituel.

Par leur fin : les choses ont une *destination* enfermée dans les limites de l'existence physique, et elles l'atteignent *fatalement ;* les personnes ont une *destinée* supérieure à laquelle elles se sentent appelées par les aspirations de leurs facultés et vers laquelle elles ont le droit et le devoir de tendre librement.

Par la loi qui les régit : les choses sont soumises à des lois *nécessitantes*, qu'elles sont contraintes de subir, qu'elles ne peuvent pas ne pas subir ; les personnes, à une loi *obligatoire* qu'elles sont tenues de suivre, à laquelle elles doivent obéir, sous peine de démériter et de commettre une faute, sous peine de déchoir et de se dégrader.

Variations de la personnalité. — La question de l'unité et de l'identité de la personnalité, de ses prétendus *dédoublements* successifs ou même simultanés, de ses *variations*, de ses *altérations*, de ses *maladies*, est une de celles que les systèmes philosophiques débattent et discutent le plus en ce moment. C'est que dans cette question de la réalité ou de la non-réalité du moi *un* et *identique* sont engagés les plus graves problèmes : la liberté et la responsabilité, la direction de la vie présente et toutes les garanties de la vie à venir.

Le *phénoménisme* prétend que l'idée du moi n'est qu'une *illusion*, une *entité métaphysique* que la science va éliminer ; que le *moi* n'est pas une réalité, une substance véritable, mais « une collection d'états de conscience », une collection de phénomènes. Ainsi parlent avec quelques variantes Condillac, Hume, Kant, Hamilton, Stuart-Mill, Spencer. Dans son livre de *l'Intelligence*, Taine affirme que « le *moi* n'est que la trame continue de ses événements successifs ; qu'il est tour à tour l'un puis l'autre ; que, si on le considère à un moment donné, il n'est rien qu'une tranche interceptée dans la trame. » Cette doctrine est aussi celle qu'expose M. Ribot, dans les *Maladies de la personnalité*.

Si le *moi* n'est en nous « qu'une série d'événements et d'états successifs, sensations, images, idées, perceptions, souvenirs, prévisions, émotions, désirs, volitions, liés entre eux », comment peut-on expliquer le sentiment si tenace de notre unité et de notre identité, à travers tous les changements qui se font en nous ? Comment expliquer que celui qui souffre croie invinciblement que, quand sa souffrance passera, il ne passera pas avec elle ; que celui qui a souffert et ne souffre plus, croie invinciblement que le *moi* actuellement consolé est le *moi* autrefois désolé ? Quand Sosie, de Molière, répond à Mercure :

> Tes coups n'ont point en moi fait de métamorphose,
> Et tout le changement que je vois à la chose,
> C'est d'être Sosie battu,

il distingue, comme tout le monde, le *moi* des *phénomènes* du moi. Impossible d'ailleurs de concevoir une collection d'états de conscience sans un être réel qui leur serve de lien et de support. Cette impossibilité est rendue manifeste par les contradictions où tombe le phénoménisme en exposant sa théorie : dans la même phrase, il nie et il affirme le *moi*. Si je ne suis que la trame des phénomènes successifs qui se passent en moi, comment puis-je affirmer qu'ils se passent *en moi* ? Si mon *moi* est tour à tour l'un puis l'autre, c'est qu'il ne disparaît pas avec eux ; s'il disparaissait, on ne dirait pas qu'il est chacun de ces phénomènes successifs, mais que ces phénomènes sont tour à tour.

Comment, avec cette théorie, expliquer le souvenir ? La condition du souvenir, c'est que le moi qui, présentement, se souvient d'avoir fait une chose, soit le moi qui, antérieurement, a fait la chose. Si le *moi* actuel, c'est le phénomène actuel ou la somme des phénomènes actuels ; si le moi passé, c'est le phénomène passé ou la somme des phénomènes passés, comment expliquer que *je* sois le sujet d'une phrase dont le verbe est au passé ? Le souvenir est inexplicable, car il est impossible que le moi actuel puisse se concevoir lui-même comme étant à une époque où il n'était pas.

Le témoignage de la conscience, que M. Taine dément, quand il nie comme une illusion l'unité du sujet conscient des phénomènes, et auquel il a recours quand il affirme l'existence des phénomènes, n'accuse pas cette scission entre les phénomènes et leur sujet. Quand je souffre, *je me sens*, *je me dis souffrant*, c'est-à-dire que, du même coup, je perçois le phénomène et je perçois le *moi dans* et *par* le phénomène. Je ne perçois pas une modification sans sujet, ni un sujet sans modification; je *me* perçois comme sujet modifié, et je dis *moi*, attestant par ce mot, le plus déterminé de tous, que la conscience atteint, en même temps que le phénomène, le sujet du phénomène, l'être réel et substantiel dont les phénomènes sont les *manières d'être* successives, et non les *parties composantes.*

Mais que penser des cas de *suggestion*, de *somnambulisme* naturel ou provoqué, où cette personnalité, qu'on dit être *une et identique*, varie et se dédouble? On cite nombre de cas où, sous l'influence de la suggestion hypnotique, le même sujet croit revêtir des personnalités successives et opposées, être tour à tour celui-ci ou celui-là, ou même ceci et cela; on cite des sujets qui vivent alternativement deux existences distinctes et étrangères l'une à l'autre. Il serait trop long d'entrer ici dans le détail de ces cas morbides, encore insuffisamment connus et dont, ce semble, on tire des conclusions non justifiées. On peut affirmer qu'une étude plus approfondie de ces faits anormaux, non seulement ne portera aucune atteinte aux vérités traditionnelles, mais servira à les préciser davantage.

Il résulte de l'étude des faits qu'en général l'état somnambulique n'abolit pas l'état de veille, mais l'englobe; que ces deux états n'enferment qu'une seule et même conscience; que le *moi* normal persiste et même gagne en vitalité à travers la métamorphose qui s'y produit. En passant à l'état de sommeil naturel ou provoqué, le sujet ne perd pas de vue les représentations qui emplissent à ce moment sa conscience normale : il les conserve dans son intégrité, tout en acquérant un nouveau champ de perception. Cet élargissement du champ de la conscience peut être attribué à une certaine exaltation de la mémoire et de l'imagination, qui se fait au détriment des facultés supérieures. Le *moi* se maintient, lorsque deux systèmes de représentations se déroulent dans ces facultés sensitives, de la même manière que se maintient l'acte de vision, lorsqu'on interpose entre l'œil et l'objet des verres de couleur, un prisme, une lentille.

Il semble que, dans ces cas pathologiques assez mal dénommés *maladies de la personnalité*, c'est *l'idée* du *moi* qui s'altère ou disparaît, et nullement la personne elle-même, qui demeure identique malgré ses illusions.

Il n'est nullement nécessaire, en effet, pour demeurer identique dans le fond de son être, de savoir s'en rendre compte. L'enfant reste identique, quoique pendant une longue période il soit incapable de juger de son identité; pendant le sommeil, dans les accès de léthargie ou d'épilepsie, l'homme adulte cesse d'avoir conscience de son identité, sans cependant cesser d'être identique.

L'identité, en elle-même, est indépendante de la mémoire et de ses vicissitudes; elle existe alors même que, la mémoire disparaissant, nous ne la percevons plus. *L'idée* de l'identité, au contraire, est dépendante de la mémoire. Pour savoir que nous demeurons les mêmes, il faut nous souvenir du passé et le comparer au présent. Quand la maladie ou un fait anormal nous enlève la mémoire, nous perdons l'idée de notre identité sans cesser d'être identiques.

Les *maladies de la personnalité* sont donc plutôt des *maladies de la mémoire* ou des altérations de l'*idée du moi* que des altérations du *moi* lui-même, qui n'est pas atteint dans son identité. (Voir FARGES, *le Cerveau*, *l'Ame et les Facultés*, 1re partie, v; — DE MARGERIE, *Taine*, 1re partie. Voir aussi Th. RIBOT, *Maladies de la Personnalité, de la Mémoire, de la Volonté.*)

II. — FAITS DE L'ORDRE MORAL, PREMIÈRES DONNÉES DE LA CONSCIENCE

L'homme discerne le bien du mal; il sait pourquoi le bien est bien, pourquoi le mal est mal : il conçoit l'*ordre* (*distinction du bien et du mal*); il comprend qu'il est *obligé*, que c'est pour lui un *devoir* de faire ce qu'il croit être bien, et de ne pas faire ce qu'il croit être mal (*notion d'obligation ou de devoir*); il se sent *responsable* de sa conduite, en tant qu'il agit avec connaissance et liberté, et il reconnaît que ses actions lui sont *imputables* à bien ou à mal (*notions de liberté et de responsabilité*), qu'il mérite ou démérite, qu'il est digne d'approbation ou de blâme, d'estime ou de mépris, de récompense ou de châtiment (*appréciation des actes ou jugement du mérite et du démérite*), suivant qu'il fait ou non ce qu'il doit.

Ces idées ou ces faits moraux, dont le caractère propre est la liberté, sont ce qu'on appelle *premières données de la conscience*.

C'est à l'occasion de ces idées et de ces faits que la raison formule les axiomes ou les principes premiers de la morale. La première démarche de l'esprit en présence de ces faits, c'est de les constater et de les décrire, pour rechercher ensuite leur origine et leur valeur. Le fait de l'obligation, par exemple, ma conscience morale le constate à tout moment, car à tout moment je me trouve en présence de choses que je me vois et me déclare tenu de faire ou de ne pas faire. Si ma conscience me reproche ma paresse, c'est qu'il y a quelque chose qu'il faut faire. Je ne suis pas contraint d'agir, et pourtant si je n'agis pas ou si je fais ce qu'il ne faut pas, je me dis que j'ai tort. Ce que je constate là est autre chose qu'un simple attrait, autre chose que la nécessité pure : c'est un ordre, un commandement, qui me lie de la façon la plus intime. Voilà le fait de l'obligation.

REMARQUE. — L'explication des premières données de la conscience constitue le fond de la morale générale.

III. — LA RESPONSABILITÉ

Définition. — La *responsabilité* est le *caractère d'un être qui doit rendre compte de ses actes et en recevoir le prix*. On la définit encore : La nécessité morale de subir les conséquences de ses actions libres, si elles sont mauvaises, ou d'en bénéficier, si elles sont bonnes.

Au mot *responsable* correspond le mot *imputable*. Ce sont des termes de même sens, mais qui s'appliquent différemment. La personne est responsable, l'acte est imputable.

Pour que l'acte soit imputable, il faut qu'il soit fait avec connaissance et liberté. L'acte qui a ce caractère s'appelle *acte humain*, par opposition aux actes de la vie organique, comme la respiration, aux actes de la vie animale, tels que les réflexes et les actes purement instinctifs, et aux actes de l'homme raisonnable, mais non libre ; par exemple, l'amour nécessaire du bonheur ou de la fin dernière. Tous les actes qui préviennent l'usage de la raison ne sont pas des *actes humains*.

C'est un fait que l'homme croit à sa responsabilité et à celle de ses semblables. Les jugements moraux qu'il porte sur lui-même et sur eux, et les sentiments qu'il éprouve à la suite de ces jugements, le montrent bien. Sans la croyance à la responsabilité, on ne s'explique pas le jugement du mérite et du démérite, ni les sentiments d'estime et de mépris, du remords et de la satisfaction de conscience.

Principe, conditions, conséquences. — La responsabilité a pour *principe* le discernement du bien et du mal, l'idée d'obligation ; pour *conditions*, l'intelligence et la liberté; pour *conséquences*, le mérite et le démérite, la récompense et le châtiment, qui établissent définitivement l'harmonie nécessaire du bonheur et du bien, du malheur et du mal.

Principe. — Nous avons l'idée et le sentiment de la responsabilité morale, parce que nous avons l'idée de devoir, que nous nous sentons obligés de faire le bien et de ne pas faire le mal. L'animal, qui n'a pas la raison, n'est pas responsable; le fou, qui l'a perdue, l'enfant, qui n'en a pas encore l'usage, ne le sont pas non plus.

Conditions. — Les conditions de la responsabilité sont *l'intelligence* et la *liberté*. Un acte n'est imputable, on n'en est responsable, on n'en a le mérite ou le démérite que si on a *compris* ce qu'on a fait et si on l'a fait *librement*.

Comprendre ce qu'on fait, c'est apprécier la valeur morale de l'acte, sa qualité bonne ou mauvaise, sa conformité ou sa non-conformité avec la loi, ce qui exige un certain degré ou développement d'intelligence et d'éducation. Plus un homme est éclairé moralement, plus il est responsable; voilà pourquoi l'opinion publique se montre indulgente pour un homme qui n'a qu'une intelligence bornée, qui n'a reçu aucune éducation.

Agir librement, c'est avoir la possibilité d'agir ou de s'abstenir. L'on est plus ou moins responsable selon que l'on est plus ou moins maître de sa volonté, que l'on se possède plus ou moins soi-même. Un paralytique ne court pas au secours d'une personne en danger de périr; qui songe à le lui reprocher? À l'impossible nul n'est tenu.

La liberté implique l'intelligence : l'être qui ne sait pas ce qu'il fait ne fait pas ce qu'il veut; il ne s'appartient pas. Le jour où l'homme perd sa raison, il cesse d'être libre, c'est-à-dire qu'il ne se possède plus lui-même, qu'il est enlevé à lui-même, comme l'exprime fort bien le nom de cette infirmité terrible, aliénation (aliéné, de *alienus a se*, étranger à soi-même).

Un fou, cédant à une impulsion irrésistible, commet un crime : il est irresponsable; on ne peut lui imputer l'acte que son bras a commis, non sa volonté; on ne le traite pas en criminel, mais en malade; on tâche de le mettre dans l'impossibilité de nuire, et on cherche à le guérir. Revient-il à la santé, le mal qu'il a fait lui cause des regrets, mais non des remords.

Il en est ainsi de tout homme qui a été la cause involontaire d'un mal quelconque ou qui n'a pu accomplir un bien. Un chasseur tue un homme purement par accident : il n'est pas coupable.

De ce que l'intelligence et la liberté sont les conditions nécessaires de la responsabilité, il suit que *tout ce qui détruit ou diminue l'intelligence et la liberté supprime ou diminue la responsabilité*. De là, quand il s'agit du mal, la distinction des circonstances *atténuantes*, qui diminuent la responsabilité: par exemple, l'ignorance, l'inadvertance, la violence, la crainte; et des circonstances *aggravantes*, qui l'augmentent: par exemple, la préméditation, la pleine possession de soi-même[1].

---

[1] La confession de l'Âne, dans La Fontaine (*Animaux malades de la peste*), est un modèle d'atténuation : toutes les circonstances qui peuvent diminuer la gravité du délit y sont réunies et habilement graduées. — Dans Corneille, Valère plaide contre Horace par les

Aussi admettons-nous diverses mesures de responsabilité suivant que nous jugeons un enfant, un homme mûr ou un vieillard; un homme qui agit par lui-même ou celui qui ne le fait que par suite de conseils ou d'ordres donnés; un homme instruit ou un rustre sans éducation; un homme sain d'esprit et en pleine possession de ses facultés intellectuelles et morales, ou bien un halluciné, un maniaque, un homme en proie à une émotion violente ou sous l'influence de l'ivresse; dans ces deux derniers cas, il peut même échapper à toute responsabilité au moins directe.

Celui dont l'erreur et l'ignorance sont invincibles, involontaires, nous le déchargeons de toute responsabilité, mais non celui dont l'erreur et l'ignorance sont vincibles, volontaires, provenant d'une négligence coupable.

Tout cela montre combien il est difficile d'apprécier d'une façon exacte le degré de responsabilité morale de chaque homme. Voilà pourquoi l'histoire, la justice humaine et l'opinion doivent souvent se tromper et errer dans les jugements qu'elles portent sur les hommes et sur leurs actes.

Cette difficulté explique aussi pourquoi, maintes fois, nous essayons de diminuer notre responsabilité aux yeux des autres et à nos propres yeux, en invoquant les circonstances atténuantes pour les tromper et nous tromper nous-mêmes. Il convient de ne pas se laisser duper par ces sophismes : *Je n'étais plus maître de moi, je n'étais plus libre*, et autres semblables qui allèguent l'*inconscience* et l'*irresponsabilité*, et derrière lesquels veulent se dérober d'ordinaire les criminels, au tribunal, dans le roman et dans le drame: ce ne sont que de mauvaises excuses pour de mauvaises actions, commises le plus souvent avec des circonstances aggravantes. Il faut aussi se tenir en garde contre la disposition de certains philosophes et romanciers (J.-J. Rousseau, George Sand) à attribuer à la société ou à sa mauvaise organisation la plupart de nos fautes et de nos vices; à rapporter le crime, non à des causes morales tirées de l'âme, mais à des causes d'ordre matériel et d'origine extérieure : tempérament, climat, race, hérédité, âge, éducation, etc. (Voir Notes complémentaires.)

A ces considérations, il faut ajouter celles qui viennent de la solidarité qu'il y a entre les membres de la société humaine, soit dans la famille, soit dans la patrie, soit dans l'humanité tout entière, solidarité qui amène, dans une mesure plus ou moins grande, un partage de la responsabilité[1]. Il s'agit ici de la part soit directe, soit indirecte, que nous avons à la moralité de nos semblables, et de celle qu'ils ont à la nôtre. D'une part, l'influence exercée sur nous par les actions d'autrui peut diminuer notre responsabilité, et, d'autre part, l'influence exercée sur autrui par nos propres actions peut l'augmenter. On connaît la puissance de l'exemple. Il ne faut pas cependant exagérer, surtout à titre de circonstance atténuante, les effets de cette loi de la solidarité; pas plus que celle de l'hérédité, elle n'a rien de fatal, et l'homme n'a pas le droit de rejeter sur le compte d'autrui des fautes qu'il pouvait et qu'il devait éviter.

Cette question de la solidarité nous amène à remarquer qu'à la responsabilité morale, commune à tous les hommes, s'ajoutent des responsabilités particulières qui répondent aux devoirs professionnels. On est, par exemple, responsable, dans une certaine mesure, de ceux sur qui on a de l'autorité : le père l'est de ses enfants; le maître, de ses serviteurs; le patron, de ses ouvriers; le professeur, de ses élèves. Plus un homme a d'autorité ou de puissance d'action, plus aussi s'étend sa responsabilité. Nous sommes même responsables du mal que nous

---

circonstances aggravantes; le vieil Horace défend son fils par les circonstances atténuantes et par les services rendus à l'Etat. Auguste fait valoir les circonstances aggravantes pour confondre Cinna (acte V, sc. 1); il en est de même d'Agrippine contre Néron (*Britannicus*, acte IV, sc. 11).

[1] Inutile de rappeler que cette loi de la solidarité s'applique d'abord à l'individu : nous sommes, par l'habitude, solidaires de nous-mêmes; le présent naît du passé et prépare l'avenir; c'est seulement en remontant aux causes de certaines habitudes que nous pouvons nous rendre compte du degré de responsabilité qu'entraînent certains actes, où l'on semble vaincu par une force irrésistible.

aurions dû et pu empêcher ; nous ne serions pas tout à fait innocents, par exemple, de la mort d'un homme que nous aurions vu près de se tuer et que, par paresse ou par négligence, nous n'aurions pas essayé d'arrêter.

Conséquences. — Les conséquences de la responsabilité sont le *mérite*, qui est un accroissement de valeur morale et le droit à une récompense, et le *démérite*, qui est une perte de valeur morale et qui rend passible d'un châtiment. La récompense ou le châtiment, c'est la sanction qui suit infailliblement l'accomplissement ou la transgression de la loi, et qui revêt, comme on le verra plus loin (p. 704), diverses formes : sanction individuelle, sanction sociale, sanction religieuse. — Les degrés du mérite et du démérite, parallèles à ceux de la vertu et du vice, seront également indiqués, page 649.

NOTES COMPLÉMENTAIRES

Responsabilités civile et politique, et responsabilité criminelle. — La responsabilité prend le nom de *civile*, de *politique* ou de *criminelle*, suivant qu'elle est définie et sanctionnée par la loi civile, politique ou pénale. Ces diverses responsabilités sont en général des applications de la responsabilité morale, qu'elles impliquent plus ou moins.

Civile. — La responsabilité civile est l'obligation où se trouve un homme de réparer le dommage qu'un fait quelconque, arrivé par sa faute ou par sa négligence, ou par celle des personnes qui dépendent de lui, ou par les choses qui lui appartiennent, a pu causer à autrui. Un homme, par exemple, portant un fardeau, trébuche et casse les vitres d'un magasin ; la loi l'oblige à les payer. Mes troupeaux vont paître dans un champ de blé de mon voisin : il peut exiger de moi, par la contrainte, des dommages-intérêts. Les parents sont responsables des dommages causés par leurs enfants mineurs habitant avec eux ; les patrons, des dommages causés par leurs apprentis, pendant le temps qu'ils sont sous leur surveillance.

Politique. — La responsabilité politique est celle des membres du gouvernement et de leurs subalternes. Celle des ministres varie suivant que le gouvernement est absolu ou constitutionnel. Dans le premier cas, les ministres ne sont responsables qu'envers le prince ; dans le second, ils le sont devant la représentation nationale, qui a le droit de les mettre en accusation et de les juger.

La Constitution de 1875 définit ainsi la responsabilité ministérielle : Les ministres sont solidairement responsables de la politique générale du gouvernement, et individuellement de leurs actes personnels. — C'est surtout leur responsabilité collective, leur solidarité, qui constitue la responsabilité ministérielle. La signature d'un seul ministre engage la responsabilité de tous. Voilà pourquoi, d'ordinaire, si l'acte d'un ministre, déféré aux Chambres par voie de pétition ou d'interpellation, est blâmé, le ministère entier donne sa démission et se retire.

Les fonctionnaires sont responsables des préjudices qu'ils peuvent causer au public par défaut d'exactitude dans l'expédition des affaires. Les magistrats sont moralement, sinon civilement, responsables des conséquences graves que peuvent avoir les erreurs judiciaires où ils tombent par leur faute, et qui engagent la fortune, la liberté, l'honneur, la vie même des particuliers.

Criminelle. — La responsabilité criminelle, c'est la responsabilité morale dans le crime ou le délit, telle que la loi pénale la définit et qu'elle peut la découvrir et l'atteindre.

Au point de vue pénal ou criminel, un fait n'engage jamais la responsabilité que s'il était déjà prévu et réprimé par une disposition formelle de la loi, au moment où il a été accompli.

En général, la *tentative* de crime est punie à l'égal du crime lui-même, si elle n'a été suspendue ou n'a manqué son effet que par des circonstances indépendantes de la volonté de son auteur. Les *complices* sont responsables devant la loi, comme les auteurs et les co-auteurs de l'infraction.

La *démence*, qui ôte le discernement, et la *violence* à laquelle on ne peut résister, suppriment complètement l'imputabilité criminelle.

Il est des *circonstances* qui peuvent légitimer des actes délictueux : par exemple, l'homicide commis en repoussant une attaque nocturne ; il en est d'autres qui, sans les justifier complètement, diminuent néanmoins la culpabilité et deviennent des causes d'atténuation ou d'exemption de peine. Voici un ouvrier qui a volé du pain chez un boulanger; mais cet ouvrier, jusque-là honnête, ayant inutilement cherché et demandé du travail, était sans rien à manger depuis plusieurs jours : c'est une circonstance atténuante.

Enfin, il y a des circonstances qui *aggravent* la culpabilité: par exemple, la *récidive*, c'est-à-dire la rechute dans l'infraction après une première condamnation [1].

Appréciation de la responsabilité criminelle. — L'appréciation des questions relatives à la responsabilité des prévenus est en grande partie, aujourd'hui, aux mains des médecins-experts, ce qui donne à la médecine légale une part très considérable et souvent prépondérante dans l'administration de la justice.

Il y a deux grands courants parmi les médecins-experts : les uns admettent l'irresponsabilité seulement à titre d'exception, les autres l'admettent comme principe. Les premiers, sans mettre en question le principe de la responsabilité morale et pénale, multiplient tellement les faits présentés comme exception et en exagèrent à un tel point l'influence, qu'ils finissent par laisser peu de place à la responsabilité; les seconds, ceux de l'école positiviste, de l'école d'anthropologie criminelle italienne, nient absolument la liberté et la responsabilité, ne voient dans les criminels que des *criminels-nés*, poussés au crime par leur organisation, et les tiennent pour irresponsables.

La tendance générale est d'*extérioriser* le crime, d'en chercher les mobiles ou les excuses non dans le criminel, mais en dehors et autour de lui; de l'attribuer, non à des causes morales tirées de l'âme, mais à des causes d'ordre matériel et d'origine extérieure : tempérament, climat, race, hérédité, âge, éducation, etc.

On ne compte plus les cas d'irresponsabilité invoqués par la défense :

Irresponsabilité fondée sur l'état mental : aliénation mentale, monomanie, hallucination, épilepsie; — irresponsabilité des criminels ayant agi sous l'influence de la passion, sous la pression d'une « force irrésistible » : irresponsabilité des alcooliques, des somnambules, des héréditaires, des ataviques, des victimes du tempérament, de l'éducation, du milieu social, des instinctifs; — irresponsabilité pour cause d'anomalie, de structure dégénérée, de vice de conformation.

La vraie science n'admet pas qu'on est irresponsable par le seul fait d'être classé dans tel groupe de malades. Pour chaque cas particulier, il faut donner des preuves, ce qui demande un examen sérieux. Le degré du mal, les circonstances, les causes secondaires varient à l'infini et font varier la responsabilité dans des proportions très complexes.

L'*idiotie*, le *délire* en cas de maladie, la *folie*, détruisent presque toujours les deux conditions de la responsabilité, la connaissance et la liberté. Cependant certains fous ont des moments lucides pendant lesquels ils peuvent conserver une part de responsabilité. Dans le cas de *monomanie*, l'intelligence et la liberté sont atteintes, mais ne semblent l'être que sur un point; il est dès lors bien difficile de faire la part de la responsabilité.

Le *sommeil* et le *somnambulisme* sont, en général, des causes d'irresponsabilité. Cependant une action qui serait le résultat de mauvais desseins conçus et nourris pendant la veille, la mort d'un ennemi, par exemple, n'échapperait pas à toute imputabilité.

Dans l'*hallucination*, l'esprit peut n'être pas toujours dupe : il y a des cas d'hallucinés gardant la pleine possession d'eux-mêmes.

La théorie de la *force irrésistible* prend l'accusé au moment du crime et prétend qu'il a été incapable de résister à l'instinct ou à la passion. Supposé que cela soit vrai, pour quelle cause le criminel a-t-il été incapable de résister? C'est qu'il n'a pas combattu l'impulsion au mal quand il pouvait et devait le faire, qu'il l'a volontairement accrue et transformée en passion, en idée fixe, en folie, et qu'elle a abouti fatalement au crime.

Le plus souvent les *anomalies* physiques, loin d'être des causes par rapport aux actes psychologiques, sont des effets. L'expérience prouve qu'à une déchéance de l'âme correspond une régression du corps : c'est l'adaptation du corps à l'âme, plus facile encore à comprendre, étant donnée l'union substantielle des

---

[1] Quelques-uns de ces détails sont empruntés au *Cours de législation*, de LARCHER.

deux parties du composé humain, que l'adaptation d'un organisme à des milieux différents. On sait que si un organe est le siège d'une inflammation, il subit une régression qui le rapproche des formes organiques inférieures ; que si l'activité se concentre plus spécialement sur une partie de l'organisme, cette partie tend à prendre un développement exagéré. Ainsi la gloutonnerie déforme la mâchoire inférieure ; l'habitude du vol augmente la dextérité des mains et peut facilement amener l'ambidextrisme ; le débauché prend insensiblement cette forme terrible à voir dont parle Lacordaire (22e *Conf.*) : « le front chargé de rides précoces, des yeux vagues et caves, des lèvres impuissantes à peindre la bonté, » trahissant d'avance le vice honteux, comme le renflement des feuilles trahit le ver destructeur.

Toute anomalie physique n'a pas, sans doute, une origine passionnelle ; mais les anomalies, regardées par les anthropologistes comme signes du crime, sont le plus souvent, ou bien sans aucun rapport avec les actes psychologiques, ou bien en sont la conséquence et non la cause. Quelle que soit sa constitution physique, l'homme est libre ; la vertu se rencontre avec tous les tempéraments ; elle dépend de l'âme et non du corps[1].

Il est incontestable que l'*hérédité* joue un grand rôle ; elle peut transmettre un organisme dans lequel certaines fonctions tendent à prédominer, et par là favoriser le développement exagéré de certaines inclinations. Il faut donc reconnaître que l'hérédité est une *influence*, mais elle n'est pas une *fatalité* ; entre la tendance criminelle et l'acte, il y a la *délibération volontaire*. Ce qui rend d'ordinaire une inclination dominante, c'est moins l'influence héréditaire ou extérieure, jamais *irrésistible*, qu'une volonté assez *faible* pour céder, pour se laisser entraîner. « Il est plus aisé, disait Franklin, de réprimer le premier désir que de contenter tous ceux qui suivent. » On succombe, on se relève, puis de nouveau on se laisse aller insensiblement à son inclination, jusqu'au moment où il faudrait un acte héroïque pour triompher.

L'*éducation*, quand elle est mauvaise, est une influence corruptrice puissante, « parce que c'est dans l'enfance surtout que se gravent les exemples défectueux et que l'instinct d'imitation agit avec toute son énergie (la force de résistance étant encore imparfaite). Là, les mauvais conseils, et surtout les modèles vicieux, ont une toute-puissance qu'ils ne retrouveront plus jamais au même degré... Quand l'éducation et l'hérédité agissent dans le même sens, par exemple, l'hérédité du vice et l'éducation vicieuse, on conçoit ce qu'un pareil concours peut produire et quelle atteinte il peut en résulter pour la liberté morale de celui qui a été soumis à cette double action. Mais cette combinaison n'existe pas toujours. » (RIANT, *les Irresponsables devant la justice*, 2e partie, ch. II, 5.) — « L'influence de l'éducation opposée à celle de l'hérédité est si grande, que c'est à la première seule qu'appartient, dans la plupart des cas, le pouvoir de réaliser la ressemblance morale et psychologique des enfants et des parents. Si l'hérédité déterminait irrésistiblement et sûrement, chez les descendants, la reproduction de tous les caractères constitutifs de la personnalité des ascendants, l'éducation serait inutile. Du moment que l'éducation, et une éducation prolongée, vigilante, laborieuse, est indispensable pour provoquer l'apparition et réaliser le développement des aptitudes et des qualités de l'esprit chez l'enfant, il faut bien conclure que l'hérédité ne joue qu'un rôle secondaire dans cette admirable genèse de l'individu moral. Cet argument est irréfutable. Que les influences héréditaires s'accusent par des prédispositions, par des tendances déterminées, il serait peu scientifique de le nier ; cependant il serait tout aussi inexact de prétendre qu'elles contiennent implicitement les états futurs et gouvernent l'évolution de l'être psychique. » (PAPILLON, *les Phénomènes de l'hérédité*. — Cité par Riant.)

La prétendue *anomalie morale* du criminel se réduit, en dernière analyse, à ceci : par son tempérament et par l'affaiblissement du sentiment moral, le criminel est porté à commettre plus facilement le crime, mais il reste libre ; il n'est pas *fou*, il est *faible*.

Enfin on a essayé de faire du crime une *maladie sociale*, de l'attribuer à l'influence déterminante du *milieu social*. A la suite de certains criminalistes, V. Hugo le proclame dans *Paris incendié* :

---

[1] On peut lire sur ce sujet une belle page de M. Deschanel, *Physiologie des écrivains et des artistes*, cité par Riant dans *les Irresponsables*, 2e partie, ch. II, 4.

> Non, vous, les égarés, vous n'êtes pas coupables ;
> Le vénéneux essaim des causes impalpables,
> Les vieux faits devenus invisibles, vous ont
> Troublé l'âme, et leur aile a battu votre front ;
> J'accuse la misère, et je traîne à la barre
> Cet aveugle, ce sourd, ce bandit, ce barbare,
>   Le passé.

N'y a-t-il dans la société que des tendances criminelles? A côté de l'action des causes immorales, n'y a-t-il pas celle d'influences honnêtes nombreuses, qui paralyse souvent la première? On ne le croirait pas, à entendre cette théorie pessimiste et fataliste. Toutes les causes sociales mauvaises peuvent diminuer la responsabilité, mais non la supprimer. Le criminel, quel qu'il soit, reste libre et responsable; car « jusqu'au fond de la plus profonde dégradation, comme l'observe M. Frank, il reste toujours une créature humaine, un être moral, un être doué de conscience et de raison ». Les criminologues oublient que si la volonté est soumise à l'influence de causes multiples, elle est elle-même une cause d'effets multiples; ils mettent bien en relief l'*action* des choses sur les personnes, mais ne voient pas la *réaction* des personnes sur les choses; méconnaissant la nature de la liberté, ils prennent pour *causes* les *conditions* dans lesquelles elle s'exerce : la liberté est une cause qui se détermine elle-même, et non une soumission qui s'ignore.

Le type criminel. — Le type criminel serait celui d'un être voué par sa constitution anatomique, par son organisation physiologique, à vivre en désaccord avec les lois de la société. C'est une création hypothétique de l'école d'anthropologie criminelle italienne, qui réduit l'anthropologie à n'être que l'histoire naturelle de l'homme, c'est-à-dire qui étudie l'homme au seul point de vue animal, sans se préoccuper d'âme, de pensée, de morale, de bien et de mal; qui ne s'inquiète pas de savoir ce que juristes, sociologues et moralistes entendent par *crime*, et ne considère que l'*organisme* du criminel, dont l'acte délictueux est comme la fonction.

A la suite de Lombroso, professeur de médecine légale à l'Université de Turin et auteur de l'*Uomo delinquente* (l'homme criminel), plusieurs médecins et juristes français et étrangers[1] ont cherché à établir scientifiquement le *type criminel-né* par l'examen des caractères anatomiques et physiologiques (surtout crâniens) des criminels. Au Congrès de Bruxelles (1892), les adversaires du type criminel ont montré le côté faible du procédé lombrosien : « Il prend pêle-mêle les données anatomiques, pathologiques, physiologiques et tératologiques (monstruosités), et il compose, avec ces éléments disparates, son type du criminel-né. Or, même en réunissant ces caractères hétérogènes, il n'arrive à découvrir son type prétendu que 40 fois sur 100. C'est admettre, en principe, que la minorité fait loi, puisque c'est prendre le type qui représente une série dans la minorité de ceux qui la forment... »

Remarquons que le milieu même dans lequel Lombroso a choisi, la plupart du temps, les sujets de ses observations aurait dû l'avertir de ne procéder qu'avec prudence. Il a pénétré dans les prisons et relevé chez les détenus les caractères dont il a composé son type. Mais il n'est pas un gardien de prison qui n'ait remarqué la grande influence physique et morale que la détention exerce sur les prisonniers.

Gautier, dans son livre sur le *Monde des prisons*, met vivement en lumière cette action du milieu imprimant une estampille spéciale sur ceux qui l'habitent. « De même que la vie nomade, dit-il, la vie au désert, la vie en campagne ou en mer, la vie du chasseur, de l'explorateur, du soldat, du marin, oblige l'homme à s'adapter à certaines exigences et développe en lui certaines facultés qui, dans d'autres circonstances, n'eussent jamais vu le jour, de même la vie pénitentiaire a son action physique, intellectuelle et morale, qui façonne le détenu et lui donne une tournure d'esprit à part, des qualités professionnelles et distinctives qui n'ont de valeur et d'utilité que sous les verrous, mais qui, là, en dedans de ce cercle de pierre, atteignent parfois une originalité et une

---

[1] Broca, Bordier, Lacassagne, Bertillon, qui a presque créé l'anthropométrie (méthode de classement et d'identification employée au Dépôt); Brouardel, Liégeois, Ferri, professeur à l'Université de Rome; Garofalo, sous-président du tribunal civil de Naples; Benedikt, professeur de physiologie à l'Université de Vienne, etc.

perfection inouïes. Il est certain, par exemple, qu'il existe un type pénitentiaire, comme il existe un type militaire, un type ecclésiastique, un type monacal. On jurerait que, sans les différences de taille, de corpulence, de couleur, de poil, ils se ressemblent tous, et qu'une parenté mystérieuse a imprimé sur leur physionomie je ne sais quel uniforme air de famille. » (*Études relig.*, avril 1893.)

On pourrait prendre un à un tous les autres caractères de criminalité signalés par Lombroso, et les battre tous en brèche par le simple tableau des divergences considérables qui se manifestent dans la manière de les observer et de les interpréter. C'est le pour et le contre perpétuellement en jeu dans les discussions des anthropologistes. Le docteur Francotte résume en quelques mots ce singulier mélange d'opinions et de faits, dans son excellent traité d'*Anthropologie criminelle* : « Les uns, écrit-il (Heger et Bordier), trouvent la capacité crânienne supérieure à la moyenne ; les autres (Lombroso), inférieure ; d'autres encore, égale (Ranke). Le même désaccord existe au sujet du poids et de la taille : pour Lombroso, le criminel est grand et lourd. Il n'est ni grand ni lourd pour Virgilio, en Italie ; pour Thomson, en Angleterre.

« Au dire des Italiens, le criminel est brun plutôt que blond ; il est blond plutôt que brun pour les Allemands et les Suédois, etc... »

On peut conclure, avec le Congrès de Bruxelles, que :

« Le type anatomique désigné par le professeur Lombroso comme appartenant au criminel-né est un produit hybride, composé, en réunissant des caractères puisés à des sources différentes. Ce n'est donc pas un type réel. En admettant cependant que ce type se rencontre, encore est-il réalisé seulement dans la minorité des criminels ; il doit donc être rejeté. » (*Études relig.*, le Type criminel, sa genèse, sa mort, n°⁵ février et avril 1893.)

Conséquences de ces doctrines. — Au point de vue du droit pénal, voir plus loin, page 710.

Si le coupable n'est qu'un malade, ce ne sont plus des magistrats qu'il nous faut, mais des médecins. La Faculté de droit ne doit plus être qu'une annexe de la Faculté de médecine ; il faut fermer les prisons et en faire des hôpitaux ou des infirmeries, suivant la gravité des cas.

Le système de Lombroso n'aura pas sans doute meilleure fortune que celui des « bosses » de Gall ; mais, comme toute hypothèse, il aura provoqué une foule d'observations et d'expériences, suscité, entre autres choses, l'invention d'un grand nombre d'instruments perfectionnés de mensuration humaine (notamment l'anthropomètre d'Anfosso), ce qui permettra, avec le temps, de dégager la vérité. Il aura aussi concouru à mettre de nouveau en relief la grande loi du péché originel, qui se manifeste chez tout homme par les défaillances de la volonté. Mais il ne faut pas oublier que ces défaillances sont ce que Pascal appelait « des misères de grand seigneur et de roi dépossédé ». L'homme a toujours, sinon par lui-même, du moins avec le secours de Dieu, qu'il dépend de lui d'avoir, dans son intelligence assez de lumière pour connaître le bien, et, dans sa volonté, assez de force pour se soumettre librement à la loi du devoir.

Rôle de l'anthropologie criminelle. — Traitée par des médecins consciencieux et sans théories préconçues sur le criminel-né, l'anthropologie criminelle a un rôle très important à remplir. Elle seule peut déterminer souverainement les cas où, soit par la privation de l'intelligence, soit par l'oblitération native du sens moral, soit enfin par telles conditions pathologiques spéciales, l'auteur d'actes criminels peut être entièrement irresponsable, ou ne l'être que partiellement et dans une mesure déterminée.

L'erreur et le danger de l'anthropologie criminelle systématisée à la façon du docteur Lombroso (on l'a vu en *Log.*, p. 381), c'est de faire de l'exception, souvent rare, la règle universelle, et d'enlever ainsi aux criminels conscients et responsables, qui sont la forte majorité, le frein de toute répression efficace.

TABLEAU ANALYTIQUE

SUJET DE LA LOI MORALE. — PREMIÈRES DONNÉES DE LA CONSCIENCE. — RESPONSABILITÉ.

I. Sujet de la loi morale. La personne.

Le sujet de la loi morale, c'est la *personne*, c'est-à-dire l'être intelligent et libre.

La *personne* se distingue par trois caractères principaux :
1° Elle a *conscience d'elle-même* ;
2° Elle est *intelligente*, capable de discerner le vrai du faux ;
3° Elle est *libre*, capable de se déterminer.

Caractères de la personne. En quoi elle diffère des choses.

Les choses diffèrent des personnes.
1° Par leur nature : elles n'ont aucun des caractères propres à la personne ;
2° Par leur fin : elles ont une destination qui ne dépasse pas l'ordre physique, et elles l'atteignent fatalement ;
3° Par les lois qui les régissent : ce sont des lois nécessitantes.

Variations de la personnalité.

La question de l'*unité* et de l'*identité* de la *personnalité* est une des plus discutées en ce moment.

C'est que la *liberté* et la *responsabilité*, la direction de la vie présente et les garanties de la vie future, dépendent de la solution donnée à ce problème.

Les *sensualistes* et les *phénoménistes* (Condillac, Kant, Hamilton, S. Mill, Spencer, Taine, Ribot) prétendent que l'idée du *moi* n'est qu'une *illusion*, une entité métaphysique : le moi, disent-ils, c'est une *collection de sensations* (Condillac), une *série d'états de conscience* (Taine), *l'expression de l'organisme* (Ribot).

On répond à ceux qui nient l'*unité* et l'*identité* du *moi* :
1° Comment expliquer le sentiment si tenace de notre unité et de notre identité, si le moi n'est qu'une série d'événements, d'états successifs, d'idées, d'images, de sensations, etc. ?
2° Comment concevoir une *collection d'états de conscience*, ou une *série de sensations*, sans un être réel qui établisse le lien entre les unités de la série ou de la collection ?
3° Comment expliquer le souvenir, avec la théorie des *états successifs* ?

On a invoqué à l'appui des théories phénoménistes les faits si curieux de suggestion, de somnambulisme, d'hypnotisme, de prétendus dédoublements de la personnalité.

Outre que ces faits sont encore insuffisamment étudiés, il ne semble pas résulter des cas pathologiques, improprement appelés *maladies de la personnalité*, que ce soit la personne elle-même qui s'altère, qui disparaît, mais plutôt l'idée du moi. Ce sont des défaillances de la mémoire, qui font que la personne ne se perçoit plus elle-même telle qu'elle a été à un certain moment.

II. Faits de l'ordre moral.

Premières données de la conscience.

Ce sont les idées et les faits moraux, dont le caractère propre est la liberté. Telles sont :

La distinction du bien et du mal : l'idée d'ordre ;
La notion d'obligation ou de devoir ;
Les notions de liberté et de responsabilité ;
L'appréciation du mérite et du démérite.

III. La responsabilité.

La responsabilité est le caractère d'un être qui doit rendre compte de ses actes et en recevoir le prix.

Au mot *responsable* correspond le mot *imputable*.
Le premier se dit des personnes, et le second des choses.
On appelle *acte humain* celui qui est fait avec connaissance et liberté : il est *imputable* à la personne qui en est *responsable*.

La responsabilité a pour *principe* le discernement du bien et du mal, l'idée d'obligation ;
Pour *conditions*, l'intelligence et la liberté ;
Pour *conséquences*, le mérite et le démérite : la récompense et le châtiment.

Tout ce qui détruit ou diminue l'intelligence et la liberté supprime ou diminue la responsabilité, d'où la difficulté d'apprécier les actes humains. — Circonstances atténuantes ou aggravantes.

2° LEÇON

LA LOI ET LES LOIS
LA LOI MORALE. — SES CARACTÈRES. — SON EXISTENCE. — SON ORIGINE

I. — LA LOI ET LES LOIS

Définition. — « Suivant son étymologie la plus vraisemblable, le mot loi, dit saint Thomas, vient de *ligare*, lier. Il suppose l'idée d'un *lien* qui doit être la règle et la mesure de certaines actions. » Au sens le plus général, la loi peut donc être définie : *une règle constante et universelle d'après laquelle s'accomplit* (loi physique) *ou doit s'accomplir* (loi morale) *un ordre de choses*. Il y a la loi *éternelle*, les lois *naturelles* et les lois *morales*. La loi éternelle, c'est l'ordre conçu et voulu par Dieu. Les lois naturelles (qu'il ne faut pas confondre avec *la loi naturelle*, un des noms de la loi morale) et les lois morales dérivent de la loi éternelle, qui est leur principe. « Tout être a sa règle dans la loi éternelle, et en a reçu comme une participation, qui l'incline vers la fin et les actes propres à sa nature. » (Saint Thomas.)

La raison commune des lois naturelles et des lois morales est dans l'intelligence et la puissance de Dieu. En donnant aux êtres leurs propriétés ou leurs facultés, Dieu leur a donné, par cela même, les lois qui s'y rapportent. Aussi Montesquieu, après avoir dit que « les lois, dans la signification la plus générale, sont les rapports nécessaires qui dérivent de la nature des choses », ajoute-t-il : « Il y a donc une raison primitive, et les lois sont les rapports qui se trouvent entre elle et les différents êtres, et les rapports de ces différents êtres entre eux. » Il faut cependant remarquer que la définition de Montesquieu a besoin d'être complétée, si on l'applique à la loi morale; elle ne dit rien de la *volonté obligatoire* dont cette loi est l'expression et où elle puise son autorité. Dans l'ordre physique, la nécessité, c'est la *fatalité*; dans l'ordre biologique, c'est aussi la *fatalité*, mais tempérée par la *spontanéité* du principe vital; dans l'ordre moral, c'est l'*obligation*.

Caractères des lois naturelles et des lois morales. — Les lois naturelles s'appliquent *fatalement* ; les lois morales *obligent* et doivent être consenties.

Les lois naturelles n'énoncent généralement pas ce qui *doit être*, ce qui *doit se faire*, mais ce qui *est*, ce qui *se fait* ; elles sont *indicatives*, non *impératives*; elles sont des *formules*, non des *préceptes* ou *commandements*.

Les lois morales, régissant des *volontés libres*, sont essentiellement pratiques; elles énoncent ce qui *doit être*, ce qui *doit se faire* ; elles sont *impératives*, *obligatoires* : elles s'imposent à la volonté, sans la *contraindre*.

Classification. — Les lois naturelles sont de deux sortes : 1° *Les lois logiques et mathématiques* : elles ont une nécessité à la fois idéale et réelle, rationnelle et empirique ; par exemple : *deux quantités égales à une même troisième sont égales entre elles : en droit*, il faut que cela soit ; en *fait*, cela est.

2° *Les lois proprement dites naturelles*, physiques, chimiques, biologiques, etc. : elles ont une *nécessité de fait* seulement : *un corps abandonné à lui-même tombe nécessairement* ; mais non une *nécessité de droit* ; en droit, elles sont *contingentes* : elles expriment ce qui est, ce qui se fait dans le monde soumis à notre expérience, non ce qui est, ce qui se fait *absolument* ; on peut concevoir qu'elles n'existent pas, ou qu'elles soient autres dans un monde différent.

Remarquons que les lois *psychologiques*, par exemple, les lois de l'habitude, de la mémoire, de l'association des idées, présentent un caractère de fatalité différent de celui des lois physiques, puisque la volonté peut intervenir et réagir dans une certaine mesure.

Les lois morales comprennent : 1° *La loi morale*, dite aussi loi naturelle, parce qu'elle est essentielle à notre nature morale, qui ne peut se concevoir sans elle ;

2° *Les lois positives*, qui déterminent et expliquent la loi morale naturelle, et qui sont, ou *divines* : loi primitive, loi mosaïque, loi chrétienne ; ou *humaines* : lois ecclésiastiques, lois civiles.

Loi obligatoire, lois nécessitantes. — L'homme n'est pas, comme les animaux, soumis à des lois *nécessitantes*, mais à une loi *obligatoire*, que l'on appelle la loi morale.

On appelle lois *nécessitantes* celles que l'on est contraint de subir, celles que l'on ne peut pas ne pas subir. Les lois physiques sont nécessitantes. Chez l'homme, la circulation du sang, la respiration sont des fonctions soumises à des lois nécessitantes : elles s'exécutent sans l'intervention de l'intelligence et de la volonté.

On nomme *obligatoire* une loi qui *lie* la volonté sans la contraindre ; une loi que l'on est *tenu* de suivre, à laquelle on *doit* obéir, sous peine de démériter et de commettre une faute, sous peine de déchoir et de se dégrader. Obligation, en effet, vient du latin *obligare*, lier, enchaîner. L'obligation peut se définir : un lien moral qui enchaîne la volonté sans la contraindre.

Loi et fin. — Relativement à une fin, la loi, c'est la règle à suivre pour y arriver.

On distingue diverses sortes de fins : il y a des fins *prochaines*, des fins *éloignées*, des fins *dernières*. (Voir p. 170, *Les fins*.)

La fin totale et dernière d'un être ou sa destinée (destinée se dit *des personnes*, destination *des choses*), c'est le but pour lequel il a été créé.

Tout dans l'univers a un but, une fin : Dieu, infiniment sage, ne fait rien au hasard. — Chaque être est constitué d'une manière conforme à la fin qu'il doit atteindre. Un être atteint sa fin en suivant les lois de sa nature, lois indiquées par ses aptitudes, ses facultés, ses tendances. Les animaux, et en général tous les êtres de la nature, sont conduits à leurs fins par des lois nécessitantes. Ils ne sont pas responsables ; il n'y a pour eux ni bien ni mal. « La nature animale ne pèche pas, attendu qu'elle ne fait rien contre la loi éternelle, à laquelle elle est soumise, sans pouvoir en être participante. » (S. Augustin.)

Fin de l'homme. — La fin de l'homme, fin qui lui est marquée par ses facultés, par ses aspirations, par ses tendances, c'est le souverain bien, c'est-à-dire le bien parfait et le bonheur parfait réunis. (Voir, 12º Leçon de *Psychologie*, p. 170, le principe premier de l'ordre moral.)

Le bonheur et le bien s'impliquent. Le bonheur, c'est le bien senti, aimé, possédé. Sentir, aimer, posséder le bien parfait, c'est être parfaitement heureux. Il y a un lien de cause à effet entre le bien et le bonheur, entre le mal et le malheur. Être heureux, être parfait, c'est même chose : c'est ne manquer de rien. Souverain bien est synonyme de perfection. Le souverain bien, c'est Dieu. Dieu est donc la fin de l'homme.

« L'âme est faite pour Dieu ; car, si l'intelligence est pour le vrai et l'amour pour le bien, le premier vrai a le droit d'occuper toute notre intelligence, et le souverain bien a le droit d'occuper tout notre amour. » (Bossuet.) Les facultés morales de l'homme tendent vers l'infini, vers la perfection, vers Dieu. L'homme pense, il aime, il veut dans l'infini ; l'univers n'est pas sa mesure et n'arrête pas les élans de son âme ; l'univers n'est rien auprès de l'idéal que sa raison lui montre et que son cœur appelle ; il n'y a aucun rapport entre sa vie fragile et l'objet assigné à ses facultés supérieures. « Vous nous avez faits pour vous, Seigneur, et notre cœur s'agite et se tourmente jusqu'à ce qu'il se repose en vous. » (S. Augustin.)

Pour atteindre sa fin, la règle que l'homme doit suivre, c'est la loi morale, qui lui prescrit de faire le bien et d'éviter le mal.

II. — LA LOI MORALE

Définition. — La loi morale, loi des personnes, des êtres moraux, est une *règle obligatoire à laquelle l'homme est tenu de se conformer pour être dans l'ordre*. Considérée dans son origine et dans la raison de l'obligation, elle n'est pas autre chose que l'*expression de la sagesse et de la volonté de Dieu*. « La loi naturelle ou loi morale, dit S. Thomas, est une impression de la lumière divine en nous, une participation de la loi éternelle dans une créature intelligente. » La loi éternelle, c'est l'ordre tel que Dieu le conçoit et le veut de toute éternité.

« A la base de tout l'ordre moral, il y a la loi éternelle et la loi naturelle. La première nous est donnée par notre raison philosophique, et la seconde par la conscience morale. La loi éternelle n'est pas une autre réalité que Dieu même, ou sa sagesse infinie, en tant qu'elle est le principe et la règle souveraine de l'ordre universel. La loi de notre conscience ou loi naturelle relève d'elle comme notre raison relève de l'intelligence divine, dont elle tient son existence et ses lumières. » (E. BLANC.)

Caractères de la loi morale. — La loi morale est *universelle, immuable, absolue, obligatoire, évidente* par elle-même, *autonome, inviolable.*

Universelle : elle embrasse tous les temps, tous les lieux, tous les êtres intelligents et libres.

Immuable : elle peut être plus ou moins connue de la conscience humaine, et c'est ce qu'on exprime, en disant qu'elle est *progressive* dans la conscience de l'humanité ; mais, étant l'expression de la sagesse et de la volonté de Dieu, elle ne change pas en elle-même.

Absolue : elle ne dépend d'aucune condition, elle n'admet ni prescription (*extinction conventionnelle, légale, d'un droit qui n'a pas été reconnu ou exercé pendant un certain temps*), ni dispense ; elle est nécessaire et éternelle comme Dieu. On peut, par exemple, obtenir une dispense pour les lois civiles ou pour celles de l'Eglise, on ne le peut pas pour les commandements de Dieu, qui sont l'expression de la loi naturelle.

Évidente : tout homme ayant l'usage de la raison possède la connaissance intuitive des premiers principes moraux, qui nous apprennent à bien vivre, aussi bien que des premiers principes de l'ordre intellectuel, qui nous apprennent à bien penser.

Obligatoire : non nécessitante ; elle s'impose à la volonté sans la contraindre.

Autonome : elle n'emprunte son autorité à aucune autre loi ; elle oblige par elle-même, en tant qu'elle est la loi éternelle, promulguée à l'homme par la raison et par la conscience.

Inviolable : non qu'elle ne puisse être violée, mais parce qu'elle subsiste entière, alors même qu'on la viole ; tout doit lui être subordonné, et elle n'est elle-même subordonnée à rien ni à personne ; toute loi positive qui ordonnerait le contraire de ce qu'elle prescrit serait nulle de plein droit ; enfin, elle rend l'homme inviolable dans l'usage qu'il fait de ses facultés pour lui obéir.

On sait que les lois humaines n'ont pas ces caractères ; qu'elles ne sont pas universelles, immuables, absolues ; qu'elles n'obligent pas par elles-mêmes, mais tirent toute leur autorité de la loi morale, la loi morale nous faisant un devoir d'obéir à ceux qui ont le droit de commander.

« Le *droit civil*, assemblage des lois qui régissent une nation particulière, ne saurait tirer sa force obligatoire que du *droit naturel*, dont il offre les dernières applications à la situation présente d'un peuple donné. — Le droit civil n'a de valeur que par sa conformité avec la volonté divine. Il faut que la loi civile soit tout à la fois *intelligente*, fondée sur la nature ; *bienveillante*, coordonnée au bien commun ; *puissante*, émanée de l'autorité régulière. » (OZANAM, *Notes d'un Cours de droit commercial.*)

REMARQUES. — 1° L'*universalité* et l'*invariabilité* de la loi du devoir doivent s'entendre en ce sens que la raison ne change pas avec nos passions, nos intérêts, notre caractère. Si individuel que soit le devoir dans telle circonstance donnée, il est cependant universel, parce qu'il s'imposerait également, comme maxime et comme règle, à tout autre homme placé dans les mêmes conditions.

2° L'idée morale, c'est-à-dire la distinction du bien et du mal, est *absolue*; la moralité, c'est-à-dire la valeur morale des actes, dépend de la volonté.

Il faut se garder de confondre les idées morales d'un peuple avec les interprétations qu'il en donne et avec sa conduite, qui varient avec l'éducation, la coutume, les lois positives, etc.

On peut distinguer dans les idées morales deux éléments : la *forme*, c'est-à-dire les idées mêmes du bien et du mal, du devoir et du droit, etc., avec les sentiments qui les accompagnent; et la *matière*, c'est-à-dire les différentes actions auxquelles cette forme est appliquée. La *forme* est universelle et invariable : tous les hommes distinguent un *bien* qu'on doit faire et un *mal* dont on doit s'abstenir : la *matière* varie avec les individus, les pays, les époques : tous les hommes ne placent pas le bien et le mal dans les mêmes actions. Exemple : condamné chez les anciens, le prêt à intérêt ne l'est plus chez les modernes; approuvé dans l'antiquité, l'esclavage est réprouvé aujourd'hui.

L'ignorance, la passion, l'intérêt, l'exemple, la tradition, la coutume, l'éducation, la législation, expliquent ces erreurs et ces contradictions, qui sont relatives non aux principes fondamentaux de la morale, mais à leurs conséquences plus ou moins lointaines.

Les anciens, par exemple, pensaient, comme nous, que *nul ne doit s'enrichir au détriment d'autrui;* mais ils voyaient dans le prêt à intérêt l'enrichissement du prêteur au détriment de l'emprunteur, tandis que nous, par suite du progrès de la science économique, nous voyons dans le prêt gratuit l'enrichissement de l'emprunteur aux dépens du prêteur.

Ceux qui excusent le duel n'y veulent voir que la *défense de l'honneur;* des peuplades ignorantes et grossières tirent de ce principe *qu'il faut soulager les parents*, la conséquence *qu'il faut les tuer quand ils sont vieux ou malades.* Ceux-là et celles-ci partent d'un principe moral et en déduisent des conséquences extrêmes, qu'il ne contient pas et que condamne un autre principe : *Homicide point ne seras.* Le principe dont ils s'autorisent est subordonné à un autre principe avec lequel il faudrait le concilier, ce qu'ils ne font pas.

Existence de la loi morale. — La loi morale existe. Le bien et le mal, le devoir ou l'obligation, le mérite et le démérite, l'approbation et le blâme, l'estime et le mépris, le remords et la satisfaction de conscience, c'est-à-dire le mépris et l'estime se reportant sur nous, lorsque c'est nous qui sommes en cause : ces idées, ces jugements, ces sentiments que l'on retrouve chez tous les peuples et qui ont un nom dans toutes les langues, montrent que l'homme croit à la loi morale comme il croit qu'il est libre et qu'il est raisonnable. (*Preuve tirée de la conscience et du consentement des peuples.*) Enfin, tous les êtres ayant leurs lois, l'homme doit avoir les siennes, conformes à sa nature. (*Pr. métaphysique.*)

Origine de la loi morale. — Cette loi ne vient pas de l'*éducation*, ni de l'*habitude*, ni de la *législation*.

L'éducation ne change pas la nature de l'homme; elle la développe et la féconde. L'habitude suppose des inclinations antérieures. La législation emprunte toute son autorité à la loi morale imprimée dans le cœur « de tout homme venant en ce monde ».

Cette loi, conçue comme éternelle et absolue, implique un

législateur éternel et parfait. Ce législateur, c'est Dieu, et la loi morale a été justement définie : *l'expression de la sagesse et de la volonté de Dieu*. Le sentiment religieux et le respect de la loi morale, l'idée de Dieu et l'idée du devoir, vont ensemble.

La théorie qui essaye d'expliquer l'idée de devoir par l'éducation, l'habitude, la législation, vient de la tendance empiriste ou positiviste, qui tient beaucoup plus à savoir *ce qui est* que ce qui *doit être*. Il semble que tout soit dit, quand on a trouvé la cause ou la loi d'un fait, et que les actes sont justifiés dès lors qu'ils sont expliqués.

Il faut accorder aux évolutionnistes et aux associationistes que l'idée du devoir est assujettie à une certaine évolution empirique ; elle commence par l'instinct et se modifie sous l'influence de l'éducation et de l'habitude : nous pouvons le constater par l'exemple de l'enfant. Mais dans la conscience humaine se trouve gravée l'idée d'une loi nécessaire, obligatoire, objectivement fondée sur la nature des choses et sur Dieu, et cette loi, que la raison impose à la volonté, ne s'apprend pas, sinon dans ses applications.

L'idée du devoir n'est pas une invention des moralistes : antérieurement à toute morale, elle est gravée dans l'âme humaine, qui non seulement la conçoit, mais se juge obligée d'y conformer sa volonté. Elle est, au point de vue psychologique, un des motifs de nos actions libres.

Il est absurde de faire venir la moralité du dehors de l'âme : de l'expérience, de la coutume, de la législation positive ; de l'éducation et des associations d'idées, qui en sont la conséquence. Si l'individu n'en portait pas les germes en lui-même, comment pourrait-il les recevoir de cette société, tout entière composée d'individus pareils à lui ? Comment aussi jugerait-il et l'expérience, et la coutume, et la législation, et les associations d'idées, d'après un idéal de justice et de moralité qui lui permet de les approuver et de les désapprouver ?

Dieu et la loi éternelle. — La loi éternelle est en Dieu ; elle est Dieu même. Voilà pourquoi Platon appelle Dieu *Logos*, loi, et Cicéron, *summa Ratio*, souveraine Raison ; voilà pourquoi aussi saint Augustin dit que Dieu est la loi éternelle, parce qu'il est la souveraine Raison.

Relativement à lui, Dieu n'est pas plus l'auteur de la loi éternelle qu'il ne l'est de son existence : elle fait partie de son essence incréée [1]. Relativement à l'homme, il est l'auteur de la loi morale, participation de la loi éternelle ; une créature n'a rien qu'elle ne tienne du Créateur.

L'homme est fait à l'image de Dieu ; il est raisonnable et libre par participation à la raison et à la liberté de Dieu. L'ordre, que sa raison conçoit, et que sa foi lui révèle, sa volonté doit le vouloir librement, comme Dieu.

C'est la raison qui crée la liberté : l'homme n'est libre que parce qu'il est raisonnable.

La raison divine, voilà le principe de la loi. Mais en Dieu, être parfait, la raison et la volonté sont toujours d'accord : l'ordre que sa sagesse conçoit, sa volonté le veut ; donc on peut dire aussi : La volonté divine, voilà la loi.

De là, pour l'homme, un double but : mettre sa raison et sa volonté en harmonie avec la raison et la volonté divines. Sa raison n'est pas infaillible, ni sa volonté parfaite. C'est pourquoi la religion nous enseigne la nécessité de la foi et de la grâce. La foi est une lumière qui ne détruit pas la raison, mais la perfectionne, et la grâce, une puissance qui, sans attenter à la liberté, la fortifie.

---

[1] Dieu seul étant éternel, la loi éternelle n'existe, à proprement parler, qu'en Dieu. « La loi naturelle est la même que la loi éternelle, dont elle ne se distingue qu'en ce sens qu'on la dit *éternelle*, quand on la considère comme émanée de Dieu, et *naturelle*, lorsqu'on la considère comme manifestée à l'homme par la lumière naturelle. » (S. LIGUORI.)

618 ÉLÉMENTS DE PHILOSOPHIE

REMARQUE. — « Rien dans la doctrine catholique ne s'oppose à l'enseignement d'une morale fondée sur des bases rationnelles. La loi du devoir se confond en dernière analyse avec la volonté de Dieu ; mais cette volonté n'est point arbitraire : elle est, dans ses prescriptions fondamentales, nécessaire et éternelle, et ne diffère pas de la nature immuable de l'être souverainement bon. Cette loi naturelle et divine nous est manifestée d'une manière claire, simple et populaire par la révélation ; mais elle se manifeste aussi à la raison et à la conscience de chacun, et saint Paul nous parle des païens qui « montrent que la loi est gravée dans leurs cœurs. »

« Non seulement l'enseignement de la morale naturelle, fondée sur la raison et la conscience, n'a rien d'opposé à la foi, mais il peut, au contraire, être très salutaire pour les chrétiens. Ils reconnaîtront, en effet, que la conscience impose en bien des points des obligations aussi rigoureuses que l'Évangile, et ils seront portés à remercier Dieu de leur avoir donné, dans la prière et les sacrements, les secours nécessaires pour obéir à une loi à laquelle ils ne peuvent se soustraire, et dont cependant la volonté se sent impuissante à accomplir les prescriptions. » (Abbé DE BROGLIE.)

TABLEAU ANALYTIQUE

LA LOI ET LES LOIS

La loi et les lois.

Définition. — La loi est une règle à suivre pour arriver à une fin, ou encore une règle constante et universelle d'après laquelle s'accomplit (loi physique) ou doit s'accomplir (loi morale) un ordre de choses. Saint Thomas la définit : ce qui règle l'être et le dirige vers sa destinée.

Diverses sortes. — On distingue les lois *nécessitantes* ou physiques, que l'on ne peut pas ne pas subir ; et la loi *obligatoire* ou loi morale, qui lie la volonté sans la contraindre, mais à laquelle on est tenu d'obéir sous peine de démériter, de déchoir, de se dégrader.

Il y a la loi éternelle, les lois naturelles et les lois morales.

La loi *éternelle*, c'est l'ordre conçu et voulu par Dieu ; elle est le principe de toutes les autres lois.

Différences entre les lois naturelles et les lois morales.
- Les lois naturelles sont fatales ;
- Les lois morales obligatoires.
- Les premières énoncent ce qui est, ce qui se fait ;
- Les secondes énoncent ce qui doit être, ce qui doit se faire.
- Les unes sont indicatives, les autres impératives.
- Les premières sont des formules ; les secondes, des commandements.

Les lois naturelles sont de deux sortes : 1° *logiques et mathématiques* : nécessaires en droit et en fait ; 2° naturelles proprement dites : *physiques, chimiques, biologiques*, etc., nécessaires en fait seulement.

Les lois morales comprennent
- 1° La loi naturelle proprement dite ;
- 2° Les lois positives
  - divines : lois primitive, mosaïque, évangélique ;
  - humaines : lois ecclésiastiques, lois civiles.

LA LOI ET LES LOIS (Suite.)

Loi et fin.
- La fin, c'est le but pour lequel un être a été créé.
- Un être tend vers sa fin en observant les lois de sa nature.
- La fin de l'homme, c'est la perfection, c'est-à-dire le bien parfait et le bonheur parfait réunis.

II. La loi morale. — Ses caractères.

La loi morale est une règle obligatoire à laquelle l'homme est tenu de se conformer pour être dans l'ordre ; ou encore : c'est l'expression de la sagesse et de la volonté de Dieu. — C'est, dit saint Thomas, une impression de la lumière divine en nous, une participation de la loi éternelle dans une créature intelligente.

Caractères. La loi morale est :
1° *Universelle :* elle embrasse tous les temps, tous les lieux, tous les êtres intelligents et libres ;
2° *Immuable :* peut être plus ou moins connue de la conscience humaine, mais reste toujours la même ;
3° *Absolue :* ne dépend d'aucune condition, n'admet ni prescription ni dispense ;
4° *Évidente :* tout homme ayant l'usage de la raison la connaît, au moins dans ses principes ;
5° *Obligatoire :* elle s'impose à la volonté sans la contraindre ;
6° *Autonome :* elle oblige par elle-même ;
7° *Inviolable :* non qu'elle ne puisse être violée, mais parce qu'elle subsiste entière, alors même qu'on la viole.

Remarque. — Les lois humaines n'ont pas ces caractères : elles ne sont ni universelles, ni immuables, ni absolues ; elles n'obligent pas par elles-mêmes, mais empruntent toute leur autorité de la loi morale.

Existence de la loi morale.
La loi morale existe. On le prouve :
1° Par le témoignage de la conscience ou sens intime : distinction du bien et du mal, satisfaction de conscience, remords, etc. (preuve morale) ;
2° Par le témoignage des hommes : histoire, langues, institutions (preuve tirée du consentement universel) ;
3° Tous les êtres ayant leurs lois, l'homme doit avoir la sienne, conforme à sa nature (preuve métaphysique).

Origine de la loi morale.
L'empirisme prétend que la loi morale vient de l'éducation, de l'habitude, de la législation, du milieu social, etc.
La loi morale ne peut venir ni de l'*éducation*, qui développe la nature de l'homme sans la changer ;
Ni de l'*habitude*, qui suppose des inclinations antérieures ;
Ni de la *législation*, qui emprunte toute son autorité de la loi morale gravée dans le cœur de tout homme venant en ce monde ;
Ni du milieu social, ni du climat, ni du tempérament, etc.
Cette loi, conçue comme éternelle et absolue, implique un législateur éternel et parfait : Dieu ; d'où la définition donnée plus haut (expression de la sagesse et de la volonté de Dieu).
Tout ce qu'on peut accorder aux évolutionnistes et aux associationnistes, c'est que l'idée du devoir, gravée dans la conscience humaine, est assujettie à une certaine évolution empirique dans son développement : habitudes, éducation, etc.

3ᵉ LEÇON

LA CONSCIENCE : SENS MORAL, SENTIMENT MORAL

Définition de la conscience. — La *conscience*, c'est la *raison*, en tant qu'elle discerne le bien du mal ; la raison éclairant l'homme sur la règle de sa conduite. « La raison, en tant qu'elle détourne du vrai mal de l'homme, qui est le péché, s'appelle la conscience. » (BOSSUET.)

« La conscience est un fait incontestable : quand on dit qu'un homme n'a pas de conscience, on veut dire qu'il ne tient aucun compte de ses arrêts ; car, s'il n'en avait réellement pas, il ne s'imputerait aucune action conforme au devoir, et ne s'en reprocherait aucune comme lui étant contraire. Le manque de conscience n'est donc pas l'absence de conscience, mais un penchant à ne tenir aucun compte de son jugement. » (KANT.)

Il ne faut pas confondre la conscience *morale* avec la conscience *psychologique*. Celle-ci est la faculté par laquelle notre âme se connaît elle-même, ainsi que les phénomènes qu'elle produit : ses sensations, ses pensées, ses sentiments, ses déterminations ; celle-là est la faculté de juger du bien et du mal, de ce qui est obligatoire, de ce qui est défendu et de ce qui est permis ; elle est la raison appliquée au règlement de la vie, la *raison pratique*. La raison *spéculative* se borne à découvrir l'ordre et les lois déjà *réalisés* dans les choses ; la raison *pratique*, ou conscience morale, fixe les lois et l'ordre que la volonté doit *réaliser*. L'une est infaillible dans les premiers principes spéculatifs : principes d'identité, de causalité, de finalité, et dans leurs conséquences immédiates ; l'autre, dans les premiers principes moraux : *il faut faire le bien, éviter le mal, remplir le devoir*, — et dans les conséquences évidentes qui en découlent.

La raison étant une, la raison spéculative et la raison pratique diffèrent seulement par leurs applications ; les notions qui les constituent l'une et l'autre ont nécessairement même origine et même valeur.

En fait, les notions de la conscience morale sont foncièrement identiques à celles de la raison. La notion du bien en soi ou de l'idéal moral, c'est la notion d'une fin absolue ; la notion du devoir, c'est la notion d'une loi ou nécessité universelle. Mais les notions de fin, de loi, d'universel et d'absolu sont les notions mêmes de la raison spéculative. Il n'y a pas dans l'homme deux raisons, mais une seule, et Kant a eu tort de les séparer, d'accorder à la raison pratique une autorité qu'il refuse à la raison spéculative. (Voir p. 149.)

La conscience est tout à la fois un témoin, un juge et un exécuteur : *témoin*, elle confirme qu'on a accompli ou violé la loi ; *juge*, elle l'applique ; *exécuteur*, elle récompense le bien par la satisfaction, elle punit la faute par le remords, deux sentiments qui sont comme le contre-coup des idées et des jugements de la conscience morale. La conscience, en un mot, est un véritable tribunal, « où l'homme se juge lui-même, en attendant que l'arbitre souverain confirme la sentence. » (CHATEAUBRIAND.)

Analyse de la conscience morale. — Les faits qui se rapportent à la conscience morale sont de deux ordres : 1° des idées ou des *jugements* : distinction du bien et du mal, notions d'obligation et de responsabilité, jugement du mérite et du démérite ; 2° des *sentiments* : estime et mépris, satisfaction de conscience et remords. Ceux-là relèvent de la raison, ceux-ci de la sensibilité morale ou de la volonté. La conscience est donc une faculté mixte ; elle comprend un élément de l'ordre intellectuel, le *sens moral*, et un élément de l'ordre du sentiment, que l'on nomme proprement le *sentiment moral*.

Sens moral. — La conscience ou raison pratique est souvent désignée sous le nom de *sens moral*, comme la raison théorique sous celui de *bon sens* ou de *sens commun*.

On dit : *cet homme semble avoir perdu le sens moral, a le sens moral émoussé*, pour signifier qu'il ne paraît pas ou qu'il ne paraît que très peu discerner le bien du mal. Quiconque, par exemple, rit du mal, quel que soit ce mal, n'a pas le sens moral parfaitement droit ; « S'égayer du mal, c'est s'en réjouir. » (JOUBERT.)

On a beaucoup critiqué cette expression de sens moral employée comme synonyme de conscience. Si on lui donne le sens profond du langage usuel, *discernement* naturel de ce qu'il faut estimer ou mépriser en soi et chez les autres, on peut l'employer ; si, avec Hutcheson, on en fait une sorte d'instinct supérieur constituant un sixième sens analogue aux sens corporels, si on réduit la conscience à n'être qu'une *bienveillance instinctive*, une « détermination à approuver les affections, les actions ou les caractères des êtres raisonnables qu'on nomme vertueux », outre qu'on emploie une expression vague, on est dans l'erreur. La conscience, en effet, est autre chose qu'un instinct, même qu'un *instinct divin*, comme l'appelle Rousseau. Elle est avant tout la raison discernant le bien du mal et affirmant l'obligation d'accomplir l'un et d'éviter l'autre. Une obligation, une loi ne vient pas du cœur ou de la sensibilité, et le bien est une obligation, une loi. Cette bienveillance instinctive à laquelle Hutcheson réduit la conscience est un principe moral insuffisant.

Sentiment moral. — On appelle sentiment moral l'amour du bien et la haine du mal ; en d'autres termes, les émotions que l'homme éprouve pour le bien et contre le mal.

Ces émotions ; — *amour et haine, sympathie et antipathie, estime et mépris, admiration et indignation*, s'il s'agit d'autrui ; *satisfaction et remords, honneur et honte*, s'il s'agit de soi-même, — naissent des jugements de la conscience et ne doivent pas être confondus avec elle. La conscience, c'est avant tout la raison ; « c'est la raison inspirée par l'amour, » a dit Lacordaire.

Le sentiment moral n'est pas l'élément principal de la conscience, mais il en est le complément nécessaire. L'idée morale resterait inefficace sans l'émotion qui l'accompagne. « L'idée doit se faire sentiment, dit Aristote, pour remuer la volonté. » Voilà pourquoi le stoïcisme, qui ne veut accorder au sentiment aucune place en morale, est excessif et utopique.

Définition des sentiments moraux. — Satisfaction morale, repentir, remords. — La satisfaction morale ou le bon témoignage de la conscience est le plaisir que nous causent nos bonnes actions; c'est la paix dans l'ordre. Dieu lui-même nous loue dans les profondeurs intimes de l'âme. Voilà pourquoi il faut faire, non ce qu'on a du plaisir à faire, mais ce qu'on sera content d'avoir fait.

Le remords est la douleur morale, le reproche de la conscience qui suit une action coupable; c'est le trouble qui accompagne nécessairement le désordre.

Le repentir est la douleur que nous causent nos fautes; il est volontaire, accompagné du regret d'avoir fait le mal et de la résolution de ne plus le faire.

Le remords est une douleur forcée, qui peut n'être pas accompagnée du regret d'avoir mal fait.

Regret, remords, repentir. — Le regret peut n'être pas un sentiment moral : on regrette d'avoir été contré ses propres intérêts, d'avoir manqué une bonne affaire, d'avoir commis une maladresse. Le repentir et le remords ont pour cause une mauvaise action, une faute, un crime. Tous deux impliquent la notion d'obligation et de responsabilité. Le remords est un châtiment subi; le repentir, une expiation acceptée et voulue. Le repentir fait cesser le remords, et le remords peut faire naître le repentir. « La première des grâces prévenantes est le remords, qui mène au repentir. » (BOSSUET.) « Le repentir, c'est le remords accepté. » (Mme SWETCHINE.)

Remarquons que ces sentiments, et en général tous les sentiments moraux, sont une preuve de la liberté. Se repentir, par exemple, et vouloir expier, n'a de signification que dans un être libre ayant librement agi. « La notion si claire que nous avons de nos fautes, dit Bossuet, est une marque certaine de la liberté que nous avons eue de les commettre. »

Sentiment de l'honneur, honte, pudeur. — Le sentiment de l'honneur est le souci de mériter et de garder l'estime, celle de soi-même et celle d'autrui; c'est la force d'âme animée ou réveillée par la crainte d'une déchéance.

La honte est un sentiment pénible qu'excite dans l'âme la pensée ou la crainte du déshonneur, de tout ce qui peut nous faire déchoir, soit à nos yeux, soit à ceux de nos semblables.

La pudeur est une honte honnête, causée par l'appréhension de tout ce qui peut blesser la décence, la modestie, l'honnêteté.

On a dit que la « pudeur est le signe de l'humanité » et que l'honneur est la « pudeur virile ».

Estime, mépris. — L'estime est un sentiment par lequel nous attachons du prix à quelqu'un ou à quelque chose.

Il y a l'estime personnelle et l'estime d'autrui : l'une et l'autre sont le bon témoignage de la conscience. La règle d'appréciation étant la même (*loi morale, sentiment de la justice*), le bon témoignage de la conscience d'autrui répète et confirme celui de la nôtre. — C'est un devoir de mériter l'estime, d'avoir de l'honneur. (Voir 6e leç. de *Psych.*, p. 93, ce qui a été dit du penchant à l'estime.) Pascal l'a très bien caractérisé : « Nous avons une si grande idée de l'âme de l'homme, que nous ne pouvons souffrir d'en être méprisés, et de n'être pas dans l'estime d'une âme. La plus grande bassesse de l'homme est la recherche de la gloire, mais c'est cela même qui est la plus grande marque de son excellence... Il estime si grande la raison de l'homme, que, quelque avantage qu'il ait sur la terre, s'il n'est placé avantageusement aussi dans la raison de l'homme, il n'est pas content; c'est la plus belle place au monde... Et ceux qui méprisent le plus les hommes et les égalent aux bêtes, encore veulent-ils en être admirés et crus, et se contredisent eux-mêmes par leur propre sentiment : la nature, qui est plus forte que tout, les convainquant de la grandeur de l'homme plus fortement que la raison ne les convainc de leur bassesse. »

Le mépris est le contraire de l'estime. — Le respect et l'admiration sont des degrés supérieurs de l'estime; ils s'adressent aux actes difficiles, aux vertus héroïques.

D'après Kant, le respect est le sentiment moral par excellence : il ne s'attache qu'à l'idée du devoir. Si nous respectons des personnes, c'est parce qu'à nos yeux elles personnifient le devoir : ou bien nous avons le *devoir* de leur obéir, ou bien leur vie est pour nous le *modèle de la fidélité au devoir*[1].

Sympathie, antipathie. — La sympathie est une disposition qui nous porte à partager les sentiments de nos semblables. L'antipathie est la disposition contraire. (Voir *Psychologie*, 6ᵉ leçon, p. 96.)

Différentes sortes de consciences. — On distingue : la conscience *droite*, dont le jugement est conforme à la loi et qui est, par conséquent, la règle naturelle de nos actes ; la conscience *erronée ou fausse*, qui nous présente comme bonne une action mauvaise, ou comme mauvaise une action bonne : — on est obligé de la suivre, quand elle défend ; la conscience *perplexe*, qui hésite entre deux choses opposées ; — si elle le peut, elle doit suspendre son action pour s'éclairer ; si elle ne le peut pas, prendre le parti qui lui paraît le plus sage ; la conscience *scrupuleuse*, qui regarde comme défendu ce qui est permis et exagère certaines obligations ; — elle doit consulter des gens sages et suivre leurs conseils pour se délivrer de ses scrupules ; la conscience *relâchée*, qui, sur de très faibles motifs, croit permis ce qui ne l'est pas ou regarde comme légères des fautes graves ; — on ne peut pas la prendre pour règle de conduite ; il faut absolument la rectifier ; une conscience *relâchée*, c'est un homme amoindri ; la conscience *douteuse*, qui suspend son jugement sur un cas particulier, soit qu'elle doute de l'existence de la loi, soit qu'elle ne voie pas si l'acte dont il est question est commandé ou défendu par la loi ; — on ne doit pas agir dans le doute ; avant d'agir il faut s'éclairer.

Rapports de la conscience et de la responsabilité. — Plus l'homme est éclairé, plus il est responsable ; mais aussi il est d'autant plus homme, qu'il a plus conscience de sa responsabilité. Ses obligations vont croissant avec ses connaissances ; à mesure

---

[1] *Pensées.* — Quand on cherche avant tout sa propre estime, on a celle des autres par surcroît. — Le respect et l'estime se méritent et ne se commandent pas : il leur faut un objet, un point d'appui, et cet objet, ce point d'appui, c'est le vrai, le bien, le beau.
L'homme le plus perverti n'apprend pas sans émotion qu'il est méprisé par celui qui jouit de l'estime publique.
« Ce n'est rien de perdre l'estime des autres, le malheur est de perdre sa propre estime, parce qu'une simple erreur de jugement peut nous faire perdre la première, tandis que nous ne perdons l'autre que par nos fautes. Les gens qui méprisent ou affectent de mépriser l'humanité sont de tous les plus dangereux ; car on se croit tout permis envers ceux qu'on méprise. » (VESSIOT.)

qu'il s'instruit, il faut qu'il devienne meilleur ; il faut que tout progrès de son esprit tourne au profit de son cœur et de son caractère ; il doit en raison de ce qu'il sait et de ce qu'il peut. L'animal ne doit rien, il est irresponsable ; le sauvage doit peu, seulement en raison des lumières qu'il peut avoir.

Quand l'erreur et l'ignorance de la conscience sont invincibles, involontaires, elles excusent ; quand elles sont vincibles volontaires, provenant d'une négligence coupable, elles n'excusent pas.

« Celui qui ignore le précepte de Dieu ne peut être tenu à son observation, à moins qu'il ne soit tenu d'en acquérir la connaissance. » (Saint Thomas.) — Par ces paroles, le Docteur angélique ne prétend pas enseigner qu'il y a péché de la part de celui qui est tenu de savoir le précepte, lorsqu'il agit en opposition avec ce précepte, quand bien même il l'ignorerait invinciblement ; il veut dire seulement qu'il y a certainement péché de la part de celui qui, étant tenu de connaître le précepte et connaissant l'obligation où il est de le connaître, le transgresse volontairement, parce qu'alors son ignorance est vincible et coupable. (Saint Liguori.) — Il est évident que celui-là pèche dans son erreur qui néglige criminellement de connaître ce qu'il doit connaître, comme saint Thomas nous l'explique ailleurs plus au long en faisant valoir l'autorité de saint Augustin : « L'ignorance, dit-il, qui est tout à fait involontaire n'est pas du tout péché. » Et c'est ce que nous fait entendre saint Augustin, quand il dit : « On ne vous fait pas un péché de ce que vous ignorez malgré vous, mais de ce que vous négligez d'apprendre. » Par ces mots, *négliger d'apprendre*, il nous donne à entendre que l'ignorance ne peut être coupable que par suite de la négligence qu'on a commise précédemment, en ne s'appliquant pas à apprendre ce qu'on est obligé de savoir. » Il ajoute à peu près que celui-là seulement pèche qui, pour que rien ne l'empêche de commettre le péché qu'il aime, refuse de se convaincre que c'est un péché, et dont l'ignorance est commandée en quelque sorte par sa volonté. » (Saint Liguori.)

Autorité de la conscience. — Quoique la conscience soit faillible, elle est souveraine dans chaque homme, et nulle autorité ne peut prévaloir sur elle. Il n'y a pas d'autorité en dehors de l'ordre moral ou de la loi morale, et la conscience, c'est la loi morale elle-même, telle qu'elle nous est connue. L'autorité même de Dieu ne peut s'exercer sur la conscience que parce que la conscience commande, au nom de Dieu, la soumission à Dieu.

La conscience, en effet, parle au nom de Dieu, comme un ambassadeur de Dieu, et présente la loi comme l'expression de la volonté souveraine, comme le rapport du supérieur à l'inférieur. Voilà pourquoi elle *oblige*, pourquoi elle *lie*.

L'homme ne peut s'expliquer la notion d'obligation qu'en la rattachant à une raison suprême, dont la sienne est le reflet. De là, la preuve de l'existence de Dieu, tirée de la loi morale et que résume cet enthymème : Il n'y a pas de fait sans cause ; donc, pas de loi sans législateur. La raison ou la conscience de l'homme n'est pas une puissance indépendante, une lumière qui brille de son propre éclat et se suffise à elle-même. L'effet n'est pas indépendant de sa cause, le ruisseau de sa source. Il y a, dit saint Augustin, la lumière *illuminante* et la lumière *illuminée*. La sagesse humaine est sage, dit saint Thomas, aussi longtemps qu'elle demeure unie et soumise à la sagesse de Dieu ; quand elle s'en détourne, elle tombe dans l'égarement et la folie. Il définit la conscience : *L'application que chacun se fait à soi-même de la loi de Dieu.* Cette application se fait bien ou mal, selon les lumières de l'esprit et les dispositions du cœur.

L'homme ne peut se donner la loi morale à lui-même ni la recevoir de ses semblables qui sont ses égaux par nature, et l'on a fort bien dit : « Quand la conscience n'aura plus de qui se réclamer, quand ses lettres de créance seront déchirées, il nous sera libre de l'éconduire avec mépris. » (VINET.) La conscience sans Dieu est un tribunal sans juge.

Formation de la conscience. — L'homme est un être social, un être enseigné, perfectible. La conscience se développe donc par l'éducation, par la religion, ainsi que par la réflexion et l'étude; elle peut, par les exemples et les conseils bons ou mauvais, se redresser, s'égarer, se fausser, comme la raison elle-même, non dans les premières notions et les premiers principes, non plus que dans leurs déductions prochaines, mais dans leurs applications particulières. Infaillible à sa source divine, elle cesse de l'être loin de sa source. Voilà pourquoi il faut sans cesse revenir aux premiers principes et s'éclairer de leur lumière.

L'homme vaut ce que vaut sa conscience, et dire d'un homme qu'il est consciencieux, c'est dire qu'il est digne d'être homme.

Si notre devoir est d'obéir à notre conscience, — car il n'est jamais permis d'agir contre sa conscience même erronée : « *Tout ce qui n'est pas selon la conscience est péché* » (SAINT PAUL), — notre devoir est aussi de l'éclairer par tous les moyens possibles. S'il est contraire à la morale d'agir contre sa conscience, il ne l'est pas moins de se faire une conscience d'après des principes faux et arbitraires ; l'obligation de faire sa conscience est antérieure à l'obligation de suivre sa conscience.

TABLEAU ANALYTIQUE

LA CONSCIENCE

Définition. — La conscience, c'est la raison en tant qu'elle discerne le bien du mal. — C'est la raison éclairant l'homme sur la règle de sa conduite.

Remarque I. — La conscience est à la fois un *témoin* qui affirme que la loi a été accomplie ou violée, un *juge* qui l'applique, un *exécuteur* qui punit ou récompense par le remords ou la satisfaction de conscience.

Remarque II. — Ne pas confondre la *conscience morale*, faculté de discerner le bien du mal, avec la *conscience psychologique*, faculté par laquelle l'âme se connaît elle-même et connaît les phénomènes qu'elle produit ou qu'elle subit.
La première est appelée raison pratique; la seconde, raison spéculative.

Analyse de la conscience morale.
Les faits qui se rapportent à la conscience sont de deux ordres :
1º Des *idées* ou des *jugements* : distinction du bien et du mal, notions d'obligation, de responsabilité, etc.
2º Des *sentiments* : estime et mépris, satisfaction et remords, etc.
Comme on le voit, la conscience est une faculté mixte, qui comprend un élément intellectuel, qu'on appelle *sens moral*, et un élément de l'ordre du sentiment, le *sentiment moral*.

M.

LA CONSCIENCE (Suite.)

Sens moral est un des termes par lesquels on désigne souvent la conscience; on peut l'employer si on lui fait signifier discernement naturel du bien et du mal; il est impropre, si on désigne par là une sorte de sens ou d'instinct supérieur.

Définition des sentiments moraux.
On appelle *sentiment moral* l'ensemble des émotions que l'homme éprouve pour le bien et contre le mal.
Ces émotions sont : 1° La *satisfaction morale*, plaisir que nous causent nos bonnes actions.
2° Le *remords*, peine qui suit une action coupable.
3° Le *repentir*, douleur que nous causent nos fautes.
4° Le *sentiment de l'honneur*, souci de mériter et de garder sa propre estime et celle d'autrui.
5° La *honte*, sentiment pénible excité dans l'âme par la crainte de ce qui nous fait déchoir.
6° La *pudeur*, honte honnête de tout ce qui peut blesser la modestie.
7° L'*estime*, sentiment par lequel nous attachons du prix à quelqu'un ou à quelque chose.
8° Le *mépris*, sentiment contraire à l'estime.
9° La *sympathie*, disposition qui nous porte à partager les sentiments de nos semblables.
10° L'*antipathie*, disposition contraire.

Différentes sortes de consciences.
On distingue : 1° La *conscience droite*, dont le jugement est conforme à la loi.
2° La *conscience erronée* ou *fausse*, qui nous présente comme bonne une action mauvaise, ou comme mauvaise une action bonne.
3° La *conscience perplexe*, qui hésite entre deux choses opposées.
4° La *conscience scrupuleuse*, qui exagère certaines obligations et regarde comme défendu ce qui est permis.
5° La *conscience relâchée*, qui, sur de très faibles motifs, regarde comme permis ce qui ne l'est pas, ou regarde comme légères des fautes graves.
6° La *conscience douteuse*, qui suspend son jugement sur un cas particulier de la loi.

Règles de la conscience.
1° La conscience droite est la mesure naturelle de nos actes.
2° On doit suivre la conscience *erronée* dans tout ce qu'elle défend.
3° Dans les cas de conscience perplexe, *douteuse*, *scrupuleuse*, on doit s'éclairer, faire pour le mieux, s'il y a nécessité d'agir.
4° La conscience *relâchée* ne peut servir de règle de conduite, il faut la rectifier.

Rapports de la conscience et de la responsabilité. — Quand l'erreur et l'ignorance de la conscience sont invincibles, elles excusent; — quand elles sont vincibles, elles n'excusent pas.

— Plus l'homme est éclairé, plus il est responsable; mais il est d'autant plus homme, qu'il a plus conscience de sa responsabilité.

Autorité de la conscience. — La conscience, quoique faillible, est souveraine en chaque homme, et nulle autorité ne peut prévaloir sur elle : tout ce qui est contre la conscience, même erronée, est péché.

Mais c'est une erreur de croire, avec Kant, que la conscience humaine est autonome, qu'elle se donne à elle-même sa loi. La loi nous vient du dehors, de Dieu; la conscience elle-même nous l'affirme, et c'est pour cela que nous nous sentons *obligés*.

Formation de la conscience. — La conscience se développe par l'éducation, l'étude, la réflexion, la religion, l'exemple... — C'est un devoir de former sa conscience.

4ᵉ LEÇON

LE BIEN, LE MAL. — LE BIEN EN SOI, LE BIEN MORAL. FONDEMENT DE LA MORALE

Définition. — Ce qui est conforme à la loi morale, ce que la conscience prescrit, nous l'appelons le bien ou le devoir; ce qu'elle défend, nous le nommons le mal.

Le bien moral ou le devoir a les mêmes caractères que la loi morale; il est universel, immuable, absolu, obligatoire.

Le bien moral et le bien en soi. — Il faut distinguer le *bien moral*, que l'on appelle encore le *devoir* ou l'*honnête*, d'avec le *bien en soi*.

Malebranche fait consister le *bien en soi* dans l'ordre qui résulte de la perfection relative des êtres.

Il existe entre les êtres des rapports de perfection, ou, ce qui revient au même, des degrés d'être, et ces *rapports* donnent naissance à des vérités *pratiques* (*morales*), qui nous dictent l'estime que nous devons faire des êtres. Ainsi Dieu est plus parfait que l'homme, l'homme plus parfait que l'animal; dans l'homme, l'âme est plus parfaite que le corps; dans l'âme, l'intelligence est plus parfaite que les sens. Pour conserver l'ordre naturel, il faut pratiquement subordonner l'animal à l'homme, l'homme à Dieu, le corps à l'âme, les sens à l'esprit. Le *bien en soi*, c'est cet ordre, cette hiérarchie, résultant des rapports de perfection des êtres; c'est l'idéal moral à réaliser. Or, le bien étant la raison d'aimer, plus un être a de bien ou de perfection, plus il mérite qu'on l'aime. De sorte que la mesure de l'amour dû aux êtres se règle sur le rang qu'ils occupent dans la hiérarchie de la nature. Les actions bonnes en elles-mêmes sont celles qui se conforment à cet ordre, et les actions mauvaises, celles qui tendent à le troubler. Aucun être, pris en soi, n'est mauvais. L'être inférieur est relativement incomplet, insuffisant; il est un moindre bien, il n'est pas un mal. Le priser ou l'aimer n'est pas mauvais; ce qui est mauvais, parce que c'est un désordre, c'est de le priser plus qu'il ne vaut, de l'aimer plus qu'il ne le mérite; par exemple, quand la volonté s'y arrête et s'y attache comme à une fin.

Le bien moral, c'est un bien qui est propre à la volonté; c'est la conformité de notre volonté au bien en soi, à l'idéal moral. Quand notre volonté, par libre détermination et préférence, règle son action sur la valeur des choses par leurs rapports de perfection et d'excellence, elle accomplit le bien moral.

Le *bien en soi* est le principe, le fondement de la loi; il précède, explique et fonde le bien moral; pour qu'une action soit l'objet d'un devoir, il faut qu'elle soit bonne en elle-même et susceptible d'être commandée. *Le bien moral* est la conséquence de la loi; c'est la loi obéie, le devoir accompli.

Le *bien moral* dépend beaucoup de l'intention et de l'effort de la volonté; le *bien en soi* est le bien de l'action, considérée en elle-même. Par exemple, secourir les malheureux est un bien en soi; le bien moral résulte du fait d'avoir, avec des intentions pures, par devoir, par dévouement, secouru tels malheureux.

Une action bonne en soi n'est bonne moralement que lorsqu'elle est faite implicitement ou explicitement par devoir, et non uniquement par passion, par plaisir ou par intérêt. Une action bonne en soi est moralement mauvaise, si elle est faite dans une mauvaise intention, et une action mauvaise en soi peut être moralement bonne, si celui qui la fait ignore absolument qu'elle est mauvaise et a l'intention de bien faire.

En un mot, le bien en soi, c'est l'ordre révélé par Dieu à notre raison et à notre conscience. L'honnête, le bien moral ou le devoir, c'est l'effort de notre volonté pour s'y conformer; c'est la fin prochaine qu'il faut donner à nos actes libres, le moyen qui doit nous conduire à notre fin dernière, qui est le souverain bien. Notre loi est d'y tendre, en réalisant le bien moral par l'exercice et le perfectionnement de nos facultés, conformément à cette parole de Jésus-Christ : « Soyez parfait, comme votre Père céleste est parfait. »

Relations du bien en soi et du bien moral ou devoir. — *Tout ce qui est bien est-il obligatoire ?* Tout ce qui est un devoir est bien ; mais tout ce qui est bien n'est pas devoir, n'est pas *obligatoire*. Je *n'ai fait que mon devoir*, dit-on. On peut donc faire plus que son devoir; il y a donc un idéal de perfection auquel on est *invité*, sans y être *obligé*.

Saint Vincent de Paul, en ouvrant partout des asiles aux misères humaines ; Mgr Affre, en s'exposant aux balles des insurgés, ont évidemment fait plus que leur *devoir*. Admettre, contre le témoignage même de la conscience, que l'homme est toujours *obligé* de faire ce qu'il croit être le plus parfait, ce serait admettre également qu'à chaque instant il est *obligé*, avant d'agir, de rechercher ce qu'il y a de plus parfait, ce qui est inadmissible.

Si le bien n'est pas obligatoire par cela seul qu'il est le bien, quelle est donc la cause de l'obligation attachée à certains biens ? — Cette cause est la volonté divine. Dieu, ayant établi un certain ordre entre les êtres, veut nécessairement que cet ordre soit respecté, et, comme dit Bossuet, que *toute chose soit soumise aux causes supérieures qui doivent dominer sur elle par leur naturelle condition.*

Toute action nécessaire à la conservation de cet ordre est donc commandée, et toute action qui tend à le troubler, par exemple, celle qui détourne l'homme de sa fin dernière, est défendue. Les actions qui peuvent être omises sans que l'ordre établi par Dieu soit troublé, sans que l'homme soit détourné de sa fin dernière, sont simplement conseillées.

D'après les philosophes de l'école rationaliste, c'est la vue de la conformité à l'ordre qui crée *l'obligation*. « Le bien, une fois connu comme tel, dit P. Janet, s'impose immédiatement à l'homme comme devant être accompli, il est obligatoire. » (*Éléments de morale.*) — Ce qui lie la volonté, ce n'est pas qu'une chose est bonne ou qu'on voit qu'elle est bonne, mais son rapport nécessaire avec la destinée; et ce rapport, nécessaire avec la destinée, Dieu seul peut l'établir. C'est donc la volonté de Dieu qui, en dernière analyse, établit le lien moral ou l'obligation.

La volonté de Dieu nous est connue, soit par la loi morale naturelle, gravée dans notre conscience, soit par les lois morales positives, divines et humaines. Si on fait abstraction du commandement divin, le bien peut encore subsister comme un *idéal* qui nous *attire*, mais non comme un *devoir* qui nous *oblige*. Dans un livre récent, qui a fait sensation (*l'Action*, par M. Blondel), cette doctrine est ouvertement professée : « Le devoir, y est-il dit, n'est le devoir que dans la mesure où, d'intention, l'on y obéit à un commandement divin. »

Le bien dérive-t-il de la volonté de Dieu, comme le devoir ? N'y a-t-il aucune différence naturelle, essentielle, entre le bien et le mal ? Une action n'est-elle bonne ou mauvaise que parce que Dieu veut qu'elle soit telle ? Si sa volonté eût été autre, tout ce qui est mauvais aurait-il pu être bon, et tout ce qui est bon, mauvais? — Non, certaines actions sont essentiellement et nécessairement bonnes, par exemple, *adorer Dieu, lui obéir, secourir un malheureux ;* et d'autres, essentiellement et nécessairement mauvaises, par exemple, *mentir, blasphémer.* La volonté divine est la cause de l'obligation attachée à certains biens ; mais elle n'est pas la cause du bien lui-même. Ce n'est que par la volonté de Dieu que ce qui est bien est obligatoire; mais une action est bonne ou mauvaise indépendamment de la volonté de Dieu.

Liaison entre les idées d'ordre et de désordre, et celles de bien et de mal. — L'ordre prend différents noms (*physique, intellectuel, moral*), mais il est un, et Dieu en est le principe. L'ordre, c'est le rapport des moyens aux fins, de l'organisation d'un être avec le but qui lui est assigné. Où il y a l'ordre, il y a la loi; où il y a la loi, il y a la raison. Croire à l'ordre, croire à l'harmonie des moyens et des fins, c'est croire à la raison souveraine, à Dieu, à la divine Providence qui gouverne le monde. (C'est la preuve de l'existence de Dieu, tirée de l'ordre de l'univers.) L'ordre est, pour tout être, ce qui renferme les conditions de son existence. Les sciences ne sont que la connaissance de toutes les lois qui constituent l'ordre. « L'idée de l'ordre en toutes choses, c'est-à-dire de l'ordre littéraire, moral, politique et religieux, est la base de toute éducation. » (JOUBERT.)

Le devoir et le bien, c'est l'*ordre moral;* le mal, c'est le *désordre moral.*

Une créature est dans l'ordre, quand elle est dans sa loi, quand elle tend à sa fin, quand elle est dans une disposition conforme à sa nature et à la volonté de Dieu. L'homme qui fait le bien reste dans l'ordre; l'homme qui fait le mal sort de l'ordre moral, c'est-à-dire de l'ordre régi par la loi morale.

Si les forces, si les facultés sublimes qui lui ont été données pour s'élever, suivant la loi de sa nature et de sa destinée, l'homme les retourne et les emploie à descendre, il se déprave, il se dégrade, se pervertit. « Hors de la loi morale, l'homme est la plus misérable et la plus malheureuse des créatures ; car les forces qui devraient faire sa dignité et son bonheur, son intelligence, son cœur, sa volonté, il les arme contre lui-même et contre ses semblables, il les emploie à exalter ses penchants, à les corrompre, à les mettre en révolte contre les vœux de la nature. » (FRANK, *Dict. philosophique*[1].)

---

[1] M. de Bonald a dit, en parlant des principes et des lois de l'ordre moral, une belle parole qui s'applique à la littérature : « Que les écrivains prennent garde : tous les ouvrages où les principes de l'ordre seront niés ou combattus disparaîtront de la mémoire des hommes, quelque bruit qu'ils aient pu faire parmi les contemporains, et il n'y aura que ceux où ils

Fondement de la morale, morale indépendante. — L'idée du bien est le fondement de la morale. Cela revient à dire que Dieu est le fondement de la morale, en tant qu'il est le principe essentiel du bien et de la loi morale vivante.

Comme la raison ne saurait concevoir de loi sans législateur, et que la loi morale est l'expression de la sagesse et de la volonté de Dieu, on peut dire que le bien, c'est ce que Dieu veut et commande ; le mal, ce qu'il réprouve et défend. — L'homme n'existe pas de soi, ne s'est pas donné à lui-même la loi qui l'oblige. La créature n'est pas autonome ; elle relève du Créateur.

La morale indépendante se fonde sur *la dignité humaine*, sur *l'honneur*, sur *l'inviolabilité* de la personne, et prétend s'affranchir ainsi de tout rapport avec la métaphysique. C'est, au contraire, le devoir qui fonde *l'inviolabilité* de la personne. C'est le bien voulu et accompli qui nous communique *honneur et dignité*. L'honneur n'est qu'un vain mot, s'il n'a pas sa source dans la vertu[1]. La morale repose, en métaphysique, sur le principe premier de la distinction du bien et du mal, sur la spiritualité de l'âme, qui est une garantie de son immortalité et par conséquent de la sanction, et, en théodicée, sur l'idée de Dieu législateur et juge. « Il n'y a, dit P. Janet, qu'un seul moyen de fonder une morale absolument indépendante de toute métaphysique, c'est de proclamer la doctrine du plaisir ou de l'utilité. La morale devient alors une technique (*ensemble de procédés*), une industrie. L'observation, l'expérimentation et le calcul sont alors les méthodes de la morale, comme de la physique, et tout élément suprasensible disparaît entièrement. » Et la morale aussi.

« Il existe, dit Lacordaire, entre la vérité et le devoir, entre l'ordre métaphysique et l'ordre moral, un lien étroit, qui fait que les questions de l'esprit sont aussi des questions de cœur. Chaque découverte en Dieu nous menace d'une vertu, d'un sacrifice de l'orgueil ou des sens ; la faiblesse et les passions viennent au secours de l'erreur et font un poids terrible dans la lutte des intelligences, lutte qui est devenue celle du bien et du mal. »

Qu'elle soit *naturelle ou non, la morale est dépendante du dogme*. « Si l'idée du bien n'a pas son fondement et sa racine dans la raison et dans la volonté divines, c'est-à-dire dans le souverain bien, dans l'absolu, dans l'infini, ce n'est plus qu'un fait, un fait relatif, contingent, variable, qui ne saurait avoir plus rien d'impératif et de catégorique. En dehors de l'idée de Dieu, qui est à la base et au sommet de la doctrine morale, le devoir ne repose plus que sur un absolu néant. » La morale sans Dieu est une morale sans fondement, sans règle, sans sanction.

« *Kant déclare que le fondement de l'obligation n'est autre que l'autonomie de la raison elle-même*, « la propriété qu'a la raison d'être à elle-même sa loi, » et que si « la personne a de la sublimité, ce n'est point en tant qu'elle est sou-

---

seront défendus ou respectés qui passeront avec gloire à la postérité et quelquefois mériteront l'honneur, le plus grand de tous, d'être comptés parmi les livres classiques qui servent à former l'homme pour la société. »

[1] Voir plus loin : *Honneur* comme motif d'action, page 634.

« mise à la loi morale, mais en tant qu'elle se donne cette loi à elle-même et qu'elle
« n'y est soumise qu'à ce titre ». — ... Cette opinion est en contradiction avec le
témoignage de la conscience. Nous sentons que la loi morale ne vient pas de
nous-mêmes, mais du dehors et de plus haut que nous. Nous sentons que nous
ne sommes point « en même temps législateurs et sujets », comme Kant l'a prétendu ; la loi nous commande en souveraine, elle nous inspire un respect religieux ; si nous la violons, elle nous fait, par le moyen de la conscience, sentir
ses reproches au fond de l'âme ; enfin si, dans certaines circonstances, nous
éprouvons vivement que nous avons diminué et flétri notre dignité personnelle,
nous comprenons, dans toutes, que nous avons contrevenu aux prescriptions d'une
autorité auguste, indépendante et supérieure à nous-mêmes. Or ces différents
sentiments n'auraient aucun sens, si la loi morale était une création humaine, si
nous étions vraiment législateurs avant d'être sujets, si nous ne nous soumettions
à elle qu'autant que nous avons trouvé bon de nous l'imposer.

« Ajoutez que la raison humaine est absolument incapable de tirer d'elle-même
et de son fond la loi naturelle. Celle-ci est universelle, absolue, immuable, infaillible : ses décrets valent pour les hommes de tous les temps et de tous les pays ;
ce qu'elle commande est toujours le bien, ce qu'elle défend est toujours le mal.

« Trouvez-vous quelqu'un de ces caractères dans la raison individuelle, qui « se
« teint de toutes les couleurs » de l'espace et du temps, qui hésite, chancelle, avance,
recule, se trompe, se corrige, sauf à se jeter dans de nouvelles témérités et
à retomber dans de nouvelles erreurs ?

« L'inférieur ne peut être lié et jugé que par un supérieur ; et ici nous aurions
le même lié, jugé par le même, ou plutôt le plus découlerait du moins, l'immuable serait produit par le mobile, l'impersonnel par l'individuel, l'infaillible
par ce qui est sujet à l'erreur, le saint par ce qui est susceptible de **tous** les
entraînements du vice. » (P. VALLET, *Kantisme et Positivisme*, ch. IX.)

TABLEAU ANALYTIQUE

LE BIEN ET LE MAL. — FONDEMENT DE LA MORALE

Le bien. Le mal.
- Le *bien*, c'est ce qui est conforme à la loi morale, ce que la conscience prescrit.
- Le *mal*, c'est ce qui est contraire à la loi morale, ce que la conscience défend.
- Le bien moral a les mêmes caractères que la loi morale : il est universel, absolu, immuable, obligatoire...

Le bien en soi et le bien moral.
- Il faut distinguer le bien moral, qu'on appelle encore le juste ou l'honnête, d'avec le bien en soi.
- Le *bien en soi*, c'est l'ordre tel que Dieu le veut et qu'il se révèle à notre raison et à notre conscience ; c'est l'idéal moral à réaliser.
- Le *bien moral*, c'est la conformité de notre volonté au bien en soi, c'est-à-dire à l'ordre.
- Le *bien en soi*, c'est la loi ; le *bien moral*, c'est la loi obéie.
- Le premier subsiste par lui-même, en dehors de toute volonté humaine ;
- Le second ne se réalise que par la libre adhésion de la volonté à la loi.

LE BIEN ET LE MAL. — FONDEMENT DE LA MORALE (*Suite*)	Rapports du bien en soi et du devoir.	Tout ce qui est *devoir* est *bien*, mais tout ce qui est *bien* n'est pas *devoir*, c'est-à-dire *obligatoire*. Il faut distinguer le *conseil* du *précepte*; l'*idéal* de l'*obligation*. (Ex. : saint Vincent de Paul, Mᵍ Affre.) Le bien n'est *obligatoire* que lorsqu'il fait l'objet d'un précepte divin. Il faut cependant remarquer que, même en supposant que le précepte divin n'existât pas, certaines choses seraient essentiellement bonnes : (adorer Dieu, lui obéir, secourir les malheureux), d'autres essentiellement mauvaises : (mentir, blasphémer, nuire au prochain).
	Devoir, ordre et désordre.	Le devoir et le bien, c'est l'*ordre moral*; Le mal, c'est le *désordre moral*. Une créature est dans l'ordre, quand elle tend à sa fin en suivant les lois de sa nature; Dans le cas contraire, elle est dans le désordre. Si l'homme, au lieu de déployer les facultés sublimes qui lui ont été données pour s'élever et atteindre sa fin, en suivant les lois de sa nature, les retourne et les emploie à descendre, il sort de l'ordre, il se dépravé, se dégrade, se pervertit.
	Fondement de la morale. Morale indépendante.	L'idée du bien est le fondement de la morale. Or le bien, c'est la volonté de Dieu; ce qui revient à dire que Dieu est le fondement de la morale. — La morale indépendante se fonde sur la *dignité humaine*, l'*honneur*, l'*inviolabilité de la personne*. C'est, au contraire, le devoir, c'est-à-dire la loi qui rend la personne inviolable. C'est le bien voulu et pratiqué qui fait l'honneur et la dignité de l'homme. — En *métaphysique*, la morale repose sur la distinction du bien et du mal, sur la spiritualité et l'immortalité de l'âme; en *théodicée*, sur l'idée de Dieu, législateur et juge. Séparée de la métaphysique et de la théodicée, la morale devient une technique, une industrie. L'obligation ne saurait avoir son fondement dans l'autonomie de la raison, comme l'a prétendu Kant, la raison humaine individuelle n'ayant aucun des caractères de la loi morale, qui est universelle, immuable, absolue.

5ᵉ LEÇON

CONDUITE MORALE. — MOTIFS D'ACTION

Motifs d'action : devoir, passion, plaisir, intérêt. — On appelle *motif* et *mobile* ce qui nous porte à agir. Un motif est un principe raisonné d'action ; un mobile, un principe passionné. L'*intelligence* fournit les *motifs :* l'intérêt, le devoir ; la *sensibilité* fournit les *mobiles :* le plaisir, la passion. — Motif est le terme générique et s'emploie souvent pour mobile.

Le *devoir* (du latin *debere*, être en dette ou obligé), c'est ce que la conscience prescrit ; c'est l'obligation de faire ce qui est bien et d'éviter ce qui est mal, la nécessité d'accomplir ou d'omettre une action pour observer la loi morale. On peut encore le définir : une dette que l'homme est tenu d'acquitter envers lui-même, envers ses semblables et envers Dieu. — Le devoir s'appelle aussi l'*honnête* ou le *juste*.

Ces trois mots : loi morale, devoir, obligation, expriment trois aspects d'une seule idée : *la loi morale*, c'est l'ordre voulu par Dieu, s'imposant comme fin absolue à toute volonté humaine ; le *devoir*, c'est la nécessité de se conformer à cet ordre par respect pour la loi morale ; *l'obligation*, c'est l'action intérieure exercée sur nos penchants et sur notre volonté par l'idée du devoir.

La *passion* est un mouvement qui nous entraîne vers un objet sensible ou qui nous en éloigne : par exemple, la colère, la haine, la vengeance, la passion de la gloire, des honneurs, des richesses.

Par *plaisir*, on entend en général ce qui flatte les sens ; mais il y a aussi des plaisirs supérieurs : par exemple, ceux de l'imagination, de l'esprit, du cœur.

L'*intérêt*, c'est ce qui peut contribuer au bien-être, au bonheur, à la réputation ; ce qui peut, en un mot, procurer des avantages quelconques.

La loi morale étant la loi de sa nature, l'homme doit, sous peine de déchoir, se conduire moralement, c'est-à-dire suivre les règles de la loi morale. Il n'agit moralement que s'il s'inspire de l'idée et du sentiment du devoir, s'il agit par devoir.

S'inspirer de l'idée et du sentiment du devoir, c'est vouloir faire ce qui est bien, parce que c'est bien ; suivre la loi, parce que c'est la loi, c'est vouloir obéir à sa conscience, c'est-à-dire à Dieu, parce que la conscience et Dieu ont le droit de commander et qu'on a le devoir d'obéir.

Il n'y a pas une seule de nos actions libres qui ne rentre dans la sphère de la morale et qui ne doive se conformer à l'idée du bien, selon cette parole de saint Paul, qui n'est pas un conseil, mais un précepte de la raison : « Soit que vous mangiez, soit que vous buviez, ou quelque chose que vous fassiez, faites tout pour la gloire de Dieu. »

La gloire de Dieu, c'est le devoir, c'est le bien. Dieu doit être la fin dernière de tous nos actes : on mange, on boit, on se récrée, non pour manger, pour boire et pour se récréer, mais parce que ces actes sont nécessaires ou utiles pour vivre et remplir ses devoirs.

L'homme peut avoir d'autres motifs ou mobiles de ses actions, tels que le plaisir, la passion ou le sentiment, l'intérêt; mais ces motifs, à supposer qu'ils soient légitimes, doivent être subordonnés au devoir, c'est-à-dire que le motif du devoir doit, *non seulement les régler et s'y ajouter, mais les dominer à titre de motif principal.*

Les actions faites *uniquement* pour ces motifs n'ont pas de valeur morale, sont sans mérite devant la conscience et devant Dieu. Il ne faut pas, par exemple, travailler uniquement parce qu'on y a du plaisir ou parce que c'est notre intérêt, parce que nous espérons obtenir une récompense ou éviter un châtiment, mais parce que le travail est un devoir, parce que Dieu et la conscience nous commandent de travailler.

L'honneur considéré comme motif d'action. — L'honneur, qui porte à « agir de manière à mériter et à obtenir l'estime des autres hommes », est un mobile efficace, qui peut quelquefois, pour certaines natures et dans certains pays, suppléer aux défaillances de la conscience; mais jamais il ne pourra remplacer le devoir comme motif d'action. Le devoir est un principe ou une vérité, l'honneur peut n'être qu'un préjugé; le devoir, dans ses grandes lignes, est le même pour tous les hommes, en tout temps et par tout pays; l'honneur, comme l'opinion, change avec les milieux et les époques. La morale de l'honneur ne peut pas plus se substituer à celle du devoir que le sentiment ne peut se substituer à la raison ou à la conscience. C'est un puissant auxiliaire du devoir; mais on ne doit ni les confondre, ni croire qu'on puisse sans danger remplacer l'un par l'autre. Il est bon toutefois de remarquer que, pour bien des hommes, la connexion est telle, entre ces deux idées morales, que l'honneur est le nom sous lequel ils vénèrent le devoir et lui obéissent.

« Le Français obéit au sentiment de l'honneur plus qu'à celui du devoir. Certes, l'honneur, c'est aussi le devoir avec un sentiment plus fier, mais moins simple, moins sûr, moins constant. Il y a dans l'honneur une vibration plus intime de l'âme, une exaltation plus personnelle de l'être; le devoir a l'uniforme sérénité de la loi. L'honneur aime davantage la gloire; le devoir trouve tout son contentement dans l'observance de la règle, et, des deux, c'est lui qui demande à l'homme l'héroïsme le plus difficile, ce me semble. Celui-là excite, celui-ci oblige. Le premier parle plus haut au cœur; le second, plus profondément à la conscience. L'honneur donne à la vie plus d'éclat, le devoir en assure mieux la grandeur. L'un fait les peuples chevaleresques; l'autre, les peuples forts. » (Aug. BOUCHER.)

Moralité d'un acte. — On appelle moralité d'un acte son rapport avec la loi morale; en d'autres termes, sa qualité bonne ou mauvaise, son degré plus ou moins grand de bonté ou de malice. Il y a lieu de considérer l'acte *moral*, ou l'acte en tant que réalisé par la personne, par l'agent du devoir, et l'acte *en soi*.

La *bonne volonté*, ou *bonne intention*, c'est-à-dire l'intention d'agir par devoir, ne suffit pas pour la bonté morale d'un acte; il faut encore qu'il soit accompli dans les circonstances voulues, et qu'il ne soit pas mauvais et réprouvé par la conscience : *l'intention ne saurait rendre bon un acte illicite ; on ne peut faire le mal pour qu'il en résulte un bien.*

Cependant un acte, même mauvais en soi, peut être moralement méritoire, si celui qui le fait ignore invinciblement qu'il est mauvais et a l'intention de faire un acte bon. D'autre part, une intention mauvaise suffit pour rendre mauvais un acte bon ou un acte indifférent (c'est-à-dire *ni prescrit ni défendu par la loi*) : par exemple, faire l'aumône est un acte bon en soi ; faire l'aumône pour obtenir d'un pauvre une mauvaise action est un acte coupable. Aller à la promenade est, en soi, un acte indifférent ; y aller pour avoir occasion de mal faire est un acte mauvais.

Ce mot souvent répété : « L'intention vaut le fait, » ou : « L'intention est réputée pour le fait, » signifie qu'en certains cas avoir voulu une chose vaut autant, en bien ou en mal, que l'avoir faite. Il est juste ; car l'intention, dès qu'elle est bien arrêtée, constitue un acte moral complet, indépendamment de l'acte extérieur ou matériel, dont des circonstances diverses peuvent empêcher la réalisation.

En résumé, pour qu'un acte soit moralement bon, il faut qu'il le soit tout à la fois dans son objet, dans ses circonstances et dans la fin que se propose celui qui le fait.

Pureté d'intention. — Agir avec pureté d'intention, c'est écarter de sa volonté les intentions personnelles et égoïstes et n'agir que par des motifs moraux : par devoir, par dévouement, par amour de Dieu et du prochain. Comme, en dernière analyse, c'est de l'intention que dépend la valeur morale des actes, bien diriger ses intentions, c'est donner à ses actes les plus vulgaires une valeur infinie.

C'est surtout par la pureté d'intention que les hommes vertueux, les saints, se distinguent des simples honnêtes gens. Quand Bourdaloue nous dit : « Accoutumons-nous à faire les actions chrétiennes chrétiennement, » il veut nous rappeler que les actions spéciales à la vie surnaturelle doivent être faites avec des sentiments et des motifs du même ordre.

On dit souvent : « L'enfer est pavé de bonnes intentions. » Ce proverbe dénonce avec raison, comme coupables, les simples velléités, les bonnes intentions inertes ou molles, qui ne font aucun bien et n'empêchent aucune chute.

Morale de la bonne volonté. — On peut soutenir la morale de la bonne volonté ou de la bonne intention, si on entend par bonne volonté ou bonne intention ce qu'il faut entendre : une intention ou une volonté d'accord en tous points avec la loi. Ainsi comprise, la morale de la bonne volonté se confond avec celle du devoir, avec celle de l'Évangile : « Paix aux hommes de bonne volonté. » La volonté ou l'intention n'est bonne que si elle l'est à la fois dans les moyens et dans la fin. La fin ne peut justifier des moyens injustes, puisque la justice se contredirait elle-même : il n'y a pas de droit contre le droit.

La maxime : *Vous pouvez faire tout ce que vous voudrez, pourvu que vous ayez bonne intention,* est une absurdité, si on lui fait signifier qu'on peut avoir mauvaise conduite et bonne intention, violer le droit et le respecter, faire le bien en faisant le mal.

Prétendre qu'on peut employer n'importe quel moyen, fût-ce le vol, l'insurrection, la calomnie ou l'assassinat, pour réaliser une fin bonne en elle-même, c'est poser le principe de la souveraineté du but, qui ne va à rien moins qu'à légitimer les actes les plus odieux.

« L'honneur et le mérite de la vie ne consiste que dans l'emploi des moyens..., dit Bossuet; l'homme de bien ne veut que de bons moyens pour parvenir à ce qui est bien, et il a toujours devant les yeux le précepte de la loi : *Tu poursuivras justement ce qui est juste.* »

Théorie de Kant sur la bonne volonté ou volonté autonome. — Kant, concevant l'ordre moral comme absolument indépendant de l'ordre métaphysique, est conduit à placer l'origine du devoir dans la personne même, dans la volonté raisonnable qui se crée elle-même sa loi, et c'est ce qu'il appelle l'*autonomie de la volonté*, c'est sa théorie de la *bonne volonté*. D'après lui (*Fondements de la métaphysique des mœurs*), il n'y a qu'une chose qui soit *absolument* bonne, bonne par elle-même : c'est une *bonne volonté*. Or une volonté est absolument bonne, toujours d'après Kant :

1° Quand elle peut généraliser ses maximes sans se contredire elle-même; car, si ses maximes se contredisaient, c'est qu'elle ne serait pas bonne pour tout le monde. Elle ne serait donc pas absolument bonne. De là cet *impératif catégorique* : *Agis de telle sorte que tu puisses vouloir que la maxime de ton action devienne une loi universelle*, ce qui revient à dire que le critérium de la loi est la possibilité d'ériger l'action obligatoire en maxime universelle, critérium valable pour reconnaître la loi, mais insuffisant pour la justifier, puisqu'il n'en donne pas la raison.

2° Une volonté est absolument bonne, quand elle fait abstraction de tout but à réaliser; autrement elle ne serait bonne que *relativement* à un but[1]. Un but qui n'est pas à réaliser est un but qui existe par lui-même, une fin contre laquelle on ne doit pas agir, le sujet possible de toutes les fins, celui qui se pose lui-même le but, à savoir : *la volonté se traitant elle-même comme fin en soi*. De là une seconde forme de l'*impératif catégorique* : *Agis de telle sorte que tu traites toujours l'humanité, soit dans ta personne, soit dans la personne d'autrui, comme une fin, et que tu ne t'en serves jamais comme d'un moyen*. Ainsi le mensonge, le vol, ne peuvent être érigés en maxime universelle sans contredire les lois que la raison reconnaît comme fondamentales de la société. Après avoir dit que la loi se reconnaît à ce signe que la maxime de notre action soit universalisable, Kant se demande quelles fins sont universalisables, et il répond par cette seconde règle de conduite, où la personne humaine, *fin en soi*, a une valeur absolue; d'où il résulte que la respecter est un devoir absolu.

3° Une volonté est enfin absolument bonne, quand elle répond au critérium de la loi, quand elle est une législation universelle; car c'est précisément cette propriété qui la constitue *fin en soi*. De là une troisième forme de l'*impératif catégorique* : *Agis de telle sorte que ta volonté puisse se considérer elle-même comme dictant par ses maximes des lois universelles*.

Conséquences de cette théorie. — 1° Affirmer que le devoir ou l'impératif catégorique, expression de la loi morale, émane directement de la raison humaine pratique, placer dans la bonne volonté le *bien suprême et absolu*,

---

[1] Dans une étude sur *la Morale de Kant*, H. Spencer montre combien est inintelligible le concept d'une « volonté bonne en soi », abstraction faite de toute fin. (*Problèmes de morale et de sociologie.*)

prétendre que la loi morale est une loi autonome, en ce sens qu'elle ne fait qu'un avec l'autonomie même de la raison, posant elle-même et s'imposant à elle-même l'obligation, c'est ou bien nier Dieu, ou bien admettre l'existence de deux absolus.

La morale devient ainsi *subjective*, car elle érige l'état de conscience du *sujet* en *principe absolu* de la *moralité; arbitraire*, professant une loi qui est à elle-même sa raison, qui n'a ni but ni objet, qui s'impose à sa volonté sans dire pourquoi. Elle repose sur la doctrine de l'humanité *fin en soi*, qui n'est autre chose qu'une véritable *autolâtrie*. Si l'homme est *fin en soi*, il est dans son fond et dans son essence intime l'être absolu, c'est-à-dire Dieu. L'homme *n'est pas une fin en soi*, comme Kant le dit à tort; mais il a une fin *qui est fin en soi*, c'est-à-dire qu'il a pour fin le bien absolu, qui est Dieu.

2º Si le *moi* humain, révélé par un simple *fait de conscience*, est le principe duquel émane la loi obligatoire, l'ignorance de ce fait (ignorance d'ailleurs possible, d'après Kant, « puisque l'homme ne peut prétendre se connaître lui-même tel qu'il est, par la connaissance qui lui vient du sens intime ») rendrait, dans ce cas, nos actions indépendantes de toute loi.

3º Si c'est le *moi* qui se donne à lui-même l'idée du devoir, il n'en est responsable qu'envers lui-même, et s'il agit contrairement à sa propre loi, personne n'a le droit de lui en demander raison. Si l'impératif n'est qu'un développement spontané de la raison pratique, il ne peut nous obliger qu'autant que nous nous y soumettons spontanément. Le *débiteur* serait acquitté par le *créancier*, dès que la loi présenterait une difficulté; car c'est le même qui *doit* et le même qui s'acquitte dans cette hypothèse.

4º Si la valeur des contrats, dit M. Breis, dérive uniquement de la volonté libre d'un être mobile et contingent, le bien et le mal sont relatifs, l'ordre moral n'a plus rien d'immuable et d'absolu.

5º Enfin, à quoi bon, comme le fait Kant, faire intervenir Dieu pour dénouer, par la distribution de récompenses et de châtiments, une vie humaine passée tout entière en dehors de sa dépendance? A quel titre, n'étant pas le législateur de la loi morale, en assurerait-il l'observation par des sanctions rémunératrices ou pénales? (Voir Merklen, *Philosophes illustres, Kant;* ou Pesch, *Kant et la Science moderne*, ch. vi.)

Distinction entre les motifs d'action. — Le plaisir, la passion, l'intérêt, se distinguent du devoir par leurs caractères; ils sont particuliers, changeants, relatifs, et surtout ils ne peuvent jamais revêtir le caractère de l'obligation. « Les principes du plaisir, dit Pascal, ne sont pas fermes et stables; » il en est de même de ceux de la passion et de l'intérêt.

La passion *pousse*, le plaisir ou l'agréable *attire*, l'intérêt ou l'utile *conseille*, le bien ou l'honnête *commande* avec autorité, *oblige*.

Remarquons que ces termes : le plaisir, l'intérêt, le devoir ou le bien, équivalent à ceux-ci : l'agréable, l'utile et l'honnête. On oppose l'agréable à l'utile, l'utile à l'honnête, ou, ce qui revient au même, le plaisir à l'intérêt, l'intérêt au devoir ou au bien, la passion à la raison. Ces oppositions sont dans la langue, parce qu'elles existent dans la conscience.

Qualification des actions morales. — La conscience appelle certaines actions bonnes, nobles, généreuses, magnanimes, héroïques, sublimes; d'autres mauvaises, basses, intéressées, lâches, honteuses, criminelles; elle qualifie les personnes comme les actions; elle réserve ses éloges aux personnes vertueuses, et ne manque pas de flétrir celles que la passion, le plaisir et l'intérêt font dévier de la règle du devoir.

Accord entre les motifs d'action. — Ces motifs peuvent être ramenés à trois : inclination (plaisir et passion), intérêt et devoir; ou même à deux : intérêt et devoir; car l'inclination et l'intérêt ne sont au fond que la sensibilité, tantôt aveugle et livrée à elle-même, tantôt éclairée et dirigée par l'intelligence. Ils ne s'excluent pas nécessairement entre eux : une même action peut être en même temps conforme à l'inclination, à l'intérêt et au devoir; par exemple, pour le savant, la recherche de la vérité. Quelquefois *le devoir s'allie à l'inclination pour combattre l'intérêt :* un enfant se dévoue à ses parents infirmes, parce qu'il les *aime*, et il sacrifie pour remplir ce *devoir* des *avantages matériels;* — *ou à l'intérêt pour combattre l'inclination :* renoncer à la *passion* du jeu, parce que la *conscience ordonne* d'y renoncer et parce que le jeu *mène à la ruine*. Mais on ne voit jamais mieux combien le devoir est distinct de l'inclination et de l'intérêt que quand il les combat l'une et l'autre. C'est le cas de Polyeucte et de la plupart des héros de Corneille.

Un accord supérieur peut donc se faire entre les divers motifs d'action. Cet accord existe dans les vues de la Providence, et il dépend de nous de le réaliser dans notre vie.

Les motifs ou mobiles d'action sont distincts, mais non séparés. Dans un état normal, ils devraient se concilier et, par des voies diverses, nous conduire à notre fin; mais, dans l'état d'épreuve où nous sommes, il y a souvent contradiction ou divergence entre eux, et le devoir ne s'accomplit qu'au prix de notre bien-être, par le sacrifice de ce qui nous est le plus cher.

<small>La passion, le plaisir et l'intérêt sont des instruments, des ressorts d'activité, qui sont bons s'ils restent dans l'ordre, qui sont mauvais s'ils en sortent, c'est-à-dire s'ils échappent à la direction de la conscience.

La passion nous est donnée pour nous *pousser* vers notre fin, qui est le souverain bien; le plaisir, pour nous y *attirer;* l'intérêt, pour nous le *conseiller,* et le devoir, pour nous le *prescrire*.

Pour répondre aux desseins de la Providence, il faut maintenir ces forces dans la loi. Il faut aimer, il faut désirer, il faut vouloir ce que l'on doit. Il faut que le plaisir, la passion et l'intérêt prennent pour règle, non l'égoïsme, sous quelque forme qu'il se présente, mais le bien : il faut mettre son cœur et son bonheur dans son devoir.

Ce qu'il y a de certain, c'est que la loi de notre nature renferme nécessairement la satisfaction de tous nos vrais besoins, qu'il n'y a pas de bien qui ne se trouve dans le bien le plus élevé et le plus parfait; qu'il n'y a pas d'intérêt contre le devoir et que, sortir de l'ordre ou de la loi, c'est se mettre en dehors des conditions du bonheur. « Dieu nous a fait un devoir du bonheur, en ne le séparant pas de la vertu [1]. » L'honnête seul est la source de l'utile, et l'utile</small>

<small>1 « Le bonheur est de sentir son âme bonne; il n'y en a point d'autre, à proprement</small>

n'est jamais la règle du bien[1]. Si le bien peut être nuisible, en apparence et pour un temps, il présente toujours pour l'homme une utilité réelle et définitive.

Le devoir est distinct du bonheur, comme motif ou cause finale; il ne l'est pas comme effet, ni comme résultat. Comme motif, devoir est synonyme de désintéressement, de dévouement, de sacrifice; bonheur est synonyme d'égoïsme. Il faut vouloir le bonheur comme conséquence du bien : « Cherchez le royaume de Dieu et sa justice (le bien), et vous aurez le reste (le bonheur) par surcroît. » (*Évangile*.) Le bonheur est le sel de la vie, il n'en est pas l'aliment. Si le plaisir, l'intérêt, le sentiment, le bonheur, motivent uniquement nos actes, ils enlèvent ou diminuent leur valeur morale.

Le bonheur, a-t-on dit, n'est un droit qu'autant qu'il n'est pas un motif exclusif.

Impératif catégorique, impératif hypothétique. — Kant a défini le devoir : « la nécessité d'obéir à la loi par respect pour la loi. » Il propose de l'appeler un *impératif catégorique*, c'est-à-dire qui commande sans condition, d'une manière absolue. Exemple : *Tu ne dois pas tromper sur la qualité des marchandises.* La formule de l'impératif catégorique est cet adage : « Fais ce que dois, advienne que pourra. »

L'impératif *hypothétique* ou *conditionnel* s'oppose à l'impératif *catégorique*. Les règles et les conseils de la prudence intéressée ont le caractère *hypothétique*. Exemple : « Si tu veux être riche, travaille; si tu veux être heureux, réprime tes passions, garde-toi des excès. » La formule de l'impératif hypothétique est cette maxime : « Qui veut la fin, veut les moyens. »

Ajouter une condition à un principe de morale, c'est le transformer en une maxime de prudence épicurienne ou utilitaire. Exemple : Si tu veux qu'on t'épargne, épargne aussi les autres; obéis, si tu veux apprendre à commander; si tu veux retenir ta clientèle, ne trompe pas sur la qualité des marchandises. — L'impératif hypothétique exprime la nécessité de vouloir les moyens, si l'on veut la fin; mais, la fin n'étant pas obligatoire, il suffit d'y renoncer pour échapper à la règle.

Dans la formule d'un devoir, on exprime parfois une condition, par exemple : Tu ne dois pas tromper, si tu veux être juste. Cette condition n'en est pas une; elle est identique au devoir, ou plutôt elle donne la raison même du devoir; elle signifie : Tu ne dois pas tromper, car tu dois être juste.

La Fontaine transforme souvent les principes moraux en règles de prudence intéressée :

> Il faut, autant qu'on peut, obliger tout le monde :
> *On a souvent besoin d'un plus petit que soi.*
> Il ne se faut jamais moquer des misérables ;
> *Car qui peut s'assurer d'être toujours heureux ?*

Caractères de la nécessité physique et de la nécessité morale. — Le devoir est une nécessité de l'ordre moral. La nécessité physique *contraint*, la nécessité morale *oblige* : « C'est une nécessité consentie, » a dit P. JANET, ce qui

---

parler; et celui-là peut exister dans l'affliction même. » (JOUBERT.) — « Il entre dans la composition de tout bonheur de l'avoir mérité. » (ID.)

[1] « Le mal dans l'ordre moral ne conduit jamais au bien dans l'ordre physique. » (STAHL.)

signifie, non qu'elle n'existe que du fait de notre consentement, mais qu'elle *doit être consentie*, qu'elle exige l'adhésion de la volonté. — Elle implique la connaissance : elle est conçue par la raison (*il faut faire le bien*), puis consentie par la liberté (*c'est parce qu'on le veut, que l'on conforme sa conduite à la loi*). On est moral dans la mesure où l'on comprend cette nécessité et dans la mesure où l'on y adhère : tout ce qui est fait par contrainte est sans valeur morale; de plus, agir par contrainte déshabitue de l'usage de la liberté, source de tout perfectionnement et de toute dignité. Comprendre cette nécessité et y adhérer est la condition de la vie morale : la faire comprendre à l'enfant et l'y faire adhérer, lui apprendre à *bien vouloir*, c'est toute l'éducation.

Pascal fait observer que « la raison commande bien plus impérieusement qu'un maître, car en désobéissant à l'un on n'est que malheureux, et, en désobéissant à l'autre, on est un sot ». La raison pratique, c'est-à-dire la conscience morale, commande bien plus impérieusement encore ; en lui désobéissant, on n'est pas seulement un sot, on est un malhonnête homme.

Vraie notion du devoir. — Devoir et sacrifice ont même sens.

Le devoir, c'est le sacrifice de ce qui paraît à ce qui est, de ce qui passe à ce qui demeure ; de ce qui est fini, borné, relatif, à ce qui est infini, éternel, absolu ; le sacrifice de cette loi que saint Paul sent dans ses membres, à cette autre loi qui est dans son esprit ; le sacrifice du caprice et de l'arbitraire individuel à la loi éternelle, de la volonté dévoyée de l'homme à sa volonté droite, ordonnée, c'est-à-dire à la volonté divine manifestée par la conscience.

Au fond, ce qu'il faut sacrifier, c'est ce qu'on appelle le vieil homme, l'homme égoïste, sensuel, brutal, malveillant, esclave des inclinations inférieures. — Cet homme-là, il faut le détruire, il faut le tuer, si l'on veut que l'homme supérieur, l'homme intelligent et libre, l'homme moral vive.

Le devoir, en un mot, c'est le sacrifice de ce qui n'est dans la vie qu'accidentellement, pour l'épreuve et le mérite, à ce qui constitue l'essence même de la vie.

« Ce sacrifice n'est pas la négation de quelque chose qui soit, c'est la négation d'une négation, c'est une affirmation. Ce n'est pas la mort, c'est une destruction de la mort; c'est la voie vers la vie pleine et sans fin. » (GRATRY.) « Qui sauve sa vie la perdra, et qui la perdra pour l'amour de moi la retrouvera. » (*Évangile.*) « Celui qui ne meurt pas à sa propre vie ne peut être mon disciple. » (Id.) « La mortification (*répression*) est une mort qui ne tue pas la vie, mais qui la manifeste; elle est la réduction de la chair sous la loi de l'esprit, le sacrifice des sens à la raison, l'esclavage du corps pour que l'âme soit libre. » (LACORDAIRE.) Le sacrifice, qui semble détruire, vivifie. La vie, en subissant la mort, produit la vie.

Dans un beau livre : *le Prix de la vie*, M. Ollé-Laprune a de belles pages sur cette question : « C'est l'indispensable condition de la vie morale, dit-il, dans le temps de la lutte et de l'épreuve, que l'activité se contienne pour être plus puissante. Rien de grand ne se fait sans la force de se contenir. Qui ne sait pas, en présence des choses, tenir la convoitise naturelle bridée, qui ne sait pas ne point porter la main sur ce qu'il désire, ne vivra jamais de la vie morale; qui se laisse aller sur toutes les pentes, n'aura jamais de vertu. » (Ch. XXII.)

Ajoutons cette belle pensée de Thomassin, expliquée par le P. Gratry : « Aller à sa raison, la soumettre à la raison souveraine, soumettre sa chair à sa raison, voilà le sacrifice ou le devoir. Soumettre sa chair à sa raison, c'est le sacrifice de la sensualité; soumettre sa raison à Dieu, c'est le sacrifice de l'orgueil[1]. »

On s'effarouche de cette expression : *mourir à soi-même*, et autres analogues. — Que signifient-elles donc, sinon détruire tout ce qui est un obstacle à la vie morale, c'est-à-dire l'égoïsme, la vanité, la passion, le mal sous toutes ses formes ? — « Philosopher, c'est apprendre à mourir, » disait Platon. — « Qui vit avec honneur, doit mourir constamment. » (ROTROU.) — « On n'est pas un homme, si l'on ne sait pas mourir, » dit encore M. Ollé-Laprune. Le sacrifice est au fond de toute grande résolution. Toute grande action entraîne un labeur, qui est un commencement de mort, puisque c'est une usure, une dépense de force vitale. Cela est vrai dans tous les ordres. Et si l'on n'est pas prêt à mourir, s'il le faut, quelle vie mène-t-on? Quelle entreprise hardie osera-t-on aborder?... L'héroïsme ne paraît si admirable qu'à cause du peu de cas qu'il fait de la vie. Il ne la ménage pas, il la prodigue, et il accomplit des merveilles. »

Les biens relatifs : la fortune, la santé, la science, la vie terrestre, il ne faut pas les considérer comme des fins, mais comme des moyens. Le cœur de l'homme n'est pas fait à la mesure de ces biens, mais à celle de l'infini, de l'absolu.

Ces biens sont appelés relatifs, parce qu'ils ne sont des biens que par leur rapport au bien absolu, parce qu'ils n'ont de valeur que par le bon usage que l'on en fait en s'en servant comme de moyens pour atteindre la fin dernière. Il ne faut pas y attacher son cœur, l'y fixer ; là n'est pas notre fin. Notre fin, c'est la perfection. Il faut y tendre sans cesse et de toutes ses forces.

Si, au lieu de nous y conduire, les biens relatifs nous en détournent, ils deviennent des maux. Il ne faut pas, par exemple, conserver la vie au prix d'un acte de lâcheté. Périsse le corps plutôt que l'âme ! Mieux vaut mourir que de vivre indigne de la vie ! Mourir ainsi, c'est vouloir vivre. Cette mort, c'est l'acte complet de la vie, c'est le triomphe de la vie immortelle. « Fais ce que dois, advienne que pourra : » voilà la formule du devoir. C'est aussi celle de la vie raisonnable et libre.

> Mourir, mais non faillir. La mort est sainte et belle ;
> La mort, c'est l'acte fort, c'est la vie immortelle,
> Pour qui sait la vouloir plutôt que le péché.

La vie est un combat. — La passion nous trompe, le plaisir nous séduit, l'intérêt nous aveugle ; les inclinations inférieures veulent prévaloir sur les tendances supérieures, les sens sur l'intelligence, les sensations sur les sentiments, l'instinct sur la volonté raisonnable, l'homme égoïste, charnel et mortel sur l'homme moral, divin et immortel. Voilà pourquoi la vie est une épreuve, une lutte, un combat, « une tentation continuelle, » a dit Job. « La vie et la mort, le bien et le mal, sont offerts à l'homme ; ce qu'il aura préféré lui sera donné en partage. » (*Eccl.*) Les forts, les libres, les vaillants choisissent la vie.

NOTES COMPLÉMENTAIRES

Pensées sur le sacrifice. — « L'épreuve est l'occasion offerte à un être libre de se sacrifier au devoir ou de sacrifier le devoir à soi-même. » (LACORDAIRE.) « Il faut saisir l'occasion d'allumer dans l'âme de l'enfant la flamme du sacri-

---

[1] « Obéissance, sacrifice, de telles appellations ne jurent-elles pas avec le mot de liberté? Oui, au premier aspect ; mais, pour quiconque y a réfléchi, il n'y a pas de mots plus corrélatifs, parce qu'il n'y a pas de choses qui puissent moins se passer l'une de l'autre. » (D. NISARD.)

fice, sans laquelle tout homme n'est rien qu'un misérable, quel que soit son rang. » (Id.) « Il n'est pas bon d'apprendre la morale aux enfants en badinant. S'il doit y avoir, dans la vie humaine, quelque chose d'indépendant de nos goûts, de nos facultés, de nos fantaisies, de notre volonté, c'est le devoir. » (JOUBERT.)

Sur le bonheur. — « Il en est du bonheur comme des montres : les moins compliquées sont celles qui se dérangent le moins. » (CHAMFORT.)

« Chacun est sa Parque à lui-même et se file son avenir. » (JOUBERT.)

« Dieu a répandu partout le bonheur avec une extrême abondance. Pour vivre heureux, tout homme n'a qu'à vivre où Dieu l'ordonne. La joie de l'homme est dans son devoir. Quand Dieu lui dit : « Vis pour les autres, sois humble, » Dieu lui ordonne d'être heureux. » (Louis VEUILLOT.)

« Le bonheur est un effet de la sagesse plutôt qu'un présent de la destinée : il se compose, pour la part principale, de beaucoup de modération et de résignation ; et les sources les plus abondantes n'en sont ni la richesse, ni la santé, ni l'éclat de l'esprit, ni la beauté corporelle, mais la bonté et la charité. » (L. VEUILLOT.)

« Le bonheur, si souvent et si faussement défini par les hommes, est l'adhésion que nous donnons à nos devoirs, et nous ne pouvons adhérer à nos devoirs entièrement, franchement, toujours, qu'en aimant beaucoup Dieu. Aimer Dieu, c'est donc l'unique secret de cette ombre de contentement que l'on peut trouver dans la vie, non pour s'y plaire. » (ID.)

« L'état heureux en ce monde est celui dont on remplit les devoirs ; tout état dont on remplit les devoirs par un sentiment d'amour pour Dieu qui les a donnés, c'est-à-dire où l'on fait des sacrifices, est heureux, et le plus heureux est celui où le sacrifice est plus grand. » (ID.)

« Je sais, par mon propre exemple, que l'affliction même n'est pas ennemie du bonheur, c'est-à-dire de l'état où l'âme goûte en soi une constante satisfaction. Il importe peu qu'elle soit contente des événements, pourvu que sa manière de les sentir la rende contente d'elle-même. Elle l'est par la perfection de cette sensibilité qui, bien apprise et bien menée, sait extraire du miel de tout. Il y en a jusque dans les peines. » (JOUBERT.)

TABLEAU ANALYTIQUE

CONDUITE MORALE. — MOTIFS D'ACTION

Conduite morale.

Motifs d'action.

On appelle *motifs* et *mobiles* d'action ce qui nous porte à agir.

On peut agir par *devoir*, par *passion*, par *plaisir* ou par *intérêt*.

Le *devoir*, c'est l'obligation de faire ce qui est bien et d'éviter ce qui est mal ;

La *passion* est un mouvement violent qui nous entraîne vers un objet ou nous en éloigne ;

Le *plaisir*, c'est tout ce qui flatte les sens ; il y a aussi des plaisirs supérieurs : de l'imagination, de l'esprit, etc.

L'*intérêt*, c'est tout ce qui procure un avantage quelconque.

— L'homme n'agit moralement que s'il s'inspire de l'idée et du sentiment du devoir.

On peut avoir d'autres motifs d'action, tels que le plaisir, l'intérêt ; mais, à supposer même qu'ils soient légitimes, ils doivent être subordonnés au motif du devoir, qui doit non seulement les régler et s'y ajouter, mais les dominer à titre de motif principal.

Les actions faites uniquement pour d'autres motifs que le devoir n'ont aucune valeur morale.

CONDUITE MORALE. — MOTIFS D'ACTION (Suite)

Moralité d'un acte.
—
Bonne volonté, pureté d'intention.

On appelle moralité d'un acte son rapport avec la loi morale, sa qualité bonne ou mauvaise.

La *bonne volonté*, ou intention d'agir par devoir, ne suffit pas pour la bonté morale d'un acte; mais elle peut suffire pour le rendre méritoire.

Une intention mauvaise suffit pour rendre mauvais un acte bon en soi ou indifférent.

Pour qu'un acte soit *moralement* bon, il faut qu'il le soit à la fois dans son objet, dans ses circonstances et dans sa fin.

Quand on parle de *bonne volonté* ou de bonne intention, il faut toujours entendre une volonté conforme à la loi morale.

La *pureté d'intention* nous fait écarter tous les motifs égoïstes, pour n'agir que par devoir. — Il serait absurde et immoral, sous prétexte de bonne intention, de faire un acte mauvais pour qu'il en résulte un bien : la fin ne justifie pas les moyens.

La théorie de Kant sur la *bonne volonté* met en relief la dignité du *devoir*; mais les conséquences en sont fausses, parce qu'elle admet l'autonomie absolue de la volonté, et fait de l'homme une *fin en soi*; que le bien et le devoir deviennent choses purement subjectives, et par conséquent *relatives* et *contingentes*, et enfin, que si la volonté s'impose à elle-même l'obligation, il n'y a pas à faire intervenir Dieu pour la sanction.

Distinction entre les motifs d'action.

Le plaisir, la passion, l'intérêt, se distinguent du devoir par leurs caractères :

Ils sont particuliers, changeants, relatifs, et ne revêtent jamais le caractère de l'obligation :

La passion pousse, le plaisir attire, l'intérêt conseille, le devoir seul oblige.

Qualification des actions humaines.

La conscience appelle certaines actions bonnes, nobles, généreuses, magnanimes, héroïques, sublimes;

D'autres : mauvaises, basses, intéressées, lâches, honteuses, criminelles.

Elle qualifie les personnes comme les actions, loue les unes et méprise les autres.

Accord entre les motifs d'action.

Les motifs ou mobiles d'action sont distincts, mais non séparés;

Dans un état normal, ils devraient se concilier et, par des voies diverses, nous conduire à notre fin.

La passion, le plaisir, l'intérêt, sont des ressorts d'activité, qui sont bons s'ils restent dans l'ordre, et mauvais s'ils en sortent :

La *passion* nous est donnée pour nous *pousser* vers notre fin; le *plaisir*, pour nous y *attirer*; l'*intérêt*, pour nous le *conseiller*; le *devoir*, pour nous le *prescrire*.

Si le plaisir, la passion, l'intérêt, le bonheur, motivent nos actes, ils leur enlèvent ou diminuent leur valeur morale. « Le bonheur n'est un droit qu'autant qu'il n'est pas un motif exclusif. »

Impératif catégorique et Impératif hypothétique.

L'*impératif catégorique* (Kant) ou le devoir commande sans condition, absolument :

« Fais ce que dois, advienne que pourra, » telle est sa formule.

L'*impératif hypothétique* suppose une condition; il n'oblige pas, il conseille.

Sa formule est cette maxime : « Qui veut la fin veut les moyens. »

Vraie notion du devoir.

Le devoir, c'est le sacrifice de ce qui paraît à ce qui est, de ce qui passe à ce qui demeure; de ce qui est fini, borné, relatif, à ce qui est infini, éternel, absolu.

En un mot, c'est le sacrifice de ce qui n'est qu'accidentellement dans la vie, pour l'épreuve et le mérite, à ce qui constitue l'essence même de la vie.

Diverses formules du devoir : « Fais ce que dois, advienne que pourra. Qui vit avec honneur, doit mourir constamment. »

6ᵉ LEÇON

LA VERTU ET LE VICE

Définitions. — La pratique constante du bien, la fidélité au devoir, l'habitude de vivre selon la raison, ou la loi morale, ou la conscience, c'est la *vertu*. Le contraire, c'est le *vice*.

La vertu mène l'homme à sa fin, le vice l'en détourne ; la vertu l'ennoblit, le vice le dégrade. L'homme vertueux est dans une disposition conforme à la raison, c'est-à-dire à sa nature ; l'homme vicieux est dans une disposition contraire à la raison, c'est-à-dire à sa nature.

Raison, vertu, liberté, force morale, honneur, ces mots expriment des idées similaires. Il en est de même des suivants : passion, vice, esclavage, lâcheté, honte. — Le mot vertu veut dire force ; c'est la persévérance, la constance de la force morale, c'est-à-dire de la volonté raisonnable. « Il faut du courage pour être vertueux ; on est vicieux, parce qu'on n'a pas la force d'être bon ; nous ne sommes méchants que parce que nous sommes lâches. » (FRAYSSINOUS.) La lâcheté est le chemin du vice.

Virtus signifie en latin force; *vitium*, manque, défaut. — « La vertu est si difficile, que nous l'avons appelée la vertu, c'est-à-dire la force par excellence. » (LACORDAIRE.)

Remarquons que la vertu n'est pas une qualité innée, ni le vice une inclination ou un défaut naturel. La vertu est toujours le résultat de l'effort et d'un usage énergique de la volonté libre, et le vice, le résultat des égarements et des défaillances de cette même volonté. « Il n'y a point de vertu proprement dite sans victoire sur nous-mêmes, et tout ce qui ne coûte rien ne vaut rien. » (J. DE MAISTRE.)

« Le royaume des cieux souffre violence, et les violents seuls le ravissent. » (Évangile.) Les violents, c'est-à-dire les forts, les constants.

Platon définit la vertu « l'imitation de Dieu »; et Malebranche « l'amour de l'ordre ». Ces deux définitions sont équivalentes. Dieu est le principe de tout ordre et de toute harmonie ; vouloir et réaliser l'ordre et l'harmonie, c'est imiter Dieu. Malebranche entend un amour de volonté, un principe d'action nous stimulant à rechercher l'ordre et à nous y conformer, et non une simple disposition à aimer l'ordre et à nous y plaire. « La vertu est le règne de l'ordre dans chaque âme, » dit Lacordaire; elle est la conformité acquise et constante à la nature divine; et Malebranche : « Le vice est l'amour désordonné de soi; la vertu est l'amour de l'ordre : voilà toute la morale. »

Conditions et caractères de la vertu. — La première condition de la vertu, comme de tout acte moral, c'est que celui qui agit *sache ce qu'il fait*, qu'il *connaisse* la valeur morale de l'acte et qu'il ait l'intention de réaliser le bien.

« Malheur à la connaissance stérile qui ne se tourne point à aimer, » dit Bossuet. Pour faire le bien et le faire avec la persévérance qu'implique la vertu, il ne suffit pas de le connaître, il faut *l'aimer*. La seconde condition de la vertu est donc *l'amour*, l'amour vrai, « intellectuel et cordial, » comme l'appelle saint François de Sales, qui est consentement et attachement à ce qui est bon.

Pour que la connaissance et l'amour soient efficaces, il y faut joindre *l'effort volontaire*, et c'est la troisième condition ou le troisième élément de la vertu. Le bien coûte, il est le prix de la lutte contre le plaisir, la passion ou l'intérêt ; plus est grand l'effort à faire pour être vainqueur, plus aussi, toutes les autres conditions étant supposées égales, est grande la vertu.

Enfin la vertu, par sa définition même, est une *habitude* ; c'est de la force d'âme accumulée, de l'effort capitalisé, qui se manifeste par la tendance et la facilité à faire le bien.

Se maintenir ferme au-dessus des attraits du plaisir, des séductions de la passion, des entraînements des sens, des calculs de l'égoïsme ; se conformer volontairement, généreusement et avec persévérance à la loi, par respect et par amour pour la loi ; se consacrer résolument et par des efforts toujours renouvelés au devoir ou au bien ; ne pas se pardonner les moindres défaillances, réagir contre elles, les réparer et les prévenir ; ne pas s'arrêter, tendre toujours au mieux (car dans le chemin de la vertu qui s'arrête, recule) ; monter, monter toujours vers l'idéal moral, vers la perfection du « Père qui est dans le ciel », voilà l'ordre dans la vie, voilà la vertu, l'habitude de la force morale, de la vaillance du cœur.

Définitions incomplètes de la vertu. — *La vertu est la science du bien.* (PLATON.) — Sans doute qu'ignorer le bien, c'est demeurer incapable de le pratiquer et d'arriver à la vertu ; mais il ne suffit pas de connaître le bien pour être vertueux. Souvent on voit le bien, et on fait le mal ; tout en reconnaissant ce qui convient, on s'en écarte ; tout en comprenant le devoir, on y manque.

La vertu est l'harmonie de l'âme. (PLATON.) — L'harmonie de l'âme, c'est-à-dire la subordination, l'accord, le bon usage de nos facultés, résulte de la vertu, mais n'est pas la vertu elle-même. Indiquer l'effet, ce n'est pas définir.

La vertu est un juste milieu. (ARISTOTE.) — On a, mais à tort, critiqué cette définition que saint Thomas a adoptée et faite sienne. L'idéal de la vertu, a-t-on dit, n'est pas un juste milieu, mais la perfection. En général, la vertu repousse l'idée du milieu : y a-t-il un juste milieu pour la bonté, la magnanimité, la charité, le dévouement, l'héroïsme ? Le vrai courage exclut également la témérité fanfaronne et la poltronnerie ; il n'a rien ni de l'une ni de l'autre ; il n'est pas un milieu entre les deux : ce sont deux vices, et il est une vertu. Les vertus sont les contraires des vices ; les vices sont négatifs, les vertus sont positives. La définition d'Aristote semble, en outre, supposer l'idée de calcul, et la vertu est essentiellement désintéressée. Sa devise est : « Fais ce que dois, advienne que pourra. »

Cette critique vient *uniquement* de ce que l'on ne donne pas aux mots *juste milieu* le même sens qu'Aristote et saint Thomas, qu'on les entend dans le sens de borne, de limite, au lieu de les entendre dans le sens de règle, de mesure ou d'ordre.

Remarquons d'abord que cette définition est une excellente règle de sagesse pratique. Il est bon, en effet, de se rappeler constamment que la raison ou la règle doit présider à tous nos actes ; que, pour être économe, par exemple, il faut se garder de la prodigalité et de l'avarice ; que, pour être persévérant, il faut éviter également, d'une part la mollesse, et de l'autre l'opiniâtreté et l'entêtement; que, pour être ferme, il faut tenir le milieu entre la faiblesse et la sévérité outrée; que le vrai courage se garde également de la timidité et de la témérité; la patience, de l'impatience et de l'inertie; la prudence, de l'imprudence et de la ruse ou de l'astuce.

Ajoutons ensuite que la définition doit être acceptée, si on l'entend bien, et on l'entend bien lorsqu'on ne fait pas signifier autre chose au mot *milieu* que conformité à la raison, qui est la règle et la mesure des actes. Ainsi comprise elle peut embrasser tout le défini, même les vertus les plus élevées et qui semblent le plus exclure l'idée du milieu.

La vertu est l'obéissance au commandement de la raison. (KANT). — Cette définition ne laisse pas entendre que la vertu est une habitude. De plus, la vertu étant par nature désintéressée, on sait que Kant ne veut pas que le sentiment ou la passion se mêle à l'obéissance : on ne peut, d'après lui, être vertueux si l'on aime son devoir, si l'on a du plaisir à le remplir. C'est le contraire qui est la vérité.

En soi, il est plus parfait, dit saint Thomas, de pratiquer la vertu à la fois par raison et par inclination ou passion; car il est plus parfait d'être attaché au bien par toute sa nature que par une partie seulement; en soi, il est plus mauvais également, et pour la même raison, d'être attaché au mal à la fois par la volonté et la passion que par la volonté seulement. La passion ne diminue le bien ou le mal, le mérite ou le démérite, que si elle prévient la raison et la volonté, que si elle est plutôt subie que recherchée et excitée par la raison et la volonté.

Il y a dans la vertu parfaite la raison, qui voit le bien, et le cœur et la volonté, qui l'aiment et le réalisent. Il y a de plus la grâce de Dieu, qui ne fait jamais défaut à l'homme de bonne volonté. En disant que la vertu est l'habitude du bien, on affirme implicitement que le bien est aimé; car on finit par aimer ce que l'on fait, et l'on ne fait par habitude que ce que l'on aime.

Le désintéressement qu'exige la vertu exclut l'égoïsme, c'est-à-dire une façon de s'aimer basse et étroite, mais implique un amour de soi noble, généreux, uniquement appliqué à la conservation et à l'accroissement de la dignité morale et des biens dont elle est inséparable.

Biens inhérents à la vertu et maux inhérents au vice. — La vertu nous donne la *paix* : la vertu, c'est l'ordre dans notre nature, et « la paix, dit saint Augustin, c'est la tranquillité de l'ordre ».

Le vice, qui est le désordre dans notre nature, produit le *trouble*, la *tristesse*, tristesse noire que les plaisirs ne peuvent que dissimuler et dont le terme est souvent le désespoir, le suicide, la folie.

La vertu nous donne la *vraie gloire*. « Notre gloire, dit saint Paul, c'est le bon témoignage de notre conscience[1]. » Le vice, c'est l'homme *retourné*, *perverti*, employant à se *dégrader* les forces qui lui ont été données pour se perfectionner, se servant, pour s'*écarter* de sa fin, des facultés qu'il a reçues pour y tendre.

La vertu nous rend *capables d'aimer*. Un des premiers effets du vice, qui est l'égoïsme même, *c'est de tuer le cœur*. Aimer, c'est se dévouer, c'est sortir de soi. La passion, le vice, les sens n'aiment

---

[1] Saint Paul dit encore : « Que tout homme s'éprouve lui-même, et il aura la gloire en lui, sans la chercher ailleurs. » (*Galat.*, VI, 4.)

pas; ils ne poursuivent un objet que pour le dévorer. L'amour est une force, une dignité, un don ; comment le vice, qui est le contraire (*faiblesse, bassesse, manque*), aimerait-il ? Que peut-il donner ?

La vertu nous donne le sentiment que notre *vie est utile dans l'ordre moral ;* le vice produit le sentiment contraire. « Ce qu'il nous faut pour nous sentir utiles, dit le P. Lacordaire, c'est la certitude de travailler à quelque chose d'éternel, et nous l'avons par la vertu[1]. »

La *vertu embellit* l'âme et le corps, parce qu'elle augmente la ressemblance de l'homme avec Dieu ; le vice les *enlaidit*, parce qu'il efface cette ressemblance.

La vertu, donnant à l'homme une *ressemblance* de nature et de beauté avec Dieu, les *rapproche* par la *sympathie*, qui naît de cette double ressemblance ; le vice, ayant des caractères opposés, produit des effets tout contraires ; il *éloigne*, il *sépare* l'homme de Dieu, et quand cet éloignement, quand cette séparation, quand ce malheur est consommé, tout est perdu pour l'homme.

Vertu et routine. — Il ne faut pas confondre la vertu avec la routine, habitude aveugle et toute machinale, qui échappe absolument à la direction de la raison et à l'action de la volonté. (Voir *Psychologie*, 18e leçon, p. 254.)

La vertu sait ce qu'elle fait et pourquoi elle le fait. La routine n'a pas ou presque pas conscience d'elle-même ; elle ne saurait mériter. De plus, elle est un obstacle au progrès, qui est un devoir pour l'homme.

La vertu a pour devise : Savoir, afin de prévoir et de pourvoir. La routine va comme elle pousse ou est poussée, sans se rendre compte de ce qu'elle fait ni de ce qu'elle pourrait et devrait faire. C'est un mécanisme qui fonctionne, une roue qui tourne. Ce qu'elle a déjà fait, elle continue à le faire, à peu près comme le balancier de l'horloge, tant que les poids agissent. Il n'y a guère plus de mérite d'un côté que de l'autre. Quant au balancier, il n'a pas à mériter ; mais la routine est le fait d'une personne qui a un but moral à atteindre, une mission à remplir, et qui doit le savoir et s'en souvenir. L'animal a l'instinct qui le conduit ; l'homme a la raison pour se conduire, et il doit en faire usage.

Remarquons qu'il est des actes sur lesquels la routine n'a pas de prise, qui sont en dehors et au-dessus d'elle et lui échappent complètement ; par exemple, le dévouement, le sacrifice, les actions généreuses. « Il n'y a que les mauvaises habitudes qui fassent perdre à l'homme une partie de sa liberté ; mais l'habitude du bien est la liberté même. »

Si, par suite de la direction choisie, de l'impulsion et de la force acquises, de la situation faite, l'homme pratique le dévouement, le sacrifice, accomplit les actions les plus généreuses, comme naturellement et par besoin, sans pour ainsi dire y prendre garde, sans même avoir l'air de soupçonner qu'on puisse faire autrement, ce n'est pas de la routine, mais de la très pure vertu, de l'héroïsme. Qui n'a vu de ces âmes-là ? Le prix Montyon nous en révèle quelques-unes chaque année ; mais combien ne sont connues que de Dieu et d'un petit cercle d'amis !

Il faut aimer la vertu et la pratiquer avec joie. — De ce que l'on définit la vertu : *une habitude de vivre selon la raison*, il ne

---

[1] « La vertu est la santé de l'âme. Elle fait trouver de la saveur aux moindres feuilles de la vie. » (JOUBERT.)

faudrait pas conclure que la vertu s'accommode d'une raison sans amour, comme Kant semble l'insinuer. On attribue à Kant le mérite d'avoir mis en relief les notions du devoir et du droit ; mais on lui reproche d'avoir donné trop de raideur à la première.

« Il en vient, dit P. Janet, jusqu'à dépouiller le mot touchant de l'Évangile : « Aimez-vous les uns les autres, » de toute flamme intérieure, pour le réduire à des obligations externes, oubliant cette admirable parole de saint Paul : « Quand je donnerais tout mon bien pour être distribué aux pauvres, quand je « livrerais mon corps pour être brûlé, si je n'ai pas la charité, tout cela ne me « sert de rien. » Une telle morale aurait pour effet de nous inspirer des scrupules et des remords sur nos bons sentiments, et même elle semble impossible, s'il n'y en a pas de mauvais. »

Le soldat ne doit-il aller au combat que pour obéir à la discipline ? Est-ce que l'élan que donne un cœur chaud, est-ce que l'enthousiasme lui est défendu ?

La vertu est belle ; on doit l'aimer, on doit la pratiquer avec joie, et ne pas avoir l'air de le faire uniquement par ordre. La vertu chagrine n'est pas la vraie vertu, et saint François de Sales nous dit que « les saints tristes sont de tristes saints ». — « Après le péché, nous dit-il encore, rien de pire que la tristesse. » Comme le ver ronge le vêtement, et la pourriture le bois, ainsi la tristesse de l'homme lui ronge le cœur.

La tristesse, la mélancolie, l'hypocondrie, sont des maladies d'inactivité : l'homme s'y affaisse et y dépérit. Tout ce qui supprime l'activité altère ou supprime la vie. Au contraire, la joie, l'entrain de la vie, sont le signe d'une vitalité qui se déploie dans la santé. Le chagrin est toujours inutile, parce qu'il ne remédie à rien. C'est ce que dit l'Écriture : « La tristesse a tué beaucoup d'hommes, et il n'y a point d'utilité en elle. »

Saint Thomas juge la tristesse avec indulgence. Elle n'est pas mauvaise, dit-il ; car l'homme qui n'en sentirait jamais le contre-coup prouverait, ou qu'il est insensible, ce qui est un désordre, ou qu'il n'apprécie pas sainement le mal présent, ce qui est une difformité morale. Contenue dans de justes limites, elle est louable et bonne, selon cette divine parole : « Bienheureux ceux qui pleurent, parce qu'ils seront consolés. »

Après la pureté du cœur, rien de plus chrétien que la joie du cœur. « Servez le Seigneur dans la joie, » est-il dit aux Psaumes. — « Un serviteur triste déshonore son maître. » (*Écriture.*) « La plus expresse marque de la sagesse, c'est une éjouissance (*joie tranquille, sérénité*) constante. » (MONTAIGNE.)

Degrés de la vertu en général. — Une dans son principe, qui est la force morale, la vertu a des degrés, comme toute habitude.

L'idéal de la vertu, la vertu parfaite consisterait à faire toujours tout le bien possible, à réaliser la parole de l'Évangile : « Soyez parfaits, comme votre Père céleste est parfait. » On est plus ou moins vertueux, suivant que l'on se rapproche plus ou moins de cet idéal.

Entre les vertus communes, sans lesquelles on est un malhonnête homme, et les vertus sublimes qui font le héros, l'apôtre, le saint, il y a place pour les vertus qui font l'homme de bien.

« La vertu réfléchie, calme, froide, persévérante, suppose plus de courage, et, pour ainsi dire, un meilleur fond que ces élans et ces entraînements qu'on est accoutumé à tant applaudir. » C'est ce qui a fait dire à Pascal : « Ce que peut la vertu d'un homme ne doit pas se mesurer par ses efforts, mais par son ordinaire, » c'est-à-dire par sa constance.

La nature de l'action, la facilité ou la difficulté du devoir, l'intention, font varier les degrés du bien, comme ceux du mal moral. Il y a généralement, par exemple, moins de mérite à s'abstenir du mal qu'à faire le bien. On ne loue pas un homme de n'être pas débauché, voleur ou assassin [1]; mais on le loue d'être bienveillant, généreux, de donner sa fortune ou sa vie pour sauver les autres, pour rester fidèle au devoir. Une action bonne en soi, comme l'aumône, est d'autant meilleure qu'elle est dégagée de tout motif personnel, égoïste, intéressé. En général, on mesure le degré de vertu à l'effort qu'il a fallu faire pour y atteindre. Celui qui est dans la misère, par exemple, a plus de mérite de rester honnête que celui qui est riche. Par contre, il y a plus de démérite pour ce dernier à être malhonnête.

Les deux lois suivantes indiquent, d'une manière précise, la progression du mérite et du démérite : *Le mérite est en raison composée de la difficulté du devoir, de son importance et de la pureté d'intention de celui qui agit. — Le démérite, en raison composée de la facilité du devoir, de sa gravité, et de la perversité d'intention de l'agent.*

Ces principes sont la réfutation de la maxime stoïcienne que les fautes sont égales entre elles, comme les devoirs.

TABLEAU ANALYTIQUE

VERTU ET VICE

Définitions. — La *vertu*, c'est la pratique constante du bien, la fidélité au devoir; c'est l'habitude de vivre selon la raison, ou la conscience, ou la loi morale. Le *vice*, c'est le contraire.

Conditions et caractères de la vertu.
- Les conditions de la vertu sont : 1° La *connaissance* : on ne peut faire le bien que si on le connaît.
- 2° *L'amour* : pour être vertueux, il ne suffit pas de connaître le bien, il faut l'aimer.
- 3° *L'effort volontaire* : en général, le bien coûte; il est le fruit de la victoire sur les inclinations, les penchants et les passions.
- — Observons que la vertu n'est pas innée en nous, pas plus que le vice; on peut être plus ou moins porté à l'un ou à l'autre, mais la vertu et le vice sont des habitudes acquises.
- — La vertu est *forte, généreuse, désintéressée, constante, délicate, circonspecte*... Elle tend toujours en haut; son idéal, c'est la perfection.

---

[1] Il y a cependant un mérite réel à éviter le mal. L'Église loue les saints d'avoir « pu faire le mal et de ne l'avoir pas fait ». (*Épître de la messe pour un Confesseur.*)

VERTU ET VICE (Suite).

Définitions incomplètes de la vertu.
1° *La vertu est la science du bien.* (PLATON.) — Cette définition ne tient pas compte de la volonté, nécessaire pour pratiquer le bien.
2° *La vertu est l'harmonie de l'âme.* (PLATON.) — L'harmonie est l'effet de la vertu, mais n'est pas la vertu.
3° *La vertu est un juste milieu.* (ARISTOTE.) — Définition exacte, si on l'entend bien ; incomplète et fausse, entendue dans le sens vulgaire de limite, borne.
4° *La vertu est l'obéissance aux commandements de la raison.* (KANT.) — Oui, si on entend une raison animée par l'amour ; non, si on fait abstraction absolue du cœur et de la sensibilité.

Biens inhérents à la vertu ; maux inhérents au vice.
— La vertu nous donne la paix : c'est la tranquillité dans l'ordre ; le vice produit le trouble, la tristesse, le désordre.
— La vertu donne la vraie gloire (bon témoignage de la conscience) ; le vice dégrade, déprave, pervertit l'homme.
— La vertu rend capable d'aimer, de se dévouer, de faire du bien ; le vice ferme le cœur, rend égoïste, lâche.
— La vertu embellit l'âme et le corps ; le vice enlaidit l'un et l'autre.
— La vertu rapproche de Dieu par sympathie et ressemblance ; le vice éloigne de Dieu, et efface la ressemblance primitive de la créature au Créateur.

Vertu et routine. — Il ne faut pas confondre la vertu, habitude de faire le bien, qui implique la liberté, avec la *routine*, habitude aveugle et toute machinale, qui échappe à la direction de la raison et à l'impulsion de la volonté.

Il faut aimer la vertu et la pratiquer avec joie. — Kant a eu tort d'attacher à la vertu ou au devoir une idée de contrainte, de raideur, d'austérité, qui lui enlève tout ce qu'il a d'aimable.

La vertu est belle : il faut l'aimer, la pratiquer avec joie. — Se souvenir que la vertu chagrine n'est pas la vraie vertu, que « les saints tristes sont de tristes saints ». (S. FRANÇOIS DE SALES.)

Degrés de la vertu.
Une dans son principe, qui est la force morale, la vertu a des degrés comme toute habitude.
Il y a les vertus communes, qui font l'honnête homme ;
Au-dessus, celles qui font l'homme de bien ;
Au-dessus encore, les vertus sublimes, qui font le héros, l'apôtre, le saint.
En général, on mesure le degré de vertu à l'effort qu'il a fallu faire pour l'atteindre ; d'où les deux formules suivantes : Le mérite est en raison de la difficulté du devoir, de son importance et de la pureté d'intention.
— Le démérite est en raison composée de la facilité du devoir, de sa gravité et de la malice de l'agent.
L'idéal de la vertu, c'est la maxime évangélique : « Soyez parfaits, comme votre Père céleste est parfait. »

7e LEÇON

LES PASSIONS

On a vu en *Psychologie* (5e leçon) quels sont les deux sens du mot passion, quelle est l'origine et quelle est la division des passions. Ces données psychologiques vont être complétées ici par quelques considérations morales où le mot « passion » sera pris dans le sens d'inclination violente et désordonnée.

Passion, vice. — Le vice naît des passions. C'est le dernier terme de l'égoïsme, qui a deux noms : *sensualité* et *orgueil* ; c'est le triomphe des forces aveugles sur la personnalité libre, comme la vertu est le triomphe de la raison et de la liberté sur ces mêmes forces. Dans le vice, l'homme est vaincu, défait, asservi ; dans la vertu, l'homme est vainqueur, il commande, il règne.

Que celui qui veut être libre, dit Cicéron, réprime d'abord ses passions, qu'il réprime d'abord la volupté, retienne la colère, mette un frein à son avarice, ferme les autres plaies de son âme, et qu'il ne commence à commander aux autres que lorsqu'il aura cessé lui-même d'obéir à ses abominables maîtres, la turpitude et l'opprobre ; car il n'y a que le sage qui soit libre... La servitude, c'est l'obéissance d'une âme vile et abjecte, et, par conséquent, tous ceux qui se laissent conduire par leurs passions, tous les méchants, en un mot, sont des esclaves. « Le plaisir d'être maître de soi-même et de ses passions doit être balancé avec celui de les contenter, et il emportera le dessus, si nous savons comprendre ce que c'est que la liberté. » (Bossuet.)

Hypocrisie des passions. — « Toutes les passions sont menteuses : elles se déguisent autant qu'elles peuvent aux yeux des autres ; elles se cachent à elles-mêmes ; il n'y a point de vice qui n'ait une fausse ressemblance avec une vertu, et qui ne s'en aide. » (La Bruyère.)

La peur prend le nom de prudence ; l'avarice, celui d'économie et de prévoyance ; la prodigalité, celui de générosité ; l'orgueil, celui de dignité personnelle ; la colère, celui de sainte indignation ; la violence, celui de force ; l'entêtement, celui de caractère ; l'afféterie, celui de politesse ; la paresse, celui de repos ; l'envie, celui d'impartialité, de justice, d'amour de la vérité ; l'intolérance, le fanatisme, celui de zèle du bien. Le pédant se dit lettré ; le trivial, simple ; l'homme froid, raisonnable.

« Les vieilles gens, dit Saint-Évremond, s'attachent à leur humeur comme à la vertu et se plaisent en leurs défauts par la fausse ressemblance qu'ils ont à des qualités louables. En effet, à mesure qu'ils se rendent plus difficiles, ils pensent devenir plus délicats. Ils prennent de l'aversion pour les plaisirs, croyant s'animer justement contre les vices. Le sérieux leur paraît du jugement ; le flegme, de la sagesse, et de là vient cette autorité importune qu'ils se donnent de censurer tout, le chagrin leur tenant lieu d'indignation contre le mal, et la gravité de suffisance. »

D'ordinaire, on pardonne volontiers aux autres les défauts où l'on tombe soi-même; on leur trouve même des grâces, et l'on fait peu de difficultés de les tourner en vertus. De celui qui boit beaucoup, un ivrogne dira : C'est un homme solide, une forte tête, une belle constitution. Ainsi, l'on en vient à s'attribuer des vertus d'emprunt, à accoler des mots qui jurent de se voir ensemble : aimable libertin, beau joueur, fine lame, etc.

Moyens de se préserver des passions et de les combattre. — La *vigilance*, la *garde des sens*, la *fuite du mal*, sous quelque forme qu'il se présente; le *travail*, qui est un des plus sûrs gardiens de la vertu; l'*examen de conscience* journalier; la *crainte de Dieu*, qui est le commencement de la sagesse, le fondement de la vie humaine; la *piété*, « qui est le tout de l'homme, » « qui est utile à tout, et qui a pour elle les promesses de la vie présente et celles de la vie future [1] : » voilà quelques-uns des moyens de cultiver et de fortifier son âme, de la préserver du joug des passions ou de l'y soustraire.

Il faut éviter le péril par instinct de conservation morale. Cet instinct, analogue à l'instinct de conservation physique, n'est autre chose que la crainte de Dieu, dont Joubert a dit « qu'elle est aussi nécessaire pour nous maintenir dans le bien que la crainte de la mort pour nous retenir dans la vie ». La résistance au mal ne suffit pas. Le meilleur moyen de l'éviter, de s'en préserver, de s'en guérir, c'est de faire le bien. Il n'y a que le bien qui soit assez fort pour repousser ou détruire le mal. « Ne vous laissez pas vaincre par le mal, dit saint Paul, mais triomphez du mal par le bien. » Lacordaire donne une belle application pratique de cette parole : « En fait de stratégie, dit-il, celui qui se défend sans attaquer perd la moitié de ses forces. La volonté doit donc, quand la passion lui demande un acte d'avarice, répondre par un acte de munificence; quand elle demande une satisfaction d'orgueil, lui opposer une leçon de modestie. »

Un ami de Lacordaire, Montalembert, avait un principe très élevé pour surmonter le dégoût qu'inspire le devoir à certaines heures : « Quand il y a, disait-il, deux lignes de conduite à suivre, appuyées sur des raisons également fortes, je cherche toujours à me décider pour ce qui me coûte le plus; je suis sûr ainsi de n'avoir pas sacrifié à mon égoïsme. » (*Lettre à son ami Lemarcis*, juin 1830.)

Il faut se rappeler que les passions mauvaises ne sont pas, comme on l'a dit, l'expression des lois de la nature; non moins funestes dans l'ordre physique que dans l'ordre moral, elles tuent le corps et l'âme [2]. Leurs désastreux effets, constatés par la médecine, l'histoire, l'économie politique, aussi bien que par la morale, rendent très frappante la comparaison que l'on a faite entre elles et le feu : comme lui, les passions n'abandonnent leur proie qu'après l'avoir dévorée.

« La passion a son histoire, comme la maladie : elle a son cours régulier, ses crises, une terminaison. L'Imitation de Jésus-Christ résume admirablement, en quelques traits, l'histoire d'une passion : « Au commencement, une simple pensée se présente à l'esprit; après, vient une forte imagination, puis la délectation, le mauvais mouvement, et enfin le consentement. Ainsi, peu à peu, le malin esprit entre dans l'âme. » (P. JANET.)

---

[1] « Pour enseigner la vertu, dont il est tant parlé dans Platon, il n'y a qu'un moyen, c'est d'enseigner la piété. » (JOUBERT.) — « Outre les sacrements, qui purifient l'âme en même temps qu'ils diminuent les souffrances du corps, la religion prescrit l'usage journalier de la prière, comme un rempart puissant contre les attaques journalières des passions. Il n'est pas, en effet, de moyen plus propre à dissiper ces dangereux ennemis de notre repos que cette fréquente communication de l'homme avec son Créateur. » (D' DESCURET.)

[2] « Si vous tenez à la santé, soyez bon; si vous voulez être bon, soyez sage; si vous tenez à la sagesse, soyez pur et soyez pieux. » (BLACKIE, *Éducation de soi-même*.)

Il est en notre pouvoir de veiller sur nous, d'empêcher les passions de naître et de les détruire, si elles sont nées. Bossuet indique ainsi les moyens préventifs : « Où les sages réflexions sont d'un grand effet, dit-il, c'est à prévenir les passions. Il faut donc nourrir son esprit de considérations sensées et lui donner de bonne heure des attachements honnêtes, afin que les objets des passions trouvent la place déjà prise. »

Il n'y a pas à raisonner avec elles : les passions ne raisonnent pas ; elles sont violentes, aveugles, intraitables ; leur caractère propre est de n'admettre aucune loi, de troubler, de déconcerter la raison et d'étouffer la conscience. « Il n'est plus temps, dit encore Bossuet, d'opposer des raisons à une passion déjà émue ; car, en raisonnant sur la passion, même pour l'attaquer, on en imprime plus fortement les traces. Il faut calmer la passion par une espèce de diversion et se jeter, pour ainsi dire, à côté, plutôt que de combattre de front. »

Ville qui parlemente est à moitié rendue, dit le proverbe. — « C'est risquer beaucoup que de donner audience à la passion, même assouvie, même vaincue, » dit L. Veuillot. — « Vous ne convaincrez jamais ni la chair ni l'orgueil : l'homme ne convainc pas l'animal ; il le châtie et le dompte. Entre vos sens périssables et votre âme immortelle, il n'y a point de langage ; il y a l'ascendant de l'homme sur la bête, la supériorité de l'esprit sur la matière. Fortifiez votre esprit par la prière, puis ordonnez, ne raisonnez pas. Il est dit au livre de l'Imitation : « Soyez pur un seul jour, le soir même vous verrez Dieu. » (ID.)

« Dans leur premier degré, les passions demandent ; au second, elles exigent ; au troisième, elles contraignent. » (DESCURET.) La morale consiste à maintenir la raison au-dessus des inclinations et des passions. « Les trois termes du mystère de la vie, dit Lacordaire, sont le but, qui est la félicité et la perfection en Dieu ; l'obstacle, qui sont les passions ; la vertu, qui est le moyen de les surmonter, et en même temps la récompense de l'empire que l'on a pris sur elles. »

TABLEAU ANALYTIQUE

(Voir 5ᵉ leçon de *Psychologie*, la définition, l'origine, la division des passions.)

Passion, vice. — Le vice naît des passions. C'est le triomphe des forces aveugles sur la personnalité libre, comme la vertu est le triomphe de la raison et de la liberté sur ces mêmes forces.

Hypocrisie des passions. — « Toutes les passions sont menteuses ; elles se déguisent autant qu'elles peuvent aux yeux des autres ; elles se cachent à elles-mêmes : il n'y a point de vice qui n'ait une fausse ressemblance avec une vertu et qui ne s'en aide. » (LA BRUYÈRE.)

Exemple : la peur prend le nom de prudence ; l'afféterie, celui de politesse, etc. D'ordinaire, on pardonne volontiers aux autres les défauts où l'on tombe soi-même ; on finit par les ériger en vertus.

Moyens de se préserver des passions et de les combattre. — Les principaux moyens de se préserver des passions sont :

La garde des sens et la vigilance ; la fuite du mal ; le travail ; l'examen de conscience journalier ; la crainte de Dieu ; la piété ; le dévouement et le sacrifice.

Remarque. — On regarde généralement les passions comme mauvaises en elles-mêmes ; on a vu en *Psychologie* (5ᵉ leçon) ce qu'il faut penser de cette opinion. — Ce qui est mauvais, c'est l'abus, la déviation ; alors, non seulement elles ne sont point naturelles, mais elles ruinent la nature. Leurs désastreux effets sont constatés par la médecine, l'économie politique, l'histoire, aussi bien que par la morale.

— Souvenons-nous qu'il est en notre pouvoir de veiller sur nous, d'empêcher les passions de naître ou de dévier, et de les détruire, si elles sont nées ; on a indiqué plus haut les moyens. Une précaution indispensable, c'est de ne pas raisonner avec elles : elles sont violentes, aveugles, intraitables ; elles déconcertent la raison et étouffent la conscience.

8º LEÇON

VERTUS MORALES : PRUDENCE, FORCE, TEMPÉRANCE, JUSTICE

Division des vertus morales. — La vertu est une dans son principe : science du bien et amour du devoir, force morale constante. Mais elle se présente sous divers aspects, et on lui donne divers noms, suivant le point de vue où on la considère.

Les anciens distinguaient quatre vertus morales principales, qui ne sont que les aspects divers de la vertu : la *prudence*, la *force*, la *tempérance* et la *justice*. Ils les appelaient cardinales (*cardo*, gond), parce que sur elles s'appuient toutes les autres vertus morales ; elles forment comme le pendant des péchés capitaux. Développées de concert, elles suffisent à régler la conduite et constituent la perfection morale de l'homme dans l'ordre naturel.

I. — PRUDENCE

Définition. — La prudence (lat. *prudentia*, de *prudens*, contracté de *providens*; celui qui prévoit et pourvoit) est une *vertu qui nous fait reconnaître et choisir les meilleurs moyens d'éviter le mal et de pratiquer le bien*, c'est-à-dire de rester fidèles à la loi et d'atteindre notre fin.

On comprend que la prudence est la règle des autres vertus morales ; que la justice, la force, la tempérance, doivent être éclairées et guidées par elle. La force, par exemple, ne consiste pas à ne rien craindre et à tout entreprendre, mais à craindre avec prudence et à oser sans témérité.

Il y a d'ailleurs solidarité entre les vertus morales : on ne possède l'une que si l'on ne manque d'aucune : « La justice n'est pas la justice, dit saint François de Sales, si elle n'est pas prudente, forte et tempérante, » et ainsi des autres ; mais une vertu peut être plus grande que l'autre dans le même homme[1].

---

[1] La Fontaine a dit (liv. VIII, xxv) :
>Les vertus devraient être sœurs,
>Ainsi que les vices sont frères ;
>Dès que l'un de ceux-ci s'empare de nos cœurs,
>Tous viennent à la file; il ne s'en manque guères :
>J'entends de ceux qui, n'étant pas contraires,
>Peuvent loger sous même toit.

Le *vœu* de la Fontaine est une réalité : les vertus sont sœurs; mais les vices naissent presque tout seuls, tandis que les vertus, il faut les aider.

Ce qui constitue la prudence. — La prudence implique : la *mémoire des leçons du passé*[1] ; l'*intelligence* du présent ; la *docilité*, qui sollicite et accepte avec discernement les lumières d'autrui ; le *raisonnement*, qui se sert des connaissances acquises pour en acquérir de nouvelles ; la *prévoyance*, qui ne se laisse pas surprendre par le temps ; la *circonspection* (lat. *circum*, autour ; *spicere*, regarder), la *précaution* (lat. *præ*, en avant ; *cautio*, garde), qui se mettent en garde contre les circonstances, les occasions, les dangers.

Prudence chrétienne, prudence épicurienne. — La prudence chrétienne nous apprend à discerner ce qui conduit à Dieu de ce qui en éloigne et nous fait préférer l'un à l'autre. Elle s'inspire de la foi, des maximes de l'Évangile, par exemple : *Que sert à l'homme de gagner l'univers, s'il vient à perdre son âme ? — Si votre œil droit vous est une occasion de péché, arrachez-le et jetez-le loin de vous. — Cherchez le royaume de Dieu et sa justice, et vous aurez le reste par surcroît. — Soyez parfaits,* etc. ; *Soyez prêts,* etc. »

La prudence épicurienne ou utilitaire, qui s'inspire de motifs égoïstes et non du motif du devoir, qui cherche non à éviter le mal et à faire le bien, mais à assurer son plaisir ou son intérêt, n'est pas une vertu morale. La vertu morale de prudence ne s'applique, à proprement parler, qu'au bien moral ; elle dirige une volonté qui a fait un pacte avec le devoir.

« Dans le style de l'Écriture sainte, prudence mondaine, prudence de la chair, prudence du siècle, veut dire habileté dans la conduite lorsqu'elle ne regarde que les choses du monde et qu'elle n'a point de rapport à celles du ciel, par opposition à la prudence chrétienne, qui nous apprend à discerner ce qui conduit à Dieu de ce qui en éloigne et nous fait préférer l'un à l'autre. » (*Dictionnaire de l'Académie.*)

II. — FORCE

Définition. — La force, que l'on appelle aussi *courage* ou *grandeur d'âme*, *nous fait surmonter énergiquement et constamment les obstacles qui s'opposent à la réalisation du bien, de l'ordre, à l'accomplissement de la loi.*

« La force, c'est la vertu qui fait les héros, c'est la racine la plus vigoureuse du sublime. » (LACORDAIRE.) *Courage* dérive de *cœur* : c'est la manifestation de la noblesse et de la force des sentiments du cœur. Les stoïciens ont défini la force : la vertu armée pour l'équité, c'est-à-dire pour la justice.

Vraie notion. — La force n'est, au fond, que le pouvoir de réaliser l'ordre, d'accomplir la loi ; en dehors de l'ordre et de la loi, la force ne se conçoit plus. S'écarter de la loi, sortir de l'ordre, c'est dévier, c'est déchoir, c'est manquer de force. Rester dans la loi, dans l'ordre, accomplir la loi, réaliser l'ordre, c'est faire preuve de force.

On se laisse aller, on tombe dans la colère. On se possède, on est maître de soi dans le calme, dans la modération. La véritable modération est force : c'est la force réglée, ordonnée. Mais il n'y a de force que celle-là, puisque la force déréglée, désordonnée, est une déviation, une déchéance, un manque de force.

---

[1] « La sage conduite roule sur deux pivots : le passé et l'avenir. » (LA BRUYÈRE.) — Nous ne pouvons toujours nous diriger d'après des principes absolus et nécessaires, et nous sommes obligés de nous en tenir à des probabilités, c'est-à-dire à ce qui arrive le plus souvent ; à cet égard, l'expérience et le temps, qui accumulent les exemples et les souvenirs, sont nos maîtres.

Évidemment on ne dévie, on ne déchoit, on ne tombe que par manque de force. La véritable modération repousse toujours invinciblement, et par le fait même qu'elle est force, l'erreur, le mal, le désordre, l'injustice. Un homme indifférent à la vérité ou à l'erreur, au bien ou au mal, à l'ordre ou au désordre, à la justice ou à l'injustice, n'est pas un homme modéré : il n'a plus de règle, plus de critérium; en perdant la notion du vrai, du bien, de la loi, il a perdu la notion même de la force; son indifférence est une abdication, une lâcheté.

Il y a, dans les passions et dans les sentiments, comme dans l'exercice de toute puissance, deux modes d'action que l'on confond trop souvent, et qu'il convient pourtant de distinguer avec soin : *l'énergie* ou la *force* et la *violence*. La force, c'est la puissance maîtresse d'elle-même, qui se dépense avec une intensité d'action mesurée sur l'obstacle ou sur la résistance; la violence, c'est la puissance qui surabonde sans raison, qui dépasse la mesure, qui s'emporte et s'épuise. Les hommes violents se croient forts, parce qu'ils appliquent les principes avec la brutalité implacable d'une machine sourde et aveugle. Ils ne savent pas comprendre que les principes, en se combinant, se modifient. Ce qui leur manque, c'est le *sens de la vie*, dont la trame complexe ne se déroule point avec la rigueur d'un syllogisme, mais obéit à des mobiles très divers, dont il faut tenir le plus grand compte, lorsqu'on a la prétention de la diriger.

Noms divers de la force. — La *patience*, qui endure, qui ne recule jamais; la *persévérance*, qui avance toujours; la *résignation*, qui ne se laisse pas abattre par les échecs; la *magnanimité*, qui conçoit et exécute de grandes choses; l'*héroïsme*, qui accomplit les plus grands sacrifices, même celui de la vie, sont des noms divers de la force.

La *confiance*, la *constance*, le *caractère*, sont encore des noms de la force, ou plutôt des formes de cette vertu sur lesquelles il est bon que l'attention soit appelée.

La *confiance* est une conviction qui n'admet aucun doute ou qui n'en tient nul compte, une foi inébranlable dans une cause juste, que l'on embrasse et que l'on fait sienne. Celui qui se prend à douter est à demi vaincu; si l'esprit hésite, le cœur n'est pas loin de faiblir. (Voir *Psychologie*, p. 93.)

La *constance* est l'énergie employée à l'achèvement de ce qui a été commencé. Être constant, vivre d'une manière conséquente, c'est avoir des principes et s'y tenir, c'est vouloir jusqu'au bout ce qu'on veut, ou, suivant un ancien, vouloir et ne vouloir pas toujours mêmes choses. « Je ne daignerais ajouter, dit Montaigne, qui le cite : Pourvu que la volonté soit juste; car, si elle n'est pas juste, il est impossible qu'elle soit toujours une. » — « Les esprits faux changent souvent de maximes, » a dit la Rochefoucauld, donnant à entendre que les esprits justes n'en changent pas; de même les volontés justes peuvent seules être constantes; les volontés injustes sont le jouet des passions changeantes.

La force morale a deux causes : une *idée* nette et arrêtée, un *sentiment* énergique et subordonné à l'idée; l'idée est la lumière qui montre le but et la voie, le sentiment est l'impulsion qui met en mouvement. La force est en raison directe de l'action combinée de ces deux causes.

L'homme chez lequel cette action combinée de la raison et du cœur a le plus de puissance, c'est l'*homme de caractère*, l'homme d'une volonté forte et suivie, allant au but avec courage, malgré les épreuves, les dangers, les passions. « Le caractère, qui n'est que la force de la volonté, tient à la force de la raison, et la force de celle-ci tient à la ferme vue des principes de la vie humaine. » (LACORDAIRE.) — « Qui n'est pas maître de ses passions, dit Bossuet, n'a rien de fort; car il est faible dq, s le principe. »

REMARQUE. — Avoir tel ou tel caractère signifie avoir tel naturel, telles aptitudes, telles inclinations ou habitudes; avoir du caractère ou être un homme de caractère, veut dire posséder cette force de volonté, cet empire sur soi-même qui fait résister aux tentations et rester fidèle à une ligne de conduite choisie.

Toute vertu est force ou courage[1]. — C'est cette idée qui a inspiré à Silvio Pellico le passage suivant des *Devoirs des hommes* :

« Toujours courage ! Sans cette condition, il n'y a pas de vertu. Courage pour vaincre ton égoïsme et devenir bienfaisant (*charité*); courage pour vaincre la paresse et poursuivre toutes les études honorables (*activité, diligence*); courage pour défendre ta patrie et protéger ton semblable dans toutes les circonstances (*dévouement, magnanimité, héroïsme*); courage pour résister au mauvais exemple et à l'injuste dérision (*indépendance de caractère*); courage pour souffrir les maladies, les peines, les angoisses de tout genre, sans te lamenter lâchement (*patience, résignation*); courage pour aspirer à une perfection à laquelle on ne peut atteindre sur la terre, mais à laquelle néanmoins il faut aspirer, selon la sublime parole de l'Évangile, si nous ne voulons pas perdre toute noblesse d'âme (*persévérance*). »

Force chrétienne. — La force chrétienne, c'est la force morale aidée de la grâce. « Je puis tout en Celui qui me fortifie. » (SAINT PAUL.)

III. — TEMPÉRANCE

Définition. — La tempérance est une *vertu qui règle et modère, selon la droite raison, les passions, les désirs, les jouissances spirituelles et corporelles.*

« La tempérance, dit Bossuet, nous enseigne à être modérés en tout, principalement en ce qui regarde les plaisirs des sens. » D'après son étymologie latine, le mot tempérance signifie : état de l'âme bien équilibrée. C'est ce sens large qui est le vrai, et non celui trop restreint du langage vulgaire, où le mot tempérance désigne seulement la mesure dans le boire et dans le manger.

---

[1] On fait cependant du courage une vertu spéciale, entendue tantôt dans un sens strict : intrépidité, possession de soi-même en face du danger; tantôt dans un sens large : énergie, force d'âme dans le malheur, dans la douleur et la misère.

Vraie notion. — Le juste équilibre de l'âme, c'est-à-dire la subordination et l'exercice ordonné de ses forces, voilà donc ce qu'est la tempérance.

Être tempérant, ce n'est pas être insensible, mou, inerte, mais garder le contrôle et l'empire sur tous les mouvements de la sensibilité, sur les appétits, les inclinations, les passions. *La tempérance, c'est la sagesse appliquée spécialement au gouvernement de la sensibilité, soit physique, soit morale;* elle n'exclut pas la vivacité des sentiments, l'enthousiasme, les justes indignations; ce qu'elle exclut, c'est l'excès en tout¹ : rien de trop est sa maxime. La sensibilité peut être vive sans être déréglée, ou plutôt elle ne demeure vive et forte qu'en restant réglée. C'est dans la modération, dans la tempérance, dans la juste mesure qu'est la force. « Modération, dit saint Augustin, vient de *modus*, mesure; tempérance, de *temperies*, juste tempérament, juste mesure. Là où se trouve la mesure ou modération, le juste tempérament, il n'y a rien de plus ni de moins, et c'est ce qui s'appelle plénitude (force), par opposition à indigence ou manque. L'excès, comme le trop peu, est un manque : là où il y a plus que ce qu'il faut, on sent le besoin, le manque d'une mesure. »

Effets de la tempérance. — « On attribue à la tempérance la tranquillité de l'âme, quoiqu'elle appartienne généralement à toutes les vertus : c'est que la tempérance réprime les passions les plus fougueuses et les plus fécondes en dissensions. C'est aussi à la tempérance qu'on attribue la beauté, soit morale, soit physique. La beauté consiste dans la proportion et l'harmonie entre les différentes parties d'un tout; la tempérance, mettant une juste harmonie entre le corps et l'âme, embellit l'homme tout entier. D'où vient la laideur de l'homme ? Des penchants de sa nature animale, qui flétrissent son corps et son âme. La tempérance revêt l'âme de la beauté des anges, et la splendeur qu'elle y répand rayonne sur le corps. » (SAINT THOMAS.)

« Les beaux sentiments embellissent. Voyez, par exemple, l'expression et l'admirable disposition que donnent au visage humain la pudeur, le respect, la piété, la compassion et l'innocence. » (JOUBERT.)

IV. — JUSTICE

Définition. — Justice vient du latin *justitia*, de *justus*, juste. Juste veut dire : qui est exact, qui s'ajuste bien, qui s'accorde, qui convient, qui est tel qu'il doit être, qui est conforme à, qui cadre avec.

La *justice* consiste dans une *volonté ferme et constante de garder la loi, de respecter tous les droits et d'accomplir tous les*

---

1 Où il y a excès, il y a un mouvement désordonné, des énergies, des impulsions dont on n'est pas maître, mais qu'on pourrait et devrait moraliser. C'est ce qu'entend saint Augustin, quand il dit que « les vices indiquent quelquefois les vertus dont on serait capable ». Le prodigue, par exemple, pourrait être généreux, et l'avare, économe; le violent pourrait être fort; l'opiniâtre, ferme; le fanatique, dévoué; le rusé, prudent; l'ambitieux, zélé pour la gloire de Dieu, etc. Que leur manque-t-il ? La règle, la mesure, la force ordonnée, c'est-à-dire dirigée par une volonté raisonnable. Un champ abandonné nourrit en abondance des herbes inutiles ou nuisibles; que lui faudrait-il pour produire d'excellent froment ? La culture, c'est-à-dire l'exercice ordonné de ses énergies.

devoirs. « La justice, dit saint Augustin, dépend de la volonté : la vouloir sincèrement, c'est la posséder. »

Ainsi entendue, la justice, comme on l'a dit, comprend en elle toutes les vertus ; c'est la droiture, la rectitude[1] morale, la conformité parfaite avec la règle, avec la loi, c'est-à-dire le respect de tous les droits et l'accomplissement de tous les devoirs ; en un mot, c'est la vertu même. L'homme juste, en effet, se conforme à la loi relativement à Dieu : il est religieux ; relativement à ses semblables : il est honnête et bienfaisant ; relativement à lui-même : il établit et maintient l'ordre dans son âme et dans son corps. « La vertu, dit Lacordaire, est ici-bas le prix et le terme du combat contre les passions. Elle est le règne de la justice dans l'âme, sa conformité acquise et constante à la nature divine. »

La Bruyère a défini la justice : *conformité à une souveraine raison*, et Vauvenargues : *équité pratique*. Ces deux définitions sont équivalentes. La souveraine raison, c'est la loi éternelle, la sagesse de Dieu. L'équité pratique, c'est la conformité à cette loi. Équité signifie justice naturelle, par opposition à justice légale. Cette règle ou loi naturelle, reposant sur la conscience et la raison, est au-dessus des règles de convention et des lois établies par les hommes.

Ce qui est légal, c'est-à-dire conforme aux lois humaines positives, n'est juste, légitime, équitable, que si ces lois sont conformes à la justice naturelle. « Nous portons en nous-mêmes, dit Bossuet, et la loi de l'équité naturelle et la loi de la justice chrétienne. » C'est d'après ces lois d'origine divine qu'il faut juger les lois humaines positives.

Comme on le voit par ce qui précède, le mot justice a deux sens, tous deux en usage dans la langue : un sens ancien, très large, et un sens moderne, restreint. Dans le sens ancien, la justice est la rectitude morale ; dans le sens moderne, la justice est le respect des droits d'autrui. L'expression d'*honnête homme* a aussi deux sens, mais c'est dans le sens moderne qu'on l'emploie ordinairement aujourd'hui.

REMARQUE. — « Justice signifie encore la rectitude que Dieu met dans l'âme par sa grâce. » (*Dict. de l'Acad.*) — C'est la justice surnaturelle. « Il se prend, dans le style de l'Écriture, pour l'observation exacte des devoirs de la religion » (id.) ; des devoirs que la religion nous prescrit envers Dieu, envers le prochain et envers nous-mêmes ; en un mot, pour toutes les vertus qui constituent la sainteté chrétienne. En ce sens, juste s'oppose à pécheur. Pour faire l'éloge des saints, il suffit de leur attribuer une justice éminente. Joseph, dit l'Écriture, était un homme juste. Le Messie est appelé le Juste : il est la justice même, la justice absolue.

« Dans la langue chrétienne, dit Lacordaire, la charité est synonyme de la justice, et la justice synonyme de la charité. » Jésus-Christ résume toute la loi, tantôt dans la justice : « Si votre justice n'est pas plus parfaite que celle des scribes et des pharisiens, vous n'entrerez pas dans le royaume des cieux ; » tantôt dans la charité : « Vous aimerez le Seigneur votre Dieu de tout votre cœur, de tout votre esprit, de toutes vos forces, » voilà le premier et le plus grand commandement ; mais le second lui est semblable : « Vous aimerez votre prochain

---

[1] Rectitude, qualité de ce qui est droit et non courbe ; conformité à la loi, à la raison, au devoir.

Droiture et rectitude. — « Ces deux mots ont une étymologie équivalente (*directus, rectus*), droit, bien réglé, bien ordonné. Droiture regarde proprement l'âme, le cœur, pour marquer la probité, la bonne foi, des vues honnêtes et pures. Rectitude a un sens plus étendu ; il se dit non seulement d'un cœur honnête, mais d'un bon esprit. » (LITTRÉ.)

comme vous-même. » C'est en cela qu'est renfermée toute la loi et les prophètes.

Le sermon de Notre-Seigneur sur la montagne (S. Matth. v, vi, vii), qui est le résumé de la morale évangélique, contient en abrégé la formule absolue, universelle, de la justice naturelle ou surnaturelle, considérée soit dans le sens large, soit dans le sens restreint.

Sens large : Tout ce que vous voulez que les hommes fassent pour vous, faites-le pour eux. — « Bienheureux ceux qui ont faim et soif de la justice, parce qu'ils seront rassasiés. » — « Bienheureux ceux qui souffrent persécution pour la justice, parce que le royaume du ciel est à eux. » — « Cherchez d'abord le royaume de Dieu et sa justice, vous aurez tout le reste par surcroît. »

Sens restreint : Ne pas faire aux autres ce que nous ne voulons pas qu'ils nous fassent. — Non seulement ne pas tuer, mais ne pas insulter. — Ne pas se contenter d'éviter le parjure, éviter toute parole fausse, etc.

V. — RAPPORTS DES VERTUS CARDINALES AVEC NOS FACULTÉS ET AVEC LA DIVISION DES DEVOIRS

Vertus cardinales, d'après Platon. — Après avoir distingué, dans l'homme, l'esprit, le cœur et les sens, Platon assigne à chacun de ces éléments une vertu particulière : pour l'esprit, la *prudence*, la sagesse ou la science dans ce qu'elle a de plus élevé, c'est-à-dire la science du bien ; pour le cœur (volonté ou sensibilité morale), la *force* et le courage, qui établit et conserve l'accord entre la raison et la volonté et fait surmonter tous les obstacles, soit dans la bonne, soit dans la mauvaise fortune ; pour les sens, la modération ou la *tempérance*, qui les maintient sous la discipline du devoir et ne leur accorde que ce qui est utile ou nécessaire.

Du mélange de ces trois vertus naît, selon Platon, une quatrième vertu, la *justice*, qui est l'ordre même dans son acception la plus haute, c'est-à-dire la perfection.

Les vertus cardinales et nos facultés. — La prudence se rapporte surtout à l'intelligence ; la force, à la volonté ; la tempérance, à la sensibilité.

Par la prudence, la force et la tempérance, on demeure dans la justice, qui ne se rapporte spécialement à aucune des trois facultés, mais qui, étant l'habitude de la rectitude morale, exige l'emploi légitime de toutes nos facultés et nous fait rendre constamment à Dieu, à nous-mêmes et à nos semblables, ce qui est dû.

Division des devoirs chez les anciens et chez les modernes. — Les anciens faisaient rentrer tous les devoirs dans les quatre vertus cardinales[1] ; c'était leur division des devoirs, division *sub-*

---

[1] On dirait que l'antiquité avait un culte pour le nombre de quatre et que les quatre vertus étaient destinées à compléter le système des quatre éléments (eau, air, feu, terre).

jective, c'est-à-dire relative au sujet du devoir. Cette division est moins nette, moins précise que celle des modernes, qui est *objective*, c'est-à-dire relative à l'objet du devoir : Dieu, nous-mêmes, nos semblables. Celle-ci est tirée de l'Évangile ; aimez Dieu par-dessus tout et votre prochain comme vous-même, pour l'amour de Dieu.

VI. — VERTUS NATURELLES ET VERTUS SURNATURELLES

Au-dessus des vertus morales, que l'on appelle aussi *naturelles*, parce qu'elles naissent du développement normal des forces de la nature humaine, c'est-à-dire du bon usage de la raison et de la volonté, se placent les vertus *théologales :* celles-là appartiennent à l'ordre moral naturel, mais peuvent se surnaturaliser par l'intention (*motif de foi*) qui fait agir ; celles-ci appartiennent à l'ordre surnaturel et se rapportent directement à Dieu, comme auteur et fin de cet ordre.

Il y a trois vertus théologales : la *foi*, qui nous fait croire en Dieu et à toutes les vérités qu'il a révélées ; l'*espérance*, qui nous fait attendre de lui les secours nécessaires pour le posséder ; la *charité*, qui nous le fait aimer et aimer le prochain pour l'amour de lui. — « Aristote paraît les avoir soupçonnées en parlant des vertus héroïques et des instincts divins. » (E. BLANC)[1].

Non seulement Dieu nous permettra éternellement, au ciel, de le voir comme il se voit, de l'aimer comme il s'aime, de le posséder comme il se possède ; mais, dès ici-bas, il nous communique sa nature intime, en nous faisant participer, par la foi, par l'espérance, par la charité, à cette connaissance, à cet amour, à cette possession de lui-même qui constituent sa vie propre. Par là, il ne détruit pas notre nature, mais il l'élève au-dessus d'elle-même et lui donne une vie toute divine. C'est la grâce sanctifiante (ou justifiante) qui opère en nous cette merveille ; la sève divine qu'elle répand dans nos âmes transforme, perfectionne, agrandit nos facultés jusqu'à les déifier.

Les vertus *naturelles*, ou dispositions de l'âme à bien exercer ses facultés natives, ont pour *principe* les forces de la nature humaine ; pour *règle*, la raison ; pour *fin*, la destinée naturelle.

Les vertus *surnaturelles*, ou aptitudes surhumaines déposées par Dieu dans l'âme pour la rendre capable de faire des actes de vie surnaturelle, ont pour *principe* la grâce ; pour *règle*, la foi ; pour *fin*, la destinée surnaturelle : elles se greffent sur les vertus naturelles, les perfectionnent et en transforment le caractère. C'est avec nos facultés naturelles divinisées que nous accomplissons des actes surnaturels.

Les vertus morales sont donc naturelles ou surnaturelles, selon qu'elles proviennent des seules forces de la nature ou de la nature aidée de la grâce. Chez

---

des quatre âges du monde (d'or, d'argent, de bronze, de fer), des quatre âges de la vie humaine (enfance, adolescence, âge mûr, vieillesse), des quatre causes (efficiente, finale, matérielle, formelle), et des quatre premiers nombres (1, 2, 3, 4), qui, additionnés entre eux, forment 10, le nombre parfait. Il est certain qu'on aurait compté bien plus juste en admettant six vertus : la piété (devoirs envers Dieu), la justice, la bienfaisance ou charité (devoirs envers nos semblables), la prudence, la force et la tempérance (devoirs envers nous-mêmes).

[1] « Tous les grands hommes ont cru au surnaturel : Platon, Cicéron, Newton, Leibniz. La nature ne suffit pas aux grands esprits. Ils s'y trouvent à l'étroit. Ce monde, si vaste qu'il soit, est trop petit pour nous. » (OZANAM.)

le chrétien, elles deviennent surnaturelles et passent à l'état de vertus infuses (*germes de vertus qui, pour se développer, demandent la coopération de l'homme, la pratique, l'exercice*), dès le moment de la justification par le baptême.

Les vertus naturelles sont dites *acquises*, parce que la cause efficiente de leur formation est la répétition des mêmes actes. Les vertus surnaturelles sont dites *infuses*, parce que la cause efficiente, immédiate de leur formation et de leur accroissement est Dieu, qui les dépose et les développe surnaturellement dans l'âme, et non les actes mêmes de ces vertus, qui peuvent mériter et non produire cette formation et cet accroissement.

Dieu est à la fois la fin naturelle et la fin surnaturelle de l'homme : l'homme est créé pour connaître, aimer et servir Dieu. On peut connaître, aimer et servir Dieu naturellement ou surnaturellement.

L'ordre naturel et l'ordre surnaturel, la raison et la foi, la volonté et la grâce, existent simultanément et doivent être distingués, non séparés : l'ordre surnaturel implique l'ordre naturel ; la foi, la raison ; la grâce, la volonté. De même que, sans la raison et la volonté, il n'y a point d'acte de la vie morale naturelle; de même, sans la foi et la grâce, il n'y a point d'acte de la vie morale surnaturelle.

La morale naturelle, révélée ou non, ne nous suffit point, parce qu'elle ne nous conduit pas à la fin surnaturelle à laquelle nous sommes destinés. L'homme ayant été créé pour une fin surnaturelle, il ne lui est pas permis de s'arrêter à la morale ou religion naturelle, et il doit tendre par tous les moyens, naturels et surnaturels, à sa fin surnaturelle[1]. D'autre part, la morale surnaturelle ne nous dispense pas de la morale naturelle, parce que l'ordre surnaturel implique l'ordre naturel, auquel il s'ajoute et qu'il perfectionne. La morale naturelle et la morale surnaturelle sont donc l'une et l'autre obligatoires ; ce sont deux degrés d'une seule morale, la morale révélée, qu'on appelle encore morale chrétienne, évangélique, catholique.

Les vertus cardinales, telles qu'on les a définies et caractérisées plus haut, appartiennent à l'ordre moral naturel et constituent l'honnêteté naturelle. Cette honnêteté est sans doute digne de tous nos respects ; mais elle ne suffit pas. L'homme a été créé pour une fin surnaturelle, et sa vie doit être ordonnée vers cette fin. L'homme vraiment ordonné, c'est l'homme configuré (*rendu semblable*) à l'Homme-Dieu, l'homme surnaturalisé, le chrétien, c'est-à-dire le disciple de Jésus-Christ.

Il faut donc à l'homme des vertus chrétiennes ; il lui faut la prudence, la force, la tempérance, la justice, non pas seulement naturelles ou humaines, mais surnaturelles, c'est-à-dire humaines et divines à la fois. Il faut à l'homme une raison chrétienne : une raison unie à la foi ; une volonté chrétienne : une énergie surnaturelle ajoutée à sa propre énergie ; une vie chrétienne : une vie humaine et divine tout ensemble, dont le type est Jésus-Christ. La fin de l'homme étant surnaturelle, la foi doit être la première inspiratrice de ses actions. « Le juste, » c'est-à-dire le véritable chrétien, « vit de la foi. » (S. Paul.)

---

[1] « Depuis la venue du Christ, la moralité humaine a fait un pas dont les incrédules eux-mêmes sont forcés de tenir compte. Un nouvel idéal a été trouvé et proposé aux hommes. Ceux qui le nient en portent la peine. Quiconque a méconnu Jésus-Christ, regardez-y bien, dans l'esprit ou dans le cœur, il lui a manqué quelque chose. » (Sainte-Beuve.)

NOTES COMPLÉMENTAIRES

Application littéraire de la notion de tempérance. — « Vous me demandez ce que c'est que le goût? C'est le respect pour la langue, le respect pour la raison, le respect pour le lecteur, le respect pour soi-même. C'est tout cela, et s'il fallait le définir d'un mot, je dirais : c'est la *tempérance*.

« La tempérance règle l'imagination, discipline la force, empêche l'enthousiasme de se séparer du bon sens qu'il fait resplendir. Comme au delà du courage il y a la témérité, au delà de la force la violence, au delà de l'ardeur la frénésie; de même, dans les œuvres de l'esprit, au delà des limites assez larges de la tempérance il y a le pathos, le burlesque, l'extravagant, l'inintelligible, et au bout de tout le sifflet.

« Qui ne sait se borner ne sut jamais écrire. Mettre la borne, choisir, élaguer ce qui serait de trop, c'est le rôle de la tempérance. Elle a le secret de l'ordre et de la proportion; elle sent que des beautés qui fatiguent ne sont plus des beautés, que des lumières mal placées et trop abondantes empêchent de voir : elle sait ce qu'il faut dire, ce qu'il faut laisser deviner, ce qu'il faut taire ; elle sait disposer les contrastes pour éveiller l'esprit sans le choquer, et lorsqu'elle veut donner le choc, elle empêche qu'il ne soit blessant. » (Louis Veuillot.) — Ces idées développent, au point de vue littéraire, le proverbe : Qui se contient, s'accroît.

Pensées sur la force. — « L'homme de courage, l'homme de cœur, est celui qui brave le péril, qui va au feu des batailles, qui affronte le feu des séditions, qui dompte le feu des tentations, qui méprise tous les dangers, et les provoque tous et les surmonte tous pour faire son devoir.

« L'homme persévérant, assuré de marcher vers le grand et le juste, ne se laisse arrêter par aucun obstacle. Plutôt que de reculer, il se couche aux pieds de l'infranchissable; il y meurt. Il servira de marchepied à ceux qui viendront ensuite ; par un escalier de cadavres, l'obstacle sera franchi. Ainsi les martyrs s'entassèrent, ils comblèrent les abîmes, et le genre humain put aller à Dieu. » (L. Veuillot.)

« Le mépris de la mort, voilà le principe de la force morale. Tant que la conviction de la justice ne va pas jusque-là, tant qu'on craint de mourir, comme si mourir était autre chose que vivre et atteindre Dieu, il n'y a rien à espérer de l'homme dans les grandes occasions. » (Lacordaire.)

Sur la patience. — « La patience soutient l'épreuve et ne cède pas devant l'obstacle ; elle a de la longanimité et sait temporiser; elle n'ignore pas que le temps ne consacre que ce qu'il a servi à édifier. — Les passions ont le droit d'être impatientes : elles veulent jouir; elles n'espèrent pas de continuation à leurs œuvres. Les principes sont patients, parce qu'ils sont éternels. » (Ozanam.) Saint Vincent de Paul a dit avec un grand sens : « Rien n'est plus commun que le mauvais succès des affaires précipitées. » Par la patience vous posséderez votre âme, dit l'Écriture, c'est-à-dire que vous serez maître de vous, et encore : « L'homme patient vaincra plus aisément que l'homme impétueux, et celui qui dompte son âme l'emportera sur le preneur de citadelles. »

Sur la constance. — « L'injustice est toujours faible, parce qu'elle n'est jamais d'accord avec elle-même et ne peut unir sa force. » (Platon, *République*.)

« Ce que peut la vertu d'un homme ne doit pas se mesurer par ses efforts, mais par son ordinaire. » (Pascal.) — L'ordinaire de la vertu, c'est la constance.

« Un homme inégal n'est pas un seul homme, ce sont plusieurs : il se multiplie autant de fois qu'il a de nouveaux goûts et de manières différentes; il est à chaque instant ce qu'il n'était point, et il va être bientôt ce qu'il n'a jamais été : il se succède à lui-même. Ne demandez pas de quelle complexion il est, mais quelles sont ses complexions; ni de quelle humeur, mais combien il a de sortes d'humeurs. » (La Bruyère.)

Sur le caractère. — « Je voudrais qu'on offrît aux hommes, dans la fermeté de volonté, un moyen de vertu, mais non pas un moyen de succès, et qu'on leur dît : Avec une volonté forte et bien réglée, tu établiras l'ordre en toi, chez toi, autour de toi; mais non pas : Si tu as assez de volonté, tu seras maitre du monde. Il serait temps qu'ils comprissent que, pour le bonheur et le véritable succès, l'important n'est pas de vouloir *fort*, mais de vouloir *juste*. » (JOUBERT.)

« Nous avons plus de force que de volonté, et c'est souvent pour nous excuser que nous nous imaginons que les choses sont impossibles. — Rien n'est impossible : il y a des voies qui conduisent à toutes choses, et, si nous avions assez de volonté, nous aurions toujours assez de moyens. » (LA ROCHEFOUCAULD.) « En ce monde, la force de la volonté est le premier élément de succès; les autres dons se gaspillent facilement. » (KELLER.)

« Méditez le chemin que vous devez tenir, et vos démarches seront fermes. » (*Proverbes*.)

« Personne n'a plus de caractère dans ce temps, et pour une bonne raison: c'est que des deux éléments dont le caractère se compose, une volonté ferme et des principes arrêtés, le second manque et rend le premier inutile. » (JOUFFROY.)

« L'incertitude des idées rend le cœur irrésolu. » (JOUBERT.) « Le bien croire est le fondement du bien faire. » (BOSSUET.) — « Ce sont les principes qui fortifient, parce qu'ils éclairent. » (LACORDAIRE.) « Les hommes ne sont inconséquents dans leurs actions que parce qu'ils sont inconstants ou vacillants dans leurs principes. » (DUCLOS.) « Ce sont les fortes doctrines qui font les grands courages. Si les âmes ont, de nos jours, si peu d'élan, si les volontés fléchissent et capitulent aussi aisément, n'est-ce pas parce que, chez un grand nombre, les doctrines sont timides et flottantes ? » (CH. PÉRIN.) « Nous sommes aussi fiers d'une bonne résolution que d'une bonne action, et cependant quelle distance de l'une à l'autre ! » (VESSIOT.)

« Sans principes assurés, point de résolutions vigoureuses. Comme l'action n'égale pas toujours la résolution, la résolution n'égale pas toujours le principe; c'est-à-dire que la volonté se traîne parfois bien loin en arrière de l'esprit, mais elle ne le dépasse jamais ; jamais la résolution n'est plus ferme que le principe n'est assuré. » (P. LONGHAYE.)

— « La faiblesse est dans les intelligences plus encore que dans les volontés et les caractères; ou plutôt les volontés sont sans force, les caractères sans décision, parce que les intelligences sont sans lumière, sans conviction. Les desseins sont mous, les résolutions sont incertaines, parce que l'esprit qui les conçoit n'a pas de vue nette et arrêtée. » (Cardinal PIE.)

Sur la nécessité des vertus surnaturelles. — « On ne peut pas se dispenser de vouloir qu'un enfant soit honnête homme; mais l'honnêteté doit servir de support aux vertus caractéristiques de la vie chrétienne. Dieu nous demande plus que l'honnêteté. Il veut que nous soyons des chrétiens : non seulement des chrétiens qui le connaissent et croient en lui, mais des chrétiens qui le servent *à la chrétienne*. — Ce n'est pas l'homme probe qui donne la mesure de la moralité de l'Eglise, c'est le saint. » (P. MONSABRÉ.)

« Il faut *voir* chrétiennement, *vouloir* chrétiennement, *vivre* chrétiennement. » — Lire le développement de ces idées dans les conférences du P. Monsabré, *Retraite pascale de 1883 : L'esprit chrétien, la liberté chrétienne, la vie chrétienne.* — Lire aussi, à la suite : *La paternité chrétienne*, où le savant dominicain établit que l'éducation des chrétiens doit être chrétienne; le baptême qu'ils ont reçu doit être le point de départ et la règle de leur éducation; le père chrétien doit vouloir que son enfant soit ce qu'il est lui-même, le fils de Dieu et le citoyen de l'éternité.

Le but essentiel de l'enseignement doit être de développer l'esprit chrétien. — C'est ce but que poursuivait Bossuet en faisant étudier au Dauphin, son élève, les classiques et les philosophes grecs et latins. « Nous marquions, dit-il, dans la doctrine admirable de Socrate, ce que la philosophie chrétienne y condamne, ce qu'elle y ajoute, ce qu'elle en approuve, avec quelle autorité elle en confirme les véritables règles, et combien elle s'élève au-dessus; en sorte qu'on fût obligé d'avouer que la philosophie, toute grave qu'elle paraît, comparée à la sagesse de l'Evangile, n'est qu'une pure enfance. »

TABLEAU ANALYTIQUE

LES VERTUS CARDINALES

Division des vertus morales.
La vertu est une dans son principe, mais on lui donne différents noms suivant le point de vue où on la considère.
Les anciens distinguaient quatre vertus morales principales : la prudence, la force, la tempérance et la justice.
Ils les appelaient *cardinales*, parce que c'est sur elles que s'appuient toutes les autres vertus morales.

I. La prudence.

Définition. — La prudence est une vertu qui nous fait reconnaître et choisir les meilleurs moyens de faire le bien et d'éviter le mal.
— La prudence est la règle de toutes les autres vertus.

Ce qui constitue la prudence.
La prudence implique : 1° La *mémoire* des leçons du passé ;
2° L'*intelligence* du présent ;
3° La *docilité*, qui sollicite et accepte les lumières d'autrui ;
4° Le *raisonnement*, qui se sert des connaissances acquises pour en acquérir de nouvelles ;
5° La *prévoyance*, qui ne se laisse pas surprendre par le temps ;
6° La *circonspection* et la *précaution*, qui mettent en garde contre les occasions, les dangers.

Prudence épicurienne et prudence chrétienne. — Il faut distinguer la prudence utilitaire ou épicurienne, qui s'inspire de motifs purement égoïstes, de la prudence chrétienne, qui s'inspire du motif du devoir, de la foi, des maximes évangéliques.

II. La force.

Définition. — La force est une vertu qui nous fait surmonter les obstacles qui s'opposent à la réalisation du bien.
— On l'appelle encore *courage, grandeur d'âme, patience, persévérance, résignation, magnanimité, héroïsme, confiance, constance, caractère.*
Vraie notion. — Ne pas confondre la force avec la violence, la colère, l'entêtement.
La véritable force consiste à réaliser l'ordre, à rester dans la loi ; elle est réglée, ordonnée, et se possède toujours elle-même.
Causes de la force morale. — La force morale a deux causes :
1° Une *idée nette*, qui montre le but et la voie à suivre pour y arriver ;
2° Un *sentiment énergique*, qui met en mouvement.
La force est en raison directe de ces deux causes combinées.
Caractère. — L'homme de caractère est celui qui à une raison éclairée joint une volonté forte et suivie, qui va au but avec courage, malgré les obstacles, les dangers et les passions.

III. La tempérance.

Définition. — La tempérance est une vertu qui règle et modère les passions, les désirs, les jouissances spirituelles et corporelles.
Vraie notion. — Être tempérant, ce n'est pas être insensible, mou, inerte ; c'est garder le contrôle et l'empire sur les appétits, les inclinations, les passions.
— La tempérance, c'est la sagesse appliquée au gouvernement de la sensibilité soit physique, soit morale ; c'est la *modération*, la juste *mesure* en tout.
Effets. — On attribue à la tempérance la tranquillité de l'âme, parce qu'elle réprime les passions les plus fougueuses ;
La beauté morale et physique, parce qu'elle maintient l'harmonie entre le corps et l'âme, et qu'elle préserve de tout excès.

LES VERTUS CARDINALES (Suite.)

IV. La justice.
- *Définition.* — Vertu qui consiste à garder la loi, à respecter tous les droits, à accomplir tous les devoirs.
- Ainsi entendue, la justice résume en elle toutes les vertus.
- *Deux sens du mot justice.* — Dans le sens large et ancien, justice veut dire : *rectitude morale.* — Dans le sens restreint et moderne, justice signifie : *respect des droits d'autrui.*
- Ces deux sens du mot justice correspondent aux deux sens de l'expression : *honnête homme.*
- Dans la langue chrétienne, le mot juste est toujours pris dans le sens large, et il est synonyme de *saint*; il s'oppose à *pécheur.*

V. Rapports des vertus cardinales avec nos facultés et avec la division des devoirs. — *Vertus cardinales d'après Platon.* — Platon distingue dans l'homme l'esprit, le cœur et les sens, et il assigne à chacun de ces éléments une vertu particulière :

A l'esprit, la prudence, la *sagesse* ou la *science* (science du bien);
Au cœur (volonté), la *force* ou *courage*;
Aux sens, la *modération* ou *tempérance*.

Du mélange de ces trois vertus naît la *justice*, qui est l'ordre même dans son acception la plus haute, ou la perfection.

Division des devoirs chez les anciens et chez les modernes. — Les anciens faisaient rentrer tous les devoirs dans les quatre vertus cardinales : c'était leur division des devoirs; division toute *subjective*.

— Les modernes ont précisé davantage en prenant une division *objective* : Dieu, nous-mêmes, nos semblables. — Cette division est conforme à cette parole de l'Évangile : « Aimez Dieu par-dessus toute chose, et votre prochain comme vous-même, pour l'amour de Dieu. »

VI. Vertus naturelles et vertus surnaturelles.
- Au-dessus de ces vertus, qui naissent du développement normal des forces de la nature humaine, et qu'on appelle pour cela *naturelles*, il y a les vertus *théologales*, qui appartiennent à l'ordre surnaturel et se rapportent directement à Dieu.
- Il y a trois vertus théologales : la foi, l'espérance et la charité.
- Les vertus naturelles peuvent être surnaturalisées par l'*intention* ou *motif d'action.*
- Les *vertus naturelles* ont pour *principe* les forces de la nature humaine; pour *règle*, la raison; pour *fin*, la destinée naturelle.
- Les *vertus surnaturelles* ont pour *principe* la grâce; pour *règle*, la foi; pour *fin*, la destinée surnaturelle.
- Les premières sont dites *acquises*, parce que la cause efficiente de leur formation est la répétition des mêmes actes.
- Les secondes sont dites *infuses*, parce que la cause efficiente de leur formation et de leur développement est Dieu, qui en dépose le germe dans l'âme baptisée.
- L'ordre naturel et l'ordre surnaturel, la raison et la foi, la volonté et la grâce existent simultanément : ils doivent être distingués, mais non séparés.
- La morale naturelle et la morale surnaturelle sont l'une et l'autre obligatoires.

9ᵉ LEÇON

ORDRE NATUREL ET ORDRE SURNATUREL

Naturel, surnaturel. — « On appelle *naturel* ce qui est la propriété essentielle et nécessaire d'une nature créée ou possible, ou bien ce qui en découle immédiatement, ce qui lui appartient, lui est dû pour constituer son être primitif et entier. » L'existence ne lui est pas due, puisqu'elle est contingente; mais, une fois l'existence posée, certaines choses lui sont dues, parce qu'elles sont comprises dans son essence. Si Dieu la crée, il doit lui donner ce sans quoi elle ne serait pas elle-même.

« Le *surnaturel* est ce qui dépasse toutes les forces de la nature créée ou possible et ce qui constitue ou prépare l'union de la créature avec Dieu, tel qu'il est en lui-même. » (P. DE RAVIGNAN, *Conférences*.) Dieu peut aller au delà de ce qu'exige une nature donnée, il peut y ajouter quelque chose qui sera, non pas *contre* elle, mais *au-dessus* d'elle, un don tout *gratuit*, gratuit en ce sens qu'il ne rentre pas dans ce qu'exige son essence. C'est ce qu'il a fait pour l'homme.

La *fin naturelle* d'un être est celle qui lui est assignée par ses facultés naturelles; la *fin surnaturelle*, celle qui est au-dessus des exigences et des forces de la nature créée. Des exigences : on n'y a pas droit; des forces : on ne peut l'atteindre par ses moyens naturels. — Même définition des moyens *surnaturels*.

Par *morale naturelle*, on entend celle qui règle notre vie de simples créatures raisonnables; par *morale surnaturelle*, celle qui règle notre vie de chrétiens, d'hommes surnaturalisés.

Différence entre la nature, le surnaturel et le suprasensible. — *La nature*, dans son sens général ordinaire, c'est l'ensemble des êtres, animés ou inanimés, qui composent le monde; considérée par rapport à un être en particulier, *la nature*, c'est ce qui le constitue ou qui découle de sa constitution.

Le *surnaturel*, qu'il ne faut pas confondre avec le *suprasensible*, comme le font les rationalistes, c'est ce qui dépasse la portée et le droit d'une nature créée, c'est une perfection à laquelle elle ne peut d'elle-même ni prétendre ni arriver : la vie de la *grâce*, donnée par le baptême catholique, est une vie surnaturelle; la vision intuitive de Dieu, comme récompense, est une fin surnaturelle. — Le *suprasensible*, c'est ce qui est au-dessus des sens, ce que les sens ne peuvent atteindre, comme les idées, les esprits, l'âme, Dieu.

« Le rationalisme ne possède pas une notion vraie, nette et précise, de l'ordre surnaturel; autrement il la donnerait quelque part, et jamais je n'ai pu la rencontrer. A la place, j'ai vu des affirmations dont la réfutation est déjà préparée; par exemple : *La foi chrétienne est méritoire, par conséquent surnaturelle*[1]. Ce *par conséquent* est malheureux, puisqu'il fonde la notion du surnaturel sur la notion même du mérite, et que les actes d'un philosophe religieux pouvant être méritoires, il s'ensuivrait qu'ils sont surnaturels. — *Le catholicisme, comme toute religion positive, a pour origine une révélation. Cette révélation est surnaturelle, c'est-à-dire qu'elle contient l'énonciation de mystères*[2]. Voilà un *c'est-à-dire* aussi malheureux que le *par conséquent* qui précède; car le mystère peut être naturel. Qu'il soit révélé ou connu seulement par des moyens rationnels, il n'importe : la révélation ne change point son caractère propre. S'il plaît à Dieu de nous faire connaître par sa parole le fait de la création du monde, ce fait sort-il pour cela de l'ordre naturel? Non, parce qu'il appartient à la nature, et cependant c'est un mystère. Il faudrait donc dire : La révélation catholique est surnaturelle, parce qu'elle contient l'énonciation de mystères surnaturels qu'aucune intelligence créée et créable ne peut ni connaître ni comprendre par ses propres forces; ou, ce qui serait mieux et ce dont le rationalisme paraît ne pas se douter : La révélation catholique est surnaturelle, parce qu'elle est ordonnée adéquatement à une fin surnaturelle. » (P. MONSABRÉ, 5° *Conférence conventuelle*.)

Nature, grâce. — « Dans le sens théologique, la *nature* se prend principalement pour cette énergie propre avec laquelle l'homme peut, de lui-même, faire quelque chose, sans autre intervention de Dieu que son concours ordinaire et naturel. La *grâce* est le secours spécial et surnaturel de Dieu, donné à l'homme pour mériter et agir dans l'ordre surnaturel. » (P. DE RAVIGNAN.)

Il ne faut pas confondre l'*état de grâce* ou grâce sanctifiante, justifiante, *habituelle*, qui est l'état de justice surnaturelle, la vie de Dieu en nous, avec la grâce *actuelle*, qui est un secours spécial accordé à tous les hommes chaque fois qu'il y a pour eux obligation d'obéir à la loi divine, et qui est toujours suffisante, mais dont l'efficacité demande le concours de la volonté. Quand on parle simplement de la grâce, c'est la grâce actuelle qu'il faut entendre, c'est-à-dire l'action surnaturelle de Dieu sur notre âme pour la disposer à accomplir la loi.

Éléments de l'ordre naturel et de l'ordre surnaturel. — Un ordre se compose essentiellement de trois éléments : d'une *fin* qui attire et détermine le mouvement; de *moyens* qui conduisent à la fin ; d'un *agent* qui cède à l'attraction de la fin et se dirige vers elle par les moyens.

L'ordre naturel et l'ordre surnaturel diffèrent l'un de l'autre par ces trois éléments.

La *fin* de l'ordre naturel, c'est de connaître et d'aimer Dieu, auteur de la nature ; les *moyens* sont l'intelligence et la volonté ; l'*agent*, c'est l'homme avec ses seules facultés naturelles, l'homme intelligent et libre.

La *fin* de l'ordre surnaturel, c'est la vision directe et immédiate de Dieu ; le *moyen*, c'est le concours spécial et gratuit des lumières et de la puissance de Dieu, par une sorte de participa-

---

[1] J. Simon, *la Religion naturelle*.
[2] *Id.*

tion à sa nature; l'*agent*, c'est l'homme surnaturalisé, l'homme doué par Dieu d'un organisme surnaturel, d'un ensemble de facultés surnaturelles ajoutées à ses facultés naturelles, en rapport avec la vie surnaturelle qu'il doit mener et la fin surnaturelle qu'il doit atteindre.

REMARQUE. — Il y a pour l'homme, ici-bas, trois sortes de connaissance ou de lumière : la lumière sensible, qui lui fait connaître les corps et qu'il partage avec les animaux; la lumière intellectuelle ou la raison, qui lui est propre et lui fait connaître les vérités de l'ordre naturel; la lumière surnaturelle ou la foi, don de Dieu qui lui révèle les vérités surnaturelles; — dans le ciel, il y a la lumière de la gloire, ou vision intuitive de Dieu. « Voir Dieu, c'est la vie éternelle; mais ce n'est pas la nature, c'est la grâce qui l'obtient. » (SAINT PAUL, *Rom.*, VI, 23.)

Définition de l'ordre naturel. — L'ordre naturel, disent les théologiens, est l'ordre purement hypothétique dans lequel l'homme serait créé seulement pour connaître, aimer et servir Dieu comme auteur de la nature, et pour être un jour éternellement heureux en connaissant et en aimant davantage l'auteur du monde naturel; il aurait, pour atteindre cette fin, les secours de sa propre nature, de ses semblables et de la providence naturelle, soit ordinaire, soit extraordinaire.

« Cette connaissance de Dieu, qui devrait faire le bonheur naturel de l'homme, serait toujours une connaissance abstraite, plus parfaite assurément que celle que nous pouvons acquérir sur cette terre, mais essentiellement distincte de ce que la théologie appelle *vision intuitive*, où Dieu est vu face à face et dans le mystère de sa vie intime. » (P. JAFFRE.)

Voilà, en droit, la notion de l'ordre purement naturel; en fait, cet ordre n'a jamais existé. L'homme a été créé, dès le commencement, pour une fin surnaturelle et organisé pour atteindre cette fin. Les chrétiens savent que les privilèges et la vie de l'ordre surnaturel ont été perdus par la chute du premier homme et qu'ils nous sont rendus par les mérites infinis de Jésus-Christ. Dieu s'est uni à la nature humaine en la personne de Jésus-Christ, qui est mort et a souffert pour nous sauver. Jésus-Christ a réparé la faute de notre premier père et mérité que Dieu nous rendît les privilèges que nous avions perdus, chacun de ses actes ayant une valeur infinie, par suite de l'union en sa personne de la nature divine à la nature humaine. — « Jésus-Christ est le type en même temps que le préparateur de toutes les créatures surnaturalisées. L'homme n'est dans l'ordre qu'autant qu'il est configuré au Verbe fait chair, et Dieu configure l'homme au Verbe fait chair par la grâce, qui devient en nous le principe et la racine des opérations surnaturelles. Dès lors, connaissance, amour, aspiration, vertu, tout se transforme, tout prend un caractère divin sans cesser d'être humain. » (P. MONSABRÉ.) L'homme vrai, l'homme complet, l'homme tel que Dieu l'a créé et qu'il le veut, c'est donc l'homme surnaturalisé; voilà pourquoi saint Augustin recommande de devenir plus chrétien pour être plus homme.

« Nous naissons privés des dons surnaturels qui faisaient partie de notre constitution primitive et blessés dans les dons naturels. » « Le péché, dit Bossuet, a mêlé du sien à notre nature. » Par suite du péché originel, la raison et la volonté humaines sont *insuffisantes*, dans l'ordre naturel même; mais elles ne sont pas *impuissantes*, comme l'ont prétendu les jansénistes. La raison peut atteindre sûrement un certain nombre de vérités et la volonté réaliser un certain bien. L'Eglise a condamné cette proposition : que les vertus des païens n'étaient que des vices et leurs œuvres que des péchés. La nature humaine a été atteinte dans sa droiture originelle, mais pas gâtée si foncièrement qu'elle ne puisse plus naturellement rien produire de bon. La grâce n'a pas à la refaire tout entière, mais à la réparer et à la perfectionner.

Définition de l'ordre surnaturel. — L'ordre surnaturel est, pour l'homme, l'ordre de choses dans lequel il est destiné à une fin absolument supérieure à sa nature et reçoit, pour y parvenir, des moyens proportionnés. Cette fin surnaturelle, c'est la *vision* et la possession immédiate de Dieu. Les secours donnés à l'homme pour connaître et atteindre cette fin sont la *révélation* et la *grâce*. Toute fin suppose des moyens proportionnés : où la fin est surnaturelle, les moyens doivent être surnaturels.

Ces moyens, pour être complets, impliquent à la fois l'action de Dieu et l'action de l'homme : un secours surnaturel de la part de Dieu, une coopération surnaturelle de la part de l'homme ; en d'autres termes, des dons surnaturels qui mettent nos facultés en état d'agir pour mériter la vue intuitive, puis des œuvres surnaturelles faites par le moyen de ces dons.

Relations entre l'ordre naturel et l'ordre surnaturel. — Il faut distinguer et unir, non confondre ni séparer, l'ordre naturel et l'ordre surnaturel, les vertus naturelles et les vertus surnaturelles, l'honnêteté et la loi chrétienne. L'union des éléments constitutifs des êtres est la loi de la vie ; leur division, la loi de la mort.

L'ordre surnaturel ne détruit pas l'ordre naturel, car la loi naturelle est immuable ; il n'est pas contraire à la nature de l'homme, puisqu'il la suppose et l'exige en tant que raisonnable.

La foi ne détruit pas la raison, ni la grâce la volonté. « La foi, dit saint Thomas, présuppose la raison, comme la grâce présuppose la nature. »

Harmonie de la nature et de la grâce. — Il y a harmonie et parallélisme entre l'ordre naturel et l'ordre surnaturel, et celui-ci est fait à l'image de celui-là. Les lumières surnaturelles de la révélation, par exemple, s'ajoutent aux lumières naturelles de l'homme ; la foi perfectionne la raison, comme la grâce perfectionne la liberté.

« La grâce, dit saint Thomas, ne détruit pas la nature, mais elle la perfectionne. » La nature, en effet, est, si l'on peut s'exprimer ainsi, le support des opérations divines et comme la matière des formes surnaturelles qui nous perfectionnent... Aussi la sagesse divine, dans l'ordre de notre perfectionnement surnaturel, s'est-elle appliquée à faire marcher la nature et la grâce selon le même rythme et à établir entre elles un parallélisme harmonieux. « Les sacrements, dit encore saint Thomas, correspondent aux sept besoins principaux de la vie naturelle. » Sept choses sont nécessaires à l'homme pour vivre : il faut qu'il naisse, qu'il croisse, qu'il se nourrisse, qu'il use de remèdes propres à lui rendre la santé altérée par la maladie, qu'après sa guérison il soit délivré des restes de la maladie : voilà pour la vie individuelle ; il faut qu'il ait, dans l'ordre social, des magistrats investis de l'autorité nécessaire pour gouverner et assurer sa sécurité; enfin, il faut qu'il se perpétue : voilà pour la vie sociale. Or toutes ces choses s'appliquent à la vie surnaturelle que l'âme reçoit par les sacrements. Le baptême nous la donne, la confirmation la fortifie, l'eucharistie la nourrit, la pénitence nous la rend, quand nous l'avons perdue en partie ou en totalité par le péché, l'extrême-onction efface les restes du péché et répare nos forces : voilà pour la vie individuelle; le sacrement de l'ordre garantit la stabilité de la société chrétienne en lui donnant un gouvernement, et sa perpétuité en lui assurant par le sacrement de mariage une lignée de membres. Voilà pour la vie sociale... » (P. MONSABRÉ.)

Cette formule du catéchisme : *Dieu nous a créés pour le connaître, l'aimer, le servir, et par ce moyen obtenir la vie éternelle*, si l'on fait abstraction des derniers mots, qui signifient la vie des bienheureux dans le ciel, cette formule peut être entendue, soit dans l'ordre naturel, soit dans l'ordre surnaturel. « Tous nos devoirs, dit le P. Monsabré, sont contenus dans une petite somme de théologie morale que nous portons tous avec nous. Cette somme n'est pas un livre, pas même une page; c'est un admirable résumé de trois ou quatre lignes... *Dieu nous a créés et mis au monde pour le connaître, l'aimer, le servir, et par ce moyen obtenir la vie éternelle*. Il ne se peut rien dire de plus simple, il ne se peut rien concevoir de plus important. Règle de l'esprit, du cœur, de l'activité, direction de la vie humaine vers son véritable et suprême but : tout est là [1]. »

Les chrétiens savent que Dieu nous ayant créés pour une fin surnaturelle, nous devons le connaître, l'aimer et le servir d'une manière surnaturelle [2]. Dieu veut amener tous les hommes à la fin surnaturelle et donne sa grâce à tous pour les y amener. Les effets de cette volonté, dit saint Thomas, sont l'ordre même de la nature dirigé vers cette fin et toutes les impulsions naturelles ou surnaturelles qui ne cessent d'y pousser [3]. Jamais, disent les théologiens, l'homme n'a observé la loi naturelle sans que Dieu lui ait offert les grâces pour arriver à la foi et aux œuvres surnaturelles qui seules peuvent le conduire à sa véritable fin. Chacun sera responsable en raison des dons qu'il aura reçus. « On demandera beaucoup à qui on aura beaucoup donné. » (SAINT LUC, XII, 48.) La bonne foi excusera toujours devant Dieu.

NOTES COMPLÉMENTAIRES

Rapports de la raison et de la foi. — « Dieu est le principe commun de la raison et de la foi. La foi procède de Dieu principe surnaturel, la raison procède de Dieu principe naturel; celle-ci est nécessaire à la nature, celle-là est un don gratuit de la libéralité divine. Faut-il qu'elles se séparent? Non; elles ont toutes

---

[1] « Je trouve dans la religion chrétienne un caractère qui me ravit : c'est qu'elle joint la métaphysique la plus savante à la plus parfaite et, si on peut le dire, à la plus efficace simplicité. Il n'y a eu jusqu'ici que la religion chrétienne qui ait eu à la fois la Somme de saint Thomas et un *catéchisme*. » (Jules SIMON, *Liberté de conscience*.)

[2] « On aime comme on voit, a dit saint Thomas. La nature de la connaissance spécifie la nature de l'amour. » Connaissance naturelle : amour naturel; connaissance surnaturelle : amour surnaturel. De l'amour découle le service. « Si vous m'aimez, dit J.-C., gardez mes commandements. » Aimer Dieu, c'est vouloir ce qu'il veut. Ces trois choses : connaître, aimer, servir, sont intimement unies. « Si nous *observons* ses commandements (de J.-C.), par là nous sommes assurés que nous le *connaissons*. Celui qui dit qu'il le connaît, et qui ne garde pas ses commandements, est menteur, et il n'y a point en lui de vérité. Pour celui qui met en pratique sa parole, c'est celui-là qui a un parfait *amour de Dieu*. » (SAINT JEAN, Ire Ép. II.)

[3] Le christianisme rencontre dans l'âme humaine des affinités secrètes. L'harmonie est telle, entre notre âme et la révélation, que, si l'on va au fond de l'une, on y trouve la place toute faite pour l'autre. Voilà pourquoi Tertullien invoque, contre les païens, le témoignage de l'âme *naturellement chrétienne*.

les deux la même origine : Dieu, et la même demeure : l'intelligence. Unies par des rapports d'origine et de lieu, elles se prêtent l'une à l'autre un mutuel secours, et s'il est vrai de dire que la foi est nécessaire à la raison, il ne l'est pas moins de dire que la raison est nécessaire à la foi. » (P. MONSABRÉ, *passim*.)

Foi nécessaire à la raison : c'est l'office de la foi d'élever la raison au-dessus de sa sphère propre, de la diriger et de la défendre, tant contre les égarements d'autrui que contre ses propres égarements; de suppléer à son insuffisance comme moyen d'atteindre la fin surnaturelle. La foi est, en quelque sorte, la transfiguration de la raison illuminée et surnaturalisée par la science de Dieu, par la « greffe de l'esprit divin sur l'esprit humain ». (GRATRY.)

Raison nécessaire à la foi : « Nous ne serions pas capables de foi, si nous n'étions pas capables de raison. » (S. AUGUSTIN.) — « La raison est le sujet de la foi. Croire est immédiatement un acte d'intelligence, parce que l'objet de cet acte est le vrai, et que le vrai appartient en propre à l'intelligence. C'est pourquoi il est nécessaire que la foi, qui est le principe propre de l'acte de croire, soit reçue dans l'intelligence comme dans son sujet. » (S. THOMAS.) — Pour que la révélation soit reçue dans l'homme, il faut qu'il y ait quelqu'un pour la recevoir : si Dieu daigne et veut parler à l'homme, il faut qu'il trouve dans l'homme à qui parler. « L'homme ne croirait pas, s'il ne voyait pas qu'il faut croire. » (S. AUG.) « L'usage de la raison se trouve nécessairement à la base de l'acte de foi ». (Cardinal PIE.) Saint Paul veut que « notre foi soit raisonnable », et saint Pierre « que nous soyons toujours prêts à répondre à ceux qui nous demandent raison de notre foi ». — Dans sa *Somme contre les Gentils*, saint Thomas entreprend de prouver, sans le secours de l'Ecriture sainte, trois cent soixante-six propositions sur Dieu, l'âme et leurs rapports.

« Bien que la foi soit au-dessus de la raison, il ne peut cependant y avoir entre elles ni dissentiment ni séparation; car elles sont tellement destinées à se rendre de mutuels services, que la raison doit démontrer la vérité de la foi, la maintenir et la défendre; la foi, de son côté, doit s'offrir à la raison pour la délivrer de toute erreur, l'illuminer, la confirmer, la perfectionner merveilleusement par la connaissance des choses divines. » (*Encyclique* du 9 nov. 1845.) « Je ne compte que sur la grâce, dit Fénelon, pour conduire la raison dans les limites de la raison. » Il est bon de connaître par la raison et par la foi ce qui est accessible à l'une et à l'autre. Les Pères de l'Eglise et les Docteurs, entre autres saint Augustin, recommandent de transformer, autant que possible, la foi en intelligence. — « Je suis résolu, dit-il, de posséder le vrai, non pas seulement par la foi, mais encore par l'intelligence. — Il faut chercher à comprendre ce que vous croyez, non pas pour rejeter la foi, mais pour apercevoir aussi dans la lumière de la raison ce que vous tenez déjà par la foi. » Les mystères aiguillonnent l'avidité de notre âme et sont comme une loi de progrès qui la tient en haleine. Le principe de l'union de la raison et de la foi est la formule même du progrès.

« *Saint Augustin ne conçoit la philosophie chrétienne que par l'union de la raison et de la foi*. Dieu lui-même, dit-il, ne peut mépriser la raison; car comment Dieu mépriserait-il en nous ce qui nous distingue des autres créatures? Aussi ne veut-il pas que nous cherchions la foi afin de cesser d'être raisonnables; il veut, au contraire, que la foi obtenue nous fasse raisonner encore, qu'elle donne à la raison des ailes plus fortes et plus puissantes; car nous ne saurions croire, si nous n'étions raisonnables. La raison précède la foi pour constater l'autorité; elle suit la foi, car, après que l'intelligence a trouvé Dieu, elle le cherche encore. » (OZANAM, I, 11ᵉ leçon.)

« La raison et la foi sont deux puissances primitives, distinctes, mais non pas ennemies; car elles ne sauraient se passer l'une de l'autre : la raison ne se réveillant qu'autant que la parole la provoque, et la foi ne se donnant qu'autant que l'obéissance à la parole est raisonnable. » (ID., 10ᵉ *leçon*.)

« La raison qui obéit raisonne mieux que la raison qui raisonne, » dit L. Veuillot. « La foi catholique n'est pas une loi d'asservissement. Précisément parce qu'elle enchaîne la passion, la foi affranchit l'esprit. » (ID.)

« Ce qui est *contre* la raison, dit Leibniz, est contre les vérités absolument certaines et indispensables; ce qui est *au-dessus* de la raison est contraire seulement à ce qu'on a coutume d'expérimenter et de comprendre. C'est pourquoi je m'étonne qu'il y ait des gens d'esprit qui combattent cette distinction. »

Ordre du vrai pour l'esprit chrétien. — « Partant résolument de ce principe : L'unique source de la vérité, c'est Dieu, le chrétien établit dans son esprit l'ordre de la vérité, selon que Dieu se montre avec plus ou moins d'évidence. Il s'en rapporte à sa raison, puisque Dieu nous l'a donnée pour connaître le vrai; mais il croit à la parole de Dieu, puisque Dieu a parlé. Ces deux lumières d'un même soleil, il ne les sépare pas. Il sait que croire sans motif serait un acte insensé; voilà pourquoi il applique sa raison à connaître et à se démontrer le fait de la parole de Dieu. Mais, une fois convaincu de la réalité de cette parole, il lui donne, en son esprit, le rang supérieur qui convient à sa noblesse et à son infaillible autorité. — Le chrétien croit que toute science humaine doit s'incliner respectueusement devant la science divine et se laisser, de près ou de loin, diriger par elle. Il ne nie pas, il respecte les droits de la science humaine; mais il n'oublie pas que ce sont des droits subalternes, qui s'appuient sur un principe faillible, tandis que les droits de la foi s'appuient sur un principe infaillible. — L'esprit chrétien accueille sans résistance les mystères que la foi lui révèle, parce que l'incompréhensible est la limite fatale que doit rencontrer toute intelligence finie... La foi met à la portée de tous les vérités qu'elle enseigne, par l'universalité du motif qui en fait la certitude : tout le monde peut comprendre qu'une chose est vraie, quand il est certain que Dieu l'a dite. » — « Enfin, pour l'esprit chrétien, voici l'ordre du vrai : prééminence du catéchisme sur tous les manuels des connaissances humaines, de la théologie sur tous les traités scientifiques, de l'enseignement de l'Église, colonne et fondement de la vérité, sur tous les enseignements. » (P. Monsabré, *passim*.)

— « Si le savant recherche vraiment la vérité, dit Augustin Cauchy, qu'il rejette, sans hésiter, toute hypothèse qui serait en contradiction avec les vérités révélées. Ce point est capital, je ne dirai pas dans l'intérêt de la religion, mais dans l'intérêt des sciences. C'est pour avoir négligé cette vérité que quelques savants ont eu le malheur de consumer en vains efforts un temps précieux, qui aurait dû être employé à faire d'utiles découvertes. » — « C'est une loi de l'histoire, dit M. de Margerie, que la philosophie, en s'éloignant du christianisme, s'éloigne aussi de la raison et laisse s'affaiblir ou se perdre la foi aux grandes vérités de l'ordre naturel. » La philosophie ne parvient au degré de précision et de certitude qui en fait une science véritable, que par l'accord de la raison divine et de la raison humaine et par la subordination de celle-ci à la première. — « Lisez Bossuet, lisez Bourdaloue, vous n'y pourrez diviser la philosophie de la théologie, la raison de la foi, tant elles s'y entre-croisent pour ne former qu'une même trame. Tout ce qui n'est que raison y devient foi, et ce qui est foi se trouve être raison, tant on passe naturellement de l'une à l'autre. Et dans la société d'alors, tels étaient les prédicateurs, tels étaient les auditeurs. De là vient que toutes les productions de cette époque portent un si haut cachet de raison. » (A. Nicolas.)

TABLEAU ANALYTIQUE

ORDRE NATUREL ET ORDRE SURNATUREL

Définitions.
- *Naturel* veut dire qui est la propriété essentielle d'une nature créée ou possible ;
- *Surnaturel*, ce qui dépasse toutes les forces de la nature créée ou possible.
- *Fin naturelle*, celle qui est assignée à un être par ses facultés naturelles ;
- *Fin surnaturelle*, celle qui est au-dessus des exigences et des forces de la nature créée.
— Mêmes définitions pour les *moyens naturels* et *surnaturels*.
- *Morale naturelle*, celle qui règle notre vie de simples créatures raisonnables ;
- *Morale surnaturelle*, celle qui règle notre vie de chrétiens.
- *Ordre naturel*, celui dans lequel l'homme serait créé seulement pour connaître, aimer et servir Dieu comme auteur de la nature.
— Cet ordre naturel n'a jamais existé ; c'est un état purement hypothétique.
- *Ordre surnaturel*, celui dans lequel l'homme est destiné à une fin supérieure à sa nature : la vision et la possession de Dieu.
— Tous les hommes sont appelés à cette destinée surnaturelle.

Éléments de l'ordre naturel et de l'ordre surnaturel.
Un ordre comprend essentiellement trois éléments :
1° *Une fin*, qui attire et détermine le mouvement ;
2° *Des moyens*, qui conduisent à la fin ;
3° *Un agent*, qui doit atteindre la fin par des moyens convenables.
La *fin* de *l'ordre naturel* est de connaître et d'aimer Dieu, auteur de la nature ;
Les *moyens* sont l'intelligence et la volonté ;
L'*agent*, c'est l'homme avec ses facultés naturelles.
La *fin* de *l'ordre surnaturel*, c'est la vision directe et immédiate de Dieu ;
Les *moyens* sont la foi et la grâce ;
L'*agent*, c'est l'homme surnaturalisé, doué d'un organisme surnaturel.

Relations entre l'ordre naturel et l'ordre surnaturel.
Il faut distinguer, mais non séparer, l'ordre naturel et l'ordre surnaturel :
L'ordre surnaturel ne détruit pas l'ordre naturel ;
La foi ne détruit pas la *raison*, ni la *grâce* la *volonté* ; au contraire, elles les présupposent.
Dieu est le principe commun de la raison et de la foi. — D'une part, la *foi est nécessaire à la raison* pour l'élever, l'empêcher de s'égarer et suppléer à son insuffisance pour atteindre la fin surnaturelle. — D'autre part, *la raison est nécessaire à la foi* ; elle en est le sujet, le support naturel : « Nous ne serions pas capables de foi, si nous n'étions capables de raison. » (Saint Augustin.)
C'est pourquoi, bien que la foi soit au-dessus de la raison, il ne peut y avoir entre elles ni dissentiment ni séparation. — Les mystères sont *au-dessus de la raison*, ils ne sont pas *contre la raison* ; et c'est une fausse philosophie que celle qui sépare l'ordre naturel de l'ordre surnaturel, la raison de la foi, la volonté de la grâce.

10ᵉ LEÇON

DEVOIR ET DROIT

I. — DÉFINITION ET CARACTÈRES DU DROIT, SES RAPPORTS AVEC LE DEVOIR

Relation entre les idées de vertu, de loi, de devoir et de droit. — La vertu est pour l'homme un devoir et un droit : elle est un devoir, parce que la loi morale la prescrit ; elle est un droit, parce que la loi morale, en l'imposant comme un devoir, confère, par là même, le droit de la pratiquer. Voici, en effet, un principe absolu : *Ce que la loi morale, réellement connue, prescrit comme un devoir, personne n'a le droit de l'empêcher.*

Il faut entendre ici, par la loi morale, toute manifestation de la volonté divine, aussi bien la manifestation surnaturelle par la révélation que la manifestation naturelle par la conscience. Il n'y a qu'une loi, comme il n'y a qu'une morale ; mais l'une et l'autre ont deux degrés : elles sont naturelles et surnaturelles. La loi et la morale surnaturelles supposent et contiennent éminemment la loi et la morale naturelles, qu'elles perfectionnent.

La loi morale rend l'homme inviolable dans l'usage qu'il fait de ses facultés pour lui obéir, pour tendre à la fin qu'elle lui assigne.

Inviolabilité de la personne dans l'accomplissement de son devoir, dans l'usage légitime de ses facultés, ou encore, liberté due à tout être moral d'agir en vue de sa fin : voilà ce qu'est le droit. Comme on ne peut être tenu à faire que ce que l'on peut, par le fait même qu'on se reconnaît obligé à accomplir tel acte, à réaliser une fin, on reconnaît aussi qu'on doit pouvoir cet acte, avoir les moyens de réaliser cette fin.

Le devoir et le droit sont la loi morale sous deux aspects différents. — La loi morale est le *droit* en tant qu'elle est l'ordre établi par Dieu pour conduire l'homme à sa fin ; elle est le *devoir* en tant qu'elle oblige, qu'elle commande le bien et défend le mal.

Le *devoir* est une nécessité morale, un lien moral (*idéal, rationnel*) qui oblige à faire ou à omettre certaines choses. Le *droit* est un pouvoir moral : un pouvoir légitime de faire ou d'exiger certaines choses. Le *devoir* est l'obligation que Dieu fait à l'homme de prendre les moyens nécessaires pour atteindre sa fin. Le *droit* est, pour l'homme, la puissance morale de remplir son devoir, d'atteindre sa fin, de réaliser, par l'effort libre et méritoire de sa volonté, l'ordre voulu de Dieu.

Au point de vue *objectif*, la nécessité absolue du droit repose sur la nécessité de la fin, qui s'impose à l'homme en vertu de sa nature et de l'ordre divin, et cette nécessité objective fonde et explique la nécessité du droit au point de vue *subjectif* et personnel. En d'autres termes, c'est parce qu'il y a un ensemble de moyens ou un ordre établi par Dieu pour que l'homme réalise sa raison d'être et atteigne sa fin, que chaque homme est inviolable en tant qu'il prend ces moyens, **en tant qu'il agit pour se conformer à cet ordre et tendre à cette fin.**

Droit et force. — Le droit ou pouvoir moral s'oppose à la force ou puissance physique. « Il n'y a pas de droit contre le droit, » dit Bossuet, c'est-à-dire : il n'y a pas de pouvoir moral en dehors de la loi, contre la loi. La force ou puissance physique peut opprimer le droit, mais elle ne peut le primer.

Quand le fabuliste nous dit que « la raison du plus fort est toujours la meilleure », il constate un fait, non pas un droit ; il dit ce qui est, non ce qui doit être. Moralement, ce n'est pas la force qui prime le droit, c'est le droit qui prime la force. La force d'un tyran, qu'il soit individu, peuple ou majorité, et alors même que son usurpation durerait des années et des siècles, est impuissante à fonder un droit, à créer une obligation ; on la subit, on lui cède dans la mesure où l'on ne peut résister à sa contrainte, on ne lui obéit pas, on proteste. C'est ce que fait l'Irlande contre l'Angleterre depuis sept siècles, gardant une confiance invincible dans le caractère sacré du droit et dans son triomphe définitif.

La victoire de la force brutale ne peut être qu'éphémère, elle ne peut prévaloir contre le droit, qui tôt ou tard reprend sa place et se sert à son tour de la force en la subordonnant aux fins supérieures de la vie morale et sociale. La force doit être au service du droit ; c'est à cette fin qu'elle nous est donnée[1]. Tout ce qui porte atteinte à la justice tourne à la ruine. Au-dessus de la force qui peut donner le succès, il y a la justice et le droit qui seuls peuvent le légitimer.

Le droit est une force morale invincible ; il est toujours plus fort que la force brutale, même lorsqu'il paraît vaincu par elle. La force passe, le droit demeure, imprescriptible, inviolable, immortel, comme la loi dont il dérive[2]. De là cette conclusion que le droit peut et doit toujours être revendiqué ; on ne peut moralement invoquer contre lui le fait accompli. C'est lui qui, tôt ou tard, doit « passer en fait ». (LEIBNIZ.)

Personne n'est fort contre la justice, parce que personne n'est fort contre Dieu. Voilà pourquoi les hommes de foi ne désespèrent et ne se découragent jamais : « Les hommes de peu de foi attendent la paix, disent-ils, pour agir ; l'apôtre sème dans la tempête pour recueillir dans le beau temps. » (LACORDAIRE.) Dieu est juste, et il veut la justice ; et ce n'est pas la raison du plus fort, mais celle du plus juste, qui sera toujours la meilleure. La volonté de la créature ne peut faire échec à la toute-puissance du Créateur : elle est trop faible, trop chétive pour cela. Dieu la laisse s'agiter à son gré, mais au fond il la mène et ne lui permet pas d'aller à l'encontre des lois générales qu'il a établies.

Caractères du droit. — L'idée du droit, considérée en soi, a les caractères des idées rationnelles. Elle est *à priori*, en ce sens que l'inviolabilité que la raison attribue à la personne ne peut être constatée empiriquement : elle est trop souvent démentie formellement par l'expérience et l'histoire. Dans son application, l'idée du droit est essentiellement variable, suivant les temps et les milieux : cette force idéale, qui existe dans la personne humaine et oblige à la respecter, n'a de valeur effective que si elle est reconnue et dans la mesure où elle est reconnue.

---

[1] « La justice sans force et la force sans justice, malheur affreux ! » (JOUBERT.)
[2] Le fameux adage : La force prime le droit, est une constatation ; ce n'est point une justification ; il signifie simplement que les choses sont au rebours de ce qu'elles devraient être et que la force se passe du droit ; mais l'expérience montre que le droit vaincu mine insensiblement la force triomphante.

« Si, par exemple, dit M. P. Janet, j'ai entre les mains un marteau et devant moi un enfant endormi, il n'est pas douteux qu'avec ce marteau je puis, si je veux, briser la tête de cet enfant: cependant je ne le ferai pas; quelque supériorité de force dont je dispose, il y a là devant moi quelque chose qui m'arrête, un obstacle invisible idéal, plus fort que toute ma force, un pouvoir plus puissant que tout mon pouvoir, qui suffit pour désarmer le mien. Ce pouvoir, dont cet enfant n'a pas même conscience, ce pouvoir est le droit qu'a une créature vivante de mon espèce de conserver la vie. » — C'est du moins ce qui *devrait être*: ce qui *est*, c'est que chez certains peuples, même civilisés, on voue à la mort l'enfant né chétif. Les Spartiates l'ont fait, les Chinois le font.

Le droit est *universel*, comme la loi morale; partout où celle-ci nous impose un devoir, elle nous confère le pouvoir moral de le réaliser; — il est *inviolable*, comme la loi morale aussi ou comme le devoir, et de la même façon : expression d'une nécessité idéale absolue, inconditionnelle, il subsiste alors même qu'on le méconnaît ou qu'on le viole, et il peut toujours être revendiqué; voilà pourquoi la raison et la conscience protestent toutes les fois qu'il est méconnu et violé; — il est *inaliénable*: on ne conçoit pas la personne morale sans la possession de son droit naturel, elle ne peut l'aliéner sans sacrifier le devoir, sans outrager ou méconnaître sa nature d'être raisonnable et libre; — il est *exigible*: on peut recourir à la force pour le faire respecter; — enfin, de même que la loi morale est antérieure et supérieure à toutes les lois positives, il est *supérieur* et *antérieur* à tous les droits positifs que confèrent et protègent les législations particulières; ceux-ci ne sont légitimes que s'ils sont fondés sur celui-là.

Corrélation du devoir et du droit. — En général, le devoir et le droit sont corrélatifs : le devoir implique le droit : ce que j'ai le devoir de faire ou d'éviter, j'ai le droit de le faire ou de l'éviter, et mon semblable a le devoir de ne pas m'en empêcher. Ce qui est un droit pour moi est un devoir pour mon semblable, et réciproquement. Ainsi, ce qui est *droit* dans le créancier, relativement à son débiteur, est *devoir* dans le débiteur, relativement à son créancier. Ce qui est *droit* dans le père à l'égard de son fils, dans l'État vis-à-vis du citoyen, dans le patron par rapport à l'ouvrier, est *devoir* dans le fils à l'égard de son père, dans le citoyen vis-à-vis de l'État, dans l'ouvrier par rapport au patron. — Quiconque possède un droit, impose par là même aux autres hommes un devoir, celui de respecter son droit.

Tout devoir à remplir envers nos semblables suppose-t-il, chez eux, le droit de l'exiger? Oui, s'il s'agit d'un devoir de justice; non, s'il s'agit d'un devoir de charité. Dans ce dernier cas, le droit existe cependant, non dans nos semblables qui sont l'objet du devoir, mais en Dieu, qui nous commande la charité.

Limites et étendue de nos droits. — Nos droits sont limités par nos devoirs: ce que le devoir nous défend, nous n'avons pas le droit de le faire. Cette expression : « n'avoir pas le droit de faire une chose, » équivaut à celle-ci : « avoir le devoir de ne pas la faire. » — Ils le sont aussi par les droits de nos semblables, que nous sommes tenus de respecter, comme ils sont tenus de respecter les nôtres.

Nos droits s'étendent plus loin que nos devoirs : nous pouvons faire bien des choses qui ne sont pas pour nous des obligations. Nous avons le droit de faire tout ce que nous n'avons pas le devoir d'omettre, et le droit d'omettre tout ce que nous n'avons pas le devoir de faire. Tous les actes que ne défend pas la loi, nous avons le droit de les faire, à la condition que ces actes ne portent pas atteinte aux droits d'autrui.

Droits que nous ne pouvons abdiquer. — Il est des droits que nous ne pouvons abdiquer : ce sont ceux qui sont nécessaires à l'accomplissement de nos devoirs, ceux dont la conservation ou la revendication est elle-même un devoir. On les appelle droits *incessibles*; les autres, qui ne sont pas essentiels à la personne et qu'on peut céder sans nuire au devoir, sont les droits *cessibles*.

Dignité de la personne humaine. — Ce qui constitue l'éminente dignité de la personne humaine, dignité que nous avons le devoir de respecter en nous et dans les autres, c'est sa nature intelligente et libre, d'où découle le droit de disposer librement de ses facultés et des choses pour réaliser sa raison d'être ou atteindre sa fin.

Les animaux n'ont ni devoirs ni droits. Les devoirs et les droits ne se conçoivent pas sans l'intelligence et la liberté : l'intelligence pour connaître et comprendre la règle, la liberté pour l'accomplir. Dans l'ordre purement physique, la loi est ignorée et subie fatalement; dans l'ordre moral, elle est connue et voulue librement.

Jamais l'homme ne peut se traiter ni être traité comme une chose, comme un moyen; il a la loi morale à suivre, un but moral à atteindre ; il doit se respecter et être respecté à cause de la loi morale, dont il est le sujet; il est inviolable dans la loi morale qui le couvre, dans la fin qu'elle lui enjoint de poursuivre. Ce principe est la condamnation de l'esclavage.

Il y a, autour de chaque homme, un rempart de droits que nul ne peut franchir sans sortir de l'ordre, sans déchoir, sans s'avilir.

L'homme qui manque au devoir ne perd pas pour cela ses droits : il demeure toujours le sujet de la loi morale; mais il devient moins digne de les exercer. On est d'autant plus digne d'exercer ses droits et de les revendiquer, qu'on est plus fidèle à son devoir. Si cependant ce manquement au devoir constitue la violation d'un droit, comme dans l'agression injuste, on ne peut réclamer des autres, au moment où on le viole, qu'ils respectent ce même droit, qui, dans ce cas, est le respect de la vie.

« Le droit est la face égoïste des relations, tandis que le devoir en est la face généreuse et dévouée; et c'est pourquoi il y a toute la différence du ciel à la terre, du dévouement à l'égoïsme, entre constituer une société sur le devoir ou la constituer sur le droit. Aussi l'Évangile, qui est la surnaturalisation même de la charité, n'a pas été une déclaration des droits de l'homme, mais une déclaration de ses devoirs. » (LACORDAIRE.) — L'idée du droit, quand elle domine trop nos délibérations, devient une mauvaise règle. On agit conformément à l'opinion factice qu'on s'est créée de son droit, au lieu d'agir conformément au sentiment du devoir.

II. — ORIGINE DU DEVOIR ET DU DROIT

Le devoir est-il le fondement du droit? Est-il antérieur au droit? Non ; l'un et l'autre ont leur origine en Dieu, comme la loi morale (ou le bien conçu comme obligatoire), dont ils ne sont, nous l'avons vu, que deux aspects différents. Dieu est le principe du devoir, parce qu'il est la loi suprême et le bien absolu ; Dieu est le principe du droit, parce qu'il est le souverain maître du monde.

L'étymologie même du mot « droit » indique que le droit procède de la loi, laquelle est, de son essence, la volonté d'un supérieur. On ne peut appeler droit que ce qui est conforme à la règle. Comment, en effet, dire : Ceci est mon droit, sinon par comparaison avec un certain type, invariable et supérieur, de rectitude, qui est la règle ; et la règle, quand il s'agit d'actions humaines, c'est la loi. Le mot latin *jus*, qui vient de *jubeo*, *jussum*, n'est pas moins décisif : il signifie ce qui est ordonné, et c'est la loi qui intime des commandements à la liberté humaine.

« La loi impose le devoir et, par le devoir, le respect du droit d'autrui. Nous avons le devoir de respecter la légitime expansion de la liberté des autres, comme les autres ont le devoir de respecter la légitime expansion de notre liberté. C'est ainsi que le droit est un pouvoir moral sur la liberté d'un autre. Dieu, qui a, comme créateur, comme auteur, tous les droits sur nous, nous trace les devoirs par l'observation desquels la liberté de chacun est renfermée dans la limite où elle ne nuit point à la liberté d'autrui, de telle façon que tous les intérêts, l'intérêt de chaque individu comme l'intérêt du groupe, trouvent satisfaction, et que l'harmonie règne dans la société par la réalisation de la fin collective du groupe et de la fin particulière de chacun de ses membres. » (CH. PÉRIN, *l'Ordre international*.)

Les droits que reçoivent les créatures sont une participation aux droits du Créateur. Rigoureusement, Dieu seul a des droits indépendants et absolus. Vis-à-vis de lui, l'homme n'a d'abord que des devoirs, et, s'il a des droits, ce ne peut être que comme conséquence de ses devoirs. En faisant à l'homme un devoir de tendre librement à sa destinée, Dieu l'oblige à user de certains moyens et veut, par le fait même, que l'homme soit inviolable et sacré dans l'usage de ces moyens.

Soit au point de vue individuel, soit au point de vue social, l'homme n'a rien qu'il ne tienne de Dieu ; ni l'individu ni la société ne peuvent donc se substituer à Dieu et se constituer principe. Dieu est le principe du droit social comme du droit individuel. C'est donc une erreur d'admettre, avec la philosophie moderne, que la souveraineté de la conscience humaine repousse toute idée d'une autorité qui n'émanerait pas de l'homme, et de s'affranchir de la conception d'un Dieu créateur et législateur, obligeant par ses lois les hommes, sur qui il a, comme auteur, la suprême autorité.

— « Les droits du peuple, dit Joubert, ne viennent pas de lui, mais de la justice. La justice vient de l'ordre, et l'ordre vient de Dieu. » — « C'est en Dieu premièrement que se trouve la justice, et c'est de cette haute origine qu'elle se répand parmi les hommes, sans quoi nous ne pourrions soutenir le nom et la dignité de la justice. » (BOSSUET.)

Diverses théories sur l'origine du droit. — Tous les principes qu'on a invoqués pour fonder le droit sont insuffisants, si l'on fait abstraction du devoir, c'est-à-dire de la fin posée comme obligatoire. L'homme a droit à tout ce qui est nécessaire pour atteindre sa fin. Hors de la fin ainsi conçue, on ne comprend plus aucun droit. Ainsi se trouvent condamnées les théories qui font dériver le droit d'une *convention*, de la *volonté autonome*, de l'*utilité*, de la *force*, du *besoin*.

Droit dérivant d'une convention. — *Rousseau* a prétendu que le droit individuel était la source du droit social, que l'autorité sociale résultait d'un contrat passé primitivement entre les individus qui ont formé la société; d'autres philosophes ont prétendu que le droit social était la source du droit individuel, que l'individu ne jouissait de sa liberté et de sa propriété que par une concession de l'État. La première de ces assertions est anarchique, et la seconde tyrannique.

La vraie doctrine est celle-ci : Le droit individuel et le droit social sont indépendants l'un de l'autre. Tous deux procèdent de Dieu. C'est Dieu qui, en créant l'homme, lui confère le droit de s'appartenir à lui-même, d'user de ses facultés, de jouir du fruit de son travail; c'est Dieu qui, en créant ce même homme social, a voulu, par le fait même, qu'il existât des supérieurs et des inférieurs, ce qui implique chez les uns le droit de commander et chez les autres le devoir d'obéir. L'homme tient directement de sa nature, c'est-à-dire, en dernière analyse, de Dieu, sans l'intermédiaire de l'État, tous les droits naturels nécessaires au développement de sa vie physique, intellectuelle et morale. Ces droits, l'État ne les concède pas, il ne peut les reprendre, il n'a qu'un pouvoir fort limité pour les régler.

« Il y a, en chaque homme, un principe qui a une valeur absolue : *c'est la possibilité pour lui d'être un agent du devoir.* Mais cela ne veut pas dire que chaque individu ait, en tant qu'individu, une valeur absolue. » (FONSEGRIVE.) Observer l'ordre de la nature et tendre au but de la vie, voilà pour l'homme le grand devoir d'où naissent tous ses droits, c'est-à-dire les différents pouvoirs indépendants et inviolables de faire certains actes et d'user de certaines choses.

« *La tendance libre et progressive de l'homme vers sa destinée suffit à fonder tous les droits individuels.* La même raison qui a créé mon droit, la tendance à mon but, crée et garde celui des autres. Pourquoi cela? Parce que, d'abord, je ne puis vouloir sérieusement ma destinée et les moyens qui y mènent, si j'entrave la marche de ceux qui ont, pour y tendre, les mêmes motifs et par conséquent les mêmes droits que moi; parce que, en second lieu, en empiétant ainsi sur le bien d'autrui, je trouble l'ordre, et alors, inévitablement, je rencontre Dieu, auteur de cet ordre, qui le défend et le venge... Effacez et laissez seulement s'obscurcir ce grand principe de la destinée; aussitôt tout l'ordre moral et social entre dans une effroyable confusion. Comment prévenir les malentendus, les conflits, les contradictions, les empiétements, quand on a perdu la mesure qui fonde et définit les droits, qui assigne à chacun sa sphère et par là même sa raison d'être?

« *Le même principe qui fonde les droits les subordonne et les limite*, qu'il s'agisse des individus entre eux ou de *l'État vis-à-vis des sujets*. Dire le but de l'État, dans l'économie des moyens qui nous aident à atteindre notre destinée, c'est dire la borne de son pouvoir; comme pour l'individu, la mesure de ses droits, c'est son devoir. L'État n'est légitime et armé d'un pouvoir qui lie que parce qu'il a la mission, le devoir d'organiser, de sauvegarder les droits et de développer les facultés naturelles des individus et des familles.

« Ce devoir lui confère des droits particuliers que les sujets doivent reconnaître, mais à condition que tous les droits, tous les organismes, toutes les institutions qui existent de fait ou de droit avant l'État, l'*individu* avec sa liberté et sa propriété, la *famille* avec son indépendance, les *associations* avec leurs développements naturels, seront garantis, protégés, développés par lui...

« *De fait, l'État n'est la source de rien*, car il ne crée rien, ni l'homme, ni sa liberté, ni sa propriété, ni la famille, ni les associations honnêtes qui sont toutes, de plein droit, fruits de la liberté naturelle d'association pour le bien, dont l'État lui-même est une application. L'État n'est donc le maître de rien, mais le protecteur de tous et de tout... De quelque façon que nous envisagions les choses, nous voyons l'homme d'abord, avec sa destinée, avec ses droits, avec la dignité et la liberté de sa personne et de sa vie, puis la famille, les activités libres de l'humanité isolées ou associées, et l'État ensuite... Partout où le principe supérieur et divin qui fonde la genèse des droits est méconnu ou simplement obscurci, le désordre apparaît dans les notions fondamentales, et les droits les plus essentiels sont en péril. » (*Études religieuses*, octobre 1888.)

Le droit et la liberté. — D'après Kant, le droit naturel est l'ensemble des conditions suivant lesquelles la liberté de chacun peut coexister avec la liberté de tous.

— « Le droit, dans ce système, n'est plus corrélatif au devoir et à l'obligation; il n'a plus rien de commun avec la moralité qui donne la règle à tous les actes humains. L'autorité qui fixe le droit ne dépend plus de l'autorité qui établit les principes de la morale. L'organisme du droit, c'est l'État, et l'État porte ses lois en vertu de la puissance propre qu'il a de régler les actes extérieurs des membres de la société, de façon que la liberté de chacun puisse coexister avec la liberté de tous. » (CH. PÉRIN, *l'Ordre international*, liv. I, chap. IV.) La liberté pure et simple, abstraction faite de la loi morale et de l'idéal moral, n'est qu'un pouvoir indéterminé, arbitraire, qui ne saurait engendrer le droit. On ne comprend l'inviolabilité de la liberté chez tous les êtres qui la possèdent, que si la liberté est regardée comme la condition indispensable de l'accomplissement du devoir. La liberté seule ou la volonté autonome n'est donc pas le principe du droit, mais la liberté jointe au bien et au devoir.

Le droit et l'utilité. — Il existe toute une école de philosophes qui ont une tendance à confondre le *droit* et l'*intérêt*, à faire de l'intérêt la mesure du droit. Ils définissent le droit : *la faculté de faire tout ce qui n'est pas contraire aux intérêts d'autrui*, ou encore : *la faculté de faire tout ce qui nous est commandé par notre propre intérêt*.

« Le marchand qui fait loyalement la concurrence à ses confrères nuit certainement à leurs intérêts, et cependant il exerce strictement un droit; d'un autre côté, le voleur, qui assassine le témoin de son vol pour s'assurer l'impunité, fait ce que lui commande son intérêt personnel, et cependant il n'en a pas sans doute le droit. — Il est vrai que le droit lui-même peut passer avec raison pour le premier et le plus précieux de tous nos intérêts. Mais que nous en prisions ou non l'utilité, nous devons le respecter pour lui-même et non pour les avantages qu'il peut d'ailleurs nous procurer. » (BOIRAC, *Dissertation philosophique*.)

C'est surtout à Stuart Mill qu'est due la conception utilitaire du droit. « Avoir un droit, dit-il, c'est avoir quelque chose dont la société doit me garantir la possession. Si l'on vient me demander pourquoi la société doit me garantir cette possession, je ne puis en donner de meilleure raison que l'utilité générale. » (*Utilitarianism*, p. 80.)

Ainsi, l'idée toute personnelle du bien-être, du bonheur, étendue par la sympathie à tout le groupe social, duquel elle fait retour à l'individu par la conviction de l'étroite solidarité qui lie l'intérêt individuel à l'intérêt collectif; cette idée, qui prend corps dans l'opinion et où il n'y a rien que d'absolument humain, est tout le fondement de la morale sociale et du droit, dans les systèmes utilitaires.

« Dans toutes ces combinaisons et subtilités ingénieuses, il n'y a jamais que l'homme, l'homme seul, qui consent à s'obliger lui-même, sur une certaine conception d'utilité, jusqu'à ce qu'il lui plaise d'en adopter une autre, en vertu de sa liberté souveraine. » (Ch. Périn, *l'Ordre international*.)

Le droit et la force : théorie déterministe. — Hobbes place l'origine de l'idée de droit dans le sentiment de la force. On a l'idée de son droit dans la mesure où l'on se sent fort, et l'idée du droit d'autrui, dans la mesure où l'on a senti chez lui une force égale ou supérieure à celle que l'on possède. — On a vu, p. 676, l'opposition qu'il y a souvent entre les deux idées de force et de droit; celle-ci n'est jamais plus distincte et plus évidente que lorsqu'on l'oppose à la force injuste et triomphante.

De même *dans le système déterministe, le droit ne doit pas se distinguer de la force*. — « Si tout ce qui arrive est nécessaire et qu'il y ait de la justice dans le monde, tout ce qui arrive est juste. La justice est toujours du côté des plus gros bataillons, et les vaincus sont toujours coupables. Si le déterministe croit que le monde, dans son ensemble, est bon, il devra donc estimer tous ceux qui réussissent et mépriser tous ceux qui succombent dans la lutte pour la vie... Si, au contraire, le déterministe croit le monde mauvais, s'il est pessimiste, il doit nier qu'il y ait dans le monde aucune sorte de droit ». (Fonsegrive, *Éléments de philosophie*, II, p. 386.)

Le droit et le besoin : théorie socialiste. — Cette théorie se résume dans la formule : *A chacun suivant ses besoins*. L'homme aurait autant de droits qu'il a de besoins naturels : droit au pain, au vêtement, à l'habitation, ou même, simplement, droit au travail quand il est valide, à l'assistance quand il ne peut gagner sa vie.

— « Cette théorie n'est pas acceptable; car le droit est toujours parfaitement déterminé par rapport aux personnes qu'il intéresse et aux objets auxquels il s'applique; au contraire, le besoin est vague, indéfini. » (Id.) Comment d'ailleurs distinguer les besoins naturels, nécessaires, des besoins factices, qui ne sont que des désirs transformés en besoins par l'habitude ou par le progrès de la civilisation? Quelle règle déterminera le droit de deux ou de plusieurs hommes qui disent avoir un égal besoin d'un bien? (Voir, *Morale pratique*, 8ᵉ Leçon, ce qui est dit de l'*assistance obligatoire*.)

III. — DIVISION, SOLIDARITÉ, IMPORTANCE RELATIVE DES DEVOIRS

Division des devoirs d'après leur objet. — On classe les devoirs d'après leur *objet*, ou, ce qui revient au même, d'après les rapports qui s'imposent à l'homme et qui se ramènent à trois ordres : rapports de l'homme avec lui-même, avec les autres hommes et avec Dieu. L'homme a donc des *devoirs envers lui-même, envers ses semblables* et *envers Dieu*. Ces devoirs sont l'objet de la morale pratique, divisée en trois parties : morale individuelle, morale sociale et morale religieuse.

La division des devoirs d'après leur objet appartient à la philosophie moderne ; on la trouve, pour la première fois, dans Malebranche et quelques-uns de ses contemporains ; ils ont dû la prendre dans l'Évangile, qui la donne, en effet, très nettement : « Aime *Dieu* par-dessus toute chose et ton *prochain* comme *toi-même*. »

On a vu plus haut que les anciens faisaient rentrer tous les devoirs dans ces quatre vertus : prudence, force, tempérance, justice ; et que cette division est moins précise, moins claire, moins logique que la division moderne.

Division des devoirs d'après les lois. — Une autre classification des devoirs peut se tirer de l'espèce de lois auxquelles ils correspondent. Sous ce rapport, on peut distinguer deux classes de devoirs : devoirs imposés par la loi naturelle, devoirs imposés par les lois positives. — Les devoirs résultant d'engagements contractés rentrent dans ce précepte général de la loi naturelle : *Il faut tenir ses engagements.*

La loi morale, entendue au sens large, embrasse tous les devoirs. Elle comprend : 1° la loi *naturelle* ; 2° les lois *positives*, qui sont ou *divines* : loi primitive, loi mosaïque, loi chrétienne ; ou *humaines* : lois ecclésiastiques, lois civiles, préceptes des parents.

Remarquons qu'il s'agit toujours de respecter la loi, ou, ce qui revient au même, la volonté de Dieu connue par la raison, par la conscience, par la foi. Le respect de la loi dans nos rapports avec nous-mêmes constitue la morale individuelle ; dans nos rapports avec nos semblables, la morale sociale ; dans nos rapports avec Dieu, la morale religieuse. Ainsi tous les devoirs de l'homme peuvent se résumer dans ce principe : *Se conformer à la raison en obéissant à Dieu*, principe qui embrasse à la fois l'ordre naturel et l'ordre surnaturel.

Le respect de la loi dans nos rapports avec les êtres qui n'appartiennent pas à l'ordre moral et chez lesquels, par conséquent, il n'y a ni devoirs ni droits, ne saurait former une division à part ; il rentre dans les trois divisions précédentes ; c'est toujours en nous, dans nos semblables et dans Dieu, que la loi doit être respectée, non dans ces êtres qui lui sont étrangers ; qui sont, par leur nature, placés hors la loi morale ; qui, ne s'appartenant pas à eux-mêmes, nous appartiennent nécessairement, et sur lesquels nous exerçons un empire légitime. Comme le corps est sous la dépendance et au service de l'âme, de même le monde physique est sous la dépendance et au service du monde moral. Mais cet empire n'est légitime que s'il est moral ou raisonnable, c'est-à-dire conforme à la loi qui nous régit et qui nous défend d'abuser de notre liberté envers toute créature, quelle qu'elle soit.

« De même que la liberté divine est conduite par la raison divine, la liberté humaine est éclairée par la raison humaine, ou plutôt créée par elle. La raison crée notre liberté en nous révélant Dieu ; elle la dirige et la soutient en nous montrant en Dieu la loi sacrée qui lie Dieu lui-même à sa propre raison et ne lui permet pas d'agir, fût-ce envers un grain de poussière, sans un motif puisé dans la contemplation de son essence, qui est à la fois et toujours vérité, justice et bonté. » (LACORDAIRE.)

Unité et solidarité des devoirs. — D'après les notions que nous avons de la loi, il est facile de voir : 1° Que tous nos devoirs sont, en un certain sens, des devoirs envers Dieu et qu'il n'y a, au fond, qu'un seul devoir : Se conformer à la raison en obéissant à Dieu ; 2° Que tous nos devoirs sont solidaires et que nous ne pouvons manquer à un seul sans manquer en quelque point aux autres. Négliger ses devoirs envers ses *semblables*, par ex., c'est se dégrader *soi-même* et désobéir à *Dieu*, qui veut que nous l'aimions dans notre prochain.

On est donc dans l'erreur, quand on s'excuse d'une faute en disant : *Je ne fais de mal qu'à moi-même*. Outre que nous n'avons jamais le droit de nous nuire à nous-mêmes, c'est-à-dire de porter atteinte à notre dignité morale, de violer la loi dans nos rapports avec nous-mêmes, l'humanité est un corps dont nous sommes membres, et le mal que se fait chacun des membres frappe plus ou moins tout le corps. Aucun homme ne déchoit, aucune bonne action ne s'accomplit, sans qu'il y ait, dans une mesure que Dieu connaît, préjudice ou profit pour l'humanité tout entière.

« La vie est un tissu où les solidarités s'entre-croisent, » a dit Bastiat. Cette proposition est vraie pour la vie de l'individu, d'une famille, d'un peuple, de l'humanité ; quiconque se fait du bien ou du mal à soi-même en fait aussi aux autres, et quiconque fait du bien ou du mal aux autres s'en fait aussi et encore plus à soi-même.

Tout se tient, tout s'enchaîne dans le monde moral : chacun de nous, suivant qu'il fait le bien ou le mal, à quelque degré de l'échelle sociale qu'il se trouve et dans quelque sphère qu'il agisse, travaille au bonheur ou au malheur du genre humain, en même temps qu'à son propre bonheur ou malheur. On n'est homme, on n'est chrétien, qu'autant qu'on travaille, dans la mesure de ses forces, au bien, au salut de ses semblables, en même temps qu'au sien propre. « Il ne nous est presque jamais permis, dit Lacordaire, de retirer du drame universel une faute que nous y avons jetée. Sortie de nous une fois, elle va, elle est emportée par le cours des choses ; elle prend sa place dans le mouvement général, et, en faisant notre sort, elle fait aussi le sort de beaucoup. — Hommes, pères, citoyens, chacun de ces noms vous avertit que vous n'êtes pas seuls avec vous-mêmes, mais que votre âme est un monde où d'autres âmes puiseront indéfiniment leur vie, leurs souvenirs et leur sort. » — « Nous avons beau faire, dit Ozanam, nous ne sommes pas aussi indépendants que nous le voudrions, et nous tenons à nos pères par la responsabilité de leurs fautes et par la reconnaissance de leurs bienfaits. »

Au point de vue économique, la solidarité n'est ni moins importante ni moins facile à constater. Même en dehors de toute propriété, l'homme civilisé, l'homme qui vit au milieu d'une société organisée, est plus riche que le sauvage au milieu de ses vastes solitudes. Il jouit d'un capital commun, soustrait à l'appropriation individuelle. L'homme, en effet, ne peut retenir qu'une part dans la valeur qu'il crée par son travail ; le reste lui échappe et va grossir les richesses communes. Celui-ci aménage une forêt, défriche un champ, assainit l'air autour de lui : ses voisins en profiteront comme lui, et la santé publique s'améliorera d'autant. Celui-là construit un chemin pour son usage : des milliers de voyageurs y passeront après lui. Cet autre forme par l'éducation une race d'animaux utiles : pour en tirer profit, il devra en vendre les produits, qui iront ainsi se multipliant à l'infini. Vous découvrez une loi de la nature, vous faites une invention : votre idée, répandue dans la société, y germera de mille façons. Une solidarité telle unit les hommes, qu'en dépit de leur égoïsme la propriété de chacun profite généralement à tous, et une ruine individuelle est presque toujours une perte sociale. — (Sur cette question, on trouvera d'autres explications en *Morale pratique* et en *Économie politique*.)

Importance relative des devoirs. — *L'importance relative des devoirs se tire de l'importance relative des rapports. Les rapports entre l'homme et Dieu priment tous les autres ; les devoirs envers l'âme priment les devoirs envers le corps ; les devoirs de justice doivent être accomplis avant les devoirs de charité.*

Nous devons plus à qui nous a plus donné : ainsi nous devons plus à notre patrie qu'à un pays étranger, plus à nos parents qu'à nos concitoyens, et nous devons tout à Dieu.

C'est d'après ces principes qu'il faut résoudre les difficultés relatives au conflit des devoirs.

Règles. — 1° *Quand l'ordre des biens est en conflit avec l'ordre des devoirs, celui-là doit être subordonné à celui-ci.*

S'agit-il, par exemple, du devoir de conserver la vie et de celui de conserver l'honneur? C'est le plus important qui doit l'emporter, et l'on ne saurait sacrifier à la vie ce qui fait la valeur de la vie. — Je dois subordonner au bonheur de ma famille mon bonheur, mais non mon honneur.

2° *Les devoirs sont-ils relatifs à des groupes différents, leur importance est en raison directe de l'étendue des groupes auxquels ils s'appliquent, et les devoirs généraux passent avant les devoirs spéciaux,* suivant ces maximes de Fénelon : « Je dois plus à l'humanité qu'à ma patrie, à ma patrie qu'à ma famille, à ma famille qu'à mes amis, à mes amis qu'à moi-même. » Ainsi : « Il n'est pas permis de se conserver en ruinant sa famille, ni d'agrandir sa famille en perdant sa patrie, ni de chercher la gloire de sa patrie en violant les droits de l'humanité. » En d'autres termes, les devoirs généraux l'emportent sur les devoirs spéciaux, c'est-à-dire que les devoirs de justice et de charité (*devoirs envers l'humanité*) que chacun a à remplir envers tous les hommes, par cela seul qu'ils sont hommes, passent avant les devoirs spéciaux qu'il a à remplir envers ses compatriotes (*devoirs civiques et patriotiques*) et envers les membres de sa famille (*devoirs domestiques*); et, parmi les devoirs spéciaux, ceux qui regardent la patrie sont supérieurs à ceux qui regardent la famille. Ainsi un homme d'État, dans l'intérêt de son pays, ne peut commettre une injustice envers une nation rivale; un père de famille, par zèle pour le bonheur de ses enfants, ne peut oublier les droits d'une famille étrangère ou ennemie; si une guerre éclate, il ne peut alléguer les devoirs domestiques pour se dispenser des devoirs patriotiques. (Voir, *Morale pratique*, 1re leçon, le *Suicide*, et 9e leçon, *Patriotisme*.)

Devoirs positifs et devoirs négatifs. — Les devoirs sont dits *négatifs* ou *prohibitifs*, s'ils défendent le mal : ne faire tort à personne ; ils sont dits *positifs* ou *affirmatifs*, s'ils commandent le bien : rendre à chacun ce qui lui est dû, honorer ses parents. La distinction suivante a presque le même sens : devoirs *précis* et devoirs *larges* (cette division n'est pas classique.) Les devoirs négatifs sont tous précis, c'est-à-dire qu'ils s'imposent absolument dans toutes les circonstances possibles et ne donnent lieu à aucune incertitude ni interprétation; les devoirs larges (expression qui n'est pas heureuse, mais qui est admise et qu'il faut connaître) sont ceux dont l'application est plus ou moins laissée à notre appréciation, quant à l'objet, au temps, à la mesure, à la manière, tels que le devoir de la bienfaisance et celui de cultiver notre intelligence.

Est-il possible de ramener à une seule formule primordiale tous les préceptes de la loi naturelle ? — Certains philosophes l'ont cru. Kant a adopté successivement les deux formules suivantes : Agis dans chaque circonstance de manière que ton action puisse devenir une règle universelle. — Agis de telle sorte que tu traites toujours l'humanité, soit dans ta personne, soit dans celle des autres, comme une fin et non comme un moyen. — D'autres philosophes ont dit que la loi morale consiste à être réellement homme, à développer toutes les facultés de la nature et principalement les plus élevées.

Ces formules générales sont abstraites ; il est douteux qu'elles contiennent toutes les prescriptions de la loi naturelle ; elles ont d'ailleurs peu d'utilité[1].

« La loi naturelle se manifeste dans notre conscience sous la forme d'une série de prescriptions déterminées et distinctes qui toutes sont obligatoires par elles-mêmes. Sans doute, si nous connaissions parfaitement la nature de l'homme, son rôle dans l'univers, sa destinée, il serait facile de découvrir le lien de chaque précepte avec la nature et la fin de l'humanité. Mais Dieu ne nous a pas révélé ses desseins sur nous d'une manière si complète. Au point de vue pratique, il est mieux de s'en tenir à des préceptes d'une moins grande généralité, à ces lois claires et certaines que nous trouvons dans notre conscience. » (Abbé DE BROGLIE.)

NOTES COMPLÉMENTAIRES

Revendication du droit. — Dans un livre (*la Lutte pour le droit*) publié il y a quelques années par Rudolf Yhering, professeur de droit à l'Université de Gœttingue, la thèse développée est celle-ci : *Il n'est pas permis à un homme de reculer devant la revendication d'un droit certain.* Aux yeux du jurisconsulte hanovrien, ne pas revendiquer son droit, en toute circonstance, par crainte des ennuis qui en résulteraient et sous prétexte qu'un mauvais arrangement vaut mieux qu'un bon procès, est une erreur et une faute ; c'est travailler à détruire l'*idée* même du droit. Ainsi, pour lui, ce serait *toujours* un *devoir* de résister à l'injustice. Ne pas le faire, c'est commettre une trahison envers la chose commune ; car « qui défend son droit défend, dans le cercle de ce droit, le droit tout entier ».

— Cette doctrine, très utile en ce qu'elle est une réaction contre la tendance trop générale à *laisser faire, laisser passer*, et à oublier la solidarité qui unit les membres de la société dans le devoir de se défendre, exposée ainsi, d'une façon absolue, est une exagération en sens contraire ; elle ne tient pas assez compte de la distinction nécessaire entre la *justice* et de la *charité*. « On ne saurait sans erreur, disent les *Etudes religieuses* (partie bibliogr., oct. 1890), étendre cette théorie à tous les cas : il est des droits dont l'exercice est nécessaire pour l'accomplissement d'un devoir ; il en est qui n'ont point ce caractère. Des motifs légitimes peuvent engager à sacrifier ces derniers, même sans s'élever jusqu'aux sentiments de l'humilité et de l'abnégation chrétiennes. La thèse du professeur de Gœttingue tend à trop absorber l'individu dans la société, le bien privé dans l'intérêt public, et à réduire toutes les vertus à la justice. »

Caractères du devoir. — « Qui dit devoir, obligation, dit à la fois deux choses en apparence inconciliables : nécessité et contingence. Nécessité : il faut adorer Dieu ; il faut respecter la vie, les biens, l'honneur de son semblable. Contingence : je puis refuser à Dieu mon hommage ; je puis tuer, dépouiller, diffamer l'homme que je n'aime pas. La synthèse de ces deux termes opposés constitue la moralité. Une nécessité qui admet dans le sujet le pouvoir de s'y soustraire est une nécessité morale. Dans l'ordre physique, vous ne trouverez rien de pareil. Pourquoi ? Parce que la liberté manque. Si la pierre qui tombe avait le pouvoir de s'arrêter au milieu de sa chute, la loi de gravitation n'existerait pas. Une seule résistance constatée suffirait à détruire la prétendue nécessité. Dans l'ordre moral, c'est tout autre chose : la loi de la volonté est de préférer le bien ; parce qu'elle est libre, la volonté peut-frustrer la loi ; mais ses révoltes ne peuvent rien pour l'abolir. Après mille refus de service, elle n'a pas entamé le devoir ;

---

[1] Ces formules systématiques ou ces abstractions occupent l'esprit et n'ébranlent pas la volonté. Pour saisir efficacement l'esprit et ébranler la volonté, outre des préceptes précis, concrets, multipliés comme les circonstances qui en exigent l'application, il faut la sublimité des motifs et la perfection du modèle qu'offre la Révélation. « La religion naturelle, dit Droz, ne suffit pas à nous guider dans la vie, parce qu'elle propose des préceptes trop vagues pour devenir une croyance, et parce qu'elle prescrit des devoirs trop flexibles pour devenir une règle. »

il reste ce qu'il était, il redit son commandement, il revendique l'obéissance, il demeure solidaire de l'ordre éternel.

« ... De ces notions... se dégage une conséquence de la plus haute importance : c'est que le devoir a une valeur absolue. Les forces physiques ne sont pas absolues, elles sont fortes à l'égard de ce qui est plus faible qu'elles, faibles à l'égard de ce qui est plus fort. Ainsi cette muraille m'emprisonne : mon bras n'est pas assez fort pour la renverser ; j'aurai recours à la dynamite, je ferai sauter l'obstacle, j'aurai vaincu sa force relative. Mais que faire contre le devoir ? J'épuiserai tout mon pouvoir en le violant, et quand j'appellerais à mon aide toutes les volontés humaines et angéliques pour le violer des millions de fois, il n'aurait pas reculé d'une ligne. Aucune force n'est de même ordre que lui, aucune ne peut le dominer. Il est d'avance supérieur à tout ce qu'on lui oppose. C'est ce qu'on exprime en disant qu'il est absolu...

« Le devoir, ainsi considéré dans son autorité absolue, qu'est-il ? C'est l'ordre idéal des actions raisonnables. Les actions instinctives sont ordonnées par la nature ; les actions raisonnables sont ordonnées par le devoir.

« Quel est cet ordre ? C'est que le moyen soit rapporté à la fin, la fin secondaire à la fin supérieure. Renverser cet ordre, préférer le moyen à la fin, se constituer une fin dernière inférieure à celle pour laquelle on est fait, c'est violer la loi de l'être, c'est pécher. Choisissez tel type qu'il vous plaira d'actions reconnues coupables, dénoncées par la réprobation unanime des consciences humaines, vous y verrez toujours une violation de l'ordre des fins, un renversement des préférences raisonnables. Voici le blasphème : c'est le mépris direct et formel du souverain Bien. Voici l'intempérance, la volupté ; c'est le plaisir des sens, qui est un moyen préféré à la conservation de l'individu ou de l'espèce, qui est une fin...

« ... Jusqu'ici nous sommes restés dans l'abstraction ; je ne vous ai pas parlé de Dieu... Du devoir à Dieu, il n'y a qu'un pas à faire. Cette hiérarchie des fins qui fait la valeur absolue du devoir, sur quoi repose-t-elle ? Il lui faut un support : elle le trouve en Dieu, qui est le souverain Bien. S'il y a des biens relatifs, des biens plus grands et d'autres moins grands, c'est qu'il y a un Bien parfait, un être qui est le bien sans mélange, le bien en soi, aimable pour lui-même et qui n'a pas besoin d'être comparé pour prendre toute sa valeur.

« Ce Bien parfait, c'est le premier Être, c'est le type de tout ce qui peut être, la cause de tout ce qui est, le terme de tout ce qui devient...

« Une fois en possession du vrai Dieu, nous ne serons plus embarrassés pour justifier le caractère obligatoire du bien moral. En Dieu, toutes les essences trouvent leur support, toutes les existences leur origine. Quand il crée, c'est pour réaliser hors de lui ce qu'il voit en lui-même. Et comme la pensée divine est la raison de l'ordre, la volonté divine est la cause qui l'actualise, Dieu veut que l'ordre soit respecté ; Dieu fait prévaloir cette volonté par la contrainte dans la création inférieure ; dans le domaine du libre arbitre, il entend qu'elle se fasse obéir par l'intimation du devoir. » (Mgr D'HULST, 4e *Conférence, Carême* 1891.)

Dieu a-t-il des devoirs ? — Dieu étant la source du droit, la raison première et dernière de tout droit et de tout devoir, la loi éternelle, la loi morale vivante, aucune créature, par son droit propre, qui n'est qu'une participation au droit de Dieu, ne peut lui imposer un devoir.

Être absolu et cause première, il ne peut être dépendant ; il ne peut rien devoir à personne ; il ne peut être lié que par ses promesses. « La volonté de Dieu dépend de sa sagesse, de sa bonté, de sa justice, et borne seule son pouvoir. » (JOUBERT.)

« Dieu ne nous doit rien, dit saint Augustin ; sa promesse seule le rend notre débiteur, sans qu'il ait rien reçu de nous. » — « Qui lui a donné le premier, pour en recevoir une rétribution ? » (Saint PAUL, Rom., XI, 35.)

Ces affirmations ne doivent pas faire oublier que Dieu se doit à lui-même, d'agir en Dieu, d'être conséquent avec lui-même. Qui peut, par exemple, se porter notre garant contre Dieu qu'il n'anéantira pas notre âme, qui de sa nature est immortelle ? « Dieu lui-même, sa justice et sa sagesse s'opposent à ce que nous soyons anéantis. Rien de libre et d'indépendant comme Dieu à l'égard de la créature ; devant lui, les natures les plus nobles sont comme si elles n'étaient pas, et notre néant ne saurait jamais fonder le moindre droit à l'égard du Créateur. Mais Dieu peut s'engager et, de fait, il s'engage lui-même à l'égard de lui-même. Il est libre incontestablement de ne pas créer un seul être ; mais dès l'instant qu'il le crée, Dieu se doit à lui-même de traiter cet être conformément à la nature qu'il lui a donnée. C'est en cela, suivant saint Thomas, que consiste pour Dieu la justice envers les créatures. Sa Sagesse lui fait aussi un devoir de ne pas tenir une conduite qui se contredise; et Dieu se contredirait dans sa conduite si, produisant à l'existence un être avec une nature, il traitait cet être comme en ayant une autre. L'homme se croit obligé à montrer de la constance et de la suite dans ses conseils et dans ses œuvres, qu'en doit-il être de Dieu? Il est donc de la sagesse et de la justice de Dieu de traiter les êtres suivant leur nature particulière. Or l'âme humaine a une nature qui demande l'immortalité; Dieu doit donc à sa Justice et à sa Sagesse, supposé qu'il crée une âme humaine, de la conserver immortelle. » (*Dict. apologétique*, Âme.)

TABLEAU ANALYTIQUE

DEVOIR ET DROIT

I. Vertu, loi, devoir et droit.
- La vertu est pour l'homme un devoir et un droit :
- — Un *devoir*, parce que la loi morale la prescrit;
- — Un *droit*, parce que tout ce que la loi morale prescrit comme un devoir, personne n'a le droit de l'empêcher.
- — La loi morale rend l'homme inviolable dans l'usage qu'il fait de ses facultés pour lui obéir.
- Le devoir et le droit sont la loi morale sous deux aspects différents :
- — C'est le *droit*, en tant qu'elle est l'ordre établi par Dieu pour conduire l'homme à sa fin;
- — C'est le *devoir*, en tant qu'elle oblige, qu'elle commande.

Droit et force.
- Le droit ou *pouvoir moral* s'oppose à la *force* ou *puissance physique*.
- La force peut opprimer le droit, elle ne peut le primer.
- « La raison du plus fort n'est pas toujours la meilleure. »
- La force doit être au service du droit. Celui-ci est imprescriptible, inviolable, immortel, et peut toujours être revendiqué. — On ne peut invoquer contre lui le *fait accompli*.

Caractères du droit.
- L'idée du droit, considéré en soi, a les caractères des idées rationnelles.
- Elle est *à priori* : on ne saurait constater empiriquement l'inviolabilité que la raison attribue à la personne;
- Le droit est *universel*, comme la loi morale;
- *Inviolable* : expression d'une nécessité idéale inconditionnelle, il subsiste alors même qu'on le méconnaît ou qu'on le viole;
- *Inaliénable* : la personne ne peut faire abandon de ses droits sans s'avilir;
- *Exigible* : on peut recourir à la force pour le faire respecter;
- *Antérieur* et *supérieur* à tous droits positifs : ceux-ci ne sont légitimes que s'ils sont fondés sur celui-là.

Corrélation du devoir et du droit.
- Le devoir et le droit sont corrélatifs.
- Le devoir suppose, implique le droit; mais la réciproque n'est pas toujours vraie, absolument au moins : Le droit s'étend à plus de choses que le devoir.
- Il y a des choses que nous avons le droit de faire et qui ne sont pas des obligations.
- Tout acte que la loi ne défend pas, nous avons le droit de le faire, pourvu qu'il ne porte pas atteinte aux droits d'autrui.

Droits que nous ne pouvons abdiquer.
- Il est des droits que nous ne pouvons abdiquer : ce sont ceux qui sont nécessaires à l'accomplissement de nos devoirs. — On les appelle droits *incessibles*.

Dignité de la personne humaine.	Ce qui constitue l'éminente dignité de la personne humaine, c'est sa nature intelligente et libre, d'où découle le droit de disposer librement de ses facultés pour atteindre sa fin. Les animaux et les autres êtres inférieurs n'ont ni devoirs ni droits. L'homme ne peut jamais se traiter ni être traité comme une chose. Même celui qui manque à son devoir ne perd pas ses droits; il devient seulement moins digne de les revendiquer et de les exercer.
II. Origine du devoir et du droit. Fausses théories sur l'origine du droit.	Le devoir et le droit ont leur origine en Dieu. Dieu est le principe du devoir, parce qu'il est la loi suprême; Il est le principe du droit, parce qu'il est le souverain maître du monde; Il est le principe du droit social comme du droit individuel, et tous les droits des créatures ne sont qu'une participation aux droits du Créateur. — Rigoureusement parlant, Dieu seul a des droits. 1° Rousseau a donc tort, quand il fait dériver le droit social du droit individuel, en vertu d'un contrat primitif. 2° De même ceux qui font dériver le droit individuel du droit social de l'État. — L'État ne crée rien, il doit seulement régler et protéger les droits existants; 3° D'après Kant, le droit naturel, c'est l'ensemble des conditions suivant lesquelles la liberté de chacun peut coexister avec la liberté de tous. — La liberté ne suffit pas pour constituer le droit, il faut y ajouter l'idée de bien obligatoire. 4° « Le droit, c'est tout ce qui est utile et qui n'est pas contraire aux intérêts d'autrui. » (STUART-MILL.) — Non, à moins qu'on n'entende par intérêt le devoir; cette définition est insuffisante. 5° D'après Hobbes, l'idée du droit viendrait de la conscience de la force. — L'expérience réfute suffisamment cette grossière théorie du déterminisme. 6° Enfin les socialistes ont dit : « L'homme a autant de droits qu'il a de besoins naturels. » — Théorie inacceptable, car il est impossible que le droit soit mobile et indéterminé comme le besoin. — La vraie doctrine a été donnée ci-dessus.
III. Division des devoirs.	On divise les devoirs d'après leur *objet*, ou d'après les *rapports qui s'imposent à l'homme*. Ce sont : 1° Rapports de l'homme avec lui-même : objet de la morale individuelle; 2° Rapports de l'homme avec ses semblables : objet de la morale sociale; 3° Rapports de l'homme avec Dieu : objet de la morale religieuse. Une autre division des devoirs peut se tirer *de l'espèce de lois auxquelles ils correspondent* : 1° Devoirs imposés par les lois positives; 2° Devoirs imposés par la loi naturelle, y compris ceux résultant d'engagements contractés. Observons que la loi morale embrasse tous les devoirs, quelle que soit la division adoptée. Il s'agit toujours de respecter la loi, expression de la sagesse et de la volonté de Dieu; d'où la formule générale : *Se conformer à la raison en obéissant à Dieu*. — Cette formule nous montre pourquoi nos devoirs à l'occasion des êtres inférieurs (les choses) ne constituent pas une classe à part : il s'agit toujours de respecter la loi en se conformant à la raison. La division des devoirs par rapport à leur objet appartient à la philosophie moderne. Malebranche l'a employée le premier; elle est conforme à l'Évangile : « Aime *Dieu* par-dessus tout, et ton prochain comme *toi-même*. » — Nous avons vu que les anciens faisaient rentrer tous les devoirs dans les quatre vertus cardinales.

DEVOIR ET DROIT (Suite.)

Unité et solidarité des devoirs. — De ce qu'on fait plusieurs classes de devoirs, il n'en résulte pas que ces devoirs soient indépendants les uns des autres. Au fond, tous sont des devoirs envers Dieu et peuvent se ramener à la formule générale donnée plus haut. De plus, ils sont solidaires, et manquer à un, c'est manquer en quelque point à tous les autres.

— La formule : « Je ne fais de mal qu'à moi-même, » et autres semblables, sont des sophismes au point de vue social, moral et même économique. — Partout, « la vie est un tissu où les solidarités s'entrecroisent, » (BASTIAT.)

Importance relative des devoirs.
L'importance relative des devoirs se tire de l'importance des rapports :
1° Les devoirs envers Dieu priment tous les autres;
2° Les devoirs envers l'âme priment les devoirs envers le corps;
3° Les devoirs de justice priment les devoirs de charité, etc.
— Règles relatives au conflit des devoirs : 1° Quand l'ordre des biens est en conflit avec l'ordre des devoirs, celui-là doit être subordonné à celui-ci; par exemple, je dois préférer l'honneur, qui est un *devoir*, à la vie, qui est un *bien*; 2° Si les devoirs sont relatifs à des groupes différents, leur importance est en raison directe de l'étendue des groupes auxquels ils s'appliquent : les devoirs généraux passent avant les devoirs spéciaux.

Devoirs positifs et devoirs négatifs.
Les devoirs sont dits *négatifs*, s'ils défendent le mal; *positifs* ou affirmatifs, s'ils commandent le bien.
Les premiers sont dits aussi devoirs stricts ou précis; les autres, devoirs larges.
Les premiers sont toujours obligatoires; les seconds sont facultatifs quant à l'objet, au temps, aux personnes, etc.

11ᵉ LEÇON

JUSTICE ET CHARITÉ

Deux vertus : la *justice* et la *charité*, ou deux maximes tirées de l'Évangile : *Ne fais pas aux autres ce que tu ne veux pas qu'ils te fassent ; — fais pour eux ce que tu veux qu'ils fassent pour toi,* résument les devoirs de la morale sociale, ou devoirs de l'homme envers ses semblables. L'homme *juste*, l'*honnête* homme ne fait pas aux autres ce qu'il ne veut pas que les autres lui fassent ; l'homme *charitable*, l'homme de *bien* fait pour les autres ce qu'il désire que les autres fassent pour lui.

Il va sans dire que ces deux maximes doivent être entendues dans leur vrai sens, celui d'une volonté raisonnable, qui ne veut pour elle-même que ce qui est conforme à la loi du bien.

« Faites aux hommes tout ce que vous voulez qu'ils fassent pour vous. » Cette expression : « tout ce que vous voulez, » ne doit pas être prise ici, dit saint Augustin, dans son sens ordinaire et général, mais dans la signification propre du mot. Or la volonté n'existe que dans les bons ; dans les mauvais ce n'est pas de la volonté, c'est, « à proprement parler, de la cupidité, » c'est-à-dire une volonté mauvaise. Bossuet a dit de même que « la raison qui suit les sens et s'y asservit est une raison corrompue et qui ne mérite plus le nom de raison ».

I. — JUSTICE

Définition. — La justice, vertu sociale, est le *respect des droits d'autrui*. Le droit est sacré, on vient de le voir, dans la leçon précédente. L'être raisonnable et libre est inviolable dans l'usage légitime de ses facultés. D'après Cicéron, la justice consiste essentiellement à ne nuire à personne et à rendre à chacun ce qui lui est dû. Le jurisconsulte Ulpien la définissait : « une constante et perpétuelle volonté d'accorder à chacun son droit. »

Il ne faut pas, avec Littré, ne voir dans la justice qu'une idée purement intellectuelle, l'idée de *compensation* régie par la loi mathématique d'égalité. Cette théorie donne bien la mesure de la justice, mais elle supprime l'élément moral, l'obligation. Pourquoi est-on tenu de rétablir l'égalité violée ? Elle ne peut pas le dire.

Fondement des devoirs de justice. — Le *fondement* des devoirs de justice, c'est le *droit*. Ce qui les caractérise, c'est que, répondant à un droit précis et déterminé, on peut employer la contrainte pour les faire observer (excepté pour la reconnaissance) ; la *contrainte*, c'est-à-dire qu'on peut recourir, pour les exiger ou les faire respecter, à l'intervention de la société, aux tribunaux et à la force publique, ou même, dans certains cas, user personnellement du droit de *légitime défense*, qui est comme un supplément ou un pouvoir d'exigibilité de tous les autres droits.

Obligations comprises dans la justice. — Les obligations comprises dans la justice sont : 1° *respect des droits du prochain*, obligation négative et universelle; 2° *réparation des torts commis*, obligation positive et personnelle à celui qui a commis le tort; 3° *observation des engagements*[1], obligation positive et personnelle à celui qui s'est engagé; 4° *reconnaissance*, obligation positive et personnelle à celui qui a reçu un bienfait. — La première obligation répond à la formule négative de la justice : *ne nuire à personne*, c'est un devoir d'abstention; les trois autres répondent à la formule positive : *rendre à chacun ce qui lui est dû*, c'est un devoir d'action.

Les trois premières obligations sont de stricte justice, et l'on peut employer la contrainte pour les faire remplir; il n'en est pas de même de la quatrième. « Celui qui a reçu quelque bienfait signalé, dit Pothier, est obligé de rendre à son bienfaiteur tous les services dont il est capable, s'il en trouve l'occasion; il pèche et il se déshonore, s'il y manque; mais son bienfaiteur n'a aucun droit d'exiger de lui ces services. »

Justice distributive. — La justice est dite *commutative* en tant qu'elle préside aux échanges et oblige à rendre autant qu'on reçoit : elle est dite *distributive*, quand elle exprime l'obligation où se trouve le chef de l'État, le chef d'une administration de distribuer les fonctions, les places et les honneurs, suivant les aptitudes et les mérites des différents membres de la société. La justice distributive établit une égalité de proportion fondée sur l'inégalité des personnes, c'est-à-dire qu'elle proportionne les emplois et les dignités aux aptitudes et aux mérites. Elle exige, par exemple, que, dans une société industrielle et commerciale, la part de bénéfices destinée à chacun soit proportionnelle à la part du capital qu'il a apportée.

Les sophismes sur lesquels reposent les théories communistes sont la négation même de la justice distributive. Prétendre mettre sur la même ligne l'homme intelligent et habile et l'ignorant incapable, le travailleur et le paresseux, est à la fois chimérique et injuste. Plus un homme rend de services dans la société, plus il doit être rémunéré. C'est la grande règle qui préside à la répartition des biens et explique, en partie, l'inégalité des conditions sociales.

Enfin, la justice distributive exige que les tribunaux proportionnent le châtiment du coupable au crime qu'il a commis. C'est la justice pénale.

---

[1] Remarquons qu'il y a des promesses qui sont des engagements de stricte justice et d'autres qui n'ont pas ce caractère, mais qu'on est cependant coupable de ne pas accomplir; par exemple, la parole donnée sans intention de conférer à celui qui la reçoit un droit rigoureux.

Deux sortes d'injustice. — Il y a l'injustice que l'on fait et celle qu'on laisse faire, pouvant l'empêcher. Tous les hommes sont solidaires, et ils doivent se considérer comme personnellement atteints toutes les fois que la justice est violée dans l'un de leurs semblables. Le droit est le patrimoine de chacun et de tous. Il est donc du devoir de chacun de le défendre chez tous, et du devoir de tous de le défendre chez chacun. Pour employer le langage rigoureusement philosophique, il faudrait dire que c'est *le droit*, plutôt que *mon* droit ou *votre* droit, qui est violé en vous ou en moi par une injustice. Une injustice faite à un seul est une menace pour tous, a dit Montesquieu, se plaçant au point de vue de l'intérêt.

On peut citer, pour le cas de vol, comme exemple des deux sortes d'injustice, l'obligation de restituer provenant non seulement de la détention du bien d'autrui, mais encore de l'acceptation injuste à laquelle on a consenti; quiconque est la cause d'un vol est obligé à la restitution. Cette obligation se contracte : *directement*, quand on porte une personne à dérober quelque chose, soit en lui donnant des ordres, des conseils, des approbations ou des louanges, soit en lui fournissant un refuge ou des secours, soit en partageant avec elle le butin, comme complice du vol; *indirectement*, lorsqu'on ne s'oppose pas à une injustice que l'on peut et que l'on doit empêcher; par exemple, en omettant de donner un ordre qui préviendrait le vol, en refusant un conseil efficace, en ne révélant pas l'injustice commise. (D'après saint Thomas.)

Degrés de la justice. — On peut distinguer quatre degrés dans la justice : 1° ne pas rendre le mal pour le bien : *ne pas être ingrat*; 2° ne pas faire de mal à ceux qui ne nous en font pas et empêcher, autant que possible, qu'on n'en fasse à personne : *ne pas être méchant ni complice des méchants*; 3° ne pas rendre le mal pour le mal : *ne pas se venger*; 4° rendre le bien pour le bien : *être reconnaissant*[1].

II. — CHARITÉ

Définition. — La charité, c'est l'*amour du prochain*; elle nous porte à lui vouloir et à lui faire du bien; elle consiste dans le *dévouement*, c'est-à-dire dans le sacrifice du bien personnel au bien de tous, de notre bonheur au bonheur d'autrui. On connaît le mot de Leibniz : Aimer, c'est mettre son bonheur dans le bonheur d'autrui; c'est faire sa félicité de la félicité d'un autre. La charité est moins dans le secours apporté à la souffrance que dans le don libre et gratuit de soi.

---

[1] « Une circonstance essentielle à la justice que l'on doit aux autres, c'est de la faire promptement et sans différer : la faire attendre, c'est injustice. » (LA BRUYÈRE.)

Il faut bien entendre la formule qui résume les devoirs de charité : le bien que nous devons vouloir pour nos semblables, c'est celui que nous devons vouloir pour nous-mêmes, celui qui est le perfectionnement sous toutes ses formes de la personne morale, celui qui nous rend meilleurs et plus heureux. Aimer la personne morale, comme telle, c'est aimer ce par quoi et pour quoi elle est, la vérité, la justice, le bien, tout ce qui dépasse la vie et lui donne du prix.

Caractères qui distinguent les devoirs de charité de ceux de justice. — Les devoirs de justice sont *déterminés* : ils ne laissent aucune part à la libre interprétation de l'individu ; ils obligent sans restriction et semblablement à l'égard de tous ; il n'y a, en somme, qu'une manière d'être juste, c'est de payer ce qu'on doit, de réparer les torts qu'on a faits, de faire ce à quoi l'on est tenu par le respect des droits ; — les devoirs de charité sont *indéterminés* : ils laissent à l'individu une certaine latitude ; ils obligent indifféremment, suivant les moyens, les circonstances, les lieux ; on peut être charitable de bien des façons et à bien des degrés, cela dépend surtout de la générosité du cœur.

Après toute violation de la justice, on est obligé à réparation ou restitution ; il n'en est pas de même, quand on a manqué à la charité. Les devoirs de charité ne correspondent pas à des droits dans celui qui en est l'objet, non que ces droits n'existent pas, mais, au lieu d'appartenir à l'individu et de pouvoir être revendiqués par lui, c'est dans le genre humain pris en masse et en Dieu qu'ils résident.

Ainsi, la justice reconnaît des droits égaux, définis, inhérents à chaque personne humaine ; la charité n'admet qu'un droit indéfini et collectif, qui peut être réparti parmi les individus dans des proportions diverses, à cause de la diversité de leurs qualités.

Saint Paul a admirablement caractérisé la charité : « Elle est patiente, dit-il, elle est bienfaisante, elle n'est point jalouse, elle n'est point téméraire, elle ne s'enfle point. Elle ne fait rien contre la bienséance, elle ne cherche point ses propres intérêts. Elle ne s'aigrit pas, elle ne pense pas le mal. Elle souffre tout, elle croit tout, elle supporte tout. » (I Cor. XIII.)

Fondement des devoirs de charité. — Au point de vue *psychologique*, la charité a son origine dans la sympathie de l'homme pour l'homme, dans le besoin de dévouement et de sacrifice, qui est une des inclinations les plus élevées du cœur humain.

Au point de vue *rationnel*, les devoirs de charité sont fondés : 1° Sur la nature même de la société et sur l'intérêt général. « Il se faut entr'aider ; c'est la loi de nature, » dit le fabuliste. Sans charité, on a une société sans liens, ou plutôt toute société est impossible ; chacun se cantonne dans la revendication jalouse et la jouissance égoïste de son droit ; c'est le règne de l'*individualisme*, du chacun pour soi.

L'homme est constitué pour vivre en société, et sa destinée ne peut être séparée de celle de ses semblables : ni au point de vue physique, ni au point de vue intellectuel et moral, l'individu ne peut se suffire. La société apparaît comme un organisme dont les parties sont liées et solidaires, ou comme un vaste atelier où tous les travaux se tiennent, où tous les ouvriers se prêtent un mutuel secours. — Les devoirs de justice sont d'ailleurs, comme nous le verrons, impraticables sans la charité.

2° « *Sur la communauté d'origine et de destinée entre les hommes.* — Par le fait que les hommes sont nos semblables, nous leur devons de l'affection et nous devons leur faire du bien. Cette raison est encore plus forte, quand on admet, conformément au récit de la Bible, que la science paraît confirmer, que cette communauté de nature provient d'une communauté d'origine; que les hommes sont non seulement semblables, mais réellement frères. Ainsi considérés, les devoirs de charité prennent le nom de devoirs d'humanité. » (DE BROGLIE, *Dieu, la conscience, le devoir.*)

Nécessité du dévouement. — Quelque sublime qu'elle soit, la loi du dévouement est une loi nécessaire, dont ni la société ni l'individu ne peuvent se passer. L'ordre ne peut régner dans la société, et chacun des membres qui la composent ne peut atteindre sa fin que si, en accomplissant sa tâche, il ne se propose pas pour unique but son intérêt personnel, mais le *bien général* de la communauté. Ce bien ne peut être réalisé que par l'union des efforts, par le concours des volontés.

L'expérience montre que la loi du dévouement s'accomplit à tous les degrés de la hiérarchie sociale : il n'y a pas une seule profession, pas une seule situation où le sacrifice ne trouve sa place. Il est dans le commandement, aussi bien que dans l'obéissance; il est dans la famille, comme dans la religion et l'éducation, comme dans les recherches de la science et les créations de l'art; il est dans les dangers et les fatigues de la guerre, dans les travaux de l'agriculture et de l'industrie, dans les entreprises du commerce.

Cela est vrai des relations purement individuelles, aussi bien que de la société considérée comme un être collectif ; on a souvent besoin des autres, souvent besoin « d'un plus petit que soi ».

« Quand je parlerais toutes les langues des hommes et des anges, dit saint Paul, si je n'ai point la charité, je ne suis qu'un airain sonnant, une cymbale retentissante... Et quand je distribuerais tout mon bien pour nourrir les pauvres, et que je livrerais mon corps pour être brûlé, si je n'ai point la charité, tout cela ne me sert de rien. » (I Cor. XIII.)(Voir p. 823-824.)

Degrés de la charité. — Les divers degrés de la justice, que nous avons énumérés plus haut et qui constituent l'honnêteté naturelle, ne sont qu'une partie du devoir. L'homme de bien, l'homme vertueux, ne s'arrête pas là : il remplit toute la loi. Inspiré par l'amour, qui est, selon saint Paul, « la plénitude de la loi, » et non pas seulement par la justice, qui n'en est qu'une partie, il monte de deux degrés plus haut: *il se dévoue, il fait du bien à ceux qui ne lui ont fait ni bien ni mal.* C'est le premier degré de la charité. De plus, *il rend le bien pour le mal,* ce qui est le second degré.

M. P. Janet fait remarquer que ce second degré n'a pas de nom dans notre langue et que cette sublime vertu, qui consiste à rendre le bien pour le mal, n'a nulle part sa plus belle expression que dans ces maximes de l'Évangile : « Vous avez appris qu'il a été dit : Vous aimerez votre prochain et vous haïrez votre ennemi. Et moi je vous dis : Aimez vos ennemis ; faites du bien à ceux qui vous haïssent et priez pour ceux qui vous persécutent et vous calomnient. »

Sentiments et actes qui inspirent et mettent en exercice la charité. — 1° La *bienveillance*, disposition à vouloir du bien aux autres ; 2° la *bonté* ou *bienfaisance*, disposition à faire du bien aux autres. Passer de la bienveillance à la bienfaisance, c'est passer du domaine du sentiment à celui de l'action. « Les bons mouvements ne sont rien, dit Joubert, s'ils ne deviennent de bonnes actions. » La bienveillance nous achemine à la bienfaisance : bien vouloir, c'est être prêt à bien faire ; 3° le *dévouement*, disposition à trouver sa joie dans le service des autres, à mettre son bonheur dans le leur ; 4° le *sacrifice*, renoncement à soi-même pour le bien d'autrui. Poussé à son extrême limite, le sacrifice devient l'*héroïsme*. Se dévouer, se sacrifier, c'est se donner. Le don de soi implique la possession de soi. « On se donne d'autant mieux, dit Lacordaire, qu'on se possède avec plus de plénitude. » Celui qui est sous l'empire des passions ou esclave du vice, ne se possède pas et ne saurait se donner, se dévouer ; 5° le *pardon des injures*, qui consiste non seulement dans la volonté de ne pas rendre le mal pour le mal, mais de rendre le bien pour le mal.

La charité est-elle obligatoire ? — Qui dit devoir, dit obligation, c'est-à-dire lien moral, nécessité morale. Un devoir non obligatoire ne serait pas un devoir. Les devoirs de charité ne sont pas moins impérieux que ceux de justice, ni moins nécessaires à l'existence de la société : on est aussi obligé d'être charitable qu'on l'est d'être juste, et on viole la loi morale en ne faisant pas de bien, comme en faisant du mal[1] ; mais ces devoirs ne correspondent pas à des droits dans celui qui en est l'objet, et on ne peut employer la contrainte pour les faire observer. Comme ils ne sont pas permanents à la façon des devoirs de justice, qui subsistent jusqu'à ce qu'ils aient été remplis, comme ils cessent individuellement d'exister, quand l'occasion qui leur a donné naissance est passée, leur réalisation est plus ou moins laissée à notre libre interprétation, quant à l'objet, au temps, à la manière, à la mesure.

Ils ne laissent pas pour cela une plus grande indépendance à celui qui en est le sujet. Nous ne sommes pas toujours indépendants en présence du bien

---

[1] Il est remarquable que, dans l'Évangile, les réprouvés sont condamnés pour n'avoir pas fait le bien, pour n'avoir pas pratiqué la charité. (S. MATTH., XXV, 41.).

clairement connu et vraiment réalisable pour nous. La pratique des conseils évangéliques, disent les théologiens, peut devenir, en certaines circonstances, un devoir rigoureux de conscience. Le bien le meilleur n'est cependant pas, comme tel, obligatoire, et ce n'est qu'indirectement et accidentellement que les conseils peuvent le devenir.

Il faut aussi distinguer le *devoir de charité*, qui accomplit ce qui est nécessaire pour ne pas faillir, et la *vertu de charité*, qui va au delà et sacrifie, non pas seulement l'égoïsme, mais le bonheur personnel au bonheur d'autrui.

Il va de soi que la charité implique la justice : il faut payer ses dettes avant de faire l'aumône ; il ne faut pas nuire à un homme pour en servir un autre ; il ne faut pas corrompre ou avilir le pauvre, sous prétexte de le secourir. Dans l'homme vertueux, dans l'homme de bien, il y a tout d'abord l'*honnête homme*.

« Tel soulage les misérables, dit la Bruyère, qui néglige sa famille et laisse son fils dans l'indigence. Un autre élève un nouvel édifice, qui n'a pas encore payé les plombs d'une maison qui est achevée depuis dix années. Un troisième fait des présents et des largesses et ruine ses créanciers. Je demande : la pitié, la libéralité, la magnificence, sont-ce les vertus d'un homme injuste ou plutôt si la bizarrerie et la vanité ne sont pas les causes de l'injustice ? »

III. — RAPPORTS DE LA JUSTICE ET DE LA CHARITÉ

La justice est impraticable sans la charité. — « Les hommes ne sont justes qu'envers ceux qu'ils aiment. » (JOUBERT.)

Celui qui n'aime pas ses semblables comprend difficilement leurs droits et plus difficilement encore les respecte. Il ne les comprend pas : les vérités morales veulent être saisies à la fois par la raison et par le cœur ; il ne les respecte pas : la charité seule nous rend capables des sacrifices qu'exige la stricte justice, par exemple, de l'oubli de toutes les considérations personnelles, oubli sans lequel il est impossible d'être juste [1]. « On ne peut être juste, si l'on n'est humain, » a dit Vauvenargues.

La maxime : *Summum jus, summa injuria : Extrême justice, extrême injustice*, signifie que la justice devient excessive, insupportable, quand elle use de tous ses droits. Il y a, en effet, de graves inconvénients, et l'on risque d'être souverainement injuste à faire, de la justice et de la charité, deux domaines absolument distincts, à s'en tenir toujours rigoureusement à son droit et à ne vouloir mesurer sa conduite qu'à un même étalon de justice établi une fois pour toutes. Sans doute, il faut revendiquer résolument ses droits naturels, ceux qui sont essentiels à la vie morale ; mais si l'on ne veut rien céder, même des droits secondaires, si l'on ne veut faire pour les autres ce que l'on voudrait qu'ils fissent pour soi, alors c'est l'*homo homini lupus*, de Hobbes, et toute société est impossible. Les principes du droit, soit naturel, soit positif, conçus

---

[1] « L'ordre de la société repose sur deux vertus : justice et charité. Mais la justice suppose déjà beaucoup d'amour ; car il faut beaucoup aimer l'homme pour respecter son droit qui borne notre droit et sa liberté qui gêne notre liberté. Cependant la justice a des limites ; la charité n'en connaît pas. Pressé par ce commandement de faire à autrui le bien qu'il se veut à lui-même, et se voulant un bien infini, celui qui aime les hommes ne trouvera jamais qu'il ait assez fait pour eux, jusqu'à ce qu'il ait consumé sa vie dans le sacrifice et qu'il meure en disant : Je suis un serviteur inutile. » (OZANAM, I, 1re Leçon.)

en termes généraux, édictent ce qui est juste en soi ou dans la majeure partie des cas. Pour les appliquer aux cas particuliers, souvent très complexes, il faut se défier de la lettre et s'inspirer de l'esprit.

« La lettre de la justice, c'est de ne rien faire de contraire aux droits d'autrui ; l'esprit, c'est de respecter, dans les autres hommes, des êtres qui participent comme nous à la personnalité morale. Supposons qu'on méprise, qu'on haïsse au fond ses semblables et qu'on exerce ses droits de la façon la plus inhumaine pour eux, mais sans rien faire qui soit matériellement contraire à leurs droits ; tel, par exemple, un riche propriétaire qui laisse pourrir ses moissons et fait condamner à la prison des malheureux, coupables de lui avoir dérobé quelques gerbes : il est clair que le droit n'est plus ici que le masque de l'injustice. » Il faut donc s'inspirer, non de la justice entendue à la lettre, en un sens étroit et dur, mais de l'équité ou justice selon l'esprit, qui fait que l'on se relâche à propos de la rigueur de son droit, pour traiter autrui comme on voudrait raisonnablement être traité par lui. L'équité complète la justice stricte et achemine vers la charité.

Bien qu'il n'y ait pas de véritable justice sans charité, ni de véritable charité sans justice ; qu'il n'y ait pas de véritable honnête homme qui ne soit, dans une certaine mesure, homme de bien, ni d'homme de bien qui ne soit tout d'abord honnête homme, il faut distinguer la justice et la charité, l'honnête homme et l'homme de bien.

Ces distinctions sont importantes. Il faut bien savoir ce qu'est l'honnêteté ; car, avant tout, il faut être honnête : l'honnêteté est la base, la condition de la vie morale. « En cherchant le surnaturel, dit le P. Lacordaire, gardez-vous de perdre le naturel. » On pourrait dire de même : en recherchant la charité, gardez-vous de perdre la justice.

La justice s'étend d'ailleurs beaucoup plus loin qu'on ne le croit communément. Il est rare, par exemple, que celui qui manque de politesse ne manque pas également de justice. La politesse est essentiellement le respect des personnes, et plus particulièrement le respect de leur sensibilité, ce qui est du domaine de la justice. On n'a pas le droit de faire souffrir, de déplaire. Dire des injures, mépriser les besoins, les goûts, les préférences d'autrui, sont autant de formes de l'injustice. « L'indulgence est une partie de la justice. — La civilité fait partie de l'honnête. » (JOUBERT.)

Rendre justice aux autres, c'est-à-dire reconnaître leur mérite ; se rendre justice à soi-même, c'est-à-dire reconnaître ses fautes, ses torts, c'est encore de la justice.

Le salut, l'un des actes les plus élémentaires de politesse, n'est autre chose qu'une façon ostensible de nous incliner devant les droits d'autrui et de reconnaître la dignité humaine.

La politesse passe du domaine de la justice dans celui de la charité, quand elle sacrifie certains droits apparents, tel que celui de prendre ses aises ; quand elle devient bienveillance, compassion, bonté, générosité ; en un mot, quand elle va au delà de ce qu'exige le respect dû à la personne considérée, soit en elle-même, soit dans les rapports où l'on est avec elle.

L'honnête homme. — L'honnête homme respecte tous les droits de ses semblables ; il remplit fidèlement les devoirs de justice ; il ne nuit à personne, ni dans les biens du corps ni dans ceux de l'âme.

Il est *franc*, il est *sincère*[1] ; il est *loyal*, fidèle à sa parole ;

---

[1] « L'honnête homme qui dit oui et non mérite d'être cru ; son caractère jure pour lui. » (LA BRUYÈRE.)

il est *droit*, sans dissimulation [1]; il rend le bien pour le bien ; *il est reconnaissant* [2]; il ne rend pas le mal pour le mal : il ne se *venge* pas. Non seulement il ne nuit pas ; mais, dans la mesure où il le peut et le doit, *il empêche qu'on ne nuise;* car ne pas s'opposer à l'injustice, soit par crainte, soit par paresse, soit par indifférence égoïste, ne pas l'empêcher quand on le peut, c'est y participer. Il ne se contente donc pas de ne pas porter atteinte à mes droits naturels : à ma vie, à ma liberté, à ma conscience, à mon perfectionnement moral, à mon honneur, à mes biens; de ne pas me tromper par le mensonge, de ne pas flétrir ma réputation par la diffamation et la calomnie ; il empêche qu'on ne le fasse.

L'honnête homme n'a qu'une parole, et, quand il l'a donnée, il la tient. Il se le doit à lui-même : il y va de l'honneur, il y va de son caractère même d'honnête homme; il le doit à celui qui a reçu sa promesse et qui a compté sur elle; il le doit à la société, dont la plupart des transactions et des relations ne sont possibles que si les hommes peuvent se fier réciproquement à leur parole. « Entre gens d'honneur, la parole vaut un contrat. » (LA ROCHEFOUCAULD.)

Honnête homme, homme de bien, homme de foi, apôtre. — Remarquons la gradation exprimée par ces termes : L'honnête homme pratique la justice ; l'homme de bien pratique la justice et la charité; l'homme de foi s'inspire, dans la pratique de tous ses devoirs, de motifs surnaturels ; ce qui caractérise l'apôtre, c'est le zèle des âmes dans l'oubli de soi.

NOTES COMPLÉMENTAIRES

Ordre de la charité. — « Il y a quatre objets qu'il faut aimer, dit saint Augustin : Dieu, qui est au-dessus de nous; nous-mêmes; le prochain, qui est à côté de nous, et notre corps, qui est au-dessous de nous. » Il faut aimer Dieu d'abord, qui est la perfection et la bonté mêmes; ensuite il faut aimer Dieu dans ses créatures, et d'autant plus qu'elles se rapprochent davantage de lui et de nous : de lui, par leur perfection; de nous, par leur proximité; enfin le corps et les objets temporels ne tiennent que la dernière place dans les affections; il faut être prêts à les sacrifier, si le devoir l'exige, au bonheur et au salut du prochain. Tel est l'ordre de la charité. « L'ordre est parfait, dit Bossuet, si on aime Dieu plus que soi-même; soi-même pour Dieu; le prochain, non pour soi-même, mais comme soi-même pour l'amour de Dieu. — Il faut s'aimer soi-même pour Dieu, et non pas Dieu pour soi... Prenons-y garde. L'amour-

---

[1] On ne doit ni se montrer, ni se cacher, mais se laisser voir. « L'honnête homme, disaient les anciens, habite une maison de verre. » Rapprochons ces deux maximes de l'Évangile : « Ne faites pas vos bonnes œuvres pour être vus des hommes. — On n'allume pas une lampe pour la mettre sous le boisseau. »

[2] L'ingratitude est une injustice: l'ingrat n'est pas un honnête homme, même dans le sens restreint de cette expression.

propre est le vrai fonds que laisse en nous le péché de notre origine : nous rapportons tout à nous, et Dieu même, au lieu de nous rapporter à Dieu et de nous aimer pour Dieu. Qui n'aime pas Dieu, n'aime que soi. Pour aimer son prochain comme soi-même, il faut être auparavant sorti de soi-même et aimer Dieu plus que soi-même. L'amour, une fois uni à cette source, se répand avec égalité sur le prochain. Nous l'aimons en société, comme notre frère, et non par domination, comme notre inférieur. » (Lire, dans Bossuet, *Médit. sur l'Év., dernière semaine du Sauveur*, 47e jour.)

La morale chrétienne. — La charité. — Le principe suprême de la morale évangélique, c'est l'amour ou la charité. On ne peut douter que ce principe bien entendu et appliqué dans toute son extension ne suffise entièrement et au delà pour résoudre tous les problèmes de la vie morale et sociale. Si, par exemple, je fais du bien aux hommes par amour pour eux, il est tout à fait inutile de m'avertir que je ne dois pas leur faire du mal. Je ne parle pas évidemment du cas où je leur fais du mal croyant leur faire du bien ; car alors c'est moi qui me trompe, et un principe n'est pas responsable des mauvaises applications qu'on en fait. Mais il est certain que si je fais le plus, il va sans dire que je ferai aussi le moins.

De même, si c'est par amour des hommes que je ne leur fais pas de mal, il est inutile de m'avertir que je devrais encore ne pas leur faire du mal, lors même que je ne les aimerais pas. En d'autres termes, si je suis disposé à accomplir tout mon devoir et au delà de mon devoir, il m'est indifférent de savoir que les autres ont des droits, puisque je veux faire pour eux bien au delà de ce qu'ils ont le droit d'exiger. Supposez maintenant que tous les hommes sans exception soient animés des mêmes sentiments. N'est-il pas évident que tous, faisant les uns pour les autres tout ce qu'ils peuvent faire, n'ont pas besoin de s'opposer les uns aux autres un droit jaloux, puisque le droit n'est qu'une défense, et qu'une défense est superflue entre les personnes qui s'aiment ?

En un mot, la charité parfaite dévore le droit ; ce n'est pas qu'il cesse d'exister, mais il n'est plus qu'en puissance.

Il ne faut pas entendre cette doctrine dans ce sens que la charité supprime le droit. Ce n'est pas là ma pensée ; ce que je veux dire, c'est que la charité parfaite et éclairée rend le droit inutile. Par exemple, deux amis liés par la plus tendre amitié ont certainement l'un envers l'autre des droits, par exemple, le droit de propriété ; mais ni l'un ne songe à en faire usage pour le défendre contre l'autre, ni l'autre ne songe à respecter un tel droit. Le fait seul d'invoquer le droit entre personnes qui s'aiment est déjà presque une injure. Une femme que son mari s'abstiendrait de battre, parce que c'est son droit de ne pas être battue, aurait déjà le droit de s'offenser. L'amour s'élève donc au-dessus du domaine du droit ; il l'absorbe sans le détruire, pourvu, bien entendu, qu'il n'agisse pas contre lui. (P. Janet. Extrait de l'*Histoire de la science politique dans ses rapports avec la morale.* — Voir aussi Ch. Périn, *les Lois de la société chrétienne*, liv. I, ch. III, où la même doctrine est exposée.)

L'honnête homme. — « L'homme juste, l'honnête homme, est celui qui mesure son droit à son devoir,... dont le cœur n'a jamais conçu l'injustice, et dont la main ne l'a point exécutée ; qui non seulement respecte les biens, la vie, l'honneur de ses semblables, mais aussi leur perfection morale ; qui est observateur de sa parole, fidèle dans ses amitiés, sincère et ferme dans ses convictions, à l'épreuve du temps qui change et qui veut entraîner tout dans ses changements, également éloigné de l'obstination dans l'erreur et de cette insolence particulière à l'apostasie qui accuse la bassesse et la trahison ou la mobilité honteuse de l'inconstance... Voilà l'honnête homme... Ce n'est pas encore là le héros, mais c'est déjà une noble chose, et peut-être, hélas ! une chose rare, du moins dans sa plénitude. » (Lacordaire, 3e *conf. de Toulouse.*)

L'homme de bien. — Le véritable et complet homme de bien, « c'est l'homme intelligent sans orgueil, riche sans ostentation ou pauvre sans envie, prudent sans dissimulation, fidèle à sa parole, en toute rencontre plus attaché à la justice qu'à son intérêt, ferme sans dureté, fort dans l'adversité, patient dans la souffrance, toujours prêt à rendre service, toujours ouvrant à la misère une main libérale, constant dans l'amitié, pardonnant généreusement les injures, bannissant toute haine de l'ennemi, réprimant ses passions, réglant ses appétits, veillant sur ses sens, sachant se soumettre sans bassesse, commander sans hauteur et sans dédain, et surtout inclinant devant Dieu, avec une raison convaincue de sa grandeur infinie, un cœur rempli d'un amour qui surpasse tout autre amour. » (MONSABRÉ, 6e *conf.* de 1876.)

TABLEAU ANALYTIQUE

JUSTICE ET CHARITÉ

Deux vertus, la *justice* et la *charité*, résument tous les devoirs de l'homme envers ses semblables.

I. Justice.

Définition. — La justice est le respect des droits d'autrui.
Fondement. — Le fondement de la justice, c'est le *droit*.
Formule. — Ne fais pas aux autres ce que tu ne veux pas qu'ils te fassent.

Obligations comprises dans la justice.
1° Respect des droits du prochain ;
2° Réparation des torts commis ;
3° Observation des engagements ;
4° Reconnaissance.
— Les trois premières obligations sont de stricte justice ; on peut employer la contrainte pour les faire remplir ; on ne le peut pas pour la quatrième.

Justice distributive. — Obligation de traiter chacun selon son mérite.
Elle se formule ainsi : A chacun le sien ; à chacun ce qui lui est dû.
On l'appelle *commutative* en tant qu'elle préside aux échanges et oblige à rendre autant qu'on reçoit.
Deux sortes d'injustice : 1° Celle que l'on fait ;
2° Celle qu'on laisse faire, pouvant l'empêcher.

Degrés de la justice.
On peut distinguer quatre degrés dans la justice :
1° Ne pas rendre le mal pour le bien, c'est-à-dire ne pas être ingrat ;
2° Ne pas faire de mal à ceux qui ne nous en font pas, et empêcher, autant que possible, qu'on n'en fasse à personne, c'est-à-dire ne pas être méchant ni complice des méchants ;
3° Ne pas rendre le mal pour le mal, c'est-à-dire ne pas se venger ;
4° Rendre le bien pour le bien, c'est-à-dire être reconnaissant.

II. Charité.

Définition. — La charité, c'est l'amour du prochain ; elle consiste dans le dévouement, c'est-à-dire dans le sacrifice du bien personnel au bien de tous.
Différences entre les devoirs de justice et les devoirs de charité. — Les devoirs de justice sont *déterminés*, ceux de charité indéterminés.
Après toute violation de la justice, on est tenu à réparation ou à restitution, non après violation de la charité.
La justice oblige également envers tous les hommes, la charité est plus particulière.
Fondement. — Au point de vue psychologique, les devoirs de charité sont fondés sur la sympathie de l'homme pour l'homme.
Au point de vue rationnel : 1° Sur la nature même de la société, qui, sans la charité, serait impossible ;
2° Sur la nature de l'homme, qui est fait pour vivre en société ;
3° Sur la communauté d'origine et de destinée de tous les hommes.
Formule. — Fais aux autres ce que tu veux qu'ils fassent pour toi.

JUSTICE ET CHARITÉ (Suite.)

II. Charité. (Suite.)

- Degrés de la charité.

  L'homme charitable va plus loin que l'homme juste : aux quatre degrés de la justice il en ajoute deux autres :
  1° Il fait du bien à ceux qui ne lui ont fait ni bien ni mal, c'est-à-dire qu'il se dévoue;
  2° Il rend le bien pour le mal. — C'est la perfection de la charité.
  — Ce dernier degré n'a pas reçu de nom particulier dans notre langue; c'est la conformité à ces paroles de l'Évangile : « Aimez vos ennemis; faites du bien à ceux qui vous haïssent, et priez pour ceux qui vous persécutent et vous calomnient. »

- Sentiments et actes qui inspirent et mettent en exercice la charité.

  1° La *bienveillance*, disposition à vouloir du bien aux autres;
  2° La *bonté* ou *bienfaisance*, disposition à faire du bien aux autres;
  3° Le *dévouement*, disposition à trouver son bonheur dans le bonheur des autres;
  4° Le *sacrifice*, renoncement à soi pour le bien des autres : un sacrifice difficile devient *héroïque*;
  5° Le *pardon des injures*, disposition à rendre le bien pour le mal.

La charité est obligatoire. — Qui dit devoir, dit obligation : un devoir non obligatoire ne serait pas un devoir.
Les devoirs de charité sont plus indéterminés que les devoirs de justice, mais ils sont obligatoires comme eux.

III. La justice est impraticable sans la charité. — Les vérités morales veulent être saisies à la fois par la raison et par le cœur. « Les hommes, dit Joubert, ne sont justes qu'envers ceux qu'ils aiment. » La charité seule rend capable des sacrifices qu'exige la stricte justice.

— Se souvenir que l'extrême justice, c'est-à-dire justice sans charité, devient extrême injustice.

Théoriquement on peut séparer la justice de la charité; pratiquement, on ne le peut guère.

La justice s'étend plus loin qu'on ne le croit communément. — Il est rare, par exemple, que celui qui manque à la politesse ne manque pas aussi à la justice.

Le patron qui spécule sur le salaire de ses ouvriers manque à la justice.

Le marchand qui fraude sur sa marchandise manque également à la justice.

L'ouvrier qui ne travaille pas suffisamment pour le salaire qu'il reçoit manque à la justice.

Le domestique qui ne prend pas les intérêts de son maître manque aussi à la justice.

L'honnête homme, l'homme de bien. — L'honnête homme, l'homme juste, ne fait pas aux autres ce qu'il ne veut pas que les autres lui fassent : il est franc, sincère, loyal, droit, reconnaissant, ne se venge pas; non seulement il ne nuit à personne, mais autant qu'il est en lui il empêche qu'on ne nuise.

L'homme de bien, l'homme charitable, fait pour les autres ce qu'il désire que les autres fassent pour lui. — Il pratique la justice; de plus, il se dévoue, se sacrifie pour autrui.

12ᵉ LEÇON

SANCTION

Définition de la sanction. — On appelle *sanction* d'une loi l'ensemble des récompenses et des peines qui en garantissent l'exécution.

Nécessité de la sanction, son existence. — L'idée de loi implique l'idée de sanction ; une loi privée de sanction serait nulle et sans effet. Ce caractère de toute loi ne saurait manquer à la première de toutes les lois. Une loi parfaite, comme la loi morale, demande une sanction parfaite, c'est-à-dire conforme à la justice absolue. La loi morale a donc une sanction : la vertu a le bonheur pour récompense, et le vice a le malheur pour châtiment.

La raison affirme qu'il en est ainsi : l'ordre et la paix, le bien et le bonheur, le désordre et la souffrance, le mal et le malheur, sont unis par des liens indissolubles : il doit y avoir entre eux équation, et équation parfaite. Il est aussi impossible à la raison de concevoir le bien et le mal sans une récompense et un châtiment proportionnés, que de les concevoir comme n'étant pas essentiellement distincts l'un de l'autre.

En d'autres termes : la sanction de la loi morale, qui s'applique de diverses manières dès ici-bas, doit être *infaillible* et *complète* dans son ensemble, non en ce monde et durant cette vie, destinée à l'épreuve et au mérite, mais dans un autre monde et durant une vie sans fin, à laquelle se sent appelée notre âme, qui est immortelle. — Les stoïciens et Kant ont soutenu que la sanction, loin d'être nécessaire à la morale, pouvait plutôt lui être nuisible. (Voir plus loin : *Doctrine du devoir pur*, la réfutation de cette objection.)

Son fondement. — Cette affirmation de la raison, qu'il y a une sanction de la loi morale, repose sur le principe du mérite et du démérite, qui peut se formuler ainsi : *Tout acte conforme à la loi morale mérite une récompense proportionnée à son degré de moralité ou de vertu ; et tout acte contraire à la loi morale mérite une peine proportionnée à son degré de perversité.*

Les idées de récompense et de châtiment ou de peine impliquent celles de mérite et de démérite. Une jouissance n'est récompense et une souffrance n'est châtiment que si elle est méritée.

Le mérite, en effet, est un accroissement de valeur morale, qui donne droit à une récompense, et le démérite, une perte de valeur morale qui rend passible d'un châtiment. Les degrés de l'un et de l'autre sont ceux du bien accompli ou du mal commis. (Voir *Degrés de la vertu*, page 648.)

Le jugement ou principe du mérite et du démérite, qui suit l'action morale, est un principe rationnel, immuable, absolu, évident, comme le principe de la distinction du bien et du mal ou celui de l'obligation, qui précèdent l'action morale, comme le principe de causalité ou celui de substance, que la raison affirme à propos de tout. Il n'est pas plus possible que le bien soit sans récompense et le mal sans châtiment, qu'il n'est possible qu'il existe un phénomène en dehors d'une substance, ni qu'il se produise un seul changement sans cause.

De même que les autres principes rationnels, le principe du mérite et du démérite est une manifestation de l'absolu, de Dieu : les promesses et les menaces de la raison sont les promesses et les menaces de Dieu. La sanction de la loi morale nous conduit logiquement à affirmer Dieu.

« Qu'on pèche, dit Bossuet, c'est un désordre ; mais qu'on soit puni quand on pèche, c'est la règle. Vous revenez par la peine dans l'ordre, que vous éloigniez par la faute. Mais qu'on pèche impunément, c'est le comble du désordre ; ce serait le désordre, non de l'homme qui pèche, mais de Dieu, qui ne punit pas. Ce désordre ne sera jamais, parce que Dieu ne peut être déréglé en rien, lui qui est la règle. »

Noms divers que prend la sanction de la loi morale. — Les différentes manières dont s'applique la sanction de la loi morale prennent des noms divers : de là, la sanction *naturelle*, la sanction *morale* ou *de la conscience* : voilà pour l'homme individuel ; la sanction *sociale*, qui comprend la sanction de l'*opinion publique* et la sanction *civile* ou *légale* : voilà pour l'homme social ; enfin la sanction *religieuse* ou *de la vie future*. Les trois premières, que l'on appelle aussi sanctions terrestres, étant insuffisantes, la raison exige la quatrième.

Sanction naturelle. — La sanction naturelle des actes comprend les conséquences heureuses ou malheureuses que nos actions entraînent à leur suite, en vertu des lois physiques et psychologiques établies par la Providence.

On connaît ces maximes : Le vice porte avec lui son châtiment, et la vertu sa récompense ; on est puni par où l'on pèche ; on recueille ce que l'on sème ; chacun est le fils de ses œuvres ; si tu ne veux pas écouter la raison, elle te donnera sur les doigts. Le bien engendre le bien et est la récompense du bien ; le mal engendre le mal et est le châtiment du mal. — D'ordinaire, le bien est un principe de santé, de joies de toute espèce, et le mal attaque et ruine l'agent moral dans sa fortune, dans son corps, dans son intelligence, dans sa volonté, dans son être tout entier. « Chacune de nos passions, dit Lacordaire, a son châtiment terrestre et révélateur, destiné à nous apprendre que leur route est fausse, et que la félicité n'est pas au terme des joies qu'elles nous causent [1]. »

Son insuffisance. — Sans doute que la vertu produit dans l'âme et dans le corps des effets merveilleux ; sans doute que l'homme qui ne sait pas commander à ses passions et contenir les instincts de la bête dégrade son âme et ruine généralement

---

[1] « Étrange état de cette âme (l'âme pécheresse), renversement universel de tout l'édifice intérieur! Plus de raison ni de partie haute : tout est abruti, tout est corps, tout est sens : tout est abattu et entièrement à terre. Qu'est devenue cette belle architecture, qui marquait la main de Dieu?... Il n'y a plus rien : il n'y a plus pierre sur pierre, ni suite, ni liaison dans cette âme : nulle pièce ne tient à une autre, et le désordre y est universel. Pourquoi? Le principe en est ôté : Dieu, sa crainte, la conscience, ces premières impressions qui font sentir à la créature raisonnable qu'elle a un souverain : ce fondement renversé, que peut-il rester en son entier ? » (BOSSUET.)

son intelligence et sa santé ; mais il y a des hommes vertueux qui ont une constitution maladive ou que les œuvres de zèle et de dévouement ont épuisés, et des hommes vicieux qui se portent relativement bien, qui ont de l'esprit, et qui réussissent quelquefois à échapper aux conséquences de leurs actes. Si cette sanction était seule, l'honnête se confondrait avec l'utile.

Sanction morale. — La sanction morale consiste dans la satisfaction de conscience et le remords.

Ces deux sentiments ont un nom dans toutes les langues, et la nature humaine ne saurait se concevoir sans eux. L'homme est un être intelligent et libre, soumis à la loi morale ; il ne peut être heureux en dehors de la loi de sa nature.

« Vous l'avez ainsi ordonné, Seigneur : toute affection déréglée fait elle-même son tourment. Quiconque est mauvais est mal avec lui-même et devient son propre bourreau. Mais quoi de plus doux qu'une bonne conscience ! Avec elle on est plus joyeux dans les peines qu'avec une mauvaise conscience au milieu des délices. » (Saint AUGUSTIN.)

Son insuffisance. — En général, le remords va s'affaiblissant avec les progrès du vice, et quelquefois aussi la satisfaction morale avec ceux de la vertu ; la conscience délicate ne se pardonne rien, la conscience blasée excuse tout ; de sorte que, d'un côté, la récompense fait défaut, et, de l'autre, le châtiment : ni l'une ni l'autre ne sont ce que la raison exige qu'ils soient. Si l'homme vertueux est heureux en tant qu'homme vertueux, il ne l'est pas toujours en tant qu'homme.

Sanction de l'opinion publique. — La sanction sociale s'exerce de deux manières et s'appelle, suivant le cas, sanction de l'*opinion publique* et sanction des *lois positives*.

La sanction de l'opinion publique consiste dans l'estime ou le mépris des autres hommes.

L'estime de nos semblables est sans doute une récompense que nous devons nous efforcer de mériter, et leur mépris, un châtiment que nous devons tâcher de ne pas encourir ; car il s'agit ici de l'honneur, qui, bien compris, n'est que le bon témoignage de notre conscience et de celle de nos semblables, et du sentiment de l'honneur, qui est le souci très légitime et très noble de mériter ce bon témoignage.

Son insuffisance. — Mais qui ne voit que l'opinion publique juge souvent sur les apparences ? qu'elle distribue au hasard, selon les préjugés, les passions, l'esprit de parti, non selon la conscience, son approbation et son blâme ? qu'elle ne peut atteindre que les actes extérieurs, qu'elle ignore les intentions, et qu'il n'est pas rare de trouver des hommes qui s'en moquent et la bravent ?

Il faut cependant constater que, d'une manière générale, la société récompense ou punit, tôt ou tard, par les lois mêmes du mécanisme social et de l'économie politique, la bonne foi et l'honnêteté, ou la mauvaise foi et la malhonnêteté; elle n'accorde sa confiance qu'à l'homme probe, honnête, loyal. La condition du vrai succès en affaires sera toujours l'honnêteté.

« Le devoir est supérieur à tout, dit Lacordaire. Aucun calcul, aucune crainte, aucune habileté, aucun désir ne peuvent prévaloir contre, et j'ai depuis longtemps l'expérience que c'est la seule voie de réussir facilement, encore que toutes les apparences soient contre le succès. »

« La ligne droite est le chemin le plus court pour aller d'un point à un autre. » C'est un axiome de morale comme de géométrie. Même quand le but est d'ordre secondaire, avoir de la droiture, marcher droit devant soi, est plus habile et plus sûr que de biaiser, de se jeter de côté, d'user de finesse et de ruse. En tout ordre de choses, ce qui est honnête est seul vraiment utile.

Sanction des lois positives. — La sanction des lois positives comprend les récompenses et les châtiments déterminés par la législation.

Il y a, en effet, chez les peuples civilisés, des lois qui garantissent à certaines actions des honneurs et des avantages, et à d'autres des peines plus ou moins graves, comme l'amende, l'exil, la prison et même la mort.

Son insuffisance. — Cette sanction récompense moins qu'elle ne punit; elle est surtout pénale. De plus, elle est faillible, n'atteint pas tous les hommes, ni toute une classe de devoirs, ceux de charité.

Insuffisance des sanctions terrestres prises dans leur ensemble. — *Une sanction est suffisante, si elle s'applique à toutes les fautes et à toutes les vertus, dans la proportion exacte du degré de mérite ou de démérite.* Il est facile, d'après cette règle, de montrer l'insuffisance des sanctions terrestres.

Quelles récompenses ont-elles pour le soldat qui donne sa vie à la patrie, pour l'homme qui succombe dans un acte de dévouement, pour une Jeanne d'Arc, un d'Assas? Quels châtiments ont-elles pour les scélérats qui paraissent vivre et mourir à l'abri de toute justice?

Que d'âmes vertueuses ne trouvent grâce ni devant la nature, ni devant la société, ni devant la loi, ni même devant la conscience, d'autant plus sévère qu'elle est plus pure! Que d'âmes criminelles jouissent, durant une longue vie, d'une fortune indignement acquise; sont encensées par l'opinion, respectées ou même récompensées par la loi, et conquièrent, par l'habitude, l'impunité de la conscience!

Justice des choses, équitable dans beaucoup de cas et très imparfaite dans beaucoup d'autres, comme celle des hommes; *prospérité des méchants, revers des justes; variations de la conscience, erreurs du jugement de la foule, imperfections de la loi pénale,* très limitée et très faillible: voilà ce qui démontre que les sanctions terrestres, soit que l'on considère chacune d'elles en particulier, soit qu'on les prenne toutes ensemble, sont insuffisantes à établir le parfait équilibre entre le bonheur et la vertu, entre le malheur et le vice, équilibre que le principe du mérite et du démérite réclame impérieusement. Ce principe ne recevant pas, dans cette vie, la satisfaction pleine et entière qui lui est due et que la raison exige absolument, il faut donc qu'il la reçoive dans une autre.

Valeur relative des sanctions terrestres. — N'exagérons rien cependant et ne croyons pas que la part faite à la vertu, même de ce monde, ne soit pas un ordre relatif. Un honnête homme n'a jamais envié les succès d'un scélérat. On a vu plus haut quels biens sont inhérents à la vertu et quels châtiments accompagnent le vice. La prospérité et la sécurité apparentes des injustes ne doivent pas nous faire illusion.

Outre les sanctions dont on vient de parler, il y a une sanction providentielle, qui parfois se montre d'une manière évidente, mais qui, d'ordinaire, se cache sous le voile des causes naturelles, sanction qui empêche le désordre de prévaloir et qui manifeste que Dieu n'est pas absent du gouvernement des choses humaines. Sans gêner le libre arbitre, qui est la condition de la responsabilité et du mérite, Dieu intervient sans cesse pour rétablir l'ordre troublé par les passions des hommes. Voilà pourquoi l'on dit : L'homme s'agite, Dieu le mène. Dieu a donné à l'homme la liberté, mais il borne son pouvoir. Celui qui sort de l'ordre par l'abus de la liberté, y rentre par le châtiment.

Les sanctions terrestres sont insuffisantes, mais elles ne sont pas vaines. L'ordre qui résulte de leur application n'est pas parfait ; mais, s'il n'est pas parfait, il tend à la perfection, et, s'il y tend, c'est qu'elle existe. C'est un ordre relatif. Et comment savons-nous qu'il est relatif, sinon en nous élevant à l'ordre absolu, « qui existe le premier et en soi, » qui est nécessaire et dont l'idée est en Dieu, qui la reflète sur nous ?

Conclusion. — L'ordre, imparfait dans cette vie, sera parfait dans une autre, dont celle-ci n'est que la préparation. Chacun sera récompensé ou puni selon ses œuvres : la raison l'exige et le promet, non moins que la sagesse, la justice et la bonté de Dieu.

« Aucune bonne action, dit saint Bonaventure, ne demeure sans récompense, et aucune mauvaise sans punition. Les choses, il est vrai, ne se passent pas ainsi dans cette vie : la connaissance que nous avons de la justice de Dieu nous conduit donc à admettre une autre vie. » Et encore : « Lorsqu'un homme meurt, comme il le doit, plutôt que de commettre une mauvaise action, si l'âme n'était point immortelle, que deviendrait la justice de Dieu, puisque, dans cette circonstance, une action irréprochable produirait le malheur de celui qui l'aurait accomplie ? »

La sanction religieuse est nécessaire ; donc elle existe. — On l'appelle sanction religieuse, parce que la religion, grâce au surcroît de lumières apportées par la Révélation, fournit à son sujet les données les plus précises et en détermine seule la nature, la philosophie se bornant à en assurer l'existence.

La sanction religieuse implique l'immortalité de l'âme et l'existence de Dieu. C'est parce qu'on ne peut, sans ces deux vérités, expliquer la sanction telle que la conçoit la raison, que Kant les appelle, ainsi que la liberté, les *postulats de la loi morale*. Métaphysiquement démontrée par l'existence de la pensée qui est l'attribut essentiel de l'âme, l'immortalité est *moralement* nécessaire. « De plus, pour que la justice s'accomplisse, pour que le bonheur s'adapte et se proportionne à la bonne action, pour que le malheur suive la mauvaise action et s'y proportionne, il faut que toutes les bonnes et toutes les mauvaises actions soient connues, dans leurs principes et leurs conséquences, par une intelligence supérieure et véritablement omnisciente ; il faut, de plus, que cette intelligence soit la Justice même, pour savoir quelle récompense convient à telle bonne action, quelle punition convient à telle mauvaise. Il faut encore que cette intelligence souverainement morale possède la toute-puissance pour disposer des conditions du bonheur et du malheur. De même donc que la loi morale postule l'immortalité de l'âme, de même elle postule encore l'existence d'un être souverainement intelligent, souverainement juste, souverainement puissant, d'un Dieu. Il faut donc admettre la survivance de l'âme après la mort, par conséquent sa distinction d'avec le corps, sa spiritualité. Il faut encore admettre l'existence de Dieu ou renoncer à la morale, à l'espérance de la justice. Dieu se trouve ainsi au début et au terme de la morale, comme législateur et comme juge. Il est la clef de voûte de l'édifice moral. Croire à l'âme et croire en Dieu, c'est croire à la morale et à la justice. » (FONSEGRIVE, *El. de Phil.*, 8ᵉ leçon de Morale.) On a vu dans les préliminaires (p. 26) l'inconvénient qu'il y a à faire, avec Kant, reposer l'idée de Dieu sur l'idée du bien, ou la théodicée sur la morale.

NOTES COMPLÉMENTAIRES

Pensées sur la satisfaction morale et le remords. — « Notre gloire, dit saint Paul, c'est le bon témoignage de notre conscience. » — « La conscience dit à l'homme de bien qu'il est grand devant Dieu, et cette grandeur le soutient sans l'enorgueillir, parce qu'étant fondée sur la vérité, elle remonte à Dieu, bien plus qu'elle ne descend à l'homme. L'âme sent sa dignité et en jouit. Elle la sent inaltérable et pourtant dépendante de la vertu, qui en est le principe, et qui elle-même dépend de la liberté, venue de Dieu et assistée de lui. Le sentiment que nous donne le bien accompli sous l'œil de Dieu renferme une certitude qui nous élève et nous console par-dessus tout, la certitude que notre vie est utile et qu'elle ne passe pas en vain dans le monde. » (LACORDAIRE. Lire le ch. VI du IIᵉ livre de l'*Imitation* : *De la joie d'une bonne conscience*.)

« La malice hume la plupart de notre venin et s'en empoisonne. Le vice laisse comme un ulcère en la chair, une repentance en l'âme, qui toujours s'égratigne et s'ensanglante elle-même. » (MONTAIGNE.)

« Tout homme qui est mauvais est mal avec lui-même; il est nécessairement tourmenté, déchiré; il est son propre tourment. Celui que sa conscience poursuit est à lui-même sa propre peine : on peut fuir un ennemi; mais comment se fuir soi-même? » (Saint AUGUSTIN.) — Le coupable commet le péché pour avoir un moment de plaisir; le plaisir passe, le péché reste; ce qui flattait n'est plus; ce qui tourmente ne s'en va pas. (*Id*.)

« Le ver rongeur ne meurt pas, » dit l'Évangile.

But, fondement, limites du droit pénal. — La sanction pénale n'est légitime que lorsqu'elle est nécessaire pour faire respecter les droits des particuliers et pour défendre l'ordre social menacé par la violence et par le crime.

Le but du droit pénal, c'est de maintenir l'ordre dans la société. La société a le droit de se défendre et le droit de faire respecter l'ordre moral, au moins dans ses prescriptions essentielles; son droit de répression peut aller jusque-là.

La société ne saurait infliger une expiation en rapport avec le degré de culpabilité. Ce degré, elle l'ignore; il n'est connu que de Dieu, qui, infiniment sage et infiniment juste, voit et juge jusqu'à nos plus secrètes pensées et traite chacun selon ses œuvres.

Cela revient à dire qu'il y a une foule d'iniquités et d'infamies qui échappent à la sanction pénale; que, par exemple, toutes les actions contraires à la morale individuelle, toutes les transgressions religieuses qui ne sont pas en même temps des attentats directs contre la société, sont en dehors de sa sphère, sans parler des crimes qu'elle devrait châtier, mais dont elle ne peut atteindre les auteurs.

Et ne sait-on pas qu'il est des époques de trouble, de confusion et de violence, où les lois positives, au lieu de frapper les criminels, se tournent contre les honnêtes gens ?

Diverses théories sur le fondement du droit de punir. — Les publicistes ont proposé divers systèmes pour déterminer en vertu de quels principes le pouvoir social a le droit d'infliger des peines.

Système de la vengeance sociale. — C'est le plus ancien en date. La société, en punissant, se venge de qui l'attaque ou de qui l'offense, et, en se vengeant, elle ne fait qu'exercer un droit naturel, appartenant à tout le monde. Dans toutes les sociétés primitives, l'idée de la peine repose sur la vengeance individuelle de l'offensé; puis, peu à peu, la vengeance privée fait place à la vengeance exercée au nom de la victime, par les prêtres d'abord (vengeance divine), ensuite par le souverain (vengeance politique), enfin par le pouvoir, au nom de la société (vengeance sociale).

— Pour justifier un fait, il ne suffit pas de prouver qu'il a toujours existé. Il est vrai qu'on s'est toujours vengé, mais la vengeance n'en est pas moins une passion injuste, et une passion, quelle qu'elle soit, ne peut jamais donner naissance à un droit. Comment, d'ailleurs, concilier avec elle la justice et la modération, qui sont les caractères essentiels de tout système pénal?

Système du Contrat social. — Au XVIIIe siècle, on s'est efforcé d'asseoir la pénalité sociale sur l'idée d'une convention intervenue entre les hommes, au moment où, quittant l'état de nature, ils se sont, pour la première fois, constitués en société. C'est la théorie développée par J.-J. Rousseau dans le *Contrat social*, admise par Beccaria dans son *Traité des délits et des peines*, et qui a inspiré la réforme pénale de la fin du siècle.

Une clause du pacte social aurait donné à la société le droit de punir ceux qui violeraient les lois sociales, ou encore, chaque homme aurait délégué à la société le droit de légitime défense, qui lui appartenait dans l'état de nature.

— Tout d'abord, l'hypothèse de l'état de nature et d'un contrat social est purement gratuite et démentie par l'histoire; on n'en trouve aucune trace dans les traditions des peuples. De plus, dans le premier cas, le droit de punir serait renfermé dans le cercle des peines pécuniaires et des confiscations, la liberté et la vie étant des biens d'une nature telle que l'homme n'a pas le droit d'en disposer; dans le second cas, on oublie que le droit de légitime défense n'est applicable que lorsqu'on est en butte à une attaque directe, qu'il s'exerce et s'épuise dans l'acte de repousser l'attaque injuste, et que le faire survivre au danger, c'est lui ôter son caractère de légitimité.

Systèmes utilitaires. — L'intérêt général, ou l'utilité sociale, présentée par Bentham (1748-1832) et son école, comme fondement du droit de punir, peut être envisagée à bien des points de vue différents, ce qui explique la diversité des doctrines pénales utilitaires. Il y a la théorie de la *prévention* ou de l'*intimidation*, d'après laquelle la peine infligée par la société est légitime, parce qu'elle sert à prévenir les crimes futurs; la théorie de l'*amendement* ou de la *correction*, qui fait résider l'utilité sociale de la peine infligée dans l'amélioration du coupable; enfin, la théorie de la *réparation*, qui donne pour but à la peine de réparer le préjudice social que le délinquant a causé par son mauvais exemple.

— Ces théories, dites *relatives*, ne sauraient être admises comme base du droit de punir; elles appliquent à la société le principe de l'intérêt personnel et font abstraction complète des idées du bien et du mal, du juste et de l'injuste, ce qui conduit à justifier tous les crimes politiques commis en vue d'un prétendu intérêt social.

Système positiviste de conservation sociale ou de la défense indirecte. — L'Être collectif appelé État a les mêmes droits que l'être individuel et doit veiller à son existence; en punissant, il ne fait qu'user du droit de légitime défense.

— Nous avons vu que, pour être exercé légitimement, ce droit exige un danger présent; comme il consiste à opposer la force à la force, il commence et finit en même temps que l'agression. Lorsque l'État punit, il ne peut donc invoquer le droit de légitime défense, puisque l'agression pour laquelle il inflige au coupable un châtiment a cessé de se produire. La théorie de la *défense indirecte* retombe dans le cas de la vengeance sociale.

Système de la justice absolue. — Certains philosophes, entre autres Kant, ont essayé de justifier le droit de punir en s'appuyant sur le principe de la *justice absolue*, qui veut que toute action coupable, librement commise, soit suivie d'un châtiment. La société, par délégation du pouvoir divin, aurait le droit de punir tout délinquant pour la conservation de l'ordre social.

— La loi pénale, d'après ce système, devrait punir toutes les violations de la loi morale, ce qui est impossible. La théorie de la justice absolue renferme une idée vraie, celle de la justice du châtiment qui frappe la violation du devoir ; mais elle a tort de l'exagérer et de faire abstraction de l'utilité sociale, ce qui conduit à confondre le droit et la morale, à autoriser le pouvoir social à intervenir dans le domaine de la conscience et à ériger en délits des *vices* et des *péchés*.

Systèmes mixtes. — D'après ces systèmes, qui combinent de différentes façons l'idée du juste et celle de l'utile, le droit social de punir trouve son principe dans la *justice* et la mesure de son exercice dans l'*utilité* sociale, ou bien il dérive de l'utilité sociale et a comme condition d'exercice la justice morale.

L'homme est responsable au point de vue moral, et cette responsabilité morale de l'homme, en toute justice, appelle une sanction morale, sanction qui ne peut consister que dans une récompense ou dans une peine, suivant que l'homme agit ou n'agit pas conformément à la loi de son être.

« Considéré en lui-même, le châtiment infligé à un acte coupable est *juste* ; il est même *nécessaire*, et la conscience ne peut être satisfaite que si toute action de l'homme, librement accomplie, a sa conséquence dernière dans un châtiment ou une récompense. Aussi a-t-on pu dire, en se servant d'une formule concise, que la peine était le *rapport nécessaire de la douleur à la faute*.

« Mais une peine juste en elle-même, pour rester juste dans son application, doit être infligée par une autorité à laquelle on reconnaît le droit de demander compte des actions humaines. Il s'agit d'établir que la société a ce droit, c'est-à-dire de prouver que l'homme, responsable au point de vue moral, l'est également au point de vue social. Or l'homme vit et ne peut vivre qu'en société. C'est une nécessité de son être, une loi de sa nature.

« Les hommes ont le droit de maintenir la société, et, par conséquent, ils ont le droit d'employer tous les moyens qu'exige la conservation sociale, du moins tous ceux que ne réprouve pas la morale. La pénalité est un de ces moyens. Si donc la pénalité est nécessaire, elle est en même temps légitime, pourvu qu'elle s'exerce dans les limites de la justice... Pas plus qu'il n'est juste, pas plus qu'il n'est utile, telle doit être la formule de tout système pénal. » (GARRAUD, *Précis de droit criminel*. Introd.)

Système de Lombroso, ou de l'école d'anthropologie criminelle italienne. — Certains philosophes, se rattachant à l'école évolutionniste et naturaliste, essayent d'écarter toute idée morale de la législation pénale positive et d'en faire une science purement expérimentale. Le fondateur de cette *école nouvelle* est Lombroso, auteur de *l'Homme criminel*. D'après lui et ses partisans, la criminalité constitue un phénomène social ayant des causes et des lois certaines, indépendantes de la volonté de l'homme. De là les recherches qu'ils font des facteurs anthropologiques, physiques et sociaux du crime : le tempérament et la constitution du criminel, le milieu physique et social où il a vécu, les circonstances dans lesquelles le crime a été commis. Les criminels, d'après eux, sont des victimes de l'atavisme et d'une conformation défectueuse : le crime, contraire à la nature actuelle de l'homme, serait un reste des âges primitifs, reparaissant par suite des lois de l'évolution ; on naîtrait criminel. Plus de libre arbitre, partant plus de responsabilité. « La responsabilité morale, dérivant du libre arbitre, et la proportionnalité de la peine au délit, disparaissent de notre système, dit Garofalo ; les positivistes y substituent le critérium de la possibilité ou de l'impossibilité d'adaptation du délinquant à la vie sociale. »

— L'hérédité est, sans doute, une des grandes lois de la vie humaine ; mais, outre qu'il n'en faut pas exagérer la portée, l'hérédité remontant aux âges primitifs est assez difficile, pour ne pas dire impossible, à constater ; de plus, rien jusqu'ici ne prouve que tous les criminels soient des êtres anormaux ou qu'ils soient criminels à cause de cela. Lombroso lui-même a dû reconnaître, dans un de ses récents ouvrages, que les criminels doués d'une organisation défectueuse étaient en petit nombre.

« Sur quel fondement reposera le droit de punir les criminels, droit que Lombroso et les siens n'osent pourtant pas refuser à la société ? Il reposera uniquement sur le droit qu'a celle-ci de se défendre. Le crime, en effet, d'après l'école d'anthropologie, n'est qu'une question de sociologie, et non pas de morale, telle que l'entendent les théologiens ou les métaphysiciens.

La société est un organisme comme le corps d'un individu. Elle ne peut donc exister et progresser que par un processus continu et par un labeur infatigable d'assimilation et de désassimilation ou élimination plus ou moins forcée d'individus antisociaux non assimilables. Le criminel-né est par excellence cette molécule incapable d'être assimilée par l'organisme social ; que faudra-t-il en faire ? L'éliminer.

Lombroso ne recule pas devant cette nécessité. La société n'ayant que le droit de se défendre, et non celui de punir, on devra réformer les codes, et désormais il faudra, avant tout, étudier, non le crime, mais le criminel, afin de proportionner la peine au degré d'incapacité sociale manifestée par le délinquant. On éliminera donc l'individu par la séquestration, la prison ou même la mort, selon le péril dans lequel la présence ou l'existence de cet être mal formé mettrait le corps social. (*Études religieuses*, février 1893.)

Ajoutons que tout n'est pas à rejeter dans les théories de l'école nouvelle. S'il est dangereux d'admettre qu'il y a des hommes qui naissent criminels, il faut cependant distinguer deux classes de délinquants : les délinquants d'*habitude* ou de *profession*, incorrigibles, répondant, en général, aux descriptions des anthropologistes, et à l'égard desquels la société exerce plutôt le droit de se défendre que celui de punir ; et les délinquants d'*occasion* ou d'*accident* susceptibles d'être réformés, à l'égard desquels la société use véritablement du droit de punir. C'est surtout à l'égard de ces derniers que la peine doit être répressive, réformatrice, moralisatrice.

Qualités de la pénalité sociale. — « Le législateur, en édictant des peines, s'adresse aux deux mobiles les plus puissants qui déterminent la volonté humaine : le mobile *intéressé* et le mobile *moral*. Pour que la peine puisse agir sur le mobile intéressé, il faut qu'elle soit à la fois *répressive* et *préventive*, qu'elle ait en vue l'avenir, en même temps que le passé ; pour qu'elle puisse agir sur le mobile moral, il faut qu'elle soit *rationnelle*, *juste* et *correctionnelle*. La peine est, en effet, destinée à prévenir la récidive, et la société doit poursuivre ce but, soit en s'appliquant à moraliser le coupable par le régime de la peine, lorsque ce résultat est possible, soit en le réduisant à l'impuissance de nuire, quand il n'existe aucun espoir d'amendement. Elle est donc destinée à exercer un effet d'intimidation sur les hommes en général, à les détourner des infractions qu'ils seraient tentés de commettre. » (GARRAUD, *Précis de droit criminel*. Introduction.)

TABLEAU ANALYTIQUE

LA SANCTION

Définition. — La sanction est l'ensemble des récompenses et des châtiments qui garantissent l'exécution de la loi.

Nécessité d'une sanction. — La sanction de la loi morale *existe*. — L'idée de loi implique l'idée de sanction : une loi sans sanction ne serait pas une loi.

La raison affirme que l'ordre et la paix, le bien et le bonheur, le désordre et la souffrance, le mal et le malheur, sont unis par des liens indissolubles.

— Les stoïciens, et Kant après eux, ont eu tort de soutenir que l'idée de sanction amoindrissait la moralité des actes.

Fondement. — Il est dans le principe du *mérite* et du *démérite* :

Mériter, c'est accroître sa valeur morale, c'est avoir droit à une récompense ;

Démériter, c'est diminuer sa valeur morale, c'est être passible d'un châtiment.

— Le principe du mérite et du démérite se formule ainsi :

Tout acte conforme à la loi morale mérite une récompense proportionnée à son degré de vertu ou de moralité ; tout acte contraire à la loi morale mérite un châtiment proportionné à son degré de perversité.

— Le principe du mérite et du démérite est un principe rationnel, immuable, absolu, éternel, évident ; c'est un des axiomes de la morale.

Noms divers que prend la sanction. — On distingue la sanction *naturelle*, la sanction *morale*, la sanction *sociale*, qui comprend la sanction de l'*opinion publique* et la sanction *légale* ; enfin la sanction *religieuse* ou de la vie future.

LA SANCTION (Suite)

Sanction naturelle.
- La sanction naturelle consiste dans les conséquences heureuses ou malheureuses que nos actes entraînent avec eux, en vertu des lois naturelles établies par la Providence.
- — Le vice porte avec lui son châtiment, la vertu sa récompense : On est puni par où l'on pèche ; On recueille ce que l'on a semé.
- D'ordinaire, le bien est un principe de santé, de joie, etc. ; le mal ruine la santé et la fortune.
- *Insuffisance.* — Il y a des hommes vertueux qui sont maladifs, qui ne réussissent en rien ; tandis qu'il y a des hommes vicieux qui se portent bien et qui réussissent.
- — De plus, si cette sanction était la seule, il n'y aurait pas de différence entre le bien et l'utile.

Sanction morale.
- Elle consiste dans la satisfaction de conscience et le remords.
- Ces deux sentiments ont un nom dans toutes les langues.
- « La gloire de l'homme de bien, c'est le bon témoignage de sa conscience. » (Saint PAUL.)
- « Vous l'avez ainsi ordonné, Seigneur, toute affection déréglée fait elle-même son tourment. » (Saint AUGUSTIN.)
- *Insuffisance.* — Le remords va souvent s'affaiblissant avec les progrès du vice ;
- — De même la satisfaction de conscience avec les progrès de la vertu.

Sanction de l'opinion publique.
- Elle consiste dans l'estime ou le mépris des autres hommes.
- — C'est un devoir de mériter l'estime des autres, parce que c'en est un d'avoir de l'honneur. L'estime n'est que le bon témoignage de la conscience de nos semblables faisant écho à celui de la nôtre.
- *Insuffisance.* — L'opinion publique juge sur les apparences et s'égare souvent.
- L'opinion peut juger les actions, non les intentions.

Sanction des lois positives.
- Cette sanction consiste dans les récompenses et les châtiments déterminés par les lois positives.
- Toutes les législations édictent des pénalités contre les auteurs de certains actes, tandis qu'elles garantissent des honneurs ou des récompenses à d'autres.
- *Insuffisance.* — Cette sanction est surtout pénale ;
- Elle est faillible, et ne peut atteindre tous les actes coupables.

Insuffisance des sanctions terrestres.
- Pour qu'une sanction soit suffisante, il faut qu'elle s'applique à toutes les fautes et à toutes les vertus, dans la proportion exacte du degré de mérite et de démérite.
- — Il est inutile de montrer qu'aucune des sanctions précédentes ne remplit ces conditions.

Sanction religieuse.
- De cette insuffisance des sanctions terrestres, on conclut à la nécessité d'une *sanction future*, que l'on appelle *sanction religieuse*, qui établira une équation parfaite entre le *bien* et le *bonheur*, entre le *mal* et le *malheur*. — Cette sanction implique l'*immortalité de l'âme* et l'*existence de Dieu*.

13ᵉ LEÇON

FAUX SYSTÈMES DE MORALE

Certains philosophes : Aristippe de Cyrène (390 avant J.-C.); Épicure, vers la même époque; Bentham, Adam Smith, Rousseau, Jacobi, au siècle dernier; Fourier vers 1830, et d'autres encore, ont prétendu qu'il fallait fonder la morale, non sur le bien et le devoir, mais sur le *plaisir*, sur l'*intérêt*, sur la *sympathie*, sur le *sentiment* ou l'instinct moral, sur la *passion*, sur l'*amour de Dieu*, entendu dans le sens vague du quiétisme ou d'un faux mysticisme, sur le *devoir pur*, sur la *crainte de Dieu*.

Ils ont fait des systèmes que l'on nomme morale du plaisir ou morale d'Épicure, morale utilitaire, morale de la sympathie, morale du sentiment, morale de la passion, morale du devoir pur, morale de l'amour de Dieu, etc.

I. — RÉFUTATION GÉNÉRALE DE CES FAUX SYSTÈMES

Pour réfuter d'une façon générale tous ces faux systèmes, on peut se contenter de faire remarquer qu'ils sont la négation d'une des premières notions de la raison, celle du devoir ou du bien, et de toutes celles qui s'y rattachent et qui ont des signes dans toutes les langues et un sens chez tous les hommes, notions nécessaires et éternelles, que Dieu lui-même ne saurait changer, et qu'on ne peut nier sans nier la raison elle-même, et, avec elle, tout l'ordre moral.

On sait que la loi morale (et le devoir a les mêmes caractères) est universelle, immuable, absolue, obligatoire, évidente par elle-même, autonome, en ce sens qu'étant l'expression de la sagesse et de la volonté divines, elle oblige par elle-même; qu'elle ne reconnaît pas d'autorité qui lui soit supérieure, de principe qui soit au-dessus d'elle; qu'elle est inviolable et rend sacrée la personne qui doit lui obéir.

La passion, le plaisir, l'intérêt, la sympathie, le sentiment, quelque nom qu'on lui donne, n'ont pas ces caractères, nécessaires à une loi véritable, à une loi qui s'impose et qui doit s'imposer à tous. Loin de pouvoir servir de règle fixe et uniforme, ils ont besoin d'être réglés, d'être tenus sous la surveillance et la direction de la raison.

Ils sont variables, personnels, relatifs, souvent opposés et contradictoires, dépendants des circonstances, de l'âge, du tempérament, de l'éducation, des positions diverses, et ne sauraient surtout revêtir le caractère de l'obligation. Au contraire, souvent on est obligé de les sacrifier, et la vie morale est à ce prix.

Agir par passion, par plaisir, par intérêt, par sympathie et par antipathie, par sentiment, est évidemment tout le contraire d'une règle des mœurs; c'est le déréglement, non la règle; c'est l'anarchie, non l'ordre.

« L'intérêt, dit Bossuet, n'a pas de maximes fixes : il suit ses inclinations, il change avec les temps et s'accommode aux affaires[1]. » Et encore : « Intérêt, le dieu du monde, le plus ancien, le plus décrié, le plus inévitable des trompeurs. » Il est si difficile, en effet, de bien entendre son intérêt ! Faire ce qu'on doit est bien plus simple.

Si la raison et le devoir unissent les hommes, les passions, les intérêts, les plaisirs les divisent.

Il y a des passions et des sentiments nobles, il y en a de vils, et ceux-ci tendent à prévaloir; de leur nature ils sont aveugles, et la raison, qui est la loi, doit les dominer et les régler; — il y a des plaisirs délicats, il y en a de grossiers, de honteux et de coupables; le plaisir est souvent un mal, la douleur est souvent un bien; le plaisir nous corrompt, la douleur nous épure; — il y a des intérêts légitimes, il y en a qui ne le sont pas; et c'est en vertu d'un principe supérieur que nous faisons cette distinction : sans doute, il ne saurait y avoir d'intérêt contre le devoir, et la raison nous dit que le devoir est le premier intérêt; mais ces deux idées restent distinctes, et l'intérêt n'est jamais sacré, par cela seul qu'il est l'intérêt; — à plus forte raison, les plaisirs et les passions.

De là cette conséquence que, le devoir écarté ou remplacé par l'intérêt ou tout autre motif d'action, la personne cesse d'être inviolable et couverte par ses droits; de droits, il n'y en a plus; il n'y a que la force et la violence.

La seule morale est celle du devoir ou de l'obligation. Au lieu de chercher à discuter le devoir et à le remplacer, il faut chercher à le connaître et s'efforcer de l'accomplir. On y croit comme on croit qu'on est homme, qu'on est une personne morale; comme on croit que l'on est raisonnable et libre. Il y va de notre dignité, de notre honneur, de notre nature d'homme. C'est un fait que nous avons l'idée de la dignité et de l'honneur, et que nous y croyons. La dignité et l'honneur, c'est le devoir sous un autre nom.

Il en est de l'idée du devoir comme de celle de Dieu. Cette idée écartée, nous ne comprenons plus nos pensées, nos sentiments, notre langue, notre liberté, notre cœur, plus rien.

On cesse d'être homme dans la mesure où on cesse de croire au devoir tel qu'il est et de le pratiquer.

II. — SYSTÈMES UTILITAIRES

Morale du plaisir. — La morale du plaisir a été professée d'abord par Aristippe de Cyrène, philosophe grec, chef de l'école dite cyrénaïque; il plaçait le but de la vie dans le plaisir sensible : chercher le plaisir présent, fuir la douleur présente, voilà, d'après lui, la destinée de l'homme; puis par Épicure (341 à 270 av. J-C.), philosophe grec aussi, qui mettait, comme Aristippe, le but de la vie dans le plaisir, mais dans le plaisir *choisi*, bien

---

[1] Tout ce qui s'est fait de grand dans le monde s'est fait au cri du devoir; tout ce qui s'est fait de misérable s'est fait au nom de l'intérêt. — « Il faut saisir l'occasion d'allumer dans l'âme de l'enfant la flamme du sacrifice, sans laquelle un homme n'est rien qu'un misérable, à quelque rang qu'il soit. » (LACORDAIRE.)

entendu, modéré; chez Aristippe, l'égoïsme est spontané; chez Épicure, il est réfléchi, calculé.

Épicure distingue deux sortes de plaisir : le plaisir en *mouvement* et le plaisir *stable* ou *en repos*. Le premier est plus vif, mais passager et mêlé de douleur; le second, plus calme et plus durable, est seul le vrai plaisir, parce qu'il est sans mélange de peine ou d'effort. C'est celui-ci qu'il faut chercher pour être heureux. La vertu n'a pas d'autre but que de nous procurer l'*ataraxie*, c'est-à-dire l'absence de la douleur. Le sage épicurien ne lui reconnaît d'autre valeur que celle de la douleur dont elle délivre, du plaisir qu'elle procure; il la pratique en la ramenant toujours à l'intérêt personnel. Si Épicure prescrit, par exemple, la frugalité, c'est par crainte des souffrances que l'intempérance amène après elle; s'il recommande le désintéressement, c'est pour éviter les cupidités troublantes de l'avarice; s'il faut tendre à l'immobilité, c'est pour n'avoir pas à souffrir des préoccupations de l'ambition et de la politique. — Le souverain bien, c'est de jouir de soi, dans l'apaisement de tous les désirs.

Voici les formules qui résument la doctrine épicurienne :
1° Prenez le plaisir qui ne doit être suivi d'aucune peine ;
2° Fuyez la peine qui n'amène aucun plaisir ;
3° Fuyez la jouissance qui doit vous priver d'une jouissance plus grande ou vous causer plus de peine que de plaisir ;
4° Prenez la peine qui vous délivre d'une peine plus grande ou qui doit être suivie d'un grand plaisir. En un mot, la seule règle de conduite est la recherche du plus grand plaisir possible. — Toutes ces formules constituent une espèce d'arithmétique du plaisir.

Réfutation. — Le plaisir en lui-même est un bien, puisqu'il résulte de l'activité exercée normalement; il peut être un attrait accompagnant l'accomplissement d'un devoir ou d'une fonction; il n'est jamais un but. Le plaisir n'existe pas par lui-même, il existe seulement comme conséquence et récompense de la poursuite d'un autre bien. En faire le principe de la morale, c'est renverser l'ordre naturel, mettre l'effet avant la cause, le moyen avant la fin, le signe avant la chose signifiée. C'est déclarer que le but de la vie est de se satisfaire, et que l'important est de réussir, n'importe par quel moyen.

Le bien, la perfection, voilà le but assigné à l'homme par la raison; le plaisir vient par surcroît à celui qui cherche le bien pour lui-même.

L'égoïsme est la source de tous nos maux; par quel principe deviendrait-il, en vertu d'un système imaginé *à priori*, la source de tous les biens? Si l'homme n'a d'autre principe d'action que le plaisir, même choisi, élevé, tel que le veut Épicure, que deviennent le désintéressement, le dévouement, le sacrifice, sans lesquels on ne conçoit pas la société et dont la conscience universelle reconnaît l'existence, puisque toutes les langues ont des termes pour les exprimer et les louer?

Épicure nous dit qu'il faut faire un choix parmi les plaisirs; en vertu de quelle règle faire ce choix, sans sortir de la morale du plaisir, sans reconnaître un principe supérieur? Les maximes qui résument sa doctrine ne peuvent être ni *universelles,* car l'appréciation des plaisirs varie avec chaque individu et, dans le même individu, suivant les circonstances; ni *obligatoires,* car on ne se sent nullement obligé de chercher en tout et toujours ce qui plaît.

Épicuréisme ou sensualisme, ses effets. « Prendre le plaisir pour règle de conduite, dit Vinet, c'est s'abandonner soi-même, se laisser choir de sa hauteur, rouler au gré d'une impulsion qui n'est pas celle de la volonté,... impulsion de la partie de nous-mêmes qui est incapable de croire, d'aimer, d'obéir.

C'est l'empire des éléments grossiers et non moraux de notre être, c'est la défaite de l'âme. Toute jouissance des sens est une diversion de l'âme hors de son sanctuaire... Même légitime, toute jouissance trop savourée nous appauvrit spirituellement d'autant.

L'âme des voluptueux s'en va en chair...; il fait froid, il fait nuit dans cette âme; elle est livrée aux passions que la volupté éveille et nourrit, passions basses, petites, honteuses; car tout se déprime dans le voluptueux...

Les choses spirituelles n'ont plus pour lui ni couleur ni saveur; il a perdu le sens par où l'on goûte les choses de l'âme; tout est fadeur, tout est langueur dans son être; il le sent, il sent qu'il en devrait gémir, et il n'a pas la force de gémir; il prévoit sa perte, et il n'a pas la force de s'en effrayer; il répète à dessein des mots terribles, et ces mots retentissent sur son cœur comme sur un timbre de plomb. »

Ce que n'est pas la vie, ce qu'elle est. — Non, la vie n'est pas une partie de plaisir, mais une mission; ce n'est pas un jeu, mais un mâle effort; ce n'est pas un banquet où nous sommes conviés pour nous amollir dans des délices sans gloire, c'est un combat où nous avons à nous aguerrir et à faire preuve de valeur; ce n'est pas une coupe de joies vulgaires que nous avons à vider, ni un calcul d'intérêts égoïstes que nous avons à bien faire; c'est une suite d'obligations graves que nous avons à remplir; nous n'avons pas à cueillir des fleurs sur notre route, ni à respirer les parfums énervants qu'elles pourraient nous donner, comme des voyageurs oisifs qui n'auraient point de but à atteindre, point de devoirs à remplir, point d'ennemis à vaincre, ni d'obstacles à surmonter; nous avons à observer la justice, à pratiquer la charité, à établir le règne de Dieu et de la conscience en nous d'abord, puis autour de nous, dans la mesure de nos facultés et des dons qui nous sont faits. Et il convient qu'il en soit ainsi et que l'homme marche à la conquête de la vertu et s'élève à sa destinée, à travers les luttes de la volonté courageuse; là est sa grandeur.

Morale de l'intérêt. — Les utilitaires ont d'abord mis en avant *l'intérêt personnel*, puis *l'intérêt bien entendu*, enfin *l'intérêt général*.

a) *Intérêt personnel : égoïsme.* — La Rochefoucauld, moraliste français, prétend qu'en fait les hommes n'obéissent qu'à l'intérêt, et Bentham, jurisconsulte anglais, que l'intérêt est la seule règle de nos actes et que cette règle est légitime; qu'en législation et en morale, on ne doit admettre d'autre règle que l'utilité; qu'une action est plus ou moins bonne ou mauvaise, suivant qu'elle est plus ou moins nuisible ou utile.

L'un et l'autre calomnient ou méconnaissent la nature humaine. Non, en fait, l'homme n'agit pas toujours par intérêt. Non, en droit, l'intérêt n'est pas la seule règle de nos actes et ne s'identifie pas avec la loi morale. Le dévouement, le désintéressement, le sacrifice, ne sont pas même chose que l'égoïsme. L'héroïsme n'est pas la lâcheté; le héros qui meurt et le lâche qui fuit n'agissent pas pour le même motif, ne suivent pas la même règle légitime.

Il y a des actions que nous appelons bonnes, nobles, généreuses, magnanimes, héroïques, sublimes. Si nous les qualifions ainsi, c'est sans doute que nous les savons inspirées, non par l'intérêt et la vanité, mais par le devoir, par le dévouement, par l'amour désintéressé du bien, de la vérité, de la justice. Il en est d'autres que nous appelons mauvaises, basses, intéressées, lâches, honteuses, criminelles, sans doute aussi, parce que, outre qu'elles ont par elles-mêmes ces caractères, nous les attribuons à des mobiles ou à des motifs égoïstes et mauvais. Nous admettons qu'il y a des degrés dans la générosité, et nous prisons plus, au point de vue du mérite moral, l'obole du pauvre, prélevée sur le nécessaire, que l'offrande du riche, prise sur le superflu.

La Rochefoucauld et Bentham ont tort, ou tout le monde se trompe; ils sont en opposition avec les langues, avec l'histoire, avec la raison, avec la conscience du genre humain.

Le système égoïste ou utilitaire de Bentham n'était pas aussi nouveau que le croyait son auteur. Il rentre dans celui d'Épicure : rechercher le plaisir, fuir la douleur. L'utilité ou l'intérêt de Bentham n'est que le plaisir calculé.

Remarquons que la Rochefoucauld ne se pose pas comme philosophe, mais comme moraliste satirique; pour lui, l'égoïsme n'est pas un droit, mais un fait; il ne prétend pas établir une doctrine, comme Épicure et Bentham, mais peindre les mœurs telles qu'il les voit, et sans se priver de l'avantage que lui donne la satire de charger un peu les traits.

La Rochefoucauld a vu combien l'amour-propre est subtil et comment il peut se glisser dans nos meilleurs sentiments; il veut que nous nous tenions en garde, que nous nous méfiions de nous-mêmes. Il insiste, il exagère, il se montre exclusif pour mieux faire entrer la leçon. Sans doute que dans le milieu où il vivait il pouvait voir beaucoup d'épicuriens et d'utilitaires, et l'on est porté à croire que c'est-là ce qui l'a rendu pessimiste; mais il n'y avait pas de son temps que des utilitaires et des épicuriens. Saint Vincent de Paul, pour ne citer que lui, n'a pas suivi la seule inspiration de l'amour-propre dans sa vie d'abnégation et de dévouement.

Contrairement à la Rochefoucauld, il faut affirmer que tous les sentiments humains ne se ramènent pas à l'égoïsme ou à l'amour-propre; que, s'il y a beaucoup d'épicuriens et d'utilitaires, il y a aussi des hommes qui s'inspirent de la morale du devoir et qui s'efforcent d'y conformer leurs sentiments et leur conduite, en faisant abnégation d'eux-mêmes, c'est-à-dire en sacrifiant leur amour-propre. On ne conteste pas qu'il n'y ait dans l'homme des tendances égoïstes, mais on affirme qu'à côté il existe des sentiments désintéressés, avec lesquels elles sont en conflit. C'est ce qu'atteste la conscience du genre humain (preuve par la croyance universelle ou preuve philologique, donnée plus haut), c'est ce qui résulte de l'analyse des sentiments critiqués par la Rochefoucauld. On peut même ajouter que la forme critique donnée aux maximes implique le désintéressement. Reprocher à l'homme de ne suivre que des inclinations égoïstes, c'est supposer qu'il y a dans l'homme autre chose que de l'égoïsme; car si l'égoïsme était la loi de notre activité et la forme nécessaire de nos aspirations, la faute n'en serait pas à nous, mais à notre nature, qui serait mal faite; ou plutôt il n'y aurait pas de faute, puisque, suivant notre loi, nous serions dans l'ordre. Dès lors il n'y aurait pas lieu d'écrire une censure amère de l'amour-propre, comme l'a fait la Rochefoucauld, mais simplement d'en faire une analyse, une description.

b) Intérêt bien entendu. — La doctrine de Bentham, qu'on a appelée *utilitarisme*, est à la fois un *système de morale*, qui pose l'*intérêt bien entendu* ou le bonheur comme principe du droit et de la morale, et une *théorie économique* des intérêts de l'humanité, intérêts auxquels se ramènent, d'après lui, toutes les pensées et toutes les actions humaines. — L'homme ne cherche, dans tous ses actes, que son propre bonheur, et le bonheur, c'est la plus grande somme de plaisir diminuée de la plus grande somme de douleur. Les actions *utiles*, qu'on nomme vulgairement *bonnes*, sont celles qui causent plus de plaisir que de peine ; les actions *nuisibles*, qu'on appelle d'ordinaire *mauvaises*, sont celles qui causent plus de peine que de plaisir. Ainsi la vertu vraie, selon Bentham, « c'est ce qui *maximise* les plaisirs, et ce qui *minimise* les peines ; c'est ce qui contribue le plus au bonheur, » et la morale n'est pas autre chose que le calcul de l'utilité des actions humaines. D'après ce système, il y a moralité quand le résultat final de l'action a été calculé de manière à produire la plus grande quantité de plaisir ; il y a immoralité, quand le résultat final a été mal calculé.

Épicure voulait qu'on fît un choix parmi les plaisirs ; Bentham veut qu'on entende bien ses intérêts. L'un et l'autre donnent à cet effet des règles dont il est inutile de charger sa mémoire. Ces règles constituent une *arithmétique morale* (arithmétique du plaisir) que Bentham veut substituer à l'ancienne morale, œuvre, selon lui, d'arbitraire et d'autorité.

Pour juger de la valeur d'une action, il faut, dit-il, tenir compte du plaisir qu'elle procure, et pour cela envisager ce plaisir au point de vue de l'*intensité* (les uns sont vifs, les autres faibles), de la *durée* (il en est de passagers, de durables), de la *certitude* (les plaisirs que considère l'arithmétique morale sont toujours au futur), de la *proximité* (tel plaisir peut se faire attendre longtemps), de la *fécondité* (un plaisir peut en amener d'autres), de la *pureté* (il y a des plaisirs impurs, qui produisent des conséquences plus ou moins pénibles), de l'*étendue* (dont jouissent un plus grand nombre d'hommes).

Ce calcul n'est pas facile ni à la portée de tous. Bentham l'a essayé dans quelques exemples, et l'on est épouvanté des conséquences que, d'après lui, peut avoir la moindre action ; on est tenté de se croiser les bras et de ne rien faire. Comment d'ailleurs comparer entre eux, comme des quantités mathématiques, des plaisirs d'ordres différents ? La morale du devoir est plus claire ; c'est qu'elle est vraie et conforme à la nature.

Admettons cependant qu'on suive les règles de Bentham, qu'on soit juste, charitable, tempérant par calcul : on n'est pas *vertueux*, on est *habile*. Il ne saurait plus être question de *moralité* ; on n'est pas tenu d'être *honnête*, mais de *réussir*. Comment expliquer les sentiments moraux de satisfaction de conscience et de remords, d'estime et de mépris ? L'homme qu'on mène en prison ou à l'échafaud n'est pas coupable, il a mal calculé.

Bentham nous dit d'admettre cette maxime comme règle de l'intérêt bien entendu : *Le plus grand bonheur pour le plus grand nombre*. — Pourquoi l'admettre ? Est-ce par devoir ? Si oui, nous ne sommes plus dans la morale de l'intérêt. — Est-ce par intérêt personnel, par égoïsme ? C'est illogique. Le désintéressement n'est pas la loi de l'intérêt personnel, et l'on ne peut amener l'égoïsme à s'immoler lui-même au nom de lui-même.

De plus, cette maxime est belle sans doute ; mais il y a quelque chose de plus beau, c'est la justice. Il paraîtrait utile au genre humain qu'un innocent fût condamné, il ne devrait pas l'être. La justice n'est pas le nombre. Il est vrai que, si l'on n'a d'autre mobile ou motif d'action que l'intérêt personnel, on ne voit pas ce que peut être la justice.

Le véritable intérêt n'est jamais contraire au devoir. — Remarquons que, si l'on sort de l'ordre matériel et que l'on s'élève des avantages extérieurs aux avantages moraux, du relatif à l'absolu, — ce qui, nous l'avons vu, est le caractère propre du devoir ou du sacrifice, — on peut soutenir cette proposition que le véritable intérêt n'est jamais contraire au devoir; que l'intérêt, distinct du devoir comme motif d'action, ne fait plus qu'un avec lui dans le résultat final.

Notre intérêt, en effet, c'est tout ce qui peut satisfaire nos besoins, contribuer à notre bonheur; or il ne peut y avoir de bonheur, pour un être, en dehors de la loi de sa nature. La loi de l'homme, c'est le devoir. Le véritable intérêt de l'homme ne peut donc être contraire à son devoir.

Que si nous croyons voir notre intérêt en dehors de notre devoir, nous nous trompons. Le premier intérêt de l'homme, c'est la dignité morale, c'est la vertu, qui le mène à sa fin[1]. Tout ce qui peut porter atteinte à cette dignité n'est pas dans notre intérêt.

Au-dessus des richesses matérielles, il y a les richesses morales; au-dessus de la vie du corps, il y a celle de l'âme, et les besoins de l'âme doivent être tout d'abord satisfaits. L'âme vit de vérité, de justice, de charité; l'erreur, l'injustice, l'égoïsme, sont mortels pour elle.

La richesse, la puissance, que nous souhaitons, peuvent nous être nuisibles; la pauvreté, la dépendance, dont nous nous plaignons, peuvent nous être utiles. — Que si nous étions riches et puissants, serions-nous meilleurs? L'homme heureux, c'est l'homme bon; et devenir meilleur, c'est devenir plus heureux. Le bonheur dépend surtout de l'état moral, non des circonstances. « Le bonheur n'est ni en nous, ni hors de nous; il est en nous et en Dieu, » a dit Pascal. Cela revient à dire qu'il est dans l'ordre. Le méchant va contre la loi de la nature humaine; il s'écarte de sa fin; par conséquent, il agit contre ses vrais intérêts, contre son bonheur.

La réalisation du bien, voilà le but de la vie humaine; faire le bien, confondre son intérêt avec le bien, surtout ne jamais le croire contraire au bien moral, qui est sa fin prochaine et le mène au bien souverain, sa fin dernière, voilà pour l'homme la condition du bonheur, soit dans ce monde, soit dans l'autre.

Tout cela revient à dire que l'homme doit « avant tout chercher le royaume de Dieu et sa justice, et qu'il aura le reste par surcroît »; que, s'il remplit son devoir, il sert ses vrais intérêts; que, s'il l'omet, quelles que soient les apparences, il se nuit à lui-même, il se met en opposition avec sa nature et sa destinée, et par conséquent en dehors des conditions de son bonheur.

Si de l'ordre simplement moral on passe à l'ordre religieux, si de la raison on s'élève aux considérations de la foi, l'argumentation a encore plus de force. Les martyrs volaient à la mort, comme au triomphe[2].

Mais entre cette morale et celle de l'intérêt personnel bien ou mal entendu, il y a l'abîme qui sépare le fini de l'infini, l'égoïsme du sacrifice.

c) *Intérêt général : morale associationiste de Stuart Mill.* — Stuart Mill explique par une induction purement expérimentale

---

[1] « Dieu, relativement à nous, est l'honnête infini, l'utile infini, le délectable infini. » (*Dict. P. Guérin.*) — « En un sens très élevé, l'intérêt suprême, pour l'individu, c'est de faire son devoir, et Cicéron a montré admirablement l'identité fondamentale de l'honnête et de l'utile; mais cette sorte d'intérêt, qui peut exiger jusqu'au sacrifice de tout bonheur terrestre, n'est pas celle qu'entendent les partisans du système égoïste : Épicure, Hobbes, Helvétius. » (Carrau.)

[2] Voir *Polyeucte :* « Où le conduisez-vous? etc. — J'ai de l'ambition, etc. »

la formation des idées morales : *nous regardons comme principes universels les rapports que nous expérimentons souvent, et nous leur attribuons le caractère d'absolue nécessité.* Il adopte la doctrine de Bentham et y apporte quelques amendements. Ainsi que Bentham, il considère le bonheur (c'est-à-dire le bien-être ici-bas, car il n'admet pas l'autre vie) comme la fin et le critérium des actions morales ; mais Bentham ne tenait compte que de la *quantité* de plaisir, il y ajoute la *qualité* : il considère des plaisirs *supérieurs*, qui tiennent surtout à l'esprit (qualitatifs) et des plaisirs *inférieurs*, qui tiennent surtout au corps (quantitatifs) : « Mieux vaut être un Socrate mécontent qu'un pourceau satisfait. » Et puis ce n'est pas seulement le bonheur individuel, c'est le *bonheur universel*, « le bonheur de l'humanité » que Stuart Mill regarde comme le premier principe de la morale. Les actions qui tendent à développer le bonheur de tous sont déclarées bonnes par la conscience humaine, celles qui tendent à le contrarier sont déclarées mauvaises : *le bien ou la vertu, en lui-même et dans ses degrés, c'est l'utilité sociale.*

— L'égoïsme est plus raffiné dans cette théorie que dans celle de Bentham ; le fait d'ajouter la qualité des plaisirs à la quantité ne suffit pas pour constituer une base acceptable de la morale. Si l'on fait abstraction de tout idéal moral, en vertu de quel principe universel les hommes jugeront-ils de la supériorité d'un plaisir sur un autre ? Il y a des âmes nobles et délicates, il y en a de basses et de grossières, qui apprécieront fort diversement la valeur des plaisirs. Que s'il en faut décider par l'estime que tous les hommes ou du moins la plupart en font, c'est là un critérium bien difficile à employer.

Quant à substituer à la recherche de l'*intérêt particulier* celle du *bonheur de l'humanité* ou l'*intérêt général*, ainsi que le font Stuart Mill et les associationistes, c'est compliquer la question, non la résoudre[1].

L'intérêt général est plus difficile encore à constater et à déterminer que l'intérêt particulier. J'ignore souvent quel est mon plus grand intérêt dans le moment présent : comment connaître encore celui de l'avenir, celui de mon pays, celui de tout le monde ? Comment distinguer l'intérêt général de l'intérêt d'une caste, d'un parti, d'une faction ? On sait quels crimes ont été commis au nom de l'intérêt public. De plus, en vertu de quel principe faut-il sacrifier mon intérêt à l'intérêt général ? L'intérêt général ne peut avoir d'autres caractères que ceux des intérêts particuliers dont il est la résultante et la synthèse : il ne saurait être obligatoire en soi. Quand nous sommes moralement tenus de sacrifier notre utilité individuelle à celle du plus grand nombre, c'est en vertu d'un principe supérieur à l'utilité. — On dit qu'ils se confondent. L'expérience prouve le contraire dans une foule de cas. Sans doute l'économie politique montre que ce qui sert à la société sert à l'individu[2] ; mais cela n'est vrai que d'une manière très générale. J'ai cent francs d'impôts à payer. Je les garde. Si je les avais donnés, il m'en serait revenu $\frac{1}{38\,000\,000}$. On voit la différence. Du reste, bien qu'il soit vrai qu'en fait le plus grand bonheur du plus grand nombre possible ne saurait être mieux assuré que par la pratique universelle de la loi morale, il

---

[1] On réfute, à peu près par les mêmes principes, la morale évolutionniste de H. Spencer, qui a tous les inconvénients de l'utilitarisme. (Voir abbé VALLET, *Kantisme et Positivisme*, ch. VIII.)

[2] Ce qui n'est pas utile à l'essaim ne peut être utile à l'abeille. (Proverbe.)

s'agit ici de principes, du devoir ou de l'intérêt, et, théoriquement, ils restent profondément distincts.

De plus, il faut remarquer que, tant qu'on reste dans la doctrine de l'intérêt, la conscience, le remords, la satisfaction morale, le mérite et le démérite, l'estime et le mépris, les peines et les récompenses futures, la honte, l'honneur, n'ont plus de raison d'être. Les partisans de la morale utilitaire n'ont pas le droit d'en parler ni d'en tenir compte, ce qui suffit à faire voir combien elle est anti-rationnelle et contre nature, démentie par l'histoire et l'expérience personnelle.

La morale utilitaire, sous quelque forme qu'elle se présente, ne vaut guère plus que la morale du plaisir. Toutes deux ne peuvent aboutir qu'à l'abrutissement de l'individu et à la dissolution de la société.

En résumé, pourquoi sacrifier mon bonheur à celui de tous? Est-ce parce que le bonheur général ne peut manquer de tourner au bonheur individuel? Nous retombons dans l'égoïsme. Est-ce parce que le premier est plus noble que le second? Cela n'a pas de sens dans la morale de l'intérêt. Dans la morale du devoir, l'individu a une fin supérieure qui ne permet pas de le traiter comme un simple moyen; il a le droit de s'occuper de son bien propre, et il n'appartient pas tout entier à la communauté ou à l'État.

Si le bien est le plus grand intérêt de la communauté, la morale privée disparaît, il ne reste plus que la morale publique ou sociale. Et quelle morale? Une morale qui n'oblige pas. Quand l'utilité sociale ne peut être obtenue qu'au prix d'une injustice, quelle règle suivre[1]? — Le bien ou l'honnête est indépendant de l'utile et ne saurait être confondu avec lui; qu'elle soit générale ou individuelle, l'utilité n'est qu'un *moyen;* le bien est une *fin* qui se suffit à elle-même.

III. — MORALE DU SENTIMENT

On appelle *morale du sentiment* le système qui *consiste à s'en remettre, pour la direction de la vie, aux sentiments généraux du cœur humain;* à regarder le sentiment, sous une forme ou sous une autre, comme le seul critérium du bien ou du mal.

Le *sentiment moral*, la conscience instinctive, est un guide infaillible, dit Rousseau en France. — La vraie lumière, c'est l'*intuition naturelle*, l'inspiration naïve du cœur, dit Jacobi en Allemagne. — Le bien, dans les actions humaines, est ce qui provoque *la sympathie;* le mal, ce qui provoque l'*antipathie*, dit Smith en Angleterre. — Le bien, c'est le *libre essor des passions*, dit Fourier en France, attribuant aux lois sociales les maux que les passions engendrent.

Réfutation de Rousseau et de Jacobi. — Il faut répondre à Rousseau qu'il prend l'effet pour la cause, les résultats de la loi pour la loi elle-même; que le sentiment moral naît des jugements de la conscience; que l'on est content parce que l'on a bien agi, mais que l'on n'a pas bien agi parce que l'on est

---

[1] On connaît le fait rapporté et analysé par Cousin : « Thémistocle propose aux Athéniens de brûler la flotte des alliés, qui se trouvait dans le port d'Athènes, et de s'assurer ainsi la suprématie. « Le projet est utile, dit Aristide, mais il est injuste, » et sur cette simple parole, les Athéniens renoncent à un avantage qu'il faut acheter par une injustice. Remarquez que Thémistocle n'avait là aucun intérêt particulier; il ne pensait qu'à l'intérêt de sa patrie. Mais, eût-il hasardé ou donné sa vie pour arracher aux Athéniens un tel acte, il n'aurait fait que consacrer, ce qui s'est vu trop souvent, un dévouement admirable à une cause immorale en elle-même. » (*Le Vrai, le Beau et le Bien*, 13ᵉ leçon.)

content ; que les âmes perverses peuvent perdre le remords, les âmes grossières ne pas éprouver de satisfaction morale ; qu'en un mot le sentiment n'est pas clair, n'est pas sûr, n'a aucun des caractères absolus de la loi du bien.

Relativement à la conscience instinctive et à l'intuition naturelle, on peut dire à Rousseau et à Jacobi que cette règle n'en est pas une, qu'il faut au moins distinguer par la réflexion si c'est la conscience ou quelque mauvais instinct qui nous pousse ; que, s'il existe une loi morale pour l'homme, c'est parce qu'il est raisonnable, et que, s'il est raisonnable, il convient qu'il fasse usage de sa raison.

Il faut obéir aux sentiments purs et élevés, aux plus nobles aspirations du cœur, dit Jacobi. — Sans doute ; mais comment savons-nous qu'ils sont tels ? C'est parce que nous les rapportons à la règle du bien. Qui en proclame la pureté, la noblesse, l'élévation ? C'est la raison.

Rousseau soutient que *l'homme qui réfléchit est un animal dépravé*. Ce qui revient à dire que l'homme doit agir en animal, doit cesser d'être homme, de faire usage de sa raison, s'il ne veut pas être un animal dépravé. La vérité est que l'homme qui tourne vers le mal les facultés qui lui ont été données pour le bien, descend en réalité au niveau de l'animal ; mais l'homme a le devoir de faire le contraire, de rester digne de sa nature, de sa raison et de sa liberté.

Rousseau affirme encore que *tout est bien, sortant des mains de la nature, que l'homme est naturellement bon, qu'il suffit de ne pas contrarier sa croissance naturelle.* — C'est une assertion que chacun peut réfuter en en appelant à son propre témoignage. Chacun sent en soi le manque d'équilibre et d'harmonie et sait combien il y a d'efforts à faire pour devenir et rester bon. « L'homme naît injuste, dit Pascal, parce qu'il naît enclin à l'égoïsme. » Dès le berceau, l'enfant manifeste une nature rebelle et mauvaise, qu'il faut dompter. Nous valons ce que nous fait l'éducation.

L'homme naît bon, c'est la société qui le corrompt. — Voilà encore une assertion de Rousseau. Comme l'homme ne peut ni naître ni vivre que dans la société, — car, même chez les sauvages, il y a un commencement d'organisation sociale, — il s'ensuit que Rousseau condamne l'homme à la non-existence. Rousseau est un sophiste, qui affirme le pour et le contre dans la même page, souvent dans la même ligne, et qui se charge lui-même de se réfuter. Il dit ailleurs : « Il n'y a pas de vertu sans combat, et le mot vertu veut dire force. — On façonne les plantes par la culture, et les hommes par l'éducation. »

Réfutation de Smith. — Smith, dans son système, prend aussi la conséquence pour le principe. En effet, pourquoi certaines actions inspirent-elles la sympathie et d'autres l'antipathie? Sans doute, parce qu'elles sont bonnes ou mauvaises. Mais comment sait-on qu'elles sont bonnes ou mauvaises, si l'on n'a pas une règle à laquelle on les juge conformes ou non conformes ?

On peut remarquer que Smith confond l'estime et la sympathie, qui ne sont pas même chose et ne naissent pas du même principe. L'estime est raisonnée ; en général, la sympathie ne l'est pas : le principe de l'estime, c'est la raison ; celui de la sympathie, la sensibilité. Au fond, c'est le respect humain, le souci de l'opinion que Smith nous propose de prendre pour règle. Et cependant on sait que l'opinion n'applaudit pas toujours le bien, ne condamne pas toujours le mal. La vertu consiste souvent à se passer de l'approbation et à braver l'opinion. C'est ce qu'on appelle le courage, et le contraire est une lâcheté. Si l'on se trouve avec des gens grossiers, faut-il être grossier soi-même, pour ne pas leur inspirer de l'antipathie ?

Appliqué dans un mauvais milieu, ce système serait une cause de perversion mutuelle. C'est le contraire qui est la vérité. « L'indulgence pour le vice est une conspiration contre la vertu ; » tout homme qui vit dans un milieu malsain est tenu de l'assainir, et c'est un principe général que l'on ne doit pas moins à ses semblables qu'à soi-même, qu'on n'est homme qu'autant qu'on travaille dans la mesure de ses forces à augmenter leur valeur morale, en même temps que la sienne propre.

Non seulement la règle de Smith manque de fixité, d'universalité, de clarté, n'a aucun des caractères de la loi morale; mais elle est prise hors de nous, de sorte qu'un homme isolé n'aurait pas de devoirs. On ne voit pas non plus comment ce système atteint la morale individuelle et la morale religieuse.

Lorsque Smith dit : *Quand on vit dans un milieu inférieur, il faut préférer à la sympathie d'autrui le témoignage de sa propre conscience*, il rentre dans la morale du devoir et se met en contradiction avec son système. Lorsqu'il dit : *Il faut se préoccuper, non pas tant des spectateurs réels que d'un spectateur impartial, qui verrait toutes nos actions*, il fait un non-sens. Un homme est impartial quand il juge avec sa raison, non avec ses sentiments. La sympathie est partiale par définition. Dans les tribunaux, on demande à un juge de n'avoir ni sympathie ni antipathie, c'est-à-dire d'être juste. Le vrai système de la sympathie se résumerait dans cette maxime : Il faut faire comme tout le monde. « Maxime suspecte, dit La Bruyère, qui signifie presque toujours : Il faut mal faire. »

Réfutation de Fourier. — On a déjà vu en *Psychologie* (p. 81) ce qu'il faut penser de la doctrine de Fourier. C'est la dépravation érigée en système, que de soumettre la raison et la volonté à des forces aveugles et violentes. Il n'y a rien de plus à dire de la morale de la passion. « Ai-je à m'occuper de cette métaphysique de la dépravation? dit le P. Lacordaire. Elle nie un des éléments de la pensée et de la vie humaine, la notion du devoir; or toute doctrine qui nie un élément de l'homme n'est pas une doctrine, mais un jeu d'esprit, qui ne serait que ridicule, s'il ne pouvait devenir sanglant. »

Rôle du sentiment ou du cœur dans la morale. — Quoique la sensibilité morale ou le cœur, sous le nom de *sentiment*, de *sympathie*, de *passion*, ne puisse servir de fondement à la morale, il faut reconnaître toutefois qu'elle y joue un rôle important. La raison, soit théorique, soit pratique surtout, ne va pas loin, ne s'élève pas haut sans le cœur. La flamme du cœur entretient et augmente la lumière de la raison. « Si les grandes pensées viennent du cœur, » les grandes actions, les grandes œuvres, les grandes vertus, les grandes vies en viennent aussi. On dit : L'instruction développe l'intelligence, l'éducation forme le cœur. « La lumière seule est vaine; la chaleur et la lumière forment la vie totale. » (P. GRATRY.) « Science sans conscience n'est que ruine de l'âme, » dit un proverbe. La raison froide peut faire un honnête homme, dans le sens restreint de ce mot, un homme respectant les droits essentiels de ses semblables, remplissant les devoirs de stricte justice, et c'est beaucoup dire; car la justice, nous l'avons vu, va plus loin qu'on ne le pense généralement; la raison chaude, le cœur raisonnable fait les hommes vertueux, les hommes de foi. La raison seule n'a pas inspiré cette parole de Térence : « Je suis homme, rien de ce qui touche l'homme ne m'est étranger; » ni ce vers de L. Racine : « Je suis homme, tout homme est un ami pour moi. » C'est surtout par le cœur qu'on est affable et bienveillant, par le cœur que l'on se dévoue et que l'on fait son bonheur de celui des autres. C'est surtout par le cœur que l'on est bon : la bonté vient du cœur. « Lorsque Dieu forma le cœur et les entrailles de l'homme, dit Bossuet, il y mit premièrement la bonté, comme le propre caractère de la nature divine et pour être comme la marque de cette main bienfaisante dont nous sortons. » Il faut avoir du cœur, être homme de cœur, non homme sans cœur. Un homme sans cœur n'est pas un homme. *Sans cœur* veut dire sans dignité, sans courage, sans générosité, sans noblesse et sans élévation dans les sentiments. (V. p. 58, *Origine des sentiments*.)

Il importe d'autant plus de faire la part du cœur dans la morale, qu'il s'y agit de pratique plus encore que de théorie, de vertu autant que de vérité; qu'il y est question de ces principes dont Pascal, après les saints, a dit « qu'il faut les aimer pour les connaître, » qu'ils entrent du cœur dans l'esprit et non pas de l'esprit dans le cœur, et auxquels s'applique particulièrement cette parole de Bossuet : « Malheur à la connaissance stérile, qui ne se tourne pas à aimer et se trahit elle-même ! » et celle-ci de l'Évangile : « Qui fait la vérité arrive à la lumière ; » qui refuse la pratique du bien et ne fait pas la vérité, s'éloigne de la lumière. C'est une règle de logique que dans toute recherche, même purement scientifique, l'esprit doit faire preuve de bonne volonté. Dans la morale, pour arriver au vrai, il faut aimer, il faut vouloir le bien ; il faut que les dispositions du cœur ne soient pas un obstacle à la certitude. Nous l'avons vu : devoir et sacrifice ont même sens. Souvent le sacrifice coûte. L'amour rend tout facile et fait choisir ce qui est difficile.

Lire et relire l'admirable chapitre de l'Imitation sur les effets de l'amour divin (liv. III, v). Il contient, en substance, une véritable réfutation des faux systèmes de morale.

La part du cœur est belle, et pourtant le sentiment ne peut servir de base à la morale. Le sentiment est souvent opposé au devoir, et l'on a dit que la vraie sensibilité serait celle qui naîtrait de nos jugements et ne les inspirerait pas. Une conversion de sentiment est une conversion qui peut être sincère, mais qui n'est pas sérieuse et qui ne garantit pas la persévérance.

Le cœur est nécessaire dans la morale, mais le cœur uni à la raison, dirigé par la raison. « C'est avec toute son âme qu'il faut philosopher[1]. » (PLATON.)

La morale ne se fonde pas sur un sentiment, mais sur une idée immuable, absolue, l'idée du devoir, l'idée du bien, l'idée d'une loi imprescriptible, inviolable, impersonnelle, la même toujours, partout, pour tous, et à laquelle notre nature doit se conformer pour être dans l'ordre et atteindre sa fin.

La vertu appartient en propre à la volonté ; mais la volonté, qui n'est bonne que si elle s'inspire de la droite raison, ne va pas loin sans l'amour. Il faut que l'idée se fasse sentiment pour agir efficacement sur la volonté. L'homme, a-t-on dit, tire sa force de ce qu'il aime et du degré où il l'aime.

D'un côté, il faut que l'esprit, que la raison dirige le cœur ou la volonté, et de l'autre, que le cœur échauffe l'esprit. De là, la nécessité d'unir ces deux puissances ; isolées, elles sont incomplètes, inachevées, impuissantes. Le principe régulateur des actes humains doit être cherché, non dans le sentiment, qui est passager et subjectif, mais dans la raison. Pour qu'un acte humain soit bon, il faut qu'il soit jugé tel par la raison calme, étrangère à tout mouvement passionnel, à l'amour comme à la haine, à la sympathie comme à l'antipathie.

IV. — MORALE DE L'AMOUR DE DIEU

La morale ne peut être fondée sur l'amour de Dieu, entendu au sens vague des quiétistes[2] ou d'un faux mysticisme, c'est-à-dire sur un amour de Dieu aveugle et passif, non réglé, non dominé et régi par la raison.

Par cette parole de Notre-Seigneur : « Dans ces deux commandements (*de l'amour de Dieu et de l'amour du prochain*) est renfermée toute la loi, » il faut entendre ceci : *Que si on aime*

---

[1] On l'a dit : « Il en est de la vérité comme de l'air atmosphérique, dont les éléments, réunis, font vivre ; séparés, font mourir : chaque partie de la vérité en est presque le contraire. » La séparation, c'est la mort ; l'union, c'est la vie.
Une vérité incomplète, détournée ou retournée, voilà l'erreur, c'est le contraire de la vérité.
[2] « Le quiétisme substitue à la recherche de la vérité et à l'accomplissement du devoir des contemplations oisives et déréglées. » (COUSIN.)

pratiquement et efficacement Dieu et le prochain, comme Dieu le veut, il s'ensuivra qu'on aura observé toute la loi. C'est dans le même sens qu'il faut entendre cette parole de saint Augustin : « Aimez et faites ce que vous voudrez. » Il s'agit d'un amour que la raison éclaire et dirige, d'un amour actif, non passif, d'un amour de raison et de volonté, d'un amour tel que Dieu le veut, c'est-à-dire réglé par la sagesse.

V. — DOCTRINE DU DEVOIR PUR

On appelle ainsi la *doctrine qui exclut de l'idée du devoir l'idée de sanction*, de récompense ou de châtiment. Cette doctrine a été préconisée par Kant et Jouffroy.

Le motif du devoir, indispensable à tout acte moral, n'exclut pas tout motif intéressé et même l'idée de sanction, comme l'ont prétendu ces philosophes. De ce que le désintéressement est une condition du bien, il ne résulte pas que, pour agir moralement, il ne faille plus croire que le bonheur vient du bien et le malheur du mal, qu'on ne puisse être vertueux qu'à la condition de ne pas aimer son devoir et de ne pas avoir de satisfaction à l'accomplir.

C'est le contraire qui est la vérité. La vertu, la bonté, l'honnêteté, produisent la joie par leur essence même. *L'effort constant et joyeux de la volonté vers la perfection, voilà la vertu.* Le bonheur comme récompense est dans l'ordre, et il nous est ordonné de vouloir l'ordre.

Au motif du devoir, on peut adjoindre des motifs secondaires. Une aumône faite par devoir et par plaisir est certainement méritoire. La crainte de l'enfer et le désir du ciel, pourvu que ce ne soit pas une crainte servile et un espoir sans amour, s'allient très bien au motif du devoir et sont dans l'ordre. Une crainte servile et une douleur sans amour ne sauvent pas de la condamnation ; voilà pourquoi la religion nous dit, par exemple, que l'*attrition* implique un commencement d'amour de Dieu.

La doctrine du devoir pur est contre nature et irrationnelle : notre nature recherche instinctivement le bonheur, pour lequel nous sommes faits ; et c'est une nécessité pour notre raison d'unir le mérite et la récompense, le démérite et le châtiment, la vertu et la félicité. « Nous ne pouvons pas vouloir l'accomplissement du devoir et la pratique de la vertu sans vouloir notre perfection ; nous ne pouvons pas vouloir notre perfection sans vouloir notre béatitude, car ce serait poser des causes sans vouloir leurs effets. Ce qui veut dire que nous ne pouvons suivre l'enchaînement de l'ordre moral sans identifier notre suprême intérêt avec notre suprême devoir. » (P. Monsabré.)

L'amour du bien et l'amour du bonheur sont deux amours naturels, innés, distincts. Nous n'aimons pas le bien, parce que nous aimons le bonheur, mais le désir du bonheur et la crainte du malheur soutiennent notre raison et notre volonté dans la lutte contre les passions.

Il ne faut pas mutiler l'homme, il ne faut pas changer sa nature, ce qui est impossible ; il faut la cultiver, la perfectionner dans toutes ses facultés : c'est possible et c'est un devoir ; il ne faut pas supprimer les ressorts de son activité, mais les estimer et leur faire une part conforme à leur valeur, mais les régler et les consacrer au service de la raison et de la vertu.

« La nature, dit le P. Lacordaire, ne nous permet pas d'être indifférents à la félicité... L'homme est retenu entre deux nécessités qui dominent sa vie et qui sont le fondement régulier de l'ordre intellectuel et de l'ordre moral : la nécessité des premiers principes de son entendement et la nécessité du but final de son existence. »

La vertu, comme le devoir, n'est pas une fin, mais une règle, un moyen pour atteindre la fin. La maxime stoïcienne : *La vertu suffit au bonheur*, proclamée par Zénon et ses disciples, développée par Cicéron dans ses *Tusculanes*, par Sénèque dans son *Traité de la vie heureuse*, par Épictète et Marc-Aurèle, par Kant et les modernes stoïciens, est donc une maxime fausse. « Le devoir et la vertu, dit le P. Monsabré, sont dans l'ordre moral des moyens de perfectionnement ; le stoïcisme moderne en fait des fins, et comme la perfection même. En définitive, son fameux principe : accomplir le devoir pour le devoir, pratiquer la vertu pour la vertu, équivaut à ces niaiseries : Il faut manger pour manger et non pour vivre ; il faut marcher pour marcher et non pour arriver là où l'on doit aller. »

Il ne faut pas pratiquer la vertu uniquement pour être heureux ; mais il n'est pas nécessaire, il n'est pas bon, il n'est pas même possible de renoncer aux joies et aux espérances morales qui sont attachées à la vertu et qui dérivent de son essence.

La règle à suivre, c'est de rechercher d'abord le bien en soi, le devoir désintéressé, et d'accepter ensuite et même d'attendre le bonheur par surcroît, comme récompense. La notion de l'obligation est le point de départ ; le bien et le bonheur identifiés dans l'idée de perfection, voilà le terme. Tout cela est dans l'ordre et conforme à l'idée du bien, qui renferme nécessairement l'idée de justice.

L'idée du bien désintéressé est comprise dans l'idée de récompense. Pour être complètement dans le vrai, il faut même remarquer que l'idée de récompense et celle de châtiment, si on les entend bien, impliquent l'idée du bien désintéressé, parce qu'elles impliquent l'idée du mérite et du démérite. On veut d'abord faire le bien ou fuir le mal, afin de mériter ou de ne pas démériter. Qu'est-ce, en effet, que le principe du mérite ou du démérite, sinon la croyance que celui *qui fait bien* (*qui agit avec désintéressement*) est digne d'une récompense, et que celui qui fait mal (*on fait mal par égoïsme*) est digne d'un châtiment ? Vouloir la récompense et non le châtiment, c'est donc vouloir être digne, non indigne ; c'est vouloir mériter, non démériter ; être désintéressé, non égoïste. Vouloir la récompense, c'est vouloir le mérite ; comme vouloir la fin, c'est vouloir les moyens ; comme vouloir l'effet, c'est vouloir la cause. Le principe du mérite et du démérite est fondé sur l'idée de la justice distributive, c'est-à-dire sur une des applications de la justice, qui rentre elle-même dans l'idée du bien.

Voici la vérité tout entière sur cette question : « Cherchez avant tout le royaume de Dieu et sa justice, et vous aurez tout le reste par surcroît. » Cela revient à dire qu'il faut vouloir ce que Dieu veut, conformer notre volonté à la sienne. La volonté de Dieu, c'est la loi, c'est l'ordre parfait. Or l'ordre parfait ou la perfection, ce n'est pas seulement le bien, c'est le bien et le bonheur réunis. La justice de Dieu, qu'il faut vouloir et chercher, contient tout ce qui est légitime. De quoi s'agit-il au fond ? — De quitter la volonté arbitraire, faillible, pour la volonté réglée, infaillible ; de ne pas suivre des instincts, des inclinations, des passions aveugles et désordonnées, mais la loi de notre nature, qui, nous l'avons vu, est une participation de la loi éternelle ; — de penser, de vouloir, d'aimer à la manière divine, comme doivent le faire des êtres moraux ; — d'être, en un mot, selon la belle expression de saint Paul, « de la race des enfants de Dieu. »

REMARQUE. — Le *kantisme* altère l'idée du devoir, et le *quiétisme*, celle de l'amour. Lorsque Platon enseigne que « c'est avec toute son âme qu'il faut philosopher », il dit une parole d'or. Ainsi, il ne faut pas philosopher avec la raison séparée du cœur, comme le fait Kant dans la doctrine du devoir pur, ni avec l'amour séparé de la raison, comme le fait le quiétisme dans la doctrine du *pur amour*. La raison séparée du cœur n'est pas toute la raison ; l'amour séparé de la raison n'est plus l'amour, c'est la passion. Le cœur *raisonnable*, voilà « toute l'âme », voilà la synthèse morale de l'homme.

VI. — MORALE DE LA VOLONTÉ DE DIEU

Peut-on dire que la loi morale se confond avec la volonté de Dieu? Oui, si l'on entend sa volonté *nécessaire*; non, si l'on entend une volonté *arbitraire*, qui eût pu faire que le mal fût le bien. Dieu, en effet, ne saurait changer l'essence métaphysique des choses, faire, par exemple, qu'il y ait un effet sans cause, que ce qui est ne soit pas, qu'un cercle soit carré, que le vice soit la vertu.

La loi morale est nécessaire et éternelle comme Dieu. Dieu l'a nécessairement et éternellement conçue et voulue; voilà pourquoi nous l'avons définie: l'expression de la sagesse et de la volonté divines. En Dieu, la volonté et la sagesse ne se séparent pas; l'ordre que sa sagesse infaillible conçoit, sa volonté parfaite le veut. Nous savons qu'il en va autrement pour nous et que, contrairement à ce qui devrait être, notre volonté n'est pas toujours d'accord avec notre raison. Un des objets de la morale, c'est d'établir cet accord.

En résumé, comme dans l'ordre spéculatif la sagesse de Dieu est la loi de notre raison, dans l'ordre pratique sa volonté est la loi de la nôtre, et la perfection morale consiste à vouloir ce que Dieu veut, à lui obéir, à conformer notre volonté à sa volonté.

Dieu est la loi morale vivante. — Le devoir, c'est l'obéissance à la volonté de Dieu. Aussi est-il absolu comme elle, et voilà pourquoi l'on dit qu'agir par devoir, c'est sacrifier le relatif à l'absolu, le caprice, l'arbitraire, la fantaisie, la passion, à l'ordre éternel. Violer la loi morale, ne pas exécuter les ordres que Dieu nous donne par notre conscience, ne pas tendre à la perfection où nous appelle notre nature d'homme, ne pas respecter la justice ou pratiquer la charité, en un mot, ne pas remplir nos obligations envers Dieu, envers nous-mêmes et envers nos semblables, c'est désobéir à Dieu.

Plutôt mourir que d'offenser Dieu, veut dire : Plutôt mourir que déchoir. Quiconque déchoit manque à sa nature et offense Dieu. De là cette conséquence que défendre la justice et la vérité, c'est défendre à la fois la cause de Dieu et la cause de l'homme. « Dieu se défendra bien lui-même, » disait-on naguère à un grand évêque (Mgr FREPPEL). Il se contenta de répondre : « Dieu n'a pas besoin d'être défendu par l'homme, mais l'homme a le devoir de le défendre. »

NOTES COMPLÉMENTAIRES

Fais ce que dois, advienne que pourra. — C'est une des conclusions qu'il faut tirer de tout ce qui précède. C'était la devise de la chevalerie; ce doit être celle de tout homme, puisque, nous l'avons vu déjà, c'est la formule de la vie morale.

Mais comment faut-il l'entendre dans la pratique? « Fais ce que dois, » c'est-à-dire, en toute occasion, dans toutes les circonstances de la vie, regarde où est le devoir et n'hésite pas ; sacrifie, s'il le faut, tes goûts, tes intérêts matériels, ta vie même ; mais fais ton devoir. Le devoir est absolu, il prime tout, rien ne le prime.

Est-ce à dire qu'avant d'entreprendre une action, dès lors qu'elle semble obligatoire, il ne faille rien faire pour lui assurer un résultat plutôt qu'un autre, ne pas se soucier de choisir les moyens pour atteindre le succès, sans toutefois manquer au devoir? Non, assurément. Cela même est une partie du devoir. Mais l'issue de l'entreprise serait-elle incertaine, devrait-elle être malheureuse, contraire, non seulement à tous nos désirs, mais encore à notre bonheur ici-bas et à la sécurité de notre vie, le devoir parle, la justice commande, il n'y a pas à balancer, et il faut alors se souvenir de la seconde partie de la devise : « Advienne que pourra [1]. »

En d'autres termes, l'acte qu'il faut accomplir a un but. Ce but, il est possible qu'on l'atteigne ; il est possible aussi que, non seulement on n'y arrive pas, mais que de sa poursuite il résulte pour nous de grands désavantages matériels ; n'importe, si le motif du devoir s'impose, si le but doit être poursuivi, il faut le poursuivre, fût-on certain de ne pas l'atteindre. Le succès ne dépend pas de nous ; mais il dépend de nous de faire notre devoir [2]. Voilà le vrai sens de la maxime.

Il faisait son devoir, ce chevalier d'Assas qui, en présence d'une mort inévitable, poussait ce cri magnanime : « A moi, Auvergne, voilà l'ennemi! » Qu'en advint-il donc? Il en advint que le chevalier fut percé de balles et la bataille gagnée.

De ce trait de courage, comme de mille autres, où l'on peut admirer l'application stricte de la belle maxime, il est possible aussi de déduire comment elle doit être toujours pratiquée. Faut-il, encore une fois, parce que l'on est certain d'accomplir un devoir, cesser de s'intéresser à ce qui en peut résulter, devenir indifférent à tout ce qui peut se passer autour de nous et par notre intermédiaire ou à notre occasion? Ce serait évidemment donner à ces trois mots : « advienne que pourra, » un sens par trop futile. Remarquons, en effet, les sublimes paroles du chevalier. Devant la mort, il n'hésite pas ; mais dans son cri : « A moi! » il y a aussi un secours appelé, peut-être l'idée de sauver non seulement son devoir, mais encore sa vie, dont la conservation est aussi pour lui un devoir, mais de second ordre et subordonné.

Ce dont il faut se convaincre, c'est la nécessité morale où nous sommes de ne jamais reculer devant le devoir et de l'accomplir, non parce que nous attendons le succès ou parce que cela nous est utile dans la condition extérieure de notre vie, mais parce que c'est le devoir, la condition de notre existence morale.

En réalité, ceux qui pratiquent fidèlement leur devoir ne savent-ils pas ce qui leur adviendra? Il leur adviendra qu'ils garderont le plus précieux des biens, le bon témoignage de leur conscience, et si, comme ce chevalier courageux, ils succombent, ils auront pour lit de mort le devoir.

---

[1] A propos de ce vers d'Oreste :
L'homme apprend tous les jours à mépriser la vie,
le P. Lacordaire dit ces belles paroles : « Le mot est grand, il est profond. Cependant ce n'est pas le mot véritable : il touche, il émeut, mais il abat ; c'est le mot d'une faiblesse et non d'une vertu. Le mot véritable eût été celui-ci :
L'homme apprend tous les jours à mépriser la mort.
« Le mépris de la mort, voilà le principe de la force morale. Tant que la conviction de la justice ne va pas jusque-là, tant qu'on craint de mourir, comme si mourir était autre chose que vivre et qu'atteindre Dieu, il n'y a rien à espérer de l'homme dans les grandes occasions. Une menace suffira pour le vaincre ; il flottera sans caractère à la merci des événements ; et, si l'histoire le connaît, elle ne connaîtra que sa honte. C'est le mépris de la mort qui fait le soldat, qui crée le citoyen, qui donne au magistrat sa toge... »

[2] La raison antique disait déjà : « Le succès, les dieux en décident ; la résolution est l'honneur de l'homme. » Le vieil Horace, dans Corneille, dit à ses enfants en les envoyant au combat :
Faites votre devoir, et laissez faire aux dieux.
Le chrétien Polyeucte dit encore mieux :
Faisons triompher Dieu, qu'il dispose du reste.
Le devoir, pour lui, c'est la cause de Dieu à défendre, à faire triompher.

« Le devoir, l'héroïsme est un beau lit de mort. » Choisir la mort comme un devoir plutôt que de trahir la conscience, la justice et la vérité, c'est vouloir vivre, c'est préférer la vraie vie à la vraie mort. — Se rappeler ces paroles de Notre-Seigneur : « Qui sauve sa vie la perdra, et qui la perdra pour l'amour de moi la retrouvera, » et ce vers de Corneille : « L'honneur aux nobles cœurs est plus cher que la vie. »

La morale des anciens et la morale de Jésus-Christ. — « Combien paraissent petites les maximes des sages en regard de l'enseignement de Jésus-Christ ! Et pourtant, sous l'inspiration d'une conscience droite, les sages ont poussé des cris sublimes, qui font tressaillir encore les nobles âmes.

Ils ont dit : « Nulle œuvre des mortels n'est ignorée des dieux. » Mais Jésus nous montre son Père céleste miséricordieusement incliné vers les plus petites créatures, tissant la robe du lis, préparant leur nourriture aux passereaux, comptant les cheveux de notre tête et pénétrant jusqu'au plus intime de nos âmes pour y voir nos œuvres dans leur source même : les pensées et les désirs qui les enfantent. (S. Matth. vi, 26-30.)

Les sages ont dit : « L'homme fort, aux prises avec l'infortune, est un spectacle divin. » Mais Jésus n'a point flatté l'orgueil stoïque de l'homme fort ; il a convié tous ceux qui souffrent, forts ou faibles, à venir chercher dans son cœur un doux refuge (Id. xi, 28) ; il les a encouragés par son exemple ; il a béni leurs larmes et leurs combats ; il leur a promis des consolations ineffables et un royaume d'éternelle gloire ; il les a appelés bienheureux : « Bienheureux ceux qui pleurent ; bienheureux ceux qui souffrent persécution, » et, finalement, il les invite à la joie et à l'allégresse, parce que leur récompense est abondante dans les cieux. (Id. v, 5-10-12.)

Les sages ont dit : « Je suis homme, et rien de ce qui est humain ne m'est étranger. » Mais Jésus ne s'est pas contenté de cette vague sympathie. Il a demandé au cœur humain, comme une chose nouvelle, l'amour généreux qui l'a poussé, lui, à se sacrifier pour ceux qu'il aimait : « Je vous fais un commandement nouveau : c'est de vous entr'aimer, et que, comme je vous ai aimés, vous vous aimiez les uns les autres. » (S. Jean, xiii, 34.) Il a voulu que cet amour s'étendît jusqu'aux ennemis : « Aimez vos ennemis. » (S. Matth. v, 44.)

Les sages ont dit : « Le malheureux est une chose sacrée. » Mais Jésus n'entend pas seulement que nous nous abstenions de mépriser cette chose sacrée. Il veut que nous nous en approchions par le désir et par l'amour. Il béatifie la pauvreté (Id. iii) ; il la demande aux grandes âmes. (S. Luc, x, 4 ; S. Matth, xix, 21.) Il fait du pauvre et du malheureux d'autres lui-même, des êtres divins dans lesquels il reçoit, par une appropriation ineffable, tout le bien qui s'échappe de nos cœurs compatissants et de nos mains charitables. (S. Matth. xxv, 31-46.)

Les sages ont dit : « On doit à l'enfant le plus grand respect. » Mais Jésus révèle la haute raison de ce respect : les enfants sont les frères des anges, qui contemplent la face de Dieu. La sagesse humaine a donné des conseils ; lui maudit les misérables qui scandalisent les petits enfants. (S. Matth. xviii, 2-6.)

Les sages ont dit : « Préférer la vie à l'honneur, c'est le plus grand des crimes. » Mais Jésus nous apprend que, s'il y a déshonneur dans les actes publics qui nous obligent à rougir devant les hommes, il y en a aussi dans tout acte secret qui nous oblige à rougir devant Dieu et devant nous-mêmes ; que toute pensée, tout désir inconnus du monde entier suffisent pour souiller une âme (S. Matth., xv, 18-19) ; qu'une âme souillée est une âme perdue, et qu'il vaut mieux perdre l'univers entier que perdre son âme. (Id. xvi, 26 ; S. Luc, xix, 25.)

Les sages ont dit : « La noblesse, c'est la vertu. » Mais, à la petite noblesse des vertus humaines, Jésus substitue la grande noblesse de la sainteté ; il prêche la faim et la soif de la justice. (S. Matth., v, 6.) Il veut que nous soyons parfaits comme notre Père céleste est parfait. (Id., v, 48.)

Toutes les doctrines qui portent les noms d'hommes ont essayé de répondre aux questions fondamentales d'origine, de nature, de devoir, de destinée, dont se préoccupe l'esprit humain. Dans cette tentative, les plus discrètes ont multiplié les *desiderata* et les *peut-être;* les plus audacieuses ont affronté les contradictions les plus grossières et les erreurs les plus monstrueuses...

... Dans la doctrine de Jésus-Christ, toutes les vérités se pressent, se soutiennent, s'enchaînent, se pénétrent, et nous conduisent, par une route inondée de lumière, de notre point de départ à nos destinées éternelles.

« A cette doctrine plénière, vous pouvez poser toutes les questions ; pour toutes, elle a des réponses claires, profondes et sublimes. D'où venons-nous ? D'un Dieu bon, qu'on appelle le Père ; d'un Dieu vigilant, dont l'attentive Providence nous suit pas à pas sur le chemin de la vie ; d'un Dieu vivant en trois personnes, toutes trois employées à l'œuvre de notre salut. — Qui sommes-nous ? Des âmes plus précieuses que l'univers entier, des corps destinés à une glorieuse transformation, des pécheurs qu'il faut racheter, et, tous ensemble, une société dont Dieu est la tête et dont tous les membres sont pénétrés de Dieu. — Quelle est la nature de nos relations avec Dieu ? Le culte en esprit et en vérité, par l'incarnation d'un Dieu, avec ses magnifiques dépendances de rédemption et de grâce. — Quelle est la règle de notre vie ? Les préceptes qui font le juste, les conseils qui font le parfait. — Où allons-nous ? A la résurrection de nos corps, par un Dieu ressuscité ; à l'éternelle malédiction et à l'éternelle souffrance, si nous sommes pécheurs. » (P. MONSABRÉ, *Carême*, 1880, 3ᵉ *conférence*.)

TABLEAU ANALYTIQUE

DES FAUX SYSTÈMES DE MORALE

- **Principaux systèmes de morale.**
  Les principaux systèmes de morale qui ont été professés sont :
  1° La *morale du plaisir* (ARISTIPPE DE CYRÈNE, 300 ans av. J.-C.; ÉPICURE).
  2° La *morale de l'intérêt* (revêt plusieurs formes avec BENTHAM, STUART MILL, H. SPENCER).
  3° La *morale de la sympathie* (A. SMITH).
  4° La *morale du sentiment* (ROUSSEAU, JACOBI).
  5° La *morale de la passion* (FOURIER).
  6° La *morale de l'amour de Dieu* (quiétistes).
  7° La *morale de la crainte de Dieu* (PUFFENDORF).
  8° La *morale de la loi* ou *du devoir pur* (KANT et les stoïciens).
  9° La *morale de l'ordre* ou *du devoir* (morale chrétienne et spiritualiste, la seule vraie).

- **I. Réfutation générale des faux systèmes.**
  Pour réfuter d'une manière générale tous les faux systèmes de morale, il suffit de montrer qu'ils n'ont pas les caractères de la loi morale ; c'est-à-dire qu'ils ne sont pas universels, immuables, absolus, obligatoires, évidents et autonomes. Le plaisir, la passion, l'intérêt, la sympathie, le sentiment, ne sauraient avoir ces caractères, et surtout jamais ils ne peuvent revêtir le caractère de l'obligation, et dès lors servir de règle de conduite.

- **II. Morales utilitaires.**
  a) Morale du plaisir.
  Histoire. — Professée par Aristippe de Cyrène, puis par Épicure.
  Souverain bien. — Le plaisir. — Le plaisir quelconque (ARISTIPPE). — Plaisir de choix (ÉPICURE).
  Formule. — Chercher le plaisir, fuir la douleur.
  Règles d'Épicure. — 1° Prendre le plaisir qui ne doit être suivi d'aucune peine.
  2° Fuir la peine qui n'amène aucun plaisir.
  3° Fuir la jouissance qui prive d'une plus grande jouissance.
  4° Prendre la peine qui amène un plus grand plaisir, etc.
  Réfutation. — Le plaisir en lui-même est un bien, puisqu'il résulte de l'activité normalement exercée ;
  La douleur en elle-même est un mal.
  Mais le plaisir et la douleur sont des biens ou des maux *relatifs*.
  Au fond, le plaisir, c'est l'égoïsme ; il ne saurait être le but de la vie.
  Effets du sensualisme. — L'Épicurisme conduit au *sensualisme*, ou vie des sens, et au *matérialisme*.
  Il dégrade l'homme et le met au rang de l'animal ; il lui fait oublier que la vie n'est pas un banquet, mais un devoir.

DES FAUX SYSTÈMES DE MORALE (Suite.)

b) Morale de l'intérêt.

La morale utilitaire a varié de l'intérêt personnel (ÉPICURE) à l'intérêt bien entendu (BENTHAM), et à l'intérêt général (STUART MILL).

Souverain bien. — L'utilité : une chose est *bonne*, si elle est *utile*; *mauvaise*, si elle est *nuisible*.

Formule. — Chercher le maximum de plaisir et le minimum de peine.

Règles. — Arithmétique des plaisirs. Une chose est morale (bonne), si le résultat final procure plus de plaisir que de peine;

Une chose est immorale (mauvaise), si le résultat procure plus de peine que de plaisir.

Dans chaque plaisir on doit calculer sept choses :

1° *L'intensité;* 2° la *durée;* 3° la *certitude;* 4° la *proximité;* 5° la *fécondité;* 6° la *pureté;* 7° *l'étendue.* — Cette dernière règle veut que l'on préfère au plaisir personnel le plaisir du plus grand nombre.

C'est la morale *altruiste,* dont la formule est : Le plus grand bonheur possible pour le plus grand nombre.

— Stuart Mill, après Bentham, a essayé de soutenir la morale utilitaire ainsi entendue; il a ajouté un élément de plus : la *qualité* des plaisirs.

H. Spencer et les associationistes ont professé cette morale.

Réfutation. — 1° Les calculs de Bentham et de Stuart Mill peuvent être excellents pour la conduite; ils ne sauraient fonder une morale. En les suivant, nous pourrons être habiles, nous ne serons pas vertueux.

2° Souvent les calculs de l'intérêt sont contraires au devoir.

3° Il n'est pas vrai non plus que toujours notre intérêt se trouve dans l'intérêt d'autrui.

III. Morale du sentiment.

J.-J. Rousseau prétend que le sentiment moral est un guide infaillible; Jacobi, qu'il faut toujours suivre l'inspiration naïve du cœur; A. Smith, que le *bien,* c'est ce qui provoque la *sympathie;* le *mal,* ce qui provoque l'*antipathie;* Fourier, que le *bonheur,* et partant le *devoir,* consiste dans la satisfaction des passions.

Souverain bien. — Pour tous ces systèmes, le souverain bien consiste dans le plaisir de la conscience ou le bonheur.

Formules. — Fais tout ce qui plaît à la conscience instinctive; fuis tout ce qui lui déplaît. (ROUSSEAU, JACOBI.)

— Fais tout ce qui excite de la sympathie; évite tout ce qui excite de l'antipathie. (A. SMITH.)

— Contente tes passions. (FOURIER.)

Appréciation et réfutation. — Le sentiment, la sensibilité morale, le cœur, les passions, jouent un rôle considérable dans la morale, mais ils ne sauraient fournir des règles de conduite.

— Il est vrai de dire, avec J.-J. Rousseau et Jacobi, qu'il faut toujours faire ce qui plaît à la conscience; mais il ne faut pas confondre la *conscience* avec la *satisfaction de conscience,* ce qu'ils font, et ainsi prendre l'effet pour la cause.

— Quant à la conscience *instinctive* et à l'*intuition naturelle* ou *inspiration naïve du cœur,* comme l'appelle Jacobi, il faut dire que souvent elle se confond avec l'instinct, et l'instinct ne saurait servir de règle aux actions humaines.

— A. Smith a fondé *sa morale sur la sympathie :* Est bonne toute action qui inspire de la sympathie. On lui répond : Une action inspire de la sympathie parce qu'elle est bonne, mais elle n'est pas bonne parce qu'elle inspire de la sympathie.

La sympathie est instinctive et non raisonnée. Le critérium de la sympathie du plus grand nombre est souvent faux, et le devoir est souvent de braver l'opinion. Quant au *spectateur impartial* que Smith veut que nous consultions, quel sera-t-il, nous ou un autre?

— La doctrine de Fourier se réfute d'elle-même; c'est une grossière adaptation de la formule d'Épicure, qui conduit au plus abject matérialisme.

DES FAUX SYSTÈMES DE MORALE (Suite.)

IV. Morale de l'amour de Dieu.

Le quiétisme (Mme Guyon) substitue à la recherche de la vérité et à la pratique du bien des contemplations oisives et déréglées.

Le faux mysticisme se contente d'un amour de Dieu aveugle et passif.

Réfutation. — La morale ne peut être fondée sur l'amour de Dieu, entendu au sens vague du *quiétisme* et du *faux mysticisme*. L'amour est une passion, et, comme telle, il doit être réglé et éclairé par la raison.

V. Morale du devoir pur.

Les stoïciens, Kant et Jouffroy, ont prétendu que l'idée du devoir exclut toute idée de sanction, de récompense et de châtiment.

Souverain bien. — Pour eux, le souverain bien, c'est le devoir, qui doit être accompli pour lui-même.

Formule. — La vertu suffit au bonheur; — accomplir le devoir pour le devoir.

Appréciation et réfutation. — Cette doctrine est *contre nature* et *irrationnelle*.

Prétendre que, pour agir moralement, il faut se désintéresser absolument des conséquences de nos actes, cela est contraire à notre nature, qui aspire au bonheur.

C'est une nécessité pour la raison d'unir le mérite et la récompense, le démérite et le châtiment.

Kant et les stoïciens confondent la *fin* avec le *moyen*, et ils ne voient dans l'homme qu'un esprit.

VI. Morale de la volonté de Dieu.

La volonté de Dieu, entendue dans le sens ordinaire, se confond avec la loi, l'ordre, le bien, le devoir, et alors elle est le fondement de la morale.

— Entendue dans le sens d'une volonté arbitraire et tyrannique (Puffendorf), elle ne peut servir de règle : elle ferait des esclaves, non des serviteurs. C'est dans le premier sens que l'on dit que Dieu est la loi morale vivante.

MORALE PRATIQUE

INTRODUCTION. — DÉFINITION. — DIVISION

Introduction. — Nous savons maintenant que la loi morale est la loi de notre nature ; nous connaissons ses caractères et les idées qui s'y rattachent, c'est-à-dire que nous savons qu'elle se confond, en dernière analyse, avec la volonté de Dieu, et que nos devoirs peuvent se formuler ainsi : *se conformer à la raison en obéissant à Dieu ;* que cette loi s'impose à nous absolument, qu'elle est la condition de notre existence morale et la source de nos devoirs et de nos droits ; que, si nous la suivons, nous sommes dans l'ordre, nous gardons notre dignité et nous tendons à notre fin, qui est Dieu ; que, si nous la transgressons, nous sommes dans le désordre, nous nous rendons indignes de notre intelligence et de notre liberté, nous nous écartons de notre fin, nous faisons en quelque sorte violence à notre nature morale et nous offensons Dieu, l'auteur de la loi, qui, étant la justice même, rendra à chacun selon ses œuvres.

Ces principes généraux, qui forment la notion du devoir, il faut maintenant les appliquer.

Définition et division. — La morale pratique ou particulière est la science *des devoirs ;* elle traite des applications de la loi ou des formules abstraites et générales des devoirs aux diverses circonstances de la vie humaine, à toutes les relations que comporte notre nature.

Or nous avons des relations avec nous-mêmes, avec nos semblables, avec Dieu, avec les êtres inférieurs à nous. De là, quatre sortes de devoirs ou quatre divisions de la morale particulière :

1º Des devoirs *envers nous-mêmes*, qui constituent la morale *individuelle ;*

2º Des devoirs *envers nos semblables*, qui forment la morale *sociale ;*

3º Des devoirs *envers Dieu*, compris sous le nom de morale *religieuse ;*

4º Des devoirs dont les *êtres inférieurs* sont, non le but, mais l'occasion, et que l'on fait rentrer dans les divisions précédentes.

REMARQUE. — Les questions se rapportant aux divisions ancienne et moderne des devoirs, à la solidarité des devoirs, à leur hiérarchie ou importance relative, aux devoirs positifs et négatifs, ont été traitées dans la *Morale générale*, pages 682 et suivantes.

1re LEÇON

MORALE INDIVIDUELLE. — DEVOIRS ENVERS LE CORPS

Sens de cette expression : devoirs envers soi-même. — Cette expression : L'homme a des devoirs envers lui-même, ne signifie pas, comme le soutiennent les partisans de l'autonomie absolue de la volonté, que l'homme est le principe de l'obligation qui s'impose à lui; elle signifie qu'il a à réaliser l'ordre ou le bien dans sa personne, conformément à la loi de sa nature morale. Or, comme toute obligation implique une volonté supérieure qui l'impose, réaliser l'ordre, obéir à la loi, c'est en définitive obéir à Dieu, auteur de la loi, qui a dû vouloir que l'homme, comme tout être, ordonne ses actes en vue de sa fin.

Il y a, en apparence, contradiction à dire qu'on est obligé envers soi-même : on ne peut être à la fois son débiteur et son créancier, ou, si l'on veut, son supérieur et son inférieur; en apparence seulement, car l'obligation se rapporte à la personne morale, à quelque chose qui, à la fois, est en nous et nous dépasse, à la loi dont nous sommes les sujets. Cette apparente contradiction a conduit plusieurs philosophes à nier les devoirs envers soi-même [1].

« Nul ne doit rien à soi-même, » a dit Sénèque; le droit romain posait cette maxime : « Nul ne fait d'injustice à soi-même [2]; » et l'on entend souvent répéter cette excuse : « Je ne fais du mal qu'à moi-même. » On a déjà vu (*Morale générale*, p. 683) qu'on n'a pas le droit de violer la loi dans les rapports avec soi-même et que les devoirs imposés par la morale individuelle sont logiquement inséparables des devoirs envers nos semblables; ils en sont la condition : peut-on être vraiment juste et charitable, si l'on est paresseux, intempérant, colère, menteur?

Sur quel principe reposent les devoirs envers nous-mêmes ? — Les devoirs envers nous-mêmes reposent sur le principe suivant : *L'homme est tenu d'être homme*, c'est-à-dire de remplir son essence d'homme, de développer toutes ses facultés. Comme le principe de son activité, en tant qu'homme, est la raison, il ne réalise son essence d'homme et n'atteint sa fin que si chacune de ses actions peut se justifier devant la raison. « Le vrai homme est celui qui peut rendre bonne raison de sa conduite. » (BOSSUET.)

---

[1] « St Thomas dit que l'existence de ces devoirs n'est pas aussi évidente que celle des devoirs envers Dieu et envers le prochain; car, que l'homme doive quelque chose à Dieu et à ses semblables, c'est ce que l'on conçoit facilement; mais, qu'il soit redevable envers lui-même, cela n'est pas aussi manifeste. C'est pour ce motif, dit-il, que nos devoirs envers nous-mêmes n'ont pas été compris dans le Décalogue, qui n'exprime que les premiers principes de la loi naturelle. Mais l'existence de ces devoirs n'en est pas moins réelle; car l'homme n'est pas un être indépendant qui n'appartienne qu'à lui. Il relève de Dieu, qui l'a honoré de l'existence, et il lui doit compte de l'usage qu'il fait de ses facultés. »
(Trad. Abbé Drioux.)

[2] *Volenti non fit injuria.* Littéralement : à celui qui veut on ne fait pas de tort. Le tort disparaît dès lors qu'on y consent. — Ce raisonnement peut valoir devant la loi civile, mais non au tribunal de la conscience.

On dit encore, pour fonder la morale individuelle : *L'homme est tenu de conserver sa dignité personnelle*, de respecter et de faire respecter en lui l'agent du devoir, l'être doué de raison et de liberté. De là le respect de soi-même dont les principales formes sont : la tempérance, la prudence, le courage, le respect de la vérité, la sincérité vis-à-vis de soi-même (il en sera parlé plus loin). De là aussi l'obligation de revendiquer et d'exercer les droits nécessaires à l'accomplissement du devoir.

Kant fait reposer la moralité individuelle, comme toute la morale d'ailleurs, sur ce principe : *Agis de telle sorte que tu traites l'humanité* (la personne morale), *dans ta personne et dans celle des autres hommes, toujours comme une fin, jamais comme un moyen*. Ce principe renferme visiblement tous les devoirs négatifs de l'homme envers lui-même ; mais on ne voit pas comment on peut en tirer les devoirs positifs, sans recourir au principe de perfectibilité et au devoir correspondant. — Dans l'antiquité, le principe de la dignité personnelle a été fort exagéré par les stoïciens, qui réduisaient toute la morale à des devoirs négatifs : « Supporte les maux, abstiens-toi du plaisir. »

Les devoirs envers soi-même peuvent se résumer dans cette maxime : *s'aimer d'un amour bien réglé*. Celui qui s'aime raisonnablement ne fait rien qui puisse amoindrir et fait tout ce qui peut perfectionner en lui la personne morale. Cet amour légitime de soi-même est donné par l'Évangile comme la mesure de l'amour que nous devons avoir pour les autres.

Division de ces devoirs. — L'homme étant composé d'un corps et d'une âme substantiellement unis, les devoirs envers lui-même se rapportent à ces deux éléments constitutifs de sa personne. La morale individuelle renferme donc deux classes de devoirs : les uns sont relatifs *à l'âme*, les autres *au corps*.

Chacune de ces deux classes renferme à son tour des devoirs de *conservation et d'intégrité*, qui sont d'obligation stricte et auxquels on ne peut manquer sans cesser d'être moral, sans tomber au-dessous de l'humanité ; et des devoirs de *perfectionnement*, qui constituent la sphère de *conseil ou de perfection*.

Les premiers sont un minimum ; il faut d'abord les remplir, puis s'élever le plus possible dans la sphère de la perfection ; « car si le mieux ne doit pas être considéré comme obligatoire en chaque cas particulier, cependant la résolution systématique de ne jamais faire que ce à quoi on est strictement tenu, serait imprudente et même blâmable ; ce perpétuel souci de ne faire que son devoir entraîne à peu près infailliblement à le manquer quelquefois, et ainsi, bien que nous ne soyons pas, en chaque occasion, obligés de faire le meilleur et le plus parfait, nous sommes cependant obligés de tendre à la perfection. A vrai dire, c'est en ce devoir de cultiver nos puissances et de perfectionner notre être que tous les autres se résument et se condensent. » (FONSEGRIVE, *Élém. de phil.*, II.)

Devoirs envers le corps. — Le corps est une partie essentielle de la personne humaine ; il n'est pas pour l'âme une prison ou un simple instrument, comme l'avait pensé Platon ; il lui est uni intimement ; il collabore, à sa façon, à la pensée et au sentiment.

Le bonhomme Chrysale est plus philosophe qu'il ne pense, quand, n'écoutant que son bon sens, il prend la défense de « sa guenille » : « Oui, mon corps est moi-même, et j'en veux prendre soin. » Le bon état du corps est ordinairement nécessaire à la perfection de la vie intellectuelle et morale.

Tous les devoirs de l'homme envers son corps doivent être réglés sur ceux qu'il a envers son âme. — Le perfectionnement de l'âme est l'objet et la raison des soins donnés au corps ; ce qui revient à dire que la vie n'est sacrée qu'à cause des devoirs auxquels elle appartient, et qu'on ne saurait légitimement la conserver au prix d'une injustice ou d'une infamie. Sacrifier le devoir à la vie, c'est sacrifier ce qui fait le prix de la vie.

Il ne doit y avoir, dans l'usage que l'homme fait de son corps, comme d'ailleurs dans toute sa conduite, rien qui ressemble aux actes instinctifs et irréfléchis des animaux ; il doit pratiquement se souvenir de sa double nature et ne vivre de la partie inférieure de son être qu'avec la partie la plus noble : son âme.

Il ne faut pas considérer le corps comme une *fin*, mais comme un *moyen*, ou mieux, comme le *sanctuaire* de la personne morale, dont il doit refléter la dignité : de là des devoirs de *tenue*, de *décence*, de *propreté*. « *La propreté est à l'égard du corps ce qu'est la décence dans les mœurs* : elle sert à témoigner le respect qu'on a pour la société et pour soi-même. » (BACON.) Elle est une des principales conditions de la santé.

Le vieil adage : *Une âme saine dans un corps sain*, rappelle le double objet de la morale individuelle.

La santé du corps se conserve par une vertu, la *tempérance*, et par une science, l'*hygiène*. La *tempérance* consiste à n'accorder au corps que ce qui lui est utile ou nécessaire, relativement au perfectionnement de l'âme. L'*hygiène* est la connaissance et la pratique des règles de la santé, connaissance qui s'acquiert par l'étude ou simplement par l'expérience.

Comme la vie est une et que les facultés physiques et morales sont solidaires, ce n'est pas un simple conseil de prudence utilitaire, c'est un devoir d'obéir aux prescriptions de l'hygiène, de se bien porter dans la mesure où on le peut. La débilité physique entraîne très souvent celle de l'intelligence et de la volonté, rend difficile, sinon impossible, l'accomplissement de certains devoirs, fait que l'on est à charge à soi et aux autres.

Pour la même raison, on doit se livrer aux exercices physiques qui peuvent augmenter ou conserver les forces du corps. Les exercices physiques élevés à la dignité d'un art s'appellent la *gymnastique*.

Du suicide. — Le premier des devoirs envers le corps, c'est de ne pas le détruire, de conserver la vie. Le suicide, c'est-à-dire le fait de se donner soi-même volontairement la mort, viole d'un seul coup tous les devoirs auxquels appartient la vie ; c'est un triple crime envers Dieu, envers la société et envers soi-même. Tous les arguments invoqués en faveur du suicide aboutissent à une profession d'égoïsme, et le suicide lui-même, à une lâcheté.

Il va de soi que dans le fait d'un homme qui se tue par imprudence, ou dans un accès de démence, ou qui affronte la mort pour remplir un devoir, il n'y pas de suicide. Dans ce dernier cas, il y a, au contraire, un acte d'héroïsme. La vie est au devoir ; quand on la lui donne, on fait ce qu'on doit, on est dans l'ordre.

Pourquoi le suicide est-il un crime ? — *Parce que l'homme n'a pas plus* le droit de faire cesser son existence qu'il n'a été en son pouvoir de se la donner. Ce droit, c'est Dieu qui l'a. Dieu, interprète infaillible de la loi éternelle, peut seul marquer le terme d'une existence transitoire que cette loi régit. Développons cet argument essentiel :

Nous avons une loi à suivre. Cette loi, qui se révèle à nous comme l'ordre éternel et qui nous propose un but moral à atteindre, est absolue et inviolable ; le devoir qu'elle nous impose de tendre sans cesse et de toutes nos facultés à la perfection, a les mêmes caractères, et il n'est pas en notre pouvoir de concevoir autrement ni la loi ni le devoir. Cette conception est fondamentale, et c'est parce que nous l'avons que nous sommes des êtres raisonnables, ou, ce qui revient au même, des êtres inviolables à cause de nos devoirs et de nos droits.

Puisqu'il en est ainsi, ma vie m'est tout aussi sacrée et ne m'appartient pas plus que celle des autres. C'est la même loi éternelle qui les régit et les protège, et que je dois respecter dans ma personne, comme dans la personne de mes semblables. Le suicide doit donc être assimilé à l'homicide, et sa défense, comme sa condamnation, se trouve comprise dans ce précepte général du Décalogue et de la loi naturelle : « Tu ne tueras point. »

Cet argument suffit : il est inattaquable et comprend tous les autres.

Le suicide est la négation de toute morale : il viole, en effet, d'un seul coup tous les devoirs auxquels appartient notre vie : nos devoirs envers Dieu ; car la loi morale, qui rend notre vie inviolable, est l'expression de sa sagesse et de sa volonté ; nos devoirs envers la société, puisque la société est un corps dont nous sommes membres et qu'un membre se doit au corps dont il fait partie ; nos devoirs envers nous-mêmes, car l'homme qui se tue détruit en lui l'être moral, autant qu'il est en son pouvoir.

On a discuté la question de savoir s'il y a du courage dans le suicide. — Il suffit de remarquer que le courage, c'est la force morale, la grandeur d'âme ; et qu'en dehors de l'ordre moral, c'est-à-dire en dehors du devoir, et, à plus forte raison, contre le devoir, on ne peut employer le mot de courage sans en abuser, sans lui ôter la signification qu'il doit avoir, quand on l'applique à l'homme.

Objections. — Toutes les objections qu'on peut faire en faveur du suicide s'évanouissent devant ce principe, que la loi qui nous régit est absolue et que le devoir qu'elle nous enjoint l'est aussi. Pour toutes, on pourrait donner cette réfutation. Examinons-en quelques-unes.

Un homme qui est malheureux, qui a des revers de fortune, qui est accablé de misères et de chagrins dont il ne saurait espérer le remède ni prévoir le terme, peut-il se tuer ?

— L'homme n'est pas sur la terre pour y être heureux, mais pour y remplir son devoir et tendre à sa fin. Le bonheur viendra en son temps, comme récompense de la vertu pratiquée et de la perfection morale conquise. La vertu a pour objet de mettre l'homme au-dessus de toutes les épreuves de la vie, quelles qu'elles soient.

Peut-on se tuer lorsque, au lieu d'être utile à ses semblables, on leur est à charge et que l'on n'a plus aucun espoir de pouvoir jamais les servir ou de pouvoir jamais cesser d'être pour eux un fardeau accablant, un obstacle à leur bonheur ?

— Nos semblables ont des devoirs à remplir envers nous, comme nous en avons à remplir envers eux. En les remplissant, eux par le dévouement, nous par l'exemple du courage et de la résignation, nous faisons, eux et nous, la seule chose nécessaire et vraiment utile. Le devoir est absolu, il prime tout, et Dieu lui-même ne pourrait pas faire que le devoir n'ait pas ce caractère et ne s'impose pas à l'exclusion de tout.

Peut-on se tuer pour fuir le déshonneur ? — Le déshonneur, c'est le mal, c'est le crime. Comment l'éviterait-on en y mettant le comble par le suicide, qui est la violation de tous les devoirs à la fois, qui est un crime suprême et sans remède ? Si l'on a eu le malheur de se déshonorer, il faut consacrer sa vie à se réhabiliter par l'expiation.

Mais, si l'on est déshonoré par un calomniateur, si l'on est innocent et que l'on soit cru coupable ? — Dans ce cas, il faut rester innocent et garder le témoignage de sa conscience. Tant qu'on a ce témoignage, on n'est pas vraiment déshonoré. Le véritable honneur n'est pas à la merci de l'opinion et de la calomnie ; il est tout d'abord dans le sanctuaire inviolable de notre propre conscience. Tant que l'honneur a ce refuge, il existe pour nous et pour Dieu, et nous ne l'avons pas perdu. C'est à cet honneur-là qu'il faut tenir avant tout ; l'autre, c'est-à-dire l'estime de nos semblables, c'est un devoir de ne rien négliger pour le mériter, mais ce n'est pas un devoir de l'obtenir. Il suffit que nous en soyons dignes.

Du suicide partiel. — Les mêmes raisons qui défendent le suicide défendent aussi de se mutiler, de s'anémier, de détruire son organisme, d'altérer sciemment sa santé, ce qui constitue un suicide partiel. Il n'est permis d'exposer directement et volontairement sa vie que pour un motif supérieur à toute pensée d'égoïsme. C'est le cas pour le père de famille, le soldat, le savant, le professeur, le médecin, le missionnaire, qui usent leur santé ou compromettent leur existence au service de la famille, de la patrie, de la société, de la science, de la religion. Ils ne se donnent pas la mort, ils s'y exposent et l'acceptent en vue d'un bien plus élevé que la vie terrestre.

Au contraire, le conscrit qui s'estropie pour éviter le service militaire commet une double faute : une lâcheté et une injustice ; il dégrade son corps et se rend incapable d'acquitter sa dette envers la patrie.

Le soin de la santé ne doit pas cependant tourner en une préoccupation étroite et égoïste, qui ôterait à l'homme toute énergie, tout ressort pour l'action. Il ne faut pas intervertir les rôles, faire du corps le maître et la fin ; de l'âme, l'esclave et le moyen.

Pour réprimer les passions et tenir en bride les appétits, surtout les passions brutales et les appétits grossiers, on a souvent besoin de recourir à la mortification, d'imposer à ses sens des privations volontaires. « Il faut qu'un jeune homme sente l'aiguillon de la douleur, s'il ne veut pas sentir l'aiguillon du plaisir. » (LACORDAIRE.) Quand la vie morale est à ce prix, non seulement rien n'est plus légitime, mais même plus nécessaire, et par conséquent plus louable. (Voir *Morale générale*, p. 640.)

Ascétisme. — On a donné le nom d'ascétisme (d'un mot grec qui signifie exercice) à la pratique habituelle de la mortification, soit du corps, soit de l'esprit et du cœur. On distingue : 1° l'ascétisme *chrétien*, fondé sur des principes de foi : conseils et préceptes de Notre-Seigneur et des apôtres ; et sur des principes de raison : dogme de l'expiation par la souffrance volontaire, moyen de se donner de la force morale, de contenir les passions et de les dominer ; 2° l'ascétisme *philosophique*, fondé sur des principes purement rationnels et dont le but est d'affranchir l'âme du corps. Il a été pratiqué dans l'antiquité par les stoïciens et surtout par les alexandrins, qui le portèrent à une grande exagération. S'il méconnaît, comme chez eux, la nature de l'homme, un tel ascétisme, bien qu'il soit une réaction contre la vie molle et sensuelle, est une doctrine fausse et dangereuse, qui engendre l'insensibilité et l'orgueil.

On a accusé l'ascétisme chrétien de rendre le corps impuissant et d'abréger la vie. Quand cela serait, mieux vaut une âme généreuse et grande dans un corps débile, qu'un corps robuste avec une âme affaissée par la jouissance, incapable, non pas seulement d'une action héroïque, mais même d'une action virile.

« Depuis le commencement de la grande guerre qui divise le corps et l'esprit, le parfait équilibre de ces deux forces est rare, et si le corps n'est pas un peu plus faible que l'âme, il la domine aussitôt et l'oppresse par sa prospérité. Plus d'hommes sont éloignés des œuvres d'esprit par le poids exagéré de la chair que par la souffrance. Remerciez Dieu d'être du nombre de ces malingres, dont un écrivain célèbre a dit : « Parlez-moi des malingres,... ceux-là travaillent ! » et ayez devant les yeux les exemples de tant de grands saints et de grands hommes qui ont accompli d'immenses travaux, malgré les obstacles de cruelles maladies. » (Saint Grégoire le Grand, saint Bernard, Richelieu, Pascal, Guillaume d'Orange, Ozanam[1].)

« D'abord, il n'est pas vrai que les austérités modérées nuisent à la santé. Il y a plus de vieillards, à proportion, dans les monastères de la Trappe que parmi les gens du monde. Le jeûne et les macérations n'ont pas tué autant d'hommes que la gourmandise et la volupté. » (Bergier.) — « Plus l'âme s'élève et jouit en Dieu d'elle-même, moins le corps a de besoins. » (Lacordaire.)

Conflits de devoirs ou cas de conscience relatifs au suicide. — 1. *Un homme est atteint de la peste ; peut-il, pour ne pas communiquer sa maladie mortelle, se donner la mort?*

— Non, sa vie appartient au devoir, à Dieu ; il ne peut en disposer.

2. *Et pourtant n'est-il pas permis d'exposer sa vie pour sauver quelqu'un qui se noie ou qui va périr dans un incendie?*

— Oui ; mais ici on ne se donne pas la mort, on expose seulement sa vie pour remplir un devoir de charité, pour accomplir un acte de dévouement.

3. *Celui qui est en danger de mort est-il obligé de souffrir une opération pour laquelle il a une répugnance insurmontable, par exemple l'amputation d'une jambe?*

— Il serait dangereux de lui en faire une obligation grave, disent les casuistes.

4. *Est-il permis, en cas d'incendie, de se jeter par la fenêtre dans l'espoir d'échapper à une mort imminente et certaine?*

— Oui ; c'est l'accomplissement du devoir de conservation personnelle dans la circonstance donnée.

5. *Est-ce un suicide que de se dévouer à une mort certaine, pour sauver sa patrie? Serait-on fondé à alléguer le devoir de conservation personnelle pour se dispenser d'accomplir un devoir patriotique?*

— Non. Le devoir de conservation personnelle est subordonné à l'accomplissement de devoirs supérieurs. Le suicide est un crime ; le fait de se dévouer à une mort certaine, pour sauver sa patrie, est un acte d'héroïsme. Ce n'est donc pas un suicide. Le suicide est une violation de tous les droits et de tous les devoirs ; le sacrifice de la vie au salut de la patrie est tout le contraire. C'est un devoir pour tout citoyen de sacrifier, s'il le faut, sa vie à la patrie, et la vie n'est sacrée, n'a de prix que par le devoir. La conservation personnelle est un devoir sans doute, mais d'un ordre inférieur et qui cesse d'exister devant le devoir du sacrifice de la vie.

6. *Commet-on un suicide en s'exposant à perdre la vie par dévouement au bien public, comme le soldat qui meurt plutôt que de quitter son poste; ou par piété filiale, comme un fils qui, pour sauver son père, lui donne le morceau de pain dont il a besoin lui-même; ou par charité, comme un naufragé qui cède à un autre la planche à laquelle il avait confié son salut?*

— Non. Il y a de la différence entre se donner la mort et cesser de défendre sa vie ou préférer la vie d'un autre à la sienne propre.

---

[1] « Quelque précieuse que soit la santé, ce n'est pas Hercule qui fait le plus. Une âme généreuse dans un pauvre petit corps est la maîtresse du monde. » (Lacordaire.)

7. *Est-il permis de prévenir par le suicide une injuste condamnation à mort prononcée par le souverain ? (Sénèque, Condorcet, Roland.)*

— Non ; il n'y a pas ici de devoir à remplir. Il n'est jamais permis de se donner la mort. Se donner la mort, ici, serait se rendre complice de la condamnation injuste, ajouter un crime à un crime.

8. *Peut-on faire un crime à Frédéric II d'avoir porté sur lui un poison très subtil, sans doute afin de n'être pas forcé, s'il venait à être prisonnier de guerre, de souscrire à des conditions onéreuses pour son pays ?*

— Oui, on le peut et on le doit : il n'est jamais permis de se donner la mort.

NOTES COMPLÉMENTAIRES

L'âme et le corps. — Le corps ne peut être le but direct de nos devoirs. Ce que nous lui devons, nous le devons en tant qu'il fait partie de la personne humaine. La personne humaine est à la fois corps et âme, matière et esprit. L'âme est la *forme* substantielle du corps, c'est-à-dire le principe intérieur qui le fait être ce qu'il est, qui lui donne l'unité, l'individualité, la vie[1].

Le corps a été créé pour l'âme et non l'âme pour le corps ; mais celle-ci a été créée pour être unie à un corps et se développer avec lui. Dieu dispose toute chose avec harmonie. S'il a si étroitement lié dans l'homme une nature supérieure, l'âme, à une nature inférieure, le corps, c'est pour que la première perfectionnât et dominât la seconde, tout en se servant d'elle pour se perfectionner elle-même et pour atteindre sa destinée. En effet, dans le plan divin, le corps ne devait pas être un fardeau pour l'âme. S'il l'est devenu ; si, dans la nature humaine, l'état présent des rapports de l'âme et du corps offre un manque d'équilibre et d'harmonie, dont la raison se demande quelle peut être la cause, la révélation, comme les traditions du genre humain, nous apprend que cet état provient d'une déchéance.

Toute dégradation du corps est une dégradation de l'âme. — Puisque l'union de l'âme et du corps est si intime, et que le corps fait partie de la personne humaine, toute dégradation du corps est une dégradation de l'âme. L'âme est avilie en même temps que le corps, dont elle est la forme substantielle. De là la pudeur et la décence, qui sont dans l'homme le signe de l'existence raisonnable ou humaine. Il y a, dans toute profanation du corps, un caractère particulier d'ignominie et de bassesse que n'ont pas au même degré les déchéances qui ne semblent atteindre que l'âme. L'âme alors paraît être doublement déchue et dégradée.

Les soins donnés au corps doivent s'adresser à l'âme par laquelle et pour laquelle il existe ; il n'y a de valeur en lui que celle qui lui vient d'elle, et rien n'est légitimement fait pour le corps que ce qui peut servir à l'âme[2], que ce qui peut faire du corps un instrument à la fois docile et vigoureux pour la vie morale. C'est l'âme qu'il faut voir, qu'il faut aimer et respecter dans le corps. C'est la vie, la force et la beauté de l'âme qui doivent resplendir dans le corps ; sinon l'homme s'efface, et l'animal paraît.

La force du corps n'est pas tout entière dans les muscles : une âme forte fait des merveilles avec un corps qui paraît débile ; c'est que l'âme est un ressort. C'est l'âme qui vivifie le corps ; augmenter la vie de l'âme, c'est accroître celle du corps. Le contraire n'est qu'apparence et illusion. « Tout gémit, tout souffre, parce que les âmes sont mortes ou endormies et ne se forment point à la vivante

---

[1] On peut conclure de là que l'homme ne saurait descendre du singe, comme on l'a, ces derniers temps, si étrangement prétendu. Ce n'est pas le corps qui fait l'âme ; c'est l'âme qui fait le corps, parce que c'est l'agent supérieur qui agit sur ce qui est au-dessous de lui. Avant que le singe eût pu parvenir à perfectionner son corps, il eût fallu, de toute nécessité, qu'il possédât une âme humaine.

[2] Tout plaisir corporel dont l'âme ne jouit pas est une déchéance. L'âme jouit de tout ce qui est légitime, de tout ce qui est conforme à la loi, de tout ce qui est dans l'ordre.

image de Dieu. Elles vivifient trop peu leur corps, le monde, la société humaine, la vie entière. » (GRATRY.)

Pour un être moral, il n'y a de force que la force morale. — Toute force est morale dans l'homme, quand elle est sous la domination ou au service de la raison et de la conscience. Qu'est-ce que la santé ou la force du corps, chez un paresseux et chez un lâche? Qui les connaît? A quoi servent-elles, et quelle est leur valeur?

L'hygiène, l'exercice, la gymnastique, les jeux mouvementés où l'on fouette le sang et les humeurs : tout cela pour l'âme et pour le corps, ou pour le corps à cause de l'âme. Chez l'homme, les forces physiques doivent être des forces morales. Les bonnes leçons doivent succéder aux bonnes promenades, aux vives récréations, comme les fruits viennent après les fleurs. On a fait provision de force, il faut l'employer; car on en est responsable et l'on devra en rendre compte. Il faut reprendre l'arc et le tendre de nouveau. Ainsi, l'effort et le plaisir s'entremêlent et se donnent du prix l'un à l'autre. L'âme et le corps s'en portent bien[1].

Il ne faut jamais parler du corps ni penser à lui que relativement à l'âme. Ne pas séparer leurs intérêts, c'est rester dans le vrai[2]. La souplesse, l'agilité et la vigueur des membres, tout cela est bon pour l'âme qui gouverne; tout cela, c'est de la force qu'elle emploie. Quelle constitution robuste devait avoir Bossuet, et comme il s'en est bien servi! Les saints veillent sur leur santé et supportent la maladie. Leur âme domine l'une et l'autre et s'en aide pour servir Dieu et atteindre sa fin.

Il ne faut pas seulement conserver sa vie, il faut l'employer, c'est-à-dire qu'il faut vivre, dans le sens moral du mot. Les forces, la santé, la vie, tout cela appartient au devoir et ne saurait être gardé à ses dépens. Il ne faut rien gaspiller ni rien épargner. « Celui qui veut trouver la vie la perd, et celui qui veut la perdre la trouve. » Cette parole a ici une application très exacte. Les soins exagérés du corps produisent les constitutions délicates, un trop grand souci de la santé nuit à la santé. Un auteur anglais parle d'améliorer le genre humain, comme il parlerait s'il s'agissait de la race bovine. Il faut le laisser dire et tâcher de s'améliorer par la raison et par la vertu. *C'est l'intérêt du corps que l'âme soit maîtresse;* si l'âme est enfouie dans la chair, si elle est dans les sens et ne s'en dégage pas, elle les déprave, et les sens dépravés dévorent le corps.

Ne pas séparer, mais distinguer l'âme du corps. — Il ne faut pas séparer l'âme du corps, puisque leur double nature est unique et que les vrais intérêts de l'une sont aussi ceux de l'autre; mais, s'il importe de ne pas les *séparer*, il n'importe pas moins de savoir les *distinguer*, et cette distinction ne doit pas être simplement vague et théorique, mais consciente et pratique. « Quels efforts ne faut-il pas, dit Bossuet, pour que nous distinguions notre âme d'avec notre corps! Combien y en a-t-il qui ne peuvent jamais parvenir à connaître et à sentir un peu cette distinction! Combien peu sortent de cette masse de chair et en séparent leur âme. » Le P. GRATRY dit de son côté : « Combien peu d'êtres raisonnables cultivent en eux le don sacré de la raison!... Ce n'est

---

[1] « Les jeux et les exercices de force ou d'adresse sont, pour le jeune âge, une condition absolue de santé morale, non moins que de vigueur physique. A ce double titre, nous devons les encourager par tous les moyens... En dédaignant les jeux de leur âge, nos élèves ne savent pas le tort qu'ils se font à eux-mêmes... Des jeunes gens dont le corps, l'esprit et la volonté se forment, ne peuvent pas plus se passer de libre et heureuse activité que d'air et de soleil, pour compenser l'effort précoce qu'on leur demande... Dans tout établissement où les récréations actives ont cessé, la tristesse et l'ennui s'établissent bientôt à demeure; un pareil milieu, intolérable même pour un homme fait, est réellement accablant et pernicieux pour la jeunesse. Il y a quelque chose de malade ou qui va l'être dans une jeunesse qui ne joue pas. » (*Instructions, programmes et règlements pour l'enseignement secondaire*, 1890.)

[2] « Les devoirs particuliers du corps, correspondant à la vocation supérieure de l'âme, constituent sans aucun doute la part la plus noble de la vie physique. Une âme ne reçoit pas un corps pour en tirer seulement un service général et banal, comme de toucher, voir, entendre, changer de lieu; mais elle en doit tirer un service spécial, directement en rapport avec sa vocation divine. L'homme de guerre pliera son corps aux fatigues et à l'adresse des armes; le prêtre, au dévouement de chaque heure, à la chasteté; l'artiste, à la justesse du regard et de la main; l'orateur, à la noblesse du geste; le médecin, à l'habileté du coup d'œil; l'érudit, aux veilles qui atteignent l'aurore et au tremblement prolongé de la lampe sur les vieux livres. » (Abbé PEYREYVE, *la Journée des malades.*)

qu'en très peu d'hommes que la raison se distingue de la masse des instincts, des sensations et des besoins, et constitue une force libre et un pouvoir indépendant. »

Écoutons encore Bossuet : « Pourquoi m'as-tu donné, ô corps mortel, et quel traitement te ferai-je? Si je t'affaiblis, je m'épuise; si je te traite doucement, je ne puis éviter la force qui me porte à terre ou m'y retient. Que ferai-je donc avec toi? Et de quel nom t'appellerai-je, fardeau accablant, soutien nécessaire, ennemi flatteur, ami dangereux, avec lequel je ne puis avoir ni guerre ni paix, parce qu'à chaque instant il faut s'accorder et à chaque instant il faut rompre? »

Mais que faut-il donc faire? Bossuet va encore nous le dire : « Détachons-nous de nos corps pour nous attacher fortement à l'esprit de Dieu. » Il y a des règles à suivre, des moyens à prendre qui ne sont pas les mêmes pour tous, qui varient selon les circonstances et les besoins et qu'indiquent la conscience et l'esprit de Dieu; auxquels on doit fortement s'attacher. De toute force, il faut que l'âme garde l'empire : il y va plus que de la vie, il y va du devoir.

Une parole du P. Gratry résumera cette lecture sur l'âme et le corps.

« Le premier devoir envers le corps, c'est avant tout le bon choix entre les deux directions morales, bien ou mal, vie ou mort. La santé, la longévité, la beauté, vous les donnez le plus souvent à votre corps par votre choix. La grande majorité des hommes tuent leur corps par le vice. La science a fait l'axiome qu'il faut répéter à chaque page : *L'homme ne meurt pas, il se tue.* Et quant à la beauté, c'est l'âme qui transfigure le corps et qui lui donne un sens. L'expression de la face de l'homme n'est que la résultante des habitudes. Assistez donc ce pauvre corps; soutenez-le, transfigurez-le, s'il se peut, par la sérénité, la pureté, la paix, par le courage, par l'intelligence et par la noblesse décidée des désirs, des habitudes et des résolutions. » (P. GRATRY, *les Sources*.)

TABLEAU ANALYTIQUE

MORALE INDIVIDUELLE

L'homme a des devoirs envers lui-même : il doit réaliser l'ordre dans sa personne, conformément à sa nature morale.

Les devoirs envers nous-mêmes reposent sur ce principe : *L'homme est tenu d'être homme;* il est tenu de conserver sa dignité personnelle, de respecter et de faire respecter en lui l'agent du devoir.

Maxime qui résume tous les devoirs personnels : *S'aimer d'un amour bien réglé.*

La maxime de Kant : « Agis de telle sorte que tu traites l'humanité dans ta personne et dans celle des autres hommes, toujours comme une fin, jamais comme un moyen, » est incomplète; elle ne renferme que les devoirs négatifs; il en est de même de la maxime des stoïciens : « Abstiens-toi et supporte. »

Division.

L'homme étant composé d'un corps et d'une âme, la morale individuelle se divisera en deux grandes parties :
1° *Les devoirs envers le corps;*
2° *Les devoirs envers l'âme.*

Chacune de ces deux classes de devoirs comprendra : 1° des *devoirs de conservation et d'intégrité*, qui sont d'obligation stricte; 2° des *devoirs de perfectionnement*, qui sont des devoirs larges.

DEVOIRS ENVERS LE CORPS

Le corps est une partie essentielle de la personne humaine ; il n'est donc pas permis de le traiter comme une chose.

Mais c'est la partie inférieure : d'où il suit que les devoirs envers le corps doivent être réglés sur les devoirs envers l'âme ; d'où il suit encore que le corps ne doit pas être considéré comme *fin*, mais comme *moyen*, ou mieux, comme le *sanctuaire* de la personne morale.

La règle, c'est le vieil adage : « Une âme saine dans un corps sain. »

Nous remplissons nos devoirs envers le corps en le conservant par des soins raisonnables (tempérance, hygiène), et en le développant par des exercices rationnels (gymnastique).

Le premier des devoirs envers le corps, c'est la *conservation* ;

Le suicide.
- Le *suicide*, ou mort volontaire, viole ce premier devoir et du même coup tous les autres.
- Le *suicide* est un triple crime : crime envers Dieu, envers la société, envers nous-même.
- L'homme n'a pas plus le droit de s'ôter l'existence, qu'il n'a le pouvoir de se la donner.
- La vie appartient au devoir, à la loi, et c'est une trahison que de l'abandonner volontairement.
- Rien ne peut excuser le suicide : ni la souffrance, ni les revers, ni les malheurs.
- Non seulement il n'y a pas de courage à se donner la mort, mais c'est la suprême lâcheté.
- Le *suicide partiel*, c'est-à-dire la mutilation, l'altération volontaire de la santé, est défendu aux mêmes titres que le suicide total.
- Ne pas confondre le suicide avec le dévouement : le soldat ne se suicide pas, il se dévoue.

Ascétisme.
- On a quelquefois confondu le *suicide partiel* avec l'*ascétisme*, pratique habituelle de la mortification.
- La raison et la religion s'accordent pour proscrire tout excès qui pourrait amener la mort ou mettre dans l'impossibilité de remplir les devoirs d'état.
- Mais elles sont d'accord aussi pour reconnaître que l'abstinence, le jeûne, les veilles, les disciplines, affaiblissant le corps, diminuent les passions et rendent plus facile le règne de l'âme.
- La mortification est utile au travail de l'esprit, comme à la pratique de la vertu.
- Et quant aux prétendus *suicides* des ascètes, l'expérience prouve que les macérations tuent moins de personnes que la débauche.

L'âme et le corps.
Voici quelques principes relatifs à nos devoirs envers le corps :
1° Le corps ne peut être le but direct de nos devoirs ; nous avons des devoirs envers le corps, parce qu'il fait partie du moi humain, de la personne humaine.
2° Le corps a été créé pour l'âme, et non l'âme pour le corps ; d'où il suit que les soins donnés au corps s'adressent à l'âme ;
3° Toute dégradation du corps est une dégradation de l'âme, à cause de leur union substantielle ; de là, la pudeur, la décence, les soins de propreté ;
4° Il ne faut pas seulement conserver la vie du corps, mais encore l'employer à perfectionner l'être moral ;
5° Enfin, il ne faut pas séparer, mais distinguer l'âme du corps.

2° LEÇON

DEVOIRS ENVERS L'AME. — INTELLIGENCE

Devoirs envers l'âme. — Les devoirs envers notre âme sont relatifs aux trois facultés : *intelligence, sensibilité, volonté*, qu'il faut développer et discipliner en vue du bien.

Devoirs relatifs à l'intelligence. — L'intelligence a pour objet la vérité. La connaissance de la vérité est nécessaire : en tout ordre de choses, pour agir, il faut connaître ; la nature et les qualités de la connaissance entraînent la nature et les qualités de l'action : de là, pour l'homme, le devoir de s'instruire dans la mesure où il le peut.

L'intelligence, comme toutes les autres facultés, s'affaiblit et s'atrophie par l'inertie ; elle se développe et se perfectionne par l'observation, par la réflexion, par l'étude. Laissée sans culture, elle se remplit d'idées fausses, de préjugés, d'erreurs ; mal dirigée, elle prend un mauvais pli et souvent reste stérile ; cultivée pour elle-même et d'une manière exclusive, elle conduit au *dilettantisme intellectuel*.

Il faut empêcher la *curiosité*, penchant naturel vers le vrai ou besoin de connaître, de s'égarer sur des futilités ou sur des choses dangereuses ; chercher la vérité avec bonne foi et se garder également de la *crédulité*, qui accepte aveuglément tout ce qu'on lui dit, et de *l'esprit sceptique*, qui met tout en question ou doute sans motif.

La direction de l'intelligence, c'est-à-dire la méthode de développement suivie, importe plus que son progrès : l'homme le plus utile à la société n'est pas le *plus* instruit, mais le *mieux* instruit [1]. Les idées sont des forces ; ce sont elles qui mènent le monde : « L'homme peut à proportion de ce qu'il sait. » (BACON.) Ce qu'une intelligence a conçu, ce qu'elle a montré possible, des milliers d'hommes s'emploient à l'exécuter. Quelles transformations, par exemple, ont subies l'industrie, le commerce, les relations sociales, par les applications de la vapeur et de l'électricité !

Connaissances qu'il faut avoir. — Il y a des connaissances nécessaires, qu'il n'est permis à aucun homme d'ignorer, comme celle de la fin dernière et des moyens d'y parvenir, c'est-à-dire des devoirs de l'homme et du chrétien ; puis celles qu'exigent les devoirs professionnels pour être bien remplis. Les connaissances qui font le savant ne sauraient être obligatoires pour la majorité des hommes : ils n'ont ni le temps, ni les ressources, ni les facultés qu'il faut pour les acquérir. (V., p. 816, *Devoirs professionnels*.)

---

[1] « Il vaut mieux avoir la tête bien faite que bien pleine, et, pour moi, j'aime mieux forger mon âme que de la meubler. » (MONTAIGNE.)

Respect de la vérité, mensonge. — Le mensonge est condamné par la morale individuelle, aussi bien que par la morale sociale; il est contraire, non seulement à la justice et à la charité, mais à la dignité personnelle : *le respect de soi-même, le sentiment de la dignité personnelle, n'est pas autre chose, au fond, que le respect de la vérité.*

Vivre dans la vérité, penser comme l'on vit, et parler comme l'on pense, voilà la dignité. S'il peut être permis et même obligatoire, dans certains cas, de ne pas dire tout ce que l'on sait, tout ce que l'on pense, il faut toujours, quand on parle, penser tout ce que l'on dit; en d'autres termes, ne rien dire qu'on ne le pense. « Quiconque est capable de mentir, a dit Fénelon, est indigne d'être compté au nombre des hommes. » Celui qui ment se fait injure à lui-même : il s'abaisse, se dégrade, se met volontairement au-dessous de ceux qu'il trompe. Aussi le plus sanglant affront que l'on puisse faire à un homme est-il de lui dire : Vous mentez; comme le plus bel éloge est de rendre de lui ce témoignage : C'est un homme droit, qui ne connaît d'autre règle que la vérité[1].

Le mensonge est contraire à *l'instinct de véracité,* disposition naturelle à parler comme l'on pense. L'expression première et spontanée de nos sentiments se trouve toujours vraie. Nous ne trompons que par une espèce de violence faite à notre nature; de sorte que la disposition habituelle à mentir est l'indice de quelque vice secret, de quelque désordre moral. — Il est contraire aussi à l'instinct de *crédulité,* disposition à croire au témoignage d'autrui.

Il est contraire à l'*ordre,* qui veut que la parole soit l'expression de la pensée, le signe étant pour la chose signifiée; penser d'une manière et parler d'une autre, c'est être en contradiction avec soi-même, c'est manquer au principe *d'identité,* qui fait le fond même de l'intelligence. En effet, *l'intelligence ne subsiste, ne se développe, ne se perfectionne que par la vérité;* elle ne peut, suivant son rôle, diriger les autres facultés vers leur but, qui est la possession de l'être, c'est-à-dire de la vérité sous quelque rapport, que si elle est elle-même dans la vérité. La vérité est donc le premier bien de l'homme, son premier droit, et la trahir, c'est trahir le premier des devoirs, celui sans lequel tous les autres ne sauraient se comprendre. Elle est le point de départ et le fondement de tout bien; le mensonge, au contraire, est le point de départ et le fondement ou la conséquence de tout mal. L'homme se ment à lui-même et ment aux autres, parce qu'il est ou qu'il devient mauvais; il ne reste ou ne redevient bon qu'en demeurant ou en redevenant fidèle à la vérité.

Enfin, *il n'y a pas de défaut, pas de vice, pas de passion qui ne prenne le mensonge pour auxiliaire, pour complice et pour avocat :* on ment par vanité, par intérêt, par lâcheté, par méchanceté; on ment pour excuser sa paresse, son étourderie, sa maladresse, son imprévoyance, tout ce qui est mal et qu'on n'ose laisser voir. « Toutes les passions sont menteuses; elles se déguisent autant qu'elles peuvent aux yeux des autres ; elles se cachent à elles-mêmes. » (LA BRUYÈRE.) « Tout péché est un mensonge, » dit saint Augustin; car, dans tout péché, l'homme se trompe lui-même ; il cherche le bonheur où il n'est pas, en le cherchant en dehors de la loi de sa nature ; il veut être heureux en ne vivant pas de manière à l'être, en vivant dans les conditions où le malheur est une nécessité.

---

[1] « Il y a longtemps que je vous dis que vous êtes vraie; cette louange me plaît, elle est nouvelle et distinguée de toutes les autres... Ah! qu'il y a peu de personnes vraies ! Rêvez un peu sur ce mot, vous l'aimerez. Je lui trouve, de la façon que je l'entends, une signification au delà de la signification ordinaire. »
(Mme DE SÉVIGNÉ à Mme DE GRIGNAN, 19 juillet 1671.)

Se convertir, c'est revenir à la vérité. La contrition, la confession, le ferme propos ne sont pas autre chose que le retour à la droiture, c'est-à-dire à la connaissance et à la pratique de la vérité [1].

Respect humain. — Hypocrisie. — Outre le mensonge en paroles, il y a le mensonge en action. Menteur est un terme générique : tout homme qui parle ou agit contre sa pensée, dans l'intention de tromper, est menteur. Les mêmes raisons qui condamnent le mensonge, condamnent également le respect humain et l'hypocrisie.

Le respect humain est une inconséquence et une lâcheté. On connaît et on aime la vérité, mais on en rougit ; le bien, mais l'on n'ose le pratiquer. On a peur du ridicule, on tremble devant une plaisanterie. C'est une trahison, une abdication de sa liberté, de sa dignité, de ses droits les plus sacrés. L'homme qui cède ainsi à la peur d'être et de se montrer bon n'est pas seulement coupable, il est ridicule et justement méprisé. Personne ne compte sur lui. Quand on a l'honneur et le bonheur de posséder la vérité, il faut partout et toujours se déclarer pour elle, prendre soin de la confesser avec plus de fermeté encore qu'on ne proteste contre le mensonge. « La vérité ne rougit que d'être cachée, a dit Tertullien ; c'est le seul déshonneur qu'elle connaisse. » L'Évangile condamne sévèrement le respect humain : « Celui qui me désavouera devant les hommes, je le désavouerai devant mon Père, qui est dans le Ciel. » (S. MATTH. x, p. 33.)

L'hypocrisie, c'est le mal sous les apparences du bien, mais le mal conscient de lui-même. L'hypocrite ne se trompe pas, il veut tromper ; il prend le masque de la vertu. La Rochefoucauld dit que « l'hypocrisie est un hommage que le vice rend à la vertu ». Il se trompe : ce n'est pas à la vertu, c'est à l'opinion du monde que le vice rend hommage : détestable profanation du langage et de tous les symboles vénérés du patriotisme, de l'amitié, de la piété et des autres vertus. L'hypocrisie est un des vices que l'Évangile a flétris avec le plus d'énergie. L'entêtement des Juifs arrachait des larmes au Sauveur ; mais leur hypocrisie allumait sa colère. Il pleurait sur les pécheurs ; il ne traitait avec dureté que les pharisiens, ces *langues de vipères*, ces *sépulcres blanchis*, comme il les appelait, avec une puissance d'expression toute divine. C'est que l'hypocrisie laisse après elle, dans la famille et dans la société, des traces plus profondes que celles des autres vices : elle laisse le doute, elle répand la méfiance parmi les hommes, elle rend suspecte la vertu même.

Sincérité avec soi-même. — Être sincère avec soi-même, c'est se juger avec impartialité, sans exagérer ni méconnaître le bien ou le mal que l'on a en soi.

Les sophismes de justification ne manquent pas à qui est en faute et veut s'excuser : l'amour-propre, l'intérêt, les passions en sont une source féconde. Par amour-propre, on s'aveugle sur ses propres défauts ; par envie et par jalousie, sur les qualités des autres. « Lynx envers ses pareils et taupe envers soi-même, on se voit d'un autre œil qu'on ne voit son prochain. »

---

[1] Jésus-Christ a dit de Satan, l'esprit du mal, « qu'il n'est pas demeuré dans la vérité, que la vérité n'est pas en lui, qu'il est menteur et père du mensonge, » et comme le mensonge ravit à l'homme la vérité, qui lui est essentielle, J.-C. a dit encore « que Satan est *homicide* dès le commencement », l'homme cessant d'être homme en cessant de demeurer dans la vérité, en se laissant entraîner dans l'erreur et le mal.

On veut souvent, comme dit l'Évangile, ôter la paille qui est dans l'œil de son frère, et l'on ne voit pas une poutre qui crève le sien. On a deux poids et deux mesures. On trouve toute espèce de bonnes raisons à une mauvaise action ; on invente mille prétextes honorables pour une conduite honteuse. L'homme violent se flatte d'être fort ; l'entêté, d'avoir du caractère ; le prodigue, d'être généreux ; c'est par prudence que le lâche sert mal son pays ; pour sauvegarder ses intérêts, que le malhonnête homme trompe ; pour soigner sa santé, que le paresseux reste sans rien faire ; pour assurer l'avenir des siens, que l'égoïste est dur envers le pauvre et manque aux devoirs de la bienfaisance. Ainsi, on se trompe volontairement soi-même. A force de se répéter qu'on n'a d'autre motif d'action que le bien moral, on finit par le croire et par ne plus voir les motifs intéressés ou même coupables auxquels on obéit[1]. (Voir *Morale générale*, p. 651.)

Comment on manque encore de sincérité avec soi-même : orgueil. — On manque encore de sincérité avec soi-même par *l'orgueil*, qui est l'estime déréglée de soi. (Voir, pour l'*estime de soi*, *Psychologie*, 6ᵉ leçon, p. 92 et suivantes.)

L'orgueil a plusieurs nuances ou degrés : la *fierté*, qui s'élève au-dessus des autres et en fait peu de cas ; la *hauteur*, qui les dédaigne ; la *suffisance*[2], qui croit n'avoir besoin de personne ; la *fatuité*, qui est le degré extrême de la suffisance ; la *présomption*, qui ne doute de rien et n'examine pas ; la *vanité*, qui n'est que l'orgueil appliqué aux petites choses, à la parure, aux avantages extérieurs et corporels ; la *pédanterie*, qui fait parade d'une vaine science ; l'*ostentation*, qui affiche ses titres, fait valoir avec excès ses qualités ou ses actions.

REMARQUE. — *La fierté et la hauteur peuvent, suivant le sens, être des qualités ou des défauts.* Il y a une *fierté noble*, qui est le juste sentiment que l'homme a de sa dignité morale ; elle ne permet pas d'humilier ou de laisser humilier en soi la personne humaine ; elle se rapporte à ce qu'il y a en l'homme de sacré et de divin, et n'a rien d'étroit ou d'égoïste. C'est en ce sens qu'on dit : fierté chrétienne, fierté chevaleresque, fierté patriotique. — Il y a une *fierté orgueilleuse*, étroite, égoïste, jalouse, qui fait peu de cas des autres et se sert, pour se grandir, du mal comme du bien.

Prise en bonne part, la *hauteur*, c'est la magnanimité, c'est le caractère d'une âme qui a de l'élévation morale. On dit : Avoir le cœur haut, l'âme haute, les sentiments hauts ou élevés, cela sied à l'homme ; il est des occasions où l'on peut, où l'on doit même être haut avec bienséance. — Prise en mauvaise part, la hauteur est une espèce d'orgueil ou même d'arrogance, qui se manifeste par le ton et les manières : on a l'air haut, le ton haut, l'humeur haute. Dans le premier cas, la hauteur n'est ni prétentieuse ni affectée ; dans le second, elle est toujours choquante, odieuse même.

Principal moyen d'acquérir la sincérité avec soi-même : examen de conscience. — Pour acquérir la sincérité avec soi-même, il est nécessaire de s'étudier pratiquement, d'analyser sa vie, de se rendre compte des motifs d'action auxquels on obéit, des buts que l'on poursuit, et par quels moyens on les poursuit. C'est en ce sens surtout qu'il faut entendre la célèbre maxime inscrite sur le temple de Delphes : « Connais-toi toi-même. »

On arrive à se connaître ainsi soi-même au moyen de l'examen recommandé

---

[1] Lire le sermon de Bossuet *sur les causes de la haine des hommes contre la vérité*.
[2] « Les hommes de sens prennent conseil de tout le monde et ne sont gouvernés par personne ; les sots éloignent les conseils de peur de laisser voir qu'ils sont gouvernés. » (DE BONALD.) — Avant lui, la Bruyère avait dit : « Il se trouve des hommes qui n'écoutent ni la raison ni les bons conseils, et qui s'égarent volontairement par la crainte qu'ils ont d'être gouvernés. »

souvent par les philosophes[1], surtout par les moralistes chrétiens, et pratiqué assidûment par les saints, par tout homme soucieux de devenir meilleur[2]. Examen de *prévoyance*, le matin, afin de régler sa journée, de voir d'avance les circonstances favorables ou contraires à rechercher ou à fuir pour rester bon, pour se corriger de telle mauvaise habitude. Examen de *conscience*, le soir, pour faire repasser sous ses yeux, dans une sorte de revue, toutes les actions de la journée et les apprécier avec droiture à la lumière des principes; pour faire en quelque sorte sa *caisse*, au point de vue moral, et établir son *doit* et son *avoir*.

L'homme qui s'étudie et se suit par la pratique régulière de l'examen, prend conscience de ses tendances habituelles, de ses faiblesses, de ses ressources; voit clair dans sa vie en classant ses actions d'après les causes qui les produisent; connaît son *défaut dominant*, celui qui cause la plupart de ses fautes; peut le combattre par une vigilance continuelle sur lui-même et par l'application à produire, le plus souvent possible, les actes des vertus opposées; arrive enfin à se tenir pour ainsi dire lui-même dans sa main et à se rendre plus indépendant des hommes et des événements.

Prudence, vertu de l'intelligence. — La vertu propre de l'intelligence est la *prudence* ou la *sagesse*, c'est-à-dire la droite raison appliquée au discernement de ce que l'on doit faire ou dire. Saint Augustin la définit : la connaissance de ce qui est à rechercher ou à fuir.

On a déjà vu (*Morale générale*, p. 654) en quoi consiste la prudence, vertu morale, quels éléments la constituent, ce que c'est que la prudence épicurienne et la prudence chrétienne. La prudence, vertu morale, a pour objet le bien moral et se propose la fin dernière de l'homme.

Il y a une fausse prudence, nommée communément *astuce*, qui consiste à trouver les moyens de parvenir habilement à une mauvaise fin. C'est de cette prudence qu'il est question, quand on dit : Cet homme est un habile fripon, un prudent voleur.

Il y a aussi une prudence vraie, mais imparfaite, qui, sans avoir en vue la véritable fin de l'homme, tend néanmoins à un but légitime : elle est l'art de discerner notre intérêt dans les choses qui nous concernent, et l'intérêt d'autrui dans les choses qui concernent autrui. Dans le premier cas, elle n'est que notre intérêt bien entendu; dans le second, elle est désintéressée et s'applique aux intérêts d'autrui. C'est en ce sens qu'on parle de la prudence d'un pilote, d'un négociant, d'un général, d'un ministre, d'un chef d'État.

---

[1] Saint Jérôme et saint Thomas disent qu'un des principaux avis que Pythagore avait coutume de donner à ses disciples était d'employer tous les jours quelque temps, le matin et le soir, à s'examiner sur ces trois questions : « Qu'ai-je fait ? Comment l'ai-je fait ? Qu'ai-je manqué de faire ? » Socrate, Sénèque, Plutarque, Épictète, recommandent la même chose.

[2] On trouve de beaux exemples d'examen dans la vie du capitaine Marceau. Le journal d'Eugénie de Guérin, celui du colonel Pâqueron, le journal intime de Maine de Biran, révèlent, par les fines analyses psychologiques et morales qu'on y trouve, des âmes attentives à elles-mêmes, habituées à raisonner leur conduite.

On peut encore citer Franklin. Il avait dressé une liste des vertus qu'il voulait acquérir; il s'appliquait à en pratiquer une en particulier pendant une ou deux semaines, et, pour se rendre compte de ses progrès, marquait chaque soir sur un petit livret les fautes de la journée. C'est une pratique excellente que déjà saint Ignace, au XVIe siècle, avait fortement recommandée et qu'ont recommandée, après lui, tous les auteurs ascétiques modernes.

Ordre. — L'ordre, c'est-à-dire la disposition rationnelle des moyens par rapport à une fin, dépend de l'intelligence.

« Le rapport de la raison et de l'ordre est extrême, dit Bossuet. L'ordre ne peut être mis dans les choses que par la raison, ni être entendu que par elle. Il est ami de la raison et son propre objet. » Il faut s'habituer de bonne heure à mettre chaque chose à sa place, à faire chaque chose à son heure. « La mauvaise économie du temps est une des choses qui démoralisent le plus. » C'est une belle maxime de Sénèque « qu'il faut régler sa vie et l'accomplir de manière que chaque jour nous tienne lieu de toute la vie![1] ».

La vie de Cuvier est un bel exemple de l'ordre dans l'emploi du temps : « Aucun homme au monde ne s'était jamais fait une étude aussi suivie, et, si je puis ainsi dire, aussi méthodique, de l'art de ne perdre aucun moment. Chaque heure avait son travail marqué ; chaque travail avait un cabinet qui lui était destiné et dans lequel se trouvait tout ce qui se rapportait à ce travail : livres, dessins, objets. Tout était préparé, prévu, pour qu'aucune cause extérieure ne vînt arrêter, retarder l'esprit dans le cours de ses méditations et de ses recherches. » (FLOURENS, *Éloge de Cuvier*.)

NOTES COMPLÉMENTAIRES

Instruction et moralité. — Il faut éviter, à la fois, de tout attendre de l'instruction pour le progrès de la moralité, et de n'en rien attendre.

L'instruction est une des conditions de la moralité : La pratique du bien en suppose la connaissance ; la conscience morale elle-même a besoin d'être formée : l'obligation de lui obéir implique nécessairement celle de l'éclairer. Avoir bonne intention ne suffit pas : on peut faire beaucoup de mal avec l'intention de faire du bien, et l'on n'est excusable que si l'ignorance est involontaire. Dans les circonstances critiques, révolutions, guerres civiles, troubles domestiques, le plus difficile n'est pas de faire, mais de connaître son devoir. — On a déjà vu que s'il a des idées claires et justes, l'homme est mieux en état d'apprécier les motifs et les mobiles qui le sollicitent, de se soustraire aux préjugés, de résister aux mauvais exemples, aux sophismes, aux faux systèmes. L'instruction, même purement scientifique ou artistique, en passionnant l'homme pour un but noble et désintéressé, l'élève au-dessus des choses vulgaires et des plaisirs grossiers, lui inspire une plus grande idée de sa dignité et du respect qu'il se doit. La connaissance des lois du monde social par l'étude des langues, des littératures, de l'histoire, du droit ; de celles du monde matériel par l'étude des sciences physiques et naturelles, lui fait concevoir l'ordre de l'univers et le prédispose à la pratique de ses devoirs, qui est l'ordre dans sa vie.

D'un autre côté, il ne faut pas croire qu'il suffit d'instruire les hommes pour les rendre meilleurs. — La vertu ne se confond pas avec la science, ni le vice avec l'ignorance. On n'est pas un honnête homme par le seul fait que l'on est un homme instruit, et l'on peut allier une grande misère morale à une grande culture intellectuelle[2]. Bonne en soi, l'instruction peut devenir, suivant l'usage qu'on en fait, ou très utile ou très dangereuse. « Science sans conscience, a-t-on dit, est la ruine de l'âme. » Les connaissances primordiales sont donc

---

[1] La pensée suivante de Bossuet complète la maxime de Sénèque : « La vertu tient cela de l'éternité, qu'elle trouve tout son être en un point. Ainsi un jour lui suffit, parce que son étendue est de s'élever tout entière à Dieu, et non de se dilater par parties. Celui-là donc est le vrai sage qui trouve toute sa vie en un jour ; de sorte qu'il ne faut pas se plaindre que la vie est courte, parce que c'est le propre d'un grand ouvrier de renfermer le tout dans un petit espace. Et quiconque vit de la sorte, quoique son âge soit imparfait, sa vie ne laisse pas d'être parfaite. »

[2] Mme Denys, nièce de Voltaire, lui écrivait : « Vous êtes le dernier des hommes par le cœur ».

celles qui contribuent à la discipline morale, celles qui éclairent et fortifient la volonté, s'imposent à elle comme une règle obligatoire et la dirigent vers le bien. « Le vrai indispensable à l'homme et à la société, et qui doit faire la base de l'éducation, ce n'est pas que deux et deux font quatre, ni que deux parties égales à une troisième sont égales entre elles, ni faut d'autres axiomes que l'on peut réciter et développer sans être, à proprement parler, cette grande chose qu'on appelle l'homme : le *vrai*, c'est qu'il y a un Dieu créateur et recteur du monde, et que l'homme est doué d'une âme libre, responsable et immortelle. L'éducation qui n'enseigne pas cela, enseignât-elle tout le reste, n'enseigne rien [1]. » On est homme dans la mesure où l'on connaît et où l'on suit la vérité morale.

Il faut se rappeler la solidarité des facultés, la dépendance réciproque du sentiment et de l'intelligence. « Les grandes pensées viennent du cœur, » a dit Vauvenargues. Cette maxime est incomplète, et il aurait dû ajouter : « Les grandes et légitimes affections viennent de la raison [2]. » Le cœur, en effet, tire sa nourriture de l'esprit. Si la tête est vide, le cœur ne saurait aller ni droit ni haut.

Enfin, il ne faut pas oublier que la science est pour en vivre : on connaît pour agir. « Malheur, a dit Bossuet, à la connaissance stérile qui ne se tourne pas à aimer et se trahit elle-même ! » On doit être conséquent avec soi-même. Les bonnes pensées ne sont rien, si elles ne deviennent de bonnes actions. Dans la vie, tout ce qui ne passe pas en acte est perdu [3].

Ces principes sont la condamnation de ce qu'on appelle aujourd'hui *dilettantisme intellectuel* ou *intellectualisme*. Cette doctrine, développant outre mesure les facultés de connaissance (intelligence, mémoire, imagination), au détriment de la volonté et de la sensibilité, a pour conséquence une déformation et un abaissement de la personne humaine ; car c'est avant tout par les facultés libres et responsables, par la volonté, que l'homme vaut. L'*intellectuel* ne cherche dans la vie qu'un jeu ou un spectacle ; il la considère en connaisseur, en amateur ; il regarde et il jouit, regarde tout et jouit de tout, du faux comme du vrai, du mal comme du bien. Chez lui, l'intelligence exerce une véritable tyrannie : il croit que *savoir* et *comprendre* suffisent et dispensent d'aimer, de vouloir et d'agir.

Modestie et humilité. — A l'orgueil sous toutes ses formes, on oppose la modestie et l'humilité.

La *modestie* est le juste sentiment de ce que l'on vaut, se manifestant par la retenue dans la manière de penser et de parler de soi. Avoir conscience du bien que l'on fait ou que l'on peut faire, se rendre compte de son mérite, sans exagération, n'est pas contraire à la loi morale. Souvent se déprécier soi-même, méconnaître ses avantages et ses ressources, c'est se fournir un prétexte de paresse et d'apathie. Pour faire valoir les dons que l'on a reçus, il faut savoir qu'on les a. Ces dons sont d'ailleurs relatifs. L'orgueilleux, qui s'en prévaut, manque d'idéal : il se croit grand, parce qu'il ne compare pas ce qu'il est à ce qu'il peut et doit être [4].

L'*humilité* doit être distinguée de la modestie, dont elle est la perfection. La modestie consiste surtout dans la modération des jugements qu'on porte sur soi-même ; l'*humilité*, dans la disposition à s'oublier soi-même, à détourner de soi l'attention des autres et la sienne. L'homme humble compte ses défauts plutôt que ses qualités, les dons qui lui manquent plutôt que ceux qu'il a.

L'*humilité c'est la vérité*, a dit saint Augustin : la vérité dans nos rapports soit avec nous-mêmes, soit avec nos semblables et avec Dieu. L'orgueil, au contraire, est un *mensonge* : il surfait ou invente les qualités et atténue ou nie les défauts ; un *désordre* : il nous fait sortir de notre place ; une *injustice* : autant qu'il est en lui, il dépouille en sa faveur les autres hommes et Dieu.

---

[1] Louis Veuillot, *Mélanges*, 2ᵉ série, II.
[2] De Bonald.
[3] « Il faut tâcher de raisonner peu et de faire beaucoup ; si l'on n'y prend garde, toute la vie se passe en raisonnements ; il n'en reste pas pour la pratique : on ne fait que tournoyer sans avancer. » (FÉNELON.)
[4] « Le signe par excellence d'une grande âme est la modestie, le désintéressement de ses propres idées, la défiance de soi. Mais on n'en arrive là qu'après un long apprentissage d'une vertu mûrie par l'unité, et jusque-là l'égoïsme intellectuel nous pousse à transformer la vérité en nous, au lieu de nous transformer dans la vérité. » (LACORDAIRE.)

L'humilité ne consiste pas à méconnaître les dons qu'on a reçus de Dieu[1]. — Si on les méconnait, quel sera le fondement de la reconnaissance envers Dieu et de la confiance qu'il faut avoir en soi pour agir? « L'humilité ne consiste pas, dit le P. Lacordaire, à cacher ses talents et ses vertus, à se croire pire ou plus médiocre qu'on n'est, mais à connaître clairement tout ce qui nous manque et à ne pas nous élever par ce que nous avons. »

Il y a une fausse humilité, qui n'est pas exempte de péché, d'après saint Thomas; elle consiste « à s'abaisser au-dessous de son mérite, en s'attribuant quelque chose de vil qu'on ne voit point en soi, ou en se déniant des talents que l'on possède ». On ne doit point fuir l'orgueil au préjudice de la vérité. C'est ce qu'enseigne saint Augustin : « N'abandonnez pas la vérité par la crainte de l'orgueil. »

L'humilité n'est pas une bassesse, une dégradation. Ce ne peut pas être une vertu pour l'homme de s'avilir, de se dégrader. Il y a unité dans l'ordre moral : un principe ne détruit pas un principe, une vertu ne combat pas une autre vertu. Le sentiment de notre faiblesse ne contredit point celui de la grandeur de notre nature : « Nous sommes quelque chose et nous ne sommes pas tout, » a dit Pascal.

Bossuet pense que « toute humilité qui se dit un néant, sans vouloir voir en quoi elle l'est, n'est qu'un orgueil déguisé »; et Pascal dit : « Il est dangereux de trop faire voir à l'homme combien il est égal aux bêtes, sans lui montrer sa grandeur. Il est encore dangereux de lui trop faire voir sa grandeur sans sa bassesse. Il est encore plus dangereux de lui laisser ignorer l'une et l'autre. Mais il est très avantageux de lui montrer l'une et l'autre. »

TABLEAU ANALYTIQUE

Devoirs envers l'âme. — Ces devoirs se rapportent aux trois facultés : intelligence, sensibilité, volonté, qu'il faut développer en vue du bien.

Les devoirs d'intégrité et de conservation se confondent ici avec les devoirs de perfectionnement.

DEVOIRS ENVERS L'INTELLIGENCE

Il y a obligation de développer l'intelligence dans la mesure du possible : laissée sans culture, elle se remplit d'idées fausses, de préjugés, d'erreurs.

C'est un devoir d'empêcher la *curiosité* de s'égarer sur des objets futiles ou dangereux; de se garder de la *crédulité*, qui accepte aveuglément tout ce qu'on lui dit; et du *scepticisme*, qui doute sans motif.

Tous les devoirs relatifs à l'intelligence peuvent se résumer dans les formules suivantes :
1° Instruis-toi;
2° et 3° Respecte la vérité : sois sincère avec les autres et avec toi-même;
4° Sois prudent;
5° Sois ordonné.

1° Devoir de s'instruire.

C'est un devoir de s'instruire : il y a des connaissances nécessaires, qu'il n'est pas permis à un homme d'ignorer;
Il y en a d'autres qui se rapportent aux devoirs professionnels; elles sont obligatoires aussi;
Il y en a enfin qui sont de simple perfectionnement; celles-ci sont facultatives.

Remarque. — L'instruction est une des conditions de la moralité, mais elle ne suffit pas, et il faut bien se garder de confondre la science avec la vertu, comme l'ont fait Platon et d'autres philosophes.

---

[1] Voir 6ᵉ leçon de Psych., note, p. 95 : Le désir de la gloire est-il un péché?

DEVOIRS ENVERS L'INTELLIGENCE (Suite).

2° Devoir d'être sincère envers les autres.
Le mensonge, le respect humain, l'hypocrisie.

Le devoir de respecter la vérité nous oblige à être sincères envers les autres et envers nous-mêmes. Il condamne le mensonge, le respect humain, l'hypocrisie et l'orgueil sous toutes ses formes.

Le *mensonge* est condamné par la morale individuelle et par la morale sociale; il est contraire non seulement à la justice et à la charité, mais encore à la dignité personnelle.

« Quiconque est capable de mentir, est indigne d'être compté au nombre des hommes. » (FÉNELON.)

Mentir, c'est manquer directement à notre intelligence, qui ne subsiste, ne se développe, ne se perfectionne que par la vérité (principe d'identité, instinct de véracité, instinct de crédulité, principe d'ordre).

Tout défaut, tout vice, toute passion est mensonge ou se couvre du mensonge.

On peut mentir autrement qu'en paroles : tout homme qui n'agit pas comme il pense, qui n'est pas ce qu'il paraît, est un menteur.

Ce mensonge d'action ou d'omission a deux formes : le *respect humain* et l'*hypocrisie*.

Le *respect humain* consiste à agir autrement qu'on ne pense, par crainte du « qu'en dira-t-on ». C'est une inconséquence et une lâcheté.

L'*hypocrisie* consiste à se couvrir des apparences du bien pour faire le mal. — L'hypocrite est un lâche, qui veut jouir des faveurs attachées à la vertu et qui n'a pas le courage de la pratiquer.

3° Devoir d'être sincère envers soi-même.

Être sincère avec soi-même, c'est se juger avec impartialité, sans exagérer ni méconnaître le bien ou le mal que l'on a en soi.

Pour cela, il faut éviter l'orgueil sous toutes ses formes et pratiquer la *modestie* et l'*humilité*, qui sont le juste sentiment de ce que nous sommes. « L'humilité, c'est la vérité. » (SAINT AUGUSTIN.)

Pour être sincère avec soi-même, savoir ce que l'on vaut, il faut pratiquer l'*examen de conscience*.

4° Devoir de prudence.

La vertu propre à l'intelligence est la *prudence* ou la *sagesse*, qui nous indique ce qu'il faut faire et ce qu'il faut éviter.

Ne pas confondre la prudence chrétienne et la prudence épicurienne, dont il a été parlé à la leçon 8e, p. 655, avec cette prudence bonne, mais imparfaite, de la conduite ordinaire, qui nous fait discerner notre intérêt et celui d'autrui.

5° Devoir d'ordre.

L'ordre, c'est la disposition rationnelle des moyens par rapport à une fin.

Ainsi, c'est une vertu de la raison ou de l'intelligence. C'est un devoir de mettre de l'ordre dans sa vie et dans sa conduite.

3e LEÇON

DEVOIRS RELATIFS A LA SENSIBILITÉ

Notre devoir, relativement à la sensibilité, est d'empêcher de naître ou de détruire, dans notre âme, les passions viles, sensuelles, égoïstes, envieuses, et de développer les sentiments nobles, tels que les affections de famille, la piété filiale, le patriotisme, l'amitié, l'admiration du beau, l'amour du bien et de la science, les émotions élevées de la foi et de la piété.

La vraie sensibilité est raisonnable dans sa cause et dans son objet.
Il y a une sensibilité excessive et fausse, qui, en matière criminelle, s'apitoie non sur la victime, mais sur le coupable, pour lequel elle ne veut pas de la peine de mort ; qui, dans le drame et le roman, s'attendrit jusqu'aux larmes devant des misères fictives et laisse mourir à sa porte le pauvre sans pain et l'affligé sans consolation ; qui, dans la piété, s'exhale en exclamations, en aspirations, en soupirs, en idées vagues, sans rien de viril qui s'adresse à la partie forte du cœur et enlève la volonté ; qui, dans la prédication, est toute en exhortations, où les images remplacent les idées, les sensations les sentiments, les comparaisons les raisons, et ne laisse d'autre trace qu'une passagère et stérile émotion.
Voir ce qui a été dit (*Psychologie*, 5e leçon, p. 72) des *appétits*, des *inclinations*, des *penchants*, des *passions*, qu'il ne faut pas détruire, mais diriger et moraliser ;
4e leçon, *sensibilité et éducation*, p. 67 ;
6e leçon, *rapport des inclinations avec la morale pratique*, p. 85.

Les principaux devoirs relatifs à la sensibilité se ramènent aux deux suivants : respect de soi-même ou sentiment de la *dignité humaine* et *tempérance*.

Dignité personnelle et respect de soi-même. — Ce que l'on appelle *dignité personnelle* n'est que le sentiment ou le respect profond que l'homme a de sa destinée morale, de ses devoirs, et des droits qui en découlent et qui rendent sa personne sacrée, pour ses semblables comme pour lui.

Il faut remarquer que le respect de la personne humaine, en soi et dans les autres (voir, table analytique : *Sentiment de la dignité humaine*), prend autant de formes qu'il y a de facultés fondamentales de l'âme : il s'appelle *prudence*, s'il regarde l'intelligence ; *courage*, s'il s'agit de la volonté ; *tempérance*, s'il concerne la sensibilité.

Tempérance. — Pour la définition, au sens large et au sens restreint, voir *Morale générale*, p. 657 ; pour les effets de la tempérance, p. 658, et du sensualisme, p. 715.

L'intempérance, dans les plaisirs du manger, s'appelle *gourmandise*, *gloutonnerie* ; dans les plaisirs du boire, *ivresse*, *ivro-*

gnerie; dans les plaisirs de la chair, *luxure*. Ce sont des vices qui ravalent l'homme au-dessous de la brute, laquelle ne dépasse jamais certaines limites dans la satisfaction de ses appétits. L'homme qui s'y livre perd peu à peu tout sentiment de dignité personnelle, tout sens de l'humain, et se laisse envahir par la stupidité. Il suffit d'avoir l'âme « un peu bien située » pour ne vouloir en rien ressembler au personnage de la Bruyère : « Cliton n'a eu toute sa vie que deux affaires, qui est de dîner le matin et de souper le soir; il ne semble né que pour la digestion. »

Non seulement l'intempérance est contraire à la dignité personnelle, mais elle est la ruine de la santé, comme le montre l'expérience, et, par là, opposée au devoir de conservation personnelle; elle alourdit l'esprit et rend incapable de tout sentiment élevé, de toute action énergique et virile. C'est le plaisir que cherche le sensuel, et, tout compte fait, c'est la douleur qu'il trouve.

A *l'intempérance dans l'usage des aliments s'oppose la sobriété, qui ne prend que ce qui est raisonnable*[1]. — « On peut se demander si la loi naturelle permet l'usage de la nourriture et de la boisson *pour le seul plaisir du goût*. — A cette question, nous répondrons en faisant une distinction. Si la préoccupation du plaisir matériel du goût devient telle qu'elle envahisse la vie entière et domine sur toutes les autres pensées, il y a là un désordre grave; car l'homme perd ainsi sa qualité d'être raisonnable, sa raison est asservie à la sensation. Si cette préoccupation n'est qu'accidentelle, partielle et passagère, il n'y a qu'un désordre léger et une faute de peu de gravité. Il n'y a même plus aucune faute si, mangeant pour apaiser sa faim et buvant pour apaiser sa soif, on jouit en même temps des sensations agréables qui accompagnent ces actions, et même si on choisit la boisson ou la nourriture de façon à satisfaire le goût. Dans ce cas, on ne fait qu'obéir à la nature, qui a attaché ces sensations agréables à l'action du manger et du boire et en a même fait une des conditions de la santé de l'homme.

« Mais il est à remarquer que la tendance de l'homme aux excès et à la gourmandise est si forte, qu'il faut réagir énergiquement contre cette tendance pour pratiquer la tempérance. C'est sur ce principe que sont fondés les *jeûnes* prescrits par diverses religions. » (DE BROGLIE, *Instruction morale.*)

Tempérance dans l'usage des biens extérieurs. — Quand on recherche ces biens pour eux-mêmes et non comme moyens de satisfaire ses divers besoins, quand on les accumule pour le seul plaisir de les accumuler, on tombe dans la *cupidité* ou l'*avarice;* on ne *possède* pas ces biens, on *en est possédé*, on en est esclave.

Quand on dépense sans mesure, par amour immodéré des plaisirs ou par vanité, on tombe dans le défaut opposé, qui est la *prodigalité*, la *dissipation* et le *luxe*.

L'avarice est contraire à la morale sociale, autant qu'à la morale individuelle : l'avare n'a pas de cœur, sa conduite est odieuse. Le prodigue se ruine, fait des dettes et finit dans la honte. « L'orgueil, dit Franklin, déjeune avec l'abondance, dîne avec la pauvreté et soupe avec la honte. »

---

[1] La Rochefoucauld, conformément à son système, définit la sobriété : l'amour de la santé ou l'impuissance de manger beaucoup.

Économie, épargne. — Le bon usage des biens extérieurs ou des richesses s'appelle *économie, épargne.* L'épargne implique le sacrifice. En face du produit de son industrie, l'homme a à lutter contre deux sentiments opposés : le désir de la jouissance immédiate et l'attrait plus austère de la privation. Ce dernier parti, quels que soient les motifs qui l'inspirent, demande une certaine force. « L'homme peut épargner pour lui-même, afin d'assurer l'aisance à sa vieillesse; il peut épargner pour ses enfants, épargner pour les pauvres. A mesure que son intérêt personnel s'efface, sa vertu s'élève, et, commençant par la prudence, elle finit par la charité. Là est, en effet, la limite de l'épargne. La richesse est pour l'homme un moyen et non un but; il peut, pour elle, renoncer à ses plaisirs; mais il doit la sacrifier pour la conservation de sa vie matérielle, pour le développement de sa vie intellectuelle et morale, pour le soutien de la vie d'autrui... Un patrimoine défendu, pendant toute une vie, contre des plaisirs sans nombre qui demandaient à s'échanger contre lui, représente une série d'actes de sobriété, de chasteté, de tempérance. Au capital matériel correspond généralement un capital moral équivalent, qui est, comme le premier, un fruit de la volonté. » (A. RAVELET, *Revue du monde catholique*, 1864[1].)

Continence. — La continence ou la chasteté consiste dans l'abstention des plaisirs charnels.

« La pratique de la continence exige de très énergiques efforts de volonté. Cette vertu est cependant obligatoire, et il n'est pas permis au moraliste d'en dispenser partiellement les hommes, comme le fait souvent l'opinion publique de certains pays ou de certaines classes de la société.

« Ce qui prouve que le devoir rigoureux de la chasteté appartient à la loi naturelle, et non pas seulement à la morale chrétienne, c'est que cette vertu se trouve louée chez un grand nombre de païens. (Morale de Bouddha, de Zoroastre.) ... Nous pouvons donc considérer les principes de la morale chrétienne sur ce point, avec leur extension aux paroles et aux désirs librement consentis, comme l'expression de ce qu'exige la loi naturelle bien comprise.

« Seulement cette portion si importante de la morale, celle à laquelle on a donné, par excellence, le nom de *bonnes mœurs*, exige plus qu'aucune autre, pour être pratiquée, l'appui de la sanction religieuse et de la vie future. Les motifs inférieurs de morale, l'intérêt bien entendu, les sanctions terrestres sont impuissants pour soutenir l'homme dans cette lutte si difficile, si longue, qui peut quelquefois durer toute la vie. » (DE BROGLIE, *Instruction morale*.)

On trouvera, dans les notes ajoutées par le P. Monsabré à ses *Conférences sur le mariage* (1887), la réponse aux objections des *physiologistes*, qui condamnent la continence comme contraire à la nature, et à celle des *économistes*, qui la condamnent comme contraire aux intérêts de la société. Voici quelques passages d'une lettre du P. Lacordaire au docteur Dufflieux sur son ouvrage : *Nature et Virginité* :

« L'humanité monte ou descend dans le degré même où la continence monte ou s'abaisse parmi les hommes : elle est le principe de toute foi, de toute force, de toute incorruptibilité, et un peuple qui la perd ne peut échapper à la décadence et à la servitude. Comment serait-elle donc, cette vertu, un crime contre nature? C'est l'incontinence qui est, contre nature, la suite et la punition du péché, le plus horrible désordre légué à la race humaine, et une marque évidente de sa dégradation. Il n'est donc pas vrai de dire que la continence est difficile à la plus grande partie de notre espèce... Plus le cœur est aimant, moins

---

[1] Sur les mauvais effets, au point de vue économique, des *habitudes d'intempérance*, on peut lire une intéressante conférence de Baudrillart, dans son *Économie politique populaire*. — On lira également avec profit, dans le même ouvrage, *Luxe et travail*, où l'auteur montre quel est le luxe permis et quel est le luxe défendu. Que de misères amenées par le luxe désordonné dans les habits, dans l'ameublement, dans la table, ce qui est encore de l'intempérance !

il cherche les plaisirs du corps, et, réciproquement, plus le corps est chaste, plus le cœur devient délicat et tendre. Je n'ai pas rencontré un jeune homme aimant parmi ceux qui se livrent aux débauches de l'imagination et des sens...

« ... J'ai souvent été étonné du peu qu'il faut pour arracher un jeune homme à la dépravation. La fuite des mauvaises compagnies, la cessation des lectures dangereuses, une vie sobre, un travail sérieux, la pratique suivie de la prière, de la confession, de la communion et des œuvres de charité, suffisent pour transformer des cœurs qui se croyaient incurables, et ceux qui ne se corrigent pas, ou que peu, le doivent à une vie désœuvrée et pleine de délices... Je suis convaincu qu'une grande partie des hommes vivrait aisément dans la continence absolue, si elle vivait chrétiennement. »

TABLEAU ANALYTIQUE

Notre devoir est d'empêcher de naître et de se développer dans notre âme les passions viles, sensuelles, égoïstes, envieuses, et de cultiver les sentiments nobles, élevés, généreux, héroïques.

Il ne faut pas détruire les penchants, mais les diriger, les moraliser. Ce sont les ressorts nécessaires de notre activité. (Voir ce qui a été dit sur ce sujet, p. 72.)

Les principaux devoirs relatifs à la sensibilité se ramènent aux deux suivants : respect de soi-même ou *sentiment de la dignité humaine et tempérance*.

DEVOIRS RELATIFS A LA SENSIBILITÉ

Dignité personnelle.
Respect de soi.

Sentiment ou respect profond de notre destinée morale, de nos devoirs, des droits qui en découlent et qui rendent la personne sacrée pour nous et pour nos semblables.

Le *respect de soi-même*, c'est le respect de la personne en soi et dans les autres.

Ce respect prend diverses formes : il s'appelle *prudence*, s'il regarde l'intelligence ; *tempérance*, s'il concerne la sensibilité ; *courage*, s'il s'agit de la volonté.

(Voir 6° leçon, *Sentiment de la dignité humaine*, page 94.)

Tempérance : diverses formes.

La tempérance revêt diverses formes. (Il en a déjà été parlé, p. 657, *Vertus cardinales*.)

1° *Dans le boire et le manger*, elle s'appelle *sobriété* et s'oppose à la gourmandise, à la gloutonnerie, à l'ivrognerie, vices qui ravalent l'homme au-dessous de la brute ; qui ruinent la santé et excitent les passions les plus grossières ; qui font enfin perdre, par la *satiété*, jusqu'au plaisir naturel du boire et du manger.

2° *Dans l'usage des biens extérieurs*, elle prend le nom de *modération*, d'*épargne*, d'*économie*, et s'oppose à la *cupidité*, à l'*avarice*, au *luxe*, qui est l'intempérance dans les habits, la table, etc.

L'homme tempérant jouit de ses biens d'une manière raisonnable. L'avare, l'homme cupide, amasse des richesses, non pour en jouir, mais uniquement pour les avoir : il ne possède pas ses biens, il en est possédé.

Un défaut contraire à l'avarice et à la tempérance tout à la fois, c'est la *prodigalité*, la *dissipation*. — L'économie ou *épargne* est une vertu ; elle implique le travail et le sacrifice.

3° *Dans l'usage des plaisirs charnels*, la tempérance prend le nom de *continence* ou de *chasteté*.

La continence est une vertu morale et sociale, qui constitue ce qu'on appelle les *bonnes mœurs*.

4º LEÇON

DEVOIRS RELATIFS A LA VOLONTÉ. — TRAVAIL

I. — VOLONTÉ

Importance de la volonté. — Sur les *caractères* de la volonté, son importance, son union avec la raison pour former l'homme de caractère, voir *Psychologie*, 19º leçon, pp. 268, 271 ; voir aussi, pp. 657 et 762.

La volonté constitue vraiment l'individualité humaine. — « *La volonté*, dit Descartes, *est ce qu'il y a en nous de plus intimement personnel*. Notre intelligence et notre sensibilité ne sont que *nôtres* ; notre volonté, c'est *nous-mêmes*. C'est le moi de chacun s'accusant, se manifestant à lui-même et aux autres. » C'est par la trempe spéciale de sa volonté que l'on est ce que l'on est, c'est-à-dire tel homme et pas tel autre. La mesure de la valeur d'un homme est dans sa volonté. Le bon sens reconnaît et proclame tous les jours que c'est par la volonté que l'on est quelqu'un. Si un homme manque d'intelligence, on dit : Il est inepte ; s'il manque de cœur : C'est un lâche ou un ingrat ; mais, s'il manque de volonté, on n'a qu'un mot pour le caractériser : *Ce n'est pas un homme*.

Nombre de malheureux sont des gens à volonté débile qui, ne sachant pas se faire leur place au soleil, trouveraient commode de tout attendre de la bonté ou de la diligence d'autrui ; qui voudraient à la fois jouir de tout et ne rien faire, et qui, finalement, se laissent aller au malheur, comme au vice, sans jamais tenter de réagir.

Je veux ! dit Lacordaire, c'est le mot le plus rare qui soit au monde, quoique le plus fréquemment usurpé. Mais, quand un homme en a le secret terrible, qu'il soit pauvre aujourd'hui et le dernier de tous, soyez sûrs qu'un jour vous le trouverez plus haut que vous [1]. »

Devoirs envers la volonté : force, courage. — La *force* ou *courage* est la vertu propre de la volonté. C'est par elle que l'on peut, ainsi qu'on le doit, sauvegarder et accroître sa dignité personnelle ; conserver sa volonté libre, ne point l'aliéner, soit en se réduisant spontanément en esclavage, soit en se laissant tomber sous le joug de mauvaises habitudes ; la rendre indépendante du plaisir, de la passion, de l'intérêt, et la maintenir sous l'autorité de la raison ou du devoir.

---

[1] « Pour une âme, tout est dans ces deux mots : Oui ou non, je veux ou je ne veux pas. Révoltes de l'esprit, entraînements du cœur, séductions de la chair et des sens : purs détails que tout cela ! Quand il s'agit de vertu, la détermination de la volonté est tout. » (Valentine Riant.)

Force et confiance. — On a vu en Morale générale, page 656, comment il faut entendre ces deux vertus.

C'est une faiblesse de s'épouvanter des difficultés. Lorsqu'on s'en approche, on voit qu'elles diminuent; souvent même elles disparaissent entièrement. Nul homme, jusqu'à ce qu'il en fasse l'essai, ne peut dire ce qu'il peut faire; il est impossible, autrement que par l'expérience, de calculer l'étendue des forces humaines. On peut d'ordinaire beaucoup plus qu'on ne croit pouvoir. Voilà pourquoi la règle est d'entreprendre comme si l'on pouvait tout. La raison pour laquelle certains hommes réussissent presque toujours à surmonter des difficultés exceptionnelles, c'est d'abord qu'ils mettent en jeu toutes leurs ressources, puis qu'ils n'agissent qu'après avoir fait des calculs sérieux et détaillés.

La confiance dans le succès est presque le succès. Les obstacles tombent souvent d'eux-mêmes devant un esprit déterminé à les surmonter. Toutes les chances sont pour le succès, quand on s'est rendu toute retraite impossible et qu'on déploie toute son énergie; mais un seul regard en arrière est plein de danger et peut tout compromettre.

Constance. — On a vu également, page 656, ce qui caractérise la constance. C'est le génie à la portée de tous, suivant le mot de Buffon, le génie humble et bienfaisant, qui enfante sans bruit des merveilles et qu'on nomme l'*esprit de suite*, le goût de la continuation et de l'achèvement. « Chaque jour, dit Hésiode, ajoutez peu de chose à peu de chose ; bientôt s'élève un monument. » — Ce qui est petit est petit, dit saint Augustin; mais être fidèle aux petites choses est une grande chose. »

Courage. — Sur le courage et ses différentes formes, voir plus haut, p. 657 et suivantes.

Comme la vertu, qui n'est au fond que l'habitude d'agir avec force d'âme, le courage est *un*; mais, comme elle aussi, il revêt des formes différentes suivant les circonstances et les conditions multiples de la vie humaine. Voilà pourquoi on distingue le courage *militaire*, le courage *civil*, le courage de l'explorateur, du savant, de l'ouvrier qui vit pauvrement, mais honnêtement, de son travail[1]. — Voir aux *Notes complémentaires : Esprit de légitime indépendance*, p. 762.

II. — LE TRAVAIL

Le travail est nécessaire à l'entretien et à la conservation du corps et au perfectionnement de l'âme; il est nécessaire également à l'accomplissement de nos devoirs envers la société et envers Dieu. Il doit donc rentrer dans la morale individuelle, comme le plus indispensable de nos devoirs, celui sans lequel il nous est impossible de remplir les autres. En un mot, le travail, nécessaire à l'accomplissement de tous nos devoirs, est lui-même le premier des devoirs.

Ce qu'est le travail. — Ce n'est pas un déploiement quel-

---

[1] *Courage et bravoure.* — Dans le langage ordinaire, ces deux termes se disent souvent l'un pour l'autre. Si l'on veut parler avec précision, il faut savoir que courage est plus général que bravoure. Courage, tenant étroitement à *cœur*, exprime tous les genres de courage, toutes les manières de montrer du cœur, aussi bien à la guerre que dans la paix; la bravoure n'exprime proprement que le courage dans le combat.

Le courage tient à l'état de l'âme, la bravoure dépend du tempérament, a sa source dans l'instinct de conservation, dans un certain ébranlement nerveux. Le courage ne va pas sans des convictions, sans des principes moraux et religieux, sans le sentiment profond du devoir. Napoléon proclamait cette vérité lorsqu'il disait à Drouot : « Tu es le plus brave (le plus courageux) de mon armée, parce que tu es le plus religieux. »

conque d'activité, comme le jeu, par exemple; c'est l'*application soutenue de nos facultés à une action utile.* Il demande le concours de toutes nos énergies physiques et morales. Le corps est l'*instrument*, l'âme est proprement l'*ouvrier*.

Le travail est essentiellement un *acte humain*. C'est improprement que l'on appelle travail ce que fait l'animal sous l'action aveugle de l'instinct, la machine sous l'impulsion des forces physiques maîtrisées et employées par l'homme. Le travail implique l'intelligence et la volonté : l'intelligence qui conçoit le but ou le résultat, en même temps que les moyens pour l'atteindre ou le réaliser; la volonté qui emploie les moyens. C'est pour cela que la science et la vertu président aux efforts du travail; le progrès et la décadence du travail suivent le progrès et la décadence de la science et de la vertu. Selon que l'intelligence est plus ou moins éclairée par la théorie, que la volonté est bonne ou mauvaise, énergique ou molle, les résultats du travail changent du tout au tout. Les peuples éclairés et vertueux sont aussi les peuples travailleurs, et c'est à eux qu'est réservé l'empire du monde, selon cette parole de Tocqueville : « Ce monde appartient à l'énergie[1]. »

Nécessité du travail. — L'homme a des besoins physiques, intellectuels et moraux; les satisfaire est la condition de son existence; or il ne peut les satisfaire que par le travail.

C'est, en effet, par le travail qu'il se procure des aliments pour se nourrir, des habits pour se vêtir, des armes pour se défendre; — c'est par le travail qu'il développe ses facultés intellectuelles, qui ne sont d'abord qu'en puissance, qu'il arrive à se connaître, à connaître ses semblables, à connaître Dieu; qu'il découvre les secrets et les lois de la nature et les fait tourner à son usage; — c'est par le travail que l'homme perfectionne sa volonté, qu'il combat ses passions, qu'il contracte les bonnes habitudes morales, lesquelles font sa dignité et le conduisent à sa fin.

De plus, l'homme n'est pas un être isolé, mais un être social; il reçoit des secours de ses semblables, dans la famille et dans la société en général; ces secours, il doit les rendre : la société ne peut subsister que par un échange de services. Ces services réciproques, les hommes ne peuvent se les prêter que par le travail. Le travail est donc nécessaire à l'homme au point de vue social, comme au point de vue individuel.

Travail, loi organique de la nature. — C'est une erreur assez répandue de croire que la loi du travail date de la faute de nos premiers parents et en est la conséquence. Avant d'être une *loi coercitive* et de prendre le caractère de châtiment, le travail était et est resté une *loi organique* de notre nature, une nécessité psychologique et physiologique comparable, dans une certaine mesure, à la respiration, à l'alimentation, à la circulation du sang. La Genèse dit que Dieu plaça Adam dans le paradis terrestre « pour qu'il travaillât » (II, 15). Ailleurs l'Écriture reconnaît que l'homme « a été fait pour travailler, comme l'oiseau pour voler », c'est-à-dire que c'est sa constitution.

La faute n'a donc pas fait naître la loi du travail, elle en a modifié et aggravé l'exercice en substituant la peine au plaisir, la contention à la facilité, l'excès et le surmenage à l'harmonie de l'effort normal.

C'est pour ces raisons que le travail est le premier des devoirs pour l'homme. Au tribunal de Dieu, il ne lui suffira pas d'avoir eu des pensées justes et des sentiments honnêtes : il sera interrogé et jugé sur ses œuvres. L'oisiveté est criminelle. Le serviteur paresseux et inutile, dit l'Évangile, « sera jeté dans les ténèbres extérieures, là où il y aura des pleurs et des grincements de dents. »

---

[1] Mgr Dupanloup a dit dans le même sens : « L'empire du monde appartient au peuple qui se lève plus matin. »

L'oisiveté, état contre nature. — Après avoir tracé le portrait du paresseux dans une de ses *Homélies*, saint Jean Chrysostome s'écrie : « Quoi de plus agréable, me disiez-vous, que de ne pas travailler, que de n'avoir rien à faire ? Et moi je vous dis : Quoi de plus honteux, quoi de plus misérable que l'homme qui ne sait pas s'occuper ! Point de plus pénible servitude. Le travail est l'état naturel de l'homme. L'oisiveté est pour lui *un état contre nature*. L'oisiveté se punit elle-même par les langueurs qui la consument. Tout ne vit que par l'exercice, tout meurt par l'oisiveté. »

Le premier soin de l'homme qui n'a rien à faire, c'est d'inventer quelque chose à faire ; il ne peut souffrir l'inaction : quand il *n'agit* pas, il *s'agite*, comme on l'a dit. (V. p. 64.)

Travail et moralité. — Source de la science et de la richesse, le travail est aussi l'auxiliaire de la vertu. La vertu implique le travail ; elle est elle-même le travail par excellence, en même temps qu'elle en est la récompense. Avant tout, elle est la victoire sur soi-même, et c'est là la plus difficile et la plus belle victoire, celle qui demande le plus noble, le plus persévérant, le plus généreux travail.

L'homme qui travaille exerce ses facultés à quelque chose d'utile, qui les absorbe et les empêche de se porter vers le mal. Les facultés de l'homme oisif, au contraire, restant sans emploi, tout les tente et les pervertit[1]. Les mauvais conseils, les occasions dangereuses ont sûrement prise sur celui qui est en proie aux tourments de l'ennui[2]. L'homme qui ne fait rien, a-t-on dit, n'est pas loin de mal faire ; c'est d'ailleurs déjà un mal que de ne rien faire. Comme l'oisiveté est la mère de tous les vices, le travail est la source et le gardien de toutes les vertus.

Voilà pourquoi la richesse cesse d'être bienfaisante pour la société, comme pour l'individu, si elle favorise l'oisiveté et le déchaînement des mauvaises passions chez ceux qui la possèdent, ce qui a toujours lieu, lorsque le sentiment du devoir ne croît pas en proportion de l'augmentation de la richesse.

En éducation, défions-nous de la routine et des méthodes faciles. Mme de Girardin l'a dit avec raison, « elles ne font que des paresseux et des sots. » N'épargnons à nos enfants ni les difficultés ni les recherches ; laissons-les se débattre contre l'obstacle. Au bout de leur triomphe, il y aura quelque chose de plus que leur joie, il y aura un résultat ; l'esprit se sera développé, les aptitudes auront grandi. Dans la jeunesse, la science acquise vaut moins que les efforts voulus pour l'acquérir. Ce qui fait l'intelligence fertile, ce n'est pas le savoir, c'est le travail ; ce qui fait la terre féconde, c'est la culture. L'étude est surtout une gymnastique de l'esprit : elle nous prépare à recevoir de bonnes semences et de fortes empreintes. S'il est vrai que plus on sait, plus on veut savoir, il est certain aussi que plus on a appris, plus on apprend aisément. Quand l'esprit est toujours ouvert, il y entre toujours quelque chose. » (C. ROZAN, *la Bonté*[3].)

---

[1] « Le premier degré de misère, c'est d'aimer les choses mauvaises, et le comble du malheur, c'est de les avoir. » (S. AUGUSTIN.)

[2] L'obligation d'éviter les occasions que l'on sait être de nature à entraîner au mal, résulte de ce principe général qu'*une action doit être évitée quand on en prévoit les conséquences* funestes.

[3] « L'erreur de beaucoup de gens est de se méprendre sur les études où l'on a coutume d'appliquer la jeunesse. Le but prochain qu'on s'y propose n'est point précisément le *savoir*, mais l'*exercice* Il ne s'agit pas tant de littérature, d'histoire, de philosophie, choses qui s'oublieront peut-être, que d'affermir l'imagination, la mémoire, le jugement, qui demeureront... Quand, au sortir des bancs, on devrait perdre jusqu'au souvenir des auteurs qu'on y explique, ce serait encore un bienfait considérable que d'avoir été nourri de bonne heure à l'idée du devoir, que d'avoir appris à obéir, et de savoir au moins s'appliquer et se contraindre, ce qui est le secret des affaires et le grand art de la vie humaine. » (OZANAM, *Discours sur la puissance du travail.*)

Travail et bonheur. — On conçoit que le travail, étant la loi de la nature de l'homme, il soit aussi le principe de son bien-être et de son bonheur, lesquels résultent de la satisfaction de ses besoins. Le bien-être ou le plaisir est le fruit de l'activité normalement déployée; le bonheur, la conséquence de l'ordre respecté, de la loi morale obéie.

Si les facultés de l'homme, faites pour agir, restent inactives, elles le pervertissent et le rendent vicieux, par conséquent malheureux. Le désœuvrement inspire un dégoût profond de tout, l'oisiveté engendre l'ennui. (Voir 4º leçon de *Psychologie*, p. 63, 64.)

Vivre, c'est agir, c'est travailler; l'homme oisif ne vit pas. Il a l'apparence de la vie, il n'en a pas la réalité. C'est un sang vil que celui qui coule dans ses veines. Il se dégrade, il traîne une vie inutile et honteuse sous le poids du mépris de lui-même et de ses semblables. Il faut se faire du travail une habitude, un besoin. — Heureux ceux dont on peut dire qu'ils sont devenus, à force d'habitude volontaire, incapables d'inaction!

La fin directe du travail n'est cependant pas le bonheur, mais le perfectionnement qui mène l'homme au bonheur proportionné à sa nature et à sa destinée. Le bonheur est le surcroît, la récompense nécessaire, sinon en ce monde, où il ne saurait être qu'incomplet et précaire, du moins toujours en l'autre. Faire du bonheur le but exclusif du travail, c'est ôter au travail son caractère moral et transformer le moyen de perfectionnement en un calcul d'égoïsme.

Travail et santé. — *En général, le travail n'épuise pas les forces du corps;* il les entretient plutôt, s'il n'est pas excessif. — « L'oisiveté est comme la rouille : elle use plus vite que le travail. — La clef est claire tant qu'on s'en sert. » (FRANKLIN.) — On peut dire que, de tous les devoirs, le travail est celui qui porte le plus visiblement avec lui-même sa récompense[1]. La nature l'impose, le devoir l'ordonne et l'intérêt le conseille.

On dit : J'attendrai le retour de la santé pour commencer le travail; quand les forces du corps me seront revenues, j'entreprendrai quelque grand ouvrage.

« Ce que vous prenez pour faiblesse de corps est surtout faiblesse et défaillance d'esprit. L'ouvrage des hommes ne se mesure pas à la quantité de leurs forces physiques, mais à la qualité de leur volonté... L'histoire montre que la victoire ne vient pas là où les corps abondent, mais où l'âme est grande. C'est l'âme qui fait les armées, c'est la volonté de vaincre qui donne les victoires; or ce qui est vrai pour les grandes luttes qui font retentir le monde est vrai pour les luttes obscures et cachées de chaque vie particulière.

« Le travail est toujours un combat dans lequel la volonté seule remporte la victoire, et la volonté ne remporte la victoire qu'au prix du sacrifice.

« Le sacrifice, voilà le dernier mot de toute action féconde en ce monde. Savoir s'immoler, savoir se perdre, savoir aller du côté de la mort en acceptant la fatigue et l'épuisement que causent les ouvrages difficiles, en surmontant l'horreur que les sens fatigués ont pour le travail, ceci est purement œuvre de volonté, mais c'est aussi la condition de toute victoire contre la paresse naturelle des sens et, par conséquent, de tout travail.

« Attendre toujours, pour commencer l'ouvrage, que le corps soit bien disposé, que la santé soit parfaite et les forces physiques en bon état, c'est pour beaucoup d'hommes se condamner à l'inaction, c'est dévouer sa vie à la stérilité. La plupart des hommes souffrent toujours par quelque endroit de leur corps. Tout l'avantage est à ceux qui savent tromper le mal, comme on a coutume de dire, et travailler en dépit d'eux-mêmes.

---

[1] « Lui dût-on seulement cette sérénité qui couronne à coup sûr toute journée bien remplie, il faudrait encore le bénir et l'aimer. » (J. SANDEAU.)

« Il n'y a qu'à voir ce que parviennent à accomplir, malgré tous les obstacles de l'épuisement et de la maladie, les hommes possédés par une grande passion... C'est l'âme qui porte son corps et le fait respirer et vivre comme il lui convient. Toutes les grandes passions, la passion de la gloire, celle de la science, celle même du plaisir, donnent à l'âme cette extraordinaire autorité sur les sens; mais la plupart des hommes n'ont pas même de grandes passions, et demeurent somnolents et enfouis dans la médiocrité des petites douleurs et des petits plaisirs.

« Pour nous, chrétiens, il est une passion qui doit posséder notre âme : celle de travailler en ce monde sans trêve ni relâche, à la venue du royaume de Dieu et au triomphe de la justice. » (Abbé PERREYVE, *la Journée des malades*.)

(Sur le *Travail au point de vue économique*, v. pp. 876-78.)

NOTES COMPLÉMENTAIRES

Esprit de légitime indépendance. — Aux devoirs envers la volonté se rattache *l'esprit d'indépendance*. — Il serait insensé et chimérique de viser à l'indépendance absolue, qui n'existe qu'en Dieu. L'homme est lié de tous côtés par des nécessités d'ordre physique, moral et social, auxquelles il ne peut échapper. Et cependant pour remplir utilement sa place dans la société, pour être quelqu'un, pour être soi, il faut, à quelque degré, avoir l'esprit d'indépendance, non celui qui vient de l'orgueil et qui n'est que l'entêtement, que l'attachement déraisonnable à sa volonté propre; mais celui que produit le sentiment du devoir, de la dignité personnelle et qui n'est, au fond, que la fierté dans la liberté.

L'homme vraiment indépendant, c'est l'homme de caractère, l'homme qui a des principes et qui s'y tient, qui ne les sacrifie jamais et les suit jusqu'au bout; qui a cette force d'âme par laquelle l'homme est supérieur aux événements et à lui-même, et s'élève au-dessus des craintes comme des espérances; qui fait ce qu'il doit, advienne que pourra; qui consulte sa conscience et non l'opinion, le devoir et non l'intérêt, mettant sa conscience au-dessus de l'utilité, et l'honneur au-dessus des honneurs; qui ne cherche pas à plaire au détriment du devoir et ne craint pas de déplaire pour n'y pas faillir; qui ne déguise et n'amoindrit jamais la vérité, et s'inquiète, non d'avoir de la popularité, mais l'estime de lui-même et celle des gens dont l'estime vaut quelque chose ; qui pense par lui-même, ne se réduit pas au rôle d'écho et, même en adoptant la pensée d'un autre, tient à faire acte de raison personnelle ; qui dit, non tout ce que le monde dit, mais ce qu'il pense; qui fait, non ce que tout le monde fait, mais ce que dicte la raison, ce que prescrit la conscience[1] ; qui ne s'abandonne pas au courant, mais le remonte ; qui ne s'incline pas devant le succès, devant le fait accompli, mais proteste et agit, quand le droit est en cause, quand la justice est violée ; qui ne salue pas tous les soleils levants et n'encense pas toutes les idoles de la vogue littéraire ou politique ; qui préfère la pauvreté qui se possède à la richesse qui s'abdique ; en un mot, l'homme indépendant, c'est l'homme qui se respecte et se gouverne, qui est lui et pas un autre ; c'est une âme forte et fière, sans orgueil.

Ce qui fait l'homme vraiment indépendant, c'est la force de caractère, et ce qui fait la force de caractère, c'est la conviction des principes, c'est la ferme vue des idées directrices de la vie, l'attachement à la vérité totale, non amoindrie, non accommodée; l'empire sur les passions et la crainte de Dieu. C'est une chose digne de remarque, que ceux-là seuls qui s'inclinent devant les lois éternelles osent s'élever contre l'injustice ou le crime triomphant. D'où vient ce manque si général d'indépendance intellectuelle et morale, dont on se plaint ; cette abdication de la pensée individuelle, cette servitude devant l'opinion régnante, ces lâches flatteries à la force qui triomphe, ce souci de se conformer aux goûts du jour, et d'échapper à l'impopularité, même au prix des principes ; ce servilisme vaniteux, qui dissimule ses croyances et sacrifie tout, en vue de ménager l'avenir, d'obtenir ou de garder une place, une distinction ? C'est qu'on se nourrit d'idées superficielles et superflues et non des idées nécessaires, de sophismes et non de principes; que le motif dont on s'inspire, ce n'est pas le devoir avec

---

[1] Comme les Machabées : « Quoi que fassent les autres, nous, nous combattrons généreusement pour la vie de nos âmes et pour nos lois. » C'était la devise des Clermont-Tonnerre : « Quand bien même tous, moi, jamais ! »

ses inflexibles maximes, mais la passion, ou le plaisir, ou l'intérêt, pour qui la fin justifie les moyens ; qu'on se défie ou qu'on a horreur de l'absolu en tout, en morale comme en logique et en esthétique, c'est-à-dire qu'on n'admet pas de principes certains et arrêtés, de règles permanentes, de vérités indépendantes du temps et des circonstances, mais des principes, des règles, des vérités qui *évoluent* sans cesse, ce qui revient à les supprimer ; en un mot, parce qu'on n'est plus chrétien et qu'on oublie la parole du Maître : Cherchez avant tout le royaume de Dieu.

Importance du caractère ou de l'esprit de légitime indépendance. — C'est par le caractère que l'homme vaut. Le talent, le génie, sont des dons admirables ; mieux vaut un cœur libre et fier. Un homme peut n'avoir qu'un esprit médiocre ; s'il est indépendant, ce n'est pas un homme vulgaire ; il a droit à nos respects. Celui qui se laisse enchaîner, qui participe à des trafics honteux, qui ne sait pas sortir d'une position immorale, qui ne sait pas, pour rester digne, sacrifier une passion, un plaisir ou un intérêt, celui-là, fût-il la plus belle intelligence, n'est qu'un homme méprisable.

Il faut l'esprit d'indépendance à l'enfant, pour ne pas imiter les exemples et suivre les conseils de mauvais camarades ; à l'électeur, pour résister à la pression des partis et voter selon sa conscience ; au juré, pour ne pas se laisser intimider par les menaces ou gagner par les promesses ; au magistrat, au juge, pour rendre des arrêts et non des services, pour être l'homme de la justice et non l'homme du pouvoir, quand le pouvoir devient arbitraire et viole les droits ; au critique, pour redresser l'opinion qui s'égare, pour flageller les admirations de complaisance ou de commande, pour montrer la sottise de l'engouement et de la vogue ; au publiciste, au poète, pour faire le livre qui vaut, non le livre qui se vend, le livre qui dit des vérités utiles, non celui qui exploite, pour se faire lire, tout ce qu'il y a de bas et d'animal dans la nature humaine ; il en faut au député, pour servir les intérêts du pays, non ceux d'un parti, pour avoir le courage de ses votes, pour ne pas se prêter à des manœuvres déloyales[1] ; il en faut aux chefs d'une administration, aux chefs de l'armée, pour accorder l'avancement au mérite, non à la faveur ; il en faut à tout homme qui veut dire une vérité dure à entendre, remplir un devoir dont les suites menacent de tourner contre lui. — Pilate, *indépendant*, n'eût pas, pour plaire à la multitude, pour ne pas déplaire à César, pour garder sa place, condamné celui qu'il reconnaissait innocent. L'histoire nous montre que c'est en restant indépendants du monde que les chrétiens ont transformé le monde.

Comment l'obéissance forme la volonté et n'est pas opposée à l'esprit de légitime indépendance. — L'obéissance est une équation librement établie entre une volonté et une règle ; et la règle, c'est ce qui est droit, c'est ce qui est juste, c'est ce qui est exact, c'est la rectitude même. Une règle, une loi, un commandement, sont supposés une expression de la vérité, de la justice et de l'ordre... Donc obéir à la règle, à la loi, à l'autorité légitime qui commande, c'est se faire, jour par jour, heure par heure, droit comme la règle elle-même ; c'est pratiquer le juste ; c'est faire en soi la rectitude. Aussi, lorsqu'un enfant a grandi dans l'habitude d'obéir, la droiture lui devient comme naturelle : il lui faut un effort pour deviner ce qui est tortueux... *Et l'obéissance, qui donne à la volonté de l'enfant cette rectitude qui ne fléchit ni à droite ni à gauche, est en même temps ce qui lui donne cette fixité que rien n'ébranle et cette constance que rien ne lasse.* La volonté qui obéit au caprice, à la fantaisie, à l'impression, n'a pas de raison pour se perpétuer... Au contraire, l'enfant qui ne veut qu'obéir, a une raison décisive de vouloir aujourd'hui ce qu'il voulut hier, et de vouloir encore demain ce qu'il veut aujourd'hui. Les passions changent, les caprices changent, les impressions changent, la règle ne change pas, et la volonté qui lui obéit participe à son invariabilité. (P. FÉLIX, *le Progrès par le christianisme*, 1869.)

« *Les hommes manquent à la société, parce que la force manque aux*

---

[1] Trop souvent, dans la lutte des partis politiques, il arrive que les hommes sans caractère laissent la porte ouverte aux exaltés, n'osent désavouer les actes qu'ils déplorent, rachètent par les faiblesses du lendemain les résistances de la veille, préfèrent aux dangers d'une rupture l'apparence d'une complicité et n'arrivent, à force de concessions graduelles, qu'à laisser la victoire aux passions violentes. Il ne faut pas confondre la *fausse modération*, qui est faiblesse et lâcheté, avec la vraie modération, qui se confond avec la force, comme on l'a vu p. 655.

hommes, et la force manque aux hommes, parce que l'obéissance a manqué aux enfants. Qu'est-ce, en effet, qui crée des volontés fortes, de mâles caractères, des hommes enfin? C'est l'habitude virile d'une généreuse et libre obéissance[1]. L'indépendance prématurée ne fait pas l'homme, elle le défait. » (*Id.*)

C'est la règle obéie chaque jour qui donne peu à peu l'énergie, c'est-à-dire la fermeté, non la violence dans l'emploi de la force. « Tout ce qui gêne l'homme le fortifie, a dit J. de Maistre; il ne peut obéir sans se perfectionner, et, par cela seul qu'il se surmonte, il est déjà meilleur. »

Pensées. — Nécessité de se défendre. — « Tout ce que la haine de nos adversaires ose contre nous, c'est notre tiédeur, c'est notre timidité, c'est notre lâcheté qui le permet. Il en sera ainsi tant que nous ne saurons pas, tant que nous ne voudrons plus nous défendre... *Vous êtes citoyen comme vous êtes chrétien, et c'est là une force dont il convient d'user.* Il faut traîner le méchant avec sa loi devant les tribunaux, devant l'opinion des honnêtes gens, pour qu'ils y subissent une flétrissure. Sous prétexte de douceur, vous aurez reculé devant la crainte; sous prétexte de charité, vous aurez failli à la véritable charité; vous aurez découragé d'autres dévouements, enhardi d'autres excès, paralysé d'autres courages. » (L. VEUILLOT, *Mélanges*, 1re série, I.)

« Les vérités naturelles, auxquelles appartiennent les principes de la nature et les conclusions prochaines que la raison en déduit, constituent comme le commun patrimoine du genre humain; elles sont comme le solide fondement sur lequel reposent les mœurs, la justice, la religion, l'existence même de la société humaine; et ce serait dès lors la plus grande des impiétés, la plus inhumaine des folies, que de les laisser impunément violer et détruire. » (LÉON XIII, *Encycl. sur la liberté humaine.*)

« Quand les circonstances en font une nécessité; ce ne sont pas seulement les prélats qui doivent veiller à l'intégrité de la foi; mais, comme le dit saint Thomas : « Chacun est tenu de manifester publiquement sa foi, soit pour instruire « et encourager les autres fidèles, soit pour repousser les attaques des adver- « saires. » Reculer devant l'ennemi et garder le silence, lorsque de toutes parts s'élèvent de telles clameurs contre la vérité, c'est le fait d'un homme sans caractère ou qui doute de la vérité de sa croyance. Dans les deux cas, une telle conduite est honteuse et elle fait injure à Dieu; elle est incompatible avec le salut de chacun et le salut de tous; elle n'est avantageuse qu'aux seuls ennemis de la foi, car rien n'enhardit autant l'audace des méchants que la faiblesse des bons. » (LÉON XIII, *Encycl. des principaux devoirs du chrétien.*)

---

[1] « C'est un art divin, quand on a à commander, de savoir se faire obéir volontairement. » (XÉNOPHON, *Mém.*)

TABLEAU ANALYTIQUE

DEVOIRS RELATIFS A LA VOLONTÉ

Importance de la volonté. — (Sur l'importance de la volonté, voir *Psychologie*, p. 271.)
« La volonté est ce qu'il y a en nous de plus intimement personnel. » (DESCARTES.) C'est elle qui constitue vraiment l'individualité humaine. La valeur d'un homme se mesure à sa volonté.

Devoirs envers la volonté. — Les principaux devoirs envers la volonté consistent : 1° A ne point l'aliéner, soit en acceptant volontairement l'esclavage, soit en se laissant tomber sous le joug des mauvaises habitudes, du plaisir, de la passion, de l'intérêt (devoir d'indépendance) ;
2° A conserver et à accroître sa valeur personnelle par la vertu de force, par la constance, le courage, la patience, etc.

Force et confiance. — (Voir ce qui a été dit de la force, page 655, à propos des *vertus cardinales*.)
C'est une faiblesse de s'épouvanter des difficultés ; on peut d'ordinaire beaucoup plus qu'on ne croit pouvoir.
La confiance dans le succès est presque le succès.
Ne pas confondre la *confiance* et la *présomption*, la *force* et la *violence*.

Constance. — La *constance*, c'est l'énergie employée à l'achèvement de ce qui a été commencé. Elle est le génie à la portée de tous ; l'*esprit de suite*, tendance continue vers un but une fois déterminé.

Courage. — Voir ce qui a été dit du courage, page 657.

LE TRAVAIL

Nécessité du travail. — Le travail est nécessaire à l'entretien et à la conservation du corps et au perfectionnement de l'âme ;
Il est nécessaire aussi à l'accomplissement de nos devoirs envers Dieu et envers la société.
Le travail est donc pour l'homme un devoir.
C'est de plus la *loi organique de notre nature*, et non pas seulement un *châtiment*, comme on le dit souvent.
Même avant sa chute, l'homme travaillait. « L'homme est né pour travailler, comme l'oiseau pour voler. » (ÉCRITURE.)

Moralité du travail. — Source de la science et de la richesse, le travail est aussi la source et l'auxiliaire de la vertu ;
La vertu est elle-même le travail par excellence.
L'oisiveté est la mère de tous les vices ; l'homme qui ne fait rien n'est pas loin de mal faire ; ne rien faire est déjà un mal.

Travail et bonheur. — Le travail étant la loi de la nature de l'homme, il doit être la condition de son bonheur.
Vivre, agir, c'est travailler, et nous avons vu (*Plaisir et douleur*) que vivre, agir librement, est le plus grand bonheur de l'homme.
Par contre, l'oisiveté fait notre malheur. — Tandis qu'un travail raisonnable entretient et développe la santé, l'oisiveté la ruine comme la rouille ruine le fer. — La fin du travail n'est cependant pas le bonheur, mais le bien.

(Sur le *travail au point de vue économique*, v. pp. 876-78.)

5ᵉ LEÇON

MORALE SOCIALE. — FAMILLE. — AMITIÉ

L'homme est naturellement sociable. — Le seul état dans lequel l'homme puisse naître et vivre est l'état de société. La société est un fait naturel qui s'impose à l'homme comme une nécessité. L'histoire dément la théorie du *Contrat social* de Rousseau. Si haut qu'on remonte vers les premiers âges de l'humanité, on se trouve toujours en présence de sociétés constituées.

« *L'homme naît bon, dit Rousseau, la société le déprave.* Il faut donc revenir à la *nature*, reconstruire la société, qui n'existe qu'en vertu d'un *pacte* conclu par les hommes entre eux. » Ce prétendu état de nature est un état *contre nature*. « Comment, répondait Montesquieu, l'homme est partout en société, et l'on demande s'il est né pour la société ? Qu'est-ce qu'un fait qui se reproduit dans toutes les vicissitudes de la vie de l'humanité, sinon une loi de l'humanité ? » La société est un fait universel, qui ne peut avoir pour fondement que la *nature même de l'homme*. Pour s'en convaincre, il suffit d'analyser ses besoins, ses facultés, ses sentiments, ses croyances, les idées de justice et de droit, l'usage de la parole, toutes choses qui justifient le mot d'Aristote : L'homme est un animal *politique* ou social. « Dieu n'a pas laissé à notre sagesse, ni même à notre expérience, dit encore Montesquieu, le soin de former et de conserver la société ; il a voulu que la sociabilité fût une loi de notre nature et une loi tellement impérieuse, qu'aucune tendance à la singularité, aucun égoïsme, aucun dégoût même, ne pussent prévaloir contre elle. Il fallait toute la puissance de l'esprit de système pour faire dire à Hobbes que la société est un accident, et un incroyable accès de mélancolie pour arracher à Rousseau cette parole extravagante, *que la société est un mal.* »

Fausse historiquement, la théorie de Rousseau l'est encore juridiquement. Tout contrat n'est valable que si les contractants ont la connaissance, au moins approximative, des obligations qu'ils contractent. « Or il n'y a pas dans le monde, à l'heure qu'il est, dix savants assez avancés dans la connaissance des lois sociologiques pour pouvoir, à peu près, mesurer la portée du pacte social. C'est à peine si les membres de cette petite élite seraient habiles à contracter. Comment tous les autres hommes pourraient-ils l'être ? » De plus « il est de l'essence de tout contrat de pouvoir être résilié par la volonté commune des contractants. Or personne n'admet que l'homme ait le droit de se retirer de toute société. Par conséquent, les lois nécessaires de la vie sociale sont les lois nécessaires de la vie de l'humanité, et l'homme est tenu de leur obéir ». (FONSEGRIVE.)

L'homme a donc des devoirs envers ses semblables, et l'ensemble de ces devoirs constitue la morale sociale.

Division. — La morale sociale se divise comme la société elle-même. Or on distingue quatre sortes de sociétés : la *famille* ou société domestique, le *genre humain* ou société humaine en général, l'*État* ou société civile, et la société que forment les *nations* entre elles.

De là, quatre sortes de devoirs envers nos semblables :

Devoirs envers la *famille*, indiqués par les mots époux, père, mère, fils, frère, sœur (devoirs domestiques);

Devoirs envers *tous les hommes*, par cela seul qu'ils sont hommes, qu'ils ont les mêmes facultés et la même destinée, par conséquent les mêmes obligations et les mêmes droits que nous (devoirs sociaux);

Devoirs envers la *société civile*, ou devoirs réciproques de l'État et du citoyen (devoirs civiques);

Devoirs des *nations entre elles*, compris sous le nom de morale internationale ou de droit des gens.

I. — FAMILLE

Définition. — La famille est la *société naturelle et primitive, formée par le père, la mère et les enfants*. Elle est le fondement de toutes les sociétés qui existent parmi les hommes; sans elle, aucune société durable ne peut être conçue ni réalisée.

Une famille fortement constituée est la première condition de la puissance d'une société ou d'une race. L'histoire montre que tous les peuples qui ont été défaits et conquis ont succombé devant des vainqueurs dont la famille et la souveraineté étaient plus fortement constituées que les leurs.

La famille répond à deux besoins impérissables de notre être : le besoin de vivre en autrui, et le besoin de revivre en autrui.

« De tous les *sentiments humains*, l'amour conjugal est celui qui satisfait le plus et le mieux au besoin de vivre en autrui, de s'appuyer sur autrui, qui, par conséquent, dissimule le mieux à l'homme son vide et son néant. Grâce à ce mélange de deux existences, la vie prend en quelque sorte plus de solidité. Appuyés sur un être chéri, nous croyons vivre, nous aimons à vivre, nous voulons vivre, et cela est un bien... Le second besoin d'où naît la famille, c'est celui de revivre en autrui. Il a la même cause que le précédent : l'ennui de soi-même et l'impatience de combler le vide de notre existence en la multipliant. L'homme aime tant à vivre, qu'il veut vivre deux fois : de là l'affection conjugale; et qu'il veut se survivre : de là l'affection paternelle[1].

« Ainsi la famille complète et perpétue notre être : elle l'étend dans l'espace et dans la durée... Elle demande à l'homme le sacrifice de son être, mais elle le paye par l'accroissement de son être; elle le force à s'oublier lui-même, mais elle lui permet de se retrouver en autrui; elle concilie le bonheur de la personnalité avec le bonheur du dévouement. » (P. JANET, *la Famille*[2].)

Sa constitution morale. — La famille est constituée par le mariage, union de l'homme et de la femme mettant en commun leurs facultés, leurs sentiments, leurs volontés, dans le but de s'entr'aider et de fonder une famille.

Le mariage est un contrat : il implique, par conséquent, le libre consentement des contractants et contient implicitement l'obliga-

---

[1] Il y a plusieurs manières de se survivre et de rendre sa vie féconde; celle du prêtre et du religieux, qui renoncent aux joies de la famille pour se livrer aux œuvres de dévouement, satisfait aussi d'une manière très noble ce besoin naturel.
[2] On lira avec fruit, sur le même sujet, le P. Monsabré, Conférence sur la *sainteté du mariage*, 1re partie, carême 1887.

tion d'élever les enfants. Toute union entre personnes de sexe différent qui ne repose pas sur un pareil contrat, n'est pas un mariage et est réprouvée par la loi morale.

Le mariage a pour conditions essentielles : 1° L'unité, c'est-à-dire l'union de l'homme avec une seule femme; c'est ce qu'on appelle *monogamie*. La *polygamie simultanée* est interdite à la fois par la loi morale et par la loi positive des peuples civilisés et chrétiens; il n'en est pas de même de la polygamie *successive*, c'est-à-dire des secondes noces après la mort d'un des conjoints.

2° L'indissolubilité, tant que les deux époux sont vivants. Si le mariage n'était qu'un lien temporaire, comment pourrait-il créer entre les parents et les enfants des liens fermes et indissolubles ? Les effets seraient plus grands que leur cause.

« La *polygamie* et le *mariage susceptible d'être dissous par le divorce* sont des formes inférieures de l'union conjugale. Elles sont contraires à la loi naturelle, telle qu'elle se manifeste dans la conscience des nations civilisées de notre époque. Immuable dans son essence, la loi naturelle est progressive dans la conscience de l'humanité.

L'indissolubilité du mariage est contestée de nos jours, et le divorce a été admis dans plusieurs pays chrétiens (en France, par la loi du 27 juillet 1884). Il suffit de quelques observations pour montrer que le divorce est destructif de la famille et de la morale[1]. » (DE BROGLIE, *Instr. morale*.)

M. le marquis de Nadaillac conclut ainsi une étude purement scientifique sur l'évolution du mariage :

« Si, comme tout le prouve, c'est au respect qui entoure la femme, aux garanties qu'elle trouve dans le mariage, que l'on peut mesurer la civilisation d'un peuple, nous répétons que c'est le christianisme qui, en proclamant la complète égalité de la femme, a posé le véritable, le seul fondement de la société humaine et de la famille, que l'on ne saurait en séparer. L'Église catholique a été plus loin encore ; s'inspirant des paroles du Sauveur, elle a proclamé l'indissolubilité de l'union conjugale. Sans se préoccuper des misères qui pouvaient en résulter pour la femme mariée à un homme flétri, pour l'homme uni à une femme indigne de son nom, se plaçant à un point de vue plus élevé, elle a promulgué comme un dogme que le mariage, une fois consommé, ne pouvait être rompu. Par un retour en arrière, les législateurs modernes tendent à renier ce principe salutaire ; mais la vérité triomphera un jour, peut-être même un jour plus prochain que nous ne le croyons ; elle rendra au mariage le couronnement qu'il n'aurait jamais dû perdre. » (*Correspondant*, 10 juin 1893.)

Notre-Seigneur, dans l'Évangile, se prononce absolument pour l'unité et l'indissolubilité du mariage. Il n'est pas permis aux catholiques d'user de la faculté

---

[1] Dans son Encyclique sur le mariage chrétien, le pape Léon XIII dit qu' « *à peine pourrait-on énumérer les maux si grands dont le divorce est la source*. Le lien conjugal perdant son immutabilité, attendez-vous à voir la bienveillance et l'affection détruites entre les époux, un encouragement donné à l'infidélité ; la protection et l'éducation des enfants rendues plus difficiles ; des germes de discorde semés entre les familles ; la dignité de la femme méconnue ; le danger pour elle de se voir délaissée, après avoir servi d'instrument aux passions de l'homme. Et parce que rien ne perd les familles et ne détruit les royaumes les plus puissants comme la corruption des mœurs, on voit facilement que le divorce, qui ne naît d'ailleurs que des mœurs dépravées des peuples, est l'ennemi le plus redoutable des familles et des États, et qu'il ouvre la porte, l'expérience l'atteste, aux habitudes les plus vicieuses et dans la vie privée et dans la vie publique ».

« Les témoignages de l'histoire montrent la rapide décadence des races chez qui la polygamie est d'institution sociale. » (DE NADAILLAC.)

du divorce accordée par la loi positive, et de contracter un second mariage, quand le premier a été régulièrement contracté[1].

Préparation au mariage. — Fonder une famille est une des actions les plus graves de la vie ; il faut, par conséquent, y apporter une préparation sérieuse.

Avant le mariage, on doit faire tous ses efforts pour conserver sa santé et son honneur intacts ; éviter les excès et les fautes qui seraient pour la famille une flétrissure et un mauvais exemple, en même temps que le principe peut-être de maladies héréditaires ; développer en soi les qualités intellectuelles et les énergies morales qu'impliquent le gouvernement matériel et moral de la famille et les devoirs de la paternité.

Bien qu'il soit vrai de dire, avec Bossuet, que le plus grand changement que Dieu fasse dans l'homme, c'est quand il lui donne des enfants, il est également vrai qu'on ne s'improvise pas éducateur, et qu'il faut, sinon développer par avance les qualités nécessaires, du moins ne pas poser des actes et des habitudes qui y seraient diamétralement opposés. — Se préparer à la famille, dit le P. Monsabré, « c'est garder pour elle la virginité de son esprit, de son cœur et de ses sens. Garde difficile, douloureuse même, au milieu des assauts que doit subir l'inexpérience et la fougue nouvellement affranchie d'un adolescent... O jeunes gens qui m'écoutez, gardez-vous bien, gardez-vous tout entiers. Rien n'est beau comme un jeune homme qui a su conserver sa virginale pureté... Le chrétien qui aspire à représenter Dieu dans la famille, veut que rien n'altère la splendeur de sa foi, la pureté de son amour, l'intégrité de sa vie[2]. »

Essence du mariage. — Le mariage est un contrat par lequel l'homme et la femme s'associent volontairement pour fonder une famille, pour s'aider mutuellement à supporter la vie et à poursuivre leur commune destinée. « L'essence du mariage, c'est l'obligation, le lien résultant de l'accord consensuel[3]... Sans doute que de tout accord consensuel résulte une obligation, et que, si l'on se contente d'appeler le mariage un contrat, c'est assez pour en déterminer l'essence... Ce n'est pas assez ; car le lien qui résulte du contrat matrimonial n'est pas le même que celui qui résulte des autres contrats. Dans les conventions humaines, l'obligation se confond en quelque sorte avec les consentements, parce qu'elle en dépend d'une manière absolue. Tous les contrats en usage dans la vie sociale : ventes, échanges, locations, servitudes, donations et le reste, sont résiliables au gré de ceux qui les ont faits. Il suffit que les volontés, qui se sont accordées dans un sens, s'accordent en sens inverse, pour que le contrat soit rompu et que l'obligation cesse. Il n'en est pas ainsi dans le contrat matrimonial. L'homme et la femme qui s'épousent se donnent l'un à l'autre ; mais cette donation, une fois faite, ne dépend plus de l'accord consensuel. Les conjoints auront beau dire : Nous nous sommes trompés ; la vie à deux est un fardeau trop lourd... — Ils ne peuvent plus se retirer ; car ils sont liés non par l'unique force de leurs volontés, mais par une puissance mystérieuse qui les a saisis, enchaînés dans une commune vie et de

---

[1] Sur cette question de l'unité et de l'indissolubilité du mariage, on lira avec profit la 2ᵉ et la 3ᵉ conférence du P. Monsabré, en 1887, ainsi que la note 2, à la fin du volume, où il est répondu à des objections tirées soit de l'histoire, soit de la polygamie et du divorce, tolérés par la loi de Moïse, soit du droit naturel, que certains auteurs ne considèrent pas comme s'opposant au divorce. D'après saint Thomas, « l'indissolubilité du mariage est de droit naturel. Cependant elle n'appartient pas aux premiers préceptes de la loi de nature, mais seulement aux seconds préceptes, c'est-à-dire au droit naturel secondaire et dérivé, dont Dieu peut dispenser pour des motifs pris dans la nature même. »
[2] Voir P. Monsabré, 3ᵉ conférence, 1872, 2ᵉ partie.
[3] Contrat *consensuel*, contrat formé par le seul consentement des parties.

laquelle ils dépendent désormais. Cette mystérieuse puissance, c'est la main de Dieu, auteur de notre nature, donnant à l'union conjugale un caractère religieux et sacré auquel les hommes ne peuvent rien changer. Ce caractère n'est point un accident qui s'ajoute au contrat; il sort du contrat lui-même, il est la note spécifique qui le distingue de toutes les autres conventions humaines et le met à part. C'est par là que le mariage est saint dans sa première institution : « il l'est par sa propre force, naturellement et de lui-même, » dit une mémorable Encyclique de Léon XIII. » (P. Monsabré, 1re *Conf. sur le mariage*, 1887.)

Le mariage sous la loi française. — Est-ce à la société civile ou à la société religieuse qu'il appartient de régler les conditions du mariage et de se prononcer sur sa validité? Pour un catholique, le mariage étant un sacrement, il n'est légitime et régulier que s'il est contracté selon les règles fixées par l'Église, laquelle ne reconnaît à la société civile que le droit de régler les effets civils résultant du mariage régulièrement contracté.

« Avant la révolution, un mariage n'était reconnu comme valable et il ne produisait des effets civils que s'il était à la fois conforme aux lois de l'Église et à celles de l'État.

« Depuis la Constitution de 1791, la loi française n'envisage plus le mariage que comme un contrat purement civil, dont les conditions, aussi bien que les effets, sont exclusivement réglés par la loi civile et qui se forme devant le représentant de la société laïque. Un mariage parfaitement valable au point de vue civil peut ainsi se trouver radicalement nul au point de vue religieux, et réciproquement. » (Larcher, *Cours de législation*.)

Le célibat. — Le célibat est l'état des personnes non mariées. On peut dans certains cas être obligé de garder le célibat, par exemple pour des raisons de santé. Outre ce célibat, qu'on pourrait appeler forcé, il en est un autre, dépendant entièrement de la volonté de celui qui s'y voue ; célibat de *renoncement*, embrassé dans un but noble et élevé, tel que le bien de l'humanité ou le perfectionnement moral et religieux de l'individu. C'est d'ordinaire parmi les personnes qui renoncent volontairement au mariage pour se consacrer au bien du prochain, que l'on trouve les âmes les plus fortement trempées, les caractères les plus généreux, les dévouements les plus héroïques : témoins les sœurs de Charité, les religieux, les missionnaires. Quant au célibat *égoïste*, voulu et gardé pour se livrer plus facilement à ses caprices et à ses passions, il est honteux et condamnable : il est la marque d'une âme lâche et dégradée. (Voir Mgr d'Hulst, *Conf. de* 1894, p. 93, et la note 13, à la fin du volume. Voir aussi P. Monsabré, 6e *Conf.*, 1887. — De Bonald, *Législation prim.*, III, pp. 72-73.)

II. — RAPPORTS CRÉÉS PAR LA FAMILLE ET DEVOIRS QUI EN NAISSENT

La famille se compose de trois sociétés; celle du mari et de la femme : *devoirs conjugaux;* celle qui unit les parents et les enfants : rapports des parents aux enfants : *devoirs paternels et maternels;* rapports des enfants aux parents : *devoirs filiaux, piété filiale;* celle qui unit les enfants entre eux : *devoirs fraternels.*

A ces rapports, on ajoute ceux qui résultent de la *domesticité*.

Affections domestiques. — Voir *Psychol.*, 6e leçon, pp. 102 à 105.

Devoirs conjugaux. — Les époux doivent pratiquer tous les devoirs qu'exigent la dignité et la sauvegarde de la famille. Le mari doit à sa femme : *amour, fidélité, confiance, protection,* un *entretien* convenable et proportionné à ses moyens; la femme doit à son mari : *amour, fidélité* et *soumission.*

Manquer de fidélité à la parole est toujours une malhonnêteté; manquer de fidélité dans le mariage est une faute plus grave, à cause de la sainteté du serment et des funestes conséquences que cela entraîne. Le dévouement réciproque que se doivent les époux est ici un devoir de justice, à cause de la solidarité de deux vies fondues en une seule. L'autorité du mari ne doit pas dégénérer en violence et en tyrannie; elle n'est légitime qu'autant qu'elle s'exerce raisonnablement.

Devoirs paternels et maternels. — Les parents doivent aimer d'un amour égal tous leurs enfants, les nourrir et entretenir, les élever, les instruire ou faire instruire dans la mesure de leurs facultés, veiller sur eux pour les empêcher de prendre de mauvaises habitudes soit de l'âme, soit du corps; les diriger et les former à la vie morale par le bon conseil, par le bon exemple; les corriger quand ils font mal; enfin les mettre en état de se suffire en leur donnant un établissement assorti aux ressources de la famille et à leur vocation.

L'éducation des enfants est pour eux un *devoir* et un *droit.* Ils en sont les instituteurs naturels et responsables. Aussi ont-ils le droit de déléguer, pour les remplacer dans cette tâche importante, tels maîtres qu'ils ont librement choisis. L'État ne peut pas, comme le pensait Platon, supprimer et absorber l'individu et la famille; il n'a qu'une responsabilité : il peut et doit protéger la société, dont les intérêts lui sont confiés, contre les doctrines opposées à l'ordre et aux mœurs; il doit se borner à ce qui est absolument nécessaire pour protéger l'enfant contre l'incapacité ou l'immoralité.

« La frivole et impure société du xviiie siècle, dit L. Veuillot, méprisant l'enseignement divin, a permis que le code des devoirs lui fût tracé par un sophiste vagabond... qui avait notoirement renié trois choses : son Dieu, sa patrie et ses enfants... Ce Rousseau professa que les pères doivent être les *amis* de leurs enfants. Le moment était venu où les pères trouveraient plus commode de se faire aimer que de se faire respecter. Mais combien de pères et de fils, au lieu de devenir amis par ce système, sont seulement devenus complices, et ont senti qu'ils avaient reçu et rendu aussi peu d'amour que de respect! Élever son enfant, c'est se dévouer pour lui, non seulement au travail, qui pourra lui faire une fortune, mais encore aux vertus qui pourront lui former une vertu. Parlant de son chimérique élève, qu'il ne vit jamais et ne voulut jamais voir, Rousseau disait : *Vivre est le métier que je lui veux apprendre.* Fort bien, à condition de savoir ce que c'est que vivre. La vie de l'homme est de combattre pour la justice et de s'immoler au devoir. Ce métier ne s'apprend que par l'exemple. Rousseau n'était pas le professeur qu'il fallait, et ses disciples ne sont pas devenus meilleurs maîtres. Dans la pratique, la belle maxime du docteur de Genève s'est tournée en sensiblerie ridicule et funeste... Donner aux enfants l'enseignement de l'exemple n'est plus possible dans la famille où ne règne plus l'austérité chrétienne, et où le lâche souci de se faire aimer de ses enfants ne permet plus de les corriger. » (*Mél.*, 2ᵉ série, V.)

Fondement et limites de l'autorité paternelle. — L'autorité paternelle et maternelle repose tout d'abord sur ce principe, *que la famille, étant une société, il y faut une autorité* : nulle société n'est possible sans une autorité qui gouverne.

En effet, les différentes personnes qui composent une société quelconque ont chacune leurs idées, leurs sentiments, leurs intérêts divers, et il est impossible que tous soient toujours d'accord. Il est donc nécessaire qu'il y ait une volonté commune et unique qui fasse loi, sinon personne n'agira ou tous agiront en sens contraire. Que si personne n'agit, c'est l'inertie qui entraîne la ruine de la société; que si l'on agit en se divisant, cela même est déjà la ruine de la société. Dans les deux cas, la société périt par inertie ou par anarchie. Il faut donc une autorité dans la famille.

Mais il n'y a point d'autorité sans responsabilité, point de pouvoir sans devoir. Un autre principe de l'autorité des parents sur les enfants, ce sont donc : *les devoirs qu'ils ont à remplir envers eux*. Pour remplir ces devoirs, il faut que le père et la mère puissent retenir leurs enfants sous leur surveillance, leur commander tout ce qu'ils jugent nécessaire à leur éducation, s'en faire obéir, et, par conséquent, les récompenser et les punir.

La même raison qui fonde l'autorité des parents la limite : elle ne peut aller contre les droits des enfants. « Un enfant n'est pas une chose qu'on puisse créer, détruire, abandonner à son gré : c'est un être moral qui, comme tel, a des droits sur ceux qui lui ont donné la vie. Quiconque aventure, sans son consentement, les intérêts ou la vie d'une personne, ne peut ensuite se refuser à la tirer d'embarras. C'est là un principe de justice générale qui s'applique évidemment à la situation des parents et des enfants. » (BOIRAC, *Cours de philos.*) Les parents ne doivent donc pas traiter les enfants comme une chose dont on use à sa fantaisie, trafiquer de leur liberté et les faire servir à la vanité ou au désordre, les faire souffrir sans nécessité, les laisser croître dans l'ignorance.

« *Il y a deux principales limites au devoir de l'obéissance chez l'enfant*. La première est celle du droit supérieur de Dieu et de la conscience ; l'enfant à qui les parents ordonneraient un acte contraire à la loi naturelle ou divine, devrait refuser d'obéir. La seconde est plus vague et ne saurait être déterminée avec précision par des règles générales. Elle consiste dans l'émancipation graduelle de l'autorité paternelle, qui a lieu, tant par le progrès de l'âge que par le changement de la situation sociale des enfants, par leur mariage, par l'adoption par eux d'une profession ou par la jouissance qu'ils acquièrent de leur fortune. » (DE BROGLIE, *Instr. morale.*) — Le mariage, le choix d'un état de vie, qui engagent l'avenir, ne peuvent être imposés à l'enfant malgré lui, même avant la majorité.

Devoirs des enfants. — Ils doivent aimer leurs parents, les respecter, leur obéir, supporter leurs défauts, leur être reconnaissants, les soutenir dans leur vieillesse et dans leurs besoins. Tous ces devoirs sont compris et résumés dans la *piété filiale*.

La raison de ces devoirs des enfants envers les parents, c'est que les parents ont des droits sur eux. Les parents sont obligés de nourrir et d'élever leurs enfants; ils ont donc tous les droits inhérents à cette obligation : droits d'être obéis, respectés, aimés. Ces devoirs ne cessent jamais. L'enfant doit toujours à ses parents le respect, l'amour et la reconnaissance, à cause du don de la vie et de tant d'autres bienfaits qu'il a reçus d'eux.

Devoirs fraternels. — Les devoirs des frères et des sœurs sont des devoirs d'affection, de concorde, de concession et de secours mutuels, de confiance et de dévouement réciproques. Lorsque les parents viennent à manquer dans la famille, c'est aux aînés qu'il incombe d'en remplir les devoirs.

« Un frère est un ami donné par la nature, » a dit le poète. C'est, en effet, contre nature que deux frères ne soient pas deux amis, qu'ils se jalousent, qu'ils cherchent à se faire de la peine ou à se nuire, qu'ils aillent même quelquefois jusqu'à porter devant les tribunaux leurs dissensions et leurs haines. Il doit y avoir entre les frères, comme en général entre les amis, lutte de générosité, de sacrifice, d'abnégation, et non lutte d'intérêts, de droits, de légalité.

Esprit de famille. — C'est un sentiment analogue à l'*esprit de corps* (*Psych.*, p. 105), mais plus fort, parce qu'il répond à un groupe naturel.

C'est le vif sentiment de solidarité et d'affection qui réunit tous les membres d'une famille; il se manifeste par l'accomplissement de tous les devoirs de famille et par le zèle à prendre, en toute occasion, la défense des siens. Dans les plus humbles familles *comme dans les plus élevées,* quand y est vif le sentiment moral, on est fier de l'honnêteté et des vertus de ses ancêtres et de ses proches, on est jaloux de l'honneur de son nom, on a le souci de ne pas le laisser ternir, et de l'émulation pour l'augmenter.

Il faut éviter de pousser trop loin ce sentiment et de tomber dans l'injustice à l'égard des autres. C'est la faute reprochée, sous le nom de *népotisme*, à ces hommes pourvus de hautes fonctions dans l'État, qui emploient leur influence pour faire donner à leurs parents des emplois que ceux-ci ne peuvent remplir qu'au détriment de tous.

Devoirs réciproques des maîtres et des serviteurs. — Les maîtres doivent observer envers leurs serviteurs la plus stricte *justice :* payer le salaire dû; se montrer pour eux *bienveillants et bons :* ne pas les écraser de travail; se préoccuper de leurs intérêts matériels et de leur vie morale. Leur surveillance ne doit pas être de l'espionnage : il n'y a pas d'exception à la règle du respect des personnes; l'égalité des personnes subsiste dans l'inégalité des conditions.

Les serviteurs doivent être : *Honnêtes :* tenir les engagements qu'ils ont contractés, s'acquitter de leurs fonctions en conscience, être fidèles, être obéissants ;

Dévoués : prendre les intérêts de leurs maîtres ;

Discrets : la discrétion est pour eux un devoir professionnel ; c'est un abus de confiance que de dévoiler au dehors les secrets de la maison.

III. — AMITIÉ

L'amitié est celui de nos sentiments qui a le plus de ressemblance avec les affections de famille et qui, au besoin, peut les remplacer. On peut dire, en renversant le vers du poète, qu'un ami est un frère que l'on s'est choisi [1]. Il y a, en effet, entre des amis, à peu près les mêmes liens qu'entre des frères qui s'aiment : confiance, solidarité, dévouement, communauté d'idées sur les sujets importants, réciprocité de sentiments, de bons rapports, de générosité, de services, de bons conseils, de bons exemples.

L'amitié rend égaux ceux qu'elle unit, comme les frères le sont dans la famille. Aussi « les meilleures de toutes les amitiés et les plus solides sont les amitiés d'enfance ; nouées par l'instinct et par l'habitude, dans une entière liberté et dans cette vie commune qui laisse tout paraître, le bien comme le mal ; dégagées évidemment de tout intérêt et de toute contrainte, elles pénètrent presque aussi loin dans le cœur que les affections de famille et y laissent des traces aussi profondes ; ce sont celles qui se renouent le plus vite, quand elles sont interrompues, et elles s'éteignent les dernières ». (P. JANET, *Philosophie du bonheur*.) Voir ce qui a été dit de l'amitié à la 6ᵉ leçon de *Psychologie*, p. 105.

Définition. — L'amitié a été d'ordinaire plutôt décrite que définie. Elle est l'affection réciproque de deux personnes qui se veulent et se font du bien.

Aristote la définissait : une âme en deux corps ; — Cicéron : le parfait accord de deux âmes sur les choses divines et humaines, avec une bienveillance réciproque ; — saint François de Sales : Une réciproque et manifeste affection par laquelle nous nous souhaitons et procurons du bien les uns aux autres, selon les règles de la raison et de l'honnêteté.

Saint Thomas reconnaît trois sortes d'amitiés, fondées sur les trois sortes de biens : le délectable, l'utile et l'honnête. — La première repose essentiellement sur le plaisir, la seconde sur des avantages purement matériels, la troisième sur la vertu, c'est-à-dire sur le bien en soi. Mais peut-on donner le beau nom d'ami à celui qui, dans l'affection, cherche son plaisir ou son intérêt? Tout amour inspiré par une convoitise quelconque repose, en fin de compte, sur un égoïsme caché, qui ne laisse aucune place au dévouement. On sort de soi-même, mais en apparence seulement ; car on ne se répand au dehors que dans l'espérance d'y trouver quelque avantage personnel et d'ajouter à son bien-être ou à son plaisir [2].

Bossuet fonde l'amitié sur la charité. — « L'amitié, dit-il, est la perfection de la charité. C'est une liaison particulière pour s'aider à jouir de Dieu. Toute

---

[1] Un frère est un ami donné par la nature.
[2] On trouvera le développement de ces idées dans P. Vallet, *la Tête et le Cœur*, 2ᵉ partie, chap. II, art. 3.

autre amitié est vaine... Les hommes doivent s'aimer les uns les autres, comme les parties d'un même tout, et comme feraient les membres de notre corps, si chacun avait sa vie particulière. Ils s'aimeraient l'un l'autre en société comme soi-même. Les deux yeux et les deux mains auraient toutefois une liaison particulière, à cause de la ressemblance. C'est le symbole de l'amitié chrétienne. » (*Méditations sur l'Évangile*, dernière semaine du Sauveur, 48e journée.)

La vraie et la fausse amitié. — La *vraie amitié* résulte du concours de tout ce qu'il y a de meilleur dans les âmes qui s'aiment.

« Toute vertu peut nous attirer l'amitié des hommes; car toute vertu est un bien, et le bien est aimable pour tous et rend aimables ceux qui le possèdent. Mais de ce que la vertu seule peut nous rendre aimables, il s'ensuit que tout défaut, tout vice dans l'objet aimé est un obstacle à l'amitié; et qu'au contraire l'amitié s'accroît, grandit et s'affermit à mesure que la vertu se développe. » (Saint Thomas.)

« La sympathie, dit Lacordaire, ne se refuse qu'à celui qui ne l'inspire pas, et celui-là l'inspire qui en porte en lui-même le généreux ferment. Tout cœur pur la possède, et, par conséquent, tout cœur pur attire à lui. » — « Nul ne mérite d'être aimé, s'il n'a quelque chose de céleste, soit dans l'intelligence par des pensées, soit dans la volonté par des affections qui sont dirigées vers le ciel. » — « Nous perdons toujours l'amitié de ceux qui perdent notre estime. » (Joubert.)

« L'amitié n'est si divine que parce qu'elle donne le droit de dire la vérité aux hommes, qui la disent si peu et l'entendent si rarement. » (Lacordaire.) — On n'aime pas, ou on n'aime que faiblement, la personne dont on ne consentirait pas à encourir la colère pour la préserver d'une faute ou d'un danger. Vauvenargues le remarque avec beaucoup de justesse : « Il faut de grandes ressources dans l'esprit et dans le cœur pour goûter la sincérité lorsqu'elle blesse, et pour la pratiquer sans qu'elle offense : peu de gens ont assez de fonds pour souffrir la vérité et pour la dire. » Et cela justifie ce mot de la Bruyère qu' « il y a un goût dans la pure amitié où ne peuvent atteindre ceux qui sont nés médiocres ». Un véritable ami, c'est un autre soi-même; c'est une seconde conscience plus éclairée, plus incorruptible que la première; quand celle-ci est sur le point de s'endormir ou de dévier, l'autre la réveille ou la remet dans la voie. « Il nous doit être (notre ami), sans comparaison, plus cher que nos yeux, parce que souvent nous voyons mieux par ses yeux que par les nôtres, et qu'il est capable de nous éclairer, quand notre intérêt nous aveugle. » (Bossuet.)

La *fausse amitié*, celle que l'on a dans le vice, ne peut être qu'une association où l'on se sacrifie mutuellement sa conscience, où l'on viole l'un par rapport à l'autre les droits les plus sacrés de la vérité et de la vertu. « On aurait pu se dispenser, remarque Frank, de prouver que l'amitié n'est possible qu'entre gens de bien; car les méchants sont précisément ceux qui n'aiment pas, ceux qui se livrent à un égoïsme sans limite et sans frein. »

« Nos prédilections ne doivent jamais être déterminées par un goût humain et sensible, autrement l'amitié serait sensuelle. Cette amitié sensuelle n'est qu'un égoïsme déguisé, source de dérèglements et de désordres. » (Bossuet.) — Elle est une sensation plutôt qu'un sentiment, un phénomène de vie animale plutôt qu'un acte de vie morale; c'est la passion qui l'inspire, non l'amour du bien, et comme la passion trouble à la fois la raison et les sens, elle pervertit l'amitié et la fait tourner au mal. « L'amour n'est pas un jeu : on n'est pas aimé, on n'aime pas impunément. Par une loi essentielle de sa nature, l'amitié tend à produire la ressemblance; elle abaisse ou élève, amoindrit ou agrandit l'âme, suivant qu'elle s'attache à des choses basses et viles ou à des choses grandes et nobles. Si elle s'attache à Dieu, l'âme entre en participation des perfections divines; si, au contraire, elle met sa fin dans les biens sensibles, elle dégénère et se dégrade. » (Saint Thomas, traduit par P. Vallet, *la Tête et le Cœur*.) — Une mauvaise amitié contractée dans le jeune âge peut exercer une fâcheuse influence sur la vie tout entière. On se familiarise d'abord avec le méchant, et on ne tarde pas à se familiariser avec le mal. « Il ne faut pas s'amuser à découdre ces folles amitiés, dit saint François de Sales, il faut les déchirer; il n'en faut pas dénouer les liaisons, il les faut rompre ou couper : aussi bien les cordons et liens n'en valent rien. Il ne faut point ménager pour un amour qui est si contraire à l'amour de Dieu. » (*Introduction à la vie dévote.*)

La poésie du moyen âge a chanté les meurtres d'âmes commis par la fausse amitié. La légende de Faust n'est pas autre chose que l'histoire symbolique d'un jeune homme de talent, de génie même, qui livre son âme à un ami pervers, à un séducteur qui n'est autre que le diable, à Méphistophélès.

Dante, le grand poète florentin, décrivant, dans son *Enfer*, l'horrible métamorphose d'un damné en serpent, exprime admirablement cette espèce d'absorption de soi, de son être, dans l'être indigne à qui l'on s'est donné : « Le serpent s'élança sur le malheureux et l'enlaça tout entier. Jamais le lierre ne se noua aussi fortement à l'arbre que l'horrible bête ne se noua au corps de l'homme. Le serpent et lui se fondirent comme s'ils eussent été une cire chaude. Et les compagnons de la victime regardaient et s'écriaient : « Hélas! Agnel, comme tu changes! » En effet, déjà les deux têtes n'en formaient plus qu'une, et les traits se confondaient dans une seule figure, où les deux êtres étaient perdus, et cette forme nouvelle se traînait à pas lents. L'âme était devenue serpent. Et son hideux compagnon lui disait : « Je veux que tu rampes comme moi par ce sentier. »

Moins mauvaise, mais fausse elle aussi, est l'amitié fondée sur l'intérêt; celle dont la Rochefoucauld a dit : « L'amitié n'est qu'un commerce où l'amour-propre se propose toujours quelque chose à gagner. » Et encore : « Nous nous persuadons souvent d'aimer les gens les plus puissants, et néanmoins c'est l'intérêt qui produit notre amitié; nous ne nous donnons pas à eux pour le bien que nous leur voulons faire, mais pour celui que nous en voulons recevoir. »

De sa nature, la vraie amitié est désintéressée; elle exclut les calculs de la prudence vulgaire, qui craint toujours de se compromettre, qui prétend même qu'il ne faut jamais prêter d'argent à un ami, si l'on ne veut s'exposer à perdre tout à la fois son argent et son ami[1]. « Vivre avec ses ennemis comme s'ils devaient être un jour nos amis, et vivre avec ses amis comme s'ils pouvaient un jour devenir nos ennemis[2], n'est ni selon la nature de la haine ni selon les règles de l'amitié : ce n'est point une maxime morale, mais politique, » dit la Bruyère. Montaigne proteste également contre cette maxime : « Le précepte qui est si abominable en cette souveraine et maîtresse amitié, il est salubre en l'usage des amitiés ordinaires et coutumières, à l'endroit desquelles il faut employer le mot qu'Aristote avait si familier : O mes amis, il n'y a nul ami! »

Devoirs de l'amitié. — Les amis se doivent l'un à l'autre la vérité, la confiance, le dévouement.

La *vérité* d'abord : « Nul ne peut être l'ami d'un homme, dit saint Augustin, s'il ne l'est d'abord de la vérité. » Ils se parlent donc sincèrement, ne se flattent jamais, s'avertissent mutuelle-

---

[1] Voiture ne pensait pas ainsi; il écrivit à un de ses amis : « Je perdis hier au jeu tout mon argent et deux cents pistoles au delà, que j'ai promis de rendre dès aujourd'hui. Si vous les avez, ne manquez pas de me les envoyer; si vous ne les avez pas, empruntez-les. De quelque façon que ce soit, il faut que vous me les prêtiez, et gardez-vous bien de souffrir qu'un autre vous enlève cette occasion de me faire plaisir; j'en serais fâché pour l'amour de vous. Comme je vous connais, vous auriez de la peine à vous en consoler. Afin d'éviter ce malheur, vendez plutôt ce que vous avez. Je prends un certain plaisir à en user de la sorte avec vous, et je sens bien que j'en aurais encore un plus grand, si vous en usiez ainsi avec moi... » — L'ami répondit : « J'ai une extrême joie d'être en état de vous rendre le petit service que vous exigez de moi. Jamais je n'eusse pensé qu'on eût tant de plaisir pour deux cents pistoles. Après l'avoir éprouvé, je vous donne ma parole que j'aurai toute ma vie un petit fonds tout prêt aux occasions que vous en aurez besoin. »

[2] Aristote, Cicéron et Diogène Laërce attribuent cette maxime à Bias, l'un des sept sages de la Grèce (vers 570 avant J.-C.).

ment de leurs défauts, ont le désir de se rendre meilleurs, toujours plus dignes de l'estime sur laquelle leur amitié est fondée.

La *confiance* : elle découle de l'estime. Ils ne doutent pas l'un de l'autre et comptent en toute circonstance l'un sur l'autre, certains qu'ils ne se peuvent jamais manquer de loyauté, de fidélité, de générosité.

Le *dévouement*, c'est-à-dire le don de soi, l'abnégation, qui fait que l'un cherche son bonheur dans le bonheur de l'autre, que chacun songe aux intérêts de son ami et les poursuit avec plus de soin que les siens propres, prêt à faire pour son ami ce qu'il ne ferait jamais pour lui-même, comme de supplier un homme qu'il méprise, de demander un service à quelqu'un envers qui il ne voudrait pas avoir une dette de reconnaissance.

NOTA. — Les auteurs les plus célèbres qui ont parlé de l'amitié sont : chez les Grecs, Platon, dans le *Phèdre* et le *Banquet*; Xénophon, dans ses *Entretiens mémorables*; Aristote, dans sa *Morale à Nicomaque*, en a donné une très remarquable théorie, que saint Thomas a adoptée et perfectionnée en la christianisant. Chez les Latins, Cicéron, dans son traité *de l'Amitié*; Horace, dans ses *Odes* et ses *Épitres*; Sénèque, dans ses *Lettres*; saint Augustin, dans ses *Confessions* et en divers endroits. En France, au XVIe siècle, Montaigne, dans ses *Essais*; au XVIIe siècle, nul n'en a parlé en termes plus émus que la Fontaine : il l'a peinte dans les *Deux Pigeons* et dans le *Corbeau, la Gazelle, la Tortue et le Rat*, qui se termine par ce vers : « A qui donner le prix ? Au cœur, si l'on m'en croit; » au XIXe, Lacordaire l'a célébrée en termes éloquents : « C'est une rare et divine chose que l'amitié, dit-il, le signe assuré d'une grande âme et la plus haute des récompenses visibles attachées à la vertu. »

NOTES COMPLÉMENTAIRES

Exemples de vraie amitié. — « On nous a appris, étant enfants, à admirer Pylade et Oreste, Nisus et Euryale. Ces noms sont devenus populaires et comme inséparables. » Notre théâtre classique a mis sur la scène une amitié non moins touchante, celle de Polyeucte et de Néarque. « Ils sont les héros historiques de l'*amitié* véritable et *chrétienne*. Les Actes des martyrs nous racontent leur mort; ils se sont aimés pour le Ciel et se sont encouragés à mourir. Aucun d'eux n'a aimé l'autre pour soi. L'écueil de l'amitié, c'est qu'elle procure, par l'unité des mêmes sentiments et par le contraste piquant de sentiments divers, des joies personnelles; l'égoïsme y perce à travers le masque de la générosité, car l'amitié naturelle impose moins de sacrifices que tout autre sentiment. Nisus ne peut survivre à Euryale, il ne peut survivre à son bonheur perdu; au contraire, Polyeucte engage Néarque à mourir, comme Néarque l'a poussé malgré lui au baptême, à la mort. Ces deux amis chrétiens pourraient vivre et s'aimer, comme des païens; ils se privent l'un de l'autre ici-bas pour remplir leur devoir; ils s'aiment dans le sacrifice et pour le ciel. » (CHARAUX, *Corneille*, 24e cours.)

Outre ces types classiques de l'amitié, il faut citer : dans la *Bible*, David et Jonathas; dans *Homère*, Achille et Patrocle; dans l'histoire de l'Église, saint Basile et saint Grégoire de Nazianze; dans la *Chanson de Roland*, Roland et Olivier, dont l'amitié, toute cornélienne, c'est-à-dire toute française, est surtout une association héroïque fondée sur l'admiration mutuelle et entretenue par elle. Au XVIe siècle, saint Ignace et saint François-Xavier; Montaigne et la Boétie, celle-ci païenne, celle-là toute chrétienne; et, jusque sur l'échafaud, Cinq-Mars et de Thou; au XVIIe, on peut citer Corneille et Rotrou, Racine et Boileau, la Fontaine et Maucroix; plus près de nous, Silvio Pellico et Maroncelli, prisonniers. — Montalembert a célébré l'amitié dans le cloître (*les Moines d'Occident*, introduction, chap. v), et le marquis de Ségur, dans ses *Vertus naturelles chez les saints*, a montré comment les saints l'ont comprise et pratiquée.

TABLEAU ANALYTIQUE

MORALE SOCIALE. — FAMILLE. — AMITIÉ

L'homme est un être sociable. — La société est un fait naturel qui s'impose à l'homme comme une nécessité : il ne peut naître, vivre et se perfectionner que dans l'état de société.

La théorie du *Contrat social*, de Rousseau, est démentie par l'histoire aussi bien que par la raison.

Divisions de la morale sociale.
La morale sociale se divise comme la société elle-même. — On distingue :
1° Des devoirs *domestiques* ou envers la famille ;
2° Des devoirs *sociaux* ou envers les hommes en général, par cela seul qu'ils sont hommes ;
3° Des devoirs *civiques* ou envers la société civile, devoirs de l'homme considéré comme citoyen ;
4° Des devoirs *internationaux* ou des nations entre elles : c'est ce qu'on appelle le *droit des gens*.

I. La famille.

Définition. — La famille est la société naturelle et primitive formée par le père, la mère et les enfants.
La famille est le fondement de toute société humaine ;
Elle répond à deux besoins impérieux de notre être : le besoin de vivre en autrui et le besoin de revivre en autrui.

Constitution de la famille. — Le mariage.
La famille est constituée par le *mariage*, union légitime de l'homme et de la femme.
Le *mariage est un contrat*, qui implique le libre consentement des deux parties et contient implicitement l'obligation d'élever les enfants.
Ses *conditions essentielles* sont :
1° L'*unité*, union d'un homme avec une seule femme ; — condamnation de la polygamie ;
2° L'*indissolubilité*, tant que les deux époux sont vivants ; — condamnation du divorce.
— La polygamie et le mariage susceptible d'être dissous sont des formes inférieures de l'union conjugale.
L'essence du mariage réside dans le lien résultant de l'accord consensuel.
A la différence des autres contrats, le mariage n'est pas résiliable.
Cependant la loi française reconnaît le divorce. Mais il n'est pas permis à un chrétien d'user de cette faculté, car le mariage civil n'est pas le vrai mariage, c'est le mariage religieux.

II. Rapports créés par la famille. — Devoirs qui en dérivent.

La famille se compose de trois sociétés, d'où naissent trois classes de devoirs :
1° Société du mari et de la femme : — devoirs conjugaux ;
2° Société des parents et des enfants : — devoirs paternels et maternels ; devoirs filiaux ou piété filiale ;
3° Société des enfants entre eux : — devoirs fraternels.
— On ajoute à ces devoirs ceux qui résultent de la domesticité.

Devoirs conjugaux.
Le mari doit à la femme : amour, fidélité, confiance, protection, entretien convenable ;
La femme doit à son mari : amour, fidélité, soumission.
Les époux doivent supporter charitablement les défauts l'un de l'autre.

Devoirs paternels.
Les parents doivent aimer tous leurs enfants d'une affection égale ;
Ils doivent les nourrir, les instruire, les corriger, les élever et leur procurer une position en rapport avec leurs ressources et la vocation des enfants.
L'éducation des enfants est pour les parents un devoir et un droit imprescriptible (condamnation de l'État éducateur).

MORALE SOCIALE — FAMILLE. — AMITIÉ (Suite.)

II. Rapports créés par la famille. Devoirs qui en dérivent. (Suite.)

Fondement et limites de l'autorité paternelle. — L'autorité paternelle est fondée : 1° Sur la nécessité d'une autorité dans toute société;
2° Sur les devoirs que les parents ont à remplir envers leurs enfants.
Elle est limitée : 1° Par les *droits des enfants* : ce sont des personnes; ils ne peuvent être traités en choses;
2° Par les droits de Dieu, de la conscience et de la société.

Devoirs des enfants. — Ils doivent aimer leurs parents, les respecter, leur obéir et les assister dans leurs besoins.
Ces devoirs, qu'on résume sous le nom de *piété filiale*, durent toute la vie.

Devoirs fraternels. — Ils consistent dans l'affection, la concorde, la confiance, le secours mutuel.

Esprit de famille. — Tous les devoirs résultant des rapports créés par la famille se résument en un mot : *esprit de famille;* esprit de solidarité et d'affection, qui réunit tous les membres d'une famille.

Devoirs réciproques des maîtres et des serviteurs.

Les maîtres doivent à leurs serviteurs : *justice, bonté, bienveillance.*
Les serviteurs doivent être honnêtes, dévoués, discrets.

III. L'amitié.

Définition. — L'amitié est l'affection réciproque de deux personnes qui se veulent et se font du bien : Un ami, c'est un frère que l'on s'est choisi.
(Voir ce qui a été dit de l'amitié en *Psychologie*, 6ᵉ leçon, p. 105.)

La vraie et la fausse amitié.

Saint Thomas reconnaît trois sortes d'amitiés fondées sur les trois sortes de biens :
1° *L'amitié fondée sur le plaisir ou fausse amitié;* c'est l'union dans le vice; elle a sa source dans la passion : c'est une sensation plutôt qu'un sentiment.
2° *L'amitié fondée sur l'intérêt* : celle que la Rochefoucauld définit : « un commerce où l'amour-propre se propose toujours quelque chose à gagner. »
Sa maxime est : « Vis avec tes amis comme si demain ils pouvaient être tes ennemis. »
3° *L'amitié fondée sur la vertu.* C'est la *vraie amitié,* essentiellement désintéressée; elle a pour base la charité.
La première est une *complicité*, la seconde un *calcul*; la troisième seule mérite le nom d'amitié.

Devoirs de l'amitié.

Les amis se doivent l'un à l'autre :
1° *La vérité* : « Nul, dit saint Augustin, ne peut être l'ami d'un homme, s'il ne l'est d'abord de la vérité. »
2° *La confiance*, qui exclut tout doute : elle est fondée sur l'estime réciproque;
3° *Le dévouement*, c'est-à-dire le don de soi, l'abnégation.
Le véritable ami met son bonheur dans le bonheur de celui qu'il aime.

6ᵉ LEÇON

DEVOIRS ENVERS NOS SEMBLABLES, ENVERS LA SOCIÉTÉ EN GÉNÉRAL. RESPECT DE LA PERSONNE DANS SA VIE, DANS SA LIBERTÉ, DANS SA CONSCIENCE ET SES AUTRES FACULTÉS

Les devoirs envers nos semblables sont résumés dans la *justice* et la *charité*. Leur définition, leur formule, leur fondement, leurs degrés, ont été donnés dans la 11ᵉ leçon de *Morale théorique*. On complétera ici ces idées générales et ces principes par leur application aux divers droits naturels de l'homme ; mais avant, rappelons en quelques mots le fondement des devoirs de l'homme envers ses semblables.

Fondements des devoirs de l'homme envers ses semblables. — *Le fondement des devoirs de l'homme envers ses semblables, nous le trouvons dans la communauté d'origine, de nature et de destinée, et dans la nécessité de l'ordre social pour réaliser l'ordre moral dans l'humanité.*

Nous appelons les hommes nos *semblables*, parce que *leur origine est la même :* Dieu est leur père ; parce que *leur nature est identique :* la même raison les éclaire, le même cœur les anime, la même liberté les rend responsables de leurs actes ; parce qu'ils ont *une destinée identique* et, pour l'atteindre, la même *loi* à suivre, loi qui régit les êtres moraux, et qui est universelle et absolue.

Cette loi, gravée dans la conscience ou la raison, impose à tous les mêmes *devoirs* et, pour les accomplir, leur confère les mêmes *droits*. Ces droits, ils sont tenus *moralement* de les respecter les uns chez les autres, *et ce respect des droits s'appelle la justice ;* ces devoirs, ils doivent s'aider à les remplir ; car l'homme est fait de telle sorte qu'il ne peut se suffire à lui-même ni dans l'ordre physique, ni dans l'ordre intellectuel, ni dans l'ordre moral. Ce devoir d'aider son prochain, de se dévouer à lui, constitue la *charité*, tout aussi nécessaire que la justice, non seulement à la réalisation de l'ordre social, sans lequel l'ordre moral ne saurait se réaliser, mais encore à l'existence du genre humain.

Droits naturels. — Chacun des devoirs que la conscience nous impose comme une conséquence de notre nature, comme une condition de l'ordre moral, apporte avec lui un droit de même espèce, auquel il ne nous est jamais permis de renoncer, parce que ce serait renoncer à nos obligations. Ces droits sont dits *naturels*, parce qu'ils dérivent de la nature humaine, indépendamment de toute loi écrite; ils sont communs à tous les hommes, qui doivent les respecter les uns chez les autres. Au fond, ils ne sont autre chose que des *libertés*, c'est-à-dire les diverses formes de la liberté appliquée aux fins légitimes de la nature. (Relire les *Divers sens du mot liberté*, 20° leçon de *Psychol.*, p. 274 et suivantes.)

L'homme a le droit d'être respecté dans sa *vie*, dans sa *liberté*, dans sa *conscience* et ses autres *facultés*, dans son *honneur* et dans ses *biens*.

I. — RESPECT DE LA PERSONNE DANS SA VIE

Le précepte : *Tu ne tueras point*, nous défend de détruire le principe de la moralité, en nous et dans les autres. Le droit de vivre est le premier de tous les droits et la condition de tous les autres. Tout homme, étant tenu d'arriver à sa fin, a droit qu'on ne le prive pas de ce qui est le moyen essentiel pour y arriver. L'*homicide* est donc le plus grand de tous les crimes, puisqu'il viole d'un seul coup tous les droits et toutes les obligations de la nature humaine. Les degrés de culpabilité varient suivant le plus ou moins de préméditation et suivant les liens qui unissent la victime à l'assassin.

Exceptions au précepte du respect de la vie. — 1° *Cas de légitime défense*. — Quand la vie est sérieusement menacée, on a le droit de tuer pour se défendre [1]. « La raison en est simple; c'est que la justice a toujours le droit de mettre la force à son service contre l'injustice menaçante. » Le droit de légitime défense n'est pas en opposition avec la loi qui défend le meurtre; car la vie n'est inviolable que dans l'ordre moral, hors duquel se place l'agresseur violent à qui on ne peut résister que par la force.

La limite de ce droit varie avec le degré de civilisation et d'organisation de la force publique. (Voir p. 708.)

2° *La peine de mort*. — Elle se justifie par la nécessité où est la société de se défendre, même par la mort du coupable, quand la faute est très grave et exige que justice rigoureuse soit faite.

---

[1] On est en état de légitime défense, lorsqu'on se trouve aux prises avec une injuste agression, qui menace *actuellement* et *immédiatement* d'un mal irréparable et qu'il est impossible de repousser autrement que par la violence. On peut alors, en principe, faire à l'agresseur tout le mal nécessaire pour le réduire à l'impuissance. D'après le *Code pénal* français : Sont toujours en état de légitime défense ceux qui repoussent, *pendant la nuit*, l'escalade ou l'effraction des clôtures, murs et entrée d'une maison et de ses dépendances; ceux qui se défendent, *même en plein jour*, contre un vol exécuté avec violence.

3° *Le droit de guerre.* — C'est la légitime défense appliquée aux nations. Si la guerre est injuste, les gouvernants sont seuls responsables, à moins qu'on n'y participe librement, sachant bien qu'elle est injuste. La guerre doit être faite d'après les lois consacrées par le *droit des gens*, lesquelles sont fondées sur le devoir de respecter la vie humaine toutes les fois qu'il n'y a pas nécessité de la sacrifier. (Voir plus loin, p. 860.)

On ne peut faire rentrer dans ces exceptions l'assassinat politique et le duel : 1° *L'assassinat politique.* — C'est un crime. Un individu n'a pas le droit de se faire, de son autorité privée, le justicier d'une ville, d'un peuple. Dans l'assassinat politique, c'est un même homme qui fait la loi, qui accuse, qui prononce l'arrêt et l'exécute. Il a beau invoquer l'intérêt général : si sa manière d'agir était érigée en loi universelle, elle établirait l'anarchie en permanence.

2° *Le duel.* — C'est un homicide compliqué d'un suicide conditionnel. Il ne peut être justifié par le droit de légitime défense : d'abord, parce que ce que l'on appelle d'ordinaire son honneur ne se confond pas avec la vertu et ne peut donner le droit de disposer de sa vie et de celle de la personne que l'on accuse d'y avoir porté atteinte, et aussi parce que, dans une société organisée, il n'est pas permis à l'individu de se faire justice lui-même.

Le duel est opposé à la loi naturelle, à l'ordre public, au simple bon sens. — La loi *naturelle* condamne le suicide et l'homicide. La vie de l'homme est sacrée à cause des devoirs auxquels elle appartient. L'homme ne peut ni se l'ôter, ni l'ôter à ses semblables ; le faire serait violer d'un seul coup tous les devoirs pour l'accomplissement desquels elle lui est donnée. L'homme n'a pas le droit d'en disposer ; ce droit, Dieu seul le possède. L'homicide et le suicide sont donc des crimes. Or le duel renferme, au fond, tout ce qu'il y a de criminel dans l'homicide et le suicide[1]. Le duelliste attente à la vie d'autrui en dehors du cas de légitime défense, et, en s'exposant à perdre sa propre vie, il donne, ou du moins prétend donner sur elle, un droit qui n'est qu'à Dieu. Le droit de légitime défense, qui nous autorise à donner la mort à un agresseur injuste, lorsqu'il nous est impossible de sauver notre vie d'une autre manière, au lieu d'être une exception à la loi qui condamne le meurtre, en est une conséquence. Hors du droit, hors de l'ordre moral qui rend notre vie inviolable, l'inviolabilité cesse. Elle cesse donc pour l'agresseur violent, et elle subsiste pour moi, qui remplis un de mes devoirs essentiels, celui de ma propre conservation. Un droit qui en viole un autre égal à lui, s'anéantit lui-même. Celui qui attente à la vie d'un

---

[1] Le duel constitue par lui-même une grave violation du droit naturel et de la loi de Dieu. Outre que la vengeance privée est interdite, nul n'a, de sa puissance propre, droit sur la vie d'autrui ni sur la sienne, et ne peut volontairement se mettre dans le cas de tuer ou de se faire tuer ou mutiler en combat singulier. Pour verser ainsi le sang humain, il faut ou la nécessité de la juste défense, ou l'intervention légitime de l'autorité sociale, soit contre l'ennemi, soit contre les criminels. De l'autorité sociale, disons-nous, et non d'une autorité subalterne. Un chef militaire, par exemple, est absolument sans droit pour commander le duel à ses soldats : l'obéissance à des ordres arbitraires, sans autorité et immoraux en eux-mêmes, ne justifie point celui qui s'y conforme, si ce n'est à raison de son ignorance et de sa bonne foi, fruits de préjugés invétérés. » (*Études relig.*, avril 1891.)

de ses semblables ne peut donc invoquer en sa faveur le principe du respect de la vie, au moment même où il le viole.

Le duel n'est pas moins opposé à l'ordre public. L'ordre public, en effet, repose sur ce principe qu'il n'est pas permis aux individus de se faire justice à eux-mêmes. Quand une société est organisée de manière à rendre efficacement la justice, c'est un crime qui tend à la détruire que de vouloir substituer à l'action sociale l'action individuelle. Si le citoyen croit avoir reçu des atteintes dans son honneur, c'est aux lois de son pays, à la justice sociale, et non à la violence, qu'il doit en demander la réparation. A des peines justes et proportionnées, le duelliste, à la fois juge et partie, et nécessairement passionné et partial, substitue, de son autorité privée, quelquefois même pour des offenses imaginaires, une pénalité sanglante, excessive, injuste. Il s'arroge le droit de prononcer et d'exécuter une sentence de mort contre un de ses semblables, alors que la société, après avoir entouré le pouvoir judiciaire de toutes les garanties possibles d'équité et d'impartialité, hésite encore pour infliger la peine capitale aux plus coupables attentats. Laisser aux particuliers la faculté de venger leur honneur ou celui de leurs proches, sous prétexte que les tribunaux ne poursuivent point certains outrages qui blessent cet honneur, serait donc autoriser des excès et des crimes sans nombre et anéantir ainsi l'ordre social [1].

Enfin le duel n'est pas moins opposé au bon sens qu'à l'ordre public et à la loi naturelle. Il est déraisonnable de poursuivre une fin par un moyen sans rapport avec elle; or quoi de moins en rapport que le duel avec la fin qu'on s'y propose, à savoir une réparation d'honneur? Le duel ne répare rien; alors même que son résultat n'est pas l'effet du hasard, il ne prouve ni l'honnêteté du duelliste, ni son intégrité, ni sa bonne foi, si celles-ci sont contestées; mais uniquement, ce qui n'est point en cause, sa force corporelle, son adresse à manier les armes, et il est absurde de faire de la force ou de l'adresse les juges du droit [2]. — Si vous êtes l'offensé et que l'on vous ait dit, par exemple, que vous étiez parjure ou concussionnaire, vous montrez, en guise de réponse, que vous savez tirer au pistolet ou donner un coup d'épée; quel rapport cela a-t-il avec les accusations dont vous êtes l'objet? Et comment seriez-vous disculpé par le duel? L'honneur, au fond, n'est que la rectitude morale; il ne peut ni vous être ôté ni vous être donné par personne [3]. Vous seul pouvez l'acquérir, le garder, le perdre, le recouvrer, y porter atteinte par vos fautes ou y ajouter par votre mérite. — Si vous êtes l'offenseur, si vous avez nui à la réputation, à la fortune, à la personne d'autrui, votre devoir, en d'autres termes, votre honneur, consiste à réparer vos torts; si c'est pour vous une humiliation et qu'il vous en coûte de le faire, il n'importe; il y va de votre devoir, de votre véritable honneur.

Pourquoi vous êtes-vous mis dans ce mauvais cas? Vous ne pouvez pas reculer. Refuser à qui vous *demande raison*, selon le mot consacré, c'est vous placer dans une situation odieuse ou ridicule; car invoquer, comme vous êtes tenu de le faire, à l'appui de votre refus, les règles de la religion ou de la morale, les prohibitions de la loi, quand vous avez commencé par violer les

---

[1] Pour ce qui est de ces outrages que la justice sociale ne punit pas ou ne punit qu'imparfaitement, on pourrait constituer un tribunal d'honneur, composé d'arbitres choisis par les intéressés eux-mêmes, et qui déciderait, par raison et de sang-froid, ce que les passions et les violences du duel sont incapables de résoudre. « Alors même qu'il serait vrai que la justice sociale ne pourrait pas toujours protéger l'honneur des citoyens, le duel ne serait pas moins condamnable à cause de l'extrême disproportion qui existe entre la valeur de ce qu'on appelle l'honneur et qui est loin d'être le bon renom de la vertu, et la valeur d'une vie humaine. » (FONSEGRIVE.)

[2] « Je regarde le duel comme le dernier degré de brutalité où les hommes puissent parvenir. Celui qui va se battre de gaieté de cœur n'est à mes yeux qu'une bête féroce qui s'efforce d'en déchirer une autre. » (ROUSSEAU.)

[3] « On dit : Cet homme m'a ôté mon honneur. Comment? En me faisant un affront. Ce n'est pas lui qui vous l'ôte; car l'injuste injure, étant mal fondée, n'ôte rien; c'est l'opinion de ceux qui jugent mal les choses. » (BOSSUET.)

unes et les autres, c'est vous faire justement accuser d'inconséquence et vous priver du droit de réponse envers ceux qui prononceraient le mot de lâcheté.

Sophismes en faveur du duel. — Les sophismes par lesquels on prétend légitimer le duel sont condamnés par les principes qui viennent d'être posés.

« *Le duel, dit-on, est un moyen de défendre l'honneur, plus cher que la vie aux âmes généreuses. — Il y a des outrages qui ne peuvent être lavés que dans le sang de celui qui les a subis ou de celui qui les a faits.* — Le véritable *honneur* est souvent de se défier du *point d'honneur*. On vient de voir que le duel ne défend, ne conserve, ne répare rien. Il n'est pas en notre pouvoir, quand nous avons réellement perdu l'honneur, de le recouvrer par la mort de notre ennemi, ou par le courage que nous montrons en périssant nous-même sous ses coups. Et comment comprendre que notre honneur, ou plutôt notre prétendu honneur perdu, nous donne le droit de disposer de notre vie et de celle de celui que nous accusons de nous l'avoir ôté? Disposer de la vie d'autrui, c'est exercer une vengeance ou se faire justice soi-même, ce qui n'est jamais permis. Disposer de sa propre vie, c'est se dérober à ses devoirs.

On allègue que le duel, dans l'armée, est un moyen à la fois favorable à la discipline et propre à entretenir ou à montrer la valeur militaire. — Les premiers principes de la loi naturelle qui condamnent le duel sont absolus et n'admettent pas d'exception; ils s'appliquent au soldat comme au simple citoyen. D'ailleurs, une fin bonne en soi n'excuse pas des moyens illicites : la fin ne justifie pas les moyens; de plus, cette assertion a contre elle les plus graves autorités, entre autres : Frédéric II, roi de Prusse, et Napoléon. Le premier a dit : « Cette démence ne produit pas un seul bon effet, pas même celui de rendre le soldat brave dans la mêlée; il ne l'est que quand il attire seul les regards des autres sur lui. » Et Napoléon : « Le duelliste est à l'épée du soldat ce que le bavard est à la parole du sage. » Enfin elle est contredite par les faits : les Schomberg, les d'Estrées, les Fabert, les Duplessis-Praslin, les Liancourt, un baron de Renty, un marquis de Salignac-Fénelon, qui s'associèrent, en 1651, sous l'inspiration de M. Olier, pour abolir la coutume barbare du duel, sont des types glorieux de valeur militaire, auxquels le duel, dans ses annales sanglantes, n'a rien à opposer [1].

Violences, cruautés. — Les mêmes raisons qui condamnent le meurtre condamnent aussi les mauvais traitements, les violences, les cruautés : tout cela est une violation du respect dû à la personne. On dit de celui qui prend plaisir à faire souffrir les autres ou se réjouit de leurs souffrances, qu'il est *inhumain;* c'est dire qu'il se place en dehors de l'humanité, qu'il est un monstre.

---

[1] « En Angleterre, dit Jules Simon, où le duel est puni par les lois et réprouvé par les mœurs, on se tient bien devant l'ennemi. On n'a pas besoin, pour y faire bonne figure, de s'être escrimé au coin d'un bois contre un camarade. L'armée, où passent tous nos enfants, fait partie de la famille nationale, et notre premier intérêt comme notre première volonté, c'est qu'on lui apprenne à respecter la loi de Dieu. »

« C'est une opinion sotte et indigne d'un homme sensé, celle qui prétend qu'il faut strictement interdire ce genre de combat aux civils, mais le permettre aux soldats, parce qu'un tel exercice aiguise, disent-ils, le courage militaire. D'abord le *bon* et le *mauvais* diffèrent de leur nature, et ils ne peuvent se changer l'un en l'autre parce que la situation des personnes change. Les hommes, dans quelque condition de vie qu'ils se trouvent, sont tous tenus également et absolument à l'observation de la loi divine et naturelle. En outre, cette indulgence pour les soldats devrait tirer sa raison de l'utilité publique, laquelle ne sera jamais si grande que son obtention étouffe la voix de la loi naturelle et divine. Et si la raison même d'utilité manque? — L'exercice du courage militaire tend à rendre la cité mieux préparée contre ses ennemis. Cet avantage pourra-t-il être atteint par une coutume qui, de sa nature, vise, en cas de dissensions entre soldats, — et les causes n'en sont pas rares, — à faire périr l'un ou l'autre parti des défenseurs de la patrie? » (*Lettre apostolique de* LÉON XIII *sur le duel*, 12 septembre 1891.) — Cette lettre formule les principes de l'Église sur le duel.

II. — RESPECT DE LA PERSONNE DANS SA LIBERTÉ, DANS SA CONSCIENCE

Le même principe qui sauvegarde la vie sauvegarde aussi la liberté; car à quoi sert la vie, si l'on ne peut l'employer à la pratique de ses devoirs et à l'exercice de ses droits, en un mot, à l'accomplissement de sa destinée? Mais on n'est libre que si l'on est une personne, si l'on peut parler et agir suivant sa conscience; de là, la *liberté des croyances religieuses* et la *liberté individuelle* (*habeas corpus*) ou la possession de ses mouvements, l'emploi de ses forces physiques. Il ne suffit pas, en effet, de n'être pas contraint de faire ce que la conscience défend, il faut avoir la faculté de faire ce qu'elle commande.

Liberté de conscience. — C'est la première, la plus importante des libertés. Comme la conscience est le jugement pratique de la raison dictant à l'homme, en chaque cas particulier, le bien à faire et le mal à éviter, la liberté de conscience est proprement la liberté de faire le bien moral en se conformant à la loi divine, au devoir.

Ce n'est pas une liberté ou contre la conscience ou en dehors de la conscience, mais suivant la conscience. Elle ne peut pas être contre la conscience; car la perfection de la liberté consiste à bien agir, c'est-à-dire à agir suivant sa loi; l'erreur, la passion, la contrainte illégitime, sont une restriction de la liberté.

La contrainte qui réprime le mal et celle qui s'applique à des actes étrangers à la conscience ne violent pas la liberté. Au contraire, la liberté de tout dire et de tout écrire asservit les consciences, en favorisant l'erreur et la tyrannie des passions.

Quand on excite quelqu'un au mal par ses conseils ou par ses exemples, on manque au respect dû à la conscience d'autrui. On y manque également quand on l'empêche d'obéir à sa conscience, quand on le force à faire ce qu'elle lui défend.

La société civile a le devoir de respecter le droit inaliénable de la liberté de conscience, mais elle ne le viole pas en réprimant le mal. L'homme ne peut pas agir légitimement contre les prescriptions de sa conscience. La bonne foi l'excuse, il est vrai, s'il se trompe, mais pas jusqu'à rendre son erreur elle-même respectable, encore moins jusqu'à lui conférer les droits de la vérité.

« Il importe de remarquer que la conscience étant faillible et pouvant être erronée, l'homme, tout en ayant le devoir d'obéir à sa conscience, n'a pas le droit d'exiger des autres d'une manière absolue la liberté de faire extérieurement ce qu'elle lui prescrit. Ainsi, l'homme qui se croirait obligé à tuer un ennemi pour venger sa famille, suivrait peut-être sa conscience erronée, mais il n'aurait pas pour cela le droit de tuer son prochain et serait justement puni par la loi criminelle. L'homme qui croit que la conscience lui défend d'être soldat sera justement puni par la loi militaire au for extérieur, bien qu'il puisse être innocent au for intérieur.

« L'autorité civile ne doit pas et ne peut pas se laisser arrêter dans sa tâche par les erreurs de conscience des individus, ni surtout par la déclaration vraie ou fausse qu'ils peuvent faire que tel ou tel acte est contraire à leur conscience. Il en est de même de l'autorité des parents sur les enfants. Sans cela il serait toujours possible de désobéir, en prétextant qu'on suit la conscience. » (DE BROGLIE, *Instruction morale*.)

Dans les discussions sur la liberté de conscience, il s'agit moins, d'ordinaire, de la liberté intérieure et personnelle que de la liberté extérieure et civile, de la liberté sociale, qui s'exerce dans les lieux publics.

« Cette liberté comprend, outre la liberté de penser ou de croire, qui en est la racine, la liberté de la prière ou du culte, et la liberté de propagande ou d'enseignement. Considérée dans cette étendue, il n'est pas vrai que la liberté de conscience soit un droit de l'homme que la loi civile doit s'empresser de consacrer partout et toujours, parce qu'il est essentiellement et également acquis à toutes les croyances. Cette thèse, considérée en soi d'une manière absolue, est fausse. Aucun individu, aucune association, aucun pouvoir ne peut invoquer le droit de combattre la vérité, de désobéir à Dieu législateur et d'écarter les hommes de leur fin dernière... Il ne faut pas confondre la *tolérance*, qui est quelquefois permise et conseillée, avec le *droit naturel*, qui est invariable et obligatoire [1]... Diverses nécessités sociales très complexes peuvent exiger qu'un sage législateur tolère certaines libertés ou même les érige en permissions légales, sans que leur usage entraîne aucune diminution civile, aucune incapacité pour les emplois ou les honneurs. Mais cette égalité extérieure des cultes, cette impunité juridique n'est pas un droit inviolable qu'il reconnaît; c'est un moindre mal qu'il subit. Il ne faudrait jamais oublier que la faculté de se tromper et de pécher, loin d'être une *puissance*, est une *infirmité;* elle n'est aucunement essentielle à la liberté. » (*Études religieuses*, août 1890.)

Tolérance, indifférence. — Il ne faut pas confondre la *tolérance* avec l'*indifférence*. Être indifférent, c'est ne se déclarer ou n'agir ni pour ni contre. Quand il s'agit du bien et du mal, de la vérité, de la justice, du droit, l'indifférence est une lâcheté, une abdication, qui équivaut à de l'hostilité, d'après la parole même de Notre-Seigneur : « Qui n'est pas avec moi est contre moi. »

Tolérer implique l'idée d'un mal. Être tolérant, c'est supporter, ne pas empêcher, ne pas punir le mal. Il y a une tolérance permise : c'est celle qui, tout en condamnant le mal en lui-même, ne l'empêche ou ne le punit cependant pas, pour éviter un plus grand mal ou pour obtenir ou conserver un plus grand bien [2]. Les circonstances, les milieux, la condition des hommes et des choses, peuvent être tels, que la tolérance, qui n'est pourtant qu'un pis aller, peut être regardée comme un bien. — Il y a une tolérance défendue : c'est celle qui n'est qu'une faiblesse de caractère excluant toute appréciation de ce qui est toléré et excusant le mal en lui-même. « La tolérance des opinions d'autrui et la patience dans les discussions sont des vertus louables. Néanmoins cette tolérance doit avoir une limite; il n'est pas permis d'abandonner la défense énergique de la vérité : l'indignation contre le mal et contre les théories immorales et scandaleuses, est aussi un devoir. — Dans les matières qui ne touchent

---

[1] Renan a écrit : « La liberté de tout dire suppose que ceux à qui l'on s'adresse ont l'intelligence et le discernement nécessaires pour faire la critique de ce qu'on leur dit, l'accepter, s'il est bon; le rejeter, s'il est mauvais. S'il y avait une classe légalement définissable de gens qui ne pussent faire ce discernement, il faudrait surveiller ce qu'on leur dit; car la liberté n'est tolérable qu'avec le grand correctif du bon sens public, qui fait justice des erreurs... Dans les questions relatives à la liberté d'exprimer sa pensée, il ne faut pas seulement considérer le droit qu'a celui qui parle, droit qui est naturel et n'est limité que par le droit d'autrui, mais encore la position de celui qui écoute. — C'est au point de vue de celui qui écoute et non de celui qui parle que les restrictions sont permises et légitimes. La liberté de tout dire ne pourra avoir lieu que lorsque tous auront le discernement nécessaire; et que la meilleure punition des fous sera le mépris public. » (*L'Avenir de la science*.) — C'est encore trop accorder : il y a des choses que la conscience ne permet pas même de penser, à plus forte raison de dire.

[2] Voir à la fin de la leçon : *Lecture sur la tolérance*.

pas à la morale et à la direction générale de la vie humaine, la libre critique et la contradiction ont de grands avantages. Mais, en revanche, partout où se rencontre un devoir évident ou un principe nécessaire à l'homme pour atteindre sa fin, il faut éviter toute discussion qui affaiblirait l'énergie morale et obscurcirait la conscience. » (DE BROGLIE, *Instr. morale*.) Ce qu'il s'agit de bien établir en cette question, c'est que l'erreur, en tant qu'erreur, ne peut revendiquer de droits. La vérité se doit à elle-même de témoigner de la patience, de l'indulgence, de la tolérance, de la justice surtout, à l'égard de ceux qui errent et de ceux qui sont coupables; mais ce n'est pas leur erreur ou leur crime qui leur confère ces droits relatifs.

Liberté philosophique. — A la liberté de conscience se rattache ce qu'on appelle liberté philosophique. Par *liberté philosophique*, on entend le droit de penser, en dehors de toute religion, ce que l'on trouve de plus conforme à la raison dans les questions que se pose l'esprit humain sur la nature, sur l'âme et sur Dieu.

Mais il faut remarquer que la liberté de penser n'est pas illimitée, qu'elle n'est pas la liberté de croire ce qui est absurde, soit qu'on prenne le mot liberté dans le sens de *droit*, soit qu'on le prenne dans le sens de *pouvoir*. Le droit, on ne l'a pas : en soi, la vérité est absolue, et partant obligatoire pour toute raison; il n'y a pas de droit à l'erreur. Le *pouvoir*, la raison ne l'a pas non plus, parce que la vérité évidente s'impose nécessairement à elle; parce que, si elle admettait l'absurde, c'est-à-dire ce qui est contradictoire, ce qui dit oui et non sur le même sujet, elle serait en désaccord avec elle-même, affirmant en même temps qu'une chose est et n'est pas, et cela n'est pas possible à la raison. Mais la raison est un instrument de la volonté, et celle-ci peut, à son gré, la détourner de la vérité et l'empêcher de la voir. La liberté ou le pouvoir de résister à l'évidence, de se soustraire à la démonstration, n'appartient pas à l'intelligence, mais à la volonté; c'est une liberté ou un pouvoir moral, non intellectuel; le libre arbitre ou liberté du choix est un caractère de la volonté, non un caractère de la raison. (Voir *Logique, Causes de l'erreur*, 2ᵉ leçon.)

La liberté de penser est un bien très précieux. L'homme est libre, parce qu'il pense ; la pensée fait l'homme. La raison ou faculté de penser est le principe naturel de son activité. Penser est pour lui le premier bien, le premier droit et le premier devoir. De là ce mot de Pascal : « Travaillons à bien penser, voilà le principe de la morale. » Porter atteinte à la liberté de penser, c'est violer du même coup tous les droits qui en découlent, c'est méconnaître l'essence même de la nature humaine. L'homme ne fait pas la vérité; mais il fait sa science; il a le droit et le devoir de n'admettre que ce qui se présente à lui avec l'autorité de l'évidence ou avec l'évidence de l'autorité. Il va de soi que l'homme n'a que le droit de penser et de parler juste : la liberté de penser et de parler, comme celle d'agir, est réglée par les lois de la vérité et de la morale.

Liberté physique ou corporelle. — Voir *Psychologie*, 20ᵉ leçon, p. 274.

L'article VII de la *Déclaration des droits* formule ainsi le principe de la *liberté individuelle* : « Nul ne peut être arrêté, accusé, ni détenu, que dans les cas déterminés par la loi et dans les formes qu'elle a prescrites. »

Une des conséquences de ce principe est *l'inviolabilité* du domicile. « La demeure de toute personne est inviolable; nul ne peut y pénétrer que selon les formes et dans les cas prévus par la loi. Cette inviolabilité admet d'assez nombreuses exceptions *pendant le jour*; mais, *la nuit*, nul ne peut s'introduire chez un citoyen malgré lui, si ce n'est en cas *d'incendie, d'inondation*, ou de *réclamation* venant de l'intérieur. En dehors de ces cas, la force publique, même avec des ordres de justice, n'a pas le droit de pénétrer; elle ne peut que prendre des mesures de précaution, par exemple, cerner la maison, en attendant le jour. » (LARCHER, *Cours de législation*.)

Esclavage. — A la liberté individuelle sont opposés *l'esclavage* et le *servage*.

L'esclavage absolu (voir *Psych.*, 20ᵉ leçon, p. 276) est évidemment contraire au droit naturel : c'est un crime de lèse-humanité. Aucun homme ne peut moralement consentir à devenir esclave, ni contraindre son semblable à l'être, à cesser d'être une personne humaine, en perdant les droits qui lui sont essentiels.

Condamnation de l'esclavage. — On a donné diverses raisons pour combattre l'esclavage. Les *philanthropes* le combattent au nom des sentiments humanitaires : les hommes, disent-ils, doivent s'aimer et se traiter comme des frères ; l'esclavage est en opposition avec la fraternité et la sympathie qui doivent régner parmi les hommes. — Cette raison est insuffisante : on peut leur répondre qu'il a été fait, en faveur des animaux, des lois protectrices, qui défendent de les maltraiter, de les faire souffrir inutilement ; de blesser, chez l'homme, les sentiments de la pitié et de la compassion ; ou encore, que les esclaves se trouvent plus heureux dans la servitude que dans la liberté, et que c'est par amour pour eux, par compassion pour leur faiblesse, qu'on les rend esclaves.

Les *économistes* condamnent l'esclavage au nom de l'intérêt. Le travail de l'homme libre, disent-ils, est plus productif que celui de l'esclave. L'esclavage est un obstacle au progrès de la richesse et du bien-être de l'humanité. — On peut répondre aux économistes que l'intérêt conseille, mais ne commande pas ; qu'on ne peut rien défendre ni prescrire au nom de l'intérêt ; que l'intérêt n'a pas d'autorité, par conséquent pas de caractère obligatoire.

Ainsi, les raisons des philanthropes et des économistes, sans être à dédaigner, ne suffisent pas à la condamnation de l'esclavage.

L'esclavage n'est absolument condamné que par le droit naturel, par la loi morale, qui impose à l'homme des devoirs et lui confère des droits au-dessus de toute atteinte. L'homme étant une personne, ayant une règle à suivre et une fin à atteindre librement, ne peut pas être gêné dans l'usage qu'il fait de ses facultés pour observer cette règle et atteindre cette fin. La loi morale est inviolable en elle-même et dans les êtres qu'elle régit et qui en sont les sujets. L'esclavage traite l'homme, non comme une personne qui a des devoirs et des droits et qui est inviolable, mais comme une chose, comme un moyen, ce qui est une atteinte au droit naturel.

On ne peut pas donner comme raison de l'esclavage le droit du vainqueur qui, ayant pu ôter la vie au vaincu, a bien voulu la lui conserver, mais en le réduisant en captivité. Montesquieu répond : « Il est faux qu'il soit permis de tuer à la guerre autrement que dans le cas de nécessité ; mais, dès qu'un homme a fait d'un autre un esclave, on ne peut pas dire qu'il a été dans la nécessité de tuer, puisqu'il ne l'a pas fait. » L'argument est péremptoire.

On ne peut pas non plus donner comme raison de l'esclavage l'infériorité des facultés de certaines races d'hommes. Ces hommes ont-ils l'intelligence et la liberté ? Sont-ils soumis à la loi morale ? Ont-ils un but moral à atteindre ? — Si oui, on n'a pas le droit de les gêner dans l'exercice légitime de leurs facultés ; on a le devoir de les éclairer, de les secourir, de les aider à sortir de l'ignorance et de l'abrutissement, de les rendre plus hommes, c'est-à-dire plus intelligents et plus libres, plus dignes de leur nature et de leur destinée[1].

Servage. — Le servage, tel qu'il a existé au moyen âge, était un esclavage mitigé, une forme adoucie de la servitude. Entre le serf et l'esclave, il y avait

---

[1] On lira avec profit l'*Encyclique* de Léon XIII aux évêques du Brésil, sur l'esclavage (1888). — Sur la sagesse avec laquelle l'Église a procédé dans l'émancipation des esclaves, voir Ozanam, *Civilisation au Vᵉ siècle*, 18ᵉ leçon.

cependant une distance immense. L'esclave était la *chose* du maître, le serf est une personne ; il est attaché à la glèbe, il est vrai, c'est-à-dire au domaine territorial, il ne peut être déplacé ; mais il peut, sous certaines conditions, posséder une propriété ; il est comme un vassal d'ordre inférieur ; il doit des services déterminés, mais il n'a aliéné qu'une portion de sa liberté ; ses enfants sont à lui, bien qu'ils doivent un service au seigneur ; le droit reconnaît entre eux et leurs parents des liens de parenté légitime. Il n'en était pas ainsi des esclaves, dont l'union, dépourvue des effets du mariage légitime, n'était qu'un *état de fait* étranger à la loi. L'esclave n'avait pas de famille civile, ne jouissait d'aucun droit de famille. — La transformation de l'esclavage en servage fut un des bienfaits du christianisme.

Abus de pouvoir. — On entend ici, par *abus de pouvoir*, les excès dans lesquels peut tomber, en dehors du gouvernement, tout homme qui possède sur autrui une autorité quelconque ; par exemple, le père sur ses enfants, le patron sur ses apprentis, le professeur sur ses élèves, le maître sur ses domestiques.

Les parents, les patrons, les professeurs, qui tournent leur autorité ou leur influence contre la faiblesse ou l'inexpérience de l'enfant, qui l'exploitent ou le surmènent, qui le contraignent à des actes répréhensibles, nuisibles ou simplement inutiles pour lui, sont d'autant plus coupables que celui dont ils abusent est moins en état de se défendre.

Il en est de même du maître ou du patron qui exige de ses domestiques, de ses ouvriers, un travail excessif, qui les surcharge jusqu'au détriment de leur santé, qui profite de la misère d'un ouvrier pour lui imposer un salaire insuffisant et au-dessous du tarif normal, pour le gêner dans l'exercice de ses droits, en politique et en religion. Toutes les fois qu'un homme profite de la misère d'un autre pour l'entraîner, à prix d'argent, à commettre un acte immoral, il fait un abus de pouvoir.

Quant à l'influence morale qu'on exerce sur les autres hommes, on ne doit pas la pousser jusqu'à détruire leur volonté et en faire de simples instruments, ni non plus se priver de toute influence sur eux, sous prétexte de respecter leur liberté. Le bon sens et la pratique universelle nous disent qu'il y a un droit de la sagesse sur l'ignorance, de l'âge et de l'expérience sur la jeunesse. Mais ce droit veut être exercé avec beaucoup de discrétion pour ne pas dégénérer en abus, pour ne pas réduire ceux sur qui il porte à une sorte d'*esclavage moral*, qu'on ne saurait justifier au nom de l'intérêt même de ceux qui en sont victimes ; car annuler une volonté est toujours un mal et un grand mal. Il n'est pas permis de rendre l'homme moins homme sous prétexte de le rendre plus heureux.

III. — RESPECT DE LA PERSONNE DANS SON INTELLIGENCE

Dans la liberté de la conscience et des croyances et dans la liberté individuelle se trouvent nécessairement comprises celles de la pensée et de l'intelligence ; car agir librement, c'est agir suivant sa pensée, et la foi elle-même implique l'usage de l'intelligence.

On peut porter atteinte à l'intelligence de ses semblables de deux manières : *en les empêchant de s'instruire et en les trompant.*

Les empêcher de s'instruire, les contraindre de rester dans l'ignorance, leur ôter les moyens ou ne pas leur permettre de développer leurs facultés intellectuelles, c'est une action criminelle, qui aboutit à en faire des esclaves, qui a pour effet, tout en laissant vivre le corps, de tuer en quelque sorte l'âme.

Pour jouir de la liberté que réclame sa nature, il faut que l'homme soit homme, qu'il agisse moralement, et que pour cela il se connaisse et connaisse son devoir, qu'il possède au moins le minimum de vérité nécessaire pour accroître sa valeur morale et améliorer son sort. Plus on connaît, plus on peut s'appartenir, plus on est capable d'apprécier les motifs et les mobiles qui portent à agir. Une autorité qui ne se maintient que par l'ignorance et l'abrutissement de ceux sur qui elle s'exerce, est une injustice, une infamie.

On les trompe par le mensonge, qui est une action vile et lâche. Celui qui ment perd le respect de lui-même (voir 2º leçon, p. 745, le mensonge considéré au point de vue de la morale individuelle) et abuse de la confiance d'autrui. Il manque à la dignité personnelle et au devoir social de ne pas induire les autres en erreur. Si la parole est détournée de son but, qui est de manifester la vérité, la confiance n'est plus possible, et la société elle-même est sapée par son fondement : ni l'éducation ne peut être donnée, ni la justice être rendue, ni les relations avoir un point d'appui.

La définition même du mensonge : — *parler sciemment contre la vérité et avec l'intention de tromper*, — montre que c'est un acte mauvais en soi, qu'aucune fin ne saurait légitimer. Pourquoi ment-on, en général? On ment, parce qu'on est *vaniteux* et qu'on veut se faire valoir; parce qu'on est *égoïste*, et qu'on espère, par le mensonge, se procurer quelque avantage ou éviter quelque inconvénient; parce qu'on est *lâche*, qu'on n'a pas le courage de dire la vérité, ou que, par peur du blâme et de la peine, on se dérobe à la responsabilité de ses actes; parce qu'on est *méchant, envieux, jaloux*, et qu'on veut nuire aux autres par la calomnie; enfin le mensonge peut être devenu une *habitude*, un vice, et l'on ment alors par *besoin*, pour le seul plaisir de mentir.

A côté du mensonge en paroles, il y a le mensonge en actions : *l'hypocrisie* et la *fourberie* ne sont pas autre chose que le mensonge en paroles et en actions à l'état permanent. Le fourbe, l'hypocrite, c'est le mensonge incarné, le mensonge fait homme : c'est Scapin, c'est Tartuffe.

Véracité, franchise. — Au mensonge s'opposent la *véracité* et la *franchise*, qui font le charme et la sûreté des relations, et dont la pratique implique un fonds de courage et de bonté.

La *véracité* est l'attachement constant à dire la vérité, la disposition à conformer ses paroles et ses actions à ses pensées. Elle tient à la constitution même de notre nature (voir *Psychologie*, p. 97); elle est le fondement et la condition de tout commerce social. On a remarqué que l'expression spontanée de nos sentiments est toujours vraie. Quand nous trompons, nous faisons une espèce de violence à notre nature, pour un motif de vanité, de crainte, d'intérêt, d'envie, de lâcheté, de méchanceté. Aussi la disposition habituelle à mentir est-elle regardée comme l'indice de quelque désordre moral, ce qui explique le mépris qui s'attache à la fausseté. Un homme droit a bien plus horreur de toute dissimulation, qu'une oreille délicate d'un son qui détonne. (Voir plus haut, 2ᵉ leçon, *Respect de la vérité*, p. 745.)

La *franchise* est la sincérité avec laquelle on parle aux autres ou on agit à leur égard. A proprement parler, la sincérité diffère de la franchise : celle-là ne trahit jamais la vérité, celle-ci la dit ouvertement. La franchise n'est, au fond, qu'une partie de la sincérité : c'est la sincérité à l'égard d'autrui. L'homme sincère l'est avec lui-même, aussi bien qu'avec les autres ; l'homme franc l'est avec autrui.

Il ne faut pas confondre la véracité et la franchise, qui sont toujours prudentes, circonspectes, polies, avec la *brusquerie*, qui manque de mesure et de tact, qui est indélicate, blessante, insolente. Être franc, ce n'est pas dire à tout venant *ses vérités*, surtout des vérités désagréables. La règle et la mesure de la franchise est le respect des sentiments d'autrui. Alceste, de Molière, dans le *Misanthrope*, est le type de la *brusquerie*.

Indiscrétion. — On peut encore manquer au respect dû à l'intelligence d'autrui, par l'*indiscrétion*.

On entend quelquefois par indiscrétion une *curiosité malsaine*, qui fait qu'on s'immisce dans les affaires des autres, qu'on fait une sorte d'enquête sur leur vie, qu'on les embarrasse par ses questions, les forçant à dire ce qu'ils veulent taire, ou à dissimuler, à mentir, pour échapper à l'importunité. Cette sorte d'indiscrétion, outre qu'elle est l'indice d'un manque de délicatesse, est d'ordinaire la source des commérages, des mauvais rapports, des médisances.

Plus généralement, on entend par indiscrétion l'*action de divulguer un secret* confié ou surpris, ou connu par hasard, soit pour nuire, soit par intempérance de langue, par bavardage, pour faire l'entendu et montrer qu'on est au courant de bien des choses.

La discrétion est un devoir pour tous. Il n'est personne qui ne soit dans le cas et qui ne soit tenu de garder le silence sur des choses intimes concernant sa famille, ses amis, ses collègues : sur une brouille domestique, par exemple, un embarras d'argent, la non-réussite d'une démarche, des projets communiqués, des paroles entendues ; personne qui ne doive éviter cette grossière et dégoûtante indiscrétion d'écouter aux portes, de regarder par les serrures, de lire une lettre tombée sous la main. Mais il est des positions, des emplois, des carrières qui impliquent l'engagement tacite de se taire après avoir reçu certaines communications, après avoir été mis au courant de certaines situations ou affaires ; où l'on est, par état, dépositaire de certains secrets et où, par conséquent, la discrétion est un *devoir professionnel* : telles sont les professions de médecin, d'avocat, de notaire, d'employé des postes, d'ambassadeur, de militaire, de domestique. Dans bien des cas, l'indiscrétion est vraiment un crime pour ces diverses personnes, parce que la discrétion étant inhérente à leur profession, on y compte et on se livre sans arrière-pensée, et aussi parce que les plus graves intérêts sont ou peuvent être en cause.

IV. — RESPECT DE LA PERSONNE DANS SA SENSIBILITÉ

Politesse. — Le respect de la personne dans sa sensibilité se nomme la *politesse*. Nous n'avons pas le droit de blesser la sensibilité d'autrui. Les injures, les railleries, les paroles offensantes font tort au prochain et sont une des formes de l'injustice. Sans doute, la politesse n'est pas toute comprise dans le respect des droits de la personne humaine. Dans bien des cas, en effet, la politesse, c'est la bienveillance, la bienfaisance, la compassion, le sacrifice de ses aises, de ses intérêts, le souci de faire plaisir, d'être agréable, c'est-à-dire la charité.

Pour être vraiment poli, il faut être *juste* et *charitable*; il faut pratiquer les deux maximes: *Ne pas faire aux autres ce que nous ne voulons pas qu'ils nous fassent; — faire pour eux ce que nous voulons qu'ils fassent pour nous;* mais l'honnête homme, qui est attentif à ne pas nuire et à empêcher qu'on ne nuise, ne froissera pas les légitimes susceptibilités de ses semblables, évitera tout ce qui peut leur causer de la peine et ne manquera pas gravement à la politesse. Celui qui est impoli manque à coup sûr de charité, et il est très rare qu'il ne manque pas de justice; car, plus souvent qu'on ne le pense, la politesse est un simple devoir de justice. (Voir plus haut, p. 698.)

NOTES COMPLÉMENTAIRES

Liberté des cultes. — Mgr Parisis, dans ses *Cas de conscience sur les libertés publiques*, pose ainsi la question, par rapport à la liberté des cultes : « Quand il existe dans un pays des constitutions ou des lois qui assurent à tous les cultes leur libre exercice, un catholique peut-il réclamer en faveur de l'Eglise sa part de cette liberté civile accordée à tous, et quand ces lois sont le seul moyen d'avoir sa propre liberté, peut-il en désirer le maintien et en réclamer l'application ? »

Le prélat n'hésite pas à répondre affirmativement; et, après avoir traité la question au point de vue de l'histoire et du bon sens, il s'appuie sur l'autorité des plus graves théologiens, et il conclut : « On doit comprendre maintenant comment l'Eglise condamne en principe ce qu'elle tolère quelquefois en fait. Les principes sont absolus et immuables; mais les préceptes qui découlent de ces principes n'obligent pas toujours au même degré.

« Quand deux devoirs opposés se trouvent en présence, il faut bien que l'un soit sacrifié à l'autre. Le devoir sacrifié en fait n'est pas pour cela méconnu en droit, et on serait coupable de ne pas l'accomplir, si l'autre devoir n'était pas tel qu'il dût l'emporter.

« Quand l'Eglise tolère ou même approuve, par le serment qu'elle permet, des constitutions qui consacrent la liberté des cultes, c'est qu'elle suppose qu'il y a eu des raisons d'Etat suffisantes pour les rendre légitimes; mais elle ne conserve pas moins sa doctrine intacte.

« On peut donc, tout en se maintenant dans les enseignements de la foi catholique, qui sont absolus et exclusifs de toute erreur, accepter en fait et, au besoin, invoquer une loi qui consacre le système légal de la liberté de conscience et de la liberté des cultes. »

Liberté de la parole et de la presse. — Dans son *Encyclique sur la liberté humaine*, Léon XIII apprécie ainsi qu'il suit la *liberté* d'exprimer par la *parole* et par la *presse* tout ce que l'on veut. — « Assurément, si cette liberté n'est pas justement tempérée, si elle dépasse le terme et la mesure, une telle liberté, il est à peine besoin de le dire, n'est pas un droit. Car le droit est une faculté morale, et, comme nous l'avons dit et comme on ne peut trop le redire, il serait absurde de croire qu'il appartient naturellement, et sans distinction ni discernement, à la vérité et au mensonge, au bien et au mal. Le vrai, le bien, on a le droit de les propager dans l'État avec une liberté prudente, afin qu'un plus grand nombre en profite; mais les doctrines mensongères, peste la plus fatale de toutes pour l'esprit; mais les vices qui corrompent le cœur et les mœurs, il est juste que l'autorité publique emploie à les réprimer sa sollicitude, afin d'empêcher le mal de s'étendre pour la ruine de la société. Les écarts d'un esprit licencieux, qui, pour la multitude ignorante, deviennent facilement une véritable oppression, doivent justement être punis par l'autorité des lois, non moins que les attentats de la violence commis contre les faibles. Et cette répression est d'autant plus nécessaire, que, contre ces artifices de style et ces subtilités de dialectique, surtout quand tout cela flatte les passions, la partie sans contredit la plus nombreuse de la population ne peut en aucune façon ou ne peut qu'avec une très grande difficulté se tenir en garde. Accordez à chacun la liberté illimitée de parler et d'écrire, rien ne demeurera sacré et inviolable, rien ne sera épargné, pas même ces vérités premières, ces grands principes naturels que l'on doit considérer comme un noble patrimoine commun à toute l'humanité... Mais s'agit-il des matières libres que Dieu a laissées aux disputes des hommes, à chacun il est permis de se former une opinion, et, cette opinion, de l'exprimer librement; la nature n'y met point d'obstacle : car, par une telle liberté, les hommes ne sont jamais conduits à opprimer la vérité, et elle est souvent une occasion de la rechercher et de la faire connaître. » — On trouvera, dans la même *Encyclique*, des principes relatifs aux autres libertés dites modernes.

Tolérance. — « Tout en n'accordant de droits qu'à ce qui est vrai et honnête, l'Église ne s'oppose pas à la tolérance dont la puissance publique croit pouvoir user à l'égard de certaines choses contraires à la vérité et à la justice, en vue d'un plus grand mal à éviter, ou d'un plus grand bien à obtenir ou à conserver. Dieu lui-même, dans sa Providence, quoique infiniment bon et tout-puissant, permet néanmoins l'existence de certains maux dans le monde, tantôt pour ne point empêcher des biens plus grands, tantôt pour empêcher de plus grands maux. Il convient, dans le gouvernement des États, d'imiter celui qui gouverne le monde. Bien plus, se trouvant impuissante à empêcher tous les maux particuliers, l'autorité des hommes doit « permettre et laisser impunies bien des choses qu'atteint pourtant à juste titre la Providence divine ». (Saint Augustin, *du Libre arb.*, liv. I, ch. vi.) Néanmoins, dans ces conjonctures, si, en vue du bien commun et pour ce seul motif, la loi des hommes peut et même doit tolérer le mal, jamais pourtant elle ne peut ni ne doit l'approuver, ni le vouloir en lui-même; car, étant de soi la privation du bien, le mal est opposé au bien commun, que le législateur doit vouloir et doit défendre du mieux qu'il peut. Et en cela aussi la loi humaine doit se proposer d'imiter Dieu, qui, en laissant le mal exister dans le monde, « ne veut ni que le mal arrive, ni que le mal n'arrive pas, mais veut permettre que le mal arrive. Et cela est bon. » (Saint Thomas, p. 1, qu. xix.) Cette sentence du Docteur angélique contient, en une brève formule, toutes les doctrines sur la tolérance du mal. Mais il faut reconnaître, pour que notre jugement reste dans la vérité, que plus il est nécessaire de tolérer le mal dans un État, plus les conditions de cet État s'écartent de la perfection, et, de plus, que la tolérance du mal, appartenant aux principes de la prudence politique, doit être rigoureusement circonscrite dans les limites exigées par sa raison d'être, c'est-à-dire par le salut public. C'est pourquoi, si elle est nuisible au salut public ou qu'elle soit pour l'État la cause d'un plus grand mal, la conséquence est qu'il n'est pas permis d'en user; car, dans ces conditions, la raison du bien fait défaut. » (Léon XIII, *Encyclique sur la liberté humaine*.)

Fondement des devoirs de l'homme envers ses semblables : Communauté d'origine;
Communauté de nature et de destinée;
Impossibilité pour l'homme dans l'ordre physique, intellectuel et moral, de se suffire à lui-même.

Droits naturels :
- Dérivent de la nature humaine, indépendamment de toute loi écrite;
- Ils sont communs à tous les hommes, et chacun est tenu de les faire respecter en lui et de les respecter chez les autres.
- Ces droits sont : le respect de la *vie*, de la *liberté*, de la *conscience* et des autres *facultés*, de l'*honneur* et des *biens*.

DEVOIRS ENVERS NOS SEMBLABLES

« Tu ne tueras point. » Ce précepte nous défend de détruire en nous et dans les autres le principe de la moralité.
Le droit de vivre est le premier de tous les droits et la condition de tous les autres.
On viole ce droit en soi par le *suicide*, dans les autres par l'*homicide*.
— L'homicide est permis : 1° Dans le cas de légitime défense;
2° Dans le cas d'exécution légitime d'un condamné à mort;
3° Dans la guerre (légitime défense des nations).
On ne peut faire rentrer dans ces exceptions ni l'*assassinat politique*, ni le *duel*.

I. Respect de la vie.

Le duel.
- Le *duel* est un homicide compliqué d'un suicide conditionnel.
- Le duel est opposé : A la *loi naturelle*, qui condamne le suicide et l'homicide;
- — A l'*ordre public*, qui repose sur ce principe : qu'il n'est pas permis aux individus de se faire justice eux-mêmes; — (nul ne doit être juge et partie : axiome de jurisprudence);
- Au *bon sens* : il n'y a pas de rapport entre la fin et les moyens; entre une réparation d'honneur et un coup d'épée ou une balle; — parce qu'on est le plus fort ou le plus adroit ou que l'on est favorisé du sort, cela ne veut pas dire que l'on soit le plus honnête. — C'est souvent le coupable qui tue l'innocent, dans ces sortes de combats : quoi de plus *déraisonnable* et de plus *injuste*?
- Les *sophismes* en faveur du duel, comme du suicide, ne manquent pas;
- Ils sont tous condamnés par le bon sens et la loi morale.

Le respect de la liberté comprend : le respect de la conscience, des opinions, des croyances, et la liberté individuelle (*habeas corpus*).

II. Respect de la conscience et de la liberté.

Respect de la conscience d'autrui.
- La liberté de conscience, c'est la liberté de faire son devoir.
- C'est la première et la plus importante de toutes les libertés.
- La contrainte qui réprime le mal ne viole pas la liberté de conscience : le mal n'a pas de droits.
- La société civile a le devoir de protéger la liberté de conscience contre toute erreur, tout scandale qui y porte atteinte. — L'*indifférence* entre le bien et le mal est condamnée par la morale. — La *tolérance* de l'erreur peut, dans certaines circonstances, n'être pas condamnable.
- Le respect des opinions et des croyances, la patience dans les discussions, sont des vertus, pourvu qu'elles ne deviennent pas de l'indifférence, ce qui serait une complicité.

DEVOIRS ENVERS NOS SEMBLABLES (Suite.)

II. Respect de la conscience et de la liberté. (Suite.)

Liberté philosophique. — A la liberté de conscience se rattache la *liberté philosophique*, qui est le droit de penser, en dehors de toute religion, ce que l'on trouve de plus conforme à la raison sur la nature, l'âme, Dieu, etc.

Cette liberté n'est pas illimitée : l'erreur, pas plus que le mal, n'a de droits, et l'évidence s'impose à l'intelligence.

Respect de la liberté physique. — Esclavage et servage.

(Voir *Psychologie*, p. 274 et suivantes.)

La liberté individuelle condamne l'*esclavage* et le *servage*.

L'*esclavage* est contre nature ; c'est un crime de lèse-humanité, que la morale condamne.

Les arguments des *philanthropes* et des *économistes* contre l'esclavage ont leur valeur sans doute, mais ils ne suffisent pas, parce qu'ils ne s'appuient que sur des raisons d'utilité ou de sentiment, abstraction faite des raisons morales.

Le *servage* est condamné pour les mêmes raisons. — Entre le serf et l'esclave, il y a cependant une distance immense : le premier est une *personne*, le second est considéré comme une *chose*.

Le *serf* est un homme qui ne jouit pas de tous ses droits ; l'*esclave* n'est pas un homme ; il n'a aucun droit.

Abus de pouvoir. — L'abus de pouvoir est une violation de la liberté.

Le père, le patron, le maître, qui contraignent ceux qui leur doivent obéissance à faire quelque chose de réprouvé par la conscience ;

Le patron qui exige un travail trop considérable de ses ouvriers, ou qui profite de leur faiblesse, de leur besoin pour les exploiter ;

Le gouvernement qui profite de l'autorité du pouvoir pour violer la liberté, commettent des *abus de pouvoir*.

III et IV. Respect des facultés

Respect de l'intelligence.

On peut porter atteinte à la liberté de l'intelligence d'autrui de trois manières :

1° En l'empêchant de s'instruire ;
2° En le trompant par le mensonge, la fourberie, la ruse, l'hypocrisie ;
3° En abusant de sa confiance par indiscrétion.

(Voir ce qui a été dit ci-dessus, p. 745 et suivantes : *Respect de la vérité*.)

Respect de la sensibilité.

Le respect de la personne dans la sensibilité se nomme *politesse*.

La politesse est souvent un devoir de justice : les injures, les railleries, les paroles blessantes sont des injustices.

Toujours elle est la manifestation de la bienveillance, de la bonté, de la charité.

« Ne faites pas aux autres ce que vous ne voudriez pas qu'ils vous fassent. »

« Faites pour eux ce que vous désirez qu'ils fassent pour vous. » — Voilà les maximes de la politesse.

(Voir plus haut, p. 698.)

7ᵉ LEÇON

DEVOIRS ENVERS NOS SEMBLABLES (SUITE)
RESPECT DE LA PERSONNE DANS SON HONNEUR OU SA RÉPUTATION ET DANS SA PROPRIÉTÉ

I. — RESPECT DE LA PERSONNE DANS SA RÉPUTATION

La réputation ou l'honneur est un des biens les plus précieux; car, si on l'entend comme il faut, il se confond avec la vertu. Le proverbe populaire constate la valeur pratique de la réputation ou de l'honneur: « Bonne renommée vaut mieux que ceinture dorée. » (Voir ce qui a été dit en *Psychol.*, 6ᵉ leçon, pp. 92-94, *du penchant à l'estime*, et en *Morale générale*, p. 622.)

Diverses manières de porter atteinte à la réputation du prochain. — On porte atteinte à l'honneur ou à la réputation du prochain par la *médisance*, la *calomnie*, la *diffamation*, les *injures*, la *détraction*, la *dénonciation* non motivée, la *délation*, les *mauvais rapports*.

Médisance, calomnie. — L'une et l'autre consistent à dire du mal d'autrui : si ce que l'on dit est vrai, il y a *médisance* ; si ce que l'on dit est faux et inventé, il y a *calomnie*.

La médisance et la calomnie sont mauvaises en elles-mêmes et dans leurs suites, qui sont très pernicieuses.

Elles nuisent à celui qui en est l'objet : elles lui enlèvent la réputation, qui est un bien plus précieux que la vie ; — *elles nuisent à celui qui en est l'auteur :* il blesse sa conscience, il se dégrade en s'abandonnant au plaisir misérable et injuste de déprécier les autres, au lieu de les aimer et de les soutenir ; en s'inspirant de passions malveillantes, telles que l'envie, la jalousie, la haine, la vengeance ; — *elles nuisent à ceux qui les entendent*, parce qu'ils manquent à leur devoir en les écoutant, en se faisant complices des médisants et des calomniateurs, et laissant jeter dans leurs cœurs des semences de méfiance et de haine, qui les empêcheront d'être justes et bons envers les personnes dont il s'agit ; enfin, parce que le récit de faits scandaleux pourra diminuer leur horreur pour le mal et les porter à le commettre. « Par un seul coup de sa langue, dit saint François de Sales, le médisant fait ordinairement trois meurtres : il tue d'un homicide spirituel son âme et celle de celui qui l'écoute, et il ôte la vie civile à celui dont il médit. »

C'est souvent pour montrer de l'esprit, pour piquer la curiosité, pour dire un bon mot qu'on blesse la réputation du prochain. La Bruyère s'élève avec force contre cette conduite : « Diseur de bons mots, mauvais caractère ; je le dirais s'il n'avait été dit (par Pascal). Ceux qui nuisent à la réputation ou à la fortune des autres, plutôt que de perdre un bon mot, méritent une peine infamante ; cela n'a pas été dit, et je l'ose dire. » — Il est bien difficile, sinon impossible, de détruire la calomnie une fois émise, d'en empêcher la propagation et les funestes effets. Calomniez, calomniez, a-t-on dit, il en restera toujours quelque chose.

— Dans le *Barbier de Séville*, Beaumarchais la peint ainsi : « La calomnie ! Monsieur ; vous ne savez guère ce que vous dédaignez ; j'ai vu les plus honnêtes gens près d'en être accablés ; croyez qu'il n'y a pas de plate méchanceté, pas d'horreur, pas de conte absurde, qu'on ne fasse adopter aux oisifs d'une grande ville, en s'y prenant bien... D'abord un bruit léger, rasant le sol comme l'hirondelle avant l'orage, *pianissimo*, murmure et file, et sème en courant le trait empoisonné. Telle bouche le recueille et, *piano piano*, vous le glisse en l'oreille adroitement. Le mal est fait, il germe, il rampe, il chemine, *rinforzando*, de bouche en bouche, il va le diable ; puis tout à coup, je ne sais comment, vous voyez la calomnie se dresser, siffler, cingler, grandir à vue d'œil. Elle s'élance, étend son vol, tourbillonne, enveloppe, arrache, entraîne, éclate et tonne, et devient un cri général, un *crescendo* public, un *chorus* universel de haine et de proscription. »

Diffamation. — La médisance et la calomnie deviennent la *diffamation*, quand les imputations sont graves et qu'on leur donne une grande publicité, celle du journal ou du livre, par exemple [1].

On peut se demander pourquoi la médisance et la diffamation, quand elles allèguent des faits vrais, sont contraires à la justice. Pour les condamner, « on se fonde sur ce principe que l'homme, même coupable, a droit à conserver sa réputation, tant que sa faute n'est pas devenue publique. Si, en effet, cet homme, après avoir commis une faute restée secrète, se repent et se corrige, il pourra arriver que la perte de sa réputation soit une punition plus grave que ce que la faute a mérité. Les hommes, n'étant pas juges de ce rapport entre la faute et la peine, n'ont pas le droit d'infliger ainsi volontairement et sans nécessité la réprobation publique pour une faute cachée. » (DE BROGLIE, *Instruction morale*.)

Injures. — Les paroles injurieuses ne dénotent pas seulement une mauvaise éducation, elles constituent un manquement à la loi morale et une offense à la personnalité d'autrui, et, à ce dernier titre, elles sont soumises par la loi civile à des pénalités répressives.

Pour que l'*injure publique* puisse être confondue avec la *diffamation*, il faut qu'elle renferme l'imputation d'une faute ou d'un vice déterminé. La diffamation va même plus loin. Il n'y a pas seulement diffamation quand on s'attaque à la probité ou à la vertu d'une personne, mais encore quand on cherche à ruiner la réputation de talent ou de mérite qu'elle a conquise dans un art ou une profession. C'est à ce dernier ordre d'idées que répond le mot *considération*, introduit à dessein dans la loi [2]. Un médecin, un avocat, un homme de lettres, attaqués dans leur mérite professionnel, ont le droit de demander une réparation pécuniaire aux journaux, soit par la voie civile, soit par la voie correctionnelle.

Détraction. — La médisance, la calomnie et la diffamation sont quelquefois désignées par le terme générique de *détraction*, action de dénigrer injustement quelqu'un en son absence.

Dénonciation. — Il va sans dire que le *témoignage en justice*,

---

[1] Le code de 1810 distinguait la diffamation et la calomnie. Aujourd'hui il y a diffamation dès que le fait allégué, qu'il soit vrai ou faux, est dommageable à la réputation d'autrui.

[2] La loi du 17 mai 1810 définit la diffamation : « Toute allégation ou imputation d'un fait qui porte atteinte à l'honneur ou à la considération de la personne ou du corps auquel le fait est imputé. »

la *dénonciation* faite à l'autorité, d'un crime dont on est victime ou témoin, ne saurait se confondre avec la diffamation. Dans ces cas, le devoir est de dire la vérité que l'on sait.

En général, la dénonciation est un devoir, quand la justice ou le droit est gravement lésé, quand l'ignorance des choses qu'elle révèle peut devenir préjudiciable à l'État, à une société, à ceux qui nous touchent. Il faut se rappeler qu'il y a deux sortes d'injustice : celle qu'on fait et celle qu'on laisse faire pouvant l'empêcher. Tous les hommes sont solidaires, et ils doivent se considérer comme personnellement atteints toutes les fois que la justice est violée dans l'un de leurs semblables. Le droit est le patrimoine de chacun et de tous ; il est donc du devoir de chacun de le défendre chez tous, et du devoir de tous de le défendre chez chacun.

Je vois, par exemple, un être faible attaqué dans son âme ou dans son corps, maltraité par la force, la violence, la brutalité, ou victime d'un abus de pouvoir ; puis-je garder le silence et ne pas prendre la défense de la faiblesse opprimée ? Je ne le puis sans me rendre coupable. J'apprends qu'un criminel, dont la mauvaise foi m'est connue, qu'un incapable notoire, va obtenir, par ses intrigues, un emploi dans l'État et qu'il nuira à ceux qui auront affaire à lui ; puis-je dénoncer son indignité et son incapacité ? Je le dois. Il s'agit ici de protéger l'État et les intéressés [1].

Dans une famille, dans un corps, dans une société, dans une maison d'éducation, se glisse un misérable qui veut porter atteinte aux droits les plus sacrés, à l'honneur, à la vertu ; celui qui s'aperçoit de son jeu hypocrite peut-il le dévoiler à qui de droit ? Il le doit. C'est l'honneur même de la famille, du corps, de la société, de la maison d'éducation, qui est en cause, c'est une question de justice ; c'est l'honneur de tous et de chacun qui est en péril, c'est le droit de légitime défense que l'on exerce. Dans ce cas, ne pas empêcher l'injustice, ne pas arrêter le mal, c'est y participer, comme participe au vol ou à l'incendie celui qui voit le voleur ou l'incendiaire commencer à commettre son crime et qui ne l'arrête pas, qui n'avertit pas et laisse faire.

La règle à suivre en fait de dénonciation est celle-ci : ne jamais révéler les fautes du prochain dans l'intention de lui nuire, ni en vue d'un profit personnel ; mais uniquement en chose grave et de justice, par devoir, pour le bien du prochain lui-même, pour défendre le droit, l'honneur, la vertu, et seulement à qui peut arrêter le mal. Celui qui est dénoncé n'a pas le droit de se plaindre qu'on blesse sa réputation ; car le droit qu'il avait de la conserver cède devant un droit supérieur [2].

Délation. — La dénonciation devient *délation*, quand elle n'a pas pour but la justice et la défense de la société, mais qu'elle est poussée par les mobiles les plus vils, l'intérêt, la vengeance, l'envie. La délation participe de l'homicide, du vol et de la médisance, quand elle ne va pas jusqu'à la calomnie. Elle prend mille formes : tantôt c'est une lettre anonyme, tantôt c'est une conversation, un article de journal, où on livre un adversaire aux rigueurs de l'autorité ou de l'opinion, où l'on abuse d'un propos imprudemment tenu, d'un secret que l'on était obligé de garder.

---

[1] On sait que les actes d'un homme public sont du domaine de la critique. Attaquer justement son administration, ce n'est pas diffamer sa personne, mais servir l'intérêt commun.
[2] On trouvera ces principes énergiquement affirmés dans le *Collège chrétien*, par M⁰ʳ Baunard, premier volume, 2ᵉ partie, Instruction sur le mauvais livre, ainsi que dans le *Savoir-vivre* (édition pour jeunes gens), par A. de la Fère, p. 97.

La forme la plus repoussante, la plus dégradante, la plus infâme de la délation, c'est, sans contredit, la *lettre anonyme*. Elle n'a jamais d'excuse et ne peut être l'œuvre que d'une lâche méchanceté. Si, en accusant, on croit faire son devoir, il faut le faire à visage découvert.

L'éducation, dans la famille comme à l'école, doit donner à l'enfant une grande horreur pour la *délation* et lui apprendre à la distinguer de la *dénonciation*, qui peut être un devoir grave de justice. Le délateur, ou le *rapporteur*, comme l'appellent les enfants, ordinairement hypocrite et jaloux, révèle, dans l'intention de nuire, les fautes légères de ses condisciples. C'est là une conduite odieuse, mortelle à la bonne camaraderie, qui vit de confiance et de franchise.

Mauvais rapports. — On peut rapprocher de la délation les *mauvais rapports*, dont on se rend coupable en faisant connaître à quelqu'un ce que d'autres ont fait ou dit contre lui, et dont le but ou le résultat est de semer la discorde entre les amis, de brouiller les familles, d'engendrer des troubles, des divisions, des inimitiés, entre des hommes qui, par caractère ou par position, devaient s'entendre.

Droits de la critique. — Le vers de Boileau : *Le mal qu'on dit d'autrui ne produit que du mal*, est vrai en morale, où il désigne la médisance et la calomnie ; il ne l'est pas en littérature et en art, où les droits et les bienfaits de la critique sont reconnus. Le critique ne médit ni ne calomnie ; il s'en prend aux œuvres, non aux personnes ; il remplit un devoir en défendant le bon goût, « en vengeant la raison des attaques des sots. » Boileau a fort bien dit :

L'ardeur de se montrer et non pas de médire
Arme la vérité du vers de la satire.

La satire, c'est l'improbation du bon sens, du goût, de la conscience, en présence des travers, des défauts, des vices. Cette improbation est absolument légitime ; elle part du même principe que la reconnaissance et l'admiration. L'impassibilité est contre nature et avilissante pour l'homme ; elle implique l'indifférence entre le vrai et le faux, entre le beau et le laid, entre le bien et le mal, c'est-à-dire l'oubli des principes et des devoirs qui sont le fond et l'honneur de l'âme humaine. (Voir *Notes complémentaires*.)

II. — RESPECT DE LA PERSONNE DANS SA PROPRIÉTÉ

Tu ne voleras point, tu n'usurperas point le bien d'autrui. Ces maximes du Décalogue et de la législation civile commandent de respecter la personne humaine dans sa propriété.

La première propriété que l'homme possède ou doit posséder pour être vraiment homme, c'est lui-même. Les choses que l'homme transforme, auxquelles il donne, par son travail, une valeur qu'elles n'avaient pas, deviennent aussi sa propriété.

« L'homme, dit Léon XIII dans son *Encyclique sur la condition des ouvriers*, s'applique pour ainsi dire à lui-même la portion de la nature corporelle qu'il cultive, et y laisse comme une certaine empreinte de sa personne, au point qu'en toute justice ce bien sera possédé dorénavant comme sien et qu'il ne sera licite à personne de violer son droit en n'importe quelle manière[1]. »

---

[1] *Encyclique*, édit. du XX⁰ siècle, p. 8.

Mais le développement social, les circonstances économiques, la variété des lois positives, ont créé un certain nombre de *régimes de la propriété*, un certain nombre de façons d'être propriétaire. Les uns deviennent propriétaires par le travail, d'autres par la spéculation. Il en est qui, propriétaires d'une terre, se considèrent comme appelés à la cultiver ou tout au moins à en gérer l'exploitation; le travail alors est à la fois la raison d'être et le but, la cause efficiente et la cause finale de leur droit de propriété. D'autres, au contraire, se désintéressant personnellement de l'exploitation de leur terre, ne la considèrent que comme une source de revenus, — revenus qu'ils exigent d'un fermier sans fournir eux-mêmes aucun travail actuel. Il en est enfin qui négligent le sol qu'ils possèdent, ou qui aiment mieux, par exemple, le transformer en terrain de chasse que le cultiver.

La loi civile reconnaît à tous ces propriétaires le même droit de propriété; mais on s'explique aisément qu'une certaine critique se montre moins indulgente que la loi civile, et que la conduite de certains propriétaires ait fait naître des doutes sur la valeur et sur l'étendue du droit de propriété.

De ces doutes sont issus des systèmes qui attaquent la propriété : le *socialisme*, le *communisme*.

En présence de ce double chaos : chaos dans l'organisation de la propriété et chaos dans les théories qui concernent la propriété, il est nécessaire d'étudier d'un peu près la vraie notion de propriété.

Le droit de propriété de l'humanité sur la terre. — « L'homme, dit saint Thomas, parce qu'il est un être immortel et que sa raison fait de lui une image de Dieu, a sur toutes les autres créatures un domaine naturel. »

« Avant que l'État pût se former, dit Léon XIII, l'homme déjà avait reçu de la nature le droit de vivre et de protéger son existence [1]. »

Le domaine de l'humanité sur les choses créées n'est donc point une invention progressive et tardive du droit positif. Il est de droit divin et naturel.

C'est ce que prouve la Genèse : « Dieu bénit Adam et Ève, dit le texte sacré, et il leur dit : Croissez et multipliez-vous, remplissez la terre, soumettez-la, dominez sur les poissons de la mer, les oiseaux du ciel et tous les animaux qui se meuvent sur la terre. Je vous ai donné toute herbe portant semence, et tous les arbres, afin qu'ils vous servent de nourriture. » Le Psalmiste résume ce texte, lorsqu'il écrit : « Dieu a donné la terre aux enfants des hommes. »

Remarquons les mots : *afin qu'ils vous servent de nourriture*. Ils marquent que, dans le plan divin, le domaine de tous les hommes sur toutes les choses créées est destiné à assurer la subsistance de tous les hommes. Voilà le but du droit de propriété.

Et en voici la limite : « La terre est à moi, dit Dieu par la bouche de Moïse; vous êtes des étrangers et des colons à qui je la loue. » Ainsi les hommes ne sont pas des maîtres absolus de la terre; ils n'en sont que des usufruitiers. Dans l'exercice du droit de propriété, les hommes doivent tenir compte : 1° de l'origine

---

[1] *Encyclique*, p. 7.

des choses créées; qui sont un don de Dieu à l'humanité; 2º de la destination des choses créées, qui est la subsistance de toute l'humanité.

Organisation de ce droit de propriété : propriété collective et individuelle. — On peut concevoir deux façons d'exercer ce droit de propriété, dévolu à l'humanité sur les choses créées.

Les hommes peuvent exercer en commun l'usufruit des biens de la terre, les gérer en commun et s'en partager les fruits : ce serait le système de la *propriété collective*.

Chaque homme peut posséder un droit de propriété sur une partie déterminée des biens de la terre, avec le droit d'user des fruits qu'il en recueille : c'est le système de la *propriété individuelle*.

La notion chrétienne de la propriété individuelle. — Saint Thomas, auquel le pape Léon XIII se réfère volontiers dans son *Encyclique sur la condition des ouvriers*, estime que l'exercice du droit de propriété comporte une certaine appropriation individuelle des biens de la terre.

Le raisonnement sur lequel il s'appuie est essentiel pour l'intelligence de ces délicates questions.

Deux points de vue, dit-il, sont à distinguer; dans l'exercice du droit de propriété, il y a comme deux stades. D'une part, on fait fructifier (par la culture si ce sont des plantes, par l'élevage si ce sont des animaux) les biens confiés par Dieu; on en prend soin (*procurare*), on en développe la fécondité. D'autre part, on affecte à un certain emploi les fruits de ce travail, les résultats de cette fécondation; on en détermine l'usage (*usus*).

Si l'on se place au premier point de vue, si l'on envisage le premier stade, la supériorité du système d'appropriation individuelle sur le système de propriété collective est incontestable, et cela pour trois raisons :

1º Si ce droit de propriété individuelle n'était pas reconnu, l'administration des biens de la terre serait mal réglée, et dès lors impossible;

2º De cette absence de règle, de ce désordre résulterait une confusion préjudiciable à la fécondité du travail, et, par suite, à l'intérêt de tous les hommes.

3º Cette confusion provoquerait entre les hommes des disputes et des inimitiés.

Ainsi, pour le triple intérêt d'une bonne gérance des biens de la terre, de la fécondité de la culture et de la paix sociale, il importe que le droit de propriété ne s'exerce pas d'une façon anarchique, il faut que chacun ait son rôle et sa fonction dans l'exploitation de la création. De là le droit de propriété individuelle; et Léon XIII, à la suite de saint Thomas, déclare que « l'exercice de ce droit est chose non seulement permise, surtout à qui vit en société, mais encore absolument nécessaire [1] ».

Faisons un pas de plus; passons au second stade, au second point de vue : l'usage et l'affectation des biens. Voici le commun enseignement de saint Thomas et de Léon XIII : « Maintenant, si l'on demande en quoi il faut faire consister l'usage des biens, l'Église répond sans hésitation : Sous ce rapport, l'homme ne doit pas tenir les choses extérieures pour privées, mais bien pour communes, de telle sorte qu'il en fasse part facilement aux autres dans leurs nécessités [2]. »

Le soin des biens de la terre, réparti entre les hommes afin que ces biens soient exploités le mieux possible, et ces biens eux-mêmes, d'ailleurs, demeurant destinés à la subsistance de tous les hommes : voilà les deux points de la

---

[1] *Encyclique*, p. 19.
[2] id. p. 20.

doctrine chrétienne ; et c'est dans cet enseignement que le droit de propriété individuelle trouve son fondement et sa légitimité.

Une fausse conception du droit de propriété individuelle. — C'est par des raisons déduites de l'intérêt social, on vient de le voir, que saint Thomas justifie et réclame l'appropriation individuelle des biens de la terre. L'égoïsme et l'oubli des doctrines chrétiennes ont progressivement amené le règne d'une autre conception de la propriété.

Cette autre conception s'inspire des principes du droit romain. Elle définit la propriété *jus utendi, fruendi, abutendi*. *Jus utendi*, cela signifie droit de se servir de la chose ; *jus fruendi*, droit d'en jouir ; *jus abutendi*, droit de faire de la chose tout ce qu'on veut, de la faire fructifier ou de la laisser sans emploi, de la conserver ou de la gaspiller, de la soigner ou de la détruire. « Droit de jouir et de disposer des choses *de la manière la plus absolue* : » c'est ainsi que le Code civil définit la propriété.

D'après cette conception inconsciemment professée et pratiquée par un certain nombre de chrétiens, il appartient au propriétaire de juger souverainement quel usage il doit faire et quel parti il doit tirer de la chose possédée ; il ne se considère point comme un gérant auquel Dieu a assigné une certaine fonction sociale, corrélative de son droit de propriété ; il s'érige, au contraire, en maître absolu. L'appropriation individuelle, avec une telle pratique, devient une facilité pour la jouissance personnelle ; si nombreux que soient les biens de la terre dont dispose l'individu propriétaire, il pense, agit et parle comme si ces biens étaient destinés à sa seule satisfaction. Il oublie que la fonction de propriétaire impose certains devoirs, « devoirs austères, dit Mgr d'Hulst, qui servent de correctif aux privilèges sociaux [1]. »

La propriété individuelle, ainsi conçue, risque de perdre peu à peu cette utilité sociale par laquelle saint Thomas la justifiait.

Saint Thomas réclame la propriété individuelle pour rendre plus facile la gérance des biens, pour faire régner l'ordre dans le monde économique. Or la conséquence de certaines fausses doctrines sur la propriété individuelle est la liberté absolue de la spéculation, qui livre le marché à la merci de tous les hasards et maintient dans le prix de certains objets essentiels une constante insécurité.

Saint Thomas réclame la propriété individuelle pour que le travail humain puisse plus aisément féconder les biens de la terre. Or le propriétaire qui se répute souverain absolu de ses domaines et qui les conserve, soit en friche, soit en terres de chasse, alors que la culture en serait utile, enlève à son droit de propriété ce second argument de saint Thomas [2].

Enfin, saint Thomas considère que l'appropriation individuelle doit être un moyen d'éviter les querelles entre citoyens ; et l'implacable égoïsme qui est au fond de la conception, païenne et contemporaine, de la propriété individuelle, risque, au contraire, de provoquer des guerres de classes.

Ainsi, la notion chrétienne de la propriété étant oubliée, les avantages de l'appropriation individuelle, tels que les définissaient les docteurs chrétiens, ont cessé d'être aussi perceptibles aux masses : de là le succès des doctrines communistes et socialistes. Ces doctrines attaquent l'*injustice* de la propriété individuelle ; mais cette « injustice, remarque Mgr d'Hulst, n'est pas dans l'*institution* de la propriété elle-même ; c'est dans le *vice des hommes* qu'il faut la chercher et poursuivre ».

---

[1] Mgr d'Hulst, 4e *Conférence*, Carême de 1895.
[2] Lorsque, dans les siècles passés, les grands propriétaires de la campagne romaine négligeaient la culture de leurs domaines, un édit pontifical intervenait pour les menacer de lourds impôts, de fortes amendes, ou même de dépossession au profit de tout homme qui, s'installant dans tel de leurs champs, l'ensemencerait, et ainsi empêcher l'abusive extension des grandes propriétés, nuisible à la fécondité des terres, et, par suite, au bien-être de tous. On voit que la pratique de la papauté gouvernante était conforme aux doctrines de la papauté enseignante.

Systèmes qui nient le droit de propriété individuelle. — Les systèmes qui nient le droit de propriété personnelle peuvent se ramener à deux principaux : le *communisme* et le *socialisme*.

Communisme. — Le communisme nie absolument le droit de propriété et le droit d'appropriation, et proclame, pour l'État, le droit de tout percevoir et de faire une égale répartition entre tous. La maxime générale du communisme, qui se divise d'ailleurs en plusieurs branches, est : *A chacun suivant ses besoins*, substituée à la maxime de la justice distributive : *A chacun suivant ses mérites*.

Pour réfuter le communisme, il suffit d'établir la supériorité de la propriété individuelle :

1º Par les arguments de saint Thomas, exposés ci-dessus ;

2º Par cette observation de fait, que la propriété individuelle est un stimulant du travail, qu'elle encourage l'effort productif ; sa supériorité de production sur la propriété collective est un fait d'expérience, et l'on voit qu'elle correspond toujours à la densité de la population.

Quant au partage égal des biens, que demande le communisme, il est facile de voir qu'il est *impossible* : comment connaître exactement la richesse de chacun ? Si elle était connue, par quelle autorité déterminer les hommes à s'en dessaisir ? Comment garantir la moralité, le désintéressement de ceux qui feraient le partage ? *Serait-il possible, il ne durerait pas :* l'égalité fondée aujourd'hui par le partage serait rompue demain, et il faudrait recommencer indéfiniment, au détriment du travailleur, au profit du vicieux et de l'oisif, cette opération impossible, qui détruirait d'ailleurs toute ardeur au travail et toute initiative.

Il est illégitime : ce n'est pas l'inégalité des fortunes qui est injuste, c'est leur égalité forcée qui le serait. L'inégalité résulte du travail, de l'économie, de la moralité, des qualités physiques et intellectuelles de chacun, toutes choses qui sont inégales ; elle est seule compatible avec l'*égalité* des droits, avec la justice distributive, qui exige que chacun reçoive selon ses œuvres, c'est-à-dire que les parts soient *non absolument*, mais *proportionnellement égales*. Les injustices dont souffre la société sont dans la violation ou l'abus et non dans l'usage du droit de propriété. Il n'y a pas de droit dont on ne puisse abuser, et l'abus ne prouve rien contre la légitimité du droit.

Il serait funeste : la fortune ainsi émiettée ne profiterait à personne. La somme versée à chacun étant dérisoire, on aurait l'égalité dans la misère. Le capital détruit, plus de travail ; le commerce, l'industrie, les grandes entreprises, qui demandent de grandes avances de fonds, seraient paralysés. Ce partage n'enrichirait personne et aboutirait finalement à la ruine de tous.

Peut-être peut-on accorder que, pour quelques esprits, l'utopie communiste est un désir généreux (Platon, Th. Morus) ; pour le plus grand nombre, c'est le cri de la cupidité, la révolte de celui qui n'a pas contre celui qui a ; pour tous, c'est un rêve.

Socialisme. — Le mot socialisme se prend, en général, en mauvaise part ; c'est le nom générique de tous les systèmes qui prétendent refaire à neuf la société, qui veulent une reclassification sociale modifiant radicalement les rapports des classes, au point de vue de la répartition des richesses.

Toutes les revendications des socialistes ne sont point à rejeter, mais ils sont loin d'être d'accord entre eux : les uns critiquent l'organisation générale de la société, jugée défectueuse (*saint-simoniens, fouriéristes, nihilistes*) ; les autres, l'inégalité des salaires, l'inégale répartition des richesses ; ceux-ci attaquent le capital, la propriété (*Rousseau, Proudhon*) ; ceux-là proclament le droit au travail (*Louis Blanc*) ; d'autres s'en remettent absolument à l'État du soin de diriger l'évolution sociale et de donner une solution à la question ouvrière (*soc.*

d'État); d'autres enfin veulent la nationalisation du sol et des instruments de travail (*collectivistes*).

Le mot *collectivisme* est un mot récent (le *Dictionnaire de l'Académie*, 1878, ne le donne pas ; il figure pour la première fois dans le dictionnaire de Littré, (supplément, 1877). Il était cependant employé depuis longtemps par les écrivains socialistes, notamment par ceux de l'école belge (1850).

Il s'applique actuellement à toute doctrine poursuivant la socialisation de la terre (collectivisme agraire) ou des instruments de travail (collectivisme industriel) ; en d'autres termes, à toute doctrine excluant l'appropriation individuelle des moyens de production, et n'admettant que la possession individuelle des produits à titre de rémunération du travail.

Le collectivisme est surtout l'œuvre des juifs allemands, Lasalle et Karl Marx.

L'exposition et la réfutation détaillée des systèmes socialistes ne peuvent trouver place ici. « On comprend, dit le pape Léon XIII, que la théorie *socialiste* de la propriété *collective* est absolument à répudier, comme préjudiciable à ceux-là même qu'on veut secourir, et contraire aux droits naturels des individus, comme dénaturant les fonctions de l'État et troublant la tranquillité publique. » (*Encyclique*, p. 12.)

Position mixte de l'Église entre la fausse conception de la propriété individuelle et les doctrines communistes. — « Il est à peine besoin de faire remarquer, écrit Mgr de Ketteler, évêque de Mayence, de quelle hauteur la doctrine catholique domine les deux théories contradictoires et irréconciliables qui se divisent présentement le monde. La fausse théorie du droit absolu de propriété est un crime perpétuel contre la nature ; car elle trouve parfaitement juste de détourner, pour la satisfaction d'une insatiable cupidité et d'une sensualité effrénée, ce que Dieu a destiné à la nourriture ou au vêtement de tous les hommes...

« C'est du droit faux de propriété qu'est née la fausse théorie du communisme. Elle aussi est un crime contre la nature : car, sous ses apparences philanthropiques, elle travaillerait tout au contraire à la perte de l'humanité, à ruiner sur la terre l'effort, l'ordre, la paix, à susciter une lutte de tous contre tous, à supprimer ainsi les conditions de la vie humaine. La vérité de l'Église catholique se dresse resplendissante au-dessus de ces contradictoires mensonges. » (KETTELER, *Œuvres choisies*, trad. Decurtins, pp. 14-15.)

Origines de l'appropriation individuelle. — Saint Thomas établit, au point de vue de l'*utilité générale*, la nécessité d'une certaine division des biens. A l'origine de cette division, c'est-à-dire de la constitution de la propriété individuelle, on aperçoit, comme sources du droit d'appropriation :

1° *L'occupation*. — La première prise de possession, ou la première occupation, est une conquête sur la nature. C'est un droit parfaitement légitime ; le premier occupant, s'emparant d'une chose délaissée et hors d'usage, n'empiète sur le droit de personne. Il faut remarquer : 1° que l'occupation implique un travail quelconque, signe de l'appropriation ; l'occupation précède le travail, mais ne se réalise que par le travail[1] ; 2° que ce droit ne saurait

---

[1] Ces principes et ceux qui ont été donnés plus haut sont la réfutation de cette parole de Proudhon : « La propriété, c'est le vol, » dite par allusion au premier occupant ; et de celle-ci de Rousseau : « Le premier qui, ayant enclos un terrain, s'avisa de dire : Ceci est à moi, et trouva des gens assez simples pour le croire, fut le vrai fondateur de la société civile. Que de crimes, que de guerres, que de meurtres, que de misères

être illimité, et ne peut être un droit d'accaparement. Autrement il faudrait admettre que la simple volonté suffit pour s'approprier un objet.

2° *Le travail.* — Dès le début de l'humanité, le chasseur qui avait tué du gibier, le pêcheur qui avait pris du poisson, le pasteur qui avait élevé des troupeaux, le cultivateur qui avait fait produire du blé à son champ, pouvaient dire et ont toujours dit : « Ceci est à moi ; c'est ma propriété ; je puis le consommer, le garder, l'échanger, comme il me plaira. »

Le travail est la première propriété de l'homme (l'esclavage est contraire à l'ordre naturel de l'humanité); puis l'outil. Le chasseur a eu son arc et ses flèches; le pêcheur, sa barque et son filet; le pasteur, son troupeau ; l'agriculteur, sa bêche ou sa pioche ; puis la hutte, ou la cabane, ou la maison et l'enclos y attenant : c'est comme un prolongement de la famille; chez aucun peuple, la hutte et quelques mètres de terre autour n'ont fait partie de la communauté. Avec les instruments du travail, sont venus ensuite certains objets mobiliers et les animaux domestiques ; enfin, la propriété foncière : le champ, le pré, ont été détachés du domaine commun. Cette dernière partie de la propriété, restée longtemps commune, a été ensuite temporaire; elle était *allotie*, c'est-à-dire divisée en lots et distribuée tous les ans, ou tous les cinq ans, ou tous les dix ans; elle devint enfin perpétuelle. Le *mir* russe et la *dessa* javanaise sont encore des exemples de la propriété allotie.

Telle est l'origine de la propriété personnelle, origine naturelle et non administrative, provenant uniquement d'un penchant humain, secondé par le travail et l'épargne.

3° *La loi.* — Plusieurs théories existent concernant le rôle de la loi positive dans la formation de la propriété.

D'après la première théorie, qui était celle des Grecs et des Romains, et qui a été soutenue par plusieurs grands publicistes modernes, Montesquieu et Bentham, entre autres, c'est la loi qui crée la propriété. Par conséquent, il appartient à la loi, c'est-à-dire à l'Etat, qui représente et applique la loi, de la modifier et de l'organiser.

D'après la seconde théorie, le droit de propriété est un droit naturel, antérieur et supérieur à la loi; il est la sanction même de la personnalité humaine. « Si mes facultés, mon esprit, mes forces, mes organes sont à moi, il est évident que l'œuvre que je produis par leur moyen est aussi à moi ; car ce produit, c'est moi-même, c'est le résultat de mon activité. » (A. Franck.)

---

et d'horreurs n'eût point épargnés au genre humain celui qui, arrachant les pieux et comblant le fossé, eût crié à ses semblables : « Gardez-vous d'écouter cet imposteur ; vous êtes perdus si vous oubliez que les fruits sont à tous et la terre à personne. » — Que d'imagination et de mise en scène pour habiller un sophisme ! — Rousseau ajoute que les hommes à l'état sauvage sont heureux; car la terre nourrit ceux qui l'habitent. — L'appropriation et la culture des terrains inoccupés et stériles, loin d'être un malheur, a été un bienfait pour tous. Dans l'état sauvage, une lieue carrée de terrain suffit à peine à nourrir un homme ; dans les pays civilisés elle en nourrit plus de mille. — Quant à Proudhon, on peut lui accorder qu'en fait il y a des propriétés qui ont pour origine la spoliation, mais ce n'est pas vrai de toutes; de plus, son assertion exprimée sous forme de généralité est contradictoire: personne n'est volé, si nulle propriété n'est légitime.

La première théorie ne tient pas compte du vrai fondement du droit de propriété : « L'État est postérieur à l'homme, écrit Léon XIII ; et avant que l'État pût se former, l'homme avait déjà reçu de la nature le droit de vivre et de protéger son existence. » Ainsi le droit de propriété, conséquence du droit de vivre, est antérieur à la loi et à l'État.

La seconde théorie est exacte, avec ce correctif que les divers régimes de propriété sont issus du droit positif, c'est-à-dire de la loi, et ne sont pas des créations directes du droit naturel. Il y a là une distinction délicate que Léon XIII maintient avec soin : « Dieu, dit-il, n'a assigné de part à aucun homme en particulier, mais a voulu abandonner la délimitation des propriétés à l'industrie humaine et aux institutions des peuples [1]. » Ainsi l'appropriation individuelle, dans la pratique, est régie par le droit positif, par la loi.

Légitimité de la rente de la terre. — Lorsque le travail s'exerce sur une matière première non occupée, le travailleur a droit à la matière première et à la plus-value qu'il lui a donnée ; lorsqu'il s'exerce sur une matière première qui est déjà la propriété de quelqu'un, le droit du travailleur est limité, il ne peut prétendre à l'intégralité du produit que s'il donne au propriétaire la valeur de la chose avant le travail.

On a contesté la légitimité de la possession de la terre par les individus, parce qu'elle a une valeur indépendante de celle que lui donne le travail [2]. Sans doute, le propriétaire ne possède pas la terre au même titre que les fruits que son travail lui a fait produire. Cependant, « comme il n'est pas possible que le sol reste inoccupé, rien n'est plus naturel que d'en confier l'occupation à celui qui l'a mis en valeur et à qui on ne pourrait l'enlever sans lui payer une indemnité de plus-value. Par conséquent, la loi civile a parfaitement le droit, dans un but d'utilité sociale, de décider que le sol sera détenu selon certaines règles et moyennant certaines redevances par celui qui l'a mis en valeur. Bien plus, la loi ne pourrait l'en dépouiller qu'en lui payant la plus-value dont son travail a fait bénéficier le fonds. » (FONSEGRIVE, *Élém. de philosophie*, 2ᵉ vol.)

Légitimité du capital. — Le capital est une des formes de la propriété. Sa légitimité se trouve dans son origine même. Le capital, c'est l'épargne, c'est-à-dire une partie économisée sur le produit du travail et destinée elle-même à produire. C'est par le travail et l'épargne que le capital est constitué, qu'il se conserve et qu'il s'accroît. (Voir pour plus de détails, p. 880.)

Droit de donner, de tester. — Ce que l'homme possède légitimement, il peut évidemment en disposer, l'échanger, le donner, le transmettre en héritage ; car le droit de *donation* et de *transmission* par testament n'est qu'une manière de faire usage du droit de propriété.

On distingue la succession *testamentaire*, fondée sur la volonté du mourant, et la succession *héréditaire*, fondée sur les liens du sang. Le *droit de succession* n'est que le droit de transmission

---

[1] *Encyclique*, p. 7.
[2] C'est la doctrine soutenue par l'Américain Henry George, dans sa *Lettre ouverte au Pape Léon XIII*, en réponse à l'*Encyclique sur la Condition des ouvriers*.

sous un autre nom : ce que je puis donner de mon vivant, pourquoi me serait-il refusé de le transmettre après ma mort à ceux qui sont comme le prolongement de ma personne, ou à d'autres? Ainsi, le droit de propriété se transforme en droit de succession, et la propriété elle-même en *héritage*.

Il n'est pas même nécessaire que la volonté du propriétaire soit exprimée : la société la présume et distribue les biens de la succession dans un ordre conforme aux liens et aux obligations de la famille. De là, les successions *ab intestat* et le *droit d'hérédité* consacré par le code.

Ces principes relatifs au droit de tester et d'hériter suffisent pour réfuter cette objection, que font quelques socialistes : « La loi qui permet à quelques individus de posséder seuls des biens dont tous ont besoin, est une loi injuste; il y a des riches qui ont plus qu'il ne faut pour vivre et qui doivent leur fortune non pas à leur travail, mais à leurs parents, dont ils l'ont reçue par héritage. » — On peut ajouter ce qui a été dit plus haut, que respecter la propriété acquise par héritage, c'est respecter le travail et le droit des parents qui l'ont transmise. La faculté de transmettre le fruit de son travail à ses enfants est un des plus puissants stimulants du père au travail et à l'épargne.

La continuité du patrimoine est, pour l'agriculture, pour l'industrie, pour le commerce, et même pour le travail isolé de l'ouvrier, une condition souvent indispensable de succès. « En effet, dit M. Coste, pour réussir il faut de bons instruments de travail, parfaitement adaptés au but et à la main du travailleur. Cette adaptation est une valeur considérable : la terre aux mains des cultivateurs intelligents qui l'exploitent de père en fils, vaut plus qu'aux mains d'un étranger; il en est de même de l'usine conduite par celui qui l'a outillée ou qui en a formé le personnel, de la maison de commerce entre les mains de celui qui en a rassemblé la clientèle. Toutes les fois donc qu'il y a vente au lieu de transmission au successeur préparé, il y a déperdition de valeur. C'est encore pire si, au lieu de vendre en bloc, on liquide en détail. Alors c'est un désastre : l'immeuble est donné pour rien, le personnel congédié perd une partie de sa valeur professionnelle, le matériel vendu à la criée perd sa valeur de combinaison : dans ce massacre, c'est à peine si on retrouve une partie du prix d'établissement : un incendie ferait moins de ravages. » Ces remarques sont encore plus vraies de l'agriculture, qui a surtout besoin de temps et de ressources accumulées pour préparer un résultat; elles sont la condamnation indirecte des lois limitatives du droit de tester.

Devoirs qui résultent de la théorie chrétienne de la propriété. — De la théorie chrétienne de la propriété résultent deux sortes de devoirs :

1° Devoir, pour le propriétaire, de tenir compte de la destination providentielle des biens de la terre, qui doivent être considérés, « quant à l'usage, non pour choses privées, mais pour choses communes. »

Ce devoir a besoin d'une formule précise; nous la trouvons dans l'*Encyclique* de Léon XIII.

« Nul assurément n'est tenu de soulager son prochain en prenant sur son nécessaire ou sur celui de sa famille, ni même de rien retrancher de ce que les convenances ou la bienséance imposent à sa personne; nul, en effet, ne doit vivre contrairement aux convenances. Mais, dès qu'on a suffisamment donné à la nécessité et au décorum, c'est un devoir de verser le superflu dans le sein des pauvres. C'est un devoir, non pas de stricte justice, sauf les cas d'extrême nécessité, mais de charité chrétienne. »

2° Devoir de restituer le bien injustement acquis et de réparer les dommages causés à autrui, même sans intention, mais par notre faute, par suite de notre négligence ou de notre imprévoyance.

Différentes formes de l'injustice relativement au droit de propriété. — Ce sont le *vol* et la *fraude* sous toutes leurs formes.

Le *vol* consiste à s'emparer de ce qui appartient à autrui, contre la volonté du propriétaire, avec l'intention de se l'approprier. C'est un crime contre l'individu, que l'on prive de moyens d'existence ou de perfectionnement, et que l'on frustre de son droit, du fruit légitime de son travail ou de celui de ses ancêtres; contre la société, où il n'y a plus de sécurité, l'ordre social ayant pour base fondamentale le respect du bien d'autrui.

L'*escroquerie* est le fait de s'emparer de la fortune du prochain par certains artifices, l'espoir d'événements chimériques.

La *fraude* est un vol compliqué d'hypocrisie et de mensonge. Elle consiste surtout à tromper le prochain dans la formation des contrats. Exemples : un marchand qui se sert de faux poids ou de fausses mesures, qui trompe sur la quantité ou sur la qualité de la marchandise, qui altère le vin ou le lait; celui qui achète sachant qu'il ne pourra pas payer; celui qui garde pour lui un bien qu'il sait être à autrui ; les domestiques qui font payer à leurs maîtres plus que ne coûtent les choses qu'ils achètent; les ouvriers à la journée ou à l'heure qui emploient mal leur temps.

Le *faux*, qui consiste à altérer les chiffres d'un compte ou la signature d'un écrit, rentre dans la fraude. Si le faux est fait par celui qui est commis à la garde ou à la vérification des écritures, c'est un double abus de confiance.

La *banqueroute frauduleuse* est encore une manière de voler.

Il faut remarquer enfin, — et c'est la suite naturelle de la notion chrétienne de la propriété, — que la théologie catholique n'assimile pas au vol ce qu'elle appelle la *prise par nécessité*. Dans les cas d'extrême nécessité, elle reconnaît au pauvre un droit sur le superflu du riche. « Toutes choses sont communes dans le cas de nécessité extrême, écrit saint Alphonse de Liguori : un riche est obligé, en stricte justice, à secourir le pauvre, de même que le pauvre a le droit de prendre le nécessaire, même malgré la volonté du propriétaire[1]. » Léon XIII, pareillement, déclare que, dans les cas d'extrême nécessité, donner son superflu est pour le riche un devoir de stricte justice. Cette doctrine résulte du principe, jamais oublié par l'Église, que tout homme a le droit de vivre. Elle vient d'être rappelée par Mgr d'Hulst dans la chaire de Notre-Dame : « Quand la nécessité du pauvre est connue de l'homme qui possède, celui-ci est tenu d'y pourvoir par l'aumône. Mais on peut supposer qu'il l'ignore. Il est absent : son bien est là, sous la main de celui qui peut, en le prenant, sauver sa vie, sa liberté. L'extrémité où se trouve le malheureux est telle, que, si l'autre la connaissait, la charité lui ferait un devoir de sacrifier ce bien au salut de son semblable. C'est assez pour que l'occupation du bien d'autrui soit légitime, à titre d'emprunt, si celui qui prend est en mesure de rendre; à titre définitif, s'il en est incapable. C'est un des exemples qui rendent le plus sensible l'écart entre la morale mondaine et la morale chrétienne. » (Mgr d'Hulst, 4e *Conf.*, Carême 1890.)

Droit d'association. — Au nombre des droits naturels de l'homme, il faut mentionner encore le *droit d'association*. Il y a des sociétés *nécessaires* et des sociétés *libres*. « La société *domestique* est nécessaire de *nécessité physique*, parce qu'elle est le

---

[1] Cité dans Léon Grégoire : *Le pape, les catholiques et la question sociale*, p. 72.

moyen naturel établi par Dieu pour la conservation et le développement de l'espèce humaine. La société *civile* et la société *religieuse* sont nécessaires de *nécessité morale*, parce que, étant donné l'état actuel de notre nature, il est moralement impossible à l'homme, sans l'une, de jouir de sécurité temporelle; sans le secours de l'autre, de conquérir ses éternelles destinées. »

Les sociétés libres *ne sont pas naturelles au même titre que la famille ou l'Etat;* elles le sont en ce sens que, sans elles, la nature humaine serait arrêtée dans son progrès normal. Chaque homme, réduit à ses seules forces, est impuissant à se procurer ce qui lui est utile; associé à d'autres, ses aptitudes se complètent et acquièrent plus d'efficacité en se concentrant sur le travail qui leur convient. « L'influence de l'exemple, l'émulation, l'échange des idées et des opinions, la communication des espérances, je ne sais quelle électricité ou chaleur qui naît du contact mystérieux des âmes, tout cela développe les facultés, soutient le courage, excite à l'action, double l'énergie et le dévouement. Jusque dans l'ordre physique, l'union des efforts permettra d'employer des procédés interdits au travailleur isolé. » C'est le principe de la multiplication l'une par l'autre des forces associées, non moins efficace que le principe de la division du travail.

L'homme a le droit de s'associer, parce que c'est une tendance et un besoin de sa nature, et qu'il ne peut autrement se procurer une foule de biens qui lui sont nécessaires ou utiles; parce qu'il a le devoir et le droit de tendre au progrès et de se rendre meilleur, et que l'association est le moyen le plus efficace de le faire.

Droit de coalition. — Au droit d'association se rapporte le droit de *coalition*, soumis aux mêmes principes, aux mêmes règles. On nomme coalition, dans l'ordre économique, l'*union* soit des patrons, soit des ouvriers, pour modifier à leur profit les conditions du travail ou les salaires ; — l'union également soit des producteurs, soit des consommateurs, pour modifier les prix et les conditions de l'échange. La grève est une coalition.

Remarquons que le droit de coalition, en cas de grève, trouve sa limite dans la liberté individuelle du travail. La faculté pour les ouvriers de se concerter et de manifester la volonté commune n'implique pas la faculté d'obtenir l'accord des volontés divergentes. Cette dernière faculté serait la négation du principe dont le premier est une application. (Voir *Dict. d'Écon. politique.*)

NOTES COMPLÉMENTAIRES

Droits de la critique littéraire. — Dans la préface de ses *Satires*, L. Veuillot défend ainsi la critique : « L'unique devoir du satirique est de garder la justice. Il ne mésuse point de sa force, lorsqu'il lui plaît de la mettre simplement au service du goût. Ce n'est pas péché de mal écrire en prose ou en vers. Je ne croirais pas qu'il y eût péché non plus à se moquer d'un honnête homme, qui serait un mauvais écrivain. Je me suis cependant interdit ce plaisir, et tout auteur qui n'est que ridicule a toujours impunément passé près de moi. Mais si l'homme (honnête ou non ; il n'importe) qui a le malheur d'écrire ridiculement y ajoute le tort d'attaquer la justice, de diffamer la vérité, de blasphémer la

Divinité, je trouve du péché dans sa sottise, et il tombe sous le droit de la satire. Le sifflet n'est pas seulement une attaque permise, c'est la plus nécessaire des représailles.

« Ces repris de la justice satirique ne méritent pas le nom touchant de *victimes*. Celui d'agresseur leur convient mieux ; ils ont commencé. Aucune loi, dira-t-on, ne leur interdit d'outrager ou la langue, ou le goût, ou la raison, ou même d'autres choses plus respectables ; mais quelle loi m'interdit, à moi, de ressentir l'outrage et de le réprimer, autant que je le peux ?

« La défense est surtout légitime à ceux qui, comme moi, ne prétendent venger ni leur propre goût ni leur personne, mais seulement une cause sacrée. Ces hommes, ennemis déclarés et systématiques, ennemis furieux de tout ce que j'honore, je peux les traiter comme ils traitent le christianisme, l'ordre social et la grammaire française ; bien entendu, sauf les devoirs que la justice nous impose, même envers ceux qui ne gardent aucune justice. Pouvoir les intimider, c'est quelque chose ; pouvoir empêcher un nombreux vulgaire de les admirer, c'est beaucoup. Tertullien nous dit : « Il y a des choses dignes de risée sous leur gra« vité feinte ; ne craignez pas d'en rire ; le rire les empêche d'usurper le respect... » (p. XI.)

Le droit de propriété défini et exposé par Léon XIII. — On lira avec intérêt et profit, dans l'*Encyclique* de Léon XIII sur la *Condition des ouvriers*, un exposé lumineux et serré des principes sur lesquels repose le droit de propriété.

Le travail, base effective de la propriété privée. — « La raison intrinsèque du travail entrepris par quiconque exerce un art lucratif, le but immédiat visé par le travailleur, c'est de conquérir un droit qu'il possédera en propre et comme lui appartenant ; car, s'il met à la disposition d'autrui ses forces et son industrie, ce n'est pas évidemment pour un motif autre, sinon pour obtenir de quoi pourvoir à son entretien et aux besoins de la vie, et il attend de son travail, non seulement le droit au salaire, mais encore un droit strict et rigoureux d'en user comme bon lui semblera. Si donc, en réduisant ses dépenses, il est arrivé à faire quelques épargnes, et si, pour s'en assurer la conservation, il les a, par exemple, réalisées dans un champ, il est de toute évidence que ce champ n'est pas autre chose que le salaire transformé : le fonds ainsi acquis sera la propriété de l'artisan au même titre que la rémunération de son travail. Mais qui ne voit que c'est précisément en cela que consiste le droit de propriété mobilière et immobilière ? Ainsi cette conversion de la propriété en propriété collective, tant préconisée par le socialisme, n'aurait d'autre effet que de rendre la situation des ouvriers plus précaire, en leur retirant la libre disposition de leur salaire et en leur enlevant, par le fait même, tout espoir et toute possibilité d'agrandir leur patrimoine et d'améliorer leur situation. »

Propriété privée et personnelle, droit naturel pour l'homme. — « Mais, et ceci paraît plus grave encore, le remède proposé est en opposition flagrante avec la justice ; car la propriété privée et personnelle est pour l'homme un droit naturel. Il y a, en effet, sous ce rapport, une très grande différence entre l'homme et les animaux dénués de raison. Ceux-ci ne se gouvernent pas eux-mêmes ; ils sont dirigés et gouvernés par la nature, moyennant un double instinct, qui, d'une part, tient leur activité constamment en éveil et en développe les forces ; de l'autre, provoque tout à la fois et circonscrit chacun de leurs mouvements. Un premier instinct les porte à la conservation et à la défense de leur vie propre, un second à la propagation de l'espèce ; et ce double résultat, ils l'obtiennent aisément par l'usage des choses présentes et mises à leur portée. Ils seraient d'ailleurs incapables de tendre au delà, puisqu'ils ne sont mus que par les sens et par chaque objet particulier que les sens perçoivent.

« Bien autre est la nature humaine. En l'homme, d'abord, réside dans la perfection toute la vertu de la nature sensitive, et dès lors il lui revient, non moins qu'à celle-ci, de jouir des objets physiques et corporels. Mais la vie sensitive, même possédée dans toute sa plénitude, non seulement n'embrasse pas toute la nature humaine, mais lui est bien inférieure et faite pour lui obéir et lui être assujettie. Ce qui excelle en nous, qui nous fait homme et nous distingue essentiellement de la bête, c'est la raison ou l'intelligence, et, en vertu de cette prérogative, il faut reconnaître à l'homme non seulement la faculté générale d'user des choses extérieures, mais en plus le droit stable et perpétuel de les posséder, tant celles qui se consument par l'usage que celles qui demeurent après nous avoir servi. Une considération plus profonde de la nature humaine va faire ressortir mieux encore cette vérité. L'homme embrasse par son intelligence une infinité d'objets, et aux choses présentes il rattache les futures; il est d'ailleurs le maître de ses actions; aussi, sous la direction de la loi éternelle et sous le gouvernement universel de la Providence divine, est-il en quelque sorte à lui-même et sa loi et sa providence. C'est pourquoi il a le droit de choisir les choses qu'il estime les plus aptes, non seulement à pourvoir au présent, mais encore au futur. D'où il suit qu'il doit avoir sous sa domination, non seulement les produits de la terre, mais la terre elle-même, qu'il voit appelée à être, par sa fécondité, sa pourvoyeuse de l'avenir. Les nécessités de l'homme ont de perpétuels retours : satisfaites aujourd'hui, elles renaissent demain avec de nouvelles exigences. Il a donc fallu, pour qu'il pût y faire droit en tout temps, que la nature mît à sa disposition un élément stable et permanent, capable de lui en fournir perpétuellement les moyens. Or cet élément ne pouvait être que la terre avec ses ressources toujours fécondes.

« Et qu'on n'en appelle pas à la providence de l'Etat; car l'Etat est postérieur à l'homme, et, avant qu'il pût se former, l'homme avait déjà reçu de la nature le droit de vivre et de protéger son existence. — Qu'on n'oppose pas non plus à la légitimité de la propriété privée le fait que Dieu a donné la terre en jouissance au genre humain tout entier; car Dieu ne l'a pas livrée aux hommes pour qu'ils la dominassent confusément tous ensemble. Tel n'est pas le sens de cette vérité. Elle signifie uniquement que Dieu n'a assigné de part à aucun homme en particulier, mais a voulu abandonner la délimitation des propriétés à l'industrie humaine et aux institutions des peuples. »

Plus loin, le droit de propriété est montré *fortifié encore par les droits du père de famille*. « La nature impose au père de famille le devoir sacré de nourrir et d'entretenir ses enfants ; elle va plus loin. Comme les enfants reflètent la physionomie de leur père et sont une sorte de prolongement de sa personne, la nature lui inspire de se préoccuper de leur avenir et de leur créer un patrimoine qui les aide à se défendre, dans la meilleure traversée de la vie, contre toutes les surprises de la mauvaise fortune. Mais ce patrimoine, pourra-t-il le leur créer sans l'acquisition et la possession de biens permanents et productifs qu'il puisse leur transmettre par voie d'héritage ? »

Liberté d'association. — « L'homme, dit M. de Vareilles-Sommières, a naturellement le droit de s'associer dans les cas et les limites où il a le droit d'agir individuellement. Ce qu'il peut faire, ou plutôt tenter isolément, il peut le faire collectivement. » De Tocqueville avait déjà dit : « Après la liberté d'agir seul, la plus naturelle à l'homme est celle de combiner ses efforts avec les efforts de ses semblables et d'agir en commun. Le droit d'association me paraît donc presque aussi inaliénable que la liberté individuelle. » Il appartient à cette catégorie de droits primordiaux que l'homme apporte en naissant, et que l'Etat a mission de protéger. Ce rôle protecteur de l'Etat, relativement au droit d'association, comprend l'obligation d'en respecter l'origine, d'en réprimer les abus, d'en sanctionner le contrat, d'en reconnaître la personnalité.

Pour le développement de ces idées, voir *Etudes religieuses*, mars 1893.

La loi française s'est beaucoup éloignée de ces principes depuis un siècle. — Le législateur de 1791, sous le prétexte des abus qui s'étaient introduits dans les corps de métiers et dans les communautés d'artisans, abolit absolument le régime corporatif, et ne laissa aucun intermédiaire entre l'individu et l'Etat. Ce régime de l'*individualisme* fut appelé régime de la *liberté absolue du travail* et de la *concurrence*. Un premier pas vers l'abrogation de la législation de 1791 a été fait en 1884, par la loi sur les *syndicats professionnels*: cette loi autorise la création de syndicats professionnels de patrons et de syndicats professionnels d'ouvriers; elle reconnaît l'existence de ces syndicats et les dote de la personnalité civile, lorsqu'ils ont rempli certaines conditions prévues.

Liberté d'association, d'après l'Encyclique de Léon XIII sur la Condition des ouvriers. — « La société privée est celle qui se forme dans un but privé, comme lorsque deux ou trois s'associent pour exercer ensemble le négoce. Or, de ce que les sociétés privées n'ont d'existence qu'au sein de la société civile, dont elles sont comme autant de parties, il ne suit pas, à ne parler qu'en général et à ne considérer que leur nature, qu'il soit au pouvoir de l'Etat de leur dénier l'existence. *Le droit à l'existence leur a été octroyé par la nature elle-même, et la société civile a été instituée pour protéger le droit naturel, non pour l'anéantir.*

« C'est pourquoi une société civile qui interdirait les sociétés privées s'interdirait elle-même, puisque *toutes les sociétés, publiques et privées, tirent leur origine d'un même principe, la naturelle sociabilité de l'homme.*

« Assurément il y a des conjonctures qui autorisent les lois à s'opposer à la fondation d'une société de ce genre. Si une société, en vertu même de ses statuts organiques, poursuivait une fin en opposition flagrante avec la probité, avec la justice, avec la sécurité de l'État, les pouvoirs publics auraient le droit d'en empêcher la formation, et, si elle était formée, de la dissoudre.

« Mais encore faut-il qu'en tout cela ils n'agissent qu'avec une très grande circonspection, pour éviter d'empiéter sur les droits des citoyens et de statuer, sous couleur d'utilité publique, quelque chose qui serait désavoué par la raison ; car une loi ne mérite obéissance qu'autant qu'elle est conforme à la droite raison et à la loi éternelle de Dieu. »

TABLEAU ANALYTIQUE

L'honneur ou la réputation est un des biens les plus précieux pour l'homme.
C'est un devoir de garder sa réputation intacte, d'avoir de l'honneur, et c'est aussi un droit que nul ne peut violer sans injustice.
(Voir en *Psychologie*, p. 92, ce qui a été dit du *penchant à l'estime*; voir aussi *Morale générale*, p. 622.)

DEVOIRS ENVERS NOS SEMBLABLES (Suite.)

I. — Diverses manières de manquer au respect dû à l'honneur du prochain.

Médisance, calomnie, diffamation, etc.

Il y a diverses manières de porter atteinte à l'honneur du prochain :
1° Par la *médisance*, en découvrant sans nécessité les défauts ou les fautes du prochain ;
2° Par la *calomnie*, en lui attribuant des défauts qu'il n'a pas ou des fautes qu'il n'a point commises.
— « Le médisant ou le calomniateur fait ordinairement trois meurtres : 1° Il tue son âme ; 2° celle de celui qui l'écoute (scandale) ; 3° Il ôte la vie civile au prochain dont il médit. » (Saint François de Sales.)
3° Par la *diffamation*, médisance ou calomnie qui reçoit une grande publicité (livre, journal, affiche) ;
4° Par des *injures*, paroles ou actes attentatoires au respect dû à autrui.
La loi civile punit la *médisance*, la *calomnie*, la *diffamation* et l'*injure*.
5° Par la *détraction*, action de dénigrer quelqu'un en son absence.
6° Par la *dénonciation* non motivée. — La dénonciation peut être un devoir strict ; dans le témoignage en justice, par exemple, ou lorsqu'il s'agit d'éviter un mal considérable.
— La règle à suivre est celle-ci : ne jamais révéler les fautes du prochain dans l'intention de lui nuire ; n'avoir en vue que son devoir, la justice, qu'il faut sauvegarder ; le droit, qu'il faut défendre. Celui qui est dénoncé dans ces conditions n'a aucun droit de se plaindre.
7° Par la *délation*, c'est la dénonciation intéressée. — Elle est toujours mauvaise.
La délation revêt mille formes : simple *conversation*, *lettre anonyme*, *journal*, *livre*, *indiscrétion voulue* ;
8° Par le *mauvais rapport*, qui consiste à faire connaître à quelqu'un ce que d'autres ont dit de lui.
On blesse encore l'honneur du prochain par le doute, la suspicion et le jugement téméraire.
— Plusieurs de ces atteintes à la réputation d'autrui ne sont pas passibles de peines civiles ; mais toutes tombent sous le coup de la conscience, et sont des péchés graves de leur nature.

Il ne faut pas confondre la médisance, la calomnie, etc., avec la *critique*, qui est un droit. La critique n'attaque pas *les personnes, mais les actes*. — C'est une œuvre de défense, et tout homme public est soumis à la critique dans les actes de son emploi (littérature, morale, politique, administration, etc.).

DEVOIRS ENVERS NOS SEMBLABLES (Suite)

II. — Respect de la personne dans sa propriété.

Fondement du droit de propriété.

1° Dieu a donné à tout homme le droit de vivre, et la destination des biens de la terre est la nourriture de l'humanité. De là le droit de propriété des hommes sur les choses créées.

2° L'appropriation individuelle est préférable à la propriété collective :
  a) Pour la bonne administration des biens ;
  b) Pour éviter une confusion nuisible à la fécondité ;
  c) Pour éviter des querelles entre les hommes.

3° C'est donc en vue de l'utilité générale que la doctrine chrétienne recommande l'appropriation individuelle. Parallèle de cette doctrine avec la conception moderne de la propriété individuelle, inspirée des principes païens du droit romain. Corollaire pratique : devoir de charité qui s'impose au riche.

Origines de l'appropriation individuelle.

1° *Le droit du premier occupant* : droit légitime, puisqu'on n'empiète sur les droits de personne.
Il faut que l'occupation soit marquée par un signe apparent : fossé, haie ;... de plus, il ne *saurait être illimité*.

2° *Le travail*. — L'objet fabriqué appartient de droit au fabricant, qui peut le vendre, le garder ou l'échanger à son plaisir. C'est comme un prolongement de sa personne.
Le capital, qui est une propriété, fruit du travail et de l'épargne, est légitime, comme toute autre propriété.

3° *La loi*. Doctrine de Léon XIII sur le rôle des *institutions publiques* dans la formation de la propriété : Le droit de propriété est un droit naturel, conséquence du droit de vivre, antérieur à la loi et à l'État ; mais, dans la pratique, l'appropriation individuelle est réglée par le droit positif, par la loi.

Systèmes qui nient le droit de propriété.

Le communisme réclame le partage égal du sol entre tous les citoyens.
Le partage égal des biens est impossible : qui le ferait ? en vertu de quel droit ? comment connaître la richesse de chacun ?
S'il se faisait, il ne durerait pas : l'un est actif, l'autre paresseux ; l'un fort, l'autre faible.
Il est illégitime : de quel droit me dépouiller de ce que j'ai légitimement acquis ?
Il serait funeste : ce serait favoriser la paresse et tous les vices. — *De plus, il conduirait à une misère universelle*.

Le socialisme nie la légitimité de la propriété ; il revêt différentes formes :

1° Les *saint-simoniens, fouriéristes, anarchistes, nihilistes*, jugent l'organisation de la société défectueuse ; ils veulent la détruire pour la reformer sur d'autres bases ;

2° Les *collectivistes* demandent le retour des instruments du travail à la collectivité, c'est-à-dire aux ouvriers, qui alors jouiront de tout le fruit de leur travail ;

3° Rousseau et Prudhon ont attaqué la légitimité de la propriété personnelle ;

4° Louis Blanc a proclamé le droit au travail : la nation doit fournir à tous du travail ou du pain ;

5° D'autres veulent remettre à l'État le soin de partager la richesse et de distribuer à tous un salaire convenable (*socialisme d'État*).

Tous ces systèmes sont réprouvés par la *justice*, par le *bon sens*, condamnés par l'*histoire* et l'économie politique.

Limitations apportées au droit de propriété.

La loi française a apporté un certain nombre de restrictions au droit de propriété.
La plus importante, c'est la limitation *du droit de tester*. — C'est une dérogation à un droit naturel.
Les autres, moins importantes, sont : les *servitudes* de diverses sortes, le droit d'expropriation, etc.

DEVOIRS ENVERS NOS SEMBLABLES (Suite).

Diverses manières de violer le droit de propriété.

Les principales injustices contre le droit de propriété sont :
1° Le *vol*, qui consiste à s'emparer d'une chose qui appartient à autrui, et sur laquelle on n'a pas de droits (distinguer du vol la prise par *nécessité*);
2° L'*escroquerie*, qui consiste à s'emparer de la fortune d'autrui par ruse et tromperie;
3° La *fraude*, qui consiste à tromper le prochain dans les contrats;
4° Le *dol*, qui consiste à tromper sur la qualité des marchandises;
5° Le *faux*, qui consiste à altérer les écrits, chiffres, dates;
6° L'*usure*, qui consiste à prélever des intérêts exagérés;
7° La *banqueroute*, la *faillite*, qui consiste à faire perdre les autres, par le peu de soin qu'on apporte à ses affaires.
Toutes ces violations obligent en conscience à *restitution*.

Droits d'association et de coalition.

Le droit d'*association* et de *coalition* se rattachent au droit de propriété.
Le droit d'association est un droit naturel, et l'État n'a le droit d'empêcher aucune association dont le but n'est pas manifestement mauvais.
Le droit de coalition est une garantie du droit de propriété.
Les ouvriers et les patrons peuvent s'en servir pour protéger leurs droits.

8ᵉ LEÇON

DEVOIRS ENVERS NOS SEMBLABLES (SUITE)
ÉQUITÉ. — DEVOIRS PROFESSIONNELS. — FIDÉLITÉ AUX ENGAGEMENTS.
CHARITÉ. — AUMONE

I. — DEVOIRS DE JUSTICE (SUITE)

Probité, équité, loyauté, délicatesse. — Ces quatre termes désignent des vertus se rapportant à l'accomplissement des devoirs de justice. La probité, c'est la justice légale; l'équité, la justice naturelle; la loyauté ou bonne foi, la fidélité à la parole donnée; la délicatesse, la finesse d'esprit et la pureté de sentiments dans l'exercice de la justice et de la charité.

Un homme *probe* remplit exactement les devoirs de la vie civile : s'il trouve une bourse, il la rend à son propriétaire; il ne porte pas atteinte aux droits d'autrui; il observe la justice étroite ou stricte, qui consiste dans la conformité rigoureuse à la loi écrite. Dans la langue usuelle, honnête homme, homme probe, ont à peu près le même sens. Cependant honnête homme a généralement plus de compréhension : l'honnête homme remplit fidèlement tous les devoirs de justice, l'homme probe ne nuit à personne.

L'homme *équitable* consulte moins les lois écrites que sa conscience, et si celles-là lui concèdent des droits excessifs, il n'en use pas. Une loi est une formule abstraite et générale qui ne se plie point à tous les cas, et une application trop stricte de la loi peut être injuste : « Extrême justice, extrême injustice, » dit un proverbe. L'équité corrige l'injustice de la justice stricte. — L'homme équitable pratique aussi les devoirs de la justice distributive, reconnaît le droit ou le mérite de chacun, n'écoute pas ses préférences ou son intérêt, n'a pas deux poids et deux mesures, fait impartialement à chacun une part proportionnée à son droit ou à son mérite. Le *travail aux pièces* est équitable, parce que chacun est rémunéré, non relativement au nombre d'heures qu'il a travaillé, mais à la quantité de travail qu'il a fait[1].

L'homme *loyal* obéit aux lois de l'honneur, tient ses engagements : sa parole vaut un contrat. La probité ne suffit pas pour mériter ce beau titre d'homme loyal, d'homme d'honneur; il faut des sentiments plus élevés, une conscience plus délicate. Les lois punissent les manquements à la probité; il y a des manquements à la loyauté, à l'honneur, à la délicatesse, qui ne sont punis que par la conscience et par l'opinion.

L'homme *délicat* est ingénieux à faire plaisir; non seulement il ne fait rien qui blesse les règles de la bienséance, mais il les applique avec beaucoup de tact et d'à-propos; il trouve des paroles et des procédés aimables pour donner, pour refuser, pour témoigner sa reconnaissance, pour faire accepter un conseil, une observation, un reproche. Celui qui, dans une succession, n'use pas rigoureusement de tous les avantages qu'il peut s'attribuer, se montre délicat envers ses frères et sœurs ou ses proches; de même celui qui, s'étant chargé des affaires des autres, non seulement prend leurs intérêts comme les siens propres, mais les fait profiter d'avantages qu'il aurait pu réserver pour lui. — La déli-

---

[1] Pour la différence entre l'*équité* et la *légalité*, voir la 8ᵉ leçon de *Morale générale*, art. *Justice*, p. 659.

catesse rend la vertu aimable; non seulement on estime, mais on aime les personnes délicates.

Celui qui manque de probité est un *coquin ;* celui qui manque d'équité n'est pas *consciencieux, pas impartial ;* celui qui manque de loyauté est *infidèle, déloyal, sans honneur ;* celui qui manque de délicatesse est *grossier, bourru.* Le bourru peut être bienfaisant sans être bienveillant, encore moins délicat.

Comme exemple de probité, on peut citer saint Eloi, fabriquant deux trônes avec l'or qu'on lui avait donné pour un seul; exemple d'équité, saint Louis, rendant aux Anglais quelques provinces confisquées par Philippe-Auguste sur Jean sans Terre; exemple de loyauté poussée jusqu'à l'héroïsme, Régulus, chez les anciens, retournant à Carthage pour tenir sa parole; Porçon de la Barbinais, sous Louis XIV, retournant à Alger plutôt que de trahir son serment, bien qu'il sût que le supplice l'y attendait ; enfin exemple de délicatesse, Boileau, achetant la bibliothèque de Patru, à condition que son ami en jouirait jusqu'à la mort.

Devoirs professionnels. — *L'homme qui n'accomplit pas consciencieusement ses devoirs professionnels manque à la probité.* — Accomplir consciencieusement les devoirs professionnels n'est pas seulement un devoir individuel, c'est un devoir social : la société est un corps dont les membres se doivent de mutuels services. Chacun, en remplissant les devoirs de sa profession, travaille pour les autres, comme les autres travaillent pour lui. S'il ne les remplit pas ou les remplit mal, il ne paye pas sa dette sociale et vit, comme le voleur, aux dépens d'autrui. Il ne donne pas ce qu'on est en droit d'exiger de lui et reçoit une rémunération qui ne lui est pas due.

Un médecin ou un pharmacien expose, par sa négligence, la vie d'un malade; un avocat perd une cause, faute de l'avoir suffisamment étudiée; un négociant laisse ses marchandises se détériorer, puis les livre au public comme si elles étaient bonnes; un industriel fabrique de mauvais produits; un cordonnier fait mal les souliers; un tailleur ne coud pas bien les habits; un magistrat rend des services au lieu de prononcer des arrêts; un ingénieur construit mal un pont, une voie ferrée, une galerie de mine; un employé des postes et télégraphes égare par sa faute une lettre ou fausse le sens d'une dépêche; un employé de chemin de fer est cause d'accidents par son inexactitude; un député, un sénateur, votent sur une question sans un examen suffisant; un professeur néglige sa classe; un électeur vend son suffrage au lieu de le donner en conscience; un notaire rédige mal, par sa faute, un contrat, un testament : ils manquent tous à la probité, ils portent préjudice à ceux dont les intérêts sont en jeu, et cela par défaut de conscience dans l'accomplissement de leurs devoirs professionnels.

Les responsabilités sont plus ou moins graves; mais, d'une façon générale, on peut dire que celui qui perd son temps aux heures de travail, l'ouvrier dans son atelier, l'homme de journée dans la ferme, le commis dans un magasin, l'employé de bureau dans une administration, vit d'une façon malhonnête et injuste.

Un enfant qui néglige ses devoirs d'écolier, qui rend inutiles les sacrifices de ses parents et le dévouement de ses maîtres, pèche également contre la probité : il ne paye pas ses dettes; il est, dans une certaine mesure, responsable de toute cette dépense d'argent et de dévouement, qui se fait en pure perte en sa faveur. De plus, une fois entré dans la société, ne s'étant pas instruit et formé, il ne pourra y remplir sa tâche; il y sera à charge, il continuera à nuire, c'est-à-dire à manquer de probité.

Embrasser une profession, c'est prendre, au moins tacitement, l'engagement d'en remplir les devoirs, quelque difficiles ou pénibles qu'ils puissent être. Il y va de l'honnêteté. Vous voulez être médecin ; il vous faut faire des études sérieuses, acquérir un tempérament moral qui ne recule pas devant une épidémie et vous permette de donner vos soins, même au péril de votre vie, à tous ceux qui auront droit de compter sur vous. — Vous voulez être magistrat ; il vous faut approfondir les lois et vous élever à une force d'âme telle, que, le cas échéant, vous puissiez résister à toutes les menaces, plutôt que de rendre un arrêt contraire à votre conscience. — Vous voulez entrer dans la carrière militaire, servir dans l'armée, comme on disait au XVIIe siècle : vous devez savoir que cette carrière met ceux qui la suivent dans la nécessité, pour y suffire, d'être des héros à toute heure, à tout instant ; car, à toute heure, à tout instant, le mépris de la mort et le sacrifice de la vie sont, pour le soldat, des devoirs professionnels.

Toutes les professions imposent le devoir de bien faire ce que l'on fait, et de rendre aux autres, sous peine d'improbité, les services qu'ils sont en droit d'attendre.

Fidélité aux engagements. — S'engager, c'est, par un acte de sa volonté, s'imposer à soi-même une obligation et conférer à quelqu'un le droit d'en exiger l'accomplissement.

La fidélité aux engagements est une forme essentielle de la justice, qui nous défend de tromper, et une condition de la vie sociale. La société ne peut subsister, dans l'ordre moral comme dans l'ordre matériel, que par un échange de services. Ce sont ces raisons qui donnent un caractère sacré aux promesses et aux contrats par lesquels les hommes s'engagent les uns envers les autres, surtout pour les services ou les questions dont le principe est l'intérêt.

Voir ce qui a été déjà dit : *la Fidélité à la parole donnée*, p. 699.

La *promesse* est un engagement par lequel on s'oblige gratuitement à quelque chose en faveur d'une ou de plusieurs personnes. Si la promesse n'est que l'expression d'une intention vague de faire quelque chose, si on le peut ; si elle n'est qu'une bonne parole, une formule de politesse, elle n'est pas obligatoire. Si elle est faite sans avoir l'intention de s'engager en stricte justice, mais de telle façon que la personne a pu y compter en prenant ses dispositions pour l'avenir, on est tenu, en conscience, de l'accomplir : elle a créé un droit dans cette personne. Enfin, si elle est faite avec l'intention très nettement exprimée de s'engager, elle est un contrat, qui *oblige* toujours devant la conscience, et civilement, si elle est *écrite*[1].

Il va de soi qu'une promesse conditionnelle n'oblige qu'autant que la condition est remplie, et qu'on ne peut promettre que des choses licites : une promesse faite pour s'engager ou engager quelqu'un dans une mauvaise action est nulle de plein droit.

Les *contrats*, qu'ils soient reconnus par la loi civile ou qu'ils ne le soient pas, sont des engagements de stricte justice, qui obligent en conscience. On les définit : *une convention par laquelle une ou plusieurs personnes s'obligent, envers une ou plusieurs autres, à donner, à faire ou à ne pas faire quelque chose.*

« Rien de plus conforme à la raison naturelle que de voir un fait générateur d'obligations dans le contrat qui se forme par le consentement et qui résulte de

---

[1] L'obligation, au point de vue civil, se définit : *un lien de droit qui nous astreint envers quelqu'un à donner, à faire ou à ne pas faire quelque chose.*

l'accord des volontés. Mais, en dehors du concours des volontés et du consentement réciproque, lorsqu'une personne a causé du préjudice à une autre, soit malicieusement et avec l'intention de lui nuire, soit sans cette mauvaise intention, mais par sa faute, la raison naturelle nous dit encore qu'il faut voir là un fait générateur d'obligation. Elle pose, en effet, en principe, qu'il faut réparer le dommage qu'on a causé à tort.

« De même, quand une personne se trouve enrichie d'une manière quelconque, au détriment des droits d'autrui, soit volontairement, soit même involontairement, le principe de raison naturelle, que nul ne doit s'enrichir aux dépens d'autrui, nous dit encore qu'il y a là un fait générateur d'obligation et qu'on doit restituer ce dont on se trouve ainsi enrichi. — Ainsi, d'une part, le consentement des parties, et, de l'autre, les mille et mille faits, soit volontaires, soit involontaires, par suite desquels une personne peut avoir nui par sa faute à autrui ou se trouver enrichie à ses dépens, sont des causes d'obligations, *d'après le droit naturel*. Notre Code civil a consacré ces principes. » (LARCHER, *Cours de législ. civ.*, 2ᵉ partie¹.)

Justice distributive. — Voir *Morale générale*, page 692.

Reconnaissance, ingratitude. — On a déjà vu (pp. 692-693) que la reconnaissance est un devoir de justice, mais non exigible par la contrainte.

On a distingué deux degrés dans la reconnaissance : *s'abstenir de faire du mal à un bienfaiteur à cause de son bienfait*, reconnaissance qu'on a appelée *négative* et qui est plutôt la condition de la reconnaissance que la reconnaissance elle-même ; *rendre le bien pour le bien*, ce qui est proprement la reconnaissance, vertu toute *positive* et non négative, toute en actions et non en omissions.

L'ingratitude a également deux degrés ; elle est négative ou positive ; elle consiste à ne pas rendre le bien pour le bien, à oublier le bienfait, ou à rendre le mal pour le bien. A ce second degré, elle est doublement odieuse.

Quel que soit le degré où on la considère, *l'ingratitude est l'indice d'un mauvais cœur*. Elle a sa source dans l'égoïsme, dans l'orgueil ou dans l'envie : l'égoïste est incapable de sacrifice ; l'orgueilleux estime que tout lui est dû, que les autres sont très honorés de pouvoir le servir ; ou bien il se sent amoindri par le bienfait reçu : il le tait ou le déprécie, il va même jusqu'à le nier ; s'il joint l'envie à l'orgueil, il est secrètement irrité contre son bienfaiteur. L'égoïste redoute la restitution du bienfait, l'orgueilleux en est humilié, l'envieux ne peut supporter la supériorité qu'il donne sur lui à son bienfaiteur. Le bienfait reçu tourne en poison dans leur cœur, comme les rayons solaires dans les plantes vénéneuses, qui les pervertissent en les absorbant.

Ne pas rendre le mal pour le bien est le minimum de la vertu ; rendre le mal pour le bien est ce qu'il y a de plus révoltant, et cette dernière sorte d'ingratitude est d'autant plus odieuse, qu'elle s'adresse à des bienfaiteurs plus insignes, à des parents, par exemple, qui sont, après Dieu, les premiers et les plus grands bienfaiteurs.

La reconnaissance observe les règles de la justice distributive. On doit plus

---

¹ Pour les différentes sortes de contrats et les conditions de validité, voir une *Législation civile*.

à qui a plus donné ; on doit évidemment plus à ses parents qu'aux autres hommes, à ses amis qu'aux inconnus, à ses concitoyens qu'aux étrangers.

Autant le devoir de la reconnaissance est pénible aux âmes égoïstes et basses, autant il est agréable aux âmes généreuses et nobles. Les cœurs étroits et vains ne peuvent en supporter l'idée.

La reconnaissance est avant tout une vertu de cœur. Se hâter d'acquitter une dette de reconnaissance, par amour-propre, et comme pour se délivrer d'un fardeau, c'est encore être ingrat. Outre la partie obligatoire de la reconnaissance, qui est la dette à acquitter, et qui nous lie au bienfaiteur par la conscience, il y a un sentiment particulier de bienveillance et de respect, qui nous lie à lui par le cœur, et nous presse de reconnaître par des marques d'affection, par des témoignages de dévouement, que nous sommes ses obligés.

Ce n'est pas en vue de la reconnaissance qu'il faut faire du bien aux hommes, ni à cause de leur ingratitude qu'il faut cesser de leur en faire : il faut s'inspirer des maximes de l'Évangile et pratiquer la charité chrétienne avec un esprit chrétien. Quand on est victime de l'ingratitude et qu'on sent sa conscience se révolter de voir ses meilleures intentions méconnues et calomniées, au lieu de s'abandonner aux plaintes et à l'indignation et de s'exposer ainsi à satisfaire son amour-propre, sous prétexte de venger l'iniquité, il faut s'élever si haut, que la sérénité de l'âme ne soit point troublée, et qu'elle souffre, non de ce qui peut l'atteindre, mais seulement du mal que commettent les ingrats à l'occasion du bien qu'on leur fait.

Respect des personnes avancées en âge. — La justice distributive, qui est l'obligation de traiter chacun suivant son mérite, exige pour les vieillards plus de respect que pour les autres personnes en général : ils ont participé plus longtemps au travail social, et ils peuvent être considérés comme des bienfaiteurs des jeunes ; ils ont contribué, pour une plus grande part, à constituer l'avoir matériel et moral dont ceux-ci jouissent.

Ordinairement la vieillesse implique la vertu. Le vice tue le corps et l'âme : le vicieux arrive rarement à la vieillesse. Si aucune souillure ne déshonore les cheveux blancs, les vieillards ont le mérite d'avoir traversé victorieusement l'épreuve de la vie, d'avoir résisté aux tentations auxquelles tant d'autres ont cédé[1]. Leurs conseils ont à la fois l'autorité de l'expérience et celle de l'exemple, l'autorité de la raison et celle de la vertu. Cette autorité a un caractère vénérable, qui la rapproche de l'autorité paternelle, et on conçoit l'usage des Spartiates de se lever sur le passage d'un vieillard.

A tous ces titres au respect, le vieillard ajoute celui de la faiblesse. On se déshonore, si on manque d'égards envers un être faible, un petit enfant, une femme, un vieillard. Un des caractères de la bonne éducation dans la famille, c'est la vénération dont on entoure les grands-pères et les grand'mères, quand on a l'honneur et le bonheur de les posséder. Joubert recommande de n'estimer que les jeunes gens que les vieillards trouvent polis. La raison en est, sans doute, que la manière de se conduire avec les vieillards est le critérium de la bonne ou de la mauvaise éducation. Les jouvenceaux de la fable sont égoïstes, épicuriens, prétentieux, fanfarons, mal élevés, malappris ; aussi agissent-ils

---

[1] Il y a sans doute des réserves à faire, comme l'insinue L. Veuillot : « Il y a cheveux blancs et cheveux blancs. Tout dépend du service où l'on a blanchi. Je respecte, j'honore infiniment les cheveux blancs du soldat, du laboureur, du prêtre, de l'ouvrier, du mendiant, de quiconque, grand ou petit, dans la foule ou au-dessus de la foule, a porté le poids de la vie sans semer la haine et la corruption parmi les hommes et sans blasphémer contre Dieu. Mais les cheveux blancs du contempteur public de la pudeur et de la Divinité, je me contente de les plaindre ; j'attends que le repentir soit venu. » (*Mélanges*, 1re série, VI.)

très mal avec le vieillard et n'ont-ils pour lui que des paroles inconsidérées et blessantes.

Il faut se rappeler que les vieillards sont très sensibles aux marques d'égards; c'est pour eux comme une infirmité, qui s'ajoute à toutes celles dont ils souffrent déjà, et qui les rend plus vives. Une attention, une bonne parole, une marque d'estime les fait vivre, les rajeunit. Quel plaisir délicat que celui de rendre heureux ces bons patriarches, de leur mettre la joie au cœur et le sourire aux lèvres, de les détourner des tristesses que l'âge leur apporte chaque jour!

Respect des services rendus, des supériorités morales. — Outre les supériorités de position, nécessitées par l'organisation de la société, il y a les supériorités du génie, du talent, du mérite, de la vertu. C'est un devoir de justice de s'incliner devant celles-ci comme devant celles-là, en leur témoignant extérieurement le respect, ce degré supérieur de l'estime, qui s'applique si bien ici.

Les hommes qui, pour le bien d'une commune, d'une ville, de la patrie, de l'humanité, ont sacrifié leurs plaisirs, leur santé, leur fortune, leur vie, ont droit à l'estime et au respect de tous. Il faut en dire autant des hommes de génie, qui donnent à l'humanité les idées ou les vérités dont la découverte a été la passion de leur vie et dont l'application ouvrira, pour des siècles peut-être, des voies nouvelles à l'activité humaine; à plus forte raison si l'homme de génie, comme c'est le cas pour M. Pasteur, par exemple, est aussi un insigne bienfaiteur de l'humanité. On s'honore et on s'élève en les honorant. Celui qui méconnaît ces supériorités n'a pas le sentiment de la dignité humaine.

II. — DEVOIRS DE CHARITÉ

On a déjà vu, dans la *Morale générale*, p. 693, le *caractère*, le *fondement*, la *nécessité*, les *degrés* de la charité, les *vertus* qui la mettent en exercice. On ajoutera ici quelques mots sur les devoirs particuliers de charité, quelques applications de détail.

Des passions malveillantes. — Une conséquence naturelle de la charité, c'est la suppression des passions malveillantes. Si la justice et la charité ne sont pas dans le cœur et ne reposent pas tout d'abord sur nos sentiments, il n'est pas possible qu'elles inspirent nos actions. Si donc nous voulons nous conduire en hommes de bien, il faut régler nos sentiments, et ne laisser pénétrer dans notre cœur que des affections généreuses.

Nous avons vu (5ᵉ leçon de *Psychologie*) que nous avons tout empire sur nos passions, sur les passions *malveillantes* comme sur les autres. Il est en notre pouvoir, le plus souvent du moins, de les empêcher de naître en écartant leurs causes, ou, si elles sont nées, de les affaiblir et de les détruire. D'abord faciles à discipliner, elles peuvent devenir presque irrésistibles, si nous nourrissons les pensées et les désirs, si nous faisons les lectures et les fréquentations qui les alimentent et les changent en habitudes.

Pour s'engager à étouffer, dès leur origine, les passions malveillantes, il faut considérer combien elles sont viles dans leur principe et funestes dans leurs conséquences; elles nous rabaissent, nous font perdre notre dignité d'homme, et sont la principale source de nos souffrances individuelles et des désordres comme des souffrances de la société.

Les passions malveillantes ne sont, au fond, que des manières différentes de haïr ; c'est la *haine*, colère réfléchie et méditée, qui prend diverses formes, entre autres celle de la *vengeance;* c'est l'*envie*, l'*orgueil*, l'*intolérance*.

La haine n'est légitime que si elle a pour objet le vice ou le crime, et non les personnes.

La *colère* est un mouvement aveugle et violent, qui nous ôte momentanément l'usage de la raison et nous assimile à la brute. On a dit qu'elle est une courte démence. L'histoire est remplie des crimes qu'elle a fait commettre.

La *vengeance*, c'est la haine cherchant à s'apaiser en tirant, sous couleur de justice, satisfaction d'un tort ou d'un outrage. La vengeance n'est pas permise (voir plus loin, *Pardon des injures*). Le témoignage de la conscience, c'est-à-dire la loi morale interprétée par une raison éclairée, nous dit qu'il n'y a, dans le désir de vengeance, qu'une apparence de justice ; qu'il faut faire tout le bien que l'on peut, sans tenir compte du mal qui nous a été fait, et que le devoir de la charité subsiste même à l'égard des ennemis.

L'*envie*, cette basse tristesse que l'on ressent ou cette joie maligne que l'on éprouve du bonheur ou du malheur d'autrui, c'est la haine de l'égoïste impuissant, qui ne pardonne aucune supériorité. L'envieux cherche son bonheur dans le malheur d'autrui. C'est déraisonnable et contre nature ; car on ne peut être heureux qu'en s'occupant du bonheur des autres.

La haine et l'envie dérivent d'ordinaire de l'*orgueil* ou de la méchanceté, de l'orgueil surtout. L'orgueilleux, en effet, ne voit que lui dans le monde, agit comme si tout existait pour lui, et rencontre nécessairement des froissements, des résistances, qui se traduisent en haine. Il trouve en lui tous les talents, tous les mérites, et se persuade aisément qu'il a droit à tout, et que tout ce qui appartient à autrui lui a été dérobé ; de là l'envie. Par sa nature même, d'ailleurs, l'orgueil est essentiellement contraire à l'amour du prochain et au respect du droit. L'amour du prochain, en effet, exclut l'égoïsme, dont l'orgueil est la plus haute expression ; et le droit suppose l'égalité, dont l'orgueil ne peut supporter même l'idée.

En nous faisant méconnaître la vérité sur nous et sur les autres, l'orgueil nous conduit à l'*intolérance*, disposition à ne pas souffrir que l'on pense, que l'on parle, que l'on agisse autrement que soi, disposition qui rend impossible l'accomplissement des devoirs de justice et de charité.

Effets des passions malveillantes dans la famille, dans la société. — Introduites et développées au sein de la famille, les passions malveillantes en déchirent tous les liens : ni l'amour conjugal, ni l'amour paternel et la piété filiale, ni l'amour fraternel, ne sont plus possibles. Mettez-y l'orgueil, par exemple, et le mari opprime sa femme, la femme ruine la famille par son luxe, l'enfant refuse d'obéir. C'est l'orgueil, mêlé sans doute à des préjugés, qui a longtemps persuadé au père qu'il avait le droit de disposer de la vie et de la liberté de son enfant, comme on dispose d'une propriété quelconque. Le premier fratricide a été inspiré par l'envie.

Si on considère les passions malveillantes dans la société, on les voit faire en grand ce qu'elles ont fait dans la famille ; elles en troublent la paix, arment individus contre individus, familles contre familles, peuples contre peuples, allument les guerres civiles et les guerres étrangères. Ce sont elles, en grande partie, qui rendent si aiguës, en ce moment, la lutte du travail contre le capital, de l'ouvrier et du prolétaire contre le bourgeois et le riche. Lorsque le droit est méconnu dans l'organisation et le gouvernement de la chose publique, soit par ceux qui commandent, soit par ceux qui obéissent, c'est l'orgueil, la haine ou l'envie qui ont pris sa place et qui produisent les révoltes et les révolutions dont tout le monde souffre.

Diverses formes de la charité. — Elles sont innombrables : aumône, assistance des pauvres et des malades, sympathie et consolations aux personnes qui souffrent ; — éclairer l'intelligence d'autrui en communiquant son savoir ; donner de bons conseils, des encouragements, de bons exemples ; fonder des écoles, des bureaux de bienfaisance, des hôpitaux, des lits dans les hôpitaux, des bibliothèques publiques, etc. On en trouvera d'admirables exemples dans les deux beaux livres de Maxime du Camp : l'*Histoire de la Charité à Paris*, et l'*Histoire de la Vertu en France*.

On peut poser en principe qu'il y a autant de devoirs de charité qu'il y a de devoirs de justice : partout où se trouve un droit que la justice nous défend de violer, la charité nous ordonne de sacrifier quelque chose pour le bien de nos semblables. S'agit-il, par exemple, de leur vie ? La justice nous défend d'y porter atteinte, et la charité nous ordonne de la conserver, même, en certain cas, au péril de la nôtre. Cette remarque, étendue aux autres devoirs de justice, montre que partout le devoir de charité complète et couronne le devoir de justice.

Le pardon des injures. — Parmi les devoirs de charité, la clémence, la générosité, le pardon des injures, sont les plus difficiles à pratiquer, parce que ce sont ceux qui sont le plus directement opposés à l'égoïsme, et aussi parce que l'on est porté à croire que l'on peut, en vertu même des principes de la justice, rendre le mal pour le mal, exercer la vengeance contre qui nous a blessés ou nous a nui.

« La notion de justice comprend deux idées différentes : la réparation du tort et la punition de la faute. La réparation du tort est un droit qui appartient à l'offensé. Elle consiste à le remettre dans l'état où il aurait été, si l'offense n'avait pas eu lieu. »

La punition de la faute appartient, en premier lieu et souverainement, à Dieu, puis à la société. « L'offensé n'a droit à autre chose qu'à la réparation du tort qui lui est fait. Exiger autre chose, rechercher la vengeance, souhaiter le mal du prochain, comme compensation de sa propre souffrance, c'est outrepasser son droit. »

Il n'est pas permis de se faire justice soi-même. La société serait en proie à des luttes intestines perpétuelles, si la vengeance privée était permise.

Nulle part ce précepte de la loi naturelle, qui ordonne le pardon des injures, n'a une aussi belle expression et n'est formulé avec tant de force que dans l'Évangile. Jésus-Christ fait du pardon des injures la condition nécessaire pour obtenir de Dieu le pardon de ses propres fautes (*Oraison dominicale*).

REMARQUES. — « Ni la loi naturelle cependant, ni la loi chrétienne, ne défendent la légitime défense et la réparation des torts qui nous sont faits. Elles permettent aussi de provoquer la punition des crimes, mais par amour de l'ordre, et non par désir de vengeance privée.

« Les mouvements volontaires et libres de haine et de rancune sont seuls coupables ; la répugnance involontaire que cause la présence de celui qui nous a fait du mal n'est pas une faute.

« L'obligation de pardonner entraîne celle de se réconcilier. C'est, en général, celui qui a eu les premiers torts qui doit faire les premières avances. Mais on n'est pas obligé à des démarches de réconciliation, quand on prévoit qu'elles seront repoussées. » (DE BROGLIE, *Instr. morale*.)

Dévouement. — Le dévouement est la base de tout l'ordre social. Sans renoncement, point de vie pour les peuples. Chaque homme doit le pratiquer, et dans tout ordre de choses. Tous n'atteignent pas le degré héroïque, mais c'est l'esprit même de sacrifice qui peut seul constituer la société dans l'harmonie et dans la paix. N'ayant aucun moyen pour l'obtenir de la volonté libre de l'homme, l'antiquité avait dû l'imposer par la force sous la forme de l'esclavage [1].

Le christianisme respecte la justice et sauvegarde la dignité de l'homme. Il fait du renoncement une œuvre volontaire, une discipline intérieure, librement acceptée par la foi. Comme il l'impose à tous, il en atténue la rigueur, parce que les sacrifices sont réciproques. Si la doctrine évangélique demande aux uns la patience et la résignation, elle impose aux autres la charité et le dévouement. Le plus fort doit prendre sa part du fardeau du plus faible, et celui-ci, sentant le poids allégé, marche plus joyeux et plus confiant. « Tu aimeras ton prochain comme toi-même; » c'est la seule loi qui puisse résoudre le problème social, et l'éducation chrétienne est le seul moyen de faire passer cette loi dans les mœurs. En mettant dans la volonté de l'homme le principe de la contrainte morale, en forçant chacun à se dominer, à soumettre ses penchants égoïstes à la loi de l'ordre général, l'Evangile apporte aux peuples les principes de la liberté, en même temps que ceux de la paix sociale. (V. p. 695.)

De l'aumône. — Parmi les différentes formes de la charité, une des principales est l'aumône.

L'aumône n'est pas pour le riche, pour tout homme qui peut la faire, un conseil de perfection, mais un *devoir*, bien qu'elle ne soit pas chez le pauvre un *droit*[2], comme on l'a déjà vu pour tous les devoirs de charité.

Les principes de la philosophie naturelle et chrétienne, relatifs à l'aumône, ont été magistralement résumés par le pape Léon XIII, dans son *Encyclique sur la Condition des ouvriers :* « ... Sur l'usage des richesses, voici l'enseignement d'une excellence et d'une importance extrêmes, que la philosophie a pu ébaucher, mais qu'il appartenait à l'Eglise de nous donner dans sa perfection et de faire descendre de la connaissance à la pratique. Le fondement de cette doctrine est dans la distinction entre la juste possession des richesses et leur usage légitime.

« La propriété privée, nous l'avons vu plus haut, est, pour l'homme, de droit naturel ; l'exercice de ce droit est chose non seulement permise, surtout à qui vit en société, mais encore absolument nécessaire. Maintenant, si l'on demande en quoi il faut faire consister l'usage des biens, l'Eglise répond sans hésitation : « Sous ce rapport, l'homme ne doit pas tenir les choses extérieures pour pri- « vées, mais bien pour communes, de telle sorte qu'il en fasse part facilement aux

---

[1] En présence du triomphe universel de la force, sous Rome païenne, l'idée du droit de l'individu s'était obscurcie ; le sentiment humain s'était affaibli au milieu des infamies de l'esclavage, état normal des trois quarts de la société antique. Aussi ne faut-il pas s'étonner qu'au siècle d'Auguste, les deux plus sages philosophes païens proclament « que la compassion n'est pas d'un homme sage » (CICÉRON, *Tusculanes*, III), et que « les honnêtes gens doivent éviter la miséricorde; elle est le défaut des petites âmes, capables de succomber à la vue des malheurs d'autrui ». (SÉNÈQUE, *de la Clémence*, II, 6.)

[2] « Sauf les cas d'extrême nécessité : » l'aumône alors est *de stricte justice*. (LÉON XIII, encyclique *Rerum novarum*, p. 19.)

« autres dans leurs nécessités. C'est pourquoi l'apôtre a dit : Ordonne aux riches
« de ce siècle de donner facilement, de communiquer leurs richesses. »

« Nul assurément n'est tenu de soulager le prochain en prenant sur son nécessaire ou sur celui de sa famille, ni même de rien retrancher de ce que les convenances ou la bienséance imposent à sa personne : nul, en effet, ne doit vivre contrairement aux convenances. Mais, dès qu'on a suffisamment donné à la nécessité et au décorum, c'est un devoir de verser le superflu dans le sein des pauvres. C'est un devoir non pas de stricte justice, sauf les cas d'extrême nécessité, mais de charité chrétienne ; un devoir, par conséquent, dont on ne peut poursuivre l'accomplissement par les voies de la justice humaine. Mais, au-dessus des jugements de l'homme et de ses lois, il y a la loi et le jugement de Jésus-Christ, notre Dieu, qui nous persuade de toutes les manières de faire habituellement l'aumône. « Il est plus heureux, dit-il, celui qui donne que celui qui
« reçoit, et le Seigneur tiendra pour faite ou refusée à lui-même l'aumône qu'on
« aura faite ou refusée aux pauvres. » « Chaque fois que vous avez fait l'aumône
« à l'un des moindres de mes frères que vous voyez, c'est à moi que vous l'avez faite. »

« Du reste, voici en quelques mots le résumé de cette doctrine : Quiconque a reçu de la divine bonté une plus grande abondance soit des biens externes ou du corps, soit des biens de l'âme, les a reçus dans le but de les faire servir à son propre perfectionnement, et, tout ensemble, comme ministre de la Providence, au soulagement des autres. C'est pourquoi, « quelqu'un a-t-il le talent de
« la parole, qu'il prenne garde de se taire ; une surabondance de biens, qu'il ne
« laisse pas la miséricorde s'engourdir au fond de son cœur ; l'art de gouverner,
« qu'il s'applique avec soin à en partager avec son frère et l'exercice et les
« fruits. »

Objections contre la charité. — Des philosophes contemporains, parmi lesquels Herbert Spencer surtout, ont fait le procès à la charité et prétendu qu'elle est inutile et même funeste ; car, sous prétexte de soulager les misères humaines, elle les perpétue en assurant l'existence d'individus qui, par leurs maladies et leurs vices, arrêtent le progrès de l'humanité.

On voit que ces objections sont une application de la théorie darwinienne de la lutte pour la vie et de la sélection naturelle. La charité contrarie ces lois en maintenant au sein de l'humanité des êtres vicieux, chétifs et infirmes, qui la gênent. « Laissons faire la nature, dit l'auteur anglais, elle éliminera promptement ces représentants dégradés de notre race ; dès lors la survivance et la multiplication des mieux doués aura vite fait d'améliorer et d'embellir partout l'organisme humain. »

Le moraliste de l'école utilitaire et naturaliste ne voit que quelques effets de la charité, et ce ne sont pas les effets qui peuvent poser ou détruire l'obligation. Sans doute la charité doit être faite avec discrétion et intelligence ; il y a des précautions à prendre pour la bien placer, des manières de la rendre plus morale et plus profitable, c'est-à-dire que non seulement elle satisfasse un besoin présent, mais qu'elle crée des énergies et des ressources contre les besoins à venir. Si elle est imprudente et aveugle, elle peut encourager la paresse et le vice ; dans la mesure où il peut compter sur elle, le pauvre diminue la somme de ses efforts personnels ; le sentiment de la responsabilité et celui de la dignité s'affaiblissent en lui, et il tombe dans une honteuse incurie.

Mais il faut remarquer que ces critiques atteignent surtout la charité *légale*, faite au nom de l'État ; par conséquent, la manière de faire la charité plutôt que la charité elle-même.

L'aumône n'est d'ailleurs que l'une des formes de la charité, qui est le don de soi pour le bien d'autrui.

Ce n'est pas dans la nature physique ou animale qu'il faut chercher la loi de l'homme, mais dans la raison ; or la raison affirme que la loi des sociétés, c'est la justice et la charité ; elle constate que chez tous les hommes en général, quand les passions ne les troublent pas, la pitié pour les faibles, la compassion pour les malheureux sont des sentiments naturels; par conséquent, que si les lois de la lutte pour la vie et de la sélection naturelle ne les admettent pas, c'est que ces lois ne répondent pas à la nature de l'homme, qu'elles ne lui conviennent pas, qu'elles ne sont pas faites pour lui.

Au nom de quels principes d'ailleurs faire cette sélection, qui permet aux uns de vivre et condamne les autres à mourir? Ne voit-on pas souvent les grandes et belles âmes habiter des corps chétifs? L'histoire nous raconte les œuvres de tant de grands hommes et de génies, qui font honneur à l'humanité, et qu'on n'eût pas laissé vivre, en suivant la théorie darwinienne.

La pratique de la charité implique le sentiment profond de la valeur de la vie humaine et de la solidarité qui lie entre eux tous les hommes, comme les membres d'un même corps.

L'idée de la suprématie absolue de l'espèce, substituée au respect de l'individu, que la charité suppose et développe, conduirait à une humanité moralement dégradée, composée de *beaux animaux*, c'est-à-dire d'individus robustes, mais sans cœur.

Charité légale. — On reproche à la charité légale (telle qu'on la pratique en Angleterre, par exemple) de dessécher le cœur, de tarir les sources de la générosité et du sacrifice personnel, de creuser un fossé profond entre les riches et les pauvres, de les placer dans une situation permanente d'hostilité. Ces subsides, que personne ne fournit volontairement, puisqu'ils proviennent de l'impôt, distribués froidement, sans amour, ne touchent pas l'âme du malheureux et ne peuvent contribuer à son relèvement moral. Ils encouragent l'imprévoyance, la dissipation, la débauche, énervent l'esprit de famille et entraînent mille autres inconvénients.

Proclamer le principe de *l'assistance obligatoire* pour la collectivité, dire que la société est tenue, non plus en vertu d'une *obligation morale*, mais *légalement*, d'assister telles catégories d'indigents, c'est fonder le *droit* aux secours ; car c'est forcément un droit pour l'individu et un droit sans limites, si c'est une obligation pour la société. « Gardez-vous, disait M. de Gérando, de remplacer le don volontaire par un impôt obligé! Vous croyez punir l'égoïsme, vous détruisez la bonté. Faites naître la charité, ne l'imposez pas. » La charité légale décourage la charité privée et lui laisse croire qu'elle est inutile. M. Cochin disait au *congrès de Malines*, en 1863 : « Entraver, réglementer, unifier la bienfaisance, c'est effacer un devoir, créer un droit, assumer un fardeau : trois calamités à la fois. »

Les institutions libres (de charité, de patronage, de coopération, de mutualité) jouissent, contrairement à celles de l'État, d'une élasticité qui permet de les adapter à tous les cas particuliers. L'obligation légale est stérile, elle détruit l'efficacité des institutions. En supprimant l'effort, elle supprime le mérite ; elle tarit la vertu sociale des institutions et ne rapproche pas les classes. C'est un impôt que perçoit l'État, ce n'est plus l'acte d'un homme libre qui, librement, vient en aide à son semblable. La formule et l'automatisme, au besoin servis par le gendarme, remplacent les initiatives spontanées, qui ne sont fécondes que précisément en raison de leur liberté.

Chez les chrétiens des premiers siècles, « des secours étaient spontanément offerts par les fidèles dans chacune de leurs assemblées ; » — ce que Tertullien appelle les *dépôts de la piété*, parce qu'on les employait « à entretenir et à inhumer les personnes indigentes, les orphelins pauvres des deux sexes, les **domestiques âgés, les victimes du naufrage** ». — Voilà comment, peu à peu, s'est formé ce patrimoine, que l'Eglise a toujours gardé avec un soin religieux comme le bien propre de la famille des pauvres. Elle est allée jusqu'à assurer des secours aux malheureux en leur épargnant l'humiliation de tendre la main; car cette commune mère des riches et des pauvres, profitant des merveilleux élans de charité qu'elle avait partout provoqués, fonda des sociétés religieuses et une foule d'autres institutions utiles, qui ne devaient laisser sans soulagement à peu près aucun genre de misère.

« Il est sans doute un certain nombre d'hommes aujourd'hui qui, fidèles échos des païens d'autrefois, en viennent jusqu'à se faire, même d'une charité aussi merveilleuse, une arme pour attaquer l'Eglise; et l'on a vu une bienfaisance établie par des lois civiles se substituer à la charité chrétienne. Mais cette charité, qui se voue tout entière et sans arrière-pensée à l'utilité du prochain, ne peut être suppléée par aucune industrie humaine. » (*Encyclique sur la Condition des ouvriers*.)

III. — DEVOIRS A L'OCCASION DES ANIMAUX ET DES ÊTRES INFÉRIEURS

Nous avons vu, page 683, que ces devoirs rentrent dans la morale individuelle, la morale sociale et la morale religieuse; que les animaux et les êtres inférieurs, placés hors de la loi morale, sont l'occasion, non l'objet des devoirs que l'homme, dans ses rapports avec eux, est tenu de remplir envers lui-même, envers ses semblables et envers Dieu. — On a posé cette double question : *Les physiologistes peuvent-ils alléguer les droits de la science pour opérer des vivisections sur les animaux? Auraient-ils le droit de tenter des expériences sur les malades, sous prétexte de réaliser, en médecine, des progrès utiles à l'humanité ?*

— *Oui, les physiologistes peuvent alléguer les droits de la science pour opérer des vivisections sur les animaux.* Les animaux sont des choses, non des personnes ; ils sont à la disposition de l'homme, qui peut s'en servir pour sa nourriture, pour son travail, pour ses divers besoins. *Il ne lui est pas permis de les faire souffrir sans nécessité, sans utilité évidente.* Le faire, ce serait se manquer à soi-même, se montrer indigne de sa raison et de sa liberté, s'habituer à la cruauté, laquelle passe facilement des animaux aux hommes ; ce serait détruire en soi le sentiment de la pitié et le blesser chez les autres ; ce serait même se rendre coupable envers Dieu, qui nous fait un devoir de traiter raisonnablement, c'est-à-dire selon l'ordre et pour le bien, les œuvres de sa sagesse et de sa providence. Nous pouvons user, non abuser des êtres inférieurs à nous, et c'est en abuser que de les détruire ou, s'ils sont sensibles, de les faire souffrir sans motif [1].

Les *vivisections*, c'est-à-dire les expériences faites sur les ani-

---

[1] Il y a là une justification suffisante de la loi du 9 juillet 1850, dite loi Grammont, qui prononce la peine de l'amende et de la prison contre ceux qui auront exercé *publiquement et abusivement* des mauvais traitements envers les animaux domestiques.

maux vivants, pour découvrir, dans l'intimité de leurs organes et de leurs fonctions, les lois physiologiques, ont un but supérieur, qui les rend légitimes : *les progrès de la science*, que l'homme applique ensuite à son propre bien, à celui de ses semblables, et même à celui des animaux domestiques. Mais, même dans ce cas, il faut toujours se rappeler que l'animal est sensible et qu'il faut lui épargner, le plus possible, la douleur ; ne le faire souffrir que dans la mesure nécessitée par l'expérience.

Ce droit qu'a l'homme de faire des expériences sur les animaux, il ne l'a pas, quand il s'agit de l'homme. — L'homme ne peut jamais être traité comme une chose, comme un moyen ; c'est un être intelligent et libre, une personne; il est sujet de la loi morale qui le rend inviolable. Si la vie est en danger et qu'il y ait à faire une opération douteuse ou à donner un remède hasardeux, le médecin ne peut agir que du consentement de l'intéressé. Les progrès de la science, que l'on a en vue, ne peuvent légitimer une atteinte portée au caractère sacré de la personne, dont le respect est le premier intérêt, comme le premier devoir.

M. A.-L. Donnadieu, de Lyon, termine par les réflexions suivantes un article en faveur de la *vivisection*, dans la *Controverse* et le *Contemporain* (1888) : « L'animal n'a pas l'intelligence proprement dite, c'est-à-dire la faculté de l'universel et, avec lui, du vrai, du beau, du bien moral surtout. Il n'atteint d'aucune manière à la raison et à la personnalité qui en est la suite. Il n'a donc pas de droit proprement dit, il n'a contre les espèces rivales qui lui font la guerre que les ressources de son agilité ou de sa force, et il n'a d'autre défense, vis-à-vis de son maître, que la modération que celui-ci doit s'imposer à lui-même...

« Les *antivivisectionnistes* devraient ne pas oublier ces quelques vérités, quand ils plaident la cause de l'animal. Leur *humanité* descend un peu trop bas ; les exagérations nuisent aux meilleures causes, et l'on est bien près de nier les droits de l'homme, quand on en prête si libéralement à l'animal. En dépit de tous leurs efforts, la bête est et restera toujours la bête, c'est-à-dire une *chose*, une propriété de l'homme, et je ne saurais mieux conclure qu'en citant ces paroles de notre célèbre physiologiste Cl. Bernard : « Ce que la morale interdit de faire sur nos « semblables (l'autopsie immédiatement après la mort), la science nous autorise « à le faire sur les animaux. L'homme, qui a le droit de se servir des animaux « pour son usage domestique et pour son alimentation, a également le droit de « s'en servir pour s'instruire dans une science utile à l'humanité. »

NOTES COMPLÉMENTAIRES

On doit exercer la bienfaisance sans humilier l'obligé. — Il y faut mettre cette délicatesse qui fait oublier au pauvre qu'il reçoit et qui empêche de rien tenter contre ses convictions et sa liberté. Il faut se rappeler cette admirable parole de saint François d'Assise : « Le pauvre est le seul moyen que nous ayons de donner quelque chose à Dieu. » S'incliner vers lui, c'est se grandir. Trop souvent on rougit, par orgueil, d'avoir compassion de lui, ou on lui fait un crime de sa misère, pour excuser la dureté avec laquelle on le traite. L'Eglise catholique a toujours prêché au riche le respect du pauvre. Bossuet a un sermon sur « l'éminente dignité des pauvres dans l'Eglise ». Le pape Léon XIII, continuant la tradition, dit, dans son *Encyclique sur la Condition des ouvriers :* « Quant aux déshérités de la fortune, ils apprennent de l'Église que, selon le jugement de Dieu lui-même, la pauvreté n'est pas un opprobre et qu'il ne faut pas rougir de gagner son pain à la sueur de son front. C'est ce que Jésus-Christ Notre-Seigneur a confirmé par son exemple, lui qui, « tout riche qu'il était, s'est fait indigent » pour le salut des hommes; qui, Fils de Dieu et Dieu lui-même, a voulu passer aux yeux du monde pour le fils d'un artisan; qui est allé jusqu'à consumer une grande partie de sa vie dans un travail mercenaire.

« Quiconque tiendra sous son regard le modèle divin, comprendra plus facilement ce que nous allons dire : que la vraie dignité de l'homme et son excellence résident dans ses mœurs, c'est-à-dire dans sa vertu; que la vertu est le patrimoine commun des mortels, à la portée de tous, des petits et des grands, des pauvres et des riches; que seuls la vertu et les mérites, n'importe en quel sujet ils se trouvent, obtiendront la récompense de l'éternelle félicité. Bien plus, c'est vers les classes infortunées que le Cœur de Dieu semble s'incliner davantage. Jésus-Christ appelle les pauvres des *bienheureux :* il invite avec amour à venir à lui, afin qu'il les console, tous ceux qui souffrent et qui pleurent; il embrasse avec une charité plus tendre les petits et les opprimés. »

De l'assistance qui humilie et de celle qui honore. — « L'assistance humilie, quand elle prend l'homme par en bas, par les besoins terrestres seulement; quand elle ne prend garde qu'aux souffrances de la chair, au cri de la faim et du froid, à ce qui fait pitié, à ce qu'on assiste jusque chez les bêtes; car les Indiens ont des hôpitaux pour les chiens, et la loi anglaise ne permet pas de maltraiter impunément les chevaux[1]. L'assistance humilie, si elle n'a rien de réciproque, si vous ne portez à votre frère qu'un morceau de pain, un vêtement, une poignée de paille, que vous n'aurez probablement jamais à lui demander; si vous le mettez dans la nécessité douloureuse pour un cœur bien fait de recevoir sans rendre ; si, en nourrissant ceux qui souffrent, vous ne semblez occupé que d'étouffer des plaintes qui attristent le séjour d'une grande ville, ou de conjurer les périls qui en menacent le repos.

« Mais l'assistance honore, quand elle prend l'homme par en haut, quand elle s'occupe premièrement de son âme, de son éducation religieuse, morale, politique, de tout ce qui le rend libre, et de tout ce qui peut le rendre grand. L'assistance honore, quand elle joint au pain qui nourrit, la visite qui console, le conseil qui éclaire, le serrement de main qui relève le courage abattu; quand elle traite le pauvre avec respect, non seulement comme un égal, mais comme un supérieur, puisqu'il souffre ce que peut-être nous ne souffririons pas, puisqu'il est parmi nous comme un envoyé de Dieu, pour éprouver notre justice et notre charité, et nous sauver par nos œuvres. » (OZANAM, *Mélanges.*)

---

[1] Ceci a été écrit en 1848, et la loi française dite *loi Grammont* est du 9 juillet 1850.

Sens des mots probité, équité, loyauté, délicatesse. — La *probité*, c'est la justice légale;
L'*équité*, la justice naturelle;
La *loyauté* ou *bonne foi*, la fidélité à la parole donnée;
La *délicatesse*, c'est la finesse d'esprit et la pureté de sentiment dans l'exercice de la justice et de la charité.
Un homme *probe* remplit exactement les devoirs de la vie civile; il ne nuit à personne (honnête homme au sens vulgaire);
L'homme *équitable* rend à chacun ce qui lui est dû; à chacun selon son mérite, sans tenir compte des lois positives;
L'homme *loyal* est celui qui obéit aux lois de l'honneur, et dont la parole vaut un contrat;
Enfin l'homme *délicat* s'ingénie pour faire plaisir; il est bon, charitable, observe les règles de la bienséance.

DEVOIRS ENVERS NOS SEMBLABLES (*Suite*.)

Devoirs professionnels.
- L'homme qui n'accomplit pas consciencieusement ses devoirs professionnels pèche contre la probité, c'est-à-dire qu'il commet une injustice envers tout le corps social.
- Un médecin, un pharmacien, un avocat, un magistrat, un professeur, etc., qui manquent d'instruction ou ne s'occupent pas sérieusement de leurs fonctions, manquent à la *probité*; ils sont malhonnêtes.
- Un ouvrier qui perd son temps, un patron qui ne paye pas assez ses ouvriers, un marchand qui vend de la mauvaise marchandise ou la vend trop cher, manquent à la probité; ils sont de malhonnêtes gens.
- De même un électeur qui ne vote pas selon sa conscience; les législateurs qui se laissent mener par l'esprit de parti; les employés qui s'acquittent mal de leurs fonctions, les élèves qui perdent le temps, etc., tous ceux-ci encore pèchent contre la probité; ils manquent à l'honnêteté naturelle, à la justice.
- Quiconque embrasse volontairement une profession, s'engage à en remplir les devoirs, quelque difficiles qu'ils puissent être; il y va de l'honnêteté. — Voilà une règle formelle.

Fidélité aux engagements.
- La fidélité aux engagements est une forme de la justice, qui nous défend de tromper.
- C'est en même temps l'un des fondements de la société, qui ne subsiste que par un échange de services.
- Cette obligation de tenir nos engagements porte :
- 1° Sur la *simple promesse*, par laquelle on s'engage gratuitement à quelque chose;
- 2° Sur le *contrat*, convention par laquelle une ou plusieurs personnes s'obligent, envers une ou plusieurs autres, à donner, à faire ou à ne pas faire quelque chose.
- — Une chose mauvaise ou illicite de sa nature ne saurait faire l'objet d'une promesse ou d'un contrat obligatoire.

Justice distributive. — A quoi elle nous oblige (voir p. 692).

Devoir de reconnaissance.
L'ingratitude.
- La reconnaissance est un devoir de justice, mais non exigible par la contrainte.
- La reconnaissance a deux degrés : l'un *négatif* : ne pas faire du mal à un bienfaiteur; l'autre *positif* : rendre le bien pour le bien. — Ce dernier degré seul est la vertu.
- L'ingratitude a aussi deux degrés : 1° ne pas rendre le bien pour le bien (négatif); 2° rendre le mal pour le bien. — Ce dernier degré est doublement odieux.
- Quel que soit le degré que l'on considère, l'ingratitude est l'indice d'un mauvais cœur.
- Celui qui n'est pas reconnaissant n'est pas *équitable* : il ne rend pas à chacun ce qui lui est dû.

Respect des personnes avancées en âge, des supériorités morales. — C'est un devoir de justice de respecter les personnes avancées en âge : elles ont travaillé plus que nous au bien social. Ordinairement la vieillesse implique la vertu. — C'est aussi un devoir de charité, à cause de la faiblesse inhérente à la vieillesse.
Il faut respecter aussi les personnes qui ont rendu des services à la société : ce qu'on appelle les *supériorités morales*, savantes, inventeurs, etc., toujours en vertu du principe de la justice distributive.

DEVOIRS ENVERS NOS SEMBLABLES (Suite.)

Passions malveillantes.
—
Leurs effets.

(On a déjà vu, en *Morale générale*, ce qu'est la charité, sa nécessité, ses degrés.)
La charité nous oblige à réprimer les *passions malveillantes*, dont les principales sont :
1° La *colère*, mouvement aveugle et violent, qui nous prive momentanément de la raison et nous fait agir comme des brutes. — C'est une courte démence;
2° La *haine*, colère réfléchie et méditée;
3° La *vengeance*, haine cherchant à se satisfaire;
4° L'*envie*, la *jalousie*, passions qui nous rendent tristes du bien qui arrive aux autres, et joyeux du mal qui les frappe. — L'envieux, le jaloux, cherche son bonheur dans le malheur des autres;
5° L'*orgueil*, qui est la source de toutes les passions précédentes. L'orgueil s'appelle *intolérance*, lorsqu'il ne peut souffrir les paroles ou les opinions opposées.
Les *passions malveillantes* dépriment l'âme, aigrissent le caractère, torturent le cœur; elles mettent le désordre dans les familles et dans la société, et sont la source des crimes les plus abominables.
Les obligations précédentes sont toutes négatives; en voici de positives :

Obligations positives de la charité.

1° Œuvres de miséricorde corporelle : aumône, visite des malades et des prisonniers, etc.;
2° Œuvres de miséricorde spirituelle : prière, bons conseils, bons exemples, etc.
Ces diverses œuvres constituent le *dévouement*, renoncement à soi pour le bonheur des autres. Le christianisme est fondé sur le dévouement; celui qui ne sait pas se dévouer n'est pas chrétien.
La charité nous oblige encore au *pardon des injures*. — Non seulement il ne nous est pas permis de nous venger, mais il faut encore, pour obéir à la loi de Jésus-Christ, pardonner à nos ennemis, leur vouloir et leur faire du bien.

L'aumône.
—
Charité légale.

L'aumône est un des principaux devoirs de charité;
Elle est *obligatoire* pour tous, dans la mesure où on peut la faire. L'obligation de faire l'aumône est fondée sur la fraternité et la solidarité humaines.
En faisant l'aumône, il faut se garder d'humilier celui qui la reçoit; ce serait manquer à la charité en la faisant. Il faut se souvenir que « la façon de donner vaut mieux que ce qu'on donne ».
On a fait des objections contre la charité, contre l'aumône en particulier.
On a dit (H. Spencer et d'autres) que l'aumône est *démoralisatrice*, puisqu'elle encourage le vice et la paresse, qu'elle est contraire au progrès de l'humanité.
On a dit encore (socialistes) que l'aumône humilie; qu'elle se fait aux dépens de la justice; que l'ouvrier a droit à tout ce dont il a besoin, etc.
La première objection s'applique à la théorie darwinienne de la lutte pour la vie; la seconde, à la société dans laquelle l'État serait un État-Providence.
Les socialistes ont, en effet, demandé l'*assistance obligatoire légale*. — C'est là une erreur sociale très grave, qui entraînerait la ruine de la charité privée, la seule vraie.

DEVOIRS RELATIFS AUX ÊTRES INFÉRIEURS

(On a parlé de ces devoirs en *Morale générale*, p. 504.) Reste à résoudre deux questions :
1° Les physiologistes peuvent-ils alléguer les droits de la science pour opérer des vivisections sur les animaux? — Oui; car les animaux sont des choses dont l'homme peut se servir comme d'un moyen. Mais ce serait une *cruauté*, par conséquent une faute contre soi-même, de les faire souffrir sans nécessité. (La loi Grammont punit d'une amende et de la prison les mauvais traitements contre les animaux domestiques.)
2° Une seconde question se pose : Les physiologistes ont-ils le droit, même quand il s'agit de la science, de faire des expériences dangereuses sur l'homme? — Non; parce que l'homme ne peut jamais être traité comme une chose, comme un moyen.

9ᵉ LEÇON

SOCIÉTÉ CIVILE OU ÉTAT
DEVOIRS ET DROITS DES GOUVERNANTS ET DES GOUVERNÉS

I. — PATRIE ET PATRIOTISME

Ce qu'est la patrie. — Par son étymologie, le mot patrie signifie : *terre des pères ou des aïeux,* sens incomplet, mais expressif, qui relie le présent au passé.

On l'emploie pour désigner le pays où l'on est né, la nation dont on fait partie, la société politique dont on est membre.

L'idée de patrie renferme un ensemble d'institutions, de croyances, de traditions, de monuments, qui forment le patrimoine d'un même peuple habitant un même territoire. Les éléments ou conditions d'une patrie ou d'une nation sont donc : la communauté de race ou d'origine, de territoire, de langue (éléments naturels), communauté de mœurs et de coutumes, de lois, de passé historique (éléments moraux). Il faut de plus que les hommes unis par ces éléments aient conscience du lien qui les unit. Aucune de ces conditions n'est absolument nécessaire et suffisante pour constituer la patrie. Ainsi, au point de vue de la race, la France comprend un mélange de Gaulois, de Francs et d'autres peuples ; l'Angleterre, de Bretons, de Teutons (Angles et Saxons), de Danois et de Français ; la Suisse, d'Allemands, de Français et d'Italiens.

Avant tout, ce qui constitue une nation, une patrie, c'est une *âme commune;* et cette âme, deux choses surtout la créent : dans le passé, un riche legs de souvenirs possédé en commun ; dans le présent, la volonté de garder indivis et de faire valoir l'héritage reçu, de poursuivre une commune destinée. Cette unité morale, qui fait que toutes les âmes des compatriotes, réunies et comme confondues dans les mêmes pensées, les mêmes sentiments, les mêmes volontés, ne forment qu'une seule âme, n'est pas l'œuvre de la force ou de la loi, mais de la nature et du temps. Un traité, une annexion violente peut bien rattacher une province à une patrie *officielle,* mais non la séparer de la patrie *naturelle.* Celle-ci, de même que la personne morale, ne se fait pas en un jour ; elle est l'aboutissant d'un long passé d'efforts, de sacrifices, de dévouements[1] ; de sacri-

---

[1] Le trésor de science, d'art, d'avantages de toutes sortes, offert à sa naissance au membre d'une nation civilisée, est étonnant. Le dernier paysan, le dernier ouvrier européen trouve dans sa patrie une somme de notions acquises, de procédés éprouvés, d'expériences faites, qui sont le fruit d'un travail séculaire et composent le patrimoine de la nation, et dont il reçoit sa part à son entrée dans la vie. La routine même qui préside à certains travaux est bien préférable à l'inexpérience du sauvage et du barbare.

fices surtout : plus on en a fait, plus on a souffert, plus on aime. L'expérience montre que la souffrance en commun unit plus que la joie, et qu'en fait de souvenirs nationaux, les deuils, qui imposent le devoir d'un effort en commun, sont un lien plus fort et plus durable que les triomphes.

D'ordinaire, pour expliquer le fait de la formation des nationalités, on tient surtout compte des éléments naturels d'habitation, d'intérêts, de langage. L'histoire prouve que la nationalité produit plutôt ces circonstances qu'elle n'en résulte ; c'est surtout par la réunion des volontés et des actes que les hommes sont réellement en société ; or ils ne peuvent vouloir et agir en commun que par l'acceptation d'un même but d'activité.

Nation, Etat, gouvernement. — Dans le sens étymologique, *nation* marque un rapport commun de naissance, d'origine. — L'*État* est une réunion d'hommes vivant d'une manière permanente sur un territoire à eux, et se soumettant à des lois communes et à un gouvernement indépendant. — Le *gouvernement* est l'ensemble des personnes qui représentent et dirigent l'État.

La communauté de religion, de race, de langue, est très utile à la constitution d'un État ; il est incontestable qu'elle le rend plus solide, mais il peut exister sans elle. Ce qui suffit pour le constituer, c'est un territoire à lui sur lequel il exerce la souveraineté intérieure, c'est-à-dire se gouverne comme il l'entend, et la souveraineté extérieure, c'est-à-dire entre librement en rapport avec les autres États et conclut avec eux des traités.

Ce qui distingue les idées d'*État* et de *nation*, c'est que l'État est une réunion d'hommes unis surtout par un lien *politique*, et la nation, une réunion d'hommes unis surtout par un lien *moral*.

La nation est d'origine naturelle ; l'État, d'origine contractuelle (il repose sur un contrat ou convention). De là cette conclusion qu'une nation peut constituer un État tant qu'elle conserve son indépendance, et qu'elle reste une nation alors même qu'elle a perdu son indépendance.

Avant de faire reconnaître leur indépendance, la Belgique et la Grèce étaient des nations sans être des États. Les Juifs sont une nation dispersée, qui ne forme plus un État. Les Polonais font partie de trois États différents ; beaucoup gardent le sentiment de la patrie polonaise. Il en est de même des Irlandais. — Avec les places de sûreté que leur avait concédées l'édit de Nantes, les protestants étaient accusés de former un État dans l'État. Souvent l'État et la patrie ou la nation se confondent.

On entend aussi par État le gouvernement, le pouvoir suprême d'un pays. Le gouvernement n'est pas, à proprement parler, l'État : il n'en est que le symbole et l'organe. En ce sens, l'État varie avec les divers régimes politiques.

« Si l'on considère la nation comme un organisme, on découvre en cet organisme deux sortes de fonctions : les fonctions de nutrition (instruction, éducation, fonctions économiques) et les fonctions de relation (législation, administration, armée, police). L'ensemble des organes qui exercent les fonctions de relation se nomme État. » (FONSEGRIVE, *Élém. de phil.*)

Relations entre les idées de famille et de patrie et les sentiments qui s'y rapportent. — Voir *Amour de la patrie*, 6ᵉ leçon de *Psychologie*, p. 104.

Famille, patrie, humanité, devoirs correspondants. — La famille, la nation, l'humanité, forment trois sociétés naturelles. L'humanité est composée de nations; les nations, de familles. La famille est la société primordiale, la société type. C'est dans la famille que l'homme naît, grandit, se forme à la vie d'homme et de citoyen.

La nation ou la patrie est un groupe de familles : c'est la famille agrandie; l'humanité est un groupe de nations : c'est une famille, une patrie s'étendant sur toute la terre.

L'amour de la famille est l'ensemble des affections qui rattachent entre eux les membres de la société domestique; l'amour de la patrie, l'ensemble des affections qui unissent les membres d'une nation; l'amour de l'humanité, l'ensemble des affections qui relient tous les hommes, en tant qu'ils ont même origine, même nature et même destinée, qu'ils sont solidaires et qu'ils doivent s'aimer les uns les autres. L'amour de la patrie implique celui de la famille, et l'amour de l'humanité implique celui de la famille et de la patrie. Comment aimerai-je mes concitoyens, si je n'aime pas mes proches? Et comment aimerai-je l'homme en général, si je n'aime pas d'abord les membres de ma famille et mes concitoyens? *Les affections de famille sont le principe et le modèle des affections patriotiques et sociales ou humanitaires.* Si je n'ai pas pratiqué la piété filiale dans la famille, comment pourrai-je aimer la patrie comme une mère? Si je n'apprends pas dans la famille ce que c'est que la fraternité et la solidarité, comment pourrai-je considérer tous les hommes comme mes frères, comprendre et respecter les liens qui existent entre tous les hommes en général et plus spécialement entre les membres d'une même nation?

Toutes les vertus que l'homme peut manifester dans ses rapports avec ses semblables, la discipline, le respect de l'ordre, de l'autorité, l'obéissance, le support mutuel, la justice, le dévouement, l'esprit de sacrifice, se transportent de la famille dans la nation et de la nation dans l'humanité.

Tout commence, tout se fonde dans la famille. La nation vaut ce que valent les familles qui la composent, et l'humanité tout entière vaut elle-même ce que valent les nations qui la forment. Le point de départ est dans la famille, et si l'on veut régénérer la nation ou l'humanité, c'est par la famille qu'il faut le faire.

Le *communisme*, qui prétend détruire la famille au profit de la cité ou de l'État, et le *cosmopolitisme*, qui voudrait effacer les frontières des peuples et ne faire de l'humanité qu'une seule et grande patrie, sont des erreurs également funestes et en contradiction avec la condition et les lois de la nature humaine.

On doit plus à qui a plus donné. Je dois plus aux membres de ma famille qu'à mes concitoyens, plus à mes concitoyens qu'à des étrangers : c'est la justice et la charité bien entendues. C'est donc dans l'ordre que la famille, la patrie, l'humanité soient distinguées, non confondues, et que l'homme ait, pour ces trois groupes naturels, des sentiments en rapport avec la diversité des liens et des obligations qui l'y rattachent. Est-ce à dire que l'on puisse violer les devoirs envers l'humanité au profit des devoirs patriotiques, et ceux-ci au profit des devoirs domestiques? Évidemment non. Les devoirs spéciaux envers la patrie et la famille s'ajoutent aux devoirs généraux envers l'humanité, sans les altérer ni les détruire, et on n'a jamais le droit de violer ceux-ci pour satisfaire à ceux-là. « Il n'est pas permis, dit Fénelon, de se conserver en ruinant sa famille, ni d'agrandir sa famille en perdant sa patrie, ni de chercher la gloire de sa patrie en violant les droits de l'humanité. »

Ces trois sociétés naturelles : la famille, la patrie, l'humanité, s'impliquent donc, et il y a entre elles harmonie nécessaire. Ce que la famille est à la patrie, la patrie l'est à l'humanité. Sans la patrie, la famille serait isolée, faible, sans sécurité, sans progrès intellectuel, moral et religieux. Sans la famille et la patrie, l'humanité n'est qu'un mot absolument vide; ce n'est pas un corps, c'est une immense confusion. Il ne faut ni les isoler, ni les confondre. Par suite, les affections de famille, les sentiments patriotiques et l'amour de l'humanité doivent rester distincts, quoique unis par des principes communs.

Fénelon a posé la maxime qui sert de règle : *La patrie avant la famille, l'humanité avant la patrie.* Ce serait une chose monstrueuse de se préférer à toute sa famille, sa famille à toute sa patrie, sa patrie à tout le genre humain ; car l'amour, se réglant toujours sur le degré de perfection et d'excellence de chaque objet, commence par l'universel (devoir général envers l'humanité) et finit par gradation au particulier (devoirs spéciaux envers la patrie et la famille).

Cosmopolitisme. — La patrie doit être renfermée dans certaines limites : trop vaste, elle n'est plus une unité réelle, et le patriotisme n'a pas où se prendre. Rêver une unité patriotique qui embrasse le globe tout entier, c'est rêver l'impossible. C'est ce qu'a fait le cosmopolitisme, qui paraît à première vue une idée sublime fondée sur les enseignements de paix, de charité, de fraternité universelle du christianisme, mais qui ne peut supporter l'examen.

Établir une vaste communion de sentiments et d'intérêts, où l'on ne voie plus ni limites de patrie ni affections étroites et locales ; se dire, comme les stoïciens, citoyens du monde entier et, comme eux, ne pas craindre l'exil, parce qu'on trouve partout des concitoyens, membres de la patrie universelle, il y a là de quoi séduire des imaginations généreuses. Mais, outre qu'une société ne se soutient pas sans lois et qu'il serait impossible de faire des lois convenables pour des peuples si divers, diviser à l'infini l'affection de l'homme pour ses semblables, ou plutôt l'appliquer à une abstraction, c'est la rendre inefficace : l'ami de tout le monde n'est, en fait, l'ami de personne. « Il faut tenir ses sentiments près de son cœur, dit Joubert ; lorsqu'on accoutume son cœur à aimer les *espèces*, qui n'existent que pour l'esprit, on n'a plus d'attache qu'aux abstractions et on leur sacrifie aisément la réalité. »

L'histoire, dans notre siècle surtout, prouve que celui qui renonce à l'amour de la patrie pour se dire citoyen du monde est le pire des citoyens et devient finalement le soldat de l'émeute. Faire profession d'aimer les Chinois et les Patagons, qu'on ne verra peut-être jamais, de n'avoir que des vertus abstraites, cela n'impose aucun sacrifice. Le cosmopolitisme se résout, en fin de compte, à la pratique de la maxime épicurienne : La patrie est là où l'on est bien.

Il ne faut pas vouloir être plus sage que les lois qui régissent la nature humaine ; les tentatives avortées des conquérants qui ont rêvé la domination universelle montrent que la patrie est nécessaire.

Que les barrières élevées entre les peuples par des préjugés ou de faux intérêts soient supprimées ; que l'émulation remplace les rivalités, que l'arbitrage diminue les guerres, que la liberté du commerce reçoive toute l'extension que comportent les intérêts nationaux, que la presse mette en commun les idées saines et que l'on sente de plus en plus la solidarité qui unit les nations dans leur marche vers le progrès : tout cela n'affaiblit point le patriotisme dans ce qu'il a de noble, de fort, de moralisateur, mais le dégage de ce qu'il pourrait, par abus, avoir de vain, d'égoïste et d'oppresseur.

Vraie notion du patriotisme. — Comme toute affection humaine, le patriotisme a besoin de direction : sous l'empire de la raison, il devient une vertu héroïque ; faussé par l'esprit de parti, par l'ignorance ou l'égoïsme, il n'est plus qu'une passion étroite et intolérante.

Le patriotisme est à la fois un *sentiment* et un *devoir* : c'est l'amour qu'une nation a pour elle-même et qu'éprouve pour elle chacun de ses membres. C'est le dévouement à la chose publique, qui se manifeste en temps de paix par l'obéissance aux lois et par l'accomplissement des devoirs professionnels ; en temps de guerre, par les sacrifices que réclame la patrie ou que l'on fait spontanément.

Sacrifier l'intérêt particulier à l'intérêt général ; défendre, même au prix de sa vie, les intérêts matériels et moraux de la patrie ; aimer, faire aimer et respecter la loi, parce que la loi, c'est la justice parlant par la bouche de la patrie ; contribuer au maintien de l'ordre, condition de la vie sociale comme de la vie individuelle ; prendre part aux votes ; ne se prêter au despotisme ni d'un individu, ni d'une classe, ni d'un parti ; enfin demander, non aux illégalités et aux révolutions, mais aux progrès du temps et à l'éducation morale, les réformes utiles : voilà le vrai patriotisme.

Faux patriotisme, au contraire, celui qui va contre la justice et l'humanité, qui n'est que le sentiment de son bien-être et la crainte de le voir troubler, qui s'inspire de la maxime : « Le salut du peuple est la suprême loi, » et regarde comme légitime le crime qu'il appelle nécessaire.

« Il y a des patriotismes belliqueux, il y en a de timides, il y en a de poétiques, il y en a de réalistes. Tel homme ne s'émeut qu'aux triomphes militaires, tel autre ne s'intéresse qu'aux victoires morales, littéraires, économiques. Chacun de ces sentiments est naturel et louable en soi, mais il est incomplet. C'est la somme de ces éléments divers qui forme le vrai patriotisme.

« Le vrai patriote n'est pas exclusif : en aimant sa patrie, il aime tout ce qui se rattache à son existence, à sa propriété, à son honneur.

« Le patriotisme n'est pas un amour contemplatif et stérile, se traduisant par des discours, des serments, des chansons. Il consiste surtout à se plier aux lois du pays, à s'instruire, à s'améliorer soi-même, à faire tous les sacrifices exigés pour l'honneur et l'indépendance de la patrie. « Que les citoyens, disait Périclès faisant l'éloge des guerriers morts pour la défense du pays, que les citoyens ne se bornent pas à discourir sur ce qui est utile à l'État ; c'est en agissant comme ceux-ci l'ont fait, qu'on prouve son amour. Ces morts n'ont pas discouru ; ils ont jugé que le sacrifice d'eux-mêmes était le tribut dû à leur patrie. » (Ch. BARTHÉLEMY, *la Patrie française* [1].)

Il faut distinguer le patriotisme du *fanatisme*, qui est une passion aveugle et barbare. Fanatique, le patriotisme du consul Brutus présidant au supplice de ses enfants, coupables de conspiration contre Rome : cette exécution était l'affaire du bourreau. Fanatiques, le patriotisme de Jacques Clément et celui de Charlotte Corday, se traduisant par un assassinat politique. Fanatique, le jeune Horace, de Corneille, qui dit au champion d'Albe, Curiace : « Albe vous a nommé, je ne vous connais plus, » puis plonge un poignard dans le sein de sa sœur Camille pour la punir de ses imprécations contre Rome. Corneille, par la bouche de Curiace, apprécie ce patriotisme contre nature d'un mot qui est un principe :

> Je rends grâces aux dieux de n'être pas Romain,
> *Pour conserver encor quelque chose d'humain.*

Chauvinisme. — Il faut encore distinguer le patriotisme du chauvinisme, qui exprime l'idée d'un fanatisme patriotique accompagné d'enthousiasme plus ou moins stupide. Ce mot semble avoir pour origine le nom de Chauvin, héros du *Soldat laboureur*, de Scribe, que le crayon spirituel de Charlet a surtout rendu populaire. Chauvin, « exprimant des sentiments d'un patriotisme étroit et aveugle au sujet des succès et des revers de Napoléon Ier, est devenu le nom de celui qui a des sentiments exagérés et ridicules de patriotisme et de guerre. » Le chauvin méprise, de parti pris, les autres pays, plutôt qu'il n'aime le sien propre. Ne voir que les qualités de quelqu'un, et encore les grossir démesurément, ce n'est pas l'aimer.

---

[1] Voir *Histoire du patriotisme*, aux *notes complémentaires*.

II. — FONDEMENTS DE L'AUTORITÉ PUBLIQUE
DIVERSES THÉORIES DU POUVOIR

Aucune société n'est possible sans un pouvoir ; la société civile doit donc être gouvernée par un pouvoir civil, comme la société domestique l'est par le père, et la société religieuse par un pouvoir religieux.

Il existe différents *systèmes* ou *théories* pour expliquer l'origine du pouvoir. Les principales sont : la théorie du *droit divin*, la théorie de la *volonté nationale* ou de la *souveraineté populaire*, la théorie dite de la *légitimité*, la théorie du *fait accompli*, enfin la théorie qui fonde le pouvoir sur les *droits du citoyen.*

1° Théorie du droit divin. — Cette théorie est fausse et aboutit à l'absolutisme, si on l'entend en ce sens que Dieu aurait choisi directement tel homme ou telle famille pour régner sur telle nation ; en d'autres termes, si on entend que le pouvoir vient immédiatement et sans intermédiaire de Dieu, sans aucune participation de la nation [1]. Elle est vraie, et elle sauvegarde la dignité et la liberté de l'homme, si on entend que Dieu ayant constitué l'homme pour vivre en société, et l'état social étant la condition *sine qua non* de la vie, de la conservation et du développement de l'homme, *la société est d'origine divine, au même titre que l'homme lui-même.* Dieu, qui donne à tout être ce qu'il lui faut pour atteindre sa fin, a dû accorder à la société tout ce qui est indispensable pour atteindre le triple but indiqué ci-dessus. Or, le pouvoir étant précisément cette condition indispensable sans laquelle la société ne se conçoit même pas, Dieu le lui a donné. Dans ce sens, le pouvoir a une origine divine [2]. Toute société est un ordre, et un ordre implique un pouvoir central, qui ramène à l'unité tous ses éléments.

On peut encore dire, selon la formule de Léon XIII, que le pouvoir civil vient de la nature, et par conséquent de Dieu, auteur de la nature, c'est-à-dire que la loi naturelle, loi divine, par laquelle toute société humaine est régie, exige la présence, dans cette société, d'un pouvoir directeur qui, par le fait même de

---

[1] L'Église admet que cela a eu lieu seulement pour les Juges et les Rois du peuple juif, qui était gouverné par une providence spéciale. Bossuet a eu tort, dans sa *Politique tirée de l'Écriture sainte*, de généraliser et d'appliquer à tous les princes ce qui était particulier au peuple de Dieu.

[2] « En soi, dit M. Fonsegrive, le droit de tout pouvoir légitime vient des nécessités imposées à toute société par l'ordre des choses, puisque toute société a besoin d'un gouvernement pour subsister. *Le droit du pouvoir, en général, lui vient donc de la nature, de l'ordre des choses, ou, pour parler plus exactement, de Dieu.*

« Auguste Comte et Herbert Spencer sont ici d'accord avec Bossuet et Joseph de Maistre : seulement *les seconds appellent Dieu ce que les premiers appellent nature, ordre des choses, nécessités naturelles.* » (*Éléments de Philosophie*).

— Cette différence est plus profonde qu'il ne semble ; elle n'est pas uniquement dans les mots. Mettre une abstraction vague à la place de la réalité par excellence, Dieu, cela change du tout au tout ; car on ne se tient pour obligé à rien envers une abstraction.

son existence, est investi du pouvoir de commander et d'être obéi en conscience[1].

La théorie du droit divin direct, telle que l'entendaient les défenseurs de ce qu'on a appelé *l'ancien régime* (XVIIe et XVIIIe siècles), est insoutenable ; celle des théologiens et du moyen âge, qui admet que le pouvoir, en soi, est d'origine divine, mais qu'il est humain dans sa forme, est seule rationnelle. La nation ne crée pas le pouvoir, pas plus que l'individu ne crée la liberté ; elle l'applique, elle a le droit de lui donner la forme qu'elle veut. Le pouvoir existe en puissance en elle ; mais il ne peut s'exercer qu'en se personnifiant. C'est la nation qui le fait passer en acte, et le personnifie, sous sa propre responsabilité, comme l'individu fait passer en acte la liberté, qui existe en lui en puissance. *Dieu est ici, comme en toutes choses, cause première ; mais il laisse les causes secondes exercer l'activité réelle et efficiente qu'il leur a donnée, et la cause seconde, dans la question du pouvoir, c'est le choix ou l'élection populaire, désignant l'individu ou les individus qui exerceront la souveraineté, et c'est ainsi que la souveraineté est de droit naturel ou divin quant à son origine première, et de droit positif ou humain quant à son institution.* Saint Thomas, Bellarmin, Suarez et tous les grands théologiens ont proclamé très explicitement ces principes. « Aucun monarque, dit Suarez, ne tient ou n'a tenu *immédiatement* de Dieu le pouvoir, ou ne l'a reçu par institution divine, mais tous l'ont reçu par l'intermédiaire de la volonté des hommes ou par institution humaine. » Et encore : « Le pouvoir d'une monarchie n'est pas plus de droit divin que le gouvernement d'une république légitimement établie ; et il est des cas où il peut, comme les pouvoirs autrement constitués, être détruit sans injustice. »

Le même Suarez ayant à défendre les principes de Bellarmin[2], c'est-à-dire le *droit divin indirect*, contre Jacques Ier, qui prétendait que la nation n'est pour rien dans le pouvoir des rois, précise la discussion en disant qu'il s'agit de savoir si Dieu, par un acte propre de sa volonté, est cause directe ou immédiate du pouvoir des rois, et il répond que le pouvoir, considéré en lui-même, ne réside ni dans une personne ni dans une forme politique particulière, mais *dans la nation ;* que c'est précisément parce qu'il est impossible de démontrer que Dieu a donné directement le pouvoir à une monarchie ou à une aristocratie, qu'on

---

[1] Voici les paroles mêmes du Pape dans l'Encyclique *Diuturnum*, de 1881 : « La nature, ou plus justement Dieu, auteur de la nature, veut que les hommes vivent en société. C'est ce que démontrent clairement et la faculté du langage, le plus puissant médiateur de la société, et nombre de tendances innées de notre âme, et l'importance et la nécessité de beaucoup de choses que les hommes vivant isolés ne pourraient se procurer, et qu'ils se procurent unis et associés entre eux. » — Mais « il ne peut exister et on ne peut concevoir de société sans qu'il y ait quelqu'un pour modérer les volontés de chacun, de façon à ramener la pluralité à une sorte d'unité, et pour leur donner l'impulsion, selon le droit et l'ordre, vers le bien commun. Dieu a donc voulu que, dans la société, il y eût des hommes qui commandassent à la multitude ».

[2] Voici ces principes, qui posent et résolvent nettement la question : « Le pouvoir politique, *considéré d'une manière générale*, indépendamment des formes particulières (*monarchie, aristocratie, démocratie*), vient immédiatement de Dieu ; car il est la conséquence naturelle de la nature humaine ; il a donc sa source dans Celui qui a fait la nature de l'homme. Ce pouvoir, qui est de droit divin, *réside dans la nation et non dans tel homme en particulier ;* ainsi, abstraction faite du droit positif, il n'y a aucune raison pour que, dans une nation libre, un homme soit le supérieur d'un autre. Mais la nation ne peut exercer ce pouvoir directement et par elle-même ; elle est obligée de le conférer à un ou à quelques-uns ; il faut donc qu'il y ait, dans une société, un ou plusieurs dépositaires du pouvoir. Les diverses formes de gouvernement sont de *droit positif* et non de *droit naturel ;* car il dépend de la volonté de la nation de constituer un roi, des consuls ou toute autre magistrature. Leur pouvoir *vient de Dieu*, mais moyennant les *délibérations et l'élection faite par les hommes*. » (*De laicis.*, liv. III, ch. IV.)

Bellarmin dit encore : « Le pouvoir vient *radicalement* de Dieu seul ; car, étant nécessairement annexé à la nature de l'homme, il procède de celui qui a fait la nature même de l'homme. En outre, le pouvoir est de droit naturel, puisque son existence ne dépend pas du consentement des hommes ; car ils doivent être gouvernés, qu'ils le veuillent ou qu'ils ne le veuillent pas, à moins de désirer que le genre humain périsse, ce qui est contre l'inclination de la nature. Ainsi, le droit de nature étant divin, il faut conclure que le pouvoir ont introduit dans l'humanité par droit divin. » (ID., liv. III, ch. VI.)

est forcé de reconnaître qu'il réside dans la nation ; que, s'il n'est pas là, il n'est nulle part. Et il conclut : « Le pouvoir des rois est une institution humaine, et il a sa source immédiate dans la volonté des hommes. C'est donc par l'intermédiaire des hommes que le pouvoir est donné aux rois. » (*Defensio fidei*, liv. III, ch. II.)

Remarquons qu'admettre ce droit divin, tel que l'entend l'Église, ce n'est pas admettre que Dieu a fait dans la société telles personnes pour commander et telles autres pour obéir, comme il résulte du droit divin direct, tel que l'entendent les protestants et les gallicans. Aucun homme, en tant qu'homme, n'a de pouvoir sur un autre homme. « L'homme, dit encore Suarez, a été créé libre, en parfaite possession de lui-même... »

Dieu n'a donné à aucun homme un tel pouvoir (de dominer les autres), tant que ce pouvoir n'est pas transféré à quelqu'un par une institution ou une élection humaine. Ce sont ces principes que Mgr d'Hulst rappelait naguère à la Chambre :

« *Le droit divin, disait-il, n'intervient pas dans le mode de constitution du pouvoir ; cette constitution est un fait humain. Mais quand le pouvoir est constitué, s'il peut exiger l'obéissance des hommes, c'est parce qu'il représente le pouvoir de Dieu. Un homme, en tant qu'homme, n'a aucune autorité pour se faire obéir de ses semblables ; et moi, je n'obéirai jamais à un homme, comme homme. — Le droit populaire est un des modes de désignation du pouvoir, il n'est pas la source du pouvoir.* »

Remarquons encore que reconnaître qu'en soi le pouvoir est de droit divin, ce n'est pas faire Dieu responsable des erreurs de l'élection ou du suffrage universel ou restreint, pas plus que reconnaître que notre raison et notre liberté sont une participation à la raison et à la liberté divines, ce n'est faire Dieu responsable de nos erreurs et de nos fautes. Si l'élection, faite légalement, investit du pouvoir un incapable ou un indigne, c'est le fait de la société, qui se trompe assurément et va contre ses intérêts ; mais cet incapable ou cet indigne, dès lors qu'il est élu, représente légitimement le principe d'autorité ; tout ce qu'il fera n'est pas de droit divin, c'est le droit de commander, en soi et indépendamment de l'usage, qui est de droit divin ; tout le reste est humain et ne doit être attribué qu'à l'homme.

2° Théorie de la volonté nationale ou de la souveraineté populaire.

— Par souveraineté nationale, on entend le droit qui appartient à la nation de déterminer la forme et les conditions de son gouvernement, de faire représenter, par des corps délibérants, les intérêts et les droits de tous ; en un mot, de se diriger elle-même, de faire des lois et d'en poursuivre l'exécution.

« Le pouvoir civil qui, de droit légitime et ordinaire, réside en tel homme ou en tel prince, émane du peuple, dit Suarez. Le consentement de la nation est l'unique source d'un pouvoir juste. » Bossuet lui-même, quoique partisan de la monarchie absolue, reconnaît la souveraineté populaire : « Le pouvoir des rois, dit-il dans sa *Politique*, ne vient pas tellement de Dieu qu'il ne vienne aussi du consentement des peuples ; c'est ce que *personne n'a jamais nié*. »

Ce droit de se diriger elle-même, la nation en délègue l'exercice à des hommes de son choix, pour le bien commun. Le pouvoir existe pour la société, et non la société pour le pouvoir ; il n'est légitime que s'il est accepté, c'est-à-dire que s'il existe par la désignation ou le consentement exprès ou tacite de la société ou de la nation, et s'il répond à sa raison d'être, qui est de gouverner dans l'intérêt des droits de tous et de chacun. Saint Thomas affirme, dans sa *Somme*, que « l'élection des rois appartient au peuple », et tire les conséquences de cette doctrine dans un autre ouvrage : « Puisqu'une nation a le droit de choisir son roi, dit-il, elle ne commet aucune injustice en le déposant, quand son pouvoir dégénère en tyrannie. Elle n'est pas, pour cela, infidèle à ses serments, quand bien même elle aurait promis une obéissance perpétuelle ; car, lorsque le roi ne remplit plus les devoirs de sa charge, le pacte est rompu par le fait. » Suarez tient le même langage : « Si le gouvernement devient tyrannique, en abusant du pouvoir, pour faire manifestement la ruine de la communauté, le peuple peut *user du droit naturel de se défendre;* jamais il ne se dépouille de ce droit. » (*De laïcis.*, liv. III, ch. IV.)

Ainsi, c'est sur le principe de la *souveraineté nationale* que saint Thomas et Suarez appuient le droit à la résistance et à la déposition d'un pouvoir tyrannique.

Mais il faut distinguer la *souveraineté nationale* telle que l'entendent les théologiens et l'Église, et celle dont on trouve les principes dans le *Contrat social*, de Rousseau, et que la Révolution a mise en pratique. Celle-ci est la théorie de la souveraineté *absolue* du peuple : la société n'existe qu'en vertu d'une convention humaine. Le peuple est la source de tout droit et de tout pouvoir ; il ne dépend que de lui-même ; il n'a pas une souveraineté empruntée à la souveraineté divine, mais indépendante de Dieu, dans son origine comme dans son exercice ; elle n'a d'autres bornes que celles qu'il lui plaît de se donner, et elle n'a besoin d'aucune raison pour que ses actes soient valides. — Ainsi entendue, la théorie de la souveraineté populaire conduit à la tyrannie démagogique et au despotisme de l'État, comme celle du droit divin direct et absolu favorise l'absolutisme royal et aboutit au despotisme césarien.

> Qu'elle vienne d'en haut, qu'elle vienne d'en bas,
> Elle est la tyrannie, et je ne l'aime pas. (PONSARD, *Ch. Corday*[1].)

Le P. Ventura, dans son *Essai sur le pouvoir public*, établit nettement la différence qui existe entre ces deux manières d'entendre la souveraineté populaire : « Le protestantisme ne pouvait, sans se mettre en contradiction avec lui-même, refuser à chaque homme la souveraineté dans l'ordre politique. D'après Calvin, Jurieu, Rousseau et leurs sectateurs, qui se sont inspirés de l'esprit de la Réforme, la souveraineté du peuple ne résulterait que des portions différentes de souveraineté résidant en chaque individu et réunies dans son tout, comme le nombre cent résulte de cent unités.

« Dans le sens de saint Thomas, de Bellarmin, de Suarez, la souveraineté du peuple est toute autre chose : elle n'est que la nécessité générale d'un pouvoir suprême, dont chaque peuple a besoin pour demeurer un même peuple et conserver son unité politique ; elle n'est qu'un attribut essentiel, une prérogative

---

[1] « Treize fois, en quatre-vingts ans, nous avons démoli notre maison politique pour la refaire ; et nous avons eu beau la refaire, nous n'avons pas encore trouvé celle qui nous convient. » (TAINE, *Ancien régime.*)

« A la souveraineté du roi, le *Contrat social* substitue la souveraineté du peuple. Mais la seconde est encore plus absolue que la première ; et, dans le couvent démocratique que Rousseau construit sur le modèle de Sparte et de Rome, l'individu n'est rien, l'État est tout.

« La théorie a deux faces ; et, tandis que d'un côté elle conduit à une démolition perpétuelle du gouvernement, elle aboutit de l'autre à la dictature illimitée de l'État. » (ID.)

Le même auteur montre comment la souveraineté du peuple, entendue à la façon de Rousseau, conduit à la servitude :

« Tous ces articles sont des suites forcées du *Contrat social*. Du moment où, entrant dans un corps, je ne réserve rien de moi-même, je renonce, par cela seul, à mes biens, à mes enfants, à mon Église, à mon opinion. Je cesse d'être propriétaire, père, chrétien, philosophe. C'est l'État qui se substitue à moi, dans toutes ces fonctions. A la place de ma volonté, il y a désormais la volonté publique, c'est-à-dire, en théorie, l'arbitraire changeant de la majorité comptée par têtes ; en fait, l'arbitraire rigide de l'assemblée, de la faction, de l'individu qui détient le pouvoir. » (*Ancien régime.*)

« Au nom du *peuple idéal*, qu'ils déclarent souverain, *et qui n'existe pas*, les jacobins (de la Convention) ont usurpé violemment tous les pouvoirs publics, aboli brutalement tous les droits privés, traité le peuple *réel et vivant* comme une bête de somme, bien pis, comme un automate. » (Id.)

toute propre aux familles réunies en sociétés publiques : attributs et prérogatives qui n'existent pas dans chaque membre d'une société, mais qui sont seulement propres à la communauté parfaite, à qui Dieu les a données comme auteur de la société. » Avec cette théorie, le peuple, dans la détermination de la constitution et l'élection des dépositaires du pouvoir, aussi bien que ceux-ci dans l'exercice de l'autorité, sont soumis à des lois supérieures qu'ils sont tenus de respecter; avec la théorie rationaliste de Rousseau, « le pouvoir public ne vient pas d'en haut, mais d'en bas, les magistrats ne sont pas les représentants de Dieu et les dépositaires de son autorité, mais les députés et les *commis* du peuple; les sujets ne sont pas en conscience obligés d'obéir, ils peuvent à leur gré contredire et renverser le gouvernement [1]; » la volonté du peuple souverain est la loi suprême et dernière, la source de tout droit, supérieure à tout droit, même naturel, toujours légitime et sacrée. De là ces conclusions, qui conduisent à l'anarchie, que, dans tout ordre de choses, il est permis aux particuliers de se révolter de leur autorité privée; que le peuple ou la masse des simples citoyens, étant souverain à l'égard des pouvoirs constitués, il leur est supérieur et peut changer de constitution à son gré, révoquer sans raison les mandataires de la puissance publique [2]. — « Non, jamais il n'est permis au peuple de se soulever contre un pouvoir qui n'a pas violé le pacte social. Le droit à l'émeute est absurde. » (Encycl. *Immortale Dei*, 1885.)

Si le gouvernement est injuste et tyrannique, s'il est infidèle à son mandat et poursuit des intérêts particuliers au préjudice de ceux de la société ou de la nation, il cesse par là d'être légitime; car il n'existe que pour le bien commun; la nation peut donc, sans être séditieuse, lui opposer la résistance et même le renverser par la force, si la force est nécessaire. Mais elle doit épuiser les moyens de conciliation et la résistance légale, avant d'en venir à la violence, d'ordinaire plus nuisible que le despotisme lui-même; car, si elle ne réussit pas, le tyran se venge par de plus grands excès, et, si elle réussit, le chef de l'insurrection s'empare lui-même du pouvoir, et, dans la crainte qu'une autre insurrection ne le lui enlève, il use d'une tyrannie plus affreuse encore. C'est la doctrine de saint Thomas, qui ajoute que nul ne doit entreprendre, de son jugement privé, de renverser le pouvoir oppresseur. Autrement la société serait à la merci de tout mauvais citoyen, de tout ambitieux qui prétendrait avoir à se plaindre de l'autorité. Il est nécessaire que la nation elle-même se soit prononcée par une sorte de jugement public. Il y a loin de ces principes calmes et justes aux déclamations révolutionnaires sur la résistance à l'oppression, et sur l'insurrection proclamée « le plus sacré et le plus indispensable des devoirs ».

3° **Théorie dite de la légitimité.** — C'est l'hérédité appliquée à la possession du pouvoir, dans une nation.

A l'origine de l'hérédité se trouve l'élection. L'hérédité elle-même n'est qu'une forme du droit électif : que l'on choisisse un homme ou une famille, le principe est le même.

Les Francs formaient une confédération d'hommes libres, soumis volontairement à des chefs qu'ils élisaient eux-mêmes, d'ordinaire dans la famille la plus

---

[1] D. Benoit, *les Erreurs modernes*, premier volume. — « Pour qu'une autorité soit respectée, il ne faut pas qu'elle naisse sur place et sous la main de ses subordonnés. Lorsque ceux qui la font sont précisément ceux qui la subissent, elle perd son prestige avec son indépendance; car, en la subissant, ils se souviennent qu'ils l'ont faite; difficilement ils passeront du rôle d'électeurs souverains à celui d'administrés dociles; difficilement ils reconnaîtront leur commandant dans leur créature. » (Taine, *la Révolution*, I, p. 462.)

[2] « Cet axiome politique : Le peuple est souverain, a tant de fois servi aux agitateurs pour lancer contre des pouvoirs réguliers des minorités factieuses ou des masses ignorantes et trompées, que nous devons prendre garde, en nous en servant nous-mêmes, de favoriser cette erreur condamnée par l'Église : L'autorité n'est autre chose que la somme du nombre et des forces matérielles, et de devenir involontairement les complices des ennemis du bien public. » (P. Monsabré, 5° *Conf.*, 1873.)

illustre. On voit chez eux, dès le principe, une *famille royale* et une *royauté élective*; deux éléments combinés concourent à donner l'autorité : la naissance et la volonté nationale. De plus, la royauté n'est pas inamovible : les Francs chassent Childéric, élisent le Romain Égidius, qui les gouverne huit ans, puis rappellent Childéric. Les affaires importantes de la nation se traitent dans les *Champs de mars ou de mai*, composés des guerriers et des hommes libres.

A l'origine de la famille carlovingienne, l'élection intervient également. Les évêques et les leudes, réunis à Soissons, en 752, déposent Childéric III et élisent Pépin le Bref.

En 817, Louis le Débonnaire convoqua « la généralité de son peuple » à Aix-la-Chapelle, dans le but de régler de son vivant, de concert avec la nation, l'ordre de sa succession. La charte de partage et de constitution, après avoir été proposée, délibérée, adoptée et jurée par l'empereur et la « généralité du peuple », dans l'Assemblée nationale d'Aix-la-Chapelle, fut relue, confirmée et jurée de nouveau dans l'Assemblée nationale de Nimègue et portée enfin à Rome par Lothaire, pour qu'elle fût confirmée par le Pape [1].

A partir de cette époque, les rois fortifient leur dynastie en établissant l'hérédité comme un droit, tandis que l'élection populaire devient peu à peu une simple formalité.

Hugues Capet, chef de la troisième dynastie, fut aussi élu par une assemblée de grands vassaux, réunie à Senlis, laquelle repoussa d'abord les prétentions de Charles, duc de la Basse-Lorraine, qui réclamait le trône au nom de l'hérédité.

Aux états généraux de 1484, à Tours, le sire de la Roche, député de la noblesse de Bourgogne, rappela les droits de l'élection et de la volonté nationale; ces mêmes droits furent rappelés aux états généraux de 1593, et la Ligue elle-même invoqua la souveraineté du peuple pour se légitimer.

On sait que la royauté de Pologne était élective et que, pour l'empire d'Allemagne, le principe de l'élection a souvent été combiné avec celui de l'hérédité.

Ce n'est guère que par l'hérédité que les gouvernements constitutionnels diffèrent des républiques.

Le principal grief formulé contre l'hérédité, c'est que le hasard de la naissance peut faire tomber la direction de l'État entre les mains d'un incapable ou d'un indigne. Par contre, son principal avantage, c'est d'écarter, en bien des cas, les compétitions de personnes et les luttes de partis, inévitables quand le représentant du pouvoir est soumis périodiquement à l'élection. La stabilité de l'institution monarchique fait la stabilité de la politique d'une nation. « Le monarque héréditaire est le premier gardien de toute la tradition politique de l'État ; il est plus intéressé que personne à le préserver des atteintes de l'inconstance et de l'emportement populaires. La grandeur de l'État, c'est la grandeur de sa dynastie, et sa dynastie, c'est lui-même. Par intérêt, autant que par devoir, il est l'initiateur le plus actif de tout le perfectionnement social, comme il est le défenseur le plus ferme et le plus vigilant des principes et des traditions, qui assurent à la nation la vie longue, paisible et prospère. « Nos enfants, disait Louis XIV dans ses *Mémoires*, demeurant après nous sur le trône, nous laissent, pour ainsi dire, un intérêt immortel dans la solidité des établissements que nous faisons, et semblent nous obliger, par un nouveau titre, à mesurer nos soins à la durée de notre postérité. » (CH. PÉRIN.)

---

[1] Rohrbacher remarque à ce propos que, « dans l'idée de Louis et de son époque, la volonté divine se manifestait par la volonté calme, unanime et chrétiennement réfléchie, de la nation : le droit divin et le droit national ne s'excluaient pas, comme on l'a supposé de nos jours; mais ils rentraient l'un dans l'autre. Les théologiens et les jurisconsultes ont pensé de même ; ils ont généralement regardé Dieu comme la source de la souveraineté, et le peuple, comme le canal ordinaire. Ils unissent tout bonnement, par une science vraie, ce que nous divisons par ignorance. »

4° Théorie du fait accompli. — Il y a aussi, relativement à l'origine du pouvoir, la *force* ou l'*usurpation*, qui n'est pas à proprement parler une théorie, mais un fait brutal.

Voici comment M⁰ʳ d'Hulst pose les principes de cette doctrine dans sa conférence sur les *droits de l'État* (carême de 1895) : « Qu'arrivera-t-il, lorsque le pouvoir légitime aura succombé aux entreprises de la sédition ou de l'audace d'un usurpateur ? Tant que dure la crise, la fidélité à la souveraineté méconnue s'impose à la conscience des sujets. Mais, si la fortune trahit la bonne cause, la défaite qu'elle subit ne saurait laisser le pouvoir en déshérence. Le succès même de l'usurpation transfère à ses auteurs, à défaut du droit, le pouvoir d'assurer l'ordre public, ce premier besoin de la société. On voit alors s'établir un gouvernement de fait. Les citoyens, qui n'ont pas pu l'empêcher de supplanter l'autorité légitime, ne doivent pas maintenant l'empêcher de pourvoir à la sécurité générale ; ils sont tenus envers lui à cette mesure d'obéissance dont le refus n'entraînerait que des troubles, sans aucun profit pour la cause vaincue. Et si les événements servent ce nouveau pouvoir, s'il s'acquitte heureusement de sa fonction protectrice, si l'assentiment populaire se prononce en sa faveur, le temps viendra où son existence de fait recevra la consécration du droit, car rien n'est éternel de ce qui est humain, et la vacance de l'autorité légitime ne saurait durer toujours. »

5° Enfin, on a fondé le pouvoir sur les droits du citoyen. — Ces droits ne peuvent être exercés librement que s'il y a de l'ordre dans la société ; que s'il existe, par conséquent, un pouvoir investi du devoir de les sauvegarder. Ainsi, le pouvoir est légitime, parce qu'il a pour fondement le devoir de sauvegarder les droits de tous.

Fin de la société civile ou de l'État. — La fin de la société civile ou de l'État, c'est la fin même de l'humanité, c'est-à-dire le développement complet et régulier des facultés humaines sous l'empire et la protection de la loi, qui en règle l'exercice extérieur et empêche que les individus ne violent leurs droits réciproques ; en un mot, c'est l'ordre dans la liberté.

III. — L'ÉTAT ET LES CITOYENS

Les conditions d'existence d'un État sont : le *gouvernement*, les *lois*, le *patriotisme*. On a déjà parlé du patriotisme ; il ne sera question ici que du gouvernement, des lois, des droits et des devoirs des gouvernants, des devoirs et des droits des gouvernés.

Gouvernement. — Le gouvernement est l'ensemble des pouvoirs législatif, judiciaire et exécutif, qui concourent à l'administration de l'État.

Le pouvoir *législatif* doit faire des lois justes, et pour cela s'inspirer à la fois des besoins du peuple et des principes de la loi naturelle ; le pouvoir *judiciaire* doit interpréter et appliquer la loi avec indépendance et impartialité ; le pouvoir *exécutif* doit sauvegarder l'ordre et les intérêts communs en faisant exécuter les lois, en maintenant dans un juste équilibre la liberté et l'autorité. Les *ministères* désignent diverses catégories d'actions que règle le pouvoir exécutif ; ce sont les diverses ramifications du pouvoir exécutif, par lesquelles il fait sentir son action à toutes les parties du corps social où elle est nécessaire ou utile.

Constitution. — On appelle *constitution* la loi fondamentale qui établit la forme du gouvernement, son fonctionnement, et la part que chaque citoyen a droit d'y prendre.

Il faut appliquer à la constitution les principes qui dominent toutes les lois positives et principalement celui-ci, qu'une loi doit s'appuyer sur la coutume et que la coutume seule parvient à l'établir dans la conscience et l'activité des citoyens.

« La coutume est à l'origine de tout ordre politique ou civil ; ajoutons qu'elle est la plus sûre garantie de la convenance et de l'efficacité des lois. Jamais on ne donnera pleine autorité à des lois qui n'auraient d'autre source que la délibération, si raisonnée qu'on la puisse concevoir, d'une assemblée dont la seule origine et la seule règle seraient la volonté de la majorité. Les lois ne s'imposent vraiment au cœur et à l'esprit des peuples que lorsqu'ils y reconnaissent leur œuvre, lorsqu'ils y retrouvent leur vie même traduite en règle positive et générale par le long usage. » (CH. PÉRIN, *les Lois de la société chrét.*, liv. II, ch. II.)

Mais les constitutions ne sont pas faites une fois pour toutes ; elles doivent s'adapter à la société qu'elles régissent et, par conséquent, en suivre les changements. L'esprit de *conservation*, poussé trop loin, est aussi dangereux que l'esprit *révolutionnaire* : le premier se fige dans la routine et empêche le progrès ; le second prétend refaire périodiquement à neuf la société, sans tenir compte du passé. La société, comme l'individu, a le droit de se perfectionner, de travailler à améliorer sans cesse les formes sociales, de manière à les faire servir toujours davantage aux fins légitimes de la vie humaine. A côté des devoirs de garder les institutions politiques qui sont bonnes, il en existe un second identique : c'est celui de réformer les institutions politiques qui sont mauvaises [1].

Principales formes de gouvernement. — Le gouvernement est *monarchique*, quand tous les pouvoirs, au moins en droit, sont réunis entre les mains d'un seul, prince, roi ou empereur. Il est *aristocratique*, si les pouvoirs sont entre les mains d'une seule classe de citoyens ou des classes supérieures. Il est *démocra-*

---

[1] La conception du gouvernement par le XVIIIᵉ siècle est une espèce de luxe qu'on se donne pour avoir plus de sécurité. La société apparaît comme composée d'unités irréductibles : on croyait donc avoir une société sans autorité centrale !

« Le XVIIIᵉ siècle a créé, ou dirigé dans ses véritables voies, l'histoire civile ; et l'histoire civile, constituée, fortifiée, enrichie et, semble-t-il, presque achevée par notre âge, condamne presque complètement l'œuvre et l'esprit du XVIIIᵉ siècle, enseigne qu'au contraire de ce qu'il a cru, la tradition est aussi essentielle à la vie d'un peuple que la racine à l'arbre, estime qu'un peuple qui, pour se développer, se déracine, d'abord ne peut pas y réussir, ensuite, pour peu qu'il y tâche, se fatigue et risque de se ruiner par ce seul effort ; qu'enfin, les développements d'une nation ne peuvent s'accomplir que par mouvements continus et insensibles, et que le progrès n'est qu'une accumulation et comme une stratification de petits progrès. » (E. FAGUET, *Dix-huitième Siècle*, Avant-propos.)

[2] De Tocqueville signale la participation de la société à l'exercice du pouvoir comme un des caractères dominants du régime féodal. (*L'Ancien Régime et la Révolution*, ch. IX.)

tique ou *républicain*, si le peuple se gouverne lui-même, c'est-à-dire si le pouvoir réside dans les assemblées générales de la nation.

La monarchie peut être *absolue*, *tempérée* ou *constitutionnelle*, *élective* ou *héréditaire*. — La monarchie absolue tombe facilement dans le *despotisme*. Le danger de l'aristocratie est de dégénérer en *oligarchie*, comme le Conseil des Dix, à Venise ; celui de la démocratie, de manquer de stabilité et d'aboutir à l'*anarchie*.

Quelle est la meilleure forme de gouvernement. — En fait, et au point de vue pratique, le meilleur gouvernement est celui qui est le mieux adapté aux idées, aux mœurs, aux traditions, au tempérament du peuple qu'il doit régir. Au point de vue idéal ou théorique, c'est celui qui garantit le mieux les droits des citoyens, qui investit du pouvoir le plus capable et le plus dévoué.

Ce n'est pas sans quelque étonnement que l'on voit, en plein moyen âge, saint Thomas répondre à cette question par la forme mixte des gouvernements modernes, à la fois constitutionnels et représentatifs. « Touchant la bonne organisation du pouvoir dans une cité ou dans une nation, il y a, dit-il, deux choses à considérer : la première, c'est que tous les membres aient une part au gouvernement, unique moyen de tenir le peuple en paix, et de lui faire aimer et défendre sa constitution ; la seconde, c'est le genre de gouvernement ou de constitution qui convient à ce peuple... Le pouvoir le mieux constitué est celui qui repose sur un chef suprême, ayant sous lui des ministres ou chefs subalternes classés suivant leurs mérites. Un tel pouvoir appartient en réalité à tous les membres de la cité ou de la nation, soit parce que tous peuvent y être élevés, soit parce qu'ils ont tous le droit d'élire leurs chefs. Il en est ainsi d'un État qui réunit tous les avantages de la royauté d'abord, puisqu'on y reconnaît un chef unique ; de l'aristocratie ensuite, puisque les meilleurs citoyens en partagent l'exercice ; de la démocratie enfin, un gouvernement du peuple, puisque les chefs peuvent être choisis même dans les classes populaires, et que tout le peuple participe à l'élection. » (Saint Thomas, *Somme théol.*, Ire IIe partie, qu. 105, art. 1.)

Cicéron, dans sa *République* (liv. I, ch. xlv), donne une solution semblable.

En quoi consiste essentiellement le régime républicain. — Il y a, dans tout gouvernement, la forme qui lui est propre et l'esprit qui l'anime. Ce qui caractérise le régime républicain, quant à *la forme*, c'est : que le chef de l'État est élu par la nation ou par ses représentants ; que son pouvoir est temporaire ou défini par une constitution ; qu'il est l'exécuteur de la volonté nationale ; que la nation a le droit d'abroger son mandat, si elle n'a plus confiance en lui. — Les autres conditions de l'exercice du pouvoir ne sont pas propres au gouvernement républicain et peuvent s'appliquer à une monarchie constitutionnelle.

L'esprit qui doit animer une république est un grand respect pour toute initiative *individuelle* ou *collective* compatible avec le bien public ; une sérieuse décentralisation faisant circuler la vie publique jusqu'aux extrémités, au lieu de la faire refluer vers le centre ; par-dessus tout, l'application la plus complète du grand principe démocratique : Tous les citoyens sont égaux devant la loi. (D'après le P. Maumus, *la Pacification*.)

Ce qui caractérise une monarchie libre. — Dans une monarchie libre, le principe d'autorité est héréditaire et réside dans le roi ; le roi fait la loi, avec le concours des Chambres, et met ainsi sa volonté d'accord avec la volonté de la nation ; il ne peut faire tout ce qui lui plaît ; car ses volontés, en matière législative, n'ont d'efficacité qu'autant que la nation les fait siennes par ses représentants; c'est de lui que régulièrement part l'initiative, et c'est lui qui donne la sanction; il est le centre de toute la vie politique; c'est par lui que l'unité est conservée et que l'équilibre s'établit entre toutes les forces qui concourent au gouvernement. Dans une république, le centre politique est ailleurs (dans une assemblée du peuple, dans un sénat, comme autrefois à Rome et aujourd'hui aux États-Unis), et l'unité s'établit différemment. — (Voir, pour le développement de ces idées, Ch. PÉRIN, *les Lois de la société chrétienne*, liv. IV, ch. IV.)

L'État et les lois. — Tout gouvernement légitimement établi a le pouvoir législatif, c'est-à-dire le droit de faire des lois qui obligent en conscience.

Les lois humaines ne doivent être que le développement, l'application de la loi naturelle à des cas déterminés, ou du moins ne doivent pas la contredire. Montesquieu affirme cette origine des lois positives, quand il dit : « Les lois sont les rapports qui se trouvent entre la *raison primitive* et les différents êtres, et les rapports de ces différents êtres entre eux. » Cette *raison primitive* est évidemment la raison de Dieu; c'est là qu'il faut chercher l'origine première et la force des lois positives. Montesquieu insiste sur cette idée en ajoutant : « Dire qu'il n'y a rien de juste ni d'injuste que ce qu'ordonnent ou défendent les lois positives, c'est dire qu'avant qu'on eût tracé des cercles, tous les rayons n'étaient pas égaux. Il faut donc avouer des rapports d'équité antérieurs à la loi positive qui les établit. »

C'est dans cette conformité avec la raison divine que la loi humaine puise le pouvoir d'obliger en conscience; c'est parce qu'elle est l'expression du droit et de la justice qu'on est tenu de s'y soumettre, sous peine de manquer à son devoir.

Saint Thomas la définit : *une disposition rationnelle, tendant au bien commun, émanée de celui qui est chargé des intérêts de la communauté* (de la nation), *et promulguée par ses soins*.

A qui il appartient de faire les lois. — « Le bien général, dit saint Thomas, est la fin suprême à laquelle toutes les lois sont nécessairement coordonnées. Mais en reconnaissant que la destination de la loi est de procurer le bien général, on doit admettre aussi que le soin d'assurer cette destination appartient à la multitude (au peuple) ou à celui qui en tient la place. Les lois seront donc l'ouvrage du peuple entier ou de la personne publique chargée de ses intérêts... » Le pouvoir de faire des lois n'appartient donc à personne en particulier, par droit de nature, mais à la société constituée, qui transmet l'exercice de ce pouvoir à celui ou à ceux qui la gouvernent.

Conditions de la justice dans les lois. — « Les lois méritent d'être appelées justes, quand elles remplissent les conditions de la justice par la fin qu'elles se proposent, par l'auteur dont elles émanent, par la forme qu'elles observent, c'est-à-dire quand elles tendent au bien général, qu'elles n'excèdent pas le pouvoir du législateur, qu'elles distribuent avec une égalité proportionnelle les charges qui, dans l'intérêt de tous, doivent être supportées par chacun. L'homme, en effet, s'il est membre de la société, lui appartient comme la partie au tout; et la nature veut quelquefois qu'une partie souffre pour que le tout soit sauvé. De même les lois distribuent sur chaque membre de la société les charges nécessaires pour la conservation de l'ordre social, et, si elles le font dans des proportions équitables, elles sont justes, obligatoires pour la conscience. On peut les appeler des lois légitimes. » (Saint THOMAS.)

Tels sont les caractères que doivent posséder les lois pour avoir droit à notre respect et à notre obéissance.

« Il n'existe, dit Léon XIII, qu'une seule raison valable de refuser l'obéissance : c'est le cas d'un précepte manifestement contraire au droit naturel ou divin; car, là où il s'agirait d'enfreindre, soit la loi naturelle, soit la volonté de Dieu, le commandement et l'exécution seraient également criminels. Si donc on se trouvait réduit à cette alternative de violer ou les ordres de Dieu ou ceux des gouvernants, il faudrait suivre le précepte de Jésus-Christ, qui veut *qu'on rende à César ce qui est à César, et à Dieu ce qui est à Dieu*, et, à l'exemple des apôtres, on devrait répondre : *Il faut obéir à Dieu plutôt qu'aux hommes*. Et il ne serait pas juste d'accuser ceux qui agissent ainsi de méconnaître le devoir de la soumission ; car les princes dont la volonté est en opposition avec la volonté et les lois de Dieu, dépassent en cela les limites de leur pouvoir et renversent l'ordre de la justice; dès lors leur autorité perd sa force, car où il n'y a plus de justice, il n'y a plus d'autorité. » (*Encyclique sur l'origine du pouvoir civil*, 29 juin 1881.)

Dans l'*Encyclique sur la liberté humaine*, Léon XIII dit encore :

« La force des lois humaines consiste en ce qu'on les regarde comme une dérivation de la loi éternelle et qu'il n'est aucune de leurs prescriptions qui n'y soit contenue, comme dans le principe de tout droit. Saint Augustin dit avec une grande sagesse : « Je pense que vous voyez bien aussi que, dans cette loi « temporelle, il n'y a rien de juste et de légitime que les hommes ne soient allés « puiser dans la loi éternelle. » Supposons donc une prescription d'un pouvoir quelconque qui serait en désaccord avec les principes de la droite raison et avec les intérêts du bien public : elle n'aurait aucune force de loi, parce que ce ne serait pas une règle de justice et qu'elle écarterait les hommes du bien pour lequel la société a été formée. »

Devoirs et droits des gouvernants. — Le pouvoir ou l'État a le droit et le devoir de faire des lois protectrices de l'ordre et de la liberté et d'en punir la violation. On vient de voir les conditions d'exercice du pouvoir législatif; on a vu, en *Morale générale*, 12e leçon (*Notes complém.* p. 705), le fondement et les limites du droit de punir.

L'État doit assurer la *sécurité* des citoyens, c'est-à-dire les protéger dans leur vie et dans leur propriété, soit contre les agressions du dehors, soit contre les violences ou les ruses de l'intérieur.

Il doit les protéger dans leur part légitime de *liberté* : l'État doit veiller à ce que chaque citoyen puisse accomplir tous ses devoirs et jouir de tous ses droits, c'est-à-dire jouir de la liberté dans l'ordre civil et religieux.

Il doit les protéger dans leur *honneur* : on n'est ni libre ni en sûreté quand on peut être outragé impunément, diffamé et calomnié, soit directement, soit dans les personnes qui nous touchent de près.

L'État sera impuissant à faire respecter les droits et assurer l'ordre, si son action est toute négative, c'est-à-dire s'il se borne à réprimer le mal, s'il ne concourt pas en même temps à la réalisation du bien, s'il ne met à la portée du citoyen les moyens de développer ses facultés essentielles et d'atteindre le but de son existence. « Ils sont vains, en effet, les efforts que l'on peut faire pour empêcher ou étouffer le mal, quand le mal a sa racine, sa cause permanente dans le cœur de la société. C'est ce qui arrive, quand la majorité de la nation reste plongée dans l'ignorance par l'absence des moyens de s'instruire; dans l'abrutissement, par l'absence de toute éducation et de toute influence morale; dans la misère, par l'ignorance des ressources et des intérêts matériels du pays, par la négligence des arts qui nourrissent et qui enrichissent un peuple en l'ennoblissant par le travail. » (FRANCK, *Élém. de morale.*)

On peut appliquer à tous ceux qui exercent le pouvoir les paroles de Bossuet résumant les devoirs des princes envers leurs sujets : « Soyez parmi eux comme l'un d'eux. Ne soyez point orgueilleux; rendez-vous accessible et familier; ne vous croyez pas, comme on dit, d'un autre métal que vos sujets. Mettez-vous à leur place et soyez tel que vous voudriez qu'ils vous fussent, s'ils étaient à la vôtre. Ayez soin d'eux et reposez-vous après avoir pourvu à tout; le repos alors vous est permis. Le prince est un personnage public, qui doit croire que quelque chose lui manque à lui-même, quand quelque chose manque au peuple et à l'État. » (*Polit.*, liv. III, II et III.)

Action spéciale de l'État dans le domaine économique. — La doctrine chrétienne professe que les pouvoirs publics ont un rôle à jouer dans le domaine économique. Tandis que les théories dites *libérales* et les théories de la *lutte pour la vie* préconisent la liberté absolue : — liberté pour le patron d'imposer toutes conditions à l'ouvrier, liberté pour l'ouvrier d'accepter ou de refuser ces conditions, — la doctrine chrétienne considère qu'une telle liberté ne peut profiter qu'aux forts, qu'elle demeure illusoire pour les faibles, et elle assigne à l'État une mission que le P. Liberatore définit ainsi : *protection des faibles, direction des forts* [1].

Voici l'enseignement de Léon XIII à ce sujet : « L'équité demande que l'État se préoccupe des travailleurs et fasse en sorte que, de tous les biens qu'ils procurent à la société, il leur en revienne une part convenable, comme l'habitation et le vêtement, et qu'ils puissent vivre au prix de moins de peines et de privations. Dans la protection des droits privés, l'État doit se préoccuper d'une manière spéciale des faibles et des indigents. »

La raison qu'en donne Léon XIII est la suivante : « La classe riche se fait comme un rempart de ses richesses et a moins besoin de la tutelle publique. La classe indigente, au contraire, sans richesses pour la mettre à couvert des injustices, compte surtout sur la protection de l'État. Que l'État se fasse donc, à un titre tout particulier, *la providence des travailleurs*, qui appartiennent à la classe pauvre en général. »

Et, pratiquement, Léon XIII fait appel à l'intervention des lois :
1° Pour la protection des propriétés légitimes;
2° Pour prévenir les grèves;
3° Pour protéger les intérêts spirituels des ouvriers;
4° Pour assurer le repos du dimanche;
5° Pour réglementer le travail des femmes et des enfants;
6° Enfin, provisoirement, lorsque les associations ouvrières font défaut, l'État ne doit pas se désintéresser des questions relatives au nombre d'heures de travail et à la fixation du salaire.

Mais Léon XIII souhaite que cette dernière mission soit remplie par une organisation professionnelle, et il fixe à l'intervention de l'État la limite suivante : « Les limites seront déterminées par la fin même qui appelle le secours des lois,

---

[1] *Principes d'Économie politique*, p. 269.

c'est-à-dire que celles-ci ne doivent pas s'avancer ni rien entreprendre au delà de ce qui est nécessaire pour réprimer les abus et écarter les dangers. » (*Encyclique*, pp. 32 et suiv.)

Limites imposées à la protection de l'État. — Mais cette protection de l'État doit avoir des limites. Il ne doit point anéantir l'individu à son profit, porter atteinte à la liberté qu'il a le devoir de respecter et de faire respecter. Il doit laisser à l'individu l'initiative et la responsabilité toutes les fois que le bien commun n'en exige pas le sacrifice, parce que c'est là que l'individu trouve sa valeur et sa dignité.

Relativement à l'éducation des enfants, voir plus haut, p. 771.

« Il y a entre le pouvoir public et le pouvoir domestique un certain équilibre d'autorité et de liberté, une certaine harmonie d'attributions, qu'on ne pourrait troubler sans nuire également aux deux sociétés.

« La famille ne peut pas prétendre à une complète immunité vis-à-vis de la société politique. Dans l'intérêt *du tout* social, non moins que dans l'intérêt des familles qui en forment les parties, il faut que ceux qui vivent dans les liens de la société domestique en respectent la loi. Le père, pouvoir suprême dans la famille, n'est pas infaillible : ceux qui lui obéissent ont toujours droit, pour leur liberté et l'inviolabilité de leur personne, de demander à l'État une protection que l'autorité paternelle ne leur accorderait pas ; peut-être même auront-ils besoin de se faire défendre contre les abus de l'autorité destinée à les protéger...

« Toutefois il y a une limite que l'État ne peut franchir. L'autorité publique ne doit agir que dans la mesure strictement nécessaire pour protéger le droit de chacun, suivant l'ordre régulier de la société domestique. Elle ne peut avoir en vue autre chose que de donner à cet ordre sa pleine garantie. » (Ch. PERRIN, *les Lois de la société chrét.*, liv. III, ch. v.)

Pouvoir judiciaire : devoirs d'un magistrat, d'un juré : défauts contre lesquels il doit se prémunir. — Le juré a à se prononcer sur la culpabilité plus ou moins grande de l'accusé ; le juge, à appliquer la loi et prononcer la sentence. Leurs devoirs sont au fond les mêmes. Ils doivent se tenir en garde contre l'esprit de parti, les préférences personnelles, les influences de toutes sortes qui pourraient fausser leur verdict ou leur sentence. Ils doivent être impartiaux : ne faire nulle acception de personnes ; se défendre de toute prévention contre l'accusé, qui doit être tenu pour innocent jusqu'à preuve contraire, et n'être condamné que sur des preuves certaines, ce qui implique que le juré et le juge ne négligent rien pour s'éclairer. Ils doivent être sans passion, sans intérêt, sans crainte : se défendre de tout sentiment d'aveugle vengeance, se prémunir contre une fausse humanité ou une pitié mal entendue ; être incapables de se laisser corrompre par des promesses ou intimider par des menaces. Ils doivent se rendre indépendants des particuliers, indépendants du pouvoir ; être prêts à tout supporter plutôt que de répondre contre leur conscience. S'ils manquent à leur devoir, ils assument une grande responsabilité, soit en assurant l'impunité du crime, soit en faisant condamner l'innocence. L'impunité du crime encourage les méchants et compromet la sécurité de tous ; la condamnation de l'innocence est une criante injustice, un scandale et un malheur affreux.

Devoirs du citoyen envers l'État. — Les devoirs du citoyen sont : l'*obéissance* aux lois et à l'autorité légitime, le *respect* des magistrats, le *payement de l'impôt*, le *vote*, le *service militaire*, l'*amour de la patrie* et le dévouement au bien public.

Obéissance à la loi. — Le citoyen, suivant la belle définition d'Aristote, est celui qui participe au pouvoir et à l'obéissance. Il doit savoir se soumettre à la loi, ne pas se mettre au-dessus d'elle, ni l'éluder ou la violer, lors même qu'elle n'est pas conforme à ses intérêts privés. Sans cela l'anarchie est dans les mœurs, et la société, en proie au désordre, est sans cesse à la veille de sa ruine.

Respect de l'autorité et des magistrats. — Respecter l'autorité, c'est se respecter soi-même, c'est respecter la nation elle-même dans ses représentants; ce n'est pas s'abaisser devant un homme, c'est s'incliner devant la loi. En cas d'injustice manifeste, s'en tenir d'abord à la résistance passive; ne jamais entreprendre la résistance active de son autorité privée.

L'impôt. — L'impôt est la part contributive de chaque citoyen dans les dépenses d'intérêt public. C'est une dette de justice que chacun doit acquitter en retour des avantages que la société lui procure et pour rendre possible la continuation de ces avantages. Que de frais exige l'administration de la justice, des finances, des établissements d'instruction publique, de l'armée de terre et de mer, des hôpitaux, etc.! Ce n'est que par l'impôt que l'État peut faire face à toutes ces dépenses. Il est donc du devoir de chacun d'y contribuer selon ses moyens, et de ne pas s'y dérober par le mensonge ou la fraude.

C'est un principe admis aujourd'hui que l'impôt doit être voté et consenti par le pays. C'est pour cela que les Constituants ont voulu substituer au mot *impôt*, qui indique par son étymologie une taxe établie et perçue d'autorité, le mot de *contribution*, qui éveille l'idée de cotisation volontaire [1].

Service militaire. — Les nations, étant des personnes morales, ont le droit et le devoir de défendre ou d'assurer, au besoin par la force, leur existence, leur honneur, leurs intérêts, qui ne sont, au fond, que l'existence, l'honneur, les intérêts de tous et de chacun. De là la nécessité d'entretenir une armée régulière, pour que la sécurité ne soit troublée ni au dedans ni au dehors; de là aussi, par conséquent, l'obligation du service militaire pour tous les citoyens. Toutefois il est de toute justice que ceux-là en soient dispensés qui rendent à la patrie d'autres services inconciliables avec le service militaire.

Le vote. Devoirs de l'électeur et défauts contre lesquels il doit se prémunir. — A partir de vingt et un ans, tout Français qui n'a pas subi une peine infamante a le droit et le devoir de voter dans les élections pour le conseil municipal, le conseil d'arrondissement, le conseil général, la Chambre des députés.

Le premier devoir de l'électeur, c'est de voter. Ne pas le faire, c'est abdiquer sa part de responsabilité dans l'administration du pays, dans la confection des lois, dans la gestion des intérêts de la commune, du département, de la nation, ce qui est coupable. Souvent l'élection dépend d'une seule voix ou de quelques voix; et c'est parce qu'une voix aura manqué qu'un incapable ou un ambitieux arrivera au pouvoir et en abusera au préjudice de tous. Nul citoyen n'a le droit de se désintéresser des affaires publiques.

« Mais, dira un électeur, aucun des candidats en présence ne me convient;

---

[1] Au moyen âge, dans les sociétés où s'est fait sentir l'influence de l'esprit chrétien, il est de règle que l'impôt doit être consenti par le contribuable. Philippe de Commines énonce cette règle de droit chrétien lorsque, parlant d'un scrupule qu'eut un sultan au sujet d'un impôt dont il avait frappé le peuple, il dit, en manière de réflexion : « Or regardez ce que doit faire un prince chrétien qui n'a autorité fondée en raison de rien imposer sans le congé et permission de son peuple. » — Le même Commines dit encore : « Il n'y a ni roi ni seigneur sur terre qui ait le pouvoir, au dehors de son domaine, de mettre un denier sur ses sujets sans octroi et consentement de ceux qui doivent le payer, sinon par tyrannie et violence. » Sully, à la veille du règne de Louis XIV, rappelle (dans sa lettre au roi) les principes du droit public chrétien : « Philippe VI de Valois vit plusieurs mutinations dans les principales villes, n'ayant pas bien retenu le précepte donné par saint Louis à son fils, qui était de ne lever jamais rien sur ses sujets que de leur plein gré et **consentement.** »

voilà pourquoi je m'abstiens de voter. » — Ici encore le devoir subsiste : il faut ou voter pour celui que l'on croit le moins indigne, ou mettre dans l'urne le nom d'une personne vraiment digne. Dans le cas de mauvaise élection, il y aura du moins la protestation d'une conscience honnête, et l'on aura donné l'exemple de l'accomplissement du devoir civique.

Le second devoir de l'électeur est de bien voter. Le vote doit être *libre, honnête, désintéressé, éclairé.*

Libre : l'électeur doit repousser toute pression, aussi bien celle des comités s'arrogeant l'omnipotence que celle du pouvoir. Le vote est *moralement* obligatoire.

Honnête : c'est-à-dire selon la conscience, n'avoir en vue que le bien. L'intérêt public demande et la justice commande qu'entre les aspirants à une même fonction, on choisisse le plus compétent.

Désintéressé : le citoyen ne doit pas voter sous l'influence d'un sentiment ou d'un intérêt personnel, surtout ne pas vendre son suffrage ; le vendre, c'est sacrifier l'intérêt public à l'intérêt privé, c'est commettre un acte honteux et funeste, et c'est justement que la loi peut priver du droit de voter quiconque en a mésusé. — Est-ce à dire qu'on ne peut pas chercher son intérêt dans le vote ? On le peut, pourvu que l'intérêt personnel ne soit pas opposé à l'intérêt général. Chaque électeur décide, pour la part qui revient à son vote, du sort de la nation entière ou d'une fraction de la nation. Dans la mesure où il le peut, celui qui vend son vote vend sa patrie.

Éclairé : l'électeur doit s'efforcer de connaître les intérêts que le vote concerne et le mérite des divers candidats ; avant tout, s'assurer de leur honnêteté, parce que l'honnêteté est la seule garantie de l'accomplissement du devoir.

Amour de la patrie et dévouement au bien public. — Voir p. 829.

Droits du citoyen. — Le citoyen n'a pas seulement des devoirs, il a des droits : droits *civils*, qui trouvent leur application dans la vie privée ; droits *politiques*, qui s'exercent dans les rapports des gouvernants avec les gouvernés.

La règle à suivre dans l'exercice des droits civils, c'est de les ramener aux droits *naturels*, les seuls que l'on ait en dernière analyse ; c'est de les mesurer par l'idée de l'honnête et du juste, par les devoirs que la conscience prescrit à l'égard de ses semblables et de soi-même. Il faut se rappeler que le Code le plus parfait n'est pas celui des hommes, mais celui que Dieu a écrit dans notre conscience ; qu'il n'y a pas de droit contre le droit, et que, si la loi civile nous arme d'un droit excessif, la conscience nous défend d'en user, comme cela peut arriver, par exemple, pour la *prescription :* elle est un moyen légal, elle peut être quelquefois en même temps un moyen malhonnête d'acquérir la propriété.

La même règle doit être suivie dans l'exercice des droits politiques. Il faut, de plus, se rappeler, dans l'exercice de ses droits, qu'ils ont pour but, non l'intérêt et le bien particulier, mais l'intérêt et le bien général de l'État. Aux époques troublées, quand les passions politiques ou sociales se déchaînent, si l'on est placé entre son devoir et son intérêt ou ses affections les plus légitimes, il faut s'armer du courage civil pour rester fidèle à la raison, faire triompher la loi et ramener l'ordre.

N. B. Sur toutes les questions exposées dans cette leçon, on lira utilement les conférences de Mgr d'Hulst sur la *morale du citoyen* (carême de 1895).

NOTES COMPLÉMENTAIRES

Histoire du patriotisme. — Le patriotisme, tel qu'il est connu et pratiqué aujourd'hui par les nations européennes, nous le devons au christianisme. Malgré de beaux exemples, qui seront toujours classiques, le patriotisme des petites républiques de l'antiquité se montre, en général, étroit, jaloux, barbare. Chaque cité est une mère : on vit par elle et pour elle ; pour elle on meurt. Mais ses murs cachent le monde. Plus de justice, plus de devoirs envers ceux qui vivent en dehors. On est, par patriotisme, en guerre ouverte avec le genre humain. On a ses dieux, ennemis des dieux étrangers, et la patrie elle-même est une espèce de divinité égoïste et sanguinaire.

« Pour les anciens, la providence était individuelle et locale. Voilà pourquoi hors de sa maison, loin de son foyer et de son pays, le *Grec* ne se sentait plus protégé par son dieu ; la religion de l'*Hellène* l'enchaînait donc au sol où il était né, par la piété filiale du souvenir ; chaque foyer avait un protecteur jaloux qu'il fallait honorer par des festins et des prières. Cette étroite superstition s'étendit de la maison à la cité, puis, plus tard, de Rome à tout l'Empire.

« En conséquence de cette donnée première, toutes les affections prenaient un caractère intéressé : l'individu avait ses dieux comme il avait son foyer auquel ses dieux étaient attachés ; tous les autres dieux étaient pour lui des ennemis. La famille, la cité, l'État, étaient égoïstes, comme l'individu, dont ils n'étaient qu'une extension logique.

« La patrie, suivant le mot de Cicéron, n'était pas dans les murailles de la ville, elle était dans les autels et les foyers : l'Hellène aimait le sol où ses ancêtres ensevelis étaient des dieux qui le protégeaient contre les divinités ennemies ; il aimait le sol où, enseveli à son tour, il devait jouir des honneurs divins : tout autre sol lui était hostile, puisqu'il contenait des dieux dévoués à d'autres habitants. Voilà pourquoi l'exil était le plus insupportable des maux et pourquoi c'était un sacrilège impardonnable de ne pas donner la sépulture aux morts. » (PÉLISSIER, *Antiquité classique*, liv. I, ch. 1.)

L'Empire romain, qui a fait peser sur le monde un joug sans pitié, comptait plus d'esclaves et de sujets que de citoyens. Les vaincus admis au droit de cité étaient loin de regarder l'Empire du même œil qu'un Français voit la France ou un Anglais la Grande-Bretagne : tous les Romains étaient dans Rome.

Chez les *Gaulois*, le patriotisme était vivace ; c'est ce que prouvent les dix ans de campagnes que leur soumission coûta à César ; mais il manqua d'unité, et, quand les divers peuples se soulevèrent et firent alliance, à la voix de Vercingétorix, il était trop tard : ils furent vaincus, malgré leurs sacrifices héroïques. C'est alors que Vercingétorix, auteur de la guerre, accomplit ce bel acte de patriotisme de se livrer lui-même, acte qui lui donne la supériorité sur César. César s'avilit, — comme, plus près de nous, l'Angleterre envoyant Napoléon à Sainte-Hélène, — en le faisant servir à son triomphe et décapiter après six années de prison Mamertine.

Le patriotisme des seigneuries, principautés et communes du moyen âge, est encore local, mais plutôt défensif qu'agressif. Le sentiment de l'unité nationale se fait jour de bonne heure en France. Le retentissement national de la victoire de Bouvines, où les milices des communes coudoyaient les chevaliers, en est une preuve. Si tous n'avaient pas les mêmes droits dans la société civile, tous avaient, comme chrétiens, la même foi, les mêmes devoirs. La multitude trouvait dans la religion ce que la constitution ne lui donnait pas. A la voix de Jeanne d'Arc on va combattre, non plus seulement pour l'indépendance, comme dans les armées de Viriathe, de Vercingétorix ou d'Arminius, mais pour l'ordre public, pour la justice, pour le bon droit, pour toutes les idées morales que résume le mot de patrie.

Le christianisme a ennobli et agrandi la patrie morale: il a sanctifié le devoir du patriotisme; il l'a condamné, au nom de la justice et de la charité, comme sentiment exclusif, qui inspirerait le mépris ou l'indifférence pour les nations étrangères, rendrait jaloux de leur grandeur, prétendrait à des monopoles injustes et foulerait aux pieds le droit des gens. En nous enseignant que les hommes n'ont qu'un père et qu'un Dieu, il a posé le grand principe de la fraternité universelle, qui n'anéantit pas les peuples et les patries, mais les unit comme membres de la grande famille humaine.

Nous sommes, disait saint Paul, citoyens du ciel; c'est en cette qualité que nous devons nous conduire sur la terre. Voilà bien la belle économie de la religion : elle nous attache aux devoirs terrestres, à la famille, à la patrie, à l'humanité, par la vue du ciel, et nous attire au ciel par les mêmes affections qu'elle a sanctifiées sur la terre : la famille, la patrie, l'humanité.

La loi est-elle l'expression de la volonté générale? — Cette définition, donnée par la *Déclaration des droits de l'homme* et prise dans le *Contrat social*, est fausse et captieuse, considérée dans sa généralité vague. En justice et en droit, ce n'est pas le nombre qui importe. La vérité, la justice, le droit dépendent, non de la volonté générale, mais de la nature des êtres et de leurs rapports naturels et nécessaires. Rousseau a été mieux inspiré quand, se réfutant lui-même, il a écrit : « Ce qui est bien et conforme à l'ordre *est tel par la nature des choses et indépendamment des conventions humaines. Toute justice vient de Dieu, lui seul en est la source.* »

Affirmer que la loi est l'expression de la volonté générale, sans ajouter autre chose, c'est établir la souveraineté du nombre à la place de la souveraineté du droit et de la justice. « Pourquoi suit-on la pluralité? disait Pascal; est-ce à cause qu'ils ont plus de raison? Non; mais plus de force. » Le nombre ne change pas la nature des êtres dans laquelle il se concrète; la volonté du peuple, pour être générale, n'en est pas moins humaine; aucun homme, en tant qu'homme, n'a le pouvoir de lier par des lois ses égaux en droit et en liberté; aucune volonté humaine n'a en elle de quoi fonder la force obligatoire de la loi. Il n'est exact de dire que la loi est l'expression de la volonté générale que si cette volonté est elle-même l'expression de la justice et du droit, si elle tient compte de la nature morale et sociale de l'homme, ainsi que de sa destinée.

Cette définition de la loi revient, au fond, à cette maxime célèbre de la jurisprudence ancienne : *Si veut le roi, si veut la loi*[1], ainsi transformée : *Si veut la majorité, si veut la loi.*

Mais, encore une fois, la volonté arbitraire d'une majorité ne constitue pas plus la loi que ne la constituait, en soi, la volonté du roi. Quand la royauté a agi, non comme souveraineté despotique, mais comme étant, de droit, dépositaire de la souveraineté populaire, on a pu dire logiquement, en vertu même de la constitution du royaume : « Si veut le roi, si veut la loi; » comme on pourra le dire, *mutato nomine*, de toute majorité législative qui appliquera les principes de la justice naturelle.

Dire à un peuple, comme le fait Rousseau, qu'il peut tout ce qu'il veut par ses représentants qui font la loi, sans ajouter : tout ce qu'il veut *raisonnablement*, c'est ériger l'arbitraire en système de gouvernement, tout aussi bien que si on le disait à un roi; c'est ouvrir la porte à la tyrannie qui est peut-être la plus effrayante, parce qu'elle est insaisissable, celle du nombre. La *souveraineté nationale*, ou la volonté générale qui, en fait, en est l'expression, est limitée par la justice et le droit. « D'après saint Thomas, dit Balmès, la loi est un règlement dicté par la raison, ayant pour but le bien commun, et promulgué par celui qui a le soin de la communauté. Règlement dicté par la raison : voilà d'un seul mot l'arbitraire et la force bannis; voilà le principe que la loi n'est pas un pur effet de la volonté... Si l'on y fait attention, le despotisme, l'arbitraire, la tyrannie, ne sont autre chose que le manque de raison dans le pouvoir, la domination de la volonté. Lorsque la raison commande, il y a légitimité,

---

[1] Cette maxime des légistes est empruntée aux jurisconsultes romains de l'époque impériale, qui avaient dit : *Quidquid placuit principi legis habet vigorem* : « Tout ce qui plaît au prince a force de loi. »

justice, liberté ; lorsque la volonté seule commande, il y a illégitimité, injustice, despotisme. C'est pourquoi l'idée fondamentale de toute loi est qu'elle soit conforme à la raison ; la loi doit être une émanation de la raison même appliquée à la société.

« Ces doctrines sont la déclaration la plus explicite, la plus concluante touchant les limites du pouvoir civil ; et, à coup sûr, elles valent un peu mieux, sous ce rapport, que toutes les *déclarations des droits de l'homme*. Ce qui humilie la volonté, ce qui blesse en nous le sentiment d'une juste indépendance, c'est le commandement exercé par la volonté d'autrui, c'est la soumission réclamée au nom de la volonté d'un autre homme. Mais, se soumettre à la raison, se laisser diriger par ses prescriptions, ce n'est point s'abaisser ; c'est au contraire s'élever, car c'est vivre conformément à l'ordre éternel, à la raison divine. » (*Le Protestantisme comparé au catholicisme*, III, c. LIII.)

L'indifférence, en matière politique, est coupable et dangereuse. — L'indifférence en matière politique peut se manifester ou par le refus d'accepter un mandat, ou par l'abstention dans le vote..

Elle est coupable, parce qu'il n'est pas permis de se désintéresser des affaires publiques, de ne pas concourir à faire le bien et à empêcher le mal. C'est d'ordinaire par amour du repos, par crainte des responsabilités, qu'un citoyen capable et honnête refuse des fonctions électives. C'est souvent par les mêmes motifs qu'un électeur s'abstient de voter ; d'autres fois, c'est par des motifs en apparence *futiles*, mais il n'en est pas moins coupable. S'il faut éviter de briguer un mandat par ambition, par intérêt, par vanité, sans les aptitudes requises et sans souci du bien public, il ne faut pas moins éviter de s'y soustraire par une défiance excessive de soi-même, ou par manque de générosité et de courage patriotiques. Voir le mal dont souffre le pays et se contenter, en se tenant à l'écart, de le dénoncer ironiquement, ne suffit pas, quand on est intelligent et honnête ; il est des circonstances où les honneurs sont une lourde charge, où c'est un devoir d'accepter, de rechercher même les candidatures, par exemple, aux époques de trouble. C'est alors qu'il faut payer de sa personne, faire preuve d'esprit de sacrifice et de dévouement.

L'indifférence, en matière politique, est aussi dangereuse que coupable. Si ceux qui doivent élire ne votent pas, si ceux qui ont les aptitudes et l'honnêteté requises pour être élus se récusent, qu'arrivera-t-il ? Le pays sera mal représenté ; des lois mauvaises pourront être faites, et les intérêts de tous seront compromis. On se récriera alors ; mais on sera mal venu à se plaindre que les choses vont mal, que les affaires publiques sont en proie à l'incapacité et à la malhonnêteté, si, par égoïsme, on a refusé de leur consacrer, soit comme électeur, soit comme mandataire, une partie de son temps et de sa peine. Quand les gens honnêtes et capables, dignes d'élire ou d'être élus, se réfugient dans une abstention ou une tranquillité égoïste, l'arène électorale est abandonnée aux instincts aveugles et violents ; c'est l'intérêt d'un parti et non l'intérêt public qui a le dessus ; c'est le désordre et non la justice qui l'emporte ; c'est la passion et non la raison qui préside aux destinées du pays.

TABLEAU ANALYTIQUE

SOCIÉTÉ CIVILE OU ÉTAT

I. La patrie et le patriotisme.

Patrie, nation, peuple, État, gouvernement.

- Le mot *patrie* signifie terre des pères ou des aïeux.
- *La patrie*, c'est le pays où l'on est né, la nation dont on fait partie, la société politique dont on est membre.
- L'idée de patrie renferme un ensemble d'institutions, de croyances, de traditions, de monuments, qui forment le patrimoine d'un même peuple.
- « *Une nation*, c'est une réunion d'hommes habitant un même territoire, soumis ou non au même gouvernement, ayant depuis longtemps des intérêts assez communs pour qu'on les regarde comme appartenant à la même race. » (LITTRÉ.)
- On appelle *principe des nationalités* un principe en vertu duquel toutes les portions d'une même race d'hommes tendent à se constituer en un seul corps politique, à former un État distinct (pangermanisme, panslavisme, irrédentisme).
- *Un État* est une réunion d'hommes vivant d'une manière permanente sur un territoire à eux, et soumis à des lois communes et à un gouvernement indépendant.
- *Le gouvernement* est l'ensemble des personnes qui représentent et dirigent l'État. — C'est aussi le régime politique : monarchie, république. — Ces deux mots s'emploient souvent l'un pour l'autre.
- *Peuple* se dit souvent pour *nation, État, gouvernement*.

Famille, patrie, humanité, sont trois termes qui désignent des sociétés naturelles.
La famille est la société primitive, fondement des deux autres (Voir ce qui en a été dit plus haut, p. 767).
La patrie ou la *nation* est un groupement de familles ;
L'humanité est le groupement de toutes les nations ; c'est la famille et la patrie universelles.
L'homme a des devoirs à remplir envers chacun de ces trois groupes.
Le communisme détruit les devoirs envers la famille ;
Le cosmopolitisme méconnaît les devoirs envers la patrie ;
Le chauvinisme nie les devoirs envers l'humanité.
(Voir ce qui a été dit sur l'amour de la patrie, Psych., 6ᵉ leçon.)

Le patriotisme.

- *Le patriotisme*, c'est l'amour de la patrie, le dévouement à la chose publique.
- Le patriotisme est un sentiment et un devoir. Il doit se manifester par des actes : en temps de paix, par l'obéissance aux lois, l'accomplissement des devoirs professionnels ; en temps de guerre, par le sacrifice de ses biens et de sa personne.
- Il ne faut pas confondre le patriotisme avec le *chauvinisme* et le *fanatisme*, passion aveugle et barbare.
- L'amour de la patrie n'a pas toujours été compris de la même manière.
- *Chez les anciens, Grecs et Romains*, c'était un sentiment étroit, jaloux, barbare : la patrie, c'était la *cité*; les compatriotes étaient les hommes libres, pas les esclaves ni les étrangers.
- *Chez les nations barbares*, le patriotisme était vivace, mais cruel.
- *Au moyen âge*, on pouvait voir deux patries, la petite (ville ou province) dans la grande (France, Italie, Espagne, Angleterre, Allemagne).
- C'est le christianisme qui a adouci, ennobli et agrandi le sentiment patriotique.

SOCIÉTÉ CIVILE OU ÉTAT (suite).

II. Fondement de l'autorité publique.

Théories sur l'origine du pouvoir.

Aucune société n'est possible sans un pouvoir dirigeant. La société civile doit donc être gouvernée, comme la société domestique et la société religieuse.
Il existe différents systèmes ou théories pour expliquer l'origine du pouvoir civil.

1° Théorie du droit divin.

Elle se divise en théorie du *droit divin direct* et du *droit divin indirect*.

a) Le droit divin *direct* prétend que le pouvoir vient immédiatement de Dieu, *sans aucune participation de la nation*.
Cette théorie a été soutenue par Bossuet (*Politique tirée de l'Écriture sainte*) et par les partisans de l'ancien régime. — Elle est fausse et aboutit à l'absolutisme. L'Église la condamne.

b) Le droit divin *indirect* enseigne que *tout pouvoir vient de Dieu, mais par l'intermédiaire des hommes*.
La société étant d'origine divine, le pouvoir doit l'être aussi.
Mais il ne faut pas entendre par là que Dieu désigne *directement tel homme* ou *telle famille pour l'exercer*. Dieu est ici cause première; mais il laisse aux causes secondes, c'est-à-dire aux hommes réunis en société, l'exercice de leur liberté dans le choix de leurs gouvernants. Telle est la doctrine de l'Église, qui ne condamne aucune forme de gouvernement.

2° Théorie de la souveraineté nationale.

Par souveraineté nationale, on entend le droit qui appartient à la nation de se diriger elle-même, de faire des lois et d'en poursuivre l'exécution.
Ce droit peut être entendu de deux façons, comme le droit divin :

a) *Théorie de Rousseau et de la Révolution.* — Rousseau et la Révolution ont soutenu la théorie de la *souveraineté absolue du peuple*.
La loi est l'expression de la volonté générale ; le peuple est la source de tout droit et de tout pouvoir ;
Sa souveraineté est indépendante de Dieu, dans son origine et dans son exercice.
Cette théorie conduit à la tyrannie populaire et au despotisme d'État.

b) *Théorie catholique.* — « Le pouvoir civil émane du peuple : le consentement de la nation est la source de tout pouvoir juste. » (SUAREZ.)
Ce pouvoir, la nation le délègue à des hommes de son choix pour le bien commun. D'où il suit que la nation a le droit de le retirer à celui qu'elle en a investi, s'il en use contre les intérêts de la communauté.
Tel est l'enseignement des théologiens. Mais il est toujours bien entendu que le pouvoir a son origine première en Dieu, auteur de toute société, et qu'il ne peut aller contre les lois naturelles, contre la raison, contre la justice.

3° Théorie dite de la légitimité ou du pouvoir héréditaire.

C'est l'hérédité appliquée à la possession du pouvoir dans une nation.
Ce système tient de la souveraineté nationale et du droit divin : de la souveraineté nationale, en ce que c'est le peuple qui désigne le premier chef, le fondateur de la dynastie ; du droit divin, en ce que, une fois la dynastie ou famille désignée, le peuple se croit lié envers elle.
C'est ce système qui a prévalu dans toute l'Europe moderne, et qui prévaut encore dans la majorité des États.
On lui reproche d'exposer le pouvoir à tomber dans les mains d'un indigne ou d'un incapable et de favoriser la tyrannie et l'absolutisme ; mais il offre de grands avantages, en ce qu'il assure une transmission régu-

II. Fondement de l'autorité publique.
Théories sur l'origine du pouvoir.

3° Théorie de la légitimité ou du pouvoir héréditaire. *(Suite.)*
{ lière du pouvoir, qu'il écarte les compétitions, rend difficiles les révolutions causées par la faiblesse et l'instabilité du pouvoir central.
C'est seulement l'hérédité qui différencie aujourd'hui les monarchies des républiques. }

4° Nous ne ferons que nommer le pouvoir résultant de l'*usurpation* ou de la *force* (fait accompli). — Ce n'est pas une théorie, et il ne devient légitime que par la consécration d'un vote libre de la nation. Il rentre alors dans la souveraineté nationale.

5° Enfin on a voulu fonder le pouvoir sur les *droits* du citoyen. — C'est revenir à la théorie de la souveraineté nationale, si les citoyens délèguent leurs droits à leurs représentants, ou tomber dans l'anarchie, si chacun prétend les exercer et les défendre sans contrôle.

Fin de la société civile ou de l'État. — C'est la fin même de l'humanité : le développement complet des facultés humaines sous l'empire et la protection de la loi ; c'est l'ordre dans la liberté.

III. L'État et les citoyens.

Le gouvernement.
—
Les trois pouvoirs.
{ Le gouvernement est l'ensemble des pouvoirs qui régissent l'État. Il comprend :
1° *Le pouvoir législatif*, qui doit faire des lois pour le bien de la communauté ;
2° *Le pouvoir judiciaire*, qui doit interpréter et appliquer les lois avec impartialité ;
3° *Le pouvoir exécutif*, qui doit sauvegarder le bon ordre, en assurant l'exécution des lois. }

Principales formes de constitutions ou de gouvernements.
Quel est le meilleur ?
{ La *constitution* est la loi fondamentale qui établit la forme du gouvernement et règle les rapports des gouvernants et des gouvernés. — On distingue :
1° *La constitution ou gouvernement monarchique*, dans lequel tous les pouvoirs sont dans les mains d'un seul. La monarchie peut être plus ou moins libérale, absolue ou despotique.
2° *La constitution ou gouvernement aristocratique*, dans lequel tous les pouvoirs appartiennent à une classe de citoyens, ou du moins aux classes élevées (Venise, au moyen âge).
3° *La constitution ou gouvernement démocratique ou républicain*, dans lequel le peuple se gouverne lui-même, directement ou par ses délégués.
Quel est le meilleur de ces gouvernements ? En *théorie*, c'est celui qui garantit le mieux les droits des citoyens, qui investit du pouvoir le plus digne. — Cicéron, saint Thomas, Montesquieu, pensent que c'est la monarchie tempérée ou constitutionnelle, qui répond le mieux à cet idéal. *Pratiquement*, le meilleur gouvernement, pour un pays donné, est celui qui s'adapte le mieux aux idées, aux mœurs, aux traditions, au tempérament du peuple qu'il doit régir. }

La loi.
—
Lois justes et lois injustes.
{ Tout pouvoir légitime a le droit de faire des lois qui obligent en conscience tous les citoyens.
Le pouvoir de faire des lois appartient au peuple, qui le délègue à ceux qui le gouvernent.
Une loi est *juste et oblige en conscience*, quand elle est faite pour le bien de la communauté, et qu'elle n'excède pas le pouvoir du législateur.
Une loi est *injuste et n'oblige pas en conscience*, si elle est contraire à la loi naturelle, si elle confisque un droit naturel (droit des parents sur les enfants, droit d'association, etc.), si elle est nuisible au bien de la communauté en général. — Dans ces cas, la protestation est un *droit* et un *devoir*, et la résistance est permise ; elle peut même être obligatoire, s'il s'agit de droits naturels nécessaires à l'accomplissement des devoirs. }

SOCIÉTÉ CIVILE OU ÉTAT (Suite.)

III. L'État et les citoyens. (Suite.)

Droits et devoirs des gouvernants et des gouvernés.

L'État a le *droit* et le *devoir* de faire des lois protectrices de l'ordre et de la liberté, et d'en assurer l'exécution, même par la force (d'où les tribunaux et la force armée). Spécialement dans le domaine économique, l'État doit agir pour la protection des faibles, c'est-à-dire des travailleurs.

L'État doit protéger les citoyens dans leur vie, leurs biens et leur honneur. Mais cette protection de l'État a des limites : il ne peut porter atteinte à aucune des libertés qu'il a le devoir de faire respecter (liberté individuelle, inviolabilité de la propriété, droits du père de famille, etc.).

Les principaux devoirs des citoyens envers l'État sont :

1° L'*obéissance aux lois et à l'autorité légitimes* ;

2° Le *payement de l'impôt*. — L'impôt est une dette de justice que chacun doit acquitter en retour des avantages que la société lui procure ;

3° Le *service militaire* : c'est l'impôt du sang. — Celui qui se soustrait au service militaire, sans rendre un service équivalent, est un *lâche* et un *déserteur*.

4° Le *vote*. — Tout Français âgé de 21 ans, qui n'a pas subi une peine infamante, a le *droit* et le *devoir* de voter.

Le vote est *libre* d'après la loi, mais *obligatoire* en conscience. — Ne pas voter, c'est abdiquer son droit et aussi sa part de responsabilité dans les affaires de la commune ou de l'État.

Il ne suffit pas de voter, il faut encore *bien voter*.

Le vote doit être *libre*, c'est-à-dire qu'il doit émaner de l'initiative personnelle ;

Honnête : selon la conscience, n'avoir en vue que le bien général ;

Désintéressé : chercher plus l'intérêt général que l'intérêt personnel ou l'intérêt d'un parti ;

Éclairé : l'électeur doit chercher à ne donner son suffrage qu'à un citoyen honnête et capable.

L'*indifférence* en matière politique *est coupable*, parce qu'il n'est pas permis de se désintéresser du bien général ;

Elle est *dangereuse*, parce qu'elle expose le pouvoir à tomber entre les mains de malhonnêtes gens.

5° *L'amour de la patrie et le dévouement au bien public*.

Droits du citoyen. — Ils se résument en deux termes : droits *civils* (vie privée) et *politiques* (vie publique).

10ᵉ LEÇON

DEVOIRS DES NATIONS ENTRE ELLES OU DROIT DES GENS

Définition. — Le *droit des gens* ou *droit international*, c'est la morale appliquée aux rapports des nations entre elles; c'est un ensemble de règles pratiques déterminant les obligations de justice et de charité qu'ont à remplir les uns envers les autres les êtres collectifs ou personnes morales appelées États, et qui forment la société internationale.

Droit des gens naturel et droit des gens positif. — Le droit des gens *naturel* est fondé sur les préceptes de la raison et de la conscience : ce sont les devoirs de justice et de charité que les nations, en tant que personnes morales, doivent observer dans leurs rapports mutuels; il n'y a pas à en rechercher l'origine, puisqu'il est inhérent à la nature humaine.

Le droit des gens naturel devient *le droit des gens positif*, dès qu'il est réglé par les lois humaines; celui-ci est l'ensemble des règles consacrées par l'usage, par la tradition, par les conventions tacites ou écrites.

Origine du droit des gens positif. — On en trouve l'origine dans la *nécessité* d'abord, puis dans la *philosophie* et la *religion*.

Dans la nécessité : dès que deux tribus ou deux peuples se sont trouvés formés et se sont vus en présence l'un de l'autre, ils ont été obligés, pour s'assurer un peu de repos et de sécurité, d'admettre certains usages, de passer entre eux des conventions et des traités. Voilà la première origine du droit des gens positif.

Dans la philosophie et la religion : à mesure que la nature humaine a été mieux connue par les lumières de la religion et de la philosophie, on l'a estimée et respectée davantage ; on s'est fait une plus haute et plus juste idée de ses devoirs et de ses droits, et l'on a formulé des principes, fixé des règles pour faire observer les uns et respecter les autres. C'est la seconde origine du droit des gens positif.

<small>Ses progrès ont suivi les progrès mêmes de la civilisation, et les nations ont entre elles des rapports d'autant plus humains, d'autant plus conformes à la justice et à la charité, qu'elles sont plus éclairées par la science, et surtout plus affermies dans la vertu par le triomphe de la raison et de la foi sur les passions. La raison et la foi unissent les peuples, comme les individus; les passions, au contraire, les divisent.</small>

I. — DROITS ET DEVOIRS DES NATIONS

La personne collective a, dans l'ordre international, les mêmes droits et les mêmes devoirs que la personne individuelle dans l'ordre moral et dans la société proprement dite. « Le principe du droit des gens, dit Puffendorff, n'est autre chose que la loi générale de sociabilité qui oblige les nations ayant ensemble quelque commerce, à la pratique des mêmes devoirs auxquels les particuliers sont naturellement assujettis. »

Or l'individu a le droit d'être respecté dans sa vie, dans sa liberté et ses autres facultés, dans son honneur et dans ses biens. Il en est de même des nations. Elles doivent se respecter dans leur vie propre, c'est-à-dire dans leur liberté et leur indépendance, dans leur honneur et dans leur dignité, dans leurs biens et dans leur territoire.

De plus, la loi de l'individu, dans ses relations sociales, n'est pas seulement la justice ou le respect du droit strict, c'est aussi la charité.

« Cette nécessité de la charité est évidente en tout état de société ; elle l'est plus encore peut-être, elle est plus vivement sentie dans les rapports de peuple à peuple. Là où il n'y a présentement aucun pouvoir organisé pour modérer les cupidités, pour réprimer les violences auxquelles elles poussent, tous comprennent qu'avec le strict droit on irait aisément à la pure barbarie. C'est en cela que se trouve parfaitement justifiée la maxime : *Summum jus, summa injuria*. Aussi la plupart admettent, sans trop de difficulté, que la justice doit être tempérée, dans la société internationale, par cette force modératrice que souvent on nomme la bienveillance mutuelle, et à laquelle nous restituons son vrai nom en l'appelant la charité. Il faut que l'esprit de sacrifice, qui est la source de toute charité, règne entre les nations aussi bien qu'entre les hommes. C'est une loi générale de notre vie morale, et les États n'ont pas d'autre loi que celle qui régit les actions de chacun de nous. Pour les peuples comme pour les individus, le principe de la charité par l'abnégation se combine avec le principe de l'intérêt propre, et c'est dans cette combinaison que le monde moral trouve son équilibre. » (CH. PÉRIN, *les Lois sur la société chrétienne*, liv. V, ch. I.)

Les *positivistes*, qui n'admettent d'autre source du droit que les faits déterminés par les combinaisons de l'intérêt, renient absolument toute idée de sacrifice et de charité. Les *juristes* de l'école spiritualiste, sans invoquer le principe de la charité chrétienne comme les catholiques l'entendent, admettent qu'en fait la société internationale exige que la bienveillance mutuelle entre les peuples soit pratiquée.

Grotius en parle expressément dans son *Traité du droit de guerre et de paix* (liv. II, ch. XII, n° 16). « L'état de nature de l'homme est l'État social, dit M. *Pradier-Fodéré*, et l'État social est fondé sur le sacrifice des instincts égoïstes. La charité universelle n'est pas un but offert à l'humanité dans un lointain idéal ; c'est la base même, la condition de la vie de l'homme en société. » *Vattel*, dans son *Droit des gens* (liv. II, ch. 1), est plus explicite encore : « Les nations étant obligées par la nature à cultiver entre elles la société humaine, elles sont tenues, les unes envers les autres, à tous les devoirs que le salut et l'avantage de cette société exigent. Les offices de l'humanité sont les secours, les devoirs auxquels les hommes sont obligés les uns envers les autres en qualité d'hommes, c'est-à-dire en qualité d'êtres faits pour vivre en société, qui ont nécessairement besoin d'une assistance mutuelle pour se conserver, pour être heureux, pour vivre d'une manière convenable à leur nature. Or, les nations n'étant pas moins soumises aux lois naturelles que les particuliers, ce qu'un homme doit aux autres hommes, une nation le doit, à sa manière, aux autres nations... Il est impossible que les nations s'acquittent de tous ces devoirs les unes envers les autres, si elles ne s'aiment point. » — On peut voir, sur cette question, CH. PÉRIN (*l'Ordre international*, liv. II, ch. v.)

On a contesté l'existence du droit des gens. — Certains écrivains ont contesté l'existence du droit des gens, en se fondant sur cette raison que les États n'ont pas de supérieur commun qui en puisse poser les lois et les sanctionner. — On répond d'abord que les règles susceptibles de régir les actions humaines ne résultent pas nécessairement de la volonté d'un législateur, et qu'il en est qui résultent de conventions expresses ou tacites, consacrées par l'usage; ensuite qu'il n'est pas vrai que le droit des gens soit dépourvu de sanction. Comme les lois de l'hygiène et comme celles de l'histoire, les règles du droit des gens ont leur première et principale sanction (outre celle de la justice de Dieu, qui s'exerce sur les peuples comme sur les individus) dans leurs conséquences naturelles. « Il n'est pas d'acte politique qui puisse être commis impunément, parce qu'il n'y en a pas qui ne produise pas de conséquences. Il se peut sans doute que, dans l'espace d'une vie d'homme, le temps manque pour que ces conséquences éclatent au grand jour; elles se manifestent plus tard, elles se manifestent infailliblement. Les hommes politiques peuvent quelquefois jouir de l'impunité, parce qu'ils meurent; les nations ne le peuvent jamais, parce qu'elles vivent toujours assez longtemps pour subir les conséquences de leurs actes. La destruction, loin de leur assurer l'impunité, est pour elles la dernière et la plus terrible conséquence de leurs aberrations ou de leurs crimes. C'est dans cet enchaînement nécessaire des causes et des effets qu'est la sanction du droit des gens. » (FUNCK-BRENTANO et Alb. SOREL, *Précis du droit des gens*.)

II. — DROIT DE GUERRE

Les devoirs de la justice internationale comportent le *droit de contrainte*, comme ceux de justice sociale. Il ne servirait de rien, en effet, que les droits fussent déclarés inviolables par la raison et la conscience, s'ils pouvaient être violés impunément et s'il n'était pas permis de les défendre par la force. *Le droit de contrainte ou de légitime défense appliqué aux nations est le droit de guerre.*

Il y a des juristes qui regardent la guerre comme la sanction du droit des gens; d'autres n'admettent pas le droit de punir entre nations, par la raison qu'il n'y a rien de commun entre le droit et la force, que le droit peut être du côté du vaincu et l'injustice du côté du vainqueur. Vattel, Grotius, Domat, admettent le droit de punir s'exerçant de nation à nation. « La société, dit Vattel, est une personne morale à qui on peut faire injure; elle est en droit de maintenir sa sûreté en punissant ceux qui l'offensent, c'est-à-dire qu'elle a le droit de punir les délits publics. Voilà d'où vient le droit de glaive qui appartient à une nation ou à ses conducteurs; quand elle en use contre une autre nation, elle fait la guerre. »

On sait que, dans une société organisée, l'individu ne se fait pas justice lui-même, si ce n'est dans quelques rares circonstances; c'est la société, qui protège chacun de ses membres contre l'injustice et la violence, qui exerce en sa faveur le droit de contrainte et de légitime défense. Il n'en est pas de même pour les personnes collectives. Les nations sont, les unes à l'égard des autres, dans la situation qu'on appelle *état de nature*, c'est-à-dire qu'elles ne reconnaissent pas de tribunaux communs, ni de puissance capable d'en imposer les décisions et d'obtenir au besoin l'obéissance par la force. Lorsqu'elles sont insultées dans leur honneur, attaquées dans leurs possessions, menacées dans leur existence, elles se font justice elles-mêmes : à la force qui les attaque, les blesse ou les dépouille, elles opposent la force qui défend et qui répare. Ainsi le *droit de guerre* répond à celui de *légitime défense*, dont l'individu peut faire usage loin de tout secours de la société, et au droit de *contrainte*, que la société exerce à sa place.

Parmi les auteurs modernes favorables au droit de punir exercé de nation à nation, on peut citer le chancelier Kent : « Il ne faudrait pas croire, dit-il, que la loi des nations soit un code purement spéculatif, dépourvu de sanction efficace... C'est un code dont la force obligatoire est actuelle, pratique, durable.

« Comme les grands principes qui en sont les bases ont leur origine dans les maximes de l'éternelle vérité, dans la loi immuable de l'obligation morale, dans les conseils de l'intérêt public bien compris, son influence demeure inébranlable, nonobstant le trouble que la violence peut, à certains moments, y apporter.

« La loi des nations est placée sous la protection de l'opinion publique ; elle est appuyée par les censures de la presse, par l'influence morale de ces grands maîtres du droit public qui sont consultés par toutes les nations, comme les oracles de la sagesse. Aucune nation ne peut violer le droit public sans s'exposer aux conséquences pénales du blâme et du déshonneur, sans courir la chance du châtiment qui peut lui être infligé dans une guerre ouverte et solennelle. » (Cité par Ch. Périn.)

Le principe catholique sur cette question est donné par saint Thomas. — « Comme les princes n'ont pas de juge supérieur dans les choses temporelles par le droit même de la nature, le prince qui commet l'injustice devient le sujet du prince qui la souffre, et qui lui fait une juste guerre. » Ainsi, lorsque les chefs d'Etats prennent les armes pour obtenir réparation de leur droit violé ou pour punir l'offenseur de son méfait, ils sont tenus au respect du droit, comme un juge qui rend la justice en matière civile et criminelle.

Quelles guerres sont légitimes. — Il résulte des principes sur lesquels se fonde le droit de guerre, que les guerres permises ou les guerres justes sont les guerres *défensives*, qui ont pour but de repousser une agression armée ; les guerres *réparatrices*, faites pour obtenir la réparation d'un dommage ou d'un préjudice matériel ou moral, pour venger la violation des droits de l'État ; les guerres d'*humanité*, entreprises pour protéger un peuple faible contre l'ambition ou la cupidité d'un peuple plus fort.

Les guerres *défensives* ne sont pas seulement celles qui repoussent une invasion étrangère, quand elle est commencée ou qu'elle est imminente : ce sont aussi celles qui la préviennent. Lorsqu'un Etat devance les projets d'un ennemi qui prépare une coalition pour l'écraser, il ne fait que veiller à sa propre conservation et défendre son existence menacée. L'agresseur est celui qui rend la guerre inévitable, et non toujours celui qui attaque le premier. Le caractère défensif appartient aux guerres entreprises par une nation pour conserver son indépendance territoriale, pour assurer la liberté d'échanger ses produits et de se servir de l'Océan comme d'une grande route internationale, pour sauvegarder l'influence que lui donnent dans le monde son rang et sa situation.

La guerre *offensive* et *réparatrice* peut être entreprise par un Etat qui a été vaincu, en ayant pour lui le bon droit et exerçant le droit de légitime défense ;

après avoir cédé à la force, il s'est préparé à revendiquer ses droits méconnus la guerre qu'il fait n'est au fond qu'une guerre défensive reportée à un délai. La guerre réparatrice ne doit pas dégénérer en guerre de vengeance; elle doit s'arrêter devant une réparation proportionnée au dommage souffert.

Les guerres *entreprises dans un sentiment d'humanité et de générosité*, pur de toute ambition et de tout intérêt personnel, pour intervenir entre le fort et le faible et empêcher celui-ci d'être écrasé ou opprimé par celui-là, sont évidemment justes et font honneur à la nation qui les entreprend. Ce sont des guerres défensives des principes, c'est-à-dire du droit et de la justice, sans lesquels la société internationale ne peut exister.

« En 1864, le prince de Bismarck, après la guerre inique de la Prusse et de l'Autriche contre le Danemark, voulut en justifier la cause et les résultats près du gouvernement britannique. Il s'attira cette réponse de lord Russel : « La guerre faite par l'Allemagne au Danemark n'a pour fondement *ni la justice ni la nécessité, qui sont les seules bases sur lesquelles la guerre puisse reposer.* » (G. Bry, *Précis de droit internat.*)

Des lois de la guerre. — Non seulement la guerre doit être légitime dans son principe et dans le but qu'elle poursuit ; mais elle doit être faite d'après certaines règles, hors desquelles elle ne serait qu'un brigandage et il n'y aurait pour les nations ni sécurité ni honneur.

Et d'abord elle doit être *déclarée*, et la déclaration doit être précédée de négociations en vue d'un accommodement, et ne venir qu'après que ces négociations ont été reconnues infructueuses. Il y aurait injustice à attaquer un ennemi que l'on n'est pas autorisé à tenir pour tel et que l'on n'a pas mis en demeure de donner satisfaction ou de réparer ses torts.

La déclaration de la guerre résulte parfois, comme en 1870, d'une note de l'agent diplomatique remise au gouvernement ennemi ; d'autres fois, elle prend la forme conditionnelle d'un *ultimatum*, c'est-à-dire qu'on indique à l'adversaire, en quelques propositions précises et péremptoires, ce qu'on exige de lui dans tel délai, après lequel, en l'absence d'une réponse favorable, l'état de guerre existera.

La guerre est une relation d'État à État, et non d'homme à homme. « Entre deux ou plusieurs nations belligérantes, dit Portalis, les particuliers dont ces nations se composent ne sont ennemis que par accident ; ils ne le sont point comme hommes ; ils ne le sont même pas comme citoyens, ils le sont uniquement comme soldats. » Et le prince de Talleyrand disait, en 1806, que le droit des gens est fondé sur ce principe : « que les nations doivent se faire dans la paix le plus de bien possible, et dans la guerre le moins de mal possible. »

Il n'y a de *belligérants* que ceux qui font partie de l'armée, et ceux-là seuls ont le droit de se livrer aux actes de violence qui constituent les hostilités. L'ennemi doit respecter les non-belligérants, soit dans leurs personnes, soit dans leurs biens. D'après le *Manuel de l'armée française*, on doit considérer comme belligérants, non seulement ceux qui font partie de l'armée régulière, mais encore « ceux qui appartiennent à des corps volontaires, s'ils sont sous la direction d'un chef responsable, s'ils portent les armes ouvertement, s'ils ont un signe distinctif fixe et reconnaissable à distance, et s'ils se conforment dans leurs opérations aux lois de la guerre ».

La barbarie et la perfidie sont prohibées. La barbarie consiste à torturer le soldat ennemi par des souffrances inutiles, à continuer de tirer sur une troupe qui se rend : l'unique but de la guerre doit être de détruire les forces ou la résistance de l'ennemi. — La perfidie consiste à fausser sa parole, à ne pas tenir les engagements exprès ou tacites pris envers l'ennemi. Ainsi, l'ennemi doit pouvoir s'approcher avec sécurité d'une ville ou d'un régiment qui a déclaré se rendre.

Outre le principe de *nécessité* qui légitime l'emploi de la violence ou de la ruse, il y a un principe d'*humanité*, qui restreint les moyens de nuire dans une juste limite et prohibe, par exemple, l'emploi du poison ou des armes empoisonnées, défendu déjà par l'Église au moyen âge.

Il n'y a pas encore de traité international relatif à la codification générale des lois de la guerre. Un certain nombre d'Etats, parmi lesquels la France fut la première, ont signé à Genève, en 1864, une *Convention* ayant pour but de protéger les blessés et les malades, ceux qui les soignent et les établissements où ils sont recueillis. L'*insigne particulier* qui doit les faire reconnaître est une croix rouge sur fond blanc.

Un essai de réglementation de la guerre a été fait à Bruxelles, en 1874, sur la proposition de l'empereur de Russie, par une conférence où tous les Etats, sauf les Etats-Unis, furent représentés. Par suite de l'opposition de l'Angleterre, la conférence ne put aboutir à transformer le projet en traité ; mais ce projet a déjà eu une influence favorable sur les guerres qui ont suivi, et il pourra servir de base à un accord définitif des puissances sur cette question. Enfin l'Institut du droit international a rédigé dans sa section d'Oxford, en 1880, un *manuel des lois de la guerre*.

Solutions pacifiques. — On ne recourt pas nécessairement à la guerre pour résoudre les conflits ou litiges internationaux. L'entente peut se faire à la suite de *négociations diplomatiques,* par une *transaction* ou l'abandon, par l'un des Etats, de ses prétentions. Si la difficulté a un caractère spécial, comme serait une délimitation de frontières, une *commission internationale mixte* est constituée et munie de pouvoirs nécessaires pour résoudre la difficulté. Les Etats peuvent aussi se réunir en *congrès* ou *conférences*, comme cela s'est fait plusieurs fois dans notre siècle ; exemples : les congrès de Vienne et d'Aix-la-Chapelle en 1815 et 1818, les conférences de Berlin en 1878 et en 1885.

Enfin on peut avoir recours à la *médiation* et à l'*arbitrage*.

La *médiation* est l'entremise d'une tierce puissance qui, d'elle-même ou parce que les parties l'en ont priée, tâche de concilier les Etats en litige. Le médiateur ne rend pas un jugement, c'est-à-dire une décision *obligatoire ;* il ne fait que suggérer ce qui lui paraît être la solution équitable. Un exemple remarquable de médiation est celui du souverain pontife Léon XIII, intervenant en 1885, sur la demande de l'Allemagne et de l'Espagne, dans leur conflit relatif aux îles Carolines. L'arrangement proposé par le pape fut accepté par les deux puissances.

L'*arbitrage* diffère de la médiation par son caractère essentiellement judiciaire ; l'arbitre *ne propose* pas un arrangement, il prononce un *jugement* qui est *obligatoire* pour les Etats en litige. Le moyen âge offre de nombreux exemples d'arbitrage. Les papes, considérés comme l'autorité suprême des Etats chrétiens, interviennent souvent pour statuer sur les contestations entre les princes ou les Etats. Saint Louis est pris plusieurs fois pour arbitre, en particulier par les maisons de Davesne et de Dampierre, qui se disputaient la Flandre, et par Henri III d'Angleterre et ses barons. Dans notre siècle, l'histoire offre de nombreux cas d'arbitrage. Un des derniers est celui du tribunal d'arbitrage international qui a siégé à Paris au mois de mai 1893, pour résoudre le conflit survenu entre l'Angleterre et les Etats-Unis, au sujet de la pêche des phoques à fourrure dans la mer de Behring.

L'usage de ces solutions pacifiques, qui tend à se généraliser, marque un véritable progrès du sentiment de l'humanité. Le *projet de paix perpétuelle*, de l'abbé de Saint-Pierre, n'était pas une pure utopie, et notre fin de siècle le remet au jour sous une forme qui lui donne chance d'être réalisé dans sa partie viable. En octobre 1888, quarante membres des parlements français et anglais, réunis à Paris, ont fondé une *Société interparlementaire pour l'arbitrage*. En 1891, trois ans après sa fondation, elle se réunissait à Rome et comptait déjà 1400 adhérents des parlements de divers Etats de l'Europe. Un *comité parlementaire permanent pour l'arbitrage et pour la paix* siège à Rome. Tout cela montre que les idées de paix et d'arbitrage sont une des tendances de notre époque.

TABLEAU ANALYTIQUE

DROIT DES GENS

Définition. — Le droit des gens ou droit international est l'ensemble des règles pratiques qui déterminent les obligations qu'ont à remplir les Etats les uns à l'égard des autres.
On distingue le droit des gens *naturel*, fondé sur les préceptes de la raison et de la conscience, et le droit des gens *positif*, réglé par les lois humaines.

Droits et devoirs des nations.

L'Etat, personne collective, a, dans l'ordre international, les mêmes droits et les mêmes devoirs que la personne individuelle dans l'ordre moral et dans la société proprement dite.
Comme l'individu, l'Etat doit être respecté dans sa vie et sa liberté, c'est-à-dire dans son *indépendance*;
Dans ses *biens*, c'est-à-dire dans l'*intégrité de son territoire*;
Dans son *honneur*, c'est-à-dire dans sa *dignité et celle de ses représentants*.
Les Etats, comme les individus, doivent observer les devoirs de charité, qui tempèrent ce qu'aurait de trop absolu la stricte justice. *Summum jus, summa injuria*.

La guerre.

Le *droit de guerre*, qui n'est que le droit de légitime défense appliqué aux nations, est fondé sur les mêmes raisons que lui et que le droit de contrainte dans la société : *nécessité de défendre le droit*.
Comme les nations ne reconnaissent pas de tribunaux arbitraux, elles se font justice directement.
Vattel, Grotius, Domat, Kent, sont favorables au droit de punir une attaque ou une insulte par la guerre;
Saint Thomas est du même avis; mais il veut que le prince qui prend le glaive ne le fasse que par respect pour le droit violé, comme un juge qui rend la justice.
Le *droit de guerre admis, quelles guerres sont légitimes?* Ce sont :
1° Les *guerres défensives*, qui ont pour but de repousser une agression armée;
2° Les *guerres réparatrices*, qui ont pour but de venger la violation d'un droit de l'Etat;
3° Les *guerres d'humanité*, entreprises pour protéger le faible contre l'ambition du plus fort.

Ses lois.

Des lois de la guerre. — Non seulement la guerre doit être juste dans son principe et dans le but qu'elle poursuit, mais encore elle doit se conformer à certaines règles, sous peine de devenir un *brigandage*.
Ces règles sont : 1° *La déclaration* : il serait injuste d'attaquer une nation sans la prévenir. La déclaration prend diverses formes : négociations, ultimatum, rappel de représentants.
2° Ne doit être considéré comme *belligérant*, et traité comme tel, que le *soldat* ou celui qui fait acte *de soldat*.
3° *L'humanité* veut qu'on ne fasse au pays vaincu que le mal nécessaire pour vaincre : le pillage, les incendies inutiles sont prohibés;
4° Les *biens* et la *vie* des non-belligérants doivent être respectés;
5° Le prisonnier doit être traité avec humanité;
6° Les blessés doivent être soignés et les morts enterrés, à quelque armée qu'ils appartiennent;
7° Enfin le poison, les armes empoisonnées, la trahison, etc., sont proscrites par la morale et par le droit des gens.
La guerre est un mal; il serait donc avantageux de la rendre impossible ou d'en diminuer les ravages. — On a essayé diverses combinaisons pour cela : *projet de paix perpétuelle*. (Henri IV, l'abbé de Saint-Pierre); *tribunaux arbitres, médiations, congrès*, etc. Lorsque deux nations ont accepté un arbitrage, le jugement de l'arbitre est obligatoire pour les deux partis; des *conventions particulières* : convention de Genève ou de la Croix-Rouge (1864).

11ᵉ LEÇON

LA RELIGION NATURELLE

Définition. — La religion naturelle est *l'ensemble des devoirs de l'homme envers Dieu connu par la raison;* — ou, d'une manière plus explicite: c'est l'ensemble des rapports qui lient l'homme à Dieu, rapports fondés sur la nature de l'homme et sur celle de Dieu, découverts et formulés par la seule raison.

Elle n'est pas dite naturelle, comme le pense Rousseau, parce qu'elle n'est pas enseignée et qu'on l'a découverte soi-même, mais parce qu'elle est la connaissance des rapports naturels qui relient l'être raisonnable à Dieu, et l'ensemble des devoirs qui en découlent.

« Si Dieu existe, il est manifeste que nous avons envers lui des devoirs. Il est l'Absolu et l'Infini; il est notre créateur et notre père, notre maître et notre bienfaiteur, notre principe et notre fin. Sa main nous a tirés du néant et nous conserve; son œil nous suit dans nos démarches; un jour, sa justice nous demandera compte de notre conduite et de l'usage des talents que nous tenons de sa bonté.

« Ainsi la morale, même naturelle, est essentiellement religieuse, puisque les premiers et les plus importants de nos devoirs sont des devoirs religieux. Adorer Dieu et l'aimer plus que toutes choses, lui soumettre notre être tout entier, l'âme aussi bien que le corps, l'esprit aussi bien que le cœur, les pensées aussi bien que les œuvres extérieures; le remercier de ses bienfaits; le prier de nous secourir dans nos besoins, de nous préserver du mal et de la tentation, de nous affermir dans le bien et de soutenir nos pas sans cesse hésitants, la raison nous prescrit tout cela au nom du droit naturel. » (P. Vallet.)

La religion *naturelle* diffère de la religion *révélée* en ce qu'elle est l'œuvre de la raison seule, tandis que, dans celle-ci, les principaux dogmes ont été révélés de Dieu, soit directement, soit par des hommes qui ont reçu mission de Dieu, comme les prophètes et les apôtres.

Comment la religion naturelle est trouvée par l'homme. — Il y a dans l'homme l'idée religieuse et le sentiment religieux (voir *Psychol.*, 6ᵉ leçon, p. 109). Par sa raison, l'homme s'élève à l'auteur des choses; il attribue à un être personnel l'intelligence qui a conçu les lois de l'univers, la bonté qui les a voulues, la puissance qui les a réalisées. Cette idée donne naissance au penchant qui porte l'homme à respecter, à aimer, à craindre, à prier ce Dieu dont l'homme se sait et se sent la créature et le sujet.

En quoi consiste la religion naturelle. — D'après le sens étymologique du mot (lien) et la définition qui en a été donnée, la religion a sa racine dans la nature même de l'homme et dans les attributs de Dieu.

On a vu (page 683) que tous nos devoirs peuvent être considérés comme des devoirs religieux, que Dieu n'est pas un être purement idéal et impersonnel, qu'il nous a créés, ainsi que tout ce qui existe, d'où il résulte qu'il a des droits sur nous, et qu'à ces droits répondent pour nous des devoirs.

Dieu, être infini et premier, a droit à notre *respect*; Dieu, créateur de l'homme et but dernier de toutes ses aspirations, source du vrai, du bien, du beau, a droit à notre *reconnaissance*, à notre *espérance*, à notre *amour*; Dieu, législateur, juge, souverain maître, a droit à notre *obéissance*. Tous ces devoirs se résument dans l'*adoration*, qui est faite de foi, de respect, d'amour, de reconnaissance, d'espérance, de sainteté. — Reconnaître l'*existence de Dieu*, la *dépendance de l'homme* vis-à-vis de Dieu, et le *devoir de l'honorer* par un ensemble de pratiques, voilà les trois dogmes fondamentaux de la religion naturelle [1].

Du culte. — On donne le nom de *culte* à l'ensemble de pratiques par lesquelles on honore Dieu.

Le culte est *individuel* ou *social*. Le culte individuel est *intérieur* et *extérieur*.

Le *culte intérieur* est l'adoration de Dieu « en esprit et en vérité », la reconnaissance de son souverain domaine sur toutes choses, l'hommage de nos facultés à leur Créateur et à leur fin. Un des éléments les plus importants du culte intérieur, c'est l'obéissance constante à la loi morale, qui est l'expression de la volonté divine. Sans cet élément, tout culte est dérisoire.

La prière, par laquelle on exprime à Dieu ses sentiments et ses besoins, comme à un maître souverain et comme à un père, est la meilleure expression du culte. Elle est un besoin naturel pour l'homme ; elle n'a pas pour but d'informer Dieu, qui connaît notre misère, mais de nous obliger à nous tourner vers lui. L'his-

---

[1] On en trouve l'expression dans la *Profession de foi du vicaire savoyard* (*Emile*, de ROUSSEAU); dans la *Religion naturelle*, de J. SIMON.
Dans la *Profession de foi* de son vicaire savoyard, Rousseau part « des dispositions d'incertitude et de doute que Descartes exige pour la recherche de la vérité », et consulte « la lumière intérieure », c'est-à-dire, pour lui, le sentiment. Il en tire la conviction qu'une volonté meut l'univers et anime la nature : c'est son « premier article de foi »; puisque l'univers est mû suivant certaines lois : « c'est son second article. » C'est moins sa raison qui le lui dit que sa sensibilité : « je le vois, ou plutôt je le sens. » Il reconnaît ensuite le dualisme moral de l'homme, le dogme de la Providence, l'immortalité de l'âme et la sanction de l'autre vie.

toire nous montre que l'humanité en masse a toujours et partout prié, et cru par conséquent à l'efficacité de la prière.

M. Fonsegrive, dans ses *Éléments de philosophie*, donne une belle explication philosophique du *Pater*. « La plus belle formule de prière qui existe, dit-il, est incontestablement le *Pater*. Analysez, en effet, cette admirable prière, et vous y découvrirez d'abord la reconnaissance de la paternité divine, *Pater ;* son universalité, *noster ;* sa majesté, *qui es in cœlis ;* vous y trouverez ensuite l'adoration, *sanctificetur nomen tuum,* et, comme conséquence, l'accord de la volonté humaine avec la volonté supérieure, *adveniat regnum tuum, fiat voluntas tua ;* puis les demandes : le pain d'abord, le pain de l'âme et le pain du corps, la force morale, *panem nostrum quotidianum da nobis hodie ;* la restitution de l'intégrité morale, *et dimitte nobis debita nostra ;* le sacrifice volontaire, la charité envers les autres, *sicut et nos dimittimus debitoribus nostris ;* la préservation enfin des occasions du mal moral et du mal lui-même quel qu'il soit, *et ne nos inducas in tentationem, sed libera nos a malo.* Il n'est pas possible d'être à la fois plus simple, plus clair, plus concis et plus profond. »

Le culte extérieur (individuel) consiste dans un ensemble d'attitudes, de pratiques, de cérémonies, qui expriment au dehors le sentiment religieux, comme la parole exprime la pensée. Ce culte repose sur une *loi de justice :* l'homme doit rendre hommage à Dieu par tout son être, par son corps et par ses sens, aussi bien que par son âme; et sur une *loi psychologique :* en vertu de l'union en l'homme du physique et du moral, tout sentiment a son expression dans une attitude externe.

C'est un fait d'expérience qu'il y a des attitudes qui favorisent ou même qui suggèrent les idées de religion et de piété, et d'autres qui y sont opposées. — Il va de soi que ce culte n'a de valeur que par le culte intérieur qu'il exprime; autrement, il tombe sous l'anathème de Jésus-Christ. « Ce peuple m'honore des lèvres, mais son cœur est loin de moi. »

Le culte public ou social, c'est l'hommage extérieur rendu à Dieu, au nom des sociétés, par ceux qui les gouvernent ou par leur ordre. La raison de ce culte, c'est que Dieu est l'auteur de la société, comme il l'est de l'individu; il a fait l'homme social; de là, pour l'homme, le devoir de l'honorer d'un culte social aussi bien que d'un culte individuel.

Dans ce culte public rendu à Dieu, souveraine autorité et providence qui conserve et dirige les peuples comme les individus, les gouvernements trouvent une consécration de leur autorité, et les peuples un encouragement au travail, à l'obéissance et à la paix.

Peut-on se contenter de la religion naturelle ? — Voir *Morale générale,* pages 662 et 671.

Respect du nom de Dieu. — On manque au respect dû au nom de Dieu : 1° en l'employant familièrement et sans dignité; 2° par le *blasphème,* c'est-à-dire par l'injure adressée directement à Dieu, injure qui n'est pas seulement une faute très grave au point de vue religieux, car il est tout à fait déraisonnable et impie, mais qui dénote un manque absolu d'éducation ; 3° par le *serment* fait sans motifs graves : on ne doit prendre Dieu à témoin d'une affirmation que si elle est vraie, d'une promesse que si elle a un objet licite, et que s'il existe, dans l'un et l'autre cas, un motif suffisant d'avoir recours à l'invocation du nom de Dieu ; 4° par les pratiques *superstitieuses*, qui consistent soit à invoquer des êtres surnaturels mauvais et révoltés contre Dieu, soit à avoir recours à des pratiques vaines pour obtenir certains effets surnaturels, comme de guérir d'une maladie ou de connaître l'avenir.

Les plus grands esprits ont donné l'exemple du respect pour le nom de Dieu. Newton ne le prononçait jamais sans se découvrir, et Buffon écrivait dans les *Époques de la nature :* « Je suis affligé toutes les fois que l'on abuse de ce grand, de ce saint nom de Dieu... Plus j'ai pénétré dans le sein de la nature, plus j'ai admiré et profondément respecté son auteur. »

En 1851, Lamartine écrivait en tête du *Pays :* « Toute civilisation qui ne vient pas de l'idée de Dieu est fausse ; toute civilisation qui n'aboutit pas à l'idée de Dieu est courte ; toute civilisation qui n'est pas pénétrée de l'idée de Dieu est froide et vide. La dernière expression d'une civilisation parfaite, c'est Dieu mieux vu, mieux adoré, mieux servi par les hommes. La prière est le dernier mot et le dernier acte de toute civilisation vraie. »

Tous nos devoirs peuvent être considérés comme des devoirs religieux. — Tous nos devoirs, ceux de la morale individuelle et sociale aussi bien que ceux de la morale religieuse, peuvent être considérés comme des devoirs religieux, si on se reporte à leur principe, qui est la loi éternelle.

« Quand nous vivons honnêtement, quand nous respectons la personne d'autrui et que nous aimons notre prochain, nous faisons la volonté de Dieu. L'action morale est en même temps une action pieuse, lorsqu'elle est faite non seulement par devoir, mais par amour pour le Créateur. Celui qui aime Dieu puise dans ce sentiment une force particulière pour résister aux mauvais désirs, comme un bon fils qui s'abstient de mal faire, non seulement parce que c'est mal, mais parce qu'il ne veut pas désobéir au père qu'il aime. Le sentiment religieux, comme la piété filiale, a une influence efficace et salutaire dans la vie morale : il est un obstacle pour le vice et une garantie pour la vertu. Il faut donc aimer Dieu : cela rendra l'accomplissement de nos devoirs plus facile. » (E. DE LA HAUTIÈRE, *Morale pratique.*)

Il est bon de le remarquer, « c'est dans le christianisme seul que l'on rencontre cette idée et ce sentiment, que le bien peut être fait, que le mal peut être évité par amour pour Dieu. Pratiquer la vertu, faire des sacrifices, vaincre ses passions par amour pour Dieu, ce sont des notions exclusivement chrétiennes et qui ne se rencontrent pas en dehors des régions où brille l'Évangile. Le païen peut mourir pour sa patrie ; il peut se sacrifier pour le devoir abstrait, pour l'honneur, il peut se sacrifier par amour pour une créature. Mais se sacrifier pour son Créateur, avoir pour l'auteur de la loi morale cet amour passionné que les êtres semblables à nous peuvent seuls nous inspirer, c'est un trait particulier de la loi chrétienne. » (DE BROGLIE, *Morale sans Dieu*, 1re partie, ch. II.)

NOTES COMPLÉMENTAIRES

Il faut être homme, chrétien, Français. — Cette parole de Malebranche résume en trois mots la conclusion pratique du Cours de morale.

Il faut être homme, c'est-à-dire respecter sa dignité d'homme, sa raison et sa liberté; penser, sentir, agir raisonnablement; remplir les devoirs que la conscience prescrit, faire le bien qu'elle commande et éviter le mal qu'elle défend; subordonner le corps à l'âme, ne le considérer et ne le soigner que par rapport à l'âme; soumettre les facultés inférieures aux facultés supérieures, les sens et les appétits à la raison et à la volonté, et celles-ci à la raison et à la volonté divine; éclairer la raison et la préserver de l'erreur; ennoblir son cœur et le garder pur et généreux; fortifier sa volonté et la fixer dans le bien; tendre toujours à la perfection et s'inspirer dans ses actions, non de la passion, du plaisir ou de l'intérêt, mais du devoir; rester dans l'ordre et garder la loi, non seulement dans les rapports avec soi-même, mais aussi dans les rapports avec ses semblables et avec Dieu; être juste et charitable, honnête homme et homme de bien, c'est-à-dire ne pas faire aux autres ce que nous ne voulons pas raisonnablement qu'ils nous fassent et faire pour eux ce que nous voulons raisonnablement qu'ils fassent pour nous; être religieux: connaître, aimer et servir Dieu, c'est-à-dire lui faire hommage de tout notre être, lui tout rapporter comme à notre fin, considérer nos devoirs comme des ordres qu'il nous donne, et les remplir par amour pour lui et par obéissance à sa volonté; en un mot, garder l'ordre naturel: être homme au triple point de vue individuel, social, religieux.

Il faut être chrétien, c'est-à-dire respecter son baptême, vivre de la vie chrétienne, qui est la vie de la grâce, vie surnaturelle ou divine; être disciple de Jésus-Christ, un autre Christ, comme parle Tertullien; connaître sa doctrine et la suivre; le prendre pour modèle dans ses pensées, ses sentiments, ses actions; ne pas s'inspirer seulement de motifs raisonnables, mais de motifs de foi; car la foi est le principe d'activité dans la vie surnaturelle, comme la raison l'est dans la vie morale ou humaine proprement dite; ne pas compter seulement sur ses propres forces, mais sur la grâce de Dieu, sans laquelle on ne peut rien dans l'ordre surnaturel, et avec laquelle on peut tout; user des moyens que Jésus-Christ et son Église, qui le représente, nous proposent pour obtenir la grâce; pour la conserver et l'augmenter en soi; prier toujours; se confesser et communier fréquemment, et bien faire tout pour la gloire de Dieu, suivant l'invitation ou plutôt le précepte de saint Paul: « Soit que vous mangiez, soit que vous buviez, ou quelque chose que vous fassiez, faites tout pour la gloire de Dieu; » en un mot, pratiquer les vertus chrétiennes, soit théologales, soit morales, et les pratiquer chrétiennement, c'est-à-dire par l'inspiration et avec le secours de la grâce.

L'homme ayant été, dès l'origine, appelé à l'ordre surnaturel, on n'est vraiment homme, tel que l'on doit être et tel que Dieu veut que l'on soit, que si l'on est chrétien. Voilà pourquoi saint Augustin a dit qu'il faut devenir plus chrétien pour devenir plus homme.

De plus, l'histoire et l'expérience montrent que les lumières et les forces naturelles ne suffisent pas à l'homme pour rester digne de sa nature simplement morale, et qu'il lui est difficile, sinon impossible, d'acquérir et de conserver les vertus morales naturelles sans les vertus chrétiennes[1]. Mais il ne faut pas oublier que l'ordre moral surnaturel implique l'ordre moral naturel, qu'il perfec-

---

[1] Dans un article de la *Revue des Deux-Mondes* (n° du 1ᵉʳ juin 1892), publié peu de temps avant sa mort, M. Taine proclamait à sa manière cette vérité: « Aujourd'hui, dit-il, après dix-huit siècles, sur les deux continents..., le christianisme opère comme autrefois dans les artisans de la Galilée, et de la même façon, de façon à substituer à l'amour de soi l'amour des autres, ni sa substance ni son emploi n'ont changé. Sous une enveloppe grecque, catholique ou protestante, il est encore, pour quatre cents millions de créatures humaines, l'organe spirituel, la grande paire d'ailes indispensables pour soulever l'homme au-dessus de lui-même, au-dessus de sa vie rampante et de ses horizons bornés, pour le conduire, à travers la patience, la résignation et l'espérance, jusqu'à la sérénité; pour l'emporter, par delà la tempérance, la pureté et la bonté, jusqu'au dévouement et au sacrifice. Toujours et partout, depuis dix-huit cents ans, sitôt que ces ailes défaillent ou qu'on les casse, les mœurs publiques et privées se dégradent. En Italie, pendant la Renaissance; en Angleterre, sous la Restauration; en France, sous la Convention et le Directoire, on a vu l'homme se faire païen, comme au premier siècle; du même coup, il se retrouvait tel qu'au temps d'Auguste et de Tibère, c'est-à-dire voluptueux et dur: il abusait des autres et de lui-même; l'égoïsme brutal et calculateur avait repris l'ascendant; la cruauté et la sensualité

tionne : la foi implique la raison, et la grâce, la volonté : le chrétien implique l'homme, et les vertus chrétiennes les vertus naturelles.

Il faut être Français. La France étant une nation baptisée, une nation chrétienne, on est Français dans la mesure où l'on est homme et chrétien, dans la mesure où l'on remplit ses devoirs d'homme et de chrétien.

« Être contempteur de la religion et des bonnes mœurs, et aimer dignement sa patrie, sont choses incompatibles... Il n'y a de bon patriote que l'homme vertueux, l'homme qui comprend et qui aime tous ses devoirs, et qui s'étudie à les remplir. » (SILVIO PELLICO, *les Devoirs des hommes.* — L'amour de la patrie, le dévouement à sa prospérité et à son honneur, sont des devoirs que l'on ne remplit parfaitement que si l'on est vraiment homme et vraiment chrétien. Les vertus civiques et patriotiques ne sont, au fond, que les vertus morales et chrétiennes appliquées ou manifestées au service de la patrie. C'est déjà bien servir sa patrie que de garder sa dignité d'homme et de chrétien, que de donner l'exemple des vertus morales et chrétiennes.

L'histoire nous montre que c'est le christianisme qui a fait la France; que c'est pour cela qu'elle a été de tout temps le représentant du droit, de la générosité, des idées chevaleresques et du génie humain sous toutes ses formes; que la prospérité et la gloire de notre patrie soient proportionnées à sa fidélité aux vertus chrétiennes, et que tout abaissement du caractère national a été corrélatif à une diminution du sens et du caractère chrétiens. Les plus beaux siècles de notre histoire ont été les siècles les plus chrétiens, et nos vrais grands hommes ne sont, à peu près tous, que de grands chrétiens, à qui la Providence a départi des dons exceptionnels.

Dans l'avant-propos de ses *Études littéraires sur le* XVIIIe *siècle,* M. E. Faguet caractérise en deux mots le siècle de philosophisme : *ni chrétien, ni français;* l'extinction brusque de l'idée chrétienne, la diminution progressive de l'idée de patrie, tels sont, d'après lui, les deux signes caractéristiques de cette époque. M. Lavallée en donne la raison dans son *Histoire des Français :* « Par la plus funeste des erreurs que l'ignorance de l'histoire ait accréditées, dit-il, le moyen âge, qui, nous l'avons vu, n'était inférieur à la société ancienne que sous le rapport intellectuel [1], qui lui était, sous le rapport politique, égal [2]; sous le rapport moral, supérieur, le moyen âge était considéré (au XVIIIe siècle) comme un temps d'absurdité scientifique, de barbarie sociale, de fanatisme religieux; l'antiquité grecque et romaine apparaissait comme un état de civilisation à jamais regrettable. La société du moyen âge étant l'œuvre complète du christianisme, et celui-ci ayant été le marteau principal qui démolit l'ancien monde, le christianisme fut considéré par la philosophie nouvelle comme le symbole et la cause de la barbarie. »

Ainsi Malebranche a raison d'établir entre nos devoirs cette gradation naturelle : être homme, être chrétien, être Français. Sans la pratique des vertus morales et chrétiennes, on ne saurait être, quelles que soient les protestations et les apparences, bon patriote, bon Français, dans toute la force du mot.

---

s'étalaient; la société devenait un coupe-gorge et un mauvais lieu. Quand on s'est donné ce spectacle, et de près, on peut évaluer l'apport du christianisme dans nos sociétés modernes, ce qu'il y a introduit de pudeur, de douceur et d'humanité, ce qu'il y a maintenu d'honnêteté, de bonne foi et de justice. Ni la raison philosophique, ni la culture artistique et littéraire, ni même l'honneur féodal, militaire et chevaleresque; aucun code, aucune administration, aucun gouvernement ne suffit à le suppléer dans ce service. Il n'y a que lui pour nous retenir sur notre pente natale, pour enrayer le glissement insensible par lequel, incessamment et de tout son poids originel, notre race rétrograde vers ses bas-fonds. »

[1] Assertion contestable : le XIIe et le XIIIe siècles, tout au moins au point de vue philosophique et peut-être même artistique, la perfection de la forme mise à part, ne furent pas inférieurs aux sociétés anciennes. Voir les *Études* de G. ROMAIN : *Le moyen âge fut-il une époque de ténèbres et de servitude?* Voir aussi *le Treizième Siècle artistique et littéraire*, par LECOY DE LA MARCHE, qui se résume ainsi, pour conclure : « Si nos pères ont été savants, s'ils ont été poètes, s'ils ont été artistes, c'est qu'ils ont été chrétiens dans leur vie publique comme dans leur vie privée, chrétiens tout d'une pièce, chrétiens sans épithète... La vraie civilisation moderne, dans tout ce qu'elle a de bon, est issue du moyen âge; elle s'y trouve en germe; elle en est le fruit : nous venons d'en voir la preuve répétée. Or le moyen âge, et le siècle de saint Louis en particulier, sont par excellence, personne ne le conteste, le règne du catholicisme. »

[2] Égal ne dit pas assez. Le moyen âge n'eut pas la *machine administrative* et la centralisation puissante de l'Empire romain; mais il fut une époque de liberté : l'histoire nous le montre « tout hérissé de libertés », suivant la forte expression de Montalembert. Voir l'ouvrage de G. Romain, indiqué dans la note précédente.

TABLEAU ANALYTIQUE

Définition. — Ensemble des devoirs de l'homme envers Dieu connu par la raison ; — Ou encore : ensemble des rapports qui lient l'homme à Dieu, rapports fondés sur la nature de l'homme et sur celle de Dieu, découverts et formulés par la raison.

Son existence. — Si Dieu existe, il est manifeste que nous avons des devoirs envers lui.

En sa qualité de créateur, de bienfaiteur, de maître et de père, il a des droits sur nous. D'où il résulte que la morale, même naturelle, est essentiellement religieuse.

Différence avec la religion révélée. — La religion naturelle est l'œuvre de la raison seule ; la religion révélée repose sur une révélation directe ou indirecte de Dieu aux hommes. Elles impliquent, l'une et l'autre, l'idée et le sentiment religieux (voir *Psychologie*, 6ᵉ leçon).

En quoi consiste la religion naturelle.
La religion naturelle consiste essentiellement dans l'*adoration*, qui comprend :
1° La *foi*, croyance à l'existence d'un Dieu personnel ;
2° Le *respect* envers l'être infini et parfait ;
3° L'*amour* et la *reconnaissance* envers le Créateur et le conservateur de toutes choses ;
4° L'*espérance* en sa bonté et en ses promesses ;
5° L'*obéissance*, respect de la volonté de Dieu comme législateur ;
6° Enfin la *sainteté*, qui n'est que la tendance à l'imitation de Dieu.

On peut encore résumer la religion naturelle dans les trois mots suivants : croyance à l'existence de Dieu ; croyance à la dépendance de l'homme ; et, comme conséquence, devoir de l'honorer par un ensemble de pratiques ou *culte*.

Le culte.
Le culte est l'ensemble des pratiques par lesquelles l'homme honore Dieu. — Il est *individuel* ou *social*.

a) Culte *individuel*. — Il est *intérieur* : adoration de Dieu « en esprit et en vérité »; obéissance constante à la loi morale, expression de la volonté de Dieu ; *prière*, qui est à la fois un besoin et un *devoir* (action de grâces).

Ou *extérieur* : ensemble d'attitudes, de pratiques, de cérémonies, qui expriment au dehors le sentiment religieux, comme la parole exprime la pensée.

— Ce culte extérieur est *nécessaire* : en toute justice, l'homme doit à Dieu l'hommage de son corps, comme de son âme ; de plus, en vertu de l'*union de l'âme et du corps*, les sentiments se traduisent par des expressions.

b) Culte *social* : hommage extérieur rendu à Dieu, au nom des sociétés, par ceux qui les gouvernent ou par leur ordre.

C'est un acte de justice, Dieu étant l'auteur de la société comme de l'individu.

Dans cette affirmation de leur dépendance de Dieu, les gouvernements trouvent une consécration de leur autorité, et les peuples un motif d'obéissance et de moralité.

Peut-on se contenter de la religion naturelle ? (Voir *Morale génér.*, p. 662 et 671.)

Respect du nom de Dieu. — Une des obligations de la religion naturelle, comme de la religion révélée, c'est le respect du nom de Dieu. — On ne doit pas l'employer comme un mot vulgaire.

Le *blasphème* est une faute aussi bien contre la morale naturelle que contre la religion ; de même, le *serment* ou *jurement* non motivé.

Les plus grands esprits ont donné l'exemple du respect du saint nom de Dieu. Ex. : Newton, Leibniz.

12ᵉ LEÇON

RAPPORTS DE LA MORALE ET DE L'ÉCONOMIE POLITIQUE
TRAVAIL, CAPITAL, PROPRIÉTÉ

I. — ÉCONOMIE POLITIQUE

Définition. — L'économie politique se définit : *la science de la richesse ou des richesses sociales*. — Par ce mot *richesses*, il faut entendre tout ce qui procure à l'homme une satisfaction, tout ce qui lui épargne une peine, tout ce qui répond à un besoin physique, intellectuel ou moral.

> On définit encore l'économie politique : la science des lois du travail (Garnier) ; — la science de l'utile ; — la science du *ménage social* ; — la science qui a pour objet les lois de l'utilité applicables au travail de la société (Cauwès).

Objet. — L'objet de l'économie politique est la *richesse* et la détermination des lois générales qui président à sa production, à sa distribution, à sa circulation et à sa consommation. — Son but est d'assurer la prospérité du corps social, en rendant l'*aisance* aussi générale que possible ; elle recherche le *bien-être* individuel et collectif au moyen d'une équitable répartition de richesses.

Méthode (voir page 475).

Utilité. — L'objet et le but de l'économie politique montrent l'utilité et même la nécessité de l'étude de cette science. En effet, la société a, comme l'individu, une vie morale et une vie matérielle. De même que la religion et la philosophie fournissent des règles pour diriger son activité libre dans la réalisation du bien moral, de même l'économie politique lui en donne pour diriger cette même activité dans la recherche des biens matériels. Et s'il est nécessaire à l'homme de s'instruire de ses devoirs pour les accomplir dans toutes les circonstances de la vie, il ne lui est pas moins nécessaire de connaître les moyens de subvenir à ses besoins matériels, soit qu'il vive seul, soit qu'il vive en société.

> Il lui importe de savoir, par exemple, quelle est la nature de la richesse, à quelles conditions le travail est productif, quelle est l'utilité du capital, de l'épargne ; à quelles lois obéissent, dans leurs alternatives de hausse et de baisse, les profits, les salaires, les rentes ; quelles sont les causes générales des crises commerciales, des chômages, des grèves, du paupérisme, etc. L'économie politique lui enseigne tout cela. Et comme il est plus facile à celui qui a des idées claires et justes sur ses devoirs d'apprécier les motifs et les mobiles qui le sollicitent, de se soustraire aux préjugés, de résister aux mauvais exemples,

aux sophismes, aux faux systèmes; de même, l'homme qui aura des notions claires et nettes sur la richesse, le travail, la propriété, le capital, l'épargne, sera plus apte à remplir ses devoirs d'homme et de citoyen; il résistera plus facilement à l'entraînement, à l'engouement des entreprises hasardeuses et insensées, aux doctrines subversives qui menacent d'ébranler la société par ses fondements : la famille, l'Etat, la propriété individuelle, la liberté du travail.

« Quand l'économie politique ne servirait, dit Baudrillart, qu'à empêcher certaines illusions de naître, elle rendrait par là un service immense; car elle épargnerait aux individus, égarés trop facilement sur la foi de sophismes qui ne résistent pas à un examen quelque peu attentif, des mécomptes cruels, et procurerait à la société la sécurité, ce premier bien sans lequel rien ne se développe et rien ne dure. »

« Faisons des économistes, si nous ne voulons avoir des niveleurs, » disait Rossi. « Savez-vous, écrit M. J. Simon, ce que c'est que l'économie politique ? C'est la science du bon sens. Elle vous montrera d'abord où est votre intérêt, et c'est un premier service; ensuite elle vous apprendra à ne pas le mettre où il n'est pas, et c'est un service peut-être aussi grand. » Ces paroles s'appliquent aux nations, comme aux individus. « On agit selon qu'on pense, disait Socrate. L'ignorance, quand elle n'est pas factieuse, est toujours prête à le devenir. »

Dangers. — Au temps où il était évêque de Pérouse, le futur pape Léon XIII écrivait dans une de ses lettres pastorales : « Les écoles modernes d'économie politique tiennent autant de compte de l'homme que d'une machine. De là, nulle estime de l'homme moral ; de là, ce colossal abus de la pauvreté et de la faiblesse. »

Rappelons-nous la définition donnée ci-dessus : L'économie politique est la science de la richesse. La machine, l'homme, sont des forces, des instruments pour la production et pour le développement de la richesse. Dans le dessein providentiel, la richesse est créée pour la subsistance des hommes ; les économistes, rétrécissant leur horizon, raisonnent trop souvent comme si les travailleurs, c'est-à-dire une grande partie des hommes, étaient créés en vue de la production de la richesse. On les a vus, par exemple, élever des objections contre l'encyclique du pape sur la condition des ouvriers, en prétendant que la limitation des heures de travail, la restriction du travail des femmes et des enfants, l'élévation des salaires conformément à certains principes de justice, pouvaient porter préjudice aux « intérêts économiques ». En raisonnant ainsi, ils oublient : 1° que les intérêts économiques, sainement entendus, ne sauraient être contraires à l'intérêt social, et que le maintien de certaines injustices est, en revanche, une violation de cet intérêt ; 2° que l'homme est un être moral dont la dignité doit être respectée, dont les légitimes besoins doivent être satisfaits, et qu'il est dès lors contraire à la justice d'opprimer le travailleur ou de le réduire à des salaires de famine, au nom de prétendus intérêts économiques. Comme le dit précisément Léon XIII au sujet du salaire, il existe, au-dessus des intérêts économiques et antérieurement à ces intérêts, « une loi de justice naturelle plus élevée et plus ancienne[1] : » l'économie politique ne doit jamais s'insurger contre cette loi de justice; c'est pourquoi la question des rapports entre l'économie politique et la morale mérite d'être très soigneusement traitée.

---

[1] *Encyclique*, p. 40.

II. — RAPPORTS DE L'ÉCONOMIE POLITIQUE AVEC LA MORALE

L'économie politique a pour objet l'*utile ;* la morale a pour objet le *bien.* Ce sont deux sciences distinctes, mais unies ; il ne faut ni les confondre ni les séparer : les confondre, ce serait identifier le bien et l'utile, comme l'ont fait les utilitaires Bentham et Stuart Mill ; les séparer, ce serait oublier les rapports étroits qui unissent l'utile et le bien. Le bien ou le devoir est la loi même de l'homme, et l'on conçoit que cette loi renferme la satisfaction de tous ses besoins, qu'il n'y ait pour lui rien de vraiment utile en dehors de cette loi. Si l'économie politique ne veut pas faire fausse route, elle ne doit pas séparer l'utile du bien, *mais seulement les distinguer ;* elle doit être persuadée qu'elle se nuit à elle-même et s'éloigne de son objet, toutes les fois qu'elle s'écarte des règles de la morale.

La morale et l'économie politique demandent également la liberté du travail ; la première, au nom de la dignité humaine : la personne est inviolable dans l'exercice légitime de ses facultés ; la seconde, au nom de l'intérêt : le travail libre est plus productif que le travail esclave.

Tout ce que la morale ordonne ou condamne au nom du devoir, une économie politique sainement comprise le conseille ou le condamne au nom de l'intérêt. Le travail est la première loi en morale, comme en économie politique ; là, il est le premier devoir et la condition de tous les devoirs ; ici, le premier intérêt et la condition de tous les intérêts. La prudence, le courage, la tempérance, la justice, la charité, l'esprit d'ordre, de prévoyance, de famille, sont des qualités ou des forces économiques, en même temps que morales. La moralité est liée à un certain degré d'aisance, à la fois comme cause ou condition et comme effet ou conséquence. Il y a donc, en une certaine mesure, action et réaction de la moralité sur la richesse.

D'une part, sans un certain minimum de moralité, la richesse, soit des individus, soit des nations, est impossible, et les peuples les plus aptes à la produire sont les plus honnêtes dans leurs idées et dans leurs mœurs : tant vaut l'homme, tant vaut la terre ou l'industrie. Cette pensée de l'Évangile : « Cherchez avant tout le royaume de Dieu, et vous aurez le reste par surcroît, » est en même temps le meilleur précepte de la morale et la plus sûre règle de l'économie politique. Le devoir, plus encore que l'intérêt, est une source de production, et la seule solution des problèmes sociaux est dans la morale.

D'autre part, la misère a souvent l'injustice ou l'immoralité pour conséquence : c'est pour cela que beaucoup d'économistes, pour moraliser la classe ouvrière, se préoccupent d'abord d'améliorer sa condition matérielle. Affranchir autant que possible, par le travail, l'âme et le corps de l'homme de toutes les tyrannies, de celles de la misère et de celles de l'ignorance ; permettre à l'humanité de se perfectionner chaque jour davantage, tel doit être, en dernière analyse, le résultat de l'économie politique.

Enfin, l'économie politique, comme la morale, nous montre que l'homme, ici-bas, est récompensé ou puni selon l'usage qu'il fait de sa liberté, et l'on pourrait en intituler ainsi le dernier chapitre : « Ce que le vice coûte, et ce que rapporte la vertu. »

Les enseignements de l'économie politique ne sont donc pas opposés, comme on l'a prétendu, à ceux de la morale, à moins qu'il ne s'agisse de l'école utilitaire, qui détruit la moralité en substituant l'intérêt au devoir. La véritable économie politique ne repousse pas la loi du dévouement, du renoncement, du sacrifice; elle sait que l'homme ne doit pas rechercher la richesse pour elle-même, mais comme moyen d'atteindre sa fin et de remplir sa mission sociale.

Quand on examine une question en se plaçant au point de vue de la richesse, de l'intérêt, de l'utile, et que l'on trouve devant soi l'idée du juste et le sentiment du devoir, cela prouve que la question a été mal posée ou mal étudiée, et, en attendant qu'on ait rencontré une solution conforme à la fois aux règles de l'économie politique et aux préceptes de la morale, il n'y a pas à hésiter : le principe moral est le principe suprême; l'intérêt ou l'utile conseille, le devoir commande et oblige, il doit l'emporter.

Subordination de l'économie politique à la morale. — Lorsque les intérêts économiques paraissent contraires aux exigences de la morale et de la justice sociale, il faut avant tout respecter la morale et la justice. Le P. Liberatore, dans son *Précis d'économie politique*, l'enseigne très formellement au nom de la théologie :

« Toute prescription économique qui n'est pas conforme à la morale n'appartient pas à la science économique, considérée comme science propre à l'homme, et ne mérite d'être mentionnée que pour être réprouvée.

« L'économie politique n'est pas la science de multiplier la richesse par toute sorte de moyens. Autrement elle comprendrait parmi ses moyens la fraude, le vol, le pillage des peuples vaincus. Or quel serait l'économiste assez audacieux pour soutenir une pareille thèse ? Et s'il s'en trouvait un pour l'oser, en soutenant que l'économie politique par elle-même fait abstraction de la morale, qui accepterait une semblable raison ?

« De telles conséquences ne sont-elles pas la démonstration même de l'impossibilité de cette prétendue abstraction, et la preuve de la dépendance absolue dans laquelle l'une des deux sciences se trouve réellement par rapport à l'autre, dépendance tellement étroite qu'il ne peut être rien admis dans les enseignements économiques qui ne soit conforme à la justice et à l'honnêteté des mœurs ? »

Rapports du commerce avec la morale. — Voici comment Ozanam parle des rapports du commerce avec la morale, dans son discours d'ouverture d'un *Cours de droit commercial :*

« Le commerce n'est pas seulement le soutien nécessaire du bien-être matériel des sociétés, il faut aussi y reconnaître un des éléments de leur vie intellectuelle et morale. Son action civilisatrice ne se borne pas à rapprocher les peuples de la terre, à leur faire échanger leurs lumières en même temps que leurs trésors, à savoir assoupir, dans une longue habitude de relations pacifiques, les antipathies nationales et les instincts exterminateurs. Il fait plus : il exerce la raison à la gymnastique savante du calcul, l'habituant à tenir compte des temps et des lieux, à se souvenir et à prévoir, à sortir ainsi de cette stupide jouissance du présent, qui est le propre de la barbarie ; surtout il met sans cesse les consciences en contact sur le terrain du juste et de l'injuste, et les façonne, par la distinction souvent répétée du tien et du mien, au discernement plus exact du bien et du mal. Les négociations de tout genre engendrent des obligations mutuelles, des droits et des devoirs ; et si le commerce concourt aux premiers développements de l'esprit humain, en propageant la notion de ces deux rapports, c'est aussi dans son observation scrupuleuse qu'il trouve son intérêt et sa dignité. »

Rapports de l'économie politique et du droit. — L'économie politique et le droit ont un même sujet : l'homme à l'état social ; mais l'économie politique étudie les rapports des hommes entre eux au point de vue de l'*utile*, et le droit les étudie au point de vue du *juste*. La justice est le fondement du droit, en même temps qu'une des règles de l'économie politique, qui doit respecter l'accord du juste et de l'utile, et ainsi ne pas séparer ce que Dieu a réuni. L'économie politique et le droit se complètent réciproquement : on ne peut être économiste sans connaître les lois civiles, ni législateur sans avoir des notions précises d'économie politique. Il serait aussi dangereux de vouloir faire des lois sans tenir compte des besoins matériels de la société ou de la richesse qui y satisfait, que de chercher à développer la richesse au mépris des règles du juste ; le législateur doit s'inspirer des principes économiques pour activer les forces productives ; l'économiste doit étudier la législation et le droit pour en voir les effets sur l'activité sociale, sortir ainsi du domaine des abstractions et se rendre compte des difficultés pratiques.

L'économie politique et le droit ont donc un fonds commun : ils étudient l'un et l'autre la constitution de la *propriété*, la transmission des *héritages*, les *contrats*, les *impôts*, les *lois* relatives à l'*industrie* et au *commerce*.

Le droit se modifie graduellement dans ses applications pratiques, au fur et à mesure que se développent et que changent les sociétés ; c'est surtout la science économique qui peut indiquer les changements graduels devenus utiles.

La recherche de l'utile est-elle légitime ? — Puisque l'utile c'est tout ce qui satisfait un besoin, et que les besoins viennent de la nature, la recherche de l'utile est non seulement légitime, mais elle est, dans une certaine mesure, un devoir. Elle ne devient illégitime que si on en fait la loi suprême de la vie humaine, si on ne la subordonne pas à la fin supérieure de la vie, si elle blesse la justice et empêche l'accomplissement de devoirs plus élevés.

Rôle respectif de l'utile et du devoir, dans la vie humaine. — L'utile et le devoir sont deux ressorts ou mobiles d'activité qui peuvent être en harmonie et inspirer simultanément les actions de l'homme, par exemple, chez le commerçant honnête ; ou bien être en conflit et s'exclure l'un l'autre, et alors on a, suivant le cas : ou l'utilitaire pur, l'avare sordide, qui poursuit la richesse par n'importe quels moyens, sans s'inquiéter de leur moralité ; ou l'homme du devoir, l'homme du dévouement, le héros, qui sacrifie l'intérêt pour être juste, pour rester honnête, pour sauvegarder son honneur, celui de sa famille ou celui de sa patrie, pour faire du bien aux autres et les rendre heureux.

Après avoir considéré le rôle de l'utile et du devoir dans la vie des individus, si on voulait le considérer dans la vie des peuples, il faudrait, d'une part, faire l'histoire du commerce et de l'industrie, et des relations qu'ils établissent entre les peuples, et, d'autre part, faire l'histoire de l'honnêteté vaillante que l'appât du gain n'a jamais entamée, puis de la charité et du dévouement et des mille institutions créées, des mille industries imaginées pour le soulagement de l'humanité souffrante.

III. — ÉLÉMENTS DE LA PRODUCTION. — LE TRAVAIL

Trois éléments concourent à la production de la richesse : la *nature*, le *travail* et le *capital*.

La *nature* fournit à l'homme les éléments premiers : le sol, les matériaux de toute sorte : pierre, bois, houille, métaux ;

l'air, l'eau, la lumière, la chaleur; mais, en général, elle ne *travaille* pas toute seule; il lui faut le concours de l'activité humaine pour la discipliner, la régler, la diriger, la transformer, la soumettre à nos besoins. C'est la raison pour laquelle on a dit que la nature était l'élément *passif*, dans la production de la richesse, et le travail l'élément *actif*.

Le *travail*, au sens général du mot, c'est l'application des forces ou des facultés physiques et intellectuelles à une production quelconque; dans le sens plus restreint de l'économie politique, on doit le définir: *une peine prise, d'une façon suivie, en vue d'un résultat productif, c'est-à-dire en vue de satisfaire un besoin;* d'où l'on peut tirer cette double conclusion: 1° que le travail, étant une peine, répugne naturellement à l'homme, paresseux par instinct, et 2° que le travail n'est pas une *fin*, un *but*, mais un *moyen*[1].

La nature ou, pour parler chrétiennement, la Providence, pour stimuler l'énergie de l'homme, lui a donné des besoins; elle a voulu que celui qui fuit le travail, par crainte de la peine ou de la douleur, y soit ramené par une douleur plus grande, causée par un besoin non satisfait. La faim chasse le paresseux de son lit et le fait sortir de sa maison; la souffrance le rend actif, courageux et prévoyant, le fait redevenir homme.

Le travail n'est pas seulement pour l'humanité une loi imposée par la nécessité et par la nature même des choses: il est encore la condition essentielle de tout développement, de tout progrès physique, intellectuel ou moral. C'est par un travail incessant, accumulé de générations en générations, que l'homme a pu conquérir la matière et se procurer cette part de loisirs sans laquelle eussent été impossibles les découvertes scientifiques, les œuvres purement intellectuelles et artistiques. Sans le travail, l'humanité eût roulé indéfiniment dans un cercle de barbarie et de misère et eût fini par s'éteindre d'inanition.

Le travail est, en outre, essentiellement moralisateur: l'homme qui ne compte que sur son travail pour subvenir à ses besoins, pour élever une famille, prend des habitudes d'ordre, de prévoyance, d'épargne, acquiert à un haut degré le sentiment de la liberté et de la responsabilité, qui constitue le fondement de la dignité humaine.

« Partout, dit M. J. Simon, où l'on répand le travail au lieu de la sportule, où l'on remplace le mendiant par l'ouvrier, et l'esclave par l'homme libre, la moralité et le bien-être renaissent, la race se fortifie, la richesse publique se développe. Quand une ville ouvre des ateliers, les ouvriers y abondent; quand elle distribue des aumônes, les mendiants la remplissent. La liberté, le travail et la prospérité sont des compagnes inséparables; et cela est aussi vrai pour les riches que pour les pauvres: nous sommes tous des ouvriers, et notre con-

---

[1] L'homme ne doit jamais être regardé comme une machine à production.

dition à tous est de vivre par le travail, par notre propre travail. Le travail seul peut consolider la sécurité, la dignité, la liberté. » (Voir ce qui a été dit du *Travail au point de vue moral*, pp. 758 et suiv.)

Travail productif, travail improductif. — Parmi les travaux, il faut distinguer ceux qui augmentent la somme des richesses sociales et ceux qui diminuent cette somme : les uns sont dits *travaux productifs*, les autres *travaux improductifs*. Bâtir une maison, construire une route, défricher un terrain, apprendre un métier, etc., c'est travailler utilement, c'est augmenter l'avoir social; mais brûler une maison, gâter des habits, casser des verres, faire des dépenses superflues, sous prétexte de *faire gagner les ouvriers, de faire aller le commerce*, est une folie; c'est gaspiller en pure perte des efforts qui n'ajoutent rien aux richesses de l'humanité et qui auraient pu trouver un emploi utile ailleurs. — C'est le sophisme des paresseux et des libertins.

Travail physique, travail intellectuel. — Aucun produit n'est créé sans le travail. Toutefois le genre de travail diffère, suivant le produit à obtenir : le manœuvre, l'artisan, l'artiste, l'homme de science, le professeur, le magistrat, le prêtre, l'homme d'État, travaillent tous également, c'est-à-dire appliquent leurs facultés à une fin utile; mais chaque sorte de travail met en œuvre telle ou telle faculté particulièrement. D'où la distinction qu'on a faite des *travaux physiques ou musculaires*, dans lesquels le corps joue le principal rôle, et des *travaux intellectuels*, où domine l'esprit. Tantôt ces deux sortes de travaux sont séparées, tantôt elles vont ensemble : ce qu'il est essentiel de remarquer, c'est que tout progrès de la civilisation tend à diminuer le travail physique et à le remplacer par le travail intellectuel.

Sans s'arrêter même à ce sophisme des socialistes, que « l'ouvrier seul produit », — pour eux « l'ouvrier » étant le seul manœuvre, — on peut observer que les travaux intellectuels sont bien plus féconds en résultats durables que les travaux matériels. Quelle différence, par exemple, entre les résultats d'une leçon donnée par un professeur, à vingt-cinq ou trente élèves, et quelques coups de marteau frappés par un forgeron ! Deux sortes de travaux sont surtout productifs : *l'invention ou découverte* et *l'administration ou direction*. Tandis que le travail matériel est borné par le temps et par l'espace, le travail intellectuel semble n'avoir d'autres limites que celles de l'esprit humain. Qui pourra mesurer, par exemple, la valeur productive de la machine à vapeur, du télégraphe, des métiers à tisser, du procédé Bessemer pour la fabrication de l'acier?... du directeur des grandes usines du Creusot, d'Essen, de Seraing ?

Les travaux humains sont variés à l'infini, et l'on n'essayera pas d'en donner ici une classification, même sommaire; mais, pour que tous ces travaux ou industries puissent subsister et prospérer, il faut qu'il existe entre eux des relations étroites, qu'ils se prêtent un mutuel secours et se fassent équilibre. Il faut des agriculteurs, pour produire les aliments nécessaires aux hommes et aux animaux domestiques; des commerçants, pour transporter, là où ils sont nécessaires, les produits agricoles ou manufacturés et les matières premières; il faut des fonctionnaires, pour assurer aux ouvriers et aux patrons la sécurité; il faut des législateurs, des magistrats, des prêtres, des professeurs, des médecins, comme il faut des maçons, des tailleurs et des boulangers. Ce qu'il y a à craindre ici, c'est l'encombrement, l'inutilité : il ne faut pas élever deux usines, quand il n'y a de travail que pour une; construire deux lignes de chemin de fer, quand une suffit au transport des voyageurs et des marchandises. De même pour les ports; il ne faut pas augmenter le nombre des commerçants d'une ville outre mesure, surtout il ne faut pas augmenter le nombre des professions libérales au détriment de la culture du sol. C'est là une cause de ruine et de démoralisation, sur laquelle le législateur ne saurait trop attacher son attention.

Organisation du travail. — On a vu plus haut que, d'une part, l'homme craint naturellement le travail, et que, d'autre part, il est poussé au travail par la nécessité de satisfaire à ses besoins. Il existe une relation exacte entre ces deux éléments : si la force libre qui porte à travailler donne tout son effet, la production atteint son maximum ; si elle se ralentit devant la fatigue, la production baisse ; si elle s'arrête, la production cesse.

Le but de l'organisation du travail doit être de rechercher les moyens de produire le plus d'utilité possible avec le moins de dépense de force possible.

Dans l'état actuel de la science, il est reconnu que les conditions les plus favorables à la fécondité du travail sont l'*association* et la *division* du travail, à la faveur d'une certaine *liberté*.

Association. — Le travail combiné ou associé réunit les forces d'un grand nombre d'hommes, pour la production d'un même ouvrage. Il existe une multitude de travaux qu'un ou deux hommes seuls ne pourraient faire dans un mois ou même dans une année, et que dix ouvriers ou plus feront en quatre ou cinq jours. Dix rameurs réunis sur une grande barque porteront plus de marchandises avec moins de peine et fourniront une tâche plus longue que dix autres rameurs séparés, sur de petits bateaux. C'est l'application en quelque sorte matérielle du proverbe : « L'union fait la force ; » la force *collective*, qui résulte du travail *combiné* de dix, vingt, cent ouvriers, est de beaucoup supérieure, pour un très grand nombre de travaux, à la simple addition de ces mêmes forces.

Pour ce qui concerne le *droit d'association*, voir plus haut, p. 808 et 811.

Division du travail, avantages et inconvénients. — La division du travail, c'est la distribution des tâches dans une même œuvre à faire, dans une industrie. S'agit-il, par exemple, de fabriquer une montre ? Au lieu de confier ce soin à un seul ouvrier, qui devrait y mettre un temps très long, on distribue entre un certain nombre d'ouvriers les diverses parties de la montre : la boîte, les ressorts, les roues, les aiguilles, la clef, la chaîne. Chaque ouvrier ne fera que la partie de la montre qu'il doit faire ; il deviendra adroit dans la fabrication d'un ressort, d'une roue, d'une aiguille ; comme il ne fait absolument que cela chaque jour, sa main, son œil s'y forment, s'y habituent ; il acquiert de la dextérité et de l'habileté ; il fait très vite et très bien.

On affirme ceci : Un ouvrier travaillant seul ne ferait peut-être pas une montre en dix ans, et quelle montre encore ! et cent ouvriers travaillant de concert, chacun à une opération différente, en peuvent confectionner une dans un temps équivalent à une journée d'un seul ouvrier. On voit dans cet exemple quelques-uns des avantages de la division du travail.

Elle rend le travail plus fécond. C'est ce qui ressort clairement de cet exemple et de celui, devenu classique, de la manufacture d'aiguilles, donné par Ad. Smith : un ouvrier travaillant seul fabriquerait difficilement, dans une journée, une vingtaine d'épingles, et dix-huit ouvriers, se répartissant les diverses opérations, peuvent en fabriquer 48 000, ce qui fait 2 500 à 3 000 pour chacun.

Elle accroît l'habileté de l'ouvrier, par la répétition constante d'une même tâche. — En concentrant l'action de chacun sur un point unique, elle fait découvrir des procédés, des machines qui facilitent le travail et augmentent la célérité ; elle économise le temps qu'on perdrait pour passer d'une opération à une autre, d'un lieu ou d'un outil à un autre ; elle permet d'employer chaque ouvrier suivant sa force et ses aptitudes, même les femmes et les enfants.

La production est ainsi rendue avantageuse pour tous : plus lucrative pour le producteur, moins coûteuse pour le consommateur. Une plume d'acier passe par douze mains, et la grosse se vend, à Birmingham, 0 fr. 15.

Pour ce qui est des inconvénients, on a dit que la division du travail, dans l'industrie manufacturière, fait de l'homme une manivelle, une roue, et empêche ainsi tout attrait du travailleur pour son ouvrage ; que, par des occupations machinales répétées toute la vie, elle met l'ouvrier qui a ainsi spécialisé ses aptitudes à la merci de son patron, et l'expose à tomber dans la misère.

Ces inconvénients de la division du travail n'ont pas l'importance qu'on a voulu leur donner, et sont loin d'en effacer les avantages.

Outre la division du travail dans une même industrie, il y a la division du travail en général, au point de vue des diverses industries. On peut distinguer : l'industrie agricole, les industries extractives, les industries manufacturières, les industries locomotrices ou des transports, les industries commerciales. Il n'y a pas antagonisme, mais solidarité entre ces diverses formes du travail humain. Le contre-coup de la prospérité ou de l'état de souffrance d'une industrie se fait sentir plus ou moins sur toutes les autres, dans la proportion des rapports qui la lient à ces autres industries. Le commerce, par exemple, ouvre des débouchés aux produits de toutes les industries ; si le commerce souffre, tout souffre. Qu'une mauvaise récolte survienne, ou une crise commerciale ou industrielle, toute l'économie de la société en est troublée.

Liberté du travail. — Comment peut s'établir la division du travail ? Pour ce qui regarde la division du travail dans l'atelier, c'est le patron qui distribue les tâches. Quand il s'agit de la division du travail dans la société, de la répartition des métiers et professions, c'est *la loi de l'offre et de la demande* qui en décide. Si dans tel métier il y a trop d'individus, leur travail diminue de valeur, un certain nombre quittent le métier. Si dans tel autre métier il y a trop peu de travailleurs, leurs salaires et leurs profits sont par là même très élevés, et cette élévation attire dans le métier un certain nombre de concurrents nouveaux. C'est ce qu'on appelle le jeu de la *libre concurrence,* fondé sur la *liberté du travail.*

Les économistes ont longtemps professé pour la liberté du travail une admiration complaisante. Aujourd'hui commencent à se répandre certaines idées d'organisation professionnelle ; chaque profession organisée aurait ses tribunaux propres, qui détermineraient les conditions de travail et de salaire au sein de la profession, qui pourraient garantir au public la valeur et le bon aloi des travaux faits par les membres de la profession, et qui empêcheraient les concurrents d'employer, les uns à l'égard des autres, des procédés indélicats ou contraires à la justice ; ce serait là non point une suppression, mais une organisation du travail libre, et la substitution d'un certain ordre à ce chaotique désordre qui résulte d'une « liberté illimitée ». L'organisation professionnelle en même temps assurerait à ses membres, par l'institution de caisses de retraite et de secours, des subsistances pour la maladie et la vieillesse ; au moment où beaucoup de travailleurs réclament, à cet effet, des caisses d'État, on trouverait, dans un tel correctif apporté à l'absolue « liberté du travail », un remède tout à la fois contre le développement du prolétariat et contre le progrès du socialisme d'État.

IV. — LE CAPITAL

Définition, espèces. — Le *capital* est une *partie des richesses produites, mise en réserve et destinée à la production.* On le définit encore : du travail accumulé en vue d'une production ultérieure.

On distingue parfois trois agents producteurs : la terre, le travail de l'homme, le capital. Que la terre et le travail de l'homme soient des agents producteurs, cela est incontestable. Mais il serait plus précis, pour ce qui concerne le capital, de dire qu'il est un *auxiliaire* de la production, non, à proprement parler, un **agent** producteur.

Dès que l'homme a voulu s'assurer des ressources pour le lendemain, il a fait des *provisions*, il a *fabriqué des outils*. Ces provisions et ces outils sont les deux formes primitives du capital [1]. Aux mots *outils* et *provisions*, on a substitué ceux de *capitaux fixes* et de *capitaux circulants*, termes plus savants, mais qui signifient la même chose que les premiers.

Les capitaux fixes sont ceux qui restent après la production et qui sont susceptibles de donner encore d'autres produits; tels sont : les machines, les outils, les bâtiments, les améliorations des terres, les routes, l'instruction, les talents acquis, etc. [2].

Les capitaux circulants sont ceux qui sont absorbés dans l'œuvre de la production; ils ne servent qu'une fois pour la même production, tandis que les capitaux fixes servent un nombre indéfini de fois. A cette catégorie appartiennent les approvisionnements, qu'ils soient destinés à la consommation immédiate (aliments, vêtements, meubles) ou qu'ils doivent être transformés en produits nouveaux (matières premières, bois, houille, huile, etc.); en produits fabriqués destinés à être vendus, et qui sont encore chez le manufacturier ou chez le marchand. La monnaie, que la plupart des auteurs mettent au nombre des capitaux circulants, forme en réalité une classe à part : elle peut être considérée, tantôt comme capital fixe, tantôt comme capital circulant : on l'a quelquefois appelée capital *de roulement*.

Origine du capital. — Le capital, on l'a vu, est une partie des richesses produites, mise à part, épargnée en vue d'une production ultérieure. C'est qu'en effet le capital est le résultat du travail et de l'épargne. Si chacun consommait au jour le jour le produit de son travail, il n'y aurait pas d'accumulation, pas de capitalisation possible; c'est donc par suite d'une *abstinence* ou d'un *travail* excédant les besoins de chacun, que le capital peut se former. Et il est facile de comprendre que chez un individu, comme chez un peuple, le capital augmentera, diminuera ou restera le même, suivant que la somme totale des produits consommés sera inférieure, supérieure ou égale à la somme des produits créés dans un même temps. Remarquons que la capitalisation devient d'autant plus facile, que le peuple ou l'individu est plus riche : la possibilité de la capitalisation s'accroît avec chaque nouvelle augmentation de capital.

Degré de légitimité du prêt à intérêt. — La rémunération du capital, quel qu'il soit, s'appelle intérêt, et on dit que le taux de l'intérêt est de 4, 5, 6 pour 100, suivant que l'emprunteur paye au capitaliste 4, 5 ou 6 francs par an

---

[1] Il est bon de remarquer que les âges de l'humanité sont désignés par les outils caractéristiques : âge de la pierre brute, de la pierre polie, du renne, du fer, du bronze; on pourrait appeler notre siècle : siècle de la vapeur et de l'électricité.

[2] La question de savoir s'il y a des capitaux incorporels a été souvent controversée. Elle doit, sans doute, se résoudre affirmativement. Si l'on considère comme capital toute amélioration durable d'une terre, d'une route, d'une machine, parce que le supplément de produit provient d'une dépense antérieure, de même doit-on considérer comme capital tout talent nouveau acquis par le producteur : « Toutes les fois, dit très justement Rossi, qu'il y a capacité nouvelle, il y a capitalisation. Un jeune homme, après avoir fait de longues, pénibles et coûteuses études, est devenu un ingénieur du premier mérite; qu'y a-t-il de capitalisé chez lui? — 1° Tout le produit du travail naturel dont il s'est privé pendant neuf ou dix ans d'études; 2° tout l'argent dépensé en livres, leçons, instruments et autres frais qu'exigent une éducation et une instruction supérieures. » — Ce que dit Rossi de l'ingénieur, on peut l'appliquer à toute profession qui exige de longues et dispendieuses études : avocat, médecin, professeur, etc. De là résulte également la légitimité d'un salaire plus élevé que pour les professions communes.

Il semble donc absurde de contester qu'il y ait des capitaux incorporels. Ajoutons que ce que l'on vient de dire des individus s'applique aux nations : on ne comprendrait pas autrement les dépenses considérables que s'imposent les gouvernements pour faciliter la diffusion de l'instruction, surtout dans les classes supérieures, pour enrichir les musées, les bibliothèques, pour embellir les villes, etc.

et pour chaque 100 francs, en outre de la restitution, qui devra se faire à un temps déterminé.

La théologie catholique enseigne que, par essence, le contrat de prêt est un contrat gratuit, et qu'exiger un intérêt c'est commettre l'usure.

Mais, tenant compte des circonstances économiques, elle permet au prêteur de réclamer une juste indemnité :

1° Si, par le fait de son prêt, il subit un dommage ;

2° Si, par le fait de son prêt, il perd une occasion de gain ;

3° Si son capital, ainsi prêté, est exposé à un risque particulier.

On peut se demander, en outre, si l'état actuel de l'industrie et du commerce n'a pas donné à l'argent un emploi tel que l'argent ait acquis une sorte de force productive, et qu'il donne ainsi droit à la perception d'un gain. C'est par une remarque de cet ordre que les économistes essayent de combattre la doctrine des théologiens du moyen âge sur la stérilité de l'argent, doctrine qui se pourrait formuler ainsi : « L'intérêt est de la monnaie qui engendre de la monnaie, ce qui est contre nature. »

On fera bien, en tout cas, sur cette question délicate, de tenir le plus grand compte des réflexions par lesquelles M. le chanoine Dehon, dans son *Manuel social chrétien*, termine son chapitre sur le prêt à intérêt :

« Si l'intérêt acquiert, par suite des circonstances, une certaine légitimité, la théologie et la raison sont loin de justifier pour cela toute espèce d'intérêt. Le taux peut aisément franchir la limite de la justice et devenir une véritable *usure*. Si les capitalistes profitent de la détresse des entrepreneurs pour grossir leurs exigences, le prêt blesse manifestement l'équité.

« Que sera-ce des capitaux qui ne font que circuler, des capitaux de banque ? Ils exigent un intérêt qui court toujours, en toute hypothèse, et qui majore singulièrement le prix de toutes choses. Combien menaçante est ici l'injustice !

« Grâce au trafic de l'argent, combien d'hommes vivent et s'enrichissent sans aucun travail utile et aux dépens des travailleurs ! Combien d'entreprises sérieuses ruinées, de fortunes particulières englouties, de fermes abandonnées par suite de l'immoral commerce des capitalistes !

« Lorsque le trafic dont l'argent est l'objet, dit Mgr Lachat, aura pris tout son développement, exercé toutes ses influences, donné ses derniers fruits, on regrettera peut-être, mais trop tard, qu'une digue plus inflexible n'ait pas été opposée à ce qu'on regardera, non sans raison, comme les premiers envahissements d'un agiotage qui finit toujours par ruiner les sociétés, sous prétexte de multiplier les richesses. »

« D'ailleurs, le capitalisme se détruit déjà lui-même : l'intérêt est descendu de 5 % à 2 1/2 % ; n'est-ce pas déjà un hommage rendu aux droits du travail ? On ne peut donc que hâter de tous ses vœux le retour à un état économique meilleur, où les prescriptions de l'Église retrouveront leur bienfaisante application. » (DEHON, *Manuel social chrétien*, pp. 26-27.)

Conclusion de ce résumé d'économie politique.

« L'homme, considéré comme producteur et consommateur, est toujours un être moral : il s'acquittera plus ou moins heureusement de sa tâche, suivant qu'il sera une personne plus ou moins accomplie, suivant qu'il connaîtra ou ignorera le vrai but de la vie, les lois de l'association humaine, la liberté et la responsabilité individuelle, le devoir dans toutes ses formes et avec toutes ses sanctions ; suivant qu'il vivra dans un État bien ou mal gouverné, et que ses droits seront respectés ou méconnus. » (E. CHARLES.)

NOTES COMPLÉMENTAIRES

Rôle de l'économie politique et de la conscience dans la détermination des charges de la richesse. — « ... Il est de mode, dans certains milieux, de médire de l'économie politique. C'est une science sans entrailles, une science matérialiste, dit-on. Elle fait du travail une marchandise, de l'ouvrier une machine ; elle oublie que cet ouvrier est un homme, qu'il a une âme et que ses besoins sont sacrés. Ces reproches se trompent d'adresse. Ce n'est pas l'économie politique qui est en faute ; c'est peut-être l'économiste. Celui-ci est un homme, il doit être juste, il doit même être charitable. En tant qu'il obéit aux nobles préoccupations de l'équité et de la bienfaisance, il est moraliste, il est sociologue, il a même le devoir d'être chrétien. Mais, en tant qu'il étudie les forces productives de l'univers, le rapport de la consommation à la production, les conditions qui font prospérer une industrie et celles qui la ruinent, il rentre dans le domaine de la science qui lui est propre, il observe des faits, il les interprète, il en tire des lois ; et malheur au moraliste qui, de parti pris, négligerait ces faits et ces lois ! Il décréterait des devoirs qui ne seraient pas observés, parce qu'ils seraient inobservables. Il découragerait l'initiative, effrayerait les capitaux ; et ainsi, sous couleur d'accroître le bien-être des masses, il propagerait la misère ; désireux d'étendre le règne de la bienveillance, il sèmerait la défiance entre la richesse acquise et le travail, et armerait l'une contre l'autre ces deux puissances, dont le concours harmonieux est la condition de la paix dans les sociétés.

« Plus modeste mais plus efficace nous apparaît le rôle de la conscience chrétienne dans la détermination des charges de la richesse.

« Avant tout, l'homme qui tire son profit du travail des autres doit respecter en eux la dignité humaine. Il ne remplira pleinement ce devoir que s'il s'inspire de la pensée chrétienne. C'est l'Évangile qui fait de tous les hommes des frères. Seul le sentiment de cette fraternité obtiendra de l'égoïsme d'un seul les sacrifices nécessaires au bien de tous. Le patron chrétien voudra donc d'abord que le repos dominical soit observé chez lui. Il trouvera juste que le salaire de six jours corresponde aux besoins de la vie pendant sept jours. En outre, il verra sans dépit, que dis-je ? avec joie, la condition de ceux qu'il emploie s'améliorer et se rapprocher de la sienne. Dans ce mouvement économique dont nous sommes témoins, qui fait baisser chaque jour le revenu de l'argent, réduisant les profits du capital pour augmenter ceux du travail, il verra une loi providentielle, une transformation heureuse de la société. Sans doute, il défendra ses intérêts : c'est son droit, et, lorsqu'on parle tant de justice, il convient d'être juste même envers ceux qui supportent, avec les sollicitudes de l'entreprise, toutes les chances d'insuccès et de ruine. Mais il bannira de ses rapports avec les ouvriers toute raideur et toute morgue hautaine. Il les traitera en hommes, parlant tour à tour à leur raison et à leur cœur.

« Si, par des sacrifices méritoires, il contribue, au delà du strict devoir, au bien de ses coopérateurs, s'il multiplie en leur faveur les institutions de prévoyance et de mutualité, là encore il évitera de leur faire sentir le poids de ses bienfaits ; il leur fera une place dans l'administration de ces caisses de retraites et de secours, ne fût-ce que pour les initier au gouvernement d'eux-mêmes et leur apprendre à quelles limites se heurte la volonté de bien faire.

« En demandant toutes ces choses au patron, — et nous sommes en cela l'écho de l'encyclique *Rerum novarum*, — je sais que nous lui demandons beaucoup, mais rien pourtant qui mette sa conscience au désespoir en l'acculant à l'impossibilité. Aller plus loin, ce serait obliger la plupart des chefs d'industrie à fermer leurs ateliers, au grand détriment de la classe ouvrière et de la société tout entière... » (Mgr d'HULST, 6e *Conf.* de 1896.) — Toute cette conférence, sur *les Charges sociales de la propriété*, est à lire.

Quelques maximes du bonhomme Richard, de Franklin. — L'oisiveté, comme la rouille, use plus que le travail ; clef qui sert est toujours claire.

Vous aimez la vie, ne perdez donc pas le temps ; car c'est l'étoffe dont la vie est faite.

Si le temps est le plus précieux des biens, dissiper le temps est la plus grande des prodigalités.

Le temps perdu ne se rattrape jamais.
La paresse rend tout difficile, le travail rend tout aisé.
Fainéantise va si lentement, que pauvreté l'atteint tout de suite.
Mène tes affaires, et ne te laisse pas mener par elles.
Se coucher tôt, se lever tôt, donnent santé, richesse et sagesse.
La faim regarde à la porte du travailleur, mais elle n'ose pas entrer.
Le travail paye les dettes, le découragement les augmente.
Un « aujourd'hui » vaut deux « demain »; ne remets jamais à demain ce que tu peux faire aujourd'hui.
Fuyez les plaisirs, et ils courront après vous.
Une bonne fileuse ne manque pas de chemises.
Depuis que j'ai une vache et une brebis dans mon étable, chacun me souhaite le bonjour.
Trois déménagements sont pires qu'un incendie.
Si vous voulez que votre besogne se fasse, allez la faire vous-même; si vous voulez qu'elle ne soit pas faite, envoyez quelqu'un la faire.
L'œil du maître fait plus d'ouvrage que ses deux mains.
Faute de soin fait plus de tort que faute de science.
Si vous voulez avoir un serviteur fidèle et qui vous plaise, servez-vous vous-même.
Grand malheur naît parfois de petite négligence. Faute d'un clou, le fer d'un cheval se perd; faute d'un fer, on perd le cheval; faute d'un cheval, le cavalier est perdu.
Si vous voulez être riche, apprenez à épargner autant qu'à gagner.
L'Amérique n'a pas enrichi l'Espagne, parce que ses dépenses ont toujours dépassé ses recettes.
Un vice coûte plus à nourrir que deux enfants.
Un peu souvent répété fait beaucoup.
Il ne faut qu'une petite fente pour faire couler à fond un grand navire.
Les gens friands seront mendiants.
Achète ce qui t'est inutile, et tu vendras bientôt ce qui t'est nécessaire.
Réfléchis bien avant de profiter du bon marché.
C'est folie que d'employer son argent à acheter un repentir.
Soie et satin, velours et hermine, éteignent le feu de la cuisine.
Un laboureur debout est plus grand qu'un gentilhomme à genoux.
A force de prendre dans la huche sans y rien mettre, on en trouve le fond.
Quand le puits est à sec, on connaît le prix de l'eau.
L'orgueil est un mendiant qui crie aussi haut que le besoin et qui se montre bien plus insatiable.
Il est plus aisé d'étouffer le premier désir que de contenter tous ceux qui suivent.
L'orgueil qui dîne de vanité soupe de mépris.
L'orgueil déjeune avec l'abondance, dîne avec la pauvreté et soupe avec la honte.
Mentir n'est que le second vice; le premier est de s'endetter. La dette porte en croupe le mensonge.
Il est difficile à un sac vide de se tenir debout.
Il est plus aisé de bâtir deux cheminées que d'en tenir une chaude.
Allez plutôt vous coucher sans souper que de vous lever avec une dette.
Gagnez ce que vous pouvez, et tenez bien ce que vous gagnez; voilà la pierre qui changera votre plomb en or.
L'expérience tient une école qui coûte cher; mais c'est la seule où les insensés puissent s'instruire.
On peut donner un bon avis, mais non pas procurer une bonne conduite.
On ne peut secourir celui qui ne veut pas profiter des conseils.
Si vous n'écoutez pas la raison, elle ne manquera pas de vous donner sur les doigts.

TABLEAU ANALYTIQUE

RAPPORTS DE LA MORALE ET DE L'ÉCONOMIE POLITIQUE

Définitions. — L'économie politique se définit :
Science de la richesse ou des richesses sociales;
Science des lois du travail;
Science de l'utile; — « Science du ménage social. » (J. Simon.)

Objet et utilité de l'économie politique.
- L'objet de l'économie politique est la *richesse* et la détermination des lois générales qui président à sa production, à sa distribution, à sa circulation et à sa consommation. — Son but est la prospérité du corps social, en rendant l'aisance aussi générale que possible.
- L'*utilité* de cette science résulte de son *but*, de son *objet* et de sa *définition*.
- La société, considérée au point de vue particulier de la production et de la consommation des richesses, est un organisme qui a ses lois propres, qu'il faut connaître, si on ne veut pas s'exposer à des catastrophes. Toutes les attaques contre la propriété, la famille, le capital, viennent d'une économie politique fausse. « Faisons des économistes, si nous ne voulons avoir des niveleurs, » (Rossi.)

Rapports de l'économie politique avec la morale, le droit, l'histoire.
- L'économie politique ne peut se séparer de la *morale* : l'honnête est la règle de l'utile. Elle doit donc être subordonnée à la morale.
- Toutes les vertus économiques (tempérance, ordre, travail) sont des vertus morales; — et ce que la morale condamne ou ordonne au nom du devoir, l'économie politique le condamne ou le conseille au nom de l'intérêt. — Se garder cependant de les confondre, on tomberait dans l'*utilitarisme*.
- L'économie politique et le *droit* se complètent réciproquement : on ne peut être *économiste* sans connaître les lois (héritages, contrats, impôts, commerce et industrie), ni *législateur* sans connaître l'économie politique; on s'exposerait à faire des lois qui ne répondraient pas aux besoins de la société.
- L'*histoire* fournit à l'économiste de précieux termes de comparaison et un vaste champ d'observations.

La recherche de l'utile est-elle légitime ? — Oui, puisqu'elle répond aux besoins naturels. Mais il ne faut pas en faire la loi suprême de la vie; elle doit être subordonnée au devoir, c'est-à-dire au bien. Le bien et l'intérêt sont deux ressorts de l'activité humaine; ils doivent rester unis, mais toujours le second doit être subordonné au premier.

Les agents de la production.
Les *agents* de la production sont : la *nature* et le *travail*; un troisième élément y concourt : le *capital*.

1° La nature.
- C'est tout ce qui nous entoure : sol, air, eau, lumière, chaleur, climat, exposition, etc.
- Elle fournit à l'homme les éléments premiers, les matériaux de la production; mais elle ne produit pas seule, en général; il faut la diriger, la maîtriser.

2° Le travail.
- Le *travail*, au point de vue économique, peut se définir : une peine prise d'une façon suivie, en vue d'un but productif, c'est-à-dire en vue de satisfaire un besoin.
- Le travail est pour l'homme une nécessité naturelle : c'est la condition de tout progrès physique, intellectuel et moral.

Travail productif et travail improductif.
- Le travail est *productif*, s'il augmente l'avoir social;
- Il est *improductif*, s'il diminue cet avoir; si c'est une consommation en pure perte : briser des objets, brûler une maison, etc.

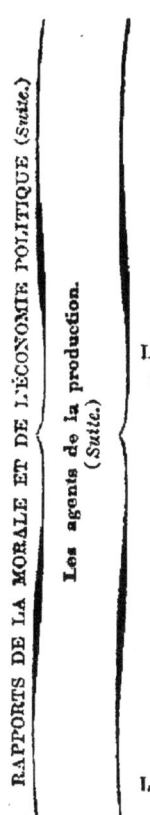

RAPPORTS DE LA MORALE ET DE L'ÉCONOMIE POLITIQUE (Suite).

Les agents de la production. (Suite.)

2º Le travail. (Suite.)

Travail physique et travail intellectuel.
- Le travail *physique* ou *musculaire* est celui dans lequel le corps joue le principal rôle : maçon, manœuvre, artisan, en général ;
- Le travail *intellectuel* est celui où l'esprit domine : invention, direction, administration, etc.
— Contrairement à l'assertion des socialistes, on peut affirmer que le travail intellectuel est plus productif que le travail manuel.

Organisation du travail.
L'organisation du travail a pour but de rechercher les moyens de produire le plus d'utilité possible avec le moins d'efforts possible.
Il semble que trois conditions soient nécessaires pour atteindre ce but :
1º La *liberté* : liberté de profession, liberté de production, de transport et de fixation des prix, corrigée et réglée par une certaine organisation professionnelle ;
2º L'*association* : c'est un droit naturel, dont il a été parlé ailleurs. Elle rend possible une multitude de travaux qu'un homme seul ne pourrait jamais entreprendre.
3º La *division*, qui rend le travail plus fécond en accroissant l'habileté de l'ouvrier, en évitant les pertes de temps, en permettant à chacun de faire un travail proportionné à ses capacités ou à ses forces.
— On reproche à la division du travail de faire de l'homme une machine, de mettre l'ouvrier à la merci du patron.

3º Le capital.
C'est une partie des richesses produites, mise en réserve et destinée à la production.
On distingue les *capitaux fixes*, qui subsistent après la production, qui peuvent produire indéfiniment (machines, outils, routes, constructions, etc.);
Et les *capitaux circulants*, qui sont absorbés dans l'œuvre de la production (approvisionnements, monnaies, etc.).

APPENDICE

DE L'ALCOOLISME

ADDITIONS AU PROGRAMME DE LA CLASSE DE PHILOSOPHIE

(Décret du 9 mars 1897.)

---

a) **Rapports du physique et du moral.** — *La folie : influence de l'alcoolisme sur la genèse de la folie. Affaiblissement de l'intelligence et de la volonté par l'usage des boissons alcooliques.*

b) **Devoirs envers soi-même.** — *Dommages causés par l'alcoolisme à la race, à la famille, à la société, au pays.*

c) **Rapports de la morale et de l'économie politique.** — *Influence de l'alcoolisme sur l'appauvrissement et le plus souvent sur la misère de l'individu et de la famille. Effets sur la richesse publique. Ce que l'alcoolisme coûte à la France. Autres effets : criminalité, suicide, accidents du travail, etc.*

I. — NATURE ET EFFETS DE L'ALCOOLISME

Ce que c'est que l'alcoolisme. — Le phénomène de l'alcoolisme est plus facile à décrire qu'à définir. Il a des causes si diverses, il revêt tant de formes, se manifeste de tant de façons, qu'on ne peut guère préciser, dans une brève formule, le sens exact du mot qui l'exprime.

On peut dire, d'une manière très générale, que l'*alcoolisme est une maladie ou mieux une intoxication lente (empoisonnement), qui trouble profondément l'organisme, diminue les forces physiques, intellectuelles et morales, et conduit fatalement à la mort ou à la folie.*

Il ne faut pas confondre l'*ivresse* avec l'*alcoolisme*. L'ivresse est un phénomène passager, le plus souvent dû à une intoxication aiguë par l'alcool, mais dont les symptômes peuvent se produire également sous l'influence de l'intoxication par d'autres substances, par exemple, l'oxyde de carbone; elle altère plus ou moins, suivant son intensité, l'équilibre de nos facultés, et disparaît ensuite [1]. — Tandis que l'ivresse peut n'être qu'un *accident*, *l'alcoolisme* est un *état*, une *maladie*. L'ivresse répétée produit fatalement l'alcoolisme; mais, comme on va le voir ci-après, on peut devenir alcoolique sans jamais s'enivrer.

Comment on devient alcoolique. — Il y a plusieurs manières de devenir alcoolique. La plus connue, mais non pas la plus fréquente peut-être, c'est l'ivresse répétée. Celui qui s'enivre tous les huit jours, à plus forte raison si c'est plus souvent, ne tardera pas à ressentir les troubles fonctionnels qui caractérisent l'alcoolisme. De même, celui qui boit habituellement des liqueurs fortes; les ouvriers qui, *à jeun*, prennent la goutte, sous prétexte de « tuer le ver »; ceux qui, plusieurs fois par jour, avant ou après le repas, ou bien dans l'intervalle des repas, prennent un ou plusieurs *petits verres;* ceux qui ont la détestable habitude de ne se mettre à table qu'après avoir absorbé un apéritif : vermouth, amer, bitter, etc.; ceux enfin qui boivent de l'absinthe : tous ceux-là deviennent peu à peu et sans s'en apercevoir des victimes de *l'alcoolisme.*

Effets de l'alcoolisme sur le corps. — L'alcool, même pris à petites doses, si elles sont souvent répétées, attaque rapidement tous les organes essentiels à la vie. Il modifie d'abord leur fonctionnement et produit ensuite des lésions plus ou moins profondes, atteignant progressivement tous les grands appareils de l'économie. Le poison s'infiltre peu à peu dans l'organisme, corrode l'estomac, congestionne le foie, dilate le cœur, imprègne les poumons et les bronches, excite le système nerveux.

Il importe d'insister sur ces divers points.

a) **Action sur l'appareil digestif.** — L'alcool commence ses ravages par l'appareil digestif : la *langue* devient rouge, bosselée; elle perd le sens du goût; — la *gorge* s'irrite; — l'*estomac* se congestionne et s'enflamme; la sécrétion des sucs digestifs se modifie : les glandes stomacales, irritées, sécrètent d'une façon permanente, et leurs produits perdent de leur puissance digestive; les tissus s'épaississent, les mouvements sont paralysés; chez les buveurs de vin et de bière, l'estomac se dilate; il se rétrécit chez les buveurs d'absinthe; — les *intestins* sont ulcérés; le *foie* subit aussi des altérations profondes : il se congestionne, augmente de volume; le plus souvent, la nutrition des cellules hépatiques étant modifiée, il se produit une dégénérescence graisseuse. Chez l'alcoolique, l'appétit disparaît : il s'alimente mal et perd ses forces à la suite d'un amaigrissement considérable.

b) **Action sur l'appareil respiratoire.** — Une grande partie de l'alcool absorbé

---

[1] On distingue trois sortes d'ivresse, suivant le degré d'intoxication et aussi suivant la nature des boissons absorbées : 1° *l'ivresse proprement dite*, qui est une surexcitation de tout l'être, un défaut d'équilibre physique et moral : exagération d'activité musculaire, hyperidéation, affectivité passionnée; telles sont ses manifestations ordinaires; 2° *l'ivresse apoplectique* ou comateuse, qui produit des effets contraires à ceux de la précédente; c'est un état de dépression générale, de prostration, que l'on exprime par le mot *ivre-mort;* 3° enfin le *delirium tremens*, ivresse violente, marquée par des cris, des gestes désordonnés et un tremblement nerveux général; elle aboutit souvent **à la mort.**

est éliminé par l'appareil respiratoire. Son action néfaste va se faire sentir ici encore sur tous les organes : le *larynx* perd de son élasticité et la *voix* devient rauque et éraillée; les *bronches* s'irritent, ce qui provoque une toux quasi continuelle; les *poumons* enfin perdent de leur résistance et deviennent un terrain tout préparé pour l'évolution de la tuberculose.

c) **Action sur le sang et l'appareil circulatoire.** — L'alcool traverse très rapidement les tissus et pénètre, en nature, dans le sang, *qu'il corrompt et tend à coaguler;* la conséquence peut être un arrêt subit de la circulation et la mort foudroyante [1].

L'alcool agit sur toutes les parties de l'appareil circulatoire : c'est même surtout dans cet appareil qu'il détermine des lésions indélébiles, et c'est par son intermédiaire qu'il va troubler le fonctionnement et altérer la structure des organes de défense, tels que le *foie* et les *reins*.

C'est aussi par les troubles qu'il produit dans le mécanisme de la circulation, qu'il peut arrêter la nutrition des centres nerveux (cerveau, bulbe, moelle) et amener les plus graves désordres.

Dans tout l'organisme, les *artères* perdent leur élasticité; leurs parois s'épaississent et peuvent même se calcifier : ce qui explique à la fois la fréquence des anévrismes et de la *gangrène* : anévrismes, conséquence de la dilatation d'une artère dont les parois ont perdu leur résistance; gangrène, par l'oblitération plus ou moins complète d'une artère importante.

d) **Action sur le cerveau.** — L'alcool pénètre avec le sang jusque dans les tissus du cerveau, et ne tarde pas à exercer, là aussi, les plus terribles ravages. Les tissus se décomposent à la longue et il en résulte une altération plus ou moins profonde qui amène la folie; ou bien encore, les vaisseaux si délicats qui circulent dans les tissus se rompent et produisent des épanchements sanguins, d'où les apoplexies, les paralysies, le gâtisme, etc.

e) **Action sur les organes des sens.** — Les organes des sens, même ceux qui semblent être le plus à l'abri de l'action de l'alcool, sont atteints : la *vue* s'affaiblit; l'*oreille* est remplie de bruits insolites et de bourdonnements; la *parole* est embarrassée; le *tact* s'émousse, tout le système musculaire est comme paralysé; les jambes fléchissent, la démarche devient incertaine et titubante.

En résumé, l'alcool attaque l'organisme entier, soit qu'il enflamme et irrite les tissus, soit que diminuant l'exhalation de l'acide carbonique et l'excrétion de l'urée, il produise ce qu'on appelle le phénomène de la *dégénérescence graisseuse;* dans tous les cas, l'*alcoolisme produit une vieillesse anticipée.* « Chez le buveur, comme chez l'homme âgé, on constate l'atrophie de l'encéphale, l'augmentation du liquide céphalo-rachidien, l'altération graisseuse des petits vaisseaux, celle des fibres musculaires du cœur et de la plupart des éléments anatomiques, l'ossification des cartilages costaux et laryngiens, la raréfaction de la substance osseuse, à laquelle se substituent des matières grasses [2]. »

---

[1] Soixante-dix à quatre-vingts grammes d'alcool pur introduits dans la circulation d'un chien de moyenne taille suffisent pour le foudroyer.

Tous les alcools ne sont pas également toxiques. On a dressé des tables de toxicité en prenant le kilogramme comme unité de poids. Voici, d'après Dujardin-Beaumetz et Audigé, les quantités qu'il faudrait de quelques alcools pour tuer un animal pesant 1 kilog. Pour un animal quelconque, on n'a qu'à multiplier le coefficient de toxicité par le poids de l'animal.

Alcool éthylique ou vinique	7 gr. 75 à 8.
Aldéhyde acétique	1 gr. à 1,25.
Éther acétique.	4 gr.
Alcool propylique (eaux-de-vie de marc, de poiré, de cidre).	3 gr. 75 à 3,90.
— butylique (betterave)	1 gr. 25 à 2.
— amylique (pommes de terre)	1 gr. 10 à 1,70.
— méthylique (esprit de bois).	5 gr. 75 à 7.

[2] Docteur Lancereaux, cité par Claude (des Vosges) : *Rapport fait au Sénat, au nom de la commission d'enquête sur la consommation de l'alcool en France*, p. 67.

« Ce qui caractérise le plus le buveur, ajoute M. le docteur Lannelongue, c'est son défaut de résistance. En présence de tous les fléaux qui assiègent l'homme, en présence du grand nombre de maladies qui le menacent, la véritable caractéristique de l'homme bien portant, c'est la résistance organique, qui lui permet de triompher de tous les assauts que lui donnent, à chaque instant, les infiniments petits, ses ennemis les plus terribles. Or, le buveur a perdu toute résistance ; c'est un mauvais blessé, un mauvais malade. *A quarante ans, il a les tissus d'un homme de soixante au moins.* Le vieillard et le buveur se ressemblent ; je me trompe : le vieillard a une résistance plus grande [1].

Effets de l'alcoolisme sur les facultés de l'âme. — L'alcoolisme n'affecte pas seulement la vie physique, il attaque aussi les facultés intellectuelles et morales.

Les désordres des facultés mentales présentent une marche assez semblable à celle des désordres sensoriels : simplement perverties dans le principe, elles peuvent être dans la suite plus ou moins complètement abolies. — Les nuances sont infinies, depuis la simple altération du caractère jusqu'à la *manie* et la *démence*.

« Les désordres intellectuels se manifestent d'abord par la lenteur dans la conception et l'expression des idées : l'alcoolique ne peut longtemps soutenir son attention, ni avoir une conversation un peu longue sans en perdre le fil ; aussi le plus souvent se contente-t-il de répondre par des monosyllabes ; il se plaint de manquer de verve et d'entrain. Puis il est en proie à des illusions, à des hallucinations, éveillant presque toujours des craintes et pouvant déterminer des impressions morales, depuis le simple étonnement jusqu'à la terreur...

« Tous les objets de ces hallucinations : hommes, choses, animaux, se déplacent et se meuvent ; de là, la rapidité des idées et des actes de l'alcoolique... Les hallucinations, suivant leur intensité, la disposition du sujet, la nature de la boisson ingérée, donnent lieu à des réactions très différentes, pouvant changer complètement le caractère de l'individu [2]. »

L'intelligence et la volonté se dégradent ainsi peu à peu, le malade tombe progressivement dans cette espèce d'hébétude que le langage populaire a fort bien qualifiée d'*abrutissement*.

A ces phénomènes se joignent des troubles de la sensibilité et de la motilité : tremblement nerveux des mains, des lèvres, de la langue ; diminution de l'acuité sensorielle, ainsi qu'il a été dit plus haut.

Ces hallucinations et ces troubles peuvent aller jusqu'au délire passager aigu (*delirium tremens*), jusqu'à la *folie*.

Alcoolisme et folie. — L'alcoolisme est le grand pourvoyeur des asiles d'aliénés. « Sur 80000 aliénés séquestrés, écrit le docteur Legrain, un quart, c'est-à-dire 20000 environ, ont dû leur folie, soit directement, soit indirectement à l'influence de l'alcool. Dans la seconde moitié du siècle, le chiffre des aliénés s'est constamment accru et partout la courbe de l'aliénation mentale est parallèle à celle de l'alcoolisme [3]. »

---

[1] Certaines compagnies d'assurances anglaises ont si bien compris combien l'influence néfaste de l'alcool diminue la longévité de la vie humaine, qu'elles accordent des primes très avantageuses aux assurés abstinents de liqueurs. 500 assurés abstinents sur mille atteignent soixante-cinq ans, contre 453 assurés ordinaires seulement. (Cité par M. Maurice Vanlaer, *Alcoolisme et ses remèdes*, p. 26.)
[2] Docteur Lancereaux, voir *Rapport*, p. 62, 63.
[3] Docteur Legrain, *Alcoolisme*, p. 12.

Cette observation du docteur Legrain est corroborée par les recherches minutieuses de la commission sénatoriale chargée de faire un rapport sur la consommation de l'alcool en France. « Ce qui ressort d'une façon très nette de ces recherches, dit le rapporteur, c'est la marche ascendante de l'aliénation alcoolique, pendant les vingt-cinq dernières années. Au début de cette période, la proportion des malades hospitalisés dont l'affection était due à l'alcoolisme était de huit à neuf pour cent entrées; elle se monte actuellement (1885) à seize pour cent. Mais ces chiffres ne sont que des moyennes d'ensemble. Si nous considérons en particulier les proportions afférentes à chacun des quarante-six asiles sur lesquels ont porté nos recherches, nous distinguerons immédiatement des asiles qui accusent une beaucoup plus forte proportion d'alcooliques, tandis que d'autres présentent une proportion très faible; et les plus forts contingents alcooliques se trouvent précisément dans les départements où la consommation de l'alcool est la plus intense [1]. » Ainsi, tandis que dans la Seine-Inférieure, le Calvados, l'Orne, départements français qui consomment le plus d'alcool, on compte jusqu'à quarante pour cent d'aliénés séquestrés par suite d'alcoolisme, on en compte à peine 1,91 dans les Basses-Pyrénées, 4,09 dans la Haute-Garonne, 4,35 dans la Lozère, départements où la consommation alcoolique est très faible [2].

« Quant à la conclusion générale qui se dégage de mes observations particulières, dit le docteur Brouardel, elle se résume en ceci : depuis 1830, le nombre des aliénés criminels, des fous, des suicidés, est en croissance parallèle avec la consommation de l'alcool [3]. »

Alcoolisme et hérédité. — *Dommages causés à la race, à la famille, à la société, à la patrie, par l'alcoolisme.* — A force de perdre la raison par l'ivresse, qui est une folie momentanée, on finit par la perdre tout à fait. L'alcoolique cesse d'être un homme, il devient une brute.

C'est sans doute un grand malheur que la perte d'une intelligence, que l'anéantissement d'une personne. Mais combien le malheur est plus grand, si les effets désastreux du poison se transmettent à la race par l'hérédité; si l'alcoolique fait souche d'alcooliques, de dégénérés, de fous, d'idiots, d'épileptiques, d'êtres incapables de remplir leur rôle social, quand ils ne sont pas une charge et un danger pour la famille et la société!

Et voilà cependant ce que produit l'alcoolisme. La science et l'expérience prouvent tous les jours la vérité de ces vieux dictons : « A père ivrogne, fils idiot, — l'ivrogne engendre un ivrogne; » dictons semblables au vieux mot de Plutarque, traduit par Amyot : « *L'ivrogne n'engendre jamais rien qui vaille.* » Et c'est en ce sens que l'alcoolisme n'est pas seulement un mal pour l'individu, qu'il dégrade physiquement et moralement, mais encore un danger pour la race, pour la famille, pour la société, pour le pays, qu'il tue dans son germe.

Les statistiques ici sont effrayantes :

« Un interne de la Salpêtrière étudie quatre-vingt-trois enfants idiots ou épi-

---

[1] Claude (des Vosges), *Rapport*, p. 250.
[2] Claude (des Vosges), *Rapport*, consulter tableaux, pp. 244 et 249.
[3] Cité par Mgr Turinaz, dans son mandement intitulé : *Trois fléaux de la classe ouvrière*.

leptiques; soixante étaient fils d'alcooliques. Le docteur anglais Kerr recueille, dans sa clientèle, cette observation : un homme bien portant, sobre, avait eu successivement deux enfants, un fils et une fille, bien portants aussi tous deux. Le père tombe ensuite dans l'ivrognerie; il a encore quatre enfants : le premier est faible d'esprit, les trois autres idiots... Douze ménages d'intempérants, étudiés aux États-Unis, ont donné le jour à cinquante-sept enfants : vingt-cinq sont morts dès la première semaine, six sont idiots, cinq mal conformés, cinq épileptiques, cinq malades, deux alcooliques; neuf seulement, soit un sixième, échappent à la malédiction [1]. »

Le docteur Legrain a suivi la descendance de quelques familles de buveurs pendant deux et même trois générations. A la première génération, il a fait des observations sur deux cent quinze familles comptant cinq cent huit individus malades. Il a trouvé cent soixante-huit *dégénérés*, se subdivisant comme suit :

63 déséquilibrés, névropathes, etc.;
88 faibles d'esprit;
32 cas de folie morale [2];
13 cas d'impulsions dangereuses : instinct de rébellion, d'agression, de meurtre [3].

Au point de vue physique, un grand nombre de ces dégénérés sont atteints de déformations crâniennes, de strabisme, de blésité, de surdité, de surdi-mutité, de tuberculose, etc. De plus, la *mortinatalité* et la *mortalité infantile* sont très élevées dans la descendance des buveurs; en sorte que l'alcoolique est amoindri, sinon supprimé, dans sa postérité. Les enfants qui survivent sont souvent chétifs, souffreteux, affectés de convulsions épileptiformes. Sur les deux cent quinze familles observées, Legrain a pu noter cinquante-deux cas où il y avait des épileptiques, seize des hystériques et cinq des individus atteints de méningite. Un autre fait capital, c'est le nombre des ivrognes, des fous et des tuberculeux. Dans cent huit familles sur deux cent quinze, la tendance à l'ivrognerie a été bien constatée; la folie dans cent six, et la tuberculose dans trente-deux.

En résumé, à la première génération, les fils de buveurs sont *dégénérés, épileptiques, ivrognes, fous, tuberculeux*, dans une forte proportion.

Le docteur Legrain a pu poursuivre ses études sur la deuxième génération de quatre-vingt-seize de ces familles, représentant deux cent quatre-vingt-quatorze personnes atteintes par le mal.

Les *états dégénératifs* tiennent encore le premier rang : *il n'y a presque pas de famille qui ne compte des aliénés;* les imbéciles et les idiots proprement dits sont beaucoup plus nombreux qu'à la première génération. Le taux de la moralité a également baissé, dans vingt-trois familles : sur quatre-vingt-seize, il y a des membres affligés de *folie morale* ayant apparu dès le jeune âge; la *dégénérescence physique* est très prononcée et la mortinatalité, ainsi que la mortalité précoce, est extrêmement fréquente. Dans quarante-deux familles les enfants ont été atteints de convulsions; dans quarante, c'est-à-dire dans près de la moitié, l'épilepsie s'est manifestée, tandis qu'à la première génération elle atteignait à peine *un quart;* dans soixante-trois, les prédispositions à l'ivrognerie étaient très marquées; l'observateur a compté quatorze cas de méningite sur quatre-vingt-seize familles, contre cinq sur deux cent quinze à la première génération; enfin, vingt-trois cas d'aliénation, onze de paralysie générale et neuf de suicide.

A la troisième génération, les observations n'ont pu porter que sur sept

---

[1] Cité par M. Maurice Vanlaer : *l'Alcoolisme et ses conséquences*, pp. 33-34.
[2] L'auteur entend par *folie morale* l'altération de la conscience morale, altération qui se manifeste par les mauvais instincts, la débauche, le vagabondage, etc.
[3] Ces chiffres et la plupart de ceux qui seront cités dans ce paragraphe sont empruntés au livre très intéressant du docteur Legrain : *Dégénérescence sociale et alcoolisme*. (Chez Georges Carré, éditeur, Paris.)

familles ayant un total de dix-sept enfants. *Tous ces enfants, sans exception, sont plus ou moins marqués de la tare héréditaire.*

Tous sont arriérés, faibles d'esprit, quelques-uns sont complètement imbéciles ou idiots :

2 (l'un de quatre et l'autre de onze ans) sont atteints de folie morale : instincts du vol, du mensonge, de l'ivrognerie, des passions bestiales, etc.;

2 sont hystériques;

2 épileptiques;

4 ont des convulsions;

1 a eu une méningite;

3 sont scrofuleux.

En résumé, trois générations d'alcooliques observées dans deux cent quinze familles ont donné un total de huit cent quatorze unités ayant subi l'influence morbide de l'alcool.

Il y a eu seize morts-nés;

37 naissances avant terme;

121 morts précoces;

197 alcooliques, soit 42 pour cent des adultes;

322 dégénérés (faibles d'esprit, idiots, imbéciles, etc.), soit 60,90 pour cent;

62 cas de perversion morale;

173 cas de convulsions infantiles, 22,70 pour cent;

131 d'épilepsie ou d'hystérie, 17,20 pour cent;

145 aliénés, 19 pour cent;

55 phtisiques.

Qu'on ajoute à cela une diminution marquée de la natalité, de la taille, des forces physiques et de la longévité, et l'on aura le tableau effrayant des conséquences de l'alcool au point de vue *démographique* et *ethnographique*. On se préoccupe beaucoup en ce moment, et avec raison, de la dépopulation de la France; de sa décadence morale, politique, économique; de l'abaissement des caractères, de l'augmentation des crimes, des suicides; du nombre toujours croissant des jeunes gens impropres au service militaire. Nous venons de trouver certainement une des causes de ces maux, si ce n'est pas la seule. Il faudrait que tout vrai Français reprît en le modifiant le mot trop célèbre de Gambetta, et dît : « L'alcool, voilà l'ennemi! » Il ne se tromperait pas.

Cet ennemi, au dire de Gladstone, fait de nos jours plus de victimes que ces trois fléaux historiques réunis : la famine, la peste et la guerre. — « Abrutissement lent, mais fatal, de l'individu, stérilisation intellectuelle et physique de la race, voilà la double action dissolvante de l'empoisonnement par l'alcool [1]. » — « Un peuple qui s'alcoolise et qui, par suite, fait souche de dégénérés, d'idiots, d'épileptiques, d'aliénés, de tuberculeux, est un peuple qui s'étiole. Un peuple alcoolisé, en somme, est un peuple en voie de disparaître [2]. » — « Poussé à ces extrêmes limites, l'alcoolisme crée en quelque sorte une race spéciale, qui peut bien se continuer pendant un certain temps avec ses infirmités physiques et ses tendances vicieuses, mais qui heureusement manque d'éléments pour se perpétuer; exposée à toutes sortes d'accidents et de maladies, vouée à l'impuissance et à la stérilité, elle ne tarde pas à disparaître [3]. »

Effets de l'alcoolisme sur la richesse particulière. — Il est inutile de chercher à démontrer que l'alcoolisme est la ruine de la famille : il n'y a qu'à réfléchir pour s'en convaincre. Chaque petit verre que boit l'ouvrier à l'estaminet, — et Dieu sait com-

---

[1] Docteur Legrain, *op. cit.*, p. 59.
[2] Docteur Legrain, *op. cit.*, p. 59.
[3] Docteur Lancereaux, *Étude sur les altérations produites par l'abus des boissons alcooliques*. Cité par M. Maurice Vanlaer, *op. cit.*, p. 35.

bien il boit¹ ! — représente 10 centimes ; une bouteille de vin, — et quel vin ! — bu au cabaret, représente de 35 à 45 centimes. Le Play avait calculé, il y a trente ans, que certains ouvriers des grandes villes laissaient, par an, jusqu'à 750 francs au cabaret : de quoi nourrir la femme et plusieurs enfants ! Aujourd'hui il serait au-dessous de la vérité.

Et si la femme boit, comme cela se rencontre dans certaines contrées de la France, quelle misère au foyer ! Il y a des ouvriers qui gagnent 10 et 15 francs par jour et qui n'ont pas de quoi vivre, même s'ils n'ont ni femme ni enfants. C'est souvent le quart, le tiers, quelquefois la moitié et plus de son salaire que l'ouvrier laisse chez le marchand d'alcool.

Qui n'a connu, soit à la ville, soit à la campagne, des familles aisées qui se sont ruinées par la fréquentation des cafés, des cabarets et autres lieux où on s'alcoolise à plus ou moins bon marché. Combien de vignerons pourraient boire, en famille, le fruit très pur de leur récolte, et qui aiment mieux le céder, à vil prix, au cabaretier voisin, chez lequel ils iront ensuite le consommer, en le payant double, après qu'il aura été gâté par une abondante addition d'eau et d'alcool !

Que l'on ajoute aux pertes d'argent les pertes de temps, les maladies occasionnées par l'alcool et on aura une idée de la *misère matérielle* que l'alcoolisme amène à sa suite dans la famille.

Et l'on ne parle pas ici d'*autres misères* : désunions, disputes, voies de fait, mauvais propos, mauvais exemples, abandon du foyer, et tout ce qui s'ensuit. F. Coppée écrivait naguère : « Après avoir lu en frémissant toutes ces histoires de parents féroces et d'enfants torturés, je puis affirmer que le principal, le grand coupable, c'est l'alcool… ; l'alcool qui, si la loi n'intervient pas, finira par corroder dans sa source toute la sève de notre race et qui nous prépare des générations de rachitiques et de fous furieux. »

Effets de l'alcoolisme sur la richesse publique. — Ruine de la famille, l'alcoolisme est aussi la ruine de la société. Un statisticien anglais prétend que les ouvriers du Royaume-Uni laissent chaque année *deux milliards* de francs au cabaret !… Mettons que ce chiffre, présenté ainsi, soit exagéré. Mais il ne le sera cer-

---

1 L'évaluation la plus modérée porte la consommation annuelle en France à plus de cinq litres par tête d'alcool pur à 100°. Or *cinq litres* d'alcool pur font *treize litres* d'eau-de-vie ordinaire, soit *quatre cents « petits verres »* de trente grammes.
On peut affirmer, d'autre part, que sur trente-huit millions d'habitants, trois ou quatre millions consomment à eux seuls les trois quarts de l'alcool, ce qui porte leur moyenne à quarante litres d'alcool, cent litres d'eau-de-vie, *quatre mille petits verres !*
On ne tient pas compte, dans ces chiffres, de l'alcool consommé dans la bière, le cidre, le vin, le poiré, l'hydromel, lequel n'atteint pas moins de huit à neuf litres d'alcool pur par tête.

tainement pas si, à la dépense en boissons, on ajoute la perte des salaires pour cause de chômage ou de maladies provenant de l'alcoolisme, et aussi la perte occasionnée par une moins grande puissance de travail.

Tous les observateurs sont d'accord pour affirmer que l'ouvrier alcoolique fournit, dans un même temps, moins de travail que l'ouvrier sobre, qu'il supporte moins longtemps la fatigue, qu'il est sujet à plus de maladies, exposé à plus d'accidents. Toute idée de prévoyance et par suite d'économie, d'épargne lui étant étrangère, l'alcoolique, loin de travailler à la prospérité économique du pays, ne tarde pas à devenir une charge pour la société. Par suite, les budgets des États européens se trouvent grevés de sommes énormes.

Ce que l'alcoolisme coûte à la France. — On croit communément que l'alcool constitue un revenu considérable pour le Trésor ; il fournit, en effet, environ 250 millions de francs par an. Mais, sans tenir compte des frais de surveillance et de perception, qui se chiffrent par millions, le tableau suivant prouvera quelle perte énorme subit indirectement le Trésor, du fait de l'alcoolisme.

L'entretien des 20000 aliénés alcooliques, à 1 franc par jour, se monte à 9 300 000 francs ;

La répression des crimes dus à l'alcool, presque autant, environ 9 millions ;

L'assistance publique pour le traitement des victimes de l'alcool, dans les hospices et les hôpitaux, plus de 70 millions ;

Les pertes de salaires occasionnées par l'abus de l'alcool, sont évaluées par le docteur Rochard à 1340 millions ;

Les pertes provenant de morts accidentelles : accidents, suicides, 5 millions.

Soit un total d'environ *un milliard et demi* de francs, plus que les budgets de la guerre et de la marine réunis !

A cette somme, il faudrait ajouter le prix de l'alcool consommé : 130 à 140 millions, et le montant des impôts : 250 millions, pour avoir le chiffre exact de la perte subie par la France du fait de l'alcoolisme. « Mais ce qu'on ne peut évaluer pour l'homme, pour la famille, pour le pays, c'est la perte d'une intelligence par la folie, l'immobilisation d'une unité active par le séjour en prison.

L'entretien du fou et du criminel coûte beaucoup, mais ne coûte-t-il pas davantage, si l'on songe qu'au lieu de coûter, ces êtres devraient rapporter ? Dépense d'une part, absence de gain de l'autre, voilà la vérité [1]. »

Effets de l'alcoolisme sur la moralité, le suicide, la criminalité, les accidents du travail. — Il n'est pas nécessaire d'insister sur ces derniers points. On sait que l'alcool excite les instincts violents, grossiers et brutaux, qu'il fait perdre tout respect de soi-même et des autres ; de plus, il affaiblit la volonté, c'est-à-dire la puissance de résistance aux passions, ce qui fait que l'alcoolique est fatalement un être vicieux et dégradé.

On a vu, à propos de l'hérédité alcoolique, combien étaient fréquents les cas de *folie morale* : perte de tout sens et de tout

---

[1] Voir D' Legrain : l'Alcoolisme, pp. 12, 13, 14.

sentiment moral, aberration de la conscience, impulsions quasi irrésistibles vers le mensonge, le vol, le meurtre, le suicide, le vagabondage, le dévergondage des mœurs, etc., et cela dès le jeune âge.

C'est certainement à l'alcool que nous devons, en grande partie au moins, la progression continue de la *criminalité* et des *suicides*, surtout chez les enfants. L'échelle de l'alcoolisme et l'échelle de la criminalité et du suicide ont suivi, durant ce dernier quart de siècle, un parallélisme frappant.

Ici encore nous pouvons en appeler aux statistiques : elles nous montrent que les départements où il se consomme le plus d'alcool sont ceux où les crimes et délits sont les plus nombreux [1].

C'est encore l'alcool qu'il faut rendre responsable d'un grand nombre d'accidents du travail. « La statistique universelle des chemins de fer attribue aux excès de boisson quarante-trois pour cent, presque la moitié, des accidents ou catastrophes. A l'occasion de la perte du *Drummond-Castle*, dans la passe d'Ouessant, le *Journal de Cork* (juin 1896) écrit : « L'ivrognerie est la cause certaine de la perte de soixante-dix pour cent des navires anglais [2]... »

II. — REMÈDES CONTRE L'ALCOOLISME

On vient de voir, par le rapide exposé qui précède, les effets effrayants de l'alcoolisme sur le corps et sur l'âme, sur l'individu, la famille et la société. Mais il ne suffit pas de constater le mal, il faut le guérir : l'indication des remèdes propres à combattre le fléau de l'alcoolisme fera l'objet de ces derniers paragraphes.

Ces remèdes, nous les diviserons, avec M. Maurice Vanlaer, en trois groupes : remèdes *fiscaux*, remèdes *légaux* et remèdes *moraux*.

a) **Remèdes fiscaux.** — Depuis longtemps on a songé à faire servir le fisc à la moralisation : les lois *somptuaires* de l'ancienne Rome n'avaient pas d'autre but. Il ne faut donc pas s'étonner

---

[1] Tandis que dans les départements du Calvados, de la Seine-Inférieure et de l'Eure, départements les plus ravagés par l'alcoolisme, on compte quatre-vingts condamnés pour mille habitants, dans l'Indre-et-Loire, le Loir-et-Cher et le Loiret, où la consommation alcoolique est moyenne, il s'en trouve cinquante sur mille; dans la Corrèze, la Haute-Vienne et la Creuse, où l'alcoolisme n'est pas encore très répandu, on n'en compte que trente-cinq sur mille habitants. (Voir Claude (des Vosges), *Rapport*, *Tableaux-statistiques*.)

De 1838 à 1842, par ses prédications, le célèbre P. Matthew, capucin, fit diminuer la consommation de l'alcool de 50 % en Irlande; immédiatement le chiffre des délits graves tomba de soixante-quatre mille à quarante-sept mille et, au lieu de cinquante-neuf exécutions capitales, il y en eut *une seule*.

On a compté que parmi les détenus dans les maisons de force, 63 % des condamnés pour homicides, 68 % des voleurs avec violences, 74,5 % des condamnés pour coups et blessures, 60 % de ceux incarcérés pour attentats aux mœurs..., étaient des buveurs.

[2] Prosper Lajole : *Alcoolisme et statistique*. — Cité par Mgr Turinaz, *op. cit.*

si les législateurs de presque tous les pays ont frappé l'alcool d'impôts très élevés; car, comme le fait observer Claude (des Vosges), dans son *Rapport sur la consommation de l'alcool en France*, « ici l'intérêt du Trésor se confond avec celui de la santé et de la moralité publiques; *une matière est d'autant plus imposable que sa consommation est reconnue plus dangereuse*[1]. »

Plusieurs solutions ont été proposées : certains hygiénistes et moralistes demandent la prohibition complète des *boissons alcooliques distillées*, et des droits élevés sur les *alcools fermentés*[2].

D'autres veulent que l'État fasse pour l'alcool ce qu'il a fait pour les poudres, les allumettes, les tabacs : qu'il en monopolise la fabrication et la vente; — d'autres encore, et il semble que ce soient les plus sages, demandent seulement que l'État frappe de droits très élevés les *boissons distillées*, si pernicieuses à la santé publique, et que l'on dégrève les *boissons fermentées*, dites *hygiéniques* : vin naturel, bière, cidre, poiré, hydromel; — quelques-uns enfin proposent un remède plus radical encore, qui est de taxer aussi les *boissons fermentées* et de dégrever le *sucre*, le *thé* et le *café*, ces dernières boissons étant pour eux les seules *hygiéniques*, avec l'eau, bien entendu.

Un point sur lequel tout le monde s'accorde, — sauf les intéressés, cela va sans dire, — c'est pour demander la suppression du *privilège des bouilleurs de crû*, et une plus sévère répression de la *fraude* dans la fabrication et la vente clandestines des alcools.

Il n'entre pas dans le plan de ce résumé de développer ces idées, nous nous contentons de les signaler en passant; ceux qui voudraient en faire une étude plus approfondie devraient consulter des ouvrages spéciaux[3].

b) **Remèdes légaux.** — En dehors des lois et règlements concernant la fabrication, le transport, la vente et la consommation de l'alcool, le législateur est intervenu de deux autres façons : il a décrété des peines contre celui qui s'enivre publiquement, et contre ceux qui donnent à boire ou y excitent dans certains cas déterminés.

La loi du 23 janvier 1873 condamne à une amende de 1 à 5 francs, pour la première fois, et, en cas de récidive, à un emprisonnement de six jours à un mois, tout individu *surpris en état d'ivresse manifeste dans un lieu public*. Cette loi, appliquée d'abord avec une certaine rigueur, est aujourd'hui à peu près tombée en désuétude.

Une autre loi du 24 juillet 1889 donne aux magistrats le droit de prononcer la déchéance paternelle pour cause d'*ivresse habituelle*.

Enfin une loi du 23 janvier 1873 punit d'une amende de 1 à 5 francs tout cabaretier qui verse des liqueurs à des mineurs de moins de 16 ans.

La profession de cabaretier, autrefois très sévèrement réglementée, est à peu près libre en France depuis 1880. Cette liberté est une des causes de l'invasion de l'alcoolisme. Tandis que le nombre des débits de boissons n'était que de 356,863 en 1880, il est monté à 413,142 en 1890 et à 432,164 en 1891, soit un

---

[1] Claude (des Vosges), *Rapport*, p. 3.
[2] On distingue les boissons alcooliques fermentées : vin, bière, cidre, poiré, etc., dans lesquelles l'alcool est très étendu, et les *boissons alcooliques proprement dites*, dans lesquelles l'alcool entre au moins pour la moitié : eau-de-vie, 50 à 60 %, absinthe 60 à 70 %, trois-six, 85 %, kirsch, rhum, genièvre, etc.
[3] Voir particulièrement M. Vanlaer, *Alcoolisme et ses remèdes*; Alglave, *Monopole de l'alcool*; Guillemet, *Projet de loi sur le monopole de l'alcool*; Claude (des Vosges), *Rapport de la commission sénatoriale*.

cabaret pour 83 habitants de tout âge et de tout sexe ! Il est des endroits qui dépassent de beaucoup cette moyenne : en Normandie, par exemple, on trouve un cabaret par soixante-six habitants; à Roubaix, un pour cinquante-trois, c'est-à-dire un pour quatorze électeurs ! Tel faubourg de Lille en compte *un* sur trois *maisons!*...

Tous les gens soucieux d'arrêter le mal produit par l'alcoolisme réclament le retour à une législation sévère sur les débits de boissons alcooliques et une plus stricte application des lois relatives à l'ivresse publique. A l'étranger, la législation sur ces divers points est en général beaucoup plus sévère qu'en France. En Suède-Norvège, par exemple, une série de mesures administratives bien entendues, touchant les cabarets, a fait diminuer *d'un tiers* la consommation de l'alcool et des délits attribués à l'alcoolisme [1].

c) **Remèdes moraux.** — Les remèdes légaux, comme les remèdes fiscaux, seront impuissants à enrayer le mal, s'ils ne sont aidés par les remèdes moraux. Il ne suffit pas que l'ivrogne trouve plus de difficultés à satisfaire sa passion : il tournera ces difficultés et il se privera de tout, plutôt que de boire; il faut l'amener à *vouloir* se corriger. Comment en arriver là? Par l'instruction, l'exemple, la persuasion, par le réveil du sentiment moral et du sentiment religieux; par la considération des effets désastreux de l'alcoolisme, par la réfutation des sophismes et des préjugés. — Longtemps on n'a pas cru au mal, et le fléau a pu impunément, avec la complicité de préjugés innombrables, prendre des proportions effrayantes; maintenant l'ennemi est démasqué; tout le monde le voit, et tout le monde sent qu'il y va du salut de la famille et de la société, de l'avenir de la patrie, d'en arrêter la marche. Tout le monde doit donc y travailler, soit par les associations de tempérance, soit par des livres, des brochures, des journaux, des conférences : le prêtre à l'église et au confessionnal; l'instituteur et l'institutrice à l'école, dans les patronages de jeunes gens et de jeunes filles; le patron dans l'atelier, l'officier au régiment. Ici le champ est immense, la lutte contre le mal peut revêtir mille formes, et il y a place pour toutes les bonnes volontés.

Mais on peut être persuadé que ces moyens échoueront comme les autres, si on ne revient au Décalogue, aux pratiques religieuses et à la vie de famille.

Réponse à quelques préjugés. — « Chez nous, a dit fort justement Montaigne, tout mal vient d'ânerie. » L'ignorance des effets de l'alcool est certainement pour beaucoup dans l'abus que l'on en fait : bien des gens de très bonne foi lui attribuent des vertus merveilleuses, qui sont purement imaginaires. Essayer de les détromper, c'est faire œuvre utile, mais combien difficile!

Les spiritueux, dit-on, sont utiles et même indispensables : ils réconfortent, donnent du courage, de la vigueur; remplacent une nourriture plus substantielle

---

[1] Voir M. VanLaer, *op. cit.*, chap. V et VI.

et plus chère, que le travailleur ne peut se procurer; le vin noie le chagrin et fait voir les choses en beau; par les temps froids, l'alcool réchauffe; avant le repas, un verre d'absinthe ouvre l'estomac; un petit verre de cognac après, active la digestion; et ainsi de suite.

Que chacun se remémore ce qu'il a entendu et probablement pensé et dit lui-même, et il nous dispensera de faire plus longue cette liste des prétendus bienfaits des liqueurs fortes : il semble que ce soient des panacées universelles contre les maux du corps et de l'esprit, des sources de jouissances incomparables.

Eh bien! non, il n'en est point ainsi, et ce sont là de purs sophismes que la passion fait prendre pour des réalités, ou bien des préjugés tellement enracinés que personne n'ose se prononcer contre.

Voici ce que disent la science et l'expérience, relativement à ces prétendus bienfaits de l'alcool.

1° **Les spiritueux ne réconfortent pas, ils excitent**; ils ne donnent pas la *force*, mais l'*illusion de la force*[1]. On pourra, sous l'influence de l'alcool, accomplir, à un moment donné, une tâche exceptionnelle : ce sera l'effet du coup de fouet sur le cheval, mais il ne nourrira pas plus nos muscles que le coup de fouet ne nourrit ceux de l'animal. Et plus a été vive cette excitation factice et passagère, plus est marquée la dépression d'énergie qui lui succède.

Cent vingt grammes d'eau-de-vie administrés à un homme robuste, occupé à un travail pénible, ne produisent aucun résultat appréciable; une seconde dose, quatre heures après, diminue notablement ses forces; une troisième, le rend incapable de tout travail.

En 1894, aux États-Unis, on a réalisé une expérience qui est bien démonstrative. On a fait travailler vingt hommes ne buvant que de l'eau et vingt autres buvant du vin, de la bière et du brandy (eau-de-vie). Au bout de vingt jours, on mesura le travail effectué. Les ouvriers buveurs de liqueurs fortes eurent le dessus pendant les six premiers jours; puis vint une sorte de période de réaction; *finalement les buveurs d'eau l'emportèrent en effectuant un travail au moins triple*.

On contrôla l'expérience en changeant les rôles. Les buveurs d'eau durent adopter le régime alcoolique pendant vingt jours, et réciproquement, les buveurs de vin et de boissons fermentées furent mis à l'eau claire. Encore cette fois, *les ouvriers buveurs d'eau finirent par donner une somme de travail notablement supérieure à celle des buveurs de vin*.

La conclusion qui ressort de cette double expérience, c'est que pour un effort prolongé l'usage de l'alcool diminue la puissance musculaire; en d'autres termes : la machine humaine alimentée avec de l'eau fournit plus d'énergie qu'avec l'alcool [2].

Quant au travail intellectuel, l'alcool ne peut jamais lui être utile : s'il surexcite l'imagination pendant son action fébrile, il trouble le jugement et la mémoire, et son usage prolongé ne peut qu'hébéter l'intelligence.

2° **Les spiritueux ne nourrissent pas**. — Un aliment est une substance qui peut, après certaines modifications subies dans le tube digestif, être assimilée et s'identifier à l'organisme pour s'y ajouter et en réparer l'usure.

Les alcools ne sont à aucun degré assimilables.

Tandis que le fromage renferme de 30 à 36 % de matière nutritive;
Les légumes : pois, haricots, lentilles, de 20 à 25 %;
La viande, bœuf, veau, mouton, poulet, de 15 à 22 %;
Les poissons, mollusques, crustacés, de 16 à 17 %;
Les œufs, de 12 à 13 %;

---

[1] Docteur Legrain, *l'Alcoolisme*, p. 18.
[2] Voir dans *la Nature*, n° du 15 mai 1897, un article signé de M. Henry de Parville.

Le pain, de 6 à 7 %;
Le lait, de 3 à 4 %;
Le vin de Bordeaux, 0,1 %;
L'équivalent nutritif de l'alcool est égal à 0 %.

Non seulement l'alcool n'est pas un aliment plastique[1], mais encore il ne saurait, comme les beurres, les graisses, les huiles, être considéré comme aliment respiratoire : bien qu'il contienne 50 % de carbone, il est inutilisable, ne subissant pas dans l'organisme la combustion physiologique[2].

Ce qui porte à croire que les liqueurs fortes nourrissent, c'est d'abord parce qu'elles excitent le système nerveux, et ensuite parce qu'elles ralentissent la digestion. L'erreur est ici la même que si on prétendait qu'un foyer, un poêle par exemple, fonctionne d'autant mieux que la combustion est plus lente et dure plus longtemps. Sans doute, elle dure, mais elle ne fournit pas de chaleur, et peu à peu le feu s'éteint.

3° L'alcool n'est pas une source de jouissances. — Sans doute, pris modérément, le vin, quand il est naturel, produit une certaine sensation de bien-être, que personne ne songe à discuter. Mais combien la mesure est difficile à garder! On a bu d'abord pour le plaisir de boire; on ne tarde pas à boire pour s'étourdir, pour oublier les affaires, les ennuis, la souffrance. On oublie le passé et l'on ne songe pas à l'avenir; on est ainsi heureux, au moins quelques moments.

Est-ce bien là le bonheur de l'homme, créature raisonnable? L'ivrogne qui s'en va titubant, en chantant des refrains obscènes, est-il heureux? Est-il dans la joie, ce père de famille qui rentre ivre et va se coucher sans voir ni femme ni enfants? C'est là le plaisir que donne l'alcool, un plaisir de brute…

4° L'alcool ne réchauffe pas. — Il serait trop long d'analyser l'action de l'alcool sur l'organisme pour montrer que loin d'*élever* la température, il l'*abaisse*. Les savants ont fait cette analyse, et ils sont arrivés à la conclusion que voici :

Quand la température est basse, l'alcool réchauffe momentanément, mais une réaction ne tarde pas à se produire, — réaction extrêmement dangereuse pour la santé, — qui amène un refroidissement considérable[3].

Notons de plus que, dans les temps chauds, on supporte mieux la marche, le travail, la chaleur et la soif en s'abstenant d'alcool.

5° Les spiritueux, tels que bitters, absinthes, vermouths, amers, etc., ne sont pas des apéritifs, si on entend par ce mot *apéritif* ce qu'il faut entendre, *quelque chose qui donne de l'appétit*. Ce sont plutôt des poisons, doublement funestes, et parce qu'ils sont pris à jeun : « Un petit verre à jeun fait plus de mal que trois après le repas, » et parce qu'ils sont fabriqués avec des substances essentiellement toxiques. Ainsi l'absinthe, cette reine des apéritifs contient :

1° De 45 à 85 % d'alcools d'industrie, tous nuisibles;
2° De l'essence d'absinthe, poison tellement violent qu'un gramme injecté dans la circulation d'un cheval suffit pour lui donner l'*épilepsie*.

Les vrais *apéritifs* sont la *tempérance*, une vie *réglée*, le *travail*, l'*exercice* et le *grand air*.

Quoique moins nuisible après le repas que lorsque l'estomac est vide, l'alcool est encore inutile et même dangereux, parce qu'on s'y habitue très vite. Les

---

[1] On sait qu'on distingue deux sortes d'aliments : les aliments *plastiques*, servant à réparer les pertes des tissus; et les aliments *respiratoires*, qui produisent la chaleur animale.
[2] D'après le docteur Hanus, cité par Legrain : *l'Alcoolisme*, p. 20. — Voir aussi docteurs Viault et Jolyet *Traité de Physiologie humaine*.
[3] Dans sa célèbre expédition au pôle Nord, Nansen n'avait emporté aucune liqueur alcoolique, et aucun de ses compagnons n'est mort en cours de route. — Pris à dose minime et très étendu, l'alcool est excitant et par là même susceptible de réchauffer.

vrais *digestifs* sont la *sobriété*, le *grand air* et l'*exercice*. Une bonne course, des jeux mouvementés, un travail manuel, sont infiniment meilleurs pour la digestion qu'un petit verre de quoi que ce puisse être.

REMARQUE. — Ce serait sans doute une exagération et une erreur de soutenir qu'il faut proscrire l'alcool d'une manière ABSOLUE. Il peut quelquefois, — très rarement cependant, — être de quelque utilité à la santé en activant la circulation. Il est également d'un emploi fréquent en pharmacie, pour la préparation de certains remèdes.

Quelquefois aussi le vin est ordonné aux convalescents comme reconstituant. Il renferme des sels minéraux et des principes divers, tels que fer, tannin, indispensables à l'organisme. Mais il faut bien *choisir son vin* et se garder d'en abuser; car, loin de fortifier, il débiliterait, et, au lieu de guérir, il compromettrait irrémédiablement la santé.

Conclusion. — On ne saurait mieux conclure ces notes qu'en rapportant textuellement une page de l'illustre savant, J.-B. Dumas. « ... Il y a dans la question de la tempérance un élément supérieur. Il ne suffit pas de proscrire les poisons, tels que l'absinthe, de combattre les liqueurs perfides, telles que l'eau-de-vie, de favoriser l'usage des boissons saines, ou même d'amener sous la main du consommateur des sources d'eau pure et séduisante; il faut encore, il faut surtout réveiller chez l'homme le sentiment de la responsabilité morale, le respect de lui-même, l'amour de la famille, l'idée de la patrie et la crainte de Dieu. L'ivresse de nos pères mettait ces grandes pensées dans un oubli passager, l'alcoolisme moderne les éteint sans retour. Faisons donc appel à la fois à la science, aux lois, aux mœurs et à la religion. Car l'ennemi que nous avons à combattre ne sera pas facilement vaincu. Il a pour complices tous les mauvais sentiments de l'humanité, tous ses penchants funestes. Il personnifie au plus haut point l'insubordination de la matière contre l'esprit, l'assujettissement de l'âme aux appétits les plus farouches du corps. Au nom de la famille, de la patrie, de la religion, faisons donc encore une fois appel aux lumières de la science, aux dévouements de la charité et à la prévoyance de la raison d'État, pour éloigner de notre patrie bien-aimée des misères morales qui ont leur part dans ses malheurs passés et qui pourraient amener sa ruine[1]. »

Simples aphorismes d'hygiène. — « L'eau est la meilleure de toutes les boissons. C'est la seule qui réponde aux besoins d'un organisme sain.

« Les abstinents résistent mieux aux fatigues et aux intempéries des saisons que les buveurs de spiritueux. Ils sont assurés d'une meilleure santé et d'une plus grande longévité.

« Le travail intellectuel et physique est facilité par l'usage de l'eau et entravé par l'usage de l'alcool.

« Les spiritueux n'ont aucune utilité; ils doivent être, en principe, écartés de toute alimentation rationnelle.

« Abstenez-vous complètement d'alcools et d'apéritifs.

« Parmi les boissons fermentées, choisissez les moins alcooliques. Ne prenez que du vin naturel, et coupez-le de $2/3$ d'eau.

---

[1] *Discours à la société française de tempérance.* (Cité par Vahlaer, *op. cit.* Conclusion.)

« Ne buvez pas plus de deux verres de liquide à chaque repas.
« À aucun prix, ne consommez de spiritueux en dehors de vos repas.
« Gardez-vous surtout de ces boissons prises le matin et à jeun.
« C'est une faute grave que d'entraver le développement naturel de l'enfant en lui donnant des boissons fermentées. Elles ne devront être autorisées qu'après vingt ans [1]. »

TABLEAU ANALYTIQUE

DE L'ALCOOLISME. — SES EFFETS SUR L'INDIVIDU ET SUR LA SOCIÉTÉ

Ce qu'est l'alcoolisme. — C'est un empoisonnement lent, qui trouble profondément l'organisme, diminue les forces physiques, intellectuelles et morales, et conduit à la mort ou à la folie.
Il ne faut pas confondre l'*ivresse*, qui n'est qu'un *phénomène passager*, avec l'alcoolisme, qui est un *état permanent*, une *maladie*.

Comment on devient alcoolique. — On devient alcoolique :
 1° par l'ivresse répétée ;
 2° Par l'usage *habituel* des liqueurs fortes, des *apéritifs* : tels que vermouth, amer, bitter, etc.
 3° Surtout par le fréquent usage de l'absinthe.

Effets de l'alcoolisme sur le corps.
L'alcool, même pris à petites doses, si elles sont souvent répétées, attaque tous les organes essentiels à la vie.
 a) *Action sur l'appareil digestif.* — Il fait perdre le sens du *goût*, irrite la *gorge*, congestionne et enflamme l'*estomac*, modifie en l'exagérant la sécrétion des *sucs digestifs*, ulcère les *intestins*, altère le *foie*, ôte l'*appétit* et amène un amaigrissement et un affaiblissement progressifs.
 b) *Action sur l'appareil respiratoire.* — L'alcool passant dans l'appareil respiratoire fait perdre au *larynx* son élasticité, éraille la *voix*, irrite les *bronches*, provoque une toux continuelle, attaque les *poumons* et amène la *phtisie*.
 c) *Action sur l'appareil circulatoire.* — L'alcool passe en nature dans le *sang*, qu'il coagule et corrompt ; il désagrège les tissus du *cœur*, dilate les *artères* et les *veines*, expose aux embolies et aux anévrismes.
 d) *Action sur le cerveau.* — Amené avec le sang jusqu'au cerveau, l'alcool décompose les *tissus*, produit le ramollissement cérébral, amène la rupture des vaisseaux sanguins : causes des apoplexies, des paralysies, du gâtisme, de la folie, etc.
 e) *Action sur les organes des sens.* — Sous l'action de l'alcool, la *vue* s'affaiblit, l'*oreille* est remplie de bourdonnements, la *parole* s'embarrasse, le *tact* s'émousse, les *jambes* fléchissent, tout le *système musculaire* est comme paralysé.
L'alcool ouvre la porte à toutes les maladies.
L'alcoolique est un *vieillard anticipé* : à quarante ans, il a les tissus d'un homme de soixante au moins.

Effets de l'alcoolisme sur les facultés de l'âme
L'alcoolisme attaque aussi les facultés de l'âme.
Il est cause de la lenteur d'esprit, des illusions, des hallucinations, des vertiges, des craintes non justifiées ; il détruit la *mémoire*, trouble l'*imagination*, affaiblit la *volonté*, altère le *caractère* et produit peu à peu l'*abrutissement*, la *manie*, la *démence*.

Alcoolisme et folie. — L'alcoolisme est le grand pourvoyeur des asiles d'aliénés.
Sur quatre-vingt mille aliénés séquestrés, vingt mille, c'est-à-dire un quart, doivent leur folie à l'alcool.
Partout on voit la courbe de la folie parallèle à la courbe de l'alcoolisme.

---

[1] Docteur Legrain, *l'Alcoolisme*, pp. 33, 34.

APPENDICE. — DE L'ALCOOLISME

DE L'ALCOOLISME. — SES EFFETS. (Suite)

Alcoolisme et hérédité.
- L'alcoolisme n'est pas seulement un mal individuel, c'est un mal social.
- La science et l'expérience prouvent tous les jours la vérité de ces vieux dictons : « A père ivrogne, fils idiot. » — « L'ivrogne engendre un ivrogne. »
- L'alcoolique tue en lui toute sa descendance ; les statistiques nous apprennent que les fils de buveurs sont *dégénérés, épileptiques, hystériques, tuberculeux, ivrognes, fous*, en très grande proportion.
- L'avenir moral et matériel de la famille, de la patrie, de la société sont compromis par l'alcoolisme. Un peuple qui s'alcoolise, est un peuple en voie de disparaître.

Effets de l'alcoolisme sur la richesse particulière. — Il est la cause de la ruine matérielle de la famille : dépense d'argent au cabaret, perte de temps et de salaires, perte de la santé ; désunions, disputes, voies de fait, mauvais propos, mauvais exemples : voilà les fruits de l'alcoolisme.

Effets de l'alcoolisme sur la richesse publique. — Ruine matérielle de la famille, l'alcoolisme l'est aussi de la société.

Si l'on compte ce que coûte à la France :
1° L'entretien des vingt mille aliénés alcooliques ;
2° La répression des crimes dus à l'alcool ;
3° Le traitement des victimes de l'alcool dans les hospices et les hôpitaux ;
4° Les pertes de journées occasionnées par l'abus des boissons fortes ;
5° Les pertes provenant des accidents et des suicides, qui ont pour cause l'alcool,

on arrive au total formidable de *un milliard et demi de francs*, plus que les budgets de la guerre et de la marine réunis!

A cette somme, il faudrait encore ajouter le prix de l'alcool consommé (cent trente à cent quarante millions) et le montant des impôts (deux cent cinquante millions) pour avoir la perte matérielle totale éprouvée par la France du fait de l'alcoolisme.

Effets de l'alcoolisme sur la moralité, le suicide, la criminalité, les accidents du travail. — L'alcool dégrade l'homme, lui fait perdre tout sentiment de respect de soi et d'autrui.

Les statistiques prouvent que la criminalité, les suicides, les accidents du travail, croissent partout avec les progrès de l'alcoolisme.

II. REMÈDES CONTRE L'ALCOOLISME

On peut distinguer des remèdes *fiscaux*, des remèdes *légaux* et des remèdes *moraux*.

a) Remèdes fiscaux.
Diverses solutions ont été proposées :
1° Prohibition complète des boissons *alcooliques distillées* et droits élevés sur les alcools *fermentés* ;
2° Monopole de l'État soit pour la vente, soit pour la rectification ou pour l'un et l'autre à la fois ;
3° Droits très élevés sur les alcools distillés, et dégrèvement des boissons dites *hygiéniques* : vin, bière, cidre, etc.
4° Droits sur toutes les boissons, *fermentées* ou *distillées*, et dégrèvement du *sucre*, du *thé*, du *café*, qui servent à préparer les seules boissons hygiéniques ;
5° Tout le monde est à peu près unanime à demander la suppression des bouilleurs de cru et une plus sévère répression de la fraude sur la fabrication et la vente clandestines de l'alcool.

b) Remèdes légaux.
Loi du 23 janvier 1875 contre l'ivresse publique.
Loi du 24 juillet 1889, prononçant la *déchéance* paternelle pour cause d'ivresse habituelle ;
La même loi punit d'une amende de 1 à 5 francs le cabaretier qui donne à boire à un mineur de moins de seize ans.
On devrait faire une loi réglementant d'une manière sévère la profession de cabaretier. Tous les pays qui l'ont fait s'en sont très bien trouvés.

c) Remèdes moraux.
Ces remèdes sont les plus importants : sans eux, les remèdes légaux et fiscaux seraient impuissants à enrayer le mal.
Il faut instruire les nouvelles générations des ravages de l'alcoolisme ; réveiller le sentiment moral et le sentiment religieux ; réfuter les préjugés et les sophismes.

REMÈDES CONTRE L'ALCOOLISME (Suite.)

Remèdes moraux. (Suite.)

La lutte contre l'alcool est une œuvre à la fois patriotique et religieuse : elle intéresse les représentants de la nation comme ceux de la religion ; tous, prêtres, législateurs, instituteurs, hommes de lettres, hommes de science, patrons, officiers, tous, par la parole, le livre, le journal, nous devons lutter contre le fléau de l'alcoolisme.

Il faut se souvenir cependant que tous ces moyens échoueront encore si on ne revient au *Décalogue*, à la *vie de famille* et aux *pratiques religieuses*.

Réponse à quelques préjugés

On attribue généralement à l'alcool des vertus et des propriétés merveilleuses ; beaucoup croient qu'un homme qui travaille ne saurait s'en passer.

L'alcool, disent-ils, réconforte, donne du courage, de la vigueur, remplace une nourriture plus substantielle et plus chère ; par les temps froids, l'alcool réchauffe ; avant le repas, un verre d'absinthe ouvre l'estomac ; un petit verre après, active la digestion ; le vin noie les chagrins, etc.

Eh bien ! non, il n'en est pas ainsi, et ce sont là autant de sophismes, autant de préjugés.

Non, les spiritueux ne *réconfortent pas*, ils *excitent* ; ils ne donnent pas la force, mais l'*illusion* de la force ;

Non, les spiritueux ne *nourrissent pas* : l'alcool n'est à aucun degré un aliment ;

Non, l'alcool n'est pas *une source de jouissances*, au moins de jouissances dignes de l'homme ;

Non, l'alcool ne *réchauffe pas*, loin d'*élever* la température, il l'*abaisse* ;

Non, les spiritueux, tels que bitters, absinthes, vermouths, amers, etc., ne sont pas des *apéritifs* ; ce sont des poisons, doublement funestes, et parce qu'ils sont pris à jeun, et parce qu'ils sont fabriqués avec des substances essentiellement toxiques ;

Non, enfin, ce ne sont point des *digestifs*, puisqu'ils diminuent la sécrétion du suc gastrique. — Les vrais *digestifs*, comme les vrais *apéritifs*, sont la *tempérance*, le *grand air*, la *vie réglée*, le *travail* et l'*exercice*.

Conclusion. — « Il ne suffit pas de proscrire les poisons tels que l'absinthe, de combattre les liqueurs perfides, telles que l'eau-de-vie, de favoriser l'usage des boissons saines ; il faut encore et surtout réveiller chez l'homme le sentiment de la responsabilité morale, le respect de lui-même, l'amour de la famille, l'idée de la patrie et la crainte de Dieu. » (J. Bte Dumas.)

TABLE ALPHABÉTIQUE ET ANALYTIQUE

A

Absolu, relatif, 147. — Origine des idées d'absolu, d'infini, de nécessaire, de parfait, 181. — Bien absolu, bien relatif, 177, 641.

Abstinence, nature et but, 592, note.

Abstraction (Définition, mécanisme, effets de l'), 224. — Emploi de l'abstraction, 226; — degrés, nécessité, rôle de l'abstraction, 226; — abus de l'abstraction, 227; — idée abstraite et idée concrète, 225.

Accident (voir *Essence*).

Acte. — Puissance et acte, 532; — Dieu, acte pur, 533; — moralité d'un acte, 634.

Action. — Besoin d'action, 63-64, 86; — motifs d'action, 633, 639; — distinction et accord entre les motifs d'action, 637-638; — qualification des actions morales, 637; — principe de moindre action, 172.

Activité (Définition de l'), 52; — tout être est actif à quelque degré, 52; — divers modes de l'activité, 52, 54, 349. — (Voir aussi *Ontologie*, 532 et suiv.)

Agréable. — Rapport avec le beau, 313.

Alcoolisme (voir l'*Appendice*, 887).

Ame. — Définitions, 30, 552; — simplicité et spiritualité de l'âme, 554-56; — immortalité de l'âme; preuves, 562-569; — union et corrélation de l'âme et du corps, 29, 330, 555-564; — devoirs envers l'âme, 744; — préexistence des âmes (théorie de Platon), 150; — âmes vivantes, âmes mortes, 569; — âme et corps, 740.

Amitié (Définition et fondement de l'), 105, 774; — vraie et fausse amitié, 775; — devoirs de l'amitié, 776; — exemples d'amitié, 777.

Amour, 100; — amour de soi (v. *Égoïsme*, 89); — amour conjugal, 102; — amour paternel ou maternel, 103; — amour filial, 104; — amour fraternel, 104; — amour de la patrie, 104, 833-834; — amour du vrai, du bien, du beau, 107-108; — amour et volonté, 268; — morale de l'amour de Dieu, 724.

Analogie (Définition et valeur de l'), 456-457, 345; — analogie et induction, 457; — emploi de l'analogie, 345, 350.

Analyse et synthèse, 411-414, — emploi de ces deux procédés dans les différentes sciences, 412; — règles, union de l'analyse et de la synthèse, 413-414; — esprit analytique et esprit synthétique, 414.

Animal. — Activité de l'animal, 53, 290; 349; — l'instinct chez l'animal, 248, 250, — la passion chez l'animal, 75; — facultés et opérations de l'animal, 346; — différences entre les industries de l'homme et celles de l'animal, 350; — sociétés animales, 349; — devoirs à l'occasion des animaux, 683, 826.

Animisme (voir *Problème de la vie*, 549).

Antipathie (voir *Sympathie*, 96 et 623).

Appétits. — Définition, 71; — différences avec les inclinations et les penchants, 71; — appétits, besoins; 72; — moralité des appétits, 72; — classification des appétits, 73; — rôle des appétits, 72.

Art (Définition et fin de l'), 320; — théories sur l'art : idéalisme et réalisme, 320; — sources d'inspiration, 322; — classification des beaux-arts, 323; — rapports entre l'art et la moralité, 324; — rapports entre l'art et la société, 325.

Arbitrage (voir *Guerre : solutions pacifiques*, 863).

Ascétisme, sa justification, 738, 592, note.

Association des idées, 175, 204, 211; — peut-on expliquer les premiers principes par l'association des idées? 175; — définition et lois de l'association des idées, 204; — association, attention, habitude, mémoire, 206; — association des idées et éducation, 209; — association des idées, littérature et beaux-arts, 208; — comment s'explique la loi d'association, 206; — association et liaison des idées, 207; — bonnes et mauvaises associations, 210; — exemples de fausses associations, 211.

Association (Droit d'), 808, 870; — liberté d'association, 811.

Associationisme. — Théorie sur la perception externe, 134 ; — sur l'origine des idées, 177 ; — sur l'association des idées, 207, 243. — Morale associationiste, 719-721.

Athéisme (voir *Existence de Dieu*, 574).

Atomisme (voir *Théories sur l'essence de la matière*, 544).

Attention (Définition, nature, formes et noms de l'), 119 ; — attention et distraction, 121 ; — maladies de l'attention, 121 ; — source et effets de l'attention, 122 ; — rôle de l'attention dans les découvertes, 124 ; — attention et éducation, 125.

Aumône. — Elle est obligatoire, 823, 807, 808.

Automatisme et mouvements réflexes, 53 ; — l'instinct, mouvement automatique, 259.

Autorité (Méthode d'); sa valeur, 414, 415, 489. — Fondement et limites de l'autorité paternelle, 772 ; — de l'autorité publique, 836, 846. — (Voir aussi *les théories sur l'origine du pouvoir*, 836-842.)

Axiome. — Définition, 422 ; — différence avec les vérités générales, les postulats, les théorèmes, 423 ; — rôle des axiomes, 424 ; — règles de Pascal pour les axiomes, 424.

B

Beau (Définition du), 311 ; — rapports du beau avec le vrai et le bien, 312 ; — avec l'agréable et l'utile, 313. — Conditions du beau, 314 ; diverses sortes de beau, 315 ; — le beau et le sublime, 316. — Amour du beau, 108. — Idée du beau, preuve de l'existence de Dieu, 575.

Beaux-arts (voir *Art*, 320-323).

Besoin. — Appétit et besoin, 72. — Il y a des besoins que les biens de ce monde ne peuvent satisfaire, 567. — Droit et besoin, 682.

Bien (Le) et le mal. — Définitions, 627 ; bien moral et bien en soi, leurs relations, 627-28 ; — liaison entre les idées d'ordre et de désordre et celles de bien et de mal, 629 ; — le bien, fondement de la morale, 630 ; — amour du bien, 108 ; — rapports du bien avec le beau et le vrai, 312. — (Voir encore *Ontologie : le bien, la bonté*, 530 ; *problème du mal*, 588-589.) — Rapports du bien avec la liberté, 277, 290.

Bonheur. — Relation entre le bien et le bonheur, 614, 663, 703, 718, 725 ; — activité et bonheur, 67 ; — bonheur et imagination, 221 ; — pensées sur le bonheur, 642 ; — travail et bonheur, 761 ; — désir nécessaire du bonheur, 291.

Bon sens. — Définition, 150 ; — Il faut se garder de le mépriser, 409.

C

Calomnie et médisance, 796.

Capital. — Définition, diverses espèces de capitaux, 880 ; — légitimité du capital et du prêt à intérêt, 800, 881 ; — origine du capital, 881. — Habitude assimilée au capital, 258.

Caractère (Ce qui constitue le), 657 ; — l'homme de caractère, 657,762; — formation du caractère, 68, 272 ; pensées sur le caractère, 663. — (Voir encore : *Esprit de légitime indépendance*, 762.)

Cartésien (Doute), 362, 406 ; — méthode cartésienne, 413.

Causalité (Principe de), 164, 169 ; — application de ce principe : *Preuves de l'existence de Dieu*, 572 et suiv.

Cause. — La cause et les causes, 1, 104 ; — principe de cause première, 169 ; — principe des causes finales, 169, 572 ; — cause déterminante et cause efficiente, 462, 532 ; — cause et substance, 168 ; — théorie des causes occasionnelles, 383.

Célibat. — Diverses sortes, 770.

Certitude. — Définition, sources, espèces de certitude, 355-359, 511 ; — valeur de la certitude, 359-360 ; — différence entre la certitude, l'évidence et la probabilité, 365 ; — certitude de la conscience, 143 ; — certitude dans les sciences morales, 356.

Cerveau. — Cerveau et pensée, 116, 462, 557.

Charité (Définition, caractères, fondement, degrés de la), 693-696 ; — sentiments qui inspirent la charité, 697 ; — la charité est-elle obligatoire, 697 ; — ordre de la charité, 699 ; — la charité et la morale chrétienne, 700 ; — diverses formes de la charité, 822-826 ; — objections contre la charité, 824 ; — charité légale, 825 ; — on doit faire la charité sans humilier l'obligé, 827. — (Voir encore *Justice et charité*, 691-701.)

Chauvinisme (voir *Patriotisme*, 838).

Citoyen. — Droits et devoirs des citoyens, 846, 848, 850, 853 ; — théorie du pouvoir fondé sur les droits du citoyen, 842.

Classification. — Définition et diverses sortes, 458-459, 439; — avantages et valeur des classifications, 460. — (Voir *Type, Genre, Espèce*.)

Cœur. — Le cœur, origine des sentiments, 68 ; — formation du cœur, 68 ; — rôle du cœur dans la morale, 723.

Collectivisme (voir *Socialisme*, 803).

Communisme (voir *Systèmes qui nient le droit de propriété*, 803).

Comparaison (Définition, conditions et importance de la), 229.

Compréhension et extension, 230-231, 389-390, 439.

Conceptualisme (voir *Valeur des idées générales*, 233).

Concret. — Idée concrète et idée abstraite, 225.

Conduite morale (voir *Motifs d'action*, 633).

Confiance, 657, 753; — confiance en soi, 93.

Conflit des devoirs, 684-685.

Connaissance (Facultés de), 112, 659 remarque; — le désir est proportionné à la connaissance, 566; — connaissances qu'il faut avoir, 744; — connaissance empirique et connaissance scientifique, 2, 164. — (Voir aussi *Intelligence*, 112.)

Connexion. — Hypothèse des connexions organiques, 400.

Consentement universel. — Critérium du consentement universel, 359, 360, 488; — preuve de l'existence de Dieu tirée du consentement universel, 575; — preuve de la liberté, 280; de l'immortalité de l'âme, 562.

Conscience (Définition et divers sens du mot), 138 et 620; — la conscience est-elle une faculté spéciale de l'intelligence, 138; — divers états et lois de la conscience, 139; — limites de la conscience, 140; — *inconscience*, son rôle, comment elle s'explique, 140-42; — notions dues à la conscience, 142; — certitude de la conscience, 143.

— *Conscience de soi* et personnalité, 143, 600; — premières données de la conscience (faits de l'ordre moral), 602; — analyse de la *conscience morale*, 621; — différentes sortes de conscience morale, 623; — rapports de la conscience et de la responsabilité, 623; — autorité et formation de la conscience, 624-25.

— *Examen de conscience*, 747; — cas de conscience, 684, 759.

Constance, 758; — pensées sur la constance, 603. — (Voir aussi, 656, *Divers noms de la force*.)

Constitution (voir *Gouvernement*, 842).

Continence, célibat. — Justification, 755, 770.

Contingent, nécessaire, 146, 230, 433, 572.

Convaincre et persuader (Différence entre), 363, 366, 241.

Conversion (Déduction immédiate par), 388.

Corps (voir les articles *Homme*, *Ame*); — devoirs envers le corps, 734-742; — tous les devoirs envers le corps doivent être réglés sur les devoirs envers l'âme, 736.

Corrélation. — Hypothèse des corrélations organiques, 494.

Cosmopolitisme (voir *Patriotisme*, 835).

Courage (voir *Force*, 655-657 et 757-758).

Coutume (voir *Habitude*, 264).

Création (voir *Origine du monde*, 549).

Crédulité. — Instinct de crédulité, 97, 482, 745.

Criminel-né ou type criminel, 609 et 710.

Critérium. — Divers critériums de la vérité, 356, 359, 414-416; — critique de ces divers critères, 360, 414-416.

Criticisme (voir *Origine des idées*, 180).

Critique historique (voir *Méthode de l'histoire*, 481-489); — règles de la critique appliquée aux sources de l'histoire, 486-488. — Droits de la critique, 793, 805.

Croyance, 241 (voir *Foi*).

Culte. — Différentes formes, 801; — liberté des cultes, 792.

Curiosité (Instinct de), 3 et 86, 107, 444, 744.

D

Déduction (Définition et principe de la), 35, 245; — déduction immédiate : opposition, conversion, 386-388; — déduction médiate : syllogisme, 388-402; — méthode déductive, 405 et 421; — rôle de la déduction dans les sciences de la nature, 461-462; — procédés de la méthode déductive, 35.

Défense. — Cas de légitime défense, 781-782, 860; — pensées sur la nécessité de se défendre, 764.

Définition (Divers sens du mot), 425; — définitions de mots, 426; — définitions de choses, 427; — définitions empiriques et définitions rationnelles, 427, 439, 461; — part de l'expérience dans les définitions, 427; — rôle et place des définitions dans les diverses sciences, 428; — règles de Pascal pour les définitions, 428; — limites de la définition, 429; — caractères d'une bonne définition, 429; — avantages de la définition, 430.

Délation. — Différentes formes, 798.

Démonstration. — Définition et diverses sortes, 430-432; — règles pour la démonstration, 433.

Dénonciation. — Quand est-elle permise, obligatoire, 797.

Désir (Définition, divers sens du mot), 79 — *désir*, *désirable*, *préférable*, 80; — rapports du désir avec la connaissance, 80, 566 — avec la volonté, 269.

Déterminisme (Diverses sortes de), 279, 284 — objections des déterministes contre la liberté, 284-289; — théorie déterministe sur l'origine du droit, 681; — déterminisme historique, 470, 480.

Détraction. — En quoi elle consiste, 797.

Devenir (Comment s'opère le), 533.

Devoir — Devoir et droit (voir *Droit*, 675 et suiv.); — caractères du devoir, 640, 686; — unité et solidarité des devoirs, 683; — importance relative des devoirs; règles pour résoudre les conflits de devoirs, 684-685; — devoirs positifs et devoirs négatifs, 685; — Dieu a-t-il des devoirs? 687; — division des devoirs chez les anciens et chez les modernes, 660, 682-683; peut-on ramener à une seule formule tous les préceptes naturels? 685.

— Morale du devoir pur, 640, 725; — fais ce que dois, advienne que pourra, 727. — (Voir aussi *Motifs d'action*, 633 et suiv.)

— *Devoirs envers nous-mêmes*, sens de cette expression, 731 ; — sur quels principes reposent nos devoirs envers nous-mêmes, 734; — division de ces devoirs, 735; — devoirs envers le corps, 734-742; — envers l'intelligence, 744; — envers la sensibilité, 753-756; — envers la volonté, 757-761. (Voir *Alcoolisme*, à l'Appendice.)

— *Devoirs envers nos semblables* (voir *Morale sociale*, 769-828); — fondement des devoirs envers nos semblables, 780.

— *Devoirs professionnels*, 714, 816; — devoirs à l'occasion des animaux et des êtres inférieurs, 826-827.

— *Devoirs des gouvernants*, 840; — des citoyens, 848.

— *Devoirs envers Dieu*, 865-868; — tous nos devoirs peuvent être considérés comme des devoirs envers Dieu, 868.

Dévouement — Sa nécessité, 795-823; — dévouement au bien public (patriotisme), 833-834.

Diallèle (voir *Scepticisme*, 515).

Dieu — Preuves de l'existence de Dieu, 571-578; — attributs de Dieu, 578-581; — personnalité de Dieu, 582; — devoirs envers Dieu, 865-868; — idée de Dieu et morale, 598.

Diffamation. — Pourquoi elle est condamnable, 797.

Dignité humaine (Sentiment de la), 91; — respect de la dignité humaine en soi et dans les autres, 678, 735, 745, 753, 788.

Dilemme (voir, 396, *Syllogismes incomplets*).

Distraction (voir *Attention*).

Dogmatisme. — Définition, vrai et faux dogmatisme, 511.

Douleur (voir *Plaisir*).

Doute. — Définition, diverses sortes, 361-364, 406, 415, 512-513; — l'esprit ne doute qu'en théorie, 363.

Droit (voir plus haut *Devoir*). — Relations entre les idées de vertu, de loi, de devoir et de droit, 675; — caractères du droit, 676; — corrélation du devoir et du droit, 677; — étendue et limites de nos droits, 677; — droits que nous ne pouvons abdiquer, 678; — origine du droit et du devoir, 679; — diverses théories sur l'origine du droit, 680-682; — revendication du droit, 675 et 686; — droit et force, 677; — droits naturels, 780.

— Théorie du *droit divin*, 836; — *droits du citoyen*, 850, 848, 842; — *droit de tester, de donner*, 807; — *droit d'association*, 808-811; — rapports du *droit* avec l'économie politique, 876; — méthode du droit, 471.

Droit des gens. — Définition, origine, 858; — droit des gens naturel et positif, 858; — droits et devoirs des nations entre elles, 859; — méthode du droit des gens, 472.

Droit pénal (But, fondement, limites du), 708; — diverses théories sur le droit de punir, 708; — qualités sur la pénalité sociale, 711.

Duel. — Duel et assassinat politique, 782; — le duel est opposé à la loi naturelle, à l'ordre public, au bon sens, 782; — sophismes en faveur du duel, 784.

Dynamisme (voir *Théories sur l'essence de la matière*, 545. — corrélation dynamique du corps et de l'âme, 556.

E

Eclectisme. — Méthode éclectique, 417.

Economie politique — Définition, objet, utilité et dangers, 872-873; — rapports de l'économie politique avec la morale, 874; — avec le droit, 876; — la recherche de l'utile est-elle légitime? 876; — rôle de l'utile et du devoir dans la vie humaine, 876. — (Voir *Travail, capital, Propriété*). — Conclusion de l'économie politique, 882; — méthode de la P[*illis.*], 477; — action de l'État dans le domaine économique, 847; — quelques maximes du bonhomme Richard, de Franklin, 883; — économie épargne, vertus morales, 755 (voir *Alcoolisme*).

Ecrits (Critique des), 488; — il faut se défier des faux écrits, 488.

Ecriture (voir *Langage*, 292).

Education (voir *Pédagogie*).

Egoïsme (Origine, nature, caractères, effets de l'), 89-92; — égoïsme et intérêt, 92; — morale de l'égoïsme ou intérêt personnel, 716; — passions égoïstes, 78.

Electeur. — Devoirs de l'électeur et défauts contre lesquels il doit se prémunir, 849 et 853.

Emotion. — Définition, diverses sortes, 61; — besoin d'émotion, 86.

Empirisme. — Connaissance empirique et connaissance scientifique, 2; — théorie empirique sur la perception externe, 184;

— sur l'origine des idées, 175 ; — sur l'instinct, 251 ; — sur l'habitude, 261 ; — en morale, 717, 471, 595.

Émulation (Sentiment de l'), 100 ; — Il faut distinguer l'émulation de la jalousie, 100 ; — moyens d'exciter l'émulation : éloge, blâme, 101.

Énergie (Hypothèse de la loi de conservation de l'), 501 et 287.

Engagements (Fidélité aux), 699, 817.

Ennui. — Sa source ; pourquoi il engendre la douleur, 64.

Entendement (voir *Intelligence*).

Enthymème (voir *Syllogismes incomplets*, 394).

Épichérème (v. *Syllogismes incomplets*, 395).

Équité, légalité, 659 ; — équité, probité, loyauté, délicatesse, 815.

Erreur. — Vérité et erreur, 355, 529 ; — causes, remèdes, classifications de l'erreur, 370-384 ; — erreur et volonté, 240-373. — (Voir aussi *Scepticisme*, 513.)

Esclavage. — Liberté et esclavage, 276 ; — pourquoi l'esclavage doit être condamné, 678, 788.

Espace et temps (voir *Ontologie*, 538) ; — notions et principes premiers, 154, 160 ; — origine des idées d'espace et de temps, 539.

Espèce et genre (voir *Degrés de la généralisation*, 231, 439, 459 ; — *Eléments du syllogisme*, 389) ; — définition, 425 ; — loi des espèces, 500.

Esprit (voir *Facultés esthétiques*, 318) ; — *esprits animaux*, 332 ; — *de corps*, 105.

Essence (voir *Ontologie*, 534 et 587).

Esthétique (Définition et divisions de l'), 311 ; — facultés esthétiques, 318-319 ; — méthode de l'esthétique, 471.

Estime. — Estime de soi, 92 ; — sentiment de l'estime, 622.

État, nation, gouvernement, 832, 842-850 ; — fin de la société civile ou État, 842 ; — l'État et les lois, 845 ; — devoirs et droits de l'État, 846 ; — son action dans le domaine économique, 847 ; — limites imposées à sa protection, 848 ; — devoirs du citoyen envers l'État, 848.

États anormaux, 335-341.

Être et non-être (voir *Ontologie*, 527 et suiv.). — Principes qui dérivent de la notion d'être, 527 ; — modes généraux de l'être, 528.

Évidence. — Ses rapports avec la certitude, 355 ; — différence avec la certitude et la probabilité, 365 ; — critère de l'évidence, 360, 466.

Évolutionnisme. — Doctrine évolutionniste appliquée à l'histoire naturelle, 497-499 ; — l'évolutionnisme est-il opposé à l'idée d'un Dieu créateur ? 499 ; — théorie évol. de l'origine des idées, 178 ; — de l'origine de l'instinct, 252 ; — de l'origine de l'habitude, 259-262 ; — objections des évolutionnistes contre la charité, 824.

Exemple (Puissance de l'), 98 ; — argument de l'exemple, 398.

Expérience. — Peut-on expliquer les premiers principes par l'expérience ? 175, 471, 595, 717 ; — part de l'expérience dans l'acquisition de la connaissance, 150, 182 ; — facultés expérimentales ; données de l'expérience, 113 ; — sciences expérimentales, 445 ; — méthode expérimentale et méthode métaphysique, 508.

Expérimentation (Définition, règles, puissance de l'), 442-443 ; — qualités de l'expérimentateur, 444 ; — sciences expérimentales, 445 ; — exemple d'expérimentation, 449, 463 ; — expérimentation en psychologie, 38 ; — expérimentation sur les animaux, sur l'homme, 445 (note), 826.

Extension (voir *Compréhension*).

F

Faculté. — Les facultés de l'âme, 44 ; — leur détermination, 45 ; — leur solidarité, 46 ; — ancienne et nouvelle division des facultés, 48 ; — ordre à suivre dans l'étude des facultés, 49 ; — classification d'après les scolastiques, 50 ; — facultés de connaissance, 112 ; — facultés esthétiques, 318 ; — facultés et opérations de l'animal, 346.

Fait accompli (Théorie du), 842 ; — fait opposé au droit, 325, 676.

Famille (Définition et constitution de la), 767-769 ; — rapports créés par la famille et devoirs qui en dérivent, 770-774 ; — devoirs conjugaux, 770 ; — paternels et maternels, 771 ; — filiaux, 772 ; — fraternels, 773 ; — fondement et limites de l'autorité paternelle, 772.
— Affections domestiques, 102-104 ; — esprit de famille, 105, 773 ; — devoirs réciproques des maîtres et des serviteurs, 773.

Farniente. — Pourquoi il est agréable, 64.

Fatalisme. — Diverses sortes ; objections contre la liberté, réfutation, 282-284.

Faux systèmes de morale, 713 à 730 ; — réfutation générale, 713.

Fiction. — Source d'inspiration de l'art, 322.

Fin, les fins, 170, 613 ; — proverbes se rapportant à l'idée de fin, 182 ; — fin de l'homme, 170, 614. — (Voir aussi *Motifs d'action*, 633.)

Finalité. — Principe de finalité ou des *causes finales*, 25, 169 ; — preuve de l'existence de Dieu par les causes finales, 572.

Fini, infini, indéfini, 148.

Flatterie. — Ne pas la confondre avec l'éloge, 102.

Foi. — Définition, 366 ; — la foi et la science, 367 ; — la raison et la foi, 11, 671. — (Voir aussi 241, 357 et 360.)

Folie. — Ses différentes formes, 340 ; — raison et folie, 151 ; — passion et folie, 152 ; — alcoolisme et folie, p. 890.

Force (Définition, vraie notion, noms divers de la), 655-656, 757-758 ; — toute vertu est force ou courage, 656 ; — force chrétienne, 656 ; — pensées sur la force, 663 ; — droit et force, 679-682.

Forces (Hypothèse de l'unité des), 501 et 287.

G

Général (voir *Particulier*).

Généralisation. — Définition, 229 ; — degrés, emploi et importance de la généralisation, 231. — (Voir *Idée générale*.)

Génie (voir *Facultés esthétiques*, 318). — Abus du génie, 327.

Gloire (Amour de la), 95 ; — gloire et célébrité, 95.)

Goût (voir *Facultés esthétiques*, 319). — Éducation du goût, 319 ; — des goûts et des couleurs on ne dispute pas, 323 ; — pensées sur le goût, 326 ; — respect de la personne dans ses goûts, 698.

Gouvernement (Définitions et attributions du), 832, 842 ; — constitution, 843 ; — principales formes de gouvernement ; 843 ; — quelle est la meilleure ? 844 ; — en quoi consiste essentiellement la république, 844 ; — la monarchie, 844 ; — devoirs et droits des gouvernants, 846. — (Voir *État*.)

Guerre. — Le droit de guerre, 782, 860 ; — quelles guerres sont légitimes, 861 ; — lois de la guerre, 862 ; — solutions pacifiques : médiation, arbitrage, 863.

H

Habitude (Définition, nature, principe de l'), 252 ; — habitude, routine, coutume, 254 ; — division des habitudes, 254 ; — lois de l'habitude, 256 ; — habitude, seconde nature, 258 ; — rapports de l'habitude avec le progrès, la volonté, l'hérédité, 258 ; — théories explicatives de l'habitude, 261 ; — conclusion pratique sur l'habitude, 262 ; — instinct et habitude, 251-252 ; — relations avec vertu et vice, 644, 661.

Hallucination (voir *États anormaux*, 339, et *Dangers de l'imagination*, 221).

Harmonie préétablie (Théorie de l'), 338.

Hérédité. — Rapports de l'hérédité avec l'habitude, 259 ; — avec l'instinct, 259 ; — alcoolisme et hérédité, 891 (*Appendice*).

Héréditarisme, 178 ; — en quoi diffèrent l'héréditarisme, l'évolutionnisme et le transformisme ? 179 ; remarque, 407 ; — habitude et hérédité, 178 et 259. — (Voir *Évolutionnisme*.)

Histoire (Définition et objet de l'), 479 ; — principales sciences historiques, 480 ; — méthode de l'histoire, 481-89 ; — méthode historique dans les sciences sociales, 475 ; — rôle de l'histoire dans les sciences morales, 480 ; — le déterminisme historique, 479, 489-490. — Consulter l'*Histoire des sciences* : correction à la 1re règle de Descartes, 407.

Honnête homme et homme de bien, 698-699, 700 (voir aussi 659 et 662) ; — il faut être homme, chrétien, français, 849.

Honneur. — Sentiment de l'honneur, 93, 622 ; — sentiment de l'honneur considéré comme d'action, 634.

Honte (voir *Sentiment de l'honneur*, 93, 622).

Hylozoïsme (voir *Dynamisme*, 546).

Hypocrisie. — En quoi elle consiste, 740. — (Voir aussi *Mensonge*, 745-748.)

Hypnotisme (voir *États anormaux*, 338).

Hypothèse. — Définition et diverses sortes, 446 ; — rôle de l'hypothèse dans les sciences, 446 ; — caractères d'une bonne hypothèse, 447 ; — invention et vérification de l'hypothèse, 448 ; — exemples d'hypothèses, 449, 463, 494-500.

Humilité, modestie, 750.

I

Idéal, 9, 322 ; — idéalisme et réalisme, 320 ; — idéal moral ou bien en soi, 627.

Idéalisme. — Définition, diverses sortes, réfutation, 537-522 ; — théories idéalistes sur l'origine des idées, 179-183 ; — idéalisme dans l'art, 320.

Idée. — Idée et image, 115 ; — problème de l'origine des idées, diverses théories, 175-182 ; — idées-images, 134, 175 ; — idées innées, 180 ; — idée de Dieu et premiers principes, 173; — idée du vrai et du faux, 529; classification des idées, 159-160.

Idée générale (comment se forme l'), 229; — nature, expression de l'idée générale, 230; — idées générales et idées universelles, 232; — idées générales et idées abstraites, 225; — valeur des idées générales : théories diverses, 233-234.

Identité (Principe d'). — (Voir *Premiers principes*, 160.)

Ignorance (voir *Science et ignorance*, 360-361, et *Scepticisme*, 512); — ignorance cause d'erreur, 370; — ignorance de la conscience, 624, 635.

Image. — Idée et image (voir ci-dessus *Idée*); — loi dynamique des images, 217; — distinction entre l'idée générale et l'image générale ou commune, 231; — l'animal a des images, non des idées, 347.

Imagination. — Définition, diverses sortes, 215; — rapports de l'imagination et de l'entendement, 115, 216; — de l'imagination et de la mémoire, 216; — imagination et organisme, 217; — imagination créatrice, 218; — rôle de l'imagination, 219; — dangers de l'imagination, 220; — rapports de l'imagination avec la moralité et le bonheur, 76, 221; — éducation de l'imagination, 222.

Imitation (Instinct d'), 98; — imitation dans l'art, 322.

Immortalité. — Preuves de l'immortalité de l'âme, 562-569.

Impératif catégorique et impératif hypothétique, 639.

Impôt. — Sa légitimité, 849.

Inclination, penchant. — Définition, 71; — différence avec les appétits, 71; — rôle des inclinations et des penchants, 72; — leur moralité, 72; — leur classification, 73; — rapports et différences avec les passions, 74-75; — rapports avec la morale pratique, 85.

— Inclinations personnelles, 85; — sociales, 95; — familiales et corporatives, 102; — électives, 105; — supérieures, 107.

Inconscience. — Comment ce phénomène se produit, 140; — son rôle dans la vie humaine, 141; — comment il s'explique, 142.

Indépendance (Esprit d'), 87, 762.

Indifférence. — Tolérance et indifférence, 786; — indifférence en matière politique, 853; — liberté d'indifférence, 289.

Indiscrétion. — Diverses sortes, 86, 791.

Individuel (voir *Particulier*).

Induction (Définition et principe de l'), 35, 214 et 450-451; — méthode inductive, 405, 450-456; — procédés de la méthode inductive, 35, 430 et suivantes.

Industrie. — Science et industrie, théorie et pratique, 7; — science, industrie, art ou poésie, 9; — différence entre les industries de l'homme et celles de l'animal, 350.

Infini (voir *Fini*). — Origine de l'idée d'infini, 181, 576.

Influx physique. — Théorie d'Euler, 333.

Ingratitude. — Elle est une injustice, 692, 818; — elle est l'indice d'un mauvais cœur, 818.

Injures, 797; — pardon des injures, 822.

Innéisme. — Théorie sur l'origine des idées, 180; — sur l'origine de l'instinct, 252; — de l'habitude, 261.

Intelligence. — Définition, 112; — divers sens, 348 (remarque); facultés intellectuelles; 112-117; — classification des facultés de connaissance, 112; — facultés d'acquisition ou de perception, 113; — de conservation et de combinaison, 113; — d'élaboration et de transformation, 113; — sens et entendement, 114; — pensée et organisme, 115, 330; rôle de l'intelligence dans l'acte volontaire, 241, 266, 604; — devoirs envers l'intelligence, 744; — respect de la personne dans son intelligence, 745, 789. — (Voir aussi, 45, *Caractères des faits d'intelligence*, et, 370-373, *Causes de l'erreur*.) — Intelligence des animaux, 348; — différence entre l'intelligence et l'instinct, 260.

Intention. — Pureté d'intention, 635. — (Voir aussi *Moralité d'un acte*, 684, et *Morale de la bonne volonté*, 635.)

Intérêt. — Morale de l'intérêt, 716-721; — intérêt personnel, 718; — bien entendu, 717; — général, 719; — intérêt propre, source d'erreur, 371. — (Voir aussi *Motifs d'action*, 633 et suiv.) — Le véritable intérêt n'est jamais contraire au devoir, 719; — légitimité du prêt à intérêt, 881.

Instinct (Définition, nature, caractère de l'), 248; — division des instincts, 249; — théories explicatives de l'instinct, 250-252; — instinct et volonté, 268.

Instruction et moralité, 11, 270, 307, 623, 749.

J

Jeu. — Pourquoi le jeu est agréable, 63.

Jugement (Définition et éléments du), 237; — division des jugements et des propositions, 238; — erreurs relatives au jugement, 240 ; — divers sens du mot jugement, 245, 385.

Juré. — Devoirs d'un juré, 848.

Justice (Définition et divers sens du mot), 658, 660, 691 ; — fondement des devoirs de justice, 691 ; — obligations comprises dans la justice, 692 ; — justice distributive, 693 ; — deux sortes d'injustice, 693 ; — degrés de la justice, 693 ; — caractères des devoirs de justice, 694 ; — la justice est impraticable sans la charité, 697. — (Voir *Charité*.)

L

Laid (voir *Esthétique*, 317).

Langage (Définition, diverses sortes de), 296 ; — langage naturel et langage artificiel, 297 ; — langage des sourds-muets, 298 ; — théories sur l'origine du langage, 298-303 ; - rapports du langage et de la pensée, 303 ; — problèmes que soulèvent ces rapports, 304.

Langues. — Division des langues, 306 ; — langues analytiques et langues synthétiques, 307.

Légitimité (voir *Origine du pouvoir*, 836).

Liberté (Divers sens du mot), 274 et suiv. ; vraie et fausse liberté, 275 ; — principe et loi de la liberté, 278 ; — preuves de la liberté, 278-282 ; — systèmes qui nient la liberté, 282-289 ; — liberté d'indifférence, 289 ; — part de la liberté dans la vie de l'homme, 290.

— Amour de la liberté, 87 ; — limites de la liberté, 277 ; — droit et liberté, 681 ; - respect de la personne dans sa liberté, 755-789 ; — liberté et esclavage, 276, 787 ; — liberté de conscience, 785 ; — philosophique, 787 ; — des cultes, 786, 792-793 ; — de la presse, 793 ; — d'association, 808, 811 ; — du travail, 880.

Logique (Définition et division de la), 352 ; — avantages de l'étude de la logique, 355.

Loi. — Loi et cause, 1 ; — loi et type, 438-439 ; — caractères des lois mathématiques et physiques, 433.

— La loi et les lois, 612-618 ; — caractères des lois naturelles et de la loi morale, 612 ; — classification des lois, 613 ; — loi obligatoire et lois nécessitantes, 613 ; — loi et fin, 613.

— Loi morale, définition, caractères, origine, 614-618 ; — sujet de la loi morale : la personne, 660 ; — Dieu est la loi éternelle, 617 ; — Dieu est la loi morale vivante, 727 ; — preuve de l'existence de Dieu tirée de la loi morale, 573 ; — preuve de la liberté, 280.

— Classification des devoirs d'après les lois, 682 ; — à qui il appartient de faire des lois, 845 ; — lois justes et lois injustes, 845 ; — obéissance à la loi, 849 ; — la loi est-elle l'expression de la volonté générale ? 852.

— *Principe des lois*, 171, 451 ; — vérification des lois, 461.

Loyauté (voir *Équité, probité*, etc., 815), 699, 817.

M

Magistrats. — Devoirs des magistrats, 848 ; — respect de l'autorité des magistrats, 849.

Mal (voir *Ontologie*, 531-532). — Problème du mal, 588-591 ; — le bien et le mal, 627 et suiv. ; — le mal et la liberté, 277.

Mariage. — Conditions essentielles, 768 ; — préparation, 769 ; — essence du mariage, 769 ; — le mariage sous la loi française, 770 ; — du célibat, 770.

Matérialisme. — Spiritualisme et matérialisme, 555 et suiv. ; — matérialisme complet, 558.

Mathématiques (Définition, division, méthode de), 421-422 ; — caractères des lois mathématiques, 433 ; — rôle des mathématiques dans les autres sciences, 436 ; — abus de la méthode des mathématiques, 434.

Matière. — Matière et forme, 542 ; — théories sur l'essence de la matière, 544-547.

Matière et forme dans les idées morales, 616.

Mécanisme. — Diverses sortes, 544.

Médiateur plastique (voir *Rapports du physique et du moral : hypothèse de Cudworth*, 334).

Médisance, 796.

Mémoire (Définition et objet de la), 192 ; — diverses sortes, 192 ; — fonctions ou moments de la mémoire, 194 ; — qualités et défauts de la mémoire, 195 ; — souvenir, réminiscence, oubli, 195 ; — conditions du travail de la mémoire, 196 ; — maladies de la mémoire, 198 ; — théories explicatives de la mémoire, 199 ; — rôle et nécessité de la mémoire, 199 ; — dangers du développement exclusif de la mémoire, 200 ; — rapports de la mémoire et du jugement, 200 ; — il faut éviter d'encombrer la mémoire, 200.

Mensonge, 745, 796 ; — sincérité avec soi-même, 746 ; — moyen d'acquérir cette sincérité : examen de conscience, 747.

Mépris (voir *Estime de soi*, 92 ; — *Amour de la gloire*, 95 ; — *Estime*, 622).

Mérite, démérite. — Principe du mérite et du démérite, 319, 703, 573 ; — preuve de l'existence de Dieu tirée de ce principe, 573.

Métaphysique (Définition, légitimité, importance, méthode, division de la), 506-509 ; — science et métaphysique, 2 ; — morale et métaphysique, 630 ; — certitude métaphysique, 358, 512 ; — preuves métaphysiques de l'existence de Dieu, 575 ; — attributs métaphysiques, 579 ; — mal métaphysique, 591, 588.

Méthode. — Définition, 404 ; — méthode générale et méthodes particulières, 404 ; — méthodes déductive et inductive, 405, 413 ; — règles de la méthode générale, 406 ; — appréciation de ces règles, 406-408 ; — importance et avantages de la méthode, 409 ; — qualités d'une bonne méthode, 410 ; — procédés essentiels de la méthode générale : analyse et synthèse, 411-414 ; — principales méthodes, 414-417, 360, 508 ; — principes de la méthode scolastique, 417.
— *Méthodes de Stuart Mill*, 453-456.

Mode. — La mode, 99 ; — mode et substance, 536, 168.

Modestie (voir *Humilité*, 750) ; — non opposée à l'estime de soi, 92.

Moi (Définition et nature du), 29, 334-335 ; — permanence, unité, identité du moi, 30, 198, 553, 601-602 ; — moi et non-moi, 133, 521 ; — conscience de soi et personnalité, 140 ; — les limites du moi sont celles de la conscience, 140. (Voir *Egoïsme*, 90 ; *Variations de la personnalité*, 601.)

Monadisme (voir *Essence de la matière*, 545.

Monarchie (voir *Gouvernement*, 842-844).

Monde extérieur (Existence du), 522-524 ; — origine du monde : création, 549, 572. — (Voir aussi *Théories idéalistes*, 517 et suiv.)

Monuments (Critique des), 487.

Morale. — Définition, 594 ; — méthode, 470, 595 ; — rapports de la morale avec les autres sciences, 596 ; — division de la morale, 597 ; — fondement de la morale, 630 ; — morale indépendante, 628, 630, 636 ; — morale de la bonne volonté, 635-636 ; — pensées sur l'idée de Dieu et la morale, 598 ; — morale des anciens et morale de J.-C., 729.
— *Conduite morale* (voir *Motifs d'action*, 633).
— *Faux systèmes de morale*, 713-730.
— *Morale individuelle*, 734 ; — rapports de la morale et de l'économie politique, 874.
— *Sciences morales* : objet, caractères, méthode de ces sciences, 468 ; — principales sciences morales, 469 ; — certitude des sciences morales, 356, 358-359.

Moralité. — Moralité d'un acte, 634 ; — instruction et moralité, 11, 270, 623, 749 ; — travail et moralité, 761.

Mort (Justification de la peine de), 781.

N

Nation (voir *État*, 832). — Droits et devoirs des nations entre elles, 859.

Nature (voir *Ontologie*, 535, et *Cosmologie*, 542-550). — Sentiment de la nature, 109, 322.
— *Sciences de la nature* : objet, division, méthode de ces sciences, 438, 440, 461.
— Différence entre les mots naturel, surnaturel, suprasensible, 667 ; — nature et grâce, 668, 670.
— *État de nature*, 301, 709. — (V. *Ordre*.)

Nécessaire (voir *Contingent*, 146 ; — *Infini*, *Absolu*, 181).

Nécessité. — Caractères de la nécessité physique et de la nécessité morale, 147, 639, 675, 680.

Nominalisme. — Théorie nominaliste sur la valeur des idées générales, 233.

Notions et vérités premières, 154-191 ; — comment nous découvrons les notions et vérités premières, 154, 182 ; — caractères de ces notions et de ces vérités, 155 ; — leur classification, 159 ; — rapports exprimés par les notions et vérités premières, 157 ; — origine des notions et vérités premières : diverses théories, 175-182.
— Preuve de l'existence de Dieu tirée des notions et vérités premières, 577. — (Voir article *Principes premiers*.)

Nouveauté. — Attrait de la nouveauté, besoin du changement, 63.

O

Objectif, subjectif. Sens de ces mots, 13 ; — méthode objective et méthode subjective, 36-37 ; — objectivisme et subjectivisme, 180, 312, 518-522. (Voir *Valeur de la connaissance*, *Idéalisme*.)

Observation (Définition, moyens, règles de l'), 441-442 ; — insuffisance de l'observation, 441. — (Voir *Expérimentation*.) — Observation interne et observation externe, 37 et 38.

Oisiveté. — Pourquoi l'oisiveté est une source d'ennui et de douleur, 64 et 760.

Ontologie. — Être, modes généraux de l'être, 527-539, 417 ; — preuve ontologique de l'existence de Dieu, 577 ; — théorie ontologique de la vision en Dieu, 179.

Opération. — Facultés et opérations, 44 ; — les trois opérations de l'esprit, 385.

Opinion. — Définition, origine, 364-365 ; — opinion et science, 364 ; — opinion et coutume, 254 ; — sanction de l'opinion publique, 705.

Opposition (voir *Déduction immédiate*, 386).

Optimisme. — Définition, diverses sortes, 591.

Ordre, désordre, 743. — (Voir aussi *le Bien et le mal*, 629.) — Ordre naturel et ordre surnaturel, 667-673 ; — définition et éléments de l'ordre naturel et de l'ordre surnaturel, 668-669 ; — relations entre ces deux ordres, 670 ; — rapports de la raison et de la foi, 671 ; — ordre du vrai pour le chrétien, 673.

Organicisme (voir *Problème de la vie*, 547).

Orgueil. — C'est un manque de sincérité avec soi-même, 747-750. — (Voir *Égoïsme*, 89-93 ; *Humilité, Modestie*, 750.)

Originalité (Instinct d'), 99.

Oubli. — Phénomène de l'oubli, 196.

P

Panthéisme. — Diverses formes, réfutation, 581-582, 284.

Parole (voir *Langage*, 298 et suiv.). — Liberté de la parole, 793 ; — fidélité à la parole donnée, 699, 817.

Particulier, général, individuel, universel, 5, 146, 244.

Passion. — Définition, nature, rapports et différences avec l'inclination, 74, 651 ; — causes des passions, 75-76 ; — lois des passions, 76 ; — classification des passions, 77-78 ; — nécessité des passions, 79 ; — moyens de se préserver des passions, 652 ; — à quelle vie appartiennent les passions, 80 ; — usage des passions, 81 ; — imagination et passions, 76-221 ; — passions malveillantes, leurs effets dans la famille et la société, 815-816 ; — hypocrisie des passions, 651 ; — passions, source d'erreur, 371-372 ; — passions et organisme, 332 et 341 ; — les passions chez l'animal, 75, 347. — (Voir aussi *Motifs d'action*, 638 et suiv.)

Patience (voir *Noms divers de la force*, 656). — Pensées sur la patience, 663.

Patrie. — Ce qu'est la patrie, 831 ; — amour de la patrie : patriotisme, 104, 833 ; — famille, patrie, humanité, devoirs correspondants, 104, 832 ; — cosmopolitisme et chauvinisme, 834-835 ; — histoire du patriotisme, 851.

Pédagogie (Méthode de la), 471 ; — principes pédagogiques relatifs à l'éducation ou au développement des facultés, 46, 49 ; — de la sensibilité, 67 ; — de l'attention, 125 ; — des sens, 131 ; — de la raison, 151 ; — de la mémoire, 200 ; — de l'imagination, 222 ; — des habitudes, 258-259, 262 ; — de la volonté, 271 ; — des facultés esthétiques, 324 ; — de la conscience, 625 ; — émulation, 100 et suiv. ; — association des idées et éducation, 209 ; — éducation de l'organisme, 341.

Penchants (voir *Inclinations*).

Pensée. — Pensée et organisme, 110, 452, 557 ; — pensée et langage, 303 ; — pensée philosophique, 3 ; — pensées sur la raison, 162 ; — sur la mémoire, 201 ; — sur le beau, le goût, l'idéal, l'admiration, le génie, 326 ; — sur l'idée de Dieu et la morale, 598 ; — sur l'estime et le mépris, 628 ; — sur le sacrifice, 641 ; — sur le bonheur, 642 ; — sur la force, la patience, la constance, le caractère, 663.

Perception. — *Perception externe :* Définition, organes (sens), 128-132 ; — perceptions naturelles, 128 ; — acquises, 129 ; — conditions de la perception, 132 ; — différence entre la perception et la sensation, 132 ; — comment se fait la perception, diverses théories, 133-134.

— *Perception interne :* Définition, organe (conscience), 138-144.

Perfectibilité humaine. — Hypothèse de la perfectibilité humaine, 502-505.

Personnalité. — La personne, en quoi elle diffère des choses, 600 ; — conscience et personnalité, 143, 109 ; — variations de la personnalité, 601-602 ; — dignité de la personne humaine, 678 ; — respect des personnes avancées en âge, 819.

Personnel. — Argument personnel, 399.

Pessimisme (voir *Optimisme*).

Phénomène. — Substance et phénomène, 586. — (Voir aussi 5.)

Philologie, 307 ; — méthode de la philologie, 475-476.

Philosophie (Définition, objet et division de la), 22-26 ; — rapports de la philosophie avec les autres sciences, 23 ; — philosophie d'une science ou d'un art, 23, 232 ; — esprit philosophique et esprit scientifique, 24 ; — à quoi sert la philosophie, 25, 232 ; — ordre à suivre dans l'étude de la philosophie, 26 ; — philosophisme, 24.

Physiologie (Définition et objet de la), 32 ; — distinction et rapports de la physiologie et de la psychologie, 32 ; — phénomènes physiologiques et psychologiques, leur distinction, 33-34 ; — leur rôle dans l'expérimentation, 39.

Plaisir et douleur. — Définition, nature, origine, 62 ; — rapports du plaisir et de la douleur avec l'inclination, 64 ; — diverses opinions sur la nature du plaisir et de la douleur et leurs rapports, 65 ; — rôle du plaisir et de la douleur dans la vie humaine, 66.

— Morale du plaisir, 714-715. — (Voir aussi *Motifs d'action*, 633 et suiv.)

Planètes (Hypothèse de Laplace sur la formation des), 500.

Politesse. — Respect de la sensibilité du prochain, 792 ; — celui qui manque à la politesse pèche contre la justice, 698.

Politique. — Sa méthode générale, 472 ; — méthode suivie par divers auteurs, 473.

Positivisme. — Classification des sciences, 17 ; — la science n'est pas positiviste, 19 ; — théorie de l'origine des idées, 176.

Postulat (voir *Axiomes*, 422).

Pouvoir (voir *État, Gouvernement*). — Amour du pouvoir, 88 ; — théories sur l'origine du pouvoir, 836 ; — abus de pouvoir, 789.

— Pouvoir judiciaire, 848.

Presse. — Liberté de la presse, 793.

Prière (voir *Culte*, 866).

Principes ou vérités premières. — Définition, caractères, division, 154-160 ; — principes propres, communs, synthétiques, analytiques, 158 ; — principes d'identité et d'exclusion du milieu, 160-162 ; — de raison suffisante, 163-164 ; — de causalité et de substance, 164-169 ; — de finalité, des lois, de moindre action, 169-171 ; — principes directeurs de la connaissance, 164 ; — idée de Dieu et premiers principes, 173 ; — usage des principes, 174 ; — origine des principes premiers, 175-182 ; — l'Évangile et les premiers principes, 184-186 ; — la dissertation et les premiers principes, 187 ; — principes premiers de l'ordre moral, 602, 170. — (Voir *Notions et vérités premières*.)

Probabilité (Définition, diverses sortes, 364-365 ; — différence entre la certitude, l'évidence et la probabilité, 365 ; — du probabilisme, 517.

Probité (voir *Équité, loyauté*, p. 815).

Progrès (voir *Hypothèse de la perfectibilité humaine*, 502-505). — Habitude et progrès, 253.

Proposition (Éléments de la), 238, 339 ; — division des propositions, 238, 686, 889.

Propriété. — Définition, fondement, justification du droit de propriété, 799-802 ; — origine de la propriété individuelle, 804 ; — systèmes qui nient le droit de propriété, 803 ; — droit de propriété défini et exposé par Léon XIII, 799, 801, 810 ; — vraie et fausse notion, 800-802.

— Amour ou instinct de propriété, 87 ; — respect de la personne dans sa propriété, 799-808 ; — différentes formes de l'injustice relativement au droit de propriété : vol, maraude, etc., 808 ; — réparation des dommages, 808 ; — droit de donner et de tester, 806. — (Voir *Ontologie*, un autre sens du mot propriété.)

Prosyllogisme (voir, 395, *Syllog. composés*).

Providence (Définition et démonstration de la), 586-588 ; — objections contre la Providence : problème du mal, 588-591.

Prudence. — Définition, 654 ; ce qui constitue la vertu de prudence, 655 ; — prudence naturelle, chrétienne, épicurienne, 655-748 ; — prudence, vertu de l'intelligence, 743.[1]

Psychologie. — Définition, objet et division, 29, 32 ; — distinction et rapports de la psychologie et de la physiologie, 32 ; — phénomènes psychologiques et physiologiques : caractères distinctifs, 33-34 ; — méthode de la psychologie, 35-40, 470 ; — importance de la psychologie, 40 ; — diverses sortes de phénomènes psychologiques, 44, 47 ; — psycho-physiologie et psycho-physique, 39 ; — psychologie comparée, 345-350. — (Voir *Physiologie*.)

R

Raison. — Définitions, divers noms, 146-150 ; — à quoi on oppose la raison, 150 ; — raison et éducation, 151.

— Principe de raison suffisante, 163 ; — formes de la raison pure, 180 ; — raison impersonnelle, 181 ; — part de la raison dans l'acquisition des connaissances, 113, 182 ; — raison et volonté, 270, 273 ; — raison et raisonnement, 854 ; raison et foi, 671. — (Voir aussi *Diallèle*, 515.)

Raisonnement (Définition et éléments du), 242, 386 ; — raisonnement et association, 243 ; — formes du raisonnement : induction et déduction, 244. — (Voir *Induction et Déduction*.)

Rapports (voir *Formes de la loi d'association*, 205). — Rapports exprimés par les principes premiers, 157 ; — rapports du physique et du moral, 380-342 ; — mauvais rapports, 799.

Réalisme (voir *Valeur des idées générales*, 283). — Réalisme dans l'art, 320.

Reconnaissance (voir *Ingratitude*). — Reconnaissance, fonctions de la mémoire, 194.

Réflexion, 117 (remarque), 120 ; — introspection ou réflexion, 87 ; — l'animal en est incapable, 348.

Relatif (voir *Absolu*).

Religieux (Sentiment), 109.

Religion. — *Religion naturelle :* définition, 865 ; — en quoi elle consiste, 866 ; — comment elle est trouvée par l'homme, 865 ; — peut-on se contenter de la religion naturelle, 862-871 ; — respect du nom de Dieu, 867 ; — tous nos devoirs peuvent être considérés comme des devoirs religieux, 683, 868 ; — il faut être homme, chrétien, français, 869.
— Étude comparée des religions, 476 remarque.

Réminiscence et souvenir, 196 ; — théorie de Platon sur la réminiscence, 179.

Remords et repentir, 622 ; — pensées sur la satisfaction morale et le remords, 708.

République (voir *Gouvernement*, § 4).

Réputation (Respect de la personne dans sa), 796 ; — diverses manières de blesser la réputation du prochain, 796-799.

Respect. — Respect de la vérité (voir *Mensonge*, 745) ; — respect humain (voir *Hypocrisie*, 746) ; — respect de soi-même (voir *Sentiment de la dignité humaine*) ; — respect du nom de Dieu, 867 ; — respect des personnes avancées en âge, 819 ; des services rendus et des supériorités, 820.

Responsabilité (Définition, principe, conditions, conséquences de la), 603-606 ; — sentiment de la responsabilité, 88 ; — responsabilité civile, politique, criminelle, 606 ; — appréciation de la responsabilité criminelle, 607-610 ; — le type criminel, 709.

Restitution et réparation des dommages, 808.

Rêve et rêverie, 221 et 336.

Révélation. — Preuve de l'immortalité de l'âme tirée de la révélation, 568 ; — révélation élément de l'ordre surnaturel, 670 et suiv.

Révolte (Esprit de), 87.

Ridicule (voir *Esthétique*, 317).

Risible (voir *Esthétique*, 317).

Routine. — Habitude et routine, 254 ; — vertu et routine, 647.

S

Sacrifice. — Pensées sur le sacrifice, 641.

Sanction (Définition, nécessité, fondement de la), 703 ; — noms divers que prend la sanction, 704-706 ; insuffisance des sanctions terrestres, leur valeur relative, 706-707, 503 ; — sanction religieuse, 707, 568 ; — conclusion sur la sanction, 707.

Santé. — Travail et santé, 781 ; — devoir de conserver sa santé, 736, 788.

Satisfaction morale (voir *Remords*).

Scepticisme. — Définition, diverses sortes, réfutation, 512-517. — (Voir aussi 362.)

Science (Définition, origine, caractères de la), 1-7, 438 ; science et métaphysique, 2 ; — science universelle et sciences particulières, 4 ; — science, industrie, art et poésie, 7-11 ; — science et moralité, 11, 270, 367, 613, 749 ; — science et Église, 11, 367.
— *Classification et hiérarchie des sciences*, 13-19 ; — la science n'est pas positiviste, 19 ; — la science n'est-elle qu'une langue bien faite ? 805 ; — différence entre la science et l'ignorance, 360.

Scolastique (Principes de la méthode), 417 ; — classification des sciences, 14, et des facultés de l'âme, 50, d'après les scolastiques.

Sens. — Définition, organes des sens, 128 ; — hiérarchie des sens, 129 ; — erreurs des sens, 130 ; — éducation des sens, 131-132 ; — sens et entendement, 114 ; — *sens intime et conscience*, 138 ; — *sens commun*, 360 ; — *bon sens :* qu'il faut se garder de le mépriser, 409 ; — *sens moral*, 621.

Sensation (Différents sens du mot), 47 ; — sensation ou sensibilité physique, 56-57 ; — éléments de la sensation, 59 ; — impression et sensation, 59 ; — nature du sujet sentant, 59 ; — espèces de sensations, 60 ; — deux points de vue dans toute sensation, 60 ; — différence entre la sensation et la perception, 132 ; — théorie de la sensation transformée, 48, 170, 241 ; — les facultés et les opérations de l'animal se ramènent à la sensation, 347.

Sensibilité. — Définition, diverses sortes, 56 ; — sensibilité physique (voir *Sensation*) ; — sensibilité intellectuelle et morale, 57, 85-111 ; — sensibilité mixte, 57 ; — sensibilité et éducation, 67 ; — devoirs relatifs à la sensibilité, 753-756 ; — respect de la sensibilité d'autrui (voir *Politesse*, 792).

Sensualisme. — Théorie sensualiste de l'origine des idées, 175 ; — sensualisme en morale, 715.

Sentiment (Divers sens du mot), 58 ; — sentiment ou sensibilité morale, 57, 85-111 ; — origine des sentiments : le cœur, 58 ; — classification des sentiments, 58.
— *Sentiment religieux*, 109, 574 ; — senti-

ment moral, 621-622 ; — morale du sentiment, 721-724.

Servage. — En quoi il diffère de l'esclavage, 788 (voir aussi *Esclavage*).

Service militaire (voir *Devoirs du citoyen*, 849).

Signe (Définition, éléments du), 294 ; — principaux rapports du signe à la chose signifiée, 294 ; — diverses sortes de signes, 295 ; — importance du signe, 296 ; — les sens et les signes, 296 (voir encore *Langage*).

Sociabilité (Instinct de), 96 ; — instinct de société, 249 ; — l'homme est naturellement sociable, 96, 680, 766 ; — les sociétés animales, 349.

Socialisme. — Diverses sortes, 803 ; — théorie socialiste sur l'origine du droit, 652.

Société (voir ci-dessus *Sociabilité*).

Sociologie. — Définition, 17, 469 ; méthode, 473-475.

Solidarité, 211 ; — Solidarité des devoirs, 683-684.

Sommeil (Théories explicatives du), 335.

Somnambulisme, 221, 337. — (Voir aussi *Variations de la personnalité*, 602.)

Sophismes (Définition et division des), 376-382 ; — réfutation générale, 382.

Sorite (voir *Syllogismes composés*, 397).

Souvenir et réminiscence, 196.

Spiritualisme (voir *Origine des idées*, 181) ; — Opposé au matérialisme, 555.

Subjectif (voir *Objectif*).

Sublime. — En quoi il consiste, 315 ; — il faut le distinguer du gracieux, du joli, du beau, 316 ; — ce qui caractérise le sublime, c'est l'admiration, 317.

Substance (Principe de), 168 ; — substance, mode, phénomène, 536-537.

Suggestion (voir *Somnambulisme* et *Hypnotisme*). — Ce terme peut s'appliquer à l'association des idées, 204.

Suicide. — Pourquoi il est un crime, 736-737 ; — suicide partiel, 738 ; — cas de conscience relatifs au suicide, 739.

Supériorité. — Respect des supériorités morales, 820.

Syllogisme (Définition, éléments, principe du), 388-390 ; — règles du syllogisme, 391-392 ; — diverses sortes de syllogismes, 392 ; — figures et modes du syllogisme, 393 ; — syllogismes incomplets, 394-400 ; — usage et abus du syllogisme, 400 ; — témoignages en faveur du syllogisme, 401.

Sympathie (Instinct de), 93, 623 ; — morale de la sympathie, 721-722.

Synthèse (voir *Analyse*).

T

Table. — Théorie de la *table rase*, 175 ; — tables de Bacon, 463.

Talent (voir *Facultés esthétiques*, 318).

Témoignage (Importance du), 482 ; — principe de la foi au témoignage, 482 ; — règles du témoignage historique, 483-486 ; — règles du témoignage en matière de doctrine, 488 ; — témoignage de la conscience, 370.

Tempérance (Définition, vraie notion, effets de la), 657-658, 753 ; — tempérance dans l'usage des biens extérieurs, 753 et suivantes ; — application littéraire de la notion de tempérance, 663.

Temps et espace, 539.

Termes (voir *Éléments du syllogisme*, 389-392).

Théodicée (Définition, objet, méthode de la), 571 et suiv.

Tolérance, 786, 793. — (Voir *Indifférence*.)

Tourbillons (Hypothèse des), 494.

Tradition. — Critique des traditions, 486.

Traditionalisme. — Théorie de l'origine des idées, 181 ; — de l'origine du langage, 299. — (Voir *Consentement universel* et *Témoignage*).

Transformisme (voir *Évolutionnisme*).

Travail. — Vraie notion du travail, 758, 876-878 ; sa nécessité, 759 ; — travail et moralité, 760 ; — travail et bonheur, 761 ; — travail et santé, 761 ; — travail productif et travail improductif, 878 ; — travail physique et travail intellectuel, 878 ; organisation du travail, 878 ; — liberté du travail ; droit d'association, 879-901 ; — division du travail, 879.

U

Union. — Théories explicatives de l'union de l'âme et du corps, 332-335.

Unité (voir *Ontologie*, 528).

Universaux (Querelle des) (voir *Valeur des idées générales*, 233).

Utile. — Ses rapports avec le beau, 313-314 ; — avec le bien, 874-75 ; — la recherche de l'utile est-elle légitime ? 876 ; — rôle de l'utile dans la vie humaine, 876. — (Voir aussi *Motifs d'action*, *Utilitarisme*.)

Utilité. — Droit et utilité, 681.

Utilitarisme. — Morales utilitaires, 714-721. — (Voir aussi *Fondement du droit de punir*, 709.)

V

Véracité (Instinct de), 97, 482, 745; — véracité, franchise, 790.

Vérité. — Vérité, erreur, 355; — le vrai et le faux, 529. — (Voir *Ontologie*, 528: *propriétés générales de l'être.*) — Vérité et dignité personnelle, 745; — vérité et conversion, 746.

Vérités premières (voir *Notions et vérités premières*).

Vertu, vice. — Définition, 644; — caractères de la vertu, 645; — définitions incomplètes de la vertu, 645; — biens inhérents à la vertu et maux inhérents au vice, 646; — vertu et routine, 647; — il faut aimer la vertu et la pratiquer avec joie, 647; — degrés de la vertu en général, 648.
— *Vertus morales*, 654-664; — vertus cardinales et nos facultés, 660; — vertus naturelles et vertus surnaturelles, 661-662, 664.

Vice (voir l'article précédent). — Passion, vice, 651.

Vie. — Définition, 31, 545; — les trois vies de l'homme, 31, et la vie du chrétien, 32; hypothèses pour expliquer la vie, 547-549; — respect de la personne dans sa vie, 781-784; exceptions à ce précepte de respecter la vie, 781; — la vie est un combat, 641.

Virtualités (voir *Origine des idées*, 180; théorie de Leibniz).

Vision en Dieu (voir *Origine des idées*, 179, théorie de Malebranche).

Vitalisme (voir *Problème de la vie*, 548).

Vivisections (Remarques sur les conclusions tirées des), 346; — sont-elles permises sur des animaux vivants? 445 note, 826.

Volonté. — Définition, 266; — analyse de l'acte volontaire, 266; — caractères de la volonté, 268; — en quoi elle diffère de l'instinct, de l'amour, du désir, de la raison, 268; — importance de la volonté, 271, 757; — volonté et habitude, 259; — volonté, cause d'erreur, 211 et 270; — formation de la volonté, 763.
— Morale de la *bonne volonté*, 635; — autonomie de la volonté, 636; — morale de la volonté de Dieu, 727.
— Théorie de la *volonté nationale*, comme origine du pouvoir, 838; — la loi est-elle l'expression de la volonté générale? 852.

Vote. — Qualités qu'il doit avoir, 849.

Vrai. — Ses rapports avec le beau et le bien, 312; — le vrai et le faux, 529; — amour du vrai, 107; — ordre du vrai pour le chrétien, 673.

TABLE DES MATIÈRES

PRÉLIMINAIRES

1re Leçon.	—	La science, les sciences	1
2e	—	— Classification et hiérarchie des sciences.	13
3e	—	— Philosophie. — Objet et division de la philosophie.	22

PSYCHOLOGIE

1re Leçon.	—	Objet de la psychologie. — Psychologie et physiologie. — Méthode de la physiologie.	29
2e	—	— Diverses sortes de phénomènes psychologiques. — Les facultés, détermination et division des facultés.	44
3e	—	— De l'activité. — Ses modes	52
4e	—	— De la sensibilité. — Du plaisir et de la douleur.	56
5e	—	— Appétits, inclinations, penchants, passions, désirs. . . .	71
6e	—	— Sensibilité morale. — Inclinations personnelles, inclinations sociales, inclinations supérieures	85
7e	—	— De l'intelligence.	112
8e	—	— Condition fondamentale de toute connaissance intellectuelle : l'attention.	119
9e	—	— Acquisition de la connaissance : perception externe. . . .	128
10e	—	— Acquisition de la connaissance (suite) : perception interne ou conscience.	138
11e	—	— Acquisition de la connaissance (suite) : raison	146
12e	—	— Notions et vérités premières.	154
13e	—	— Conservation de la connaissance : mémoire.	192
14e	—	— Conservation de la connaissance (suite) : de l'association des idées.	204
15e	—	— Conservation de la connaissance (suite) : de l'imagination.	215
16e	—	— Élaboration de la connaissance : abstraction, comparaison, généralisation	224
17e	—	— Élaboration de la connaissance (suite) : jugement et raisonnement.	237
18e	—	— Instinct et habitude.	248

19e Leçon.	—	La volonté.	266
20e	—	— La liberté	274
21e	—	— Expression des faits psychologiques. — Les signes et le langage	294
22e	—	— Esthétique.	311
23e	—	— Rapports du physique et du moral. — États anormaux	330
24e	—	— Psychologie comparée.	345

LOGIQUE

Préliminaires. — Définition. — Logique, science et art. — Division . . 352
1re Leçon. — Divers états de l'esprit par rapport au vrai et au faux. . . 355
2e — — Causes, remèdes et classification de l'erreur. — Sophismes. 370
3e — — *Logique formelle.* — Les trois opérations de l'esprit. — Le raisonnement et le syllogisme. — Arguments dérivés du syllogisme 385
4e — — *Logique pratique.* — Méthode. — Analyse et synthèse . . 404
5e — — Méthode des sciences mathématiques 421
6e — — Méthode des sciences de la nature. 438
7e — — Méthode des sciences morales. 468
8e — — Méthode de l'histoire. — Critique historique 479
9e — — Exposé sommaire des principales hypothèses générales dans les différents ordres de sciences. 494

MÉTAPHYSIQUE

Préliminaires. — Définition, légitimité, importance, méthode, division de la méthaphysique. 506
1re Leçon. — Valeur objective de la connaissance. 511
2e — — Ontologie : Être et modes généraux de l'être : activité, essence, propriété, nature, substance. 527
3e — — De la nature en général : diverses conceptions sur la matière et sur la vie. — Origine du monde (Cosmologie). 542
4e — — De l'âme. — Spiritualisme et matérialisme 552
5e — — Immortalité de l'âme 562
6e — — Théodicée : existence et attributs de Dieu. 571
7e — — Théodicée (suite) : la Providence, le problème du mal, optimisme et pessimisme. 586

MORALE GÉNÉRALE

Préliminaires. — Définition de la morale. — Sa méthode. — Ses rapports avec les autres parties de la philosophie. — Division. 595
1re Leçon. — Sujet de la loi morale : la personne. — Premières données de la conscience. — La responsabilité. 600

2ᵉ Leçon.	—	La loi et les lois. — La loi morale : ses caractères, son existence, son origine.	612
3ᵉ	—	— La conscience : sens moral, sentiment moral.	620
4ᵉ	—	— Le bien, le mal. — Le bien en soi. — Le mal moral. — Fondement de la morale.	627
5ᵉ	—	— Conduite morale. — Motifs d'action.	633
6ᵉ	—	— La vertu et le vice.	644
7ᵉ	—	— Les passions.	651
8ᵉ	—	— Vertus morales : prudence, force, tempérance, justice.	654
9ᵉ	—	— Ordre naturel et ordre surnaturel.	667
10ᵉ	—	— Devoir et droit.	675
11ᵉ	—	— Justice et charité.	691
12ᵉ	—	— Sanction.	703
13ᵉ	—	— Faux systèmes de morale.	713

MORALE PRATIQUE

Introduction, définition, division.			733
1ʳᵉ Leçon.	—	Morale *individuelle*. — Devoirs envers le corps.	734
2ᵉ	—	— Devoirs envers l'âme. — Intelligence.	744
3ᵉ	—	— Devoirs relatifs à la sensibilité.	753
4ᵉ	—	— Devoirs relatifs à la volonté. — Travail.	757
5ᵉ	—	— Morale *sociale*. — Famille. — Amitié.	766
6ᵉ	—	— Devoirs envers nos semblables, envers la société en général. — Respect de la personne dans sa vie, dans sa liberté, dans sa conscience et ses autres facultés.	780
7ᵉ	—	— Devoirs envers nos semblables (suite) : respect de la personne dans son honneur ou sa réputation et dans sa propriété.	796
8ᵉ	—	— Devoirs envers nos semblables (suite) : équité. — Devoirs professionnels. — Fidélité aux engagements. — Charité. — Aumône.	815
9ᵉ	—	— Société civile ou État. — Devoirs et droits des gouvernants et des gouvernés.	831
10ᵉ	—	— Devoirs des nations entre elles ou *droit des gens*.	858
11ᵉ	—	— La religion naturelle.	865
12ᵉ	—	— Rapports de la morale et de l'économie politique. — Travail, capital, propriété.	872
Appendice.	—	De l'alcoolisme.	887

www.ingramcontent.com/pod-product-compliance
Lightning Source LLC
Chambersburg PA
CBHW071226300426

44116CB00008B/927